Praxiskommentar Kindschaftsrecht

Praxiskommentar Kindschaftsrecht

BGB – FamFG – SGB VIII – RPflG – HKÜ – IntFamRVG u.a.

herausgegeben und bearbeitet von
Prof. Dr. Stefan Heilmann

Weitere Bearbeiter:
Christian Braun, Richter am Amtsgericht Frankfurt a.M.,
Dr. Michael Cirullies, Aufsicht führender Richter am Amtsgericht Hagen,
Dr. Werner Dürbeck, Richter am Oberlandesgericht Frankfurt a.M.,
Dr. Sandra Fink, Richterin am Oberlandesgericht Frankfurt a.M.,
Yvonne Gottschalk, Richterin am Oberlandesgericht Frankfurt a.M.,
Klaus-Jürgen Grün, Vorsitzender Richter am Oberlandesgericht Frankfurt a.M.,
Wolfgang Keuter, Richter am Amtsgericht Bad Iburg,
Iven Köhler, Richter am Oberlandesgericht Frankfurt a.M.,
Dr. Katrin Lack, Richterin am Amtsgericht Frankfurt a.M.,
Dr. Katja Schweppe, Richterin am Oberlandesgericht Frankfurt a.M.,
Susanne Wegener, Richterin am Oberlandesgericht Frankfurt a.M.

2. Auflage

Reguvis

Bibliografische Information der Deutschen Nationalbibliothek
Die Deutsche Nationalbibliothek verzeichnet diese Publikation in der Deutschen Nationalbibliografie; detaillierte bibliografische Daten sind im Internet über http://dnb.d-nb.de abrufbar.

Reguvis Fachmedien GmbH
Amsterdamer Str. 192
50735 Köln

www.reguvis.de

Beratung und Bestellung:

Tel.: +49 (0) 221 97668-229
Fax: +49 (0) 221 97668-236
E-Mail: familie-betreuung@reguvis.de

Zitiervorschlag:
Heilmann/*Bearbeiter, § … [Gesetz] Rn. …*

ISBN (Print): 978-3-8462-0988-2

ISBN (E-Book): 978-3-8462-0989-9

Herstellung: Günter Fabritius
Lektorat: Uschi Schmitz-Justen/Dorothea Venator
Satz: Cicero Computer GmbH, Bonn
Druck und buchbinderische Verarbeitung: Medienhaus Plump GmbH, Rheinbreitbach

Printed in Germany

Vorwort zur 2. Auflage

Etwa vier Jahre sind seit dem Erscheinen der ersten Auflage verstrichen, so dass nunmehr eine umfangreiche Überarbeitung erforderlich geworden ist. Viele Gesetzesänderungen waren ebenso einzuarbeiten wie die seitherige Entwicklung in der Literatur. Daneben war eine sehr große Anzahl höchst- und obergerichtlicher Entscheidungen zu berücksichtigen, die das Kindschaftsrecht und damit auch die Praxis intensiv geprägt haben und auch weiter prägen werden.

Das Konzept, für die Praxis eine umfassende Kommentierung zum Kindschaftsrecht vorzulegen, hat sich bewährt. Gleichwohl hat die 1. Auflage gezeigt, dass der Umfang der Vorschriften nach einer Erweiterung des Autorenteams verlangte. Insbesondere der Allgemeine Teil des FamFG hat durch die Aufnahme von Katrin Lack und Iven Köhler, beide durch eine Vielzahl von Veröffentlichungen ausgewiesene Experten und Praktiker des Kindschaftsrechts, eine wesentlich vertiefte Bearbeitung erfahren können.

Leider konnte Klaus-Jürgen Grün die von ihm bereits begonnene Neubearbeitung der Vorschriften zum Abstammungsrecht aus gesundheitlichen Gründen nicht fertigstellen. Verlag und Herausgeber sind insbesondere Wolfgang Keuter und Werner Dürbeck zu großem Dank verpflichtet, dass sowohl das materielle Recht (Keuter) als auch der verfahrensrechtliche Teil (Dürbeck) gleichwohl sorgfältig aktualisiert worden sind, ohne dass es zu nennenswerten Verzögerungen gekommen wäre.

Veröffentlichte Rechtsprechung und Literatur wurden bis 31. Dezember 2019, teilweise darüber hinaus, berücksichtigt.

Der Dank des Herausgebers gilt an dieser Stelle dem Verlag, hier insbesondere Dorothea Venator und Uschi Schmitz-Justen, sowie dem hochkompetenten und sehr zuverlässigen Autorenteam. Letzterem gebührt auch großer Dank dafür, dass es sich ausnahmslos geduldig und verständig dem fachlichen Diskurs mit mir gestellt hat. Wie für die Erstauflage gilt, dass zu einzelnen Themen unterschiedliche Rechtsauffassungen unter den Autoren sichtbar werden. Es wurde jedoch versucht, entsprechende Stellen durch Querverweise kenntlich zu machen.

Für Anregungen und konstruktive Kritik sind Verlag, Herausgeber und Autoren auch weiterhin dankbar.

Prof. Dr. Stefan Heilmann — Frankfurt am Main, im Januar 2020

Vorwort zur 1. Auflage

Durch das Kindschaftsrecht nehmen gesetzgeberische Wertungen Einfluss auf die Gestaltung der Lebens- und Rechtsbeziehungen zwischen Kindern und Erwachsenen. Es ist für die betroffenen Menschen ein sehr bedeutsames Rechtsgebiet, welches – nicht zuletzt durch behördliche bzw. gerichtliche Entscheidungen – häufig unmittelbare Auswirkungen auf ihr Leben hat. Damit hat es auch eine hohe gesellschaftspolitische Relevanz, wie sie beispielsweise durch die regelmäßigen Diskussionen in den öffentlichen Medien sichtbar wird. Zugleich steigt die Zahl der Fälle, in denen etwa sozialarbeiterische Beratung bzw. juristisches Tätigwerden geboten sind.

Gleichwohl hat das Kindschaftsrecht in der juristischen Ausbildung keine nennenswerte Bedeutung: Entsprechend spezialisierte Lehrstühle sucht man in den rechtswissenschaftlichen Fakultäten bundesweit vergeblich und die juristischen Prüfungsordnungen verlangen allenfalls Grundkenntnisse in Teilbereichen dieses Rechtsgebietes. Dementsprechend finden sich in der Fachliteratur für den Praktiker zwar hervorragende Werke zum Familienrecht insgesamt oder zu den verschiedenen Teilbereichen des Kindschaftsrechts. Eine Kommentierung aller praxisrelevanten Regelungen lag jedoch bislang nicht vor. Diese Lücke soll mit dem vorliegenden Buch geschlossen werden. Es soll denjenigen, die im Bereich des Kindschaftsrechts tätig sind oder mit diesem in Berührung kommen, ein Werk in die Hand geben, welches einen schnellen Zugriff für die Beantwortung der sich in der Praxis stellenden Fragen ermöglicht. Zu diesem Zwecke wird auch zu strittigen Fragen Position bezogen.

Ziel dieses Praxiskommentars ist nicht die vertiefende wissenschaftliche Aufarbeitung komplexer wissenschaftlicher Fragestellungen. Auf umfangreiche Fußnotenapparate wurde daher verzichtet. Auch kann er nicht in allen kommentierten Bereichen für jeden Einzelfall den Rückgriff auf vertiefende Literatur entbehrlich machen. Entsprechende Empfehlungen werden jedoch gegeben. Zudem wurde in dieser Auflage in Teilbereichen, die für die Praxis von nicht so großer Relevanz sind, von einer Kommentierung einzelner Vorschriften abgesehen.

Inhaltlich ergab sich auf Grund der Natur der Materie eine Vielzahl von Überschneidungen zwischen den Autoren. Obgleich der Versuch unternommen wurde, eng angrenzende Themenfelder, insbesondere die materiell-rechtlichen Regelungen und das verfahrensrechtliche Pendant, in der Hand des jeweiligen Autoren zu belassen, werden in einem umfangreichen Werk wie diesem unterschiedliche Rechtsauffassungen der Autoren erkennbar sein. Die kindschaftsrechtliche Praxis soll und muss sich jedoch auch durch einen stetig lebendigen Diskurs und durch die Auseinandersetzung mit unterschiedlichen Standpunkten weiter entwickeln.

Verlag, Herausgeber und Autoren wären der Leserschaft für jegliche Anregungen und konstruktive Kritik dankbar, die zu einer Verbesserung dieses Praxiskommentars beitragen könnten.

Prof. Dr. Stefan Heilmann — Frankfurt am Main, im Mai 2015

Schnellübersicht: Gesetze, Übereinkommen, Verordnungen

Kurztitel	Seiten
AdWirkG	1055–1057
BGB	3–573
Brüssel IIa-VO	1445–1454 (Vorbemerkungen) 1455–1494
EGBGB	1560–1576
ESÜ	1522–1532
FamFG	603–1288
GewSchG	574–600
GVG	1289–1305
HAÜ	1057–1058
HKÜ	1495–1521
IntFamRVG	1577–1614
KKG	1340–1346
KSÜ	1533–1559
Mediation in internationalen Kindschaftskonflikten	1362–1365
RPflG	1306–1332
SGB VIII	1335–1339 (Vorbemerkung) 1347–1441
VBVG	539–543

Inhalt

Vorwort zur 2. Auflage V
Vorwort zur 1. Auflage VII
Schnellübersicht IX
Übersicht Arbeitshilfen XXXVII
Herausgeber und Autoren XLIII
Abkürzungen XLVII
Literatur LIII

Bürgerliches Gesetzbuch (BGB)

Buch 4
Familienrecht

Abschnitt 1
Bürgerliche Ehe

Titel 2
Eingehung der Ehe

Untertitel 1
Ehefähigkeit

§ 1303 BGB Ehemündigkeit 3

Abschnitt 2
Verwandtschaft

Titel 2
Abstammung

§ 1591 BGB Mutterschaft 6
§ 1592 BGB Vaterschaft 16
§ 1593 BGB Vaterschaft bei Auflösung der Ehe durch Tod 21
§ 1594 BGB Anerkennung der Vaterschaft 23
§ 1595 BGB Zustimmungsbedürftigkeit der Anerkennung 32
§ 1596 BGB Anerkennung und Zustimmung bei fehlender oder beschränkter Geschäftsfähigkeit 36
§ 1597 BGB Formerfordernisse, Widerruf 39
§ 1597a BGB Verbot der missbräuchlichen Anerkennung der Vaterschaft 43
§ 1598 BGB Unwirksamkeit von Anerkennung, Zustimmung und Widerruf 49
§ 1598a BGB Anspruch auf Einwilligung in eine genetische Untersuchung zur Klärung der leiblichen Abstammung 53
§ 1599 BGB Nichtbestehen der Vaterschaft 62
§ 1600 BGB Anfechtungsberechtigte 74
§ 1600a BGB Persönliche Anfechtung; Anfechtung bei fehlender oder beschränkter Geschäftsfähigkeit 86
§ 1600b BGB Anfechtungsfristen 94
§ 1600c BGB Vaterschaftsvermutung im Anfechtungsverfahren 107
§ 1600d BGB Gerichtliche Feststellung der Vaterschaft 111

Titel 4
Rechtsverhältnis zwischen den Eltern und dem Kind im Allgemeinen

§ 1616 BGB Geburtsname bei Eltern mit Ehenamen 125
§ 1617 BGB Geburtsname bei Eltern ohne Ehenamen und gemeinsamer Sorge 125
§ 1617a BGB Geburtsname bei Eltern ohne Ehenamen und Alleinsorge 130
§ 1617b BGB Name bei nachträglicher gemeinsamer Sorge oder Scheinvaterschaft 130
§ 1617c BGB Name bei Namensänderung der Eltern 131
§ 1618 BGB Einbenennung 131

Titel 5
Elterliche Sorge

§ 1626 BGB Elterliche Sorge, Grundsätze 138
§ 1626a BGB Elterliche Sorge nicht miteinander verheirateter Eltern; Sorgeerklärungen 144
§ 1626b BGB Besondere Wirksamkeitsvoraussetzungen der Sorgeerklärung 153
§ 1626c BGB Persönliche Abgabe; beschränkt geschäftsfähiger Elternteil 155
§ 1626d BGB Form; Mitteilungspflicht 157
§ 1626e BGB Unwirksamkeit 158
§ 1627 BGB Ausübung der elterlichen Sorge 159
§ 1628 BGB Gerichtliche Entscheidung bei Meinungsverschiedenheiten der Eltern 160
§ 1629 BGB Vertretung des Kindes 165
§ 1629a BGB Beschränkung der Minderjährigenhaftung 174
§ 1630 BGB Elterliche Sorge bei Pflegerbestellung oder Familienpflege 175
§ 1631 BGB Inhalt und Grenzen der Personensorge 179
§ 1631a BGB Ausbildung und Beruf 186
§ 1631b BGB Freiheitsentziehende Unterbringung und freiheitsentziehende Maßnahmen 188
§ 1631c BGB Verbot der Sterilisation 195
§ 1631d BGB Beschneidung des männlichen Kindes 196
§ 1632 BGB Herausgabe des Kindes; Bestimmung des Umgangs; Verbleibensanordnung bei Familienpflege 200
§ 1638 BGB Beschränkung der Vermögenssorge 215
§ 1639 BGB Anordnungen des Erblassers oder Zuwendenden 216
§ 1640 BGB Vermögensverzeichnis 216
§ 1641 BGB Schenkungsverbot 216
§ 1642 BGB Anlegung von Geld 217
§ 1643 BGB Genehmigungspflichtige Rechtsgeschäfte 217
§ 1644 BGB Überlassung von Vermögensgegenständen an das Kind 220
§ 1645 BGB Neues Erwerbsgeschäft 220
§ 1646 BGB Erwerb mit Mitteln des Kindes 220
§ 1648 BGB Ersatz von Aufwendungen 220
§ 1649 BGB Verwendung der Einkünfte des Kindesvermögens 220
§ 1664 BGB Beschränkte Haftung der Eltern 221
§ 1666 BGB Gerichtliche Maßnahmen bei Gefährdung des Kindeswohls 221
§ 1666a BGB Grundsatz der Verhältnismäßigkeit; Vorrang öffentlicher Hilfen 254
§ 1667 BGB Gerichtliche Maßnahmen bei Gefährdung des Kindesvermögens 256
§ 1671 BGB Übertragung der Alleinsorge bei Getrenntleben der Eltern 257

§ 1673 BGB Ruhen der elterlichen Sorge bei rechtlichem Hindernis ... 280
§ 1674 BGB Ruhen der elterlichen Sorge bei tatsächlichem Hindernis ... 284
§ 1674a BGB Ruhen der elterlichen Sorge der Mutter für ein vertraulich geborenes Kind ... 288
§ 1675 BGB Wirkung des Ruhens ... 291
§ 1677 BGB Beendigung der Sorge durch Todeserklärung ... 293
§ 1678 BGB Folgen der tatsächlichen Verhinderung oder des Ruhens für den anderen Elternteil ... 293
§ 1680 BGB Tod eines Elternteils oder Entziehung des Sorgerechts ... 297
§ 1681 BGB Todeserklärung eines Elternteils ... 300
§ 1682 BGB Verbleibensanordnung zugunsten von Bezugspersonen ... 301
§ 1684 BGB Umgang des Kindes mit den Eltern ... 306
§ 1685 BGB Umgang des Kindes mit anderen Bezugspersonen ... 341
§ 1686 BGB Auskunft über die persönlichen Verhältnisse des Kindes ... 350
§ 1686a BGB Rechte des leiblichen nicht rechtlichen Vaters ... 356
§ 1687 BGB Ausübung der gemeinsamen elterlichen Sorge bei Getrenntleben .. 365
§ 1687a BGB Entscheidungsbefugnisse des nicht sorgeberechtigten Elternteils 374
§ 1687b BGB Sorgerechtliche Befugnisse des Ehegatten ... 377
§ 1688 BGB Entscheidungsbefugnisse der Pflegeperson ... 379
§ 1693 BGB Gerichtliche Maßnahmen bei Verhinderung der Eltern ... 384
§ 1696 BGB Abänderung gerichtlicher Entscheidungen und gerichtlich gebilligter Vergleiche ... 386
§ 1697a BGB Kindeswohlprinzip ... 395

Titel 7
Annahme als Kind

Untertitel 1
Annahme Minderjähriger

§ 1741 BGB Zulässigkeit der Annahme ... 400
§ 1742 BGB Annahme nur als gemeinschaftliches Kind ... 407
§ 1743 BGB Mindestalter ... 408
§ 1744 BGB Probezeit ... 409
§ 1745 BGB Verbot der Annahme ... 410
§ 1746 BGB Einwilligung des Kindes ... 411
§ 1747 BGB Einwilligung der Eltern des Kindes ... 414
§ 1748 BGB Ersetzung der Einwilligung eines Elternteils ... 420
§ 1749 BGB Einwilligung des Ehegatten ... 428
§ 1750 BGB Einwilligungserklärung ... 428
§ 1751 BGB Wirkung der elterlichen Einwilligung, Verpflichtung zum Unterhalt ... 431
§ 1752 BGB Beschluss des Familiengerichts, Antrag ... 436
§ 1753 BGB Annahme nach dem Tode ... 438
§ 1754 BGB Wirkung der Annahme ... 439
§ 1755 BGB Erlöschen von Verwandtschaftsverhältnissen ... 439
§ 1756 BGB Bestehenbleiben von Verwandtschaftsverhältnissen ... 439
§ 1757 BGB Name des Kindes ... 442
§ 1758 BGB Offenbarungs- und Ausforschungsverbot ... 445
§ 1759 BGB Aufhebung des Annahmeverhältnisses ... 447
§ 1760 BGB Aufhebung wegen fehlender Erklärungen ... 447
§ 1761 BGB Aufhebungshindernisse ... 448

§ 1762 BGB Antragsberechtigung; Antragsfrist, Form 448
§ 1763 BGB Aufhebung von Amts wegen 452
§ 1764 BGB Wirkung der Aufhebung 455
§ 1765 BGB Name des Kindes nach der Aufhebung 455
§ 1766 BGB Ehe zwischen Annehmendem und Kind 456

Untertitel 2
Annahme Volljähriger

§ 1767 BGB Zulässigkeit der Annahme, anzuwendende Vorschriften 458
§ 1768 BGB Antrag 465
§ 1769 BGB Verbot der Annahme 466
§ 1770 BGB Wirkung der Annahme 467
§ 1771 BGB Aufhebung des Annahmeverhältnisses 469
§ 1772 BGB Annahme mit den Wirkungen der Minderjährigenannahme 469

Abschnitt 3
Vormundschaft, Rechtliche Betreuung, Pflegschaft

Titel 1
Vormundschaft

Untertitel 1
Begründung der Vormundschaft

§ 1773 BGB Voraussetzungen 473
§ 1774 BGB Anordnung von Amts wegen 476
§ 1775 BGB Mehrere Vormünder 480
§ 1779 BGB Auswahl durch das Familiengericht 483
§ 1788 BGB Zwangsgeld 490
§ 1789 BGB Bestellung durch das Familiengericht 492
§ 1790 BGB Bestellung unter Vorbehalt 494
§ 1791 BGB Bestallungsurkunde 495
§ 1791a BGB Vereinsvormundschaft 496
§ 1791b BGB Bestellte Amtsvormundschaft des Jugendamts 499
§ 1791c BGB Gesetzliche Amtsvormundschaft des Jugendamts 503
§ 1792 BGB Gegenvormund 505

Untertitel 2
Führung der Vormundschaft

§ 1793 BGB Aufgaben des Vormunds, Haftung des Mündels 507
§ 1794 BGB Beschränkung durch Pflegschaft 510
§ 1795 BGB Ausschluss der Vertretungsmacht 511
§ 1796 BGB Entziehung der Vertretungsmacht 516
§ 1821 BGB Genehmigung für Geschäfte über Grundstücke, Schiffe oder Schiffsbauwerke 520
§ 1822 BGB Genehmigung für sonstige Geschäfte 525
§ 1835 BGB Aufwendungsersatz 533
§ 1835a BGB Aufwandsentschädigung 537
§ 1836 BGB Vergütung des Vormunds 539

Untertitel 3
Fürsorge und Aufsicht des Familiengerichts

§ 1837 BGB Beratung und Aufsicht ... 544
§ 1843 BGB Prüfung durch das Familiengericht ... 548
§ 1846 BGB Einstweilige Maßregeln des Familiengerichts ... 549
§ 1847 BGB Anhörung von Angehörigen ... 550

Untertitel 6
Beendigung der Vormundschaft

§ 1882 BGB Wegfall der Voraussetzungen ... 552
§ 1884 BGB Verschollenheit und Todeserklärung des Mündels ... 554
§ 1886 BGB Entlassung des Einzelvormunds ... 554
§ 1887 BGB Entlassung des Jugendamts oder Vereins ... 557
§ 1888 BGB Entlassung von Beamten und Religionsdienern ... 560
§ 1889 BGB Entlassung auf eigenen Antrag ... 560

Titel 3
Pflegschaft

§ 1909 BGB Ergänzungspflegschaft ... 563
§ 1912 BGB Pflegschaft für eine Leibesfrucht ... 567
§ 1915 BGB Anwendung des Vormundschaftsrechts ... 568
§ 1916 BGB Berufung als Ergänzungspfleger ... 569
§ 1918 BGB Ende der Pflegschaft kraft Gesetzes ... 570
§ 1919 BGB Aufhebung der Pflegschaft bei Wegfall des Grundes ... 572

Anhang
Gesetz zum zivilrechtlichen Schutz vor Gewalttaten und Nachstellungen (Gewaltschutzgesetz – GewSchG)

§ 1 GewSchG Gerichtliche Maßnahmen zum Schutz vor Gewalt und Nachstellungen ... 574
§ 2 GewSchG Überlassung einer gemeinsam genutzten Wohnung ... 591
§ 3 GewSchG Geltungsbereich, Konkurrenzen ... 593
§ 4 GewSchG Strafvorschriften ... 597

Das gerichtliche Verfahren

Gesetz über das Verfahren in Familiensachen und in den Angelegenheiten der freiwilligen Gerichtsbarkeit (FamFG)

Gerichtsverfassungsgesetz (GVG)

Rechtspflegergesetz (RPflG)

Kapitel 1
Gesetz über das Verfahren in Familiensachen und in den Angelegenheiten der freiwilligen Gerichtsbarkeit (FamFG)

Buch 1
Allgemeiner Teil

Abschnitt 1
Allgemeine Vorschriften

§ 1 FamFG Anwendungsbereich ... 603
§ 2 FamFG Örtliche Zuständigkeit ... 605
§ 3 FamFG Verweisung bei Unzuständigkeit ... 607
§ 4 FamFG Abgabe an ein anderes Gericht ... 609
§ 5 FamFG Gerichtliche Bestimmung der Zuständigkeit ... 611
§ 6 FamFG Ausschließung und Ablehnung der Gerichtspersonen ... 615
§ 7 FamFG Beteiligte ... 624
§ 8 FamFG Beteiligtenfähigkeit ... 637
§ 9 FamFG Verfahrensfähigkeit ... 638
§ 10 FamFG Bevollmächtigte ... 643
§ 11 FamFG Verfahrensvollmacht ... 645
§ 12 FamFG Beistand ... 646
§ 13 FamFG Akteneinsicht ... 648
§ 14 FamFG Elektronische Akte; elektronisches Dokument; Verordnungsermächtigung ... 653
§ 14a FamFG Formulare; Verordnungsermächtigung ... 654
§ 14b FamFG Nutzungspflicht für Rechtsanwälte, Notare und Behörden ... 654
§ 15 FamFG Bekanntgabe; formlose Mitteilung ... 654
§ 16 FamFG Fristen ... 658
§ 17 FamFG Wiedereinsetzung in den vorigen Stand ... 659
§ 18 FamFG Antrag auf Wiedereinsetzung ... 659
§ 19 FamFG Entscheidung über die Wiedereinsetzung ... 660
§ 20 FamFG Verfahrensverbindung und -trennung ... 663
§ 21 FamFG Aussetzung des Verfahrens ... 667
§ 22 FamFG Antragsrücknahme; Beendigungserklärung ... 671
§ 22a FamFG Mitteilungen an die Familien- und Betreuungsgerichte ... 674

Abschnitt 2
Verfahren im ersten Rechtsszug

§ 23 FamFG	Verfahrenseinleitender Antrag	676
§ 24 FamFG	Anregung des Verfahrens	676
§ 25 FamFG	Anträge und Erklärungen zur Niederschrift der Geschäftsstelle	676
§ 26 FamFG	Ermittlung von Amts wegen	681
§ 27 FamFG	Mitwirkung der Beteiligten	681
§ 28 FamFG	Verfahrensleitung	684
§ 29 FamFG	Beweiserhebung	685
§ 30 FamFG	Förmliche Beweisaufnahme	686
§ 31 FamFG	Glaubhaftmachung	686
§ 32 FamFG	Termin	690
§ 33 FamFG	Persönliches Erscheinen der Beteiligten	693
§ 34 FamFG	Persönliche Anhörung	693
§ 35 FamFG	Zwangsmittel	696
§ 36 FamFG	Vergleich	700
§ 36a FamFG	Mediation, außergerichtliche Konfliktbeilegung	706
§ 37 FamFG	Grundlage der Entscheidung	708

Abschnitt 3
Beschluss

§ 38 FamFG	Entscheidung durch Beschluss	710
§ 39 FamFG	Rechtsbehelfsbelehrung	714
§ 40 FamFG	Wirksamwerden	715
§ 41 FamFG	Bekanntgabe des Beschlusses	718
§ 42 FamFG	Berichtigung des Beschlusses	721
§ 43 FamFG	Ergänzung des Beschlusses	722
§ 44 FamFG	Abhilfe bei Verletzung des Anspruchs auf rechtliches Gehör	722
§ 45 FamFG	Formelle Rechtskraft	724
§ 48 FamFG	Abänderung und Wiederaufnahme	726

Abschnitt 4
Einstweilige Anordnung

§ 49 FamFG	Einstweilige Anordnung	728
§ 50 FamFG	Zuständigkeit	739
§ 51 FamFG	Verfahren	742
§ 52 FamFG	Einleitung des Hauptsacheverfahrens	747
§ 53 FamFG	Vollstreckung	751
§ 54 FamFG	Aufhebung oder Änderung der Entscheidung	752
§ 55 FamFG	Aussetzung der Vollstreckung	758
§ 56 FamFG	Außerkrafttreten	760
§ 57 FamFG	Rechtsmittel	763

Abschnitt 5
Rechtsmittel

Unterabschnitt 1
Beschwerde

§ 58 FamFG	Statthaftigkeit der Beschwerde	768
§ 59 FamFG	Beschwerdeberechtigte	777
§ 60 FamFG	Beschwerderecht Minderjähriger	786

§ 61 FamFG Beschwerdewert; Zulassungsbeschwerde ... 789
§ 62 FamFG Statthaftigkeit der Beschwerde nach Erledigung der Hauptsache .. 792
§ 63 FamFG Beschwerdefrist ... 795
§ 64 FamFG Einlegung der Beschwerde ... 801
§ 65 FamFG Beschwerdebegründung ... 806
§ 66 FamFG Anschlussbeschwerde ... 808
§ 67 FamFG Verzicht auf die Beschwerde; Rücknahme der Beschwerde ... 811
§ 68 FamFG Gang des Beschwerdeverfahrens ... 813
§ 69 FamFG Beschwerdeentscheidung ... 819

Unterabschnitt 2
Rechtsbeschwerde

§ 70 FamFG Statthaftigkeit der Rechtsbeschwerde ... 825

Abschnitt 6
Verfahrenskostenhilfe

§ 76 FamFG Voraussetzungen ... 829
§ 77 FamFG Bewilligung ... 847
§ 78 FamFG Beiordnung eines Rechtsanwalts ... 850

Abschnitt 7
Kosten

§ 80 FamFG Umfang der Kostenpflicht ... 858
§ 81 FamFG Grundsatz der Kostenpflicht ... 873
§ 82 FamFG Zeitpunkt der Kostenentscheidung ... 881
§ 83 FamFG Kostenpflicht bei Vergleich, Erledigung oder Rücknahme ... 883
§ 84 FamFG Rechtsmittelkosten ... 886
§ 85 FamFG Kostenfestsetzung ... 888

Abschnitt 8
Vollstreckung

Unterabschnitt 1
Allgemeine Vorschriften

§ 86 FamFG Vollstreckungstitel ... 892
§ 87 FamFG Verfahren; Beschwerde ... 902

Unterabschnitt 2
Vollstreckung von Entscheidungen über die Herausgabe von Personen und die Regelung des Umgangs

§ 88 FamFG Grundsätze ... 906
§ 89 FamFG Ordnungsmittel ... 908
§ 90 FamFG Anwendung unmittelbaren Zwanges ... 922
§ 91 FamFG Richterlicher Durchsuchungsbeschluss ... 928
§ 92 FamFG Vollstreckungsverfahren ... 930
§ 93 FamFG Einstellung der Vollstreckung ... 932
§ 94 FamFG Eidesstattliche Versicherung ... 934

Unterabschnitt 3
Vollstreckung nach der Zivilprozessordnung

§ 95 FamFG	Anwendung der Zivilprozessordnung	935
§ 96 FamFG	Vollstreckung in Verfahren nach dem Gewaltschutzgesetz und in Ehewohnungssachen	941
§ 96a FamFG	Vollstreckung in Abstammungssachen	941

Abschnitt 9
Verfahren mit Auslandsbezug

Unterabschnitt 1
Verhältnis zu völkerrechtlichen Vereinbarungen und Rechtsakten der Europäischen Gemeinschaft

§ 97 FamFG	Vorrang und Unberührtheit	944

Unterabschnitt 2
Internationale Zuständigkeit

§ 98 FamFG	Ehesachen; Verbund von Scheidungs- und Folgesachen	946
§ 99 FamFG	Kindschaftssachen	947
§ 100 FamFG	Abstammungssachen	949
§ 101 FamFG	Adoptionssachen	951
§ 106 FamFG	Keine ausschließliche Zuständigkeit	953
§ 108 FamFG	Anerkennung anderer ausländischer Entscheidungen	954
§ 109 FamFG	Anerkennungshindernisse	955
§ 110 FamFG	Vollstreckbarkeit ausländischer Entscheidungen	958

Buch 2
Verfahren in Familiensachen

Abschnitt 1
Allgemeine Vorschriften

§ 111	Familiensachen	960
§ 114 FamFG	Vertretung durch einen Rechtsanwalt; Vollmacht	960

Abschnitt 2
Verfahren in Ehesachen, Verfahren in Scheidungssachen und Folgesachen

Unterabschnitt 2
Verfahren in Scheidungssachen und Folgesachen

§ 133 FamFG	Inhalt der Antragsschrift	963
§ 137 FamFG	Verbund von Scheidungs- und Folgesachen	964
§ 140 FamFG	Abtrennung	967

Abschnitt 3
Verfahren in Kindschaftssachen

§ 151 FamFG	Kindschaftssachen	970
§ 152 FamFG	Örtliche Zuständigkeit	973
§ 153 FamFG	Abgabe an das Gericht der Ehesache	978
§ 154 FamFG	Verweisung bei einseitiger Änderung des Aufenthalts des Kindes	979
§ 155 FamFG	Vorrang- und Beschleunigungsgebot	981
§ 155a FamFG	Verfahren zur Übertragung der gemeinsamen elterlichen Sorge	989

§ 155b FamFG Beschleunigungsrüge 998
§ 155c FamFG Beschleunigungsbeschwerde 1003
§ 156 FamFG Hinwirken auf Einvernehmen 1007
§ 157 FamFG Erörterung der Kindeswohlgefährdung; einstweilige Anordnung .. 1036
§ 158 FamFG Verfahrensbeistand 1040
§ 159 FamFG Persönliche Anhörung des Kindes 1058
§ 160 FamFG Anhörung der Eltern 1070
§ 161 FamFG Mitwirkung der Pflegeperson 1081
§ 162 FamFG Mitwirkung des Jugendamts 1087
§ 163 FamFG Sachverständigengutachten 1098
§ 163a FamFG Ausschluss der Vernehmung des Kindes 1114
§ 164 FamFG Bekanntgabe der Entscheidung an das Kind 1115
§ 165 FamFG Vermittlungsverfahren 1117
§ 166 FamFG Abänderung und Überprüfung von Entscheidungen und gerichtlich gebilligten Vergleichen 1123
§ 167 FamFG Anwendbare Vorschriften bei Unterbringung Minderjähriger 1130
§ 167a FamFG Besondere Vorschriften für das Verfahren nach § 1686a des Bürgerlichen Gesetzbuches 1153
§ 168 FamFG Beschluss über Zahlungen des Mündels 1160
§ 168a FamFG Mitteilungspflichten des Standesamts 1166

Abschnitt 4
Verfahren in Abstammungssachen

§ 169 FamFG Abstammungssachen 1167
§ 170 FamFG Örtliche Zuständigkeit 1174
§ 171 FamFG Antrag 1176
§ 172 FamFG Beteiligte 1181
§ 173 FamFG Vertretung eines Kindes durch einen Beistand 1183
§ 174 FamFG Verfahrensbeistand 1184
§ 175 FamFG Erörterungstermin, persönliche Anhörung 1186
§ 176 FamFG Anhörung des Jugendamtes 1189
§ 177 FamFG Eingeschränkte Amtsermittlung; förmliche Beweisaufnahme 1191
§ 178 FamFG Untersuchungen zur Feststellung der Abstammung 1195
§ 179 FamFG Mehrheit von Verfahren 1202
§ 180 FamFG Erklärungen zur Niederschrift des Gerichts 1206
§ 181 FamFG Tod eines Beteiligten 1208
§ 182 FamFG Inhalt des Beschlusses 1212
§ 183 FamFG Kosten bei Anfechtung der Vaterschaft 1214
§ 184 FamFG Wirksamkeit des Beschlusses; Ausschluss der Abänderung; ergänzende Vorschriften über die Beschwerde 1219
§ 185 FamFG Wiederaufnahme des Verfahrens 1222

Abschnitt 5
Verfahren in Adoptionssachen

§ 186 FamFG Adoptionssachen 1228
§ 187 FamFG Örtliche Zuständigkeit 1231
§ 188 FamFG Beteiligte 1236
§ 189 FamFG Fachliche Äußerung einer Adoptionsvermittlungsstelle 1242
§ 190 FamFG Bescheinigung über den Eintritt der Vormundschaft 1250
§ 191 FamFG Verfahrensbeistand 1252
§ 192 FamFG Anhörung der Beteiligten 1254

§ 193 FamFG Anhörung weiterer Personen 1259
§ 194 FamFG Anhörung des Jugendamts 1260
§ 195 FamFG Anhörung des Landesjugendamts 1261
§ 196 FamFG Unzulässigkeit der Verbindung 1263
§ 197 FamFG Beschluss über die Annahme als Kind 1263
§ 198 FamFG Beschluss in weiteren Verfahren 1269
§ 199 FamFG Anwendung des Adoptionswirkungsgesetzes 1271
Anhang zu § 199 FamFG – Die Verfahren auf Anerkennung und Umwandlung von ausländischen Adoptionen nach dem Adoptionswirkungsgesetz 1271

Kapitel 2
Gerichtsverfassungsgesetz (GVG)

§ 17a GVG Rechtswegentscheidung 1289
§ 23a GVG Zuständigkeit in Familiensachen und Angelegenheiten der freiwilligen Gerichtsbarkeit 1294
§ 23b GVG Familiengerichte 1298
§ 170 GVG Nichtöffentliche Familiensachen und Angelegenheiten der freiwilligen Gerichtsbarkeit 1302
§ 198 GVG Entschädigung, Verzögerungsrüge 1304

Kapitel 3
Rechtspflegergesetz (RPflG)

Erster Abschnitt
Aufgaben und Stellung des Rechtspflegers

§ 1 RPflG Allgemeine Stellung des Rechtspflegers 1306
§ 2 RPflG Voraussetzungen für die Tätigkeit als Rechtspfleger 1307
§ 3 RPflG Übertragene Geschäfte 1307
§ 4 RPflG Umfang der Übertragung 1311
§ 5 RPflG Vorlage an den Richter 1312
§ 6 RPflG Bearbeitung übertragener Sachen durch den Richter 1314
§ 7 RPflG Bestimmung des zuständigen Organs der Rechtspflege 1315
§ 8 RPflG Gültigkeit von Geschäften 1315
§ 9 RPflG Weisungsfreiheit des Rechtspflegers 1319
§ 10 RPflG Ausschließung und Ablehnung des Rechtspflegers 1319
§ 11 RPflG Rechtsbehelfe 1319
§ 13 RPflG Ausschluss des Anwaltszwangs 1326

Zweiter Abschnitt
Dem Richter vorbehaltene Geschäfte in Familiensachen und auf dem Gebiet der freiwilligen Gerichtsbarkeit sowie in Insolvenzverfahren und schifffahrtsrechtlichen Verteilungsverfahren

§ 14 RPflG Kindschafts- und Adoptionssachen 1327

Gesetz zur Kooperation und Information im Kinderschutz (KKG)

Achtes Buch Sozialgesetzbuch – Kinder- und Jugendhilfegesetz – (SGB VIII)

Vorbemerkung 1335

Gesetz zur Kooperation und Information im Kinderschutz (KKG)

§ 1 KKG Kinderschutz und staatliche Mitverantwortung 1340
§ 2 KKG Information der Eltern über Unterstützungsangebote in Fragen der Kindesentwicklung 1340
§ 3 KKG Rahmenbedingungen für verbindliche Netzwerkstrukturen im Kinderschutz 1340
§ 4 KKG Beratung und Übermittlung von Informationen durch Geheimnisträger bei Kindeswohlgefährdung 1341

Achtes Buch Sozialgesetzbuch – Kinder- und Jugendhilfegesetz – (SGB VIII)

Erstes Kapitel
Allgemeine Vorschriften

§ 1 SGB VIII Recht auf Erziehung, Elternverantwortung, Jugendhilfe 1347
§ 2 SGB VIII Aufgaben der Jugendhilfe 1347
§ 3 SGB VIII Freie und öffentliche Jugendhilfe 1348
§ 4 SGB VIII Zusammenarbeit der öffentlichen Jugendhilfe mit der freien Jugendhilfe 1348
§ 5 SGB VIII Wunsch- und Wahlrecht 1351
§ 6 SGB VIII Geltungsbereich 1351
§ 7 SGB VIII Begriffsbestimmungen 1352
§ 8 SGB VIII Beteiligung von Kindern und Jugendlichen 1352
§ 8a SGB VIII Schutzauftrag bei Kindeswohlgefährdung 1353
§ 8b SGB VIII Fachliche Beratung und Begleitung zum Schutz von Kindern und Jugendlichen 1360

Zweites Kapitel
Leistungen der Jugendhilfe

Zweiter Abschnitt
Förderung der Erziehung in der Familie

§ 16 SGB VIII Allgemeine Förderung der Erziehung in der Familie 1361
§ 17 SGB VIII Beratung in Fragen der Partnerschaft, Trennung und Scheidung ... 1361
§ 18 SGB VIII Beratung und Unterstützung bei der Ausübung der Personensorge und des Umgangsrechts 1362
§ 19 SGB VIII Gemeinsame Wohnformen für Mütter/Väter und Kinder 1365

Vierter Abschnitt
Hilfe zur Erziehung, Eingliederungshilfe für seelisch behinderte Kinder und Jugendliche, Hilfe für junge Volljährige

Erster Unterabschnitt
Hilfe zur Erziehung

§ 27 SGB VIII Hilfe zur Erziehung 1366
§ 28 SGB VIII Erziehungsberatung 1369
§ 29 SGB VIII Soziale Gruppenarbeit 1369
§ 30 SGB VIII Erziehungsbeistand, Betreuungshelfer 1370
§ 31 SGB VIII Sozialpädagogische Familienhilfe 1370
§ 32 SGB VIII Erziehung in einer Tagesgruppe 1372
§ 33 SGB VIII Vollzeitpflege 1372
§ 34 SGB VIII Heimerziehung, sonstige betreute Wohnform 1374
§ 35 SGB VIII Intensive sozialpädagogische Einzelbetreuung 1375

Dritter Unterabschnitt
Gemeinsame Vorschriften für die Hilfe zur Erziehung und die Eingliederungshilfe für seelisch behinderte Kinder und Jugendliche

§ 36 SGB VIII Mitwirkung, Hilfeplan 1376
§ 36a SGB VIII Steuerungsverantwortung, Selbstbeschaffung 1378
§ 37 SGB VIII Zusammenarbeit bei Hilfen außerhalb der eigenen Familie 1383
§ 38 SGB VIII Vermittlung bei der Ausübung der Personensorge 1385

Drittes Kapitel
Andere Aufgaben der Jugendhilfe

Erster Abschnitt
Vorläufige Maßnahmen zum Schutz von Kindern und Jugendlichen

§ 42 SGB VIII Inobhutnahme von Kindern und Jugendlichen 1385
§ 42a SGB VIII Vorläufige Inobhutnahme von ausländischen Kindern und Jugendlichen nach unbegleiteter Einreise 1398
§ 42f SGB VIII Behördliches Verfahren zur Altersfeststellung 1400

Zweiter Abschnitt
Schutz von Kindern und Jugendlichen in Familienpflege und in Einrichtungen

§ 43 SGB VIII Erlaubnis zur Kindertagespflege 1402
§ 44 SGB VIII Erlaubnis zur Vollzeitpflege 1403
§ 45 SGB VIII Erlaubnis für den Betrieb einer Einrichtung 1403
§ 46 SGB VIII Örtliche Prüfung 1404
§ 47 SGB VIII Meldepflichten 1405
§ 48 SGB VIII Tätigkeitsuntersagung 1405
§ 48a SGB VIII Sonstige betreute Wohnform 1405
§ 49 SGB VIII Landesrechtsvorbehalt 1405

Dritter Abschnitt
Mitwirkung in gerichtlichen Verfahren

§ 50 SGB VIII Mitwirkung in Verfahren vor den Familiengerichten 1406
§ 51 SGB VIII Beratung und Belehrung in Verfahren zur Annahme als Kind 1414
§ 52 SGB VIII Mitwirkung in Verfahren nach dem Jugendgerichtsgesetz 1414

Vierter Abschnitt
Beistandschaft, Pflegschaft und Vormundschaft für Kinder und Jugendliche, Auskunft über Nichtabgabe von Sorgeerklärungen

§ 52a SGB VIII Beratung und Unterstützung bei Vaterschaftsfeststellung und Geltendmachung von Unterhaltsansprüchen ... 1415
§ 53 SGB VIII Beratung und Unterstützung von Pflegern und Vormündern ... 1415
§ 54 SGB VIII Erlaubnis zur Übernahme von Vereinsvormundschaften ... 1416
§ 55 SGB VIII Beistandschaft, Amtspflegschaft, Amtsvormundschaft ... 1416
§ 56 SGB VIII Führung der Beistandschaft, Amtspflegschaft und der Amtsvormundschaft ... 1416
§ 57 SGB VIII Mitteilungspflicht des Jugendamts ... 1417
§ 58 SGB VIII Gegenvormundschaft des Jugendamts ... 1417
§ 58a SGB VIII Sorgeregister; Bescheinigung über Nichtvorliegen von Eintragungen im Sorgeregister ... 1424

Fünfter Abschnitt
Beurkundung, vollstreckbare Urkunden

§ 59 SGB VIII Beurkundung ... 1425
§ 60 SGB VIII Vollstreckbare Urkunden ... 1425

Viertes Kapitel
Schutz von Sozialdaten

§ 61 SGB VIII Anwendungsbereich ... 1426
§ 62 SGB VIII Datenerhebung ... 1426
§ 63 SGB VIII Datenspeicherung ... 1427
§ 64 SGB VIII Datenübermittlung und -nutzung ... 1427
§ 65 SGB VIII Besonderer Vertrauensschutz in der persönlichen und erzieherischen Hilfe ... 1427
§ 68 SGB VIII Sozialdaten im Bereich der Beistandschaft, Amtspflegschaft und der Amtsvormundschaft ... 1428

Vierter Abschnitt
Gesamtverantwortung, Jugendhilfeplanung

§ 79 SGB VIII Gesamtverantwortung, Grundausstattung ... 1432
§ 79a SGB VIII Qualitätsentwicklung in der Kinder- und Jugendhilfe ... 1432
§ 80 SGB VIII Jugendhilfeplanung ... 1432
§ 81 SGB VIII Strukturelle Zusammenarbeit mit anderen Stellen und öffentlichen Einrichtungen ... 1433

Siebtes Kapitel
Zuständigkeit, Kostenerstattung

Erster Abschnitt
Sachliche Zuständigkeit

§ 85 SGB VIII Sachliche Zuständigkeit 1434

Zweiter Abschnitt
Örtliche Zuständigkeit

Erster Unterabschnitt
Örtliche Zuständigkeit für Leistungen

§ 86 SGB VIII Örtliche Zuständigkeit für Leistungen an Kinder, Jugendliche und ihre Eltern 1435

Zweiter Unterabschnitt
Örtliche Zuständigkeit für andere Aufgaben

§ 87 SGB VIII Örtliche Zuständigkeit für vorläufige Maßnahmen zum Schutz von Kindern und Jugendlichen 1436
§ 87a SGB VIII Örtliche Zuständigkeit für Erlaubnis, Meldepflichten und Untersagung 1436
§ 87b SGB VIII Örtliche Zuständigkeit für die Mitwirkung in gerichtlichen Verfahren 1436
§ 87c SGB VIII Örtliche Zuständigkeit für die Beistandschaft, die Amtspflegschaft, die Amtsvormundschaft und die Bescheinigung nach § 58a 1437
§ 87d SGB VIII Örtliche Zuständigkeit für weitere Aufgaben im Vormundschaftswesen 1440
§ 87e SGB VIII Örtliche Zuständigkeit für Beurkundung und Beglaubigung 1440

Dritter Unterabschnitt
Örtliche Zuständigkeit bei Aufenthalt im Ausland

§ 88 SGB VIII Örtliche Zuständigkeit bei Aufenthalt im Ausland 1440

Vierter Unterabschnitt
Örtliche Zuständigkeit für vorläufige Maßnahmen, Leistungen und die Amtsvormundschaft für unbegleitete ausländische Kinder und Jugendliche

§ 88a SGB VIII Örtliche Zuständigkeit für vorläufige Maßnahmen, Leistungen und die Amtsvormundschaft für unbegleitete ausländische Kinder und Jugendliche 1441

Auslandsbezüge

Brüssel IIa-VO – Internationale Übereinkommen – EGBGB – IntFamRVG – Mediation

Kapitel 1

Vorbemerkungen ... 1445

Kapitel 2
Brüssel IIa-VO

Erwägungsgründe ... 1455

Kapitel I
Anwendungsbereich und Begriffsbestimmungen

Artikel 1 Brüssel IIa-VO Anwendungsbereich ... 1455
Artikel 2 Brüssel IIa-VO Begriffsbestimmungen ... 1457

Kapitel II
Zuständigkeit

Abschnitt 2
Elterliche Verantwortung

Artikel 8 Brüssel IIa-VO Allgemeine Zuständigkeit ... 1458
Artikel 9 Brüssel IIa-VO Aufrechterhaltung der Zuständigkeit des früheren gewöhnlichen Aufenthaltsortes des Kindes ... 1461
Artikel 10 Brüssel IIa-VO Zuständigkeit in Fällen von Kindesentführung ... 1461
Artikel 11 Brüssel IIa-VO Rückgabe des Kindes ... 1463
Artikel 12 Brüssel IIa-VO Vereinbarung über die Zuständigkeit ... 1465
Artikel 13 Brüssel IIa-VO Zuständigkeit aufgrund der Anwesenheit des Kindes .. 1467
Artikel 14 Brüssel IIa-VO Restzuständigkeit ... 1468
Artikel 15 Brüssel IIa-VO Verweisung an ein Gericht, das den Fall besser beurteilen kann ... 1468

Abschnitt 3
Gemeinsame Bestimmungen

Artikel 16 Brüssel IIa-VO Anrufung eines Gerichts ... 1470
Artikel 17 Brüssel IIa-VO Prüfung der Zuständigkeit ... 1470
Artikel 18 Brüssel IIa-VO Prüfung der Zulässigkeit ... 1471
Artikel 19 Brüssel IIa-VO Rechtshängigkeit und abhängige Verfahren ... 1471
Artikel 20 Brüssel IIa-VO Einstweilige Maßnahmen einschließlich Schutzmaßnahmen ... 1472

Kapitel III
Anerkennung und Vollstreckung

Abschnitt 1
Anerkennung

Artikel 21 Brüssel IIa-VO Anerkennung einer Entscheidung 1474
Artikel 23 Brüssel IIa-VO Gründe für die Nichtanerkennung einer Entscheidung über die elterliche Verantwortung 1476
Artikel 24 Brüssel IIa-VO Verbot der Nachprüfung der Zuständigkeit des Gerichts des Ursprungsmitgliedstaats 1478
Artikel 25 Brüssel IIa-VO Unterschiede beim anzuwendenden Recht 1478
Artikel 26 Brüssel IIa-VO Ausschluss einer Nachprüfung in der Sache 1478
Artikel 27 Brüssel IIa-VO Aussetzung des Verfahrens 1479

Abschnitt 2
Antrag auf Vollstreckbarerklärung

Artikel 28 Brüssel IIa-VO Vollstreckbare Entscheidungen 1479
Artikel 29 Brüssel IIa-VO Örtlich zuständiges Gericht 1479
Artikel 30 Brüssel IIa-VO Verfahren 1479
Artikel 31 Brüssel IIa-VO Entscheidung des Gerichts 1480
Artikel 32 Brüssel IIa-VO Mitteilung der Entscheidung 1480
Artikel 33 Brüssel IIa-VO Rechtsbehelf 1480
Artikel 34 Brüssel IIa-VO Für den Rechtsbehelf zuständiges Gericht und Anfechtung der Entscheidung über den Rechtsbehelf 1481
Artikel 35 Brüssel IIa-VO Aussetzung des Verfahrens 1481
Artikel 36 Brüssel IIa-VO Teilvollstreckung 1482

Abschnitt 3
Gemeinsame Bestimmungen für die Abschnitte 1 und 2

Artikel 37 Brüssel IIa-VO Urkunden 1482
Artikel 38 Brüssel IIa-VO Fehlen von Urkunden 1482
Artikel 39 Brüssel IIa-VO Bescheinigung bei Entscheidungen in Ehesachen und bei Entscheidungen über die elterliche Verantwortung 1483

Abschnitt 4
Vollstreckbarkeit bestimmter Entscheidungen über das Umgangsrecht und bestimmter Entscheidungen, mit denen die Rückgabe des Kindes angeordnet wird

Artikel 40 Brüssel IIa-VO Anwendungsbereich 1483
Artikel 41 Brüssel IIa-VO Umgangsrecht 1484
Artikel 42 Brüssel IIa-VO Rückgabe des Kindes 1485
Artikel 43 Brüssel IIa-VO Klage auf Berichtigung 1488
Artikel 44 Brüssel IIa-VO Wirksamkeit der Bescheinigung 1488
Artikel 45 Brüssel IIa-VO Urkunden 1488

Abschnitt 5
Öffentliche Urkunden und Vereinbarungen

Artikel 46 Brüssel IIa-VO [Öffentliche Urkunden] 1488

Abschnitt 6
Sonstige Bestimmungen

Artikel 47 Brüssel IIa-VO Vollstreckungsverfahren 1488
Artikel 48 Brüssel IIa-VO Praktische Modalitäten der Ausübung des Umgangsrechts 1489
Artikel 49 Brüssel IIa-VO Kosten 1490
Artikel 50 Brüssel IIa-VO Prozesskostenhilfe 1490
Artikel 51 Brüssel IIa-VO Sicherheitsleistung, Hinterlegung 1490
Artikel 52 Brüssel IIa-VO Legalisation oder ähnliche Förmlichkeit 1490

Kapitel IV
Zusammenarbeit zwischen den Zentralen Behörden bei Verfahren betreffend die elterliche Verantwortung

Artikel 53 Brüssel IIa-VO Bestimmung der Zentralen Behörden 1490
Artikel 54 Brüssel IIa-VO Allgemeine Aufgaben 1491
Artikel 55 Brüssel IIa-VO Zusammenarbeit in Fällen, die speziell die elterliche Verantwortung betreffen 1491
Artikel 56 Brüssel IIa-VO Unterbringung des Kindes in einem anderen Mitgliedstaat 1491
Artikel 57 Brüssel IIa-VO Arbeitsweise 1492
Artikel 58 Brüssel IIa-VO Zusammenkünfte 1492

Kapitel V
Verhältnis zu anderen Rechtsinstrumenten

Artikel 59 Brüssel IIa-VO Verhältnis zu anderen Rechtsinstrumenten 1492
Artikel 60 Brüssel IIa-VO Verhältnis zu bestimmten multilateralen Übereinkommen 1493
Artikel 61 Brüssel IIa-VO Verhältnis zum Haager Übereinkommen vom 19. Oktober 1996 1493
Artikel 62 Brüssel IIa-VO Fortbestand der Wirksamkeit 1494

Kapitel 3
Internationale Übereinkommen

Abschnitt 1
Haager Kindesentführungsübereinkommen – HKÜ

Artikel 1 HKÜ Ziel des Übereinkommens 1495
Artikel 2 HKÜ Umsetzung des Übereinkommens 1497
Artikel 3 HKÜ Widerrechtliches Verbringen oder Zurückhalten 1497
Artikel 4 HKÜ Personeller Anwendungsbereich 1499
Artikel 5 HKÜ Umfang von Sorge- und Umgangsrecht 1499
Artikel 6 HKÜ Zentrale Behörde 1500
Artikel 7 HKÜ Zusammenarbeit 1500
Artikel 8 HKÜ Antrag auf Rückgabe 1501
Artikel 9 HKÜ Weiterleitung eines Antrags 1503
Artikel 10 HKÜ Realisierung der Rückgabe 1503
Artikel 11 HKÜ Begründung einer Verfahrensverzögerung 1503
Artikel 12 HKÜ Anordnung der Rückgabe 1504
Artikel 13 HKÜ Ablehnung der Rückgabe 1510

Artikel 14 HKÜ Anwendbares Recht ... 1514
Artikel 15 HKÜ Vorverfahren im Staat des gewöhnlichen Aufenthaltes ... 1514
Artikel 16 HKÜ Sorgerechtsentscheidung nach widerrechtlichem Verbringen oder Zurückhalten ... 1515
Artikel 17 HKÜ Sorgerechtsentscheidung und Rückgabe ... 1516
Artikel 18 HKÜ Sonstige Rückgabeanordnungen ... 1516
Artikel 19 HKÜ Verhältnis zu Sorgerechtsentscheidungen ... 1516
Artikel 20 HKÜ Menschenrechte ... 1517
Artikel 21 HKÜ Recht zum persönlichen Umgang ... 1517
Artikel 22 HKÜ Keine Sicherheitsleistung oder Hinterlegung ... 1517
Artikel 23 HKÜ Formfreiheit ... 1517
Artikel 24 HKÜ Übersetzung ... 1517
Artikel 25 HKÜ Prozesskosten- und Beratungshilfe ... 1518
Artikel 26 HKÜ Verfahrenskosten ... 1518
Artikel 27 HKÜ Offenkundig unbegründeter Antrag ... 1519
Artikel 28 HKÜ Bevollmächtigung ... 1519
Artikel 29 HKÜ Rechtsweg ... 1519
Artikel 30 HKÜ Annahmeverpflichtung ... 1520
Artikel 34 HKÜ Vorrang dieses Übereinkommens ... 1520
Artikel 35 HKÜ Zeitliche Anwendbarkeit ... 1520
Artikel 36 HKÜ Verzicht auf Einschränkungen ... 1521
Artikel 42 HKÜ Vorbehalte ... 1521

Abschnitt 2
Europäisches Sorgerechtsübereinkommen – ESÜ

Vorbemerkung ... 1522
Artikel 1 ESÜ Begriffsbestimmungen ... 1523

Teil I
Zentrale Behörden

Artikel 2 ESÜ Zentrale Behörden ... 1523
Artikel 3 ESÜ Zusammenarbeit ... 1523
Artikel 4 ESÜ Vollstreckungsantrag ... 1524
Artikel 5 ESÜ Verfahren, Kosten ... 1524
Artikel 6 ESÜ Spracherfordernisse ... 1525

Teil II
Anerkennung und Vollstreckung von Entscheidungen und Wiederherstellung des Sorgeverhältnisses

Artikel 7 ESÜ Anerkennung ... 1526
Artikel 8 ESÜ Wiederherstellung des Sorgeverhältnisses ... 1526
Artikel 9 ESÜ Versagung bei formellen Hindernissen ... 1527
Artikel 10 ESÜ Versagung bei materiellen Hindernissen ... 1528
Artikel 11 ESÜ Persönlicher Umgang mit dem Kind ... 1529
Artikel 12 ESÜ Nachträgliche Entscheidung ... 1529

Teil III
Verfahren

Artikel 13 ESÜ Notwendige Anlagen ... 1530
Artikel 14 ESÜ Verfahrensart ... 1530
Artikel 15 ESÜ Amtsermittlungsgrundsatz ... 1530
Artikel 16 ESÜ Formfreiheit ... 1531

Teil IV
Vorbehalte

Artikel 17 ESÜ Vorbehalte zu Art. 8 bis 10 ... 1531
Artikel 18 ESÜ Vorbehalte zu Art. 12 ... 1531

Teil V
Andere Übereinkünfte

Artikel 19 ESÜ Kein Ausschluss anderer Rechtsmittel ... 1531
Artikel 20 ESÜ Kein Ausschluss weitergehender Verpflichtungen ... 1532

Teil VI
Schlussbestimmungen

Abschnitt 3
Haager Kinderschutzübereinkommen – KSÜ

Vorbemerkung ... 1533

Kapitel I
Anwendungsbereich des Übereinkommens

Artikel 1 KSÜ Ziel dieses Übereinkommens ... 1534
Artikel 2 KSÜ Anwendung auf Kinder ... 1534
Artikel 3 KSÜ Umfang der Maßnahmen ... 1534
Artikel 4 KSÜ Nicht eingeschlossene Maßnahmen ... 1535

Kapitel II
Zuständigkeit

Artikel 5 KSÜ Zuständigkeit bei Maßnahmen zum Schutz der Person oder des Vermögens des Kindes ... 1536
Artikel 6 KSÜ Zuständigkeit über Flüchtlingskinder ... 1537
Artikel 7 KSÜ Zuständigkeit bei widerrechtlichem Verbringen oder Zurückhalten des Kindes ... 1538
Artikel 8 KSÜ Ausnahmen ... 1539
Artikel 9 KSÜ Gestattung der Zuständigkeitsausübung durch einen anderen Vertragsstaat ... 1540
Artikel 10 KSÜ Entscheidung über einen Antrag auf Scheidung, Trennung, Aufhebung oder Nichtigerklärung der Ehe der Eltern eines Kindes ... 1541
Artikel 11 KSÜ Zuständigkeit in dringenden Fällen ... 1542
Artikel 12 KSÜ Vorläufige Maßnahmen zum Schutz der Person oder des Vermögens des Kindes ... 1543
Artikel 13 KSÜ Ausschluss der Zuständigkeitsausübung ... 1544
Artikel 14 KSÜ Weitergeltung der Maßnahmen bei Änderung der Umstände ... 1544

Kapitel III
Anzuwendendes Recht

Artikel 15 KSÜ Recht des Vertragsstaats ... 1545
Artikel 16 KSÜ Zuweisung oder Erlöschen der elterlichen Verantwortung ... 1546
Artikel 17 KSÜ Ausübung der elterlichen Verantwortung ... 1549
Artikel 18 KSÜ Entzug der elterlichen Verantwortung ... 1549
Artikel 19 KSÜ Rechtsgeschäfte mit Dritten ... 1549
Artikel 20 KSÜ Anwendbarkeit des Rechts eines Nichtvertragsstaats ... 1549
Artikel 21 KSÜ Rechtsbegriff ... 1549
Artikel 22 KSÜ Ordre public ... 1550

Kapitel IV
Anerkennung und Vollstreckung

Artikel 23 KSÜ Anerkennung der Maßnahmen ... 1550
Artikel 24 KSÜ Entscheidung über Anerkennung der Maßnahmen ... 1551
Artikel 25 KSÜ Bindungswirkung ... 1551
Artikel 26 KSÜ Vollstreckung ... 1551
Artikel 27 KSÜ Überprüfung der Maßnahme ... 1552
Artikel 28 KSÜ Ort der Vollstreckung ... 1552

Kapitel V
Zusammenarbeit

Artikel 29 KSÜ Bestimmung einer Zentralen Behörde ... 1552
Artikel 30 KSÜ Zusammenarbeit ... 1553
Artikel 31 KSÜ Aufgaben ... 1553
Artikel 32 KSÜ Begründetes Ersuchen ... 1553
Artikel 33 KSÜ Unterbringung des Kindes; Betreuung ... 1554
Artikel 34 KSÜ Schutzmaßnahme ... 1554
Artikel 35 KSÜ Ersuchen um Hilfe ... 1554
Artikel 36 KSÜ Benachrichtigung bei schwerer Gefahr ... 1555
Artikel 37 KSÜ Gefahr für Person/Vermögen des Kindes oder Freiheit/Leben eines Familienangehörigen des Kindes ... 1555
Artikel 38 KSÜ Kostentragung ... 1555
Artikel 39 KSÜ Zwischenstaatliche Vereinbarungen ... 1555

Kapitel VI
Allgemeine Bestimmungen

Artikel 40 KSÜ Bescheinigung über Berechtigung zum Handeln ... 1556
Artikel 41 KSÜ Datenschutz ... 1556
Artikel 42 KSÜ Vertraulichkeit ... 1556
Artikel 43 KSÜ Förmlichkeit ... 1556
Artikel 44 KSÜ Zuständige Behörden ... 1556
Artikel 50 KSÜ Verhältnis zu Übereinkommen vom 25. Oktober 1980 über die zivilrechtlichen Aspekte internationaler Kindesentführung ... 1557
Artikel 51 KSÜ Übereinkommen vom 5. Oktober 1961 über die Zuständigkeit der Behörden und das anzuwendende Recht auf dem Gebiet des Schutzes von Minderjährigen ... 1557
Artikel 52 KSÜ Internationale Übereinkünfte ... 1558
Artikel 53 KSÜ Zeitlicher Geltungsbereich ... 1558
Artikel 54 KSÜ Sprache ... 1558

Artikel 55 KSÜ Vorbehalte ... 1559
Artikel 60 KSÜ Vorbehalte ... 1559

Kapitel 4
EGBGB

Teil 1
Allgemeine Vorschriften

2. Kapitel
Internationales Privatrecht

1. Abschnitt
Allgemeine Vorschriften

Artikel 3 EGBGB Anwendungsbereich; Verhältnis zu Regelungen der Europäischen Union und zu völkerrechtlichen Vereinbarungen ... 1560
Artikel 4 EGBGB Verweisung ... 1561
Artikel 5 EGBGB Personalstatut ... 1562
Artikel 6 EGBGB Öffentliche Ordnung (ordre public) ... 1562

2. Abschnitt
Recht der natürlichen Personen und der Rechtsgeschäfte

Artikel 7 EGBGB Rechtsfähigkeit und Geschäftsfähigkeit ... 1563

3. Abschnitt
Familienrecht

Artikel 13 EGBGB Eheschließung ... 1564
Artikel 19 EGBGB Abstammung ... 1567
Artikel 20 EGBGB Anfechtung der Abstammung ... 1573
Artikel 21 EGBGB Wirkungen des Eltern-Kind-Verhältnisses ... 1574
Artikel 22 EGBGB Annahme als Kind ... 1575
Artikel 23 EGBGB Zustimmung ... 1575
Artikel 24 EGBGB Vormundschaft, Betreuung und Pflegschaft ... 1575

Kapitel 5
Internationales Familienrechtsverfahrensgesetz – IntFamRVG

Vorbemerkung ... 1577

Abschnitt 1
Anwendungsbereich; Begriffsbestimmungen

§ 1 IntFamRVG Anwendungsbereich ... 1577
§ 2 IntFamRVG Begriffsbestimmungen ... 1579

Abschnitt 2
Zentrale Behörde; Jugendamt

§ 3 IntFamRVG Bestimmung der Zentralen und der nationalen Behörde ... 1580
§ 4 IntFamRVG Übersetzungen bei eingehenden Ersuchen ... 1580
§ 5 IntFamRVG Übersetzungen bei ausgehenden Ersuchen ... 1581

§ 6 IntFamRVG	Aufgabenerfüllung durch die Zentrale Behörde	1581
§ 7 IntFamRVG	Aufenthaltsermittlung	1582
§ 8 IntFamRVG	Anrufung des Oberlandesgerichts	1582
§ 9 IntFamRVG	Mitwirkung des Jugendamts an Verfahren	1583

Abschnitt 3
Gerichtliche Zuständigkeit und Zuständigkeitskonzentration

§ 10 IntFamRVG	Örtliche Zuständigkeit für die Anerkennung und Vollstreckung	1584
§ 11 IntFamRVG	Örtliche Zuständigkeit nach dem Haager Kindesentführungsübereinkommen	1584
§ 12 IntFamRVG	Zuständigkeitskonzentration	1584
§ 13 IntFamRVG	Zuständigkeitskonzentration für andere Familiensachen	1585
§ 13a IntFamRVG	Verfahren bei grenzüberschreitender Abgabe	1588

Abschnitt 4
Allgemeine gerichtliche Verfahrensvorschriften

§ 14 IntFamRVG	Familiengerichtliches Verfahren	1592
§ 15 IntFamRVG	Einstweilige Anordnungen	1593

Abschnitt 5
Zulassung der Zwangsvollstreckung, Anerkennungsfeststellung und Wiederherstellung des Sorgeverhältnisses

Unterabschnitt 1
Zulassung der Zwangsvollstreckung im ersten Rechtszug

§ 16 IntFamRVG	Antragstellung	1593
§ 17 IntFamRVG	Zustellungsbevollmächtigter	1594
§ 18 IntFamRVG	Einseitiges Verfahren	1595
§ 19 IntFamRVG	Besondere Regelungen zum Europäischen Sorgerechtsübereinkommen	1595
§ 20 IntFamRVG	Entscheidung	1595
§ 21 IntFamRVG	Bekanntmachung der Entscheidung	1596
§ 22 IntFamRVG	Wirksamwerden der Entscheidung	1597
§ 23 IntFamRVG	Vollstreckungsklausel	1598

Unterabschnitt 2
Beschwerde

§ 24 IntFamRVG	Einlegung der Beschwerde; Beschwerdefrist	1598
§ 25 IntFamRVG	Einwendungen gegen den zu vollstreckenden Anspruch	1600
§ 26 IntFamRVG	Verfahren und Entscheidung über die Beschwerde	1600
§ 27 IntFamRVG	Anordnung der sofortigen Wirksamkeit	1600

Unterabschnitt 3
Rechtsbeschwerde

§ 28 IntFamRVG	Statthaftigkeit der Rechtsbeschwerde	1601
§ 29 IntFamRVG	Einlegung und Begründung der Rechtsbeschwerde	1601

§ 30 IntFamRVG Verfahren und Entscheidung über die Rechtsbeschwerde 1601
§ 31 IntFamRVG Anordnung der sofortigen Wirksamkeit 1601

Unterabschnitt 4
Feststellung der Anerkennung

§ 32 IntFamRVG Anerkennungsfeststellung 1602

Unterabschnitt 5
Wiederherstellung des Sorgeverhältnisses

§ 33 IntFamRVG Anordnung auf Herausgabe des Kindes 1602

Unterabschnitt 6
Aufhebung oder Änderung von Beschlüssen

§ 34 IntFamRVG Verfahren auf Aufhebung oder Änderung 1603
§ 35 IntFamRVG Schadensersatz wegen ungerechtfertigter Vollstreckung 1603

Unterabschnitt 7
Vollstreckungsabwehrklage

§ 36 IntFamRVG Vollstreckungsabwehrklage bei Titeln über Verfahrenskosten 1604

Abschnitt 6
Verfahren nach dem Haager Kindesentführungsübereinkommen

§ 37 IntFamRVG Anwendbarkeit 1604
§ 38 IntFamRVG Beschleunigtes Verfahren 1604
§ 39 IntFamRVG Übermittlung von Entscheidungen 1605
§ 40 IntFamRVG Wirksamkeit der Entscheidung; Rechtsmittel 1605
§ 41 IntFamRVG Bescheinigung über Widerrechtlichkeit 1607
§ 42 IntFamRVG Einreichung von Anträgen bei dem Amtsgericht 1607
§ 43 IntFamRVG Verfahrenskosten- und Beratungshilfe 1608

Abschnitt 7
Vollstreckung

§ 44 IntFamRVG Ordnungsmittel; Vollstreckung von Amts wegen 1608

Abschnitt 8
Grenzüberschreitende Unterbringung

§ 45 IntFamRVG Zuständigkeit für die Zustimmung zu einer Unterbringung 1611
§ 46 IntFamRVG Konsultationsverfahren 1611
§ 47 IntFamRVG Genehmigung des Familiengerichts 1611

Abschnitt 9
Bescheinigungen zu inländischen Entscheidungen nach der Verordnung (EG) Nr. 2201/2003

§ 48 IntFamRVG Ausstellung von Bescheinigungen 1615
§ 49 IntFamRVG Berichtigung von Bescheinigungen 1615

Abschnitt 10
Verfahren nach dem Europäischen Adoptionsübereinkommen

§ 50 IntFamRVG Verfahren der nationalen Behörde 1615

Abschnitt 11
Kosten

§§ 51 bis 53 IntFamRVG (weggefallen) 1616
§ 54 IntFamRVG Übersetzungen 1616

Abschnitt 12
Übergangsvorschriften

§§ 55 bis 56 IntFamRVG (Übergangsvorschriften) 1616

Kapitel 6

Mediation in internationalen Kindschaftskonflikten 1617

Stichwortverzeichnis 1621

Übersicht Arbeitshilfen

Grün	§ 1594 BGB Anerkennung der Vaterschaft	Rn. 24	Checkliste Vaterschaftsanerkennung
Grün	§ 1599 BGB Nichtbestehen der Vaterschaft	Rn. 42	Checkliste Vaterschaftsanfechtung
Grün	§ 1600d BGB Persönliche Anfechtung; Anfechtung bei fehlender oder beschränkter Geschäftsfähigkeit	Rn. 45	Checkliste Vaterschaftsfeststellung zu § 1600d BGB
Fink	§ 1626a BGB Elterliche Sorge nicht miteinander verheirateter Eltern; Sorgeerklärungen	Rn. 3	Übersicht: Voraussetzungen des § 1626a Abs. 1 BGB
Cirullies	§ 1666 BGB Gerichtliche Maßnahmen bei Gefährdung des Kindeswohls	Rn. 84	Prüfungsschema bei Kindeswohlgefährdung
Keuter	§ 1671 BGB Übertragung der Alleinsorge bei Getrenntleben der Eltern	Rn. 3	Übersicht: Die Übertragung der elterlichen Sorge nach § 1671 Abs. 1 und 2 BGB
Keuter	§ 1671 BGB Übertragung der Alleinsorge bei Getrenntleben der Eltern	Rn. 60	Übersicht zu § 1671 Abs. 3 BGB
Keuter	§ 1671 BGB Übertragung der Alleinsorge bei Getrenntleben der Eltern	Rn. 65	Checkliste für Sorgerechtsanträge nach § 1671 Abs. 1 oder 2 BGB
Keuter	§ 1675 BGB Wirkung des Ruhens	Rn. 6	Übersicht: Das Ruhen der elterlichen Sorge eines Elternteils und das Sorgerecht des anderen
Keuter	§ 1678 BGB Folgen der tatsächlichen Verhinderung oder des Ruhens für den anderen Elternteil	Rn. 3	Übersicht: Ausfall eines gemeinsam sorgeberechtigten Elternteils
Keuter	§ 1678 BGB Folgen der tatsächlichen Verhinderung oder des Ruhens für den anderen Elternteil	Rn. 4	Übersicht: Ausfall eines nach §§ 1626a Abs. 3, 1671 BGB allein sorgeberechtigten Elternteils
Gottschalk	§ 1684 BGB Umgang des Kindes mit den Eltern	Rn. 4	Schaubild („Lösung" von fortdauernden Umgangskonflikten)
Gottschalk	§ 1684 BGB Umgang des Kindes mit den Eltern	Rn. 53	Tenorierungsbeispiel für ein Umgangsregelung gem. § 1684 Abs. 3 Satz 1 BGB
Gottschalk	§ 1684 BGB Umgang der Kinder mit den Eltern	Rn. 63	Übersicht: Umgangspflegschaft

Gott-schalk	§ 1684 BGB Umgang der Kinder mit den Eltern	Rn. 81	Umgangsbegleitung, Umgangsausschluss
Gott-schalk	§ 1684 BGB Umgang des Kindes mit den Eltern	Rn. 87a	Übersicht Beendigung des Umgangsverfahrens
Gott-schalk	§ 1685 BGB Umgang des Kindes mit anderen Bezugspersonen	Rn. 26	Übersicht: Verfahrensbeendigung in Verfahren nach § 1685 BGB
Gott-schalk	§ 1686 BGB Auskunft über die persönlichen Verhältnisse des Kindes	Rn. 19	Übersicht: Auskunftsrechte
Gott-schalk	§ 1686a BGB Rechte des leiblichen nicht rechtlichen Vaters	Rn. 27	Tenorierungsbeispiele für den Umgang gem. § 1686a BGB
Gott-schalk	§ 1687 BGB Ausübung der gemeinsamen elterlichen Sorge bei Getrenntleben	Rn. 14	Abgrenzung der Angelegenheiten nach § 1687 Abs. 1 BGB
Braun	vor § 1741 BGB Zulässigkeit der Annahme	Vor § 1741 BGB	Übersicht: Voraussetzungen einer Minderjährigenadoption
Braun	1757 BGB Die Folgen für den Nachnamen bei der Annahme als Kind	Rn. 8	Übersicht: Die Folgen für den Nachnamen bei der Annahme als Kind
Braun	vor § 1767 BGB Ehe zwischen Annehmendem und Kind	Vor § 1767 BGB	Übersicht: Voraussetzungen einer Volljährigenadoption mit den Wirkungen nach § 1770 BGB
Braun	vor § 1767 BGB Ehe zwischen Annehmendem und Kind	Vor § 1767 BGB	Übersicht: Voraussetzungen einer Volljährigenadoption mit den Wirkungen der Minderjährigenannahme (§ 1772 Abs. 1 BGB)
Dürbeck	§ 1789 BGB Bestellung durch das Familiengericht	Rn. 5	Stufen des Vormundschaftsverfahrens
Dürbeck	§ 1796 BGB Entziehung der Vertretungsmacht	Rn. 9	Vertretungshindernisse
Dürbeck	§ 1821 BGB Genehmigung für Geschäfte über Grundstücke, Schiffe oder Schiffsbauwerke	Rn. 22	Genehmigungserfordernis nach §§ 1821 f. BGB
Cirullies	§ 3 GewSchG Geltungsbereich, Konkurrenzen	Rn. 3	Übersicht: Gesetzeskonkurrenz
Köhler	§ 1 FamFG Anwendungsbereich	Rn. 4	Übersicht: Einordnung der freiwilligen Gerichtsbarkeit
Cirullies	§ 25 FamFG Anträge und Erklärungen zur Niederschrift der Geschäftsstelle	Rn. 4	Übersicht: Antragsverfahren – Amtsverfahren

Cirullies	§ 38 FamFG Entscheidung durch Beschluss	Rn. 4	Beispiel Rubrum
Cirullies	§ 40 FamFG Wirksamwerden	Rn. 3	Übersicht: Mögliche Wirksamkeitszeitpunkte – chronologisch geordnet
Lack	§ 50 FamFG Zuständigkeit	Rn. 10	Übersicht: Prüfung der Zuständigkeit
Lack	§ 51 FamFG Verfahren	Rn. 17	Übersicht: Verfahren der einstweiligen Anordnung
Dürbeck	§ 58 FamFG Statthaftigkeit der Beschwerde	Rn. 16	Übersicht: Das Beschwerdeverfahren nach §§ 58 ff. FamFG
Dürbeck	§ 77 FamFG Bewilligung	Rn. 3	Bewilligung von Verfahrenskostenhilfe und Beiordnung eines Rechtsanwalts
Dürbeck	§ 80 FamFG Umfang der Kostenpflicht	Rn. 23	Übersicht: Gebührenverfahrenswert
Cirullies	§ 86 FamFG Vollstreckungstitel	Rn. 6	Übersicht: Grundlagen der Vollstreckung
Cirullies	§ 86 FamFG Verfahren; Beschwerde	Rn. 27	Übersicht: Vollstreckung nach §§ 86 ff. FamFG
Cirullies	§ 89 FamFG Ordnungsmittel	Rn. 20	Übersicht: Beitreibung von Ordnungs- und Zwangsgeld
Cirullies	§ 89 FamFG Ordnungsmittel	Rn. 21a	Übersicht: Vollstreckung der Ordnungshaft
Cirullies	§ 90 FamFG Anwendung unmittelbaren Zwangs	Rn. 13	Übersicht: Vollstreckung der Kindesherausgabe nach FamFG
Keuter	§ 152 FamFG Örtliche Zuständigkeit	Rn. 8	Übersicht örtliche Zuständigkeit in Kindschaftssachen
Fink	§ 155a FamFG Verfahren zur Übertragung der gemeinsamen elterlichen Sorge	Rn. 3	Übersicht: Voraussetzungen und Ablauf des Verfahrens nach § 155a FamFG
Wegener	§ 156 FamFG Hinwirken auf Einvernehmen	Rn. 28c	Übersicht: Einbeziehung des Kindes in die Einigungsbemühungen durch das Familiengericht (§ 156 Abs. 1 und 2 FamFG)
Wegener	§ 156 FamFG Hinwirken auf Einvernehmen	Rn. 37	Übersicht: Stufen der Konfliktintensität
Wegener	§ 156 FamFG Hinwirken auf Einvernehmen	Rn. 39	Übersicht: Stufen der Konflikteskalation
Wegener	§ 156 FamFG Hinwirken auf Einvernehmen	R. 65e	Tenorierungsbeispiele für einen Billigungsbeschluss

Wegener	§ 156 FamFG Hinwirken auf Einvernehmen	Rn. 76	Anhang: Der Ablauf des Termins in Kindschaftssachen
Keuter	§ 158 FamFG Verfahrensbeistand	Rn. 28	Übersicht: Aufgaben des Verfahrensbeistands
Keuter	§ 158 FamFG Verfahrensbeistand	Rn. 45	Übersicht: Vergütung des Verfahrensbeistands
Heilmann	§ 159 FamFG Persönliche Anhörung des Kindes	Rn. 32a	Übersicht: Kommunikative Entwicklung bei Kindern
Heilmann	§ 159 FamFG Persönliche Anhörung des Kindes	Rn. 37	Übersicht: Ablauf der Kindesanhörung
Wegener	§ 160 FamFG Anhörung der Eltern	Rn. 25	Übersicht: Elternanhörung
Wegener	§ 160 FamFG Verhandlungsführung	Rn. 33a	Übersicht: Verhandlungsführung
Dürbeck	§ 162 FamFG Mitwirkung des Jugendamts	Rn. 29	Übersicht: Das Jugendamt im kindschaftsrechtlichen Verfahren
Heilmann	§ 163 FamFG Fristsetzung bei schriftlicher Begutachtung; Inhalt des Gutachtenauftrags; Vernehmung des Kindes	Rn. 57	Übersicht: Überprüfung eines Gutachtens
Heilmann	§ 163 FamFG Fristsetzung bei schriftlicher Begutachtung; Inhalt des Gutachtenauftrags; Vernehmung des Kindes	Rn. 65	Checkliste zu § 163 FamFG
Gottschalk	§ 165 FamFG Vermittlungsverfahren	Rn. 12	Übersicht: Ablauf des Vermittlungsverfahrens
Gottschalk	§ 166 FamFG Abänderung und Überprüfung von Entscheidungen und gerichtlich gebilligten Vergleichen	Rn. 29	Übersicht: Überprüfungs- und Abänderungsverfahren
Gottschalk	§ 167a FamFG Besondere Vorschriften für das Verfahren nach § 1686a des Bürgerlichen Gesetzbuches	Rn. 22	Übersicht: Das Verfahren betreffend den Umgang des biologischen Vaters
Grün	§ 171 FamFG Antrag	Rn. 12–19	Beispiele für die Antragsformulierung
Braun	Vor § 186 FamFG Adoptionssachen	Vor § 186 FamFG	Übersicht: Verfahrensablauf bei Annahme eines minderjährigen Kindes (Minderjährigenadoption)
Braun	Vor § 186 FamFG Adoptionssachen	Vor § 186 FamFG	Übersicht Verfahrensablauf bei Annahme eines volljährigen Kindes (Volljährigenadoption)

Braun	Vor § 186 FamFG Adoptionssachen	Vor § 186 FamFG	Übersicht: Verfahrensablauf bei Ersetzung der Einwilligung eines leiblichen Elternteils
Braun	Vor § 186 FamFG Adoptionssachen	Vor § 186 FamFG	Übersicht: Verfahrensablauf bei Aufhebung einer Adoption
Braun	Anhang zu § 199 FamFG – Die Verfahren auf Anerkennung und Umwandlung von ausländischen Adoptionen nach dem Adoptionswirkungsgesetz	Rn. 57a	Übersicht: Anerkennungsverfahren (§ 2 Abs. 1 und 2 AdWirkG)
Braun	Anhang zu § 199 FamFG – Die Verfahren auf Anerkennung und Umwandlung von ausländischen Adoptionen nach dem Adoptionswirkungsgesetz	Rn. 57b	Übersicht: Umwandlungsverfahren (§ 3 AdWirkG)
Keuter	§ 17a GVG Rechtswegentscheidung	Rn. 24	Tabellarische Übersicht: Kompetenzkonflikte
Heilmann	§ 8 RPflG Gültigkeit von Geschäften	Rn. 13	Übersicht: Rechtsfolgen einer Verletzung der funktionellen Zuständigkeit
Heilmann	§ 11 RPflG Rechtsbehelfe	Rn. 28	Übersicht: Zulässigkeit und Begründetheit der Erinnerung
Lack	§ 4 KGG Beratung und Übermittlung von Informationen durch Geheimnisträger bei Kindeswohlgefährdung	Rn. 7	Übersicht: Abgrenzung Beratungsansprüche § 8b Abs. 1 SGB VIII/§ 4 Abs. 2 KKG
Lack	§ 4 KGG Beratung und Übermittlung von Informationen durch Geheimnisträger bei Kindeswohlgefährdung	Rn. 9	Übersicht: Keine „Schweigepflichtverletzung"
Lack	§ 4 KGG Beratung und Übermittlung von Informationen durch Geheimnisträger bei Kindeswohlgefährdung	Rn. 11	Übersicht: Beratung und Übermittlung von Informationen durch Geheimnisträger bei Kindeswohlgefährdung (§ 4 KKG)
Dürbeck	§ 42 SGB VIII Inobhutnahme von Kindern und Jugendlichen	Rn. 26	Übersicht: Inobhutnahme eines Minderjährigen nach § 42 Abs. 1 Nr. 2 SGB VIII
Schweppe	Auslandsbezüge Vorbemerkungen	Rn. 15	Übersicht: Internationale Übereinkommen
Schweppe	Auslandsbezüge Vorbemerkungen	Rn. 15	Staatenliste
Schweppe	Auslandsbezüge Vorbemerkungen	Rn. 21	Übersicht: Internationale Zuständigkeit deutscher Gerichte in Kindschaftssachen

Schweppe	Auslandsbezüge Vorbemerkungen	Rn. 22	Übersicht: perpetuatio fori
Schweppe	Auslandsbezüge Vorbemerkungen	Rn. 27	Übersicht: Anzuwendendes Recht (Prüfungsreihenfolge)
Schweppe	Auslandsbezüge Art. 42 Brüssel IIa-VO Rückgabe des Kindes	Rn. 5	Übersicht: Vollstreckbarkeit nach Art. 40, 41, 42 Brüssel IIa-VO
Schweppe	Auslandsbezüge Art. 12 HKÜ Anordnung der Rückgabe	Rn. 21	Übersicht: Verfahren nach dem HKÜ
Schweppe	Auslandsbezüge Art. 12 HKÜ Anordnung der Rückgabe	Rn. 22	Übersicht: HKÜ und Brüssel IIa-VO (Modifizierung des HKÜ bei Anwendung innerhalb der EU-Mitgliedstaaten)
Schweppe	Auslandsbezüge § 1 IntFamRVG Anwendungsbereich	Rn. 2	Übersicht: Anerkennung und Vollstreckung ausländischer Entscheidungen
Schweppe	Auslandsbezüge § 13 IntFamRVG Zuständigkeitskonzentration für andere Familiensachen	Rn. 9	Übersicht: Zuständigkeitskonzentration
Schweppe	Auslandsbezüge § 13a IntFamRVG Verfahren bei grenzüberschreitender Abgabe	Rn. 14	Übersicht: Grenzüberschreitende Abgabe von gerichtlichen Verfahren
Schweppe	Auslandsbezüge § 44 IntFamRVG Ordnungsmittel; Vollstreckung von Amts wegen	Rn. 9	Übersicht: Beschwerde und Vollstreckung in HKÜ-Verfahren

Der Herausgeber

Heilmann, Stefan, Prof. Dr. jur., Vorsitzender Richter am Oberlandesgericht Frankfurt am Main, 1. Senat für Familiensachen; Honorarprofessor an der Frankfurt University of Applied Science; Mitherausgeber und Schriftleiter der Zeitschrift für Kindschaftsrecht und Jugendhilfe (ZKJ); Mitglied der Kinderrechtekommission des Deutschen Familiengerichtstages e.V. und der Wissenschaftlichen Vereinigung für Familienrecht e.V.; Veröffentlichungen sowie Vortrags- und Lehrtätigkeit insbesondere zum Kindschaftsrecht sowie zum Verfahrensrecht.

Bearbeiter von §§ 159, 161, 163–164 FamFG, 1–11, §§ 13–40 RPflG

Die Autoren

Braun, Christian, L.L.M. (Trinity College Dublin) ist Richter am Amtsgericht Frankfurt am Main. Seit 2009 bearbeitet er im Familiendezernat als einziger Richter im Amtsgerichtsbezirk Frankfurt am Main Adoptionssachen und ist aufgrund der Konzentrationszuständigkeit für Adoptionssachen mit Auslandsbezug und für Verfahren nach dem Adoptionswirkungsgesetz im Bundesland Hessen zuständig.

Bearbeiter von §§ 1741–1772 BGB, §§ 101, 186–199 FamFG, Anhang zu § 199 FamFG, Art. 24 HAÜ

Cirullies, Michael, Dr. jur., war Aufsicht führender Richter am Amtsgericht und viele Jahre als Familienrichter bei dem AG Hagen tätig. Zudem war er Leiter der Prüfgruppe für Gerichtsvollzieherprüfungen bei dem LG Hagen. Neben zahlreichen Fachaufsätzen zum Familienverfahrens- und Vollstreckungsrecht verfasste er die FamRZ-Bücher „Vollstreckung in Familiensachen" und „Schutz bei Gewalt und Nachstellung". Er ist darüber hinaus Mitautor des FamFG-Kommentars „Bork/Jacoby/Schwab", des „Münchener Prozessformularbuchs Familienrecht" sowie des Handbuchs „Familienvermögensrecht". Als Vorsitzender des „Arbeitskreises Trennungskinder" in Hagen ist er um interdisziplinäre Zusammenarbeit bemüht.

Bearbeiter von §§ 1666–1666a BGB, GewSchG, §§ 23–57, 86–96a, 157 FamFG

Dürbeck, Werner, Dr. jur., Richter am Oberlandesgericht Frankfurt am Main, 5. Senat für Familiensachen, Veröffentlichungen vor allem im Bereich der Prozesskosten- und Beratungshilfe, des Kostenrechts, des Kindschaftsrechts und des Kinder- und Jugendhilferechts.

Bearbeiter von §§ 1773–1895, 1909–1921 BGB, §§ 58–85, 162, 168 FamFG

Fink, Sandra, Dr. jur., Richterin am Oberlandesgericht Frankfurt am Main, 3. Senat für Familiensachen. Dissertation 2004 „Die Verwirklichung des Kindeswohls im Sorgerecht für nichtverheiratete Eltern". Veröffentlichungen und Vortragstätigkeit vor allem zum Kindschaftsrecht. In der Zeit von 2009 bis 2011 wissenschaftliche Mitarbeiterin am Bundesverfassungsgericht und dort insbesondere zuständig für das Kindschaftsrecht. Mitglied der Kinderrechtekommission des Deutschen Familiengerichtstags seit 2011.

Bearbeiterin von §§ 1616–1618, 1626–1665 BGB, §§ 155–155a, 167 FamFG

Gottschalk, Yvonne, ist Richterin am Oberlandesgericht Frankfurt am Main, 1. Senat für Familiensachen. Veröffentlichungen und Vorträge zum Kindschaftsrecht und zur Verfahrenskostenhilfe. Mitarbeiterin bei der Zeitschrift für Kindschaftsrecht und Jugendhilfe (ZKJ).

Bearbeiterin von §§ 1684–1697a BGB, §§ 165–166, 167a FamFG

Grün, Klaus-Jürgen, ist Vorsitzender eines Familiensenats am Oberlandesgericht Frankfurt am Main. Er ist seit 1991 als Familienrichter tätig, zunächst am Amtsgericht Gießen und seit 2005 am Oberlandesgericht Frankfurt am Main. Von 1996 – 1998 war er an das Bundesministerium der Justiz abgeordnet und dort dem Referat für Unterhaltsrecht und Versorgungsausgleich zugewiesen. Dabei war er u.a. mit dem KindUG und dem KindRG befasst. Er ist unter anderem Autor des Buches „Vaterschaftsfeststellung und -anfechtung" und Mitautor zweier Loseblatt-Werke zur erfolgreichen Bearbeitung von Familiensachen und zum Unterhaltsrecht. Ferner ist er Autor zahlreicher Aufsätze und Entscheidungsbesprechungen und tritt als Referent in der Fortbildung von Richtern, Rechtsanwälten und Jugendamtsmitarbeitern in Erscheinung.

Bearbeiter von §§ 1591–1600d BGB, §§ 100, 169–185 FamFG

Keuter, Wolfgang, studierte von 1974 bis 1980 Rechtswissenschaften in Münster/Westfalen. Er trat nach dem Referendariat und einer kurzen anwaltlichen Tätigkeit 1983 beim Landgericht in Stade in den niedersächsischen Richterdienst. 1986 wurde er zum Richter am Amtsgericht in Bad Iburg ernannt, wo er seit 1991 als Familienrichter tätig ist. 2014 wurde er stellvertretender Direktor des AG Bad Iburg. Im selben Jahr erschien das von ihm verfasste Buch „Das familienrechtliche Mandat – Statusrecht (Abstammung, Adoption, Namensrecht)". Er schreibt regelmäßig Aufsätze und Urteilsanmerkungen in verschiedenen Fachzeitschriften und ist in der Fortbildung von Richterkollegen, die ein Familienrechtsdezernat neu übernehmen, tätig. Seit 2014 ist RiAG Keuter Mitglied der Kinderrechtekommission des Deutschen Familiengerichtstages. Seit 1.11.2019 ist er im Ruhestand.

Bearbeiter von §§ 1597a, 1671–1682 BGB, §§ 114, 137, 140, 151–154, 155b–155c, 158 FamFG, §§ 17a, 23a–23b, 170, 198 GVG, Mitbearbeiter der §§ 1591–1597, 1598–1600d BGB

Köhler, Iven, ist Richter am Oberlandesgericht Frankfurt am Main, 8. Senat für Familiensachen. Er ist seit 2009, zunächst am Amtsgericht Gelnhausen, seit 2018 am Oberlandesgericht Frankfurt am Main als Familienrichter tätig. Von 2012 bis 2015 war er an das Bundesministerium der Justiz und für Verbraucherschutz abgeordnet im Referat Familiengerichtliches Verfahren und Verfahren der freiwilligen Gerichtsbarkeit. Er veröffentlichte zum Familienrecht mit dem Schwerpunkt Kindschaftsrecht in den Zeitschriften FamRZ, JAmt, NZFam und ZKJ.

Bearbeiter von §§ 1–22a FamFG, §§ 1–10, 16–88 SGB VIII, § 1303 BGB, Art. 13, 19–20 EGBGB

Lack, Katrin, Dr. jur., Richterin am Amtsgericht Frankfurt am Main, Familiengericht, und Lehrbeauftragte am Fachbereich Rechtswissenschaft der Johann Wolfgang Goethe-Universität. Dissertation „Möglichkeiten und Grenzen der Gesetzgebung zur Effektivierung des Kinderschutzes", Veröffentlichungen insb. auf dem Gebiet des Kindschaftsrechts und des Kinder- und Jugendhilferechts, u.a. Mitherausgeberin des Handbuchs Psychologische Gutachten im Familienrecht, des Handbuchs Verfahrensbeistandschaft und der Festschrift für Ludwig Salgo „Die Rechte des Kindes".

Bearbeiterin von §§ 49–57 FamFG, §§ 1–4 KKG

Schweppe, Katja, Dr. jur., Richterin am Oberlandesgericht Frankfurt am Main, 4. Senat für Familiensachen. Studium der Rechtswissenschaft in Frankfurt am Main und Leicester (England). Walter-Kolb-Preis der Stadt Frankfurt am Main (2001). Dissertation „Kindesentführungen und Kindesinteressen". Weitere Veröffentlichungen zu den Themen Vormundschaft in Europa und Beteiligung von Kindern an Gerichtsverfahren. Referentin in der Fortbildung für Jugendämter und die Hessische Justizakademie.

Bearbeiterin von §§ 97–99, 108–110 FamFG, Auslandsbezüge Vorbemerkungen, Art. 1–68 Brüssel IIa-VO, Art. 1–45 HKÜ, Art. 1–30 ESÜ, Art. 1–63 KSÜ, Art. 3–7, 21–24 EGBGB, §§ 1–54 IntFamRVG

Wegener, Susanne, Richterin am Oberlandesgericht Frankfurt am Main, 1. Senat für Familiensachen, Güterichterin und zertifizierte Mediatorin, Veröffentlichungen im Themenbereich richterliche Mediation und Güterichterverfahren, Fortbildungstätigkeit an der Hessischen Justizakademie.

Bearbeiterin von §§ 36 Abs. 5, 36a, 156, 160 FamFG, Mediation in internationalen Kindschaftskonflikten

Abkürzungen

Liste der häufigsten Abkürzungen

A

a.A.	anderer Ansicht
a.a.O.	am angegebenen Ort
AdWirkG	Gesetz über Wirkungen der Annahme als Kind nach ausländischem Recht
a.D.	außer Dienst
a.e.S.	alleinige elterliche Sorge
a.F.	alte Fassung
Abb.	Abbildung
ABl.	Amtsblatt
Abs.	Absatz
AK	Arbeitskreis
Alt.	Alternative
AmtsG	Amtsgericht
Anl.	Anlage
Anm.	Anmerkung
AnwBl	Anwaltsblatt
Art.	Artikel
ausf.	ausführlich
Az.	Aktenzeichen

B

BayVGH	Bayerischer Verwaltungsgerichtshof
Bd.	Band
BeckOK	Beck'scher Onlinekommentar (siehe Literatur)
bearb.	bearbeitet
betr.	betrifft
BGB	Bürgerliches Gesetzbuch
BGBl.	Bundesgesetzblatt
BGH	Bundesgerichtshof
BMJV	Bundesministerium für Justiz und Verbraucherschutz
Bsp.	Beispiel
Brüssel IIa-VO	EU-Verordnung vom 27.11.2003 über die Zuständigkeit und die Anerkennung und Vollstreckung von Entscheidungen in Ehesachen und in Verfahren betreffend die elterliche Verantwortung
BT-Drs.	Bundestagsdrucksache
BtPrax	Betreuungsrechtliche Praxis (Zeitschrift)
Buchst.	Buchstabe
BVerfG	Bundesverfassungsgericht
BVerwG	Bundesverwaltungsgericht
bzgl.	bezüglich
bzw.	beziehungsweise

C

ca.	circa

D

ders.	derselbe
DE	Diskussions-Teilentwurf

DFGT	Deutscher Familiengerichtstag
dies.	dieselbe
DIJuF	Deutsches Institut für Jugendhilfe und Familienrecht
d.h.	das heißt
djbZ	Zeitschrift des Deutschen Juristinnenbundes
DS-GVO	Datenschutzgrundverordnung

E

EA	Einstweilige Anordnung
ebd.	ebenda
EGBGB	Einführungsgesetz zum Bürgerlichen Gesetzbuche
EGMR	Europäischer Gerichtshof für Menschenrechte
einschl.	einschließlich
einstw. AO	einstweilige Anordnung
e.S.	elterliche Sorge
EMRK	Europäische Menschenrechtskonvention
ErwG	Erwägungsgrund
ESÜ	Europäisches Übereinkommen vom 20.5.1980 über die Anerkennung und Vollstreckung von Entscheidungen über das Sorgerecht für Kinder und die Wiederherstellung des Sorgeverhältnisses
et al.	und andere
etc.	et cetera
EU	Europäische Union
EUÜ	Europäisches Übereinkommen über den Umgang von und mit Kindern
EuGH	Gerichtshof der Europäischen Union
evtl.	eventuell
e.V.	eingetragener Verein
exkl.	exklusive

F

f./ff.	ferner (folgende)
FA-FamR	Handbuch des Fachanwalts Familienrecht (Hrsg: Gerhardt u.a., siehe Literatur)
FamFG	Gesetz über das Verfahren in Familiensachen und in Angelegenheiten der freiwilligen Gerichtsbarkeit
FamFR	Familienrecht und Familienverfahrensrecht (Zeitschrift)
famger.	familiengerichtlich
FamRZ	Zeitschrift für das gesamte Familienrecht
FF	Forum Familienrecht (Zeitschrift)
fG	Freiwillige Gerichtsbarkeit
FK-SGB VIII	Frankfurter Kommentar SGB VIII (Hrsg.: Münder/Meysen/Trenczek; siehe Literatur)
FPR	Familie, Partnerschaft, Recht (Zeitschrift)
Fn.	Fußnote
FuR	Familie und Recht (Zeitschrift)

G

gem.	gemäß
GFK	Genfer Flüchtlingskonvention
GG	Grundgesetz
ggf.	gegebenenfalls
grd.	grundsätzlich

g.e.S.	gemeinsame elterliche Sorge
ggü.	gegenüber
GVGA	Geschäftsanweisung für Gerichtsvollzieher

H

HAÜ	Haager Adoptionsübereinkommen
HB-VB	Handbuch Verfahrensbeistandschaft (Hrsg.: Salgo/Lack, siehe Literatur)
HKÜ	Haager Übereinkommen vom 25.10.1908 über die zivilrechtlichen Aspekte internationaler Kindesentführungen
h.L.	herrschende Lehre
h.M.	herrschende Meinung
hrsg.	herausgegeben
Hrsg.	Herausgeber
HS	Halbsatz

I

i.A.	im Auftrag
iaf	Verband binationaler Familien und Partnerschaften
i.d.F.	in der Fassung
i.d.R.	in der Regel
i.d.S.	in der Sache
i.e.S.	im engeren Sinne
i.H.v.	in Höhe von
inkl.	inklusive
insbes.	insbesondere
IntFamRVG	Internationales Familienrechtsverfahrensgesetz
IPR	Internationales Privatrecht
IPRax	Praxis des Internationalen Privat- und Verfahrensrechts
ISD	Internationaler Sozialdienst
i.S.d.	im Sinne des
iseF	insoweit erfahrene Fachkraft
i.S.v.	im Sinne von
i.Ü.	im Übrigen
i.V.	in Vertretung
i.V.m.	in Verbindung mit

J

JA	Jugendamt
JAmt	Das Jugendamt (Zeitschrift)
JM	Juris Die Monatszeitschrift
JurBüro	Das juristische Büro (Zeitschrift)
JurisPR-FamR	juris PraxisReport Familien- und Erbrechtrecht

K

KG	Kammergericht
krit.	kritisch
KRK	UN-Konvention über die Rechte des Kindes
KSÜ	Haager Übereinkommen vom 19.10.1996 über die Zuständigkeit, das anzuwendende Recht, die Anerkennung, Vollstreckung und Zusammenarbeit auf dem Gebiet der Elterlichen Verantwortung und der Maßnahmen zum Schutz von Kindern

L

lit.	litera
LKP-SGB VIII	Lehr- und Praxiskommentar SGB VIII (Hrsg.: Kunkel/Kepert/Pattar; siehe Literatur)
LS	Leitsatz
lt.	laut
LT-Drs.	Landtagsdrucksache

M

m.Anm.v.	mit Anmerkung von
max.	maximal
MDR	Monatsschrift für Deutsches Recht
m.E.	meines Erachtens
min.	minimal -er/e
Min.	Minute(n)
Mio.	Millionen
Mrd.	Milliarden
MSA/MSÜ	Haager Übereinkommen vom 5.10.1961 über die Zuständigkeit der Behörden und das anzuwendende Recht auf dem Gebiet des Schutzes von Minderjährigen
mtl.	monatlich
m.w.N.	mit weiteren Nachweisen
MwSt.	Mehrwertsteuer

N

nachf.	nachfolgend
NdsRpfl	Niedersächsische Rechtspflege (Zeitschrift)
NDV	Nachrichtendienst des Deutschen Vereins für öffentliche und private Fürsorge
n.F.	neue Fassung
NJW	Neue Juristische Wochenschrift
Nr.	Nummer
n.v.	nicht veröffentlicht
NZFam	Neue Zeitschrift für Familienrecht

O

o.a.	oben angegeben
o.ä.	oder ähnlich
OLG	Oberlandesgericht

P

p.a.	pro anno
Pos.	Position
pp.	per procura
Prof.	Professor

R

rd.	rund
RdJB	Recht der Jugend und des Bildungswesens
RJA	Reichsjustizamt, Entscheidungen in Angelegenheiten der freiwilligen Gerichtsbarkeit
Rn.	Randnummer
Rpfl.	Rechtspfleger

S

S.	Seite
SchKG	Schwangerschaftskonfliktgesetz
s.a.	siehe auch
s.o.	siehe oben
sog.	so genannt(e)
SorgeRÜbkAG	Sorgerechtsübereinkommens-Ausführungsgesetz vom 5.4.1990
Std.	Stunde(n)
str.	streitig
s.u.	siehe unten

T

Tab.	Tabelle
Tel.	Telefon

U

u.a.	unter anderem
u.ä.	und ähnliches
u.E.	unseres Erachtens
unstr.	unstreitig
usw.	und so weiter
u.U.	unter Umständen

V

v.	von
v.a.	vor allem
v.A.w.	von Amts wegen
Verf.	Verfasser
vgl.	vergleiche
v.H.	vom Hundert
VKH	Verfahrenskostenhilfe
Vorbem.	Vorbemerkung

W

wg.	wegen

Z

z.B.	zum Beispiel
z.Hd.	zu Händen
Ziff.	Ziffer
zit.	zitiert
ZfJ	Zentralblatt für Jugendrecht
ZKJ	Zeitschrift für Kindschaftsrecht und Jugendhilfe
ZPO	Zivilprozessordnung
z.T.	zum Teil
zzgl.	zuzüglich
z.Zt.	zurzeit

Literatur

A

Adelmann, N.: Bundesverfassungsgericht schafft „Kindergrundrecht", JAmt 2008, 289.

Alberstötter, U.: Gewaltige Beziehungen, in: Weber/Alberstötter/Schilling, Beratung von Hochkonflikt-Familien, Weinheim 2013.

Alpay, E.: Ehrenamtliche Vormundschaften für unbegleitete minderjährige Flüchtlinge, JAmt 2019, 383.

Althammer, J./Schäuble, J.: Effektiver Rechtsschutz bei überlanger Verfahrensdauer – Das neue Gesetz aus zivilrechtlicher Perspektive, NJW 2012, 1.

Althaus, J./Horndasch, K.-P., Schenkung an Minderjährige, FuR 2019, 15.

Althammer, C.: Brüssel IIa – Rom III, Kommentar zu den Verordnungen (EG) 2201/2003 und (EU) 1259/2010, München 2014.

Andrae, M.: Internationales Familienrecht, 4. Auflage, Baden-Baden 2019.

Antholz, B.: Kindesinobhutnahmen 1995–2015, ZKJ 2017, 294.

Antomo, J.: Kinderehen, ordre public und Gesetzesreform, NJW 2016, 3558.

Arbeitsgruppe Familienrechtliche Gutachten 2018: Gutachten mit Hinwirken auf Einvernehmen, § 163 II FamFG, NZFam 2018, 976.

B

Bach, A./Gildenast, B.: Internationale Kindesentführung, Bielefeld 1999.

Bacher, K.: Wiedereinsetzung: Nachweis der rechtzeitigen Einreichung per Telefax, MDR 2019, 851.

BAGLJÄ: Empfehlungen zur Adoptionsvermittlung, 8. Auflage, 2019, http://www.bagljae.de/content/empfehlungen/ (Abruf 5.2.2020).

Bahrenfuss, D.: FamFG, 3. Auflage, Berlin 2017.

Balloff, R.: Allgemeine Kommunikationsregeln sowie Gesprächstechniken mit Kindern und Jugendlichen bei strafrechtlich relevantem Hintergrund, FPR 2000, 140.

Balloff, R.: „08/15-Umgang" und Perspektiven eines entwicklungsfördernden Umgangs, FPR 2013, 303.

Balloff, R.: Kinder in Pflegefamilien, NZFam 2014, 769.

Balloff, R.: Kommunikation mit dem Kind und Anhörung des Kindes im familiengerichtlichen Verfahren, FamRZ 2019, 938.

Balloff, R.: Psychologische und psychiatrische Aspekte der Begutachtung im Kontext Gericht und Familien, FF 2019, 224.

Balzer, D.: Die Verhinderung missbräuchlicher Vaterschaftsanerkennungen NZFam 2018, 5.

Bary von, C., Abgabe der Vormundschaft im grenzüberschreitenden Kontext, JAmt 2019, 363.

Bassenge, P./Herbst, G.: FGG/RPflG, 8. Auflage, Heidelberg 1999.

Baumbach, A./Lauterbach, W./Albers, J./Hartmann, P.: Zivilprozessordnung, 73. Auflage, München 2015.

Baumbach, A./Hopt, K.J.: Handelsgesetzbuch, 36. Auflage, München 2014.

Bäumel, D. u.a.: Familienrechtsreformkommentar, Bielefeld 1998 (Zitierweise: FamRefK/Bearbeiter).

Bartels, F.: Abänderung und Überprüfung von gerichtlichen Entscheidungen und gerichtlich gebilligten Vergleichen im Kindschaftsrecht, FuR 2019, 77.

Beckonline.GROSSKOMMENTAR, Gsell, B./Krüger, W./Lorenz, S./Reymann, C., BGB, Stand: 15.5.2019 (Zitierweise: BeckOGK/Bearbeiter).

Beck'scher Online-Kommentar BGB, Bamberger, H.-G./Roth, H./Hau, W./Poseck, R. (Hrsg.), 49. Ed., Stand: 1.2.2019 (Zitierweise: BeckOK-BGB/Bearbeiter).

Beck'scher Online Kommentar FamFG, Hahne, M.-M./Munzig, J., Schlögel, J./Schlünder, R. (Hrsg.), München 2018 (Zitierweise: BeckOK-FamFG/Bearbeiter).

Beck'scher Online Kommentar Sozialrecht, Rolfs, C./Giesen, R./Kreikebohm, R./Udsching, P. (Hrsg.), München (Zitierweise: BeckOK-Sozialrecht/Bearbeiter).

Beck'scher Online Kommentar Streitwert, Mayer, H.-J. (Hrsg.), 10. Ed., München (Zitierweise: BeckOK-Streitwert/Bearbeiter).

Becker, A., Mörsberger, T.: „Endlich die Missverständnisse in Sachen Garantenpflicht abbauen!": wichtige Klarstellungen beim 17. Rechtsforum der Zeitschrift „Sozialrecht aktuell" zum Thema strafrechtliches Haftungsrisiko, JAmt 2018, 178.

Becker, N.: Die Erwachsenenadoption als Instrument der Nachlassplanung, ZEV 2009, 25.

Becker, N.: Zur Genehmigungsbedürftigkeit der Erbausschlagung nach § 1643 II BGB, JA 2014, 101.

Behrentin, R., Grünewald, C.: Leihmutterschaft im Ausland und die deutsche Rechtsordnung, NJW 2019, 2057.

Bergmann, M.: Die familiengerichtliche Beratungsauflage nach § 156 FamFG, ZKJ 2010, 56.

Bergmann, M.: Der Beweisbeschluss im Kindschaftsverfahren: Schnittstelle zwischen Recht und Spekulation, FamRB 2016, 364.

Bergmann, M./Kroke, S.: § 4 GewSchG und der Rechtfertigungsgrund der Einwilligung, ZIS 2013, 234.

Berkl, M.: Das Gesetz über den Ausbau der Hilfen für Schwangere und zur Regelung der vertraulichen Geburt, StAZ 2014, 65.

Bernau, F.: Die Rechtsprechung des BGH zur Wiedereinsetzung in den vorigen Stand, NJW 2013, 2001 und NJW 2014, 2007.

Berneiser, C.: Die Erörterung der Kindeswohlgefährdung nach § 157 FamFG, ZKJ 2016, 255 und 291.

Berneiser, C./ Bartels, M.: Interdisziplinäre Lehre im Kinderschutz, ZKJ 2016, 440 und 2017, 4.

Bernhard, H.: Die Stimme des Kindes in der Trennungs- und Scheidungsmediation, ZKM (Zeitschrift für Konfliktmanagement) 2015, 68.

Bestelmeyer, H.: Die rechtlichen Voraussetzungen für die wirksame Bestellung eines Ergänzungspflegers – Erwiderung zu Keuter, FamRZ 2010, 1955, FamRZ 2011, 950.

Bestelmeyer, H.: Vergütungsrechtliche Konsequenzen der fehlenden Feststellung der Berufsmäßigkeit des Betreuer-, Vormunds- oder (Nachlass-)Pflegeramts, FGPrax 2014, 93.

Bielecke, A.: Der Mensch ist dem Menschen kein Feind, FPR 2013, 471.

Bienwald, W.: Vergütung berufsmäßiger Gegenbetreuer, FamRZ 2007, 938.

Bienwald, W.: Wer übt Fürsorge und Aufsicht über Vormünder, Pfleger und Betreuer aus?, RpflStud 2014, 61.

Bienwald, W.: Umgangspflegschaft vor Bestellung des Umgangspflegers?, RpflStud 2014, 177.

Bieresborn, D.: Die Auswirkungen der DSGVO, DRiZ 2019, 18.

Biesel, K., Schnurr, S.: Prozessmanual zur dialogisch-systemischen Kindeswohlabklärung, JAmt 2018, 80.

Bieszk, D./Sadtler, S.: Mobbing und Stalking: Phänomene der modernen (Arbeits-)Welt und ihre Gegenüberstellung, NJW 2007, 3382.

Binder, K./Bürger, U.: Die Inanspruchnahme von Hilfen zur Erziehung durch psychisch kranke Eltern, ZKJ 2014, 4.

BMJV (Hrsg.) Arbeitskreis Abstammungsrecht, Abschlussbericht, Bundesanzeiger Verlag, Köln 2017, online abrufbar unter www.bmjv.de/SharedDocs/Artikel/DE/2017/070417_AK_Abstammungsrecht.html (Zugriff: 20.2.2020).

Bongartz, J.: Zur gebotenen rechtlichen Behandlung von Ehen unter Beteiligung Minderjähriger, NZFam 2017, 541.

Bork, R./Jacoby, F./Schwab, D.: FamFG. Kommentar, 3. Aufl., Bielefeld 2018 (Zitierweise: Bork/Jacoby/Schwab/Bearbeiter).

Borth, H.: Das Verfahren zum Entwurf eines Gesetzes zur Klärung der Abstammung unabhängig vom Anfechtungsverfahren, FPR 2007, 381.

Botthof, A., Der Schutz des Familienlebens nach Art. 8 Abs. 1 EMRK und sein Einfluss auf die Anerkennung ausländischer Adoptionsentscheidungen, StAZ 2013, 77.

Bovenschen, I./Spangler, G.: Wer kann Bindungsfigur eines Kindes werden?, FPR 2013, 194.

Bovenschen, I./Spangler, G.: Besondere Kenntnisse der am Kindschaftsverfahren Beteiligten über frühkindliche Bindungen, NZFam 2014, 900.

Bouhatta, H.: Der § 1597a BGB und die missbräuchliche Vaterschaftsanerkennung NVwZ 2018, 1103.

Bowlby, J.: Verlust, Trauer und Depression, Frankfurt am Main 1983.

Brandes, D.: Kinder und Eltern nach der Trennung, ZKJ 2012, 347.

Brändle, P./Schreiber, F.: Der Güterichter im sozialgerichtlichen Verfahren, WzS 2014, 35.

Braun, C.: Das gerichtliche Verfahren auf Anerkennung, Umwandlung und Wirkungsfeststellung von ausländischen Adoptionen nach dem Adoptionswirkungsgesetz – Anmerkungen zu OLG Hamm, Beschl. v. 24.01.2012 – II-11 UF 102/11, ZKJ 2012, 216.

Braun, C.: Das Verfahren in Adoptionssachen nach §§ 186 ff. FamFG, FamRZ 2010, 81.

Bringewat, P.: Schutzauftrag bei Kindeswohlgefährdung und Bundeskinderschutzgesetz, ZKJ 2011, 278.

Bringewat, P.: „Sorgfaltsgerechte" Fachlichkeit in der Kinder- und Jugendhilfearbeit?!, ZKJ 2018, 346.

Bringewat, P.: Strafrecht im Kinderschutz – Anmerkungen aus der Sicht eines Jugendamtes, SRa 2018, 110.

Brilla, A., Weiß, E.: „Strafbarer" Vergleich – der § 214a FamFG, jM 2018, 10.

Brisch, K.-H.: Die vier Bindungsqualitäten und die Bindungsstörungen, FPR 2013, 183.

Britz, G., Das Grundrecht des Kindes auf staatliche Gewährleistung elterlicher Pflege und Erziehung – jüngere Rechtsprechung des Bundesverfassungsgerichts, JZ 2014, 1069.

Britz, G.: Kinderschutz - aktuelle verfassungsrechtliche Leitlinien, NZFam 2016, 1113.

Brock, O./Breideneichen, U.: Der Anwalt des Kindes in Fällen des Umgangsrechtsboykotts, FuR 2001, 399.

Brüggemann, D.: Der sperrige Katalog – §§ 1821, 1822 BGB – Anwendungskriterien – Grenzfälle, FamRZ 1990, 5.

Bruns, C.: Die Beteiligten im Familienverfahren, NJW 2009, 2797.

Bruns, C.: Verfahren der einstweiligen Anordnung nach § 1 GewSchG – Grundlagen und ausgewählte Praxisprobleme, FamRZ 2012, 1024.

Bumiller, U./Harders, D./Schwamb, W.: FamFG, 12. Auflage, München 2019.

Bundesarbeitsgemeinschaft Landesjugendämter: Empfehlungen zur Adoptionsvermittlung, 7. Auflage, Mainz 2014.

Bundeskonferenz für Erziehungsberatung – Kindeswohl, Beratung und Familiengericht, ZKJ 2009, 121.

Bundeskonferenz für Erziehungsberatung: Stellungnahme zur FGG-Reform, ZKJ 2009, 121.

Bürge, A.: Rechtsvereinheitlichung im Laufe der Jahrhunderte: Die gesetzliche Empfängniszeit von 302 Tagen – Fast ein Nachruf, JuS 2003, 425.

Büte, D.: Verfahrenskostenhilfe und Anwaltsbeiordnung im Kindschaftsverfahren, FPR 2011, 17.

Burghart, A.: Die Verfahrensfähigkeit Jugendlicher, FamRZ 2019, 1029.

C

Campbell, C.: Das Umgangsrecht von nicht-elterlichen Bezugspersonen, NJW-Spezial 2011, 644.

Campbell, C.: Neues EU-Gewaltschutzverfahrensgesetz zum 11. 1. 2015, NJW-Spezial 2014, 708.

Canaris, C.-W.: Handelsrecht, 24. Auflage, München 2006.

Carl, E.: Die Aufklärung des Verdachts eines sexuellen Mißbrauchs in familien- und vormundschaftsgerichtlichen Verfahren, FamRZ 1995, 1183.

Carl, E.: Möglichkeiten der Verringerung von Konflikten in HKÜ-Verfahren – Undertaings, safe harbour orders und mirror orders in internationalen Kindesentführungsverfahren, FPR 2001, 211.

Carl, E./Alles, S.: Das deutsch-französische Modellprojekt professioneller Mediation – Entwicklung, Evaluation, Perspektiven, in: Paul/Kiesewetter, Mediation bei internationalen Kindschaftskonflikten, 117 ff., München 2009.

Carl, E./Clauß, M./Karle, M.: Kindesanhörung im Familienrecht. München 2015.

Carl, E./Erb-Klünemann, M.: Die Einbeziehung von Mediation in das gerichtliche Verfahren, in: Paul/Kiesewetter, Mediation bei internationalen Kindschaftskonflikten, 53 ff., München 2009.

Carl, E./Eschweiler, P.: Kindesanhörung – Chancen und Risiken, NJW 2005, 1681.

Carl, E./Karle, M.: Kindesanhörung und Fortbildung von Familienrichtern, NZFam 2014, 930.

Carl, E./Menne, M.: Verbindungsrichter und direkte richterliche Kommunikation im Familienrecht, NJW 2009, 3537.

Carl, E./Paul, C. C./Walker, J.: Das deutsch-amerikanische Mediationsprojekt, in: Paul/Kiesewetter, Mediation bei internationalen Kindschaftskonflikten, 147 ff., München 2009.

Carter, D.: Das englische reunite-Projekt, in: Paul/Kiesewetter, Mediation bei internationalen Kindschaftskonflikten, 135 ff., München 2009.

Cirullies, B./Cirullies, M.: Das neue Gesetz zur Verbesserung des Schutzes gegen Nachstellungen – eine Reform mit überschätzter Wirkung, FamRZ 2017, 493.

Cirullies, M.: „Hagener Modell“: Umgangsverfahren leichter gemacht!, ZKJ 2011, 58.

Cirullies, M.: Zur Vollstreckbarkeit von Umgangstiteln, ZKJ 2011, 448.

Cirullies, M.: Die Vollstreckung von Zwangs- und Ordnungsmitteln, insbesondere in Familiensachen, Rpfleger 2011, 573.

Cirullies, M.: Vollstreckung aus Titeln nach § 86 FamFG, FPR 2012, 473.

Cirullies, M.: Sanktionsmöglichkeiten im Versorgungsausgleichsverfahren bei fehlender Mitwirkung der Beteiligten, FamRZ 2012, 157.

Cirullies, M.: Zustellungsprobleme in Gewaltschutzsachen, FamRZ 2012, 1854.

Cirullies, M.: Zwangsmittel und Haftbefehl – Die Anordnung von Ersatzzwangshaft, NJW 2013, 203.

Cirullies, M.: Ersetzung der Zustimmung des Ehegatten zur Teilungsversteigerung, FPR 2013, 352.

Cirullies, M.: Polizeilicher Schutz bei häuslicher Gewalt und Stalking, FamRB 2014, 229.

Cirullies, M.: Stalker ohne Schuld – Opfer ohne Schutz?, FamRZ 2014, 1901.

Cirullies, M.: Der Gerichtsvollzieher im Gewaltschutzverfahren – Probleme bei der Zustellung, DGVZ 2015, 33.

Cirullies, M.: Gewaltschutz und Versöhnung – wie verträgt sich das?, FamRZ 2016, 953.

Cirullies, M.: Keine Vollstreckung ohne Hinweis – Stolpersteine bei § 89 Abs. 2 FamFG, ZKJ 2016, 450.

Cirullies, M.: Der Gerichtsvollzieher im Gewaltschutzverfahren – Anwendung unmittelbaren Zwangs, DGVZ 2016, 17.

Cirullies, M.: Der Gerichtsvollzieher im Gewaltschutzverfahren – Vollstreckung der Ordnungshaft, DGVZ 2017, 81.

Cirullies, M.: Vollstreckung in Familiensachen, 2. Auflage, Bielefeld 2017.

Cirullies, M.: Der Gerichtsvollzieher im Gewaltschutzverfahren – Vollstreckung des Anspruchs auf Wohnungsüberlassung, DGVZ 2018, 77.

Cirullies, M.: Der Vergleich in Gewaltschutzsachen – vergleichsweise kompliziert, FamRB 2019, 407.

Cirullies, M./Cirullies, B.: Das neue Gesetz zur Verbesserung des Schutzes gegen Nachstellungen – eine Reform mit überschätzter Wirkung, FamRZ 2017, 493.

Cirullies, M./Cirullies, B.: Schutz bei Gewalt und Nachstellung, 2. Auflage, Bielefeld 2019.

Clausius, M.: Die Auskunftsansprüche nach §§ 1686, 1686a Abs. 1 Nr. 2 BGB, FamRB 2015, 65.

Clausius, M.: Auskunftsrecht des biologischen Vaters über das Kind, NZFam 2017, 893.

Coester, M.: Das Kindeswohl als Rechtsbegriff, Frankfurt am Main 1983.

Coester, M.: Inhalt und Funktionen des Begriffs der Kindeswohlgefährdung – Erfordernis einer Neudefinition, JAmt 2008, 1.

Coester, M.: Verfahren in Kindschaftssachen, FF 2009, 269-281.

Coester, M.: Kinderschutz – Übersicht zu den typischen Gefährdungslagen und aktuellen Problemen, FPR 2009, 549.

Coester, M.: Zum Eingriffsmaßstab in den Fällen des Umgangsboykotts, ZKJ 2012, 182.

Coester, M.: Sorgerecht nicht miteinander verheirateter Eltern, FamRZ 2012, 1337.

Coester, M.: Kinderehen in Deutschland, FamRZ 2017, 77.

Coester-Waltjen, D.: Elternumzug (Relocation) und Kindeswohl, ZKJ 2013, 4.

Coester-Waltjen, D.: Das Recht auf (Kenntnis der eigenen) Abstammung, FF 2017, 224.

Coester-Waltjen, D.: Kinderehen – Neue Sonderanknüpfungen im EGBGB, IPRax 2017, 429.

Coester-Waltjen, D./Lipp, V./Schumann, E./Veit, B. (Hrsg.), Die große Vormundschaftsreform, 16. Göttinger Workshop zum Familienrecht 2018.

Coester-Waltjen, D./Lipp, V./Schumann, E./Veit, B. (Hrsg.): Das Wechselmodell – Reformbedarf im Kindschaftsrecht? Göttingen 2018.

D

Dahm, S.: Die „Geeignetheit“ von Verfahrensbeiständen gemäß § 158 FamFG, ZKJ 2017, 341.

Damljanovic, D.: Das Wechselmodell - Geltendes Recht und Reformbedarf, Frankfurt 2016.

Dauner-Lieb, B./Heidel, T./Ring, G.: BGB Familienrecht, Band 4, 3. Auflage, Baden-Baden 2014.

Deinert, H.: Zur Höhe der Aufwandspauschale nach Inkrafttreten des 2. Kostenrechtsmodernisierungsgesetzes, BtPrax 2013, 198.

Deinert, H., Rechtsfragen des Datenschutzes im Betreuungswesen, BtPrax 2019, 19.

Delfos, M.: „Sag mir mal…“ – Gesprächsführung mit Kindern, 9. Auflage, Weinheim 2013.

Dethloff, N.: Ein Reproduktionsmedizingesetz ist überfällig, ZRP 2013, 91.

Dettenborn, H./Walter, E.: Familienrechtspsychologie, 3. Auflage, München, Basel 2016.

Dettenborn, H.: Kindeswohl und Kindeswille, 5. Auflage, München 2017.

Dettenborn, H.: Hochkonflikthaftigkeit bei Trennung und Scheidung, ZKJ 2013, 231, 272.

Dettenborn, H.: Hochkonflikthaftigkeit bei Trennung und Scheidung, ZKJ 2013, 231, 272.

Deutscher Bundestag, Kommission zur Wahrnehmung der Belange der Kinder: Stellungnahme der Kinderkommission des Deutschen Bundestages zum Thema „Qualitätssicherung in Kindschaftsverfahren: Qualifizierung von Familienrichterinnen und -richtern, Gutachtern und Verfahrensbeiständen“, ZKJ 2019, 22.

Deutscher Ethikrat: Intersexualität. Stellungnahme vom 23.2.2012. Online abrufbar unter www.ethikrat.org > Themen > Gesellschaft und Recht > Intersexualität (Zugriff: 28.2.2020)

Deutscher Familiengerichtstag e.V. (Hrsg.): Dreizehnter Deutscher Familiengerichtstag vom 22. bis 25. September 1999 in Brühl, Bielefeld 2000.

Deutscher Familiengerichtstag e.V. (Hrsg.): Siebzehnter Deutscher Familiengerichtstag vom 12. bis 15. September 2007 in Brühl, Bielefeld 2008.

Deutscher Familiengerichtstag e.V. (Hrsg.): Achtzehnter Deutscher Familiengerichtstag vom 16. bis 19. September 2009 in Brühl, Bielefeld 2010.

Deutscher Juristentag: Beschlüsse zum 72. Deutschen Juristentag, https://www.djt.de/fileadmin/downloads/72/Beschluesse_gesamt_final.pdf.

Deutscher Kinderschutzbund, Zehn Empfehlungen zur Ausgestaltung der Rolle der Kinderschutzfachkraft nach den §§ 8a Abs. 4, 8b Abs. 1 SGB VIII und § 4 KKG, ZKJ 2013, 115.

Di Cato, C.: Der begleitete Umgang, FamRB 2014, 389.

Dickmeis, F.: Verfehlt § 33 II FGG seinen Zweck? Kindeswohlorientierte Entscheidungen des Familiengerichts und ihr Vollzug, NJW 1992, 537.

Diehl, G.: Vollstreckung nach dem Gewaltschutzgesetz und andere Vollstreckungsmaßnahmen im Beisein von Kindern, FPR 2008, 426.

Diehl, G.: Familiengerichtliche Zuständigkeitsregelung und Geheimhaltung des Aufenthalts, JAmt 2019, 440.

Diehn, T.: Das neue Notarkostenrecht im GNotKG, DNotZ 2013, 406.

Diercks, K.: Ist bei der Herausgabevollstreckung Gewalt gegen Kinder zulässig?, FamRZ 1994, 1226.

Dießner, A.: Die Unterlassungsstrafbarkeit der Kinder- und Jugendhilfe bei familiärer Kindeswohlgefährdung, Berlin 2008.

Diez, H./Krabbe, H./Thomsen, C.: Familien-Mediation und Kinder, 3. Auflage, Köln 2009.

Dittmann, A.: Praxis und Kooperation der an familiengerichtlichen Verfahren beteiligten Professionen, ZKJ 2014, 180.

Dittmann, A./Raabe S.: Herausforderungen für niedergelassene Ärzt/inn/e/n im Umgang mit der Einschätzung (gewichtiger) Anhaltspunkte für eine Kindeswohlgefärdung, JAmt 2018, 437.

Döll, Y.: Schutz vor Sexting – Aber wie?, FamRZ 2017, 1728.

Dölling, B.: Eid und eidesstattliche Versicherung, NZFam 2014, 112.

Dörndorfer, J., Rechtspflegergesetz, 2. Auflage, München 2014.

Doukkani-Bördner, A.: Kindesmisshandlungen im Haushalt der Eltern und elterliche Sorge, FamRZ 2016, 12.

Drewniak, R./Höynck, T.: Soziale Gruppenarbeit/Soziale Trainingskurse – Eine theoretische Erklärung, ZfJ 1998, 487.

Diouani-Streek, M.: Negative Effekte oder nachhaltige Effektivität im Kinderschutz?, ZKJ 2015, 50.

Duden, K.: Leihmutterschaft – Aktuelle Entwicklungen in der Rechtsprechung, StAZ 2018, 137.

Dürbeck, W.: Das Gesetz zur Reform der elterlichen Sorge nicht miteinander verheirateter Eltern aus Sicht der Praxis, ZKJ 2013, 330.

Dürbeck, W.: Baden-Württemberg macht den Anfang – Pkh-Bewilligung durch den Rechtspfleger, NJW-aktuell 2014 Heft 36, 14.

Dürbeck, W.: Aktuelle Rechtsfragen im Zusammenhang mit der Einreise unbegleiteter minderjähriger Flüchtlinge, ZKJ 2014, 266.

Dürbeck, W.: Die Verweigerung begleiteten Umgangs durch das Jugendamt, ZKJ 2015, 457.

Dürbeck, W.: Die kostenrechtliche Wertbestimmung bei gleichzeitigem Sorgerechtsentzug und Bestimmung eines Vormunds oder Pflegers, ZKJ 2016, 357.

Dürbeck, W.: Zur Pflicht des Jugendamts, Gerichtskosten zu tragen, ZKJ 2017, 19.

Dürbeck, W.: Der Auskunftsanpruch nach § 1686 BGB, ZKJ 2017, 457.

Dürbeck, W.: Unbegleitete minderjährige Flüchtlinge im Familienrecht, FamRZ 2018, 553.

Dürbeck, W.: Familienrechtliche Behandlung minderjähriger Flüchtlinge, in: Budzikiewicz, C./Heiderhoff, B./Klinkhammer, F./Niethammer-Jürgens, K., Migration und IPR, 2018, 65.

Dürbeck, W., in: Budzikiewicz, C., Heiderhoff, B., Klinkhammer, F., Niethammer-Jürgens, K.: Migration und IPR, 2018, 65, 82 ff.

Dürbeck, W.: Unbegleitete minderjährige Flüchtlinge im Familienrecht, FamRZ 2018, 553.

Dürbeck, W.: Die Vergütung des Umgangspflegers für die Begleitung des Umgangs durch die Landesjustizkasse – Umgangsbegleitung auf Kosten der Eltern?, ZKJ 2019, 141.

Dürbeck, W.: Neue Personensorge in der Vormundschaft und ihre Herausforderungen für die Familiengerichte, ZKJ 2019, 208.

Dürbeck, W.: Die Einlegung der Rechtsbeschwerde beim BGH durch den Verfahrensbeistand, ZKJ 2019, 262.

Dürbeck, W.: Vollstreckung eines Umgangsvergleichs, NZFam 2019, 694.

Dürbeck, W./Gottschalk, Y.: Prozesskosten- und Verfahrenskostenhilfe, Beratungshilfe, 8. Auflage, München 2016.

Dutta, A.: Anmerkung zum EuGH-Gutachten vom 14.10.2014, FamRZ 2015, 24.

Dutta, A.: Grenzüberschreitender Gewaltschutz in der Europäischen Union, FamRZ 2015, 85.

Dutta, A./Lüttringhaus, J., Das guinesische Volljährigkeitsrätsel, FamRZ 2018, 1564.

E

Eckebrecht, M.: Das vertauschte Kind, FPR 2011, 394.

Effer-Uhe, D.: Prozess- und Verfahrenskostenhilfe für die gerichtsnahe Mediation, NJW 2013, 3333.

Ehinger, U.: Die Regelung der elterlichen Sorge bei psychischer Erkrankung eines Elternteils oder beider Eltern im Überblick, FPR 2005, 253.

Ehinger, U.: Überlegungen zur Verfahrensgestaltung in Umgangsregelungsfällen bei häuslicher Gewalt, FPR 2006, 171.

Ehmke, A.: Der Vorwurf des sexuellen Missbrauchs an Kindern im familiengerichtlichen Verfahren, NZFam 2016, 1132.

Ehrmann, G./Breitfeld, F.: Besserer Kinderschutz nach Inkrafttreten des Bundeskinderschutzgesetzes?, FPR 2012, 418.

Eickmann, D.: Das rechtliche Gehör in Verfahren vor dem Rechtspfleger, Rpfleger 1982, 449.

Elmauer, E./Kauermann-Walter, J., Vormundschaften beim Verein nicht nur für unbegleitete ausländische Minderjährige, JAmt 2016, 116.

Elmauer, E./Kauermann-Walter, J., Vormundschaftsvereine in konfessioneller Trägerschaft, JAmt 2019, 368.

Els, H. van: Die Vollstreckung von einstweiligen Anordnungen, FPR 2012, 480.

Els, H. van: Die Aussetzung der Vollstreckung nach § 55 FamFG, FamRZ 2011, 1706.

Enders, H.-R.: Die Verfahrenswerte in den familiengerichtlichen Verfahren, FPR 2012, 273.

Erb-Klünemann, M.: Die Ausnahmetatbestände im Haager Kindesentführungsübereinkommen in der Praxis – Eine Analyse der deutschen Rechtsprechung zu Art. 13 Abs. 1b und Abs. 2 HKÜ. FamRB 2018, 327-336.

Erbarth, A.: Das familienrechtliche Mandat, Ehewohnung-Haushaltssachen-Gewaltschutz, Bonn 2014.

Erbarth, A.: Grundsätze des Verfahrens in Ehewohnungs- und Haushaltssachen, NZFam 2014, 515.

Erbarth, A.: Die Ansprüche auf Überlassung der Ehewohnung zur Alleinnutzung, NJW 2019, 1169.

Erman, BGB Kommentar, 14. Auflage, Köln 2014 (Zitierweise: Ermann/Bearbeiter).

Ernst, R.: Der Maßnahmenkatalog des § 1666 BGB, FPR 2008, 602.

Ernst, R.: Der Sachverständige in Kindschaftssachen nach neuem Recht, FPR 2009, 349.

Ernst, R.: Familiengerichtliche Maßnahmen bei Kindeswohlgefährdungen, FPR 2011, 195.

Ernst, R.: Psychologische Sachverständigengutachten in Kindschaftssachen: Formulierung und Beantwortung der Beweisfrage(n), FamRB 2016, 361.

Ernst, R.: Die Inobhutnahme bei nur teilweise alleinsorgeberechtigten Eltern und im Spannungsfeld verwaltungsgerichtlicher und familiengerichtlicher Entscheidungen, FamRZ 2017, 1120.

Ernst, R.: Dreierbesetzung der Familiengerichte in bestimmten Kindschaftsverfahren, NZFam 2019, 145.

Eschelbach, D./Rölke, U.: Vollzeitpflege im Ausland – Aufgaben der deutschen Jugendämter, JAmt 2014, 494.

Ewers, F.-G.: Nachdenken über § 1696 BGB – neu?, FamRZ 1999, 477.

F

Fegert, J. M.: Sexuell missbrauchte Kinder und das Recht. Ein Handbuch zu Fragen der kinder- und jugendpsychiatrischen und psychologischen Untersuchung und Begutachtung, Band 2, Köln 1993.

Fegert, J. M.: Sozialpädiatrisch relevante gesetzliche Bestimmungen und Begutachtung, in: Schlack, H.G., 1995, 307.

Fegert, J. M.: Kommunikation mit Kindern und Konstrukte, die unser Verständnis von Kindern in der professionellen Wahrnehmung erleichtern. epd-Dokumentation: „Anwälte des Kindes" vor Gericht und bei Behörden, Nr. 20, Frankfurt am Main1999, 1.

Fegert, J. M.: Kooperation im Interesse des Kindes. In: Fegert, J. M.: Kinder in Scheidungsverfahren, Neuwied 1999, 8.

Fegert, J. M. (Hrsg.): Qualität der Begutachtung sexuell missbrauchter Kinder. Fachliche Standards in juristischen Verfahren, Neuwied 2001.

Fegert, J. M.: Parental Alienation oder Parental Accusation Syndrome? Die Frage der Suggestibilität, Beeinflussung und Induktion in Umgangsrechtsgutachten, Kind-Prax 2001, 6, 39.

Fegert, J. M.: Wann ist der begleitete Umgang, wann ist der Ausschluss des Umgangs indiziert, FPR 2002, 219.

Fegert, J. M.: Wann ist der begleitete Umgang, wann ist der Ausschluss des Umganges bei Pflegekindern indiziert? In: Stiftung zum Wohl des Pflegekindes (ed), 3. Jahrbuch des Pflegekinderwesens, Idstein 2004, 197.

Fegert, J. M.: Endgültiges Aus für das Parental Alienation Syndrome (PAS) im amerikanischen Klassifikationssystem DSM, ZKJ 2013, 190.

Fegert, J. M.: PAS: „Was fehlt, sind lediglich quantifizierende Studien", ZKM 2013, 401.

Fegert, J./Andresen, S./Salgo, L./Walper, S.: Hilfeangebot und strafrechtliche Fallbearbeitung bei sexueller Gewalt gegen Kinder – Vom Kind her denken und organisieren, ZKJ 2016, 324.

Fegert, J. M./Fangerau, H./Ziegenhain, U.: Problematische Kinderschutzverläufe, Mediale Skandalisierung, fachliche Fehleranalyse und Strategien zur Verbesserung des Kinderschutzes, Weinheim 2010.

Fegert, J. M./Späth, K./Salgo, L. (Hrsg.): Freiheitsentziehende Maßnahmen in der Jugendhilfe und Kinder- und Jugendpsychiatrie, Münster 2001.

Fegert, J./Witt, A.: Zahlen und Fakten zum Ausmaß von Vernachlässigung, Misshandlung und sexuellem Missbrauch von Kindern und Jugendlichen in Deutschland, ZKJ 2019, 288.

Feskorn, C.: Die aufschiebende Wirkung der sofortigen Beschwerde gegen Zwangs- und Ordnungsmittelbeschlüsse in Familiensachen, FamRB 2012, 162.

Feskorn, C.: Grundsätze der Kostentragungspflicht nach dem FamFG, FPR 2012, 254.

Fichtner, J.: Hilfen bei Konflikthaftigkeit?, ZKJ 2012, 46.

Fichtner, J.: „Seriöser Anzug oder Matschhose" – Zur Diskussion um die Qualität familienpsychologischer Gutachten (Teil 1), ZKJ 2015, 9.

Fichtner, J.: „Seriöser Anzug oder Matschhose" – Zur Diskussion um die Qualität familienpsychologischer Gutachten (Teil 2), ZKJ 2015, 63.

Fichtner, J.: Gut beraten oder doch lieber entscheiden?, ZKJ 2018, 257.

Fichtner, J./Salzgeber, S.: Konzepte zur Herstellung von Einvernehmen: Intervention statt Diagnostik?, FPR 2009, 348.

Fichtner, J./Salzgeber, S.: Die Kommunikation des Sachverständigen mit den Verfahrensbeteiligten und dem Familiengericht, FPR 2013, 478.

Fieseler, G./Schleicher, H./Wabnitz, R.: Kinder- und Jugendhilferecht, Gemeinschafskommentar zum SGB VIII, Neuwied 2014.

Finger, P.: Umzug mit dem Kind – Zustimmung des anderen Elternteils, FamFR 2009, 134.

Finger, P.: Haager Übereinkommen zur internationalen Kindesentführung – weitere Nachträge und Ergänzungen, FamRB 2014, 153.

Finger, P.: Einstweilige Anordnungen nach §§ 49 ff. FamFG, MDR 2012, 1197.

Fink, S.: Die Reform des Sorgerechts für nichteheliche Kinder aus verfassungsrechtlicher und rechtsvergleichender Perspektive, ZKJ 2011, 154.

Fink, S.: Familiengerichtlicher Genehmigungsvorbehalt bei „freiwilliger" geschlossener Unterbringung Minderjähriger, in: Heilmann, S./Lack K. (Hrsg.): Die Rechte des Kindes. Festschrift für Ludwig Salgo zum 70. Geburtstag, Köln 2016, 137 (Zitierweise: Fink, FS Salgo).

Fink, S./Bitter, S.: Eine unendliche Geschichte – Kommt endlich die verfassungsgemäße Reform des Sorgerechts für nichteheliche Kinder?, ZKJ 2012, 172.

Finke, F.: Zur Vollstreckung von Inobhutnahmen – insbesondere zum Verhältnis von Polizei und Jugendamt bei der Anwendung unmittelbaren Zwangs, JAmt 2011, 251.

Finke, F.: Die Kostenentscheidung in Familiensachen nach dem FamFG im Überblick, FPR 2010, 331.

Fischer, A.: Rechtsmittel in Familiensachen, FuR 2014, 645 ff., 700 ff.; 2015, 28 ff.

Fischer, M.: Die Mediation durch den Güterichter: Win-Win-Ergebnis statt „fauler" Kompromiss, FuR 2018, 461.

Flemming, W.: Das aktive Jugendamt, ZKJ 2009, 315.

Flügge, S.: Grenzen der Pflicht zur gemeinsamen Sorge im Persönlichkeitsrecht der Sorgenden, FPR 2008, 135.

Fölsch, P., Zur Kostenverteilung in Familiensachen, SchlHA 2011, 264.

Fölsch, P.: Gerichtskostenpflicht der PKH-Partei bei Abschluss eines Vergleichs, SchlHA 2013, 2.

Frank, R.: Neuregelungen auf dem Gebiet des Internationalen Adoptionsrechts unter besonderer Berücksichtigung der Anerkennung von Auslandsadoptionen, StAZ 2003, 257.

Frank, R., Rechtsprobleme der Erwachsenenadoption, StAZ 2008, 65.

Frank, R.: Anwaltszwang bei der isolierten Beschwerde gegen Verbundentscheidungen in Folgesachen der freiwilligen Gerichtsbarkeit?, FamRZ 2011, 1021.

Frank, R., Ausländische Minderjährigenehen auf dem Prüfstand des Kinderehebekämpfungsgesetzes, StAZ 2018, 1.

Frank, R., Das Gesetz zur Bekämpfung von Kinderehen vom 17.7.2017: ein Erfolgsmodell? – Überlegungen vor dem Hintergrund der Vorlageentscheidung des BGH an das BVerfG vom 14.11.2018, StAZ 2019, 129.

Frie, B.: Das neue Samenspenderrecht NZFam 2018, 817.

Frie, B.: Konkurrierende Vaterschaften in der standesamtlichen Praxis – im Licht der neuesten Rechtsprechung, StAZ 2019, 1.

Friedman, G./Himmelstein, J.: Konflikte fordern uns heraus, Frankfurt 2013.

Frings, D., Pertsch, A.: Rechtsmobilisierung gegen digitale Gewalt, djbZ 2018, 213.

Fritz, R./Pielsticker, D.: Mediationsgesetz, Köln 2013.

Fritz, R./Schroeder, H.-P.: Der Güterichter als Konfliktmanager im staatlichen Gerichtssystem, NJW 2014, 1910.

Fritzsche, S.: Bestimmung der Rechtswegzuständigkeit und der anzuwendenden Verfahrensordnung, NJW 2015, 586.

Fritzsche, S.: Obhutsverlust im Unterhaltsverfahren – ein „Dauerbrenner" mit unterschiedlichen Facetten, ZAP 2019, 555.

Fröschle, T.: Sorge und Umgang in der Rechtspraxis, 2. Auflage, Bielefeld 2018.

Fröschle, T. (Hrsg.): Handbuch Vormundschaft und Pflegschaft, 2. Auflage, Köln 2020 (vormals: Fröschle, T.: Studienbuch Vormundschafts- und Pflegschaftsrecht).

Fröschle, T.: Familiengericht und Jugendamt – gekreuzte Rechtswege, FamRZ 2016, 1905.

G

Ganz, A.: Internationales Familienrecht, in: v. Heintschel-Heinegg/Gerhardt/Klein, Handbuch des Fachanwalts Familienrecht, 9. Auflage, Köln 2013.

Gartenhof, M./Schmid, J./Normann, K./v. Thüngen, A./Wolf, J.: Auflagen nach § 156 I FamFG im Spannungsfeld der Eltern zwischen Autonomie und Zwang, NZFam 2014, 972.

Gaul, H. F.: Die Neuregelung des Abstammungsrechts durch das Kindschaftsrechtreformgesetz, FamRZ 1997, 1441.

Gaul, H. F.: Ausgewählte Probleme des materiellen Rechts und des Verfahrensrechts im neuen Abstammungsrecht, FamRZ 2000, 1461.

Geiger/Kirsch: Gestaltung der Sorgerechtsausübung durch Vollmacht, FamRZ 2009, 1879.

Geimer, R./Schütze, R.: Internationaler Rechtsverkehr in Zivil- und Handelssachen, München, Stand: 57. EL Juni 2019.

Geißler, M.: Rechtsfragen um die Herausgabe eines Kindes und deren Vollstreckung, DGVZ 1997, 145.

Geißler, C.: Grenzüberschreitende Unterbringungen im EU-Ausland. ZKJ 2017, 11.

Gemeinschaftskommentar zum SGB VIII: siehe Fieseler, G./Schleicher, H./Wabnitz, R.

Gentry, D. B.: Including Children in Divorce Mediation and Education: Potential Benefits and Cautions. Families in Society, The Journal of Contemporary Human Services 1997, 307.

Genenger, A.: Das neue Gendiagnostikgesetz, NJW 2010, 113.

Gerhardt, P./v. Heintschel-Heinegg, B./Klein, M.: Handbuch des Fachanwalts Familienrecht, 11. Auflage, Köln 2018.

Gernhuber, J./Coester-Waltjen, D.: Familienrecht, 6. Auflage, München 2010.

Giers, M.: Die Vollstreckung in Familiensachen und Verfahren der freiwilligen Gerichtsbarkeit nach dem FamFG, DGVZ 2009, 127.

Giers, M.: Das Umgangsrecht nach § 1685 BGB. FamRB 2011, 229.

Giers, M.: Die Rechtsprechung zum Wechselmodell, FamRB 2012, 383.

Giers, M.: Vollstreckung aus Umgangsvergleich, FamRB 2019, 302.

Giers, M.: Die Vollstreckung nach §§ 86 ff. FamFG, NZFam 2020, 4.

Gießler, H: Erlöschen der elterlichen Prozeßführungsbefugnis und Übergang zum familienrechtlichen Ausgleichsanspruch, FamRZ 1994, 800.

Gießler, H.: Vorläufiger Rechtsschutz in Ehe-, Familien- und Kindschaftssachen, 3. Auflage, München 2000.

Glasl, F.: Konfliktdiagnose, in: Trenczek u.a., Mediation und Konfliktmanagement, Baden-Baden 2013.

Gläss, H.: Kindeswohlgefährdung in Pflegefamilien, JAmt 2013, 174.

Goebel, F.-M.: Notwendige Kosten der Zwangsvollstreckung von A bis Z, FoVo 2013, 181.

Götsche, F.: Teilentscheidung in Familiensachen, MDR 2005, 1086.

Götsche, F.: Die neue Verfahrenskostenhilfe nach dem FamFG, FamRZ 2009, 383.

Götsche, F.: Verfahrenskostenhilfe in Kindschaftssachen, ZFE 2010, 100.

Götsche, F.: Anfechtung von Kostenentscheidungen, FuR 2012, 510.

Götsche, F., jurisPR-FamR 9/2019 Anm. 3

Götz, I.: Verfahren bei Kindeswohlgefährdung. Anmerkungen aus der Sicht der gerichtlichen Praxis, in: Lipp, V./Schumann, E./Veit, B, 2009, 215–227.

Götz, I.: Herausgabe der zum persönlichen Gebrauch bestimmten Sachen eines Kindes, FamRZ 2016, 519.

Götz, I.: Fortschritt im Kindesschutz – Genehmigungsvorbehalt jetzt auch für freiheitsentziehende Maßnahmen bei Kindern, FamRZ 2017, 1290.

Götz, I.: Digital Natives im Familienrecht, FamRZ 2017, 1725.

Götz, I./Brudermüller, G./Giers, M.: Die Wohnung in der familiengerichtlichen Praxis, 2. Auflage, Bielefeld 2018.

Gojowczyk, H.: Die Aufsicht des Familiengerichts über den Amtsvormund, Rpfleger 2013, 1.

Goldstein, J./Freud, A./Solnit, A. J.: Diesseits des Kindeswohls, Frankfurt am Main 1979.

Goldstein, J./Freud, A./Solnit, A. J./Goldstein, S.: Das Wohl des Kindes, Frankfurt am Main 1988.

Goldstein, J./Freud, A./Solnit, A. J.: Jenseits des Kindeswohls, Frankfurt am Main 1973, 2. Auflage 1991.

Gollwitzer, K./Rüth, U.: § 1631b BGB – Die geschlossene Unterbringung Minderjähriger aus kinder- und jugendpsychiatrischer Sicht, FamRZ 1996, 1388.

Gomille, C.: Beweiserhebung – Unterschiede zwischen ZPO- und FamFG-Verfahren, NZFam 2014, 100.

Gottschalk, Y.: Boykottierter Umgang – Zwangsweise Durchsetzung von Umgangsregelungen und Grenzen staatlicher Interventionsmöglichkeiten, FPR 2007, 308.

Gottschalk, Y./Heilmann, S.: Zu den Voraussetzungen eines Ausschlusses des Umgangs der leiblichen Eltern mit ihrem in einer Pflegefamilie lebenden Kind, ZKJ 2013, 113.

Gottschalk, Y./Heilmann, S.: Anordnung eines paritätischen Wechselmmodells gegen den Willen eines Elternteils?, ZKJ 2017, 131.

Gottwald, P. (Hrsg.): Münchener Prozessformularbuch, Band 3, Familienrecht, 5. Auflage, München 2017.

Grabow, Das kostenfreie Informationsgespräch nach § 135 FamFG, FPR 2011, 33.

Graf von Luxburg, Trennung und Scheidung einvernehmlich gestalten, 5. Auflage, Köln 2014.

Grandel, M.: „Minenfeld Ordnungsgeld" – zur Vollstreckbarkeit gerichtlicher Umgangsregelungen, FF 2019, 55.

Greger, Mediation in Kindschaftssachen – Kosten, Akzeptanz, Nachhaltigkeit, FPR 2011, 115.

Greger, Das neue Güterichterverfahren, MDR Sonderheft 2012.

Greger, Verweisung vor den Güterichter und andere Formen konsensorientierter Prozessleitung, MDR 2014, 993.

Greger/Unberath, MediationsG, München 2012.

Groß, G.: Die Stellung der Pflegeeltern im Grundgesetz und Zivilrecht, FPR 2004, 411.

Groß, Beratungshilfe – Prozesskostenhilfe – Verfahrenskostenhilfe, 14. Auflage, Heidelberg 2018.

Grossmann K. E./Grossmann K.: Bindungen – das Gefüge psychischer Sicherheit, Stuttgart 2004.

Gruber, U.: Der gewöhnliche Aufenthalt von Säuglingen und Kleinkindern, IPRax 2019, 217-221.

Grün, K.-J.: Das neue Kindschafts- und Unterhaltsrecht in der anwaltlichen Praxis, Köln 1998.

Grün, K.-J.: Zum Gesetzentwurf gegen missbräuchliche Vaterschaftsanerkennungen, FuR 2006, 497 und FuR 2007, 12.

Grün, K.-J.: Vaterschaftsfeststellung und -anfechtung, 2. Auflage, Berlin 2010.

Grün, K.-J.: Das Anfechtungsrecht der Behörde bei rechtsmissbräuchlicher Vaterschaftsanerkennung, FPR 2011, 382.

Grün, K.-J.: Das Anfechtungsrecht des Samenspenders nach § 1600 Abs. 1 Nr. 2 BGB, ZKJ 2013, 446.

Grün, K.-J.: Die Nichtigkeit der Behördenanfechtung i.S.v. § 1600 Abs. 1 Nr. 5 BGB, ZKJ 2014, 195.

Grziwotz, H.: Schützenswerte Interessen der Abkömmlinge des Annehmenden bei der Volljährigenadoption, FamRZ 1991, 1399.

Grziwotz, H.: Schutz vor Gewalt in Lebensgemeinschaften und vor Nachstellungen, NJW 2002, 872.

Gundelach, L.: Die Rechtsprechung zur medizinischen Altersfeststellung – eine Anmerkung, NVwZ 2018, 1849.

H

Häbel, H.: Das Recht des Kindes auf gewaltfreie Erziehung und seine Bedeutung für die Zulässigkeit körperlichen Zwangs in Einrichtungen der Kinder- und Jugendhilfe – Teil 1, ZKJ 2016, 168.

Haft, F./von Schlieffen, K.: Handbuch Mediation, 2. Auflage, München 2009.

Hamdan, B./Hamdan, M.: Die anwaltliche Beiordnung im vereinfachten Sorgerechtsverfahren, MDR 2015, 249.

Hammer, S.: Die rechtliche Verbindlichkeit von Elternvereinbarungen, FamRZ 2005, 1209–1215.

Hammer, S.: Was ist Gewalt im Rahmen der Zwangsvollstreckung nach § 33 II FGG?, FPR 2008, 413.

Hammer, S.: Die gerichtliche Billigung von Vergleichen nach § 156 Abs. 2 FamFG, FamRZ 2011, 1268.

Hammer, S.: Das neue Verfahren betreffend das Umgangs- und Auskunftsrecht des leiblichen, nicht rechtlichen Vaters, FamRB 2013, 298.

Hammer, S.: Das BVerfG, die Familiengerichte und die Jugendämter auf der Suche nach dem Rechten Maß im Kindesschutz, FF 2014, 428.

Hammer, S.: Die gerichtliche Anordnung des Wechselmodells FamRZ 2015, 1433.

Hammer, S., Die Rolle des Jugendamts in Kindschaftssachen, FamRZ 2017, 1904.

Hammer, S.: Überlegungen zu einer grundlegenden Reform des Sorge- und Umgangsrechts, FamRZ 2018, 229.

Hannemann, A./Stötzel, M.: Ergebnisse eines Forschungsprojektes zur Verfahrenspflegschaft an der Technischen Universität Berlin, ZKJ 2009, 58–67.

Hansens, H.: Die Vergütungsfestsetzung nach § 11 RVG – Teil 1: Voraussetzungen und Verfahrensbeteiligte, ZAP 2004, 831.

Hansens, H.: Erste Erfahrungen zu dem „Gesetz über den Rechtsschutz bei überlangen Gerichtsverfahren" aus anwaltlicher Sicht, SchlHA 2013, 221.

Harm, U.: Die Entwicklung im Vormundschafts,- Pflegschafts- und Betreuungsrecht seit 2011, Rpfleger 2013, 491.

Harm, U., Mix, B., Opitz, J., Pütz, H., Rotax, H., Rüting, W.: Amtsvormundschaft und Familiengericht im Spannungsfeld der unterschiedlichen Aufgabenwahrnehmung vor dem Hintergrund der Vormundschaftsrechtsreform, FamRZ 2012, 1849.

Hartmann, P./Toussaint, G.: Kostengesetze, 49. Auflage, München 2019.

Hartung, W./Schons, H. P./Enders, H.-R.: RVG, 2. Auflage, München 2013.

Haußleiter, M.: Loyalitätspflichten der Eltern bei Umgang und Erziehung, NJW-Spezial 2007, 151.

Hausmann, R.: Internationales und Europäisches Familienrecht. München 2. Auflage 2018.

Haußleiter, M.: FamFG, Kommentar, 2. Aufl., München 2017.

Heghmanns, M.: Zur strafrechtlichen Verantwortung im Kinderschutz, JAmt 2018, 230.

Heghmanns, M.: Sorgfaltspflichten und fachliche Standards in der Kinder- und Jugendhilfearbeit, ZKJ 2018, 407.

Heidebach, M.: Die Reichweite gerichtlicher Kontrolle bei erledigter Freiheitsentziehung nach dem FamFG, NJW 2011, 1708.

Heiderhoff, B.: Schuldrechtliche Ersatzansprüche zwischen Eltern bei Verletzungen des Umgangsrechts?, FamRZ 2004, 324.

Heiderhoff, B.: Kindesrückgabe bei entgegenstehendem Kindeswillen, IPRax 2014, 525.

Heiderhoff, B.: Anspruch des Kindes auf Klärung der genetischen Vaterschaft, NJW 2016, 1918.

Heiderhoff, B.: Herausforderungen durch neue Familienformen – Zeit für ein Umdenken, NJW 2016, 2629.

Heilmann, S.: Die Dauer kindschaftsrechtlicher Verfahren, ZfJ 1998, 317.

Heilmann, S.: Kindliches Zeitempfinden und Verfahrensrecht, Neuwied 1998.

Heilmann, S.: Die Verfahrenspflegschaft in den Fällen des § 1666 BGB, Kind-Prax 2000, 79.

Heilmann, S.: Jugendamt und Familiengericht – Verantwortungsgemeinschaft zum Schutz des Kindes?, in: Elz (Hrsg.), Kooperation von Jugendhilfe und Justiz bei Sexualdelikten gegen Kinder, Wiesbaden 2007, 89.

Heilmann, S.: Welche verfahrensrechtlichen Folgen hat der (unterbliebene) Antrag auf Beteiligung in Kindschaftssachen?, FamRZ 2010, 1391.

Heilmann, S.: Praxishinweis zu OLG Köln, Beschl. v. 8.10.2010 – 4 WF 193/10 – Keine Anfechtung einer einstweiligen Anordnung zum Umgangsrecht sowie des isolierten Hinweises nach § 87 Abs. 2 FamFG, ZKJ 2011, 104.

Heilmann, S.: Die Gesetzeslage zum Sorge- und Umgangsrecht, NJW 2012, 16.

Heilmann, S.: Praxishinweis zu OLG Saarbrücken, Beschl. v. 9.11.2011 – 6 UF 140/11 – Zur Erteilung des Warnhinweises i.S.v. § 89 Abs. 2 FamFG an den Umgangsberechtigten, ZKJ 2012, 119.

Heilmann, S.: Praxishinweis zu KG, 18. Zivilsenat – Senat für Familiensachen – Beschl. v. 28.2.2012 – 18 UF 184/09 – Wechselmodell gegen den Willen eines Elternteils, ZKJ 2012, 269.

Heilmann, S.: Besonderheiten des familiengerichtlichen Verfahrens zur Regelung des Sorge- und Umgangsrechts, NJW 2012, 887.

Heilmann, S.: Der Bundesgerichtshof und der Umgangsboykott, ZKJ 2012, 105.

Heilmann, S.: Die Reform des Sorgerechts nicht miteinander verheirateter Eltern – Das Ende eines Irrwegs?, NJW 2013, 1473.

Heilmann, S.: Der Umgang des Pflegekindes mit seinen leiblichen Eltern, ZKJ 2014, 48.

Heilmann, S.: Die Ergänzungspflegschaft mit dem Aufgabenkreis „Regelung des Umgangs" (Umgangsbestimmungspflegschaft), FamRZ 2014, 1753.

Heilmann, S.: Schützt das Grundgesetz die Kinder nicht?, NJW 2014, 2904.

Heilmann, S.: Der Umgang des Pflegekindes mit seinen leiblichen Eltern – Ein Beitrag aus Sicht des Familiengerichts, ZKJ 2014, 45.

Heilmann, S.: Zu den Auswirkungen der aktuellen Rechtsprechung des Bundesverfassungsgerichts auf die Praxis des Kinderschutzes, FamRZ 2015, 92.

Heilmann, S.: Zur Bewilligung von Verfahrenskostenhilfe für den umgangsbegehrenden Vater, der die Mutter getötet hat, FamRZ 2016, 1060.

Heilmann, S.: Überlegungen zur geplanten Reform des Sachverständigenrechts und zur Einführung eines Primärrechtsbehelfs gegen Untätigkeit in Kindschaftssachen, ZKJ 2016, 174.

Heilmann, S.: Der Verfahrensbeistand als Grundrechtsgarant für das Kind ZKJ 2017, 219.

Heilmann, S.: Theorie und Praxis im Kinderschutz, NJW 2017, 986.

Heilmann, S.: Qualifiziert Familienrichter, NJW-aktuell 16/2018 (Editorial).

Heilmann, S.: Die Aufarbeitung des Missbrauchsfalles von Staufen-Ein Beitrag zur Fehlerkultur in der Familiengerichtsbarkeit, FamRZ 2018, 1797.

Heilmann, S.: Der Schutz des Kindes vor sexueller Gewalt, NJW 2019, 1417.

Heilmann, S.: Editorial, ZKJ 2019, Heft 3.

Heilmann, S.: Editorial, ZKJ 2019, Heft 5.

Heilmann, S./Gottschalk, Y.: Anordnung eines paritätischen Wechselmodells gegen den Willen eines Elternteils?, ZKJ 2017, 180 ff.

Heilmann, S./Lack, K., Die Rechte des Kindes, Festschrift für Ludwig Salgo zum 70. Geburtstag, Köln 2016.

Heilmann, S./Salgo, L.: Der Schutz des Kindes durch das Recht – Eine Betrachtung der deutschen Gesetzeslage. In: Helfer, M. E./Kempe, R. S./Krugmann, R. D., Das mißhandelte Kind, Frankfurt am Main 2002, 955.

Heilmann, S./Salgo, L.: Sind Pflegekinder nicht (mehr) schutzbedürftig?, FamRZ 2014, 705.

Heilmann, S./Salgo, L.: Diskussionsentwurf zur Schaffung eines präventiven Rechtsbehelfs bei überlangen Verfahren in bestimmten Kindschaftssachen. Stellungnahme der Kinderrechtekommission des Deutschen Familiengerichtstags e. V. [DFGT] v. 10.1.2016, FamRZ 2016, 432.

Heinemann, J.: Die Reform der freiwilligen Gerichtsbarkeit durch das FamFG und ihre Auswirkungen auf die notarielle Praxis, DNotZ 2009, 6.

Heinitz, S.: Fehler als Anlässe zu lernen? Fachberatung im Kinderschutz und die (neuen) Aufgaben der „insoweit erfahrenen Fachkraft" nach dem Bundeskinderschutzgesetz, JAmt 2012, 558.

Heinke, S.: Häusliche Gewalt – und was ist mit den Kindern?, djbZ 2013, 19.

Heiß, T. A.: Ansprüche aus dem Eltern-Kind-Verhältnis und aus dem Umgangsrecht, FPR 2001, 96.

Heiter, N.: Verfahrensfähigkeit des Kindes in personenbezogenen Verfahren nach dem FamFG, FamRZ 2009, 85.

Helfer, M. E./Kempe, R. S./Krugmann, R. D.: Das misshandelte Kind. Körperliche und psychische Gewalt – Sexueller Missbrauch – Gedeihstörungen – Münchhausen-by-proxy-Syndrom – Vernachlässigung, Frankfurt am Main 2002.

Helms, T.: Das neue Verfahren zur Klärung der leiblichen Abstammung, FamRZ 2008, 1033.

Helms, T.: Die Einführung der sog. „vertraulichen Geburt", FamRZ 2014, 609.

Helms, T.: Familienrechtliche Aspekte des Samenspenderregistergesetzes, FamRZ 2017, 1537.

Helms, T.: Der Begriff des Kindes im Internationalen Familienrecht, in: Budzikiewicz, C./Heiderhoff, B./Klinkhammer, F./Niethammer-Jürgens, K., Migration und IPR, Heidelberg 2018, 149.

Helms, T.: Fortsetzung der Vormundschaft bei Flüchtlingen trotz Vollendung des 18. Lebensjahres, ZKJ 2018, 219.

Helms, T./Balzer, D.: Das neue Verfahren in Abstammungssachen, ZKJ 2009, 348.

Helms, T./Kieninger/Rittner, Abstammungsrecht in der Praxis, Bielefeld 2010.

Henn, C.: jurisPR-FamR 13/ 2019 Anm. 5.

Hennemann, H.: Die Anhörung des Kindes in Kindschaftsverfahren, NZFam 2014, 871.

Hepting, R.: „Babyklappe" und „anonyme Geburt", FamRZ 2001, 1573.

Herr, § 68 Abs. 3 Satz 2 FamFG und das Recht auf mündliche Verhandlung in Ehe- und Familienstreitsachen, FF 2013, 147.

Herzberg, R. D.: Religionsfreiheit und Kindeswohl. Wann ist die Körperverletzung durch Zirkumzision gerechtfertigt?, ZIS 2010, 471.

Heuser, M.: Selbst- und Fremdbestimmung im Minderjährigenrecht, JR 2013, 125.

Hinz, M.: Mutter- und Vaterbilder im Familienrecht des BGB 1900 – 2010, Frankfurt am Main 2014.

Höfelmann, E.: Das neue Gesetz zur Änderung der Vorschriften über die Anfechtung der Vaterschaft und das Umgangsrecht von Bezugspersonen des Kindes, FamRZ 2004, 745.

Hoffmann, B.: Perspektiven von Vormundschaft und Pflegschaft – Anregungen aus der Betreuung, JAmt 2005, 116.

Hoffmann, B.: Strafrechtliche Verantwortung von Amtsvormündern bzw. -pflegern wegen Unterlassens, ZKJ 2007, 389.

Hoffmann, B.: Freiheitsentziehende Unterbringung von Kindern und Jugendlichen – Rechtslage nach Neufassung des § 1631b BGB und Inkrafttreten des FamFG, Recht & Psychiatrie 2009, 121.

Hoffmann, B.: Vollmachten/Ermächtigung zur Ausübung von Befugnissen aus der elterlichen Sorge, ZKJ 2009, 156.

Hoffmann, B.: Der Regierungsentwurf eines Gesetzes zur Änderung des Vormundschafts- und Betreuungsrechts, FamRZ 2011, 249.

Hoffmann, B.: Dauerpflege im SGB VIII und Verbleibensanordnung nach § 1632 Abs. 4 BGB. Friktionen zwischen Familienrecht und Kinder- und Jugendhilferecht, FPR 2011, 578.

Hoffmann, B.: Kooperation zwischen Vormundin/Pfleger und Familiengericht, JAmt 2011, 299.

Hoffmann, B.: Aufgaben des Jugendamts im Kontext familiengerichtlicher Verfahren, FPR 2011, 304.

Hoffmann, B.: Sorgerechtsvollmacht als Alternative zur Vormund-/Pflegschaft des Jugendamtes, FamRZ 2011, 1544.

Hoffmann, B.: Inobhutnahme im Sinne des § 42 SGB VIII, JAmt 2012, 244.

Hoffmann, B.: Persönlich zum Vormund/Pfleger bestellte Mitarbeiter/innen eines Vereins, JAmt 2013, 554.

Hoffmann, B.: Das Gesetz zur Stärkung der Rechte des leiblichen, nicht rechtlichen Vaters, FamRZ 2013, 1077.

Hoffmann, B.: Freiheitsentziehende Unterbringung in Einrichtungen der Kinder- und Jugendhilfe – in gemeinsamer Verantwortung von gesetzlichem Vertreter, Jugendamt und Familiengericht, FamRZ 2013, 1346.

Hoffmann, B.: Das Recht auf eine „Annahme als Pflegekind", ZKJ 2014, 469.

Hoffmann, B.: Die Auswahl eines Vormunds/Pflegers durch das Familiengericht – materiell-rechtliche Vorgaben, FamRZ 2014, 1084.

Hoffmann, B.: Die Auswahl eines Vormunds/Pflegers durch das Familiengericht – das Auswahlverfahren, FamRZ 2014, 1167.

Hoffmann, B.: Notwendige Praxisumstellungen bei Einwilligung in datenverarbeitende Vorgänge. Neuerungen durch die DS-GVO, JAmt 2018, 2.

Hoffmann, P.: Ausländische Adoptionsentscheidungen in der deutschen gerichtlichen Anerkennungspraxis, ZKJ 2006, 542.

Hofmann, K.: Ordnungsmittel bei Mehrfachverstößen gegen Unterlassungstitel, NJW 2019, 2126.

Hohmann, J.: Bedeutung von Kommunikationstechniken für Anwälte, FPR 2013, 457.

Hohmann, J./Morawe, D.: Praxis der Familienmediation, 2. Auflage, Köln 2013.

Hohmann-Dennhardt, C.: Grundgedanken zu einer eigenständigen Vertretung von Kindern und Jugendlichen im familiengerichtlichen Verfahren, ZfJ 2001, 77.

Holldorf, C./von Pirani, U.: Der begleitete Umgang im Spannungsfeld zwischen Jugendhilfe und Familiengericht, ZKJ 2012, 384.

Hölzel, W.-M.: Verfahren nach §§ 2 und 3 AdWirkG – Gerichtliche Feststellung der Anerkennung ausländischer Adoptionen und Umwandlung schwacher Auslandsadoptionen, StAZ 2003, 289.

Holzmann, C.: Verfahren betreffend die elterliche Verantwortung nach der Brüssel IIa-VO, FPR 2012, 497.

Hopp, H.: Umgang bei Kindern im Kinderheim oder in der Pflegefamilie, FPR 2007, 279.

Horndasch, K.-P.: Besondere Umgangssituationen, NZFam 2014, 884.

Horndasch, K.-P./Viefhues, W.: FamFG, 3. Auflage, Bonn 2014.

Huber, P.: Die elterliche Sorge zwischen Veränderung und Kontinuität, FamRZ 1999, 1625.

Huber, P./Antomo, J.: Die Neuregelung der elterlichen Sorge nicht miteinander verheirateter Eltern, FamRZ 2012, 1257.

Huber, P./Antomo, J.: Zum Inkrafttreten der Neuregelung der elterlichen Sorge nicht miteinander verheirateter Eltern, FamRZ 2013, 665.

Hüßtege, R.: Das Verbot der Kinderehe nach neuem Recht aus kollisionsrechtlicher Sicht FamRZ 2017, 1374.

I

Internationaler Sozialdienst: Handreichung zur grenzüberschreitenden Einzelfallarbeit in der Kinder- und Jugendhilfe. Berlin 2018.

Ivanits, N.: Die Stellung des Kindes in auf Einvernehmen zielenden gerichtlichen und außergerichtlichen Verfahren in Kindschaftssachen, Frankfurt am Main 2012.

Ivanits, N.: Elterliches Einvernehmen und Kindesbeteiligung, ZKJ 2012, 98.

Ivanits, N.: Beteiligung von Kindern bei Einvernehmen der Eltern, in: Salgo et alt. (Hrsg.), Verfahrensbeistandschaft, Köln 2014.

Ivanits, N.: Keine Beteiligung des Kindes bei elterlichem Einvernehmen, NZFam 2016, 7.

Ivanits, N.: Wie sollten Kinder im Rahmen der Mediation beteiligt werden? ZKJ 2018, 133.

J

Jacobi, G. (Hrsg.): Kindesmisshandlung und Vernachlässigung. Epidemiologie, Diagnostik und Vorgehen, Bern 2008.

Jänicke, H./Braun, S.: Vertretungsausschluss bei rechtlich nachteiligen Verfügungen zu Gunsten Minderjähriger, NJW 2013, 2474.

Jäschke, M.: Das „dritte Geschlecht" und das Abstammungsrecht FamRZ 2018, 887.

Jansen, B. H.: Sozialrechtliche Leistungsansprüche zur Ermöglichung des Umgangs, FÜR 2009, 144.

Jennissen, W.: Die Neuregelung des Freiheitsentziehungsverfahrens im FamFG – Licht und Schatten, FGPrax 2009, 93.

Johannsen, K. H./Henrich, D.: Familienrecht, 5. Auflage, München 2010.

Johannsen, K. H./Henrich, D.: Familienrecht, 6. Auflage, München 2015.

Johnson, S.: Verfahrensbeistandschaft – ein Praxisbericht, FPR 2012, 377.

Jokisch, B.: Das Wechselmodell – Grundlagen und Probleme (Teil 1), FuR 2013, 679.

Joos, J.: Umsetzung des Vormundschaftsrechts in die Praxis, JAmt 2014, 7.

Jordans, R.: Vermögenssorge für minderjährige Kinder unter besonderer Berücksichtigung des Erbfalls, MDR 2014, 379.

Jox, R./Fröschle, T.: Praxiskommentar Betreuungs- und Unterbringungsverfahren, 4. Auflage; Köln 2020.

Jürgens, A. (Hrsg.): Betreuungsrecht. Kommentar, 5. Auflage, München 2014 (Zitierweise: Betreuungsrecht/Bearbeiter).

Jungbauer, S..: Abrechnung in Familiensachen, 4. Auflage, Bonn 2017.

Jurczyk, K./Walter, S.: Gemeinsames Sorgerecht nicht miteinander verheirateter Eltern, Berlin 2013.

Juris Praxiskommentar, BGB, 8. Auflage, Saarbrücken 2017 (Zitierweise: jurisPK BGB/Bearbeiter).

Juris Praxiskommentar, SGB VIII, 2. Auflage, Saarbrücken 2018 (Zitierweise: jurisPK SGB VIII/Bearbeiter).

K

Kaesling: Die Neuregelung der missbräuchlichen Vaterschaftsanerkennung und das Wohl des Kindes NJW 2017, 3686.

Kaiser, D.: Gemeinsame elterliche Sorge und Wechselmodell, FPR 2008, 143.

Kaiser, D./Schnitzler, K./Friederici, P./Schilling, R.: BGB, Band 4: Familienrecht, 3. Auflage, Baden-Baden 2014 (Zitierweise: NK-BGB/Bearbeiter).

Karle, M./Gathmann, S./Klosinski, G.: Rechtstatsächliche Untersuchung zur Praxis der Kindesanhörung nach § 50b FGG: Abschlussbericht. Köln 2010 (zitiert: Karle u.a.).

Karle, M./Gathmann, S./Klosinski, G.: Zur Praxis der Kindesanhörung in Deutschland. Ein Abschlussbericht, ZKJ 2010, 432.

Karle, M./Carl, E./Clauss, Kindesanhörung aus psychologischer Sicht, NZFam 2014, 875.

Karmasin, E.: Überblick über die Neuregelung der Betreuervergütung durch das Betreuungsrechtsänderungsgesetz, FamRZ 1999, 348.

Kasenbacher, M.: Der Auskunftsanspruch über die persönlichen Verhältnisse des Kindes, NJW-Spezial 2012, 4.

Katzenmeier, C.: Rechtsfragen der „Babyklappe" und der medizinisch assistierten „anonymen Geburt", FamRZ 2005, 1134.

Katzenstein, H.: Vormund/in in Kontakt zum Kind zwischen Einzelfallorientierung und „Regelfall", JAmt 2013, 234.

Katzenstein, H.: Von der Sorge zur Verantwortung – die Vormundschaft ist in Bewegung, JAmt 2014, 606.

Katzenstein, H.: Formelle Beteiligung des Jugendamts im familiengerichtlichen Verfahren: Fach- oder Machtfrage?, FPR 2011, 20.

Kaufmann, F.: Der unangemeldete Hausbesuch von Fachkräften der Jugendämter in Pflegefamilien, ZKJ 2011, 198.

Keidel, T.: FamFG Kommentar, 19. Auflage, München 2017 (Zitierweise: Keidel/Bearbeiter).

Keidel, T.: FamFG Kommentar, 20. Auflage, München 2020.

Kemper, R.: Die allgemeinen Vorschriften für das Verfahren in Familiensachen – Übersicht über die Regelungen des ersten Abschnitts des zweiten Buchs des FamFG, FamRB 2009, 53.

Kemper, R.: Familienverfahrensrecht, 2. Auflage, Baden-Baden 2012.

Kemper, R./Schreiber, K.: Familienverfahrensrecht, 3. Auflage, Baden-Baden 2015.

Kepert, J.: Wie wird die Inobhutnahme wirksam?, JAmt 2013, 562.

Kepert, J.: Die Bewilligung von Leistungen nach dem SGB VIII – zur Unzulässigkeit der Befristung von Leistungsbescheiden im Kinder- und Jugendhilferecht, Sozialrecht aktuell 2019, 104.

Kersten, J.: Biotechnologie in der Bundesrepublik Deutschland, Jura 2007, 667.

Keske, M.: Rechtsmittel gegen die Kostenentscheidung, FPR 2010, 339.

Keske, M.: Gerichtskosten in familiengerichtlichen Verfahren, FPR 2012, 241.

Keske, M.: Die Änderung der Gerichtskosten durch das 2. KostRMoG – Teil 1: FamFG und GKG, FuR 2013, 546.

Kessen, S.: Die Kunst des Fragens, in: Trenczek u.a., Mediation und Konfliktmanagement, Baden-Baden 2013.

Kessen/Troja: Die Phasen und Schritte der Mediation als Kommunikationsprozess, in Handbuch Mediation, 2. Auflage, München 2009.

Keuter, W.: Vertretung Minderjähriger in Kindschaftssachen des FamFG, NJW 2010, 1851–1854.

Keuter, W.: Vergütungsanspruch des berufsmäßigen Ergänzungspflegers für Tätigkeiten vor Bestellung, FamRZ 2010, 1955.

Keuter, W.: Begleiteter Umgang – Familienrichter ohne Entscheidungskompetenz, JAmt 2011, 373.

Keuter, W.: Vereinfachtes Verfahren zur Übertragung der gemeinsamen elterlichen Sorge – ein Fremdkörper in Kindschaftssachen. Anmerkungen zum Referentenentwurf zur Reform des Sorgerechts nicht miteinander verheirateter Eltern, FamRZ 2012, 825.

Keuter, W.: Vertretung Minderjähriger im Vaterschaftsanfechtungsverfahren FuR 2013, 249.

Keuter, W.: Neue Rechte für den biologischen Vater (Teil 1), ZKJ 2013, 484.

Keuter, W.: Das familienrechtliche Mandat – Statusrecht, Bonn 2014.

Keuter, W.: Ein Kind, zwei Väter – verfahrensrechtliche Neuerungen – Neue Rechte für den biologischen Vater (Teil 2), ZKJ 2014, 16.

Keuter, W.: Entwicklungen im Statusrecht seit 2013, FamRZ 2014, 518.

Keuter, W.: Zahlen bitte – Haftet der Verfahrensbeistand für Dolmetscherkosten?, FamRZ 2014, 1971.

Keuter, W.: Unzulässigkeit der Rechtsbeschwerde gegen Festsetzung von Dolmetscherkosten. NZFam 2015, 837.

Keuter, W.: Großeltern und Vormundauswahl, ZKJ 2015, 67.

Keuter, W.: Beschleunigungsrüge und Beschleunigungsbeschwerde: Präventive Rechtsbehelfe bei überlanger Verfahrensdauer in Kindschaftssachen, FamRZ 2016, 1817.

Keuter, W.: Gesetzesentwurf zur Einführung eines familiengerichtlichen Genehmigungsvorbehalts für freiheitsentziehende Maßnahmen bei Kindern, ZKJ 2017, 307.

Keuter, W.: Gebührenrechtliche Stolpersteine für den Verfahrensbeistand, FamRZ 2018, 14.

Keuter, W.: Reformbedarf im Sorge-, Umgangs- und Unterhaltsrecht? – ein Überblick zum kindschaftsrechtlichen Teil des DJT-Gutachtens, FamRZ 2018, 1125.

Kiesewetter, P.: Mediation bei internationalen Familienkonflikten, in Trenczek u.a., Mediation und Konfliktmanagement, Baden-Baden 2013.

Kiesewetter, S.: Mediationen bei internationalen Kindschaftskonflikten: Handwerkszeug und Besonderheiten, in: Kiesewetter, S./Paul, C., Mediation bei internationalen Kindschaftskonflikten, München 2009, 13.

Kinderrechtekommission des Deutschen Familiengerichtstags: Reformbedarf im Pflegekinderwesen, FamRZ 2004, 891.

Kinderrechtekommission des Deutschen Familiengerichtstages (KIRK): Stellungnahme zum Referentenentwurf (RefE) eines Gesetzes zur Reform des Sorgerechts vom 28.3.2012, ZKJ 2012, 263.

Kinderrechtekommission des Deutschen Familiengerichtstages (KIRK): Das Wechselmodell im deutschen Familienrecht, FamRZ 2014, 1157.

Kinderrechtekommission des Deutschen Familiengerichtstags (Heilmann/Salgo): Stellungnahme zur Beschleunigungsrüge und -beschwerde, FamRZ 2016, 432.

Kinderrechtekommission des Deutschen Familiengerichtstags (Heilmann): Die Richterschaft in der Familiengerichtsbarkeit - Plädoyer für eine Qualitätsoffensive, ZKJ 2018, 179.

Kinderschutz-Zentrum Berlin e.V. (Hrsg.): Kindesmisshandlung. Erkennen und Helfen, 8. Auflage, Berlin 2000 (Die Broschüre kann kostenlos über das Bundesministerium für Familie, Senioren, Frauen und Jugend bezogen werden.).

Kindl, J./Meller-Hannich, C./Wolf, H.-J. (Hrsg.): Gesamtes Recht der Zwangsvollstreckung, 3. Auflage, Baden-Baden 2015

Kindler, H., Salzgeber, J., Fichtner, J., Werner, A: Familiäre Gewalt und Umgang, FamRZ 2004, 1241-1252.

Kindler, H.: Folgewirkungen schwerer psychischer Erkrankungen mindestens eines Elternteils auf die Entwicklung von Kindern, FPR 2005, 227.

Kindler, Umgangskontakte: Wohl und Wille des Kindes, FPR 2007, 291ff.

Kindler, H./Lukasczyk P./Reich W.: Validierung und Evaluation eines Diagnoseinstrumentes zur Gefährdungseinschätzung bei Verdacht auf Kindeswohlgefährdung (Kinderschutzbogen), ZKJ 2008, 500–505.

Kindler, H.: Umgang und Kindeswohl, ZKJ 2009, 110–114.

Kindler, H.: Kinderschutz im BGB, FPR 2012, 422.

Kindler, H.: Trennungen zwischen Kindern und Bindungspersonen, FPR 2013, 194.

Kindler, H.: Von der unterdurchschnittlichen Versorgung zur chronischen Kindesvernachlässigung, NZFam 2016, 872.

Kindler, H./Walper, S./Lux, U./Bovenschen, I.: Kenntnis der Abstammung bei fragmentierter Elternschaft aus humanwissenschaftlicher Sicht, NZFam 2017, 929.

Kirchhoff, G./Rudolf, E.: Altersfeststellung bei unbegleiteten Ausländern vor Inobhutnahmen durch Jugendämter, NVwZ 2017,1167.

Kirsch, S: Der familiengerichtliche Genehmigungsvorbehalt des § 1631b Abs. 2 BGB für freiheitsentziehende Maßnahmen bei Minderjährigen, FamRZ 2019, 933.

Kischkel, T.: Der familiengerichtliche Billigungsbeschluss nach § 156 II FamFG als beschwerdefähige Endentscheidung - und die Folgen, NZFam 2019, 907.

Kissel, R./Mayer, H.: GVG, 9. Auflage, München 2018.

Klawe, W.: Individualpädagogik: Intensivpädagogische Maßnahmen aus der Sicht der Jugendämter, JAmt 2011, 186.

Klein, A.: Altersschätzung bei unbegleiteten minderjährigen Flüchtlingen – Gefährdung des Kindeswohls?, KJ 2015, 405.

Klein, M.: Kinder substanzabhängiger Eltern: Auswirkungen auf die elterliche Erziehungsfähigkeit und Entwicklung der Kinder, NZFam 2018, 477.

Klenner, W.: Rituale der Umgangsvereitelung bei getrenntlebenden oder geschiedenen Eltern – Eine psychologische Studie zur elterlichen Verantwortung, FamRZ 1995, 1529.

Klinck, F.: Das neue Verfahren zur Anerkennung ausländischer Entscheidungen nach § 108 Abs. 2 FamFG, FamRZ 2009, 741.

Klinkhammer, F., Wer gehört zur Familie?, ZfPW 2015, 5.

Klinkhammer, M./Klotmann, U./Prinz, S. (Hrsg.): Handbuch Begleiteter Umgang. Pädagogische, psychologische und rechtliche Aspekte, 2. Auflage, Köln 2011.

Klosinski, G. (Hrsg.): Macht, Machtmissbrauch und Machtverzicht im Umgang mit Kindern und Jugendlichen. Bern, Göttingen, Toronto, Seattle 1995.

Klosinski, G.: Begutachtung in Verfahren zum Umgangs- und Sorgerecht: Brennpunkte für den Gutachter und die Familie. In: Warnke, A./Trott, G.-E./Remschmidt, H., Forensische Kinder und Jugendpsychiatrie, Bern 1997, 34.

Klosinski, G.: Internationale Kindesentführung aus der Sicht des Kindes – Versuch einer Annäherung aus kinderpsychiatrischer Sicht, FPR 2001, 206.

Kloster-Harz, D.: Der Anwalt im kindschaftsrechtlichen Verfahren, ZKJ 2010, 312.

Kloster-Harz, D.: Gesetz zur Stärkung der Rechte des leiblichen, nicht rechtlichen Vaters auf Umgang und Auskunft, FamFR 2013, 337.

Klußmann, R./Stötzel, B.: Das Kind im Rechtsstreit der Erwachsenen. Wegweiser für Eltern und Richter, Jugendämter und Gutachter, München 1995.

Knickrehm, S./Kreikebohm, R./Waltermann, R.: Kommentar zum Sozialrecht, 6. Auflage, München 2019 (Zitierweise: Knickrehm/Kreikebohm/Waltermann/Bearbeiter).

Knieper, J.: Geschäfte von Geschäftsunfähigen, Baden-Baden 1999.

Knittel, B.: Betreuungsgesetz (BtG), Starnberg-Percha 1992.

Knittel, B.: Beurkundungen im Kindschaftsrecht, 8. Auflage, Köln 2017.

Knittel, B.: Anerkennung von Scheinvaterschaften zwecks Aufenthaltssicherung von Ausländern – neuer Anlauf des Gesetzgebers zur Missbrauchseindämmung, JAmt 2017, 339 und JAmt 2017, 530.

Knödler, Zur Strafbarkeit von Sozialarbeitern und Sozialpädagogen – Teil 1, ZKJ 2018, 452, Teil 2 ZKJ 2019, 17.

Köckeritz, C.: Ambulante elternbezogene Interventionen nach Kindeswohlgefährdungen, ZKJ 2017, 56.

Köhler, I., Jugendliche ab 14 Jahren in Kindschaftssachen, ZKJ 2018, 50.

Köhler, I.: Zurückweisung eines Antrages im Amtsverfahren, ZKJ 2018, 9.

Köhler, I.: Inobhutnahme und nachfolgende familiengerichtliche Entscheidung, ZKJ 2019, 12.

Kölch M./Fegert J. M.: Die umgangsrechtliche Praxis aus Sicht der Kinder- und Jugendpsychiatrie, FamRZ 2008, 1573.

Kohler, C./Pintens, W.: Entwicklungen im europäischen Personen-, Familien- und Erbrecht 2017-2018, FamRZ 2018, 1369-1383.

Koritz, N.: Kinderrechte im Konflikt ihrer Eltern. Die Gefahr in Streitzeiten die Rechte der Kinder zu missachten, FPR 2012, 212.

Korn-Bergmann, M.: Gutachter, „Heimliche Richter" in Kindschaftsverfahren?, FamRB 2013, 302.

Korn-Bergmann, M./Purschke, A.: Gutachter – „Heimliche Richter" im Kindschaftsverfahren?, FamRB 2014, 25.

Kostka, K.: Die Begleitforschung zur Kindschaftsrechtsreform – eine kritische Betrachtung, FamRZ 2004, 1924.

Kostka, K.: Im Interesse des Kindes? Elterntrennung und Sorgerechtsmodelle in Deutschland, Großbritannien und den USA, Frankfurt am Main 2004.

Kostka, K.: Vermittlungsverfahren und Kindeswohl. FamPra.ch 2009, 634–657.

Kostka, K.: Vermittlungsverfahren und Kindeswohl, in: Handbuch Verfahrensbeistandsschaft, 2014, Rn. 1026 ff.

Kostka, K.: Neue Erkenntnisse zum Wechselmodell?, ZKJ 2014, 54.

Krabbe, H.: Mediation in hoch eskalierten Partnerkonflikten/häusliche Gewalt, in: Trenczek u.a., Mediation und Konfliktmanagement, Baden-Baden 2013, 5.3.

Krabbe, H.: Werkstattbericht: Die Kunst des Fragens, ZKM 2014, 185.

Krabbe, H.: Einvernehmen herstellen – Eine gute Idee mit offenen Fragen in der Praxis, ZKJ 2016, 392.

Krabbe, H./Thomsen, C.: Familien-Mediation und Kinder, 4. Auflage, Köln 2017.

Kracht, S.: Rolle und Aufgabe des Mediators – Prinzipien der Mediation, in Handbuch Mediation, 2. Auflage, München 2009.

Krause, T.: Das Verfahren in Kindschaftssachen nach dem FamFG, FamRB 2009, 160.

Kretzschmar, S.: Antrag auf Regelung des Umgangsrechts, NZFam 2014, 908.

Kretschmar, S.: Fliegende Kinder – Umgangsregelungen bei großer räumlicher Entfernung, NZFam 2014, 893.

Kulemeier, B.: Eltern-Jugendlichen-Mediation, ein effektives Verfahren zur Lösung familiärer Konflikte?, Frankfurt a.M., 2015.

Kunkel, P.-Ch.: Wider einen „Perspektivenwechsel" in der Jugendhilfe, FamRZ 1997, 193.

Kunkel, P.-Ch.: Wie frei ist der Amtsvormund?, ZKJ 2011, 205.

Kunkel, P.-Ch.: Jugendhilferecht, 7. Auflage, Baden-Baden 2012.

Kunkel, P.-Ch.: Das Bundeskinderschutzgesetz – „Meilenstein" oder „Mühlenstein", ZKJ 2012, 288.

Kunkel, P.-Ch.: Möglichkeiten und Grenzen der professionellen Kommunikation in der Familiengerichtsbarkeit mit Blick auf Verschwiegenheitspflicht und Datenschutz, FPR 2013, 487.

Kunkel, P.-Ch.: Datenschutz im Jugendamt, ZKJ 2018, 355.

Kunkel, P.-Ch.: Datenschutz im Jugendamt, ZKJ 2018, 355.

Kunkel, P.-Ch./Kepert, J./Pattar, A. (Hrsg.): Sozialgesetzbuch SGB VIII Kinder- und Jugendhilfe, 7. Auflage, Baden-Baden 2018 (Zitierweise: LPK-SGB VIII/Bearbeiter).

L

Lack, K.: Die Beteiligtenstellung des Jugendamtes in Kindschaftssachen, ZKJ 2010, 189.

Lack, K.: Interessenvertretung in Kindschaftssachen durch Verfahrensbeistand, FamFR 2011, 527.

Lack, K.: Möglichkeiten und Grenzen der Gesetzgebung zur Effektivierung des Kinderschutzes, Bielefeld 2012.

Lack, K.: Ausschluss des Umgangsrechts leiblicher Eltern mit ihrem in einer Pflegefamilie untergebrachten Kind – Besprechung von BVerfG, Beschluss vom 29.11.2012 – 1 BvR 335/12, BeckRS 2013, 46036 –, FamFR 2013, 73.

Lack, K.: Rechtliche Überlegungen zur religiös motivierten Beschneidung von Jungen im Kindesalter, ZKJ 2013, 336.

Lack, K.: Ein Jahr Gesetz zur Reform der elterlichen Sorge nicht miteinander verheirateter Eltern, FamRZ 2014, 1337.

Lack, K.: Die Rechte unbegleitet in die Bundesrepublik eingereister Minderjähriger, in: Heilmann/Lack (Hrsg.), Die Rechte des Kindes, Festschrift für Ludwig Salgo zum 70. Geburtstag, 2016, 85.

Lack, K.: Grenzen der elterlichen Entscheidungsbefugnis – Wer bestimmt über die Preisgabe persönlicher Daten des Kindes im Internet?, FamRZ 2017, 1730.

Lack, K./Hammesfahr, A.: Psychologische Gutachten im Familienrecht, Köln 2019.

Lack, K./Heilmann, S.: Kinderschutz und Familiengericht – Verfassungsrechtliche Vorgaben für die familiengerichtliche Intervention bei Kindeswohlgefährdung, ZKJ 2014, 308.

Lägler, D.: Mediation und Kindeswohl – Kleine Familienkonferenz gefällig?, ZKM 2016, 137.

Lagarde, P.: Erläuternder Bericht zu dem Übereinkommen vom 19. Oktober 1996 über den Schutz von Kindern, 1998 (hcch.net/index_de.php?act=publications.details&pid=2943, Abruf am 15.4.2015).

Lang, C.: Entwurf eines Gesetzes zur Stärkung der Rechte des leiblichen, nicht rechtlichen Vaters, FPR 2013, 233.

Langheim, T.: Rechtsschutz bei einstweiligen Unterhaltsanordnungen, FamRZ 2014, 1413.

Leeb, C.-M./Weber, M.: Das Sorgerecht nicht miteinander verheirateter Eltern unter besonderer Berücksichtigung des Verfahrensbeistands (Teil 2), ZKJ 2012, 388.

Leeb, C.-M./Weber, M.: Die Stellung der sozialpädagogischen Familienhilfe im Gesamtgefüge der Kinder- und Jugendhilfe, JAmt 2014, 71.

Leitfaden des Familiengerichts München für Verfahren, die den Aufenthalt des Kindes, das Umgangsrecht oder die Herausgabe des Kindes betreffen, ZKJ 2008, 199.

Leitfaden zur Mediation auf der Grundlage des Haager Übereinkommens vom 25. Oktober 1980 über die zivilrechtlichen Aspekte internationaler Kindesentführung, veröffentlicht vom Ständigen Büro der Haager Konferenz für Internationales Privatrecht, (http://www.hcch.net/upload/mediation_de.pdf, Abruf am 14.4.2015).

Lembke, U./Steinl, L.: Die Istanbul-Konversation – ein Meilenstein für den Schutz vor geschlechtsbezogener Gewalt, djbZ 2018, 203.

Lempp, R. u.a.: Die Anhörung des Kindes gemäß § 50b FGG, Köln 1987.

Lengning, A./Lüpschen, N.: Auswirkungen auf Bindungs- und Beziehungsqualitäten bei Misshandlung, Vernachlässigung und sexuellem Missbrauch, FPR 2013, 213.

Lettmaier, S./Dürbeck, W.: Die Behandlung elterlicher Umgangskosten im Unterhalts-, Sozial- und Steuerrecht, FamRZ 2019, 81 ff.

Lewe, J.: Die Pflicht des Jugendamts und des Gerichts zur Zusammenarbeit bei Kindeswohlgefährdungen, FPR 2012, 440.

Lies-Benachib, G.: Umgangsanregung und Justizgewährungsanspruch, NZFam 2018, 581.

Lipp, V./Schumann, E./Veit, B. (Hrsg.): Kindesschutz bei Kindeswohlgefährdung – neue Mittel und Wege? 6. Göttinger Workshop zum Familienrecht, Göttinger Juristische Schriften, Bd. 4, Göttingen 2008.

Lipp, V./Schumann, E./Veit, B. (Hrsg.): Reform des familiengerichtlichen Verfahrens, 1. Familienrechtliches Forum Göttingen, Göttinger Juristische Schriften, Bd. 6, Göttingen 2009.

Lipp, V.: Öffentlichkeit der mündlichen Verhandlung und der Entscheidungsverkündung?, FPR 2011, 37.

Lissner, S.: Die Übertragung der Prüfung der persönlichen und wirtschaftlichen Verhältnisse auf den Rechtspfleger, AGS 2013, 371.

Lohmeier, A.: Wie man mit hoch Strittigen lacht, in: Weber/Alberstötter/Schilling, Beratung von Hochkonflikt-Familien, Weinheim 2013.

Löhnig, M.: Zivilrechtliche Probleme des neuen § 238 StGB, FamRZ 2007, 518.

Löhnig, M.: Neue Partnerschaften der gemeinsam sorgeberechtigt gebliebenen Eltern – Welche Rechte haben die neuen Partner, FPR 2008, 157.

Löhnig, M.: Probleme des neuen Verfahrens in Abstammungssachen, FamRZ 2009, 1798.

Löhnig, M.: Sonstige Familiensachen als Verwirklichung des Großen Familiengerichts, FPR 2011, 65.

Löhnig, M.: Zur Tragung der Kosten des Umgangs von Personen, die nicht rechtliche Eltern sind, mit einem Kind, FamRZ 2013, 1866 mit Erwiderung von Wohlgemuth, FamRZ 2014, 355 und Spangenberg, FamRZ 2014, 356.

Löhnig, M.:, Das Umgangsrecht der Großeltern aus §1685 Abs. 1 BGB – Dogmatische Struktur und Praxis, NZFam 2017, 1030.

Löhnig, M./Gietl, A.:Zivilrechtlicher Gewaltschutz, 3. Auflage, Berlin 2016.

Löwe, E./Rosenberg, W.: Die Strafprozessordnung und das Gerichtsverfassungsgesetz: StPO Band 5: §§ 151-212b, 26. Auflage, Berlin 2008.

Lohse, K./Meysen, T.: Gesetz zur Bekämpfung von Kinderehen: Rechtliche Behandlung von Minderjährigenehen, JAmt 2017, 345.

Lohse, K./Ernst, R./Katzenstein, H.: Profilierung des familiengerichtlichen Kinderschutzverfahrens.Hinweise für eine gute Praxis in Verfahren bei Kindeswohlgefährdung, JAmt 2019, 234.

Looschelders, D.: Fortbestand oder Verlust des elterlichen Sorgerechts bei Wechsel des gewöhnlichen Aufenthalts, IPRax 2014, 152.

Lüdecke, E.: Vermögensverwaltung unter Beteiligung Minderjähriger, NJOZ 2018, 681.

Ludwig, I.: Internationales Adoptionsrecht in der notariellen Praxis nach dem Adoptionswirkungsgesetz, RNotZ 2002, 353.

Luthe, W./Nellissen, G. (Hrsg.): juris Praxiskommentar SGB VIII, 2. Auflage, Saarbrücken 2018 (Zitierweise jurisPK-SGB VIII/Bearbeiter).

Luthin, H.: Modalitäten der Anordnung einer Umgangsbegleitung, FamRB 2016, 390.

M

Maes, N.: Voraussetzungen für Anordnung des sog. Wechselmodells, jurisPR-FamR 16/2014 Anm. 4.

Mähler, G./Mähler, H.-G.: Familienmediation, in: Handbuch Mediation, 2. Auflage, München 2009.

Martiny, D.: Kindesentführung, vorläufige Sorgerechtsregelung und einstweilige Maßnahmen nach der Brüssel IIa-VO, FPR 2010, 493.

Martiny, D.: Umgangs- und Sorgerechtsregelung im Elternstreit – In- und ausländische Lösungen, ZKJ 2010, 351.

Martiny, D.: Elterliche Verantwortung und Sorgerecht im ausländischen Recht, insbesondere beim Streit um den Kindesaufenthalt, FamRZ 2012, 1765.

Maunz, T./Dürig, G./Herzog, R. (Hrsg.): Grundgesetz Kommentar, Stand: Juli 2014, München (Zitierweise: Maunz/Dürig/Herzog-Bearbeiter).

Maurer, H.: Das Gesetz zur Regelung von Rechtsfragen auf dem Gebiet der internationalen Adoption und zur Weiterentwicklung des Adoptionsvermittlungsrechts, FamRZ 2003, 1337.

Maurer, H.: Zur Anwendung von § 48 Abs. 1 FamFG in Familiensachen, FamRZ 2009, 1792.

Maurer, H.: Die Rechtsmittel in Familiensachen nach dem FamFG, FamRZ 2009, 465.

Maurer, H.: Das Verfahren der Familiengerichte. In: Schwab, D.: Handbuch des Scheidungsrechts, 7. Auflage, München 2013.

Maurer, H.: Zur Rechtsnatur der Verfahren nach dem Adoptionswirkungsgesetz, FamRZ 2013, 90.

Mayer, D.: Wer zu spät kommt, den bestraft das Leben – Zur Hemmung der Frist für die Erbschaftsausschlagung wegen noch ausstehender gerichtlicher Genehmigungen nach dem FamFG, Rpfleger 2013, 657.

Mayer, T.: Das Wechselmodell im Kindschaftsrecht FF 2018, 384.

Maywald, J.: Die Beteiligung des Kindes an der Einigung der Eltern, FPR 2010, 460.

Maywald, J.: Das neue Kinderschutzgesetz – was bringt es für die Kinder?, FPR 2012, 199.

Maywald, J.: Das neue Kinderschutzgesetz – was bringt es für die Kinder?, FPR 2012, 199.

Maywald, J.: Entfremdung durch Kontaktabbruch – Kontakt verweigernde Kinder oder Eltern nach einer Trennung, FPR 2013, 200.

Maywald, J.: Trennungs- und Verlustsituationen in: Salgo et alt. (Hrsg.), Verfahrensbeistandschaft, Köln 2014.

Medicus, D.; Anmerkung zu einer Entscheidung des BGH, Beschluss vom 30.09.2010 (V ZB 206/10; NJW 2010, 3643) – Zur unentgeltlichen Übertragung von Wohnungseigentum an einen Minderjährigen, JZ 2011, 159.

Melton, G./Limber, S.: What Children's Rights Mean to Children's own Views, in: Freeman, M./Veerman, P., The Ideologies of Children´s Rights, Den Haag 1992, 167.

Menne, K.: Erziehungsberatung im Zentrum. Zu ihrer Positionsbestimmung in der Jugendhilfe, JAmt 2019, 64.

Menne, M.: Der Anwalt des Kindes – Entwicklungstendenzen und Perspektiven im Recht der Verfahrenspflegschaft, FamRZ 2005, 1035.

Menne, M.: Das Holen und Bringen des Kindes im Rahmen der Regelung des Umgangs, ZKJ 2006, 135.

Menne, M.: Zum Umgangsrecht von Strafgefangenen und Untersuchungshäftlingen, ZKJ 2006, 250.

Menne, M.: Neues FamFG: Zur pauschalisierten Entschädigung des Verfahrensbeistands im kommenden Recht, ZKJ 2008, 461.

Menne, M.: Der Verfahrensbeistand im neuen FamFG, ZKJ 2009, 68.

Menne, M.: Anmerkung zum Urteil des BVerfG vom 9.11.2009, 1 BvR 2146/09, ZKJ 2010, 71.

Menne, M.: Zur Vergütung des Umgangspflegers – Anmerkung zum Beschluss des Oberlandesgerichts Koblenz vom 19. November 2009 – 11 WF 905/09, ZKJ 2010, 245.

Menne, M.: Anerkennung/Vollstreckung nach Brüssel IIa-VO: Fehlende Verfahrensbeistandsbestellung und Anhörung des Kindes im ausländischen Ausgangsverfahren, FamRB 2015, 250.

Menne, M.: Aktuelle Praxisfragen grenzüberschreitender Kindschaftssachen – Kindesanhörung und Anerkennung ausländischer sorgerechtlicher Entscheidungen, FamRB 2015, 359.

Menne, M.: Aktuelle Praxisfragen grenzüberschreitender Kindschaftssachen – Kindesanhörung und Anerkennung ausländischer sorgerechtlicher Entscheidungen, FamRB 2015, 398.

Menne, M.: Aktuelle Praxisfragen grenzüberschreitender Kindschaftssachen – Internationale Richternetzwerke, FamRB 2015, 441.

Menne, M.: Dialogue of Judges – Verbindungsrichter und internationale Richternetzwerke, JZ 2017, 332.

Menne, M.: Verbindungsrichter im internationalen Familienrecht in Deutschland - aktueller Stand und Ausblick. FamRZ 2018, 1644.

Menne, M./Carl, E.: Verbindungsrichter und direkte richterliche Kommunikation, NJW 2009, 3537.

Meyer-Wehage, B.: Die Beweiserhebung in familiengerichtlichen Verfahren, NZFam 2014, 126.

Meysen, T.: Beginn und Ende von Beistandschaften, JAmt 2008, 120.

Meysen, T.: Steuerungsverantwortung des Jugendamtes nach § 36 a SGB VIII: Anstoß zur Verhältnisklärung oder anstößig?, FamRZ 2008, 562.

Meysen, T.: Neuerungen im zivilrechtlichen Kinderschutz, NJW 2008, 2673.

Meysen, T.: Bundeskinderschutzgesetz: gesetzliche Programmatik im Baukastensystem, FamRZ 2012, 405.

Meysen, T.: Familiengericht und Jugendamt: produktives Ringen oder Machtkampf?, NZFam 2016, 580.

Meysen, T./Balloff, R./Finke, F./Kindermann, E./Rakete-Dombek, I./Stötzel, M. (Hrsg.): Das Familienverfahrensrecht – FamFG, Köln 2010.

Meysen, T./Balloff, R./Finke, F./Kindermann, E./Rakete-Dombek, I./Stötzel, M. (Hrsg.): Praxiskommentar Familienverfahrensrecht, 2. Auflage, Köln 2014 (Zitierweise: PK Familienverfahrensrecht/Bearbeiter).

Michalski, L.: Das Namensrecht des ehelichen Kindes nach den §§ 1616, 1616a BGB unter Berücksichtigung des Regierungsentwurfs eines Kindschaftsrechtsreformgesetzes, FamRZ 1997, 977.

Mix, B.: Kontinuität in der Vormundschaft, JAmt 2014, 242.

Moch, M./Junker-Moch, M.: Zur Zusammenarbeit zwischen Jugendamt und Kinderschutzfachkraft, FPR 2011, 319.

Moelle, B.: Die (anwaltliche) Vertretung Minderjähriger in Kindschaftssachen, ZKJ 2020, 7.

Mörsberger T./Wapler, F.: Das Bundeskinderschutzgesetz und der Datenschutz, FPR 2012, 437.

Mörsberger, T.: Das Strafrecht als Prima Ratio des SGB VIII? Zu den andauernden Irritationen um die Haftungsrisiken im Kinderschutz, ZKJ 2013, 21.

Mohnert, A.: Materiell-rechtliche Voraussetzungen des Eltern-Kind-Verhältnisses im Rahmen einer Adoption, RPsych 2018, 477.

Moll-Vogel, E.: Mediation im familiengerichtlichen Verfahren, in: Prenzlow (Hrsg.), Handbuch Elterliche Sorge und Umgang, Rn. 1190, Köln 2013.

Montada, L./Kals, E.: Mediation, 2. Auflage, Weinheim 2007.

Morat, K./Kramer, R.: Verfahrensbeistandschaft und Datenschutz, ZKJ 2014, 139.

Mortsiefer, M.: Die Gefährdungsmitteilung des Jugendamts an das Familiengericht, NJW 2014, 3543.

Motzer, S.: Das Umgangsrecht Verwandter und enger Bezugspersonen des Kindes, FamRB 2004, 231.

Müller, G., Sieghörtner, R., Emmerling de Oliveira, N.: Adoptionsrecht in der Praxis, 3. Auflage, Bielefeld 2016.

Müller-Magdeburg, C.: Das beschleunigte Familienverfahren im Lichte des FamFG, ZKJ 2009, 184.

Müller-Magdeburg, C.: Die Beteiligung des Jugendamtes – Plädoyer für ein aktives Jugendamt, ZKJ 2009, 319.

Münchener Kommentar zum BGB (J. Säcker/R. Rixecker Hrsg.), Band 9, 7. Auflage, München 2017, Familienrecht II, §§ 1589-1921 (Zitierweise: MüKo-BGB/Bearbeiter).

Münchener Kommentar zum BGB (J. Säcker/R. Rixecker Hrsg.), Band 10, 6. Auflage, München 2015, IPR I, Art. 1-24 BGB KindEntfÜbk (Zitierweise: MüKo-BGB/Bearbeiter).

Münchener Kommentar zum BGB (J. Säcker/R. Rixecker Hrsg.), Band 11, Internationales Privatrecht I, Europäisches Kollisionsrecht, Einführungsgesetz zum Bürgerlichen Gesetzbuche (Art. 1-26), 7. Auflage München 2018 (Zitierweise: MüKo-BGB/Bearbeiter).

Münchener Kommentar zum FamFG (T. Rauscher Hrsg.), 3. Auflage, München 2019 (Zitierweise: MüKo-FamFG/Bearbeiter).

Münchener Kommentar zur ZPO (W. Krüger Hrsg.), Band 4, 5. Auflage, München 2016 (Zitierweise: MüKo-ZPO/Bearbeiter).

Münchener Kommentar zum BGB Familienrecht II, §§ 1589-1621, SGB VIII (K. Rebmann/F. Säcker Hrsg.), Band 9, 7. Auflage, München 2017 (Zitierweise: MüKo-SGB VIII/Bearbeiter).

Münder, J.: Der Anspruch auf Herausgabe des Kindes, NJW 1986, 811.

Münder, J.: Die Entwicklung autonomen kindschaftsrechtlichen Denkens, ZfJ 1988, 10.

Münder, J.: Familien- und Jugendhilferecht. Eine sozialwissenschaftlich orientierte Einführung. Bd. I: Familienrecht. 4. völlig überarb. Auflage, Neuwied 1999.

Münder, J.: Familien- und Jugendhilferecht. Eine sozialwissenschaftlich orientierte Einführung. Band II: Kinder- und Jugendhilferecht, Neuwied 2000.

Münder, J./Muthke, B./Schone, R.: Kindeswohl zwischen Jugendhilfe und Justiz: professionelles Handeln in Kindeswohlverfahren, Münster 2000.

Münder, J./Wiesner, R./Meysen, T.: Kinder- und Jugendhilferecht, 2. Auflage, Baden-Baden 2011

Münder, J.: Rechtsfolgen bei Verletzung professioneller Standards, ZfJ 2001, 401.

Münder, J. u.a.: Die Praxis des Kindschaftsrechts in Jugendhilfe und Justiz, München 2007.

Münder, J. u.a.: Frankfurter Lehr- und Praxiskommentar zum KJHG/SGB VIII, Baden-Baden 2009.

Münder, J./Ernst, R./Behlert, W.: Familienrecht, 7. Auflage, Baden-Baden 2013.

Münder, J./Meysen, T./Trenczek, T.: Frankfurter Kommentar SGB VIII Kinder- und Jugendhilfe, 8. Auflage, Frankfurt am Main 2019 (Zitierweise: FK-SGB VIII/Bearbeiter).

Muscheler, K.: Die Klärung der Vaterschaft, FPR 2008, 257.

Musielak, H.-J./Voit, W. (Hrsg.): Zivilprozessordnung mit Gerichtsverfassungsgesetz, 16. Auflage, München 2019 (Zitierweise: Musielak/Voit/Bearbeiter).

Musielak, H.-J./Borth, H. (Hrsg.): Familiengerichtliches Verfahren, 6. Auflage, München 2018 (Zitierweise: Musielak/Borth/Bearbeiter).

Müther, P.-H.: Die Beschwerdeeinlegung beim unzuständigen Gericht nach dem FamFG, FamRZ 2010, 1952.

Mutschler, D.: Interessenausgleich im Abstammungsrecht – Teilaspekte der Kindschaftsrechtsreform, FamRZ 1996, 1381.

N

Naczinsky, S.: Auswirkungen der Testierfähigkeit auf die Geschäftsfähigkeit Minderjähriger, NZFam 2018, 713.

Nehls, K.: Praktischer Leitfaden zum Haager Übereinkommen über die zivilrechtlichen Aspekte internationaler Kindesentführung (HKÜ), ZKJ 2014, 62.

Nehls, K.: Rechtliche Grundlagen bei internationalen Kindesentführungen sowie bei internationalen Sorge- und Umgangsverfahren, in: Paul/Kiesewetter, Mediation bei internationalen Kindschaftskonflikten, 13, München 2009.

Neundorf, K.: Die Altersbestimmung bei unbegleiteten Minderjährigen – rechtliche Grundlagen und Debattenüberblick, ZAR 2018, 238.

Nickel: Grundlagen der Gewährung von Beratungs- und Verfahrenskostenhilfe in Kindschaftssachen, NJW 2011, 1117.

Nickel, M.: Die Kostenentscheidung nach billigem Ermessen gem. § 81 FamFG, FamFR 2013, 529.

Nickel, M.: Kindergeld und Kindesunterhaltsfreibetrag in der Verfahrenskostenhilfe, FamRB 2014, 347.

Nickel, M.: Die Entwicklung der Rechtsprechung zur Prozess- und Beratungshilfe im Jahr 2016, MDR 2017, 499.

Nienstedt, M./Westermann, A.: Pflegekinder und ihre Entwicklungschancen nach frühen traumatischen Erfahrungen. 2. Auflage, Stuttgart 2013.

Niethammer-Jürgens, K./Erb-Klünemann, M.: Internationales Familienrecht in der Praxis, 2. Auflage, Frankfurt a.M. 2019.

O

Oberloskamp, H. (Hrsg.): Vormundschaft, Pflegschaft und Beistandschaft für Minderjährige, 4. Auflage, München 2017.

Oberloskamp, H., Das Jugendamt im familiengerichtlichen Verfahren, ZKJ 2016, 336.

Obermann, T.: Der Umgangspfleger nach § 1666 BGB – gefährdet, aber notwendig?, NZFam 2014, 976.

Obermann, T.: Kindesanhörung bei Einigung der Eltern? NZFam 2015, 1129.

Odendahl, H.: Die Bedeutung neuer internationaler IPR-Normen im Familien- und Erbrecht für Fälle mit Türkeibezug. IPrax 2018, 450.

Oelkers, H.: Formelle und materiell-rechtliche Fragen des Umgangsrechts nach § 1634 BGB, FamRZ 1995, 449.

Oelkers, H.: Sorge- und Umgangsrecht in der Praxis, Bonn 2000.

Oerter, R./Montada, L. (Hrsg.): Entwicklungspsychologie. Ein Lehrbuch, 3. Auflage, Weinheim 1995.

Oesch, V./Zachariou, Z.: Kindesmisshandlung und Vernachlässigung, in: Jacobi, Kindesmisshandlung aus kinderchirurgischer Sicht, 2008, 297.

Offermann-Burckart, S.: Die Rolle des Anwalts in einem auf Einvernehmen ausgerichteten Verfahren, FPR 2010, 431.

Onstein, V.: Familiengerichtliche Intervention bei Gefährdung von Kindern durch neue Medien, jM 2017, 95-100.

Osthold, F.: Das Umgangsrecht der Großeltern nach § 1685 Abs. 1 BGB – eine Zwischenbilanz, FF 2017, 347.

Osthold, F.: Die Einwilligung des nur leiblichen, aber nicht rechtlichen Vaers in die Adoption im Falle einer Samenspende, FF 2016, 53.

Osthold, F.: Antrags- und Amtsverfahren in Kindschaftssachen nach dem FamFG, FamRZ 2017, 1643.

Ostler, T./Ziegenhain, U.: Risikoeinschätzung bei (drohender) Kindeswohlgefährdung: Überlegungen zu Diagnostik und Entwicklungsprognose im Frühbereich. In: Ziegenhain, U./Fegert, J. M. (Hrsg.): Kindeswohlgefährdung und Vernachlässigung, München 2007, 67.

P

Palandt, O.: Bürgerliches Gesetzbuch, 78. Auflage, München 2019 (Zitierweise: Palandt/Bearbeiter).

Paul, C./Kiesewetter, S.: Mediation bei internationalen Kindschaftskonflikten, München 2009.

Paul, C./Kiesewetter,S.: Cross-Border-Familiy Mediation, Frankfurt a.M. 2014.

Pechstaedt, V. von: Zivilrechtliche Abwehrmaßnahmen gegen Stalking, NJW 2007, 1233.

Peschel-Gutzeit. L. M.: Schützt die Verbleibensanordnung das Kind wirksam? – 25 Jahre Erfahrung mit § 1632 IV BGB, FPR 2004, 428.

Peschel-Gutzeit, L.: Das Recht auf gewaltfreie Erziehung – Was hat sich seit seiner Einführung im Jahre 2000 geändert?, FPR 2012, 195.

Peschel-Gutzeit, L.: Interventionsmöglichkeiten bei Inobhutnahme durch das Jugendamt, FPR 2012, 443.

Peschel-Gutzeit, L. M.: Der doppelte Vater – Kritische Überlegungen zum Gesetz zur Stärkung der Rechte des leiblichen, nicht rechtlichen Vaters, NJW 2013, 2465.

Peschel-Gutzeit, L. M.: Die Bedeutung des Kindeswillens, NZFam 2014, 433.

Peter, E.: Die Inobhutnahme unbegleiteter ausländischer Minderjähriger, JAmt 2006, 68.

Petri, H.: Verlassen und Verlassen werden, Angst, Wut und Trauer bei gescheiterten Beziehungen, Zürich 1991, 59.

Pheiler-Cox, P.: Fälle von Gewalt, Drohungen und Belästigungen in der anwaltlichen und gerichtlichen Praxis, FuR 2014, 558.

Pietsch, P.: Die EU-Verordnung über die gegenseitige Anerkennung von Schutzmaßnahmen, NZFam 2014, 726.

Pothmann, J.: Kinderschutz im Spiegel amtlicher Statistik. Gefährdungseinschätzungen von Jugendämtern – ein Beitrag zum aktiven Kinderschutz: Erste Auswertungen und Kommentierungen zu den „8a-Daten" kommunaler Jugendbehörden 2012, https://www.dji.de/fileadmin/user_upload/dasdji/home/forschung_8a_kommentar.pdf (Abruf am 28.10.2019).

Prenzlow, R. (Hrsg.): Handbuch Elterliche Sorge und Umgang, Köln 2013.

Proksch, R.: Begleitforschung zur Umsetzung der Neuregelung der Reform des Kindschaftsrechts. 1. Zwischenbericht (Mai 2000), Nürnberg 2000.

Proksch, R.: Rechtstatsächliche Untersuchung zur Reform des Kindschaftsrechts. Begleitforschung zur Umsetzung des Kindschaftsrechtsreformgesetzes, Köln 2002.

Proksch, R.: Ergebnisse der Begleitforschung zur Kindschaftsrechtsreform, Kind-Prax 2003, 3.

Prütting H./Gehrlein, M. (Hrsg.): ZPO, 11. Auflage, Köln 2019 (Zitierweise: Prütting/Gehrlein/Bearbeiter).

Prütting H./Helms, T. (Hrsg.): FamFG, 4. Auflage, Köln 2018 (Zitierweise: Prütting/Helms/Bearbeiter).

Prütting, H./Wegen, G./Weinreich, G.: BGB, 9. Auflage, Köln 2014.

Q

Quantius, M.: Die Elternschaftsanfechtung durch das künstlich gezeugte Kind, FamRZ 1998, 1145.

R

Raack, W.: Rechtliche Maßnahmen und Entscheidungsspielräume des Familiengerichts bei Schulabsenz von Kindern und Jugendlichen, FPR 2007, 478.

Radewagen, C.: Geplante Datenweitergabe durch das Jugendamt an Ärzte, Lehrer und andere Berufsgeheimnisträger in § 4 KKG – eine Gefahr für den Kinderschutz?!, JAmt 2017, 278.

Rahm, W./Künkel, B.: Handbuch Familien- und Familienverfahrensrecht, Loseblattwerk, Köln.

Rake, U.: Social Media und elterliche Umgangsbestimmung, FamRZ 2017, 1733.

Rake, U.: Grundlinien der Kostenverteilung in Abstammungssachen, FuR 2018, 73.

Rakete-Dombeck, I.: Der Ausfall eines Sorgeberechtigten durch Tod, Krankheit, Abwesenheit oder Entzug der elterlichen Sorge, FPR 2005, 80.

Rakete-Dombek, I.: Einvernehmliche Konfliktlösungen und Vermittlungsverfahren. Anmerkungen aus anwaltlicher Sicht, in: Lipp, V./Schumann, E./Veit, B., 2009, 93.

Rauscher, T.: Vaterschaft auf Grund der Ehe mit der Mutter, FPR 2002, 352.

Rauscher, T.: Die Beteiligung des Kindes am Umgangsvergleich, FamFR 2010, 28.

Rauwald, M.: Elterliches Trauma und Kindeswohl – Psychotraumatologische Überlegungen zu einer transgenerational vermittelten Beeinträchtigung, NZFam 2014, 1116.

Reinhardt, J.: Die Beteiligung in Adoptionsverfahren und der Geheimhaltungsschutz – Prüfstein für die Kooperation von Jugendamt und Familiengericht in Adoptionssachen, JAmt 2011, 628.

Reinhardt, J.: FamFG und Adoption, JAmt 2009, 162.

Reinken, W.: Einführung in den Allgemeinen Teil des FamFG, ZFE 2009, 164.

Reinken, W.: Hinwirken auf ein Einvernehmen der Beteiligten – Aufgaben und Handlungsmöglichkeiten des Gerichts nach dem FamFG, FPR 2010, 428.

Remschmidt, H./Schmidt, M. H. (Hrsg.): Kinder- und Jugendpsychiatrie in Klinik und Praxis, Stuttgart 1985.

Reuß, P.: Das Verbot von Kinderehen, FamRZ 2019, 1.

Richter, U.: Schulschwänzer – ordnungsgemäß abgemeldet, FPR 2007, 463.

Riedel, F./Sußbauer, H.: RVG, 10. Auflage, München 2015.

Riegner, K.: Verfassungsrechtliche Anforderungen an die Trennung des Kindes von den Eltern wegen Kindeswohlgefährdung, NZFam 2014, 625.

Riegner, K.: Die Vertretung unbegleiteter minderjähriger Flüchtlinge in asyl- und ausländerrechtlichen Angelegenheiten, NzFam 2014, 150.

Riegner, K.: Sachkunde und schwierige Geschäfte bei der Vormundschaft, NZFam 2015, 193.

Riemer, M.: Auswirkung des Gewaltverbots in der Erziehung nach § 1631 II BGB auf das Strafrecht, FPR 2006, 387.

Rinio, C.: Strafrechtliche Konsequenzen und ordnungsrechtliche Maßnahmen gegen Eltern von „Schulschwänzern", FPR 2007, 467.

Ripke, L.: Haltung des Mediators, in: Trenczek u.a., Mediation und Konfliktmanagement, Baden-Baden 2013, 2.13.

Rixen, S.: Das Gesetz über den Umfang der Personensorge bei einer Beschneidung des männlichen Kindes, NJW 2013, 257.

Röchling, W.: Anmerkungen zum Abschlussbericht der Arbeitsgruppe „Familiengerichtliche Maßnahmen bei Gefährdung des Kindeswohls" v. 17.11.2006, FamRZ 2007, 431.

Rörig, J.: Familiengerichte – Verantwortung ohne Fortbildung?, DRiZ 2018, 84.

Rohmann, J. A.: In Fragen der Heimerziehung ausgewiesener Psychologe als Sachverständiger bei Unterbringung von Kindern und Jugendlichen, FPR 2009, 30.

Rohmann, J. A.: Anhörung des Kindes und der Eltern sowie die Bekanntgabe der Entscheidung an das Kind als kommunikativer Prozess, FPR 2013, 464.

Rohe, M.: Die rechtliche Behandlung von Minderjährigenehen in Deutschland StAZ 2018, 73.

Rotax, H.-H.: Tatsächliche oder rechtliche Verhinderung oder Entzug der elterlichen Sorge bei einem bisher gemeinsam sorgeberechtigten Elternteil, FPR 2008, 151.

Rüntz, S./Viefhues, W: Erste Erfahrungen aus der Praxis mit dem FamFG, FamRZ 2010, 1285.

Rüting, W.: Das kindorientierte Zusammenwirken im Verfahren vor dem Familiengericht, ZKJ 2011, 244.

Rüting, W.: Rückführung in die Herkunftsfamilie, Umgang, FPR 2012, 381.

S

Saenger (Hrsg.), ZPO, 8. Auflage, Baden-Baden 2019.

Salewski, C./Stürmer, S.: Qualität familienrechtspsychologischer Gutachten, ZKJ 2015, 4.

Salgo, L.: Pflegekindschaft und Staatsintervention, Frankfurt am Main 1987.

Salgo, L.: Der Anwalt des Kindes. Die Vertretung von Kindern in zivilrechtlichen Kindesschutzverfahren. Eine vergleichende Studie, Frankfurt am Main 1996.

Salgo, L.: Zur gemeinsamen elterlichen Sorge nach Scheidung als Regelfall – ein Zwischenruf, FamRZ 1996, 449.

Salgo, L.: Vom langsamen Sterben des elterlichen Züchtigungsrechts, RdJB 2001, 283.

Salgo, L.: Umgang mit Kindern in Familienpflege – Voraussetzungen und Grenzen, FPR 2004, 419.

Salgo, L.: Verbleibensanordnung bei Bezugspersonen (§ 1682 BGB), FPR 2004, 76.

Salgo, L.: § 8a SGB VIII, Anmerkungen und Überlegungen zur Vorgeschichte und zu den Konsequenzen der Gesetzesänderung, Teil 1 und 2, ZKJ 2006, 531; 2007, 12.

Salgo, L.: Wie man aus einer ungünstigen Situation eine das Wohl des Kindes gefährdende machen kann – Grenzen der Staatsintervention zur Durchsetzung des Umgangsrechts, FPR 2008, 401.

Salgo, L.: Das Beschleunigungsgebot in Kindschaftssachen, FF 2010, 352.

Salgo, L.: Häusliche Gewalt, Traumatisierung und Umgangsfragen, in: Fegert/Ziegenhain/Goldbeck, Traumatisierte Kinder und Jugendliche in Deutschland, Weinheim 2010, 121.

Salgo, L.: Mitwirkung am Zustandekommen einer einvernehmlichen Regelung. Aufgaben und Pflichten des Verfahrensbeistands, FPR 2010, 456.

Salgo, L.: Einwilligung des Kindes und des Jugendlichen in die Unterbringung, FPR 2011, 546.

Salgo, L.: Ein Zwischenruf zum Regierungsentwurf eines Gesetzes zur Reform der elterlichen Sorge nicht miteinander verheirateter Eltern, FPR 2012, 409.

Salgo, L.: Anmerkung zur Entscheidung des OLG Karlsruhe, Beschluss vom 26.06.2013, 18 UF 296/11 – Zur Beschwerdebefugnis von Pflegepersonen in verfassungkonformer Auslegung der §§ 303 Abs. 2, 335 Abs. 1 Nr. 1 FamFG, FamRZ 2013, 1668.

Salgo, L.: Aus Fehlern lernen – Stellungnahme für den Sonderausschuss „Zum Tode des Mädchens Chantal", ZKJ 2013, 150.

Salgo, L.: Ergänzungspfleger oder Verfahrensbeistand, FPR 2013, 315.

Salgo, L.: Umgangsbeschluss wegen psychischer Destabilisierung des Pflegekindes aus verfassungsrechtlicher Sicht nicht zu beanstanden, FamRZ 2013, 343.

Salgo, L: Anmerkung zu BGH Beschluss vom 16.11.2016 - XII ZB 328/15, FamRZ 2017, 210.

Salgo, L.: Die Beziehung zwischen Familienrecht und Human-/Sozialwissenschaften am Beispiel des Kindschaftsrechts, ZKJ 2017, 254.

Salgo, L.: Der qualifizierte Familienrichter als tragende Säule im Kinderschutz, ZKJ 2018, 168.

Salgo, L.: „Risiken" im Kinderschutz, ZKJ 2019, 217.

Salgo, L./Lack, K.: Das Recht der Pflegekindschaft. In: Prenzlow (Hrsg.), Handbuch Elterliche Sorge und Umgang, Köln 2013.

Salgo, L./Lack, K. (Hrsg.) Handbuch Verfahrensbeistandschaft, 4. Auflage, Köln 2020.

Salgo, L./Stötzel, M.: Aktuelle Tendenzen der Verfahrensbeistandschaft, ZKJ 2013, 349.

Salgo, L./Veit, B./Zenz, G.: Reformbedarf im Bereich der Dauerpflege, ZKJ 2013, 204.

Salgo, L./Zenz, G.: (Amts-)Vormundschaft zum Wohle des Mündels – Anmerkungen zu einer überfälligen Reform, FamRZ 2009, 1378.

Salgo, L./Zenz, G. et alt. (Hrsg.): Verfahrensbeistandschaft, 3. Auflage, Köln 2014.

Salzgeber, J.: Der lösungsorientierte Sachverständige und die Hochkonfliktfamilien, FamRZ 2010, 851.

Salzgeber, J.: Der psychologische Sachverständige im Familiengerichtsverfahren, 5. Auflage, München 2011.

Salzgeber, J.: Der psychologische Sachverständige im Familiengerichtsverfahren, FF 2013, 194 und 442.

Salzgeber, J.: Umgang und Herstellung von Einvernehmen, FPR 2013, 299.

Salzgeber, J.: Richterliche Würdigung eines Sachverständigengutachtens im Sorgerechtsverfahren, FamRZ 2016, 1940.

Salzgeber, J./Stadler, M.: Verfahrenspfleger und Psychologischer Sachverständiger, JAmt 2001, 382.

Sanders, A.: Vater werden wird nun schwer – Das neue „Verbot der missbräuchlichen Anerkennung der Vaterschaft" FamRZ 2017, 1189.

Sarres, E.: Akteneinsichtsrechte im Familien- und Erbrecht, ZFE 2011, 136.

Sarres, E.: Richterliche Befangenheit im Familienrecht – eine Bestandsaufnahme, FamRB 2014, 474.

Schäder, B.: Kindeswille und Umgangsverteilung – Die Bedeutung des Kindeswillens für umgangsrechtliche Maßnahmen bei Umgangsvereitelung durch den betreuenden Elternteil, FamRZ 2019, 1120.

Schael, W.: Minderjährige und ihre formelle Beteiligung in Verfahren über Kindschaftssachen nach dem FamFG, FamRZ 2009, 265.

Scharl, P./Schmid, J.: Risikoanalyse und Risikomanagement im Sonderleitfaden des Münchner Modells, NZFam 2014, 1078.

Schauberger, C.: Die Partizipation Minderjähriger im Verfahren der freiwilligen Gerichtsbarkeit, Frankfurt 2015.

Scheiwe, K.: Reformbedarfe bei der Regelung der gemeinsamen Elternverantwortung nach Trennung und Scheidung, NZFam 2018, 830.

Schellhorn, W. (Hrsg.): SGB VIII/KJHG. Sozialgesetzbuch Achtes Buch Kinder- und Jugendhilfe. 2. Auflage, Neuwied 2000.

Schellhorn, W./Fischer, L./Mann, H./Kern, C. (Hrsg.:, SGB VIII Kinder- und Jugendhilfe, 5. Auflage, Neuwied 2017.

Schermaier-Stöckl, B., Verdacht einer Kindeswohlgefährdung in der Mediation – Was tun?, FamRB 2018, 496.

Scherpe, J. C.: Reichweite des verfassungsrechtlichen Schutzes der Verwandtenstellung im Vormundschaftsverfahren, FamRZ 2014, 1821.

Schilling, R.: Rechtliche Probleme bei der gemeinsamen Sorge nach Trennung und Scheidung, NJW 2007, 3233.

Schimke, H.-J.: Sorgerecht und Beteiligung von Kindern, in: Prenzlow (Hrsg.), Handbuch Elterliche Sorge und Umgang, Köln 2013.

Schimke, H.-J.: Gemeinsame Verantwortung für Kinder – Einfluss und Möglichkeiten des Vormunds/der Vormündin, JAmt 2015, 74.

Schindler, G.: Die Haftung des Jugendamts bei Verletzung fachlicher Standards, FPR 2012, 539.

Schlauß, S.: Die Aufgaben des Bundesamts für Justiz im internationalen Kindschaftsrecht, ZKJ 2016, 162.

Schlauß, S.: Grenzüberschreitende Unterbringungen im EU-Ausland. Eine Kurzanalyse aus Sicht des Bundesamts für Justiz, ZKJ 2016, 348.

Schlauß, S.: Internationales Kindschaftsrecht, Aktuelle Entwicklungen bei den Aufgaben des Bundesamts für Justiz, ZKJ 2019, 255.

Schleissing, S. (Hrsg.): Ethik und Recht in der Fortpflanzungsmedizin, Baden-Baden 2014.

Schlünder, R.: Die Vollstreckung nach dem FamFG. FamRZ 2009, 1636.

Schlund, M.: Begleiteter Umgang bei „schwierigen Fallkonstellationen" (Teil 1), ZKJ 2015, 55.

Schmahl, S.: UN-Kinderrechtskonvention, 2. Auflage, Baden-Baden 2013.

Schmid, J.: Das Beschleunigungs- und Vorranggebot – erste Erfahrungen in der Praxis, FPR 2011, 5.

Schmid, J.: Familiengerichtliche Kooperation in Fällen von Kindesmisshandlung und sexuellem Missbrauch, FamRB 2014, 267.

Schmid, J.: Juristische Grundsätze zu Umgangsmodellen, NZFam 2014, 881.

Schmid, J.: Grenzen von Einvernehmen in Kindschaftssonderfällen, NZFam 2015, 292.

Schmidt-Räntsch, J.: Freiheitsentziehungssachen gem. §§ 415 ff. FamFG, NVwZ 2014, 110.

Schnebel, H.: Eine Replik auf den Beitrag von Sandra Tenner „Zustellungen des Gerichtsvollziehers in Verfahren nach dem Gewaltschutzgesetz", DGVZ 2019, 147.

Schneider, E.: Die neuere Rechtsprechung zum Prozeßkostenhilferecht, MDR 1985, 441.

Schneider, E.: Vorschusspflicht in Kindschaftssachen, FamRB 2012, 164.

Schneider, E.: Die Kosten in Umgangsverfahren, NZFam 2014, 906.

Schneider, H.: Die Beschleunigungsrüge in Kindschaftssachen, FamRB 2016, 479.

Schneider, M.: Neues Sorgerecht nicht miteinander verheirateter Eltern, MDR 2013, 309.

Schneider, M.: Kindeswohlgefährdung durch Smartphones und Internetzugänge?, MDR 2019, 12.

Schneider, M./Faber, E.: Bestellung von Vormund und Ergänzungspfleger in Kindschaftssachen nach §§ 1666, 1696 BGB, FuR 2012, 580.

Schneider, N.: Gebühren in Familiensachen, München 2009.

Schneider, N.: Kostenfestsetzungsverfahren in Familiensachen, FPR 2010, 343.

Schneider, N.: Zur Einigungsgebühr nach Nr. 1000, 1003 RVG-VV im Falle einer Zwischenvereinbarung in Umgangssachen, AGS 2014, 272.

Schneider, N.: Die Terminsgebühr im schriftlichen Verfahren, NZFam 2014, 403.

Schneider, N.: Die Kosten in Vermittlungsverfahren nach § 165 FamFG, NZFam 2014, 906.

Schneider, N.: Verfahrenswert einer Beschwerde gegen Kindschaftssache im Scheidungsverbund, NZFam 2015, 325.

Schneider, N.: Kosten des Terminsvertreters bei Verfahrenskostenhilfe, NZFam 2016, 1094.

Schneider, N./Thiel, L.: Über die „Wertlosigkeit" höchstrichterlicher Wertfestsetzungen, NJW 2013, 25.

Schneider, N./Volpert, J./Fölsch, P. (Hrsg.): FamGKG, 3. Auflage, Baden-Baden 2019.

Schneider, N./Volpert, J./Fölsch, P. (Hrsg.): Gesamtes Kostenrecht, Baden-Baden 2014.

Schomburg, G.: Das Übereinkommen des Europarats über den Umgang mit Kindern.

KindPrax Spezial 2004, Internationales Familienrecht und seine Auswirkungen auf die Praxis. S. 7.

Schuldei, M.: Auskunft über die persönlichen Verhältnisse des Kindes über Dritte, Anmerkung zu OLG Koblenz, BeckRS 2014, 07117, NZFam 2014, 713.

Schulte-Bunert, K.: Vollstreckung von familiengerichtlichen Entscheidungen in Angelegenheiten der elterlichen Sorge nach § 33 FGG, FPR 2008, 397.

Schulte-Bunert, K.: Gewaltschutz, Teil 2, FuR 2011, 263.

Schulte-Bunert, K.: Einstweilige Anordnung nach § 1 GewSchG, FuR 2014, 566.

Schulte-Bunert, K./Weinreich, G. (Hrsg.): FamFG, 6. Auflage, Köln 2019.

Schulz, A.: Internationale Regelungen zum Sorge- und Umgangsrecht, FamRZ 2003, 336.

Schulz, A.: Das Internationale Familienrechtsverfahrensgesetz, FamRZ 2011, 1273.

Schulz, A.: Inkrafttreten des Haager Kinderschutzübereinkommens vom 19.10.1996 für Deutschland am 01.01.2011, FamRZ 2011, 156.

Schulz, A.: Das deutsche internationale Kindschaftsrecht, FamRZ 2018, 797.

Schulze, H. (2005): Trennung, Lebenskrise und das Recht: Professionelle Handlungsparadoxien und die Rolle von Verfahrenspflegschaft im familiengerichtlichen Umgangsverfahren, Kind-Prax 2005, 98.

Schulze u. a. BGB Handkommentar 10. Auflage Baden-Baden 2019.

Schürmann, H.: Die Rechtsmittel nach dem FamFG, FamRB 2009, 24.

Schürmann, H.: Rechtsmittel nach dem FamFG, FuR 2010, 425, 493.

Schumann, E.: Das Verfahren zur Übertragung der gemeinsamen elterlichen Sorge nach § 155a FamFG, FF 2013, 339.

Schumann, E.: Gemeinsam getragene Elternverantwortung nach Trennung und Scheidung – Reformbedarf im Sorge-, Umgangs- und Unterhaltsrecht?, Gutachten B, in: Verhandlungen des 72. Deutschen Juristentages, Leipzig, München 2018.

Schwab, D.: Mündigkeit und Minderjährigenschutz, AcP 172 (1972), 266.

Schwab, D.: Das neue Betreuungsrecht, FamRZ 1990, 681.

Schwab, D./Wagenitz, T.: Einführung in das neue Kindschaftsrecht, FamRZ 1997, 1377.

Schwab, D.: Elterliche Sorge bei Trennung und Scheidung der Eltern, FamRZ 1998, 457.

Schwab, D.: Elterliche Sorge und Religion, FamRZ 2014, 1.

Schwab, D.: Die verbotene Kinderehe FamRZ 2017, 1369.

Schwab, D.: Familienrecht, 23. Auflage, München 2014.

Schwab, D. (Hrsg.): Handbuch des Scheidungsrechts, 4. Auflage, München 2000.

Schwamb, W.: Gibt es einen Anwaltszwang im Beschwerdeverfahren in den Folgesachen der freiwilligen Gerichtsbarkeit?, FamRB 2014, 111.

Schweiwe, K./Schuler-Harms, M./Walper, S./Fegert, J.: Pflegefamilien als soziale Familien, ihre rechtliche Anerkennung und aktuelle Herausforderungen, in: Pflegekind werden, Stiftung zum Wohle des Pflegekindes (Hrsg.), 231 (2018).

Schweizer, A.: Techniken des Mediators, in Handbuch Mediation, 2. Auflage, München 2009, § 14.

Schweppe, K.: Kindesentführungen und Kindesinteressen – Die Praxis des Haager Übereinkommens in England und Deutschland, Münster 2001.

Schweppe, K.: Das HKÜ und die Interessen der betroffenen Kinder – Anmerkungen zu Konzeption und Anwendung des „Haager Übereinkommen über die zivilrechtlichen Aspekte internationaler Kindesentführungen vom 25.10.1980", ZfJ 2001, 169.

Schweppe, K.: Die Beteiligung des Kindes am Rückführungsverfahren nach dem HKÜ, FPR 2001, 203.

Schweppe, K.: Kindesanhörung im europäischen Vergleich. In: Heilmann/Lack (Hrsg.). Die Rechte des Kindes. Festschrift für Ludwig Salgo zum 70. Geburtstag. Köln 2016, S. 227.

Schweppe, K.: Entscheidungen im Rahmen der Brüssel-IIa-VO, ZKJ 2016, 220.

Schweppe, K./Bussian: Die Kindesanhörung aus familienrichterlicher Sicht, ZKJ 2012, 13.

Schwonberg, A.: Probleme bei der Vaterschaftsfeststellung, FuR 2014, 634.

Schwonberg, A.: Abstammungsverfahren, DNA-Analyse und Richtlinien der Gendiagnostikkommission, FuR Jubiläumsausgabe 2015, 33.

Schwonberg, A.: Anordnung eines Wechselmodells FamRZ 2018, 1298.

Schwonberg, A.: Diskussionsteilentwurf für ein Gesetz zur Reform des Abstammungsrechts – Ein Überblick, FamRZ 2019, 1303.

Seidenstücker, B.: Zur Umsetzung des neuen Kindschaftsrechts in der Arbeit der Jugendämter, ZfJ 2001, 88.

Seidenstücker, B./Münder, J.: Kindeswohl zwischen Jugendhilfe und Justiz, ZKJ 2019, 5.

Seidl, H.: Anfechtung bei der homologen und heterologen Insemination, FPR 2002, 402.

Simon: Vormundschaft für Kinder, die in Pflegefamilien leben, JAmt 2014, 610.

Slüter, R.: Die Beratung von Berufsgeheimnisträgern in der Schule nach § 4 KKG, JAmt 2017, 54.

Socha, I.: So fertig. Und nun? – Zur Kontrolle und Abänderung familiengerichtlicher Entscheidungen nach § 166 FamFG, JAmt 2017, 522.

Sodan H. /Ziekow J.: Verwaltungsgerichtsordnung, 5. Auflage 2018.

Soergel, H.-T.: BGB, 13. Auflage, Stuttgart 2015.

Sommer, A.: Das Verhältnis von Familiengericht und Jugendamt, Frankfurt am Main 2012.

Sommer, A.: Die Rechtsstellung des Kindes im familiengerichtlichen Verfahren, FPR 2012, 374.

Sommer, A.: Zur verwaltungsgerichtlichen Überprüfung der Gefährdungsmitteilung des Jugendamts an das Familiengericht nach § 8a SGB VIII, ZKJ 2013, 68.

Sommer, A.: Ehrenamtliche Einzelvormundschaften – Herausforderungen und Chancen einer vergessenen/vernachlässigten Institution, in: Heilmann/Lack (Hrsg.), Die Rechte des Kindes, Festschrift für Ludwig Salgo, 2016, 437.

Spickhoff, A.: Grund, Voraussetzungen und Grenzen des Sorgerechts bei Beschneidung männlicher Kinder, FamRZ 2013, 338.

Splitt, A.: Praxisprobleme bei der Bestellung eines Ergänzungspflegers nach § 52 Abs. 2 S. 2 StPO, FamRZ 2019, 507.

Splitt, A.: Rechtsfragen im Zusammenhang mit familienpsychologischen Sachverständigengutachten, FF 2018, 51.

Stähr, A. (Hrsg.); SGB VIII Kinder- und Jugendhilfe, Werksstand 04/18, Berlin 2018 (Zitierweise: Hauck/Noftz/Bearbeiter, SGB VIII).

Staudinger, J. v.: Kommentar zum Bürgerlichen Gesetzbuch, EGBGB/IPR Art. 19–24 EGBGB; ErwSÜ (Internationales Kindschaftsrecht 3 – Vormundschaft, Rechtliche Betreuung, Pflegschaft), Berlin 2014 (Zitierweise: Staudinger/Bearbeiter).

Staudinger, J. v.: Kommentar zum Bürgerlichen Gesetzbuch: EGBGB/IPR Einführungsgesetz zum Bürgerlichen Gesetzbuche/IPR, EU-Verordnung und Übereinkommen zum Schutz von Kindern, Berlin Neubearbeitung 2018 (Zitierweise: Staudinger/Bearbeiter).

Staudinger, J. v.: Kommentar zum Bürgerlichen Gesetzbuch: EGBGB/IPR Einführungsgesetz zum Bürgerlichen Gesetzbuche/IPR, Artikel 7, 9-12, 47 EGBGB (Internationales Recht der natürlichen Personen und der Rechtsgeschäfte), Neubearbeitung Berlin 2019 (Zitierweise: Staudinger/Bearbeiter).

Staudinger, J. v.: Kommentar zum Bürgerlichen Gesetzbuch: EGBGB/IPR Einführungsgesetz zum Bürgerlichen Gesetzbuche/IPR, Artikel 19-24 EGBGB; ErwSÜ (Internationales Kindschaftsrecht, Erwachsenenschutzübereinkommen), Berlin Neubearbeitung 2019 (Zitierweise: Staudinger/Bearbeiter).Staudinger, J. v.: Kommentar zum Bürgerlichen Gesetzbuch, Viertes Buch. Familienrecht, §§ 1616–1625, Berlin 2015 (Zitierweise: Staudinger/Bearbeiter).

Staudinger, J. v.: Kommentar zum Bürgerlichen Gesetzbuch, Viertes Buch. Familienrecht, §§ 1626–1631, Berlin 2015 (Zitierweise: Staudinger/Bearbeiter).

Staudinger, J. v.: Kommentar zum Bürgerlichen Gesetzbuch, Viertes Buch. Familienrecht, §§ 1638–1683, Berlin 2009 (Zitierweise: Staudinger/Bearbeiter).

Staudinger, J. v.: Kommentar zum Bürgerlichen Gesetzbuch, Viertes Buch. Familienrecht, §§ 1684–1717, Berlin 2019 (Zitierweise: Staudinger/Bearbeiter).

Staudinger, J. v.: Kommentar zum Bürgerlichen Gesetzbuch, Viertes Buch. Familienrecht, §§ 1741–1772, Berlin 2007 (Zitierweise: Staudinger/Bearbeiter).

Staudinger, J. v.: Kommentar zum Bürgerlichen Gesetzbuch, Viertes Buch. Familienrecht, §§ 1896–1921, Berlin 2017 (Zitierweise: Staudinger/Bearbeiter).

Steiger, T.: Im alten Fahrwasser zu neuen Ufern – Neuregelungen im Recht der internationalen Adoption mit Erläuterungen für die notarielle Praxis, DNotZ 2002, 184.

Stein, F./Jonas, M.: Kommentar zur Zivilprozessordnung, 23. Auflage 2014 (zitiert: Stein/Jonas/Bearbeiter).

Stern, M.: § 1597a BGB – Probleme und Erforderlichkeit NZFam 2017, 740.

Stellungnahme Vorstand DFGT (Coester, W.): Gerichtliche Anordnung eines paritätischen Wechselmodells FamRZ 2017, 584.

Stockmann, R.: Ausschließliche Zuständigkeit des Gerichts der Ehesache auch in Kindschaftssachen, jurisPR-FamR 25/2013 Anm. 4.

Stockmann, R.: „Wer bestimmt den Urlaubsort?“, FamRB 2017, 315.

Stockmann, R.: Besondere Qualifikation der Familienrichter, FamRB 2016, 413.

Stötzel, M.: Der Verfahrenspfleger im Erleben der Kinder, FPR 2006, 17.

Stötzel, M./Balloff, R.: Der Verfahrensbeistand aus rechtspsychologischer Sicht, ZKJ 2009, 320.

Stötzel, M.: Hinwirken auf Einvernehmen durch den Verfahrensbeistand, § 158 IV FamFG, FPR 2009, 332.

Stötzel, M.: Verfahrensbeistand und Umgangspfleger – Aufgaben und Befugnisse, FPR 2009, 27.

Strecker, C.: Versöhnliche Scheidung, 5. Auflage, München 2014.

Streicher, M.: Familiensachen mit Auslandsberührung, 2. Auflage, Köln 2015.

Stürmer, S./Salewski, C.: Qualität familienrechtspsychologischer Gutachten, ZKJ 2015, 4.

Stürmer, S./Salewski, C.: Qualität familienrechtspsychologischer Gutachten: Erwiderung auf Fichtner (ZKJ 2015, 9ff. u. 63ff.), ZKJ 2015, 132.

T

Tenner, S.: Zustellungen des Gerichtsvollziehers in Verfahren nach dem Gewaltschutzgesetz, DGVZ 2019, 53.

Thiel, L./Schneider, N.: Die Abweichung vom Regelverfahrenswert – Werterhöhung – Wertherabsetzung, FPR 2010, 323.

Thiel, L.: Zum Anfall der Einigungsgebühr nach Nr. 1000, 1003 RVG-VV im Falle einer Zwischenvereinbarung in Umgangssachen, AGS 2014, 270.

Thiel, L.: Zum Umfang der Beiordnung bei Mehrwertvergleichen, AGS 2014, 351.

Thomas, H./Putzo, H.: ZPO, 40. Auflage, München 2019.

Tischer, R./Walker, D.: Die Bedeutung des Kindeswillens in Fällen internationaler Kindesentführung nach deutscher und kanadischer Rechtsprechung, NZFam 2014, 241.

Trenczek,T./Berning, D./Lenz, C. (Hrsg.): Mediation und Konfliktmanagement, Baden-Baden 2013.

Trenczek, T./Petzold, F.: Beratung und Vermittlung in hoch eskalierten Sorge- und Umgangskonflikten – Konzeption und Praxis der Waage, Hannover, ZKJ 2011, 409.

Trossen, A.: Integrierte Mediation, in Handbuch Mediation, 2. Auflage, München 2009, § 40.

U

Uerpmann-Wittzack, R.: Innerstaatliche Wirkung des Europaratsübereinkommens gegen Gewalt gegen Frauen, FamRZ 2017, 1812.

Ufer, T.: Die psychotherapeutische Behandlung von Kindern und Jugendlichen als Angelegenheit des „täglichen Lebens" im Sinne des § 1687 BGB?, JR 2009, 485.

Ulrich, C.: Umgangskontakte über große Instanzen aus psychologischer Sicht, NZFam 2014, 889.

V

Veit, B.: Kleines Sorgerecht für Stiefeltern (§1687b BGB), FPR 2004, 67.

Veit, B.: Das Gesetz zur Erleichterung familiengerichtlicher Maßnahmen bei Gefährdung des Kindeswohls im Überblick, FPR 2008, 598.

Veit, B.: Verbleibensanordnung versus Entziehung der elterlichen Sorge bei Dauerpflege, FF 2008, 358.

Veit, B.: Was muss die große Reform der Vormundschaft noch bewegen?, FamRZ 2012, 1841.

Veit, B.: Das Gesetz zur Verbesserung der Unterbringung, Versorgung und Betreuung ausländischer Kinder und Jugendlicher, FamRZ 2016, 93.

Veit, B.: Die Reform des Vormundschaftsrechts nach dem zweiten Diskussionsteilentwurf, FamRZ 2019, 337.

Veit. B., Ausgewählte Fragen an die Reform, JAmt 2019, 350.

Veit B./Heilmann S./Salgo L.: Reformbedarf des Pflegekinderwesens, FamRZ 2014, 891.

Veit, B./Hinz, K.: Vertauschte Kinder, FamRZ 2010, 505.

Veit, B./Marchlewski, S., Die Reform des Vormundschaftsrechts geht in die nächste Runde, FamRZ 2017, 779

Veit, B./Salgo, L.: Der Regierungsentwurf zur Änderung des Vormundschaftsrechts – Eine Stellungnahme, ZKJ 2011, 82.

Viefhues, W.: Anträge auf Wohnungszuweisung, ZFE 2003, 16.

Völker, M.: Vollstreckung einer Entscheidung zur Herausgabe von Personen und zur Regelung des Umgangs, §§ 88 ff. FamFG, FPR 2012, 485.

Völker, M./Steinfatt, G.: Die Kindesanhörung als Fallstrick bei der Anwendung der Brüssel IIa-Verordnung, FPR 2005, 415.

Völker, M.: Länderbericht Frankreich: Die Rechte des biologischen Vaters bei anonymer Geburt des Kindes, FamRBint 2008, 62.

Völker, M.: Die wesentlichen Aussagen des BVerfG zum Haager Kindesentführungsübereinkommen – zugleich ein Überblick über die Neuerungen im HKÜ-Verfahren aufgrund der Brüssel IIa-Verordnung, FamRZ 2010, 157.

Völker, M.: Anmerkung zu BGH XII ZB 247/11, FF 2012, 71.

Völker, M./Clausius, M.: Das familienrechtliche Mandat – Sorge- und Umgangsrecht, 7. Auflage, Bonn 2016.

Vogel, H.: Verfahrenswerte in Kindschafts- und Abstammungssachen, FPR 2010, 313.

Vogel , H.: Der Verfahrensbeistand FPR 2010, 41.

Vogel, H.: Die Gerichtskostenvorauszahlungspflicht im familiengerichtlichen Verfahren, FPR 2010, 327.

Vogel, H.: Haager Übereinkommen über die zivilrechtlichen Aspekte internationaler Kindesentführung, FPR 2012, 403.

Vogel, H.: Die Kosten in Familiensachen und deren Anfechtbarkeit, FPR 2013, 116.

Vogel, H.: Vergütungsfragen im Verfahrenskostenhilfe-Prüfungsverfahren (VKH-Verfahren), FuR 2013, 262.

Vogel, H.: Kommunikation im familiengerichtlichen Verfahren, FF 2014, 399, 403.

Vogel, H.: Rechtsfolgen bei übermäßiger Dauer des Verfahrens in Familiensachen, FF 2014, 434.

Vogel, H.: Die familiengerichtliche Genehmigung der Unterbringung mit Freiheitsentziehung bei Kindern und Jugendlichen nach § 1631b BGB, Bielefeld 2014.

Vogel, H.: Die familiengerichtliche Genehmigung der Unterbringung mit Freiheitsentziehung bei Kindern und Jugendlichen nach § 1631b BGB, Bielefeld 2014.

Vogel, H.: Familiengerichtliche Genehmigung der freiheitsentziehenden Unterbringung bei Kindern und Jugendlichen nach § 1631b BGB, FamRZ 2015, 1.

Vogel, H.: Verantwortungsgemeinschaft Jugendamt/Familiengericht – oder Spannungsverhältnis, Zuständigkeit und Machtkampf, NZFam 2016, 585.

Volpert, J.: Anwaltsvergütung für die Tätigkeit als Pfleger, NJW 2013, 1659.

W

Wabnitz, R.: Der Kindeswohlvorrang der UN-Kinderrechtekonvention (UN-KRK) nach der Rücknahme der deutschen Vorbehaltserklärung, ZKJ 2010, 428.

Wagenitz, T.: Neues Recht in alten Formen: Zum Wandel des Kindesnamensrechts, FamRZ 1998, 1545.

Wagner, M.: Kindesinobhutnahmen 1995–2015, ZKJ 2017, 334.

Wagner, R.: Internationales Familienrechtsverfahrensgesetz, 1. Auflage, Baden-Baden 2012.

Wagner, R.: Vermeidung hinkender Rechtsverhältnisse im Abstammungsrecht? – Neues von der Haager Konferenz, NZFam 2019, 513.

Wagner, R./Janzen, U.: Die Anwendung des Haager Kinderschutzübereinkommens in Deutschland, FPR 2011, 110.

Wallerstein, J. S./Kelly, J. B.: Surviving the Breakup. How Children and Parents Cope with Divorce, New York 1980.

Wallerstein, J. S./Lewis, J.: Langzeitwirkungen der elterlichen Ehescheidung auf Kinder, FamRZ 2001, 65.

Wallerstein, J. S./Lewis, J./Blakeslee, S.: Scheidungsfolgen – Die Kinder tragen die Last. Eine Langzeitstudie über 25 Jahre, Münster 2002.

Walter, E.: Umgang mit dem in Familienpflege untergebrachten Kind, §§ 1684, 1685 BGB – psychologische Aspekte, FPR 2004, 415.

Walter, E.: Unterschiede zwischen Beziehungen und Bindungen – was sagen der Gesetzgeber und die psychologische Wissenschaft?, FPR 2013, 177.

Walther, G.: Aufgaben und Rechtsstellung des Jugendamts in Verfahren der freiheitsentziehenden Unterbringung von Kindern und Jugendlichen nach dem FamFG, JAmt 2009, 480.

Wanitzek, U.: Rechtsprechungsübersicht zum Recht der elterlichen Sorge und des Umgangs, FamRZ 2013, 1169.

Weber, J.: Sorgerechtsvollmacht und elterliche Verantwortung, FamRZ 2019, 1125.

Weber, H./Franzki, H.: Der Hilfeplan nach § 36 II SGB VIII – Bedeutung und Rechtsnatur, ZKJ 2009, 394.

Weber, M.: Sorgerecht und Umgang bei Substanzmissbrauch, NZFam 2018, 510.

Wegener, S.: Pflicht des Richters zum Hinwirken auf eine Einigung aus richterlicher Sicht gem. § 156 FamFG, NZFam 2015, 799.

Weinbrenner, C.: Ergänzungspflegschaft und vormundschafts-/familiengerichtliche Genehmigung bei der Schenkung von KG-Gesellschaftsanteilen an Minderjährige, FPR 2009, 265.

Weinreich, G.: Das Stiefkind in der HausratsVO und im Gewaltschutzgesetz, FPR 2004, 88.

Weitzel, W.: Zur Anerkennung ausländischer Adoptionsentscheidungen, IPrax 2007, 308.

Wellenhofer, M.: Beweiserhebung bei der Klärung der leiblichen Abstammung, NZFam 2014, 117.

Wellenhofer, M.: Das neue Gesetz zur Klärung der Vaterschaft unabhängig vom Anfechtungsverfahren, NJW 2008, 1185.

Weller, M-P./Thomale, C./Hategan, I./Werner, J.L.: Das Gesetz zur Bekämpfung von Kinderehen - eine kritische Würdigung, FamRZ 2018, 1289.

Wertenbruch, J.: Familiengerichtliche Genehmigung für Grundstücksveräußerung durch GbR mit minderjährigen Gesellschaftern?, NJW 2015, 2150.

Wever, R.: Das große Familiengericht, FF 2012, 427.

Wieczorek, B./Schütze, R.A.: Zivilprozessordnung, 4. Auflage 2015 (Zitierweise: Wieczorek/Schütze/Bearbeiter).

Wieser, E.: Das neue Verfahren der Vaterschaftsanfechtung, MDR 2009, 61.

Wiesner, R.: § 19 SGB VIII als Grundlage für die Hilfegewährung in gemeinsamen Wohnformen für Mütter/Väter und Kinder aus Sicht des Gesetzgebers, NDV 1998, 225.

Wiesner, R.: Schutzauftrag des Jugendamtes bei Kindeswohlgefährdung, FPR 2007, 6.

Wiesner, R.: Leistungen der Kinder- und Jugendhilfe nach dem SGB VIII, FPR 2008, 608.

Wiesner, R. (Hrsg.): SGB VIII – Kinder- und Jugendhilfe – Kommentar, 5. Auflage, München 2015.

Willutzki, S.: Die Ersetzung der elterlichen Einwilligung in die Adoption, ZKJ 2007, 18.

Willutzki, S.: Der Schutzauftrag des Jugendamtes im neuen Recht, FPR 2008, 488.

Wilutzki, S.: Die Änderung des Vormundschaftsrechts, ZKJ 2012, 168 und 208.

Willutzki, S.: Das Gesetz zur Reform der elterlichen Sorge nicht miteinander verheirateter Eltern, FPR 2013, 236.

Windau, B.: Taktische Ablehnungsgesuche und das Recht auf den gesetzlichen Richter,, NJW 2018, 3206.

Z

Zenz, G.: Elterliche Sorge und Kindesrechte, StAZ 1973, 257.

Zenz, G.: Kindesmisshandlung und Kindesrechte. Erfahrungswissen, Normstruktur, Entscheidungsrationalität, Frankfurt am Main 1981.

Zenz, G.: Sekundärtraumatisierung von misshandelten und missbrauchten Kindern im gerichtlichen Verfahren, in: Klosinski, 1995, 91.

Zenz, G.: Zur Bedeutung der Erkenntnisse von Entwicklungspsychologie und Bindungsforschung für die Arbeit mit Pflegekindern, ZfJ 2000, 321.

Zenz, G.: Das Mündel und sein Vormund, DAVorm 2000, 234.

Ziegenhain, U./Fegert, J. M. (Hrsg.): Kindeswohlgefährdung und Vernachlässigung, München 2007.

Zimmermann, W.: Die Beteiligten im neuen FamFG, FPR 2009, 5.

Zimmermann, W.: Das einzusetzende Einkommen bei Prozess- bzw. Verfahrenskostenhilfe, FPR 2009, 388.

Zimmermann, W.: Neuere Rechtsprechung zur Vergütung von Betreuern, Verfahrenspflegern, Verfahrensbeiständen und Nachlasspflegern, FamRZ 2011, 1776 und 2014, 165.

Zimmermann, W.: Prozesskosten- und Verfahrenskostenhilfe, 5. Auflage, 2016.

Zitelmann, M.: Kindeswohl und Kindeswille im Spannungsfeld von Pädagogik und Recht, Münster 2001.

Zitelmann, M.: Kindesschutz durch Inobhutnahme, ZKJ 2011, 236.

Zitelmann, M.: Das Recht auf eine „Annahme als Pflegekind", ZKJ 2014, 469.

Zitelmann, M./Schweppe, K./Zenz, G.: Vormundschaft und Kindeswohl, Köln 2004.

Zöller, R.: Zivilprozessordnung, 32. Auflage, Köln 2018.

Zorn, D.: Das Verfahren in Kindschaftssachen nach dem FamFG, Rpfleger 2009, 421.

Zorn, D.: Zur Frage des Erfordernisses der Bestellung eines Ergänzungspflegers im Verfahren nach dem FamFG, Rpfleger 2010, 425.

Zschiebsch, M.: Das amtsgerichtliche Verfahren zur Annahme als Kind, FPR 2009, 493.

Zypries, B./Zeeb, M.: Samenspende und das Recht auf Kenntnis der eigenen Abstammung, ZRP 2014, 54.

Bürgerliches Gesetzbuch (BGB)

Gesetz zum zivilrechtlichen Schutz vor Gewalttaten und Nachstellungen (Gewaltschutzgesetz – GewSchG)

Bürgerliches Gesetzbuch (BGB)

in der Fassung der Bekanntmachung vom 2. Januar 2002 (BGBl. I S. 42, ber. S. 2909, 2003 I S. 738), zuletzt geändert durch das Gesetz vom 21. Dezember 2019 (BGBl. I S. 2911)

[…]

Buch 4
Familienrecht

[…]

Abschnitt 1
Bürgerliche Ehe

[…]

Titel 2
Eingehung der Ehe

Untertitel 1
Ehefähigkeit

§ 1303 BGB Ehemündigkeit

[1]Eine Ehe darf nicht vor Eintritt der Volljährigkeit eingegangen werden. [2]Mit einer Person, die das 16. Lebensjahr nicht vollendet hat, kann eine Ehe nicht wirksam eingegangen werden.

Übersicht

Rn.
A. Allgemeines ... 1
B. Inhalt der Norm ... 2

A. Allgemeines

1 Mit dem Gesetz zur Bekämpfung von Kinderehen vom 17.7.2017[1] wurden die Ehemündigkeit im deutschen materiellen Recht sowie das entsprechende Kollisionsrecht mit Wirkung vom 22.7.2017 neu geregelt. Hintergrund war neben dem Minderjährigenschutz, der sexuellen Selbstbestimmung und der Gleichstellung von Mann und Frau insbesondere auch die Zunahme der Anzahl von in Deutschland lebenden verheirateten Minderjährigen durch die Flüchtlingsmigration. Obwohl bereits im Vorfeld jedenfalls die Rechtsfolge der Unwirksamkeit der Ehe (Nichtehe) für bestimmte Fallkonstellationen einer im Ausland wirksam geschlossenen Ehe deutliche Kritik erfuhr,[2] blieb der Gesetzentwurf[3] im Wesentlichen unverändert. Zu unterscheiden sind die Regelung für in Deutschland geschlossene

1 BGBl. I 2017 S. 2429
2 Kinderrechtekommission des DFGT v. 29.11.2016, FamRZ 2017, 77; *DiJuF*-Rechtsgutachten v. 7.11.2016, JAmt 2016, 598; *Antomo,* NJW 2016, 3558; *Coester,* FamRZ 2017, 77; *Bongartz,* NZFam 2017, 541; *Coester-Waltjen,* IPRax 2017, 429
3 BT-Drucks. 18/12377 (Gesetzentwurf der Bundesregierung); BT-Drucks. 18/12086 (Gesetzentwurf der CDU/CSU und SPD-Fraktion)

Ehen nach § 1303 BGB[4] und die Regelung für die Anerkennung von im Ausland geschlossenen Ehen nach Art. 13 Abs. 3 EGBGB.[5] Die zeitliche Anwendbarkeit (Übergangsrecht) ist für beide Vorschriften in Art. 229 § 44 EGBGB geregelt.

▶ *Näher zu Art. 13 EGBGB siehe Köhler, Art. 13 EGBGB Rn. 1 ff.*

B. Inhalt der Norm

2 Anders als in der Fassung bis zum 21.7.2017 sieht **§ 1303 BGB** nicht mehr die Möglichkeit einer familiengerichtlichen Befreiung vom Erfordernis der Volljährigkeit für 16- und 17-Jährige vor, wodurch diese Minderjährigen durch familiengerichtliche Entscheidung nach § 1303 Abs. 2 BGB a.F. die Ehemündigkeit erlangen konnten. **Ehemündig** sind nunmehr nach § 1303 Satz 1 BGB **allein Volljährige**. Trotzdem **durch 16- bzw. 17-Jährige geschlossene Inlandsehen sind aufhebbar** gemäß § 1314 Abs. 1 Nr. 1 BGB, es sei denn, es liegen Ausschlussgründe für die Aufhebung nach § 1315 Abs. 1 Satz 1 Nr. 1 BGB vor (Bestätigung oder schwere Härte). Antragsberechtigt für das Aufhebungsverfahren ist neben den Ehegatten auch die zuständige Verwaltungsbehörde, § 1316 Abs. 1 Nr. 1 BGB. Die Verwaltungsbehörde hat nach § 1316 Abs. 3 Satz 2 BGB grundsätzlich auch eine Pflicht zur Stellung des Aufhebungsantrags („muss die zuständige Behörde den Antrag stellen"), der Gesetzeswortlaut lässt als Ausnahme von der Antragstellungspflicht nur den Bestätigungswillen des volljährig gewordenen Ehegatten zu. Bis zur Aufhebung entfaltet eine aufhebbare Ehe volle Rechtswirkungen.[6] **Ehen**, die **unter Beteiligung einer unter 16-jährigen Person** geschlossen wurden, entfalten keine Rechtswirkungen, sind **unwirksam und nicht heilbar**, was nach § 121 Nr. 3 FamFG gerichtlich festgestellt werden kann.

3 Die **Überleitungsvorschrift** des Art. 229 § 44 EGBGB regelt in Abs. 1 bis 3, ausgehend von dem Inkrafttreten des § 1303 BGB am 22.7.2017, im Wesentlichen Folgendes: Wenn die Ehe **vor dem 22.7.2017 geschlossen** wurde, ist **§ 1303 Satz 2 BGB nicht anzuwenden** und die Aufhebbarkeit dieser Ehe richtet sich nach dem alten Recht (Art. 229 § 44 Abs. 1 EGBGB). Wenn die Ehe vor dem 22.7.2017 geschlossen worden ist aufgrund einer Befreiung vom Erfordernis der Volljährigkeit, kann die Ehe nicht wegen Verstoßes gegen § 1303 BGB aufgehoben werden (Art. 229 § 44 Abs. 2 EGBGB). Familiengerichtliche Verfahren auf Befreiung vom Erfordernis der Volljährigkeit nach § 1303 Abs. 2 bis 4 BGB a.F., die bis zum 22.7.2017 noch nicht abgeschlossen sind, gelten kraft Gesetzes als erledigt (Art. 229 § 44 Abs. 3 EGBGB).

Art. 229 § 44 EGBGB Überleitungsvorschrift zum Gesetz zur Bekämpfung von Kinderehen

(1) [1]§ 1303 Satz 2 des Bürgerlichen Gesetzbuchs in der ab dem 22. Juli 2017 geltenden Fassung ist für Ehen, die vor dem 22. Juli 2017 geschlossen worden sind, nicht anzuwenden. [2]Die Aufhebbarkeit dieser Ehen richtet sich nach dem bis zum 22. Juli 2017 geltenden Recht.

(2) Die Aufhebung einer Ehe wegen eines Verstoßes gegen § 1303 des Bürgerlichen Gesetzbuchs ist ausgeschlossen, wenn sie nach Befreiung vom Erfordernis der Volljährigkeit nach § 1303 Absatz 2 bis 4 des Bürgerlichen Gesetzbuchs in der bis zum 21. Juli 2017 geltenden Fassung und vor dem 22. Juli 2017 geschlossen worden ist.

(3) [1]Bis zum 22. Juli 2017 noch nicht abgeschlossene Verfahren über die Erteilung einer Befreiung nach § 1303 Absatz 2 bis 4 des Bürgerlichen Gesetzbuchs in der bis zum 21. Juli 2017 geltenden Fassung sind erledigt. [2]Eine Genehmigung nach § 1315 Absatz 1 Satz 1 Nummer 1 Fall 1 des Bürgerlichen Gesetzbuchs in der bis zum 21. Juli 2017 geltenden Fassung kann nach dem 22. Juli 2017 nicht mehr erteilt werden.

---

4 Vgl. kritisch dazu *Schwab,* FamRZ 2017, 1369
5 Vgl. kritisch zum Kollisionsrecht des neuen Art. 13 EGBGB *Hüßtege,* FamRZ 2017, 1374
6 BeckOGK/*Kriewald*, § 1303 Rn. 41

(4) Artikel 13 Absatz 3 Nummer 1 gilt nicht, wenn

1. der minderjährige Ehegatte vor dem 22. Juli 1999 geboren worden ist, oder

2. die nach ausländischem Recht wirksame Ehe bis zur Volljährigkeit des minderjährigen Ehegatten geführt worden ist und kein Ehegatte seit der Eheschließung bis zur Volljährigkeit des minderjährigen Ehegatten seinen gewöhnlichen Aufenthalt in Deutschland hatte.

Abschnitt 2
Verwandtschaft

[...]

Titel 2
Abstammung

§ 1591 BGB Mutterschaft

Mutter eines Kindes ist die Frau, die es geboren hat.

Übersicht

Rn.
A. Allgemeines ... 1
B. Inhalt der Norm ... 5
I. Definitive Mutterschaft ... 5
II. Keine Anfechtbarkeit der Mutterschaft ... 8
C. Vertrauliche Geburt ... 10
I. Rechtsgrundlage ... 10
II. Gestufter Beratungsprozess ... 10a
III. Geburt unter Wahrung der Anonymität ... 10d
IV. Rechtsfolgen der anonymen Geburt ... 11
D. Auswirkungen ausländischer Rechtsordnungen ... 14
I. Anerkennung gerichtlicher Entscheidungen ... 14
II. Ausländische behördliche Zuweisung der Mutterschaft ... 16
E. Gerichtliche Klärung der genetischen Mutterschaft ... 17
I. Keine Klärung mit Statuswirkung ... 17
II. Statusneutrale Klärung der genetischen Mutterschaft ... 18
1. Klärungsverfahren nach § 1598a BGB ... 18
2. Sonstiges gerichtliches Feststellungsverfahren ... 19
III. Feststellungsverfahren in besonderen Fällen ... 22
F. Reformvorhaben ... 23

A. Allgemeines

1 Eine gesetzliche Regelung über die Mutterschaft kannte das deutsche Recht bis zum KindRG nicht. Das Gesetz unterstellte eine natürliche biologische Abfolge von Geschlechtsverkehr und daraus resultierender Zeugung.[1] Für die Mutterschaft galt die – schon in den Digesten des römischen Rechts zum Ausdruck gebrachte („mater semper certa est") – selbstverständliche Vorstellung, dass die das Kind gebärende Frau natürlich auch die genetische Mutter des Kindes ist.[2]

2 Die mit § 1591 BGB erstmals in das BGB aufgenommene gesetzliche Regelung der statusrechtlichen Mutterschaft ist durch die Entwicklung der modernen **Fortpflanzungsmedizin** notwendig geworden, die zu einer „gespaltenen Mutterschaft" führen kann.[3] Die das Kind gebärende Frau ist nicht die genetische Mutter, wenn ihr eine befruchtete Eizelle einer fremden Frau eingesetzt wurde (Eispende). Vergleichbare Fragen ergeben sich bei der Ersatzmutterschaft, etwa wenn genetische und gebärende Mutter auseinanderfallen oder wenn die Gebärende nicht die Wunschmutter ist, sondern das Kind nach dessen Geburt der Wunschmutter überlässt.

---

1 Staudinger/*Rauscher*, § 1591 BGB Rn. 2
2 *Gaul*, FamRZ 1997, 1441, 1463
3 Zu den Methoden der Fortpflanzungsmedizin und ihren ethischen Aspekten vgl. z.B. *Schleissing*, S. 57 ff.

Die Ei- und Embryonenspende sowie die Vermittlung von Ersatz- und Leihmutterschaften sind in Deutschland verboten. Das seit 1.1.1991 geltende **Embryonenschutzgesetz** – ESchG –[4] stellt eine Reihe von Konstellationen bei der künstlichen Reproduktion unter Strafe (§§ 1, 3, 4, 9 ESchG), schützt den Embryo vor Veräußerung und Veränderungen (§§ 2, 5, 6 ESchG) und untersagt die Chimären- und Hybridbildung (§ 7 ESchG).[5] Bereits seit 1.12.1989 enthält das **Adoptionsvermittlungsgesetz** einen Straftatbestand der Vermittlung von Ersatzmüttern (§ 13c AdoptVermG) und das Verbot, Ersatzmütter und Bestelleltern durch öffentliche Erklärung zu suchen oder anzubieten (§ 13d AdoptVermG). Verboten ist jegliche – auch private – Vermittlung von Ersatzmutterschaften, wobei in diesem Sinne Ersatzmutterschaft nicht nur bei künstlicher Befruchtung vorliegt, sondern auch eine Frau, die zu einer natürlichen Befruchtung bereit ist, als Ersatzmutter gelten kann. Unter den Begriff der Ersatzmutterschaft fällt auch die Übertragung eines Embryos auf die Frau, die das Kind später abgeben will (§ 13a AdoptVermG). Die Entgeltlichkeit oder Gewerblichkeit der Vermittlung wirkt strafschärfend (§ 14b Abs. 2 AdoptVermG). Ersatzmutter und Bestelleltern bleiben straffrei (§ 14b Abs. 3 AdoptVermG). Die Suche nach oder das Anbieten als Ersatzmutter oder „Bestelleltern" durch öffentliche Erklärungen (§ 13d AdoptVermG) ist eine Ordnungswidrigkeit (§ 14 Abs. 1 Nr. 2c AdoptVermG). 3

Der Gesetzgeber verfolgte mit der Regelung des § 1591 BGB den Zweck, die sanktionsrechtliche Missbilligung gewisser Fortpflanzungstechniken auch zivilrechtlich umzusetzen und so zu verhindern, dass eine Ei- oder Embryonenspende zur Mutterschaft einer anderen Frau als diejenige, die das Kind geboren hat, führt. Nach deutschem Statusrecht sollte daher auch bei einer im Ausland vollzogenen Ersatzmutterschaft die das Kind gebärende Frau und nicht die genetische Mutter rechtlich und unverrückbar die Mutter des Kindes sein.[6] Damit entsteht jedoch ein Spannungsverhältnis zu den Regelungen des Internationalen Privatrechts. Wenn nach ausländischem Recht eine Statuszuordnung als Mutter zu einer anderen Frau als der Gebärenden besteht, kann dies auch im deutschen Recht anzuerkennen sein.[7] 4

B. Inhalt der Norm

I. Definitive Mutterschaft

Die Bestimmung des § 1591 BGB regelt die Mutterschaft klar und definitiv. Sie durchbricht für das familienrechtliche Mutter-Kind-Verhältnis das gemäß § 1589 BGB für die Verwandtschaft maßgebliche Abstammungsprinzip.[8] Während nach § 1589 BGB die Blutsverwandtschaft die Grundlage der verwandtschaftlichen Rechtsbeziehungen bildet[9] – mithin auf die genetische Abstammung abgestellt wird – weicht das Gesetz mit § 1591 BGB hiervon für die Mutterschaft ab. Für die Mutterschaft im Rechtssinne ist somit die **genetische Abstammung unerheblich**. Damit vermeidet das Gesetz eine Spaltung der Mutterschaft in eine genetische Mutter und eine gebärende Mutter. 5

Mit § 1591 BGB wird nicht nur eine Mutterschaftsvermutung aufgestellt, sondern eine **definitive Zuweisungsnorm** gesetzt.[10] So führt auch die amtliche Begründung des Gesetzentwurfs des KindRG unmissverständlich aus, dass mit dieser Regelung die Mutterschaft der gebärenden Frau von vornherein unveränderlich feststeht.[11] Nach derzeitigem deut- 6

4 Gesetz zum Schutz von Embryonen – Embryonenschutzgesetz – vom 13.12.1990 (BGBl. I S. 2476)
5 Vgl. *Kersten*, Jura 2007, 667 ff.
6 So ausdrücklich BT-Drucks. 13/4899, 82
7 Siehe hierzu Rn. 14 f.
8 *Gernhuber/Coester-Waltjen*, § 51 Rn. 2; *Gaul*, FamRZ 1997, 1441, 1463
9 Staudinger/*Rauscher*, § 1589 BGB Rn. 2
10 *Gaul*, FamRZ 1997, 1441, 1463
11 BT-Drucks. 13/4899, 82 f.; Palandt/*Brudermüller*, § 1591 BGB Rn. 2

schem Statusrecht gibt es somit keine andere Möglichkeit, den Status als Mutter auf andere Weise zu erlangen als dadurch, dass die Frau das Kind selbst gebärt. Eine Mutterschaftszuordnung durch Anerkennung der Mutterschaft ist dem deutschen Recht bislang ebenso fremd[12] wie eine Co-Mutterschaft durch eine gleichgeschlechtliche Ehe mit der Kindesmutter.[13] Die unterschiedliche rechtliche Regelung der Elternstellung – hinsichtlich der zweiten Elternstelle (!) – in der verschiedengeschlechtlichen Ehe einerseits und in der gleichgeschlechtlichen Ehe andererseits besteht bis zu einer Änderung des Abstammungsrechts durch den Gesetzgeber fort. Eine analoge Anwendung von § 1592 Nr. 1 und § 1594 Abs. 2 BGB scheidet aus.[14] Die Mit-Mutterschaft kann nach derzeitigem Recht nur durch eine Stiefkindadoption erlangt werden.[15] Weist eine anzuwendende ausländische Rechtsordnung allerdings der Ehefrau der Gebärenden die Rechtsstellung einer Mit-Mutter zu, so liegt darin kein Verstoß gegen den kollisionsrechtlichen *ordre public*.[16]

▶ *Zu den geplanten Reformen siehe Rn. 23.*

7 Die Mutterschaftszuordnung des § 1591 BGB gilt für alle familienrechtlichen Beziehungen zwischen Mutter und Kind. Sie gilt auch im Verhältnis des Kindes zu den anderen Verwandten der als Mutter geltenden Frau, also etwa zu deren Eltern, Geschwistern oder weiteren Kindern. Wo es jedoch nach dem Normzweck gerade auf die genetische Abstammung ankommt – wie z.B. beim Eheverbot der Blutsverwandtschaft (§ 1307 BGB) oder bei dem Straftatbestand des Beischlafs unter Verwandten (§ 173 StGB) – bleibt die genetische Abstammung maßgeblich.[17]

7a Eine **Änderung der Geschlechtszugehörigkeit** der Gebärenden von einer Frau zum Mann ändert an der Mutterschaftszuordnung nichts. Selbst wenn das Kind erst nach der gerichtlichen Entscheidung über die Änderung der Geschlechtszugehörigkeit geboren wurde, ist die Person, die das Kind geboren hat, als Mutter und nicht als Vater in das Geburtenbuch einzutragen.[18] Wenn das Kind mit dem Samen eines Mann-zur-Frau-Transsexuellen gezeugt wurde, kann dieser nur die Rechtsstellung eines Vaters und nicht die Rechtsstellung einer Mutter des Kindes erlangen, selbst wenn zum Geburtszeitpunkt die Änderung der Geschlechtszugehörigkeit bereits gerichtlich festgestellt war.[19] Wurde das Kind von einer **intersexuellen Person** geboren, ist diese Person als Mutter des Kindes einzutragen, auch wenn sie personenstandsrechtlich ohne Geschlechtsbezeichnung oder mit der Geschlechtsbezeichnung „divers" eingetragen ist.[20]

▶ *Zu den geplanten Reformen siehe Rn. 24.*

II. Keine Anfechtbarkeit der Mutterschaft

8 Die Mutterschaftsanfechtung ist gesetzlich derzeit ausgeschlossen. Eine derartige Statuskorrektur wäre nur in Betracht gekommen, wenn das Gesetz die Mutterschaft als bloße „Scheinmutterschaft" der gebärenden Frau aufgrund einer widerleglichen Vermutung ausgestaltet hätte. Indem jedoch § 1591 BGB definitiv die Frau zur Mutter bestimmt, die das Kind geboren hat, kann die genetische Herkunft des Kindes keine Basis mehr für eine Widerlegung der derart unverrückbar feststehenden Statuszuordnung bilden. Damit soll eine Umgehung des Verbots von Ersatzmuttervereinbarungen verhindert werden.

---

12 BGH FamRZ 2018, 290
13 BGH FamRZ 2018, 1919; OLG Dresden FamRZ 2018, 1165
14 KG FamRZ 2018, 1925 m.w.N. auch für Gegenmeinung in der Literatur
15 Wegen der insoweit diskutierten Rechtsänderungen vgl. Rn. 23
16 BGH FamRZ 2016, 1251
17 MüKo-BGB/*Wellenhofer*, § 1591 Rn. 8
18 BGH FamRZ 2017, 1855
19 BGH FamRZ 2018, 290
20 *Jäschke*, FamRZ 2018, 887, 890

Es gibt somit keinen Weg zur Beseitigung der gesetzlich zugeordneten Mutterschaft.[21] Ein Recht auf Anfechtung der Mutterschaft kann auch nicht im Rückgriff auf § 1589 Satz 1 BGB hergeleitet werden, da § 1591 BGB den auf die Abstammung gegründeten Verwandtschaftsbegriff in Bezug auf die Mutterschaft außer Kraft gesetzt hat.[22] Bei der klaren gesetzlichen Regelung verbietet sich auch jede analoge Anwendung der Bestimmungen über die Vaterschaftsanfechtung. Die Zuordnung nach § 1591 BGB ist endgültig und kann allenfalls durch eine Adoption beseitigt werden.[23] **9**

An diesem Prinzip hält auch die geplante Reform des Abstammungsrechts (siehe Rn. 23 f.) fest. Insbesondere ist weiterhin weder eine Anerkennung der Mutterschaft noch eine Anfechtung vorgesehen, sondern lediglich Regelungen für die Mit-Mutterschaft, also die zweite Elternstelle betreffend. **9a**

C. Vertrauliche Geburt

I. Rechtsgrundlage

Das deutsche Verfassungs- und Familienrecht ist von dem Prinzip geprägt, dass die Elternstellung nicht zur Disposition der Beteiligten steht.[24] Nur die Adoption bildet hiervon eine Ausnahme. Mit der „anonymen Mutterschaft" werden Grundprinzipien des Familienrechts berührt. Während in manchen anderen Rechtsordnungen Regelungen über die anonyme Geburt geschaffen wurden,[25] waren in Deutschland verschiedene Initiativen, hierzu gesetzliche Regelungen einzuführen,[26] in der Vergangenheit gescheitert. Mit dem Gesetz zum Ausbau der Hilfen für Schwangere und zur Regelung der vertraulichen Geburt[27] vom 28.8.2013[28] sind nun zum 1.5.2014 in Kraft getretene Regelungen geschaffen worden, die Schwangeren die Möglichkeit eröffnen, nach Dokumentation ihrer Identität durch eine Beratungsstelle ihr Kind unter einem Pseudonym zur Welt zu bringen.[29] Die wesentlichen Regelungen über die vertrauliche Geburt finden sich im Schwangerschaftskonfliktsgesetz (§§ 25 bis 34 SchwKG), daneben wurden Änderungen im Melderechtsrahmengesetz, im Personenstandsgesetz und in der Personenstandsverordnung sowie eine spezielle Regelung zum Ruhen der elterlichen Sorge der Mutter (§ 1674a BGB) und zur Adoption des Kindes (§ 1747 Abs. 4 Satz 2 BGB) erforderlich. **10**

II. Gestufter Beratungsprozess

Der vertraulichen Geburt ist ein gestufter Beratungsprozess vorangestellt. Zunächst erfolgt eine **Beratung nach § 2 Abs. 4 SchKG**. Inhalt der Beratung soll sein, geeignete Hilfsangebote zur Bewältigung der Situation der Schwangeren und zur Entscheidungsfindung sowie Wege aufzuzeigen, die der Schwangeren die Aufgabe der Anonymität sowie ein gemeinsames Leben mit dem Kind ermöglichen. Die Beratung soll ergebnisoffen und frei von Bevormundung erfolgen.[30] **10a**

Wenn sich die Schwangere nach dieser ersten Beratung dafür entscheidet, ihre Identität nicht preisgeben zu wollen, erfolgt in der zweiten Stufe eine **Beratung nach § 25 SchKG**. Hierbei wird speziell zur vertraulichen Geburt beraten. Die Beratung umfasst insbesondere **10b**

21 *Gernhuber/Coester-Waltjen,* § 51 Rn. 7 bis 9
22 *Gaul,* FamRZ 1997, 1441, 1464; *Gaul,* FamRZ 2000, 1461, 1473; Staudinger/*Rauscher,* § 1591 BGB Rn. 11
23 OLG Stuttgart FamRZ 2012, 1740
24 *Gernhuber/Coester-Waltjen,* § 51 Rn. 12
25 Vgl. etwa zur Regelung im französischen Recht: *Völker,* FamRBInt 2008, 62
26 Z.B. BT-Drucks. 14/8856 v. 23.4.2002; BR-Drucks. 506/02 v. 6.6.2002; BR-Drucks. 682/04 v. 13.9.2004
27 Wegen der Stellungnahme der Kinderrechtekommission des Deutschen Familiengerichtstags zum Referentenentwurf zur Schaffung der vertraulichen Geburt vgl. ZKJ 2013, 71
28 BGBl. 2013 I S. 3458
29 Vgl. hierzu *Helms,* FamRZ 2014, 609 ff.; *Berkl,* StAZ 2014, 65 ff.
30 BT-Drucks. 17/12814, 17

die Information über den Ablauf des Verfahrens und die Rechtsfolgen einer vertraulichen Geburt, über die Rechte des Kindes, wobei die Bedeutung der Kenntnis der Herkunft von Mutter und Vater für die Entwicklung des Kindes hervorzuheben ist, sowie über die Rechte des Vaters. Ferner wird über den Verlauf und die Rechtsfolgen der Adoption sowie darüber beraten, wie und bis wann die Frau durch Aufgabe der Anonymität das Kind zurückerhalten kann.

10c Wenn die Schwangere das Kind in einer Klinik anonym geboren hat, kann die Beratung auch noch nach der Geburt erfolgen (§ 29 SchKG). Hat sie jedoch das Kind unter Angabe ihrer Identität geboren, liegt keine vertrauliche Geburt vor, auch wenn sie sich im Nachhinein entschließt, dass ihre Daten nicht preisgegeben werden sollen. Ein solcher nachträglicher Entschluss begründet keinen Anspruch, dass die bereits bekannten Daten über die Identität gelöscht werden. Bei dieser Sachlage kann auch ein Anspruch des Kindes auf Mitteilung des Namens der Mutter bestehen.[31]

III. Geburt unter Wahrung der Anonymität

10d Wenn sich die Schwangere nach den Beratungen für die vertrauliche Geburt entscheidet, sucht sie sich zunächst ein Pseudonym aus, das aus einem Vor- und einem Familiennamen besteht (§ 26 Abs. 1 Nr. 1 SchKG). Wenn sie möchte, kann sie für das Kind einen oder mehrere männliche und weibliche Vornamen auswählen (§ 26 Abs. 1 Nr. 2 SchKG). Die Beratungsstelle nimmt die Personalien der Schwangeren vertraulich auf und erstellt einen Herkunftsnachweis für das Kind (§ 26 Abs. 2 SchKG). Dieser wird in einem gesonderten verschlossenen Umschlag an das Bundesamt für Familie und zivilgesellschaftliche Aufgaben (BAFzA) in Köln weitergeleitet, sobald das Kind geboren ist (§ 27 Abs. 1 SchKG).

10e Die Schwangere wird unter dem von ihr gewählten Pseudonym an ein Krankenhaus oder eine zur Geburtshilfe berechtigte Hebamme ihrer Wahl vermittelt (§ 26 Abs. 4 SchKG). Dieser Einrichtung werden auch die von der Schwangeren für das Kind gewählten Vornamen übermittelt. Ferner erhält das für den Geburtsort zuständige Jugendamt Mitteilung von der beabsichtigten anonymen Geburt, dem voraussichtlichen Geburtstermin, dem Pseudonym der Kindesmutter und der Einrichtung bzw. Hebamme, bei der die Geburt erfolgen soll (§ 26 Abs. 5 SchKG). Nach der Geburt wird der Beratungsstelle unverzüglich das Geburtsdatum und der Geburtsort des Kindes mitgeteilt, die dann diese Daten sowie das Pseudonym der Mutter und die für das Kind gewünschten Vornamen an das für den Geburtsort zuständige Standesamt mit dem Hinweis, dass es sich um eine vertrauliche Geburt handelt, weiterleitet. Zudem ist aber auch die Einrichtung verpflichtet, die Geburt beim Standesamt anzuzeigen (§ 20 PStG). Das Standesamt erstellt sodann eine Geburtsurkunde, jedoch ohne Angaben zu den Eltern des Kindes (§ 21 Abs. 2a PStG). Der beurkundete Name mit Geburtsort und Geburtszeitpunkt werden unter Angabe des Pseudonyms der Mutter an das Bundesamt (BAFzA) weitergeleitet und dort dem Herkunftsnachweis zugeordnet (§ 27 Abs. 2 SchKG). Ferner wird die vertrauliche Geburt dem Familiengericht mitgeteilt (§ 168a FamFG), damit dort ein Vormund für das Kind bestellt wird.

IV. Rechtsfolgen der anonymen Geburt

11 Die vertrauliche Geburt bewirkt keine Änderung der rechtlichen Mutterschaftszuordnung des Kindes. Erst durch die spätere Adoption kommt es zu einer anderen rechtlichen Mutter-Kind-Zuordnung. Bis dahin bleibt es bei der rechtlichen Zuordnung des Kindes zu der Frau, die es geboren hat. Diese rechtliche Zuordnung entfällt auch nicht bei einer anonymen Geburt;[32] hier ist das Kind nur faktisch elternlos, weil die Eltern nicht bekannt sind.[33]

31 KG Berlin FamRZ 2018, 1923
32 *Katzenmeier*, FamRZ 2005, 1134, 1136
33 *Hepting*, FamRZ 2001, 1573, 1574

Die elterliche Sorge der Kindesmutter für ein vertraulich geborenes Kind ruht (§ 1674a BGB). Ist die Mutter nicht verheiratet, fehlt es an einer rechtlichen Vaterschaftszuordnung und damit auch an einer sorgerechtlichen Stellung des Vaters. Sofern die Mutter verheiratet ist, wird das Kind gemäß § 1592 Nr. 1 BGB dem Ehemann zugeordnet; da diesem jedoch die Schwangerschaft nicht bekannt ist, hat er keine Möglichkeit, die Rechte aus § 1626 BGB oder aus § 1678 Abs. 2 BGB wahrzunehmen.[34] Das Kind erhält mit der Geburt einen **Vormund**, weil es nicht unter elterlicher Sorge steht (§ 1773 BGB). Der Vormund des Kindes hat keinen Zugriff auf den Herkunftsnachweis. Ihm bleibt daher die Identität der Kindesmutter unbekannt. Damit hat er auch keine Möglichkeit, etwas über den Vater des Kindes in Erfahrung zu bringen. 12

▶ *Zu den Bedenken hinsichtlich der Wahrung der väterlichen Rechtsposition siehe Keuter, § 1674a Rn. 7.*

Bei der vertraulichen Geburt kann eine **Adoption des Kindes** ohne Einwilligung der Eltern erfolgen. Einer Einwilligung der Mutter bedarf es nicht, weil bei einem vertraulich geborenen Kind gemäß § 1747 Abs. 4 Satz 2 BGB die Mutter des Kindes als dauerhaft unbekannten Aufenthaltes gilt, so dass deren Einwilligung in die Adoption gemäß § 1747 Abs. 4 Satz 1 BGB nicht erforderlich ist. Mangels rechtlicher Vaterschaftszuordnung bzw. der Kenntnis von der Identität des rechtlichen oder leiblichen Vaters kann ein vertraulich geborenes Kind damit ohne Einwilligung der leiblichen Eltern adoptiert werden.[35] 13

Die Mutter kann ihre Anonymität wieder aufgeben. Dann lebt ihre elterliche Sorge wieder auf, wenn das Familiengericht durch Beschluss feststellt, dass die Mutter dem Gericht gegenüber die für den Geburtseintrag des Kindes erforderlichen Angaben gemacht hat (§ 1674a Satz 2 BGB). Das Gericht kann dann jedoch veranlasst sein, Maßnahmen zur Abwehr einer Kindeswohlgefährdung zu treffen.[36] Eine Wiederaufleben der elterlichen Sorge ist aber nicht mehr möglich, wenn bereits eine Adoption des Kindes ausgesprochen wurde, da dann das Verwandtschaftsverhältnis zwischen dem Kind und seiner leiblichen Mutter erloschen ist (§ 1755 Abs. 1 BGB). 13a

Mit Vollendung des 16. Lebensjahres hat das aus der vertraulichen Geburt hervorgegangene Kind gemäß § 31 Abs. 1 SchKG grundsätzlich Anspruch auf Einsicht in den Herkunftsnachweis. Macht die Mutter jedoch dem entgegenstehende Belange geltend (§ 31 Abs. 2 SchKG), kann das Kind im Wege eines speziellen familiengerichtlichen Verfahrens (§ 32 SchKG) klären lassen, ob die Interessen der Mutter an der Aufrechterhaltung ihrer Anonymität das Interesse des Kindes überwiegen. 13b

Mit Ausnahme des in § 31 Abs. 1 SchKG geregelten Anspruchs des Kindes besteht bei der vertraulichen Geburt eine Verschwiegenheitspflicht gegenüber jedermann. Selbst wenn die Kindesmutter minderjährig ist, dürfen ihre Eltern nicht über den Vorgang informiert werden, denn das Gesetz sieht für die vertrauliche Geburt kein Mindestalter vor. Bei der vertraulichen Geburt hat auch ein mutmaßlicher leiblicher Vater keinen Auskunftsanspruch gegen die Kindesmutter.[37] 13c

D. Auswirkungen ausländischer Rechtsordnungen

I. Anerkennung gerichtlicher Entscheidungen

Die Rechtsprechung ist zunehmend mit der Frage befasst, welche Auswirkungen es in Deutschland hat, wenn **ausländische Rechtsordnungen** eine **gespaltene Mutter-** 14

34 Palandt/*Götz*, § 1674a BGB Rn. 4
35 *Helms*, FamRZ 2014, 1609, 1613
36 OLG Köln FamRZ 2018, 1915
37 OLG München FamRZ 2018, 762

schaft vorsehen. Nach deutschem Recht ist auch bei einer Leihmutterschaft Mutter des Kindes allein die Frau, die es geboren hat. Soweit nach anderen Rechtsordnungen stattdessen die genetische Mutter gerichtlich als Mutter festgestellt wird, richtet sich die Anerkennungsfähigkeit einer solchen gerichtlichen Entscheidung nach §§ 108, 109 FamFG. Gemäß § 109 Abs. 1 Nr. 4 FamFG ist die Anerkennung einer ausländischen Entscheidung ausgeschlossen, wenn sie zu einem Ergebnis führt, das mit wesentlichen Grundsätzen des deutschen Rechts offensichtlich unvereinbar ist, insbesondere wenn die Anerkennung mit deutschen Grundrechten unvereinbar ist. Dieses Anerkennungshindernis ist von Teilen der Rechtsprechung angenommen und deshalb die Anerkennung abgelehnt worden.[38] Diese Auffassung hatte jedoch vor dem BGH keinen Bestand.[39]

15 Dass nach deutschem Abstammungsrecht eine solche **Mutterschaftszuweisung** nicht möglich wäre, begründet noch keinen Verstoß gegen den **ordre public**. Maßgebend ist vielmehr, ob das Ergebnis der Anwendung des ausländischen Rechts im konkreten Fall zu den Grundgedanken der deutschen Regelungen und den in ihnen enthaltenen Gerechtigkeitsvorstellungen in so starkem Widerspruch steht, dass es nach deutscher Vorstellung untragbar erscheint. Hier gilt ein großzügiger Maßstab. Denn es geht nicht darum, dass deutsche Behörden oder Gerichte über das anzuwendende materielle Recht zu entscheiden haben, sondern darum, ob eine ergangene ausländische gerichtliche Entscheidung anzuerkennen ist. Das Recht der Entscheidungsanerkennung verfolgt das Ziel, den internationalen Entscheidungseinklang zu wahren und hinkende Rechtsverhältnisse möglichst zu vermeiden. Die Regelung des § 109 Abs. 1 Nr. 4 FamFG ist daher restriktiv auszulegen.[40]

15a Wenn die Zuweisung der Mutterschaft durch eine gerichtliche Entscheidung erfolgt ist, besteht dann kein Anerkennungshindernis, wenn das ausländische Gericht nach den Maßstäben des § 100 FamFG international zuständig war. Dazu genügt es, wenn ein Beteiligter (etwa die Leihmutter) zum Entscheidungszeitpunkt die Staatsangehörigkeit dieses Staates oder in diesem Staat den gewöhnlichen Aufenthalt hatte (vgl. § 109 Abs. 1 Nr. 1 FamFG) und wenn von den Wunscheltern ein Elternteil mit dem Kind genetisch abstammt oder kraft wirksamer Vaterschaftsanerkennung diesem Kind rechtlich als Vater zugeordnet ist.[41] Denn bei Verwandtschaft eines Elternteils führt die ausländische gerichtliche Mutterschaftszuweisung zu einer Zuordnung, die auch durch eine inländische Stiefkindadoption erzielbar wäre. Eine nach ausländischem Recht wirksam erfolgte Anerkennung der Vaterschaft ist auch bei einer Leihmutterschaft anzuerkennen, wenn die Leihmutter zur Zeit der Geburt des Kindes nicht verheiratet war.[42] Auch eine im Ausland erfolgte gerichtliche Feststellung der Vaterschaft ist selbst dann anzuerkennen, wenn der Verdacht der Leihmutterschaft besteht.[43]

II. Ausländische behördliche Zuweisung der Mutterschaft

16 Als Gegenstand einer verfahrensrechtlichen Anerkennung kommen im Regelfall lediglich Entscheidungen ausländischer staatlicher Gerichte in Betracht, wobei es ausreicht, dass diese eine feststellende Wirkung haben. Eine Entscheidung einer ausländischen Behörde ist dann verfahrensrechtlich wie eine gerichtliche Entscheidung anzuerkennen, wenn die Behörde mit staatlicher Autorität ausgestattet ist und funktional deutschen Gerichten entspricht.[44] Findet alleine eine Registrierung statt, ist eine solche Behördenmaßnahme einer

38 OLG Braunschweig FamRZ 2017, 972; KG Berlin StAZ 2013, 348; vgl. auch OLG Stuttgart FamRZ 2012, 1740
39 BGH FamRZ 2015, 240
40 BGH FamRZ 2015, 240
41 BGH FamRZ 2018, 1846; FamRZ 2015, 240
42 AG Nürnberg FamRZ 2010, 1579
43 AG Friedberg FamRZ 2013, 1994
44 BGH NJW 2019, 1608

der Anerkennung von gerichtlichen Entscheidung entsprechenden verfahrensrechtlichen Anerkennung nicht zugänglich.[45]

Ob sich die Abstammung des Kindes materiell-rechtlich nach der ausländischen Rechtsordnung richtet, ist nach Art. 19 Abs. 1 EGBGB zu beurteilen. Für die Abstammung des Kindes ist das ausländische Recht dann maßgeblich, wenn das Kind dort seinen gewöhnlichen Aufenthalt hat oder nach der Geburt hatte. Dies ist bei einer Leihmutterschaft dann nicht anzunehmen, wenn das Kind – wie von vornherein geplant – nach der Geburt den Wunscheltern zugeführt wird und mit diesen seinen Aufenthalt in einem anderen Staat als demjenigen seiner Geburt nimmt.[46] **16a**

E. Gerichtliche Klärung der genetischen Mutterschaft

I. Keine Klärung mit Statuswirkung

Da § 1591 BGB definitiv und ausnahmslos die Mutterschaft der das Kind gebärenden Frau zuschreibt, kommt ein mit Statuswirkung versehenes Abstammungsverfahren zur Klärung der Mutterschaft nicht in Betracht.[47] Gegenstand eines solchen Abstammungsverfahrens kann gemäß § 169 Nr. 1 FamFG nur das Bestehen oder Nichtbestehen eines Eltern-Kind-Verhältnisses, nicht jedoch die Feststellung sonstiger Verhältnisse sein. Zu der Frau, von der das Kind zwar genetisch abstammt, die das Kind aber nicht geboren hat, besteht jedoch nach der klaren Definition des § 1591 BGB kein Eltern-Kind-Verhältnis. Gegen den Ausschluss eines gerichtlichen Klärungsverfahrens mit Statuswirkung bestehen auch keine verfassungsrechtlichen Bedenken.[48] **17**

II. Statusneutrale Klärung der genetischen Mutterschaft

1. Klärungsverfahren nach § 1598a BGB

Im Zuge der Kindschaftsrechtsreform war die Einführung eines **statusneutralen Verfahrens zur Klärung der Abstammung** diskutiert worden, der Gesetzgeber hatte sich damals jedoch bewusst dagegen entschieden.[49] Nach Einführung der statusneutralen Klärung der Vaterschaft durch die Regelung des § 1598a BGB fragt es sich, ob diese Regelung den Weg auch für eine statusneutrale Klärung der Mutterschaft eröffnet, mithin ob auf diesem Wege eine Klärung durchgesetzt werden kann, ob die Frau, die das Kind geboren hat, auch die genetische Mutter des Kindes ist. Dies wird nach nahezu einhelliger Auffassung der Literatur bejaht.[50] Der Gesetzgeber hatte mit Schaffung dieser Regelung zwar lediglich dem Auftrag des BVerfG folgend eine statusneutrale Klärung, ob das Kind von dem rechtlichen Vater abstammt, ermöglichen wollen[51] und eine statusneutrale Klärung der Mutterschaft nicht im Blick. Der verfassungsrechtlich gebotene und durch § 1598a BGB zur Verfügung gestellte Rechtsschutz zur Erlangung der verfügbaren Informationen über die eigene Abstammung[52] gilt auch in Bezug auf die mütterliche Abstammung und darf nicht deshalb versagt werden, weil der Gesetzgeber diese bei Schaffung der Regelung **18**

---

45 BGH NJW 2019, 1608

46 BGH NJW 2019, 1605; NJW 2019, 1608

47 *Schwab/Wagenitz*, FamRZ 1997, 1377; *Gaul*, FamRZ 2000, 1461, 1473; Erman/*Hammermann*, § 1591 BGB Rn. 5a; Kemper/Schreiber/*Frische*, § 169 FamFG Rn. 5; Schulte-Brunert/Weinreich/*Schwonberg*, § 169 FamFG Rn. 6

48 OLG Köln StAZ 2015, 244

49 BT-Drucks. 13/4899, 56 und 83

50 So z.B. *Wellenhofer*, NJW 2008, 1185, 1189; *Helms*, FamRZ 2008, 1033; *Borth*, FPR 2007, 381, 382; *Gernhuber/Coester-Waltjen*, § 51 Rn. 7 bis 9; MüKo-BGB/*Wellenhofer*, § 1598a Rn. 43; Palandt/*Brudermüller*, § 1598a BGB Rn. 6; Erman/*Hammermann*, § 1598a Rn. 3

51 Die Regelung wurde eingeführt mit dem Gesetz zur Klärung der Vaterschaft unabhängig vom Anfechtungsverfahren, BGBl. 2008 S. 441

52 BVerfG FamRZ 2007, 441

nicht im Blick hatte.[53] Jedoch kann auch über § 1598a BGB keine Klärung dahingehend bewirkt werden, von welcher anderen als der gebärenden Frau das Kind genetisch abstammt.[54] Denn über § 1598a BGB kann nach derzeitiger Rechtslage eine Klärung der Abstammung von einer anderen Person als dem rechtlichen Elternteil nicht herbeigeführt werden,[55] was vom BVerfG als verfassungsgemäß gebilligt wurde.[56]

▶ *Zur geplanten Reform siehe § 1598a Rn. 27.*

2. Sonstiges gerichtliches Feststellungsverfahren

19 Es besteht grundsätzlich ein **Recht des Kindes auf Kenntnis der eigenen Abstammung**. Es ist anerkannt, dass die Kenntnis der eigenen Abstammung einen wichtigen Faktor bei der Identitätssuche und der Individualitätsfindung darstellt.[57] Das **BVerfG** hat ein Recht des Kindes auf Kenntnis der eigenen Abstammung vor allem aus dem Grundrecht auf freie Entfaltung der Persönlichkeit (Art. 2 Abs. 1 GG) in Verbindung mit mit dem Grundrecht auf Achtung und Schutz der Menschenwürde (Art. 1 Abs. 1 GG) hergeleitet.[58]

20 In der Begründung des Gesetzentwurfs zum KindRG wurde als gangbarer Weg zur Durchsetzung des Anspruchs des Kindes auf Kenntnis der eigenen genetischen Abstammung die Feststellungsklage nach § 256 ZPO genannt.[59] Auch in der Literatur wurde diese Möglichkeit vertreten.[60] Ein Feststellungsverfahren nach § 256 ZPO ist aber grundsätzlich nur zulässig, wenn die Feststellung des Bestehens oder Nichtbestehens eines **Rechtsverhältnisses** begehrt wird. Die genetische Abstammung ist aber eine reine Tatsache, die zudem nach der gesetzlichen Regelung des § 1591 BGB rechtlich völlig irrelevant ist. Auch das für einen Feststellungsantrag erforderliche Feststellungsinteresse ist nicht ohne weiteres gegeben. Da zwischen dem Kind und der das Kind nicht gebärenden Frau keinerlei Rechtsbeziehungen bestehen, könnte die Feststellung der genetischen Abstammung von dieser Frau keinerlei Rechtsfolgen auslösen. Niemand kann ohne ein auf Rechtsfolgen gerichtetes Rechtsschutzinteresse ein Gerichtsverfahren in Anspruch nehmen. Das gerichtliche Verfahren dient allein der Rechtsfindung, nicht der Identitätsfindung.[61]

21 Im Übrigen wäre ein solches Feststellungsverfahren nach § 256 ZPO keine Abstammungssache i.S.v. § 169 FamFG, da es nicht um die Feststellung eines Eltern-Kind-Verhältnisses geht. Die Einholung eines Abstammungsgutachtens ist durch § 178 FamFG jedoch nur in Abstammungsverfahren eröffnet. Außerhalb von Abstammungsverfahren kann zwar § 372a ZPO zur Anwendung kommen, jedoch setzt die Verpflichtung zur Mitwirkung an einem Abstammungsgutachten voraus, dass ein Rechtsschutzbedürfnis für die Klärung der Abstammung besteht. Daran fehlt es, wenn sich an die Klärung keinerlei Rechtsfolgen knüpfen.[62]

▶ *Zu Einzelheiten des Abstammungsverfahrens siehe Grün, § 169 FamFG Rn. 1 ff.*

---

53 Die in der Vorauflage an dieser Stelle vertretene gegenteilige Ansicht wird nicht aufrechterhalten

54 Kemper/Schreiber/*Fritsche*, § 169 FamFG Rn. 5

55 Vgl. OLG Frankfurt NJW 2017, 92; OLG Nürnberg FamRZ 2014, 404; OLG Karlsruhe FamRZ 2010, 221; OLG Frankfurt ZKJ 2010, 72

56 BVerfG FamRZ 2016, 877

57 *Gernhuber/Coester-Waltjen*, § 52 Rn. 17; *Kindler/Walper/Lux/Bovenschen*, NZFam 2017, 929; *Coester-Waltjen*, FF 2017, 224

58 Vgl. hierzu *Coester-Waltjen*, FF 2017, 224; *Muscheler/Bloch*, FPR 2002, 339, 343

59 BT-Drucks. 13 4899, 83

60 *Quantius*, FamRZ 1998, 1145, 1150; *Mutschler*, FamRZ 1996, 1381, 1385; *Seidl*, FPR 2002, 402, 403; ablehnend dagegen *Gaul*, FamRZ 1997, 1441, 1464; *Schwab/Wagenitz*, FamRZ 1997, 1378

61 *Gaul*, FamRZ 1997, 1441, 1464

62 Vgl. *Gaul*, FamRZ 2000, 1461, 1475

III. Feststellungsverfahren in besonderen Fällen

22 Anerkannt ist, dass zur Klärung einer Kindesverwechslung[63] oder bei Kindesunterschiebung[64] oder Kindesraub ein Feststellungsverfahren eröffnet ist.[65] Denn hierbei steht nicht die Klärung der genetischen Abstammung im Vordergrund, sondern im Streit steht der Geburtsvorgang, nämlich die Frage, ob die fragliche Frau das Kind – wie von ihr behauptet – geboren hat.[66] Ein solches Verfahren ist als Abstammungssache zu betreiben.[67]

F. Reformvorhaben

23 Im Juli 2017 hatte der vom BMJV eingesetzte Arbeitskreis dem Ministerium nach mehr als zweijähriger intensiver Tätigkeit seinen Abschlussbericht[68] ausgehändigt. Auf dessen Grundlage erstellte das BMJV einen „Diskussionsteilentwurf" zur Reform des Abstammungsrechts, Stand März 2019.[69] Auch nach diesem Entwurf soll die **Geburtsmutter weiterhin die rechtliche Mutter** i. S. d. § 1591 BGB sein.[70] Dies gewährleiste eine frühe und eindeutig feststellbare Zuordnung des Kindes und diene dem Schutz der zwischen Kind und Mutter während der Schwangerschaft gewachsenen psychosozialen Bindung. Geplant ist allerdings die Einführung der sog. **Mit-Mutterschaft**: Nach § 1592 Abs. 2 des Entwurfs soll eine Frau entsprechend den Regelungen für die Vaterschaft die **zweite Elternstelle** einnehmen können, wenn sie bei der Geburt mit der Geburtsmutter verheiratet ist oder in eingetragener Lebenspartnerschaft lebt, wenn sie die Mit-Mutterschaft anerkannt hat (§ 1594 BGB-DE) oder – bei Einwilligung in eine ärztlich assistierte künstliche Befruchtung der Geburtsmutter – als Mit-Mutter gerichtlich festgestellt wird (§§ 1598a, 1598c BGB-DE).[71] Parallel zur Möglichkeit der Anfechtung einer Vaterschaftsanerkennung sieht der Entwurf auch die Möglichkeit der Anfechtung einer Mutterschaftsanerkennung vor (§§ 1600a bis 1600d BGB-DE).

24 Für die Elternschaft einer als „divers" eingetragenen Person greift der Entwurf[72] auf die Empfehlungen des AK Abstammungsrecht[73] zurück: Unabhängig von der rechtlichen Geschlechtsidentität soll die erste Elternstelle von der gebärenden Person eingenommen werden, die zweite Elternstelle sodann als Vater oder Mit-Mutter,[74] wobei insoweit die intersexuelle Person ein Wahlrecht haben soll, ob sie als Vater oder Mit-Mutter eingetragen wird.[75]

63 Vgl. hierzu *Frank*, FamRZ 2015, 1149; *Veit/Hinz*, FamRZ 2010, 505; OLG Bremen FamRZ 1995, 1291
64 OLG Koblenz FamRZ 2010, 481
65 Im Einzelnen *Eckebrecht*, FPR 2011, 394
66 Vgl. *Frank*, FamRZ 2015, 1149; *Eckebrecht*, FPR 2011, 394; *Veit/Hinz*, FamRZ 2010, 505, 508; *Gaul*, FamRZ 2000, 1461, 1473
67 KG Berlin JAmt 2018, 336; OLG Koblenz FamRZ 2010, 481
68 Arbeitskreis Abstammungsrecht (Hrsg.: BMJV), Abschlussbericht, Bundesanzeiger Verlag, Köln 2017 (ISBN 978-3-8462-0819-9), online abrufbar unter www.bmjv.de
69 Diskussionsteilentwurf abrufbar unter www.bmjv.de
70 Diskussionsteilentwurf, S. 2
71 Diskussionsteilentwurf, S. 5 f., 23 ff.
72 § 1600h BGB-DE: „Für Personen mit Varianten der Geschlechtsidentität gelten die Vorschriften dieses Titels entsprechend."
73 Arbeitskreis Abstammungsrecht, Abschlussbericht (siehe Fn. 68), Thesen 60, 61
74 Diskussionsteilentwurf, S. 60
75 Diskussionsteilentwurf, S. 36

§ 1592 BGB Vaterschaft

Vater eines Kindes ist der Mann,

1. **der zum Zeitpunkt der Geburt mit der Mutter des Kindes verheiratet ist,**
2. **der die Vaterschaft anerkannt hat oder**
3. **dessen Vaterschaft nach § 1600d oder § 182 Abs. 1 des Gesetzes über das Verfahren in Familiensachen und in den Angelegenheiten der freiwilligen Gerichtsbarkeit gerichtlich festgestellt ist.**

Übersicht

Rn.
A. Allgemeines ... 1
I. Rechtslage vor der Kindschaftsrechtsreform ... 1
II. Vaterschaftszuordnung seit 1.7.1998 ... 4
B. Inhalt der Norm ... 5
I. Ehebedingte Vaterschaftszuordnung (Nr. 1) ... 5
1. Geburt ... 5
2. Ehe ... 7
a) Zeitpunkt der Eheschließung ... 7
b) Wirksamkeit der Ehe ... 7a
c) Geburt nach Anhängigkeit eines Scheidungsverfahrens ... 8
d) Bigamische Ehe ... 10
e) Auflösung der Ehe ... 11
II. Anerkennungsbedingte Vaterschaftszuordnung (Nr. 2) ... 13
III. Vaterschaftszuordnung auf Grund gerichtlicher Feststellung (Nr. 3) ... 14
IV. Dauer der Zuordnung ... 15
C. Reformvorhaben ... 16

A. Allgemeines

I. Rechtslage vor der Kindschaftsrechtsreform

1 Das gesamte Abstammungsrecht hat mit dem am 1.7.1998 in Kraft getretenen Gesetz zur Reform des Kindschaftsrechts – KindRG – vom 16.12.1997[1] eine umfassende Neuregelung erfahren. Davon ist insbesondere die Vaterschaftszuordnung betroffen. Diese war nach dem vorher geltenden Recht mit dem abstammungsrechtlichen Status des Kindes als eheliches oder nichteheliches Kind verknüpft. Ein nach der Eheschließung geborenes Kind war nach § 1591 BGB a.F. **eheliches** Kind des mit der Mutter verheirateten Ehemannes. Hierzu arbeitete das Gesetz mit einer zweifachen Vermutung: Zum einen galt die Vermutung, dass ein Kind, das nach der Eheschließung geboren wurde, ein eheliches Kind dieser Ehe war, wenn die Frau es vor oder während der Ehe empfangen und der Mann innerhalb der Empfängniszeit der Frau beigewohnt hatte (**Ehelichkeitsvermutung** des § 1591 Abs. 1 BGB a.F.). Zum anderen bestand die gesetzliche Vermutung, dass der Mann innerhalb der Empfängniszeit der Frau beigewohnt hatte (**Beiwohnungsvermutung** des § 1591 Abs. 2 BGB a.F.).

2 Dies galt selbst dann, wenn die Ehe zum Zeitpunkt der Geburt bereits geschieden war, sofern die Empfängniszeit des § 1592 BGB a.F. in die Zeit vor Rechtskraft des Scheidungsausspruchs zurückreichte, es sei denn, die Mutter war zum Zeitpunkt der Geburt wieder in neuer Ehe verheiratet, so dass die Ehelichkeitsvermutung bzgl. des neuen Ehemannes eingriff. In solchen Fällen sogenannter „nachgeborener scheinehelicher Kinder" war es damals erforderlich, dass die Ehelichkeit des Kindes angefochten und die Nichtehelichkeit gerichtlich festgestellt werden musste (§ 1593 BGB a.F.).

1 BGBl. I 1997 S. 2942

Für die **nichteheliche** Abstammung enthielt das Gesetz in den Bestimmungen der §§ 1600a–1600o BGB a.F. besondere Regelungen. Das Abstammungsrecht war somit bisher nicht einheitlich, sondern aufgeteilt in Bestimmungen für die eheliche und die nichteheliche Abstammung geregelt, so dass für die Vaterschaftszuordnung sowie für die Anfechtung der Vaterschaftszuordnung unterschiedliche Bestimmungen für eheliche und nichteheliche Kinder galten. 3

II. Vaterschaftszuordnung seit 1.7.1998

Das KindRG hat die vorher geltende Zweiteilung in Vorschriften für eheliche und nichteheliche Kinder und den damit verbundenen Statusunterschied beseitigt. Allerdings gibt es weiterhin unterschiedliche Voraussetzungen für die rechtliche Vaterschaft, je nachdem, ob die Mutter zum Zeitpunkt der Geburt des Kindes verheiratet ist oder nicht. An der Annahme, dass der mit der Mutter zum Zeitpunkt der Geburt des Kindes verheiratete Mann kraft Gesetzes der Vater des in der Ehe geborenen Kindes ist, ohne dass es hierzu einer Anerkennungserklärung bedarf, hat das Gesetz festgehalten. Bei Kindern, deren Mutter zur Zeit ihrer Geburt nicht verheiratet war, bedarf es hingegen für die Vaterschaftszuordnung der Anerkennung oder der Feststellung der Vaterschaft. 4

Die Regelung des § 1592 BGB enthält eine abschließende Aufzählung der Tatbestände, die eine rechtliche Zuordnung der Vaterschaft bewirken, wobei die Zuordnung nach Ziffer 1 durch § 1593 BGB zeitlich erweitert wird. Vater ist, wer einen der drei Zuordnungstatbestände erfüllt. Vorher kann er keine Rechte in Anspruch nehmen, die an die rechtliche Vaterstellung anknüpfen.[2] Etwas anderes gilt nur, soweit bereits dem (mutmaßlichen) leiblichen Vater, der nicht der rechtliche Vater ist, Rechte zugewiesen sind (vgl. z.B. §§ 1686a, 1747 Abs. 1 Satz 2 BGB). An der Vaterschaftszuordnung nach § 1592 BGB ändert sich nicht dadurch etwas, dass auch ein anderer Mann als leiblicher Vater infrage kommt.[3] Im Verhältnis zueinander schließt jede Zuordnung des Kindes zu einem Mann als dessen Vater jede andere Zuordnung zu einem anderen Mann aus. Nur unter den Voraussetzungen des § 1599 Abs. 2 BGB oder wenn die bisherige Vaterschaftszuordnung durch eine gerichtliche Feststellung der Nichtvaterschaft in einem Abstammungsverfahren mit Statuswirkung beseitigt wurde, erlischt die bisherige Vaterschaftszuordnung und kann eine andere Zuordnung zum Tragen kommen. 4a

Das Vaterschaftsverhältnis ist mithin ein „Ausschließlichkeitsverhältnis".[4] Es gilt das **„Ein-Vater-Prinzip"**. Solange die Vaterschaft eines Mannes aus einem der in § 1592 BGB genannten Gründe besteht, kann sie nicht zugleich aus einem anderen Grunde gegenüber einem anderen Mann bestehen. Deshalb ist bei bestehender Vaterschaftszuordnung eine Vaterschaftsanerkennung eines anderen Mannes unwirksam (§ 1594 Abs. 2 BGB)[5] und ein Vaterschaftsfeststellungsantrag unzulässig.[6] Eine unter Missachtung oder in Unkenntnis einer bereits bestehenden Vaterschaftszuordnung erfolgende gerichtliche Feststellung der Vaterschaft kann selbst bei Eintritt der Rechtskraft keine statusbegründende Wirkung erzeugen.[7] 4b

---

2 BVerfG FamRZ 2018, 1204
3 MüKo-BGB/*Wellenhofer,* § 1592 Rn. 2
4 *Gaul*, FamRZ 1997, 1441, 1446
5 BGH FamRZ 2017, 1848; FamRZ 2017, 1687
6 BGH FamRZ 1999, 716
7 OLG München FamRZ 2012, 1503

B. Inhalt der Norm

I. Ehebedingte Vaterschaftszuordnung (Nr. 1)

1. Geburt

5 Die Geburt in der Ehe macht den Ehemann gemäß § 1592 Nr. 1 BGB zum Vater im Rechtssinn. Es gilt die Vermutung der Vaterschaft des mit der Mutter zur Zeit der Geburt des Kindes verheirateten Mannes, und zwar unabhängig davon, ob das in der Ehe geborene Kind in oder vor der Ehezeit gezeugt wurde.

6 Das Kind muss **lebend geboren** sein, damit die statusrechtlichen Folgen des § 1592 BGB eintreten. Eine Lebendgeburt liegt vor, wenn nach der Scheidung vom Mutterleib entweder das Herz geschlagen oder die Nabelschnur pulsiert oder die natürliche Lungenatmung eingesetzt hat (§ 31 Abs. 1 PStV). Hat sich keines dieser Merkmale verwirklicht, definiert das Gesetz bei einem Gewicht der Leibesfrucht von wenigstens 500 Gramm dieses als tot geborenes Kind i.S.v. § 21 Abs. 2 PStG (§ 31 Abs. 2 PStV). Bei einem geringeren Gewicht handelt es sich um eine Fehlgeburt (§ 31 Abs. 3 PStV). Eine Fehlgeburt wird nicht in das Personenstandsregister eingetragen. Etwas anderes gilt jedoch dann, wenn es sich um eine Mehrlingsgeburt handelte und mindestens ein Kind davon die Voraussetzungen für die Eintragung in das Geburtenbuch erfüllt hat. Die Eintragung eines tot geborenen Kindes nach § 21 Abs. 2 PStG begründet kein Statusverhältnis i.S.d. Abstammungsrechts.

2. Ehe

a) Zeitpunkt der Eheschließung

7 Das Kind muss **nach der Eheschließung der Mutter geboren** sein. Hierzu genügt es nicht, dass Eheschließung und Geburt auf denselben Tag fallen, sondern die Geburt muss dem formellen Trauungsakt nachfolgen.[8] Der Begriff der Eheschließung entspricht dem des § 1310 BGB. Bei Eheschließungen im Ausland ist der Zeitpunkt maßgebend, zu dem nach der Geschäftsform oder der Ortsform (Art. 11 EGBGB) eine Ehe wirksam zustande gekommen ist.

b) Wirksamkeit der Ehe

7a Eine von vornherein unwirksame Nichtehe begründet keine Vaterschaftszuordnung.[9] Nach der Rechtslage vor Inkrafttreten des Gesetzes zur Bekämpfung von Kinderehen vom 17.7.2017[10] kannte das Gesetz keine unwirksame Ehe, sondern bei Fehlerhaftigkeit der Eheschließung nur die Aufhebbarkeit der Ehe (§§ 1313 ff. BGB).[11] Dass die Ehe aufhebbar ist oder später aufgehoben wird, lässt die Vaterschaftszuordnung nicht entfallen.[12] Durch die mit dem Kinderehegesetz erfolgten Rechtsänderungen[13] ist nun bei bestimmten Verstößen gegen die Anforderungen an die Ehemündigkeit eine Ehe unwirksam. Dies gilt gemäß § 1303 Satz 2 BGB dann, wenn einer der Eheschließenden zum Zeitpunkt der Eheschließung das 16. Lebensjahr noch nicht vollendet hatte. Durch die Neuregelung des Art. 13 Abs. 3 EGBGB gilt dies auch dann, wenn die Eheschließung unter Anwendung ausländischer Regelungen über die Ehemündigkeit erfolgte. Auch dann ist die Ehe nach Art. 13 Abs. 3 Nr. 1 EGBGB unwirksam, wenn einer der Eheschließenden bei Eheschlie-

---

8 AG Tübingen FamRZ 1989, 316
9 NK-BGB/*Gutzeit,* § 1592 Rn. 6; MüKo-BGB/*Wellenhofer,* § 1592 Rn. 6
10 BGBl. I S. 2429
11 Vgl. hierzu *Hepting*, FamRZ 1998, 713
12 Palandt/*Brudermüller,* § 1592 BGB Rn. 3; NK-BGB/*Gutzeit,* § 1592 Rn. 7
13 Vgl. hierzu etwa *Schwab*, FamRZ 2017, 1369; *Hüßtege*, FamRZ 2017, 1374; *Bongartz*, NZFam 2017, 541; *Lohse/Meysen*, JAmt 2017, 345; *Weller/Thomale/Hategan/Werner*, FamRZ 2018, 1289; *Frank*, StAZ 2018, 1; *Rohe*, StAZ 2018, 73

ßung das 16. Lebensjahr noch nicht vollendet hatte, selbst wenn nach der bei Eheschließung zur Anwendung gekommenen ausländischen Rechtsordnung die Eheschließung wirksam ist. Nach Art. 229 § 44 Abs. 4 EGBGB findet die Neuregelung des Art. 13 Abs. 3 Nr. 1 EGBGB jedoch keine Anwendung, wenn der minderjährige Ehegatte vor dem 22.7.1999 geboren wurde.

► *Näher hierzu Köhler, § 1303 BGB Rn. 3.*

Während die bei Eheschließung eines wenigstens 16 Jahre alten Eheschließenden geltende Aufhebbarkeit der Ehe (§ 1314 Abs. 1 Nr. 1 BGB), die gemäß Art. 13 Abs. 3 Nr. 2 EGBGB auch bei Anwendung ausländischer Vorschriften über die Ehemündigkeit gilt, keine Auswirkung auf die Abstammung eines aus einer solchen Ehe hervorgegangenen Kindes hat, führt die bei Eheschließung mit einer unter 16 Jahre alten Person geltende Unwirksamkeit der Ehe dazu, dass für ein aus dieser Ehe hervorgegangenes Kind – auch wenn es erst nach Eintritt der Volljährigkeit des bei Eheschließung minderjährigen Eheschließenden geboren wurde – nicht dem „Ehemann" als Vater zugeordnet ist. Dies gilt – vorbehaltlich der Übergangsregelung – auch dann, wenn die Ehe vor Inkrafttreten des Kinderehegesetzes geschlossen wurde. Der BGH hält dies mit überzeugenden Gründen für verfassungswidrig und hat deshalb die Sache dem BVerfG vorgelegt.[14] Der Gesetzgeber hätte gut daran getan, nicht die Unwirksamkeit der Ehe, sondern ihre Aufhebbarkeit oder die gerichtliche Nichtigerklärung mit Ex-nunc-Wirkung vorzusehen, um die Vaterlosigkeit der aus einer solchen Verbindung hervorgegangenen Kinder zu vermeiden. **7b**

c) Geburt nach Anhängigkeit eines Scheidungsverfahrens

Die Vaterschaftszuordnung nach § 1592 Nr. 1 BGB gilt auch dann, wenn zum Zeitpunkt der Geburt des Kindes bereits ein Scheidungsverfahren anhängig ist. Nur wenn die Geburt erst nach Rechtskraft des Scheidungsausspruchs erfolgt, fehlt es an einer Vaterschaftszuordnung nach § 1592 Nr. 1 BGB. Maßgeblich ist dabei der Zeitpunkt der Vollendung der Geburt.[15] Bei Auflösung der Ehe durch Tod ist die Sonderregelung des § 1593 BGB zu beachten. **8**

Bei einer Geburt nach Anhängigkeit des Scheidungsverfahrens aber vor Rechtskraft des Scheidungsausspruchs ermöglicht § 1599 Abs. 2 BGB einen mit Rechtskraft der Scheidung eintretenden Statuswechsel, wenn die Vaterschaft von einem Dritten anerkannt wird und neben den nach § 1595 BGB erforderlichen Zustimmungen auch der zur Zeit der Geburt des Kindes mit der Mutter verheiratet gewesene Ehemann der Vaterschaftsanerkennung des Dritten zustimmt (näher hierzu *Grün,* § 1599 BGB Rn. 28 ff.). **9**

► *Zu möglichen Änderungen der Eltern-Kind-Zuordnung im Wege einer geplanten Ausweitung der „Dreier-Erklärung" siehe § 1599 Rn. 38 ff.*

d) Bigamische Ehe

Eine besondere Problematik für die statusrechtliche Zuordnung eines Kindes besteht im Fall der **bigamischen Ehe der Kindesmutter**. Wenn die Kindesmutter heiratet, obwohl ihre bisherige Ehe noch nicht aufgelöst ist, und dann von ihr ein Kind geboren wird, ist das Kind in zwei Ehen geboren. Denn auch eine entgegen § 1306 BGB geschlossene Ehe ist nicht unwirksam, sondern nur aufhebbar. Hier wird zur Vermeidung einer doppelten Vaterschaftszuordnung die analoge Anwendung von § 1593 Satz 3 BGB vertreten, mit der Folge, dass die Vaterschaftszuordnung nur zu dem zweiten Ehemann besteht, wenn das Kind später als 300 Tage nach Schließung der zweiten Ehe geboren wurde.[16] Eine **bigami-** **10**

14 BGH FamRZ 2019, 181
15 NK-BGB/*Gutzeit,* § 1592 Rn. 4
16 OLG Zweibrücken FamRZ 2009, 1923

sche Ehe des Ehemannes hindert die ehebedingte Zuordnung des Kindes zu diesem nicht, weil die Ehe nicht unwirksam, sondern nur aufhebbar ist.[17]

e) Auflösung der Ehe

11 Eine nach Geburt des Kindes erfolgte Auflösung der Ehe durch Scheidung oder Eheaufhebung oder durch den Tod eines Ehegatten lässt die mit der Geburt des Kindes nach Eheschließung eingetretene Vaterschaftszuordnung unberührt.

12 Wenn der Ehemann bereits vor der Geburt des Kindes verstorben ist oder die das Kind gebärende Ehefrau bei Vollendung der Geburt bereits im Rechtssinne tot war, ist die Sonderregelung des § 1593 BGB zu beachten.

▶ *Näher hierzu Grün, Kommentierung zu § 1593 BGB.*

II. Anerkennungsbedingte Vaterschaftszuordnung (Nr. 2)

13 Sobald ein Mann die Vaterschaft für das Kind wirksam anerkannt hat (§§ 1594 ff. BGB), ist er gemäß § 1592 Nr. 2 BGB Vater des Kindes im Rechtssinne, und zwar mit Rückwirkung auf den Zeitpunkt der Geburt des Kindes und unabhängig davon, ob das Kind tatsächlich von dem Anerkennenden abstammt. Die Anerkennung der Vaterschaft entfaltet bindende Wirkung für und gegen alle. Die durch Anerkennung begründete Vaterschaft ist – ebenso wie die durch Ehe begründete Vaterschaft – ausschließlich. Solange die durch Anerkennung begründete Vaterschaft besteht, kann die Vaterschaft eines anderen Mannes nicht herbeigeführt werden. Jeder kann sich auf die Vaterschaft kraft Anerkennung berufen und daraus Rechtsfolgen ableiten. Die Rechtswirkungen der Anerkennung können nur durch rechtskräftige Entscheidung in einem Vaterschaftsanfechtungsverfahren beseitigt werden.[18]

III. Vaterschaftszuordnung auf Grund gerichtlicher Feststellung (Nr. 3)

14 Vater im Rechtssinne ist gemäß § 1592 Nr. 3 BGB der Mann, der in einem gerichtlichen Abstammungsverfahren i.S.v. § 169 FamFG rechtskräftig als Vater des Kindes festgestellt wurde. Ein solcher Feststellungsbeschluss stellt mit Wirkung für und gegen alle (§ 184 Abs. 2 FamFG) fest, dass der als Vater festgestellte Mann der biologische Vater des Kindes ist. Die Rechtswirkungen der Vaterschaft können grundsätzlich erst nach rechtskräftiger Feststellung der Vaterschaft geltend gemacht werden (§ 1600d Abs. 4 BGB), wobei diese Rechtsausübungssperre jedoch in gesetzlich geregelten Einzelfällen (vgl. §§ 247, 248 FamFG) und unter besonderen Voraussetzungen beim Scheinvaterregress durchbrochen werden kann (vgl. *Grün,* § 1600d BGB Rn. 19).

▶ *Zu Einzelheiten des Feststellungsbeschlusses siehe Grün, § 184 FamFG Rn. 2.*

IV. Dauer der Zuordnung

15 Eine Vaterschaftszuordnung nach §§ 1592, 1593 BGB besteht so lange, bis sie entweder durch einen scheidungsakzessorischen Statuswechsel nach § 1599 Abs. 2 BGB oder durch die rechtskräftige gerichtliche Feststellung der Nichtvaterschaft in einem Abstammungsverfahren nach § 1599 Abs. 1 BGB beseitigt wird.

---

17 OLG Jena FamRZ 2014, 579

18 Wegen der Einzelheiten zur wirksamen Anerkennung der Vaterschaft wird auf die nachstehende Kommentierung zu den einzelnen Regelungen der §§ 1594 bis 1598 BGB verwiesen.

C. Reformvorhaben

Der Diskussionsteilentwurf zur Reform des Abstammungsrechts[19] ändert an der Grundstruktur der Vaterschaftszuordnung nichts. Die Zuordnungstatbestände „bestehende Ehe mit der Kindesmutter bei Geburt", „Anerkennung" und „gerichtliche Feststellung" sollen fortbestehen. Geplant ist die Schaffung eines Abs. 2, der die Entstehung einer **Mit-Mutterschaft** enthalten soll. 16

▶ *Zur beabsichtigten Ausweitung des bislang nur scheidungsakzessorisch möglichen* ***Statuswechsels durch „Dreiererklärung"*** *siehe die Kommentierung zu § 1599 Rn. 38 ff.*

§ 1593 BGB Vaterschaft bei Auflösung der Ehe durch Tod

[1]§ 1592 Nr. 1 gilt entsprechend, wenn die Ehe durch Tod aufgelöst wurde und innerhalb von 300 Tagen nach der Auflösung ein Kind geboren wird. [2]Steht fest, dass das Kind mehr als 300 Tage vor seiner Geburt empfangen wurde, so ist dieser Zeitraum maßgebend. [3]Wird von einer Frau, die eine weitere Ehe geschlossen hat, ein Kind geboren, das sowohl nach den Sätzen 1 und 2 Kind des früheren Ehemanns als auch nach § 1592 Nr. 1 Kind des neuen Ehemanns wäre, so ist es nur als Kind des neuen Ehemanns anzusehen. [4]Wird die Vaterschaft angefochten und wird rechtskräftig festgestellt, dass der neue Ehemann nicht Vater des Kindes ist, so ist es Kind des früheren Ehemanns.

Übersicht

Rn.
A. Allgemeines 1
B. Inhalt der Norm 3
I. Eheauflösung durch Tod des Ehemannes 3
II. Eheauflösung durch Tod der Ehefrau 8

A. Allgemeines

Wenn die Kindesmutter zum Zeitpunkt der Geburt des Kindes nicht (mehr) verheiratet war, wird das Kind nach § 1592 Nr. 1 BGB nicht mehr dem früheren Ehemann der Kindesmutter zugerechnet. Denn diese Regelung setzt für die ehebedingte Vaterschaftszuordnung voraus, dass die Ehe zum Zeitpunkt der Geburt besteht. Dem liegt der Gedanke zugrunde, dass im Falle einer Eheauflösung durch Scheidung im Hinblick auf die vorausgegangene Trennungszeit ein nach der Scheidung geborenes Kind in der Regel nicht mehr vom früheren Ehemann abstammen wird. 1

Wird die Ehe durch den Tod des Mannes oder der Frau aufgelöst, spricht grundsätzlich nichts gegen die Abstammung des Kindes von dem Ehemann, wenn die Empfängniszeit in einen Zeitraum zurückreicht, zu dem der Ehemann bzw. die Ehefrau noch lebte. Es gilt daher bei einer durch Tod aufgelösten Ehe für das nachehelich geborene Kind die erweiterte Vaterschaftszurechnung zum (früheren) Ehemann der Mutter, soweit die gesetzliche Empfängniszeit[1] (vgl. § 1600d Abs. 3 Satz 1 BGB) zumindest teilweise noch in der Ehe liegt. Für diesen Fall erklärt § 1593 Satz 1 BGB ausdrücklich § 1592 Nr. 1 BGB für entsprechend anwendbar. 2

19 Diskussionsteilentwurf, abrufbar unter www.bmjv.de
1 Mit dem KindRG wurde zum Zwecke der Rechtsangleichung die Empfängniszeit hinsichtlich ihres Beginns in Abweichung von § 1592 Abs. 1 BGB a.F. von 302 Tagen auf 300 Tage verkürzt.

B. Inhalt der Norm

I. Eheauflösung durch Tod des Ehemannes

3 Der verstorbene Ehemann der Mutter gilt gemäß § 1593 Satz 1 BGB dann als Vater des Kindes, wenn sein festgestellter Todeszeitpunkt innerhalb von 300 Tagen vor der Geburt des Kindes liegt, wenn also mindestens ein Tag der Frist in die Ehe fällt. Diese Zeitgrenze entspricht der längsten Dauer der gesetzlichen Empfängniszeit nach § 1600d Abs. 3 BGB. Die Geburt muss innerhalb der Frist von 300 Tagen erfolgen. Für die Fristberechnung gelten §§ 187 Abs. 1, 188 BGB. Die Frist darf frühestens mit Ablauf des Geburtstages enden. Zwischen dem Tag des Eintritts des Todes des Mannes und dem Tag der Geburt dürfen also höchstens 299 volle Tage liegen.

4 Maßgeblich für den Geburtszeitpunkt ist der Tag der Vollendung der Geburt, also des vollständigen Austritts des Kindes aus dem Mutterleib, ohne dass bereits die Verbindung durch die Nabelschnur unterbrochen sein müsste.[2] Bei Zwillings- oder Mehrlingsgeburten kommt es auf die Geburt des ersten Kindes an.[3]

5 Steht fest, dass das Kind mehr als 300 Tage vor seiner Geburt empfangen wurde, so ist gemäß § 1593 Satz 2 BGB dieser Zeitraum maßgebend. Diese Bestimmung ändert nichts daran, dass ein Kind, das mehr als 300 Tage nach dem Tod des Ehemannes der Mutter geboren wird, zunächst ohne gesetzlichen Vater ist. Durch § 1593 Satz 2 BGB wird jedoch die Möglichkeit eröffnet, schon durch den Nachweis, dass das Kind durch die Beiwohnung mit dem früheren Ehemann gezeugt wurde, die Vaterschaftszuordnung herbeizuführen. Wenn der Nachweis geführt ist, dass das Kind von dem bereits vor mehr als 300 Tagen vor der Geburt verstorbenen Mann gezeugt wurde, kann die Frist des § 1593 Satz 1 BGB überwunden werden.

6 Ist die Mutter zur Zeit der Geburt wieder in neuer Ehe verheiratet, greift gemäß § 1593 Satz 3 BGB die Vaterschaftsvermutung bezüglich des neuen Ehemannes ein. Da ein Kind nach dem abstammungsrechtlich geltenden „Ein-Vater-Prinzip" nicht zwei Väter haben kann, normiert diese Regelung einen Vorrang der Vaterschaftszuordnung nach § 1592 Nr. 1 BGB zu dem neuen Ehemann. Wird allerdings die Vaterschaft des neuen Ehemannes erfolgreich angefochten, lebt die Vaterschaftsvermutung des verstorbenen Ehemannes wieder auf, der dann als Vater des Kindes gilt (§ 1593 Satz 4 BGB). Die Vaterschaftszuordnung zum ersten Ehemann kann dann ihrerseits nur durch Anfechtung der Vaterschaft beseitigt werden, wobei die Anfechtungsfrist für die Anfechtung der Vaterschaft zum ersten Ehemann frühestens dann zu laufen beginnt, wenn die Nichtvaterschaft des zum Zeitpunkt der Geburt des Kindes mit der Mutter verheiratet gewesenen Mannes durch eine rechtskräftige gerichtliche Vaterschaftsanfechtungsentscheidung beseitigt ist (§ 1600b Abs. 2 Satz 2 BGB).

7 Eine vergleichbare Rechtslage gilt auf Grund der Vermutungsvorschriften der §§ 9, 10, 44 VerschG für den Fall der Verschollenheit.[4] Die Verschollenheit des Ehemannes allein ändert an der Vaterschaftszuordnung zu ihm aus § 1592 Nr. 1 BGB nichts, solange er nicht für tot erklärt ist, denn bis dahin wird sein Überleben vermutet (§ 10 VerschG). Die Nichtabstammung kann daher in diesem Zeitraum nur durch gerichtliche Anfechtung der Vaterschaft festgestellt werden. Ist dagegen der Verschollene für tot erklärt und das Kind nach dem festgesetzten Todeszeitpunkt geboren, so ist auf Grund der Vermutungswirkung des § 9 VerschG der festgestellte Todeszeitpunkt auch maßgeblich für die Vaterschaftszuordnung. Reicht die Empfängniszeit in einen Zeitraum vor dem festgesetzten Todeszeitpunkt zurück,

2 MüKo-BGB/*Wellenhofer*, § 1592 Rn. 9
3 Staudinger/*Rauscher*, § 1593 BGB Rn. 14
4 *Rauscher*, FPR 2002, 352, 355

bleibt es über § 1593 BGB bei der Vaterschaftszuordnung zu dem für tot erklärten Ehemann.[5] Ist das Kind später als 300 Tage nach dem festgesetzten Todeszeitpunkt geboren, fehlt es an einer Vaterschaftszuordnung zu dem verschollenen Ehemann. Kehrt der Verschollene zurück und wird die Todeserklärung gemäß §§ 30 ff. VerschG aufgehoben, so entfällt die Vermutung nach § 9 VerschG wieder und die Vaterschaftszuordnung aus § 1592 Nr. 1 BGB zu dem verschollen gewesenen Ehemann lebt wieder auf.

II. Eheauflösung durch Tod der Ehefrau

Die Bestimmung des § 1593 Satz 1 BGB ist auch dann anzuwenden, wenn die Ehefrau vor Vollendung der Geburt stirbt, etwa eine Lebendgeburt operativ an einer hirntoten verheirateten Frau während künstlicher Aufrechterhaltung der Herzfunktion vorgenommen wird. Auch dann gilt wegen § 1593 BGB die Vaterschaftszuordnung zum Ehemann der Kindesmutter.[6] **8**

§ 1594 BGB Anerkennung der Vaterschaft

(1) Die Rechtswirkungen der Anerkennung können, soweit sich nicht aus dem Gesetz anderes ergibt, erst von dem Zeitpunkt an geltend gemacht werden, zu dem die Anerkennung wirksam wird.

(2) Eine Anerkennung der Vaterschaft ist nicht wirksam, solange die Vaterschaft eines anderen Mannes besteht.

(3) Eine Anerkennung unter einer Bedingung oder Zeitbestimmung ist unwirksam.

(4) Die Anerkennung ist schon vor der Geburt des Kindes zulässig.

Übersicht

Rn.

A. Allgemeines 1
B. Inhalt der Norm 7
  I. Rechtsausübungssperre (Abs. 1) 7
  II. Ausschließlichkeitsgrundsatz (Abs. 2) 9
  III. Bedingungs- und Befristungsfeindlich (Abs. 3) 15
  IV. Zeitpunkt der Anerkennung (Abs. 4) 16
C. Tod eines Elternteils oder des Kindes vor Eintritt der Wirksamkeit der Anerkennung 19
D. Reformvorhaben 22

A. Allgemeines

Sind zum Zeitpunkt der Geburt eines Kindes dessen Eltern nicht miteinander verheiratet, bedarf es nach § 1592 Nr. 2 und Nr. 3 BGB eines positiven Zuordnungsakts, um für das Kind eine Vaterschaftszuordnung im Rechtssinn herbeizuführen. Die Zuordnung ist in diesen Fällen nur durch eine Vaterschaftsanerkennung (§§ 1594 ff. BGB) oder durch die gerichtliche Feststellung der Vaterschaft (§ 1600d BGB) möglich. **1**

Die Anerkennung der Vaterschaft erfolgt nach heute einhelliger Meinung durch eine entsprechende **Willenserklärung** des Anerkennenden, mit der er bekundet, der Vater des Kindes sein und die Rechtswirkungen der Vaterschaft zu dem Kind herbeiführen zu wollen.[1] Die früher teilweise vertretene Ansicht, es handele sich (zumindest auch) um eine **2**

---

5 Staudinger/*Rauscher,* § 1593 BGB Rn. 24

6 NK-BGB/*Gutzeit,* § 1593 Rn. 4; MüKo-BGB/*Wellenhofer,* § 1593 Rn. 5; Staudinger/*Rauscher,* § 1593 BGB Rn. 10; *Rauscher,* FPR 2002, 352, 354

1 MüKo/*Wellenhofer,* § 1594 Rn. 4; Staudinger/*Rauscher,* § 1592 BGB Rn. 51; Erman/*Hammermann,* § 1594 BGB Rn. 3; NK-BGB/*Gutzeit,* § 1594 Rn. 1; BayOblG NJW-RR 2000, 1602, 1603

Wissenserklärung, da mit der Anerkennung im Hinblick auf die Vermutungswirkung des § 1600c BGB zugleich verlautbart werde, in der Empfängniszeit der Kindesmutter beigewohnt zu haben,[2] wird heute nicht mehr aufrechterhalten.

3 Auf die biologische Richtigkeit der Anerkennung kommt es nicht an.[3] Auch die bewusst unrichtige Anerkennung ist wirksam und begründet bei Vorliegen der formalen Voraussetzungen die Vaterschaftszuordnung zu dem Kind, die ebenso verfassungsrechtlich geschützt ist wie eine auf wahrheitsgemäßer Anerkennung der Vaterschaft beruhende Elternschaft.[4]

▶ *Zur geplanten Reform siehe Rn. 22 f.*

4 Die Willenserklärung ist nicht empfangsbedürftig.[5] Die in § 1597 Abs. 2 BGB geregelte Benachrichtigungspflicht ist keine Wirksamkeitsvoraussetzung (vgl. *Grün,* § 1597 BGB Rn. 9 ff.).

5 Die Anerkennungserklärung gehört grundsätzlich zu den vertretungsfeindlichen Erklärungen und muss daher höchstpersönlich erfolgen (§ 1596 Abs. 4 BGB). **Jede Art der Bevollmächtigung zur Anerkennung ist unzulässig**. Wenn die Erklärung im Abstammungsverfahren zu Protokoll des Gerichts erfolgt (§ 180 FamFG), kann sie nicht durch den Verfahrensbevollmächtigten erfolgen, sondern muss von dem Erklärenden selbst abgegeben werden.[6] Eine Ausnahme von der Höchstpersönlichkeit gilt nur bei geschäftsunfähigen Erklärungspersonen (§ 1596 Abs. 1 Satz 3 BGB).

6 Die Erklärung über die Anerkennung der Vaterschaft bedarf wegen ihrer **personenstandsrechtlichen Tragweite** der **öffentlichen Beurkundung** (§ 1597 Abs. 1 BGB). Dabei ist die Neuregelung des § 1597a BGB zu beachten. Die Anerkennung kann gemäß § 180 FamFG auch zur Niederschrift des Gerichts erklärt werden, jedoch nur im Erörterungstermin eines Abstammungsverfahrens. Im Rahmen sonstiger Verfahren – etwa eines Scheidungsverfahrens – können weder die Anerkennung der Vaterschaft noch die Zustimmung hierzu beurkundet werden.[7]

B. Inhalt der Norm

I. Rechtsausübungssperre (Abs. 1)

7 Bei einer Anerkennung der Vaterschaft können die Rechtswirkungen der Vaterschaftszuordnung erst ab dem Zeitpunkt geltend gemacht werden, zu dem die Anerkennung wirksam wird (§ 1594 Abs. 1 BGB). Die Anerkennung wird wirksam, sobald die Anerkennung selbst und die gemäß § 1595 BGB erforderlichen Zustimmungen ordnungsgemäß beurkundet wurden, sofern nicht § 1594 Abs. 2 BGB der Wirksamkeit entgegensteht und auch keine sonstigen Wirksamkeitsmängel bestehen. Maßgebend ist der Zeitpunkt der ordnungsgemäßen Beurkundung der letzten nötigen Zustimmungserklärung.[8] Zu den Wirksamkeitsvoraussetzungen gehört nicht die in § 1597 Abs. 2 BGB geregelte Übersendung von beglaubigten Abschriften der Erklärungen, weshalb die Wirksamkeit nicht erst zum Zeitpunkt der Übersendung, sondern bereits zum Zeitpunkt der Erklärung eintritt.[9] Bei heilbaren Wirksamkeitsmängeln tritt die Wirksamkeit erst zu dem Zeitpunkt ein, in dem

---

2 So noch Palandt/*Brudermüller,* § 1594 BGB Rn. 4, bis zur 77. Aufl
3 NK-BGB/*Gutzeit,* § 1594 Rn. 2; MüKo-BGB/*Wellenhofer,* § 1594 Rn. 4; Staudinger/*Rauscher,* § 1592 BGB Rn. 53
4 BVerfG FamRZ 2014, 449
5 Palandt/*Brudermüller,* § 1594 Rn. 4; Staudinger/*Rauscher,* § 1592 BGB Rn. 52
6 MüKo-BGB/*Wellenhofer,* § 1596 Rn. 15
7 BGH FamRZ 2013, 944; OLG Frankfurt FamRZ 2012, 1735
8 MüKo-BGB/*Wellenhofer,* § 1594 Rn. 15
9 MüKo-BGB/*Wellenhofer,* § 1594 Rn. 15; Palandt/*Brudermüller,* § 1594 BGB Rn. 5

die Heilungsvoraussetzungen des § 1598 Abs. 2 BGB eingetreten sind. Ein Verstoß gegen die Wirksamkeitssperre des § 1594 Abs. 2 BGB ist nicht heilbar.

Die Regelung des Abs. 1 bezieht sich allein auf die Geltendmachung der Rechtswirkungen, nicht auf den Zeitpunkt ihrer Entstehung. Die Rechtswirkungen einer wirksamen Vaterschaftsanerkennung treten mit Rückwirkung auf den Zeitpunkt der Geburt des Kindes ein, sie können jedoch erst ab Wirksamkeit der Anerkennung geltend gemacht werden.[10] **8**

Vor Eintritt der Wirksamkeit der Anerkennung kann sich grundsätzlich niemand auf die Vaterschaft des Anerkennenden berufen. Damit ist insbesondere die Geltendmachung von auf Verwandtschaft beruhenden Unterhaltsansprüchen des Kindes vor Eintritt der Wirksamkeit gehindert. Dies kann zu Problemen führen, wenn eine nicht verheiratete Frau im Einverständnis eines Partners ein Kind im Wege künstlicher Befruchtung zeugen will. Weigert sich dieser dann – entgegen der vorherigen Absprache –, die Vaterschaft für das Kind anzuerkennen, kommt nach derzeitiger Rechtslage[11] keine rechtliche Vaterschaftszuordnung zustande. Es kann sich jedoch durch die Einwilligung des Mannes in die künstliche Befruchtung eine vertragliche – nicht auf Verwandtschaft beruhende – Unterhaltsverpflichtung für das aus der Zeugung hervorgehende Kind ergeben.[12] **8a**

II. Ausschließlichkeitsgrundsatz (Abs. 2)

Gemäß Abs. 2 BGB wird eine Anerkennung nicht wirksam, solange die Vaterschaft eines anderen Mannes besteht. Dies dient der Verwirklichung des im Abstammungsrecht geltenden Ausschließlichkeitsgrundsatzes: Eine rechtliche Vaterschaftszuordnung des Kindes kann nicht gleichzeitig zu verschiedenen Männern bestehen. Dies gilt auch, wenn die anderweitige Vaterschaftszuordnung allein auf einem – ebenfalls anwendbaren – ausländischen Abstammungsstatut beruht.[13] Deshalb bleibt eine Vaterschaftsanerkennung schwebend unwirksam, **solange noch ein anderer Mann im Rechtssinn als Vater des Kindes gilt**, sei es aufgrund einer zur Zeit der Geburt des Kindes bestehenden Ehe oder wegen einer zeitlich vorher erfolgten wirksamen Anerkennung der Vaterschaft. Wenn die Kindesmutter in gleichgeschlechtlicher Ehe verheiratet ist, begründet dies keine Elternschaft der Ehefrau, so dass dann eine Anerkennung der Vaterschaft durch den leiblichen Vater nicht ausgeschlossen ist.[14] **9**

Eine **bereits bestehende Vaterschaft** muss daher zunächst im Wege der Anfechtung der Vaterschaft beseitigt werden. Dies gilt auch dann, wenn der rechtlich als Vater geltende Mann verstorben ist. Der Tod des rechtlichen Vaters beseitigt dessen Vaterschaftszuordnung nicht. Die Vaterschaftsanerkennung durch einen Dritten erlangt aber dann Wirksamkeit, wenn die Vaterschaft des bislang rechtlich als Vater geltenden Mannes erfolgreich angefochten wurde.[15] **10**

Wenn **verschiedene Männer** die Vaterschaft anerkennen, wird diejenige Vaterschaftsanerkennung wirksam, für die zuerst die erforderlichen Zustimmungen ordnungsgemäß erklärt sind.[16] Im Falle des scheidungsakzessorischen Statuswechsels nach § 1599 Abs. 2 BGB bedarf es keiner vorherigen Beseitigung der Vaterschaft des „Noch-Ehemannes", da diese Rechtsfolge kraft Gesetzes dann eintritt, wenn das Kind nach Anhängigkeit der **11**

10 Staudinger/*Rauscher,* § 1594 BGB Rn. 9; MüKo-BGB/*Wellenhofer,* § 1594 Rn. 17; NK-BGB/*Gutzeit,* § 1594 Rn. 4
11 Dies will der Diskussionsteilentwurf des BMJV ändern, siehe § 1598c BGB-DE.
12 BGH FamRZ 2015, 2134
13 BGH FamRZ 2017, 1687
14 Vgl. KG Berlin FamRZ 2018, 1925. Diese Rechtslage würde sich bei Umsetzung der geplanten Mit-Mutterschaft mit Einführung des § 1592 Abs. 2 Nr. 1 BGB-DE ändern.
15 OLG Frankfurt FamRZ 2016, 918
16 OLG München FamRZ 2010, 743

Scheidung der Ehe geboren wurde, ein Dritter mit den nach § 1595 BGB erforderlichen Zustimmungen und mit Zustimmung des Ehemannes der Kindesmutter die Vaterschaft anerkannt hat und die Ehe geschieden wird.

12 Das Fehlen einer anderweitigen Vaterschaftszuordnung ist eine **absolute Wirksamkeitsvoraussetzung**. Anders als andere Wirksamkeitsvoraussetzungen der Vaterschaftsanerkennung, deren Fehlen nach § 1598 Abs. 2 BGB geheilt sein kann, ist ein Verstoß gegen § 1594 Abs. 2 BGB nicht heilbar.[17] Eine bereits bestehende Vaterschaftszuordnung zu einem anderen Mann geht jeder anderen Vaterschaftszuordnung – selbst wenn sie auf einer gerichtlichen Vaterschaftsfeststellung beruht[18] oder die Mutter die bestehende Ehe verschwiegen hat[19]– vor.

12a Für den ein gerichtliches Vaterschaftsfeststellungsverfahren betreibenden Mann kann diese Rechtslage misslich sein: Erkennt nämlich während des Verfahrens ein anderer Mann die Vaterschaft an, ist der Weg für eine gerichtliche Vaterschaftsfeststellung wegen des „Ein-Vater-Prinzips" versperrt. Er würde erst wiedereröffnet, wenn die Vaterschaftsanerkennung durch Anfechtung beseitigt ist. Dies allerdings kann misslingen, wenn zwischen dem die Vaterschaft anerkennenden Mann und dem Kind eine sozial-familiäre Beziehung besteht, § 1600 Abs. 2 BGB. Das **BVerfG** hat in seinem Beschluss vom 25.9.2018[20] **verlangt, das Verfahren zur Erlangung der rechtlichen Vaterstellung müsse hinreichend effektiv sein**. Deshalb dürfe dem leiblichen Vater, der ein gerichtliches Vaterschaftsfeststellungverfahren in einem Zeitpunkt eingeleitet habe, zu dem die Voraussetzungen seiner Vaterschaftsfeststellung erfüllt seien, die Erlangung der Vaterstellung grundsätzlich nicht dadurch versperrt werden, dass ein anderer Mann während des laufenden Vaterschaftsfeststellungsverfahrens die Vaterschaft anerkenne. Das gelte jedenfalls dann, wenn im Zeitpunkt der Einleitung des gerichtlichen Vaterschaftsfeststellungsverfahrens durch den leiblichen Vater noch keine sozial-familiäre Beziehung des anderen Mannes zu den Kindern bestanden und der leibliche Vater selbst bereits eine sozial-familiäre Beziehung zu seinen Kindern aufgebaut habe. Er müsse dann tatenlos zusehen, wie ihm im Laufe seines gerichtlichen Vaterschaftsfeststellungsverfahrens der Zugang zur Elternposition durch die Vaterschaftsanerkennung eines anderen Mannes endgültig versperrt werde, und sei einem unzumutbaren Wettlauf um die Zeit ausgesetzt, bei dem es von Zufällen und der gerichtlichen Entscheidungsgeschwindigkeit abhinge, ob seine Vaterschaft rechtzeitig festgestellt werde oder aber die Mutter mit ihrem neuen Partner die entscheidenden Schritte schneller ergreife und dem leiblichen Vater damit endgültig den Zugang zur Elternschaft für seine Kinder nehme. Der Gesetzgeber plant durch eine Neufassung des § 1594 Abs. 2 BGB insoweit eine „Veränderungssperre", indem nach § 1594 Abs. 2 Satz 2 des Diskussionsteilentwurfs die Anerkennung „nicht wirksam ist, solange ein gerichtliches Verfahren zur Feststellung der Vaterschaft oder Mit-Mutterschaft anhängig ist"[21]

12b Bis zu einer Reform muss die Praxis den Forderungen des BVerfG durch verfassungskonforme Auslegung des § 1600 Abs. 2 BGB Rechnung tragen: Auch wenn grundsätzlich für das Bestehen einer sozial-familiären Beziehung der Zeitpunkt der letzten mündlichen Verhandlung maßgeblich ist, kommt es **ausnahmsweise dann auf die Einleitung des Abstammungsverfahrens** an, wenn zwischen dem rechtlichen Vater und dem Kind zum Zeitpunkt der letzten mündlichen Verhandlung in der Beschwerdeinstanz zwar eine sozial-

17 OLG Frankfurt MDR 2019, 488; OLG Rostock FamRZ 2008, 2226
18 OLG München StAZ 2012, 208
19 OLG Frankfurt MDR 2019, 488
20 BVerfG ZKJ 2019, 177 = FamRZ 2019, 124; OLG Hamburg ZKJ 2019, 273
21 Diskussionsteilentwurf S. 6 sowie 26 f., abrufbar unter www.bmjv.de

familiäre Beziehung besteht, der leibliche Vater aber alles getan hat, um die rechtliche Vaterschaft zu erlangen.[22]

▶ *Siehe auch Grün, § 1600 Rn. 20 ff.*

Vor der standesamtlichen Eintragung einer Vaterschaftsanerkennung ist besonders sorgsam zu prüfen, ob für das Kind nicht bereits eine anderweitige Vaterschaftszuordnung besteht, etwa weil die Kindesmutter zum Zeitpunkt der Geburt noch verheiratet war.[23] Bestehen deshalb am Personenstand der Mutter auf Grund konkreter Umstände nicht ausräumbare Zweifel, kann die Eintragung der Anerkennung vom Standesamt abgelehnt werden.[24] Jedoch darf das Standesamt nicht ohne jeden Anhaltspunkt für eine etwaig noch bestehende Ehe der Kindesmutter einen Nachweis nicht bestehender Ehe verlangen.[25] **13**

In Fällen mit **Auslandsberührung** können schwierige Fragen des IPR auftreten, etwa dann, wenn die Ehe der Kindesmutter bei Geburt des Kindes zwar bereits geschieden war – weshalb nach deutschem Recht keine der Anerkennung entgegenstehende anderweitige Vaterschaftszuordnung besteht –, nach dem für die Ehe geltenden ausländischem Recht jedoch eine Vaterschaftszuordnung zu dem geschiedenen Ehemann weiterbesteht, weil die Empfängniszeit in die Ehezeit zurückreicht.[26] Eine pränatale Vaterschaftsanerkennung steht der nach ausländischem Recht bestehenden Vaterschaft eines geschiedenen Ehemannes im Personenstandsregister jedoch nicht entgegen, weil das pränatale Anerkenntnis so lange keine Wirkung entfaltet, wie nicht die anderweitig bestehende rechtliche Vaterschaft durch Anfechtung beseitigt ist.[27] **14**

III. Bedingungs- und Befristungsfeindlich (Abs. 3)

Die Anerkennung unter einer Bedingung oder einer Zeitbestimmung ist unwirksam (Abs. 3). So kann etwa eine Anerkennung nicht dahingehend eingeschränkt werden, sie solle erst ab einem bestimmten Alter des Kindes gelten, und auch nicht mit dem Vorbehalt versehen werden, sie solle nur wirksam werden, wenn ein noch einzuholendes Abstammungsgutachten die Vaterschaft bestätigt.[28] Unschädlich ist es, die Wirksamkeit der Anerkennung an eine kraft Gesetzes ohnehin bestehende Wirksamkeitsvoraussetzung zu knüpfen. Ein Vorbehalt, die Anerkennung solle erst wirksam werden, wenn die bisher bestehende Vaterschaft eines Dritten wirksam angefochten wird, verlautbart lediglich die gemäß § 1594 Abs. 2 BGB bestehende Rechtslage und verstößt daher nicht gegen das Bedingungsverbot des § 1594 Abs. 3 BGB.[29] **15**

IV. Zeitpunkt der Anerkennung (Abs. 4)

Die Anerkennung **kann schon vor der Geburt des Kindes erfolgen** (§ 1594 Abs. 4 BGB). Sie bezieht sich im Fall einer Mehrlingsgeburt auf alle Kinder aus der bei Anerkennung bestehenden Schwangerschaft. Die Rechtsfolgen der Anerkennung treten bei der vorgeburtlichen Anerkennung frühestens mit Vollendung der Geburt ein, dies aber nur, wenn zu diesem Zeitpunkt auch die erforderlichen Zustimmungserklärungen (vgl. § 1595 BGB) bereits vorliegen. Andernfalls treten die Rechtsfolgen der Anerkennung erst zu dem Zeitpunkt ein, zu welchem die letzte Zustimmungserklärung wirksam abgegeben wird. Wenn mehrere pränatale Anerkennungen verschiedener Männer vorliegen, entfaltet die **16**

---

22 OLG Frankfurt FamRZ 2019, 1872
23 Vgl. z.B. OLG Karlsruhe FamRZ 2014, 1561
24 OLG München FamRZ 2008, 2227
25 OLG Karlsruhe StAZ 2014, 210
26 Vgl. z.B. BGH FamRZ 2017, 1687; OLG Nürnberg FamRZ 2005, 1697; BayObLG FamRZ 2002, 686
27 OLG Düsseldorf StAZ 2019, 301
28 MüKo-BGB/*Wellenhofer*, § 1594 Rn. 38; NK-BGB/*Gutzeit*, § 1594 Rn. 12
29 MüKo-BGB/*Wellenhofer*, § 1594 Rn. 39; Erman/*Hammermann*, § 1594 BGB Rn. 10; Palandt/*Brudermüller*, § 1594 BGB Rn. 7; vgl. zum alten Recht BGH FamRZ 1987, 375

Anerkennung die Sperrwirkung nach § 1594 Abs. 2 BGB, bei der zuerst die erforderlichen Zustimmungen erfolgten.[30] Heiratet jedoch die Kindesmutter vor Geburt des Kindes, wird eine pränatale Vaterschaftsanerkennung nicht wirksam, weil dann mit der Geburt gemäß § 1592 Nr. 1 BGB die Vaterschaftszuordnung zum Ehemann eintritt.[31] Eine analoge Anwendung des § 1594 Abs. 4 BGB auf pränatale Vaterschaftsfeststellungsverfahren ist ausgeschlossen.[32]

17 Erforderlich ist aber, dass das Kind lebend geboren wird. Eine Lebendgeburt liegt vor, wenn nach der Scheidung vom Mutterleib entweder das Herz geschlagen oder die Nabelschnur pulsiert oder die natürliche Lungenatmung eingesetzt haben (§ 31 Abs. 1 PStV). Die Eintragung eines tot geborenen Kindes nach § 21 Abs. 2 PStG begründet kein Statusverhältnis i.S.d. Abstammungsrechts.

18 Umstritten ist, ob auch eine Anerkennung **vor Zeugung des Kindes** – sog. präkonzeptionelle Anerkennung – zulässig ist. Ein Bedürfnis hierfür wird vor allem bei einer bevorstehenden heterologen Insemination gesehen. Hier sollte es zulässig sein, schon vor Durchführung der Insemination die für eine wirksame Anerkennung der Vaterschaft des aus diesem Vorgang hervorgehenden Kindes bzw. der Kinder erforderlichen Erklärungen abzugeben, damit ein aus einer mit Zustimmung aller Beteiligten aus einer künstlichen Befruchtung hervorgegangenes Kind nicht vaterlos wird.[33] De lege ferenda sollte daher in solchen Fällen die präkonzeptionelle Anerkennung ermöglicht werden.[34] Der Diskussionsentwurf des BMJV zur Änderung des Abstammungsrechts sieht eine entsprechende Rechtsänderung gleichwohl nicht vor.[35] Die Klarstellung hinsichtlich des Zeitpunktes, ab dem eine vorgeburtliche Anerkennung möglich sein solle, erscheine gerade mit Blick auf die (ärztlich unterstützte) künstliche Befruchtung sinnvoll und entspreche der h. M. in Literatur und Rechtsprechung. Nach derzeitiger Rechtslage ist jedoch eine Anerkennung ohne Bezug auf eine bereits bestehende Schwangerschaft nicht zulässig, zumal sich gar nicht klären ließe, ob eine dann entstehende Schwangerschaft auf der artifiziellen Zeugung beruht.[36]

C. Tod eines Elternteils oder des Kindes vor Eintritt der Wirksamkeit der Anerkennung

19 Die Erklärung der Anerkennung ist **nach dem Tod des Mannes** wegen der Höchstpersönlichkeit der Anerkenntniserklärung **nicht mehr möglich**. Ist ein vor seinem Tod erklärtes Vaterschaftsanerkenntnis zu Lebzeiten des Anerkennenden nicht mehr wirksam geworden, weil eine erforderliche Zustimmungserklärung noch fehlte, kann sie durch eine erst **nach dem Tod des Mannes erklärte Zustimmung** noch wirksam werden.

20 Nach überwiegender Ansicht kann eine Anerkennung der Vaterschaft auch noch **nach dem Tod des Kindes** erfolgen, sofern das Kind lebend geboren wurde, da seit der Kindschaftsrechtsreform eine Zustimmung des Kindes zur Vaterschaftsanerkennung in der Regel nicht mehr erforderlich ist.[37]

---

30 OLG München FamRZ 2010, 743; Palandt/*Brudermüller,* § 1594 BGB Rn. 8
31 BGH FamRZ 2016, 1869; Palandt/*Brudermüller,* § 1594 Rn. 8
32 BGH ZKJ 2017, 69
33 Erman/*Hammermann,* § 1594 BGB Rn. 14; Palandt/*Brudermüller,* § 1594 BGB Rn. 8
34 MüKo-BGB/*Wellenhofer,* § 1594 Rn. 41; *Zypries/Zeeb*, ZRP 2014, 54
35 § 1595 Abs. 4 Hs. 2 BGB-DE, dazu S. 27; eingehend gegen eine präkonzeptionelle Anerkennung: Staudinger/*Rauscher* (2011), § 1594 BGB Rn. 50 m.w.N. für beide Auffassungen
36 Staudinger/*Rauscher,* § 1594 BGB Rn. 50 mit überzeugender Begründung
37 BayObLG NJW-RR 2000, 1062; FamRZ 2001, 1543; *Knittel*, Rn. 256; Palandt/*Brudermüller,* § 1594 BGB Rn. 8; Erman/*Hammermann*, § 1594 BGB Rn. 15; a.A. Staudinger/*Rauscher,* § 1592 BGB Rn. 56, und § 1595 BGB Rn. 35

21 Umstritten ist, ob eine Anerkennung der Vaterschaft noch **nach dem Tod der Mutter** erfolgen kann. Dies wird teilweise wegen des Zustimmungserfordernisses der Mutter, die nach deren Tod nicht mehr erfolgen kann, verneint.[38] Nach überwiegender Ansicht entfällt hingegen das Zustimmungsbedürfnis der Mutter, wenn diese bereits verstorben ist.[39] Erforderlich ist dann aber die Zustimmung des Kindes, weshalb eine Anerkennung der Vaterschaft nicht mehr in Betracht kommt, wenn sowohl die Mutter als auch das Kind bereits verstorben sind.

D. Reformvorhaben

22 Der Gesetzgeber plant, künftig die Anfechtung der Vaterschaftsanerkennung durch den Anerkennenden auszuschließen, wenn dieser bei Abgabe des Anerkenntnisses gewusst hat, dass er nicht der Vater ist, § 1600c Abs. 1 BGB-DE.[40] Ebenso soll auch die Frau, welche die Mit-Mutterschaft anerkannt hat, diese Anerkennung nicht anfechten können, § 1600c Abs. 2 BGB-DE. Auch die Anfechtung durch die Mutter, die bewusst einer falschen Anerkennungserklärung zugestimmt hat, soll ausgeschlossen sein, § 1600c Abs. 3 BGB-DE. Der Gesetzgeber greift hier Anregungen des Arbeitskreises Abstammungsrecht in dessen Abschlussbericht[41] auf. Wer die rechtliche Elternschaft in Kenntnis des Umstands, nicht als Vater oder Mit-Mutter gerichtlich festgestellt werden zu können, anerkannt habe, müsse sich angesichts der bei Anerkennung erfolgenden Belehrungen hieran auch dauerhaft festhalten lassen.[42]

23 § 1594 Abs. 4 Satz 2 BGB-DE stellt zudem klar, dass eine Vaterschaftsanerkennung vor Zeugung des Kindes trotz gegenteiliger Forderungen in der Literatur weiterhin unzulässig ist.

24 Zudem sieht der Entwurf eine „Veränderungssperre" in § 1594 Abs. 2 Satz 2 BGB-DE vor: Eine Anerkennung soll nicht wirksam sein, solange ein gerichtliches Verfahren zur Feststellung der Vaterschaft bzw. Mit-Mutterschaft anhängig ist. Dies geht auf die Entscheidung des BVerfG vom 25.9.2018[43] zurück, in welcher dieses ein „effektives Anerkennungsverfahren" vom Gesetzgeber gefordert und es als verfassungswidrig angesehen hat, wenn einem Mann, der ein gerichtliches Vaterschaftsfeststellungsverfahren zu einem Zeitpunkt eingeleitet hat, zu dem die Voraussetzungen seiner Vaterschaftsfeststellung vorliegen, die Erlangung der Vaterstellung dadurch versperrt wird, dass ein anderer Mann während des laufenden Vaterschaftsfeststellungsverfahrens die Vaterschaft anerkennt (siehe ergänzend § 1600 Rn. 20 f.).

Checkliste Vaterschaftsanerkennung

I. Anerkennungserklärung des Mannes

1. Erklärungsperson

a) Grundsatz: höchstpersönlich

- Die Erklärung darf nicht durch einen Bevollmächtigten erfolgen (§ 1596 Abs. 4 BGB).

38 So noch Palandt/*Brudermüller,* § 1595 BGB Rn. 3 bis zur 76. Aufl.; LG Koblenz StAZ 2003, 303
39 KG Berlin StAZ 2017, 305; MüKo-BGB/*Wellenhofer,* § 1595 Rn. 14; Erman/*Hammermann,* § 1595 BGB Rn. 8; Staudinger/*Rauscher,* § 1595 BGB Rn. 15; NK-BGB/*Gutzeit,* § 1595 Rn. 5; *Gernhuber/Coester-Waltjen,* § 52 Rn. 52; *Knittel,* Rn. 339; *Helms* in: Helms/Kieninger/Rittner, Rn. 28
40 www.bmjv.de, siehe dort S. 50 f.
41 Arbeitskreis Abstammungsrecht, Abschlussbericht (siehe § 1591 BGB Fn. 68), Thesen 25 und 52
42 Diskussionsteilentwurf, S. 50
43 ZKJ 2019, 177

- Auch ein beschränkt geschäftsfähiger Minderjähriger kann nur selbst anerkennen, bedarf jedoch der Zustimmung des gesetzlichen Vertreters (§ 1596 Abs. 1 Satz 2 BGB)

b) Ausnahme: Geschäftsunfähigkeit des Anerkennenden

- Erklärung durch den gesetzlichen Vertreter, die bei Minderjährigkeit des Vertretenen der Genehmigung des Familiengerichts und bei Volljährigkeit des Vertretenen der Genehmigung des Betreuungsgerichts bedarf (§ 1596 Abs. 1 Satz 3 BGB)

2. Erklärungsinhalt

- Anerkennung der Vaterschaft zu dem in der Erklärung konkret zu bezeichnenden Kind unter Angabe der vollständigen Personalien der Kindesmutter und – wenn das Kind bereits geboren ist – unter Angabe von Geburtsdatum, Geburtsort und (wenn bekannt) der Geburtseintrags-Nr. des Standesamtes
- ohne Bedingung und Befristung (§ 1594 Abs. 3 BGB)

3. Form: öffentliche Beurkundung (§ 1597 Abs. 1 BGB)

II. Zustimmungserklärung der Mutter

1. Erklärungsperson

a) Grundsatz: höchstpersönlich

- Die Erklärung darf nicht durch einen Bevollmächtigten erfolgen (§ 1596 Abs. 4 BGB).
- Auch eine beschränkt geschäftsfähige minderjährige Mutter kann nur selbst anerkennen, bedarf jedoch der Zustimmung des gesetzlichen Vertreters (§ 1596 Abs. 1 Satz 2 u. 4 BGB)

b) Ausnahme: Geschäftsunfähigkeit der Mutter

- Erklärung durch den gesetzlichen Vertreter, die bei Minderjährigkeit der Vertretenen der Genehmigung des Familiengerichts und bei Volljährigkeit der Vertretenen der Genehmigung des Betreuungsgerichts bedarf (§ 1596 Abs. 1 Satz 3 u. 4 BGB)

2. Erklärungsinhalt

- Zustimmung zu der konkreten Anerkennungserklärung des Mannes, mit Angabe der vollständigen Personalien des Mannes und des Kindes
- ohne Bedingung und Befristung (§§ 1595 Abs. 3, 1594 Abs. 3 BGB)

3. Form: öffentliche Beurkundung (§ 1597 Abs. 1 BGB)

III. Ausnahmsweise ist zusätzlich Zustimmung des Kindes erforderlich, wenn das Kind nicht unter der elterlichen Sorge der Mutter steht

1. Erklärungsperson

- Ein beschränkt geschäftsfähiges mindestens 14 Jahre altes Kind kann nur selbst zustimmen, bedarf jedoch der Zustimmung des gesetzlichen Vertreters (§ 1596 Abs. 2 Satz 2 BGB).

- Für ein geschäftsunfähiges und/oder noch nicht 14 Jahre altes Kind kann die Zustimmungserklärung nur durch den gesetzlichen Vertreter erfolgen (§ 1596 Abs. 2 Satz 1 BGB)

2. Erklärungsinhalt

- Zustimmung zu der konkreten Anerkennungserklärung des Mannes, mit Angabe der vollständigen Personalien des Mannes und der Kindesmutter
- ohne Bedingung und Befristung (§§ 1595 Abs. 3, 1594 Abs. 3 BGB)

3. Form: öffentliche Beurkundung (§ 1597 Abs. 1 BGB)

IV. Bei Anerkennung mit scheidungsakzessorischem Statuswechsel (§ 1599 Abs. 2 BGB) ist zusätzlich erforderlich

1. Kind muss nach Anhängigkeit der Scheidung, aber vor deren Rechtskraft geboren sein

2. Zustimmung des zur Zeit der Geburt des Kindes mit der Mutter verheiratet gewesenen Ehemannes

a. Erklärungsperson

aa. Grundsatz: höchstpersönlich

- Die Erklärung darf nicht durch Bevollmächtigten erfolgen (§§ 1599 Abs. 2, 1596 Abs. 4 BGB).
- Auch der beschränkt geschäftsfähige frühere Ehemann muss selbst zustimmen, bedarf aber der Zustimmung des gesetzlichen Vertreters (§§ 1599 Abs. 2, 1596 Abs. 1 Satz 1 und 2)

bb. Ausnahme: Geschäftsunfähigkeit des Ehemannes

- Die Zustimmung des geschäftsunfähigen Ehemannes kann nur dessen gesetzlicher Vertreter erklären, der hierzu bei Minderjährigkeit des Vertretenen der Genehmigung des Familiengerichts und bei Volljährigkeit des Vertretenen der Genehmigung des Betreuungsgerichts bedarf (§§ 1599 Abs. 2, 1596 Abs. 1 Satz 3 BGB).

b. Erklärungsinhalt:

- Zustimmung zu der konkreten Anerkennungserklärung des Mannes
- ohne Bedingung und Befristung (§§ 1595 Abs. 3, 1594 Abs. 3 BGB)

c. Form: öffentliche Beurkundung (§§ 1599 Abs. 2, 1597 Abs. 1 BGB)

3. Jahresfrist des § 1599 Abs. 2 BGB beachten

4. Der Statuswechsel tritt erst bei Rechtskraft der Scheidung ein

V. Widerrufsmöglichkeit der Erklärung beachten (§ 1597 Abs. 3 BGB)

VI. Die Erklärungen sind in begl. Abschrift allen Beteiligten und dem Standesamt zu übersenden (§ 1597 Abs. 2 BGB).

VII. Wirksamkeitsmängel der Anerkennung können nach § 1598 Abs. 2 BGB geheilt sein.

§ 1595 BGB Zustimmungsbedürftigkeit der Anerkennung

(1) Die Anerkennung bedarf der Zustimmung der Mutter.

(2) Die Anerkennung bedarf auch der Zustimmung des Kindes, wenn der Mutter insoweit die elterliche Sorge nicht zusteht.

(3) Für die Zustimmung gilt § 1594 Abs. 3 und 4 entsprechend.

Übersicht

	Rn.
A. Allgemeines	1
I. Normzweck	1
II. Normgeschichte	2
B. Inhalt der Norm	4
I. Zustimmung der Mutter (Abs. 1)	4
II. Zustimmung des Kindes (Abs. 2)	10
III. Zustimmungserklärung (Abs. 3)	12
C. Zustimmungserfordernisse nach dem Heimatrecht des Kindes	15
D. Reformüberlegungen	16

A. Allgemeines

I. Normzweck

1 Das Zustimmungserfordernis verfolgt den Zweck, aufgedrängte Anerkennungen zu vermeiden. Im Interesse der Abstammungswahrheit bedarf die Anerkennung der Vaterschaft einer Kontrolle durch andere Beteiligte. Die Zustimmungsberechtigten sollen die biologische Richtigkeit der Anerkennung prüfen und bei Zweifeln an der Richtigkeit die Zustimmung verweigern können,[1] mit der Folge, dass dann eine Vaterschaftszuordnung nur im Wege eines Verfahrens auf Feststellung der Vaterschaft (§ 1600d BGB) herbeigeführt werden kann, was regelmäßig zu einer gerichtlichen Klärung der genetischen Vaterschaft des als Vater festzustellenden Mannes führt.

II. Normgeschichte

2 Das Zustimmungserfordernis der Mutter ist durch das KindRG mit Wirkung zum 1.7.1998 eingeführt worden. Bis dahin verlangte das Gesetz generell die Zustimmung des Kindes (§ 1600c Abs. 1 BGB a.F.), wobei das Kind hinsichtlich dieser Erklärung jedoch nach § 1630 Abs. 1 BGB a.F. nicht von der Mutter vertreten werden konnte, wenn das Kind unter gesetzlicher Amtspflegschaft stand (§§ 1706 bis 1710 BGB a.F.). Die Amtspflegschaft beinhaltete insbesondere die Vertretung des Kindes in Angelegenheiten zur Feststellung oder Herbeiführung eines Eltern-Kind-Verhältnisses – mithin auch bei der Anerkennung der Vaterschaft (§ 1706 Nr. 1 BGB a.F.).[2] Insoweit wurde das Kind von einem Amtspfleger vertreten, der dann als gesetzlicher Vertreter des Kindes über die Zustimmung zur Vaterschaftsanerkennung entschied.

3 Die Regelungen über die gesetzliche Amtspflegschaft wurden mit dem Beistandschaftsgesetz vom 25.9.1997 mit Wirkung ab 1.7.1998 aufgehoben. Die gesetzliche Amtspflegschaft wurde durch eine freiwillige Beistandschaft ersetzt (§§ 1712 ff. BGB).[3] Dadurch wurde die im BGB bis dahin angelegte sorgerechtliche Diskriminierung der Mutter eines nichtehelichen Kindes,[4] die auch nach dem NEhelG von 1969 hinsichtlich der der Amtspflegschaft unterfallenden Angelegenheiten weiterhin bestand, beseitigt. Da als Folge

1 *Rauscher*, FPR 2002, 359, 364; Staudinger/*Rauscher*, § 1595 BGB Rn. 3
2 Diese Regelungen galten jedoch nach der Wiedervereinigung nur in den alten Bundesländern, da die Amtspflegschaft gemäß Art. 230 Abs. 1 EGBGB nicht in das Recht des Beitrittsgebietes übernommen worden war.
3 Vgl. *Grün*, Das neue Kindschafts- und Unterhaltsrecht in der anwaltlichen Praxis, 1998, Rn. 108 ff.
4 Vgl. *Hinz*, Mutter- und Vaterbilder im Familienrecht des BGB 1900 bis 2010, Diss. 2014, S. 47 ff.

hiervon das minderjährige Kind hinsichtlich der Zustimmung zur Vaterschaftsanerkennung ohnehin von der Mutter vertreten würde, hat der Gesetzgeber die Anerkennung der Vaterschaft von der Zustimmung der Mutter (§ 1595 Abs. 1 BGB) und nur noch dann von der zusätzlichen Zustimmung des Kindes abhängig gemacht, wenn das Kind nicht unter der elterlichen Sorge der Mutter steht (§ 1595 Abs. 2 BGB).

B. Inhalt der Norm

I. Zustimmung der Mutter (Abs. 1)

Die Zustimmung der Mutter ist immer erforderlich – auch dann, wenn das Kind nicht (mehr) unter der elterlichen Sorge der Mutter steht. Bei der Entscheidung über die Erteilung der Zustimmung zur Vaterschaftsanerkennung nach § 1595 Abs. 1 BGB handelt die Mutter **aus eigenem Recht** und nicht als gesetzliche Vertreterin des Kindes. Deshalb kann weder eine von der Mutter verweigerte Zustimmung gerichtlich ersetzt noch eine von der Mutter rechtsmissbräuchlich erteilte Zustimmung gerichtlich verhindert werden.[5] 4

Die **Verweigerung der Zustimmung** kann nicht zur Entziehung ihrer Vertretungsbefugnis nach § 1796 BGB führen. Dies ist durch § 1629 Abs. 2 Satz 3 HS 2 BGB ausgeschlossen. Zwar wird von Teilen der Kommentarliteratur vertreten, diese Regelung beschränke sich auf die Vertretungsbefugnis in einem Verfahren auf Feststellung der Vaterschaft und hindere nicht die Entziehung der Vertretungsbefugnis des Kindes hinsichtlich der Anerkennung der Vaterschaft.[6] Dies verkennt jedoch den gesetzgeberischen Zweck des § 1629 Abs. 2 Satz 3 HS 2 BGB. Die Rechtsstellung der Mutter sollte bei der Herbeiführung der Vaterschaft nicht durch staatliche Intervention beschränkt werden können. Die Mutter kann gute Gründe haben, die Vaterschaft nicht herbeiführen zu wollen – etwa weil die Zeugung des Kindes durch Inzest oder eine Vergewaltigung erfolgte.[7] Durch den Ausschluss der Entziehung der Vertretungsbefugnis soll sie davor bewahrt werden, dass durch Entziehung der Vertretungsbefugnis ein gerichtlich bestellter Vormund gegen ihren Willen eine Herbeiführung der Vaterschaft betreibt. Diese Erwägungen gelten nicht nur für die Feststellung der Vaterschaft nach § 1600d BGB, sondern auch für die Zustimmung zur Anerkennung der Vaterschaft. 5

Im Übrigen würde eine solche Maßnahme nicht dazu führen, dass das Zustimmungserfordernis der Mutter entfiele, da die Rechtsposition der Mutter aus eigenem Recht folgt und nicht aus der gesetzlichen Vertretung des Kindes.[8] Selbst bei Entziehung der elterlichen Sorge oder der Vertretungsbefugnis kann die Mutter daher durch Verweigerung der Zustimmung eine wirksame Vaterschaftsanerkennung verhindern. Eine Ersetzung der Zustimmung der Kindesmutter kommt nicht in Betracht.[9] 6

Sorgerechtliche Maßnahmen könnten allenfalls dazu führen, dass die Mutter nicht durch Zustimmung zur Vaterschaftsanerkennung im Zusammenwirken mit dem Anerkennenden eine wissentlich falsche mit der genetischen Abstammung nicht übereinstimmende Vaterschaftszuordnung herbeiführt. Aber auch insoweit ist eine Entziehung der Vertretungsbefugnis nach § 1796 BGB abzulehnen. Es kann durchaus das Kindeswohl im Blick habende Gründe für eine solche Zustimmung zur Vaterschaft geben. Das BVerfG hat zudem klargestellt, dass auch eine rechtliche Vaterschaft, die durch eine bewusst unrichtige Vaterschaftsanerkennung herbeigeführt wurde, durch Art. 6 GG geschützt ist.[10] Solange nicht 7

5 MüKo-BGB/*Wellenhofer*, § 1595 Rn. 10
6 MüKo-BGB/*Wellenhofer*, § 1595 Rn. 13; Erman/*Hammermann*, § 1595 BGB Rn. 11
7 BT-Drucks. 13/892, 34
8 MüKo-BGB/*Wellenhofer*, § 1595 Rn. 2
9 MüKo-BGB/*Wellenhofer*, § 1595 Rn. 8
10 BVerfG ZKJ 2014, 151

die Gefährdungsschwelle des § 1666 BGB erreicht ist, entzieht sich die Vertretung des Kindes bei der Herbeiführung der Vaterschaftszuordnung daher der staatlichen Intervention.

8 Nicht ausgeschlossen sind sorgerechtliche **Maßnahmen nach § 1666 BGB**. Dass durch die Verweigerung der Zustimmung die Anforderungen dieser Vorschrift an die Gefährdung des Kindeswohls erreicht sind, ist jedoch nicht vorstellbar, zumal zur Herbeiführung der Vaterschaftszuordnung ein Eingriff in das Sorgerecht nicht erforderlich ist, da der zur Anerkennung der Vaterschaft bereite Mann seine Vaterschaftszuordnung durch ein Vaterschaftsfeststellungsverfahren erreichen kann. Denkbar ist allenfalls, dass zur Verhinderung einer wissentlich falschen Vaterschaftszuordnung der Kindesmutter insoweit die elterliche Sorge nach § 1666 BGB entzogen wird, was jedoch voraussetzen würde, dass hierdurch das Kindeswohl in einer die Schwelle des § 1666 BGB übersteigenden Weise gefährdet wird. Ein solcher Sorgerechtsentzug hätte zur Folge, dass es zur Wirksamkeit der Anerkennung zusätzlich der Zustimmung des Kindes bedarf (Abs. 2). Jedoch werden insoweit sorgerechtliche Maßnahmen regelmäßig zu spät kommen, da die Vaterschaftsanerkennung mit Erteilung der Zustimmung der Mutter wirksam wird und eine nachträgliche Entziehung der elterlichen Sorge an dieser Wirksamkeit nichts mehr zu ändern vermag.

9 Nach überwiegender Ansicht entfällt das Erfordernis der Zustimmung der Mutter, wenn diese bereits verstorben ist.[11] Nach a.A. ist dann für eine Anerkennung der Vaterschaft kein Raum mehr und es bedarf der gerichtlichen Feststellung der Vaterschaft (näher hierzu *Grün,* § 1594 BGB Rn. 21).

II. Zustimmung des Kindes (Abs. 2)

10 Die gemäß § 1595 Abs. 2 BGB ausnahmsweise erforderliche Zustimmung des Kindes tritt nicht an Stelle der Zustimmung der Mutter, sondern muss **zusätzlich** zu der Zustimmung der Mutter erfolgen.

11 Sie ist immer dann erforderlich, wenn das Kind nicht unter der elterlichen Sorge der Mutter steht.[12] Dies gilt zum einen, wenn das Kind bereits volljährig ist. Zum anderen gilt dies bei minderjährigen Kindern dann, wenn die Mutter das Kind nicht vertreten kann – sei es, weil ihr die elterliche Sorge entzogen ist (§ 1666 BGB) oder sie kraft Gesetzes an der Vertretung des Kindes gehindert ist (§ 1629 Abs. 2 Satz 1 i.V.m. § 1795 BGB). Nach teilweise vertretener Ansicht soll letzteres dann der Fall sein, wenn die Kindesmutter mit dem Anerkennenden verheiratet ist. Dann soll sie in analoger Anwendung des § 1795 Nr. 1 BGB an der Vertretung des Kindes kraft Gesetzes gehindert sein.[13] Dem ist nicht zu folgen. Die Anerkennung der Vaterschaft ist kein Rechtsgeschäft zwischen dem Kind und dem Vater. Im Übrigen besteht zum Zeitpunkt der Entscheidung über die Zustimmung noch keine rechtliche Vaterschaft des Anerkennenden, sondern diese wird erst durch den Vollzug der Entscheidung – nämlich die Beurkundung der Zustimmung – herbeigeführt. Bei dieser Sachlage ist eine die Analogie gebietende planwidrige Gesetzeslücke nicht erkennbar; im Übrigen bedarf es auch nach dem Schutzzweck des § 1795 Nr. 1 BGB keiner analogen Anwendung auf die Vaterschaftsanerkennung, zumal der für Eingriffe in die elterliche Sorge geltende Gesetzesvorbehalt einem solchen weiten Analogieschluss zum Zwecke der Ausdehnung des gesetzlichen Sorgerechtsausschlusses entgegensteht. Dass die Mutter mit dem Anerkennenden verheiratet ist, löst daher kein Zustimmungserfordernis des Kindes aus.[14]

---

11 KG StAZ 2017, 305 m.w.N. auch für Gegenmeinung

12 Vgl. hierzu *Frank*, StAZ 2013, 133

13 Erman/*Hammermann,* § 1595 BGB Rn. 10; NK-*Gutzeit*, § 1595 Rn. 6

14 MüKo-BGB/*Wellenhofer,* § 1595 Rn. 12; Palandt/*Brudermüller,* § 1595 BGB Rn. 3; *Gernhuber/Coester-Waltjen*, § 52 Rn. 51; *Helms* in: Helms/Kieninger/Rittner, Rn. 34; *Grün*, Vaterschaftsfeststellung, Rn. 57

III. Zustimmungserklärung (Abs. 3)

Auf Grund der Verweisung in Abs. 3 auf § 1594 Abs. 3 und Abs. 4 BGB gilt auch für die Zustimmungserklärung, dass die Zustimmung bereits vor der Geburt des Kindes erfolgen kann und dass eine Zustimmung unter einer Bedingung oder einer Zeitbestimmung unwirksam ist. **12**

Die Zustimmungserklärung ist eine Willenserklärung. Sie muss sich auf eine konkrete Vaterschaftsanerkennung beziehen und hat zum Inhalt, dass der Erklärende dieser Vaterschaftsanerkennung zustimmt. Sie bedarf der öffentlichen Beurkundung (§ 1597 Abs. 1 BGB). Bei ausländerrechtlichen Wirkungen der Vaterschaftsanerkennung ist auch bei der Beurkundung der Zustimmungserklärung § 1597a BGB zu beachten. **13**

Auch die Zustimmungserklärung gehört grundsätzlich zu den vertretungsfeindlichen Erklärungen und muss daher höchstpersönlich erfolgen (§ 1596 Abs. 4 BGB). Gemäß § 1596 Abs. 1 Satz 1 und 3 BGB kann eine minderjährige beschränkt geschäftsfähige Mutter nur selbst zustimmen. Für die Zustimmungserklärung des Kindes gilt § 1596 Abs. 2 BGB. Danach kann ein mindestens 14 Jahre altes Kind selbst zustimmen, sofern es nicht geschäftsunfähig ist, bedarf hierzu aber der Genehmigung des gesetzlichen Vertreters. Für ein geschäftsunfähiges Kind bzw. für das noch nicht 14 Jahre alte Kind kann nur der gesetzliche Vertreter der Anerkennung zustimmen (§ 1596 Abs. 2 Satz 1 BGB). Ein geschäftsfähiger Betreuter kann nur selbst zustimmen (§ 1596 Abs. 3 BGB). Jedoch ist ein eventuell nach § 1903 BGB angeordneter Einwilligungsvorbehalt zu beachten. Für eine geschäftsunfähige Mutter kann nur deren gesetzlicher Vertreter zustimmen. Ist dies ein Betreuer, bedarf es der Genehmigung des Betreuungsgerichts (§ 1596 Abs. 1 Satz 4 BGB). **14**

C. Zustimmungserfordernisse nach dem Heimatrecht des Kindes

Gemäß Art. 23 EGBGB richtet sich die Erforderlichkeit und die Erteilung der Zustimmung des Kindes zu einer Abstammungserklärung zusätzlich nach dem Recht des Staates, dem das Kind angehört. Maßgebend ist das Recht des Staates, dem das Kind vor der Statusänderung angehört, nicht das Recht des Staates, dem das Kind aufgrund der Statusänderung angehören wird.[15] Hat das Kind zu diesem Zeitpunkt noch keine Staatsangehörigkeit, ist anstelle der Staatsangehörigkeit das Recht des Staates des gewöhnlichen, hilfsweise des einfachen Aufenthalts maßgeblich.[16] **15**

D. Reformüberlegungen

Der Diskussionsteilentwurf[17] sieht eine Neuordnung der Zustimmungserfordernisse in § 1596 BGB-DE[18] vor. § 1595 BGB-DE wird nur noch Regelungen zur Anerkennung bei beschränkter Geschäftsfähigkeit und Geschäftsunfähigkeit enthalten. Die Zustimmungserfordernisse sollen in § 1596 BGB-DE geregelt werden. Die Zustimmung zur Anerkennung soll weiterhin seitens der Geburtsmutter erforderlich sein. Aufseiten des Kindes soll in unveränderter Rechtslage seine Zustimmung erforderlich sein, wenn es bereits volljährig ist oder der Mutter die elterliche Sorge nicht zusteht. Allerdings sieht der Entwurf vor, dass ein **mindestens 14 Jahre altes Kind** künftig stets der Anerkennung selbst zustimmen muss. Es vertrage sich nicht mit dem Selbstbestimmungsrecht des Kindes, dass die Zustimmung des Kindes für die Frage der Wirksamkeit der Vaterschaftsanerkennung auch bei älteren Kindern unerheblich sein soll, zumal die Frage der Anerkennung über den zweiten **16**

15 MüKo-BGB/*Helms,* Art. 23 EGBGB Rn. 3; Staudinger/*Henrich*, Art. 23 EGBGB Rn. 5
16 Staudinger/*Henrich*, Art. 23 EGBGB Rn. 5
17 Abrufbar unter www.bmjv.de
18 Diskussionsteilentwurf S. 28 ff.

Elternteil entscheide und damit über eine Rechtsbeziehung, die für das Kind von maßgeblicher Bedeutung ist.[19]

§ 1596 BGB Anerkennung und Zustimmung bei fehlender oder beschränkter Geschäftsfähigkeit

(1) [1]Wer in der Geschäftsfähigkeit beschränkt ist, kann nur selbst anerkennen. [2]Die Zustimmung des gesetzlichen Vertreters ist erforderlich. [3]Für einen Geschäftsunfähigen kann der gesetzliche Vertreter mit Genehmigung des Familiengerichts anerkennen; ist der gesetzliche Vertreter ein Betreuer, ist die Genehmigung des Betreuungsgerichts erforderlich. [4]Für die Zustimmung der Mutter gelten die Sätze 1 bis 3 entsprechend.

(2) [1]Für ein Kind, das geschäftsunfähig oder noch nicht 14 Jahre alt ist, kann nur der gesetzliche Vertreter der Anerkennung zustimmen. [2]Im Übrigen kann ein Kind, das in der Geschäftsfähigkeit beschränkt ist, nur selbst zustimmen; es bedarf hierzu der Zustimmung des gesetzlichen Vertreters.

(3) Ein geschäftsfähiger Betreuter kann nur selbst anerkennen oder zustimmen; § 1903 bleibt unberührt.

(4) Anerkennung und Zustimmung können nicht durch einen Bevollmächtigten erklärt werden.

Übersicht

	Rn.
A. Allgemeines	1
B. Inhalt der Norm	2
I. Keine oder beschränkte Geschäftsfähigkeit des Anerkennenden oder der Mutter (Abs. 1)	2
1. Beschränkte Geschäftsfähigkeit des Anerkennenden oder der Mutter (Abs. 1)	2
2. Geschäftsunfähigkeit des Anerkennenden oder der Mutter	4
II. Keine oder beschränkte Geschäftsfähigkeit des Kindes (Abs. 2)	6
III. Unter Betreuung stehende Personen (Abs. 3)	7
IV. Höchstpersönlichkeit der Erklärung (Abs. 4)	9
C. Reformvorhaben	10

A. Allgemeines

1 Die Regelung gilt sowohl für die Erklärung der Anerkennung der Vaterschaft als auch für die Erklärung über die Zustimmung zur Vaterschaftsanerkennung. Sie hat nicht nur Bedeutung für die Zustimmung der Mutter und – erforderlichenfalls (§ 1595 Abs. 2 BGB) – des Kindes, sondern auch für die Zustimmung des Ehemannes der Mutter beim scheidungsakzessorischen Statuswechsel nach § 1599 Abs. 2 BGB, denn auch für diese Zustimmung verweist § 1599 Abs. 2 Satz 2 BGB auf § 1596 Abs. 1 Satz 1 bis 3 BGB.

B. Inhalt der Norm

I. Keine oder beschränkte Geschäftsfähigkeit des Anerkennenden oder der Mutter (Abs. 1)

1. Beschränkte Geschäftsfähigkeit des Anerkennenden oder der Mutter (Abs. 1)

2 Das Gesetz kennt eine **beschränkte Geschäftsfähigkeit** nur bei Minderjährigen (§ 106 BGB). Die Regelungen des Abs. 1 Satz 1 und 2 gelten daher nur für den minderjährigen Anerkennenden und gemäß Abs. 1 Satz 4 für die minderjährige Mutter. Diese können die

19 Diskussionsteilentwurf S. 29

Anerkennung bzw. die Zustimmung nur selbst erklären, bedürfen hierzu jedoch der Zustimmung des gesetzlichen Vertreters.[1]

Die gemäß Abs. 1 Satz 2 erforderliche Zustimmung des gesetzlichen Vertreters kann sowohl vor als auch zeitlich nach der Anerkennungs- bzw. Zustimmungserklärung des beschränkt geschäftsfähigen Anerkennenden bzw. der beschränkt geschäftsfähigen Mutter erfolgen.[2] Sie ist eine nicht anfechtbare[3] Willenserklärung, die nicht empfangsbedürftig ist, jedoch wie die Anerkennung und die Zustimmung selbst nach § 1597 Abs. 1 BGB der öffentlichen Beurkundung bedarf. 3

2. Geschäftsunfähigkeit des Anerkennenden oder der Mutter

Sind der Anerkennende oder die Mutter **geschäftsunfähig**, so kann bei Minderjährigen nur der gesetzliche Vertreter und bei Volljährigen nur der Betreuer anerkennen bzw. die Zustimmung erklären. Diese Erklärung bedarf bei Minderjährigen der Genehmigung des Familiengerichts und bei Volljährigen der Genehmigung des Betreuungsgerichts. 4

Anders als die Zustimmung des gesetzlichen Vertreters bei beschränkt Geschäftsfähigen muss nach überwiegender Ansicht wegen § 1831 BGB, der gemäß § 1908i Abs. 1 BGB auch bei Betreuung entsprechend anwendbar ist, die gerichtliche Genehmigung der Erklärung vorausgehen.[4] Funktionell zuständig für die Entscheidung über die Erteilung der Genehmigung ist der Rechtspfleger. Dieser wird vor seiner Entscheidung im Rahmen seiner Amtsermittlung klären müssen, ob die Genehmigungsvoraussetzungen vorliegen, insbesondere ob begründete oder schwerwiegende Zweifel an der Vaterschaft bestehen, denn bei solchen Zweifeln kann die Genehmigung zu versagen[5] und die Vaterschaftszuordnung der gerichtlichen Vaterschaftsfeststellung (§ 1600d BGB) vorzubehalten sein. Das Gericht hat dabei jedoch einen Ermessensspielraum, da es auch gewichtige Gründe für die Anerkennung der Vaterschaft durch einen Nichterzeuger geben kann.[6] 5

II. Keine oder beschränkte Geschäftsfähigkeit des Kindes (Abs. 2)

Für die nach § 1595 Abs. 2 BGB erforderliche Zustimmung des Kindes enthält § 1596 Abs. 2 BGB eine Sonderregelung.Ein nicht gemäß § 104 BGB geschäftsunfähiges Kind kann ab Vollendung des 14. Lebensjahres nur selbst zustimmen, bedarf hierzu aber der Zustimmung des gesetzlichen Vertreters (§ 1596 Abs. 2 Satz 2 BGB). 6

Für ein geschäftsunfähiges Kind kann gemäß § 1596 Abs. 2 Satz 1 BGB nur der gesetzliche Vertreter die Zustimmung erklären. Dies gilt auch für ein gemäß § 104 BGB geschäftsunfähiges volljähriges Kind,[7] wobei gesetzlicher Vertreter dann der für diesen Wirkungskreis gerichtlich bestellte Betreuer ist. Eine gerichtliche Genehmigung der Erklärung des gesetzlichen Vertreters ist in Abs. 2 weder für die Genehmigung des gesetzlichen Vertreters der vom Kind erklärten Zustimmung noch für die durch den gesetzlichen Vertreter für das Kind erklärte Zustimmung vorgesehen und damit nicht erforderlich.[8]

---

1 Palandt/*Brudermüller,* § 1596 BGB Rn. 2
2 MüKo-BGB/*Wellenhofer,* § 1596 Rn. 3; Erman/*Hammermann*, § 1596 Rn. 4
3 KG NJW-RR 1987, 388; Palandt/*Brudermüller,* § 1596 BGB Rn. 10
4 MüKo-*BGB/Wellenhofer,* § 1596 Rn. 7; Erman/*Hammermann*, § 1596 BGB Rn. 8; Palandt/*Brudermüller,* § 1596 BGB Rn. 3; a.A. Staudinger/*Rauscher,* § 1596 BGB Rn.10
5 MüKo-BGB/*Wellenhofer,* § 1596 Rn. 9; Staudinger/*Rauscher,* § 1596 BGB Rn. 8
6 MüKo-BGB/*Wellenhofer,* § 1596 Rn. 9
7 Staudinger/*Rauscher,* § 1596 BGB Rn. 21
8 MüKo-BGB/*Wellenhofer,* § 1596 Rn. 11

III. Unter Betreuung stehende Personen (Abs. 3)

7 Die Einrichtung einer Betreuung (§ 1896 ff. BGB) berührt die Geschäftsfähigkeit des Betroffenen nicht. Ein **geschäftsfähiger** Betreuter kann die Anerkennung daher nur selbst erklären (§ 1596 Abs. 3 Satz 1 BGB). Er bedarf hierfür nur dann der Einwilligung des Betreuers, wenn insoweit ein Einwilligungsvorbehalt (§ 1903 BGB) angeordnet ist.[9] Zwar handelt es sich bei der Anerkennung der Vaterschaft und der Zustimmung hierzu um höchstpersönliche Angelegenheiten. Sie gehören jedoch nicht zu den in § 1903 Abs. 2 BGB genannten Angelegenheiten, für die ein Einwilligungsvorbehalt ausgeschlossen wäre. § 1903 Abs. 2 BGB nimmt Bezug auf solche Angelegenheiten, für die ein beschränkt Geschäftsfähiger nicht der Zustimmung seines gesetzlichen Vertreters bedürfte. Für die Anerkennung oder die Zustimmung hierzu bedarf jedoch auch ein beschränkt Geschäftsfähiger nach § 1596 Abs. 2 Satz 2 BGB der Zustimmung des gesetzlichen Vertreters, so dass das Betreuungsgericht insoweit einen Einwilligungsvorbehalt anordnen kann.[10] Dies ist etwa dann von Bedeutung, wenn ein Betreuter beliebig viele Vaterschaften übernimmt, ohne als Vater wirklich in Betracht zu kommen.[11]

8 Ist die unter Betreuung stehende Person **geschäftsunfähig**, gelten für die Anerkennungserklärung und die Zustimmungserklärung der Mutter die Regelung des § 1596 Abs. 1 Satz 3 BGB, so dass die Erklärung durch den gesetzlichen Vertreter zu erfolgen hat, der hierzu der gerichtlichen Genehmigung bedarf.[12] Für ein geschäftsunfähiges, unter Betreuung stehendes volljähriges Kind gilt die Regelung des § 1596 Abs. 2 Satz 1 BGB, so dass die Erklärung für das Kind nur durch den Betreuer als gesetzlicher Vertreter des Kindes abgegeben werden kann. Anders als bei der Anerkennungserklärung selbst und bei der Zustimmungserklärung für die Mutter ist im Anwendungsbereich des § 1596 Abs. 2 BGB bei der Zustimmung für das Kind ein Vorbehalt der gerichtlichen Genehmigung nicht vorgesehen.[13]

IV. Höchstpersönlichkeit der Erklärung (Abs. 4)

9 Sowohl die Erklärung der Anerkennung der Vaterschaft als auch die Erklärung der Zustimmung hierzu kann nur höchstpersönlich erfolgen (Abs. 4). Auch wenn solche Erklärungen im Rahmen eines gerichtlichen Abstammungsverfahrens zur Niederschrift des Gerichts erfolgen (§ 180 FamFG), können sie nicht von einem Verfahrensbevollmächtigten, sondern nur von dem Verfahrensbeteiligten persönlich abgegeben werden. Eine Ausnahme vom Grundsatz der Höchstpersönlichkeit gilt bei Geschäftsunfähigen (Abs. 1 Satz 3).[14]

C. Reformvorhaben

10 Nach dem Diskussionsteilentwurf[15] ist vorgesehen, den bisherigen § 1596 BGB als neuen § 1595 BGB zu führen. Er soll dann nur noch Regelungen enthalten für die **Anerkennung** durch eine beschränkt geschäftsfähige oder geschäftsunfähige Person. Die Fragen der notwendigen **Zustimmungserklärungen** sollen als neuer § 1596 BGB zusammengefasst werden. **Wesentliche Neuerung** wäre bei Umsetzung der Reform, dass auch die **Zustimmung des mindestens 14 Jahre alten Kindes selbst erforderlich** würde.[16] Es vertrage sich nicht mit dem Selbstbestimmungsrecht des Kindes, dass dessen Zustimmung für die

9 Erman/*Hammermann*, § 1596 BGB Rn. 9
10 *Gernhuber/Coester-Waltjen*, § 52 Rn. 59
11 Palandt/*Brudermüller*, § 1596 BGB Rn. 7
12 MüKo-BGB/*Wellenhofer*, § 1596 Rn. 14
13 MüKo-BGB/*Wellenhofer*, § 1596 Rn. 11
14 Siehe hierzu Rn. 4 und 6
15 Abrufbar unter www.bmjv.de
16 Siehe S. 7 und 28 f. des Entwurfs

Frage der Wirksamkeit der Vaterschaftsanerkennung auch bei älteren Kindern unerheblich sein solle, zumal die Frage der Anerkennung über den zweiten Elternteil entscheide und damit über eine Rechtsbeziehung, die für das Kind von maßgeblicher Bedeutung sei. Entgegen den Empfehlungen des AK Abstammungsrecht[17] sieht der Entwurf **kein Feststellungsverfahren von Amts wegen bei Verweigerung** der Zustimmung vor und auch keine Ersetzung der verweigerten Zustimmung. Die Ersetzung der Zustimmung der Mutter würde nach Auffassung der Entwurfsverfasser nicht zu einer Vereinfachung führen. Der Anerkennende könne jederzeit selbst direkt die gerichtliche Feststellung der Vaterschaft oder der Mit-Mutterschaft betreiben. Dies sei sinnvoller, als nur ein Verfahren zur Ersetzung der Zustimmung vorzusehen.

§ 1597 BGB Formerfordernisse, Widerruf

(1) Anerkennung und Zustimmung müssen öffentlich beurkundet werden.

(2) Beglaubigte Abschriften der Anerkennung und aller Erklärungen, die für die Wirksamkeit der Anerkennung bedeutsam sind, sind dem Vater, der Mutter und dem Kind sowie dem Standesamt zu übersenden.

(3) [1]Der Mann kann die Anerkennung widerrufen, wenn sie ein Jahr nach der Beurkundung noch nicht wirksam geworden ist. [2]Für den Widerruf gelten die Absätze 1 und 2 sowie § 1594 Abs. 3 und § 1596 Abs. 1, 3 und 4 entsprechend.

Übersicht

	Rn.
A. Allgemeines	1
B. Inhalt der Norm	2
I. öffentliche Beurkundung (Abs. 1)	2
1. Beurkundungspflichtige Erklärungen	2
2. Beurkundungspersonen	3
3. Beurkundungsvorgang	5
4. ausländische Urkunden	7
II. Benachrichtigungspflicht (Abs. 2)	9
III. Widerruf der Anerkennung (Abs. 3)	12
C. Reformvorhaben	16

A. Allgemeines

§ 1597 enthält drei unterschiedliche Regelungsbereiche. In Abs. 1 wird das Formerfordernis der öffentlichen Beurkundung vorgeschrieben. Wegen der personenstandsrechtlichen Tragweite der Anerkennung der Vaterschaft soll durch die mit der öffentlichen Beurkundung verbundenen Hinweis- und Belehrungspflicht vermieden werden, dass eine Anerkennung der Vaterschaft unbedacht und vorschnell erklärt wird. Abs. 2 will gewährleisten, dass die von der Anerkennung der Vaterschaft betroffenen Personen über die Abgabe der für eine wirksame Anerkennung der Vaterschaft erforderlichen Erklärungen in Kenntnis gesetzt werden und das Standesamt die rechtliche Vaterschaftszuordnung im Geburtenbuch eintragen bzw. beischreiben kann. Die Regelung in Abs. 3 schützt den Anerkennenden davor, auf Dauer an seine Anerkennungserklärung gebunden zu sein, wenn die Anerkennung nicht innerhalb eines Jahres wirksam wird. **1**

17 Siehe § 1591 BGB, Fn. 68

B. Inhalt der Norm

I. öffentliche Beurkundung (Abs. 1)

1. Beurkundungspflichtige Erklärungen

2 Die Formvorschrift des § 1597 erfasst:

- die Erklärung der Anerkennung der Vaterschaft
- die Erklärung der Zustimmung der Mutter
- die nach § 1595 Abs. 2 BGB ausnahmsweise erforderliche Zustimmungserklärung des Kindes,
- die Zustimmungserklärung des Ehemannes der Mutter bei einem scheidungsakzessorischen Statuswechsel nach § 1599 Abs. 2 BGB
- die Zustimmung des gesetzlichen Vertreters zur Vaterschaftsanerkennung durch einen beschränkt geschäftsfähigen minderjährigen Vater
- die Zustimmung des gesetzlichen Vertreters zur Zustimmungserklärung einer beschränkt geschäftsfähigen minderjährigen Mutter
- die Zustimmung des gesetzlichen Vertreters zur Zustimmungserklärung des minderjährigen, aber bereits mindestens 14 Jahre alten Kindes
- den Widerruf der Anerkennung nach § 1597 Abs. 3 BGB.

2. Beurkundungspersonen

3 Die Beurkundung kann wahlweise erfolgen durch

- Notare (§ 20 BNotO, § 1 Abs. 1 BeurkG),
- Rechtspfleger des Amtsgerichts (§ 62 Nr. 1 BeurkG, § 3 Nr. 1f RPflG),
- Standesbeamte (§ 29a Abs. 1 PStG, § 58 BeurkG),
- Urkundspersonen des Jugendamtes (§ 59 Abs. 1 Satz 1 Nr. 1 SGB VIII, § 59 BeurkG),
- den Richter in der Niederschrift über den Erörterungstermin in einem anhängigen Abstammungsverfahren (§ 180 FamFG) oder
- Konsularbeamte im Ausland nach Maßgabe der §§ 1, 2, 10, 19, 24 KonsularG.

4 Eine Erklärung zur Niederschrift des Gerichts im Rahmen eines anhängigen Verfahrens entspricht nur dann der Form des § 1597 Abs. 1 BGB, wenn sie im Rahmen eines Abstammungsverfahrens erfolgte. Erklärungen im Rahmen sonstiger Verfahrens – etwa eines Scheidungsverfahrens – wahren nicht die Form des § 1597 Abs. 1 FamFG, da § 180 FamFG eine spezielle Regelung für Abstammungsverfahren darstellt.[1]

3. Beurkundungsvorgang

5 Mit der Beurkundung wird eine öffentliche Urkunde i.S.v. §§ 415, 418 ZPO erstellt. Die Vornahme der Beurkundung unterliegt den Bestimmungen des BeurkG.[2] Die Beurkundungsperson hat gemäß § 10 Abs. 2 Satz 1 BeurkG die Identität der zum Zwecke der Beurkundung erschienen Erklärungsperson zu prüfen. Kann die Beurkundungsperson sich hinsichtlich der Identität trotz der vorgelegten Dokumente keine Gewissheit über die erschienenen Personen verschaffen, muss sie die Beurkundung dennoch vornehmen, jedoch in

1 BGH FamRZ 2013, 944; OLG Frankfurt FamRZ 2012, 1735
2 Zu den bei der Beurkundung im Einzelnen zu beachtenden Anforderungen wird auf die umfassende Darstellung von Knittel, Beurkundungen im Kindschaftsrecht, verwiesen

der Niederschrift über die Beurkundung vermerken, welche Feststellungen sie zur Identifizierbarkeit getroffen hat und welche Zweifel verblieben sind. Es ist dann Sache der Behörde oder Stelle, für deren Handeln die Rechtswirksamkeit der Beurkundung Voraussetzung ist, die Identität des/der Erklärenden nachzuprüfen.[3] Ein zur Unwirksamkeit der Beurkundung führender Mangel liegt nicht schon dann vor, wenn der Anerkennende seine wahren Personalien nicht nachweisen kann oder die von ihm im Rechtsverkehr laufend verwendeten Alias-Personalien angibt.[4]

Trotz Zweifel an der Identität des die Vaterschaft anerkennenden Mannes ist die Vaterschaft in das Geburtenbuch einzutragen, jedoch mit einem Zusatz, dass die Identität nicht nachgewiesen ist.[5] Zweifel an der Identität der Mutter rechtfertigen es nicht, die Beischreibung des die Vaterschaft anerkennenden Mannes als Vater des Kindes im Geburtenbuch abzulehnen,[6] es sei denn, es geben konkrete weitere Umstände Grund zu der Annahme, dass bereits eine Vaterschaftszuordnung für das Kind wegen zum Zeitpunkt der Geburt des Kindes bestehender Ehe der Kindesmutter vorliegt.[7] 6

4. ausländische Urkunden

Gemäß Art. 11 Abs. 1 EGBGB ist ein Rechtsgeschäft formgültig, wenn es die Formerfordernisse des Rechts, das auf das seinen Gegenstand bildende Rechtsverhältnis anzuwenden ist, oder des Rechts des Staates erfüllt, in dem es vorgenommen wird. Diese Regelung gilt auch für familienrechtliche Rechtsgeschäfte, insbesondere auch für die Anerkennung der Vaterschaft.[8] So ist z.B. die in Spanien vor dem zuständigen Standesamt erklärte Anerkennung der Vaterschaft der Anerkennung nach deutschem Recht gleichwertig und ersetzt die hierfür vorgeschriebene Form der öffentlichen Beurkundung.[9] 7

Unterliegt das Abstammungsstatut somit gemäß Art. 19 EGBGB zumindest auch dem Recht des Staates, in welchem die Anerkennung der Vaterschaft erklärt wurde, so ist es nach Art. 11 Abs. 1 Var. 1 EGBGB ausreichend, wenn die Erklärung dem nach dem Recht dieses Staates geltenden Formerfordernis entspricht. Unabhängig davon bewirkt Art. 11 Abs. 1 Var. 2 EGBGB, dass auch dann, wenn die Erklärung in einem Staat erfolgte, dessen Recht das Abstammungsstatut nicht unterliegt, die jeweilige Ortsform ausreicht.[10] 8

II. Benachrichtigungspflicht (Abs. 2)

Nach § 1597 Abs. 2 sind beglaubigte Abschriften der Anerkennung und aller Erklärungen, die für die Wirksamkeit der Anerkennung bedeutsam sind, zu übersenden an 9

- den Vater, d.h. den Mann, der die Vaterschaft anerkannt hat,
- das betroffene Kind bzw. den gesetzlichen Vertreter, soweit das betroffene Kind noch nicht voll geschäftsfähig ist,
- die Mutter, und
- den Standesbeamten, der die Geburt des Kindes beurkundet hat; sofern die Geburt des Kindes nicht im Inland beurkundet wurde, ist die Abschrift an das Standesamt Berlin I zu senden (§ 29a Abs. 2 PStG).

3 *Knittel*, Rn. 155
4 OVG Sachsen-Anhalt FamRZ 2019, 42
5 BayOblG NJW-RR 2005, 303
6 OLG Zweibrücken StAZ 2013, 87
7 OLG München FamRZ 2008, 2227
8 MüKo-BGB/*Spellenberg*, Art. 11 EGBGB Rn.22; Staudinger/*Winkler von Mohrenfels*, Art. 11 EGBGB Rn. 88; OLG Hamm FamRZ 2005, 291
9 BGH FamRZ 2017, 1682
10 BGH FamRZ 2017, 1682

10 Die Erklärungen selbst sind nicht empfangsbedürftig. Die Benachrichtigungspflicht dient daher nicht zur Erfüllung eines Zugangserfordernisses und ist somit **nicht Wirksamkeitsvoraussetzung** der Erklärung. Sie dient lediglich dazu, alle Beteiligten von den Erklärungen in Kenntnis zu setzen und ihnen die Beurteilung zu ermöglichen, ob und wann eine wirksame Anerkennung der Vaterschaft eingetreten ist. Ferner ermöglicht sie den Beteiligten, das Vorliegen der jeweiligen Erklärungen erforderlichenfalls beweisen zu können.

11 Die Regelung unterliegt nicht der Disposition der Beteiligten, weshalb die beurkundende Stelle selbst dann nicht von der Übersendung absehen kann, wenn die Beteiligten dies ausdrücklich wünschen.[11] Die Übersendung oder Aushändigung einer beglaubigten Abschrift der Erklärung ist auch gegenüber demjenigen erforderlich, der die Erklärung selbst abgegeben hat.[12]

III. Widerruf der Anerkennung (Abs. 3)

12 Anders als das frühere Recht,[13] das nur eine befristete Geltung der Anerkenntniserklärung vorsah, wenn nicht innerhalb dieser Frist die erforderlichen Zustimmungserklärungen erfolgten, ist die Anerkennungserklärung nach dem seit dem 1.7.1998 geltenden Recht unbefristet wirksam. Der Anerkennende soll jedoch nicht auf Dauer an seine Anerkenntniserklärung gebunden sein, wenn die Anerkennung mangels Erteilung der erforderlichen Zustimmungen keine Wirksamkeit erlangt. Dem die Vaterschaft anerkennenden Mann räumt § 1597 Abs. 3 BGB daher die Möglichkeit ein, seine Anerkennung zu widerrufen, **wenn sie nicht binnen eines Jahres Wirksamkeit erlangt**, mithin wenn nicht innerhalb eines Jahres die erforderliche Zustimmung der Mutter und ausnahmsweise – bei fehlendem Sorgerecht der Mutter – auch die Zustimmungserklärung des Kindes vorliegt. Aber auch dann, wenn die Anerkennung deshalb keine Wirksamkeit erlangt, weil die Vaterschaft eines anderen Mannes noch nicht beseitigt wurde, tritt nach Ablauf der Jahresfrist das Widerrufsrecht ein.

13 Der **Widerruf** ist eine einseitige, nicht empfangsbedürftige Willenserklärung. Für sie gelten gemäß Abs. 3 Satz 2 die gleichen Anforderungen, insbesondere das gleiche Formerfordernis, wie für die Anerkennungserklärung selbst.

14 Die Jahresfrist beginnt mit der Beurkundung der Anerkennung, und zwar auch dann, wenn wegen einer noch bestehenden Vaterschaftszuordnung zu einem anderen Mann die Anerkennung wegen § 1594 Abs. 2 BGB noch gar nicht wirksam werden kann.[14] Nach Eintritt der Wirksamkeit der Anerkennung durch Abgabe der erforderlichen Zustimmungserklärungen ist die Vaterschaftsanerkennung nicht mehr widerruflich.[15]

15 Ist die Anerkennung nach Ablauf der Jahresfrist wirksam widerrufen worden, kann eine dann gleichwohl noch erklärte Zustimmung zur Anerkennung nicht mehr zur wirksamen Vaterschaftsanerkennung führen. Denkbar ist aber, dass eine bereits widerrufene Anerkennung der Vaterschaft nochmals erklärt wird. Für diese kann dann die erklärte Zustimmung relevant werden.[16]

---

11 Palandt/*Brudermüller*, § 1597 BGB Rn. 4
12 Palandt/*Brudermüller*, § 1597 BGB Rn. 3; NK-BGB/*Gutzeit*, § 1597 Rn. 5
13 § 1600e Abs. 3 BGB in der vor dem 1.7.1998 geltenden Fassung
14 NK-BGB/*Gutzeit*, § 1597 Rn. 8
15 OLG Brandenburg FamRZ 2000, 548
16 Palandt/*Brudermüller*, § 1597 BGB Rn. 5; NK-BGB/*Gutzeit*, § 1597 Rn. 7

C. Reformvorhaben

§ 1597 BGB des Diskussionsteilentwurfs[17] sieht lediglich die **Ausdehnung der Regelungen auf die Mit-Mutterschaft** vor: Die Abschriften und Erklärungen sind auch der Mit-Mutter zu übersenden (§ 1597 Abs. 2 BGB-DE), die Widerrufsmöglichkeit gilt auch für die Anerkennung der Mit-Mutterschaft seitens der Mit-Mutter. 16

§ 1597a BGB Verbot der missbräuchlichen Anerkennung der Vaterschaft

(1) Die Vaterschaft darf nicht gezielt gerade zu dem Zweck anerkannt werden, die rechtlichen Voraussetzungen für die erlaubte Einreise oder den erlaubten Aufenthalt des Kindes, des Anerkennenden oder der Mutter zu schaffen, auch nicht, um die rechtlichen Voraussetzungen für die erlaubte Einreise oder den erlaubten Aufenthalt des Kindes durch den Erwerb der deutschen Staatsangehörigkeit des Kindes nach § 4 Absatz 1 oder Absatz 3 Satz 1 des Staatsangehörigkeitsgesetzes zu schaffen (missbräuchliche Anerkennung der Vaterschaft).

(2) [1]Bestehen konkrete Anhaltspunkte für eine missbräuchliche Anerkennung der Vaterschaft, hat die beurkundende Behörde oder die Urkundsperson dies der nach § 85a des Aufenthaltsgesetzes zuständigen Behörde nach Anhörung des Anerkennenden und der Mutter mitzuteilen und die Beurkundung auszusetzen. [2]Ein Anzeichen für das Vorliegen konkreter Anhaltspunkte ist insbesondere:

1. **das Bestehen einer vollziehbaren Ausreisepflicht des Anerkennenden oder der Mutter oder des Kindes,**
2. **wenn der Anerkennende oder die Mutter oder das Kind einen Asylantrag gestellt hat und die Staatsangehörigkeit eines sicheren Herkunftsstaates nach § 29a des Asylgesetzes besitzt,**
3. **das Fehlen von persönlichen Beziehungen zwischen dem Anerkennenden und der Mutter oder dem Kind,**
4. **der Verdacht, dass der Anerkennende bereits mehrfach die Vaterschaft von Kindern verschiedener ausländischer Mütter anerkannt hat und jeweils die rechtlichen Voraussetzungen für die erlaubte Einreise oder den erlaubten Aufenthalt des Kindes oder der Mutter durch die Anerkennung geschaffen hat, auch wenn das Kind durch die Anerkennung die deutsche Staatsangehörigkeit erworben hat, oder**
5. **der Verdacht, dass dem Anerkennenden oder der Mutter ein Vermögensvorteil für die Anerkennung der Vaterschaft oder die Zustimmung hierzu gewährt oder versprochen worden ist.**

[3]Die beurkundende Behörde oder die Urkundsperson hat die Aussetzung dem Anerkennenden, der Mutter und dem Standesamt mitzuteilen. [4]Hat die nach § 85a des Aufenthaltsgesetzes zuständige Behörde gemäß § 85a Absatz 1 des Aufenthaltsgesetzes das Vorliegen einer missbräuchlichen Anerkennung der Vaterschaft festgestellt und ist diese Entscheidung unanfechtbar, so ist die Beurkundung abzulehnen.

(3) [1]Solange die Beurkundung gemäß Absatz 2 Satz 1 ausgesetzt ist, kann die Anerkennung auch nicht wirksam von einer anderen beurkundenden Behörde oder Urkundsperson beurkundet werden. [2]Das Gleiche gilt, wenn die Voraussetzungen des Absatzes 2 Satz 4 vorliegen.

(4) Für die Zustimmung der Mutter nach § 1595 Absatz 1 gelten die Absätze 1 bis 3 entsprechend.

(5) Eine Anerkennung der Vaterschaft kann nicht missbräuchlich sein, wenn der Anerkennende der leibliche Vater des anzuerkennenden Kindes ist.

---

17 Abrufbar unter www.bmjv.de

Weiterführende Literatur: Balzer, Die Verhinderung missbräuchlicher Vaterschaftsanerkennungen, NZFam 2018, 5; *Bouhatta*, Der § 1597a BGB und die missbräuchliche Vaterschaftsanerkennung, NVwZ 2018, 1103; *Kaesling*, Die Neuregelung der missbräuchlichen Vaterschaftsanerkennung und das Wohl des Kindes, NJW 2017, 3686; *Knittel,* Anerkennung von Scheinvaterschaften zwecks Aufenthaltssicherung von Ausländern – neuer Anlauf des Gesetzgebers zur Missbrauchseindämmung, JAmt 2017, 339, und JAmt 2017, 530; *Sanders*, Vater werden wird nun schwer – Das neue „Verbot der missbräuchlichen Anerkennung der Vaterschaft", FamRZ 2017, 1189; *Stern,* § 1597a BGB – Probleme und Erforderlichkeit, NZFam 2017, 740.

Übersicht

Rn.
A. Allgemeines ... 1
B. Inhalt der Norm ... 3
I. Legaldefinition ... 3
II. Fehlende Vaterschaft des Anerkennenden ... 3a
III. Indizien für missbräuchliche Anerkennung ... 6
IV. Ermittlungspflicht ... 10
V. Mitteilungspflicht ... 13
VI. Beurkundungssperre ... 15
C. Reformüberlegungen ... 17

A. Allgemeines

1 Die Norm wurde als Ersatz für den vom BVerfG[1] als verfassungswidrig eingestuften früheren § 1600 Abs. 1 Nr. 5 BGB eingeführt,[2] welcher es der zuständigen Behörde erlaubte, die Vaterschaft anzufechten, um die Fälle zu erfassen, in welchen die Vaterschaftsanerkennung gerade auf eine Umgehung gesetzlicher Voraussetzungen des Aufenthaltsrechts zielte. Obgleich belastbare Zahlen hinsichtlich rechtsmissbräuchlicher Vaterschaftsanerkennungen nicht zur Verfügung stehen,[3] sah der Gesetzgeber dringenden Handlungsbedarf hinsichtlich einer Nachfolgeregelung.[4] Anstelle einer nachträglichen Statusänderung des Kindes soll nunmehr die Entstehung des Status der Vaterschaft – und damit die möglichen aufenthaltsrechtlichen Konsequenzen – präventiv verhindert werden.[5] Die Schnelligkeit und Intransparenz des Gesetzgebungsverfahrens ist mit Recht kritisiert worden.[6]

2 Vorgesehen ist ein **zweistufiges Prüfungsverfahren**: Bei konkreten Anhaltspunkten für eine missbräuchliche Anerkennung sollen Urkundsperson bzw. beurkundende Behörde (siehe *Grün,* § 1597 Rn. 3) die Beurkundung aussetzen und u a. die Ausländerbehörde benachrichtigen. Dieser obliegt dann gemäß § 85a AufenthaltsG die rechtsmittelfähige Entscheidung über das Vorliegen von Missbrauchsgründen. Soll die Beurkundung im Ausland stattfinden, sind die deutschen Auslandsvertretungen nach §§ 2, 10 Abs. 1 und Abs. 3 i.V.m. dem BeurkG und § 85a Abs. 4 AufenthG sowohl für das Verfahren der Beurkundungsaussetzung nach § 1597a BGB als auch für dasjenige der Missbrauchsfeststellung zuständig.[7] Während des Prüfungsverfahrens kann eine anderweitige Beurkundung nicht erfolgen, § 1587a Abs. 3 BGB. Die Vorschrift gilt nach § 1587a Abs. 4 BGB auch für die

1 BVerfG NJW 2014, 1364; siehe dazu *Grün,* ZKJ 2014, 195
2 Zur Gesetzesgeschichte eingehend *Knittel,* JAmt 2017, 339
3 Antwort der Bundesregierung auf eine kleine Anfrage zum Thema Scheinvaterschaften zur Aufenthaltserlangung, BT-Drucks. 18/13097
4 BT-Plenarprotokoll 18/234 v. 18.5.2017, 23726: „Scheinvaterschaften sind die neuen Scheinehen. Es gibt hier ein erhebliches Missbrauchspotenzial"; siehe auch *Kaesling,* NJW 2017, 3686, 3690
5 *Sanders,* FamRZ 2017, 1189, 1191
6 *Knittel,* JAmt 2017, 530; *Stern,* NZFam 2017, 740, 741
7 VG Berlin, Urteil v. 7.6.2019 – 11 K 381.18, juris

Beurkundung der Zustimmung der Mutter zur Anerkennung. Hat ein Mann die Vaterschaft vor Inkrafttreten des § 1597a BGB anerkannt, war diese Anerkennung mangels Zustimmung der Mutter bei Inkrafttreten am 29.7.2017 aber noch nicht wirksam, unterliegt auch die Vaterschaftsanerkennung den nunmehr geltenden Bestimmungen.[8]

B. Inhalt der Norm

I. Legaldefinition

Abs. 1 definiert die missbräuchliche Vaterschaftsanerkennung im Sinne dieser Norm: Die Vaterschaft darf nicht gezielt zu dem Zweck anerkannt werden, die rechtlichen Voraussetzungen für eine erlaubte Einreise oder einen erlaubten Aufenthalt des Kindes, des Anerkennenden oder der Mutter zu schaffen bzw. den Erwerb der deutschen Staatsangehörigkeit der vorgenannten Personen, um auf diese Weise als deutsche Staatsangehörige erlaubt einzureisen bzw. sich im Bundesgebiet aufzuhalten. Die Vorschrift missbilligt mithin nicht jede bewusst unrichtige Vaterschaftsanerkennung, sondern verbietet nur solche aus primär aufenthaltsrechtlicher Motivation. Im Kern hat der Gesetzgeber zwei Konstellationen vor Augen:[9] Erkennt ein deutscher Mann die Vaterschaft für das Kind einer ausreisepflichtigen Mutter an, erwirbt das Kind nach § 4 Abs. 1 StAG die deutsche Staatsangehörigkeit und die Mutter hierdurch ein Recht auf Familiennachzug gemäß § 28 Abs. 1 Nr. 3 AufenthG, Mutter und Kind können ins Bundesgebiet einreisen und sich hier aufhalten. Umgekehrt kann ein ausreisepflichtiger Mann ein Aufenthaltsrecht erlangen, wenn er die Vaterschaft für das Kind einer deutschen Mutter anerkennt. Das Kind wird in solchen Fällen häufig zum Objekt von Drittinteressen degradiert.[10] 3

„Gezielt" erfolgen Anerkennung/Zustimmung zu einem missbräuchlichen Zweck, wenn es den Beteiligten entweder ausschließlich auf die Erlangung der einreise- bzw. aufenthaltsrechtlichen Vorteile ankommt oder daneben noch weitere mit den ausländerrechtlichen Vorteilen verbundene Ziele verfolgt werden wie z.B. öffentliche Sozialleistungen, bessere Gesundheitsversorgung, bessere Chancen für Bildung und Beruf u.Ä.[11] Ist leitendes Motiv Gleichgültigkeit, Menschenfreundlichkeit oder die Einstellung, jedem Migranten müsse ein Bleiberecht zustehen, steht dies einer Missbrauchsannahme nicht entgegen.[12]

II. Fehlende Vaterschaft des Anerkennenden

Eine missbräuchliche Anerkennung kommt nur in Betracht, wenn der Anerkennende nicht der leibliche Vater des Kindes ist. Diese eigentliche Selbstverständlichkeit wird durch § 1597a Abs. 5 BGB nochmals ausdrücklich bestätigt. Rechtsdogmatisch ist diese Bestimmung gleichsam der „Obersatz".[13] Dementsprechend braucht sich die Urkundsperson oder die beurkundende Behörde mit etwaigen Missbrauchsindizien, insbesondere denen des § 1597a Abs. 2 Satz 2 BGB, nur dann zu beschäftigen, wenn Anhaltspunkte dafür bestehen, dass der Anerkennende eben nicht der biologische Erzeuger des Kindes ist. 3a

Wenn sich die Unmöglichkeit einer solchen Vaterschaft nicht bereits aus den Angaben der Mutter und des Anerkennenden ergibt, soll grundsätzlich die beurkundende Stelle keine Nachforschungen hinsichtlich der „biologischen Wahrheit" tätigen.[14] Denn prinzipiell ist es für ein Kind als positiv anzusehen, wenn die bislang nicht besetzte zweite Elternstelle durch eine Vaterschaftsanerkennung ausgefüllt wird; selbst wenn der Anerkennende 4

8 VG Berlin, Urteil v. 7.6.2019 – 11 K 381.18, juris
9 *Balzer,* NZFam 2018, 5
10 BT-Drucks. 18/12415, 20
11 Erman/*Hammermann,* § 1587a BGB Rn. 19 und 22
12 Erman/*Hammermann,* § 1587a BGB Rn. 23
13 Erman/*Hammermann,* § 1587a BGB Rn. 20
14 *Knittel,* JAmt 2017, 339, 341.

keine tatsächliche Fürsorge übernimmt, entstehen für das Kind die Vorteile unterhalts- und erbrechtlicher Ansprüche.[15]

5 Offenbaren die Beteiligten nicht ausnahmsweise, dass der Anerkennende u.U. gar nicht der leibliche Vater ist, besteht jedenfalls für die beurkundende Stelle weiterhin keine grundsätzliche Veranlassung, nach der Erzeugereigenschaft des Anerkennenden zu fragen. Bejahen indes die Beteiligten eine gleichwohl gestellte entsprechende Frage, besteht das Anschlussproblem, wie die beurkundende Stelle diese Angaben widerlegen soll. Der Gesetzgeber lässt hier die beurkundenden Behörden und Personen schlicht allein.[16]

III. Indizien für missbräuchliche Anerkennung

6 § 1587a Abs. 2 Satz 1 BGB schreibt der beurkundenden Behörde bzw. der Urkundsperson vor, bei konkreten Anhaltspunkten für eine i.S.v. Abs. 1 missbräuchliche Anerkennung

- eine entsprechende Mitteilung an die nach § 85 AufenthG zuständige Behörde nach Anhörung der Mutter und des Anerkennenden zu tätigen,
- die Beurkundung auszusetzen und
- die Aussetzung der Mutter, dem Anerkennenden und dem Standesamt mitzuteilen. Die Mitteilung an das Standesamt soll bewirken, dass während der Aussetzung keine anderweitig beurkundete Anerkennung oder Zustimmung eingetragen wird.[17]

In § 1587a Abs. 2 Satz 2 Nr. 1 bis 5 werden sodann beispielhaft Indizien für eine missbräuchliche Anerkennung aufgelistet. Die Anknüpfung an objektive Anzeichen hat bereits das BVerfG in der Entscheidung über die Behördenanfechtung aus Praktikabilitätsgründen gebilligt.[18] Die Aufzählung ist nicht abschließend („insbesondere").[19]

7 Als Missbrauchsanzeichen benennt das Gesetz

- das Bestehen einer vollziehbaren Ausreisepflicht (Nr. 1), die ausscheidet, wenn der Ausländer eine Aufenthaltserlaubnis, eine Niederlassungserlaubnis oder ein gültiges Visum besitzt,[20]
- die Stellung eines Asylantrages trotz Staatsangehörigkeit zu einem sicheren Herkunftsstaat (Nr. 2),
- fehlende Beziehungen zwischen Annehmenden und Mutter bzw. Kind (Nr. 3),
- den Verdacht mehrfacher Anerkennungen von Vaterschaften für die Kinder verschiedener Mütter zur Schaffung von Einreise- oder Aufenthaltserlaubnissen (Nr. 4) sowie
- den Verdacht der Gewährung eines Vermögensvorteils für Anerkennung bzw. Zustimmung (Nr. 5).

8 Liegen konkrete Anhaltspunkte nach Auffassung der Urkundsperson für eine missbräuchliche Anerkennung vor, ist dem Anerkennenden und der Mutter durch eine – nach dem Wortlaut nicht zwingend persönliche – Anhörung Gelegenheit zu geben, die Bedenken auszuräumen. Ein Indiz für die Missbräuchlichkeit der Anerkennung kann z.B. ausgeschlossen werden bei tatsächlichem Bestehen einer sozial-familiären Beziehung zwischen Anerkennendem und Kind.[21]

---

15 *Kaesling,* NJW 2017, 3686, 3688 m.w.N.
16 *Knittel,* JAmt 2017, 339, 341
17 Schulz/Hauß/*Stern,* § 1597a BGB Rn. 9
18 BVerfG NJW 2014, 1364, 1367
19 Erman/*Hammermann,* § 1597a BGB Rn. 40
20 BT-Drucks. 18/12415, 21
21 Schulze/*Kemper,* § 1597a BGB Rn. 6

Die Beteiligten trifft die entsprechende Darlegungslast.[22] Gelingt es ihnen nicht, die Bedenken auszuräumen, wird die Beurkundung ausgesetzt und es erfolgen die o.g. Mitteilungen. Die Annahme eines Missbrauchsverdachts führt also (noch) nicht zur endgültigen Ablehnung der Beurkundung, sondern zu den oben (siehe Rn. 6) genannten Mitteilungspflichten und der Aussetzung der Beurkundung.[23] Gleichwohl ist die bewusste Umkehrung der Beweislast[24] nicht unbedenklich: Den Beteiligten wird durch Zeitablauf de facto u.U. die Möglichkeit der pränatalen Vaterschaftsanerkennung und gemeinsamen Sorgerechtserklärung verwehrt. Zudem ist, auch wenn die Beteiligten freiwillig ein Abstammungsgutachten zum Nachweis der leiblichen Vaterschaft des Anerkennenden vorlegen wollen, ein solches vorgeburtlich nach § 15 GendiagnostikG untersagt.[25] 9

IV. Ermittlungspflicht

Wie die Urkundsperson bzw. die beurkundende Behörde Kenntnis von den aufgelisteten Indizien für einen Missbrauchsverdacht erlangen sollen, bleibt unklar. Mehr als eine schematische Abfrage, ob bei den Beteiligten die Voraussetzungen für ein Regelbeispiel nach § 1597a Abs. 2 Satz 2 BGB vorliegt, ist zumeist nicht möglich, andererseits auch notwendig,[26] sofern es nicht ohnehin an einem „aufenthaltsrechtlichen Gefälle" fehlt, weil Mutter und Anerkennender beide Deutsche sind.[27] 10

Intensive Ermittlungen werden von der Urkundsperson bzw. der beurkundenden Behörde jedenfalls nicht verlangt werden können, insbesondere keine Zeugenvernehmungen. Denn zum einen liegt die abschließende Prüfungskompetenz, ob ein Missbrauch vorliegt oder nicht, bei der Ausländerbehörde, deren Entscheidung verwaltungsgerichtlich angefochten werden kann.[28] Zum anderen bewirkt auch nur eine baldige Entscheidung, ob Mitteilung an die Ausländerbehörde wegen Missbrauchsverdachts erfolgt, ein zügiges Einsetzen der Wirksamkeitssperre des § 1597a Abs. 3 BGB. Mehr als die Würdigung der Aussagen der Beteiligten und ggf. die Vorlage von Dokumenten wie Aufenthaltstitel o.Ä. wird in diesem Stadium unter dem Strich nicht verlangt werden können. 11

Ein Abstammungsgutachten kann nur auf freiwilliger Basis von den Beteiligten vorgelegt werden. Das Anerkennungsverfahren soll dem Staat gerade nicht die Möglichkeit der abstammungsrechtlichen Richtigkeit der Anerkennung eröffnen.[29] Eine Ermächtigungsgrundlage für die Anordnung eines Vaterschaftstests durch die Urkundsperson oder im zweiten Prüfungsabschnitt die Ausländerbehörde gibt es nicht.[30] 12

V. Mitteilungspflicht

Bejaht die für die Beurkundung aufgesuchte Person oder Stelle konkrete Anhaltspunkte für eine missbräuchliche Anerkennung, trifft sie die in Rn. 6 dargestellten Maßnahmen. Wie umfangreich die Mitteilung an die Ausländerbehörde auszusehen hat, lässt sich Gesetzeswortlaut und den Materialien nicht entnehmen, insbesondere nicht, ob sich die Mitteilung auf den bloßen Hinweis auf Verdachtsindizien beschränkt oder auch eine eingehende Darstellung der Beteiligtenaussagen und deren Würdigung zu beinhalten hat. Um der Ausländerbehörde eine zügige Prüfung zu ermöglichen und den Unsicherheitszeit- 13

---

22 BT-Drucks. 18/12415, 21
23 *Balzer*, NZFam 2018, 5, 6
24 BT-Drucks. 18/12145, 21
25 *Stern*, NZFam 2017, 740, 741; *Kaesling*, NJW 2017, 3686, 3690; a.A. zur Notwendigkeit und kritisch zur praktischen Umsetzung: *Knittel*, JAmt 2017, 530, 533
26 Schulz/Hauß/*Stern*, § 1597a BGB Rn. 6; Schulze/*Kemper*, § 1597a BGB Rn. 7
27 *Balzer*, NZFam 2018, 5, 6
28 Schulze/*Kemper*, § 1587a BGB Rn. 7
29 *Balzer*, NZFam 2018, 5, 6
30 *Kaesling*, NJW 2017, 3686

raum auch im Interesse des Kindes möglichst kurz zu halten, spricht viel für eine möglichst detaillierte Mitteilung.[31]

Die Mitteilungspflicht trifft auch das mit der Prüfung der Berichtigung einer Registereintragung befasste Gericht, wenn Anhaltspunkte für die Missbräuchlichkeit einer nachträglichen, zunächst durch die nach ausländischem Recht bestehende anderweitige rechtliche Vaterschaft des Ehemannes gesperrten Anerkennung bestehen.[32]

14 Werden Verdachtsindizien verneint und wird die Anerkennung/Zustimmung beurkundet, so ist diese Beurkundung auch dann wirksam, wenn sich im Nachhinein herausstellt, dass doch Anhaltspunkte für eine missbräuchliche Anerkennung vorlagen.[33] Wie allerdings verfahren werden soll, wenn die Beteiligten – spätestens durch die vorzunehmende Anhörung bei etwaigen Verdachtsindizien alarmiert – erklären, sie möchten von einer Beurkundung endgültig Abstand nehmen, sagt das Gesetz nicht. Zutreffend ist in diesem Fall weder für eine Aussetzung der Beurkundung mehr Raum noch für eine Benachrichtigung der Ausländerbehörde, weil diese für eine solche Fallkonstellation nicht vorgeschrieben ist und eine ohne Rechtsgrundlage erfolgende Mitteilung gegen die Verschwiegenheitsverpflichtung verstoßen würde.[34] Hier zeigt sich eine weitere Schwachstelle des Gesetzes bei dessen Umsetzung in der Praxis, weil die Beteiligten in der geschilderten Konstellation natürlich nicht gehindert wären, bei einer anderen Urkundsperson mit entsprechend „angepassten" Angaben ihr Glück zu versuchen.

VI. Beurkundungssperre

15 Die Ausländerbehörde prüft auf die Verdachtsmitteilung der Urkundsstelle hin, ob tatsächlich eine missbräuchliche Vaterschaftsanerkennung bzw. Zustimmung vorliegt. Ist dies der Fall, trifft sie eine entsprechende **Feststellung durch Verwaltungsakt,** § 1587a Abs. 2 Satz 4 BGB. Dieser kann durch Anfechtungsklage vor dem Verwaltungsgericht angefochten werden, wobei Widerspruch und Klage nach § 84 Abs. 1 Satz 1 Nr. 9 AufenthG keine aufschiebende Wirkung haben.[35] Ist dieser Verwaltungsakt unanfechtbar, ist die Beurkundung von der ursprünglich ersuchten Urkundsperson bzw. Behörde endgültig abzulehnen, § 1587a Abs. 2 Satz 4 BGB.

16 Während des Prüfungsverfahrens und nach rechtskräftiger Missbrauchsfeststellung ist auch eine anderweitige Beurkundung nicht möglich, § 1597a Abs. 3 BGB. Eine gleichwohl erfolgte Beurkundung ist unwirksam, § 1598 Abs. 1 Satz 2 BGB. Wird die Beurkundung während der Prüfung durch die Ausländerbehörde vorgenommen, ergibt die Prüfung aber, dass keine Anhaltspunkte für eine missbräuchliche Anerkennung vorliegen, ist gleichwohl die schon vorgenommene Beurkundung unwirksam (und muss wiederholt werden), weil §1587a Abs. 3 BGB keine aufschiebende Bedingung enthält.[36] Stellt die Ausländerbehörde fest, dass **keine Anhaltspunkte** für eine missbräuchliche Anerkennung vorliegen, bindet diese Feststellung auch das Standesamt.[37]

31 *Knittel,* JAmt 2017, 339, 343, empfiehlt die Aufnahme eines Protokolls über die Anhörung hinsichtlich etwaiger Missbrauchsindizien, welches die Beteiligten unterschreiben sollten.
32 OLG Köln FamRZ 2019, 897
33 VG Magdeburg FamRZ 2019, 712
34 *Knittel,* JAmt 2017, 339, 343
35 *Sanders,* FamRZ 2017, 1189, 1191
36 OVG Schleswig, Beschl. v. 22.8.2018 – 4 MB 91/18, juris
37 AG Oldenburg StAZ 2018, 316

C. Reformüberlegungen

Die Gesetzesnorm ist in der Literatur auf vielfältige Kritik gestoßen: Sie führe zu einer „komplizierten Verschachtelung“[38], habe einen „bedenklichen Generalverdacht“[39] zur Folge, enthalte „sehr problematische“ Passagen[40], die Ausgestaltung der Gesetzeslage sei „ohne konkreten Realitätsbezug“ erfolgt[41] und weise „trotz perfektionistisch anmutender Konzeption erhebliche Schwachstellen“ auf.[42] Auch in der obergerichtlichen Rechtsprechung ist die Vorschrift als „wenig effektiv“ bezeichnet worden und es wurden gesetzgeberische Nachbesserungen empfohlen.[43] Gleichwohl sieht der Diskussionsteilentwurf zur Reform des Abstammungsrechts lediglich Anpassungen im Hinblick auf die geplante Möglichkeit der Mit-Mutterschaft und der intendierten Elternschaft vor, greift aber die inhaltliche Kritik in keiner Weise auf. **17**

§ 1598 BGB Unwirksamkeit von Anerkennung, Zustimmung und Widerruf

(1) Anerkennung, Zustimmung und Widerruf sind nur unwirksam, wenn sie den Erfordernissen nach § 1594 Absatz 2 bis 4 und der §§ 1595 bis 1597 nicht genügen. Anerkennung und Zustimmung sind auch im Fall des § 1597a Absatz 3 und im Fall des § 1597a Absatz 4 in Verbindung mit Absatz 3 unwirksam.

(2) Sind seit der Eintragung in ein deutsches Personenstandsregister fünf Jahre verstrichen, so ist die Anerkennung wirksam, auch wenn sie den Erfordernissen der vorstehenden Vorschriften nicht genügt.

Übersicht

Rn.
A. Allgemeines ... 1
B. Inhalt der Norm ... 3
I. Die Wirksamkeitsmängel im Einzelnen (Abs. 1) ... 3
II. Heilung (Abs. 2) ... 5
C. Streit über die Wirksamkeit der Anerkennung ... 7

A. Allgemeines

Abs. 1 enthält eine **abschließende Regelung** der zur Unwirksamkeit führenden Erklärungsmängel. Anerkennung, Zustimmung oder der Widerruf sind nur dann unwirksam, wenn sie den Anforderungen der §§ 1594 bis 1597 BGB nicht genügen oder entgegen einer Beurkundungssperre des § 1597a BGB erfolgten. Andere Gründe – etwa die Regelungen der §§ 117, 118, 134, 138 BGB – bewirken keine Unwirksamkeit der Anerkennung. Es berührt daher die Wirksamkeit der Anfechtung nicht, wenn der Zeugung des Kindes ein – in Deutschland verbotener – Leihmutterschaftsvertrag zugrunde lag.[1] Auch die bewusst wahrheitswidrige Anerkenntniserklärung ist wirksam (näher hierzu *Grün,* § 1594 BGB Rn. 3). **1**

Eine Anfechtung der Anerkennung oder Zustimmung wegen Irrtums, Täuschung oder Drohung (§§ 119, 123 BGB) führt nicht zur Unwirksamkeit der Erklärung. Derartige Wil- **2**

38 *Sanders,* FamRZ 2017, 1189, 1191
39 *Stern,* NZFam 2017, 740
40 Erman/*Hammermann,* § 1587a Rn. 12
41 *Bouhatta,* NVwZ 2018, 1103, 1108
42 *Knittel,* JAmt 2017, 339, 344
43 BayVGH, Urteil v. 11.3.2019 – 19 BV 16.937, juris, Rn. 58
1 AG Nürnberg JAmt 2010, 82

lensmängel des Anerkennenden können jedoch im Rahmen eines fristgerecht eingeleiteten Verfahrens auf Anfechtung der Vaterschaft Bedeutung erlangen. Allerdings führt nicht bereits der Irrtum des Erklärenden zur Feststellung der Nichtvaterschaft, sondern maßgeblich ist, ob das Kind von dem Mann, der die Vaterschaft anerkannt hat, tatsächlich abstammt. Wenn das Kind von diesem Mann abstammt, hat die Anfechtung der Vaterschaft selbst dann keinen Erfolg, wenn die Anerkennung der Vaterschaft auf einem Irrtum oder einer Drohung beruhte.[2] Bei Vorliegen eines Willensmangels nach §§ 119 Abs. 1, 123 BGB gilt im Anfechtungsverfahren jedoch nach § 1600c Abs. 2 BGB ein die Anfechtung erleichternder Beweismaßstab (näher hierzu *Grün,* § 1600c BGB Rn. 9 ff.).

B. Inhalt der Norm

I. Die Wirksamkeitsmängel im Einzelnen (Abs. 1)

3 Eine Anerkennung ist gemäß § 1594 Abs. 2 BGB so lange nicht wirksam, wie die Vaterschaft eines anderen Mannes besteht. Dieser Wirksamkeitsmangel ist beseitigt, sobald die Vaterschaftszuordnung zu dem anderen Mann beseitigt ist. Dies kann durch ein Vaterschaftsanfechtungsverfahren bewirkt werden, wenn die gerichtliche Entscheidung rechtskräftig die Nichtvaterschaft des bisher als Vater geltenden Mannes feststellt (§ 1599 Abs. 1 BGB) oder – wenn das Kind nach Anhängigkeit eines Scheidungsverfahrens geboren wird – durch ein scheidungsakzessorisches Anerkenntnis der Vaterschaft nach § 1599 Abs. 2 BGB.

4 Ferner ist eine Anerkennungs-, Zustimmungs- und/oder Widerrufserklärung unwirksam, wenn

- die Erklärung inhaltlich unklar oder nicht eindeutig ist,
- die Erklärung entgegen § 1597 Abs. 1 BGB nicht öffentlich beurkundet ist,
- die Erklärung unter einer Bedingung oder Zeitbestimmung abgegeben wurde (§§ 1594 Abs. 3, 1595 Abs. 3 BGB),
- die Erklärung entgegen § 1596 Abs. 4 BGB von einem Bevollmächtigten abgegeben wurde,
- die Anerkennung eines beschränkt geschäftsfähigen minderjährigen Vaters entgegen § 1596 Abs. 1 Satz 1 BGB nicht durch diesen selbst erfolgte,
- die Anerkennung eines beschränkt geschäftsfähigen minderjährigen Vaters ohne Zustimmung des gesetzlichen Vertreters erfolgte (§ 1596 Abs. 1 Satz 2 BGB),
- der Anerkennende, der die Erklärung selbst abgegeben hat, geschäftsunfähig war (§ 1596 Abs. 1 Satz 3 BGB),
- die Anerkennung eines geschäftsunfähigen Mannes von einem Dritten abgegeben wurde, der aber nicht der gesetzliche Vertreter des Mannes ist (§ 1596 Abs. 1 Satz 3 BGB),
- der gesetzliche Vertreter eines geschäftsunfähigen Mannes die Anerkennung ohne Genehmigung des Familien- bzw. Betreuungsgerichts erklärt hat (§ 1596 Abs. 1 Satz 3 HS 2 BGB),
- die Zustimmung der Mutter fehlt (§ 1595 Abs. 1 BGB),
- die Zustimmung einer beschränkt geschäftsfähigen minderjährigen Mutter nicht durch diese selbst erfolgte (§ 1596 Abs. 1 Satz 1 und 4 BGB),

---

2 *Rauscher*, FPR 2002, 359, 363, 367

- die Zustimmung einer beschränkt geschäftsfähigen minderjährigen Mutter ohne Zustimmung des gesetzlichen Vertreters erfolgte (§ 1596 Abs. 1 Satz 2 und 4 BGB),
- die Mutter bei der Erklärung der Zustimmung geschäftsunfähig war (§ 1596 Abs. 1 Satz 3 und 4 BGB),
- für die geschäftsunfähige Mutter ein Dritter, der nicht der gesetzliche Vertreter der Mutter ist, die Zustimmung erklärt hat (§ 1596 Abs. 1 Satz 3 und 4 BGB)
- für die geschäftsunfähige Mutter der gesetzliche Vertreter die Zustimmung ohne Genehmigung des Familien- bzw. Betreuungsgerichts erklärt hat (§ 1596 Abs. 1 Satz 3 und 4 BGB),
- die gemäß § 1595 Abs. 2 BGB ausnahmsweise erforderliche Zustimmung des Kindes fehlt,
- die gemäß § 1595 Abs. 2 BGB ausnahmsweise erforderliche Zustimmung eines mindestens 14 Jahre alten Kindes nicht von dem Kind selbst erteilt wurde (§ 1596 Abs. 2 Satz 2 BGB),
- die gemäß § 1595 Abs. 2 BGB ausnahmsweise erforderliche Zustimmung eines mindestens 14 Jahre alten, aber noch nicht volljährigen Kindes zwar von dem Kind erklärt wurde, es aber an der Zustimmung des gesetzlichen Vertreters fehlt (§ 1596 Abs. 2 Satz 2 BGB),
- die gemäß § 1595 Abs. 2 BGB ausnahmsweise erforderliche Zustimmung für ein geschäftsunfähiges oder unter 14 Jahre alten Kindes von dem Kind selbst erklärt wurde (§ 1596 Abs. 2 Satz 1 BGB),
- die gemäß § 1595 Abs. 2 BGB ausnahmsweise erforderliche Zustimmung für das geschäftsunfähige oder unter 14 Jahre alte Kind nicht von demjenigen erklärt wurde, der insoweit gesetzlicher Vertreter des Kindes ist (§ 1596 Abs. 2 Satz 1 BGB),
- die Vaterschaftsanerkennung nach § 1597 Abs. 3 BGB wirksam widerrufen wurde,
- eine erforderliche Zustimmung erst erklärt wird, nachdem bereits ein wirksamer Widerruf der Anerkennung nach § 1597 Abs. 3 BGB beurkundet wurde.

Ferner sieht § 1598 Abs. 1 Satz 2 BGB, eingeführt durch das Gesetz zur besseren Durchsetzung der Ausreisepflicht,[3] seit 29.7.2017 die Unwirksamkeit der Anerkennung bzw. der Zustimmung vor, wenn die Beurkundung während einer Beurkundungssperre bzw. nach rechtskräftiger Feststellung der Missbräuchlichkeit der Anerkennung gemäß §1587a Abs. 3 und 4 BGB erfolgte (siehe hierzu *Keuter,* § 1597a BGB Rn. 11). Da § 1598 Abs. 1 Satz 2 BGB nur auf § 1597a Abs. 3 BGB verweist, also auf Fälle, in denen die Beurkundung bereits ausgesetzt ist, nicht aber auf § 1597a Abs. 2 oder Abs. 1 BGB, reicht es für die Unwirksamkeit nicht aus, dass die beurkundende Stelle die Beurkundung der Vaterschaftsanerkennung vorgenommen hat, obwohl sie verpflichtet gewesen wäre, die Beurkundung auszusetzen. **4a**

Die Aufzählung der Unwirksamkeitsgründe in § 1598 Abs. 1 BGB ist abschließend. Ein etwaiger Verstoß gegen die Mitteilungspflicht nach § 1587a Abs. 2 BGB begründet keine Unwirksamkeit.[4] Ebenso wenig liegt ein zur Unwirksamkeit der Vaterschaftsanerkennung liegender Mangel i.S.v. § 1598 Abs. 1 BGB schon dann vor, wenn der Anerkennende seine wahren Personalien nicht nachweisen kann oder die von ihm im Rechtsverkehr laufend verwendeten Alias-Personalien angibt.[5] **4b**

3 BGBl I 2017 S. 2780
4 VG Magdeburg FamRZ 2019, 712 Rn. 19 ff. m.w.N.
5 OVG Sachsen-Anhalt FamRZ 2019, 42

II. Heilung (Abs. 2)

5 Eine Unwirksamkeit wird gemäß § 1598 Abs. 2 BGB geheilt, wenn die Vaterschaft aufgrund der Anerkennung **seit mindestens fünf Jahren in einem deutschen Personenstandsregister eingetragen ist**. Die Eintragung in ein ausländisches Personenstandsbuch hat diese Heilungswirkung nicht. Die Fünfjahresfrist ist nach §§ 187, 188 Abs. 2 BGB zu berechnen. Sie beginnt mit der Eintragung. Für eine Eintragung in einem Personenstandsbuch der ehemaligen DDR begann die Heilungsfrist erst nach dem 3.10.1990 zu laufen.[6] Die Eintragung muss während der Fünfjahresfrist ununterbrochen bestanden haben. Auf diese Weise kann z.B. geheilt werden, dass es an einer wirksamen Vaterschaftsanerkennung fehlte. Wenn etwa anlässlich der Eheschließung der Eltern das Kind in das Familienbuch eingetragen wurde, obwohl es hinsichtlich des vorehelich geborenen Kindes an einer Vaterschaftsanerkennung fehlte, tritt nach fünf Jahren die Heilung dieses Mangels ein.[7]

6 **Nicht heilbar** durch Abs. 2 ist ein **Verstoß gegen die Anerkennungssperre des § 1594 Abs. 2 BGB**; andernfalls entstünde eine doppelte Vaterschaft.[8] Eine bei Anerkennung bereits bestehende Vaterschaftszuordnung zu einem anderen Mann geht – solange sie besteht – jeder anderen Vaterschaftszuordnung vor.[9] Deshalb ist auch nicht heilbar, wenn ein scheidungsakzessorischer Statuswechsel nach § 1599 Abs. 2 BGB eingetragen wurde, obwohl die Zustimmung des Ehemannes zur Vaterschaftsanerkennung fehlte oder es zur rechtskräftigen Scheidung der Ehe nicht gekommen ist. Denn heilbar sind nur Mängel bei der Vaterschaftsanerkennung, nicht jedoch Mängel bei der Beseitigung einer vormaligen Vaterschaftszuordnung. Wenn es im Rahmen des § 1599 Abs. 2 BGB an der Zustimmung des Ehemannes oder an der rechtskräftigen Scheidung fehlt, gilt weiterhin die Vaterschaftszuordnung des § 1592 Nr. 1 BGB zum (vormaligen) Ehemann der Kindesmutter, weshalb wegen § 1594 Abs. 2 BGB die Vaterschaftsanerkennung nicht wirksam werden kann.

C. Streit über die Wirksamkeit der Anerkennung

7 Besteht Streit über die Frage der Wirksamkeit oder Unwirksamkeit einer Anerkennung, kann bei Gericht ein **Antrag auf Feststellung der Wirksamkeit oder Unwirksamkeit der Anerkennung** eingereicht werden (§ 169 Nr. 1 FamFG). Dabei können jedoch nur Unwirksamkeitsgründe geltend gemacht werden, die auf §§ 1594 bis 1597a BGB beruhen, da andere Mängel die Wirksamkeit der Anerkennung nicht berühren (siehe oben Rn. 1).

8 Bei dem gerichtlichen Feststellungsverfahren nach § 169 Nr. 1 FamFG geht es – anders als im Vaterschaftsanfechtungsverfahren – nicht um die Anfechtung der Vaterschaft, sondern um die Frage, ob die Vaterschaftsanerkennung von vornherein unwirksam war, weil sie den Anforderungen der §§ 1594 bis 1597a BGB nicht genügte. Der Antrag auf Feststellung der Unwirksamkeit greift nicht mehr durch, wenn die Mängel bei Einreichung des Antrags bereits gemäß § 1598 Abs. 2 BGB geheilt sind.

9 Die Heilungsfrist des Abs. 2 läuft nicht weiter, wenn ein Antrag auf Feststellung der Unwirksamkeit der Anerkennung anhängig gemacht oder ein Antrag auf Berichtigung des Geburtenbuches nach § 48 Abs. 2 PStG gestellt wird.[10]

---

6 Staudinger/*Rauscher*, § 1598 BGB Rn. 15
7 OLG München FamRZ 2011, 1309
8 OLG Stuttgart FamRZ 2019, 607
9 OLG Köln StAZ 2014, 113; OLG München StAZ 2012, 208
10 MüKo-BGB/*Wellenhofer*, § 1598 Rn. 23

Bestehen hinreichende Gründe für die Annahme, dass das Kind nicht von dem Mann abstammt, der die Anerkennung erklärt hat, sollte unabhängig von dem Antrag auf Feststellung der Unwirksamkeit der Anerkennung innerhalb der Anfechtungsfrist des § 1600b BGB auch ein Verfahren auf Anfechtung der Vaterschaft betrieben werden. Denn die Anfechtungsfrist des § 1600b BGB wird nur durch einen Antrag auf Feststellung der Nichtvaterschaft nach § 1599 Abs. 1 BGB gewahrt. 10

§ 1598a BGB Anspruch auf Einwilligung in eine genetische Untersuchung zur Klärung der leiblichen Abstammung

(1) [1]Zur Klärung der leiblichen Abstammung des Kindes können

1. der Vater jeweils von Mutter und Kind,

2. die Mutter jeweils von Vater und Kind und

3. das Kind jeweils von beiden Elternteilen

verlangen, dass diese in eine genetische Abstammungsuntersuchung einwilligen und die Entnahme einer für die Untersuchung geeigneten genetischen Probe dulden. [2]Die Probe muss nach den anerkannten Grundsätzen der Wissenschaft entnommen werden.

(2) Auf Antrag eines Klärungsberechtigten hat das Familiengericht eine nicht erteilte Einwilligung zu ersetzen und die Duldung einer Probeentnahme anzuordnen.

(3) Das Gericht setzt das Verfahren aus, wenn und solange die Klärung der leiblichen Abstammung eine erhebliche Beeinträchtigung des Wohls des minderjährigen Kindes begründen würde, die auch unter Berücksichtigung der Belange des Klärungsberechtigten für das Kind unzumutbar wäre.

(4) [1]Wer in eine genetische Abstammungsuntersuchung eingewilligt und eine genetische Probe abgegeben hat, kann von dem Klärungsberechtigten, der eine Abstammungsuntersuchung hat durchführen lassen, Einsicht in das Abstammungsgutachten oder Aushändigung einer Abschrift verlangen. [2]Über Streitigkeiten aus dem Anspruch nach Satz 1 entscheidet das Familiengericht.

Übersicht

Rn.

A. Allgemeines ... 1
  I. Normzweck ... 1
  II. Normgeschichte ... 2
B. Inhalt der Norm ... 4
  I. Anspruch des Klärungsberechtigten (Abs. 1) ... 4
    1. Klärungsgegenstand ... 4
    2. Anspruchsberechtigte ... 5
    3. Anspruchsgegner ... 6
    4. Anspruchsvoraussetzungen ... 8
  II. Anspruchsinhalt (Abs. 2) ... 12
  III. Aussetzung des Verfahrens (Abs. 3) ... 14
  IV. Gegenanspruch des Klärungsverpflichteten (Abs. 4) ... 16
C. Verfahren ... 17
  I. Allgemeines ... 17
  II. Antragsinhalt ... 18
  III. Verfahrensgang ... 19
  IV. Entscheidung des Gerichts ... 20
  V. Vollstreckung ... 22
  VI. Gutachten ... 23
D. Verhältnis zur Anfechtung der Vaterschaft ... 24
E. Reformvorhaben ... 25

A. Allgemeines

I. Normzweck

1 Die Regelung des § 1598a BGB ist mit dem Gesetz zur **Klärung der Vaterschaft unabhängig vom Anfechtungsverfahren** vom 26.3.2008[1] geschaffen worden und am 1.4.2008 in Kraft getreten. Seitdem können zur Klärung der leiblichen Abstammung eines Kindes der Vater, die Mutter und das Kind vom jeweils anderen gesetzlichen Elternteil bzw. das Kind von beiden Eltern verlangen, dass diese in eine genetische Abstammungsuntersuchung einwilligen und die Entnahme einer für die Untersuchung geeigneten genetischen Probe dulden (Abs. 1). Wird die Einwilligung in die Abstammungsuntersuchung bzw. Entnahme der Probe nicht erteilt, hat das Familiengericht auf Antrag eines Klärungsberechtigten die Einwilligung zu ersetzen und erforderlichenfalls die Duldung zur Probeentnahme anzuordnen (Abs. 2), sofern das Verfahren nicht zur Abwendung einer erheblichen Beeinträchtigung des Kindeswohls auszusetzen ist (Abs. 3). Wer in eine genetische Abstammungsuntersuchung einwilligt und eine genetische Probe abgegeben hat, kann von dem Klärungsberechtigten sowohl Einsicht in das Gutachten als auch die Aushändigung einer Abschrift des Gutachtens verlangen (Abs. 4).

II. Normgeschichte

2 Zur Schaffung eines solchen statusneutralen Klärungsverfahrens wurde der Gesetzgeber durch eine Entscheidung des BVerfG vom 13.2.2007 veranlasst,[2] die auf eine Verfassungsbeschwerde gegen die Rechtsprechung des BGH über die Unzulässigkeit und Unverwertbarkeit heimlicher Vaterschaftstests erging.[3] Das BVerfG ist in Übereinstimmung mit dem BGH der Ansicht, dass heimlich eingeholte Vaterschaftstests das Persönlichkeitsrecht des Kindes in seiner Ausformung als informationelles Selbstbestimmungsrecht und das von Art. 6 Abs. 2 GG geschützte Sorgerecht der Mutter verletzen. Das allgemeine Persönlichkeitsrecht umfasst jedoch auch das Recht auf Kenntnis davon, ob eine rechtliche Vaterschaftszuordnung auch der tatsächlichen Abstammung entspricht. Der Gesetzgeber wurde daher vom Bundesverfassungsgericht angehalten, ein rechtsförmiges Verfahren zu schaffen, mit welchem eine Klärung der **Abstammung eines Kindes von seinem rechtlichen Vater** unter erleichterten Voraussetzungen durchgesetzt werden kann, **ohne daran zugleich Folgen für den rechtlichen Status des Kindes zu knüpfen**.

3 Mit der Regelung des § 1598a BGB ist der Gesetzgeber diesem Auftrag nachgekommen. Mit dem Anspruch auf Einwilligung in eine Abstammungsuntersuchung sollen das Recht auf Kenntnis der Abstammung und das Recht auf informationelle Selbstbestimmung in einen angemessenen Ausgleich gebracht werden.

B. Inhalt der Norm

I. Anspruch des Klärungsberechtigten (Abs. 1)

1. Klärungsgegenstand

4 Gegenstand des Anspruchs ist das Klärungsverlangen, ob die genetische Abstammung des Kindes mit der rechtlichen Elternschaft übereinstimmt. Die Klärung der Abstammung erfolgt dabei nicht durch das Gericht, sondern das Gericht verhilft dem Klärungsberechtigten lediglich dazu, dass die Klärungsverpflichteten an einem vom Klärungsberechtigten privat einzuholenden Abstammungsgutachten mitwirken.[4] Dabei unterscheidet der Wort-

1 BGBl. I S. 441
2 FamRZ 2007, 441
3 BGH FamRZ 2005, 340; FamRZ 2005, 342
4 *Wellenhofer*, NZFam 2014, 117, 118

laut des § 1598a BGB nicht zwischen väterlicher und mütterlicher Abstammung. Nach überwiegender Ansicht eröffnet die Regelung daher auch eine **statusneutrale Klärung der Mutterschaft**, mithin die Einwilligung in ein Abstammungsgutachten zu der Frage, ob die Frau, die das Kind geboren hat, auch die genetische Mutter des Kindes ist.[5] Ob dies dem Willen des Gesetzgebers entsprach, muss jedoch mit Blick auf die Gesetzesmotive und die Gesetzessystematik bezweifelt werden. Der Gesetzgeber hatte mit Schaffung dieser Regelung lediglich dem Auftrag des BVerfG folgend eine statusneutrale Klärung dahingehend ermöglichen wollen, ob das Kind von dem rechtlichen Vater abstammt, was schon durch den Namen des Gesetzes, mit welchem diese Regelung geschaffen wurde, zum Ausdruck kommt.[6]

2. Anspruchsberechtigte

Anspruchsberechtigte sind der rechtliche Vater,[7] die Mutter und das Kind. Der potentielle leibliche Vater ist vom Klärungsverfahren ausgeschlossen.[8] Denn § 1598a BGB ermöglicht nur die Klärung, ob die **bestehende rechtliche Zuordnung mit der genetischen Abstammung übereinstimmt**, nicht jedoch die Klärung, von welchem Dritten das Kind abstammt. Diesen Ausschluss des potentiellen leiblichen Vaters hat das BVerfG als verfassungsgemäß gebilligt.[9] Eine gefälschte Geburtsurkunde des Kindes oder eine durch Fälschung herbeigeführte Personenstandseintragung begründen keine die Anspruchsberechtigung auslösende rechtliche Vaterschaft.[10] 5

3. Anspruchsgegner

Der Anspruch kann nur **gegen den rechtlichen Vater, die Mutter und das Kind** geltend gemacht werden. Es kann über § 1598a BGB **nicht ein Dritter in Anspruch genommen** werden, um zu klären, ob dieser Dritte der Vater des Kindes ist.[11] Eine Auslegung der Vorschrift in diesem Sinne ist nicht möglich.[12] Denn ein Feststellungsantrag setzt ein rechtliches Interesse des Antragstellers daran voraus, dass das Rechtsverhältnis durch richterliche Entscheidung festgestellt wird,[13] woran es bei der vom Gesetzgeber ausdrücklich nicht mit Rechtsfolgen versehenen Klärung der biologischen Vaterschaft gemäß § 1598a BGB gerade fehlt. 6

Verfassungsrechtlich ist es nicht geboten, neben dem Vaterschaftsfeststellungsverfahren nach § 1600d BGB auch ein Verfahren zur isolierten, sog. rechtsfolgenlosen Klärung der Abstammung von einem mutmaßlich leiblichen, aber nicht rechtlichen Vater bereitzustellen.[14]

Ungeregelt ist, was gilt, wenn einer der in § 1598a Abs. 1 BGB genannten **Anspruchsgegner** bereits **verstorben** ist. Mit Blick auf die verfassungsgerichtlichen Vorgaben, die zur Schaffung des statusneutralen Klärungsverfahrens geführt haben, ist nach verbreiteter Ansicht der Anspruch in entsprechender Anwendung des § 1598a BGB dann gegen die Personen eröffnet, deren Mitwirkung an Stelle derjenigen des Verstorbenen an einer Abstammungsklärung erforderlich ist.[15] Da über die Einwilligung in eine für die Untersuchung 7

5 KG FamRZ 2018, 1923 m.w.N.
6 Gesetz zur Klärung der Vaterschaft unabhängig vom Anfechtungsverfahren
7 BGH FamRZ 2017, 1685 m.w.N.
8 OLG Nürnberg FamRZ 2013, 227: OLG Karlsruhe FamRZ 2010, 221
9 BVerfG FamRZ 2008, 2257
10 BGH FamRZ 2017, 1685
11 OLG Nürnberg FamRZ 2014, 404; OLG Frankfurt ZKJ 2010, 72
12 OLG Frankfurt NJW 2017, 92
13 BGH NJW 2015, 873
14 BVerfG ZKJ 2016, 261
15 Staudinger/*Rauscher*, § 1598a BGB Rn. 16; *Wellenhofer*, NJW 2008, 1185, 1189; *Gernhuber/Coester-Waltjen*, § 52 Rn. 23

erforderliche Probeentnahme – erforderlichenfalls nach Durchführung einer Exhumierung – die **Totenfürsorgeberechtigten** entscheiden, müsste sich der Anspruch nach § 1598a BGB gegen diese richten.[16] Hierzu wäre eine gesetzliche Klarstellung zu wünschen.[17]

4. Anspruchsvoraussetzungen

8 Der Anspruch ist bewusst **niederschwellig** ausgestaltet und an keine besonderen **Voraussetzungen** gebunden.[18] Es reicht aus, dass der Klärungsberechtigte sein Klärungsverlangen geltend macht. Er muss dabei nicht darlegen, welche Zweifel er an der tatsächlichen Abstammung vom rechtlichen Vater hat. Abgesehen vom Fall des Abs. 3 gibt es keinen Entscheidungsspielraum für den in Anspruch genommenen Betroffenen.[19]

9 Das Gesetz definiert mit der Benennung der Einwilligungs- und Mitwirkungspflichtigen von vornherein, dass Vater, Mutter und Kind in die Abstammungsbegutachtung einzubeziehen sind. Eine gesonderte Prüfung, ob im Einzelfall die Einbeziehung aller dieser Personen für die Klärung erforderlich ist, sieht das Gesetz nicht vor. Der vereinzelt vertretenen Ansicht, eine verfassungskonforme Auslegung des § 1598a BGB gebiete es, die Kindesmutter nur dann für anspruchsverpflichtet zu erachten, wenn deren Mitwirkung an der Klärung der Abstammung im Einzelfall tatsächlich erforderlich ist,[20] kann nicht gefolgt werden. Sie verkennt, dass ein Abstammungsgutachten hinsichtlich der positiven Feststellung der Vaterschaft stets das Ergebnis einer Wahrscheinlichkeitsrechnung ist. Selbst eine hohe Wahrscheinlichkeit verliert an Aussagekraft, wenn sie nicht auch die Untersuchungsergebnisse der Mutter einbezieht.[21] Ob das Kind von dem rechtlichen Vater abstammt oder ob dieser als Vater ausgeschlossen ist, lässt sich am sichersten dadurch beurteilen, dass die DNA Merkmale des Kindes mit denen von Vater und Mutter verglichen werden. Die Mutter ist daher nach Möglichkeit stets in das Abstammungsgutachten einzubeziehen.

10 Der Anspruch findet seine **Grenzen nur im Rechtsmissbrauch**, die aber nur in seltenen Ausnahmefällen überschritten ist.[22] Rechtsmissbräuchlich ist es, die Einwilligung in ein Abstammungsgutachten zu verlangen, wenn bereits aus einem früheren gerichtlichen Verfahren ein die Abstammung klärendes Abstammungsgutachten vorliegt.[23] Allerdings kann im Einzelfall trotz Vorliegens eines Abstammungsgutachtens ein Bedürfnis nach (weiterer) Klärung und damit ein Anspruch gemäß § 1598a Abs. 1 Satz 1 BGB gegeben sein, nämlich zum einen bei fehlerhafter Durchführung der Begutachtung und zum anderen dann, wenn das frühere Gutachten lediglich zu einem Grad der Gewissheit geführt hat, der dem nach aktuellen wissenschaftlichen Standards zu erreichenden eindeutig unterlegen ist.[24] Wenig überzeugend erscheint allerdings, dass ein Anspruch auf Abstammungsklärung auch dann gegeben sein soll, wenn in einem vorangegangenen Vaterschaftsfeststellungsverfahren mögliche Einwendungen gegen die Fehlerhaftigkeit des eingeholten Gutachtens nicht geltend gemacht wurden.[25] Allein, dass die fehlende Abstammung vom rechtlichen Vater zwischen den Beteiligten unstreitig ist, steht dem Klärungsverfahren jedoch

16 Kritisch hierzu Palandt/*Brudermüller*, § 1598a BGB Rn. 7
17 Vgl. auch *Helms*, FamRZ 2008, 1033, 1034
18 OLG Koblenz FamRZ 2014, 406; OLG München FamRZ 2011, 1878
19 OLG Karlsruhe FamRZ 2012, 1148
20 OLG Brandenburg FamRZ 2010, 1817
21 Staudinger/*Rauscher*, § 1598a BGB Rn. 15
22 OLG München FamRZ 2011, 1878
23 OLG Frankfurt FamRZ 2016, 1476; OLG Stuttgart FamRZ 2010, 53
24 BGH FamRZ 2017, 219
25 So aber BGH FamRZ 2019, 1543

nicht entgegen. Auch dann kann der Klärungsberechtigte die Einwilligung in ein genetisches Abstammungsgutachten verlangen, um sich Gewissheit zu verschaffen.[26]

Die Geltendmachung des Anspruchs nach § 1598a BGB ist an **keine Frist** gebunden. Der Anspruch kann nicht verjähren (§ 194 Abs. 2 BGB). Eine Vereinbarung eines Verzichts auf den Anspruch auf Klärung der Abstammung ist gemäß § 138 BGB unwirksam. Da das Recht auf Kenntnis der Abstammung Bestandteil des verfassungsrechtlich geschützten allgemeinen Persönlichkeitsrechts ist, entfaltet es keine Bindungswirkung für die Zukunft, wenn ein Klärungsberechtigter sich verpflichtet, auf sein Recht auf Kenntnis der eigenen Abstammung zu verzichten.[27] 11

II. Anspruchsinhalt (Abs. 2)

Der Klärungsberechtigte hat Anspruch auf **Einwilligung** in eine genetische Abstammungsuntersuchung und auf **Duldung** der Entnahme einer für die Untersuchung geeigneten genetischen Probe. Einwilligung bedeutet die vorherige Zustimmung zur Abstammungsbegutachtung, nicht die nachträgliche Genehmigung. Die **Verpflichtung zur Duldung** der für die Untersuchung erforderlichen Probeentnahme umfasst nicht nur die Verpflichtung, die Probeentnahme passiv hinzunehmen, sondern der Anspruchsgegner ist auch verpflichtet, **an der Probeentnahme aktiv mitzuwirken**, indem er sich zur Probeentnahme begeben und dort seine Identität offenlegen muss. 12

Ein Anspruch auf Einwilligung und Duldung besteht jedoch nur hinsichtlich einer Probeentnahme und eines Abstammungsgutachtens, das dem Stand der Wissenschaft entspricht. Die Probeentnahme und die Erstellung des Gutachtens müssen den Anforderungen des Gendiagnostikgesetzes und der Richtlinie der Gendiagnostik-Kommission für die Anforderungen an die Durchführung genetischer Analysen zur Klärung der Abstammung[28] entsprechen. Deshalb muss das Gericht prüfen, ob die vom Klärungsberechtigten vorgesehene Abstammungsuntersuchung dem Stand der Wissenschaft entspricht. Dies ist immer dann anzunehmen, wenn eine Abstammungsuntersuchung auf der Grundlage der Richtlinien der Gendiagnostik-Kommission für die Anforderungen an die Durchführung genetischer Analysen zur Klärung der Abstammung[29] erfolgen soll. 13

III. Aussetzung des Verfahrens (Abs. 3)

Nach § 1598a Abs. 3 BGB hat das Gericht das Verfahren **auszusetzen**, wenn und solange die Klärung der leiblichen Abstammung eine **erhebliche Beeinträchtigung des Wohls des minderjährigen Kindes** begründen würde, die auch unter Berücksichtigung der Belange des Klärungsberechtigten für das Kind unzumutbar wäre. Eine solche Aussetzung kommt nur während der Minderjährigkeit des betroffenen Kindes in Betracht, und auch dann nur in besonderen Härtefällen. Hierzu bedarf es ganz außergewöhnlicher Umstände, welche atypisch sind und schwerwiegende Folgen für das Kind auslösen können,[30] etwa eine konkrete Suizidgefahr oder eine gravierende Verschlechterung einer bereits bestehenden schweren Erkrankung.[31] Eine durch einen Loyalitätskonflikt ausgelöste Neurodermitis reicht hierzu nicht aus,[32] auch nicht eine psychische Beeinträchtigung, wie sie der Verlust des Vaters ohnehin mit sich bringt.[33] 14

---

26 OLG Düsseldorf JAmt 2011, 31
27 Vgl. hierzu auch OLG Nürnberg FamRZ 2014, 1214
28 Bundesgesundheitsblatt 2013 S. 169 ff.
29 Vgl. Bundesgesundheitsblatt 2013 S. 169 ff.
30 OLG Koblenz FamRZ 2014, 406; OLG Karlsruhe FamRZ 2012, 1734; FamRZ 2012, 1148
31 Palandt/*Brudermüller,* § 1598a BGB Rn. 10
32 OLG Schleswig FamRZ 2011, 1805
33 OLG Koblenz FamRZ 2014, 406

15 Wenn Umstände i.S.v. Abs. 3 geltend gemacht werden oder dem Gericht ersichtlich sind, empfiehlt es sich, gemäß § 176 Abs. 1 Satz 2 FamFG das Jugendamt anzuhören.

IV. Gegenanspruch des Klärungsverpflichteten (Abs. 4)

16 Dem Klärungspflichtigen wird durch § 1598a Abs. 4 BGB der Anspruch gegen den Klärungsberechtigten eingeräumt, Einsicht in das Abstammungsgutachten zu nehmen oder eine Abschrift des Abstammungsgutachtens zu erhalten. Dieser Anspruch besteht auch dann, wenn der Klärungspflichtige nicht selbst die Einwilligung erteilt hat, sondern die Einwilligung durch das Gericht ersetzt wurde.

C. Verfahren

I. Allgemeines

17 Das Verfahren ist gemäß § 169 Nr. 2 und 3 FamFG eine **Abstammungssache**, so dass die verfahrensrechtlichen Vorschriften des FamFG und die besonderen Regelungen für Abstammungssachen (§§ 169 ff. FamFG) Anwendung finden. Die örtliche Zuständigkeit richtet sich nach § 170 Abs. 1 FamFG. Es handelt sich um ein Antragsverfahren (§ 171 FamFG). Beteiligte des Verfahrens sind neben dem Antragsteller die beiden klärungsverpflichteten Personen (§ 172 FamFG). Dritte können nicht Beteiligte des Verfahrens sein. Wenn man der Ansicht folgt, dass sich der Anspruch bei einer bereits verstorbenen Person gegen die Totensorgeberechtigten richtet (siehe oben Rn. 7), sind diese Beteiligte des Verfahrens. Gemäß § 1629 Abs. 2a BGB sind die Eltern in einem Klärungsverfahren nach § 1598a BGB von der Vertretung des minderjährigen Kindes ausgeschlossen, so dass für das Kind ein **Ergänzungspfleger** zu bestellen ist.

II. Antragsinhalt

18 Der Antrag auf Ersetzung der Einwilligung muss darlegen, dass das Kind dem beteiligten rechtlichen Vater zugeordnet ist, der Antragsteller die Klärung der leiblichen Abstammung herbeiführen will und die Anspruchsgegner vergeblich aufgefordert wurden, die hierfür erforderliche Einwilligung zu erteilen. Ferner sollte dargelegt werden, bei welchem Institut der Antragsteller die Abstammungsuntersuchung in Auftrag geben will. Denn das Gericht darf nur die Einwilligung in eine solche Abstammungsuntersuchung ersetzen, die den gesetzlichen Anforderungen und dem Stand der Wissenschaft entspricht (siehe oben Rn. 13).

III. Verfahrensgang

19 Das Gericht soll gemäß § 175 Abs. 2 FamFG vor einer Entscheidung über die Ersetzung der Einwilligung in eine genetische Abstammungsuntersuchung und die Anordnung der Duldung der Probeentnahme die Eltern und das Kind, das das 14. Lebensjahr vollendet hat, persönlich anhören. Ein jüngeres Kind kann das Gericht persönlich anhören. Im Zusammenwirken mit § 34 Abs. 1 Nr. 2 FamFG folgt aus der Sollvorschrift des § 175 Abs. 2 FamFG die Verpflichtung zur persönlichen Anhörung der Eltern und des über 14 Jahre alten Kindes.[34] Zwar ist für die persönliche Anhörung nicht zwingend die Durchführung eines gemeinsamen Erörterungstermins erforderlich. Dies empfiehlt sich aber vor dem Hintergrund, dass ein Klärungsverfahren i.S.v. § 1598a BGB auch mit einem gerichtlichen Vergleich beendet werden kann (vgl. § 96a Abs. 1 Satz 1 FamFG).

34 MüKo-FamFG/*Coester-Waltjen/Hilbig-Lugani,* § 175 Rn. 8

IV. Entscheidung des Gerichts

Das Gericht **entscheidet durch Beschluss**. Bei der Ersetzung der Einwilligung sollte aus dem Beschlusstenor hervorgehen, für welche konkrete Untersuchung die Einwilligung ersetzt wird und welche Art der Probeentnahme zu dulden ist. Enthält die gerichtliche Entscheidung hierzu keine Aussage, kann sich im Vollstreckungsverfahren die Frage stellen, ob die vorgesehene Abstammungsuntersuchung dem Stand der Wissenschaft entspricht. Bei der Entscheidung über den Anspruch des Klärungspflichtigen auf Einsicht bzw. Übergabe einer Abschrift des Gutachtens bedarf es der konkreten Bezeichnung des Abstammungsgutachtens. 20

Die **Kostenentscheidung** richtet sich nach § 81 FamFG. Das Gericht hat über die Kosten des Verfahrens nach billigem Ermessen zu entscheiden. Bei der Ermessensausübung darf in einer Abstammungssache nicht allein auf den Erfolg des Antrags oder der Verteidigung gegen den Antrag abgestellt werden,[35] sondern es sind alle Umstände in die Abwägung einzubeziehen. Da die Voraussetzungen des Klärungsanspruchs jedoch niederschwellig ausgestaltet sind, kann eine mutwillige Verweigerung der Einwilligung in die Abstammungsuntersuchung eine Anordnung der Kostenerstattung rechtfertigen.[36] 21

Der **Gebührenwert** ist gemäß § 47 Abs. 1 FamGKG in der Regel mit 1.000 Euro zu bemessen,[37] wobei gemäß § 47 Abs. 2 FamGKG das Gericht einen höheren oder niedrigeren Wert festsetzen kann, wenn der Regelwert nach den besonderen Gründen des Einzelfalles unbillig ist. Richtet sich das Verfahren aber gegen zwei Antragsgegner, nämlich das beteiligte Kind und die beteiligte Kindesmutter, liegen zwei verschiedene Verfahrensgegenstände vor, deren Werte gemäß § 33 Abs. 1 Satz 1 FamGKG zu addieren sind.[38]

V. Vollstreckung

Der **Einwilligungsbeschluss** bedarf keiner Vollstreckung, sondern die Einwilligung gilt ab Rechtskraft des Beschlusses (§ 184 Abs. 1 FamFG) als erteilt (§ 95 Abs. 1 Nr. 5 FamFG i.V.m. § 894 ZPO). Die **Anordnung der Duldung der Probeentnahme** wird nach § 95 Abs. 1 Nr. 4 FamFG in entsprechender Anwendung von § 890 ZPO mit der Festsetzung von Ordnungsgeld oder Ordnungshaft vollstreckt. Bei wiederholter unberechtigter Verweigerung der Untersuchung kann gemäß § 96a Abs. 2 FamFG die Anwendung unmittelbaren Zwanges, insbesondere die zwangsweise Vorführung zur Untersuchung, angeordnet werden. Eine Vollstreckung der Duldung der Abstammungsuntersuchung ist jedoch ausgeschlossen, wenn die Art der Probeentnahme der zu untersuchenden Person nicht zugemutet werden kann. Die Unzumutbarkeit kann auch daraus herzuleiten sein, dass die konkret beabsichtigte Abstammungsuntersuchung nicht den Anforderungen an den Stand der Wissenschaft entspricht. Für einen Streit hierüber ist jedoch im Vollstreckungsverfahren kein Raum mehr, wenn bereits im Erkenntnisverfahren die konkrete Abstammungsuntersuchung als dem Stand der Wissenschaft entsprechend erachtet und dies durch die Benennung der konkreten Untersuchung in der Entscheidung zum Ausdruck gebracht wurde. 22

VI. Gutachten

Das gerichtliche Verfahren betrifft nur die Ersetzung der Einwilligung in das Gutachten und die Duldung der Probeentnahme. Die Einholung des Gutachtens selbst ist nicht Bestandteil des Verfahrens nach § 1598a BGB. Sie erfolgt nicht durch das Gericht, sondern ist von dem 23

35 BGH FamRZ 2014, 744
36 OLG Karlsruhe, Beschl. v. 13.3.2012 – 2 WF 39/12, FamRZ 2012, 1148 (LS)
37 OLG Naumburg FamRZ 2019, 914
38 OLG Naumburg FamRZ 2019, 914

Klärungsberechtigten selbst in Auftrag zu geben, der als Auftraggeber des Gutachtens auch die Kosten für die Erstellung des Gutachtens selbst zu tragen hat.[39]

D. Verhältnis zur Anfechtung der Vaterschaft

24 **Während eines gerichtlichen** Klärungsverfahrens nach § 1598a Abs. 2 und Abs. 3 BGB ist der Lauf der Anfechtungsfrist gehemmt (§ 1600b Abs. 5 BGB). In der Zeit ab Eingang des Antrags bei Gericht läuft die Anfechtungsfrist nicht weiter. Die Hemmung endet gemäß § 1600b Abs. 5 i.V.m. § 204 Abs. 2 BGB sechs Monate nach rechtskräftiger Entscheidung oder anderweitiger Beendigung des Klärungsverfahrens.[40] Da die Einholung des Abstammungsgutachtens selbst nicht Bestandteil des Klärungsverfahrens ist, bewirkt die Dauer der Abstammungsbegutachtung selbst keine Hemmung der Anfechtungsfrist.

Das als Folge eines Verfahrens nach § 1598a BGB eingeholte Gutachten ist ein **Privatgutachten**, das gemäß § 177 Abs. 2 Satz 2 FamFG im Anfechtungsverfahren nur verwertet werden kann, wenn das Gericht keine Zweifel an der Richtigkeit des Gutachtens hat und die Beteiligten der Verwertung des Gutachtens zustimmen.[41]

E. Reformvorhaben

25 Der Diskussionsteilentwurf[42] sieht eine umfangreiche Umgestaltung des § 1598a BGB vor; die Vorschrift soll durch § 1600g BGB ersetzt werden, der folgenden Wortlaut vorschlägt:

§ 1600g BGB-DE

Anspruch auf Einwilligung in eine genetische Untersuchung zur Klärung der leiblichen Abstammung

(1) Zur Klärung der leiblichen Abstammung des Kindes können

1. **der Vater jeweils von Mutter und Kind,**
2. **die Mutter jeweils von Vater und Kind,**
3. **das Kind jeweils von Mutter und Vater,**
4. **das Kind von dem Mann, der den Umständen nach als leiblicher Vater in Betracht kommt, es sei denn, das Kind ist minderjährig und der Mann kann nach den §§ 1598a und 1598b als Vater festgestellt werden,**
5. **das Kind von der Frau, die den Umständen nach als nur genetische Mutter in Betracht kommt, und**
6. **der Mann, der an Eides statt versichert, der Mutter des Kindes während der Empfängniszeit beigewohnt zu haben, jeweils von Mutter und Kind**

verlangen, dass diese in eine genetische Abstammungsuntersuchung einwilligen und die Entnahme einer für die Untersuchung geeigneten genetischen Probe dulden. Das Kind kann dies nach Vollendung des 16. Lebensjahres nur selbst verlangen. Die Probe muss nach den anerkannten Grundsätzen der Wissenschaft entnommen werden.

(2) Auf Antrag eines Klärungsberechtigten hat das Familiengericht eine nicht erteilte Einwilligung zu ersetzen und die Duldung einer Probeentnahme anzuordnen.

(3) Das Gericht setzt das Verfahren in den Fällen des Absatzes 1 Satz 1 Nummer 1 und 2 aus, wenn und solange die Klärung der leiblichen Abstammung zu einer erheblichen Beeinträch-

39 Palandt/*Brudermüller,* § 1598a BGB Rn. 14
40 MüKo-BGB/*Wellenhofer,* § 1600b Rn. 32
41 OLG Naumburg NJW-RR 2013, 1413
42 Diskussionsteilentwurf abrufbar unter www.bmjv.de

tigung des Wohls des minderjährigen Kindes führen würde, die auch unter Berücksichtigung der Belange des Klärungsberechtigten für das Kind unzumutbar wäre. Das Gericht setzt das Verfahren in den Fällen des Absatzes 1 Satz 1 Nummer 6 aus, wenn und solange die Klärung der leiblichen Abstammung zu einer erheblichen Beeinträchtigung des Wohls des minderjährigen Kindes führen würde.

(4) Wer in eine genetische Abstammungsuntersuchung eingewilligt und eine genetische Probe abgegeben hat, kann von dem Klärungsberechtigten, der eine Abstammungsuntersuchung hat durchführen lassen, Einsicht in das Abstammungsgutachten oder Aushändigung einer Abschrift verlangen. Über Streitigkeiten aus dem Anspruch nach Satz 1 entscheidet das Familiengericht.

Die Verschiebung der Vorschrift ans Ende des Titels sei der Gesetzessystematik geschuldet, weil es gerade nicht um Statusfragen gehe.[43] Inhaltlich erweitert der Entwurf insbesondere das geltende Recht um einen **Klärungsanspruch des Kindes** hinsichtlich seiner Abstammung **gegenüber einem Mann, der den Umständen nach als leiblicher Vater in Betracht kommt,** also z.B. der Mutter des Kindes während der Empfängniszeit beigewohnt hat oder seinen Samen zum Zwecke der künstlichen Befruchtung gespendet hat.[44] Das Kind muss zur Vermeidung von Anträgen „ins Blaue hinein" substanziiert vortragen, warum der Mann, gegen den es seinen Klärungsanspruch richtet, als genetischer Vater in Betracht kommt. Ist indes die zweite Elternstelle eines minderjährigen Kindes nicht besetzt und ein **Vaterschaftsfeststellungsantrag** möglich, wird das minderjährige Kind – im Gegensatz zum Volljährigen – auf die Vaterschaftsfeststellung verwiesen, weil die damit verknüpften Rechtsfolgen – z.B. die Unterhaltsverpflichtung – für das Kind im Vordergrund stünden.[45] Dass die Normierung eines Klärungsanspruchs gegen den potenziellen leiblichen Erzeuger verfassungsrechtlich möglich ist, hat das BVerfG bereits bejaht.[46] **26**

Weiterhin gibt der Entwurf dem Kind auch einen Anspruch auf **Klärung seiner genetischen Abstammung gegenüber der Frau**, die den Umständen nach als nur genetische Mutter in Betracht kommt. Das Kind habe nämlich das gleiche Interesse daran, zu erfahren, welche Frau seine genetische Mutter ist, wie zu erfahren, wer sein genetischer Vater ist.[47] Entsprechend der Regelung in § 10 Abs. 1 Satz 2 SaRegG soll das mindestens 16-jährige Kind seinen Klärungsanspruch nur persönlich geltend machen können. **27**

Schließlich soll auch der **potenzielle leibliche Erzeuger** in den Kreis der Klärungsberechtigten einbezogen werden. Auf diese Weise werde der die Beteiligten belastende Umweg über eine inzidente Klärung der Vaterschaft nach § 1686a BGB (Umgangsrecht des leiblichen, nicht rechtlichen Vaters) vermieden.[48] Dieser Klärungsanspruch soll auch dem privaten Becherspender bei fehlender konsentierter heterologen Insemination zustehen.[49] Zur Sicherung des Kindeswohls kann ein entsprechendes Verfahren nach § 1600g Abs. 3 Satz 2 des Entwurfs ausgesetzt werden. **28**

43 Diskussionsteilentwurf S. 55
44 Diskussionsteilentwurf S. 56
45 Diskussionsteilentwurf S. 56
46 BVerfG ZKJ 2016, 261 Rn. 48 ff.
47 Diskussionsteilentwurf S. 57
48 Diskussionsteilentwurf S. 58
49 Diskussionsteilentwurf S. 58

§ 1599 BGB Nichtbestehen der Vaterschaft

(1) § 1592 Nr. 1 und 2 und § 1593 gelten nicht, wenn auf Grund einer Anfechtung rechtskräftig festgestellt ist, dass der Mann nicht der Vater des Kindes ist.

(2) [1]§ 1592 Nr. 1 und § 1593 gelten auch nicht, wenn das Kind nach Anhängigkeit eines Scheidungsantrags geboren wird und ein Dritter spätestens bis zum Ablauf eines Jahres nach Rechtskraft des dem Scheidungsantrag stattgebenden Beschlusses die Vaterschaft anerkennt; ; § 1594 Abs. 2 ist nicht anzuwenden. [2]Neben den nach den §§ 1595 und 1596 notwendigen Erklärungen bedarf die Anerkennung der Zustimmung des Mannes, der im Zeitpunkt der Geburt mit der Mutter des Kindes verheiratet ist; für diese Zustimmung gelten § 1594 Abs. 3 und 4, § 1596 Abs. 1 Satz 1 bis 3, Abs. 3 und 4, § 1597 Abs. 1 und 2 und § 1598 Abs. 1 entsprechend. [3]Die Anerkennung wird frühestens mit Rechtskraft des dem Scheidungsantrag stattgebenden Beschlusses wirksam.

Übersicht

Rn.
A. Allgemeines ... 1
I. Normgeschichte ... 1
II. Normzweck ... 3
B. Inhalt der Norm ... 7
I. Vaterschaftsanfechtung (Abs. 1) ... 7
1. Zugangsvoraussetzung ... 7
2. Verfahrenseinleitung ... 9
3. Verfahrensbeteiligte ... 12
4. Verfahrensgang ... 15
5. Gerichtliche Entscheidung ... 19
6. Begründetheit der Vaterschaftsanfechtung ... 22
7. Wirkungen der Feststellung der Nichtvaterschaft ... 24
II. Scheidungsakzessorischer Vaterwechsel (Abs. 2) ... 28
1. Voraussetzungen ... 28
2. Wirkungen ... 35
3. IPR ... 37
C. Reformvorhaben ... 38

A. Allgemeines

I. Normgeschichte

1 Die Regelung wurde mit dem KindRG mit Wirkung zum 1.7.1998 geschaffen. Das vorher geltende Recht unterschied bei der Anfechtung der Vaterschaft danach, ob das Kind ehelich oder nichtehelich geboren war. Die Anfechtung der Vaterschaft zu einem ehelich geborenen Kind erfolgte im Wege der Ehelichkeitsanfechtung (§§ 1593 ff. BGB a.F.), die Anfechtung der Vaterschaft für ein nichteheliches Kind erfolgte im Wege der Anfechtung der Vaterschaftsanerkennung (§§ 1600f ff. BGB a.F.). Sowohl für den Kreis der Anfechtungsberechtigten als auch für die Anfechtungsfristen galten für eheliche und nichteheliche Kinder unterschiedliche Regelungen. Erst mit dem KindRG wurde die vorher geltende Ehelichkeitsanfechtung und die bisherige Anerkennungsanfechtung in ein einheitliches Rechtsinstitut der Vaterschaftsanfechtung zusammengeführt.

2 Mit Abs. 2 wurde mit dem KindRG eine im deutschen Recht völlig neue Regelung getroffen, die unter den dort genannten Voraussetzungen ein gerichtliches Vaterschaftsanfechtungsverfahren entbehrlich machen kann. Dazu trägt auch die mit dem KindRG geschaffene Neuregelung des § 1592 Nr. 1 BGB bei, die für die Vaterschaftszuordnung auf die Geburt in der Ehe abstellt. Nach dem vorher geltenden Recht wurden selbst nach der Scheidung geborene Kinder noch der früheren Ehe zugerechnet, wenn die Empfängniszeit

in die Zeit vor Rechtskraft der Scheidung zurückreichte,[1] weshalb jeweils ein Ehelichkeitsanfechtungsverfahren erforderlich wurde.

II. Normzweck

Abs. 1 ist die Grundnorm der Vaterschaftsanfechtung und bringt den **Vorrang der biologischen Wahrheit** vor der rechtlichen Vermutung der Vaterschaft zum Ausdruck. Unter den Voraussetzungen der §§ 1600 bis 1600c BGB kann eine Vaterschaftszuordnung, die darauf beruht, dass die Kindesmutter zum Zeitpunkt der Geburt verheiratet war (§ 1592 Nr. 1 BGB), dass die Ehe der Kindesmutter bei Geburt des Kindes zwar schon durch Tod des Ehemannes beendet war, jedoch die Empfängniszeit in die Ehezeit zurückreichte, oder dass die Vaterschaft anerkannt wurde (§ 1592 Nr. 2 BGB), angefochten werden. 3

Ob eine mit der tatsächlichen Abstammung nicht übereinstimmende Vaterschaftszuordnung beseitigt wird, hängt davon ab, ob ein Anfechtungsberechtigter (§§ 1600, 1600a BGB) rechtzeitig (§ 1600b BGB) ein Anfechtungsverfahren betreibt. Wird von keiner der zur Anfechtung der Vaterschaft berechtigten Personen innerhalb der Anfechtungsfrist von der Möglichkeit der Anfechtung der Vaterschaft Gebrauch gemacht, erwächst die rechtliche Vaterschaftszuordnung auch dann auf Dauer in **Bestandskraft**, wenn der rechtlich als Vater geltende Mann nicht der biologische Vater des Kindes ist. 4

Abs. 1 normiert ferner das **Prinzip der gerichtlichen Anfechtung**. Die Beseitigung der rechtlichen Vaterschaftszuordnung unterliegt grundsätzlich nicht der Disposition der Beteiligten. Der Statusverlust tritt erst und nur durch den rechtskräftigen Gestaltungsausspruch des Familiengerichts – der Feststellung der Nichtvaterschaft – in einem Vaterschaftsanfechtungsverfahren ein. 5

Von diesem Prinzip macht Abs. 2 eine wichtige Ausnahme. Diese Regelung ermöglicht einen auf Willenserklärungen beruhenden **scheidungsakzessorischen Statuswechsel**. Damit soll dem Umstand Rechnung getragen werden, dass im Lauf eines Scheidungsverfahrens geborene Kinder häufig aus einer neuen Partnerschaft der Mutter hervorgehen und nicht von dem „Noch-Ehemann" abstammen. Das Gesetz will den Beteiligten bei solchen Kindern einen Weg eröffnen, ohne ein gerichtliches Verfahren auf Anfechtung der Vaterschaft die Vaterschaftszuordnung zum bisherigen Ehemann zu beseitigen und gleichzeitig die Vaterschaftszuordnung zum die Vaterschaft anerkennenden Mann zu begründen. Insoweit ist die Regelung des § 1599 Abs. 2 BGB eine **Mischnorm von Anfechtung und Anerkennung der Vaterschaft**, die in ihren Rechtswirkungen Elemente aus beidem vereinigt.[2] 6

B. Inhalt der Norm

I. Vaterschaftsanfechtung (Abs. 1)

1. Zugangsvoraussetzung

Die Anfechtung der Vaterschaft ist nur bei der ehebedingten (§§ 1592 Nr. 1, 1593 BGB) und bei der auf Vaterschaftsanerkennung beruhenden Vaterschaftszuordnung (§ 1592 Nr. 2 BGB) eröffnet. Sie kommt nicht in Betracht bei der Vaterschaftszuordnung nach § 1592 Nr. 3 BGB durch gerichtliche Feststellung der Vaterschaft. Wenn eine rechtskräftige gerichtliche Feststellung der Vaterschaft erfolgt ist, steht mit Wirkung für und gegen alle (§ 184 Abs. 2 FamFG) unabänderbar (§ 184 Abs. 1 Satz 2 FamFG) die Abstammung des Kindes fest. Die rechtskräftige gerichtliche Feststellung der Vaterschaft kann nur im Wege eines Restitutionsverfahrens nach § 185 FamFG, §§ 580 ff. ZPO beseitigt werden. 7

---

1 § 1591 BGB in der vor dem 1.7.1998 geltenden Fassung
2 BGH FamRZ 2012, 616

8 Ein **Rechtsschutzbedürfnis** für ein Verfahren auf Anfechtung der Vaterschaft besteht immer dann, wenn die rechtliche Vaterschaftszuordnung von der behaupteten tatsächlichen Abstammung abweicht. Auch wenn die Anerkennung der Vaterschaft bewusst wahrheitswidrig oder in Kenntnis des Mehrverkehrs der Kindesmutter erfolgt ist, lässt dies das Rechtsschutzbedürfnis nicht entfallen.[3] Umgekehrt besteht auch keine Verpflichtung zur Anfechtung der Vaterschaft, beispielsweise um dadurch den Mindestunterhalt für weitere Kinder zu sichern.[4] Auch dann, wenn ein Vorgehen nach § 1599 Abs. 2 BGB möglich wäre, fehlt es nicht am Rechtsschutzbedürfnis für ein Verfahren auf Anfechtung der Vaterschaft.[5] Denn § 1599 Abs. 2 BGB beseitigt die Vaterschaft nur bei Rechtskraft der Scheidung. Es entzieht sich jedoch dem Einfluss des Anfechtenden, ob und wann es tatsächlich zu einem rechtskräftigen Scheidungsausspruch kommt. Kommt es zu keiner rechtskräftigen Scheidung (z.B. weil einer der Ehegatten vorher verstirbt), führt § 1599 Abs. 2 BGB nicht zur Beseitigung der Vaterschaftszuordnung. Dies begründet für den Anfechtenden die Gefahr, dass bei einem erst dann eingeleiteten Anfechtungsverfahren die Anfechtungsfrist des § 1600b BGB abgelaufen ist.

2. Verfahrenseinleitung

9 Das Verfahren wird durch den beim zuständigen Familiengericht (§ 170 FamFG) einzureichenden **Antrag** (§ 171 FamFG) eines Anfechtungsberechtigten (vgl. § 1600 BGB) eingeleitet. Der Antrag muss das Verfahrensziel und die betroffenen Personen bezeichnen und einen gegen die Vaterschaft sprechenden begründeten **Anfangsverdacht schlüssig darlegen** (vgl. § 171 Abs. 2 FamFG). Hierzu genügt es nicht, wenn lediglich behauptet wird, nicht der Vater des Kindes zu sein. Vielmehr müssen konkrete Umstände dargelegt werden, die bei objektiver Betrachtung geeignet sind, Zweifel an der Vaterschaft zu begründen und die Möglichkeit der anderweitigen Abstammung des Kindes als nicht ganz fernliegend erscheinen lassen.[6] Zur Schlüssigkeit eines Anfechtungsantrags gehören alle Tatsachen, die notwendig sind, damit der Antrag begründet erscheint, mithin sowohl die **gegen die Vaterschaft sprechenden Umstände** als auch der **Zeitpunkt ihrer Kenntniserlangung**, damit das Gericht im Rahmen der Schlüssigkeitsprüfung beurteilen kann, ob die Anfechtungsfrist des § 1600b BGB gewahrt ist.[7] Die Erforderlichkeit diesbezüglichen Vortrags bringt auch § 171 Abs. 2 Satz 2 FamFG zum Ausdruck.

10 Ein schlüssiger Vaterschaftsanfechtungsantrag erfordert die Darlegung **konkreter Anhaltspunkte**, welche im Sinne eines Anfangsverdachts die Annahme zulassen, dass das Kind nicht vom Scheinvater abstammt.[8] Solche Anhaltspunkte können sein, dass der Antragsteller einen Geschlechtsverkehr mit der Mutter des Kindes in der Empfängniszeit verneint oder substantiiert Mehrverkehr der Kindesmutter darlegt.[9] Auch die Darlegung sonstiger Umstände, die den Schluss zulassen, dass eine Vaterschaft des Scheinvaters ausgeschlossen ist, kommt in Betracht. So begründet etwa die ärztlich attestierte eingeschränkte Fertilität in Verbindung mit der Weigerung der Mutter, an einem außergerichtlichen Vaterschaftstest mitzuwirken, einen solchen Anfangsverdacht.[10] Ansonsten ist jedoch die Weigerung der Mutter, an einem außergerichtlichen Vaterschaftstest mitzuwirken, allein nicht ausreichend, um damit einen Anfangsverdacht schlüssig zu begründen.[11] Auch der bloße

3 OLG Köln FamRZ 2006, 1260; OLG Nürnberg FamRZ 2012, 1739; siehe aber zum geplanten Ausschluss der Anfechtung bei bewusst wahrheitswidriger Anerkennung § 1594 Rn. 22
4 OLG Düsseldorf NZFam 2019, 115 mit abl. Anm. *Sarres*
5 OLG Brandenburg FamRZ 2008, 68; a.A. OLG Naumburg FamRZ 2008, 432
6 Vgl. BGH FamRZ 1998, 955
7 OLG Karlsruhe FuR 1998, 380
8 OLG Dresden FamRZ 1997, 1297
9 OLG Karlsruhe FamRZ 2001, 1532
10 OLG Dresden FamRZ 2006, 1129
11 BGH FamRZ 2005, 340; FamRZ 2005, 342

Hinweis darauf, dass bezüglich eines anderen während der Ehe geborenen Kindes die Vaterschaft erfolgreich angefochten wurde, genügt nicht.[12]

Auf einen **heimlichen Vaterschaftstest** kann ein Anfangsverdacht nicht gestützt werden.[13] Wenn aber die Kindesmutter als Reaktion auf ein heimlich eingeholtes Vaterschaftsgutachten Mehrverkehr einräumt, so ist diese Erklärung der Mutter als Anfangsverdacht ausreichend.[14] 11

3. Verfahrensbeteiligte

Beteiligte des Verfahrens sind der Antragsteller (§ 7 Abs. 1 FamFG) sowie gemäß § 172 FamFG das Kind, die Mutter und der rechtliche Vater, sofern sich ihre Beteiligtenstellung nicht ohnehin bereits daraus ergibt, dass sie Antragsteller des Verfahrens sind. 12

Ein **minderjähriges Kind** ist im Verfahren selbst nicht verfahrensfähig (§ 9 Abs. 2 FamFG). Die Regelung des § 9 Abs. 1 Nr. 3 findet in Abstammungsverfahren keine Anwendung, da im Recht der Anfechtung der Vaterschaft Kinder, die das 14. Lebensjahr bereits vollendet haben, keine Sonderstellung haben. Für minderjährige Kinder handeln ihre gesetzlichen Vertreter. Hierbei kann sich jedoch die Notwendigkeit der Bestellung eines Ergänzungspflegers ergeben (vgl. hierzu *Grün,* § 1600a Rn. 23). 13

Minderjährige Kindeseltern sind jedoch nach § 9 Abs. 1 Nr. 4 FamFG selbst verfahrensfähig, da sie gemäß § 1600a Abs. 2 Satz 2 BGB selbst zur Anfechtung der Vaterschaft befugt sind. 14

4. Verfahrensgang

Das Familiengericht hat nach § 175 Abs. 1 FamFG zunächst mit den Beteiligten einen **Erörterungstermin** durchzuführen. Dabei geht es darum zu klären, ob die Einholung eines Abstammungsgutachtens erforderlich ist und welche Personen in die Begutachtung einzubeziehen sind. Die Einholung eines Gutachtens ist z.B. dann entbehrlich, wenn sich als Ergebnis des Erörterungstermins herausstellt, dass die Anfechtungsfrist des § 1600b BGB nicht gewahrt ist. 15

Das Familiengericht hat dem minderjährigen Kind gemäß § 174 FamFG einen **Verfahrensbeistand** zu bestellen, sofern dies zur Wahrnehmung seiner Interessen erforderlich ist; dies dürfte nur selten in Betracht kommen, weil im Abstammungsrecht als Statusrecht das Kindeswohl nur in sehr begrenztem Umfang Bedeutung hat.[15] Bei der Anfechtung durch den potentiellen leiblichen Vater und bei der Anfechtung durch das gesetzlich vertretene Kind ist gemäß § 176 FamFG das **Jugendamt** am Verfahren zu beteiligen. Dessen Beteiligung kann auch in anderen Abstammungsverfahren erfolgen, wenn das betroffene Kind noch minderjährig ist. 16

Das Familiengericht hat alle in Betracht kommenden und für die Klärung der Abstammung erforderlichen **Beweiserhebungen** von Amts wegen vorzunehmen (§ 26 FamFG), wobei jedoch im Anfechtungsverfahren durch § 177 Abs. 1 FamFG die Amtsermittlungspflicht dahingehend eingeschränkt ist, dass gegen die Vaterschaft sprechende Umstände nicht von Amts wegen zu berücksichtigen sind. Regelmäßig wird die Einholung eines Abstammungsgutachtens anzuordnen sein (vgl. § 178 FamFG). Wenn ein solches Gutachten nicht eingeholt werden kann oder zu keinen aussagekräftigen Ergebnissen führt, kommt die Vermutungswirkung des § 1600c BGB zum Tragen. 17

12 OLG Köln FamRZ 2006, 54
13 BVerfG FamRZ 2007, 441; BGH FamRZ 2005, 340; FamRZ 2005, 342
14 OLG Koblenz FamRZ 2006, 608
15 OLG Celle FamRZ 2019, 303 (LS)

18 Abstammungsverfahren können gemäß § 179 FamFG nur dann miteinander verbunden werden, wenn sie dasselbe Kind betreffen. Damit ist es zulässig, dass in einem Verfahren mehrere Anfechtungsberechtigte die Anfechtung der Vaterschaft zu dem Kind betreiben. Wenn die Vaterschaft hinsichtlich mehrerer Geschwisterkinder angefochten werden soll, ist für jedes Kind ein gesondertes Verfahren zu führen.

5. Gerichtliche Entscheidung

19 Das Familiengericht entscheidet durch Beschluss, der erst mit Rechtskraft wirksam wird (§ 184 Abs. 1 Satz 1 FamFG). Wird auf den Antrag des potentiellen leiblichen Vaters die Nichtvaterschaft festgestellt, setzt dies nach § 1600 Abs. 2 BGB voraus, dass der Anfechtende auch tatsächlich der leibliche Vater ist. Deshalb ist bei der Anfechtung durch den leiblichen Vater zugleich die Vaterschaft des Anfechtenden in der Beschlussformel auszusprechen (§ 182 Abs. 1 FamFG).

20 Hat ein Antrag auf Anfechtung der Vaterschaft Erfolg, haben gemäß § 183 FamFG die Beteiligten – mit Ausnahme des minderjährigen Kindes – die Gerichtskosten zu gleichen Teilen zu tragen; ihre außergerichtlichen Kosten haben die Beteiligten jeweils selbst zu tragen. Wenn ein Anfechtungsantrag abgewiesen wird, richtet sich die Kostenentscheidung nach § 81 FamFG.

21 Der Gebührenwert ist gemäß § 47 Abs. 1 FamGKG in der Regel mit 2.000 Euro zu bemessen, wobei gemäß § 47 Abs. 2 FamGKG das Gericht einen höheren oder niedrigeren Wert festsetzen kann, wenn der Regelwert nach den besonderen Gründen des Einzelfalles unbillig ist.

▶ *Näher zum gerichtlichen Verfahren siehe Grün, § 169 ff. FamFG.*

6. Begründetheit der Vaterschaftsanfechtung

22 Die Anfechtung der Vaterschaft ist begründet, wenn

- die Zulässigkeitsvoraussetzungen für ein gerichtliches Vaterschaftsanfechtungsverfahren vorliegen,
- von einem nach § 1600 BGB zur Anfechtung Berechtigten
- innerhalb der Anfechtungsfrist (§ 1600b BGB)
- ein schlüssiger Anfechtungsantrag beim Gericht eingereicht wurde, und
- als Ergebnis der Beweisaufnahme zur Überzeugung des Gerichts entweder die Vaterschaftsvermutung des § 1600c Abs. 1 BGB widerlegt ist – d. h. die Nichtvaterschaft feststeht oder
- die Vaterschaftsvermutung wegen § 1600c Abs. 2 Satz 1 BGB ausnahmsweise nicht gilt und die Vaterschaft nicht entsprechend § 1600d Abs. 2 und 3 BGB festzustellen ist.

23 Wegen der Vermutungswirkung des § 1600c Abs. 1 BGB trägt derjenige, der die Nichtvaterschaft geltend macht, die Feststellungslast dafür, dass das Kind nicht von dem als Vater geltenden Mann abstammt. **Bleibt die Nichtvaterschaft ungeklärt, hat der Anfechtungsantrag keinen Erfolg.** Etwas anderes gilt jedoch dann, wenn wegen § 1600c Abs. 2 BGB die Vermutungswirkung ausnahmsweise nicht gilt. Bleibt in einem solchen Fall ungeklärt, ob das Kind von dem als Vater geltenden Mann abstammt, geht dies zu Lasten der bisherigen Vaterschaftszuordnung und die Anfechtung hat Erfolg.

7. Wirkungen der Feststellung der Nichtvaterschaft

Mit der formellen Rechtskraft der die Nichtvaterschaft feststellenden Entscheidung entfällt mit Wirkung für und gegen alle (§ 184 Abs. 2 FamFG) die bisherige Vaterschaftszuordnung, und zwar **mit Rückwirkung auf den Tag der Geburt** des Kindes.[16] Das Kind wird damit rechtlich vaterlos. Eine etwaige bisherige gemeinsame elterliche Sorge von Mutter und Scheinvater entfällt, die **alleinige elterliche Sorge** für das Kind wächst gemäß § 1626a Abs. 3 BGB der Mutter zu. Ein Recht des bisherigen Scheinvaters zum **Umgang** mit dem Kind kann mit rechtskräftiger Feststellung der Nichtvaterschaft nicht mehr aus § 1684 BGB hergeleitet werden.[17] Jedoch kann auch nach rechtskräftiger Feststellung der Nichtvaterschaft ein Umgangsrecht des Scheinvaters unter den Voraussetzungen des § 1685 Abs. 2 BGB bestehen (näher hierzu *Gottschalk,* § 1685 BGB Rn. 12). 24

Hat ein Kind nur deshalb die deutsche **Staatsangehörigkeit**, weil der bisher als Vater geltende Mann Deutscher ist, dann führte die Rückwirkung der zivilrechtlichen Feststellung der Nichtvaterschaft nach früherem Recht ausnahmslos dazu, dass der Erwerb der deutschen Staatsangehörigkeit fortfällt. Diese Rechtsfolge hat das BVerfG nur für den Fall als verfassungsgemäß gebilligt, dass das betroffene Kind noch kein eigenes Vertrauen in den Bestand der Staatsangehörigkeit entwickelt hat.[18] Diesen Erwägungen hat der Gesetzgeber dadurch Rechnung getragen, dass durch eine Neuregelung des § 17 Abs. 2 und 3 StAG nunmehr Kinder, die bereits das fünfte Lebensjahr vollendet haben, von der Rechtsfolge des Verlustes der Staatsangehörigkeit ausgenommen sind. Anders als im Beschluss des BVerfG über die Verfassungswidrigkeit der Behördenanfechtung[19] bestehen deshalb gegen den Verlust der Staatsangehörigkeit durch erfolgreiche Anfechtung seitens des Scheinvaters keine verfassungsrechtlichen Bedenken.[20] 25

Mit Rechtskraft der Feststellung der Nichtvaterschaft entfällt rückwirkend jede **gesetzliche Unterhaltspflicht des Scheinvaters** gegenüber dem Kind.[21] Einer Vollstreckung aus früheren Unterhaltstiteln kann der Scheinvater mit einem Vollstreckungsabwehrantrag begegnen. In Höhe des vom Scheinvater geleisteten Unterhalts gehen die Unterhaltsansprüche des Kindes auf den Scheinvater über (§ 1607 Abs. 3 BGB).[22] Der Regressanspruch des Scheinvaters gegen den leiblichen Vater erstreckt sich auch auf die ihm durch das Vaterschaftsanfechtungsverfahren entstandenen Kosten.[23] 26

Bei Feststellung der Nichtvaterschaft kann der Betreuungsbedarf dieses Kindes gegen den Scheinvater keinen Betreuungsunterhaltsanspruch mehr nach § 1570 BGB oder nach § 1615l BGB auslösen. Ein aus anderen Gründen bestehender nachehelicher Unterhaltsanspruch oder ein Anspruch auf Trennungsunterhalt aus § 1361 BGB kann auch nach Feststellung der Nichtvaterschaft fortbestehen, wobei jedoch ein solcher Anspruch nach § 1579 verwirkt sein kann.[24] 27

II. Scheidungsakzessorischer Vaterwechsel (Abs. 2)

1. Voraussetzungen

Abs. 2 setzt voraus, dass die Mutter zum Zeitpunkt der Geburt des Kindes (noch) verheiratet ist und bezüglich dieser Ehe bei Gericht ein **Scheidungsantrag anhängig** ist. Die Voll- 28

16 Palandt/*Brudermüller,* § 1599 BGB Rn. 8
17 Vgl. auch BGH FamRZ 1988, 711
18 BVerfG FamRZ 2007, 21
19 BVerfG ZKJ 2014, 151
20 BVerwG FamRZ 2018, 1160
21 Palandt/*Brudermüller,* § 1599 BGB Rn. 8
22 Zum Scheinvaterregress vgl. die Kommentierung zu § 1600d Abs. 4 BGB
23 BGH FamRZ 1988, 387; OLG Koblenz FamRZ 1999, 658; LG Dortmund FamRZ 1994, 654
24 Vgl. BGH FamRZ 2012, 779

endung der Geburt muss nach Anhängigkeit des Scheidungsantrags, mithin nach Einreichung des Scheidungsantrags bei Gericht, erfolgen. Rechtshängigkeit durch bereits erfolgte Zustellung des Scheidungsantrages ist nicht notwendig. Die Vorschrift ist bei einem Antrag auf Aufhebung der Ehe analog anwendbar.[25]

29 Die Vaterschaft zu dem Kind muss von einem anderen Mann, der nicht der Ehemann der Kindesmutter ist, anerkannt werden. Die **Anerkennung** unterliegt in vollem Umfang den Bestimmungen der §§ 1594 bis 1598 BGB. Sie kann auch bereits vor der Geburt des Kindes erfolgen und bedarf der öffentlichen Beurkundung. Wie jede Anerkennung der Vaterschaft bedarf es der **Zustimmung** der **Kindesmutter** (§ 1595 Abs. 1 BGB) und unter den Voraussetzungen des § 1595 Abs. 2 BGB auch der Zustimmung des **Kindes**.

30 Zusätzlich ist die Zustimmung des mit der Mutter zum Zeitpunkt der Geburt des Kindes verheiratet gewesenen **Ehemannes** erforderlich (Abs. 2 Satz 2), und zwar auch dann, wenn nach einer gemäß Art. 19 Abs. 1 EGBGB ebenfalls berufenen ausländischen Rechtsordnung die in der Ehe erklärte Anerkennung der Vaterschaft durch einen Dritten auch ohne Zustimmung des Ehemannes Rechtswirkungen erlangen würde.[26] Auch diese Zustimmung ist eine einseitige, nicht empfangsbedürftige Willenserklärung, die der öffentlichen Beurkundung bedarf. Eine Zustimmung zur Niederschrift des Gerichts gemäß § 180 FamFG kann nur im Rahmen eines Abstammungsverfahrens erfolgen. Die Erklärung zu Protokoll des Scheidungsverfahrens genügt den Anforderungen nicht.[27]

31 Aufgrund der Verweisung in Abs. 2 Satz 2 auf §§ 1594 Abs. 3 und 4, 1596 Abs. 1 Satz 1 bis 3, Abs. 3 und 4, 1597 Abs. 1 und 2 und 1598 Abs. 1 BGB, unterliegt die Zustimmungserklärung des Ehemannes denselben Anforderungen wie die Anerkennungserklärung selbst. Sie kann bereits vor der Geburt des Kindes erklärt werden, ist bedingungs- und vertretungsfeindlich und kann von einem **beschränkt Geschäftsfähigen** nur selbst abgegeben werden, wobei zusätzlich die Zustimmung des gesetzlichen Vertreters erforderlich ist. Ist der Ehemann geschäftsunfähig, kann die Zustimmungserklärung nur vom gesetzlichen Vertreter abgegeben werden, wozu es jedoch der vorherigen Genehmigung des Betreuungsgerichts bedarf.

32 Beglaubigte Abschriften der Zustimmungserklärung des Ehemannes sind dem Anerkennenden, der Mutter und dem Kind sowie dem Standesbeamten zu übersenden (§ 1597 Abs. 2 BGB), wobei diese Übersendung jedoch kein Wirksamkeitserfordernis für die Anerkennung ist.

33 Die Anerkennung durch den Dritten muss **bis zum Ablauf eines Jahres seit Rechtskraft des Scheidungsausspruchs** erfolgen. Nach überwiegender Ansicht der Rechtsprechung muss lediglich das Anerkenntnis des Dritten innerhalb dieser Jahresfrist wirksam erklärt sein, für die daneben erforderliche Zustimmung der Mutter und des Mannes, der zum Zeitpunkt der Geburt des Kindes noch mit der Mutter verheiratet war, soll diese Jahresfrist nicht gelten.[28] Nach a.A. soll es im Hinblick auf Sinn und Zweck dieser Fristenregelung, wonach die Wirksamkeit der Anerkennung nicht unvorhersehbar lange in der Schwebe bleiben soll, erforderlich sein, dass bereits alle Wirksamkeitsvoraussetzungen für die Anerkennung – mithin auch die erforderlichen beurkundeten Zustimmungserklärungen – binnen der Jahresfrist vorliegen.[29]

25 AG Hagen FamRZ 1995, 1191
26 OLG Köln StAZ 2014, 113
27 BGH FamRZ 2013, 944; OLG Frankfurt FamRZ 2012, 1735
28 BGH FamRZ 2013, 944; OLG Köln FamRZ 2011, 651; OLG Brandenburg FamRZ 2011, 1310; OLG Oldenburg FamRZ 2011, 1076; OLG Zweibrücken FamRZ 2000, 546
29 Staudinger/*Rauscher*, § 1599 BGB Rn. 92; OLG Stuttgart FamRZ 2004, 1054; AG Darmstadt StAZ 2008, 179

Bei **Versäumung der Jahresfrist** kann die Anerkennung nicht die Rechtsfolgen des Abs. 2 auslösen. Die Anerkennungserklärung ist damit aber nicht endgültig unwirksam, sondern wegen § 1594 Abs. 2 BGB nur schwebend unwirksam. Wird die Vaterschaftszuordnung zum früheren Ehemann der Kindesmutter im Wege eines Vaterschaftsanfechtungsverfahrens beseitigt, wird die Anerkennung wirksam, sofern die sonstigen Wirksamkeitsvoraussetzungen – insbesondere die erforderliche Zustimmung der Kindesmutter und ausnahmsweise auch des Kindes (§ 1595 Abs. 2 BGB) – vorliegen. **34**

2. Wirkungen

Die Anerkennung wird erst mit **Rechtskraft** des dem Scheidungsantrag stattgebenden Beschlusses wirksam. Damit wird vermieden, dass das Kind bei fortbestehender Ehe durch reine Erklärungsakte zum Kind eines anderen als dem Ehemann der Kindesmutter wird.[30] Wird der Scheidungsantrag abgewiesen oder zurückgenommen oder verstirbt ein Ehegatte vor Rechtskraft der Scheidung, so kann die Anerkennung nicht mehr die Rechtsfolgen des Abs. 2 auslösen. Die Auffassung des OLG Köln, wonach dann, wenn ein Scheidungsantrag nur aus formalen Gründen zurückgenommen wurde und sodann ein neuer Scheidungsantrag gestellt wird, der zur Scheidung führt, die Rechtsfolgen des § 1599 Abs. 2 BGB eintreten, obwohl das Kind vor Anhängigkeit des neuen Scheidungsverfahrens geboren wurde,[31] findet im Gesetz keine Stütze. **35**

Die Rechtswirkungen des Abs. 2 beinhalten sowohl die Vaterschaftszuordnung zu dem die Vaterschaft anerkennenden Mann als auch die Beseitigung der Vaterschaftszuordnung zum früheren Ehemann der Kindesmutter. Da diese Rechtswirkungen erst mit Rechtskraft der Scheidung eintreten, bleibt es trotz Anerkenntnis und aller Zustimmungserklärungen bis dahin bei der Vaterschaftszuordnung zum Noch-Ehemann. **36**

3. IPR

Die qualifizierte Vaterschaftsanerkennung nach § 1599 II BGB beinhaltet sowohl die Anerkennung der Vaterschaft als auch die Beseitigung der bisherigen Vaterschaft. Letztere ist der Sache nach mit einer Anfechtung der Vaterschaft in vereinfachter Form vergleichbar und führt zu ähnlichen Wirkungen wie eine Vaterschaftsanfechtung. Der für die Anfechtung der Vaterschaft in Art. 20 EGBGB zum Ausdruck kommende Rechtsgedanke der Wahlfreiheit ist auch für die Beseitigung der Abstammung durch übereinstimmende Erklärungen heranzuziehen. Wenn die Beteiligten den scheidungsakzessorischen Statuswechsel vornehmen, treffen sie hinsichtlich der Beseitigung der Vaterschaft eine Rechtswahl zugunsten des deutschen Rechts. Damit wird die Vaterschaft zum früheren Ehemann auch dann beseitigt, wenn ein für die Anerkennung der Vaterschaft nach Art. 19 Abs. 1 EGBGB auch anwendbares Recht ein solches Verfahren zur Beseitigung der Vaterschaft nicht kennt, da es für Art. 20 EGBGB nicht ausschlaggebend ist, ob das ausländische Recht die nach deutschem Recht erfolgte Beseitigung der Vaterschaft des früheren Ehemannes anerkennt.[32] Das Kind kann die rechtliche Vaterschaft nach dem Recht des Staates anfechten, in welchem es seinen gewöhnlichen Aufenthalt hat; auch ein scheidungsakzessorischer Vaterschaftswechsel gemäß § 1599 Abs. 2 BGB ist über Art. 20 Satz 2 EGBGB möglich.[33] **37**

---

30 Siehe aber Rn. 40 f.
31 OLG Köln OLGR 2007, 220
32 Vgl. BGH FamRZ 2012, 616
33 BGH FamRZ 2018, 1334

C. Reformvorhaben

38 § 1599 BGB wird bei Umsetzung des Diskussionsteilentwurfs[34] erheblich umgestaltet und erweitert. Abs. 1 wird ausgedehnt auch auf die Anfechtung der geplanten Mit-Mutterschaft. Anstelle des bisherigen Abs. 2 ist folgender Gesetzeswortlaut vorgesehen:

(2) § 1592 Absatz 1 Nummer 1 und Absatz 2 Nummer 1 sowie § 1593 gelten auch nicht, wenn eine dritte Person die Vaterschaft oder Mit-Mutterschaft mit Zustimmung der Person, die im Zeitpunkt der Geburt mit der Mutter verheiratet ist,

1. **entweder vor der Geburt des Kindes oder innerhalb von acht Wochen danach anerkennt oder**
2. **bis zum Ablauf eines Jahres nach Rechtskraft des dem Scheidungsantrag stattgebenden Beschlusses anerkennt und dieser Scheidungsantrag zum Zeitpunkt der Geburt des Kindes anhängig war.**

§ 1594 Absatz 2 Satz 1 ist nicht anzuwenden.

(3) Für die Zustimmung der Person, die im Zeitpunkt der Geburt mit der Mutter verheiratet ist, gelten § 1594 Absatz 3 und 4, die §§ 1595 sowie 1597 Absatz 1 und 2 sowie § 1598 Absatz 1 entsprechend.

39 Damit würde ein Wechsel in der Zuordnung der zweiten Elternstelle – die Geburtsmutter bleibt stets die Mutter (!) – durch eine sog. Dreier-Erklärung ermöglicht werden. Ein Dritter muss Vaterschaft bzw. Mit-Mutterschaft anerkennen, die Mutter muss der Anerkennung zustimmen, ebenso die Person, die im Zeitpunkt der Geburt mit der Mutter verheiratet ist.

40 § 1599 Abs. 2 Nr. 1 BGB-DE ermöglicht zunächst unter Vermeidung eines Anfechtungsverfahrens die Zuordnung der zweiten Elternstelle bei Anerkennung der Vaterschaft oder Mit-Mutterschaft innerhalb des Zeitfensters bis maximal acht Wochen nach der Geburt des Kindes. Die Regelung soll es über das geltende Recht hinaus ermöglichen, auch im Fall eines **sog. verziehenen Seitensprungs**, ohne dass also ein Scheidungsantrag gestellt wird, auf einvernehmliche Weise den rechtlichen Elternteil auszuwechseln, wenn Einigkeit besteht, dass der Seitensprungpartner die rechtliche Elternschaft für das Kind übernehmen soll.[35]

41 § 1599 Abs. 2 Nr. 2 BGB-DE sieht wie das geltende Recht den **scheidungsakzessorischen Statuswechsel** vor. Anders als derzeit aber ist für die Wirksamkeit der Anerkennung das **Erfordernis der Rechtskraft der Scheidung entfallen**. Das bedeutet, dass die Anerkennung des Dritten in dem Moment wirksam wird, in dem sowohl sie als auch die zur Anerkennung erforderlichen Zustimmungen der Mutter und ggf. des Kindes sowie die Zustimmung des rechtlichen Vaters bzw. der rechtlichen Mit-Mutter vorliegen. Ein Abwarten der rechtskräftigen Entscheidung über den Scheidungsantrag ist nach dem Entwurf nicht mehr erforderlich.[36] Damit soll vermieden werden, dass das Kind während eines möglicherweise über Jahre dauernden Scheidungsverfahrens einem Elternteil zugeordnet wird, der – anders als ein Dritter – gar nicht bereit ist, Verantwortung für das Kind zu übernehmen. Bei Versöhnung der Eheleute und Rücknahme des Scheidungsantrages bleibt es allerdings nach dem Entwurf bei der einmal vorgenommenen Zuordnung des Kindes.

42 Der im Diskussionsteilentwurf vorgesehene neue § 1599 Abs. 3 BGB entspricht inhaltlich dem geltenden § 1599 Abs. 2 Satz 2 Hs. 2.

34 Diskussionsteilentwurf, abrufbar unter www.bmjv.de
35 Diskussionsteilentwurf S. 41
36 Diskussionsteilentwurf S. 41

Checkliste Vaterschaftsanfechtung

I. Personalien

1. des Kindes (Name, Vorname, Geburtsdatum, Geburtsort, wenn möglich Standesamt des Geburtseintrags und Geburtseintrags-Nr., Anschrift) und des gesetzlichen Vertreters des Kindes

2. der Mutter (Name, Vorname, ggf. Geburtsname, Geburtsdatum, Anschrift, Familienstand)

3. des rechtlichen Vaters (Name, Vorname, ggf. Geburtsname, Anschrift, Familienstand)

4. des tatsächlichen Vaters, sofern bekannt (Name, Vorname, Anschrift)

II. Vorfragen

1. Woraus ergibt sich die Vaterschaftszuordnung des rechtlichen Vaters?

a. Aus dessen Ehe mit der Mutter zum Zeitpunkt der Geburt des Kindes (§ 1592 Nr. 1 BGB)?

Wenn ja, besteht die Vaterschaft fort, bis sie durch gerichtliche Entscheidung im Vaterschaftsanfechtungsverfahren oder nach § 1599 Abs. 2 BGB beseitigt ist.

b. Aus Vaterschaftsanerkennung (§ 1592 Nr. 2 BGB)?

Wenn ja, besteht die Vaterschaft fort, bis sie durch gerichtliche Entscheidung im Vaterschaftsanfechtungsverfahren oder – bei Ehe der Eltern – nach § 1599 Abs. 2 BGB beseitigt ist.

c. Aus rechtskräftiger gerichtlicher Vaterschaftsfeststellung (§ 1592 Nr. 3 BGB)?

Wenn ja, scheidet die Vaterschaftsanfechtung aus; hier kann die Vaterschaft nur im Restitutionsverfahren nach §§ 185 FamFG, 580 ZPO beseitigt werden.

2. Wenn das Kind nach Anhängigkeit eines Scheidungsverfahrens geboren wurde (§ 1599 Abs. 2 BGB)

a. Ist die Scheidung schon länger als ein Jahr rechtskräftig? Wenn ja, Anfechtung erforderlich, wenn nein weiter prüfen:

b. Ist der tatsächliche Vater bereit, die Vaterschaft anzuerkennen?

c. Stimmt die Mutter der Vaterschaftsanerkennung zu?

d. Stimmt der Scheinvater der Vaterschaftsanerkennung durch den tatsächlichen Vater zu?

3. Wurde das Kind mit Einwilligung des Mannes und der Mutter durch künstliche Befruchtung gezeugt?

Wenn ja, Anfechtung durch Mutter und Vater ausgeschlossen (§ 1600 Abs. 2 BGB).

III. Beteiligte des Verfahrens

1. Wer ist Antragsteller?

a. Mutter, Kind, der rechtliche Vater oder der potentielle leibliche Vater

   b. **Wenn das minderjährige Kind Antragsteller ist: Wer hat das Sorgerecht und kann über das „Ob" der Anfechtung entscheiden, evtl. vorher Übertragung der Entscheidungsbefugnis nach § 1628 BGB oder der elterlichen Sorge erforderlich**

2. **Beteiligte nach § 172 FamFG: rechtlicher Vater, Mutter, Kind**
3. **Wenn das Kind noch minderjährig ist: Wer kann das Kind im Verfahren vertreten?**

   Ein Ergänzungspfleger ist erforderlich, wenn

   a. **der rechtliche Vater und die Kindesmutter miteinander verheiratet sind,**

   b. **der rechtliche Vater und die Kindesmutter die gemeinsame elterliche Sorge für das Kind haben**

   c. **die Vertretungsbefugnis gerichtlich entzogen wird (§§ 1629 Abs. 2 Satz 3, 1796)**

4. **Sind nach § 172 FamFG zu beteiligende Personen bereits verstorben?**

IV. Begründetheit der Anfechtung

1. **Empfängniszeit errechnen oder aus Tabelle ablesen**
2. **Woraus ergibt sich, dass der rechtliche Vater nicht der tatsächliche Vater des Kindes ist?**

   a. **Hat in der Empfängniszeit Geschlechtsverkehr der Kindesmutter mit dem rechtlichen Vater stattgefunden?**

   b. **Gibt es Gründe dafür, dass das Kind unmöglich von dem rechtlichen Vater abstammen kann?**

   c. **Hat in der Empfängniszeit Geschlechtsverkehr der Kindesmutter mit weiteren Männern stattgefunden?**

3. **Wenn der potentielle leibliche Vater Antragsteller ist:**

   Besteht zwischen dem Kind und dem rechtlichen Vater eine sozial-familiäre Beziehung?

   Wenn ja, keine Anfechtung durch den potentiellen leiblichen Vater möglich.

4. **Anfechtungsfrist für den Anfechtenden: 2 Jahre**

   a. **Fristbeginn nicht vor der Geburt des Kindes**

   b. **Fristbeginn bei Vaterschaftsanerkennung nicht vor Eintritt der Wirksamkeit des Anerkenntnisses**

   c. **Fristbeginn ab Kenntnis von den gegen die Vaterschaft sprechenden Umständen:**

      - Wenn das Kind Antragsteller ist:

        Seit wann sind dem Kind bzw. – bei minderjährigen Kindern – dem gesetzlichen Vertreter die Umstände bekannt, die gegen die Vaterschaft des Scheinvaters sprechen?

      - Wenn die Mutter Antragstellerin ist:

        Seit wann sind der Mutter die Umstände bekannt, die gegen die Vaterschaft sprechen? (in der Regel schon bei Geburt des Kindes)

- Wenn der rechtliche Vater Antragsteller ist:

  Seit wann sind ihm die Umstände bekannt, die gegen seine Vaterschaft sprechen?

- Wenn der potentielle leibliche Vater Antragsteller ist:

  Seit wann sind ihm die Umstände bekannt, die gegen die Vaterschaft des rechtlichen Vaters sprechen (in der Regel schon bei Geburt des Kindes, es sei denn, ihm war die Geburt des Kindes nicht bekannt)

d. Hemmung des Fristlaufs?

- während eines Verfahrens nach § 1598a Abs. 2 BGB
- Drohung
- Höhere Gewalt, Stillstand der Rechtspflege, falsche Sachbehandlung durch Gericht oder Jugendamt
- für das Kind während des Zeitraumes, in dem es mangels ordnungsgemäßer Vertretung keine Anfechtung hätte betreiben können

e. Neubeginn des Fristlaufs bei volljährigen Kindern?

- bei Eintritt der Volljährigkeit
- bei besonderen Umständen i.S.v. § 1600b Abs. 6 BGB

5. Wenn das Kind durch seinen gesetzlichen Vertreter den Anfechtungsantrag stellt: Kindeswohldienlichkeit (§ 1600a Abs. 4 BGB)

a. Ist der leibliche Vater bekannt?

b. Wird er die Vaterschaft anerkennen?

c. Soll nach erfolgreicher Anfechtung die Vaterschaftsfeststellung betrieben werden?

V. Zusatzfragen

1. Gibt es schon ein mit Zustimmung der Beteiligten oder mit nach § 1598a BGB gerichtlich ersetzter Zustimmung privat eingeholtes Abstammungsgutachten?

2. Soll Verfahrenskostenhilfe beantragt werden?

VI. Erforderliche Anlagen

1. Geburtsurkunde des Kindes

2. Ggf. Sterbeurkunde(n), wenn eine zum Personenkreis des § 172 FamFG zählende Person bereits verstorben ist

3. Vaterschaftsanerkennung, falls die Vaterschaftszuordnung auf Grund einer Vaterschaftsanerkennung besteht

4. Anwaltsvollmacht

5. Verfahrenskostenhilfeantrag

§ 1600 BGB Anfechtungsberechtigte

(1) Berechtigt, die Vaterschaft anzufechten, sind:

1. der Mann, dessen Vaterschaft nach § 1592 Nr. 1 und 2, § 1593 besteht,

2. der Mann, der an Eides statt versichert, der Mutter des Kindes während der Empfängniszeit beigewohnt zu haben,

3. die Mutter und

4. das Kind.

(2) Die Anfechtung nach Absatz 1 Nr. 2 setzt voraus, dass zwischen dem Kind und seinem Vater im Sinne von Absatz 1 Nr. 1 keine sozial-familiäre Beziehung besteht oder im Zeitpunkt seines Todes bestanden hat und dass der Anfechtende leiblicher Vater des Kindes ist.

(3) [1]Eine sozial-familiäre Beziehung nach Absatz 2 besteht, wenn der Vater im Sinne von Absatz 1 Nr. 1 zum maßgeblichen Zeitpunkt für das Kind tatsächliche Verantwortung trägt oder getragen hat. [2]Eine Übernahme tatsächlicher Verantwortung liegt in der Regel vor, wenn der Vater im Sinne von Absatz 1 Nr. 1 mit der Mutter des Kindes verheiratet ist oder mit dem Kind längere Zeit in häuslicher Gemeinschaft zusammengelebt hat.

(4) Ist das Kind mit Einwilligung des Mannes und der Mutter durch künstliche Befruchtung mittels Samenspende eines Dritten gezeugt worden, so ist die Anfechtung der Vaterschaft durch den Mann oder die Mutter ausgeschlossen.

Übersicht

Rn.

A. Allgemeines ... 1
 I. Neuregelung durch das KindRG zum 1.7.1998 ... 1
 II. Entwicklung seit dem KindRG ... 3
B. Inhalt der Norm ... 6
 I. Anfechtungsberechtigte (Abs. 1) ... 6
  1. Vater (Abs. 1 Nr. 1) ... 6
  2. Mutter (Abs. 1 Nr. 3) ... 8
  3. Kind (Abs. 1 Nr. 4) ... 9
  4. Potentieller leiblicher Vater (Abs. 1 Nr. 2) ... 12
 II. Besondere Voraussetzungen für die Anfechtung durch den potentiellen leiblichen Vater (Abs. 2 und 3) ... 16
  1. Fehlende sozial-familiäre Beziehung zwischen dem Kind und dem rechtlichen Vater ... 16
   a. Regelungszweck ... 16
   b. Voraussetzungen einer sozial-familiären Beziehung ... 17
   c. Beurteilungszeitpunkt ... 20
   d. Darlegungs- und Feststellungslast ... 21
   e. Dauerhafter Ausschluss einer Anfechtung durch den biologischen Vater ... 22
  2. Tatsächliche Vaterschaft des Anfechtenden ... 23
 III. Einschränkung des Anfechtungsrechts bei künstlicher Befruchtung (Abs. 4) ... 25
C. Reformvorhaben ... 28

A. Allgemeines

I. Neuregelung durch das KindRG zum 1.7.1998

1 Vor dem KindRG galten unterschiedliche Regelungen hinsichtlich der Anfechtungsberechtigten, je nachdem, ob das Kind ehelich oder nichtehelich geboren war. Die Vaterschaft zu einem ehelich geborenen Kind konnte nur durch den Ehemann der Kindesmutter (§ 1594 BGB a.F.) und nur unter besonderen Voraussetzungen durch das Kind angefochten werden (§§ 1596 ff. BGB a.F). Eine Anfechtung der Ehelichkeit durch die Mutter kannte das Gesetz nicht. Bei nichtehelichen Kindern stand hingegen die Anfechtung der Anerkennung der Vaterschaft dem Mann, der die Vaterschaft anerkannt hatte, sowie der Mutter und dem Kind zu. Daneben kannte das damalige Recht ein befristetes und an besondere Vorausset-

zungen geknüpftes Anfechtungsrecht der Eltern des Mannes, wenn dieser bereits verstorben war (§ 1595a BGB a.F., § 1600g BGB a.F.).

Mit dem KindRG wurde die Unterscheidung zwischen ehelicher und nichtehelicher Abstammung aufgegeben und damit auch hinsichtlich des Kreises der Anfechtungsberechtigten ein einheitliches Recht geschaffen. Das vorher geltende Anfechtungsrecht der Eltern eines bereits verstorbenen Mannes wurde nicht beibehalten. 2

II. Entwicklung seit dem KindRG

Nach dem KindRG waren nur der rechtliche Vater, die Mutter und das Kind zur Anfechtung berechtigt. Durch das KindRVerbG vom 9.4.2002[1] ist das Anfechtungsrecht der Mutter und des rechtlichen Vaters für den Fall ausgeschlossen worden, dass das Kind mit Einwilligung des Mannes und der Mutter durch **künstliche Befruchtung** mittels Samenspende eines Dritten gezeugt wurde (jetzt § 1600 Abs. 5 BGB). 3

Durch das Gesetz zur Änderung der Vorschriften über die Anfechtung der Vaterschaft und das Umgangsrecht von Bezugspersonen des Kindes vom 23.4.2004,[2] das zum 30.4.2004 in Kraft getreten ist, ist der Kreis der Anfechtungsberechtigten dahingehend erweitert worden, dass zusätzlich zu den bislang bereits zur Anfechtung berechtigten Personen **auch der potentielle leibliche Vater** unter besonderen Voraussetzungen zur Anfechtung der Vaterschaft berechtigt ist, nämlich dann, wenn er an Eides statt versichert, der Mutter während der Empfängniszeit beigewohnt zu haben, und wenn zwischen dem bisher als Vater geltenden Mann und dem Kind keine sozial-familiäre Beziehung besteht oder im Zeitpunkt des Todes bestanden hat. 4

Der Kreis der zur Anfechtung Berechtigten wurde nochmals erweitert durch das Gesetz zur Ergänzung des Rechts zur Anfechtung der Vaterschaft vom 13.3.2008,[3] das in § 1600 Abs. 1 Nr. 5 BGB ein behördliches Anfechtungsrecht für den Fall geschaffen hatte, dass die Vaterschaftszuordnung auf einer Vaterschaftsanerkennung beruhte, durch welche die rechtlichen Voraussetzungen für eine erlaubte **Einreise** oder den erlaubten **Aufenthalt** des Kindes oder eines Elternteils in Deutschland geschaffen wurden und zwischen dem Kind und dem durch die Anerkennung als Vater geltenden Mann keine sozial-familiäre Beziehung besteht oder bestand.[4] Das Bundesverfassungsgericht hat mit Beschl. v. 17.12.2013[5] die Regelung über die behördliche Vaterschaftsanfechtung für verfassungswidrig erklärt. Als Folgeregelung wurde die präventive Norm des § 1597a BGB mit Wirkung vom 29.7.2017 eingeführt.[6] 5

B. Inhalt der Norm

I. Anfechtungsberechtigte (Abs. 1)

1. Vater (Abs. 1 Nr. 1)

Anfechtungsberechtigt ist der Mann, **der als Vater des Kindes gilt**, weil 6

- er mit der Kindesmutter zum Zeitpunkt der Geburt des Kindes verheiratet war (§ 1592 Nr. 1 BGB), oder
- er die Vaterschaft für das Kind wirksam anerkannt hat (§ 1592 Nr. 2 BGB), oder

1 BGBl. I S. 1239
2 BGBl. I S. 598
3 BGBl. I S. 313
4 Vgl. hierzu *Grün*, FuR 2006, 487 ff., und FuR 2007, 12 ff.; *Grün*, FPR 2011, 382 ff.
5 ZKJ 2014, 151 vgl. hierzu *Grün*, ZKJ 2014, 195
6 BGBl. I 2017, 2780

- er wegen der Vorrangregelung des § 1593 Abs. 1 Satz 3 BGB als Vater des Kindes gilt, wobei sich hier das Anfechtungsrecht aus der Bezugnahme auf § 1592 Nr. 1 BGB ergibt, oder
- seine Ehe mit der Kindesmutter zwar zum Zeitpunkt der Vollendung der Geburt bereits durch den Tod der Mutter vor oder bei der Geburt des Kindes aufgelöst war (weshalb § 1592 Nr. 1 BGB nicht mehr gilt) und das Kind innerhalb von 300 Tagen nach dem Tod der Mutter geboren wird (§ 1593 Abs. 1 BGB; vgl. *Grün,* § 1593 BGB Rn. 8).

7 Nicht zur Anfechtung berechtigt ist der Vater, wenn seine Vaterschaftszuordnung auf einer rechtskräftigen gerichtlichen Vaterschaftsfeststellung beruht (§ 1592 Nr. 3 BGB). Ferner scheidet eine Anfechtung der Vaterschaft durch den rechtlichen Vater aus, wenn das Kind mit seiner Einwilligung und der Einwilligung der Mutter durch **künstliche Befruchtung** mittels Samenspende eines Dritten gezeugt wurde (Abs. 4).[7] Von diesen Ausnahmen abgesehen kann jeder Mann die auf der gesetzlichen Vaterschaftszuordnung beruhenden Rechtsbeziehungen zu einem Kind, das nicht von ihm abstammt, mit einem fristgerechten Vaterschaftsanfechtungsantrag beseitigen. Dies gilt auch dann, wenn die Vaterschaftszuordnung durch eine bewusst unwahre Vaterschaftsanerkennung herbeigeführt wurde.[8]

2. Mutter (Abs. 1 Nr. 3)

8 Ein umfassendes **Anfechtungsrecht der Mutter** wurde erst mit dem KindRG mit Wirkung ab 1.7.1998 eingeführt. Vorher bestand für die Mutter nur ein Recht zur Anfechtung der Vaterschaftsanerkennung (§ 1600g Abs. 1 BGB a.F.). Abgesehen vom Fall der Zeugung des Kindes durch eine mit Einwilligung der Mutter und des die Vaterschaft anerkennenden Mannes durchgeführten künstlichen Befruchtung (Abs. 4) besteht das Anfechtungsrecht der Mutter ohne sachliche Einschränkungen. Es unterliegt auch keiner Kindeswohlprüfung.

3. Kind (Abs. 1 Nr. 4)

9 Das **Anfechtungsrecht des Kindes** ist durch das KindRG erheblich erweitert worden. Das vor dem 1.7.1998 geltende Recht beschränkte das Anfechtungsrecht des Kindes auf bestimmte Gründe (§ 1596 Abs. 1 Nr. 1 bis 5 BGB a.F.), was vom BVerfG mit Urteil vom 31.1.1989[9] beanstandet wurde. Zudem befristete das damalige Recht das Anfechtungsrecht in der Weise, dass die Anfechtung innerhalb einer Frist von zwei Jahren ab Kenntniserlangung von dem Anfechtungsgrund, spätestens jedoch bis zur Vollendung des 20. Lebensjahres des Kindes, erfolgen musste. Nur bei den Anfechtungsgründen des § 1596 Abs. 1 Nr. 4 und 5 BGB a.F. war die Anfechtung auch einem über 20 Jahre alten Kind noch möglich (§ 1598 BGB a.F.). Auch dieser bei bestimmten Anfechtungsgründen für die Vaterschaftsanfechtung des Kindes geltende absolute Fristablauf zwei Jahre nach Eintritt der Volljährigkeit war vom BVerfG als verfassungswidrig beanstandet worden.[10]

10 Das jetzige Recht verzichtet auf eine Beschränkung des Anfechtungsrechts auf bestimmte Gründe und auf eine mit einem bestimmten Alter ablaufende absolute Anfechtungsfrist. Das Anfechtungsrecht des Kindes unterliegt im Grundsatz **keinerlei sachlichen Einschränkungen**. Auch für den Fall, dass die Zeugung des Kindes durch künstliche Befruchtung mittels Samenspende eines Dritten erfolgte, bleibt das Anfechtungsrecht des Kindes – anders als das Anfechtungsrecht der Eltern (Abs. 4) – erhalten.

---

7 Vgl. hierzu OLG Oldenburg FamRZ 2015, 67; OLG Karlsruhe FamRZ 2012, 1150
8 OLG Köln FamRZ 2002, 629
9 BVerfG FamRZ 1989, 255
10 BVerfG FamRZ 1994, 881

Eine wesentliche faktische Einschränkung des Anfechtungsrechts bringt jedoch die Regelung des § 1600a Abs. 3 und 4 BGB für das nicht voll geschäftsfähige volljährige Kind und für das minderjährige Kind mit sich, wonach die Anfechtung nur durch den gesetzlichen Vertreter und nur dann erfolgen kann, wenn sie dem Wohl des Vertretenen entspricht. 11

4. Potentieller leiblicher Vater (Abs. 1 Nr. 2)

Der **tatsächliche Erzeuger** des Kindes hatte auch nach der Kindschaftsrechtsreform keine Möglichkeit, ein Vaterschaftsanfechtungsverfahren zur Beseitigung der gesetzlichen Vaterschaftszuordnung des Kindes zu einem Nichtvater zu betreiben.[11] Der Gesetzgeber des KindRG hatte davon abgesehen, dem tatsächlichen Erzeuger des Kindes ein eigenes Anfechtungsrecht einzuräumen. Dieser sollte es akzeptieren, wenn die übrigen Beteiligten ihr Anfechtungsrecht nicht ausüben, da ein Anfechtungsrecht des tatsächlichen Erzeugers dem Wohl der sozialen Familie zuwiderlaufe und den Familienfrieden störe.[12] Damit war der tatsächliche Erzeuger darauf angewiesen, dass ein zur Anfechtung Berechtigter die Vaterschaft anficht. Nur dann konnte er die gerichtliche Feststellung seiner eigenen Vaterschaft herbeiführen. 12

Das Fehlen eines eigenen Anfechtungsrechts des biologischen Vaters wurde von Teilen der Literatur für verfassungsrechtlich angreifbar und rechtspolitisch bedenklich erachtet. Dass der biologische Vater ausnahmslos von der Anfechtung der Vaterschaft ausgeschlossen ist, hat das BVerfG mit Beschl. v. 9.4.2003 als verfassungswidrig beanstandet.[13] Dem Gesetzgeber wurde vom BVerfG in dieser Entscheidung aufgegeben, bis zum 30.4.2004 Abhilfe zu schaffen. Diesem Auftrag kam der Gesetzgeber dadurch nach, dass durch das Gesetz zur Änderung der Vorschriften über die Anfechtung der Vaterschaft und das Umgangsrecht von Bezugspersonen des Kindes vom 23.4.2004[14] die Regelungen zum Anfechtungsrecht des potentiellen leiblichen Vaters geschaffen wurden. Dessen Recht zur Anfechtung der Vaterschaft ist jedoch an besondere Voraussetzungen geknüpft. 13

Das Gesetz verlangt für die **Anfechtung durch den potentiellen leiblichen Vater** von diesem eine **eidesstattliche Versicherung der Beiwohnung** in der Empfängniszeit. Damit soll aus Gründen des Persönlichkeitsschutzes von Mutter, Kind und rechtlichem Vater verhindert werden, dass Dritte eine Anfechtung „ins Blaue hinein" betreiben. Im Hinblick auf die Strafbarkeit einer falschen eidesstattlichen Versicherung hält der Gesetzgeber die eidesstattliche Versicherung für ein geeignetes Mittel, mutwillig erhobene Vaterschaftsanfechtungsverfahren zu verhindern. 14

Dieses Erfordernis ist im materiellen Recht und nicht – wie etwa beim Umgangsrecht des potentiellen leiblichen Vaters (§ 167a FamFG) – im Verfahrensrecht geregelt. Trotzdem soll nach verbreiteter Ansicht das Erfordernis der eidesstattlichen Versicherung als Zulässigkeitsvoraussetzung zu qualifizieren sein.[15] Dem kann jedoch nicht gefolgt werden. Die **eidesstattliche Versicherung der Beiwohnung** ist vom Gesetzgeber als formelle besondere **Schlüssigkeitsanforderung** ausgestaltet.[16] Fehlt es an einer entsprechenden eidesstattlichen Versicherung, ist der Anfechtungsantrag unschlüssig und damit als unbegründet zurückzuweisen.

Einer eidesstattlichen Versicherung der Beiwohnung bedarf es jedoch dann nicht, wenn die Zeugung des Kindes durch den Anfechtenden **unstreitig** ist. Dann ist diese Schlüssig- 15

---

11 Vgl. zur Rechtslage nach dem KindRG OLG Düsseldorf FamRZ 2003, 1578
12 BT-Drucks. 13/4899, 12
13 BVerfG FamRZ 2003, 816
14 BGBl. I S. 598
15 Erman/*Hammermann*, § 1600 BGB Rn. 9; MüKo-BGB/*Wellenhofer*, § 1600 Rn. 7; Staudinger/*Rauscher*, § 1600 BGB Rn. 36
16 BGH ZKJ 2013, 410, vgl. auch *Höfelmann*, FamRZ 2004, 745, 749

keitsvoraussetzung der Anfechtung selbst dann erfüllt, wenn die Zeugung mittels einer **Samenspende** erfolgte. Wenn unstreitig ist, dass die Zeugung dadurch erfolgte, dass Sperma des die Vaterschaft anfechtenden potentiellen leiblichen Vaters im Wege einer sog. Becherspende der Mutter übergeben und von dieser eingeführt wurde, ist dem Normzweck, der durch das Erfordernis der eidesstattlichen Versicherung der Beiwohnung erreicht werden soll – nämlich die Verhinderung der mit unsubstanziiertem Vortrag begründeten Anfechtung – Genüge getan.[17] Wäre das Erfordernis der eidesstattlichen Versicherung der Beiwohnung als Zulässigkeitsvoraussetzung zu qualifizieren, hätte der BGH ein Anfechtungsrecht des Samenspenders nicht begründen können. Denn eine Samenspende kann nicht als Beiwohnung in der Empfängniszeit eidesstattlich versichert werden. Unter Beiwohnung sind ausschließlich sexuelle Handlungen zu verstehen. Im Rahmen der Vaterschaftsvermutung des § 1600d Abs. 2 BGB ist anerkannt, dass eine Beiwohnung nicht vorliegt, wenn der das Sperma einbringende Vorgang nicht im Rahmen einer sexuellen Handlung erfolgte.[18]

15a Der BGH[19] hat allerdings im Rahmen des § 1747 Abs. 1 Satz 2 BGB, welcher ebenfalls auf § 1600d Abs. 2 BGB Bezug nimmt, anerkannt, dass die Vaterschaftsvermutung aufgrund der besonderen Zweckrichtung der Vorschrift auch auf den privaten Samenspender („Becherspender") anzuwenden sei. Bei Samenspenden, welche nicht aufgrund einer auf die ausschließliche rechtliche Vaterstellung eines anderen Mannes gerichteten Abrede erfolgt sind, lässt der BGH die Anfechtung durch den privaten Samenspender ausdrücklich zu, um ihm die Möglichkeit zu geben, in die rechtliche Vaterschaft einzurücken. Ist in dieser Konstellation die private Samenspende nicht unstreitig, hat der „Becherspender" eine eidesstattliche Versicherung dahin abzugeben, dass er in der Empfängniszeit der Mutter eine Spermaspende zum Zwecke einer Befruchtung im Wege der Selbstvornahme übergeben habe.

II. Besondere Voraussetzungen für die Anfechtung durch den potentiellen leiblichen Vater (Abs. 2 und 3)

1. Fehlende sozial-familiäre Beziehung zwischen dem Kind und dem rechtlichen Vater

a. Regelungszweck

16 Das BVerfG hatte in der Entscheidung vom 9.4.2003,[20] die Auslöser für die Schaffung eines Anfechtungsrechts des potentiellen leiblichen Vaters war, gebilligt, dass ein Anfechtungsrecht eines Dritten ausscheidet, wenn zwischen dem Kind und dem rechtlichen Vater eine sozial-familiäre Beziehung besteht. Die soziale Familie ist ebenso grundrechtlich geschützt (Art. 6 GG) wie das Interesse des leiblichen Vaters, bei einer von ihm vermittelten Abstammung die rechtliche Vaterstellung zu erlangen. Das Erfordernis des Fehlens einer sozial-familiären Beziehung zu dem Kind dient daher der Abwägung der verschiedenen grundrechtlich geschützten Interessen. Wenn es eine soziale Familie gibt, hat deren Schutz im Regelfall (siehe Rn. 20a) Vorrang vor dem Interesse des leiblichen Vaters.[21] Diese Einschränkung des Anfechtungsrechts zugunsten der sozial-familiären Beziehung stellt keinen Verstoß gegen Art. 8 MRK dar.[22] Fehlt es aber an einer sozial-familiären Beziehung des rechtlichen Vaters zu dem Kind, überwiegt das Interesse des leiblichen Vaters an der Herbeiführung der rechtlichen Vaterschaftszuordnung.

---

17 BGH ZKJ 2013, 410; vgl. hierzu *Grün*, ZKJ 2013, 446
18 Vgl. z.B. Staudinger/*Rauscher*, § 1600d BGB Rn. 50
19 BGH NJW 2015, 1820
20 FamRZ 2003, 816
21 BVerfG FamRZ 2014, 191; FamRZ 2008, 2257
22 EGMR NJW 2013, 1937

b. Voraussetzungen einer sozial-familiären Beziehung

Nach der **gesetzlichen Definition** in Abs. 3 liegt eine sozial-familiäre Beziehung dann vor, wenn der rechtliche Vater zum maßgeblichen Zeitpunkt für das Kind Verantwortung trägt oder getragen hat. Zur Erleichterung der Feststellung stellt Abs. 3 Satz 2 eine **Regelannahme** dahingehend auf, dass der rechtliche Vater in der Regel die tatsächliche Verantwortung in der Vergangenheit übernommen hat, wenn er mit der Mutter des Kindes verheiratet ist oder mit dem Kind längere Zeit in häuslicher Gemeinschaft zusammengelebt hat. Nach der grundlegenden Entscheidung des BGH hierzu besagt diese widerlegliche Regelannahme jedoch nichts darüber, ob der rechtliche Vater die tatsächliche Verantwortung auch zum Beurteilungszeitpunkt noch trägt.[23] **17**

Deshalb muss der Anfechtende Umstände darlegen, die Anlass geben, hieran zu zweifeln – etwa darlegen, wie die Beziehung nach außen in Erscheinung tritt und dass dies gegen das Bestehen einer sozial-familiären Beziehung spricht.[24] Dann muss das Gericht im Rahmen seiner Pflicht zur Amtsermittlung diese Umstände klären. Es reicht aber nicht aus, dass der Anfechtende das Bestehen einer sozial-familiären Beziehung nur bestreitet, sondern er muss hierzu **substantiiert vortragen**. Dazu reicht die bloße Verwendung von Rechtsbegriffen wie „sozial-familiäre Beziehung" ebenso wenig aus wie ein Vortrag zum Zusammenleben von rechtlichem Vater und Kind, der in zeitlicher Hinsicht Spielraum für Interpretationen offenlässt.[25] Umgekehrt reicht es aber auch nicht aus, dass die übrigen Beteiligten die vom Anfechtenden vorgetragenen Umstände einfach bestreiten, sondern sie müssen substantiiert auf den Vortrag des Anfechtenden entgegnen.[26] **18**

Es gibt keine allgemeingültigen Indizien für oder gegen das Bestehen einer sozial-familiären Beziehung. Wenn eine häusliche Gemeinschaft zwischen dem rechtlichen Vater und dem Kind aktuell besteht, ist deren Dauer nicht allein maßgeblich. Denn eine sozial-familiäre Beziehung kann bereits zum Zeitpunkt der Geburt des Kindes oder auch schon bei kurzem Zusammenleben mit dem Kind vorliegen, wenn der rechtliche Vater die tatsächliche Verantwortung für das Kind übernommen hat und in einer Weise trägt, dass sie auf Dauer angelegt erscheint.[27] Ein Indiz dafür kann sein, dass die Partnerschaft zu der Kindesmutter bereits vor der Geburt des Kindes bestand.[28] Ob sich auch der rechtliche Vater zeitnah um die Übernahme von Verantwortung für das Kind bemüht hat, ist dabei zweitrangig.[29] Denn für die Qualifizierung der Beziehung des rechtlichen Vaters als fortbestehende Verantwortungsübernahme kommt es allein darauf an, ob mit dem rechtlichen Vater tatsächlich eine soziale Familie besteht. Hat der rechtliche Vater jedoch erst Jahre nach der Geburt Verantwortung für das Kind übernommen, wird ein längeres Andauern dieser Verantwortungsübernahme zu verlangen sein, um eine auf Dauer angelegte Verantwortungsübernahme annehmen zu können.[30] **19**

c. Beurteilungszeitpunkt

Maßgeblicher Zeitpunkt für die Beurteilung, ob eine die Anfechtung ausschließende sozial-familiäre Beziehung zwischen dem rechtlichen Vater und dem Kind besteht, ist grundsätzlich der Zeitpunkt der letzten mündlichen Verhandlung.[31] Die Verfassung gebietet es **20**

23 BGH FamRZ 2007, 538
24 BGH FamRZ 2008, 538; OLG Celle ZKJ 2012, 30
25 OLG Hamburg ZKJ 2019, 273
26 OLG München StAZ 2012, 373
27 BGH FamRZ 2008, 538; OLG Bremen FamRZ 2010, 1821; OLG Naumburg FamRZ 2011, 383
28 OLG Bremen FamRZ 2010, 1821
29 A.A. OLG Bremen FamRZ 2012, 1822
30 KG Berlin FamRZ 2012, 1739
31 BVerfG FamRZ 2015, 817; BGH FamRZ 2007, 538; OLG Hamburg ZKJ 2019, 273; *Grün*, FPR 2011, 382, 384

indes nicht, stets auf diesen Zeitpunkt abzustellen.[32] Nach dem Wortlaut des Abs. 2 ist, wenn der rechtliche Vater bereits verstorben ist, auf dessen Todeszeitpunkt abzustellen. Von dieser Sonderkonstellation abgesehen ist es denkbar, statt auf den Schluss der mündlichen Verhandlung im Einzelfall auf die **Einleitung eines Vaterschaftsfeststellungsverfahrens**[33] abzustellen oder, wenn sich der leibliche Vater um eine Zustimmung der Mutter zum Vaterschaftsanerkenntnis bemüht hat, auf den **Zeitpunkt der Verweigerung der Zustimmung seitens der Mutter,**[34] oder auch auf den Zeitpunkt der **Aufforderung an die Mutter,** der Vaterschaftsanerkennung durch den leiblichen Vater zuzustimmen, um dem leiblichen Vater eine effektive Möglichkeit zur Erlangung der Elternposition zu geben (siehe Rn 20a).

20a Besondere Probleme werfen Konstellationen auf, in denen sich der leibliche Vater um das Einrücken in die rechtliche Elternstellung zu einem Zeitpunkt bemüht, zu welchem ihm diese grundsätzlich offensteht, das Erreichen dieses Ziels ihm aber durch die Vaterschaftsanerkennung seitens eines Dritten mit Zustimmung der Mutter vereitelt wird. Besteht dann im Beurteilungszeitpunkt eine sozial-familiäre Beziehung zwischen Kind und rechtlichem Vater, ist nach oben dargestellter Rechtsprechung die Anfechtung durch den leiblichen Vater nicht möglich. Das BVerfG[35] hat dies gerügt und entschieden, dem leiblichen Vater, der ein gerichtliches Vaterschaftsfeststellungverfahren nicht in vorwerfbarer Weise verspätet eingeleitet habe, dürfe im Hinblick auf das **Gebot der Effizienz des Abstammungsverfahrens** die Erlangung der Vaterstellung grundsätzlich nicht dadurch versperrt werden, dass ein anderer Mann während des laufenden Vaterschaftsfeststellungsverfahrens die Vaterschaft anerkenne. Dies gelte jedenfalls dann, wenn im Zeitpunkt der Einleitung des gerichtlichen Vaterschaftsfeststellungsverfahrens durch den leiblichen Vater noch keine sozial-familiäre Beziehung des anderen Mannes zu den Kindern bestand und der leibliche Vater selbst bereits eine sozial-familiäre Beziehung zu seinen Kindern aufgebaut habe. Andernfalls müsste der leibliche Vater tatenlos zusehen, wie ihm im Laufe seines gerichtlichen Vaterschaftsfeststellungsverfahrens der Zugang zur Elternposition durch die Vaterschaftsanerkennung eines anderen Mannes endgültig versperrt werde. Dies sei für ihn unzumutbar.

20b Ein (potenzieller) Erzeuger kann mithin mit Erfolg die Vaterschaft anfechten, wenn er

- alles ihm Mögliche getan hat, um seine Vaterschaft rechtlich zu realisieren,
- er selbst eine sozial-familiäre Beziehung zu dem Kind unterhält und
- der spätere rechtliche Vater, der die Vaterschaft anerkannt hat, zum Zeitpunkt der Einleitung des vorausgehenden Vaterschaftsfeststellungsverfahrens noch keine sozialfamiliäre Beziehung zu dem Kind unterhalten hat.

Noch weiter gehend genügt es nach Auffassung des OLG Hamburg,[36] dass der leibliche Vater **zeitlich vor dem rechtlichen Vater** eine tatsächliche Verantwortung für sein Kind übernehmen möchte. Auch ihm müsse ein effektives Recht eingeräumt werden, die rechtliche Vaterposition einnehmen zu können. Das OLG Frankfurt[37] lässt die Anfechtung durch den leiblichen Vater zu, wenn bei Einleitung des Vaterschaftsfeststellungsverfahrens der rechtliche Vater bereits die Vaterschaft anerkannt hatte, der leibliche Vater aber durch Täuschung seitens der Mutter von einer früheren Verfahrenseinleitung abgehalten worden war.

---

32 BVerfG ZKJ 2019, 177, 180
33 So ausdrücklich OLG Frankfurt FamRZ 2019, 1872
34 *Schneider,* NZFam 2018, 1144
35 BVerfG ZKJ 2019, 177
36 OLG Hamburg ZKJ 2019, 273
37 OLG Frankfurt FamRZ 2019, 1872

Zur geplanten „Veränderungssperre" für Vaterschaftsanerkennungen bei laufenden Vaterschaftsfeststellungsverfahren siehe §1594 BGB Rn. 24, zur Berücksichtigung der sozial-familiären Beziehung des leiblichen oder intendierten Vaters bzw. der intendierten Mutter neben der sozial-familiären Beziehung des rechtlichen zweiten Elternteils siehe hier Rn. 31.

d. Darlegungs- und Feststellungslast

Lässt sich durch das Gericht nicht klären, ob zwischen dem rechtlichen Vater und dem Kind eine sozial-familiäre Beziehung besteht oder – bei einem verstorbenen rechtlichen Vater – zum maßgeblichen Zeitpunkt bestanden hat, geht dies zu Lasten des die Vaterschaft anfechtenden potentiellen leiblichen Vaters. Der Anfechtungsantrag hat daher nur Erfolg, wenn das Gericht sich eine Überzeugung vom Fehlen einer sozial-familiären Beziehung bilden kann.[38] **21**

e. Dauerhafter Ausschluss einer Anfechtung durch den biologischen Vater

Wenn zwischen dem Kind und dem rechtlichen Vater eine sozial-familiäre Beziehung besteht bzw. zu dem maßgeblichen Zeitpunkt bestand, schließt dies – soweit nicht das Gebot eines effizienten Anerkennungsverfahrens (Rn. 20a und b) entgegensteht – das Anfechtungsrecht aus,[39] und zwar selbst dann, wenn früher auch zu dem Anfechtenden eine solche Beziehung bestand.[40] Gemäß § 1600b Abs. 1 Satz 2 Hs. 2 BGB hindert das Vorliegen einer sozial-familiären Beziehung den Lauf der Anfechtungsfrist nicht, so dass im Falle einer späteren Beendigung der sozial-familiären Beziehung in der Regel die Anfechtungsfrist für den potentiellen leiblichen Vater verstrichen sein wird. **22**

2. Tatsächliche Vaterschaft des Anfechtenden

Rechtsfolge einer erfolgreichen Anfechtung der Vaterschaft durch den rechtlichen Vater, die Mutter oder das Kind ist, dass das Kind vaterlos wird. Dies will das Gesetz verhindern, wenn ein Dritter als potentieller leiblicher Vater die Anfechtung der Vaterschaft betreibt. Durch dessen Intervention soll ein Kind nicht vaterlos werden, sondern die Vaterschaftszuordnung zum rechtlichen Vater soll nur dann beseitigt werden, wenn der Anfechtende auch tatsächlich der Vater ist und als Vater festgestellt wird. **23**

Hieraus ergibt sich eine zwingende **Gestaltung für die Beweisaufnahme**. Ein Abstammungsgutachten hat vorrangig zu klären, ob die Vaterschaft des Anfechtenden besteht. Stellt sich heraus, dass das Kind nicht vom Anfechtenden abstammt, ist der Anfechtungsantrag des potentiellen leiblichen Vaters zurückzuweisen, ohne dass es irgendwelcher Feststellungen dazu bedarf, ob das Kind vom rechtlichen Vater abstammt. Klärt man hingegen zunächst die Abstammung vom rechtlichen Vater, besteht die Gefahr, dass das Gutachten zu der Feststellung gelangt, dass das Kind weder vom rechtlichen Vater noch vom Anfechtenden abstammt. Dann wäre durch die unberechtigte Intervention eines Dritten die Vaterschaftszuordnung zum rechtlichen Vater in Frage gestellt, was das Gesetz bei der Anfechtung durch den potentiellen leiblichen Vater gerade verhindern will. Der Beweisbeschluss für das Abstammungsgutachten ist deshalb allein dahingehend zu fassen, dass die Frage geklärt wird, ob der Anfechtende der biologische Erzeuger des Kindes ist. **24**

III. Einschränkung des Anfechtungsrechts bei künstlicher Befruchtung (Abs. 4)

Die mit dem Kinderrechteverbesserungsgesetz – KindRVerbG – vom 9.4.2002[41] eingeführte Regelung schließt das Anfechtungsrecht des rechtlichen Vaters und der Kindesmut- **25**

---

38 OLG Naumburg FamRZ 2012, 44
39 OLG Nürnberg FamRZ 2013, 227
40 OLG Bremen ZKJ 2013, 216
41 BGBl. I S. 1239

ter dann aus, wenn das Kind mit Einwilligung des Mannes und der Mutter durch **künstliche Befruchtung** mittels Samenspende eines Dritten gezeugt wurde. Hintergrund dieser Regelung ist die Überlegung, dass es in derartigen Fällen mit dem Wohl des betroffenen Kindes nicht vereinbar sei, wenn die Wunscheltern, die zuvor die Verantwortung für die Zeugung des Kindes übernommen haben, die hieraus resultierenden Rechtspflichten durch nachträgliche Anfechtung wieder beseitigen.[42]

Eine solche **Einwilligung** liegt nur dann vor, wenn sowohl der Mann, der mit der Geburt des Kindes kraft Ehe oder wegen seiner Anerkennung der Vaterschaft zum rechtlichen Vater wurde, als auch die Kindesmutter mit entsprechendem Rechtsbindungswillen eine dahingehende Willenserklärung – zumindest konkludent – abgegeben haben. Sie kann auch gegenüber den behandelnden Ärzten abgegeben werden, soweit die Kindesmutter davon Kenntnis erhält.[43] Allein die Kenntnis von der beabsichtigten künstlichen Befruchtung und deren widerspruchslose Hinnahme stellt noch keine derartige konkludente Willenserklärung mit Rechtsbindungswillen dar.[44]

Wenn jedoch die Vornahme einer Samenspende auf einem gemeinsamen Entschluss beruhte, der – spätere – rechtliche Vater an den Bemühungen um einen Samenspender mitgewirkt hat und er wusste, dass dieser Entschluss umgesetzt wird, dann reicht dies für eine Einwilligung i.S.v. Abs. 4 aus, auch wenn der anfechtende rechtliche Vater behauptet, sich der Tragweite dieser Entscheidung erst im Nachhinein bewusst geworden zu sein.[45] Die Bereitschaft zur Übernahme von Verantwortung für ein aus der künstlichen Befruchtung hervorgehendes Kind kann aber nicht mehr unterstellt werden, wenn die Grundlage für die Gemeinschaft entfallen ist, insbesondere ab Trennung der Eheleute; eines ausdrücklichen Widerrufs der Erklärung gegenüber der Ehefrau bedarf es nicht.[46]

26 Das Anfechtungsrecht des Kindes wird durch Abs. 4 nicht berührt. Damit bleibt auch bei einer im Einvernehmen der Wunscheltern herbeigeführten Samenspende die rechtliche Vaterschaftszuordnung fragil, da – jedenfalls ab Volljährigkeit des Kindes – nicht verhindert werden kann, dass die Vaterschaft vom Kind angefochten wird. Es gibt daher Forderungen, im Fall des Abs. 4 auch das Anfechtungsrecht des Kindes abzuschaffen, das dann bei der Zeugung durch im Einvernehmen der Eltern durchgeführte künstliche Befruchtung so stünde wie ein von den Eltern adoptiertes Kind, das die Vaterschaftszuordnung zu dem Adoptivvater auch nicht beseitigen kann.[47]

27 § 1600 Abs. 4 BGB greift auch ein, wenn ein in Deutschland verbotener Embryonentransfer durchgeführt wurde.[48] Die Methode, die zur Entstehung des Kindes geführt hat, ist für dessen Wohl unerheblich. Umgekehrt kann dem Recht des leiblichen Vaters auf Feststellung seiner rechtlichen Vaterschaft für ein von ihm auf natürlichem Weg mit der Mutter gezeugtes Kind nicht entgegengehalten werden, er habe lediglich die Funktion eines Samenspenders wahrgenommen.[49]

---

42 OLG Frankfurt FamRZ 2019, 541 m.w.N.
43 BGH FamRZ 2015, 2134
44 OLG Karlsruhe FamRZ 2012, 1150
45 OLG Oldenburg FamRZ 2015, 67
46 OLG Frankfurt FamRZ 2019, 541
47 Vgl. *Zypries/Zeeb*, ZRP 2014, 54 ff.
48 OLG Frankfurt FamRZ 2019, 541
49 OLG Zweibrücken FamRZ 2016, 2018

C. Reformvorhaben

Die Anfechtungsvorschriften sollen durch den Diskussionsteilentwurf[50] umfassend neu gestaltet werden. Vorgesehen sind folgende Neufassungen: 28

§ 1600 BGB-DE Anfechtungsberechtigte

(1) Berechtigt, die Vaterschaft oder Mit-Mutterschaft anzufechten, sind:

1. die Person, deren Vaterschaft oder Mit-Mutterschaft nach § 1592 Absatz 1 Nummer 1 und 2 oder Absatz 2 Nummer 1 und 2 oder § 1593 besteht,

2. der Mann, der an Eides statt versichert, der Mutter des Kindes während der Empfängniszeit beigewohnt zu haben (mutmaßlich leiblicher Vater),

3. die Person, die in Übereinstimmung mit der Mutter in eine ärztlich unterstützte künstliche Befruchtung mittels Samenspende eines Dritten eingewilligt hat (intendierter Vater oder intendierte Mit-Mutter),

4. die Mutter und

5. das Kind.

(2) Der Samenspender ist im Falle einer künstlichen Befruchtung nach § 1598c Absatz 1 nicht zur Anfechtung berechtigt.

§ 1600a BGB-DE Nichtbestehen der Vaterschaft oder Mit-Mutterschaft bei Anfechtung

(1) Das Nichtbestehen einer Vaterschaft oder Mit-Mutterschaft wird festgestellt:

1. bei Anfechtung durch den Vater, die Mit-Mutter, die Mutter oder das Kind: wenn die in § 1600 Absatz 1 Nummer 1 genannte Person weder leiblicher Vater des Kindes ist noch die Voraussetzungen für ihre gerichtliche Feststellung als Vater oder Mit-Mutter nach § 1598c vorliegen,

2. bei Anfechtung durch den mutmaßlich leiblichen Vater: wenn dieser tatsächlich leiblicher Vater des Kindes ist oder

3. bei Anfechtung durch den intendierten Vater oder die intendierte Mit Mit-Mutter: wenn die Voraussetzungen für die gerichtliche Feststellung des oder der Anfechtenden als Vater oder Mit-Mutter nach § 1598c vorliegen.

§ 1600b und § 1600c bleiben unberührt.

(2) Erfolgt die Anfechtung durch den mutmaßlich leiblichen Vater, den intendierten Vater oder die intendierte Mit-Mutter, so wird das Nichtbestehen der Vaterschaft oder der Mit-Mutterschaft nur festgestellt, wenn keine sozial-familiäre Beziehung zwischen dem Kind und seinem Vater oder seiner Mit-Mutter besteht oder im Zeitpunkt seines oder ihres Todes bestanden hat, es sei denn, das Kind hat den sechsten Lebensmonat noch nicht vollendet. Satz 1 gilt nicht, wenn auch eine sozial-familiäre Beziehung des Kindes zu dem oder der Anfechtenden besteht und diese Beziehung für das Kind wichtiger ist.

(3) Eine sozial-familiäre Beziehung zwischen dem Kind und seinem Vater oder seiner Mit-Mutter besteht, wenn der Vater oder die Mit-Mutter zum nach Absatz 2 Satz 1maßgeblichen Zeitpunkt für das Kind tatsächliche Verantwortung trägt oder getragen hat. Eine Übernahme tatsächlicher Verantwortung liegt in der Regel vor, wenn der Vater oder die Mit-Mutter mit der Mutter des Kindes verheiratet ist oder mit dem Kind längere Zeit in häuslicher Gemeinschaft zusammengelebt hat. Für eine sozial-familiäre Beziehung zwischen dem Kind und dem oder der Anfechtenden gelten die Sätze 1 und 2 entsprechend.

50 Disk.-Teilentw., abrufbar unter www.bmjv.de

§ 1600b BGB-DE Ausschluss der Anfechtung im Falle künstlicher Befruchtung

Die Anfechtung der Vaterschaft oder Mit-Mutterschaft durch den Vater, die Mit-Mutter oder die Mutter ist ausgeschlossen, wenn das Kind mit Einwilligung sowohl der Mutter als auch des Vaters oder der Mit-Mutter durch künstliche Befruchtung mittels Samenspende eines Dritten gezeugt worden oder mittels Embryospende entstanden ist; auf die Einhaltung der in § 1598c Absatz 3 für die Einwilligung vorgesehenen Form kommt es nicht an.

§ 1600c BGB-DE Ausschluss der Anfechtung nach Anerkennung

(1) Die Anfechtung durch den Vater ist auch ausgeschlossen, wenn dieser die Vaterschaft anerkannt hat, obwohl ihm bekannt war, dass er nicht der leibliche Vater des Kindes zu ist. Dies gilt nicht, wenn der Vater in eine künstliche Befruchtung mittels Samenspende eines Dritten oder mittels Embryospende eingewilligt hat, das Kind aber auf andere Weise gezeugt wurde, es sei denn, der Vater hatte bei Anerkennung hiervon Kenntnis.

(2) Die Anfechtung durch die Mit-Mutter ist auch ausgeschlossen, wenn diese die Mit-Mutterschaft anerkannt hat. Absatz 1 Satz 2 gilt entsprechend.

(3) Die Anfechtung durch die Mutter ist auch ausgeschlossen, wenn sie der Anerkennung der Vaterschaft zugestimmt hat, obwohl ihr bekannt war, dass der Anerkennende nicht leiblicher Vater des Kindes ist oder wenn sie der Anerkennung der Mit-Mutterschaft zugestimmt hat."

29 Mit der sehr detailliert vorgesehenen Neuregelung bestimmt § 1600 BGB-DE den Kreis der Anfechtungsberechtigten neu wie folgt:

- Auch die beabsichtigte neue Mit-Mutterschaft soll anfechtbar sein (Nr. 1).
- Entsprechend der bisherigen Rechtsprechung des BGH soll die Anfechtung der Vaterschaft in Fällen der sog. konsentierten heterologen Insemination weiter ausgeschlossen, bei Fehlen einer solchen Absprache indes weiter zulässig sein; zugleich wird der „mutmaßlich leibliche Vater" legal definiert (Nr. 2).
- Anfechtungsrecht der – insoweit legal definierten – Mit-Mutter bzw. des intendierten Vaters (Nr. 3)
- Ausschluss des Anfechtungsrechts des Samenspenders bei einer ärztlich attestierten künstlichen Befruchtung (Abs. 2)

30 § 1600a Abs. 1 BGB-DE regelt sodann explizit die Voraussetzungen, unter denen eine Anfechtung der Elternschaft zur Feststellung des Nichtbestehens der Vaterschaft bzw. Mit-Mutterschaft führt. Abs. 2 Satz 1 normiert wie das bisher geltende Recht für den anfechtenden leiblichen Vater (§ 1600 Abs. 2 BGB), das Fehlen einer sozial-familiären Beziehung als eine weitere zusätzliche Voraussetzung für den Fall der Anfechtung der Elternschaft des rechtlichen zweiten Elternteils durch den mutmaßlich leiblichen Vater oder den intendierten Vater bzw. die intendierte Mit-Mutter. Im ersten halben Lebensjahr des Kindes allerdings soll eine Anfechtung der Elternschaft durch den vorgenannten Personenkreis ohne diese Einschränkung möglich sein. Dem Kindeswohl entspreche es regelmäßig am ehesten, dass die Person, die mit der Anfechtung zum Ausdruck bringe, Verantwortung für das Kind übernehmen zu wollen, das sie mutmaßlich gezeugt hat oder dessen Entstehung sie durch ihre Einwilligung in eine entsprechende künstliche Befruchtung mitverursacht hat, die rechtliche Elternstellung erlange.[51] In den ersten sechs Lebensmonaten des Kindes sei regelmäßig die sozial-familiäre Beziehung zum rechtlichen Elternteil auch noch nicht ausreichend gefestigt.[52]

51 Diskussionsteilentwurf S. 47
52 Diskussionsteilentwurf S. 48

Nach dem Entwurf soll künftig auch die sozial-familiäre Beziehung des Kindes zum anfechtenden leiblichen oder intendierten Vater oder seiner intendierten Mit-Mutter zu berücksichtigen sein, weil in diesem Fall weder dem rechtlichen Elternteil noch dem leiblichen Vater oder intendierten Elternteil von vornherein ein Vorrang eingeräumt werden soll. Es stünden verschiedene gewichtige Zuordnungsprinzipien miteinander im Konflikt, die es gegeneinander abzuwägen gelte.[53] Da es hier um die abstammungsrechtliche Zuordnung gehe, werde insoweit nicht auf das Kindeswohl abgestellt. Es komme darauf an, welche sozial-familiäre Beziehung wichtiger für das Kind sei und deshalb den Ausschlag geben solle. Dazu bedürfe es der Bewertung der Qualität der sozial-familiären Beziehung bzw. einer Abwägung der Beziehungen des Kindes zum rechtlichen Vater oder zur rechtlichen Mit-Mutter und zum leiblichen oder intendierten Vater oder zur intendierten Mit-Mutter.[54] Zu den maßgeblichen Abwägungskriterien schweigt sich der Entwurf indes aus. **31**

Der derzeitige Anfechtungsausschluss nach § 1600 Abs. 4 BGB wird in den neuen § 1600b BGB-DE überführt. Die Vorschrift stellt klar, dass es für den Anfechtungsausschluss nicht auf die Einhaltung der Schriftform für die Einwilligung in die künstliche Befruchtung ankommt und dass der Anfechtungsausschluss auch für den Fall der „Becherspende" eingreift.[55] Die vorgesehene Neufassung erfasst erstmals ausdrücklich auch die Embryospende.[56] Das Anfechtungsrecht des Kindes bleibt grundsätzlich unberührt. Ist der intendierte Elternteil aber rechtlich Elternteil geworden, kann sich auch das Kind hiervon nicht mehr lösen.[57] **32**

§ 1600c BGB übernimmt Empfehlungen des Abschlussberichts des Arbeitskreis Abstammungsrecht.[58] Wer in Kenntnis des Umstandes, nicht als rechtlicher Elternteil gerichtlich festgestellt werden zu können, gleichwohl die Vaterschaft bzw. Mit-Mutterschaft anerkennt, soll sich hiervon nicht mehr lösen können.[59] Auf die Folgen der Anerkennung werde bei der Beurkundung hingewiesen. Auch die Mutter, die der Anerkennung zugestimmt habe, soll sich entsprechend § 1600c Abs. 3 BGB-DE des zweiten Elternteils nicht durch Anfechtung entledigen können. **33**

Dem oben in Rn. 20 f. angesprochenen Problem eines Wettlaufs zwischen dem leiblichen Vater und einem Dritten, der durch Anerkennung der Vaterschaft das Einrücken des leiblichen Erzeugers in die Elternstellung verhindert hat, will der Gesetzgeber mit einer geplanten „Veränderungssperre" in § 1594 Abs. 2 Satz 2 des Entwurfs vorbeugen. Solange ein Vaterschaftsfeststellungsverfahren anhängig ist, soll danach eine Vaterschaftsanerkennung nicht möglich sein (siehe § 1594 Rn. 24). **34**

53 Diskussionsteilentwurf S. 48
54 Diskussionsteilentwurf S. 48
55 Diskussionsteilentwurf S. 49
56 Diskussionsteilentwurf S. 50
57 Diskussionsteilentwurf S. 50
58 Arbeitskreis Abstammungsrecht, Abschlussbericht (siehe § 1591 BGB Fn. 68), Thesen 25, 26, 52 und 58
59 Diskussionsteilentwurf S. 50

§ 1600a BGB Persönliche Anfechtung; Anfechtung bei fehlender oder beschränkter Geschäftsfähigkeit

(1) Die Anfechtung kann nicht durch einen Bevollmächtigten erfolgen.

(2) [1]Die Anfechtungsberechtigten im Sinne von § 1600 Abs. 1 Nr. 1 bis 3 können die Vaterschaft nur selbst anfechten. [2]Dies gilt auch, wenn sie in der Geschäftsfähigkeit beschränkt sind; sie bedürfen hierzu nicht der Zustimmung ihres gesetzlichen Vertreters. [3]Sind sie geschäftsunfähig, so kann nur ihr gesetzlicher Vertreter anfechten.

(3) Für ein geschäftsunfähiges oder in der Geschäftsfähigkeit beschränktes Kind kann nur der gesetzliche Vertreter anfechten.

(4) Die Anfechtung durch den gesetzlichen Vertreter ist nur zulässig, wenn sie dem Wohl des Vertretenen dient.

(5) Ein geschäftsfähiger Betreuter kann die Vaterschaft nur selbst anfechten.

Übersicht

Rn.
A. Allgemeines ... 1
B. Inhalt der Norm ... 4
I. Keine gewillkürte Stellvertretung (Abs. 1) ... 4
II. Ausübung des Anfechtungsrechts des Vaters, potentiellen leiblichen Vaters oder der Mutter (Abs. 2) ... 5
1. Regelfall ... 5
2. Sonderfall: Geschäftsunfähigkeit ... 7
III. Ausübung des Anfechtungsrechts des Kindes (Abs. 3) ... 10
1. Volljähriges Kind ... 10
2. Minderjähriges Kind ... 11
a. Erste Stufe: Gesetzliche Vertretung bei dem Entschluss zur Anfechtung ... 13
b. Zweite Stufe: Gesetzliche Vertretung im Verfahren ... 16
aa. Gesetzlicher Ausschluss der Vertretungsbefugnis ... 17
bb. Gerichtliche Entziehung der Vertretungsbefugnis ... 24
cc. Entziehung der elterlichen Sorge ... 25
IV. Das Wohl des Vertretenen als besondere Voraussetzung bei Anfechtung durch den gesetzlichen Vertreter (Abs. 4) ... 26
V. Unter Betreuung stehende Personen (Abs. 5) ... 30
C. Reformvorhaben ... 31

A. Allgemeines

1 Die Vorschrift regelt – ähnlich wie § 1596 BGB für die Anerkennung der Vaterschaft – den Grundsatz der Höchstpersönlichkeit der Ausübung des statusrechtlichen Gestaltungsrechts der Anfechtung der Vaterschaft. Hierdurch soll sichergestellt werden, dass die Anfechtung der Vaterschaft vom eigenen Willen desjenigen, dessen Gestaltungsrecht ausgeübt wird, getragen wird. Schließlich hängt es ganz wesentlich von der persönlichen Einstellung zum konkreten Eltern-Kind-Verhältnis ab, ob man sich für die Anfechtung der Vaterschaft mit ihren weitreichenden und in der Regel unumkehrbaren Folgen entschließt.[1]

2 Hiervon macht das Gesetz zwei Ausnahmen: Für einen geschäftsunfähigen Elternteil (Abs. 2 Satz 3) und für ein geschäftsunfähiges oder in der Geschäftsfähigkeit beschränktes Kind (Abs. 3) kann nur der gesetzliche Vertreter die Vaterschaft anfechten. Im Recht der Anfechtung kennt das Gesetz – anders als bei der Anerkennung der Vaterschaft (§ 1596 Abs. 2 Satz 2 BGB) – keine Sonderstellung des mindestens 14 Jahre alten Kindes.

1 MüKo-BGB/*Wellenhofer*, § 1600a Rn. 1

Aus dem Grundsatz der Höchstpersönlichkeit folgt, dass das Anfechtungsrecht nicht vererblich ist. Anders als nach dem vor dem 1.7.1998 geltenden Recht gibt es keine Anfechtung durch die Eltern eines bereits verstorbenen rechtlichen Vaters.[2] **3**

B. Inhalt der Norm

I. Keine gewillkürte Stellvertretung (Abs. 1)

Die Ausübung des Anfechtungsrechts durch einen rechtsgeschäftlich Bevollmächtigten ist **4** ausgeschlossen. Dies betrifft sowohl die Vertretung im Willen als auch in der Erklärung der Anfechtung. Wenn sich der Anfechtungsberechtigte im Verfahren durch einen Rechtsanwalt als Verfahrensbevollmächtigten vertreten lässt (§ 10 Abs. 2 FamFG), ist dieser insoweit nur Bote des Anfechtungsberechtigten.[3] Dies bedeutet aber, dass die Bevollmächtigung des Rechtsanwalts nur durch den Anfechtungsberechtigten selbst und nicht durch einen rechtsgeschäftlichen Vertreter erfolgen kann.

II. Ausübung des Anfechtungsrechts des Vaters, potentiellen leiblichen Vaters oder der Mutter (Abs. 2)

1. Regelfall

Für die Anfechtungsberechtigten i.S.v. § 1600 Abs. 1 Nr. 1 bis 3 BGB – mithin für den Vater, **5** die Mutter und den potentiellen leiblichen Vater – wird der **Grundsatz der Höchstpersönlichkeit** dahingehend ausgedehnt, dass nicht nur die rechtsgeschäftliche, sondern auch die gesetzliche Vertretung ausgeschlossen ist. Dies gilt gemäß Abs. 2 Satz 2 selbst dann, wenn der anfechtungsberechtigte Elternteil oder potentielle Vater in der Geschäftsfähigkeit beschränkt ist, was das Gesetz nur bei Minderjährigen kennt (§ 106 BGB). Der noch nicht volljährige Vater, potentielle leibliche Vater oder die noch minderjährige Mutter können die Vaterschaft daher nur selbst anfechten und bedürfen hierzu nicht der Zustimmung ihres gesetzlichen Vertreters.[4]

Die Einrichtung einer gerichtlichen **Betreuung** (§ 1896 ff. BGB) berührt die **Geschäftsfähigkeit** des Betroffenen nicht. Deshalb kann auch ein unter Betreuung stehender Anfechtungsberechtigter die Anfechtung nur selbst ausüben (vgl. Abs. 5). **6**

2. Sonderfall: Geschäftsunfähigkeit

Etwas anders gilt gemäß Abs. 2 Satz 3 für einen geschäftsunfähigen Vater oder potentiel- **7** len leiblichen Vater bzw. eine geschäftsunfähige Mutter. **Geschäftsunfähigkeit** liegt nur dann vor, wenn sich der Betroffene nicht nur vorübergehend in einem die freie Willensbestimmung ausschließenden Zustand krankhafter Störung der Geistestätigkeit befindet (§ 104 Nr. 2 BGB). Bleibt die Geschäftsfähigkeit unklar, gilt § 1600a Abs. 2 Satz 1 BGB.[5]

Für einen Geschäftsunfähigen kann nur der **gesetzliche Vertreter anfechten**. Dies sind **8** bei geschäftsunfähigen Minderjährigen die Eltern oder der allein vertretungsberechtigte Elternteil (§§ 1626 ff. BGB) bzw. bei einem unter Vormundschaft stehenden Kind der Vormund (§§ 1773 ff. BGB). Ein geschäftsunfähiger Volljähriger wird durch den für diesen Wirkungskreis gerichtlich bestellten Betreuer vertreten (§ 1902 BGB).

Der Ausschluss der rechtsgeschäftlichen Stellvertretung bewirkt, dass eine Vorsorgevollmacht nicht zur Anfechtung der Vaterschaft durch den Bevollmächtigten berechtigt. Soll

---

2 Vgl. §§ 1595a, 1600g BGB in der vor dem 1.7.1998 geltenden Fassung
3 Staudinger/*Rauscher,* § 1600 BGB Rn. 11; MüKo-BGB/*Wellenhofer,* § 1600a Rn. 2; OLG Karlsruhe FamRZ 2016, 249
4 Palandt/*Brudermüller,* § 1600a BGB Rn. 2
5 MüKo-BGB/*Wellenhofer,* § 1600a Rn. 21

für einen Geschäftsunfähigen die Vaterschaft angefochten werden, bedarf es daher für diesen Wirkungskreis trotz einer Vorsorgevollmacht der Einrichtung einer gerichtlichen Betreuung.

9 Bei der Anfechtung durch einen gesetzlichen Vertreter ist zu beachten, dass diese gemäß Abs. 4 nur zulässig ist, wenn sie dem Wohl des Vertretenen dient. Dies gilt auch bei der Anfechtung durch einen gesetzlichen Vertreter des anfechtungsberechtigten Elternteils oder potentiellen leiblichen Vaters.

III. Ausübung des Anfechtungsrechts des Kindes (Abs. 3)

1. Volljähriges Kind

10 Das **geschäftsfähige** volljährige Kind kann die Vaterschaft **nur selbst anfechten**. Dies gilt nach Abs. 5 auch dann, wenn der geschäftsfähige Volljährige unter Betreuung (§ 1896 BGB) steht. Ist er hingegen **geschäftsunfähig** i.S.v. § 104 Nr. 2 BGB, kann gemäß Abs. 3 nur der gesetzliche Vertreter anfechten, d.h. der zu diesem Wirkungskreis gerichtlich bestellte Betreuer (§ 1902 BGB).

2. Minderjähriges Kind

11 Für das **minderjährige Kind** kann gemäß Abs. 3 stets **nur der gesetzliche Vertreter anfechten**. Damit soll vermieden werden, dass ein noch nicht voll geschäftsfähiges Kind – z.B. in einer pubertären Konfliktlage oder kritischen Entwicklungsphase – mit einem Vaterschaftsanfechtungsverfahren Unfrieden in die Familie trägt.[6] Dem minderjährigen Kind ist im Anfechtungsverfahren jede Möglichkeit des eigenverantwortlichen Handelns oder auch nur der unmittelbaren Einflussnahme auf das Verfahren genommen. Dies gilt auch, wenn das Kind bereits das 14. Lebensjahr vollendet hat. Anders als bei der Zustimmung zur Anerkennung der Vaterschaft (§ 1596 Abs. 2 Satz 2 BGB) gelten im gerichtlichen Abstammungsverfahren auch für Kinder, die 14 Jahre oder älter sind, keine Sonderregelungen. Eine Anfechtung durch den gesetzlichen Vertreter bedarf auch nicht der Zustimmung des Kindes. Ein der Anfechtung entgegenstehender Wille des Kindes kann lediglich im Rahmen der durch Abs. 4 gebotenen Kindeswohlprüfung Beachtung finden.

12 Die Frage der gesetzlichen Vertretung ist im Vaterschaftsanfechtungsverfahren in **zwei Stufen** von Bedeutung. In der ersten Stufe ist zu prüfen, wer das Kind bei der Entscheidung, ob die Vaterschaft angefochten werden soll, vertritt. Erst in der zweiten Stufe geht es um die Vertretung des Kindes im gerichtlichen Anfechtungsverfahren selbst. Beide Fragen sind voneinander zu unterscheiden.[7]

a. Erste Stufe: Gesetzliche Vertretung bei dem Entschluss zur Anfechtung

13 Die Entscheidung darüber, **ob** die Vaterschaft angefochten werden soll oder nicht, ist **Teil der Personensorge**. Diese Entscheidung muss daher von den Personensorgeberechtigten getroffen werden. Bei gemeinsamer elterlicher Sorge ist sie daher von den rechtlichen Eltern gemeinsam zu treffen. Da diese Entscheidung erst die Vorfrage eines gerichtlichen Abstammungsverfahrens darstellt, steht sie dem Personensorgeberechtigten auch dann zu, wenn dieser nach §§ 1629 Abs. 2 Satz 1, 1795 BGB in Bezug auf das dann durchzuführende Anfechtungsverfahren selbst an der gesetzlichen Vertretung gehindert ist.[8] Wird die Vaterschaft daher von dem minderjährigen Kind angefochten, ist stets als Vorfrage zu klären, ob die **Entscheidung über das „Ob" der Anfechtung** von einer entsprechenden Entscheidungsbefugnis gedeckt ist. Bei alleinigem Sorgerecht eines Elternteils muss sie da-

---

6 Palandt/*Brudermüller,* § 1600a BGB Rn. 3
7 BGH FamRZ 2009, 861; BGH NJW 1975, 345; *Keuter,* FuR 2013, 249
8 BGH FamRZ 2009, 861; OLG Frankfurt ZKJ 2017, 427

her von dem allein Sorgeberechtigten getroffen worden sein. Da es in dieser Frage keinen gesetzlichen Ausschluss der Vertretungsbefugnis gibt, gilt dies auch dann, wenn der rechtliche Vater der alleinige Inhaber der elterlichen Sorge ist. Bei gemeinsamer elterlicher Sorge muss die Entscheidung von beiden Eltern gemeinsam getroffen werden. Etwas anderes gilt nur dann, wenn die Entscheidungsbefugnis über die Anfechtung der Vaterschaft nach § 1628 BGB durch gerichtliche Entscheidung auf einen Elternteil übertragen worden ist.[9]

Fehlt es daran, dass die **Entscheidung über das „Ob" der Anfechtung** von einer sorgerechtlichen Befugnis gedeckt ist, kann ein durch den gesetzlichen Vertreter des Kindes betriebenes Anfechtungsverfahren keinen Erfolg haben. Dies gilt selbst dann, wenn dem Kind im Anfechtungsverfahren selbst ein **Ergänzungspfleger** bestellt wird. Denn diesem obliegt allein die Vertretung des Kindes im Verfahren, nicht jedoch die Vertretung des Kindes bei der – dem Verfahren vorausgehenden – Entscheidung, ob die Vaterschaft angefochten werden soll.[10] **14**

Sieht der gesetzliche Vertreter des Kindes davon ab, die Anfechtung der Vaterschaft zu betreiben, kann ihm allein deshalb die elterliche Sorge oder die Entscheidungs- und Vertretungsbefugnis allenfalls dann entzogen werden, wenn hierdurch das Wohl des Kindes i.S.v. § 1666 BGB gefährdet wäre. Durch die Regelung des § 1629 Abs. 2 Satz 3 BGB bringt das Gesetz die Wertung zum Ausdruck, dass der Mutter bei der Klärung der Abstammung die Vertretungsbefugnis nicht nach § 1629 Abs. 2 Satz 3 i.V.m. 1796 BGB entzogen werden kann. Diese mit dem Beistandschaftsgesetz vom 4.12.1997[11] eingeführte Regelung betrifft zwar nach ihrem Wortlaut den Entzug der Vertretungsbefugnis für die Feststellung der Vaterschaft, weshalb nach weit überwiegender Ansicht eine Entziehung der Vertretungsbefugnis für ein Verfahren auf Anfechtung der Vaterschaft nicht ausgeschlossen sein soll.[12] Die Erwägungen des Gesetzgebers sind aber auf die Anfechtung der Vaterschaft übertragbar.[13] Die Mutter kann beachtliche Gründe haben, im Interesse des Kindes von einer Vaterschaftsanfechtung abzusehen. Es ist nicht gewährleistet, dass solche Gründe in einem eher formal gehaltenen Verfahren auf Entzug des Vertretungsrechts wegen eines Interessenkonflikts (§§ 1629 Abs. 2 Satz 3, 1796 BGB) ausreichende Berücksichtigung finden. Die Bevormundung der Mutter in Fragen der Abstammungszuordnung für ihr Kind ist auf die Abwehr einer **Kindeswohlgefährdung i.S.v. § 1666 BGB** zu beschränken. Der staatliche Eingriff in die elterliche Sorge mit dem Ziel einer Veränderung der Statuszuordnung ist daher nicht bereits aus formalen Erwägungen eines Interessengegensatzes zuzulassen. Für einen solchen Eingriff bedarf es einer umfassenden Abwägung aller Umstände, also auch der Gründe, welche die Mutter dazu bewegen, von der Anfechtung der Vaterschaft abzusehen. Diese Abwägung ist nur im Verfahren nach § 1666 BGB gewährleistet. Nur wenn die Unterlassung der Anfechtung das Wohl des Kindes i.S.v. § 1666 BGB gefährdet, kann durch richterliche Entscheidung die elterliche Sorge insoweit entzogen werden. **15**

b. Zweite Stufe: Gesetzliche Vertretung im Verfahren

Die elterliche Sorge schließt grundsätzlich das Recht ein, das Kind auch im Verfahren zu vertreten. Dies gilt jedoch dann nicht, wenn die Vertretungsbefugnis kraft Gesetzes ausgeschlossen ist (a) oder wenn sie durch gerichtliche Entscheidung entzogen wurde (b). **16**

---

9 Siehe dazu OLG Brandenburg FamRB 2008, 204
10 BGH FamRZ 2009, 861; *Keuter*, FuR 2013, 249 m.w.N.
11 BGBl. I S. 1847
12 MüKo-BGB/*Huber*, § 1629 Rn. 64; NK-BGB/*Kaiser*, § 1629 Rn. 29
13 BayOblG FamRZ 1999, 737

aa. Gesetzlicher Ausschluss der Vertretungsbefugnis

17 Gemäß § 1629 Abs. 2 Satz 1 kann ein Elternteil das Kind insoweit nicht vertreten, als auch ein Vormund gemäß § 1795 BGB von der Vertretung des Kindes ausgeschlossen ist. Damit kann das Kind in einem **Rechtsstreit**, der zwischen dem Kind und dem Ehepartner der Kindesmutter stattfindet, nicht von dieser vertreten werden (§§ 1629 Abs. 2 Satz 1 i.V.m. § 1795 Abs. 1 Nr. 3 BGB). Ferner kann das Kind nicht von einem Elternteil vertreten werden, wenn dieser selbst Partei des Rechtsstreits ist. Denn es gilt der allgemeine Rechtsgedanke, dass in einem Rechtsstreit niemand gleichzeitig auf verschiedenen Seiten Partei oder Parteivertreter sein kann.[14]

18 Vor Inkrafttreten des FamFG handelte es sich bei dem Vaterschaftsanfechtungsverfahren ohne Zweifel um einen Rechtsstreit i.S.v. § 1795 Abs. 1 Nr. 3 BGB. Das Verfahren war als Klageverfahren der ZPO ausgestaltet, die Parteien standen sich im Verfahren als Prozessgegner gegenüber und führten den Rechtsstreit gegeneinander. Deshalb war unbestritten, dass wegen § 1629 Abs. 2 Satz 1 BGB i.V.m. § 1795 Abs. 1 Nr. 3 BGB dann, wenn die Eltern noch miteinander verheiratet waren, das Kind in dem Anfechtungsverfahren nicht von einem Elternteil vertreten werden konnte.[15] Gleiches galt bei gemeinschaftlicher elterlicher Sorge.[16] Nur wenn die Eltern nicht (mehr) miteinander verheiratet waren und die Mutter die alleinige elterliche Sorge für das Kind hatte, bedurfte es keines Ergänzungspflegers.[17]

19 Durch das FamFG ist das Abstammungsverfahren allerdings grundlegend verändert worden. Es ist kein Rechtsstreit der Beteiligten gegeneinander. Das Verfahren ist keine Familienstreitsache (§ 112 FamFG), sondern als **Verfahren der freiwilligen Gerichtsbarkeit** ausgestaltet. Auch solche Verfahren können nach h.M. von der Regelung des § 1795 Abs. 1 Nr. 3 BGB erfasst sein, wenn sich die Interessen der Verfahrensbeteiligten gegenüberstehen und das Gericht auf Antrag über behauptete subjektive Interessen oder gar Ansprüche eines Beteiligten zu entscheiden hat.[18] Etwas anderes gilt jedoch dann, wenn das Gericht aus Gründen der Rechtsfürsorge entscheidet – wie etwa in Erbscheinsverfahren.[19] In Kindschaftssachen wird nach überwiegender Ansicht die Bestellung eines Ergänzungspflegers nicht für erforderlich erachtet, obwohl sich auch dort unterschiedliche subjektive Interessen – vielfach sogar subjektive Ansprüche – der Beteiligten gegenüberstehen.[20] Der unterschiedlichen Interessenlage zwischen den Eltern oder einem Elternteil und dem von ihnen gesetzlich vertretenen Kind kann durch die Bestellung eines Verfahrensbeistands Rechnung getragen werden, wenngleich dieser kraft Gesetzes (§ 158 Abs. 4 Satz 6 FamFG) nicht gesetzlicher Vertreter des Kindes ist.[21]

20 Im Verfahren auf Anfechtung der Vaterschaft wird indes von der weit überwiegenden Ansicht die **Bestellung eines Ergänzungspflegers** für erforderlich erachtet, wenn die **Mutter mit dem rechtlichen Vater verheiratet** ist **oder** das Kind unter **gemeinsamer elterlicher Sorge** steht.[22] Das FamFG lässt zwar auch in Abstammungsverfahren die Bestel-

---

14 Staudinger/*Veit*, § 1795 BGB Rn. 13; Palandt/*Ellenberger*, § 181 BGB Rn. 15; MüKo-BGB/*Schramm*, § 181 Rn. 40; Erman/*Maier/Reimer*, § 181 BGB Rn. 5
15 OLG Bamberg FamRZ 1992, 220
16 OLG Köln FamRZ 2001, 245
17 BayObLG FamRZ 1999, 737; OLG Bamberg FamRZ 1992, 220
18 Staudinger/*Veit*, § 1795 BGB Rn. 50; NK-BGB/*Fritsche*, § 1795 Rn. 6; MüKo-BGB/*Wagenitz*, § 1795 Rn. 34
19 MüKo-BGB/*Wagenitz*, § 1795 Rn. 34
20 BGH ZKJ 2011, 465
21 BGH ZKJ 2011, 465
22 OLG Oldenburg FamRZ 2013, 1671; KG Berlin FamRZ 2011, 739; OLG Hamburg FamRZ 2010, 1825; Staudinger/*Veit*, § 1795 BGB Rn. 76 ff.; Erman/*Saar*, § 1795 BGB Rn. 3; MüKo-BGB/*Wagenitz*, § 1795 Rn. 34; a.A. *Helms/Balzer*, ZKJ 2009, 348; *Helms* in: Helms/Kieninger/Rittner, Abstammungsrecht in der Praxis, Rn. 74 ff.; vermittelnde Lösung: *Grün*, Vaterschaftsfeststellung, Rn. 209 ff.

lung eines Verfahrensbeistands zu (§ 174 FamFG). Im Unterschied zu Kindschaftssachen handelt es sich jedoch bei Abstammungsverfahren um Antragsverfahren. Das Kind kann in einem Vaterschaftsanfechtungsverfahren einen eigenen Antrag auf Anfechtung der Vaterschaft nur durch den gesetzlichen Vertreter stellen (§ 1600a Abs. 3 BGB). Die Entscheidung hierüber kann ein Verfahrensbeistand nicht treffen, da dieser nicht gesetzlicher Vertreter des Kindes ist. Nach der Rechtsprechung des BGH ist in Abstammungsverfahren der Ausschluss von der gesetzlichen Vertretung des Kindes im Verfahren selbst wie nach der vor dem FamFG geltenden Rechtslage zu beurteilen.[23] Der Gesetzgeber habe mit der Schaffung des FamFG insoweit keine Änderung habe herbeiführen wollen.

Ob eine extensive Auslegung des Rechtsstreit-Begriffes des § 1795 BGB verfassungsrechtlich vertretbar ist, kann bezweifelt werden. Der Ausschluss von der gesetzlichen Vertretung nach § 1629 Abs. 2 Satz 1 BGB beinhaltet einen Eingriff in das grundrechtlich geschützte Elternrecht. Hierzu bedarf es mit Blick auf den Gesetzesvorbehalt (Art. 19 Abs. 1 GG) eindeutiger gesetzlicher Regelungen, weshalb einer extensiven Auslegung eines Rechtsbegriffs oder einer Analogie Grenzen gesetzt sind.[24] Es wäre daher dringend eine eindeutige gesetzliche Klarstellung geboten. **21**

Unbestritten kann das **Kind** im Verfahren auf Anfechtung der Vaterschaft **nicht vom Vater vertreten** werden, und zwar unabhängig davon, ob dieser selbst die Anfechtung betreibt oder ob diese von Dritten betrieben wird. Denn der Vertretungsausschluss ist an das zu beseitigende Statusverhältnis geknüpft. Nach überwiegender Ansicht ist auch die Mutter von der Vertretung des Kindes dann ausgeschlossen, wenn sie mit dem rechtlichen Vater verheiratet ist, unabhängig davon, ob der Vater, das Kind oder sie selbst das Anfechtungsverfahren betreibt.[25] Die **allein sorgeberechtigte Mutter** darf dagegen – trotz eigener Beteiligung im Verfahren – das **Kind als Antragsteller** eines Anfechtungsverfahrens vertreten, der Bestellung eines Ergänzungspflegers bedarf es insoweit nicht.[26] Gleiches gilt, wenn der Vater oder der potenzielle Erzeuger die Vaterschaft anfechten; auch hier reicht die eigene Beteiligtenstellung der Mutter für einen gesetzlichen Vertretungsausschluss in diesen Konstellationen nicht aus.[27] Selbst wenn die allein sorgeberechtigte Mutter ihr **eigenes Anfechtungsrecht** gerichtlich geltend macht, hindert dies die Vertretung des Kindes durch die Mutter nicht,[28] sollte aber Veranlassung geben, dem Kind einen Verfahrensbeistand zu bestellen. **22**

Zusammenfassend lässt sich auf der Grundlage der herrschenden Meinung für die Praxis sagen, dass es im Verfahren auf Anfechtung der Vaterschaft der Bestellung eines **Ergänzungspflegers** für das Kind immer dann bedarf, wenn **23**

- das Kind unter der alleinigen elterlichen Sorge des Vaters steht,
- oder das Kind unter der gemeinsamen elterlichen Sorge des Vaters und der Mutter steht,
- oder die allein sorgeberechtigte Mutter mit dem Vater verheiratet ist.

bb. Gerichtliche Entziehung der Vertretungsbefugnis

Nach §§ 1629 Abs. 2 Satz 3, 1796 BGB kann einem Elternteil die Vertretungsbefugnis dann entzogen und einem Pfleger übertragen werden, wenn nachgewiesen ist, dass ein **erheblicher konkreter Interessengegensatz** zwischen dem Sorgeberechtigten und **24**

23 BGH FamRZ 2012, 859 für Vaterschaftsfeststellungsverfahren
24 Vgl. z.B. BVerfG NJW 2003, 2004; BGH FamRZ 2008, 866
25 BGH FamRZ 2012, 859
26 BGH ZKJ 2017, 144 mit Anm. *Grün* gegen OLG Hamburg FamRZ 2016, 69 als Vorinstanz
27 BGH ZKJ 2017, 144 mit Anm. *Grün*; OLG Koblenz JAmt 2019, 92
28 BGH ZKJ 2017, 144 mit Anm. *Grün;* a.A. *Keuter*, FuR 2013, 249, 252

dem Kind besteht. Ein solcher Interessenkonflikt ist in Abstammungssachen nicht allein schon wegen der Tatsache des Verfahrens selbst gegeben.[29] Die Beurteilung, ob ein konkreter Interessengegensatz i.S.v. § 1796 BGB beseht, kann nur auf der Grundlage des konkreten Einzelfalles erfolgen und nicht auf der Grundlage einer generalisierenden Betrachtung.[30] Nur wenn sich im Einzelfall konkrete Anhaltspunkte für die Annahme ergeben, dass ein Elternteil seine sorgerechtliche Stellung missbräuchlich ausübt, kann die Vertretungsbefugnis entzogen werden. Dies kann sich z.B. daraus ergeben, dass die Mutter die Wahrnehmung von verfahrensrechtlichen Befugnissen des Kindes konkret vereitelt, indem sie etwa den Kontakt zum bestellten Verfahrensbeistand verhindert oder bei der Mitwirkung an der Abstammungsuntersuchung ihre eigenen Interessen über diejenigen des Kindes stellt. Unterhalb dieser Schwelle kann einem Interessenwiderstreit durch die Bestellung eines Verfahrensbeistands nach § 174 FamFG begegnet werden und bedarf es keiner Entziehung der Vertretungsbefugnis. Das Abstellen auf eine dem Verfahren immanente Konfliktlage reicht für einen solchen Eingriff nicht aus.[31]

cc. Entziehung der elterlichen Sorge

25 Wenn einem Sorgerechtsmissbrauch nicht allein mit der Entziehung der Vertretungsbefugnis für das Verfahren begegnet werden kann, sondern darüber hinaus die Schwelle des § 1666 BGB überschreitende kindeswohlgefährdende Auswirkungen hat, kann dies zur Einleitung eines Verfahrens nach § 1666 BGB Anlass geben und entsprechende sorgerechtliche Maßnahmen erfordern.

IV. Das Wohl des Vertretenen als besondere Voraussetzung bei Anfechtung durch den gesetzlichen Vertreter (Abs. 4)

26 Die Anfechtung der Vaterschaft durch den gesetzlichen Vertreter ist nur zulässig, wenn sie dem Wohl des Vertretenen dient. Diese Einschränkung gilt nicht nur für die Anfechtung durch den gesetzlichen Vertreter eines minderjährigen Kindes (Abs. 3), sondern auch für die Anfechtung durch den gesetzlichen Vertreter eines geschäftsunfähigen Vaters, eines geschäftsunfähigen potentiellen leiblichen Vaters oder einer geschäftsunfähigen Mutter (Abs. 2 Satz 3).

27 Ob die Anfechtung dem Wohl des Vertretenen dient, muss das Familiengericht jeweils im Rahmen des Vaterschaftsanfechtungsverfahrens inzident prüfen. Es handelt sich hierbei um eine Sachentscheidungsvoraussetzung.[32] Der Anfechtungsantrag ist als unzulässig abzuweisen, wenn nicht positiv festgestellt werden kann, dass die Anfechtung dem Wohl des Anfechtungsberechtigten dient.[33] Dabei verbleibende Zweifel gehen zu Lasten des Anfechtenden.[34]

28 Es ist eine Gesamtwürdigung vorzunehmen unter **sorgfältiger Abwägung der mit der Durchführung des Anfechtungsverfahrens für den Vertretenen verbundenen Vor- und Nachteile**.[35] In die Abwägung einzubeziehen sind sowohl die Auswirkungen der Durchführung des Anfechtungsverfahrens selbst als auch die Erfolgsaussichten des Verfahrens und die aus einer etwaigen Beseitigung der Vaterschaftszuordnung resultierenden praktischen Vor- und Nachteile. Das Kindeswohl kann sowohl für die Aufrechterhaltung der bestehenden Vaterschaftszuordnung als auch für deren Beseitigung sprechen. Grundsätzlich kommt keinem einzelnen Abwägungsgesichtspunkt Vorrang vor einem anderen

29 BGH FamRZ 2012, 859
30 BGH FamRZ 2008, 1156
31 OLG Frankfurt ZKJ 2017, 427; unzutreffend daher OLG Stuttgart FamRZ 2014, 1868
32 Staudinger/*Rauscher*, § 1600a BGB Rn. 63
33 OLG Saarbrücken ZKJ 2018, 272, 273
34 OLG Saarbrücken ZKJ 2018, 272, 273
35 OLG Celle ZKJ 2012, 76; OLG Saarbrücken ZKJ 2018, 272, 273

zu, auch nicht dem natürlichen Interesse des Kindes an der Klärung der wahren Abstammung.[36] Wenn sich jedoch durch die Anfechtung der Vaterschaft keine Auswirkungen auf die familiäre Situation des Kindes ergeben, überwiegt das Interesse an der Kenntnis der eigenen Abstammung.[37]

Die möglichen Auswirkungen des Anfechtungsverfahrens auf den Familienfrieden und die persönlichen Beziehungen zwischen Mutter und Kind sind ebenso in die Abwägung einzubeziehen wie auch etwaige vermögens- oder unterhaltsrechtliche Vor- und Nachteile einer Beseitigung der Vaterschaft. Die Auswirkungen einer erfolgreichen Vaterschaftsanfechtung können besonders nachteilig sein, wenn keine Aussicht besteht, die tatsächliche Abstammung des Kindes zu klären und das Kind dauerhaft ohne rechtlichen Vater bleiben wird.[38] Dient – wie bei der Vaterschaftsanfechtung eines durch einvernehmliche Samenspende gezeugten Kindes – die Anfechtung nicht der Zuordnung des Kindes zu seinem leiblichen Vater, ist auch das ansonsten durch Art. 6 Abs. 2 Satz 1 GG geschützte Recht des anderen Elternteils, die rechtliche Vaterschaft zu beenden, nicht von Belang.[39] Wenn jedoch weder emotionale Beziehungen zum rechtlichen Vater bestehen und das Fortbestehen der rechtlichen Vaterschaft für das Kind keinerlei Vorteile bietet, kann die Kindeswohldienlichkeit der Anfechtung auch dann anzunehmen sein, wenn für die Klärung der tatsächlichen Abstammung keine Aussicht besteht.[40] 29

V. Unter Betreuung stehende Personen (Abs. 5)

Die Regelung in Abs. 5 unterstreicht nochmals den Grundsatz der Höchstpersönlichkeit und stellt klar, dass dies auch für eine unter Betreuung stehende Person gilt, denn die Einrichtung einer Betreuung hat keine Auswirkungen auf dessen Geschäftsfähigkeit. Ist die unter Betreuung stehende Person geschäftsunfähig i.S.v. § 104 Nr. 2 BGB, gilt Abs. 2 Satz 3 bzw. Abs. 3. 30

C. Reformvorhaben

§ 1600a BGB soll nach den Vorstellungen des Diskussionsteilentwurfs zur Reform des Abstammungsrechts[41] durch einen neu gefassten § 1600d BGB ersetzt werden. Vorgesehen ist insoweit folgender Gesetzeswortlaut: 31

§ 1600d Persönliche Anfechtung, Anfechtung bei beschränkter Geschäftsfähigkeit oder Geschäftsunfähigkeit

(1) Die Anfechtung kann nicht durch einen Bevollmächtigten erfolgen.

(2) Die Anfechtungsberechtigten im Sinne von § 1600 Absatz 1 Nummer 1 bis 4 können die Vaterschaft oder Mit-Mutterschaft nur selbst anfechten. Dies gilt auch, wenn sie in der Geschäftsfähigkeit beschränkt sind; sie bedürfen zur Anfechtung nicht der Zustimmung ihres gesetzlichen Vertreters. Sind Anfechtungsberechtigte geschäftsunfähig, so kann nur ihr gesetzlicher Vertreter anfechten.

(3) Für ein geschäftsunfähiges oder in der Geschäftsfähigkeit beschränktes Kind kann nur der gesetzliche Vertreter anfechten.

36 BayObIG FamRZ 1995, 185
37 OLG Schleswig FamRZ 2003, 51
38 BayObIG FamRZ 1995, 185; siehe auch OLG Saarbrücken ZKJ 2018, 272, 273
39 OLG Saarbrücken ZKJ 2018, 272, 273
40 OLG Nürnberg FamRZ 2005, 1697
41 Abrufbar unter www.bmjv.de

(4) Die Anfechtung durch den gesetzlichen Vertreter ist nur zulässig, wenn sie dem Wohl des Vertretenen dient.

(5) Ein geschäftsfähiger Betreuter kann die Vaterschaft oder Mit-Mutterschaft nur selbst anfechten.

Die geplanten Änderungen sind redaktioneller Art und beabsichtigen keine Veränderung der geltenden Gesetzeslage. Die Verschiebung im BGB ist der geplanten Einführung der neu gefassten §§ 1600a bis 1600c des Entwurfs geschuldet.[42]

§ 1600b BGB Anfechtungsfristen

(1) [1]Die Vaterschaft kann binnen zwei Jahren gerichtlich angefochten werden. [2]Die Frist beginnt mit dem Zeitpunkt, in dem der Berechtigte von den Umständen erfährt, die gegen die Vaterschaft sprechen; das Vorliegen einer sozial-familiären Beziehung im Sinne des § 1600 Abs. 2 erste Alternative hindert den Lauf der Frist nicht.

(2) [1]Die Frist beginnt nicht vor der Geburt des Kindes und nicht, bevor die Anerkennung wirksam geworden ist. [2]In den Fällen des § 1593 Satz 4 beginnt die Frist nicht vor der Rechtskraft der Entscheidung, durch die festgestellt wird, dass der neue Ehemann der Mutter nicht der Vater des Kindes ist.

(3) [1]Hat der gesetzliche Vertreter eines minderjährigen Kindes die Vaterschaft nicht rechtzeitig angefochten, so kann das Kind nach dem Eintritt der Volljährigkeit selbst anfechten. [2]In diesem Falle beginnt die Frist nicht vor Eintritt der Volljährigkeit und nicht vor dem Zeitpunkt, in dem das Kind von den Umständen erfährt, die gegen die Vaterschaft sprechen.

(4) [1]Hat der gesetzliche Vertreter eines Geschäftsunfähigen die Vaterschaft nicht rechtzeitig angefochten, so kann der Anfechtungsberechtigte nach dem Wegfall der Geschäftsunfähigkeit selbst anfechten. [2]Absatz 3 Satz 2 gilt entsprechend.

(5) [1]Die Frist wird durch die Einleitung eines Verfahrens nach § 1598a Abs. 2 gehemmt; § 204 Abs. 2 gilt entsprechend. [2]Die Frist ist auch gehemmt, solange der Anfechtungsberechtigte widerrechtlich durch Drohung an der Anfechtung gehindert wird. [3]Im Übrigen sind § 204 Absatz 1 Nummer 4, 8, 13, 14 und Absatz 2 sowie die §§ 206 und 210 entsprechend anzuwenden.

(6) Erlangt das Kind Kenntnis von Umständen, auf Grund derer die Folgen der Vaterschaft für es unzumutbar werden, so beginnt für das Kind mit diesem Zeitpunkt die Frist des Absatzes 1 Satz 1 erneut.

Übersicht

	Rn.
A. Allgemeines	1
I. Normzweck	1
II. Fristdauer	4
III. Fristwahrung	6
B. Inhalt der Norm	8
I. Kenntnisabhängiger Fristbeginn (Abs. 1)	8
1. Kenntnis von gegen die Vaterschaft sprechenden Umständen	8
2. Wegfall der Kenntnis	20
3. Kenntnis bei Minderjährigkeit	21
4. Kenntnis bei Geschäftsunfähigkeit	24
5. Anfechtungsfrist der Kindesmutter	25
6. Anfechtungsfrist des potentiellen leiblichen Vaters	26
II. Frühestmöglicher Fristbeginn (Abs. 2)	28

42 Diskussionsteilentwurf S. 53

III. Neubeginn der Frist nach Wegfall der Minderjährigkeit des Kindes (Abs. 3) 30
IV. Neubeginn der Frist nach Wegfall der Geschäftsunfähigkeit (Abs. 4) 35
V. Hemmung der Frist (Abs. 5) 36
VI. Außerordentliche erneute Anfechtungsfrist für das Kind (Abs. 6) 45
C. Reformvorhaben 48

A. Allgemeines

I. Normzweck

1 Die Vorschrift dient der Sicherung der Bestandskraft der Vaterschaftszuordnung eines Kindes und damit der Rechts- und Statussicherheit.[1] Dem Anfechtungsberechtigten wird nach Kenntniserlangung von gegen die Vaterschaft sprechenden Umständen eine angemessene Zeit zur Überlegung und Entscheidung eingeräumt, ob er die Vaterschaft anfechten will. Durch die Befristung dieser Überlegungszeit soll vermieden werden, dass die Vaterschaftszuordnung für ein Kind dauerhaft **in der Schwebe** bleibt.[2] Allerdings können nach Abs. 6 besondere Umständen dazu führen, dass lange nach Ablauf der kenntnisabhängigen Anfechtungsfrist diese für das Kind neu zu laufen beginnt, so dass eine dauerhafte Bestandskraft nicht mehr gewährleistet ist.

2 Die Anfechtungsfrist dient nicht dem Schutz des leiblichen Vaters davor, als Vater des Kindes festgestellt zu werden.[3] Weder der leibliche Vater noch seine Erben können im Verfahren auf Feststellung der Vaterschaft geltend machen, im vorausgegangenen Verfahren auf Anfechtung der Vaterschaft sei die Anfechtungsfrist zu Unrecht als gewahrt erachtet worden.[4] Aus einer Verletzung des § 1600b BGB kann der als Vater festgestellte Mann keine Amtshaftungsansprüche herleiten.[5]

3 Die Wahrung der Anfechtungsfrist ist **von Amts wegen** zu beachten,[6] mithin auch dann, wenn alle Beteiligten übereinstimmend die Beseitigung der Vaterschaftszuordnung begehren. Wird die Frist nicht gewahrt, kommt eine Anfechtung der Vaterschaft selbst dann nicht mehr in Betracht, wenn die Nichtvaterschaft durch Abstammungsgutachten nachgewiesen ist.[7] Es handelt sich um eine materiell-rechtliche Frist. Eine Wiedereinsetzung in den vorigen Stand wegen Versäumung der Anfechtungsfrist ist daher nicht möglich.[8]

II. Fristdauer

4 Die Anfechtungsfrist beträgt für alle Anfechtungsberechtigten zwei Jahre. Durch die Kindschaftsrechtsreform sind mit Wirkung ab 1.7.1998 die vorher für eheliche und uneheliche Kinder geltenden unterschiedlichen Anfechtungsfristen vereinheitlicht worden. Dies gilt auch hinsichtlich der vor dem 1.7.1998 geborenen Kinder (Art. 224 § 1 Abs. 2 EGBGB),[9] auch wenn nach vorherigem Recht eine kürzere Anfechtungsfrist galt[10] oder nach früherem Recht ein Anfechtungsrecht nicht bestand.[11]

5 Eine Besonderheit gilt für die Anfechtung von vor dem 1.7.1970 in den alten Bundesländern erklärten Vaterschaftsanerkenntnissen, die an keine Frist gebunden ist.[12] Diese Altan-

1 BGH FamRZ 1999, 778
2 BVerfGE 38, 241
3 OLG Köln FamRZ 2019, 726
4 OLG Frankfurt FamRZ 2009, 704
5 BGH FamRZ 2007, 36
6 OLG Karlsruhe FuR 1998, 380
7 OLG Brandenburg FamRZ 2001, 1630
8 BGH NJW 1975, 1465
9 BGH FamRZ 1999, 778
10 OLG Köln FamRZ 1999, 800
11 OLG Frankfurt FamRZ 2000, 548; OLG Celle OLGR 1999, 306; OLG Stuttgart FamRZ 1999, 1003; OLG Nürnberg FamRZ 2002, 1722
12 Vgl. BayObLG FamRZ 1992, 984

erkenntnisse bewirkten nach damaligem Recht nicht einen verwandtschaftlichen Status zu dem Vater. Erst mit dem NEhelG[13] wurden diese Altanerkenntnisse in eine statusbegründende Vaterschaftsanerkennung mit der Folge des Entstehens eines Verwandtschaftsverhältnisses umgewandelt. Zum Ausgleich wurde die Anfechtung der auf einem alten Anerkenntnis beruhenden Vaterschaft erleichtert und eine Bindung an Fristen nicht vorgesehen (Art. 12 § 3 Abs. 2 Satz 1 NEhelG). Die fristunabhängige Anfechtungsmöglichkeit für vor dem 1.7.1970 erklärte Vaterschaftsanerkennungen gilt jedoch nur, wenn für die Vaterschaftsanerkennung zum Anerkennungszeitpunkt das Recht der Bundesrepublik Deutschland maßgeblich war. Für ein in der DDR erklärtes Vaterschaftsanerkenntnis besteht die in Art. 12 § 3 NEhelG eröffnete fristunabhängige Anfechtungsmöglichkeit nicht.[14]

III. Fristwahrung

6 Die Anfechtungsfrist wird nur durch die rechtzeitige gerichtliche Anfechtung der Vaterschaft gewahrt. Erforderlich war bis 31.8.2009 grundsätzlich die Erhebung der Klage, also ihre Zustellung. Die damit verbundenen Rechtsfragen – insbesondere im Hinblick auf § 270 Abs. 3 ZPO[15] – sind mit dem FamFG obsolet geworden. In nach dem 1.9.2009 eingeleiteten Verfahren wird die Frist des § 1600b BGB schon mit **Einreichung des Antrags bei** Gericht gewahrt. Eine förmliche Zustellung der Antragsschrift ist für die Wahrung der Anfechtungsfrist unerheblich, zumal sie nach § 15 FamFG für den Anfechtungsantrag auch nicht vorgeschrieben ist. Es genügt daher die rechtzeitige Einreichung eines Antrags auf Anfechtung der Vaterschaft.

7 Indem Abs. 5 Satz 3 u.a. § 204 Abs. 1 Nr. 14 ZPO für entsprechend anwendbar erklärt, reicht bereits ein bloßer **Antrag auf Bewilligung von Verfahrenskostenhilfe** für ein Anfechtungsverfahren zur Hemmung der Anfechtungsfrist aus, wenn dieser rechtzeitig eingeht und dessen Bekanntgabe an die übrigen Beteiligten veranlasst wird,[16] wobei die Hemmungsdauer jedoch durch § 204 Abs. 2 BGB zeitlich begrenzt ist.

B. Inhalt der Norm

I. Kenntnisabhängiger Fristbeginn (Abs. 1)

1. Kenntnis von gegen die Vaterschaft sprechenden Umständen

8 Da der Zweck der Anfechtungsfrist darin liegt, den Anfechtungsberechtigten in einem angemessenen Zeitraum zur Ausübung des Anfechtungsrechts zu veranlassen, können nur in einem Anfechtungsverfahren **verwertbare Kenntnisse** die Anfechtungsfrist auslösen. Dies hat vor allem Bedeutung, wenn die gegen die Vaterschaft sprechenden Umstände durch einen heimlich eingeholten Vaterschaftstest bekannt wurden. Da hierauf ein schlüssiger Anfechtungsvortrag nicht gestützt werden kann,[17] wird die Anfechtungsfrist erst durch hinzutretende Umstände – etwa das Einräumen des Mehrverkehrs durch die Kindesmutter nach Vorhalt des Vaterschaftstests[18] – ausgelöst. Die Kenntnis von Umständen, deren Vorbringen nicht geeignet wäre, einen begründeten Anfangsverdacht[19] **schlüssig darzulegen** (vgl. § 171 Abs. 2 Satz 2 FamFG), setzt die Anfechtungsfrist nicht in Lauf. Hierzu zählen insbesondere bloße Gerüchte über die fehlende Abstammung.[20]

---

13 Gesetz über die rechtliche Stellung der nichtehelichen Kinder vom 19.8.1969 (BGBl. I 1969 S. 1243)
14 Vgl. hierzu BVerfG FamRZ 1995, 411
15 Vgl. z.B. BGH FamRZ 1995, 1484; OLG Dresden FamRZ 2006, 55
16 NK-BGB/*Gutzeit*, § 1600b Rn. 20; *Keuter*, § 2 Rn. 165
17 BVerfG FamRZ 2007, 441; BGH FamRZ 2005, 340; ZKJ 2006, 417
18 OLG Stuttgart FamRZ 2011, 382; OLG Koblenz NJW 2006, 1742
19 BGH FamRZ 1998, 955
20 OLG Brandenburg FamRZ 2018, 517

Die Anfechtungsfrist beginnt gemäß Abs. 1 Satz 2 mit dem Zeitpunkt zu laufen, in dem der Anfechtungsberechtigte von Umständen erfährt, die gegen die Vaterschaft sprechen. Hierzu reicht es bereits aus, dass er **Kenntnis von Tatsachen** erlangt, aus denen sich die **nicht ganz fernliegende Möglichkeit** einer Abstammung des Kindes von einem anderen Mann ergibt.[21] 9

Nicht erforderlich ist die positive Kenntnis oder die persönliche Überzeugung von der anderweitigen Abstammung des Kindes[22] oder gar die Kenntnis von der Person des tatsächlichen Erzeugers.[23] Der Anfechtende muss nicht einmal selbst Zweifel an der Vaterschaft gehabt haben.[24] Er muss nur Tatsachen kennen und für wahr halten, bei denen eine anderweitige Abstammung nicht fernliegt. Nicht notwendig ist die sichere Kenntnis, dass anderweitiger Geschlechtsverkehr stattgefunden hat, sondern es reicht bereits die Kenntnis von solchen Tatsachen aus, die bei objektiver, verständiger Würdigung hierauf schließen lassen.[25] Wenn jedoch der Anfechtungsberechtigte Kenntnis davon erlangt hat, dass die Kindesmutter in der Empfängniszeit Geschlechtsverkehr mit einem anderen Mann hatte, löst dies in der Regel die Anfechtungsfrist auch dann aus, wenn der rechtliche Vater in der Empfängniszeit der Kindesmutter ebenfalls beigewohnt hat.[26] 10

Für die Beurteilung, ob bei den dem Anfechtungsberechtigten bekannt gewordenen Tatsachen von einer nicht ganz fernliegende Möglichkeit einer anderweitigen Abstammung des Kindes auszugehen ist, kommt es nicht auf den konkreten Bildungsstand und die konkrete Sichtweise des Anfechtenden, sondern auf die **objektive Sicht eines verständigen Betrachters** an.[27] Dabei ist der Beurteilungsmaßstab nicht an medizinisch-naturwissenschaftlichen Spezialkenntnissen auszurichten, sondern von einem Erkenntnisstand auszugehen, der bei einem verständigen Laien in der Regel erwartet werden kann.[28] Individuelle Bildungsdefizite oder die Neigung, vor den Tatsachen die Augen zu verschließen, hindern den Lauf der Anfechtungsfrist nicht.[29] 11

Erforderlich ist jedoch stets, dass der Anfechtungsberechtigte überhaupt **Kenntnis von der Existenz des Kindes**[30] und – soweit es für die Vaterschaftszuordnung hierauf ankommt – von dem Tag der Geburt des Kindes[31] erlangt hat. Unerheblich ist, ob ihm die Rechtslage hinsichtlich der Vaterschaftszuordnung bekannt war, denn die **Rechtsunkenntnis** von den Zuordnungstatbeständen des § 1592 BGB hindert den Lauf der Frist nicht. Wenn etwa der Scheinvater rechtsirrig annimmt, es bedürfe keiner Vaterschaftsanfechtung, weil das Kind ohnehin nicht als sein Kind gelte – etwa weil es nach dem Scheidungsausspruch geboren wurde, der aber bei Geburt des Kindes noch nicht rechtskräftig war – hindert dies den Lauf der Frist nicht.[32] 12

Wenn der Anfechtungsberechtigte weiß, dass in der Empfängniszeit **kein Geschlechtsverkehr** der Kindesmutter mit dem rechtlichen Vater stattgefunden hat, hat er Kenntnis von den gegen die Vaterschaft sprechenden Umständen. Wenn der rechtliche Vater seinen Antrag auf Anfechtung der Vaterschaft darauf stützt, der letzte Verkehr mit der Mutter des Kindes habe elf Monate vor der Geburt gelegen, dann ist von einem Fristenlauf ab 13

21 BGH FamRZ 1998, 955; OLG Brandenburg FamRZ 2002, 1055; OLG Koblenz FamRZ 2000, 1032
22 OLG Brandenburg FamRZ 2004, 480; OLG Rostock FamRZ 2004, 379
23 BGH FamRZ 1998, 1577
24 OLG Köln FamRZ 2002, 842
25 OLG Brandenburg FamRZ 2002, 1055
26 BGH FamRZ 2014, 463; ZKJ 2006, 76
27 BGH ZKJ 2006, 512; FamRZ 1979, 1007, 1009; FamRZ 1989, 169, 170: FamRZ 1990, 507
28 BGH ZKJ 2006, 512; OLG München NJWE-FER 1997, 102
29 OLG Köln FamRZ 2002, 842
30 BGHZ 10, 111
31 OLG Stuttgart DAVorm 1985, 1085
32 BGH FamRZ 1991, 325; OLG Koblenz FamRZ 1997, 1171

Geburt des Kindes auszugehen, denn aus der Sicht eines verständigen Laien, der nicht über naturwissenschaftliche oder medizinische Spezialkenntnisse verfügt, kann in einem solchen Fall nicht zweifelhaft sein, dass das Kind nicht aus diesem Verkehr mit der Kindesmutter abstammt.[33] Auch wenn der rechtliche Vater aus einem ärztlichen Befund Kenntnis von seiner **Zeugungsunfähigkeit** hat oder vor der Empfängniszeit bereits eine **Sterilisation** hat durchführen lassen, kann sich hieraus die Kenntnis von gegen die Vaterschaft sprechenden Umständen vermitteln.[34]

14 Auch die **Umstände des Zustandekommens des Geschlechtsverkehrs** mit der Kindesmutter können eine anderweitige Abstammung des Kindes nahelegen. Wenn sich aus konkreten Umständen geradezu aufdrängt, dass der Scheinvater nicht der einzige Mann war, mit dem die Kindesmutter im Empfängniszeitraum geschlechtliche Beziehungen unterhielt, setzt dies die Anfechtungsfrist in Lauf. Solche weiteren Umstände können z.B. vorliegen, wenn der Mann bei einer als **Sextourismus** zu qualifizierenden Reise eine einheimische Frau am Strand kennen lernte und von dieser sofort eine Möglichkeit zur Ausübung des Geschlechtsverkehrs geschaffen wurde,[35] oder wenn sich aus anderen Umständen Hinweise darauf ergeben, dass die Frau der **Prostitution** nachgeht.[36]

15 Gegen die Vaterschaft sprechende Umstände können sich daraus ergeben, dass der bei Geburt vorliegende **Reifegrad des Kindes** nicht in Einklang steht mit dem Zeitpunkt des Geschlechtsverkehrs des Scheinvaters mit der Kindesmutter, wenn also das Kind bei der Geburt voll ausgereift war, obwohl gerechnet vom Geschlechtsverkehr des Scheinvaters mit der Mutter die volle Tragezeit bei weitem nicht erreicht war.[37] Dies begründet jedoch nur dann eine gegen die Vaterschaft sprechende Kenntnis, wenn die so errechnete vermeintliche Tragezeit so kurz ist, dass nach der Beurteilung eines verständigen Laien das Kind bei Geburt nicht hätte voll ausgereift sein können.

16 Auch eine **offenkundige Verschiedenheit der Ethnie** kann Kenntnis von gegen die Vaterschaft sprechenden Umständen vermitteln. Dies wird man aber nur annehmen können, wenn die Verschiedenheit augenfällig ist. Gehören die rechtlichen Eltern unterschiedlichen Ethnien an, begründet es jedoch keine Kenntnis von gegen die Vaterschaft sprechenden Umständen, wenn das Kind bei Geburt hellhäutig[38] oder dunkelhäutig[39] war. Das **Aussehen des Kindes** – etwa die fehlende Ähnlichkeit mit dem rechtlichen Vater – vermittelt regelmäßig keine Kenntnis von gegen die Vaterschaft sprechenden Umständen.[40] Selbst wenn sich das Aussehen des Kindes deutlich von demjenigen seiner Geschwister und dem des Ehemanns unterscheidet, kann von einem Laien nicht erwartet werden, dass er deshalb die Vaterschaft in Zweifel zieht.[41] Solche vermeintlichen Aussehensunterschiede sind in der Regel auch nicht geeignet, die Schlüssigkeit eines Anfechtungsantrags zu begründen.[42] Insbesondere die Haarfarbe eines Säuglings ist kein der Hautfarbe vergleichbares charakteristisches Merkmal.[43]

17 Die Kenntnis des Scheinvaters von einem **Mehrverkehr** der Kindesmutter während der gesetzlichen Empfängniszeit setzt regelmäßig die Anfechtungsfrist des § 1600b Abs. 1

---

33 OLG Brandenburg FamRZ 1996, 895
34 OLG Dresden FamRZ 2006, 1129; OLG Koblenz FamRB 2003, 181; OLG Köln FamRZ 2003, 781
35 OLG Frankfurt OLGR 1999, 256
36 BGH ZKJ 2006, 512
37 Vgl. BGH FamRZ 1990, 507
38 OLG Jena FamRZ 2010, 1822
39 OLG Karlsruhe FamRZ 2000, 107
40 OLG Düsseldorf FamRZ 2005, 315
41 OLG München NJWE-FER 1997, 102
42 OLG Jena FamRZ 2003, 944
43 OLG Celle FamRZ 2018, 1851

BGB in Lauf.[44] Dies gilt auch dann, wenn nur ein einziges Mal Mehrverkehr stattgefunden und der rechtliche Vater während der gesetzlichen Empfängniszeit der Kindesmutter ebenfalls beigewohnt hat,[45] sofern nicht besondere Umstände vorliegen, nach denen es ausgeschlossen ist, dass das Kind bei diesem Mehrverkehr gezeugt worden sein kann (zur Verwendung von Verhütungsmitteln vgl. Rn. 20).

Eine solche Kenntnis von Mehrverkehr kann sich aus einem **Eingeständnis der Kindesmutter** ergeben. Dies gilt aber nicht, wenn der Anfechtungsberechtigten den eingestandenen Mehrverkehr als erfunden annehmen konnte, etwa weil die Äußerung im Zusammenhang mit einem Streit über das Umgangs- oder Sorgerecht erfolgte und keine konkreten Angaben enthielt.[46] Wenn jedoch dem Anfechtungsberechtigten das Eingeständnis der Kindesmutter glaubhaft erscheinen musste, kann bereits das Infragestellen der Abstammung des Kindes durch die Kindesmutter dem Anfechtenden gegenüber die Anfechtungsfrist in Lauf setzen.[47] 18

Die Anfechtungsfrist kann bei **Kenntnis vom Ehebruch** selbst dann in Gang gesetzt sein, wenn der Anfechtungsberechtigte nicht sicher weiß, ob es zu Mehrverkehr gekommen ist. Es reicht vielmehr aus, wenn er **sichere Kenntnis von solchen Umständen** hat, **bei denen ein Mehrverkehr naheliegt**. Dies kann anzunehmen sein, wenn der Anfechtungsberechtigte weiß, dass die Kindesmutter in der Empfängniszeit kurzzeitig in der Wohnung eines anderen Mannes gelebt hat.[48] Ob bereits die bloße Kenntnis von einer Urlaubsreise der Kindesmutter in Begleitung eines anderen Mannes einen Mehrverkehr nahe legt,[49] erscheint jedoch fraglich. 19

2. Wegfall der Kenntnis

Eine durch Kenntnis von gegen die Vaterschaft sprechenden Umständen in Gang gesetzte **Anfechtungsfrist** kann **wieder entfallen**, wenn dem Anfechtungsberechtigten innerhalb der Anfechtungsfrist Umstände bekannt werden, die bei verständiger Würdigung eine Anfechtung aussichtslos erscheinen lassen mussten.[50] Erlangt der Mann z.B. Kenntnis von Tatsachen, die den Verdacht rechtfertigen, dass die Kindesmutter in der Empfängniszeit eine sexuelle Beziehung mit einem anderen Mann hatte, und werden ihm später andere Tatsachen bekannt, die ihn zu der Annahme veranlassen, der ursprüngliche Verdacht sei unrichtig, so fällt die zunächst zu laufen begonnene Anfechtungsfrist wieder weg.[51] Allerdings darf er nicht ohne weiteres solchen den Verdacht entkräftenden Angaben Glauben schenken oder vor den gegen die Vaterschaft sprechenden Umständen die Augen verschließen, sondern er muss im Rahmen des Zumutbaren entsprechende Nachforschungen anstellen.[52] Die bloße Beteuerung der Kindesmutter, er sei trotz des stattgefundenen Mehrverkehrs der Vater, reichen nicht aus, um den Fristlauf in Wegfall zu bringen. Hierzu kann es aber ausreichen, wenn ihm – für ihn unwiderlegbar und glaubhaft – Umstände mitgeteilt werden, wonach die Möglichkeit einer Zeugung durch den Mehrverkehr ganz fern liegt, etwa weil ihm die Kindesmutter versichert hat, der andere Mann sei zeugungsunfähig.[53] Die Mitteilung, bei dem Mehrverkehr sei **Verhütung** mit Kondomen betrieben 20

---

44 BGH FamRZ 2014, 463; BGH ZKJ 2006, 76: BGH FamRZ 1978, 494
45 BGH FamRZ 2014, 463; BGH ZKJ 2006, 76; OLG Brandenburg FamRZ 2014, 1215; OLG Karlsruhe FamRZ 2013, 555; OLG Hamm FamRZ 1999, 1362
46 KG FamRZ 1991, 111
47 OLG Hamm FamRZ 1994, 186
48 OLG Brandenburg FamRZ 2002, 1055
49 OLG Hamm FamRZ 1992, 472
50 Palandt/*Brudermüller*, § 1600b BGB Rn. 16
51 MüKo-BGB/*Wellenhofer*, § 1600b Rn.16; NK-BGB/*Gutzeit*, § 1600b Rn. 8
52 OLG Düsseldorf FamRZ 1995, 315
53 BGH FamRZ 1989, 169

worden, lässt die Anfechtungsfrist jedoch nicht entfallen. Es ist allgemein bekannt, dass die Zuverlässigkeit der Verhütung mit Kondomen deutlich geringer ist als bei anderen Verhütungsmitteln.[54] Ob die Mitteilung, dass durch Einnahme der „Antibabypille" Empfängnisverhütung betrieben wurde, die Kenntnis von gegen die Vaterschaft sprechenden Umständen entfallen lässt,[55] erscheint ebenfalls fraglich. Es kann inzwischen als allgemein bekannt gelten, dass es auch bei Einnahme der Pille durch Wirkungsbeeinträchtigungen zur Zeugung eines Kindes kommen kann. Aus der objektiven Sicht eines verständigen Laien kann die Zeugung des Kindes durch den Mehrverkehr dadurch nicht als ausgeschlossen erscheinen.

3. Kenntnis bei Minderjährigkeit

21 Für den Beginn der Anfechtungsfrist für **minderjährige Kindeseltern** oder den minderjährigen potentiellen leiblichen Vater kommt es jeweils auf ihre eigene Kenntnis von gegen die Vaterschaft sprechenden Umständen an, da sie gemäß § 1600a Abs. 2 BGB selbst anfechten können.[56]

22 Anders ist es bei der Anfechtungsfrist für **minderjährige Kinder**. Hier kommt es gemäß § 166 Abs. 1 BGB nicht auf die Kenntnis des Kindes, sondern auf die Kenntnis seines nach § 1600a Abs. 3 BGB zur Anfechtung befugten gesetzlichen Vertreters an.[57] Selbst wenn dieser Kenntnis von gegen die Vaterschaft sprechenden Umständen hat, läuft die Anfechtungsfrist erst dann, wenn der gesetzliche Vertreter berechtigt ist, darüber zu entscheiden, ob das Kind die Vaterschaft anficht, und das Kind in einem Anfechtungsverfahren vertreten werden kann.[58] Wenn die rechtlichen Eltern noch miteinander verheiratet sind oder die gemeinsame elterliche Sorge für das Kind haben, bedarf es für das Verfahren der Bestellung eines Ergänzungspflegers, weshalb die Frist frühestens mit dessen Bestellung zu laufen beginnt.[59] Wird rechtsirrig ein Ergänzungspfleger für die Vertretung des Kindes im Anfechtungsverfahren bestellt, so kommt es, wenn die allein sorgeberechtigte Mutter das Kind im Verfahren vertreten kann, für den Fristbeginn allein auf ihre Kenntnis an, nicht auf die des Ergänzungspflegers.[60]

23 Versäumt ein zur Anfechtung befugter gesetzlicher Vertreter die Anfechtungsfrist, kann das Kind nach Abs. 4 die Vaterschaft nach Eintritt der Volljährigkeit anfechten. Ein Wechsel in der Vertretung des Kindes führt nicht zu einem Neubeginn der Anfechtungsfrist.[61] War die bereits zu laufen begonnene Anfechtungsfrist zum Zeitpunkt des Wechsels in der gesetzlichen Vertretung noch nicht verstrichen, läuft sie erst weiter, wenn auch der neue gesetzliche Vertreter Kenntnis von gegen die Vaterschaft sprechenden Umständen erlangt.[62]

4. Kenntnis bei Geschäftsunfähigkeit

24 Für einen geschäftsunfähigen Vater, geschäftsunfähigen potentiellen leiblichen Vater oder für eine geschäftsunfähige Mutter kann gemäß § 1600a Abs. 2 Satz 2 BGB nur der gesetzliche Vertreter anfechten. Gleiches gilt gemäß § 1600a Abs. 3 BGB für ein geschäftsunfähiges volljähriges Kind. Auch hier folgt aus § 166 Abs. 1 BGB, dass die Kenntnis des gesetzlichen Vertreters maßgeblich ist. Solange ein geschäftsunfähiger Volljähriger ohne gesetz-

54 BGH FamRZ 2014, 463; ZKJ 2006, 76
55 OLG Düsseldorf FamRZ 1989, 426
56 NK-BGB/*Gutzeit*, § 1600b Rn. 10; Staudinger/*Rauscher*, § 1600b BGB Rn. 36
57 MüKo-BGB/*Wellenhofer*, § 1600b Rn. 25 f.; NK-BGB/*Gutzeit*, § 1600b Rn. 11; OLG Brandenburg FamRZ 2009, 59; OLG Köln FamRZ 2001, 245
58 Vgl. hierzu BGH FamRZ 2012, 59
59 OLG Nürnberg FamRZ 2018, 386; OLG Köln FamRZ 2001, 245
60 OLG Koblenz JAmt 2019, 92
61 OLG Celle ZKJ 2012, 76; OLG Bamberg FamRZ 1992, 220
62 MüKo-BGB/*Wellenhofer*, § 1600b Rn. 25

lichen Vertreter ist, läuft für ihn die Anfechtungsfrist nicht.[63] Hatte der Anfechtungsberechtigte vor Eintritt der Geschäftsunfähigkeit bereits Kenntnis von gegen die Vaterschaft sprechenden Umständen, dann läuft die bei Eintritt der Geschäftsunfähigkeit noch verbliebene Restfrist erst weiter, wenn ein gesetzlicher Vertreter eingesetzt ist und bei diesem die für den Fristlauf maßgebliche Kenntnis des § 1600b Abs. 1 BGB vorliegt, wobei ihm aber gemäß §§ 1600b Abs. 5 Satz 3, 210 BGB eine Frist von mindestens sechs Monaten bleibt.[64]

5. Anfechtungsfrist der Kindesmutter

Für die Kindesmutter wird die Anfechtungsfrist regelmäßig zum frühestmöglichen Zeitpunkt (Abs. 2) zu laufen beginnen, denn sie weiß von Anbeginn, dass es in der Empfängniszeit (auch) zum Geschlechtsverkehr mit einem anderen Mann als dem rechtlichen Vater gekommen ist. **25**

6. Anfechtungsfrist des potentiellen leiblichen Vaters

Auch für den potentiellen leiblichen Vater wird der Lauf der Frist in der Regel schon zum frühestmöglichen Zeitpunkt (Abs. 2) in Gang gesetzt werden. Denn er weiß schon vor der Geburt des Kindes, dass es zu Geschlechtsverkehr zwischen ihm und der Mutter gekommen ist. Die positive Kenntnis des potentiellen leiblichen Vaters, dass das Kind von ihm gezeugt wurde, ist für den Lauf der Frist nicht erforderlich. Die Frist läuft jedoch erst, wenn er von der Geburt des Kindes oder von der Anerkennung der Vaterschaft durch den Scheinvater Kenntnis erlangt. **26**

Abs. 1 Satz 2 HS 2 BGB stellt klar, dass der Lauf der Anfechtungsfrist durch das Vorliegen einer **sozial-familiären Beziehung** i.S.v. § 1600 Abs. 2 BGB nicht gehemmt wird. Dies hat zur Folge, dass die Anfechtungsfrist auch dann kenntnisabhängig läuft, wenn der potentielle leibliche Vater gar nicht anfechten kann, weil zwischen dem Kind und dem rechtlichen Vater eine sozial-familiäre Beziehung besteht. Im Ergebnis führt dies dazu, dass der potentielle leibliche Vater sein Anfechtungsrecht endgültig verliert, wenn er wegen des Bestehens einer sozial-familiären Beziehung die Vaterschaft nicht innerhalb der Anfechtungsfrist anfechten konnte.[65] Dies soll nach Auffassung des OLG Karlsruhe[66] verfassungsrechtlich unbedenklich sein. Hat der potenzielle Erzeuger indes vor Anerkennung der Vaterschaft für das Kind durch den rechtlichen Vater selbst versucht, durch Anerkennung bzw. Vaterschaftsfeststellung die Elternposition einzunehmen, kann dem Ausschluss des Anfechtungsrechts das Gebot eines effektiven Anerkennungsverfahrens entgegenstehen (siehe § 1600 BGB Rn. 20 ff.) **27**

II. Frühestmöglicher Fristbeginn (Abs. 2)

Die Anfechtungsfrist beginnt **nicht vor der Geburt** des Kindes zu laufen. Bis zur Vollendung des zweiten Lebensjahres des Kindes kann – ungeachtet einer bereits vor der Geburt erfolgten Kenntnis von gegen die Vaterschaft sprechenden Umständen – die Anfechtungsfrist daher immer gewahrt werden. Bei einer auf **Anerkennung der Vaterschaft** beruhenden Vaterschaftszuordnung beginnt die Anfechtungsfrist nicht vor der Wirksamkeit der Anerkennung zu laufen. **28**

Einen Sonderfall regelt Abs. 2 Satz 2. Wenn ein Kind dem neuen Ehemann der zuvor verwitweten Kindesmutter zugerechnet wird, weil es in der neuen Ehe geboren wurde, dieser neue Ehemann jedoch erfolgreich die Anfechtung der Vaterschaft betrieben hat, dann gilt **29**

63 MüKo-BGB/*Wellenhofer*, § 1600b Rn. 30
64 MüKo-BGB/*Wellenhofer*, § 1600b Rn. 37
65 BT-Drucks. 15/2253, 15
66 OLG Karlsruhe FamRZ 2016, 1382

das Kind gemäß § 1593 Satz 4 BGB als Kind des verstorbenen früheren Ehemannes, wenn es innerhalb von 300 Tagen seit dessen Ableben geboren wurde (vgl. hierzu *Grün,* § 1593 BGB Rn. 6). In Bezug auf die Vaterschaft zu dem früheren Ehemann beginnt die Anfechtungsfrist frühestens zu dem Zeitpunkt zu laufen, in welchem der Anfechtungsberechtigte von der Rechtskraft der Entscheidung, durch die festgestellt wird, dass der neue Ehemann der Mutter nicht der Vater des Kindes ist, Kenntnis erlangt.[67]

III. Neubeginn der Frist nach Wegfall der Minderjährigkeit des Kindes (Abs. 3)

30 Die Regelung des Abs. 3 gilt nur für die **Anfechtungsfrist des Kindes**, nicht für die Anfechtungsrechte übriger Beteiligter, mögen diese auch bei Erlangung der Kenntnis von gegen die Vaterschaft sprechenden Umständen noch minderjährig gewesen sein.

31 Wenn der gesetzliche Vertreter des minderjährigen Kindes die Vaterschaft nicht angefochten hat, kann das Kind **nach Eintritt der Volljährigkeit** die Vaterschaft anfechten. Unerheblich ist, aus welchem Grund der gesetzliche Vertreter während der Minderjährigkeit des Kindes die Vaterschaft nicht angefochten hat. Das Anfechtungsrecht des volljährig gewordenen Kindes entsteht auch dann neu, wenn eine vom gesetzlichen Vertreter betriebene Anfechtung daran gescheitert ist, dass das Familiengericht sie als nicht dem Wohl des Kindes dienlich erachtet hat (§ 1600a Abs. 4 BGB).

32 Wenn in der Zeit der Minderjährigkeit des Kindes die Anfechtungsfrist erst gar nicht zu laufen begann, weil kein zur Anfechtung befugter gesetzlicher Vertreter vorhanden war oder weil dieser keine Kenntnis von gegen die Vaterschaft sprechenden Umstände hatte, bedarf es keiner neuen Ingangsetzung der Anfechtungsfrist nach § 1600b Abs. 3 BGB. In diesem Fall gilt ohnehin für das Kind die kenntnisabhängige Frist des § 1600b Abs. 1 BGB.

33 Die erneute Anfechtungsfrist nach Abs. 3 **beginnt frühestens mit Eintritt der Volljährigkeit**. Wenn jedoch das Kind von den Umständen, die gegen die Vaterschaft sprechen, bei Eintritt der Volljährigkeit noch keine Kenntnis hatte, beginnt die Frist erst bei **Kenntniserlangung** von solchen Umständen zu laufen (Abs. 3 Satz 2 BGB). Dabei ist auf die eigene Kenntnis des volljährigen Kindes abzustellen, nicht auf eine etwaige Kenntnis des vormaligen gesetzlichen Vertreters.

34 Der Neubeginn der Anfechtungsfrist bei Eintritt der Volljährigkeit hat insbesondere Auswirkungen bei einer mittels **Samenspende** erfolgten Zeugung des Kindes. Auch wenn zwischen den Eltern hinsichtlich dieser Zeugung Einvernehmen bestand und auch weiterhin Einvernehmen besteht, dass die rechtliche Vaterschaftszuordnung Bestand haben soll, kann das Kind mit Eintritt der Volljährigkeit die Vaterschaft anfechten. Denn – anders als das Anfechtungsrecht der Eltern (vgl. § 1600 Abs. 4 BGB) – ist das Anfechtungsrecht des Kindes bei einer Samenspende nach derzeitiger Rechtslage nicht ausgeschlossen. Eine nach Volljährigkeit betriebene Anfechtung der Vaterschaft durch das Kind wird Erfolg haben, da das Kind nicht vom rechtlichen Vater, sondern vom Samenspender abstammt. Berücksichtigt man weiter, dass das Kind gegen den Reproduktionsmediziner einen Anspruch auf Auskunft über die Person des Samenspenders hat,[68] kann das Kind nach erfolgter Anfechtung der Vaterschaft zum bisherigen rechtlichen Vater ein Verfahren auf Feststellung der Vaterschaft des Samenspenders betreiben. Der Auskunftsanspruch des Kindes besteht auch, wenn vor der deutschen Wiedervereinigung auf dem Gebiet der ehemaligen DDR mittels künstlicher heterologer Insemination ein Kind gezeugt und dem Samenspender seinerzeit Anonymität zugesagt wurde.[69] Seit dem 1.7.2018 kann allerdings

67 MüKo-BGB/*Wellenhofer,* § 1600b Rn. 23
68 BGH FamRZ 2015, 642; OLG Hamm ZKJ 2013, 292
69 BGH FamRZ 2019, 537

im Hinblick auf § 1600d Abs. 4 BGB[70] der Mann, der seinen Samen bei einer Samenbank gespendet hat, nicht mehr als Vater festgestellt werden. Dies soll den Mann vor den denkbaren erb- und unterhaltsrechtlichen Folgen seiner Spende schützen, gleichzeitig dem Auskunftsinteresse des Kindes Rechnung tragen.

IV. Neubeginn der Frist nach Wegfall der Geschäftsunfähigkeit (Abs. 4)

Nach Abs. 4 kann ein vormals geschäftsunfähiger Anfechtungsberechtigter nach Wegfall der Geschäftsunfähigkeit selbst anfechten. Aus der Verweisung auf Abs. 3 Satz 2 ergibt sich, dass die Anfechtungsfrist frühestens mit dem Wegfall der Geschäftsunfähigkeit beginnt, nicht jedoch vor Kenntniserlangung von gegen die Vaterschaft sprechenden Umständen. Besonderheiten gelten, wenn der Anfechtungsberechtigte bereits vor Eintritt der Geschäftsunfähigkeit Kenntnis von die Anfechtungsfrist auslösenden Umständen hatte. Dann läuft die bei Eintritt der Geschäftsunfähigkeit noch verbliebene Restfrist nach Wegfall der Geschäftsunfähigkeit weiter, wobei dem Anfechtungsberechtigten aber gemäß §§ 1600b Abs. 5 Satz 3, 210 BGB eine Mindestrestfrist von sechs Monaten bleibt.[71] Tritt die Geschäftsunfähigkeit des Scheinvaters, der Mutter oder des potentiellen leiblichen Vaters erst zu einem Zeitpunkt ein, als für diese die Anfechtungsfrist bereits verstrichen war, lebt das Anfechtungsrecht nicht erneut auf. 35

V. Hemmung der Frist (Abs. 5)

Der Fristlauf wird durch die Einleitung eines **Verfahrens nach § 1598a Abs. 2 BGB** gehemmt. Aus der Verweisung auf § 204 Abs. 2 BGB ergibt sich, dass die Hemmung sechs Monate nach Abschluss des Verfahrens nach § 1598a Abs. 2 BGB endet. Zu beachten ist, dass die Einholung des Abstammungsgutachtens nicht Bestandteil des Verfahrens nach § 1598a Abs. 2 BGB ist, weshalb die Dauer bis zur Vorlage des Abstammungsgutachtens die Hemmungsdauer nicht beeinflusst. Anders ist es jedoch, wenn sich die Beteiligten auf die Einholung eines Gutachtens einvernehmlich verständigen (Abs. 5 Satz 3 i.V.m. § 204 Nr. 8 BGB). 36

Der Fristablauf ist gehemmt, solange der Anfechtungsberechtigte widerrechtlich **durch Drohung an der Anfechtung gehindert** ist (Abs. 5 Satz 2).[72] Dabei ist unerheblich, ob die Drohung von einem Beteiligten oder von einem Dritten ausgeht. Die Widerrechtlichkeit der Drohung kann sich aus dem angedrohten Verhalten selbst oder aus der Relation zwischen dem Drohmittel und dem angestrebten Zweck – den Anfechtungsberechtigten von der Anfechtung der Vaterschaft abzuhalten – ergeben. Es ist stets widerrechtlich, einen Anfechtungsberechtigten durch Drohung an der Beseitigung einer unzutreffenden Vaterschaftszuordnung zu hindern. 37

Durch die Verweisung in Abs. 5 Satz 3 auf § 204 Nr. 4 BGB ist eine Hemmung bei **einem Güteversuch** eingeführt worden. Ein solcher Güteversuch kann zwar nicht die Beseitigung der Vaterschaft zum Ergebnis haben, da es hierzu der gerichtlichen Gestaltungsentscheidung in einem Verfahren auf Anfechtung der Vaterschaft bedarf. Denkbar ist aber, dass im Rahmen eines Verfahrens nach § 1598a BGB ein Güteverfahren durchgeführt wird. 38

Durch die Verweisung auf § 204 Nr. 8 BGB ist der Ablauf der Anfechtungsfrist gehemmt, wenn die Beteiligten gemeinsam die **außergerichtliche Einholung eines Abstammungsgutachtens vereinbart** haben. Die Hemmung beginnt mit Beginn der vereinbarten Begutachtung. Dies gilt auch, wenn die Vereinbarung der Einholung eines Gutachtens 39

---

70 Eingefügt durch das Gesetz zur Regelung der Kenntnis der Abstammung bei heterologer Verwendung von Samen, BGBl. I 2017 S. 2513

71 MüKo-BGB/*Wellenhofer,* § 1600b Rn. 37

72 Vgl. OLG Jena FamRZ 2009, 705

im Rahmen eines Streits über das Sorge- und/oder Umgangsrecht oder über den Unterhalt zustande kommt.

40 Der Ablauf der Anfechtungsfrist ist gehemmt, wenn ein **Antrag auf Bestimmung des zuständigen Gerichts** für ein beabsichtigtes Verfahren nach § 1598a Abs. 2 BGB oder für ein beabsichtigtes Verfahren auf Anfechtung der Vaterschaft eingereicht wird (Abs. 5 Satz 3 i.V.m. § 204 Nr. 13 BGB). Ist das Verfahren nach § 1598a Abs. 2 BGB oder auf Anfechtung der Vaterschaft bereits eingeleitet, bedarf es dieses Hemmungstatbestandes nicht, da im ersten Fall Abs. 5 Satz 1 greift und im letzteren Fall die Frist des § 1600b bereits mit Einleitung des Verfahrens gewahrt ist.

41 Durch die Verweisung auf § 204 Nr. 14 BGB ist klargestellt, dass auch die bloße Einreichung eines **Antrags auf Bewilligung von Verfahrenskostenhilfe** für ein beabsichtigtes Verfahren auf Anfechtung der Vaterschaft zur Hemmung der Frist führt, sofern dieser VKH-Antrag den übrigen Beteiligten bekannt gemacht wird. Dies hat nur Bedeutung für einen isolierten VKH-Antrag. Wenn zeitgleich auch bereits das Verfahren auf Anfechtung der Vaterschaft – verbunden mit einem VKH-Antrag – eingeleitet wird, ist die Anfechtungsfrist bereits durch die Einleitung des Anfechtungsverfahrens gewahrt. Zu beachten ist, dass bei einem isolierten VKH-Antrag die Hemmung mit der Entscheidung über die Verfahrenskostenhilfe endet, die Anfechtungsfrist also weiterläuft.[73]

42 Ein praktisch bedeutsamer Hemmungstatbestand ergibt sich aus der Verweisung auf § 206 BGB. Damit ist der Lauf der Anfechtungsfrist in der Zeit gehemmt, in welcher der Anfechtungsberechtigte **durch höhere Gewalt an der Rechtsverfolgung gehindert** war. Höhere Gewalt i.S.d. Vorschrift liegt vor, wenn die Verhinderung der Fristwahrung auf Ereignissen beruht, die unter den gegebenen Umständen auch durch die äußerste zu erwartende Sorgfalt nicht verhindert werden konnten. Jedes noch so geringe **eigene Verschulden des Anfechtenden schließt höhere Gewalt aus**. Da der Anfechtende für das Verschulden seines Verfahrensbevollmächtigten einzustehen hat, stellt eine fehlerhafte Rechtsberatung oder Sachbehandlung durch den Verfahrensbevollmächtigten keine höhere Gewalt i.S.d. Vorschrift dar.

43 **Rechtsunkenntnis** allein führt nicht zur Annahme von höherer Gewalt.[74] Von der Rechtsprechung wird höhere Gewalt insbesondere dann angenommen, wenn dem Anfechtungsberechtigten **durch eine Behörde oder ein Gericht falsche Informationen** erteilt wurden, auf die er vertrauen konnte. So ist die Anfechtungsfrist durch höhere Gewalt gehemmt, wenn der unrichtige Vaterschaftseintrag des leiblichen Vaters im Geburtenregister den Anfechtungsberechtigten zu der Annahme veranlassen musste, dass er wegen des inhaltlich zutreffenden Eintrags zum Statusverhältnis nichts weiter zu unternehmen brauchte (Rechtsschein unrichtiger Personenstandbeurkundung).[75] Wenn der Anfechtungsberechtigte auf die Erklärung des Jugendamts, es betreibe als Ergänzungspfleger des Kindes in dessen Namen die Anfechtung der Ehelichkeit,[76] oder auf eine falsche schriftliche Rechtsauskunft eines Rechtspflegers vertraut hat, ist dies in der Rechtsprechung als höhere Gewalt anerkannt worden.[77] Auch wenn in einem Scheidungsbeschluss ein Gericht dahingehende Ausführungen macht, dass ein in der Ehe geborenes Kind kein Kind des Ehemannes sei, kann dies bei einem anwaltlich nicht vertretenen Beteiligten zur Annahme von höherer Gewalt führen.[78] Dies gilt nicht für einen im Scheidungsverfahren an-

73 OLG Hamm, Beschl. v. 30.11.2015 – 12 UF 105/15, juris
74 OLG Koblenz FamRZ 2007, 2098
75 OLG Düsseldorf NZFam 2019, 555
76 BGH FamRZ 1994, 1313
77 OLG Celle DAVorm 1998, 237
78 OLG Frankfurt FamRZ 1984, 414

waltlich vertretenen Beteiligten, da dieser vom Rechtsanwalt über die Notwendigkeit der gerichtlichen Anfechtung der Vaterschaft hätte aufgeklärt werden müssen.[79] Wegen der Verweisung auf § 204 Nr. 14 BGB ist die nach früherem Recht diskutierte Problematik, ob und unter welchen Voraussetzungen die Kostenarmut des Anfechtungsberechtigten zur Anwendung des § 206 BGB führen kann, bedeutungslos geworden.

Aus der Verweisung in Abs. 5 Satz 3 auf § 210 BGB ergibt sich, dass der Lauf der Anfechtungsfrist für einen nicht geschäftsfähigen Anfechtungsberechtigten gehemmt ist, solange er **ohne gesetzlichen Vertreter** ist. Der Anwendung dieser Bestimmung bedarf es jedoch nur, wenn die Anfechtungsfrist überhaupt bereits zu laufen begonnen hat. Denn **nur eine in Lauf gesetzte Frist bedarf der Ablaufhemmung**. Wenn der Geschäftsunfähige vor Eintritt der Geschäftsunfähigkeit keine Kenntnis von gegen die Vaterschaft sprechenden Umstände hatte, beginnt die Anfechtungsfrist ohnehin erst dann zu laufen, wenn ein zur Ausübung des Anfechtungsrechts befugter gesetzlicher Vertreter vorhanden ist und selbst Kenntnis von gegen die Vaterschaft sprechenden Umständen erlangt. Die Hemmung tritt nur ein bei Geschäftsunfähigkeit des Anfechtenden. Eine Geschäftsunfähigkeit eines anderen Beteiligten hindert für den Anfechtenden den Fristlauf nicht.[80] **44**

VI. Außerordentliche erneute Anfechtungsfrist für das Kind (Abs. 6)

Nach Abs. 6 beginnt für das Kind die **zweijährige Anfechtungsfrist erneut zu laufen**, wenn es Kenntnis von Umständen erlangt, aufgrund derer **die Folgen der Vaterschaft für das Kind unzumutbar** werden. Während für die übrigen Anfechtungsberechtigten mit Fristablauf ihr Anfechtungsrecht endgültig erlischt, entsteht für das Kind ein neues Anfechtungsrecht, wenn es zunächst trotz Kenntnis der gegen die Vaterschaft sprechenden Umstände von einer Anfechtung der Vaterschaft abgesehen hat und die Frist des § 1600b Abs. 1 BGB verstreichen ließ, dann aber Kenntnis von Umständen erlangt, bei denen es bei früherer Kenntnis von einer Anfechtung nicht abgesehen hätte. **45**

Die Regelung ist sowohl auf das minderjährige als auch auf das volljährige Kind anwendbar. Auch wenn der gesetzliche Vertreter des minderjährigen Kindes die Anfechtungsfrist hat verstreichen lassen und ihm dann Umstände i.S.v. Abs. 6 bekannt werden, kann er namens des Kindes erneut anfechten, wenn das Kind zu diesem Zeitpunkt noch minderjährig ist. Von größerer praktischer Bedeutung ist die Vorschrift für das volljährige Kind, jedoch nur, wenn auch die Frist des Abs. 3 bereits abgelaufen ist. **46**

Welche Gründe vorliegen müssen, um die Folgen der Vaterschaft für das Kind i.S.v. Abs. 6 „unzumutbar" zu machen, lässt das Gesetz offen. Für die Ausfüllung der generalklauselartigen Bestimmung können die vor dem 1.7.1998 geltenden besonderen Anfechtungsgründe der §§ 1596 Abs. 1, 1600i Abs. 2 und 5 BGB a.F. gewisse Anhaltspunkte geben.[81] Die Voraussetzungen für einen erneuten Fristlauf können gegeben sein, wenn der Scheinvater **extreme Verhaltensweisen** wie z.B. Straftaten oder sonstige schwere Verfehlungen gegen das Kind oder die Kindesmutter an den Tag gelegt hat und deshalb der Fortbestand der zunächst unangefochten belassenen Scheinvaterschaft unzumutbar erscheint. Da Grund für das frühere Absehen von der Anfechtung der Vaterschaft häufig der intakte Familienverband mit dem Scheinvater ist, kann auch ein **Zerbrechen der Beziehung zwischen der Mutter und dem Scheinvater** zur Anwendung von Abs. 6 führen, wenn die Ehe der Kindesmutter inzwischen geschieden wurde und der biologische Vater die Vater- **47**

79 OLG Dresden FamRZ 2010, 1824
80 KG NJW-RR 1995, 70, 72
81 MüKo-BGB/*Wellenhofer*, § 1600b Rn. 40

schaft anerkannt[82] oder dieser die Kindesmutter geheiratet hat.[83] Der Tod des rechtlichen Vaters führt für sich genommen nicht zum Neubeginn der Frist.[84]

C. Reformvorhaben

48 § 1600b BGB soll nach dem Diskussionsteilentwurf[85] durch den neuen § 1600e BGB ersetzt werden. Vorgesehen ist folgender Wortlaut:

§ 1600e BGB-DE Anfechtungsfristen

(1) Die Vaterschaft oder Mit-Mutterschaft kann binnen eines Jahres gerichtlich angefochten werden; ficht das Kind, an beträgt die Frist drei Jahre. Die Frist beginnt mit dem Zeitpunkt, in dem der Berechtigte von den Umständen erfährt, die gegen die Vaterschaft oder Mit-Mutterschaft sprechen; das Bestehen einer sozial-familiären Beziehung im Sinne des § 1600a Absatz 2 Satz 1 hindert den Lauf der Frist nicht.

(2) Die Frist beginnt nicht vor der Geburt des Kindes und nicht, bevor die Anerkennung wirksam geworden ist. In den Fällen des § 1593 Satz 4 beginnt die Frist nicht vor der Rechtskraft der Entscheidung, durch die festgestellt wird, dass der neue Ehegatte der Mutter weder der Vater noch die Mit-Mutter des Kindes ist.

(3) Hat der gesetzliche Vertreter eines minderjährigen Kindes die Vaterschaft oder Mit-Mutterschaft nicht rechtzeitig angefochten, so kann das Kind nach dem Eintritt der Volljährigkeit selbst anfechten. In diesem Falle beginnt die Frist nicht vor Eintritt der Volljährigkeit und nicht vor dem Zeitpunkt, in dem das Kind von den Umständen erfährt, die gegen die Vaterschaft oder Mit-Mutterschaft sprechen.

(4) Hat der gesetzliche Vertreter eines Geschäftsunfähigen die Vaterschaft oder Mit-Mutterschaft nicht rechtzeitig angefochten, so kann der Anfechtungsberechtigte nach dem Wegfall der Geschäftsunfähigkeit selbst anfechten. Absatz 3 Satz 2 gilt entsprechend.

(5) Die Frist wird durch die Einleitung eines Verfahrens nach § 1600g Absatz 2 gehemmt; § 204 Absatz 2 gilt entsprechend. Die Frist ist auch gehemmt, solange der Anfechtungsberechtigte widerrechtlich durch Drohung an der Anfechtung gehindert wird. Im Übrigen sind § 204 Absatz 1 Nummer 4, 8, 13, 14 und Absatz 2 sowie die §§ 206 und 210 entsprechend anzuwenden.

(6) Erlangt das Kind Kenntnis von Umständen, aufgrund derer die Folgen der Vaterschaft oder Mit-Mutterschaft für es unzumutbar werden, so beginnt für das Kind mit diesem Zeitpunkt die Frist des Absatzes 1 Satz 1 erneut.

49 Der Entwurf erstreckt konsequent die Anfechtungsfristen auch auf die **Anfechtung der geplanten Mit-Mutterschaft**. Eine wesentliche Änderung gegenüber der geltenden Rechtslage wäre bei Umsetzung des Entwurfs die **Verkürzung der Anfechtungsfrist** auf ein Jahr. Es solle der Zeitraum, in dem Unsicherheit über den Fortbestand der Vaterschaft oder Mit-Mutterschaft bestehe, „im Interesse des Kindes und der Mutter" verkürzt werden, weil die mit der Anfechtungsmöglichkeit einhergehende Unsicherheit über den Vater oder die Mit-Mutter des Kindes eine erhebliche Belastung vor allem für Mutter und Kind darstelle..[86] Für das Kind würde eine Verkürzung dagegen „oftmals eine Überforderung" darstellen, weshalb **für das Kind eine Verlängerung der Anfechtungsfrist** auf drei Jahre vorgesehen sei. Vor allem jungen Erwachsenen, die von Umständen erführen, die gegen die Vaterschaft oder Mit-Mutterschaft ihres zweiten Elternteils sprächen, solle die

82 OLG Celle JAmt 2006, 143
83 AG Wiesloch FamRZ 2004, 1309
84 OLG Koblenz JAmt 2019, 92
85 Abrufbar unter www.bmjv.de
86 Diskussionsteilentwurf S. 53

Möglichkeit gegeben werden, „diese Information ohne den zeitlichen Druck einer kurzen Anfechtungsfrist zu verarbeiten und sich über die daraus persönlich zu ziehenden Schlüsse und danach zu treffenden Entscheidungen klar zu werden"[87]

Der Entwurf weicht mit der Verlängerung der Anfechtungsfrist von den Empfehlungen des Abschlussberichts des Arbeitskreises Abstammungsrecht[88] ab. Dieser hatte für eine einheitliche Verkürzung der Anfechtungsfrist plädiert. Einerseits dürfe die Frist nicht zu kurz bemessen sein, weil der rechtliche Vater den Umstand, nicht der genetische Erzeuger zu sein, thematisieren und verarbeiten müsse. Andererseits stelle die fehlende Verlässlichkeit der Eltern-Kind-Zuordnung eine Belastung dar. Die einheitliche Jahresfrist sei daher ausreichend, aber auch notwendig.[89] Die unterschiedliche Behandlung der Anfechtungsfristen und die Notwendigkeit einer Verkürzung wird kontrovers diskutiert.[90] **50**

§ 1600c BGB Vaterschaftsvermutung im Anfechtungsverfahren

(1) In dem Verfahren auf Anfechtung der Vaterschaft wird vermutet, dass das Kind von dem Mann abstammt, dessen Vaterschaft nach § 1592 Nr. 1 und 2, § 1593 besteht.

(2) Die Vermutung nach Absatz 1 gilt nicht, wenn der Mann, der die Vaterschaft anerkannt hat, die Vaterschaft anficht und seine Anerkennung unter einem Willensmangel nach § 119 Abs. 1, § 123 leidet; in diesem Falle ist § 1600d Abs. 2 und 3 entsprechend anzuwenden.

Übersicht

Rn.
A. Allgemeines ... 1
B. Inhalt der Norm ... 3
I. Regelvermutung (Abs. 1) ... 3
II. Sonderfall: Anfechtbare Anerkennung der Vaterschaft (Abs. 2) ... 9
C. Reformvorhaben ... 16

A. Allgemeines

Die Regelung begründet für die Anfechtung der Vaterschaft eine **gesetzliche Vermutung für die Abstammung des Kindes** und legt damit den Beweismaßstab für das Anfechtungsverfahren fest. Die gerichtliche Feststellung der Nichtvaterschaft kommt nur in Betracht, wenn das Gericht in einem von einem Anfechtungsberechtigten innerhalb der Anfechtungsfrist eingeleiteten zulässigen Verfahren auf Anfechtung der Vaterschaft als Ergebnis der Beweisaufnahme zu der Überzeugung gelangt, dass das Kind mit an Sicherheit grenzender Wahrscheinlichkeit nicht von dem rechtlich als Vater geltenden Mann abstammt. Dabei hat das Gericht die zur Verfügung stehenden Erkenntnismöglichkeiten umfassend auszuschöpfen, was grundsätzlich stets die Einholung eines Abstammungsgutachtens erfordert, sofern ein gegen die Vaterschaft sprechender Anfangsverdacht schlüssig dargelegt wurde (vgl. § 171 Abs. 2 FamFG). Der Amtsermittlungsgrundsatz (§ 26 FamFG) ist im Anfechtungsverfahren allerdings durch § 177 Abs. 1 FamFG dahingehend eingeschränkt, dass gegen die Vaterschaft sprechende Umstände nicht von Amts wegen zu berücksichtigen sind. **1**

---

87 Diskussionsteilentwurf S. 53
88 Siehe § 1591 BGB, Fn. 68
89 AK Abstammungsrecht, Abschlussbericht (siehe § 1591 BGB Fn. 68), S. 48, 54
90 Ablehnend: Stellungnahme Kinderrechtekommission v. 16.5.2019 unter § 7 II, abrufbar unter www.dfgt.de; befürwortend: Stellungnahme DJB v. 6.5.2019 unter B 12, abrufbar unter www.djb.de; gegen Veränderungen der Anfechtungsfrist *Schwonberg,* FamRZ 2019, 1303, 1309

2 Die gesetzliche Vermutung wirkt sich in der Praxis nur dann aus, wenn ausnahmsweise aus tatsächlichen Gründen ein Abstammungsgutachten nicht eingeholt werden kann oder dieses zu keinen hinreichend aussagekräftigen Feststellungen gelangt, etwa weil kein verwertbares Untersuchungsmaterial beschafft werden konnte oder weil der rechtliche Vater und der Putativvater monozygote Zwillinge sind.[1]

B. Inhalt der Norm

I. Regelvermutung (Abs. 1)

3 Durch Abs. 1 wird im Anfechtungsverfahren vermutet, dass das Kind von dem Mann abstammt, für den die Vaterschaftszuordnung nach § 1592 Nr. 1 und Nr. 2 BGB oder nach § 1593 BGB besteht.

Es gilt somit eine **gesetzliche Vermutung der Vaterschaft** des Mannes,

- der zur Zeit der Geburt des Kindes mit der Mutter verheiratet war, oder
- der die Vaterschaft anerkannt hat, oder
- dessen Ehe mit der Mutter des Kindes durch Tod aufgelöst wurde, wenn das Kind innerhalb von 300 Tagen nach dem Tod geboren wurde und die Kindesmutter bei der Geburt nicht wieder verheiratet war.

4 Die Vermutungswirkung des Abs. 1 knüpft alleine an die formale Vaterschaftszuordnung an. Es ist dabei unerheblich, ob der rechtliche Vater der Kindesmutter in der Empfängniszeit überhaupt beigewohnt hat.[2]

5 Die Vaterschaftsvermutung kann nur durch den **Beweis des Gegenteils** widerlegt werden. Damit trägt der Anfechtende die Feststellungslast hinsichtlich der Nichtvaterschaft. Der Beweis des Gegenteils ist nur geführt, wenn der Anfechtende als Vater ausgeschlossen ist. Ist die Vaterschaft eines anderen Mannes ebenso wahrscheinlich wie die Vaterschaft des rechtlichen Vaters, ist die Vermutungswirkung des § 1600c Abs. 1 BGB nicht widerlegt.[3]

6 Der zur Widerlegung erforderliche Beweis kann mit allen zulässigen Beweismitteln geführt werden. Die bloße Anhörung der Beteiligten ist, da Strengbeweis gilt, kein zulässiges Beweismittel.[4] Eine bestimmte Reihenfolge der Beweiserhebung ist zwar gesetzlich nicht vorgegeben, jedoch wird im Hinblick auf § 175 Abs. 1 FamFG, wonach vor einer Beweisaufnahme mit den Beteiligten zunächst ein Erörterungstermin durchzuführen ist, in der Regel zunächst die Vernehmung der Kindesmutter und des rechtlichen Vaters nach den Grundsätzen der Parteivernehmung zu erfolgen haben, insbesondere zu der Frage, ob die Mutter in der Empfängniszeit mit einem anderen Mann Geschlechtsverkehr hatte.

7 Aus einem etwaigen Mehrverkehr ergibt sich aber noch nicht die Nichtvaterschaft des Scheinvaters. Es muss vielmehr mit an Sicherheit grenzender Wahrscheinlichkeit ausgeschlossen sein, dass das Kind vom rechtlichen Vater abstammt.[5] Einen solchen Ausschluss wird man **regelmäßig erst nach Einholung eines Abstammungsgutachtens** feststellen können. Nach den für Abstammungsgutachten geltenden Richtlinien[6] ist ein Ausschluss der Vaterschaft erst dann anzunehmen, wenn mindestens vier Ausschlusskonstel-

1 Vgl. OLG Hamm FamRZ 2009, 707
2 Palandt/*Brudermüller,* § 1600c BGB Rn. 2
3 OLG Hamm FamRZ 2009, 707
4 OLG Frankfurt FamRZ 2016, 918
5 MüKo-BGB/*Wellenhofer,* § 1600c Rn. 7
6 Richtlinie der Gendiagnostik-Kommission für die Anforderungen an die Durchführung genetischer Analysen zur Klärung der Abstammung in der Fassung vom 17.7.2012, Bundesgesundheitsblatt 2013 S. 169 ff.

lationen auf verschiedenen Chromosomen vorliegen. Bei weniger als vier Ausschlusskonstellationen muss eine biostatistische Auswertung unter Einbeziehung von möglichen Mutationen oder stummen Allelen erfolgen.

Allein auf der Grundlage der Angaben von Beteiligten oder Zeugen wird man in der Regel die Vermutung des Abs. 1 nicht als widerlegt erachten können. Dies ist nur in besonders gelagerten Ausnahmefällen denkbar, etwa wenn mit diesen Beweismitteln der sichere Nachweis erbracht ist, dass in der Empfängniszeit kein Geschlechtsverkehr des Scheinvaters mit der Kindesmutter stattgefunden haben kann.[7] Auch eine offenkundige Verschiedenheit der Ethnien von Kindesmutter und Scheinvater (beide hellhäutig) und dem Kind (dunkelhäutig) kann ein Abstammungsgutachten entbehrlich machen, ebenso wenn feststeht, dass die Kindesmutter bei dem erstmaligen Zusammentreffen mit dem Scheinvater bereits mit dem betroffenen Kind schwanger war. Von der Einholung eines Abstammungsgutachtens kann aber nicht bereits deshalb abgesehen werden, weil sämtliche Beteiligte übereinstimmend von der Nichtvaterschaft des rechtlichen Vaters ausgehen.[8] 8

II. Sonderfall: Anfechtbare Anerkennung der Vaterschaft (Abs. 2)

Gemäß Abs. 2 gilt die Vermutung des Abs. 1 dann nicht, wenn die Vaterschaftszuordnung auf einer Vaterschaftsanerkennung beruht, die an einem Willensmangel nach § 119 Abs. 1 BGB oder nach § 123 BGB leidet. Einer förmlichen Anfechtung der Anerkennungserklärung (§ 143 BGB) bedarf es hierzu nicht, sondern es genügt, dass der Anerkennende in einem von ihm betriebenen Verfahren derartige Willensmängel darlegt.[9] 9

Als **Irrtum** kommt nur ein solcher nach § 119 Abs. 1 (nicht Abs. 2) BGB in Betracht. Der Irrtum kann sich darauf beziehen, dass der Anerkennende über die Person des anzuerkennenden Kindes oder der Kindesmutter irrte. Der Irrtum darüber, tatsächlich der Vater des Kindes zu sein, oder der Irrtum über Umstände, die ihn zu einer bewusst wahrheitswidrigen Anerkennung veranlasst haben, ist als bloßer Motivirrtum unbeachtlich. 10

Die Regelung gilt auch, wenn der Anerkennende gar keine Anerkennung erklären wollte, sondern der Erklärung einen anderen Erklärungsinhalt beigemessen hat. Denkbar ist dies aber praktisch nur bei Sprachschwierigkeiten und wird auch dann mit Blick auf die bei der Beurkundung diesbezüglich zu beachtenden Erfordernisse (vgl. z.B. § 16 BeurkG)[10] kaum in Betracht kommen. Auch sonstige Erklärungsirrtümer sind angesichts der notwendigen öffentlichen Beurkundung des Anerkenntnisses kaum von praktischer Bedeutung. 11

Abs. 2 ist auch bei der Anfechtung wegen eines Willensmangels nach § 123 BGB eröffnet, also bei arglistiger Täuschung oder Drohung. Für die **arglistige Täuschung** ist es unerheblich, wer die Täuschungshandlung begangen hat. Da es sich bei der Anerkennungserklärung nicht um eine empfangsbedürftige Willenserklärung handelt, greift § 123 Abs. 2 BGB nicht ein. Die Täuschung muss sich auf die Abstammung des Kindes beziehen[11] und den Anerkennenden zur Abgabe der Anerkenntniserklärung veranlasst haben. Dies ist etwa anzunehmen, wenn die Kindesmutter vor der Anerkennung dem Anerkennenden gegenüber wahrheitswidrig behauptet hat, in der Empfängniszeit mit keinem anderen Mann als dem Anerkennenden Geschlechtsverkehr ausgeübt zu haben.[12] Das bloße Verschweigen des Mehrverkehrs stellt jedoch mangels Offenbarungspflicht keine Täuschungshandlung dar.[13] Teilweise wird vertreten, eine solche Offenbarungspflicht könne 12

7 AG Westerstede FamRZ 1994, 645
8 Unzutreffend AG Hannover FamRZ 2001, 245
9 Staudinger/*Rauscher,* § 1600c BGB Rn. 31
10 Vgl. hierzu *Knittel*, Beurkundungen im Kindschaftsrecht, Rn. 129 ff.
11 MüKo-BGB/*Wellenhofer,* § 1600c Rn. 15
12 Staudinger/*Rauscher,* § 1600c BGB Rn. 27
13 Erman/*Hammermann,* § 1600c BGB Rn. 13

unter besonderen Umständen in einer stabilen Beziehung zwischen dem Anerkennenden und der Kindesmutter aus § 242 BGB folgen.[14]

13 Bei einer durch **Drohung** veranlassten Anerkennung ist es unerheblich, von wem die Drohung ausgegangen ist. Erforderlich ist lediglich, dass der Anerkennende zu der Anerkennung durch das widerrechtliche In-Aussicht-Stellen eines empfindlichen Übels veranlasst wurde. Die Ankündigung, im Falle der Verweigerung der Anerkennung der Vaterschaft ein gerichtliches Verfahren zur Feststellung der Vaterschaft einzuleiten, stellt keine widerrechtliche Drohung dar.[15] Bei sonstigen in Aussicht gestellten Übeln kann sich die Widerrechtlichkeit aus den angedrohten Maßnahmen selbst oder aus der Relation zwischen dem Drohmittel und dem angestrebten Zweck ergeben. Die gewollte Herbeiführung einer unrichtigen Vaterschaftsanerkennung ist in der Regel widerrechtlich.[16]

14 Eine analoge Anwendung des Abs. 2 auf **sonstige Fälle** – etwa auf andere Willensmängel (z.B. §§ 117, 118, 119 Abs. 2 BGB) oder auf die Anfechtung durch andere als den Anerkennenden – scheidet aus.[17] Für die Mutter und das Kind ist die Regelung nicht entsprechend anwendbar, auch nicht, wenn ihre Zustimmung zur Vaterschaftsanerkennung (§ 1595 BGB) unter einem der in § 1600c Abs. 2 BGB genannten Mängel leidet.[18]

15 **Rechtsfolge** eines Willensmangels i.S.v. Abs. 2 ist, dass an die Stelle der Vermutungswirkung des Abs. 1 diejenige des § 1600d Abs. 2 und 3 BGB tritt. Es gelten dann die Beweisanforderungen wie bei einem Verfahren auf Feststellung der Vaterschaft. Der Scheinvater wird unter den Voraussetzungen des Abs. 2 im Anfechtungsverfahren so gestellt, als habe er die Vaterschaft nicht anerkannt, so dass das Kind die Feststellungslast für die Abstammung vom Scheinvater trägt. Dabei kommt dem Kind jedoch bei nachgewiesener oder eingestandener Beiwohnung in der Empfängniszeit die Vermutungswirkung des § 1600d Abs. 2 Satz 1 BGB zugute, sofern nicht schwerwiegende Zweifel an der Vaterschaft bestehen (§ 1600d Abs. 2 Satz 2 BGB). Aber auch diese Vermutungswirkung ist nur dann von Bedeutung, wenn ein Abstammungsgutachten ausnahmsweise nicht eingeholt werden kann oder zu keinen hinreichenden Feststellungen gelangt.

C. Reformvorhaben

16 § 1600c soll nach dem Diskussionsteilentwurf[19] durch § 1600f ersetzt werden. Dessen Abs. 1 soll als „nicht mehr erforderliche Beweislastregel"[20] gestrichen, der bisherige Abs. 2 wie folgt neu gestaltet werden:

Wenn der Mann, der die Vaterschaft anerkannt hat, die Vaterschaft anficht und seine Anerkennung unter einem Willensmangel nach § 119 Absatz 1 oder § 123 leidet, ist in dem Verfahren auf Anfechtung der Vaterschaft § 1598b Absatz 2 und 3 entsprechend anzuwenden.

Die bisherige Funktion des § 1600c Abs. 1 BGB werde durch die Normierung der gesetzlichen Voraussetzungen für eine gerichtliche Feststellung des Nichtbestehens der Vaterschaft bzw. Mit-Mutterschaft in § 1600a BGB des Entwurfs sichergestellt.[21] Abs. 2 enthält gegenüber dem geltenden § 1600c Abs. 2 BGB nur redaktionelle Änderungen. Auf eine der Regelung des § 1600c Abs. 2 BGB vergleichbare Regelung für die Fälle der Einwilligung

14 So Staudinger/*Rauscher,* § 1600c BGB Rn. 28
15 Erman/*Hammermann,* § 1600c BGB Rn. 14
16 OLG Düsseldorf DAVorm 1982, 200
17 Staudinger/*Rauscher,* § 1600c BGB Rn. 30
18 Staudinger/*Rauscher,* § 1600c BGB Rn. 24
19 Abrufbar unter www./bmjv./de
20 Diskussionsteilentwurf S. 54
21 Diskussionsteilentwurf S. 55

in eine ärztlich unterstützte Befruchtung mittels Samenspende eines Dritten oder mittels Embryospende soll verzichtet werden, weil in diesen Fällen die Beweislage üblicherweise eindeutig sei.[22]

§ 1600d BGB Gerichtliche Feststellung der Vaterschaft

(1) Besteht keine Vaterschaft nach § 1592 Nr. 1 und 2, § 1593, so ist die Vaterschaft gerichtlich festzustellen.

(2) [1]Im Verfahren auf gerichtliche Feststellung der Vaterschaft wird als Vater vermutet, wer der Mutter während der Empfängniszeit beigewohnt hat. [2]Die Vermutung gilt nicht, wenn schwerwiegende Zweifel an der Vaterschaft bestehen.

(3) [1]Als Empfängniszeit gilt die Zeit von dem 300. bis zu dem 181. Tage vor der Geburt des Kindes, mit Einschluss sowohl des 300. als auch des 181. Tages. [2]Steht fest, dass das Kind außerhalb des Zeitraums des Satzes 1 empfangen worden ist, so gilt dieser abweichende Zeitraum als Empfängniszeit.

(4) Ist das Kind durch eine ärztlich unterstützte künstliche Befruchtung in einer Einrichtung der medizinischen Versorgung im Sinne von § 1a Nummer 9 des Transplantationsgesetzes unter heterologer Verwendung von Samen gezeugt worden, der vom Spender einer Entnahmeeinrichtung im Sinne von § 2 Absatz 1 Satz 1 des Samenspenderregistergesetzes zur Verfügung gestellt wurde, so kann der Samenspender nicht als Vater dieses Kindes festgestellt werden.

(5) Die Rechtswirkungen der Vaterschaft können, soweit sich nicht aus dem Gesetz anderes ergibt, erst vom Zeitpunkt ihrer Feststellung an geltend gemacht werden.

Übersicht

Rn.
A. Allgemeines ... 1
B. Inhalt der Norm ... 2
I. Feststellung nur bei fehlender Vaterschaftszuordnung (Abs. 1) ... 2
II. Beweisregel für die Feststellung der Vaterschaft (Abs. 2) ... 4
1. Vaterschaftsnachweis ... 5
2. Vaterschaftsvermutung ... 10
III. Empfängniszeit (Abs. 3) ... 16
IV. Keine Feststellung des Samenspenders als Vater (Abs. 4) ... 17a
V. Rechtsausübungssperre (Abs. 5) ... 18
C. Das Verfahren auf Feststellung der Vaterschaft ... 20
I. Verfahrenseinleitung ... 20
II. Antragsberechtigung ... 24
III. Verfahrensbeteiligte ... 28
IV. Verfahrensgang ... 30
V. Gerichtliche Entscheidung ... 36
D. Reformvorhaben ... 41

A. Allgemeines

Wenn für das Kind keine Vaterschaftszuordnung besteht, kann eine solche nur im Wege einer gerichtlichen Feststellung der Vaterschaft herbeigeführt werden. Ziel der gerichtlichen Vaterschaftsfeststellung ist die **Ermittlung der biologischen Vaterschaft** eines bestimmten Mannes,[1] mithin der tatsächlichen Abstammung des Kindes. Dies war bis 1

22 Diskussionsteilentwurf S. 55

1 BayObIG FamRZ 1999, 1363; siehe auch zur geplanten gesetzlichen Klarstellung unten Rn. 41, dort § 1598a BGB-DE Abs. 1

30.6.1998 durch die damalige Regelung des in § 1600o Abs. 1 BGB a.F. gesetzlich definiert. Dort hieß es, dass als Vater der Mann festzustellen ist, der das Kind gezeugt hat. Diese Definition des Verfahrenszieles ist zwar im Zuge der Kindschaftsrechtsreform nicht in das neue Recht überführt worden, sie trifft aber weiterhin zu, da die tatsächliche Abstammung das gemäß § 1589 Satz 1 BGB für die geradlinige Verwandtschaft zum Vater maßgebliche Kriterium ist.

B. Inhalt der Norm

I. Feststellung nur bei fehlender Vaterschaftszuordnung (Abs. 1)

2 Eine gerichtliche Feststellung der Vaterschaft setzt voraus, dass eine Vaterschaftszuordnung für das Kind nicht besteht. Ist das Kind in bestehender Ehe der Kindesmutter geboren, kann ein Verfahren auf Feststellung der Vaterschaft nicht betrieben werden, solange nicht die Vaterschaftszuordnung zum (früheren) Ehemann der Kindesmutter durch eine in einem Vaterschaftsanfechtungsverfahren ergangene rechtskräftige gerichtliche Feststellung der Nichtvaterschaft (§ 1599 Abs. 1 BGB) beseitigt ist. Hat ein Mann die Vaterschaft für das Kind wirksam anerkannt, kann die Feststellung der Vaterschaft erst beantragt werden, wenn die Vaterschaft des anerkennenden Mannes erfolgreich in einem Vaterschaftsanfechtungsverfahren gerichtlich angefochten wurde.[2] Eine gerichtliche Vaterschaftsfeststellung, die getroffen wurde, obwohl noch eine ehebedingte Vaterschaftszuordnung bestand, entfaltet keine statusrechtliche Wirkung.[3]

3 Aus Abs. 1 ergibt sich ferner, dass bei fehlender Vaterschaftszuordnung für das Kind die Vaterschaftsfeststellung zu erfolgen hat, mithin aus der fehlenden Vaterschaftszuordnung ohne weiteres ein Feststellungsinteresse für die Feststellung der Vaterschaft folgt. Auch die Möglichkeit eines Verfahrens nach § 49 PStG lässt das Rechtsschutzbedürfnis für ein Vaterschaftsfeststellungsverfahren nicht entfallen.[4] Eine **pränatale Vaterschaftsfeststellung** (entsprechend § 1594 Abs. 4 BGB) sieht das deutsche Recht nicht vor.[5] Diese Rechtslage ist verfassungsgemäß.[6]

II. Beweisregel für die Feststellung der Vaterschaft (Abs. 2)

4 Damit das Gericht die Vaterschaft des Mannes feststellen kann, muss als Ergebnis der durchgeführten Beweisaufnahme mit an Sicherheit grenzender Wahrscheinlichkeit feststehen, dass das Kind von diesem Mann abstammt. Um zu dieser Feststellung zu gelangen, bietet das Gesetz zwei Wege an, die jedoch nicht gleichwertig nebeneinander stehen.

1. Vaterschaftsnachweis

5 Vorrangig ist die Feststellung der Vaterschaft durch **unmittelbaren und direkten Vaterschaftsnachweis**. Diese Feststellung erfordert, dass das Gericht nach Einholung eines Abstammungsgutachtens zu der Überzeugung gelangt (§ 37 FamFG), dass der Mann der Vater des Kindes ist, mithin es mit an Sicherheit grenzender Wahrscheinlichkeit ausgeschlossen ist, dass das Kind von einem anderen Mann abstammt.

6 Dabei darf aber nicht verkannt werden, dass ein wissenschaftlicher positiver Beweis der Vaterschaft durch eine Abstammungsuntersuchung nicht erbracht wird. Die bei den Untersuchungen festgestellten Übereinstimmungen führen für sich genommen lediglich zu der Feststellung, ob der Mann der Vater sein kann. Wenn eine sichere **Ausschlusskonstel-**

2 BGH FamRZ 1999, 716; OLG Frankfurt FamRZ 1997, 1356; FamRZ 1999, 1356; OLG Köln FamRZ 2002, 480
3 OLG München FamRZ 2012, 150
4 OLG Jena FamRZ 2017, 1232
5 BGH ZKJ 2017, 69
6 BVerfG FamRZ 2017, 446

lation vorliegt (vgl. *Grün,* § 1600c BGB Rn. 7), kann der Mann nicht der Vater sein und damit nicht als Vater festgestellt werden. Liegt jedoch keine sichere Ausschlusskonstellation vor, bedarf es einer Quantifizierung der Befunde durch geeignete statistische Maßzahlen. Es schließt sich daher jeweils ein statistisches Verfahren der Berechnung der **Vaterschaftswahrscheinlichkeit** an. Je mehr Merkmale das Kind und der untersuchte Mann gemeinsam haben, ohne dass das jeweilige gemeinsame Merkmal von der Mutter stammen kann, umso wahrscheinlicher ist die Vaterschaft des Mannes. Dem liegt die statistisch abgesicherte Erkenntnis zugrunde, dass bestimmte Blut- und/oder DNA-Merkmale in der Bevölkerung unterschiedlich oft anzutreffen sind. Wenn sowohl das Kind als auch der untersuchte Mann die gleichen selten vorkommenden Merkmale aufweisen, spricht eine hohe Wahrscheinlichkeit für die Vaterschaft des untersuchten Mannes. Von der Häufigkeitsverteilung einzelner Merkmale – dem Grad der Häufigkeit – hängt die statistische Bewertung der im Untersuchungsfall gefundenen Übereinstimmungen ab.[7]

Dem in Prozent ausgedrückten Wahrscheinlichkeitswert ist deshalb für sich genommen **7**
keine absolute Bedeutung beizumessen. Die Aussagekraft ist dadurch relativiert, dass die Ermittlung der jeweiligen Häufigkeit bestimmter Merkmalkonstellationen von empirischen Erhebungen abhängen, die nur auf Stichprobenuntersuchungen beruhen. Sie sind abhängig von Populationsströmungen und Ethnienzugehörigkeit. Konstellationen, die z.B. unter Europäern sehr selten sind, können unter Asiaten sehr viel häufiger vorkommen und umgekehrt. Schon zwischen Süd- und Nordeuropäern können sich insoweit signifikante Unterschiede ergeben.

Es kommt hinzu, dass die Berechnung der biostatistischen Wahrscheinlichkeit nur ein Maß **8**
dafür ergibt, zu welchem Anteil von gleichgelagerten Fällen man zutreffend entscheidet, wenn man aufgrund des Befunds diesen Probanden als Vater feststellt. Ein W-Wert von 99 % heißt also nicht, dass zu 99 % Gewissheit über die Vaterschaft besteht, sondern dass in 100 gleichgelagerten Fällen – also in 100 Fällen mit den gleichen Merkmalen der untersuchten Systeme – ein Fall vorkommt, in dem ein Nichtvater diese Merkmale aufweist. Eine hohe Vaterschaftswahrscheinlichkeit resultiert hieraus deshalb, weil es bei der Unzahl von denkbaren Mutter/Kind/Mann-Konstellationen nur wenige Fälle gibt, in denen die gleichen Merkmale vorgefunden werden wie in dem zu beurteilenden konkreten Fall, es also nur ganz wenig gleichgelagerte Fälle gibt.

Auch bei einem hohen Wahrscheinlichkeitswert beruht daher die gerichtliche Feststellung **9**
der Vaterschaft nicht allein auf dem Ergebnis des Abstammungsgutachtens, sondern auf einer **umfassenden Beweiswürdigung**, bei der neben dem Abstammungsgutachten auch die Angaben der Beteiligten über sexuelle Kontakte zwischen ihnen in der Empfängniszeit und über Mehrverkehr zu berücksichtigen sind sowie eventuelle Zeugenaussagen hierzu.

2. Vaterschaftsvermutung

Nachrangig ist der durch Abs. 2 eröffnete Weg der Feststellung der Vaterschaft mit Hilfe **10**
der an die Beiwohnung in der Empfängniszeit geknüpften Vaterschaftsvermutung. Aus dem Vorrang der positiven Vaterschaftsfeststellung folgt, dass es dem Gericht nicht freisteht, bei zugestandener oder erwiesener Beiwohnung in der Empfängniszeit ohne Ausschöpfung weiterer Beweismittel die Vaterschaft auf der Grundlage der Vaterschaftsvermutung festzustellen. Auf die Vermutungswirkung allein darf nur dann abgestellt werden, wenn trotz Ausschöpfung aller zur Verfügung stehender Beweismittel die Vaterschaft weder mit Sicherheit bejaht noch mit Sicherheit verneint werden kann.[8] Die Anwendung des

7 Instruktiv BGH FamRZ 2006, 1745
8 BGH FamRZ 1994, 2961; FamRZ 1991, 426

§ 1600d Abs. 2 BGB ohne vorherige Ausschöpfung der Beweismöglichkeiten, was nach Möglichkeit die Einholung eines Abstammungsgutachtens einbezieht, stellt einen Verstoß gegen die Amtsermittlungsplicht (§ 26 FamFG) dar.

11 Die Vermutungswirkung hat Bedeutung, wenn ausnahmsweise kein Gutachten eingeholt werden kann oder dieses zu keinen hinreichend aussagekräftigen Feststellungen gelangt. Außerdem kann nach den Grundsätzen der **Beweisvereitelung** auf die Vermutungswirkung auch dann zurückgegriffen werden, wenn die Erstellung eines Gutachtens daran scheitert, dass der Mann die Mitwirkung an der Begutachtung verweigert und diese Mitwirkung ausnahmsweise nicht durchsetzbar ist.[9] Dies kommt aber nur bei grundlos verweigerter Teilnahme an einem vom Gericht anberaumten Untersuchungstermin in Betracht.[10] Macht der Mann Weigerungsgründe geltend, muss über die Berechtigung der Weigerung zunächst im Zwischenverfahren nach § 178 Abs. 2 FamFG i.V.m. § 387 ZPO durch Zwischenbeschluss entschieden werden. Auch bei Beweisvereitelung hilft die Vermutungswirkung nur weiter, wenn die Beiwohnung in der Empfängniszeit nachgewiesen ist und schwerwiegender Zweifel an der Vaterschaft nicht bestehen.

▶ *Vgl. hierzu Grün, § 178 FamFG Rn. 23 ff.*

12 Die Vermutungswirkung knüpft an die Beiwohnung in der Empfängniszeit an. Hierunter ist jede **sexuelle Handlung** zu verstehen, die nach medizinischen Erkenntnissen geeignet ist, eine Befruchtung der Eizelle durch befruchtungsfähige Spermien herbeizuführen, wozu auch ein Samenerguss außerhalb der äußeren weiblichen Genitalien ausreichen kann.[11] Es genügt der Nachweis des Geschlechtsverkehrs; der Nachweis eines Samenergusses ist nicht erforderlich.[12] Auf den Willen oder das Handlungsbewusstsein der Beteiligten kommt es nicht an.[13] Wenn allerdings der das Sperma einbringende Vorgang nicht in einer sexuellen Handlung zwischen Mann und Frau besteht – etwa bei einer Samenspende –, liegt keine Beiwohnung vor.[14]

12a Gleichwohl kann im Rahmen des § 1747 Abs. 1 Satz 2 BGB auch die Zustimmung des privaten Samenspenders zur Adoption notwendig sein, obgleich dieser mangels Beiwohnung bei strenger Auslegung die „Voraussetzungen des § 1600d Abs. 2 Satz 1 BGB" ja gerade nicht glaubhaft machen könnte. Im Adoptionsverfahren indes behandelt der BGH[15] die private Samenspende und die Beiwohnung gleich.

13 Die Vaterschaftsvermutung des Abs. 2 gilt trotz erwiesener Beiwohnung dann nicht, wenn **schwerwiegende Zweifel an der Vaterschaft** bestehen. Der Mann, gegen den die Vaterschaftsvermutung spricht, muss die Vermutung nicht durch den Nachweis des Gegenteils widerlegen, sondern die Vermutungswirkung wird bereits durch das Vorhandensein schwerwiegender Zweifel entkräftet.

14 Von wesentlicher Bedeutung ist der **Einwand des Mehrverkehrs**. Mehrverkehr kann immer Zweifel an der Vaterschaft begründen, weshalb konkreter Vortrag von Mehrverkehr in der Empfängniszeit immer erheblich ist und Beweiserhebungen hierzu erforderlich macht, selbst bei durch Gutachten ermittelter sehr hoher Vaterschaftswahrscheinlichkeit.[16] Ist Mehrverkehr nachgewiesen, so können die hieraus resultierenden Zweifel durch andere nachgewiesene Umstände wieder neutralisiert werden. Der Nachweis, dass die Mutter in

---

9 Vgl. AG Neustadt ZKJ 2007, 82 mit Entscheidungsanmerkung von *Menne*, ZKJ 2007, 74
10 OLG Brandenburg FamRZ 2001, 1010
11 Staudinger/*Rauscher,* § 1600c BGB Rn. 49
12 OLG Stuttgart DAvorm 1974, 233; OLG Hamburg DAVorm 1974, 601
13 Staudinger/*Rauscher,* § 1600c BGB Rn. 51
14 Staudinger/*Rauscher,* § 1600c BGB Rn. 50
15 BGH ZKJ 2015, 231
16 BGH FamRZ 2006, 1745; FamRZ 1988, 1037; vgl. aber auch OLG Stuttgart FamRZ 2011, 1879

der Empfängniszeit der **Prostitution** nachgegangen ist, begründet regelmäßig so schwerwiegende Zweifel, dass erhebliche Beweisanforderungen erfüllt sein müssen, um gleichwohl aufgrund der Vermutungsregelung des Abs. 2 die Vaterschaft feststellen zu können.[17]

Wenn Umstände dargelegt sind, die Zweifel an der Vaterschaft begründen können, muss das Gericht jeweils im Einzelfall beurteilen, ob es diese Zweifel im Hinblick auf die im Einzelfall nachgewiesenen Umstände für schwerwiegend erachtet. Weder ist für die Aufrechterhaltung der Vaterschaftsvermutung erforderlich, dass eine an Gewissheit grenzende Wahrscheinlichkeit für die Vaterschaft spricht,[18] noch ist die Vermutung erst dann erschüttert, wenn die Nichtvaterschaft nahezu mit Gewissheit feststeht.[19] Die Vaterschaftsvermutung ist jedenfalls dann entkräftet, wenn mehr gegen als für die Vaterschaft spricht. **15**

III. Empfängniszeit (Abs. 3)

Abs. 3 Satz 1 knüpft die Vaterschaftsvermutung des Abs. 2 an eine **vermutliche** Empfängniszeit an. Sie ist der Zeitraum, innerhalb dessen die Zeugung des Kindes erfolgt sein kann.[20] Mit dem KindRG wurde zur europäischen Rechtsvereinheitlichung die Empfängniszeit von zuvor 302 Tagen[21] auf 300 Tage reduziert.[22] Für die **Berechnung** der gesetzlichen Empfängniszeit gelten §§ 187 Abs. 1, 188 BGB. Zwischen dem Tag der Empfängnis und dem Tag der Geburt müssen mindestens 180 volle Tage und dürfen höchstens 300 volle Tage liegen. Die Rückrechnung erfolgt vom Tag der Geburt an, wobei als Tag der Geburt der Tag der Vollendung der Geburt, also des vollständigen Austritts des Kindes aus dem Mutterleib, maßgeblich ist. **16**

Da es medizinisch möglich ist, dass ein Kind auch bei längerer oder kürzerer Tragezeit als 180 Tage lebend geboren wird, lässt Abs. 3 Satz 2 einen hiervon abweichenden Empfängniszeitraum zu, wenn nachgewiesen ist, dass das betroffene Kind früher als am 300. Tag vor der Geburt oder später als am 181. Tag vor der Geburt empfangen worden ist.[23] **17**

IV. Keine Feststellung des Samenspenders als Vater (Abs. 4)

Seit dem 1.7.2018 ist die gerichtliche Feststellung eines Mannes, der seinen Samen einer Samenbank zur Verfügung gestellt hat, als Vater ausgeschlossen. Der Gesetzgeber hat dies damit begründet, ein solcher Spender wolle regelmäßig nicht die rechtliche Vaterschaft übernehmen, und dem Interesse des Kindes an der Kenntnis seiner Abstammung sei angesichts des Auskunftsanspruchs gegen das DIMDI auch ohne eine rechtliche Vaterschaftsfeststellung ausreichend Rechnung getragen.[24] Der Ausschluss der Feststellung des Samenspenders als rechtlicher Vater entspricht den Empfehlungen des Arbeitskreis Abstammungsrecht.[25] Die Regelung erfasst aber nicht alle Samenspenden. Die Vaterschaftsfeststellung ist weiterhin möglich:[26] **17a**

- bei privaten Samenspendern („Becherspender"), die u.U. eine Vaterschaftsfeststellung gerade erstreben,

17 BGH NJW 1977, 2120
18 BGH NJW 1973, 1924
19 BGH NJW 1973, 2249
20 Schon das römische Privatrecht kannte in der Gesetzgebung der zwölf Tafeln eine Empfängniszeit. Danach galt ein Kind als ehelich, wenn es frühestens im 7. Monat nach der Eheschließung und spätestens im 10. Monat nach der Beendigung der Ehe geboren wurde
21 § 1592 BGB in der vor dem 1.7.1998 geltenden Fassung
22 Vgl. hierzu *Bürge*, JuS 2003, 425
23 MüKo-BGB/*Wellenhofer*, § 1600d Rn. 111
24 BT-Drucks. 18/11291, 35
25 AK Abstammungsrecht, Abschlussbericht (siehe § 1591 BGB, Fn. 68), S. 94, These 42
26 BT-Drucks. 18/11291, 36; *Helms*, FamRZ 2017, 1537, 1541; *Frie*, NZFam 2018, 817, 822

- in den seltenen Fällen der Verwendung „offizieller" Samenspender für eine nicht ärztlich assistierte Befruchtung,
- für Zeugungen mittels Samenspende vor dem Inkrafttreten des Samenspenderregistergesetzes.[27]

V. Rechtsausübungssperre (Abs. 5)

18 Abs. 5 legt fest, dass die Rechtswirkungen der Vaterschaft erst vom Zeitpunkt ihrer Feststellung an geltend gemacht werden können, sofern sich aus dem Gesetz nichts anderes ergibt. Gesetzliche Ausnahmen hiervon enthalten z.B. § 1615l Abs. 1 Satz 1 BGB, §§ 247, 248 FamFG, aber auch die gesetzlichen Regelungen über das Umgangsrecht des potentiellen leiblichen Vaters nach § 1686a BGB.

19 Darüber hinaus hat die Rechtsprechung des BGH beim **Scheinvaterregress** eine bedeutsame Ausnahme von der Rechtsausübungssperre entwickelt. Da der vormalige rechtliche Vater mangels Antragsbefugnis (vgl. Rn. 24 ff.) die Feststellung der Vaterschaft des leiblichen Vaters in einem Vaterschaftsfeststellungsverfahren selbst nicht herbeiführen kann, wäre er hinsichtlich seiner Regressansprüche gegen den leiblichen Vater rechtsschutzlos gestellt, wenn eine Feststellung der Vaterschaft des tatsächlichen Erzeugers in einem Abstammungsverfahren deshalb nicht herbeigeführt werden kann, weil die hierzu antragsbefugten Personen (Kind, Mutter, tatsächlicher Vater) es ablehnen, die Vaterschaft feststellen zu lassen. In diesem Sonderfall lässt es der BGH zu, den leiblichen Vater in Durchbrechung des § 1600d Abs. 5 BGB auf Regress in Anspruch zu nehmen, wobei dann im Rahmen des Regressverfahrens inzident die Vaterschaft des leiblichen Vaters – allerdings ohne abstammungsrechtliche Wirkung – geklärt wird.[28] Voraussetzung hierfür ist aber stets, dass im Wege eines vorausgegangenen gerichtlichen Abstammungsverfahrens rechtskräftig und mit Wirkung für und gegen alle (§ 184 Abs. 2 FamFG) festgestellt wurde, dass der Scheinvater nicht der Vater des Kindes ist (§ 1599 Abs. 1 BGB). Fehlt es an einer erfolgreichen Anfechtung der Vaterschaft, kommt eine Durchbrechung der Rechtsausübungssperre des § 1600d Abs. 5 BGB gegen den leiblichen Vater nicht in Betracht.[29] Der Scheinvaterregressanspruch kann auch schon vor Feststellung der Vaterschaft verjähren, weil die Verjährung mit der Rechtskraft der Vaterschaftsanfechtung durch den Scheinvater zu laufen beginnt.[30] Im Übrigen bleibt es aber dabei, dass Unterhaltsansprüche nach § 1615l BGB das Bestehen der rechtlichen Vaterschaft infolge Anerkennung oder rechtskräftiger Feststellung voraussetzen.[31] Zur Durchsetzung des Regressanspruchs soll für diesen Fall dem vormaligen rechtlichen Vater gegen die Mutter ein Auskunftsanspruch auf Benennung des Erzeugers des Kindes zustehen.[32]Das BVerfG hat es allerdings für verfassungswidrig erachtet, einen solchen Auskunftsanspruch im Wege der richterlichen Rechtsfortbildung auf § 242 BGB zu stützen.[33] Der Gesetzgeber hat hierauf bislang lediglich mit einem Gesetzentwurf zur Reform u.a. des Scheinvaterregresses[34] reagiert, nach welchem § 1607 Abs. 4 BGB einen entsprechenden Auskunftsanspruch enthalten soll.

---

27 Siehe Art. 29 EGBGB § 46
28 BGH NJW 2008, 2433; NJW-RR 2009, 505; NJW 2012, 450
29 BGH NJW 2012, 852
30 BGH FamRZ 2017, 900
31 OLG Oldenburg ZKJ 2018, 430 m.w.N. auch für Gegenmeinung
32 BGH FamRZ 2014, 1440; FamRZ 2013, 939; vgl. auch OLG Brandenburg FamRZ 2014, 223
33 BVerfG ZKJ 2015, 227
34 Abrufbar unter www.bmjv.de § 1607 Abs. 4 BGB-E: „(4) Die Mutter des Kindes ist verpflichtet, dem Dritten, der dem Kind als Vater Unterhalt gewährt hat, auf Verlangen Auskunft darüber zu erteilen, wer ihr während der Empfängniszeit beigewohnt hat, soweit dies zur Feststellung des übergegangenen Unterhaltsanspruchs erforderlich ist. Die Verpflichtung besteht nicht, wenn und solange die Erteilung der Auskunft für die Mutter des Kindes unzumutbar wäre."

C. Das Verfahren auf Feststellung der Vaterschaft

I. Verfahrenseinleitung

Vor der Geltung des FamFG erfolgte die gerichtliche Feststellung der Vaterschaft in einem Klageverfahren nach den Bestimmungen der ZPO auf Klage des Mannes, dessen Vaterschaft festgestellt werden sollte, gegen das Kind, oder durch Klage des Kindes oder der Mutter gegen den Mann. Nur wenn derjenige, gegen den die Klage zu richten gewesen wäre, bereits verstorben war, erfolgte die gerichtliche Vaterschaftsfeststellung gemäß § 1600e Abs. 2 BGB a.F. durch Antrag an das Familiengericht in einem Verfahren der freiwilligen Gerichtsbarkeit nach dem FGG. **20**

Seit dem Inkrafttreten des FamFG wird das Verfahren durch einen **Antrag** an das Familiengericht eingeleitet (§ 171 Abs. 1 FamFG). Der Antrag muss nicht auf die Feststellung eines konkreten Mannes als Vater gerichtet sein. Denn das Verfahren kennt keinen Antragsgegner.[35] Der Antrag soll gemäß § 171 Abs. 2 Satz 1 FamFG das Verfahrensziel und die betroffenen Personen bezeichnen. Dabei können auch mehrere Männer benannt werden, die als Vater in Betracht kommen.[36] **21**

Die **örtliche Zuständigkeit** ergibt sich aus § 170 FamFG und wird in erster Linie durch den gewöhnlichen Aufenthalt des betroffenen Kindes bestimmt, auch wenn dieses bereits volljährig ist. **22**

▶ *Näher hierzu Grün, § 170 FamFG Rn. 3 ff.*

Die Beantragung der gerichtlichen Feststellung der Vaterschaft ist an **keine Frist** gebunden und kann auch nicht verwirkt werden.[37] Soweit nach der im Beitrittsgebiet bis 2.10.1990 geltenden Regelung des § 56 Abs. 2 FGB/DDR die Klage eines volljährigen Kindes auf Feststellung der Vaterschaft nur binnen einen Jahres ab Kenntnis der für die Vaterschaft sprechenden Tatsachen zulässig war, kommt dem keine Bedeutung mehr zu.[38] Verträge, die das durch Art. 6 GG geschützte Eltern-Kind-Verhältnis missachten, sind sittenwidrig, weshalb ein vertraglicher Verzicht auf die Herbeiführung einer Vaterschaftszuordnung nach § 138 BGB unwirksam ist.[39] **23**

II. Antragsberechtigung

Bis 31.8.2009 war die Befugnis, die Vaterschaftsfeststellung zu betreiben, in § 1600e Abs. 1 BGB a.F. gesetzlich geregelt. Danach konnte das Vaterschaftsfeststellungsverfahren nur betrieben werden durch Klage des Kindes gegen den Mann, dessen Vaterschaft festgestellt werden soll; der Mutter gegen den Mann, dessen Vaterschaft festgestellt werden soll; des Mannes, der seine Vaterschaft festgestellt haben will, gegen das Kind. Diese Regelung wurde mit Wirkung ab 1.9.2009 durch Art. 50 Nr. 25 FGG-ReformG **aufgehoben**. Der Gesetzgeber sah im Hinblick auf die Regelungen in §§ 7 und 172 FamFG keine Notwendigkeit mehr für diese Regelung. Dieser Schluss des Gesetzgebers ist jedoch unzutreffend. Aus den Regelungen über die Beteiligtenstellung lässt sich nichts für die Frage herleiten, wer Antragsberechtigter ist. **24**

Ohne Zweifel sind weiterhin **antragsbefug**t das Kind, die Mutter und der Mann, der seine Vaterschaft festgestellt haben will. Die Antragsberechtigung für das Kind und den potentiellen biologischen Vater folgt aus ihrem verfassungsrechtlich geschützten Recht auf Kennt- **25**

---

35 Prütting/Helms/*Stößer*, § 171 FamFG Rn. 2
36 Prütting/Helms/*Stößer*, § 171 FamFG Rn. 14
37 OLG Saarbrücken NJW-RR 2005, 1672
38 BGH FamRZ 1997, 876
39 Vgl. Palandt/*Ellenberger*, § 138 BGB Rn. 48

nis der eigenen Abstammung bzw. der vermittelten Abstammung. Für die Mutter lässt sich die Antragsbefugnis aus Art. 6 Abs. 2 GG herleiten.[40]

26 **Dritte** sind nicht antragsbefugt. Der Gesetzgeber wollte mit der Abschaffung des § 1600e BGB a.F. keine Erweiterung des Kreises der Antragsberechtigten bewirken.[41] Allerdings erscheint insoweit eine gesetzliche Klarstellung dringend geboten. Der Hinweis darauf, was der Gesetzgeber nicht wollte, ist nicht wirklich ein tauglicher Ersatz für eine gesetzliche Regelung. Es steht außer Zweifel, dass der Gesetzgeber kein Popularantragsrecht schaffen wollte.[42] Eine mittelbare Betroffenheit eines Dritten, die darin begründet ist, dass die Herbeiführung einer Vaterschaftszuordnung für ihn erb- oder familienrechtliche Ansprüche auslöst, erscheint nicht ausreichend. Dabei darf aber nicht verkannt werden, dass auch Großeltern ein schutzwürdiges Interesse daran haben können, dass die Vaterschaftszuordnung des Kindes zu ihrem verstorbenen Sohn herbeigeführt und damit ein verwandtschaftlicher Status zu ihnen selbst begründet wird.

27 Allerdings ist das Antragsrecht **höchstpersönlicher Natur** und kann nach dem Tod des Antragsberechtigten nicht von dessen Erben ausgeübt werden. Sonstige Personen – etwa die Eltern der Mutter oder die Eltern des Putativvaters – können eine gerichtliche Feststellung der Vaterschaft daher nicht bewirken, auch nicht zur Durchsetzung des Umgangs mit dem Enkelkind.[43]

III. Verfahrensbeteiligte

28 **Beteiligte** des Verfahrens sind der Antragsteller (§ 7 Abs. 1 FamFG) sowie der Mann, der als Vater festgestellt werden soll (§ 7 Abs. 2 Nr. 1 FamFG). Werden im Verfahren mehrere Männer als Putativväter benannt, sind alle benannten Beteiligte nach § 7 Abs. 2 Nr. 1 FamFG. Ferner sind die Mutter und das Kind gemäß § 172 FamFG Beteiligte des Verfahrens, sofern sich ihre Beteiligtenstellung nicht bereits daraus ergibt, dass sie Antragsteller des Verfahrens sind. Ist der als Vater festzustellende Mann bereits verstorben, sind – entsprechend der vor Inkrafttreten des FamFG geltenden Rechtslage (vgl. § 55b Abs. 1 FGG a.F.) – dessen Ehefrau, Eltern und Kinder zu beteiligen.[44]

29 **Gesetzlicher Vertreter des Kindes** ist – vom Fall des Sorgerechtsentzugs nach § 1666 BGB abgesehen – regelmäßig die Kindesmutter (§ 1626a Abs. 3 BGB), da es einen Vater, der Mitinhaber der elterlichen Sorge sein könnte, noch nicht gibt. Die sorgeberechtigte Kindesmutter ist nicht gehindert, das Kind im Feststellungsverfahren zu vertreten. Der Bestellung eines Ergänzungspflegers bedarf es nicht, da mangels eines rechtlichen Vaters die Voraussetzungen des § 1629 Abs. 2 Satz 1 BGB i.V.m. § 1795 BGB nicht vorliegen können. Nach der ausdrücklichen Regelung des § 1629 Abs. 2 Satz 3 letzter HS BGB kann der Mutter auch die Vertretungsbefugnis für das Feststellungsverfahren nicht nach § 1796 BGB entzogen werden. Die Mutter kann durch schriftlichen Antrag bewirken, dass das Jugendamt als Beistand die Feststellung der Vaterschaft wahrnimmt (§ 1712 Abs. 1 Nr. 1 BGB). Dann vertritt allein der Beistand das Kind im Verfahren (§ 173 FamFG).

---

40 *Schwonberg*, FuR 2014, 634, 636

41 MüKo-BGB/*Wellenhofer,* § 1600d Rn. 14; Erman/*Hammermann,* § 1600d BGB Rn. 1b; Staudinger/*Rauscher,* § 1600d BGB Rn. 8; MüKo-FamFG/*Coester-Waltjen/Hilbig-Lugani,* § 169 Rn. 27; *Grün*, Vaterschaftsfeststellung Rn. 103; *Löhning*, FamRZ 2009, 1798, 1799; *Schwonberg*, FuR 2014, 634, 636

42 Staudinger/*Rauscher,* Anh. zu § 1600d BGB Rn. 38

43 OLG Hamburg FamRZ 2002, 842, allerdings noch zur Rechtslage vor Streichung des § 1600e BGB a.F.

44 Prütting/Helms/*Stößer*, § 172 FamFG Rn. 11

IV. Verfahrensgang

Das Familiengericht hat nach § 175 Abs. 1 FamFG zunächst mit den Beteiligten einen **Erörterungstermin** durchzuführen. Dabei geht es darum, zu klären, ob die Einholung eines Abstammungsgutachtens erforderlich ist und welche Personen in die Begutachtung einzubeziehen sind. Die Einholung eines Gutachtens ist z.B. dann entbehrlich, wenn der Mann im Termin die Anerkennung der Vaterschaft erklärt und die Mutter dem Anerkenntnis zustimmt (§ 180 FamFG). Ferner bedarf es der Einholung eines Gutachtens dann nicht, wenn bereits als Ergebnis dieses Anhörungstermins feststeht, dass der Mann in der Empfängniszeit mit der Mutter keinen Geschlechtsverkehr hatte. Gelegentlich führt die Erörterung dazu, dass die Beteiligten übereinstimmend feststellen, dass ihre intime Beziehung bei Beginn der Empfängniszeit längst beendet war. Ferner ist im Anhörungstermin zu klären, ob und ggf. welche Männer der Frau in der Empfängniszeit ebenfalls beigewohnt haben. Schließlich können in dem Anhörungstermin auch Umstände festgestellt werden, die für die biostatistische Auswertung der erhobenen Befunde von Bedeutung sein können. Da hierfür die Häufigkeitsverteilung bestimmter DNA-Merkmale von Bedeutung ist, die populationsgenetisch je nach Herkunft der Person unterschiedlich sein kann, sollte die Herkunft des Scheinvaters und der Mutter sowie eine zwischen ihnen bestehende Verwandtschaft erfragt werden. 30

Das Familiengericht hat alle in Betracht kommenden und für die Klärung der Abstammung erforderlichen **Beweiserhebungen** von Amts wegen vorzunehmen (§ 26 FamFG). Regelmäßig wird die Einholung eines Abstammungsgutachtens anzuordnen sein (vgl. § 178 FamFG). Wenn ein solches Gutachten nicht eingeholt werden kann oder zu keinen aussagekräftigen Ergebnissen führt,[45] kann die gerichtliche Feststellung der Vaterschaft auf der Grundlage der Vermutungswirkung des Abs. 2 BGB erfolgen, sofern das Gericht als Ergebnis der Beweisaufnahme zu der Feststellung gelangen kann, dass der Mann der Kindesmutter in der Empfängniszeit beigewohnt hat und keine schwerwiegenden Zweifel an der Vaterschaft bestehen, insbesondere sich kein Hinweis auf Mehrverkehr ergibt. Wird ein Vaterschaftsfeststellungsantrag zurückgenommen und danach Unterhalt über längere Zeit nicht geltend gemacht, können Ansprüche des Kindes auf Unterhalt für die Vergangenheit verwirkt sein.[46] 31

Feststellungsverfahren, die dasselbe Kind betreffen, können gemäß § 179 FamFG miteinander verbunden werden. Damit ist es zulässig, in einem Verfahren die Frage der Vaterschaft von mehreren Männern bezüglich eines Kindes klären zu lassen bzw. mehrere dasselbe Kind betreffende Verfahren zu verbinden. Verschiedene Kinder können nicht in einem Verfahren behandelt werden. Deshalb muss bei der Feststellung der Vaterschaft für Geschwister für jedes Geschwisterkind ein gesondertes Verfahren geführt werden.[47] 32

Mit einem Feststellungsverfahren kann ein Verfahren auf Unterhalt bei Feststellung der Vaterschaft (§ 237 FamFG) verbunden werden (§ 179 Abs. 1 Satz 2 FamFG). 33

Die Anfechtung der Vaterschaft und die Feststellung der Vaterschaft kann grundsätzlich nicht in einem einheitlichen Verfahren betrieben werden. Denn nach § 1600d Abs. 1 BGB ist die Feststellung der Vaterschaft erst möglich, wenn die Entscheidung über die Anfechtung der Vaterschaft – die Feststellung der Nichtvaterschaft des bisherigen rechtlichen Vaters – rechtskräftig geworden ist. Über beides kann daher nicht in einem Beschluss entschieden werden. 34

▶ *Näheres hierzu Grün, § 179 FamFG Rn. 7.*

45 Etwa bei monozygoten Zwillingen, vgl. OLG Celle FamRZ 2013, 1669
46 OLG Karlsruhe FamRB 2019, 8
47 OLG Celle ZKJ 2012, 78

35 Anders ist die Rechtslage jedoch bei der Anfechtung durch den potentiellen leiblichen Vater. Dort sind der Anfechtungsantragsteller und der als Vater festzustellende Mann personenidentisch. Bei der Anfechtung der Vaterschaft durch den potentiellen leiblichen Vater gehört dessen tatsächliche Vaterschaft gemäß § 1600 Abs. 2 BGB zu den Voraussetzungen seines Anfechtungsrechts, weshalb nach § 182 Abs. 1 FamFG zeitgleich mit der Feststellung der Nichtvaterschaft des bisherigen rechtlichen Vaters auch die Vaterschaft des Anfechtenden gerichtlich festzustellen ist.

V. Gerichtliche Entscheidung

36 Das Gericht entscheidet durch **Beschluss**, der erst **mit Rechtskraft wirksam** wird (§ 184 Abs. 1 FamFG) und hinsichtlich der Abstammung für und gegen alle wirkt (§ 184 Abs. 2 FamFG). Soweit das Gericht gleichzeitig über einen Unterhaltsantrag bei Feststellung der Vaterschaft nach § 237 FamFG entschieden hat, wird der Unterhaltsausspruch nicht vor Rechtskraft der Feststellung der Vaterschaft wirksam (§ 237 Abs. 4 FamFG). Bei einer postmortalen Vaterschaftsfeststellung sind weder die Ehefrau des Verstorbenen noch dessen Erben oder ein Nachlasspfleger beschwerdebefugt.[48]

37 Die **Kostenentscheidung** richtet sich nach § 81 FamFG. Über die Kosten des Verfahrens hat das Gericht daher nach billigem Ermessen zu entscheiden. Dabei kann das Gericht zwischen den Gerichtskosten und den Kosten der Beteiligten differenzieren. Da § 81 Abs. 3 FamFG nur in Kindschaftssachen und nicht in Abstammungssachen gilt, können auch einem minderjährigen Beteiligten Kosten auferlegt werden.

38 Bei der Ermessensausübung im Rahmen der Kostenentscheidung darf in einer Abstammungssache nicht allein auf den Erfolg des Antrags oder der Verteidigung gegen den Antrag abgestellt werden,[49] sondern es sind alle Umstände in die Abwägung einzubeziehen. Hatte der als Vater festgestellte Mann jedoch keine Anhaltspunkte für einen Mehrverkehr der Kindesmutter, kann die Ermessensausübung es gebieten, ihm die Kosten des Verfahrens einschließlich der Aufwendungen des Kindes und der Kindesmutter aufzuerlegen.[50] Hat in der Empfängniszeit Geschlechtsverkehr mit dem als Vater in Anspruch genommenen Mann stattgefunden, kann es der Billigkeit entsprechen, die Kosten der Begutachtung zwischen der Kindesmutter und dem Mann zu teilen, obwohl das eingeholte Abstammungsgutachten zu dem Ergebnis gelangt, dass das Kind nicht von diesem Mann abstammt.[51] Bei einer vom Jugendamt als Beistand des Kindes erfolgreich betriebenen Feststellung der Vaterschaft ist die Kindesmutter nicht mit Kosten zu belasten, wenn für einen Mehrverkehrsverdacht kein Anlass bestand.[52] Besondere Schwierigkeiten treten bei der Kostenentscheidung auf, wenn mehrere Männer als mögliche Väter benannt und deshalb Beteiligte des Verfahrens sind. Wenn sämtliche benannten Männer in der Empfängniszeit Geschlechtsverkehr mit der Kindesmutter hatten, kann es der Billigkeit entsprechen, dass auch die letztlich als Vater ausgeschlossenen Männer ihre Kosten selbst zu tragen haben.

39 Der Gebührenwert ist gemäß § 47 Abs. 1 FamGKG in der Regel mit 2.000,00 Euro zu bemessen, wobei gemäß § 47 Abs. 2 FamGKG das Gericht einen höheren oder niedrigeren Wert festsetzen kann, wenn der Regelwert nach den besonderen Gründen des Einzelfalles unbillig ist.

40 Ist im Verbund mit der Feststellung der Vaterschaft auch der Unterhalt für das Kind geltend gemacht worden (§ 237 FamFG), bemisst sich der Wert der Unterhaltssache nach § 51

48 BGH FamRZ 2018, 764
49 BGH FamRZ 2014, 744
50 Kemper/Schreiber/*Schneider,* § 81 FamFG Rn. 28
51 OLG Oldenburg FamRZ 2013, 971
52 OLG München FamRZ 2013, 1925

FamGKG, wobei gemäß § 33 Abs. 1 Satz 2 FamGKG beim Zusammentreffen des Antrags auf Feststellung der Vaterschaft mit dem Unterhaltsantrag die Verfahrenswerte nicht zu addieren sind, sondern der höhere der beiden Werte maßgeblich ist.

D. Reformvorhaben

Der Diskussionsteilentwurf[53] sieht völlig neu konzeptionierte und verortete materielle Vorschriften hinsichtlich der gerichtlichen Feststellung der Vaterschaft bzw. Mit-Mutterschaft vor. Zwar soll am „Zwei-Eltern-Prinzip" ebenso festgehalten werden, wie die genetische Abstammung weiterhin für die Vaterschaftsfeststellung einen wesentlichen Anknüpfungspunkt bilden soll.[54] Vorgesehen ist neben der erwähnten gerichtlichen Feststellung der Mit-Mutterschaft insbesondere eine gesonderte Regelung der Feststellungsvoraussetzungen bei natürlicher und bei medizinisch assistierter künstlicher Befruchtung. Geplant sind insoweit folgende Vorschriften: **41**

§ 1598a BGB-DE Gerichtliche Feststellung der Vaterschaft oder Mit-Mutterschaft

(1) Besteht keine Vaterschaft oder Mit-Mutterschaft nach § 1592 Absatz 1 Nummer 1 und 2 oder Absatz 2 Nummer 1 und 2 oder § 1593, so ist die Vaterschaft oder Mit-Mutterschaft gerichtlich festzustellen.

(2) Die Rechtswirkungen der Vaterschaft oder Mit-Mutterschaft können, soweit sich nicht aus dem Gesetz anderes ergibt, erst vom Zeitpunkt ihrer Feststellung an geltend gemacht werden. Die Feststellung wirkt auf den Zeitpunkt der Geburt des Kindes zurück.

§ 1598b BGB-DE Gerichtliche Feststellung der Vaterschaft aufgrund leiblicher Abstammung

(1) Als Vater eines Kindes ist der Mann festzustellen, von dem das Kind leiblich abstammt; § 1598c bleibt unberührt.

(2) Im Verfahren auf gerichtliche Feststellung der Vaterschaft wird der Mann als Vater vermutet, welcher der Mutter während der Empfängniszeit beigewohnt hat. Die Vermutung gilt nicht, wenn schwerwiegende Zweifel an der Vaterschaft bestehen.

(3) Als Empfängniszeit gilt die Zeit von dem 300. bis zu dem 181. Tage vor der Geburt des Kindes, mit Einschluss sowohl des 300. als auch des 181. Tages. Steht fest, dass das Kind außerhalb dieses Zeitraums empfangen worden ist, so gilt dieser abweichende Zeitraum als Empfängniszeit.

§ 1598c BGB-DE Gerichtliche Feststellung bei künstlicher Befruchtung

(1) Ist das Kind durch eine ärztlich unterstützte künstliche Befruchtung in einer Einrichtung der medizinischen Versorgung im Sinne von § 1a Nummer 9 des Transplantationsgesetzes mittels Samenspende eines Dritten gezeugt worden, ist eine gerichtliche Feststellung des Samenspenders als Vater des Kindes ausgeschlossen, wenn er entweder

1. **seinen Samen einer Entnahmeeinrichtung im Sinne von § 2 Absatz 1 Satz 1 des Samenspenderregistergesetzes zur Verfügung gestellt hat oder**
2. **ausdrücklich auf die Elternschaft verzichtet und sein Einverständnis mit der Aufnahme seiner Daten nach § 2 Absatz 2 Satz 1 des Samenspenderregistergesetzes in das Samenspenderregister erklärt hat, ohne dass die Voraussetzungen der Nummer 1 vorliegen. Samenspender im Sinne von Satz 1 ist auch der Mann, mittels dessen Samen der Embryo im Fall der Embryospende entstanden ist.**

---

53 Diskussionsteilentwurf, abrufbar unter www.bmjv.de
54 Diskussionsteilentwurf S. 2

(2) Als Vater oder Mit-Mutter ist in den Fällen des Absatzes 1 die Person festzustellen, die in Übereinstimmung mit der Mutter in die künstliche Befruchtung eingewilligt hat; einwilligen kann nur, wer volljährig ist. Haben mehrere Personen eingewilligt, so ist die letzte Einwilligung vor der Übertragung des Samens oder dem Transfer der befruchteten Eizelle auf die Mutter maßgeblich.

(3) Die in Absatz 1 Satz 1 Nummer 2 und Absatz 2 genannten Erklärungen bedürfen der Schriftform; die elektronische Form ist ausgeschlossen. § 1594 Absatz 3 und § 1595 gelten entsprechend.

(4) Die in Absatz 2 genannten Erklärungen können widerrufen werden. Für den Widerruf gelten § 1594 Absatz 3 und § 1595 entsprechend. Der Widerruf ist nach der Übertragung des Samens oder dem Transfer der befruchteten Eizelle auf die Mutter ausgeschlossen.

42 Die für § 1598a BGB-DE vorgesehenen Änderungen betreffen die grundsätzliche Möglichkeit, auch die **Mit-Mutterschaft** festzustellen. § 1598a Abs. 2 Satz 1 BGB-DE entspricht dem geltenden § 1600d Abs. 5 BGB, § 1598a Abs. 2 Satz 2 Diskussionsteilentwurf stellt klar, dass die vom Familiengericht als Vater oder Mit-Mutter festgestellte Person nicht erst ab dem Zeitpunkt der Rechtskraft der Feststellungsentscheidung Elternteil wird.[55]

43 § 1598b BGB sieht ausdrücklich keine Feststellung der Elternschaft kraft leiblicher Abstammung für die **Eizellenspenderin** vor, weil die Eizellenspende in Deutschland verboten ist und eine solche Feststellung eine Abkehr vom „Zwei-Eltern-Prinzip" bedeuten würde.[56] Abs. 2 und 3 entsprechen der geltenden Regelung des § 1600d BGB.

44 § 1598c BGB erfasst die Fälle ärztlich assistierter künstlicher Befruchtung unter Verwendung der Samenspende eines Dritten. Der private Spender („Becherspender") kann weiterhin wie nach geltendem Recht als Vater gerichtlich festgestellt werden.[57] § 1598c Abs. 1 Nr. 1 Diskussionsteilentwurf entspricht inhaltlich dem geltenden § 1600d Abs. 4 BGB. 1598c Abs. 1 Nr. 2 Satz 1 Diskussionsteilentwurf dehnt den Ausschluss des Samenspenders von der Vaterschaftsfeststellung auf die Fälle aus, in denen eine ärztlich unterstützte künstliche Befruchtung unter Verwendung privat gespendeten Samens erfolgt.[58] **Leitlinie der neuen Vorschrift** ist der Gedanke: Der- oder diejenige, der oder die durch seine oder ihre Einwilligung maßgeblich dafür gesorgt hat, dass es zur Entstehung des im Wege künstlicher Befruchtung gezeugten Kindes kam, soll sich ebenso behandeln lassen dürfen und müssen wie ein Mann, der einem Kind im Wege der natürlichen Zeugung zum Leben verholfen hat.[59] Den „offiziellen" Samenspender verbinde mit dem Kind zwar die Genetik. Ziel der Spende sei es, dass die intendierten Eltern mithilfe des Samenspenders „ihr" Kind bekommen, für das in diesen Fällen auch regelmäßig der zweite Wunschelternteil neben der Mutter die elterliche Verantwortung übernehmen will. Dem Kind sei deshalb mit der Zuordnung zu diesem Elternteil besser gedient als mit der Zuordnung zum Samenspender.[60] Zugleich sorge die beabsichtigte Regelung dafür, dass nach geltendem Recht bestehende Lücken geschlossen würden: Diese bestehen zum einen, wenn die Vermutung des § 1592 Nr. 1 BGB nicht mehr greife, vor allem, wenn die Ehe der Einwilligenden zwischen Befruchtung und Geburt geschieden werde. Zudem könne so der Mann oder die Frau, die mit der Geburtsmutter gemeinsam in die Befruchtung eingewilligt habe, an den Folgen der Einwilligung festgehalten werden.[61]

55 Diskussionsteilentwurf S. 32
56 Diskussionsteilentwurf S. 32
57 Diskussionsteilentwurf S. 34
58 Diskussionsteilentwurf S. 34 f.
59 Diskussionsteilentwurf S. 33
60 Diskussionsteilentwurf S. 33 f.
61 Diskussionsteilentwurf S. 34

Die erforderlichen Erklärungen bedürfen nach dem Entwurf der Schriftform, § 1598c Abs. 3 Diskussionsteilentwurf. Dies diene ausreichend der Rechtssicherheit, konkludente Erklärungen genügen nicht. Die vom AK Abstammungsrecht empfohlene notarielle Beurkundung[62] setze eine zu hohe Hürde.[63] Abs. 4 schafft Regelungen für den etwaigen Widerruf der Erklärungen. 45

Checkliste Vaterschaftsfeststellung

I. Personalien

1. **des Kindes (Name, Vorname, Geburtsdatum, Geburtsort, wenn möglich Standesamt des Geburtseintrags und Geburtseintrags-Nr., Anschrift) und des gesetzlichen Vertreters des Kindes**
2. **der Mutter (Name, Vorname, ggf. Geburtsname, Geburtsdatum, Anschrift, Familienstand)**
3. **des als Vater in Betracht kommenden Mannes (Name, Vorname, ggf. Geburtsname, Anschrift)**

II. Vorfragen

1. **Besteht bereits eine rechtliche Vaterschaftszuordnung?**

   a. **War die Mutter zum Zeitpunkt der Geburt des Kindes verheiratet?**

   Wenn ja, gilt der (damalige) Ehemann der Kindesmutter als Vater des Kindes, solange diese Vaterschaftszuordnung nicht beseitigt ist.

   b. **Ist ein früherer Ehemann der Mutter in einem Zeitraum von 300 oder weniger Tagen vor der Geburt des Kindes verstorben und war die Mutter zum Zeitpunkt der Geburt nicht wieder verheiratet?**

   Wenn ja, gilt der verstorbene Ehemann gem. § 1593 BGB als Vater, solange diese Vaterschaftszuordnung nicht beseitigt ist.

   c. **Wurde die Vaterschaft wirksam anerkannt?**

   Wenn ja, besteht die Vaterschaftszuordnung zu dem anerkennenden Mann solange, bis sie durch Vaterschaftsanfechtung beseitigt ist.

   d. **Wurde die Vaterschaft für das Kind bereits rechtskräftig gerichtlich festgestellt?**

   Wenn ja, besteht sie fort. Beseitigung nur im Restitutionsverfahren möglich (§§ 185 FamFG, 580 ZPO).

2. **Wenn noch keine Vaterschaftszuordnung besteht: Ist der Putativvater bereit, die Vaterschaft anzuerkennen?**

   - Wenn ja, zunächst versuchen, eine wirksame Anerkennung der Vaterschaft mit den erforderlichen Zustimmungen herbeizuführen.
   - Wenn nein, Vaterschaftsfeststellungsantrag erforderlich.

62 AK Abstammungsrecht, Abschlussbericht (siehe § 1591 Fn. 68), Thesen 36 und 51
63 Diskussionsteilentwurf S. 37

III. Vaterschaftsfeststellungsverfahren

1. **Wer ist Antragsteller: Mutter, Kind oder Putativvater?**
2. **Beteiligte nach § 172 FamFG**
3. **Besteht Beistandschaft für das Kind?**
   - Wenn ja, kann der sorgeberechtigte Elternteil das Kind im Verfahren nicht vertreten (§ 173 FamFG)
4. **Empfängniszeit i.S.v. § 1600d Abs. 3 BGB**
5. **Wann hatte die Kindesmutter mit dem Putativvater in der Empfängniszeit Geschlechtsverkehr?**
6. **Hatte die Kindesmutter in der Empfängniszeit mit weiteren Männern Geschlechtsverkehr?**
7. **Gibt es Gründe, die gegen die Vaterschaft des Putativvaters sprechen?**

IV. Zusatzfragen

1. **Liegt bereits ein Gutachten über die Abstammung vor (z.B. aus einem vorausgegangenen Anfechtungsverfahren)**
2. **Soll Unterhalt bei Feststellung der Vaterschaft nach § 237 FamFG geltend gemacht werden?**
   - Wenn ja, isoliertes Verfahren nach § 237 FamFG, das mit dem Feststellungsverfahren verbunden werden kann (§ 179 FamFG).
3. **Soll eine einstweilige Anordnung nach § 248 FamFG beantragt werden?**
4. **Soll Verfahrenskostenhilfe beantragt werden?**

V. erforderliche Anlagen

1. **Geburtsurkunde des Kindes**
2. **Ggf. Sterbeurkunde, wenn eine zum Personenkreis des § 172 FamFG zählende Person bereits verstorben ist**
3. **Ggf. Vaterschaftsanfechtungsbeschluss oder -urteil aus vorausgegangener Anfechtung der Vaterschaft für das Kind**
4. **Ggf. Scheidungsurteil oder –beschluss mit Rechtskraftvermerk, falls das Kind nach rechtskräftiger Scheidung der Kindesmutter geboren wurde**
5. **Anwaltsvollmacht**
6. **Verfahrenskostenhilfeantrag**

Titel 3
Unterhaltspflicht

§§ 1601 bis 1615o BGB

Von Abdruck und Kommentierung wird abgesehen.

Titel 4
Rechtsverhältnis zwischen den Eltern und dem Kind im Allgemeinen

§ 1616 BGB Geburtsname bei Eltern mit Ehenamen

Das Kind erhält den Ehenamen seiner Eltern als Geburtsnamen.

Von einer Kommentierung wird abgesehen.

§ 1617 BGB Geburtsname bei Eltern ohne Ehenamen und gemeinsamer Sorge

(1) [1]Führen die Eltern keinen Ehenamen und steht ihnen die Sorge gemeinsam zu, so bestimmen sie durch Erklärung gegenüber dem Standesamt den Namen, den der Vater oder die Mutter zur Zeit der Erklärung führt, zum Geburtsnamen des Kindes. [2]Eine nach der Beurkundung der Geburt abgegebene Erklärung muss öffentlich beglaubigt werden. [3]Die Bestimmung der Eltern gilt auch für ihre weiteren Kinder.

(2) [1]Treffen die Eltern binnen eines Monats nach der Geburt des Kindes keine Bestimmung, überträgt das Familiengericht das Bestimmungsrecht einem Elternteil. [2]Absatz 1 gilt entsprechend. [3]Das Gericht kann dem Elternteil für die Ausübung des Bestimmungsrechts eine Frist setzen. [4]Ist nach Ablauf der Frist das Bestimmungsrecht nicht ausgeübt worden, so erhält das Kind den Namen des Elternteils, dem das Bestimmungsrecht übertragen ist.

(3) Ist ein Kind nicht im Inland geboren, so überträgt das Gericht einem Elternteil das Bestimmungsrecht nach Absatz 2 nur dann, wenn ein Elternteil oder das Kind dies beantragt oder die Eintragung des Namens des Kindes in ein deutsches Personenstandsregister oder in ein amtliches deutsches Identitätspapier erforderlich wird.

Übersicht

Rn.
A. Allgemeines ... 1
B. Inhalt der Norm ... 2
I. Anwendungsvoraussetzungen ... 2
1. Kein Ehename bei Geburt ... 3
2. Gemeinsame Personensorge betreffend die Namensbestimmung bei Geburt ... 4
3. Ausnahme vom Grundsatz ... 8
4. Nachgeburtliche Änderungen des Sorgerechts ... 9
II. Namensbestimmung durch die Eltern (Absatz 1) ... 11
1. Bestimmung der Eltern (Satz 1) ... 11
2. Form und Wirksamkeit der Bestimmung (Satz 1 und 2) ... 14
3. Namenseinheit unter Geschwistern (Satz 3) ... 18
III. Übertragung des Namensbestimmungsrechts auf einen Elternteil (Absatz 2, Absatz 3) ... 19
1. Einleitung des gerichtlichen Verfahrens ... 19
2. Übertragung des Namensbestimmungsrechts ... 23
3. Namenserwerb nach Fristsetzung ... 24

A. Allgemeines

Die Norm enthält das Recht und die Pflicht der gemeinsam personensorgeberechtigten Eltern, die keinen Ehenamen führen, den Geburtsnamen ihres Kindes zu bestimmen. Die Entscheidung, welchen Namen das Kind tragen soll, ist Teil des Elternrechts aus Art. 6 Abs. 2 GG.[1] **1**

1 BVerfGE 104, 373, 385

B. Inhalt der Norm

I. Anwendungsvoraussetzungen

2 **Voraussetzungen** für die Bestimmung des Geburtsnamens des Kindes sind grd.:

- kein Ehename bei Geburt des Kindes,
- gemeinsames Personensorgerecht der Eltern betreffend die Namensbestimmung bei Geburt des Kindes.

1. Kein Ehename bei Geburt

3 Die Norm findet Anwendung, wenn im Zeitpunkt der Geburt des Kindes kein Ehename besteht. Das ist bei **verheirateten oder geschiedenen** Eltern der Fall, wenn die Eltern bis zur Geburt des Kindes es unterlassen haben, einen gemeinsamen Ehenamen zu bestimmen, so dass jeder Elternteil seinen bisherigen Namen fortführt, § 1355 Abs. 1 Satz 3 BGB. Bei **nicht miteinander verheirateten** Eltern ist das immer der Fall, da sie keinen Ehenamen führen können.

2. Gemeinsame Personensorge betreffend die Namensbestimmung bei Geburt

4 Die Eltern müssen im Zeitpunkt der Geburt des Kindes gemeinsam das Recht zur Namensbestimmung – als Teil der Personensorge[2] – innehaben.

5 Bei **verheirateten, zusammenlebenden Eltern** steht die elterliche Sorge beiden Elternteilen i.d.R. gemeinsam zu (§ 1626 BGB). Nur in Ausnahmefällen kann sie bei Geburt des Kindes einem Elternteil allein zustehen, wenn das Sorgerecht des anderen Elternteils beispielsweise ruht (§ 1675 BGB), ihm entzogen worden ist (§ 1666 BGB), er an dessen Ausübung verhindert (§ 1678 Abs. 1 1. HS BGB) oder wenn er gestorben ist (§ 1680 Abs. 1 BGB).

6 Bei **nicht miteinander verheirateten Eltern** besteht eine gemeinsame elterliche Sorge bei Geburt nur, wenn beide Elternteile wirksame Sorgeerklärungen vor der Geburt des Kindes abgegeben haben, § 1626a Abs. 1 Nr. 1 i.V.m. § 1626b Abs. 2 BGB. Mit der Geburt entsteht dann die gemeinsame Sorge. Voraussetzung wirksamer Sorgeerklärungen ist die (künftige) rechtliche Elternschaft der Erklärenden, so dass die vorgeburtliche Vaterschaftsanerkennung (§ 1594 Abs. 4, § 1595 Abs. 3 BGB) der Sorgeerklärung des Vaters vorangehen muss (hierzu § 1626b BGB Rn. 6 f.).

7 Bei **getrenntlebenden Eltern** üben diese weiterhin die gemeinsame elterliche Sorge nach § 1687 Abs. 1 Satz 1 BGB aus, soweit nicht eine andere gerichtliche Regelung, beispielsweise nach § 1671 BGB oder § 1666 BGB, getroffen wurde. Bei der Geburtsnamensbestimmung handelt es sich um eine Angelegenheit von erheblicher Bedeutung, so dass es auch bei getrenntlebenden Eltern bei einer gemeinsamen Kompetenz verbleibt.[3]

3. Ausnahme vom Grundsatz

8 Finden Änderungen betreffend den Ehenamen oder die Sorgerechtslage **nach der Geburt aber vor Eintragung** des Kindes in das Geburtenregister statt, soll die Eintragung des Kindes mit dem zu diesem Zeitpunkt maßgeblichen Namen erfolgen.[4] Das heißt, eine nachgeburtliche Bestimmung eines Ehenamens (§ 1355 Abs. 1 Satz 1 BGB) und eine nachgeburtliche Begründung der gemeinsamen elterlichen Sorge durch Sorgeerklärungen oder

---

2 MüKo-BGB/*v. Sachsen Gessaphe*, § 1617 BGB Rn. 12; Staudinger/*Hilbig-Lugani*, § 1617 BGB Rn. 7; BeckOK-BGB/*Pöcker*, § 1617 BGB Rn. 4

3 MüKo-BGB/*v. Sachsen Gessaphe*, § 1617 BGB Rn. 12; Staudinger/*Salgo*, § 1687 BGB Rn. 47

4 Dies klarstellend § 35 Abs. 2 PStV

Heirat (§ 1626a Abs. 1 Nr. 1, Nr. 2 BGB) ist zwischen Geburt und ihrer Eintragung noch möglich.[5]

4. Nachgeburtliche Änderungen des Sorgerechts

Hat im Zeitpunkt der Geburt des Kindes ein Elternteil die Alleinsorge und erlangen die Eltern **später** die **gemeinsame Sorge**, wird der Anwendungsbereich des § 1617 BGB nicht eröffnet.[6] Das Kind erlangt bereits kraft Gesetzes einen Geburtsnamen nach § 1616 BGB oder § 1617a BGB. Eine Anpassung des Kindesnamens an die neue Sorgerechtslage beurteilt sich dann nach den Voraussetzungen des § 1617c Abs. 1 BGB oder des § 1617b Abs. 1 BGB. **9**

Haben im Zeitpunkt der Geburt des Kindes beide Elternteile die gemeinsame Sorge inne und erlangt ein Elternteil **später** das **alleinige** Namensbestimmungsrecht, so ist zu unterscheiden, ob bereits ein Geburtsname des Kindes durch beide Elternteile bestimmt worden ist oder nicht. Wurde ein Geburtsname bestimmt, begründet die veränderte Rechtslage keine Möglichkeit der Anpassung des Kindesnamens an die neue Sorgerechtslage.[7] Wurde bis zur Alleinsorge eines Elternteils kein Geburtsname bestimmt, übt der alleinsorgeberechtigte Elternteil das Bestimmungsrecht nach § 1617 BGB analog alleine aus.[8] **10**

II. Namensbestimmung durch die Eltern (Absatz 1)

1. Bestimmung der Eltern (Satz 1)

Die Eltern haben bezüglich des Geburtsnamens des Kindes ein Wahlrecht, das sich auf den im Zeitpunkt der Abgabe der namensbestimmenden Erklärung personenstandsrechtlich aktuell führenden Familiennamen des Vaters oder der Mutter beschränkt. Ein anders lautender, bloß faktisch geführter Gebrauchsname steht grundsätzlich nicht zur Auswahl. Eine spätere Änderung des Familiennamens eines Elternteils ist unerheblich. **11**

Wählbar ist: **12**

- der **Geburtsname** eines Elternteils,
- der **frühere Ehename** der Eltern, wenn ein Elternteil diesen nach § 1355 Abs. 5 Satz 1 BGB weiterführt,[9]
- der **erheiratete Ehename** eines Elternteils aus einer früheren Ehe mit einem Dritten, wenn er ihn nach dessen Auflösung nach § 1355 Abs. 1 Satz 1 BGB weiterführt oder wieder annimmt,[10]
- der **(echte) Doppelname** eines Elternteils; und zwar nur insgesamt und nicht nur ein Teil des (echten) Doppelnamens,[11]
- bei Führen eines **Begleitnamens** durch einen Elternteil kann das Kind als Geburtsnamen einen Doppelnamen erhalten,[12]
- der **früher erworbene Lebenspartnerschaftsname** eines Elternteils, wenn er ihn nach Auflösung der Lebenspartnerschaft nach § 3 Abs. 3 Satz 1 LPartG weiterführt oder wieder annimmt,[13]

---

5 MüKo-BGB/*v. Sachsen Gessaphe*, § 1617 BGB Rn. 14; BeckOK-BGB/*Pöcker*, § 1617 BGB Rn. 2
6 OLG Karlsruhe StAZ 2016, 377; *Wagenitz*, FamRZ 1998, 1545, 1546
7 *Wagenitz*, FamRZ 1998, 1545, 1546; Staudinger/*Hilbig-Lugani*, § 1617 BGB Rn. 10
8 MüKo-BGB/*v. Sachsen Gessaphe*, § 1617 BGB Rn. 15; BeckOK-BGB/*Pöcker*, § 1617 BGB Rn. 3
9 *Wagenitz* FamRZ 1998, 1545, 1547; BeckOK-BGB/*Pöcker*, § 1617 BGB Rn. 5
10 MüKo-BGB/*v. Sachsen Gessaphe*, § 1617 BGB Rn. 18
11 *Wagenitz*, FamRZ 1998, 1545, 1547; BeckOK-BGB/*Pöcker*, § 1617 Rn. 5
12 BVerfG NJW 2009, 1657, 1658; *Wagenitz*, FamRZ 1998, 1545, 1547; BeckOK-BGB/*Pöcker*, § 1617 BGB Rn. 5; Staudinger/*Hilbig-Lugani*, § 1617 BGB Rn. 23
13 MüKo-BGB/*v. Sachsen Gessaphe*, § 1617 BGB Rn. 18

- der durch additive Einbenennung nach § 1618 Satz 2 BGB aus dem Geburtsnamen und dem Ehenamen der Stieffamilie gebildete **Doppelname** eines Elternteils,[14]
- bei Anwendung **ausländischen Rechts** der nach Maßgabe des anzuwendenden Rechts gewählte Name (vgl. Art. 10 EGBGB),[15]
- der Name, der nach dem Recht eines EU-Staates erworben wurde, auch wenn deutsches Recht gilt (vgl. Art. 48 EGBGB).[16]

13 **Unzulässig** ist – mit Ausnahme der Anwendungsfälle von Art. 10, Art. 48 EGBGB –, die **Neubegründung eines Doppelnamens** aus den jeweiligen Namen der Eltern des Kindes.[17] Dieses Verbot kann jedoch insoweit umgangen werden, als das Kind den Familiennamen eines Elternteils als Vornamen erhält, sofern dies nicht das Kindeswohl gefährdet.[18]

2. Form und Wirksamkeit der Bestimmung (Satz 1 und 2)

14 Die Bestimmung des Geburtsnamens des Kindes erfolgt durch **einseitige, empfangsbedürftige Willenserklärungen** gegenüber dem zuständigen Standesamt. Die Bestimmung wird mit Zugang der Erklärungen beim zuständigen Standesamt **wirksam**;[19] bei vorgeburtlichen Erklärungen im Zeitpunkt der Geburt.[20] Zuständig ist das Standesamt, das die Geburt des Kindes beurkundet hat (§ 45 Abs. 2 Satz 1 PStG). Die Erklärungen können von den Eltern zu verschiedenen Zeitpunkten, an verschiedenen Orten abgegeben werden, solange beide Erklärungen dem zuständigen Standesamt vorgelegt werden.[21] Die Mutter und der Vater müssen jeweils eine eigene Erklärung **höchstpersönlich** abgeben.[22]

15 Die Abgabe der Erklärungen ist grundsätzlich **formlos** möglich.[23] Eine **öffentliche Beglaubigung** i.S.d. § 129 BGB ist nur erforderlich, wenn die Eltern den Namen des Kindes erst nach der Beurkundung der Geburt bestimmen.[24] Die öffentliche Beglaubigung kann durch das zuständige Standesamt vorgenommen werden (§ 45 Abs. 1 Satz 1 Nr. 1 PStG). Sind im Zeitpunkt der Eintragung des Namens in das Geburtenregister die Eltern nicht gemeinsam namensbestimmungsberechtigt, ist die Namensgebung unwirksam.[25]

16 Ein **Widerruf** der Erklärung(en) ist nur solange möglich, als die öffentliche Beglaubigung noch nicht erfolgt ist.[26] Eine **Anfechtung** ist grundsätzlich unzulässig, sofern nicht ein ganz offensichtlicher Irrtum oder ein grober Verfahrensmangel vorliegt.[27]

17 Durch die wirksame Bestimmung der Eltern erwirbt das Kind den erteilten Namen als Geburtsnamen. Die Eintragung in das Geburtenregister selbst (§ 21 Abs. 1 Nr. 1 PStG) hat nur deklaratorische Bedeutung.[28] Eine nachweislich unrichtige Eintragung kann unter den Voraussetzungen der §§ 47 f. PStG berichtigt werden.

---

14 MüKo-BGB/*v. Sachsen Gessaphe*, § 1617 BGB Rn. 18
15 BeckOK-BGB/*Pöcker*, § 1617 BGB Rn. 6; vgl. KG StAZ 2018, 217, 218
16 BeckOK-BGB/*Pöcker*, § 1617 BGB Rn. 6, 6.2; vgl. einschränkend, aber europarechtlich zweifelhaft: BGH FamRZ 2019, 967
17 BGH FamRZ 2019, 967
18 Vgl. BGH NJW 2008, 2500 f.
19 BayObLG FamRZ 1997, 234, 235; MüKo-BGB/*v. Sachsen Gessaphe*, § 1617 BGB Rn. 23
20 *Michalski*, FamRZ 1997, 977, 981; MüKo-BGB/*v. Sachsen Gessaphe*, § 1617 BGB Rn. 23
21 BeckOK-BGB/*Pöcker*, § 1617 BGB Rn. 11
22 MüKo-BGB/*v. Sachsen Gessaphe*, § 1617 BGB Rn. 22; Staudinger/*Hilbig-Lugani*, § 1617 BGB Rn. 26
23 BT-Drucks. 13/8511, 73
24 BeckOK-BGB/*Pöcker*, § 1617 BGB Rn. 11; Staudinger/*Hilbig-Lugani*, § 1617 BGB Rn. 27; vgl. KG FamRZ 2019, 685
25 OLG München FamRZ 2012, 1503, 1504
26 *Michalski*, FamRZ 1997, 977, 981
27 OLG Naumburg, FamRZ 1997, 1234 ff.; MüKo-BGB/*v. Sachsen Gessaphe*, § 1617 BGB Rn. 23; Staudinger/*Hilbig-Lugani*, § 1617 BGB Rn. 33
28 *Michalski*, FamRZ 1997, 977, 981; BeckOK-BGB/*Pöcker*, § 1617 BGB Rn. 11; MüKo-BGB/*v. Sachsen Gessaphe*, § 1617 BGB Rn. 24

3. Namenseinheit unter Geschwistern (Satz 3)

Die für ein Kind getroffene Namenswahl ist für weitere – danach geborene – Kinder verbindlich, gleichgültig, ob es sich um leibliche Kinder der Eltern oder um Adoptivkinder handelt.[29] Die Bindungswirkung greift jedoch nur, wenn die Anwendungsvoraussetzungen des § 1617 BGB bzw. einer hierauf verweisenden Norm erfüllt sind.[30] Die nach § 1617 BGB einmal getroffene Namensbestimmung bestimmt unmittelbar den Namen für später geborene Kinder.[31] Die Bindung für die später geborenen Kinder entfällt nur, wenn das erstgeborene Kind vor Geburt des zweiten Kindes verstorben ist.[32] Soweit ein Kind früher geboren ist und noch keinen Geburtsnamen hat, gilt die Namensbestimmung für beide Kinder. Hat das früher geborene Kind bereits einen Geburtsnamen, der nicht auf der Gestaltungserklärung des § 1617 Abs. 1 Satz 3 BGB beruht, behält es seinen Namen, auch wenn das neugeborene Kind aufgrund gemeinsamer Personensorge der Eltern nach § 1617 Abs. 1 Satz 3 BGB seinen Namen erhält.[33] **18**

III. Übertragung des Namensbestimmungsrechts auf einen Elternteil (Absatz 2, Absatz 3)

1. Einleitung des gerichtlichen Verfahrens

Die Eltern haben die Pflicht, **innerhalb eines Monats** nach der Geburt des Kindes den Geburtsnamen zu bestimmen. Liegen keine wirksamen Erklärungen innerhalb dieses Zeitraums beim zuständigen Standesamt vor, hat das Standesamt dies dem zuständigen Familiengericht mitzuteilen, § 168a Abs. 2 FamFG. Der Nichtvornahme steht eine unwirksame Namensbestimmung der Eltern gleich.[34] Die Monatsfrist ist jedoch keine Ausschlussfrist. Bis zu einer gerichtlichen Entscheidung bleiben die Eltern gemeinsam bestimmungsbefugt.[35] **19**

Das Verfahren zur Übertragung des Namensbestimmungsrechts auf einen Elternteil ist als Verfahren **von Amts wegen** ausgestaltet, wenn: **20**

- das Kind im Inland geboren ist (§ 1617 Abs. 1 BGB),
- das Kind im Ausland geboren ist, dem deutschen Namensrecht unterliegt und der Geburtsname in ein deutsches Personenstandsregister oder in ein amtliches deutsches Identitätspapier eingetragen werden muss (§ 1617 Abs. 2 2. Alt BGB).

Das Verfahren ist als **Antragsverfahren** ausgestaltet, wenn: **21**

- das Kind im Ausland geboren ist
- und dem deutschen Namensrecht unterliegt, (§ 1617 Abs. 2 1. Alt BGB).

Den erforderlichen Antrag kann das Kind oder ein Elternteil stellen. **22**

2. Übertragung des Namensbestimmungsrechts

Das Familiengericht überträgt das Namensbestimmungsrecht einem Elternteil. Für die gerichtliche Entscheidung macht das Gesetz keine inhaltlichen Vorgaben. Da die gerichtliche Entscheidung als Kompetenzentscheidung eine **spezielle Regelung der allgemeinen Kompetenzentscheidung des § 1628 BGB** darstellt, gelten die dort entwickelten Grundsätze (vgl. hierzu § 1628 BGB). Maßstab für die Entscheidung des Gerichts ist das **Wohl des Kindes**, vgl. § 1697a BGB. **23**

---

29 MüKo-BGB/*v. Sachsen Gessaphe*, § 1617 BGB Rn. 26; Palandt/*Götz*, § 1617 BGB Rn. 6
30 MüKo-BGB/*v. Sachsen Gessaphe*, § 1617 BGB Rn. 26
31 BT-Drucks 13/4899, 90; zur Verfassungsgemäßheit der Norm BVerfG NJW 2002, 2861
32 *Michalski*, FamRZ 1997, 977, 981; Palandt/*Götz*, § 1617 BGB Rn. 6
33 BeckOK-BGB/*Pöcker*, § 1617 BGB Rn. 13
34 MüKo-BGB/*v. Sachsen Gessaphe*, § 1617 BGB Rn. 29
35 MüKo-BGB/*v. Sachsen Gessaphe*, § 1617 BGB Rn. 29; Staudinger/*Hilbig-Lugani*, § 1617 BGB Rn. 62

3. Namenserwerb nach Fristsetzung

24 Da zum allgemeinen Persönlichkeitsrecht des Kindes (Art. 2 Abs. 1 i.V.m. Art. 1 Abs. 1 GG) der Namenserhalt als wesentliche Voraussetzung für die Entwicklung der Persönlichkeit des Kindes gehört,[36] kann das Familiengericht dem bestimmungsberechtigten Elternteil eine Frist zur Namensgebung setzen und sollte dies auch aus Kindeswohlgesichtspunkten tun.[37] Eine Fristverlängerung ist möglich.[38] Für die Fristbestimmung gelten die allgemeinen Vorschriften des FamFG. Wurde das Bestimmungsrecht innerhalb der Frist nicht ausgeübt, erhält das Kind zwingend kraft Gesetzes den Namen des bestimmungsberechtigten Elternteils (§ 1617 Abs. 2 Satz 4 BGB). Eine **Wiedereinsetzung in den vorigen Stand** ist nicht möglich.[39]

25 Kommt es weder zu einer wirksamen Namensgebung durch den bestimmungsberechtigten Elternteil noch zu einer gerichtlichen Fristsetzung mit entsprechendem Fristablauf, führt das Kind keinen Geburtsnamen; entsprechend lautet der Eintrag in das Geburtsregister.[40]

§ 1617a BGB Geburtsname bei Eltern ohne Ehenamen und Alleinsorge

(1) Führen die Eltern keinen Ehenamen und steht die elterliche Sorge nur einem Elternteil zu, so erhält das Kind den Namen, den dieser Elternteil im Zeitpunkt der Geburt des Kindes führt.

(2) [1]Der Elternteil, dem die elterliche Sorge für ein Kind allein zusteht, kann dem Kind durch Erklärung gegenüber dem Standesamt den Namen des anderen Elternteils erteilen. [2]Die Erteilung des Namens bedarf der Einwilligung des anderen Elternteils und, wenn das Kind das fünfte Lebensjahr vollendet hat, auch der Einwilligung des Kindes. [3]Die Erklärungen müssen öffentlich beglaubigt werden. [4]Für die Einwilligung des Kindes gilt § 1617c Abs. 1 entsprechend.

Von einer Kommentierung wird abgesehen.

§ 1617b BGB Name bei nachträglicher gemeinsamer Sorge oder Scheinvaterschaft

(1) [1]Wird eine gemeinsame Sorge der Eltern erst begründet, wenn das Kind bereits einen Namen führt, so kann der Name des Kindes binnen drei Monaten nach der Begründung der gemeinsamen Sorge neu bestimmt werden. [2]Die Frist endet, wenn ein Elternteil bei Begründung der gemeinsamen Sorge seinen gewöhnlichen Aufenthalt nicht im Inland hat, nicht vor Ablauf eines Monats nach Rückkehr in das Inland. [3]Hat das Kind das fünfte Lebensjahr vollendet, so ist die Bestimmung nur wirksam, wenn es sich der Bestimmung anschließt. [4]§ 1617 Abs. 1 und § 1617c Abs. 1 Satz 2 und 3 und Abs. 3 geltend entsprechend.

(2) [1]Wird rechtskräftig festgestellt, dass ein Mann, dessen Familienname Geburtsname des Kindes geworden ist, nicht der Vater des Kindes ist, so erhält das Kind auf seinen Antrag

36 BVerfGE 104, 373, 392
37 Palandt/*Götz*, § 1617 BGB Rn. 7; BeckOK-BGB/*Pöcker*, § 1617 BGB Rn. 19
38 MüKo-BGB/*v. Sachsen Gessaphe*, § 1617 BGB Rn. 32; Palandt/*Götz*, § 1617 BGB Rn. 7; a.A. BeckOK-BGB/*Pöcker*, § 1617 BGB Rn. 19
39 OLG Hamm FamRZ 2004, 731, 732; MüKo-BGB/*v. Sachsen Gessaphe*, § 1617 BGB Rn. 32; BeckOK-BGB/*Pöcker*, § 1617 BGB Rn. 19
40 OLG Köln StAZ 2014, 113; BeckOK-BGB/*Pöcker*, § 1617 BGB Rn. 20

oder, wenn das Kind das fünfte Lebensjahr noch nicht vollendet hat, auch auf Antrag des Mannes den Namen, den die Mutter im Zeitpunkt der Geburt des Kindes führt, als Geburtsnamen. [2]Der Antrag erfolgt durch Erklärung gegenüber dem Standesamt, die öffentlich beglaubigt werden muss. [3]Für den Antrag des Kindes gilt § 1617c Abs. 1 Satz 2 und 3 entsprechend.

Von einer Kommentierung wird abgesehen.

§ 1617c BGB Name bei Namensänderung der Eltern

(1) [1]Bestimmen die Eltern einen Ehenamen oder Lebenspartnerschaftsnamen, nachdem das Kind das fünfte Lebensjahr vollendet hat, so erstreckt sich der Ehename oder Lebenspartnerschaftsname auf den Geburtsnamen des Kindes nur dann, wenn es sich der Namensgebung anschließt. [2]Ein in der Geschäftsfähigkeit beschränktes Kind, welches das 14. Lebensjahr vollendet hat, kann die Erklärung nur selbst abgegeben; es bedarf hierzu der Zustimmung seines gesetzlichen Vertreters. [3]Die Erklärung ist gegenüber dem Standesamt abzugeben; sie muss öffentlich beglaubigt werden.

(2) Absatz 1 gilt entsprechend,

1. wenn sich der Ehename oder Lebenspartnerschaftsname, der Geburtsname eines Kindes geworden ist, ändert oder

2. wenn sich in den Fällen der §§ 1617, 1617a und 1617b der Familienname eines Elternteils, der Geburtsname eines Kindes geworden ist, auf andere Weise als durch Eheschließung oder Begründung einer Lebenspartnerschaft ändert.

(3) Eine Änderung des Geburtsnamens erstreckt sich auf den Ehenamen oder den Lebenspartnerschaftsnamen des Kindes nur dann, wenn sich auch der Ehegatte oder der Lebenspartner der Namensänderung anschließt; Absatz 1 Satz 3 gilt entsprechend.

Von einer Kommentierung wird abgesehen.

§ 1618 BGB Einbenennung

[1]Der Elternteil, dem die elterliche Sorge für ein Kind allein oder gemeinsam mit dem anderen Elternteil zusteht, und sein Ehegatte, der nicht Elternteil des Kindes ist, können dem Kind, das sie in ihren gemeinsamen Haushalt aufgenommen haben, durch Erklärung gegenüber dem Standesamt ihren Ehenamen erteilen. [2]Sie können diesen Namen auch dem von dem Kind zur Zeit der Erklärung geführten Namen voranstellen oder anfügen; ein bereits zuvor nach Halbsatz 1 vorangestellter oder angefügter Ehename entfällt. [3]Die Erteilung, Voranstellung oder Anfügung des Namens bedarf der Einwilligung des anderen Elternteils, wenn ihm die elterliche Sorge gemeinsam mit dem den Namen erteilenden Elternteil zusteht oder das Kind seinen Namen führt, und, wenn das Kind das fünfte Lebensjahr vollendet hat, auch der Einwilligung des Kindes. [4]Das Familiengericht kann die Einwilligung des anderen Elternteils ersetzen, wenn die Erteilung, Voranstellung oder Anfügung des Namens zum Wohl des Kindes erforderlich ist. [5]Die Erklärungen müssen öffentlich beglaubigt werden. [6]§ 1617c gilt entsprechend.

Übersicht

Rn.
A. Allgemeines ... 1
B. Inhalt der Norm ... 2
I. Anwendungsvoraussetzungen ... 2
1. Personenstand des Kindes ... 3
2. (Mit-)Personensorgerecht des einbenennenden Elternteils ... 4
3. Ehe bzw. eingetragene Lebensgemeinschaft mit einem Dritten ... 5
4. Ehenamen ... 6
5. Gemeinsamer Haushalt ... 7
6. Zustimmungserfordernis des anderen Elternteils oder gerichtliche Ersetzung ... 8
a. Zustimmung (Satz 3) ... 8
b. Gerichtliche Ersetzung der Zustimmung (Satz 4) ... 13
aa. Erforderlichkeit ... 13
bb. Verfahren ... 17
7. Einwilligung des Kindes ... 24
II. Form und Wirksamkeit der Einbenennung ... 25

A. Allgemeines

1 Die Norm ermöglicht eine Namensgleichheit der sozialen Familiengemeinschaft, wenn ein personensorgeberechtigter Elternteil mit einem Dritten verheiratet ist oder in einer eingetragenen Lebenspartnerschaft lebt und einen Ehenamen bzw. Lebenspartnerschaftsnamen führt.

B. Inhalt der Norm

I. Anwendungsvoraussetzungen

2 **Voraussetzungen** für die Einbenennung sind:

- das einzubenennende Kind trägt einen anderen Namen als es durch die Einbenennung erhalten soll,[1]
- das einzubenennende Kind ist **rechtsfähig**, **unverheiratet** und war bisher nicht wirksam[2] verheiratet,
- der einbenennende Elternteil ist **(mit-)personensorgeberechtigt**,
- der einbenennende Elternteil ist mit einem Dritten **verheiratet bzw.** führt eine **eingetragene Lebensgemeinschaft** mit einem Dritten,
- der einbenennende Elternteil führt mit dem Dritten einen **Ehenamen** bzw. **Lebenspartnerschaftsnamen**,
- das einzubenennende Kind ist in den **gemeinsamen Haushalt aufgenommen**,
- ggf. das Zustimmungserfordernis des anderen Elternteils oder dessen gerichtliche Ersetzung,
- ggf. die Einwilligung des einzubenennenden Kindes.

1. Personenstand des Kindes

3 Das Kind muss im Zeitpunkt des Wirksamwerdens der Einbenennung **rechtsfähig** sein, weshalb eine nach dem Tod erfolgende Einbenennung ausscheidet.[3] Nur ein **unverheiratetes** Kind kann einbenannt werden. War es bereits wirksam verheiratet, scheidet eine

1 MüKo-BGB/*v. Sachsen Gessaphe*, § 1618 BGB Rn. 9; BeckOK-BGB/*Pöcker*, § 1618 BGB Rn. 3.2
2 BeckOK-BGB/*Pöcker*, § 1618 BGB Rn. 2.1
3 MüKo-BGB/*v. Sachsen Gessaphe*, § 1618 BGB Rn. 11; Staudinger/*Hilbig-Lugani*, § 1618 BGB Rn. 6

Einbenennung aus, auch wenn das Kind in seiner Ehe keinen Ehenamen geführt hat.[4] Eine Einbennung bei Heirat des Kindes in den Fällen des § 1303 S. 2 BGB ist zulässig, da eine solche Ehe unwirksam ist.[5]

2. (Mit-)Personensorgerecht des einbenennenden Elternteils

Der einbenennende Elternteil muss im Zeitpunkt der Einbenennung allein oder gemeinsam mit dem anderen Elternteil das Recht zur Namensbestimmung – als Teil der Personensorge[6] – innehaben. 4

3. Ehe bzw. eingetragene Lebensgemeinschaft mit einem Dritten

Die Norm setzt die Ehe bzw. die eingetragene Lebensgemeinschaft des einbenennenden Elternteils mit einem Dritten voraus, von dem das Kind nicht abstammt. Diese muss im Zeitpunkt des Wirksamwerdens der Einbenennung noch bestehen.[7] 5

4. Ehenamen

Der einbenennende Elternteil und dessen Ehegatte oder Lebenspartner müssen nach § 1355 Abs. 1 BGB bzw. § 3 Abs. 1 LPartG einen Ehenamen bzw. Lebenspartnerschaftsnamen führen.[8] Die bloße Absicht, später einen Ehenamen bzw. Lebenspartnerschaftsnamen zu bestimmen, reicht nicht aus.[9] Unproblematisch ist es, wenn der einbenennende Elternteil wirksam sein Geschlecht geändert und wieder geheiratet oder eine Lebensgemeinschaft begründet hat.[10] Unerheblich ist es ebenso, wenn ein Ehegatte bzw. Lebenspartner einen Begleitnamen führt.[11] 6

5. Gemeinsamer Haushalt

Die Norm setzt ferner voraus, dass das Kind in den gemeinsamen Haushalt aufgenommen ist. Das heißt, dass das Kind und die Ehegatten bzw. Lebenspartner tatsächlich in einer gemeinsamen Wohnung den Mittelpunkt ihrer Lebensführung haben müssen, vgl. § 1567 Abs. 1 BGB.[12] Eine **zeitweise** Drittbetreuung, wie eine vorübergehende Unterbringung in einer Jugendhilfeeinrichtung, steht dem nicht entgegen.[13] Leben die Ehegatten bzw. Lebenspartner getrennt, scheidet eine Einbenennung aus.[14] Die Aufnahme in den Haushalt muss rechtmäßig – mit dem Willen des anderen Elternteils oder aufgrund gerichtlicher Entscheidung – sein.[15] Das zuständige Standesamt ist grundsätzlich verpflichtet, die rein tatsächlich geprägte Voraussetzung zu überprüfen, wird sich aber auf die Richtigkeit der Angaben – durch regelmäßige Vorlage der Meldebescheinigung – verlassen können.[16] Sind die Angaben unrichtig, ist die Einbenennung unwirksam und ein dahingehender Eintrag in das Geburtenregister zu berichtigen.[17] 7

---

4 BeckOK-BGB/*Pöcker*, § 1618 BGB Rn. 2.1; Staudinger/*Hilbig-Lugani*, § 1618 BGB Rn. 6
5 BT-Drucks. 18/12086, 17; BeckOK-BGB/*Pöcker*, § 1618 BGB Rn. 2.1
6 MüKo-BGB/*v. Sachsen Gessaphe*, § 1618 BGB Rn. 7; BeckOK-BGB/*Pöcker*, § 1618 BGB Rn. 2
7 OLG Karlsruhe FamRZ 2000, 1437; OLG Zweibrücken FamRZ 2004, 1747, 1748; MüKo-BGB/*v. Sachsen Gessaphe*, § 1618 BGB Rn. 8
8 OLG Karlsruhe FamRZ 2000, 1437; BeckOK-BGB/*Pöcker*, § 1618 BGB Rn. 3
9 OLG Karlsruhe FamRZ 2000, 1437
10 BeckOK-BGB/*Pöcker*, § 1618 BGB Rn. 3.1
11 BeckOK-BGB/*Pöcker*, § 1618 BGB Rn. 3; MüKo-BGB/*v. Sachsen Gessaphe*, § 1618 BGB Rn. 9
12 BeckOK-BGB/*Pöcker*, § 1618 BGB Rn. 4; MüKo-BGB/*v. Sachsen Gessaphe*, § 1618 BGB Rn. 10
13 MüKo-BGB/*v. Sachsen Gessaphe*, § 1618 BGB Rn. 10; Staudinger/*Hilbig-Lugani*, § 1618 BGB Rn. 12
14 Vgl. OLG Zweibrücken NJW 2011, 3728, 3729 m.w.N.
15 BeckOK-BGB/*Pöcker*, § 1618 BGB Rn. 4.1
16 BeckOK-BGB/*Pöcker*, § 1618 BGB Rn. 4; MüKo-BGB/*v. Sachsen Gessaphe*, § 1618 BGB Rn. 10
17 OLG Zweibrücken NJW 2011, 3728 m.w.N.

6. Zustimmungserfordernis des anderen Elternteils oder gerichtliche Ersetzung

a. Zustimmung (Satz 3)

8 Für die Einbenennung ist die Zustimmung des anderen Elternteils notwendig, wenn

- ihm zusammen mit dem einbenennenden Elternteil das Recht zur Namensbestimmung zusteht, oder
- das Kind seinen Namen – im Zeitpunkt der Einbenennung[18] – führt (Namensidentität).

9 Die Zustimmung des anderen Elternteils wird in der Norm zwar als **Einwilligung** bezeichnet. Die Reihenfolge der Erklärungen ist aber irrelevant, so dass es sich hierbei nicht um eine Einwilligung i.S.d. § 183 Satz 1 BGB handelt. Die Zustimmung kann auch erst nach der Einbenennungserklärung abgegeben werden.[19]

10 Steht im Zeitpunkt der Einbenennung dem anderen Elternteil das **Recht zur Namensbestimmung** mit zu und können sich die Eltern über die Einbenennung nicht einigen, entscheidet das Familiengericht auf Grundlage des § 1618 Satz 4 BGB und nicht nach der allgemeinen Regelung für sorgerechtliche Konflikte nach § 1628 BGB.[20]

11 Eine **Namensidentität** besteht auch dann, wenn das Kind seinen Namen aus dem früheren Ehenamen der Eltern herleitet und der andere Elternteil diesen zusammen mit einem Begleitnamen als Doppelnamen fortführt.[21]

12 Ist der andere Elternteil **verstorben**, ist eine Zustimmung nicht erforderlich.[22] Bei lediglich **unbekanntem Aufenthalt** des anderen Elternteils entfällt die Erforderlichkeit der Zustimmung nicht. Der einbenennende Elternteil kann ggf. eine gerichtliche Entscheidung nach § 1674 Abs. 1 BGB herbeiführen, oder die Einwilligung kann ggf. nach § 1618 Satz 4 BGB gerichtlich ersetzt werden.[23] Ist der andere Elternteil **geschäftsunfähig**, führt das Kind aber seinen Namen, kann ein Betreuer mit dem entsprechenden Aufgabenkreis bestellt werden.[24]

b. Gerichtliche Ersetzung der Zustimmung (Satz 4)

aa. Erforderlichkeit

13 Die Zustimmung des anderen Elternteils kann ersetzt werden, wenn die Einbenennung zum Wohl des Kindes **erforderlich** ist. Die Voraussetzung ist **restriktiv** auszulegen, da die ggf. bereits gefährdete Verbundenheit des Kindes mit dem anderen Elternteil nicht weiter geschwächt werden soll,[25] die Möglichkeit besteht, dass auch die neue Familie scheitert,[26] und die Kontinuität der Namensführung ist auch ein wichtiger Kindesbelang.[27]

14 Daher kann die Zustimmung des anderen Elternteils erst dann ersetzt werden, wenn konkrete Umstände vorliegen, die das **Kindeswohl gefährden**, und wenn die Einbenennung daher unerlässlich ist, um Schäden von dem Kind abzuwenden.[28] Abzustellen ist darauf, inwieweit ein verständiger um sein Kind sorgender Elternteil angesichts der tatsächlichen Probleme der gegenwärtigen Namensführung für das Kind seine Zustimmung nicht ver-

18 BT-Drucks. 13/4899, 92; AG Lübeck StAZ 2003, 143
19 BayObLG FamRZ 2000, 252, 253; BeckOK-BGB/*Pöcker*, § 1618 BGB Rn. 7; MüKo-BGB/*v. Sachsen Gessaphe*, § 1618 BGB Rn. 20
20 OLG Rostock MDR 2007, 592, 593; MüKo-BGB/*v. Sachsen Gessaphe*, § 1618 BGB Rn. 18
21 MüKo-BGB/*v. Sachsen Gessaphe*, § 1618 BGB Rn. 17
22 OLG Stuttgart FamRZ 2001, 566, 567; OLG Frankfurt NJW-RR 2001, 1443; BayObLG FamRZ 2005, 388
23 Vgl. OLG Hamm FamRZ 2000, 695; BeckOK-BGB/*Pöcker*, § 1618 BGB Rn. 5
24 BeckOK-BGB/*Pöcker*, § 1618 BGB Rn. 5.1
25 Vgl. BGH FPR 2002, 267, 268
26 BeckOK-BGB/*Pöcker*, § 1618 BGB Rn. 9.1
27 BGH NJW 2002, 300, 301
28 BGH FPR 2002, 267; NJW 2005, 1779, 1780

weigern würde.[29] Bloße Unannehmlichkeiten in Folge der Namensverschiedenheit zur Familie des sorgeberechtigten Elternteils können die gedeihliche Entwicklung des Kindes nicht ernsthaft beeinflussen und vermögen daher die Erforderlichkeit einer Namensänderung nicht zu begründen.[30]

Auch der bloße **Wunsch des Kindes** oder des einbenennenden Elternteils und seines Ehegatten bzw. Lebenspartners, einen einheitlichen Familiennamen zu führen, reicht zur Ersetzung der Zustimmung des anderen Elternteils nicht aus.[31] Anders wird die Situation zu beurteilen sein, wenn das Kind durch die Namensdifferenz psychisch sehr belastet ist,[32] massive Angst vor dem anderen Elternteil aufgrund von Gewalterlebnissen hat[33] oder den anderen Elternteil massiv ablehnt.[34] Auf ein Verschulden des anderen Elternteils kommt es dabei nicht an.[35] **15**

Nicht ausreichend ist ferner, wenn der andere Elternteil allein **Unterhaltszahlungen verweigert**,[36] derzeit zwischen dem Kind und dem anderen Elternteil **kein Kontakt** besteht[37] oder die **Umgangsbefugnis ausgeschlossen** ist.[38] Ebenso ist eine unterschiedliche Namensführung von **Halbgeschwistern** allein als Kriterium für eine Einbenennung nicht ausreichend.[39] **16**

bb. Verfahren

Das Verfahren ist als **Antragsverfahren** ausgestaltet, welches durch den einbenennenden Elternteil eingeleitet werden kann.[40] Mit dem Antrag wird der Verfahrensgegenstand festgelegt, so dass bei einem Antrag auf Ersetzung des bisher vom Kind geführten Familiennamens (substituierende Namenserteilung) das Gericht den Antrag nicht in eine Ergänzung des bisher vom Kind geführten Familiennamens (additive Namenserteilung) umdeuten kann.[41] **17**

Sachlich zuständig ist das Familiengericht, da es sich bei der Zustimmungsersetzung um eine Kindschaftssache nach § 151 Nr. 1 FamFG handelt (vgl. § 23 Abs. 1 Satz 1 GVG).[42] Die **örtliche** Zuständigkeit richtet sich nach § 152 FamFG. **Funktional** zuständig ist grundsätzlich der Rechtspfleger, da ein Richtervorbehalt nicht angeordnet ist (vgl. § 3 Nr. 2a, § 14 Abs. 1 Nr. 15 RPflG).[43] Haben beide Elternteile das Recht zur Namensbestimmung inne, ist der Familienrichter zuständig, da es sich inhaltlich um eine Meinungsverschiedenheit zwischen den Personensorgeberechtigten handelt (§ 14 Abs. 1 Nr. 5 RPflG).[44] **18**

In dem gerichtlichen Verfahren sind **anzuhören**: **19**

- das Kind, § 159 FamFG,
- die leiblichen Eltern, § 160 FamFG,

---

29 BGH NJW 2002, 300, 301; OLG Rostock FamRZ 2000, 695, 696; *Wagenitz* FamRZ 1998, 1545, 1552
30 BGH FPR 2002, 267; OLG Saarbrücken ZfJ 2000, 437, 438; OLG Hamm, Beschl. v. 29.12.2015 – II-4 UF 178/15 (juris); vgl. *Wagenitz* FamRZ 1998, 1545, 1552
31 BGH FPR 2002, 267
32 Vgl. OLG Saarbrücken FamRZ 2014, 488, 489
33 BeckOK-BGB/*Pöcker*, § 1618 BGB Rn. 11 m.w.N.
34 OLG Dresden FGPrax 2005, 26
35 BeckOK-BGB/*Pöcker*, § 1618 BGB Rn. 11
36 OLG Brandenburg, Beschl. v. 10. 06.2009 – 9 UF 110/08 (juris)
37 BGH FPR 2002, 267, 268
38 OLG Koblenz FamRZ 2009, 439
39 BGH FPR 2002, 411, 412
40 BeckOK-BGB/*Pöcker*, § 1618 BGB Rn. 14; MüKo-BGB/*v. Sachsen Gessaphe*, § 1618 BGB Rn. 28; Staudinger/*Hilbig-Lugani*, § 1618 BGB Rn. 37
41 Dazu MüKo-BGB/*v. Sachsen Gessaphe*, § 1618 BGB Rn. 24, 28
42 MüKo-FamFG/*Heilmann*, § 151 FamFG Rn. 13; MüKo-BGB/*v. Sachsen Gessaphe*, § 1618 BGB Rn. 28
43 BGH NJW 2002, 300, 301
44 BeckOK-BGB/*Pöcker*, § 1618 BGB Rn. 14

- die Verfahrensbeiständin bzw. der Verfahrensbeistand bei Bestellung, § 158 FamFG,
- das Jugendamt, § 162 Abs. 1 Satz 1 FamFG,
- ggf. der Stiefelternteil im Interesse der Sachaufklärung, vgl. § 26 FamFG.

20 Ist der Antrag des einbenennenden Elternteils bereits nach seinem tatsächlichen Vorbringen abzulehnen, kann auf die Anhörungen verzichtet werden.[45]

21 Als Rechtsmittel ist die Beschwerde nach §§ 58 ff. FamFG statthaft.

22 **Beschwerdeberechtigt** sind:

- der einbenennende Elternteil im Fall der Ablehnung der Ersetzung (§ 59 Abs. 2 FamFG); nicht das Kind,[46]
- der andere Elternteil im Fall der Ersetzung (§ 59 Abs. 1 FamFG); nicht das Kind, da die Einbenennung ohne die Einwilligung des über fünf Jahre alten Kindes nicht erfolgen kann.

23 Der Ehegatte bzw. Lebenspartner des einbenennenden Elternteils ist nicht beschwerdeberechtigt, da sein Interesse nicht betroffen ist.[47]

7. Einwilligung des Kindes

24 Hat das einzubenennende Kind das fünfte Lebensjahr vollendet, muss es in die Einbenennung einwilligen, § 1618 Satz 3 BGB. Kann das Kind die Erklärung nicht selbst abgeben, wird es durch den/die personensorgeberechtigte(n) Elternteil(e) vertreten. Die Bestellung eines Ergänzungspflegers ist nicht erforderlich.[48] Eine gerichtliche Ersetzung der Einwilligung ist nicht möglich.[49]

II. Form und Wirksamkeit der Einbenennung

25 Die Einbenennung erfolgt durch **einseitige, empfangsbedürftige Willenserklärungen** des

- einbenennenden Elternteils,
- des Ehegatten bzw. Lebenspartners des einbenennenden Elternteils,
- des anderen Elternteils, bei seinem Zustimmungserfordernis und wenn keine Ersetzung der Zustimmung vorliegt,
- des einzubenennenden Kindes, bei Vollendung des fünften Lebensjahrs,

gegenüber dem zuständigen Standesamt (§ 1618 Satz 6 i.V.m. § 1617c Satz 3 BGB), wenn nicht für die Erteilung des Lebenspartnerschaftsnamens das jeweilige Landesrecht eine andere Behörde bestimmt (§ 23 Abs. 1 Satz 1, Satz 2, Abs. 2 Satz 1, Satz 2 LPartG).

26 Die Beteiligten müssen jeweils eine eigene Erklärung **höchstpersönlich** abgeben. Eine Generalvollmacht für das Recht der Namensbestimmung[50] oder eine bloße Mitteilung des Jugendamts über die Zustimmung des Kindes[51] ist nicht möglich. Auf eine bestimmte Reihenfolge der Einbenennungserklärung oder Zustimmungserklärung kommt es nicht an.[52]

---

45 BGH FPR 2002, 267
46 OLG Nürnberg FamRZ 2001, 49; MüKo-BGB/*v. Sachsen Gessaphe*, § 1618 BGB Rn. 28
47 OLG Brandenburg FamRZ 2002, 1059; BeckOK-BGB/*Pöcker*, § 1618 BGB Rn. 17
48 Vgl. OLG Köln FamRZ 1999, 735, 736; OLG Karlsruhe FamRZ 2000, 1437, 1438
49 BeckOK-BGB/*Pöcker*, § 1618 BGB Rn. 8; Staudinger/*Hilbig-Lugani*, § 1618 BGB Rn. 39
50 BeckOK-BGB/*Pöcker*, § 1618 BGB Rn. 6.1
51 OLG Köln FamRZ 1999, 735, 736
52 BayObLG FamRZ 2000, 252, 253; BeckOK-BGB/*Pöcker*, § 1618 BGB Rn. 7; MüKo-BGB/*v. Sachsen Gessaphe*, § 1618 BGB Rn. 20

Ferner müssen die Erklärungen öffentlich beglaubigt werden, § 1618 Satz 5 BGB. 27

Zuständig für eine Beglaubigung sind: 28

- der Notar (§ 129 BGB) und
- der Standesbeamte (§ 45 Abs. 1 Satz 1 Nr. 6 PStG),
- das Gericht im Falle einer gerichtlich protokollierten Einwilligungserklärung im Rahmen eines Vergleichs in einem Ersetzungsverfahren, § 127a BGB.[53]

Die Einbenennung wird mit Zugang der Erklärungen beim zuständigen Standesamt wirksam, wenn zu diesem Zeitpunkt alle Voraussetzungen für die Einbenennung vorliegen. Die gerichtliche Ersetzungsentscheidung wird bereits mit Bekanntgabe an den einbenennenden Elternteil wirksam (§ 40 Abs. 1 FamFG). Das zuständige Standesamt ist verpflichtet, das Vorliegen der Voraussetzungen zu prüfen – damit auch die Frage, ob eine Zustimmung des anderen Elternteils notwendig ist. Hat das Familiengericht es abgelehnt, eine Zustimmung – mangels Erforderlichkeit – zu ersetzen, ist das Standesamt an diese Rechtsauffassung nicht gebunden, da der gerichtlichen Entscheidung insoweit keine materielle Rechtskraft zukommt.[54] 29

Mit wirksamer Einbenennung erhält das Kind für die Zukunft einen neuen Geburtsnamen; in das Geburtsregister ist eine entsprechende Folgebeurkundung aufzunehmen (§ 27 Abs. 3 Nr. 1 PStG i.V.m. § 1 Abs. 1 Satz 1 PStG). 30

§ 1618a bis § 1625 BGB

Von Abdruck und Kommentierung wird abgesehen.

53 BeckOK-BGB/*Pöcker*, § 1618 BGB Rn. 19; MüKo-BGB/*v. Sachsen Gessaphe*, § 1618 BGB Rn. 14
54 BeckOK-BGB/*Pöcker*, § 1618 BGB Rn. 20

Titel 5
Elterliche Sorge

§ 1626 BGB Elterliche Sorge, Grundsätze

(1) [1]Die Eltern haben die Pflicht und das Recht, für das minderjährige Kind zu sorgen (elterliche Sorge). [2]Die elterliche Sorge umfasst die Sorge für die Person des Kindes (Personensorge) und das Vermögen des Kindes (Vermögenssorge).

(2) [1]Bei der Pflege und Erziehung berücksichtigen die Eltern die wachsende Fähigkeit und das wachsende Bedürfnis des Kindes zu selbständigem verantwortungsbewusstem Handeln. [2]Sie besprechen mit dem Kind, soweit es nach dessen Entwicklungsstand angezeigt ist, Fragen der elterlichen Sorge und streben Einvernehmen an.

(3) [1]Zum Wohl des Kindes gehört in der Regel der Umgang mit beiden Elternteilen. [2]Gleiches gilt für den Umgang mit anderen Personen, zu denen das Kind Bindungen besitzt, wenn ihre Aufrechterhaltung für seine Entwicklung förderlich ist.

Übersicht

Rn.
A. Allgemeines ... 1
B. Inhalt der Norm ... 3
I. Elterliche Sorge (Abs. 1 Satz 1) ... 3
II. Inhalt der elterlichen Sorge (Abs. 1 Satz 2) ... 11
1. Personensorge (Abs. 1 Satz 2 1. Alt.) ... 12
a. Tatsächliche Personensorge ... 14
b. Gesetzliche Vertretung ... 15
2. Vermögenssorge (Abs. 1 Satz 2 2. Alt) ... 17
III. Leitbild (Abs. 2) ... 19
1. Berücksichtigungsgebot (Abs. 2 Satz 1) ... 21
2. Einvernehmensgebot (Abs. 2 Satz 2) ... 25
IV. Grundsatznorm zum Umgang des Kindes (Abs. 3) ... 26

A. Allgemeines

1 Die Vorschrift räumt als eine einfachgesetzliche Ausgestaltung von Art. 6 Abs. 2 Satz 1 GG den Eltern den Vorrang bei der Pflege und Erziehung ihrer Kinder ein. Neben dem Schutz der Eltern vor staatlichen Eingriffen bei der Ausübung ihres Erziehungsrechts besteht zugleich die Pflicht zu dieser Tätigkeit.[1] Anders als in Art. 6 Abs. 2 Satz 1 GG hat der Gesetzgeber die Reihenfolge von „Recht“ und „Pflicht“ vertauscht, da dies der Lebenswirklichkeit entspreche, in der mit der elterlichen Sorge wesentlich mehr Pflichten als Rechte verbunden seien, und einer verbreiteten Tendenz entgegen gewirkt werden solle, den Begriff der „elterlichen Sorge“ auf ein „Sorgerecht“ zu verkürzen.[2] Die Eltern sind innerhalb ihres verfassungsrechtlich geschützten Erziehungsvorrangs frei in der Entscheidung darüber, wie sie ihr Kind pflegen und erziehen und damit ihrer Elternverantwortung nachkommen. Maßstab und Grenze ihrer Freiheit ist das Wohl des Kindes.[3]

2 Da das Kind ein Wesen mit Menschenwürde (Art. 1 Abs. 1 Satz 1 GG) und dem eigenen Recht auf Entfaltung seiner Persönlichkeit (Art. 2 Abs. 1 i.V.m. Art. 1 Abs. 1 GG) ist, sind Befugnisse, die die Menschenwürde und das allgemeine Persönlichkeitsrecht des Kindes gefährden oder vereiteln können, nicht vom Elternrecht erfasst und legitimieren den Staat zum Eingriff nach § 1666 BGB.[4] Sinn und Zweck der verfassungsrechtlichen und einfachgesetzlichen Einräumung eines Elternpflichtenrechts ist es, dem heranwachsenden Gesell-

1 Vgl. BVerfGE 56, 363, 381; 59, 360, 376
2 BT-Drucks. 13/4899, 93
3 Vgl. BVerfGE 56, 363, 381 f.; 72, 155, 172
4 Vgl. BVerfGE 59, 360, 377

schaftsmitglied zu ermöglichen, sich um seiner selbst willen nach dem Menschenbild des Grundgesetzes zu entwickeln, um selbständig von den in der Verfassung eingeräumten Rechten Gebrauch machen zu können.[5] Der Verfassung liegt die Vorstellung vom Menschen als einem geistig-sittlichen Wesen zugrunde, das darauf angelegt ist, in Freiheit sich selbst zu bestimmen und zu entfalten. Das Kind ist faktisch gesehen nicht von Geburt an der selbständige, eigenverantwortliche Mensch. Erst durch Inschutznahme und Hilfe kann sich das Kind zu einer reifen, der Selbstbestimmung fähigen, für sich selbst sorgenden Persönlichkeit und damit zu einem geistig-sittlichen Wesen entwickeln.[6] Das Elternpflichtenrecht ist damit auf das Kind und dessen Wohl ausgerichtet.[7] Das Kindeswohl ist bestimmend und hat den Vorrang vor jeglichen Elterninteressen.[8]

B. Inhalt der Norm

I. Elterliche Sorge (Abs. 1 Satz 1)

Nach der **Legaldefinition** haben die Eltern die Pflicht und das Recht, für ihr minderjähriges Kind zu sorgen. Die elterliche Sorge ist sowohl Schutz wie auch Fürsorge für das Kind.[9] 3

Die **Elternschaft** muss **rechtlich feststehen** – bei der Mutter nach § 1591 BGB, beim Vater nach § 1592 BGB, bei Adoptiveltern nach § 1754 BGB. Pflege- und Stiefeltern können nur einzelne Sorgebefugnisse erlangen (§ 1630 Abs. 3, § 1687b, § 1688 BGB). Gleiches gilt für den eingetragenen Lebenspartner, § 9 LPartG. 4

Die elterliche Sorge ist kein den Eltern gemeinschaftlich zustehendes Recht im Sinne einer Gesamthands- oder Bruchteilsgemeinschaft. Vielmehr begründet sie ein **subjektives Pflichtenrecht** jedes Elternteils gegenüber dem Kind. 5

Die elterliche Sorge ist ein **absolutes Recht** der Eltern i.S.v. § 823 Abs. 1 BGB („sonstiges Recht“). Dieser Charakter spiegelt sich konkret in der Regelung des § 1632 Abs. 1, Abs. 2 BGB wider, die die Rechte der Eltern auf Herausgabe des Kindes und auf Bestimmung seines Umgangs mit Wirkung gegenüber jedermann ausstattet. Eine Haftung der Eltern Dritten gegenüber kommt nach § 832 BGB in Betracht, nicht aber nach § 823 Abs. 2 BGB i.V.m. §§ 1626 ff. BGB, da die elterliche Sorge den Interessen des Kindes, nicht aber Dritter dient.[10] 6

Das Recht der elterlichen Sorge ist wegen seines Pflichtgehalts grundsätzlich **unverzichtbar**[11] und als **höchstpersönliches Recht** nicht vererblich oder übertragbar.[12] Allerdings können die Eltern aufgrund gesetzlicher Vorschriften auf die Innehabung der elterlichen Sorge (teilweise) verzichten (z.B. § 1671 Abs. 1 Nr. 1, Abs. 2 Nr. 1 BGB) bzw. diese (teilweise) übertragen (z.B. § 1630 Abs. 3 BGB). Ebenso können die Eltern die elterliche Sorge durch formlosen Vertrag **der Ausübung nach übertragen** (z.B. bei der Dauer-Pflege oder der Internatserziehung). Derartige Abreden sind jederzeit frei widerruflich. Entgegenstehende Vereinbarungen sind nach § 138 Abs. 1 BGB nichtig. Darüber hinaus können die Eltern auch das **Jugendamt ermächtigen**, an ihrer Stelle für das Kind tätig zu werden (§§ 27 ff. SGB VIII). 7

Der **Zeitraum** der elterlichen Sorge beginnt mit der Vollendung der **Geburt des Kindes** (§ 1 BGB) und endet mit dem 18. Geburtstag des Kindes (§ 2 BGB) oder dessen Tod 8

5 BVerfGE 24, 119, 144; 56, 363, 384
6 BVerfGE 7, 198, 205; 24, 119, 144, 155
7 Vgl. BVerfGE 24, 119, 144; 56, 363, 383
8 Vgl. BVerfGE 37, 217, 252; 56, 363, 383; 68, 176, 188; 72, 155, 172; 79, 203, 210 f.; 99, 145, 156
9 MüKo-BGB/*Huber*, § 1626 BGB Rn. 6
10 BeckOK-BGB/*Veit*, § 1626 BGB Rn. 3; Staudinger/*Peschel-Gutzeit*, § 1626 BGB Rn. 20
11 RGZ 60, 266, 268; Staudinger/*Peschel-Gutzeit*, § 1626 BGB Rn. 25
12 Staudinger/*Peschel-Gutzeit*, § 1626 BGB Rn. 24; BeckOK-BGB/*Veit*, § 1626 BGB Rn. 4

(§ 1698b BGB). Eine **Vorwirkung** der elterlichen Sorge ist in § 1912 Abs. 2 BGB enthalten. Heiratet das minderjährige Kind, tritt eine Beschränkung der Personensorge ein (§ 1633 BGB).

9 Für jeden einzelnen **Elternteil endet** die elterliche Sorge mit:

- einer gerichtlichen Entscheidung nach §§ 1671, 1696 BGB,
- einer Entziehung nach § 1666 BGB,
- der Annahme des Kindes durch einen Dritten (§ 1755 BGB),
- einem dauernden Ruhen der elterlichen Sorge und einer Übertragung auf den Vater (§ 1678 BGB),
- dem Tod (§ 1680 Abs. 1 BGB),
- oder der Todeserklärung (§ 1681 Abs. 1, § 1680 Abs. 1 BGB).

10 Sind die Eltern bei Geburt des Kindes miteinander **verheiratet**, so steht ihnen die **gemeinsame elterliche Sorge** ab Geburt zu. Sind die Eltern bei Geburt des Kindes **nicht miteinander verheiratet**, enthalten die §§ 1626a bis 1626e BGB zusätzliche Voraussetzungen für die gemeinsame elterliche Sorge.

II. Inhalt der elterlichen Sorge (Abs. 1 Satz 2)

11 Die elterliche Sorge wird nach § 1626 Abs. 1 Satz 2 BGB in zwei Bereiche unterteilt: die Personensorge und die Vermögenssorge.

1. Personensorge (Abs. 1 Satz 2 1. Alt.)

12 Personensorge ist die Förderung der Entwicklung des Kindes und die Erziehung zu einer eigenverantwortlichen und gemeinschaftsfähigen Persönlichkeit (§ 1 SGB VIII). Zur Erreichung dessen gewährt die Personensorge den Eltern viele Einzelbefugnisse. Die **Personensorge umfasst** die **tatsächliche Sorge und gesetzliche Vertretung** des Kindes. Eine vollständige Aufzählung scheidet aus, da sich die Anforderungen an die Personensorge wie auch die Form ihrer Erfüllung je nach Alter, Bedürfnis und Entwicklungsstand des Kindes wie auch nach dem Leistungsvermögen der Eltern ständig wandeln.

▶ *Näher zu den Inhalten der Personensorge Fink, §§ 1631, 1632 BGB.*

13 Bedeutung erlangt die Abgrenzung der Inhalte der Personensorge, wenn die gesetzliche Vertretung nach § 1629 Abs. 1 Satz 1 BGB und die tatsächliche Personensorge auseinanderfallen, wie bei einem beschränkt geschäftsfähigen Elternteil (§ 1673 Abs. 2 Satz 2 BGB) oder bei einem verheirateten Minderjährigen (§ 1633 BGB).

a. Tatsächliche Personensorge

14 Zum **Bereich** der tatsächlichen Personensorge gehört neben den in §§ 1631 bis 1632 BGB geregelten Rechten und Pflichten insbesondere:

- die Erteilung des Vornamens (§§ 21 f. PStG) und Bestimmung des Nachnamens (§§ 1617 ff. BGB),[13]
- die Geburtsanzeige (§§ 18 f. PStG),
- die Bestimmung des Umgangs mit den Eltern,[14]
- die Einwilligung in ärztliche Behandlungen für das Kind, soweit dieses nach seiner geistigen und sittlichen Reife die Bedeutung des Eingriffs und seiner Gestattung nicht

---

13 BVerfG FamRZ 2002, 306, 308; FamRZ 2009, 294, 295; BayObLG FamRZ 2004, 1227, 1229
14 BGH ZKJ 2016, 419, 423

zu ermessen vermag;[15] nicht: Einwilligung in Organlebendspende nach dem Transplantationsgesetz (§ 8 Abs. 1 Nr. 1a TPG),

- die Entscheidung über die Beendigung lebenserhaltender Maßnahmen,[16]
- die Beantragung öffentlicher Mittel,[17]
- die Bestimmung über die religiöse Erziehung (§§ 1, 3 RelKErzG),
- der Schutz ungestörter sexueller Entwicklung,[18]
- die Entscheidung über die Veröffentlichung von Fotos des Kindes im Internet,[19]
- die Einwilligung in den Schwangerschaftsabbruch der Tochter, wenn diese die nötige Einsichtsfähigkeit nicht hat, andernfalls ist die Schwangere allein zuständig.[20]

b. Gesetzliche Vertretung

Zu der Vertretung des Kindes in Personensachen gehört **jede Rechtshandlung, die nach außen hin Rechtswirkungen in Bezug auf das Kind erzeugt**, und zwar nicht nur in privatrechtlichen, sondern auch in öffentlich-rechtlichen Rechtsbeziehungen.[21] Hierunter fallen auch Erklärungen und Handlungen, die keine Vertretung des Kindes i.S.d. §§ 164 ff. BGB und damit i.S.d. § 1629 BGB darstellen, weil das Gesetz sie den Eltern als Sorgerechtsinhaber oder einem sonstigen Sorgerechtsinhaber, bisweilen auch ohne diese Rechtsposition, zuweist, aber für und gegen das Kind in seinem persönlichen Bereich Rechtswirkungen entfalten. **15**

Dazu gehören insbesondere: **16**

- die Begründung und Aufgabe eines Wohnsitzes (§ 11 BGB),
- die Mitwirkung bei der Annahme als Kind (§ 1746, § 1750 Abs. 3 BGB) und bei deren Aufhebung (§§ 1762, 1760 BGB),
- die Anerkennung der Vaterschaft (§ 1592, § 1596 Abs. 1 BGB) bzw. Zustimmung zur Vaterschaft (§ 1592, § 1596 Abs. 2 BGB) und die Anfechtung der Vaterschaft (§ 1600a BGB),
- der Erwerb und der Verlust der deutschen Staatsangehörigkeit sowie die Option für diese (§§ 3, 5, 19 StAG),
- die Erfüllung öffentlich-rechtlicher Pflichten gegenüber Meldebehörden, Standesamt und Schule,
- die Anschließung des Kindes an die nachträgliche Namensänderung (§§ 1617b, 1617c BGB) und die Einbenennung (§ 1618 BGB),
- die Einwilligung in die Eheschließung (§ 1303 Abs. 3 BGB),
- die Zustimmungen nach §§ 107 ff. BGB,
- die Stellung eines Strafantrags (§ 77 Abs. 3 StGB),
- die Ausübung eines Zeugnisverweigerungsrechts im Gerichtsverfahren, wenn das Kind hierfür noch nicht die Verstandesreife besitzt (§ 52 Abs. 1 Nr. 3, Abs. 2 StPO;

---

15 BGHZ 29, 33, 36 f.
16 OLG Brandenburg NJW 2000, 2361, 2362; OLG Hamm FamRZ 2007, 2098
17 KG FamRZ 2015, 2046
18 BGH NStZ 1984, 164
19 AG Menden NJW 2010, 1614
20 Staudinger/*Peschel-Gutzeit*, § 1626 BGB Rn. 58
21 MüKo-BGB/*Huber*, § 1626 BGB Rn. 35

§ 383 Abs. 1 Nr. 3 ZPO;[22] § 173 Satz 1 VwGO, § 46 Abs. 2 Satz 1 ArbGG, § 118 Abs. 1 Satz 1 SGG jeweils i.V.m. § 383 Abs. 1 Nr. 3 ZPO; das Gleiche dürfte bei § 84 Abs. 1 FGO i.V.m. § 101 Abs. 1 Satz 1 AO gelten[23]); bei einer Zustimmung begründet dies jedoch keine Aussagepflicht des Kindes.

2. Vermögenssorge (Abs. 1 Satz 2 2. Alt)

17 Die **Vermögenssorge** erfasst alle tatsächlichen und rechtlichen Maßnahmen, die darauf gerichtet sind, das Vermögen des Kindes zu erhalten, zu verwerten und zu vermehren. Die Vermögenssorge umfasst das Recht, die zum Kindesvermögen gehörigen Sachen in Besitz zu nehmen. Die Eltern sind unmittelbare Besitzer und mitteln dem Kind kraft Vermögenssorge den Besitz. Für persönliche Sachen des Kindes gilt dies nicht, wenn bereits die Selbstbestimmung des Kindes kraft wachsender Selbstbestimmungsfähigkeit reicht. Auch die Vermögenssorge umfasst die tatsächliche Sorge und gesetzliche Vertretung des Kindes. Die Unterscheidung ist jedoch von geringer Bedeutung, da aufgrund des rechtsgeschäftlichen Zusammenhangs der meisten Vermögenssorgemaßnahmen grundsätzlich von einer gesetzlichen Vertretungshandlung auszugehen ist.[24]

18 Das der elterlichen Sorge unterliegende **Vermögen umfasst** das gesamte Vermögen des Kindes, wie Anlagewerte (Grundbesitz, Wertpapiere, Kontoguthaben) und die daraus gezogenen Einkünfte, Renten sowie Einnahmen, die das Kind durch seine Arbeit erwirbt, sei es aus abhängiger Tätigkeit oder Ausbildung oder einem dem Kind nach § 112 BGB gestatteten selbständigen Betrieb eines Erwerbsgeschäfts.[25]

III. Leitbild (Abs. 2)

19 Das in § 1626 Abs. 2 BGB enthaltene Leitbild für die Eltern dient dazu, das Kind schrittweise auf die Selbständigkeit und das Verantwortungsbewusstsein vorzubereiten, die es bei Volljährigkeitseintritt erreicht haben soll. § 1626 Abs. 2 Satz 1 BGB konkretisiert die Pflicht zu Beistand und Rücksicht aus § 1618a BGB für das Verhalten der Eltern im Bereich der Personensorge und stellt systematisch eine Ausfüllung der in § 1631 Abs. 1 BGB geregelten Rechte und Pflichten dar. § 1626 Abs. 2 Satz 2 BGB gilt für den gesamten Bereich der elterlichen Sorge, also auch für die Vermögenssorge.

20 Die Vorschrift enthält **keine Rechtsfolgen** und keine Sanktionen. Sie ist aber immer dann zu berücksichtigen, wenn aufgrund anderer Vorschriften Entscheidungen unter Berücksichtigung des Kindeswohls getroffen werden müssen (z.B. nach §§ 1666, 1671, 1684 BGB).[26]

1. Berücksichtigungsgebot (Abs. 2 Satz 1)

21 Die Eltern sollen die Fähigkeit und das Bedürfnis des Kindes zu selbständigem verantwortungsbewusstem Handeln erkennen und dem bei der Pflege und Erziehung durch ein aktiv-förderndes Verhalten Rechnung tragen. Nur mit entsprechender Erziehung zur Eigenverantwortung kann das Kind die ihm durch das Gesetz mit fortschreitendem Alter gewährten Zuständigkeiten tatsächlich wahrnehmen bzw. berücksichtigen (z.B. Umgang mit Geld ab 7 Jahren (§§ 106, 107 BGB), Deliktsfähigkeit ab 7 Jahren (§ 828 BGB), Strafrechtsmündigkeit mit 14 Jahren (§ 1 Abs. 2, § 3 JGG)). Die Eltern sollen das Kind – je nach dessen Urteils- und Einsichtsfähigkeit – bei der Suche nach geeigneten Pflege- und Erziehungsmaßnahmen einbeziehen und den Kindeswillen berücksichtigen. **Letztverantwortlich**

---

22 Vgl. OLG Frankfurt am Main MDR 1987, 151, 152
23 Vgl. dazu implizit BFH, Beschl. v. 12.11.2012 – III B 186/11, Rn. 13 (juris)
24 MüKo-BGB/*Huber*, § 1626 BGB Rn. 56, 59
25 MüKo-BGB/*Huber*, § 1626 BGB Rn. 57
26 MüKo-BGB/*Huber*, § 1626 BGB Rn. 63

bleibt die Entscheidung jedoch bei den **Eltern**, die der Meinung des Kindes nicht folgen müssen. Die Eltern haben jedoch bei ihrer Entscheidung immer die Menschenwürde des Kindes (Art. 1 Abs. 1 Satz 1 GG) und das – nicht schrankenlos geltende – eigene Recht des Kindes auf Entfaltung seiner Persönlichkeit (Art. 2 Abs. 1 i.V.m. Art. 1 Abs. 1 GG)[27] zu beachten. Dabei ist zu berücksichtigen, dass vom Persönlichkeitsschutz auch das Recht des Kindes auf Privatsphäre[28] und auf informationelle Selbstbestimmung erfasst ist, dem zufolge die Befugnis des Einzelnen geschützt ist, grundsätzlich selbst über die Preisgabe und Verwendung seiner persönlichen Daten zu bestimmen.[29]

Bei der Frage des **Ob und** des **Wie der Nutzung des Internets** einschließlich des **Austausches über soziale Netzwerke** durch das Kind sind daher Entscheidungen der Eltern, die das allgemeine Persönlichkeitsrecht und damit auch das Recht des Kindes auf Privatsphäre und informationelle Selbstbestimmung i.S.d. § 1666 BGB gefährden oder vereiteln können, nicht vom Elternrecht erfasst. Je nach Alter, Bedürfnis und Entwicklungsstand des Kindes können daher beispielsweise Dauerüberwachungs-Apps betreffend das Nutzungsverhalten des Kindes und seiner Kommunikation sowie Ortungs-Apps die Grenze des § 1666 BGB übersteigen, insbesondere wenn dem Kind die Verwendung solcher Apps nicht offengelegt wird.[30] **22**

Im Hinblick auf die mit der Nutzung von internetfähigen Endgeräten potenziell verbundenen erheblichen Gefahren wie Cybermobbing (Bloßstellungen und Beleidigungen mittels digitaler Kommunikationsmittel), Cyberstalking (fortwährende Belästigungen), Sexting[31] (sexualisierte Kommunikationen, vorwiegend durch Versenden von erotischem Bild- und Filmmaterial), gefährdender unkontrollierter Kontakt mit Dritten (beispielsweise die Anbahnung einer intimen Beziehung mit einem fremden Erwachsenen), der Zugriff auf jugendgefährdende Inhalte (beispielsweise Terrorpropaganda, Pornografie, Darstellung von Tötungen oder Körperverletzungen)[32] und dem Wissen, dass sich einmal im Internet verbreitete Inhalte, Lichtbildaufnahmen und Filme nicht mehr vollständig beseitigen lassen, ist neben der Aufklärung des Kindes eine **Kontrolle des Nutzungsverhaltens** des Kindes – auch ohne einen Verdacht auf Straftaten oder schwerwiegende Kindeswohlgefährdungen[33] – seitens der Eltern unumgänglich.[34] Innerhalb der Grenzen des Art. 6 Abs. 2 Satz 1 GG können die Eltern letztverantwortlich über die **Veröffentlichung und Löschung** von Wort- und Textbeiträgen sowie von Lichtbildaufnahmen und Filmen des Kindes im Internet,[35] die zeitliche Begrenzung des Medienkonsums[36] und ein **Mediennutzungsverbot** entscheiden.[37] **23**

Ebenso haben Eltern das Recht und die Pflicht, dafür Sorge zu tragen, dass ihr Kind nicht selbst nicht altersentsprechendes, unsoziales oder rechtswidriges, deliktisches Verhalten begeht, wie Cybermobbing, Cyberstalking, Teilnahme an nicht altersgerechten Computerspielen, unerlaubtes Herunterladen und/oder die Weiterverbreitung urheberrechtlich geschützter Daten[38] oder gar illegaler Inhalte, Internetgeschäfte, die Verletzung des Rechts **24**

27 BVerfGE 24, 119, 144; 39, 1, 41; 72, 155, 172; BVerfG ZKJ 2017, 225, 227 f.
28 BVerfGE 120, 274, 339
29 BVerfG NJW 2017, 466; vgl. BVerfGE 65, 1, 43; 78, 77, 84; 84, 192, 194 f.; 96, 171, 181; 117, 202, 228
30 Vgl. *Götz*, FamRZ 2017, 1725, 1726
31 Dazu AG Bad Hersfeld FamRZ 2016, 564
32 *Rake*, FamRZ 2017, 1733
33 AG Bad Hersfeld FamRZ 2016, 564; so wohl auch *Döll*, FamRZ 2017, 1728, 1729 m.w.N.
34 AG Bad Hersfeld NJW-Spezial 2017, 710; vgl. *Götz*, FamRZ 2017, 1725, 1726
35 Vgl. OLG Oldenburg FamRZ 2018, 1517; AG Menden NJW 2010, 1614; AG Stolzenau FamRZ 2018, 35; a.A. *Lack*, FamRZ 2017, 1730, 1731
36 OLG Frankfurt ZKJ 2018, 432
37 Vgl. AG Bad Hersfeld FamRZ 2016, 564; *Rake*, FamRZ 2017, 1733, 1734
38 Vgl. AG Bad Hersfeld NJW-Spezial 2017, 710

am eigenen Bild anderer Personen durch ungefragt und daher unerlaubt gefertigter Aufnahmen und die anschließende Verbreitung der Aufnahmen durch Messenger-Apps oder Veröffentlichung des Lichtbildmaterials auf Plattformen wie Facebook, YouTube, Instagram.[39]

2. Einvernehmensgebot (Abs. 2 Satz 2)

25 Die Vorschrift gebietet den Eltern Gesprächsbereitschaft und das Bemühen um **Einvernehmen mit dem Kind**. Ziel des Gesprächs ist es, Verständnis und Einsicht des Kindes zu wecken. Dem Kind soll verdeutlicht werden, warum die Eltern welche Entscheidung anstreben. Nach Möglichkeit soll das Einvernehmen zum bewussten und gewollten Mitwirken gewonnen werden. Einvernehmen bedeutet dabei die tatsächliche Übereinstimmung oder die Zurückstellung der eigenen Meinung und das Nachgeben gegenüber der anderen. Das Einvernehmen bildet keinen Vertrag und erzeugt auch auf andere Weise keine rechtliche Bindung. Es können allein faktische Vertrauenstatbestände entstehen. Die Vorschrift entbindet die Eltern nicht von ihrer Elternverantwortung. Kommt kein Einvernehmen zustande, haben sie zu entscheiden. Auch eine einvernehmlich gefundene Lösung ist von den Eltern zu ändern, wenn dies das Kindeswohl gebietet.[40]

IV. Grundsatznorm zum Umgang des Kindes (Abs. 3)

26 Die Vorschrift enthält einen allgemeinen Grundsatz dahingehend, dass der Umgang mit den Eltern und anderen wichtigen Bezugspersonen in der Regel dem Kindeswohl dient.[41] Es soll klargestellt werden, dass der Umgang nicht lediglich eine Befriedigung von Elterninteressen ist, sondern insbesondere ein Interesse des Kindes.[42] Im Gegensatz zu § 1685 Abs. 2 BGB wird der Umgang mit anderen Personen **nicht** auf **„enge" Bezugspersonen** begrenzt.

27 Die Regelung ordnet zwar selbst **keine** konkrete **Rechtsfolge** an. Weder ergibt sich aus der Vorschrift ein Recht des Kindes auf Umgang, noch begründet die Vorschrift ein solches Recht für die Eltern bzw. andere wichtige Bezugspersonen. Konkrete Umgangsrechte und -pflichten ergeben sich allein aus den §§ 1684 ff. BGB.

§ 1626a BGB Elterliche Sorge nicht miteinander verheirateter Eltern; Sorgeerklärungen

(1) Sind die Eltern bei der Geburt des Kindes nicht miteinander verheiratet, so steht ihnen die elterliche Sorge gemeinsam zu,

1. **wenn sie erklären, dass sie die Sorge gemeinsam übernehmen wollen (Sorgeerklärungen),**
2. **wenn sie einander heiraten oder**
3. **soweit ihnen das Familiengericht die elterliche Sorge gemeinsam überträgt.**

---

39 AG Bad Hersfeld FamRZ 2016, 564
40 MüKo-BGB/*Huber*, § 1626 BGB Rn. 67
41 BT-Drucks. 13/4899, 93
42 MüKo-BGB/*Huber*, § 1626 BGB Rn. 70

(2) [1]Das Familiengericht überträgt gemäß Absatz 1 Nummer 3 auf Antrag eines Elternteils die elterliche Sorge oder einen Teil der elterlichen Sorge beiden Eltern gemeinsam, wenn die Übertragung dem Kindeswohl nicht widerspricht. [2]Trägt der andere Elternteil keine Gründe vor, die der Übertragung der gemeinsamen elterlichen Sorge entgegenstehen können, und sind solche Gründe auch sonst nicht ersichtlich, wird vermutet, dass die gemeinsame elterliche Sorge dem Kindeswohl nicht widerspricht.

(3) Im Übrigen hat die Mutter die elterliche Sorge.

Übersicht

Rn.
A. Allgemeines ... 1
B. Inhalt der Norm ... 2
I. Voraussetzungen (Abs. 1 und 2) ... 3
1. Sorgeerklärungen (Abs. 1 Nr. 1) ... 6
2. Heirat (Abs. 1 Nr. 2) ... 11
3. Familiengericht (Abs. 1 Nr. 3, Abs. 2) ... 19
a) Antragsverfahren ... 21
b) Kein Widerspruch zum Kindeswohl ... 26
aa) Negative Kindeswohlprüfung ... 27
bb) Gesetzliche Vermutung ... 32
II. Alleinsorge der Mutter (Abs. 3) ... 34

A. Allgemeines

Die Vorschrift ist 2013 zur Neuregelung des Sorgerechts nicht miteinander verheirateter Eltern geschaffen worden, nachdem das BVerfG die alte Regelung wegen Verstoßes gegen Art. 6 Abs. 2 GG für verfassungswidrig erklärt hatte.[1] Die ehemaligen Regelungen in § 1626a Abs. 1 Nr. 1, § 1672 Abs. 1 BGB a.F. verstießen gegen das Grundgesetz, da sie den Vater generell von der Sorgetragung für sein Kind ausschlossen, wenn die Mutter des Kindes ihre Zustimmung zur gemeinsamen Sorge mit dem Vater oder zu dessen Alleinsorge für das Kind verweigerte, ohne dass ihm die Möglichkeit eingeräumt war, gerichtlich überprüfen zu lassen, ob er aus Gründen des Kindeswohls an der elterlichen Sorge zu beteiligen oder ihm, auch in Abwägung seines Elternrechts mit dem der Mutter, die alleinige Sorge für das Kind zu übertragen war.[2] Der tragende Gesichtspunkt für diese Entscheidung war der Art. 6 Abs. 2 GG zugrunde liegende Schutz des Kindeswohls, an dem allein die Familiengerichte ihre Entscheidung ausrichten dürfen. Soweit elterliche Interessen in die Entscheidung einbezogen werden, darf das nur mit Blick auf ihre Wirkung für das Kindeswohl geschehen.[3] **1**

B. Inhalt der Norm

§ 1626a BGB regelt, wem die elterliche Sorge zusteht, wenn die Eltern bei der Geburt des Kindes nicht miteinander verheiratet sind. § 1626a Abs. 1 BGB nennt drei Fälle, in denen die elterliche Sorge beiden Eltern gemeinsam zusteht. Liegt keiner dieser Fälle vor, so weist § 1626a Abs. 3 BGB die elterliche Sorge der Mutter zu. **2**

1 BVerfG FamRZ 2010, 1403 = ZKJ 2010, 371
2 BVerfG FamRZ 2010, 1403, 1404 f.
3 Dazu *Fink*, ZKJ 2011, 154, 157 f.

I. Voraussetzungen (Abs. 1 und 2)

3 Übersicht: Voraussetzungen des § 1626a Abs. 1 BGB

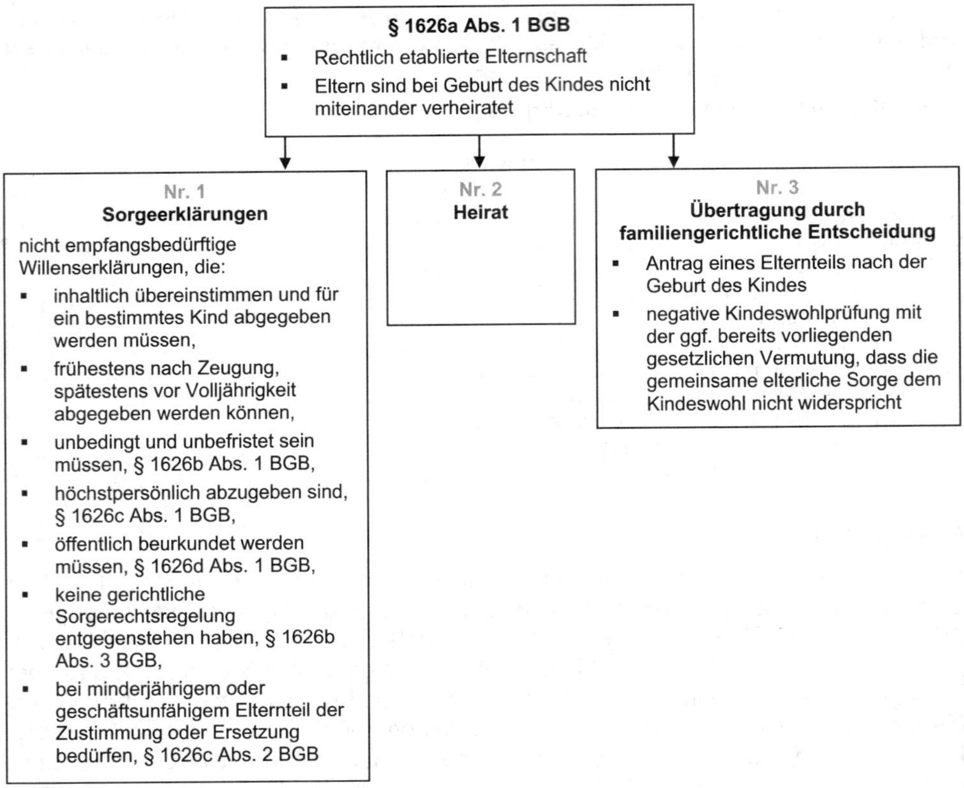

4 Die **Elternschaft** beider Teile muss rechtlich feststehen – bei der Mutter nach § 1591 BGB, beim Vater nach § 1592 Nr. 2 oder Nr. 3 BGB. Eine nachgewiesene biologische Vaterschaft allein reicht nicht aus.[4] Jedoch kommt es für die Begründung der gemeinsamen elterlichen Sorge durch Sorgeerklärungen oder Heirat nicht auf die Reihenfolge von Vaterschaftsanerkennung bzw. -feststellung und Sorgeerklärungen oder Heirat der Eltern an. Eine zuvor abgegebene Sorgeerklärung steht unter der Rechtsbedingung der Vaterschaftsanerkennung bzw. -feststellung; sie ist schwebend unwirksam.[5]

5 Eine zum Zeitpunkt der Geburt des Kindes **fehlende eheliche Bindung** der Eltern liegt vor, wenn beide Elternteile nicht miteinander verheiratet sind, eine Eheschließung nicht wirksam ist oder eine Ehe mit Rechtskraft eines Beschlusses aufgelöst ist (§ 1313 Satz 2 i.V.m. § 1564 Satz 2 BGB). Eine eheliche Bindung mit einer dritten Person ist irrelevant.[6]

1. Sorgeerklärungen (Abs. 1 Nr. 1)

6 Mit der Abgabe der Sorgeerklärungen äußern die Eltern ihren Willen, die elterliche Sorge über ein Kind gemeinsam auszuüben. Die Erklärungen können **nur** die **gesamte elterliche Sorge** umfassen, wenn die Mutter im Zeitpunkt beider Sorgeerklärungen die gesamte elterliche Sorge innehat. Eine nur auf Teilbereiche der elterlichen Sorge beschränkte Ab-

4 BT-Drucks. 17/11048, 16 f.; BGH FamRZ 2004, 802, 803; OLG Frankfurt, FamRZ 2012, 1735
5 BGH FamRZ 2004, 802, 803; Staudinger/*Coester*, § 1626a BGB Rn. 16, 40
6 BT-Drucks. 13/4899, 59

gabe ist nicht möglich.[7] Eine auf gemeinsame Teilsorge gerichtete Sorgeerklärung ist nach § 1626e BGB unwirksam.[8] Hat die Mutter jedoch aufgrund einer gerichtlichen Entscheidung nach § 1626a Nr. 3 BGB, § 1671 Abs. 2 BGB oder nach § 1666 BGB nur noch einen Teilbereich der elterlichen Sorge inne, können für den verbleibenden Teil Sorgeerklärungen abgegeben werden.[9]

Sorgeerklärungen sind **einseitige, nicht empfangsbedürftige** rechtsgeschäftsähnliche **Willenserklärungen**. Sie können von den Eltern zu verschiedenen Zeitpunkten, an verschiedenen Orten und vor verschiedenen Urkundsstellen abgegeben werden.[10] Die Mutter und der Vater müssen jeweils eine eigene Erklärung **höchstpersönlich** abgeben. Die Erklärungen müssen **inhaltlich übereinstimmen**, ohne dass es auf eine wörtliche Identität ankommt. Sie müssen sich auf ein bestimmtes Kind beziehen, eine pauschale Bezeichnung („alle unsere gemeinsamen Kinder") genügt nicht (anders bei vorgeburtlichen Sorgeerklärungen, siehe § 1626b BGB Rn. 7). Ausreichend ist aber, wenn in der Sorgeerklärung die Kinder namentlich einzeln benannt werden. Ein Zwang zur einheitlichen Entscheidung für alle gemeinsamen Kinder besteht nicht.[11] 7

Die Rechtsfolge des gemeinsamen Sorgerechts wird ausgelöst, wenn die zweite Sorgeerklärung wirksam abgegeben wurde. Bis zum Wirksamwerden der zweiten Sorgeerklärung kann die bereits abgegebene Erklärung widerrufen werden. Eine Zustimmung des Kindes ist gesetzlich nicht vorgesehen. Ebenso wenig eine Kindeswohlprüfung.[12] Eine Kindeswohlprüfung findet aber dann statt, wenn die Sorgeerklärungen im Erörterungstermin zur Niederschrift des Gerichts nach § 155a Abs. 1 FamFG abgegeben werden.[13] 8

Der **Zeitraum**, innerhalb dessen die Eltern Sorgeerklärungen abgeben können, beginnt mit der **Zeugung des Kindes** und endet mit dem 18. Geburtstag des Kindes (§ 2, § 1626 Abs. 1 Satz 1 BGB) oder dessen Tod (§ 1698b BGB). 9

Zu berücksichtigen sind zur Zeit der Sorgeerklärungen bestehende **sorgerechtliche Disqualifikationen** auf Seiten eines bzw. beider Elternteile. Ist die Mutter minderjährig, übt sie gemeinsam mit dem Vater (statt neben dem Vormund) die Personensorge aus (§ 1673 Abs. 2 BGB). Ist der Vater minderjährig, erwirbt er die in § 1673 Abs. 2 BGB umschriebene Sorgerechtsstellung. Sind beide Elternteile minderjährig, erwerben beide die Sorgerechtsstellung nach § 1673 Abs. 2 BGB. Liegt ein gerichtlicher Sorgerechtseingriff bei der Mutter nach § 1666 BGB vor, kann der noch bei der Mutter verbliebene Sorgerechtsteil zur gemeinsamen Sorge werden.[14] 10

2. Heirat (Abs. 1 Nr. 2)

Die Eltern erlangen durch die Entstehung des rechtlichen Ehebandes (§§ 1310, 1311 BGB) nach der Geburt des Kindes grundsätzlich die gemeinsame elterliche Sorge. Bei einer Heirat im Ausland entscheidet das nach Art. 11, 13 EGBGB maßgebliche Recht über den Ehebeginn – auf eine Anerkennung der Eheschließung in Deutschland kommt es nicht an. 11

Bestand vor der Heirat eine gemeinsame elterliche Sorge durch die Abgabe von Sorgeerklärungen nach § 1626a Abs. 1 Nr. 1 BGB, werden die Sorgeerklärungen nicht hinfällig, sondern nur als Grundlage des gemeinsamen Sorgerechts von der Ehe als vorrangigem Er- 12

7 BT-Drucks. 17/11048, 30; BGH FamRZ 2008, 251, 255; OLG Nürnberg ZKJ 2014, 201, 204; kritisch dazu Staudinger/*Coester*, § 1626a BGB Rn. 60 m.w.N.
8 Vgl. BT-Drucks. 17/11048, 27, 30
9 Staudinger/*Coester*, § 1626a BGB Rn. 46
10 BT-Drucks. 13/4899, 93
11 Staudinger/*Coester*, § 1626a BGB Rn. 57 f.
12 BT-Drucks. 13/4899, 59
13 Vgl. BeckOK-BGB/*Veit*, § 1626a BGB Rn. 15.2
14 Staudinger/*Coester*, § 1626a BGB Rn. 46, 70 ff.

werbsgrund überlagert. Grundlage des gemeinsamen Sorgerechts ist fortan § 1626a Abs. 1 Nr. 2 BGB, so dass für spätere Änderungen § 1671 BGB und nicht § 1696 Abs. 1 BGB einschlägig ist.

13 Wurde vor der Heirat die elterliche Sorge oder ein Teil der elterlichen Sorge nach § 1671 Abs. 2 BGB auf den Kindesvater übertragen, tritt durch die Heirat das gemeinsame Sorgerecht an die Stelle der bisherigen Alleinsorge. Eine Änderungsentscheidung nach § 1696 Abs. 1 BGB ist nicht erforderlich.

14 Anders verhält es sich bei sogenannten **kinderschutzrechtlichen Disqualifikationen** auf Seiten eines bzw. beider Elternteile:

15 Liegt in der Person des **bisher nichtsorgeberechtigten Elternteils** ein gesetzlicher Disqualifikationsgrund (Geschäftsunfähigkeit, § 1673 Abs. 1 BGB, oder tatsächliche Verhinderung, § 1674 Abs. 1 BGB) vor, erwirbt er durch die Eheschließung mit dem anderen Elternteil die elterliche Sorge nur insoweit, wie es das Gesetz bei derartigen Defiziten allgemein gestattet.[15]

16 Liegt in der Person des **bisher alleinsorgeberechtigten Elternteils** ein gesetzlicher Disqualifikationsgrund (Geschäftsunfähigkeit, § 1673 Abs. 1 BGB, oder tatsächliche Verhinderung, § 1674 Abs. 1 BGB) oder ein gerichtlicher Sorgerechtseingriff (§ 1666 BGB) vor, werden diese durch die Heirat nicht berührt bzw. nicht automatisch gegenstandslos. Sie bestehen grundsätzlich bis zum Wegfall nach den allgemeinen Regeln fort bzw. bedürfen einer gerichtlichen Aufhebung nach § 1696 Abs. 2 BGB.[16]

17 Anders verhält es sich nur beim minderjährigen Elternteil: Musste dieser vor der Heirat die elterliche Sorge mit einem Vormund teilen (mit Entscheidungsvorrang in Personensorgefragen, § 1673 Abs. 2 Satz 3, 1. HS BGB), teilt er sich diese nach der Heirat mit dem anderen Elternteil (unter Wegfall des Entscheidungsvorrangs, § 1673 Abs. 2 Satz 3, 2. HS BGB).[17]

18 Heiraten die Eltern erst nach eingetretener Disqualifikation des bisher alleinsorgeberechtigten Elternteils, erlangt der hinzutretende Elternteil nicht originär das volle elterliche Sorgerecht, sondern nur den Teil des Sorgerechts, der dem bisher alleinsorgeberechtigten Elternteil nicht entzogen ist.[18]

3. Familiengericht (Abs. 1 Nr. 3, Abs. 2)

19 Eine Übertragung der **gemeinsamen elterlichen Sorge oder von Teilen davon** durch das Familiengericht erfolgt unter den materiell-rechtlichen Voraussetzungen des § 1626a Abs. 2 BGB. Das Verfahren dazu ist in § 155a FamFG geregelt (hierzu *Fink*, § 155a FamFG).

20 **Voraussetzungen** für die gerichtliche Übertragung der gemeinsamen elterlichen Sorge oder von Teilen davon sind:

- der Antrag eines Elternteils nach der Geburt des Kindes,
- die negative Kindeswohlprüfung mit der ggf. bereits vorliegenden gesetzlichen Vermutung, dass die gemeinsame elterliche Sorge dem Kindeswohl nicht widerspricht.

---

15 Staudinger/*Coester*, § 1626a BGB Rn. 21
16 Staudinger/*Coester*, § 1626a BGB Rn. 25
17 Staudinger/*Coester*, § 1626a BGB Rn. 25
18 Staudinger/*Coester*, § 1626a BGB Rn. 26

a) Antragsverfahren

Das Verfahren zur Übertragung der gemeinsamen elterlichen Sorge oder von Teilen davon ist als **Antragsverfahren** ausgestaltet und erfolgt nur auf Antrag der Mutter oder des (rechtlichen) Vaters. 21

Der **Zeitraum**, innerhalb dessen die Eltern den Antrag stellen können, beginnt **nach der Geburt** des Kindes und endet mit dem 18. Geburtstag des Kindes (§ 2, § 1626 Abs. 1 Satz 1 BGB) oder dessen Tod (§ 1698b BGB). 22

Der Antrag muss auf **Übertragung der elterlichen Sorge oder von Teilen** davon gerichtet sein und das **Geburtsdatum und** den **Geburtsort** des Kindes enthalten (§ 155a Abs. 1 Satz 2 FamFG). Die Angabe des Geburtsdatums ermöglicht dem Gericht, die Frist zur Stellungnahme festzulegen, die für die Mutter frühestens sechs Wochen nach der Geburt des Kindes endet (§ 155a Abs. 2 Satz 2 FamFG). Der Antrag bedarf **keiner Begründung**.[19] 23

▶ *Näher zum Antrag und zur Stellungnahmefrist Fink, § 155a FamFG.*

Es ist auch **nicht erforderlich**, dass der antragstellende Elternteil zuvor eine **Sorgeerklärung** abgegeben[20] oder von dem **Beratungsangebot** des Jugendamts nach § 18 Abs. 2 SGB VIII Gebrauch gemacht hat.[21] 24

Ist der antragstellende Elternteil bedürftig, kann er um Bewilligung von **Verfahrenskostenhilfe** nachsuchen, wenn die beabsichtigte Rechtsverfolgung nicht mutwillig ist (§ 76 Abs. 1 FamFG i.V.m. § 114 ZPO). Die Frage der Erfolgsaussicht ist – mangels Begründungs- und vorheriger Beratungspflicht – großzügig zu behandeln. Ob die Beiordnung eines Rechtsanwalts wegen der Schwierigkeit der Sach- und Rechtslage erforderlich erscheint (§ 78 Abs. 2 FamFG), hängt vom Einzelfall ab.[22] 25

b) Kein Widerspruch zum Kindeswohl

Das Familiengericht überträgt den Eltern die elterliche Sorge oder Teile davon gemeinsam, wenn dies dem **Kindeswohl nicht widerspricht**. Damit wird keine positive Feststellung verlangt, sondern es genügt eine negative Kindeswohlprüfung. Der anzuwendende Prüfungsmaßstab ist, entgegen der Auffassung des BGH,[23] im Gegensatz zu § 1671 Abs. 2 Nr. 2 BGB ein geringerer. Dies ergibt sich aus der Entscheidung des BVerfG aus dem Jahre 2010,[24] die zur Neuregelung des Sorgerechts nicht miteinander verheirateter Eltern führte. Das BVerfG nahm dort bis zum Inkrafttreten einer gesetzlichen Neuregelung eine ausdrückliche Differenzierung zwischen dem Prüfungsmaßstab der Übertragung einer gemeinsamen elterlichen Sorge nach § 1626a BGB a.F. („dem Kindeswohl entspricht") und der Übertragung der Alleinsorge auf den Kindesvater nach § 1672 BGB a.F. („dem Kindeswohl am besten entspricht") vor. Die gemeinsame elterliche Sorge ist daher unter erleichterten Bedingungen einzuräumen. Die Prüfung wird ggf. entbehrlich, wenn die gesetzliche Vermutung greift, dass die gemeinsame elterliche Sorge dem Kindeswohl nicht widerspricht. Das soll dann der Fall sein, wenn keine Gründe gegen die gemeinsame Sorge vorgetragen werden und auch sonst nicht ersichtlich sind. 26

---

19 BeckOK-BGB/*Veit*, § 1626a BGB Rn. 19
20 BT-Drucks. 17/11048, 16; *Heilmann*, NJW 2013, 1473, 1475
21 BeckOK-BGB/*Veit*, § 1626a BGB Rn. 23 m.w.N.
22 *Heilmann*, NJW 2012, 887, 890 m.w.N.
23 BGH ZKJ 2016, 414, 414 f.
24 BVerfGE 127, 132 ff.

aa) Negative Kindeswohlprüfung

27 Mit der negativen Kindeswohlprüfung soll nach dem Regierungsentwurf zur Sorgerechtsreform 2012 ein „neues Leitbild" begründet werden, dem zufolge die gemeinsame elterliche Sorge grundsätzlich den Bedürfnissen des Kindes nach Beziehungen zu beiden Elternteilen entspricht und beide Elternteile gleichermaßen bereit sind, für das Kind Verantwortung zu tragen. Es entspricht danach dem Kindeswohl, wenn das Kind in dem Bewusstsein lebt, dass beide Eltern für das Kind Verantwortung tragen, und wenn es seine Eltern in wichtigen Entscheidungen für sein Leben als gleichberechtigt erlebt. Andererseits bedarf es für eine gemeinsame Sorgetragung einer Kooperationswilligkeit und Kooperationsfähigkeit der Eltern.[25]

28 **Gründe**, die der Übertragung der gemeinsamen elterlichen Sorge entgegenstehen können, müssen **kindeswohlgetragen** sein.[26] Rein paarbezogene Gründe genügen nicht, soweit sie sich nicht auf das Kindeswohl auswirken. Denn beide Elternteile sind aufgerufen zu lernen, ihre persönlichen Konflikte, die auf der Paarebene zwischen ihnen bestehen mögen, beiseite zu lassen und um des Kindeswohls willen sachlich und, soweit das Kind betroffen ist, konstruktiv miteinander umzugehen. Sie sind gehalten, sich um des Kindes willen, notfalls unter Inanspruchnahme fachkundiger Hilfe von außen, um eine angemessene Kommunikation zu bemühen.[27]

29 **Kindeswohlgetragene Gründe** können sein:

- eine fehlende tragfähige soziale Beziehung zwischen den Eltern,[28]
- ein fehlendes Mindestmaß an Übereinstimmung zwischen den Eltern,[29]
- ein fehlendes Mindestmaß an Kooperationsbereitschaft und -fähigkeit,[30]
- eine schwerwiegende und nachhaltige Kommunikationsstörung, die eine gemeinsame Entscheidungsfindung unmöglich macht und das Kind erheblich belastet,[31]
- mangelnde Erziehungseignung eines Elternteils,[32]
- solche, die nach § 1666 BGB zum Entzug der elterlichen Sorge führen würden, wie Gewalt zwischen den Eltern, Missbrauch des Kindes, schwere Sucht- oder psychische Erkrankungen,[33]
- der Kindeswille.[34]

---

25 BT-Drucks. 17/11048, 12, 17, unter Bezugnahme auf BVerfGE 107, 150, 155; darauf Bezug nehmend BGH ZKJ 2016, 414, 414 f.
26 BT-Drucks. 17/11048, 18
27 BT-Drucks. 17/11048, 17
28 BGH ZKJ 2016, 414, 415; KG FamRZ 2013, 1409, 1410; OLG Frankfurt ZKJ 2014, 123, 124; OLG Schleswig ZKJ 2014, 390, 392
29 OLG Frankfurt ZKJ 2014, 123, 124; OLG Schleswig ZKJ 2014, 390, 392; OLG Koblenz FamRZ 2014, 1855, 1856
30 BT-Drucks. 17/11048, 17; KG FamRZ 2014, 1375, 1376; OLG Koblenz FamRZ 2014, 1855; OLG Hamm ZKJ 2016, 367, 368; OLG Koblenz FuR 2018, 95
31 BT-Drucks. 17/11048, 17; OLG Hamm, Beschl. v. 24.05.2016 – II-3 UF 139/15 (juris); OLG Brandenburg NJW-RR 2017, 131
32 KG ZKJ 2010, 222, 224
33 BeckOK-BGB/*Veit*, § 1626a BGB Rn. 35
34 OLG Hamm FamRZ 2012, 560, 561; OLG Saarbrücken FamRZ 2016, 1858; a.A. KG FamRZ 2014, 1375, 1376

Nicht ausreichend sind allein: 30

- die ablehnende Haltung eines Elternteils,[35]
- der pauschale Vortrag der Mutter, sie könne nicht mit dem Vater sprechen, und sie beide hätten völlig unterschiedliche Wertvorstellungen,[36]
- abstrakt und allgemein gehaltene Befindlichkeiten der Mutter, wie diejenige, sie wolle lieber auch in Zukunft allein entscheiden,[37]
- der Vortrag eines Elternteils, es bestehe keine Notwendigkeit für eine gemeinsame Sorgetragung, weil der andere Elternteil bereits mit Vollmachten ausgestattet sei und in naher Zukunft keine wichtigen Entscheidungen anstünden,[38]
- bestehende Kommunikationsschwierigkeiten zwischen den Eltern, auch wenn sie bereits manifest geworden sind,[39]
- ein fehlendes Zusammenleben der Eltern,[40]
- eine bloße Äußerung eines Verdachts der Mutter auf sexuellen Missbrauch des Kindes durch den Vater.[41]

Indizien für eine gelingende **gemeinsame elterliche Sorgetragung** sind: 31

- längeres Zusammenleben der Eltern,[42]
- Verständigung der Eltern über wesentliche Angelegenheiten, die das Kind betreffen, wie Umgang oder Unterhalt,[43]
- ausschließlicher Streit der Eltern über den Umgang und das Aufenthaltsbestimmungsrecht, im Übrigen bestehende Kommunikationsbereitschaft und -fähigkeit über die wesentlichen Angelegenheiten der Kinderbetreuung und -erziehung.[44]

bb) Gesetzliche Vermutung

Werden keine Gründe gegen die gemeinsame Sorge vorgetragen und sind solche Gründe auch sonst nicht ersichtlich, greift die gesetzliche Vermutung, dass die gemeinsame elterliche Sorge dem Kindeswohl nicht widerspricht. Die Regelung soll den in Kindschaftssachen geltenden **Amtsermittlungsgrundsatz** einschränken und es dem Gericht ermöglichen, die gemeinsame Sorge ohne weitere Amtsermittlung allein auf Grundlage des Beteiligtenvortrags und unter Berücksichtigung der dem Gericht auf sonstige Weise bereits bekannten Tatsachen zuzusprechen. Dem Elternteil, der die gemeinsame Sorge ablehnt, obliegt die **Darlegungslast**, konkrete Anhaltspunkte darzutun, dass sich die gemeinsame Sorge negativ auf das Kind auswirken würde.[45] Sind dem Gericht – unabhängig von dem Vortrag der Eltern – **sonstige Gründe im Sinne von § 1626a Abs. 2 Satz 2 BGB ersichtlich**, die der Übertragung der gemeinsamen Sorge entgegenstehen können, muss es ihnen nachgehen. Dabei ist das Tatbestandmerkmal weit zu interpretieren.[46] Der Amtsermittlungsgrundsatz gilt dann (wieder) uneingeschränkt. 32

35 BVerfG FamRZ 2010, 1403, 1408; KG FamRZ 2013, 635, 636
36 BT-Drucks. 17/11048, 18
37 BT-Drucks. 17/11048, 18
38 BT-Drucks. 17/11048, 18
39 BT-Drucks. 17/11048, 17
40 Vgl. BVerfG FamRZ 2010, 1403 ff.
41 OLG Dresden FamRZ 2013, 1747
42 BT-Drucks. 17/11048, 18
43 OLG München FamRZ 2013, 1747; OLG Nürnberg FamRZ 2014, 571, 572
44 OLG Köln FamRZ 2012, 1882; OLG Schleswig ZKJ 2014, 390, 392; a.A. *Salgo*, FamRZ 1996, 449, 452
45 BT-Drucks. 17/11048, 17 f.
46 *Huber/Antomo*, FamRZ 2013, 665, 670; BeckOK-BGB/*Veit*, § 1626a BGB Rn. 47

33 Die gesetzliche **Vermutungsregelung** kommt jedoch unter Berücksichtigung folgender – auch verfassungsrechtlicher – Aspekte **nicht zur Anwendung**[47] bzw. muss behutsam angewandt werden:[48]

- für jede am Kindeswohl orientierte Entscheidung benötigt das Gericht eine möglichst zuverlässige Grundlage[49] – der Antrag bedarf jedoch einerseits keiner Begründung, andererseits kann es unterschiedlichste Gründe geben, warum sich ein Elternteil zum Antrag des anderen nicht oder nur unzureichend äußert, z.B. aufgrund von Gewalt oder Drohung des Antragstellers oder aufgrund eines illegalen Aufenthaltsstatus;[50]
- mangels Vortrags könnte die gemeinsame Sorge auch dann begründet werden, wenn objektiv betrachtet ein Mindestmaß an Kooperationswilligkeit und Kooperationsfähigkeit der Eltern fehlt – das widerspräche aber dem Kindeswohl;[51]
- das Schweigen im Rechtsverkehr gilt nur unter ganz engen Voraussetzungen als Zustimmung – wer schweigt, setzt im Allgemeinen keinen Erklärungstatbestand, er bringt weder Zustimmung noch Ablehnung zum Ausdruck;[52]
- das Kind ist in Kindschaftssachen grundsätzlich ab dem dritten Lebensjahr persönlich anzuhören;[53]
- im Einzelfall kann fraglich sein, ob der Vortrag eines Elternteils tatsächlich keine kindeswohlgetragenen Gründe enthält oder ob doch Gründe ersichtlich sind, die – jedenfalls im Ansatz – im Bezug zum gemeinsamen Kind, zum Eltern-Kind-Verhältnis und/oder konkret zum Verhältnis der beteiligten Eltern und somit im Zusammenhang mit der Einrichtung des Sorgerechts stehen können;[54]
- ebenfalls muss sorgfältig geprüft werden, welche Anforderungen an den Vortrag des darlegungspflichtigen Elternteils überhaupt gestellt werden dürfen, unter Berücksichtigung evtl. bestehender Verständigungs- oder Sprachschwierigkeiten und des sprachlichen Ausdrucksvermögens;[55]
- die bestehende körperliche und psychische Verfassung der Mutter kurz nach der Geburt des Kindes ist ebenso zu berücksichtigen wie
- eine fehlende Rechtskenntnis der Beteiligten;
- das Gericht soll in jeder Lage des Verfahrens auf eine einvernehmliche Lösung zwischen den Eltern hinwirken, vgl. § 156 FamFG;[56]
- die Ursachen der Uneinigkeit der Eltern über die Sorgetragung für das Kind und – damit verbunden – mögliche kinderschutzrelevante Aspekte bleiben bei Anwendung der Vermutungsregelung grundsätzlich unerkannt;[57]
- bei allen Maßnahmen, die Kinder betreffen, ist das Wohl des Kindes ein Gesichtspunkt, der vorrangig zu berücksichtigen ist, vgl. Art. 3 Abs. 1 Übereinkommen über die Rechte des Kindes.

---

47 *Fink/Bitter*, ZKJ 2012, 172, 174
48 OLG Frankfurt ZKJ 2014, 123, 124; *Heilmann*, NJW 2013, 1473, 1475; *Dürbeck*, ZKJ 2013, 330, 333
49 BVerfGE 55, 171, 182
50 *Salgo*, FPR 2012, 409, 410
51 Vgl. BT-Drucks. 17/11048, 12, 17, unter Bezugnahme auf BVerfGE 107, 150, 155
52 BGH NJW 2002, 3629, 3630; *Salgo*, FPR 2012, 409, 410
53 BVerfG FamRZ 2007, 1078, 1079; *Fink/Bitter*, ZKJ 2012, 172, 174
54 OLG Karlsruhe ZKJ 2014, 446, 448
55 *Huber/Antomo*, FamRZ 2013, 665, 669; *Dürbeck*, ZKJ 2013, 330, 333
56 Dazu *Salgo*, FPR 2012, 409, 410
57 BeckOK-BGB/*Veit*, § 1626a BGB Rn. 43 m.w.N.

II. Alleinsorge der Mutter (Abs. 3)

Mit der Geburt des Kindes erlangt die Mutter die **Alleinsorge**, es sei denn, es wurden vorgeburtliche Sorgeerklärungen (§ 1626b Abs. 2 BGB) abgegeben. **34**

Die **Alleinsorge** der Mutter **endet** mit: **35**

- dem 18. Geburtstag des Kindes (§ 2, § 1626 Abs. 1 Satz 1 BGB) oder dessen Tod (§ 1698b BGB),
- der Abgabe von Sorgeerklärungen (§ 1626a Abs. 1 Nr. 1 BGB),
- Heirat (§ 1626a Abs. 1 Nr. 2 BGB),
- einer gerichtlichen Entscheidung nach § 1626a Abs. 1 Nr. 3, Abs. 2 BGB oder § 1671 Abs. 2 BGB,
- einer Entziehung nach § 1666 BGB,
- einem dauernden Ruhen der elterlichen Sorge und einer Übertragung auf den Vater (§ 1678 Abs. 2 BGB),
- der Annahme des Kindes durch einen Dritten (§ 1755 BGB),
- dem Tod der Mutter (§ 1680 Abs. 1 BGB),
- oder der Todeserklärung der Mutter (§ 1681 Abs. 1, § 1680 Abs. 1 BGB).

§ 1626b BGB Besondere Wirksamkeitsvoraussetzungen der Sorgeerklärung

(1) Eine Sorgeerklärung unter einer Bedingung oder einer Zeitbestimmung ist unwirksam.

(2) Die Sorgeerklärung kann schon vor der Geburt des Kindes abgegeben werden.

(3) Eine Sorgeerklärung ist unwirksam, soweit eine gerichtliche Entscheidung über die elterliche Sorge nach den § 1626a Absatz 1 Nummer 3 oder § 1671 getroffen oder eine solche Entscheidung nach § 1696 Absatz 1 Satz 1 geändert wurde.

Übersicht

	Rn.
A. Allgemeines	1
B. Inhalt der Norm	2
I. Bedingung, Befristung (Abs. 1)	2
II. Vorgeburtliche Sorgeerklärung (Abs. 2)	6
III. Gerichtliche Sorgerechtsentscheidung (Abs. 3)	8

A. Allgemeines

Die Norm stellt besondere Voraussetzungen an die Wirksamkeit der Sorgeerklärungen der Eltern. **1**

B. Inhalt der Norm

I. Bedingung, Befristung (Abs. 1)

Die Sorgeerklärung darf zum Wohl des Kindes nicht unter eine **Bedingung** im Sinne der §§ 158-162 BGB gestellt werden. Eine bedingte Sorgeerklärung ist insgesamt unwirksam, nicht nur der Bedingungsteil der Erklärung.[1] Ausgenommen sind Rechtsbedingungen wie **2**

1 MüKo-BGB/*Huber*, § 1626b BGB Rn. 3 f.; Staudinger/*Coester*, § 1626b BGB Rn. 2

die Zustimmung des gesetzlichen Vertreters nach § 1626c Abs. 2 BGB, dass auch der andere Elternteil eine Sorgeerklärung abgibt oder, dass eine anderweitig bestehende Vaterschaft durch Anfechtung beseitigt wird.[2]

3 **Unzulässige Bedingungen** sind:

- solche, die an die Ausgestaltung der elterlichen Sorge geknüpft sind,
- Formulierungen wie: „wenn ich wirklich der Vater bin",
- Formulierungen wie: „wenn und solange der Mutter die tatsächliche Betreuung des Kindes verbleibt".[3]

4 Den Eltern ist es aber unbenommen, weitere Vereinbarungen über die Ausgestaltung ihres Verhältnisses und der Sorgerechtsausübung aufzunehmen, wenn diese Abreden nicht in einem Bedingungszusammenhang mit den Sorgeerklärungen selbst gestellt werden. Aus Sicherheitsgründen ist es dann ratsam, eine „Unabhängigkeitsklausel" in die Erklärung mit aufzunehmen, aus der die strikte Trennung beider Elemente hervorgeht.[4]

5 Die Wirkung der Sorgeerklärung darf auch nicht durch eine Zeitbestimmung (aufschiebende oder auflösende **Befristung**) eingeschränkt werden.[5]

II. Vorgeburtliche Sorgeerklärung (Abs. 2)

6 Die Eltern können ihre Sorgeerklärungen bereits vor der Geburt des Kindes abgeben. Mit der Geburt entsteht dann die gemeinsame Sorge. Voraussetzung wirksamer Sorgeerklärungen ist allerdings die (künftige) rechtliche Elternschaft der Erklärenden, so dass die vorgeburtliche Vaterschaftsanerkennung (§ 1594 Abs. 4, § 1595 Abs. 3 BGB) der Sorgeerklärung des Vaters vorangehen muss. Die Lebendgeburt des Kindes ist Rechtsbedingung für das Wirksamwerden der Sorgeerklärungen.[6]

7 Da sich die Sorgeerklärungen stets auf ein bestimmtes Kind beziehen müssen, muss das **Kind bereits gezeugt sein**; eine Sorgeerklärung für ein nicht gezeugtes Kind ist ausgeschlossen. Bei **Mehrlingsgeburten** kann die Sorgeerklärung jedoch ausdrücklich auf alle erwarteten Kinder bezogen werden (anders bei nachgeburtlichen Sorgeerklärungen, siehe oben *Fink*, § 1626a BGB Rn. 8). Werden unerwartet Mehrlinge geboren, bezieht sich die vorgeburtliche Sorgeerklärung dennoch auf alle Kinder aus dieser Schwangerschaft.[7]

III. Gerichtliche Sorgerechtsentscheidung (Abs. 3)

8 Die durch die Regelung erfolgende starke Einschränkung der Elternautonomie soll der Gefahr eines mit dem Kindeswohl unvereinbaren „Hin und Her" der elterlichen Sorge entgegenwirken.[8] Über den Wortlaut hinaus gilt die Regelung auch bei gerichtlichen Entscheidungen nach § 1678 Abs. 2, § 1680 Abs. 3 und § 1681 Abs. 1 BGB.[9] Der Ausschluss einer Sorgeerklärung gilt jedoch **nur** für die **ausdrücklich genannten Fälle** und nur für die Bereiche der elterlichen Sorge, auf die sich die Entscheidung bezieht.[10] Ändert das Gericht andere Erstentscheidungen, hebt es beispielsweise die Entziehung des Sorgerechts gemäß § 1666 BGB unter den Voraussetzungen nach § 1696 Abs. 2 BGB wieder auf, schließt

2 Staudinger/*Coester*, § 1626b BGB Rn. 4, 11; MüKo-BGB/*Huber*, § 1626b BGB Rn. 16
3 Staudinger/*Coester*, § 1626b BGB Rn. 3
4 Staudinger/*Coester*, § 1626b BGB Rn. 5
5 BT-Drucks. 13/4899, 94
6 KG FamRZ 2011, 1516, 1517
7 Staudinger/*Coester*, § 1626b BGB Rn. 8 f.
8 BT-Drucks. 13/4899, 94
9 MüKo-BGB/*Huber*, § 1626b BGB Rn. 22; Staudinger/*Coester*, § 1626b BGB Rn. 14
10 Staudinger/*Coester*, § 1626b BGB Rn. 14

diese Entscheidung die Abgabe von Sorgeerklärungen im Anschluss an die Aufhebung nicht aus.[11]

Möglich bleibt in allen Fällen die Begründung der gemeinsamen Sorge durch Heirat (§ 1626a Abs. 1 Nr. 2 BGB) oder durch eine (weitere) Änderungsentscheidung nach § 1696 Abs. 1 BGB. 9

§ 1626c BGB Persönliche Abgabe; beschränkt geschäftsfähiger Elternteil

(1) Die Eltern können die Sorgeerklärungen nur selbst abgeben.

(2) [1]Die Sorgeerklärung eines beschränkt geschäftsfähigen Elternteils bedarf der Zustimmung seines gesetzlichen Vertreters. [2]Die Zustimmung kann nur von diesem selbst abgegeben werden; § 1626b Abs. 1 und 2 gilt entsprechend. [3]Das Familiengericht hat die Zustimmung auf Antrag des beschränkt geschäftsfähigen Elternteils zu ersetzen, wenn die Sorgeerklärung dem Wohl dieses Elternteils nicht widerspricht.

Übersicht

Rn.
A. Allgemeines ... 1
B. Inhalt der Norm ... 2
I. Höchstpersönlichkeit der Sorgeerklärung (Abs. 1) ... 2
II. Sorgeerklärung eines beschränkt geschäftsfähigen Elternteils (Abs. 2) ... 6
1. Zustimmungsbedürftigkeit (Abs. 2 Satz 1) ... 6
2. Anforderungen an die Zustimmungserklärung (Abs. 2 Satz 2) ... 8
3. Zustimmungsersetzung (Abs. 2 Satz 3) ... 9

A. Allgemeines

Die Norm regelt die Kompetenz zur Abgabe von Sorgeerklärungen. 1

B. Inhalt der Norm

I. Höchstpersönlichkeit der Sorgeerklärung (Abs. 1)

Die Sorgeerklärung ist höchstpersönlich. Die Eltern können sie deshalb nur selbst abgeben, eine Stellvertretung oder Botenschaft ist unzulässig. Ein Verstoß dagegen führt zur Unwirksamkeit der Sorgeerklärung, § 1626e BGB. 2

Die Höchstpersönlichkeit gilt auch für den **beschränkt geschäftsfähigen Elternteil**. Folglich kann die Sorgeerklärung des beschränkt geschäftsfähigen Elternteils – anders als die Zustimmung des gesetzlichen Vertreters – auch nicht durch das Familiengericht ersetzt werden. 3

Auch ein unter **Betreuung stehender nicht geschäftsunfähiger** Elternteil muss die Sorgeerklärung selbst abgegeben. Ist ein Einwilligungsvorbehalt nach § 1903 BGB angeordnet, erstreckt sich dieser nicht auf die Kompetenz der Abgabe einer Sorgeerklärung.[1] 4

Für **geschäftsunfähige Elternteile** fehlt es an einer gesetzlichen Regelung. Unter Berücksichtigung der Äußerungen des Bundesverfassungsgerichts zur Elternschaft geistig behinderter Eltern[2] verbietet sich jedoch eine pauschale Entrechtung, so dass eine **analoge Anwendung von § 1626c Abs. 2 BGB** angezeigt ist.[3] 5

---

11 BT-Drucks. 13/4899, 94; MüKo-BGB/*Huber*, § 1626b BGB Rn. 23; BeckOK-BGB/*Veit*, § 1626b BGB Rn. 5.1
1 Staudinger/*Coester*, § 1626c BGB Rn. 21
2 BVerfG FamRZ 1982, 567 ff.
3 Staudinger/*Coester*, § 1626c BGB Rn. 14 ff. m.w.N.

II. Sorgeerklärung eines beschränkt geschäftsfähigen Elternteils (Abs. 2)

1. Zustimmungsbedürftigkeit (Abs. 2 Satz 1)

6 Die Sorgeerklärung eines Minderjährigen bedarf der **Zustimmung** seines gesetzlichen Vertreters. Das Zustimmungserfordernis bezieht sich gleichermaßen sowohl auf die minderjährige sorgeberechtigte Mutter wie auf die Sorgeerklärung eines bis dahin noch nicht sorgeberechtigten minderjährigen Vaters. Sind **beide Elternteile minderjährig**, sind beide Sorgeerklärungen zustimmungsbedürftig.

7 **Fehlt** die Zustimmung des gesetzlichen Vertreters, ist die Sorgeerklärung des minderjährigen Elternteils unwirksam (§ 1626e BGB).

2. Anforderungen an die Zustimmungserklärung (Abs. 2 Satz 2)

8 Die Anforderungen an die Zustimmungserklärung des gesetzlichen Vertreters entsprechen im Wesentlichen denen an die Sorgeerklärung. Die Zustimmungserklärung (§ 182 BGB):

- ist höchstpersönlich durch den gesetzlichen Vertreter zu erklären, § 1626c Abs. 2 Satz 2 1. HS BGB,
- ist bedingungs- und befristungsfeindlich, § 1626c Abs. 2 Satz 2 2. HS BGB,
- kann auch vorgeburtlich abgegeben werden, § 1626c Abs. 2 Satz 2 2. HS BGB,
- bedarf der öffentlichen Beurkundung, § 1626d Abs. 1 BGB.[4]

3. Zustimmungsersetzung (Abs. 2 Satz 3)

9 Wird die Zustimmung vom gesetzlichen Vertreter verweigert, kann der beschränkt geschäftsfähige Elternteil – nicht auch der andere Elternteil[5] – die Ersetzung der Zustimmung durch das Familiengericht **beantragen**. Das Gericht hat dem Antrag stattzugeben, wenn die Sorgeerklärung dem Wohl des minderjährigen Elternteils nicht widerspricht. Sind **beide Elternteile minderjährig** und verweigern jeweils die gesetzlichen Vertreter ihre Zustimmung, handelt es sich um zwei selbständige Verfahren, für die jeweils ein eigener Antrag erforderlich ist.[6]

10 Maßgebend für die Prüfung des Gerichts ist, in Anlehnung an § 1303 Abs. 3 BGB, ob **triftige Gründe** gegen die Wirksamkeit der Sorgeerklärung des minderjährigen Elternteils sprechen.[7] Solche Gründe können in der Person des Minderjährigen oder des anderen Elternteils liegen. Im Vordergrund stehen persönliche Eigenschaften, insbesondere Reife und Eignung des Minderjährigen, die Elternverantwortung zu übernehmen.[8] Weder das Wohl des anderen Elternteils noch das des Kindes noch das Gesamtwohl der jungen Familie sind maßgebliche Gesichtspunkte. Sie dürfen nur insoweit beachtet werden, als sie Auswirkungen auf das persönliche Wohl des minderjährigen Elternteils haben.[9]

11 Ersetzt das Gericht die Zustimmung des gesetzlichen Vertreters nicht, ist die Sorgeerklärung des beschränkt geschäftsfähigen Elternteils unwirksam (§ 1626e BGB).

---

4 Staudinger/*Coester*, § 1626c BGB Rn. 8
5 Staudinger/*Coester*, § 1626c BGB Rn. 13
6 Staudinger/*Coester*, § 1626c BGB Rn. 13
7 BT-Drucks. 13/4899, 95
8 Staudinger/*Coester*, § 1626c BGB Rn. 10 ff. mit weiteren Beispielen
9 Staudinger/*Coester*, § 1626c BGB Rn. 10

§ 1626d BGB Form; Mitteilungspflicht

(1) Sorgeerklärungen und Zustimmungen müssen öffentlich beurkundet werden.

(2) Die beurkundende Stelle teilt die Abgabe von Sorgeerklärungen und Zustimmungen unter Angabe des Geburtsdatums und des Geburtsorts des Kindes sowie des Namens, den das Kind zur Zeit der Beurkundung seiner Geburt geführt hat, dem nach § 87c Abs. 6 Satz 2 des Achten Buches Sozialgesetzbuch zuständigen Jugendamt zu den in § 58a des Achten Buches Sozialgesetzbuch genannten Zwecken unverzüglich mit.

Übersicht

Rn.
A. Allgemeines ... 1
B. Inhalt der Norm ... 2
I. Öffentliche Beurkundung (Abs. 1) ... 2
II. Mitteilung und Bescheinigung (Abs. 2) ... 4

A. Allgemeines

Die Norm begründet die Formbedürftigkeit von Sorgeerklärungen und ggf. zu erteilender Zustimmungen und etabliert ein Dokumentations- und Nachweissystem für die Sorgerechtsverhältnisse bei nicht miteinander verheirateten Eltern. Ein Verstoß gegen die Form führt zur Unwirksamkeit der Sorgeerklärung, § 1626e BGB. 1

B. Inhalt der Norm

I. Öffentliche Beurkundung (Abs. 1)

Die öffentliche Beurkundung begründet vollen Beweis (§ 415 Abs. 1 ZPO). Mit der Verpflichtung zur Beurkundung werden im Wesentlichen drei Zwecke verfolgt: Die Belehrung der Eltern, die Seriositäts- und die Beweissicherung.[1] 2

Zuständig für eine Beurkundung sind: 3

- der Notar (§ 20 Abs. 1 BNotO) und
- die Urkundsperson bei jedem Jugendamt (§ 59 Abs. 1 Nr. 8 i.V.m. § 87e SGB VIII),
- die deutschen Auslandsvertretungen, wenn das Kind seinen gewöhnlichen Aufenthalt in der Bundesrepublik Deutschland hat (Art. 3 Nr. 2 EGBGB, Art. 5 Abs. 1 des Übereinkommens über die Zuständigkeit, das anzuwendende Recht, die Anerkennung, Vollstreckung und Zusammenarbeit auf dem Gebiet der elterlichen Verantwortung und der Maßnahmen zum Schutz von Kindern vom 19.10.1996 – Haager Übereinkommen über den Schutz von Kindern (KSÜ) bzw. Art. 1 des Übereinkommens über die Zuständigkeit der Behörden und das anzuwendende Recht auf dem Gebiet des Schutzes von Minderjährigen vom 5. Oktober 1961 – Haager Minderjährigenschutzabkommen (MSA)) und sich im Geltungsbereich des KSÜ bzw. MAS befindet,

▶ *Näher zu KSÜ und MSA und ihren jeweiligen Anwendungsbereichen Schweppe, Auslandsbezüge. Vorbemerkungen, Rn. 12 f., dies., Vorbemerkungen MSA Rn. 1 ff.*

- das Familiengericht in Verfahren nach § 1626a Abs. 2 BGB (§ 155a Abs. 5 Satz 1 FamFG).

1 Staudinger/*Coester*, § 1626d BGB Rn. 3

II. Mitteilung und Bescheinigung (Abs. 2)

4 Die **Beurkundungsperson** hat die Abgabe der Sorgeerklärungen und Zustimmungen unter Angabe von Geburtsdatum, Geburtsort des Kindes und seines bei Geburtsbeurkundung geführten Namens **unverzüglich** – ohne schuldhaftes Zögern (§ 121 Abs. 1 Satz 1 BGB) – demjenigen **Jugendamt mitzuteilen**, das für den Geburtsort des Kindes zuständig ist (§ 87c Abs. 6 Satz 2 SGB VIII). Ist das Kind im Ausland geboren oder mit unbekanntem Geburtsort, ist das Jugendamt des Landes Berlin zuständig (§ 87c Abs. 6 Satz 2 i.V.m. § 88 Abs. 1 Satz 2 SGB VIII i.V.m. § 33 Abs. 1 Satz 2, 2. Alt. AG KJHG Berlin). Eine Mitteilung an den anderen Elternteil erfolgt nicht.[2]

5 In **Verfahren nach § 1626a Abs. 2 BGB**, in denen es nicht zu einer Abgabe von Sorgeerklärungen und Zustimmungen kommt, sondern zu einer Entscheidung des Familiengerichts, ist dieses verpflichtet, dem zuständigen Jugendamt seine Entscheidung mitzuteilen (§ 155a Abs. 3 Satz 3 FamFG).

6 Bei **vorgeburtlichen Sorgeerklärungen** ist es praktikabler, die Mitteilungspflicht der Beurkundungsperson aufzuschieben, bis ihr von einem Elternteil das tatsächliche Geburtsdatum, der Geburtsort und der Name des Kindes mitgeteilt wird.[3]

7 Die **Mitteilungspflicht** ist **keine Wirksamkeitsvoraussetzung** der Sorgeerklärungen und Zustimmungen, sondern reine Ordnungsvorschrift.

8 Sind keine wirksamen Sorgeerklärungen abgegeben oder ist die elterliche Sorge aufgrund einer familiengerichtlichen Entscheidung den Eltern ganz oder zum Teil gemeinsam übertragen worden, kann die Mutter vom zuständigen Jugendamt (§ 87c Abs. 6 Satz 1 SGB VIII) darüber eine schriftliche Bescheinigung – ein sog. **Negativ-Attest** – verlangen (§ 58a Abs. 2 Satz 1 SGB VIII). Die Bescheinigung soll der Mutter einen Nachweis darüber geben, dass zur Zeit der Ausstellung keine gemeinsame elterliche (Teil-)Sorge besteht. Nicht nachgewiesen wird damit, ob die Mutter tatsächlich die elterliche Sorge innehat oder diese ihr aufgrund gerichtlicher Entscheidung entzogen worden ist.[4]

§ 1626e BGB Unwirksamkeit

Sorgeerklärungen und Zustimmungen sind nur unwirksam, wenn sie den Erfordernissen der vorstehenden Vorschriften nicht genügen.

1 Die Vorschrift soll den Kreis der wirksamkeitsrelevanten Elemente von Sorgeerklärungen beschränken. Allein aus den abschließenden Sonderregelungen der §§ 1626a bis 1626d BGB sollen sich Unwirksamkeitsgründe ergeben. Damit will der Gesetzgeber allgemeine Unwirksamkeitsgründe – insbesondere Willensmängel – nach §§ 117, 118, 119, 134, 138 oder 139 BGB ausschließen.[1] Anwendbar bleibt aber die Anfechtung nach § 123 BGB, jedoch aus Gründen der Rechtssicherheit mit ex nunc Wirkung.[2]

2 Ist eine oder sind beide Sorgeerklärungen unwirksam, berühren sie die Alleinsorge der Mutter nach § 1626a Abs. 3 BGB nicht. Haben die Eltern aber aufgrund einer nur scheinbar bestehenden gemeinsamen Sorge Entscheidungen getroffen, die bereits abgeschlossene Lebenssachverhalte betreffen, so können diese für die Zukunft geändert werden.[3]

---

2 Staudinger/*Coester*, § 1626d BGB Rn. 8
3 Staudinger/*Coester*, § 1626d BGB Rn. 10
4 Staudinger/*Coester*, § 1626d BGB Rn. 11 ff.
1 BT-Drucks. 13/4899, 95; OLG Düsseldorf FamRZ 2008, 1552, 1553
2 BeckOK-BGB/*Veit*, § 1626e BGB Rn. 3; Staudinger/*Coester*, § 1626e BGB Rn. 3
3 Staudinger/*Coester*, § 1626e BGB Rn. 4

§ 1627 BGB Ausübung der elterlichen Sorge

[1]Die Eltern haben die elterliche Sorge in eigener Verantwortung und in gegenseitigem Einvernehmen zum Wohl des Kindes auszuüben. [2]Bei Meinungsverschiedenheiten müssen sie versuchen, sich zu einigen.

Übersicht

Rn.
A. Allgemeines ... 1
B. Inhalt der Norm ... 2
I. Grundsatz der Ausübung der elterlichen Sorge (Satz 1) ... 2
1. Eigene Verantwortung ... 3
2. Gegenseitiges Einvernehmen ... 4
3. Wohl des Kindes ... 6
II. Meinungsverschiedenheiten (Satz 2) ... 7

A. Allgemeines

1 Die Norm enthält das Leitbild, dass die elterliche Sorge beiden sorgeberechtigten Elternteilen gleichrangig und gleichberechtigt sowie gleichverpflichtet zusteht. Sie gibt für die Sorgerechtsausübung den Grundsatz vor, dass eine gemeinsame und einverständliche Sorge dem Kindeswohl dient. Darüber hinaus hebt die Norm hervor, dass die Aufgabe der Eltern, ihre Verantwortung für ihr Kind selbst zu tragen und bei Meinungsverschiedenheiten eine Einigung herbeizuführen, Vorrang gegenüber staatlichen Eingriffen hat. Die Ausübung der elterlichen Sorge ist ausschließlich an das Kindeswohl gebunden.

B. Inhalt der Norm

I. Grundsatz der Ausübung der elterlichen Sorge (Satz 1)

2 Die Vorschrift ist grundsätzlich an Eltern gerichtet, denen die elterliche Sorge **gemeinsam** zusteht. Ist ein Elternteil **alleinsorgeberechtigt**, trifft ihn jedoch ebenfalls die Verpflichtung, in eigener Verantwortung die elterliche Sorge auszuüben.

1. Eigene Verantwortung

3 Die **Ausübung in eigener Verantwortung** bedeutet, dass jeder Elternteil bei der Ausübung der elterlichen Sorge für sich selbst letztlich die persönliche vollständige Eigenverantwortung gegenüber dem Kind trägt. Dass den anderen Elternteil dieselbe Verpflichtung und Verantwortung trifft, entlastet den ersten Elternteil nicht rechtlich, allenfalls faktisch. Jeder Elternteil hat selbständig bei jeder beabsichtigten Sorgerechtsmaßnahme zu prüfen, ob sie dem Kindeswohl dient.[1]

2. Gegenseitiges Einvernehmen

4 Das **gegenseitige Einvernehmen** verlangt ein elterliches Zusammenwirken in gemeinsamer Beratung und gemeinsamer Entscheidung in allen **Angelegenheiten von erheblicher Bedeutung**.[2]

5 Die Pflicht, die elterliche Sorge in gegenseitigem Einvernehmen wahrzunehmen, schließt eine **Aufgaben- und Funktionsteilung** nicht aus. Sie braucht nicht ausdrücklich vereinbart zu sein. Sie kann stillschweigend, etwa durch Übung und Duldung des anderen Elternteils, vorgenommen werden. Eine Aufgaben- und Funktionsteilung ist grundsätzlich jederzeit **frei widerruflich**. Für die Ausübung des Widerrufsrechts gelten die allgemeinen

1 Staudinger/*Peschel-Gutzeit*, § 1627 BGB Rn. 6
2 MüKo-BGB/*Huber*, § 1627 BGB Rn. 6; Staudinger/*Peschel-Gutzeit*, § 1627 BGB Rn. 8

Grenzen (z.B. § 226 BGB). Ist eine ursprünglich gemeinsam beschlossene Maßnahme von erheblicher Bedeutung bereits umgesetzt, bleibt die Bindungswirkung bis zur Entscheidung des Familiengerichts nach § 1628 BGB oder einer neuen Elternvereinbarung erhalten.[3]

3. Wohl des Kindes

6 Die elterliche Sorge ist zum Wohl des Kindes auszuüben. Das Kindeswohl ist dabei nicht nur aus der subjektiven Sicht des Kindes (Wohlbefinden), sondern auch objektiv-normativ (Zukunftsperspektive) zu beurteilen.[4] Grundsätzlich gilt aber, dass sich die Eltern im Rahmen des elterlichen Ermessens daran halten können, was aus ihrer Sicht „das Beste" für ihr Kind ist.[5]

II. Meinungsverschiedenheiten (Satz 2)

7 Bei Meinungsverschiedenheiten der Eltern wird ihnen eine **Pflicht zum Einigungsversuch** auferlegt. Dabei hat jeder Elternteil der Ansicht des anderen Elternteils Rechnung zu tragen und das Leitbild des Kindeswohls seiner Entscheidung darüber zugrunde zu legen, welche Ansicht den Vorrang verdient oder welcher Kompromiss möglich ist. Eine Pflicht zur Wahrnehmung des Beratungsangebots des Jugendamts nach § 18 Abs. 1 Nr. 1 SGB VIII besteht nicht. Scheitert der Einigungsversuch, kann unter den Voraussetzungen des § 1628 BGB in **Angelegenheiten von erheblicher Bedeutung** für das Kind eine Entscheidung des Familiengerichts herbeigeführt werden.[6] In anderen **Angelegenheiten von geringerer Bedeutung** bleibt es im Elternstreit beim status quo, das Familiengericht kann nicht angerufen werden. Die von einem Elternteil ohne Einvernehmen mit dem anderen Elternteil vorgenommene Maßnahme stellt eine Pflichtwidrigkeit gegenüber dem anderen Elternteil dar. Dem Kind gegenüber hat eine solche Maßnahme nur unter den Voraussetzungen des § 1666 BGB rechtliche Folgen und muss vom Kind nur dann nicht befolgt werden.[7]

§ 1628 BGB Gerichtliche Entscheidung bei Meinungsverschiedenheiten der Eltern

Können sich die Eltern in einer einzelnen Angelegenheit oder in einer bestimmten Art von Angelegenheiten der elterlichen Sorge, deren Regelung für das Kind von erheblicher Bedeutung ist, nicht einigen, so kann das Familiengericht auf Antrag eines Elternteils die Entscheidung einem Elternteil übertragen. Die Übertragung kann mit Beschränkungen oder mit Auflagen verbunden werden.

Übersicht

Rn.
A. Allgemeines 1
B. Inhalt der Norm 3
I. Entscheidungsübertragung (Satz 1) 3
II. Beschränkungen und Auflagen (Satz 2) 13
III. Rechtsfolge und Änderungen 16

3 MüKo-BGB/*Huber*, § 1627BGB Rn. 10; BeckOK-BGB/*Veit*, § 1627 BGB Rn. 4
4 OLG Frankfurt FamRZ 1984, 614, 615
5 Staudinger/*Peschel-Gutzeit*, § 1627 BGB Rn. 18
6 Vgl. AG Erfurt FamRZ 2018, 1671, 1672; MüKo-BGB/*Huber*, § 1627 BGB Rn. 17
7 BeckOK-BGB/*Veit*, § 1627 BGB Rn. 6

A. Allgemeines

Die Vorschrift sieht eine gerichtliche Lösung des **Elternkonflikts** in Kindesangelegenheiten von erheblicher Bedeutung vor. Damit erfährt die in § 1626 Abs. 1, § 1627 BGB vorgesehene Ausübung des elterlichen Pflichtenrechts in gegenseitigem Einvernehmen eine notwendige Ergänzung für das Fehlschlagen des Prozesses innerfamiliärer elterlicher Meinungsbildung in solchen Angelegenheiten, die um des Kindeswohls willen nicht unentschieden bleiben dürfen.[1] 1

Im Fall der Uneinigkeit der Eltern ist das **Familiengericht** zugunsten der Familienautonomie nur **berechtigt**, einem Elternteil die Entscheidungskompetenz über die betreffende Angelegenheit zu übertragen oder – wenn beide Elternvorschläge nicht den Kindesinteressen gerecht werden – den Antrag abzuweisen.[2] Das Gericht kann unterhalb der Schwellen der §§ 1666 ff. BGB **keine eigene Sachentscheidung** treffen.[3] Auch darf es grundsätzlich keinen Mittelweg zwischen den beiden Elternpositionen beschreiten.[4] Maßstab für die Entscheidung des Gerichts ist das **Wohl des Kindes**, vgl. § 1697a BGB. Die Vorschrift findet nur Anwendung, wenn eine vorrangige spezialgesetzliche Regelung (z.B. § 1684 Abs. 3, §§ 1747 f. BGB, § 2 RelKErzG) fehlt.[5] 2

B. Inhalt der Norm

I. Entscheidungsübertragung (Satz 1)

Voraussetzungen für die gerichtliche Übertragung der Entscheidung auf einen Elternteil sind: 3

- der Antrag eines mitsorgeberechtigten Elternteils,
- ein vorangegangener erfolgloser ernsthafter Einigungsversuch der Eltern,
- die Uneinigkeit über eine einzelne Angelegenheit oder eine bestimmte Art von Angelegenheiten der gemeinsamen elterlichen Sorge, deren Regelung für das Kind von erheblicher Bedeutung ist.

1. Das Verfahren ist als **Antragsverfahren** ausgestaltet und wird daher nur auf Antrag wenigstens eines mitsorgeberechtigten Elternteils eingeleitet. Ein Antragsrecht des Kindes ist gesetzlich nicht vorgesehen. Der Antrag muss die nicht einigungsfähige(n) Angelegenheit(en) bestimmt bezeichnen.[6] 4

▶ *Zur Abgrenzung von Antrags- und Amtsverfahren Cirullies, § 23–§ 25 FamFG Rn. 1 ff.*

2. Vorangegangen sein muss ein **erfolgloser ernsthafter Einigungsversuch** der Eltern, zu dem die Eltern nach § 1627 Satz 2 BGB verpflichtet sind, wobei es ausreicht, wenn ein Elternteil sich nicht zu einer Entscheidung durchringen kann.[7] Nicht erforderlich ist, dass die Eltern zuvor von dem **Beratungsangebot** des Jugendamts nach § 18 Abs. 1 Nr. 1 SGB VIII Gebrauch gemacht haben. 5

3. Die Uneinigkeit muss sich auf eine **einzelne Angelegenheit oder eine bestimmte Art von Angelegenheiten** der gemeinsamen elterlichen Sorge beziehen, deren Regelung für das Kind **von erheblicher Bedeutung** ist. 6

---

1 MüKo-BGB/*Huber*, § 1628 BGB Rn. 1
2 BT-Drucks. 13/4899, 95
3 BVerfGE 10, 59, 86; BVerfG FamRZ 2003, 511
4 Vgl. BGH ZKJ 2017, 316, 317; MüKo-BGB/*Huber*, § 1628 BGB Rn. 16
5 Palandt/*Götz*, § 1628 BGB Rn. 3
6 MüKo-BGB/*Huber*, § 1628 BGB Rn. 4
7 AG Pankow/Weißensee ZKJ 2009, 214, 215

7 Davon ist nicht der Fall erfasst, dass die Eltern unterschiedlicher Meinung darüber sind, ob die Mutter einen **Schwangerschaftsabbruch** gegen den Willen des Vaters vornehmen darf. Besteht nach §§ 218 ff. StGB die Möglichkeit eines straffreien Abbruchs, ist die Entscheidung darüber allein der Mutter zugewiesen.[8]

8 **a)** Durch die Begrenzung der gerichtlichen Entscheidungskompetenz auf **eine einzelne Angelegenheit oder eine bestimmte Art von Angelegenheiten** soll vermieden werden, dass mittelbar ein Teilentzug der elterlichen Sorge herbeigeführt wird und die einschränkenden Voraussetzungen der §§ 1671, 1666, 1666a, 1667 BGB umgangen werden. Die Anrufung des Gerichts und dessen Entscheidung muss immer auf eine bestimmte einzelne Frage oder einen bestimmten abgrenzbaren Fragenkomplex bezogen sein.[9] Erforderlich ist ein **konkret situativer Bezug**: § 1628 BGB kommt nur zur Anwendung, wenn es sich um einen punktuell-sachbezogenen Elternkonflikt handelt.[10]

9 Eine einzelne Angelegenheit kann sein:

- die Anmeldung in einer bestimmten Schule,[11]
- die Durchführung einer Impfung,[12]
- die Wahl des Vornamens des Kindes.[13]

10 Eine bestimmte Art von Angelegenheiten kann sein:

- ein bestimmter medizinischer Maßnahmenkatalog wie eine Therapie oder die regelmäßige Einnahme von Medikamenten.[14]

11 **b)** Die Regelung der streitigen Angelegenheit muss ferner für das Kind von **erheblicher Bedeutung** sein. Damit soll vermieden werden, dass die Eltern wegen belangloser Meinungsverschiedenheiten das Gericht anrufen und somit ihre Verantwortung abwälzen.[15] Ob eine Angelegenheit von erheblicher Bedeutung für das Kind vorliegt, bestimmt sich nach den Auswirkungen auf das Kind. Es gelten die gleichen Grundsätze wie bei § 1687 Abs. 1 Satz 1, Satz 3 BGB (hierzu *Gottschalk*, § 1687 BGB Rn. 5 f., 11 f.).[16] Ein Entscheidungsparameter ist, ob die Entscheidung die Entwicklung des Kindes auf Dauer bestimmen dürfte. Entscheidungen in Angelegenheiten des täglichen Lebens nach § 1687 Abs. 1 Satz 1, Satz 3 BGB sind grundsätzlich nur solche, die häufig vorkommen und die keine schwer abzuändernden Auswirkungen auf die kindliche Entwicklung haben.[17]

8 MüKo-BGB/*Huber*, § 1628 BGB Rn. 9; Staudinger/*Peschel-Gutzeit*, § 1628 BGB Rn. 20
9 BT-Drucks. 8/2788, 46
10 OLG Frankfurt NZFam 2019, 588
11 BVerfG FamRZ 2003, 511; OLG Schleswig FamRZ 2011, 1304; KG ZKJ 2018, 230; AG Lemgo FamRZ 2004, 49
12 BGH ZKJ 2017, 316, 317; KG FamRZ 2006, 142; OLG Frankfurt ZKJ 2016, 105, 106
13 OLG Frankfurt FamRZ 1957, 55, 56; OLG Brandenburg, Beschl. v. 09.03.2016 – 9 UF 10/16, Rn. 5 (juris); AG Pankow/Weißensee ZKJ 2009, 214 f.
14 OLG Bamberg FamRZ 2003, 1403
15 BT-Drucks. 8/2788, 46; OLG München FamRZ 2008, 1103, 1104
16 OLG Brandenburg OLGR 2008, 416, 417; MüKo-BGB/*Huber*, § 1628 BGB Rn. 13
17 BGH ZKJ 2017, 316, 317

Von erheblicher Bedeutung sind z.B.:[18] 12

- die Wahl des Vornamens des Kindes,[19]
- die Änderung des Familiennamens,[20]
- die Aufenthaltsbestimmung, soweit keine dauerhafte Entscheidung – wie dies durch einen Umzug des Kindes der Fall wäre –[21] getroffen, sondern nur die konkrete Situation bis zu einer Trennung der Eltern bzw. einer Entscheidung nach § 1671 BGB geregelt werden soll,[22]
- die Hauptwohnungsbestimmung nach dem Melderecht,[23]
- die Geltendmachung von Unterhalt[24] bzw. Sozialleistungen,[25]
- die Vertretung in gerichtlichen Verfahren,[26]
- die Beauftragung eines Rechtsanwalts für das Kind,[27]
- der Umgang mit dem anderen Elternteil,[28]
- der Umgang mit Dritten nach § 1685 BGB,[29]
- die Auswahl oder der Wechsel der Schule[30] bzw. des Kindergartens,[31] der Wahlpflichtfächer und der Leistungskurse in der Schule; nicht: die Entscheidung über Nachhilfeunterricht,[32]
- Fragen der Berufsausbildung,[33]
- die Anlegung eines größeren Kindesvermögens bzw. die Inanspruchnahme des Verwendungsrechts nach § 1649 Abs. 2 BGB,[34]
- eine ärztliche Behandlung – mit Ausnahme von Routineuntersuchungen oder häufig vorkommenden, nicht ungewöhnlichen Erkrankungen wie Erkältung – (Wahl der Behandlungsmethode, Entscheidung über eine Operation, Impfung, Medikamente),[35]
- die geschlossene Unterbringung des Kindes oder die Vornahme freiheitsentziehender Maßnahmen gegenüber dem Kind,[36]

---

18 Weitere Beispiele bei *Gottschalk*, § 1687 BGB Rn. 6
19 OLG Frankfurt FamRZ 1957, 55, 56; OLG Brandenburg, Beschl. v. 9.3.2016 – 9 UF 10/16, Rn. 5 (juris); AG Pankow/Weißensee ZKJ 2009, 214 f.
20 BGH ZKJ 2017, 64, 65; OLG Stuttgart NJW-RR 2011, 222
21 BGH FamRZ 2010, 1060; OLG Stuttgart ZKJ 2019, 150; OLG Koblenz FamRZ 2019, 804
22 Vgl. OLG Frankfurt FamRZ 1961, 125; OLG Stuttgart FamRZ 1999, 39, 40
23 Vgl. KG ZKJ 2018, 230, 233; implizit BGH ZKJ 2017, 190, 191; a.A. BVerwGE 153, 89, 97; OLG München NJW-RR 2008, 1534
24 BGH FamRZ 2014, 917; OLG Brandenburg, Beschl. v. 17.2.2015 – 10 WF 9/15, Rn. 2 (juris); OLG Frankfurt, Beschl. v. 12.7.2016 – 6 UF 60/16, Rn. 10 f. (juris)
25 OLG Hamm ZKJ 2011, 143; OLG Saarbrücken FamRZ 2017, 286; OLG Düsseldorf FamRZ 2018, 928, 929
26 BGH FamRZ 2014, 917 (Unterhalt); OLG Düsseldorf FamRZ 2018, 928, 929 (Pflegegeld); AG Stolzenau FamRZ 2018, 35 (Geltendmachung von Rechten am eigenen Bild)
27 BGH ZKJ 2018, 424
28 BGH ZKJ 2016, 419, 423
29 OLG Dresden FamRZ 2005, 1275; OLG Thüringen FamRZ 2009, 894
30 KG ZKJ 2018, 230; BVerfG FamRZ 2003, 511; OLG Schleswig FamRZ 2011, 1304; AG Lemgo FamRZ 2004, 49
31 OLG Hamm ZKJ 2018, 464; OLG Brandenburg JAmt 2005, 47, 48; OLG Frankfurt FamRZ 2009, 894;
32 OLG Düsseldorf NJW-RR 2005, 1529
33 OLG Hamm FamRZ 1966, 209, 210
34 MüKo-BGB/*Huber*, § 1628 BGB Rn. 14
35 OLG Bamberg FamRZ 2003, 1403 (Medikamentengabe und psychotherapeutische Behandlung); BGH ZKJ 2017, 316, 317 (Impfung); KG FamRZ 2006, 142 (Impfung); OLG Frankfurt ZKJ 2016, 105, 106 (Impfung)
36 OLG Oldenburg FamRZ 2019, 203 für freiheitsentziehende Maßnahmen

- die Ausschlagung einer Erbschaft,[37]
- die Entscheidung, ob eine Vaterschaft angefochten werden soll,[38]
- die Durchführung eines Anfechtungs- und Vaterschaftsfeststellungsverfahrens,[39]
- die Ausstellung eines Kinderausweises,[40] Reisepasses,[41]
- die meisten Fragen zur religiösen Erziehung, wie die Wahl des Religionsbekenntnisses (§ 2 Abs. 1 RelKErzG),[42] die Kindstaufe,[43] die Erstkommunion,[44] die Teilnahme an Religionsunterricht und Schulgottesdienst;[45] nicht: die Bestimmung des Termins zur Taufe,[46]
- die Durchführung einer Beschneidung,[47]
- Urlaubsreise eines kleinen Kindes wegen Gesundheitsgefahren[48] oder in Länder eines ihm nicht umfassend vertrauten Kulturkreises – in den konkreten Fällen Katar[49] und Kolumbien,[50]
- eine Flugreise mit einer Fluggesellschaft, die einem am Krieg beteiligten Land zuzuordnen ist – im konkreten Fall die Reise in die USA während des Irakkrieges,[51]
- Urlaubsreise in ein politisches Krisengebiet und wenn für den Zielort eine Reisewarnung des Auswärtigen Amtes vorliegt – in den konkreten Fällen Türkei,[52] Ostukraine,[53]
- die Überlassung eines internetfähigen Endgerätes wie Smartphone, Computer oder Tablet[54] sowie die Entscheidung über ein Mediennutzungsverbot (hierzu *Fink*, § 1626 Rn. 22),[55]
- die Entscheidung über die Veröffentlichung und Löschung von Lichtbildaufnahmen und Filmen des Kindes im Internet (hierzu *Fink*, § 1626 Rn. 22),[56] sowie die Geltendmachung eines Unterlassungsanspruchs nach § 1004 Abs. 1 Satz 2 BGB i.V.m. § 823 Abs. 2 BGB i.V.m. §§ 22, 23 KUG.[57]

II. Beschränkungen und Auflagen (Satz 2)

13 Die Zuweisung der Entscheidungskompetenz kann mit einer Beschränkung oder Auflage verknüpft werden.

14 Mit der Zulassung einer **Beschränkung** soll verdeutlicht werden, dass Abstriche von einem eigentlich gebilligten Elternvorschlag vorgenommen werden können, wenn z.B. ein

37 OLG Hamm FamRZ 2003, 172
38 OLG Dresden FamRZ 2009, 1330, 1331
39 OLG Brandenburg OLGR 2008, 416
40 OLG Köln FamRZ 2005, 644; OLG Karlsruhe FamRZ 2005, 1187, 1188
41 OLG Köln FamRZ 2012, 1502
42 BGH NJW 2005, 2080 f.; OLG Karlsruhe FamRZ 2016, 1376
43 BGH NJW 2005, 2080 f.; OLG Hamm FamRZ 2014, 1712; OLG Stuttgart FamRZ 2018, 354
44 OLG Hamm FamRZ 2014, 1712
45 OLG Köln FamFR 2013, 257
46 AG Lübeck FamRZ 2003, 549
47 AG Düsseldorf FamRZ 2014, 1209
48 OLG Köln NJW 1999, 295
49 OLG Köln FamRZ 2005, 644, 645
50 OLG Frankfurt FamRZ 2007, 753
51 AG Freising FamRZ 2004, 968
52 OLG Frankfurt, ZKJ 2016, 361
53 OLG Karlsruhe FamRZ 2015, 150
54 *Götz*, FamRZ 2017, 1725
55 Vgl. AG Bad Hersfeld FamRZ 2016, 564; *Rake*, FamRZ 2017, 1733, 1734
56 Vgl. OLG Oldenburg FamRZ 2018, 1517; AG Menden NJW 2010, 1614; AG Stolzenau FamRZ 2018, 35
57 OLG Oldenburg FamRZ 2018, 1517

Elternteil mehrere Vorschläge macht, von denen nur ein Teil geeignet ist, und der andere Elternteil in Einzelpunkten stichhaltige Bedenken erhebt.[58] Das Entscheidungsergebnis muss aber auf einer von den Eltern erwogenen Konfliktlösung beruhen und darf keine eigene Sachentscheidung des Gerichts sein.[59] Als Beschränkung kommt z.B. bei der Zuteilung des Rechts über die Aufenthaltsbestimmung eine zeitliche Begrenzung in Betracht.[60]

Auflagen können angeordnet werden, wenn ein vom Gericht gebilligter Elternvorschlag der Ergänzung bzw. Kontrolle bedarf. Als Auflage kommt z.B. die Verpflichtung in Betracht, die Einleitung einer bestimmten Maßnahme (wie Schulanmeldung, Impfung) dem Gericht anzuzeigen, wenn der andere Elternteil Grund hat zu zweifeln, ob die vorgeschlagene Maßnahme auch tatsächlich durchgeführt wird. Auch das Gestaltungsmittel der Auflage muss seine Grundlage im Elternvorschlag haben, sich an diesem orientieren und darf nicht zu einer eigenen Sachentscheidung des Gerichts führen.[61] **15**

III. Rechtsfolge und Änderungen

Die Entscheidungskompetenzzuweisung durch das Familiengericht führt zur **Übertragung der alleinigen elterlichen Sorge** in einer einzelnen Angelegenheit oder einer bestimmten Art von Angelegenheiten an den durch die Entscheidung begünstigten Elternteil. Diesem steht dann nach § 1629 Abs. 1 Satz 3 BGB auch die alleinige Vertretung des Kindes zu.[62] **16**

Da die vom Gericht getroffene Lösung des Elternkonflikts nur Ersatz des von § 1627 BGB geforderten Einvernehmens der Eltern ist, steht sie als solche zur **Disposition der Eltern**, die sich jederzeit auf eine Ausführung des „unterlegenen" Elternvorschlags oder eine dritte Lösung verständigen können. Das Gericht hat unter den Voraussetzungen des § 1696 BGB eine **Abänderungsbefugnis**, z.B. wenn Auflagen nicht eingehalten werden.[63] **17**

Tenorierungsbeispiele für eine Entscheidungskompetenzzuweisung **18**

Dem Kindesvater wird das Entscheidungsrecht über die Durchführung von Schutzimpfungen für die Krankheiten Tetanus, Diphterie, Petussis, Pneumokokken, Rotaviren, Meningokokken C, Masern, Mumps und Röteln des Kindes (Name), geboren am …, allein übertragen.

Der Kindesmutter wird das Recht zur Schulanmeldung für die weiterführende Schule des Kindes (Name), geboren am …, allein übertragen.

§ 1629 BGB Vertretung des Kindes

(1) ¹Die elterliche Sorge umfasst die Vertretung des Kindes. ²Die Eltern vertreten das Kind gemeinschaftlich; ist eine Willenserklärung gegenüber dem Kind abzugeben, so genügt die Abgabe gegenüber einem Elternteil. ³Ein Elternteil vertritt das Kind allein, soweit er die elterliche Sorge allein ausübt oder ihm die Entscheidung nach § 1628 übertragen ist. ⁴Bei Gefahr im Verzug ist jeder Elternteil dazu berechtigt, alle Rechtshandlungen vorzunehmen, die

58 BT-Drucks. 8/2788, 46
59 MüKo-BGB/*Huber*, § 1628 BGB Rn. 19
60 BT-Drucks. 13/4899, 95
61 BT-Drucks. 13/4899, 95; BT-Drucks. 8/2788, 46
62 MüKo-BGB/*Huber*, § 1628 BGB Rn. 16
63 MüKo-BGB/*Huber*, § 1628 BGB Rn. 23

zum Wohl des Kindes notwendig sind; der andere Elternteil ist unverzüglich zu unterrichten.

(2) [1]Der Vater und die Mutter können das Kind insoweit nicht vertreten, als nach § 1795 ein Vormund von der Vertretung des Kindes ausgeschlossen ist. [2]Steht die elterliche Sorge für ein Kind den Eltern gemeinsam zu, so kann der Elternteil, in dessen Obhut sich das Kind befindet, Unterhaltsansprüche des Kindes gegen den anderen Elternteil geltend machen. [3]Das Familiengericht kann dem Vater und der Mutter nach § 1796 die Vertretung entziehen; dies gilt nicht für die Feststellung der Vaterschaft.

(2a) Der Vater und die Mutter können das Kind in einem gerichtlichen Verfahren nach § 1598a Abs. 2 nicht vertreten.

(3) [1]Sind die Eltern des Kindes miteinander verheiratet oder besteht zwischen ihnen eine Lebenspartnerschaft, so kann ein Elternteil, Unterhaltsansprüche des Kindes gegen den anderen Elternteil nur im eigenen Namen geltend machen, solange

1. die Eltern getrennt leben oder

2. eine Ehesache oder eine Lebenspartnerschaftssache im Sinne von § 269 Absatz 1 Nummer 1 oder 2 des Gesetzes über das Verfahren in Familiensachen und in den Angelegenheiten der freiwilligen Gerichtsbarkeit zwischen ihnen anhängig ist.

[2]Eine von einem Elternteil erwirkte gerichtliche Entscheidung und ein zwischen den Eltern geschlossener gerichtlicher Vergleich wirken auch für und gegen das Kind.

Übersicht

Rn.
A. Allgemeines ... 1
B. Inhalt der Norm ... 2
I. Gesamtvertretung (Abs. 1 Satz 1, Satz 2 1. HS) ... 2
II. Ausnahmen von der Gesamtvertretung (Abs. 1 Satz 2 2. HS, Satz 3, Satz 4) ... 8
1. Gesetzlich normierte Ausnahmen ... 9
a) Empfangsvertretung (Abs. 1 Satz 2 2. HS) ... 9
b) Alleinige Sorgerechtsausübung und Entscheidungskompetenzübertragung (Abs. 1 Satz 3) ... 10
c) Gefahr im Verzug (Abs. 1 Satz 4) ... 11
2. Elterlich vereinbarte Ausnahmen ... 15
III. Ausschluss des Vertretungsrechts (Abs. 2 Satz 1, Abs. 2a) ... 16
1. Ausschlussgrund nach § 1795 BGB (Abs. 2 Satz 1) ... 16
2. Ausschlussgrund: gerichtliches Verfahren zur Durchsetzung einer genetischen Abstammungsuntersuchung, § 1598a Abs. 2 BGB (Abs. 2a) ... 22
IV. Entzug des Vertretungsrechts (Abs. 2 Satz 3) ... 23
1. Maßnahmen des Familiengerichts i.S.v. § 1796 BGB ... 23
2. Keine Entziehung für die Vaterschaftsfeststellung (Abs. 2 Satz 3 2. HS) ... 29
V. Geltendmachung von Unterhaltsansprüchen (Abs. 2 Satz 2, Abs. 3) ... 30
1. Alleinvertretungsrecht (Abs. 2 Satz 2) ... 30
2. Verfahrensstandschaft bei Trennung und Scheidung (Abs. 3) ... 37

A. Allgemeines

1 Die Norm regelt die gesetzliche Vertretung des Kindes, die Teil der elterlichen Sorge ist. Sie umfasst den gesamten Bereich der elterlichen Sorge, also die Personensorge und die Vermögenssorge. Die Norm hat die Funktion, den sorgeberechtigten **Eltern** die **Vertretungsmacht** für ihr Kind **zu verschaffen** und deren Ausübung zu regeln.

Die gesetzliche Vertretung obliegt den Eltern **i.d.R.** als **Gesamtvertretung**, da dies der gemeinschaftlichen Ausübung der elterlichen Sorge durch beide Elternteile und ihrer Verpflichtung zu gegenseitigem Einvernehmen sowie dem Gleichberechtigungsgrundsatz entspricht.[1] Die Norm sieht aber einige Ausnahmen hiervon vor wie für die Geltendmachung von Unterhaltsansprüchen oder bei Gefahr im Verzug. In Fällen, in denen eine Gefahr eines Interessenwiderstreits zwischen den Eltern und dem zu vertretenden Kind besteht, schließt die Norm die Interessenvertretung der Eltern sogar ganz aus.

B. Inhalt der Norm

I. Gesamtvertretung (Abs. 1 Satz 1, Satz 2 1. HS)

Da die **gesetzliche Vertretung** des Kindes Teil der elterlichen Sorge ist, teilt sie auch das **Schicksal der elterlichen Sorge**. Den Eltern steht die gesetzliche Vertretung nur insoweit zu, als ihnen auch die elterliche Sorge zusteht. 2

Die gesetzliche Vertretung obliegt den Eltern i.d.R. als Gesamtvertretung. **Gesamtvertretung** bedeutet, dass nur beide Elternteile zusammen befugt sind, im Namen des Kindes Rechtsgeschäfte vorzunehmen und Rechtsstreitigkeiten zu führen.[2] Die Gesamtvertretung erfordert weder die gleichzeitige Abgabe von Willenserklärungen noch die höchstpersönliche Abgabe oder das Tätigwerden beider Elternteile. Vielmehr können sich die Eltern eines **Dritten** bedienen oder sich einander **widerrufliche Vollmachten** erteilen.[3] 3

Indem die sorgeberechtigten **Eltern** die **Vertretungsmacht erhalten**, können sie das Kind bei der Abgabe von Willenserklärungen bzw. beim Abschluss von Rechtsgeschäften nach den allgemeinen Regeln der Stellvertretung (§§ 164 ff. BGB) vertreten. Die Eltern erzielen bei der Vertretung grundsätzlich nur dann Rechtswirkungen für das Kind, wenn sie **im Namen des Kindes** handeln (**Offenkundigkeitsprinzip**). Eine Ausnahme vom Offenkundigkeitsprinzip gilt nur beim sog. Geschäft für den, den es angeht.[4] 4

Schließen die Eltern ein Rechtsgeschäft **im eigenen Namen** ab, besteht keine gesetzliche Vertretung.[5] Dem Interesse des Kindes, aus einem solchen Geschäft berechtigt zu werden bzw. von ihm zu profitieren, kann durch die Regelung über den Vertrag zugunsten Dritter (§ 328 BGB) oder die Figur des Vertrags mit Schutzwirkung für Dritte Rechnung getragen werden.[6] 5

Nimmt das **Kind** ein Rechtsgeschäft oder eine rechtsgeschäftsähnliche **Handlung selbst vor**, erklären die Eltern ihre – i.d.R. erforderliche – Zustimmung nicht als gesetzliche Vertreter, sondern in Erfüllung ihres Pflichtenrechts nach § 1626 Abs. 1 BGB. Das Gleiche gilt für die Erfüllung von öffentlich-rechtlichen Pflichten, deren Erfüllung das Gesetz den Eltern selbst auferlegt, wie die Begründung und Aufgabe eines Wohnsitzes (§ 11 BGB) oder die Anmeldung des Kindes zur Schule (hierzu *Fink*, § 1626 BGB Rn. 15 f.). 6

Handelt ein Elternteil als Alleinvertreter unter **Verstoß gegen den Gesamtvertretungsgrundsatz** oder handelt ein Elternteil als Gesamtvertreter ohne Ermächtigung des anderen, kommen die Regelungen der §§ 177 ff. BGB entsprechend zur Anwendung.[7] 7

---

1 BT-Drucks. 8/2788, 47; BVerfGE 10, 59
2 BGH NJW 1987, 1947, 1948; OVG Münster FamRZ 1975, 44, 45; OLG Hamm ZKJ 2016, 107; MüKo-BGB/*Huber*, § 1629 BGB Rn. 12
3 BGHZ 105, 45, 48; OLG Saarbrücken FamRZ 2008, 2030; BeckOK-BGB/*Veit*, § 1629 BGB Rn. 11 f.; *Hoffmann*, ZKJ 2009, 156, 160 f.
4 MüKo-BGB/*Huber*, § 1629 BGB Rn. 13 ff.; Staudinger/*Peschel-Gutzeit*, § 1629 BGB Rn. 27
5 Vgl. BGHZ 89, 263, 266
6 MüKo-BGB/*Huber*, § 1629 BGB Rn. 15
7 MüKo-BGB/*Huber*, § 1629 BGB Rn. 41; Staudinger/*Peschel-Gutzeit*, § 1629 BGB Rn. 38

II. Ausnahmen von der Gesamtvertretung (Abs. 1 Satz 2 2. HS, Satz 3, Satz 4)

8 Der Grundsatz der Gesamtvertretung sieht zahlreiche Ausnahmen vor.

1. Gesetzlich normierte Ausnahmen

a) Empfangsvertretung (Abs. 1 Satz 2 2. HS)

9 Für die Empfangsvertretung bei einer Willenserklärung genügt Alleinvertretung. Der damit normierte Gedanke gilt auch für die Zurechnung von Willensmängeln, die Kenntnis oder das Kennenmüssen gewisser Umstände, für die nach § 166 Abs. 1 BGB auf die Person des Vertreters abzustellen ist.[8]

b) Alleinige Sorgerechtsausübung und Entscheidungskompetenzübertragung (Abs. 1 Satz 3)

10 Ein Elternteil, der die elterliche Sorge allein ausübt oder dem die Entscheidungskompetenz über eine einzelne Angelegenheit oder eine bestimmte Art von Angelegenheiten nach § 1628 BGB übertragen wurde, vertritt das Kind allein. Damit wird dem Grundsatz Rechnung getragen, dass den Eltern die gesetzliche Vertretung nur insoweit zusteht, als sie auch die elterliche Sorge innehaben.

c) Gefahr im Verzug (Abs. 1 Satz 4)

11 Das **Notvertretungsrecht** steht dem Wortlaut nach **jedem Elternteil** zu. Es hängt nicht davon ab, ob die Eltern miteinander verheiratet sind, ob sie getrennt leben (§ 1687 Abs. 1 Satz 5 BGB) oder ob einem von ihnen das Alleinvertretungsrecht auf Grund anderer Vorschriften zusteht (§ 1687a BGB). Das Notvertretungsrecht kann sich gegenüber einem Alleinvertretungsrecht des anderen Elternteils durchsetzen. Es gilt auch für Pflegepersonen (§ 1688 Abs. 1 Satz 3, Abs. 4 BGB), für Stiefeltern (§ 1687b Abs. 2 BGB) und für den Lebenspartner eines Elternteils (§ 9 Abs. 2 LPartG).

12 Die Notvertretung greift nur bei **Gefahr im Verzug**. Das ist der Fall, wenn dem Kind erhebliche (insbes. gesundheitliche und wirtschaftliche) Nachteile drohen, deren Abwendung ein sofortiges Eingreifen erforderlich macht, und die vorherige Einholung einer Entscheidung des anderen Elternteils den Zweck der Maßnahme gefährden würde. Geht der handelnde Elternteil irrtümlich von einer Gefahr im Verzug aus, die objektiv nicht besteht, ist das Notvertretungsrecht in Anwendung des Rechtsgedankens des § 680 BGB trotzdem zu bejahen, wenn der Irrtum nicht auf grober Fahrlässigkeit beruht.[9]

13 Der Begriff der **Rechtshandlung** beschränkt sich nicht auf den Abschluss von Rechtsgeschäften, sondern umfasst alle Maßnahmen mit rechtlicher Wirkung, wie die Einwilligung in eine ärztliche Behandlung für das Kind.[10]

14 Der andere Elternteil ist von der in Notvertretung getroffenen Rechtshandlung **unverzüglich** (ohne schuldhaftes Zögern, § 121 Abs. 1 Satz 1 BGB) zu **unterrichten**.

2. Elterlich vereinbarte Ausnahmen

15 Die Gesamtvertretung schließt es nicht aus, dass sich Eltern einander **widerrufliche Vollmachten** erteilen und ein Elternteil den anderen autorisiert, allein für das Kind zu handeln.

8 BGHZ 20, 149, 152 f.; 62, 166, 173
9 MüKo-BGB/*Huber*, § 1629 BGB Rn. 28; BeckOK-BGB/*Veit*, § 1629 BGB Rn. 20 f.
10 MüKo-BGB/*Huber*, § 1629 BGB Rn. 28

III. Ausschluss des Vertretungsrechts (Abs. 2 Satz 1, Abs. 2a)

1. Ausschlussgrund nach § 1795 BGB (Abs. 2 Satz 1)

Liegt ein Ausschlussgrund nach § 1795 BGB vor, sind die Eltern von der Vertretung des Kindes ausgeschlossen, und die Bestellung eines **Ergänzungspfleger**s (§ 1909 Abs. 1 BGB) wird notwendig. Damit soll einer abstrakten Gefährdungssituation für die Kindesinteressen begegnet werden; eine konkrete Gefährdung ist nicht erforderlich. Der Ausschluss erfasst dabei beide sorgeberechtigten Elternteile, auch wenn nur in der Person eines Elternteils ein in § 1795 BGB genannter Ausschlussgrund vorliegt.[11] **16**

Nimmt ein sorgeberechtigter Elternteil Rechtsgeschäfte vor, obwohl er von der Vertretung ausgeschlossen ist, gelten die allgemeinen Regeln über die **Vertretung ohne Vertretungsmacht**, § 177 ff. BGB. Das Rechtsgeschäft ist bis zur Genehmigung des Ergänzungspflegers oder des volljährig bzw. geschäftsfähig gewordenen Kindes selbst schwebend unwirksam.[12] **17**

§ 1795 BGB sieht **vier Ausschlusstatbestände** vor: **18**

- **§ 1795 Abs. 2 BGB**: das allgemeine Verbot der Selbstkontrahierung (§ 181 BGB); nicht: wenn das Rechtsgeschäft dem Kind lediglich rechtliche Vorteile bringt,[13]
- **§ 1795 Abs. 1 Nr. 1 BGB**: bei Rechtsgeschäften zwischen den Ehegatten, Lebenspartnern oder bestimmten Verwandten einerseits und dem Kind andererseits; nicht: wenn das Rechtsgeschäft ausschließlich in Erfüllung einer Verbindlichkeit besteht oder dem Kind lediglich rechtliche Vorteile bringt,[14]
- **§ 1795 Abs. 1 Nr. 2 BGB**: bei bestimmten Rechtsgeschäften, die den Eltern zugutekommen,
- **§ 1795 Abs. 1 Nr. 3 BGB**: bei Rechtsstreitigkeiten zwischen den in Nr. 1 bezeichneten Personen sowie bei Rechtsstreitigkeiten über eine Angelegenheit der in Nr. 2 bezeichneten Art.

Die vier Fallgruppen sind **abschließend**. Auch wenn im konkreten Fall eine tatsächliche Gefährdung der Kindesinteressen vorliegt, kann der gesetzliche Ausschluss der § 1629 Abs. 2 Satz 1, § 1795 BGB nicht darauf erstreckt werden.[15] **19**

Der Begriff des **Rechtsgeschäft**s ist weit zu verstehen. Er umfasst nicht nur Verträge, sondern auch einseitige empfangsbedürftige Willenserklärungen wie die Zustimmung des Vertreters nach §§ 182 ff. BGB[16] oder die Erklärung des Vertreters gegenüber einer Behörde oder einem Gericht, sofern das Rechtsgeschäft unmittelbar darauf abzielt, die Rechtsposition des Vertreters oder des Kindes zu beeinflussen (z.B. die Testamentsanfechtung gegenüber dem Nachlassgericht[17]). **20**

Keine Rechtsgeschäfte sind: **21**

- die Entscheidung des Vertreters, **ob** Rechte des Kindes geltend gemacht werden sollen,

11 BGH FamRZ 1972, 498, 499; BayObLG FamRZ 1960, 33, 34; OLG Hamm FamRZ 1993, 1122, 1123
12 RGZ 119, 114, 116; MüKo-BGB/*Huber*, § 1629 BGB Rn. 54
13 BGHZ 59, 236, 240; BGH FamRZ 2010, 546, 547; OLG Dresden NJW 2016, 1027
14 BGH NJW 1985, 2407 f.; OLG Hamm NJW-RR 2001, 437
15 Vgl. MüKo-BGB/*Huber*, § 1629 BGB Rn. 26
16 BayObLG FamRZ 1960, 33, 34
17 RGZ 143, 350, 351 f.

- alle Verfahrenshandlungen, die nicht im Rahmen eines Rechtsstreits der in § 1795 Abs. 1 Nr. 3 BGB aufgeführten Fälle vorgenommen werden.[18]

▶ *Siehe auch Dürbeck, Kommentierung zu § 1795 BGB.*

2. Ausschlussgrund: gerichtliches Verfahren zur Durchsetzung einer genetischen Abstammungsuntersuchung, § 1598a Abs. 2 BGB (Abs. 2a)

22 Der Ausschlussgrund umfasst **nur** das **gerichtliche Verfahren** zur Durchsetzung einer genetischen Abstammungsuntersuchung. Außerhalb des Verfahrens bleiben die Eltern grundsätzlich vertretungsberechtigt, so bei der Frage, ob überhaupt ein gerichtliches Verfahren anzustrengen ist.[19]

IV. Entzug des Vertretungsrechts (Abs. 2 Satz 3)

1. Maßnahmen des Familiengerichts i.S.v. § 1796 BGB

23 Das Familiengericht kann den Eltern bei einer konkreten Gefährdungssituation für die Kindesinteressen die Vertretung für einzelne Angelegenheiten oder für einen bestimmten Kreis von Angelegenheiten entziehen (§ 1796 BGB).

▶ *Zur funktionalen Zuständigkeit Heilmann, § 3 RPflG Rn. 5.*
Siehe auch Dürbeck, Kommentierung zu § 1796 BGB.

24 **Voraussetzungen** für die gerichtliche Entziehung sind:

- ein oder beide sorgeberechtigten Elternteile haben die **Vertretung für eine einzelne Angelegenheit oder für einen bestimmten Kreis von Angelegenheiten** inne (vgl. § 1796 Abs. 1 BGB),
- **konkrete Interessenkollision**[20] zwischen den Eltern, einem von den Eltern vertretenen Dritten, den Ehegatten, den Lebenspartnern oder bestimmten Verwandten einerseits und dem Kind andererseits (§ 1796 Abs. 2 BGB),
- das Interesse des Kindes steht zu den Interessen der Eltern, eines von den Eltern vertretenen Dritten, der Ehegatten, der Lebenspartner oder bestimmter Verwandter in **erheblichem Gegensatz** (§ 1796 Abs. 2 BGB),
- Wahrung des Grundsatzes der **Verhältnismäßigkeit**.

25 Der Begriff der **Vertretung** ist weit zu verstehen. Er umfasst nicht nur die tatsächliche Durchsetzung von Ansprüchen gegen die betreffende Person, sondern auch die Entscheidung darüber, ob solche Ansprüche überhaupt geltend gemacht werden sollen.[21]

26 Ein **erheblicher Gegensatz** ist gegeben, wenn das eine Interesse nur auf Kosten des anderen Interesses durchgesetzt werden kann und die Gefahr besteht, dass die sorgeberechtigten Eltern das Kindesinteresse nicht genügend berücksichtigen können.[22] Nicht ausreichend ist, dass sich das Kind und die anderen möglichen Personen auf zwei Seiten gegenüberstehen.[23] Ebenso wenig kann ein erheblicher Gegensatz bei jeder denkbaren Vermögensgefährdung angenommen werden, da andernfalls die engen Voraussetzungen der §§ 1666, 1667 BGB umgangen werden würden.[24]

---

18 MüKo-BGB/*Huber*, § 1629 BGB Rn. 53 f.
19 BT-Drucks. 16/6561, 15; *Helms*, FamRZ 2008, 1033, 1034
20 BGH FamRZ 2014, 640; OLG Frankfurt FamRZ 2018, 357
21 MüKo-BGB/*Huber*, § 1629 BGB Rn. 56
22 BGH NJW 2019, 1814; OLG Köln FamRZ 2001, 430, 431; OLG Karlsruhe FamRZ 2004, 51; OLG Koblenz FamFR 2010, 403
23 BGH NJW 1979, 345, 347; OLG Stuttgart FamRZ 1983, 831
24 OLG Frankfurt NJW-RR 2005, 1382

Wie bei allen Eingriffen in das Elternrecht ist der Grundsatz der **Verhältnismäßigkeit** zu wahren. Eine Entziehung ist dann nicht erforderlich, wenn die Eltern trotz einer Interessenkollision in der Lage sind, eine dem Wohl des Kindes entsprechende Entscheidung zu treffen,[25] oder wenn durch die Bestellung eines Verfahrensbeistands für eine wirksame Interessenvertretung Sorge getragen werden kann.[26] Die Entziehung ist für jeden Elternteil gesondert zu prüfen und auf einen Elternteil zu beschränken, wenn in der Person des anderen Elternteils kein Grund für eine Entziehung gegeben ist.[27] **27**

Folge bei gemeinsamer elterlicher Sorge und der Entziehung der Vertretung nur eines Elternteils ist die **Alleinvertretung** des anderen Elternteils nach § 1680 Abs. 3, Abs. 1 BGB. Wird bei gemeinsamer elterlicher Sorge beiden Elternteilen bzw. bei Alleinsorge dem allein sorgeberechtigten Elternteil die Vertretung entzogen, ist für die Vertretung des Kindes nach § 1909 BGB ein **Ergänzungspfleger** zu bestellen. **28**

2. Keine Entziehung für die Vaterschaftsfeststellung (Abs. 2 Satz 3 2. HS)

Die Ausnahme bezieht sich auf die gerichtliche **Feststellung der Vaterschaft** nach § 1600d BGB und gilt auch für die **Anfechtung** der Vaterschaft nach §§ 1599 ff. BGB.[28] Bedarf es eines Schutzes der Kindesinteressen, besteht die Möglichkeit, die Entscheidung über das Betreiben eines Vaterschaftsfeststellungsverfahrens bzw. Vaterschaftsanfechtungsverfahrens einem Elternteil nach § 1628 BGB zu übertragen oder die elterliche Sorge unter den Voraussetzungen des § 1666 BGB zu entziehen und die Entscheidung über das Betreiben eines Vaterschaftsfeststellungsverfahrens bzw. Vaterschaftsanfechtungsverfahrens sowie seine Durchführung einem Pfleger zu übertragen.[29] **29**

▶ *Zu Einzelheiten der Vaterschaftsanfechtung siehe Grün, § 1600a BGB Rn. 11 ff.*

V. Geltendmachung von Unterhaltsansprüchen (Abs. 2 Satz 2, Abs. 3)

1. Alleinvertretungsrecht (Abs. 2 Satz 2)

Die Norm ermöglicht die **Alleinvertretung eines Elternteils** für die Geltendmachung von Unterhaltsansprüchen des Kindes gegen den anderen Elternteil. **30**

Voraussetzungen dafür sind: **31**

- die gemeinsame Sorge der Eltern,
- das Kind befindet sich in Obhut eines Elternteils.

a) Die **elterliche Sorge** für das Kind muss den Eltern **gemeinsam** zustehen. Es kommt nicht darauf an, ob der Eintritt der gemeinsamen Sorge auf Ehe (§ 1626, § 1626a Abs. 1 Nr. 2 BGB), Sorgeerklärungen (§ 1626a Abs. 1 Nr. 1 BGB) oder gerichtlicher Anordnung (wie § 1626a Abs. 1 Nr. 3 BGB) beruht.[30] **32**

b) Das Kind muss sich in **Obhut** eines Elternteils befinden. Der Begriff der Obhut stammt aus § 42 SGB VIII und stellt auf die tatsächlichen Betreuungsverhältnisse ab. Das Kind befindet sich in der Obhut desjenigen Elternteils, bei dem der Schwerpunkt der tatsächlichen Fürsorge und Betreuung liegt, der sich also vorrangig um die Befriedigung der elementaren Bedürfnisse (wie Pflege, Verköstigung, Kleidung, emotionale Zuwendung) des Kindes **33**

---

25 OLG Stuttgart FamRZ 1983, 831; OLG Karlsruhe FamRZ 2004, 51 f.
26 BGH FamRZ 2011, 1788, 1790
27 MüKo-BGB/*Huber*, § 1629 BGB Rn. 60
28 BGH FamRZ 2017, 123 m.w.N.; BayObIG FamRZ 1999, 737; *Grün*, S. 131 f.
29 Für das Vaterschaftsfeststellungsverfahren: BT-Drucks. 13/892, 34; für das Vaterschaftsanfechtungsverfahren: *Grün*, S. 131 f.
30 Vgl. BT-Drucks. 13/4899, 96

kümmert.[31] Lässt sich ein Schwerpunkt nicht ermitteln, greift § 1629 Abs. 2 Satz 2 BGB nicht ein.[32] Das Gleiche gilt, wenn kein Elternteil die tatsächliche Obhut über das Kind innehat.[33]

34 Der tatsächlich betreuende Elternteil **verliert** die **Obhut nicht** allein dadurch, dass

- die Organisation und Überwachung durch eine **Drittbetreuung** (wie Internat, Verwandte) erfolgt,
- er eine **Beistandschaft** des Jugendamts (§ 1712 BGB) in Anspruch nimmt,
- der andere Elternteil bei **Engpässen mithilft** und Aufgaben übernimmt, die in etwa denen einer Umgangsbefugnis nach erfolgter Sorgerechtsregelung entsprechen,[34]
- der andere Elternteil mit dem Kind einen (auch längeren) **Urlaub** verbringt – im konkreten Fall sechs Wochen,[35]
- die Eltern das sog. **Wechselmodell** praktizieren, **wenn** sich feststellen lässt, dass der Anteil des einen Elternteils an der Fürsorge und Betreuung des Kindes den Anteil des anderen Elternteils übersteigt – im konkreten Fall 57% Betreuungszeit;[36] anders verhält es sich, wenn die Eltern die Fürsorge und Betreuung für das Kind mit im Wesentlichen gleichen Anteilen vornehmen (dann muss der Elternteil, der den anderen als barunterhaltspflichtig hält, entweder eine gerichtliche Übertragung nach § 1628 BGB oder die Bestellung eines Pflegers für das Kind herbeiführen),[37]
- er einer Vollbeschäftigung nachgeht, während der andere Elternteil keiner oder einer Teilzeitbeschäftigung nachgeht.[38]

35 **c)** Als **Folge** des Vorliegens der Voraussetzungen kann der die Obhut innehabende Elternteil Unterhaltsansprüche des Kindes gegen den anderen Elternteil **im Namen des Kindes** gerichtlich und außergerichtlich[39] geltend machen.

36 Das **Alleinvertretungsrecht endet** in dem Moment, in dem die Voraussetzungen wegfallen. Wurde vor dem Wegfall der Voraussetzungen bereits ein Antrag gestellt, wird dieser insgesamt unzulässig – auch für die bis dahin angelaufenen Unterhaltsrückstände.[40] Es besteht dann die Möglichkeit einer Erledigungserklärung nach § 112 Nr. 1, § 113 Abs. 1 FamFG i.V.m. § 91a ZPO oder der Umstellung des Antrags auf einen familienrechtlichen Ausgleichsanspruch nach § 112 Nr. 1, § 113 Abs. 1 FamFG i.V.m. § 263 ZPO.[41]

---

31 BGH ZKJ 2006, 513, 514; FamRZ 2007, 707, 708; OLG Frankfurt FamRZ 1992, 575 f.; OLG Stuttgart NJW-RR 1996, 67
32 BGH ZKJ 2006, 513, 514
33 OLG Stuttgart NJW-RR 2005, 1382, 1383
34 OLG Frankfurt FamRZ 1992, 575 f.
35 OLG Köln FamRZ 2005, 1852
36 BGH NJW 2015, 331, 332
37 BGH FamRZ 2006, 1015; OLG Zweibrücken FamRZ 2001, 290, 291; OLG München FamRZ 2003, 248; OLG Celle FamRZ 2015, 590, 591; OLG Hamburg FamRZ 2015, 591; OLG Köln FamRZ 2015, 859, 860; OLG Frankfurt FamRZ 2017, 289
38 OLG Hamburg FamRZ 2001, 1235
39 OLG Hamburg FamRZ 1981, 490
40 Vgl. BGH FuR 2019, 353; OLG Hamm FamRZ 1990, 890, 891; OLG Köln FamRZ 2005, 1999; OLG Bamberg FamRZ 2014, 2014; OLG Koblenz FamRZ 2015, 1902; MüKo-BGB/*Huber*, § 1629 BGB Rn. 83. Eine andere Auffassung (*Fritzsche*, ZAP 2019, 555) geht davon aus, dass ein Wegfall des Alleinvertretungsrechts für das Verfahren ipso iure keine Auswirkungen habe und nicht zur Verfahrensunterbrechung führe, § 113 Abs. 1 Satz 2 FamFG, § 241 Abs. 1, § 246 Abs. 1 ZPO. Dies hätte zur Folge, dass einer Fortführung des Verfahrens entgegensteht, dass das Kind ohne gesetzlichen Vertreter nicht i.S.v. § 579 Abs. 1 Nr. 4 ZPO nach den Vorschriften der Gesetze vertreten wäre und für die Bestellung eines Ergänzungspflegers zunächst ein Sorgerechtsentzug nach § 1629 Abs. 2 Satz 1, § 1795 Abs. 1 Nr. 3, § 181 BGB vorausgehen müsste.
41 OLG Koblenz FamRZ 2015, 1902; OLG Hamburg FamRZ 2019, 797

2. Verfahrensstandschaft bei Trennung und Scheidung (Abs. 3)

Die Vorschrift enthält eine verfahrensrechtliche Ergänzung und ist **lex specialis** zu § 1629 Abs. 2 Satz 2 BGB. Dabei kann ein Elternteil Unterhaltsansprüche des Kindes gegen den anderen Elternteil nur **im eigenen Namen** geltend machen. 37

Voraussetzungen für die Geltendmachung von Unterhaltsansprüchen des Kindes sind: 38

- die **Alleinvertretung** des geltend machenden Elternteils,
- die **Ehe** oder die **Lebenspartnerschaft** der Eltern,
- das **Getrenntleben** der Eltern **oder** die **Anhängigkeit einer Ehesache** oder eine **Lebenspartnerschaftssache** zwischen den Eltern.

a) Der die Unterhaltsansprüche des Kindes geltend machende Elternteil muss zur **Alleinvertretung** in diesem Bereich befugt sein. Es spielt keine Rolle, ob die Alleinvertretung auf einer gerichtlichen Übertragung oder auf der Obhutsregelung des § 1629 Abs. 2 Satz 2 BGB beruht.[42] Das Vorliegen der gemeinsamen elterlichen Sorge der Eltern wird nicht vorausgesetzt. 39

Die **Beistandschaft** des Jugendamts (§ 1712 Abs. 1 Nr. 2 BGB) ändert grundsätzlich nichts an der Vertretungsbefugnis eines Elternteils (§ 1716 Satz 1 BGB). Wird das Kind jedoch im gerichtlichen Verfahren durch das Jugendamt als Beistand vertreten, ist die Vertretung des sorgeberechtigten Elternteils ausgeschlossen, § 234 FamFG.[43] 40

b) Die Eltern des Kindes müssen **miteinander verheiratet** oder **verpartnert** sein. 41

c) Die Eltern des Kindes müssen **getrennt leben** (§ 1567 BGB), oder es muss zwischen ihnen eine **Ehesache** (§ 121 FamFG) oder **Lebenspartnerschaftssache** (§ 269 Abs. 1 Nr. 1, Nr. 2 FamFG) **anhängig** (§ 124 FamFG) sein. Der Unterhaltsanspruch kann, muss aber nicht im Verbund mit dem Scheidungs- oder Aufhebungsverfahren geltend gemacht werden.[44] 42

d) Als **Folge** des Vorliegens der Voraussetzungen kann der alleinvertretungsberechtigte Elternteil Unterhaltsansprüche des Kindes gegen den anderen Elternteil **im eigenen Namen** – in gesetzlicher **Verfahrensstandschaft** – gerichtlich geltend machen. Erwirkt der alleinvertretungsberechtigte Elternteil einen Titel, kann er daraus auch vollstrecken. 43

Für eine Gewährung von **Verfahrenskostenhilfe** in dem Verfahren kommt es dann auf die wirtschaftlichen Verhältnisse des antragstellenden Elternteils – nicht auf die des Kindes – an.[45] 44

Wird die Ehe oder Lebenspartnerschaft der Eltern nach Einleitung des Kindesunterhaltsverfahrens **rechtskräftig geschieden** bzw. **aufgehoben**, dauert die Verfahrensstandschaft trotzdem bis zum Abschluss des Verfahrens fort (§ 113 Abs. 1 FamFG i.V.m. § 265 Abs. 2 Satz 1 ZPO analog bzw. § 270 Abs. 1 Satz 1 i.V.m. § 113 Abs. 1 FamFG i.V.m. § 265 Abs. 2 Satz 1 ZPO analog [46]), soweit die übrigen Voraussetzungen fortbestehen.[47] 45

Die **Verfahrensstandschaft endet** mit der Volljährigkeit des Kindes oder mit dem Verlust der Alleinvertretung des den Unterhaltsanspruch geltend machenden Elternteils. Wird das 46

---

42 MüKo-BGB/*Huber*, § 1629 BGB Rn. 87; BeckOK-BGB/*Veit*, § 1629 BGB Rn. 82
43 Zur Zulässigkeit der Vertretung des Kindes durch einen Beistand bei Vorliegen der Voraussetzungen des § 1629 Abs. 3 Satz 1: BGH FamRZ 2015, 130
44 Vgl. BGH FamRZ 1983, 474, 475
45 BGH FamRZ 2005, 1164, 1166 f.; FamRZ 2006, 32, 33
46 *Gießler*, FamRZ 1994, 800, 801 f.; MüKo-BGB/*Huber*, § 1629 BGB Rn. 91
47 MüKo-BGB/*Huber*, § 1629 BGB Rn. 89; BeckOK-BGB/*Veit*, § 1629 BGB Rn. 50

Kind während des Unterhaltsverfahrens **volljährig**, kommt es zum Beteiligtenwechsel kraft Gesetzes, der keiner Zustimmung der Gegenseite bedarf. Das Kind tritt automatisch als Beteiligter in das Verfahren ein.[48]

47 Bei **Wegfall des Alleinvertretungsrechts** wird ein bereits gestellter Antrag insgesamt unzulässig – auch für die bis dahin angelaufenen Unterhaltsrückstände. Es besteht dann die Möglichkeit einer Erledigungserklärung nach § 112 Nr. 1, § 113 Abs. 1 FamFG i.V.m. § 91a ZPO oder der Umstellung des Antrags auf einen familienrechtlichen Ausgleichsanspruch.[49]

48 **Vollstrecken** kann aus dem Titel der Elternteil, der ihn als Verfahrensstandschafter erwirkt hat, auch dann, wenn zwischenzeitlich die Verfahrensstandschaft beendet, das Kind aber noch minderjährig ist. Ihm ist trotzdem die Vollstreckungsklausel zu erteilen.[50] Vollstreckt der frühere Verfahrensstandschafter trotz Wegfalls der Verfahrensstandschaft aus einem erwirkten Unterhaltstitel, so kann der nach dem Titel unterhaltspflichtige Elternteil einen Vollstreckungsgegenantrag nach § 95 Abs. 1 Nr. 1 FamFG i.V.m. § 767 ZPO analog gegen den früheren Verfahrensstandschafter stellen.[51]

49 **e)** Nach § 1629 **Abs. 3 Satz 2** BGB wirken die von einem Elternteil erwirkten gerichtlichen Entscheidungen und die zwischen den Eltern geschlossenen Vergleiche auch für und gegen das Kind.

§ 1629a BGB Beschränkung der Minderjährigenhaftung

(1) [1]Die Haftung für Verbindlichkeiten, die die Eltern im Rahmen ihrer gesetzlichen Vertretungsmacht oder sonstige vertretungsberechtigte Personen im Rahmen ihrer Vertretungsmacht durch Rechtsgeschäft oder eine sonstige Handlung mit Wirkung für das Kind begründet haben, oder die auf Grund eines während der Minderjährigkeit erfolgten Erwerbs von Todes wegen entstanden sind, beschränkt sich auf den Bestand des bei Eintritt der Volljährigkeit vorhandenen Vermögens des Kindes; dasselbe gilt für Verbindlichkeiten aus Rechtsgeschäften, die der Minderjährige gemäß §§ 107, 108 oder § 111 mit Zustimmung seiner Eltern vorgenommen hat oder für Verbindlichkeiten aus Rechtsgeschäften, zu denen die Eltern die Genehmigung des Familiengerichts erhalten haben. [2]Beruft sich der volljährig Gewordene auf die Beschränkung der Haftung, so finden die für die Haftung des Erben geltenden Vorschriften der §§ 1990, 1991 entsprechende Anwendung.

(2) Absatz 1 gilt nicht für Verbindlichkeiten aus dem selbständigen Betrieb eines Erwerbsgeschäfts, soweit der Minderjährige hierzu nach § 112 ermächtigt war, und für Verbindlichkeiten aus Rechtsgeschäften, die allein der Befriedigung seiner persönlichen Bedürfnisse dienten.

(3) Die Rechte der Gläubiger gegen Mitschuldner und Mithaftende sowie deren Rechte aus einer für die Forderung bestellten Sicherheit oder aus einer deren Bestellung sichernden Vormerkung werden von Absatz 1 nicht berührt.

(4) [1]Hat das volljährig gewordene Mitglied einer Erbengemeinschaft oder Gesellschaft nicht binnen drei Monaten nach Eintritt der Volljährigkeit die Auseinandersetzung des Nachlasses verlangt oder die Kündigung der Gesellschaft erklärt, ist im Zweifel anzunehmen, dass die aus einem solchen Verhältnis herrührende Verbindlichkeit nach dem Eintritt der Volljährigkeit entstanden ist; Entsprechendes gilt für den volljährig gewordenen Inhaber eines Handelsgeschäfts, der dieses nicht binnen drei Monaten nach Eintritt der Volljährigkeit einstellt.

---

48 OLG München FamRZ 1996, 422
49 BGH FamRZ 1989, 850, 851; OLG Koblenz FamRZ 2005, 993
50 LG Konstanz FamRZ 2014, 1122, 1123; BeckOK-BGB/*Veit*, § 1629 BGB Rn. 96
51 OLG Hamm FamRZ 2000, 365; OLG Nürnberg NJW-RR 2002, 1158; vgl. BeckOK-BGB/*Veit*, § 1629 BGB Rn. 97

[2]Unter den in Satz 1 bezeichneten Voraussetzungen wird ferner vermutet, dass das gegenwärtige Vermögen des volljährig Gewordenen bereits bei Eintritt der Volljährigkeit vorhanden war.

Von einer Kommentierung wird abgesehen.

§ 1630 BGB Elterliche Sorge bei Pflegerbestellung oder Familienpflege

(1) Die elterliche Sorge erstreckt sich nicht auf Angelegenheiten des Kindes, für die ein Pfleger bestellt ist.

(2) Steht die Personensorge oder die Vermögenssorge einem Pfleger zu, so entscheidet das Familiengericht, falls sich die Eltern und der Pfleger in einer Angelegenheit nicht einigen können, die sowohl die Person als auch das Vermögen des Kindes betrifft.

(3) [1]Geben die Eltern das Kind für längere Zeit in Familienpflege, so kann das Familiengericht auf Antrag der Eltern oder der Pflegeperson Angelegenheiten der elterlichen Sorge auf die Pflegeperson übertragen. [2]Für die Übertragung auf Antrag der Pflegeperson ist die Zustimmung der Eltern erforderlich. [3]Im Umfang der Übertragung hat die Pflegeperson die Rechte und Pflichten eines Pflegers.

Übersicht

Rn.
A. Allgemeines ... 1
B. Inhalt der Norm ... 2
I. Einschränkung der elterlichen Sorge durch Pflegerbestellung (Abs. 1) ... 2
II. Meinungsverschiedenheiten (Abs. 2) ... 6
1. Zwischen Eltern und Pfleger ... 7
2. Zwischen einem Elternteil und dem anderen Elternteil ... 9
3. Entscheidung des Familiengerichts ... 10
III. Familienpflege (Abs. 3) ... 12
1. Antrag ... 14
2. Freiwillige Inpflegegabe für längere Zeit ... 15
3. Entscheidung des Familiengerichts ... 18
4. Rechtsfolgen ... 19

A. Allgemeines

Die Vorschrift regelt zum einen das Verhältnis zwischen Personen, insbes. Eltern und Pfleger, für all diejenigen Fälle, in denen die in § 1626 Abs. 1 BGB festgelegten Elternzuständigkeiten für die Personensorge und die Vermögenssorge, insbes. durch die Bestellung eines Pflegers, aufgeteilt wurden. Zum anderen soll die ordnungsgemäße Betreuung des Kindes sichergestellt werden, das von den Eltern für längere Zeit in Familienpflege gegeben worden ist.[1] 1

B. Inhalt der Norm

I. Einschränkung der elterlichen Sorge durch Pflegerbestellung (Abs. 1)

Angelegenheiten im Sinne des Gesetzes sind alle in § 1626 Abs. 1 BGB festgelegten Elternzuständigkeiten für die Personensorge und Vermögenssorge. 2

Mit der Bestellung eines (Ergänzungs-)Pflegers (§ 1909 Abs. 1 BGB) werden im Umfang 3
des Aufgaben- und Wirkungsbereichs des Pflegers die Eltern von der Wahrnehmung der

1 BT-Drucks. 8/2788, 47; MüKo-BGB/*Huber*, § 1630 BGB Rn. 1 f.; Palandt/*Götz*, § 1630 BGB Rn. 1

elterlichen Sorge ausgeschlossen. Der **Ausschluss dauert** von der Bestellung des Pflegers (§ 1915 Abs. 1 Satz 1 i.V.m. § 1789 BGB) bis zur Beendigung der elterlichen Sorge (§ 1918 Abs. 1 BGB), der Erledigung der einzelnen dem Pfleger übertragenen Angelegenheit (§ 1918 Abs. 3 BGB) oder der Aufhebung der Pflegschaft, wenn der Grund für ihre Anordnung weggefallen ist (§ 1919 BGB). Handeln die Eltern trotzdem als Vertreter in Aufgaben- und Wirkungsbereichen des Pflegers, gelten die Regelungen der §§ 177 ff. BGB.

4 Der **Bestellung** eines (Ergänzungs-)Pflegers bedarf es, **wenn**:

- ein Ausschlussgrund nach § 1795 BGB vorliegt, § 1629 Abs. 2 Satz 1 BGB,
- ein gerichtliches Verfahren zur Durchsetzung einer genetischen Abstammungsuntersuchung nach § 1598a BGB durchgeführt wird, § 1629 Abs. 2a BGB,
- eine konkrete Gefährdungssituation für die Kindesinteressen eine Entziehung nach § 1796 BGB erfordert, § 1629 Abs. 2 Satz 3 BGB,
- die elterliche Sorge beiden Elternteilen teilweise nach § 1666 BGB entzogen wurde,
- die elterliche Sorge teilweise auf eine Pflegeperson übertragen wurde, § 1630 Abs. 3 BGB,
- die Voraussetzungen der Anordnung einer Vormundschaft vorliegen, ein Vormund aber noch nicht bestellt ist, § 1909 Abs. 3 BGB,
- die Eltern nach § 1638 Abs. 1, Abs. 2 BGB von der Vermögenssorge ausgeschlossen sind,
- die Eltern teilweise verhindert sind (§ 1693 BGB) oder die elterliche Sorge teilweise ruht (§ 1674 BGB).

5 Die Vorschrift ist unmittelbar auf den (Ergänzungs-)Pfleger als **Umgangsbestimmungspfleger** und analog auf den Umgangspfleger für die Durchführung des Umgangs nach § 1684 Abs. 3 Satz 3 BGB anzuwenden.[2]

II. Meinungsverschiedenheiten (Abs. 2)

6 Die Vorschrift enthält einen allgemeinen Rechtsgrundsatz und ist in allen Fällen anzuwenden, in denen die Personensorge und die Vermögenssorge jeweils verschiedenen Personen zusteht und eine Meinungsverschiedenheit über eine Angelegenheit auftritt, die beide Bereiche berührt.[3] Dabei ist es **unerheblich**, **ob** die Meinungsverschiedenheit eine Angelegenheit betrifft, deren Regelung für das Kind **von erheblicher Bedeutung** ist oder nicht.[4]

1. Zwischen Eltern und Pfleger

7 Steht den Eltern die Personensorge und dem (Ergänzungs-)Pfleger die Vermögenssorge zu oder umgekehrt den Eltern die Vermögenssorge und dem (Ergänzungs-)Pfleger die Personensorge, und ist eine Angelegenheit des Kindes zu regeln, die beide Bereiche berührt, und können sich die Eltern und der Pfleger – trotz Einigungsversuchs nach § 1627 Satz 2 BGB analog – nicht einigen, hat das Familiengericht zu entscheiden. Ebenso hat das Gericht nach **§ 1630 Abs. 2 BGB analog** zu entscheiden, wenn dem Pfleger nicht die gesamte Personensorge oder Vermögenssorge zusteht, sondern nur ein Teil davon.[5]

8 Sind die gemeinsam **sorgeberechtigte**n **Eltern** bereits zwischen einander **uneinig**, ist zu differenzieren: Stimmt ein Elternteil dem Pfleger zu, hat das Gericht zunächst nach § 1628

2 BeckOK-BGB/*Veit*, § 1630 BGB Rn. 2.2
3 MüKo-BGB/*Huber*, § 1630 BGB Rn. 8
4 BeckOK-BGB/*Veit*, § 1630 BGB Rn. 5
5 MüKo-BGB/*Huber*, § 1630 BGB Rn. 8

BGB zu entscheiden. Ist danach der Elternteil entscheidungsbefugt, der mit dem Pfleger übereinstimmt, bedarf es keiner weiteren Entscheidung. Ist hingegen der andere Elternteil, der nicht mit dem Pfleger übereinstimmt, entscheidungsbefugt, bedarf es zusätzlich einer Entscheidung nach § 1630 Abs. 2 BGB. Weichen alle drei Meinungen voneinander ab, bedarf es nur einer Entscheidung nach § 1630 Abs. 2 BGB.[6]

2. Zwischen einem Elternteil und dem anderen Elternteil

Steht einem Elternteil die Personensorge und dem anderen Elternteil die Vermögenssorge **9** zu und besteht eine Meinungsverschiedenheit über die Regelung einer Angelegenheit des Kindes, die beide Bereiche umfasst, hat das Familiengericht nach **§ 1630 Abs. 2 BGB analog** zu entscheiden.[7]

3. Entscheidung des Familiengerichts

Das Verfahren ist als **Antragsverfahren** ausgestaltet und erfolgt nur auf Antrag eines El- **10** ternteils oder beider Elternteile oder des Pflegers.

Das Gericht trifft **keine eigene Sachentscheidung**, sondern erklärt nur die Meinung ei- **11** nes Elternteils, beider Elternteile oder des Pflegers für zutreffend und ersetzt damit zugleich die Zustimmung der anderen Person(en). Bei einem Streit um Geldsummen kann sich das Gericht jedoch auf eine vermittelnde Lösung festlegen.[8]

III. Familienpflege (Abs. 3)

Durch die Möglichkeit einer gerichtlichen Übertragung von Angelegenheiten der elterli- **12** chen Sorge auf eine Pflegeperson soll die ordnungsgemäße Betreuung desjenigen Kindes sichergestellt werden, welches von den Eltern für längere Zeit in Familienpflege gegeben worden ist.[9] Sowohl die gesamte Personensorge als auch die gesamte Vermögenssorge können Gegenstand der Übertragung sein.[10] Eine vollständige Übertragung der elterlichen Sorge ist hingegen nicht möglich, da die Pflegeperson dann nicht mehr Pfleger, sondern Vormund wäre, was dem Wortlaut des § 1630 Abs. 3 Satz 3 BGB entgegenstünde.[11]

Voraussetzungen für die gerichtliche Übertragung von Angelegenheiten der elterlichen **13** Sorge auf die Pflegeperson sind:

- der Antrag der Eltern oder des alleinvertretungsberechtigten Elternteils oder der Pflegeperson,
- das Kind wurde von den Eltern freiwillig für längere Zeit in eine Familienpflege gegeben,
- das Einverständnis der Pflegeperson zur Übertragung.[12]

1. Antrag

Das Verfahren ist als Antragsverfahren ausgestaltet und erfolgt nur auf Antrag der Eltern, **14** denen die elterliche Sorge für diejenige Angelegenheit zusteht, die der Pflegeperson übertragen werden soll, des alleinvertretungsberechtigten Elternteils oder der Pflegeperson.[13]

---

6 Palandt/*Götz*, § 1630 BGB Rn. 7
7 MüKo-BGB/*Huber*, § 1630 BGB Rn. 8; Palandt/*Götz*, § 1630 BGB Rn. 5
8 MüKo-BGB/*Huber*, § 1630 BGB Rn. 10; Palandt/*Götz*, § 1630 BGB Rn. 6
9 BT-Drucks. 8/2788, 47
10 Palandt/*Götz*, § 1630 BGB Rn. 11; Staudinger/*Peschel-Gutzeit*, § 1630 BGB Rn. 52
11 OLG Jena, FamRZ 2009, 992; Palandt/*Götz*, § 1630 BGB Rn. 11; Staudinger/*Peschel-Gutzeit*, § 1630 BGB Rn. 53; a.A. KG Berlin FamRZ 2006, 1291; OLG Celle FamRZ 2017, 450; MüKo-BGB/*Huber*, § 1630 BGB Rn. 26
12 MüKo-BGB/*Huber*, § 1630 BGB Rn. 23
13 *Salgo*, S. 283

Stellt die Pflegeperson einen Antrag, erfordert **§ 1630 Abs. 3 Satz 2 BGB** für die Übertragung die **Zustimmung** der Eltern.

2. Freiwillige Inpflegegabe für längere Zeit

15 Die personensorgeberechtigten Eltern müssen ihr Kind freiwillig für längere Zeit in eine Familienpflege gegeben haben.

16 **Familienpflege** bedeutet die Pflege und Erziehung des Kindes in einer anderen als der Herkunftsfamilie in familienähnlicher Weise.[14] Die Heimerziehung oder Internatserziehung genügt diesen Anforderungen nur in Ausnahmefällen, wenn Versorgung, Erziehung und Betreuung ein familienähnliches Gepräge aufweisen, so dass der Charakter der Einrichtung als Heim bzw. Anstalt völlig zurücktritt.[15] Familienpflege kann durch Verwandte, durch Verschwägerte oder durch Dritte erfolgen. Es genügt jedes faktische Pflegeverhältnis familienähnlicher Art, unabhängig von einem Pflegevertrag oder einer Pflegeerlaubnis nach § 44 Abs. 1 Satz 1 SGB VIII.[16] Bei der Familienpflege muss es sich i.d.R. um eine Vollzeitpflege (ein regelmäßiges Verweilen mit Tag- und Nachtabschnitten) und nicht nur um eine Tagespflege i.S.d. § 23 SGB VIII handeln.[17]

17 Die Familienpflege muss für **längere Zeit** bestehen. Bei der Begriffsbestimmung ist nicht entscheidend, ob die Pflege schon längere Zeit gedauert hat, sondern ob sie nach den Vorstellungen der Eltern längere Zeit dauern soll. Die bereits abgelaufene Dauer kann als Indiz für eine längerfristig geplante Fortdauer gelten. Eine konkrete Festlegung ist nicht möglich. Maßgeblich sind die Umstände des Einzelfalls, insbesondere, ob der geplante Pflegezeitraum solange währt, dass das Kind zur Pflegeperson bzw. Pflegefamilie und deren sozialem Umfeld engere Bindungen entwickeln kann.[18] Als Richtwerte werden Zeiträume von „mehreren" Monaten,[19] drei Monaten[20] oder mindestens sechs Monaten genannt. Nicht ausreichend ist ein Aufenthalt von bis zu acht Wochen.[21]

3. Entscheidung des Familiengerichts

18 Das Familiengericht kann dem Antrag ganz oder teilweise stattgeben oder ihn ganz zurückweisen. Bestimmend für die Entscheidung ist das Kindeswohl (§ 1697a BGB).[22] Eine Übertragung auf mehrere Pflegepersonen ist zulässig.[23] Über den Antrag hinaus darf das Gericht nicht gehen.[24] Es gelten die §§ 152 ff. FamFG, insbes. die Vorschriften zur persönlichen Anhörung des Kindes und der Eltern sowie die Beteiligung der Pflegeperson.

▶ *Zur funktionalen Zuständigkeit vgl. Heilmann, § 14 RPflG Rn. 10.*

4. Rechtsfolgen

19 Die Pflegeperson erhält in dem Umfang, in dem das Gericht ihr Angelegenheiten der elterlichen Sorge für das Kind übertragen hat, die Rechte und Pflichten eines Pflegers, **§ 1630 Abs. 3 Satz 3 BGB**. Danach sind die Vorschriften über die Rechte und Pflichten eines Pflegers anzuwenden, soweit sie nicht gerade die förmliche Stellung des Pflegers betreffen.[25]

---

14 BGH FamRZ 2001, 1449, 1451
15 MüKo-BGB/*Huber*, § 1630 BGB Rn. 18
16 BGH FamRZ 2001, 1449, 1451; Palandt/*Götz*, § 1630 BGB Rn. 9, MüKo-BGB/*Huber*, § 1630 BGB Rn. 18
17 MüKo-BGB/*Huber*, § 1630 BGB Rn. 18; *Salgo*, S. 283; vgl. BGH FamRZ 2001, 1449, 1451
18 MüKo-BGB/*Huber*, § 1630 BGB Rn. 19
19 OLG Braunschweig FamRZ 2002, 118
20 *Salgo*, S. 283
21 BeckOK-BGB/*Veit*, § 1630 BGB Rn. 10.1
22 KG Berlin FamRZ 2006, 1291; MüKo-BGB/*Huber*, § 1630 BGB Rn. 25
23 AG Ibbenbüren FamRZ 2009, 1331
24 MüKo-BGB/*Huber*, § 1630 BGB Rn. 25; BeckOK-BGB/*Veit*, § 1630 BGB Rn. 15
25 OLG Stuttgart FamRZ 2006, 1290, 1291

Die Pflegeperson kann einen Anspruch auf Hilfen zur Erziehung in Vollzeitpflege haben[26] und Aufwandsentschädigungen geltend machen.[27]

Da die Übertragung von Angelegenheiten der elterlichen Sorge für das Kind auf dem Willen der Eltern beruht, kann die Übertragung auf Antrag der Eltern **wieder aufgehoben** werden, sofern die Aufhebung nicht zu einer Kindeswohlgefährdung nach § 1666 BGB führt.[28] Ebenso ist bei einem Antrag auf Aufhebung seitens der Pflegeperson die Übertragung aufzuheben, da eine Aufrechterhaltung gegen den Willen der Pflegeperson dem Kind grundsätzlich mehr Schaden als Nutzen brächte.[29] **20**

Tenorierungsbeispiel **21**

Der Pflegeperson (Name) werden die Gesundheitssorge und die Sorge in schulischen Angelegenheiten für das Kind (Name), geboren am ..., übertragen.

§ 1631 BGB Inhalt und Grenzen der Personensorge

(1) Die Personensorge umfasst insbesondere die Pflicht und das Recht, das Kind zu pflegen, zu erziehen, zu beaufsichtigen und seinen Aufenthalt zu bestimmen.
(2) Kinder haben ein Recht auf gewaltfreie Erziehung. Körperliche Bestrafungen, seelische Verletzungen und andere entwürdigende Maßnahmen sind unzulässig.
(3) Das Familiengericht hat die Eltern auf Antrag bei der Ausübung der Personensorge in geeigneten Fällen zu unterstützen.

Übersicht

Rn.
A. Allgemeines ... 1
B. Inhalte der Norm ... 2
I. Inhalt der Personensorge (Abs. 1) ... 2
1. Pflege ... 4
2. Erziehung ... 6
3. Beaufsichtigung ... 7
4. Aufenthalt ... 12
II. Recht auf gewaltfreie Erziehung und Verbot entwürdigender Maßnahmen (Abs. 2) ... 15
1. Recht auf gewaltfreie Erziehung (Abs. 2 Satz 1) ... 16
2. Verbot entwürdigender Maßnahmen (Abs. 2 Satz 2) ... 17
a) Körperliche Bestrafungen ... 18
b) Seelische Verletzungen ... 20
c) Andere entwürdigende Maßnahmen ... 22
3. Rechtsfolgen ... 24
III. Unterstützung der Eltern bei der Ausübung der Personensorge (Abs. 3) ... 25

A. Allgemeines

Die Vorschrift konkretisiert einen Teilbereich des § 1626 Abs. 1 BGB, nämlich den Inhalt der Personensorge (im Gegensatz zur Vermögenssorge, §§ 1638 ff. BGB). Absatz 1 zählt – nicht abschließend – wesentliche **Inhalte** der Personensorge auf. Absatz 2 stellt – anders als sein Wortlaut vermuten lässt – **keine Anspruchsnorm**, sondern eine **Verbotsnorm** **1**

26 OVG Sachsen FamRZ 2009, 1524
27 OLG Stuttgart FamRZ 2006, 1290, 1291
28 Vgl. OLG Celle FamRZ 2011, 1664, 1665
29 MüKo-BGB/*Huber*, § 1630 BGB Rn. 30

dar.[1] Absatz 3 ist eine **Ermächtigungsgrundlage** für familiengerichtliche Unterstützungsleistungen.

B. Inhalte der Norm

I. Inhalt der Personensorge (Abs. 1)

2 Die Personensorge beinhaltet – wie in § 1626 Abs. 1 Satz 1 BGB in Umkehrung der in Art. 6 Abs. 2 Satz 1 GG vorgesehenen Reihenfolge und daher den Pflichtencharakter betonend[2] – „insbesondere" die Pflicht und das Recht, das Kind zu pflegen, zu erziehen, zu beaufsichtigen und seinen Aufenthalt zu bestimmen. Die Aufzählung ist mithin nicht abschließend.

3 Das Personensorgerecht steht den Eltern grundsätzlich gemeinsam zu. Die Inhaber des Personensorgerechts können die (partielle) **Ausübung** der ihnen obliegenden Pflichten und Rechte auf Dritte übertragen. Das betrifft insbesondere Kindertagesstätten, Tagesmütter, Schulen, Sportvereine oder Babysitter. Da es sich bei den sich aus der Personensorge ergebenden Rechten und Pflichten um **höchstpersönliche Positionen** handelt, können sie Eltern jedoch nie der Substanz nach auf andere übertragen.

1. Pflege

4 Unter Pflege des Kindes werden jedenfalls die Handlungen verstanden, die auf die **körperliche Befindlichkeit** des Kindes zielen. Das beinhaltet seine Ernährung, die Hygiene, Gesundheit, ärztliche Versorgung, Bekleidung und sonstige Versorgung.[3] Ob darüber hinaus auch ein über die körperliche Befindlichkeit hinausgehender Pflegebegriff gemeint ist, der die „allgemeine Sorge für die Person des Kindes, für sein körperliches Wohl und für seine geistige und charakterliche Entwicklung" umfasst,[4] ist nicht geklärt, dürfte aber allein schon aufgrund der Schwierigkeiten zu bejahen sein, jeweils eine klare Trennung zwischen diesen einzelnen Aspekten herzustellen.[5]

5 Zwar dürften zur Pflege die von der Impfkommission empfohlenen **Impfungen** sowie die Teilnahme an den empfohlenen ärztlichen **Früherkennungsuntersuchungen** gehören.[6] Gerade hierbei zeigt sich aber, dass es im Einzelfall sehr schwierig sein kann, dem Charakter der Norm als Pflichtrecht gerecht zu werden. Zwar kann die Nichtteilnahme an Vorsorgeuntersuchungen in einzelnen Bundesländern (Bremen, Hessen, Saarland, Rheinland-Pfalz, Brandenburg, Sachsen, Schleswig-Holstein, Niedersachsen, Nordrhein-Westfalen und Thüringen) zu Maßnahmen des Jugendamts führen, soweit die Teilnahme verpflichtend ist.[7] Der Umstand, dass dies in anderen Bundesländern nicht der Fall ist, muss jedoch beispielsweise bei der Frage, ob behördliche oder familiengerichtliche Maßnahmen wegen angeblicher Verletzung elterlicher Pflichten gegenüber dem Kind erfolgen dürfen, aus Gleichheitsgesichtspunkten eine wesentliche Rolle spielen.

▶ *Zur Problematik von Früherkennungsuntersuchungen auch Cirullies, § 1666 BGB Rn. 26.*

---

1 BT-Drucks. 14/1247, 7; Staudinger/*Salgo*, § 1631 BGB Rn. 5
2 BT-Drucks. 13/4899, 93
3 Staudinger/*Salgo*, § 1631 BGB Rn. 22; Palandt/*Götz*, § 1631 BGB Rn. 2
4 So Maunz/Dürig/Herzog-*Badura*, Art. 6 Abs. 2 GG Rn. 107
5 Vgl. Staudinger/*Salgo*, § 1631 BGB Rn. 22
6 Staudinger/*Salgo*, § 1631 BGB Rn. 22
7 Vgl. für Hessen § 1 Abs. 1 Satz 1, § 3 Abs. 1 Satz 3 HessKiGesundhSchutzG i.V.m. § 8a SGB VIII; hierzu auch VG Frankfurt ZKJ 2012, 406 ff.; VGH Kassel ZKJ 2013, 82 ff.; OLG Frankfurt ZKJ 2014, 31; für Rheinland-Pfalz VerfGH Rheinland-Pfalz JAmt 2010, 142 ff.; für Nordrhein-Westfalen § 4 Abs. 3 UTeilnahmeDatVO i.V.m. § 8a SGB VIII; VG Köln ZKJ 2012, 239 f.; allgemein zur Problematik: *Sommer*, ZKJ 2013, 68 ff.; DIJuF-Rechtsgutachten JAmt 2012, 161 ff.

2. Erziehung

Erziehung ist die elterliche Sorge für die **geistige und seelische Entwicklung** des Kindes in Bezug auf seine Anlagen und Fähigkeiten sowie sonstigen Verhältnisse.[8] Wichtigstes Ziel der Erziehung ist die Entwicklung des Kindes zu einem selbständigen und eigenverantwortlichen Menschen.[9] Dem heranwachsenden Gesellschaftsmitglied soll ermöglicht werden, sich um seiner selbst willen nach dem Menschenbild des Grundgesetzes zu entwickeln, um selbständig von den in der Verfassung eingeräumten Rechten Gebrauch machen zu können.[10] Eine strikte Abgrenzung der Begriffe Pflege und Erziehung ist nicht möglich, da sich die beiden Bereiche meist überschneiden.[11] **6**

3. Beaufsichtigung

Durch die Beaufsichtigung soll das Kind **vor Selbstgefährdung und vor Gefährdungen durch Dritte geschützt** werden.[12] Verletzen Eltern ihre Beaufsichtigungspflicht, können sie gegenüber dem Kind zur Haftung herangezogen werden, § 1664 BGB. Die Beaufsichtigungspflicht dient nicht dem Schutz Dritter vor Gefährdungen, die vom Kind ausgehen.[13] Die Eltern können aber gegenüber Dritten nach § 832 BGB haften. **7**

Die Beaufsichtigungspflicht trifft **jeden Elternteil**;[14] auch wenn sie eine Aufgaben- und Funktionsteilung vereinbart haben, sind sie der Pflicht einer wechselseitigen Überwachung nicht enthoben.[15] Die Beaufsichtigungspflicht trifft auch die **Pflegepersonen** (§ 1688 Abs. 1 BGB), die **Stiefeltern** (§ 1687b Abs. 1 BGB) und den **Lebenspartner** eines Elternteils (§ 9 Abs. 1 LPartG), da diese die Befugnis zur (Mit-)Entscheidung haben.[16] **8**

Eine **Übertragung** der Beaufsichtigungspflicht **auf Dritte**, insbes. Personen und Institutionen, bei denen sich das Kind aufhält (wie Kindergarten, Schule, Internat), ist grundsätzlich vorübergehend oder partiell möglich. Jedoch werden die Eltern dadurch nicht völlig von ihrer Pflicht befreit. Die Eltern müssen den Dritten sorgfältig auswählen,[17] und es können sich je nach Eigenart des Kindes Pflichten zur Kontrolle, zur Rückfrage oder zur Erteilung von Weisungen ergeben.[18] **9**

Der **Umfang** der Beaufsichtigungspflicht richtet sich nach dem Alter, der Eigenart und der Verständigkeit des Kindes und nach der örtlichen Situation.[19] Maßgebend ist, was verständige Eltern unter den gegebenen Umständen nach vernünftigen Anforderungen hätten tun müssen.[20] Dabei ist zu berücksichtigen, wie der Erfolg der bisherigen Aufsichts- und Erziehungsmaßnahmen war. Je geringer dieser bisher ausgefallen ist, desto intensiver muss die Beaufsichtigung sein.[21] Ferner ist zu berücksichtigen, dass die Einflussnahme der Eltern mit zunehmendem Alter und zunehmender Eigenverantwortlichkeit des Kindes zurücktritt. Mit zunehmendem Alter müssen dem Kind **Freiräume** gegeben werden,[22] und das Kind muss die Möglichkeit erhalten, sich an Gefahrenlagen zu gewöhnen.[23] Ein über- **10**

---

8 Mot IV, 750; BeckOK-BGB/*Veit*, § 1631 BGB Rn. 3
9 Vgl. BVerfGE 24, 119, 144, 155; BT-Drucks. 8/2788, 34
10 BVerfGE 24, 119, 144; 56, 363, 384
11 BeckOK-BGB/*Veit*, § 1631 BGB Rn. 3.1
12 BSG NJW 2018, 1418; MüKo-BGB/*Huber*, § 1631 BGB Rn. 6; BeckOK-BGB/*Veit*, § 1631 BGB Rn. 6
13 MüKo-BGB/*Huber*, § 1631 BGB Rn. 6
14 BGH FamRZ 1962, 116; OLG Nürnberg FamRZ 1963, 367, 368
15 OLG Nürnberg FamRZ 1963, 367, 368; BeckOK-BGB/*Veit*, § 1631 BGB Rn. 7
16 Staudinger/*Salgo*, § 1631 BGB Rn. 31; BeckOK-BGB/*Veit*, § 1631 BGB Rn. 7
17 OLG Celle NJW-RR 1987, 1384 f.
18 Staudinger/*Salgo*, § 1631 BGB Rn. 42
19 BVerfG FamRZ 2010, 2050, 2055; BGH FamRZ 1997, 799, 800; OLG München FamRZ 1997, 740, 741
20 BGH FamRZ 1984, 984, 985; NJW 1993, 1003; FamRZ 2013, 1121; MüKo-BGB/*Huber*, § 1631 BGB Rn. 8
21 BGH FamRZ 1984, 984, 985; FamRZ 1997, 799, 800
22 BGH FamRZ 1984, 984, 985; FamRZ 2009, 1049, 1050
23 MüKo-BGB/*Huber*, § 1631 BGB Rn. 9

behütetes Fernhalten von jeglicher Gefahr würde einer Verselbständigung entgegenstehen.[24]

11 Der Umfang der Beaufsichtigungspflicht richtet sich letztlich immer nach dem **konkreten Einzelfall**, z.B.

- wird beim **Spielen** von Kindern im Freien ab einem Alter von vier Jahren grundsätzlich eine regelmäßige Kontrolle in viertel- bis halbstündigen Zeitabständen für erforderlich, aber auch ausreichend gehalten,[25]
- ist eine Überwachung „auf Schritt und Tritt" von Kindern ab einem Alter von sieben Jahren grundsätzlich ebenso wenig erforderlich wie eine regelmäßige Kontrolle in kurzen, etwa halbstündigen Zeitabständen,[26]
- werden beim Umgang mit **gefährlichen Gegenständen** an die Belehrung und die Beaufsichtigung strenge Anforderungen gestellt, im konkreten Fall Streichhölzer und Feuerzeug,[27] gefährliches Spielzeug,[28] Medikamente und chemische Substanzen,[29]
- ist, wenn fünf- bis sechsjährige Kinder am **Straßenverkehr** teilnehmen, eine ständige Beaufsichtigung erforderlich,[30]
- ist es, wenn schulpflichtige Kindern zwischen sieben und zehn Jahren mit Roller oder Fahrrad am **Straßenverkehr** teilnehmen, grundsätzlich ausreichend, dass sie ihr Fahrzeug ausreichend beherrschen und sie über die Verkehrsregeln und die Gefahren für sich und andere gründlich belehrt worden sind,[31]
- ist ein 17jähriger grundsätzlich nur noch sehr eingeschränkt zu beaufsichtigen.[32]

4. Aufenthalt

12 Die Bestimmung des Aufenthalts umfasst die Festlegung von **Wohnort und Wohnung** des Kindes, nicht die Begründung des Wohnsitzes i.S.d. § 11 BGB.[33] Das Recht zur Bestimmung des Aufenthalts bildet die Grundlage für den Anspruch auf Herausgabe des Kindes in § 1632 Abs. 1 BGB und erlaubt die Festlegung des Wohnorts und der Wohnung bei Dritten wie Verwandten, Pflegefamilien, Heim, Kindergarten, Kur, Krankenhaus oder Internat.[34] Das Aufenthaltsbestimmungsrecht umfasst nicht das Recht zur Umgangsbestimmung.[35]

13 Von der Bestimmung des Aufenthalts ist ebenfalls eine **Beschränkung der Freiheit** erfasst, in Form von Hausarrest, des Verbots, sich an einen bestimmten Ort zu begeben, der Festlegung von Ausgehzeiten oder der Wegnahme des Personalausweises, um eine Ausreise ins Ausland zu verhindern.[36]

14 Die Bestimmung des Aufenthalts steht beiden sorgeberechtigten Elternteilen zu. Steht die elterliche Sorge nur einem Elternteil zu, so bestimmt er den Aufenthalt des Kindes allein.[37]

---

24 Staudinger/*Salgo*, § 1631 BGB Rn. 43
25 BGH FamRZ 2009, 1049, 1051
26 BGH FamRZ 2009, 1051, 1052
27 BGH NJW 1990, 2553, 2554; NJW 1993, 1003; FamRZ 1996, 600
28 KG FamRZ 1992, 550, 551; OLG Düsseldorf FamRZ 1998, 234
29 BGH FamRZ 1976, 330, 331
30 OLG Köln VersR 1969, 44, 45; OLG Düsseldorf ZFE 2002, 385 f.
31 BGH NJW-RR 1987, 1430, 1431
32 OLG Celle FamRZ 2000, 1214
33 Staudinger/*Salgo*, § 1631 BGB Rn. 50
34 Staudinger/*Salgo*, § 1631 BGB Rn. 53 mit weiteren Beispielen
35 OLG Frankfurt ZKJ 2013, 167, 168; *Heilmann*, FamRZ 2014, 1753, 1754
36 BeckOK-BGB/*Veit*, § 1631 BGB Rn. 10.1
37 BeckOK-BGB/*Veit*, § 1631 BGB Rn. 11

II. Recht auf gewaltfreie Erziehung und Verbot entwürdigender Maßnahmen (Abs. 2)

Das Recht des Kindes auf gewaltfreie Erziehung und das Verbot entwürdigender Maßnahmen soll verdeutlichen, dass das Kind als Person mit eigener Menschenwürde (Art. 1 Abs. 1 Satz 1 GG) und als Träger von Rechten und Pflichten die Achtung seiner Persönlichkeit (Art. 2 Abs. 1 i.V.m. Art. 1 Abs. 1 GG) auch von den Eltern und Dritten verlangen kann.[38] Damit soll kein absolutes Verbot aller körperlichen Einwirkungen aufgestellt werden. Die Norm knüpft nicht an einen strafrechtlichen Gewaltbegriff an, was eine Kriminalisierung des Familienlebens zur Folge haben könnte, sondern konkretisiert den Begriff der gewaltfreien Erziehung in gewissem Umfang. Eine anderslautende Regelung hätte beispielsweise zur Folge, dass jedes Festhalten des Kindes zur Gefahrenabwehr mit der Gefahr einer Strafverfolgung nach § 240 StGB verbunden wäre oder eine Hinderung des Kindes, aus gegebenem Anlass das Elternhaus zu verlassen, bereits eine Freiheitsberaubung darstellen würde.[39] Das Recht des Kindes auf gewaltfreie Erziehung und das Verbot entwürdigender Maßnahmen entfaltet seine Wirkung auch gegenüber **Dritten**, insbes. Personen und Institutionen, bei denen sich das Kind aufhält (wie Kindergarten, Schule, Internat).[40] 15

1. Recht auf gewaltfreie Erziehung (Abs. 2 Satz 1)

Die Norm gibt dem Kind ein Recht auf gewaltfreie Erziehung. Das Recht umfasst dabei **alle Bereiche elterlichen Handelns**, nicht nur die Erziehung.[41] Allerdings handelt es sich bei dem Recht nicht um ein unmittelbar einklagbares Recht im Sinne eines Anspruchs. 16

2. Verbot entwürdigender Maßnahmen (Abs. 2 Satz 2)

Die Norm enthält in teilweiser Konkretisierung des Rechts auf gewaltfreie Erziehung das Verbot, bei der Ausübung der elterlichen Sorge körperliche Bestrafungen, seelische Verletzungen und andere entwürdigende Maßnahmen einzusetzen.[42] 17

a) Körperliche Bestrafungen

Jegliche Art der körperlichen Bestrafung ist unzulässig, auch wenn sie nicht die Intensität der Misshandlung erreicht. Der Grund liegt darin, dass jede Art körperlicher Bestrafung für das Kind eine Demütigung bedeutet.[43] Damit ist generell jede Einwirkung auf den Körper des Kindes zur Sanktionierung vergangenheitsbezogenen Verhaltens unzulässig.[44] 18

Unzulässig sind mithin u.a.: 19

- die „Tracht Prügel“,[45]
- das Schlagen mit und ohne Schlaggegenstände (mit der Faust oder der flachen Hand),[46]
- eine Ohrfeige,[47]
- „Klapse“,[48]

---

38 BT-Drucks. 14/1247, 5; Staudinger/*Salgo*, § 1631 BGB Rn. 83, 91 f.
39 BT-Drucks. 8/2788, 35; BT-Drucks. 13/8511, 65; Staudinger/*Salgo*, § 1631 BGB Rn. 85
40 Staudinger/*Salgo*, § 1631 BGB Rn. 91 f.
41 Staudinger/*Salgo*, § 1631 BGB Rn. 83; vgl. BT-Drucks. 14/1247, 5 wo der Begriff „Personensorge“ verwendet wird
42 BT-Drucks. 14/1247, 5
43 BT-Drucks. 14/1247, 8
44 BeckOK-BGB/*Veit*, § 1631 Rn. 19; MüKo-BGB/*Huber*, § 1631 BGB Rn. 22
45 Staudinger/*Salgo*, § 1631 BGB Rn. 86
46 EGMR FamRZ 2019, 594; LG Berlin ZKJ 2006, 103, 105; OLG Thüringen OLGR Jena 2008, 510, 511; OLG Nürnberg FamRZ 2015, 1908
47 BGH StV 1992, 106; AG Burgwedel JAmt 2005, 50
48 OLG Thüringen OLGR Jena 2008, 510, 511; Staudinger/*Salgo*, § 1631 BGB Rn. 86

- ein „hartes Zupacken", wenn es nicht der Gefahrenabwehr dient,[49]
- an den Haaren oder Ohren ziehen,[50]
- heftiges Schütteln, insbesondere aufgrund der Gefahr eines erzeugenden Schütteltraumas bei Kleinkindern,[51]
- das Fesseln bzw. Festgurten im Rahmen der sog. Festhaltetherapie.[52]

b) Seelische Verletzungen

20 Mit dem Begriff der seelischen Verletzungen sollen vor allem kränkende und herabsetzende Verhaltensweisen von Eltern oder von Dritten mit Duldung der Eltern erfasst werden. Ebenso kann extreme Kälte im Umgang mit dem Kind eine seelische Verletzung verursachen.[53] Entscheidend für die Beurteilung, ob eine seelische Verletzung vorliegt oder nicht, ist der Verletzungserfolg, nämlich die Verletzung des Kindes in seinem seelischen Wohlergehen.[54]

21 **Unzulässig** sind mithin u.a.:

- eine Bloßstellung vor Geschwistern, Freunden, Verwandten, Nachbarn, Lehrern, Schulkameraden,[55]
- ein altersunangemessenes Alleinlassen oder ein Einsperren im Dunkeln,[56]
- das Miterleben von häuslicher Gewalt der Eltern (mittelbare Gewalt),[57]
- ein langandauerndes Nichtansprechen bzw. das Nichtbeachten des Kindes als eine Form des Liebesentzugs,[58]
- die Missachtung.[59]

c) Andere entwürdigende Maßnahmen

22 Als entwürdigend sind Maßnahmen einzustufen, die das Ehr- und Selbstwertgefühl des Kindes in einem in Bezug auf den Anlass der Erziehungsmaßnahme nicht zu rechtfertigenden Maße verletzen oder gefährden.[60] Die Entwürdigung kann in der Art der Maßnahme, im Ausmaß, der Dauer oder den Begleitumständen begründet sein.[61] Andere entwürdigende Maßnahmen sind insbesondere solche, die objektiv geeignet sind, zu seelischen Verletzungen zu führen, im konkreten Fall aber nicht zu solchen Verletzungen geführt haben (z.B. Bloßstellung gegenüber Dritten in Abwesenheit des Kindes).[62]

23 **Unzulässig** ist mithin u.a.:

- wenn Eltern hinter dem Rücken des Kindes mit dessen Freunden Gespräche führen, in denen sich die Eltern über das Kind laufend verächtlich und herabsetzend äußern,[63]

---

49 AG Augsburg, Urteil vom 4.2.2010 – 15 C 259/09, Rn. 18 (juris); Staudinger/*Salgo*, § 1631 BGB Rn. 86
50 Staudinger/*Salgo*, § 1631 BGB Rn. 86
51 Staudinger/*Salgo*, § 1631 BGB Rn. 86
52 Staudinger/*Salgo*, § 1631 BGB Rn. 86
53 BT-Drucks. 14/1247, 8
54 MüKo-BGB/*Huber*, § 1631 BGB Rn. 21
55 BT-Drucks. 14/1247, 8; Staudinger/*Salgo*, § 1631 BGB Rn. 87
56 Staudinger/*Salgo*, § 1631 BGB Rn. 87
57 *Kindler/Salzgeber/Fichtner/Werner*, FamRZ 2004, 1241, 1245
58 BT-Drucks. 12/6343, 15; Staudinger/*Salgo*, § 1631 BGB Rn. 87
59 Staudinger/*Salgo*, § 1631 BGB Rn. 87, 89
60 BT-Drucks. 8/2788, 35; MüKo-BGB/*Huber*, § 1631 BGB Rn. 24
61 OLG Thüringen FamRZ 2003, 1319, 1320
62 MüKo-BGB/*Huber*, § 1631 BGB Rn. 23
63 BT-Drucks. 14/1247, 8

- das gewaltsame „Füttern" eines Kleinkindes,[64]
- ein Abmelden aus dem Fußballverein aus geringfügigem Anlass.[65]

3. Rechtsfolgen

Wenn die Eltern gegen die in § 1631 Abs. 2 BGB festgesetzten Grundsätze verstoßen, kann das Gericht unter den Voraussetzungen der **§§ 1666, 1666a** BGB eingreifen. Das Kind kann jedoch keine allgemein zivilrechtlichen Unterlassungs- oder Verpflichtungsansprüche gegen seine Eltern geltend machen. Für Schadensersatzansprüche können die Eltern bei Vorliegen der Voraussetzungen nach § 1664 BGB, § 823 Abs. 1 BGB und § 823 Abs. 2 i.V.m. § 1631 Abs. 2 BGB haften.[66] § 1631 Abs. 2 BGB ist also ein **Schutzgesetz i.S.v. § 823 Abs. 2** BGB. Verstöße gegen § 1631 Abs. 2 BGB sind ferner ggf. nach §§ 223 ff. StGB strafbar.[67] 24

III. Unterstützung der Eltern bei der Ausübung der Personensorge (Abs. 3)

Das Familiengericht kann die Eltern in geeigneten Fällen bei der Ausübung der Personensorge unterstützen. 25

Voraussetzungen dafür sind: 26

- ein Antrag der personensorgeberechtigten Eltern bzw. des allein personensorgeberechtigten Elternteils,
- ein „geeigneter Fall".

1. Eine gerichtliche Unterstützung wird nur auf **Antrag** gewährt. Antragsberechtigt sind, wenn beide Elternteile die Personensorge für das Kind innehaben, beide Elternteile gemeinsam. Ein Elternteil ist nur dann allein antragsberechtigt, wenn er allein Inhaber der Personensorge ist.[68] Der Antrag ist widerruflich und kann jederzeit zurückgenommen werden.[69] 27

2. Das Gericht hat die Eltern nur in **geeigneten Fällen** zu unterstützen. Hält das Gericht ein Tätigwerden für unzweckmäßig oder im Interesse des Kindes für nicht geboten, kann es ein Tätigwerden ablehnen.[70] Maßgeblich für eine unterstützende Maßnahme ist, ob eine solche dem Kindeswohl entspricht. Das Gericht hat insoweit eine eigene Prüfungsbefugnis. Andererseits darf das Gericht nicht über den Antrag hinausgehen, wohl aber dahinter zurückbleiben und eine neue Antragstellung anregen.[71] 28

3. Bei den möglichen **Unterstützungsmaßnahmen** ist zu berücksichtigen, dass spezialgesetzliche Regelungen, insbesondere hinsichtlich der Ausübung des staatlichen Wächteramts (§§ 1631b, 1632, 1666, 1666a BGB), Vorrang haben. 29

Als Unterstützungsmaßnahmen kommen u.a. in Betracht:[72] 30

- ein Gespräch mit dem Kind und Eltern, anderen Personen und Institutionen, insbesondere um die Kommunikation zwischen den Beteiligten wieder herzustellen,
- Ermahnungen, Weisungen und Verwarnungen, beispielsweise zur Bekräftigung von Umgangsverboten,

---

64 OLG Frankfurt FamRZ 1980, 284 f.
65 Staudinger/*Salgo*, § 1631 BGB Rn. 89
66 MüKo-BGB/*Huber*, § 1631 BGB Rn. 34 ff. m.w.N.
67 Palandt/*Götz*, § 1631 BGB Rn. 6 m.w.N.
68 Staudinger/*Salgo*, § 1631 BGB Rn. 94
69 MüKo-BGB/*Huber*, § 1631 BGB Rn. 38; Staudinger/*Salgo*, § 1631 BGB Rn. 95
70 BT-Drucks. 8/2788, 48 f.
71 Staudinger/*Salgo*, § 1631 BGB Rn. 95
72 Dazu ausführlich Staudinger/*Salgo*, § 1631 BGB Rn. 100 m.w.N.

- die Anordnung des persönlichen Erscheinens des Kindes,
- die Unterstützung der Eltern bei der Ermittlung des Aufenthalts des Kindes.

31 Neben dem Tätigwerden des Gerichts können die Eltern die Unterstützungsmaßnahmen der **Jugendhilfe** nach §§ 18, 27 SGB VIII in Anspruch nehmen.

§ 1631a BGB Ausbildung und Beruf

In Angelegenheiten der Ausbildung und des Berufs nehmen die Eltern insbesondere auf Eignung und Neigung des Kindes Rücksicht. Bestehen Zweifel, so soll der Rat eines Lehrers oder einer anderen geeigneten Person eingeholt werden.

Übersicht

Rn.
A. Allgemeines ... 1
B. Inhalt der Norm ... 2
I. Ausbildung und Beruf ... 2
II. Rücksichtnahme insbes. auf Eignung und Neigung ... 5
III. Externe Beratung ... 9
IV. Rechtsfolgen ... 10

A. Allgemeines

1 Die Norm verdeutlicht die Grundsätze, die bei den für das ganze Leben des Kindes besonders wichtigen Entscheidungen in Angelegenheiten der Ausbildung und des Berufs zu beachten sind. Sie stellt eine sachgebotene Ergänzung zu § 1626 Abs. 2 BGB dar und soll verhindern, dass Eltern aus falschen Prestigedanken oder als Ersatz für eigene unerfüllte Berufswünsche oder aus sonstigen Gründen das Kind zu einer Ausbildung oder einem Beruf zwingen, in denen es schließlich scheitern muss.[1]

B. Inhalt der Norm

I. Ausbildung und Beruf

2 **1.** Der Begriff der **Ausbildung** ist weit gefasst und umfasst nicht nur die Berufsausbildung. Er zielt auf die Entwicklung von Anlagen, Begabungen und speziellen Fertigkeiten, die für die Ausübung bestimmter Tätigkeiten Voraussetzung sind.[2]

3 Die Ausbildung **umfasst**:

- die schulische Bildung des Kindes, soweit und sobald in diesem Bereich Wahl- und Entscheidungsmöglichkeiten bestehen,
- die Berufsausbildung, wie (Erst-)Entscheidungen über das Ausbildungsziel, den Ausbildungsgang und die Ausbildungsstätte, die Berufswahl, und auch Entscheidungen, die den zunächst eingeschlagenen Ausbildungsweg ganz oder teilweise ändern,
- die Entfaltung musischer, intellektueller, sportlicher oder technischer Fähigkeiten (wie das Erlernen eines Musikinstruments oder einer Sprache, des Segelns, der Computerbenutzung, den Erwerb eines Führerscheins).[3]

---

1 BT-Drucks. 8/2788, 37
2 Staudinger/*Salgo*, § 1631a BGB Rn. 10; BeckOK-BGB/*Veit*, § 1631a BGB Rn. 2
3 MüKo-BGB/*Huber*, § 1631a BGB Rn. 4; Staudinger/*Salgo*, § 1631a BGB Rn. 10 ff.

2. Der Begriff des **Beruf**s umfasst jede dauerhafte Tätigkeit, die darauf abzielt, eine Lebensgrundlage für sich oder auch Dritte zu schaffen und zu erhalten.[4] 4

II. Rücksichtnahme insbes. auf Eignung und Neigung

1. Die **Eignung** des Kindes liegt vor, wenn es die Begabung, Befähigung, Fertigkeit sowie die physischen und psychischen Eigenschaften hat, die zur Erreichung eines angestrebten Ausbildungsziels und beruflichen Werdegangs erforderlich sind.[5] Ob eine gewisse Eignung vorliegt, lässt sich beispielsweise durch Schulzeugnisse, Auskünfte von Lehrern, medizinische oder psychologische Gutachten oder Tests ermitteln. Dabei ist zu berücksichtigen, dass es sich bei solchen Belegen nur um gegenwärtig feststellbare Fähigkeiten und Anlagen handelt.[6] 5

2. Unter **Neigung** sind dagegen die Vorlieben und Interessen des Kindes im Sinne positiver emotionaler Zuwendung zu verstehen.[7] Sie sind nur zu berücksichtigen, soweit sie eine gewisse Beständigkeit erkennen lassen und nicht im Widerspruch zur Eignung des Kindes stehen. Bloße vorübergehende Launen sind nicht entscheidend.[8] 6

3. Weitere zu berücksichtigende **Kriterien** sind beispielsweise die wirtschaftliche Leistungsfähigkeit der Eltern, der Gesundheitszustand des Kindes oder anderer Familienmitglieder, die Arbeitsmarktchancen, die zeitliche Belastung, die Entfernung zur Ausbildungsstätte oder die Fortführung des Betriebs im Interesse der Familie.[9] 7

4. Die **Pflicht zur Rücksichtnahme** insbes. auf Eignung und Neigung des Kindes soll gewährleisten, dass die Eltern die Wahl von Ausbildung und Beruf des Kindes unter Zugrundelegung aller Fertigkeiten und Bestrebungen des Kindes treffen.[10] Rücksichtnahme bedeutet auch die Bereitschaft zu Gesprächen und Auseinandersetzungen mit dem Kind. Sie beschränkt sich nicht nur auf ein Gewährenlassen, sondern erfordert auch aktive Unterstützung und finanzielle Hilfe.[11] 8

III. Externe Beratung

Sind die Eltern bei Entscheidungen in Angelegenheiten der Ausbildung und des Berufs überfordert, unsicher, untereinander oder mit dem Kind uneinig, wird nach § 1631a Satz 2 BGB zur Entscheidungsfindung empfohlen, fachkundige Hilfe in Anspruch zu nehmen. Je nach Art der bestehenden Zweifel kommen als geeignete Personen zur Beratung beispielsweise in Betracht: Verwandte, Lehrer, Ausbilder, Berufsberater, eine den betreffenden Beruf ausübende Person, Ärzte oder Psychologen.[12] 9

IV. Rechtsfolgen

Wenn die Eltern gegen diese Grundsätze verstoßen, kann das Gericht unter den Voraussetzungen der §§ 1666, 1666a BGB eingreifen.[13] Ebenso kann ein Verstoß unterhaltsrechtliche Folgen insoweit haben, als die Eltern ihre Verpflichtung zur Finanzierung einer angemessenen Ausbildung noch nicht in rechter Weise erfüllt haben und eine weitere Ausbildung finanzieren müssen.[14] 10

---

4 MüKo-BGB/*Huber*, § 1631a BGB Rn. 3
5 BeckOK-BGB/*Veit*, § 1631a BGB Rn. 3
6 BayOblG FamRZ 1982, 634, 636; Staudinger/*Salgo*, § 1631a BGB Rn. 13
7 MüKo-BGB/*Huber*, § 1631a BGB Rn. 6
8 BT-Drucks. 8/2788, 49; BayOblG FamRZ 1982, 634, 636; BeckOK-BGB/*Veit*, § 1631a Rn. 3.2
9 Staudinger/*Salgo*, § 1631a BGB Rn. 13; MüKo-BGB/*Huber*, § 1631a BGB Rn. 10
10 *Zenz* StAZ 1973, 257, 263; BeckOK-BGB/*Veit*, § 1631a BGB Rn. 3
11 MüKo-BGB/*Huber*, § 1631a Rn. 8; BeckOK-BGB/*Veit*, § 1631a BGB Rn. 3.3
12 BT-Drucks. 8/2788, 49; BeckOK-BGB/*Veit*, § 1631a BGB Rn. 4
13 BeckOK-BGB/*Veit*, § 1631a BGB Rn. 5
14 BGH NJW-RR 2000, 593 f.

§ 1631b BGB Freiheitsentziehende Unterbringung und freiheitsentziehende Maßnahmen

(1) [1]Eine Unterbringung des Kindes, die mit Freiheitsentziehung verbunden ist, bedarf der Genehmigung des Familiengerichts. [2]Die Unterbringung ist zulässig, solange sie zum Wohl des Kindes, insbesondere zur Abwendung einer erheblichen Selbst- oder Fremdgefährdung, erforderlich ist und der Gefahr nicht auf andere Weise, auch nicht durch andere öffentliche Hilfen, begegnet werden kann. [3]Ohne die Genehmigung ist die Unterbringung nur zulässig, wenn mit dem Aufschub Gefahr verbunden ist; die Genehmigung ist unverzüglich nachzuholen.

(2) [1]Die Genehmigung des Familiengerichts ist auch erforderlich, wenn dem Kind, das sich in einem Krankenhaus, einem Heim oder einer sonstigen Einrichtung aufhält, durch mechanische Vorrichtungen, Medikamente oder auf andere Weise über einen längeren Zeitraum oder regelmäßig in nicht altersgerechter Weise die Freiheit entzogen werden soll. [2]Absatz 1 Satz 2 und 3 gilt entsprechend.

Weiterführende Literatur: *Fink*, Familiengerichtlicher Genehmigungsvorbehalt bei „freiwilliger" geschlossener Unterbringung Minderjähriger, in: Heilmann, S./Lack K. (Hrsg.): Die Rechte des Kindes. Festschrift für Ludwig Salgo zum 70. Geburtstag, 2016, 137; *Vogel*, Die familiengerichtliche Genehmigung der Unterbringung mit Freiheitsentziehung bei Kindern und Jugendlichen nach § 1631b BGB, 2014; *ders.*, Familiengerichtliche Genehmigung der freiheitsentziehenden Unterbringung bei Kindern und Jugendlichen nach § 1631b BGB, FamRZ 2015, 1 ff.

Übersicht

Rn.
A. Allgemeines ... 1
B. Inhalt der Norm ... 2
I. Die geschlossene Unterbringung mit Genehmigung (Abs. 1 Satz 1 und 2) ... 2
1. Freiheitsentziehung ... 3
2. Unterbringung, die mit einer Freiheitsentziehung verbunden ist ... 5
3. Kindeswohlgefährdung ... 7
4. Verhältnismäßigkeitsgrundsatz ... 8
II. Die geschlossene Unterbringung ohne Genehmigung, Nachholpflicht (Abs. 1 Satz 3) ... 9
III. Freiheitsentziehende Maßnahme während der Unterbringung mit Genehmigung (Abs. 2) ... 11
1. Freiheitsentziehende Maßnahmen über einen längeren Zeitraum oder regelmäßig in nicht altersgerechter Weise ... 12
2. Unterbringung ... 17
3. Kindeswohlgefährdung ... 18
4. Verhältnismäßigkeitsgrundsatz ... 19
IV. Freiheitsentziehende Maßnahme während der Unterbringung ohne Genehmigung, Nachholpflicht (Abs. 2 Satz 2) ... 20

A. Allgemeines

1 Die Vorschrift stellt die geschlossene Unterbringung des Kindes und die Vornahme freiheitsentziehender Maßnahmen während einer Unterbringung unter den Vorbehalt einer gerichtlichen Kontrolle, da sie einen besonders schweren Eingriff in das Recht des Kindes auf persönliche Freiheit (Art. 2 Abs. 2 Satz 2 GG) darstellen.[1] Die Freiheit der Person ist ein so hohes Rechtsgut, dass sie nur aus besonders gewichtigem Grund angetastet werden darf.[2] Die Einschränkung der Freiheit ist daher stets einer strengen Prüfung am Grundsatz der Verhältnismäßigkeit zu unterziehen.[3] Eine geschlossene Unterbringung des Kindes

1 BT-Drucks. 8/2788, 38, 50; BT-Drucks. 18/11278, 16 ff.
2 BVerfGE 45, 187, 223; BVerfG ZKJ 2008, 38, 39
3 BVerfG ZKJ 2008, 38, 39

und die Vornahme freiheitsentziehender Maßnahmen während einer Unterbringung kommen nur als letztes Mittel und nur für die kürzeste angemessene Zeit in Betracht.[4]

1a Mit dem Gesetz zur Einführung eines familiengerichtlichen Genehmigungsvorbehaltes für freiheitsentziehende Maßnahmen bei Kindern vom 17.7.2017[5] wurde nun mit § 1631b Abs. 2 BGB der Genehmigungsvorbehalt auch für freiheitsentziehende Maßnahmen während einer Unterbringung eingeführt. Bisher stand die Entscheidung über die Vornahme in der Verantwortung der sorgeberechtigten Eltern des betroffenen Kindes.[6] Mit der Einführung der jetzigen Regelung wollte der Gesetzgeber dem Umstand Rechnung tragen, dass freiheitsentziehende Maßnahmen mindestens ebenso schwerwiegend und belastend sein können wie eine geschlossene Unterbringung. Ferner sollte die mehrpolige Grundrechtssituation – einerseits das Recht des Kindes auf Leben, körperliche Unversehrtheit und Freiheit (Art. 2 Abs. 2 Satz 1, Satz 2 GG) und anderseits das Recht der Eltern auf Pflege und Erziehung ihres Kindes (Art. 6 Abs. 2 Satz 1 GG) zu gewährleisten – gelöst sowie ein Gleichlauf des Kinderschutzes und des Erwachsenenschutzes gewährleistet werden, da im Betreuungsrecht nach § 1906 Abs. 4 BGB bereits ein Genehmigungserfordernis für freiheitsentziehende Maßnahmen während einer Unterbringung besteht.[7]

B. Inhalt der Norm

I. Die geschlossene Unterbringung mit Genehmigung (Abs. 1 Satz 1 und 2)

2 **Voraussetzungen** für eine Genehmigung der geschlossenen Unterbringung i.S.d. § 1631b Abs. 1 BGB sind:

- Freiheitsentziehung
- eine Unterbringung, die mit einer Freiheitsentziehung verbunden ist (= „geschlossene Unterbringung"),
- die geschlossene Unterbringung ist zum Wohl des Kindes, insbesondere zur Abwendung einer erheblichen Selbst- oder Fremdgefährdung, erforderlich,
- der Kindeswohlgefährdung kann nicht auf andere Weise begegnet werden (Wahrung des Verhältnismäßigkeitsgrundsatzes).

1. Freiheitsentziehung

3 Eine **Freiheitsentziehung** – die schwerste Form der Freiheitsbeschränkung –[8] liegt dann vor, wenn die – tatsächlich und rechtlich an sich gegebene – körperliche Bewegungsfreiheit nach jeder Richtung hin gegen oder ohne den Willen des Betroffenen aufgehoben wird.[9]

Aber auch bei einer sog. **Freiwilligkeitserklärung**, mit der sich das Kind mit der Aufhebung der körperlichen Bewegungsfreiheit nach jeder Richtung hin einverstanden erklärt, ist zu berücksichtigen, dass das Kind gerade auf Grund einer wesentlichen Gefährdung, Erkrankung oder Störung und einer damit einhergehenden Beeinträchtigung oder Einschränkung der Steuerungs-, Einsichts- und Entscheidungsfähigkeit der körperlichen Bewegungsfreiheit[10] beraubt werden soll. Für eine Einwilligung im Rahmen des § 1631b BGB bedarf es aber einer im Augenblick der Freiheitsentziehung vorhandenen, freiwilligen und

4 BGH ZKJ 2013, 74, 76
5 BGBl. 2017 I S. 2424, in Kraft seit 1.10.2017
6 BGH FamRZ 2013, 1646; OLG Frankfurt FamRZ 2013, 1225
7 BT-Drucks. 18/11278, 10
8 BVerfGE 10, 302, 323
9 BVerfGE 94, 166, 198; 105, 239, 248; BGH ZKJ 2013, 449, 450
10 Staudinger/*Salgo*, § 1631b BGB Rn. 2; *Fink*, FS Salgo, 137, 151

ernstlichen Zustimmung in die beabsichtigte Rechtsverletzung.[11] Eine solche setzt voraus, dass der Betroffene Wert und Bedeutung des betroffenen Freiheitsrechts sowie die Folgen und Risiken seiner Zustimmung erkennen kann und bei seiner Entscheidung die Alternativen, d.h. die zur Erreichung des angestrebten Zwecks weniger belastenden Mittel, einbeziehen kann bzw. sein Handeln danach bestimmen kann.[12] Wenn tatsächlich die Aufhebung der körperlichen Bewegungsfreiheit in jede Richtung hin erforderlich ist, befindet sich das betroffene Kind stets in einer (psychischen) Ausnahmesituation, was in aller Regel eben nicht für das Vorhandensein einer entsprechenden Einsichtsfähigkeit in eine so folgenreiche Entscheidung spricht.[13] Im Voraus kann zudem regelmäßig nicht zuverlässig festgestellt werden, ob das Einverständnis des Kindes ernsthafter Natur ist oder anschließend widerrufen wird. Das Gericht wird regelmäßig auch nicht in der Lage sein zu beurteilen, ob hinter der Einwilligung des Kindes in die Aufhebung seiner körperlichen Bewegungsfreiheit nicht zumindest auch andere Faktoren wie Krankheit, Drogen, Alkohol oder Druck von Angehörigen liegen, die seine Entscheidungsfähigkeit einschränken.[14] Diese Unwägbarkeiten führen dazu, im Grundsatz davon auszugehen, dass der Minderjährige bei einer so erheblichen Entscheidung mit so einschneidenden Konsequenzen nicht einsichts- und einwilligungsfähig ist. Nur die richterliche Kontrolle sichert eine freiheitsschonende Ausübung des Personensorgerechts in Bezug auf die Aufhebung der körperlichen Bewegungsfreiheit.[15] Von daher ist auch bei einer sog. Freiwilligkeitserklärung des Kindes von einer Freiheitsentziehung i.S.d. § 1631b BGB auszugehen, die eine gerichtliche **Genehmigung erfordert**.[16]

4 Keine Freiheitsentziehung sind **bloße Freiheitsbeschränkungen**; das sind Maßnahmen, die angesichts des Alters des Kindes und der Umstände angemessen und üblich sind und im Rahmen der allgemeinen Erziehungs- und Aufsichtspflicht liegen (wie begrenzte Ausgangszeiten, Ausgehverbote, Hausarbeitsstunden, Hausarrest in einem Internat).[17]

2. Unterbringung, die mit einer Freiheitsentziehung verbunden ist

5 **Unterbringung** ist die Fremdplatzierung eines Kindes, also die Zuweisung eines bestimmten umgrenzten Aufenthaltsortes außerhalb des Elternhauses, z.B. in einer kinder- und jugendpsychiatrischen Klinik, einem Heim, einem Krankenhaus, einer Einrichtung der Kinder- und Jugendhilfe und der Behindertenhilfe sowie einem Internat, einem Kindergarten, einer Kindertagesstätte, einer Nachmittagsbetreuung und einer Horteinrichtung; mithin in allen Einrichtungen, in denen Minderjährige über einen längeren Zeitraum oder kurzfristig wohnen oder fern von der ständigen Kontrollmöglichkeit der Eltern betreut werden. Der Zweck ist ebenso wie die Dauer unerheblich.[18] Nicht erfasst werden Transporte zu solchen Einrichtungen, beispielsweise in einem Krankenwagen.[19]

---

11 BGH NJW 1964, 1177; OLG München FGPrax 2007, 267, 268

12 Betreuungsrecht/*Marschner*, § 1906 BGB Rn. 6

13 *Gollwitzer/Rüth*, FamRZ 1996, 1388, 1389; *Fink*, FS Salgo, 137, 151; Palandt/*Götz*, § 1631b BGB Rn. 2; Staudinger/*Salgo*, § 1631b BGB Rn. 8

14 *Salgo*, FPR 2011, 546, 548; *Fink*, FS Salgo, 137, 151

15 *Fink*, FS Salgo, 137, 152

16 *Gollwitzer/Rüth*, FamRZ 1996, 1388, 1389; *Vogel*, S. 100 ff.; *ders.*, FamRZ 2015, 1, 3 ff.; Staudinger/*Salgo*, § 1631b BGB Rn. 8; *Fink*, FS Salgo, 137, 151; BeckOK-BGB/*Veit*, § 1631b BGB Rn. 5; Palandt/*Götz*, § 1631b Rn. 2; Prütting/Helms/*Hammer*, § 167 FamFG Rn. 26; a.A. Erman/*Döll*, § 1631b BGB Rn. 3a; vermittelnde Auffassung MüKo-FamFG/*Heilmann*, § 167 FamFG Rn. 36, demzufolge sich die Richterin bzw. der Richter von der Einsichts- und Einwilligungsfähigkeit des Kindes einen eigenen Eindruck verschaffen muss

17 Staudinger/*Salgo*, § 1631b BGB Rn. 13; MüKo-BGB/*Huber*, § 1631b BGB Rn. 5

18 Vgl. BT-Drucks. 18/11278, 16; *Vogel*, S. 74 f.; Staudinger/*Salgo*, § 1631b BGB Rn. 11; BeckOK-BGB/*Veit*, § 1631b BGB Rn. 2; *Fink*, FS Salgo, 137, 142; *Götz*, FamRZ 2017, 1290; *Kirsch*, FamRZ 2019, 933

19 BT-Drucks. 18/11278, 16

Die Unterbringung ist dann **mit einer Freiheitsentziehung verbunden**, wenn das Kind in einem räumlich begrenzten Bereich festgehalten wird, sein Aufenthalt ständig überwacht und die Kontaktaufnahme mit Personen außerhalb des Bereichs durch Sicherungsmaßnahmen eingeschränkt wird und das Festhalten auf eine gewisse Dauer angelegt ist[20] (= „geschlossene Unterbringung").[21] 6

Die geschlossene Unterbringung i.S.d. § 1631b Abs. 1 BGB umfasst mithin die Unterbringung in einer geschlossenen Einrichtung, aber auch diejenige in einer so genannten „halboffenen" Einrichtung, wo sich das Kind zwar innerhalb der Grenzen der Einrichtung relativ frei bewegen kann, aber sich nicht frei aus der Einrichtung entfernen darf.[22]

3. Kindeswohlgefährdung

Die Unterbringung muss zum Wohl des Kindes, insbesondere zur Abwendung einer erheblichen Selbst- oder Fremdgefährdung, erforderlich sein. Eine Gefährdung des Kindeswohls liegt nur vor, wenn das körperliche, geistige oder seelische Wohl des Kindes beeinträchtigt ist, § 1666 Abs. 1 BGB. Ein anderer Maßstab als § 1666 Abs. 1 BGB wäre mit den den Staat treffenden Schutzpflichten für die Unverletzlichkeit der Freiheit der Person, die aus Art. 2 Abs. 2 Satz 2 i.V.m. Art. 104 Abs. 1 GG resultieren, nicht vereinbar; insbesondere weil es sich bei der Freiheitsentziehung um die schwerste Form der Freiheitsbeschränkung handelt.[23] 7

Eine geschlossene Unterbringung ist daher nur in **wenigen Ausnahmefällen** begründet, wie bei akuten psychotischen Störungen, ausgeprägten depressiv-suizidalen Syndromen,[24] Suizidalität, Anorexie mit lebensbedrohlicher Abmagerung oder Störung der psychosexuellen Entwicklung und des Sozialverhaltens;[25] nicht hingegen bei bloßer Verletzung der Schulpflicht.[26] Eine Fremdgefährdung vermag die Unterbringung nur dann zu rechtfertigen, wenn mit ihr eine erhebliche Selbstgefährdung einhergeht. Dies kann gegeben sein, wenn die Fremdgefährdung das Kind dem Risiko von Notwehrmaßnahmen, Ersatzansprüchen und Prozessen aussetzt.[27]

4. Verhältnismäßigkeitsgrundsatz

Die Unterbringung setzt weiter voraus, dass der Kindeswohlgefährdung nicht auf andere Weise, auch nicht durch öffentliche Hilfen, begegnet werden kann. Damit kommt zum Ausdruck, dass die geschlossene Unterbringung nur als **letztes Mittel** in Betracht kommt und der Verhältnismäßigkeitsgrundsatz streng zu beachten ist.[28] Das Familiengericht hat sowohl die Erforderlichkeit als auch die Angemessenheit der geplanten Unterbringung zu prüfen, die Art der Unterbringungsmaßnahme zu benennen und die Dauer der Unterbringung festzulegen. Der Beschluss muss den Typus der Einrichtung (Kinder- und Jugendpsychiatrie, Einrichtung der Kinder- und Jugendhilfe, Suchthilfe etc.) exakt angeben, nicht jedoch auch die Einrichtung selbst.[29] Ordnet das Gericht jedoch die Unterbringung nach 8

20 Vgl. BGH ZKJ 2013, 449, 450; OLG Düsseldorf NJW 1963, 397, 398; OLG Oldenburg FamRZ 2012, 39, 40; OLG Frankfurt ZKJ 2013, 76, 77

21 Die Unterbringung selbst auch wiederum als freiheitsentziehend zu bezeichnen, würde zu einer vom Gesetzgeber anscheinend nicht gewollten Redundanz im Wortlaut des § 1631b BGB führen. Näher dazu *Fink*, FS Salgo, 137, 141 f.

22 *Hoffmann*, FamRZ 2013, 1346, 1347; *Fink*, FS Salgo, 137, 143 m.w.N.

23 Implizit BVerfGK 11, 323; a.A. BeckOGK/*Kerscher* § 1631b Rn. 37

24 *Vogel*, S. 109 f.; *ders.*, FamRZ 2015, 1, 5 f.; Staudinger/*Salgo*, § 1631b Rn. 24 m.w.N.

25 BGH ZKJ 2013, 74; OLG Hamm, Beschl. v. 21.05.2012, 8 UF 46/12 (juris)

26 Vgl. OLG Brandenburg, FamRZ 2011, 489

27 Vgl. BT-Drucks. 16/6815, 13 f.; *Meysen*, NJW 2008, 2673, 2675

28 BVerfG ZKJ 2008, 38, 40; vgl. BVerfGE 58, 208, 224 ff.; BGH ZKJ 2013, 74, 76; *Vogel*, S. 111; *ders.*, FamRZ 2015, 1, 6

29 BVerfG NJW 2007, 3560, 3562; OLG Brandenburg FamRZ 2004, 815, 817; MüKo-FamFG/*Heilmann*, § 167 FamFG Rn. 16

§ 1846 oder § 1908i BGB an, muss es auch die Einrichtung selbst benennen, da es dann zugleich die Entscheidung des Vertreters über die Unterbringung ersetzt.[30] Der Zeitpunkt, zu dem die Unterbringung endet, muss exakt benannt werden. Die Unterbringungsdauer darf grundsätzlich sechs Monate nicht überschreiten, § 167 Abs. 7 FamFG.

▶ *Zu Einzelheiten des Verfahrens siehe Fink, § 167 FamFG Rn. 1 ff.*

II. Die geschlossene Unterbringung ohne Genehmigung, Nachholpflicht (Abs. 1 Satz 3)

9 Nach § 1631b Satz 3 BGB ist eine Unterbringung ausnahmsweise ohne vorherige Genehmigung zulässig. Das ist dann der Fall, wenn eine **konkrete** Gefahr für das Kind besteht (wie bei Suizidgefahr oder einem schizophrenen Schub) und die Genehmigung einer vorläufigen Unterbringung im Wege der einstweiligen Anordnung (§ 167 Abs. 1 Satz 1 i.V.m. §§ 331 f. FamFG) nicht rechtzeitig zu erlangen ist. Nicht ausreichend sind allgemeine Befürchtungen.[31] Bei einem Zuwarten müssen erhebliche Nachteile für das Kind bzw. für Dritte drohen. Bei einer Unterbringung des Kindes nach den jeweiligen öffentlich-rechtlichen Landesvorschriften wird es häufig der Arzt für Kinder- und Jugendpsychiatrie und -psychotherapie in der Einrichtung sein, der zu entscheiden hat, ob eine sofortige Aufnahme erforderlich ist.[32]

10 In diesen Fällen ist die **Genehmigung unverzüglich** – ohne schuldhaftes Zögern (§ 121 Abs. 1 Satz 1 BGB) – **nachzuholen**.

▶ *Zu Einzelheiten des Verfahrens siehe Fink, § 167 FamFG Rn. 1 ff.*

III. Freiheitsentziehende Maßnahme während der Unterbringung mit Genehmigung (Abs. 2)

11 **Voraussetzungen** für eine Genehmigung freiheitsentziehender Maßnahmen i.S.d. § 1631b Abs. 2 BGB sind:

- Freiheitsentziehende Maßnahme über einen längeren Zeitraum oder regelmäßig in nicht altersgerechter Weise
- eine Unterbringung,
- die freiheitsentziehende Maßnahme ist zum Wohl des Kindes, insbesondere zur Abwendung einer erheblichen Selbst- oder Fremdgefährdung, erforderlich,
- der Kindeswohlgefährdung kann nicht auf andere Weise begegnet werden (Wahrung des Verhältnismäßigkeitsgrundsatzes).

Zu beachten ist, dass eine freiheitsentziehende Maßnahme auch dann der gesonderten Genehmigung bedarf, wenn das Kind bereits nach § 1631b Abs. 1 BGB geschlossen untergebracht ist.[33]

1. Freiheitsentziehende Maßnahmen über einen längeren Zeitraum oder regelmäßig in nicht altersgerechter Weise

12 Eine **Freiheitsentziehung** liegt dann vor, wenn die – tatsächlich und rechtlich an sich gegebene – körperliche Bewegungsfreiheit nach jeder Richtung hin gegen oder ohne den Willen des Betroffenen aufgehoben wird.[34] Ebenso ist bei einer sog. **Freiwilligkeitserklärung** des Kindes von einer Freiheitsentziehung i.S.d. § 1631b BGB auszugehen, die eine gerichtliche **Genehmigung erfordert**.[35]

---

30 Vgl. Jox/Fröschle/*Fröschle*, § 323 FamFG Rn. 6
31 BeckOK-BGB/*Veit*, § 1631b BGB Rn. 9
32 Staudinger/*Salgo*, § 1631b BGB Rn. 19
33 BT-Drucks. 18/11278, 17
34 BVerfGE 94, 166, 198; 105, 239, 248; BGH ZKJ 2013, 449, 450
35 Näher dazu oben, § 1631b BGB Rn. 3

Maßnahmen i.S.d. § 1631b Abs. 2 BGB sind solche, die die körperliche Bewegungsfreiheit des Betroffenen durch mechanische Vorrichtungen, Medikamente oder auf andere Weise aufheben. Hierunter können beispielsweise das Festhalten, Fixierungen, Sedierungen, der Einsatz von Therapietischen, Bettgittern, Gurten, Schutzanzügen, der Einschluss in sog. Time-Out-Räume, das Verschließen der Eingangstür über Nacht – wenn das Öffnen der Tür mindestens 30 Minuten dauert[36] – fallen.[37] 13

Die betreffende Maßnahme muss ferner den **Zweck der Freiheitsentziehung** – den Minderjährigen an seiner körperlichen Bewegungsfreiheit in alle Richtungen hin zu hindern – verfolgen. Nicht erfasst sind damit Maßnahmen, die ausschließlich anderen Zwecken wie etwa therapeutischen oder medizinischen Zwecken, wie die Fixierung eines mehrfachbehinderten Kindes im Rollstuhl zur Aufrichtung des Körpers und der Atmungserleichterung oder die Verabreichung von Medikamenten, die als Nebenwirkung die Bewegungsfreiheit möglicherweise erheblich einschränken aber Heilzwecken dienen.[38]

Die freiheitsentziehende Maßnahme muss sich über einen längeren Zeitraum erstrecken oder regelmäßig in nicht altersgerechter Weise erfolgen. Über einen **längeren Zeitraum** erstreckt sich die Maßnahme, wenn die bezweckte Freiheitsentziehung nicht geringfügig, lediglich im Ausnahmefall anlassbezogen für eine kurze Zeit erfolgt.[39] Die Dauer der Maßnahme ist also nicht nur nach einer festen Zeitlänge, sondern auch in Abhängigkeit von der Eingriffsintensität zu bestimmen.[40] Von einer kurzfristigen Maßnahme ist dann nicht mehr auszugehen, wenn sie absehbar die Dauer von ungefähr einer halben Stunde überschreitet.[41] 14

Regelmäßig erfolgt die zweckgerichtete Maßnahme, wenn sie stets zur selben Zeit – beispielsweise das Absperren der Tür jeweils zur Nachtzeit – oder aus wiederkehrendem Anlass – beispielsweise das wiederkehrende Einsperren des Betroffenen, jedes Mal, wenn er die Nachtruhe stört – erfolgt.[42] 15

Altersgerechte, dem jeweiligen (biologischen[43]) Alter adäquate und übliche, Maßnahmen, die im Rahmen der Erziehung insbesondere gegenüber besonders der Aufsicht bedürfender Kleinkinder zur Anwendung gelangen, wie beispielsweise Laufställe und Hochstühle für Kleinkinder in Kindertagesstätten, sollen nicht vom Anwendungsbereich der Norm erfasst werden.[44] Nicht altersgerecht sind pädagogische Maßnahmen, die möglicherweise bei „erziehungsschwierigen" Kindern für angemessen erachtet werden, nicht aber bei anderen Kindern dieser Altersgruppe.[45] 16

2. Unterbringung

Unterbringung ist die Fremdplatzierung eines Kindes, also die Zuweisung eines bestimmten umgrenzten Aufenthaltsortes außerhalb des Elternhauses, z.B. in einer kinder- und jugendpsychiatrischen Klinik, einem Heim, einem Krankenhaus, einer Einrichtung der Kinder- und Jugendhilfe und der Behindertenhilfe oder in einem Internat, einem Kindergarten, einer Kindertagesstätte, einer Nachmittagsbetreuung und einer Horteinrichtung; mithin in allen Einrichtungen, in denen Minderjährige über einen längeren Zeitraum oder 17

36 BGH FamRZ 2015, 567
37 BT-Drucks. 18/11278, 14
38 BT-Drucks. 18/11278, 17
39 Umkehrschluss aus BT-Drucks. 18/11278, 17
40 Prütting/Helms/*Hammer*, § 167 FamFG Rn. 3f
41 BVerfG FamRZ 2018, 1442; *Götz*, FamRZ 2017, 1290, 1291
42 BT-Drucks. 18/11278, 17 mit Verweis auf BT-Drucks. 11/4528, 149; vgl. BGH FamRZ 2015, 567
43 *Kirsch*, FamRZ 2019, 933, 937
44 BT-Drucks. 18/11278, 17
45 BT-Drucks. 18/11278, 17; Prütting/Helms/*Hammer*, § 167 FamFG Rn. 3g

kurzfristig sich aufhalten oder wohnen oder fern von der ständigen Kontrollmöglichkeit der Eltern betreut werden. Der Zweck ist ebenso wie die Dauer unerheblich.[46] Damit ist von der Vorschrift auch die Fremdplatzierung des Kindes in einer Pflegefamilie erfasst.[47] Nicht erfasst werden die Fälle, in denen das Kind mit dem Vormund, der jedoch keine institutionalisierte Betreuungsform der Jugendhilfe wie eine Vollzeitpflegeperson i.S.d. § 33 SGB VIII, sein darf, in einem Haushalt lebt.[48] Ebenfalls nicht erfasst werden Transporte zu Einrichtungen, beispielsweise in einem Krankenwagen.[49]

3. Kindeswohlgefährdung

18 Die freiheitsentziehende Maßnahme muss zum Wohl des Kindes, insbesondere zur Abwendung einer erheblichen Selbst- oder Fremdgefährdung, erforderlich sein. Eine Gefährdung des Kindeswohls liegt nur vor, wenn das körperliche, geistige oder seelische Wohl des Kindes beeinträchtigt ist, § 1666 Abs. 1 BGB.[50] Eine Fremdgefährdung vermag die freiheitsentziehende Maßnahme nur dann zu rechtfertigen, wenn mit ihr eine erhebliche Selbstgefährdung einhergeht. Dies kann gegeben sein, wenn die Fremdgefährdung das Kind dem Risiko von Notwehrmaßnahmen, Ersatzansprüchen und Prozessen aussetzt.[51]

4. Verhältnismäßigkeitsgrundsatz

19 Die freiheitsentziehende Maßnahme setzt weiter voraus, dass der Kindeswohlgefährdung nicht auf andere Weise, auch nicht durch öffentliche Hilfen, begegnet werden kann. Damit kommt zum Ausdruck, dass die freiheitsentziehende Maßnahme nur als **letztes Mittel** in Betracht kommt und der Verhältnismäßigkeitsgrundsatz streng zu beachten ist.[52] Das Familiengericht hat sowohl die Erforderlichkeit als auch die Angemessenheit der geplanten zweckgerichteten Maßnahme zu prüfen, die Art der Maßnahme (bspw. Fixierung mittels eines Bauchgurts, Anbringen eines Bettgitters etc.),[53] und den Grund bzw. ungefähren zeitlichen Rahmen (bspw. um Infusionen zu geben, damit das Kind zu seinem Schutz Impulskontrollausbrüche beenden kann,[54] damit das körperlich behinderte Kind nicht aus seinem Rollstuhl oder zur Nachtzeit aus seinem Bett stürzt[55] etc.) zu benennen. Eine ausdrückliche Erwähnung der Einrichtung ist nicht erforderlich, denn diese ergibt sich aus der Art und dem Grund der Maßnahme.[56] Der Zeitpunkt, zu dem die Vornahme freiheitsentziehender Maßnahmen endet, muss exakt benannt werden. Die Dauer darf grundsätzlich sechs Monate nicht überschreiten, § 167 Abs. 7 FamFG.

▶ *Zu Einzelheiten des Verfahrens siehe Fink, § 167 FamFG Rn. 1 ff.*

IV. Freiheitsentziehende Maßnahme während der Unterbringung ohne Genehmigung, Nachholpflicht (Abs. 2 Satz 2)

20 Nach § 1631b Abs. 2 Satz 2 i.v.m. Abs. 1 Satz 3 BGB ist eine freiheitsentziehende Maßnahme ausnahmsweise ohne vorherige Genehmigung zulässig. Das ist dann der Fall, wenn eine **konkrete** Gefahr für das Kind besteht (wie bei Suizidgefahr oder einem schizophrenen Schub) und die Genehmigung der zweckgerichteten Maßnahme im Wege der einst-

---

46 Vgl. BT-Drucks. 18/11278, 16; *Vogel*, S. 74 f.; Staudinger/*Salgo*, § 1631b BGB Rn. 11; BeckOK-BGB/*Veit*, § 1631b BGB Rn. 2; *Fink*, FS Salgo, 137, 142; *Götz*, FamRZ 2017, 1290; *Kirsch*, FamRZ 2019, 933
47 BT-Drucks. 18/11278, 16; *Kirsch*, FamRZ 2019, 933, 934; a.A. *Keuter*, ZKJ 2017, 307, 309
48 BT-Drucks. 18/11278, 16, 18
49 BT-Drucks. 18/11278, 16
50 *Götz*, FamRZ 2017, 1290, 1292; zu § 1631b Abs. 1 Satz 2 BGB implizit BVerfGK 11, 323
51 Zu § 1631b Abs. 1 Satz 2 BGB vgl. BT-Drucks. 16/6815, 13 f.; *Meysen*, NJW 2008, 2673, 2675
52 Zu § 1631b Abs. 1 Satz 2 BGB BVerfG ZKJ 2008, 38, 40; vgl. BVerfGE 58, 208, 224 ff.; BGH ZKJ 2013, 74, 76
53 BT-Drucks. 18/11278, 19
54 AG Bergisch Gladbach FamRZ 2018, 1315
55 BT-Drucks. 18/11278, 19
56 Prütting/Helms/*Roth*, § 323 FamFG Rn. 5

weiligen Anordnung (§ 167 Abs. 1 Satz 1 i.V.m. §§ 331f. FamFG) nicht rechtzeitig zu erlangen ist. Nicht ausreichend sind allgemeine Befürchtungen.[57] Bei einem Zuwarten müssen erhebliche Nachteile für das Kind bzw. für Dritte drohen. Bei einer freiheitsentziehenden Maßnahme nach den jeweiligen öffentlich-rechtlichen Landesvorschriften wird es häufig der Arzt für Kinder- und Jugendpsychiatrie und -psychotherapie in der Einrichtung sein, der zu entscheiden hat, ob eine sofortige Maßnahme erforderlich ist.

In diesen Fällen ist die **Genehmigung unverzüglich** – ohne schuldhaftes Zögern (§ 121 Abs. 1 Satz 1 BGB) – **nachzuholen**. **21**

▶ *Zu Einzelheiten des Verfahrens siehe Fink, § 167 FamFG Rn. 1 ff.*

§ 1631c BGB Verbot der Sterilisation

[1]Die Eltern können nicht in eine Sterilisation des Kindes einwilligen. [2]Auch das Kind selbst kann nicht in die Sterilisation einwilligen. § 1909 findet keine Anwendung.

Übersicht

Rn.
A. Allgemeines 1
B. Inhalt der Norm 2

A. Allgemeines

Die Norm bewirkt, dass die Sterilisation oder Kastration[1] Minderjähriger ausnahmslos verboten ist, unabhängig davon, ob der Minderjährige männlich oder weiblich, gesund oder krank ist.[2] Das Verbot gilt auch für die eine Sterilisation oder Kastration bewirkende geschlechtsvereindeutigende oder geschlechtszuordnende medizinische (beispielsweise hormonelle) Behandlung oder Operation intersexueller Kinder, die nicht tatsächlich medizinisch indiziert ist.[3] Der Vorschrift liegt die Erwägung zugrunde, dass sich bei Minderjährigen die Erforderlichkeit und die Auswirkungen einer Sterilisation nur schwer feststellen lassen, weil ihre Entwicklung noch nicht abgeschlossen ist. Auch soll der Gefahr entgegen gewirkt werden, dass gerade bei behinderten Kindern die Sterilisation „vorsorglich" schon während der Minderjährigkeit durchgeführt wird, um so die Voraussetzungen über die eingeschränkten Ausnahmefälle zulässiger Sterilisation einwilligungsunfähiger Volljähriger (§ 1899 Abs. 2, § 1905 BGB) zu umgehen.[4] **1**

B. Inhalt der Norm

§ 1631c **Satz 1** BGB begrenzt das Personensorgerecht der Eltern.[5] **2**

§ 1631c **Satz 2** BGB stellt klar, dass die Sterilisation auch nicht aufgrund einer Einwilligung des Kindes selbst durchgeführt werden darf. Die für die Einwilligung eines Minderjährigen in ärztliche Eingriffe geltenden Grundsätze finden keine Anwendung.[6] **3**

---

57 BeckOK-BGB/*Veit*, § 1631b BGB Rn. 9
1 Gegen die Erstreckung auf Kastrationen: Staudinger/*Bienwald*, § 1905 BGB Rn. 17
2 BT-Drucks. 11/4528, 107; Staudinger/*Salgo*, § 1631c BGB Rn. 7
3 So auch *Deutscher Ethikrat*, Intersexualität. Stellungnahme vom 23.2.2012, S. 154 ff. Zur Frage der medizinischen Indikation ebd., S. 152 ff.
4 BT-Drucks. 11/4528, 76, 107
5 BT-Drucks. 11/4528, 107
6 MüKo-BGB/*Huber*, § 1631c BGB Rn. 2

4 § 1631c **Satz 3** BGB schließt die Möglichkeit der Bestellung eines Ergänzungspflegers (§ 1909 BGB) mit dem Aufgabenkreis der Einwilligung in eine Sterilisation des Kindes aus. Dem Vormund ist eine solche Einwilligung durch die Verweisung in § 1800 Satz 1 BGB versagt.[7]

5 **Nicht** vom Verbot der Norm sind Heilbehandlungen erfasst, die lediglich mittelbar eine Sterilisation oder Kastration zur Folge haben (können), wie die Behandlung einer Bauchhöhlenschwangerschaft oder eines Hodenkarzinoms oder eine notwendige Bestrahlung.[8] Die Sterilisation oder Kastration infolge einer medizinisch tatsächlich nicht indizierten geschlechtsvereindeutigenden oder geschlechtszuordnenden medizinischen (bspw. hormonellen) Behandlung oder Operation eines intersexuellen Kindes ist dagegen als nicht nur mittelbare Folge einer Heilbehandlung vom Verbot des § 1631c BGB erfasst, da sie eigentlicher Zweck der Behandlung ist.

6 **Folge** eines entgegen dem Verbot vorgenommenen Eingriffs ist die Begründung einer Strafbarkeit nach §§ 223 ff. StGB (insbes. § 226 Abs. 1 Nr. 1 5. Alt. StGB) und einer Schadensersatzpflicht nach § 823 Abs. 1 BGB.[9] Eine Haftung kommt auch nach § 823 Abs. 2 i.V.m. § 1631c Satz 1 BGB in Betracht, da § 1631c Schutzgesetz i.S.v. § 823 Abs. 2 BGB ist.

§ 1631d BGB Beschneidung des männlichen Kindes

(1) [1]Die Personensorge umfasst auch das Recht, in eine medizinisch nicht erforderliche Beschneidung des nicht einsichts- und urteilsfähigen männlichen Kindes einzuwilligen, wenn diese nach den Regeln der ärztlichen Kunst durchgeführt werden soll. [2]Dies gilt nicht, wenn durch die Beschneidung auch unter Berücksichtigung ihres Zwecks das Kindeswohl gefährdet wird.

(2) In den ersten sechs Monaten nach der Geburt des Kindes dürfen auch von einer Religionsgesellschaft dazu vorgesehene Personen Beschneidungen gemäß Absatz 1 durchführen, wenn sie dafür besonders ausgebildet und, ohne Arzt zu sein, für die Durchführung der Beschneidung vergleichbar befähigt sind.

Weiterführende Literatur: *Rixen*, Das Gesetz über den Umfang der Personensorge bei einer Beschneidung des männlichen Kindes, NJW 2013, 257–262

Übersicht

Rn.
A. Allgemeines ... 1
B. Inhalt der Norm ... 2
I. Absatz 1 (Voraussetzungen für die Einwilligung) ... 2
1. Beschneidung ... 3
2. Medizinisch nicht erforderlich ... 4
3. Männliches Kind ... 5
4. Fehlende Einsichts- und Urteilsfähigkeit ... 6
5. Regeln der ärztlichen Kunst ... 7
6. Umfassende Aufklärung ... 8
7. Kindeswohlgefährdung ... 9
II. Einwilligungserklärung ... 13
III. Absatz 2 (Beschneidung durch eine von einer Religionsgesellschaft vorgesehene Person) ... 14
IV. Rechtsfolgen ... 17

7 MüKo-BGB/*Huber*, § 1631c BGB Rn. 3; BeckOK-BGB/*Veit*, § 1631c BGB Rn. 2
8 Staudinger/*Salgo*, § 1631c BGB Rn. 7; BeckOK-BGB/*Veit*, § 1631c BGB Rn. 2.1
9 BeckOK-BGB/*Veit*, § 1631c BGB Rn. 2

A. Allgemeines

Die Norm enthält die Voraussetzungen, unter denen Eltern im Rahmen ihrer elterlichen Sorge berechtigt sind, in eine medizinisch nicht erforderliche Beschneidung eines nicht einsichts- und urteilsfähigen männlichen Kindes einzuwilligen. Ferner sind die Voraussetzungen der Durchführung einer Beschneidung geregelt. 1

B. Inhalt der Norm

I. Absatz 1 (Voraussetzungen für die Einwilligung)

Voraussetzungen für die Möglichkeit einer Einwilligung in eine Beschneidung i.S.d. § 1631d BGB sind: 2

- die alleinige **Sorgeberechtigung** des einwilligenden Elternteils bzw. die gemeinsame Sorgeberechtigung der einwilligenden Eltern,
- die Beschneidung der Penisvorhaut ist **medizinisch nicht erforderlich**,
- das Kind ist **männlich**,
- das Kind darf **nicht einsichts- und urteilsfähig** sein,
- die Beschneidung soll nach den **Regeln der ärztlichen Kunst** durchgeführt werden,
- eine **umfassende Aufklärung** der Einwilligenden durch den Behandelnden,
- die Beschneidung darf **nicht** das **Kindeswohl gefährden**.

1. Beschneidung

Die Norm umfasst nur die Beschneidung (Zirkumzision), die Entfernung der (kompletten) Penisvorhaut, nicht die sonstigen Abläufe, die den Beschneidungsakt begleiten.[1] 3

2. Medizinisch nicht erforderlich

Die Norm umfasst nur medizinisch nicht erforderliche Beschneidungen der Penisvorhaut. Für medizinisch indizierte Beschneidungen (z.B. wegen einer Phimose) gelten die allgemeinen Grundsätze eines indizierten Heileingriffs in die körperliche Integrität des Kindes.[2] Ist die Beschneidung zumindest auch medizinisch indiziert, findet § 1631d BGB keine Anwendung.[3] 4

3. Männliches Kind

Die Norm umfasst nur die Beschneidung eines männlichen Kindes. Die **Verstümmelung** (ohne Unterschied, ob es sich um eine Klitorisbeschneidung, Excision oder Infibulation handelt) **weiblicher Genitalien** ist verboten.[4] Sie stellt eine grausame, folgenschwere und durch nichts zu rechtfertigende Misshandlung dar,[5] die eine Menschenrechtsverletzung und einen Verstoß gegen Art. 24 Abs. 3 des Übereinkommens über die Rechte des Kindes (UN-Kinderrechtekonvention[6]) darstellt und nach § 226a StGB strafbar ist. Eine Einwilligung der Minderjährigen selbst ist, angesichts der weitreichenden Folgen des Eingriffs, nicht möglich.[7] 5

---

1 *Rixen*, NJW 2013, 257, 260; BeckOK-BGB/*Veit*, § 1631d BGB Rn. 4
2 BT-Drucks. 17/11295, 7, 17; OLG Hamm ZKJ 2013, 497, 499
3 *Rixen*, NJW 2013, 257, 260
4 BT-Drucks. 17/11295, 7, 14
5 BGH NJW 2005, 672, 673
6 BGBl. II 1992 S. 121
7 Vgl. BeckOK-BGB/*Veit*, § 1631d BGB Rn. 5

4. Fehlende Einsichts- und Urteilsfähigkeit

6 Die Norm trifft keine Aussage, wann das Kind einsichts- und urteilsfähig ist. Eine starre Altersgrenze gibt es auch nicht. Es kommt darauf an, ob das Kind nach seiner geistigen und sittlichen Reife die Tragweite des Eingriffs zu ermessen vermag.[8] Als Indiz können die in § 5 KErzG (siehe Anhang, S. 1371) vorgesehenen Altersgrenzen herangezogen werden, die aber eine **Prüfung im Einzelfall** nicht entbehrlich machen. Danach kann als eine die elterliche Entscheidung ggf. korrigierende Orientierungsgröße das 14. Lebensjahr bei einer Entscheidung des Kindes für die Beschneidung, das zwölfte Lebensjahr bei einer Entscheidung des Kindes gegen die Beschneidung zu Grunde gelegt werden.[9] Ist das Kind einsichts- und urteilsfähig, ist fraglich, ob es neben der Einwilligung des Kindes in die Beschneidung noch einer Einwilligung der Eltern bedarf. Aufgrund des nicht unerheblichen irreversiblen chirurgischen Eingriffs in die körperliche Integrität des Kindes durch die Beschneidung spricht einiges für das Erfordernis der Mitzustimmung der Eltern.[10]

5. Regeln der ärztlichen Kunst

7 Von Bedeutung für die Berechtigung der Eltern, in eine Beschneidung einzuwilligen, ist, dass die Beschneidung nach den Regeln der ärztlichen Kunst durchgeführt wird. Die „Regeln der ärztlichen Kunst" entsprechen „den zum Zeitpunkt der Behandlung bestehenden, allgemein anerkannten fachlichen Standards" (§ 630a Abs. 2 BGB).

Dazu gehört, dass die behandelnde Person eine **Ärztin** oder ein **Arzt** sein muss und der jeweilige sog. **Facharztstandard**, der chirurgische Standard eines (Kinder-)Urologen, der anästhesiologische Standard sowie der schmerztherapeutische Standard, einzuhalten ist. Die Beschneidung muss also auch mit einer effektiven Schmerzbehandlung – einer im Einzelfall angemessenen und wirkungsvollen Betäubung – verbunden sein.[11]

6. Umfassende Aufklärung

8 Der Behandelnde muss die Eltern bzw. den alleinsorgeberechtigten Elternteil über sämtliche für die Einwilligung wesentlichen Umstände aufklären (vgl. § 630d Abs. 2, § 630e Abs. 1, Abs. 2 BGB).[12] Aufgeklärt werden muss auch das verständige, aber noch nicht einsichtsfähige Kind (vgl. § 630e Abs. 5 BGB).[13]

7. Kindeswohlgefährdung

9 § 1631d Abs. 1 Satz 2 BGB stellt sicher, dass das Kindeswohl durch die Beschneidung nicht gefährdet wird. Eine Einwilligung in die Beschneidung ist nicht mehr vom Personensorgerecht gedeckt, wenn durch die Maßnahme das körperliche, geistige oder seelische Wohl des Kindes gefährdet ist (§ 1666 BGB).[14] Hierbei ist in erster Linie an die gesundheitliche Gefährdung des Kindes zu denken.[15]

10 Bei der Frage, ob durch die Beschneidung das Kindeswohl gefährdet wird, ist der **Wille des Kindes**, sofern er schon gebildet werden kann, zu berücksichtigen, insbesondere im Hinblick darauf, dass der Eingriff später nicht rückgängig gemacht werden kann.[16]

---

8 OLG Frankfurt ZKJ 2008, 212, 213; vgl. OLG Hamm ZKJ 2013, 497, 499; Staudinger/*Salgo*, § 1631d BGB Rn. 35
9 *Rixen*, NJW 2013, 257, 259; Palandt/*Götz*, § 1631d BGB Rn. 5; kritisch dazu Staudinger/*Salgo*, § 1631d BGB Rn. 33
10 Ebenso BeckOK-BGB/*Veit*, § 1631d BGB Rn. 21.2, dagegen: *Rixen*, NJW 2013, 257, 259 f.
11 BT-Drucks. 17/11295, 17
12 BT-Drucks. 17/11295, 17 f.
13 BeckOK-BGB/*Veit*, § 1631d BGB Rn. 42; *Spickhoff*, FamRZ 2013, 338, 343; Palandt/*Götz*, § 1631d BGB Rn. 6
14 BT-Drucks. 17/11295, 18
15 *Rixen*, NJW 2013, 257, 260
16 BT-Drucks. 17/11295, 18

Bei der Frage, ob durch die Beschneidung das Kindeswohl gefährdet wird, soll nach dem Willen des Gesetzgebers auch der **Zweck der Beschneidung** berücksichtigt werden. Dabei ist nach der Wertung des Gesetzgebers die Beschneidung aus religiösen, sozialen, kulturellen und medizinisch-prophylaktischen Gründen kindeswohlgemäß, während die Beschneidung aus rein ästhetischen Gründen oder mit dem Ziel, die Masturbation zu erschweren, kindeswohlwidrig ist.[17] 11

Das Maß einer Verletzung des Körpers und das Maß der Legitimationsbedürftigkeit sollten jedoch grundsätzlich von objektiven Eigenschaften des Eingriffs abhängen, nämlich seiner Tiefe, Schmerzhaftigkeit oder Risikoträchtigkeit etc. Denn so wenig selbst die besten Motive eine objektive Kindeswohlverletzung zulässig machen (z.B. das pädagogische Prügeln liebender Eltern zum vermeintlichen Besten für ihr Kind), so wenig können „schäbige" Motive eine objektiv kindeswohlverträgliche Handlung unzulässig machen.[18] Die Berücksichtigung des Zwecks der jeweiligen Beschneidung kann aufgrund des hohen Stellenwerts der körperlichen Unversehrtheit des Kindes, Art. 2 Abs. 2 Satz 1 GG, daher nur in engen Grenzen erfolgen und nur zur Verfolgung von verfassungsrechtlich ebenfalls geschützten Interessen. Für die Zulässigkeit einer Beschneidung aus religiös-weltanschaulichen Motiven streitet in diesem Sinne die verfassungsrechtliche Wertung des Art. 4 GG.[19] 12

II. Einwilligungserklärung

Die Einwilligungserklärung gegenüber der behandelnden Person muss vor der Durchführung der Beschneidung vorliegen (vgl. § 630d Abs. 1 Satz 1 BGB). 13

III. Absatz 2 (Beschneidung durch eine von einer Religionsgesellschaft vorgesehene Person)

Die Norm schafft eine Ausnahme vom Vorbehalt, dass die behandelnde Person eine Ärztin oder ein Arzt sein muss. 14

Voraussetzungen dafür sind: 15

- der zeitliche Rahmen von **sechs Monaten**, der mit der Vollendung der Geburt des Kindes (§ 1 BGB) beginnt,
- eine von einer **Religionsgesellschaft** vorgesehene (nicht-ärztliche) Person,
- die vorgesehene Person hat eine **besondere Ausbildung** für die Vornahme von Beschneidungen absolviert,[20]
- die vorgesehene Person ist **vergleichbar einer Ärztin** oder einem Arzt **befähigt**.

Religionsgesellschaften sind die unter dem Schutz von Art. 4 Abs. 1, Abs. 2 GG sowie Art. 140 GG i.V.m. Art. 137 WRV stehenden Gemeinschaften.[21] Die **Person** muss von der Religionsgesellschaft für die Durchführung einer Beschneidung **vorgesehen** sein. Ein bestimmtes Verfahren, nach den Regeln der jeweiligen Religionsgesellschaft, ist nicht erforderlich. Einer behördlichen Zulassung bedarf es ebenfalls nicht.[22] Die Norm sieht ferner vor, dass die vorgesehene Person für die Durchführung der Beschneidung vergleichbar einem Arzt oder einer Ärztin befähigt sein muss. Das heißt, dass die vorgesehene Person in der Lage sein muss, den jeweiligen sog. Facharztstandard, den chirurgischen Standard eines (Kinder-)Urologen, den anästhesiologischen Standard sowie den schmerztherapeutischen 16

17 BT-Drucks. 17/11295, 6 ff., 18
18 Insoweit zutreffend *Herzberg*, ZIS 2010, 471 ff.; vgl. *Spickhoff*, FamRZ 2013, 338, 341 f.
19 So auch *Beulke/Dießner*, ZIS 2012, 338, 344 f.; dagegen LG Köln NJW 2012, 2128, 2129; *Herzberg*, ZIS 2010, 471; *ders.*, ZIS 2014, 56 ff.
20 BT-Drucks. 17/11295, 19
21 BT-Drucks. 17/11295, 18 f.
22 BT-Drucks. 17/11295, 19

Standard, einzuhalten.[23] Fraglich ist, inwieweit die vorgesehenen Personen die anästhesiologischen und schmerztherapeutischen Standards einhalten können, da ihnen der dafür erforderliche Umgang mit den Mitteln und Methoden kunstgerechter Anästhesie nach dem Arzneimittelgesetz verboten ist. Durch eine weite Auslegung des Merkmals „für die Durchführung der Beschneidung einem Arzt *vergleichbar* befähigt" dürften im Einzelfall interessengerechte Lösungen gefunden werden können. So kann die vorgesehene Person beispielsweise unter Hinzuziehung und Mitwirkung einer Ärztin oder eines Arztes die Beschneidung vornehmen.[24]

IV. Rechtsfolgen

17 Bei einem Verstoß gegen die Regelungen in § 1631d kommen **Schadensersatzansprüche** nach § 823 Abs. 1, nach § 823 Abs. 2 i.V.m. § 1631d Abs. 1 Satz 2 BGB oder nach § 823 Abs. 2 BGB i.V.m. § 223 Abs. 1 StGB in Betracht. Ebenso sind Maßnahmen nach **§§ 1666, 1666a BGB** denkbar. Auch kommt eine **Strafbarkeit** des Behandelnden und der Sorgeberechtigten nach § 223 Abs. 1 StGB in Betracht, wenn eine wirksame Einwilligung nicht vorlag.

§ 1632 BGB Herausgabe des Kindes; Bestimmung des Umgangs; Verbleibensanordnung bei Familienpflege

(1) Die Personensorge umfasst das Recht, die Herausgabe des Kindes von jedem zu verlangen, der es den Eltern oder einem Elternteil widerrechtlich vorenthält.

(2) Die Personensorge umfasst ferner das Recht, den Umgang des Kindes auch mit Wirkung für und gegen Dritte zu bestimmen.

(3) Über Streitigkeiten, die eine Angelegenheit nach Absatz 1 oder 2 betreffen, entscheidet das Familiengericht auf Antrag eines Elternteils.

(4) Lebt das Kind seit längerer Zeit in Familienpflege und wollen die Eltern das Kind von der Pflegeperson wegnehmen, so kann das Familiengericht von Amts wegen oder auf Antrag der Pflegeperson anordnen, dass das Kind bei der Pflegeperson verbleibt, wenn und solange das Kindeswohl durch die Wegnahme gefährdet würde.

Weiterführende Literatur: *Heilmann/Salgo*, Sind Pflegekinder nicht (mehr) schutzbedürftig?, FamRZ 2014, 705–711; *Kinderrechtekommission des Deutschen Familiengerichtstags*, Reformbedarf im Pflegekinderwesen, FamRZ 2014, 891–902; *Salgo/Lack*, Das Recht der Pflegekindschaft, in: Prenzlow (Hrsg.), Handbuch Elterliche Sorge und Umgang, Köln 2016, S. 272–321.

Übersicht

Rn.
A. Allgemeines ... 1
B. Inhalt der Norm ... 2
I. Herausgabeanspruch gegen Dritte (Abs. 1) ... 2
1. Anspruchsinhaber ... 4
2. Anspruchsgegner ... 8
a. Vorenthalten ... 10
b. Widerrechtlichkeit ... 11
3. Herausgabe von Gegenständen ... 16

23 BT-Drucks. 17/11295, 17, 19
24 *Spickhoff*, FamRZ 2013, 338, 342; Staudinger/*Salgo*, § 1631d BGB Rn. 49

II. Umgangsbestimmungsrecht (Abs. 2) 17
1. Inhalt des Umgangsbestimmungsrechts 17
2. Einschränkungen des Umgangsbestimmungsrechts 22
III. Gerichtliche Durchsetzung (Abs. 3) 26
IV. Schutz des Pflegekindes (Abs. 4) 33
1. Familienpflege seit längerer Zeit 35
2. Herausgabeverlangen 38
3. Antrag der Pflegeperson auf Verbleib 40
4. Antrag der Pflegeperson auf Rückführung 41
5. Gefährdung des Kindeswohls 42
a. Rückführung des Kindes zu seinen Eltern 45
b. Rückführung des Kindes zu seinen Großeltern 49
c. Verbringung des Kindes zu einer anderen Pflegeperson 50
d. Kriterien innerhalb der Abwägung 51
5. Gerichtliches Verfahren 53
6. Rechtsfolge 55

A. Allgemeines

Die Vorschrift ergänzt die Regelungen der §§ 1631–1631d BGB durch einen Anspruch auf Herausgabe des Kindes und ein Recht zur Bestimmung des Umgangs des Kindes mit Wirkung für und gegen Dritte sowie die Durchsetzung der Ansprüche. Darüber hinaus schützt Abs. 4 das Pflegekind vor einer Herausnahme aus der Familienpflege zur Unzeit.[1] Gesetzliche Reformbestrebungen in der 18. Legislaturperiode, wonach eine Verbleibensanordnung auch auf Dauer möglich sein sollte,[2] wurden bisher nicht umgesetzt. 1

B. Inhalt der Norm

I. Herausgabeanspruch gegen Dritte (Abs. 1)

Das Aufenthaltsbestimmungsrecht umfasst den Anspruch auf **Herausgabe des Kindes** gegen Dritte, wobei das Kind nicht lediglich bloßes Objekt des Herausgabeverlangens ist.[3] Neben der Herausgabe des Kindes wird von dem Anspruch auch in analoger Anwendung die **Herausgabe von** (persönlichen) **Gegenständen des Kindes** erfasst, die dieses beim Anspruchsinhaber benötigt (hierzu Rn. 16).[4] 2

Voraussetzungen für den Herausgabeanspruch sind: 3

- der die Herausgabe Begehrende ist Anspruchsinhaber,
- ein Dritter oder der andere Elternteil ist Herausgabeverpflichteter, weil er das Kind dem Anspruchsinhaber gegenüber widerrechtlich vorenthält.

1. Anspruchsinhaber

Anspruchsinhaber sind die Inhaber des Aufenthaltsbestimmungsrechts für das Kind, also die sorgeberechtigten Eltern, der allein sorgeberechtigte Elternteil sowie der Vormund bzw. der Pfleger, soweit ihm die elterliche Sorge bzw. das Aufenthaltsbestimmungsrecht übertragen worden ist (§ 1800, § 1909, § 1915 Abs. 1 BGB).[5] 4

Steht beiden Elternteilen das Aufenthaltsbestimmungsrecht gemeinsam zu, kann der Herausgabeanspruch nur von beiden, oder einem mit Zustimmung des anderen, geltend gemacht werden. Grundsätzlich richtet sich der Anspruch auf die Herausgabe an beide El- 5

1 BT-Drucks. 8/2788, 40, 51 f.; BT-Drucks. 13/4899, 96 f.
2 BT-Drucks. 18/12330, 28
3 Staudinger/*Salgo*, § 1632 BGB Rn. 5
4 BGH ZKJ 2019, 303 = FamRZ 2019, 1056 Rn. 29 f.
5 *Münder*, NJW 1986, 811, 813; Staudinger/*Salgo*, § 1632 BGB Rn. 9; Vormund: BayObLG FamRZ 1991, 1080, 1081 f.; Pfleger: OLG Köln, FamRZ 1978, 707, 708

ternteile.[6] Die Eltern können auch die Herausgabe an einen Dritten verlangen, wie die Rückführung ins Internat, Heim oder zu Pflege- oder Großeltern.[7] Sind sich die Eltern darüber einig, dass nur einer, im Einvernehmen mit dem anderen, den Anspruch geltend machen soll, kann er die Herausgabe des Kindes auch an sich allein verlangen.[8]

6 Sind sich die Eltern nicht darüber einig, ob das Kind von einem Dritten herausverlangt werden soll oder nicht, muss der Elternteil, der die Herausgabe begehrt, zunächst ein Verfahren nach § 1671 Abs. 1 bzw. § 1628 BGB anstrengen.[9]

7 Steht das Aufenthaltsbestimmungsrecht nur einem Elternteil zu, so ist dieser allein berechtigt, die Herausgabe des Kindes zu verlangen.[10]

2. Anspruchsgegner

8 Der Herausgabeanspruch richtet sich gegen jeden, der das Kind den Inhabern bzw. dem Inhaber des Aufenthaltsbestimmungsrechts widerrechtlich vorenthält. Der Anspruch kann somit auch gegen den anderen, nicht aufenthaltsbestimmungsberechtigten Elternteil bestehen.

9 Solange beiden Elternteilen gemeinsam das Aufenthaltsbestimmungsrecht zusteht, hat der eine Elternteil keinen Herausgabeanspruch nach § 1632 Abs. 1 BGB gegenüber dem anderen, auch wenn der eine Elternteil dem anderen das Kind wegnimmt – beispielsweise anlässlich der Trennung. Der Elternteil, der die Herausgabe anstrengt, muss zunächst ein Verfahren nach § 1671 Abs. 1 BGB oder nach § 1628 BGB anstrengen.[11] Anders ist es im internationalen Bereich. Das Haager Übereinkommen über die zivilrechtlichen Aspekte internationaler Kindesentführung (HKÜ) sieht in solchen Fällen eine sofortige Rückführung des Kindes grundsätzlich vor.

▶ *Näher zum HKÜ und seinen Voraussetzungen Schweppe, Kapitel 3. Internationale Übereinkommen. Abschnitt 1 Rn. 1 ff.*

a. Vorenthalten

10 Vorenthalten wird das Kind, wenn die Verwirklichung des Aufenthaltsbestimmungsrechts dessen Inhabern durch grundsätzlich aktives Handeln[12] unmittelbar oder mittelbar erschwert wird, beispielsweise durch Einsperren, Verschleppen, Verstecken, Verheimlichung des Aufenthaltsorts, Weitergabe (wie Unterbringung bei Dritten), Entführung, Errichtung physischer Hindernisse oder Verwehrung des Zutritts zu dem Kind.[13] Wer einem zugelaufenen oder selbständig entscheidenden Kind lediglich Obdach und Verpflegung gewährt, erfüllt grundsätzlich nicht den Tatbestand des Vorenthaltens.[14] Unterbindet der nichtsorgeberechtigte Elternteil jedoch eine Rückkehr des Kindes durch dessen nachhaltige Beeinflussung, kann dies ein Vorenthalten darstellen.[15]

---

6 BayObLG FamRZ 1984, 1144, 1146; BeckOK-BGB/*Veit*, § 1632 BGB Rn. 2
7 Staudinger/*Salgo*, § 1632 BGB Rn. 9
8 MüKo-BGB/*Huber*, § 1632 BGB Rn. 6
9 MüKo-BGB/*Huber*, § 1632 BGB Rn. 7; BeckOK-BGB/*Veit*, § 1632 BGB Rn. 2; vgl. BayObLG FamRZ 1984, 1144, 1146
10 MüKo-BGB/*Huber*, § 1632 BGB Rn. 8
11 MüKo-BGB/*Huber*, § 1632 BGB Rn. 33; a.A. AG Bad Iburg FamRZ 2000, 1036
12 *Münder*, NJW 1986, 811; Staudinger/*Salgo*, § 1632 BGB Rn. 14
13 Staudinger/*Salgo*, § 1632 BGB Rn. 14
14 Staudinger/*Salgo*, § 1632 BGB Rn. 14; MüKo-BGB/*Huber*, § 1632 BGB Rn. 10
15 OLG Zweibrücken FamRZ 1983, 297; Staudinger/*Salgo*, § 1632 BGB Rn. 14

b. Widerrechtlichkeit

Ein widerrechtliches Vorenthalten liegt vor, wenn dem Anspruchsteller das Aufenthaltsbestimmungsrecht zusteht und **11**

- der Anspruchsgegner nicht gleichrangig zur Bestimmung des Aufenthalts befugt ist,
- die Herausgabe keine Kindeswohlgefährdung i.S.d. § 1666 BGB auslöst und
- der Anspruchsgegner keinen rechtfertigenden Grund für die Vorenthaltung hat.[16]

Solange **beiden Elternteilen gemeinsam** das Aufenthaltsbestimmungsrecht zusteht, **12** hat der eine Elternteil keinen Herausgabeanspruch gegenüber dem anderen. Der Elternteil, der die Herausgabe anstrengt, muss zunächst ein Verfahren nach § 1671 Abs. 1 BGB oder nach § 1628 BGB anstrengen.[17]

Ein **rechtfertigender Grund** für die Vorenthaltung kann sich aus dem öffentlichen Recht **13** ergeben (wie infolge der Schulpflicht oder jugendstrafrechtlicher Maßnahmen), aus einer gerichtlichen Entscheidung (wie einer Verbleibensanordnung nach § 1632 Abs. 4 BGB) oder durch die Ausübung des Umgangsrechts nach § 1684 Abs. 1 BGB.

Ferner besteht ein rechtfertigender Grund nach § 42 Abs. 1 Nr. 2b SGB VIII für eine **Inobhutnahme** des Kindes durch das Jugendamt. § 42 Abs. 1 SGB VIII stellt eine Befugnisnorm **14** für staatliches Eingreifen in das elterliche Sorgerecht durch einen Verwaltungsakt dar, der insbes. das Aufenthaltsbestimmungsrecht dem Jugendamt überträgt. Diese Übertragung erfasst bei einem Widerspruch der bisher Aufenthaltsberechtigten indes nur den vorübergehenden Zeitraum bis zur Rückgabe an die bisher Aufenthaltsberechtigten oder bis zur Entscheidung des Familiengerichts über die dauerhaft notwendigen sorgerechtlichen Maßnahmen (vgl. § 42 Abs. 3 Satz 2 SGB VIII).[18] Sobald das Familiengericht entschieden hat, entfällt die Befugnis aufgrund § 42 Abs. 1 SGB VIII, und es besteht kein rechtfertigender Grund für eine weitere Inobhutnahme des Kindes. Der bzw. die Anspruchsinhaber hat bzw. haben dann einen Herausgabeanspruch gegen das Jugendamt nach § 1632 Abs. 1 BGB.

Ein ursprüngliches **Einverständnis** mit dem Aufenthalt des Kindes bei einem Dritten ist **15** wegen der Unverzichtbarkeit des Elternrechts jederzeit widerruflich und kann vom Zeitpunkt des Widerrufs an zu einem Zustand widerrechtlichen Vorenthaltens führen. Im Herausgabeverlangen liegt grundsätzlich ein konkludenter Widerruf des Einverständnisses.[19]

3. Herausgabe von Gegenständen

Der Anspruch aus § 1632 Abs. 1 BGB umfasst in analoger Anwendung die Herausgabe **16** von notwendigen (persönlichen) Gegenständen des Kindes, die dieses beim Anspruchsinhaber voraussichtlich benötigt, wie Spielsachen, Kleidung, Schmuck, Sportgeräte, Mopeds, Musikanlagen, Computer, Smartphone, Medikamente, alle wichtigen Dokumente (Impfpass, Untersuchungsheft, Krankenversicherungskarte,[20] Reisepass,[21] etc.) und Schulsachen, und zwar ohne Rücksicht auf die Eigentums- und Besitzverhältnisse.[22]

---

16 Staudinger/*Salgo*, § 1632 BGB Rn. 15
17 Staudinger/*Salgo*, § 1632 BGB Rn. 15; Palandt/*Götz*, § 1632 BGB Rn. 3; vgl. OLG Dresden FamRZ 2018, 694
18 OLG Frankfurt ZKJ 2019, 185; OLG Bamberg FamRZ 1999, 663, 664; VG Weimar, Beschl. v. 11.8.2004 – E 5680/04, Rn. 19 (juris)
19 MüKo-BGB/*Huber*, § 1632 BGB Rn. 11; Staudinger/*Salgo*, § 1632 BGB Rn. 17
20 BGH, Beschl. v. 10.7.2019 – XII ZB 579/17, Rn. 10, juris = FamRZ 2019, 1615
21 BGH, FamRZ 2019, 1056; Beschl. v. 10.7.2019 – XII ZB 579/17, Rn. 10, juris = FamRZ 2019, 1615
22 BGH, Beschl. v. 27.03.2019 – XII ZB 345/18, Rn. 30 f., juris = ZKJ 2019, 303; *Götz*, FamRZ 2016, 519, 521; Palandt/*Götz*, § 1632 BGB Rn. 6; *Gottschalk*, ZKJ 2016, 62, 64

II. Umgangsbestimmungsrecht (Abs. 2)

1. Inhalt des Umgangsbestimmungsrechts

17 Das Umgangsbestimmungsrecht – als vom Aufenthaltsbestimmungsrecht verschiedener Bestandteil der Personensorge[23] – gibt den Personensorgeberechtigten das Recht und die Pflicht, den Umgang des Kindes mit anderen Personen zu überwachen, schädliche Einflüsse Dritter nach Möglichkeit zu verhindern und das Kind vor Belästigungen zu schützen.[24]

18 **Personensorgeberechtigte** sind i.d.R. die Eltern, der allein sorgeberechtigte Elternteil, aber auch der Vormund bzw. der Pfleger, soweit ihm die Personensorge bzw. das Umgangsbestimmungsrecht übertragen worden ist (§ 1800, § 1909, § 1915 Abs. 1 BGB).

19 Sind **beide Elternteile gemeinsam** personensorgeberechtigt, gilt eine Umgangsbestimmung gegenüber dem Kind auch dann, wenn nur ein Elternteil diese ausspricht, da jeder Elternteil dem Kind als selbständige Erziehungspersönlichkeit gegenübertritt. Eine Umgangsbestimmung gegenüber Dritten kann von den Eltern nur im gegenseitigen Einvernehmen (§ 1627 BGB) ausgesprochen werden.[25] Fehlt es daran, muss zunächst ein Verfahren nach § 1671 Abs. 1 BGB oder nach § 1628 BGB angestrengt werden.[26]

20 Das Umgangsbestimmungsrecht wird i.d.R. durch **Weisungen sowie Umgangsverbote** ausgeübt, die sowohl gegenüber dem Kind als auch gegenüber Dritten ergehen können.[27] Es umfasst den unmittelbaren persönlichen, brieflichen, telefonischen und elektronischen Kontakt.[28] Dabei ist jedoch das Recht des Kindes auf **Privatsphäre und auf informationelle Selbstbestimmung** als Ausprägung des allgemeinen Persönlichkeitsrechts (Art. 2 Abs. 1 i.V.m. Art. 1 Abs. 1 GG)[29] zu beachten, so dass die mit dem Umgangsbestimmungsrecht einhergehende Kontrollbefugnis dem Alter, Bedürfnis und Entwicklungsstand des Kindes angepasst sein muss. Dabei ist eine inhaltliche Kontrolle, insbesondere internetfähiger Endgeräte, nicht nur bei dem Verdacht auf Straftaten oder schwerwiegenden Eingriffen in das Kindeswohl zulässig (hierzu *Fink*, § 1626 Rn. 22).[30]

21 **Nicht** unter das Umgangsbestimmungsrecht fallen Bestimmungen über Zeit und Ort des **Ausgehen**s sowie Art und Weise der **Freizeitgestaltung** des Kindes. Diese Bestimmungsbefugnisse richten sich nach § 1626, § 1631 Abs. 1 BGB.[31]

2. Einschränkungen des Umgangsbestimmungsrechts

22 Das Umgangsbestimmungsrecht der Personensorgeberechtigten ist nicht schrankenlos. Einschränkungen ergeben sich aus den gesetzlichen **Umgangsrechten** (§ 1626 Abs. 3, § 1684, § 1685, § 1686a BGB),[32] aus **§ 1666 BGB** oder aus dem allgemeinen **Erziehungsauftrag** der Personensorgeberechtigten nach § 1626 Abs. 2 sowie § 1631 Abs. 2 BGB.

23 Der in **§ 1626 Abs. 2 BGB** enthaltene Erziehungsauftrag für die Personensorgeberechtigten dient dazu, das Kind schrittweise auf die Selbständigkeit und das Verantwortungsbewusstsein vorzubereiten, die es bei Volljährigkeitseintritt erreicht haben soll (hierzu *Fink*, § 1626 Rn. 19 ff.). Die Personensorgeberechtigten haben bei der Ausübung des Umgangs-

---

23 *Heilmann*, FamRZ 2014, 1753ff.; so auch BGH ZKJ 2016, 419
24 BT-Drucks. 8/2788, 51
25 Staudinger/*Salgo*, § 1632 BGB Rn. 20; BeckOK-BGB/*Veit*, § 1632 BGB Rn. 26
26 Vgl. MüKo-BGB/*Huber*, § 1632 BGB Rn. 66
27 BayObLG NJW-RR 1995, 138; vgl. BGH NJW-RR 2001, 1; Staudinger/*Salgo*, § 1632 BGB Rn. 20
28 BayObLG NJW-RR 1995, 138; Staudinger/*Salgo*, § 1632 BGB Rn. 20; MüKo-BGB/*Huber*, § 1632 BGB Rn. 67
29 BVerfGE 120, 274, 339; BVerfG NJW 2017, 466
30 AG Bad Hersfeld FamRZ 2016, 564; NJW-Spezial 2017, 710; *Götz*, FamRZ 2017, 1725, 1726; a.A. MüKo-BGB/*Huber*, § 1632 BGB Rn. 67
31 Staudinger/*Salgo*, § 1632 BGB Rn. 20; MüKo-BGB/*Huber*, § 1632 BGB Rn. 67
32 Palandt/*Götz*, § 1632 BGB Rn. 10; MüKo-BGB/*Huber*, § 1632 BGB Rn. 69

bestimmungsrechts zu berücksichtigen, dass die Vorschrift des § 1626 Abs. 2 Satz 2 BGB eine Gesprächsbereitschaft mit dem Kind und ein Bemühen um Einvernehmen mit dem Kind gebietet. Je älter das Kind ist, desto mehr wächst der Begründungszwang für eine auf triftige sachliche Gründe zu stützende Weisung oder ein auf triftige sachliche Gründe zu stützendes Umgangsverbot.[33] Dem Dritten gegenüber bedarf ein Umgangsverbot keiner triftigen sachlichen Gründe.[34]

Die Personensorgeberechtigten müssen also im konkreten Fall eine Abwägung vornehmen. Dabei ist einerseits zu beachten, dass der Umgang mit Dritten, auch mit Personen anderen Geschlechts, für das Kind erforderlich ist, um sich zu einer reifen, der Selbstbestimmung fähigen, für sich selbst sorgenden Persönlichkeit zu entwickeln.[35] Andererseits sind die möglichen Gefahren zu beachten, die sich aus dem Umgang ergeben können (wie Ansteckung mit Krankheiten, Abgleiten in die Kriminalität, Drogenabhängigkeit, Prostitution, psychische Abhängigkeit von religiösen, politischen und ideologischen Grundhaltungen).[36] 24

Das in **§ 1631 Abs. 2 BGB** enthaltene Verbot, bei der Erziehung entwürdigende Maßnahmen einzusetzen, bedeutet, dass die Umgangsbestimmung nicht das Ehr- und Selbstwertgefühl des Kindes in einem in Bezug auf den Anlass der Bestimmung nicht zu rechtfertigenden Maße verletzen oder gefährden darf (hierzu *Fink*, § 1631 Rn. 22). 25

III. Gerichtliche Durchsetzung (Abs. 3)

Das Verfahren ist als **Antragsverfahren** ausgestaltet. 26

Antragsteller des Herausgabeanspruchs gegenüber Dritten und des Anspruchs auf Durchsetzung einer Umgangsweisung oder eines Umgangsverbots müssen – entgegen dem Wortlaut des Gesetzes – grundsätzlich **beide personensorgeberechtigten Elternteile** sein, es sei denn, der eine Elternteil erteilt seine Zustimmung zur alleinigen Geltendmachung durch den anderen Elternteil. Steht das Personensorgerecht nur einem Elternteil zu, so ist dieser allein berechtigt. Ferner sind der **Vormund** bzw. der **Pfleger**, soweit ihm die Personensorge übertragen worden ist (§ 1800, § 1909, § 1915 Abs. 1 BGB), antragsberechtigt. Das Kind und der Dritte haben kein Antragsrecht.[37] 27

Antragsgegner ist derjenige, der das Kind den Personensorgeberechtigten widerrechtlich vorenthält bzw. eine Umgangsbestimmung nicht befolgt. Antragsgegner ist niemals das Kind.[38] 28

In dem gerichtlichen Verfahren sind **anzuhören**: 29

- das Kind, § 159 FamFG,
- die Eltern, § 160 FamFG,
- die Verfahrensbeiständin bzw. der Verfahrensbeistand bei Bestellung, § 158 FamFG,
- der Antragsgegner, § 7 Abs. 2 Nr. 1 FamFG,
- das Jugendamt, § 162 Abs. 1 Satz 1 FamFG,
- ggf. die Pflegeeltern, § 161 Abs. 2 FamFG.

Ergeht gegen den **Dritten** eine gerichtliche Umgangsweisung oder ein Umgangsverbot, kann er nach § 1696 BGB eine Aufhebung der Weisung bzw. des Verbots beantragen. 30

---

33 MüKo-BGB/*Huber*, § 1632 BGB Rn. 71; Staudinger/*Salgo*, § 1632 BGB Rn. 24
34 OLG Frankfurt NJW 1979, 2052, 2053; OLG Brandenburg FamRZ 2016, 1092; NJW-RR 2018, 584
35 Vgl. MüKo-BGB/*Huber*, § 1632 BGB Rn. 72
36 BeckOK-BGB/*Veit*, § 1632 BGB Rn. 35; Staudinger/*Salgo*, § 1632 BGB Rn. 24
37 Staudinger/*Salgo*, § 1632 BGB Rn. 29
38 Staudinger/*Salgo*, § 1632 BGB Rn. 29

▶ *Zur funktionalen Zuständigkeit, § 14 Abs. 1 Nr. 7 und 8 RPflG, Heilmann, § 14 RPflG Rn. 16, 19.*

31 **Tenorierungsbeispiel für eine Herausgabe des Kindes nach § 1632 Abs. 1 BGB**

1. Der Antragsgegner wird verpflichtet, das Kind (Name), geboren am …, an die Antragstellerin herauszugeben.

In **dringenden Fällen** *kann folgende Anordnung sogleich mit der Sachentscheidung verbunden werden:*[39]

2.a. Der zuständige Gerichtsvollzieher wird ermächtigt und beauftragt, zum Zwecke der Vollstreckung der Herausgabeanordnung das Kind (Name), geboren am …, dem Antragsgegner wegzunehmen und zur Durchsetzung dieser Anordnung notfalls auch Zwang gegen den Antragsgegner und Dritte zu gebrauchen, um den Widerstand des Antragsgegners oder Dritter zu überwinden,

b. sowie die Wohnung des Antragsgegners zu durchsuchen.

c. Dem Gerichtsvollzieher wird gestattet, zur Durchsetzung der Herausgabeanordnung unmittelbaren Zwang gegen das Kind (Name), geboren am …, anzuwenden.

d. Dem Gerichtsvollzieher wird gestattet, in dieser Sache auch zur Nachtzeit und an Sonn- und Feiertagen tätig zu werden.

e. Der Gerichtsvollzieher kann die Unterstützung polizeilicher Vollzugsorgane anfordern.

3. Das beteiligte Jugendamt X (genaue Bezeichnung) soll zu der Vollstreckung der Herausgabeanordnung zugezogen werden und die Vollstreckung durch geeignete Maßnahmen, die auch vom Jugendamt Y (genaue Bezeichnung) im Wege der Amtshilfe erbracht werden können, unterstützen.

4. Die Anordnung ist dem Antragsgegner wie auch jeder anderen Gewahrsamsperson gegenüber wirksam. Sie ist bei der Wegnahme des Kindes ohne vorherige Benachrichtigung vorzulegen.

32 **Tenorierungsbeispiel für ein Umgangsverbot nach § 1632 Abs. 2 BGB**

1. Dem Antragsgegner wird der Kontakt zu dem Kind (Name), geboren am …, untersagt.

Dem Antragsgegner wird insbesondere untersagt,

a. sich dem Kind weniger als 50 Meter zu nähern,

b. dem Kind zu der Wohnung des Antragsgegners (Adresse) Zutritt zu gewähren,

c. das Kind vor der Schule (Adresse) / dem Kindergarten (Adresse) abzupassen,

d. in irgendeiner Form Verbindung zu dem Kind, beispielsweise durch Ansprache, Briefe, Telefonate, SMS, E-Mails, Messenger-Dienste und Apps, oder Zettel, auch vermittelt durch dritte Personen, aufzunehmen,

e. ein Zusammentreffen mit dem Kind herbeizuführen.

39 Prütting/Helms/*Hammer*, § 90 FamFG Rn. 7

Für den Fall eines zufälligen Zusammentreffens wird dem Antragsgegner aufgegeben, schnellstmöglich den gebotenen Abstand von 50 Metern wiederherzustellen.

2. *Es wird darauf hingewiesen, dass das Gericht bei schuldhaften Zuwiderhandlungen gegen die sich aus dieser Umgangsregelung ergebenden Verpflichtungen gegen den Verpflichteten Ordnungsgeld bis zur Höhe von 25.000,-- € und für den Fall, dass dieses nicht beigetrieben werden kann oder die Festsetzung eines Ordnungsgeldes keine Aussicht auf Erfolg verspricht, Ordnungshaft bis zu sechs Monaten anordnen kann.*

IV. Schutz des Pflegekindes (Abs. 4)

Die Vorschrift soll das Pflegekind davor schützen, aus der Familienpflege zur Unzeit herausgenommen zu werden, was der Fall ist, wenn die Herausnahme zu einer körperlichen, geistigen oder seelischen Beeinträchtigung des Kindes führen würde. **33**

Nach Art. 6 Abs. 2 Satz 1 GG haben die Eltern das Recht auf die Pflege und Erziehung ihres Kindes unter Beachtung der Menschenwürde des Kindes und des eigenen Rechts des Kindes auf Entfaltung seiner Persönlichkeit (Art. 2 Abs. 1 i.V.m. Art. 1 Abs. 1 GG)[40] sowie die Pflicht, ihrer elterlichen Verantwortung zum Wohl des Kindes zu genügen.[41] Nach Art. 6 Abs. 2 Satz 2 GG ist es Aufgabe des Staates, darauf zu achten, dass die Grundrechte des Kindes geschützt werden, und darüber zu wachen, dass die Eltern ihrer Pflege- und Erziehungsverantwortung nachkommen.[42] Werden Eltern der ihnen durch die Verfassung zugewiesenen Verantwortung nicht gerecht, da sie nicht bereit oder in der Lage sind, ihre Pflege- und Erziehungsaufgabe wahrzunehmen, oder können sie ihrem Kind den erforderlichen Schutz und die notwendige Hilfe aus anderen Gründen nicht bieten, ist der Staat verpflichtet, die Pflege und Erziehung des Kindes sicherzustellen.[43] Ob der Staat zum Schutz des Kindes tätig werden muss und darf und welche Schutzmaßnahmen getroffen werden müssen, bestimmt sich nach Art und Ausmaß der Gefahr für das Kind. Dabei ist zu berücksichtigen, dass nicht jedes Versagen oder jede Nachlässigkeit den Staat berechtigt, die Eltern von der Pflege und Erziehung zu entbinden oder gar selbst diese Aufgabe zu übernehmen. Vielmehr ist stets dem grundsätzlichen Vorrang der Eltern vor dem Staat Rechnung zu tragen.[44] Denn die Eltern haben nach Art. 6 Abs. 2 Satz 1 GG das Recht auf die Pflege und Erziehung ihres Kindes und das Kind hat nach Art. 2 Abs. 1 i.V.m. Art. 6 Abs. 2 Satz 1 GG ein gegen den Staat gerichtetes Recht auf die Pflege und Erziehung durch die Eltern. Nach Art. 6 Abs. 3 GG sind die Eltern und das Kind dagegen geschützt, voneinander getrennt zu werden.[45] Der Staat ist daher, wenn sich das Kind in einer Pflegefamilie befindet, verpflichtet, zu versuchen, durch helfende, unterstützende, auf Wiederherstellung eines verantwortungsgerechten Verhaltens der Eltern gerichtete Maßnahmen sein Ziel zu erreichen. Wenn das Kind jedoch durch eine Rückkehr zu den Eltern in seinem körperlichen, geistigen oder seelischen Wohl nachhaltig gefährdet ist, ist der Staat verpflichtet, zur Wahrung des Kindeswohls die räumliche Trennung des Kindes von seinen Eltern aufrechtzuerhalten.[46] Dabei setzt die Annahme einer nachhaltigen Gefährdung des Kindes voraus, dass sich eine erhebliche Schädigung mit ziemlicher Sicherheit voraussehen lässt.[47] **33a**

---

40 BVerfGE 24, 119, 144; 39, 1, 41; 72, 155, 172; BVerfG ZKJ 2017, 225, 227 f.
41 Vgl. BVerfGE 56, 363, 381 f.
42 BVerfG ZKJ 2017, 225, 228; *Zuleeg*, FamRZ 1980, 210, 212
43 BVerfG ZKJ 2017, 225, 229
44 BVerfG ZKJ 2017, 225, 229
45 BVerfG ZKJ 2017, 225, 229; vgl. BVerfGE 136, 382, 391
46 BVerfG ZKJ 2017, 225, 229
47 BVerfG FamRZ 2015, 112; ZKJ 2017, 225, 229

Ist ein Kind seit längerer Zeit in einer Pflegefamilie untergebracht, kann die Gefahr für das Kind gerade aus der Rückführung resultieren.[48]

34 **Voraussetzungen** für eine gerichtliche Verbleibensanordnung sind:

- Familienpflege seit längerer Zeit,
- Herausgabeverlangen der bzw. des Inhaber(s) des Aufenthaltsbestimmungsrechts für das Kind und
- Gefährdung des Kindeswohls.

1. Familienpflege seit längerer Zeit

35 **Familienpflege** bedeutet die Pflege und Erziehung des Kindes in einer anderen als der Herkunftsfamilie in familienähnlicher Weise.[49] Die Heimerziehung oder Internatserziehung genügt diesen Anforderungen nur in Ausnahmefällen, wenn Versorgung, Erziehung und Betreuung ein familienähnliches Gepräge aufweisen, so dass der Charakter der Einrichtung als Heim bzw. Anstalt völlig zurücktritt.[50] Familienpflege kann durch Verwandte, durch Verschwägerte oder durch Dritte erfolgen. Es genügt jedes faktische Pflegeverhältnis familienähnlicher Art, unabhängig von einem Pflegervertrag oder einer Pflegeerlaubnis nach § 44 Abs. 1 Satz 1 SGB VIII.[51] Auch die Adoptionspflege nach § 1744 BGB, die nicht mit einer Adoption endet, kann eine Familienpflege i.S.d. § 1632 Abs. 4 BGB darstellen.[52] Bei der Familienpflege muss es sich i.d.R. um eine Vollzeitpflege (ein regelmäßiges Verweilen mit Tag- und Nachtabschnitten) und nicht nur um eine Tagespflege i.S.d. § 23 SGB VIII handeln.[53]

36 Die Familienpflege muss für **längere Zeit** bestehen. Bei der Frage nach der Dauer der Familienpflege ist nicht von einer bestimmten absoluten Zeitspanne auszugehen. Maßgeblich ist vielmehr das kindliche Zeitempfinden[54] und inwieweit das Kind von seiner Herkunftsfamilie entfremdet ist,[55] weil es bei der Pflegeperson bzw. Pflegefamilie eine neue Bezugswelt gefunden[56] und enge Bindungen entwickelt hat.[57] Je jünger ein Kind ist, desto länger ist auch die Zeit in der Relation zur Dauer seines bisherigen Lebens. Daher kann ein halbes Jahr für ein einjähriges Kind bereits eine längere Zeit im obigen Sinne darstellen.[58]

37 Die Frage, ob die Familienpflege seit längerer Zeit besteht, richtet sich letztlich immer nach dem **konkreten Einzelfall**, z.B. haben Gerichte eine längere Familienpflege bejaht bei

- fast drei Monaten Pflegezeit seit kurz nach der Geburt,[59]
- neun Monaten Pflegezeit ab einem Alter von einem Jahr und neun Monaten des Kindes,[60]

48 ZKJ 2017, 225, 229
49 BGH FamRZ 2001, 1449, 1451
50 Staudinger/*Salgo*, § 1632 BGB Rn. 65 m.w.N.; *Münder*, NJW 1986, 811, 813
51 BGH FamRZ 2001, 1449, 1451; Palandt/*Götz*, § 1632 BGB Rn. 13, MüKo-BGB/*Huber*, § 1632 BGB Rn. 40
52 OLG Brandenburg FamRZ 2000, 1038, 1039; Staudinger/*Salgo*, § 1632 BGB Rn. 65; *Salgo/Lack*, S. 295; MüKo-BGB/*Huber*, § 1632 BGB Rn. 40
53 Staudinger/*Salgo*, § 1632 BGB Rn. 65; *Salgo/Lack*, S. 295; vgl. BGH FamRZ 2001, 1449, 1451
54 Dazu *Heilmann*, S. 18 ff. m.w.N.; BVerfG NJW 2001, 961 f.
55 Staudinger/*Salgo*, § 1632 BGB Rn. 68; *Salgo/Lack*, S. 297
56 BayObLG FamRZ 1998, 1040, 1041; Staudinger/*Salgo*, § 1632 Rn. 69; *Salgo/Lack*, S. 296; MüKo-BGB/*Huber*, § 1632 BGB Rn. 41; *Münder*, NJW 1986, 811, 813
57 OLG Frankfurt FamRZ 2004, 720, 721; OLG Brandenburg FamRZ 2009, 61 f.; Staudinger/*Salgo*, § 1632 BGB Rn. 69; MüKo-BGB/*Huber*, § 1632 BGB Rn. 41
58 BayObLG FamRZ 1991, 1080, 1082; BeckOK-BGB/*Veit*, § 1632 BGB Rn. 48
59 OLG Köln FamRZ 2007, 658, 659
60 AG Gießen, Beschl. v. 28.8.2013 – 248 F 2478/12 SO, Rn. 22 (juris)

- fast elf Monaten Pflegezeit vom sechsten bis zum 17. Lebensmonat des Kindes,[61]
- 18 Monaten Pflegezeit für die gesamte Dauer des bisherigen Lebens,[62]
- 14 Monaten Pflegezeit bei einem zum Zeitpunkt der Entscheidung 16jährigen Kind,[63]
- fast 3 Jahren Pflegezeit seit kurz nach der Geburt,[64]
- fast 3 Jahren Pflegezeit ab dem achten Lebensjahr.[65]

2. Herausgabeverlangen

Die die Herausgabe des Kindes verlangenden Personen können alle **Inhaber des Aufenthaltsbestimmungsrechts** für das Kind sein, also die sorgeberechtigten Eltern, der allein sorgeberechtigte Elternteil, der Vormund bzw. der Pfleger, soweit ihm die elterliche Sorge bzw. das Aufenthaltsbestimmungsrecht übertragen worden ist (§ 1800, § 1909, § 1915 Abs. 1 BGB).[66] Ist das Aufenthaltsbestimmungsrecht zuvor nach § 1630 Abs. 3 BGB auf die Pflegeperson übertragen worden, kann die Kindesherausgabe nicht ohne vorherige oder gleichzeitige Aufhebung dieser Anordnung durch das Familiengericht verlangt werden.[67] **38**

Steht beiden Elternteilen das Aufenthaltsbestimmungsrecht gemeinsam zu, kann die Herausgabe nur von beiden oder von einem mit Zustimmung des anderen geltend gemacht werden. Sind sich die Eltern nicht darüber einig, ob das Kind herausverlangt werden soll oder nicht, muss der Elternteil, der die Herausgabe begehrt, zunächst ein Verfahren nach § 1671 Abs. 1 bzw. § 1628 BGB anstrengen. **38a**

Die **ernstliche Ankündigung** des Herausgabeverlangens reicht bereits für die Zulässigkeit einer Verbleibensanordnung aus.[68] **39**

3. Antrag der Pflegeperson auf Verbleib

Der bzw. den Pflegeperson(en) steht – neben der Einleitung des Verfahrens von Amts wegen – ein eigenes Antragsrecht auf **Verbleib** des Kindes in der Pflegefamilie zu, was zu einer stärkeren Rechtsposition der Pflegeperson(en) führt.[69] **40**

4. Antrag der Pflegeperson auf Rückführung

Der bzw. den Pflegeperson(en) steht ferner nach § 1632 Abs. 4 BGB ein eigenes Antragsrecht auf **Rückführung** des Kindes in die Pflegefamilie zu, wenn das Kind bereits aus der Pflegestelle herausgenommen worden ist, die Beendigung des Aufenthalts des Kindes in der Pflegefamilie in einem **unmittelbaren zeitlichen Zusammenhang** mit dem **Verfahren** über die **Verbleibensanordnung** steht[70] **und** der unmittelbare zeitliche Zusammenhang im **Zeitpunkt** der gerichtlichen **Entscheidung** noch gegeben ist.[71] Denn eine nur kurzfristige bzw. vorübergehende Herausnahme des Kindes stellt dessen Verbleib bei der Pflegefamilie – vorausgesetzt der Antrag auf Verbleib hat in der Sache Erfolg – nicht in Frage. **41**

---

61 OLG Celle FamRZ 1990, 191, 192
62 OLG Frankfurt FamRZ 2004, 720, 721
63 BayObLG FamRZ 1998, 1040, 1041
64 OLG Naumburg FamRZ 2002, 1274, 1275
65 OLG Hamm FamRZ 2004, 1396
66 Staudinger/*Salgo*, § 1632 BGB Rn. 73, 77; MüKo-BGB/*Huber*, § 1632 BGB Rn. 42
67 MüKo-BGB/*Huber*, § 1632 BGB Rn. 42; Staudinger/*Salgo*, § 1632 BGB Rn. 75
68 OLG Brandenburg FamRZ 2006, 1132; MüKo-BGB/*Huber*, § 1632 BGB Rn. 42; Staudinger/*Salgo*, § 1632 Rn. 76; BeckOK-BGB/*Veit*, § 1632 BGB Rn. 50
69 Dazu ausführlich Staudinger/*Salgo*, § 1632 BGB Rn. 78 ff.
70 BGH ZKJ 2017, 142; OLG Hamm, Beschl. v. 8.7.2015 – 5 UF 198/14, Rn. 39 (juris); Palandt/*Götz*, § 1632 BGB Rn. 13
71 OLG Koblenz ZKJ 2019, 181, 184

Dass das Rückführungsbegehren in einem unmittelbaren zeitlichen Zusammenhang mit der Einleitung des Verfahrens über die Verbleibensanordnung stehen muss und der unmittelbare zeitliche Zusammenhang im Zeitpunkt der gerichtlichen Entscheidung noch gegeben sein muss, folgt aus dem Umstand, dass das Gesetz das Kind vor einer Herausnahme aus einer Pflegefamilie zur Unzeit schützen und ein zwischen dem Kind und der Pflegeperson seit längerer Zeit bestehendes Familienpflegeverhältnis nicht zum Schaden des Kindes zerstören will.[72] Ist hingegen die Herausnahme des Kindes aus dem Haushalt der Pflegefamilie insoweit abgeschlossen, als der Lebensmittelpunkt des Kindes nunmehr an anderer Stelle eingerichtet ist[73] und ist das Kind inzwischen in seinem neuen Lebensraum eingebunden, verortet, verwurzelt,[74] lässt sich die Herausnahme zur Unzeit nicht mehr durch Maßnahmen nach § 1632 Abs. 4 BGB abwenden.

Von einem unmittelbaren zeitlichen Zusammenhang kann ausgegangen werden, wenn die Einleitung des Verfahrens innerhalb eines Monats nach der Herausnahme des Kindes erfolgt.[75]

Der **Gefahr eines Entfallens des** erforderlichen unmittelbaren zeitlichen **Zusammenhangs** zur Herausnahme des Kindes aus der Pflegestelle allein durch die Dauer des gerichtlichen Verfahrens kann mit einem zeitnah angebrachten **Antrag** auf Erlass einer entsprechenden **einstweiligen Anordnung** nach § 49 FamFG begegnet werden.[76]

5. Gefährdung des Kindeswohls

42 Voraussetzung für die **Verbleibensanordnung** ist, dass durch die Wegnahme das Kindeswohl gefährdet würde. Der Begriff der Kindeswohlgefährdung entspricht dem des § 1666 BGB. Erforderlich ist demnach eine begründete gegenwärtige Besorgnis, dass eine Änderung des Aufenthalts, der Pflege und Erziehung des Kindes zu schweren und nachhaltigen körperlichen, geistigen oder seelischen Schäden beim Kind führen kann.[77] Dabei setzt die Annahme einer **nachhaltigen Gefährdung** des Kindes voraus, dass sich eine **erhebliche Schädigung mit ziemlicher Sicherheit** voraussehen lässt.[78]

Zu prüfen ist also, ob eine Kindeswohlgefährdung durch die Wegnahme entstehen würde, und nicht, warum das Kind sich seit längerer Zeit in einer Familienpflege befindet. Damit ist – außerhalb prognostischer Erwägungen hinsichtlich möglicher Erfolgsaussichten künftiger sozialarbeiterischer Interventionen – entgegen der Ansicht des Bundesgerichtshofs auch **irrelevant**, ob der bzw. die aufenthaltsbestimmungsberechtigte(n) Elternteil(e) im Zeitpunkt der Übergabe des Kindes an die Familienpflege zur Pflege und Erziehung des Kindes nicht gewillt oder nicht in der Lage waren.[79]

43 Maßgeblicher **Zeitpunkt für die Bewertung** ist derjenige der Entscheidung über das Herausgabeverlangen der Inhaber des Aufenthaltsbestimmungsrechts, also i.d.R. der Eltern. In der Beschwerdeinstanz ist die Situation, wie sie sich zum Zeitpunkt der Entscheidung des Oberlandesgerichts darstellt, maßgeblich.[80]

44 Zu **unterscheiden** ist, ob das Herausgabeverlangen der **Rückführung** des Kindes **zu** seinen **Eltern** dienen soll **oder** der Verbringung zu einer anderen **Pflegeperson**.

---

72 BGH ZKJ 2017, 142, 143; OLG Koblenz ZKJ 2019, 181, 182, 184
73 BGH ZKJ 2017, 142, 143; OLG Koblenz ZKJ 2019, 181, 182
74 *Salgo*, FamRZ 2017, 210
75 OLG Braunschweig ZKJ 2018, 270; OLG Koblenz ZKJ 2019, 181, 184
76 OLG Koblenz ZKJ 2019, 181, 182, 184
77 BVerfG FamRZ 2006, 1593, 1594; ZKJ 2017, 225, 229
78 BVerfG FamRZ 2015, 112; ZKJ 2017, 225, 229
79 Dazu *Heilmann/Salgo*, FamRZ 2014, 705, 708; Staudinger/*Salgo*, § 1632 BGB Rn. 91; vgl. *Münder*, NJW 1986, 811, 814; a.A. BGH NJW 2014, 1004, 1006
80 OLG Frankfurt FamRZ 2015, 2172; OLG Brandenburg, Beschl. v. 8.8.2016 – 3 UF 151/14, Rn. 22 (juris)

a. Rückführung des Kindes zu seinen Eltern

Bei einem Herausgabeverlangen zwecks **Rückführung** des Kindes **zu** seinen **Eltern** ist zu berücksichtigen, dass Art. 6 Abs. 2 Satz 1 GG den Vorrang der Eltern bei der Pflege und Erziehung des Kindes unter Beachtung der Menschenwürde des Kindes und des eigenen Rechts des Kindes auf Entfaltung seiner Persönlichkeit (Art. 2 Abs. 1 i.V.m. Art. 1 Abs. 1 GG) hervorhebt.[81] Die Verfassungsnorm verbindet mit dem Recht zur Pflege und Erziehung des Kindes zugleich die Pflicht, der elternrechtlichen Verantwortung zum Wohl des Kindes zu genügen.[82] Das Kindeswohl ist letztlich für die Ausübung des Elternrechts bestimmend und hat den Vorrang vor jeglichen Elterninteressen.[83] Nach Art. 6 Abs. 2 Satz 1 GG haben die Eltern das Recht auf die Pflege und Erziehung ihres Kindes und das Kind hat nach Art. 2 Abs. 1 i.V.m. Art. 6 Abs. 2 Satz 1 GG ein gegen den Staat gerichtetes Recht auf die Pflege und Erziehung durch die Eltern. Nach Art. 6 Abs. 3 GG sind die Eltern und das Kind dagegen geschützt, voneinander getrennt zu werden.[84] 45

Ferner ist bei einem Herausgabeverlangen zu berücksichtigen, dass zwischen dem Kind und seiner Familienpflege eine gewachsene Bindung entstanden sein kann und dass die aus dem Kind und der bzw. den Pflegeperson(en) bestehende Pflegefamilie durch Art. 6 Abs. 1 GG geschützt ist.[85] Aber auch hier sind alle Verletzungen der Menschenwürde und des allgemeinen Persönlichkeitsrechts des Kindes (Art. 2 Abs. 1 i.V.m. Art. 1 Abs. 1 GG) nicht vom Schutzbereich des Art. 6 Abs. 1 GG erfasst und ist daher bei einer Interessenkollision zwischen dem Kind und der bzw. den Pflegeperson(en) das Kindeswohl letztlich bestimmend.[86]

Ob der Staat zum Schutz des Kindes durch eine Verbleibensanordnung tätig werden muss und darf und welche Schutzmaßnahmen getroffen werden müssen, bestimmt sich nach Art und Ausmaß der Gefahr für das Kind. Dabei ist zu berücksichtigen, dass nicht jedes Versagen oder jede Nachlässigkeit den Staat berechtigt, die Eltern von der Pflege und Erziehung (dauerhaft) zu entbinden und selbst diese Aufgabe durch die Unterbringung des Kindes in einer Pflegefamilie zu übernehmen. Vielmehr ist stets dem grundsätzlichen Vorrang der Eltern vor dem Staat Rechnung zu tragen.[87] Der Staat ist daher, wenn sich das Kind bereits in einer Pflegefamilie befindet, verpflichtet, zu versuchen, durch helfende, unterstützende, auf Wiederherstellung eines verantwortungsgerechten Verhaltens der Eltern gerichtete Maßnahmen den Schutz des Kindes zu erreichen.[88] 46

Ist das Kind jedoch durch eine Rückkehr zu den Eltern in seinem körperlichen, geistigen oder seelischen Wohl nachhaltig gefährdet, ist der Staat verpflichtet, zur Wahrung des Kindeswohls die räumliche Trennung des Kindes von seinen Eltern aufrechtzuerhalten.[89] Dabei setzt die Annahme einer nachhaltigen Gefährdung des Kindes voraus, dass sich bei einer Rückkehr zu den Eltern eine **erhebliche Schädigung mit ziemlicher Sicherheit** voraussehen lässt.[90]

Eine solch erhebliche psychische oder physische **Schädigung** kann allein aus der **Rückführung** resultieren.[91] Bei der Kindeswohlprüfung ist daher, neben der Tragweite einer 47

81 BVerfGE 24, 119, 144; 39, 1, 41; 72, 155, 172; BVerfG ZKJ 2017, 225, 227 f.
82 Vgl. BVerfGE 56, 363, 381 f.; 59, 360, 376
83 Vgl. BVerfGE 37, 217, 252; 56, 363, 383; 68, 176, 188; 72, 155, 172; 79, 203, 210 f.; 99, 145, 156
84 BVerfG ZKJ 2017, 225, 229; vgl. BVerfGE 136, 382, 391
85 BVerfGE 68, 176, 187; 79, 51, 59
86 Vgl. BVerfGE 68, 176, 188; OLG Braunschweig ZKJ 2018, 270; OLG Koblenz ZKJ 2019, 181, 182
87 BVerfG ZKJ 2017, 225, 229
88 Vgl. BVerfG ZKJ 2017, 225, 229
89 BVerfG ZKJ 2017, 225, 229
90 BVerfG FamRZ 2015, 112; ZKJ 2017, 225, 229
91 BVerfG ZKJ 2017, 225, 229; OLG Brandenburg, Beschl. v. 8.8.2016 – 3 UF 151/14, Rn. 23 (juris)

Trennung des Kindes von seinen Pflegepersonen, die Erziehungsfähigkeit der Ursprungsfamilie auch im Hinblick auf ihre Eignung einzubeziehen.[92] Die negativen Folgen einer durch die Trennung des Kindes von seinen Pflegepersonen womöglich verursachten Traumatisierung des Kindes sind so gering wie möglich zu halten.[93] Ob eine Trennung des Kindes von seinen Pflegepersonen zulässig und geboten ist, hängt danach regelmäßig von einer Gefahrenprognose ab.[94]

Mit der Herausnahme des Kindes aus seiner gewohnten Bezugsumwelt ist immer ein schwer bestimmbares Zukunftsrisiko verbunden. Die Unsicherheit bei der Prognose darf in Bezug auf etwaige Schädigungen des Kindes infolge eines etwaigen Wechsels jedoch nicht dazu führen, dass die Herausgabe immer schon dann ausgeschlossen ist, wenn das Kind in den Pflegepersonen seine „sozialen" Eltern gefunden hat.[95] Die **Belastungen** des Kindes, die **mit** einem **Wechsel** der Hauptbezugspersonen immer verbunden sind, dürfen eine **Rückführung** zu den Eltern **nicht automatisch ausschließen**,[96] sondern erst dann, wenn sich eine **erhebliche Schädigung des Kindes mit ziemlicher Sicherheit** voraussehen lässt.[97]

48 **Bejaht** das Gericht eine **Rückführung** des Kindes zu den Eltern, hat es in die Kindeswohlprüfung einzubeziehen, auf welche Weise der **Wechsel** des Kindes so **vorbereitet** werden kann, dass das Kind von seinen bisherigen Bezugspersonen nicht zu abrupt und ohne einen Aufbau von Beziehungen zu seinen Eltern getrennt wird. Dabei ist zu erwägen, ob eine intensivierende Umgangsregelung für einen (erneuten) Bindungsaufbau zu den Eltern erforderlich ist.[98]

Hält das Gericht einen Verbleib des Kindes in der Pflegefamilie für nicht erforderlich, obwohl Anhaltspunkte dafür bestehen, dass das Kind bei einer Rückkehr zu seinen Eltern in seinem körperlichen, geistigen oder seelischen Wohl nachhaltig gefährdet ist, ist die Entscheidung nur dann mit Art. 6 Abs. 2 Satz 2 GG vereinbar, wenn das Gericht in Auseinandersetzung mit den für eine nachhaltige Gefahr sprechenden Anhaltspunkten nachvollziehbar begründet, warum eine solche Gefahr für das Kindeswohl nicht vorliegt.[99] Eine Rückführung verlangt bei solchen Anhaltspunkten ein hohes Maß an Prognosesicherheit, dass ein Schaden nicht eintreten wird, was sich in hohen Begründungsanforderungen niederschlägt.[100]

b. Rückführung des Kindes zu seinen Großeltern

49 Bei einer beabsichtigten **Rückführung zu den Großeltern ist – wenn die Großeltern Inhaber des Aufenthaltsbestimmungsrechts sind – ebenfalls zu prüfen, ob sich** eine **erhebliche Schädigung des Kindes mit ziemlicher Sicherheit** voraussehen lässt, da einem Aufwachsen in der Herkunftsfamilie besondere Bedeutung beizumessen ist.[101] Ein Aufwachsen des Kindes im größeren Familienverband schafft u.U. günstigere Voraussetzungen für die fortgesetzte elterliche Hinwendung zum Kind, welche auch nach der Trennung durch das elterliche Recht auf Pflege und Erziehung nach Art. 6 Abs. 2 Satz 1 GG geschützt ist.[102] Ferner können sich die Großeltern, wenn sie die Vormundschaft für das

92 BVerfG ZKJ 2017, 225, 229
93 BVerfG NJW 2010, 2336, 2337; ZKJ 2017, 225, 229
94 BVerfG ZKJ 2017, 225, 229
95 BVerfG NJW 2010, 2336, 2337; FamRZ 2014, 1266
96 BVerfG FamRZ 2014, 1266; OLG Celle ZKJ 2016, 58; OLG Koblenz ZKJ 2019, 181, 182
97 BVerfG ZKJ 2017, 225, 229
98 BVerfG ZKJ 2017, 225, 232
99 BVerfG ZKJ 2017, 225, 229 m.w.N.
100 BVerfG ZKJ 2017, 225, 230
101 BVerfG FamRZ 2004, 771
102 BVerfG ZKJ 2014, 435

Kind innehaben, auf das Elternrecht aus Art. 6 Abs. 2 Satz 1 GG berufen.[103] Darüber hinaus umfasst der Schutz der Familie nach Art. 6 Abs. 1 GG die familiäre Bindung zwischen Großeltern und dem Kind,[104] in den Grenzen der Menschenwürde und des allgemeinen Persönlichkeitsrechts des Kindes (Art. 2 Abs. 1 i.V.m. Art. 1 Abs. 1 GG).

c. Verbringung des Kindes zu einer anderen Pflegeperson

Ein Wechsel der Familienpflege[105] ist mit dem Kindeswohl nur dann vereinbar, wenn mit **hinreichender Sicherheit** auszuschließen ist, dass die Trennung des Kindes von seinen Pflegepersonen mit körperlichen, geistigen oder seelischen Beeinträchtigungen verbunden sein kann.[106] **50**

d. Kriterien innerhalb der Abwägung

Entscheidende **Kriterien** bei der vorzunehmenden Abwägung im **konkreten Einzelfall** können sein: **51**

- die **körperliche und geistige Verfassung** und die Persönlichkeit des Kindes,[107]
- der **Grad der Verwurzelung** in der Pflegefamilie,[108]
- die **Dauer** der Familienpflege,[109]
- der **Wille** des Kindes, und zwar umso stärker, je älter das Kind ist,[110]
- **persönliche Defizite** der Eltern[111] wie Überforderung[112] oder Erkrankung,[113]
- die **Unfähigkeit** der Eltern aufgrund der eigenen Biografie, eine enge Beziehung zu ihrem durch einen vorausgegangenen Beziehungsabbruch besonders gestörten Kind aufzubauen,[114]
- die **Bindung** des Kindes zu seinen Eltern,[115]
- die **Bindung** des Kindes zu seinen Pflegeeltern,[116]
- die bereits eingetretene **Entfremdung** des Kindes gegenüber den Eltern, oder ob die Eltern den Kontakt zu dem Kind aufrechterhalten haben,[117]
- die **Gestaltung des Umgangs** der Eltern mit dem Kind während der Fremdunterbringung,[118]
- das Risiko erneuter **Misshandlungen** im Fall der Rückkehr in die Herkunftsfamilie.[119]

---

103 BVerfGE 34, 165, 200; FamRZ 2004, 771
104 BVerfG ZKJ 2014, 435
105 BVerfG NJW 2010, 2336, 2337
106 BVerfG NJW 2010, 2336, 2337; OLG Brandenburg, Beschl. v. 8.8.2016 – 3 UF 151/14, Rn. 18 (juris); vgl. BVerfGE 75, 201, 220; BVerfG FamRZ 2004, 771; OLG Köln FamRZ 2017, 290; OLG Hamburg, Beschl. v. 15.6.2018 – 2 UF 44/18, Rn. 55 (juris)
107 BayObLG FamRZ 1995, 626, 628; MüKo-BGB/*Huber*, § 1632 BGB Rn. 50
108 OLG Naumburg FamRZ 2002, 1274, 1275; OLG Frankfurt FamRZ 2004, 720, 721; OLG Hamm FamRZ 2004, 1396 f.; Staudinger/*Salgo*, § 1632 BGB Rn. 91
109 OLG Brandenburg FamRZ 2009, 61; OLG Frankfurt FamRZ 2009, 1499, 1501
110 OLG Stuttgart JAmt 2007, 371, 373; OLG Koblenz ZKJ 2019, 181, 183; vgl. OLG Frankfurt FamRZ 2009, 1499, 1501; *Salgo/Lack*, S. 301
111 BVerfG ZKJ 2017, 225, 229
112 OLG Brandenburg JAmt 2003, 603, 605; BeckOK-BGB/*Veit*, § 1632 BGB Rn. 58
113 OLG Hamm FamRZ 2007, 659, 660
114 OLG Frankfurt FamRZ 2004, 720, 721
115 BVerfG NJW 2010, 2336, 2338; OLG Stuttgart FamRZ 2014, 320, 322
116 BVerfG FamRZ 2014, 1266; BGH FamRZ 2014, 543
117 BayObLG FamRZ 1974, 137, 139
118 OLG Frankfurt FamRZ 2011, 382
119 BVerfG NJW 2010, 2336, 2338

52 **Nicht** ausreichend ist ein soziales Gefälle zwischen den Pflegepersonen und den Eltern oder eine möglicherweise bessere erzieherische Eignung der Pflegepersonen, um die Trennung der Eltern von ihrem Kind zu rechtfertigen.[120]

5. Gerichtliches Verfahren

53 Das Verfahren kann von **Amts wegen** oder auf **Antrag** der Pflegeperson(en) eingeleitet werden.

▶ *Zur funktionalen Zuständigkeit, § 14 Abs. 1 Nr. 8 RPflG, Heilmann, § 14 RPflG Rn. 19.*

54 In dem gerichtlichen Verfahren sind **anzuhören**:

- das Kind, § 159 FamFG,
- die Eltern, § 160 FamFG,[121]
- die Pflegeeltern, § 161 Abs. 2 FamFG,
- die Verfahrensbeiständin bzw. der Verfahrensbeistand bei Bestellung, § 158 FamFG,
- das Jugendamt, § 162 Abs. 1 Satz 1 FamFG,
- ggf. der Aufenthaltsbestimmungsberechtigte, wenn dieser nicht Elternteil oder das Jugendamt ist, § 7 Abs. 2 Nr. 1 FamFG.

6. Rechtsfolge

55 Liegen die Voraussetzungen des § 1632 Abs. 4 BGB vor, besteht die Pflicht des Familiengerichts, eine Verbleibensanordnung – wenn das Kind in der Familienpflege verbleiben soll – oder eine Rückführungsanordnung – wenn das Kind an die Familienpflege herauszugeben ist – zu beschließen.[122] Liegen die Voraussetzungen des § 1632 Abs. 4 BGB nicht vor, hat das Gericht die Herausgabe an die aufenthaltsbestimmungsberechtigten Personen, i.d.R. die Eltern, nach § 1632 Abs. 1 BGB anzuordnen.[123] Insoweit steht dem Familiengericht **kein Ermessensspielraum** zu.[124]

56 Die Verbleibensanordnung kann grundsätzlich **keinen endgültigen Verbleib** des Kindes bei der Familienpflege sicherstellen, da mit der Vorschrift des § 1632 Abs. 4 BGB das Kind nur vor einer Herausgabe zur Unzeit geschützt werden soll. § 1632 Abs. 4 BGB ist kein Instrument, um einen dauerhaften Aufenthalt des Kindes in der Pflegefamilie abzusichern.[125] Daher kann eine Befristung der Anordnung vorgenommen werden.[126] Kommt auf absehbare Zeit keine Rückführung in Betracht, ist eine Befristung der Anordnung nicht möglich.[127]

57 Ist aber eine Rückkehr in die Herkunftsfamilie innerhalb eines in § 37 Abs. 1 Satz 2 SGB VIII näher umschriebenen Zeitraums nicht möglich, soll das Jugendamt nach § 37 Abs. 1 Satz 4 SGB VIII mit den beteiligten Personen eine andere dem Kindeswohl förderliche und auf Dauer angelegte Lebensperspektive erarbeiten.[128] In diesem Zusammenhang ist nach dem

---

120 EGMR FamRZ 2002, 1393, 1396 f.; OLG Frankfurt OLGR 2003, 44; OLG Brandenburg FamRZ 2009, 994, 995
121 BGH ZKJ 2014, 380
122 Staudinger/*Salgo*, § 1632 BGB Rn. 81
123 BeckOK-BGB/*Veit*, § 1632 BGB Rn. 77
124 Staudinger/*Salgo*, § 1632 BGB Rn. 81; *Salgo/Lack*, S. 298; MüKo-BGB/*Huber*, § 1632 BGB Rn. 58
125 BT-Drucks. 8/2788, 40, 52; dazu ausführlich *Kinderrechtekommission des Deutschen Familiengerichtstags*, FamRZ 2004, 891 ff.
126 OLG Stuttgart, Beschl. v. 04.10.2006 – 17 UF 84/06, (juris) Befristung bis zum 14. Lebensjahr des Kindes; OLG Saarbrücken ZKJ 2016, 269
127 OLG Hamm FamRZ 2013, 389; OLG Frankfurt ZKJ 2014, 1787; OLG Saarbrücken NZFam 2016, 719
128 KG FamRZ 2008, 810, 812; OLG Köln FamRZ 2008, 808, 809; ausführlich *Kinderrechtekommission des Deutschen Familiengerichtstags*, FamRZ 2004, 891 ff.

Willen des Gesetzgebers auch zu prüfen, ob eine Adoption des Kindes durch die Pflegeperson(en) in Betracht kommt (vgl. § 36 Abs. 1 Satz 2 SGB VIII).

Lebt das Kind bereits in einer Familienpflege, so kann im Rahmen eines Verfahrens nach **§ 1666, § 1666a BGB** der Erlass einer Verbleibensanordnung nach § 1632 Abs. 4 BGB als im Verhältnis zu einem Sorgerechtsentzug milderes Mittel erwogen werden.[129] Ist dagegen allein ein Verfahren nach § 1632 Abs. 4 BGB rechtshängig, kann innerhalb dieses Verfahrens das Sorgerecht weder ganz noch teilweise nach §§ 1666, 1666a BGB entzogen werden. Für einen Sorgerechtsentzug bedarf es eines gesonderten Verfahrens. **58**

I.d.R. ist die Verbleibensanordnung mit einer **Umgangsregelung** zugunsten der Eltern zu verbinden.[130] Etwas anderes kann und muss dann gelten, wenn die Ausübung des Umgangs seinerseits das Kindeswohl gefährdet.[131] **59**

▶ *Näher zum Umgang des Pflegekindes mit seinen Eltern: Gottschalk, § 1684 BGB Rn. 10*

Tenorierungsbeispiel für eine Verbleibensanordnung nach § 1632 Abs. 4 BGB

Der Verbleib des Kindes (Name), geboren am ..., in der Pflegefamilie (Name)wird angeordnet. **60**

§ 1633 BGB
(aufgehoben)

§§ 1634 bis 1637 BGB
(weggefallen)

§ 1638 BGB Beschränkung der Vermögenssorge

(1) Die Vermögenssorge erstreckt sich nicht auf das Vermögen, welches das Kind von Todes wegen erwirbt oder welches ihm unter Lebenden unentgeltlich zugewendet wird, wenn der Erblasser durch letztwillige Verfügung, der Zuwendende bei der Zuwendung bestimmt hat, dass die Eltern das Vermögen nicht verwalten sollen.

(2) Was das Kind auf Grund eines zu einem solchen Vermögen gehörenden Rechts oder als Ersatz für die Zerstörung, Beschädigung oder Entziehung eines zu dem Vermögen gehörenden Gegenstands oder durch ein Rechtsgeschäft erwirbt, das sich auf das Vermögen bezieht, können die Eltern gleichfalls nicht verwalten.

---

129 BGH FamRZ 2014, 543; OLG Frankfurt FamRZ 2015, 2172, 2177; OLG Saarbrücken ZKJ 2016, 269, 272

130 BVerfG NJW 2010, 2336, 2339; KG FamRZ 2008, 810, 812; OLG Karlsruhe FamRZ 2008, 1554; Verfassungsgericht des Landes Brandenburg NZFam 2014, 473; *Salgo/Lack*, S. 302; vgl. EGMR FamRZ 2002, 1393

131 Näher hierzu *Heilmann*, ZKJ 2014, 48 ff.

(3) Ist durch letztwillige Verfügung oder bei der Zuwendung bestimmt, dass ein Elternteil das Vermögen nicht verwalten soll, so verwaltet es der andere Elternteil. Insoweit vertritt dieser das Kind.

Von einer Kommentierung wird abgesehen.

§ 1639 BGB Anordnungen des Erblassers oder Zuwendenden

(1) Was das Kind von Todes wegen erwirbt oder was ihm unter Lebenden unentgeltlich zugewendet wird, haben die Eltern nach den Anordnungen zu verwalten, die durch letztwillige Verfügung oder bei der Zuwendung getroffen worden sind.

(2) Die Eltern dürfen von den Anordnungen insoweit abweichen, als es nach § 1803 Abs. 2, 3 einem Vormund gestattet ist.

Von einer Kommentierung wird abgesehen.

§ 1640 BGB Vermögensverzeichnis

(1) Die Eltern haben das ihrer Verwaltung unterliegende Vermögen, welches das Kind von Todes wegen erwirbt, zu verzeichnen, das Verzeichnis mit der Versicherung der Richtigkeit und Vollständigkeit zu versehen und dem Familiengericht einzureichen. Gleiches gilt für Vermögen, welches das Kind sonst anlässlich eines Sterbefalls erwirbt, sowie für Abfindungen, die anstelle von Unterhalt gewährt werden, und unentgeltliche Zuwendungen. Bei Haushaltsgegenständen genügt die Angabe des Gesamtwerts.

(2) Absatz 1 gilt nicht,

1. **wenn der Wert eines Vermögenserwerbs 15.000 Euro nicht übersteigt oder**
2. **soweit der Erblasser durch letztwillige Verfügung oder der Zuwendende bei der Zuwendung eine abweichende Anordnung getroffen hat.**

(3) Reichen die Eltern entgegen Absatz 1, 2 ein Verzeichnis nicht ein oder ist das eingereichte Verzeichnis ungenügend, so kann das Familiengericht anordnen, dass das Verzeichnis durch eine zuständige Behörde oder einen zuständigen Beamten oder Notar aufgenommen wird.

Von einer Kommentierung wird abgesehen.

§ 1641 BGB Schenkungsverbot

Die Eltern können nicht in Vertretung des Kindes Schenkungen machen. Ausgenommen sind Schenkungen, durch die einer sittlichen Pflicht oder einer auf den Anstand zu nehmenden Rücksicht entsprochen wird.

Von einer Kommentierung wird abgesehen.

§ 1642 BGB Anlegung von Geld

Die Eltern haben das ihrer Verwaltung unterliegende Geld des Kindes nach den Grundsätzen einer wirtschaftlichen Vermögensverwaltung anzulegen, soweit es nicht zur Bestreitung von Ausgaben bereitzuhalten ist.

Von einer Kommentierung wird abgesehen.

§ 1643 BGB Genehmigungspflichtige Rechtsgeschäfte

(1) Zu Rechtsgeschäften für das Kind bedürfen die Eltern der Genehmigung des Familiengerichts in den Fällen, in denen nach § 1821 und nach § 1822 Nr. 1, 3, 5, 8 bis 11 ein Vormund der Genehmigung bedarf.

(2) [1]Das Gleiche gilt für die Ausschlagung einer Erbschaft oder eines Vermächtnisses sowie für den Verzicht auf einen Pflichtteil. [2]Tritt der Anfall an das Kind erst infolge der Ausschlagung eines Elternteils ein, der das Kind allein oder gemeinsam mit dem anderen Elternteil vertritt, so ist die Genehmigung nur erforderlich, wenn dieser neben dem Kind berufen war.

(3) Die Vorschriften der §§ 1825, 1828 bis 1831 sind entsprechend anzuwenden.

Übersicht

	Rn.
A. Allgemeines	1
B. Inhalte der Norm	2
I. Genehmigungsbedürftige Rechtsgeschäfte (Abs. 1)	2
II. Genehmigungsbedürftige Rechtsgeschäfte: Ausschlagung einer Erbschaft oder eines Vermächtnisses, Verzicht auf einen Pflichtteil (Abs. 2)	8
III. Genehmigung durch das Familiengericht	13

A. Allgemeines

1 Die Vorschrift dient dem Schutz der Vermögensinteressen des Kindes, indem sie einen **abschließenden Katalog**[1] von Rechtsgeschäften aufstellt, die die Vermögensinteressen des Kindes erheblich beeinflussen können und daher der Genehmigung des Familiengerichts bedürfen. Die Vorschrift definiert die genehmigungsbedürftigen Rechtsgeschäfte teilweise eigenständig, teilweise in Anlehnung an die Genehmigungserfordernisse aus dem Vormundschaftsrecht. Allerdings werden nur einzelne Teile der für Rechtsgeschäfte des Vormunds oder Pflegers (§ 1915 BGB) geltenden Genehmigungserfordernisse auf die Eltern übertragen, so dass die Eltern wesentlich freier als der Vormund oder Pfleger gestellt sind. Die Vorschrift ist **zwingendes Recht**.[2]

B. Inhalte der Norm

I. Genehmigungsbedürftige Rechtsgeschäfte (Abs. 1)

2 Die Vorschrift erfasst sowohl **Rechtsgeschäfte**, die die Eltern **im Namen des Kindes** vornehmen, als auch solche, die das **Kind selbst** vornimmt. Die Ermächtigung des Kindes zum selbständigen Betrieb eines Erwerbsgeschäfts oder zur Eingehung eines Dienst- oder Arbeitsverhältnisses schließt die Genehmigungsbedürftigkeit nicht aus, § 112 Abs. 1 Satz 2, § 113 Abs. 1 Satz 2 BGB.[3]

1 BGH FamRZ 1983, 371, 372; FamRZ 1985, 173, 174 f.
2 Staudinger/*Heilmann*, § 1643 BGB Rn. 3; MüKo-BGB/*Huber*, § 1643 BGB Rn. 1 f.; BeckOK-BGB/*Veit*, § 1643 BGB Rn. 2
3 MüKo-BGB/*Huber*, § 1643 BGB Rn. 11

3 **1.** Die **Genehmigungsbedürftigkeit nach § 1821 BGB** erfasst fünf Gruppen von Rechtsgeschäften, die sich auf Grundstücke beziehen (hierzu *Dürbeck*, § 1821 BGB).

4 **2.** Die **Genehmigungsbedürftigkeit nach § 1822 Nr. 1, Nr. 3, Nr. 5, Nr. 8 bis Nr. 11 BGB** soll all diejenigen Rechtsgeschäfte erfassen, die erhebliche wirtschaftliche Tragweite und Risiken beinhalten (hierzu *Dürbeck*, § 1822 BGB).[4]

5 Rechtsgeschäfte, die nicht von der Verweisung in § 1643 Abs. 1 BGB erfasst sind, bedürfen dann einer Genehmigung, wenn sie zugleich die Voraussetzungen einer der in Bezug genommenen Nummern erfüllen.

6 So ist beispielsweise ein Pachtvertrag über ein Landgut oder einen gewerblichen Betrieb (§ 1822 Nr. 4 BGB) oder ein Lehr-, Dienst- oder Arbeitsvertrag (§ 1822 Nr. 6, Nr. 7 BGB) dann genehmigungsbedürftig, wenn er das Kind über dessen neunzehnten Geburtstag hinaus bindet (§ 1822 Nr. 5 BGB).[5]

7 Ebenso ist ein **Vergleich** (§ 1822 Nr. 12 BGB) genehmigungsbedürftig, wenn er sich seinem Gegenstand nach als ein aus sonstigen Gründen genehmigungspflichtiges Geschäft darstellt, beispielsweise als Verfügung über ein Grundstück i.S.d. § 1821 Abs. 1 Nr. 1 BGB.[6]

II. Genehmigungsbedürftige Rechtsgeschäfte: Ausschlagung einer Erbschaft oder eines Vermächtnisses, Verzicht auf einen Pflichtteil (Abs. 2)

8 **1.** Die **Genehmigungsbedürftigkeit** umfasst nach dem Wortlaut des § 1643 Abs. 2 Satz 1 BGB:

- die Ausschlagung einer Erbschaft (§§ 1942 ff. BGB),
- die Ausschlagung eines Vermächtnisses (§§ 2176 ff. BGB),
- den Verzicht auf einen Pflichtteil (§§ 2346 ff. BGB),
- die Ausschlagung eines Erbteils (§ 1922 Abs. 2 BGB),
- die Ausschlagung einer Nacherbschaft (§ 2142 BGB),
- die Anfechtung der Annahme einer Ausschlagung der Erbschaft (§ 1957 BGB).

9 **Nicht genehmigungsbedürftig** sind:

- die Annahme einer Erbschaft (§ 1943 BGB),
- die Annahme eines Vermächtnisses (§ 2180 BGB).

10 **2.** Eine **Ausnahme von der Genehmigungsbedürftigkeit** der Ausschlagung sieht § 1643 Abs. 2 Satz 2 BGB dann vor, wenn der Anfall an das Kind erst infolge der Ausschlagung eines Elternteils eintritt, der das Kind allein oder gemeinsam mit dem anderen Elternteil vertritt.

11 Damit sollen insbes. die Fälle erfasst werden, in denen die Erbschaft zunächst dem vertretungsberechtigten Elternteil anfällt, dieser sie ausschlägt und die Erbschaft dann an das Kind als nächsten Erbberechtigten fällt. In einem solchen Fall wird der vertretungsberechtigte Elternteil bereits ein eigenes Interesse daran haben, die Vor- und Nachteile einer Annahme der Erbschaft sorgfältig zu prüfen. Entscheidet er sich für die eigene Ausschlagung, kann i.d.R. davon ausgegangen werden, dass die Erbschaft insgesamt nachteilig wäre.[7] Es ist deshalb nicht zu befürchten, dass dem Kind ein Nachteil droht, wenn der vertretungsberechtigte Elternteil die Erbschaft anschließend ohne gerichtliche Kontrolle auch für das

---

4 BGHZ 107, 23; OLG Zweibrücken FamRZ 2001, 181, 182
5 RGZ 114, 35, 37 f.; BeckOK-BGB/*Veit*, § 1643 BGB Rn. 6.1
6 MüKo-BGB/*Huber*, § 1643 BGB Rn. 10
7 BT-Drucks. 8/2788, 57; Staudinger/*Heilmann*, § 1643 BGB Rn. 36

Kind ausschlagen kann. Von dieser Regelung sind auch Fälle erfasst, in denen der vertretungsberechtigte Elternteil eine vorteilhafte Erbschaft für sich und das Kind ausschlagen will.[8] Damit soll verhindert werden, dass das Gericht eine Prüfung des Nachlassbestandes vornehmen muss und geneigt sein könnte, grundsätzlich auf der Annahme der Erbschaft für das Kind zu bestehen.[9]

3. Als Rückausnahmen – und damit genehmigungsbedürftig – sind nach dem Wortlaut des § 1643 Abs. 2 Satz 2 2. HS BGB und dem Zweck der Norm folgende Fälle erfasst: **12**

- der ausschlagende vertretungsberechtigte Elternteil ist neben dem Kind als Erbe berufen (beispielsweise Vater und Kind beerben nebeneinander zeitgleich die Mutter), § 1643 Abs. 2 Satz 2 2. HS BGB,
- der ausschlagende Elternteil ist im Zeitpunkt seiner eigenen Ausschlagung nicht vertretungsberechtigt,[10]
- ein vertretungsberechtigter Elternteil schlägt als Testamentserbe für sich und sein testamentarisch zum Ersatzerben eingesetztes Kind die Erbschaft aus, um die Voraussetzungen für den Eintritt der eigenen gesetzlichen Erbfolge zu schaffen,[11]

III. Genehmigung durch das Familiengericht

Die Genehmigung des Familiengerichts durch Beschluss (§ 38 Abs. 1 Satz 1 FamFG) kann vor oder nach der Vornahme des zu genehmigenden Rechtsgeschäfts erteilt werden. Die Genehmigung erstreckt sich auf das Rechtsgeschäft mit dem Inhalt, mit dem es dem Gericht unterbreitet wird. Bei Genehmigungen vor der Vornahme des Rechtsgeschäfts muss der wesentliche Inhalt bereits feststehen.[12] **13**

▶ *Zur funktionalen Zuständigkeit des Rechtspflegers Heilmann, § 3 RPflG Rn. 5.*

Maßstab der Entscheidung über die Genehmigung eines Rechtsgeschäfts ist das **Kindeswohl**, § 1697a BGB. Dabei ist nicht nur das rein finanzielle Interesse des Kindes an dem Rechtsgeschäft, sondern das Gesamtinteresse (so auch Aspekte des sozialen Umfelds) zu berücksichtigen.[13] Die Genehmigung kann nur dann mit **Bedingungen bzw. Auflagen** versehen werden, wenn dafür die Voraussetzungen der § 1666, § 1667 Abs. 2 BGB vorliegen.[14] **14**

Bestehen bei einem genehmigungspflichtigen Rechtsgeschäft eine **heilbare Nichtigkeit** oder **Zweifel an** dessen **Wirksamkeit**, ist das Rechtsgeschäft – wenn es im Übrigen dem Kindeswohl entspricht – trotzdem zu genehmigen, weil die Genehmigung dem Kind einen Vorteil bringt. Stellt sich das Rechtsgeschäft als wirksam heraus, profitiert das Kind davon. Ist das Rechtsgeschäft unwirksam, ändert die Genehmigung daran nichts.[15] **15**

---

8 OLG Hamm FamRZ 2018, 1949
9 Staudinger/*Heilmann*, § 1643 BGB Rn. 37
10 OLG Naumburg FamRZ 2007, 1047
11 OLG Frankfurt FamRZ 1969, 658, 659; MüKo-BGB/*Huber*, § 1643 BGB Rn. 24
12 BayObIG FamRZ 1983, 92; MüKo-BGB/*Huber*, § 1643 BGB Rn. 34
13 OLG Köln FamRZ 2019, 237; OLG Frankfurt NJW-RR 1999, 1236, 1237; OLG Zweibrücken FamRZ 2001, 181, 182
14 Vgl. OLG Frankfurt FamRZ 1963, 453, 454
15 MüKo-BGB/*Huber*, § 1643 BGB Rn. 30

§ 1644 BGB Überlassung von Vermögensgegenständen an das Kind

Die Eltern können Gegenstände, die sie nur mit Genehmigung des Familiengerichts veräußern dürfen, dem Kind nicht ohne diese Genehmigung zur Erfüllung eines von dem Kind geschlossenen Vertrags oder zu freier Verfügung überlassen.

Von einer Kommentierung wird abgesehen.

§ 1645 BGB Neues Erwerbsgeschäft

Die Eltern sollen nicht ohne Genehmigung des Familiengerichts ein neues Erwerbsgeschäft im Namen des Kindes beginnen.

Von einer Kommentierung wird abgesehen.

§ 1646 BGB Erwerb mit Mitteln des Kindes

(1) Erwerben die Eltern mit Mitteln des Kindes bewegliche Sachen, so geht mit dem Erwerb das Eigentum auf das Kind über, es sei denn, dass die Eltern nicht für Rechnung des Kindes erwerben wollen. Dies gilt insbesondere auch von Inhaberpapieren und von Orderpapieren, die mit Blankoindossament versehen sind.

(2) Die Vorschriften des Absatzes 1 sind entsprechend anzuwenden, wenn die Eltern mit Mitteln des Kindes ein Recht an Sachen der bezeichneten Art oder ein anderes Recht erwerben, zu dessen Übertragung der Abtretungsvertrag genügt.

Von einer Kommentierung wird abgesehen.

§ 1647 BGB

(weggefallen)

§ 1648 BGB Ersatz von Aufwendungen

Machen die Eltern bei der Ausübung der Personensorge oder der Vermögenssorge Aufwendungen, die sie den Umständen nach für erforderlich halten dürfen, so können sie von dem Kind Ersatz verlangen, sofern nicht die Aufwendungen ihnen selbst zur Last fallen.

Von einer Kommentierung wird abgesehen.

§ 1649 BGB Verwendung der Einkünfte des Kindesvermögens

(1) Die Einkünfte des Kindesvermögens, die zur ordnungsmäßigen Verwaltung des Vermögens nicht benötigt werden, sind für den Unterhalt des Kindes zu verwenden. Soweit die Vermögenseinkünfte nicht ausreichen, können die Einkünfte verwendet werden, die das

Kind durch seine Arbeit oder durch den ihm nach § 112 gestatteten selbständigen Betrieb eines Erwerbsgeschäfts erwirbt.

(2) Die Eltern können die Einkünfte des Vermögens, die zur ordnungsmäßigen Verwaltung des Vermögens und für den Unterhalt des Kindes nicht benötigt werden, für ihren eigenen Unterhalt und für den Unterhalt der minderjährigen Geschwister des Kindes verwenden, soweit dies unter Berücksichtigung der Vermögens- und Erwerbsverhältnisse der Beteiligten der Billigkeit entspricht. Diese Befugnis erlischt mit der Eheschließung des Kindes.

Von einer Kommentierung wird abgesehen.

§§ 1650 bis 1663 BGB

(weggefallen)

§ 1664 BGB Beschränkte Haftung der Eltern

(1) Die Eltern haben bei der Ausübung der elterlichen Sorge dem Kind gegenüber nur für die Sorgfalt einzustehen, die sie in eigenen Angelegenheiten anzuwenden pflegen.

(2) Sind für einen Schaden beide Eltern verantwortlich, so haften sie als Gesamtschuldner.

Von einer Kommentierung wird abgesehen.

§ 1665 BGB

(weggefallen)

§ 1666 BGB Gerichtliche Maßnahmen bei Gefährdung des Kindeswohls

(1) Wird das körperliche, geistige oder seelische Wohl des Kindes oder sein Vermögen gefährdet und sind die Eltern nicht gewillt oder nicht in der Lage, die Gefahr abzuwenden, so hat das Familiengericht die Maßnahmen zu treffen, die zur Abwendung der Gefahr erforderlich sind.

(2) In der Regel ist anzunehmen, dass das Vermögen des Kindes gefährdet ist, wenn der Inhaber der Vermögenssorge seine Unterhaltspflicht gegenüber dem Kind oder seine mit der Vermögenssorge verbundenen Pflichten verletzt oder Anordnungen des Gerichts, die sich auf die Vermögenssorge beziehen, nicht befolgt.

(3) Zu den gerichtlichen Maßnahmen nach Absatz 1 gehören insbesondere

1. **Gebote, öffentliche Hilfen wie zum Beispiel Leistungen der Kinder- und Jugendhilfe und der Gesundheitsfürsorge in Anspruch zu nehmen,**
2. **Gebote, für die Einhaltung der Schulpflicht zu sorgen,**
3. **Verbote, vorübergehend oder auf unbestimmte Zeit die Familienwohnung oder eine andere Wohnung zu nutzen, sich in einem bestimmten Umkreis der Wohnung aufzuhalten oder zu bestimmende andere Orte aufzusuchen, an denen sich das Kind regelmäßig aufhält,**

4. Verbote, Verbindung zum Kind aufzunehmen oder ein Zusammentreffen mit dem Kind herbeizuführen,

5. die Ersetzung von Erklärungen des Inhabers der elterlichen Sorge,

6. die teilweise oder vollständige Entziehung der elterlichen Sorge.

(4) In Angelegenheiten der Personensorge kann das Gericht auch Maßnahmen mit Wirkung gegen einen Dritten treffen.

Übersicht

	Rn.
A. Allgemeines	1
I. Normzweck	1
II. Konkurrenz zu anderen Normen	2
1. § 1631d BGB	3
2. § 1632 Abs. 2 BGB	4
3. § 1632 Abs. 4 BGB	5
4. § 1671 BGB	6
5. § 1684 BGB	8
6. § 1696 BGB	11
7. GewSchG	13
B. Inhalt der Norm	14
I. Eingriffsvoraussetzungen	14
II. Betroffener Personenkreis	15
1. Kind	15
2. Sorgeberechtigte Eltern	16
3. Dritte	17
III. Gefährdung des Kindeswohls	18
1. Wohl des Kindes	18
2. Begriff der Gefahr	19
3. Einzelne Gefährdungstatbestände	22
a) Sinn und Zweck	22
b) Defizite der Eltern	23
c) Häusliche Gewalt	25
d) Medizinische Behandlung	26
e) Schulverweigerung	28
f) Sexueller Missbrauch – sexuelle Gewalt	29
g) Umgangsboykott	31
IV. Vermögensgefährdung	33
V. Abhilfemöglichkeit der Eltern	36
VI. Gerichtliche Maßnahmen (Abs. 3)	39
1. Grundsätze	39
2. Öffentliche Hilfen (Nr. 1)	42
3. Einhaltung der Schulpflicht (Nr. 2)	43
4. Näherungs- und Kontaktverbot (Nr. 3 und 4)	47
5. Ersetzung von Erklärungen (Nr. 5)	53
6. Entziehung der elterlichen Sorge (Nr. 6)	57
7. Therapeutische Maßnahmen	60
8. Sozialer Trainingskurs	61
9. Sonstige Maßnahmen	62
10. Kontrollpflichten	63
11. Maßnahmen gegen Dritte (Abs. 4)	64
VII. Verfahren	65
1. Einleitung des Verfahrens	65
2. Beteiligte des Verfahrens	66
3. Früher Termin, Erörterungstermin	67
4. Sachverhaltsermittlung	68
5. Einstweilige Anordnung	73

6. Entscheidung ... 77
a) Tenor ... 77
b) Begründung ... 78
7. Absehen von kindesschutzrechtlichen Maßnahmen ... 80
a) Überprüfungspflicht ... 80
b) Beschwerderecht ... 81
8. Überprüfung durch das BVerfG ... 82
a) Verfassungsbeschwerde ... 82
b) Einstweilige Anordnung ... 83
9. Prüfungsschema ... 84

Weiterführende Literatur: Avenarius, Schulpflicht vs. Homeschooling, NZFam 2015, 342; *Balloff*, Kindeswohlgefährdungen durch Herausnahme des Kindes aus dem Elternhaus und bei Wegnahme aus der Pflegefamilie, FPR 2013, 208; *Balloff/Walter*, Anforderungen an familienrechtspsychologische Gutachten bei Kindeswohlgefährdungen nach § 1666 BGB, NZFam 2015, 580; *Britz*, Anforderungen an familiengerichtliche Entscheidungen im Kinderschutz, JAmt 2015, 286; *Coester*, Kinderschutz. Übersicht zu den typischen Gefährdungslagen und aktuellen Problemen, FPR 2009, 549; *ders.*, Kindeswohlgefährdung: Anforderungen an die Gefährdung aus juristischer Sicht, NZFam 2016, 577; *Dahm*, Voraussetzungen und Grenzen familiengerichtlicher Gebote gem. § 1666 Abs. 3 Nr. 1 BGB anhand ausgewählter obergerichtlicher Rechtsprechung, ZKJ 2015, 222; *Dettenborn*, Psychische Kindesmisshandlung – erkennen und bewerten, FPR 2012, 447; *Ernst*, Familiengerichtliche Maßnahmen bei Kindeswohlgefährdung, FPR 2011, 195; *Fahl*, Die Verantwortungsgemeinschaft von Familiengerichten und Jugendämtern in Kindschaftsverfahren, NZFam 2015, 247; *Fegert/Witt*, Zahlen und Fakten zum Ausmaß von Vernachlässigung, Misshandlung und sexuellem Missbrauch von Kindern und Jugendlichen in Deutschland, ZKJ 2019, 288; *Fröschle*, Familiengericht und Jugendamt – gekreuzte Rechtswege, FamRZ 2016, 1905; *Hammer*, Anforderungen an familiengerichtliche Entscheidungen im Kinderschutz, JAmt 2015, 291; *Heilmann*, Schützt das Grundgesetz die Kinder nicht?, NJW 2014, 2904; *ders.*, Zu den Auswirkungen der aktuellen Rechtsprechung des Bundesverfassungsgerichts auf die Praxis des Kindesschutzes, FamRZ 2015, 92 ; *ders.*, Theorie und Praxis im Kinderschutz, NJW 2017, 986; *ders.*, Die Aufarbeitung des Missbrauchsfalles von Staufen – Ein Beitrag zur Fehlerkultur in der Familiengerichtsbarkeit, FamRZ 2018, 1797; *ders.*, Der Schutz des Kindes vor sexueller Gewalt, NJW 2019, 1417; *Heilmann/Lack*, Kinderschutz und Familiengericht, ZKJ 2014, 308; *Köckeritz*, Ambulante elternbezogene Interventionen nach Kindeswohlgefährdungen, ZKJ 2017, 56; *Lohse/Ernst/Katzenstein*, Profilierung des familiengerichtlichen Kinderschutzverfahrens. Hinweise für eine gute Praxis in Verfahren bei Kindeswohlgefährdung, JAmt 2019, 234; *Matzke/Fritsch*, Kindeswohlgefährdung bei Kinder- und Jugenddelinquenz, FPR 2012, 459; *Münder*, Verhältnis zwischen Hilfen nach dem SGB VIII und familiengerichtlichen Maßnahmen nach § 1666 BGB, FPR 2003, 280; *Oberloskamp/Lewe*, Risikoeinschätzung bei möglicher Kindeswohlgefährdung – Umsetzung des § 8a SGB VIII im Kontext des FamFG, FPR 2009, 553; *Onstein*, Familiengerichtliche Intervention bei Gefährdung von Kindern durch neue Medien, jM 2017, 95; *Schmidt*, Anordnung von SGB VIII-Leistungen: Verpflichtung des Jugendamts durch das Familiengericht?, FamRZ 2015, 1158; *Schwonberg*, Kindesschutz und Gefährdungsprognose im familiengerichtlichen Verfahren, RdJB 2014, 111; *Vogel*, Verantwortungsgemeinschaft Jugendamt/Familiengericht – oder Spannungsverhältnis, Zuständigkeit und Machtkampf, NZFam 2016, 585; *Weber*, Sorgerecht und Umgang bei Substanzmissbrauch, NZFam 2018, 510; *Willutzki*, Kindschaftssachen im neuen FamFG – Ein Überblick, FPR 2009, 327.

A. Allgemeines

I. Normzweck

1 Obwohl und weil die Verfassung die Kinder in ihrer spezifischen Schutzbedürftigkeit im Grunde vor allem elterlicher Fürsorge anvertraut (Art. 6 Abs. 2 Satz 1 GG), muss der Staat Kinder auch **gegenüber ihren Eltern schützen** (Art. 6 Abs. 2 Satz 2 GG).[1] Das Kind hat insoweit einen **eigenen** – grundrechtlich gewährleisteten – **Anspruch** auf den Schutz des Staates, wenn seine Eltern ihm nicht den Schutz und die Hilfe bieten, die es benötigt, um gesund aufzuwachsen und sich zu einer eigenverantwortlichen Persönlichkeit zu entwickeln.[2] Dieses **Wächteramt** nehmen in erster Linie die Jugendämter[3] und Familiengerichte wahr.[4] Ermächtigung i.S.d. Art. 6 Abs. 3 GG und Kernvorschrift für Eingriffe in das elterliche Sorgerecht ist § 1666 BGB. Maßstab und Anknüpfungspunkt für Eingriffe in die elterliche Sorge ist nicht in erster Linie das elterliche Fehlverhalten, sondern die **Gefährdung des Wohls oder des Vermögens des Kindes:** Bei einer entsprechenden Gefahr, die die primär Verantwortlichen nicht verhindern können oder wollen, sind insbesondere die in Abs. 3 aufgelistete **Eingriffe in die Personen- und Vermögenssorge** gestattet. Droht die Gefahr von Dritten, sind auch insoweit Maßnahmen zulässig (Abs. 4).

II. Konkurrenz zu anderen Normen

2 Das Kindschaftsrecht enthält weitere Vorschriften, die den Begriff des **Kindeswohls** konturieren oder ebenfalls **Eingriffe** in die Elternrechte gestatten. Hier ist das **Verhältnis zu § 1666 BGB** nicht immer eindeutig.[5]

1. § 1631d BGB

3 Nach Abs. 1 dieser Vorschrift darf der Personensorgeberechtigte in die **Beschneidung** seines Sohnes einwilligen, wenn der kunstgerecht durchgeführte Eingriff nicht das **Kindeswohl gefährdet**. Es müssen insoweit die Voraussetzungen des **§ 1666 Abs. 1 BGB** erfüllt sein (vgl. *Fink*, § 1631d BGB Rn. 9). Allerdings kann die Schwelle der entgegenstehenden Kindeswohlgefährdung – je nach Schutzwürdigkeit des im Vordergrund stehenden Motivs des sorgeberechtigten Elternteils bezüglich der beabsichtigten Beschneidung – niedriger als nach dem allgemeinen Maßstab des § 1666 BGB anzusetzen sein.[6]

Auch das **Jugendamt** ist insoweit zu einer Gefährdungseinschätzung verpflichtet und hat ggfls. das Familiengericht anzurufen (§ 8a Abs. 3 Satz 1 SGB VIII).[7] Dieses kann dann im Rahmen eines Verfahrens nach § 1666 BGB etwa die **Gesundheitsfürsorge** für das Kind entziehen.[8]

2. § 1632 Abs. 2 BGB

4 Hiernach umfasst die Personensorge das Recht, den Umgang des Kindes auch mit Wirkung für und gegen **Dritte** (vgl. Rn. 17) zu bestimmen, insbesondere ein **Umgangsverbot** auszusprechen (vgl. *Fink*, § 1632 BGB Rn. 15).

---

1 *Britz*, NZFam 2016, 1113
2 BVerfG FamRZ 2017, 524 mit Anm. *Salgo* = ZKJ 2017, 225 mit Anm. *Heilmann* (S. 219) = NZFam 2017, 261 mit Anm. *Keuter*
3 Zur Zulässigkeit personenbezogener Warnhinweise des Jugendamts bei Kindeswohlgefährdung durch Dritte vgl. VG Münster FamRZ 2019, 1931 (LS mit Anm. der Red.), dazu *Benner*, NZFam 2019, 512
4 Dazu *Kunkel*, FamRZ 2015, 901; *Fahl*, NZFam 2015, 247; zu dem Verhältnis der Institutionen zueinander vgl. *Heilmann*, FamRZ 2018, 1797, 1801; *Vogel*, NZFam 2016, 585
5 Vgl. auch MüKo-BGB/*Olzen*, § 1666 Rn. 6 ff.
6 OLG Hamm FamRZ 2013, 1818, dazu *Rogalla*, FamFR 2013, 483
7 BeckOK-BGB/*Veit*, § 1631d Rn. 37
8 OLG Hamm a.a.O.

Diese Möglichkeit besteht ebenfalls nach § 1666 Abs. 4 BGB, nur mit dem Unterschied, dass dort das Gericht seine Entscheidung von Amts wegen, bei § 1632 Abs. 2 BGB aber nur auf **Antrag** eines Elternteils trifft.[9]

3. § 1632 Abs. 4 BGB

Die von den leiblichen Eltern angestrebte **Rückführung** ihrer Kinder **aus der Pflegefamilie** bereitet gelegentlich nicht nur tatsächliche, sondern auch rechtliche Probleme. Das Familiengericht kann bei einem Rückführungsverlangen der sorgeberechtigten Eltern entweder **sorgerechtsbeschränkende** Maßnahmen nach § 1666 BGB oder eine **Verbleibensanordnung** nach § 1632 Abs. 4 BGB treffen. Die Gefahrenbegriffe entsprechen sich.[10] 5

▶ *Vgl. dazu auch Fink, § 1632 Rn. 42.*

Zum **Verhältnis** dieser Normen zueinander hat der Bundesgerichtshof[11] entschieden: Lebt ein Kind in einer Pflegefamilie und verlangen die Eltern die Rückführung des Kindes, muss der Erlass einer Verbleibensanordnung nach § 1632 Abs. 4 BGB als im Verhältnis zu einem Sorgerechtsentzug **milderes Mittel** erwogen werden. Ergebe sich die Gefährdung des Kindeswohls allein daraus, dass das Kind **zur Unzeit** aus der Pflegefamilie herausgenommen und zu den leiblichen Eltern zurückgeführt werden solle, liege in der Regel noch kein hinreichender Grund vor, den Eltern das Sorgerecht ganz oder teilweise zu entziehen. Hier sei der Erlass einer **Verbleibensanordnung** zu erwägen.[12]

Diese Rechtsprechung hat erheblichen Widerspruch erfahren. Denn bei dieser Betonung der Rechte der leiblichen Eltern in verfassungsrechtlich bedenklicher Weise wird nur unzureichend das **Wohl des Kindes** gewürdigt, das auch im Rahmen von Verbleibensanordnungen nach § 1632 Abs. 4 BGB die oberste Richtschnur der Entscheidung ist.[13] Durch die Maßnahme werden zum einen die Grundrechte des Pflegekindes auf freie Entfaltung seiner Persönlichkeit und auf Schutz seiner körperlichen Unversehrtheit (Art. 2 GG) tangiert. Zudem bedarf das Kind gerade im Rahmen eines **Pflegekindverhältnisses** des besonderen Schutzes im Rahmen des staatlichen Wächterauftrages nach Art. 6 Abs. 2 Satz 2 und Abs. 3 GG, wie dies auch Art. 20 Abs. 1 der UN-Konvention über die Rechte des Kindes gebietet.[14]

▶ *Eingehend hierzu Fink, § 1632 BGB Rn. 33 ff.*

Gibt es Anhaltspunkte für eine nachhaltige Gefährdung des Kindes im Haushalt der Eltern, sind die Anforderungen an die Begründung besonders hoch, wenn das Gericht gleichwohl eine Rückführung des Kindes aus dem Haushalt der Pflegeeltern anordnen will.[15]

4. § 1671 BGB

Die Voraussetzungen für einen Entzug der elterlichen Sorge nach **§ 1666 BGB** liegen wegen des Vorrangs der Erziehung und Pflege von Kindern durch ihre Eltern **nicht** vor, wenn einer Gefährdung des Kindeswohls durch eine gerichtliche Regelung der elterlichen Sorge im Verhältnis der Eltern untereinander nach den § 1671 BGB (oder § 1626a BGB) begegnet 6

---

9 BOK-BGB/*Veit*, § 1666 Rn. 70

10 H.M., vgl. etwa Palandt/*Götz*, § 1632 BGB Rn. 14; wohl auch BVerfG NJW 2014, 2936 = FF 2014, 442; a.A. MüKo-BGB/*Huber*, § 1632 Rn. 44 ff.

11 BGH ZKJ 2014, 198 mit kritischer Anm. *Gottschalk* (S. 234); NZFam 2014, 362 mit kritischer Anm. *Lack* = FamRZ 2014, 543 mit kritischer Anm. *Heilmann/Salgo*, FamRZ 2014, 705; zustimmend *Rauscher*, LMK 2014, 357068; ähnlich auch OLG Hamm FamRZ 2012, 462 (LS) = NJOZ 2012, 1337

12 Vgl. auch OLG Saarbrücken FamRZ 2016, 1093 (LS), dazu *Giers*, FamRB 2016, 227

13 BVerfG FamRZ 2010, 865; OLG Hamm FamRZ 2013, 1228; vgl. auch *Ballof*, NZFam 2014, 769

14 OLG Frankfurt FamRZ 2014, 1787; vgl. auch OLG Saarbrücken NZFam 2014, 74 mit Anm. *Pätzold*

15 BVerfG FamRZ 2017, 524 mit Anm. *Salgo* = NZFam 2017, 261 mit Anm. *Keuter*

werden kann.[16] Voraussetzung hierfür ist allerdings ein entsprechender **Antrag** eines Elternteils. Ist im Verfahren nach § 1671 BGB einem Elternteil die elterliche Sorge zu übertragen, so ist deren Entziehung gegenüber dem anderen Elternteil nach § 1666 BGB nicht erforderlich und unverhältnismäßig.[17]

7 Dem Antrag auf Übertragung der elterlichen Sorge ist **nicht** stattzugeben, soweit diese aufgrund anderer Vorschriften – vor allem bei Fällen der Kindeswohlgefährdung nach **§ 1666 BGB** – abweichend geregelt werden muss (§ 1671 Abs. 4 BGB). Dabei entscheidet das Familiengericht im Rahmen des Verfahrens gemäß § 1671 Abs. 1 Satz 2 Nr. 1 BGB nur dann gegen den Elternvorschlag, wenn die Kindeswohlgefährdung durch die Übertragung der elterlichen Sorge auf einen Elternteil nicht abgewendet werden kann, also insbesondere dann, wenn sie von **beiden Elternteilen** ausgeht.[18]

Das Gericht wechselt in diesen Fällen von Amts wegen in das Kinderschutzverfahren über; es wird nicht ein weiteres Verfahren eingeleitet.[19]

5. § 1684 BGB

8 Größere rechtliche Schwierigkeiten ergeben sich bei der Verzahnung von **Sorge- und Umgangsrecht**. Diese Rechte stehen sich auf Elternebene als selbstständige, sich gegenseitig beschränkende Rechte gegenüber[20] (vgl. auch *Gottschalk,* § 1684 BGB Rn. 1).

Daher steht das Umgangsrecht beiden Elternteilen ungeachtet ihrer sorgerechtlichen Befugnisse zu. Auch Eltern, denen nach § 1666 BGB das gesamte **Sorgerecht entzogen** wurde, haben ein Recht auf Umgang mit ihrem fremduntergebrachten Kind (dazu auch *Gottschalk,* § 1684 BGB Rn. 7).

9 Hiervon abzugrenzen ist das **Umgangsbestimmungsrecht**, also das Recht zur Entscheidung über Art und Umfang der Umgangsregelung. Dieses ist nach überwiegender Auffassung Teil der **Personensorge** (vgl. *Gottschalk,* § 1684 BGB Rn. 1 m.w.N.).

Dementsprechend umfasst das Sorgerecht grundsätzlich auch im Verhältnis zum anderen Elternteil unter Beachtung des familiengerichtlichen Regelungskompetenzvorrangs das Umgangsbestimmungsrecht des (betreuenden) Elternteils, das dann aber auch (im Falle der Fremdbetreuung) **nach § 1666 BGB** beiden Eltern **entzogen** werden kann.[21]

10 Streitig ist die Frage, auf welche Vorschriften im Falle des **Umgangsausschlusses** ein **Kontaktverbot** gegenüber dem **nicht sorgeberechtigten Vater** zu stützen ist.

> **Beispiel:** *Der gewalttätige Vater begehrt Umgang mit den beiden gemeinsamen psychisch belasteten Kindern. Die allein sorgeberechtigte Mutter beantragt neben dem Ausschluss des Umgangs zusätzlich im Wege der einstweiligen Anordnung die Verhängung eines Kontakt- und Näherungsverbots bezüglich der Kinder.*

Soweit hierfür die Ermächtigungsgrundlage ausschließlich in **§ 1684 Abs. 4 BGB** gesehen wird,[22] besteht bei einer solchen Umgangseilsache bedenklicherweise **keine Beschwerdemöglichkeit** (§ 57 FamFG). Daher sollte das Kontaktverbot in der Praxis grundsätzlich

---

16 OLG Hamm BeckRS 2017, 110854, dazu *Schwedler,* NZFam 2017, 629; OLG Brandenburg FamRZ 2014, 1649; OLG Frankfurt FamRZ 2012, 359 (LS), dazu *Riegner,* FamFR 2012, 359
17 OLG Brandenburg BeckRS 2017, 128447
18 MüKo-BGB/*Olzen,* § 1666 Rn. 8
19 OLG Nürnberg FamRZ 2013, 1993
20 OLG München FamRZ 2011, 823
21 *Schmid,* NZFam 2014, 284; *Heilmann,* FamRZ 2014, 1753, 1754; *ders.,* NJW 2012, 16, 21; a.A. OLG Karlsruhe ZKJ 2014, 257 = FamRZ 2014, 1378; OLG Stuttgart ZKJ 2014, 479 = FamRZ 2014, 1794
22 So OLG Frankfurt NJW 2019, 2865 = ZKJ 2019, 309, sowie ZKJ 2013, 298 = JAmt 2013, 656; *Schmid,* NZFam 2014, 881, 883

als Maßnahme nach **§ 1666 Abs. 4 BGB** getroffen werden.[23] Denn nach überwiegender und zutreffender Auffassung ist der nicht sorgeberechtigte Elternteil als „Dritter" im Sinne der Norm zu betrachten (siehe Rn. 17). Die praktischen Unterschiede dieser Auffassungen zeigen sich auch im Fall einer **Vollstreckung**, die bei einer Anwendung von § 1684 Abs. 4 BGB nach §§ 86 ff. FamFG, im Rahmen des § 1666 BGB hingegen nach § 890 ZPO i.V.m. § 95 Abs. 1 Nr. 4 FamFG (mit deutlich strengeren Ahndungsmöglichkeiten) durchgeführt wird (siehe Rn. 52). Gleichwohl scheidet (alternativ) eine Schutzanordnung nach **§ 1 GewSchG** aus (siehe dazu unten Rn. 13).

Etwaige Verstöße werden in allen Fällen gleichermaßen nach § 890 ZPO i.V.m. § 95 Abs. 1 Nr. 4 FamFG durch Verhängung von **Ordnungsmitteln** geahndet (vgl. Rn. 52).

6. § 1696 BGB

Das zunächst einem Elternteil allein übertragene **Sorgerecht** kann (ganz oder teilweise) 11
grundsätzlich nur nach §§ 1666, 1666a BGB, **nicht** nach **§ 1696 BGB** entzogen werden. Denn die Voraussetzungen für eine gerichtliche Regelung nach § 1696 Abs. 1 BGB bleiben weit hinter den Anforderungen zurück, die Art. 6 Abs. 3 GG an die Trennung der Kinder von der Familie stellt.[24] Hat das Familiengericht das Vorliegen einer Gefährdung des Kindeswohls i.S.d. §§ 1666, 1666a BGB festgestellt, ist es auch zu einer Abänderung einer **ausländischen Sorgerechtsentscheidung** gemäß § 1696 BGB berechtigt.[25]

Wurde jedoch dem Kindesvater in einem früheren Verfahren bereits die elterliche Sorge 12
entzogen, so kann er die Rückübertragung nur im Wege eines **Abänderungsverfahrens** geltend machen. Ein solcher Antrag kann auch im erstinstanzlichen Verfahren über die Entziehung der elterlichen Sorge der Kindesmutter gestellt werden.[26] Im Rahmen dieses Abänderungsverfahrens bedarf es einer gerichtlichen **Sachentscheidung**, die auch das Ergebnis haben kann, dass keine Veranlassung besteht, die Ausgangsentscheidung zu ändern.[27]

▶ *Näher hierzu Gottschalk, § 1696 BGB Rn. 25.*

7. GewSchG

Die Anwendbarkeit des **Gewaltschutzgesetzes** im Kindschaftsrecht hängt von den Be- 13
ziehungen des Kindes zu dem Gewalttäter ab:

- Im **Eltern-Kind-Verhältnis** gelten nach § 3 Abs. 1 GewSchG **ausschließlich** die Bestimmungen des **Kindschaftsrechts**. Entsprechend dem Willen des Gesetzgebers[28] soll der Schutz des unter elterlicher Sorge[29] stehenden Kindes, das von den Eltern oder anderen Sorgeberechtigten verletzt wird, allein durch die Vorschrift des § 1666 BGB effektiver[30] sichergestellt werden.[31]
- Im Verhältnis zu **Dritten** besteht hingegen ein (doppelter) gerichtlicher Rechtsschutz sowohl nach dem Gewaltschutzgesetz als auch gemäß § 1666 BGB.

---

23 So auch Palandt/*Götz,* § 1666 BGB Rn. 36; BeckOK-BGB/*Veit,* § 1666 Rn. 12; MüKo-BGB/*Olzen,* § 1666 Rn. 207; Johannsen/Henrich/*Büte*, § 1666 BGB Rn. 70; *Heiß*, FamFR 2013, 258; AG Westerstede FamRZ 2009, 1755
24 BVerfG FamRZ 2009, 1472
25 OLG Hamm JAmt 2014,576 = FuR 2015, 58
26 OLG Brandenburg ZKJ 2013, 504
27 OLG Frankfurt FamRZ 2013, 1238 (LS) = BeckRS 2013, 04084
28 BT-Drucks. 14/5429, 32
29 Entsprechendes gilt für Vormund und Pfleger
30 Dazu MüKo-BGB/*Olzen,* § 1666a Rn. 19
31 Weil die Rechte und Bedürfnisse des Kindes mit den zivilrechtlichen Ansprüchen allein in der Regel nicht verwirklicht werden können; kritisch dazu *Heinke*, djbZ 2013, 19, 21

Da mithin bei dieser Abgrenzung ausdrücklich auf die **Elternschaft** abgestellt wird, haben die Vorschriften der §§ 1666, 1666a BGB generell **Vorrang** vor denen des Gewaltschutzgesetzes, wenn es um den Schutz der Kinder vor ihren **Eltern** geht.[32] Folglich ist hier der **nicht sorgeberechtige Vater nicht** als „Dritter" zu betrachten – im Gegensatz zu §§ 1632 Abs. 2, 1666 Abs. 4 BGB (vgl. Rn. 17).

Jedoch kann gegen den **Stiefelternteil oder Lebenspartner** (auch) nach dem Gewaltschutzgesetz vorgegangen werden.[33] Gleiches gilt für die **Großeltern**.

▶ *Näher hierzu Cirullies, § 3 GewSchG Rn. 3.*

B. Inhalt der Norm

I. Eingriffsvoraussetzungen

14 § 1666 BGB ermöglicht familiengerichtliche Maßnahmen zum Schutz des **Kindeswohls** und des **Kindesvermögens**.

Voraussetzungen hierfür sind, dass

- das **körperliche, geistige oder seelische Wohl** des Kindes oder seines **Vermögens** gefährdet ist

und

- die Eltern (oder Sorgerechtsinhaber) nicht gewillt oder nicht in der Lage sind, die **Gefahr selbst abzuwenden**.

II. Betroffener Personenkreis

1. Kind

15 Der Status des Kindes beginnt grundsätzlich mit der Vollendung der **Geburt** und endet mit Eintritt der **Volljährigkeit** (oder mit dem Tod).

Die Vorschrift findet ihrem **Wortlaut** nach nur auf das bereits geborene Kind Anwendung, **nicht** auf den sog. **nasciturus**. Dies gilt auch für den Schutzauftrag des Jugendamts nach § 8a SGB VIII.[34] Allerdings kann es die von dem *BVerfG* in mehreren Entscheidungen betonte Schutzwürdigkeit des ungeborenen Lebens rechtfertigen, die Vorschrift auch auf das **ungeborene Kind** anzuwenden.[35] Jedenfalls ist ein **Erörterungstermin** mit der werdenden Mutter nach § 157 FamFG zulässig.[36] Es kann jedoch nicht die elterliche Sorge vor Geburt entzogen werden, weil die elterliche Sorge erst mit Geburt entsteht.[37] In Betracht kommen aber Maßnahmen wie die Bestellung eines **Verfahrensbeistandes**[38] oder die Erteilung begrenzter **Gebote** nach § 1666 Abs. 3 Nr. 1 BGB, z.B. Hilfs- und Beratungsangebote nach § 16 Abs. 3 SGB VIII oder der Gesundheitsfürsorge, in Anspruch zu nehmen.[39]

---

32 BT-Drucks. 14/8131, 8; OLG Brandenburg BeckRS 2013, 14844; OLG Frankfurt FamRZ 2013, 1237 (LS) = BeckRS 2013, 06975; *Burghart* in: Beck-OGK, § 1666 BGB Rn. 110. Dies gilt auch für Adoptiveltern (§ 1754 BGB)

33 Das „Kleine Sorgerecht" nach § 1687b BGB, § 9 LPartG ist insoweit ohne Belang, vgl. Soergel/*Gietl*, § 3 GewSchG Rn. 2; *Löhnig*, FPR 2008, 157; a.A. *Götz/Brudermüller* in: Götz/Brudermüller/Giers, Rn. 443 m.w.N.

34 Dazu *Czerner*, ZKJ 2010, 220; ferner Abschlussbericht der Arbeitsgruppe „Familiengerichtliche Maßnahmen bei Gefährdung des Kindeswohls – § 1666 BGB" v. 14.7.2009, 32 ff.

35 MüKo-BGB/*Olzen*, § 1666 Rn. 42; eingehend Staudinger/*Coester*, § 1666 BGB Rn. 22 ff.

36 OLG Frankfurt FamRZ 2018, 190; *DIJuF*-Rechtsgutachten v. 6.6.2014, JAmt 2014, 389, 390

37 OLG Frankfurt a.a.O.

38 AG Bad Iburg FamRZ 2018, 190, dazu *Menne*, FamRB 2018, 54

39 *Menne*, a.a.O.; zur beabsichtigten Inobhutnahme des noch ungeborenen Kindes vgl. VG Stuttgart FamRZ 2018, 933; zur Kindeswohlgefährdung bei einer „vertraulichen Geburt" vgl. OLG Köln FamRZ 2018, 1915, dazu *Zempel*, NZFam 2018, 853

Verhaltensgebote gegenüber dem Kind sind auf der Grundlage von § 1666 BGB nicht möglich.[40]

2. Sorgeberechtigte Eltern

Zwar können kindesschutzrechtliche Maßnahmen auch gegen den nichtsorgeberechtigten Elternteil ergehen (vgl. unten Rn. 17), Eingriffe in das elterliche Sorgerecht kommen jedoch nicht in Betracht, wenn die elterliche Sorge wegen **Geschäftsunfähigkeit** ruht (§ 1673 BGB).[41] Bei **beschränkt Geschäftsfähigen** (insbesondere: minderjährige Kindesmutter) kann im Falle von Meinungsverschiedenheiten mit dem Amtsvormund in das Sorgerecht eingegriffen und etwa das Aufenthaltsbestimmungsrecht entzogen werden.[42] **16**

Nicht notwendig ist hierbei, dass das Sorgerecht der betreffenden Person vollständig zusteht. Abs. 1 berechtigt das Familiengericht auch dann zu Eingriffen, wenn die Kindeswohlgefährdung den ihr zustehenden **Teil des Sorgerechts** betrifft.[43] Die Voraussetzungen für einen vollständigen oder teilweisen Entzug des Sorgerechts nach §§ 1666, 1666a BGB sind **für jeden Elternteil gesondert** festzustellen.[44] Zu den Sorgerechtsinhabern zählen auch die **Adoptiveltern** (§ 1754 Abs. 3 BGB).

Die Vorschrift ist entsprechend anzuwenden bei Sorgerechtsverstößen des **Vormunds** (§ 1837 Abs. 4 BGB) oder des **Pflegers** (§§ 1909, 1915 Abs. 1 Satz 1 BGB).[45]

3. Dritte

Abs. 4 ermöglicht auch Maßnahmen gegen **Dritte**. In Betracht kommt jede Person, die mit dem Kind **Kontakt** hat, etwa der zudringliche Fitnesstrainer der halbwüchsigen Tochter.[46] Es kann insoweit ein **zweispuriger gerichtlicher Rechtsschutz** bestehen: sowohl nach dem Gewaltschutzgesetz als auch nach §§ 1666, 1666a BGB[47] (vgl. dazu *Cirullies,* § 3 GewSchG Rn. 3). **17**

Gegenüber **Pflegeeltern** sind vorrangig Maßnahmen nach § 1688 Abs. 3 Satz 2, Abs. 4 BGB zu ergreifen.[48]

Aus dem systematischen Zusammenhang mit Abs. 1 bis 3 ergibt sich, dass unter den Begriff des **Dritten** auch alle Personen fallen, die gegenüber dem Kind **nicht sorgeberechtigt** sind. Dies betrifft etwa den mit der Mutter nicht verheirateten **Vater**, der (noch) keine Sorgeerklärung gemäß § 1626a BGB abgegeben hat,[49] ferner den Elternteil, dem die **elterliche Sorge entzogen** worden ist.[50] Insoweit ist allerdings ein (alternatives) Vorgehen nach § 1 GewSchG ausgeschlossen.[51]

---

40 Kritisch dazu Staudinger/*Coester,* § 1666 BGB Rn. 223
41 KG FamRZ 2014, 1038 (LS), dazu *Galinsky,* NZFam 2014, 422
42 OLG Koblenz FamRZ 2005, 1923
43 MüKo-BGB/*Olzen,* § 1666 BGB Rn. 40
44 OLG Brandenburg BeckRS 2012, 09668, dazu *Alberts,* FamFR 2012, 284
45 Näher hierzu *Dürbeck,* § 1837 BGB Rn. 16
46 Vgl. auch OLG Zweibrücken FamRZ 1994, 976 (Wohnortwechsel eines Sexualstraftäters)
47 OLG Karlsruhe FamRZ 2012, 460
48 Palandt/*Götz,* § 1666 BGB Rn. 6
49 MüKo-BGB/*Olzen,* § 1666 Rn. 207; Johannsen/Henrich/*Büte,* § 1666 BGB Rn. 70
50 Palandt/*Götz,* § 1666 BGB Rn. 36 (allerdings mit Widerspruch zu Rn. 41); *Heiß,* FamFR 2013, 258; AG Westerstede FamRZ 2009, 1755; a.A. OLG Frankfurt NJW 2019, 2865 = FamRZ 2019, 1865 mit kritischer Anm. der Red.; Staudinger/*Dürbeck,* § 1684 BGB Rn. 335.1; Staudinger/*Coester,* § 1666 BGB Rn. 237 (ohne Begründung); offengelassen: *Ernst,* FPR 2011, 195, 198
51 *Cirullies,* § 3 GewSchG Rn. 2

III. Gefährdung des Kindeswohls

1. Wohl des Kindes

18 Das Gesetz verwendet den weitgehend unbestimmten Begriff des **Kindeswohls** wiederholt,[52] doch nur hier differenzierend zwischen dem **körperlichen, geistigen und seelischen** Wohl. Dabei sind die Grenzen fließend: So gehen körperliche Misshandlungen regelmäßig mit seelischen Schädigungen einher, die sogar gravierender und dauerhafter sein können; andererseits können „rein" psychische Misshandlungen geistige und somatische Auswirkungen haben.[53]

Als wesentliche **Kriterien** zur Konkretisierung des Kindeswohls sind zu nennen:[54]

- die Möglichkeit des Kindes, **gesund und ungefährdet** aufwachsen und zu einer selbstständigen und **verantwortungsbewussten Person** innerhalb der sozialen Gemeinschaft heranwachsen zu können,[55]
- die Stabilität und Kontinuität seiner **Beziehungen** zum Sorgeberechtigten,[56]
- die Bedeutung der **Vorstellungen des Kindes** mit zunehmendem Alter.[57]

Der **BGH**[58] nennt als gewichtige Gesichtspunkte des **Kindeswohls**: **die Erziehungseignung der Eltern, die Bindungen des Kindes, die Prinzipien der Förderung und der Kontinuität sowie die Beachtung des Kindeswillens.** Es bedarf jedoch einer umfassenden Betrachtung aller Facetten des persönlichen Wohls des Kindes.[59] Hierzu gehört es vor allem, dass Eltern jedenfalls in der Lage sind, den Grundbedürfnissen des Kindes nach Ernährung, Schlaf, Kleidung und Hygiene, Schutz vor Gefahren, Empathie, Anregung zur körperlichen und geistigen Entwicklung und Gesundheitsfürsorge Rechnung zu tragen.[60]

Nicht entscheidend ist dagegen eine den Fähigkeiten des Kindes entsprechende **bestmögliche Förderung**.[61] Vielmehr gehören die Eltern und deren sozioökonomische Verhältnisse grundsätzlich zum Schicksal und Lebensrisiko eines Kindes. Das Kind hat keinen Anspruch auf „Idealeltern" und eine optimale Förderung und Erziehung.[62]

2. Begriff der Gefahr

19 Nach höchstgerichtlicher Rechtsprechung liegt die gemäß § 1666 BGB vorausgesetzte **Gefährdung** des Kindeswohls (erst) vor, wenn eine **gegenwärtige**, in einem solchen Maß vorhandene **Gefahr** festgestellt wird, dass bei der weiteren Entwicklung der Dinge eine **erhebliche Schädigung** des geistigen oder leiblichen Wohls des Kindes mit **hinreichender** Wahrscheinlichkeit zu erwarten ist. An die **Wahrscheinlichkeit** des Schadenseintritts

52 Etwa in §§ 1626a, 1671, 1688, 1696 BGB; vgl. auch *Seidenstücker/Münder*, ZKJ 2019, 5 zu dem Forschungsprojekt „Kindeswohl zwischen Jugendhilfe und Justiz"
53 *Coester*, FPR 2009, 549
54 MüKo-BGB/*Olzen*, § 1666 Rn. 45; Staudinger/*Coester*, § 1666 BGB Rn. 71
55 Vgl. § 1626 Abs. 2 BGB, § 1 Abs. 1 SGB VIII
56 Vgl. §§ 1632 Abs. 4, 1666a, 1682, 1684 Abs. 4, 1685 BGB; zum Begriff der „Bindung" vgl. *Bovenschen/Spangler*, NZFam 2014, 900
57 Vgl. §§ 1626 Abs. 2, 1631a, 1671 Abs. 2 Nr. 1 BGB; dazu KG FamRZ 2010, 135 (Wille einer 10-Jährigen); ferner BbgVerf BeckRS 2014, 47360; OLG Hamm BeckRS 2014, 06513 (je zum Willen einer 11-Jährigen); grundsätzlich zur Bedeutung des Kindeswillens vgl. *Peschel-Gutzeit*, NZFam 2014, 433; *Schäder*, FamRZ 2019, 1120
58 BGH FamRZ 2012, 99 mit Anm. *Luthin*
59 Staudinger/*Coester*, § 1666 BGB Rn. 70
60 Vgl. HB-VB/*Ziegenhain/Köhler-Dauner/Zwönitzer*, Rn. 968 ff.
61 BVerfG FamRZ 2015, 112
62 BVerfG BeckRS 2014, 49403 = JAmt 2014, 223; OLG Hamm FamRZ 2012, 462 (LS), dazu *Holzwarth*, FamFR 2012, 95; vgl. auch *Kunkel*, FamRZ 2015, 901

sind dabei umso geringere Anforderungen zu stellen, je schwerer der drohende Schaden wiegt.[63]

Bezüglich des **Wahrscheinlichkeitsgrades** ist nach Ansicht des **BGH**[64] zwischen der Tatbestandsebene und der Rechtsfolgenseite zu trennen: Während für die Annahme einer **Kindeswohlgefährdung** eine „hinreichende Wahrscheinlichkeit" ausreicht, setzt die zu treffende kindesschutzrechtliche **Maßnahme**, sofern diese in einem **(Teil-)Entzug der elterliche Sorge** besteht, eine **erhöhte Wahrscheinlichkeit** des Schadenseintritts voraus („ziemliche Sicherheit"). Durch diese Hürde soll „ein übermäßiges Verhalten des Staates vermieden" werden.[65] Diese Rechtsprechung dürfte den Vorgaben des **BVerfG** entsprechen, wonach ein *Eingriff* in das Elternrecht nur im Falle einer nachhaltigen, mit ziemlicher Sicherheit voraussehbaren Kindeswohlgefährdung zulässig ist.[66]

Allerdings ist der Verhältnismäßigkeitsgrundsatz in solchen Fällen ohnehin stets zu berücksichtigen.[67] Bei Anlegung der Maßstäbe dieser Rechtsprechung kann im konkreten Fall eine **Schutzlücke** klaffen, wenn zwar eine hinreichend wahrscheinliche Kindeswohlgefährdung erheblichen Ausmaßes besteht, jedoch mildere Mittel als ein (teilweiser) Sorgerechtsentzug nicht geeignet erscheinen, diese Gefährdung abzuwenden, und eine „ziemliche Sicherheit" des Schadenseintritts wiederum nicht festgestellt werden kann.[68] Verbleibende **Restrisiken** hätte hier das Kind zu tragen.[69] Mit der Grundrechtsposition des Kindes und seinem eigenen Schutzanspruch gegenüber dem Staat dürfte dies nur schwer in Einklang zu bringen sein.

Hinweis: In keinem Fall darf der **Grad der Wahrscheinlichkeit** einer Gefährdung schematisch und anhand von Prozentzahlen bewertet werden. Insoweit allein maßgeblich sind die Umstände des konkreten **Einzelfalls**, die der Tatrichter unter Berücksichtigung des Grundsatzes der Verhältnismäßigkeit zu beurteilen hat.

In gravierenden Fällen von Gewaltanwendung, sexuellem Missbrauch oder Verwahrlosung 20
wird sich die Frage, ob tatsächlich eine **Kindeswohlgefährdung** vorliegt, bejahen lassen. Körperliche Misshandlungen,[70] aber auch seelische Verletzungen und andere entwürdigende Maßnahmen[71] können diese Gefährdung hervorrufen. Doch im Allgemeinen kann die Gefährdung des Kindes – losgelöst von verfassungsgerichtlichen Begriffsstereotypen und nach sorgfältiger Ermittlung des Sachverhalts (siehe unten Rn. 68) – nur unter Berücksichtigung der besonderen Umstände eines jeden **Einzelfalls** festgestellt werden.[72] Hierbei sind die Rechte und Interessen des **Kindes als Grundrechtsträger**, das **Elternrecht** wie auch das Interesse der **Gesellschaft** an einem gedeihlichen, grundgesetzgemäßen Aufwachsen der nachfolgenden Generation **abzuwägen**.[73]

---

63 BGH FamRZ 2017, 212; FamRZ 2019, 598 mit Anm. *Hammer* = NJW 2019, 1435 mit Anm. *Heilmann* (S. 1417) = ZKJ 2019, 225 mit Anm. *Salgo* (S. 217) = NZFam 2019, 342 mit Anm. *Rohmann*; ferner OLG Brandenburg BeckRS 2019, 7609, dazu *Schmidt*, NZFam 2019, 589
64 BGH FamRZ 2019, 598
65 BGH a.a.O.
66 BVerfG FamRZ 2018, 1084 mit Anm. *Socha* = FF 2018, 311 mit Anm. *Frohn* = NZFam 2018, 599 mit Anm. *Zempel*; a.A. *Schmidt*, NZFam 2019, 589
67 Vgl. § 1666a BGB; ferner *Heilmann*, NJW 2019, 1417, 1418
68 *Heilmann*, NJW 2019, 1417, 1418; *Hammer*, a.a.O., 605
69 Dazu *Salgo*, ZKJ 2019, 217, 218
70 Dazu OLG Karlsruhe NJOZ 2018, 7
71 Vgl. § 1631 Abs. 2 S. 2 BGB; vgl. auch *Schmid*, NZFam 2015, 292
72 OLG Brandenburg FamRZ 2008, 1556; *Ernst*, FPR 2011, 195, 196 mit Beispielsfällen aus der Rechtsprechung
73 Staudinger/*Coester*, § 1666 BGB Rn. 81

21 Die begründete Besorgnis einer Schädigung entsteht in der Regel aus Vorfällen in der **Vergangenheit**, wobei die Gründe für das elterliche Versagen unerheblich sind, jedoch vereinzelt gebliebene Fehlhandlungen nicht genügen.[74] Dabei muss die Annahme einer hinreichenden Wahrscheinlichkeit auf **konkreten Verdachtsmomenten** anhand der Umstände des Einzelfalls beruhen; eine nur abstrakte Gefährdung genügt nicht.[75] Das Gericht hat also darzulegen, aus welchen konkreten Anhaltspunkten bei dem konkreten Kind welche konkreten Schädigungen zu befürchten sind.[76] Auch ist zu beachten, dass sich das Erfordernis der **Gegenwärtigkeit** allein auf die Gefährdung bezieht, nicht jedoch auf die Beeinträchtigung des betroffenen Kindes. Dies hat zur Folge, dass auch „Fernschäden" für ein gerichtliches Einschreiten ausreichen, die ihre Ursache in den aktuellen Verhältnissen haben.[77]

3. Einzelne Gefährdungstatbestände

a) Sinn und Zweck

22 Auch wenn entscheidende Voraussetzung für staatliche Eingriffe in das Sorgerecht die akute Kindeswohlgefährdung ist, spielt das **Versagen der Eltern** oder Dritter für die Feststellung der Gefahrenursachen sowie der etwa mangelnden Abwehrmöglichkeit der Eltern eine wichtige Rolle. Insoweit bedarf es nach wie vor der in Rechtsprechung und Literatur herausgebildeten **Fallgruppen**, die der als Generalklausel ausgestalteten Vorschrift Kontur geben und die Subsumtion unter den Gefährdungsbegriff erleichtern. Überdies können ohne Ermittlung der Gefährdungsursachen Maßnahmen nach Abs. 3 nicht sinnvoll bestimmt werden.

In zahlreichen Fällen der Praxis freilich begründen mehrere **niederschwellige Verhaltensweisen** (etwa übermäßiger Alkoholkonsum, mangelnde Hygiene und Ernährung, fehlende Erziehungskompetenz, gelegentliche Schläge), die für sich genommen nicht ausreichten, erst in ihrer Gesamtheit eine Kindeswohlgefährdung.[78] Ähnliches gilt für eine chronische, aber nicht lebensbedrohliche **Vernachlässigung** des Kindes, die eine erhebliche Kindeswohlgefährdung begründen kann.[79]

b) Defizite der Eltern

23 Grundsätzlich können Kinder auch in der Obhut kranker oder **psychisch auffälliger** Eltern belassen werden, falls sie dort nicht gefährdet sind.[80] Doch kann auch eine nur **schubweise** auftretende psychische Erkrankung des sorgeberechtigten Elternteils die (Teil-)Entziehung der Personensorge rechtfertigen.[81] Das gilt ebenso, wenn die Mutter wegen **intellektueller Minderbegabung** und einer komplexen **Persönlichkeitsstörung** nicht angemessen für ihr Kind sorgen kann und sich nicht helfen lässt.[82] Desgleichen kön-

---

74 OLG Brandenburg FamRZ 2009, 2100
75 BGH FamRZ 2019, 598 mit Anm. *Hammer*; dazu *Heilmann*, NJW 2019, 1417; ferner OLG Brandenburg BeckRS 2019, 7609, dazu *Schmidt*, NZFam 2019, 589; vgl. auch BVerfG FamRZ 2013, 433
76 *Hammer*, a.a.O., 604
77 *Lack/Heilmann*, ZKJ 2014, 308, 310; Staudinger/*Coester*, § 1666 Rn. 82
78 Dazu OLG Brandenburg FamRZ 2009, 2100
79 Dazu *Kindler*, NZFam 2016, 872
80 OLG Stuttgart FamRZ 2010, 1090; ausführlich zu der Problematik *Ehinger*, FPR 2005, 253; *Schmid*, NZFam 2015, 292, 294; zu den sorgerechtlichen Auswirkungen einer elterlichen Traumatisierung vgl. *Rauwald*, NZFam 2014, 1116
81 OLG München FamRZ 2004, 1597; anders bei einer einmalig geäußerten Suiziddrohung: OLG Brandenburg BeckRS 2019, 4961
82 OLG Hamm BeckRS 2014, 06509, dazu *Pätzold*, NZFam 2014, 57

nen die Gefahr der **Parentifizierung** des Kindes[83] wie auch ein krankhaft **symbiotisches Verhältnis** zwischen Mutter und Tochter mit überfürsorglichem „Bemuttern"[84] eine Kindeswohlgefährdung bewirken. Der entsprechende Kausalzusammenhang ist jedoch hinreichend darzutun.[85]

Ist einem Elternteil ein **Betreuer** bestellt worden, ist er häufig nicht in der Lage, wichtige Teilbereiche der elterlichen Sorge, etwa betreffend die Gesundheitsfürsorge, den Schulbesuch und die Beantragung öffentlicher Hilfen, für sein Kind wahrzunehmen.[86] Auch eine **dauerhafte Erziehungsunfähigkeit** der Eltern[87] kann Eingriffe in die elterliche Sorge ebenso rechtfertigen wie sehr **häufige Trennungen** der Kindeseltern und damit verbundene Entwurzelungen und Loyalitätskonflikte der Kinder.[88] **24**

Zunehmend im Blickpunkt steht die Frage, inwieweit ein konstanter **Substanzmissbrauch** durch die Eltern deren *mangelnde Erziehungseignung und in der Folge eine* Kindeswohlgefährdung begründet.[89] Eine bestehende **Heroinabhängigkeit** der Kindesmutter begründet ohne das Hinzutreten weiterer Umstände jedenfalls dann nicht den Entzug der elterlichen Sorge, wenn sich die Kindesmutter bereits seit Jahren im **Methadon-Programm** befindet und das Kind in der Vergangenheit im mütterlichen Haushalt gut versorgt worden ist.[90]

c) Häusliche Gewalt

Das bestehende grundsätzliche **Gewaltverbot** gilt in besonderem Maße gegenüber Kindern. Dies drückt sich u.a. aus in dem Recht des Kindes auf gewaltfreie Erziehung (§ 1631 Abs. 2 BGB).[91] Verboten sind körperliche Bestrafungen und – ungeachtet des jeweiligen Erziehungsziels[92] – seelische Verletzungen sowie andere entwürdigende Maßnahmen.[93] Hierauf sollten gerade **ausländische** Eltern mit abweichendem kulturellem, sozialem oder religiösem Hintergrund und damit einhergehenden Erziehungsvorstellungen hingewiesen werden, damit auch die Kinder aus solchen Familien den möglichen und nötigen Schutz erhalten.[94] Denn maßgeblich für die Beurteilung elterlichen Erziehungsverhaltens ist unsere Rechtsordnung und der damit verbundene Schutzanspruch des Kindes. Das Risiko einer systematischen und wiederholten **Züchtigung** von Kindern mittels Rutenschlägen verstößt nicht nur gegen § 1631 Abs. 2 BGB, sondern auch gegen Art. 3 EMRK und kann einen Grund für die Trennung der Kinder von ihren Eltern darstellen.[95] In diesem **25**

83 Parentifizierung: Umkehr der sozialen Rollen zwischen Elternteilen und ihrem Kind, hierzu OLG Karlsruhe NZFam 2017, 1132 mit Anm. *Engelmann*
84 Dazu OLG Hamburg BeckRS 2018, 24269
85 BVerfG FamRZ 2014, 1270 = JAmt 2014, 415; ferner BVerfG FamRZ 2006, 537 (übersteigerte Fixierung auf das Kind); vgl. auch JAmt 2014, 425 (Anm. der Schriftleitung)
86 Dazu OLG Brandenburg ZKJ 2013, 504 = JAmt 2013, 664 = BeckRS 2013, 06364
87 OLG Nürnberg FamRZ 2015, 1211 = JAmt 2015, 109; OLG Hamm FamRZ 2010, 2083; OLG Saarbrücken FamRZ 2010, 1092; vgl. aber zu den Anforderungen an die Darlegung der mangelnden elterlichen Erziehungseignung BVerfG FamRZ 2016, 439
88 OLG Köln FamRZ 2011, 1307 (LS) = NJW-RR 2011, 729
89 OLG Brandenburg FamRZ 2015, 1214; eingehend zu der Problematik *Weber*, NZFam 2018, 510; *Klein*, NZFam 2018, 477; *Schmid*, NZFam 2015, 292, 293
90 OLG Hamm FamRZ 2013, 1989; zu Alkohol- und Drogenproblemen der Eltern vgl. auch *Schmid*, NZFam 2015, 292 f.
91 Dazu *Häbel*, ZKJ 2016, 168; *Peschel-Gutzeit*, FPR 2012, 195; ferner *Dettenborn*, FPR 2012, 447; zu Kindesmisshandlungen im elterlichen Haushalt vgl. *Doukkani-Bördner*, FamRZ 2016, 12
92 *Will*, FPR 2004, 233; vgl. auch BAG NJW 2012, 3674 (Grundschullehrerin verklebt zu Disziplinierungszwecken Schülern den Mund mit Tesafilm)
93 Dazu EGMR FamRZ 2019, 594 = NZFam 2018, 455 mit Anm. *Wache*; OLG Nürnberg BeckRS 2015, 18472 (je betreffend alttestamentlich begründete Erziehungsmethoden der Sekte „Zwölf Stämme")
94 *Peschel-Gutzeit*, FPR 2012, 195, 198; vgl. auch *Seidenstücker/Münder*, ZKJ 2019, 5, 9; *Riemer*, FPR 2006, 387, 391; MüKo-BGB/*Olzen*, § 1666 Rn. 55
95 EGMR a.a.O.

Zusammenhang ist auf die Gefahren von **Kinderehen** hinzuweisen, weil hier das Risiko, Opfer von häuslicher und geschlechtsspezifischer Gewalt zu werden, erhöht ist.[96] Unter das Gewaltverbot fällt zwar die **Verstümmelung weiblicher Genitalien**,[97] nicht jedoch die **Beschneidung** männlicher Kinder (§ 1631d BGB).[98]

▶ *Näher zur Kinderehe Köhler, Kommentierung zu § 1303 BGB.*

Doch schon das (bloße) **Miterleben von Beziehungsgewalt** stellt für Kinder eine Form von Gewalt dar. Gewalthandlungen zwischen Eltern sind für Kinder belastende, manchmal traumatisierende Erfahrungen.[99] Als hauptsächliche Folgen solcher **„mittelbarer" Gewalt** zeigen sich bei Kindern posttraumatische Belastungsreaktionen, ein Verlust emotionaler Sicherheit in der Familie – teilweise verbunden mit Schuldgefühlen – oder eine Herausbildung aggressiver Verhaltensmuster.[100] Die Kindeswohlgefährdung liegt hier auf der Hand.

d) Medizinische Behandlung

26 Kindeswohlgefährdend ist in der Regel die Weigerung, einer erforderlichen **Operation** zuzustimmen. Notwendige **Bluttransfusionen** dürfen auch nicht aus religiöser Überzeugung verhindert werden.[101] Gleiches gilt für eine **Impfung** oder eine **Therapie**. Auch ist es verfassungsrechtlich unbedenklich, in der **nachlässigen gesundheitlichen Versorgung** des Kindes eine erhebliche Gefährdung für das körperliche Wohl des Kindes zu sehen. Hierzu gehört auch die unbegründete Weigerung der Eltern, die Krankenkassenkarte an die Pflegefamilie herauszugeben.[102]

Umstritten ist, wie die Nichtteilnahme von Kindern an **Vorsorge- und Früherkennungsuntersuchungen** zu bewerten ist.[103] Eine Pflicht zur Durchführung der sog. U-Untersuchungen besteht in vielen Ländern nicht. Auch wird auf eine zwangsweise Durchsetzung verzichtet.[104] Gleichwohl gibt das Unterlassen dieser Vorsorgeuntersuchungen zumindest dem Jugendamt Veranlassung zur **Gefahrerforschung**. Im Falle weiterer beharrlicher Verweigerung – auch einer Kontaktaufnahme zu dem Jugendamt oder Familiengericht – kann eine solche totale Abschottung der Eltern um das Wohl der Kinder ernsthaft fürchten und daher auch eine **gerichtliche Maßnahme** nach Abs. 3 angezeigt sein lassen.[105]

27 Schwierig zu entscheiden ist die Einordnung des Elternverhaltens im Falle der Verhinderung oder Veranlassung eines **Schwangerschaftsabbruchs.**[106] Es bedarf hier einer Abwägung zwischen dem Abtreibungswunsch der Minderjährigen, den Bemühungen der Eltern um das künftige Wohl ihrer Tochter sowie den Interessen des ungeborenen Kindes.[107] Ähnlich problematisch gestaltet sich die Frage, unter welchen Voraussetzungen die Beendigung **lebenserhaltender medizinischer Maßnahmen** und künstlicher Ernährung sor-

96 *Reuß*, FamRZ 2019, 1, 2 m.w.N.; ferner *Majer*, NZFam 2019, 659, 661
97 Strafbar nach § 226a StGB
98 Hierzu *Löhnig/Gietl*, Rn. 12a; *Cirullies/Cirullies*, Rn. 6b. Allerdings kann die rechtswidrige Beschneidung eines männlichen Kindes wegen vorsätzlicher Körperverletzung strafbar sein, dazu OLG Hamm FamRZ 2018, 722
99 Dazu OLG Köln FamRZ 2011, 571 (LS) = BeckRS 2010, 30480
100 *Kindler*, FPR 2012, 422, 424; zu hierdurch hervorgerufenen Bindungsstörungen vgl. *Lengning/Lüpschen*, FPR 2013, 213
101 OLG Celle NJW 1995, 792
102 BVerfG FamRZ 2012, 938
103 Dazu *Mortsiefer*, NJW 2014, 354
104 Für Hessen: OLG Frankfurt NJW-RR 2014, 259
105 So auch AG Frankfurt ZKJ 2013, 177 (LS); a.A. wohl AG Büdingen FamRZ 2013, 708 (LS) = JAmt 2013, 160
106 Ausführlich MüKo-BGB/*Olzen*, § 1666 Rn. 68 ff.; Staudinger/*Coester*, § 1666 BGB Rn. 107 ff.
107 BeckOK-BGB/*Veit*, § 1666 Rn. 36.1; ferner LG Berlin FamRZ 1980, 285; *Siedhoff*, FamRZ 1998, 8, 11. Entscheidend kann dabei auch die Einsichts- und Urteilsfähigkeit der Schwangeren sein, dazu hier *Fink*, § 1626 BGB Rn. 14.

gerechtliche Maßnahmen erfordert.[108] **Die Annahme eines Alleinentscheidungsrechts des Minderjährigen vor Eintritt der Volljährigkeit ist in solchen Fällen kaum vertretbar. Da aber seiner zunehmenden Reife und Eigenverantwortlichkeit gemäß § 1626 Abs. 2 BGB Rechnung zu tragen ist, sollte** – ggf. im Rahmen eines Termins nach § 157 FamFG – **eine gemeinsame Entscheidung der Beteiligten herbeigeführt werden.**[109]

Nach § 1631d Abs. 1 BGB darf der Personensorgeberechtigte in die **Beschneidung** seines Sohnes einwilligen, wenn hierdurch nicht das **Kindeswohl gefährdet** ist. Diese Frage ist grundsätzlich am Maßstab des § 1666 BGB zu beantworten[110] (vgl. näher Rn. 3). Droht einem Mädchen im Heimatland der Mutter eine **Genitalverstümmelung** durch Beschneidung, kann ein **Ausreiseverbot**[111] verhängt werden.[112]

e) Schulverweigerung

Einigkeit besteht, dass der regelmäßige Schulbesuch grundsätzlich dem Kindeswohl förderlich ist. Denn er dient nicht nur der reinen Wissensvermittlung, sondern soll den Kindern auch die Gelegenheit geben, in das Gemeinschaftsleben hineinzuwachsen.[113] Dementsprechend stellt die Weigerung der Kindeseltern, ihre Kinder einer öffentlichen Schule oder einer anerkannten Ersatzschule zuzuführen, einen **Missbrauch der elterlichen Sorge** dar, der das Kindeswohl nachhaltig beeinträchtigt.[114] Entsprechend energisch sind die Eltern nach Abs. 3 Nr. 2 anzuhalten, für die Einhaltung der Schulpflicht Sorge zu tragen (siehe unten Rn. 43 ff.). Bei bloßer schulischer **Überforderung** des Kindes wird in der Regel eine akute Gefährdung nicht vorliegen.[115] **28**

f) Sexueller Missbrauch – sexuelle Gewalt

In Kindschaftssachen wird bisweilen der Vorwurf des **sexuellen Missbrauchs** des Kindes erhoben. Im allgemeinen Sprachgebrauch freilich werden die Ausdrücke „sexueller Missbrauch" oder **„sexuelle bzw. sexualisierte Gewalt"** nebeneinander, mitunter auch synonym verwendet.[116] Auch bestimmte Formen „digitaler Gewalt" können sexuelle Gewalt darstellen, etwa im Zusammenhang mit sog. **Sexting**[117] oder **Cybergrooming** (gezieltes Ansprechen von Kindern im Internet mit dem Ziel der Anbahnung sexueller Kontakte).[118] Gleiches kann gelten für das Anfertigen der **Bilder** von den eigenen Töchtern in **kinderpornografischer** Pose.[119] **29**

108 Dazu OLG Hamm FamRZ 2007, 2098, 2100 = NJW 2007, 2704 mit Anm. *Balloff; OLG Brandenburg FamRZ 2000, 1033*
109 MüKo-BGB/*Olzen*, § 1666 Rn. 76, 79
110 OLG Hamm NJW 2013, 3662 = JAmt 2013, 596, dazu *Rogalla*, FamFR 2013, 483; zum Schmerzensgeldanspruch des Kindes nach rechtswidriger Beschneidung vgl. OLG Karlsruhe NJW 2015, 257, dazu *Cirullies*, NZFam 2014, 1149
111 Nebst sog. Grenzsperre nach §§ 30, 39 Abs. 2 BPolG (Ausschreibung zur Grenzfahndung)
112 OLG Frankfurt FamRZ 2018, 1319 mit Anm. *Hammer* = NZFam 2018, 693 mit Anm. *Lenz*; ferner BGH FamRZ 2005, 344 (Auflage an die Mutter, das Kind regelmäßig einem Kinderarzt vorzustellen)
113 BVerfG FamRZ 2015, 27 mit Anm. *Salgo*; OLG Köln BeckRS 2014, 22832
114 BGH ZKJ 2008, 166 = FamRZ 2008, 45; OLG Schleswig FamRZ 2019, 453; OLG Köln NJW 2015, 416
115 OLG Koblenz FamRZ 2015, 1213 (LS), dazu *Carlberg*, NZFam 2015, 571
116 Näher *Cirullies/Cirullies*, Rn. 5a m.w.N.; zu Begriff und Ausgestaltung des sexuellen Missbrauchs vgl. ferner *Rohmann*, NZFam 2019, 348; zu Hilfeangeboten bei sexueller Gewalt gegen Kinder vgl. *Fegert/Andresen/Salgo/Walper*, ZKJ 2016, 324
117 Ein aus den Begriffen „Sex" und „Texting" zusammengesetztes Kunstwort. Es bezeichnet das überwiegend unter Kindern und Jugendlichen anzutreffende Versenden von erotischen Selbstaufnahmen über digitale Kommunikationsgeräte, meist das Smartphone, vgl. *Döll*, FamRZ 2017, 1728; ferner AG Bad Hersfeld FamRZ 2016, 2114 mit Anm. *Rake*, dazu *Onstein*, jM 2017, 95
118 Dazu *Schneider*, MDR 2019, 12, 14 m.w.N.; zu einem solchen Fall BGH FamRZ 2019, 598; OLG Frankfurt, FamRZ 2019, 1425 = NZFam 2019, 680 mit Anm. *Salzgeber*; zur Strafbarkeit vgl. § 176 Abs. 4 Nr. 3 StGB ferner OLG Hamm BeckRS 2019, 8046
119 OLG Frankfurt FamRZ 2018, 926

In eindeutigen Fällen ist ein Entzug der elterlichen Sorge oft unerlässlich. Allerdings ist grundsätzlich Vorsicht mit (vor-)eiligen Entscheidungen geboten. So werden – etwa im Zusammenhang mit einem gemeinsamen Baden von Vater und Kind – Beobachtungen geschildert, die als Missbrauch gedeutet werden könnten, aber letztlich für die Annahme einer Kindeswohlgefährdung nicht ausreichen.[120] Auch ist der Anteil von (bewusst oder unbewusst) falschen bzw. nicht belegbaren Anschuldigungen gerade in diesem Bereich hoch (**„Missbrauch des Missbrauchs"**).[121] Die Folgen für das Kind, aber auch den betreffenden Elternteil sind, wenn es aufgrund eines falschen Verdachts zu einem Umgangsabbruch kommt, außergewöhnlich schwerwiegend und vielfach überhaupt nicht wiedergutzumachen.[122] Die Ermittlungen können durchaus ergeben, dass bestimmte Verhaltensauffälligkeiten eines Kindes im Wesentlichen auf einem Loyalitätskonflikt und auf Scheinerinnerungen **(autosuggestive Prozesse)**[123] beruhen und ein Erlebnisbezug eher unwahrscheinlich ist.[124]

Solche vom Gericht stets mit zu erwägenden Umstände stehen in starkem Kontrast zu den monströsen Missbrauchsfällen der jüngeren Vergangenheit („Staufen", Lügde"). Sie verdeutlichen, mit welch **großer Sorgfalt** etwaigen Anhaltspunkten für eine Kindeswohlgefährdung durch sexuellen Missbrauch nachgegangen werden muss.

30 In den Fällen, in denen lediglich der **Verdacht** eines sexuellen Missbrauchs geäußert, eine entsprechende Tat letztlich aber nicht nachgewiesen werden kann,[125] hat das Familiengericht **abzuwägen**, inwieweit es eine hinreichende Wahrscheinlichkeit dafür gibt, dass es tatsächlich zu einem sexuell übergriffigen Verhalten eines Beteiligten gegenüber dem Kind gekommen ist, und – soweit dies bejaht wird –welche Möglichkeiten bestehen, um künftige Gefährdungen von dem Kind sicher abzuwenden.[126] Ebenso ist eine umfassende **Risikoabwägung** unter Berücksichtigung des Kindeswohls vorzunehmen, wenn der von einem Elternteil vorgebrachte Verdacht des sexuellen Missbrauchs des Kindes im **summarischen Verfahren** nicht geklärt werden kann.[127]

g) Umgangsboykott

31 **Umgangsverweigerung** durch den betreuenden Elternteil als besondere Form der **Hochstrittigkeit** kann schon wegen des häufig bestehenden Loyalitätskonflikts zu einer Gefährdung des Kindeswohls führen. Allerdings sollen die psychischen oder psychosomatischen Auswirkungen entfremdenden Elternverhaltens in den überwiegenden Fällen nur relativ schwach ausgeprägt sein.[128] Umso schwieriger gestaltet sich die Aufgabe des Familiengerichts, Konstellationen mit dem akuten Potenzial für eine Kindeswohlgefährdung zu erkennen und angemessen zu beurteilen. Ein Einvernehmen zwischen den Eltern lässt sich bei solch verhärteten Fronten nur noch selten herstellen. Das Gericht muss dann „Flagge zeigen" in dem Bemühen, auch den Interessen des Umgangsberechtigten zeitnah gerecht zu werden.[129] Die zwangsweise Durchsetzung von Umgangsregelungen wiederum ist oft wenig erfolgversprechend.

▶ *Zu Alternativen vgl. Cirullies, § 86 FamFG Rn. 8 f.*

120 Vgl. auch OLG Jena FamRZ 2003, 1319 (Bisse in den Kinderpo als Erziehungsmaßnahme)
121 Eingehend dazu *Carl*, FamRZ 1995, 1183, 1185
122 KG FamRZ 2013, 308, dazu *Mach-Hour*, FamFR 2013, 21
123 Hierzu LSG Stuttgart, Beschl. v. 12.2.2018 – L 6 VG 1745/15, juris
124 OLG Karlsruhe FamRZ 2013, 1237 (LS), dazu *Cirullies*, FamFR 2013, 213; vgl. auch die Fallbeispiele bei *Ehmke*, NZFam 2016, 1132, 1134
125 Vgl. etwa OLG Stuttgart BeckRS 2018, 39645 (Einstellung des staatsanwaltlichen Ermittlungsverfahrens)
126 KG FamRZ 2013, 308 (betreffend Umgang)
127 KG FamRZ 2013, 46 (LS) = NJOZ 2012, 1482
128 Dazu *Kindler*, FPR 2012, 422, 423; vgl. auch OLG Frankfurt FamRZ 2014, 396, 397
129 Näher dazu *Wegener*, § 156 FamFG Rn. 40

So ist als letztes Mittel wegen offen zu Tage tretender Zweifel an der Erziehungsfähigkeit und Bindungstoleranz des betreuenden Elternteils die **Abänderung der Sorgerechtsregelung** bzw. eine erstmalige Entscheidung über die elterliche Sorge in Erwägung zu ziehen (§§ 1666, 1666a, 1696 BGB).[130] Wird eine gerichtliche Umgangsregelung nur konfliktbeladen umgesetzt, kommt ein **Teilentzug** der Alleinsorge des betreuenden Elternteils frühestens dann in Betracht, wenn mildere Mittel (z.B. Umgangspfleger, Umgangsbegleiter) erfolglos blieben oder nicht geeignet sind, Gefahren für das Kindeswohl abzuwenden.[131]

In Betracht kommt zunächst die Übertragung des **Aufenthaltsbestimmungsrechts**, 32
schließlich aber auch die **Übertragung der elterlichen Sorge insgesamt** auf den anderen Elternteil. Bei einer solchen Entscheidung muss abgewogen werden zwischen den Gefahren, die sich für das Kindeswohl aus der Beibehaltung der bisherigen Situation ergeben, und den Gefahren, die sich aus einem Wechsel der Lebensumstände des Kindes insgesamt ergeben.[132] Entscheidend kann hierbei der **Kontinuitätsgrundsatz** sein: Den **Bindungen** des Kindes an die Mutter sowie dem Gedanken der **Erziehungskontinuität** im Haushalt der Mutter ist ein so hohes Gewicht beizumessen, dass diese Gesichtspunkte ein erzieherisches Versagen der Mutter in Teilbereichen, etwa in Bezug auf den Erhalt der Bindungen zum Vater, insgesamt überwiegen können.[133] In Einzelfällen kommt es vor, dass die den Umgang boykottierende Mutter auch noch die Übertragung des **alleinigen Sorgerechts** auf sich erreicht – wegen fehlenden Einvernehmens der Eltern.[134]

▶ *Näher zum Entzug des Umgangsbestimmungsrechts siehe oben Rn. 9 sowie Gottschalk, § 1684 BGB Rn. 1.*

IV. Vermögensgefährdung

Die elterliche Sorge umfasst neben der Personensorge auch die Sorge für das **Vermögen** 33
des Kindes.

▶ *Dazu ausführlich Fink, § 1626 BGB Rn. 17.*

Die Abgrenzung beider Bereiche ist gelegentlich unklar, etwa wenn es um die Geltendmachung von Unterhaltsansprüchen geht.[135] Dabei ist zu beachten, dass die Bestellung eines **Verfahrensbeistands** nach § 158 FamFG nur in Fällen zulässig ist, bei denen es um die **Personensorge** eines Kindes geht.[136]

Rechte und Pflichten der Eltern betreffend die **Vermögenssorge** sind in §§ 1638 bis 1649 BGB normiert. Verfügt das Kind über kein Vermögen, bedarf es des Entzugs der Vermögenssorge selbst dann nicht, wenn die Eltern insoweit auch zur Wahrnehmung ihrer eigenen Belange nicht in der Lage erscheinen.[137]

Kommt es zu einer **Gefährdung** des Kindesvermögens, bildet Abs. 1 die Grundlage auch 34
für Eingriffe in die **Vermögenssorge**. Abs. 2 nennt für die Annahme einer Vermögensgefährdung drei **Regelbeispiele:**

- Verletzung der **Unterhaltspflicht** gegenüber dem Kind,

130 Dazu OLG Frankfurt FamRZ 2016, 68; BeckRS 2011, 10903
131 OLG Frankfurt FamRZ 2017, 1841; vgl. auch OLG Brandenburg BeckRS 2019, 7609, dazu *Schmidt*, NZFam 2019, 589
132 Eingehend Schäder, FamRZ 2019, 1672; ferner Splitt, FF 2019, 94, 99
133 BGH FamRZ 2008, 592 mit Anm. *Luthin*; dazu ferner *Born*, FPR 2008, 323; vgl. auch OLG Brandenburg BeckRS 2013, 08485, dazu *Mach-Hour*, FamFR 2013, 301
134 OLG Saarbrücken FamRZ 2012, 884 (mit Hinweis auf Möglichkeiten der Vollstreckung des Umgangsrechts sowie der Verwirkung der Ehegattenunterhaltsansprüche)
135 Dazu *DIJuF*-Rechtsgutachten v. 26.9.2013, JAmt 2013, 645; vgl. auch BayObLG FamRZ 1999, 316
136 OLG Hamm FamRZ 2014, 600
137 OLG Brandenburg ZKJ 2013, 504 = JAmt 2013, 664 = BeckRS 2013, 06364

- Verletzung der mit der Vermögenssorge verbundenen **Pflichten**,
- Verstoß gegen **Anordnungen des Gerichts**, die sich auf die Vermögenssorge beziehen.

Es handelt sich dabei lediglich um Fallgruppen, die in der Regel eine Gefährdung indizieren. Weitere Konstellationen sind denkbar. Zu den Pflichten der Vermögenssorgeberechtigten gehört auch, im Falle eines überschuldeten Nachlasses für die Kinder die **Erbschaft auszuschlagen**.[138] In der Praxis ist gelegentlich festzustellen, dass sich Sorgeberechtigte an dem zugunsten des Kindes angelegten **Sparguthaben** „vergriffen" haben. Hier sind sorgerechtliche Maßnahmen, aber auch Schadensersatzansprüche[139] denkbar.

35 In jedem Fall müssen die strengen **Anforderungen des Abs. 1** (gegenwärtige Gefahr, mangelnde Abwendungsmöglichkeit der Eltern) erfüllt sein. Erst dann sind gerichtliche Maßnahmen zulässig. Insoweit bietet **§ 1667 BGB** ein Instrumentarium: Das Familiengericht kann bestimmte **Auflagen** erteilen (Vermögensverzeichnis, Rechnungslegung, Sicherheitsleistung) und Vorgaben für die **Geldanlage** machen. Der vollständige Entzug der Vermögenssorge nach §§ 1666 Abs. 2, 1667 BGB ist nur selten gerechtfertigt.[140]

V. Abhilfemöglichkeit der Eltern

36 Allein die Feststellung einer grundsätzlichen Gefährdung des Kindeswohls oder des Vermögens rechtfertigt noch nicht eine Maßnahme nach § 1666 BGB Der Gefahrbegriff wird vielmehr ergänzt und eingeschränkt durch das Erfordernis der **fehlenden Bereitschaft oder Fähigkeit zur Abhilfe** durch die Eltern. Denn diese sind primär gegenüber dem Staat zur Abwehr von Schäden für das Wohl des Kindes verantwortlich.[141] Erst der feststehende Ausfall der Eltern, auch in der Zukunft die Kindeswohlgefährdung abzuwenden – aus welchem Grund auch immer (Unfähigkeit, Gleichgültigkeit, Unwilligkeit) –, eröffnet die Möglichkeit familiengerichtlicher Eingriffe.[142] Deswegen ist ein **Erörterungsgespräch** (dazu *Cirullies,* § 157 FamFG Rn. 5) nach § 157 FamFG vor Gericht wichtig und in der Regel unerlässlich, um nach einem persönlichen Eindruck von den Eltern eine Zukunftsprognose wagen zu können. Auf ein **Verschulden** der Eltern kommt es dabei nicht an.[143]

37 Zur **Abhilfe** durch die Eltern gehört in erster Linie die Inanspruchnahme **staatlicher Hilfsangebote** (dazu Rn. 42). In Betracht kommt aber ebenfalls das Bewirken **gerichtlicher Maßnahmen**, auch wenn diese nur **auf Antrag** ergehen können, etwa durch eine gerichtliche Regelung der elterlichen Sorge im Verhältnis der Eltern untereinander nach den §§ 1626a, 1671 BGB.[144] Im Fall einer **elterlichen Suchterkrankung** wird eine Suchtbehandlung nebst Therapie als flankierende Maßnahme unerlässlich sein, um den Eltern eine Möglichkeit zur Abwendung vorhandener Gefahren überhaupt ernsthaft zugestehen zu können.[145]

38 Ohnehin ist es oft schwierig, die **Bereitschaft und Fähigkeit** der Sorgeberechtigten zur Gefahrenabwehr zutreffend zu beurteilen. Vielfach fehlen den Eltern die Problemeinsicht

---

138 OLG Brandenburg BeckRS 2014, 10187, dazu *Breidenstein*, NZFam 2014, 621

139 Dazu OLG Celle FamRZ 2018, 106; vgl. auch *Schmid*, NZFam 2015, 198

140 Dazu OLG Köln FamRZ 2019, 704

141 OLG Brandenburg FamRZ 2014, 1649 („Gefahrenabwendungsprimat" der Eltern), dazu *Leipold*, NZFam 2014, 761; vgl. auch Art. 6 Abs. 2 Satz 1 GG: „Pflege und Erziehung der Kinder sind das natürliche Recht der Eltern und die zuvörderst ihnen obliegende Pflicht."

142 Staudinger/*Coester*, § 1666 BGB Rn. 169

143 OLG Köln FamRZ 2011, 1307 (LS) = NJW-RR 2011, 729; vgl. auch *Hammer*, FF 2014, 428, 432

144 OLG Frankfurt FamRZ 2012, 359 (LS), dazu *Riegner*, FamFR 2012, 359

145 *Kindler*, FPR 2012, 422, 426; ferner unten Rn. 60

und Veränderungsbereitschaft, so dass öffentliche Hilfen zur Abwehr der Kindeswohlgefährdung nicht geeignet sind.[146]

Beispiel: Die Mutter ist mit dem Einschreiten der Behörden nicht einverstanden, erklärt jedoch, sie sei bereit, das „Spielchen mitzuspielen" und „alles zu unterschreiben".[147]

Auch bloße Beteuerungen der Eltern, zukünftig die betreffenden Missstände zu beheben zu wollen, reichen in der Regel nicht aus. Anhaltspunkte für die Prognose bieten meist die Berichte der **Jugendämter**, in denen die Vorgeschichte und die Entwicklung der Gefährdungssituation strukturiert und hinreichend ausführlich dargestellt werden sollte. Hieraus lässt sich häufig ablesen, welche Gespräche, Versprechungen der Eltern und (vergebliche) ambulante Hilfen der Gefahrenlage vorausgegangen sind und welche Feststellungen bei **unangemeldeten Hausbesuchen**[148] getroffen wurden.

▶ *Näher zum Hausbesuch Köhler, § 8a SGB VIII R.6.*

VI. Gerichtliche Maßnahmen (Abs. 3)

1. Grundsätze

Wenn die Eltern nicht in der Lage sind, die konstatierte Kindeswohlgefährdung abzuwen- **39**
den, können die Rechtsfolgen je nach Fallgestaltung unterschiedlich ausfallen. Es besteht grundsätzlich ein **Auswahlermessen** des Gerichts. Abs. 3 erwähnt eine Fülle möglicher Maßnahmen (Nr. 1 – 6), die jedoch **nicht** als **abschließender Katalog** zu verstehen sind und zudem kombiniert werden können.[149] Es kommen also grundsätzlich auch **andere** zur Abwendung der Gefahr geeignete **Weisungen** in Betracht,[150] die aber mit den nach dem Wortlaut des Gesetzes zulässigen Weisungen **vergleichbar** sein müssen.[151] Sie können sich auch gegen **Dritte** richten (Abs. 4, siehe oben Rn. 17). Soweit das Sorgerecht durch einen **Vormund** ausgeübt wird, findet Abs. 3 über § 1837 Abs. 4 BGB entsprechende Anwendung.[152]

Allerdings ist bei der Wahl des jeweiligen Vorgehens stets der Grundsatz der **Verhältnis-** **40**
mäßigkeit strikt zu beachten.[153] Daher sind solche Maßnahmen in der Regel zu **befristen** und zudem **aufzuheben**, wenn eine Gefahr für das Wohl des Kindes nicht mehr besteht oder ihre Erforderlichkeit entfallen ist (§ 1696 Abs. 2 BGB). Insoweit besteht eine Pflicht zur **Überprüfung** nach § 166 Abs. 2 FamFG (vgl. *Gottschalk,* § 166 FamFG Rn. 15).

Umstritten ist, ob sich durch eine **Bevollmächtigung** des Jugendamts zur Ausübung der **40a**
elterlichen Sorge insgesamt oder in Teilbereichen **Maßnahmen** nach § 1666 Abs. 3 BGB **erübrigen** können. Das Problem stellt sich ähnlich wie bei einer „Sorgerechtsvollmacht" (besser: Ermächtigung), die ein Elternteil dem anderen erteilt, um auf diese Weise eine Sorgerechtsregelung entbehrlich zu machen.[154] Auch hier spricht gegen eine solche Vollmacht, dass sie jederzeit **widerruflich** ist und in diesem Fall ein (erneutes) Gerichtsverfahren erfordert.[155] Akzeptiert das Jugendamt gleichwohl die Bevollmächtigung, so sind die

146 Dazu OLG Celle BeckRS 2017, 152472
147 BGH FamRZ 2019, 598
148 Dazu VG Freiburg ZKJ 2014, 80 = NJW 2014, 648 = JAmt 2013, 651; vgl. auch OLG Brandenburg FamRZ 2009, 2100; OLG Hamm BeckRS 2014, 06509, dazu *Pätzold*, NZFam 2014, 572
149 OLG Brandenburg FamRZ 2016, 1282
150 Dazu Rn. 60 ff.
151 BGH FamRZ 2017, 212
152 Dazu OLG Hamm BeckRS 2014, 11408, dazu *Többen*, NZFam 2014, 810
153 Dazu oben Rn. 19, ferner *Cirullies,* § 1666a BGB Rn. 3
154 Dazu OLG Frankfurt FamRZ 2019, 1144; dazu *Weber*, FamRZ 2019, 1125
155 Hierzu *Keuter*, § 1671 BGB Rn. 21

Eltern zu einer fortdauernden Zusammenarbeit mit ihm verpflichtet, so dass bei Verletzung dieser Pflicht wiederum Maßnahmen nach § 1666 Abs. 3 BGB in Betracht kommen.[156]

41 Im Übrigen müssen Anordnungen nach § 1666 BGB **inhaltlich** so **bestimmt** sein, dass die Verpflichteten eindeutig erkennen können, welches konkrete Verhalten von ihnen verlangt wird. So ist das Gebot „vertrauensvoller Zusammenarbeit mit dem zuständigen Jugendamt" zu ungenau. Zudem ist die pauschale Anordnung, die Mutter habe den **Weisungen des Jugendamtes** in Bezug auf das Kind Folge zu leisten, unzulässig, weil diese Weisung faktisch einem vollständigen Entzug der elterlichen Sorge entspricht, der näher begründet werden müsste.[157]

2. Öffentliche Hilfen (Nr. 1)

42 Wegen der Subsidiarität staatlicher Intervention kommt den (vorrangigen) **öffentlichen Hilfen** große Bedeutung zu.[158] Sie sind, sofern sie geeignet sind, die erste Wahl zur Abwendung der Gefahren für das Kindeswohl, wie bereits die betonte Erwähnung in §§ 1666a Abs. 1 BGB, 157 Abs. 1 FamFG verdeutlicht. Beispielhaft nennt das Gesetz Leistungen der **Kinder- und Jugendhilfe**. Hier geht es – neben Angeboten zur Förderung der Erziehung in der Familie (§§ 16 bis 21 SGB VIII)[159] – vornehmlich um **Hilfen zur Erziehung** nach §§ 27 ff. SGB VIII.[160] Dabei bietet sich häufig die Inanspruchnahme einer **sozialpädagogischen Familienhilfe**[161] an.

▶ *Näher zu den öffentlichen Hilfen Köhler, § 27 SGB VIII.*

Eine entsprechende Anordnung ist bereits zu Beginn einer kindeswohlschädlichen Entwicklung zulässig.[162]

Allerdings muss diese Hilfeform auch **geeignet** sein, die Kindeswohlgefährdung abzuwenden. Anderenfalls kommt sie nicht in Betracht.[163] Insoweit hat die Stellungnahme des **Jugendamtes** eine gewichtige Bedeutung. Das Familiengericht kann und muss jedoch von dieser abweichen, wenn es die öffentlichen Hilfen als geeignet erachtet. Es wird sich in diesem Fall jedoch mit den Erwägungen des Jugendamtes auseinanderzusetzen und darzulegen haben, aus welchen Gründen es zu einer anderen Ansicht gelangt (näher hierzu *Dürbeck,* § 162 FamFG Rn. 27). Im Einzelfall ist zur Vermeidung einer Gefährdung und Fremdunterbringung des Kindes ein **umfassendes Schutzkonzept** geboten, das mehrere Maßnahmen, etwa verschiedene Therapieangebote, bestimmte Kontrollen bei Drogen- und Alkoholmissbrauch sowie eine systemische Familienberatung beinhalten kann.[164]

Im Bereich der ebenfalls beispielhaft erwähnten **Gesundheitsfürsorge** kann das Familiengericht den Eltern die Weisung erteilen, Früherkennungs- oder Vorsorgeuntersuchungen wahrzunehmen.[165]

Freilich ist solche ambulante Unterstützung den betreffenden Familien einschließlich einer qualifizierten Hilfeplanung (§ 36 SGB VIII) in den allermeisten Fällen bereits im Vorfeld des

156 OLG Bremen FamRZ 2018, 689 = ZKJ 2018, 189; vgl. auch § 8a Abs. 2 Satz 1 Hs. 2 SGB VIII
157 OLG Nürnberg FamRZ 2011, 1306
158 Dazu OLG Nürnberg FamRZ 2015, 1211 = JAmt 2015, 109; eingehend *Dahm*, ZKJ 2015, 222
159 Etwa ein „Eltern-Kind-Training" und spezielle Beratungsangebote
160 Eingehend *Wiesner*, FPR 2008, 608
161 § 31 SGB VIII, dazu eingehend OLG Karlsruhe FamRZ 2019, 1429; ferner *Köckeritz*, ZKJ 2017, 56; *Rothenburg/Trinkner*, ZKJ 2015, 176; *Leeb/Weber*, JAmt 2014, 71
162 OLG Koblenz FamRZ 2017, 453; zur umstrittenen „Anordnungskompetenz" des Familiengerichts gegenüber dem Jugendamt siehe näher *Köhler*, § 36a SGB VIII Rn. 1
163 Dazu BGH FamRZ 2019, 598; vgl. oben Rn. 19
164 Vgl. OLG Karlsruhe FamRZ 2019, 1429
165 *Ernst*, FPR 2008, 602, 603 mit weiteren Beispielen

Verfahrens nach § 1666 BGB intensiv und erfolglos zuteil geworden.[166] In gravierenden Fällen wird dann eine **Einschränkung des Sorgerechts** zu erwägen sein[167] (ferner unten Rn. 57). In jedem Fall unerlässlich es hierbei die Fähigkeit des Gerichts, die Wirkungen, Möglichkeiten und Grenzen von **Schutzmaßnahmen** öffentlicher wie freier Träger der Kinder- und Jugendhilfe realistisch einschätzen zu können.[168]

3. Einhaltung der Schulpflicht (Nr. 2)

Schulverweigerung findet in mehreren Formen statt: Vielfach entzieht sich das Kind bewusst der Ausbildung durch „Schwänzen" des Schulunterrichts.[169] Damit einher geht regelmäßig ein Desinteresse oder eine Unfähigkeit (Überforderung) der Sorgeberechtigten, das Kind intensiv zum Schulbesuch zu bewegen. Schließlich halten immer öfter Eltern – oft aus weltanschaulichen Gründen[170] – ihre Kinder bewusst vom Schulbesuch fern und erteilen ihnen **Heimunterricht** („homeschooling").[171] Die Gründe und Motive hierfür sind vielfältig: „symbiotische" Familiensysteme, Isolierung von Kindern, häusliche Gewalt, sexueller Missbrauch, Zwangsverheiratung, Verweigerung der Teilnahme am Schwimm-, Biologie- und Sportunterricht, strikte Geschlechtertrennung etc.[172] In dieser Weise „indoktrinierte" Eltern lassen sich auch in einem nach § 157 FamFG anzuberaumenden Erörterungstermin kaum umstimmen. **43**

Voraussetzung für **gerichtliche Maßnahmen** ist in jedem Fall eine konkrete Kindeswohlgefährdung.[173] Die Möglichkeiten sind insoweit allerdings begrenzt. Gebote an jugendliche Schulverweigerer selbst sind durch Abs. 3 Nr. 2 nicht eröffnet. Zumindest vorübergehend kann eine stationäre **Familienhilfe** mit ihren Appellen an Kind und Eltern förderlich sein.[174] Bloße **Weisungen** an die Eltern, Kontakt zu den Lehrern aufzunehmen und das Kind regelmäßig zur Schule zu bringen,[175] versprechen hingegen eher geringen Erfolg. Eine wirkungsvolle Sanktionierung von Verstößen fehlt. Die zur Durchsetzung etwa verhängten **Zwangsmittel** nach § 888 ZPO i.V.m. § 95 Abs. 1 Nr. 3 FamFG[176] lassen sich nur selten vollstrecken. **44**

Zudem kann familiengerichtlichen Maßnahmen zur Durchsetzung der **Schulpflicht** der Grundsatz der **Verhältnismäßigkeit** entgegenstehen, etwa wenn eine 14-Jährige wiederholt und nachhaltig äußert, nur noch „selbstbestimmt" außerhalb der Schule lernen zu wollen.[177]

In hartnäckigen Fällen kann ein **Entzug des Aufenthaltsbestimmungsrechts** und des Rechts zur Regelung von Schulangelegenheiten in Verbindung mit der Anordnung einer **Pflegschaft** unumgänglich sein.[178] Ein solcher Eingriff in das Sorgerecht ist im Grundsatz **45**

---

166 Deutscher Familiengerichtstag e. V., Kinderrechtekommission, FamRZ 2014, 891, 892 m.w.N.
167 Dazu OLG Brandenburg BeckRS 2014, 04895
168 *Salgo*, ZKJ 2019, 217, 218
169 Dazu *Richter*, FPR 2007, 463
170 Dazu etwa OLG Brandenburg FamRZ 2006, 358 (LS) = NJW 2006, 235; OLG Hamm FamRZ 2006, 358 (LS) = NJW 2006, 237
171 Eingehend *Raack*, FPR 2007, 478
172 *Salgo*, FamRZ 2019, 452
173 OLG Düsseldorf FamRZ 2019, 35
174 Dazu OLG Koblenz FamRZ 2006, 57
175 Dazu *Ernst*, FPR 2008, 602, 604; kritisch *Röchling*, FamRZ 2007, 431, 433
176 *Cirullies*, § 95 FamFG Rn. 6; so auch Familienverfahrensrecht/*Meysen*, § 95 FamFG Rn. 4; nicht jedoch nach § 35 FamFG (so Staudinger/*Coester*, § 1666 BGB Rn. 290), da keine verfahrensleitende Verfügung, und auch kein Ordnungsgeld nach § 89 FamFG (so MüKo-BGB/*Olzen*, § 1666 Rn. 179; ferner Rn. 243), da nur Umgang und Personenherausgabe betreffend
177 OLG Schleswig FamRZ 2019, 453
178 Zu einem solchen Fall VGH München NVwZ-RR 2019, 419; AG Hersfeld FamRZ 2018, 1515 (LS), dazu *Leipold*, NZFam 2018, 615

zur Abwehr der Gefahr geeignet, erforderlich und zumutbar[179] und auch im Wege der **einstweiligen Anordnung** zulässig, wenn ein dringendes Bedürfnis für ein unverzügliches Einschreiten des Familiengerichts besteht.[180] Zwar können ihm anderweitige Beeinträchtigungen des Kindeswohls entgegenstehen.[181] Doch grundsätzlich sind ein **zeitweiser Entzug der elterlichen Sorge** und die **Fremdunterbringung** der Kinder zur Durchsetzung der Schulpflicht bei Heimbeschulung durch die Eltern gerechtfertigt, wenn dadurch die Isolierung der Kinder vermieden und ihre Integration in die Gesellschaft sichergestellt werden soll und eine Durchsetzung der Schulpflicht durch Zwangsgelder erfolglos geblieben ist.[182] Eine **Auswanderung** der Eltern in ein Land ohne Schulpflicht kann letztlich jedoch nicht verhindert werden.[183]

46 Unabhängig von familiengerichtlichen Maßnahmen kann die **Schulaufsicht** gegen die Eltern vorgehen. Die Verpflichtung zur Anmeldung zum Schulbesuch besteht fort.[184] Vorschriften in einzelnen landesrechtlichen Schulgesetzen, die das Entziehen anderer Personen von der Schulpflicht unter Strafe stellen, sind verfassungsgemäß.[185] Solche **Strafbestimmungen** existieren in Bremen, Hamburg, Hessen, Mecklenburg-Vorpommern und im Saarland. In den übrigen Bundesländern wird die Nichteinhaltung der Schulpflicht ausschließlich als **Ordnungswidrigkeit** sanktioniert.[186]

4. Näherungs- und Kontaktverbot (Nr. 3 und 4)

47 Im Eltern-Kind-Verhältnis finden die Vorschriften des **Gewaltschutzgesetzes** keine Anwendung (vgl. oben Rn. 13). Jedoch sind im Rahmen des Abs. 3 zur Gefahrenabwendung die gleichen Maßnahmen zulässig.[187] So kann dem Täter untersagt werden, sich in einem bestimmten **Umkreis der Wohnung** aufzuhalten oder zu bestimmende andere **Orte** aufzusuchen, an denen sich das Kind regelmäßig aufhält. Darüber hinaus kann das Familiengericht einem **Elternteil** oder einer **dritten Person** (z.B. Lebensgefährten, Nachbarn) die **Nutzung** der von dem Kind mit bewohnten (oder einer anderen) **Wohnung** untersagen, um so dem Kind die vertraute Umgebung zu erhalten.[188]

48 Von dieser **Wegweisung** (auch: „go-order"), die mit einem **Rückkehrverbot** kombiniert werden sollte,[189] wird vor allem bei **Sexualstraftaten** im nachbarlichen Umfeld Gebrauch gemacht. So kann das Gericht einem Sexualstraftäter verbieten, in unmittelbarer Nachbarschaft der von ihm missbrauchten Kinder zu wohnen.[190] Ist der Wohnungsnachbar einer Familie mit Kindern dringend verdächtig, sich des sexuellen Missbrauchs dieser Kinder strafbar gemacht zu haben, kann ihm die Benutzung seiner Wohnung so lange untersagt werden, wie die betroffenen Kinder in demselben Haus wohnen.[191]

49 Bei der Verhängung eines **Wohnungsnutzungsverbotes** gegenüber dem Dritten sind dessen etwaige **dingliche und mietvertragliche Rechte** an der Wohnung mit den Ein-

---

179 BGH ZKJ 2008, 166 = FamRZ 2008, 45
180 Vgl. OLG Hamm FamRZ 2014, 1379 = ZKJ 2014, 256
181 OLG Köln NJW 2015, 416; OLG Hamm FamRZ 2014, 398
182 EGMR FamRZ 2020, 33 = FamRZ 2019, 449 mit Anm. *Salgo* und *Grohmann*; AG Bad Hersfeld BeckRS 2017, 147971, dazu *Leipold*, NZFam 2018, 615
183 OLG Frankfurt FamRZ 2014, 1857; kritisch dazu *Avenarius*, NZFam 2015, 138
184 VGH München NVwZ-RR 2019, 419; *Avenarius*, NZFam 2015, 342
185 BVerfG FamRZ 2015, 27
186 Anmerkung der Schriftleitung zu BVerfG NVwZ 2015, 151; zu strafrechtlichen Konsequenzen vgl. auch *Rinio*, FPR 2007, 467
187 Palandt/*Götz*, § 1666 BGB Rn. 36
188 Dazu OLG Frankfurt FamRZ 2019, 1425 = NZFam 2019, 680 mit Anm. *Salzgeber;* OLG Karlsruhe FamRZ 2018, 511
189 Vgl. AG Bremen BeckRS 2004, 01647
190 OLG Zweibrücken FamRZ 1994, 976
191 AG Tiergarten, Beschl. v. 24.10.1991 – 50 X 129/91, juris

schränkungen des § 1666a Abs. 1 Satz 3 BGB (Befristung) zu berücksichtigen (siehe *Cirullies,* § 1666a BGB Rn. 2). Deshalb soll eine solche Maßnahme bei Verdacht des sexuellen Missbrauchs eines Nachbarkindes unverhältnismäßig sein, wenn die Wohnung in seinem **hälftigen Miteigentum** steht und er dort mit seiner Ehefrau sowie seinen eigenen drei minderjährigen Kindern wohnt, – jedenfalls solange das strafrechtliche Ermittlungsverfahren noch nicht abgeschlossen ist.[192] Allerdings ist das Familiengericht an das Ergebnis der Strafverfolgungsbehörden nicht gebunden (vgl. *Cirullies,* § 21 FamFG Rn. 2). Zumindest könnte ein Näherungs- und Kontaktverbot ausgesprochen werden.

Geht es hingegen um Fälle des **Gewaltschutzes** oder eines zu befürchtenden sexuellen Missbrauchs des Kindes, in denen der (potenzielle) **Täter** mit dem Kind in **häuslicher Gemeinschaft** lebt (meist der Ehemann oder Lebensgefährte der Kindesmutter), ist die Wegweisung in der Regel nur dann eine geeignete Maßnahme, wenn diese auch **kontrolliert** wird und nicht eine Wahrscheinlichkeit dafür besteht, dass dieser zuwidergehandelt wird. Problematisch sind daher die Fälle, in denen der verbleibende Elternteil die Wegweisung nicht befürwortet. Hier besteht die Gefahr, dass die baldige Rückkehr des Verwiesenen akzeptiert oder gar gewünscht wird und das Kindeswohl erneut in Gefahr gerät. Ein engmaschiges Kontrollnetz ist insoweit kaum zu knüpfen, eine Zwangsvollstreckung schwierig. 50

Sofern im Übrigen mit dieser Maßnahme die **Trennung des Kindes von einem Elternteil** verbunden ist, sind die zusätzlichen Voraussetzungen des § 1666a Abs. 1 BGB zu beachten (dazu *Cirullies,* § 1666a BGB, Rn. 2 ff.). Auch besteht in der Regel Veranlassung, die **Besuchskontakte** zu regeln – notfalls durch einen (begrenzten) Umgangsausschluss. Allerdings kann gegen einen **gewalttätigen Elternteil** ein befristetes Kontakt- und Näherungsverbot verhängt werden, auch wenn dies für einen begrenzten Zeitraum einem **Umgangsausschluss** gleichkommt. Eine solche Kappung der Verbindung zwischen Täter und Opfer wird zum Schutz des Kindes gerade für notwendig erachtet. Ob und inwieweit später Umgangsregelungen geboten sind, ist dann anderweitig zu entscheiden.[193] 51

Die mit einer Wegweisung bzw. einem Näherungs- und Kontaktverbot verbundenen **Unterlassungspflichten** werden – nach vorheriger **Androhung** (§ 890 Abs. 2 ZPO) – durch Verhängung von **Ordnungsmitteln** vollstreckt nach § 890 ZPO i.V.m. § 95 Abs. 1 Nr. 4 FamFG (siehe *Cirullies,* § 95 FamFG Rn. 7), nicht nach §§ 86 ff. FamFG.[194] Die Androhung sollte zwecks Gewährung eines umfassenden Rechtsschutzes unmittelbar ab Wirksamwerden des Kontaktverbots bereits in dem entsprechenden Beschluss erfolgen. Das Erfordernis des für die Festsetzung erforderlichen **Verschuldens** des Verpflichteten kann bei der Anordnung nach § 53 Abs. 2 FamFG (Vollstreckung vor Zustellung) Probleme bereiten.[195] 52

5. Ersetzung von Erklärungen (Nr. 5)

Sind die Sorgerechtsinhaber nicht willens oder in der Lage, eine Erklärung abzugeben, die zur Abwehr einer Kindeswohlgefährdung geboten erscheint, so kann das Familiengericht selbst – ohne Bestellung eines Ergänzungspflegers – die **Erklärung ersetzen**. 53

192 AG Rosenheim FamRZ 2013, 707 (LS) = BeckRS 2013, 01387
193 A.A. *Schmid*, FamRB 2012, 317, 318, der Regelungen nach § 1684 BGB als vorrangig erachtet
194 So MüKo-BGB/*Olzen*, § 1666 Rn. 243 (doch diese Vorschriften gelten nur bei der Vollstreckung von Umgangsregelungen und Kindesherausgabe)
195 Dazu OLG Brandenburg FamRZ 2019, 1269 mit Anm. *Cirullies*

54 Häufig geht es um **ärztliche Maßnahmen**. So kann beispielsweise ersetzt werden die Zustimmung des Sorgeberechtigten zu:

- einer dringenden **ärztlichen Untersuchung**, Behandlung oder Operation,
- einem **Schwangerschaftsabbruch** einer Minderjährigen,[196]
- der Durchführung einer **Haaranalyse** bei dem Kind,[197]
- einer vom Gericht beabsichtigten **psychologischen Begutachtung des Kindes**.[198]

Bei einer gerichtlich angeordneten Kindesbegutachtung wird allerdings die Auffassung vertreten, die Ersetzung der Zustimmung sei nicht ausreichend, weil das „Zuführungsrechts" als Teil des Aufenthaltsbestimmungsrechts nicht in Abs. 3 aufgeführt sei, jedoch der Regelung bedürfe. Daher sei auch in das **Aufenthaltsbestimmungsrecht** der Sorgeberechtigten einzugreifen.[199] Dies überzeugt jedoch nicht, da Abs. 3 keine enumerative Aufzählung kindesschutzrechtlicher Maßnahmen enthält und das Aufenthaltsbestimmungsrecht weiter gehende Befugnisse u.a. auch zur Fremdunterbringung vermittelt. Der Entzug des Aufenthaltsbestimmungsrechts wäre mithin unverhältnismäßig.

Um die Begutachtung durchzusetzen, kann der zu beauftragende Gerichtsvollzieher notfalls unter Anwendung von Gewalt das Kind der Kindesmutter wegnehmen und dem Pfleger übergeben.[200]

55 Unterlässt der Sorgeberechtigte die gebotene fristlose **Kündigung** des Mietverhältnisses für eine **gesundheitsgefährdende Wohnung**, kann das Familiengericht diese ersetzen, dem Vermieter kündigen und den Eltern die weitere Nutzung der Wohnung verbieten.[201] Ebenso kann bei Weigerung der Kindeseltern, die **Schweigepflichtsentbindung** für das Kind zur Einholung von Auskünften bei dritten Personen zu erklären, diese Erklärung ersetzt werden.[202]

56 Der Ersetzungsbeschluss wird grundsätzlich erst mit Rechtskraft wirksam. Jedoch kann das Gericht bei **Gefahr im Verzug** die **sofortige Wirksamkeit** anordnen (§ 40 Abs. 3 FamFG, vgl. hierzu *Cirullies,* § 40 FamFG Rn. 7).

6. Entziehung der elterlichen Sorge (Nr. 6)

57 Die dargestellten Maßnahmen reichen häufig nicht aus, um der Kindeswohlgefährdung erfolgversprechend zu begegnen. Es kann dann als **letztes Mittel** das Sorgerecht (teilweise) zu entziehen sein. In Betracht kommen der Entzug einzelner **Teilbereiche** (z.B. Gesundheitsfürsorge,[203] Entscheidung über den Schulbesuch, Entscheidung über Exploration des Kindes,[204] Personensorge oder Vermögenssorge) und die entsprechende Übertragung auf einen **Ergänzungspfleger**. Lediglich äußerstenfalls kann die **gesamte** elterliche Sorge entzogen und eine **Vormundschaft** eingerichtet werden. Dies ist nur zulässig, wenn andere Maßnahmen erfolglos geblieben sind oder absehbar zur Abwendung der Gefahr nicht ausreichen (§ 1666a Abs. 2 BGB, siehe hierzu § 1666a BGB Rn. 6). Bei der

196 OLG Hamburg FamRZ 2014, 1213 = NZFam 2014, 948 mit Anm. *Holzwarth*
197 OLG Bremen FamRZ 2014, 1376
198 OLG Jena FamRZ 2018, 1677; OLG Schleswig FamRZ 2018, 109; OLG Hamm BeckRS 2014, 11408, dazu *Többen*, NZFam 2014, 810 (betreffend die Zustimmung eines Vormundes)
199 OLG Celle FamRZ 2019, 1930; OLG Rostock FamRZ 2011, 1873; ebenso OLG Hamm (8. Familiensenat) FamRZ 2014, 401; OLG Hamm (4. Familiensenat) FamRZ 2014, 1379 = ZKJ 2014, 254; a.A. OLG Rostock FamRZ 2017, 215; einschränkend KG FamRZ 2019, 1702 mit Anm. Keuter
200 OLG Rostock FamRZ 2006, 1623
201 AG Sigmaringen NZM 2009, 255
202 OLG Schleswig FamRZ 2018, 109; a.A. wohl OLG Karlsruhe FamRZ 2019, 1429 = BeckRS 2019, 8983 Rn. 95
203 Dazu OLG Dresden FamRZ 2018, 32; vgl. auch OLG Schleswig NJW-RR 2019, 1289, dazu Söpper, NZFam 2019, 882, ferner Clausius, FamRB 2020, 21
204 OLG Frankfurt FuR 2019, 716 = NZFam 2019, 997; OLG Celle FamRZ 2019, 1930; vgl. auch oben Fn. 199

Auswahl eines Vormunds oder Ergänzungspflegers müssen Großeltern und sonstige nahe Verwandte besonders in Betracht gezogen werden.[205] Ihnen kommt der Vorrang gegenüber nicht verwandten Personen zu, sofern nicht im Einzelfall konkrete Erkenntnisse darüber vorliegen, dass dem Wohl des Kindes, das für die Auswahl bestimmend ist, durch die Auswahl einer dritten Person besser gedient wäre.[206]

Praktisch bedeutsam sind Maßnahmen betreffend das **Aufenthaltsbestimmungsrecht**. 58
Unzulässig ist allerdings dessen **„vorsorgliche"** Entziehung, um das rasche Eingreifen des Jugendamtes zu erleichtern. Insoweit genügt die Möglichkeit der Inobhutnahme nach § 42 SGB VIII.[207] In Betracht kommt die Übertragung dieses Teilbereichs auf einen Elternteil oder aber auf einen **Ergänzungspfleger**.

▶ *Zum Entzug des Umgangsbestimmungsrechts vgl. Gottschalk, § 1684 BGB Rn. 57; ferner BGH FamRZ 2016, 1752 mit Anm. Lack; OLG Frankfurt FamRZ 2016, 68.*

Vor einem (Teil-)Entzug der elterlichen Sorge ist mit Blick auf den Grundsatz der Verhältnis- 59
mäßigkeit die Geeignetheit **milderer Mittel** zur Abwehr der Kindeswohlgefährdung zu erwägen. Dies kann im Falle der Unterbringung des Kindes in einer Pflegefamilie die **Verbleibensanordnung** nach § 1632 Abs. 4 BGB sein (siehe hierzu *Fink*, § 1632 BGB Rn. 37, 46). Ein Sorgerechtsentzug ist entbehrlich, wenn der erziehungsberechtigte Elternteil die zur Abwendung einer dem Kind drohenden Gefahr gebotene Fremdunterbringung mitträgt und unterstützt und alle in diesem Zusammenhang notwendig werdenden **Mitwirkungshandlungen** vornimmt.[208] Müssen die Rechte der **alleinsorgeberechtigten** Mutter eingeschränkt werden, ist vor der Einrichtung einer Vormundschaft die Übertragung der elterlichen Sorge auf den **Vater** gemäß § 1680 Abs. 2 Satz 2, Abs. 3 BGB zu prüfen. Soll das Kind in der Obhut der Mutter belassen werden, ist der Entzug des **gesamten** Sorgerechts in der Regel **unverhältnismäßig; es handelt sich hier um eine verfassungsrechtlich unzulässige sog. Vorratsentscheidung**.[209]

7. Therapeutische Maßnahmen

Als weitere Maßnahmen kommen sonstige **Gebote, Weisungen und Auflagen** in Be- 60
tracht.

Soweit **psychotherapeutische Maßnahmen**[210] angezeigt sind, ist danach zu differenzieren, ob sie an die **Eltern** oder das **Kind** gerichtet sind:

- So hat das **BVerfG**[211] entschieden, der gerichtlichen Anordnung, dass sich ein **Elternteil** wegen eingeschränkter Erziehungsfähigkeit einer **Psychotherapie** unterziehen soll, fehle es an einer klaren und unmissverständlichen Gesetzesgrundlage. Die Anordnung lasse sich insbesondere keiner der in Abs. 3 beispielhaft aufgeführten Maßnahmen zuordnen.[212] Der **BGH**[213] hält es lediglich für zulässig, den die eigene Begutachtung verweigernden Elternteil in Anwesenheit eines Sachverständigen gerichtlich **anzuhören** und zu diesem Zweck das persönliche Erscheinen des Elternteils anzuordnen und ggf. durchzusetzen.[214] Freilich ist der Erfolg eines solchen Vorgehens bei einem

205 BVerfG FamRZ 2014, 1435 mit Anm. *Hoffmann*
206 OLG Hamm FamRZ 2015, 1213 (LS), dazu *Weber*, NZFam 2015, 526
207 OLG Schleswig FamRZ 2014, 1383 = ZKJ 2014, 330 mit Anm. *Gottschalk*; zum unzulässigen Sorgerechtsentzug „auf Vorrat" vgl. auch BVerfG FamRZ 2014, 1177 = ZKJ 2014, 327
208 BVerfG FamRZ 2015, 2120
209 OLG Schleswig NJW-RR 2019, 1289, dazu Clausius, FamRB 2020, 21; ferner OLG Köln FamRZ 2015, 1904
210 Zu Voraussetzungen und Inhalt von Therapiemaßnahmen vgl. näher *Rohmann*, NZFam 2019, 348, 350
211 BVerfG FamRZ 2011, 452 (LS) = NJW 2011, 166; OLG Stuttgart BeckRS 2018, 39645; OLG Brandenburg FamRZ 2018, 829
212 So auch für eine ärztliche Untersuchung auf Alkoholkonsum: OLG Nürnberg FamRZ 2014, 677
213 BGH FamRZ 2010, 720 mit Anm. *Stößer* = NJW 2010, 1351 mit Anm. *Peschel-Gutzeit*
214 Notfalls durch Vorführung, § 33 FamFG, dazu *Cirullies*, §§ 33, 34 FamFG Rn. 5

schweigenden Elternteil meist zweifelhaft. Eher kann auf den therapiebedürftigen Elternteil mittelbar dadurch Einfluss genommen werden, dass ihm mögliche sorge- oder umgangsrechtliche Nachteile für den Fall der Nichtbehandlung vor Augen geführt werden.[215]

- Hingegen gelten bezüglich einer **Therapie für das Kind** andere Maßstäbe. So kann der Kindesmutter die Auflage erteilt werden, eine bereits begonnene Psychotherapie des Kindes in Abstimmung mit dem Therapeuten und dem Jugendamt fortzusetzen.[216] Das **BVerfG**[217] hat sogar gerügt, dass das Familiengericht – statt des Sorgerechtsentzugs – nicht (auch) eine Therapieauflage in Betracht gezogen hatte, wonach der Mutter hätte auferlegt werden sollen, die Kinder einer therapeutischen Behandlung zuzuführen, um die Umgangskontakte mit dem Vater zu fördern. Allerdings soll das Sorgerecht zu entziehen sein, wenn davon ausgegangen werden muss, dass sich die Eltern je nach Stimmungslage solchen notwendigen therapeutischen Maßnahmen widersetzen.[218]

8. Sozialer Trainingskurs

61 In Gewaltfällen kann das Familiengericht einem Elternteil aufgeben, ein **Antigewalttraining**[219] zu absolvieren.[220] Eine derartige **Auflage** kann zwar durch Beschluss angeordnet, jedoch **nicht** mit gerichtlichen Zwangsmitteln **durchgesetzt werden**. Um die Bereitschaft zur Teilnahme zu fördern, sollte das Gericht im Anhörungstermin klarstellen, welche Bedeutung es der Teilnahme an dem Trainingskurs für den weiteren Fortgang des Verfahrens und die verfahrensabschließende Entscheidung beimisst.[221] Eine solche Täterarbeit kann das Jugendamt mitunter **finanzieren** als „Hilfe zur Erziehung" (§ 27 SGB VIII).

9. Sonstige Maßnahmen

62 Je nach konkreter Gefährdungssituation kann das Familiengericht weitere Auflagen erteilen:[222]

Dabei spielt die Gefahr durch **digitale Medien** eine immer stärkere Rolle. Überlassen beispielsweise Eltern ihrem minderjährigen Kind eine **Spielekonsole** („Playstation"), können sie verpflichtet werden, fortwährend sicherzustellen, dass für das Kind daran **keine Spiele jugendgefährdender Art** (Gewalt, Pornografie) zugänglich sind. Umstritten ist, inwieweit die Eltern verpflichtet werden können, die Nutzung der Mobiltelefone durch ihre Kinder, insbesondere bezüglich der **Messenger-Dienste** wie WhatsApp, zu überwachen. Jedenfalls kann den Eltern zur Auflage gemacht werden, für die Teilnahme ihrer Kinder an einem – von der Jugendhilfe vermittelten – **Medientraining** Sorge zu tragen.[223]

Droht die gewaltsame Verbringung eines Kindes ins **Ausland** (etwa zum Zwecke der Zwangsverheiratung oder einer rechtswidrigen Beschneidung), kann das Familiengericht

---

215 Dazu OLG Karlsruhe FamRZ 2019, 1429 = BeckRS 2019, 8983 Rn. 94; OLG Köln BeckRS 2017, 128220, dazu *Engelmann*, NZFam 2017, 1063; OLG Nürnberg FamRZ 2008, 715; ähnlich Staudinger/*Coester*, § 1666 BGB Rn. 229

216 OLG Frankfurt FamRZ 2011, 489

217 BVerfG FamRZ 2012, 1127 a.E.; vgl. auch BVerfG FamRZ 2006, 537: Entzug des Aufenthaltsbestimmungsrechts

218 OLG Köln FamRZ 2013, 707 (LS); vgl. auch OLG Hamburg BeckRS 2018, 24269; OLG Koblenz BeckRS 2018, 9649; ferner hier Rn. 69 zur Verhinderung einer Begutachtung

219 Auch „Täterarbeit" genannt. Die Bundesarbeitsgemeinschaft Täterarbeit Häusliche Gewalt (BAG TäHG) ist ein interinstitutioneller und interkultureller Dachverband für Täterarbeitseinrichtungen Häuslicher Gewalt in Deutschland, vgl. BT-Drucks. 17/6685, 31; nähere Informationen unter www.bag-taeterarbeit.de

220 *Ernst*, FPR 2008, 602, 604

221 *Ehinger*, FPR 2006, 171, 173

222 Wegen weiterer Beispiele vgl. Palandt/*Götz*, § 1666 BGB Rn. 40; ferner *Pothmann*, JAmt 2015, 234

223 *Rake*, FamRZ 2016, 2114, 2118

gemäß § 1666 Abs. 1 BGB – auf Antrag oder von Amts wegen – ein **Ausreiseverbot** verhängen und eine sog. **Grenzsperre**[224] veranlassen, um die Schaffung vollendeter Tatsachen zu verhindern.[225]

10. Kontrollpflichten

Im Fall der Anordnung kinderschutzrechtlicher Maßnahmen ist oft zweifelhaft, welche **Kontroll- und Überwachungspflichten** insoweit für das Gericht oder das Jugendamt bestehen. Das Problem ist u.a. anlässlich der Aufarbeitung des „Missbrauchsfall von Staufen" besonders aktuell geworden.[226] Während das **Jugendamt** eine Kontroll- bzw. Überwachungstätigkeit aufgrund seines allgemeinen Schutzauftrages[227] trifft, muss das **Familiengericht** die Einhaltung von Geboten gemäß § 166 Abs. 2 und 3 FamFG regelmäßig überprüfen. Möglichst sollte daher bereits im **Gerichtstermin** abgestimmt werden, von wem, wann und wie die Einhaltung von Ge- und Verboten kontrolliert werden wird, etwa durch unangemeldete Hausbesuche des Jugendamtes.[228] Insoweit kann das Familiengericht einem Elternteil auferlegen, solche **Kontrollbesuche des Jugendamtes** zu dulden.[229] 63

Hierbei ist zu beachten, dass das **Verhältnis von Jugendamt und Familiengericht** – sowohl in tatsächlicher als auch in rechtlicher Hinsicht – nicht immer unproblematisch ist. So ist etwa nach Ansicht des BVerfG[230] noch nicht abschließend geklärt, ob vonseiten des Familiengerichts im Hinblick auf die Gewährung öffentlicher Hilfen eine **Anordnungskompetenz** gegenüber dem Jugendamt besteht.[231] In jedem Fall kann und sollte das Jugendamt „ersucht" werden, das Gericht zu informieren, falls der verpflichtete Elternteil den gerichtlich angeordneten Geboten nicht nachkommen sollte.[232]

Von einem konkreten Kontrollauftrag ist die bloße **Beobachtungsfunktion eines Familienhelfers** grundsätzlich zu unterscheiden, wenngleich die Übergänge fließend sind. So bewegt sich die sozialpädagogische Familienhilfe stets an der Schnittstelle von **Hilfe und Kontrolle** mit der Konsequenz, dass sie im Fall einer akuten krisenhaften Gefährdungssituation **Schutzmaßnahmen** nach § 8a SGB VIII zu ergreifen hat.[233]

▶ *Ausführlich hierzu Köhler, § 8a SGB VIII.*

11. Maßnahmen gegen Dritte (Abs. 4)

Abs. 4 kann ferner Maßnahmen gegen **Dritte** rechtfertigen, zu denen auch der **nicht sorgeberechtigte Elternteil** zählt (siehe oben Rn. 17). Nach dem eindeutigen Wortlaut ist diese Möglichkeit allerdings auf die **Personensorge** beschränkt. Geht es um die Gefährdung des **Kindesvermögens**, muss auf zivilrechtliche Ansprüche (§§ 823, 1004 BGB) zurückgegriffen werden. 64

---

224 Gemäß §§ 30, 39 Abs. 2 BPolG (Ausschreibung zur Grenzfahndung)
225 Ausführlich OLG Frankfurt FamRZ 2018, 1319 mit Anm. *Hammer* = NZFam 2018, 693 mit Anm. *Lenz*; siehe auch *Schweppe*, § 15 IntFamRVG Rn. 2
226 Dazu *Heilmann*, FamRZ 2018, 1797
227 §§ 1 Abs. 3 Nr. 3, 8a SGBVIII
228 Vgl. Abschlussbericht der gemeinsamen Arbeitsgruppe zum Staufener Missbrauchsfall v. September 2018, veröffentlicht u.a. auf der Internetseite des Landratsamtes Breisgau-Hochschwarzwald (www.breisgau-hochschwarzwald.de)
229 OLG Hamm BeckRS 2014, 06509, dazu *Pätzold*, NZFam 2014, 572
230 BVerfG FamRZ 2014, 1177 = ZKJ 2014, 327
231 Eingehend *Heilmann*, FamRZ 2018, 1797, 1801 m.w.N., auch zum umstrittenen Begriff der „Verantwortungsgemeinschaft" zwischen Gericht und Jugendamt
232 Vgl. OLG Karlsruhe FamRZ 2019, 1429
233 OLG Karlsruhe a.a.O.; zu möglichen Maßnahmen vgl. *DIJuF*-Rechtsgutachten v. 12.1.2017, JAmt 2017, 118; zu Hilfeangeboten nach § 8a Abs. 1 Satz 3 SGB VIII vgl. *Köckeritz*, ZKJ 2017, 56

Häufig wird gegen Dritte, von denen eine Gefahr für das Wohl des Kindes ausgeht, ein **Kontakt- und Näherungsverbot** verhängt (vgl. oben Rn. 47 ff.). Besteht ein kindeswohlgefährdendes **Liebesverhältnis** zwischen einer Jugendlichen und einem Erwachsenen, kann die Verhängung eines Kontakt- und Näherungsverbotes gegen diesen auch mit Blick auf den festgestellten Willen des Kindes wegen Verstoßes gegen den Verhältnismäßigkeitsgrundsatz abzulehnen sein.[234] Einem **alkoholabhängigen** Dritten kann aufgegeben werden, in bestimmten Abständen sein Blut ärztlich auf bestimmte Werte untersuchen zu lassen und das Ergebnis vorzulegen.[235]

Hinweis: Dritte, gegen die Kinderschutznahmen in Betracht kommen, sind an dem Verfahren förmlich zu **beteiligen** (näher hierzu *Köhler*, § 7 FamFG Rn. 11).

VII. Verfahren

1. Einleitung des Verfahrens

65 Verfahren nach §§ 1666, 1666a BGB werden grundsätzlich **von Amts wegen** eingeleitet. Mitteilungen („Anträge") des Jugendamtes oder Dritter stellen insoweit lediglich eine Anregung i.S.d. § 24 FamFG dar.

▶ *Zu Einzelheiten der Verfahrenseinleitung siehe Cirullies, §§ 23 bis 25 FamFG Rn. 2.*

Das Familiengericht wird Erkenntnisse aus anhängigen Verfahren über eine mögliche Kindeswohlgefährdung regelmäßig zum Anlass nehmen, ein Kinderschutzverfahren einzuleiten. Dies gilt insbesondere in Gewaltschutzsachen. Auch einem durch **Sachverständige** nahegelegten Verdacht einer emotionalen Vernachlässigung des Kindes und der Befürchtung irreparabler Entwicklungsstörungen muss das Gericht nachgehen und kindesschutzrechtliche Maßnahmen nach § 1666 BGB in Betracht ziehen.[236] Desgleichen sollte der Sachverständige das Jugendamt oder das Gericht informieren, wenn das Kind im Rahmen der Exploration über **Misshandlungen** im elterlichen Haushalt berichtet.[237] Insbesondere **Lehrer und Ärzte**[238] sind nach § 4 Abs. 3 KKG **befugt**, das **Jugendamt** zu informieren, falls sie dessen Tätigwerden für erforderlich erachten, um eine Gefährdung des Wohls eines Kindes oder eines Jugendlichen abzuwenden. Dies betrifft meist Anhaltspunkte für eine Kindeswohlgefährdung durch Gewalt und/oder sexuellen Missbrauch. Auch wenn eine **Meldepflicht nicht** besteht: Die frühzeitige Einbeziehung der Jugendämter kann vor dem Verlust wertvoller Zeit durch unkoordinierte Hilfsangebote schützen.[239]

In sehr dringenden Fällen ist auch die unmittelbare Einschaltung des **Familiengerichts** zulässig.

▶ *Näher hierzu Lack, §§ 1–4 KKG Rn. 8.*

2. Beteiligte des Verfahrens

66 Neben den **Eltern** und dem **Verfahrensbeistand** ist das **Jugendamt** (§ 162 Abs. 2 FamFG) zwingend zu beteiligen. Gleiches gilt für einen **Dritten**, gegen den Maßnahmen nach § 1666 Abs. 4 BGB verhängt werden sollen, ferner für den **nicht sorgeberechtigten Vater** des nichtehelich geborenen Kindes (im Hinblick auf § 1680 Abs. 2, 3 FamFG).[240]

▶ *Näher zu den Verfahrensbeteiligten siehe im Übrigen Köhler, § 7 FamFG Rn. 5 ff.*

---

234 OLG Brandenburg FamRZ 2016, 1282 mit Anm. *Hoffmann*, dazu *Reinken*, NZFam 2016, 573
235 Vgl. OLG Karlsruhe FamRZ 2019, 1429
236 OLG Brandenburg FamRZ 2018, 1088
237 Vgl. zu einem solchen Fall FamRZ 2019, 1437
238 Oder ein anderes Mitglied der in § 4 Abs. 1 KKG genannten Berufsgruppen
239 *Ehrmann/Breitfeld*, FPR 2012, 418, 420, auch zu Problemen des „Ärzte-Hoppings"
240 Dazu KG FamRZ 2005, 1923 (LS) = NJW-RR 2005, 878; wegen der Beteiligteneigenschaft

3. Früher Termin, Erörterungstermin

In Verfahren zum Kinderschutz hat das Familiengericht nach § 155 Abs. 2 FamFG binnen eines Monats einen Termin anzuberaumen. Zudem soll nach **§ 157 FamFG** das Gericht mit den **Eltern** – in geeigneten Fällen im Rahmen des § 159 FamFG auch mit dem Kind – **erörtern**, wie einer möglichen Kindeswohlgefährdung, insbesondere durch öffentliche Hilfen, begegnet werden und welche Folgen die Nichtannahme notwendiger Hilfen haben kann. Dieser Termin geht in der Regel mit der ohnehin gebotenen persönlichen Anhörung der Beteiligten einher, kann aber auch getrennt erfolgen **67**

▶ *Zu Einzelheiten siehe Cirullies, § 157 FamFG Rn. 4.*

4. Sachverhaltsermittlung

Der **Amtsermittlungsgrundsatz** erfordert von dem Familiengericht gerade in Kinderschutzverfahren eine besonders sorgfältige eigene Ermittlung des Sachverhalts – auch dann, wenn das Verfahren auf Anregung des Jugendamtes eingeleitet wurde. Das Gericht muss eine hinreichende Grundlage für eine am Kindeswohl orientierte Entscheidung haben. Hierzu zählen auch die etwaigen Folgen der **Trennung** des Kindes von den Eltern.[241] Je schwerer die dem Einzelnen auferlegte Belastung wiegt und je mehr die Maßnahme Unabänderliches bewirkt, umso gesicherter muss unter dem Gesichtspunkt des Grundrechtsschutzes durch Verfahren die **Tatsachengrundlage** des Grundrechtseingriffs sein.[242] Das **BVerfG**[243] reklamiert für sich das Recht, gleich einem Fachgericht auch Fehler bei der Feststellung und Würdigung des Sachverhalts zu monieren. **68**

▶ *Näher zum Amtsermittlungsgrundsatz siehe Cirullies, §§ 26, 27 FamFG Rn. 2.*

Zur **Ermittlung des Sachverhalts** ist in der Regel erforderlich die **persönliche Anhörung** des Kindes,[244] der Eltern, des Verfahrensbeistands sowie der Mitarbeiter des Jugendamts. Darüber hinaus können Erkenntnisse vermitteln: **69**

- Berichte und Anhörungen weiterer Dritter (wie etwa Ärzte, Mitarbeiter von Schule, Kindergarten, Familienhelfer und Umgangsbegleiter),
- Hilfepläne,
- Gefährdungseinschätzung des Jugendamtes im Rahmen des Verfahrens nach § 8a SGB VIII.

Bleiben im Rahmen des § 1666 BGB gleichwohl außerjuristische Gesichtspunkte aufklärungsbedürftig, wird das Gericht die Einholung eines **Sachverständigengutachtens** zu erwägen haben. Dies gilt allerdings nicht in Eilverfahren.[245]

▶ *Näher zum Sachverständigengutachten Heilmann, Kommentierung zu § 163 FamFG.*

Die grundsätzliche Pflicht zu genauer Aufbereitung der Entscheidungsgrundlage kollidiert freilich fast regelmäßig mit der Dringlichkeit des Eingriffs sowie mit dem generellen **Beschleunigungsgebot** (§ 155 FamFG). Angesichts mancher dramatisch verlaufender Kinderschutzverfahren, bei denen aufgrund zögerlichen Vorgehens der Verantwortlichen die in der Obhut ihrer Sorgeberechtigten verbliebenen Kinder sogar zu Tode kamen, ist in Fällen einer unmittelbar drohenden erheblichen Kindeswohlgefährdung ein familiengerichtliches Eingreifen nicht nur unerlässlich, sondern auch verfassungsrechtlich geboten.[246] **71**

241 BVerfG FamRZ 2012, 1127 = ZKJ 2012, 186
242 BVerfG FamRZ 2014, 907
243 BVerfG FamRZ 2014, 1270
244 Dazu BGH FamRZ 2019, 115 mit Anm. *Köhler*; BVerfG, FamRZ 2019, 1437
245 Hierzu EGMR FamRZ 2019, 594 = NZFam 2018, 455
246 BVerfG FamRZ 2018, 1084 mit Anm. *Socha*; FamRZ 2014, 907 = ZKJ 2014, 281; vgl. auch *Lack/Heilmann*, ZKJ 2014, 308, 315

72 Insbesondere das Beschwerdegericht hat zu beachten, ob sich im Nachhinein **Veränderungen** in den Lebensumständen der Beteiligten ergeben haben, die **ergänzende Ermittlungen** erfordern. So kann etwa der Auszug von Geschwisterkindern aus dem mütterlichen Haushalt zu einer spürbaren Verringerung der ursprünglich angenommenen Überforderung geführt haben.[247] Mit Vorgängen, die in mittlerweile fernerer Vergangenheit liegen, kann die erforderliche **gegenwärtige Gefahr** in der Regel nicht begründet werden.[248] Auch können **Verdachtsgründe**, die bei ihrem erstmaligen Bekanntwerden ein familiengerichtliches Eingreifen noch rechtfertigen mögen, im weiteren Verlauf des Verfahrens an Überzeugungskraft und Gewicht verlieren, wenn sie durch weitere Ermittlungen zwar nicht widerlegt werden, aber keine zusätzliche Bestätigung finden.[249] Zu berücksichtigen ist auch, wenn sich die Mutter zwischenzeitlich mit dem weiteren Verbleib ihres Kindes bei der Großmutter einverstanden erklärt und dieser eine **Vollmacht** für wesentliche Teilbereiche der elterlichen Sorge erteilt hat.[250]

Es genügt jedoch nicht, dass die vormalige **Gefahr** für das Kind **nicht (mehr) besteht**. Vielmehr dürfen auch nicht sonstige Tatsachen – wie etwa eine Gefährdung des Kindeswohls durch Trennung des Kindes von seinen (neuen) sozialen Bezugspersonen – Maßnahmen zur Abwehr einer Kindeswohlgefährdung erforderlich machen. Dabei kommt es **nicht** darauf an, ob und inwieweit die Eltern ein **Verschulden** trifft (zu Einzelheiten siehe *Fink*, § 1632 BGB Rn. 36).

5. Einstweilige Anordnung

73 Steht eine Entscheidung im **Eilverfahren** in Rede, bleiben die praktisch verfügbaren Aufklärungsmöglichkeiten angesichts der spezifischen Eilbedürftigkeit dieser Verfahren regelmäßig hinter den im Hauptsacheverfahren bestehenden Möglichkeiten zurück. Eine **Sorgerechtsentziehung** aufgrund summarischer Prüfung im Wege der **einstweiligen Anordnung** ist damit jedoch nicht ausgeschlossen. Das Gericht ist nach § 157 Abs. 3 FamFG sogar ausdrücklich gehalten, die Notwendigkeit von Eilmaßnahmen abzuklären.

74 – 76 nicht belegt

▶ *Zu Einzelheiten des Erlasses einer einstweiligen Anordnung in Kinderschutzverfahren siehe Lack, § 49 FamFG Rn. 13 ff.*

6. Entscheidung

a) Tenor

77 Die **Beschlussformel** richtet sich nach den kinderschutzrechtlichen Maßnahmen, die ergriffen werden sollen.

▶ *Zum Absehen von Maßnahmen siehe Rn. 80.*

Bei der **Tenorierung** ist daher zu beachten, dass die entzogenen Teilbereiche der elterlichen Sorge konkret bezeichnet werden. Die an § 1909 Abs. 1 Satz 1 BGB orientierte abstrakte Feststellung der **Verhinderung eines Elternteils** an der Besorgung von sorgerechtlichen Angelegenheiten ist unzulässig.[251]

Soweit vertreten wird, das Aufenthaltsbestimmungsrecht könne erst mit **Rechtskraft** des Verfahrens übertragen werden, um dem Kind einen etwaigen mehrfachen Aufenthaltswechsel zu ersparen, kann dem nicht gefolgt werden.[252] Denn eine willkürliche Verschiebung des in § 40 Abs. 1 FamFG festgelegten **Wirksamkeitszeitpunktes** ist unzulässig

247 Hierzu *Lack/Heilmann*, ZKJ 2014, 308, 312, 314
248 BVerfG FamRZ 2014, 1270
249 OLG Jena FamRZ 2003, 1319
250 OLG Brandenburg FamRZ 2015, 1044
251 OLG Brandenburg FamRZ 2015, 1044
252 So *Mach-Hour*, FamFR 2013, 301

(siehe *Cirullies,* § 40 FamFG Rn. 5). Rechtsschutz bietet insoweit § 64 Abs. 3 FamFG, wonach das Oberlandesgericht nach Einleitung des Beschwerdeverfahrens Eilmaßnahmen erlassen kann (näher hierzu *Dürbeck,* § 64 FamFG Rn. 8).

Hinweis: Beschlüsse, die die elterliche Sorge regeln, können nicht unmittelbar **vollstreckt** werden, weil sie als bloße Statusentscheidungen über keinen vollstreckbaren Inhalt verfügen und nicht vollziehbar, sondern „wirksam" sind. Daher ist etwa für eine Durchsetzung des Aufenthaltsbestimmungsrechts zusätzlich eine **Herausgabeanordnung** gemäß § 1632 Abs. 1 und 3 BGB erforderlich.[253]

b) Begründung

Der Beschluss in Kinderschutzverfahren ist stets ausführlich zu **begründen** (§ 38 Abs. 3 Satz 1 FamFG). Formelhafte Wendungen, die lediglich die gesetzlichen Tatbestandsmerkmale umschreiben, reichen nicht aus.[254] Dies gilt verstärkt im Fall der Trennung des Kindes von den Eltern. Hier bedarf es einer erheblichen **Begründungstiefe:** So muss die Entscheidung beispielsweise Erwägungen erkennen lassen, in welcher Art und welchen Ausmaßes Schäden durch das Verbleiben der Kinder bei der Mutter zu befürchten sind und auch die mit einer Trennung verbundenen Nachteile für das Kind in die Abwägung einbeziehen. „Fast vorhersagbare Persönlichkeitsdefizite" des Kindes müssen konkret beschrieben werden; ein Verweis auf das Sachverständigengutachten genügt nicht.[255] Gleiches gilt auch umgekehrt, wenn das Fachgericht eine **Trennung** des Kindes von seinen Eltern **ablehnt**, obwohl Anhaltspunkte für eine nachhaltige Kindeswohlgefährdung bestehen.[256] **78**

Darstellung und Begründung richten sich vor allem auf:[257] **79**

- die Begründung der hinreichenden Wahrscheinlichkeit einer konkreten **Gefährdung** des Kindes (bereits eingetretener **Schaden** oder gegenwärtige Gefahr einer erheblichen Schädigung),
- die **mangelnde Abwehrfähigkeit bzw. -bereitschaft** der Eltern,
- die eigenständige Bewertung der Beweismittel, insbesondere eines **Sachverständigengutachtens,**
- die **Folgen der Trennung** des Kindes von den Sorgeberechtigten,
- den Ausschluss **milderer Maßnahmen** (z.B. öffentliche Hilfen, Verbleibensanordnung, Verwandtenunterbringung).

Vorläufige und endgültige Entscheidungen nach §§ 1666 Abs. 1, 1666a BGB – wie auch deren Aufhebung oder Abänderung – sind in das im Bundeszentralregistergesetz geregelte **Erziehungsregister** einzutragen (§ 60 BZRG).

7. Absehen von kindesschutzrechtlichen Maßnahmen

a) Überprüfungspflicht

In der Regel besteht auch nach einem Absehen von Maßnahmen (Tenor: „Es wird festgestellt, dass es kindesschutzrechtlicher Maßnahmen nicht bedarf") eine Pflicht zur zukünftigen **Überprüfung** in bestimmten Intervallen (§ 166 Abs. 3 FamFG, siehe *Gottschalk,* § 166 FamFG Rn. 19). Allerdings darf der Staat seinem Wächteramt nur in dringend gebotenen Fällen nachkommen. Daher muss das Familiengericht auf eine Überprüfung verzichten, wenn nach seiner Überzeugung zum Zeitpunkt der Entscheidung eine Kindeswohlgefährdung absehbar nicht möglich erscheint.[258] **80**

---

253 Dazu BVerfG FamRZ 2016, 22 mit Anm. *Hammer*
254 OLG Hamm FamRZ 2004, 483
255 BVerfG FamRZ 2012, 1127
256 Eingehend BVerfG FamRZ 2017, 524 mit Anm. *Salgo* = NZFam 2017, 261 mit Anm. *Keuter* = NJW 2017, 1295 mit Anm. *Lack*
257 Vgl. auch *Lack/Heilmann*, ZKJ 2014, 308
258 MüKo-FamFG/*Heilmann*, § 166 Rn. 24

b) Beschwerderecht

81 Der **nichtsorgeberechtigte Elternteil** wird nur von einer **Entziehung** der elterlichen Sorge gegenüber dem anderen Elternteil in eigenen Rechten betroffen. Lehnt das Familiengericht den Entzug des Sorgerechts ab, so braucht es nicht darüber zu entscheiden, wer die Sorge zukünftig ausüben soll. Diese ablehnende Entscheidung betrifft das Recht des anderen Elternteils nicht.[259] Etwas anderes gilt jedoch dann, wenn der andere Elternteil selbst einen Antrag auf (teilweise) Übertragung des Sorgerechts nach § 1671 BGB gestellt hat.

8. Überprüfung durch das BVerfG

a) Verfassungsbeschwerde

82 In Kinderschutzverfahren wird nicht selten das **BVerfG** im Wege der **Verfassungsbeschwerde**[260] eingeschaltet – sei es von den Eltern, dem Jugendamt oder auch dem gerichtlich bestellten Verfahrensbeistand.[261] Dabei ist dieser außerordentliche Rechtsbehelf grundsätzlich erst nach Erschöpfung des Rechtswegs bei den Fachgerichten zulässig. Dementsprechend hält er den Fortgang eines fachgerichtlichen Verfahrens nicht auf, wenn er gegen eine dort ergangene **Zwischenentscheidung** eingelegt wird.[262] Ist die Verfassungsbeschwerde gegen eine Entscheidung erfolgreich, wird diese aufgehoben.[263]

b) Einstweilige Anordnung

83 Bis zur endgültigen Entscheidung kann das BVerfG einen Zustand durch einstweilige Anordnung **vorläufig regeln**, wenn dies zur Abwehr schwerer Nachteile, zur Verhinderung drohender Gewalt oder aus einem anderen wichtigen Grund zum gemeinen Wohl dringend geboten ist (§ 32 Abs. 1 BVerfGG). Dabei sind die **Folgen**, die eintreten würden, wenn die einstweilige Anordnung nicht erginge, die Verfassungsbeschwerde aber später Erfolg hätte, gegenüber den Nachteilen **abzuwägen**, die entstünden, wenn die begehrte einstweilige Anordnung erlassen würde, der Verfassungsbeschwerde jedoch der Erfolg versagt bleibt.[264] Allerdings ist bei Prüfung dieser Voraussetzungen ein **strenger Maßstab** anzulegen.[265]

Hinweis: Soweit das BVerfG im Wege der einstweiligen Anordnung die **„Vollstreckung"** fachgerichtlicher Sorgerechtsentscheidungen einstweilen aussetzt, ist diese Tenorierung zweifelhaft. Denn solchen Statusentscheidungen fehlt es an einem vollstreckbaren Inhalt.[266]

Im Übrigen ist der etwaige Fortgang der **fachgerichtlichen Verfahren** zu beachten: Sind in jenem Verfahren der einstweiligen Anordnung nach mündlicher Verhandlung Sachentscheidungen ergangen, so sind die ursprünglich angegriffenen Beschlüsse **prozessual überholt** und deshalb gegenstandslos. Das führt zur Unzulässigkeit des auf diese Beschlüsse bezogenen Antrags auf Erlass einer (verfassungsgerichtlichen) einstweiligen Anordnung.[267]

---

259 OLG Brandenburg FamRZ 2014, 1649, dazu *Leipold*, NZFam 2014, 761
260 Gemäß § 90 BVerfGG
261 Dazu BVerfG FamRZ 2017, 206
262 OLG Brandenburg FamRZ 2018, 1088; vgl. auch BVerfG FamRZ 2019, 1799
263 § 95 Abs. 2 BVerfGG; zu einem solchen Fall vgl. BVerfG ZKJ 2018, 59
264 BVerfG FamRZ 2015, 1466
265 BVerfG FamRZ 2017, 206
266 Vgl. BVerfG FamRZ 2015, 1466 mit kritischer Anm. der *Redaktion*; FamRZ 2016, 22 mit Anm. *Hammer*; vgl. auch oben Rn. 77
267 BVerfG FamRZ 2019, 993 mit Anm. *Burghart*

9. Prüfungsschema

84

Prüfungsschema bei Kindeswohlgefährdung (§ 1666 BGB)

I. Tatbestand

Gefährdung des Kindeswohls?

→ gegenwärtige Gefahr

→ für erhebliche Schädigung des Kindeswohls (anderenfalls: Gefahrabwendung durch Eltern)

→ Schädigung aufgrund konkreter Verdachtsmomente mit „hinreichender" Wahrscheinlichkeit zu erwarten:

- je schwerer der drohende Schaden, desto geringer der Grad der Wahrscheinlichkeit

- Abgrenzung: „mit ziemlicher Sicherheit" und „nachhaltige Gefährdung" erst bei der Rechtsfolge Sorgerechtsentzug

Fehlende Abhilfemöglichkeit oder -bereitschaft der Eltern

II. Rechtsfolgen: Maßnahmen nach § 1666 Abs. 3, 4 BGB

➔ Katalog nicht abschließend

➔ Auswahlermessen

➔ Beachtung des Grundsatzes der Verhältnismäßigkeit:

- Eingriff muss zumutbar sein – dabei zu berücksichtigen:

- Verhältnis zwischen Schwere des Eingriffs, Gewicht des drohenden Schadens und Grad der Gefahr (Rspr. BGH)

Nr. 1: öffentliche Hilfen (insb. §§ 27 ff. SGB VIII) → Vorrang vor Nr. 6

Nr. 2: Einhaltung der Schulpflicht

Nr. 3 + 4: Näherungs- und Kontaktverbot

Nr. 5: Ersetzung von Erklärungen

Nr. 6: (teilweise) Entziehung der elterlichen Sorge

→ Bei Trennung bzw. Entzug der gesamten Personensorge: § 1666a BGB beachten

→ Verhältnismäßigkeit der Trennung des Kindes von den Eltern nach Ansicht des BGH nur bei nachhaltiger Gefährdung des Kindes mit einer erhöhten Wahrscheinlichkeit des Schadenseintritts, nämlich ziemlicher Sicherheit (kritisch hierzu Rn. 19)

Sonstige mit Nr. 1 bis 6 vergleichbare Maßnahmen

Maßnahmen gegen Dritte (Abs. 4)

§ 1666a BGB Grundsatz der Verhältnismäßigkeit; Vorrang öffentlicher Hilfen

(1) [1]Maßnahmen, mit denen eine Trennung des Kindes von der elterlichen Familie verbunden ist, sind nur zulässig, wenn der Gefahr nicht auf andere Weise, auch nicht durch öffentliche Hilfen, begegnet werden kann. [2]Dies gilt auch, wenn einem Elternteil vorübergehend oder auf unbestimmte Zeit die Nutzung der Familienwohnung untersagt werden soll. [3]Wird einem Elternteil oder einem Dritten die Nutzung der vom Kind mitbewohnten oder einer anderen Wohnung untersagt, ist bei der Bemessung der Dauer der Maßnahme auch zu berücksichtigen, ob diesem das Eigentum, das Erbbaurecht oder der Nießbrauch an dem Grundstück zusteht, auf dem sich die Wohnung befindet; Entsprechendes gilt für das Wohnungseigentum, das Dauerwohnrecht, das dingliche Wohnrecht oder wenn der Elternteil oder Dritte Mieter der Wohnung ist.

(2) Die gesamte Personensorge darf nur entzogen werden, wenn andere Maßnahmen erfolglos geblieben sind oder wenn anzunehmen ist, dass sie zur Abwendung der Gefahr nicht ausreichen.

Übersicht

Rn.
A. Allgemeines 1
B. Inhalt der Norm 2
I. Trennung von den Eltern 2
II. Grundsatz der Verhältnismäßigkeit 3
III. Entzug der gesamten Personensorge 6

A. Allgemeines

1 Die Vorschrift ergänzt § 1666 BGB und verdeutlicht: Eine **Trennung** des Kindes von seinen Eltern wie auch die Entziehung der gesamten Personensorge stellen die stärksten Eingriffe in das Elterngrundrecht dar. Die Verfassung[1] erlaubt sie lediglich unter strengen Voraussetzungen und nur bei strikter Wahrung des **Grundsatzes der Verhältnismäßigkeit**, wenn die Eltern ihrer Verantwortung nicht gerecht werden.[2] Um eine Trennung des Kindes von den Eltern zu rechtfertigen, muss das elterliche Fehlverhalten ein solches Ausmaß erreichen, dass das Kind bei den Eltern in seinem körperlichen, geistigen oder seelischen Wohl nachhaltig gefährdet wäre.[3] Die Trennung muss zur Erreichung der Abwendung einer nachhaltigen Kindeswohlgefahr geeignet und erforderlich sein und dazu in angemessenem Verhältnis stehen (**Übermaßverbot**).[4] Ist die Trennung bereits erfolgt, sollen die Erziehungsbedingungen in der Herkunftsfamilie durch Beratung und Unterstützung des Jugendamtes so weit verbessert werden, dass die Eltern das Kind wieder selbst erziehen können (vgl. § 37 Abs. 1 Satz 2 SGB VIII). Ist innerhalb eines für das Kind vertretbaren Zeitrahmens eine nachhaltige Verbesserung nicht erreichbar, soll eine (anderweitige) dauerhafte Lebensperspektive für das Kind erarbeitet werden (§ 37 Abs. 1 Satz 4 SGB VIIII).

▶ *Näher hierzu Köhler, Kommentierung zu § 37 SGB VIII.*

1 Art. 6 Abs. 3 GG: Gegen den Willen der Erziehungsberechtigten dürfen Kinder nur auf Grund eines Gesetzes von der Familie getrennt werden, wenn die Erziehungsberechtigten versagen oder wenn die Kinder aus anderen Gründen zu verwahrlosen drohen
2 BVerfG FamRZ 1990, 698; FamRZ 2015, 112
3 BVerfG FamRZ 2009, 1472; FamRZ 2015, 112
4 BVerfG FamRZ 2014, 1005 (LS) = ZKJ 2014, 281 = JAmt 2014, 223, dazu *Riegner*, NZFam 2014, 625

B. Inhalt der Norm

I. Trennung von den Eltern

2 Die **Trennung** des Kindes von der Familie gegen den Willen der Sorgeberechtigten kann sich unterschiedlich gestalten:

- In der Regel wird das Kind aus dem (für sein Wohl schädlichen) Familienverband herausgenommen und **fremduntergebracht**, sei es in einer Pflegefamilie oder einem Heim, sei es durch Übergabe in die Obhut des anderen Elternteils[5] oder eines Verwandten, häufig der Großeltern.[6]
- In selteneren Fällen, insbesondere bei Verdacht auf häusliche Gewalt und sexuellen Missbrauch, kann das Gericht auch den gefährdenden Elternteil der **Wohnung verweisen**. Allerdings sind dann bei der Bemessung der Dauer der Maßnahme etwaige dingliche oder mietvertragliche Berechtigungen mit zu beachten (Abs. 1 Satz 2 und 3).

II. Grundsatz der Verhältnismäßigkeit

3 Zur Trennung führende Entscheidungen sind nur zulässig, wenn **mildere Mittel** zur Abwendung der Gefahr für das Kindeswohl ausscheiden. Dabei hat das Familiengericht auch negative Folgen der Trennung und der konkreten Fremdunterbringung für das Kind zu ermitteln und zu berücksichtigen – erst recht bei einer Trennung alsbald nach der Geburt des Kindes.[7] Denn es ist davon auszugehen, dass die **Wegnahme** und die häufig weitgehenden Einschränkungen oder sogar der Abbruch von Bindungskontakten des Kindes mit den Eltern der Herkunftsfamilie eine **weitere Kindeswohlgefährdung** beinhalten kann und dieser Gesichtspunkt daher in die Abwägung einzubeziehen ist.[8] Die Beachtung der Verhältnismäßigkeit hat durch die jüngere Rechtsprechung des **BGH**[9] noch eine besondere Betonung erfahren.[10]

4 Der Staat muss nach Möglichkeit versuchen, durch helfende, unterstützende, auf Herstellung oder Wiederherstellung eines verantwortungsgerechten Verhaltens der Eltern gerichtete Maßnahmen sein Ziel zu erreichen.[11] Insoweit kommen vor allem die in Abs. 1 Satz 1 hervorgehobenen **öffentlichen Hilfen** (§§ 11 bis 41 SGB VIII) in Betracht, die das Gericht nach § 1666 Abs. 3 Nr. 1 BGB anordnen kann.[12] So kann sich eine Trennung ggf. durch eine Unterbringung in einer **Mutter-Kind-Einrichtung** vermeiden.

Ist eine Trennung zur Abwendung der konkreten Gefährdung unvermeidbar, ist als geringerer Eingriff etwa zu erwägen, ob diese Trennung nur für die Tage des **Schulbesuchs**, also von Montagmorgen bis Freitag nach Schulschluss mit Ausnahme der Schulferien und der Feiertage, zu erfolgen hat.[13] Auch ist die Unterbringung bei geeigneten **Verwandten** vorzugswürdig, weil sie es den Eltern ermöglicht, den Kontakt zum Kind leichter zu halten und dessen Entwicklung weiter zu beeinflussen, soweit dies dem Kindeswohl nicht schadet.[14]

5 Als Ausgleich für die Trennung und ihre Folgen hat der Staat, soweit das Kindeswohl hierdurch nicht gefährdet wird, für eine **Regelung des Umgangs** zu sorgen und für hinrei-

---

5 BVerfG FamRZ 2006, 537
6 OLG Brandenburg FamRZ 2010, 1743
7 BVerfG FamRZ 2012, 1127 = ZKJ 2012, 186; zu möglichen Folgen eines Kontaktabbruchs zu den leiblichen Eltern vgl. *Prinz/Gresser*, NZFam 2015, 989
8 *Ballof*, FPR 2013, 208, 210
9 Insbesondere BGH FamRZ 2019, 598; kritisch hierzu *Heilmann*, NJW 2019, 1417
10 Dazu *Cirullies*, § 1666 BGB Rn. 19
11 BVerfG FamRZ 2010, 528; FamRZ 2010, 713; OLG Brandenburg BeckRS 2014, 04895
12 Eingehend *Kindler*, FPR 2012, 422, 426; ferner hier *Cirullies*, § 1666 BGB Rn. 42
13 OLG Koblenz FamRZ 2012, 1953
14 BVerfG FamRZ 2014, 907 = JAmt 2014, 406

chende Auskunftserteilung über die Verhältnisse des Kindes Sorge zu tragen. Daher kann es auch geboten, sein, dass das Familiengericht insoweit **von Amts wegen** ein Verfahren einleitet.

III. Entzug der gesamten Personensorge

6 Eine Entziehung der gesamten **Personensorge** als Teil der elterlichen Sorge gemäß § 1626 Abs. 1 Satz 2 BGB liegt vor, wenn die Sorgeberechtigten durch die gerichtliche Maßnahme beide Teilbereiche, d.h. die tatsächliche Sorge für die Person des Kindes und das Vertretungsrecht nach §§ 1626 Abs. 1 Satz 2, 1629 Abs. 1 Satz 1 BGB verlieren.[15]

Unter Beachtung des Verhältnismäßigkeitsgrundsatzes ist zu erwägen, den Eltern anstelle der gesamten Personensorge nur **Teilbefugnisse** zu entziehen. Freilich sind die Unterschiede zum Gesamtentzug marginal, wenn dem Sorgeberechtigten das Aufenthaltsbestimmungsrecht, die Gesundheitsfürsorge und das Recht zur Entscheidung aller Angelegenheiten in Bezug auf Schule bzw. Kindergarten entzogen wird.[16]

An der **Geeignetheit der Sorgerechtsentziehung** zur Abwehr der Kindeswohlgefährdung fehlt es, wenn diese und die dadurch vorbereitete Trennung des Kindes von den Eltern mit anderweitigen Beeinträchtigungen des Kindeswohls einhergehen, welche durch die Beseitigung der festgestellten Gefahr nicht aufgewogen werden.[17]

Gegenüber einer Fremdunterbringung der Kinder scheiden **ambulante Hilfen** durch Leistungen der allgemeinen Förderung der Erziehung oder durch sozialpädagogische Familienhilfe bei fehlender Problemeinsicht und/oder Veränderungsbereitschaft der Eltern als mildere Mittel aus.[18]

§ 1667 BGB Gerichtliche Maßnahmen bei Gefährdung des Kindesvermögens

(1) Das Familiengericht kann anordnen, dass die Eltern ein Verzeichnis des Vermögens des Kindes einreichen und über die Verwaltung Rechnung legen. Die Eltern haben das Verzeichnis mit der Versicherung der Richtigkeit und Vollständigkeit zu versehen. Ist das eingereichte Verzeichnis ungenügend, so kann das Familiengericht anordnen, dass das Verzeichnis durch eine zuständige Behörde oder durch einen zuständigen Beamten oder Notar aufgenommen wird.

(2) Das Familiengericht kann anordnen, dass das Geld des Kindes in bestimmter Weise anzulegen und dass zur Abhebung seine Genehmigung erforderlich ist. Gehören Wertpapiere, Kostbarkeiten oder Schuldbuchforderungen gegen den Bund oder ein Land zum Vermögen des Kindes, so kann das Familiengericht dem Elternteil, der das Kind vertritt, die gleichen Verpflichtungen auferlegen, die nach §§ 1814 bis 1816, 1818 einem Vormund obliegen; die §§ 1819, 1820 sind entsprechend anzuwenden.

(3) Das Familiengericht kann dem Elternteil, der das Vermögen des Kindes gefährdet, Sicherheitsleistung für das seiner Verwaltung unterliegende Vermögen auferlegen. Die Art und den Umfang der Sicherheitsleistung bestimmt das Familiengericht nach seinem Ermessen.

---

15 MüKo-BGB/*Olzen,* § 1666a Rn. 25
16 So OLG Brandenburg ZKJ 2013, 504 = JAmt 2013, 664; a.A. OLG Schleswig NJW-RR 2019, 1289, dazu *Söpper*, NZFam 2019, 1289, ferner *Clausius*, FamRB 2020, 21
17 BVerfG FamRZ 2014, 1177 = ZKJ 2014, 327
18 OLG Celle BeckRS 2017, 152472

Bei der Bestellung und Aufhebung der Sicherheit wird die Mitwirkung des Kindes durch die Anordnung des Familiengerichts ersetzt. Die Sicherheitsleistung darf nur dadurch erzwungen werden, dass die Vermögenssorge gemäß § 1666 Abs. 1 ganz oder teilweise entzogen wird.

(4) Die Kosten der angeordneten Maßnahmen trägt der Elternteil, der sie veranlasst hat.

Von einer Kommentierung wird abgesehen.

§ 1668 bis 1670 BGB

(weggefallen)

§ 1671 BGB Übertragung der Alleinsorge bei Getrenntleben der Eltern

(1) [1]Leben Eltern nicht nur vorübergehend getrennt und steht ihnen die elterliche Sorge gemeinsam zu, so kann jeder Elternteil beantragen, dass ihm das Familiengericht die elterliche Sorge oder einen Teil der elterlichen Sorge allein überträgt. [2]Dem Antrag ist stattzugeben, soweit

1. **der andere Elternteil zustimmt, es sei denn, das Kind hat das 14. Lebensjahr vollendet und widerspricht der Übertragung, oder**
2. **zu erwarten ist, dass die Aufhebung der gemeinsamen Sorge und die Übertragung auf den Antragsteller dem Wohl des Kindes am besten entspricht.**

(2) [1]Leben Eltern nicht nur vorübergehend getrennt und steht die elterliche Sorge nach § 1626a Absatz 3 der Mutter zu, so kann der Vater beantragen, dass ihm das Familiengericht die elterliche Sorge oder einen Teil der elterlichen Sorge allein überträgt. [2]Dem Antrag ist stattzugeben, soweit

1. **die Mutter zustimmt, es sei denn, die Übertragung widerspricht dem Wohl des Kindes oder das Kind hat das 14. Lebensjahr vollendet und widerspricht der Übertragung, oder**
2. **eine gemeinsame Sorge nicht in Betracht kommt und zu erwarten ist, dass die Übertragung auf den Vater dem Wohl des Kindes am besten entspricht.**

(3) [1]Ruht die elterliche Sorge der Mutter nach § 1751 Absatz 1 Satz 1, so gilt der Antrag des Vaters auf Übertragung der gemeinsamen elterlichen Sorge nach § 1626a Absatz 2 als Antrag nach Absatz 2. [2]Dem Antrag ist stattzugeben, soweit die Übertragung der elterlichen Sorge auf den Vater dem Wohl des Kindes nicht widerspricht.

(4) Den Anträgen nach den Absätzen 1 und 2 ist nicht zu entsprechen, soweit die elterliche Sorge auf Grund anderer Vorschriften abweichend geregelt werden muss.

Weiterführende Literatur: Bovenschen/Spangler, Wer kann Bindungsfigur eines Kindes werden? FPR 2013, 194; *Brisch,* Die vier Bindungsqualitäten und die Bindungsstörungen, FPR 2013, 183; *Fegert,* Endgültiges Aus für das Parental Alienation Syndrome (PAS) im amerikanischem Klassifikationssystem DSM-5, ZKJ 2013, 190; *Gottschalk/Heilmann,* Anordnung eines paritätischen Wechselmodells gegen den Willen eines Elternteils?, ZKJ 2017, 181; *Hammer,* Die gerichtliche Anordnung des Wechselmodells, FamRZ 2015, 1433; *Heilmann*, Die Gesetzeslage zum Sorge- und Umgangsrecht, NJW 2012, 16; *Kindler,* Trennungen zwischen Kindern und Bindungspersonen, FPR 2013, 195; *Lengning/Lüpschen,* Auswirkungen auf Bindungs- und Beziehungsqualitäten bei Misshandlung, Vernachlässigung und sexuellem Missbrauch, FPR 2013, 213; *Mayer,* Das Wechselmodell im Kindschaftsrecht, FF 2018, 384; *Salzgeber,* Das Wechselmodell, NZFam 2014, 921; *Schwonberg,* Anordnung eines Wechselmodells, FamRZ 2018, 1298; *Stellung-*

nahme Vorstand DFGT (Coester), Gerichtliche Anordnung eines paritätischen Wechselmodells, FamRZ 2017, 584; *Walter,* Unterschiede zwischen Beziehungen und Bindungen – was sagen der Gesetzgeber und die psychologische Wissenschaft? FPR 2013, 177.

Übersicht

Rn.
A. Allgemeines ... 1
B. Inhalt der Norm ... 4
I. Aufhebung der gemeinsamen elterlichen Sorge, Abs. 1 ... 4
1. Allgemeine Voraussetzungen ... 4
2. Besondere Voraussetzungen nach Abs. 1 Satz 2 Nr. 1 ... 7
3. Besondere Voraussetzungen nach Abs. 1 Satz 2 Nr. 2 ... 11
a) Aufhebung der gemeinsamen elterlichen Sorge ... 12
aa) Mangelnde elterliche Konsensfähigkeit ... 12
bb) Weitere Fallgruppen ... 19
b) Kindeswohldienlichkeit der Alleinsorge des antragstellenden Elternteils ... 27
aa) Allgemeine Erziehungseignung und -fähigkeit ... 30
bb) Bindungstoleranz ... 36
cc) Kontinuitätsprinzip ... 38
dd) Bindungen des Kindes ... 42
ee) Kindeswille ... 44
ff) Förderprinzip ... 47
II. Übertragung der alleinigen elterlichen Sorge auf den Vater bei Alleinsorge der Mutter, Abs. 2 ... 48
1. Alleinsorge der Mutter ... 49
2. Antragsrecht des Vaters ... 50
3. Dauerhaftes Getrenntleben der Eltern ... 51
4. Voraussetzungen eines erfolgreichen Antrags ... 52
a) Zustimmung der Mutter (Abs. 2 Satz 2 Nr. 1) ... 53
b) fehlende Zustimmung der Mutter (Abs. 2 Satz 2 Nr. 2) ... 55
III. Ruhen der elterlichen Sorge der Mutter nach § 1751 BGB ... 58
1. Umfang der Sonderregelung ... 58
2. Voraussetzungen der Norm ... 59
3. Sperrwirkung des Sorgerechtsantrags ... 61
IV. Vorrangige abweichende Entscheidung Abs. 4 ... 62
C. Checkliste für Sorgerechtsanträge nach § 1671 Abs. 1 oder 2 BGB ... 65

A. Allgemeines

1 Die Vorschrift ist durch das Gesetz zur Reform der elterlichen Sorge nicht miteinander verheirateter Eltern mit Wirkung vom 19.5.2013 neu gefasst worden.[1] Anliegen des Gesetzgebers war grundsätzlich die **Schaffung des Leitbildes der gemeinsamen elterlichen Sorge**.[2] Die bislang in §§ 1671 und 1672 BGB erfassten Regelungsgegenstände werden zusammengeführt, § 1672 BGB wurde aufgehoben.

2 In Abs. 1 normiert der Gesetzgeber die Voraussetzungen, unter denen gemeinsam sorgeberechtigte Eltern, die nicht zusammenleben, die alleinige elterliche Sorge insgesamt oder in Teilen übertragen erhalten können. Abs. 2 gibt dem Vater die Möglichkeit, das alleinige Sorgerecht von der bis dahin allein sorgeberechtigten Mutter ganz oder teilweise zu erhalten. Abs. 3 regelt eine Sorgerechtsübertragung auf den Vater, wenn die allein sorgeberechtigte Mutter in eine Adoption des Kindes wirksam eingewilligt hat. Abs. 4 entspricht dem alten Abs. 3 und enthält insbesondere einen Verweis auf §§ 1666, 1667 BGB.

1 BGBl. I 2013 S. 795
2 BT-Drucks. 17/11048, 12

Übersicht: Die Übertragung der elterlichen Sorge nach § 1671 Abs. 1 und 2 BGB 3

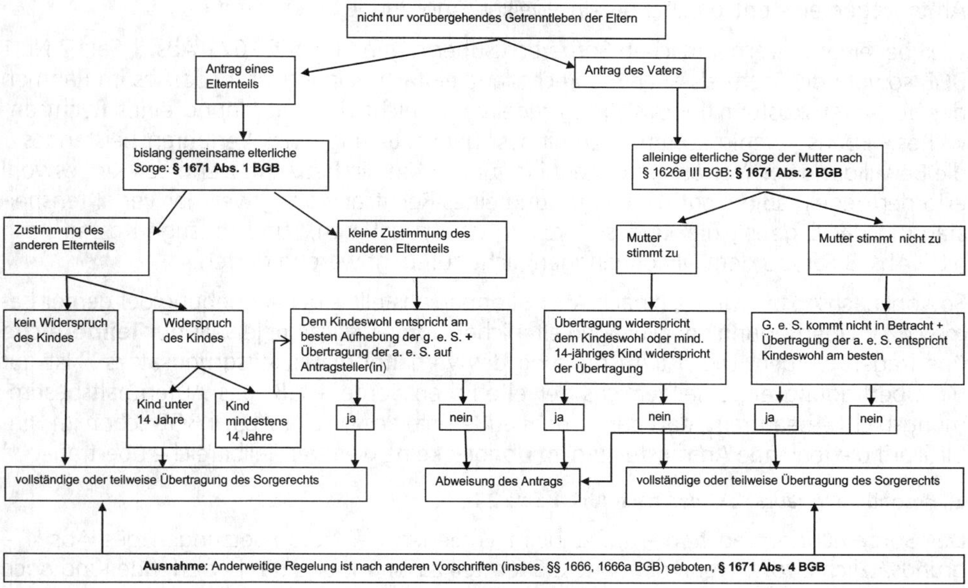

B. Inhalt der Norm

I. Aufhebung der gemeinsamen elterlichen Sorge, Abs. 1

1. Allgemeine Voraussetzungen

4 Die Eltern müssen **gemeinsam sorgeberechtigt** sein, wobei unerheblich ist, ob die gemeinsame elterliche Sorge durch eine bei Geburt des Kindes bestehende Ehe oder eine der Konstellationen des § 1626a Abs. 1 Nr. 1 bis 3 BGB begründet wurde. Sie müssen ferner **dauerhaft getrennt** leben. Insoweit gelten – auch ohne bestehende Ehe – die Maßstäbe des § 1567 BGB (entsprechend). Soweit Eltern noch äußerliche Gemeinsamkeiten wie gemeinsame Mahlzeiten, Gespräche oder Unternehmungen ausschließlich im Rahmen der Wahrnehmung von Umgangskontakten pflegen, stehen diese einer Trennung im Rechtssinne nicht entgegen.[3] Die Trennung muss nach außen dokumentiert sein.[4] Es genügt nur eine **bereits vollzogene Trennung**. Will ein Elternteil die räumliche Trennung erst herbeiführen, dazu jedoch die Kinder mitnehmen, bleibt bis zur Trennung nur die Möglichkeit, sich nach § 1628 BGB die – punktuelle – Entscheidung über den Auszug der Kinder (oder die alleinige Nutzung der Ehewohnung nach § 1361b BGB) übertragen zu lassen.[5]

5 Eine Entscheidung nach § 1671 Abs. 1 BGB erfolgt ausschließlich auf **Antrag**, wobei nach dem klaren Wortlaut **allein die Eltern antragsbefugt** sind. Eine Entscheidung von Amts wegen ist dem Gericht nicht erlaubt.[6] Allerdings ist gemäß § 156 Abs. 3 FamFG das Gericht auch in den Antragsverfahren der §§ 1671, 1632 BGB verpflichtet, den Erlass einer einstweiligen Anordnung mit den Beteiligten und dem Jugendamt zu erörtern. Wenn dann gleichwohl – was selten der Fall sein dürfte – die Eltern sich weder einigen noch

3 OLG Köln FamRZ 2002, 1341
4 *Völker/Clausius,* § 1 Rn. 224 m.w.N.
5 Staudinger/*Coester,* § 1671 Rn. 42; BeckOK-BGB/*Veit,* § 1671 Rn. 15
6 OLG Brandenburg FamRZ 2014, 784 mit Anm. *Fiedler,* NZFam 2014, 183

selbst Anträge auf Erlass von Eilregelungen stellen, ist es dem Gericht auch untersagt, von Amts wegen eine entsprechende einstweilige Anordnung zu erlassen.[7]

Weil bei einer einvernehmlichen Sorgerechtsübertragung nach § 1671 Abs. 1 Satz 2 Nr. 1 BGB sowohl die Sach- als auch die Rechtslage einfach gelagert ist, bedarf es im Rahmen der Verfahrenskostenhilfebewilligung regelmäßig nicht der Beiordnung eines Rechtsanwaltes.[8] Ebenso wenig kommt – zumindest bei Bestellung eines Verfahrensbeistandes – die Bewilligung von Verfahrenskostenhilfe für das Kind in Betracht. Denn das Kindeswohl erfordert regelmäßig nicht die Beiordnung eines Rechtsanwaltes, weil der Verfahrensbeistand in der Lage ist, die Kindesinteressen wahrzunehmen,[9] und sonstige Kosten nach § 81 Abs. 3 FamFG dem Minderjährigen nicht auferlegt werden dürfen.

6 Sowohl nach Abs. 1 wie auch nach Abs. 2 können anstelle einer Aufhebung der gemeinsamen bzw. Übertragung der alleinigen elterlichen Sorge insgesamt jeweils nur **Teilbereiche** übertragen werden. Dies ist Ausprägung des Verhältnismäßigkeitsgrundsatzes.[10] Ist nur die Übertragung eines Teilbereichs der elterlichen Sorge – z.B. das Aufenthaltsbestimmungsrecht – beantragt, darf das Gericht außerhalb des § 1671 Abs. 4 BGB schon im Hinblick auf die fehlende Antragstellung im Übrigen keine weiteren Teilbereiche übertragen.[11]

2. Besondere Voraussetzungen nach Abs. 1 Satz 2 Nr. 1

7 Der Sorgerechtsantrag hat – außer beim Vorliegen der Voraussetzungen des Abs. 4 – grundsätzlich Erfolg, wenn der andere Elternteil zustimmt und das betreffende Kind noch keine 14 Jahre alt ist oder dem Sorgerechtsantrag nicht widerspricht.

8 Die **Zustimmung** ist eine **höchstpersönliche Willenserklärung**; ist der zustimmende Elternteil in der Geschäftsfähigkeit beschränkt, bedarf es gleichwohl keiner Mitwirkung seines gesetzlichen Vertreters.[12] Die Zustimmung kann **formfrei** erklärt werden, und zwar grundsätzlich **gegenüber dem Gericht**. Eine nur Dritten gegenüber erklärte Zustimmung genügt nicht.[13] Das Gericht hat sich im Rahmen der persönlichen Anhörung nach § 160 FamFG von Wirksamkeit, Reichweite, Ernsthaftigkeit und Freiwilligkeit der Zustimmung zu überzeugen.[14] Die Zustimmung darf nicht von einer Bedingung abhängig gemacht werden; ebenfalls genügt die schriftliche Zustimmung oder die Zustimmung durch einen Bevollmächtigten nicht.[15] Ein **Widerruf** ist bis zum Abschluss der letzten Tatsacheninstanz möglich, mithin auch noch in der Beschwerdeinstanz.[16]

9 Eine wirksame Zustimmung führt **ohne Richtigkeitsprüfung** zum Erfolg.[17] Dies ist Ausdruck der vom Gesetzgeber im Kindschaftsrechtsreformgesetz gestärkten Elternautonomie. Insbesondere die Motive der Eltern für ihre übereinstimmende Entscheidung sind – immer vorbehaltlich einer Kindeswohlgefährdung und damit Konsequenzen nach Abs. 4 – diskussionslos zu akzeptieren.[18] Allerdings kann angesichts des klaren gesetzlichen Wortlautes („ihm") die elterliche Sorge nur auf den *antragstellenden*, nicht aber auf den anderen Elternteil übertragen werden.[19]

---

7 OLG Brandenburg FamRZ 2014, 784 mit Anm. *Fiedler,* NZFam 2014,183
8 OLG Saarbrücken FuR 2016, 487
9 BGH ZKJ 2018, 424
10 OLG München FamRZ 1999, 111
11 OLG Brandenburg FamRZ 2014, 1714 m.w.N.
12 *Völker/Clausius*, § 1 Rn. 231; Palandt/*Götz*, § 1671 BGB Rn. 8
13 Palandt/*Götz,* § 1671 BGB Rn.8; offenlassend: OLG Saarbrücken FamRZ 2010, 1680
14 OLG Saarbrücken FamRZ 2010, 1680
15 OLG Koblenz FamRZ 2016, 475
16 BGH DAVorm. 2000, 704; OLG Brandenburg NJW-Spezial 2014, 549 m.w.N.; OLG Düsseldorf FamRZ 2018, 512
17 BGH DAVorm. 2000, 704; OLG Dresden FamRZ 2002, 632: auch bei Abänderungsverfahren
18 Palandt/*Götz*, § 1671 BGB Rn. 10 m.w.N.
19 OLG Saarbrücken ZKJ 2010, 452; a.A. (Übertragung nach § 1628) OLG Celle FamRZ 2011, 48

Negative Voraussetzung für einen nach § 1671 Abs. 1 Nr. 1 BGB erfolgreichen Sorgerechtsantrag ist der **fehlende Widerspruch** des mindestens 14 Jahre alten Kindes. Ist das Kind jünger und widerspricht, hat dies keine unmittelbaren Folgen, kann aber für das Gericht Veranlassung geben, einen Verfahrensbeistand zu bestellen und in eine Prüfung nach § 1671 Abs. 4 BGB einzusteigen.[20] Der Widerspruch eines mindestens 14 Jahre alten Kindes hat **keine Veto-Wirkung**.[21] In diesem Fall kann das Gericht aber nicht mehr ohne Sachprüfung entscheiden, sondern dem Antrag allenfalls nach § 1671 Abs. 2 Nr. 2 BGB entsprechen. Der Widerspruch kann auch durch einen Verfahrensbeistand übermittelt werden. Ob der Verfahrensbeistand *anstelle* des Kindes widersprechen kann,[22] erscheint zweifelhaft, weil auch das Widerspruchsrecht höchstpersönlicher Natur und der Verfahrensbeistand nicht gesetzlicher Vertreter des Kindes ist, § 158 Abs. 4 Satz 6 FamFG. 10

3. Besondere Voraussetzungen nach Abs. 1 Satz 2 Nr. 2

Liegen die Voraussetzungen nach Abs. 1 Satz 1 Nr. 1 nicht vor, ist nach überwiegender Meinung[23] eine **doppelte Kindeswohlprüfung** erforderlich: Das Gericht muss die Überzeugung gewinnen, dass es dem Kindeswohl am besten entspricht, wenn 11

- die gemeinsame elterliche Sorge aufgehoben und
- die elterliche Sorge dem Antragsteller allein übertragen wird.

Fehlen die Voraussetzungen für eine gemeinsame Wahrnehmung der Elternverantwortung, so darf der Gesetzgeber einem Elternteil die Hauptverantwortung für das Kind zuordnen; es ist von Verfassungs wegen nicht geboten, der gemeinsamen Sorge gegenüber der alleinigen Sorge einen Vorrang einzuräumen.[24]

Die von Amtsgericht und OLG gewonnene Überzeugung wird vom BVerfG im Rahmen einer Verfassungsbeschwerde nur eingeschränkt überprüft: Die Aufgabe des Bundesverfassungsgerichts beschränkt sich hier grundsätzlich darauf zu prüfen, ob die Fachgerichte eine auf das Wohl des Kindes ausgerichtete Entscheidung getroffen und dabei die Tragweite der Grundrechte aller Beteiligten nicht grundlegend verkannt haben.[25] Dieser Prüfungsmaßstab ist gegenüber Entscheidungen in Konstellationen, in denen es um die Trennung eines Kindes von seinen Eltern geht und die damit Art. 6 Abs. 3 GG unterfallen, deutlich zurückgenommen.[26]

a) Aufhebung der gemeinsamen elterlichen Sorge

aa) Mangelnde elterliche Konsensfähigkeit

- Im Hinblick auf das Leitbild der gemeinsamen elterlichen Sorge sind an deren Aufhebung **hohe Anforderungen** zu stellen. Die überwiegende Fallgruppe für Sorgerechtsübertragungen auf einen Elternteil bildet die mangelnde Konsensfähigkeit der Eltern. Nach wie vor setzt jedoch eine dem Kindeswohl entsprechende gemeinsame Ausübung der Elternverantwortung ein Mindestmaß an Übereinstimmung in wesentlichen Bereichen der elterlichen Sorge und insgesamt eine tragfähige soziale Beziehung zwischen den Eltern voraus.[27] Die Aufhebung der gemeinsamen elterlichen Sorge erfordert: 12

20 MüKo-BGB/*Hennemann*, § 1671 Rn. 66; BeckOK-BGB/*Veit,* § 1671 BGB Rn. 34 m.w.N.
21 BT-Drucks. 13/4899, 99
22 So Palandt/*Götz,* § 1671 BGB Rn. 9; BeckOK-BGB/*Veit,* § 1671 Rn. 34.1 m.w.N.
23 Nachweise für beide Auffassungen und selbst offenlassend: OLG Brandenburg FamRZ 2014, 1380
24 BVerfG ZKJ 2018, 373
25 BVerfG FF 2016, 304; ZKJ 2018, 373
26 BVerfG ZKJ 2014, 379; siehe auch hier *Cirullies*, § 1666 Rn. 68
27 BVerfG NJW 2010, 3008; BGH ZKJ 2011, 220 zu § 1626a BGB = FamRZ 2011, 796; *Heilmann*, NJW 2012, 16, 17 je m.w.N.

- eine **schwerwiegende und nachhaltige Störung der elterlichen Kommunikation**,
- darüber hinaus die Feststellung, dass den Eltern eine **gemeinsame Entscheidungsfindung nicht möglich** sein wird
- sowie die zusätzliche Feststellung, dass das **Kind erheblich belastet** würde, wenn seine Eltern gezwungen würden, die elterliche Sorge gemeinsam zu tragen.[28]

13 Eine in vorgenanntem Sinn ausreichende elterliche Kommunikationsstörung ist zu bejahen bei „tiefen Hassgefühlen"[29] oder gar Tätlichkeiten gegen den anderen Elternteil.[30] Schwer wiegende Indizien für eine solche Kommunikationsstörung sind lautstarke Auseinandersetzungen verbunden mit kategorischer Weigerung, Kontakt zum anderen Elternteil zu halten,[31] die ausschließliche Abwicklung elterlicher Absprachen über Anwälte, SMS oder E-Mail[32] oder über dem Kind mitgegebene Zettel,[33] auch eine (religiös motivierte) Ablehnung direkter Kommunikation.[34] Gegenläufige Anträge hinsichtlich der Übertragung des Aufenthaltsbestimmungsrechts bilden regelmäßig ein gewichtiges Indiz für die Aufhebung der gemeinsamen elterlichen Sorge zumindest für diesen Teilbereich.[35]

14 Umgekehrt reicht nicht jede Kommunikationsstörung für eine Aufhebung der elterlichen Sorge. Insoweit ist zu bedenken, dass eine Übertragung des alleinigen Sorgerechts auf einen Elternteil in seiner Wirkung für den anderen Elternteil einem völligen Entzug des Sorgerechts nach § 1666 BGB gleichkommt. Beide Eltern bleiben *grundsätzlich zum Konsens verpflichtet*.[36] Sind indes in der Vergangenheit sämtliche Vermittlungsversuche unter Inanspruchnahme professioneller Hilfe ergebnislos gescheitert, kann eine gemeinsame elterliche Sorge von Eltern, denen es an jeglicher Kommunikations- und Kooperationsfähigkeit fehlt, nicht mit der Berufung auf die Konsenspflicht aufrechterhalten werden, weil dies dem Kindeswohl nicht entspricht.[37] Sind sich die Eltern in Grundfragen der Erziehung einig und kommt es zwischen ihnen lediglich in **Nebenfragen** zu Streitigkeiten, so besteht kein Anlass, von der gemeinsamen elterlichen Sorge abzugehen; gleiches gilt, wenn trotz Meinungsverschiedenheiten eine Kooperation auf der Elternebene noch möglich ist.[38] Ein formelhafter Vortrag, mit dem anderen Elternteil „könne man nicht reden", reicht nicht aus, erst recht nicht, wenn die Eltern über wichtige Teilbereiche der elterlichen Sorge wie den Lebensmittelpunkt des Kindes und Umgangsrecht Einigkeit erzielen.[39] Gelingt es auch unter Einschaltung von Beratungsstellen nicht, Einvernehmen zu erzielen, scheidet eine Sorgerechtsübertragung gleichwohl aus, wenn die Meinungsverschiedenheiten nur **Alltagsangelegenheiten** betreffen, welche ohnehin der Alleinentscheidungsbefugnis des betreuenden Elternteils gemäß § 1687 Abs. 1 Satz 2 BGB unterliegen. Ebenso kann es vor Übertragung von Teilbereichen oder des gesamten Sorgerechts geboten sein, eine **einzelne situative** Angelegenheit von erheblicher Bedeutung über § 1628 BGB klären zu las-

---

28 OLG Celle MDR 2014, 903 = ZKJ 2015, 74
29 OLG Hamm FamRZ 2012, 1064; OLG Hamm FamRZ 2010, 1258
30 BVerfG FamRZ 2004, 354; OLG Saarbrücken, Beschl. v. 5.12.2011 – 9 UF 135/11, juris = FamRZ 2012, 1064 (LS)
31 OLG Brandenburg, Beschl. v. 14.5.2007 – 9 UF 55/06, juris
32 OLG Braunschweig FamRZ 2002, 121
33 OLG Frankfurt FamFR 2012, 310
34 OLG Celle FamRZ 2004, 1667
35 OLG Köln ZKJ 2019, 69 m.w.N.
36 BGH FamRZ 2008, 592
37 OLG Stuttgart ZKJ 2017, 75
38 OLG Hamm FamRZ 2006, 1058
39 OLG Köln FamRZ 2003, 1492

sen.[40] Droht jedoch eine Vielzahl von Einzelentscheidungen nach § 1628 BGB, kann eine Sorgerechtsübertragung nach § 1671 Abs. 1 BGB erfolgen.[41]

Es muss ferner zu erwarten sein, dass die schwerwiegende Störung der elterlichen Kommunikation **gemeinsame Entscheidungen voraussichtlich unmöglich** machen wird. Dies ist z.B. nicht der Fall, wenn die Eltern trotz grundsätzlich unterschiedlicher Auffassungen über den Lebensmittelpunkt eines Kindes in der Praxis über Jahre hinweg ein Wechselmodell (mit unterschiedlichen Aufenthaltszeiten beim jeweiligen Elternteil) praktiziert und trotz Streit in Alltagsangelegenheiten die wesentlichen Grundentscheidungen einvernehmlich getroffen haben.[42] Anhaltspunkte für eine voraussichtliche Einigungsunfähigkeit sind beispielsweise gescheiterte Elterngespräche trotz Inanspruchnahme von Beratungsstellen,[43] die Vielzahl der Streitpunkte,[44] Häufigkeit vorangegangener Gerichtsverfahren[45] oder auch die Verursachung der Kommunikationsstörung durch tätliche Übergriffe eines Elternteils gegen den anderen. 15

Das Ausmaß des elterlichen **Verschuldens** für die Kommunikationsstörung ist für die Aufhebung der elterlichen Sorge nicht entscheidend.[46] Zwar hat es damit letztlich ein Elternteil durch eine starre Verweigerungshaltung in der Hand, eine Aufhebung der gemeinsamen elterlichen Sorge zu erreichen. Die Entscheidung für die Alleinsorge eines Elternteils hat aber weder Bestrafungs- noch Belohnungsfunktion für die Eltern.[47] Es kann deshalb u. U. im Einzelfall sogar auch einer Mutter, die allein verantwortlich ist für das Scheitern der elterlichen Kommunikation, die alleinige elterliche Sorge zu übertragen sein.[48] 16

Schließlich muss durch die mangelnde Konsensfähigkeit der Eltern das **Kind erheblich belastet** sein. Dies ist bei Vorliegen einer nachhaltig schwer beeinträchtigten elterlichen Kommunikationsfähigkeit und fehlender Aussicht auf Einigung zu vermuten, weil regelmäßig in diesen Fällen das Kind in einen Loyalitätskonflikt hineingezogen wird, der dem Kindeswohl abträglich ist. Die Beeinträchtigung, die die Kinder durch den andauernden Streit ihrer Eltern erfahren, widerspricht regelmäßig dem Kindeswohl. Es kann Kindern nicht zugemutet werden, erhebliche emotionale Konflikte der Eltern ertragen zu müssen, die diese schon als Erwachsene nicht lösen können und in die ein Kind zwangsläufig einbezogen wird.[49] In dieser Situation ist durch das Gericht für die Zukunft sicherzustellen, dass die aus der nicht funktionierenden gemeinsamen Sorge entstehenden nachteiligen Folgen ein Ende finden.[50] Wenn die begründete Besorgnis besteht, dass die Eltern nicht in der Lage sein werden, ihre Streitigkeiten in wesentlichen Bereichen der elterlichen Sorge konstruktiv und ohne gerichtliche Auseinandersetzungen beizulegen, ist eine erzwungene gemeinsame elterliche Sorge dem Kindeswohl nicht zuträglich.[51] Denn erst die tatsächliche Erfüllung der elterlichen Verpflichtung zur Einigung dient dem Kindeswohl, nicht schon das Bestehen der Pflicht alleine; elterliche Gemeinsamkeit lässt sich in der Realität aber nicht durch gerichtliche Entscheidung verordnen.[52] 17

---

40 BGH FamRZ 2005, 1167; OLG Düsseldorf FamRZ 1999, 1157; BeckOK-BGB/*Veit,* § 1628 Rn. 11 m.w.N.
41 OLG Hamm FamRZ 2007, 756
42 KG FamRZ 2006, 1626
43 OLG Zweibrücken FamRZ 2000, 627
44 OLG München FamRZ 2012, 1062
45 *Völker/Clausius*, § 1 Rn. 245 m.w.N.
46 BGH FamRZ 2008, 592; OLG Frankfurt, Beschl. v. 7.2.2018 – 4 UF 226/17, juris m.w.N.; OLG Celle NZFam 2018, 528
47 OLG Frankfurt FamRZ 2014, 317 m.w.N.
48 OLG Brandenburg BeckRS 2010, 04111
49 OLG Brandenburg BeckRS 2014, 12084
50 OLG Frankfurt FamRZ 2014, 317
51 OLG Hamm NZFam 2014, 430 m.w.N.
52 BGH FamRZ 2008, 592; BT-Drucks. 13/4899, 99

18 Lässt sich allerdings nicht mit der notwendigen Sicherheit feststellen, dass eine Auflösung der gemeinsamen elterlichen Sorge für eine Verbesserung sorgen wird, kommt eine Übertragung auf nur einen Elternteil nicht in Betracht. Das Grundrecht der Eltern und das des Kindes würden verletzt, wenn von dem Eingriff in die Sorgerechtsverhältnisse mindestens gleich ungünstige Auswirkungen auf das Kindeswohl zu erwarten sind wie vom Beibehalten der gegebenen, dringend verbesserungsbedürftigen Verhältnisse.[53] So kann z.B. die gemeinsame elterliche Sorge trotz schwerwiegender Differenzen beizubehalten sein, wenn die Alternativlösung (Übertragung auf einen Elternteil) zu einem Beziehungsabbruch des Kindes zum anderen Elternteil führen würde, der für das Kind noch größere Beeinträchtigungen nach sich zieht als der andauernde Elternkonflikt.[54]

bb) Weitere Fallgruppen

19 Anträge auf Übertragung der elterlichen Sorge werden mit häufig wiederkehrenden Begründungen, die sich zum Teil mit der Fallgruppe fehlender Konsensfähigkeit überschneiden, gestellt. Als **tragfähige Begründung** für eine Aufhebung der gemeinsamen elterlichen Sorge sind in der Rechtsprechung unter anderem anerkannt worden:

- Wunsch nach **Auswanderung** mit dem gemeinsamen Kind gegen den Widerspruch des anderen Elternteils[55]
- Mangelnde **Unterhaltszahlungen** trotz Leistungsfähigkeit[56]
- **Gewalttätige Übergriffe** des anderen Elternteils (häusliche Gewalt)[57]
- **Sexueller Missbrauch** des Kindes (wenn **nachgewiesen** oder mindestens überwiegend wahrscheinlich)[58]

20 Als **nicht allein tragfähige Begründung** wurden eingestuft:

- **Mangelnder Kontakt** zwischen Kind und anderem Elternteil[59]
- Große räumliche **Entfernung**[60]
- Meinungsverschiedenheiten über **religiöse Erziehung**[61]
- Tatsächliche Behinderungen bei der Sorgerechtsausübung infolge **Strafhaft**[62]

21 Haben die Eltern keinen oder nur geringen Kontakt zueinander, jedoch ein Elternteil dem anderen eine **Vollmacht**[63] zur alleinigen Regelung der das Kindeswohl nachhaltig berührenden Angelegenheiten erteilt, so wird vielfach die Voraussetzungen für eine Aufhebung der gemeinsamen elterlichen Sorge verneint.[64] Für diese Auffassung spricht einerseits, dass ein staatlicher Eingriff in das elterliche Grundrecht vermieden wird. Erfolgt die Vollmachtserteilung infolge Elternvereinbarung als Ausfluss einer insoweit noch funktionierenden sozialen Beziehung und ist der Vollmachtnehmer auch seinerseits bereit, Informations- und Rechenschaftspflichten zu erfüllen, kann sie eine gerichtliche Sorgerechtsrege-

---

53 OLG Brandenburg FamRZ 2014, 1380
54 OLG Frankfurt FamRZ 2017, 806 (Absicht der Mutter, mit dem Kind nach Südafrika auszuwandern)
55 BGH FamRZ 2010, 1060
56 OLG Karlsruhe, Beschl. v. 6.11.2009 – 2 UF 60/09, juris = FamRZ 2010, 391 (LS)
57 BVerfG FamRZ 2004, 354; OLG Saarbrücken ZKJ 2010, 452; OLG Hamm FamRZ 2000, 501
58 KG, Beschl. v. 5.4.2012 – 17 UF 15/12, juris, m.w.N., Rn. 26 = ZKJ 2012, 358 (LS)
59 OLG Schleswig ZKJ 2012, 228; OLG Dresden FamRZ 2002, 973; siehe aber auch OLG Nürnberg MDR 2011, 1237
60 BVerfG FamRZ 2004, 1015; OLG Dresden FamRZ 2000, 501 (LS); AG Ludwigslust FamRZ 2010, 388
61 BGH NJW 2005, 2080
62 OLG Naumburg FamRZ 2003, 1947; kritisch Staudinger/*Coester*, § 1671 BGB Rn. 144
63 OLG Frankfurt FamRZ 2019, 1144, bevorzugt den Begriff der „Ermächtigung"
64 OLG Schleswig ZKJ 2012, 228 = FamRZ 2012, 1066; Erman/*Döll*, § 1671 BGB Rn. 18

lung überflüssig machen.[65] Andererseits überwiegen die Bedenken: So kann eine solche Vollmacht grundsätzlich jederzeit widerrufen werden[66] und ein neues gerichtliches Verfahren erforderlich werden. Eine Sorgerechtsvollmacht ist daher kein geeignetes Mittel zur Konfliktvermeidung, eine Entscheidung nach § 1671 Abs. 1 BGB bietet zudem wegen der Abänderungshürde des § 1696 BGB größere Rechtssicherheit.[67] Zudem fragt sich, welchen Wert die formale Beibehaltung des elterlichen Sorgerechts noch haben soll, wenn de facto ohnehin ein Elternteil die alleinige Entscheidungsbefugnis besitzt und welchen Sinn die rechtliche Möglichkeit zur erzieherischen Einflussnahme aus Sicht des Kindes noch besitzt, wenn der Elternteil mangels Kontakt zum Kind gar keine zuverlässige Entscheidungsgrundlage besitzt. Die Erteilung einer Sorgerechtsvollmacht wird indes regelmäßig das für eine Eilregelung notwendige besondere Bedürfnis für ein sofortiges Tätigwerden des Gerichts entfallen lassen.[68]

Oftmals werden Sorgerechtsverfahren geführt, obwohl Entscheidungen i.S.v. § 1687 Abs. 1 Satz 1 BGB in naher Zukunft gar nicht anstehen. Die Rechtsprechung sieht ein solches **Fehlen anstehender Sorgerechtsfragen** zumeist als Argument gegen die Aufhebung der gemeinsamen elterlichen Sorge.[69] Die Zeit, die bis zu tatsächlich notwendigen Entscheidungen verstreiche, könne zu einer weiteren Versachlichung der Beziehung der Eltern zueinander führen, so dass sie dann in der Lage seien, die konkrete Entscheidung einvernehmlich zu treffen.[70] Dagegen lässt sich allerdings überzeugend anführen, dass die Notwendigkeit zu solchen Entscheidungen auch unversehens auftreten kann und ein erneutes gerichtliches Verfahren erforderlich würde.[71] Zudem muss ausschlaggebend sein, in welchem Ausmaß die Eltern bei Entscheidungsreife des Sorgerechtsverfahrens zerstritten sind und welche Folgen dies für das Kind hat; späteren Abweichungen von der Prognoseentscheidung, ob künftig gemeinsame Entscheidungen möglich sein werden, ist durch Abänderungsverfahren Rechnung zu tragen.[72] 22

cc) Wechselmodell

Zunehmend diskutiert wird die Frage, inwieweit eine Sorgerechtsentscheidung bei Streitigkeiten der Eltern im Zusammenhang mit einem bislang praktizierten oder von einem Elternteil künftig gewünschten **Wechselmodell** in Betracht kommt. Dabei ist zunächst die **Begrifflichkeit** zu klären: Unterhaltsrechtlich erkennt der BGH als Wechselmodell nur eine solche Regelung an, bei welcher das Kind „in etwa gleich langen Phasen abwechselnd jeweils bei dem einen und dem anderen Elternteil lebt"[73] („paritätisches Wechselmodell"). Teilweise wird von einem (asymmetrischen) Wechselmodell aber bereits dann gesprochen, wenn beide Eltern einen substantiellen Anteil an der persönlichen Betreuung des Kindes (Alltag und Freizeit) von mindestens 30% tragen und das Kind bei beiden „zuhause ist".[74] Zur begrifflichen Abgrenzung erscheint hier der Begriff der „geteilten Betreuung"[75] vorzugswürdig. Daneben gibt es das sg. **Nestmodell**, bei welchem das Kind in der früheren gemeinsamen Wohnung abwechselnd von einem Elternteil betreut wird.[76] Das BGB geht 23

65 OLG Karlsruhe ZKJ 2016, 59 m.w.N.; OLG Frankfurt FamRZ 2019, 1144, wenn ein Widerruf nicht zu erwarten ist
66 OLG Frankfurt, Beschl. v. 1.2.2013 – 5 UF 315/12, juris; OLG Hamm ZKJ 2011, 303
67 OLG Düsseldorf ZKJ 2018, 106
68 OLG Frankfurt FamRZ 2018, 1679
69 OLG Brandenburg FamRZ 2014, 322
70 OLG Hamm FamRZ 1999, 1199
71 OLG Karlsruhe FamRZ 2000, 1041
72 Staudinger/*Coester,* § 1671 BGB Rn. 259
73 BGH FamRZ 2014, 917, Rn. 16
74 www.dfgt.de/resources/2013_Arbeitskreis_7.pdf (Zugriff: 28.2.2020)
75 OLG Frankfurt FamRB 2019, 102
76 *Völker/Clausius,* § 1 Rn. 319

vom sog. **Residenzmodell** aus, bei welchem das Kind bei einem Elternteil wohnt und von diesem betreut wird und zum anderen Elternteil Umgangskontakte unterhält.[77]

24 Eine Verpflichtung des Gesetzgebers, das paritätische Wechselmodell als gesetzlichen Regelfall einzuführen, besteht weder aus verfassungsrechtlichen Gründen noch im Hinblick auf die UN-Kinderrechtekonvention.[78] Die gerichtliche Anordnung eines paritätischen Wechselmodells auch gegen den Willen eines Elternteils hat der BGH[79] im Rahmen einer gerichtlichen *Umgangs*regelung (unter strengen Voraussetzungen) für grundsätzlich zulässig erklärt. Ob eine solche Anordnung dagegen auch als *sorgerechtliche* Regelung ergehen könnte, hat er bislang ausdrücklich offengelassen.[80] Rechtssystematisch spricht zwar mehr für eine solche Einordnung, weil das Umgangsrecht nicht in erster Linie aus Elternsicht zu sehen ist, der Zweck des Umgangs auch keine Parität erfordert[81] und bei einem Wechselmodell zugleich ein – wechselnder – Lebensmittelpunkt des Kindes festgelegt wird, was aber eher als Frage der Aufenthaltsbestimmung anzusehen wäre.[82] Bis zur zitierten BGH-Entscheidung war es ganz überwiegende Auffassung in der obergerichtlichen Rechtsprechung, dass keine Anordnung eines Wechselmodells gegen den Willen eines Elternteils erfolgen kann, wenn es bislang nicht praktiziert wurde,[83] zumindest nicht im Rahmen einer sorgerechtlichen Regelung.[84] Gegen die Anordnung eines Wechselmodells im Rahmen eines **Sorgerechtsverfahrens** sprechen jedoch ebenfalls gute Gründe: Das Wechselmodell ist als eine Form der Sorgerechts*ausübung*[85] einzustufen, § 1671 Abs. 1 BGB zielt dagegen auf eine Sorgerechts*zuweisung*.[86] Die Vorschrift scheidet als Rechtsgrundlage für die gerichtliche Anordnung im Rahmen einer Sorgerechtsregelung damit aus,[87] weil sie bei nicht überwindbarem Elternstreit die (teilweise) *Übertragung* der elterlichen Sorge auf einen Elternteil vorsieht. Erst recht deckt § 1671 Abs. 1 Nr. 2 BGB nicht die Zuweisung von Sorgerechtsbefugnisse auf einen Elternteil aufgrund des Antrages des anderen.[88] Sind die Eltern indes so zerstritten, dass sie keine Einigung über den Lebensmittelpunkt des Kindes erzielen können, ist nicht ersichtlich, wie zugleich die geforderte Kooperationsfähigkeit gegeben sein soll.[89] Ein zeitlich in regelmäßigen Abständen wechselndes Aufenthaltsbestimmungsrecht der Eltern ist vom Gesetzgeber nicht vorgesehen[90] und bezweckt unter dem Deckmantel der periodischen Zuweisung des Vollrechts im Endeffekt eine Regelung der konkreten Ausübung des Aufenthaltsbestimmungsrechts.[91]

25 Soweit die – **erstmalige** – Anordnung des paritätischen Wechselmodells als sorgerechtliche Regelung gleichwohl im Rahmen einer Sorgerechtsregelung nach § 1671 Abs. 1 BGB für möglich erachtet wird,[92] ist unverzichtbare Voraussetzung für ein **Wechselmodell** in jedem Fall eine **bereits bestehende** elterliche Kooperations- und Kommunikationsfähig-

---

77 *Faber*, jM 2014, 8
78 BVerfG ZKJ 2015, 419
79 BGH ZKJ 2017, 190 = FamRZ 2017, 532
80 BGH ZKJ 2017, 190 = FamRZ 2017, 532
81 OLG Karlsruhe FamRZ 2015, 1736
82 OLG München FamRZ 2016, 2120; *Gottschalk/Heilmann*, ZKJ 2017, 181
83 OLG Jena FamRZ 2016, 2126; OLG Naumburg FamRZ 2014, 50; OLG München FamRZ 2013, 1822; weitere Nachweise bei Kinderrechtekommission *(Coester)*, FamRZ 2014, 1157, 1163; a.A. „für Ausnahmefälle" KG ZKJ 2012, 267; für grundsätzliche Anordnungsmöglichkeit AG Erfurt FamRZ 2015, 339
84 OLG München FamRZ 2016, 2120
85 Ausdrücklich auch BGH FamRZ 2017, 532 Rn. 20
86 OLG Saarbrücken ZKJ 2015, 32; Kinderrechtekommission (*Coester*), FamRZ 2014, 1157, 1163 m.w.N.
87 OLG Frankfurt FamRB 2019, 102; OLG Jena FamRZ 2016, 2126; OLG Düsseldorf ZKJ 2011, 256; a. A. *Hammer*, FamRZ 2015, 1433 m.w.N.
88 BeckOK-BGB/*Veit*, § 1671 Rn. 83 m.w.N.
89 OLG Jena FamRZ 2016, 2126
90 Staudinger/*Coester*, § 1671 BGB Rn. 51a mit Rechtsprechungsnachweisen
91 OLG Schleswig FamRB 2016, 345
92 Z.B. OLG Bremen ZKJ 2019, 25

keit. Die Anordnung eines Wechselmodells, um elterliche Kommunikationsfähigkeit und -bereitschaft überhaupt erst herbeizuführen, scheidet aus.[93] Bei bestehender hoher elterlicher Konfliktbelastung wird das Wechselmodell regelmäßig nicht dem Kindeswohl entsprechen, da das Kind durch vermehrte oder ausgedehnte Kontakte auch mit dem anderen Elternteil verstärkt mit dem elterlichen Streit konfrontiert wird und durch den von den Eltern oftmals ausgeübten Koalitionsdruck in Loyalitätskonflikte gerät.[94] Die Ablehnung eines Wechselmodells durch einen Elternteil kann ein Indiz für eine solche Konfliktbelastung sein.[95]

Will ein Elternteil einseitig ein **bislang praktiziertes Wechselmodell beenden**, so stellen einige Gerichte weniger auf entgegenstehende Willensäußerungen eines Elternteils ab und ordnen ggf. die Fortsetzung des Wechselmodells an.[96] Anhand der Kriterien des § 1671 Abs. 1 BGB ist in diesen Fällen zu prüfen, ob die Fortsetzung des bislang praktizierten Wechselmodells oder eine abweichende Regelung dem Kindeswohl am besten entspricht.[97] Entspricht die Aufrechterhaltung des Wechselmodells dem Kindeswohl am besten, kann dessen Fortsetzung mit der Fortgeltung der ursprünglichen bindenden Elternvereinbarung begründet werden, von der nicht ein Elternteil einseitig abweichen kann.[98] Teilweise wird in dieser Konstellation auch im Rahmen eines Sorgerechtsverfahrens unter Abweisung gegenläufiger Anträge zum Aufenthaltsbestimmungsrecht das Wechselmodell gerichtlich festgeschrieben,[99] teilweise wird die Auffassung vertreten, die Festschreibung könne nur in einem gesonderten, nicht vom Beschwerdegericht, sondern nur vom Familiengericht ggf. v.A.w. einzuleitenden Umgangsverfahren erfolgen.[100] **25a**

Streitig ist, ob sich bei *Aufrechterhaltung des Wechselmodells gegen den Willen des Antragstellers* die Entscheidung mit einer Abweisung des Antrages begnügen kann.[101] Zum Teil wird argumentiert, in diesen Fällen sei in einer Gesamtabwägung mit den übrigen Sorgerechtskriterien zu entscheiden, ob die einseitige Beendigung des praktizierten Wechselmodells dem Kindeswohl „am besten" entspricht und, wenn dies nicht der Fall sei, das Aufenthaltsbestimmungsrecht dem Elternteil zu übertragen, der das Wechselmodell fortzusetzen beabsichtigt.[102] Zum Teil greift die Rechtsprechung in dieser Konstellation zu einer Umgangsregelung i.S. eines wechselnden Aufenthaltes des Kindes v.A.w.[103] oder das Aufenthaltsbestimmungsrecht wird sogleich dem fortsetzungswilligen Elternteil übertragen.[104] Eine v.A.w. erfolgende Umgangsregelung kann allerdings das Beschwerdegericht in einem Sorgerechtsverfahren selbst nicht treffen.[105] Überzeugender ist es, den Antrag des Elternteils zurückzuweisen, der das Wechselmodell beenden möchte:[106] Die Lösung vermeidet den Eingriff in sorgerechtliche Befugnisse und für eine Umgangsregelung v.A.w. besteht keine Notwendigkeit, weil der Elternteil, der das Wechselmodell fortsetzen will, dem anderen Elternteil ausreichend Umgangskontakte durch den wechselnden Aufenthalt des Kindes gewährleistet. **26**

93 BGH FamRZ 2017, 532; OLG Bamberg FamRZ 2018, 438
94 OLG Bremen ZKJ 2019, 15 m.w.N.
95 OLG Bremen ZKJ 2019, 15 m.w.N.
96 OLG Schleswig FamRB 2014, 251 mit zustimmender Anm. *Maes*, jurisPR-FamR 16/2014 Anm. 4; OLG Naumburg FamRZ 2014, 1860
97 OLG Dresden FamRZ 2017, 896
98 Kinderrechtekommission (*Coester*), FamRZ 2014, 1157, 1163
99 OLG Brandenburg ZKJ 2018, 469
100 OLG Frankfurt FamRB 2019, 102
101 So OLG Frankfurt FamFR 2013, 500; a.A. (Übertragung des Aufenthaltsbestimmungsrechts auf den fortsetzungswilligen Elternteil): OLG Düsseldorf FamRZ 2011, 1154
102 *Völker/Clausius*, § 1 Rn. 323 m.w.N.
103 OLG Frankfurt FamRB 2019, 102; KG FamRZ 2012, 886
104 OLG Düsseldorf FamRZ 2011, 1154; OLG Brandenburg, Beschl. v. 6.5.2016 – 10 UF 7/16, juris, Rn. 26
105 OLG Frankfurt FamRB 109, 102
106 So im Ergebnis auch OLG Frankfurt FamFR 2013, 500

26a Bei jeglicher Anordnung eines Wechselmodells ist oberste Richtschnur das Wohl des Kindes.[107] Deshalb ist unabhängig von allen dogmatischen Streitigkeiten zu berücksichtigen, dass ein solches Betreuungsmodell an die Eltern erhöhte Abstimmungs- und Kooperationsanforderungen stellt.[108] Zu beiden Elternteilen muss eine auf sicherer Bindung beruhende tragfähige Bindung bestehen.[109] Hinsichtlich des Alters des Kindes ist zu berücksichtigen, dass nach Erkenntnissen der Bindungsforschung das Fehlen eines eindeutigen Zuhauses für Kinder unter drei Jahren einen Risikofaktor darstellen kann.[110] Zudem müssen die äußeren Rahmenbedingungen (eine gewisse Nähe der elterlichen Haushalte und die Erreichbarkeit von Schule und Betreuungseinrichtungen) gewährleistet sein.[111] Eine Entfernung von ca. 100 km zwischen den Wohnorten der Eltern und wechselnde, Absprachen erschwerende Arbeitszeiten sprechen gegen ein Wechselmodell.[112] Nicht zuletzt gilt es, den Willen und die Interessen des Kindes zu beachten. Das Kind trägt die Last des Wechselmodells,[113] da es fortlaufend den Wohnort wechseln muss, nicht die Eltern, für die oftmals ein Nestmodell wegen der dann sie treffenden notwendigen häufigen Wohnortwechsel keine echte Alternative bildet. Auch ist zu bedenken, dass sich Kinder nicht selten aus einem tief verwurzelten Gerechtigkeitsgefühl und zur Vermeidung eines Loyalitätskonfliktes für ein Wechselmodell aussprechen, ohne sich in vollem Umfang über die Belastungen dieses Betreuungsmodells für sie selbst im Klaren zu sein.

b) Kindeswohldienlichkeit der Alleinsorge des antragstellenden Elternteils

27 Im zweiten Prüfungsschritt ist festzustellen, ob die alleinige elterliche Sorge gerade des antragstellenden Elternteils die dem Kindeswohl am besten entsprechende Lösung bildet.

28 Begehrt ein Elternteil die alleinige elterliche Sorge, sollte der andere Elternteil sich *nicht auf einen Abweisungsantrag beschränken*, sondern hilfsweise die Übertragung des alleinigen Sorgerechts oder entsprechender Teilbefugnisse auf sich beantragen. Denn nur bei einem entsprechenden Antrag kann eine Sorgerechtsentscheidung zu seinen Gunsten ergehen, wenn das Gericht eine Aufhebung der gemeinsamen elterlichen Sorge für notwendig erachtet.[114]

29 Bei wechselseitigen Sorgerechtsanträgen ist zu entscheiden, welcher Elternteil besser in der Lage ist, die Erziehung des Kindes zu einer „eigenverantwortlichen und gemeinschaftsfähigen Persönlichkeit" (vgl. § 1 Abs. 1 SGB VIII) zu gewährleisten. Das Gericht hat zu prüfen, von welchem Elternteil das Kind künftig *die größte Unterstützung für seine seelische, geistige und körperliche Entwicklung* erwarten kann.[115] Hierzu haben Rechtsprechung und Literatur verschiedene *Kriterien* erarbeitet, die für sich genommen *grundsätzlich gleichrangig*, gleichwohl für den *Einzelfall von unterschiedlicher Gewichtung* sein können.[116] Die *wichtigsten* **Sorgerechtskriterien** sind:

- allgemeine Erziehungseignung und Erziehungsfähigkeit
- ausreichende Bindungstoleranz
- Kontinuitätsprinzip
- Bindungen des Kindes

107 BGH FamRZ 2017, 532
108 BGH FamRZ 2017, 532 Rn. 30
109 BGH FamRZ 2017, 532 Rn. 29
110 *Salzgeber*, NZFam 2014, 921, 925 m.w.N.
111 BGH FamRZ 2017, 532 Rn. 30
112 OLG Bremen ZKJ 2019, 25
113 *Salzgeber*, NZFam 2014, 921, 924 m.w.N.
114 OLG Saarbrücken, Beschl. v. 11.5.2015 – 6 UF 18/15, juris = ZKJ 2015,399 (Ls) m.w.N.
115 BVerfG FamRZ 1981, 124, 126
116 BGH ZKJ 2011, 220 m.w.N.; OLG Brandenburg FuR 2018, 416

- Kindeswille
- Förderprinzip

aa) Allgemeine Erziehungseignung und -fähigkeit

Es gibt weder ein umfassendes rechtliches Leitbild „geeigneter Elternpersönlichkeit" noch positive wissenschaftliche Kriterien hierfür, lediglich negativ sind Abgrenzungen möglich.[117] Jedoch haben sich in der Rechtsprechung folgende Aspekte als bedeutsam herausgestellt, ohne dass auch hier eine Rangfolge der Gewichtung bestünde: **30**

- **Möglichkeit und Bereitschaft zur persönlichen Betreuung des Kindes**;[118] es gibt jedoch keinen automatischen Vorrang des nicht oder weniger berufstätigen Elternteils.[119] Zwar hat der Gesetzgeber durch die Änderungen des § 1570 BGB unterhaltsrechtlich einen Vorrang der persönlichen Betreuung nur bis zur Vollendung des dritten Lebensjahres des Kindes festgelegt.[120] Hieraus lässt sich aber nicht der Schluss ziehen, persönliche Betreuung des Kindes spiele nur bis zum Alter von 3 Jahren für das Sorgerecht eine Rolle. Grundsätzlich folgt Unterhalt dem Sorgerecht und nicht umgekehrt.[121] Für persönliche Betreuung genügt die bloße Organisation einer Betreuung durch Dritte nicht.[122] **31**
- **Allgemeine Erziehungseignung**: Hierzu gehört insbesondere Bereitschaft und Kompetenz zur größtmöglichen Unterstützung des Kindes beim Aufbau seiner Persönlichkeit.[123] Unterschiede im Erziehungsstil (eher streng oder eher großzügig) sind dabei unmaßgeblich. Etwas anderes gilt allerdings dann, wenn zu entwürdigenden Erziehungsmaßnahmen (§ 1631 Abs. 2 BGB) gegriffen wird. Die allgemeine Erziehungskompetenz kann wesentlich eingeschränkt oder aufgehoben sein insbesondere bei erwiesener (!) und zum Entscheidungszeitpunkt bestehender (!) Neigung zur **Gewalttätigkeit**,[124] **Alkohol- oder Drogenmissbr**auch,[125] zahlreichen Vorstrafen[126] oder **psychischen Erkrankungen** wie z.B. einer Borderline-Störung.[127] **32**

Für sich genommen unmaßgebliche Entscheidungskriterien sind: **33**

- ausländische Staatsangehörigkeit,[128] anders bei konkreter Entführungsgefahr[129]
- schlechte deutsche Sprachkenntnisse[130]
- Geschlechtsumwandlung[131]
- HIV-Infektion[132]
- neue Partnerschaft[133]

---

117 Staudinger/*Coester,* § 1671 BGB Rn. 179 m.w.N.
118 OLG Köln FamRZ 2014, 575 m.w.N.
119 BVerfG FamRZ 1981, 124; OLG Brandenburg, Beschl. v. 6.5.2016 – 10 UF 7/16, juris, m.w.N.
120 BGH FamRZ 2012, 1040; kritisch aus sorgerechtlicher Sicht *Becker-Stoll,* FamRZ 2010, 77
121 Staudinger/*Coester,* § 1671 BGB Rn. 205
122 OLG Köln FamRZ 2015, 575
123 OLG Bamberg FamRZ 1998, 1462
124 OLG Köln FamRZ 2014, 575; OLG Hamm, Beschl. v. 23.5.2012 – 8 UF 32/10, juris
125 OLG Frankfurt FamRZ 2011, 1875; OLG Brandenburg NZFam 2014, 186
126 OLG Bamberg FamRZ 1991, 1341
127 OLG Frankfurt FamRZ 2014, 575
128 BGH DAVorm 2000, 704
129 OLG Köln NJW-RR 1999, 1019
130 OLG Nürnberg FamRZ 1999, 1160
131 OLG Schleswig FamRZ 1990, 433
132 OLG Stuttgart NJW 1988, 2620
133 *Völker/Clausius*, § 1 Rn. 285

- größere räumliche Entfernung[134]
- biologische Mutterschaft[135]
- Homosexualität (siehe Regelungen des LPartG)

34 Die Zugehörigkeit zu einer bestimmten **Religionsgemeinschaft** oder **Sekte** als solche ist kein maßgebliches Kriterium,[136] ebenso wenig das Unterlassen einer religiösen Erziehung.[137] Führt die religiöse Überzeugung eines Elternteils jedoch dazu, dass das Kind einem das Kindeswohl gefährdenden Erziehungsstil ausgesetzt ist (z.B. Verweigerung von Bildung für Mädchen), wird dies durchaus als Abwägungskriterium von Bedeutung sein.[138] So wird das Vorleben streng islamischer Werte seitens der Kindesmutter (z.B. Tragen einer Vollverschleierung; stark eingeschränkter Kontakt zu Personen des anderen Geschlechts) als nachteilig im Hinblick auf deren Erziehungseignung angesehen,[139] schließt aber bei gewichtigen für die Mutter sprechenden Sorgerechtskriterien eine Sorgerechtsübertragung auf sie nicht aus.[140] Im Einzelfall können Fragen der religiösen Kindererziehung auch durch eine Entscheidung nach § 1628 BGB getroffen werden.[141] Bei Zeugen Jehovas soll die Ablehnung von Bluttransfusionen für eine Hauptsacheentscheidung nach § 1671 BGB nur dann ein Entscheidungskriterium sein, wenn eine solche Transfusion unmittelbar bevorstehe, weil ansonsten Eilentscheidungen eingeholt werden könnten.[142] Dem kann jedoch nicht gefolgt werden, denn diese Auffassung verlagert das Problem nur in ein Eilverfahren.

35 Ein *nachgewiesener* **sexueller Missbrauch des Kindes** schließt Erziehungseignung regelmäßig aus.[143] Steht dagegen – wie in der Praxis häufig – nur ein Verdacht im Raum, muss das Gericht im Rahmen der Amtsermittlung eigene Ermittlungen regelmäßig auch durch möglichst rasche Gutachteneinholung tätigen. Ein *dringender Verdacht* kann im Einzelfall eine Sorgerechtsübertragung auf den anderen Elternteil im Zusammenwirken mit anderen Gesichtspunkten (Kindeswille) rechtfertigen,[144] ein eher wenig wahrscheinlich erscheinender Missbrauchsvorwurf genügt nicht.[145] Umgekehrt stellt der *von einem Elternteil besonders leichtfertig oder gar wider besseres Wissen erhobene* **unbegründete Vorwurf sexuellen Missbrauchs** *ein schwerwiegendes Indiz gegen dessen Erziehungseignung dar.*[146]

bb) Bindungstoleranz

36 Hierunter versteht man die Fähigkeit eines Elternteils, unbelastete Kontakte zum anderen Elternteil nicht nur zuzulassen, sondern aktiv zu fördern.[147] Im Hinblick auf die Bedeutung des Umgangsrechts des Kindes selbst zum anderen Elternteil und dessen Recht auf Umgang mit dem Kind kommt der Bindungstoleranz bei Sorgerechtsentscheidungen insbesondere bei annähernd gleicher Erziehungseignung im Übrigen besondere Bedeutung

---

134 OLG Brandenburg ZfJ 2005, 26
135 OLG Frankfurt FamRZ 1990, 550
136 BGH FamRZ 2005, 1167; OLG Köln NZFam 2016, 1207 je m.w.N.
137 OLG Nürnberg FamRZ 2001, 1639
138 Palandt/*Götz*, § 1671 BGB Rn. 35; Staudinger/*Coester*, § 1671 BGB Rn. 192; *Völker/Clausius*, § 1 Rn. 270
139 OLG Celle FamRZ 2004, 1667
140 OLG Hamm FamRZ 2017, 1225
141 OLG Köln FamFR 2013, 257
142 OLG Hamm FamRZ 2011, 1306
143 KG, Beschl. v. 5.4.2012 – 17 UF 50/12, juris, m.w.N; OLG Brandenburg FPR 2002, 15; siehe aber auch – bei lange zurückliegender Tat – OLG Hamm FamRZ 2012, 235
144 OLG Brandenburg, Beschl. v. 17.9.2009 – 9 WF 166/08, juris = FamRZ 2010, 221 (LS)
145 OLG Brandenburg JurBüro 2017, 612; siehe auch KG ZKJ 2012, 358 „Risikoabwägung nach Verdachtsschwere im Einzelfall"
146 BGH NJW 2008, 994 Rn.18
147 BVerfG NJW 2011, 2360, 2363 Rn. 57

zu.[148] Sprechen dagegen andere Aspekte, vor allem ein nachhaltiger Kindeswille überwiegend für einen Aufenthalt des Kindes beim bindungsintoleranten Elternteil, so ist die Trennung vom bindungsintoleranten Elternteil keineswegs zwingend.[149] Insbesondere darf das Argument fehlender Bindungstoleranz nicht als Sanktionierung elterlichen Verhaltens eingesetzt werden, weil bei Sorgerechtsentscheidungen ausschließlich das Wohl des Kindes maßgebliches Kriterium ist.[150] Die nicht seltene Praxis einer plötzlichen **nicht abgesprochenen Trennung unter Mitnahme des Kindes,**[151] u. U. verbunden mit Umgangsverweigerung und/oder Geheimhaltung der neuen Anschrift, kann ein deutliches Zeichen mangelnder Bindungstoleranz sein.[152] Dies gilt natürlich nicht, wenn der Umzug zum Schutz des Kindes oder des betreuenden Elternteils erforderlich war (vgl. § 154 Satz 2 FamFG). Mangelnde Bindungstoleranz kann sich auch in **fortwährender Herabsetzung des anderen Elternteils** gegenüber dem Kind äußern.[153]

Eine besondere Rolle spielt die Frage der Bindungstoleranz bei bestehender **Auswanderungsabsicht**: Es sind bei der Sorgerechtsentscheidung allein die Alternativen „Auswanderung mit Kind" bzw. „Wechsel des Kindes zum anderen Elternteil" gegenüberzustellen; die denkbare Alternative „Verbleib des betreuenden Elternteils im Inland" scheidet im Hinblick auf die allgemeine Handlungsfreiheit des Elternteils aus.[154] Im Rahmen der beiden vorgenannten Alternativen ist nach der Rechtsprechung des BGH die Abwägung nach den allgemeinen Kriterien (siehe Rn. 29 ff.) vorzunehmen. *Motive* des auswanderungswilligen Elternteils sind *unbeachtlich*, es sei denn, die Auswanderung erfolgt aufgrund fehlender Bindungstoleranz. Ersichtlich unvernünftiges Handeln mit erheblichen Risiken für das Kind lässt auf mangelnde Erziehungseignung schließen. Zu prüfen ist auch der Umfang der mit Auswanderung verbundenen nachteiligen Auswirkungen auf den Umgang des Kindes mit dem anderen Elternteil.[155] **37**

cc) Kontinuitätsprinzip

Unter diesem Aspekt ist zu prüfen, welcher Elternteil dem Kind am ehesten eine *gleichmäßige, stabile und stetige Betreuung und Erziehung* gewährleisten kann.[156] Zu unterscheiden ist einerseits die **örtliche Kontinuität** (Beibehaltung der gewohnten häuslichen Umgebung, des sozialen Umfeldes wie Schule, Kindergarten) sowie die **persönliche Kontinuität**, die vor allem auf die Erhaltung der persönlichen Betreuung durch einen Elternteil, aber auch sonstiger Bezugspersonen wie z.B. Großeltern, (Halb-)Geschwister u.Ä. abstellt. Im Einzelfall kann durchaus die persönliche Kontinuität für den einen, die örtliche Kontinuität für den anderen Elternteil sprechen. **38**

Die **persönliche Kontinuität** ist von umso größerer Bedeutung, je jünger das betroffene Kind ist.[157] Zum einen hat bei Säuglingen und Kleinkindern angesichts ihres geringen Alters und der Besonderheiten des kindlichen Zeitempfindens die bisherige Dauer persönlicher Betreuung durch einen Elternteil ein größeres Gewicht, zum andern sind Kleinkinder in größerem Maße auf konkrete Bezugspersonen fixiert. Werden Kinder mehrere Jahre von einem Elternteil betreut und sollen sodann zum anderen Elternteil wechseln, geht dies re- **39**

148 OLG Köln ZKJ 2019, 69; OLG Brandenburg NZFam 2014, 186
149 OLG Hamburg FamRZ 2002, 566; OLG Hamm FamRZ 2007, 1677; MüKo-BGB/*Hennemann,* § 1671 Rn. 26
150 BVerfG FamRZ 2009, 384; BVerfG FamRZ 2007, 1626; BGH ZKJ 2011, 220
151 Zu den hieraus resultierenden Problemen der örtlichen Zuständigkeit siehe hier *Keuter,* §§ 152 FamFG Rn. 13 ff. und 154 FamFG Rn. 4 ff.
152 BVerfG FamRZ 2009, 189
153 OLG Hamm, Beschl. v. 18.11.2013 – 8 UF 169/12, juris = NZFam 2014, 430; OLG Jena FamRZ 2011, 1070
154 BGH FamRZ 2010, 1060 mit Anm. *Völker*; BGH ZKJ 2011, 220
155 OLG Hamm FamRZ 2011, 1151; OLG Köln NZFam 2016, 1207
156 BVerfG FamRZ 2009, 189 m.w.N.; BGH FamRZ 1990, 392
157 OLG Köln FamRZ 2003, 1950 m.w.N.

gelmäßig mit Belastungen für die Kinder einher, weshalb es für den Obhutswechsel triftige Gründe geben muss.[158]

40 Ist die **Umgebungskontinuität** bei noch nicht schulpflichtigen Kindern eher nachrangig,[159] kann aber, wenn sich nach den übrigen Kriterien kein Vorrang für einen Elternteil ergibt, durchaus im Einzelfall ausschlaggebende Bedeutung erlangen.[160] Mit zunehmendem Alter kommt dem Bedürfnis eines Kindes nach Kontinuität und Stabilität der gewohnten Lebensbedingungen (Kindergarten, Schule, Freunde) eine verstärkte Bedeutung zu.[161]

41 Nicht schutzwürdig ist **ertrotzte Kontinuität**.[162] Wer eigenmächtig entweder als betreuender Elternteil mit dem Kind „untertaucht" oder umgekehrt ein Kind beispielsweise nach einem Besuchskontakt dem bislang betreuenden Elternteil vorenthält, kann sich regelmäßig nicht darauf berufen, ein (erneuter) Obhutswechsel sei möglichst zu vermeiden.[163] Allerdings darf die Sorgerechtsentscheidung auch nicht als Sanktion für ein missbräuchliches Vorenthalten eines Kindes ergehen; Maßstab ist und bleibt allein das Kindeswohl.[164] In den vorgenannten Konstellationen kann dem Elternteil, der Opfer einer „Entführung" des Kindes durch den anderen Elternteil geworden ist, daher nur dringend geraten werden, zur Wiederherstellung des „status quo ante" so schnell wie möglich eine Eilentscheidung auf Rückführung des Kindes anzustreben, wobei es nicht immer einer vorherigen Übertragung des Aufenthaltsbestimmungsrechts bedarf.[165]

dd) Bindungen des Kindes

42 Ein weiteres wichtiges Kriterium für die Sorgerechtsübertragung stellen die Bindungen des Kindes dar.[166] Im Rahmen des § 1671 BGB sind dabei sowohl die (vorrangigen) Bindungen eines Kindes **zu einem Elternteil** wie auch die des Kindes **zu anderen wichtigen Bezugspersonen**, insbesondere Geschwistern, von Bedeutung. Auch außerfamiliären Bindungen kann – im Einzelfall sogar maßgebliches – Gewicht zukommen.[167] Ob zu einem Elternteil stärkere Bindungen bestehen als zum anderen, wird sich regelmäßig nur durch Einholung eines Sachverständigengutachtens feststellen lassen.[168] Die persönliche Anhörung des Kindes gibt allerdings bereits wichtige Anhaltspunkte, weil der erklärte Kindeswille Bindungen und Neigungen regelmäßig zu erkennen gibt.[169] Selbst wenn (überwiegende) Bindungen durch Beeinflussung seitens eines Elternteils entstanden sind, ist ihr Bestehen in den Abwägungsprozess einzubeziehen; auch manipulierte Bindungen sind beachtenswert.[170] Ohnehin ist der Argumentation mit dem sog. PAS (Parental-Alienation-Syndrom) durch die aktuelle Entwicklung der Boden entzogen.[171]

43 Eine **Geschwistertrennung** sollte im Regelfall vermieden werden,[172] weil Geschwister zumeist einander Halt geben,[173] was besonders wichtig ist, wenn sie durch die Trennung der

158 BVerfG FamRZ 2007, 1797
159 KG, Beschl. v. 9.2.2011 – 3 UF 201/10, juris, Rn. 42
160 OLG Brandenburg NZFam 2016, 716
161 OLG Karlsruhe FamRZ 2001, 1634 m.w.N.
162 Palandt/*Götz*, § 1671 BGB Rn. 39 m.w.N.
163 BVerfG FamRZ 2009, 189
164 BVerfG 2007, 1626 m.w.N.; BeckOK-BGB/*Veit*, § 1671 Rn. 46 m.w.N.
165 OLG Stuttgart FamRZ 99, 39; AG Bad Iburg FamRZ 2000, 1036; siehe aber auch hier *Fink*, § 1632 BGB Rn. 8
166 Eingehend zum Thema Bindungen die Aufsätze von *Walter*, FPR 2013, 177; *Brisch*, FPR 2013, 183; *Bovenschen/Spangler*, FPR 2013, 187; *Kindler*, FPR 2013, 194; *Lüpschen/Lengning*, FPR 2013, 213
167 OLG Brandenburg FamRZ 2008, 1474
168 *Prenzlow/Kretzschmar/Sander*, Rn. 510
169 BGH FamRZ 1990, 392
170 BVerfG ZKJ 2015, 319 m.w.N.
171 Siehe nur *Fegert*, ZKJ 2014, 190
172 OLG Naumburg FamRZ 2000, 1595
173 OLG Brandenburg FamFR 2013, 20; OLG Brandenburg FamFR 2011, 525 m.w.N.

Eltern einen Elternteil als im Alltag kaum mehr präsent erleben, weil die Beziehung der Eltern völlig zerrüttet ist.[174] Erhebliche Aggressionen der Geschwister untereinander können jedoch umgekehrt ausnahmsweise für eine Geschwistertrennung sprechen.[175]

ee) Kindeswille[176]

Kinder sind, da eigenständige Grundrechtsträger[177] – unabhängig von ihrem Alter –, *Subjekt, nicht Objekt* in Sorgerechtsverfahren. Ihre Willensäußerungen sind Ausdruck der empfundenen Personenbindung einerseits und der Selbstbestimmung des Kindes andererseits.[178] Die Missachtung eines ernsthaft geäußerten und subjektiv verständlichen Wunsches des Kindes kann dessen Persönlichkeitsentwicklung nachhaltig schädigen.[179] Der Gesetzgeber hat der Bedeutung dieses Entscheidungskriteriums verfahrensrechtlich durch das Erfordernis der *persönlichen Anhörung* des Kindes (§ 159 Abs. 1 und 2 FamFG) sowie der Bestellung eines *Verfahrensbeistandes* (§ 158 FamFG) Rechnung getragen. **44**

Je älter ein Kind ist, **desto größere Bedeutung gewinnt der Kindeswille** für die Entscheidung,[180] was sich verfahrensrechtlich im eigenen Beschwerderecht des mindestens 14 Jahre alten Kindes niederschlägt (§ 60 FamFG) und materiell-rechtlich Ausdruck im Widerspruchsrecht des Kindes nach § 1671 Abs. 1 Satz 2 Nr. 1, Abs. 2 Nr. 1 BGB findet. Gleichwohl ist der *Kindeswille nicht stets ausschlaggebend*. Im Einzelfall ist einem auch als „autonom, stabil und nachhaltig" eingestuften Kindeswillen einer 14-Jährigen nicht entsprochen worden,[181] andererseits dem Willen eines zehnjährigen[182] bzw. 11,5-jährigen Mädchens entscheidende Bedeutung beigemessen worden.[183] Eine feste Altersgrenze, ab welcher der Kindeswille in jedem Fall beachtlich sei, lässt sich nicht ziehen.[184] **45**

Als **Gründe, welche die Bedeutung des Kindeswillens im Einzelfall mindern** können, sind in der Rechtsprechung – neben einem geringem Alter des Kindes – anerkannt: **46**

- für das Kind unlösbarer Loyalitätskonflikt[185]
- mangelnde Realitätsnähe der kindlichen Wünsche[186]

ff) Förderprinzip

Hier steht die Frage im Vordergrund, von wem das Kind die meiste Unterstützung für den Aufbau seiner Persönlichkeit erhält.[187] Teilweise werden die oben (siehe Rn. 32 ff. und 38 ff.) abgehandelte allgemeine Erziehungseignung sowie die Bindungstoleranz mit zum Förderprinzip gezählt.[188] Im hier vertretenen engeren Sinne umfasst das Förderprinzip vor allem die Fragen, welcher Elternteil dem Kind die beste **schulische Förderung** angedeihen lassen kann, ihm eine sichere **wirtschaftliche Existenzgrundlage** bieten[189] und ihm ggf. am besten bei der **Integration in einen anderen Sprach- und Kulturkreis** behilflich sein kann. Einen angeblichen Erfahrungssatz, „kleine Kinder gehören zur Mutter", **47**

---

174 OLG Dresden FamRZ 2003, 397
175 OLG Frankfurt FamRZ 1994, 920
176 Eingehend Prenzlow/*Früh-Naumann*, Rn. 966 ff.
177 BVerfG ZKJ 2008, 421
178 BVerfG FamRZ 2009, 1389
179 Prenzlow/*Kretschmar/Sander*, Rn. 512 m.w.N.
180 BVerfG FamRZ 2008, 1737; OLG Saarbrücken FamRZ 2011, 1153
181 OLG München FamRZ 2014, 1210
182 KG FamRZ 2010, 135
183 BVerfG FamRZ 2008, 1737; OLG Hamm NZFam 2014, 430
184 Siehe aber OLG Brandenburg MDR 2015, 1305 „regelmäßig ab dem 12. Lebensjahr relevant"
185 OLG Köln FamRZ 2009, 434 (LS) bei 16-jährigem (!) Kind; OLG Hamm FamRZ 1997, 957
186 OLG München FamRZ 2014, 1210; OLG Bamberg FamRZ 1988, 750
187 *Heilmann*, NJW 2012, 16, 17
188 Staudinger/*Coester*, § 1671 BGB Rn. 177; Palandt/*Götz*, § 1671 BGB Rn. 27 ff.
189 Zu deren Bedeutung siehe OLG Brandenburg NZFam 2019, 133

gibt es nicht.[190] Wirtschaftliche Verhältnisse sowie eigene Ausbildung und berufliche Stellung der Elternteile sind nur von untergeordneter Bedeutung.[191]

II. Übertragung der alleinigen elterlichen Sorge auf den Vater bei Alleinsorge der Mutter, Abs. 2

48 § 1671 Abs. 2 BGB ist unter gleichzeitiger Aufhebung des § 1672 BGB durch Gesetz zur Reform der elterlichen Sorge völlig neu gefasst worden.[192] Der bisherige § 1672 BGB, wonach der Vater die alleinige elterliche Sorge nur mit Zustimmung der Mutter erlangen konnte, verletzte Art. 6 Abs. 2 Satz 1 GG.[193] Die Vorschrift erfasst die Grundkonstellation, wonach

- die **Mutter gemäß § 1626a Abs. 3 BGB allein sorgeberechtigt ist**,
- die Eltern **dauerhaft getrennt** leben und
- der Vater **anstelle** der Mutter das gesamte Sorgerecht oder Teile des Sorgerechts erstrebt.

Erfolg hat der Antrag, wenn

- die Mutter zustimmt, es sei denn
  - die Sorgerechtsübertragung widerspricht dem Kindeswohl oder das mindestens 14-jährige Kind widerspricht (Abs. 2 Nr. 1)

oder

- die Mutter nicht zustimmt, jedoch
  - eine gemeinsame elterliche Sorge nicht in Betracht kommt und
  - zu erwarten ist, dass die Übertragung der elterlichen Sorge auf den Vater dem Kindeswohl am besten entspricht (Abs. 2 Nr. 2).

1. Alleinsorge der Mutter

49 Die Mutter muss allein sorgeberechtigt sein, und zwar aufgrund der Bestimmung des § 1626a Abs. 3 BGB. Die Vorschrift gilt nach ihrer Zielsetzung und da sie den bisherigen § 1672 BGB ersetzt auch für die Fälle, in denen die Mutter nach § 1626a Abs. 2 a. F. BGB allein sorgeberechtigt ist.[194] Ist die Alleinsorge der Mutter dagegen durch eine Entscheidung nach §§ 1671, 1673, 1674 BGB entstanden, kommt eine Übertragung auf den Vater nach § 1671 Abs. 2 BGB nicht in Betracht; hier bleibt nur ein Antrag nach § 1696 BGB.[195]

2. Antragsrecht des Vaters

50 Allein antragsberechtigt ist der **rechtliche Vater** des Kindes. Gemeint ist der Mann, dessen Vaterschaft auf § 1592 Nr. 2 oder 3 BGB beruht.[196] Eine nur leibliche Vaterschaft, auch wenn sie zwischen den Eltern unstreitig oder durch ein Verfahren nach § 1598a BGB geklärt ist, genügt nicht.

---

190 OLG Brandenburg FamRZ 2009, 1759, 1760; OLG Celle FamRZ 1984, 1035
191 Palandt/*Götz*, § 1671 BGB Rn. 32
192 BGBl. I 2013 S. 795
193 BVerfG FamRZ 2010, 1403
194 BT-Drucks. 17/11048, 19
195 MüKo-BGB/*Hennemann*, § 1671 Rn. 1
196 BGH ZKJ 2011, 220

3. Dauerhaftes Getrenntleben der Eltern

▶ *Insoweit wird auf die Ausführungen oben zu Rn. 4 verwiesen.* 51

4. Voraussetzungen eines erfolgreichen Antrags

§ 1671 Abs. 2 Satz 2 BGB bildet das Spiegelbild zu § 1671 Abs. 1 Satz 2 BGB. Zu unterscheiden sind auch hier zwei Konstellationen, nämlich einerseits die Zustimmung der Mutter (Nr. 1) oder deren fehlende Zustimmung (Nr. 2). Übertragen werden können auch hier ggf. Teilbereiche der elterlichen Sorge.[197] 52

a) Zustimmung der Mutter (Abs. 2 Satz 2 Nr. 1)

Für die **Zustimmung der Mutter** gelten die Ausführungen zu § 1671 Abs. 1 Satz 2 Nr. 1 BGB (siehe oben Rn. 8 f.) entsprechend. Daneben darf das betroffene mindestens 14 Jahre alte Kind der Sorgerechtsübertragung nicht widersprechen; für den **Widerspruch des Kindes** wird zunächst auf die obigen Ausführungen zu Rn 10 verwiesen. Ob auch hier ein Widerspruch des mindestens 14-jährigen Kindes keine **Veto-Wirkung** hat, wird mit Recht bezweifelt, weil es im Rahmen des § 1671 Abs. 2 BGB um die Auswechslung des bislang alleinentscheidungsbefugten Elternteils gegen einen bislang in die sorgerechtliche Verantwortung noch nicht eingebundenen Elternteil geht.[198] 53

Zudem darf die (teilweise) Sorgerechtsübertragung auf den Kindesvater dem Kindeswohl nicht widersprechen (**negative Kindeswohlprüfung**). Inhaltlich liegt hierin eine zusätzliche Abweichung gegenüber § 1672 Abs. 1 BGB a.F. insoweit, als nach der Vorgängerregelung neben der Zustimmung der Mutter die Überzeugung des Gerichts erforderlich war, dass „die Übertragung dem Wohl des Kindes dient" (**positive Kindeswohlprüfung**). Der Gesetzgeber hat die gegenüber § 1671 Abs. 1 Satz 2 Nr. 1 BGB zusätzlich gebotene negative Kindeswohlprüfung damit begründet, dass die Veränderungen für das Kind wesentlich einschneidender bei einer Entscheidung nach Abs. 2 seien als bei einer solchen nach Abs. 1. Denn es sei ein völliger Austausch des Sorgeberechtigten die Folge.[199] Der Wechsel von der positiven Kindeswohlprüfung in § 1672 Abs. 1 a.F. BGB zur negativen wird in den Materialien nicht näher begründet, ist aber wohl darauf zurückzuführen, eine Vereinheitlichung der Prüfungsmaßstäbe in §§ 1626a Abs. 2, 1671 II Nr. 1, 1680 Abs. 2 und 3 BGB erreichen zu wollen. 54

b) fehlende Zustimmung der Mutter (Abs. 2 Satz 2 Nr. 2)

Die Vorschrift soll dem Vater die bislang fehlende Möglichkeit geben, auch **gegen den Willen der Mutter** die alleinige elterliche Sorge zu erhalten; dass er diese Möglichkeit nach § 1672 BGB a.F. nicht besaß, verletzte das Grundrecht des Vaters aus Art. 6 Abs. 2 Satz 1 GG.[200] 55

Eine alleinige elterliche Sorge des Vaters anstelle der Mutter soll es jedoch nur dann geben, wenn eine **gemeinsame elterliche Sorge ausscheidet**.[201] Auch in dieser Regelung wird die Absicht des Gesetzgebers deutlich, die gemeinsame elterliche Sorge zum Leitbild des Sorgerechts auszugestalten. Dass vorrangig zu prüfen ist, ob die Eltern nicht die elterliche Sorge gemeinsam ausüben können, ist dadurch bedingt, dass ein Wechsel in der Alleinsorge von der Mutter zum Vater regelmäßig erhebliche Auswirkungen auf die Mutter-Kind-Beziehung und das Bedürfnis des Kindes nach Stabilität und Kontinuität hat.[202] Die 56

---

197 OLG Karlsruhe, Beschl. v. 2.6.2015 – 18 UF 117/15, juris (Entscheidung über Impfmaßnahme)
198 *Völker/Clausius*, § 1 Rn. 308
199 BT-Drucks. 17/11048, 19
200 BVerfG FamRZ 2010, 1403
201 BVerfG FamRZ 2010, 1403
202 BT-Drucks. 17/11048 20

Prüfungspflicht des Familiengerichts entspricht spiegelbildlich der Prüfung für die Aufhebung der gemeinsamen elterlichen Sorge (siehe hierzu oben Rn. 11 ff.).

57 Kommt die gemeinsame elterliche Sorge nicht in Betracht, hat der Antrag des Vaters Erfolg, wenn die **Übertragung der alleinigen elterlichen Sorge** auf ihn dem Kindeswohl am besten entspricht. Der Gesetzgeber wollte hierdurch sicherstellen, dass bei Unmöglichkeit der gemeinsamen elterlichen Sorge der Elternteil allein sorgeberechtigt wird bzw. bleibt, der hierfür am besten geeignet ist.[203] Kann das Gericht mithin nicht die Überzeugung gewinnen, dass der Vater besser als die Mutter geeignet ist, bleibt sein Antrag erfolglos und die Mutter weiterhin allein sorgeberechtigt.[204]

III. Ruhen der elterlichen Sorge der Mutter nach § 1751 BGB

1. Umfang der Sonderregelung

58 § 1671 Abs. 3 BGB normiert neu die Fallkonstellation, in der die Mutter die elterliche Sorge zunächst allein innehat, sie aber in die Adoption des Kindes einwilligt, so dass nach § 1751 Abs. 1 Satz 1 BGB ihre elterliche Sorge ruht. Nach der bisherigen Gesetzesfassung bedurfte ein Antrag des Vaters auf Übertragung der alleinigen elterlichen Sorge gemäß § 1672 Abs. 1 BGB a.F. nach § 1751 Abs. 1 Satz 5 BGB ausnahmsweise nicht der Zustimmung der Mutter. Diese Regelung ist durch die Neufassung des § 1671 Abs. 2 BGB gegenstandslos geworden.[205] Die Neuregelung fingiert aus verfahrensökonomischen Gründen einen Antrag des Vaters auf Übertragung der *gemeinsamen* elterlichen Sorge als einen solchen auf Übertragung der *alleinigen* elterlichen Sorge.

2. Voraussetzungen der Norm

59 Ein erfolgreicher Antrag nach § 1671 Abs. 3 BGB setzt voraus:

- bisheriges **alleiniges Sorgerecht der Mutter** gemäß § 1626a Abs. 3 BGB
- **Antrag des Vaters** auf Übertragung der gemeinsamen elterlichen Sorge gemäß § 1626a Abs. 2 BGB; antragsbefugt ist nur der rechtliche Vater[206]
- **Einwilligung der Mutter in die Adoption** des Kindes[207] und
- Alleiniges Sorgerecht des Vaters **widerspricht nicht dem Kindeswohl**.

Auch hier verlangt der Gesetzgeber lediglich eine negative, keine positive Kindeswohlprüfung. Er will damit dem Umstand Rechnung tragen, dass der Vater grundsätzlich an der Sorge teilhaben und nur dann ausgeschlossen werden soll, wenn das Kindeswohl dies erfordert.[208]

203 BT-Drucks. 17/11048, 20
204 BeckOK-BGB/*Veit*, § 1671 Rn. 97 und 101 m.w.N.
205 BT-Drucks. 17/11048, 20
206 BT-Drucks. 17/11048, 19; vgl. auch hier *Fink*, § 1626a BGB Rn. 21 f.
207 Zu Formerfordernissen siehe hier *Braun*, § 1747 BGB Rn. 4 f., § 1750 BGB Rn. 2 f.
208 BT-Drucks. 17/11048, 20

Übersicht zu § 1671 Abs. 3 BGB 60

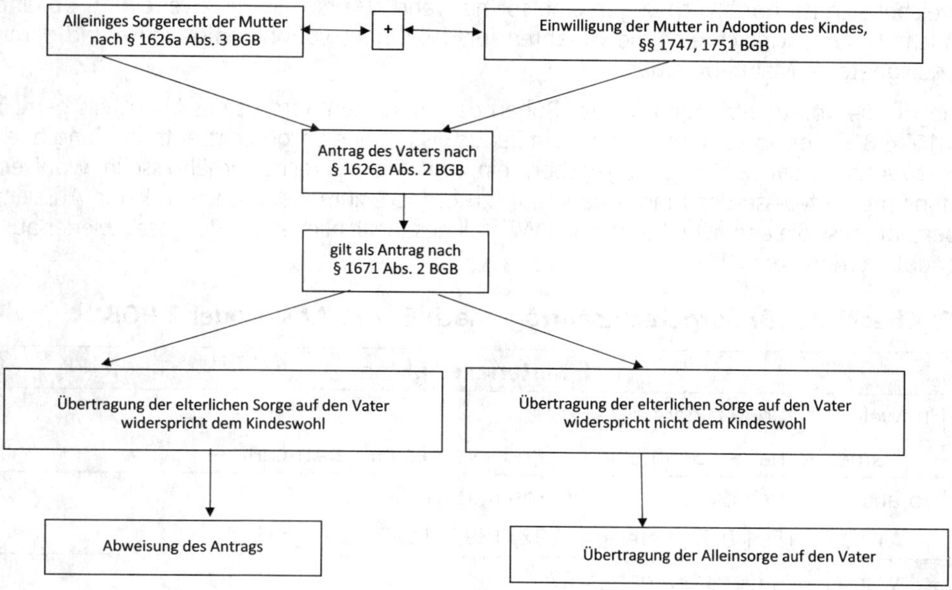

3. Sperrwirkung des Sorgerechtsantrags

Die Adoption darf nach § 1747 Abs. 3 Nr. 3 BGB erst ausgesprochen werden, wenn über den Sorgerechtsantrag des Vaters formell entschieden wurde; gemeint ist insoweit der Eintritt der formellen Rechtskraft.[209] 61

IV. Vorrangige abweichende Entscheidung Abs. 4

§ 1671 Abs. 4 BGB enthält einen Verweis insbesondere auf die §§ 1666, 1666a, 1667 BGB. Den Anträgen nach § 1671 Abs. 1 und 2 BGB kann nicht entsprochen werden, wenn das **Kindeswohl eine anderweitige Regelung** erfordert. Beantragen z.B. beide Eltern übereinstimmend, der Mutter die alleinige elterliche Sorge zu übertragen, kommt das Gericht aber zur Überzeugung, beide Eltern seien erziehungsungeeignet, so muss es den Antrag nach § 1671 Abs. 4 i.V.m. § 1666 BGB abweisen und eine anderweitige Regelung finden. Diese Entscheidung kann das Gericht in derselben Akte treffen. Einer erneuten Verfahrensbeistandsbestellung bzw. erneuter Verfahrenskostenhilfeanträge bedarf es nicht. Ggf. kann aber der Wert des Verfahrens zu erhöhen sein. 62

▶ *Zur Zulässigkeit der erstmaligen Prüfung nach § 1671 Abs. 4 BGB im Beschwerdeverfahren siehe Dürbeck, § 69 FamFG Rn. 3.*

Das Gericht darf sich bei **widerstreitenden Anträgen** der Eltern gemäß § 1671 Abs. 1 Satz 2 Nr. 2 BGB insbesondere nicht mit einer Abweisung des Antrages *eines* Elternteils und der Einleitung eines neuen Verfahrens nach § 1666 BGB begnügen, sondern hat eine **einheitliche Entscheidung über beide Anträge** unter Berücksichtigung des § 1671 Abs. 4 BGB zu treffen.[210] Umgekehrt kann eine Entscheidung nach § 1671 Abs. 1 BGB eine solche nach § 1666 BGB erübrigen, wenn durch die erstgenannte Maßnahme der Kindeswohlgefährdung ausreichend entgegengewirkt wird.[211] Soweit vertreten wird, dass 63

---

209 Siehe hier *Keuter,* § 3 Rn. 54 m.w.N., sowie auch *Braun,* § 1747 BGB Rn. 13 f.
210 OLG Nürnberg FamRZ 2013, 1993; OLG Naumburg FuR 2012, 150
211 OLG Brandenburg FamFR 2010, 70

§ 1671 Abs. 4 BGB sogar eine Sorgerechtsübertragung auf einen Elternteil ermögliche, welcher sich nachdrücklich gegen eine solche wehrt,[212] erscheint es zweifelhaft, ob eine solche Lösung wirklich eine die Gefahren für das Kindeswohl beseitigende – und damit „geeignete" – Maßnahme darstellt.[213]

64 Liegen die Voraussetzungen für das Ruhen der elterlichen Sorge eines Elternteils gemäß § 1674 BGB vor, so kann gleichwohl ein Bedürfnis für eine Sorgerechtsentscheidung nach § 1671 Abs. 1 Satz 2 Nr. 2 BGB gegeben sein, um die Sorgerechtsverhältnisse im wohlverstandenen Interesse des Kindes dauerhaft zu ordnen, zumal dann, wenn keine Aussicht besteht, dass die elterliche Sorge nach Wegfall des tatsächlichen Hindernisses wieder ausgeübt werden kann.[214]

C. Checkliste für Sorgerechtsanträge nach § 1671 Abs. 1 oder 2 BGB

65

I. Materielle Fakten
Um welche(s) Kind(er) geht es? – Name, Vorname, Geburtsdatum und -ort, derzeitige Anschrift –
Woraus ergibt sich die rechtliche Elternschaft der Beteiligten? – Mutter § 1591 BGB, Vater §§ 1592, 1593, 1599 BGB –
Seit wann leben die Eltern getrennt? – verschiedene Wohnungen? Trennungswille nach außen dokumentiert? –
1. Antrag auf alleinige elterliche Sorge oder Übertragung von Teilbereichen nach § 1671 Abs. 1 BGB:
Wie ist die gemeinsame elterliche Sorge entstanden? – Bestehende Ehe bei Geburt des Kindes bzw. § 1626a I Nr. 1 bis 3 BGB –
a) Antrag nach § 1671 Abs. 1 Nr. 1 BGB
• Ist der andere Elternteil mit der (teilweisen) Übertragung einverstanden? (Ist das Einverständnis dokumentiert, privatschriftlich oder bei Beratungsgespräch mit JA?)
• Wenn betroffenes Kind mindestens 14 Jahre: Ist es mit der (teilweisen) Übertragung einverstanden?
b) Antrag nach § 1671 Abs. 1 Nr. 2 BGB
• Warum ist die Aufhebung der gemeinsamen elterlichen Sorge geboten?
• Über welche Angelegenheit(en) von erheblicher Bedeutung für das Kind (§ 1687 Abs. 1 Satz 1 BGB) können sich die Eltern nicht einigen? – insbesondere: Lebensmittelpunkt des Kindes, Umgangsrecht, Unterhalt, Schulwahl, religiöse Erziehung, Gesundheitsfürsorge –
• Welche dieser Angelegenheiten steht derzeit zur Entscheidung an?
• Welche Auffassung mit welcher Begründung vertritt insoweit der Vater, welche die Mutter?

212 OLG Karlsruhe FamRZ 1999, 801
213 MüKo-BGB/*Hennemann,* § 1671 Rn. 123
214 OLG Karlsruhe FamRZ 2017, 41 m.w.N.

I. Materielle Fakten
• Welche Einigungsversuche sind unternommen worden? – Gespräche der Eltern untereinander; Jugendamt, Beratungsstellen, Mediation –
• Gibt es allgemeine Kommunikationshindernisse? (Gewalt oder Drohung mit Gewalt? mangelnde Erreichbarkeit, insbes. wechselnde Anschriften, Nichtbeantwortung von Briefen, Anrufen, Emails? Stalking?)
• Wie wirkt sich der Elternstreit auf das/die Kind(er) aus? – Verhaltensauffälligkeiten in der Familie, gegenüber Freunden, in der Schule u.s.w.; welche Interventionen sind bereits notwendig geworden, z.B. Beratungsgespräche beim Jugendamt, in der Schule, eingeleitete ärztliche Untersuchungen bzw. Therapien –
• Welche Vorteile bietet die alleinige elterliche Sorge eines Elternteils gegenüber der Beibehaltung der gemeinsamen elterlichen Sorge?
• Warum entspricht die Übertragung der alleinigen elterlichen Sorge auf den/die Antragsteller(in) dem Kindeswohl am besten?
• Wie sähe das Erziehungs-/Betreuungskonzept des Vaters/der Mutter bei erfolgreichem Antrag aus?
• Welche Vorteile bietet das eigene Erziehungs-/Betreuungskonzept gegenüber dem des anderen Elternteils? – Förderprinzip, Kontinuität, Bindungen, Kindeswille –
2. Antrag nach § 1671 Abs. 2 BGB
Ist die Mutter nach § 1626a Abs. 3 BGB (und nicht aufgrund einer anderweitigen Entscheidung, z.B. § 1671 Abs. 1 BGB) allein sorgeberechtigt?
a) Antrag nach § 1671 Abs. 2 Nr. 1 BGB
• Ist die Mutter mit der (teilweisen) Übertragung einverstanden? (Ist das Einverständnis dokumentiert, privatschriftlich oder bei Beratungsgespräch mit dem Jugendamt?)
• Wenn betroffenes Kind mindestens 14 Jahre: Widerspricht es der (teilweisen) Übertragung?
b) Antrag nach § 1671 Abs. 2 Nr. 2 BGB
• Warum kommt eine gemeinsame elterliche Sorge nicht in Betracht? – spiegelbildliche Fragen wie oben I 1 b) erster Unterpunkt –
• Warum entspricht die (teilweise) Übertragung der alleinigen elterlichen Sorge auf den Vater dem Kindeswohl am besten? – spiegelbildliche Fragen wie oben I 1 b) zweiter Unterpunkt –
II. Verfahrensrechtliche Fragen
1. Vor Einleitung des Verfahrens
• Besteht Anspruch auf Verfahrenskostenhilfe (rechtzeitiges vollständiges Ausfüllen der VKH-Erklärung nebst Belegen) oder Anspruch auf Verfahrenskostenvorschuss gegen den anderen Elternteil?

I. Materielle Fakten
• Soll das Verfahren unabhängig von oder nur bei Bewilligung von Verfahrenskostenhilfe durchgeführt werden (unmissverständliche Klarstellung geboten!)
• Sind außerhalb des Verfahrens Vermittlungsversuche über das Jugendamt erfolgt?
• Ist trotz des allgemeinen Beschleunigungsgebotes der Antrag auf Erlass einer einstweiligen Anordnung angezeigt?
2. Bei Einleitung des Verfahrens
• Welches Familiengericht ist örtlich zuständig? (siehe Übersicht örtliche Zuständigkeit in Kindschaftssachen § 152 Rn 9)
• Kommt eine Rückverweisung nach § 154 FamFG in Betracht?
• Welche Vorverfahren können weitere Erkenntnisse liefern? (Gericht, Aktenzeichen!)
• Ist die Bestellung eines Verfahrensbeistands nach § 158 FamFG geboten?
3. Während des Verfahrens
• Ist das Verfahren vorrangig und beschleunigt zu behandeln, § 155 FamFG?
• Werden Kind(er) (§ 159 FamFG) und Eltern (§ 160 FamFG) persönlich angehört?
• Welche weiteren Personen (Familienhelfer, Lehrer, Erzieher, Ärzte, Therapeuten, neue Partner/Verwandte eines Elternteils) können wichtige entscheidungsrelevante Fakten bestätigen? (evtl. Entbindung von der Schweigepflicht notwendig!)
• Besteht Einverständnis mit einer psychologischen Begutachtung der eigenen Person und des Kindes?
• Nach evtl. Begutachtung: Entsprechen Qualifikation des Gutachters und das Gutachten selbst wissenschaftlichen Maßstäben? Welche Kritikpunkte bestehen ggf.? Zu welchen Punkten ist eine mündliche Gutachtenerläuterung angebracht?
• Nach richterlicher Entscheidung: Erfolgsaussicht eines Rechtsmittels?

§ 1672 BGB
(weggefallen)

§ 1673 BGB Ruhen der elterlichen Sorge bei rechtlichem Hindernis

(1) Die elterliche Sorge eines Elternteils ruht, wenn er geschäftsunfähig ist.

(2) [1]Das Gleiche gilt, wenn er in der Geschäftsfähigkeit beschränkt ist. [2]Die Personensorge für das Kind steht ihm neben dem gesetzlichen Vertreter des Kindes zu; zur Vertretung des Kindes ist er nicht berechtigt. [3]Bei einer Meinungsverschiedenheit geht die Meinung des minderjährigen Elternteils vor, wenn der gesetzliche Vertreter des Kindes ein Vormund oder Pfleger ist; andernfalls gelten § 1627 Satz 2 und § 1628.

Weiterführende Literatur zu §§ 1673 bis 1675 BGB: Binder/Bürger, Die Inanspruchnahme von Hilfen zur Erziehung durch psychisch kranke Eltern, ZKJ 2014, 4; *Ehinger*, Die Regelung der elterlichen Sorge bei psychischer Erkrankung eines Elternteils oder beider Eltern im Überblick, FPR 2005, 253; *Kindler*, Folgewirkungen schwerer psychischer Erkrankungen mindestens eines Elternteils auf die Entwicklung von Kindern, FPR 2005, 227; *Rakete-Dombeck*, Der Ausfall eines Sorgeberechtigten durch Tod, Krankheit, Abwesenheit oder Entzug der elterlichen Sorge, FPR 2005, 80; *Riegner*, Die Vertretung unbegleiteter minderjähriger Flüchtlinge in asyl- und ausländerrechtlichen Angelegenheiten, NZFam 2014, 806.

Übersicht

	Rn.
A. Allgemeines	1
B. Inhalt der Norm	2
I. Geschäftsunfähigkeit des Sorgeberechtigten	2
II. Beschränkte Geschäftsfähigkeit, Abs. 2	5
III. Elterliche Sorge bei Betreuung	10

A. Allgemeines

Die Vorschrift regelt im Zusammenhang mit § 1675 BGB die Auswirkungen fehlender oder nur beschränkter Geschäftsfähigkeit eines Elternteils auf dessen elterliche Sorge. Sie dient zugleich dem Kindesschutz wie auch der Sicherheit im Rechtsverkehr.[1] 1

Neben § 1673 BGB (Ruhen aus rechtlichen Gründen) und § 1674 BGB (Ruhen aus tatsächlichen Gründen) tritt ein Ruhen der elterlichen Sorge auch ein bei wirksamer Einwilligung in die Adoption, § 1751 Abs. 1 Satz 1 BGB.

▶ *Zu den unterschiedlichen Folgen des Ruhens je nach sorgerechtlicher Gesamtsituation siehe die Übersicht § 1675 BGB Rn. 5.*

B. Inhalt der Norm

I. Geschäftsunfähigkeit des Sorgeberechtigten

Geschäftsunfähigkeit erfordert nach § 104 Abs. 2 BGB eine **dauerhafte**, die freie Willensbestimmung ausschließende krankhafte **Störung** der Geistestätigkeit. Diese ist regelmäßig nur durch Einholung eines Sachverständigengutachtens feststellbar. Man sollte sich hüten, Ausführungen über die Geschäftsfähigkeit, die im Rahmen der Prüfung einer möglichen Betreuungseinrichtung vom dortigen Sachverständigen beiläufig gemacht werden, ungeprüft zur Grundlage eines Ruhensbeschlusses zu machen.[2] Das Gericht ist, auch wenn es im Übrigen die sachlichen Feststellungen eines Sachverständigen vollständig zugrunde legt, an dessen Einschätzung einer Geschäftsunfähigkeit nicht gebunden, insbesondere dann nicht, wenn sich über die Diagnose einer leichten Intelligenzminderung und entsprechende Einschränkungen der Willensbildung hinaus keine weitergehenden Anhaltspunkte für einen die freie Willensbestimmung gänzlich ausschließenden geistigen Zustand ergeben.[3] 2

Ist die **Störung** der Geistestätigkeit nur **vorübergehender** Natur, liegt für diesen Zeitraum kein Fall des § 1673 Abs. 1 BGB, sondern ein solcher nach § 1678 Abs. 1 BGB vor. Erleidet beispielsweise eine allein sorgeberechtigte volljährige Mutter einen Verkehrsunfall mit schweren Kopfverletzungen, so muss für ihr Kind zunächst wegen tatsächlicher 3

1 BeckOK-BGB/*Veit*, § 1673 Rn. 1
2 OLG Dresden ZKJ 2012, 269
3 Eingehend KG NZFam 2014, 422

Verhinderung der Mutter bei entsprechendem Bedürfnis ein Vormund nach § 1693 BGB bestellt werden. Haben ihre Kopfverletzungen Geschäftsunfähigkeit zur Folge, ruht die elterliche Sorge nach § 1673 BGB. Führen sie nur zur tatsächlichen Verhinderung der Sorgerechtsausübung, ohne dass Geschäftsunfähigkeit feststellbar wäre, kann der Rechtspfleger dies durch entsprechenden Beschluss aussprechen.[4]

4 Liegt die Geschäftsunfähigkeit des Sorgeberechtigten vor, so tritt das **Ruhen** der elterlichen Sorge **kraft Gesetzes** ein. Das Gericht kann das Ruhen mit *deklaratorischer Wirkung* durch Beschluss *feststellen*.[5] Der betroffene Elternteil kann diesen Beschluss anfechten, selbst wenn er tatsächlich geschäftsunfähig sein sollte; insoweit gilt er für die Beschwerde als verfahrensfähig.[6] Verfahrenskostenhilfe kann für einen „Antrag" – in rechtlicher Hinsicht bloße Anregung[7] – auf Erlass einer solchen deklaratorischen Feststellung nicht bewilligt werden.[8] Fällt die Geschäftsunfähigkeit ausnahmsweise nachträglich weg, lebt die elterliche Sorge automatisch wieder auf (siehe dazu auch § 1678 BGB Rn. 15).

II. Beschränkte Geschäftsfähigkeit, Abs. 2

5 Beschränkt geschäftsfähig sind ausschließlich Minderjährige im Alter von 7 bis 17 Jahren, § 106 BGB. Ein Elternteil, der selbst noch minderjährig ist, hat keine Befugnis im Bereich der Vermögenssorge und auch **keine gesetzliche Vertretungsbefugnis** (§ 1673 Abs. 2 Satz 1 BGB i.V.m. der nachfolgenden Sonderregelung für Angelegenheiten der Personensorge in § 1673 Abs. 2 Satz 2 und 3 BGB). Die Regelung einer vermögensrechtlichen Angelegenheit sowie die gesetzliche Vertretung des Kindes obliegen dem anderen Elternteil bzw. einem Vormund. Zur Personensorge, nicht zur Vermögenssorge, hat die obergerichtliche Rechtsprechung allerdings auch die Sicherstellung und Gewährleistung der wirtschaftlichen Existenzgrundlagen des Kindes gezählt, wozu auch das Recht gehöre, öffentliche Hilfen nach dem SGB VIII sowie sonstige jugendhilferechtliche Maßnahmen zu beantragen.[9]

6 Im Bereich der **Personensorge**[10] besteht dagegen für den minderjährigen Elternteil ein sachlich beschränktes Sorgerecht[11] neben dem gesetzlichen Vertreter des Kindes, also dem anderen Elternteil bzw. dem Vormund, § 1673 Abs. 2 Satz 2 Hs. 1 BGB. Ist gesetzlicher Vertreter des Kindes der andere Elternteil, so müssen sich bei **Meinungsverschiedenheiten** beide Elternteile einigen, notfalls durch Übertragung des Alleinentscheidungsrechts in einer einzelnen Angelegenheit auf einen Elternteil, § 1673 Abs. 2 Satz 3 i.V.m. §§ 1627 Satz 2, 1628 BGB. Ist dagegen gesetzlicher Vertreter des Kindes ein Vormund oder Pfleger, geht die Meinung des minderjährigen Elternteils vor. Grenze dieses Meinungsvorranges sind kindeswohlgefährdende Entscheidungen des minderjährigen Elternteils, gegen die ggf. nach § 1666 BGB vorgegangen werden muss.[12]

7 Berührt eine Angelegenheit, über die sich minderjähriger Elternteil und Vormund/Pfleger nicht einigen können, sowohl die Vermögens- wie die Personensorge, entscheidet das Familiengericht, § 1630 Abs. 2 BGB (siehe hierzu *Fink,* § 1630 BGB Rn. 6).

8 In der Praxis stellt sich gelegentlich das Problem der **Anerkennung der Vaterschaft** *durch eine minderjährige Mutter.* Dabei ist zunächst zu beachten, dass die nach § 1595

4 BayOBLG FamRZ 1981, 595; zur funktionellen Zuständigkeit des Rechtspflegers siehe hier *Heilmann*, § 3 RPflG Rn. 5 ff.
5 KG FamRZ 2015, 2079; OLG Rostock FamRZ 2008, 1090
6 *Rakete-Dombek,* FPR 2005, 80
7 Dazu siehe hier *Cirullies,* § 24 FamFG Rn. 1 ff.
8 OLG Rostock FamRZ 2008, 1090
9 KG FamRZ 2015, 2079
10 Zur Personensorge siehe hier *Fink,* § 1626 BGB Rn. 12 ff.
11 Palandt/*Götz,* § 1673 BGB Rn. 3; BeckOK-BGB/*Veit,* § 1673 Rn. 3 m.w.N.
12 OLG Koblenz FamRZ 2005, 1923

Abs. 1 BGB notwendige Zustimmung der Mutter allein nicht reicht, sondern auch ihr gesetzlicher Vertreter nach § 1596 Satz 2 BGB der Anerkennung zustimmen muss. Außerdem ist nach § 1595 Abs. 2 BGB auch die Zustimmung des Kindes notwendig. Für diese bedarf es allerdings keiner Pflegerbestellung,[13] weil nach § 1791c BGB Amtsvormundschaft eingetreten ist und der Amtsvormund die Zustimmungserklärung abgeben kann.[14] Will der Amtsvormund der Anerkennung nicht zustimmen, weil er das Anerkenntnis für falsch hält, läge auch hier ein Konflikt zwischen minderjährigem Elternteil und Vormund vor, der sowohl personensorgerechtliche Aspekte[15] wie auch solche der Vermögenssorge (Unterhaltsansprüche) betrifft, so dass das Familiengericht nach § 1630 Abs. 2 BGB über die Zustimmung zu entscheiden hat.

► *Zur Vaterschaftsanerkennung siehe auch Grün, § 1596 BGB Rn. 2.*

Geschäftsunfähigkeit oder beschränkte Geschäftsfähigkeit der Kindesmutter steht der Annahme einer grundsätzlich schutzwürdigen Vater-Kind-Beziehung ebenso wenig prinzipiell entgegen wie der Umstand, dass das Kind unter Verletzung von Strafvorschriften gezeugt wurde.[16] Allerdings bedarf es für die Annahme einer aufenthaltsrechtlichen Vorwirkung i.S.d. Art. 6 Abs. 1 GG i.V.m. Art. 8 EMRK – wichtig bei drohender Abschiebung des Kindesvaters – der auch schon vor der Geburt des Kindes zulässigen Anerkennung der Vaterschaft.[17] **8a**

Mit Eintritt der **Volljährigkeit** entfallen die Beschränkungen des § 1673 Abs. 2 BGB automatisch, die elterliche Sorge kann in vollem Umfang ausgeübt werden.[18] **9**

III. Elterliche Sorge bei Betreuung

Weder die Anordnung einer Betreuung noch die eines Einwilligungsvorbehaltes haben für sich genommen Auswirkungen auf die Geschäftsfähigkeit des Betroffenen, demzufolge auch *keine unmittelbaren* **Auswirkungen** auf die elterliche Sorge.[19] Die für die vorgenannten betreuungsrechtlichen Maßnahmen ursächlichen tatsächlichen Handicaps können allenfalls Anlass geben, Schutzmaßnahmen zugunsten des Kindes nach §§ 1674 ff., 1666 BGB einzuleiten. § 308 Abs. 1 und 2 FamFG sehen insoweit eine **Benachrichtigungspflicht** seitens des Betreuungsgerichts an das Familiengericht vor. Die Bestellung eines Betreuers kann auch nicht mit dem Wirkungskreis „Wahrnehmung der elterlichen Sorge für das Kind des Betreuten" erfolgen, denn die elterliche Sorge und die sich aus ihr ergebenden Rechte sind höchstpersönlicher Natur und können nur in den gesetzlich geregelten Ausnahmefällen auf andere Personen übertragen werden.[20] Auch der Wirkungskreis „Vertretung des Betreuten bei Körperschaften, Behörden und Gerichten" berechtigt und verpflichtet den Betreuer nicht, einen Elternteil bei Erziehungskonferenzen oder Hilfeplangesprächen zu Problemen bei der Ausübung des Umgangsrechts durch den anderen Elternteil zu vertreten.[21] **10**

---

13 A.A. LG Halle FamRZ 2010, 744
14 Palandt/*Götz*, § 1673 BGB Rn. 3 m.w.N.
15 *DIJuF*-Rechtsgutachten JAmt 2002, 241, stuft das Anerkenntnis ausschließlich als zur Personensorge gehörig ein
16 BVerfG, Beschl. v. 22.5.2018 – 2 BvR 941/18, juris = FamRZ 2018, 1204 (LS)
17 BVerfG, Beschl. v. 22.5.2018 – 2 BvR 941/18, juris = FamRZ 2018, 1204 (LS)
18 OLG Karlsruhe ZKJ 2006, 215 = FamRZ 2005, 1272
19 OLG Köln, Beschl. v. 16.3.2016 – 10 UF 173/15, juris, Rn. 11 m.w.N.
20 BGH NStZ 2009, 586; BayObLG BtPrax 2004, 239
21 LG Rostock FamRZ 2003, 1691

§ 1674 BGB Ruhen der elterlichen Sorge bei tatsächlichem Hindernis

(1) Die elterliche Sorge eines Elternteils ruht, wenn das Familiengericht feststellt, dass er auf längere Zeit die elterliche Sorge tatsächlich nicht ausüben kann.
(2) Die elterliche Sorge lebt wieder auf, wenn das Familiengericht feststellt, dass der Grund des Ruhens nicht mehr besteht.

Übersicht

Rn.
A. Allgemeines ... 1
B. Inhalt der Norm ... 3
I. Tatsächliches Hindernis ... 3
II. Wiederaufleben der elterlichen Sorge ... 15

Weiterführende Literatur: Dürbeck, Unbegleitete minderjährige Flüchtlinge im Familienrecht, FamRZ 2018, 553.

A. Allgemeines

1 § 1674 BGB regelt die Folgen eines tatsächlichen, auf längere Zeit bestehenden Hindernisses, die elterliche Sorge ausüben zu können. Abs. 1 der Vorschrift normiert die Voraussetzungen für das Ruhen der elterlichen Sorge, Abs. 2 die ihres Wiederauflebens. Die Feststellung des Ruhens der elterlichen Sorge gemäß § 1674 Abs. 1 BGB führt nicht dazu, dass die elterliche Sorge verloren geht; sie ist lediglich in ihrer **Ausübung gehemmt**.[1] Zu den weiteren Wirkungen siehe die Kommentierung zu § 1675 BGB.

2 Entscheidungen nach § 1674 BGB fallen in die funktionelle **Zuständigkeit des Rechtspflegers**, §§ 3 Nr. 2a, 14 RPflG. Kommt allerdings als Folge einer Entscheidung nach §§ 1673, 1674 BGB eine dem Richter obliegende (§ 14 Abs. 1 Nr. 3 RPflG) Sorgerechtsübertragung auf den anderen Elternteil nach § 1678 Abs. 2 BGB in Betracht, ist der Richter für das gesamte Verfahren einschließlich der Prüfung der Voraussetzungen des Ruhens der elterlichen Sorge zuständig.[2] Ebenso ist die Richterzuständigkeit nach § 14 Abs. 1 Nr. 10 RPflG für die Anordnung der Vormundschaft (also erst nach vorangegangener Feststellung des Ruhens der elterlichen Sorge durch den Rechtspfleger) gegeben, wenn es sich bei dem betroffenen Kind um den Angehörigen eines fremden Staates handelt. Aufgrund dieser Rollenkonfusion sollte der Richter gemäß § 6 RpflG das gesamte Verfahren an sich ziehen und in den Fällen unbegleiteter minderjähriger Ausländer sowohl die Entscheidung über das Ruhen der elterlichen Sorge, die Vormundschaftsanordnung wie auch die Auswahl des Vormundes treffen und nach Entscheidung das Verfahren z.w.V. (Bestellung und Überwachung des Vormundes) an den Rechtspfleger abgeben.

▶ *Näher zur funktionellen Zuständigkeit Heilmann, § 3 RPflG Rn. 5, sowie § 14 RPflG Rn. 22.*

B. Inhalt der Norm

I. Tatsächliches Hindernis

3 Die elterliche Sorge eines Elternteils ruht, wenn dieser

- aus **tatsächlichen Gründen** an der Ausübung gehindert ist u n d
- die Verhinderung **längere Zeit** dauert.

1 OLG Karlsruhe FamRZ 2011, 1514
2 OLG Dresden ZKJ 2012, 269

Ein solches tatsächliches Ausübungshindernis ist aber nur dann anzunehmen, wenn der wesentliche Teil der Sorgerechtsverantwortung nicht mehr von dem Elternteil selbst ausgeübt werden kann.[3] Ein **Ausübungshindernis** wird bejaht bei

- langfristiger Inhaftierung,[4] insbesondere bei Haft im Ausland mit dadurch verstärkten Einschränkungen der Kommunikation.[5]
- Auslandsaufenthalt mit schwierigen Verkehrsverbindungen und / oder politischen Verhältnissen.[6]
- unbekanntem Aufenthalt.[7]
- schwerer Erkrankung bei Unklarheit, ob bereits Geschäftsunfähigkeit besteht;[8] in Abgrenzung zu § 1673 BGB also dann, wenn geistige/psychische Kompetenzmängel eines Elternteils nicht den Tatbestand der Geschäftsunfähigkeit erfüllen, ihn aber faktisch an der Wahrnehmung der Sorgeverantwortung hindern.[9]

Als **nicht ausreichend** wurden angesehen:

- Einjähriger Auslandseinsatz im Irak, da ausreichende Kommunikationsmöglichkeiten über die Armee bestünden.[10]
- Bloße physische Abwesenheit bei Versorgung des Kindes durch den anderen Elternteil oder Dritte und Einflussnahme durch Kommunikation oder Reisemöglichkeiten.[11]
- Fehlende oder schwierige Erreichbarkeit, wenn zugleich der andere Elternteil oder ein Dritter zur Sorgerechtsausübung bevollmächtigt wird.[12]
- „Untertauchen" eines Elternteils im Ausland, weil Kontakt- und Einflussnahme allein vom Willen des untergetauchten Elternteils abhingen;[13] richtiger erscheint es, ein Ruhen anzunehmen und nach § 1674 Abs. 2 BGB zu verfahren, wenn der Elternteil, der durch sein Untertauchen gerade zum Ausdruck bringt, keinen Kontakt aufnehmen zu wollen, diesen Entschluss rückgängig macht.[14]
- Untersuchungshaft.[15]

Wann das Ausübungshindernis **„längere Zeit"** besteht, wird nicht einheitlich beantwortet.[16] Nicht ausreichend ist ein bloßer – auch mehrwöchiger – Krankenhausaufenthalt zur Heil- oder Reha-Behandlung (Fall des § 1678 Abs. 1 BGB).[17] Ob überhaupt **Aussicht auf eine Wiederausübung** der elterlichen Sorge bestehen muss, ist umstritten.[18] 4

▶ *Zum Begriff der „längeren Zeit" siehe auch Fink, § 1632 Rn. 35 f.*

3 BGH NJW 2005, 221
4 OLG Dresden NJW-RR 2003, 940 (Freiheitsstrafe insgesamt 3,5 Jahre); OLG Hamm FamRZ 2012, 1657
5 OLG Brandenburg FamRZ 2009, 237
6 OLG Karlsruhe ZKJ 2012, 272 = FamRZ 2012, 1955 m.w.N.
7 OLG Naumburg FamRZ 2002, 258
8 *Rakete-Dombek*, FPR 2005, 80, 81
9 OLG Köln, Beschl. v. 16.3.2016 – 10 UF 173/15, juris
10 OLG Nürnberg FamRZ 2006, 878
11 BGH NJW 2005, 221
12 OLG Saarbrücken FamRZ 2010, 2084
13 OLG Hamm MDR 2014, 284
14 Vgl. die ähnliche Konstellation bei OLG Naumburg FamRZ 2002, 258
15 OLG Köln FamRZ 1978, 623
16 Siehe OLG Hamm FamRZ 2012, 1657 m.w.N. am Beispiel Inhaftierung
17 AG Holzminden FamRZ 2002, 560
18 Bejahend: Palandt/*Götz*, § 1674 BGB Rn. 1 mit Hinweis auf OLG Hamm FamRZ 1996, 1029; verneinend *Rakete-Dombek*, FPR 2005, 80, 81; BeckOK-BGB/*Veit*, § 1674 Rn. 3.1 m.w.N.

5 Die Anordnung des Ruhens ist der geringere Eingriff in das Elternrecht und hat **Vorrang vor einer einseitigen Sorgerechtsübertragung**;[19] zum Verhältnis von §§ 1666, 1666a und § 1674 siehe § 1675 Rn. 2. Ein Beschluss über das Ruhen der elterlichen Sorge hat *konstituierende gestaltungsähnliche Wirkung.*[20] Er wird mit Bekanntgabe an den gehinderten Elternteil wirksam, § 40 Abs. 1 FamFG, bei gemeinsamem Sorgerecht ist er im Hinblick auf § 1678 Abs. 1 BGB auch dem anderen Elternteil bekannt zu geben.[21] Ist der – sorgfältig festzustellende – unbekannte Aufenthalt des anderen Elternteils Anlass für die Feststellung des Ruhens der elterlichen Sorge, ist der Beschluss schon wegen des Eingriffs in die Grundrechte des betroffenen Elternteils öffentlich zuzustellen.[22]

6 **Praxisproblem: Unbegleitete (möglicherweise) minderjährige Ausländer**

Die zahlreichen Krisenherde bringen es mit sich, dass immer wieder Jugendliche ohne Papiere und ohne Begleitung Erwachsener als Flüchtlinge nach Deutschland kommen.

Im Rahmen des Amtsermittlungsgrundsatzes (§ 26 FamFG) muss das Gericht sowohl die Frage der Minderjährigkeit des Betroffenen überprüfen (Beiziehung von Akten der Ausländerbehörde; evtl. Auflage, neue Ausweispapiere zu beantragen; Gutachten) als auch das Jugendamt nach § 162 FamFG beteiligen und überprüfen, ob tatsächlich die elterliche Sorge eines oder beider Elternteile ruht.[23]

7 *Wesentliche Neuerungen hat der Gesetzgeber durch das Gesetz zur Verbesserung der Unterbringung, Versorgung und Betreuung ausländischer Kinder und Jugendlicher vom 28.10.2015*[24] *geschaffen: §§ 42a ff. SGB VIII regeln nunmehr die vorläufige Inobhutnahme eines unbegleiteten minderjährigen Ausländers, das Verteilungsverfahren sowie das behördliche Verfahren zur Altersfeststellung.*

8 *Wird der minderjährige Ausländer von einem Volljährigen ohne Sorgerechtsvollmacht begleitet, ist er vom Jugendamt in Obhut zu nehmen, § 42a Abs. 1 Satz 1 SGB VIII, da er als unbegleitet gilt.*[25] *Wird dagegen eine Sorgerechtsvollmacht vorgelegt, ist vom Gericht deren Echtheit zu prüfen, § 26 FamFG. Im Interesse des Kinderschutzes ist bei Zweifeln an deren Echtheit bzw. Wirksamkeit ebenfalls vom Fehlen eines zur Ausübung der elterlichen Sorge Berechtigten auszugehen. Letzteres gilt auch, wenn seitens des Bevollmächtigten kein verlässlicher Kontakt zu den Sorgeberechtigten besteht.*[26] *Denn ausreichende Kommunikationsmöglichkeiten sind unabdingbare Voraussetzung für die Ausübung des Sorgerechts.*[27] *Bei langfristiger Abwesenheit von der Familie ist entscheidend darauf abzustellen, ob dem Elternteil die Möglichkeit verblieben ist, entweder im Wege der Aufsicht oder durch jederzeitige Übernahme der Personen- und Vermögenssorge zur eigenverantwortlichen Ausübung zurückzukehren.*[28]

9 *Der Amtsermittlungsgrundsatz verpflichtet das Gericht, etwa bestehenden Zweifeln an der Minderjährigkeit des Betroffenen nachzugehen. Nach § 42f SGB VIII hat zunächst das Jugendamt festzustellen, ob der Betroffene minderjährig ist. Eine Bindung des Ge-*

19 OLG Brandenburg ZKJ 2009, 293 = FamRZ 2009, 1683 m.w.N.; OLG Naumburg FamRZ 2002, 258
20 BayObLG FamRZ 1988, 867
21 Palandt/*Götz*, § 1674 BGB Rn. 2
22 KG ZKJ 2012, 450; a.A. OLG Naumburg FamRZ 2002, 258, wonach ein auf Anregung eines Elternteils ergehender Ruhensbeschluss keiner Zustellung an den anderen Elternteil bedarf
23 KG ZKJ 2012, 450; AG Lahr FamRZ 2002, 1285, hält auch bei Zweifeln an der Minderjährigkeit eine Entscheidung in der Hauptsache nach § 1674 BGB für möglich
24 BGBl. 2015 S. 1802
25 KG FamRZ 2016, 649 mit Anm. *Hammer*
26 *DIJuF*-Rechtsgutachten JAmt 2016, 194
27 OLG Karlsruhe ZKJ 2012, 272
28 OLG Hamm, Beschl. v. 20.7.2015 – 4 UF 117/15, juris

richts an das behördliche Ergebnis besteht nicht. Im familiengerichtlichen Verfahren sind zur Sachaufklärung alle vorhandenen, auch die rechtsmedizinischen Möglichkeiten zur Altersbestimmung heranzuziehen.[29] Für eine Röntgendiagnostik ohne Zustimmung des Betroffenen gibt es keine Rechtsgrundlage (str.);[30] allerdings ist der Betroffene nach seinem Einverständnis mit einer solchen Diagnostik zu befragen, verbunden mit dem Hinweis, dass aus einer etwaigen Weigerung auch negative Schlussfolgerungen gezogen werden können.[31] Die Röntgendiagnostik allein ist unzureichend; empfohlen wird eine körperliche Untersuchung mit der Erfassung anthropometrischer Maße, der sexuellen Reifezeichen und möglicher altersrelevanter Entwicklungsstörungen sowie eine zahnärztliche Untersuchung mit Erhebung des Zahnstatus.[32] Erst nach einer entsprechenden Abklärung darf gemäß Art. 25 Abs. 5 Satz 2 der EUVO 2032713 im Zweifel von Minderjährigkeit des Betroffenen ausgegangen werden.

Vor einer endgültigen Entscheidung kommen Eilmaßnahmen zum Schutz des Betroffenen nach § 1693 BGB in Betracht. Ebenso kann nach überwiegender Meinung bei länger andauernden Ermittlungen nach dieser Vorschrift vorläufig ein Vormund bestellt, nicht jedoch das Ruhen der elterlichen Sorge festgestellt werden.[33] Das für eine Eilanordnung erforderliche Bedürfnis für ein sofortiges Tätigwerden des Gerichts (§ 49 Abs. 1 FamFG) kann im Hinblick auf die jetzt umfassend bestehende Handlungsbefugnis des Jugendamtes nach § 42a Abs. 3 Satz 1 SGB VIII oftmals fehlen.[34] **10**

Die Beteiligung der Eltern, insbesondere durch Bekanntmachung der Antragsschrift, der gerichtlichen Entscheidung sowie ihrer Anhörung, muss im gesetzlichen Rahmen pragmatisch gehandhabt werden: Wenn der Minderjährige Kontakt zu den Eltern über E-Mail oder Telefon herstellen kann, sollten – ggf. unter Einschaltung des Dolmetschers – diese Möglichkeiten zur Anhörung genutzt werden.[35] Ist eine Anschrift bekannt, ist die schriftliche Anhörung zu versuchen.[36] Ist völlig unklar, wo die Eltern sich aufhalten, ob sie möglicherweise überhaupt noch leben, kann wegen dauernder Unerreichbarkeit von einer Anhörung abgesehen werden.[37] Das Erfordernis der Bekanntmachung der Entscheidung durch öffentliche Zustellung bleibt davon unberührt. **11**

Die Bestellung des Jugendamtes als Vormund für einen minderjährigen Flüchtling anstelle eines Rechtsanwaltes ist nicht zu beanstanden; insbesondere statuiert auch Art 22 UN-Kinderrechtskonvention keine Verpflichtung zur Bestellung eines Rechtsanwaltes als Vormund.[38] Den Streit, ob Art. 6 der Verordnung (EU) Nr. 604/13 (sog. Dublin-III-VO) die Bestellung eines Rechtsanwalts als Mitvormund vorschreibt,[39] hat der BGH[40] für die Praxis dahin entschieden, dass eine solche Bestellung auch dann unzulässig ist, wenn dem Vormund es an einschlägiger Sachkunde für Asylangelegenheiten fehlt. **12**

---

29 OLG Frankfurt FamRZ 2017, 244; OLG Oldenburg StAZ 2013, 144 m.w.N.
30 Für Verpflichtung zur röntgenologischen Untersuchung: OVG Hamburg JAmt 2011, 472; ablehnend: OLG Frankfurt FamRZ 2017, 244
31 OLG Frankfurt FamRZ 2017, 244
32 OLG München FamRZ 2012, 1958 m.w.N.
33 Staudinger/*Coester,* § 1674 Rn. 21; a.A. *Dürbeck,* FamRZ 2018, 553, 558
34 OLG Celle ZKJ 2016, 135; KG FamRZ 2016, 649
35 *Dürbeck,* FamRZ 2018, 553, 558
36 OLG Frankfurt FamRZ 2017, 244
37 OLG Karlsruhe FamRZ 2017, 41; a.A. KG ZKJ 2012, 450: öffentliche Zustellung
38 BGH NJW 2013, 3095; KG ZKJ 2012, 272 = FamRZ 2012, 1955
39 Bejahend OLG Frankfurt, 6. Familiensenat, JAmt 2014, 166; ablehnend OLG Frankfurt, 5. Familiensenat, NJW-RR 2014, 1222; zur Problematik auch *Riegner,* NZFam 2014, 806, sowie *Dürbeck,* ZKJ 2014, 266
40 BGH ZKJ 2018, 15 = FamRZ 2017, 1938 mit Anm. *Keuter*

13 *Auf der Grundlage von Art. 37 lit. b des Wiener Übereinkommens vom 24.3.1963 über konsularische Beziehungen[41] schreibt Ziffer VIII Nr. 14 der MiZi eine entsprechende vom Richter zu veranlassende Mitteilung des Ruhensbeschlusses an die konsularische Vertretung des Heimatstaates vor. Dies kann für den Flüchtling, der im Zweifel nicht grundlos sein Heimatland verlassen hat, gefährlich werden. Jedenfalls dann, wenn der einsichtsfähige Flüchtling bzw. der für ihn bestellte Vormund einer Benachrichtigung des Heimatstaates widerspricht, weil er auf dessen Schutz keinen Wert legt, sollte diese Benachrichtigung unterbleiben.[42] Eine entsprechende Änderung der MiZi wird aktuell auch unter Hinweis auf Art. 37 KSÜ vom BMJ[43] angestrebt.*

14 *Beschwerdeberechtigt sind der betroffene Elternteil,[44] der mindestens 14 Jahre alte Betroffene sowie der Verfahrensbeistand. Das Jugendamt ist grundsätzlich beschwerdebefugt nach § 162 Abs. 3 Satz 2 FamFG, insbesondere auch gegen seine Auswahl als Vormund, jedoch nicht in der Eigenschaft als Amtsvormund gegen die Anordnung der Vormundschaft als solcher.[45]*

► *Siehe hierzu auch Dürbeck, § 1775 Rn. 7.*

II. Wiederaufleben der elterlichen Sorge

15 Die aufgrund eines Beschlusses nach § 1674 Abs. 1 BGB ruhende elterliche Sorge lebt – anders als bei § 1673 Abs. 1 BGB – nicht kraft Gesetzes wieder auf, sondern erst mit Bekanntgabe eines entsprechenden Beschlusses nach § 1674 Abs. 2 BGB, dass der Grund für das Ruhen nicht mehr besteht. Auch dieser Beschluss hat rechtsgestaltende Wirkung.[46] § 1674 Abs. 2 BGB gilt entsprechend, wenn sich herausstellt, dass ein Grund für das Ruhen der elterlichen Sorge von Anfang an nicht bestand.[47]

§ 1674a BGB Ruhen der elterlichen Sorge der Mutter für ein vertraulich geborenes Kind

Die elterliche Sorge der Mutter für ein nach § 25 Absatz 1 des Schwangerschaftskonfliktgesetzes vertraulich geborenes Kind ruht. Ihre elterliche Sorge lebt wieder auf, wenn das Familiengericht feststellt, dass sie ihm gegenüber die für den Geburtseintrag ihres Kindes erforderlichen Angaben gemacht hat.

Weiterführende Literatur: Helms, Die Einführung der sog. „vertraulichen Geburt", FamRZ 2014, 609; *Kinderrechtekommission des DFGT,* Stellungnahme zum Referentenentwurf eines Gesetzes zum Ausbau der Hilfen für Schwangere – Regelung der vertraulichen Geburt, ZKJ 2013, 71.

41 BGBl. II 1969 S. 1685
42 Oberloskamp/*Schwarz,* § 9 Rn. 13; a.A. *Dürbeck*, FamRZ 2018, 553, 562
43 Schreiben v. 19.2.2019 RA2-1430/1-R5311/2018
44 Im Fall unbegleiteter minderjähriger Flüchtlinge wegen fehlender Kenntnis der Anordnung ohne Praxisbedeutung
45 BGH FamRZ 2012, 292; OLG Frankfurt FamRZ 2014, 673
46 BayObLG FamRZ 1988, 867
47 BayObLG FamRZ 1988, 867

Übersicht

	Rn.
A. Allgemeines	1
B. Inhalt der Norm	2
I. Ruhen der elterlichen Sorge	2
II. Wiederaufleben der elterlichen Sorge	8
III. Verfahren	11

A. Allgemeines

1 Die Vorschrift ist mit Wirkung vom 1.5.2014 durch das Gesetz zum Ausbau der Hilfen für Schwangere und zur Regelung der vertraulichen Geburt vom 28.8.2013 eingefügt worden.[1] Sie regelt die Sonderkonstellation einer vertraulichen Geburt. Mit dem Schwangerschaftskonfliktgesetz soll Schwangeren, die anonym bleiben möchten, umfassende und niederschwellige Hilfen angeboten werden. Die vertrauliche Geburt soll sog. Babyklappen baldmöglichst ersetzen.[2]

▶ *Zum Beratungsprozess und weiteren Rechtsfolgen vertraulicher Geburt siehe Grün, § 1591 BGB Rn. 10 ff.*

B. Inhalt der Norm

I. Ruhen der elterlichen Sorge

2 Hat eine Mutter ihr Kind gemäß § 25 Abs. 1 SchKG vertraulich entbunden, so ruht ihre elterliche Sorge **kraft Gesetzes**, wodurch ein Nebeneinander von Vormundschaft und elterlicher Sorge der Mutter ausgeschlossen wird.[3]

3 Die etwaige **elterliche Sorge des Vaters** wird von der Vorschrift nicht erfasst, stellt aber bei einer vertraulichen Geburt durchaus ein Problem dar. Die Materialien enthalten lediglich den Hinweis, das Gesetz gehe davon aus, dass eine Schwangere eine vertrauliche Geburt nur in Anspruch nehme, wenn und solange sie davon ausgehe, dass ihre Schwangerschaft anderen Personen nicht bekannt sei. Wisse der Vater von Schwangerschaft und Geburt, könne er die Elternidentität beim Standesamt melden und seine Rechte geltend machen.[4] Ob diese Prämissen des Gesetzgebers wirklich zutreffend sind, mag dahingestellt bleiben. Erste Berichte aus den Beratungsstellen schildern jedenfalls durchaus auch Fälle, in denen z. B. verheiratete, aber getrennt lebende Frauen in Begleitung der potentiellen Erzeuger des Kindes sich über die vertrauliche Geburt informieren, weil sie aus Angst vor der eigenen Familie oder der des Ehegatten auf keinen Fall den außerehelichen Verkehr diesen gegenüber offenbar werden lassen wollen. Verheimlicht die Schwangere dem Erzeuger die Schwangerschaft, hat dieser in der Praxis keine Möglichkeit, die Elternrechte wahrzunehmen.[5]

4 Das Familiengericht wird gemäß § 168a FamFG n.F. seitens des Standesamtes über die vertrauliche Geburt informiert. Es erhält Kenntnis der gemäß §§ 21 Nr. 1 bis 3 PStG, 57 Abs. 1 Nr. 4c PStVO in das Geburtenregister eingetragenen Daten sowie gemäß § 57 Abs. 6 Nr. 20 PStVO das Pseudonym, unter dem die Frau entbunden hat. Nähere Informationen über den Familienstand und das Alter der Mutter werden nicht mitgeteilt, weil auch das Standesamt diese Kenntnis nicht hat.

1 BGBl. I 2013 S. 3458
2 BT-Drucks. 17/12814, 9
3 BT-Drucks. 17/12814, 16
4 BT-Drucks. 17/12814, 16
5 BeckOK-BGB/*Veit*, § 1674a Rn. 5 m.w.N.; dies räumt auch der Evaluationsbericht der Bundesregierung ein, BT-Drucks. 18/13100, 17

5 Eine Mitteilungspflicht des in Obhut nehmenden Jugendamtes ist nicht vorgesehen, obgleich die Notwendigkeit besteht, eine gesetzliche Vertretung des Kindes zu schaffen; insoweit vertraut der Gesetzgeber offenbar auf die funktionierende Mitteilungspflicht des Standesamtes gemäß § 168a FamFG.

6 Weil weder bekannt ist, ob die Mutter minderjährig oder verheiratet ist, sind die Voraussetzungen für eine Amtsvormundschaft nach § 1791c BGB kraft Gesetzes nicht feststellbar. Obwohl die gesetzliche Amtsvormundschaft gerade dem Schutz nichtehelicher Kinder, die keinen sorgeberechtigten Elternteil haben, dient[6] und diese Schutzbedürftigkeit in gleichem Maße für ein vertraulich geborenes Kind zutrifft, hat der Gesetzgeber sich – ohne nähere Begründung – gerade nicht für eine Amtsvormundschaft kraft Gesetzes entschieden. Vielmehr ist dem Kind gemäß **§ 1773 BGB** durch den funktionell zuständigen Rechtspfleger ein **Vormund** zu bestellen.[7] Denn die elterliche Sorge der Mutter ruht kraft Gesetzes nach § 1674a BGB, die eines potentiellen rechtlichen Vaters – z. B. eine von ihrem Ehemann getrennt lebende Ehefrau entbindet vertraulich – nach § 1678 Abs. 1 BGB, weil er infolge der Anonymität der Geburt nichts von der Entstehung seiner elterlichen Sorge weiß und auch v.A.w. nicht ermittelt werden kann. Insoweit denkbaren zeitlichen Verzögerungen ist ggf. durch den Erlass von Eilmaßnahmen nach § 1693 BGB Rechnung zu tragen, z. B. bei notwendigen ärztlichen Behandlungsmaßnahmen.

7 Die durchaus denkbare Situation, dass eine werdende Mutter die Schwangerschaft auch gegenüber dem Erzeuger verheimlicht,[8] wird vom Gesetzgeber ignoriert. Dies erscheint zum einen widersprüchlich, weil an anderer Stelle der Gesetzgeber Rechte des Vaters gerade stärkt (§ 1686a BGB, Reform des Sorgerechts),[9] zum andern in den Fällen bestehender rechtlicher Vaterschaft die vertrauliche Geburt mit späterer Adoption dazu führt, dass dem rechtlichen Vater ein bestehendes Sorgerecht ohne jede Verfahrensbeteiligung entzogen wird.[10] Die Rechte des Vaters durch eine bessere Beratung der Schwangeren schützen zu wollen,[11] erscheint lebensfremd.

II. Wiederaufleben der elterlichen Sorge

8 Während das Ruhen der elterlichen Sorge der Mutter bei einer vertraulichen Geburt kraft Gesetzes eintritt, lebt die elterliche Sorge nur durch **rechtsgestaltenden Beschluss** des Familiengerichts wieder auf. Voraussetzung hierfür ist, dass die Mutter dem Gericht gegenüber ihre Anonymität aufgibt und ihre tatsächlichen Personenstandsdaten offenbart. Zudem dürfen an ihrer Mutterschaft keine Zweifel bestehen. Etwaige Zweifel sind ggf. durch Vernehmung der Beraterin und der an der Entbindung beteiligten Personen auszuräumen.[12]

9 § 1674a Satz 2 BGB enthält zwar **keine zeitliche Einschränkung**. Gleichwohl ist ein **Wiederaufleben** der elterlichen Sorge der Mutter natürlich **ausgeschlossen, wenn die Adoption des Kindes inzwischen wirksam erfolgt ist**, § 197 Abs. 2 FamFG, weil mit ihr sämtliche bisherigen Verwandtschaftsverhältnisse des Kindes erlöschen, § 1755 BGB.

10 Das Wiederaufleben der elterlichen Sorge der Mutter bedeutet auch **nicht automatisch eine Übersiedlung des Kindes** in ihren Haushalt, erst recht dann nicht, wenn sich das Kind möglicherweise schon einige Zeit in Adoptionspflege befunden hat. Die Vermutung unbekannten Aufenthalts der Mutter nach § 1747 Abs. 4 Satz 2 BGB gilt nach Offenba-

6 *Palandt/Götz*, § 1791c BGB Rn. 1
7 *Helms*, FamRZ 2014, 609, 613; Erman/*Döll*, § 1674a BGB Rn 1
8 Siehe beispielsweise OLG Frankfurt, Beschl. v. 21.12.2011 –2 UF 481/11, juris
9 Erman/*Döll*, § 1674a BGB Rn. 2
10 Kritisch auch Staudinger/*Coester*, § 1674a BGB Rn. 9 m.w.N.
11 BT-Drucks. 18/13100, 17
12 BT-Drucks. 17/12814, 16

rung der Personenstandsdaten aber nicht mehr, für eine wirksame Adoption ist nunmehr die Einwilligung der Mutter oder deren Ersetzung nach §§ 1747, 1748 BGB notwendig. Das Familiengericht muss zudem v.A.w. prüfen, ob ein **Sorgerechtsentzug** nach § 1666 BGB erforderlich ist, da die Mutter selbst sich zumindest ursprünglich außerstande gesehen hat, Verantwortung für den weiteren Lebensweg des Kindes zu übernehmen. Als milderes Mittel kann – auch von Amts wegen – eine **Verbleibensanordnung** i.S.v. § 1632 Abs. 4 BGB in Betracht zu ziehen sein (näher hierzu Fink, § 1632 BGB Rn. 33 ff.).

III. Verfahren

Funktional zuständig für einen etwaigen – deklaratorischen – Beschluss nach § 1674 Satz 1 sowie für das Verfahren betreffend ein Wiederaufleben der elterlichen Sorge ist nach §§ 3 Nr. 2a, 14 RPflG der **Rechtspfleger**. Dieser hat bei Anhaltspunkten für eine mögliche Kindeswohlgefährdung vor Ausspruch des Wiederauflebens der elterlichen Sorge das Verfahren dem Richter für etwaige Kinderschutzmaßnahmen vorzulegen.[13] Im Übrigen richtet sich das Verfahren nach §§ 151 ff. FamFG.[14] 11

▶ *Näher zur funktionalen Zuständigkeit siehe Heilmann, § 7 RPflG Rn. 3.*

§ 1675 BGB Wirkung des Ruhens

Solange die elterliche Sorge ruht, ist ein Elternteil nicht berechtigt, sie auszuüben.

Die Feststellung des Ruhens der elterlichen Sorge führt nicht dazu, dass die elterliche Sorge verloren geht; sie ist lediglich in ihrer **Ausübung gehemmt**.[1] 1

Umstritten ist, ob während des Ruhens der elterlichen Sorge gegen diesen Elternteil **Maßnahmen nach § 1666 BGB** ergehen können. Dies hat der BGH bejaht, weil der Elternteil weiterhin Sorgerechtsinhaber bleibe.[2] Dies trifft zwar zu, doch fragt sich, warum überhaupt Maßnahmen nach § 1666 BGB erforderlich sein sollen, wenn der Sorgerechtsinhaber nicht befugt ist, sorgerechtliche Entscheidungen zu treffen. Im Hinblick auf den Verhältnismäßigkeitsgrundsatz erübrigen sich deshalb regelmäßig Maßnahmen nach § 1666 BGB[3] solange die elterliche Sorge durch konstituierenden Beschluss nach §§ 1674, 1674a BGB ruht.[4] Bei einem Ruhen der elterlichen Sorge nach § 1673 Abs. 1 BGB mag dies anders zu beurteilen sein, weil ein etwaiger Beschluss nach § 1673 Abs. 1 BGB keine Wirkung entfaltet, wenn tatsächlich keine Geschäftsunfähigkeit vorliegt, so dass im Interesse der Rechtssicherheit Klarheit geschaffen werden muss, ob der Elternteil sorgerechtsbefugt ist oder nicht.[5] Da die elterliche Sorge erst durch konstitutiven Beschluss nach § 1674 Abs. 2 BGB wieder auflebt, kann etwaigen Kindeswohlgefährdungen durch Wiederaufleben der elterlichen Sorge mit (Eil-)Maßnahmen nach §§ 1666, 1632 Abs. 4 BGB Rechnung getragen werden.[6] Bei einem Ruhen nach § 1673 Abs. 2 BGB können Maßnahmen nach § 1666 BGB geboten sein, wenn der minderjährige Elternteil durch die ihm verbliebene personensorgerechtliche Entscheidungsbefugnis das Kindeswohl gefährdet. 2

13 Staudinger/*Coester*, § 1674a BGB Rn. 6 m.w.N.
14 BT-Drucks. 17/12814, 16
1 OLG Karlsruhe FamRZ 2011, 1514 m.w.N.
2 BGH FamRZ 2014, 543; ebenso Vorinstanz OLG Karlsruhe FamRZ 2011, 1514
3 A.A. OLG Köln, Beschl. v. 16.3.2016 – 10 UF 173/15, juris = FF 2016, 510 (LS)
4 OLG Brandenburg ZKJ, 2009, 293; OLG Dresden FamRZ 2003, 1038; BeckOK-BGB/*Veit*, § 1675 Rn. 2 m.w.N.
5 KG NZFam 2014, 422 schließt bei festgestellter Geschäftsunfähigkeit Maßnahmen nach § 1666 BGB aus
6 A.A. OLG Köln, Beschl. v. 16.3.2016 – 10 UF 173/15, juris = FF 2016, 510 (LS)

3 Die **vermögensrechtlichen Folgen** des Ruhens der elterlichen Sorge regeln §§ 1698, 1698a BGB. Liegen die Voraussetzungen der letztgenannten Vorschrift nicht vor, haftet der Elternteil, dessen elterliche Sorge ruht, für von ihm gleichwohl im Namen des Kindes getätigte Rechtsgeschäfte als Vertreter ohne Vertretungsmacht.[7]

4 **Umgangsbefugnisse** aus § 1684 BGB werden vom Ruhen der elterlichen Sorge nach §§ 1673, 1674 BGB grundsätzlich nicht berührt.[8] Bei einem Ruhen der elterlichen Sorge nach § 1751 Abs. 1 BGB wegen Einwilligung in die Adoption darf dagegen der Umgang nicht ausgeübt werden, § 1751 Abs. 1 Satz 1 2. HS BGB. Solange die elterliche Sorge nach § 1674a BGB ruht, scheidet ein Umgang der Mutter mit dem Kind schon wegen der Anonymität der Mutter aus.

5 Der Umstand, dass die minderjährige Kindesmutter in der Ausübung der elterlichen Sorge eingeschränkt ist (§§ 1673 Abs. 2, 1675 BGB), steht der Annahme einer im Grundsatz schutzwürdigen Vater-Kind-Beziehung, auf die es für die aufenthaltsrechtlichen – möglicherweise einer Abschiebung entgegenstehenden – Vorwirkungen des Art. 6 Abs. 1 GG i.V.m. Art. 8 EMRK allein ankommt, für sich genommen nicht entgegen.[9]

6 **Übersicht: Das Ruhen der elterlichen Sorge eines Elternteils und das Sorgerecht des anderen**

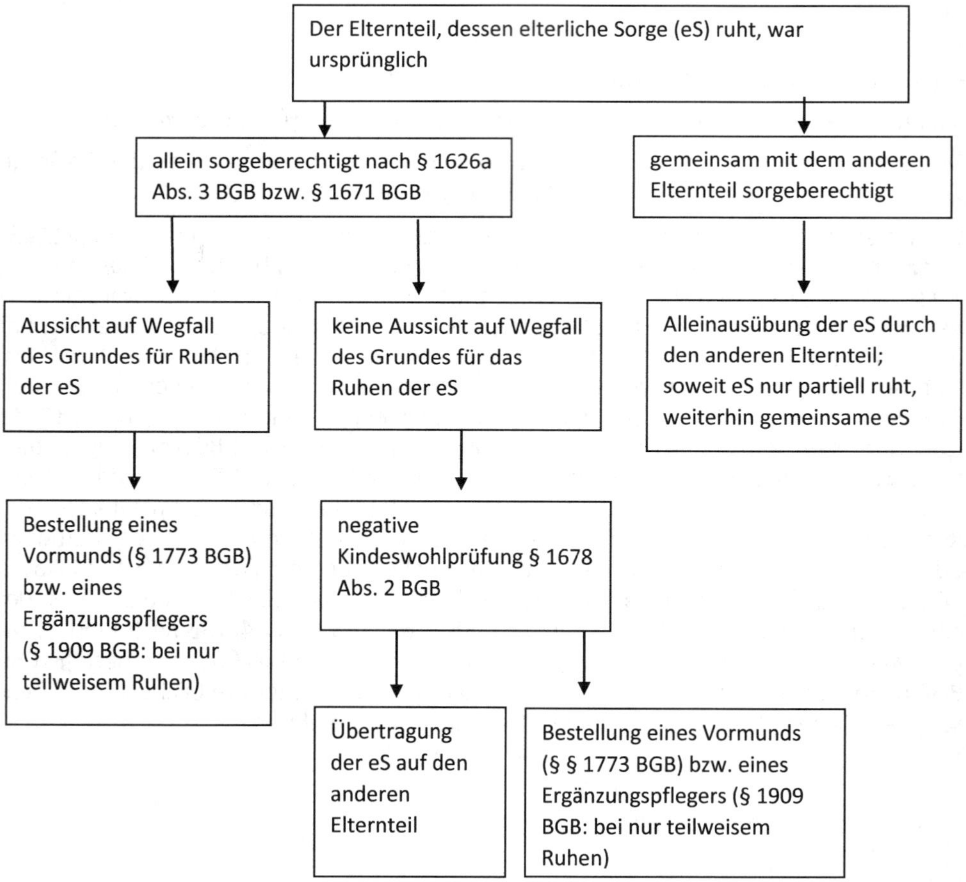

7 Palandt/*Götz*, § 1675 BGB Rn. 1; BeckOK-BGB/*Veit*, § 1675 Rn. 2 m.w.N.
8 MüKo-BGB/*Hennemann*, § 1675 BGB Rn. 4; BeckOK-BGB/*Veit*, § 1675 Rn. 3 m.w.N.
9 BVerfG, Beschl. v. 22.5.2018 – 2 BvR 249/18 = FamRZ 2018, 1204 (LS)

§ 1676 BGB

(weggefallen)

§ 1677 BGB Beendigung der Sorge durch Todeserklärung

Die elterliche Sorge eines Elternteils endet, wenn er für tot erklärt oder seine Todeszeit nach den Vorschriften des Verschollenheitsgesetzes festgestellt wird, mit dem Zeitpunkt, der als Zeitpunkt des Todes gilt.

Die Vorschrift hat wenig praktische Bedeutung. Dass durch den **Tod** die elterliche Sorge eines Elternteils endet, wird als Selbstverständlichkeit vom Gesetz vorausgesetzt. § 1677 regelt lediglich die Fälle, in denen ein Elternteil für tot erklärt wird (§§ 9, 23 VerSchG) oder seine Todeszeit nach §§ 39 ff. VerschG festgestellt wird. **1**

Mit dem Zeitpunkt, der nach der Todeserklärung bzw. Feststellung der Todeszeit als Zeitpunkt des Todes gilt, ruht das Sorgerecht des betroffenen Elternteils nicht nur, sondern es endet.[1] Die Todeserklärung ist möglich bei ernsthaften Zweifeln am Fortleben des Betroffenen, die Feststellung der Todeszeit setzt sichere Kenntnis vom Ableben voraus. **2**

▶ *Zu den Rechtsfolgen für das Sorgerecht des anderen Elternteils siehe Keuter, § 1680 BGB und bei fälschlicher Todeserklärung § 1681 Rn. 5.*

§ 1678 BGB Folgen der tatsächlichen Verhinderung oder des Ruhens für den anderen Elternteil

(1) Ist ein Elternteil tatsächlich verhindert, die elterliche Sorge auszuüben, oder ruht seine elterliche Sorge, so übt der andere Teil die elterliche Sorge allein aus; dies gilt nicht, wenn die elterliche Sorge dem Elternteil nach § 1626a Abs. 3 oder § 1671 allein zustand.

(2) Ruht die elterliche Sorge des Elternteils, dem sie gemäß § 1626a oder § 1671 allein zustand, und besteht keine Aussicht, dass der Grund des Ruhens wegfallen werde, so hat das Familiengericht die elterliche Sorge dem anderen Elternteil zu übertragen, wenn dies dem Wohl des Kindes nicht widerspricht.

Übersicht

	Rn.
A. Allgemeines	1
B. Inhalt der Norm	5
I. Gemeinsames Sorgerecht der Eltern (Abs. 1)	5
II. Alleiniges Sorgerecht des betroffenen Elternteils	10
III. Wegfall des Ruhens/der Verhinderung	15

A. Allgemeines

Die durch das Gesetz zur Reform der elterlichen Sorge nicht miteinander verheirateter Eltern vom 16.4.2013 neu gefasste Vorschrift regelt die Rechtsfolgen des Ruhens der elterlichen Sorge für den anderen Elternteil. **1**

Abs. 1 erfasst dabei die Konstellation, dass ursprünglich **beide Elternteile gemeinsam sorgeberechtigt** waren, **Abs. 2** erfasst die Fälle, in denen die elterliche Sorge des nach **2**

1 BeckOK-BGB/*Veit,* § 1677 Rn. 3 m.w.N.

§§ 1626a Abs. 3, 1671 BGB **allein sorgeberechtigten** Elternteils ruht. Darüber hinaus regelt Abs. 1 die Folgen der tatsächlichen Verhinderung eines Elternteils, ohne dass ein Ruhen der elterlichen Sorge nach § 1674 BGB anzunehmen wäre.

3 **Übersicht: Ausfall eines gemeinsam sorgeberechtigten Elternteils**

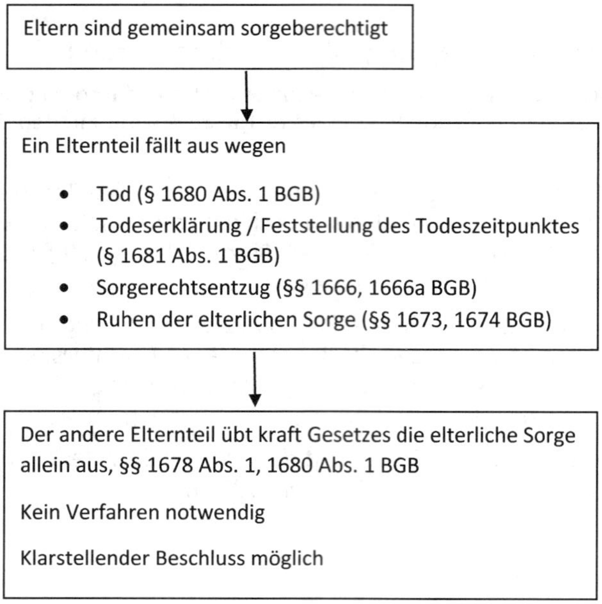

4 **Übersicht: Ausfall eines nach §§ 1626a Abs. 3, 1671 BGB allein sorgeberechtigten Elternteils**

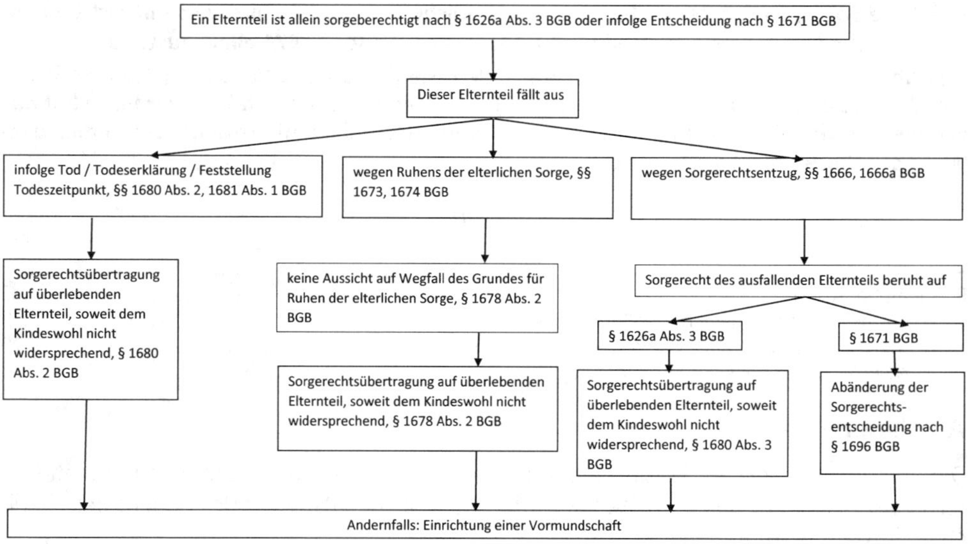

B. Inhalt der Norm

I. Gemeinsames Sorgerecht der Eltern (Abs. 1)

§ 1678 Abs. 1 BGB setzt, wie der Rückschluss aus dem zweiten HS ergibt, voraus, dass die Eltern bei Eintritt der tatsächlichen Verhinderung oder des Ruhens der elterlichen Sorge gemeinsam sorgeberechtigt waren. In diesem Fall verwandelt sich die bisherige gemeinsame elterliche Sorge in ein alleiniges Sorgerecht des nicht verhinderten Elternteils **kraft Gesetzes**. 5

Eine Kindeswohlprüfung erfolgt nicht. Bei Bedenken gegen die Ausübung der elterlichen Sorge durch den anderen Elternteil bleiben nur Maßnahmen nach § 1666 BGB.[1] Hintergrund ist die gesetzgeberische Vorstellung, dass der Elternteil, der in der Lage ist, gemeinsam mit dem anderen Elternteil die elterliche Sorge auszuüben, dieses auch alleine kann, wenn der andere Elternteil ausfällt.[2] 6

Dies setzt allerdings voraus, dass der **andere Elternteil seinerseits berechtigt** ist, die **elterliche Sorge auszuüben**. Ruhte beispielsweise seine elterliche Sorge ganz oder teilweise oder war ihm diese nach § 1666 BGB entzogen, hat das Familiengericht wegen insoweit bestehender Verhinderung beider Elternteile dem Kind einen Vormund oder einen Pfleger zu bestellen.[3] 7

▶ *Zu den Voraussetzungen von Vormundschaft und Pflegschaft siehe Dürbeck, § 1773 BGB Rn. 4 ff.*

Fälle **tatsächlicher Verhinderung** unterhalb der Schwelle des Ruhens der elterlichen Sorge sind im Wesentlichen längere Erkrankungen oder Abwesenheiten mit unbekanntem Aufenthalt, wobei maßgeblich ist, inwieweit der betroffene Elternteil tatsächlich noch Einfluss auf die Erziehung der Kinder nehmen kann (näher hierzu *Keuter*, § 1674 BGB Rn. 3 ff.). 8

Bei voraussichtlich längeren Ausfällen eines Elternteils ist zur Klarstellung im Außenverhältnis eine gerichtliche Entscheidung nach § 1674 BGB empfehlenswert, auch wenn die alleinige Handlungsbefugnis des anderen Elternteils kraft Gesetzes entsteht.[4] 9

II. Alleiniges Sorgerecht des betroffenen Elternteils

§ 1678 Abs. 2 BGB regelt die Rechtsfolgen, wenn 10

- ein Elternteil **allein sorgeberechtigt** ist nach § 1626a Abs. 3 BGB oder § 1671 BGB,
- sodann seine **elterliche Sorge ruht** und
- **keine Aussicht** besteht, dass der **Grund des Ruhens wegfällt**.

In dieser Konstellation hat das Familiengericht dem anderen Elternteil die alleinige elterliche Sorge zu übertragen, wenn dies dem Wohl des Kindes nicht widerspricht **(negative Kindeswohlprüfung)**. Der Auffassung, trotz des durch das Gesetz zur Reform der elterlichen Sorge nicht miteinander verheirateter Eltern vom 16.4.2013 geänderten Wortlauts (früher: „wenn dies dem Wohl des Kindes dient"; jetzt: „ wenn dies dem Wohl des Kindes nicht widerspricht") würden die zu § 1678 Abs. 2 a. F. entwickelten Grundsätze fortgelten,[5] kann nur insoweit zugestimmt werden, als auch bislang die Rechtsprechung im Wege verfassungskonformer Auslegung die elterliche Sorge bereits dann dem anderen Elternteil 11

1 Palandt/*Götz*, § 1678 BGB Rn. 5 m.w.N.
2 MüKo-BGB/*Hennemann*, § 1678 B Rn. 7
3 BeckOK-BGB/*Veit*, § 1678 Rn. 4 m.w.N.
4 MüKo-BGB/*Hennemann*, § 1678 Rn. 3
5 JurisPK/*Poncelet*, § 1678 BGB Rn. 12

übertrug, wenn dies dem Kindeswohl nicht widersprach.[6] Die Änderung bringt deutlich zum Ausdruck, dass die Hürden für eine Sorgerechtsübertragung auf den anderen Elternteil niedriger angesetzt sind[7] und bestätigt somit die bisherige Rechtsprechung.

12 Anders als in Abs. 1 verlangt der Sorgerechtsübergang in Abs. 2 eine **ausdrückliche gerichtliche Entscheidung**, für welche **der Richter** gemäß § 14 Abs. 1 Nr. 3 RPflG **zuständig** ist.[8] Kommt er zu der Überzeugung, dass die Übertragung auf den anderen Elternteil dem Kindeswohl widerspricht, muss ein Vormund oder Ergänzungspfleger bestellt werden, §§ 1773, 1909 BGB.

13 **Ungeregelt** sind die Rechtsfolgen des Ruhens der elterlichen Sorge bei gleichzeitiger Aussicht auf einen Wegfall des Grundes für das Ruhen sowie die Rechtsfolgen rein tatsächlicher Verhinderung des nach §§ 1626a Abs. 3, 1671 BGB allein sorgeberechtigten Elternteils. Eine vorschnelle Übertragung auf den anderen Elternteil ist zu vermeiden, weil die Übertragung einen **endgültigen Sorgerechtswechsel** beinhaltet,[9] während das Ruhen nur eine Hemmung der Ausübungsbefugnis zur Folge hat, § 1675 BGB.

14 War einem ursprünglich gemeinsam sorgeberechtigten Elternteil die elterliche Sorge nach § 1666 BGB entzogen worden, so dass der andere Elternteil nach § 1680 Abs. 3 allein sorgeberechtigt war, und tritt nun bei diesem Elternteil ein Ruhen der elterlichen Sorge ein, muss dem Kind nach § 1773 BGB ein Vormund bestellt werden. Gibt es allerdings Hinweise, dass die Gründe für den Sorgerechtsentzug inzwischen entfallen sind, muss das Gericht zunächst nach § 1696 BGB, § 166 FamFG von Amts wegen die Entscheidung über den Sorgerechtsentzug überprüfen.[10] Hebt es den Entzug der elterlichen Sorge auf, ist dieser Elternteil nach § 1678 Abs. 1 BGB nunmehr kraft Gesetzes allein sorgeberechtigt.

III. Wegfall des Ruhens/der Verhinderung

15 Entfällt die tatsächliche Verhinderung eines gemeinsam sorgeberechtigten Elternteils (Beispiel: Die zur Verhinderung führende Erkrankung ist geheilt), so steht dem Elternteil kraft Gesetzes die elterliche Sorge im früheren Umfang wieder zu; für zwischenzeitlich vom anderen Elternteil getätigte Rechtsgeschäfte gilt § 1698a BGB.[11]

16 Ist demgegenüber eine Sorgerechtsübertragung nach § 1678 Abs. 2 BGB erfolgt, rückt der nun nicht mehr verhinderte Elternteil nicht kraft Gesetzes in das Sorgerecht ein, sondern es bedarf einer gerichtlichen Abänderungsentscheidung nach § 1696 BGB.

17 Denn ein Wiederaufleben der alleinigen elterlichen Sorge durch Beschluss nach § 1674 Abs. 2 BGB stünde in Widerspruch zu der erfolgten Übertragungsentscheidung nach § 1678 Abs. 2 BGB, so dass über eine Rückübertragung der alleinigen elterlichen Sorge im Rahmen eines in die Zuständigkeit des Richters fallenden Abänderungsverfahrens nach §§ 1696 BGB, 166 FamFG zu befinden ist.

▶ *Näher zur funktionalen Zuständigkeit von Rechtspfleger bzw. Richter Heilmann zu § 3 RPflG Rn. 4 f., § 14 RPflG Rn. 4 ff.*

---

6 OLG Bamberg FamRZ 2011, 1072 m.w.N.; ebenso Stellungsnahme Kinderrechtekommission DFGT, ZKJ 2012, 263, 265
7 BT-Drucks. 17/11048, 21
8 OLG Dresden ZKJ 2012, 269
9 Palandt/*Götz*, § 1678 BGB Rn. 7; BeckOK-BGB/*Veit*, § 1678 Rn. 10
10 NK-BGB/Kleist/*Friederici*, § 1680 Rn. 8
11 BeckOK-BGB/*Veit*, § 1678 Rn. 3 m.w.N.

§ 1679 BGB
(weggefallen)

§ 1680 BGB Tod eines Elternteils oder Entziehung des Sorgerechts

(1) Stand die elterliche Sorge den Eltern gemeinsam zu und ist ein Elternteil gestorben, so steht die elterliche Sorge dem überlebenden Elternteil zu.

(2) Ist ein Elternteil, dem die elterliche Sorge nach § 1626a Abs. 3 oder § 1671 BGB allein zustand, gestorben, so hat das Familiengericht die elterliche Sorge dem überlebenden Elternteil zu übertragen, wenn dies dem Wohl des Kindes nicht widerspricht.

(3) Die Absätze 1 und 2 gelten entsprechend, soweit einem Elternteil die elterliche Sorge entzogen wird.

Weiterführende Literatur: Rotax, Tatsächliche oder rechtliche Verhinderung oder Entzug der elterlichen Sorge bei einem bisher gemeinsam sorgeberechtigten Elternteil, FPR 2008, 151.

Übersicht

	Rn.
A. Allgemeines	1
B. Inhalt der Norm	4
I. Gemeinsames Sorgerecht der Eltern (Abs. 1)	4
II. Alleiniges Sorgerecht eines Elternteils (Abs. 2)	7
III. Entzug des Sorgerechts	14

A. Allgemeines

Die Vorschrift regelt die Folgen des Todes eines sorgeberechtigten Elternteils für die elterliche Sorge des anderen Elternteils und gilt gemäß Abs. 3 entsprechend für den Fall des Sorgerechtsentzuges. Sie unterscheidet wie § 1678 BGB zwischen gemeinsam sorgeberechtigten Eltern (Abs. 1) und Tod bzw. Sorgerechtsentzug eines Elternteils, der nach §§ 1626a Abs. 3, 1671 BGB allein sorgeberechtigt war. 1

Auch diese Vorschrift ist durch das Gesetz zur Reform der elterlichen Sorge nicht miteinander verheirateter Eltern (SorgeRefG) vom 16.4.2013[1] geändert worden, insbesondere wurde die bislang nach dem Wortlaut teilweise notwendige positive Kindeswohlprüfung einheitlich in eine negative Kindeswohlprüfung abgeschwächt. 2

Die Vorschrift gilt nach § 1681 BGB entsprechend, wenn ein Elternteil für tot erklärt oder seine Todeszeit nach dem VerSchG festgestellt wird. 3

▶ *Siehe hierzu die Übersichten zum Ausfall eines Elternteils bei Keuter, § 1678 BGB Rn. 3 f.*

B. Inhalt der Norm

I. Gemeinsames Sorgerecht der Eltern (Abs. 1)

Die Vorschrift gilt für alle gemeinsam sorgeberechtigten Eltern, unabhängig, aus welchem der in § 1626a Abs. 1 bis 3 aufgeführten Gründe gemeinsames Sorgerecht besteht. 4

▶ *Näher hierzu Fink, § 1626a BGB Rn. 3 ff.*

1 BGBl I 2013 S. 795

5 Das Sorgerecht steht im Todesfall oder – gemäß Abs. 3 – im Falle des einseitig einen Elternteil betreffenden Sorgerechtsentzugs dem überlebenden bzw. vom Sorgerechtsentzug nicht betroffenen Elternteil **kraft Gesetzes** zu.[2] Ein gerichtliches Verfahren findet insoweit nicht statt.

6 Die Vorschrift setzt allerdings stillschweigend voraus, dass der überlebende Ehegatte seinerseits berechtigt ist, die elterliche Sorge auch tatsächlich auszuüben, seine elterliche Sorge also nicht nach §§ 1673 bis 1675 BGB ruht.[3] Tod oder Sorgerechtsentzug des einen Elternteils haben also keine Auswirkung auf das Ruhen der elterlichen Sorge des anderen Elternteils. Für das Kind muss ein Vormund nach § 1773 BGB bzw. ein Ergänzungspfleger nach § 1909 BGB bestellt werden.[4]

II. Alleiniges Sorgerecht eines Elternteils (Abs. 2)

7 Anders als nach Abs. 1 wird der überlebende Elternteil nicht kraft Gesetzes, sondern nur aufgrund **richterlicher Entscheidung** (§ 14 Abs. 1 Nr. 3 RPflG) Inhaber des alleinigen Sorgerechts, wenn der bislang allein sorgeberechtigte Elternteil verstirbt oder ihm die elterliche Sorge entzogen wird.

8 Voraussetzungen für eine Sorgerechtsübertragung nach § 1680 Abs. 2 BGB sind:

- **alleiniges Sorgerecht** eines Elternteils nach §§ 1626a Abs. 3, 1671 BGB
- **Tod** dieses Elternteils
- die Übertragung der elterlichen Sorge auf den anderen Elternteil **widerspricht nicht dem Kindeswohl**

In einem Beschwerdeverfahren kann eine Entscheidung nach § 1680 Abs. 2 oder 3 BGB nur ergehen, wenn gleichzeitig überprüft wird, ob die Voraussetzungen der zugrunde liegenden Entziehung des Sorgerechts des anderen Elternteils weiter vorliegen. Dies gilt auch dann, wenn die Beschwerde sich nicht gegen die Entziehung des Sorgerechts eines alleinsorgeberechtigten Elternteils richtet, sondern nur gegen die unterbliebene Übertragung auf den anderen Elternteil (den Beschwerdeführer).[5]

9 Von der Vorschrift nicht erfasst ist mithin die Konstellation, in der ein Elternteil stirbt, der deshalb allein sorgeberechtigt war, weil dem anderen Elternteil nach § 1666 BGB die elterliche Sorge entzogen worden war oder dessen elterliche Sorge ruht. Der Tod des aus diesem Grunde allein sorgeberechtigten Elternteils muss wegen des *verfassungsrechtlichen Vorranges des leiblichen Elternteils* allerdings von Amts wegen Veranlassung für eine Überprüfung nach §§ 1696, 1674 BGB geben, ob auf Seiten des überlebenden Elternteils die Gründe für den Sorgerechtsentzug/das Ruhen fortbestehen.[6] Sollte dies nicht (mehr) der Fall sein, ist ihm die elterliche Sorge zurück zu übertragen und er übt diese wegen des Todes des anderen Elternteils nunmehr allein aus. Bestehen die Gründe fort – oder bestehen andere Gründe für einen Entzug der elterlichen Sorge –, muss dem Kind ein Vormund bzw. Ergänzungspfleger nach §§ 1773, 1909 BGB bestellt werden. Wenn kein Anlass besteht, die Ursprungsentscheidung abzuändern, muss dies im Tenor der das Abänderungsverfahren abschließenden familiengerichtlichen Entscheidung zum Ausdruck gebracht werden.[7]

▶ *Näher hierzu Gottschalk, § 1696 BGB Rn. 30 ff., 35.*

---

2 NK-BGB/Kleist/*Friederici*, § 1680 Rn. 2
3 BeckOK-BGB/*Veit*, § 1680 BGB Rn. 2
4 Palandt/*Götz*, § 1680 BGB Rn. 1
5 OLG Karlsruhe FamRZ 2018, 196
6 *Rotax*, FPR 2008, 151
7 OLG Frankfurt FamRZ 2013, 1238 (LS)

Bei der **negativen Kindeswohlprüfung** gelten die zu § 1671 BGB entwickelten Kriterien (Förderprinzip, Kontinuität, Bindungen, Kindeswille) entsprechend.[8] **10**

- Näher hierzu *Keuter*, § 1671 BGB Rn 29 ff.

Von besonderer Bedeutung sind dabei die nachfolgenden Fragen: **11**

- Lebte das Kind mit dem verstorbenen Elternteil allein oder in einer Stieffamilie/neuen Partnerschaft des Verstorbenen; im Fall der letzten Alternative: Wie sind die Bindungen des Kindes zu diesen Personen?
- In welchem Umfang bestanden gelebte Bindungen zwischen überlebendem Elternteil und Kind, insbesondere regelmäßige Umgangskontakte?
- Welche Wünsche äußert das Kind selbst?[9]
- Hat der überlebende Elternteil ausreichend Gespür für die traumatischen Belastungen des Kindes durch den Tod der bisherigen Hauptbezugsperson?[10]
- Ist der überlebende Elternteil gewillt, bestehende Bindungen des Kindes zum bisherigen Umfeld (Stiefelternteil, Verwandte, Freunde, soziale Bindungen durch Schule, Vereine) zu respektieren? In diesem Rahmen sind aber auch die Möglichkeiten von Verbleibensanordnungen nach §§ 1632 Abs. 4, 1682 BGB sowie die Umgangsbefugnisse (§ 1685 BGB) von Bezugspersonen zu berücksichtigen. Auch die Möglichkeit, von der Sorgerechtsübertragung Teilbereiche auszunehmen, ist zu erwägen[11] (näher hierzu *Fink*, § 1632 BGB Rn. 29 ff., *Keuter*, § 1682 BGB Rn. 10 ff.; *Gottschalk*, § 1685 BGB Rn. 5 ff.).
- Hat der verstorbene Elternteil testamentarisch beachtenswerte Einwendungen gegen eine Sorgerechtsübertragung auf den anderen Elternteil hinterlassen? Die Benennung eines Vormunds nach §§ 1776, 1777 BGB kann die Übertragung des Sorgerechts auf den überlebenden Elternteil für sich genommen nicht verhindern, gibt aber Veranlassung für eine besondere Prüfung, ob die Übertragung im Widerspruch zum Kindeswohl steht.

Die **Übertragung widerspricht dem Kindeswohl** etwa dann, wenn die mit der Übertragung verbundenen Veränderungen gerade in der häufig traumatischen Situation des Todes des allein sorgeberechtigten Elternteils für das Kind zu erheblichen Belastungen führen.[12] Die Gefährdungsschwelle des § 1666 BGB braucht jedenfalls nicht erreicht zu werden. **12**

Als dem Kindeswohl widersprechend angesehen wurde z. B. eine Übertragung der elterlichen Sorge auf den leiblichen Vater gegen den Wunsch des Kindes, das mit dem Lebensgefährten der verstorbenen Mutter bereits seit 9 Jahren zusammenlebte.[13] **13**

III. Entzug des Sorgerechts

Die Regelungen über den Tod eines sorgeberechtigten Elternteils gelten entsprechend, wenn einem Elternteil die elterliche Sorge ganz oder teilweise („soweit") entzogen wird. **14**

8 PWW/*Ziegler*, § 1680 BGB Rn. 3

9 OLG Köln ZKJ 2012, 227 = FamRZ 2012, 1654: keine Sorgerechtsübertragung gegen den ernsthaften Wunsch eines 12,5-Jährigen

10 BVerfG ZKJ 2008, 165 = FamRZ 2008, 381 zum Verdacht, der überlebende Elternteil könne für den Tod des anderen verantwortlich sein

11 BGH FamRZ 2011, 252

12 Staudinger/*Coester*, § 1680 BGB Rn. 9; MüKo-BGB/*Hennemann*, § 1680 Rn. 8; siehe auch BVerfG ZKJ 2008, 165 = FamRZ 2008, 381

13 BayObLG FamRZ 1999, 103

In den Mittelpunkt rücken damit vorangegangene Entscheidungen in den Kinderschutzverfahren nach §§ 1666, 1666a BGB.

15 Sind die Eltern bislang gemeinsam sorgeberechtigt, übt der andere Elternteil die elterliche Sorge nunmehr kraft Gesetzes allein aus, soweit er ausübungsberechtigt ist, d. h. nicht seine elterliche Sorge bereits ruht (siehe oben Rn. 3). Ist er allein sorgeberechtigt, ist dem anderen Elternteil die elterliche Sorge allein zu übertragen, wenn dies dem Kindeswohl nicht widerspricht. Das Kindeswohl fungiert insoweit als mögliches Korrektiv einer regelmäßigen Zuweisung des Sorgerechts an den anderen, bislang nicht sorgeberechtigten Elternteil.[14] Übergeht das Familiengericht bei einem (Teil-)Entzug der elterlichen Sorge des allein sorgeberechtigten Elternteils den anderen und bestellt stattdessen einen Vormund oder Pfleger, so ist der übergangene Elternteil beschwerdeberechtigt.[15]

16 Bei Aufhebung der Entscheidung über den Entzug der elterlichen Sorge gemäß § 1696 Abs. 2 BGB rückt im Falle **ursprünglichen gemeinsamen Sorgerechts** die Mutter **automatisch** in das Mitsorgerecht wieder ein.[16] **Anders** dagegen, wenn eine **Sorgerechtsübertragung nach § 1680 Abs. 2 BGB** erfolgt ist: In diesen Fällen reicht die Feststellung, dass die Gründe für den (teilweisen) Sorgerechtsentzug nicht mehr vorliegen, allein nicht aus, sondern im Rahmen der Abänderungsentscheidung nach § 1696 Abs. 2 BGB betreffend den Sorgerechtsentzug ist zugleich auch darüber zu befinden, ob die nach § 1680 Abs. 2 BGB erfolgte Sorgerechtsübertragung ebenfalls abzuändern ist.[17]

§ 1681 BGB Todeserklärung eines Elternteils

(1) § 1680 Abs. 1 und 2 gilt entsprechend, wenn die elterliche Sorge eines Elternteils endet, weil er für tot erklärt oder seine Todeszeit nach den Vorschriften des Verschollenheitsgesetzes festgestellt worden ist.

(2) Lebt dieser Elternteil noch, so hat ihm das Familiengericht auf Antrag die elterliche Sorge in dem Umfang zu übertragen, in dem sie ihm vor dem nach § 1677 maßgebenden Zeitpunkt zustand, wenn dies dem Wohl des Kindes nicht widerspricht.

Übersicht

	Rn.
A. Allgemeines	1
B. Inhalt der Norm	2

A. Allgemeines

1 Die Vorschrift erstreckt die Wirkungen des § 1680 BGB auf die Fälle der Todeserklärung bzw. die Feststellung des Todeszeitpunktes und schafft in Abs. 2 eine Regelung für den Fall, dass die vorgenannten Beschlüsse fälschlich gefasst worden waren.

B. Inhalt der Norm

2 § 1681 BGB ergänzt § 1677 BGB. Waren die Eltern gemeinsam sorgeberechtigt, so übt mit rechtskräftigem Beschluss über die Todeserklärung bzw. die Feststellung des Todeszeitpunktes der andere Elternteil **kraft Gesetzes** die elterliche Sorge allein aus, § 1681 Abs. 1 i. V. m. § 1680 Abs. 1 BGB.

14 OLG Köln, Beschl. v. 26.1.2015 – 26 UF 201/14 = FamRZ 2015, 1978 (LS)
15 BGH FamRZ 2010, 1242; OLG Celle NZFam 2016, 41
16 BeckOK-BGB/*Veit*, § 1680 BGB Rn. 11
17 BeckOK-BGB/*Veit*, § 1680 BGB Rn. 13 mit Hinweis auf BT-Drucks. 13/4899, 104

War nur ein Elternteil nach § 1626a Abs. 3 BGB oder § 1671 BGB sorgeberechtigt und wird nun für tot erklärt bzw. sein Todeszeitpunkt festgestellt, so ist dem anderen Elternteil nach § 1681 Abs. 1 i. V. m. § 1680 Abs. 2 BGB die elterliche Sorge **vom Familiengericht zu übertragen**, wenn dies dem Kindeswohl nicht widerspricht. 3

▶ *Näher zur negativen Kindeswohlprüfung Keuter, § 1680 BGB Rn. 9 ff.*

Erfolgten Todeserklärung bzw. Feststellung des Todeszeitpunktes zu Unrecht und werden die entsprechenden Entscheidungen aufgehoben, lebt das Sorgerecht nicht kraft Gesetzes wieder auf. Vielmehr hat das Familiengericht die elterliche Sorge **auf Antrag** dem betroffenen Elternteil in dem Umfang wieder zu übertragen, wie der Elternteil sie bei Wirksamkeit des Beschlusses nach dem VerschG innehatte, sofern dies nicht dem Kindeswohl widerspricht. Von Amts wegen kann das Familiengericht im Rahmen des § 1681 BGB nicht tätig werden. 4

▶ *Zur Abgrenzung von Amts- und Antragsverfahren siehe Cirullies, § 23 FamFG Rn. 1 bis 4.*

Diese Regelung soll einer naheliegenden Entfremdung zwischen Kind und dem fälschlich für tot erklärten Elternteil sowie etwaigen neuen Bezugspersonen des Kindes Rechnung tragen.[1] 5

§ 1682 BGB Verbleibensanordnung zugunsten von Bezugspersonen

[1]Hat das Kind seit längerer Zeit in einem Haushalt mit einem Elternteil und dessen Ehegatten gelebt und will der andere Elternteil, der nach den §§ 1678, 1680, 1681 den Aufenthalt des Kindes nunmehr allein bestimmen kann, das Kind von dem Elternteil wegnehmen, so kann das Familiengericht von Amts wegen oder auf Antrag des Ehegatten anordnen, dass das Kind bei dem Ehegatten verbleibt, wenn und solange das Kindeswohl durch die Wegnahme gefährdet würde. [2]Satz 1 gilt entsprechend, wenn das Kind seit längerer Zeit in einem Haushalt mit einem Elternteil und dessen Lebenspartner oder einer nach § 1685 Abs. 1 umgangsberechtigten volljährigen Person gelebt hat.

Weiterführende Literatur: Salgo, Verbleibensanordnung bei Bezugspersonen (§ 1682 BGB), FPR 2004, 76.

Übersicht

Rn.
A. Allgemeines 1
B. Inhalt der Norm 3
I. Anordnungsvoraussetzungen 3
1. Überblick 3
2. Einbezogener Personenkreis 4
3. Gemeinsamer Haushalt 6
4. Längere Zeit 8
5. Aufenthaltsbestimmungsrecht des anderen Elternteils 9
6. Herausgabeverlangen 10
7. Kindeswohlgefährdung 12
II. Rechtsfolgen der Verbleibensanordnung 13
III. Verfahrensfragen 16

1 BT-Drucks. 1374899, 104

A. Allgemeines

1 Die Vorschrift ergänzt die §§ 1678, 1680, 1681 BGB und dient in erster Linie dem Schutz des Kindes vor dem Verlust seiner gewohnten Umgebung und vor der Entwurzelung.[1] Zugleich entfaltet die Vorschrift aber Schutzwirkung zugunsten der in den Schutzbereich einbezogenen Bezugspersonen des Kindes.[2]

2 Für den leiblichen Elternteil, dessen Rechte bei Erlass einer **Verbleibensanordnung** (zeitweise oder dauernd) zurücktreten müssen, kann der Erlass einer solchen Entscheidung eine schwer wiegende Belastung bedeuten, die der Gesetzgeber ihm jedoch zumutet, weil er insoweit den Interessen des Kindes an der Aufrechterhaltung seiner Bezugswelt Vorrang einräumt.[3]

B. Inhalt der Norm

I. Anordnungsvoraussetzungen

1. Überblick

3 Eine Verbleibensanordnung nach § 1682 BGB setzt kumulativ voraus:

- Ein Elternteil hat mit dem Kind und einer weiteren zum Kreis der Bezugspersonen des § 1682 BGB gehörenden Person zusammen einen gemeinsamen Haushalt unterhalten,
- über längere Zeit,
- der andere Elternteil kann nach §§ 1678, 1680, 1681 BGB den Aufenthalt des Kindes nunmehr allein bestimmen,
- er will das Kind aus dem Haushalt der Bezugsperson wegnehmen und
- die Wegnahme gefährdet das Kindeswohl.

2. Einbezogener Personenkreis

4 Satz 1 benennt zunächst allein den **Stiefelternteil** als einbezogene Bezugsperson, Satz 2 erweitert den Personenkreis auf den **eingetragenen Lebenspartner** sowie **Großeltern** und **volljährige Geschwister**. Der Wortlaut der Vorschrift erfasst damit insbesondere *nicht Onkel* oder *Tanten* des Kindes, ebenso wenig den *Partner* einer *nichtehelichen Lebensgemeinschaft* sowie *minderjährige Geschwister*. Ebenso wenig ist die Vorschrift – weder unmittelbar noch analog – anwendbar, wenn ein Elternteil, bei dem das Kind trotz Entzugs des Sorgerechts aufgrund der Zustimmung des Vormunds lebt, Rechtsschutz gegen eine kurzfristige Herausnahme des Kindes aus seinem Haushalt durch den Vormund begehrt.[4]

5 Praktisch bedeutsam ist die Frage, ob eine **Verbleibensanordnung auch zugunsten des nichtehelichen Lebensgefährten** eines Elternteils ergehen kann. Da dieser aber weder Ehegatte des verstorbenen Elternteils ist noch zum Personenkreis des § 1685 Abs. 1 BGB gehört, lässt jedenfalls der Wortlaut des § 1682 BGB eine Verbleibensanordnung zu seinen Gunsten nicht zu.[5] Auch eine analoge Anwendung des § 1682 BGB auf diese Konstellation erscheint fraglich: Dagegen spricht der Umstand, dass der Gesetzgeber bewusst den Personenkreis des § 1685 Abs. 2 BGB nicht mit in § 1682 BGB einbezogen hat,[6] zudem ist der

1 JurisPK/*Poncelet*, § 1682 BGB Rn. 1
2 BeckOK-BGB/*Veit*, § 1682 BGB Rn. 1 m.w.N.
3 *Salgo*, FPR 2004, 76, 83; BT-Drucks. 13/4899, 66, 104
4 OLG Hamburg, Beschl. v. 22.6.18 – 2 WF 55/18, juris
5 Kritisch: MüKo-BGB/*Hennemann*, § 1682 Rn. 4 m.w.N.
6 BT-Drucks. 13/4899, 66

verfassungsrechtliche Vorrang des leiblichen Elternteils zu berücksichtigen.[7] Andererseits: Wäre der verstorbene Elternteil nach § 1626a Abs. 3 BGB allein sorgeberechtigt gewesen, wäre eine Kindeswohlprüfung vor einer Sorgerechtsübertragung auf den anderen Elternteil nach § 1680 Abs. 2 BGB erfolgt, in deren Rahmen eine ggf. von diesem beabsichtigte abrupte Aufenthaltsänderung als dem Kindeswohl widersprechend eine Sorgerechtsübertragung auf ihn verhindert hätte. Warum sollte der Schutz des Kindes in der hier genannten Problemkonstellation geringer sein? Bei der geltenden Gesetzeslage dürfte zum einen von Amts wegen eine Entziehung des Aufenthaltsbestimmungsrechts des leiblichen Elternteils nach § 1666 BGB zu prüfen sein.[8] Gegebenenfalls ist auch eine Verbleibensanordnung nach § 1632 Abs. 4 BGB als eine gegenüber § 1666 BGB mildere Maßnahme in Betracht zu ziehen.[9] Ob sich Kinder an den Partner oder die Partnerin des Elternteils binden und in dieser Lebensgemeinschaft ihre Bezugswelt finden, wird nicht vom Trauschein bzw. der Registrierung der Lebenspartnerschaft abhängen; weil der Schutz des Kindes und dessen psychosoziale Einbindung in die häusliche Gemeinschaft im Vordergrund stehen,[10] muss zur Vermeidung von Wertungswidersprüchen der Lebensgefährte zumindest in den Schutzbereich des § 1632 Abs. 4 BGB einbezogen werden.[11]

3. Gemeinsamer Haushalt

Das Kind muss in einem familiären Verband, in welchem es seine Bezugswelt gefunden hat, leben.[12] Das Kriterium der Haushaltsgemeinschaft dient der Abgrenzung von sonstigen lockeren Beziehungen eines Elternteils zu Dritten. Maßgeblich sind die Festigkeit der Lebensbeziehung und die Intensität des Kontaktes zur Bezugsperson, die zu entsprechenden tragfähigen Bindungen zwischen Kind und Bezugsperson geführt haben.[13] **6**

Unterschiedliche Wohnungen von Elternteil und Bezugsperson werden z.T. als unschädlich angesehen, wenn Stabilität für das Kind durch regelmäßige/praktisch alltägliche persönliche Beziehungen gesichert ist.[14] Mit Blick auf den Regelungsgehalt des § 1682 BGB ist dies jedoch wenig überzeugend. **7**

4. Längere Zeit

Der Zeitraum, in welchem das Kind Bindungen zur Bezugsperson durch gemeinsames Leben in einem Haushalt aufgebaut haben muss, lässt sich nicht allgemein definieren, sondern richtet sich nach dem Alter des Kindes und dem kindlichen Zeitempfinden.[15] Als Faustregel lässt sich festhalten, dass ein „längerer Zeitraum" umso eher bejaht werden kann, je jünger ein Kind ist.[16] Gemeinsame kurze Urlaube während der Schulferien, Kurzurlaube an Wochenenden oder einige Tage Aufenthalt während Krankenhausaufenthalten der Bezugsperson reichen für ein längeres Zusammenleben im gesetzlichen Sinne nicht aus.[17] Im Übrigen gelten die Maßstäbe des § 1632 Abs. 4 BGB entsprechend. **8**

▶ *Näher hierzu Fink, § 1632 BGB Rn. 32 f.*

---

7 MüKo-BGB/*Hennemann,* § 1682 Rn. 10
8 MüKo-BGB/*Hennemann,* § 1682 Rn. 11
9 BayObLG FamRZ 1991, 1080 bezüglich Großeltern vor Einführung des § 1682 BGB
10 Staudinger/*Salgo,* § 1682 BGB Rn. 19
11 Für eine Einbeziehung des nichtehelichen Lebensgefährten über in den Anwendungsbereich des § 1682 Satz 2 Erman/*Döll,* § 1682 BGB Rn. 3
12 BT-Drucks. 13/4899, 104
13 Palandt/*Götz*, § 1682 BGB Rn. 2
14 MüKo-BGB/*Hennemann*, § 1682 Rn. 5
15 OLG Köln FamRZ 2007, 658; OLG Celle FamRZ 1990, 191
16 Näher hierzu MüKo-FamFG/*Heilmann*, § 155 Rn. 2; siehe auch *Peschel-Gutzeit,* FPR 2004, 428, 429
17 AG Dortmund FamRZ 2017, 538

5. Aufenthaltsbestimmungsrecht des anderen Elternteils

9 Der die Herausgabe des Kindes verlangende Elternteil muss Inhaber des alleinigen Aufenthaltsbestimmungsrechtes sein, und zwar infolge des Eingreifens der §§ 1678, 1680, 1681 BGB. Der Elternteil, bei dem das Kind bislang gelebt hat, muss also tatsächlich verhindert sein, die elterliche Sorge auszuüben oder seine elterliche Sorge muss ruhen oder er muss verstorben bzw. für tot erklärt/sein Todeszeitpunkt festgestellt worden sein. Konstellationen, in denen der Elternteil, der bislang nicht mit dem Kind zusammengelebt hat, nach §§ 1666, 1671 BGB das alleinige Aufenthaltsbestimmungsrecht erhalten hat, fallen nicht unter § 1682 BGB.

6. Herausgabeverlangen

10 Die Verbleibensanordnung setzt zudem voraus, dass der aufenthaltsbestimmungsberechtigte Elternteil die Herausgabe von der Bezugsperson verlangt. Solange er mit dem weiteren Aufenthalt des Kindes bei der Bezugsperson einverstanden ist, besteht für eine Verbleibensanordnung keine Veranlassung.[18] Eine ernsthafte Ankündigung der Wegnahme genügt.[19]

11 Steht einem Elternteil das Aufenthaltsbestimmungsrecht nach §§ 1678 Abs. 2, 1680 Abs. 2 oder 3 bzw. 1681 Abs. 2 BGB erst nach einer Kindeswohlprüfung zu, kommt der Erlass einer Verbleibensanordnung nur in Betracht, wenn der Elternteil nach Erhalt des Aufenthaltsbestimmungsrechts, d.h. mit Wirksamwerden eines entsprechenden gerichtlichen Beschlusses (hierzu *Cirullies*, § 40 FamFG Rn. 4 f.) einen Wechsel des Kindes an einen anderen Lebensmittelpunkt erstrebt. Denn im Rahmen der negativen Kindeswohlprüfung der vorgenannten Vorschriften spielt selbstverständlich eine maßgebliche Rolle, ob der leibliche Elternteil das Kind bei der bisherigen Bezugsperson belassen will oder nicht, so dass der künftige Lebensmittelpunkt des Kindes vorgreiflich bereits im Übertragungsverfahren zu prüfen ist.[20]

7. Kindeswohlgefährdung

12 Das Herausgabeverlangen des leiblichen Elternteils kann einen Missbrauch der elterlichen Sorge darstellen, wenn durch die Wegnahme des Kindes aus seiner Bezugswelt eine ernsthafte Gefährdung des Kindes in seiner körperlichen, seelischen oder geistigen Entwicklung eintreten kann.[21] Die Maßstäbe des § 1632 Abs. 4 BGB gelten insoweit entsprechend.

▶ *Näher hierzu Fink, § 1632 BGB Rn. 37 ff.*

II. Rechtsfolgen der Verbleibensanordnung

13 Der Erlass einer Verbleibensanordnung schränkt das Sorgerecht des leiblichen Elternteils ein, da die Herausgabe nicht verlangt werden kann. Ein Entzug der elterlichen Sorge ist mit ihr hingegen nicht verbunden.

14 Die Alltagsentscheidungen trifft die Bezugsperson, sofern das Gericht nichts anderes bestimmt, § 1688 Abs. 4 i.V.m. § 1688 Abs. 1 BGB.

▶ *Näher hierzu Gottschalk, § 1688 BGB Rn. 8 f., 14.*

15 Ggf. ist auch der Umgang zwischen Elternteil und Kind von Amts wegen zu regeln.[22]

---

18 MüKo-BGB/*Hennemann*, § 1682 Rn. 8
19 JurisPK/*Poncelet*, § 1682 BGB Rn. 8 m.w.N.
20 *Salgo*, FPR 2004, 76, 77 m.w.N.
21 BT-Drucks. 13/4899, 104
22 KG FamRZ 2008, 810 zu Umgangskontakten i. R. § 1632 BGB

III. Verfahrensfragen

16 Die Verbleibensanordnung kann auf **Antrag** der Bezugsperson oder **von Amts wegen** ergehen. Ein eigenes **Antragsrecht des Kindes** sieht das Gesetz nicht vor, was nur im Hinblick auf die Möglichkeit des Gerichts, eine Verbleibensanordnung auch ohne Antrag zu treffen, vertretbar erscheint. Dem Kind ist ein Verfahrensbeistand zu bestellen, § 158 Abs. 2 Nr. 4 FamFG.

17 Umstritten ist, ob die **Verbleibensanordnung zu befristen ist**. Dies wird teilweise – unter Verweis auf den Wortlaut („wenn und solange") sowie den Verhältnismäßigkeitsgrundsatz – bejaht. Insoweit wird vertreten, dass in den Fällen, in denen nur eine zeitlich unbefristete Verbleibensanordnung die Gefahren für das Kindeswohl zuverlässig abwenden könne, statt dessen eine Entziehung des Aufenthaltsbestimmungsrecht nach § 1666 BGB geprüft werden müsse.[23] Gegen diese Ansicht spricht jedoch, dass sich selten prognostizieren lässt, ob eine Überführung in den Haushalt des leiblichen Elternteils überhaupt in Betracht kommt bzw. wie lange das Kind an Zeit benötigt, um ohne erhebliche Gefahren für seine Entwicklung in den Haushalt des leiblichen Elternteils wechseln zu können. Im Vordergrund muss das Bedürfnis des Kindes nach Sicherheit und Kontinuität seiner Lebensbedingungen stehen.[24] Zudem ist die Entziehung von Teilen des Sorgerechts der schwerwiegendere Eingriff gegenüber der Verbleibensanordnung. Die Rechte des leiblichen Elternteils werden ohnehin durch die Verpflichtung des Gerichts, von Amts wegen die Notwendigkeit der Fortdauer der Verbleibensanordnung nach § 1696 Abs. 2 BGB zu prüfen, ausreichend gesichert. Die besseren Gründe sprechen daher dafür, die Verbleibensanordnung in den genannten Fällen nicht zu befristen.[25]

18 Wenn der Elternteil sein Herausgabeverlangen bereits während des Verfahrens auf Erlass einer Verbleibensanordnung umsetzt, ist das Verfahren nach § 1682 BGB gleichwohl nicht in der Hauptsache erledigt. Vielmehr können Verbleibensanordnung und Rückführungsanordnung in einem solchen Fall miteinander verbunden werden.[26]

19 Gegen die Ablehnung einer Verbleibensanordnung steht der Bezugsperson die Beschwerde zu; sie ist insoweit in eigenen Rechten (auf weiteres Zusammenleben mit dem Kind) beeinträchtigt.[27] Der Elternteil, dessen elterliche Sorge ruht, ist dagegen mangels Beeinträchtigung in eigenen Rechten (ihm fehlt die Befugnis, die elterliche Sorge auszuüben, § 1675 BGB), nicht berechtigt, die Entscheidung über eine Verbleibensanordnung nach § 1682 BGB anzufechten.[28]

▶ *Näher zur Beschwerdeberechtigung siehe Dürbeck, § 59 FamFG Rn. 4 ff.*

§ 1683 BGB

(weggefallen)

23 Palandt/*Götz*, § 1682 BGB Rn. 3; BeckOK-BGB/*Veit*, § 1682 BGB Rn. 8
24 Staudinger/*Salgo*, § 1682 BGB Rn. 34
25 *Salgo*, FPR 2004, 76, 83; MüKo-BGB/*Hennemann*, § 1682 Rn. 15
26 BayOBLG FamRZ 1997, 223 m.w.N.; OLG Köln FamRZ 2011, 233
27 OLG Köln FamRZ 2011, 233; Staudinger/*Salgo*, § 1682 BGB Rn. 44
28 OLG Koblenz FamRZ 2014, 1393

§ 1684 BGB Umgang des Kindes mit den Eltern

(1) Das Kind hat das Recht auf Umgang mit jedem Elternteil; jeder Elternteil ist zum Umgang mit dem Kind verpflichtet und berechtigt.

(2) [1]Die Eltern haben alles zu unterlassen, was das Verhältnis des Kindes zum jeweils anderen Elternteil beeinträchtigt oder die Erziehung erschwert. [2]Entsprechendes gilt, wenn sich das Kind in der Obhut einer anderen Person befindet.

(3) [1]Das Familiengericht kann über den Umfang des Umgangsrechts entscheiden und seine Ausübung, auch gegenüber Dritten, näher regeln. [2]Es kann die Beteiligten durch Anordnungen zur Erfüllung der in Absatz 2 geregelten Pflicht anhalten. [3]Wird die Pflicht nach Absatz 2 dauerhaft oder wiederholt erheblich verletzt, kann das Familiengericht auch eine Pflegschaft für die Durchführung des Umgangs anordnen (Umgangspflegschaft). [4]Die Umgangspflegschaft umfasst das Recht, die Herausgabe des Kindes zur Durchführung des Umgangs zu verlangen und für die Dauer des Umgangs dessen Aufenthalt zu bestimmen. [5]Die Anordnung ist zu befristen. [6]Für den Ersatz von Aufwendungen und die Vergütung des Umgangspflegers gilt § 277 des Gesetzes über das Verfahren in Familiensachen und in den Angelegenheiten der freiwilligen Gerichtsbarkeit entsprechend.

(4) [1]Das Familiengericht kann das Umgangsrecht oder den Vollzug früherer Entscheidungen über das Umgangsrecht einschränken oder ausschließen, soweit dies zum Wohl des Kindes erforderlich ist. [2]Eine Entscheidung, die das Umgangsrecht oder seinen Vollzug für längere Zeit oder auf Dauer einschränkt oder ausschließt, kann nur ergehen, wenn andernfalls das Wohl des Kindes gefährdet wäre. [3]Das Familiengericht kann insbesondere anordnen, dass der Umgang nur stattfinden darf, wenn ein mitwirkungsbereiter Dritter anwesend ist. [4]Dritter kann auch ein Träger der Jugendhilfe oder ein Verein sein; dieser bestimmt dann jeweils, welche Einzelperson die Aufgabe wahrnimmt.

Übersicht

Rn.
A. Allgemeines ... 1
I. Normzweck ... 1
II. Anwendungsbereich ... 5
B. Inhalt der Norm ... 14
I. Umgangsrechte des Kindes, Umgangsrechte und -pflichten der Eltern (Abs. 1) ... 14
1. Umgangsrecht des Kindes ... 14
2. Umgangspflicht des Kindes? ... 15
3. Umgangsrecht der Eltern ... 16
4. Umgangspflicht der Eltern ... 17
II. Wohlverhaltenspflicht, Abs. 2 ... 18
1. Wohlverhaltenspflicht der Elternteile untereinander (Abs. 2 Satz 1) ... 18
2. Wohlverhaltenspflicht bei nichtelterlicher Obhut (Abs. 2 Satz 2) ... 25
3. Folgen ... 26
III. Regelungsbefugnis, Sanktion bei Pflichtverstößen gegen die Wohlverhaltenspflicht und Umgangspfleger (Abs. 3) ... 28
1. Regelungsbefugnis, inhaltliche Ausgestaltung des Umgangs (Abs. 3 Satz 1) ... 28
2. Entscheidungsmaßstab: Kindeswohl ... 29
3. Bedeutung des Kindeswillens ... 30
4. Modalitäten des Umgangs ... 34
a. Häufigkeit und Dauer der Umgangskontakte ... 34
b. Übernachtungen ... 39
c. Ferien ... 40
d. Feiertage, Geburtstag, einmalige Feste ... 42
e. Holen und Bringen ... 44
f. Umgangsort, Wohnverhältnisse ... 47
g. Umgang über größere räumliche Distanzen ... 48
h. Beisein Dritter ... 50

i. Telefon, E-Mail, Skype etc. ... 51
j. Nachholtermine ... 52
k. Kosten des Umgangs ... 53
5. Anordnungen zur Erfüllung der Wohlverhaltenspflicht, Abs. 3 Satz 2 ... 55
6. Umgangspflegschaft, Abs. 3 Satz 3 bis 6 ... 57
IV. Beschränkung und Ausschluss des Umgangsrechts (Abs. 4) ... 65
1. Allgemeines ... 65
2. Einschränkung oder Ausschließung (Abs.4 Satz 1) ... 69
3. Einschränkung oder Ausschluss für längere Zeit oder auf Dauer (Abs. 4 Satz 2) ... 70
a. Einschränkung des Umgangsrechts – insbesondere begleiteter Umgang ... 71
b. Ausschluss des Umgangs ... 78
C. Verfahren ... 83
D. Kosten, Verfahrenswert, Verfahrenskostenhilfe ... 99

Weiterführende Literatur: Altrogge, Umgang unter Zwang: Das Recht des Kindes auf Umgang mit dem umgangsunwilligen Elternteil, 2007; *Balloff*, „08/15-Umgang" und Perspektiven eines entwicklungsfördernden Umgangs, FPR 2013, 303; *Coester*, Zum Eingriffsmaßstab in den Fällen des Umgangsboykotts, ZKJ 2012, 182; *Di Cato*, Der begleitete Umgang, FamRB 2014, 389 ff.; *Ehinger*, Überlegungen zur Verfahrensgestaltung in Umgangsregelungsfällen bei häuslicher Gewalt, FPR 2006, 171; *Fegert*, Wann ist der begleitete Umgang, wann ist der Ausschluss des Umgangs indiziert, FPR 2002, 219; *Gottschalk*, Boykottierter Umgang – Zwangsweise Durchsetzung von Umgangsregelungen und Grenzen staatlicher Interventionsmöglichkeiten, FPR 2007, 308; *Heilmann*, Der Bundesgerichtshof und der Umgangsboykott, ZKJ 2012, 105; *Holldorf/ von Pirani*, Der begleitete Umgang im Spannungsfeld zwischen Jugendhilfe und Familiengericht, ZKJ 2012, 384; *Kindler*, Umgang und Kindeswohl, ZKJ 2009, 110; *ders.*, Umgangsregelungen im Einzelfall – Psychologische Aspekte, FPR 2009, 150; *Klinkhammer/Prinz/Klotmann* (Hrsg.), Begleiteter Umgang; 3. Aufl.; *Lettmaier*/Dürbeck, Die Behandlung elterlicher Umgangskosten im Unterhalts-, Sozial- und Steuerrecht; *Stockmann*, Wer bestimmt den Urlaubsort, FamRB 2017, 315; *Temizyürek*, Die richterliche Kindesanhörung: Bindungsfürsorge, Bindungstoleranz, Bindungsblockade, ZKJ 2018, 301; *Vogel*, Umgangspflegschaft – Umgangsbegleitung, FF 2016, 441; *Wallerstein/Blakeslee/Lewis*, Scheidungsfolgen – Die Kinder tragen die Last. Eine Langzeitstudie über 25 Jahre, 2002.

A. Allgemeines

I. Normzweck

Das Umgangsrecht[1] des nichtbetreuenden Elternteils fällt unter den **Schutzbereich des Art. 6 Abs. 2 GG** und steht ihm neben und ungeachtet einer Inhaberschaft des Sorgerechts als selbständige Rechtsposition zu;[2] es ist nicht nur ein Restbestandteil der elterlichen Sorge.[3] Hiervon zu unterscheiden ist allerdings das **Umgangsbestimmungsrecht**, also das Recht zur Entscheidung über Art und Umfang der Umgangsregelung, welches Teil der Personensorge ist.[4] Das Umgangsrecht unterfällt zudem dem Schutzbereich von **Art. 8 Abs. 1 EMRK**[5] und stellt ein **„absolutes Recht" i.S.d. § 823 BGB** dar.[6] Als **höchstper-** 1

1 Ausführlicher zur Rechtsnatur des Umgangsrechts Staudinger/*Dürbeck*, § 1684 BGB Rn. 20ff
2 BVerfG FamRZ 2004, 1166, 1167
3 Staudinger/*Dürbeck*, § 1684 BGB Rn. 30, 33
4 OLG Frankfurt, Beschl. v. 16.1.2015 – 4 UF 255/14, hefam.de; OLG Frankfurt FamRZ 2014, 576; Palandt/*Götz*, § 1666 Rn. 19; *Heilmann*, FamRZ 2014, 1753, 1754; *ders.*, NJW 2012, 16, 21; *ders.*, ZKJ 2014, 48, 50; *Schmid*, NZFam 2014, 285, und 2014, 881 a.A. OLG Karlsruhe ZKJ 2014, 257 = FamRZ 2014, 1378; OLG Stuttgart FamRZ 2014, 1794 = ZKJ 2014, 479
5 EGMR FamRZ 2015, 469; 2011, 1125
6 OLG Bremen ZKJ 2018, 103; OLG Frankfurt NJW-RR 2005, 1339

sönliches Recht kann es nicht übertragen werden.[7] Es ist ferner unverzichtbar[8] und kann nicht verwirkt werden.[9]

2 Das Umgangsrecht soll dem Umgangsberechtigten auch nach der räumlichen Trennung vom Kind weiterhin ermöglichen, sich vom körperlichen und geistigen Befinden seines Kindes und seiner Entwicklung durch Augenschein und gegenseitige Aussprache fortlaufend zu überzeugen, die verwandtschaftlichen **Beziehungen zu dem Kind aufrechtzuerhalten**, einer Entfremdung vorzubeugen und auch dem **Liebesbedürfnis** beider Teile Rechnung tragen.[10] Im besonderen Maße dient das Umgangsrecht **der emotionalen Verbundenheit zwischen Kind und nichtbetreuendem Elternteil**.[11] Dabei wird davon ausgegangen, dass es für die gedeihliche Entwicklung eines Kindes bedeutsam ist, wenn auch der nichtbetreuende Elternteil als **Bezugsperson zur Verfügung steht** und als **Bindungspartner erhalten** bleibt.[12]

3 Allerdings gilt diese Annahme, die in der **Regelvermutung von § 1626 Abs. 3 BGB** gesetzlich festgeschrieben wurde, uneingeschränkt nur dann, wenn die Umgangskontakte auf Dauer insgesamt aus Sicht des Kindes positiv verlaufen, das Konfliktpotential zwischen den Eltern niedrig ist und sich der umgangsberechtigte Elternteil verantwortungsvoll in Bezug auf die Umgangskontakte verhält.[13] Es darf nicht verkannt werden, dass Umgangskontakte für die Kinder dann zu Belastung werden können, wenn es den Eltern nach der Trennung über längere Zeit nicht gelingt, ihre wechselseitigen Konflikte zu begrenzen.[14] Auch im Verhältnis Eltern/fremduntergebrachtes Kind gibt es Umstände, die dazu führen können, dass ein unbegrenzter Umgang nicht die beste Lösung für das Kind darstellt.[15] Umgangsregelungen sind immer **Einzelfallentscheidungen**,[16] wobei das **Kindeswohl** (§ 1697a BGB) der oberste und entscheidende Maßstab ist.

4 Der **betreuende Elternteil** muss den Umgang nicht nur gewähren sondern auch **aktiv fördern**;[17] der **nichtbetreuende Elternteil** ist verpflichtet, den **Umgang verantwortungsvoll** und mit Rücksicht auf die Belange des Kindes und altersgerecht **auszuüben**, wobei die Erziehung nicht zum Umgangsrecht gehört.[18] Es ist zunächst das Recht, aber auch die Pflicht der Eltern, kraft der ihnen zukommenden Elternverantwortung und innerhalb der ihnen zustehenden Elternautonomie, den Umgang zwischen dem Kind und dem nichtbetreuenden Elternteil einvernehmlich zu regeln. Erst wenn ihnen diese Pflichterfüllung nicht möglich ist, kommt dem Staat die Aufgabe zu, die widerstreitenden Elterninteressen im Rahmen eines gerichtlichen Umgangsverfahrens zu einem Ausgleich zu bringen.[19]

---

7 MüKo-BGB/*Hennemann*, § 1684 Rn. 5, 13
8 BGH FamRZ 1984, 778
9 KG FamRZ 1985, 639
10 BVerfG FamRZ 1995, 86
11 BVerfG FamRZ 2010, 717
12 Johannsen/Henrich/*Jaeger*, § 1684 BGB Rn. 3
13 *Kindler*, ZKJ 2009, 110; *ders.*, FPR 2007, 291, 292
14 *Kindler*, ZKJ 2009, 110, 111; *ders.*, FPR 2007, 291, 292
15 Vgl. *Salgo/Lack* in: Handbuch Elterliche Sorge und Umgang, Rn. 1339, ausführlich zum Umgang von Pflegekindern mit ihren leiblichen Eltern: *Heilmann*, ZKJ 2014, 48; *Hopp*, FPR 2007, 279, 282; siehe auch unten Rn. 80
16 Staudinger/*Dürbeck*, § 1684 BGB Rn. 211: „kein tabellarischer Umgang"
17 *Völker/Clausius*, § 2 Rn. 16
18 *Schmid*, NZFam 2014, 881
19 Vgl. BVerfG FamRZ 1995, 86. Eine schöne Übersicht zur Reihenfolge der zu treffenden Maßnahmen, wenn sich die Eltern nicht einigen, gibt *Balloff*, FPR 2013, 303, 304

Schaubild („Lösung" von fortdauernden Umgangskonflikten)[20]

Umgangsausschluss für längere Zeit oder auf Dauer durch das Familiengericht
(§ 1684 Abs. 4 Satz 2 BGB)

↑

Kurzer Umgangsausschluss durch das Familiengericht
(§ 1684 Abs. 4 Satz 1 BGB)

↑

Teilweiser Entzug des Aufenthaltsbestimmungsrechts durch das Familiengericht
(§§ 1666 Abs. 3 Nr. 6, 1631 Abs. 1, 1909 BGB)

↑

Teilweiser Sorgerechtsentzug und Anordnung einer Ergänzungspflegschaft mit dem Aufgabenkreis Regelung des Umgangs durch das Familiengericht
(§§ 1666 Abs. 3 Nr. 6, 1632 Abs. 2, 1909 BGB)

↑

Gerichtlich angeordneter begleiteter Umgang
(§ 1684 Abs. 4 Satz 3 BGB)

↑

Befristete Anordnung einer Umgangspflegschaft
im Sinne von § 1684 Abs. 3 BGB

↑

Vollstreckungsverfahren (§§ 88 ff. FamFG)

↑

Durchführung eines Vermittlungsverfahrens (§ 165 FamFG)

↑

Gerichtliche Regelung des Umgangs durch Umgangsanordnung
(§ 1684 Abs. 1 BGB)

↑

Zustandekommen eines gerichtlich gebilligten Vergleichs
(§ 156 Abs. 2 FamFG)

↑

Einschaltung des Familiengerichts und Förderung des Einvernehmens
(§ 156 FamFG)

↑

Einschaltung des Jugendamtes und Beratung
(§§ 17, 18 SGB VIII)

↑

Verpflichtung der Eltern, sich zu einigen
(§ 1627 Satz 2 BGB)

II. Anwendungsbereich

§ 1684 regelt das Umgangsrecht zwischen **Kindern und ihren rechtlichen Eltern**, womit die Norm an die **abstammungsrechtliche Elternschaft** i.S.v. §§ 1591, 1592 BGB anknüpft.[21] Deshalb steht auch dem Vater, der mit der Mutter nicht verheiratet war, ein Um- 5

20 Vgl. *Heilmann*, Der Bundesgerichtshof und der Umgangsboykott, ZKJ 2012, 105 f.
21 HB-VB/*Dürbeck*, Rn. 653

gangsrecht ebenso zu wie dem rechtlichen (z.B. mit der Mutter zum Zeitpunkt der Geburt verheirateten Vater gemäß § 1592 Ziffer 1 BGB), aber nicht biologischem Vater.

6 Das **Umgangsrecht des biologischen, nicht rechtlichen Vaters** ist hingegen nunmehr in **§ 1686a BGB** geregelt. **Großeltern, Geschwister und sonstige enge Bezugspersonen** habe kein Umgangsrecht nach § 1684 BGB, ihnen steht ggf. ein Umgangsrecht nach **§ 1685 BGB** zu. Das gilt auch für die früheren Pflegeeltern.

7 Mit der **Adoption** erlöschen die verwandtschaftlichen Beziehungen (§ 1755 BGB) und damit auch das Recht auf Umgang, wobei bereits ab dem Zeitpunkt der Einwilligung in die Annahme des Kindes die Befugnis zur Ausübung des Umgangsrechts des einwilligenden Elternteils erlischt (§ 1751 BGB). Nach der Adoption bleibt ein Umgangsrecht nach § 1685 Abs. 2 BGB möglich, siehe *Gottschalk,* § 1685 BGB, Rn. 12 f. Der Umgang mit volljährigen Kindern kann nicht durch § 1684 BGB geregelt werden, da die Vorschrift **nur minderjährige Kinder** erfasst. Hier kann allenfalls das Betreuungsgericht eine Regelung treffen.[22]

8 Das Umgangsrecht umfasst neben dem **persönlichen Kontakt** zwischen Kind und Eltern(teil) auch den Kontakt per **Brief, (Mobil)Telefon und moderner Kommunikationsmittel** wie E-Mail, Skype, SMS, WhatsApp.

9 Das Recht auf **Auskunft** über die persönlichen Verhältnisse des Kindes ist in **§ 1686 BGB** geregelt und besteht unabhängig von der Geltendmachung bzw. der Regelung des Umgangs.

10 Das Umgangsrecht steht beiden Elternteilen unabhängig ihrer sorgerechtlichen Befugnisse zu. Auch Eltern, denen nach § 1666 BGB das gesamte Sorgerecht entzogen wurde, haben ein Recht auf Umgang mit ihrem **fremduntergebrachten Kind**. Die Unterbringung in einer Pflegefamilie schließt das Umgangsrecht nicht grundsätzlich aus. Vielmehr ist im Rahmen eines für das Kind vertretbaren Zeitraumes (vgl. § 37 Abs. 1 Satz 4 SGB VIII) von Verfassungs wegen die Rückführungsperspektive grundsätzlich offen zu halten und daher den Eltern in der Regel Umgang zu gewähren. Die sehr die biologische Elternschaft betonende jüngere Kammerrechtsprechung des Bundesverfassungsgerichts[23] bzw. die Rechtsprechung des Bundesgerichtshofs im Jahre 2014[24] muss in jedem Einzelfall kritisch auf ihre Anwendbarkeit überprüft werden. Insbesondere in Fällen, in denen die Fremdplatzierung des Kindes auf ein schwerwiegendes Fehlverhalten der Eltern oder eines Elternteils (z.B. durch sexuellen Missbrauch, schwere körperlich oder psychische Misshandlung) zurückzuführen ist, muss auch ein Ausschluss oder eine Beschränkung des Umgangs zur Vermeidung einer Kindeswohlgefährdung in Betracht gezogen werden.[25]

▶ *Näher hierzu unten Rn. 80 ff.*

11 Das **Wechselmodell** (siehe hierzu *Keuter,* § 1671 BGB, Rn. 23 ff.), also die Betreuung des Kindes durch beide Elternteile mit einem jeweiligen Betreuungsanteil von ca. 50 %,[26] kann nach hier vertretener Auffassung jedenfalls im Ergebnis **in den meisten Fällen nicht gegen den Willen** eines Elternteils gerichtlich angeordnet werden.[27] Zwar hat der BGH nun-

---

22 MüKo-BGB/*Hennemann*, § 1684 Rn. 9

23 U.a. BVerfG 2014, 242; 2014, 281;2014, 3272014, 380; Kritisch hierzu *Heilmann*, FamRZ 2015, 92 ff.

24 BGH ZKJ 2014, 198; ablehnend hierzu *Salgo/Heilmann*, FamRZ 2014, 705 ff; *Gottschalk,* ZKJ 2014, 234

25 OLG Frankfurt FamRZ 2003, 1317; *Salgo/Lack* in: Handbuch Elterliche Sorge und Umgang, Rn. 1341ff; *Gottschalk/Heilmann,* ZKJ 2013, 113, 114; *Kindler,* ZKJ 2009, 110, 111

26 So der BGH zum Unterhalt FamRZ 2014, 917; 2006, 105; dagegen geht *Sünderhauf* von einem Wechselmodell bereits bei einem Betreuungsanteil von mindestens 30% aus, FamRB 2013, 291

27 OLG Saarbrücken ZKJ 2015, 32; OLG Nürnberg FamRZ 2011,1803; OLG Naumburg FamRZ 2014, 50; KG BeckRS 2013, 08999; OLG München FamRZ 2013, 1822; HB-VB/*Dürbeck;* Rn. 654; *Völker/Clausius,* § 1 Rn. 320; a.A. AG Heidelberg FamRZ 2015, 151; AG Erfur, FamRZ 2015, 339; *Sünderhauf,* FamRB 2013, 291 ff.; 328 ff.; 2014, 418 ff.

mehr entschieden,[28] dass die Regelung eines paritätisches Wechselmodells in einem Umgangsverfahren auch gegen den Willen des anderen Elternteils gemäß § 1684 Abs. 3 BGB nicht ausgeschlossen ist. Für die nach seiner Auffassung für die Anordnung vorauszusetzende Kindeswohldienlichkeit greift der BGH jedoch auf die für sorgerechtliche Entscheidungen entwickelten Kriterien des Kindeswohls, nämlich die Erziehungseignung der Eltern, die Bindungen des Kindes, die Prinzipien der Förderung und der Kontinuität sowie die Beachtung des Kindeswillens zurück.[29] Die weit überwiegende Meinung in Rechtsprechung und Literatur ging bislang davon aus, dass eine gerichtliche Regelung des paritätischen Wechselmodells ohne einen entsprechenden Elternkonsens nicht möglich sei, da § 1684 BGB als Rechtsgrundlage ausscheide.[30] Die Befürworter eines regelhaften Wechselmodells übersehen, dass sich Kooperation und Kommunikation nicht erzwingen und sich vermeintliche Gerechtigkeits- und Gleichberechtigtkeitserwägungen[31] nicht auf dem Rücken der Kinder umsetzen lassen. Die Argumentation, auch beim Residenzmodell seien viele Absprachen notwendig und Wechsel zu vollziehen,[32] lässt eine realistische Betrachtungsweise der nahezu ständig notwendigen Absprachen bei einer (tatsächlich praktizierten) gleichwertigen Betreuungs- und Verantwortungsübernahme der Eltern vermissen.

Abzulehnen ist jedenfalls die Zuweisung des überwiegenden Betreuungsanteils auf den bisher nur umgangsberechtigten Elternteil durch eine Umgangsregelung, da hierdurch eine Abgrenzung von Sorge- und Umgangsrecht in Streitigkeiten über den Aufenthalt überflüssig wird.[33]

Der BGH erteilt den Befürwortern eines paritätischen Wechselmodells für (fast) alle Lebenslagen eine deutliche Absage. **11a** Dies folgt aus den hohen Anforderungen, welche das Kindeswohl in diesen Konstellationen stellt und die der BGH zu Recht deutlich hervorhebt.[34] Insbesondere kann nicht davon ausgegangen werden, die bei diesem Betreuungsmodell notwendige Kooperation stelle sich bei einer gerichtlichen Anordnung von selbst ein. Denn die Anordnung des Wechselmodells ist auch nach Ansicht des BGH grundsätzlich ungeeignet, die Eltern erst in die Lage zu versetzen, im Sinne des Kindes bei der Betreuung und Erziehung des Kindes zusammenzuwirken.[35] Die Tatsache, dass die Beteiligten nach einer Vielzahl vorangegangener gerichtlicher Verfahren auch im Streit über das paritätische Wechselmodell – über mehrere Instanzen – vor Gericht gehen müssen, lässt das Fehlen einer Kooperations- und Kommunikationsfähigkeit prima facie zumindest als nicht fernliegend erscheinen.[36] Freilich bleibt auch hier die Notwendigkeit einer kindeswohlorientierten Betrachtung des jeweiligen Einzelfalls geboten.[37]

---

28 BGH ZKJ 2017, 190

29 BGH ZKJ 2017, 190; ausführlich: Staudinger/*Dürbeck,* 1684 BGB, Rn. 256 ff.

30 OLG Saarbrücken ZKJ 2015, 32; OLG Nürnberg FamRZ 2011, 1803; OLG München FamRZ 2013, 1822; *Jokisch,* FuR 2013, 679, 681; Stellungnahme der Kinderrechtekommission des Deutschen Familiengerichtstages e.V. zum Wechselmodell, FamRZ 2014, 1157, 1161; so auch die in der Vorauflage vertretene Auffassung: § 1684 BGB ist nach seinem Regelungsgehalt darauf gerichtet, dass sich der nicht betreuende Elternteil vom Wohlergehen seines Kindes überzeugen kann und auf Besuche des Kindes ausgelegt. Deshalb weist § 1687 Abs. 1 Satz 4 BGB dem umgangsberechtigten Elternteil die alleinige Entscheidungsbefugnis lediglich in „Angelegenheiten der tatsächlichen Betreuung" zu (siehe *Gottschalk,* § 1687 BGB Rn. 15 ff,. sowie *Gottschalk/Heilmann,* ZKJ 2017, 181)

31 *Sünderhauf,* FamRB 2013, 328, 329: „Einseitiges Konfliktverhalten darf nicht belohnt werden", oder AG Heidelberg FamRZ 2015, 151: „Ließe man es zu, dass eine dem Kindeswohl geschuldete Umsetzung alleine an der Weigerung der Mutter scheitert, führte dies zudem zu einer – zumindest mittelbaren – Verletzung des Gleichbehandlungsgrundsatzes nach Art. 3 Abs. 2 Satz 1 GG."

32 AG Heidelberg FamRZ 2015, 151; *Sünderhauf,* FamRB 2013, 291, 294

33 KG ZKJ 2018, 374 mit Praxishinweis *Dürbeck*

34 BGH ZKJ 2017, 190

35 BGH ZKJ 2017, 190

36 *Gottschalk/Heilmann,* ZKJ 2017, 181

37 *Gottschalk/Heilmann,* ZKJ 2017, 181

11b Jedenfalls setzt das Wechselmodell die bereits bestehende Bereitschaft und die Fähigkeit der Eltern voraus, miteinander zu kooperieren und zu kommunizieren[38] und zwar noch in einem weit größeren Umfang als beim Residenzmodell mit gemeinsamer Sorge und kann auch aus diesem Grund nicht gerichtlich angeordnet werden.

▶ *Zur Möglichkeit der Festlegung im Wege des gerichtlich gebilligten Vergleichs nach § 156 Abs. 2 siehe Wegener, § 156 FamFG Rn. 65 ff., und zur Möglichkeit der Anordnung nach § 1671 BGB siehe Keuter, § 1671 BGB Rn. 21 ff.*

12 Eine analoge Anwendung der Vorschrift auf Haustiere scheidet nach zutreffender Ansicht aus, da die Vorschrift des § 1684 BGB auf eine am Wohl eines Kindes orientierte Umgangsregelung zugeschnitten ist.[39]

13 ▶ *Zum Verhältnis Umgangsausschluss und Kontaktverbot siehe Cirullies, § 3 GewSchG Rn. 3, 4.*

B. Inhalt der Norm

I. Umgangsrechte des Kindes, Umgangsrechte und -pflichten der Eltern (Abs. 1)

1. Umgangsrecht des Kindes

14 Das **Kind hat grundsätzlich ein Recht auf Umgang** mit beiden Elternteilen. Dieses subjektive Recht folgt unmittelbar aus der Grundrechtsposition des Kindes bzw. dem pflichtgebundenen Elterngrundrecht aus Art. 6 Abs. 2 Satz 1 GG. Es hat in § 1684 Abs. 1 BGB seine einfach gesetzliche Ausgestaltung und Konkretisierung gefunden.[40] Mitunter problematisch ist allerdings die Umsetzung. Die Kinder müssen zunächst von ihrem Recht Kenntnis haben. **§ 18 Abs. 3 Satz 1 und 2 SGB VIII verpflichtet das Jugendamt**, Kinder und Jugendliche bei der Ausübung des Umgangsrechts zu beraten und zu unterstützen (siehe auch *Köhler*, § 18 Abs. 3 SGB VIII Rn. 2). Der Verfahrensbeistand, der in einem anderen, das Kind betreffende Verfahren tätig ist, kann bei Gericht eine Anregung auf Regelung des Umgangs im Interesse des Kindes ebenso stellen wie das Kind selbst, das Jugendamt oder der sorgeberechtigte, betreuende Elternteil.[41] Will das Kind selbst seinen Umgangswunsch – oder seine Umgangsverweigerung – durchsetzen, kann es diesen bei Gericht selbst anregen, da Umgangsverfahren von Amts wegen eingeleitet werden (vgl. hierzu unten Rn. 85).[42] Der **umgangsunwillige Elternteil** kann gerichtlich zum Umgang verpflichtet werden, jedoch wird es in der Regel nicht dem Kindeswohl[43] entsprechen, die Umgangsverpflichtung mit **Ordnungsmitteln** nach §§ 89 ff. FamFG durchzusetzen.[44] Es mag aber durchaus Fälle geben, in denen sich der Elternteil aufgrund eines durchgeführten Umgangskontakts doch noch dem Kind zuwendet. Etwaige Experimente sollten hier jedoch das Wohl des Kindes und die Gefahr von Belastungen im Blick behalten. Weigert sich der zum Umgang verpflichtete Elternteil beharrlich, Umgang aufzunehmen, kann das Kindeswohl nämlich durch diese Weigerung beeinträchtigt werden.[45]

---

38 BGH ZKJ 2017, 190; OLG Saarbrücken ZKJ 2015, 32; OLG Nürnberg FamRZ 2011, 1803; OLG München FamRZ 2013, 1822; *Jokisch*, FuR 2013, 679, 682; *Salzgeber*, NZFam 2014, 921, 929

39 OLG Hamm FamRZ 2011, 893; OLG Bamberg FamRz 2004, 559; a.A. AG Bad Mergentheim FamRZ 1998, 1432

40 BVerfG FamRZ 2008, 845

41 OLG Frankfurt FamRZ 2014, 576

42 Zur Verfahrensfähigkeit des Kindes siehe unten Rn. 89 und *Köhler*, ZKJ 2018, 50

43 BVerfG FamRZ 2008, 845; OLG Frankfurt FamRZ 2014, 576

44 BVerfG FamRZ 2008, 845; ausführlich zum Thema: *Altrogge*, Umgang unter Zwang: Das Recht des Kindes auf Umgang mit dem umgangsunwilligen Elternteil, 2007); *dies.*, ZKJ 2008, 154, 310; *dies.*, FPR 2009, 34

45 BVerfG FamRZ 2008, 845

Diese Prüfung hat im Vollstreckungsverfahren zu erfolgen und zwar im Rahmen des von § 89 Abs. 1 FamFG vorgesehenen Ermessens.

▶ *Einzelheiten hierzu siehe Cirullies, § 89 FamFG Rn. 14.*

2. Umgangspflicht des Kindes?

Eine **Pflicht des Kindes** zum Umgang besteht nach der klaren Gesetzformulierung nicht. 15
Ein gegen den beachtlichen Willen (siehe hierzu ausführlich unten Rn. 30 ff.) des Kindes angeordneter Umgang verletzt dieses in seinem Grundrecht aus Art. 2 Abs. 1 GG.[46] Auf die – kindgerechte – **Ermittlung des Kindeswillens** ist daher – auch soweit es um die Ausgestaltung des Umgangsrechts geht – ein besonderes Augenmerk im Umgangsverfahren zu legen, wobei hier der **Kindesanhörung** nach § 159 FamFG gewichtige Bedeutung zukommt.

▶ *Näher zur Kinderanhörung: Heilmann, Kommentierung zu § 159FamFG.*

3. Umgangsrecht der Eltern

Das Umgangsrecht jedes Elternteils richtet sich als absolutes subjektives Recht (siehe oben 16
Rn. 1) **gegen jeden, in dessen Obhut** sich das Kind befindet. Für die familiengerichtliche Praxis ist das Umgangsrecht gegenüber dem anderen Elternteil oder gegenüber der Pflegeperson am bedeutsamsten.

4. Umgangspflicht der Eltern

§ 1684 Abs. 1 BGB gewährt nicht allein jedem Elternteil ein Recht auf Umgang, vielmehr 17
erlegt er jedem Elternteil **die Pflicht auf**, Umgang mit dem Kind auszuüben, wobei er die Pflichtenstellung durch die Nennung der Umgangsverpflichtung an erster Stelle nochmals betont. Diese Pflicht korrespondiert mit dem Recht des Kindes auf Umgang und kann dem umgangsunwilligen Elternteil auch gegen dessen Willen auferlegt werden, auch wenn sie in der Praxis i.d.R. nicht vollstreckt werden kann (siehe oben Rn. 14), denn die Verweigerung des Umgangs stellt eine Vernachlässigung seiner Erziehungspflicht dar.[47] Hiervon zu unterscheiden ist jedoch die Anordnung von Vollstreckungsmaßnahmen in den Fällen nachlässiger Wahrnehmung der titulierten Umgangsregelung (hierzu unten Rn. 97).

II. Wohlverhaltenspflicht, Abs. 2

1. Wohlverhaltenspflicht der Elternteile untereinander (Abs. 2 Satz 1)

Die in Abs. 2 Satz 1 enthaltene **Wohlverhaltensklausel** richtet sich an beide Elternteile[48] 18
und soll **verhindern**, dass die Kinder in den Konflikt ihrer Eltern über die Besuchsregelung miteinbezogen und in **Loyalitätskonflikte** gebracht werden. Die Eltern sind verpflichtet, alles zu unterlassen, was das Verhältnis des Kindes zum jeweils anderen Elternteil beeinträchtigt. Trotz ihres Trennungskonflikts müssen sich die Eltern jeglicher Einbindung ihres Kindes in den Konflikt enthalten. Es liegt auf der Hand, dass viele Eltern hiermit überfordert sind, weshalb eine frühe Hilfe und Einbindung der Eltern an eine Beratungsstelle sinnvoll wäre.[49] Unter Umständen kann von ihnen erwartet werden, dass sie **therapeutische Hilfe** in Anspruch nehmen, auch wenn sie hierzu nicht gerichtlich verpflichtet werden

46 OLG Hamburg FamRZ 2008, 1372
47 BVerfG FamRZ 2008, 845
48 KG ZKJ 2015, 191
49 Vgl. z.B. das Frankfurter Kooperationsmodell (FraKoM) unter Beteiligung des Familiengerichts, Jugendamtes, der Caritas und dem Evang. Regionalverband; *Brandes*, ZKJ 2012, 347; Rechtsvergleichend: *Martiny*, ZKJ 2010, 351

können.[50] Ungeachtet des Wortlauts der Vorschrift, die nur eine Unterlassungspflicht statuiert, verpflichtet sie die Eltern auch zu einer **aktiven Förderung des Umgangs**.[51]

19 Der **betreuende Elternteil** ist **verpflichtet**, alles zu unterlassen, was die Umsetzung eines vereinbarten oder geregelten Umgangs gefährdet oder verhindert.[52] Hierzu gehört zunächst die direkte oder indirekte negative Beeinflussung des Kindes durch **abwertende Äußerungen** betreffend den anderen Elternteil, gegenüber oder im Beisein des Kindes, aber auch eine **nonverbale Abwertung**.[53] Der betreuende Elternteil ist gehalten, seine Lebensverhältnisse so zu gestalten, dass die Umgangskontakte zu realisieren sind.[54] Er kann nicht einfach gewährte Umgangskontakte grundlos einschränken, sich weigern an der Erarbeitung (alternativer) Umgangsregelungen mitzuwirken[55] oder „untertauchen".[56]

20 Die aktive Förderung der Umgangskontakte umfasst die **positive Gestaltung der Übergaben** an und von dem anderen Elternteil zu Beginn und zum Ende der Besuche, die **altersgerechte Vorbereitung** des Kindes auf die bevorstehenden Besuche, die **positive Schilderung** des Bevorstehenden verbunden mit dem Signal an das Kind, dass ein **Einverständnis mit den Besuchskontakten** besteht.[57] Insbesondere darf der betreuende Elternteil dem Kind nicht die Wahrnehmung von Umgangskontakten freistellen und sie unter Hinweis auf die ablehnende Haltung des Kindes, faktisch unterbinden.[58]

21 Liegt zwischen dem Wohnort des Kindes und dem Wohnort des umgangsberechtigten Elternteils eine **weite Distanz**, kann der betreuende Elternteil verpflichtet sein, sich – auf eigene Kosten – **am Holen und Bringen zu beteiligen**, insbesondere wenn er selbst die Distanz durch einen Wegzug geschaffen hat und die Verwirklichung des Umgangs anderenfalls ernsthaft gefährdet wäre.[59] Zur Wohlverhaltenspflicht gehört es schließlich auch, das Kind für die vorstehenden Besuchstage mit **angemessener Wechselkleidung** und den notwendigen **persönlichen Dingen** des Kindes (z.B. Sportbekleidung,[60] Medikamente oder Reisedokumente[61]) auszustatten.[62]

22 Beabsichtigt der betreuende, allein sorgeberechtigte Elternteil mit dem Kind an einen weit entfernten Ort zu ziehen oder gar **auszuwandern**, so beeinträchtigt dies das Umgangsrecht des nichtbetreuenden Elternteils. Andererseits wird das als Teil der elterlichen Sorge dem betreuenden Elternteil zustehende Aufenthaltsbestimmungsrecht nicht durch das Umgangsrecht beschränkt, so dass der umgangsberechtigte Elternteil den Wegzug grundsätzlich hinzunehmen hat, auch wenn sein Umgangsrecht hierdurch erheblich erschwert

50 BVerfG FamRZ 2011, 179, und die Anmerkung von *Menz,* FamRZ 2011, 452; vgl. aber die Möglichkeiten des § 156 Abs. 1 FamFG, jedoch nur im Rahmen des Verfahrens: OLG Frankfurt ZKJ 2015, 195

51 Johannsen/Henrich/*Jaeger*, § 1684 BGB Rn. 14; aus psychologischer Sicht siehe auch *Temiczürek*, ZKJ 2014, 228

52 KG FamRZ 2011, 825

53 OLG Saarbrücken ZKJ 2011, 178; OLG Hamm FamRZ 2002, 1583

54 OLG Köln MDR 2012, 1293

55 MüKo-BGB/*Hennemann*, § 1684 Rn. 20 f.; vgl. auch OLG Rostock FamRZ 2004, 54

56 OLG München FamRZ 1997, 1160; siehe aber KG FamRZ 1999, 876: „Der Bekanntgabe der Wohnanschrift der sorgeberechtigten Mutter an den umgangsbefugten Vater können ausnahmsweise schutzwürdige Geheimhaltungsinteressen der Mutter entgegenstehen."

57 *Völker/Clausius,* § 2 Rn. 33

58 OLG Saarbrücken FamRZ 2007, 927

59 OLG Schleswig FamRZ 2006, 881 (Bringen zur auf halben Weg gelegenen Raststätte und Abholen); OLG Brandenburg FamRZ 2009, 131 (Bringen zum und Holen vom Flughafen). *Ulrich*, NZFam 2014, 889, 891, weist darauf hin, dass der betreuende Elternteil mit der Beteiligung dem Kind signalisiert, dass er mit den Besuchen einverstanden ist und hierdurch möglicherweise Loyalitätskonflikte vermieden werden können.

60 KG ZKJ 2017, 234

61 OLG Bremen ZKJ 2018, 103; zum Herausgabeanspruch bei Verweigerung der Herausgabe: BGH, Beschl. v. 29.3.2019 – XII ZB 345/18, ZKJ 2019, 303

62 KG ZKJ 2017, 234; AG Monschau FamRZ 2004, 287

wird.[63] Es kommt auch nicht darauf an, ob der betreuende Elternteil beachtliche Motive für seinen Auswanderungswunsch nachweisen kann.[64] Der Umgangsverpflichtete ist allerdings nach einem solchen Umzug verpflichtet, sich mit **erhöhten Anstrengungen** an dem **Zustandekommen von Umgangskontakten** zu beteiligen, insbesondere an der Ermöglichung der **Überwindung der räumlichen Distanz (Beteiligung an den Kosten des Umgangs, [teilweises] Bringen des Kindes etc.)**, an der Herstellung **alternativer Umgangskontakte (Skype etc.)** und der Regelung von **längeren Besuchen**.

Jedenfalls dann, wenn der betreuende Elternteil die Herstellung der räumlichen Distanz bewusst herbeiführt, um den Umgang zwischen Kind und Elternteil zu verhindern, verstößt er gegen seine Wohlverhaltenspflicht.[65] Gleichwohl kann hieran kein Verbot des Wegzugs geknüpft werden.[66] Die Frage, ob die wesentliche Beschränkung der Umgangskontakte dem Kindeswohl (ggf. in Verbindung mit dem Verlust seines sozialen Umfeldes) zuwiderläuft und ob die Bindungstoleranz des betreuenden Elternteil eingeschränkt ist bzw. welche Weiterungen sich aus diesen Umständen ergeben, ist eine Frage des Sorgerechts und ggf. – aber auch nur dort – im Rahmen eines Verfahrens nach §§ 1626a, 1671, 1696 BGB zu klären.[67] **23**

Der **umgangsberechtigte Elternteil** hat sich während des Umgangs jeglicher **abwertender Äußerungen** in Bezug auf den betreuenden Elternteil zu enthalten und darf **Erziehungskonzepte** und -bemühungen nicht durch konterkarierende Handlungen bewusst **unterlaufen**.[68] Auch er ist gehalten, an dem **Zustandekommen** von Umgangskontakten **zielfördernd mitzuwirken**, vereinbarte Kontakte einzuhalten,[69] auf kurzfristige und notwendige Änderungen (z.B. früherer Schulschluss, akute Erkrankung) flexibel und unterstützend zu reagieren und schon deshalb für seine Erreichbarkeit Sorge zu tragen und seine Wohnanschrift mitzuteilen.[70] Außerhalb der geregelten Umgangszeiten darf hingegen ein Umgang gegen den Willen des umgangsverpflichteten Elternteils nicht erfolgen.[71] **24**

2. Wohlverhaltenspflicht bei nichtelterlicher Obhut (Abs. 2 Satz 2)

Befindet sich das Kind nicht in der **Obhut** eines Elternteils, sondern **anderer Personen**, zB eines **Vormunds**, eines Pflegers oder von **Pflegeeltern**, findet die Wohlverhaltenspflicht ebenfalls Anwendung. Sowohl die (umgangsberechtigten) Eltern als auch die betreuende Person trifft in gleicher Weise das Wohlverhaltensgebot, wie dies im Verhältnis von Umgangselternteil zu betreuendem Elternteil der Fall ist. Befindet sich das Kind zum Zwecke des Umgangs bei einer nach § 1685 BGB berechtigten Person, so gilt die Wohlverhaltenspflicht in dem Verhältnis Betreuungsperson (in der Regeld.R. die Eltern) und Umgangsperson gemäß § 1685 Abs. 3 i.V.m. § 1684 Abs. 2 Satz 1 oder 2 BGB. **25**

3. Folgen

Wird die **Wohlverhaltenspflicht verletzt**, so sieht § 1684 Abs. 3 Satz 2 und 3 BGB die Ergreifung von **Maßnahmen** vor, um der Pflichtverletzung entgegenzuwirken. Neben der Einrichtung einer **Umgangspflegschaft** (siehe unten Rn. 57 ff.) kann das Familiengericht **Anordnungen** gegenüber den Beteiligten erlassen, um die Einhaltung der Wohlverhal- **26**

---

63 BGH ZKJ 2010, 327; OLG Nürnberg FamRZ 2013, 553; Johansen/Henrich/*Jaeger*, § 1684 BGB Rn. 17
64 BGH ZKJ 2010, 327
65 Johannsen/Henrich/*Jaeger*, § 1684 BGB Rn. 19
66 BGH ZKJ 2010, 327
67 Vgl. OLG Frankfurt FamRZ 2014, 323
68 Staudinger/*Dürbeck*, § 1684 BGB, Rn. 114a
69 OLG Hamm FamRZ 1997, 693
70 Staudinger/*Dürbeck*, § 1684 BGB Rn. 114a
71 KG ZKJ 2015, 191

tenspflicht zu gewährleisten (siehe unten Rn. 55 f.). Zu Recht wird darauf hingewiesen, dass es sich vor der Verhängung und ggf. sogar Vollstreckung gerichtlicher Anordnungen anbietet, mit den Eltern im Anhörungstermin Ausmaß und Auswirkungen einer (vermeintlichen) Verletzung der Wohlhaltenspflicht ausführlich zu erörtern, da manche Verhaltensweisen eines Kindes als Reaktion auf einen bestehenden Elternkonflikt zu werten sind und nicht alleine auf ein (zielgerichtetes) Verhalten des Elternteils.[72]

27 Bei einer Umgangsverweigerung (**sog. Umgangsboykott**)[73] durch den **betreuenden Elternteil** kommen neben den in § 1684 Abs. 3 Satz 2 und 3 BGB vorgesehenen Maßnahmen folgende Reaktions- bzw. **Sanktionsmöglichkeiten** in Betracht:[74]

- Vollstreckung der Umgangsentscheidung nach §§ 89 ff. FamFG,[75]
- Einleitung eines Vermittlungsverfahrens nach § 165 FamFG,
- Ein teilweiser Sorgerechtsentzug nach § 1666 BGB und die Bestellung eines Ergänzungspflegers nach § 1909 BGB (siehe unten Rn. 62).
- Der Entzug der elterlichen Sorge oder des Aufenthaltsbestimmungsrechts nach § 1666 BGB verbunden mit einer Herausnahme des Kindes aus dem Haushalt der den Umgang verweigernden Person, wenn die negativen Folgen der Trennung von Bindungspersonen dem nicht entgegenstehen (siehe *Cirullies*, § 1666 Rn. 32)
- Die Übertragung der elterlichen Sorge auf den umgangsberechtigten Elternteil, wenn dieser es beantragt (§§ 1626 a, 1671, 1696 BGB).[76]
- Schadensersatz wegen bereits ausgefallener Umgangskontakte.[77]
- Verwirkung von Ansprüchen auf Ehegattenunterhalt nach § 1579 Nr. 7 BGB.[78]

III. Regelungsbefugnis, Sanktion bei Pflichtverstößen gegen die Wohlverhaltenspflicht und Umgangspfleger (Abs. 3)

1. Regelungsbefugnis, inhaltliche Ausgestaltung des Umgangs (Abs. 3 Satz 1)

28 Die Eltern stehen grundsätzlich in der Verantwortung, den Umgang möglichst einvernehmlich zu regeln. Ist ihnen das nicht – auch nicht mit Hilfe des Gerichts in Form eines gerichtlich gebilligten Vergleichs (siehe *Wegener*, § 156 FamFG Rn. 65) – möglich, muss das Familiengericht **Umfang, Art und nähere Ausgestaltung des Umgangsrechts** regeln. Der das Verfahren abschließende Beschluss muss den Umgang nach **Art (begleitet oder unbegleitet?)**, **Ort (Wo soll der Umgang ausgeübt werden?)** und **Zeit (Wie oft, wie lange, erster Termin?)** **abschließend** regeln, da er anderenfalls **nicht voll-**

72 *Völker/Clausius*, § 2 Rn. 37 mit dem Beispiel des Hautauschlags eines Kindes, der nicht auf mangelnde Hygiene beim Umgangselternteil sondern möglicherweise auch auf das Konfliktpotenzial der Eltern zurückgeführt werden könnte.

73 Ausführlich hierzu *Gottschalk*, FPR 2007, 308 ff.; *Heilmann*, ZKJ 2012, 105; Zur Kritik am sog. PAS-vgl. *Fegert*, ZKJ 2013, 190; HB-VB/*Fegert*, Rn. 865 ff. Die Aufnahme von PAS als diagnostizierbares, psychiatrisches Störungsbild in dem Klassifikationssystem DMS wurde 2013 von der American Psychiatric Association endgültig abgelehnt.

74 Zur Verhältnismäßigkeit *Coester*, ZKJ 2012, 182 (Anmerkung zu BVerfG ZKJ 2012, 184); zur Gestaltung des familiengerichtlichen Verfahrens bei Umgangsboykott: *Heilmann*, ZKJ 2012, 105 (Anmerkung zu BGH ZKJ 2012, 107)

75 BGH FamRZ 2012, 219

76 OLG Celle NZFam 2018, 528

77 BGH FamRZ 2002, 1099; OLG Frankfurt FamRZ 2016, 387; FF 2003, 222

78 OLG München FamRZ 2006, 1605

streckbar ist[79] und das Verfahren in diesem Fall nicht beendet (hierzu unten Rn. 86).[80] Ein Abschluss **durch bloße Zurückweisung der „Anregung" ist nicht möglich**, es liegt eine Verletzung des verfassungsrechtlichen verbürgten Elternrechts vor, wenn für den umgangsberechtigen Elternteil nicht absehbar ist, wann er sein Umgangsrecht wieder ausüben darf.[81] Die bloße Zurückweisung eines Antrages, die ohnehin verfahrensrechtlich nicht statthaft ist, kommt damit einem Umgangsausschluss gleich.[82]

2. Entscheidungsmaßstab: Kindeswohl

Entscheidungsmaßstab für das Gericht ist, welche Regelung „dem Wohl des Kindes am besten entspricht" (§ 1697a BGB). Die konkrete Ausgestaltung des Umgangs ist – entgegen immer wieder anzutreffender Meinung – demnach nicht im Gesetz geregelt. In der bisherigen Rechtspraxis setzt sich häufig die Regelung „alle 14 Tage am Wochenende und die Hälfte der gesetzlichen Schulferien sowie jeweils der 2. gesetzliche Feiertag" durch.[83] Teilweise wird dem noch ein weiterer Umgangsnachmittag in der Woche hinzugefügt, in der kein Umgangswochenende stattfindet. Derartige „grobe Daumenregelungen" entbinden den Familienrichter jedoch nicht, am **Maßstab des Kindeswohls (§ 1697a BGB)** in **jedem Einzelfall** den Umgang in der gebotenen Weise auszugestalten bzw. (vorrangig) auf ein entsprechendes Einvernehmen hinzuwirken.[84] Bei der Beurteilung, welche Umgangsregelung im konkreten Fall dem Wohl des Kindes am besten entspricht, sind 29

- die **Bindungen des Kindes** an den umgangsberechtigten Elternteil,
- das **Alter** des Kindes,
- die **Entfernung der Wohnsitze**,
- das zwischen den Eltern bestehende **Konfliktniveau**,
- das **kindliche Zeitempfinden**,
- die besondere **psychische Konstitution** und **Belastbarkeit des Kindes**,
- sein sonstiges **familiäres und soziales Umfeld** und natürlich
- der **Kindeswille**

von Bedeutung.[85]

3. Bedeutung des Kindeswillens

Dem **Kindeswillen** kommt – abhängig vom Alter und von der individuellen Reife des Kindes – in Umgangsverfahren **eine hohe Bedeutung zu**. Langzeitstudien deuten darauf hin, dass ein den Kindern „aufgedrängter" Umgang von diesen als Belastung empfunden wird und das Verhältnis zum umgangsberechtigten Elternteil negativ beeinflusst.[86] Zu ermitteln ist er insbesondere im Rahmen der Anhörung nach § 159 FamFG (siehe näher 30

---

79 BGH ZKJ 2012, 190

80 OLG Saarbrücken ZKJ 2014, 75: es handelt sich dann um eine unzulässige Teilentscheidung, die Entscheidung muss aufgehoben und das Verfahren an die erste Instanz zurückverwiesen werden

81 BVerfG FamRZ 2006, 1005; OLG Celle FamRZ 1990, 1026

82 BVerfG FamRZ 2006, 1005; BGH ZKJ 2016, 300; OLG Schleswig ZKJ 2018, 23; OLG Hamm ZKJ 2014, 393; zu Sonderkonstellationen: Staudinger/*Dürbeck*, § 1684 BGB Rn. 183 ff.

83 OLG Zweibrücken FamRZ 2009, 134; *Horndasch*, NZFam 2014, 884, 885 m.w.N.; zur empirischen Befundlage: *Kindler*, FPR 2009,110; *Dürbeck* weist darauf hin (HB-VB, Rn. 657), dass diese langjährige Praxis durch das gesteigerte Bedürfnis von Vätern, an der Entwicklung ihrer Kinder teilzuhaben, immer mehr infrage gestellt wird.

84 OLG Saarbrücken FamRZ 2011, 824 mit ausführlicher Darlegung, welche Umstände in die Kindeswohlprüfung mit einzubeziehen sind

85 Vgl. OLG Saarbrücken FamRZ 2011, 824; HB-VB/*Dürbeck*, Rn. 657

86 *Wallerstein/Lewis/Blakeslee*, S. 318

hierzu *Heilmann*, § 159 FamFG),[87] aber auch über den Verfahrensbeistand (siehe näher hierzu *Keuter*, § 158 FamFG Rn. 28 ff.)[88] und ggf. durch ein Sachverständigengutachten (siehe näher hierzu *Heilmann*, § 163 FamFG).

31 Der Kindeswille hat eine doppelte Funktion.[89] Zum einen ist er **Ausdruck der empfundenen Personenbindung**,[90] die auch nonverbal, z.B. durch ein freudiges Zugehen auf den Umgangselternteil, zum Ausdruck gebracht werden kann und in dieser Funktion unabhängig vom Alter des Kindes ist.[91] Zum anderen ist er **Akt der Selbstbestimmung**,[92] wobei diese Funktion mit **steigendem Alter** an **Bedeutung** gewinnt.[93] Damit korreliert die Bedeutung des Kindeswillens **mit dem Alter des Kindes**.[94] Eine feste Altersgrenze für die Maßgeblichkeit des Kindeswillens in seiner Funktion als Ausdruck seiner Selbstbestimmung gibt es nicht.[95] I.d.R. wird bei Kindern **ab dem 11. bis 13. Lebensjahr** davon ausgegangen, dass sie zur Entwicklung eines selbstbestimmten Willens fähig sind.[96]

32 **„Beachtlich" im rechtlichen Sinne ist der Kindeswille**, wenn das Kind aufgrund seiner verstandesmäßigen Reife die Bedeutung des Umgangs versteht und es einen stabilen und autonomen Willen gebildet hat.[97] Stabil ist der Wille, wenn er nachhaltig und gegenüber allen Verfahrensbeteiligten gleichen Inhalts geäußert wird. Von einem autonomen Willen kann ausgegangen werden, wenn er auf dem eigenen Erleben mit dem Elternteil beruht. Dann aber spielt es keine Rolle, ob er sich auch unter einer (unbewussten oder gezielten) **Beeinflussung** des betreuenden Elternteils entwickelt hat. Auch vor diesem Hintergrund ist die Diskussion um das sog. Parental-Allienation-Syndrom (PAS), welches ohnehin wissenschaftlich nicht fundiert ist, so dass die Begrifflichkeit nicht argumentativ aufgenommen werden sollte, überflüssig.[98] Denn die Nichtbeachtung des Kindeswillens ist nur dann gerechtfertigt, wenn er nicht die **wirklichen Bindungsverhältnisse** wiedergibt.[99] Bei **jüngeren Kindern** kann hingegen eine Entscheidung auch gegen den geäußerten Willen ergehen, wenn er das Ergebnis einer illoyalen Einflussnahme eines Elternteils ist und/oder der **Umgang (oder sein Ausschluss) trotz des geäußerten Kindeswillens nach einer Gesamtabwägung der kindeswohlrelevanten Gesichtspunkte seinem Wohl entspricht**.[100] Da eine Beeinflussung in der Praxis häufig als Erklärung der ablehnenden Haltung des Kindes und als Begründung für die fehlende Maßgeblichkeit des Kindeswillen vom umgangsbegehrenden Elternteil vorgetragen wird, sollte hier besonders sorgfältig geprüft werden, ob die **Verweigerung nicht auf einem eigenen Erleben** des Kindes und nachvollziehbaren Gründen, wie z.B. erlebte Gewalt, Lieblosigkeit, Angst, offene Ab-

87 Vgl. auch BVerfG ZKJ 2013, 120
88 BGH FamRZ 2010, 1060
89 BVerfG FamRZ 2009, 1389; ausführlich zum Kindeswillen: Staudinger/*Dürbeck*, § 1684 BGB Rn. 302 ff.
90 BVerfG FamRZ 2007, 1797; KG FamRZ 2013, 709
91 Staudinger/*Dürbeck*, § 1684 BGB Rn. 303
92 BVerfG ZKJ 2016, 457; OLG Saarbrücken ZKJ 2011, 178
93 BVerfG ZKJ 2015, 319; FamRZ 2008, 1737
94 OLG Bremen NZFam 2014, 914 (Beachtlichkeit des Kindeswillens von 13 und 15 Jahre alten Kindern für einen Umgangsausschluss)
95 Staudinger/*Dürbeck*, § 1684 BGB Rn. 313
96 BVerfG ZKJ 2015, 319; FamRZ 2013, 361: maßgeblicher Kindeswille eines zwölf Jahre und drei Monate alten Kindes; KG, Beschl. v. 20.6.2014 – 3 UF 159/12, ZKJ 2015, 235: ablehnender Kindeswille eines 15-Jährigen; OLG Koblenz, Beschl. v. 3.6.2014 – 13 UF 177/14, FamRZ 2014, 2010: beachtlicher Kindewille eines 11-Jährigen; KG FamRZ 2013, 709 .f: 12 und 14 Jahre alte Kinder fähig zur eigenen Willensbildung, der zu beachten ist; OLG Brandenburg NJW-RR 2010, 301: ab dem 12. Lebensjahr
97 KG FamRZ 2013, 709 f.; BVerfG ZKJ 2013, 120: „konstant und wiederholt geäußerter Wille"
98 Zur berechtigten Kritik am sog. PAS-Konstrukt siehe insbesondere *Fegert*, ZKJ 2013, 190; HB-VB/*Fegert*, Rn. 865 ff. Die Aufnahme von PAS als diagnostizierbares, psychiatrisches Störungsbild in dem Klassifikationssystem DMS wurde 2013 von der American Psychiatric Association endgültig abgelehnt.
99 BVerfG, Nichtannahmebeschl. v. 13.7.2005 – 1 BvR 1245/05, juris; BVerfG FamRZ 2001, 1057
100 Vgl. BGH FamRZ 1985, 169, 170; FamRZ 2010, 1060

lehnung des betreuenden Elternteils beruht, die die Weigerung nachvollziehbar und beachtlich erscheinen lassen.[101]

Bei der Beurteilung des Kindeswillens in Umgangsverfahren ist zu beachten, dass sich die betroffenen Kinder häufig in einem Loyalitätskonflikt befinden. Sie wissen, dass ihre beiden verstrittenen Elternteile jeweils eine für sich „günstige" Antwort des Kindes erwarten und das Kind möchte keinem Elternteil „weh tun". Dieser Umstand sollte nicht nur bei der Kindeswohlanhörung (siehe hierzu *Heilmann,* § 159 FamFG, Rn. 17 ff.), sondern auch bei der Einordnung des Ergebnisses der Kindesanhörung beachtet werden. **33**

4. Modalitäten des Umgangs

a. Häufigkeit und Dauer der Umgangskontakte

War der betreuende Elternteil bereits während des Zusammenlebens der Eltern die Hauptbezugsperson des Kindes, arbeitet der umgangsberechtigte Elternteil ganztägig, ohne die Möglichkeit freier Zeiteinteilung, besteht eine gute Beziehung zwischen Kind und umgangsberechtigtem Elternteil und handelt es sich nicht mehr um ein Kleinkind, so spricht dies in der Praxis häufig für einen **vierzehntägigen Umgang am Wochenende** mit zwei oder drei Übernachtungen.[102] Um auch dem betreuenden Elternteil die Gelegenheit zu geben, Freizeit (oder sog. „quality time") mit dem Kind zu verbringen, scheidet ein Umgang an jedem Wochenende regelmäßig aus.[103] **34**

Oftmals kann es geboten sein, dem Umgangsberechtigten noch einen **zusätzlichen Nachmittag in der Woche** Umgang zu gewähren,[104] insbesondere in der Woche, in der am folgenden Wochenende kein Umgang stattfindet. Das setzt allerdings voraus, dass der Umgangselternteil zeitlich und im Hinblick auf seine Erwerbstätigkeit flexibel ist. Grundsätzlich sollte der Umgangsberechtigte die **Freizeitbeschäftigungen des Kindes berücksichtigen**. Es entspricht nicht dem Kindeswohl, wenn die Umgänge „auf Kosten" von Schul- und Sportveranstaltungen, Geburtstagseinladungen und Hausaufgaben gehen, auch wenn der Umgangsberechtigte grundsätzlich frei in der Gestaltung der Umgangskontakte ist (siehe näher hierzu *Gottschalk*, § 1687a BGB Rn. 2). Umgekehrt spricht nichts gegen die Wahrnehmung solcher Veranstaltungen durch den Umgangsberechtigten. Funktioniert dies problemlos, bestehen also zwischen den Eltern keine größeren Konflikte und war der umgangsberechtigte Elternteil auch schon vor der Trennung in die Betreuung involviert, spricht mithin nichts gegen eine **Ausweitung des vierzehntägigen Wochenendumgangs**. Sind die Eltern hingegen sehr zerstritten, sollte insbesondere von einer gemeinsamen Wahrnehmung von Veranstaltungen und sehr weitreichenden Umgangskontakten (zum Wechselmodell siehe oben Rn. 11) jedoch abgesehen werden, um den Kindern Stress zu ersparen. **35**

Bei sehr jungen **Kindern (unter sechs Jahren)** empfehlen sich im Hinblick auf deren Zeitempfinden häufigere, aber **kürzere Umgänge**.[105] Um einen Bindungsabbruch zur Hauptbezugsperson zu vermeiden, muss gerade bei Säuglingen auf kürzere, möglicherweise zunächst in Gegenwart der Bezugsperson durchzuführende, und häufige (mindestens wöchentliche) Umgangskontakte geachtet werden, sofern der Umgangsberechtigte nicht **36**

101 Hierzu *Peschel-Gutzeit*, NZFam 2014, 433, 437
102 OLG Brandenburg FamRZ 2002, 974
103 OLG Zweibrücken FamRZ 1997, 45
104 OLG Hamm NZFam 2014, 912
105 OLG Brandenburg FamRZ 2014, 1792; AG München DAVorm 1999, 310; AG Saarbrücken FamRZ 2003, 111

(mehr) eine enge Bezugsperson ist (siehe nächste Rn.).[106] Von Bedeutung ist gerade bei kleineren Kindern die Regelmäßigkeit.[107]

37 Leidet das Kind an einer (schweren) **Erkrankung** (z.B. an Autismus), so ist dieser Umstand besonders zu berücksichtigen, ebenso, wenn es regelmäßig Medikamente nehmen muss.

38 Insbesondere ist für Kinder die **Vorhersehbarkeit und Verlässlichkeit** der Umgangskontakte wichtig. Jede Umgangsregelung sollte deshalb nur das vom Umgangsberechtigten „erfüllbare" beinhalten. **Bei älteren Kindern und Jugendlichen** steht in zunehmendem Maße der Kontakt zu Gleichaltrigen im Vordergrund und eine allzu starre Umgangsregelung, die den Jugendlichen in seinem Freizeitverhalten stark beschränkt, wird nicht mehr dessen Wohl dienen. Bei der Ausgestaltung des Umgangs mit einem **inhaftierten Elternteil** werden dieser durch die tatsächlichen Gegebenheiten und Möglichkeiten in der JVA Grenzen gesetzt.[108]

b. Übernachtungen

39 **Regelmäßige Übernachtungen** gehören zum Umgang dazu, da ihnen hinsichtlich der Teilhabe am Leben des nicht betreuenden Elternteils eine wesentliche Bedeutung zukommt.[109] Übernachtungen entsprechen **grundsätzlich dem Kindeswohl**, ihr Ausschluss bedarf deshalb einer besonderen Rechtfertigung.[110] Dieser ist gleichwohl nur dann an den Voraussetzungen des § 1684 Abs. 4 BGB zu messen, wenn der Ausschluss aufgrund der großen räumlichen Distanz zwischen dem Wohnort des Kindes und dem umgangsberechtigten Elternteil einer Umgangsbeschränkung gleich kommt.[111]

Auch bei der Frage, ab welchem Alter Übernachtungen in Betracht kommen, verbietet sich jede schematische Betrachtungsweise, grundsätzlich sind aber Übernachtungen **in jedem Alter möglich**.[112] Es wird auf die Bindung zum Umgangselternteil ebenso wesentlich ankommen, wie ggf. auf die Fähigkeit eines Elternteils zur Betreuung eines Säuglings, auf das Konfliktpotential der Eltern[113] sowie die Bereitschaft eines älteren Kindes, auch außerhalb des gewohnten Umfeldes zu übernachten.[114] Es gibt keinen Grundsatz, nach dem ein Umgang mit Übernachtungen bei Kindern im Vorschulalter generell ausgeschlossen sein soll.[115] Auch die Übernachtung eines noch von der Mutter gestillten Kindes scheidet nicht von vornherein aus,[116] sie steht allerdings unter der Bedingung, dass eine enge Bindung zum Vater besteht, weil er bis dato als regelmäßige, enge Bezugsperson (z.B. durch Übernahme von Elternzeit) zur Verfügung stand (vgl. vorstehende Rn.).

---

106 *Kindler*, FPR 2013, 194, 196 weist darauf hin, dass Säuglinge und Kleinkinder jenseits des sechsten bis achten Lebensmonats bereits auf kurze Abwesenheiten ihrer Bindungspersonen, also nicht allzu schwerwiegende Trennungen, mit Belastung reagieren.

107 vgl. OLG Koblenz FamRZ 2017, 1844

108 OLG Brandenburg ZKJ 2019, 236

109 Vgl. hierzu ausführlich *Horndasch*, NZFam 2014, 884, 885

110 BVerfG FamRZ 2007, 105; OLG Saarbrücken ZKJ 2013, 218

111 OLG Saarbrücken ZKJ 2013, 218

112 OLG Saarbrücken FamRZ 2018, 1159; ZKJ 2013, 218; OLG Zweibrücken FamRZ 2009, 134; OLG Frankfurt FamRZ 2002, 978

113 Studien belegen, dass der Erfolg von Übernachtungen im Alter bis zu drei Jahren wesentlich davon abhängt, wie gut die Eltern miteinander kooperieren: *Ulrich*, NZFam 2014, 889, 890

114 OLG Frankfurt FamRZ 2002, 978

115 OLG Nürnberg FamRZ 2010, 741; vgl. auch BVerfG FamRZ 2007, 105

116 OLG Brandenburg FamRZ 2010, 1352: Mutter kann Milch abpumpen. Dabei darf aber nicht unbedacht bleiben, dass Kinder zwischen dem 6. und dem 24. Monat ihre Bindungen zu ihren Bezugspersonen festigen und es ihnen deshalb oftmals schwerfällt, sich von ihren Hauptbezugspersonen zu trennen, während ihnen die Trennung im Alter von zwei bis drei Jahren wieder leichter fällt, wobei aus psychologischer Sicht geteilte Meinungen dazu bestehen, ob Kinder in diesem Alter von Übernachtungen profitieren können: *Ulrich*, NZFam 2014, 889, 890 m.w.N.

c. Ferien

Es entspricht grundsätzlich dem Wohl des Kindes, auch einen Teil der Ferien – **in der Regel die Hälfte der gesetzlichen Schulferien**[117] – mit dem nichtbetreuenden Elternteil zu verbringen.[118] In diesen Ferien kann der Umgangsberechtigte auch mit dem Kind in das europäische und auch außereuropäische Ausland, sofern es nicht um eine Krisenregion handelt, **verreisen**,[119] ohne dass es der vorherigen Zustimmung des anderen Elternteils bedürfte. Etwas anderes kann bei **Fernreisen** gelten, denn dies ist eine Frage des § 1687 Abs. 1 Satz 1 BGB (siehe *Gottschalk,* § 1687 BGB, Rn. 6). Umgekehrt dürfen Ferienumgänge nicht mit der Begründung abgelehnt werden, der Umgangsberechtigte verreise ohnehin nicht mit dem Kind. Wenn die Betreuung des Kindes geregelt ist, spricht nichts gegen den Aufenthalt beim umgangsberechtigten Elternteil, auch wenn er in dieser Zeit seiner Berufstätigkeit nachgehen muss. Wie auch bei den periodischen Umgangskontakten obliegt dem umgangsberechtigten Elternteil die **Ausgestaltung des Ferienumgangs**, der jedoch verpflichtet ist, den betreuenden Elternteil über seine Reisepläne zu informieren.[120] Ferienregelungen setzen allerdings voraus, dass das Kind eine solche längere Trennung von seiner Hauptbezugsperson schon verkraften kann (siehe oben Rn. 36). Auch die Aufteilung der Ferien bedarf einer konkreten Regelung, insbesondere zu Beginn und Ende des Ferienumgangs. Die Formulierung „die Hälfte der gesetzlichen Schulferien des Landes …" erfüllt diese Voraussetzungen nicht. **40**

Gegebenenfalls ist in einer Umgangsregelung klarzustellen, dass auch der Elternteil, bei dem das Kind seinen Lebensmittelpunkt hat, zu Urlaubsreisen mit dem Kind berechtigt ist. In diesen Zeiten kommt freilich eine Festsetzung von Ordnungsgeld wegen Nichtgewährung des regelmäßigen Umgangs nicht in Betracht **41**

▶ *Zum Verhältnis verschiedener Umgangskonstellationen siehe unten Rn. 43.*

d. Feiertage, Geburtstag, einmalige Feste

In der Praxis ist es noch immer üblich, den Umgangsberechtigten auf den **2. Feiertag** der hohen christlichen Feiertage zu verweisen. Nimmt auch der umgangsberechtigte Elternteil einen großen Teil der Betreuung wahr, so erscheint es durchaus kindeswohlgerecht, dass das Kind Weihnachten und Ostern **im jährlichen Wechsel** bei jeweils einem Elternteil vollständig verbringt,[121] was auch die Wahrnehmung von Urlaubsfahrten ermöglicht. Auch der **Geburtstag** kann im jährlichen Wechsel alternierend beim betreuenden und nicht betreuenden Elternteil gefeiert werden,[122] es sei denn, das Kind möchte den Tag mit Freunden feiern und dies ist nur beim betreuenden Elternteil möglich. **Einmalige Feste** wie Einschulung, Kommunion oder Konfirmation sollten mit dem betreuenden Elternteil verbracht werden,[123] wobei die Teilnahme des Umgangsberechtigten nur dann im Sinne des Kindeswohls sein kann, wenn die Eltern in der Lage sind, bei diesen Festen keine Konflikte vor dem Kind auszutragen. **42**

Insgesamt **überlagern die Ferienkontakte die periodischen Umgangskontakte** und **die Feiertage**. Sind die Eltern nicht kommunikationsfähig, empfiehlt sich eine detaillierte Regelung, die alle Umgangskonstellationen aufeinander abstimmt. **43**

---

117 *Horndasch,* NZFam 2014, 884, 886; siehe auch Fn. 105, 147
118 OLG Frankfurt ZKJ 2007, 495
119 BVerfG FamRZ 2010, 109; KG FamRZ 2018, 1324; ZKJ 2017, 375; FamRZ 2017, 1061, vgl. *Stockmann,* FamRB 2017, 315
120 *Horndasch,* NZFam 2014, 884, 887
121 OLG Hamm NZFam 2014, 912; *Horndasch,* NZFam 2014, 884, 887
122 *Horndasch,* NZFam 2014, 884, 887; HB-VB/*Dürbeck,* Rn. 660
123 *Völker/Clausius,* § 2 Rn. 87

e. Holen und Bringen

44 Grundsätzlich ist es Sache des **Umgangsberechtigten**, das **Kind abzuholen und zurückzubringen**.[124] Etwas anderes ist anzunehmen, wenn die **Wohnorte** der Eltern **weit auseinanderliegen**, insbesondere wenn der betreuende Elternteil durch Wegzug diese Distanz selbst geschaffen hat.[125] Dann kann der **betreuende Elternteil verpflichtet** sein, sich am Holen und Bringen **zu beteiligen,**[126] siehe oben Rn. 22.

45 Bei **Kindern ab dem Grundschulalter** ist auch an die Bewältigung der Distanz mit dem **Flugzeug oder der Bahn** zu denken, zunächst mit Begleitservice, der von zahlreichen Fluglinien und der Bahn angeboten wird. Einwände des betreuenden Elternteils, das Kind könne nicht allein reisen, sind zu beachten und sorgfältig zu prüfen.[127] Einwendungen pauschaler Art, die sich nicht an den Belangen des einzelnen Kindes orientieren, sind jedoch untauglich. In den USA etwa ist die Inanspruchnahme eines Begleitservices mit Blick auf die dortigen weiten Distanzen gängige Praxis.

46 Der betreuende Elternteil ist verpflichtet, das Kind zum vereinbarten Termin **bereit zu halten bzw. ggf. zum vereinbarten Ort zu bringen** sowie es vorher **positiv auf den Umgang einzustimmen**. Zum Ende der vereinbarten Umgangskontakte muss er das Kind am vereinbarten Ort (in der Regel seinem Wohnort) **wieder in Empfang** nehmen. Die Aufnahme dieser Modalitäten ist zwar nicht Voraussetzung für die Vollstreckungsfähigkeit der Umgangsregelung,[128] sie sollten aber zur Vermeidung von weiteren Streitigkeiten in die Regelung aufgenommen werden. Wurde dem Umgangsberechtigten ein **Näherungsverbot (§ 1 GewSchG)** gegenüber dem Umgangsverpflichteten und dessen Wohnung erteilt, so müssen die Kindesübergaben unter Berücksichtigung dessen geregelt werden, bspw. durch **Einschaltung einer dritten Person**.[129] Freilich ist hier auch (von Amts wegen) zu prüfen, ob und inwieweit der Umgang mit dem Kind zu beschränken ist (hierzu unten Rn. 72, 78).

f. Umgangsort, Wohnverhältnisse

47 Der Umgangsberechtigte darf das Kind grundsätzlich **zu sich nehmen**, denn das Kind soll am Leben des anderen Elternteils in natürlicher Weise teilhaben.[130] Die Vorhaltung eines eigenen Zimmers ist keine Voraussetzung für Besuchskontakte, auch nicht wenn Übernachtungen erfolgen. Selbst **beengte und ungünstige Wohnverhältnisse** (fehlendes Kinderbett, Schlafcouch, Zigarettenrauch) schließen Umgangskontakte mit Übernachtungen nicht aus.[131] Wenn ein älteres Kind oder der Jugendliche die Übernachtungen ablehnt, weil er gezwungen wäre, im Bett des Elternteils zu schlafen, ist dies ein ausreichender Grund für die Ablehnung von Übernachtungen. In Ausnahmefällen kann der **Wohnort des Kindes** als Umgangsort festgelegt werden, z.B. zum Zwecke der Anbahnung, bei transportunfähiger Erkrankung[132] oder bei einem Säugling.[133]

---

124 OLG Hamm FamRZ 2004, 560
125 BVerfG FamRZ 2002, 809
126 Staudinger/*Dürbeck,* § 1684 BGB Rn. 245; zu den Kosten siehe unten Rn. 53
127 Ausführlich zu den Fähigkeiten des Kindes allein zu reisen aus entwicklungspsychologischer Sicht: *Ulrich,* NZFam 2014, 889 ff.
128 BGH FamRZ 2012, 533
129 HB-VB/*Dürbeck,* Rn. 663
130 OLG Koblenz FamRZ 2009, 133, 134 m.w.N.
131 KG FamRZ 2011, 825
132 BVerfG FamRZ 2005, 429
133 AG Eschwege FamRZ 2001, 1162

g. Umgang über größere räumliche Distanzen[134]

Der Umstand, dass der umgangsberechtigte Elternteil weit entfernt vom Wohnort des Kindes lebt, ist selbstverständlich kein Ausschlussgrund für den Umgang, sondern muss vielmehr bei der Ausgestaltung des Umgangs beachtet werden.[135] In Betracht kommen – abhängig von der Entfernung – **monatliche Umgangskontakte, jeweils von Donnerstag bis Montag,**[136] oder **ausgedehnte Ferienkontakte**.[137] Der Umgang kann dann auch an einem anderen Ort als dem Wohnort des umgangsberechtigten Elternteils stattfinden, etwa am Wohnort des Kindes in einer Ferienwohnung oder bei in der Nähe lebenden Angehörigen oder Freunden. 48

Die **Verweigerung von Übernachtungen** kommt im Falle einer großen räumlichen Distanz einer **Umgangsbeschränkung** gleich, die sich nach § 1684 Abs. 4 Satz 1 BGB bemisst (siehe Rn. 39).[138] Das gilt ebenso für die Verweigerung von Ferienumgängen, die bei sehr großen Distanzen, die einzige Möglichkeit darstellen, die Beziehung zwischen Kind und Elternteil aufrecht zu erhalten, oder die Akzeptanz von (für jüngere Kinder begleitete) Flug- oder Bahnreisen (siehe Rn. 45). 49

h. Beisein Dritter

Ein **Ausschluss dritter Personen** von der Anwesenheit bei der Ausübung des Umgangsrechts kommt nur ausnahmsweise in Betracht. Praxisrelevant ist hier das Ansinnen des betreuenden Elternteils, den **neuen Partner** oder die **Großeltern** von der Anwesenheit auszuschließen. Dies kommt allenfalls dann in Betracht, wenn das Kindeswohl eine solche Anordnung erfordert.[139] Gegebenenfalls sind insoweit eigene Umgangsrechte von Dritten zu prüfen (vgl. § 1685 BGB). 50

i. Telefon, E-Mail, Skype etc.

Der Umgang nach § 1684 Abs. 1 BGB umfasst auch die **sog. Umgangssurrogate**, nämlich die nicht persönliche Kontaktaufnahme per **Telefon, E-Mail, SMS, Skype, WhatsApp** oder **Briefkontakt**. Bei Telefonkontakten ist als ständiger Konfliktherd Zurückhaltung geboten, denn sie erfordern mitunter eine große Organisationsleistung und viele Kinder sind spontan nicht willens, ausführliche Telefonate zu führen. Selbstverständlich darf mit Blick auf § 1684 Abs. 2 BGB keines der genannten Medien dazu genutzt werden, das Kind negativ zu beeinflussen. 51

j. Nachholtermine

Um (absehbare) Streitigkeiten über **ausgefallene Umgangskontakte** zu vermeiden, empfiehlt sich die Aufnahme einer entsprechenden Regelung in den Beschlusstenor. Dabei kann auch geregelt werden, dass ausgefallene Kontakte nicht nachgeholt werden sollen und/oder, dass der den Umgang entfallen lassende Elternteil einen Nachweis für die Verhinderung (z.B. **ärztliches Attest**) erbringt. Der **Umgangspfleger** kann eigenmächtig nicht gegen den Willen beider Elternteile Nachholtermine anordnen (siehe Rn. 59). 52

---

134 Zu den psychologischen Aspekten: *Ulrich*, NZFam 2014, 889 ff.
135 OLG Bremen NJW-RR 2011, 1084: Umgang mit einem in sein Heimatland abgeschobenen Vater
136 OLG Brandenburg BeckRS 2013, 18142, dann nur bei noch nicht schulpflichtigen Kindern
137 *Kretzschmar*, NZFam 2014, 893, 894
138 OLG Saarbrücken ZKJ 2013, 228
139 KG ZKJ 2016, 468; OLG Nürnberg FamRZ 1998, 976; Staudinger/*Dürbeck*, § 1684 BGB Rn. 86; a.A. OLG Köln FamRZ 1982, 1236

k. Kosten des Umgangs

53 Grundsätzlich ist es die Pflicht des **Umgangsberechtigten**, die Kosten des Umgangs (Fahrgeld, Verpflegung) zu tragen. Im Mangelfall können die Kosten jedoch beim **Kindes- und Ehegattenunterhalt** berücksichtigt werden.[140] Bei größeren räumlichen Distanzen kann auch der andere Elternteil zu einer **Mitübernahme der Kosten** verpflichtet werden.[141] Zudem hat der Umgangsberechtigte das Recht auf Leistungen nach dem **SGB II**.[142] Das Familiengericht ist nicht befugt, eine Verteilung der Umgangskosten im Umgangsverfahren auszusprechen; es kann den Umgangselternteil lediglich in den organisatorischen Ablauf im Rahmen seiner Umgangsentscheidung einbinden.[143]

Tenorierungsbeispiel für eine Umgangsregelung gemäß § 1684 Abs. 3 Satz 1 BGB

1. *Der Vater hat das Recht und die Pflicht auf Umgang mit der Tochter X… wie folgt:*
   a) *alle zwei Wochen von Freitagnachmittag, 15.00 Uhr bis Sonntagnachmittag, 17.00 Uhr, erstmals in der Zeit vom 14. bis 16.3.2020.*
   b) *in den geraden Kalenderjahren jeweils in der ersten Hälfte der gesetzlichen Schulferien des Bundeslandes und zwar jeweils beginnend montags nach dem letzten Schultag um 10.00 Uhr und endend bei zweiwöchigen Ferien am darauf folgenden Sonntag, bei dreiwöchigen Ferien jeweils am übernächsten Mittwoch und bei den sechswöchigen Sommerferien am dritten Sonntag nach Beginn des Ferienumgangs, jeweils um 17.00 Uhr, sowie*
   c) *in den ungeraden Kalenderjahren jeweils in der zweiten Hälfte der gesetzlichen Schulferien des Bundeslandes, beginnend bei zweiwöchigen Ferien jeweils am zweiten Montag nach dem letzten Schultag, 10.00 Uhr und endend am darauffolgenden Sonntag, 17.00 Uhr; bei dreiwöchigen Ferien beginnend am 2. Mittwoch nach dem letzten Schultag, 10.00 Uhr und endend am übernächsten Sonntag; in den Sommerferien beginnend am vierten Sonntag nach dem letzten Schultag, 10.00 Uhr und endend am Sonntag vor Schulbeginn, 17.00 Uhr.*
2. *Der Vater holt das Kind ab. Die Mutter übergibt das Kind dem Vater zu Beginn des jeweiligen Umgangs pünktlich am Wohnsitz der Mutter. Am Ende der jeweiligen Umgangszeiten bringt der Vater das Kind pünktlich zur Mutter zurück, die das Kind entgegennimmt.*
3. *Fällt ein Besuchskontakt wegen Erkrankung des Kindes aus, tritt anstelle des ausgefallenen Besuchskontaktes das darauffolgende Wochenende. Der Umgangsturnus verschiebt sich hierdurch nicht.*
4. *Beide Elternteile werden darauf hingewiesen, dass im Fall der Zuwiderhandlung gegen die sich aus diesem Beschluss ergebenden Verpflichtungen ein Ordnungsgeld in Höhe von bis zu 25.000 Euro und für den Fall, dass dieses nicht beigetrieben werden kann oder dessen Anordnung keinen Erfolg verspricht, Ordnungshaft bis zu sechs Monaten angeordnet werden kann.*

---

140 BGH FamRZ 2005, 706, 708; OLG München FamRZ 2008, 1945; *Lettmaier/Dürbeck*, FamRZ 2019, 81, 82 ff.
141 OLG Nürnberg NJW-RR 2014, 644; OLG Dresden FamRZ 2005, 927
142 Ausführlich hierzu: *Jansen*, FPR 2009, 144; *Lettmaier/Dürbeck*, FamRZ 2019, 81, 86 ff.
143 *Lettmaier/Dürbeck*, FamRZ 2019, 81, 82

Die beteiligten Kindeseltern können aufgrund ihrer Elternautonomie und unterhalb der Schwelle der Kindeswohlgefährdung einvernehmlich von einer gerichtlichen Umgangsregelung abweichen. Wollen sie eine Änderung der bestehenden Regelung, kommt eine Abänderung in Betracht, sofern die Voraussetzungen des § 1696 BGB gegeben sind. 54

▶ *Näher hierzu Gottschalk, § 1696 BGB Rn. 4 ff.*

5. Anordnungen zur Erfüllung der Wohlverhaltenspflicht, Abs. 3 Satz 2

In der Praxis am häufigsten zur Anwendung kommt das in einen gerichtlich gebilligten Vergleich oder einen Beschluss aufgenommene **Verbot an die Eltern**, im Beisein des Kindes **den anderen Elternteil schlecht zu machen**. In Betracht kommen aber auch **folgende Ge- und Verbote**: 55

- Bereithaltung des Kindes zur Besuchszeit mit den notwendigen persönlichen Gegenständen,
- Gebot, das Kind an einen bestimmten Ort zu bringen, um es dort an den Umgangsberechtigten oder einem Verkehrsmittel zu übergeben (siehe oben Rn. 44 ff.),
- Verbot, mit dem Kind bestimmte Themen zu erörtern.

Auch die **Anordnung einer Beratung** kommt zur Sicherstellung der umgangsrechtlichen Wohlverhaltenspflicht in einer Endentscheidung zum Umgang in Betracht, so der Besuch eines Kurses „Kinder im Blick".[144] Die Beratungsanordnung muss allerdings verhältnismäßig sein;[145] sie ist analog § 156 Abs. 1 Satz 5 FamFG nicht vollstreckbar.[146]

Es bedarf keines konkreten Antrages eines Elternteils.[147] Die Anordnung durch familiengerichtlichen Beschluss kann dann nach § 89 FamFG vollstreckt werden.[148] 56

▶ *Ausführlich zum Inhalt der Wohlverhaltenspflicht siehe Rn. 18 ff. und zu Sanktionen bei Verletzung der Wohlverhaltenspflicht Rn. 26, 27, 57.*

6. Umgangspflegschaft, Abs. 3 Satz 3 bis 6

Nach § 1684 Abs. 3 Satz 3 BGB kann eine **Umgangspflegschaft** angeordnet werden. Auf den Umgangspfleger sind die für den Pfleger nach §§ 1909 ff. BGB geltenden Vorschriften entsprechend anwendbar.[149] Voraussetzung ist eine **dauerhafte und wiederholte Verletzung der Wohlverhaltenspflicht nach § 1684 Abs. 2 BGB**.[150] Die hohe Schwelle der Kindeswohlgefährdung muss nicht erreicht sein, anders bei § 1685 BGB (siehe *Gottschalk,* § 1685 BGB, Rn. 22) oder beim vollständigen Entzug des Umgangsbestimmungsrechts nach § 1666 BGB in einem (parallelen) Sorgerechtsverfahren (siehe unten Rn. 62, 63). Im Umfang des Bestehens der Umgangspflegschaft wird die elterliche Sorge eingeschränkt (vgl. § 1630 Abs. 1 BGB). Mit Blick auf den hiermit verbundenen Sorgerechtseingriff und die entstehenden – mitunter erheblichen – Kosten, kann allerdings **nicht jede Schwierigkeit**, die im Zusammenhang mit der Ausübung von Umgangskontakten auftaucht, zum Anlass genommen werden, um eine Umgangspflegschaft einzurichten.[151] Auch der Umstand, dass der Sachverständige, der Verfahrensbeistand, das Jugendamt und die Eltern 57

144 KG ZKJ 2019, 234, 235
145 KG ZKJ 2019, 234, 235
146 OLG Frankfurt ZKJ 2015, 195
147 OLG Karlsruhe FamRZ 2005, 633
148 OLG Brandenburg FamRZ 2005, 2011 zu § 33 FGG
149 OLG Stuttgart ZKJ 2012, 491, Staudinger/*Dürbeck,* § 1684 BGB Rn. 130
150 OLG Karlsruhe, Beschl. v. 20.12.2018 – 20 F 182/17, ZKJ 2019, 374 m. Anm. *Dürbeck*: stetige Verweigerung von unbegleiteten Kontakten durch die Kindesmutter und hierdurch verursachter wiederholter Kontaktabbruch
151 OLG Saarbrücken, Beschl. v. 28.1.2015 – 6 UF 145/14, FamRZ 2016, 68; ZKJ 2014, 75

mit ihrer Einrichtung einverstanden sind, entbindet das Gericht nicht von der Pflicht zur Prüfung, ob die tatsächlichen und rechtlichen Voraussetzungen des § 1684 Abs. 3 Satz 3 BGB erfüllt sind.[152]

58 Dem Umgangspfleger obliegt die Aufgabe, den **Aufenthalt des Kindes für die Dauer des Umgangs zu bestimmen**. Er hat zudem das Recht, **die Herausgabe des Kindes zur Durchführung des Umgangs** zu verlangen, wobei er im Falle der Weigerung nicht selbst unmittelbaren Zwang anwenden darf. Die Anordnung **unmittelbaren Zwangs** ist dem Familiengericht vorbehalten, jedoch kann er dort ein solches Verfahren anregen. Der Umgangspfleger bestimmt die **konkrete Ausgestaltung** des Umgangs, also **Ablauf und Inhalt** und bereitet diesen vor. Er ist bei der **Übergabe** zugegen und bei der **Rückgabe**.[153] Die Umgangspflegschaft sichert den Umgang also **„organisatorisch ab"**.[154] Demnach ist es nicht Aufgabe des Umgangspflegers, den Umgang zu begleiten. Demgegenüber ist der BGH der Auffassung, dass die Anordnung einer Umgangsbegleitung, in Form einer ausdrücklichen gerichtlichen Anordnung der Anwesenheit des Umgangspflegers bei den Umgangskontakten, möglich sei. Sie könne notwendig sein, damit der Umgangspfleger die im nach § 1684 Abs. 3 Satz 3 und 4 BGB übertragenen Aufgaben „sachgerecht" wahrnehmen könne.[155]

59 Der Umgangspfleger ist **nicht** befugt, den Umgang nach Ort, Zeit und Umfang selbst zu regeln, dies bleibt dem Gericht vorbehalten, welches auch keine entsprechende Befugnis aussprechen darf.[156] Das Gebot, den Umgang **konkret zu regeln** gilt auch dann, wenn ein Umgangspfleger eingesetzt wird, da diesem vom Gesetz **nicht die Kompetenz** einer **eigenständigen Regelungsbefugnis** eingeräumt wurde.[157] Nach hier vertretener Auffassung darf der Umgangspfleger deshalb auch **keine Nachholtermine** festlegen,[158] da dies eine Regelung zu Zeit und Häufigkeit darstellt. Wird eine Umgangspflegschaft angeordnet, ohne zugleich die konkreten Einzelheiten wie Art, Zeit und Häufigkeit des Umgangs festzulegen, dann ist die Entscheidung aufzuheben und das Verfahren gemäß § 69 Abs. 1 FamFG an das Familiengericht zurückzuverweisen, da es sich um eine verdeckte Teilentscheidung handelt, die zur Zurückverweisung berechtigt.[159]

60 Die Umgangspflegschaft muss **befristet** werden (§ 1684 Abs. 3 Satz 5 BGB). Die Dauer richtet sich nach den Umstanden des Einzelfalls, insbesondere nach der Intensität der Schwierigkeiten. Nach Ablauf der Frist kann eine neue – befristete – Umgangspflegschaft beantragt werden.[160] Es handelt sich dann um ein neues Umgangsverfahren.[161] Die Anordnung hängt nicht davon ab, dass zuvor die Vollstreckung[162] einer Umgangsregelung versucht oder ein Vermittlungsverfahren durchgeführt wurde. In den meisten Fällen wird die Umgangspflegschaft zusammen mit einer Umgangsregelung angeordnet, vgl. Köhler § 2 FamFG Rn. 4.

---

152 OLG Saarbrücken ZKJ 2014, 75
153 *Zivier*, ZKJ 2010, 306
154 OLG Celle, ZKJ 2011, 182
155 BGH ZKJ 2019, 143; zu Recht kritisch: *Heilmann*, ZKJ 2019, Heft 3, Editorial; *Keuter*, FamRZ 2019, 202; *Dürbeck*, ZKJ 2019, 141
156 OLG Hamm ZKJ 2014, 393; OLG Frankfurt FamRZ 2013, 1824
157 OLG Hamm ZKJ 2014, 393
158 *Völker/Clausius*, § 2 Rn. 42; a.A. OLG Hamm ZKJ 2014, 393, unklar die Gesetzesbegründung, BT-Drucks. 16/6308, 345: „... über die Umgangsmodalitäten (Ort des Umgangs, Ort der Übergabe des Kindes, dem Kind mitzugebende Kleidung, Nachholtermine etc.) ..."
159 OLG Frankfurt FamRZ 2013, 1824; OLG Hamm FamRZ 2013, 310
160 OLG Hamm NJW-RR 2011, 150
161 A.A. OLG Zweibrücken, Beschl. v. 27.8.2014 – 2 AR 14/14, juris: Verlängerung der Umgangspflegschaft im Ausgangsverfahren mit fortdauernder Zuständigkeit nach § 2 Abs. 2 FamFG; a.A. Staudinger/*Dürbeck*, § 1684 BGB Rn. 129
162 *Völker/Clausius*, § 2 Rn. 44

Die **Vergütung** des Umgangspflegers richtet sich nach § 1684 Abs. 3 Satz 6 BGB i.V.m. § 277 FamFG i.V.m. §§ 1835, 1836 BGB und erfolgt nur dann, wenn die Umgangspflegschaft berufsmäßig geführt wird. Die Frage, ob der Umgangspfleger die Pflegschaft **berufsmäßig** führt, ist nach dem Wortlaut des § 1836 BGB **„bei der Bestellung"** des Pflegers zu klären.[163] Eine nachträgliche Feststellung der Berufsmäßigkeit mit Rückwirkung kommt daher – auch bei versehentlicher Unterlassung – grundsätzlich nicht in Betracht.[164] Allerdings ist eine spätere Berichtigung möglich.[165] Der Bestellungsbeschluss ist in § 1915 Abs. 1 Satz 1 i.V.m. § 1789 BGB geregelt, erfolgt per Handschlag durch den Rechtspfleger, setzt mithin die persönliche Anwesenheit des Umgangspflegers voraus und ist von der richterlichen Anordnung in einem Umgangsbeschluss zu trennen.[166] Jedoch kann der Richter selbst die Bestellung vornehmen.[167] Der Umgangspfleger sollte in jedem Fall darauf achten, dass er vor der Entfaltung erster Tätigkeiten förmlich bestellt wurde[168] und dass die Vergütung gemäß § 1835 Abs. 1 Satz 3 BGB binnen einer Ausschlussfrist von fünfzehn Monaten nach ihrer Entstehung geltend zu machen ist. Für die Tätigkeiten vor der förmlichen Bestellung kann eine Vergütung nicht verlangt werden.[169] Nicht vergütungsfähig ist eine Begleitung des Umgangs, wenn dies vom Familiengericht nicht angeordnet wurde (siehe hierzu auch unten Rn. 64, 75).[170] In seiner Entscheidung vom 31.10.2018 hat der BGH allerdings die Ansicht vertreten, dass berufsmäßige Umgangspfleger, **denen auch die Begleitung des Umgangs übertragen worden ist,** hierfür auch eine Vergütung von der Justizlandeskasse beanspruchen können.[171] 61

Soll der **Umgang vollständig** (also auch die Entscheidung des Ob, Wann, Wie und Wo des Umgangs) **durch eine dritte Person geregelt werden**, dann muss das Umgangsbestimmungsrecht den Sorgeberechtigten entzogen und auf einen **Ergänzungspfleger nach § 1909 BGB**[172] übertragen werden. Das setzt allerdings voraus, dass eine Kindeswohlgefährdung nach § 1666 BGB bejaht werden kann.[173] Nach zutreffender Auffassung ist für die Ergänzungspflegschaft nach § 1909 BGB neben der Umgangspflegschaft nach wie vor Raum. Ihre Einrichtung ist – bei Vorliegen einer Kindeswohlgefährdung – rechtlich nach wie vor möglich[174] und praktisch notwendig.[175] 62

---

163 BGH FamRZ 2014, 1283
164 BGH FamRZ 2014, 1283
165 BGH FamRZ 2018, 1006
166 OLG Hamm ZKJ 2014, 78; OLG Saarbrücken ZKJ 2012, 33
167 OLG Saarbrücken ZKJ 2012, 33
168 BGH FamRZ 2017, 1846: keine Vergütungsansprüche für Tätigkeiten für die Zeit vor der Bestellung nach § 1789 BGB nach § 242 BGB
169 *Menne,* ZKJ 2010, 245
170 KG ZKJ 2012, 492
171 BGH ZKJ 2019, 43; siehe Rn. 58; kritisch hierzu *Heilmann,* ZKJ 2019, Heft 3, Editorial; *Keuter,* FamRZ 2019, 202; *Dürbeck,* ZKJ 2019, 141
172 OLG Frankfurt, Beschl. v. 26.3.2015 – 4 UF 145/14, FamRZ 2016, 68; in dieser Konstellation bezeichnet als „Umgangsbestimmungspfleger": *Heilmann,* FamRZ 2014, 1753 oder „Anbahnungspfleger": *Obermann,* NZFam 2014, 976
173 OLG Frankfurt ZKJ 2015, 154; NJW-RR 2009, 4; *Obermann,* NZFam 2014, 976
174 OLG Frankfurt ZKJ 2015, 154; *Heilmann,* FamRZ 2014, 1753; *Obermann,* NZFam 2014, 976; Staudinger/*Bienwald,* § 1909 BGB, Rn. 65, 70; Palandt/*Götz,* § 1666 BGB Rn. 19; 1684 BGB Rn. 10; a.A. Stuttgart FamRZ 2014, 1794, wohl auch OLG München FamRZ 2011, 823
175 Ausführlich zum praktischen Bedarf von Ergänzungspflegschaften zur Regelung des Umgangs *Obermann,* NZFam 2014, 976, 979

Übersicht: Umgangspflegschaft[176]

63

	Umgangspflegschaft	Umgangsbestimmungspflegschaft
1. Gerichtliches Verfahren	Amtsverfahren zum Umgang (§ 1684 BGB)	Amtsverfahren zur elterlichen Sorge (§ 1666 BGB)
2. Voraussetzungen	Verstoß gegen Wohlverhaltensklausel (dauerhaft und wiederholt)	Kindeswohlgefährdung (= „höhere" Schwelle)
3. Befugnisse	Setzt (lediglich) vorhandene und konkrete familiengerichtliche Umgangsregelung um (Ort, Art, Umfang, Zeit), darf Herausgabe verlangen und für die Dauer des Umgangs den Aufenthalt bestimmen.	Darf eigenständig (auch) die Umgangszeiten (Häufigkeit und Dauer) regeln (= „mehr" Befugnisse).
4. Beschluss	Anordnung ist zu befristen (§ 1684 Abs. 3 Satz 5 BGB). Tenor: *„Die Kindesmutter ist verpflichtet, dem Kindesvater Umgang mit dem gemeinsamen Kind …, wie folgt, zu gewähren: … Es wird Umgangspflegschaft für die Dauer eines Jahres angeordnet. Zur/Zum (berufsmäßigen) Umgangspfleger/in wird bestellt …"*	Unbefristet möglich, jedoch in angemessenen Zeitabständen zu überprüfen (§ 166 Abs. 2 FamFG) Tenor: *„Den Kindeseltern wird das Recht zur Regelung des Umgangs des Kindes … entzogen. Zur/Zum (berufsmäßigen) Ergänzungspfleger/in wird insoweit … bestellt."*
5. Anfechtbarkeit		
a) Hauptsache	§§ 58 ff. FamFG	§§ 58 ff. FamFG
b) einstweilige Anordnung	Unanfechtbar[1]	Sofortige Beschwerde, soweit aufgrund mündlicher Erörterung ergangen (§ 57 Satz 2 Nr. 1 FamFG)

1 Siehe nur OLG Celle FamRZ 2011, 574 = ZKJ 2011, 182; a.A. *Völker/Clausius*, S. 193 f.

64 Streng **zu trennen** ist die Person des Umgangspflegers **vom Verfahrensbeistand** nach § 158 FamFG[177] und **dem Umgangsbegleiter**, der den Umgang nach § 1684 Abs. 4 Satz 3 BGB als mitwirkungsbereiter Dritter begleitet. Allerdings ist die Abgrenzung in der Praxis oftmals schwierig zu treffen. Begleiteter Umgang ist nur unter erschwerten Voraussetzungen, nämlich denen des § 1684 Abs. 4 Satz 2 und 3 BGB möglich (siehe unten Rn. 70 ff.). Er muss vom Familiengericht selbst bei Vorliegen der Voraussetzungen angeordnet werden. Keinesfalls kann diese Prüfung dem Umgangspfleger überlassen werden. Auch wenn die Bestellung nur einer Person für alle Ämter zwecks Nutzung von Synergieeffekten und unter dem Gesichtspunkt, dass das Kind nur mit einer Person konfrontiert wird, reizvoll erscheint, sollte hiervon zur Vermeidung eines Interessenkonflikts abgesehen werden.[178] Dass der berufsmäßige Umgangspfleger, dem auch die Begleitung des Umgangs übertragen worden ist (krit. hierzu oben Rn. 58), hierfür auch eine Vergütung von der Justizlandeskasse beanspruchen könne, sollte aufgrund der systemfremden Vermischung beider Institute streng vermieden werden.[179]

176 *Heilmann*, FamRZ 2014, 1755
177 Zur Abgrenzung ausführlich *Stötzel*, FPR 2009, 27
178 Vgl. *Kuleisa-Binge*, FPR 2012, 363
179 Staudinger/*Dürbeck*, § 1684 BGB Rn. 378; ders., ZKJ 2019, 141 entgegen BGH ZKJ 2019, 143

IV. Beschränkung und Ausschluss des Umgangsrechts (Abs. 4)

1. Allgemeines

Das Umgangsrecht der Eltern mit ihrem Kind folgt unmittelbar aus ihrem von Art. 6 Abs. 2 Satz 1 GG gewährten Elterngrundrecht und steht nicht unter dem Vorbehalt der Kindeswohldienlichkeit, weshalb ein Umgangsausschluss keinesfalls – wie in der Praxis immer wieder anzutreffen – mit fehlender Kindeswohldienlichkeit begründet werden kann. Als **schwerstmöglicher Eingriff** in das Elternrecht kann der Umgang nur unter den **besonderen Voraussetzungen des § 1684 Abs. 4 Satz 1 und 2 BGB**, die **jeweils positiv festgestellt** werden müssen,[180] eingeschränkt oder ausgeschlossen werden. Kurz gefasst kann das Umgangsrecht eines Elternteils nur dann für längere Zeit ausgeschlossen werden, wenn eine Kindeswohlgefährdung i.S.d. § 1666 BGB vorliegt. Eine Beschränkung oder ein Ausschluss **für kürzere Zeit** kommt nur dann in Betracht, wenn dies **zum Wohl des Kindes erforderlich** ist. Das Gesetz knüpft hinsichtlich der **beiden Eingriffsschwellen** („zum Wohl des Kindes erforderlich"; „Kindeswohlgefährdung") an die **Dauer der Beschränkung oder des Ausschlusses** an. 65

Ob eine Einschränkung oder ein Ausschluss des Umgangsrechts als **kurzfristig oder längerfristig** zu werten und welche der beiden Eingriffsschwellen zu prüfen ist, richtet sich nach den Umständen des Einzelfalls. Maßstab kann die **Häufigkeit der bisherigen Umgangskontakte**[181] und das **Alter des Kindes** sein.[182] Im Hinblick auf die hohe Bedeutung des Umgangsrechts[183] wird bei einem zuvor wöchentlich stattfindenden Umgang mit einem zwei Jahre alten Kind ein Ausschluss von mehr als einem Monat nicht mehr kurzfristig sein, bei einem vollständigen Ausschluss auch bei älteren Kindern nicht mehr ab der Dauer von einem Vierteljahr. 66

In der Praxis von geringerer Relevanz ist die **Einschränkung oder der Ausschluss des Vollzugs** einer Umgangsregelung. Von der Vorschrift geregelt werden sollen jene Fälle, in denen der Umgang das Kindeswohl nur deshalb gefährdet, weil sich das Kind aufgrund eines durch den betreuenden Elternteil beeinflussten Willens, dem Umgang widersetzt. In diesen Fällen soll der beeinflussende Elternteil nicht noch mit einem Umgangsausschluss belohnt werden.[184] 67

Bei der Frage, ob der Umgang beschränkt oder ausgeschlossen werden muss, ist zwingend der **Verhältnismäßigkeitsgrundsatz** zu beachten, so dass u.U. ein begleiteter Umgang ein **milderes Mittel** gegenüber dem vollständigen Ausschluss darstellt.[185] Dieser gebietet es zudem, den Ausschluss oder die Beschränkung in der Regel **zeitlich zu begrenzen**.[186] Dabei richtet sich die Frist nach den Umständen des Einzelfalls, hier insbesondere dem Alter des Kindes, der Perspektive für den Wegfall der Gründe, sowie dem Grund selbst. Die Verpflichtung, den Umgangsausschluss **jährlich zu überprüfen**,[187] führt dazu, eine Befristung von einer längeren Dauer als einem Jahr nur in **Ausnahmefällen** auszuspre- 68

---

180 BVerfG FamRZ 2010, 1622 ff.
181 Palandt/*Götz,* § 1684 BGB Rn. 34
182 Johannsen/Henrich/*Jaeger,* §1684 BGB Rn. 34, die hier genannten Fristen – ab Vollendung des 7. Lebensjahres bei einem halben Jahr, ab Vollendung des 12. Lebensjahres bei einem Jahr, bei jüngeren Kindern eine erheblich kürzere Zeitspanne als ein halbes Jahr – erscheinen jedoch zu lang.
183 BVerfG FamRZ 2008, 856
184 Ausführlich hierzu Staudinger/*Dürbeck*, § 1684 BGB Rn. 300 f.
185 OLG Saarbrücken, Beschl. v. 14.10.2014 – 6 UF 110/14, juris; ZKJ 2011, 178, 179
186 BVerfG FamRZ 2005, 1815
187 EGMR FamRZ 2011, 1484, wobei er im konkreten Fall eine Aussetzung für die Dauer von drei Jahren gebilligt hat, da die Sachverständige von einer erneuten Überprüfung nach einem Jahr als das Kindeswohl gefährdend abgeraten hatte.

chen,[188] wobei hiervon abgewichen darf,[189] was aber einer **ausführlichen Begründung** bedarf. Eine Überprüfung erfolgt im Rahmen eines Abänderungsverfahrens nach § 1696 Abs. 2 BGB und ist ebenfalls Ausfluss des Verhältnismäßigkeitsgrundsatzes. Sofern die Beschränkungs- oder Ausschlussgründe weggefallen sind, muss der Ausschluss oder die Beschränkung von Amts wegen aufgehoben werden.

▶ *Näher hierzu Gottschalk, § 1696 BGB Rn. 26, 28, 30.*

2. Einschränkung oder Ausschließung (Abs.4 Satz 1)

69 Auch wenn der Umgang **unterhalb des zeitlichen Maßstabs der „längeren Zeit"** ausgeschlossen oder beschränkt werden soll, so darf dies nach dem Gesetzeswortlaut von Satz 1 nur erfolgen, wenn die Beschränkung oder der Ausschluss „zum Wohl des Kindes erforderlich"[190] ist. Hierunter fallen **insbesondere Umgangsbeschränkungen für einen Übergangszeitraum**, in dem zum Zwecke der Wiederanbahnung der Umgangskontakte nach einer längeren Pause für einige Wochen begleiteter Umgang angeordnet wird.[191]

3. Einschränkung oder Ausschluss für längere Zeit oder auf Dauer (Abs. 4 Satz 2)

70 Eine Umgangsregelung, die den Umgang für eine **längere Zeit** (siehe oben Rn. 66) beschränkt oder ausschließt, darf nur ergehen, wenn anderenfalls das Wohl des Kindes nachhaltig gefährdet würde.[192]

a. Einschränkung des Umgangsrechts – insbesondere begleiteter Umgang

71 Eine **Einschränkung** des Umgangsrechts liegt insbesondere in folgenden Fällen vor:

- Wenn der **Umgang** nach der gerichtlichen Regelung **nur in Anwesenheit eines mitwirkungsbereiten Dritten** stattfinden darf (**sog. begleiteter Umgang**, siehe Rn. 72). Diese – häufigste – Form der Einschränkung ist vom Gesetz in § 1684 Abs. 4 Satz 3 BGB vorgesehen.
- Der Umgang darf nur zu sehr eingeschränkten Zeiten und nur an bestimmten Orten stattfinden. Die Abgrenzung zu der bloßen, am Kindeswohl orientierten Regelungsbefugnis nach Abs. 1 ist mitunter schwer zu ziehen.[193]

---

188 *Völker/Clausius,* § 2 Rn. 162

189 EGMR FamRZ 2017, 891; BVerfG FamRZ 2017, 1917: unbefristet; KG FamRZ 2013, 709: unbefristeter Umgangsausschluss; KG, Beschl. v. 20.6.2014 – 3 UF 159/12, ZKJ 2015, 235: Umgangsausschluss bei 15½-Jährigen bis zur Volljährigkeit; OLG Brandenburg, Beschl. v. 27.12.2018 – 9 UF 86/18, juris

190 Johannsen/Henrich/*Jaeger,* § 1684 BGB, Rn. 34 hält hierfür den Maßstab des § 1696, nämlich „konkrete, triftige und gegenwärtige Gründe, die das Wohl des Kindes nachhaltig berühren", anwendbar unter Bezugnahme auf KGFamRZ 1989, 656

191 Auch wenn begleiteter Umgang immer nur für eine Übergangszeit und nicht als Dauerlösung gedacht ist, sind in der Praxis begleitete Umgänge von Dauer eines halben Jahres oder länger nicht unüblich. Begleiteter Umgang ist jedenfalls dann, wenn er unbefristet angeordnet wurde, aber auch, wenn er die Definition der „längeren Zeit" erfüllt, an den Anspruchsvoraussetzungen des § 1684 Abs. 4 Satz 2 BGB zu messen, so auch HB-VB/*Dürbeck,* Rn. 670; a.A. *Völker/Clausius,* § 2 Rn. 185

192 BVerfG ZKJ 2013, 162; OLG Saarbrücken, Beschl. v. 14.10.2014 – 6 UF 110/14, ZKJ 2015, 117

193 BVerfG FamRZ 2007, 105; OLG Saarbrücken, ZKJ 2013, 218

Die Anordnung des **begleiteten Umgangs**[194] kommt insbesondere **in folgenden Fällen** in Betracht: 72

Fälle des unbewiesenen, aber nicht fern liegenden Verdachts des **sexuellen Missbrauchs**,[195] bei **pädophilen Neigungen**,[196] der Verurteilung des Umgangsberechtigten wegen des Besitzes **kinderpornographischer Schriften** und bei **nachvollziehbarer Verweigerungshaltung** des Umgangsverpflichteten,[197] ferner bei Gefahr einer **Kindesentziehung**,[198] bei **psychischer Erkrankung**[199] oder **Alkoholabhängigkeit**[200] und auch bei **Straf- oder Untersuchungshaft** des Umgangsberechtigten,[201] bei drohender **Genitalverstümmelung**,[202] zur **Anbahnung** von Umgangskontakten,[203] insbesondere bei starken Ängsten des Kindes,[204] bzw. nach einem **längeren Kontaktabbruch**,[205] aber auch bei eingeschränkter Fähigkeit des Umgangsberechtigten, sich auf das Kind einzustellen, ferner wenn der umgangsberechtigte Elternteil die Erziehung des anderen Elternteils massiv unterwandert und die Kinder permanent in einen heftigen **Loyalitätskonflikt** stürzt.[206]

Der begleitete Umgang ist jedoch **keine Option**, wenn seine Anordnung nur dazu dient, 73
dass der den Umgang ohne erkennbare Motive ablehnende Elternteil „sich besser fühlt" oder das Gericht die Kindeswohlgefährdung nicht aufklären mag.[207] In der Praxis wird manchmal verkannt, dass der begleitete Umgang nicht zum Zwecke der Herstellung eines Einvernehmens im Wege „wechselseitigen Nachgebens" ein Allheilmittel zur Beendigung gerichtlicher Umgangsverfahren darstellt. Sind die gesetzlichen Voraussetzungen nicht erfüllt, sollten die Eltern auch nicht zu der Vereinbarung eines begleiteten Umgangs gedrängt werden. In diesen Fällen ist vielmehr ein unbegleiteter Umgang gerichtlich anzuordnen.

Lehnt der umgangsberechtigte Elternteil den **begleiteten Umgang ab**, so wird nur ein 74
befristeter Ausschluss des Umgangs in Betracht kommen, wenn dessen gesetzliche Voraussetzungen erfüllt sind, der unbegleitete Umgang das Wohl des Kindes mehr gefährdet als ein (vorübergehender) Umgangsausschluss und andere Maßnahmen zur Abwendung der Kindeswohlgefährdung nicht in Betracht kommen.[208]

Die Umgangsregelung muss auch beim begleiteten Umgang die **Dauer, die Häufigkeit** 75
und den Beginn der Umgangskontakte **genau bezeichnen**, sowie den **mitwirkungs-**

194 Hierbei handelt es sich um den Oberbegriff. Dieser unterteilt sich in begleiteten, beschützten und beaufsichtigten Umgang; ausführlich: *Fthenakis* (Hrsg.), Begleiteter Umgang von Kindern; *Klinkhammer/Prinz/Klothmann* (Hrsg.), Handbuch Begleiteter Umgang; *Di Cato,* FamRB 2014, 389 ff.
195 OLG Hamburg FamRZ 1996, 422, hingegen Ausschluss bei laufendem Strafverfahren wegen der Möglichkeit der Beeinflussung: OLG Oldenburg FamRZ 2006, 882
196 BVerfG FamRZ 2008, 494; konkrete Gefährdung nicht mit hinreichender Sicherheit feststellbar: OLG Karlsruhe, Beschl. v. 20.12.2018 – 20 UF 182/17, ZKJ 2019, 374 m. Anm. *Dürbeck*
197 OLG Schleswig NZFam 2014, 910
198 OLG Celle FamRZ 1998, 973
199 OLG München FamRZ 2014, 1385: „Vielmehr muss das Grundrecht des Vaters auf Umgang zurückstehen, sobald eine hinreichende Wahrscheinlichkeit für eine drohende Kindeswohlgefährdung spricht und der Vater sich aus seinem freien Willen entschlossen hat, keine weitere Aufklärung hinsichtlich einer möglichen Kindeswohlgefährdung zu ermöglichen."
200 OLG Koblenz FamRZ 2007, 926; hingegen unbegleiteter Umgang, nachdem der vom Gericht bestellte Sachverständige keine Alkohol- und Cannabisabhängigkeit festgestellt hat: OLG Brandenburg ZKJ 2008, 332
201 AG Pankow-Weißensee ZKJ 2006, 265
202 OLG Karlsruhe ZKJ 2008, 428
203 OLG Brandenburg FamRZ 2014, 1792
204 OLG Jena FamRZ 2007, 661
205 OLG Brandenburg FamRZ 2014, 1124, OLG Köln FamRZ 2009, 129
206 OLG Saarbrücken, Beschl. v. 14.10.2014 – 6 UF 110/14, ZKJ 2015, 117
207 Vgl. *Heilmann*, NJW 2012, 16, 21
208 OLG Brandenburg FamRZ 2010, 740

bereiten Dritten (§ 1684 Abs. 4 Satz 3, 4 BGB).[209] Die Auswahl des mitwirkungsbereiten Dritten kann nicht dem Jugendamt überlassen bleiben.[210] Letzteres setzt voraus, dass sich ein mitwirkungsbereiter Dritter bereits gefunden hat. Zwar kann auch ein **privater Dritter** als Begleitperson – sofern er zustimmt – eingesetzt werden. In der Praxis wird der Umgang jedoch durch **einen freien Träger** begleitet. Gerade Letzterer wird sich in der ersten Sitzung des Familiengerichts nach § 155 Abs. 2 FamFG noch nicht gefunden haben, schon gar nicht mit dem Angebot konkreter Termine. Wird dieser Punkt allerdings offengelassen, so fehlt der Regelung ihr vollstreckungsfähiger Inhalt und das Verfahren ist nicht abgeschlossen.[211] Es bietet sich deshalb an, ggf. vorab Kontakt mit Trägern aufzunehmen, die für eine Umgangsbegleitung in Betracht kommen könnten, und diese um die Mitteilung von Terminen und freien Plätzen zu bitten.[212]

76 Das Familiengericht kann das **Jugendamt nicht gegen dessen Willen** als Umgangsbegleiter verpflichten,[213] auch wenn es gemäß **§ 18 Abs. 3 SGB VIII** zu den **Aufgaben der Jugendhilfe** gehört.[214] Erklärt sich das Jugendamt nicht bereit, den begleiteten Umgang als Jugendhilfe zu gewähren, so kann dieser – mangels eines mitwirkungsbereiten Dritten – nicht vom Familiengericht angeordnet werden.[215] Der Amtsermittlungsgrundsatz gebietet es in diesem Fall, dass das Familiengericht selbst geeignete freie Träger ermittelt und mit der Übernahme der zu begleitenden Umgangskontakte betraut.[216] Die Eltern sind somit – wenn das Familiengericht nicht im Wege der Amtsermittlung einen mitwirkungsbereiten Dritten findet und die Eltern ggf. dessen Kosten übernehmen – auf den **Verwaltungsrechtsweg** angewiesen, wollen sie sich nicht damit abfinden, dass die Anordnung nach § 1684 Abs. 4, Satz 3, 4 BGB am mitwirkungsbereiten Dritten scheitert. Die Durchführung eines weiteren Gerichtsverfahrens liegt jedoch weder im wohlverstandenen Interesse des Kindes noch im Interesse der weiteren Beteiligten. Für die Praxis ist dies – ebenso wie die Problematik der sog. Anordnungskompetenz in Kinderschutzverfahren[217] – unbefriedigend und sollte vom Gesetzgeber geregelt werden.[218] Unbeschadet dessen bleibt auch in diesem Fall nur die Entscheidung des Gerichts, ob der Umgang bei kindeswohlorientierter Betrachtung in diesen Fällen auszuschließen ist oder unbegleiteter Umgang zu gewähren ist.[219]

209 *Keuter*, JAmt 2011, 373
210 OLG Frankfurt BeckRS 2014, 02061 für den gerichtlich gebilligten Vergleich
211 Vgl. OLG Hamm, ZKJ 2014, 393 zum Umgangspfleger
212 Sehr instruktiv zu der Unterschiedlichkeit der Rollen des Familiengerichts und der Jugendhilfe und der Notwendigkeit einer interdisziplinären Zusammenarbeit im Rahmen eines begleiteten Umgangs: *Holldorf/von Pirani*, ZKJ 2012, 384
213 BVerfG FamRZ 2015, 1686; OLG Frankfurt ZKJ 2015, 240; OLG Saarbrücken, Beschl. v. 14.10.2014 – 6 UF 110/14, ZKJ 2015, 117
214 BVerfG FamRZ 2015, 1686; Staudinger/*Dürbeck*, § 1684 BGB, Rn. 370; OVG Saarland ZKJ 2014, 488
215 *Keuter*, JAmt 2011, 373, 376
216 OLG Frankfurt ZKJ 2015, 240
217 Hierzu zuletzt *Heilmann*, NJW 2014, 2904, 2908
218 Dürbeck ZKJ 2015, 457, 459
219 OLG Frankfurt ZKJ 2015, 240; Ausschluss des Umgangs, wenn unbegleiteter Umgang das Kindeswohl gefährden würde und ein Umgangsbegleiter nicht zu finden ist; *Dürbeck*, ZKJ 2015, 457

Wird der Umgang durch das Jugendamt selbst oder durch einen freien Träger begleitet, so handelt es sich hierbei um eine Leistung nach § 18 Abs. 3 SGB VIII und es besteht ein Anspruch auf Kostenübernahme durch das Jugendamt.[220] Anderenfalls müssen die Kosten von den Eltern selbst getragen werden; es handelt sich hierbei auch nicht um gerichtliche Auslagen.[221] Begleiteter Umgang kann durchaus eine auf Dauer angelegte Leistung nach § 18 Abs. 3 SGB VIII darstellen, sofern es das mildere Mittel gegenüber dem Umgangsanschluss ist.[222] **77**

▶ *Näher hierzu Köhler, Kommentierung zu § 18 SGB VIII.*

b. Ausschluss des Umgangs

Als Gründe für einen **vollständigen Ausschluss** kommen in Betracht: **78**

Kindesentführungsgefahr,[223] wobei allerdings der Umstand, dass der Umgangsberechtigte aus dem Ausland stammt und dorthin weiterhin enge Beziehungen unterhält, nicht ausreicht.[224] Als mildere Mittel kommen zudem die Anordnung der Passhinterlegung,[225] der Erlass einer Grenzsperre oder begleiteter Umgang in Betracht, wobei ein festgestelltes hohes Entführungsrisiko nicht auf den Umgangsbegleiter übertragen werden darf. Ein Ausschluss kommt ferner in Betracht bei **Gewalt gegen das Kind**[226] **und/oder den betreuenden Elternteil**,[227] **hier insbesondere bei miterlebter Gewalt**,[228] **nachgewiesenem sexuellen Missbrauch**[229] und **Pädophilie**,[230] wenn der Umgangsberechtigte **öffentlich zu Terrorakten aufgerufen** hat und die Gefahr der Beeinflussung des Kindes besteht,[231] ferner bei Zugehörigkeit des Umgangsberechtigten zur **rechtsradikalen Szene**, wenn sich der betreuende Elternteil losgesagt hat und mit Racheakten rechnen muss.[232] Die Zugehörigkeit zu einer religiösen Sekte an sich wird hingegen regelmäßig nicht ausreichend sein,[233] ebenso wenig die Prostitution oder sonst ein „sittlich anstößiger Lebenswandel" des Umgangselternteils[234] und selbstverständlich schon gar nicht die Homosexualität des Umgangselternteils.[235]

220 *DIJuF*-Rechtsgutachten JAmt 2006, 91
221 *Keuter*, JAmt 2011, 373, 374
222 OLG Frankfurt, Beschl. v. 24.3.2015 – 5 UF 270/14, juris
223 OLG Celle FamRZ 1996, 364; aber nicht wenn die Entführungsabsicht nur behauptet wurde und nicht durch konkrete Tatschen untermauert wurde: OLG Frankfurt, Beschl. v. 2.7.2013 – 4 UF 159/13
224 OLGR Saarbrücken 2002, 341
225 OLG München FamRZ 1998, 976
226 OLG Hamburg FamRZ 2011, 822 („übergriffiges Verhalten"); AG Bremen ZKJ 2008, 214; *Becker/Büchse*, ZKJ 2011, 292; *Fegert*, FPR 2002, 219, 221; a.A. OLG Oldenburg FamRZ 2005, 925: begleiteter Umgang für Vater, der das Kind schwer misshandelt hat und welches infolge der Misshandlungen schwer körperlich und geistig beeinträchtigt ist; schwer nachvollziehbar
227 OLG Köln FamRZ 2011, 571; ausführlich zu den unmittelbaren Auswirkungen miterlebter Gewalt auf die Kinder: *Becker/Büchse*, ZKJ 2011, 292
228 OLG Saarbrücken ZKJ 2017, 152
229 OLG Hamm NJW-RR 2011, 1447; OLG Jena FamRZ 2003, 1319
230 OLG Düsseldorf FamRZ 2009, 1685; vgl. auch OLG Frankfurt NJW 2018, 2208 (zu § 1666 BGB): Nacktfotos können Indiz für eine Kindeswohlgefährdung darstellen.
231 OLG Köln ZKJ 2013, 302
232 BVerfG ZKJ 2013, 162
233 AG Düren FamRZ 2004, 970 (Zeugen Jehovas)
234 Staudinger/*Dürbeck*, § 1684 BGB Rn. 315
235 OLG Celle ZKJ 2010, 74

79 Im Fall der **Hochkonflikthaftigkeit der Kindeseltern** und einer hiermit verbundenen **schweren seelische Belastung des Kindes (Loyalitätskonflikt)** wird ein Umgangsausschluss ebenso indiziert sein,[236] wie auch bei **starken Ängsten des Kindes**[237] oder einer **unüberwindbaren Ablehnung** des Umgangs **durch das Kind oder den Jugendlichen**.[238] Letztere Thematik gehört sicherlich zu einer der schwierigsten in der familiengerichtlichen Praxis, da sich das Gericht mit dem Vorwurf der Belohnung des Umgangsverpflichteten für seine – ihm unterstellte oder reale – im Hintergrund stehende Beeinflussung konfrontiert sehen kann. Bei aller Empathie für den Umgangsbegehrenden darf hier nicht aus dem Blick geraten, dass sich kindschaftsrechtliche Entscheidungen allein am Kindeswohl zu orientieren haben und nicht einem Sanktionsbedürfnis geopfert werden dürfen. Ein schwacher Trost mag eventuell die Erkenntnis einer Langzeitstudie sein, wonach die Abwendung vom nicht betreuenden Elternteil in den seltensten Fällen die Adoleszenz überdauert hat.[239]

80 Ein Umgangsausschluss ist auch indiziert bei der **Gefahr der Retraumatisierung** des Kindes.[240] Bei in einer **Pflegefamilie lebenden Kindern** kann daneben auch die Beeinträchtigung des Kindes, die zum einen auf dessen Unsicherheit über seine Zukunftsperspektive sowie zum anderen auf dem Konflikt zwischen den Pflegeeltern und den Eltern beruht, einen Ausschluss des Umgangs der leiblichen Eltern mit dem in der Pflegefamilie lebenden Kind ausnahmsweise rechtfertigen,[241] ebenso die als **stabil und nachhaltig einzuschätzende Ablehnung jeglichen Umgangs** des Pflegekindes mit seinen Eltern.[242] Nicht ausreichend ist der bloße Hinweis, dass Kind müsse sich zunächst in der Pflegefamilie eingewöhnen, zumal gerade bei realistischer Rückkehroption einem regelmäßigen Umgang entscheidende Bedeutung zukommt.[243] Werden Belastungen des Kindes vor, bei oder nach dem Umgang festgestellt, ist sorgfältig zu hinterfragen, ob alternative Erklärungen zu einer Ablehnung in Betracht kommen und ggf. ausgeschlossen werden können.[244] In allen Fällen sind die Gründe für eine Gefährdung des Kindeswohls durch den Umgang sorgfältig zu ermitteln und einzelfallbezogen darzulegen.

---

236 OLG Saarbrücken ZKJ 2011, 178; OLG Hamm FamRZ 2010, 1574; OLG Nürnberg FamRZ 2008, 715
237 Insbesondere bei erlittenen Misshandlungen
238 OLG Koblenz, Beschl. v. 3.6.2014 – 13 UF 177/14, FamRZ 2014, 2010 (beachtlicher, ablehnender Kindeswille); KG NZFam 2014, 914 (beachtlicher, ablehnender Kindeswille); OLG Zweibrücken Streit 2013, 78; OLG Celle FamRZ 2008, 1369; *Fegert,* FPR 2002, 219, 221
239 *Wallerstein*, Langzeitwirkungen der elterlichen Ehescheidung auf Kinder, Ein erster Bericht einer 25-Jahres-Katamese, Vortrag am Frankfurter Psychoanalytischen Institut, 30.5.2000
240 OLG Celle, Beschl. v. 18. 12.2009 – 12 UF 201/08, juris; AG Bremen ZKJ 2008, 214; *Gottschalk/Heilmann,* ZKJ 2013, 113
241 OLG Celle ZKJ 2013, 250; ausführlich zum Umgang mit fremduntergebrachten Kindern: Staudinger/*Dürbeck,* § 1684 BGB, Rn. 275 ff.
242 BVerfG ZKJ 2013, 120; dazu *Gottschalk/Heilmann,* ZKJ 2013, 113
243 Ausführlich hierzu *Heilmann*, ZKJ 2014, 45 ff.
244 *Kindler,* ZKJ 2009, 110

81

Umgangsbegleitung, Umgangsausschluss

(Fallbeispiele unter dem Vorbehalt gebotener Einzelfallprüfung)

Begleiteter Umgang

- Zur Anbahnung, insbesondere bei Ängsten des Kindes bzw. nach einem längeren Kontaktabbruch
- Unbewiesener, aber nicht fern liegender Verdachts des sexuellen Missbrauchs
- Pädophile Neigungen
- Verurteilung des Umgangsberechtigten wegen des Besitzes kinderpornographischer Schriften
- Gefahr einer Kindesentziehung bzw. -entführung
- Psychische Erkrankung des Umgangsberechtigten
- Alkoholabhängigkeit oder Straf- bzw. Untersuchungshaft des Umgangsberechtigten
- Drohende Genitalverstümmelung
- Umgangsberechtigter Elternteil unterwandet die Erziehung des anderen Elternteils massiv
- Heftige Loyalitätskonflikte des Kindes

Umgangsausschluss

- Gewalt gegen das Kind und/oder den betreuenden Elternteil,
- Nachgewiesener sexueller Missbrauch
- Hochkonflikthaftigkeit der Kindeseltern und eine hiermit verbundene schwere seelische Belastung des Kindes (Loyalitätskonflikt)
- Angst des Kindes oder unüberwindbare Ablehnung des Umgangs durch das ältere Kind oder den Jugendlichen
- Öffentlicher Aufruf zu Terrorakten
- Zugehörigkeit zur rechtsradikalen Szene, wenn sich der betreuende Elternteil losgesagt hat und mit Racheakten rechnen muss

Ein Kontakt- und Näherungsverbot für den nicht sorgeberechtigten Kindesvater ist eine in einem Umgangsverfahren auszusprechende Regelung gemäß§ 1684 Abs. 4 BGB.[245] Auch der Ausschluss des Umgangs kann mit Ordnungsmitteln vollstreckt werden, weshalb eine entsprechende Regelung auch den Warnhinweis i.S.v. § 89 Abs. 2 FamFG enthalten muss (siehe Rn. 97). 82

245 OLG Frankfurt ZKJ 2019, 309

C. Verfahren

83 Das Umgangsverfahren nach § 1684 BGB ist eine **Kindschaftssache gemäß § 151 Nr. 2 FamFG**. Es handelt sich um eine **Familiensache nach § 111 Nr. 2 FamFG**. Das Umgangsverfahren kann isoliert oder im Scheidungsverbund auf entsprechenden Antrag nach § 137 Abs. 3 FamFG geführt werden. Wird **zugleich** ein Antrag auf **Herausgabe von persönlichen Gegenständen des Kindes** gestellt, so kann das Familiengericht hierüber zusammen mit dem Umgangsantrag entscheiden, wenn die Gegenstände im Zusammenhang mit dem Umgang stehen.[246] Macht der Umgangsberechtigte zugleich **Schadensersatz wegen Nichtgewährung von früheren Umgangskontakten** geltend, so handelt es sich um eine unzulässige Verbindung zweier Verfahren, die in **verschiedenen Verfahrensordnungen** zu führen sind und die Verfahren müssen getrennt werden. Das Verfahren auf Schadensersatz ist ein Verfahren nach § 266 Abs. 1 Nr. 5 FamFG und damit eine sonstige Familiensache.[247] Sonstige Familiensachen sind Familienstreitsachen, § 112 Nr. 3 FamFG. Für sie gelten gemäß § 113 Abs. 1 FamFG die Allgemeinen Vorschriften der ZPO und die Vorschriften über das Verfahren vor den Landgerichten entsprechend.

84 Das Verfahren auf **Bestellung eines Umgangspflegers** ist, auch soweit es isoliert geführt wird, ein Umgangsverfahren.[248] Hingegen handelt es sich um ein Sorgerechtsverfahren, wenn das Umgangsbestimmungsrecht entzogen und auf einen Ergänzungspfleger (§ 1909 BGB) übertragen werden soll.[249]

▶ *Näher hierzu die Übersicht oben Rn. 63.*

85 Umgangsverfahren sind **Amtsverfahren**; eines verfahrenseinleitenden **Antrages bedarf es nicht**.[250] Das folgt bereits aus dem Wortlaut des § 1684 BGB und entspricht der h.M.[251] Deshalb kann die sorgeberechtigte Mutter auch im eigenen Namen einen „Antrag" auf eine gerichtliche Festlegung von Umgangskontakten der Kinder mit dem anderen Elternteil stellen.[252] In der Praxis erfolgt die Einleitung eines gerichtlichen Umgangsverfahrens gleichwohl in der Regel mit einem Antrag zur gewünschten Ausgestaltung des Umgangsrechts, jedoch handelt es sich hierbei um **keinen Sachantrag**, sondern um eine **Anregung**.

Aus der Natur des Amtsverfahrens folgt zudem, dass die Eltern das Verfahren nicht nach Belieben gestalten können.[253] Sie können **weder** den Umgangsantrag mit verfahrensbeendender Wirkung **zurücknehmen noch für erledigt erklären** oder die **Aussetzung des Verfahrens** beantragen.

86 Allerdings gibt es in der Praxis häufig Fälle, in denen eine hinreichend bestimmte Regelung des Umgangs nicht möglich und/oder nicht gewollt ist, etwa dann, wenn dem Umgangsberechtigten aufgrund seiner wechselnden Arbeitszeiten eine dauerhafte Festlegung der Umgangszeiten nicht möglich ist oder im Falle des begleiteten Umgangs ein mitwirkungsbereiter Dritter noch nicht feststeht. Wollen die Beteiligten ein Umgangsverfahren gleichwohl **einvernehmlich, jedoch ohne vollstreckbare Regelung beenden**, so muss ihnen das ungeachtet der Ausgestaltung des Umgangsverfahrens als Amtsverfahren auf-

---

246 Vgl. BGH MDR 2019, 676 zum Herausgabeanspruch des Reisepasses
247 *Heiß*, FPR 2011, 96, 99
248 Staudinger/*Dürbeck*, §1684 Rn. 379
249 BGH ZKJ 2016, 419 Rn. 44; *Heilmann*, FamRZ 2014, 1753, 1755
250 OLG Frankfurt FamRZ 2014, 576; OLG Frankfurt, Beschl. v. 27.6.2011 – 4 WF 144/11, juris; Staudinger/*Dürbeck*, § 1684 BGB, Rn. 381; a.A. *Socha*, FamRZ 2010, 948
251 OLG Frankfurt FamRZ 2014, 576 m.w.N.
252 OLG Frankfurt FamRZ 2014, 576, a.A. BGH FamRZ 2008, 1334
253 OLG Frankfurt ZKJ 2013, 127; OLG Celle ZKJ 2010, 433

grund ihrer Elternautonomie möglich sein.[254] Das Verfahren wird allerdings nur abgeschlossen, wenn das Gericht – nach Kindeswohlprüfung – **eindeutig die verfahrensbeendende Wirkung** des – nicht vollstreckungsfähigen – Vergleichs zum Ausdruck bringt. Zum einen sollte im Protokoll festgehalten werden, dass die Beteiligten auf die fehlende Vollstreckungsfähigkeit der Vereinbarung hingewiesen wurden. Zum anderen sollte ein Beschluss des Gerichts ergehen, dass es einer familiengerichtlichen Regelung des Umgangs nicht bedarf.

Geht aus der Vereinbarung hervor, dass die Beteiligten nur eine **Teil(oder Zwischen)vereinbarung** getroffen haben (häufig zunächst über begleiteten Umgang) und eine **weitere Tätigkeit des Gerichts** (etwa nach einem ersten Bericht des Umgangsbegleiters) **wünschen**, so ist das Verfahren zu einem späteren Zeitpunkt fortzuführen. Mit Blick auf § 155 FamFG empfiehlt sich, dass (vorsorglich) ein weiterer Termin (bspw. in drei Monaten) anberaumt wird. Gegebenenfalls mag dieser Termin aufgehoben und das Verfahren förmlich beendet werden. **87**

Bei den gerichtlichen Entscheidungen im Umgangsverfahren ist zu differenzieren. Eine das Verfahren endgültig abschließende **Entscheidung** ergeht durch einen (End-)Beschluss. Dieser muss die unter A 1. aufgeführte – vollstreckungsfähige – Regelung enthalten. Ein **Teilbeschluss** kann in Umgangsverfahren ausnahmsweise dann ergehen, wenn eine Umgangsregelung nur für einen begrenzten Zeitraum erforderlich bzw. möglich ist, z.B. ein vollstreckungsfähiger begleiteter Umgang für zwei Monate. **87a**

Unzulässige Teilentscheidungen in Umgangssachen liegen vor allem dann vor, wenn das Familiengericht eine nicht vollstreckungsfähige Umgangsregelung getroffen hat, auch wenn das Gericht mit dem Beschluss das Verfahren abschließen wollte und eine Kostenentscheidung getroffen hat. Eine solche unzulässige Teilentscheidung führt regelmäßig nach § 69 Abs. 1 Satz 2 FamFG zur Aufhebung der Entscheidung und Zurückverweisung des Verfahrens an das Amtsgericht. Zur Teilvereinbarung bzw. Zwischenvereinbarung siehe oben Rn. 87.

Übersicht: Beendigung des Umgangsverfahrens

A. Beendigung des Umgangsverfahrens

1. Regelung des Umgangs nach Art, Ort und Zeit (ggf. mit zusätzlicher Umgangspflegschaft i.S.v. § 1684 Abs. 4 BGB)
2. Gerichtlich gebilligter Vergleich i.S.v. § 156 Abs. 2 FamFG
3. Feststellung (durch Beschluss), dass es keiner familiengerichtlichen Regelung des Umgangs bedarf.

B. Keine Beendigung des Umgangsverfahrens

1. „Antragsrücknahme" (siehe ggf. A. 3.)
2. „Erledigungserklärung" (siehe ggf. A. 3.)
3. Vergleich der Eltern ohne gerichtliche Billigung bzw. Zustimmung aller Beteiligten (ggf. A. 1.)

254 OLG Frankfurt (1. Senat) FamRZ 2014, 53; a.A. OLG Frankfurt (5. Senat) NZFam 2014, 610: Beendigung nur durch gerichtlich gebilligten Vergleich nach § 156 Abs. 2 FamFG möglich; so auch OLG Brandenburg NZFam 2014, 708

4. Umgangsbestimmungspflegschaft (ggf. A.3. [bei späteren Konflikten mit dem Umgangsbestimmungspfleger ggf. A.1.])
5. Überlassen der Regelung von Art, Ort und Zeit an Umgangsbegleiter oder Umgangspfleger i.S.v. § 1684 Abs. 3 BGB

88 Die gerichtliche **Zuständigkeit** richtet sich nach § 152 Abs. 2 FamFG, dem **gewöhnlichen Aufenthalt** des Kindes, soweit es sich um ein isoliertes Umgangsverfahren handelt. Wurde das Verfahren im Scheidungsverbund geltend gemacht, so ergibt sich die Zuständigkeit aus § 152 Abs. 1 FamFG und folgt der anhängigen Ehesache.

▶ *Zu weiteren Einzelheiten siehe Keuter, §§ 151 ff. FamFG.*

89 **Verfahrensbeteiligte** sind das Kind, die Eltern, ggf. der Verfahrensbeistand und das Jugendamt, sofern es seine Beteiligung beantragt (§ 162 Abs. 2 FamFG, siehe *Dürbeck*, § 162 FamFG, Rn. 22). Kinder sind ab dem 14. Lebensjahr nur dann verfahrensfähig (§ 9 Abs. 3 FamFG), wenn sie ihr Umgangsrecht selbst bei Gericht geltend machen.[255] Jüngere Kinder müssen sich von ihren Sorgeberechtigten vertreten lassen. Pflegeeltern sind unter den Voraussetzungen des § 161 Abs. 1 FamFG zu beteiligen (siehe *Heilmann*, § 161 FamFG, Rn. 9 ff.). Hat das Kind einen Amtsvormund, so ist auch er am Verfahren beteiligt (§ 7 Abs. 2 Nr. 1 FamFG). Hier ist darauf zu achten, dass das Jugendamt in seiner Funktion als Amtsvormund (§ 1791 b BGB) nicht identisch ist mit dem Jugendamt in seiner Funktion als allgemeiner Sozialdienst, in der es nach § 50 SGB VIII zur Mitwirkung verpflichtet ist und gemäß § 162 Abs. 2 FamFG beteiligt werden kann.[256] Insbesondere bei **Terminsladungen und Zustellungen von Beschlüssen** ist darauf zu achten, dass das Jugendamt in beiden Funktionen gesondert berücksichtigt wird.

90 Es gilt der **Amtsermittlungsgrundsatz** nach § 26 FamFG. In der Regel unverzichtbar zur Ermittlung des Sachverhalts und zur Wahrung rechtlichen Gehörs ist die **mündliche Erörterung** mit den Beteiligten in einem Gerichtstermin, in dem zugleich die in §§ 159 ff. FamFG **zwingend** auch für das Umgangsverfahren **vorgesehenen Anhörungen** erfolgen sollten. **Anzuhören** sind die Eltern (§ 160 FamFG), das Kind (§ 159 FamFG) und das Jugendamt (§ 162 Abs. 1 FamFG), ggf. die Pflegeeltern (§ 161 Abs. 2 BGB).

91 Im Umgangsverfahren von besonderer Bedeutung ist das Vorrang- und **Beschleunigungsgebot**. Seine ausdrückliche Ausgestaltung findet sich in **§ 155 Abs. 2 FamFG**, wonach das Gericht in Umgangsverfahren **binnen eines Monats** nach Einleitung des Verfahrens die Sache mit den Beteiligten **mündlich erörtern** soll. Dies gilt selbstverständlich auch dann, wenn der umgangsbegehrende Elternteil in der Vergangenheit über einen längeren Zeitraum nicht um Umgang nachgesucht hat. Denn das Beschleunigungsgebot gilt auch im Interesse der weiteren Beteiligten, insbesondere des Kindes.

92 Die vorrangige Erledigung der in § 155 Abs. 1 FamFG genannten Kindschaftssachen hat notfalls auch zu Lasten anderer anhängiger Verfahren zu erfolgen. Ist die Terminierung innerhalb eines Monats, wie von § 155 Abs. 2 FamFG vorgesehen, nicht möglich, so muss notfalls ein anderer Termin, der nicht so dringlich ist, aufgehoben werden. Auch die anderen Verfahrensbeteiligten haben sich auf den Beschleunigungsgrundsatz durch entsprechende organisatorische Maßnahmen einzustellen.

▶ *Näher hierzu Fink, § 155 FamFG Rn. 12 ff.*

255 KG FamRZ 2017, 899 zu § 1685 BGB; *Köhler*, ZKJ 2018, 50, 53; a.A. OLG Hamburg ZKJ 2018, 193, und die Vorauflage
256 *Harm/Mix/Optiz/Pütz/Rotax/Rüting*, FamRZ 2012, 1849, 1850

Das Gebot, in kindschaftsrechtlichen Verfahren eine einvernehmliche Lösung der Beteiligten zu fördern (vgl. § 156 FamFG), hat insbesondere in Umgangssachen eine große Bedeutung. Denn einvernehmliche Lösungen erweisen sich in der Regel nachhaltiger als eine gerichtlich festgelegte Regelung. Es kommt hinzu, dass ein Einvernehmen der Eltern auch eine (ggf. spätere) Flexibilität der Umgangswahrnehmung ermöglicht, die letztlich – wie Langzeitstudien erweisen – dem Kinde nachhaltig zu Gute kommt.[257] Vor einer Einigung „um jeden Preis" ist dennoch zu warnen. Denn es kann auch Fälle geben, in denen die richterliche Autorität aufkommende Probleme im Keime zu ersticken vermag und überobligate Nachsicht künftige Konflikte eher befeuert. Letzteres ist auch mit Blick auf das verfassungsrechtliche Gebot des effektiven Rechtsschutzes bedenklich. Fälle der Hochkonflikthaftigkeit sind einem nachhaltigen Einvernehmen häufig ohnehin nicht zugänglich. 93

▶ *Näher hierzu Wegener, § 156 FamFG Rn. 36.*

Der Erlass einer **einstweiligen Anordnung** auf Regelung des Umgangs ist möglich und in **§ 156 Abs. 3 FamFG** für Fälle vorgesehen,[258] in denen im frühen Termin nach § 155 FamFG **keine Einigung der Beteiligten** erzielt werden und eine endgültige Entscheidung, etwa wegen der Notwendigkeit der Einholung eines Sachverständigengutachtens, noch nicht ergehen konnte. In Betracht kommt neben einer positiven Umgangsregelung auch ein Umgangsausschluss. 94

▶ *Zu den Einzelheiten der einstweiligen Anordnung siehe Lack, § 49 FamFG Rn. 34 ff.*

Werden von Beginn an **inhaltsgleiche Haupt- und EA-Anträge** bei Gericht eingereicht, so stellt sich im Hinblick auf den Beschleunigungsgrundsatz und die Verpflichtung des Gerichts nach § 156 Abs. 3 FamFG die Frage des **Regelungsbedürfnisses** gemäß § 49 Abs. 1 FamFG. Dieses ist jedenfalls in solchen Fällen zu bejahen, in denen eine über das allgemeine Beschleunigungsbedürfnis in Umgangssachen hinausgehende Dringlichkeit besteht. Dies kann der Fall sein, wenn es dem Umgangsberechtigten um die Regelung eines nahestehenden Termins (Feiertags- oder Ferienumgang) geht. Jedoch wird eine Umgangsregelung ohne vorherige Anhörung mangels Gefahr in Verzug (§§ 159 Abs. 3, 160 Abs. 4, 162 Abs. 1 FamFG) nur in seltenen Ausnahmefällen in Betracht kommen. In den Fällen, in denen sich kein Eilbedürfnis ergibt, das über die dem Umgangsverfahren innewohnende Dringlichkeit zur Vermeidung eines Kontaktabbruchs hinausgeht, muss ein von Beginn an bestehendes Bedürfnis für ein sofortiges Einschreiten verneint werden. 95

Dem Kind wird in Umgangsverfahren bei Vorliegen der Voraussetzungen des § 158 FamFG ein **Verfahrensbeistand** zu bestellen sein. 96

▶ *Näher hierzu Keuter, Kommentierung zu § 158 FamFG.*

Umgangsregelungen sind – sofern sie einen vollstreckungsfähigen Inhalt haben – (siehe oben Rn. 28 und *Cirullies*, § 86 FamFG, Rn. 19, 21 ff.) **vollstreckbar**. Auch der **Umgangsausschluss** ist gemäß §§ 86 ff. FamFG vollstreckbar.[259] Sowohl der Ausschluss als auch die Regelung fester Umgangszeiten enthalten das konkludente Verbot, das Kind außerhalb der festgelegten Umgangszeiten oder – beim Ausschluss – generell zu kontaktieren.[260] Das Gericht kann auch von Amts wegen ein Vollstreckungsverfahren einleiten, sofern es die Kenntnis erhält, dass sich einer der Verpflichteten nicht an die Umgangsregelung hält. Das 97

257 Hierzu *Wallerstein/Lewis/Blakeslee*, Scheidungsfolgen – Die Kinder tragen die Last
258 „… soll das Gericht … den Umgang durch einstweilige Anordnung regeln oder ausschließen."
259 OLG Saarbrücken NJW-RR 2011, 436
260 KG ZKJ 2015, 191; *Völker/Clausius,* § 6 Rn. 17; a.A. OLG Frankfurt ZKJ 2018, 28; differenzierend nach positiver Regelung (nicht ausreichend) und Umgangsausschluss (ausreichend): Staudinger/*Dürbeck,* § 1684 BGB Rn. 533

Vollstreckungsverfahren ist ebenfalls vorrangig und beschleunigt durchzuführen (vgl. § 88 Abs. 3 Satz 1 FamFG).[261]

▶ *Näher zum Vollstreckungsverfahren Cirullies, § 86 ff. FamFG.*

98 Eine **Abänderung** der gerichtlichen Umgangsregelung kommt nur nach Maßgabe des § 1696 BGB in Betracht.

Begehrt ein Elternteil über eine Umgangsregelung gemäß § 1684 Abs. 3 Satz 1 BGB das paritätische Wechselmodell, wobei dem anderen Elternteil in einem Streit der Eltern über das Aufenthaltsbestimmungsrecht dieses nach **§ 1671 Abs. 1 Satz 2 Nr. 2 BGB** übertragen wurde, beurteilt sich die Frage des Umgangs unter Anwendung des erhöhten Maßstabs des **§ 1696 Abs. 1 BGB**.[262]

Näher zum Abänderungsverfahren *Gottschalk,* § 1696 BGB.

▶ *Zur Beschwerde in Umgangssachen bzw. zur fehlenden Möglichkeit des Abschlusses eines gerichtlich gebilligten Vergleichs im Rahmen eines Beschwerdeverfahrens zum Sorgerecht siehe Dürbeck, § 58 FamFG Rn. 3, bzw. Wegener, § 156 FamFG Rn. 65.*

D. Kosten, Verfahrenswert, Verfahrenskostenhilfe

99 Die **Kostenentscheidung** hat sich nach § 81 FamFG zu richten. Es wird in der Regel billigem Ermessen entsprechen, beiden Elternteilen die Kosten **jeweils zur Hälfte** aufzuerlegen.[263] Dem liegt die Erwägung zugrunde, dass Umgangsverfahren regelmäßig im Interesse des Kindes geführt werden und beide Elternteile gleichermaßen für die Notwendigkeit eines gerichtlichen Verfahrens in der Verantwortung stehen. Hingegen soll das Gericht einem Beteiligten die Kosten ganz oder teilweise auferlegen, wenn ein Tatbestand des **§ 81 Abs. 2 FamFG** erfüllt ist. Die Voraussetzungen für eine Auferlegung der Verfahrenskosten eines Umgangsverfahrens auf einen Elternteil allein gemäß § 81 Abs. 2 Nr. 4 FamFG können dann vorliegen, wenn dieser die Erstellung des angeordneten Sachverständigengutachtens durch die Verweigerung zeitnaher Explorationstermine wesentlich verzögert hat.[264] Ausnahmsweise kann von der Kostenerhebung für ein Sachverständigengutachten abgesehen werden; bspw. dann, wenn das Gutachten zum Zeitpunkt der amtsgerichtlichen Beschlussfassung auf Grund des Zeitablaufs (rund 26 Monate vom Eingang des Gutachtens bis zur Entscheidung) nur noch eingeschränkt verwertbar war und darüber hinaus vom Gericht allenfalls sehr eingeschränkt in seiner Entscheidung verwertet wurde.[265]

▶ *Zu weiteren Einzelheiten siehe Dürbeck, § 81 FamFG, Rn. 81 ff.*

100 Dem **betroffenen minderjährigen Kind** können in Umgangsverfahren gemäß § 81 Abs. 3 FamFG ebenso wenig die Kosten auferlegt werden, wie dem **Verfahrensbeistand** (§ 158 Abs. 8 FamFG). Theoretisch können auch dem Jugendamt Kosten auferlegt werden, sofern es Beteiligter ist (§ 162 Abs. 2 FamFG).

▶ *Dürbeck, § 81 FamFG, Rn. 5, zum Vergleich § 83 FamFG.*

---

261 Vgl. auch EGMR, FamRZ 2015, 469
262 OLG Frankfurt FamRZ 2019, 206; a.A. BGH, Beschl. v. 27.11.2019 – XII ZB 512/18, NZFam 2020, 116 = FF 2020, 71; siehe auch § 1696 Rn. 9b
263 OLG Nürnberg FamRZ 2010, 998
264 OLG Celle ZKJ 2014, 479: Vereinbarung von Terminen für einen Zeitpunkt erst mehr als fünf Monate nach Kenntnis vom Beweisbeschluss und darauf beruhender Dauer der Gutachtenerstellung von mehr als neun Monaten
265 OLG Frankfurt FamRZ 2016, 479

Der **Verfahrenswert** richtet sich nach § 45 Abs. 1 Nr. 2 FamGKG und beträgt **regelmäßig 3.000 Euro**. Der Verfahrenswert kann aber gemäß § 45 Abs. 3 FamGKG herauf- oder herabgesetzt werden. 101

▶ *Zu Einzelheiten siehe Dürbeck, § 80 FamFG, Rn. 16, 18.*

In **isolierten Umgangsverfahren** besteht in 1. und 2. Instanz **kein Anwaltszwang** (§ 114 Abs. 1, 2 FamFG). Die Bewilligung von **Verfahrenskostenhilfe** kann bei bestehender Bedürftigkeit in Umgangsverfahren verweigert werden, wenn das Betreiben des Verfahrens mutwillig gemäß §§ 114 Abs. 2 ZPO, 76 Abs. 1 FamFG ist. Ein Antrag zum Umgangsrecht kann **mutwillig** sein, wenn sich der umgangsbegehrende Elternteil vor Einleitung des Verfahrens weder an den anderen Elternteil noch an das minderjährige Kind oder an das Jugendamt gewandt hat.[266] Es kommt hier auf den Einzelfall an (näher hierzu *Dürbeck*, § 76 FamFG, Rn. 32). 102

▶ *Zur Frage der Beiordnung eines Rechtsanwalts in Umgangsverfahren vgl. Dürbeck, § 78 FamFG, Rn. 3 ff.*

§ 1685 BGB Umgang des Kindes mit anderen Bezugspersonen

(1) Großeltern und Geschwister haben ein Recht auf Umgang mit dem Kind, wenn dieser dem Wohl des Kindes dient.

(2) [1]Gleiches gilt für enge Bezugspersonen des Kindes, wenn diese für das Kind tatsächliche Verantwortung tragen oder getragen haben (sozial-familiäre Beziehung). [2]Eine Übernahme tatsächlicher Verantwortung ist in der Regel anzunehmen, wenn die Person mit dem Kind längere Zeit in häuslicher Gemeinschaft zusammengelebt hat.

(3) [1]§ 1684 Abs. 2 bis 4 gilt entsprechend. [2]Eine Umgangspflegschaft nach § 1684 Abs. 3 Satz 3 bis 5 kann das Familiengericht nur anordnen, wenn die Voraussetzungen des § 1666 Abs. 1 erfüllt sind.

Weiterführende Literatur: Giers, Das Umgangsrecht nach § 1685, FamRB 2011, 229; *Köhler*, Zurückweisung eines „Antrages" im Amtsverfahren, ZKJ 2018, 9–11; *Löhning*, Das Umgangsrecht der Großeltern aus § 1685 Abs. 1 BGB – Dogmatische Struktur und Praxis, NZFam 2017, 1030; *Motzer*, Das Umgangsrecht Verwandter und enger Bezugspersonen des Kindes, FamRB 2004, 231; *Osthold*, Das Umgangsrecht der Großeltern nach § 1685 Abs. 1 BGB – eine Zwischenbilanz, FF 2017, 347; *Walter*, Umgang mit dem in Familienpflege untergebrachten Kind, §§ 1684, 1685 BGB – psychologische Aspekte, FPR 2004, 415.

266 OLG Rostock MDR 2011, 790 (wenn außergerichtliche Einigung nicht versucht wurde; Ausnahme: Aussichtlosigkeit); OLG Saarbrücken FamRZ 2010, 310 (wenn außergerichtliche Streitschlichtung nicht versucht wurde); OLG Schleswig NJW-Spezial 2011, 518 (wenn die begründete Aussicht besteht, die Vermittlung durch das Jugendamt werde gelingen); OLG Brandenburg FamRZ 2005, 1914; OLGR 2003, 324; OLG Koblenz NJW 2009, 1425 (nur wenn anzunehmen ist, dass die Vermittlungsbemühungen des Jugendamtes Erfolg gehabt hätten); FamRZ 2005, 1915; OLG Karlsruhe FamRZ 2004, 549; a.A. OLG Stuttgart FamRZ 2011, 1160 (zum Aufenthaltsbestimmungsrecht); OLG Hamm NJW-RR 2011, 1577; FamRZ 2007, 1337; FamRZ 2003, 1758 (wenn der sorgeberechtigte Elternteil jeglichen Kontakt des Kindes mit dem anderen Elternteil verweigert); OLG München FamRZ 2008, 1089; OLG Karlsruhe FamRZ 2004, 1115; FamRZ 2002, 1712; zum gesamten Problemkreis *Keuter*, FamRZ 2009, 1891, der grundsätzlich von einer Pflicht zur Annahme der kostenlosen Beratungs- und Hilfsangebote ausgeht

Übersicht

Rn.
A. Allgemeines ... 1
I. Normzweck ... 1
II. Anwendungsbereich ... 4
B. Inhalt der Norm ... 5
I. Großeltern und Geschwister (Abs. 1) ... 5
1. Verwandtschaftsbegriff ... 5
2. Kindeswohldienlichkeit ... 9
II. Sonstige enge Bezugspersonen (Abs. 2) ... 12
1. Zugehörigkeit zu der Gruppe der engen Bezugspersonen ... 12
2. Sozial-familiäre Beziehung ... 13
a. Begriff der sozial familiären Beziehung (Abs. 2 Satz 1) ... 13
b. Tatsächliche Verantwortung (Abs. 2 Satz 1 und 2) ... 14
c. Vermutung für die Übernahme tatsächlicher Verantwortung, Abs. 2 Satz 2 ... 15
3. Kindeswohldienlichkeit ... 17
III. Entsprechende Anwendung von § 1684 Abs.2 bis 4 BGB (Abs. 3 Satz 1) ... 18
1. Wohlverhaltenspflicht ... 18
2. Ausgestaltung des Umgangsrechts durch Familiengericht ... 20
3. Kindeswohldienlichkeit ... 21
4. Begleitete Umgangskontakte ... 22
5. Umgangspflegschaft (Abs. 3 Satz 2) ... 22
IV. Inhalt der Umgangsregelung ... 23
C. Verfahren ... 28
D. Kosten, Verfahrenswert ... 34

A. Allgemeines

I. Normzweck

1 Neben den Eltern, deren Umgangsrecht in § 1684 BGB abschließend geregelt ist, haben auch andere enge Bezugspersonen des Kindes ein Recht auf Umgang mit ihm. Insbesondere der frühere Partner eines Elternteils, die Großeltern nach Verbleib des Kindes beim Schwiegerkind und Pflegeeltern nach der Rückführung des Kindes haben das Bedürfnis, den Kontakt mit dem (Enkel-, Pflege-)Kind zu halten – und umgekehrt. Allerdings sieht § 1685 BGB – anders als § 1684 BGB – **nur ein Recht** und **keine Pflicht** zum Umgang vor und dies auch nur, soweit dieser dem Kindeswohl dient.[1]

2 Die Begrenzung auf die in § 1685 BGB genannten Personen soll einer Überforderung des Kindes durch eine Vielzahl von Umgangswünschen entgegenwirken.[2] Insbesondere bei in einer Pflegefamilie lebenden Kindern, können Besuchswünsche von Verwandten neben den möglicherweise getrennt lebenden, den Umgang begehrenden Eltern, leicht zu einem überfüllten Terminkalender des Kindes führen. Das **elterliche Umgangsrecht geht dem Umgangsrecht nach § 1685 BGB verfassungsrechtlich vor**.[3] Demnach kann das Umgangsrecht der Eltern nicht mit der Begründung beschnitten werden, eine enge Bezugsperson habe ebenfalls ein Umgangsrecht. Die Vorschrift ist im engen Zusammenhang mit § 1626 Abs. 3 Satz 2 BGB zu sehen und in ihrem Sinne auszulegen.[4]

3 Die Kindeswohldienlichkeit eines Umgangs wird trotz der besonderen Bindungen zu den in § 1685 BGB genannten Personen nicht von vornherein vermutet, sondern sie ist positiv festzustellen.[5] Versagen die personenberechtigten Eltern den Umgang mit den engen Bezugspersonen, so kommt ihnen trotz des in Art. 6 Abs. 2 GG verankerten Elternrechts nicht

1 Staudinger/*Dürbeck,* § 1685 Rn. 9 f., 15
2 *Völker/Clausius,* § 2 Rn. 114 „Umgangstourismus"
3 BVerfG FamRZ 2007, 335
4 OLG Koblenz FamRZ 2000, 1111
5 BGH ZKJ 2017, 463 Rn. 36; OLG Koblenz FamRZ 2000, 1111

in jedem Fall der Vorrang zu.[6] Vielmehr muss sich die elterliche Entscheidung am Kindeswohl orientieren und darf bei gewachsenen Bindungen nur aus nachvollziehbaren Gründen erfolgen.[7]

II. Anwendungsbereich

Der Umgang der rechtlichen Eltern bestimmt sich nach § 1684 BGB. Die engen Bezugspersonen des Kindes, denen mit § 1685 BGB neben den Eltern ein Umgangsrecht eingeräumt wird, sind in § 1685 Abs. 1 und 2 BGB abschließend aufgezählt. Großeltern und Geschwister (Abs. 1) erhalten ein Umgangsrecht allein kraft des **nahen Verwandtschaftsverhältnisses**, die in Abs. 2 für die übrigen engen Bezugspersonen geforderte sozial-familiäre Beziehung stellt für diesen Personenkreis keine weitere Voraussetzung dar. Weitere Verwandte können sich nur auf Abs. 2 berufen. 4

Die in Abs. 2 genannten Personen sind – nur dann – umgangsberechtigt, wenn sie für das Kind **tatsächliche Verantwortung** tragen oder getragen haben. Dem biologischen, nicht rechtlichen Vater steht nunmehr unter den Voraussetzungen des § 1686a Abs. 1 Nr. 1 BGB ein Umgangsrecht auch dann zu, wenn er nicht in einer sozial-familiären Beziehung zum Kind stand oder steht. Das Verhältnis von **§ 1686a BGB zu § 1685 BGB** wird unterschiedlich beurteilt. Nach hier vertretener Auffassung stehen beide Vorschriften nebeneinander, denn für den Fall, dass der leibliche Vater bereits eine enge Bezugsperson ist und längere Zeit Verantwortung für das Kind getragen hat, können sich beide Vorschriften ergänzen.[8]

B. Inhalt der Norm

I. Großeltern und Geschwister (Abs. 1)

1. Verwandtschaftsbegriff

Nach Abs. 1 stehen Großeltern und Geschwistern Umgangsrecht zu, sofern der Umgang **dem Wohl des Kindes dient**. Dem in Abs. 1 genannten Personenkreis steht das Umgangsrecht allein aufgrund ihres **engen Verwandtschaftsgrades** zu, der Nachweis einer engen Bindung, wie in Abs. 2, ist nicht erforderlich. Der Gesetzgeber ging davon aus, dass es sich bei diesem Kreis von Personen um **üblicherweise dem Kind nahestehende Menschen** handelt.[9] Ggf. dient die Kindeswohlprüfung hier als Korrektiv. 5

Maßgeblich ist der Verwandtschaftsbegriff des § 1589 BGB,[10] so dass der angeheiratete Großelternteil ebenso wenig von Abs. 1 erfasst ist,[11] wie die früheren Großeltern eines adoptierten Kindes oder nach einer Stiefkindadoption[12] oder die biologische Großmutter.[13] 6

Geschwister i.S.d. § 1685 BGB sind auch Halbgeschwister, wie sich aus § 1589 BGB ergibt, nicht aber – frühere – Geschwister nach der Adoption eines von zwei leiblichen Geschwistern.[14] 7

---

6 Staudinger/*Dürbeck,* § 1685 Rn. 36: „relativer Vorrang"
7 OLG Koblenz MDR 2000, 162
8 Staudinger/*Dürbeck*, § 1685 BGB Rn. 24; Prütting/Helms/*Hammer,* § 167 a FamFG Rn. 4; siehe hierzu *Gottschalk*, § 167a FamFG Rn. 3; § 1686a BGB Rn. 3; a.A. OLG FrankfurtZKJ 2019, 65: § 1686a BGB als lex specialis vorrangig gegenüber § 1685 Abs. 2 Satz 1 BGB
9 BT-Drucks. 13/4899, 107
10 *Völker/Clausius*, § 2 Rn. 118
11 OLG Koblenz FamRZ 2016, 391; in Betracht kommt aber ein Umgangsrecht nach Abs. 2: OLG Brandenburg FamRZ 2017, 1675
12 OLG Rostock FamRZ 2005, 744
13 OLG Celle FamRZ 2005, 126
14 OLG Dresden FamRZ 2012, 1153

8 Die **Aufzählung** in Abs. 1 ist **abschließend**, eine analoge Anwendung auf weitere Verwandte wie Onkel und Tanten, Cousins und Cousinen, Neffen und Nichten kommt nicht in Betracht.[15]

2. Kindeswohldienlichkeit

9 Großeltern oder Geschwistern steht ein Umgangsrecht jedoch nur dann zu, wenn der Umgang dem Wohl des Kindes dient (**positive Kindeswohlverträglichkeit**,[16] zu den verschiedenen Kindeswohlabstufungen siehe *Gotttschalk*, § 1697a BGB Rn. 12). Trotz des engen Verwandtschaftsverhältnisses zu Großeltern und Geschwistern, welches bereits den Nachweis einer sozial-familiären Beziehung entbehrlich macht, spricht **keine Vermutung** für eine Kindeswohldienlichkeit.[17] Vielmehr muss in **jedem Einzelfall positiv festgestellt** werden, dass der Umgang auf Grund der sonstigen Tatsachen für das **Kindeswohl förderlich** ist.[18] Kann die Kindeswohldienlichkeit nach Erschöpfung aller dem Gericht im Rahmen der Amtsermittlung zusehenden Ermittlungen nicht festgestellt werden, kann Umgang nicht gewährt werden.[19]

10 Grundsätzlich ist der Umgang dem Kindeswohl dienlich, wenn ein **enges Vertrauensverhältnis** zwischen der Bezugsperson und dem Kind besteht, welches es aufrecht zu erhalten gilt, das **Kind den Umgang nicht verweigert**, seine **Alltagsgestaltung weitere Umgangstermine zulässt** und schließlich **keine, das Kind beeinträchtigenden, Konflikte** zwischen den zum Umgang verpflichteten Personen (in der Regel die Eltern) und den Umgangsbegehrenden bestehen.

11 **Keine Kindeswohldienlichkeit** wurde hingegen in folgenden Fällen angenommen:

- **Zerrüttung des Verhältnisses** zwischen Umgangsbegehrenden und Eltern(teil);[20] unerheblich ist, wer hierfür die Verantwortung trägt.[21]
- Der sorgeberechtigte **Elternteil lehnt den Umgang** aus nachvollziehbaren Gründen **ab**, obwohl das Kind den Umgang wünscht.[22]
- Drohender **Loyalitätskonflikt**.[23]
- Das **Kind lehnt den Umgang** ab.[24]
- **Überforderung des Kindes** durch eine Vielzahl von Umgangskontakten mit mehreren Umgangsberechtigten.[25]
- Der Umgang wird dazu genutzt, **Streitigkeiten innerhalb der Großfamilie** auszutragen.[26]
- **Fehlende Akzeptanz** des Erziehungsvorrangs der Eltern.[27]

---

15 OLG Zweibrücken FamRZ 1999, 1161
16 BGH ZKJ 2017, 463; OLG Brandenburg NJW-RR 2019, 130; MüKo-BGB/*Hennemann*, § 1685 Rn. 12
17 OLG Brandenburg NJW-RR 2018, 584; FamRZ 2010, 1991; Staudinger/*Rauscher*, § 1685 Rn. 18; a.A. OLG Hamm ZKJ 2011, 227; *Völker/Clausius*, § 2 Rn. 120
18 OLG Brandenburg FamRZ 2010, 1991; OLG Naumburg FamRZ 2008, 915
19 A.A. *Völker/Clausius*, § 2 Rn. 120: sofern bereits enge Bindungen des Kindes zu der Bezugsperson bestehen
20 BGH ZKJ 2017, 463; OLG Naumburg FamRZ 2008, 915; AG Konstanz FamRZ 2004, 290
21 OLG Hamm FamRZ 2010, 909
22 OLG Koblenz FamRZ 2000, 1111
23 BGH ZKJ 2017, 463; OLG Karlsruhe FamRZ 2008, 915; AG Nördlingen FamRZ 2006, 882
24 OLG Frankfurt FamRZ 2013, 1994; OLG Hamm FamRZ 2010, 909
25 OLG Frankfurt, Beschl. v. 15.8.2014 – 6 UF 82/14; OLG Hamm FamFR 2011, 214
26 *Motzer*, FamRB 2004, 231, 232
27 BGH ZKJ 2017, 463; OLG Hamm FamRZ 2010, 909

- **Negative Beeinflussung** der Kinder durch die Bezugsperson, insbesondere wenn hierdurch die Eingliederung in die Pflegefamilie erschwert wird.[28]
- Es besteht die **Gefahr der Retraumatisierung**, wenn das Kind anlässlich der Umgangskontakte in eine Umgebung kommt, in der es an traumatische Erlebnisse erinnert werden könnte.[29]
- Der Umgang der Großeltern wird dazu genutzt, um der mit einem **Näherungsverbot bzw. Umgangsausschluss** belegten Kindesmutter Umgangskontakte zu ermöglichen.[30]

II. Sonstige enge Bezugspersonen (Abs. 2)

1. Zugehörigkeit zu der Gruppe der engen Bezugspersonen

§ 1685 Abs. 2 BGB enthält – anders als Abs. 1, siehe oben Rn. 4 – keine abschließende Aufzählung, so dass grundsätzlich **jede enge Bezugsperson** als Umgangsberechtigter in Betracht kommen kann. Unter Abs. 2 fallen insbesondere **Cousin, Tante/Onkel,**[31] **frühere Verwandte** (insbesondere die leiblichen Eltern), deren Verwandtschaftsverhältnis zum Kind durch Adoption erloschen ist,[32] **Pflegeeltern, frühere Ehegatten** (Stiefeltern), **Lebensgefährten**[33] oder **Lebenspartner**[34] eines Elternteils. 12

2. Sozial-familiäre Beziehung

a. Begriff der sozial familiären Beziehung (Abs. 2 Satz 1)

Das Umgangsrecht nach Abs. 2 setzt voraus, dass die umgangsberechtigte Person für das Kind **tatsächliche Verantwortung trägt oder getragen hat**. Das Gesetz spricht insoweit auch vom Vorliegen einer „sozial-familiären Beziehung". Die aufgrund tatsächlicher Verantwortungsübernahme entstandene enge Bindung soll aufrechterhalten werden.[35] Nicht ausreichend ist, dass der Umgangsbegehrende geltend macht, der ihm einzuräumende Umgang diene der Anbahnung einer sozial-familiären Beziehung.[36] Andererseits ist nicht Voraussetzung, dass die sozial-familiäre Beziehung gegenwärtig noch fortbesteht.[37] Anderenfalls müsste der Elternteil, der den Umgang nicht gewähren möchte, nur dafür Sorge tragen, dass der Umgangsbegehrende das Kind längere Zeit nicht sieht. Der Umstand, dass der Kontakt seit längerer Zeit abgebrochen ist, ist bei der Frage der Kindeswohldienlichkeit zu berücksichtigen.[38] 13

b. Tatsächliche Verantwortung (Abs. 2 Satz 1 und 2)

Nicht erforderlich ist, dass die Beteiligten über einen längeren Zeitraum in häuslicher Gemeinschaft gelebt haben, denn die Übernahme der tatsächlichen Verantwortung kann 14

28 Sehr weitgehend mit der Bejahung der Kindeswohldienlichkeit: OLG Köln FamRZ 2013, 1748: nicht ausreichend ist, dass die Großeltern die Fremdunterbringung der Kinder zutiefst missbilligen, eine eigene Betreuung der Kinder anstreben und durch ihr Verhalten die Kinder bei Kontakten – auch unbewusst – verunsichern könnten.
29 Staudinger/*Dürbeck*, § 1685 Rn. 44
30 OLG Frankfurt FamRZ 2013, 1994: Ausschluss wegen Kindeswohlgefährdung gemäß § 1685 Abs. 3 Satz 1 BGB i.V.m. § 1684 Abs. 4 Satz 2 BGB
31 OLG Bremen FamRZ 2013, 311, allerdings kein Umgangsrecht mangels Bestehen einer sozial-familiären Beziehung
32 OLG Stuttgart NJW-RR 2007, 76; ausführlich zum Ganzen: *Motzer*, FamRB 2004, 231, 234
33 AG Tempelhof-Kreuzberg NZFam 2016, 908; AG Rostock FamRZ 2005, 296
34 OLG Karlsruhe NJW 2011, 1012
35 *Völker/Clausius*, § 2 Rn. 122
36 OLG Bremen FamRZ 2013, 311
37 BGH NJW-RR 2005, 729, a.A. OLG Koblenz FamRZ 2009, 1229
38 BGH NJW-RR 2005, 729

auch auf andere Weise erfolgen,[39] etwa dadurch, dass das Kind von dem Umgangsbegehrenden über eine längere Zeit regelmäßig betreut wurde, wobei der Wille zur Verantwortungsübernahme hinzukommen muss.[40] **Nicht ausreichend** ist, dass der Umgangsbegehrende geltend macht, der ihm einzuräumende Umgang diene der **Anbahnung** einer sozial-familiären Beziehung.[41] Die sozial-familiäre Beziehung muss nicht notwendigerweise gegenwärtig fortbestehen. Sie wird in der Praxis allerdings selten zu bejahen sein, wenn die Beteiligten nie zusammen gelebt haben.[42] Hingegen besteht eine gesetzliche Vermutung für die Tragung tatsächlicher Verantwortung, wenn eine häusliche Gemeinschaft bestand (siehe hierzu nächste Rn.).

c. Vermutung für die Übernahme tatsächlicher Verantwortung, Abs. 2 Satz 2

15 Hat die den Umgang begehrende Person **längere Zeit** mit dem Kind in **häuslicher Gemeinschaft** gelebt, dann wird die **sozial-familiäre Beziehung vermutet** (Abs. 2 Satz 2). Die betreffende Person muss dann nur das Bestehen einer häuslichen Gemeinschaft für einen längeren Zeitraum darlegen und ggf. beweisen.,[43] Welche Zeitspanne hierfür erforderlich ist, hat der Gesetzgeber offen gelassen. Maßgeblich sind die Umstände des Einzelfalls, wobei es wesentlich auf das Zeitempfinden des Kindes ankommt.[44] Häusliche Gemeinschaft setzt regelmäßige Übernachtungen voraus.[45] Insoweit kann die regelmäßige Betreuung eines Kindes durch nicht gesetzliche Großeltern über verlängerte Wochenenden und in den Ferien über einen Zeitraum von fast zwei Jahren für die Gewährung eines Umgangsrechts grundsätzlich ausreichen.[46] Ein längerer Zeitraum wurde etwa **bejaht** bei **einem Jahr**[47] wohingegen ein **½ Jahr** als **zu wenig** erachtet worden ist.[48]

16 Als nicht ausreichend erachtet wurden auch regelmäßige Kontakte mit dem Kind im Rahmen der Umgangskontakte des früheren Lebensgefährten nach § 1684 BGB an den Wochenenden und einem zusätzlichen Aufenthalt des Kindes bei der umgangsbegehrenden Person für die Dauer einer Woche[49] oder die Betreuung durch die leibliche Mutter vor der Adoptionsfreigabe für die Dauer von 19 Tagen.[50]

3. Kindeswohldienlichkeit

17 Auch der Umgang mit einer engen Bezugsperson nach Abs. 2 kann nur gewährt werden, wenn er dem Kindeswohl dient (näher hierzu oben Rn. 9 ff.).

III. Entsprechende Anwendung von § 1684 Abs.2 bis 4 BGB (Abs. 3 Satz 1)

1. Wohlverhaltenspflicht

18 § 1685 Abs. 3 Satz 1 BGB sieht eine **entsprechende Anwendung von § 1684 Abs. 2 bis 4 BGB** vor.

39 MüKo-BGB/*Hennemann*, § 1685 Rn. 7; BeckOK-BGB/*Veit*, § 1685 Rn. 7.2
40 OLG Hamm FamRZ 2011, 1154: die tatsächliche Lebens- und Erziehungsgemeinschaft zwischen der Bezugsperson und dem Kind muss „die Qualität einer Familie im Sinne von Art. 6 I GG erreichen"; OLG Brandenburg FamRZ 2011, 1154: keine tatsächliche Verantwortung bei gemeinsamen Unternehmungen über neun Monate ohne „gewachsene Vertrauensbeziehung"
41 *Gottschalk*, ZKJ 2016, 105: Praxishinweis zu OLG Celle ZKJ 2016, 104
42 Vgl MüKo-BGB/*Hennemann*, § 1685 Rn. 7
43 Staudinger/*Dürbeck*, § 1685 BGB Rn. 18
44 OLG Bremen FamRZ 2013, 311
45 OLG Brandenburg FamRZ 2011, 1154
46 OLG Koblenz FamRZ 2009, 1229
47 BGH NJW-RR 2005, 729
48 MüKo-BGB/*Hennemann*, § 1685 Rn. 7.1, a.A. *Campbell*, NJW-Spezial 2011, 644: sechs Monate Zusammenleben in Anlehnung an Art. 224 § 2 Abs. 3 Satz 2 EGBGB a.F.
49 OLG Hamm FamFR 2011, 45: auch nicht ausreichend zur Begründung einer sozial-familiären Beziehung i.S.d. § 1685 Abs. 2 Satz 1 BGB
50 OLG Schleswig FamRZ 2004, 1057

Demnach trifft auch die nach § 1685 BGB Umgangsberechtigten eine **Pflicht zur Loyalität**, mithin zum Unterlassen aller Handlungen, die geeignet sind, das Verhältnis des Kindes zu seinen Eltern zu beeinträchtigen, deren Erziehung zu erschweren oder den Umgang zu behindern (zur Wohlverhaltenspflicht nach § 1684 Abs. 2 BGB siehe *Gottschalk,* § 1684 BGB, Rn. 18 ff.). Adressat der Wohlverhaltenspflicht sind sowohl die **Eltern als auch der Umgangsberechtigte**.[51] Das Familiengericht kann zwecks Umsetzung **Weisungen** erteilen (siehe *Gottschalk,* § 1684 BGB, Rn. 26). 19

2. Ausgestaltung des Umgangsrechts durch Familiengericht

Der Verweis auf eine entsprechende Anwendung von § 1684 Abs. 3 BGB ist rein verfahrensrechtlicher Natur und weist dem Familiengericht die Entscheidungsbefugnis über die **Ausgestaltung des Umgangsrechts** zu.[52] 20

3. Kindeswohldienlichkeit

Da das Umgangsrecht nach § 1685 BGB nur dann besteht, wenn der Umgang dem Kindeswohl dient, ein das Kindeswohl gefährdender Umgang jedoch niemals dem Kindeswohl dienen kann, ergibt sich der **Ausschluss oder die Einschränkung** des Umgangsrechts aus § 1685 BGB und die **Verweisung auf § 1684 Abs. 4 BGB** scheint auf den ersten Blick überflüssig.[53] Die Unterscheidung ist gleichwohl notwendig. Dient der begehrte Umgang nicht dem Kindeswohl, ist festzustellen, dass es einer Regelung des Umgangs nicht bedarf. Nur wenn der Umgang darüber hinaus das Kindeswohl gefährdet (§ 1685 Abs. 3 i.V.m. § 1684 Abs. 4 Satz 2 BGB), kann und muss der Umgang ausgeschlossen werden; dieser Ausschluss ist dann vollstreckbar (siehe *Gottschalk,* § 1684 BGB, Rn. 82, 97). Der Unterschied zu den Regelungsmöglichkeiten nach § 1684 BGB rechtfertigt sich aus Art. 6 Abs. 2 GG, unter dessen Schutz der Umgang der Eltern fällt und ist auch für die Voraussetzung einer Abänderung von Bedeutung (§ 1696 Abs. 1 oder 2 BGB, siehe *Gottschalk,* § 1696 BGB, Rn. 4, 6, 26). 21

4. Begleitete Umgangskontakte

Die Anordnung von **begleiteten Umgangskontakten** ist zwar aufgrund der Verweisung in § 1685 Abs. 3 auf § 1684 Abs. 4 BGB rechtlich möglich, in der Praxis sind jedoch kaum Anwendungsfälle denkbar. Voraussetzung für die Anordnung von Besuchskontakten in Begleitung einer dritten Person ist entweder deren Erforderlichkeit zur Wahrung des Kindeswohls oder zur Abwendung einer anderenfalls gegebenen Kindeswohlgefährdung (vgl. *Gottschalk, § 1684 BGB, Rn. 70 ff.).* Dann aber wird der Umgang bereits nicht dem Wohl des Kindes dienen.

5. Umgangspflegschaft (Abs. 3 Satz 2)

Eine **Umgangspflegschaft** (§ 1684 Abs. 3 Satz 3 bis 5 BGB) kann angeordnet werden, allerdings – in Abweichung von § 1684 Abs. 3 Satz 3 BGB (Verletzung der Wohlverhaltenspflicht (siehe *Gottschalk,* § 1684 Rn. 18 ff., 57) nur dann, **wenn das Wohl des Kindes** dadurch **gefährdet** wird, dass die Eltern keinen Kontakt mit der Bezugsperson erlauben und die Kindeswohlgefährdung nur durch den Umgangspfleger abzuwenden ist.[54] Denn Eingriffe Dritter in das elterliche Sorgerecht sind nur unter den Voraussetzungen des § 1666 BGB möglich.[55] 22

---

51 Vgl. Staudinger/*Dürbeck*, § 1685 BGB Rn. 45
52 Staudinger/*Dürbeck*, § 1685 BGB Rn. 46
53 Staudinger/*Dürbeck*, § 1685 BGB Rn. 49: „missverständlich"; kritisch zu dieser Verweisung *Rauscher*, FamRZ 1998, 329, 338; in diesem Sinne auch OLG Celle ZKJ 2011, 431
54 Vgl. OLG Saarbrücken FamRZ 2014, 402
55 Staudinger/*Dürbeck,* § 1685 BGB Rn. 50

IV. Inhalt der Umgangsregelung

23 Die Beteiligten können einen **gerichtlich gebilligten Vergleich** gemäß § 156 Abs. 2 FamFG schließen oder das Familiengericht regelt den Umgang durch **Beschluss**. Eine **bloße Zurückweisung** eines „Antrages" kommt – ebenso wie in Verfahren nach § 1684 BGB (siehe hierzu *Gottschalk*, § 1684 BGB Rn. 28) und entgegen der Auffassung des BGH,[56] der die „Zurückweisung des Antrages" im Tenor nicht beanstandet hat, nicht in Betracht (vgl. oben Rn. 21).[57] Ist hingegen ein Ausschluss zur Abwendung einer Kindeswohlgefährdung erforderlich, muss eine inhaltliche Sachentscheidung als Endentscheidung getroffen werden, schon damit der Umgangsbegehrende weiß, wie lange der Ausschluss andauert.[58]

24 Die Umgangsregelung muss **inhaltlich bestimmt** sein (siehe *Gottschalk,* § 1684 BGB, Rn. 28).

25 Die **konkrete Ausgestaltung** des Umgangs muss sich **am kindeswohldienlichen Zweck orientieren**. Dabei ist insbesondere zu beachten, dass die Umgangsrechte der – getrennt lebenden Eltern – vorgehen (siehe Rn. 1). Bestehen solche Umgangsregelungen, muss eine Abstimmung erfolgen.[59] Oft wird der Umgang in Form von Tageskontakten stattfinden.[60] In Betracht kommt auch eine Ferienregelung, sofern die Bindung eng genug ist.[61]

26 **Übersicht: Verfahrensbeendigung in Verfahren nach § 1685 BGB**

A. Kindeswohldienlichkeit: Regelung des unbegleiteten Umgangs nach Ort und Zeit.

B. Keine Kindeswohldienlichkeit: Feststellung, dass der Umgang nicht familiengerichtlich zu regeln ist.

C. Kindeswohlgefährdung: Ausspruch eines Umgangsausschlusses.

27 Die Kosten des Umgangs haben die Bezugspersonen selbst zu tragen.[62] Großeltern haben keinen Anspruch gegen den Grundsicherungsträger auf Erstattung der ihnen anlässlich der Ausübung der Umgangskontakte entstehenden Kosten gemäß § 21 Abs. 6 Satz 2 SGB II.[63]

C. Verfahren

28 Es handelt sich um eine **Kindschaftssache nach § 151 Nr. 2 FamFG**. Eines **Antrages bedarf es** nach dem Wortlaut der Vorschrift **nicht**.[64] Allerdings wird eine Einleitung des Verfahrens von Amts wegen nur in seltenen Fällen in Betracht kommen, auch weil der Umgangsberechtigte gegen seinen Willen nicht zum Umgang verpflichtet werden kann.[65] Das Kind, dem kein subjektives Recht auf Umgang eingeräumt wurde, hat kann sich nur an

56 BGH ZKJ 2017, 463, Rn. 36
57 OLG Frankfurt, FamRZ 2013, 1994; *Köhler,* ZKJ 2018, 9, 10; *Dürbeck,* FamRZ 2017, 1672; siehe auch OLG Frankfurt FamRZ 2017, 1675: bei fehlender Kindeswohldienlichkeit: Ausschluss
58 Vgl. OLG Frankfurt FamRZ 2013, 1994
59 MüKo-BGB/*Hennemann*, § 1685 Rn. 19
60 Staudinger/*Dürbeck*, § 1685 BGB Rn. 45
61 OLG Brandenburg MDR 2014, 1093
62 Ausführlich zur Kostentragungspflicht von nichtelterlichen Umgangsberechtigten *Löhning,* FamRZ 2013, 1866; mit Erwiderung von *Wohlgemuth*, FamRZ 2014, 356, und *Spangenberg*, FamRZ 2014, 355
63 LSG Niedersachsen-Bremen FamRZ 2014, 1409
64 BT-Drucks. 13/4899, 107; *Motzer,* FamRB 2004, 231, 232
65 Vgl. Staudinger/*Dürbeck,* § 1685 BGB Rn. 9, 53

das Jugendamt wenden, welches ein Umgangsverfahren bei Gericht anregen kann.[66] Insbesondere beim Geschwisterumgang wird die Beachtung des § 1685 BGB von Amts wegen oder durch das Jugendamt oder den Verfahrensbeistand relevant.[67]

▶ *Zum Verfahren siehe zunächst die Ausführungen zu § 1684 BGB Rn. 83 ff.*

Es gilt auch hier das Beschleunigungsgebot (§ 155 FamFG) und die Verpflichtung des Gerichts, auf ein Einvernehmen hinzuwirken (§ 156 FamFG).

Es gelten folgende Besonderheiten:

Beteiligt sind neben den antragstellenden **engen Bezugspersonen** (gemäß § 7 Abs. 1 FamFG) das **Kind, die Eltern** und zwar auch derjenige Elternteil, der nicht sorgeberechtigt ist und das Kind nicht in seiner Obhut hat. Zwar hat er kein Recht aus § 1632 Abs. 2 BGB, sein Umgangsrecht kann jedoch durch die Regelung mit der engen Bezugsperson betroffen sein (§ 7 Abs. 2 Nr. 1 FamFG, zur Beschwerdebefugnis siehe *Dürbeck,* § 59 FamFG). Das **Jugendamt** ist auf Antrag hin zu beteiligen (§ 162 Abs. 2 FamFG); die Pflegeeltern unter den Voraussetzungen des § 161 FamFG. **29**

Die **Zuständigkeit** richtet sich nach § 152 Abs. 2 FamFG, dem **gewöhnlichen Aufenthalt** des Kindes. **30**

Der Erlass einer einstweiligen Anordnung ist möglich (§§ 49 FamFG), die Eilbedürftigkeit dürfte jedoch selten gegeben sein.[68] **31**

Anzuhören sind die Eltern (§ 160 FamFG), das Kind (§ 159 FamFG) und das Jugendamt (§ 162 Abs. 1 FamFG), ggf. die Pflegeeltern (§ 161 Abs. 2 BGB). Die Anhörungspflicht der ein Umgangsrecht nach § 1685 BGB begehrenden Personen ergibt sich aus §§ 7 Abs. 1, 2 Nr. 1, 34 Abs. 1 FamFG.[69] Von der Anhörung des nichtsorgeberechtigten Elternteils kann (nur) dann abgesehen werden, wenn von seiner Anhörung eine Aufklärung nicht erwartet werden kann (§ 160 Abs. 2 FamFG).

Umgangsregelungen sind – sofern sie einen vollstreckungsfähigen Inhalt haben (siehe *Gottschalk,* § 1684 BGB, Rn. 28 und *Cirullies,* § 86 FamFG, Rn. 21) ebenso vollstreckbar wie Umgangsregelungen nach § 1684 BGB. Auch die Umgangsaussetzung ist gemäß §§ 86 ff. vollstreckbar.[70] **32**

Dem Kind ist ein **Verfahrensbeistand** zu bestellen, sofern die Voraussetzungen des § 158 Abs. 1 FamFG vorliegen. Das Regelbeispiel des **§ 158 Abs. 2 Nr. 5 FamFG greift nicht ein**. Dieses bezieht sich allein auf einen Umgangsausschluss nach § 1684 Abs. 4 BGB.[71] **33**

Eine Abänderung der Umgangsregelung kommt nur nach Maßgabe des § 1696 BGB in Betracht.[72]

D. Kosten, Verfahrenswert

▶ *Hinsichtlich der Kostenentscheidung und dem Verfahrenswert wird verwiesen auf die Ausführungen zu § 1684 BGB Rn. 99, 101.* **34**

---

66 Vgl. BeckOK-BGB/*Veit*, § 1685 Rn. 22.2

67 Vgl. *Walter*, FPR 2004, 415, weist darauf hin, dass der Aufrechterhaltung der Geschwisterbindung, die bei fremduntergebrachten Kindern häufig von großer Bedeutung sei, in der Praxis zu wenig Bedeutung beigemessen werde

68 MüKo-BGB/*Hennemann*, § 1685 Rn. 16

69 Vgl. Staudinger/*Dürbeck*, § 1685 BGB Rn. 46; MüKo-BGB/*Hennemann*, § 1685 Rn. 16

70 OLG Saarbrücken FamRZ 2013, 48

71 OLG Oldenburg ZKJ 2018, 234, 235; OLG Celle ZKJ 2011, 431; Staudinger/*Dürbeck*, § 1685 BGB Rn. 30

72 OLG Frankfurt FamRZ 2013, 312; OLG München FamRZ 2011, 1804

§ 1686 BGB Auskunft über die persönlichen Verhältnisse des Kindes

Jeder Elternteil kann vom anderen Elternteil bei berechtigtem Interesse Auskunft über die persönlichen Verhältnisse des Kindes verlangen, soweit dies dem Wohl des Kindes nicht widerspricht.

Übersicht

Rn.
A. Allgemeines ... 1
B. Inhalt der Norm ... 3
I. Anspruchsvoraussetzungen ... 3
1. Auskunftsberechtigter ... 3
2. Auskunftsverpflichteter ... 5
3. Berechtigtes Interesse des Anspruchstellers ... 6
4. Kindeswohl ... 7
II. Rechtsfolgen ... 8
1. Inhalt der Auskunft ... 8
2. Art, Umfang und Häufigkeit der Auskunft ... 9
C. Verfahren ... 12
D. Kosten, Verfahrenswert, Verfahrenskostenhilfe ... 14
E. Vollstreckung ... 17
F. Übersicht: Auskunftsrechte ... 19

A. Allgemeines

1 Um den Elternteil, der **nicht mit dem Kind zusammenlebt**, in die Lage zu versetzen, dass er über den **aktuellen Entwicklungsstand** seines Kindes informiert ist, gibt ihm § 1686 BGB ein Auskunftsrecht gegen den anderen Elternteil. Hauptanwendungsfälle sind jene, in denen aufgrund eines Umgangsausschlusses oder tatsächlich nicht ausgeübter Umgangskontakte ein **Informationsdefizit beim nichtbetreuenden Elternteil** besteht. Ihm kommt eine Ersatzfunktion für nicht stattfindende Umgangskontakte zu.[1] Wenn der persönliche Umgang, der dem umgangsberechtigten Elternteil auch die Möglichkeit verschaffen soll, sich von der Entwicklung und dem Wohlergehen seines Kindes regelmäßig ein Bild zu verschaffen,[2] nicht stattfindet, stellen solche Auskünfte oftmals die einzige Informationsquelle dar, weshalb der Ausschluss eines solchen Auskunftsanspruchs auf eng begrenzte Ausnahmefälle beschränkt ist.[3]

2 Voraussetzung für das Bestehen eines Auskunftsanspruchs ist hingegen nicht, dass Umgangskontakte fehlen. Er kann auch neben dem Umgangsrecht geltend gemacht werden.[4] Es kommt vielmehr darauf an, dass der Auskunftsbegehrende **keine andere Möglichkeit** hat, sich die erforderlichen Informationen zu beschaffen.[5] Die Regelung der elterlichen Sorge spielt zunächst keine Rolle.[6] Es kommt allein auf die (rechtliche)[7] Elternschaft an.[8] Deshalb kann **auch der alleinsorgeberechtigte Elternteil** vom anderen Elternteil Auskunft verlangen.

Der Auskunftsanspruch besteht **nicht gegenüber Dritten**[9] und auch **nicht gegenüber dem Kind**. Es setzt ein **berechtigtes Interesse des Antragstellers** voraus und ist be-

1 OLG Brandenburg NJW-RR 2000, 882
2 Siehe oben *Gottschalk,* § 1684 BGB, Rn. 2
3 KG FamRZ 2011, 827
4 OLG Brandenburg NJW-RR 2000, 882
5 *Kasenbacher,* NJW-Spezial 2012, 4
6 *Kasenbacher,* NJW-Spezial 2012, 4
7 OLG Hamm ZKJ 2018, 22
8 Staudinger/*Dürbeck,* § 1686 Rn. 4
9 *Kasenbacher,* NJW-Spezial 2012, 4, zur Ausnahme siehe Rn. 4

grenzt durch eine **negative Kindeswohlverträglichkeit**. Kein Anspruch besteht allerdings, wenn sich der Auskunftsbegehrende die Informationen selbst beschaffen kann,[10] insbesondere wenn das gemeinsame Sorgerecht besteht.[11] Das Auskunftsrecht **endet** mit der **Volljährigkeit** des Kindes.[12]

B. Inhalt der Norm

I. Anspruchsvoraussetzungen

1. Auskunftsberechtigter

Der Elternteil, der ein **berechtigtes Interesse** an der Auskunft hat (siehe hierzu Rn. 6), ist Auskunftsberechtigter gemäß § 1686 BGB. Voraussetzung ist die rechtliche Elternschaft. 3

▶ *Näher hierzu Grün zu §§ 1591, 1592 BGB.*

Dass der Elternteil Inhaber – von Teilen – der elterlichen Sorge ist, steht dem Anspruch nicht grundsätzlich entgegen. Erhält ein Elternteil beispielsweise Informationen über das Kind während eines Umgangskontaktes, die von der Bedeutung her wesentlich für dessen Entwicklung sind, kann der andere, alleinsorgeberechtigte Elternteil, **Auskunft vom nichtsorgeberechtigten Elternteil** begehren.[13] Die Sorgerechtsinhaberschaft kann aber eine Rolle spielen bei der Frage, ob sich der Auskunftsbegehrende die Informationen nicht selbst beschaffen könnte.[14] Hat der Auskunftsbegehrende die elterliche Sorge – oder Teile hiervon – inne, so ist er gehalten, **zunächst** seine **sorgerechtlichen Befugnisse** auszuüben.[15]

Nicht überzeugend ist die Auffassung, wonach auch den in § 1685 BGB aufgeführten Personen ein Auskunftsrecht zusteht.[16] Eine unmittelbare Anwendung scheidet bereits angesichts des klaren Wortlautes aus und für eine analoge Anwendung ist nach zutreffender Auffassung kein Raum.[17] Das Auskunftsrecht des **biologischen, nicht rechtlichen Vaters** ist nicht in § 1686 BGB, sondern **in § 1686a Abs. 1 Nr. 2 BGB geregelt**. 4

2. Auskunftsverpflichteter

Verpflichtet zur Auskunft ist der **„andere" Elternteil im rechtlichen Sinne**, also entweder der Elternteil, in dessen Obhut sich das Kind befindet, oder der aufgrund eines Umgangskontaktes Informationen erworben hat (siehe hierzu Rn. 3). 5

Im Hinblick auf das grundrechtlich geschützte Elternrecht muss hier in analoger Anwendung der Vorschrift der **Kreis der Auskunftsverpflichteten** auf die in **§ 1685 BGB genannten**, umgangsberechtigten **Personen und Obhutspersonen wie Pflegeeltern erweitert werden**.[18] Aus Sicht des auskunftsbegehrenden Elternteils ist es gleichgültig, ob der nach § 1684 BGB umgangsberechtigte andere Elternteil oder Personen, in dessen Obhut sich das Kind berechtigterweise zu Besuchszwecken oder aufgrund einer Fremdunterbringung aufhält, die bedeutsamen Informationen erworben hat, weshalb hier ausnahmsweise (und im Gegensatz zu den in Rn. 4 aufgeführten Personen, die sich nicht auf das

10 OLG Brandenburg NJW-RR 2008, 226
11 OLG Koblenz BeckRS 2014, 07117
12 OLG Saarbrücken FamRZ 2015, 162
13 MüKo-BGB/*Hennemann*, § 1686 Rn. 4
14 Siehe unten Rn. 6
15 *Schuldei*, NZFam 2014, 713, 714
16 Palandt/*Diedrichsen*, 71. Aufl., § 1686 BGB Rn. 2; a.A. MüKo-BGB/*Hennemann*, § 1686 Rn. 4; Staudinger/*Dürbeck*, § 1686 BGB Rn. 4: Auskunftsanspruch hat Grundlage im Elternrecht und dieses steht den in § 1685 BGB genannten Personen nicht zu
17 jurisPK-BGB/*Poncelet/Onstein*, § 1686 BGB Rn. 12
18 MüKo-BGB/*Hennemann*, § 1686 Rn. 6; a.A. BGH FamRZ 2017, 378: Anspruch gegen Jugendamt aufgrund des Fürsorgeverhältnisses nicht aber gegen Pflegeperson

Elternrecht berufen können) eine analoge Anwendung zu erfolgen hat.[19] Abgesehen hiervon sind **Dritte oder das Kind nicht verpflichtet**, Auskunft zu erteilen. Danach sind etwa Lehrer, Erzieher, Ausbilder, nicht unter § 1685 BGB fallende Verwandte und Freunde, ebenso wenig zur Auskunft verpflichtet, wie Ärzte.[20]

3. Berechtigtes Interesse des Anspruchstellers

6 Ein Auskunftsanspruch ist nur dann gegeben, wenn der Antragsteller ein **berechtigtes Interesse** an der Auskunft hat. Maßgeblicher Zeitpunkt für die Beurteilung des persönlichen Interesses ist derjenige der abschließenden Entscheidung in der Tatsacheninstanz.[21]

Dieses muss er in seinem Antrag **konkret darlegen**..[22] Das berechtigte Interesse fehlt, wenn sich der Antragsteller die begehrten Informationen in zumutbarer Weise, also legal und ohne großen Aufwand, **selbst beschaffen** kann[23] und zwar auch, wenn er diese Informationen als Inhaber – von Teilen – der elterlichen Sorge bei Dritten einholen kann[24] oder hinsichtlich Informationen, die der Berechtigte bereits hat.[25] Von daher fehlt ein berechtigtes Interesse nach zutreffender Auffassung auch dann, wenn der antragstellende Elternteil ein **Umgangsrecht eingeräumt** erhält, dieses aus eigenem Wunsch aber **nicht wahrnimmt** und deshalb selbst dafür verantwortlich ist, dass er die im Rahmen von Besuchskontakten von den Kindern selbst – nicht durch „Ausfragen" des Kindes – erfahrbaren Informationen nicht erhält.[26] An einem berechtigten Interesse mangelt es auch, wenn erkennbar wird, dass die Geltendmachung des Anspruchs **nur dem Ziel dient**, den anderen **Elternteil zu schikanieren, auszuspionieren**[27] oder einen ausgeschlossenen persönlichen Umgangskontakt anzubahnen.[28] Allein der Umstand, dass in der Vergangenheit – zeitweise – keine Umgangskontakte stattgefunden haben, genügt nicht, um das Bestehen eines berechtigten Interesses zu verneinen, insbesondere wenn dies auf die Verweigerung des Kindes oder des betreuenden Elternteils zurückzuführen war, insbesondere auch dann, wenn nunmehr Umgang künftig wieder erfolgen soll. **Ein berechtigtes Interesse liegt vor**, wenn der Auskunftsberechtigte aufgrund eines Umgangsausschlusses **keine unmittelbare Kenntnis** von der Entwicklung oder vom Wohlbefinden seines Kindes **erlangen kann** oder wenn das Kind aufgrund seines Alters oder einer Erkrankung **keine Informationen** über seine Entwicklung **geben kann**.[29]

4. Kindeswohl

7 Das Auskunftsrecht findet seine **Begrenzung** dort, wo es dem **Kindeswohl widerspricht**. Ein **entgegenstehender Wille** des Kindes/Jugendlichen steht einer Auskunftserteilung **nicht grundsätzlich entgegen**.[30] Im Hinblick auf dessen Persönlichkeitsrecht und Selbstbestimmungsrecht muss das Alter des widersprechenden Jugendlichen jedoch Berücksichtigung finden. So wird bei einem kurz vor der Volljährigkeit stehenden Jugendlichen eine **Kindeswohlbeeinträchtigung** zu bejahen sein, wenn Auskünfte über dessen Gesundheitszustand,[31] oder in dessen Intimsphäre fallende Umstände (z.B. enger Freun-

19 MüKo-BGB/*Hennemann*, § 1686 Rn. 6
20 OLG Bremen OLGR 1999, 86
21 BGH ZKJ 2017, 146
22 *Schuldei*, NZFam 2014, 713
23 BGH ZKJ 2017, 146; OLG Brandenburg FamRZ 2008, 638; *Kasenbacher*, NJW-Spezial 2012, 4
24 OLG Koblenz BeckRS 2014, 07117
25 BGH ZKJ 2017, 146
26 OLG Brandenburg FamRZ 2008, 638; MüKO-BGB/*Hennemann*, § 1686 Rn. 7
27 BayObLG NJW 1993, 1081
28 BayObLG NJW 1993, 1081
29 *Clausius*, FamRB 2015, 65, 66
30 OLG Hamm FamRZ 2003, 1583
31 KG FamRZ 2011, 827; OLG Hamm FamRZ 1995, 1288

deskreis, religiöse und politische Anschauungen) begehrt werden, sofern sich der Jugendliche gegen die Erteilung wendet.[32] Auch bei einer bestehenden Gefahr der Traumatisierung bei vorangegangenen schweren körperlichen Misshandlungen des Kindes durch den auskunftsbegehrenden Elternteil widerspricht die Auskunftserteilung dem Kindeswohl.[33] Ohne Bedeutung ist der Umstand, dass die Auskunftsverpflichtung den Interessen des auskunftspflichtigen Elternteils zuwiderläuft, etwa weil dieser den anderen Elternteil gänzlich aus seinem Leben heraushalten will.[34] Widerspricht die geforderte Auskunft dem Kindeswohl, so darf insoweit eine Verpflichtung zur Erteilung nicht erfolgen. Wurden daneben weitere Auskünfte gefordert, so sind diese – soweit sie dem Kindeswohl nicht widersprechen – jedoch zu erteilen.

II. Rechtsfolgen

1. Inhalt der Auskunft

Auskunft wird über die **persönlichen Umstände** des Kindes erteilt. Grundsätzlich sind 8
dies erstmal alle für das **Befinden und die Entwicklung des Kindes maßgeblichen Umstände**, wobei der Umfang der zu erteilenden Auskünfte sich dann am Einzelfall orientiert[35] (siehe Rn. 9). Eine Vermögensauskunft ist nicht geschuldet.[36] Abzulehnen ist die Ansicht, wonach das Auskunftsersuchen auch dann gerechtfertigt ist, wenn es allein der Prüfung einer Unterhaltsverpflichtung dient.[37] Der Antragsteller hat auch hier die Möglichkeit, gemäß § 1605 BGB vom Kind Auskunft über dessen Einkommens- und Vermögensverhältnisse zu verlangen, die seinen Ausbildungsstand etc. umfassen.

2. Art, Umfang und Häufigkeit der Auskunft

Die Auskunft muss **nicht höchstpersönlich** erteilt werden.[38] Die auskunftsverpflichtete 9
Person kann sich sowohl **elektronischer Hilfsmittel** bedienen (E-Mail, SMS) als auch einer Mittelsperson. In Betracht kommt hierbei insbesondere das Jugendamt,[39] ein Rechtsanwalt[40] und Freunde oder Verwandte. Allerdings sollte auf die Inanspruchnahme des Kindes als Mittelsperson verzichtet werden.[41]

Der **Umfang** der geschuldeten Auskunft ist – wie auch Art und Häufigkeit – gesetzlich 10
nicht geregelt und richtet sich nach den **Umständen des Einzelfalls**.,[42] Ein tagebuchähnlicher Bericht kann grundsätzlich nicht verlangt werden.[43] Die Auskunft soll den Auskunftsberechtigten **in die Lage versetzen, einen Überblick über die Entwicklung des Kindes zu bekommen**; insbesondere von seinem schulischen Fortgang, seinen außerschulischen Betätigungen, über etwaige Krankheiten, seine soziale Entwicklung. Hierzu gehört auch die Übermittlung von **Schulzeugnissen**,[44] nicht aber von einzelnen Klassenarbeiten[45] die regelmäßige Überlassung von **Lichtbildern**,[46] einen **Abriss über die gesundheitliche Entwicklung**, insbesondere aktuellen Erkrankungen, Allergien, Operatio-

32 MüKo-BGB/*Hennemann*, § 1686 Rn. 9
33 OLG Düsseldorf, Beschl. v. 9.8.2019 – 8 WF 170/18
34 BT-Drucks. 8/2788, 55, 56
35 BayObLG NJW 1993, 1081
36 OLG Frankfurt FamRZ 2019, 362; OLG Oldenburg FamRZ 2018, 757 (§ 242 BGB); Staudinger/*Dürbeck*, § 1686 BGB Rn. 12
37 *Kasenbacher*, NJW-Spezial 2012, 4; BayObLG NJW 1993, 1081
38 OLG Brandenburg, Beschl. v. 22.2.2007 – 10 UF 219/06, juris
39 § 18 Abs. 3 SGB VIII
40 OLG Köln FamRZ 1997, 111
41 MüKo-BGB/*Hennemann*, § 1686 Rn. 5
42 BGH ZKJ 2017, 146; OLG Brandenburg FamRZ 2008, 638
43 OLG Koblenz FamRZ 2002, 980
44 OLG Hamm FamRZ 2003, 1583
45 OLG Hamm FamRZ 2001, 514
46 BayOblG NJW 1993, 1081; OLG Frankfurt FamRZ 1998, 577

nen, nicht aber die Überlassung des Vorsorgeheftes[47] oder einen Nachweis regelmäßig stattfindender Untersuchungen.[48] Die **wachsende Selbständigkeit und Reife des Kindes** ist zu beachten und **beschränkt das Auskunftsrecht** des Antragstellers. So besteht **keine Verpflichtung**, **gegen den Willen** des sechzehn Jahre alten **Jugendlichen** Auskunft über dessen **psychiatrische Erkrankung** und deren Behandlung zu erteilen.[49] Auch kann nicht verlangt werden, Auskünfte über einen fast Volljährigen hinsichtlich dessen **Freundeskreis, politisches Engagement oder freundschaftliche und partnerschaftliche Verbindungen** zu erteilen.[50] Eine **Wohnanschrift** ist nur geschuldet, sofern keine Missbrauchsgefahr besteht,[51] das gleiche muss für eine **Telefonnummer** des Kindes gelten, die nicht erteilt werden muss, wenn der Umgang ausgeschlossen ist[52] oder wenn ein älteres Kind seine **Handynummer** nicht mitteilen möchte.[53]

11 Die **Häufigkeit** richtet sich ebenfalls nach den **Umständen des Einzelfalls**. Ist eine Auskunft über eine aktuelle Erkrankung zu erteilen, dann wird sie u.U. in engeren Abständen, aber nicht über einen längeren Zeitraum zu erteilen sein, möglicherweise aber auch nur einmalig.[54] Üblicherweise wird die Auskunft in **regelmäßigen Zeitabständen** zu erteilen sein, **viertel-**[55] **oder halbjährlich**[56] oder sogar **jährlich**.[57] Sind die Beteiligten hingegen sehr zerstritten, so kann die Häufigkeit auf ein Mindestmaß reduziert werden.[58]

C. Verfahren

12 Es handelt sich gemäß § 151 Nr. 2 FamFG um eine Kindschaftssache.[59] **Zuständig** ist gemäß §§ 3 Nr. 2a, 14 Abs. 1 Nr. 7 RPflG der **Rechtspfleger**. Die Verfahrensvorschriften ergeben sich aus den §§ 152 ff. FamFG. Die Zuständigkeit bemisst sich gemäß § 152 Abs. 2 FamFG nach dem gewöhnlichen Aufenthalt des Kindes, sofern zwischen den Eltern keine Ehesache anhängig ist. Das **Kind** ist gemäß § 159 FamFG in der Regel **persönlich anzuhören**,[60] **ebenso** die **Eltern** gemäß § 160 FamFG und auch das **Jugendamt** gemäß § 162 FamFG. Dem Kind ist ein Verfahrensbeistand zu bestellen, sofern die Voraussetzungen des § 158 Abs. 1, 2 Nr. 1 FamFG zu bejahen sind.[61] Der Auskunftsantrag kann zusammen mit der Anregung, Umgang zu gewähren, gestellt werden.[62] In diesem Fall sind beide Verfahren zu verbinden (vgl. § 20 FamFG) und es besteht mit Blick auf § 6 RPflG die funktionale Zuständigkeit des Richters für beide Verfahren.

▶ *Näher hierzu Heilmann, § 6 RPflG Rn. 1.*

13 Auch in den Fällen der Verbindung handelt es sich bei dem Auskunftsverfahren um ein vom Umgangsverfahren gesondertes Verfahren.[63] Das Auskunftsverfahren wird **nur auf**

---

47 OLG Zweibrücken FamRZ 1990, 779
48 OLG Zweibrücken FamRZ 1990, 779
49 KG NJW-RR 2011, 438; OLG Hamm FamRZ 1995, 1288
50 MüKo-BGB/*Hennemann,* § 1686 Rn. 10
51 OLG Stuttgart FamRZ 2006, 1628
52 MüKo-BGB/*Hennemann,* § 1686 Rn. 12
53 OLG Hamm FamRZ 1995, 1288
54 BeckOK-BGB/*Veit,* § 1686 BGB Rn. 6.2
55 OLG Brandenburg FamRZ 2008, 638
56 OLG Hamm MDR 2010, 88
57 OLG Frankfurt NJW 2002, 3785
58 OLG Brandenburg FamRZ 2008, 638
59 Ausdrücklich nunmehr in § 151 Nr. 2 FamFG geregelt durch das Gesetz zur Stärkung der Rechte des leiblichen, nicht rechtlichen Vaters vom 4.7.2013 (BGBl. I S. 2176)
60 OLG Frankfurt ZKJ 2007, 118
61 Verneint für ein Verfahren, in dem der Vater die Überlassung eines aktuellen Porträtfotos begehrt: OLG München ZKJ 2018, 389
62 OLG Brandenburg NJW-RR 2000, 882
63 OLG Brandenburg FamRZ 2010, 741

einen entsprechenden **Antrag** eingeleitet.[64] Das folgt aus dem Wortlaut der Vorschrift: „Jeder Elternteil … kann vom … verlangen …". Das Verfahren ist damit ein Antragsverfahren i.S.v. § 23 FamFG.

▶ *Näher hierzu Köhler, § 23 FamFG.*

Die Rücknahme des Antrages führt daher, anders als in Umgangsverfahren (siehe Gottschalk, § 1684 BGB Rn. 85), zur Verfahrensbeendigung. Gleichwohl handelt es sich um ein **Amtsermittlungsverfahren**, d.h. die Ermittlungen werden gemäß § 26 FamFG vom Gericht getätigt.

D. Kosten, Verfahrenswert, Verfahrenskostenhilfe

Die **Kostentscheidung** folgt aus §§ 81 ff FamFG. Bei nicht von vornherein aussichtslosen Auskunftsbegehren werden die Gerichtskosten in der Regel beiden Elternteilen jeweils hälftig aufzuerlegen sein.[65] **14**

▶ *Näher zur Kostenentscheidung Dürbeck, § 81 FamFG Rn. 1 ff.*

Verfahrenskostenhilfe kann bei Vorliegen der Voraussetzungen der §§ 76 ff. FamFG, 114 ff ZPO bewilligt werden. Eine anwaltliche Vertretung ist für das Auskunftsverfahren vor den Amts- und Oberlandesgerichten nicht zwingend vorgesehen (§ 114 Abs. 1 FamFG), so dass eine Beiordnung nur unter den Voraussetzungen des § 78 Abs. 2 FamFG in Betracht kommt.[66] **15**

In § 45 Abs. 1 Nr. 3 FamGKG[67] ist nunmehr ausdrücklich geregelt, dass auch für Verfahren betreffend Auskünfte über die persönlichen Verhältnisse eines Kindes der **Regelverfahrenswert in Höhe von 3.000 Euro** greift. Sofern ein Auskunftsanspruch neben einer Umgangsregelung geltend gemacht wird, so werden die Verfahrenswerte für das Auskunftsrecht (§ 45 Abs. 1 Nr. 3 FamGKG) und für das Umgangsrecht (§ 45 Abs. 1 Nr. 2 FamGKG) addiert (§ 33 Abs. 1 FamGKG), so dass sich ein Verfahrenswert in Höhe von 6.000 Euro ergibt.[68] **16**

E. Vollstreckung

Weigert sich der Auskunftsverpflichtete die geschuldete Auskunft zu erteilen, so kann der Auskunftsberechtigte die **Vollstreckung nach §§ 86, 95 Nr. 3 FamFG, 888 ZPO**[69] betreiben. Die §§ 88 ff. FamFG finden hingegen auf die Vollstreckung einer Auskunftsverpflichtung nach § 1686 BGB keine Anwendung, da es sich gerade nicht um die Vollstreckung einer Umgangsregelung handelt,[70] aber auch nicht nach § 35 FamFG,[71] da letztere Vorschrift nur verfahrensleitende Anordnungen erfasst.[72] **17**

▶ *Näher zu den Voraussetzungen der Vollstreckung Cirullies, § 86 FamFG Rn. 7.*

Bei einer nachdrücklichen Verweigerung der Auskunftserteilung durch den verpflichteten, sorgeberechtigten Elternteil kommt auch ein Entzug eines Teils der elterlichen Sorge und **18**

64 OLG Frankfurt FamRZ 2019, 362
65 Noch nach altem Recht: OLG Hamm FamRZ 1995, 1288; 2010, 909
66 OLG Saarbrücken FamRZ 2015, 162: VKH für Beschwerdeverfahren betreffend die Vollstreckung einer Auskunftsverpflichtung, ausführlich zur Beiordnung: *Dürbeck/Gottschalk*, Rn. 688 „Sorge- und Umgangsrecht"
67 Ebenfalls geändert durch das Gesetz zur Stärkung der Rechte des leiblichen, nicht rechtlichen Vaters vom 4.7.2013 (BGBl. I S. 2176)
68 OLG Frankfurt FamRZ 2018, 204; vgl. OLG Karlsruhe, Beschl. v. 12.3.2019 – 5 WF 196/18, NZFam 2019, 410, zum Vergleichsmehrwertes
69 BGH ZKJ 2017, 232; OLG Saarbrücken FamRZ 2015, 162; Staudinger/*Dürbeck,* § 1686 BGB Rn. 22
70 MüKo-BGB/*Hennemann*, § 1686 Rn. 14
71 BeckOK-BGB/*Veit*, § 1686 BGB Rn. 8
72 OLG Saarbrücken FamRZ 2015, 162

die Übertragung dieses Teils auf einen Ergänzungspfleger in Betracht, der dann die Auskunft erteilt.[73]

F. Übersicht: Auskunftsrechte

19

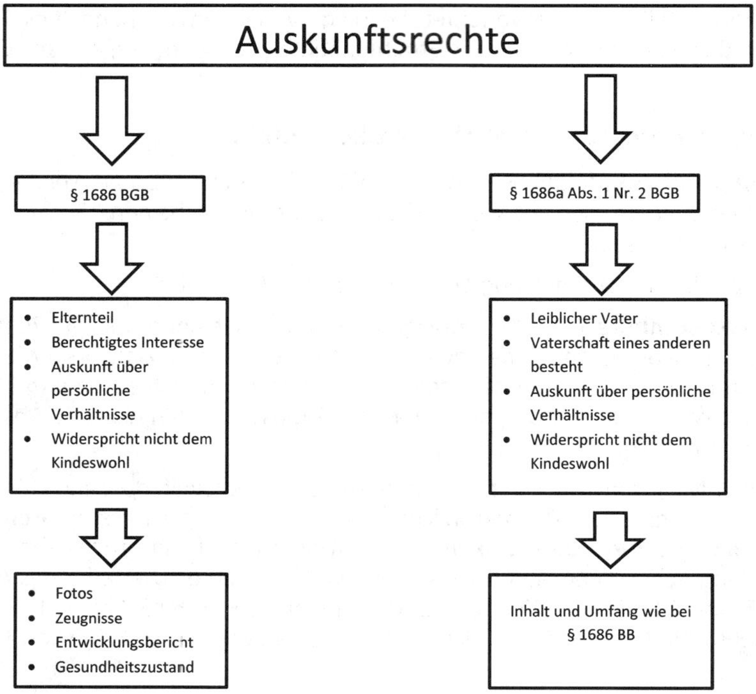

§ 1686a BGB Rechte des leiblichen nicht rechtlichen Vaters

(1) Solange die Vaterschaft eines anderen Mannes besteht, hat der leibliche Vater, der ernsthaftes Interesse an dem Kind gezeigt hat,

1. ein Recht auf Umgang mit dem Kind, wenn der Umgang dem Kindeswohl dient, und

2. ein Recht auf Auskunft von jedem Elternteil über die persönlichen Verhältnisse des Kindes, soweit er ein berechtigtes Interesse hat und dies dem Wohl des Kindes nicht widerspricht.

(2) [1]Hinsichtlich des Rechts auf Umgang mit dem Kind nach Absatz 1 Nummer 1 gilt § 1684 Absatz 2 bis 4 entsprechend. [2]Eine Umgangspflegschaft nach § 1684 Absatz 3 Satz 3 bis 5 kann das Familiengericht nur anordnen, wenn die Voraussetzungen des § 1666 Absatz 1 erfüllt sind.

Übersicht

Rn.
A. Allgemeines 1
I. Normzweck 1
II. Anwendungsbereich 2

73 OLG Frankfurt FamRZ 2002, 1585

B. Inhalt der Norm 4
I. Voraussetzungen von Umgangs- bzw. Auskunftsrecht (Abs. 1) 4
1. Umgangsrecht (Abs. 1 Nr. 1) 4
a) Leiblicher Vater 4
b) Bestehen rechtlicher Vaterschaft 8
c) Ernsthaftes Interesse am Kind 10
d) Positive Kindeswohldienlichkeit 16
e) Auskunftsrecht (Abs. 1 Nr. 2) 20
II. Entsprechende Anwendung von § 1684 Abs. 2 bis 4 BGB (Abs. 2) 25
1. Inhalt der Umgangsregelung 26
2. Inhalt des Auskunftsrechts 30
C. Verfahren 31
D. Kosten, Verfahrenswert 33

A. Allgemeines

I. Normzweck

Die durch das Gesetz zur Stärkung der Rechte des leiblichen, nicht rechtlichen Vaters.[1] am 13.7.2013 in Kraft getretene Vorschrift soll dem leiblichen, aber nicht rechtlichen Vater, unter der Voraussetzung der **Kindeswohldienlichkei**t ein **Umgangsrecht** mit seinem Kind bzw. ein Recht auf Auskunft geben, auch wenn dieser bislang keinen Kontakt zu dem Kind hatte. Der Gesetzgeber hat davon abgesehen, korrespondierend zum Recht auf Umgang, auch eine Umgangspflicht des leiblichen Vaters gesetzlich zu normieren. Auch im Übrigen sollen mit dem Recht auf Umgang **keine weiteren Verpflichtungen** (z.B. Unterhaltspflichten) für den biologischen Vater einhergehen[2] 1

▶ *Näher zur Entstehung der Vorschrift siehe Gottschalk, § 167a FamFG Rn. 1.*

II. Anwendungsbereich

Nur der **biologische (leibliche) Vater, der nicht zugleich der rechtliche Vater ist**, erhält nach dieser Vorschrift ein Umgangs- und ein Auskunftsrecht; die Abstammung ist ggf. inzident innerhalb des Umgangsverfahrens festzustellen (siehe *Gottschalk,* § 167a FamFG, Rn. 11a). Die Gewährung eines Umgangsrechts hat desweiteren die Voraussetzungen, dass das Kind überhaupt einen **rechtlichen Vater** hat (siehe *Grün*, § 1592 BGB), der leibliche Vater ein **ernsthaftes Interesse** am Kind bekundet (hat) und der Umgang dem Kindeswohl dient (Abs. 1 Nr. 1). Ein **Recht auf Auskunft** steht dem leiblichen Vater bereits dann zu, wenn er ein berechtigtes Interesse hat und das Auskunftsrecht **dem Wohl des Kindes nicht widerspricht** (Abs. 1 Nr. 2). Die Vorschrift ist insoweit der Regelung in § 1686 BGB nachgebildet. 2

Fraglich ist, ob § 1686a BGB in seinem Anwendungsbereich der Vorschrift des § 1685 BGB vorgeht, mithin lex specialis gegenüber letzter ist.[3] Praktisch bedeutsam wird die Frage des Verhältnisses beider Normen, wenn der leibliche, nicht rechtliche Vater eine sozial-familiäre Beziehung zum Kind hatte. Nach hier vertretener Auffassung, sind beide Vorschriften nebeneinander anwendbar (vgl. *Gottschalk*, § 167a FamFG, Rn. 3). 3

---

1 Gesetz vom 4.7.2013 (BGBl. I S. 2176); zu Kritik und verfassungsrechtlichen Bedenken siehe *Peschel-Gutzeit*, NJW 2013, 2465

2 Palandt/*Götz*, § 1686a BGB Rn. 1; *Hoffmann*, FamRZ 2013, 1077, 1078, kritisch hierzu *Keuter*, ZKJ 2013, 484, 486, und *Lang*, FPR 2013, 233, 234

3 Staudinger/*Dürbeck,* § 1686a BGB Rn. 8

B. Inhalt der Norm

I. Voraussetzungen von Umgangs- bzw. Auskunftsrecht (Abs. 1)

1. Umgangsrecht (Abs. 1 Nr. 1)

a) Leiblicher Vater

4 Nur der leibliche Vater erhält ein Umgangsrecht. Leiblicher Vater i.S.d. § 1686 a BGB ist derjenige, der **in der gesetzlichen Empfängniszeit der Mutter beigewohnt** hat (vgl. § 1600d Abs. 2 BGB und § 167 Abs. 1 FamFG)[4] oder – nach der Entscheidung des BGH[5] – der seinen Samen zur **künstlichen Befruchtung** zur Verfügung gestellt hat, sofern es sich nicht um eine Samenspende nach § 1600 Abs. 5 BGB gehandelt hat.[6]

5 Hat ein leiblicher Vater die Einwilligung in die **Adoption** erteilt und dadurch seine Stellung als rechtlicher Vater verloren, kann er kein Umgangsrecht aus § 1686a BGB herleiten.[7]

6 Wird die **Vaterschaft bestritten**, so muss im Wege der **Inzidentprüfung**.[8] **im Verfahren nach § 167a FamFG** die Abstammung des Antragstellers geklärt werden (siehe *Gottschalk,* § 167a FamFG Rn. 11). Ergibt das Vaterschaftsfeststellungszwischenverfahren, dass das Kind nicht vom Antragsteller stammt, so muss der Antrag als unbegründet abgewiesen werden[9] Hingegen steht es dem Antragsteller frei, ob er nach festgestellter Vaterschaft seinen Umgangsantrag noch weiter verfolgen möchte. Das **Gutachten** erwächst auch **nicht in materielle Rechtskraft**. Die Feststellung der biologischen Vaterschaft ändert an der rechtlichen Vaterschaft nichts und hat für den Antragsteller außer der einer möglichen Umgangsberechtigung oder eines Auskunftsrechts keinerlei Konsequenzen.[10]

7 Die in der Praxis häufig zu stellende Frage wird sein, **ob zunächst die leibliche Vaterschaft oder das Vorliegen der sonstigen Voraussetzungen geklärt werden sollte**, insbesondere die Kindeswohldienlichkeit des Umgangs. Die Bestimmung der Reihenfolge ist gesetzlich nicht festgelegt[11] und steht im **Ermessen des Gerichts**.[12] Bei der Ermessensausübung ist zu beachten, dass die Einholung eines Abstammungsgutachtens einen Eingriff in das durch Art. 6 Abs. 1 GG geschützte Familienleben der bestehenden Familie darstellt und auf Dauer Unfrieden in die bestehende Familie bringen kann.[13] Das Gericht darf die Wahl der **Prüfungsreihenfolge** deshalb **nicht allein an Praktibilitätserwägungen** knüpfen.[14] Die Klärung der Abstammung muss deshalb hintenan gestellt werden, wenn die übrigen Voraussetzungen leicht festzustellen sind oder absehbar nicht eingreifen werden.[15] Sie sollte aber dann vorgezogen werden, wenn die leibliche Vaterschaft zwischen den Beteiligten nicht wirklich in Frage steht,[16] oder aber wenn die übrigen Voraussetzun-

---

4 Prütting/Wegen/Weinreich/*Ziegler*, § 1686a BGB, Rn. 2
5 ZKJ 2013, 410; bestätigt durch BGH FamRZ 2015, 828 zu § 1747 BGB betreffend eine offene private Samenspende, hierzu: *Osthold* FF 2016, 53; OLG Frankfurt ZKJ 2019, 65
6 BGH ZKJ 2013, 410; *Hoffmann*, FamRZ 2013, 1077, 1078 mit dem Hinweis, dass ein Anspruch nach § 1686a BGB nicht von vornherein ausscheidet, wenn zwei Partnerinnen einer (eingetragenen) Lebensgemeinschaft Samen zur Verfügung gestellt wurde
7 BT-Drucks. 17/12163, 12; zur Kritik: *Keuter*, ZKJ 2013, 484, 485; *Hoffmann*, FamRZ 2013, 1077, 1082
8 Kritisch hierzu *Lang*, FPR 2013, 233, 234
9 *Keuter*, ZKJ 2013, 484, 486; zur Einordnung als Antragsverfahren siehe unten Rn. 31
10 Kritisch hierzu: *Keuter*, ZKJ 2013, 484, 486; *Lang*, FPR 2013, 233, 234; *Peschel-Gutzeit*, NJW 2013, 2465, 2467; Staudinger/*Dürbeck* § 1686 a BGB Rn. 6 m.w.N.
11 BVerfG ZKJ 2015, 77, *Grün*, NZFam 2014, 1138, 1139
12 OLG Brandenburg ZKJ 2018, 322; OLG Bremen ZKJ 2015, 25; OLG Koblenz FamRZ 2013, 798
13 BVerfG ZKJ 2015, 77; Palandt/*Götz*, § 1686a BGB Rn. 8
14 BVerfG ZKJ 2015, 77
15 EGMR BeckRS 2018, 16483; BVerfG ZKJ 2015, 77; *Hoffmann*, FamRZ 2013, 1077, 1079, *Grün*, NZFam 2014, 1139
16 Anders *Hoffmann*, FamRZ 2013, 1077, 1079: wenn erhebliche Zweifel an der Vaterschaft bestehen, sollte zumeist zunächst die Vaterschaft festgestellt werden.

gen noch offen aber hoch umstritten sind. Dabei ist auch zu berücksichtigen, dass die Prüfung des Kindeswohls die Einbeziehung des Kindes voraussetzt, welches nur dann belastet und beunruhigt werden sollte, wenn die leibliche Vaterschaft tatsächlich feststeht.[17]

b) Bestehen rechtlicher Vaterschaft

Der Anspruchsteller darf nicht rechtlicher Vater sein, da hier die gesetzliche Sonderregelung in § 1684 BGB Anwendung findet. Kein Umgangsrecht nach § 1686a BGB besteht auch, wenn **keine rechtliche Vaterschaft eines Dritten besteht**. In diesem Fall muss der Antragsteller die Vaterschaft anerkennen oder durch positiven Vaterschaftsfeststellungsantrag feststellen lassen (§ 1592 Nr. 2 und 3 BGB), um dann sein Umgangsrecht aus § 1684 BGB geltend zu machen. Damit will der Gesetzgeber verhindern, dass sich der leibliche Vater mit einer sogenannten „Vaterschaft light" begnügt, die ihm ein Umgangsrecht einräumt, aber keinerlei Pflichten auferlegt.[18] **8**

Allerdings fördert der Gesetzgeber eine „Vaterschaft light", indem er **keinen Anfechtungsvorrang** vorsah.[19] Selbst wenn der rechtliche Vater keine sozial-familiäre Beziehung zum Kind hat und der leibliche Vater deshalb gemäß § 1600 Abs. 1 Nr. 2 i.V.m. § 1600 Abs. 2 BGB berechtigt wäre, die Vaterschaft anzufechten, kann er ggf. die Möglichkeit eines Umgangsrechts nach § 1686a BGB nutzen, ohne zugleich rechtliche Verpflichtungen einzugehen. **9**

c) Ernsthaftes Interesse am Kind

In der **Gesetzesbegründung** werden **Beispiele** für die Bekundung eines **ernsthaften Interesses** durch den (mutmaßlichen) leiblichen Vater genannt:[20] **10**

- der Wunsch, die Mutter zu den Vorsorgeuntersuchungen zu begleiten,
- ein bestehendes Interesse an den ärztlichen Untersuchungen,
- der Wunsch, die Mutter zur Entbindung zu begleiten,
- der Wunsch, sein Kind zügig kennenzulernen,
- fortgesetzte Kontaktbemühungen,
- die wiederholte Äußerung des Wunsches nach Umgang u n d, noch weitergehend,
- die Fortentwicklung konkreter Pläne zur Umsetzung eines Kontaktwunsches im Hinblick auf den Wohnort und den Arbeitsplatz des leiblichen Vaters
- das Sichbekennen zum Kind vor und nach der Geburt sowie
- die Äußerung der Bereitschaft, Verantwortung – auch finanzieller Art – zu übernehmen.[21]

Auch tatsächlich stattgefundene Umgangskontakte sprechen für ein ernsthaftes Interesse.[22]

All diese Beispiele gehen indes davon aus, dass der leibliche Vater zu der Mutter durchgehend Kontakt hatte und von der Schwangerschaft wusste.[23] Aber auch wenn sich der Ge- **11**

17 OLG Brandenburg ZKJ 2018, 322; Vgl. AK 9 des 20. Familiengerichtstages, der in These 7 die Auffassung vertritt, dass für den Fall, dass die Kindeswohldienlichkeit mit Hilfe eines Sachverständigengutachtens festgestellt werden soll, in der Regel zunächst die Abstammung geklärt sein sollte
18 BT-Drucks. 17/12163, 12
19 Mit berechtigter Kritik: *Kreuter,* ZKJ 2013, 484, 485; *Lang,* FPR 2013, 233, 234
20 BT-Drucks. 17/12163, 13
21 OLG Frankfurt, Beschl. v. 2.1.2019 – 6 WF 115/18, FamRZ 2018, 1254: Unterhaltszahlungen
22 OLG Frankfurt, Beschl. v. 2.1.2019 – 6 WF 115/18, FamRZ 2018, 1254
23 *Peschel-Gutzeit,* NJW 2013, 2465, 2467

setzgeber bei der Wahl der Beispiele von der Grundannahme einer längeren Beziehung zwischen leiblichem Vater und Mutter hat leiten lassen,[24] so kann nicht intendiert sein, dass solche Väter vom Anwendungsbereich ausgeschlossen sind, die von der Schwangerschaft nicht wussten, weil es sich um einen flüchtigen Kontakt gehandelt hat und/oder die Mutter den Vater bewusst von einer weiteren Kontaktaufnahme abgehalten hat.

12 Ebenso wenig soll der der mutmaßliche leibliche Vater vom Umgangsrecht ausgeschlossen werden, der zwar selbst zunächst den Kontakt zur Mutter abgebrochen hat, weil er bspw. die Ehe der Mutter nicht gefährden wollte,[25] u.U. aber auch in Fällen, in denen der Vater den Kontakt zur Mutter mit dem Wunsch nach einer Abtreibung abgebrochen hat, aber später den Kontakt zu Mutter und Kind wieder gesucht hat, weil er sich eines Besseren besonnen hat oder schlichtweg älter und reifer geworden ist.[26] Letzteres kann allerdings nur dann zutreffen, wenn der Kontakt zum Kind nicht bereits einmal bestanden hat.[27]

13 Der Begriff der Ernsthaftigkeit beinhaltet auch ein Zeitmoment[28] und dem Wortlaut lässt sich nicht entnehmen, dass das Interesse ausnahmslos ab der Beiwohnung oder von Geburt an bestanden haben muss. In all den Fällen der Unkenntnis oder zunächst bestehendem Unvermögen (nicht Unwillen) muss es ausreichen, wenn der leibliche Vater durch aktives Bemühen ein wahres Interesse am Kind (und nicht an der Mutter oder dem stiften von Unfrieden in der sozialen Familie) über einen spürbaren Zeitraum zeigt.

14 Die **bloße Kontaktaufnahme zum Jugendamt** und **Einleitung eines Gerichtsverfahrens** ist nach **zutreffender** Auffassung[29] **nicht ausreichend**. Indizwirkung hat aber die **Zahlung von Unterhalt**[30] oder die Hingabe sonstiger **finanzieller Zuwendungen**, die **Nachfrage**, das **Anbieten von Hilfe** und die **Bitte um Informationen** über die allgemeine Befindlichkeit des Kindes.

15 Die Ernsthaftigkeit des Interesses kann **fehlen**, wenn eine sozial-familiäre Beziehung zwischen rechtlichem Vater und Kind nicht gegeben ist und der leibliche Vater gleichwohl **von einer Anfechtung der rechtlichen Vaterschaft absieht**.[31] Jedenfalls aber ist die Zurückhaltung des leiblichen Vater bei der Geltendmachung seiner Rechte aus § 1686a BGB aus Rücksichtnahme auf die soziale Familie angemessen bei der Betrachtung der Ernsthaftigkeit seines Umgangswunsches zu würdigen.[32]

d) Positive Kindeswohldienlichkeit

16 Das Umgangsrecht steht dem leiblichen Vater nur unter der Voraussetzung zu, dass der Umgang dem Kindeswohl dient **(positive Kindeswohldienlichkeit)**. Im Hinblick auf die zu § 1685 Abs. 2 BGB unterschiedliche Ausgangssituation (keine sozial-familiäre Bindung) kann n i c h t auf die Kriterien des § 1685 BGB verwiesen werden. In der Rechtsprechung müssen sich – ebenso wie für das Merkmal des ernsthaften Interesses – erst Kriterien und Fallgruppen für die positive Kindeswohldienlichkeit noch weiter entwickeln.

---

24 So *Keuter,* ZKJ 2013, 484, 486; *Peschel-Gutzeit,* NJW 2013, 2465, 2467; *Grün*, NZFam 2014, 1138, 1139

25 *Grün,* NZFam 2014, 1138, 1139

26 Zweifelnd an einer solch strengen Auslegung auch *Keuter,* ZKJ 2013, 484, 487; a.A. Bremen ZKJ 2015, 25: kein „ernsthaftes Interesse" wenn dem Antragsteller seine mögliche Vaterschaft bereits vor der Geburt des Kindes bekannt war, er sich aber erst 7 Jahre später um die Kontaktaufnahme bemüht hat

27 *Hoffmann,* FamRZ 2013, 1078, 1080

28 *Völker/Clausius*, § 2 Rn. 134: , längerfristiges und nachhaltiges Interesse"; a.A. *Kloster-Harz,* FamFR 2013, 337, 338

29 *Keuter,* ZKJ 2013, 484, 485 „gewisse Indizwirkung"; *Kloster-Harz*, FamFR 2013, 337, 338, lässt die Anrufung des Gerichts nach außergerichtlichen Bemühungen ausreichen

30 OLG Frankfurt, Beschl. v. 2.1.2019 – 6 WF 115/18, FamRZ 2019, 1254

31 *Keuter,* ZKJ 2013, 485, 486

32 BT-Drucks. 17/12163, 13

Sicherlich wird sich kein Grundsatz aufstellen lassen, wonach die Kenntnis der biologischen Abstammung und der (frühestmögliche) Kontakt zum leiblichen Vater per se dem Kindeswohl dient.[33] **Gegen die Kindeswohldienlichkeit** wird es sprechen, wenn sich der leibliche Vater sowie der rechtliche Vater und die Mutter „ablehnend bis feindselig" gegenüberstehen[34] oder der leibliche Vater die Vaterstellung des rechtlichen Vaters auch gegenüber dem Kind in Frage stellt, in dem er dem Kind bei den Umgangskontakten erklärt, dass er sein wahrer Vater sei.[35] Auch wenn der leibliche Vater bewusst Unfrieden versucht in die Familie herein zu bringen, wird dieser Umstand ebenso gegen die Kindeswohldienlichkeit sprechen[36] wie die Tatsache, dass das Verhältnis zwischen den (rechtlichen) Eltern und dem biologischen Vater hochgradig zerrrütet und belastet ist und das Kind in die Gefahr des Loyalitätskonflikt bringt.[37] **17**

Zu Recht wird darauf hingewiesen, dass Kinder in vielfältigen Familienkonstellationen mit mehreren Vätern und/oder Müttern konfrontiert sind.[38] Auch spricht die Bindungstheorie nicht per se gegen einen Umgang des leiblichen Vaters, da Kinder eine Mehrzahl von Beziehungen aufbauen können.[39] Abhängig von der konkreten Familiensituation und der Disponibilität des Kindes kann die Konfrontation mit einem „weiteren" „neuen" Vater aber auch zu Verlustängsten und einer hiermit einhergehenden Traumatisierung führen.[40] Es wird immer auf den konkreten Fall ankommen und deshalb in **jedem Einzelfall** abzuwägen sein, ob und inwieweit die vorgenannten Umstände im Hinblick auf das Alter des Kindes, die konkrete Situation der sozialen (rechtlichen) Familie, insbesondere deren Stabilität, den Grad der Bindung des Kindes an die Familie, die Persönlichkeitsstruktur des Kindes sowie das Vermögen des leiblichen Vaters, sich in die Situation des Kindes einzufühlen, eine Rolle spielen.[41] Auch wird es darauf ankommen müssen, inwieweit der Kindesmutter und der biologische Vater in der Lage sind, ihre persönlichen Konflikte einzugrenzen[42] und etwaige auftretende negative Auswirkungen auf das Kind aufzufangen. Die beharrliche Weigerung durch die Eltern allein genügt nicht.[43] **18**

Das Familiengericht muss eine hinreichende Grundlage für eine am Kindeswohl orientierte Entscheidung haben. Es muss daher allen maßgeblichen Umständen im Rahmen seiner Pflicht zur Amtsermittlung nachgehen, insbesondere durch Anhörung der Beteiligten, Anhörung anderer Bezugspersonen des Kindes, ggf. auch durch die Bestellung eines Verfahrensbeistandes oder durch Einholung eines Sachverständigengutachtens.[44] Jedenfalls müssen die für das Kind vom Umgang mit seinem leiblichen Vater **zu erwartenden Vorteile** die zu erwartenden **Nachteile** eindeutig **überwiegen, damit ein Umgang zu Gunsten des leiblichen Vaters geregelt werden kann.**[45] **19**

---

33 OLG Frankfurt ZKJ 2019, 65; FamRZ 2017, 307; Vgl. *Lang*, FPR 2013, 233, 235; *Keuter*, ZKJ 2013, 484, 487, der darauf hinweist, dass in diesem Fall der Inkognitoadoption der Boden entzogen wäre; a.A. *Kloster-Harz*, FamFR 2013, 337, 339

34 OLG Bamberg FamRZ 2013, 710

35 OLG Bamberg FamRZ 2013, 710

36 OLG Thüringen FamRZ 2017, 1410

37 BVerfG, Nichannahmebeschl. v. 6.12.2016 – 1 BvR 2046/16, juris

38 *Hoffmann*, FamRZ 2013, 1077, 1080

39 AK 9 des 20. Deutschen Familiengerichtstages – 2. These

40 *Grün*, NZFam 2014, 1138, 1139

41 OLG Frankfurt, Beschl. v. 2.1.2019 – 6 WF 115/18, FamRZ 2019, 1254; vgl. BT-Drucks. 17/12163, 13

42 OLG Frankfurt, Beschl. v. 2.1.2019 – 6 WF 115/18, FamRZ 2019, 1254

43 BGH ZKJ 2017, 21; OLG Brandenburg ZKJ 2018, 322

44 AK 9 des 20. Familiengerichtstages – 1. These, der ein Vorgehen nach § 163 Abs. 2 FamFG empfiehlt, sofern ein Gutachten eingeholt werden soll

45 OLG Frankfurt FamRZ 2017, 307; *Hammer*, FamRB 2013, 298, 300; *Keuter*, ZKJ 2013, 484, 487, prognostiziert im Hinblick auf das in der Praxis häufig anzutreffende Konfliktpotential nur wenige Fälle, in denen eine Kindeswohldienlichkeit zu bejahen sein wird; OLG Bremen ZKJ 2015, 25

e) Auskunftsrecht (Abs. 1 Nr. 2)

20 Das Auskunftsrecht des leiblichen, nicht rechtlichen Vaters ist der Vorschrift des § 1686 BGB nachgebildet.[46] Hinsichtlich der Voraussetzungen „berechtigtes Interesse" und „persönliche Verhältnisses des Kindes" kann auf die diesbezüglichen Ausführungen zu § 1686 BGB verwiesen werden.

▶ *Näher hierzu Gottschalk, § 1686 BGB Rn. 1 ff.*

21 Das **berechtigte Interesse** wird **indiziert durch** die **leibliche Vaterschaft**,[47] nachdem der leibliche nicht rechtliche Vater keine andere Möglichkeit hat, die Auskunft zu erlangen, sofern sie ihm nicht freiwillig erteilt wurde.

22 Das Auskunftsrecht des leiblichen Vater setzt wie das Umgangsrecht nach Abs. 1 Nr. 1 voraus, dass die **leibliche Vaterschaft feststeht**, eine **anderweitige rechtliche Vaterschaft** besteht und der Auskunftsbegehrende ein **ernsthaftes Interesse** gezeigt hat. Diese Unterscheidung ggü. dem Auskunftsanspruch nach § 1686 BGB rechtfertigt sich daraus, dass der leibliche, nicht rechtliche Vater keine Verpflichtungen gegenüber dem Kind besitzt.[48]

23 Im Gegensatz zum Umgangsrecht nach § 1686a Abs. 1 Nr. 1 BGB ist Voraussetzung für ein Auskunftsrecht **nicht die positive Kindeswohldienlichkeit**[49] vielmehr ist die **Feststellung genügend**, dass das Auskunftsrecht **dem Kindeswohl nicht widerspricht**.

▶ *Näher hierzu Gottschalk, § 1686 BGB Rn. 7.*

24 Dem Kindeswohl widersprechen wird ein Auskunftsrecht des leiblichen Vaters, wenn dieses erkennbar nur dazu dienen soll, den nicht gewährten persönlichen Umgang mit dem Kind auf Umwegen zu verfolgen oder Unfrieden in die Familie zu bringen.

II. Entsprechende Anwendung von § 1684 Abs. 2 bis 4 BGB (Abs. 2)

25 Die Verweisung entspricht der Regelung in § 1685 Abs. 3 Satz 1 BGB.

▶ *Näher hierzu Gottschalk, § 1685 BGB Rn. 18 f.*

1. Inhalt der Umgangsregelung

26 Die Beteiligten können einen gerichtlich gebilligten Vergleich gemäß § 156 Abs. 2 FamFG schließen oder das Familiengericht regelt den Umgang durch Beschluss. Anders als bei §§ 1684, 1685 BGB kommt eine bloße Zurückweisung des Antrages in Betracht, da es sich um ein Antragsverfahren handelt.

▶ *Näher hierzu Gottschalk, § 1684 BGB Rn. 85 ff.*

27 **Tenorierungsbeispiele für den Umgang gemäß § 1686a BGB**

I. Der Antrag wird zurückgewiesen.

oder

II. Der Umgang des Antragstellers mit dem Kind XY wird bis zum XX.XX.XXXX ausgeschlossen.

46 *Keuter,* ZKJ 2013, 484, 488
47 *Hoffmann,* FamRZ 2013, 1077, 1081
48 BR-Drucks. 666/12, 14
49 BR-Drucks. 666/12, 14

oder

III.

1. *Die Kindesmutter und der rechtliche Vater (Antragsgegner) des Kindes XY sind verpflichtet, dem Antragsteller Umgang mit dem Kind XY wie folgt zu gewähren: Einmal im Monat, jeweils am 3. Freitag eines jeden Kalendermonats in der Zeit von 15.00 Uhr bis 18.00 Uhr, erstmals am Freitag, den 21.3.2020.*
2. *Der Antragsteller holt das Kind zu Beginn des jeweiligen Besuchskontakts pünktlich im Haushalt der Antragsgegner ab. Am Ende der jeweiligen Besuchszeit bringt der Antragsteller das Kind pünktlich in den Haushalt der Antragsgegner zurück.*
3. *Der Antragsteller und die Antragsgegner werden darauf hingewiesen, dass im Fall der Zuwiderhandlung gegen die sich aus diesem Beschluss ergebenden Verpflichtungen ein Ordnungsgeld in Höhe von bis zu 25.000 € und für den Fall, dass dieses nicht beigetrieben werden kann oder dessen Anordnung keinen Erfolg verspricht, Ordnungshaft angeordnet werden kann.*

Wird eine Umgangsregelung getroffen, so muss sie inhaltlich bestimmt sein (siehe *Gottschalk,* § 1684 BGB Rn. 28).

Der Umfang des Umgangsrechts des leiblichen, nicht rechtlichen Vaters nach § 1686a BGB **28**
hat sich grds. an den zu § 1685 entwickelten Kriterien zu orientieren. Die **konkrete Ausgestaltung** des Umgangs muss sich am **Kindeswohl** orientieren. Hierbei ist zunächst zu beachten, wie groß die Akzeptanz der sozialen Familie ist, um das Kind – sofern die Kindeswohldienlichkeit bejaht wurde – nicht mehr als nötig einem Loyalitätskonflikt auszusetzen. Sind **mehrere Umgangsberechtigte** vorhanden (getrennt lebender rechtlicher Vater, Großeltern, weitere enge Bezugspersonen nach § 1685 BGB) muss eine Überforderung des Kindes verhindert werden. Schließlich spielt selbstverständlich das Alter des Kindes eine Rolle und seine Fähigkeit und Bereitschaft, sich auf seinen „zweiten" Vater einzulassen.

Ein 14-tägiger Umgangskontakt über das Wochenende kann jedenfalls mit Blick auf die Vielzahl der Bezugspersonen des Kindes nicht als Regelfall angenommen werden.[50] Gerade zu Beginn der Umgangskontakte und bei kleinen Kindern dürfte lediglich ein **stundenweiser Umgang** in Betracht kommen.

▶ *Zu den Kosten des Umgangs siehe Gottschalk, § 1685 Rn. 27.* **29**

50 Zutreffend *Keuter,* ZKJ 2013, 484, 487; vgl. auch AK 9 des 20. Deutschen Familiengerichtstages – These 3 – wonach sich für das Umgangsrecht des biologischen Vaters kein „Regelumfang" bestimmen lässt und der Umgang nicht regelmäßig dem Umgang eines rechtlichen Elternteils entsprechen muss

2. Inhalt des Auskunftsrechts

30 Mangels rechtlicher Vaterstellung kann der nach § 1686a BGB Auskunftsberechtigte auch keine Sorgerechtsstellung erlangen und ihm steht keinerlei (rechtliche) Möglichkeit offen, anderweitig Informationen zu erhalten. Inhaltlich ist zu berücksichtigen, dass der Anspruchsinhaber möglicherweise bislang gar keine Informationen über das Kind hat. Zur Auskunft **verpflichtet** ist nicht nur die **Kindesmutter** sondern **auch der (rechtliche) Vater**.[51]

▶ *Näher zum Inhalt des Auskunftsrechts Gottschalk, § 1686 BGB Rn. 8.*

C. Verfahren

31 Es handelt sich um eine **Kindschaftssache nach § 151 Nr. 2 FamFG**. Besonderheiten ggü. den Verfahren über Umgangssachen gemäß §§ 1684 und 1685 BGB ergeben sich insbesondere aus § 167a FamFG. Zudem handelt es sich um ein Antragsverfahren (zur Abgrenzung Amts- und Antragsverfahren siehe *Köhler,* § 25 FamFG, Rn. 1 ff., *Gottschalk,* § 1684, Rn. 85).[52] Gleichwohl besteht eine Pflicht zur Amtsermittlung (§ 26 FamFG), den Antragsteller trifft aber eine Feststellungslast. Das folgt aus dem Wortlaut von § 167a FamFG. Zu den sich aus § 167a FamFG ergebenden Besonderheiten für Umgangs- und Auskunftsverfahren siehe *Gottschalk,* § 167a FamFG, Rn. 1 ff.

32 **Beteiligt** sind neben dem antragstellenden (vermeintlichen) leiblichen Vater (gemäß § 7 Abs. 1 FamFG) das **Kind und die Eltern** und zwar auch der rechtliche Vater. Das Jugendamt wird auf seinen Antrag hin beteiligt (§ 162 Abs. 2 FamFG).

32a Die Beteiligten sind anzuhören, das gilt nach den Maßstäben des § 159 FamFG auch für das Kind.[53] Der Umstand, dass das betroffene Kind bislang noch keine Kenntnis von der Existenz eines weiteren, dem leiblichen Vater habe, stehe, so der BGH, einer Kindesanhörung nicht entgegen. Denn spätestens in einem Umgangsverfahren nach § 1686a BGB sei das Kind über seine wahre Abstammung in Kenntnis zu setzen, wenn der Umgang nicht bereits aus anderen, nicht unmittelbar das Kind betreffenden Gründen ausscheide oder die Persönlichkeitsentwicklung oder Verstandesreife des Kindes dem entgegenstehe. Kämen die Eltern dem nicht nach, müsse der Tatrichter – sachverständig beraten – diese Aufgabe übernehmen.[54] Ob die Aufklärung des noch unwissenden Kindes über seine Abstammung durch das Gericht im Rahmen der Anhörung dem Kindeswohl entspricht, muss – selbst bei Hinzuziehung sachverständiger Hilfestellung – bezweifelt werden. Jedenfalls ist die Vorgehensweise des Gerichts mit Bedacht zu wählen und sollte in enger Abstimmung mit dem Sachverständigen erfolgen. Gegebenenfalls muss zuvor durch den Sachverständigen geklärt werden, ob das Kind eine solche Information zum gegenwärtigen Zeitpunkt verkraftet oder mit Blick auf § 159 Abs. 3 Satz 1 FamFG von einer persönlichen Anhörung des Kindes aus schwerwiegenden Gründen abzusehen ist.

---

51 *Keuter,* ZKJ 2013, 484, 488
52 Staudinger/*Dürbeck,* § 1686a BGB Rn. 25
53 BGH ZKJ 2017, 21
54 BGH ZKJ 2017, 21

Zuständig ist für die Bescheidung eines Umgangsantrages (Abs. 1 Nr. 1) ist der der Richter (§ 14 Abs. 1 Nr. 7 RPflG) und für den Auskunftsantrag (Abs. 1 Nr. 2) der Rechtspfleger (§ 3 Nr. 2 a RPflG). Werden beide Begehren miteinander verbunden besteht eine einheitliche funktionale Zuständigkeit des Richters nach § 6 RPflG. Eine Trennung der Verfahren empfiehlt sich nicht. **32b**

▶ *Näher zur funktionalen Zuständigkeit siehe Heilmann, § 6 RPflG Rn. 1.*

Wird im Rahmen des Auskunftsantrages ein Abstammungsgutachten eingeholt so ist für die Durchsetzung der Mitwirkung an der Begutachtung der Richter zuständig.[55]

D. Kosten, Verfahrenswert

▶ *Näher hierzu Gottschalk, § 167a FamFG Rn. 19 ff.* **33**

§ 1687 BGB Ausübung der gemeinsamen elterlichen Sorge bei Getrenntleben

(1) [1]Leben Eltern, denen die elterliche Sorge gemeinsam zusteht, nicht nur vorübergehend getrennt, so ist bei Entscheidungen in Angelegenheiten, deren Regelung für das Kind von erheblicher Bedeutung ist, ihr gegenseitiges Einvernehmen erforderlich. [2]Der Elternteil, bei dem sich das Kind mit Einwilligung des anderen Elternteils oder auf Grund einer gerichtlichen Entscheidung gewöhnlich aufhält, hat die Befugnis zur alleinigen Entscheidung in Angelegenheiten des täglichen Lebens. [3]Entscheidungen in Angelegenheiten des täglichen Lebens sind in der Regel solche, die häufig vorkommen und die keine schwer abzuändernden Auswirkungen auf die Entwicklung des Kindes haben. [4]Solange sich das Kind mit Einwilligung dieses Elternteils oder auf Grund einer gerichtlichen Entscheidung bei dem anderen Elternteil aufhält, hat dieser die Befugnis zur alleinigen Entscheidung in Angelegenheiten der tatsächlichen Betreuung. [5]§ 1629 Abs. 1 Satz 4 und § 1684 Abs. 2 Satz 1 gelten entsprechend.

(2) Das Familiengericht kann die Befugnisse nach Absatz 1 Satz 2 und 4 einschränken oder ausschließen, wenn dies zum Wohl des Kindes erforderlich ist.

Übersicht

Rn.
A. Allgemeines ... 1
I. Normzweck ... 1
II. Anwendungsbereich ... 2
B. Inhalt der Norm ... 3
I. Erfordernis des Einvernehmens (Abs. 1 Satz 1) ... 3
1. Getrenntleben der Eltern ... 3
2. Gemeinsame elterliche Sorge ... 4
3. Angelegenheiten von erheblicher Bedeutung ... 5
4. Einvernehmen der Eltern ... 7
II. Kein Einvernehmenserfordernis (Abs. 1 Satz 2, 3) ... 10
1. Gewöhnlicher Aufenthalt ... 10
2. Angelegenheiten des täglichen Lebens ... 11
3. Alleinige Entscheidungsbefugnis des betreuenden Elternteils ... 13
III. Vereinbarungs- und Umgangsaufenthalt (Abs. 1 Satz 4) ... 15
1. Aufenthalt im Rahmen eines Umgangsrechts ... 15
2. Angelegenheiten der tatsächlichen Betreuung ... 16
3. Alleinige Entscheidungsbefugnis des Umgangselternteils ... 18

55 Palandt/*Götz*, § 1686a BGB Rn. 8

IV. Wohlverhaltenspflicht und Notfallbefugnis (Abs. 1 Satz 5) 19
V. Einschränkungen und Ausschluss (Abs. 2) 20
C. Verfahren 21

A. Allgemeines

I. Normzweck

1 Die Tatsache des **Getrenntlebens der gemeinsam sorgeberechtigten Eltern** lässt die Zuordnung der **elterlichen Verantwortung unberührt**. Notwendigerweise müssen die Eltern im Rahmen der (räumlichen) Trennung zunächst die praktisch besonders bedeutende Frage regeln, bei welchem Elternteil das Kind leben, also seinen gewöhnlichen Aufenthaltsort haben soll. Hierbei sind sie im Rahmen der Sorgerechtsausübung bis an die Grenze der Kindeswohlgefährdung frei in der Ausgestaltung. Sofern sie keine Regelung zur elterlichen Sorge treffen möchten oder gerichtlich einfordern, verbleibt auch nach der Trennung die gemeinsame elterliche Sorge bei beiden Elternteilen (Umkehrschluss aus § 1671 BGB Abs. 1 BGB). Um Kompetenzkonflikte zu vermeiden und tägliche Entscheidungen in Alltagsfragen zu ermöglichen, bedarf es einer Regelung, wie sich die elterliche Verantwortung nunmehr gestaltet, nachdem das betroffene Kind fortan nur noch von einem Elternteil hauptsächlich alleine betreut wird und von diesem die gewöhnlichen, wiederkehrenden **Entscheidungen des Alltags** zu treffen sind. Dabei ist die Vorschrift auf das Residenzmodell (zur Definition siehe *Keuter*, § 1671 BGB Rn. 21) zugeschnitten. Hingegen müssen die gemeinsam sorgeberechtigten Eltern bei **Entscheidungen von erheblicher Bedeutung (aber auch nur hierüber)** immer **Einvernehmen** herstellen.

II. Anwendungsbereich

2 § 1687 BGB setzt voraus, dass die Eltern, die die elterliche Sorge oder Teile hiervon gemeinsam ausüben, voneinander getrennt leben (hierzu unten Rn. 3). Sie findet auch dann Anwendung, wenn die Eltern nie zusammen gelebt haben.[1] Deshalb führt auch die gemäß § 1626a Abs. 1 Nr. 3, Abs. 2 BGB durch Gerichtsentscheidung entstandene elterliche Sorge getrennt lebender Eltern zur Aufspaltung der sorgerechtlichen Befugnisse nach § 1687 Abs. 1 BGB.

▶ *Zur Frage, ob durch Elternvereinbarung die Vorschrift des § 1687 BGB modifiziert werden kann, siehe Rn. 8 f.*

B. Inhalt der Norm

I. Erfordernis des Einvernehmens (Abs. 1 Satz 1)

1. Getrenntleben der Eltern

3 Die Vorschrift des § 1687 BGB greift nur dann, wenn die Eltern voneinander getrennt leben. Gesetzliche definiert ist der **Begriff des Getrenntlebens** in **§ 1567 BGB**. Voraussetzung ist daher eine vollständige Aufhebung und Aufteilung der gemeinsamen Lebensbereiche, die sich äußerlich zunächst in einer räumlichen Trennung – die allerdings auch innerhalb der Wohnung oder des Hauses stattfinden kann – realisiert und in dem Wegfall von Gemeinsamkeiten, wie gemeinsame Haushaltsführung, dem gemeinsamen Einnehmen von Mahlzeiten, einer gemeinsamen Freizeitgestaltung und dem Fehlen eines füreinander Einstehens. Die gemeinsame Nutzung von Bad und Küche, sofern die Trennung innerhalb der Wohnung erfolgt, steht der Annahme des Getrenntlebens ebenso wenig entgegen wie das gelegentliche gemeinsame Zusammentreffen, auch um im Sinne der Kinder noch hier und da ein bisschen „Familienleben“ stattfinden zu lassen, z.B. durch ein

---

1 BeckOK-BGB/*Veit*, § 1687 BGB Rn. 6

gemeinsames Essen am Wochenende,[2] durch die gemeinsame Ausrichtung des Kindergeburtstages oder durch das gemeinsame Feiern von Familienfesten. Sobald die Eltern **wieder zusammenleben** – auch zwecks kurzfristiger Versöhnungsversuchen – **entfällt** die Anwendung des § 1**687 BGB**.[3]

2. Gemeinsame elterliche Sorge

Nur wenn die Eltern die gemeinsame Sorge innehaben – auf welcher Rechtsgrundlage der Erwerb auch immer stattgefunden hat – erfolgt die gesetzliche Verteilung der sorgerechtlichen Befugnisse nach § 1687 BGB. **4**

3. Angelegenheiten von erheblicher Bedeutung

Die **Abgrenzung** von **Angelegenheiten** von **erheblicher Bedeutung** für das Kind von solchen des **täglichen Lebens** ist mitunter schwer zu ziehen. Denn in einer Familie können Themen von entscheidender Bedeutung sein, die in einer anderen eher nebensächlich sind (bspw. Ernährung).[4] Angelegenheiten von erheblicher Bedeutung sind solche, die **nicht häufig** vorkommen, **erhebliche Auswirkungen** auf das Kind haben können, die **nicht so leicht zu beseitigen** sind.[5] Die Frage der erheblichen Bedeutung ist immer auch in Bezug auf die konkrete Familie zu sehen. **5**

Beispiele für Angelegenheiten von erheblicher Bedeutung: **6**

- Namensgebung: Wahl des Vornamens;[6] Form der Namensführung;[7] Einbenennung[8]
- Wohnortwechsel, insbesondere ins Ausland,[9] Bestimmung des Aufenthaltsorts[10]
- Schul- und Berufsausbildung, Schulwahl,[11]- bzw. Schulwechsel[12] Wahl der Wahlpflichtfächer[13] und der Leistungskurse,[14] nicht aber die Entscheidung über die Inanspruchnahme von Nachhilfe[15]
- Schüleraustausch[16]
- Extremsportarten (z.B. Marathonlauf, Hochgebirgsklettern, Fallschirmspringen)
- Wahl und An- und Abmeldung des Kindergartens,[17] Kindertagesstätte[18]
- Heim/Internat[19]

---

2 OLG Köln FamRZ 1986, 388
3 Staudinger/*Salgo,* § 1687 BGB Rn. 11
4 Hierzu Staudinger//*Salgo,* § 1687 BGB Rn. 27
5 MüKo-BGB/*Hennemann,* § 1687 Rn. 5; BVerwG ZKJ 2014, 108
6 OLG Brandenburg NZFam 2016, 811
7 VG Berlin, Beschl. v. 19.6.2013 – 3 K 24913
8 OLG Koblenz, Beschl. v. 23.2.2017 – 13 UF 71/17, juris
9 BGH FamRZ 2010, 1060; *Finger,* FamFR 2009, 134
10 OLG Karlsruhe FamRZ 2009, 391; OLG Zweibrücken OLGR 2000, 493
11 BVerfG ZfJ 2003, 233
12 OLG Schleswig NJW-RR 2011, 581; OLG München FamRZ 1999, 111
13 Vgl. Staudinger/*Salgo,* § 1687 BGB Rn. 43, a.A. MüKo-BGB/*Hennemann,* § 1687 Rn. 12
14 FA-FamR/*Maier,* 4. Kap., Rn. 36
15 OLG Naumburg FamRZ 2006, 1058; OLG Düsseldorf FamRZ 2006, 223
16 *Völker/Clausius,* § 1 Rn. 110
17 VG Köln FamRZ 2014, 55; OLGR Frankfurt 2009, 562
18 OLG Oldenburg ZfJ 2005, 81, a.A. FA-FamR/*Maier,* 4. Kap., Rn. 37: Angelegenheit des täglichen Lebens, wenn der Besuch der Kindertagesstätte der Ausübung einer Erwerbstätigkeit durch den betreuenden Elternteil dient; OLGR Brandenburg 2008, 388
19 OLG Brandenburg OLGR 2004, 440; MüKo-BGB/*Hennemann,* § 1687 BGB Rn. 12

- Medizinische Eingriffe,[20] Schwangerschaftsabbruch, Impfungen,[21] längere kieferorthopädische Behandlungen
- Psychotherapeutische Behandlung[22]
- Annahme und Ausschlagung einer Erbschaft[23] (siehe hierzu auch *Dürbeck*, § 1822 BGB Rn. 5)
- Anlage und Verwendung von Kindesvermögen,[24] insbesondere Eröffnung von Konten[25]
- Umgang mit dem anderen Elternteil oder Dritten (z.B. Gleichaltrigen, Großeltern);[26] Veröffentlichung von Fotos eines Kindes auf einer kommerziellen Zwecken dienenden Interseite[27]
- Geltendmachung von Unterhalt[28] bzw. Sozialleistungen,[29] Vertretung in (sozial-)[30]gerichtlichen Verfahren[31]
- Urlaubsreisen in ein anderes Land, welches generell als unsicher gilt, oder eine Reise, die mit Gesundheitsrisiken verbunden ist[32]
- Entscheidung über die Ausübung des Zeugnisverweigerungsrechts[33]
- Grundrichtung der Erziehung,[34] religiöse Erziehung[35]
- Klärung der Abstammung[36]
- Änderung der Staatsangehörigkeit, Einbürgerung[37]
- Beantragung von Ausweispapieren[38]

---

20 Staudinger/*Salgo*, § 1687 BGB Rn. 45 m.w.N.

21 BGH ZKJ 2017, 316; OLG Frankfurt ZKJ 2016, 105; KG ZKJ 2006, 299; nicht aber Grippeimpfungen: OLG Frankfurt FamRZ 2011, 47 (Impfung gegen Schweinegrippe) und Staudinger/*Salgo*, § 1687 BGB Rn. 45

22 OLG Bamberg FamRZ 2003, 1403; *Reichmann/Ufer*, JR 2009, 485

23 OLG Hamm FamRZ 2003, 172

24 *Schilling*, NJW 2007, 3233, 3234

25 Abweichend FA-FamR/*Maier*, 4. Kap., Rn. 37: Schülergirokonto ohne Überziehungsmöglichkeit als Angelegenheit des täglichen Lebens

26 OLG Dresden FamRZ 2005, 1275

27 OLG Oldenburg FamRZ 2018, 1517

28 MüKo-BGB/*Hennemann*, § 1687 Rn. 12

29 OVG Lüneburg FamRZ 2009, 1360

30 BSG FamRZ 2009, 2000

31 Vgl. OLG Hamburg ZKJ 2015, 76

32 OLG Frankfurt ZKJ 2016, 362, und FuR 2019, 39: Urlaubsreise in die Türkei; OLG Frankfurt BeckRS 2006, 13061 (Reise nach Kolumbien); OLG Köln NJW 1999, 295 (Reise nach Ägypten mit kleinem Kind); AG Heidenheim FamRZ 2003, 1225 (Reise nach Großbritannien während des Irakkrieges), aber: KG FamRZ 2017, 1061 zu einer Urlaubsreise nach Thailand; OLG Karlsruhe FamRZ 2005, 1004: Nach den persönlichen Verhältnissen der betroffenen Familie kann auch eine Urlaubsreise nach China eine Angelegenheit des täglichen Lebens sein

33 OLG Hamburg ZKJ 2014, 70

34 Staudinger/*Salgo*, § 1687 BGB Rn. 36

35 OLG Stuttgart FamRZ 2018, 354; OLG Karlsruhe Streit 2010, 159

36 OLG Dresden FamRZ 2009, 1330

37 VGH Baden-Würtemberg FamRZ 2004, 804

38 OLG Karlsruhe FamRZ 2005, 1187 (Kinderausweis); OLG Köln FamRZ 2012, 1502: Reisepass ; a.A. OLG Bremen FamRZ 2016, 1189; ZKJ 2008, 211

4. Einvernehmen der Eltern

Die Eltern müssen in den Angelegenheiten von erheblicher Bedeutung einen **Konsens finden** und die Entscheidung gemeinsam treffen (vgl. § 1627 BGB Satz 2 BGB), z.B. durch gemeinsame Unterzeichnung des Vertrages mit einer Kindereinrichtung oder einer Schulanmeldung, in anderen Fällen durch schlichte Konsensfindung. 7

▶ *Näher hierzu Fink, § 1627 BGB Rn. 7.*

Das setzt natürlich auch voraus, dass der andere Elternteil entsprechende Kenntnisse hat. Der betreuende Elternteil ist verpflichtet, den anderen Elternteil zu informieren[39]und auch das Auskunftsrecht nach § 1686 BGB dient hierzu.

Möglich ist es, dass sich die Eltern wechselseitig **zur Alleinvertretung** für einzelne Geschäfte oder für einen Kreis von Rechtsgeschäften mit Außenwirkung **durch eine – widerrufliche – Vollmacht ermächtigen,**[40] auch wenn diese für das Kind eine „erhebliche Bedeutung" haben.[41] Nicht möglich ist hingegen die Übertragung der gesamten Entscheidungsbefugnisse auf einen Elternteil oder eine Begrenzung der Alltagssorge und somit eine Verschiebung der Kompetenzen des § 1687 Abs. 1 BGB, da dies dem Zweck der Vorschrift widersprechen würde.[42] 8

Wird die Einwilligung durch den anderen Elternteil nicht erteilt, so kann dies zu Anträgen nach § 1628 BGB (siehe hierzu *Fink*, § 1628 BGB, Rn. 1 f., 16 f.) oder § 1671 BGB (siehe hierzu *Keuter,* § 1671 BGB, Rn. 12) führen. Von einem Elternteil unter Missachtung des § 1687 Abs. 1 Satz 1 BGB getroffene Entscheidungen, Vereinbarungen oder Verträge sind deshalb aber nicht unwirksam. 9

▶ *Näher zu Verträgen Fink, § 1629 BGB Rn. 1 ff.*

Auch öffentliche Institutionen wie bspw. die Schule (in der Praxis werden Schulanmeldungen häufig nur von dem betreuenden Elternteil unterzeichnet) können sich im Nachhinein nicht auf das fehlende Einverständnis des anderen Elternteils berufen. Rechtswidrig bleibt das Verhalten des betreffenden Elternteils gleichwohl. Gegebenenfalls ist dem im Rahmen der Kindeswohlprüfung im Rahmen eines anhängigen Verfahrens Rechnung zu tragen.

---

39 OLG Bamberg NJW 2011, 2151
40 OLG Köln FamFR 2010, 333
41 Müko-BGB/*Hennemann,* § 1687 Rn. 15
42 Staudinger/*Salgo,* § 1687 BGB Rn. 13

II. Kein Einvernehmenserfordernis (Abs. 1 Satz 2, 3)

1. Gewöhnlicher Aufenthalt

10 Das Kind muss beim **betreuenden Elternteil** seinen gewöhnlichen Aufenthalt haben. Das ist der Ort, **an dem sich das Kind überwiegend aufhält** und sein **Lebensmittelpunkt** besteht.[43] Hier wird deutlich, dass § 1687 BGB vom Residenzmodell ausgeht, bei dem das Kind bei einem Elternteil seinen Lebensmittelpunkt hat und sich beim anderen Elternteil nur besuchsweise aufhält. Voraussetzung ist zudem, dass der **Aufenthalt rechtmäßig** ist, d.h. entweder einem Gerichtsbeschluss entspricht oder der Aufenthalt mit Zustimmung des anderen Elternteils erfolgt (vgl. § 1631 BGB, wonach das Aufenthaltsbestimmungsrecht als Teil der Personensorge beiden Elternteilen gemeinsam zusteht).

2. Angelegenheiten des täglichen Lebens

11 Entscheidungen, die **häufig** vorkommen und **keine schwer abzuändernden Auswirkungen auf die Entwicklung des Kindes haben**, betreffen Angelegenheiten des täglichen Lebens (§ 1687 Abs. 1 Satz 3 BGB).

12 Beispiele für Angelegenheiten des täglichen Lebens, wenn nicht besondere Umstände des Einzelfalls nach einer anderen Betrachtung verlangen:

- Tägliche Mahlzeiten, Fragen der Ernährung
- Bekleidung[44]
- Vorsorgeuntersuchungen, Routineuntersuchungen, zahnärztliche Untersuchungen,[45] Nachsorgeuntersuchungen[46] im Hinblick auf die Risiken nicht die Entscheidung über Schutzimpfungen siehe oben Rn. 6
- Fragen des Schulalltags: Teilnahme an Klassenfahrten,[47] (nicht mehrwöchige Auslandsfahrt), Entschuldigung im Krankheitsfall,[48] Tagesausflüge, Teilnahme an Schulsonderveranstaltungen und Elternabenden[49] Nachhilfe,[50] Beantragung der Schülerfahrkarte[51]
- Schlafenszeiten

---

43 Vgl. die Ausführungen zum Begriff der „Obhut" siehe *Fink,* § 1629 BGB, Rn. 33, der dem Begriff des gewöhnlichen Aufenthalts entspricht
44 OLG Brandenburg FamRZ 2017, 217
45 BeckOK-BGB/*Veit,* § 1687 BGB Rn. 11.1
46 OLG Brandenburg FamRZ 2016, 240
47 VG Berlin, FamFR 2013, 166: Teilnahme einer 17-Jährigen am schulischen Skikurs in Österreich für wenige Tage
48 VG Hannover, Urteil v. 31.5.2010 – 6 A 5926/09, juris
49 *Kaiser,* FPR 2008, 143, 144
50 *Kaiser,* FPR 2008, 143, 144; siehe auch oben Rn. 6
51 VG Hannover, Urteil v. 31.5.2010 – 6 A 5926/09, juris

- Wahl eines Musikinstruments[52]
- Medienkonsum
- Besuche bei/von Freunden, Ausgehzeiten
- Freizeitaktivitäten,[53] einschließlich des Umgangs mit Freunden und Nachbarn,[54] Vereinsmitgliedschaft (sofern kein „Extremsport")
- Abholung des Kindes vom Kindergarten/Schule[55]/Hort/Freunden[56]
- Urlaubsreisen innerhalb Europas[57] ggfs. auch die Urlaubsfernreise in einen Bade- bzw. Touristenort, sofern für das Reiseziel keine Reisewarnung des Auswärtigen Amtes vorliegt.[58]

3. Alleinige Entscheidungsbefugnis des betreuenden Elternteils

In Angelegenheiten des täglichen Lebens hat der betreuende Eltern eine tatsächliche und rechtliche Alleinentscheidungsbefugnis, die sich auch auf die gesetzliche Vertretung erstreckt.[59]

Beim **Wechselmodell** (ausführlich hierzu siehe *Keuter,* § 1671 BGB Rn. 23 ff.) wechselt das Kind in regelmäßigen Abständen (z.B. täglich, nach jeweils drei Tagen, wöchentlich) seinen gewöhnlichen Aufenthalt von einem Elternhaushalt in den des anderen Elternteils. Das Kind hat demnach zwei „gewöhnliche Aufenthalte". Nach zutreffender Auffassung wechselt beim Wechselmodell die Alltagsorge nach § 1687 Abs. 1 Satz 2 BGB „mit dem Kind".[60] Hier zeigt sich die fehlende Geeignetheit des Modells bei zerstrittenen und kommunikationsunfähigen Eltern. So wird der eine Elternteil entweder nicht mitbekommen, was der andere Elternteil in der Zeit, in dem sich das Kind bei ihm aufgehalten hat, entschieden oder organisiert hat, oder er kann die vom anderen Elternteil getroffenen Anmeldungen wieder rückgängig machen oder ihnen schlicht nicht folgen. Im Extremfall geht das Kind in der einen Woche zum Tanzunterricht und spielt Gitarre und in der anderen Woche Geige und geht zum Handballtraining.[61] 13

52 *Kaiser,* FPR 2008, 143, 144
53 OLG Bamberg FamRZ 1999, 1005
54 Staudinger/*Salgo,* § 1687 Rn. 41
55 VG Hannover, Urteil v. 31.5.2010 – 6 A 5926/09, juris; OLG Hamburg FamRZ 2009, 355
56 OLG Bremen FamRZ 2009, 355
57 OLGR Karlsruhe 2008, 374; Staudinger/*Salgo,* § 1687 BGB Rn. 40
58 KG FamRZ 2017, 1061
59 Staudinger/*Salgo,* § 1687 BGB Rn. 50
60 Staudinger/*Salgo,* § 1687 BGB Rn. 15; *Schilling,* NJW 2007, 3233, 3236; a.A. Staudinger/*Dürbeck,* § 1684 BGB Rn. 261 m.w.N.; Johansen/Henrich/*Jaeger,* § 1687 BGB, Rn. 7. Der BGH hat die sorgerechtlichen Konsequenzen eines umgangsrechtlich begründeten Wechselmodells in seiner Entscheidung vom 1.2.2017 (ZKJ 2017, 190) offengelassen
61 NK-BGB/*Peschel-Gutzeit,* § 1687 BGB Rn. 14 mit einem weiteren Beispiel

14

Abgrenzung der Angelegenheiten nach § 1687 Abs. 1 BGB

(vorbehaltlich der Besonderheiten des Einzelfalls)

Angelegenheiten des täglichen Lebens

- Tägliche Mahlzeiten, Fragen der Ernährung
- Vorsorgeuntersuchungen, Routinezahnärztlicheuntersuchungen
- Fragen des Schulalltags, Teilnahme an Klassenfahrten, Entschuldigung im Krankheitsfall, Tagesausflüge, Teilnahme an Schulsonderveranstaltungen, Nachhilfe
- Schlafenszeiten
- Medienkonsum
- Besuche bei/von Freunden, Ausgehzeiten
- Freitzeitaktivitäten, Vereinsmitgliedschaft (sofern kein „Extremsport")
- Abholung des Kindes vom Kindergarte/Schule/Hort/Freunden
- Urlaubsreisen innerhalb Europas

Angelegenheiten von erheblicher Bedeutung

- Namensgebung
- Wohnortwechsel, Bestimmung des Aufenthaltsorts
- Schul- und Berufsausbildung
- Schüleraustausch
- Extremsportarten
- Kindergarten, Kindertagesstätte
- Heim/Internat
- Medizinische Eingriffe
- Psychotherapeutische Behandlung
- Erbschaft
- Anlage und Verwendung von Kindesvermögen
- Umgang
- Geltendmachung von Unterhalt bzw. Sozialleistungen
- Urlaubsfernreisen
- Zeugnisverweigerungsrecht
- Grundrichtung der Erziehung
- Klärung der Abstammung
- Änderung der Staatsangehörigkeit, Einbürgerung
- Beantragung von Ausweispapieren

Angelegenheiten der tatsächlichen Betreuung

- Auswahl des Freizeitprogramms
- Dauer des Fernseh- und PC-Konsums
- Auswahl des Fernseh- oder Kinoprogramms
- Ernährung
- Spielzeiten
- Umgang mit Dritten während der Besuchszeiten
- Abholung vom Kindergarten
- medizinische Versorgung kleinerer Verletzungen oder Linderung von während des Besuchs auftretenden leichten, aber üblichen Erkrankungen (Erkältung, Magenverstimmung).

III. Vereinbarungs- und Umgangsaufenthalt (Abs. 1 Satz 4)

1. Aufenthalt im Rahmen eines Umgangsrechts

15 Hält sich das Kind bei dem das Kind nicht hauptsächlich betreuenden Elternteil **aufgrund einer Vereinbarung der Eltern** oder eines **gerichtlich geregelten Umgangsrechts** auf, so muss auch dieser Elternteil in der Lage sein, **Entscheidungen** ohne Rücksprache mit dem anderen Elternteil für das Kind **zu treffen**. Der **Aufenthalt** muss aber **rechtmäßig** sein. Die Vorschrift greift demnach nicht, wenn sich das Kind aufgrund einer eigenmächtigen Entscheidung und außerhalb von gerichtlich geregelten Besuchszeiten beim nicht betreuenden Elternteil aufhält.

2. Angelegenheiten der tatsächlichen Betreuung

Bei den **im Rahmen von Besuchskontakten typischerweise zu treffenden Entscheidungen** handelt es sich nicht um Entscheidungen in Angelegenheiten des täglichen Lebens (hierzu oben Rn. 11 f.), sondern um solche der tatsächlichen Betreuung. Hierzu gehören insbesondere folgende Bereiche: Auswahl des Freizeitprogramms, Dauer des Fernseh- und PC-Konsums, Auswahl des Fernseh- oder Kinoprogramms, Ernährung, Spielzeiten, Umgang mit Dritten während der Besuchszeiten,[62] Abholung vom Kindergarten,[63] die Entscheidung, mit dem Kind in der Muttersprache des Umgangselternteils zu sprechen, sofern das Kind dies möchte.[64] Die medizinische Versorgung ist von Abs. 1 Satz 4 gedeckt, sofern es sich um die Versorgung von kleineren Verletzungen oder Linderung von während des Besuchs auftretenden leichten aber üblichen Erkrankungen (Erkältung, Magenverstimmung) handelt.[65] Sofern es sich um einen Notfall handelt, greift Abs. 1 Satz 5 ein. 16

Der Umgangselternteil hat jedoch **keine Befugnis, über die Angelegenheiten des täglichen Lebens** zu **entscheiden** und kann damit auch nicht derartige Entscheidungen des betreuenden Elternteils wieder rückgängig machen oder konterkarieren, solange sich das Kind bei ihm aufhält (z.B. Abmeldung vom Gitarrenkurs und Anmeldung zum Geigenunterricht). 17

3. Alleinige Entscheidungsbefugnis des Umgangselternteils

Der umgangsberechtigte Elternteil kann im Rahmen des Abs. 1 Satz 4 eigenständige Entscheidungen treffen, er hat hingegen kein Vertretungsrecht im Außenverhältnis. Wurde ihm keine Vollmacht erteilt, greift nur das Notvertretungsrecht gemäß Abs. 1 Satz 5 (siehe folgende Rn.). 18

IV. Wohlverhaltenspflicht und Notfallbefugnis (Abs. 1 Satz 5)

Die gemeinsam sorgeberechtigten Eltern haben alles zu unterlassen, was die gemeinsame Ausübung der elterlichen Sorge hindert (Wohlverhaltenspflicht gemäß Abs. 1 Satz 5 i.V.m. § 1684 Abs. 2 Satz 1 BGB) und im **Notfall** (Gefahr in Verzug) kann jeder Elternteil das Kind **alleine vertreten** (Abs. 1 Satz 5 i.V.m. § 1629 Abs. 1 Satz 4 BGB). 19

▶ *Näher hierzu Fink, § 1629 BGB, Rn. 11 ff.*

V. Einschränkungen und Ausschluss (Abs. 2)

Das Familiengericht kann die Befugnis zu Entscheidungen über Angelegenheiten des täglichen Lebens oder der tatsächlichen Betreuung **einschränken oder ausschließen**. Voraussetzung ist, dass die Einschränkung zum Wohl des Kindes erforderlich ist. Die Eingriffsschwelle liegt niedriger als in § 1666 BGB, der eine Kindeswohlgefährdung voraussetzt. Das Eingreifen des Gerichts setzt **triftige, das Kindeswohl nachhaltig berührende Gründe** voraus, die besorgen lassen, dass ohne die Maßnahmen das Kind eine ungünstige Entwicklung nehmen könnte. Dies kann eine mildere Maßnahme gegenüber der Übertragung des Sorgerechts oder der Einschränkung des Umgangsrechts darstellen. Gleichwohl wird zutreffenderweise angeraten, von einer weiteren Beschränkung der Befugnisse des betreuenden Elternteils **nur zurückhaltend** Gebrauch zu machen.[66] Die Notwendigkeit einer solchen Einschränkung erschwert nicht nur den Alltag sondern ist zugleich ein Hin- 20

62 OLG Zweibrücken FamRZ 2001, 639
63 Staudinger/*Salgo*, § 1687 BGB Rn. 52;
64 Vgl. MüKo-BGB/*Hennemann*, § 1687 Rn. 21
65 OLG Zweibrücken FamRZ 2001, 639: nur während der Umgangsbetreuung „sachdienliche" ärztliche Betreuung; MüKo-BGB/*Hennemann*, § 1687 Rn. 21
66 Staudinger/*Salgo*, § 1687 BGB Rn. 60

weis darauf, dass die gemeinsame elterliche Sorge möglicherweise nicht in der Praxis realisierbar ist.

C. Verfahren

21 Das Familiengericht wird von Amts wegen[67] oder auf Antrag eines Elternteils im Rahmen **des Abs. 2** tätig.

22 Möglich ist **ferner** die **gerichtliche Feststellung** darüber, ob es sich bei einer Angelegenheit um eine solche von erheblicher Bedeutung handelt oder um eine des täglichen Lebens.[68] Trifft das Gericht die Feststellung, dass die im Streit stehende Angelegenheit als eine solche von erheblicher Bedeutung zu qualifizieren ist, ist damit lediglich klargestellt, dass der betreuende Elternteil nicht alleine über die Angelegenheit entscheiden kann. Es handelt sich um den mildesten Eingriff in die Elternrechte, um den Elternkonflikt zu regeln.[69] Damit ist ein **(weiteres) Verfahren nach § 1628 BGB nicht ausgeschlossen**, der – anders als die Entscheidung nach § 1687 Abs. 1 Satz 1 BGB – die Entscheidungskompetenz selbst (sofern es sich um eine Entscheidung von erheblicher Bedeutung handelt) auf einen Elternteil überträgt, der dann handeln darf.

▶ *Näher hierzu Fink, § 1628, Rn. 16.*

23 In beiden Fällen handelt sich um eine Kindschaftssache. Funktionell zuständig ist der Richter (§ 14 Abs. 1 Nr. 7 RPflG). §§ 151 ff. FamFG finden Anwendung, wobei § 156 FamFG eine maßgebliche Bedeutung zukommt.[70]

▶ *Näher hierzu Wegener, § 156 FamFG Rn. 2, 7 ff., 13 ff.*

§ 1687a BGB Entscheidungsbefugnisse des nicht sorgeberechtigten Elternteils

Für jeden Elternteil, der nicht Inhaber der elterlichen Sorge ist und bei dem sich das Kind mit Einwilligung des anderen Elternteils oder eines sonstigen Inhabers der Sorge oder auf Grund einer gerichtlichen Entscheidung aufhält, gilt § 1687 Abs. 1 Satz 4 und 5 und Abs. 2 entsprechend.

Übersicht

Rn.
A. Allgemeines ... 1
I. Normzweck ... 1
II. Anwendungsbereich ... 3
B. Inhalt der Norm ... 4
I. Voraussetzungen ... 4
1. Keine elterliche Sorge ... 4
2. Aufenthalt mit Zustimmung oder aufgrund gerichtlicher Regelung ... 5
II. Rechtsfolgen ... 6
1. Entscheidungen in Angelegenheiten der tatsächlichen Betreuung ... 6
2. Notvertretungsrecht ... 10
3. Familiengerichtliche Einschränkung oder Ausschluss der Angelegenheiten der tatsächlichen Betreuung ... 11

67 MüKo-BGB/*Hennemann*, § 1687 BGB Rn. 23 a.A. Staudinger/*Salgo*, § 1687 BGB Rn. 55
68 OLG Frankfurt FamRZ 2011, 47; Ausführlich Staudinger/*Salgo*, § 1687 BGB Rn. 20ff, 55; Johansen/Henrich/*Jaeger*, § 1687 BGB Rn. 6: §§ 1628, 1687 Abs. 2 BGB analog
69 OLG Frankfurt FamRZ 2011, 47
70 Staudinger/*Salgo*, § 1687 BGB Rn. 55, 58

A. Allgemeines

I. Normzweck

§ 1687a BGB regelt, welche **Entscheidungen** der **nicht sorgeberechtigte Elternteil** in den Zeiten treffen darf, in denen sich das **Kind berechtigterweise bei ihm aufhält**. Die Vorschrift enthält somit eine Ergänzung des § 1687 BGB, der nur die Verteilung der Entscheidungsbefugnisse zwischen den gemeinsam sorgeberechtigten Elternteilen regelt. 1

Die Norm hat große praktische Relevanz, da sie dem umgangsberechtigten Elternteil die Verantwortung für die **tatsächliche Betreuung** und die Handlungsbefugnis während der Umgangszeiten überlässt und damit eine Einmischung des sorgeberechtigten Elternteils innerhalb der Grenzen des vereinbarten oder geregelten Umgangsrecht ausschließt, soweit nicht das Kindeswohl beeinträchtigt wird.[1] Ferner ist dem nicht sorgeberechtigten Elternteil ein Notvertretungsrecht eingeräumt. 2

II. Anwendungsbereich

Die Vorschrift findet nur auf den Elternteil Anwendung, der **nicht Inhaber der elterlichen Sorge** ist und ist zeitlich beschränkt auf die Zeiten, in denen sich das Kind **mit Zustimmung des Sorgeberechtigten oder aufgrund einer gerichtlichen Regelung** bei ihm aufhält. 3

B. Inhalt der Norm

I. Voraussetzungen

1. Keine elterliche Sorge

Aus **welchem Grund die elterliche Sorge** dem Elternteil, bei dem sich das Kind aufhält, **fehlt, spielt keine Rolle**.[2] Auch wenn dem anderen Elternteil ebenfalls die elterliche Sorge nicht mehr zusteht, diese vielmehr durch einen Vormund ausgeübt wird und sich das Kind gewöhnlich bei Pflegeeltern aufhält, findet die Vorschrift Anwendung. 4

▶ *Zu den Befugnissen der Pflegeeltern siehe hingegen Gottschalk, § 1688 BGB Rn. 8 ff.*

2. Aufenthalt mit Zustimmung oder aufgrund gerichtlicher Regelung

Die Vorschrift findet nur Anwendung, wenn sich das Kind mit **Einwilligung** des anderen Elternteils, dem die alleinige Sorge zusteht, des sonstigen Inhabers der elterlichen Sorge (z.B. Vormund) oder aufgrund **einer gerichtlichen Umgangsentscheidung** bei dem anderen Elternteil aufhält. Keine Entscheidungsbefugnis besteht mithin in Zeiten, in denen der nichtsorgeberechtigte Elternteil das Kind eigenmächtig mitgenommen hat oder zurückhält (z.B. bei Überschreitung der vereinbarten Besuchszeit). 5

II. Rechtsfolgen

1. Entscheidungen in Angelegenheiten der tatsächlichen Betreuung

Das Alleinbestimmungsrecht umfasst allein die Angelegenheiten der **tatsächlichen Betreuung**. Diese sind **abzugrenzen von den Angelegenheiten des täglichen Lebens**, welche ein weitergehendes Bestimmungsrecht eröffnen. 6

▶ *Zu den Angelegenheiten des täglichen Lebens Gottschalk, § 1687 BGB Rn. 11 ff.*

Es gibt allerdings wesentliche Überschneidungen. Man muss sich die Frage stellen, welche **Entscheidungen regelmäßig zu treffen** und nicht von erheblicher Bedeutung sind, 7

1 Vgl. hierzu auch OLG Zweibrücken FamRZ 2001, 639
2 MüKo-BGB/*Hennemann*, § 1687a Rn. 2

wenn sich das Kind **zu Besuchszwecken** (auch für einen längeren Zeitraum in den Ferien) bei dem sonst nicht betreuenden Elternteil **aufhält**. Abzustellen ist jedoch auch auf die Lebensverhältnisse bzw. kulturellen bzw. religiösen Erziehungsvorstellungen des sorgeberechtigten Elternteils. Was für den einen Alltag ist, kann für den anderen grundsätzliche Erziehungsfragen aufwerfen.

8 In Betracht kommen in der Regel folgende Entscheidungen als solche der tatsächlichen Betreuung:

- Was gibt es zu essen?[3]
- Welche Unternehmungen werden getätigt?
- Mit wem hat das Kind Kontakt?[4]
- Wann geht es schlafen und wann steht es auf?[5]

Streitpunkte sind immer wieder die Menge der zugestandenen Süßigkeiten und des Medienkonsums sowie die Gegenwart der/des neuen Lebensgefährtin/en.[6] Auch hier hat der umgangsberechtigte Elternteil die Entscheidungsbefugnis. Um Konflikte mit dem sorgeberechtigten Elternteil und Loyalitätskonflikte des Kindes zu vermeiden, ist es aber ratsam, Machtkonflikte zwischen den Eltern zu vermeiden. **Unbeschadet dessen gehört jedenfalls** die Befugnis, eine sozialgerichtliche Klage auf Leistungen wegen einer temporären Bedarfsgemeinschaft während der Umgangszeiten einzureichen, nicht zu den Entscheidungen der tatsächlichen Betreuung.[7]

9 Der nichtsorgeberechtigte, umgangsberechtigte Elternteil hat im Rahmen seiner **Wohlverhaltensverpflichtung gemäß § 1687a i.V.m. §§ 1687 Abs. 1 Satz 5, 1684 Abs. 2 Satz 1 BGB** alles zu unterlassen, was das Verhältnis des anderen Elternteils zum Kind beeinträchtigen oder die Erziehung erschweren könnte. In der Realität sind die Eltern demnach auch bei fehlendem gemeinsamem Sorgerecht und einer detaillierten Umgangsregelung gehalten, ein Minimum an Absprachen und Kompromisse in Angelegenheiten, die während der Umgangszeiten zu regeln sind, zu treffen.

2. Notvertretungsrecht

10 Ein **Notvertretungsrecht steht gemäß § 1687a i.V.m. §§ 1687 Abs. 1 Satz 4, 1629 Abs. 1 Satz 4 BGB** dem nichtsorgeberechtigten Elternteil während der Umgangszeit zu.

▶ *Zu den Voraussetzung des § 1629 Abs. 1 Satz 4 BGB siehe Fink, § 1629 BGB, Rn. 11 ff.*

3. Familiengerichtliche Einschränkung oder Ausschluss der Angelegenheiten der tatsächlichen Betreuung

11 Wenn dies **zum Wohl des Kindes erforderlich** ist, kann **gemäß § 1687a i.V.m. § 1687 Abs. 2 BGB** das **Alleinentscheidungsrecht** des nicht sorgeberechtigten Elternteils in Angelegenheiten der **tatsächlichen Betreuung** durch das Familiengericht **eingeschränkt oder ausgeschlossen** werden. Die Eingriffsschwelle liegt niedriger als in § 1666 BGB, der eine Kindeswohlgefährdung voraussetzt.

12 Das Eingreifen des Gerichtes setzt **triftige, das Kindeswohl nachhaltig berührende Gründe** voraus, die besorgen lassen, dass ohne die Maßnahmen das Kind eine ungünstige Entwicklung nehmen könnte.[8] In Betracht kommen hier Fälle, in denen sich der umgangs-

---

3 Staudinger/*Salgo*, § 1687a BGB, Rn. 4
4 OLG Zweibrücken FamRZ 2001, 639, 641
5 *Staudinger* a.a.O.
6 Siehe hierzu auch § 1684 BGB Rn. 18 ff.
7 OLG Saarbrücken FamRZ 2017, 286
8 NK-BGB/*Peschel-Gutzeit*, § 1687 BGB Rn. 17

berechtigte Elternteil während der Umgangszeiten nicht an die Vereinbarungen oder notwendigen Vorgaben des sorgeberechtigten, das Kind überwiegend betreuenden Elternteil hält und damit seinen Erziehungsstil konterkariert.

▶ *Näher hierzu und zum gerichtlichen Verfahren Gottschalk, § 1687 BGB, Rn. 21 ff.*

§ 1687b BGB Sorgerechtliche Befugnisse des Ehegatten

(1) [1]Der Ehegatte eines allein sorgeberechtigten Elternteils, der nicht Elternteil des Kindes ist, hat im Einvernehmen mit dem sorgeberechtigten Elternteil die Befugnis zur Mitentscheidung in Angelegenheiten des täglichen Lebens des Kindes. [2]§ 1629 Abs. 2 Satz 1 gilt entsprechend.

(2) Bei Gefahr im Verzug ist der Ehegatte dazu berechtigt, alle Rechtshandlungen vorzunehmen, die zum Wohl des Kindes notwendig sind; der sorgeberechtigte Elternteil ist unverzüglich zu unterrichten.

(3) Das Familiengericht kann die Befugnisse nach Absatz 1 einschränken oder ausschließen, wenn dies zum Wohl des Kindes erforderlich ist.

(4) Die Befugnisse nach Absatz 1 bestehen nicht, wenn die Ehegatten nicht nur vorübergehend getrennt leben.

Übersicht

	Rn.
A. Allgemeines	1
I. Normzweck	1
II. Anwendungsbereich	2
B. Inhalt der Norm	3
I. Befugnis zur Mitentscheidung (Abs. 1)	3
II. Notvertretungsrecht (Abs. 2)	7
III. Familiengerichtliche Maßnahmen (Abs. 3)	8
IV. Dauerndes Getrenntleben (Abs. 4)	10
C. Verfahren	12

A. Allgemeines

I. Normzweck

Die Vorschrift regelt die Befugnis des Ehegatten eines alleinsorgeberechtigten Elternteils. 1
Ihm wird das Recht eingeräumt, in **Angelegenheiten des täglichen Lebens** des Kindes **mitzuentscheiden**. Damit wird der „Stiefelternteil" in die elterliche Sorge miteingebunden, da er aufgrund der regelmäßig mit dem Stiefkind bestehenden häuslichen Gemeinschaft tatsächlich in dessen Alltagsleben miteingebunden ist. Dieses **sog. „kleine Sorgerecht"** soll somit den tatsächlichen Gegebenheiten Rechnung tragen und der Stabilisierung der Stiefkindfamilie dienen.[1] Für Lebenspartnerschaften gibt es eine identische Vorschrift (§ 9 Abs. 1 bis 4 LPartG).

1 BT-Drucks. 14/2096, 8; ausführlich *Veit*, FPR 2004, 67, 69

II. Anwendungsbereich

2 Nur der **Ehegatte eines Elternteils, der allein sorgeberechtigt ist**, erhält mit der Vorschrift sorgerechtliche Befugnisse eingeräumt und auch das nur, soweit **mit dem Sorgeberechtigten Einvernehmen besteht** (Abs. 1) und solange die **Ehegatten nicht getrennt leben** (Abs. 4). Außerdem erhält der Ehegatte ein Notvertretungsrecht (Abs. 2). Alle Befugnisse können durch das Familiengericht eingeschränkt oder ausgeschlossen werden (Abs. 3).

B. Inhalt der Norm

I. Befugnis zur Mitentscheidung (Abs. 1)

3 Die Mitentscheidungsbefugnis erhält, wer mit einem allein sorgeberechtigten Elternteil verheiratet ist, ohne selbst Elternteil zu sein (bei Lebenspartnerschaft siehe § 9 Abs. 1 bis 4 LPartG). Das Bestehen einer nichtehelichen Lebensgemeinschaft reicht nicht aus.[2] Auch wenn dem Elternteil das Sorgerecht noch zusammen mit dem anderen Elternteil zusteht, greift die Vorschrift nicht ein.[3]

4 **Nur** für **Angelegenheiten des täglichen Lebens** besteht eine **Mitentscheidungsbefugnis** des Stiefelternteils. Hierbei handelt es sich um Entscheidungen, die häufig vorkommen und auf die Entwicklung des Kindes keine nachhaltigen Auswirkungen haben.

▶ *Näher hierzu Gottschalk, § 1687 BGB Rn. 11 ff.*

Somit darf der Ehegatte in Angelegenheiten von erheblicher Bedeutung (§ 1687 Abs. 1 Satz 1 BGB) nicht mitentscheiden. Die diesbezügliche Entscheidungsbefugnis bleibt ausschließlich beim Alleinsorgeberechtigten.

5 Nur im **Einvernehmen** mit dem Elternteil kann der Ehegatte die Mitentscheidungsbefugnis ausüben.

▶ *Zum Begriff des Einvernehmens vgl. Fink, § 1627 BGB, Rn. 4.*

Sind sich die Ehegatten nicht einig, entscheidet der Elternteil alleine, **seine Auffassung hat im Konfliktfall Vorrang**, ohne dass es einer gerichtlichen Entscheidung (vgl. § 1628 FamFG bei gemeinsam Sorgeberechtigten) bedarf oder es eine Pflicht zur Konsensfindung gäbe.[4] Das einmal bestehende **Einvernehmen ist frei widerruflich**.[5]

6 Der Ehegatte **vertritt das Kind in Angelegenheiten des täglichen** Lebens nach außen. Das folgt aus dem Verweis auf § 1629 Abs. 2 Satz 1 BGB.[6] Der Ehegatte kann z.B. das Kind zu einem routinemäßigen Arztbesuch begleiten oder die Zustimmung zu einem Klassenausflug erteilen.

II. Notvertretungsrecht (Abs. 2)

7 Der Ehegatte ist in **Notfällen** befugt, alle erforderlichen Rechtshandlungen für das Kind vorzunehmen, wenn der sorgeberechtigte Elternteil nicht rechtzeitig erreicht werden kann. Dieser ist aber unverzüglich hierüber zu **informieren**. Diese Notfallkompetenz umfasst insbesondere die Beauftragung von Ärzten nach einem Unfall, plötzlich auftretenden Erkrankungen oder Verletzungen.[7]

---

2 MüKo-BGB/*Hennemann*, § 1687b Rn. 1
3 *Löhning*, FPR 2008, 157, 158
4 *Löhning*, FPR 2008, 157, 158; *Veit*, FPR 2004, 67,
5 So Erman/*Döll*, § 1687b BGB Rn. 2, MüKo-BGB/*Hennemann*, § 1687b, Rn. 1; a.A. Staudinger/*Salgo*, § 1687b BGB Rn. 10, 19
6 *Veit*, FPR 2004, 67, 71
7 BT-Drucks. 14/3751, 39

III. Familiengerichtliche Maßnahmen (Abs. 3)

In das abgeleitete, „kleine" Sorgerecht des Stiefelternteils kann das Familiengericht eingreifen und dieses **einschränken** oder gar ganz ausschließen, **wenn dies zum Wohl des Kindes erforderlich** ist. Das wird bei **fortbestehenden, das Kind beeinträchtigenden Streitigkeiten** der Fall sein.[8] Nach der hier vertretenen Auffassung (siehe Rn. 5) hat die gerichtliche Eingriffsmöglichkeit nur insoweit Relevanz, als hierdurch die Außenwirkung beseitigt wird, nachdem der sorgeberechtigte Elternteil sein Einvernehmen jederzeit frei widerrufen kann. 8

Hingegen kann die **Notfallkompetenz nicht ausgeschlossen** werden und auch eine **Erweiterung** der dem Stiefelternteil nach dieser Vorschrift eingeräumten Befugnisse ist durch das Gesetz nicht vorgesehen.[9] 9

IV. Dauerndes Getrenntleben (Abs. 4)

Beendet wird das abgeleitete Sorgerecht, wenn sich die Ehepartner **nicht nur vorübergehend trennen**. Diesbezüglich kann auf den Regelungsgehalt der Vorschrift des § 1567 BGB zurückgegriffen werden.[10] Nicht nur vorübergehend getrennt leben die Ehegatten, wenn sie die häusliche Gemeinschaft vollständig und erkennbar mit dem Willen aufheben, fortan die eheliche Lebensgemeinschaft nicht fortsetzen zu wollen. Die Trennung ist auch innerhalb der Wohnung möglich, wenn die Lebensbereiche klar voneinander abgrenzbar sind.[11] 10

Die Mitentscheidungsbefugnis **endet auch**, wenn der bislang allein sorgeberechtigte Elternteil das **Sorgerecht** vollständig **verliert** (z.B. nach § 1666 BGB) oder fortan mit dem anderen Elternteil zusammen ausübt (§§ 1696, 1626a Abs. 1 Nr. 1 oder 3 BGB). 11

C. Verfahren

Bei der gerichtlichen Entscheidung nach Abs. 3 FamFG handelt es sich um eine Kindschaftssache gemäß 151 Nr. 1 FamFG. Funktionell zuständig ist der Rechtspfleger, § 3 Nr. 2a RPflG, da § 1687b BGB im Richtervorbehalt des § 14 Abs. 1 Nr. 7 RPflG nicht genannt ist. 12

§ 1688 BGB Entscheidungsbefugnisse der Pflegeperson

(1) [1]Lebt ein Kind für längere Zeit in Familienpflege, so ist die Pflegeperson berechtigt, in Angelegenheiten des täglichen Lebens zu entscheiden sowie den Inhaber der elterlichen Sorge in solchen Angelegenheiten zu vertreten. [2]Sie ist befugt, den Arbeitsverdienst des Kindes zu verwalten sowie Unterhalts-, Versicherungs-, Versorgungs- und sonstige Sozialleistungen für das Kind geltend zu machen und zu verwalten. [3]§ 1629 Abs. 1 Satz 4 gilt entsprechend.

(2) Der Pflegeperson steht eine Person gleich, die im Rahmen der Hilfe nach den §§ 34, 35 und 35a Abs. 1 Satz 2 Nr. 3 und 4 des Achten Buches Sozialgesetzbuch die Erziehung und Betreuung eines Kindes übernommen hat.

(3) [1]Die Absätze 1 und 2 gelten nicht, wenn der Inhaber der elterlichen Sorge etwas anderes erklärt. [2]Das Familiengericht kann die Befugnisse nach den Absätzen 1 und 2 einschränken oder ausschließen, wenn dies zum Wohl des Kindes erforderlich ist.

8 Palandt/*Brudermüller*, § 9 LPartG Rn. 7
9 *Völker/Clausius*, § 1 Rn. 74
10 Palandt/*Brudermüller*, § 9 LPartG Rn. 9
11 § 1567 Abs. 1 Satz 2 BGB

(4) Für eine Person, bei der sich das Kind auf Grund einer gerichtlichen Entscheidung nach § 1632 Abs. 4 oder § 1682 aufhält, gelten die Absätze 1 und 3 mit der Maßgabe, dass die genannten Befugnisse nur das Familiengericht einschränken oder ausschließen kann.

Übersicht

	Rn.
A. Allgemeines	1
I. Normzweck	1
II. Anwendungsbereich	2
B. Inhalt der Norm	6
I. Entscheidungs- und Vertretungsbefugnis (Abs. 1)	6
II. Gleichstehende Personen (Abs. 2)	15
III. Anderweitige Erklärung des Sorgerechtsinhabers (Abs. 3)	16
IV. Besonderheiten in Fällen der Verbleibensanordnung (Abs. 4)	19
C. Verfahren	20

A. Allgemeines

I. Normzweck

1 Hat das Kind seinen gewöhnlichen Aufenthalt **außerhalb seines Elternhauses**, fallen **täglich Entscheidungen** an, die von den die Kinder betreuenden Personen zu treffen sind, eine Einbeziehung der sorgeberechtigten Eltern jedoch praktisch nicht realisierbar wäre. Mit der Vorschrift sol en die tatsächlich die Kindererziehung wahrnehmenden Personen mit den notwendigen Handlungs- und Vertretungsmöglichkeiten ausgestattet werden **(sog. kleines Sorgerecht)**. Dieses steht jedoch immer unter dem Vorbehalt, dass der Inhaber der elterlichen Sorge nicht etwas anderes erklärt.[1]

II. Anwendungsbereich

2 Nur wenn die Eltern **die elterliche Sorge** oder **Teile hiervon** noch **innehaben** stellt sich das Problem der sorgerechtlichen Teilhabe der betreuenden Personen. Wurde den Eltern die elterliche Sorge ganz oder zum Teil gemäß § 1666, 1666a BGB entzogen, kommt die Vorschrift des § 1688 BGB nicht oder nur im Hinblick auf den bei den Eltern verbliebenen Teil der elterlichen Sorge zur Anwendung.

3 § 1630 Abs. 3 BGB gibt daneben die Möglichkeit, Angelegenheiten der elterlichen Sorge auf die Pflegeperson zu übertragen, dies setzt allerdings die Zustimmung oder einen Antrag der Eltern voraus und betrifft auch nie die gesamte elterliche Sorge.[2]

▶ *Näher hierzu Fink, § 1630 BGB Rn. 11 ff.*

4 Möglich sind zudem andere, die Vorschrift des § 1688 BGB teilweise abändernde Formen der Aufteilung der sorgerechtlichen Befugnisse zwischen Eltern und Pflege- bzw. Betreuungspersonen z.B. durch (widerrufliche) **Vollmachtserteilung oder Pflegschaftsvertrag**.[3]

5 § 1688 BGB **unterscheidet**, ob sich das Kind **mit Zustimmung** der Eltern **oder** aufgrund einer **Entscheidung nach § 1632 Abs. 4 oder § 1682 BGB** bei der Betreuungsperson aufhält.

▶ *Näher zum Verhältnis von Vormund und Pflegeeltern Dürbeck zu § 1793 BGB Rn. 12.*

---

1 Zum Reformbedarf im Bereich der Dauerpflege: *Schweiwe/Schuler-Harms/Walper/Fegert*, Pflegefamilien als soziale Familien, ihe rechtliche Anerkennung und aktuelle Herausforderungen, in: Pflegekind werden, Stiftung zum Wohle des Pfelegekindes (Hrsg.), 231 (2018); *Salgo/Veit/Zenz,* ZKJ 2013, 204

2 OLG Jena FamRZ 2009, 421

3 Ausführlich hierzu *Lack/Salgo,* Handbuch Elterliche Sorge und Umgang, Rn. 1321; vgl. auch Staudinger/*Salgo*, § 1688 BGB Rn. 13

B. Inhalt der Norm

I. Entscheidungs- und Vertretungsbefugnis (Abs. 1)

6 Die Entscheidungs- und Vertretungsbefugnis in Angelegenheiten des täglichen Lebens setzt zunächst voraus, dass sich das Kind seit **längerer Zeit** außerhalb des Haushalts der Personensorgeberechtigten aufhält. Entscheidend ist, ob eine **längere Fremdplatzierung prognostiziert** wird und nicht, ob das Kind bereits längerer Zeit bei der Pflegeperson untergebracht ist.[4] Der Begriff der längeren Zeit ist weder gesetzlich noch durch die Rechtsprechung abschließend definiert.

▶ *Siehe zum Begriff der „längeren Zeit" auch Fink, § 1632 BGB Rn. 35.*

Ab der Dauer von zwei Monaten wird man im Rahmen von § 1688 BGB sicherlich von einer „längeren Zeit" sprechen können,[5] so dass diese Regelung auch bei der Unterbringung in einer Kurzzeit- oder Bereitschaftspflegestelle eingreift, wenn die Unterbringung für mehrere Monate geplant ist oder – wie in der Praxis häufig – schließlich andauert.[6]

7 **Familienpflege** ist die Betreuung eines minderjährigen Kindes außerhalb des Haushaltes seiner Eltern in Form der Vollzeitpflege (Tag und Nacht) nach § 33 SGB VIII. Die Pflegeperson bedarf grundsätzlich einer Erlaubnis zur Vollzeitpflege (§ 44 SGB VIII). Diese Pflegeerlaubnis, von deren Notwendigkeit Ausnahmen bestehen z.B. bei der Unterbringung des Kindes bei Verwandten (§ 44 Abs. 1 Nr. 3 SGB VIII), also insbesondere den Großeltern, ist jedoch nicht Voraussetzung für ein Eingreifen des § 1688 BGB.[7] Nicht um eine Familienpflege i.S.d. Abs. 1 handelt es sich hingegen bei der Tagespflege (§ 23 SGB VIII).[8] Gemäß § 1751 Abs. 1 Satz 4 BGB ist während der **Adoptionspflege** § 1688 Abs. 1 und 3 BGB entsprechend anwendbar.

8 Die Pflegeperson entscheidet in **Angelegenheiten des täglichen Lebens**. Der Begriff entspricht dem des § 1687 Abs. 1 Satz 2 BGB.[9]

▶ *Näher hierzu Gottschalk, § 1687 BGB Rn. 11 ff.*

9 Zu den praktisch relevanten Angelegenheiten des täglichen Lebens gehören

- Mitgliedschaften in Sportvereinen, Musikschulen etc.,
- die Teilnahme an Elternabenden,
- das Schreiben von Entschuldigungen für die Schule,
- die Wahl von schulischen Arbeitsgemeinschaften,
- die Teilnahme an Sonderveranstaltungen der Schule und Ausflügen,
- Vorsorge- und Routineuntersuchungen,
- empfohlenen Schutzimpfungen,
- Ferienaufenthalte.

10 In Angelegenheiten **von erheblicher Bedeutung** (siehe zur Abgrenzung *Gottschalk*, § 1687 BGB Rn. 5) bleiben die sorgeberechtigten Eltern allein zuständig.[10]

---

4 MüKo-BGB/*Hennemann*, § 1688 Rn. 4
5 Staudinger/*Salgo*, § 1688 BGB Rn. 17; vgl. auch Staudinger/*Peschel-Gutzeit*, § 1630 BGB Rn. 42
6 MüKo-BGB/*Hennemann*, § 1688 Rn. 4
7 OLG Dreseden FamRZ 2010, 1995
8 Staudinger/*Salgo*, § 1688 Rn. 18
9 Ausführlich auch *Lack/Salgo*, Handbuch Elterliche Sorge und Umgang, Rn. 1312
10 Z.B. der Umgang des fremdplazierten Kindes mit seinen Eltern, vgl. OLG Koblenz FamRZ 2017, 1958, oder die Entscheidung über die Änderung des Familiennamens, vgl. BGH ZKJ 2017, 64

11 Die **sorgeberechtigten Eltern** verbleiben Inhaber der elterlichen Sorge, sie – und nicht das Kind – werden in den Angelegenheiten des täglichen Lebens von der **Pflegeperson** lediglich **vertreten**. Damit hat die Pflegeperson in den maßgeblichen Angelegenheiten die **Befugnis**, diese Dinge **zu entscheiden**; die **Vertretung der Eltern** erfolgt sodann bei der Umsetzung der Entscheidung nach Außen und durch die notwendigen Handlungen gegenüber Dritten.

12 Die Befugnisse der Pflegepersonen umfassen gemäß Satz 2 auch die **Verwaltung des Arbeitsverdienstes** des Kindes sowie die **Geltendmachung und die Verwaltung von Unterhalts-, Versicherungs-, Versorgungs- und sonstige Sozialleistungen**. Allerdings können die Pflegeeltern **keine Unterhaltsansprüche** des Kindes **gegen die Eltern** sondern **nur Unterhaltsansprüche gegen Dritte** geltend machen,[11] da die Pflegeperson nur die Eltern und nicht das Kind vertritt.[12]

13 Hilfen zur Erziehung nach §§ 27, 33 SGB VIII[13] und Eingliederungshilfen (§ 35a SGB VIII)[14] können die Pflegepersonen nicht nach Satz 2 geltend machen, da es sich hierbei um Angelegenheiten von erheblicher Bedeutung handelt. Deshalb steht ihnen auch kein eigener Zahlungsanspruch auf wirtschaftliche Jugendhilfe aus § 39 SGB VIII zu, da ein solcher Zahlungsanspruch einen Annexanspruch zu dem in § 27 Abs. 1 SGB VIII geregelten Anspruch des Personensorgeberechtigten auf Hilfe zur Erziehung darstellt.[15]

14 Bei **Gefahr im Verzug** ist die Pflegeperson berechtigt, alle Rechtshandlungen vorzunehmen, die zum Wohl des Kindes notwendig sind; der Inhaber der elterlichen Sorge ist unverzüglich zu unterrichten (vgl. *Gottschalk*, § 1687b BGB, Rn. 7 und *Fink,* § 1629, Rn. 14), Abs. 1 Satz 3, § 1629 Abs. 1 Satz 4 BGB. Praktische Bedeutung erlangt diese Vorschrift hauptsächlich im Bereich der Gesundheitsfürsorge.

II. Gleichstehende Personen (Abs. 2)

15 Den **Pflegepersonen in Abs. 1 gleichgestellt** sind diejenigen Personen, die Kinder im **Heim** oder in einer sonstigen **betreuten Wohnform** (gemäß § 34 SGB VIII), im Rahmen einer **intensiven sozialpädagogischen Einzelbetreuung** (§ 35 SGB VIII), sofern der Jugendliche außerhalb des Elternhauses betreut wird[16] oder im Rahmen einer **Eingliederungshilfe** (§ 35a SGB VIII) betreuen. Die Internatsunterbringung fällt nicht hierunter.[17]

III. Anderweitige Erklärung des Sorgerechtsinhabers (Abs. 3)

16 Die Entscheidungs- und Vertretungsbefugnisse der Pflege- und Betreuungspersonen können allerdings **von den sorgeberechtigten Eltern eingeschränkt oder ausgeschlossen** werden. Dies setzt voraus, dass er den entsprechenden Teilbereich der elterlichen Sorge, unter den die Angelegenheit fällt, innehat und ihm dieser nicht nach § 1666 Abs. 3 Nr. 5 BGB entzogen ist (zur Ausnahme siehe Rn. 19). Macht der Inhaber der elterlichen Sorge von seinem „Vetorecht" Gebrauch, kann sich die Pflegeperson nicht mehr auf die ihr grundsätzlich von § 1688 BGB eingeräumten sorgerechtlichen Befugnisse berufen. Solange allerdings keine entsprechende Erklärung des Sorgerechtsinhabers vorliegt, greifen zugunsten der Pflegeperson die genannten Befugnisse ein.[18] Führt die Beschränkung oder der Ausschluss dazu, dass eine dem Wohl des Kindes förderliche Betreuung und Erziehung nicht mehr gewährleistet ist, so muss das **Jugendamt gemäß § 38 SGB VIII vermitteln**.

---

11 OLG Dresden FamRZ 2010, 1995
12 BeckOK-BGB/*Veit,* § 1688 BGB Rn. 7.3
13 OVG Bautzen, Beschl. v. 6.12.2010 – 1 D 120/10, juris
14 OVG Weimar JAmt 2003, 34
15 VG Saarbrücken, Beschl. v. 5.5.2014 – 3 K 682/12, juris
16 Wiesner/*Schmid-Obkirchner,* § 38 SGB VIII Rn. 12
17 Wiesner/*Schmid-Obkirchner,* § 38SGB VIII Rn. 13
18 BeckOK-BGB/*Veit,* § 1688 BGB Rn.9

17 Das **Familiengericht** kann die Befugnisse der Pflege- und Betreuungspersonen gemäß Abs. 3 Satz 2 **einschränken oder ausschließen**, soweit dies **zum Wohl des Kindes erforderlich** ist und zwar auch gegenüber den Personen, bei denen sich das Kind aufgrund einer Verbleibensanordnung (Abs. 4) aufhält und die Sorgeberechtigten keine Beschränkungsmöglichkeit haben.

18 Zum Wohl des Kindes erforderlich ist ein gerichtliches Einschreiten dann, wenn **Gründe** vorliegen, die befürchten lassen, dass ohne Einschränkung oder Ausschluss der Befugnisse der Pflegeeltern (oder ihnen nach Abs. 2 gleichgesetzten Personen) das Kind eine ungünstige Entwicklung nehmen könnte, ohne dass die Schwelle der Kindeswohlgefährdung erreicht sein müsste.[19] Eine **Erweiterung der Befugnisse** steht dem Gericht – unterhalb der Eingriffsschwelle nach § 1666 BGB – hingegen **nicht zu**.[20]

IV. Besonderheiten in Fällen der Verbleibensanordnung (Abs. 4)

19 **Kein Recht** zum Ausschluss oder der Einschränkung der sich aus § 1688 Abs. 1 BGB ergebenden Befugnisse steht den **sorgeberechtigten Eltern** allerdings dann zu, wenn sich das Kind aufgrund einer **Verbleibensanordnung nach § 1632 Abs. 4 BGB** bei der Pflege- oder Betreuungsperson oder aber sich aufgrund einer **Verbleibensanordnung nach § 1682 BGB** beim Stiefelternteil, bei einer engen Bezugsperson nach § 1685 BGB oder beim/bei der Lebenspartner/Lebenspartnerin aufhält und setzt demnach einen vorausgegangenen, abgeschlossenen gerichtlichen Herausgabestreit voraus.[21] In diesen Fällen kann nur das Familiengericht eine Einschränkung oder einen Ausschluss der Befugnisse vornehmen.

▶ *Näher zur Verbleibensanordnung Fink, § 1632 BGB Rn. 33 ff., bzw. Keuter, § 1682 BGB Rn. 1 ff.*

C. Verfahren

20 Bei der gerichtlichen Entscheidung nach § 1688 Abs. 3 Satz 2 und Abs. 4 BGB FamFG über die Begrenzung und den Ausschluss der sorgerechtlichen Befugnisse handelt es sich um eine Kindschaftssache gemäß § 151 Nr. 1 FamFG. Funktionell zuständig ist gemäß **§ 3 Nr. 2a RPflG der Rechtspfleger**. Es gelten die allgemeinen Verfahrensgrundsätze in Kindschaftssachen. Das Verfahren kann auch von Amts wegen eingeleitet werden.[22]

§ 1689 bis § 1692 BGB

(weggefallen)

19 jurisPK-BGB/*Poncelet*, § 1688 BGB Rn. 16; ausführlich Staudinger/*Salgo*, § 1688 BGB Rn. 42
20 MüKo-BGB/*Hennemann*, § 1688 Rn. 11
21 MüKo-BGB/*Hennemann*, § 1688 Rn. 12
22 Staudinger/*Salgo*, § 1688 BGB Rn. 47a

§ 1693 BGB Gerichtliche Maßnahmen bei Verhinderung der Eltern

Sind die Eltern verhindert, die elterliche Sorge auszuüben, so hat das Familiengericht die im Interesse des Kindes erforderlichen Maßregeln zu treffen.

Übersicht

Rn.
A. Allgemeines ... 1
I. Normzweck ... 1
II. Anwendungsbereich ... 2
B. Inhalt der Norm ... 4
I. Verhinderung der Eltern ... 4
II. Erforderliche Maßregeln ... 8
C. Verfahren ... 9

A. Allgemeines

I. Normzweck

1 Die Vorschrift dient der Sicherung des Kindeswohls, indem sie eine unmittelbare Handlungsbefugnis des Familiengerichts statuiert für den Fall, dass sich Kinder in einer Situation befinden, in denen ihre Eltern verhindert sind, die elterliche Sorge auszuüben. Die im materiellen Recht angesiedelte Vorschrift enthält eine Verpflichtung der Gerichte, in solchen **dringenden Fällen** tätig zu werden und **für die Eltern „einzuspringen"**, bis diese wieder in der Lage sind, selbst zu handeln oder längerfristige Maßnahmen getroffen werden können.[1] Dabei wird die elterliche Sorge nicht entzogen oder beschränkt.[2] Vielmehr tritt der Staat handelnd für die Eltern ein, (nur) **soweit und solange** sie an der Ausübung der elterlichen Sorge verhindert sind. Der in der Praxis häufigste Anwendungsfall ist die Einreise von unbegleiteten minderjährigen Flüchtlingen, deren Eltern im Heimatland verblieben und nicht erreichbar sind. Bis zur Beendigung des sog. Clearingverfahrens,[3] in dem der rechtliche Status der Flüchtlingskinder erst festgestellt wird, müssen die notwendigen Maßnahmen, wie die Bestimmung ihres Aufenthalts, gesundheitliche und tägliche Versorgung, für die Kinder getroffen werden können.

II. Anwendungsbereich

2 **Beide Eltern** müssen an der Ausübung der elterlichen Sorge verhindert sein.[4] Eltern im genannten Sinne sind die rechtlichen Eltern, ggf. nach Maßgabe des anzuwendenden Rechts. Auf die biologische oder soziale Elternschaft kommt es im vorliegenden Zusammenhang nicht an.

3 Wenn der **Vormund** verhindert ist, greift **§ 1846 BGB** ein. Steht eine Kindeswohlgefährdung im Raum, so regelt 1666 BGB die Eingriffsvoraussetzungen und die erforderlichen Maßnahmen.[5] Ist **nur ein Elternteil** an der Ausübung der elterlichen Sorge verhindert, so greifen die **§§ 1678, 1680, 1681 BGB** ein. Hat aber ein Elternteil die elterliche Sorge alleine inne, so finden die letztgenannten Vorschriften keine Anwendung, sondern – bei Vorliegen der Voraussetzungen – die vorliegende Norm.

B. Inhalt der Norm

I. Verhinderung der Eltern

4 Die Verhinderung der Eltern kann ihre Ursache in tatsächlichen oder in rechtlichen Gründen haben. In beiden Fällen ist die Norm anwendbar. Beide Eltern sind an der Ausübung

1 Staudinger/*Coester*, § 1693 BGB Rn. 1
2 MüKo-BGB/Olzen, § 1693 Rn. 1
3 Näher hierzu www.caritas.de/glossare/clearingverfahren
4 OLG Zweibrücken OLGReport 2002, 180
5 BVerfG FamRZ 2007, 1627

der elterlichen Sorge **tatsächlich verhindert**, wenn sie für das Kind nicht erreichbar sind und **keine tatsächliche Eingriffsmöglichkeit** besteht.

▶ *Näher hierzu Keuter, § 1674 BGB Rn. 3.*

Solche Umstände sind z.B. gegeben, wenn sich die Eltern im Ausland aufhalten und weder mit **modernen Kommunikationsmitteln** (Mobil)Telefon, E-Mail, Skype oder schriftlich (letzteres in angemessener Zeit) erreichbar sind, noch die Möglichkeit der **Reisemöglichkeit** für sie besteht. Die Eltern müssen hingegen nicht vor Ort sein, um die elterliche Sorge ausüben zu können. Auch auf die **Dauer der Verhinderung** kommt es nicht an, denn die Vorschrift soll gewährleisten, dass zu jeder Zeit ihrer Notwendigkeit Sorgerechtsentscheidungen getroffen werden können.[6]

Eine **rechtliche Verhinderung** kommt in Betracht, wenn die Eltern von der Vertretung nach § 1629 Abs. 2 BGB oder gemäß § 52 Abs. 2 Satz 2 StPO ausgeschlossen sind oder die Voraussetzungen des § 1673 BGB vorliegen. 5

▶ *Näher hierzu Keuter, § 1673 BGB Rn. 1 ff.*

Haben die Eltern einen Bevollmächtigten bestellt, z.B. in dem sie den in Deutschland lebenden Verwandten eine Vollmacht ausgestellt haben, liegt keine rechtliche Verhinderung vor.[7] Ein Anwendungsfall des § 1693 BGB liegt auch dann nicht vor, wenn grundsätzlich sorgerechtsfähige Eltern ihrer Sorgerechtsverantwortung nicht nachkommen oder solche Maßnahmen treffen, die das Gericht für sachlich ungeeignet hält.[8]

Keine Verhinderung im tatsächlichen oder rechtlichen Sinne liegt vor, wenn die Eltern die elterliche Sorge in **kindeswohlgefährdender Weise** ausüben. Dann greifen die Schutzmechanismen nach §§ 1666, 1666a BGB ein.[9] Zwar liegt in der Nichtausübung der elterlichen Sorge immer auch eine Kindeswohlgefährdung; im Falle der Verhinderung ist den Eltern die Ausübung aber schlechthin unmöglich, obwohl sie die elterliche Sorge ausüben wollen, während im Falle der Kindeswohlgefährdung eine Nichtausübung gegeben ist, obwohl die Eltern durch die tatsächlichen oder rechtlichen Umstände nicht gehindert würden.[10] 6

An die **Feststellung der Verhinderung** dürfen **keine allzu hohen Anforderungen** gestellt werden, da anderenfalls oftmals der Zweck, nämlich das schnelle Treffen einer vorläufigen Maßnahme nicht erreicht werden könnte.[11] So wird bei einem allein nach Deutschland eingereisten Flüchtlingskind die Feststellung, dass die Eltern im Ausland nicht erreichbar sind, einige Zeit in Anspruch nehmen. 7

II. Erforderliche Maßregeln

Das Gericht hat die erforderlichen Maßnahmen nach **pflichtgemäßem Ermessen** zu treffen. Maßgeblich ist insoweit der Grundsatz der Verhältnismäßigkeit. Es kann dem Kind bspw. einen **Ergänzungspfleger** i.S.v. § 1909 BGB bestellen, der dann als gesetzlicher Vertreter für das Kind handelt,[12] und es kann unmittelbar durch gerichtliche Entscheidungen Einwilligungen oder notwendige Mitwirkungshandlungen ersetzen.[13] 8

---

6 Erman/*Döll*, § 1693 BGB Rn. 2
7 MüKo-BGB/*Olzen*, § 1693 Rn. 4
8 OLG Oldenburg FamRZ 2019, 203
9 BVerfG FamRZ 2007, 1627
10 MüKo-BGB/*Olzen*, § 1693 Rn.5
11 Ebenso Saudinger/*Coester*, § 1696 BGB Rn.4: „Es genügt hinreichender Anlass zu der Annahme …"
12 OLG Naumburg FamRZ 2008, 639
13 Vgl. AmtsG Nettetal FamRZ 1996, 1104 zu einer Bluttransfusion

C. Verfahren

9 Das Verfahren wird von Amts wegen eingeleitet, ein entsprechender Antrag ist im verfahrensrechtlichen Sinne eine Anregung i.S.v. § 24 FamFG. Die besonderen Vorschriften für Kindschaftssachen **(§§ 151 ff. FamFG)** finden Anwendung. Hinsichtlich der örtlichen Zuständigkeit wird häufig § 152 Abs. 4 FamFG in der Praxis Anwendung finden.

▶ *Näher hierzu Keuter, § 152 FamFG Rn. 18.*

▶ *Zur funktionalen Zuständigkeit siehe Heilmann, § 14 RPflG.*

Die Verpflichtung zur Anhörung von Kind und Jugendamt ergibt sich aus §§ 159, 162 FamFG. Bei tatsächlicher Verhinderung unmöglich wird hingegen die persönliche Anhörung der Kindeseltern (§ 160 FamFG); daher greift insoweit § 160 Abs. 3 FamFG ein.

▶ *Näher hierzu Wegener, § 160 FamFG Rn. 26.*

Aus dem Zweck der Vorschrift (siehe Rn. 1) folgt, dass die Entscheidungen in der Regel eilig sind. Daher werden in der Praxis die Vorschriften über das Verfahren der einstweiligen Anordnung **(§§ 49 ff. FamFG)** Anwendung finden.

▶ *Näher hierzu Lack, Kommentierung zu §§ 49 ff. FamFG.*

§ 1694 bis § 1695 BGB

(weggefallen)

§ 1696 BGB Abänderung gerichtlicher Entscheidungen und gerichtlich gebilligter Vergleiche

(1) [1]Eine Entscheidung zum Sorge- oder Umgangsrecht oder ein gerichtlich gebilligter Vergleich ist zu ändern, wenn dies aus triftigen, das Wohl des Kindes nachhaltig berührenden Gründen angezeigt ist. [2]Entscheidungen nach § 1626a Absatz 2 können gemäß § 1671 Absatz 1 geändert werden; § 1671 Absatz 4 gilt entsprechend. [3]§ 1678 Absatz 2, § 1680 Absatz 2 sowie § 1681 Absatz 1 und 2 bleiben unberührt.

(2) Eine Maßnahme nach den §§ 1666 bis 1667 oder einer anderen Vorschrift des Bürgerlichen Gesetzbuchs, die nur ergriffen werden darf, wenn dies zur Abwendung einer Kindeswohlgefährdung oder zum Wohl des Kindes erforderlich ist (kindesschutzrechtliche Maßnahme), ist aufzuheben, wenn eine Gefahr für das Wohl des Kindes nicht mehr besteht oder die Erforderlichkeit der Maßnahme entfallen ist.

Übersicht

	Rn.
A. Allgemeines	1
I. Normzweck	1
II. Anwendungsbereich	4
B. Inhalt der Norm	18
I. Entscheidungen zum Sorge- und Umgangsrecht; gerichtlich gebilligter Vergleich (Abs. 1 Satz 1)	18
1. Abänderungsgegenstand	18
2. Abänderungsmaßstab	20
II. Besonderheiten bei unverheirateten Eltern (Abs. 1 Satz 2)	23
III. Besonderheiten bei Verhinderung, Tod oder Todeserklärung eines Elternteils (Abs. 1 Satz 3)	24

IV. Abänderung kindesschutzrechtlicher Entscheidungen (Abs. 2) ... 25
1. Kindesschutzrechtliche Maßnahmen nach §§ 1666 bis 1667 BGB ... 25
2. Kindesschutzrechtliche Maßnahme nach anderen Vorschriften ... 26
3. Gefahr für das Kindewohl besteht nicht mehr ... 28
4. Erforderlichkeit der Maßnahme ist entfallen ... 30
C. Verfahren und gerichtliche Entscheidung ... 33

A. Allgemeines

I. Normzweck

Regelungen, die Kinder und Jugendliche betreffen, müssen abgeändert werden können, um ihre **Anpassung** an die sich stetig **verändernden Lebensverhältnisse** zu ermöglichen. Die für einen 3-Jährigen passende Umgangsregelung entspricht etwa nicht mehr den Bedürfnissen eines 11-jährigen und schon gar nicht eines 16-jährigen Jugendlichen. Eine Sorgerechtsübertragung, die kurz nach der Trennung notwendig war, ist möglicherweise nach einem Zeitablauf von einigen Jahren, in denen die Eltern wieder über die Belange des Kindes sich auszutauschen gelernt haben, nicht mehr notwendig. 1

Entscheidungen und Vergleiche in Umgangs- und Sorgerechtssachen werden deshalb einerseits zwar formell rechtskräftig, d.h, sie können nach Ablauf der Rechtsmittelfrist nicht mehr zur Überprüfung des Rechtsmittelgerichts gestellt werden, sie **erwachsen** aber **nicht in materielle Rechtskraft**.[1] Andererseits besteht bei den Beteiligten, insbesondere dem Kind ein Bedürfnis nach **Kontinuität**.[2] § 1696 BGB wird diesem Spannungsverhältnis gerecht, indem er die Abänderungsmöglichkeit von Umgangs- und Sorgerechtsentscheidungen in Abs. 1 auf triftige, das Kindeswohl nachhaltig berührende Gründe begrenzt. Um dem **Verhältnismäßigkeitsgrundsatz** bei kindesschutzrechtlichen Maßnahmen Rechnung zu tragen, verpflichtet Abs. 2 das Gericht zu deren Aufhebung, sobald die Kindeswohlgefährdung nicht mehr besteht, bzw. die Erforderlichkeit der Maßnahme entfallen ist. 2

Die Abänderungsregelung des § 1696 dient jedoch nicht dazu, formell rechtskräftig gewordene Entscheidungen zu überprüfen, ohne dass eine Veränderung im Hinblick auf die Ausgangslage zum Zeitpunkt der Beschlussfassung eingetreten ist. 3

II. Anwendungsbereich

Familiengerichtliche **Entscheidungen** oder **gerichtlich gebilligte Vergleiche** in Sorgerechts- und Umgangsverfahren unterliegen der Abänderung nach § 1696 Abs. 1 Satz 1 BGB. Hierbei kann es sich auch um eine Entscheidung eines **ausländischen Gerichts** handeln, sofern sie anerkennungsfähig ist.[3] Eine **Anwendung** von § 1696 BGB **scheidet** allerdings **aus**, solange noch gegen eine sorge- oder umgangsrechtliche Entscheidung **Rechtsmittel eingelegt** werden können. 4

Mitunter schwierig ist die **Abgrenzung des § 1696 BGB zu anderen Vorschriften** des Kindschaftsrechts:

Soweit Vorschriften die **Abänderungsvoraussetzungen für bestimmte Sachverhalte** gesondert regeln, gehen diese Regelungen als lex specialis der Generalklausel des § 1696 Abs. 1 Satz 1 BGB vor. Das gilt zunächst für die §§ 1678 Abs. 2, 1680 Abs. 2, 1681 Abs. 1, 2. (§ 1696 Abs. 1 Satz 3 BGB, siehe unten Rn. 24). 5

1 BGH FamRZ 2007, 1969
2 BVerfG ZKJ 2015, 111; OLG Köln MDR 2013, 795
3 OLG Hamm JAmt 2014, 576

6 Geht es um die **Abänderung von kindesschutzrechtlichen Maßnahmen**, so ist die gegenüber § 1696 Abs. 1 Satz 1 BGB speziellere Aufhebungsnorm nach § 1696 Abs. 2 BGB einschlägig.

7 **Nicht erfasst von § 1696 Abs. 1 Satz 1 BGB** werden zudem Fälle der Abänderung gemeinsamer elterlicher Sorge nicht miteinander verheirateter Eltern, deren **elterliche Sorge auf einer gemeinsamen Sorgeerklärung** beruht. **Hier greift § 1671 Abs. 1 Nr. 1 und 2 BGB** ein. Das gilt auch in Fällen, in denen die gemeinsame Sorgeerklärung vom Gericht in Form eines gerichtlich gebilligten Vergleichs (§ 156 Abs. 2 FamFG) protokolliert wurde.[4]

8 § 1696 Abs. 1 Satz 2 BGB unterstellt die Abänderung **gerichtlicher Sorgerechtsentscheidungen nach § 1626a Abs. 2 BGB** dem **Maßstab des § 1671 Abs. 1 BGB** und zwar auch dann, wenn die Sorgerechtsübertragung im vereinfachten Verfahren nach § 155a FamFG, 1626a Abs. 2 Satz 2 BGB erging.[5] Damit sollen sich alle erstmaligen Aufhebungen der elterlichen Sorge nach Trennung der gemeinsam sorgeberechtigten Eltern nach gleichen Voraussetzungen richten.[6]

9 Wurde hingegen ein **Antrag** auf Herstellung der gemeinsamen elterlichen Sorge nach § 1626a Abs. 2 BGB[7] oder auf Herstellung der alleinigen Sorge nach § 1671 BGB[8] **zurückgewiesen**, dann greift nach zutreffender Auffassung[9] für den erneuten Antrag auf eine Sorgerechtsregelung die **Abänderungsschwelle des § 1696 Abs. 1 Satz 1 BGB**.

9a Ein gerichtlich gebilligter Vergleich i.S.v. § 156 Abs. 2 FamFG zum paritätischen Wechselmodell unterliegt, falls ein Elternteil von diesem abweichen will, ebenfalls den Voraussetzungen des § 1696 Abs. 1 BGB.[10]

9b § 1696 BGB ist auch anwendbar, wenn das Familiengericht einem Elternteil auf dessen Antrag hin gemäß § 1671 Abs. 1 Satz 2 Nr. 2 BGB in einem früheren Verfahren das Aufenthaltsbestimmungsrecht übertragen hat und nunmehr der andere Elternteil die Anordnung des paritätischen Wechselmodells im Rahmen eines Umgangsverfahrens begehrt.[11]

Wurde das Wechselmodell gerichtlich angeordnet, sei es als Umgangsregelung[12] oder als sorgerechtliche Regelung, kann die Abänderung ebenfalls nur unter den Voraussetzungen des § 1696 Abs. 1 BGB erfolgen.

10 **§ 1696 Abs. 1 Satz 1 BGB** ist als Entscheidungsmaßstab ebenfalls auf einen Antrag der Mutter anwendbar, wenn zuvor dem Vater eines nichtehelichen Kindes aufgrund der **Übergangsregelung des BVerfG[13] das Mitsorgerecht eingeräumt wurde** und nunmehr **die Mutter wieder die alleinige elterliche Sorge begehrt**, da der Ausschluss des § 1696 Abs. 1 Satz 2 BGB hier nicht gilt.[14]

4 BGH FamRZ 2011, 796
5 Kritisch hierzu *Dürbeck,* ZKJ 2013, 330, 335
6 BT-Drucks. 17/11048, 22; Staudinger/*Coester,* § 1696 BGB Rn. 19
7 OLG Frankfurt FamRZ 2014, 1120: § 1696 BGB, auch wenn über den Antrag auf Herstellung der gemeinsamen elterlichen Sorge nach den Vorgaben des Bundesverfassungsgerichts vom 21.7.2010 – 1 BvR 420/09, entschieden wurde, die Entscheidung jedoch den Anforderungen des neu gefassten § 1626a Abs. 1 Nr. 3, Abs. 2 BGB bereits gerecht geworden ist
8 KG FamRZ 2011, 122
9 OLG Brandenburg FamRZ 2014, 1861; KG FamRZ 2011, 122; HB-VB/*Dürbeck,* Rn. 649; a.A. OLG Oldenburg NJW-Spezial 2019, 70; *Völker/Clausius,* § 3, Rn. 6
10 KG FamRZ 2019, 363; Staudinger/*Coester,* § 1696 BGB Rn. 38 a
11 OLG Frankfurt FamRZ 2019, 206; a.A. BGH, Beschl. v. 27.11.2019 – XII ZB 512/18, NZFam 2020, 116 = FF 2020, 71
12 BGH ZKJ 2017, 190
13 BVerfG FamRZ 2010, 1403
14 OLG Frankfurt BeckRS 2013, 10350

11 Begehrt **der Vater** des nichtehelichen Kindes im Wege der Abänderung **nach Zurückweisung** seines Antrages auf gemeinsame Sorge nunmehr **die alleinige elterliche Sorge, greift § 1671 Abs. 2** BGB;[15] **§ 1696 Abs. 1 Satz 1 BGB hingegen findet Anwendung**, wenn **ein Elternteil** eines nichtehelichen Kindes **nach** einer **Übertragung** der **alleinigen Sorge nach § 1671 Abs. 1 oder 2 BGB** auf den anderen Elternteil die gemeinsame oder die alleinige elterliche Sorge begehrt.[16]

12 Soweit ursprünglich die alleinige Sorge auf einen Elternteil nach § 1671 Abs. 1 BGB übertragen worden war und die **Eltern nunmehr die elterliche Sorge gemeinsam ausüben wollen**, stellt der Vorrang der Elternautonomie und des Elternkonsenses einen Abänderungsgrund nach **§ 1696 BGB** dar, dem zudem indizielle Wirkung zukommt.[17] Wollen die **(verheirateten oder geschiedenen) Eltern** von der vormals gerichtlich begründeten **gemeinsamen Sorge abrücken** und begehrt einer die alleinige elterliche Sorge, **so greift § 1671 Abs. 1 BGB** als Spezialvorschrift für diese Fallkonstellation ein.[18]

13 Übt ein Elternteil die elterliche Sorge **mit Zustimmung des anderen Elternteil** gemäß § 1671 Abs. 1 S. 2 Nr. 1 BGB alleine aus, richtet sich die Abänderung nach § 1696 BGB, wobei der fortbestehende Elternkonsens unterhalb der Schwelle der Kindeswohlgefährdung eine Abänderungsmöglichkeit entfallen lässt.[19] Dem Gericht ist es demnach verwehrt, die von den Eltern übereinstimmend gewollte Sorgerechtsregelung auf der Grundlage des § 1696 BGB wieder abzuändern. Hingegen lässt eine bestehende Uneinigkeit der Eltern über die Abänderung bzw. der Konsens, dass eine Abänderung nunmehr zu erfolgen hat, die gerichtliche Bindung an den elterlichen Konsens entfallen.[20] Eine Änderung ist angezeigt, wenn ein aufgekündigter Konsens zusammen mit den Umständen des Einzelfalls einen triftigen, das Wohl des Kindes nachhaltig berührenden Abänderungsgrund darstellt.[21]

14 In der **Regel vorrangig** anzuwenden ist in Fällen des Kindesschutzes die gesetzliche Regelung des **§ 1666 BGB** (siehe auch *Gottschalk*, § 166 FamFG, Rn. 9), wenn es etwa um einen **Eingriff in die elterliche Sorge** beider Eltern oder eines Elternteils geht, um eine Kindeswohlgefährdung abzuwenden. Während die Abänderungsbefugnis nach § 1696 Abs. 1 BGB triftige, das Wohl des Kindes nachhaltig berührende Gründe voraussetzt, muss für eine kindesschutzrechtliche Maßnahme nach §§ 1666, 1666a das Wohl des Kindes gefährdet sein. Im Hinblick auf Art. 6 Abs. 2 Satz 1 GG kann die höhere Eingriffsschwelle dieser Normen nicht durch eine Anwendung des § 1696 BGB unterlaufen werden.[22] **Etwas anderes gilt jedoch dann**, wenn sich das Kind aufgrund gerichtlicher Sorgerechtsentscheidung bei einem Elternteil aufhält, jedoch in dessen Haushalt das Wohl des Kindes gefährdet ist und diese **Gefährdung durch eine Übertragung der elterlichen Sorge auf den anderen Elternteil abgewendet** werden kann.[23]

15 Soll eine kindesschutzrechtliche **Maßnahme verschärft** werden, etwa weil die in der Ausgangsentscheidung angeordnete Maßnahme nicht (mehr) zur Gefahrenabwehr geeignet ist oder soll eine solche **Maßnahme erneut angeordnet werden,** z.B. weil die Frist für den Umgangsausschluss abgelaufen und nunmehr begleiteter Umgang notwendig ist, so

15 *Heilmann,* NJW 2013, 1473, 1478
16 OLG Frankfurt, Beschl. v. 19.8.2014 – 6 UF 76/14; HB-VB/*Dürbeck,* Rn. 649
17 *Heilmann,* NJW 2013, 1473, 1478; Staudinger/*Coester,* § 1696 BGB Rn. 73, 74
18 OLG Hamm FamRZ 2007, 757; *Coester,* FamRZ 2012, 1337, 1340
19 Staudinger/*Coester,* § 1696 BGB Rn. 44, *75*
20 Staudinger/*Coester,* § 1696 BGB Rn. 44; KG ZKJ 2009, 211
21 Staudinger/*Coester, a.a.O.*
22 BVerfG 2009, 1472; BeckOK-BGB/*Veit,* § 1696 BGB Rn. 14;
23 Staudinger/*Coester,* § 1696 BGB Rn. 17; OLG München, Beschl. v. 19.1.2018 – 4 WF 1674/17, juris; vom Bundesverfassungsgericht im Falle des Umgangsboykott offengelassen: BVerfG ZKJ 2012, 184, kritisch hierzu: *Coester,* FamRZ 2012, 182

ist der Prüfungsmaßstab der entsprechenden Kindesschutzklausel (z.B. § 1666, 1666a; 1684 Abs. 4[24] BGB) zu entnehmen.[25]

16 Nicht nach § 1696 BGB abgeändert werden können Entscheidungen in **EA-Verfahren**, hier greift **§ 54 FamFG** ein.[26] Auch außergerichtlich getroffene Vereinbarungen fallen nicht unter § 1696 BGB.[27] Und schließlich greift der Abänderungsmaßstab des § 1696 Abs. 1 BGB auch dann nicht, wenn die Anordnung von Maßnahmen nach § 1666 BGB mangels Gefährdung des Kindeswohls abgelehnt wurde und nunmehr ein Antrag nach § 1626a Abs. 2 BGB gestellt wird.

17 **§ 166 FamFG** stellt die **verfahrensrechtliche Ergänzung zu § 1696 BGB** dar, nach ihr richten sich die Voraussetzungen für die Einleitung und die Durchführung eines Abänderungsverfahrens.

▶ *Näher hierzu Gottschalk, § 166 FamFG Rn. 1 ff.*

B. Inhalt der Norm

I. Entscheidungen zum Sorge- und Umgangsrecht; gerichtlich gebilligter Vergleich (Abs. 1 Satz 1)

1. Abänderungsgegenstand

18 Eine Abänderung findet zunächst hinsichtlich **gerichtlicher Entscheidungen** oder **gerichtlich gebilligter Vergleiche** statt, mit denen die **elterliche Sorge oder das Umgangsrecht** geregelt wurde. Hierzu gehören insbesondere **Entscheidungen nach § 1628 BGB** (sofern die Entscheidung nicht eine punktuelle war und bereits getroffen wurde) oder **§ 1632 Abs. 1 BGB (Herausgabe des Kindes),** insbesondere aber **Entscheidungen nach § 1671 BGB, die familiengerichtliche Regelung des Umgangs** (nicht aber der Umgangsausschluss, siehe unten Rn. 26) oder **Abänderungsentscheidungen i.S.v. § 1696 BGB**.[28]

19 Auch Rechtsmittelentscheidungen unterliegen der Abänderungsmöglichkeit nach § 1696 Abs. 1 Satz 1 BGB. Abzuändernde gerichtlich **gebilligte Vergleiche** sind nur solche, die gemäß **§ 156 Abs. 2 FamFG** und in der **hierfür vorgesehenen Form** geschlossen wurden, insbesondere Umgangsvereinbarungen, aber auch Herausgabevereinbarungen.

▶ *Näher hierzu Wegener, § 156 FamFG Rn. 65 ff., sowie Cirullies, § 86 FamFG Rn. 12 ff., 20, 21.*

Außergerichtliche Vereinbarungen oder solche, die nicht gerichtlich gebilligt wurden, können deshalb nicht nach § 1696 BGB abgeändert werden.[29] Der Abänderungsmaßstab des § 1696 Abs. 1 Satz 1 BGB greift zudem grundsätzlich nicht ein, solange trotz einer gerichtlich gebilligten Elternvereinbarung die kraft Gesetzes bestehenden Sorgeverhältnisse unverändert fortgelten.[30] Treffen die Eltern demnach eine (gerichtlich gebilligte) Vereinbarung zum Sorgerecht, muss diese schon deshalb in einen gerichtlichen Beschluss umgesetzt werden, weil die Eltern nicht über das Sorgerecht disponieren können.[31]

24 OLG Saarbrücken, NJW-RR 2015, 69
25 Müko-FamFG/*Heilmann*, § 166 Rn. 11
26 OLG Hamm FamRZ 2018, 830; OLG Brandenburg BeckRS 2015, 07232; OLG Köln MDR 2013, 795
27 OLG Zweibrücken FamRZ 1997, 217
28 Vgl. OLG Düsseldorf NZFam 2014, 1152; OLG Brandenburg FamRZ 2008, 1471
29 OLG Thüringen FamRZ 2008, 806; a.A. OLG Brandenburg ZKJ 2009, 423
30 KG FamRZ 2013, 46
31 OLG Köln MDR 2013, 795

2. Abänderungsmaßstab

Da es sich bei dem Abänderungsverfahren nicht um eine Überprüfung der Rechtmäßigkeit der Ausgangsentscheidung handelt (hierfür stehen Rechtsmittel zur Verfügung) und sich die Beteiligten zudem auf den Fortbestand eines formell rechtskräftigen Beschlusses verlassen können müssen, kann die Abänderung nur erfolgen, wenn **neue Tatsachen**[32] vorliegen, die **„triftige, das Wohl des Kindes nachhaltig berührende Gründe"** darstellen. Der Maßstab der Kindeswohlprüfung verlangt, dass ein Änderungsgrund von solcher Bedeutung vorliegt, dass er den Grundsatz der Erziehungskontinuität und die mit der Veränderung verbundenen Nachteile für die Entwicklung des Kindes deutlich überwiegt.[33] **20**

Ausreichend ist es auch, wenn **Umstände nachträglich neu bekannt** werden, die im Erstverfahren noch keine Berücksichtigung finden konnten.[34] **21**

Beispiele für Umstände, die triftige, das Kindeswohl nachhaltig berührende Gründe, darstellen **können:**

- Änderung der Rechtslage,[35]
- Beziehung der Eltern verbessert oder verschlechtert sich,
- Betreuungssituation eines Elternteils verbessert oder verschlechtert sich,
- Wiederverheiratung, Zusammenleben mit einem neuen Partner, Geburt weiterer Kinder, insbesondere wenn das Kind erhebliche Probleme mit der „Stieffamilie" hat,[36]
- Schulbeginn, Schulwechsel oder die Regelung wird notwendig, um die regelmäßige Anfertigung der Hausaufgaben zu gewährleisten,[37]
- Kind wird älter, sein Sozialleben verändert sich,
- Auswanderung, Umzug,[38]
- Krankheit,[39]
- Umgangsboykott[40] (siehe näher hierzu auch *Gottschalk,* § 1684 BGB Rn. 27),
- Geänderter Kindeswille eines älteren Kindes,[41] wenn dieser beständig und belastbar ist sowie auf nachvollziehbaren Erwägungen beruht,[42]
- Kindesvernachlässigung, sexueller Missbrauch.

Ohne Hinzutreten weiterer Umstände in der Regel **nicht ausreichend sind hingegen:** **22**

- allein der Wunsch des Kindes oder der Eltern nach Veränderung,[43]

---

32 OLG München FamRZ 2011, 1804; Bamberg FamRZ 1990, 1135
33 OLG Brandenburg FamRZ 2014, 1861; OLG Köln FamRZ 2005, 1276; ausführlich zur Abwägung zwischen dem Kontinuitätsinteresse des Kindes und den notwendigen Änderungen aufgrund Veränderung der Sachlage: *Huber,* FamRZ 1999, 1625
34 OLG Karlsruhe FamRZ 1998, 1064
35 BVerfG FamRZ 2005, 783
36 AG Würzburg FamRZ 1998, 1319
37 OLG Brandenburg FamRZ 2014, 1859
38 AG Tempelhof FamRZ 2009, 795
39 Palandt/*Götz,* § 1696 BGB, Rn. 11
40 Vor Änderung der Sorgerechtsentscheidung aber ist Zurückhaltung geboten; näher hierzu *Gottschalk,* FPR 2007, 308
41 OLG Köln FamRZ 2014, 64 (11 Jahre); OLG FamRZ Düsseldorf 1989, 204 (11 Jahre); OLG Hamm FamRZ 2005, 746 (13,5 Jahre)
42 OLG Hamm FamRZ 2005, 746; siehe auch OLG München FamRZ 2014, 210: Wille wird durch sachfremde Erwägungen bestimmt
43 OLG Karlsruhe FamRZ 1998, 1046; HB-VB/*Dürbeck,* Rn. 650; siehe auch OLG Hamm FamRZ 2005, 746: unbeeinflusster, frei von sachfremden Motiven begründeter Wille einer fast 14-Jährigen als Abänderungsgrund

- der Beitritt zu den Zeugen Jehovas[44] – anders wird es bei einer religiösen Radikalisierung eines Elternteils aussehen,
- vorübergehende Umstände, wie Krankheit des Kindes oder des umgangsberechtigten Elternteils (hier genügen kurzfristige Anpassungen),
- die Möglichkeit, dass das Kind zweisprachig aufwachsen könnte.[45]
- geringfügige Änderung im Tagesablauf des Kindes.[46]

II. Besonderheiten bei unverheirateten Eltern (Abs. 1 Satz 2)

23 § 1696 Abs. 1 Satz 2 BGB **verweist hinsichtlich des Prüfungsmaßstabs auf § 1671 Abs. 1 BGB**. Steht den Eltern die elterliche Sorge aufgrund einer gerichtlichen Entscheidung nach § 1626a Abs. 2 BGB zu, so erfolgt die Abänderung nach den Voraussetzungen des § 1671 Abs. 1 BGB[47] (siehe oben Rn. 8).

III. Besonderheiten bei Verhinderung, Tod oder Todeserklärung eines Elternteils (Abs. 1 Satz 3)

24 § 1696 Abs. 1 Satz 3 BGB bestimmt, dass die §§ 1678 Abs. 2, 1680 Abs. 2, 1681 Abs. 1, 2 BGB unberührt bleiben. Beruht die Änderung der Verhältnisse auf den in diesen Vorschriften geregelten Umständen, so gehen sie als speziellere Vorschrift dem § 1696 BGB vor und regeln die Abänderung der Sorgerechtsverhältnisse entsprechend ihrem Abänderungsmaßstab.

IV. Abänderung kindesschutzrechtlicher Entscheidungen (Abs. 2)

1. Kindesschutzrechtliche Maßnahmen nach §§ 1666 bis 1667 BGB

25 Betrifft die Ausgangsentscheidung **kindesschutzrechtliche Maßnahmen nach den §§ 1666-1667 BGB** gilt **die Sonderregelung des § 1696 Abs. 2 BGB**. Als Maßnahmen kommen in der Praxis insbesondere in Betracht: Ge- und Verbote an die Eltern sowie Eingriffe in die elterliche Sorge. Diese können mit der **Herausnahme des Kindes** aus der Familie und der **Unterbringung in einer Pflegefamilie**, bei **Verwandten** (vgl. § 33 SGB VIII) oder in einem **Heim** (vgl. § 34 SGB VIII) verbunden sein.

Kindesschutzrechtliche Maßnahmen sind bspw. das Gebot des Familiengerichts, eine Familienhilfe (§ 27 SGB VIII) in Anspruch zu nehmen oder der Unterbringung des Kindes in einer Tagesgruppe (§ 32 SGB VIII) zuzustimmen.

▶ *Zum Streit hinsichtlich der Anordnungskompetenz des Familiengerichts siehe Köhler, § 36a SGB III, Rn. 1 ff.*
Ausführlich zu den Maßnahmen nach § 1666 BGB Cirullies, § 1666, Rn. 39 ff.

2. Kindesschutzrechtliche Maßnahme nach anderen Vorschriften

26 Zu solchen Maßnahmen, die nicht auf der gesetzlichen Grundlage der §§ 1666 bis 1667 BGB ergehen, gehören:

- § 1631b BGB (Geschlossene Unterbringung Minderjähriger)
- § 1632 Abs. 4 BGB (Erlass einer Verbleibensanordnung)[48]
- § 1682 BGB (Erlass einer Verbleibensanordnung für den Stiefelternteil)

---

44 OLG Karlsruhe FPR 2002, 662; AG Ravensburg FamRZ 2004, 133
45 OLG Thüringen FamRZ 2014, 952
46 OLG Koblenz FuR 2018, 419
47 Staudinger/*Coester*, § 1696 BGB Rn. 19
48 OLG Frankfurt ZKJ 2014, 292

- § 1684 Abs. 4 BGB (Einschränkung oder Ausschluss des Umgangs mit den leiblichen Eltern)[49]
- § 1687 Abs. 2 BGB (Einschränkung oder Ausschluss sorgerechtlicher Befugnisse)
- § 1688 Abs. 4 BGB (Einschränkung oder Ausschluss der Entscheidungsbefugnisse der Pflegeperson)
- § 1685 i.V.m. § 1684 Abs. 4 BGB (Einschränkung oder Ausschluss des Umgangs mit anderen Bezugspersonen)

Soweit § 1 GewSchG (siehe *Cirullies,* § 3 GewSchG, Rn. 3 f.) im Verhältnis Umgangsberechtigter und Kind Anwendung findet und ein Kontaktverbot hierauf gestützt wird, erfolgt dessen Abänderung nach § 48 FamFG, da es sich hierbei nicht um eine kinderschutzrechtliche Maßnahme i.S.d. § 1696 Abs. 2 handelt. 27

3. Gefahr für das Kindewohl besteht nicht mehr

Gerichtliche Entscheidungen sind abzuändern, wenn **keine Kindeswohlgefährdung mehr besteht**. Die Gefahr muss **vollständig entfallen sein**. Das ist z.B. der Fall, wenn die psychisch erkrankte Mutter **wieder gesund** ist und das Kind zusammen mit dem Vater, der zudem seine Arbeitszeit reduziert hat, um die Mutter zu entlasten, wieder versorgen kann; nicht aber, wenn mit neuen Schüben gerechnet werden muss und auch der Vater nicht zur Verfügung steht.[50] Kein Wegfall der Kindeswohlgefährdung liegt vor, wenn der Verdacht des **sexuellen Missbrauchs** fortbesteht, obwohl die Staatsanwaltschaft das Verfahren nach § 170 Abs. 2 StPO eingestellt hat.[51] Wurde die elterliche Sorge den Eltern gemäß §§ 1671 Abs. 4, 1666 BGB entzogen und ist ein Elternteil wieder **erziehungsfähig**, so ist die Sorgerechtsentscheidung abzuändern. 28

Auch wenn die **Gefahr von Anfang an nicht bestand** ist die Maßnahme aufzuheben.[52] Eine Änderungsentscheidung nach § 1696 Abs. 2 BGB kann jedoch **nur** ergehen, wenn feststeht, dass auch nach den gegenwärtigen Umständen **keine anderen Gründe** vorliegen, die zu einer Gefährdung des Kindeswohls führen.[53] Es genügt daher nicht, wenn sich die ursprünglich erlassene kinderschutzrechtliche Maßnahme im Nachhinein als fehlerhaft erweist oder die Gründe für ihren Erlass nicht mehr fortbestehen. Deshalb ist bei der Unterbringung des Kindes in einer Pflegefamilie etwa der (teilweise) Entzug der elterlichen Sorge nicht aufzuheben, weil die Eltern nunmehr als therapiert bzw. nicht mehr drogenabhängig gelten. Vielmehr ist sorgfältig zu prüfen, ob die Herausnahme zu einer Gefährdung des Kindes in seinem körperlichen oder seelischen Wohl führen würde und deswegen eine Verbleibensanordnung in Betracht kommt (§ 1632 Abs. 4 BGB).[54] 29

▶ *Näher hierzu Fink, § 1632 BGB Rn. 33 ff.*

4. Erforderlichkeit der Maßnahme ist entfallen

Trotz Fortbestehens der Kindeswohlgefährdung ist die zur Abwehr der Kindeswohlgefährdung seinerzeit angeordnete **Maßnahme** nach Abs. 2 aufzuheben, wenn diese Maßnahme **nicht mehr erforderlich** ist, um die Kindeswohlgefährdung abzuwenden, weil nunmehr eine mildere Maßnahme greift. Das ist zum Beispiel der Fall, wenn die Installie- 30

---

49 BVerfG ZKJ 2016, 457; OLG Schleswig ZKJ 2016, 362 mit ausführlicher Begründung zur Abgrenzung zwischen einer Umgangsregelung nach § 1684 Abs. 1, 3 BGB und einer Umgangseinschränkung gemäß § 1684 Abs. 4 BGB
50 Vgl. BayObLG FamRZ 1997, 956
51 OLG Düsseldorf FamRZ 1992, 205
52 Johannsen/Henrich/*Büte,* § 1696 Rn. 34
53 HB-VB/*Dürbeck,* Rn. 651
54 BVerfG FamRZ 1983, 782

rung einer ambulanten Familienhilfe nunmehr zur Abwehr der Kindeswohlgefährdung geeignet ist, das Wohl des Kindes durch eine Herausnahme aus der Pflegefamilie nicht gefährdet wird und die Fremdplatzierung damit beendet werden kann. Gleiches gilt etwa, wenn der begleitete Umgang durch begleitete Übergaben ersetzt werden kann. Auch kann die Erforderlichkeit eines begleiteten Umgangs zur Abwehr einer Kindeswohlgefährdung z.B. dadurch vollständig entfallen sein, dass die zwischen dem umgangsberechtigten Elternteil und dem Kind entstandene Entfremdung überwunden werden konnte oder die Entführungsgefahr nicht mehr besteht.

31 Parallel zu Abs. 2 sieht **§ 166 Abs. 2 FamFG** ausdrücklich eine **regelmäßige Überprüfungspflicht** durch das Gericht von länger andauernden kindesschutzrechtlichen Maßnahmen vor.[55]

▶ *Ausführlich hierzu Gottschalk , § 166 FamFG, Rn. 15 ff.*

32 Nach dem Willen des Gesetzgebers ist eine Sorgeerklärung nach vorangegangener Entziehung des Sorgerechts nach § 1666 BGB erst dann wieder zulässig, wenn diese Entscheidung zuvor gemäß § 1696 Abs. 2 BGB wieder aufgehoben wurde.

▶ *Näher hierzu Fink, § 1626a BGB, Rn. 16.*

C. Verfahren und gerichtliche Entscheidung

33 Bei dem Verfahren nach § 1696 BGB handelt sich um ein selbständiges Verfahren, dessen Einleitung von einem Antrag unabhängig ist.[56] Eine Ausnahme hiervon stellt die Änderung eines gerichtlich gebilligten Vergleichs dar, die grds. den Antrag mindestens eines Elternteils voraussetzt.[57] Da der Vergleich auf einer einvernehmlichen Entscheidung der Eltern beruht, kann das Gericht nur im Falle einer Kindeswohlgefährdung von Amts wegen tätig werden und eine Änderung dann allein unter den Voraussetzungen des § 1666 BGB vornehmen.[58]

▶ *Ausführlich zum Verfahren Gottschalk, § 166 FamFG Rn. 7 ff.*

34 Das Familiengericht hat die Pflicht, die frühere Entscheidung abzuändern, wenn die Voraussetzungen für eine Abänderung gegeben sind. Die Abänderung liegt nicht im freien Ermessen des Gerichts.[59]

Im Rahmen des § 1696 Abs. 1 Satz 1 BGB stehen dem Gericht alle materiell-rechtlich zulässigen Gestaltungsmöglichkeiten offen.[60] Die Übertragung der elterlichen Sorge oder von Teilen hiervon setzt aber einen entsprechenden Antrag des Elternteils voraus.

35 Abs. 2 erfordert zwingend die Aufhebung der Maßnahme bei Wegfall der Kindeswohlgefährdung oder die Ersetzung durch eine andere, ebenso geeignete, aber mildere Maßnahme, wenn die Erforderlichkeit der bisherigen kinderschutzrechtlichen Maßnahme entfallen ist.

Im Fall der Ablehnung einer Abänderung – durch die Endentscheidung – muss dies ausdrücklich im Tenor festgehalten werden. Es darf nicht der „Antrag" (hierzu oben Rn. 33) zurückgewiesen werden.[61]

---

55 Vgl. EGMR FamRZ 2017, 891
56 OLG Frankfurt FamRZ 2013, 1238; siehe hierzu ausführlich *Gottschalk,* § 166 FamFG, Rn. 10
57 NK-BGB/*Harms,* § 1696 BGB Rn. 43
58 NK-BGB/*Harms,* § 1696 BGB Rn. 43
59 BVerfG ZKJ 2016, 457, Rn. 38; MüKo-BGB/*Olzen,* § 1696 Rn. 43
60 *Ewers,* FamRZ 1999, 477, 480
61 OLG Frankfurt FamRZ 2013, 1238

► *Zur Statthaftigkeit der Beschwerde gegen die Ablehnung der Einleitung eines Abänderungsverfahrens siehe Dürbeck, § 58 FamFG, Rn. 3.*

§ 1697 BGB

(weggefallen)

§ 1697a BGB Kindeswohlprinzip

Soweit nichts anderes bestimmt ist, trifft das Gericht in Verfahren über die in diesem Titel geregelten Angelegenheiten diejenige Entscheidung, die unter Berücksichtigung der tatsächlichen Gegebenheiten und Möglichkeiten sowie der berechtigten Interessen der Beteiligten dem Wohl des Kindes am besten entspricht.

Übersicht

Rn.
A. Allgemeines 1
B. Inhalt der Norm 2
I. Anwendbarkeit des Kindeswohlprinzips 2
II. Der Inhalt des Kindeswohlprinzips 6
III. Die verschiedenen Abstufungen des Kindeswohlbegriffs 12

A. Allgemeines

§ 1697a BGB enthält eine **Auffangregel** („soweit nichts anderes bestimmt ist") für Verfahren, in denen die maßgebliche Norm keinen Kindeswohlmaßstab benennt. Das „Kindeswohl" ist verfahrensleitendes Prinzip und **Entscheidungsmaßstab** für alle gerichtlichen Regelungen zum Sorge- und Umgangsrecht.[1] 1

B. Inhalt der Norm

I. Anwendbarkeit des Kindeswohlprinzips

Der Kindeswohlmaßstab der Norm findet Anwendung, „soweit nichts anderes bestimmt ist". Die meisten Vorschriften im Sorge- und Umgangsrecht enthalten jedoch einen eigenen Kindeswohlmaßstab: 2

- § 1631b BGB (Geschlossene Unterbringung Minderjähriger)
- § 1631d BGB (Beschneidung des männlichen Kindes)
- § 1632 Abs. 4 BGB (Verbleibensanordnung bei Familienpflege)
- § 1666 Abs. 1 BGB (Gerichtliche Maßnahmen bei Kindeswohlgefährdung)
- § 1671 Abs. 1 Nr. 2, Abs. 2 Nr. 2 BGB (Übertragung der Alleinsorge bei Getrenntleben der Eltern)
- § 1680 Abs. 2 und 3 BGB (Tod eines Elternteils oder Entziehung des Sorgerechts)
- § 1681 Abs. 2 BGB (Todeserklärung eines Elternteils)
- § 1682 BGB (Verbleibensanordnung zugunsten von Bezugspersonen)

1 HB-VB/*Zitelmann*, Rn. 736

- § 1684 Abs. 4 Satz 1 und 2 BGB (Umgang des Kindes mit den Eltern; Ausschluss oder Einschränkung)
- § 1685 Abs. 1 und Abs. 2 BGB (Umgang des Kindes mit anderen Bezugspersonen)
- § 1686 BGB (Auskunft über die persönlichen Verhältnisse des Kindes)
- § 1686a Abs. 1 BGB (Umgang und Auskunftsrechte des leiblichen, nicht rechtlichen Vaters)
- § 1687 Abs. 2 BGB (Ausübung der gemeinsamen elterlichen Sorge bei Getrenntleben)
- § 1687a BGB (Entscheidungsbefugnisse des nicht sorgeberechtigten Elternteils)
- § 1687b BGB (Sorgerechtliche Befugnisse des Ehegatten)
- § 1688 Abs. 3 BGB (Entscheidungsbefugnisse der Pflegeperson)
- § 1693 BGB (Gerichtliche Maßnahmen bei Verhinderung der Eltern)
- § 1696 BGB (Abänderung gerichtlicher Entscheidungen und gerichtlich gebilligter Vergleiche)

3 Findet sich in einer materiell-rechtlichen Norm kein ausdrücklicher Kindeswohlmaßstab, so greift § 1697a BGB ein.[2] Ist hingegen ein bestimmter Kindeswohlmaßstab gesetzlich vorgegeben, verbietet sich dessen Relativierung durch einen Rückgriff auf § 1697 a BGB.[3] Auch dessen Zitierung neben den speziellen Kindeswohlvorschriften muss unterbleiben.[4]

4 Besonders praxisrelevant sind hier:

- \- § 1628 BGB (Gerichtliche Entscheidung bei Meinungsverschiedenheiten der Eltern),
- \- § 1632 Abs. 1 bis 3 BGB (Herausgabe des Kindes; Bestimmung des Umgangs)
- \- 1684 Abs. 1 BGB (Umgang)

Soweit der Anwendungsbereich der Norm eröffnet ist, hat das Gericht die Entscheidung zu treffen, die dem Kindeswohl am besten entspricht (hierzu unten Rn. 7 ff.).[5]

5 Die Vorschrift findet auch außerhalb des BGB Anwendung.[6]

II. Der Inhalt des Kindeswohlprinzips

6 Der Begriff des Kindeswohls ist ein **unbestimmter Rechtsbegriff**, es gibt keine allgemein anwendbare Definition. Er ist nicht nur im juristischen Sinne auszulegen, sondern er dient als Einfallstor für die Erkenntnisse anderer Wissenschaften, insbesondere der Psychologie, der Pädagogik und der Sozialen Arbeit. Die Bestimmung des Kindeswohls erfolgt unter Einbeziehung der jeweiligen Besonderheiten des **Einzelfalls, insbesondere des betroffenen Kindes** und ist immer abhängig von der familiengerichtlichen Fragestellung.

7 So haben sich zur Frage der dem Kindeswohl entsprechenden Regelung der elterlichen Sorge für Trennungskinder Kriterien entwickelt, von denen einige für die Frage, wann ein misshandeltes Kind von der Familie getrennt werden muss, nur eine untergeordnet Rolle spielen.[7]

▶ *Näher hierzu Keuter, § 1671 BGB Rn. 29 ff.*

---

2 Vgl. *Gottschalk/Heilmann*, ZKJ 2017, 181
3 Staudinger/*Coester*, § 1697a BGB, Rn. 3
4 Staudinger/*Coester*, § 1697a BGB, Rn. 3
5 OLG Schleswig NJW-RR 2011, 581
6 OLG Stuttgart FamRZ 2004, 291: Berücksichtigung des Wohl des Kindes bei der Frage der Entlassung aus der deutschen Staatsangehörigkeit, §§ 4 Abs. 3, 19 StAG
7 Vgl. HB-VB/*Zitelmann*, Rn. 743 ff.

Auch sind im Zusammenhang mit der Entscheidung betreffend den Umgang des Kindes mit einem Elternteil unterschiedliche Kriterien anzulegen, je nachdem, ob das Kind bei dem anderen Elternteil seinen Lebensmittelpunkt hat oder ob es in einer Pflegefamilie oder einer Einrichtung fremd untergebracht ist. **8**

▶ *Näher hierzu Gottschalk, § 1684 BGB Rn. 30, 80.*

Die Bestimmung des Kindeswohls hat zunächst aufgrund einer fachlich fundierten Einschätzung der **Gesamtsituation des Kindes** zu erfolgen; in einem weiteren Schritt sind die Interessen anderer am Verfahren Beteiligter zu berücksichtigen. An „tatsächlichen Gegebenheiten und Möglichkeiten" im Sinne der Norm sind im Bereich des Umgangs beispielhaft die Arbeitszeiten des Umgangsberechtigten[8] sowie dessen finanzielle Möglichkeiten oder seine Wohnverhältnisse zu nennen. **9**

Als „Beteiligte", deren berechtigte Interessen nach dem Regelungsgehalt der Norm in die Beurteilung des Kindeswohls einfließen sollen, kommen insbesondere die Eltern des Kindes in Betracht. Deren Interessen stehen aber nicht über dem Kindeswohl.[9] Dies ergibt sich zum einen daraus, dass nur die „berechtigten" Interessen Berücksichtigung finden. Zum anderen ist das Kind selbst als eigenständige Persönlichkeit wahrzunehmen. Hingegen sind die Rechte der Eltern nach der Verfassung immer pflichtgebunden (Art. 6 Abs. 2 Satz 1 GG: „Recht und Pflicht") und bestehen nicht um ihrer selbst, sondern um des Kindes willen. **10**

Ein wesentlicher Aspekt des Kindeswohls ist der **Wille des Kindes**.[10] Auch hier verbietet sich jedoch jede schematische Betrachtungsweise. Der Ermittlung und der Berücksichtigung des Kindeswillens kommt schon deshalb eine maßgebliche Rolle zu, weil das Kind nur so als Träger des allgemeinen Persönlichkeitsrechts aus Art. 1 i.V. mit Art. 2 GG mit seinen Wünschen, Bedürfnissen und Ängsten im familiengerichtlichen Verfahren wahrgenommen und das Gefühl des ohnmächtig den Erwachsenen gegenüber „Ausgeliefertseins" verhindert oder zumindest minimiert werden kann. Dabei wird es maßgeblich auf das fachliche Können und das Einfühlungsvermögen des Verfahrensbeistandes und des Familienrichters ankommen, insbesondere wenn es darum geht, dem Kind zu vermitteln, dass seine geäußerten Wünsche wahrgenommen und berücksichtigt werden, auch wenn das Gericht eine vom Willen des Kindes abweichende Entscheidung treffen kann. **11**

▶ *Zum Kindeswillen in den unterschiedlichen Kontexten vgl. Fink, § 1626a BGB, Rn. 29; Cirullies, § 1666 BGB, Rn. 18; Keuter, § 1671 BGB, Rn. 44; Gottschalk, § 1684 BGB, Rn. 30.*

III. Die verschiedenen Abstufungen des Kindeswohlbegriffs

Das Gesetz kennt verschiedene Abstufungen im Zusammenhang mit dem Kindeswohl: **12**

- dem Kindeswohl **am besten entspricht** (§ 1671 Abs. 1 Nr. 2 BGB)
- dem Kindeswohl **nicht widerspricht** (§§ 1626 a Abs. 2, 1671 Abs. 3, 1678 Abs. 2, 1680 Abs. 2, 1681 Abs. 2, 1686 BGB)
- **zum Wohl** des Kindes **erforderlich** (§§ 1631 b, 1684 Abs. 4 Satz 1, 1687 Abs. 2, 1687b Abs. 3, 1688 Abs. 3 BGB)
- dem Kindeswohl **dient** (§§ 1685, 1686a Abs. 1 Nr. 1 BGB)

---

8 BT-Drucks. 13/4899, 111

9 *Flügge*, FPR 2008, 135, 138; Staudinger/*Coester*, § 1671 BGB Rn. 162

10 Zum Spannungsverhältnis zwischen Kindeswohl und Kindeswille: *Zitelmann*, Kindeswohl und Kindeswille im Spannungsverhältnis von Pädagogik und Recht

- **Gefährdung** des Kindeswohls (§§ 1631d, 1632 Abs. 4, 1666, 1684 Abs. 4 Satz 2 BGB)
- triftige, das Wohl des Kindes **nachhaltig berührende Gründe** (§ 1696 BGB)

13 In der Praxis wird die Unterscheidung schwierig zu treffen sein. Als grobe Orientierung mag gelten: Während bei der **positiven Kindeswohlprüfung** („dient", „am besten entspricht") erwartbar sein muss, dass sich die konkrete Situation für das Kind durch die in Aussicht genommene Entscheidung positiv bzw. – im Vergleich – besser entwickelt, wird bei der **negativen Kindeswohlprüfung** („nicht widerspricht") geprüft, ob Umstände vorliegen oder ersichtlich sind, die dafür sprechen, dass sich die avisierte Entscheidung aller Wahrscheinlichkeit nach negativ auf die Situation des Kindes auswirkt.[11]

Bei dem Eingriffsmaßstab „zum Wohl des Kindes erforderlich", setzt das Eingreifen des Gerichtes Gründe voraus, die besorgen lassen, dass ohne die Maßnahmen das Kind eine ungünstige Entwicklung nehmen könnte. Ist das „… Wohl des Kindes gefährdet …" muss die avisierte familiengerichtliche Handlung erforderlich sein, um eine voraussehbare Beeinträchtigung des Kindes abzuwenden.

§ 1698 bis § 1698b BGB

Von Abdruck und Kommentierung wird abgesehen.

§ 1699 bis § 1711 BGB

(weggefallen)

Titel 6
Beistandschaft

§ 1712 bis § 1717 BGB

Von Abdruck und Kommentierung wird abgesehen.

§ 1718 bis § 1740 BGB

(weggefallen)

11 *Heilmann*, NJW 2012, 22

Titel 7
Annahme als Kind

Untertitel 1
Annahme Minderjähriger

Übersicht: Voraussetzungen einer Minderjährigenadoption

1. Antrag
   a. bei Alleinadoption: des Annehmenden; bei gemeinschaftlicher Adoption: der beiden Annehmenden (§ 1752 Abs. 1 BGB)
   b. notariell beurkundet (§ 1752 Abs. 2 Satz 2 BGB)
   c. höchstpersönlich (§ 1752 Abs. 2 Satz 1 BGB)
   d. ohne Bedingungen und Zeitbestimmungen (§ 1752 Abs. 2 Satz 1 BGB)

2. Formale Voraussetzungen
   a. Persönliche Voraussetzungen des oder der Annehmenden nach § 1741 Abs. 2 BGB (bzw. nach § 9 Abs. 7 LPartG) (Alleinadoption, gemeinschaftliche Adoption oder Stiefkindadoption)
   b. Verbot der Kettenadoption (§ 1742 BGB)
   c. Mindestalter der Annehmenden (§ 1743 BGB)

3. Einwilligung des Kindes nach § 1746 BGB
   - bei unter 14-Jährigen: unwiderrufliche Erklärung durch gesetzlichen Vertreter oder
   - bei über 14-Jährigen: widerrufliche Erklärung des Kindes mit Zustimmung des gesetzlichen Vertreters

   a. notariell beurkundet (§ 1750 Abs. 1 Satz 2 BGB)
   b. ohne Bedingungen und Zeitbestimmungen (§ 1750 Abs. 2 Satz 1 BGB)
   c. Möglichkeit der Ersetzung der Einwilligung oder Zustimmung des Vormunds bzw. Pflegers nach § 1746 Abs. 3 BGB

4. Einwilligung der bisherigen Eltern nach § 1747 BGB durch unwiderrufliche Erklärung
   - der Mutter (vgl. § 1591 BGB) und
   - des rechtlichen Vaters (vgl. § 1592 BGB) oder des Vaterschaftsprätendenten (§ 1747 Abs. 1 Satz 2 BGB)

   a. notariell beurkundet (§ 1750 Abs. 1 Satz 2 BGB)
   b. ohne Bedingungen und Zeitbestimmungen (§ 1750 Abs. 2 Satz 1 BGB)
   c. höchstpersönlich (§ 1750 Abs. 3 Satz 1 BGB)
   d. Verbot der Blankoeinwilligung (aber Möglichkeit der Einwilligung bei Inkognitoadoption)
   e. Möglichkeit des Verzichts der Einwilligung eines Elternteils nach § 1747 Abs. 4 BGB
   f. Möglichkeit der Ersetzung nach § 1748 BGB

5. **Einwilligung des Ehegatten des Annehmenden nach § 1749 Abs. 1 Satz 1 BGB durch unwiderrufliche Erklärung**
    a. notariell beurkundet (§ 1750 Abs. 1 Satz 2 BGB)
    b. ohne Bedingungen und Zeitbestimmungen (§ 1750 Abs. 2 Satz 1 BGB)
    c. höchstpersönlich (§ 1750 Abs. 3 Satz 1 BGB)
    d. Möglichkeit des Verzichts der Einwilligung eines Elternteils nach § 1749 Abs. 2 BGB
    e. Möglichkeit der Ersetzung nach § 1749 Abs. 1 Satz 2, 3 BGB
6. **Materiell-rechtliche Voraussetzungen**
    a. Kindeswohldienlichkeit (§ 1741 Abs. 1 Satz 1 BGB)
    b. Positive Prognose des Entstehens eines Eltern-Kind-Verhältnisses (§ 1741 Abs. 1 Satz 1 BGB)
    c. Angemessene Probezeit (§ 1744 BGB)
    d. Keine überwiegenden Interessen der Kinder des Annehmenden oder der Kinder des anzunehmenden Kindes (§ 1745 BGB)

§ 1741 BGB Zulässigkeit der Annahme

(1) [1]Die Annahme als Kind ist zulässig, wenn sie dem Wohl des Kindes dient und zu erwarten ist, dass zwischen dem Annehmenden und dem Kind ein Eltern-Kind-Verhältnis entsteht. [2]Wer an einer gesetzes- oder sittenwidrigen Vermittlung oder Verbringung eines Kindes zum Zwecke der Annahme mitgewirkt oder einen Dritten hiermit beauftragt oder hierfür belohnt hat, soll ein Kind nur dann annehmen, wenn dies zum Wohl des Kindes erforderlich ist.

(2) [1]Wer nicht verheiratet ist, kann ein Kind nur allein annehmen. [2]Ein Ehepaar kann ein Kind nur gemeinschaftlich annehmen. [3]Ein Ehegatte kann ein Kind seines Ehegatten allein annehmen. [4]Er kann ein Kind auch dann allein annehmen, wenn der andere Ehegatte das Kind nicht annehmen kann, weil er geschäftsunfähig ist oder das 21. Lebensjahr noch nicht vollendet hat.

Weiterführende Literatur: Mohnert, Materiell-rechtliche Voraussetzungen des Eltern-Kind-Verhältnisses im Rahmen einer Adoption, RPsych 2018, 477; *Muscheler,* Das Recht der Stieffamilie, FamRZ 2004, 913.

Übersicht

Rn.
A. Allgemeines ... 1
B. Inhalt der Norm ... 8
  I. Das Kindeswohl ... 8
    1. Der Begriff des Kindeswohls ... 10
    2. Einzelaspekte ... 14
    3. Der Sonderfall der Stiefkindadoption ... 15
    4. Die Sonderfälle der Verwandtenadoption ... 17
  II. Die Erwartung des Entstehens eines Eltern-Kind-Verhältnisses ... 18
  III. Erhöhte Anforderungen bei gesetzes- oder sittenwidriger Vermittlung oder Verbringung ... 21
  IV. Gemeinschaftliche Adoption oder Alleinadoption (Abs. 2) ... 24
    1. Die Fälle der Alleinadoption ... 26
    2. Die gemeinschaftliche Adoption durch Ehepartner und eingetragene Lebenspartner ... 28

A. Allgemeines

Die Annahme als Kind ist ein seit langem verwurzeltes Rechtsinstitut im deutschen Recht. Seit Bestehen des Bürgerlichen Gesetzbuches gibt es die Möglichkeit, ein Kind „an Kindes statt" (so die frühere Formulierung) anzunehmen.[1] 1

Die Adoption führt zu einer **rechtlichen Neuzuordnung des Kindes in eine neue Familie**. Da die Adoption auch nur unter äußerst engen Voraussetzungen wieder aufhebbar ist,[2] stellt sie den **stärksten Eingriff in das natürliche Elternrecht aus Art. 6 Abs. 2 Satz 1 GG und die maßgeblichste Änderung des Familienverhältnisses für das Kind** dar. Im Gegensatz zu anderen Kindschaftssachen (insbesondere bzgl. des Sorge- oder Umgangsrechts) ist die Annahme als Kind nur unter strengen Voraussetzungen aufhebbar und einmal ausgesprochene Annahmen auch nicht abänderbar oder wiederaufnahmefähig (§ 197 Abs. 3 Satz 2 FamFG). 2

Aus §§ 1741 ff. BGB sind **unterschiedliche Arten von Minderjährigenadoption** herauszulesen. Das Gesetz geht dabei erkennbar vom Regelfall einer Adoption aus, bei der Personen, welche das Kind nach den Vorgaben des Adoptionsvermittlungsgesetzes vermittelt bekommen haben, dieses nach Ablauf einer Adoptionspflegezeit adoptieren (sog. **vermittelte Fremdadoption**). Auch der allgemeine Sprachgebrauch geht wohl von dieser Form der Adoption als Regelfall aus. In tatsächlicher Hinsicht überwiegt jedoch mittlerweile die Zahl der sog. **Stiefkindadoptionen** (siehe zur Statistik unten Rn. 4). Dies sind die Fälle, in denen ein Ehegatte das leibliche Kind seines Ehepartners (oder Lebenspartners) adoptiert (Fall von § 1741 Abs. 2 Satz 3 BGB). Für **unvermittelte Fremdadoptionen** sieht wiederum § 1741 Abs. 1 Satz 2 BGB eine Sondervorschrift vor, wonach trotz eines Vermittlungsverbots nach § 5 AdVermiG eine Annahme als Kind unter strengen Voraussetzungen noch möglich ist. Weitere Unterscheidungen werden auch hinsichtlich des (geplanten) Kontakts zwischen Kind und bisherigen Eltern getroffen. Hier werden Begrifflichkeiten wie **„offene Adoption", „halboffene Adoption"** oder **„geschlossene Adoption"** verwendet. Thematisch gehört hierzu auch die sog. **Inkognitoadoption**, bei der zum Schutze des Kindes dessen Aufenthaltsort im Rahmen der Einwilligungen der bisherigen Eltern anonym bleibt (Fall von § 1747 Abs. 2 Satz 2 BGB). Die Fälle der **Kettenadoption** und **Sukzessivadoption** (vgl. § 1742 BGB) sowie der sog. **Verwandtenadoption** (in § 1756 Abs. 1 BGB genannt) werden an den entsprechenden Stellen näher erläutert. 3

Statistisch war die Zahl der Minderjährigenadoptionen über viele Jahre rückläufig. Während im Jahr 1993 als Höchstzahl noch 8.687 Kinder adoptiert worden sind, waren dies im Jahr 2018 (2017) nur noch 3.733 (3.888), wobei sich diese Zahl seit etwa zehn Jahren auf diesem Niveau stabilisiert. Von den 3.733 (3.888) im Jahr 2018 (2017) adoptierten Kindern wurden 2.283 (2.373) Kinder im Wege der Stiefkindadoption angenommen.[3] 4

Die Vorschrift in § 1741 Abs. 1 BGB nennt **mit den Begriffen des Kindeswohls und des Eltern-Kind-Verhältnisses die zentralen materiell-rechtlichen Voraussetzungen für eine Annahme als Kind**. Hieraus wird deutlich, dass der Fokus jeder Adoptionsentscheidung sich ausschließlich auf das Kind auszurichten hat. Im Vordergrund steht nicht etwa die Ermöglichung der Verwirklichung eines Kinderwunsches für die Adoptiveltern, sondern einzig das Wohl des Kindes und die Prognose des Entstehens eines Eltern-Kind-Verhältnisses. Die Annahme ist daher in erster Linie ein Fürsorgeinstrument zugunsten schutzbedürftiger Kinder. 5

---

1 Vgl. ausführlich zur Rechtsentwicklung: MüKo-BGB/*Maurer*, vor § 1741 Rn. 11 ff.
2 Vgl. z.B. OLG Oldenburg FamRZ 2004, 399
3 Quelle: Statistisches Bundesamt, Statistiken der Kinder- und Jugendhilfe – Adoptionen, 2017, 2018

6 § 1741 Abs. 2 BGB bestimmt demgegenüber die **persönlichen Vorgaben aufseiten der oder des Annehmenden**. Es wird vorgegeben, in welchen Fällen eine Alleinadoption möglich ist und in welchen Fällen nur gemeinsam adoptiert werden darf.

7 Die Vorschrift **gilt für sämtliche Arten von Minderjährigenadoptionen**, insbesondere sowohl für die Fremdadoption als auch für die Stiefkindadoption.

B. Inhalt der Norm

I. Das Kindeswohl

8 § 1741 Abs. 1 Satz 1 BGB bestimmt, dass die Annahme als Kind **dem Kindeswohl dienen** muss. Höhere Anforderungen werden bei einer unvermittelten (gemeint ist hiermit die nach § 5 AdVermiG verbotene) Adoption gemäß § 1741 Abs. 1 Satz 2 BGB aufgestellt. Hier muss die Adoption zum Wohle des Kindes erforderlich sein (hierzu unten Rn. 21 ff.).

9 Das **Kindeswohl** spielt **auch in vielen anderen Bereichen des Familienrechts** eine wesentliche Rolle. Insbesondere im Sorge-, Umgangs-, Vormundschafts- und Pflegschaftsrecht ist das Wohl des Kindes das maßgebliche Kriterium für die jeweilige Entscheidung (siehe näher hierzu *Gottschalk*, § 1697a BGB Rn. 2). Die Begriffe sind jedoch **nicht deckungsgleich, da** der **Bezugspunkt und die Folgen im Adoptionsrecht andere sind**. So geht es bei der Adoption nicht vornehmlich um die tatsächliche Versorgung, den Aufenthalt oder um die Entscheidungsmacht über das Kind. Vielmehr ist das entscheidende Kriterium bei der Kindeswohlprüfung im Adoptionsrecht, ob dem Kind auf Dauer ein beständiges und ausgeglichenes Zuhause gewährt werden kann (vgl. weiter gehend unten Rn. 10 ff.).[4]

1. Der Begriff des Kindeswohls

10 Der unbestimmte Rechtsbegriff des Kindeswohls bedarf als Generalklausel einer **näheren Konkretisierung**.[5] Ausgangspunkt hierfür ist die in der Praxis wohl am häufigsten gebrauchte Definition, dass eine Annahme immer dann dem Kindeswohl dient, wenn sie zu einer **merklichen und nachhaltigen Verbesserung der Lebensbedingungen, der Entwicklung und/oder der Rechtsstellung des Kindes** führt.[6] Dieser Vergleich zwischen der Situation ohne die Adoption und der Situation mit der Adoption ist im Wege einer **umfassenden Gesamtabwägung** sämtlicher Rechts- und Lebensumstände des Kindes vorzunehmen.[7] Bei Zweifeln an der Kindeswohldienlichkeit hat die Annahme als Kind zu unterbleiben. Das Gericht muss zu der positiven Überzeugung kommen, dass die Voraussetzungen gegeben sind.[8]

11 Die Annahme als Kind **muss** jedoch im Vergleich zu einer anderen Versorgung des Kindes **nicht alternativlos sein**. Es genügt gemäß § 1741 Abs. 1 Satz 1 BGB schließlich, dass die Annahme dem Kindeswohl dient. So kann es zwar sein, dass auch eine Pflegschaft oder die rechtliche Vertretung im Wege der Vormundschaft denkbare Möglichkeiten wären, um dem Kind ein sicheres und förderliches Aufwachsen zu ermöglichen, eine Annahme als Kind sich in der Gesamtabwägung aber im Ergebnis als noch besser darstellt, damit dem Kind Stabilität in der neuen Familie und insbesondere auch die psychische Sicherheit vor der Einflussnahme der Herkunftsfamilie gegeben wird.[9] Im Rahmen der Kindeswohlprüfung findet darüber hinaus auch **kein Vergleich mit den Interessen der leiblichen El-**

4 BT-Drucks. 7/3061, 28, und Art. 4 Abs. 2 EuAdoptÜbK
5 Staudinger/*Frank*, § 1741 BGB Rn. 15
6 BayObLG FamRZ 1997, 839; Palandt/*Götz*, § 1741 BGB Rn. 3
7 Staudinger/*Frank*, § 1741 BGB Rn. 16
8 BT-Drucks. 7/5087, 9
9 MüKo-BGB/*Maurer*, § 1741 Rn. 73

tern statt, auch wenn natürlich das bisherige Verhältnis zu den leiblichen Eltern eine erhebliche Rolle für die Kindeswohldienlichkeit aus Sicht des Kindes spielt (vgl. unten Rn. 14). Die Interessen der Eltern werden vielmehr durch ihre willentliche Einwilligung in die Annahme (§ 1747 Abs. 1 BGB) oder durch die Vorschriften in § 1747 Abs. 4 BGB oder § 1748 BGB geschützt. Daher führt der im Rahmen der Kindeswohlprüfung immer wieder verwendete **Begriff des Adoptionsbedürfnisses**[10] **in die falsche Richtung**, da er im Sinne einer Alternativlosigkeit verstanden werden könnte.[11]

12 Bei der Gesamtabwägung der Lebensumstände des Kindes ist auch zu beachten, dass das Kind im Vorfeld einer Annahme in aller Regel schon eine gewisse Zeit bei den oder dem Annehmenden gelebt hat (vgl. § 1744 BGB). So sind dann ggf. schon **schützenswerte Bindungen zu den Adoptionspflegeeltern** entstanden, welche in der Abwägung dann meistens für eine rechtliche Stabilisierung des Verhältnisses im Wege der Annahme als Kind sprechen.[12]

13 Für die Feststellung des Kindeswohls benötigt das Familiengericht die **sachverständige Hilfe durch entsprechende Fachstellen**. Dies wird verfahrensrechtlich durch die zwingend vorgeschriebene Einholung von fachlichen Äußerungen nach § 189 FamFG sichergestellt. Ohne die fachliche Äußerung fehlt dem Gericht die entscheidende Erkenntnisgrundlage für die Feststellung des Kindeswohls.

2. Einzelaspekte

14 Der **Stellenwert der einzelnen Aspekte** bei der Gesamtbewertung ist **unterschiedlich und entscheidend vom Einzelfall abhängig**. Die folgende Liste ist daher weder quantitativ noch qualitativ als abschließend zu betrachten. Je nach Konstellation können folgende Aspekte zu beachten sein:

- das „Vorleben" des Kindes (Findelkind, Beziehungsabbrüche in der Vergangenheit, Dauer eines Pflegekindverhältnisses etc.)
- das tatsächliche Verhältnis des Kindes zu seinen bisherigen Eltern und zu weiteren leiblichen Familienangehörigen (v.a. bei Stiefkindadoptionen relevant)
- die aktuelle Lebenssituation des Kindes
- die voraussichtliche Lebenssituation des Kindes in der Zukunft
- die psychosozialen Entwicklungsmöglichkeiten des Kindes durch die Adoption
- die Veränderungen der Rechtsstellung des Kindes als Folge der Adoption
- die gesundheitliche Situation des Kindes (insbesondere ein besonderer Betreuungsbedarf)[13]
- das Alter und der Entwicklungsstand des Kindes
- der Einfluss von weiteren Kindern auf die Lebenssituation und Entwicklung des Kindes
- die Eignung der Annehmenden zur Annahme des Kindes (sog. **Elterneignung**),[14] wobei insbesondere folgende Aspekte eine Rolle spielen:
  - die subjektive und objektive Bereitschaft zur Annahme des Kindes

---

10 So: Palandt/*Götz*, § 1741 BGB Rn. 3
11 So aber: OLG Düsseldorf FamRZ 2011, 1522 (bei einer Anerkennung einer Auslandsadoption)
12 Zu schon entstandenen Bindungen zur Pflegefamilie: BVerfG NJW 1989, 519; zu entsprechenden Forderungen nach einer Reform des Pflegekindschaftsrechts: *Veit/Heilmann/Salgo*, FamRZ 2014, 891 ff.; ausführlich aus psychologischer Sicht: *Mohnert*, RPsych 2018, 477
13 MüKo-BGB/*Maurer*, § 1741 Rn. 105, 106
14 Ausführlich: BAGLJÄ, Empfehlungen zur Adoptionsvermittlung, 8. Auflage, Nr. 7.4.2.1 bis Nr. 4.4.2.15

- die Fähigkeit zur Fürsorge für das Kind, inkl. der erziehungsleitenden Vorstellungen (Erziehungsfähigkeit)
- die sonstige Persönlichkeit der Annehmenden
- die eigene Biografie, inkl. Lebenserfahrung und Alter
- das sonstige soziale und familiäre Umfeld, insbesondere die Existenz weiterer Kinder
- die partnerschaftliche Stabilität
- die Wohnverhältnisse
- die finanzielle und berufliche Situation
- die gesundheitliche Situation[15]
- das (Nicht-)Vorliegen von Vorstrafen

3. Der Sonderfall der Stiefkindadoption

15 Aufgrund der besonderen Familienkonstellation ist bei der Stiefkindadoption die Prüfung des Kindeswohls von **besonderen Faktoren** abhängig. Hier spielen insbesondere die Ermittlung der Motivlage und das Verhältnis zum außerhalb der Stieffamilie lebenden leiblichen Elternteil eine erhebliche Rolle. Wie mittlerweile durch entsprechende Fachliteratur nachgewiesen ist, stehen bei Stiefkindkonstellationen häufig nicht unbedingt das Wohl des Kindes, sondern vielmehr Motive wie die engere Bindung des Ehepartners an den leiblichen Elternteil oder das Herausdrängen des anderen Elternteils im Vordergrund.[16] Auch ist in concreto zu fragen, welche tatsächlichen und rechtlichen Vorteile durch eine Stiefkindadoption entstehen, wenn ein präsenter leiblicher Elternteil weiterhin seine Erziehungsverantwortung wahrnehmen möchte.[17]

16 Das Bundesverfassungsgericht hat diesbezüglich in einer Entscheidung vom 29.11.2005 (allerdings bzgl. der Ersetzung der Einwilligung des anderen Elternteils) treffend Folgendes ausgeführt: Bei einer Stiefkindadoption *„ändert die Adoption an der tatsächlichen Situation des Kindes wenig, insbesondere wird ihm nicht die Möglichkeit genommen, in einer Familie aufzuwachsen, die ihm gute Entwicklungsbedingungen bietet. Die Adoption soll dann vielmehr dazu dienen, die schon bestehende tatsächliche Situation rechtlich abzusichern. Eine solche Absicherung kann im Interesse des Kindes liegen, ist aber in den Fällen der Stiefkindadoption häufig nicht unproblematisch."*[18] Übereinstimmend mit den Empfehlungen zur Adoptionsvermittlung der Bundesarbeitsgemeinschaft der Landesjugendämter muss daher aus fachlicher Sicht bei einer Stiefkindkonstellation besonders genau die zugrundeliegende Lebenssituation und die Motivlage betrachtet werden.[19]

4. Die Sonderfälle der Verwandtenadoption

17 **Noch problematischer** aus Kindeswohlsicht können Konstellationen sein, in denen Verwandte (z.B. Onkel/Tante, Großeltern) das Kind adoptieren möchten. Zwar lässt das Gesetz, wie § 1756 Abs. 1 BGB zeigt, solche Adoptionen grundsätzlich zu. Dennoch können entstehende Loyalitätskonflikte zu den leiblichen (meistens weiterhin präsenten) Eltern oder die „Verwirrung" durch das Entstehen veränderter verwandtschaftlicher Beziehungen (z.B. die Tante wird zur Mutter, der Großvater wird zum Vater) zu erheblichen Proble-

15 Hierzu: KG FamRZ 1991, 1101 (kann ein HIV-Test von den Annehmenden verlangt werden?)
16 Ausführlich mit vielen Nachweisen: Staudinger/*Frank*, § 1741 BGB Rn. 42 ff.
17 Ausführlich: *Muscheler*, FamRZ 2004, 913
18 BVerfG NJW 2006, 827, 828; ähnlich: BGH NJW 2005, 1781
19 BAGLJÄ, Empfehlungen zur Adoptionsvermittlung, 8. Auflage, Nr. 7.1.3

men für das Kind führen. Auch der Altersabstand (z.B. zwischen Enkel und annehmenden Großeltern) muss im Rahmen des Eltern-Kind-Verhältnisses problematisiert werden (siehe hierzu Rn. 20). Im Ergebnis sollte die Annahme durch Verwandte daher der **absolute Ausnahmefall** bleiben.[20]

II. Die Erwartung des Entstehens eines Eltern-Kind-Verhältnisses

Als zweite Voraussetzung verlangt § 1741 Abs. 1 Satz 1 BGB die **Erwartung, dass zwischen dem Kind und dem Annehmenden „ein Eltern-Kind-Verhältnis" entsteht**. Im Ergebnis ist dies eine **Konkretisierung des Kindeswohls**. Denn wenn kein Eltern-Kind-Verhältnis zu erwarten ist, dann dient die Annahme auch nicht dem adoptionsrechtlichen Kindeswohl.[21] 18

Der **Begriff des Eltern-Kind-Verhältnisses** ist nicht im Sinne eines Rechtsverhältnisses zu verstehen. Vielmehr soll das Eltern-Kind-Verhältnis in § 1741 Abs. 1 Satz 1 BGB eine **soziale Elternschaft im Sinne einer „Intimgemeinschaft" ausdrücken, wie sie leibliche Eltern typischerweise leisten**.[22] Wie sich aus dem eindeutigen Wortlaut der Norm ergibt, muss einerseits eine solche soziale Elternschaft im Zeitpunkt der Adoptionsentscheidung noch nicht bestehen. Es genügt eine sich aus objektiven und subjektiven Umständen ergebende **Prognose**, dass das Eltern-Kind-Verhältnis in Zukunft entstehen kann. Andererseits kann ein Eltern-Kind-Verhältnis aber, wie in Dauerpflegeverhältnissen, auch bereits entstanden sein. Das Bestehen oder die Erwartung des Entstehens eines Eltern-Kind-Verhältnisses muss zur Überzeugung des Gerichts feststehen.[23] Unsicherheiten oder bloße Vermutungen gehen zulasten der Antragsteller. 19

Entscheidender Faktor bei der entsprechenden Beurteilung ist dabei der **Altersabstand zwischen Annehmenden und Kind**. Zwar sieht das deutsche Gesetz in § 1743 BGB keinen Mindest- oder Höchstaltersabstand vor, dennoch kann dies materiell-rechtlich von Bedeutung sein, wenn der Abstand gerade keiner typischen Generationenfolge entspricht.[24] Ein Altersabstand von einerseits unter 16 Jahren oder andererseits über 50 Jahren erscheint dabei als grundsätzlich unangemessen.[25] Zwar ist auch außerhalb dieser Grenzen eine biologische Abstammung möglich, einem „typischen Eltern-Kind-Verhältnis" entspricht dies jedoch gerade (auch in der heutigen Zeit) nicht.[26] 20

III. Erhöhte Anforderungen bei gesetzes- oder sittenwidriger Vermittlung oder Verbringung

§ 1741 Abs. 1 Satz 2 BGB sieht einen **Sonderfall der Annahme als Kind** vor. In dieser Norm ist bestimmt, dass selbst wenn die Annehmenden sich an einer gesetzes- oder sittenwidrigen Vermittlung oder Verbringung des Kindes beteiligt haben, eine Annahme als Kind noch möglich ist. Dann ist aber notwendig, dass die Adoption zum Wohl des Kindes erforderlich ist. Es findet daher eine gewisse „Beweislastumkehr" statt: in der Regel ist eine solche Konstellation nicht durch Annahme als Kind zu verstetigen, es sei denn, besondere Umstände erfordern dies. 21

---

20 OLG Oldenburg NJW-RR 1996, 709; so auch: Staudinger/*Frank,* § 1741 BGB Rn. 22 ff.
21 Zutreffend: Staudinger/*Frank,* § 1741 BGB Rn. 26
22 Palandt/*Götz,* § 1741 BGB Rn. 4; MüKo-BGB/*Maurer,* § 1741 Rn. 26
23 BT-Drucks. 7/5087, 9
24 LG Kassel NJW-RR 2006, 511; OLG Oldenburg NJW-RR 1996, 709
25 Der österreichische Verfassungsgerichtshof hat jedoch die im österreichischen Adoptionsrecht bisher vorgesehene strenge Mindestalterabstandsgrenze von 16 Jahren mit Entscheidung vom 14.12.2014 als verfassungswidrig eingeschätzt: österr. VerfGH, IFamZ 2015, 13
26 Zutreffend daher: OLG Frankfurt, Beschl. v. 12.6.2003 – 20 W 264/02, juris (Altersabstand von 62 bzw. 67 Jahren)

22 Sinn und Zweck der Vorschrift ist die präventive Verhinderung von Kinderhandel und entsprechender Praktiken.[27] Hauptanwendungsfall ist dabei die Beteiligung der Annehmenden bei einer „Vermittlung" eines fremden Kindes entgegen einem Vermittlungsverbot nach § 5 AdVermiG (sog. **Selbstbeschaffung eines Kindes**). Ein weiterer Anwendungsfall ist nach einer Ansicht die Adoption eines im Wege einer **Ersatzmutterschaft** geborenen Kindes.[28] Die mittlerweile herrschende Ansicht ist jedoch der Meinung, dass diese Konstellation nicht unter den Anwendungsbereich von Abs. 1 Satz 2 fällt, sondern im Rahmen einer Adoption nach erfolgter Ersatzmutterschaft nur die Anforderungen des Abs. 1 Satz 1 erfüllt sein müssen.[29]

23 Bei der Anwendung von Abs. 1 Satz 2 sind zwei Faktoren besonders zu beachten. Zum einen müssen die Annehmenden an der gesetzes- oder sittenwidrigen Vermittlung oder Verbringung **beteiligt** gewesen sein. Dies ist der Fall, wenn sie „zum Zwecke der Annahme" hieran mitgewirkt haben oder wenn sie einen Dritten hiermit beauftragt oder hierfür belohnt haben. Zum zweiten liegt eine Gesetzeswidrigkeit i.S.v. § 1741 Abs. 1 Satz 2 BGB **nur dann** vor, **wenn die entsprechende Praktik im Herkunftsland des Kindes verboten ist**. Lässt z.B. das ausländische Recht eine Privatvermittlung zu (wie etwa in den USA), so kann dies in Deutschland nicht im Nachhinein sanktioniert werden.[30] Eine solche Vermittlung kann dann nur noch sittenwidrig sein.[31]

IV. Gemeinschaftliche Adoption oder Alleinadoption (Abs. 2)

24 § 1741 Abs. 2 BGB regelt die Vorgaben, in welchen Fällen ein Kind durch eine Einzelperson und in welchen Fällen durch zwei Personen angenommen werden kann. Im Lebenspartnerschaftsrecht findet die Norm ihre Entsprechung in § 9 Abs. 7 Satz 1 LPartG.

25 Die Bestimmungen sind **zwingend** und gelten insbesondere auch für die Volljährigenadoption (siehe hierzu *Braun,* § 1767 BGB Rn. 17 ff.). Wird eine Annahme entgegen den Vorgaben in § 1741 Abs. 2 BGB ausgesprochen, so führt dies allerdings **nicht zur Nichtigkeit der Adoption**.[32] Das so geschaffene Adoptionsverhältnis kann trotz Rechtswidrigkeit zum Schutze des Kindes bestehen bleiben.

1. Die Fälle der Alleinadoption

26 In folgenden Fällen kann die Annahme **nur durch eine Einzelperson** erfolgen:

- Adoption durch eine alleinstehende Person (§ 1741 Abs. 2 Satz 1 BGB)
- Adoption durch eine Person, welche in einer eingetragenen Lebenspartnerschaft lebt (§ 9 Abs. 7 Satz 1 LPartG)
- Adoption durch eine verheiratete Person, welche das (leibliche oder adoptierte) Kind des Ehepartners annimmt (Stiefkindadoption, § 1741 Abs. 2 Satz 3 BGB)
- Adoption durch eine verheiratete Person, deren Ehepartner geschäftsunfähig ist (§ 1741 Abs. 2 Satz 4, 1. Fall BGB)
- Adoption durch eine verheiratete Person, deren Ehepartner das 21. Lebensjahr noch nicht vollendet hat (§ 1741 Abs. 2 Satz 4, 2. Fall BGB).

Die vom Bundesverfassungsgericht geforderte Ermöglichung einer „Stiefkindadoption" auch in den Fällen, in denen der Annehmende nicht mit dem leiblichen Elternteil verheira-

27 BT-Drucks. 13/8511, 75
28 Hierzu: AG Hamm FamFR 2011, 551; LG Düsseldorf, Beschl. v. 15.3.2012 –25 T 758/10, juris; LG Frankfurt a.M. NJW 2012, 3111; Staudinger/*Frank,* § 1741 BGB Rn. 34
29 OLG Frankfurt a.M. NJW 2019 1615; OLG München FamRZ 2018, 1008; OLG Düsseldorf NJW 2017, 976
30 MüKo-BGB/*Maurer,* § 1741 Rn. 34; a.A. Staudinger/*Frank,* § 1741 BGB Rn. 33
31 MüKo-BGB/*Maurer,* § 1741 Rn. 35
32 OLG Düsseldorf NJW-RR 2008, 231

tet oder verpartnert ist,[33] stellt kein Problem von § 1741 Abs. 2 BGB dar, da Satz 1 dies zunächst einmal zulässt. Relevant wird dies erst bei den Wirkungen einer solchen Konstellation nach §§ 1754, 1755 BGB (vgl. hierzu die Kommentierung dort).

Heiratet der Annehmende während des Adoptionsverfahrens, so muss der Ehepartner das Kind ebenso mit annehmen, da die Voraussetzungen für die Alleinadoption noch **im Zeitpunkt des Wirksamwerdens der Adoptionsentscheidung** vorliegen müssen. Das Gleiche gilt, wenn der Ehepartner während des Verfahrens wieder geschäftsfähig oder 21 Jahre alt wird. **27**

2. Die gemeinschaftliche Adoption durch Ehepartner und eingetragene Lebenspartner

Ist eine Person verheiratet, so kann sie **nur zusammen mit ihrem Ehepartner** ein Kind annehmen (§ 1741 Abs. 2 Satz 2 BGB). Wird die Ehe während des Verfahrens rechtskräftig aufgehoben (insbesondere geschieden), so ist wiederum nur eine Alleinadoption nach § 1741 Abs. 2 Satz 1 BGB möglich. Entscheidender **Zeitpunkt** für die Beurteilung des Eheverhältnisses ist das **Wirksamwerden des Adoptionsbeschlusses**. Ein bloßes Getrenntleben der Ehegatten führt nicht zur Möglichkeit einer Alleinadoption. **28**

Eingetragene Lebenspartner können nach der aktuellen Gesetzeslage (§ 9 Abs. 7 Satz 1 LPartG) nicht gemeinsam ein Kind adoptieren. Dies erscheint spätestens seit der Entscheidung des Bundesverfassungsgerichts zur (erlaubten) Sukzessivadoption[34] wegen Verstoßes gegen Art. 3 Abs. 1 GG verfassungswidrig. Bleibt die jetzige Rechtslage erhalten, so erscheint umgekehrt auch das grundsätzliche Verbot der Alleinadoption durch eine verheiratete Person verfassungswidrig. Schließlich wird dann die verheiratete Person im Vergleich zu eingetragenen Lebenspartnern gleichheitswidrig benachteiligt. Liegt ein entsprechender Sachverhalt zur Entscheidung vor, dürfte eine Vorgehensweise nach Art. 100 GG zu erwägen sein. **29**

§ 1742 BGB Annahme nur als gemeinschaftliches Kind

Ein angenommenes Kind kann, solange das Annahmeverhältnis besteht, bei Lebzeiten eines Annehmenden nur von dessen Ehegatten angenommen werden.

Die Norm bestimmt das sog. **Verbot der Kettenadoption:** Das Kind darf zu Lebzeiten des oder der Annehmenden nicht erneut adoptiert werden. Damit soll ein Weiterreichen des Kindes von einer Adoptivfamilie in eine andere Adoptivfamilie verhindert werden.[1] Möglich ist jedoch eine erneute Annahme als Kind, wenn (bei einer Alleinadoption) der Annehmende verstorben ist oder (bei einer gemeinschaftlichen Annahme) beide Annehmende verstorben sind („… bei Lebzeiten …").[2] Das Gleiche gilt, wenn die Erstadoption aufgehoben wird („… solange das Annahmeverhältnis besteht …").[3] **1**

Ebenso möglich ist eine Folgeadoption, wenn das Kind durch den Ehegatten des Annehmenden adoptiert werden soll (sog. **Zulässigkeit der Sukzessivadoption**). In folgenden Konstellationen ist dies denkbar: **2**

- das Kind wird zunächst vom unverheirateten Annehmenden adoptiert (Fall von § 1741 Abs. 2 Satz 1 BGB), welcher dann später heiratet

33 BVerfG NJW 2019, 1793
34 BVerfG ZKJ 2013, 244
1 BT-Drucks. 7/3061, 30
2 *Palandt/Götz*, § 1742 BGB Rn. 2
3 MüKo-BGB/*Maurer*, § 1742 Rn. 6

- das Kind wird zunächst vom Annehmenden adoptiert, welcher mit einem Ehegatten verheiratet ist, der zunächst geschäftsunfähig oder noch nicht 21 Jahre alt war (Fall von § 1741 Abs. 2 Satz 4 BGB) und bei dem die Hinderungsgründe später wegfallen
- das Kind wird zunächst im Wege der Stiefkindadoption vom Annehmenden adoptiert, dessen Ehe mit dem leiblichen Elternteil geschieden wird und der Annehmende heiratet erneut
- das Kind wird zunächst durch verheiratete Annehmende adoptiert, deren Ehe später geschieden wird, einer der Annehmenden verstirbt (oder in Bezug auf diesen wird die Adoption aufgehoben) und der verbliebene Annehmende heiratet erneut

3 Das Verbot in § 1742 BGB betrifft nach h.M. **auch die Rückadoption durch einen leiblichen Elternteil.**[4] Zum Teil wird dem widersprechend eine verfassungsmäßige Reduktion der Norm für die Fälle vorgeschlagen, dass eine Aufhebung der ursprünglichen Adoption wegen Volljährigkeit des Anzunehmenden von Gesetzes wegen nicht mehr möglich ist (vgl. § 1763 Abs. 1 BGB).[5] Dies ist jedoch nicht erforderlich, da § 1742 BGB bei der Volljährigenadoption ohnehin nicht anwendbar ist (§ 1768 Abs. 1 Satz 2 BGB; dazu *Braun,* § 1768 BGB Rn. 6).[6]

4 Im **Lebenspartnerschaftsrecht** war bis zur Entscheidung des Bundesverfassungsgerichts vom 19.2.2013 selbst eine Sukzessivadoption unzulässig.[7] Mit Gesetz vom 24.6.2014[8] wurde demgemäß nun in § 9 Abs. 7 Satz 2 LPartG der Verweis auf § 1742 BGB aufgenommen.

§ 1743 BGB Mindestalter

[1]Der Annehmende muss das 25., in den Fällen des § 1741 Abs. 2 Satz 3 das 21. Lebensjahr vollendet haben. [2]In den Fällen des § 1741 Abs. 2 Satz 2 muss ein Ehegatte das 25. Lebensjahr, der andere Ehegatte das 21. Lebensjahr vollendet haben.

1 Die Vorschrift bestimmt die formale Voraussetzung, welches **Mindestalter** der Annehmende oder die Annehmenden erreicht haben müssen, um ein Kind zu adoptieren.

2 Folgende Altersvorgaben sind zu **unterscheiden**:

- Bei einer **Alleinadoption** muss der Annehmende mindestens das 25. Lebensjahr vollendet haben (§ 1743 Satz 1 Alt. 1 BGB).
- Bei einer **Stiefkindadoption** muss der Annehmende mindestens das 21. Lebensjahr vollendet haben (§ 1743 Satz 1 Alt. 2 BGB) (unabhängig davon wie alt der leibliche Elternteil ist!).[1]
- Bei einer **gemeinschaftlichen Adoption durch Ehegatten** muss mindestens ein Ehegatte das 25. Lebensjahr, der andere Ehegatte mindestens das 21. Lebensjahr vollendet haben (§ 1743 Satz 2 BGB).

3 Die Altersvorgaben des Satz 1 sind auch für die **Adoption durch einen Lebenspartner** anwendbar (§ 9 Abs. 7 Satz 2 BGB). Ein Verweis auf Satz 2 ist nicht notwendig, da eine gemeinschaftliche Adoption durch zwei Lebenspartner (noch) unzulässig ist.

---

4 OLG Stuttgart NJW 1988, 2386
5 MüKo-BGB/*Maurer,* § 1742 Rn. 9
6 Vgl. hierzu: BGH ZKJ 2014, 438 mit Anmerkung *Braun*, ZKJ 2014, 441
7 BVerfG ZKJ 2013, 244
8 BGBl. I S. 786
1 Kritisch hierzu: MüKo-BGB/*Maurer,* § 1743 Rn. 5

Maßgeblicher Zeitpunkt für die Bestimmung des Mindestalters ist der Ausspruch der Adoption (Wirksamwerden der Entscheidung).[2] Es ist daher unproblematisch, wenn die Probezeit nach § 1744 BGB schon vor Erreichen des Mindestalters begonnen wird. 4

§ 1744 BGB Probezeit

Die Annahme soll in der Regel erst ausgesprochen werden, wenn der Annehmende das Kind eine angemessene Zeit in Pflege gehabt hat.

Die Norm möchte sicherstellen, dass Kinder erst dann adoptiert werden können, wenn sie eine **angemessene Zeit mit den Annehmenden tatsächlich zusammengelebt haben**. Es ist weder eine feste Mindestzeit festgelegt,[1] noch ist die Durchführung einer Probezeit zwingend („… soll in der Regel …"). Beide Fragen stehen vielmehr im Ermessen des sachverständig beratenen Gerichts. 1

Das erkennende Gericht benötigt für die Einschätzung fachliche Unterstützung. Die Frage der Probezeit ist daher **wesentlicher Inhalt der fachlichen Äußerung nach § 189 FamFG**. Aus der Beurteilung des Verlaufs der Probezeit kann insbesondere gefolgert werden, ob die Entstehung eines Eltern-Kind-Verhältnisses gemäß § 1741 Abs. 1 Satz 1 BGB zu erwarten ist (oder ein solches sogar schon entstanden ist). 2

Die Dauer und der Verlauf der Probezeit sind maßgeblich **von der Familienkonstellation des Kindes vor der Adoption abhängig**. Je älter das Kind ist und je mehr Beziehungs- und Bindungsabbrüche es in der Vergangenheit verarbeiten musste, desto länger muss auch die Probezeit sein.[2] Dies gilt uneingeschränkt auch bei der Stiefkindadoption. Die Probezeit kann hingegen auch sehr kurz bemessen sein, wenn Kinder z.B. in eine Lebenspartnerschaft hineingeboren werden.[3] Frühere Forderungen, wonach aus fachlichen Gründen in jedem Fall mindestens ein Jahr Pflegezeit der Adoption vorangegangen sein muss,[4] sind heute überholt. Vielmehr kommt es immer auf eine Einzelfallbetrachtung an.[5] 3

Die Probezeit in § 1744 BGB ist nicht im Sinne einer Vollzeitpflege nach § 33 SGB VII zu verstehen.[6] Vielmehr folgt aus § 44 Abs. 1 Satz 2 Nr. 6 SGB VIII, dass eine **Adoptionspflege etwas grundsätzlich anderes ist als eine Hilfe zur Erziehung**.[7] Die Adoptionspflege und die Frage der Geeignetheit der Adoptionspflegeeltern richten sich bei vermittelten Adoptionen vielmehr nach dem AdVermiG. Bei Stiefkindkonstellationen wird noch nicht einmal ein Pflegevertrag vor der Adoption geschlossen. Auch eine Eignungsprüfung des Stiefelternteils vor Aufnahme des Kindes gemäß § 7 AdVermiG findet naturgemäß nicht statt. Sämtliche Überprüfungen sind dann erst im Rahmen der fachlichen Äußerung im Adoptionsverfahren möglich. Dies macht die Beurteilung der Probezeit bei Stiefkindadoptionen im Einzelfall bedeutend schwieriger als bei einer Fremdadoption.[8] 4

2 Palandt/*Götz,* § 1743 BGB Rn. 1

1 Anders z.B. das schweizerische Recht, welches eine Mindestpflegezeit von einem Jahr vorsieht (§ 264 schweiz. ZGB)

2 Zu weiteren Kriterien: MüKo-BGB/*Maurer,* § 1744 Rn. 11

3 AG Elmshorn NJW 2011, 1085

4 BAGLJÄ, Empfehlungen für die Adoptionsvermittlung, 6. Auflage, Nr. 7.5

5 So jetzt auch: BAGLJÄ, Empfehlungen zur Adoptionsvermittlung, 8. Auflage, Nr. 8.5

6 So aber: Palandt/*Götz,* § 1744 BGB Rn. 1; richtig die Differenzierung in: MüKo-BGB/*Maurer,* § 1744 Rn. 9

7 Zur Begründung und zum Ablauf einer Adoptionspflege: Staudinger/*Frank,* § 1744 BGB Rn. 10 ff.

8 Vgl. hierzu: BAGLJÄ, Empfehlungen zur Adoptionsvermittlung, 8. Auflage, Nr. 7.1.3

§ 1745 BGB Verbot der Annahme

[1]Die Annahme darf nicht ausgesprochen werden, wenn ihr überwiegende Interessen der Kinder des Annehmenden oder des Anzunehmenden entgegenstehen oder wenn zu befürchten ist, dass Interessen des Anzunehmenden durch Kinder des Annehmenden gefährdet werden. [2]Vermögensrechtliche Interessen sollen nicht ausschlaggebend sein.

1 Die Norm will sicherstellen, dass **entgegenstehende Interessen der weiteren Kinder des Annehmenden sowie der Kinder des Anzunehmenden** bei der Adoptionsentscheidung mit berücksichtigt werden. Die zweite Alternative spielt bei der Minderjährigenadoption praktisch keine Rolle, da minderjährige Kinder nur selten eigene Kinder haben.

2 Als weitere Kinder gelten sowohl **leibliche Kinder**, als auch vorher **adoptierte** (oder gleichzeitig zu adoptierende) **Kinder**. Sind die Annehmenden schon Großeltern, so sind **auch die Enkelkinder** vom Schutzbereich des § 1745 BGB erfasst.[1]

3 In Satz 1 der Norm ist auch die Gefährdung der Interessen des anzunehmenden Kindes durch andere Kinder des Annehmenden aufgeführt. Diese Frage ist jedoch schon im Rahmen der Kindeswohlprüfung nach § 1741 Abs. 1 BGB zu berücksichtigen. Der Passus in § 1745 hat damit nur klarstellende Bedeutung.[2]

4 Es bedarf einer **umfassenden Abwägung** der Interessen des anzunehmenden Kindes einerseits und der Interessen des weiteren Kindes andererseits. **Nur bei einem Überwiegen der Interessen des weiteren Kindes** ist die Annahme als Kind zu versagen. Sind die Interessen hingegen gleich zu bewerten, so ist im Zweifel die Adoption auszusprechen.

5 Nach Satz 2 sollen die **vermögensrechtlichen Interessen** der weiteren Kinder „**nicht ausschlaggebend**" sein. Dies bedeutet jedoch im Umkehrschluss nicht, dass sie in der erforderlichen Gesamtabwägung überhaupt keine Rolle spielen würden. Insbesondere bei Unterhaltspflichten des Annehmenden gegenüber seinen bisherigen Kindern kann dies im Einzelfall zu einer Zurückweisung des Annahmeantrags wegen § 1745 BGB führen.[3]

6 Als **immaterielle Interessen** der weiteren Kinder kommen insbesondere **tatsächliche oder emotionale Zurücksetzungen** im Vergleich zum Adoptivkind in Betracht. Eine Adoption darf nicht zu einer übermäßigen Zuwendung an das Adoptivkind zulasten schon vorhandener Kinder führen. Es ist daher von großer Bedeutung, im Rahmen der fachlichen Äußerung nach § 189 FamFG das Verhältnis der Annehmenden zu den weiteren Kindern zu betrachten und die Meinungen und Wünsche dieser Kinder zu berücksichtigen. Wendet sich ein Kind ausdrücklich gegen die Adoption des anderen Kindes, so sind zwingend weitergehende Ermittlungen durchzuführen. Auf der anderen Seite bedeutet dies nicht, dass damit die Annahme als Kind nicht mehr möglich wäre. Der Gesetzgeber hat gerade keine Einwilligungspflicht der Abkömmlinge vorgesehen, sondern regelt diesen Konflikt durch eine umfassende Abwägung der beiderseitigen Interessen.

7 In der Praxis hat § 1745 BGB **vor allem bei Stiefkindadoptionen eine große Bedeutung**. Dabei sind besonders solche Konstellationen problematisch, in denen der Annehmende aus einer früheren Ehe oder Beziehung weitere Kinder hat, welche bei dem vormaligen Ehepartner oder Elternteil leben. Hier kommt sowohl eine immaterielle Zurücksetzung der bisherigen Kinder durch die Adoption als auch das Motiv der Minderung der Unterhaltsverpflichtung gegenüber diesen in Betracht.

8 Bei **Fremdadoptionen** sind Konstellationen problematisch, in denen z.B. ein vorher adoptiertes Kind nicht den „Erwartungen" der Adoptiveltern entsprach und die weitere An-

---

1 MüKo-BGB/*Maurer*, § 1745 Rn 4
2 BT-Drucks. 7/3061, 33
3 Zu Fallkonstellationen: Staudinger/*Frank*, § 1745 BGB Rn. 15 ff.; OLG Köln FamRZ 2015, 866

nahme als Kind dies kompensieren soll.[4] Ähnliches gilt bei kranken oder behinderten Kindern in der Familie.

Die Betrachtung der Interessen der weiteren Kinder steht in einem **direkten Zusammenhang mit der Überprüfung der Eignung der Annehmenden**. Die Versorgung und Erziehung von mehreren Kindern (ggf. leibliche und adoptierte) bedarf einer besonderen physischen und psychischen Belastbarkeit der Eltern, erst recht wenn die Adoptivkinder aus schwierigen Verhältnissen kommen und/oder (z.B. aus gesundheitlichen Gründen) besonderer Fürsorge bedürfen. Auch ein erheblicher **Altersabstand** zwischen den Kindern kann besondere Fähigkeiten aufseiten der Annehmenden erfordern. 9

§ 1746 BGB Einwilligung des Kindes

(1) [1]Zur Annahme ist die Einwilligung des Kindes erforderlich. [2]Für ein Kind, das geschäftsunfähig oder noch nicht 14 Jahre alt ist, kann nur sein gesetzlicher Vertreter die Einwilligung erteilen. [3]Im Übrigen kann das Kind die Einwilligung nur selbst erteilen; es bedarf hierzu der Zustimmung seines gesetzlichen Vertreters. [4]Die Einwilligung bedarf bei unterschiedlicher Staatsangehörigkeit des Annehmenden und des Kindes der Genehmigung des Familiengerichts; dies gilt nicht, wenn die Annahme deutschem Recht unterliegt.

(2) [1]Hat das Kind das 14. Lebensjahr vollendet und ist es nicht geschäftsunfähig, so kann es die Einwilligung bis zum Wirksamwerden des Ausspruchs der Annahme gegenüber dem Familiengericht widerrufen. [2]Der Widerruf bedarf der öffentlichen Beurkundung. [3]Eine Zustimmung des gesetzlichen Vertreters ist nicht erforderlich.

(3) Verweigert der Vormund oder Pfleger die Einwilligung oder Zustimmung ohne triftigen Grund, so kann das Familiengericht sie ersetzen; einer Erklärung nach Absatz 1 durch die Eltern bedarf es nicht, soweit diese nach den §§ 1747, 1750 unwiderruflich in die Annahme eingewilligt haben oder ihre Einwilligung nach § 1748 durch das Familiengericht ersetzt worden ist.

Übersicht

Rn.
A. Allgemeines ... 1
B. Inhalt der Norm ... 3
I. Die Einwilligung des über 14-jährigen Kindes ... 3
II. Die Einwilligung des unter 14-jährigen bzw. geschäftsunfähigen Kindes ... 6
III. Die Ersetzung der Einwilligung oder Zustimmung ... 9
IV. Entbehrlichkeit der Einwilligung des Kindes bei Einwilligung nach § 1747 BGB oder Ersetzung nach § 1748 BGB ... 12
V. Die gerichtliche Genehmigung bei unterschiedlicher Staatsangehörigkeit ... 14

A. Allgemeines

Die Vorschrift regelt die Erforderlichkeit sowie die Erklärungsberechtigung für die **Einwilligung des Kindes in die Adoption**. Keine Vorgaben sind hingegen zur Form und zur Wirksamkeit der Einwilligungserklärung getroffen. Dies ist in § 1750 BGB geregelt. 1

Da das Kind unmittelbar von der Annahmeentscheidung betroffen ist, muss dieses zwingend in die Annahme einwilligen. Die Erklärung wird in der Praxis meistens nicht durch das Kind selbst, sondern **durch seinen gesetzlichen Vertreter** abgegeben. Ist das Kind aber **14 Jahre oder älter** und nicht geschäftsunfähig, so gilt es im Adoptionsrecht als **selbst einwilligungsfähig**. Auf die Einwilligung des Kindes kann nur bei gerichtlicher Ersetzung 2

4 Beispiel von: MüKo-BGB/*Maurer*, § 1745 Rn. 8

der Einwilligung des Vormunds oder Pflegers nach § 1746 Abs. 3 Hs. 1 BGB oder bei Entbehrlichkeit der Einwilligung nach § 1746 Abs. 3 Hs. 2 BGB verzichtet werden. Ansonsten **führt das Fehlen der Einwilligung** des Kindes zu einem **Aufhebungsgrund nach § 1760 Abs. 1 BGB**.

B. Inhalt der Norm

I. Die Einwilligung des über 14-jährigen Kindes

3 Hat das anzunehmende Kind das 14. Lebensjahr vollendet (und ist es nicht geschäftsunfähig), so kann die Annahme **nur mit höchstpersönlicher Einwilligung des Kindes** erfolgen (§ 1746 Abs. 1 Satz 3 BGB). Eine Vertretung bei der Erklärung ist nicht möglich (§ 1750 Abs. 3 Satz 1 BGB). Die Einwilligungserklärung bedarf der notariell beurkundeten Form (§ 1750 Abs. 1 Satz 2 BGB) und darf nicht unter einer Bedingung oder Zeitbestimmung erteilt werden (§ 1750 Abs. 2 Satz 1 BGB).

4 Obwohl das einwilligungsfähige Kind die Einwilligung selbst erteilen darf, muss **der gesetzliche Vertreter der Einwilligung zustimmen** (§ 1746 Abs. 1 Satz 3 Hs. 2 BGB). Die Zustimmungserklärung ist von ihrem Rechtscharakter etwas anderes als die Einwilligung, da sie nur dann Rechtswirksamkeit erlangt, wenn das Kind selbst die entsprechende Willenserklärung abgibt. Die Zustimmung ist daher **abhängig von der Einwilligung des Kindes**, auch wenn die Zustimmung zeitlich schon vor der Einwilligung erteilt werden kann.[1] Die Zustimmungserklärung unterliegt nicht der Formbestimmung in § 1750 Abs. 1 Satz 2 BGB,[2] wird in der Praxis aber regelmäßig in derselben notariellen Urkunde erklärt. Wird das Kind durch einen Vormund oder Pfleger gesetzlich vertreten und verweigert dieser die Zustimmung, so kann die Zustimmung nach Abs. 3 Hs. 1 gerichtlich ersetzt werden (hierzu unten Rn. 10). Eine gesonderte Zustimmung des gesetzlichen Vertreters ist nach § 1746 Abs. 3 Hs. 2 BGB auch dann nicht erforderlich, wenn die Eltern schon gemäß § 1747 Abs. 1 BGB wirksam eingewilligt haben oder deren Einwilligung gemäß § 1748 Abs. 1 BGB ersetzt worden ist (hierzu unten Rn. 12 f.).

5 Im Gegensatz zu § 1750 Abs. 2 Satz 2 BGB ist die Einwilligungserklärung des einwilligungsfähigen Kindes **widerruflich**, und zwar bis zum Wirksamwerden des Ausspruchs der Annahme als Kind (§ 1746 Abs. 2 Satz 1 BGB). Wirksam wird eine Entscheidung auf Annahme als Kind mit Zustellung an den Annehmenden (oder an das Kind im Fall von § 1753 Abs. 2 BGB) (§ 197 Abs. 2 FamFG), so dass der Widerruf auch noch nach Erlass des Beschlusses (vgl. § 38 Abs. 3 Satz 3 FamFG) möglich ist. Der Widerruf bedarf der **öffentlichen (nicht zwingend notariellen) Beurkundung** (Abs. 2 Satz 2). Er kann daher auch gegenüber einer Urkundsperson des Jugendamts erklärt werden, was in § 59 Abs. 1 Satz 1 Nr. 6 SGB VIII noch einmal ausdrücklich klargestellt wird.[3] Einer Zustimmung des gesetzlichen Vertreters zum Widerruf bedarf es gemäß § 1746 Abs. 2 Satz 3 BGB nicht.

II. Die Einwilligung des unter 14-jährigen bzw. geschäftsunfähigen Kindes

6 Ist das Kind noch keine 14 Jahre alt, so **erklärt der gesetzliche Vertreter die Einwilligung im Namen des Kindes** (§ 1746 Abs. 1 Satz 2 BGB). Das Gleiche gilt für ältere, aber geschäftsunfähige Kinder. Bei gemeinsamer Sorge für das Kind ist darauf zu achten, dass auch beide Sorgeberechtigte die Einwilligungserklärung abgeben. Besteht im Zeitpunkt der Einwilligung schon Vormundschaft oder Pflegschaft über das Kind, so muss der entsprechende Vormund oder Pfleger im Namen des Kindes einwilligen, es sei denn, es liegt ein Fall von § 1746 Abs. 3 Hs. 2 BGB vor. Verweigert der Vormund oder Pfleger die Einwilli-

1 MüKo-BGB/*Maurer*, § 1746 Rn. 17
2 Staudinger/*Frank*, § 1746 BGB Rn. 33
3 Palandt/*Götz*, § 1746 BGB Rn. 6

gung, so kann es zur Ersetzung nach Abs. 3 Hs. 1 kommen (hierzu Rn. 9). Die vom gesetzlichen Vertreter erklärte Einwilligung des Kindes ist **unwiderruflich** (§ 1750 Abs. 2 Satz 2 BGB).

Ob ein über 14 Jahre altes Kind **geschäftsunfähig** ist, muss im Wege der Amtsermittlung geklärt werden. Allein die Behauptung des gesetzlichen Vertreters oder des beurkundenden Notars genügt hierfür nicht. Regelmäßig muss dann ein Sachverständigengutachten eingeholt werden. 7

Wird das Kind während des Verfahrens 14 Jahre alt (und ist es nicht geschäftsunfähig), so stellt sich die Frage, ob die vorher bloß durch den gesetzlichen Vertreter erklärte Einwilligungserklärung fortwirkt[4] oder ob vom Gericht nun eine höchstpersönliche Einwilligungserklärung des Kindes anzufordern ist.[5] Richtigerweise muss das einwilligungsfähige Kind die Einwilligung in einem solchen Fall selbst erteilen. Der Gesetzgeber hat die Entscheidungsmacht über die eigene Annahme dem über 14-jährigen Kind gemäß § 1746 Abs. 1 Satz 3 BGB selbst in die Hand gelegt. Könnte es nun aber nicht mehr selbst entscheiden, sondern wäre es der vorherigen Fremdbestimmung weiter unterworfen, so würde diese gesetzgeberische Entscheidung unterlaufen. Auch die Widerrufsmöglichkeit in § 1746 Abs. 2 BGB würde dem Kind anderenfalls nicht zustehen (siehe oben Rn. 6). 8

III. Die Ersetzung der Einwilligung oder Zustimmung

Verweigert der Vormund oder der Pfleger die Einwilligung im Namen des Kindes, so **kann die Einwilligung** durch gesonderte Entscheidung **ersetzt werden** (§ 1746 Abs. 3 Hs. 1 BGB). Voraussetzung hierfür ist jedoch, dass die Verweigerung der Einwilligung „ohne triftigen Grund" erfolgte. Die Auslegung dieses Begriffes ist streitig.[6] Richtigerweise kommt eine Ersetzung nur dann in Betracht, wenn die Weigerung zur Einwilligung willkürlich erscheint. Ist die Weigerung hingegen vertretbar, auch wenn das Gericht dies inhaltlich nicht teilt, so muss die Entscheidung des Vormunds oder Pflegers akzeptiert werden. Ansonsten würde das Recht des Vormunds oder des Pflegers, im Namen des Kindes zu entscheiden (Ausfluss des Sorgerechts), ins Leere laufen.[7] 9

Auch eine verweigerte Zustimmung in die Einwilligung des über 14-jährigen Kindes kann nach den gleichen Kriterien gemäß § 1746 Abs. 3 Hs. 1 BGB ersetzt werden. 10

Die **Weigerung der Eltern, im Namen des Kindes gemäß § 1746 Abs. 1 BGB einzuwilligen** (oder der Einwilligung des über 14-jährigen Kindes zuzustimmen), kann aufgrund des klaren Wortlauts nicht im Wege der Ersetzung nach § 1746 Abs. 3 Hs. 1 BGB „gerettet" werden. Dies ist aber im Ergebnis auch nicht erforderlich, denn sollten sie die Einwilligung im Namen des Kindes verweigern, so kann gemäß § 1746 Abs. 3 Hs. 2 BGB über den Umweg der Ersetzung der Einwilligung der Eltern nach § 1748 BGB auch die Einwilligung des Kindes fingiert werden (hierzu Rn. 12 f.). 11

IV. Entbehrlichkeit der Einwilligung des Kindes bei Einwilligung nach § 1747 BGB oder Ersetzung nach § 1748 BGB

Die Einwilligung des Kindes (oder die Zustimmung zur Einwilligung des über 14-jährigen Kindes) ist **entbehrlich**, wenn die Eltern rechtswirksam nach §§ 1747, 1750 BGB in die Annahme als Kind eingewilligt haben oder deren Einwilligung rechtskräftig gemäß § 1748 BGB ersetzt worden ist (§ 1746 Abs. 3 Hs. 2 BGB). Hintergrund dieser Sondervorschrift ist, dass in beiden Fällen von Gesetzes wegen eine Amtsvormundschaft entsteht 12

4 So: MüKo-BGB/*Maurer*, § 1746 Rn. 20
5 So: Staudinger/*Frank*, § 1746 BGB Rn. 24
6 Vgl. zum Streitstand: Staudinger/*Frank*, § 1746 BGB Rn. 20
7 BayObLG FamRZ 1997, 839

(§ 1751 Abs. 1 Satz 2 BGB) und eine erneute Einwilligungs- oder Zustimmungserklärung nach § 1746 Abs. 1 BGB dann entbehrlich erscheint.[8]

13 Es ist zu beachten, dass die Entbehrlichkeit der Einwilligung des Kindes gemäß § 1746 Abs. 3 Hs. 2 BGB aufgrund elterlicher Erklärung nach § 1747 BGB **nur dann** eingreift, **wenn die Eltern** (bzw. der erklärende Elternteil) im Zeitpunkt der Einwilligung nach § 1747 BGB **noch gesetzliche Vertreter** des Kindes waren. Wurde den Eltern schon vorher z.B. gemäß § 1666 BGB das Sorgerecht entzogen und einem Vormund übertragen, so muss dieser im Namen des Kindes nach § 1746 Abs. 1 BGB einwilligen oder der Einwilligungserklärung des über 14-jährigen Kindes zustimmen.

V. Die gerichtliche Genehmigung bei unterschiedlicher Staatsangehörigkeit

14 In § 1746 Abs. 1 Satz 4 BGB sieht das Gesetz ein **besonderes gerichtliches Zwischenverfahren** vor: Haben das Kind und der Annehmende eine unterschiedliche Staatsangehörigkeit, so bedarf die Einwilligung des Kindes der gerichtlichen Genehmigung, es sei denn, die Annahme unterliegt dem deutschen Sachrecht. Sinn und Zweck der Vorschrift ist die Absicherung, dass bei der Anwendung ausländischen Sachrechts in jedem Fall das Kindeswohl beachtet wird.[9]

15 Die Vorschrift ist **wenig praxisrelevant**, da sie nur dann eingreift, wenn Art. 22 Abs. 1 EGBGB (ggf. i.V.m. Art. 14 Abs. 2 EGBGB) zur Anwendung ausländischen Sachrechts führt und Art. 23 EGBGB zur Anwendung deutschen Sachrechts führt. Letzteres folgt daraus, als dass die materiell-rechtliche Norm in § 1746 BGB als deutsche Sachnorm nur dann zur Anwendung kommen kann, wenn international-privatrechtlich auch auf deutsches Sachrecht verwiesen wird und dies kann dann nur aufgrund von Art. 23 EGBGB geschehen. Kommt es tatsächlich mal zu einem solchen Zwischenverfahren, so ist hier nach Kindeswohlaspekten über die Genehmigung der Einwilligung des Kindes zu entscheiden.[10] Im Ergebnis sind dann im Wesentlichen dieselben Prüfungsinhalte wie bei § 1741 Abs. 1 BGB zugrunde zu legen.[11]

§ 1747 BGB Einwilligung der Eltern des Kindes

(1) [1]Zur Annahme eines Kindes ist die Einwilligung der Eltern erforderlich. [2]Sofern kein anderer Mann nach § 1592 als Vater anzusehen ist, gilt im Sinne des Satzes 1 und des § 1748 Abs. 4 als Vater, wer die Voraussetzung des § 1600d Abs. 2 Satz 1 glaubhaft macht.

(2) [1]Die Einwilligung kann erst erteilt werden, wenn das Kind acht Wochen alt ist. [2]Sie ist auch dann wirksam, wenn der Einwilligende die schon feststehenden Annehmenden nicht kennt.

(3) Steht nicht miteinander verheirateten Eltern die elterliche Sorge nicht gemeinsam zu, so

1. **kann die Einwilligung des Vaters bereits vor der Geburt erteilt werden;**
2. **kann der Vater durch öffentlich beurkundete Erklärung darauf verzichten, die Übertragung der Sorge nach § 1626a Absatz 2 und § 1671 Absatz 2 zu beantragen; § 1750 gilt sinngemäß mit Ausnahme von Absatz 1 Satz 2 und Absatz 4 Satz 1;**
3. **darf, wenn der Vater die Übertragung der Sorge nach § 1626a Absatz 2 oder § 1671 Absatz 2 beantragt hat, eine Annahme erst ausgesprochen werden, nachdem über den Antrag des Vaters entschieden worden ist.**

---

8 BT-Drucks. 13/4899, 112
9 BT-Drucks. 10/504, 86
10 LG Osnabrück FamRZ 1998, 54
11 Zu Recht kritisch zu dieser Vorschrift: Staudinger/*Frank*, § 1746 BGB Rn. 37

(4) [1]Die Einwilligung eines Elternteils ist nicht erforderlich, wenn er zur Abgabe einer Erklärung dauernd außerstande oder sein Aufenthalt dauernd unbekannt ist. [2]Der Aufenthalt der Mutter eines gemäß § 25 Absatz 1 des Schwangerschaftskonfliktgesetzes vertraulich geborenen Kindes gilt als dauernd unbekannt, bis sie gegenüber dem Familiengericht die für den Geburtseintrag ihres Kindes erforderlichen Angaben macht.

Weiterführende Literatur: Helms, Das Einwilligungsrecht des Vaterschaftsprätendenten bei der Adoption eines nichtehelichen Kindes, JAmt 2001, 57; *Maurer,* Gestärkte Rechte des Vaters bei Adoption, FPR 2005, 196.

Übersicht

Rn.
A. Allgemeines ... 1
B. Inhalt der Norm ... 3
I. Die einwilligungsberechtigten Personen ... 3
1. Die Einwilligung der Mutter ... 4
2. Die Einwilligung des rechtlichen Vaters ... 6
3. Die Einwilligung des Vaterschaftsprätendenten ... 8
II. Die Inkognitoadoption ... 11
III. Weitere Rechte des nichtehelichen Vaters ... 13
IV. Der Verzicht auf die Einwilligung nach § 1747 Abs. 4 BGB ... 16
1. Die dauernde Unfähigkeit zur Erklärung ... 17
2. Der dauernd unbekannte Aufenthalt ... 18
3. Der Verzicht auf die Einwilligung bei einer vertraulichen Geburt ... 21
4. Der Verzicht auf die Einwilligung aus sonstigen Gründen ... 22

A. Allgemeines

Die Vorschrift regelt die **Erforderlichkeit der Einwilligung der Eltern des Kindes** in die Annahme als Kind. Darüber hinaus sind **besondere Bestimmungen zum Zeitpunkt der Erklärung** (§ 1747 Abs. 2 Satz 1, Abs. 3 Nr. 1 BGB) getroffen und die Möglichkeit der sog. **Inkognitoadoption** eröffnet (§ 1747 Abs. 2 Satz 2 BGB). Besonders praxisrelevant ist schließlich die **Möglichkeit des Verzichts auf die Einwilligung nach § 1747 Abs. 4 Satz 1 BGB**. Die Vorgaben zur Form (notarielle Beurkundung), Wirksamkeit sowie Bedingungs- und Befristungsfeindlichkeit der Einwilligungserklärung sind in § 1750 BGB geregelt (siehe hierzu *Braun*, § 1750 BGB Rn. 2 ff.). Hier ist bei der Anwendung des § 1747 BGB zu beachten, dass die Einwilligungen der Eltern gemäß § 1750 Abs. 4 Satz 2 BGB nach Ablauf von drei Jahren ihre Kraft verlieren (siehe hierzu *Braun,* § 1750 BGB Rn. 10). 1

Verfassungsrechtlich ist § 1747 Abs. 1 bis 3 BGB **Ausdruck des natürlichen Elternrechts** aus Art. 6 Abs. 2 Satz 1 GG. Der hohe Stellenwert dieses Grundrechts ist im Rahmen der Auslegung der Normen in § 1747 und § 1748 BGB zu beachten. Die Einwilligungsberechtigung der Eltern nach § 1747 BGB ist **nicht vom Sorgerecht der Eltern abhängig**. Der Entzug oder sonstige Verlust des Sorgerechts der Eltern führt nicht zum Verlust des Einwilligungsrechts gemäß § 1747 BGB.[1] 2

B. Inhalt der Norm

I. Die einwilligungsberechtigten Personen

§ 1747 Abs. 1 BGB bestimmt abschließend, wer in die Annahme als Kind einwilligen muss. Dies sind die **Mutter** gemäß § 1591 BGB sowie **der rechtliche Vater** gemäß § 1592 BGB oder der sog. **Vaterschaftsprätendent** gemäß § 1747 Abs. 1 Satz 2 BGB. 3

1 Anders viele ausländische Rechtsordnungen wie z.B. das russische oder ukrainische Recht

1. Die Einwilligung der Mutter

4 In jedem Fall ist die Einwilligung der Mutter in die Annahme als Kind erforderlich. Welche Frau als Mutter gilt, **bestimmt § 1591 BGB**. Bei Ersatzmutterschaften ist die austragende Frau die Mutter i.S.v. § 1591 BGB, auch wenn die Eizelle von einer anderen Frau stammt. Es bedarf also auch in diesen Fällen der (formwirksamen) Einwilligung der Ersatzmutter in die Annahme durch die Wunschmutter.

5 Die Einwilligung der Mutter darf **frühestens acht Wochen nach der Geburt** des Kindes erteilt werden (§ 1747 Abs. 2 Satz 1 BGB). Hiermit soll die Mutter vor einer übereilten, unwiderruflichen (vgl. § 1750 Abs. 2 Satz 2 BGB) Weggabe des Kindes geschützt werden.[2] Entscheidender Zeitpunkt ist nicht der Zugang der Einwilligungserklärung bei Gericht (vgl. § 1750 Abs. 1 Satz 3 BGB), sondern aufgrund des eindeutigen Wortlauts von § 1747 Abs. 2 Satz 1 BGB der Zeitpunkt der Erklärung. Wird die Einwilligung zu früh erklärt, so führt dies zu einem Aufhebungsgrund nach § 1760 Abs. 1, Abs. 2e) BGB.

2. Die Einwilligung des rechtlichen Vaters

6 Die Annahme als Kind bedarf ebenso der **Einwilligung des Kindesvaters** (§ 1747 Abs. 1 Satz 1 BGB). Gemeint ist hierbei der rechtliche Vater. Welcher Mann als rechtlicher Vater des Kindes gilt, **bestimmt sich nach § 1592 BGB**. Hierbei ist zu unterscheiden, ob es sich um ein eheliches Kind oder ein uneheliches Kind handelt. Rechtlicher Vater ist:

- bei einem **ehelichen Kind**: der im Zeitpunkt der Geburt mit der Mutter verheiratete Mann
- bei einem **nichtehelichen Kind**: entweder der Mann, welcher die Vaterschaft gemäß §§ 1594 ff. BGB (mit Zustimmung der Mutter und ggf. des Kindes) anerkannt hat, oder der Mann, dessen Vaterschaft gerichtlich nach § 1600d BGB oder gemäß § 182 Abs. 1 FamFG i.V.m. § 1600 Abs. 1 Nr. 2 BGB festgestellt worden ist (hierzu näher *Grün,* § 1600d BGB Rn. 2 ff.).

7 Bezüglich des **Zeitpunkts der Einwilligung** ist ebenso zu unterscheiden, ob das Kind ehelich oder außerehelich geboren wurde. Ist das Kind ein **eheliches Kind**, so kann der Vater ebenso wie die Mutter **frühestens acht Wochen nach der Geburt** einwilligen (dazu oben Rn. 5). Das Gleiche gilt bei einem **nichtehelichen Kind**, wenn den Eltern die **elterliche Sorge** (etwa aufgrund einer Sorgeerklärung nach § 1626a Abs. 1 Nr. 1 BGB) gemeinsam zusteht. Bei keiner gemeinsamen Sorge muss die Acht-Wochen-Frist nicht abgewartet werden. Der Vater kann dann gemäß § 1747 Abs. 3 Nr. 1 BGB sogar schon vor der Geburt des Kindes in die Annahme einwilligen und gemäß § 1747 Abs. 3 Nr. 2 BGB (ebenfalls schon vor Ablauf der Acht-Wochen-Frist) auf die Antragstellung zur Übertragung der elterlichen Sorge verzichten.

3. Die Einwilligung des Vaterschaftsprätendenten

8 Das Gesetz sieht nicht nur eine **Einwilligungsberechtigung** des rechtlichen Vaters vor, sondern auch **des sog. Vaterschaftsprätendenten** (§ 1747 Abs. 1 Satz 2 BGB).[3] Dies ist derjenige Mann, welcher glaubhaft macht, dass er der Mutter während der Empfängniszeit beigewohnt hat (vgl. § 1600d Abs. 2 Satz 1 BGB). Voraussetzung hierfür ist jedoch, dass kein anderer Mann schon rechtlicher Vater i.S.v. § 1592 BGB (und damit einwilligungsberechtigt nach § 1747 Abs. 1 Satz 1 BGB) ist.[4]

---

2 BT-Drucks. 7/5087, 12
3 Zur Gesetzesbegründung: BT-Drucks. 13/4899, 113; ausführlich: *Helms,* JAmt 2001, 57
4 Palandt/*Götz,* § 1747 BGB Rn. 3

Die **Glaubhaftmachung** der biologischen Vaterschaft erfolgt **nach den Vorgaben in § 31 FamFG**. Es sind sämtliche Beweismittel und insbesondere auch die Versicherung an Eides statt zulässig, um das Gericht von einer hinreichenden Wahrscheinlichkeit der biologischen Vaterschaft zu überzeugen. Es kann jedoch nicht genügen, allein auf die Behauptung des vermeintlichen Vaters (auch mittels eidesstattlicher Versicherung) zu vertrauen. Vielmehr ist das erkennende Gericht verpflichtet, die Glaubhaftmachung von Amts wegen zu überprüfen (§ 26 FamFG).[5] Maßgeblich bedarf es daher mindestens der Anhörung der Mutter zur Frage, ob der vermeintliche Vater tatsächlich als Erzeuger des Kindes in Betracht kommt.[6] Auf der anderen Seite ist es für die Glaubhaftmachung **nicht erforderlich**, dass der vermeintliche Vater ein **Vaterschaftsfeststellungsverfahren nach § 1600d BGB** initiieren oder durchführen muss. Schließlich genügt allein die Glaubhaftmachung und es bedarf nicht der Gewissheit der Vaterschaft. Gelingt es dem vermeintlichen Vater nicht, die Vaterschaft zur Überzeugung des Gerichts glaubhaft zu machen, so kann das Gericht die Annahme als Kind (soweit die weiteren Voraussetzungen erfüllt sind) ohne Einwilligung des vermeintlichen Vaters aussprechen. Ein Anfechtungsrecht steht dem vermeintlichen Vater nicht zu. Auch ein Aufhebungsgrund nach § 1760 BGB ist nicht ersichtlich. Lediglich bei einer Verletzung rechtlichen Gehörs nach Art. 103 Abs. 1 GG könnte dem Putativvater eine Anhörungsrüge nach § 44 FamFG und ggf. eine Verfassungsbeschwerde offenstehen. Vor diesem Hintergrund ist dem vermeintlichen Vater daher durchaus zu raten, die Vaterschaftsfeststellung nach § 1600d BGB i.V.m. § 171 Abs. 1 FamFG zu beantragen. Denn nur so kann er bewirken, dass das Verfahren auf Annahme als Kind zwingend nach § 21 FamFG auszusetzen ist.[7] 9

Eine andere Frage ist, welche **Ermittlungspflichten** das Gericht treffen, wenn die Mutter eines nichtehelichen Kindes einen möglichen Vater nach § 1741 Abs. 1 Satz 2 BGB nennt, dessen **Aufenthaltsort aber (noch) unbekannt ist oder mehrere Väter in Betracht kommen**. § 1747 Abs. 4 Satz 1 BGB findet hier keine direkte Anwendung, da schließlich noch nicht einmal festgestellt worden ist, ob ein vermeintlicher Vater seine Vaterschaft überhaupt glaubhaft machen möchte. Damit dem vermeintlichen Vater jedoch gerade diese Möglichkeit eröffnet wird, kann es das Gericht andererseits nicht bloß dabei belassen, den Aufenthaltsort als unbekannt hinzunehmen. Vielmehr sind in einem solchen Fall dieselben Ermittlungen zum Aufenthalt anzustellen wie bei § 1747 Abs. 4 Satz 1 BGB (siehe hierzu Rn. 18 bis 20). Dies kann die Annahme als Kind zwar verzögern, ist aber zum Schutz des vermeintlichen Vaters erforderlich.[8] **Verweigert die Mutter hingegen die Angabe der Identität eines vermeintlichen Vaters**, so kann sie hierzu auch nicht im Rahmen des Adoptionsverfahrens gezwungen werden.[9] Bestehen dann aber noch anderweitige Ermittlungsmöglichkeiten des Gerichts, so sind diese zunächst wahrzunehmen, bevor ein Ausschluss der Einwilligungsmöglichkeit eines vermeintlichen Vaters angenommen werden kann.[10] Maßgeblich kommen hier etwa Befragungen von weiteren Familienangehörigen oder sonstigen Vertrauenspersonen der Kindesmutter in Betracht. 10

II. Die Inkognitoadoption

Auch wenn dies im Gesetz nicht ausdrücklich aufgeführt ist, besteht im deutschen Recht das **Verbot der Blankoeinwilligung**.[11] Die Einwilligung der Eltern darf nicht „ins Blaue" hinein geschehen, sondern muss **auf bestimmte Adoptivpersonen bezogen** sein. 11

---

5 A.A. *Helms*, JAmt 2001, 57, 59
6 Ausführlich: MüKo-BGB/*Maurer*, § 1747 Rn. 12
7 Ebenso: Staudinger/*Frank*, § 1747 BGB Rn. 18
8 Ausführlich auch zur entsprechenden Rechtsprechung des EuGHMR: Staudinger/*Frank*, § 1747 BGB Rn. 14
9 LG Stuttgart NJW 1997, 2897
10 BGH FamRZ 2015, 828
11 BT-Drucks. 7/3061, 21; Erman/*Saar*, § 1747 BGB Rn. 5

12 Um jedoch auf der anderen Seite das Kind (und ggf. auch die Annehmenden) vor Beeinträchtigungen der Eltern zu schützen, ist eine sog. **Inkognitoadoption gemäß § 1747 Abs. 2 Satz 2 BGB ausdrücklich erlaubt**. Eine Inkognitoadoption liegt dann vor, wenn zwar die Annehmenden bekannt sind („feststehende Annehmende"), aber deren Identität und deren Aufenthalt unbekannt („inkognito") bleiben soll.[12] In der Praxis muss die Einwilligung der Eltern dann darauf gerichtet sein, dass sie in die Annahme von unter einer Listennummer beim Jugendamt oder der Adoptionsvermittlungsstelle eingetragenen Personen einwilligen. Die Inkognitoeinwilligung ist daher in gewisser Weise die **Vorverlagerung des Offenbarungs- und Ausforschungsverbots in § 1758 BGB**.

III. Weitere Rechte des nichtehelichen Vaters

13 Der nichteheliche (rechtliche) Vater kann neben der Verweigerung seiner Einwilligung auch einen Antrag auf Übertragung der elterlichen Sorge nach § 1626a Abs. 2 oder § 1671 Abs. 2 BGB stellen. § 1747 Abs. 3 Nr. 3 BGB bestimmt diesbezüglich, dass über die Annahme als Kind dann so lange nicht entschieden werden darf, bis über den Sorgerechtsantrag entschieden worden ist (sog. **Sperrwirkung des Sorgerechtsantrags**).[13] Praktisch relevant ist diese Vorschrift v.a. für die Frage, ob die Voraussetzungen der Ersetzung der Einwilligung nach § 1748 Abs. 1 bis 3 BGB erfüllt sein müssen oder ob die Ersetzung der Einwilligung des nichtehelichen Vaters an den (etwas geringeren) Anforderungen des § 1748 Abs. 4 BGB zu messen ist (zur Relevanz bei § 1751 BGB siehe *Braun*, § 1751 BGB Rn. 12). Sowohl das Annahmeverfahren als auch das Ersetzungsverfahren ist in einem solchen Fall bis zur Entscheidung über das Sorgerecht gemäß § 21 FamFG auszusetzen.[14]

14 **Keine Anwendung** kann § 1747 Abs. 3 Nr. 3 BGB für die Fälle finden, **in denen der nichteheliche Vater schon in die Annahme als Kind eingewilligt hat**.[15] Es darf nicht sein, dass der rechtliche Vater erst in die Annahme als Kind unwiderruflich nach §§ 1747 Abs. 1 Satz 1, 1750 Abs. 2 Satz 2 BGB einwilligt und später das Annahmeverfahren durch einen Antrag nach § 1747 Abs. 3 Nr. 3 BGB i.V.m. § 1626a Abs. 2 oder § 1671 Abs. 2 BGB wieder hemmen kann.[16] Anderenfalls würden dem nichtehelichen Vater mehr Rechte zugestanden werden als der Mutter, welche durch ihre unwiderrufliche Einwilligungserklärung (während der drei Jahre bis zum Außerkrafttreten) nicht mehr in das Adoptionsverfahren eingreifen kann.

15 Der nichteheliche Vater, welcher (noch) nicht rechtlicher Vater des Kindes ist, kann von der Sperrwirkung in § 1747 Abs. 3 Nr. 3 BGB keinen Gebrauch machen. Er kann die Annahme als Kind nur durch Glaubhaftmachung der Vaterschaft gemäß § 1747 Abs. 1 Satz 2 BGB, durch Vaterschaftsanerkennung (wobei er hier die Zustimmung der Mutter benötigt) oder durch Beantragung eines Vaterschaftsfeststellungsverfahrens blockieren (hierzu schon oben Rn. 9).

IV. Der Verzicht auf die Einwilligung nach § 1747 Abs. 4 BGB

16 Nach § 1747 Abs. 4 BGB ist die Einwilligung eines Elternteils entbehrlich, wenn dieser **zur Erklärung dauernd außerstande** ist, **dessen Aufenthalt dauernd unbekannt** ist oder wenn **die Mutter ihre Identität bei einer vertraulichen Geburt nicht preisgibt**.

12 Palandt/*Götz*, § 1747 BGB Rn. 5
13 MüKo-BGB/*Maurer*, § 1747 Rn. 37
14 OLG Naumburg FamRZ 2004, 810
15 A.A. wohl: MüKo-BGB/*Maurer*, § 1747 Rn. 3
16 In diesem Sinne: Staudinger/*Frank*, § 1747 BGB Rn. 38

1. Die dauernde Unfähigkeit zur Erklärung

Die **dauernde Unfähigkeit zur Erklärung der Einwilligung** ist in der Praxis selten. Sie betrifft ausschließlich die Fälle, in denen sich der betreffende Elternteil tatsächlich nicht äußern kann (z.B. bei dauernder Bewusstlosigkeit) oder nicht nur vorübergehend geschäftsunfähig ist. Bzgl. letzterer Voraussetzung sind die Kriterien des § 104 Nr. 2 BGB anzuwenden. Nicht ausreichend ist hingegen eine bloß beschränkte Geschäftsfähigkeit, wie § 1750 Abs. 3 Satz 2 BGB ausdrücklich klarstellt. Selbstverständlich ebenso nicht ausreichend ist die Tatsache, dass sich die einwilligungsberechtigte Person allein aufgrund körperlicher Gebrechen nicht äußern kann (z.B. taubstumme Personen).[17] 17

2. Der dauernd unbekannte Aufenthalt

Äußerst praxisrelevant ist hingegen der **Verzicht auf die Einwilligung wegen dauernd unbekannten Aufenthalts**. Hier besteht eine **direkte Konkurrenz zur Ersetzung der Einwilligung nach § 1748 Abs. 1 BGB** (v.a. wegen Gleichgültigkeit). Wie sich mittelbar aus § 1748 Abs. 2 Satz 2 BGB ergibt, ist bei unbekanntem Aufenthalt des entsprechenden Elternteils auch eine Ersetzung möglich. Dann ist keine Belehrung des Jugendamts erforderlich und ein Ersetzungsbeschluss könnte z.B. im Wege der öffentlichen Zustellung nach § 15 Abs. 2 FamFG i.V.m. § 185 ZPO wirksam und rechtskräftig werden. 18

Die **Entscheidung über die Konkurrenz** von § 1747 Abs. 4 Satz 1 BGB und § 1748 BGB ist von **großer praktischer Bedeutung**. Denn während bei einem ungerechtfertigten Verzicht auf die Einwilligung nach § 1747 Abs. 4 Satz 1 BGB eine Aufhebung nach § 1760 Abs. 1, Abs. 4 BGB möglich ist, führt die Ersetzung der Einwilligung zur faktischen Unaufhebbarkeit der Annahmeentscheidung. Unter Zugrundelegung dieser gesetzlichen Wertung muss die Konkurrenz dahingehend gelöst werden, dass eine Ersetzung der Einwilligung nur dann möglich ist, wenn der entsprechende Elternteil überhaupt von der möglichen Adoption des eigenen Kindes Kenntnis erlangt hat. Kam ihm dieser Umstand jedoch nicht zur Kenntnis, so kann bei unbekanntem Aufenthalt des Elternteils nur nach § 1747 Abs. 4 Satz 1 BGB verfahren werden. 19

Ab welchem **Zeitpunkt** der Aufenthalt nach § 1747 Abs. 4 BGB als „dauernd unbekannt" gilt, **hängt vom Einzelfall ab**. Die in der Literatur vertretene Forderung, mindestens sechs Monate den Aufenthaltsort zu ermitteln,[18] hat keinen Anspruch auf Allgemeingültigkeit, da allein die Dauer der Ermittlung keine Aussage über die Qualität der Ermittlungen trifft. Insgesamt ist zu bedenken, dass sowohl Privatpersonen als auch Gerichten und Jugendämtern aufgrund des deutschen Melderechts **tatsächliche Ermittlungsgrenzen** gesetzt sind.[19] Es gibt in Deutschland kein zentrales Melderegister und eine kommunale Meldeauskunft ist nur dann aussagekräftig, wenn die entsprechende Person auch ihren Meldepflichten nachgekommen ist. Eine Ausschreibung zur Aufenthaltsermittlung, wie sie von *Maurer* vorgeschlagen wird,[20] scheitert daran, dass es hierfür (im Gegensatz zu § 7 Abs. 3 IntFamRVG) im Verfahrensrecht zu Adoptionssachen keine Ermächtigungsgrundlage gibt. Noch schwieriger wird die Ermittlung bei einem (vermuteten) Aufenthalt der Person im Ausland. Hier können zwar durchaus ausländische Behörden (insb. ausländische Auslandsvertretungen) angeschrieben werden, eine Auskunftspflicht haben diese jedoch nicht. Die tatsächlichen Schwierigkeiten bei der Ermittlung bedeuten jedoch im Umkehrschluss nicht, dass sodann überhaupt keine Ermittlungen mehr erforderlich wären. Vielmehr muss allen Hinweisen von Amts wegen nachgegangen werden. Insoweit ist die Rechtsprechung 20

---

17 Zu weit daher: MüKo-BGB/*Maurer*, § 1747 Rn. 30
18 So: BAGLJÄ, Empfehlungen zur Adoptionsvermittlung, Nr. 10.3.2; MüKo-BGB/*Maurer*, § 1747 Rn. 31
19 Hieran ändert auch das (voraussichtlich) zum 1.11.2015 in Kraft tretende Bundesmeldegesetz nichts.
20 MüKo-BGB/*Maurer*, § 1747 Rn. 31

des BGH zur Ermittlungspflicht bei der Verweigerung der Bekanntgabe der Identität des Vaters durch die Mutter auf die Ermittlungspflicht bei § 1747 Abs. 4 Satz 1 BGB zu übertragen.[21] Bestehen etwa Anzeichen oder Informationen für einen (vormaligen) Wohnsitz der Person, so ist dem ebenso nachzugehen wie wenn andere Personen (etwa Verwandte, Bekannte oder Nachbarn) wissen könnten, wo sich der entsprechende Elternteil aktuell aufhält. Ist ein vormaliger oder vermeintlicher Wohnsitz ermittelt, so sind Meldeauskünfte von den entsprechenden kommunalen Meldebehörden einzuholen (oder bei einem Auslandsaufenthalt die entsprechenden Auslandsvertretungen anzuschreiben). Bei häufigem Wohnortwechsel können die entsprechenden Ermittlungen im Einzelfall sehr lange dauern, was aber aufgrund des verfassungsrechtlich erheblichen Eingriffs in Art. 6 Abs. 2 Satz 1 GG hinzunehmen ist.[22]

3. Der Verzicht auf die Einwilligung bei einer vertraulichen Geburt

21 Mit Wirkung zum 1.5.2014 hat der Gesetzgeber mit dem *„Gesetz zum Ausbau der Hilfen für Schwangere und zur Regelung der vertraulichen Geburt"* eine **besondere Bestimmung in § 1747 Abs. 4 Satz 2 BGB** eingeführt. Die Einwilligung der Kindesmutter ist auch dann entbehrlich, solange die Mutter ihre Identität bei einer vertraulichen Geburt gemäß § 25 Abs. 1 SchKG nicht preisgibt. Ändert sie ihre Meinung während des Adoptionsverfahrens, so wird ihre Einwilligung wieder erforderlich.

4. Der Verzicht auf die Einwilligung aus sonstigen Gründen

22 Ein weiterer **Sonderfall** für den Verzicht auf die Einwilligung wird dann diskutiert, wenn es zwar einen rechtlichen Vater (ehelichen Vater nach § 1592 Nr. 1 BGB) gibt, **der Vater aber von der Existenz des Kindes nichts erfahren soll**, da ansonsten eine Gefahr für Leib und Leben der Mutter oder des Kindes besteht.[23] Die Erweiterung des Tatbestands in § 1747 Abs. 4 BGB ist verfassungsrechtlich aufgrund des erheblichen Eingriffs in das Elternrecht in Art. 6 Abs. 2 Satz 1 GG nicht unproblematisch, bei äußerst enger Auslegung jedoch angemessen. Eindeutig nicht ausreichen kann jedoch eine bloße soziale oder gesellschaftliche Diskriminierungsgefahr für die Kindesmutter[24] oder ein „völliges Versagen" des Kindesvaters.[25] Bei einer Fehleinschätzung der Voraussetzungen droht die Aufhebung der Adoption nach § 1760 Abs. 1, Abs. 4 BGB.

§ 1748 BGB Ersetzung der Einwilligung eines Elternteils

(1) [1]Das Familiengericht hat auf Antrag des Kindes die Einwilligung eines Elternteils zu ersetzen, wenn dieser seine Pflichten gegenüber dem Kind anhaltend gröblich verletzt hat oder durch sein Verhalten gezeigt hat, dass ihm das Kind gleichgültig ist, und wenn das Unterbleiben der Annahme dem Kind zu unverhältnismäßigem Nachteil gereichen würde. [2]Die Einwilligung kann auch ersetzt werden, wenn die Pflichtverletzung zwar nicht anhaltend, aber besonders schwer ist und das Kind voraussichtlich dauernd nicht mehr der Obhut des Elternteils anvertraut werden kann.

(2) [1]Wegen Gleichgültigkeit, die nicht zugleich eine anhaltende gröbliche Pflichtverletzung ist, darf die Einwilligung nicht ersetzt werden, bevor der Elternteil vom Jugendamt über die Möglichkeit ihrer Ersetzung belehrt und nach Maßgabe des § 51 Abs. 2 des Achten Buches

---

21 BGH FamRZ 2015, 828

22 Zu weiteren Hinweisen: BAGLJÄ, Empfehlungen zur Adoptionsvermittlung, 7. Auflage, Nr. 10.3.2

23 Vgl. mit weiteren Nachweisen: MüKo-BGB/*Maurer,* § 1747 Rn. 32

24 So aber: BAGLJÄ, Empfehlungen zur Adoptionsvermittlung, 7. Auflage, Nr. 10.3.2; Staudinger/*Frank,* § 1747 BGB Rn. 47

25 AG Kerpen, JAmt 2004, 382

Sozialgesetzbuch beraten worden ist und seit der Belehrung wenigstens drei Monate verstrichen sind; in der Belehrung ist auf die Frist hinzuweisen. [2]Der Belehrung bedarf es nicht, wenn der Elternteil seinen Aufenthaltsort ohne Hinterlassung seiner neuen Anschrift gewechselt hat und der Aufenthaltsort vom Jugendamt während eines Zeitraums von drei Monaten trotz angemessener Nachforschungen nicht ermittelt werden konnte; in diesem Falle beginnt die Frist mit der ersten auf die Belehrung und Beratung oder auf die Ermittlung des Aufenthaltsorts gerichteten Handlung des Jugendamts. [3]Die Fristen laufen frühestens fünf Monate nach der Geburt des Kindes ab.

(3) Die Einwilligung eines Elternteils kann ferner ersetzt werden, wenn er wegen einer besonders schweren psychischen Krankheit oder einer besonders schweren geistigen oder seelischen Behinderung zur Pflege und Erziehung des Kindes dauernd unfähig ist und wenn das Kind bei Unterbleiben der Annahme nicht in einer Familie aufwachsen könnte und dadurch in seiner Entwicklung schwer gefährdet wäre.

(4) In den Fällen des § 1626a Absatz 3 hat das Familiengericht die Einwilligung des Vaters zu ersetzen, wenn das Unterbleiben der Annahme dem Kind zu unverhältnismäßigem Nachteil gereichen würde.

Weiterführende Literatur: Willutzki, Die Ersetzung der elterlichen Einwilligung in die Adoption, ZKJ 2007, 18.

Übersicht

Rn.
A. Allgemeines ... 1
B. Inhalt der Norm ... 5
I. Übersicht über die Ersetzungstatbestände ... 5
II. Die Ersetzung wegen Gleichgültigkeit ... 6
1. Die Gleichgültigkeit ... 8
2. Unverhältnismäßiger Nachteil ohne Adoption ... 11
3. Formelle Voraussetzung der Belehrung und Beratung ... 14
III. Die Ersetzung wegen anhaltend gröblicher Pflichtverletzung ... 20
1. Die anhaltend gröbliche Pflichtverletzung ... 21
2. Unverhältnismäßiger Nachteil ohne Adoption ... 23
IV. Die Ersetzung wegen besonders schwerer Pflichtverletzung ... 24
V. Die Ersetzung wegen dauernder Unfähigkeit zur Erziehung wegen psychischer Erkrankung oder Behinderung ... 25
VI. Die Ersetzung der Einwilligung eines nicht sorgeberechtigten Vaters ... 27

A. Allgemeines

1 Die Vorschrift bestimmt die Voraussetzungen für die **Ersetzung der Einwilligung eines Elternteils**. Die (rechtskräftige) Ersetzung führt zur Entbehrlichkeit der entsprechenden Einwilligung und zum Eintritt der Rechtswirkungen in § 1751 BGB (insb. Verlust des Sorge- und Umgangsrechts).

2 Aufgrund des erheblichen Eingriffs in das natürliche Elternrecht in Art. 6 Abs. 2 Satz 1 GG (v.a. wegen der praktischen Unauflösbarkeit der voraussichtlich folgenden Annahme) ist **die Norm eng auszulegen**.[1]

3 **Statistisch** gesehen ist die erfolgreiche Ersetzung eher selten. Im Jahr 2018 gingen den insgesamt 3.733 Minderjährigenadoptionen nur 225 Ersetzungen nach § 1748 BGB voraus.[2]

4 **Verfahrensrechtlich** ist die Ersetzung ein getrenntes Verfahren im Vergleich zum Annahmeverfahren (§ 186 Nr. 2 FamFG). Die Ersetzung kann daher auch schon vor der Antrag-

1 BayObLG FamRZ 2002, 1142
2 Quelle: Statistisches Bundesamt, Statistiken der Kinder- und Jugendhilfe – Adoptionen, 2018

stellung auf Annahme als Kind beantragt werden. In der Praxis ist die Ersetzung jedoch **meist ein Zwischenverfahren** zum Annahmeverfahren.

B. Inhalt der Norm

I. Übersicht über die Ersetzungstatbestände

5 § 1748 BGB sieht fünf mögliche Fälle der Ersetzung vor. Je nach Ersetzungsgrund unterliegt die Ersetzung unterschiedlichen Voraussetzungen:

- Die Ersetzung wegen Gleichgültigkeit (§ 1748 Abs. 1 Satz 1, 2. Fall, Abs. 2 BGB)
- Die Ersetzung wegen anhaltend gröblicher Pflichtverletzung (§ 1748 Abs. 1 Satz 1, 1. Fall BGB)
- Die Ersetzung wegen besonders schwerer Pflichtverletzung (§ 1748 Abs. 1 Satz 2 BGB)
- Die Ersetzung wegen dauernder Unfähigkeit zur Pflege und Erziehung des Kindes aufgrund psychischer Krankheit oder geistiger oder seelischer Behinderung (§ 1748 Abs. 3 BGB)
- Die Ersetzung der Einwilligung des nicht sorgeberechtigten Vaters (§ 1748 Abs. 4 BGB)

II. Die Ersetzung wegen Gleichgültigkeit

6 Die Ersetzung wegen Gleichgültigkeit ist in der Praxis wohl der **Hauptanwendungsfall von § 1748 BGB**. Zum Tei sind **Überschneidungen** zum weiteren Ersetzungsgrund der **anhaltend gröblichen Pflichtverletzung** zu erkennen. Insbesondere bei der Verletzung der Unterhaltspflicht kann man an beide Ersetzungsgründe denken.

7 Um eine Einwilligung eines Elternteils wegen Gleichgültigkeit zu ersetzen, müssen **folgende kumulative Voraussetzungen** erfüllt sein:

1. Der Elternteil muss durch sein Verhalten gezeigt haben, dass ihm das Kind **gleichgültig** ist (§ 1748 Abs. 1, 2. Alt. BGB),
2. das **Unterbleiben** der Annahme muss **dem Kind zu einem unverhältnismäßigen Nachteil** gereichen (§ 1748 Abs. 1 Satz 1 a.E. BGB), und
3. der Elternteil muss über die Folgen der Ersetzungsmöglichkeit vom Jugendamt **belehrt** und hierzu **beraten** worden sein (§ 1748 Abs. 2 BGB).

1. Die Gleichgültigkeit

8 Die Gleichgültigkeit ist eine **subjektive Einstellung**, welche aber im Rahmen des Verfahrens aufgrund objektiver Indizien festgestellt werden kann.[3] Allein das Vorbringen des Elternteils, dass ihm das Kind (aus seiner subjektiver Sicht) nicht gleichgültig ist, führt noch nicht zu einem Ausschluss der Ersetzung wegen Gleichgültigkeit.

9 Die Gleichgültigkeit drückt sich in einer **Teilnahmslosigkeit gegenüber der Entwicklung des Kindes** aus. Ein Kind braucht für seine Entwicklung neben den finanziellen und tatsächlichen Rahmenbedingungen insbesondere auch die emotionale, persönliche Zuwendung. Lässt ein Elternteil dieses Verhalten gegenüber dem Kind vermissen, obwohl er hierzu die Möglichkeit gehabt hat, so verhält er sich gleichgültig i.S.v. § 1748 Abs. 1 Satz 1 BGB.

10 Ab welcher Schwelle Gleichgültigkeit anzunehmen ist, hängt stark vom **Einzelfall** ab. Allein die willentliche Fremdunterbringung (in Vollzeitpflege oder beim anderen Elternteil)

3 BayObLG FamRZ 2005, 541; Palandt/*Götz*, § 1748 BGB Rn. 1

oder der Verzicht auf das Sorgerecht[4] führt ebenso wenig zu einer Gleichgültigkeit wie bloß die Verletzung der finanziellen Unterhaltspflicht (zur Frage der groblichen Pflichtverletzung aus diesem Grund: siehe Rn. 21). Auch die Unmöglichkeit der Kontaktaufnahme oder der Kontaktaufrechterhaltung mit dem Kind wegen entsprechenden Verhaltens des anderen Elternteils (z.B. bei der Stiefkindadoption) oder aufgrund behördlicher Maßnahmen darf noch nicht zur Ersetzung der Einwilligung des anderen Elternteils führen.[5] Möchte der Elternteil aus nachvollziehbarer Rücksichtnahme eine Kontaktaufnahme mit dem Kind möglichst gering halten, um diesem psychische Überforderungen zu ersparen, so kann ihm auch hieraus kein Nachteil durch Ersetzung seiner Einwilligung erwachsen.[6] Vielmehr müssen weitere Indizien dazukommen, welche auf eine Teilnahmslosigkeit schließen lassen. Zu nennen ist hierbei das wiederholte Verstreichenlassen von angebotenen Umgangsmöglichkeiten mit dem Kind,[7] das Untertauchen ohne Hinterlassen einer Kontaktadresse oder zu geringe Anstrengungen, sein eigenes Leben in den Griff zu bekommen (häufig bei drogenabhängigen Elternteilen).[8]

2. Unverhältnismäßiger Nachteil ohne Adoption

11 Zur Gleichgültigkeit muss hinzukommen, dass **ein Unterbleiben der Annahme zu unverhältnismäßigen Nachteilen für das Kind führen würde**. Aus Sicht des Kindes wird damit der Maßstab des § 1741 Abs. 1 Satz 1 BGB (Kindeswohldienlichkeit) erheblich in die Richtung verschärft, dass ein Eingriff in das natürliche Elternrecht nur dann gerechtfertigt ist, wenn das Kind ohne die Annahme erhebliche Nachteile hätte.[9] Im Ergebnis müssen dabei die Interessen des Kindes und die Interessen des die Einwilligung verweigernden Elternteils gegeneinander abgewogen werden. Dabei ist der Nachteil, den das Unterbleiben der Adoption bedeutet, in Beziehung zu setzen zur Schwere des Eingriffs in das Elternrecht.[10] Ein bloßes Überwiegen der Interessen des Kindes genügt nicht.[11] Die Ersetzung muss vielmehr erforderlich sein, um die infolge der Gleichgültigkeit des Elternteils eingetretene oder drohende Gefahr für eine gesunde Entwicklung des Kindes abzuwenden.[12] Dabei sind auch die psychischen Folgen für das Kind im Fall des Unterbleibens der Adoption zu berücksichtigen.[13]

12 Ein **entscheidender Faktor** bei der Gesamtabwägung ist dabei **das Bestehen und die Dauer eines (Adoptions-)Pflegeverhältnisses**. Es liegt in der Regel ein „unverhältnismäßiger Nachteil" für das Kind vor, wenn das Kind schon längere Zeit in der neuen Umgebung gelebt hat und die Ersetzung bzw. Annahme versagt werden würde.[14] Eindeutig ist dies in den Fällen, in denen die Ablehnung der Adoption zu einer tatsächlichen Umgebungsveränderung für das Kind führen würde, da die Adoptionspflegeeltern nicht bereit wären, das Kind auch ohne Adoption weiterhin in ihrer Familie zu belassen (z.B. im Wege eines Dauerpflegeverhältnisses).[15] Doch selbst wenn sie dazu bereit wären, ist zu diskutieren, ob eine Versagung der Adoption zu einem unverhältnismäßigen Nachteil für das Kind

4 BayObLG FamRZ 2002, 1142 (kein Wehren gegen den Entzug des Sorgerechts)
5 BayObLG FamRZ 2002, 1142, 1144; FamRZ 1998, 1196
6 BayObLG NJW-RR 2004, 578, 580
7 BayObLG NJW-RR 1991, 1219
8 OLG Köln FamRZ 1987, 203
9 Palandt/*Götz*, § 1748 BGB Rn. 6
10 BGH NJW 2005, 1781; BayObLG NJW-RR 2005, 116
11 OLG Köln, Beschl. v. 22.12.2011 – 4 UF 182/11, juris
12 Staudinger/*Frank*, § 1748 BGB Rn. 38
13 BayObLG NJW-RR 1997, 1364, 1365; LG Bochum ZKJ 2012, 150
14 Ausdrücklich: MüKo-BGB/*Maurer*, § 1748 Rn. 42
15 Staudinger/*Frank*, § 1748 BGB Rn. 42

führen würde.[16] Schließlich ist der Status des Kindes bei einem Pflegeverhältnis wesentlich schwächer und unsicherer als bei einer durchgeführten Adoption.

13 Etwas anderes gilt bei **Verwandten- und Stiefkindkonstellationen**. Betrachtet man die Rechtsprechung des Bundesverfassungsgerichts und des Bundesgerichtshofs zu den Anforderungen der Ersetzung der Einwilligung des anderen Elternteils,[17] so wird bei einer Stiefkindadoption ein unverhältnismäßiger Nachteil für das Kind ohne Adoption nur selten zu bejahen sein. Schließlich würde eine Versagung der Annahme als Kind gerade nicht zu einer tatsächlichen Veränderung oder Verschlechterung der Situation des Kindes in der Stieffamilie führen (hierzu schon: *Braun,* § 1741 BGB Rn. 15 und weiterhin: Rn. 31).[18] Ähnliches gilt bei der Adoption durch Verwandte. Zwar ist deren Rechtsposition ohne Adoption schwächer als bei einer Adoption. Da in der Regel aber die leiblichen Eltern tatsächlich präsent bleiben, scheidet eine Ersetzung in der Gesamtabwägung auch dann aus, wenn sich der entsprechende Elternteil in der Vergangenheit gleichgültig oder pflichtwidrig verhalten hat.[19]

3. Formelle Voraussetzung der Belehrung und Beratung

14 Bei Gleichgültigkeit, welche nicht auch eine anhaltend gröbliche Pflichtverletzung darstellt, bedarf es in formeller Hinsicht nach § 1748 Abs. 2 BGB noch der **Belehrung und Beratung durch das Jugendamt** (§ 1748 Abs. 2 BGB). Die Ersetzung darf nicht ausgesprochen werden, solange die **Frist von drei Monaten seit der Belehrung** noch läuft. Fand keine Belehrung oder Beratung statt und war diese auch nicht entbehrlich (vgl. § 1748 Abs. 2 Satz 2 BGB, siehe hierzu Rn. 18), so ist die Ersetzung rechtswidrig und kann auch dann in der nächsten Instanz zur Aufhebung der Entscheidung führen, wenn ansonsten die Voraussetzungen für die Ersetzung aufgrund Gleichgültigkeit erfüllt waren.[20] Auch eine Verfassungsbeschwerde hat bei evidenter Missachtung der entsprechenden Beratungs- und Belehrungsvorgaben Aussicht auf Erfolg, insbesondere dann, wenn fälschlicherweise vom Vorliegen eines dauernd unbekannten Aufenthalts nach § 1748 Abs. 2 Satz 2 BGB ausgegangen worden ist.[21]

15 **Sinn und Zweck** der Belehrung und Beratung ist einerseits die **Aufklärung** des entsprechenden Elternteils zu den drohenden rechtlichen Folgen einer Ersetzung sowie andererseits die **Eröffnung der Möglichkeit zur Änderung des gleichgültigen Verhaltens**. Letzterem dient die im Gesetz vorgesehene Drei-Monats-Frist.

16 **Adressat** der Vorschrift ist das **Jugendamt**. Dieses (und nicht etwa eine Adoptionsvermittlungsstelle in freier Trägerschaft) übernimmt die Aufgabe der Beratung und Belehrung, was auch in § 51 SGB VIII praktisch wortgleich noch einmal wiederholt wird. Die **örtliche Zuständigkeit des Jugendamts** folgt aus §§ 87b Abs. 1, 86 Abs. 1 bis 4 SGB VIII.

17 **Inhalt der Belehrung** ist der Hinweis auf die Folgen der Ersetzung. Auch auf die Drei-Monats-Frist ist zwingend hinzuweisen. **Inhalt der Beratung** ist der Hinweis auf Hilfen, welche eine Erziehung in der eigenen Familie ermöglichen würden (§ 51 Abs. 2 SGB VIII). Ist eine Rückführung von vornherein ausgeschlossen, so bedarf es einer solchen Beratung aber nicht (§ 51 Abs. 2 Satz 2 SGB VIII). Dann ist lediglich über die Möglichkeiten zur Vermeidung einer Ersetzung aufgrund Gleichgültigkeit zu beraten.

16 Hierfür: OLG Stuttgart FamRZ 2005, 542; BGH NJW-RR 1986, 802, 803; BayObLG FamRZ 2004, 1812; LG Bochum ZKJ 2012, 150; dagegen: OLG Schleswig NJW-RR 1994, 885
17 BVerfG NJW 2006, 827, 828; ähnlich: BGH NJW 2005, 1781
18 So auch: MüKo-BGB/*Maurer,* § 1748 Rn. 48
19 Staudinger/*Frank,* § 1748 BGB Rn. 43; a.A. BayObLG FamRZ 1997, 514
20 MüKo-BGB/*Maurer,* § 1748 Rn. 22; a.A. hinsichtlich der Beratung: Staudinger/*Frank,* § 1748 BGB Rn. 30, 34 (die Beratung nach § 51 Abs. 2 SGB VIII sei nur eine Soll-Vorschrift)
21 So bei: BVerfG FamRZ 2003, 1448

Von der Belehrung kann abgesehen werden, wenn der Aufenthaltsort des entsprechenden Elternteils dauernd unbekannt ist (§ 1748 Abs. 2 Satz 2 BGB). Dies ist nach dem Gesetzeswortlaut dann der Fall, wenn der Elternteil seinen Aufenthaltsort ohne Hinterlassung einer neuen Anschrift gewechselt hat und das Jugendamt für die Dauer von drei Monaten versucht hat, den neuen Aufenthaltsort zu ermitteln. Die Frist zur Ersetzung beginnt dann mit der ersten auf die Belehrung oder Beratung gerichteten Handlung des Jugendamts (z.B. mit dem ersten Versuch der Kontaktaufnahme) (§ 1748 Abs. 3 Satz 2 Hs. 2 BGB). **18**

Die **Ersetzung wegen Gleichgültigkeit ohne Belehrung wegen unbekannten Aufenthalts** darf **nur** ausgesprochen werden, **wenn der Elternteil wenigstens von der Möglichkeit der Adoption seines Kindes Kenntnis erlangt hat**. Weiß der Elternteil hingegen nicht einmal von dem Adoptionswunsch des oder der Annehmenden, so kommt bei dauernd unbekanntem Aufenthalt nur ein Verzicht auf die Einwilligung nach § 1747 Abs. 4 Satz 1 BGB in Betracht (siehe hierzu *Braun,* § 1747 BGB Rn. 19). **19**

III. Die Ersetzung wegen anhaltend gröblicher Pflichtverletzung

Die Voraussetzungen für eine Ersetzung aufgrund einer anhaltend gröblichen Pflichtverletzung sind wie folgt: **20**

- Es muss eine **anhaltend gröbliche Pflichtverletzung** vorliegen (§ 1748 Abs. 1 Satz 1, 1. Alt. BGB) und
- das **Unterbleiben** der Annahme muss **dem Kind zu einem unverhältnismäßigen Nachteil gereichen** (§ 1748 Abs. 1 Satz 1 a.E. BGB).

1. Die anhaltend gröbliche Pflichtverletzung

Eine **gröbliche Pflichtverletzung** erfordert, dass der Elternteil existentielle körperliche, geistige oder seelische Bedürfnisse des Kindes nicht befriedigt und dadurch einer wesentlichen Elternpflicht nicht oder nur unzureichend nachkommt. Diese Pflichtverletzung muss **von einer gewissen Dauer** sein („anhaltend"), wobei die konkrete Dauer von Faktoren wie der Schwere der Pflichtverletzung und dem Alter des Kindes abhängt.[22] Eine anhaltende gröbliche Pflichtverletzung liegt auch dann vor, wenn sie in der Vergangenheit stattgefunden hat, ohne dass sie heute noch andauert.[23] **Beispiele** hierfür ist das andauernde Versagen zur Versorgung des Kindes,[24] der andauernde Suchtmittelgebrauch während der Schwangerschaft[25] oder die massive andauernde körperliche Züchtigung des Kindes.[26] **21**

Umstritten ist, unter welchen Voraussetzungen eine **Verletzung der Unterhaltspflicht** nach §§ 1601 ff. BGB zu einer gröblichen Pflichtverletzung führen kann. Während einige Stimmen es ausreichen lassen, dass der unterhaltsverpflichtete Elternteil trotz Leistungsfähigkeit wissentlich den Barunterhalt für das Kind über einen längeren Zeitraum nicht zahlt,[27] geht die wohl h.M. zusätzlich noch auf die Auswirkungen für das Kind ein.[28] Nur wenn dessen Wohl durch die Unterhaltspflichtverletzung gefährdet ist bzw. dieses tatsächliche Not leidet,[29] soll der Ersetzungsgrund eingreifen. Dieser Einschätzung ist im Ergebnis zuzustimmen. Schließlich fordert § 1748 Abs. 1 Satz 1 BGB zusätzlich dass das Unterbleiben der Annahme dem Kind zu unverhältnismäßigen Nachteilen gereichen muss (siehe hierzu Rn. 11 bis 13, 23). Wird es aber durch andere Stellen finanziell versorgt, so kann **22**

---

22 Zu Einzelheiten: MüKo-BGB/*Maurer,* § 1748 Rn. 16 f.
23 OLG Braunschweig FamRZ 1997, 513
24 BVerfG FPR 2002, 264
25 OLG Frankfurt FamRZ 2008, 296
26 BayObLG FamRZ 1988, 871
27 So: MüKo-BGB/*Maurer,* § 1748 Rn. 14 f.
28 Ausführlich: BayObLG NJW-RR 1997, 1364
29 BayObLG FamRZ 2002, 1142

eine Ersetzung auch bei noch so großer vorhergehender Unterhaltspflichtverletzung nicht erfolgen.

2. Unverhältnismäßiger Nachteil ohne Adoption

23 Zur Feststellung der anhaltend gröblichen Pflichtverletzung muss noch hinzukommen, dass das Unterbleiben der Annahme dem Kind **zu unverhältnismäßigem Nachteil gereichen** würde (§ 1748 Abs. 1 Satz 1 a.E. BGB). Bezüglich der Voraussetzungen dieses wichtigen Prüfungspunkts gelten die obigen Ausführungen zum Ersetzungsgrund der Gleichgültigkeit entsprechend (Rn. 11 bis 13).

IV. Die Ersetzung wegen besonders schwerer Pflichtverletzung

24 Eine Ersetzung wegen einer Pflichtverletzung eines Elternteils ist auch dann möglich, wenn die Pflichtverletzung nicht „anhaltend" war. Dann muss die **Pflichtverletzung** aber **besonders schwer** sein. Dies ist dann der Fall, wenn eine Wiederanvertrauung des Kindes an den Elternteil völlig ausgeschlossen erscheint (§ 1748 Abs. 2 Satz 2 BGB).[30] Hauptanwendungsfall ist die Begehung schwerster Straftaten.[31] Die Grenze zu der anhaltend gröblichen Pflichtverletzung ist dabei fließend. Bei einer besonders schweren Pflichtverletzung bedarf es keiner Prüfung, ob ein Unterbleiben der Annahme dem Kind zu einem unverhältnismäßigen Nachteil gereicht.

V. Die Ersetzung wegen dauernder Unfähigkeit zur Erziehung wegen psychischer Erkrankung oder Behinderung

25 Der Ersetzungsgrund wegen dauernder Unfähigkeit zur Pflege und Erziehung des Kindes aufgrund psychischer Krankheit oder geistiger oder seelischer Behinderung (§ 1748 Abs. 3 BGB) ist aufgrund der hohen weitergehenden Voraussetzungen **in der Praxis äußerst selten**.

26 Maßgeblich müssen folgende kumulativen Begebenheiten festzustellen sein:

- Der Elternteil muss aufgrund einer schweren psychischen Erkrankung oder schweren geistigen oder seelischen Behinderung dauernd unfähig zur Pflege und Erziehung des Kindes sein. Sowohl der direkte Zusammenhang zwischen der schweren Beeinträchtigung und der Unfähigkeit zur Versorgung als auch die Erheblichkeit der Beeinträchtigung („besonders schwere ...") als auch eine gewisse zeitliche Dauer der Unfähigkeit im Sinne einer Unabsehbarkeit müssen festgestellt werden. Es genügt weder eine Verdachtsdiagnose[32] noch das nur gelegentliche Auftreten der Erkrankung.[33]
- Hinzukommen muss, dass das Kind bei einem Unterbleiben der Annahme nicht in einer Familie aufwachsen könnte, also dass ausschließlich eine Heimaufnahme in Betracht käme. Steht eine (auch dem Kind bislang unbekannte) Pflegefamilie zur Verfügung, so scheidet eine Ersetzung aufgrund von § 1748 Abs. 3 BGB aus. Das Gleiche gilt, wenn die Alternative des Aufwachsens bei sonstigen Verwandten besteht.[34]

VI. Die Ersetzung der Einwilligung eines nicht sorgeberechtigten Vaters

27 Als letzte Ersetzungsmöglichkeit kommt die Ersetzung der Einwilligung eines Vaters gemäß § 1748 Abs. 4 BGB in Betracht, **wenn dieser nie das Sorgerecht für das Kind**

30 Palandt/*Götz,* § 1748 BGB Rn. 7
31 Vgl. die Fälle bei: OLG Brandenburg FamRZ 2007, 2006 (Tötung der Mutter durch den Vater); BayObLG NJW-RR 1990, 776 (Kindesentziehung über einen langen Zeitraum)
32 A.A. BayObLG FamRZ 1984, 201
33 A.A. Palandt/*Götz,* § 1748 BGB Rn. 9, welcher ein schubweises Auftreten ausreichen lässt
34 Staudinger/*Frank,* § 1748 BGB Rn. 57

hatte (Fall von § 1626a Abs. 3 BGB) und wenn ein **Unterbleiben** der Annahme dem Kind **zu einem unverhältnismäßigen Nachteil** gereichen würde.

§ 1748 Abs. 4 BGB ist historisch im Zusammenhang mit den erweiterten Einwilligungsrechten von biologischen Vätern nach § 1747 Abs. 1 Satz 2 BGB und mit § 1747 Abs. 3 BGB zu sehen.[35] Eindeutig gilt § 1748 Abs. 4 BGB daher **auch für die Ersetzung der Einwilligung des Vaterschaftsprätendenten**. Die Vorschrift ist äußerst praxisrelevant und ihre Auslegung war schon von Anfang an umstritten.[36] Durch die Rechtsprechung des Bundesgerichtshofs und des Bundesverfassungsgerichts aus den Jahren 2005 und 2006 sind die Streitfragen aber nunmehr wohl geklärt. **28**

Die Intention des Gesetzgebers war die Ersetzung unabhängig von einem Fehlverhalten des nicht sorgeberechtigten Vaters zu ermöglichen, damit der Vater, welcher nie Verantwortung für das Kind getragen hat, die Adoption nicht verhindern kann.[37] Dies ist jedoch aufgrund der Bedeutung des natürlichen Elternrechts in Art. 6 Abs. 2 Satz 1 GG zu kurz gedacht, so dass eine **verfassungsmäßige Auslegung von § 1748 Abs. 4 BGB** zu einem strengeren Maßstab führt.[38] So kommt es nicht nur darauf an, ob ein Unterlassen der Annahme dem Kind einen unverhältnismäßigen Nachteil bringt (Sichtweise des Kindes), sondern auch, ob die grundrechtlich geschützten Interessen des Vaters ausreichend gewahrt sind (Sichtweise des Vaters). **29**

Es ist **im Einzelfall eine umfassende Interessenabwägung** vorzunehmen. Im Ergebnis sind damit die Voraussetzungen des § 1748 Abs. 4 BGB praktisch die gleichen wie bei den Ersetzungsgründen in § 1748 Abs. 1 Satz 1 BGB. Nicht umsonst hat das Bundesverfassungsgericht eine anderweitige Auslegung als **Verstoß gegen den Gleichheitssatz in Art. 3 Abs. 1 GG** gewertet (Väter, deren Einwilligung nur nach § 1748 Abs. 1 Satz 1 BGB ersetzt werden kann und Väter, welche dem Regime von § 1748 Abs. 4 BGB unterworfen sind).[39] **30**

Bei einer Ersetzung nach § 1748 Abs. 4 BGB ist daher zusammenfassend **Folgendes zu berücksichtigen**. Zunächst ist zu fragen, ob der Vater schon einmal seine **Elternverantwortung wahrgenommen hat oder diese wahrnehmen wollte**, er hieran aber von anderen Personen (meist von der Mutter) gehindert worden ist.[40] Ist dies der Fall, so überwiegt in der Regel das Interesse des Kindesvaters. Bei Stiefkindkonstellationen sind sogar noch strengere Voraussetzungen anzusetzen, da hier in der Regel das Absehen von einer Annahme dem Kind keinen unverhältnismäßigen Nachteil bringt (siehe hierzu auch: Rn. 13 und *Braun*, § 1741 Rn. 15).[41] Darüber hinaus kommt es ebenso darauf an, **ob der Vater** den fehlenden Kontakt oder den Abbruch des Kontakts mit dem Kind **durch eigenes Verhalten zu verantworten hat**, so dass „ein sich verständig um sein Kind sorgender Elternteil auf der Erhaltung des Verwandtschaftsbandes nicht bestehen würde".[42] **Allein das Überwiegen der Interessen des Kindes genügt nicht**, vielmehr muss eine Adoption trotz des Eingriffs in das Elternrecht geradezu erforderlich sein.[43] **31**

---

35 Ausführlich: *Willutzki*, ZKJ 2007, 18, 25 f.
36 Vgl. schon die unterschiedlichen Meinungen zwischen Bundesrat und Bundestag im Gesetzgebungsprozess: BT-Drucks. 13/4899, 157 und 170
37 BT-Drucks. 13/4899, 170
38 BGH NJW 2005, 1781, 1783; BVerfG NJW 2006, 827, 828; NJW 2006, 2470, 2471
39 BVerfG NJW 2006, 827, 828; NJW 2006, 2470, 2471
40 Palandt/*Götz*, § 1748 BGB Rn. 12
41 BGH NJW 2005, 1781, 1783; BVerfG NJW 2006, 827, 828; zu zwei möglichen Fällen wegen Krankheit des Kindes: OLG Saarbrücken ZKJ 2013, 305; OLG Hamm, Beschl. v. 19.1.2015 – 4 UF 136/14, FamRZ 2015, 868
42 OLG Hamm, Beschl. v. 19.1.2015 – 4 UF 136/14, FamRZ 2015, 868
43 So auch: OLG Saarbrücken ZKJ 2013, 305; OLG Stuttgart FamRZ 2005, 542; BayObLG FamRZ 2005, 1587

§ 1749 BGB Einwilligung des Ehegatten

(1) [1]Zur Annahme eines Kindes durch einen Ehegatten allein ist die Einwilligung des anderen Ehegatten erforderlich. Das Familiengericht kann auf Antrag des Annehmenden die Einwilligung ersetzen. [2]Die Einwilligung darf nicht ersetzt werden, wenn berechtigte Interessen des anderen Ehegatten und der Familie der Annahme entgegenstehen.

(2) Die Einwilligung des Ehegatten ist nicht erforderlich, wenn er zur Abgabe der Erklärung dauernd außerstande oder sein Aufenthalt dauernd unbekannt ist.

1 Die Norm regelt die Erforderlichkeit der Einwilligung des Ehegatten des Annehmenden in eine Annahme als Kind. Die Vorschrift ist **nur bei der Stiefkindadoption praxisrelevant.**[1] Bei der gemeinsamen Adoption (§ 1741 Abs. 2 Satz 2 BGB) stellen die Ehegatten schließlich zusammen den Antrag nach § 1752 BGB, so dass es auch nicht mehr der gegenseitigen Einwilligung nach § 1749 Abs. 1 BGB bedürfte.

2 Das Wirksamwerden, die (notarielle) Form, die Höchstpersönlichkeit sowie die Bedingungs- und Befristungsfeindlichkeit der Einwilligungserklärung sind in § 1750 BGB geregelt.

3 § 1749 Abs. 1 BGB findet seine Entsprechung **im Lebenspartnerschaftsrecht** in § 9 Abs. 6 LPartG.

4 Auf die Einwilligung des Ehegatten (oder Lebenspartners) kann **gemäß § 1749 Abs. 2 BGB verzichtet** werden. Hier gelten die gleichen Voraussetzungen wie bei § 1747 Abs. 4 Satz 1 BGB (siehe hierzu *Braun,* § 1747 BGB Rn. 17 ff.).

5 Die **Ersetzung der Einwilligung** des Ehegatten des Annehmenden nach § 1749 Abs. 1 Satz 2 und Satz 3 BGB ist äußerst selten, da der Ehegatte bei der Stiefkindadoption in aller Regel auch im Namen des Kindes nach § 1746 Abs. 1 BGB in die Annahme einwilligen muss und wird.[2] Es ist auch zu fragen, welches Interesse ein Annehmender hat, das Kind seines Ehepartners zu adoptieren, wenn dieser damit nicht einverstanden ist. Der Anwendungsbereich beschränkt sich daher wohl ausschließlich auf die Fälle von § 1741 Abs. 2 Satz 4, 2. Fall BGB (alleinige Annahme eines Kindes, wenn der Ehepartner noch nicht 21 Jahre alt ist) und der Alleinadoption durch einen Lebenspartner (§ 9 Abs. 6 Satz 2 LPartG verweist ausdrücklich auf § 1749 Abs. 1 Satz 2 und 3 BGB).

§ 1750 BGB Einwilligungserklärung

(1) [1]Die Einwilligung nach §§ 1746, 1747 und 1749 ist dem Familiengericht gegenüber zu erklären. [2]Die Erklärung bedarf der notariellen Beurkundung. [3]Die Einwilligung wird in dem Zeitpunkt wirksam, in dem sie dem Familiengericht zugeht.

(2) [1]Die Einwilligung kann nicht unter einer Bedingung oder einer Zeitbestimmung erteilt werden. [2]Sie ist unwiderruflich; die Vorschrift des § 1746 Abs. 2 bleibt unberührt.

(3) [1]Die Einwilligung kann nicht durch einen Vertreter erteilt werden. [2]Ist der Einwilligende in der Geschäftsfähigkeit beschränkt, so bedarf seine Einwilligung nicht der Zustimmung seines gesetzlichen Vertreters. [3]Die Vorschrift des § 1746 Abs. 1 Satz 2, 3 bleibt unberührt.

(4) [1]Die Einwilligung verliert ihre Kraft, wenn der Antrag zurückgenommen oder die Annahme versagt wird. [2]Die Einwilligung eines Elternteils verliert ferner ihre Kraft, wenn das Kind nicht innerhalb von drei Jahren seit dem Wirksamwerden der Einwilligung angenommen wird.

1 So auch: Staudinger/*Frank,* § 1749 BGB Rn. 2
2 Zu möglichen Fallgruppen: MüKo-BGB/*Maurer,* § 1749 Rn. 5

Übersicht

	Rn.
A. Allgemeines	1
B. Inhalt der Norm	2
I. Die Form der notariellen Beurkundung	2
II. Wirksamwerden	3
III. Unwiderruflichkeit	5
IV. Bedingungs- und Befristungsfeindlichkeit	6
V. Die Höchstpersönlichkeit	8
VI. Außerkrafttreten der Einwilligungserklärungen	10
VII. Die Anfechtung von Einwilligungserklärungen	11

A. Allgemeines

§ 1750 BGB bestimmt die **Förmlichkeiten**, das **Wirksamwerden**, die **Unwiderruflichkeit** und das **Außerkrafttreten** von Einwilligungserklärungen nach §§ 1746, 1747 und 1749 BGB. In der (notariellen) Praxis passieren hier viele Fehler. Eine gerichtliche Entscheidung unter Verstoß gegen die Vorgaben des § 1750 BGB führt zwar nicht zur Nichtigkeit der Annahmeentscheidung. Möglich ist jedoch, dass eine Annahme im Nachhinein aufhebbar wird, wenn z.B. eine Einwilligungserklärung nach § 1750 Abs. 4 BGB ihre Kraft verloren hat und die Annahme dennoch ausgesprochen wurde. Dann gilt die Einwilligung als nicht erteilt i.S.v. § 1760 Abs. 1 BGB und die Adoption ist (bei Vorliegen der weiteren Voraussetzungen) aufhebbar. 1

B. Inhalt der Norm

I. Die Form der notariellen Beurkundung

Sämtliche Einwilligungserklärungen nach §§ 1746, 1747, 1749 BGB bedürfen der **notariell beurkundeten Form** (§ 1750 Abs. 1 Satz 2 BGB). Eine bloße Unterschriftsbeglaubigung (§ 129 BGB) oder eine Beurkundung durch das Jugendamt nach § 59 SGB VIII ist nicht ausreichend. Der Sinn und Zweck der notariellen Beurkundungspflicht liegt v.a. in der Belehrungsfunktion des Notars. Die Rechtsfolgen der (unwiderruflichen) Einwilligungen sind so erheblich, dass diese nur nach ausführlicher Aufklärung durch den Notar erfolgen sollen. 2

II. Wirksamwerden

Die jeweilige Einwilligungserklärung wird **mit Zugang beim Familiengericht wirksam** (§ 1750 Abs. 1 Satz 1 und 3 BGB). Dabei gilt die entsprechende Erklärung auch dann als zugegangen, wenn sie bei einem örtlich unzuständigen Gericht eingeht.[1] Der Zeitpunkt des Wirksamwerdens ist relevant für den Eintritt der Unwiderruflichkeit der jeweiligen Einwilligung (§ 1750 Abs. 2 Satz 2 BGB) sowie für den Beginn der Fristberechnung der Drei-Jahres-Frist des Außerkrafttretens der Einwilligungen der Eltern gemäß § 1750 Abs. 4 Satz 2 BGB. Mit dem Zeitpunkt des Zugangs der Einwilligungserklärung eines Elternteils beim Familiengericht treten darüber hinaus die Rechtswirkungen des § 1751 BGB ein (insbesondere das „Ruhen" der elterlichen Sorge und der Verlust des Umgangsrechts). 3

Die Einwilligungserklärung wird erst dann wirksam, wenn auch eine **Ausfertigung der notariellen Erklärung** bei Gericht eingeht. Eine beglaubigte Abschrift genügt nicht.[2] Hierauf ist in der notariellen Praxis unbedingt zu achten. 4

1 MüKo-BGB/*Maurer*, § 1750 Rn. 10
2 OLG Hamm NJW 1982, 1002

III. Unwiderruflichkeit

5 Sämtliche Einwilligungserklärungen sind **unwiderruflich** (§ 1750 Abs. 2 Satz 2 BGB), außer die Einwilligungserklärung des über 14-jährigen (und nicht geschäftsunfähigen) Kindes (§ 1746 Abs. 2 BGB; hierzu *Braun,* § 1746 BGB Rn. 5). Die Unwiderruflichkeit tritt mit Zugang der Erklärung bei Gericht ein (siehe oben Rn. 3).

IV. Bedingungs- und Befristungsfeindlichkeit

6 Die jeweilige Einwilligungserklärung **darf nicht von einer aufschiebenden oder auflösenden Bedingung abhängig gemacht werden** (§ 1750 Abs. 2 Satz 1 BGB). Insbesondere darf etwa ein Elternteil seine eigene Einwilligung nicht davon abhängig machen, dass auch der andere Elternteil in die Annahme nach § 1747 Abs. 1 BGB einwilligt.

7 Die Einwilligungserklärung darf auch **nicht unter eine Zeitbestimmung** gestellt werden. Eine Einwilligungserklärung kann wegen Zeitablaufs nur im Fall von § 1750 Abs. 4 Satz 2 BGB (Einwilligung eines Elternteils) von Gesetzes wegen außer Kraft treten. Alle weiteren Einwilligungserklärungen gelten zeitlich unbegrenzt, solange der Annahmeantrag nicht zurückgezogen oder gerichtlich zurückgewiesen worden ist (§ 1750 Abs. 4 Satz 1 BGB).

V. Die Höchstpersönlichkeit

8 Im Grundsatz ist weder eine gewillkürte noch eine gesetzliche Vertretung bei der Erklärung einer Einwilligung erlaubt (**Höchstpersönlichkeit**, § 1750 Abs. 3 Satz 1 BGB). Selbst eine beschränkt geschäftsfähige Person bedarf für die Erklärung keiner Zustimmung ihres gesetzlichen Vertreters (§ 1750 Abs. 3 Satz 2 BGB). Ausnahme hiervon ist nur die Einwilligung des über 14-jährigen Kindes, welche nach § 1746 Abs. 1 Satz 3 BGB der Zustimmung des gesetzlichen Vertreters bedarf.

9 Das **geschäftsunfähige Kind** erklärt die Einwilligung hingegen nicht höchstpersönlich, sondern durch seinen gesetzlichen Vertreter (§ 1746 Abs. 1 Satz 2 BGB). Die Erklärungen sonstiger **geschäftsunfähiger Personen** sind schon wegen §§ 1747 Abs. 4, 1749 Abs. 3 BGB entbehrlich.

VI. Außerkrafttreten der Einwilligungserklärungen

10 Die jeweiligen Einwilligungserklärungen treten nach § 1750 Abs. 4 BGB in drei Fällen außer Kraft:

- bei Rücknahme des Annahmeantrags nach § 1752 BGB
- bei rechtskräftiger Ablehnung der Annahme als Kind
- bei der Einwilligung eines Elternteils gemäß § 1747 BGB nach Ablauf von drei Jahren, wobei die Frist mit Wirksamwerden der Einwilligungserklärung beginnt (§ 1750 Abs. 4 Satz 2 BGB).

VII. Die Anfechtung von Einwilligungserklärungen

11 Als Willenserklärungen sind sämtliche Einwilligungserklärungen auch nach §§ 119 ff. BGB anfechtbar. Die Wirksamkeit einer Erklärung kann durch ein gesondertes Zwischenverfahren überprüft werden, vor dessen Abschluss nicht über die Annahme als Kind entschieden werden darf.[3] Nach Wirksamwerden der Annahmeentscheidungen stellen Willensmängel bzw. Täuschungen und Drohungen Aufhebungsgründe nach § 1760 Abs. 2 BGB dar.

---

3 OLG Frankfurt FamRZ 1981, 206

§ 1751 BGB Wirkung der elterlichen Einwilligung, Verpflichtung zum Unterhalt

(1) [1]Mit der Einwilligung eines Elternteils in die Annahme ruht die elterliche Sorge dieses Elternteils; die Befugnis zum persönlichen Umgang mit dem Kind darf nicht ausgeübt werden. [2]Das Jugendamt wird Vormund; dies gilt nicht, wenn der andere Elternteil die elterliche Sorge allein ausübt oder wenn bereits ein Vormund bestellt ist. [3]Eine bestehende Pflegschaft bleibt unberührt. [4]Für den Annehmenden gilt während der Zeit der Adoptionspflege § 1688 Abs. 1 und 3 entsprechend.

(2) Absatz 1 ist nicht anzuwenden auf einen Ehegatten, dessen Kind vom anderen Ehegatten angenommen wird.

(3) Hat die Einwilligung eines Elternteils ihre Kraft verloren, so hat das Familiengericht die elterliche Sorge dem Elternteil zu übertragen, wenn und soweit dies dem Wohl des Kindes nicht widerspricht.

(4) [1]Der Annehmende ist dem Kind vor den Verwandten des Kindes zur Gewährung des Unterhalts verpflichtet, sobald die Eltern des Kindes die erforderliche Einwilligung erteilt haben und das Kind in die Obhut des Annehmenden mit dem Ziel der Annahme aufgenommen ist. [2]Will ein Ehegatte ein Kind seines Ehegatten annehmen, so sind die Ehegatten dem Kind vor den anderen Verwandten des Kindes zur Gewährung des Unterhalts verpflichtet, sobald die erforderliche Einwilligung der Eltern des Kindes erteilt und das Kind in die Obhut der Ehegatten aufgenommen ist.

Übersicht

Rn.
A. Allgemeines ... 1
B. Inhalt der Norm ... 4
I. Folgen für die elterliche Sorge ... 4
II. Eintritt der Adoptionsvormundschaft ... 6
III. Erlöschen der Adoptionsvormundschaft ... 9
1. Beendigung durch Ausspruch der Annahme als Kind ... 9
2. Beendigung durch Rückübertragung der elterlichen Sorge nach § 1751 Abs. 3 BGB ... 10
3. Beendigung durch nachträgliche Übertragung des Sorgerechts auf den nichtehelichen Vater ... 11
4. Beendigung der Adoptionsvormundschaft durch Abänderung einer gerichtlichen Sorgerechtsentscheidung nach § 1696 BGB ... 14
IV. Folgen für den Umgang ... 15
V. Folgen für den Unterhalt ... 17

A. Allgemeines

Die Vorschrift regelt die **Rechtsbeziehungen des Kindes in der Zeit zwischen erfolgter Einwilligung der Eltern (oder eines Elternteils) und dem Wirksamwerden der Adoption** (sog. Vorwirkung). Maßgeblich werden für die Zwischenzeit durch § 1751 BGB die Fragen des Sorgerechts, des Umgangsrechts sowie des Unterhaltsrechts geklärt. Die Rechtswirkungen des § 1751 BGB treten auch ein, wenn die Einwilligung des entsprechenden Elternteils bzw. beider Eltern rechtskräftig nach § 1748 BGB **ersetzt** worden ist.[1] 1

Die Vorschrift gilt **nur für die Minderjährigenadoption**, da bei einer Volljährigenadoption keine Einwilligung der Eltern erforderlich ist (§ 1768 Abs. 1 Satz 2 BGB). 2

Bei der **Stiefkindadoption** verliert derjenige Elternteil nicht sein Sorge- und Umgangsrecht, dessen Ehegatte das Kind adoptieren möchte (§ 1751 Abs. 2 BGB). Im Unterhaltsrecht sind nach erfolgten Einwilligungen der Eltern der Annehmende und der verbleibende 3

1 BT-Drucks. 7/5087, 14; KG OLGZ 1978, 139, 140; MüKo-BGB/*Maurer,* § 1751 Rn. 2

Elternteil gemeinsam zum Unterhalt gegenüber dem in ihrer Obhut befindlichen Kind verpflichtet (§ 1751 Abs. 4 Satz 2 BGB).

B. Inhalt der Norm

I. Folgen für die elterliche Sorge

4 Mit der Einwilligung eines Elternteils (oder mit der Ersetzung seiner Einwilligung) **„ruht" dessen elterliche Sorge** (§ 1751 Abs. 1 Satz 1 Alt. 1 BGB).[2] Dies kann denklogisch jedoch nur dann gelten, wenn der entsprechende Elternteil im Zeitpunkt des Wirksamwerdens der Erklärung (oder der Rechtskraft der Ersetzungsentscheidung) auch die elterliche Sorge für das Kind hatte. Wurde ihm diese vorher entzogen (etwa gemäß § 1666 BGB) oder hatte er diese bisher nicht (z.B. der nichteheliche Vater im Fall von § 1626a Abs. 3 BGB), so hat die Einwilligung oder Ersetzung keinen Einfluss auf das Sorgerecht. Hat der nichteheliche Vater einmal seine Einwilligung wirksam erteilt, so kann er sein Sorgerecht auch nicht dadurch wieder aufleben lassen, indem er die Mutter heiratet, eine gemeinsame Sorgeerklärung mit der Mutter abgibt oder einen Antrag auf Übertragung der Sorge nach § 1626a Abs. 2 BGB oder § 1671 Abs. 2 BGB stellt (hierzu ausführlich unten Rn. 12 und 13).

5 **Verliert die entsprechende Einwilligung ihre Kraft** gemäß § 1750 Abs. 4 Satz 1 BGB (Rücknahme des Adoptionsantrags oder Versagung der Annahme) oder gemäß § 1750 Abs. 4 Satz 2 BGB (Ablauf der Drei-Jahres-Frist), so geht damit die elterliche Sorge nicht wieder automatisch zurück an den Elternteil. Vielmehr muss das Familiengericht dann gemäß § 1751 Abs. 3 BGB erneut über die elterliche Sorge entscheiden.

II. Eintritt der Adoptionsvormundschaft

6 Wenn das Kind aufgrund der Einwilligungen der Eltern (oder aufgrund der Ersetzungen der entsprechenden Einwilligungen) ohne elterliche Sorge ist, tritt nach § 1751 Abs. 1 Satz 2 BGB **von Gesetzes wegen Adoptionsvormundschaft (Amtsvormundschaft)** ein. Über den Eintritt der Adoptionsvormundschaft ist dem nach § 87c Abs. 3 Satz 1, 2 SGB VIII örtlich zuständigen Jugendamt gemäß § 190 FamFG eine Bescheinigung zu erteilen (siehe hierzu *Braun*, § 190 FamFG Rn. 1 ff.).

7 Die Frage, ob tatsächlich Adoptionsvormundschaft durch das Jugendamt nach § 1751 Abs. 1 Satz 2 Hs. 1 BGB eintritt, hängt von der **Fallkonstellation im Zeitpunkt der Wirksamkeit der entsprechenden Einwilligungserklärung bzw. der Rechtskraft der Ersetzung der entsprechenden Einwilligung** ab. Folgende Fälle sind zu unterscheiden:

- **Beide Elternteile sind sorgeberechtigt**: Die Vormundschaft des Jugendamts tritt erst dann ein, wenn der letzte der beiden Elternteile wirksam in die Adoption eingewilligt hat oder die letzte der beiden Einwilligungen rechtskräftig ersetzt worden ist. Willigt nur ein Elternteil ein (oder wird nur dessen Einwilligung ersetzt), so verbleibt das alleinige Sorgerecht (zunächst) beim verbliebenen sorgeberechtigten Elternteil (§ 1751 Abs. 1 Satz 2 Hs. 2 BGB).
- **Ein Elternteil ist allein sorgeberechtigt**: Die Vormundschaft des Jugendamts tritt ein, wenn dieser Elternteil wirksam in die Adoption einwilligt oder dessen Einwilligung rechtskräftig ersetzt worden ist. Dies gilt unabhängig davon, ob auch der in diesem Zeitpunkt (noch) nicht sorgeberechtigte andere Elternteil eingewilligt hat (zum Erlöschen der Vormundschaft bei einem Sorgerechtsantrag des nichtehelichen Vaters siehe unten Rn. 12). Dasselbe gilt, wenn im Zeitpunkt der Wirksamkeit der Einwilligungserklärung (oder Rechtskraft der Ersetzungsentscheidung) nur ein (sorgeberech-

2 Zur zutreffenden Kritik an der missverständlichen Terminologie des „Ruhen der elterlichen Sorge": MüKo-BGB/*Maurer*, § 1751 Rn. 3

tigter) Elternteil existiert (meistens die Mutter nach § 1591 BGB). Auch eine später anerkannte oder festgestellte Vaterschaft nach § 1592 Nr. 2 oder 3 BGB führt nicht zu einer Veränderung der Amtsvormundschaft.

- **Kein Elternteil ist sorgeberechtigt**: Ist kein Elternteil sorgeberechtigt, so muss nach § 1774 Abs. 1 BGB von Amts wegen ein Vormund für das Kind bestellt werden. In einem solchen Fall bedarf es dann auch keiner Adoptionsvormundschaft mehr, wie § 1751 Abs. 1 Satz 2 Hs. 2 BGB ausdrücklich klarstellt. Eine Pflegschaft (vgl. § 1909 Abs. 3 BGB) bleibt unberührt (§ 1751 Abs. 1 Satz 3 BGB).

Entscheidender **Zeitpunkt für den Eintritt der Adoptionsvormundschaft** ist das Wirksamwerden der (letzten) entsprechenden Einwilligung des Elternteils. Eine Einwilligung wird wirksam **mit Zugang beim Familiengericht** (§ 1750 Abs. 1 Satz 3 BGB). Im Falle der Ersetzung der entsprechenden Einwilligung tritt die Adoptionsvormundschaft mit Rechtskraft der Ersetzungsentscheidung ein. 8

III. Erlöschen der Adoptionsvormundschaft

1. Beendigung durch Ausspruch der Annahme als Kind

Wird die **Annahme als Kind ausgesprochen und wirksam**, so endet damit die Amtsvormundschaft von Gesetzes wegen. Dies folgt aus §§ 1754 Abs. 3, 1773 Abs. 1, 1882 BGB. 9

2. Beendigung durch Rückübertragung der elterlichen Sorge nach § 1751 Abs. 3 BGB

Auf der anderen Seite endet die Adoptionsvormundschaft jedoch **nicht auch schon durch das Scheitern der Annahme** nach § 1750 Abs. 4 Satz 1 BGB **oder durch das Außerkrafttreten der Einwilligungserklärung** nach § 1750 Abs. 4 Satz 2 BGB. Vielmehr obliegt es gemäß § 1751 Abs. 3 BGB der erneuten Entscheidung des Familiengerichts, ob es die elterliche Sorge einem oder beiden Elternteilen wieder überträgt. Erst wenn dies der Fall ist, wird die Amtsvormundschaft gemäß §§ 1773 Abs. 1, 1882 BGB von Gesetzes wegen aufgelöst. Kommt das Familiengericht hingegen zum Ergebnis, dass das Sorgerecht nicht nach § 1751 Abs. 3 BGB zu übertragen ist, so bleibt die Adoptionsvormundschaft so lange bestehen, bis eine anderweitige Vertretungsregelung getroffen wurde oder bis das Kind volljährig geworden ist. 10

3. Beendigung durch nachträgliche Übertragung des Sorgerechts auf den nichtehelichen Vater

Die Adoptionsvormundschaft endet darüber hinaus auch, **wenn der Vater im Nachhinein** (also zeitlich nach der Einwilligung der zu diesem Zeitpunkt nach § 1626a Abs. 3 BGB allein sorgeberechtigten Mutter) **durch Antrag auf Übertragung der elterlichen Sorge nach § 1626a Abs. 2 BGB oder § 1671 Abs. 2 BGB das Sorgerecht für das Kind erhält**. Diese Möglichkeit steht nur dem rechtlichen Vater, also nicht dem Vaterschaftsprätendenten nach § 1747 Abs. 1 Satz 2 BGB zu.[3] Durch gemeinsame Sorgeerklärung nach § 1626a Abs. 1 Nr. 1 BGB oder durch Heirat ist die Herstellung dieser Rechtsfolge jedoch nicht möglich (siehe hierzu Rn. 13). 11

Die Möglichkeit des nichtehelichen Vaters, das Sorgerecht während des Adoptionsverfahrens auf ihn zu übertragen, ist **ausdrücklich in § 1747 Abs. 3 Nr. 3 BGB aufgeführt und steht im Zusammenhang mit den Reformen der elterlichen Sorge nicht miteinander verheirateter Eltern**.[4] § 1747 Abs. 3 Nr. 3 BGB bestimmt, dass eine Adoption nicht ausgesprochen werden darf, solange noch nicht über einen Antrag nach § 1626a Abs. 2 12

3 MüKo-BGB/*Maurer*, § 1751 Rn. 13
4 Zuletzt: Gesetz zur Reform der elterlichen Sorge nicht miteinander verheirateter Eltern vom 16.4.2013, BGBl. I S. 795

BGB oder § 1671 Abs. 2 BGB entschieden worden ist (**Sperrwirkung des Sorgerechtsantrags**). Dieses Eingriffsrecht des nichtehelichen Vaters muss dann auch für die Frage des Fortbestands der Adoptionsvormundschaft gelten. Würde die Amtsvormundschaft nach § 1751 Abs. 1 Satz 2 BGB auch nach erfolgreicher Durchführung des Sorgerechtsverfahrens nach § 1671 Abs. 2 oder § 1626a Abs. 3 BGB bestehen bleiben, so würde der nichteheliche Vater sein Rechtsschutzziel – das Erlangen der elterlichen Sorge – gerade nicht erreichen können. Diese Wertung ergibt sich im Übrigen auch mittelbar aus der Vorschrift in § 1671 Abs. 3 BGB, wonach ein Antrag nach § 1626a Abs. 3 BGB als Antrag nach § 1671 Abs. 2 BGB gewertet wird, wenn die vorher alleinsorgeberechtigte Mutter in die Annahme mit den Folgen des § 1751 Abs. 1 Satz 1 BGB eingewilligt hat. Gibt das Familiengericht dem entsprechenden Sorgerechtsantrag des nichtehelichen Vaters statt, so endet damit die Amtsvormundschaft. Lehnt das Familiengericht den Sorgerechtsantrag rechtskräftig ab, so bleibt die Adoptionsvormundschaft bis zum rechtskräftigen Ausspruch der Adoption oder bis zur Rückübertragung der elterlichen Sorge nach § 1751 Abs. 3 BGB bestehen.

13 **Durch Sorgeerklärung** (§ 1626a Abs. 1 Nr. 1 BGB) **oder Heirat** (§ 1626a Abs. 1 Nr. 2 BGB) kann der nichteheliche Vater **jedoch nicht** im Nachhinein das Sorgerecht erhalten, so dass auch die Amtsvormundschaft aufrechterhalten bleibt.[5] Diese Einschätzung folgt bei der Sorgeerklärung daraus, dass die Mutter nicht mehr selbst über dieses gemäß § 1626a Abs. 1 Nr. 1 BGB verfügen kann. Schließlich hat sie vorher ihr Sorgerecht durch Einwilligung in die Adoption oder durch Ersetzung ihrer Einwilligung verloren. Entsprechendes gilt bei der Heirat. Hier tritt die gemeinsame Sorge zwar nicht durch Willenserklärung ein, sondern kraft Gesetzes. Allerdings ist auch in den Fällen, in denen der alleinsorgeberechtigten Mutter vor der Heirat das Sorgerecht (z.B. gemäß § 1666 BGB) entzogen worden ist, mittlerweile anerkannt, dass die nachfolgende Heirat nicht zum automatischen Sorgerechtserwerb des Ehepartners führt.[6] Dies muss auch beim Verlust des Sorgerechts durch die Adoptionseinwilligung nach § 1751 Abs. 1 Satz 1 BGB gelten. Anderenfalls würde dem nichtehelichen Vater auf diesem Wege ohne Kindeswohlprüfung das Sorgerecht übertragen, was wiederum der gesetzlichen Wertung in § 1747 Abs. 3 Nr. 3 BGB entgegensteht, wonach auch während des Adoptionsverfahrens nur dann dem nichtehelichen Vater das Sorgerecht übertragen werden soll, wenn dies dem Kindeswohl am besten entspricht (vgl. § 1671 Abs. 2 Nr. 2 BGB). Hätte der Gesetzgeber dieses Ergebnis auch durch Heirat erreichen wollen, so hätte er dies in § 1747 Abs. 3 Nr. 3 BGB mit aufführen müssen.

4. Beendigung der Adoptionsvormundschaft durch Abänderung einer gerichtlichen Sorgerechtsentscheidung nach § 1696 BGB

14 Schließlich ist noch möglich, dass die Adoptionsvormundschaft dadurch endet, dass **ein vorher aus anderem Grund als § 1751 Abs. 1 Satz 1 BGB verlorenes Sorgerecht aufgrund abändernder Entscheidung nach § 1696 BGB wieder zurück übertragen wird**. Diese Konstellation ist denkbar, wenn einem Elternteil das Sorgerecht (z.B. gemäß § 1666 BGB) entzogen worden ist, hieraufhin der andere allein sorgeberechtigte Elternteil in die Annahme einwilligt und aufgrund dessen Amtsvormundschaft nach § 1751 Abs. 1 Satz 2 BGB eingetreten ist. Entscheidet das gemäß § 1696 BGB angerufene Familiengericht vor Abschluss des Adoptionsverfahrens, dass das Sorgerecht wieder an den vormaligen Elternteil zurückfällt, so ist das Kind nicht mehr ohne Sorge und die Grundvoraussetzung für eine Vormundschaft nach §§ 1773 Abs. 1, 1882 BGB nicht mehr gegeben. Die

5 A.A. Staudinger/*Frank*, § 1751 BGB Rn. 13; widersprüchlich: MüKo-BGB/*Maurer*, § 1751 Rn. 4 einerseits (so wie hier) und Müko-BGB/*Maurer* § 1751 Rn. 14 andererseits (a.A.)

6 BGH NJW 2005, 2456; Staudinger/*Coester*, § 1626a BGB Rn. 26

Adoptionsvormundschaft endet dann automatisch. Zu bedenken ist aber, dass eine Anregung nach § 1696 BGB nicht die Sperrwirkung des § 1747 Abs. 3 Nr. 3 BGB entfaltet wie ein Antrag nach § 1671 Abs. 2 BGB oder § 1626a Abs. 2 BGB.

IV. Folgen für den Umgang

Mit Einwilligung des Elternteils oder mit rechtskräftiger Ersetzung der Einwilligung verliert 15
der entsprechende Elternteil gemäß § 1751 Abs. 1 Satz 1 Hs. 2 BGB seine Befugnis zum persönlichen Umgang mit dem Kind (**Verlust des Rechtes gemäß § 1626 Abs. 3 Satz 1 BGB**). Mit dieser Vorwirkung soll schon während der Pflegezeit ein ungehindertes Aufwachsen des Kindes ermöglicht werden.[7]

Diese gesetzliche Folge ist insbesondere **bei der Stiefkindadoption nicht unproblema-** 16
tisch. Zwar behält der verbleibende Elternteil (also der Elternteil, dessen Ehegatte das Kind annehmen möchte) nach § 1751 Abs. 2 BGB seine Umgangsbefugnis gegenüber dem Kind. Der ausscheidende Elternteil hat diese Befugnis mit seiner Einwilligung in die Adoption jedoch nicht mehr. Aus Sicht des Kindes, welches schließlich ein gesetzliches Recht auf Umgang zu jedem Elternteil gemäß § 1684 Abs. 1 BGB hat, kann diese automatische Folge durchaus nachteilig sein. Dies gilt umso mehr, als bei einer Stiefkindadoption das Motiv des verbleibenden Elternteils und des Stiefelternteils gerade häufig das Herausdrängen des anderen Elternteils ist (siehe hierzu *Braun,* § 1741 BGB Rn. 15).

V. Folgen für den Unterhalt

Um dem Kind schon während der Probezeit den Unterhalt zu sichern, werden **die Anneh-** 17
menden schon mit Wirksamwerden der Einwilligung der Eltern oder mit Rechtskraft der letzten Ersetzung unterhaltspflichtig, wenn sie das Kind in Obhut haben (§ 1751 Abs. 4 Satz 1 BGB). Das Gleiche gilt, wenn nur ein Elternteil einwilligungspflichtig ist (etwa weil kein anderer Elternteil bekannt ist oder der nichteheliche Vater seine Vaterschaft nicht geltend macht) und dieser Elternteil die Einwilligung erteilt hat oder dessen Einwilligung ersetzt worden ist.[8]

Im Gegenzug erlöschen aber nicht die Unterhaltsverpflichtungen der bisherigen Eltern und 18
deren Verwandten. § 1751 Abs. 4 Satz 1 BGB schafft **lediglich ein Rangverhältnis**, indem **die Annehmenden vorrangig** unterhaltspflichtig werden. Die Unterhaltsverpflichtung der leiblichen Familienangehörigen erlischt erst mit Wirksamkeit der Annahmeentscheidung.

Weitere Voraussetzung ist, dass das Kind sich schon in der **Obhut der Annehmenden** 19
befindet. Wie bei § 1626 Abs. 2 BGB kommt es dabei nicht unbedingt auf die Aufnahme in den Haushalt an, sondern vielmehr auf die **tatsächliche Ausübung der Betreuung und Erziehung des Kindes**, wie sie an sich dem Inhaber der elterlichen Sorge zusteht. Diese Situation kann auch dann bestehen, wenn sich das Kind wegen Krankheit oder Behinderung noch in einem Krankenhaus oder Heim aufhält.[9] Geht die tatsächliche Inhobhutnahme der Einwilligung oder Ersetzung voraus, so tritt die Unterhaltspflicht erst mit Wirksamwerden der Einwilligung oder Rechtskraft der Ersetzung ein. Hat das Kind keine Eltern, welche einwilligen können (Findelkind), so entsteht die Unterhaltsverpflichtung schon mit dem Zeitpunkt der Inobhutnahme.[10]

Die weiteren **Voraussetzungen, Art und Umfang des Unterhaltsanspruchs sowie** 20
die Haftung der Annehmenden für den Unterhalt richten sich nach §§ 1602 ff. BGB.

---

7 Palandt/*Götz,* § 1751 BGB Rn. 2; OLG Stuttgart FamRZ 2006, 1865
8 MüKo-BGB/*Maurer,* § 1751 Rn. 16
9 BT-Drucks. 7/5087, 14
10 MüKo-BGB/*Maurer,* § 1751 Rn. 16

21 Die Unterhaltsverpflichtung **gilt nicht umgekehrt**. Das Kind wird gegenüber den Annehmenden während der Adoptionspflegezeit nicht unterhaltspflichtig.

22 **Bei der Stiefkindadoption** tritt eine andere Situation ein. Mit der Einwilligung der Eltern (bzw. der Rechtskraft der letzten Ersetzung) werden sowohl **der Annehmende als auch der verbleibende Elternteil vorrangig unterhaltsverpflichtet** gegenüber dem Kind im Vergleich zu den weiteren Verwandten (insb. im Verhältnis zum ausscheidenden Elternteil) (§ 1751 Abs. 4 Satz 2 BGB). Auch hier muss sich das Kind aber in der Obhut des Annehmenden und des verbleibenden Elternteils befinden (was meistens der Fall sein wird). Die Unterhaltspflicht des ausscheidenden Elternteils erlischt endgültig erst mit Rechtskraft der Annahmeentscheidung (§ 1755 Abs. 2 BGB).

23 Wird die Annahme abgelehnt, der Annahmeantrag zurückgenommen oder verlieren die Einwilligungen der Eltern nach Ablauf von drei Jahren ihre Kraft, so **erlischt** auch **die Unterhaltspflicht** des oder der Annehmenden. Allein mit der Abgabe der Obhut können sich die Annehmenden ihrer Unterhaltspflicht jedoch nicht entziehen.[11]

24 Durch den Eintritt der Unterhaltsverpflichtung nach § 1751 Abs. 4 BGB erhalten die Annehmenden auch schon vor Ausspruch der Adoption **öffentlich-rechtliche Leistungsansprüche für das Kind**. Zu nennen sind hierbei insb. die Ansprüche auf Kindergeld, auf Elterngeld, auf Mitversicherung bei der Krankenversicherung und auf Waisenrente.

§ 1752 BGB Beschluss des Familiengerichts, Antrag

(1) Die Annahme als Kind wird auf Antrag des Annehmenden vom Familiengericht ausgesprochen.

(2) [1]Der Antrag kann nicht unter einer Bedingung oder einer Zeitbestimmung oder durch einen Vertreter gestellt werden. [2]Er bedarf der notariellen Beurkundung.

Übersicht

Rn.
A. Allgemeines ... 1
B. Inhalt der Norm ... 2
I. Antragsberechtigung ... 2
II. Wirksamwerden des Antrags ... 3
III. Form des Antrags ... 4
III. Bedingungs- und Befristungsfeindlichkeit des Antrags ... 6
IV. Höchstpersönlichkeit der Antragstellung ... 8
V. Geschäftsfähigkeit des Erklärenden ... 9
VI. Rücknahme des Antrags ... 10

A. Allgemeines

1 Die Vorschrift bestimmt die **Antragsberechtigung und die weiteren Voraussetzungen für den Antrag** auf Annahme als Kind. Der Antrag hat eine Doppelnatur. Während er einerseits das Verfahren als verfahrenseinleitenden Antrag nach § 23 FamFG einleitet, hat er auch den materiell-rechtlichen Gehalt einer empfangsbedürftigen Willenserklärung gegenüber dem Familiengericht.[1] Das Annahmeverfahren ist ein **reines Antragsverfahren**. Von Amts wegen kann keine Annahme ausgesprochen werden.

---

11 MüKo-BGB/*Maurer*, § 1751 Rn. 20
1 MüKo-BGB/*Maurer*, § 1752 Rn. 3

B. Inhalt der Norm

I. Antragsberechtigung

Antragsberechtigt sind ausschließlich die Annehmenden (bei der gemeinschaftlichen Adoption) oder der Annehmende (bei der Alleinadoption). Bei der gemeinschaftlichen Adoption müssen beide Erklärungen bei Gericht eingehen, sie müssen jedoch nicht in einer notariellen Urkunde erklärt werden. Bei der Stiefkindadoption ist nur der Annehmende antragsberechtigt. Der verbleibende Elternteil des Kindes (und Ehegatte des Annehmenden) ist nicht antragsberechtigt, dafür einwilligungsberechtigt bzw. -verpflichtet nach §§ 1747, 1749 BGB. 2

II. Wirksamwerden des Antrags

Als empfangsbedürftige Willenserklärung wird der Antrag **mit Zugang beim Familiengericht wirksam**. Die Annehmenden können sich hierbei der Hilfe des Notars bedienen, so dass sich in notariellen Urkunden häufig der Passus findet, dass der Notar für die Einreichung des Antrags beauftragt wird. Der Zugang des Antrags bei Gericht führt zur Anhängigkeit des Verfahrens. Auch bei der Annahme nach dem Tod des Annehmenden (§ 1753 Abs. 2 BGB) kann der Zeitpunkt des Zugangs des Antrags eine Rolle spielen (hierzu *Braun*, § 1753 BGB Rn. 4). 3

III. Form des Antrags

Der Antrag bedarf der **notariellen Beurkundung** (§ 1752 Abs. 2 Satz 2 BGB). Eine bloß öffentliche Beglaubigung nach § 129 BGB oder eine Beurkundung durch andere Personen (etwa durch das Jugendamt nach § 59 SGB VIII) ist unzulässig. 4

Der Notar hat den oder die Annehmenden über die weitreichenden Folgen der Annahme als Kind und die praktische Unaufhebbarkeit zu belehren (**Belehrungsfunktion**). Insbesondere bei der Stiefkindadoption hat dies eine große Bedeutung, da erfahrungsgemäß gerade hier Fehlvorstellungen über die Wirkungen der Adoption bestehen. 5

III. Bedingungs- und Befristungsfeindlichkeit des Antrags

Der Antrag darf **nicht unter aufhebenden oder auflösenden Bedingungen** gestellt werden (§ 1752 Abs. 2 Satz 1 BGB).[2] Insbesondere darf bei der gemeinschaftlichen Annahme ein Annehmender seinen Antrag nicht von der Antragstellung durch den anderen Annehmenden abhängig machen. Das Gleiche gilt für die Abhängigmachung des Antrags von der Einwilligung der Eltern. 6

Der Antrag kann auch nicht unter eine Zeitbestimmung gestellt werden (**Befristungsfeindlichkeit**). Der Antrag ist so lange wirksam, bis über ihn gerichtlich entschieden worden ist oder der Antrag zurückgenommen worden ist. Ein Außerkrafttreten des Antrags wegen Zeitablaufs (wie etwa bei § 1750 Abs. 4 Satz 2 BGB) sieht das Gesetz nicht vor. 7

IV. Höchstpersönlichkeit der Antragstellung

Der Antrag darf nicht durch einen Vertreter gestellt werden (**Höchstpersönlichkeit der Antragstellung**, § 1752 Abs. 2 Satz 1 BGB). Insbesondere darf niemand mittels Vollmacht zur Antragstellung beauftragt werden. Auch ein gesetzlicher Vertreter (etwa ein rechtlicher Betreuer) ist nicht zur Antragstellung für den Annehmenden befugt. 8

2 KG FamRZ 2013, 642

V. Geschäftsfähigkeit des Erklärenden

9 Da der Annahmeantrag eine Willenserklärung ist, darf der Erklärende im Zeitpunkt der Erklärung **nicht geschäftsunfähig** sein (§ 105 BGB). Bestehen Zweifel an der Geschäftsfähigkeit, so muss dies das Gericht ggf. durch Einholung eines Sachverständigengutachtens von Amts wegen aufklären. Wird die Geschäftsunfähigkeit nicht aufgeklärt oder während des Verfahrens nicht bekannt, so führt dies zu einem Aufhebungsgrund nach § 1760 Abs. 1 BGB.

VI. Rücknahme des Antrags

10 Der Antrag auf Annahme als Kind kann (im Gegensatz zu den Einwilligungserklärungen) **bis zum Wirksamwerden des Annahmebeschlusses zurückgenommen werden**. Die Rücknahme bewirkt, dass das Verfahren beendet ist und die bisher erteilten Einwilligungen ihre Kraft verlieren (§ 1750 Abs. 4 Satz 1 BGB). Wirksam wird die Rücknahme mit Zugang beim Familiengericht. Sie bedarf keiner besonderen Form.[3] Wird trotz Rücknahme des Antrags die Annahme dennoch ausgesprochen, so führt dies nicht zur Nichtigkeit, sondern bloß zur Aufhebbarkeit der Annahme.[4]

§ 1753 BGB Annahme nach dem Tode

(1) Der Ausspruch der Annahme kann nicht nach dem Tode des Kindes erfolgen.

(2) Nach dem Tode des Annehmenden ist der Ausspruch nur zulässig, wenn der Annehmende den Antrag beim Familiengericht eingereicht oder bei oder nach der notariellen Beurkundung des Antrags den Notar damit betraut hat, den Antrag einzureichen.

(3) Wird die Annahme nach dem Tode des Annehmenden ausgesprochen, so hat sie die gleiche Wirkung, wie wenn sie vor dem Tode erfolgt wäre.

1 § 1753 BGB bestimmt einerseits, dass die **Annahme nach dem Tode des Kindes nicht mehr möglich** ist (Abs. 1) und andererseits, dass eine **Annahme auch noch nach dem Tode des Annehmenden mit den gleichen Wirkungen möglich** ist (Abs. 2 und Abs. 3).

2 Die Zulässigkeit der Annahme nach dem Tode des Annehmenden verwundert auf den ersten Blick. Nach dem Willen des Gesetzgebers soll dies aber zum Wohle des Kindes möglich sein, **damit eine noch zu Lebzeiten entstandene Eltern-Kind-Beziehung entsprechende postmortale rechtliche Wirkungen nach sich zieht**.[1]

3 Selbstverständlich müssen auch bei einer Annahme nach dem Tode des Annehmenden **die Voraussetzungen des § 1741 ff. BGB erfüllt sein**. Insbesondere die Kindeswohlprüfung ist dabei von besonderer Bedeutung, da eine Prognose für das Entstehen eines Eltern-Kind-Verhältnisses tatsächlich nicht mehr möglich ist. Zu fordern ist daher die retrospektive Feststellung, dass zu Lebzeiten des Annehmenden schon ein entsprechendes Eltern-Kind-Verhältnis entstanden ist. Ohne einen präsenten Annehmenden sind derartige Feststellungen jedoch nur äußerst schwer zu treffen.[2]

4 Eine Annahme nach dem Tode des Annehmenden ist nur dann möglich, wenn der **Antrag schon dem Gericht zugegangen** ist (siehe hierzu *Braun,* § 1752 BGB Rn. 3) **oder der Notar mit der Einreichung des Antrags bei Gericht beauftragt worden** ist (§ 1753

3 Staudinger/*Frank,* § 1752 BGB Rn. 8
4 OLG Düsseldorf FamRZ 1997, 11
1 BT-Drucks. 7/3061, 42
2 Ausführlich: Staudinger/*Frank,* § 1753 BGB Rn. 9

Abs. 2 BGB). In der notariellen Praxis ist daher zu empfehlen, einen entsprechenden Passus in jeden Annahmeantrag vorsorglich mit aufzunehmen.

§ 1754 BGB Wirkung der Annahme

(1) Nimmt ein Ehepaar ein Kind an oder nimmt ein Ehegatte ein Kind des anderen Ehegatten an, so erlangt das Kind die rechtliche Stellung eines gemeinschaftlichen Kindes der Ehegatten.

(2) In den anderen Fällen erlangt das Kind die rechtliche Stellung eines Kindes des Annehmenden.

(3) Die elterliche Sorge steht in den Fällen des Absatzes 1 den Ehegatten gemeinsam, in den Fällen des Absatzes 2 dem Annehmenden zu.

§ 1755 BGB Erlöschen von Verwandtschaftsverhältnissen

(1) [1]Mit der Annahme erlöschen das Verwandtschaftsverhältnis des Kindes und seiner Abkömmlinge zu den bisherigen Verwandten und die sich aus ihm ergebenden Rechte und Pflichten. [2]Ansprüche des Kindes, die bis zur Annahme entstanden sind, insbesondere auf Renten, Waisengeld und andere entsprechende wiederkehrende Leistungen, werden durch die Annahme nicht berührt; dies gilt nicht für Unterhaltsansprüche.

(2) Nimmt ein Ehegatte das Kind seines Ehegatten an, so tritt das Erlöschen nur im Verhältnis zu dem anderen Elternteil und dessen Verwandten ein.

§ 1756 BGB Bestehenbleiben von Verwandtschaftsverhältnissen

(1) Sind die Annehmenden mit dem Kind im zweiten oder dritten Grad verwandt oder verschwägert, so erlöschen nur das Verwandtschaftsverhältnis des Kindes und seiner Abkömmlinge zu den Eltern des Kindes und die sich aus ihm ergebenden Rechte und Pflichten.

(2) Nimmt ein Ehegatte das Kind seines Ehegatten an, so erlischt das Verwandtschaftsverhältnis nicht im Verhältnis zu den Verwandten des anderen Elternteils, wenn dieser die elterliche Sorge hatte und verstorben ist.

Übersicht

Rn.
A. Allgemeines 1
B. Inhalt der Normen 3
I. Die Rechtsverhältnisse zwischen dem Kind und den Annehmenden im Einzelnen 3
II. Die Rechtsverhältnisse zwischen dem Kind und der vormaligen Familie 5
III. Die Rechtsverhältnisse zwischen dem Kind und den Verwandten der Annehmenden 8

A. Allgemeines

Die **Wirkungen einer Minderjährigenadoption** folgen aus §§ 1754 bis 1756 BGB. In diesen Vorschriften sind jedoch im Wesentlichen nur die Folgen für das Verwandtschaftsverhältnis (**Statusänderung**) aufgeführt. Die Folgerungen für die familienrechtlichen Rechtsbeziehungen zu den Annehmenden einerseits und zur bisherigen Familie andererseits (insb. Sorge-, Umgangs- und Unterhaltsrechte) sowie für weitere Rechtsbeziehungen 1 zueinander (erbrechtlich, öffentlich-rechtlich) ergeben sich nur mittelbar, indem sich aus der veränderten Rechtstellung des Kindes Ansprüche und Pflichten nach den Vorgaben im entsprechenden Rechtsgebiet ergeben.

2 Das deutsche Recht kennt nur die sog. **Volladoption**: das Kind verliert als Folge der Annahme grundsätzlich sämtliche Rechte und Pflichten gegenüber den bisherigen Eltern und deren Familie und wird vollständig in die Familie der Annehmenden eingegliedert. Nur einige wenige (allerdings durchaus praxisrelevante) Ausnahmen sind in § 1755 Abs. 2 BGB und § 1756 Abs. 1 und Abs. 2 BGB hinsichtlich der Stiefkind- und Verwandtenadoption geregelt. Ob die Absolutheit der Volladoption in Zukunft vom Gesetzgeber aufrechtzuerhalten ist, bleibt aufgrund der Entscheidung des Bundesverfassungsgerichts vom 6.3.2019[1] zweifelhaft (weiter gehend hierzu unten Rn. 6a).

B. Inhalt der Normen

I. Die Rechtsverhältnisse zwischen dem Kind und den Annehmenden im Einzelnen

3 Durch die Adoption entsteht zwischen Kind und Annehmenden ein **rechtliches Eltern-Kind-Verhältnis im Sinne eines Abstammungsverhältnisses**. Das Kind wird damit (fast) in jeder Hinsicht einem leiblichen Kind der Annehmenden gleichgestellt (zu den wenigen Ausnahmen Rn. 4). Dies führt zu maßgeblichen Folgen sowohl im bürgerlichen als auch im öffentlichen Recht, welche im Folgenden in der Übersicht dargestellt werden:

- **Verfassungsrechtlich** erlangen die Annehmenden das verfassungsrechtlich geschützte Elternrecht aus Art. 6 Abs. 2 Satz 1 GG und sind dadurch auf der anderen Seite dem Kind zur Pflege und Erziehung verpflichtet.[2]
- Die Annahme als Kind führt zu einem **umfassenden Sorgerecht der Annehmenden gegenüber dem Kind**. Eine etwaig vorher bestehende Vormundschaft (z.B. gemäß § 1751 BGB) endet automatisch mit Wirksamwerden der Annahme. Bei der Alleinadoption wird der Annehmende allein sorgeberechtigt (§ 1754 Abs. 2 und 3 BGB), es sei denn, es liegt eine Stiefkindadoption vor (§ 1754 Abs. 1 und 3 BGB). Das Gleiche gilt bei der Adoption des Kindes durch einen Lebenspartner (§ 9 Abs. 7 LPartG i.V.m. § 1754 Abs. 1 und 3 BGB).
- Umgangsrechtlich erwerben die Annehmenden (als „Eltern") das volle **Umgangsrecht** gegenüber dem Kind (§ 1684 Abs. 1 BGB). Außerdem können sie das **Herausgaberecht gegenüber Dritten** (§ 1632 Abs. 1 BGB) geltend machen sowie den **Umgang** gemäß § 1632 Abs. 2 BGB mit Wirkung für und gegen Dritte **bestimmen**.
- Durch die Annahme werden Kind und Annehmende in gerade Linie miteinander verwandt. Dementsprechend ist das angenommene Kind einem leiblichen Kind **unterhaltsrechtlich** völlig gleichgestellt (§§ 1601 ff. BGB).[3]
- Im **Erbrecht** wird das Kind nach den Annehmenden gesetzlicher Erbe erster Ordnung (§ 1924 BGB). Die Annehmenden werden bei Versterben des Kindes gesetzliche Erben zweiter Ordnung (§ 1925 Abs. 1 BGB). Ähnliches gilt im Pflichtteilsrecht nach § 2303 Abs. 1 BGB (für das Kind) und § 2303 Abs. 2 BGB (für die Annehmenden).
- Im Hinblick auf die **Staatsangehörigkeit** erhält ein ausländisches oder staatenloses Kind mit der Annahme durch einen oder mehrere deutsche Staatsangehörige von Gesetzes wegen die deutsche Staatsangehörigkeit (§ 6 StAG). Einer Einbürgerung bedarf es nicht. Wird ein deutsches Kind durch ausländische Annehmende adoptiert, so ver-

1 BVerfG NJW 2019, 1793
2 MüKo-BGB/*Maurer*, Vor § 1741 Rn. 16; BVerfG NJW 2019, 1793
3 BGH FamRZ 1984, 378

liert es dadurch die deutsche Staatsangehörigkeit (§ 27 StAG). Dies gilt aber nur dann, wenn das ausländische Recht den Erwerb der dortigen Staatsangehörigkeit durch die Adoption zulässt.

- **Aufenthaltsrechtlich** führt die Annahme als Kind grundsätzlich zu einem Anspruch auf Kindernachzug nach § 32 AufenthG und zu einem entsprechenden Aufenthaltsrecht, soweit nicht ohnehin Freizügigkeit besteht. Dies ist nur relevant für angenommene Kinder von ausländischen Personen, da die Annahme durch Deutsche schon die Rechtsfolgen nach § 6 StAG und ein Aufenthaltsrecht aufgrund deutscher Staatsangehörigkeit auslöst.
- Im **Strafrecht** hat eine Adoption v.a. strafprozessuale Folgen, indem mit Wirksamkeit der Annahme das Kind ein Zeugnisverweigerungsrecht nach § 51 Abs. 1 Nr. 3 StPO hat (das Gleiche gilt in anderen Verfahrensordnungen wie der Zivilprozessordnung gemäß § 383 Abs. 1 Nr. 3 ZPO).
- Im **Sozialrecht** vermittelt das angenommene Kind u.a. Ansprüche auf Kindergeld, Elterngeld, Elternzeit und Krankengeld. Dabei ist jedoch zu beachten, dass diese Ansprüche auch schon während einer Adoptionspflegezeit bestehen.

Nur **in einigen wenigen Beziehungen** findet **keine Gleichstellung mit einem leiblichen Kind** statt. Zu nennen ist hierbei die Möglichkeit der Eheschließung zwischen Annehmendem und Kind (nach gerichtlicher Befreiung vom Eheverbot, § 1308 Abs. 1 BGB) und die Straffreiheit des Beischlafs von Adoptivverwandten.[4] 4

II. Die Rechtsverhältnisse zwischen dem Kind und der vormaligen Familie

§ 1755 Abs. 1 Satz 1 BGB ordnet als Grundsatz ein **Erlöschen des Verwandtschaftsverhältnisses zu den bisherigen Eltern und deren Verwandten** an (**Volladoption**). Damit gehen auch alle Rechte und Pflichten zu diesen verloren. Ausdrücklich erhalten bleiben indes vormals erlangte Ansprüche auf „Renten, Waisengeld und andere entsprechende wiederkehrende Ansprüche" (§ 1755 Abs. 1 Satz 2 BGB), wobei im Sinne einer Rückausnahme wiederum vorher erlangte Ansprüche auf Unterhalt erlöschen. 5

Von dem Grundsatz in § 1755 Abs. 1 Satz 1 BGB werden bei **Stiefkindadoptionen** die folgenden **praxisrelevanten Ausnahmen** getroffen: 6

- Als Folge einer Stiefkindadoption erlischt nicht das Verwandtschaftsverhältnis (und die daraus folgenden Rechte und Pflichten) zum Elternteil, dessen Ehegatte oder Lebenspartner das Kind annimmt (**§ 1755 Abs. 2 BGB, § 9 Abs. 7 Satz 2 LPartG**). Auch zu den weiteren Verwandten dieses leiblichen Elternteils bleibt das Verwandtschaftsverhältnis aufrechterhalten.
- **§ 1756 Abs. 2 BGB** betrifft wiederum den Fall, dass erstens eine Stiefkindadoption vorliegt, zweitens der vormalige Elternteil im Zeitpunkt der Adoption schon verstorben war und drittens dieser das Sorgerecht für das Kind hatte. Dann bleiben die Verwandtschaftsverhältnisse zu den Verwandten des vormaligen Elternteils erhalten. Insbesondere können so weiterhin Erbansprüche gegenüber dieser Seite der Familie geltend gemacht werden (beachte aber die Ausnahme in § 1925 Abs. 4 BGB).[5]

In einer Entscheidung vom 6.3.2019[6] hat das Bundesverfassungsgericht die Regelungen in § 1754 Abs. 1 und 2 BGB sowie § 1755 Abs. 1 Satz 1 und Abs. 2 BGB in der streitgegenständlichen Konstellation als Verstoß gegen Art. 3 I GG gewertet, weil ein Kind von seinem 6a

4 Hierzu: BVerfG NJW 2008, 1137, 1141
5 Z.T. kritisch: Staudinger/*Frank,* § 1756 BGB Rn. 31 ff.
6 BVerfG NJW 2019, 1793

mit einem Elternteil in nichtehelicher Lebensgemeinschaft lebenden Stiefelternteil unter keinen Umständen adoptiert werden kann, ohne dass die verwandtschaftliche Beziehung zum bisherigen Elternteil erlischt. In der Entscheidung wird dies als Stiefkindadoption bezeichnet, obwohl keine Ehe oder Lebenspartnerschaft zwischen dem verbleibenden Elternteil und dem Annehmenden besteht. Die Entscheidung wird zu einer Öffnung weiterer Adoptionsformen und -wirkungen führen und der Gesetzgeber hat bis zum 31.3.2020 Zeit, eine verfassungskonforme Regelung zu schaffen.

7 • Bei der Verwandtenadoption (Verwandtschaft zwischen Kind und Annehmenden im zweiten oder dritten Grad bzw. Schwägerschaft) bestimmt **§ 1756 Abs. 1 BGB**, dass die Verwandtschaftsbeziehungen zu den Verwandten der vormaligen Eltern aufrecht erhalten bleiben. Dann erlischt das Verwandtschaftsverhältnis (und die daraus folgenden Rechte und Pflichten) lediglich zu den bisherigen Eltern. Adoptieren etwa die leiblichen Großeltern ihren Enkel, so bleiben dessen Verwandtschaftsbeziehungen zu dessen Onkel und Tanten bestehen.

III. Die Rechtsverhältnisse zwischen dem Kind und den Verwandten der Annehmenden

8 Durch die Volladoption entsteht nicht nur ein Verwandtschaftsverhältnis zu dem oder den Annehmenden, sondern auch zu deren weiteren Verwandten. Dies ist v.a. erbrechtlich relevant, indem das Kind z.B. im Verhältnis zu den Eltern der Annehmenden (Adoptivgroßeltern) jeweils Erbe erster Ordnung wird (§ 1924 BGB). Auch unterhaltsrechtlich kann die gerade Verwandtschaft zu weiteren Verwandten eine Rolle spielen (§ 1601 BGB).

§ 1757 BGB Name des Kindes

(1) Das Kind erhält als Geburtsnamen den Familiennamen des Annehmenden. Als Familienname gilt nicht der dem Ehenamen oder dem Lebenspartnerschaftsnamen hinzugefügte Name (§ 1355 Abs. 4; § 3 Abs. 2 des Lebenspartnerschaftsgesetzes).

(2) [1]Nimmt ein Ehepaar ein Kind an oder nimmt ein Ehegatte ein Kind des anderen Ehegatten an und führen die Ehegatten keinen Ehenamen, so bestimmen sie den Geburtsnamen des Kindes vor dem Ausspruch der Annahme durch Erklärung gegenüber dem Familiengericht; § 1617 Abs. 1 gilt entsprechend. [2]Hat das Kind das fünfte Lebensjahr vollendet, so ist die Bestimmung nur wirksam, wenn es sich der Bestimmung vor dem Ausspruch der Annahme durch Erklärung gegenüber dem Familiengericht anschließt; § 1617c Abs. 1 Satz 2 gilt entsprechend.

(3) [1]Das Familiengericht kann auf Antrag des Annehmenden mit Einwilligung des Kindes mit dem Ausspruch der Annahme

1. **Vornamen des Kindes ändern oder ihm einen oder mehrere neue Vornamen beigeben, wenn dies dem Wohl des Kindes entspricht;**
2. **dem neuen Familiennamen des Kindes den bisherigen Familiennamen voranstellen oder anfügen, wenn dies aus schwerwiegenden Gründen zum Wohl des Kindes erforderlich ist.**

[2]§ 1746 Abs. 1 Satz 2, 3, Abs. 3 erster HS ist entsprechend anzuwenden.

Übersicht

Rn.
A. Allgemeines ... 1
B. Inhalt der Norm ... 3
I. Grundsatz der Fortführung des Familiennamens des Annehmenden ... 3
II. Namensführung bei keinem gemeinsamen Ehenamen ... 5
III. Das Voranstellen oder Hinzufügen des bisherigen Familiennamens ... 7
IV. Die Änderung des Vornamens ... 8

A. Allgemeines

Die Vorschrift bestimmt die **Namensfolgen bei einer Annahme als Kind**. Grundsätzlich soll sich in der Fortführung des Familiennamens der Annehmenden die Zugehörigkeit des angenommenen Kindes zu den Annehmenden ausdrücken. Daher besteht nur ein eingeschränkter Gestaltungsspielraum für die Beteiligten, welcher im Wesentlichen den Möglichkeiten entspricht, den auch leibliche Eltern bei der Ausgestaltung des Geburtsnamens eines Kindes haben. Soll der Vorname des Kindes geändert oder der bisherige Geburtsname als Beiname erhalten werden, so unterliegt dies einer gesonderten Kindeswohlprüfung (§ 1757 Abs. 3 Satz 1 BGB). Die Norm wurde durch Gesetz vom 17.7.2017 (BGBl. I S. 2429) dadurch geändert, dass der vormalige Abs. 3 (Änderungen des Ehenamens des verheirateten Anzunehmenden) in § 1767 Abs. 2 BGB integriert wurde. Der vormalige Abs. 3 wurde zu Abs. 4. Im verbliebenden Bereich hat § 1757 BGB jedoch keine inhaltliche Änderung erfahren. 1

Die Norm gilt **sowohl für Minderjährigenadoptionen** als auch (über § 1767 Abs. 2 Satz 1 BGB) **für Volljährigenadoptionen** (ausführlich hierzu *Braun,* § 1767 Rn. 18). Auch für **Lebenspartner** gelten die Bestimmungen entsprechend (vgl. § 9 Abs. 7 Satz 2 LPartG, § 1767 Abs. 2 Satz 2 BGB). 2

B. Inhalt der Norm

I. Grundsatz der Fortführung des Familiennamens des Annehmenden

§ 1757 Abs. 1 BGB normiert den Grundsatz, dass **das Kind den Familiennamen des Annehmenden als Geburtsnamen erhält**. Bei verheirateten (oder verpartnerten) Personen ist dies der Ehename (oder Lebenspartnerschaftsname). Als Ehename gilt nicht der nach § 1355 Abs. 4 BGB oder § 3 Abs. 2 LPartG hinzugefügte Name (§ 1757 Abs. 1 Satz 2 BGB). 3

Nimmt eine **geschiedene Person** ein Kind alleine an und führt diese weiterhin ihren vormaligen Ehenamen als Familiennamen, so setzt sich auch diese Namensführung beim angenommenen Kind fort. 4

II. Namensführung bei keinem gemeinsamen Ehenamen

Führt ein Ehepaar keinen Ehenamen, so bestimmt § 1757 Abs. 2 Satz 1 BGB, dass die Ehegatten ein **Namensbestimmungsrecht** für das anzunehmende Kind haben. Dies gilt allerdings nur dann, wenn das Namensbestimmungsrecht nicht schon gegenüber einem anderen (eigenen oder vorher angenommenen) Kind wahrgenommen worden ist (§ 1757 Abs. 2 Satz 1 Hs. 2 i.V.m. § 1617 Abs. 1 Satz 3 BGB), da hierdurch schon der Familienname festgelegt worden ist. Ein Kind, welches das 5. Lebensjahr schon vollendet hat, muss in die Namensbestimmung einwilligen (§ 1757 Abs. 2 Satz 2 BGB). Die Einwilligung wird bei jungen Kindern durch den gesetzlichen Vertreter erteilt. Ist das Kind über 14 Jahre alt, dann muss es selbst (mit Zustimmung des gesetzlichen Vertreters) einwilligen (§ 1757 Abs. 2 Satz 2 Hs. 2 i.V.m. § 1617c Abs. 1 Satz 2 BGB). Die Ausübung des Namensbestimmungsrechts bedarf mindestens der öffentlichen Beglaubigung (vgl. § 129 BGB), kann aber selbstverständlich auch in der notariellen Urkunde zusammen mit dem Annahmeantrag erklärt werden. 5

Die Bestimmungen gelten entsprechend bei der Annahme durch einen **Lebenspartner** (§ 9 Abs. 7 Satz 2 LPartG i.V.m. § 1757 Abs. 2 Satz 1 BGB). 6

III. Das Voranstellen oder Hinzufügen des bisherigen Familiennamens

7 **Auf Antrag** der Annehmenden kann **der bisherige Familienname dem neuen Geburtsnamen hinzugefügt oder vorangestellt** werden (§ 1757 Abs. 3 Satz 1 Nr. 2 BGB). Dies ist jedoch nur dann möglich, wenn dies **aus schwerwiegenden Gründen zum Wohl des Kindes erforderlich** ist und wenn **das Kind** vertreten durch den gesetzlichen Vertreter hierin **einwilligt** (§ 1757 Abs. 3 Satz 2 i.V.m. § 1746 Abs. 1 Satz 2 BGB). Das über 14-jährige nicht geschäftsunfähige Kind muss hierin höchstpersönlich einwilligen (§ 1757 Abs. 3 Satz 2 i.V.m. § 1746 Abs. 1 Satz 3 BGB). Die strenge Formulierung in § 1757 Abs. 3 Satz 1 Nr. 2 BGB zeigt, dass die Voranstellung oder Hinzufügung des bisherigen Familiennamens die Ausnahme bleiben soll.[1] Weniger strenge Anforderungen sind hingegen bei der Volljährigenadoption zu stellen, da der Angenommene unter seinem bisherigen Geburts- oder Familiennamen in der Regel schon lange aufgetreten ist.[2] Der Antrag bedarf mindestens der öffentlichen Beglaubigung.[3]

IV. Die Änderung des Vornamens

8 Die Annehmenden können **auf Antrag** auch **den Vornamen des Kindes neu bestimmen** (§ 1757 Abs. 3 Satz 1 Nr. 1 BGB). Voraussetzung hierfür ist, dass dies einerseits **„dem Kindeswohl entspricht"** und andererseits **das Kind** hierin (regelmäßig durch den gesetzlichen Vertreter) **einwilligt** (§ 1757 Abs. 3 Satz 2 BGB). In aller Regel entspricht die Änderung des Vornamens durchaus dem Kindeswohl, es sei denn, das Kind hat schon ein höheres Alter erreicht.[4] Aus fachlicher Sicht wird allerdings häufig zumindest die Beibehaltung des oder der bisherigen Vornamen empfohlen (z.B. als zweiter Vorname).

Übersicht: Die Folgen für den Nachnamen bei der Annahme als Kind

Ausgangslage		Antrag	Namensfolge	Vorschriften
Annehmender: **Kind:**	**„Müller"** **„Meier"**	Kein weiter gehender Antrag	„Müller"	Minderjährigenadoption (Mj): § 1757 I BGB Volljährigenadoption (Vj): § 1767 II 1 i.V.m. § 1757 I BGB
Annehmender 1: **Annehmender 2:** **Kind:**	**„Müller"** **„Müller, geb. Schmidt"** **„Meier"**	Kein weiter gehender Antrag	„Müller"	Mj: § 1757 I BGB Vj: § 1767 II 1 i.V.m. § 1757 I BGB
Annehmender 1: **Annehmender 2:** **Kind:**	**„Müller"** **„Müller, geb. Schmidt"** **„Meier"**	Kein weiter gehender Antrag	„Müller"	Mj: § 1757 I BGB Vj: § 1767 II 1 i.V.m. § 1757 I BGB

1 Ebenso kritisch zur z.T. sehr großzügigen Rechtsprechung: Staudinger/*Frank*, § 1757 BGB Rn. 21; MüKo-BGB/*Maurer*, § 1757 Rn. 28
2 LG Regensburg MittBayNot 2008, 481; OLG Celle FamRZ 1997, 115
3 Zutreffend: MüKo-BGB/*Maurer*, § 1757 Rn. 70; strenger: BayObLG StAZ 1980, 65 (notarielle Beurkundung)
4 Staudinger/*Frank*, § 1757 BGB Rn. 49

Ausgangslage	Antrag	Namensfolge	Vorschriften
Annehmender 1: „Müller" **Annehmender 2: „Schmidt"** **Kind: „Meier"**	Bestimmung des Geburtsnamens mit Zustimmung des (über 5-jährigen) Kindes (§ 1757 II BGB ggf. i.V.m. § 1617c I 2 BGB) Form: mind. öffentlich beglaubigt Ausnahme: schon vorhandenes Kind → Namensidentität (§ 1617 I 3 BGB)	„Müller" oder „Schmidt"	Mj: § 1757 II BGB Vj: § 1767 II 1 i.V.m. § 1757 II BGB
Annehmender 1: „Müller" **Annehmender 2: „Müller, geb. Schmidt"** **Kind: „Meier"**	Antrag auf Voranstellen oder Hinzufügen des bisherigen Geburtsnamens mit Einwilligung des Kindes (§§ 1757 III 2, 1746 BGB) Form: mind. öffentlich beglaubigt	„Müller-Meier" oder „Meier-Müller"	Mj: § 1757 III 1 Nr. 2 BGB Vj: § 1767 II 1 i.V.m. § 1757 III 1 Nr. 2 BGB
Annehmender 1: „Müller" **Annehmender 2: „Schmidt"** **Kind: „Meier"**	Bestimmung des Geburtsnamens und Antrag auf Voranstellen oder Hinzufügen des bisherigen Geburtsnamens	„Müller-Meier" oder „Meier-Müller" oder „Schmidt-Meier" oder „Meier-Schmidt"	Mj: § 1757 II + III 1 Nr. 2 BGB Vj: § 1767 II 1 i.V.m. § 1757 III 1 Nr. 2 BGB

§ 1758 BGB Offenbarungs- und Ausforschungsverbot

(1) Tatsachen, die geeignet sind, die Annahme und ihre Umstände aufzudecken, dürfen ohne Zustimmung des Annehmenden und des Kindes nicht offenbart oder ausgeforscht werden, es sei denn, dass besondere Gründe des öffentlichen Interesses dies erfordern.

(2) [1]Absatz 1 gilt sinngemäß, wenn die nach § 1747 erforderliche Einwilligung erteilt ist. [2]Das Familiengericht kann anordnen, dass die Wirkungen des Absatzes 1 eintreten, wenn ein Antrag auf Ersetzung der Einwilligung eines Elternteils gestellt worden ist.

Die Vorschrift **schützt das durch die Adoption entstandene Verhältnis zwischen dem Kind und den Annehmenden gegenüber dem Einfluss dritter Personen** (insb. der leiblichen Eltern). Da durch die Annahme ein Rechtsverhältnis fingiert wird, welches einer leiblichen Abstammung gleichsteht, sollen – soweit dies die Annehmenden und das Kind nicht wünschen – keine anderen Personen erfahren können, dass es sich „nur" um ein Adoptionsverhältnis handelt. Dies dient der Verhinderung von Stigmatisierungen und von Einflussnahmen sowie der ungestörten Entwicklung des Kindes in der neuen Familie. 1

Durch Abs. 2 wird dieser Schutz schon **für die Zeit während des Annahme- bzw. Ersetzungsverfahrens vorverlagert**, indem schon im Zeitpunkt der Einwilligung der Eltern oder – auf Feststellung durch das Familiengericht – im Zeitpunkt des Antrags auf Ersetzung der Einwilligung der Eltern nach § 1748 BGB das Offenbarungs- und Ausforschungsverbot eingreift. 2

3 **Adressat der Norm** sind v.a. Behörden wie Jugendämter, Standesämter, sowie Gerichte und Adoptionsvermittlungsstellen in freier Trägerschaft, welche Informationen über die Adoption oder die Herkunft des Kindes haben. Diese haben eine **Schweigepflicht**. § 1758 BGB wird flankiert durch Vorschriften im Personenstandsrecht (v.a. § 63 PStG), im Verfahrensrecht (wo sogar im Rahmen von Akteneinsichtsrechten ausdrücklich in § 13 Abs. 2 Satz 2 FamFG auf § 1758 BGB Bezug genommen wird) sowie im Adoptionsvermittlungsgesetz (v.a. § 9b AdVermiG) und im Strafgesetzbuch in § 203 StGB. Das **Ausforschungsverbot** verbietet wiederum jegliche Ermittlungen anderer Stellen mit dem Ziel, das Annahmeverhältnis oder seine Umstände aufzudecken.

4 In zwei Fällen **greift** das Ausforschungs- und Offenbarungsverbot **nicht**. Einmal, **wenn sowohl die Annehmenden als auch das Kind (kumulativ)** in die Einsichtnahme oder Ausforschung **einwilligen**[1] und zum anderen, wenn **öffentliche Interessen** eine Offenbarung oder Ausforschung erfordern. Letzteres kommt insbesondere bei der Aufdeckung schwerer Straftaten oder Krankheiten in Betracht.[2]

5 **Keine Anwendung** findet die Norm in der Beziehung **zwischen dem Kind und den Annehmenden**. Im Gegenteil haben die Annehmenden gerade die Aufgabe zur kindgerechten Aufklärung des angenommenen Kindes, sollte es nicht schon während der Annahme alt genug gewesen sein, um das neu entstandene Verhältnis und seine Herkunft zu verstehen.

6 Das Kind (selbst ab 16 Jahren oder mithilfe der Annehmenden) hat viele Möglichkeiten, seine **Herkunft** durch entsprechende Anfragen bei Behörden und Adoptionsvermittlungsstellen **herauszufinden**.[3] Zu nennen sind hier insb. die Auskunftsrechte aus dem Geburtenregister in § 63 Abs. 1 PStG und die Einsichtsrechte in die Vermittlungsakte nach § 9b Abs. 2 AdVermiG.

7 Die Vorschrift stellt ausdrücklich **keine Schutznorm zugunsten der leiblichen Eltern** dar. Diese haben keinen besonderen Anspruch auf Geheimhaltung, dass sie ein Kind zur Adoption „freigegeben" haben.

8 Soll schon während eines Ersetzungsverfahrens das Offenbarungs- und Ausforschungsverbot gelten, so kann dies das Familiengericht von Amts wegen nach Eingang des Antrags auf Ersetzung der Einwilligung eines Elternteils durch (unanfechtbaren) Zwischenbeschluss anordnen (§ 1758 Abs. 2 Satz 2 BGB). Damit kann erreicht werden, dass trotz der Beteiligtenstellung des Elternteils, dessen Einwilligung ersetzt werden soll, der Inhalt der Verfahrensakte und insbesondere der aktuelle Aufenthaltsort des Kindes gegenüber diesem Elternteil geheim gehalten wird. Diese Entscheidung bietet sich immer dann an, wenn es schon lange oder überhaupt noch keinen Kontakt oder Umgang zwischen dem entsprechenden Elternteil und dem Kind gegeben hat, seit es in der neuen Familie lebt. Die gerichtliche Entscheidung ist nach pflichtgemäßem Ermessen und häufig nach entsprechendem Hinweis vonseiten der Adoptionsvermittlungsstelle oder des Jugendamts zu treffen.

---

1 Palandt/*Götz*, § 1758 BGB Rn. 2
2 Zu weiteren Fällen: MüKo-BGB/*Maurer*, § 1758 Rn. 18 f.
3 Hierzu: OLG München NJW 2005, 1667

§ 1759 BGB Aufhebung des Annahmeverhältnisses

Das Annahmeverhältnis kann nur in den Fällen der §§ 1760, 1763 aufgehoben werden.

Die Norm hat **keinen eigenständigen Regelungsgehalt**, sondern stellt lediglich klar, dass die Aufhebung von Minderjährigenadoptionen ausschließlich nach § 1760 BGB (Aufhebung wegen Verfahrensfehlern) oder nach § 1763 BGB (Aufhebung aus schwerwiegenden Gründen) möglich ist. Die Aufhebungstatbestände sind abschließend und aufgrund des generellen Bedürfnisses der Bestandskraft einer Adoption eng auszulegen. 1

Statistisch gesehen ist die Aufhebung von Adoptionen eher selten. Nach Angaben des Statistischen Bundesamts wurden im Jahr 2018 deutschlandweit 15 und 2017 lediglich acht Minderjährigenadoptionen aufgehoben.[1] 2

§ 1760 BGB Aufhebung wegen fehlender Erklärungen

(1) Das Annahmeverhältnis kann auf Antrag vom Familiengericht aufgehoben werden, wenn es ohne Antrag des Annehmenden, ohne die Einwilligung des Kindes oder ohne die erforderliche Einwilligung eines Elternteils begründet worden ist.

(2) Der Antrag oder eine Einwilligung ist nur dann unwirksam, wenn der Erklärende

a) zur Zeit der Erklärung sich im Zustand der Bewusstlosigkeit oder vorübergehenden Störung der Geistestätigkeit befand, wenn der Antragsteller geschäftsunfähig war oder das geschäftsunfähige oder noch nicht 14 Jahre alte Kind die Einwilligung selbst erteilt hat,

b) nicht gewusst hat, dass es sich um eine Annahme als Kind handelt, oder wenn er dies zwar gewusst hat, aber einen Annahmeantrag nicht hat stellen oder eine Einwilligung zur Annahme nicht hat abgeben wollen oder wenn sich der Annehmende in der Person des anzunehmenden Kindes oder wenn sich das anzunehmende Kind in der Person des Annehmenden geirrt hat,

c) durch arglistige Täuschung über wesentliche Umstände zur Erklärung bestimmt worden ist,

d) widerrechtlich durch Drohung zur Erklärung bestimmt worden ist,

e) die Einwilligung vor Ablauf der in § 1747 Abs. 2 Satz 1 bestimmten Frist erteilt hat.

(3) [1]Die Aufhebung ist ausgeschlossen, wenn der Erklärende nach Wegfall der Geschäftsunfähigkeit, der Bewusstlosigkeit, der Störung der Geistestätigkeit, der durch die Drohung bestimmten Zwangslage, nach der Entdeckung des Irrtums oder nach Ablauf der in § 1747 Abs. 2 Satz 1 bestimmten Frist den Antrag oder die Einwilligung nachgeholt oder sonst zu erkennen gegeben hat, dass das Annahmeverhältnis aufrechterhalten werden soll. [2]Die Vorschriften des § 1746 Abs. 1 Satz 2, 3 und des § 1750 Abs. 3 Satz 1, 2 sind entsprechend anzuwenden.

(4) Die Aufhebung wegen arglistiger Täuschung über wesentliche Umstände ist ferner ausgeschlossen, wenn über Vermögensverhältnisse des Annehmenden oder des Kindes getäuscht worden ist oder wenn die Täuschung ohne Wissen eines Antrags- oder Einwilligungsberechtigten von jemand verübt worden ist, der weder antrags- noch einwilligungsberechtigt noch zur Vermittlung der Annahme befugt war.

1 Im Jahr 2016: 7 Aufhebungen, im Jahr 2015: 14 Aufhebungen; Quelle: Statistisches Bundesamt, Statistiken der Kinder- und Jugendhilfe – Adoptionen, 2015, 2016, 2017, 2018

(5) [1]Ist beim Ausspruch der Annahme zu Unrecht angenommen worden, dass ein Elternteil zur Abgabe der Erklärung dauernd außerstande oder sein Aufenthalt dauernd unbekannt sei, so ist die Aufhebung ausgeschlossen, wenn der Elternteil die Einwilligung nachgeholt oder sonst zu erkennen gegeben hat, dass das Annahmeverhältnis aufrechterhalten werden soll. [2]Die Vorschrift des § 1750 Abs. 3 Satz 1, 2 ist entsprechend anzuwenden.

§ 1761 BGB Aufhebungshindernisse

(1) Das Annahmeverhältnis kann nicht aufgehoben werden, weil eine erforderliche Einwilligung nicht eingeholt worden oder nach § 1760 Abs. 2 unwirksam ist, wenn die Voraussetzungen für die Ersetzung der Einwilligung beim Ausspruch der Annahme vorgelegen haben oder wenn sie zum Zeitpunkt der Entscheidung über den Aufhebungsantrag vorliegen; dabei ist es unschädlich, wenn eine Belehrung oder Beratung nach § 1748 Abs. 2 nicht erfolgt ist.

(2) Das Annahmeverhältnis darf nicht aufgehoben werden, wenn dadurch das Wohl des Kindes erheblich gefährdet würde, es sei denn, dass überwiegende Interessen des Annehmenden die Aufhebung erfordern.

§ 1762 BGB Antragsberechtigung; Antragsfrist, Form

(1) [1]Antragsberechtigt ist nur derjenige, ohne dessen Antrag oder Einwilligung das Kind angenommen worden ist. [2]Für ein Kind, das geschäftsunfähig oder noch nicht 14 Jahre alt ist, und für den Annehmenden, der geschäftsunfähig ist, können die gesetzlichen Vertreter den Antrag stellen. [3]Im Übrigen kann der Antrag nicht durch einen Vertreter gestellt werden. [4]Ist der Antragsberechtigte in der Geschäftsfähigkeit beschränkt, so ist die Zustimmung des gesetzlichen Vertreters nicht erforderlich.

(2) [1]Der Antrag kann nur innerhalb eines Jahres gestellt werden, wenn seit der Annahme noch keine drei Jahre verstrichen sind. [2]Die Frist beginnt

a) in den Fällen des § 1760 Abs. 2 Buchstabe a mit dem Zeitpunkt, in dem der Erklärende zumindest die beschränkte Geschäftsfähigkeit erlangt hat oder in dem dem gesetzlichen Vertreter des geschäftsunfähigen Annehmenden oder des noch nicht 14 Jahre alten oder geschäftsunfähigen Kindes die Erklärung bekannt wird;

b) in den Fällen des § 1760 Abs. 2 Buchstaben b, c mit dem Zeitpunkt, in dem der Erklärende den Irrtum oder die Täuschung entdeckt;

c) in dem Falle des § 1760 Abs. 2 Buchstabe d mit dem Zeitpunkt, in dem die Zwangslage aufhört;

d) in dem Falle des § 1760 Abs. 2 Buchstabe e nach Ablauf der in § 1747 Abs. 2 Satz 1 bestimmten Frist;

e) in den Fällen des § 1760 Abs. 5 mit dem Zeitpunkt, in dem dem Elternteil bekannt wird, dass die Annahme ohne seine Einwilligung erfolgt ist.

[3]Die für die Verjährung geltenden Vorschriften der §§ 206, 210 sind entsprechend anzuwenden.

(3) Der Antrag bedarf der notariellen Beurkundung.

Übersicht

Rn.
A. Allgemeines ... 1
B. Inhalt der Normen ... 6
I. Prüfungsschritte ... 6
II. Der Aufhebungsantrag ... 7
1. Form des Antrags ... 7
2. Die Antragsberechtigung ... 8
3. Höchstpersönlichkeit der Antragstellung ... 9
III. Die Antragsfrist ... 10
1. Die absolute Antragsfrist ... 11
2. Die speziellen Antragsfristen ... 12
IV. Die Aufhebungsgründe ... 13
V. Die Heilung von fehlenden oder unwirksamen Erklärungen ... 15
VI. Die Hinderung der Aufhebung aus Kindeswohlgründen ... 18

A. Allgemeines

Die Vorschriften in §§ 1760 bis 1762 BGB regeln abschließend die **Voraussetzungen für die Aufhebung einer Minderjährigenadoption wegen Verfahrensfehlern**. Durch die Verweise in § 1771 Satz 2 und Satz 3 sowie in § 1772 Abs. 2 BGB gelten die Vorschriften sinngemäß auch für die Aufhebung einer Volljährigenadoption. 1

Die **Aufhebungstatbestände** betreffen **Fehler bei den Einwilligungen** nach §§ 1746, 1747 BGB oder **Fehler bei der Antragstellung** nach § 1752 BGB. Zur Aufhebung der Adoption nach §§ 1760 ff. BGB kann es entweder bei vollständigem Fehlen einer erforderlichen Erklärung oder bei einer Unwirksamkeit der erforderlichen Erklärung kommen. Fehler bei der Einwilligung eines Ehegatten nach § 1749 BGB sind unbeachtlich.[1] 2

Die Möglichkeit der Aufhebung einer Minderjährigenadoption nach §§ 1760 ff. BGB ist **unabhängig vom Alter des Angenommenen im Zeitpunkt des Aufhebungsantrags.**[2] Eine Aufhebung wegen Verfahrensfehlern ist also im Gegensatz zur Aufhebung nach § 1763 BGB (siehe hierzu *Braun,* § 1763 BGB Rn. 6) auch bei mittlerweile eingetretener Volljährigkeit möglich (soweit die Antragsfristen in § 1762 Abs. 2 BGB eingehalten worden sind). 3

Die Aufhebung einer Adoption wegen Verfahrensfehlern ist nur aufgrund **notariell beurkundeten Antrags** möglich (§ 1762 Abs. 3 BGB). Auch dies stellt einen wesentlichen Unterschied zur Aufhebung aus schwerwiegenden Gründen nach § 1763 BGB dar, welche auch von Amts wegen möglich ist (siehe hierzu *Braun,* § 1763 BGB Rn. 5). 4

Die **Folgen der Aufhebung** (Verwandtschaftsbeziehung und Namensführung nach der Aufhebung) sind abschließend in §§ 1764, 1765 BGB geregelt. 5

B. Inhalt der Normen

I. Prüfungsschritte

Die Systematik von §§ 1760 bis 1762 BGB ist eher unübersichtlich geraten. Als **Übersicht** werden die die **folgenden Prüfungsschritte** vorgeschlagen. Nur falls sämtliche Fragen bejaht werden können, ist eine Aufhebung möglich: 6

- Ist der Antrag auf Aufhebung formwirksam nach § 1762 Abs. 3 BGB gestellt worden?
- Ist der Erklärende antragsberechtigt nach § 1762 Abs. 1 BGB?

---

1 OLG Nürnberg FPR 2002, 457, 458
2 MüKo-BGB/*Maurer,* § 1759 Rn. 4

- Ist die absolute Antragsfrist von drei Jahren nach Wirksamwerden der Annahme eingehalten (§ 1762 Abs. 2 Satz 1 Hs. 2 BGB)?
- Ist die spezielle Antragsfrist von einem Jahr gemäß § 1762 Abs. 2 Satz 2 BGB eingehalten?
- Liegt ein formeller Aufhebungstatbestand vor (entweder Fehlen eines Antrags oder einer Einwilligungserklärung nach § 1760 Abs. 1 BGB oder Unwirksamkeit eines Antrags oder einer Einwilligungserklärung nach § 1760 Abs. 2 BGB)?
- Ist keine Heilung des Verfahrensfehlers möglich?
  - wegen Nachholung der Einwilligung oder des Antrags (Fälle von § 1760 Abs. 3 und 5 BGB)?
  - wegen Unbeachtlichkeit des Irrtums (Fall von § 1760 Abs. 4 BGB)?
  - wegen Ersetzung einer Einwilligung (Fall von § 1761 Abs. 1 BGB)?
- Liegt kein Hinderungsgrund wegen erheblicher Kindeswohlgefährdung nach § 1761 Abs. 2 BGB vor?

II. Der Aufhebungsantrag

1. Form des Antrags

7 Der Aufhebungsantrag bedarf der **notariell beurkundeten Form** (§ 1762 Abs. 3 BGB). Bei nicht formgemäßem Antrag muss der Antragsteller auf die Formbedürftigkeit hingewiesen werden. Holt er die Form auch nicht nach angemessener Frist nach, so ist der Antrag als unzulässig zu verwerfen. Auch ein nicht formgemäßer Antrag führt jedoch (zunächst) zur Einhaltung der Antragsfrist nach § 1762 Abs. 2 BGB.

2. Die Antragsberechtigung

8 Antragsberechtigt ist nur **diejenige Person, deren Einwilligung oder Antrag im Annahmeverfahren gefehlt hat oder unwirksam war** (§ 1762 Abs. 1 Satz 1 BGB).

3. Höchstpersönlichkeit der Antragstellung

9 Der Antrag auf Aufhebung kann grundsätzlich **nur vom Antragsteller selbst** gestellt werden (**Höchstpersönlichkeit der Antragstellung**, § 1762 Abs. 1 Satz 3 BGB). Dies gilt auch für beschränkt geschäftsfähige Personen (z.B. ein über 14-jähriges Kind), welche auch keine Zustimmung ihres gesetzlichen Vertreters benötigen (§ 1762 Abs. 1 Satz 4 BGB). Eine Ausnahme von der Höchstpersönlichkeit der Antragstellung gilt nur dann, wenn das Kind noch nicht 14 Jahre alt oder geschäftsunfähig ist oder wenn der Annehmende geschäftsunfähig ist. Dann erklärt der gesetzliche Vertreter den Antrag im Namen des Vertretenen (§ 1762 Abs. 1 Satz 2 BGB). Eine gewillkürte Vertretung bei der Antragstellung ist immer unzulässig.[3]

III. Die Antragsfrist

10 Der Antrag auf Aufhebung einer Adoption unterliegt bestimmten Fristen. Hierbei ist **zwischen der absoluten Antragsfrist und speziellen Antragsfristen zu unterscheiden**.

1. Die absolute Antragsfrist

11 Sind seit der Annahme als Kind **drei Jahre** verstrichen, so ist eine Aufhebung immer ausgeschlossen (absolute Antragsfrist, § 1762 Abs. 2 Satz 1 Hs. 2 BGB). **Beginn der Frist** ist der **Zeitpunkt des Wirksamwerdens des Annahmebeschlusses** nach § 197

3 Palandt/*Götz*, § 1762 BGB Rn. 1

Abs. 2 FamFG. Wird der Antrag binnen der Drei-Jahres-Frist gestellt so ist eine Aufhebung unabhängig von der Dauer des Aufhebungsverfahrens möglich (Antragsfrist und keine Aufhebungsfrist).[4] Die absolute Antragsfrist wird nicht durch die Hemmungsvorschriften in §§ 206, 210 BGB nach hinten verschoben. § 1762 Abs. 2 Satz 3 BGB gilt nur für die speziellen Antragsfristen.[5]

2. Die speziellen Antragsfristen

Die spezielle Antragsfrist beträgt **ein Jahr**. Der **Beginn der Frist** bestimmt sich je nach Einzelfall gemäß der Auflistung in § 1762 Abs. 2 Satz 2 BGB, wobei die Hemmungsvorschriften nach §§ 206, 210 BGB entsprechende Anwendung finden (§ 1762 Abs. 2 Satz 3 BGB). Die Einzelfälle in § 1762 Abs. 2 Satz 2 BGB betreffen nur die Fälle, in denen Einwilligungen oder Anträge unwirksam gemäß § 1760 Abs. 2 BGB waren. Haben die Einwilligungen oder Anträge aber komplett gefehlt, so beginnt die Antragsfrist in dem Zeitpunkt, in dem dem Antragsteller das Fehlen seiner Erklärung bekannt geworden ist.[6] **12**

IV. Die Aufhebungsgründe

Folgende Verfahrensfehler stellen **relevante Aufhebungstatbestände** dar: **13**

- Fehlen einer Erklärung
  - kein Antrag nach § 1752 BGB (auch bei rechtzeitiger Rücknahme eines zuvor gestellten Antrags[7]),
  - keine Einwilligungserklärung des Kindes nach § 1746 BGB (obwohl erforderlich),
  - keine Einwilligungserklärung des jeweiligen Elternteils nach § 1747 BGB (obwohl erforderlich).
- Unwirksamkeit einer Erklärung
  - Unwirksamkeit des Annahmeantrags nach § 1752 BGB,
  - Unwirksamkeit der Einwilligungserklärung des Kindes nach § 1746 BGB,
  - Unwirksamkeit der Einwilligungserklärung des jeweiligen Elternteils nach § 1747 BGB.

§ 1760 Abs. 2a) bis e) BGB führt dabei enumerativ (und abschließend) die möglichen **Unwirksamkeitsgründe** auf: **14**

- bei Bewusstlosigkeit oder vorübergehender Störung der Geistestätigkeit (§ 105 Abs. 2 BGB) im Zeitpunkt der Erklärung (Buchstabe a))
- bei Geschäftsunfähigkeit des Annehmenden im Zeitpunkt des Antrags nach § 1752 BGB (Buchstabe a))
- bei Geschäftsunfähigkeit des (über 14-jährigen) Kindes bei der eigenen Erklärung nach § 1746 BGB (Buchstabe a))
- bei Irrtum über die Annahme als Kind als solcher (Buchstabe b))
- bei Irrtum über den Erklärungsinhalt (Buchstabe b))
- bei Irrtum des Kindes über die Person des Annehmenden (Buchstabe b))
- bei Irrtum des Annehmenden über die Person des anzunehmenden Kindes (Buchstabe b))

---

4 MüKo-BGB/*Maurer*, § 1762 Rn. 12
5 Staudinger/*Frank*, § 1762 BGB Rn. 20
6 MüKo-BGB/*Maurer*, § 1760 Rn. 14
7 OLG Düsseldorf FamRZ 1997, 117

- bei arglistiger Täuschung über wesentliche Umstände (Buchstabe c)) (beachte aber § 1760 Abs. 4 BGB)
- bei widerrechtlicher Drohung (Buchstabe d))
- bei der Einwilligung eines Elternteils vor Ablauf der Acht-Wochen-Frist gemäß § 1747 Abs. 2 Satz 1 BGB (Buchstabe e))

V. Die Heilung von fehlenden oder unwirksamen Erklärungen

15 Trotz Vorliegens eines Unwirksamkeitsgrundes ist eine Aufhebung aber auch ausgeschlossen, wenn die unwirksame Erklärung **nach Wegfall des entsprechenden Hinderungsgrunds geheilt** worden ist. In welchen Unwirksamkeitsfällen dies möglich ist, wird ausdrücklich in § 1760 Abs. 3 BGB aufgeführt. Eine Heilung ist entweder durch Nachholung der Erklärung möglich oder wenn der Erklärende zu erkennen gegeben hat, dass das Annahmeverhältnis aufrecht erhalten bleiben soll.

16 Wurde zu Unrecht von der **Einwilligung eines Elternteils nach § 1747 Abs. 4 BGB** abgesehen, so stellt dies zwar grundsätzlich einen Aufhebungsgrund (wegen Fehlens der Einwilligung) dar. Das ursprüngliche Fehlen der Einwilligung kann jedoch **gemäß § 1760 Abs. 5 BGB dadurch geheilt** werden, indem der entsprechende Elternteil die Einwilligung nach § 1747 BGB nachholt oder sonst zu erkennen gibt, dass das Annahmeverhältnis aufrecht erhalten bleiben soll.

17 War eine Einwilligungserklärung eines Elternteils unwirksam oder hat eine solche komplett gefehlt, so kann dies schließlich **mittels Ersetzung gemäß § 1761 Abs. 1 BGB geheilt** werden. Dies ist möglich, wenn schon im Zeitpunkt der Annahme ein Ersetzungsgrund nach § 1748 BGB vorgelegen hat oder wenn der Ersetzungsgrund im Zeitpunkt des Aufhebungsverfahrens vorhanden ist.

VI. Die Hinderung der Aufhebung aus Kindeswohlgründen

18 Selbst wenn sämtliche Aufhebungsvoraussetzungen gegeben sind, kann eine Aufhebung **immer noch daran scheitern, dass eine Aufhebung zu einer erheblichen Kindeswohlgefährdung führen würde** (§ 1761 Abs. 2 BGB). Dieses Korrektiv greift immer dann ein, wenn die Aufrechterhaltung des Annahmeverhältnisses für das Kind zwingend erforderlich ist. Das kann etwa dann der Fall sein, wenn bei einer Aufhebung der Annahme die Versorgung des Kindes gefährdet wäre oder das Kind die leiblichen Eltern überhaupt nicht kennt.[8] In jedem Fall ist aber eine Interessenabwägung mit den Interessen des Annehmenden vorzunehmen (§ 1761 Abs. 2 a.E. BGB). Ist diesem die Aufrechterhaltung im Vergleich zu den Interessen des Kindes nicht zuzumuten, so kann das Annahmeverhältnis aufgehoben werden.

§ 1763 BGB Aufhebung von Amts wegen

(1) Während der Minderjährigkeit des Kindes kann das Familiengericht das Annahmeverhältnis von Amts wegen aufheben, wenn dies aus schwerwiegenden Gründen zum Wohl des Kindes erforderlich ist.

(2) Ist das Kind von einem Ehepaar angenommen, so kann auch das zwischen dem Kind und einem Ehegatten bestehende Annahmeverhältnis aufgehoben werden.

8 Weitere Fälle: Palandt/*Götz*, § 1761 BGB Rn. 3

(3) Das Annahmeverhältnis darf nur aufgehoben werden,

a) wenn in dem Falle des Absatzes 2 der andere Ehegatte oder wenn ein leiblicher Elternteil bereit ist, die Pflege und Erziehung des Kindes zu übernehmen, und wenn die Ausübung der elterlichen Sorge durch ihn dem Wohl des Kindes nicht widersprechen würde oder

b) wenn die Aufhebung eine erneute Annahme des Kindes ermöglichen soll.

Übersicht

Rn.

A. Allgemeines ... 1

B. Inhalt der Norm ... 6

I. Anwendungsbereich ... 6

II. Fälle von schwerwiegenden Gründen ... 8

III. Vorliegen einer Ersatzbetreuung ... 9

A. Allgemeines

§ 1763 BGB betrifft den zweiten Fall einer möglichen Aufhebung einer Minderjährigenadoption. Ist eine Fortführung des Adoptionsverhältnisses **aus schwerwiegenden Gründen dem Wohl des Kindes abträglich**, so kann das entstandene rechtliche Eltern-Kind-Verhältnis wieder aufgehoben werden. 1

Die Aufhebungsmöglichkeit unterliegt **zwei bedeutenden Einschränkungen**. Zum einen kann eine Minderjährigenadoption nur während der Minderjährigkeit des Kindes aufgehoben werden und zum anderen muss eine Ersatzbetreuung i.S.d. Abs. 3 schon bereitstehen oder konkret zu erwarten sein. 2

Systematisch steht die Norm **in engem Zusammenhang zum Verbot der Kettenadoption nach § 1742 BGB**. Dies zeigt insbesondere die Vorschrift in § 1763 Abs. 3b) BGB. Darüber hinaus ist der **Maßstab des schwerwiegenden Grundes ähnlich** zu beurteilen wie der unverhältnismäßige Nachteil bei Unterbleiben der Annahme **in § 1748 Abs. 1 BGB**. In beiden Fällen wird schließlich in das grundgesetzlich geschützte natürliche Elternrecht nach Art. 6 Abs. 2 Satz 1 GG eingegriffen.[1] 3

Die Auslegung von § 1763 BGB ist vor diesem Hintergrund äußerst eng vorzunehmen. Insbesondere sind zunächst alternative Eingriffsmaßnahmen (insbesondere § 1666 BGB) zu prüfen oder zu versuchen, um das Kind zu schützen (**Subsidiarität der Aufhebung**).[2] Erst wenn dies erfolglos erscheint, darf – das Vorliegen der weiteren Vorgaben vorausgesetzt – in das durch Adoption geschaffene Band eingegriffen werden. Dies mag der entscheidende Grund dafür sein, dass in der veröffentlichten Rechtsprechung nur äußerst wenige Fälle bekannt geworden sind, in denen eine Aufhebung einer Adoption nach § 1763 BGB erfolgte. 4

Im Gegensatz zur Aufhebung nach § 1760 BGB bedarf die Aufhebung nach § 1763 BGB keines Antrags, sondern **kann auch von Amts wegen erfolgen**. 5

B. Inhalt der Norm

I. Anwendungsbereich

Die Norm findet **nur bei der Aufhebung von Minderjährigenadoptionen** Anwendung. Hinzukommen muss, dass das Kind **im Zeitpunkt des Entscheidungserlasses noch minderjährig** sein muss. Hat das Kind die Volljährigkeit erreicht, so ist eine Aufhe- 6

1 Zum Ganzen: MüKo-BGB/*Maurer,* § 1763 Rn. 3 f.

2 BT-Drucks. 7/3061, 26

bung auch bei schwersten Pflichtverletzungen weder gemäß § 1763 BGB noch nach § 1771 BGB möglich, da letztere Norm nur die Aufhebung einer Volljährigenadoption betrifft.[3]

7 Die Aufhebung kann **auch nur in Bezug auf einen Adoptivelternteil** bei vorheriger gemeinschaftlicher Adoption erfolgen (§ 1763 Abs. 2 BGB). Diese Konstellation kann für das Vorliegen einer Ersatzbetreuung nach § 1763 Abs. 3a) BGB von entscheidender Bedeutung sein, wenn der verbleibende Adoptivelternteil bereit und geeignet ist, die weitere Betreuung zu übernehmen (hierzu unten Rn. 9).

II. Fälle von schwerwiegenden Gründen

8 In welchen Fällen ein schwerwiegender Grund vorliegt, ist **im Einzelfall** zu entscheiden. Dabei ist zu berücksichtigen, dass die Aufhebung eindeutig subsidiär gegenüber anderen familienrechtlichen Eingriffen ist. Kommen etwa vorrangig Maßnahmen nach § 1666 BGB oder § 1684 Abs. 4 Satz 1 BGB in Betracht, so sind zunächst diese zu durchdenken oder zu versuchen. Die Aufhebung muss **Ultima Ratio** sein. Eindeutig nicht ausreichen können daher enttäuschte Erwartungen der Adoptiveltern, die Trennung und Scheidung der Annehmenden[4] oder der Missbrauch von Umgangsrechten.[5] Zu fordern ist vielmehr eine **beiderseitige Grundlagenstörung von erheblichem Gewicht**, etwa bei Tötung der Adoptivmutter durch das Adoptivkind,[6] bei dauerhafter Ablehnung der Adoptiveltern durch das Adoptivkind oder bei einem von vornherein nicht beabsichtigten Eltern-Kind-Verhältnis (Scheinadoptionen).[7]

III. Vorliegen einer Ersatzbetreuung

9 Die Norm wird weitergehend dadurch eingeschränkt, als dass eine Aufhebung aus schwerwiegenden Gründen nur möglich ist, wenn eine **Ersatzbetreuung i.S.v. Abs. 3 schon vorhanden ist oder konkret in Aussicht steht**. Folgende Fallkonstellationen sind hier aufgeführt:

- Der **verbliebene Adoptivelternteil kann** bei einer vorhergehenden gemeinschaftlichen Adoption und Aufhebung nur in Bezug auf einen Elternteil **die Pflege und Erziehung des Kindes weiter übernehmen**, ohne dass dies dem Wohl des Kindes widersprechen würde (§ 1763 Abs. 3a) Alt. 1 BGB).
- Ein **leiblicher Elternteil kann die Pflege und Erziehung des Kindes übernehmen**, ohne dass dies dem Wohl des Kindes widersprechen würde (§ 1763 Abs. 3a) Alt. 2 BGB), was insbesondere bei Stiefkindkonstellationen denkbar ist.[8]
- Es besteht die begründete Aussicht darauf, dass das Kind nach der Aufhebung von einem oder mehreren anderen Annehmenden adoptiert wird (**Mehrfachadoption nach Aufhebung**, § 1763 Abs. 3b) BGB). Bei der **Aufhebung einer Stiefkindadoption** und dem Bereitstehen eines neuen Annehmenden (neuer Ehepartner des leiblichen Elternteils) ist zu beachten, dass bei der Aufhebung dann auch der leibliche Elternteil zu beteiligen ist, auch wenn dieser der erneuten Adoption nicht zustimmen muss.[9]

---

3 BGH NJW 2014, 1663 (sexueller Missbrauch des Kindes)
4 BayObLG NJWE-FER 2000, 5, 6
5 MüKo-BGB/*Maurer*, § 1763 Rn. 9
6 AG Arnsberg FamRZ 1987, 119
7 OLG Oldenburg FamRZ 2004, 399; OLG Frankfurt FamRZ 1982, 848
8 MüKo-BGB/*Maurer*, § 1763 Rn. 12
9 A.A. Staudinger/*Frank*, § 1763 BGB Rn. 13

§ 1764 BGB Wirkung der Aufhebung

(1) [1]Die Aufhebung wirkt nur für die Zukunft. [2]Hebt das Familiengericht das Annahmeverhältnis nach dem Tode des Annehmenden auf dessen Antrag oder nach dem Tode des Kindes auf dessen Antrag auf, so hat dies die gleiche Wirkung, wie wenn das Annahmeverhältnis vor dem Tode aufgehoben worden wäre.

(2) Mit der Aufhebung der Annahme als Kind erlöschen das durch die Annahme begründete Verwandtschaftsverhältnis des Kindes und seiner Abkömmlinge zu den bisherigen Verwandten und die sich aus ihm ergebenden Rechte und Pflichten.

(3) Gleichzeitig leben das Verwandtschaftsverhältnis des Kindes und seiner Abkömmlinge zu den leiblichen Verwandten des Kindes und die sich aus ihm ergebenden Rechte und Pflichten, mit Ausnahme der elterlichen Sorge, wieder auf.

(4) Das Familiengericht hat den leiblichen Eltern die elterliche Sorge zurückzuübertragen, wenn und soweit dies dem Wohl des Kindes nicht widerspricht; andernfalls bestellt es einen Vormund oder Pfleger.

(5) Besteht das Annahmeverhältnis zu einem Ehepaar und erfolgt die Aufhebung nur im Verhältnis zu einem Ehegatten, so treten die Wirkungen des Absatzes 2 nur zwischen dem Kind und seinen Abkömmlingen und diesem Ehegatten und dessen Verwandten ein; die Wirkungen des Absatzes 3 treten nicht ein.

§ 1765 BGB Name des Kindes nach der Aufhebung

(1) [1]Mit der Aufhebung der Annahme als Kind verliert das Kind das Recht, den Familiennamen des Annehmenden als Geburtsnamen zu führen. [2]Satz 1 ist in den Fällen des § 1754 Abs. 1 nicht anzuwenden, wenn das Kind einen Geburtsnamen nach § 1757 Abs. 1 führt und das Annahmeverhältnis zu einem Ehegatten allein aufgehoben wird. [3]Ist der Geburtsname zum Ehenamen oder Lebenspartnerschaftsnamen des Kindes geworden, so bleibt dieser unberührt.

(2) Auf Antrag des Kindes kann das Familiengericht mit der Aufhebung anordnen, dass das Kind den Familiennamen behält, den es durch die Annahme erworben hat, wenn das Kind ein berechtigtes Interesse an der Führung dieses Namens hat. § 1746 Abs. 1 Satz 2, 3 ist entsprechend anzuwenden.

(3) Ist der durch die Annahme erworbene Name zum Ehenamen oder Lebenspartnerschaftsnamen geworden, so hat das Familiengericht auf gemeinsamen Antrag der Ehegatten oder Lebenspartner mit der Aufhebung anzuordnen, dass die Ehegatten oder Lebenspartner als Ehenamen oder Lebenspartnerschaftsnamen den Geburtsnamen führen, den das Kind vor der Annahme geführt hat.

Die **Folgen einer Aufhebung** nach § 1760 Abs. 1 BGB oder § 1763 BGB ergeben sich **abschließend** aus § 1764 BGB (bzgl. des Verwandtschaftsverhältnisses und der sich daraus ergebenden Rechte und Pflichten) und aus § 1765 BGB (bzgl. der Namensführung als Folge der Aufhebung). Im Grundsatz soll nach der Aufhebung **wieder der Zustand** hergestellt werden, **welcher vor der Adoption bestanden hat**. 1

Ausnahme hiervon ist das Sorgerecht gegenüber dem Kind. Dieses geht mit der Aufhebung der Adoption nicht automatisch an die leiblichen Eltern zurück, sondern es obliegt der **erneuten gerichtlichen Entscheidung**, ob es diesen aus Kindeswohlgründen zurückzuübertragen ist (§ 1764 Abs. 4 BGB). 2

3 Auch **hinsichtlich des Namens** kann das Bedürfnis bestehen, dass der gemäß § 1757 BGB durch die Adoption erworbene Familienname nach der Aufhebung erhalten bleibt. Dies kann ebenso auf Antrag gerichtlich festgestellt werden (§ 1765 Abs. 2 BGB).

4 Im Übrigen ergeben sich die Wirkungen der Aufhebung direkt aus dem Gesetzeswortlaut.

§ 1766 BGB Ehe zwischen Annehmendem und Kind

[1]Schließt ein Annehmender mit dem Angenommenen oder einem seiner Abkömmlinge den eherechtlichen Vorschriften zuwider die Ehe, so wird mit der Eheschließung das durch die Annahme zwischen ihnen begründete Rechtsverhältnis aufgehoben. [2]§§ 1764, 1765 sind nicht anzuwenden.

1 Heiratet ein Annehmender ein angenommenes Kind (auch während dessen Volljährigkeit) oder einen Abkömmling des Angenommenen, so verstoßen die Eheschließenden gegen das Eheverbot in § 1308 Abs. 1 BGB („... soll nicht geschlossen werden, ..."). Dennoch sieht der Gesetzgeber nach § 1766 BGB den Bestand der Ehe als vorrangig an und **hebt das Annahmeverhältnis von Gesetzes wegen auf**. Die Vorschriften in §§ 1764, 1765 BGB finden keine Anwendung (§ 1766 Satz 2 BGB).

2 Die Norm gilt auch, wenn **bei vorangegangener gemeinschaftlicher Adoption** die Ehe mit einem der beiden Annehmenden geschlossen wird. Dann bleibt das Adoptionsverhältnis zum anderen (verstorbenen oder geschiedenen) Elternteil aufrecht erhalten.[1]

3 § 1766 BGB hat nichts mit dem **Verfahren auf Befreiung vom Eheverbot nach § 1308 Abs. 2 BGB** (§ 186 Nr. 4 FamFG) zu tun, da es bei der Befreiung trotz des Verbots in § 1308 Abs. 2 BGB um eine Eheschließung von Verwandten in der Seitenlinie geht.

Untertitel 2
Annahme Volljähriger

Übersicht: Voraussetzungen einer Volljährigenadoption mit den Wirkungen nach § 1770 BGB

1. **Antrag (§ 1768 Abs. 1 Satz 1 BGB)**
   a. gemeinschaftlich (Annehmende und Anzunehmender gemeinsam)
   b. notariell beurkundet
   c. höchstpersönlich (aber Vertretung des geschäftsunfähigen Anzunehmenden möglich)
2. **Persönliche Voraussetzungen der Annehmenden nach § 1741 Abs. 2 BGB (und ggf. § 9 Abs. 7 LPartG) (Alleinadoption oder gemeinschaftliche Adoption)**
3. **Mindestalter der Annehmenden nach § 1743 BGB**

1 MüKo-BGB/*Maurer*, § 1766 Rn. 4

4. **Einwilligung des Ehegatten des Annehmenden (§ 1749 Abs. 1 Satz 1 BGB)**
   - mit der Möglichkeit der Ersetzung nach § 1749 Abs. 1 Satz 2 und 3 BGB oder des Verzichts auf die Einwilligung nach § 1749 Abs. 2 BGB
5. **Einwilligung des Ehegatten des Anzunehmenden (§ 1767 Abs. 2 Satz 2 BGB)**
6. **Sittliche Rechtfertigung nach § 1767 Abs. 1 BGB**
7. **Kein Entgegenstehen von Interessen der Kinder des Annehmenden oder des Anzunehmenden (§ 1769 BGB)**

Übersicht: Voraussetzungen einer Volljährigenadoption mit den Wirkungen der Minderjährigenannahme (§ 1772 Abs. 1 BGB)

1. **Antrag (§ 1768 Abs. 1 Satz 1 BGB)**
   a. gemeinschaftlich (Annehmende und Anzunehmender gemeinsam)
   b. notariell beurkundet
   c. höchstpersönlich (aber Vertretung des geschäftsunfähigen Anzunehmenden möglich)
   d. auf die Volljährigenadoption mit den Wirkungen gemäß § 1772 Abs. 1 BGB gerichtet
2. **Persönliche Voraussetzungen der Annehmenden nach § 1741 Abs. 2 BGB (und ggf. § 9 Abs. 7 LPartG) (Alleinadoption oder gemeinschaftliche Adoption)**
3. **Mindestalter der Annehmenden nach § 1743 BGB**
4. **Einwilligung des Ehegatten des Annehmenden (§ 1749 Abs. 1 Satz 1 BGB)**
   - mit der Möglichkeit der Ersetzung nach § 1749 Abs. 1 Satz 2 und 3 BGB oder des Verzichts auf die Einwilligung nach § 1749 Abs. 2 BGB
5. **Einwilligung des Ehegatten des Anzunehmenden (§ 1767 Abs. 2 Satz 2 BGB)**
6. **Sittliche Rechtfertigung nach § 1767 Abs. 1 BGB**
7. **Kein Entgegenstehen von Interessen der Kinder des Annehmenden oder des Anzunehmenden (§ 1769 BGB)**
8. **Besondere formale Voraussetzungen nach § 1772 Abs. 1 Satz 1 BGB**
   - minderjähriges Geschwisterkind (Buchstabe a))
   - schon als Minderjähriger in die Familie aufgenommen (Buchstabe b))
   - Stiefkindadoption (Satz 1, Buchstabe c))
   - Eingang des Antrags noch im Zeitpunkt der Minderjährigkeit (Buchstabe d))
9. **Kein Entgegenstehen von Interessen der bisherigen Eltern des Anzunehmenden (§ 1772 Abs. 1 Satz 2 BGB)**

§ 1767 BGB Zulässigkeit der Annahme, anzuwendende Vorschriften

(1) Ein Volljähriger kann als Kind angenommen werden, wenn die Annahme sittlich gerechtfertigt ist; dies ist insbesondere anzunehmen, wenn zwischen dem Annehmenden und dem Anzunehmenden ein Eltern-Kind-Verhältnis bereits entstanden ist.

(2) [1]Für die Annahme Volljähriger gelten die Vorschriften über die Annahme Minderjähriger sinngemäß, soweit sich aus den folgenden Vorschriften nichts anderes ergibt. [2]Zur Annahme eines Verheirateten oder einer Person, die eine Lebenspartnerschaft führt, ist die Einwilligung seines Ehegatten oder ihres Lebenspartners erforderlich. [3]Die Änderung des Geburtsnamens erstreckt sich auf den Ehe- oder Lebenspartnerschaftsnamen des Angenommen nur dann, wenn sich auch der Ehegatte oder Lebenspartner der Namensänderung vor dem Ausspruch der Annahme durch Erklärung gegenüber dem Familiengericht anschließt; die Erklärung muss öffentlich beglaubigt werden.

Weiterführende Literatur: Becker, Die Erwachsenenadoption als Instrument der Nachlassplanung, ZEV 2009, 25; *Frank,* Rechtsprobleme der Erwachsenenadoption, StAZ 2008, 65.

Übersicht

Rn.
A. Allgemeines ... 1
B. Inhalt der Norm ... 5
I. Abgrenzung zur Minderjährigenadoption ... 5
II. Eintritt der Volljährigkeit während des Verfahrens ... 7
III. Der Begriff der sittlichen Rechtfertigung ... 8
1. Allgemeines ... 8
2. Eltern-Kind-Verhältnis ... 14
3. Fallgruppen ... 16
IV. Sinngemäße Anwendung der Vorschriften der Minderjährigenannahme ... 17
V. Die erforderlichen Einwilligungen des Ehe- oder Lebenspartners des Anzunehmenden (Abs. 2 Satz 2 und 3) ... 20

A. Allgemeines

1 Die Normen in §§ 1767 ff. BGB regeln die **formellen und materiell-rechtlichen Vorgaben für die Volljährigenadoption**. Das Rechtsinstitut der Volljährigenadoption ist in der deutschen Rechtstradition seit langem verwurzelt und hat trotz immer wieder aufkommender Kritik bislang jede Reform überdauert.[1] Im internationalen Kontext ist die Möglichkeit, einen Volljährigen zu adoptieren, jedoch eher die Ausnahme.[2]

2 Mit Eintritt der Volljährigkeit **verschieben sich die Interessen** zur Änderung der Verwandtschaftsverhältnisse mittels Adoption. Im Gegensatz zur Annahme eines minderjährigen Kindes steht nicht mehr die Fürsorge, Betreuung und ein beschütztes Aufwachsen in einer Familie im Vordergrund, sondern es geht um die willentliche gegenseitige Bindung aneinander im Wege der **Begründung einer sog. Wahlverwandtschaft**.

3 § 1767 Abs. 1 BGB bestimmt mit dem **Begriff der sittlichen Rechtfertigung** die zentrale Voraussetzung für den Ausspruch einer Volljährigenadoption. Nach dem Willen des Gesetzgebers soll damit einerseits der Missbrauch des Rechtsinstituts verhindert werden und zum anderen klargestellt werden, dass die Adoption im Volljährigenalter die Ausnahme bleiben soll.[3]

1 Vgl. die Übersicht bei: MüKo-BGB/*Maurer,* § 1767 Rn. 2
2 So existiert z.B. im gesamten osteuropäischen Rechtskreis das Rechtsinstitut der Volljährigenadoption nicht.
3 BT-Drucks. 7/3061, 52; BT-Drucks. III/530, 20 und 21

4 Abs. 2 verweist zwar auf die Vorschriften der Minderjährigenannahme, wonach die Vorgaben in §§ 1741 ff. BGB sinngemäß anzuwenden seien. Allerdings wird diese **allgemeine Verweisung** durch § 1768 Abs. 1 Satz 2 BGB erheblich eingeschränkt, indem bedeutende Vorschriften des Minderjährigenrechts wieder ausgeschlossen werden. Seit dem Gesetz vom 17.7.2017 (BGBl. I S. 2429) befinden sich in Abs. 2 Satz 2 und Satz 3 nun besondere Vorschriften für die Anforderungen an die Einwilligungen des Ehe- oder Lebenspartners des Anzunehmenden und zu den Folgen der Volljährigenadoption auf den Ehe- oder Lebenspartnerschaftsnamen des Angenommenen. Diese Vorgaben befanden sich in Bezug auf die Einwilligung des Ehepartners und auf den Ehenamen vorher in § 1749 und § 1757 BGB und stellen mithin keine inhaltliche Änderung dar. Nur der Ort der Regelung ist ein anderer.

B. Inhalt der Norm

I. Abgrenzung zur Minderjährigenadoption

5 Die Vorschriften in §§ 1767 ff. BGB finden nur dann Anwendung, **wenn der Anzunehmende volljährig ist** („Ein Volljähriger…", § 1767 Abs. 1 BGB). In Deutschland wie in den meisten anderen Ländern der Welt tritt die Volljährigkeit mit Vollendung des 18. Lebensjahrs ein (§ 2 BGB). Es existieren aber durchaus noch Rechtsordnungen, in denen das Volljährigenalter zu einem (meist) späteren Zeitpunkt eintritt.[4]

6 Bei einem Auslandsbezug zu einem dieser Länder ist im Rahmen der international-privatrechtlichen Anknüpfung umstritten, ob sich die Frage der Volljährigkeit nach dem Personalstatut des Anzunehmenden gemäß Art. 7 EGBGB[5] (Staatsangehörigkeit des Anzunehmenden) oder nach dem Adoptionsstatut in Art. 22 EGBGB[6] richtet. Überzeugender ist die Anknüpfung an das Recht, welches für die Adoption zur Anwendung kommt. Zum einen regelt Art. 7 EGBGB tatsächlich gar nicht die Volljährigkeit, sondern die Rechts- und Geschäftsfähigkeit einer Person und zum anderen würde die Anknüpfung an Art. 7 EGBGB zu erheblichen Wertungswidersprüchen führen. Ein z.B. 20-jähriger ägyptischer Staatsbürger müsste dann bei einer Adoption im Inland die Zustimmung seiner sorgeberechtigten Eltern nach § 1746 Abs. 1 Satz 3 Hs. 2 BGB einholen, obwohl der Anzunehmende nach dem deutschen Recht gar nicht mehr unter elterlicher Sorge steht. Auch würde in diesen Fällen das Wahlrecht zwischen der normalen Volljährigenadoption nach § 1770 BGB und der starken Volljährigenadoption nach § 1772 Abs. 1 BGB entfallen.

II. Eintritt der Volljährigkeit während des Verfahrens

7 Erhebliche Praxisrelevanz hat die Frage, wie das Verfahren fortzuführen ist, wenn **das Kind während des Verfahrens auf Minderjährigenadoption volljährig wird**. Ein Ausspruch der Annahme als Kind nach §§ 1741 ff. BGB ist nicht mehr möglich, da der Sachantrag eindeutig auf die Minderjährigenannahme gerichtet war und die Voraussetzungen der Minderjährigenadoption bis zum Erlass der Entscheidung vorliegen müssen. Eine Umdeutung des Antrags auf Minderjährigenadoption in einen Antrag auf Volljährigenadoption kann ebenso nicht stattfinden, da sowohl die Voraussetzungen als auch die Wirkungen (vgl. § 1770 BGB) unterschiedlich sind. Richtigerweise muss daher in einem solchen Fall zwingend ein neuer (gemeinsamer) Sachantrag (vgl. § 1768 Abs. 1 Satz 1 BGB) gestellt werden, in welchem dann bestimmt werden kann, welche Wirkungen die Volljährigenadoption haben soll.[7] Verfahrensrechtlich wird damit aber der ursprüngliche verfahrens-

4 Z.B. einige Bundesstaaten der USA, Ägypten, Kamerun
5 So: Staudinger/*Henrich*, Art. 22 EGBGB Rn. 26; OLG Bremen FamRZ 2007, 930; BayObLG FamRZ 1996, 183
6 So: MüKo-BGB/*Helms*, Art. 22 EGBGB Rn. 20
7 KG FamRZ 2004, 1315; OLG Karlsruhe FamRZ 2000, 768; OLG Hamm FamRZ 2001, 859

einleitende Antrag (vgl. § 23 FamFG) nicht hinfällig, sondern durch die neue Antragstellung lediglich abgeändert. Das Verfahren bleibt rechtshängig, wird nur mit einem anderen Sachantrag fortgeführt. Die Unterscheidung zwischen Sachantrag und verfahrenseinleitendem Antrag ist wichtig etwa für die Folgen von § 6 StAG oder für das Vorliegen der Voraussetzung für die Annahme mit den Wirkungen einer Minderjährigenannahme nach § 1772 Abs. 1 Satz 1 d) BGB. Wird trotz Aufforderung des Gerichts nach Eintritt der Volljährigkeit kein neuer Antrag gestellt, so muss der Antrag auf Minderjährigenadoption verfahrensbeendend zurückgewiesen werden.

III. Der Begriff der sittlichen Rechtfertigung

1. Allgemeines

8 Zentrale Voraussetzung jeder Volljährigenadoption ist die Frage, ob die Adoption **sittlich gerechtfertigt i.S.v. § 1767 Abs. 1 BGB** ist. Die sittliche Rechtfertigung ist ein **unbestimmter Rechtsbegriff**, welcher auslegungsbedürftig und in den Beschwerdeinstanzen rechtlich vollumfänglich überprüfbar ist.

9 Mit dem Begriff der sittlichen Rechtfertigung wollte der Gesetzgeber sicherstellen, dass die Herstellung neuer familienrechtlicher Beziehungen im Erwachsenenalter mittels Adoption nicht der freien Disposition der Antragsteller überlassen bleibt,[8] sondern es **einer objektivierbaren Überprüfung** des Verhältnisses zueinander bedarf.[9] Demnach können allein der subjektive Wunsch zur Adoption oder gut gemeinte Beteuerungen zum gegenseitigen zukünftigen Beistand nicht ausreichen.[10]

10 Dem Wortlaut der Norm nach bedarf es einer „Rechtfertigung" für die Volljährigenadoption. Damit kommt ein **Regel-Ausnahme-Verhältnis** zum Ausdruck.[11] Im Regelfall bedarf es keiner Änderung des Verwandtschaftsverhältnisses im Erwachsenenalter im Wege der Adoption.[12] Nur wenn aufgrund einer wertenden Gesamtbetrachtung das intendierte neu entstehende Verwandtschaftsverhältnis sittlich billigenswert erscheint, darf die Adoption ausgesprochen werden. Im Ansatz ist es daher in Literatur und Rechtsprechung auch unumstritten, dass **bei verbleibenden Zweifeln an der sittlichen Rechtfertigung der Adoptionsantrag abgelehnt werden muss**.[13]

11 Hierzu im Gegensatz steht die in der Rechtsprechung häufig vorgenommene **Abgrenzung zwischen Haupt- und Nebenmotiv**. Eine Adoption unter Erwachsenen soll möglich sein, obwohl z.B. die Intention der Beteiligten auf die Reduzierung einer Erbschaftssteuerlast gerichtet ist, solange dies nur „Nebenmotiv" für die Adoption sei.[14] Dies kehrt den o.g. Zweifelssatz jedoch gerade ins Gegenteil um, denn wenn die Ermittlungen ergeben, dass tatsächlich auch ein familienfremdes Motiv eine Rolle spielt, dann liegen doch gerade die genannten Zweifel auf der Hand. Darüber hinaus wäre es allein der subjektiven Wertung der Beteiligten überlassen, zu bestimmen, ab wann die Motivlage nur nachrangig auf ein familienfremdes Motiv ausgerichtet ist und ab wann dies der Hauptzweck der Adoption sein soll.[15] Gerade diese „freie Disposition" über die Erwachsenenadoption wollte der Gesetzgeber aber verhindern.

---

8 BT-Drucks. 7/3061, 52

9 Palandt/*Götz,* § 1767 BGB Rn. 2; MüKo-BGB/*Maurer,* § 1767 Rn. 14; KG NJW-RR 2013, 774

10 KG NJW-RR 2013, 774; BayObLG FamRZ 2005, 546, 547; FamRZ 1980, 1158; OLG Zweibrücken FamRZ 2005, 572, 573; OLG Karlsruhe NJW-RR 2006, 364, 365; OLG Frankfurt NJW-FER 2000, 29

11 Ausdrücklich schon: BT-Drucks. III/530, 20 und 21

12 Grundsätzlich kritisch zur Erwachsenenadoption: *Frank*, StAZ 2008, 65

13 Statt vieler: OLG München NJW-RR 2009, 591; OLG Köln FGPrax 2007, 121; NJW-RR 2004, 155; BayObLG NJW-RR 1995, 1287

14 Statt vieler: BayObLG NJW 1985, 2094; FamRZ 2005, 546; OLG Hamm FamRZ 2013, 557

15 *Frank*, StAZ 2008, 65, 69, bezeichnet die Unterscheidung zwischen Haupt- und Nebenmotiv daher auch zutreffend als „bloße Augenwischerei"

12 An vielen Stellen in Rechtsprechung und Literatur ist immer wieder davon die Rede, dass das Gericht **eine bloße Missbrauchskontrolle** durchzuführen hat.[16] Auch dies ist so nicht zutreffend, da dies erneut die Gefahr beinhaltet, dass allein das subjektive Vorbringen der Antragsteller Grundlage der Entscheidung wird, ohne dass objektive Umstände für die Adoption ersichtlich wären. Diese Herangehensweise führt dann im Ergebnis zu einer Umkehrung des oben angesprochenen Regel-Ausnahme-Verhältnisses. Denn die Antragsteller werden ihre Motive und ihr Verhältnis zueinander immer im positiven Licht darstellen und versuchen, gegen die Adoption sprechende Gesichtspunkte und Motive zu verschweigen. Der Ermittlungsaufwand muss daher richtigerweise so ausgestaltet werden, dass eine umfassende Abwägung der äußeren objektiven Verhältnisse sowie der subjektiven Motive der Antragsteller möglich ist.[17]

13 Die Voraussetzungen für die Adoption eines Volljährigen **müssen positiv feststehen**.[18] Kann sich das Gericht nach Ausschöpfung aller Beweismöglichkeiten nicht von der sittlichen Rechtfertigung der Volljährigenadoption überzeugen, so ist der Antrag zurückzuweisen.

2. Eltern-Kind-Verhältnis

14 Bei der näheren **Begriffsbestimmung der sittlichen Rechtfertigung** hilft zunächst das Gesetz weiter: § 1767 Abs. 1 Hs. 2 BGB bestimmt, dass die sittliche Rechtfertigung **insbesondere dann** anzunehmen ist, wenn zwischen dem Annehmenden und dem Anzunehmenden **ein Eltern-Kind-Verhältnis bereits entstanden ist**. Kann dies nicht festgestellt werden, genügt durch den Verweis in Abs. 2 Satz 1 aber auch, dass bei objektiver Betrachtung bestehender Bindungen und ihrer Entwicklungsmöglichkeiten anzunehmen ist, dass sich eine (dem Alter der Beteiligten entsprechende) Eltern-Kind-Beziehung noch ausbilden wird.[19]

15 Das Verhältnis zwischen Eltern und Kind ist im Minderjährigenalter ein anderes als im Volljährigenalter. Während in der Minderjährigkeit die Versorgung und Hilfe des Kindes durch die Eltern im Vordergrund steht, verschiebt sich dies im Erwachsenenalter auf einen **gegenseitigen Beistand im Sinne einer Begegnungsgemeinschaft**.[20] Dieser Beistand ist typischerweise altruistischer Natur und nicht von eigennützigen (insbesondere finanziellen) Motiven getragen. Mit anderen Worten muss für das Bestehen eines Eltern-Kind-Verhältnisses i.S.v. § 1767 Abs. 1 BGB ein **soziales Familienband** feststellbar sein, welches seinem ganzen Inhalt nach dem durch eine natürliche Abstammung geschaffenen Band ähnelt („**innere familienbezogene Verbindung**") und über eine generationsübergreifende Freundschaft hinausgeht.[21]

3. Fallgruppen

16 Trotz dieser eigentlich klaren Vorgaben hat sich in der Rechtsprechung eine völlig unübersichtliche Kasuistik zur Auslegung des Begriffs der sittlichen Rechtfertigung entwickelt. Die folgenden Fallgruppen sollen einen Überblick über diese Rechtsprechung geben:

- Werden **ausländer- oder staatsangehörigkeitsrechtliche Motive** (v.a. der Anzunehmenden) durch das Gericht ermittelt, so führt dies regelmäßig zur Ablehnung der

---

16 BayObLG FamRZ 2005, 546
17 OLG München NJW-RR 2009, 1156
18 Palandt/*Götz*, § 1767 BGB Rn. 1
19 Statt vieler: OLG Zweibrücken FGPrax 2006, 21
20 BayObLG FamRZ 2002, 1651, 1652; OLG Köln NJW-RR 2004, 155; OLG Frankfurt NJWE-FER 2000, 56
21 OLG München FGPrax 2009, 168; OLG Zweibrücken NJW-FER 1999, 295, 296; OLG Brandenburg NZFam 2019, 506

sittlichen Rechtfertigung.[22] Zum Teil genügt schon allein die Tatsache, dass der Anzunehmende Ausländer ist.[23] Andererseits existieren aber auch Entscheidungen, die dieses Motiv nicht als ausschlaggebend erachten.[24]

- Werden **finanzielle Motive** ermittelt (insbesondere die Ersparnis von Erbschaftssteuer), so führt dies nach der Rechtsprechung selten zur Ablehnung der Adoption.[25] Der Ausspruch der Adoption wird regelmäßig mit der zu kritisierenden Unterscheidung zwischen Haupt- und Nebenmotiv begründet (siehe oben Rn. 11). Nicht umsonst wirbt die erbschaftssteuerliche Literatur zur „Flucht in die Erbschaftssteuerklasse I" mittels Erwachsenenadoption.[26]
- Wird das **Motiv des Beistands (insbesondere Pflege) im Alter** vorgebracht, so führt dies häufig zur Stattgabe des Antrags auf Erwachsenenadoption.[27] Teilweise wird dieses Vorbringen jedoch auch noch nicht als ausreichend angesehen, wenn keine weiteren Anhaltspunkte für eine sittliche Rechtfertigung festzustellen sind.[28] Letzterem ist zuzustimmen, denn allein das subjektive Bekenntnis zueinander führt noch nicht zu einer objektiven Feststellung eines Eltern-Kind-Verhältnisses.
- Uneinheitlich wird auch beurteilt, welcher **Altersabstand** zwischen Annehmendem und Anzunehmendem bestehen muss, um von einem „typischen Eltern-Kind-Verhältnis" zu sprechen. Zum Teil sind Erwachsenenadoptionen auch bei sehr geringen oder sehr großen Altersabständen ausgesprochen worden, da andere Umstände für die sittliche Rechtfertigung sprachen.[29] Dem ist nicht zuzustimmen, sondern zwingend ein **der natürlichen Generationenfolge entsprechender Altersabstand** für die Begründung einer Adoption zu fordern.[30]
- Folgende **objektive Umstände** sprechen **für eine sittliche Rechtfertigung**: das tatsächliche Zusammenleben über einen längeren Zeitraum, auch erst im Erwachsenenalter (sehr häufig bei Stiefkindkonstellationen),[31] das Bestehen eines Pflegschaftsverhältnisses im Minderjährigenalter,[32] der Verlust der leiblichen Eltern in frühen Jahren und die tatsächliche, gegenseitige Unterstützung auch in schweren Zeiten.
- Folgende **Umstände** sprechen wiederum **gegen die sittliche Rechtfertigung**: ein intaktes Verhältnis zu den leiblichen Eltern[33] oder das Vorbestehen eines Verwandtschaftsverhältnisses[34] (in beiden Fällen gibt es zunächst keinen Grund, die Verwandtschaftsverhältnisse mittels Adoption qualitativ zu verändern[35]), wirtschaftliche Verbin-

22 BayObLG FamRZ 1980, 1158; OLG Karlsruhe NJW-RR 1991, 713; BayObLG NJW-RR 1995, 1287
23 OLG Schleswig FGPrax 2009, 269
24 OLG Hamm FamRZ 2003, 1867; LG Fulda FamRZ 2005, 1277
25 OLG Nürnberg NJW-RR 2012, 5; BayObLG FamRZ 2005, 131
26 *Becker*, ZEV 2009, 25
27 BayObLG FamRZ 2005, 131; OLG Zweibrücken FGPrax 2006, 21
28 OLG Nürnberg MDR 2014, 1151
29 BayObLG BayObLGR 1993, 44 (Annahme von neun bzw. zwölf Jahr jüngeren Anzunehmenden); LG Frankenthal FamRZ 1998, 505 (6 Jahre Altersunterschied); LG Bonn FamRZ 2001, 120 (13 Jahre Altersunterschied); OLG Celle Beschl. v. 17.5.2001 –17 W 30/01, beck-online (Altersabstand von 52 Jahren); OLG München BeckRS 2017, 154626
30 Zutreffend: OLG Nürnberg MDR 2014, 1151; KG FamRZ 2014, 225
31 LG Fulda FamRZ 2005, 1277
32 Palandt/*Götz*, § 1767 BGB Rn. 3; Staudinger/*Frank*, § 1767 BGB Rn. 16
33 BayObLG FamRZ 1982, 644; OLG Düsseldorf FamRZ 1981, 94; OLG Nürnberg MDR 2014, 1151; OLG Stuttgart FamRZ 2015, 592; OLG Zweibrücken NJWE-FER 1999, 295; kritischer: OLG Stuttgart NJW 2019, 1385; OLG Hamburg FamRZ 2019, 45
34 BayObLG NJW-RR 1995, 1287; OLG Nürnberg MDR 2014, 1151; a.A. BayObLG FamRZ 2005, 131
35 Ausdrücklich: OLG Stuttgart, Beschl. v. 26.6.2014 –11 UF 316/13, FamRZ 2015, 592

dungen zueinander (z.B. durch Dienstvertrag zur Pflege[36] – dies ist gerade nicht typisch für ein Eltern-Kind-Verhältnis) oder die Fortführung des Gewerbebetriebs.[37]

IV. Sinngemäße Anwendung der Vorschriften der Minderjährigenannahme

In Abs. 2 Satz 1 wird „sinngemäß" auf die Vorschriften über die Annahme eines minderjährigen Kindes verwiesen. Allerdings wird diese umfassende Verweisung wiederum durch § 1768 Abs. 1 Satz 2 BGB eingeschränkt, wonach wesentliche Vorschriften des Minderjährigenrechts gerade nicht für anwendbar erklärt werden. **17**

Folgende Vorgaben im Recht der Minderjährigenadoption sind uneingeschränkt auch bei der Volljährigenadoption zu beachten: **18**

- **Unverheiratete Personen** können einen Anzunehmenden **nur alleine** annehmen (§ 1741 Abs. 2 Satz 1 BGB). Dies gilt auch für Personen, welche in einer eingetragenen Lebenspartnerschaft leben (§ 9 Abs. 6 Satz 1 LPartG).
- **Verheiratete Personen** können **nur gemeinsam** einen Anzunehmenden adoptieren (§ 1741 Abs. 2 Satz 2 BGB),[38] **es sei denn**, der Annehmende adoptiert das (volljährige) Kind seines Ehegatten (**Stiefkindadoption**) (§ 1741 Abs. 2 Satz 3 BGB) oder es liegt ein **Fall von § 1741 Abs. 2 Satz 4 BGB** vor.[39] Personen in eingetragener Lebenspartnerschaft können (nach noch aktuellem Recht) auch nicht im Wege der Volljährigenadoption einen Anzunehmenden gemeinsam adoptieren (§ 9 Abs. 7 Satz 1 LPartG). Allerdings kann ein Lebenspartner das volljährige (leibliche oder adoptierte) Kind des anderen Lebenspartners adoptieren. Eine gemeinsame Adoption durch gleichgeschlechtliche Partner kann realisiert werden, indem diese ihre Lebenspartnerschaft in eine Ehe umschreiben lassen.
- Auch bei der Volljährigenadoption gelten die **Vorgaben über das Mindestalter in § 1743 BGB** (auch wenn dies praktisch kaum relevant sein dürfte).
- Für die Volljährigenadoption ist die **Einwilligung des Ehegatten des Annehmenden** (§ 1749 Abs. 1 BGB) und die **Einwilligung des Ehegatten des Anzunehmenden** erforderlich (§ 1767 Abs. 2 Satz 2 BGB). Für Lebenspartner gilt gemäß § 9 Abs. 6 Satz 1 LPartG und gemäß § 1767 Abs. 2 Satz 2 BGB dasselbe. In allen Fällen bedürfen die Erklärungen der notariell beurkundeten Form des § 1750 Abs. 1 Satz 2 BGB und der weiteren Vorgaben des § 1750 BGB. Die Ersetzung der Einwilligung des Ehegatten des Annehmenden (§ 1749 Abs. 1 Satz 2 und 3 BGB) ist ebenso möglich wie der Verzicht auf diese Einwilligung nach § 1749 Abs. 2 BGB.
- Die **Vorgaben zur Antragstellung in § 1752 Abs. 2 BGB** (insbesondere zur notariellen Form) sind auch für den (gemeinschaftlichen) Antrag bei der Volljährigenadoption zu beachten (mit der Ausnahme, dass für den Antrag des Anzunehmenden eine Vertretung nach § 1768 Abs. 2 BGB möglich ist).
- Auch bei der Volljährigenadoption ist unter den Voraussetzungen des § 1753 Abs. 2 BGB eine **Annahme nach dem Tode des Annehmenden** möglich (und häufiger als bei der Minderjährigenadoption).
- Die **Adoptionswirkungen in §§ 1754 bis 1756 BGB** gelten bei der Volljährigenadoption nur dann, **wenn die besonderen Voraussetzungen des § 1772 Abs. 1 BGB** erfüllt sind und ein entsprechender Antrag gestellt worden ist.

---

36 OLG München NJW-RR 2009, 1156; a.A.: OLG Braunschweig FamRZ 2017, 1240
37 OLG München FamRZ 2011, 1411; NJW-RR 2009, 1156; a.A. BayObLG, Beschl. v. 25.3.1983 – 1 Z 5/83, beck-online; FamRZ 2005, 131
38 Hierzu: OLG Schleswig und OLG Koblenz, beide FamRZ 2014, 1039
39 Letzteres ist bei der Volljährigenadoption aber faktisch kaum denkbar

- Die **Vorschriften über die Namensführung als Folge der Adoption** nach § 1757 BGB gelten uneingeschränkt auch bei der Volljährigenadoption (hierzu unten Rn. 19).
- Das **Offenbarungs- und Ausforschungsverbot** in § 1758 Abs. 1 BGB gilt uneingeschränkt auch bei der Volljährigenadoption.[40]
- Für die **Aufhebung von Volljährigenadoptionen** wegen fehlender Erklärungen oder Anträge sind die § 1760 Abs. 1 bis 5 BGB sinngemäß anwendbar, was sowohl § 1771 Satz 2 BGB als auch § 1772 Abs. 2 BGB noch einmal eindeutig klarstellen. Auch die Wirkungen der Aufhebung nach §§ 1764, 1765 BGB sind bei der Volljährigenadoption anwendbar, wobei allerdings das Sorgerecht nicht mehr regelungsbedürftig ist.
- **Schließen ein Annehmender und ein Angenommener nach der Volljährigenadoption die Ehe**, so wird auch die Volljährigenadoption von Gesetzes wegen aufgehoben (§ 1766 BGB).

19 Dass die **Vorschriften über die Namensführung in § 1757 BGB** auch bei der Volljährigenadoption Anwendung finden, wird **zum Teil bestritten**.[41] Es müsse den „Besonderheiten der Volljährigenadoption" Rechnung getragen werden und aufgrund des Erwachsenenalters bestehe eine „Identifikation" mit dem bisherigen Geburtsnamen. Dies wird jedoch von der herrschenden Meinung unter Hinweis auf die Gesetzgebungsgeschichte und den Sinn und Zweck der Adoption anders gesehen. Es ist keine planwidrige Regelungslücke erkennbar, dass der Verweis in § 1767 Abs. 2 Satz 1 BGB nicht auch für § 1757 BGB gelten solle. Darüber hinaus ist Sinn und Zweck der Namensfortführung die Manifestierung der Familienzusammengehörigkeit nach außen.[42] Dies gilt sowohl bei der Minderjährigenadoption als auch bei der Volljährigenadoption. Verfassungsrechtliche Bedenken hiergegen sind nicht angebracht.[43]

V. Die erforderlichen Einwilligungen des Ehe- oder Lebenspartners des Anzunehmenden (Abs. 2 Satz 2 und 3)

20 § 1767 Abs. 2 Satz 2 BGB regelt die **Pflicht zur Einwilligung in die Adoption durch den Ehe- oder Lebenspartner des Anzunehmenden**. In Bezug auf den Ehepartner des Anzunehmenden war dies bis 2017 noch in § 1749 Abs. 2 BGB (a.F.) normiert. Obwohl Abs. 2 Satz 2 nicht ausdrücklich auf § 1750 BGB verweist, bedarf es für diese Einwilligungen der notariellen Beurkundung nach § 1750 Abs. 1 Satz 2 BGB. Die Einwilligungen dürfen auch unter keine Bedingungen oder Zeitbestimmungen gestellt werden, sind unwiderruflich und müssen höchstpersönlich abgegeben werden (§ 1750 Abs. 2 und 3 BGB).

21 § 1767 Abs. 2 Satz 3 BGB bestimmt wiederum, dass die **Änderung des Geburtsnamens des Anzunehmenden** sich nur dann **auf seinen Ehe- oder Lebenspartnerschaftsnamen** auswirkt, wenn der Ehe- oder Lebenspartner dem ausdrücklich zustimmt. Diese Zustimmung bedarf mindestens der öffentlichen Beglaubigung (§ 129 Abs. 1 BGB), kann aber auch gleich mit in der notariellen Urkunde erklärt werden.

---

40 MüKo-BGB/*Maurer,* § 1758 Rn. 3; a.A. Staudinger/*Frank,* § 1767 BGB Rn. 31

41 So: OLG Hamm NJOZ 2012, 1578, 1581 (2. Senat); ebenso: AG Leverkusen FamRZ 2008, 2058; AG Halberstadt RNotZ 2012, 574

42 OLG Hamm MittBayNot 2011, 501 (4. Senat); BayObLG FamRZ 2003, 1869; OLG Karlsruhe FamRZ 2000, 115; OLG Celle FamRZ 1997, 115; OLG Düsseldorf FamRZ 2011, 907; MüKo-BGB/*Maurer,* § 1770 Rn. 24

43 Ausdrücklich m.w.N.: BayObLG FamRZ 2003, 1869

§ 1768 BGB Antrag

(1) [1]Die Annahme eines Volljährigen wird auf Antrag des Annehmenden und des Anzunehmenden vom Familiengericht ausgesprochen. [2]§§ 1742, 1744, 1745, 1746 Abs. 1, 2, § 1747 sind nicht anzuwenden.

(2) Für einen Anzunehmenden, der geschäftsunfähig ist, kann der Antrag nur von seinem gesetzlichen Vertreter gestellt werden.

Übersicht

	Rn.
A. Allgemeines	1
B. Inhalt der Norm	2
I. Der gemeinschaftliche Antrag	2
II. Unanwendbarkeit von Vorschriften aus dem Recht der Minderjährigenadoption	5

A. Allgemeines

Die Vorschrift gibt einerseits Vorgaben für die Antragstellung bei einer Volljährigenadoption und schließt andererseits maßgebliche Vorgaben des Minderjährigenrechts bei der Volljährigenadoption aus. 1

B. Inhalt der Norm

I. Der gemeinschaftliche Antrag

Aus Abs. 1 Satz 1 folgt, dass die Annahme eines Volljährigen eines **gemeinschaftlichen Antrags des (oder der) Annehmenden und des Anzunehmenden** bedarf. Der Antrag muss notariell beurkundet werden (§ 1767 Abs. 2 Satz 1 i.V.m. § 1752 Abs. 2 Satz 2 BGB). Die Antragstellung muss zwar nicht in einer gemeinsamen notariellen Urkunde erfolgen.[1] Der Antrag gilt jedoch erst dann als gestellt, wenn alle Einzelanträge beim Familiengericht eingegangen sind. 2

▶ *Näher zum Wirksamwerden, zur erforderlichen Form, zur Höchstpersönlichkeit, zur Bedingungs- und Befristungsfeindlichkeit und zur Rücknahme des Antrags siehe Braun, § 1752 BGB Rn. 3 ff.*

Allein **hinsichtlich der Höchstpersönlichkeit** der Antragstellung durch den Anzunehmenden **sieht Abs. 2 eine Sonderbestimmung im Vergleich zur Minderjährigenadoption vor**. Ist **der Anzunehmende geschäftsunfähig**, so kann der Antrag nur von seinem gesetzlichen Vertreter gestellt werden. Eine gewillkürte Stellvertretung (mittels Vollmacht) ist demgemäß ausgeschlossen und es ist in einem solchen Fall ein rechtlicher Betreuer für die Antragstellung zu bestellen (falls nicht schon ein Betreuer existiert).[2] Ob der Anzunehmende geschäftsunfähig ist, muss das Betreuungsgericht gesondert prüfen, da die Geschäftsunfähigkeit noch keine Voraussetzung für die Bestellung eines Betreuers darstellt (vgl. § 1896 Abs. 1 BGB). Das Familiengericht ist an die (positive oder negative) Entscheidung des Betreuungsgerichts gebunden. 3

Der Antrag auf Annahme als Kind kann **mit Nebenanträgen verbunden** sein. Praxisrelevant sind hierbei insbesondere der Antrag auf Namensänderung (§ 1767 Abs. 2 Satz 1 i.V.m. § 1757 Abs. 3 Nr. 1 oder Nr. 2 BGB) oder der Antrag auf Feststellung der Wirkungen nach § 1772 Abs. 1 BGB. Wird kein Antrag nach § 1772 Abs. 1 BGB gestellt, so können 4

1 Staudinger/*Frank*, § 1768 BGB Rn. 3
2 MüKo-BGB/*Maurer*, § 1768 Rn. 4

nur die Wirkungen des § 1770 BGB ausgesprochen werden.[3] Eine nachträgliche „Erweiterung" der Adoption nach Abschluss des Adoptionsverfahrens ist nicht möglich.[4]

II. Unanwendbarkeit von Vorschriften aus dem Recht der Minderjährigenadoption

5 Abs. 1 Satz 2 bestimmt, dass einige Vorgaben im Recht der Minderjährigenadoption bei der Volljährigenadoption nicht beachtet werden müssen. Die Auflistung der ausgeschlossenen Vorschriften ist nicht vollständig, da einige Normen (z.B. § 1748, 1751 BGB) schon aufgrund deren eigener Voraussetzungen bei der Volljährigenadoption unanwendbar sind oder es im Volljährigenrecht im Vergleich zum Minderjährigenrecht Sondervorschriften gibt (vgl. z.B. § 1763 BGB im Vergleich zu § 1771 Satz 1 BGB).[5]

6 Demgemäß sind folgende Vorschriften bei der Volljährigenadoption **unanwendbar**:

- § 1742 BGB (Verbot der Sukzessivadoption)
- § 1744 BGB (Probezeit)
- § 1745 BGB (Interessen der weiteren Kinder, vgl. hierzu § 1769 BGB als lex specialis)
- § 1746 BGB (Einwilligung des Kindes – da der Anzunehmende schon antragsberechtigt ist, § 1768 Abs. 1 Satz 1 BGB)
- § 1747 BGB (Einwilligung der bisherigen Eltern – auch nicht bei der Volljährigenadoption mit den Wirkungen des § 1772 Abs. 1 BGB)
- § 1748 BGB (Ersetzung der Einwilligung der bisherigen Eltern)
- § 1751 BGB
- § 1752 Abs. 1 BGB (Antragsbefugnis – vgl. hierzu § 1768 Abs. 1 Satz 1 BGB als lex specialis)
- § 1763 BGB (Aufhebung der Adoption von Amts wegen – vgl. hierzu § 1771 Satz 1 BGB als lex specialis)

§ 1769 BGB Verbot der Annahme

Die Annahme eines Volljährigen darf nicht ausgesprochen werden, wenn ihr überwiegende Interessen der Kinder des Annehmenden oder des Anzunehmenden entgegenstehen.

Weiterführende Literatur: Grziwotz, Schützenswerte Interessen der Abkömmlinge des Annehmenden bei der Volljährigenadoption, FamRZ 1991, 1399.

1 Die Vorschrift sichert die **Berücksichtigung der Interessen der Kinder des Annehmenden und der Kinder des Anzunehmenden**. Im Gegensatz zu § 1745 BGB fehlt in § 1769 BGB der Zusatz, dass vermögensrechtliche Interessen nicht ausschlaggebend sein sollen. Das bedeutet im Umkehrschluss, dass bei der Volljährigenadoption tatsächlich die finanziellen Interessen der weiteren Kinder von entscheidender Bedeutung sind.

2 Bei beiden Arten der Volljährigenadoption (nach § 1770 BGB und nach § 1772 Abs. 1 BGB) sind die Interessen der Kinder der Annehmenden und der Kinder der Anzunehmenden betroffen. Obwohl die Kinder des Annehmenden bei der schwachen Volljährigenadoption nicht mit dem Angenommenen verwandt werden (§ 1770 Abs. 1 Satz 1 BGB), gilt dies

3 Staudinger/*Frank,* § 1772 BGB Rn. 9
4 OLG Frankfurt FamRZ 2009, 356
5 MüKo-BGB/*Maurer,* § 1768 Rn. 6 und 7

auch für diese. Denn deren Rechtsposition gegenüber ihren Eltern verändert sich mittelbar dadurch, dass ein weiteres Kind hinzutritt.[1]

Die Veränderung der Familienkonstellation als Folge der Volljährigenadoption hat für die weiteren Abkömmlinge **vor allem Folgen im gesetzlichen Erb- und Pflichtteilsrecht sowie im Unterhaltsrecht**.[2] So tritt etwa für die Kinder der Annehmenden ein weiterer Erb- und Pflichtteilsberechtigter gegenüber ihren Eltern hinzu, was zu erheblichen finanziellen Nachteilen für die weiteren Abkömmlinge führen kann. Darüber hinaus entsteht ggf. eine weitere Unterhaltspflicht des Annehmenden gegenüber dem Angenommenen (falls dieser z.B. noch in Ausbildung ist), was wiederum die Unterhaltsansprüche der weiteren Kinder des Annehmenden schmälern kann. Die Kinder der Anzunehmenden verlieren durch die Volljährigenadoption mit den Wirkungen nach § 1772 Abs. 1 BGB ihren gesetzlichen Erbanspruch gegenüber ihren bisherigen leiblichen Großeltern. Demgegenüber werden sie (genauso wie die Kinder der Annehmenden bei der Adoption nach § 1770 BGB) grundsätzlich unterhaltspflichtig gegenüber ihren neuen Großeltern (§ 1601 BGB). 3

Bei der Prüfung des Annahmeverbots in § 1769 BGB geht es dann auch im Wesentlichen um die Beurteilung dieser Rechtsfolgen. Dementsprechend ist es von besonderer Bedeutung, die weiteren Kinder auch gemäß § 193 FamFG anzuhören. Im Rahmen der Ermittlungen müssen dann die Vorteile, welche durch die Annahme für die Annehmenden und den Anzunehmenden entstehen, mit den Nachteilen für die weiteren Kinder abgewogen werden. Nur falls Letztere überwiegen, greift § 1769 BGB ein.[3] Da sich bei der starken Volljährigenadoption die Familienkonstellation stärker verändert als bei der normalen Volljährigenadoption, muss im ersteren Fall auch eine genauere Untersuchung der Interessen der weiteren Kinder erfolgen. 4

Emotionale oder soziale Interessen der weiteren Kinder spielen bei der Volljährigenadoption keine so große Rolle wie bei der Minderjährigenadoption. Näherer Betrachtung bedürfen jedoch Stiefkindkonstellationen, in denen z.B. ein weiteres (minderjähriges) Kind des Annehmenden beim anderen Elternteil lebt und das Hinzutreten des Anzunehmenden zu Loyalitätskonflikten führen kann. 5

§ 1770 BGB Wirkung der Annahme

(1) [1]Die Wirkungen der Annahme eines Volljährigen erstrecken sich nicht auf die Verwandten des Annehmenden. [2]Der Ehegatte oder Lebenspartner des Annehmenden wird nicht mit dem Angenommenen, dessen Ehegatte oder Lebenspartner wird nicht mit dem Annehmenden verschwägert.

(2) Die Rechte und Pflichten aus dem Verwandtschaftsverhältnis des Angenommenen und seiner Abkömmlinge zu ihren Verwandten werden durch die Annahme nicht berührt, soweit das Gesetz nichts anderes vorschreibt.

(3) Der Annehmende ist dem Angenommenen und dessen Abkömmlingen vor den leiblichen Verwandten des Angenommenen zur Gewährung des Unterhalts verpflichtet.

Übersicht

Rn.
A. Allgemeines 1
B. Einzelheiten 3

1 *Grziwotz*, FamRZ 1991, 1399
2 Ausführlich mit Beispielen: MüKo-BGB/*Maurer*, § 1769 Rn. 5
3 OLG München NJW-RR 2011, 731, 732

A. Allgemeines

1 Die Vorschrift bestimmt die **Wirkungen der sog. „normalen" Volljährigenadoption**. Der Gesetzgeber sah es als angemessen an, die Volljährigenadoption anders als die Minderjährigenadoption im Grundsatz nicht als Volladoption auszugestalten, damit volljährige Anzunehmende ihr Verwandtschaftsverhältnis zu ihren bisherigen Verwandten behalten können.[1] §§ 1754 bis 1756 BGB sind in dieser Konstellation nicht anwendbar. § 1770 BGB geht vor.

2 Ein **Verwandtschaftsverhältnis entsteht nur zwischen den Annehmenden und dem Anzunehmenden sowie zu dessen Abkömmlingen** (Abs. 1 Satz 1). Zu allen anderen Verwandten bleibt die Verwandtschaft vollumfänglich erhalten und unverändert (Abs. 2). Es entsteht also aufseiten des Anzunehmenden und dessen Abkömmlingen eine Erweiterung des Verwandtschaftskreises, ohne im Gegenzug bestehende Verwandtschaftsverhältnisse zu verlieren.

B. Einzelheiten

3 Im Einzelnen sind insbesondere folgende Rechte und Pflichten als Folge der Volljährigenadoption zu nennen:

- **Erbrechtlich** wird der Anzunehmende „Abkömmling" der Annehmenden i.S.v. § 1924 Abs. 1 BGB und § 2303 Abs. 1 Satz 1 BGB (und damit Erbe 1. Ordnung und Pflichtteilsberechtigter). Die Annehmenden werden die Eltern des Anzunehmenden i.S.v. § 1925 Abs. 1 BGB (gesetzliche Erben 2. Ordnung). Erbschaftssteuerrechtlich rutscht der Anzunehmende als Kind in die Erbschaftssteuerklasse I (§ 15 Abs. 1 ErbStG).
- **Unterhaltsrechtlich** wird der Anzunehmende gegenüber seinen neuen Eltern (Elternunterhalt) und die Annehmenden gegenüber ihrem neuen Kind unterhaltspflichtig (§§ 1601 ff. BGB). Nach § 1770 Abs. 3 BGB findet hier **eine Privilegierung des Annehmenden** statt. Dieser ist vor den weiteren Verwandten dem Angenommenen und seinen Abkömmlingen zum Unterhalt verpflichtet.
- **Namensrechtlich** erhält der Angenommene den Familiennamen des Annehmenden (§ 1767 Abs. 2 Satz 1 i.V.m. § 1757 Abs. 1 BGB). Bei verheirateten Annehmenden ohne Ehenamen besteht insoweit ein Namensbestimmungsrecht (§ 1757 Abs. 2 BGB). Ist der Angenommene seinerseits verheiratet, so kommt es nur dann zu einer Änderung seines Ehenamens, wenn der Ehepartner der Namensänderung zustimmt (§ 1767 Abs. 2 Satz 3 BGB). Auf Antrag ist die Änderung sowohl des Vornamens als auch die Hinzufügung oder das Voranstellen des bisherigen Geburtsnamens möglich (§ 1757 Abs. 3 BGB).
- **Staatsangehörigkeitsrechtlich** kann es nach § 6 StAG nur dann zu einer Änderung der Staatsangehörigkeit des Angenommenen kommen, wenn der Antrag auf Volljährigenadoption schon während der Minderjährigkeit gestellt worden ist.[2]
- **Aufenthaltsrechtlich** wird die Situation des erwachsenen Angenommenen nicht wesentlich verbessert. Die Adoption führt in der Regel weder zu einem besonderen Abschiebeschutz noch zu einem dauernden Aufenthaltstitel.[3]

4 Die aufgeführten Folgen der Adoption gelten **auch für die Abkömmlinge des Anzunehmenden**. Unterhaltsrechtlich besteht aber der praxisrelevante Unterschied, dass die

1 BT-Drucks. 7/3061, 54
2 BVerwG NJW 2004, 1401
3 Ausführlich: Staudinger/*Frank*, § 1767 BGB Rn. 27

Ansprüche des Sozialhilfeträgers gemäß § 94 SGB XII nicht gegenüber den Enkeln (und deren Abkömmlingen) geltend gemacht werden können. Eine Unterhaltspflicht in diese Richtung ist also sehr unwahrscheinlich.

§ 1771 BGB Aufhebung des Annahmeverhältnisses

[1]Das Familiengericht kann das Annahmeverhältnis, das zu einem Volljährigen begründet worden ist, auf Antrag des Annehmenden und des Angenommenen aufheben, wenn ein wichtiger Grund vorliegt. [2]Im Übrigen kann das Annahmeverhältnis nur in sinngemäßer Anwendung der Vorschriften des § 1760 Abs. 1 bis 5 aufgehoben werden. [3]An die Stelle der Einwilligung des Kindes tritt der Antrag des Anzunehmenden.

Die Vorschrift bestimmt die Voraussetzungen für **die Aufhebung einer Volljährigenadoption**, wenn sie mit den Wirkungen nach § 1770 BGB ausgesprochen wurde. Die Aufhebung einer Volljährigenadoption mit den Wirkungen nach § 1772 Abs. 1 BGB ist im dortigen Abs. 2 geregelt. Aus dem eindeutigen Wortlaut folgt auch, dass § 1771 Satz 1 BGB nicht anwendbar ist, wenn die Adoption im Minderjährigenalter ausgesprochen worden ist und der Angenommene mittlerweile volljährig ist. Eine solche Minderjährigenadoption ist aus wichtigem Grund nicht mehr aufhebbar.[1] 1

Das Gesetz sieht zwei Möglichkeiten der Aufhebung nach § 1771 BGB vor: einmal **aus wichtigem Grund** und zum anderen **unter den Voraussetzungen des § 1760 Abs. 1 bis 5 BGB**. 2

Ein **wichtiger Grund** liegt immer dann vor, wenn die Aufrechterhaltung der Adoption für einen oder alle Beteiligten unerträglich geworden ist. Die Voraussetzungen hierfür sind etwas geringer als bei den schwerwiegenden Gründen in § 1763 BGB. Dennoch müssen nachvollziehbare erhebliche objektive Gründe vorgebracht werden.[2] Die bloße spätere Reue, eine Adoption eingegangen zu sein, genügt nicht.[3] 3

Ein Antrag auf Aufhebung der Adoption aus wichtigem Grund kann **nur durch gemeinsamen Antrag des Annehmenden und des Angenommenen** erfolgen. Verfassungsrechtliche Bedenken hierzu sind nicht begründet.[4] 3a

Wie eine Minderjährigenadoption kann auch die Volljährigenadoption bei **fehlenden oder fehlerhaften Anträgen oder Einwilligungen aufgehoben werden** (§ 1760 Abs. 1 bis 5 BGB). An die Stelle der Einwilligung des Kindes tritt der Antrag des Angenommenen (§ 1771 Satz 3 BGB). Auch bei der Volljährigenadoption sind dabei die Fristen für die Aufhebung in § 1762 Abs. 2 BGB zu beachten. 4

Die **Folgen der Aufhebung** sind direkt aus §§ 1764, 1765 BGB herauszulesen, allerdings mit der Maßgabe, dass das Sorgerecht aufgrund der Volljährigkeit des Angenommenen nicht mehr regelungsbedürftig ist (vgl. § 1764 Abs. 4 BGB). 5

§ 1772 BGB Annahme mit den Wirkungen der Minderjährigenannahme

(1) [1]Das Familiengericht kann beim Ausspruch der Annahme eines Volljährigen auf Antrag des Annehmenden und des Anzunehmenden bestimmen, dass sich die Wirkungen der An-

1 BGH ZKJ 2014, 381
2 Vgl. z.B. OLG Köln, Beschl. v. 10.7.2012 – 4 UF 45/12, juris
3 Palandt/*Götz,* § 1771 BGB Rn. 2
4 OLG München FamRZ 2008, 299

nahme nach den Vorschriften über die Annahme eines Minderjährigen oder eines verwandten Minderjährigen richten (§§ 1754 bis 1756), wenn

a) ein minderjähriger Bruder oder eine minderjährige Schwester des Anzunehmenden von dem Annehmenden als Kind angenommen worden ist oder gleichzeitig angenommen wird oder

b) der Anzunehmende bereits als Minderjähriger in die Familie des Annehmenden aufgenommen worden ist oder

c) der Annehmende das Kind seines Ehegatten annimmt oder

d) der Anzunehmende in dem Zeitpunkt, in dem der Antrag auf Annahme bei dem Familiengericht eingereicht wird, noch nicht volljährig ist.

[2]Eine solche Bestimmung darf nicht getroffen werden, wenn ihr überwiegende Interessen der Eltern des Anzunehmenden entgegenstehen.

(2) [1]Das Annahmeverhältnis kann in den Fällen des Absatzes 1 nur in sinngemäßer Anwendung der Vorschriften des § 1760 Abs. 1 bis 5 aufgehoben werden. [2]An die Stelle der Einwilligung des Kindes tritt der Antrag des Anzunehmenden.

Übersicht

Rn.

A. Allgemeines ... 1
B. Inhalt der Norm ... 3
I. Die formellen Voraussetzungen ... 3
II. Die Berücksichtigung der Interessen der bisherigen Eltern ... 4
III. Die Wirkungen der starken Volljährigenadoption ... 6
IV. Die Aufhebung der starken Volljährigenadoption ... 7

A. Allgemeines

1 Der Gesetzgeber war der Ansicht, dass in engen Ausnahmen auch eine Volljährigenadoption mit den Wirkungen einer Minderjährigenannahme möglich sein soll (sog. **starke Volljährigenadoption**).[1] § 1772 Abs. 1 BGB normiert hierfür die formellen und materiellrechtlichen Vorgaben. Da die bisherigen Eltern auch bei der Volljährigenadoption nach § 1772 Abs. 1 BGB nicht n die Adoption einwilligen müssen, ist insbesondere die Wahrung der Interessen der bisherigen Eltern nach § 1772 Abs. 1 Satz 2 BGB von großer Bedeutung.

2 **Abs. 2** der Norm bestimmt die Voraussetzungen für die Aufhebung einer derartigen starken Volljährigenadoption.

B. Inhalt der Norm

I. Die formellen Voraussetzungen

3 In den folgenden Fällen ist eine starke Volljährigenadoption möglich. Die **Aufzählung ist abschließend** und darf nicht durch weitere Fälle erweitert werden:

- Wurde vorher schon ein **minderjähriges Geschwister des Anzunehmenden** adoptiert oder findet gleichzeitig eine Minderjährigenadoption eines Geschwisters des Anzunehmenden statt, so soll der Anzunehmende die gleiche Rechtsstellung erhalten können, wie sein Bruder oder seine Schwester (Abs. 1 Satz 1 Buchstabe a)).
- War der Anzunehmende schon zuzeiten seiner Minderjährigkeit bei (mind.) einem Annehmenden aufgenommen worden, so kann er auch die Wirkungen der Minderjährigenannahme für sich beanspruchen (sog. **nachgeholte Minderjährigenadoption**) (Abs. 1 Satz 1 Buchstabe b)). „Aufnahme" bedeutet die dauerhafte Betreuung des

1 BT-Drucks. 7/3061, 23

Anzunehmenden im Haushalt des entsprechenden Annehmenden. Es muss schon während der Minderjährigkeit eine Eltern-Kind-Beziehung entstanden sein.[2] Ein bloß zeitweises Zusammenleben oder ein Zuzug kurz vor Eintritt der Volljährigkeit genügt hierfür nicht.

- Soll der Anzunehmende vom Ehegatten eines Elternteils adoptiert werden (**Stiefkindadoption**), so können ebenso die starken Wirkungen des § 1772 Abs. 1 BGB hergestellt werden (Abs. 1 Satz 1 Buchstabe c)). Hierbei spielt es keine Rolle, ob der Anzunehmende schon während seiner Minderjährigkeit mit dem Annehmenden zusammengelebt hat. Auch wenn die Ehe des Annehmenden erst in hohem Alter geschlossen wird, greift Abs. 1 Satz 1 Buchstabe c) ein.
- Schließlich ist eine starke Volljährigenadoption noch möglich, wenn der **Antrag auf Annahme als Kind noch während der Minderjährigkeit gestellt worden** ist, die Adoption dann aber erst im Volljährigenalter ausgesprochen wird (Abs. 1 Satz 1 Buchstabe d)). Diese Fallgruppe ist v.a. relevant bei der Frage des Staatsangehörigkeitserwerbs als Folge der Adoption nach § 6 StAG (siehe hierzu *Braun,* § 1770 BGB Rn. 3). Der Antrag im Minderjährigenalter kann aber nicht als Antrag auf starke Volljährigenadoption „umgewandelt" werden. Vielmehr sind die entsprechenden Anträge formal erneut zu stellen (siehe hierzu *Braun*, § 1767 BGB Rn. 7).[3]

II. Die Berücksichtigung der Interessen der bisherigen Eltern

4 Durch die starke Volljährigenadoption verlieren die bisherigen Eltern des Anzunehmenden sämtliche Rechte und Pflichten gegenüber ihrem vormaligen Kind (§ 1772 Abs. 1 i.V.m. § 1755 Abs. 1 BGB). Demnach ist die Beachtung der Interessen der bisherigen Eltern nach § 1772 Abs. 1 Satz 2 BGB **von großer Bedeutung**.

5 Als mögliche Interessen kommen ähnlich wie bei § 1769 BGB **sowohl finanzielle als auch immaterielle Interessen** infrage. Dabei muss eine **umfassende Abwägung der Interessen** der Annehmenden und des Anzunehmenden einerseits und der Interessen des entsprechenden bisherigen Elternteils stattfinden, wobei die Interessen des bisherigen Elternteils überwiegen müssen.

Erneut spielt hier v.a. der Verlust von Erb-, Pflichtteils- und Unterhaltsansprüchen eine große Rolle. Wurde der Anzunehmende etwa während seiner Bedürftigkeit von seinen leiblichen Eltern versorgt, so soll er sich später nicht im Wege der starken Volljährigenadoption von seinen Unterhaltsverpflichtungen befreien können.[4]

▶ *Näher zur Beteiligtenstellung und zur Anhörungspflicht der leiblichen Eltern Braun, § 188 FamFG Rn. 8 ff., und Braun, § 192 FamFG Rn. 14 ff.*

III. Die Wirkungen der starken Volljährigenadoption

6 Indem § 1772 Abs. 1 Satz 1 BGB auf §§ 1754 bis 1756 BGB verweist, hat die starke Volljährigenadoption **dieselben Folgen wie eine Minderjährigenadoption**. Es gelten insbesondere auch die Ausnahmeregelungen in § 1756 BGB, wonach in bestimmten Fällen das Verwandtschaftsverhältnis zur bisherigen Familie aufrecht erhalten bleibt. Praxisrelevant ist dabei der Fall des Fortbestehens der Verwandtschaftsverhältnisse zur Familie des vormaligen Elternteils bei der Stiefkindadoption nach § 1756 Abs. 2 BGB. Hier stellt das Gesetz auf das Sorgerecht des vormaligen Elternteils im Zeitpunkt des Versterbens ab. Die Norm ist nach Ansicht des BGH aber auch darüber hinaus einschlägig, wenn der vorverstorbene

2 MüKo-BGB/*Maurer,* § 1772 Rn. 3
3 OLG Celle FamRZ 2014, 579; KG FamRZ 2004, 1315; OLG Karlsruhe FamRZ 2000, 768
4 Vgl. z.B. OLG Düsseldorf FamRZ 2014, 1796; OLG Celle FamRZ 2014, 579; OLG München FamRZ 2009, 1337; LG Heidelberg FamRZ 2001, 121; weniger streng: OLG Brandenburg NJW 2019, 1533

Elternteil bei Eintritt der Volljährigkeit noch das Sorgerecht für den Angenommenen hatte. Auch dann bleibt die Verwandtschaft zu den Verwandten des vorverstorbenen Elternteils erhalten.[5]

▶ *Zu Einzelheiten der Folgen der Minderjährigenadoption siehe Braun, §§ 1754 bis 1756 BGB Rn. 3 ff.*

IV. Die Aufhebung der starken Volljährigenadoption

7 Eine starke Volljährigenadoption ist nur aufgrund von Verfahrensfehlern (§ 1760 BGB) aufhebbar. Eine Aufhebung aus wichtigem Grund nach § 1771 BGB oder nach § 1763 BGB ist nicht möglich.

▶ *Zu den Einzelheiten der Aufhebung der Adoption aufgrund von Verfahrensfehlern siehe Braun, §§ 1760 bis 1762 BGB Rn. 6 ff.*

5 BGH NJW 2010, 678

Abschnitt 3
Vormundschaft, Rechtliche Betreuung, Pflegschaft

Titel 1
Vormundschaft

Untertitel 1
Begründung der Vormundschaft

§ 1773 BGB Voraussetzungen

(1) Ein Minderjähriger erhält einen Vormund, wenn er nicht unter elterlicher Sorge steht oder wenn die Eltern weder in den die Person noch in den das Vermögen betreffenden Angelegenheiten zur Vertretung des Minderjährigen berechtigt sind.

(2) Ein Minderjähriger erhält einen Vormund auch dann, wenn sein Familienstand nicht zu ermitteln ist.

Übersicht

Rn.
A. Allgemeines 1
B. Inhalt der Norm 4
I. Voraussetzungen der Vormundschaft 4
1. Minderjährigkeit 4
2. Fallgruppen 6
a. Keine elterliche Sorge (Abs. 1 Alt. 1) 6
b. Fehlende Vertretungsberechtigung (Abs. 1 Alt. 2) 9
c. Fehlende Ermittelbarkeit des Familienstandes des Minderjährigen (Abs. 2) 10
C. Vormundschaft kraft Gesetzes 12

A. Allgemeines

§ 1773 BGB regelt die **materiell-rechtlichen Voraussetzungen** für die Anordnung einer Vormundschaft. Sie kommt allgemein dann zum Tragen, wenn Eltern nicht vorhanden sind oder nicht (tatsächlich oder rechtlich) dazu in der Lage sind, das ihnen nach Art. 6 Abs. 2 Satz 1 GG zugewiesene Grundrecht auf Pflege und Erziehung ihrer Kinder einschließlich der Vertretungsbefugnis wahrzunehmen, so dass die staatliche Gemeinschaft in Ausübung ihrer **Wächterfunktion** diese Lücke aus Fürsorge für das Kind zu schließen hat. Das Verhältnis zwischen Vormund und Kind fällt zwar nicht wie die Eltern-Kind-Beziehung unter Art. 6 Abs. 2 GG, gleichwohl nimmt der Vormund in vollem Umfang die elterliche Sorge als ein ihm zustehendes eigenes Recht[1] wahr. Zudem stellt die Vormundschaft **ein Dauerschuldverhältnis eigener Art** dar, das bei nicht berufs- oder amtsmäßiger Führung wesentliche Elemente des Auftragsrechts (§§ 667 ff. BGB) enthält, aber auch die elterlichen Aufgaben mit einbezieht und dem Eltern-Kind-Verhältnis nachgebildet ist (vgl. §§ 1793, 1800 BGB).[2] 1

Vormundschaftsverfahren zählen nach § 151 Nr. 5 FamFG verfahrensrechtlich zu den **Kindschaftssachen** und sind seit 1.9.2009 mit der Abschaffung des Vormundschaftsgerichts ausnahmslos den Familiengerichten zugewiesen. Im Unterschied zur **Pflegschaft** nach §§ 1909 ff. BGB bezieht sich die Vormundschaft auf die **gesamte Sorge** für einen Minderjährigen, während die Pflegschaft lediglich einzelne Angelegenheiten des Sorgerechts erfasst. Das betroffene minderjährige Kind wird dabei nach der derzeit gültigen Gesetzeslage immer noch als **„Mündel"** (vgl. etwa § 1775 Satz 2 BGB) bezeichnet. 2

1 BGH, Beschl. v. 7.3.2018 – XII ZB 422/17, juris, Rn. 12
2 *Schwab*, Familienrecht, Rn. 885; Staudinger/*Veit*, Vorbem. zu § 1773 ff. BGB Rn. 18

3 Zu unterscheiden ist im Vormundschaftsrechts zwischen der **Anordnung** der Vormundschaft (§ 1774 BGB), der **Auswahl und Bestimmung der Person des Vormunds** (§ 1779 BGB) und schließlich seiner **Bestellung** (§ 1789 BGB). Vgl. dazu die Übersicht Anhang § 1789 BGB.

Im Übrigen dürfte mit einer **Reform des Vormundschaftsrechts** zu rechnen sein.[3]

B. Inhalt der Norm

I. Voraussetzungen der Vormundschaft

1. Minderjährigkeit

4 Gemäß § 1773 Abs. 1 BGB kann nur für einen **Minderjährigen** eine Vormundschaft angeordnet werden, was gleichzeitig bedeutet, dass mit **Eintritt der Volljährigkeit** des Mündels eine bereits angeordnete Vormundschaft **kraft Gesetzes** endet (vgl. §§ 2, 1882 BGB). Gehört der Mündel einem Staat an, dessen Recht die Volljährigkeit anders als das deutsche Recht an ein höheres Alter (z.B. das 21. Lebensjahr) anknüpft, stellt sich die Frage, welches Recht anzuwenden ist (vgl. hierzu § 1882 BGB Rn. 6).

Besteht für den vormaligen Mündel ein Fürsorgebedürfnis fort (z. B. wegen einer psychischen Erkrankung), so muss ggf. eine gesetzliche Betreuung (§§ 1896 ff. BGB) angeordnet werden.[4]

5 Die Frage der Minderjährigkeit des Mündels hat in der Praxis vor allem für den Personenkreis der unbegleiteten Flüchtlinge Bedeutung. Bestehen tatsächliche **Zweifel an der Minderjährigkeit** des Betroffenen, wie dies häufig mangels Reisedokumenten bei **unbegleitet eingereisten Flüchtlingen** der Fall ist, so hat das Familiengericht im Rahmen seiner **Amtsermittlungspflicht** (§ 26 FamFG) alle verfügbaren und rechtlich zulässigen Maßnahmen zur **Altersfeststellung** auszuschöpfen.[5] Für das Jugendamt ist dies für das Verfahren der vorläufigen Inobhutnahme in § 42f SGB VIII geregelt. Das Familiengericht hat aber die Frage ohne Bindung an die Einschätzung des Jugendamts selbstständig zu prüfen.[6] Unterbleibt trotz Bestehens von Zweifeln eine Aufklärung dieser Frage, stellt dies einen schweren Verfahrensfehler dar, der im Beschwerdeverfahren zur Aufhebung der Entscheidung und Zurückverweisung des Verfahrens nach § 69 Abs. 1 Satz 3 FamFG führen kann.[7] Mittel der Sachaufklärung bei Zweifelsfällen sind insoweit der persönliche Eindruck des Richters, Altersangaben des Betroffenen in anderen Verwaltungs- und Gerichtsverfahren und vor allem die Einholung eines rechtsmedizinischen Sachverständigengutachtens. Letztere vermögen aber mit den gegenwärtigen medizinischen Methoden keine exakte Altersbestimmung zu liefern.[8] Gleichwohl können umfassende rechtsmedizinische Untersuchungen, insbesondere durch Röntgenuntersuchungen der Handwurzel, des Schlüsselbeins (durch CT), eine ergänzende zahnmedizinische Untersuchung des Gebisses und eine Erfassung antrometrischer Maße, der sexuellen Reifezeichen und möglicher altersrelevan-

---

3 Es liegt derzeit ein vom BMJV erstellter zweiter Diskussionsteilentwurf vor, abrufbar unter www.bmjv.de/SharedDocs/Downloads/DE/PDF/Themenseiten/FamilieUndPartnerschaft/Vormundschaftsrecht_zweiter_Diskussionsentwurf.html; vgl. dazu *Veit,* FamRZ 2019, 337; *dies.*, JAmt 2019, 350; *Dürbeck,* ZKJ 2019, 208; *Coester-Waltjen/Lipp/Schumann/Veit* (Hrsg.), Die große Vormundschaftsreform, 16. Göttinger Workshop zum Familienrecht 2018, S. 1 ff. mit zahlreichen Beiträgen zum Reformvorhaben

4 Vgl. die Möglichkeit von § 1908a BGB in diesen Fällen

5 BGH ZKJ 2014, 104; NZFam 2014, 69; *Dürbeck*, ZKJ 2014, 266, 267; *ders.*, FamRZ 2018, 553, 556

6 BGH JAmt 2015, 395; OLG München, Beschl. v. 25.5.2011 – 12 UF 951/11, juris; *Dürbeck,* FamRZ 2018, 553, 556

7 OLG Frankfurt FamRZ 2017, 244; KG ZKJ 2012, 450

8 Vgl. OLG Karlsruhe FamRZ 2015, 2182; Oberloskamp/*Schwarz,* § 9 Rn. 15

ter Entwicklungsstörungen wichtige Indizien für eine Altersbestimmung liefern.[9] Auch das europäische Recht geht in Art. 25 Abs. 5 Satz 1 der Richtlinie EU 2013/32 davon aus, dass die Mitgliedstaaten zu ärztlichen Untersuchungen des Alters der betroffenen Personen berechtigt sein sollen.[10] Eine familienrechtliche bzw. zivilrechtliche Befugnisnorm für die Anordnung einer **Röntgenuntersuchung** zur Altersfeststellung besteht für das Familiengericht aber nicht, so dass das Verbot von § 25 Abs. 1 der RöntgenVO greift.[11] Eine mit Einwilligung erfolgte Röntgenuntersuchung ist aber im vormundschaftlichen Verfahren verwertbar.[12] Verweigert der Betroffene die Mitwirkung an einer ärztlichen Untersuchung, kann diese nicht erzwungen werden. Es dürften in diesem Fall zwar die auch in der freiwilligen Gerichtsbarkeit geltenden Grundsätze der Beweisvereitelung Anwendung finden, im Rahmen der Beweiswürdigung wird dies aber wegen des Amtsermittlungsgrundsatzes nicht zu einer Umkehr der Feststellungslast führen dürfen.[13] Auf der anderen Seite gibt es aber auch keinen Rechtsgrundsatz, dass im Vormundschaftsrecht der Grundsatz gelten würde, dass im Zweifel von Minderjährigkeit auszugehen sei,[14] zumal auch Art. 25 Abs. 5 Satz 2 RL EU 2013/32 nicht für familienrechtliche Verfahren gilt.

2. Fallgruppen

a. Keine elterliche Sorge (Abs. 1 Alt. 1)

Nach Abs. 1 Alt. 1 ist Vormundschaft dann anzuordnen, wenn ein Minderjähriger **nicht unter elterlicher Sorge steht**. Das ist zunächst dann der Fall, wenn beide Elternteile **verstorben** sind oder für **verschollen erklärt** worden sind. Dem steht der Fall gleich, dass beiden ursprünglich sorgeberechtigten Eltern das **Sorgerecht (vollständig) nach § 1666 BGB entzogen** worden ist oder dass die elterliche Sorge beider Elternteile nach § 1673 ff. BGB **ruht**. 6

▶ *Näher zum Entzug der elterlichen Sorge vgl. Cirullies, § 1666 BGB Rn. 57 ff.*
Näher zum Ruhen der elterlichen Sorge vgl. Keuter, § 1674 BGB Rn. 1 ff.

Verstirbt dagegen der **alleinsorgeberechtigte Elternteil** oder wird ihm das Sorgerecht entzogen oder ruht es, so kann die Voraussetzung des § 1773 Abs. 1 Alt. 1 BGB ebenfalls erfüllt sein, allerdings hat das Familiengericht vor Anordnung einer Vormundschaft nach §§ 1680 Abs. 2 und 3, 1681, 1678 Abs. 2 BGB **vorrangig** zu prüfen, ob eine **Übertragung des Sorgerechts auf den anderen Elternteil** in Betracht kommt.[15] Ähnlich ist die Gesetzeslage bei **Aufhebung einer Adoption**, wonach ebenfalls zunächst eine Rückübertragung des Sorgerechts auf die leiblichen Eltern zu prüfen ist (vgl. § 1764 Abs. 4 BGB). 7

▶ *Näher zur Aufhebung der Adoption vgl. Braun, § 1764 BGB Rn. 2.*

Besteht das Hindernis bei **gemeinsamem Sorgerecht** nur bei **einem Elternteil**, so ist kein Fall für die Anordnung einer Vormundschaft eröffnet (vgl. §§ 1680 Abs. 1, 1678 Abs. 1 BGB), weil der verbleibende Elternteil das Sorgerecht kraft Gesetzes alleine ausübt. 8

9 Aus der Rspr.: OLG Koblenz FamRZ 2017, 1676; OLG Hamm FamRZ 2015, 1635; aus der Rechtsmedizin: *Schmeling* u.a., Deutsches Ärzteblatt 2016, 44
10 Gleichwohl hält sie *Klein,* KJ 2015, 405, für unzulässig.
11 OLG München FamRZ 2012, 1958; AG Schöneberg ZKJ 2014, 486
12 OLG Hamm FamRZ 2015, 1635
13 BGH FamRZ 2010, 720; *Dürbeck,* FamRZ 2018, 553, 557; a.A. im Erg. OLG Karlsruhe FamRZ 2015, 2182
14 Siehe auch *Dürbeck,* FamRZ 2018, 553, 557; a.A. OLG Köln ZKJ 2013, 419; OLG Oldenburg FamRZ 2013, 1317
15 BGH NJW 2016, 3303; OLG Dresden ZKJ 2012, 269; OLG Köln ZKJ 2012, 227

b. Fehlende Vertretungsberechtigung (Abs. 1 Alt. 2)

9 Nach Abs. 1 Alt. 2 ist Vormundschaft auch dann anzuordnen, wenn die Eltern in **allen** die Sorge betreffenden Angelegenheiten **nicht zur Vertretung des Kindes berechtigt** sind. Bei teilweisem Vertretungsausschluss greift hingegen § 1909 BGB ein. Bereits von Alt. 1 erfasst ist aber der Fall, dass den Eltern das volle Sorgerecht entzogen worden ist. Alt. 2 ist jedoch erfüllt, wenn beide Elternteile **minderjährig** sind (vgl. §§ 1673 Abs. 2 Satz 2 BGB).[16] Weiterhin ist der Fall zu nennen, dass beiden sorgeberechtigten Elternteilen die Vertretungsmacht für ihr Kind vollständig nach **§ 1666 BGB entzogen** wurde. Bei Entzug der Vertretungsmacht des allein sorgeberechtigten Elternteils gelten die unter Rn. 7 gemachten Ausführungen entsprechend (vgl. §§ 1680 Abs. 3, 1629 Abs. 1 Satz 3 BGB).

c. Fehlende Ermittelbarkeit des Familienstandes des Minderjährigen (Abs. 2)

10 Schließlich bestimmt § 1773 Abs. 2 BGB als letzte Fallgruppe für die Anordnung einer Vormundschaft diejenigen Fälle, in denen der **Familienstand des Minderjährigen nicht zu ermitteln** ist. Erfasst sind hiervon vor allem **Findelkinder** i.S.d. § 25 PStG, insbesondere auch anonym geborene Kinder, etwa bei Ablegen in eine Babyklappe.[17] Die Feststellung, dass der Familienstand eines Kindes nicht zu ermitteln ist, trifft das Familiengericht im Rahmen seiner Amtsermittlungspflicht. Für **vertraulich geborene Kinder** nach § 25 Abs. 1 SchwangerschaftskonfliktG ist – vorbehaltlich der Rechte des Vaters – eine Vormundschaft bereits nach Abs. 1 Alt. 1 zu begründen, weil das Sorgerecht der Mutter nach § 1674a BGB ruht.[18]

11 Ist der Familienstand des Kindes lediglich **bestritten**, ist nach allgemeiner Meinung lediglich ein Ergänzungspfleger zu bestellen.[19]

C. Vormundschaft kraft Gesetzes

12 Fälle in denen die Vormundschaft **kraft Gesetzes**, d.h. unabhängig von den materiellrechtlichen Voraussetzungen von § 1773 BGB und ohne familiengerichtliche Anordnung nach § 1674 BGB eintritt, beinhalten § 1591c Abs. 1 HS 1 BGB (Amtsvormundschaft bei Geburt des Kindes einer **nicht verheirateten und nicht geschäftsfähigen Mutter, vertrauliche Geburt der unverheirateten Mutter**), § 1591c Abs. 1 Satz 2 BGB (Amtsvormundschaft bei Rechtskraft der Anfechtung der Vaterschaft bei Beteiligung einer nicht geschäftsfähigen Mutter) und § 1751 Abs. 1 BGB (Einwilligung der Eltern während **Adoptionspflege**). Im Jahr 2017 standen 5.235 Kinder unter gesetzlicher Vormundschaft.[20]

▶ *Näher zur kraft Gesetzes eintretenden Vormundschaft vgl. Braun, § 1751 BGB Rn. 6 ff., und Dürbeck, § 1791c BGB Rn. 1 ff.*

§ 1774 BGB Anordnung von Amts wegen

[1]Das Familiengericht hat die Vormundschaft von Amts wegen anzuordnen. [2]Ist anzunehmen, dass ein Kind mit seiner Geburt eines Vormunds bedarf, so kann schon vor der Geburt des Kindes ein Vormund bestellt werden; die Bestellung wird mit der Geburt des Kindes wirksam.

16 Ausführlich Staudinger/*Veit*, § 1773 BGB Rn. 27
17 *DIJuF*-Rechtsgutachten JAmt 2019, 394; BeckOGK-BGB/*Schwedler*, § 1674a Rn. 30.1
18 Vgl. dazu *Helms*, FamRZ 2014, 609
19 Palandt/*Götz*, § 1773 BGB Rn. 4; Oberloskamp/*Hoffmann*, § 6 Rn. 15
20 Statistisches Bundesamt, Kinder- und Jugendhilfe – Pfleg-, Vormund-, Beistandschaften, Pflegeerlaubnis, Sorgerechtsentzug, Sorgeerklärungen 2017

Übersicht

Rn.
A. Allgemeines ... 1
B. Inhalt der Norm ... 3
I. Anordnung von Amts wegen ... 3
1. Verfahrenseinleitung ... 3
2. Zuständigkeit ... 4
a. Sachliche und örtliche Zuständigkeit ... 4
b. Funktionale Zuständigkeit ... 5
3. Internationale Zuständigkeit ... 7
4. Verfahrensbeteiligung und Anhörung ... 8
5. Entscheidung des Familiengerichts ... 12
6. Beschwerde ... 14
II. Bestellung eines Vormunds vor der Geburt des Kindes (Satz 2) ... 15

A. Allgemeines

1 Außerhalb der Fälle, in denen Vormundschaft kraft Gesetzes eintritt (näher hierzu *Dürbeck*, § 1773 BGB Rn. 12) bestimmt § 1774 Satz 1 BGB, dass es zur Begründung einer Vormundschaft einer **von Amts** wegen zu treffenden **konstitutiven Anordnung des Familiengerichts** bedarf. Damit zählen Vormundschaftsverfahren zu den amtswegigen Verfahren i.S.d. § 24 FamFG.

2 Die in Satz 1 der Norm geregelte **Anordnung** der Vormundschaft ist zu unterscheiden von der **Auswahl** und **Bestimmung** des Vormunds (vgl. § 1779 BGB) und dessen **Bestellung** (vgl. § 1789 ff. BGB). § 1774 Satz 2 BGB ermöglicht im Übrigen die Begründung einer Vormundschaft bereits **vor der Geburt** des Kindes.

B. Inhalt der Norm

I. Anordnung von Amts wegen

1. Verfahrenseinleitung

3 Hat das (zuständige) Familiengericht Kenntnis von den in § 1773 BGB geregelten Voraussetzungen für eine Anordnung der Vormundschaft (z. B. Tod beider Elternteile) oder hinreichende tatsächliche Anhaltspunkte für deren mögliches Vorliegen, so hat es von Amts wegen ein Vormundschaftsverfahren einzuleiten. Wegen der in § 1774 Satz 1 BGB bestimmten **Amtswegigkeit** des Verfahrens können Betroffene keinen verfahrenseinleitenden Antrag gemäß § 23 FamFG stellen, aber nach § 24 Abs. 1 FamFG die Einleitung eines Verfahrens **anregen**. Die Aufgabe des Familiengerichts wird schon bei der Frage der Verfahrenseinleitung im Bereich der Vormundschaft unterstützt durch **gesetzliche Hinweispflichten** wie § 57 SGB VIII (*Jugendamt*), § 168a FamFG (*Standesamt*) oder § 22a FamFG (*andere Gerichte und Behörden*).

2. Zuständigkeit

a. Sachliche und örtliche Zuständigkeit

4 Vormundschaftssachen sind nach § 151 Nr. 4 FamFG **Kindschaftssachen** und damit als Familiensachen gemäß §§ 23a Abs. 1 Nr. 1, 23b GVG den bei den Amtsgerichten zu bildenden **Familiengerichten** zugewiesen. Die **örtliche Zuständigkeit** folgt aus § 152 FamFG und orientiert sich in Vormundschaftssachen grundsätzlich nach dem **gewöhnlichen Aufenthalt des Kindes** oder nach dem Gericht der Ehesache.

► *Näher zur örtlichen Zuständigkeit vgl. Keuter, § 152 FamFG Rn. 1 ff.*

b. Funktionale Zuständigkeit

5 § 3 Nr. 2a RPflG bestimmt die **Zuständigkeit des Rechtspflegers** grundsätzlich für das gesamte Vormundschaftsverfahren, also Anordnung, Auswahl und Bestellung des Vormunds. Eine **Ausnahme** hiervon besteht lediglich nach § 14 Abs. 1 Nr. 10 RPflG, wonach der **Richter** für die Anordnung der Vormundschaft von **ausländischen Kindern** zuständig ist. Auch bei ausländischen Minderjährigen obliegt aber grundsätzlich die **Auswahl und Bestellung** grundsätzlich dem Rechtspfleger.[1] In der Praxis zieht aber der Familienrichter hier häufig wegen des **Sachzusammenhangs** auch die Auswahlentscheidung (§ 1779 BGB) an sich, was § 6 RPflG auch ermöglicht (näher hierzu *Heilmann*, § 6 RPflG Rn. 1).

6 Soweit sich im Rahmen eines **Kinderschutzverfahrens nach § 1666 BGB** mit der Endentscheidung die Notwendigkeit einer Anordnung der Vormundschaft ergibt, wurde teilweise die Auffassung vertreten, dass sich Familiengerichte in Person des Richters (nach § 6 RPflG) auf die Anordnung der Vormundschaft beschränken und die Auswahlentscheidung dem funktionell zuständigen Rechtspfleger überlassen könnten. Dem ist das **Bundesverfassungsgericht** aber in seiner Entscheidung vom 22.9.2014[2] entgegengetreten, weil nach seiner Ansicht die Frage der Verhältnismäßigkeit der Sorgerechtsentziehung im Einzelfall von der Auswahl des Vormunds, insbesondere eines Verwandten oder einer sonst dem Kind nahestehenden Person, abhängen könne. Damit ist jedenfalls im Ergebnis klargestellt, dass der Familienrichter selbst im Falle eines Entzugs des Sorgerechts auch die Auswahl des Vormunds zu treffen hat. Insoweit sollte im Rahmen einer Reform des Vormundschaftsrechts der Richtervorbehalt in § 14 Abs. 1 RPflG vom Gesetzgeber erweitert werden.[3]

3. Internationale Zuständigkeit

7 Die deutschen Familiengerichte sind nach § 99 Abs. 1 FamFG international auch dann zuständig, wenn der minderjährige Ausländer seinen gewöhnlichen Aufenthalt im Inland hat und insoweit in Ansehung einer Vormundschaft ein Fürsorgebedürfnis besteht. Vorrangig sind jedoch europäische Rechtsvorschriften wie die EheVO und völkerrechtliche Verträge zu beachten.

▶ *Näher zur internationalen Zuständigkeit Schweppe, § 99 FamFG Rn. 1 ff.*

4. Verfahrensbeteiligung und Anhörung

8 Soweit das Vormundschaftsverfahren **nicht** mit einem Sorgerechtsverfahren (insbesondere nach § 1666 BGB) **verbunden** ist, sondern **isoliert betrieben** wird, sind noch vorhandene **Eltern** und das **Kind** nach § 7 Abs. 2 Nr. 1 FamFG formal beteiligt. In der Praxis wird dabei zum einen viel zu häufig übersehen, dass ggf. auch der **Vater eines nichtehelich geborenen Kindes** zu **ermitteln** und zu beteiligen ist. Zum anderen ist dringend zu beachten, dass das Kind ab dem vierzehnten Lebensjahr verfahrensfähig und dann grundsätzlich selbst zu beteiligten ist.

9 Das **Jugendamt** ist nach Maßgabe von § 162 Abs. 2 Satz 2 FamFG auf seinen Antrag hin zu beteiligen, ebenso ggf. die **Pflegepersonen** des Kindes nach §§ 161 Abs. 1 Satz 1, 7 Abs. 3 FamFG.

▶ *Näher zur Beteiligung der Pflegeperson vgl. Heilmann, § 161 FamFG Rn. 10 ff.*

---

1 *Dörndorfer*, § 14 RPflG Rn. 60
2 BVerfG FamRZ 2015, 208; vgl. dazu *Keuter*, ZKJ 2015, 67
3 So auch Staudinger/*Veit*, § 1774 BGB Rn. 34; *Dürbeck*, ZKJ 2019, 208; *Hoffmann*, FamRZ 2011, 249, 254

Die Person, die das Familiengericht als **Vormund auszuwählen beabsichtigt**, ist erst im Auswahlverfahren nach § 1789 BGB im Hinblick auf § 7 Abs. 2 Nr. 1 FamFG zu beteiligen, da erst hier ihre Rechtsstellung betroffen ist.[4] Maßgeblich ist der Zeitpunkt, in dem sich nach erfolgter Eignungsprüfung das Ermessen des Gerichts auf die auszuwählende Person verdichtet hat.[5] Das Auswahlverfahren kann, muss aber (vorbehaltlich des in Rn. 6 genannten Falles) nicht mit dem Anordnungsverfahren verbunden werden. Soweit ein **Verfahrensbeistand** nach § 158 FamFG bestellt ist,[6] ist auch dieser zu beteiligen. 10

Da Vormundschaftssachen nach § 151 Nr. 4 FamFG Kindschaftssachen sind, gelten für die **Anhörung** des Kindes, der Eltern, des Jugendamts und der Pflegepersonen im Übrigen §§ 159 bis 162 FamFG. Diese Normen sind insbesondere auch vom **Rechtspfleger** zu beachten, was in der Praxis leider häufig übersehen wird und in diesem Fall zur Aufhebung der Entscheidung und Zurückverweisung des Verfahrens an den Rechtspfleger durch das Beschwerdegericht nach § 69 Satz 3 FamFG führen kann[7] (vgl. auch *Dürbeck*, § 69 FamFG Rn. 6). 11

5. Entscheidung des Familiengerichts

Die Anordnung der Vormundschaft hat in der nach dem Verfahrensrecht vorgesehenen Form, also nach §§ 116 Abs. 1, 38 Abs. 1 FamFG durch gerichtlichen **Beschluss**[8] zu erfolgen. Auch die Frage des **Wirksamwerdens** der Entscheidung beurteilt sich nach dem FamFG, insbesondere §§ 40 f. FamFG. Dem **bereits 14-jährigen Kind** ist die Entscheidung nach § 164 FamFG bekannt zu machen. Zu beachten ist schließlich auch Art. 37 Ziffer b des Wiener Übereinkommens vom 24.4.1963 über konsularische Beziehungen (BGBl. II 1969 S. 1585), wonach die **konsularische Vertretung** des Herkunftslands unverzüglich von allen Fällen zu benachrichtigen ist, in denen die Bestellung eines Vormunds oder Pflegers im Interesse eines Minderjährigen ansteht. Hiervon wird auch bei unbegleiteten minderjährigen Flüchtlingen nicht abgesehen werden können.[9] Nach Ziffer VIII Nr. 14 MiZi ist der Richter insoweit zuständig. 12

▶ *Näher zur Bekanntmachung der Entscheidung an das Kind Heilmann, § 164 FamFG Rn. 1 ff.*

Soweit das Familiengericht die materiell-rechtlichen Voraussetzungen von § 1773 BGB zu **Unrecht angenommen** hat, ist umstritten, ob und unter welchen Voraussetzungen eine gleichwohl angeordnete Vormundschaft **Wirksamkeit entfalten** kann.[10] Ungeachtet des praktischen Nutzens der Diskussion kann die Frage der Wirksamkeit gerichtlicher Entscheidung nur nach den **allgemeinen Verfahrensregeln** beantwortet werden.[11] Jedenfalls die Anordnung einer Vormundschaft für einen **volljährigen oder toten Minderjährigen** wird als wirkungslos zu gelten haben.[12] Die Auffassung, jede gegen § 1773 BGB verstoßende Anordnung einer Vormundschaft sei wirkungslos,[13] widerspricht hergebrachten Verfahrensgrundsätzen und überzeugt daher nicht.[14] 13

---

4 Staudinger/*Veit*, § 1774 BGB Rn. 15
5 OLG Frankfurt ZKJ 2016, 189; Oberloskamp/*Dürbeck*, § 3 Rn. 171
6 Zur Erforderlichkeit wegen denkbarer Interessensgegensätze, insbesondere bei nicht verfahrensfähigen Kindern: MüKo-FamFG/*Schumann*, § 158 Rn. 6
7 KG FamRZ 2016, 649; OLG Frankfurt a.M. FamRZ 2015, 1521
8 Anders z. T. die ältere Literatur und Rspr. vor Inkrafttreten des FamFG, vgl. LG Berlin DAVorm 1981, 311, 313, und die Nachweise bei MüKo-FamFG/*Spickhoff*, § 1774 Fn. 3: jede Tätigkeit nach außen genüge
9 *Dürbeck*, FamRZ 2018, 553, 562; *Lack*, FS Salgo 2016, 85, 102; a.A.: Oberloskamp/*Schwarz*, § 9 Rn. 13 (Fn. 4)
10 Vgl. etwa die Darstellung von Oberloskamp/*Hoffmann*, § 7 Rn. 5 ff.
11 Vgl. etwa zur Frage der Rechtswirksamkeit von Urteilen Zöller/*Vollkommer*, Vor § 300 ZPO Rn. 13 ff.
12 BGH NJW 1964, 1316; Palandt/*Götz*, § 1774 BGB Rn. 2
13 MüKo-BGB/*Wagenitz, 6. Aufl. 2012*, § 1674 Rn. 8
14 So auch die h.M.: BGHZ 41, 303, 309; Soergel/*Zimmermann*, § 1674 BGB Rn. 8; Staudinger/*Veit*, § 1774 BGB Rn. 32 f.

6. Beschwerde

14 Gegen die **Anordnung der Vormundschaft** nach § 1774 BGB kann nach Maßgabe von **§§ 58 ff. FamFG** Beschwerde eingelegt werden. Beschwerdeberechtigte i.S.d. § 59 Abs. 1 FamFG sind in jedem Fall das verfahrensfähige Kind (§ 60 FamFG), das Jugendamt als anzuhörende oder beteiligte Behörde (§ 162 Abs. 3 Satz 2 FamFG), der Verfahrensbeistand (§ 158 Abs. 4 Satz 5 FamFG) und die in ihren Rechten betroffenen Eltern.[15] Nicht beschwerdeberechtigt gegen die Anordnung der Vormundschaft sind diejenigen **Personen, die lediglich von der Auswahlentscheidung betroffen sind**, wie Angehörige, Pflegepersonen und auch das Jugendamt in seiner (späteren) Funktion als **Amtsvormund**.[16]

▶ *Näher zur Beschwerdeberechtigung Dürbeck, § 59 FamFG Rn. 1 ff.*

II. Bestellung eines Vormunds vor der Geburt des Kindes (Satz 2)

15 Gemäß § 1774 Satz 2 BGB kann schon **vor der Geburt eines Kindes** für dieses ein Vormund bestellt werden, wenn anzunehmen ist, dass das Kind bereits mit seiner Geburt eines Vormunds bedarf. Zu nennen sind etwa Fälle, in denen bereits absehbar ist, dass die Sorge einer nicht verheirateten Mutter, z. B. wegen Geschäftsunfähigkeit oder Krankheit, ruhen wird. Durch die Bestellung eines Vormunds bereits vor der Geburt des Kindes kann insbesondere vermieden werden, dass Amtsvormundschaft nach § 1791c BGB eintritt und das Kind bereits mit der Geburt einen gesetzlichen Vertreter hat.[17] Gemäß Satz 2 HS 2 wird die Bestellung des Vormundes (i.S.d. § 1789 BGB[18]) aber erst **mit der Geburt** des Kindes **wirksam**.

▶ *Näher zur Einleitung eines Kinderschutzverfahrens vor Geburt des Kindes siehe Cirullies, § 1666 BGB Rn. 15.*

§ 1775 BGB Mehrere Vormünder

[1]Das Familiengericht kann ein Ehepaar gemeinschaftlich zu Vormündern bestellen. [2]Im Übrigen soll das Familiengericht, sofern nicht besondere Gründe für die Bestellung mehrerer Vormünder vorliegen, für den Mündel und, wenn Geschwister zu bevormunden sind, für alle Mündel nur einen Vormund bestellen.

Übersicht

Rn.
A. Allgemeines ... 1
B. Inhalt der Norm ... 2
I. Grundsatz der Einzelvormundschaft ... 2
II. Mitvormundschaft als Ausnahme ... 4
1. Ehepaare (Satz 1) ... 4
2. Ausnahmefälle nach Satz 2 ... 5
3. Die Bestellung eines anwaltlichen Mitvormunds für unbegleitet eingereiste minderjährige Flüchtlinge? ... 7

15 Auch neben dem Kind, vgl. BGH NZFam 2018, 334; Staudinger/*Veit,* § 1774 BGB Rn. 22
16 BGH NJW 2012, 685; OLG Frankfurt a.M. FamRZ 2017, 1942; FamRZ 2014, 673
17 BeckOK-BGB/*Bettin*, § 1774 Rn. 2
18 Staudinger/*Veit,* § 1774 BGB Rn. 24

A. Allgemeines

§ 1775 BGB betrifft die Auswahlentscheidung vor der Bestellung des Vormunds und stellt in Satz 2 den Grundsatz und **Vorrang der Einzelvormundschaft** auf. Nur in besonderen Ausnahmefällen sollen danach mehrere Vormünder für das Mündel bestellt werden. Dies gilt auch für den Fall, dass für mehrere Geschwister ein Vormund zu bestimmen ist. Nur für Ehepaare sieht das Gesetz in Satz 1 eine Privilegierung vor. Soweit ausnahmsweise mehrere Vormünder für ein Kind bestellt werden, richtet sich die Aufteilung und Führung der Mitvormundschaft nach § 1797 BGB. Bei der anstehenden Reform des Vormundschaftsrechts (vgl. § 1773 BGB Rn. 3) soll § 1775 Satz 2 BGB gestrichen werden. **1**

B. Inhalt der Norm

I. Grundsatz der Einzelvormundschaft

Der Grundsatz der **Einzelvormundschaft** folgt dem Umstand, dass das Mündel wegen der elternähnlichen Aufgabe des Vormunds nicht mehrere Entscheidungsträger haben soll.[1] Das Familiengericht hat nach **pflichtgemäßem Ermessen**[2] zu entscheiden, ob es am Vorrang der Einzelvormundschaft festhält oder aber ausnahmsweise Mitvormundschaft (und wenn ja in welcher Form des § 1797 Abs. 1 und 2 BGB) anordnet. Eine Bindung an eine etwaige Bestimmung von mehreren Vormündern durch die Eltern ist nicht anzuerkennen,[3] bei der Benennung eines Einzelvormunds gilt aber die Einschränkung von § 1778 Abs. 4 BGB bei Anordnung von Mitvormundschaft. **2**

Den Grundsatz der Einzelvormundschaft sieht das Gesetz in Satz 2 auch bei **mehreren Geschwistern** vor, auch wenn es sich verfahrensmäßig um mehrere Vormundschaften handelt. Unerheblich ist es dabei, ob es sich um Halb- und Vollgeschwister handelt.[4] **3**

II. Mitvormundschaft als Ausnahme

1. Ehepaare (Satz 1)

Als gesetzliche Ausnahme vom Einzelvormundschaftsprinzip regelt § 1775 Satz 1 BGB die insoweit nicht durch Satz 2 eingeschränkte Möglichkeit der Bestellung eines **Ehepaars zu Mitvormündern**. Dies ist besonders dann naheliegend, wenn das betroffene Kind auch im Haushalt der Ehegatten lebt, weil sich auf diesem Wege Vormundschaft und Elternschaft annähern. Ob dies auch dann gilt, wenn das Kind nicht im Haushalt der Ehegatten lebt, erscheint zweifelhaft.[5] Im Übrigen liegt die Entscheidung des Familiengerichts, ob es sich für die Bestimmung beider Ehegatten als Mitvormünder entscheidet in seinem pflichtgemäßen Ermessen. Ein gesetzlicher Vorrang zugunsten der Bestellung eines Ehepaars als Mitvormünder besteht nicht.[6] **Lebenspartnerschaften** sind von Satz 1 ausgenommen, so dass Mitvormundschaft unter den engen Voraussetzungen von § 1775 Satz 2 BGB begründet werden kann, was verfassungsrechtlich zweifelhaft ist.[7] **4**

---

1 BT-Drucks. 13/7158, 21
2 Soergel/*Zimmermann,* § 1775 BGB Rn. 5; Staudinger/*Veit,* § 1775 BGB Rn. 10
3 BayObLGZ 21, 60, 63; MüKo-BGB/*Spickhoff*, § 1675 Rn. 5
4 KGJ 47, 10
5 A.A. BT-Drucks. 13/7158, 21; *Zenz*, DAVorm 2000, 365
6 NK-BGB/*Fritsche,* § 1775 Rn. 2
7 Vgl. etwa den Gesetzesentwurf von Bündnis 90/Die Grünen in BT-Drs. 17/12676; Staudinger/*Veit,* § 1775 BGB Rn. 22

2. Ausnahmefälle nach Satz 2

5 § 1775 Satz 2 BGB sieht die Bestellung mehrere Mitvormünder für ein Mündel oder verschiedener Vormünder für mehrere Geschwister dann **ausnahmsweise** vor, wenn hierfür **besondere Gründe** vorliegen. Besondere Gründe für die Bestellung mehrerer Vormünder für Geschwister liegen etwa dann vor, wenn zwischen den Geschwistern dauerhafte **Interessenskollisionen** (*z. B. verschiedene Väter, verschiedene Konfessionen*[8]) oder sonstiges **Streitpotential** besteht. Auch das Jugendamt kann im Übrigen zum Mitvormund[9] bestellt werden, bei Beteiligung eines Vereins ist § 1791a Abs. 4 BGB zu beachten. Im Übrigen kann allein der Umstand, dass der ausgewählte Vormund **nicht selbst die Sachkompetenz** für einen Kreis von notwendigen Angelegenheiten des Mündels besitzt, eine Bestellung eines insoweit qualifizierten (ggf. berufsmäßigen) Mitvormunds nicht allein rechtfertigen, weil es dem Einzelvormund insoweit offen steht, **fachkundige Fremdhilfe** (*z. B. von Steuerberatern, Rechtsanwälten, Ärzten*) in Anspruch zu nehmen.[10] Hiervon sollte grundsätzlich auch dann nicht abgewichen werden, wenn dauerhaft bedeutsame Angelegenheiten zu besorgen sind, wie z. B. im Bereich der Verwaltung des Vermögens, weil auch hier die Inanspruchnahme von Fremdhilfe möglich ist.[11]

6 Hat das Familiengericht **ausnahmsweise mehrere Mitvormünder bestellt**, so gilt in deren Verhältnis zueinander nach § 1797 Abs. 1 BGB – wie bei Eltern §§ 1629 Abs. 1 Satz 2, 1627 BGB – der **Grundsatz der gemeinschaftlichen Vormundschaft**. Bei **Meinungsverschiedenheiten** entscheidet nach § 1797 Abs. 1 Satz 2 FamFG das Familiengericht. Möglich ist es aber, durch eine **konstitutive Anordnung** des Familiengerichts nach § 1797 Abs. 2 BGB eine **nach Wirkungskreisen geteilte Einzelvormundschaft** unter den Mitvormündern anzuordnen. In diesem Fall ist jeder Mitvormund nur für seinen zugewiesenen Wirkungskreis (allein) geschäftsführungs- vertretungsberechtigt und auch haftbar.[12]

3. Die Bestellung eines anwaltlichen Mitvormunds für unbegleitet eingereiste minderjährige Flüchtlinge?

7 Nachdem der BGH in seiner Entscheidung vom 29.5.2013[13] der in verschiedenen Bundesländern, wie vor allem in Hessen, verbreiteten Praxis, für **unbegleitet eingereiste minderjährige Flüchtlinge** neben dem Amtsvormund einen **anwaltlichen Ergänzungspfleger für die Vertretung in ausländer- und asylrechtlichen Angelegenheiten** zu bestellen, eine deutliche Absage erteilt hatte (vgl. dazu *Dürbeck*, § 1909 BGB Rn. 11), ging die Praxis teilweise dazu über, unter Berufung auf europarechtliche Vorgaben an der bisherigen Übung der Bestellung von Rechtsanwälten festzuhalten und diese sodann als Mitvormünder nach §§ 1775 Satz 2, 1797 Abs. 2 BGB für den selbständigen Aufgabenkreis der **Vertretung in ausländer- und asylrechtlichen Angelegenheiten** zu bestellen,[14] weil dem Jugendamt angeblich als Amtsvormund die erforderliche Sachkompetenz fehle. Der

8 Kritisch MüKo-BGB/*Spickhoff,* § 1775 Rn. 10
9 Oberloskamp/*Hoffmann* § 12 Rn. 28
10 BGH FamRZ 2017, 1940; OLG Frankfurt a.M. FamRZ 2014, 502; 2014, 673; NJW-RR 2014, 1222; *Dürbeck,* ZKJ 2014, 266, 270, 271
11 OLG Düsseldorf FamRZ 2015, 678; a.A. OLG Dresden OLGE 36, 212, 213; Palandt/*Götz,* § 1797 BGB Rn. 5
12 LG Berlin JW 1934, 1295; BeckOK-BGB/*Bettin,* § 1775 Rn. 2
13 BGH ZKJ 2013, 413; BGH JAmt 2013, 426
14 OLG Frankfurt JAmt 2014, 166; FamRZ 2015, 1412; FamRZ 2016, 1597; zur Entwicklung ausführlich: *Dürbeck,* FamRZ 2018, 553, 560 f.; ZKJ 2014, 266, auch zu den betreffenden europarechtlichen Vorschriften

BGH[15] und die weit überwiegende Rechtsprechung der Oberlandesgerichte[16] ist dieser Praxis und insoweit nur vom 6. Familiensenat des Oberlandesgerichts Frankfurt a.M.[17] geteilten Auffassung zu Recht nicht gefolgt, weil das Jugendamt auch unter Berücksichtigung der bereits geltenden europarechtlichen Vorschriften auch als alleiniger Amtsvormund die erforderliche Sachkunde besitzt und zudem auch im Wege der Inanspruchnahme anwaltlicher Beratungshilfe für eine angemessene Beratung und Vertretung des unbegleitet eingereisten Flüchtlings sorgen kann. Es verbleibt daher auch in diesen Fällen – bei Fehlen von geeigneten ehrenamtlichen Einzelvormündern – beim **Vorrang der Amtsvormundschaft** des Jugendamts als Einzelvormund nach § 1775 Satz 2 BGB, was durch die zuletzt ergangene Entscheidung des BGH nun abschließend geklärt ist.[18]

§§ 1776 bis 1778 BGB

[...]

Von Abdruck und Kommentierung wird abgesehen.

§ 1779 BGB Auswahl durch das Familiengericht

(1) Ist die Vormundschaft nicht einem nach § 1776 Berufenen zu übertragen, so hat das Familiengericht nach Anhörung des Jugendamts den Vormund auszuwählen.

(2) [1]Das Familiengericht soll eine Person auswählen, die nach ihren persönlichen Verhältnissen und ihrer Vermögenslage sowie nach den sonstigen Umständen zur Führung der Vormundschaft geeignet ist. [2]Bei der Auswahl unter mehreren geeigneten Personen sind der mutmaßliche Wille der Eltern, die persönlichen Bindungen des Mündels, die Verwandtschaft oder Schwägerschaft mit dem Mündel sowie das religiöse Bekenntnis des Mündels zu berücksichtigen.

(3) [1]Das Familiengericht soll bei der Auswahl des Vormunds Verwandte oder Verschwägerte des Mündels hören, wenn dies ohne erhebliche Verzögerung und ohne unverhältnismäßige Kosten geschehen kann. [2]Die Verwandten und Verschwägerten können von dem Mündel Ersatz ihrer Auslagen verlangen; der Betrag der Auslagen wird von dem Familiengericht festgesetzt.

Übersicht

Rn.
A. Allgemeines ... 1
B. Inhalt der Norm ... 3
I. Eignungsprüfung (Abs. 2 Satz 1) ... 3
II. Auswahlkriterien (Abs. 2 Satz 2) ... 7

15 BGH ZKJ 2014, 249; ZKJ 2018, 15
16 1., 2., 3. und 5. Familiensenat des OLG Frankfurt a.M. FamRZ 2014, 673; NJW-RR 2014, 1222; FamRZ 2014, 502; FamRZ 2015, 680; FamRZ 2015, 1119; ebenso OLG Hamburg NZFam 2017, 1066; OLG Köln FF 2016, 461; OLG Nürnberg NJW 2016, 720; OLG Bamberg FamRZ 2016, 152; OLG Celle FamRZ 2016, 647; OLG Schleswig FamRZ 2016, 1474; OLG Düsseldorf BeckRS 2010, 21268
17 OLG Frankfurt a.M. JAmt 2014, 166 und 542, ihm folgend OLG Bamberg FamRZ 2015, 682
18 BGH ZKJ 2018, 15

C. Verfahrensrechtliche Besonderheiten 14
I. Zuständigkeit, Amtsermittlung 14
II. Verfahrensbeteiligung und Anhörung 16
III. Beschwerde 18
D. Auslagenersatz (Abs. 3 Satz 2) 22

A. Allgemeines

1 Bei der **Auswahl** der Person des Vormundes handelt es sich, nachdem zumindest eine juristische Sekunde vorher die Vormundschaft nach § 1774 BGB angeordnet worden ist, um die **2. Stufe des Vormundschaftsverfahrens**. Vor allem die Frage der verfahrensrechtlichen und materiell-rechtlichen Rechtsstellung der sonstigen Angehörigen des Mündels (insbes. Großeltern) bei der Vormundsauswahl beherrschte in der Rechtsprechung die Diskussion wie kaum eine andere Frage.[1] Dabei kommt vor allem der **verfassungsrechtlichen Rechtsstellung von Angehörigen** nach Art. 6 Abs. 1 GG, Art. 8 EMRK eine besondere Bedeutung zu. § 1779 BGB legt in Abs. 1 und 2 die materiellen und **rechtlich bindenden Kriterien** bei der vom Familiengericht zu treffenden **Ermessensentscheidung zur Vormundsauswahl** fest, während Abs. 3 und ergänzend Abs. 1 die **Anhörung** im Verfahren und die Frage der **Kostenerstattung- und festsetzung** des Vormunds gegenüber dem Mündel betreffen.

1a Im Rahmen der anstehenden **Reform des Vormundschaftsrechts** (vgl. § 1773 BGB Rn. 3) ist beabsichtigt, das Auswahlverfahren neu zu regeln (vgl. §§ 1779-E, 1780-E). Es soll dabei – unter Aufgabe des Subsidiaritätsprinzips der Amtsvormundschaft – derjenige Vormund gefunden werden, der am besten geeignet ist, für die Person und das Vermögen des Minderjährigen zu sorgen. Der Vorrang der ehrenamtlichen Vormundschaft soll erst im Rahmen der Eignungsprüfung hergestellt werden (§ 1780-E). Das Jugendamt ist nach dem Entwurf generell als geeignet anzusehen, so dass zu prüfen sein soll, ob es im Vergleich zu einer natürlichen Person am besten geeignet i.S.d. § 1779 BGB-E ist.[2]

2 Der Anwendungsbereich der Norm ist abzugrenzen von der öffentlich-rechtlichen Regelung über die Auswahl der Person des Amtsvormunds innerhalb der Behörde. Diese bestimmt sich nach § 55 Abs. 2 SGB VIII.

▶ *Näher hierzu Köhler, § 58 SGB VIII Rn. 7 ff.*

B. Inhalt der Norm

I. Eignungsprüfung (Abs. 2 Satz 1)

3 Nach § 1779 Abs. 2 Satz 1 BGB soll das Familiengericht eine Person als Vormund auswählen, die nach ihren **persönlichen Verhältnissen** und ihrer **Vermögenslage** sowie nach den **sonstigen Umständen** dazu **geeignet** ist, die Vormundschaft zu führen. Hierbei handelt es sich bei der Suche nach geeigneten Personen um die **erste Stufe des Auswahlverfahrens**. In Betracht kommen als Vormund insoweit natürliche Personen, ein Vormundschaftsverein (§ 1791a BGB) oder das Jugendamt (§§ 1791b BGB, 55 SGB VIII), wobei sich die genannten Eignungskriterien nur auf natürliche Personen beziehen.

4 Entscheidend für die Fähigkeit, die Vormundschaft im Interesse des Mündels zu führen, insoweit sind nach Abs. 2 Satz 1 die persönlichen und wirtschaftlichen Verhältnisse, also **Charakter, Gesundheit, Alter, Bildung, Erfahrung im Bereich des Umgangs mit Kindern und familiären Belastungen,**[3] und die weiteren persönlichen Lebensumstände ei-

1 Vgl. dazu ausführlich *Keuter*, ZKJ 2015, 67; *Klinkhammer*, ZfPW 2015, 5; *Scherpe*, FamRZ 2014, 1821
2 Vgl. *Veit/Marchlewski*, FamRZ 2017, 779; *Dürbeck*, ZKJ 2019, 208
3 Palandt/*Götz*, § 1779 BGB Rn. 5

ner Person maßgeblich. Hierbei kann insbesondere auch auf die zu § 1671 BGB entwickelten Kriterien, wie das Förderprinzip, die Kontinuität, die Bindungen des Kindes und seinen Willen, zurückgegriffen werden.[4] Hinzu kommt nach dem Gesetz ausdrücklich auch die wirtschaftliche Situation der Person, wobei das Angewiesensein auf staatliche Sozialleistungen nicht alleine zur Ungeeignetheit führt.[5] Zu berücksichtigen ist aber eine etwaige Verschuldung.[6]

Ausschlusskriterien können im wirtschaftlichen Bereich weiterhin ggf. **Insolvenz** oder die **Abgabe der Vermögensauskunft** sein,[7] vor allem wenn der Mündel über erhebliches Vermögen verfügt. Weiterhin können **relevante Vorstrafen** (z. B. Kindesmisshandlung), **Alter oder Gebrechlichkeit**, **fehlende Bereitschaft zu Kooperation** mit Jugendamt,[8] Eltern, Schulen oder Pflegepersonen des Kindes, Intoleranz in Konfessionsfragen, drohende **Interessenkonflikte** und **eigenes Erziehungsversagen** gegen die Eignung sprechen.[9] Insbesondere die beiden letztgenannten Aspekte sind auch im Rahmen der Prüfung, ob nahe Angehörige, wie etwa die Großeltern des Kindes, zur Übernahme einer Vormundschaft geeignet sind, einer genauen Betrachtung zu unterziehen. 5

Pflegepersonen des Kindes werden zumindest bei einem auf **Dauer angelegten Pflegeverhältnis** im Regelfall als besonders qualifiziert für das Amt des Vormundes in Betracht zu ziehen sein, da eine Vormundschaft ihren Sinn aus Sicht des Kindes dann am besten erfüllt, wenn das Kind erlebt, dass die Person, die es täglich erzieht, auch rechtlich zur Erziehung und zur Entscheidung über die Angelegenheiten von erheblicher Bedeutung befugt ist.[10] Insoweit sind Forderungen, den Kriterienkatalog von § 1779 Abs. 2 Satz 2 BGB um das Kriterium „Aufenthalt des Kindes in Familienpflege" zu erweitern,[11] zu unterstützen. Zwar können dauerhafte und schwerwiegende Konflikte der Pflegepersonen mit den Kindeseltern oder dem Jugendamt gegen deren Eignung sprechen,[12] bei fehlender Rückkehroption zu den leiblichen Eltern wird aber auch dieser Gesichtspunkt aus Gründen des Kindeswohls nicht allein ausschlaggebend sein dürfen.[13] Bei fehlender Bindungstoleranz der Pflegeltern im Hinblick auf einen kindeswohlförderlichen Umgang des Kindes mit seinen leiblichen Eltern kann dies aber gleichwohl gegen die Eignung als Vormund sprechen.[14] 6

II. Auswahlkriterien (Abs. 2 Satz 2)

Kommen nach der Eignungsprüfung (neben dem Jugendamt und ggf. einem Vormundschaftsverein) **mehrere geeignete natürliche Personen** – gleich ob ehrenamtlich oder berufsmäßig – in Betracht, so bestimmt Abs. 2 Satz 2 und Abs. 1, dass das Familiengericht bei seiner Auswahlentscheidung den **ausdrücklichen oder mutmaßlichen Willen der Eltern**, die persönlichen **Bindungen des Mündels**, die **Verwandtschaft oder Schwägerschaft** mit dem Mündel sowie das **religiöse Bekenntnis**[15] des Mündels zu berück- 7

---

4 *Schneider/Faber*, FuR 2012, 580, 581
5 *Hoffmann*, FamRZ 2014, 1084, 1085
6 OLG Düsseldorf Rpfleger 2019, 269
7 MüKo-BGB/*Spickhoff*, § 1779 Rn. 7
8 OLG Düsseldorf Rpfleger 2019, 269
9 Ausführlich *Hoffmann*, FamRZ 2014, 1084, 1085; Staudinger/*Veit*, § 1774 BGB Rn. 9 ff.
10 OLG Brandenburg, Beschl. v. 24.6.2019 – 9 WF 264/18, juris; OLG Rostock FamRZ 2017, 218; OLG Nürnberg ZKJ 2015, 153; FamRZ 2012, 1959; OLG Stuttgart FamRZ 2013, 1318; *Schweppe*, ZKJ 2013, 237, 241; *DIJuF*-Rechtsgutachten JAmt 2013, 205
11 *KRK*, FamRZ 2014, 891, 898
12 OLG Karlsruhe FamRZ 2014, 404
13 Str., wie hier *Veit*, FF 2008, 358, und in *Staudinger*, § 1779 BGB Rn. 19 ff.; *DIJuF*-Rechtsgutachten JAmt 2012, 325
14 LG Flensburg FamRZ 2001, 445; NK-BGB/*Fritsche*, § 1779 Rn. 5
15 OLG Düsseldorf, Beschl. v. 20.11.2018 – 8 UF 187/17

sichtigen haben. Das **elterliche Benennungsrecht** nach §§ 1776, 1777 BGB ist aber auf die Fälle beschränkt, in denen die elterliche Sorge durch den **Tod** des Sorgerechtsinhabers endet.[16]

8 **Vereinsvormundschaft und Amtsvormundschaft** sind nach der gegenwärtigen Gesetzeslage bei Vorhandensein geeigneter Einzelvormünder nach §§ 1791a Abs. 1 Satz 2, 1791b Abs. 1 Satz 1 BGB nur **subsidiär** auszuwählen. Dies gilt auch für den Mitarbeiter eines Vereins, der im Hinblick auf die Rechtsprechung des Bundesgerichtshofes zu Vergütungsfragen als Einzelvormund in Betracht kommt[17] (näher hierzu *Dürbeck*, § 1791a BGB Rn. 13 ff.).

Das **Benennungsrecht der Eltern** nach §§ 1776 f. BGB hat insoweit nur Bedeutung, als beide Elternteile verstorben sind und durch letztwillige Verfügung die Person des Vormunds benannt haben. Im Übrigen sind die Umstände des Einzelfalles maßgeblich, ob dem aktuellen Willen eines nicht oder nicht mehr sorgeberechtigten Elternteils oder dem mutmaßlichen Willen eines verstorbenen oder verhinderten Elternteils entscheidende Bedeutung zukommt. Lehnen nicht nur die Eltern, sondern auch das Kind einen Verwandten oder sonst ehrenamtlich tätigen Vormund – wie etwa den Verfahrensbeistand, der das Amt übernehmen will – ab, so wird dieser bereits deswegen nicht als geeignet angesehen werden können.[18]

9 Zu nennen sind hier weiterhin etwa der **bisherige Kontakt zwischen Eltern und Kind** und der **Grund für einen Entzug der elterlichen Sorge** (*z. B. Notwendigkeit von Umgangsausschluss oder -beschränkung*) oder für das Hindernis an der Sorgerechtsausübung. Im Übrigen sind vor allem auch die **Bindungen und der Wille des betroffenen Kindes** zu berücksichtigten, wobei es wünschenswert wäre, die Bedeutung des Kindeswillens ausdrücklich in das Gesetz mit aufzunehmen.[19]

10 Soweit nicht Elternwille oder Kindesbindung oder Kindeswille die Auswahl eines anderen Vormunds erfordern, sind **nahe Verwandte des Kindes** nach ständiger Rechtsprechung des **BVerfG** wegen der Bedeutung von Art. 6 Abs. 1 GG **vorrangig** bei der Auswahlentscheidung zu berücksichtigen.[20] Das BVerfG gewährt ihnen auch ein aus Art. 6 Abs. 1 GG folgendes Recht, bei der Entscheidung über die Auswahl eines Vormunds oder Ergänzungspflegers in Betracht gezogen zu werden. Ihnen komme der Vorrang gegenüber nicht verwandten Personen zu, sofern nicht im Einzelfall konkrete Erkenntnisse darüber bestehen, dass dem Wohl des Kindes durch die Auswahl einer dritten Person besser gedient ist.[21] Sind sie jedoch nicht geeignet (hierzu oben Rn. 5), kommt ihre Bestellung gleichwohl nicht in Betracht. Die Interessen des Kindes sind insoweit auch nach der Rechtsprechung des BVerfG vorrangig.

10a Der Vorrang der Auswahl von (geeigneten) Verwandten kommt dabei regelmäßig dann zum Tragen, wenn die Eltern verstorben sind oder ihre Sorge ruht. In den in der Praxis im Vordergrund stehenden Fällen des vorangegangenen **Sorgerechtsentzuges**, meist als Folge von Gewalt, Missbrauch oder schwerer Vernachlässigung, kommen Angehörige des Kindes regelmäßig nicht in Betracht, weil sie sich nicht hinreichend von den Interessen der Eltern abgrenzen können und die oft traumatisierten Kinder professioneller Betreuung und Erziehung bedürfen.[22]

---

16 BGH FamRZ 2013, 1380; OLG Saarbrücken NZFam 2014, 962
17 OLG Nürnberg ZKJ 2015, 153
18 BVerfG JAmt 2018, 574: Verfahrensbeistand; OLG Düsseldorf, Beschl. v. 20.11.2018 – 8 UF 187/17
19 So auch *Veit*, FamRZ 2012, 1841, 1844; *Schimke*, JAmt 2015, 74,78
20 BVerfG FamRZ 2015, 208; ZKJ 2014, 435; FamRZ 2014, 1841; 2014, 1843, vgl. *Keuter*, ZKJ 2015, 67
21 BVerfG NJW 2014, 2853; *Klinkhammer*, ZfPW 2015, 5, 23 ff.
22 OLG Düsseldorf Rpfleger 2019, 269; OLG Frankfurt FamRZ 2016, 1473; OLG Hamm JAmt 2015, 330; OLG Brandenburg ZKJ 2012, 312; anders im Fall von OLG Saarbrücken ZKJ 2014, 441

Bei **unbegleiteten minderjährigen Flüchtlingen** kommen Angehörige sicher dann vorrangig in Betracht, wenn sie bereits längere Zeit hier leben und mit den hiesigen Verhältnissen vertraut sind. Aufgrund des hohen Bedarfs der Betroffenen und der Vielzahl der für sie zu regelnden rechtlichen Angelegenheiten sollten aber Angehörige – wie z.B. erwachsene Geschwister oder Seitenverwandte – nicht berücksichtigt werden, die das Kind auf der Flucht begleitet haben und weder mit der deutschen Sprache noch den hiesigen Verhältnissen vertraut sind.[23] Hier sind im Regelfall berufsmäßig tätige Vormünder oder ggf. ehrenamtlich tätige Personen, die speziell auf die Bedürfnisse von unbegleiteten minderjährigen Flüchtlingen geschult worden sind, vorzugswürdig.[24] Innerhalb der berufsmäßigen Vormünder – also Amtsvormund, Vereinsvormund und sonstige berufsmäßige Einzelvormünder – besteht kein Vorrangverhältnis.[25] **10b**

Darüber hinaus soll ein aus Art. 2 Abs. 1 GG i. V. m. Art. 6 Abs. 2 Satz 2 GG folgendes **Grundrecht des Kindes auf staatliche Gewährleistung elterlicher Pflege und Erziehung** die angeblich **vorrangige Auswahl von Verwandten** erforderlich machen, wenn der Verbleib des Kindes in der Familie die Verbindung zu den Eltern begünstigt und dies im Interesse des Kindes liegt.[26] Lebt das Kind in **Dauerpflege**, so sind aber auch die **Pflegepersonen** bei gleicher Eignung wie vorhandene Angehörige zumindest nicht nachrangig, insbesondere wenn die betreffenden Verwandten den Verbleib des Kindes in der Pflegefamilie nicht unterstützen.[27] Auch ist zu bedenken, dass aus Sicht des Kindes ein außerhalb der Pflegefamilie lebender Vormund eine Schwächung seiner Bezugspersonen darstellt.[28] **11**

Gleichwohl dominiert in der Praxis gerade auch bei Pflegekindern die eigentlich **subsidiäre Amtsvormundschaft** der Jugendämter.[29] **12**

Ist kein geeigneter Einzelvormund vorhanden, besteht nach zutreffender Auffassung kein Stufenverhältnis zwischen **Vereinsvormundschaft** und Amtsvormundschaft des Jugendamts.[30] **13**

C. Verfahrensrechtliche Besonderheiten

I. Zuständigkeit, Amtsermittlung

Zur sachlichen und örtlichen **Zuständigkeit** vgl. *Dürbeck*, § 1774 BGB Rn. 4. Für die **funktionelle Zuständigkeit** bestimmt § 3 Nr. 2a RPflG grundsätzlich die Zuständigkeit des **Rechtspflegers** auch für das Auswahlverfahren. Der Familienrichter **muss** jedoch im Rahmen eines **Kinderschutzverfahrens nach § 1666 BGB**[31] und **kann** bei der Anordnung **14**

23 Oberloskamp/*Schwarz*, § 9 Rn. 32; *Dürbeck*, FamRZ 2018, 553, 559; a.A.: OLG Hamm FamRZ 2017, 563 (Schwester)
24 Vgl. etwa das Frankfurter Modell des Deutschen Kinderschutzbundes, dazu *Sommer*, FS Salgo 2016, 437; vgl. auch *Alpay*, JAmt 2019, 383
25 OLG Celle NJW-RR 2016, 839; OLG Schleswig FamRZ 2016, 1474; *Dürbeck* in: Budzikiewicz/Heiderhoff/Klinkhammer/Niethammer-Jürgens, Migration und IPR, 2018, 65, 82 ff.
26 So ausdrücklich *Britz*, JZ 2014, 1069, 1073; kritisch *Heilmann*, FamRZ 2015, 92
27 *Salgo/Zenz*, FamRZ 2009, 1378; *Hoffmann*, FamRZ 2014, 1884, 1889; zum Recht des Pflegekindes auf Verstetigung seines Status innerhalb seiner neuen Familie: *Zitelmann*, ZKJ 2014, 469
28 Ausführlich aus erzieherischer Perspektive: *Simon*, JAmt 2014, 610, 613 f.
29 *Katzenstein*, JAmt 2014, 606, 607: 80%
30 OLG Celle NJW-RR 2016, 839; OLG Schleswig FamRZ 2016, 1474; OLG Karlsruhe FamRZ 2012, 1955; OLG Celle JAmt 2011, 352; *DIJuF*-Rechtsgutachten JAmt 2013, 36; a.A. Palandt/*Götz*, § 1791b BGB Rn. 1: Amtsvormundschaft nachrangig
31 BVerfG FamRZ 2015, 208

der Vormundschaft für **ausländische Kinder**, für die nach § 14 Abs. 1 Nr. 10 RPflG ein **Richtervorbehalt** besteht, gemäß § 6 RPflG die Auswahlentscheidung wegen Sachzusammenhangs an sich ziehen.

▶ *Näher zur funktionalen Zuständigkeit Dürbeck, § 1774 BGB Rn. 5 f., und Heilmann, § 6 RPflG Rn. 1.*

15 Auch für das Auswahlverfahren gilt gemäß § 26 FamFG der **Amtsermittlungsgrundsatz**.

II. Verfahrensbeteiligung und Anhörung

16 Soweit das Vormundschaftsverfahren nicht mit einem Sorgerechtsverfahren (insbesondere nach § 1666 BGB) verbunden ist, sondern isoliert betrieben wird, sind noch vorhandene Eltern[32] und das (nach § 9 Abs. 1 Nr. 3 FamFG verfahrensfähige) Kind nach § 7 Abs. 2 Nr. 1 FamFG formell **beteiligt**. Das **Jugendamt** kann sich nach Maßgabe von § 162 Abs. 2 Satz 2 FamFG auf seinen Antrag hin beteiligen, ebenso die Pflegepersonen des Kindes von Amts wegen oder auf Antrag nach §§ 7 Abs. 3, 161 FamFG. Der **auszuwählende Vormund** ist in jedem Fall am Verfahren beteiligt, und zwar ab dem Zeitpunkt, in dem sich das gerichtliche Auswahlermessen auf ihn verdichtet hat,[33] da seine Rechtsstellung unmittelbar betroffen ist. Gleiches gilt für den nach § 1776 BGB **Benannten**. Soweit ein **Verfahrensbeistand** nach § 158 FamFG bestellt ist, ist auch dieser zu beteiligen. Angehörige, die das Amt des Vormunds anstreben, sind lediglich nach Abs. 3 Satz 1 anzuhören und nicht zu beteiligen.[34]

17 Da Vormundschaftssachen nach § 151 Nr. 4 FamFG Kindschaftssachen sind, gelten für die **Anhörung** des Kindes, der Eltern, des Jugendamts und der Pflegepersonen §§ 159-162 FamFG auch für das Auswahlverfahren. § 162 FamFG (Anhörung des Jugendamts) wird ergänzt durch § 1779 Abs. 1 BGB. Verwandte oder Verschwägerte des Mündels sind nach § 1779 Abs. 3 Satz 1 BGB zu hören, soweit dies ohne erhebliche Verzögerung und ohne unverhältnismäßigen Kostenaufwand erfolgen kann. Hier eine Grenze zu ziehen steht im Ermessen des Familiengerichts, eine mündliche Anhörung ist gesetzlich nicht vorgeschrieben.[35] Auch kann auf die Anhörung einzelner Angehöriger analog § 160 Abs. 2 FamFG verzichtet werden.[36]

III. Beschwerde

18 Zu den rechtlich problematischen Fragen des Vormundschaftsrechts gehört die Frage, welcher der Beteiligten und Anzuhörenden gegen die Auswahlentscheidung nach Maßgabe von §§ 58 ff. FamFG Beschwerde einlegen kann. **Beschwerdeberechtigte** i.S.d. § 59 Abs. 1 FamFG sind in jedem Fall das **mindestens 14-jährige Kind** (§ 60 FamFG), das **Jugendamt** als anzuhörende oder beteiligte Behörde (§ 162 Abs. 3 Satz 2 FamFG) und der **Verfahrensbeistand** (§ 158 Abs. 4 Satz 5 FamFG). Auch der **ausgewählte Vormund**, insbesondere auch das **Jugendamt als Amtsvormund** ist in eigenen Rechten betroffen und damit beschwerdebefugt,[37] ebenso die in ihren Rechten betroffenen Eltern.[38]

---

32 Staudinger/*Veit*, § 1779 BGB Rn. 62; a.A. *Hoffmann*, FamRZ 2014, 1168, 1167: nur nach § 7 Abs. 3 FamFG
33 OLG Frankfurt, Beschl. v. 27.11.2015 – 4 UF 353/14, juris; Oberloskamp/*Dürbeck*, § 3 Rn. 171; *Hoffmann*, FamRZ 2014, 1167, 1168
34 OLG Bremen FamRZ 2016, 1006
35 OLG Düsseldorf Rpfleger 2019, 269
36 Staudinger/*Veit*, § 1779 BGB Rn. 66
37 BGH NJW 2012, 685; OLG Frankfurt a.M. FamRZ 2014, 673
38 OLG Frankfurt FamRZ 2016, 1473; OLG Saarbrücken NJOZ 2015, 7; OLG Brandenburg FamRZ 2013, 54; auch neben dem Kind, vgl. Staudinger/*Veit*, § 1774 BGB Rn. 22; a.A.: OLG Düsseldorf FamRZ 2015, 1046

19 Nach wohl überwiegender Ansicht sind auch **nicht sorgeberechtigte Eltern** durch die Auswahlentscheidung in eigenen Rechten betroffen und daher beschwerdeberechtigt.[39] Nicht bei der Auswahl berücksichtigte **Verwandte und Verschwägerte** sind dagegen nach ständiger Rechtsprechung des BGH und BVerfG mangels Bestehen eines subjektiven Rechts auf Auswahl zum Vormund nicht beschwerdeberechtigt.[40] Soweit der Richter die Auswahlentscheidung getroffen hat, verbleibt Betroffenen daher nur der Weg zum BVerfG, von dem in der Zwischenzeit so rege Gebrauch gemacht wird, dass sich das BVerfG auch hier, wie bei Verfahren gemäß § 1666 BGB, auf Grund seiner weitreichenden Überprüfungspraxis immer mehr zu einer Superrevisionsinstanz entwickelt.[41]

20 Im Übrigen ist bei nicht mit der Beschwerde anfechtbaren Auswahlentscheidungen des Rechtspflegers die **Erinnerung nach § 11 Abs. 2 RPflG** statthaft, über die abschließend der Familienrichter entscheidet.[42]

▶ *Näher zur Erinnerung Heilmann, § 11 RPflG Rn. 11 ff.*

21 Jedenfalls in **Ausnahmefällen ist Angehörigen und Pflegepersonen** aus verfassungsrechtlicher Notwendigkeit ein **Beschwerderecht** einzuräumen, wenn ohne ein eigenes Beschwerderecht das nicht verfahrensfähige Kind, für das kein Verfahrensbeistand bestellt worden ist, sonst keine Möglichkeit hätte, Rechtsmittel gegen die Auswahl des Vormunds einzulegen.[43] Im Übrigen haben sie aber mangels eigener unmittelbarer Rechtsbeeinträchtigung i.S.d. § 59 FamFG kein eigenes Beschwerderecht.[44]

▶ *Näher zum Verfahren in Vormundschaftssachen auch Dürbeck, § 1774 BGB Rn. 3 ff.*

D. Auslagenersatz (Abs. 3 Satz 2)

22 Gemäß § 1779 Abs. 3 Satz 2 BGB können die vom Familiengericht nach Satz 1 angehörten Verwandten oder Verschwägerten **von dem Mündel** (*nicht vom Staat*) **Ersatz ihrer Auslagen** (Porto, Reise- und Übernachtungskosten, notwendige Kosten anwaltlicher Vertretung, Verpflegungsmehraufwand, nicht Verdienstausfall[45]) verlangen, die auf Antrag von dem Familiengericht festgesetzt werden. Es handelt sich um einen privatrechtlichen Anspruch, der weder mit Zwang nach § 1837 Abs. 3 FamFG durchgesetzt werden kann noch einen Vollstreckungstitel darstellt,[46] soweit nicht die jeweiligen Bundesländer von der Möglichkeit nach § 801 ZPO Gebrauch gemacht haben.[47] Ist Letzteres nicht der Fall, ist der Anspruch im Klagewege geltend zu machen, wobei die Festsetzung des Familiengerichts hinsichtlich Grund und Höhe für das Prozessgericht bindend ist.[48]

---

39 OLG Saarbrücken NJOZ 2015, 7; OLG Brandenburg FamRZ 2012, 237; 2013, 54; OLG Celle JAmt 2012, 674; OLG Köln FamRZ 2011, 1305; MüKo-FamFG/*A. Fischer,* § 59 Rn. 27; a.A. *Hoffmann*, FamRZ 2014, 1167, 1171: nur wenn z. B. infolge Nichtanhörung in Verfahrensrechten verletzt, auch OLG Brandenburg FamRZ 2012, 1578
40 BVerfG NZFam 2014, 734; FamRZ 2014, 1841; BGH ZKJ 2013, 451; FamRZ 2011, 552; OLG Hamm FamRZ 2015, 522; OLG Frankfurt a.M. JAmt 2013, 226
41 Zu Recht kritisch: *Keuter*, ZKJ 2015, 67
42 BGH ZKJ 2013, 451
43 OLG Karlsruhe FamRZ 2013, 1665; vgl. auch die zust. Anm. von *Salgo*, FamRZ 2013, 1668
44 BGH FamRZ 2013, 1380; OLG Nürnberg FamRZ 2014, 1864
45 Staudinger/*Veit,* § 1847 BGB Rn. 25
46 MüKo-BGB/*Spickhoff,* § 1779 Rn. 19
47 Vgl. die Übersicht bei Soergel/*Zimmermann,* § 1847 BGB Rn. 7
48 MüKo-BGB/*Spickhoff,* § 1779 Rn. 19

§§ 1780 bis 1787 BGB

[...]

Von Abdruck und Kommentierung wird abgesehen.

§ 1788 BGB Zwangsgeld

(1) Das Familiengericht kann den zum Vormund Ausgewählten durch Festsetzung von Zwangsgeld zur Übernahme der Vormundschaft anhalten.

(2) [1]Die Zwangsgelder dürfen nur in Zwischenräumen von mindestens einer Woche festgesetzt werden. [2]Mehr als drei Zwangsgelder dürfen nicht festgesetzt werden.

Übersicht

	Rn.
A. Allgemeines	1
B. Inhalt der Norm	3
I. Zwangsgeldvoraussetzungen	3
1. Schuldhafte Pflichtverletzung	3
2. Hinweis nach § 35 Abs. 2 FamFG	4
3. Keine Amts- oder Vereinsvormundschaft	5
II. Verfahren und Entscheidung	6

A. Allgemeines

1 § 1788 BGB ermöglicht es dem Familiengericht durch die Anordnung von **Zwangsgeld**, den zum Vormund Ausgewählten, der sich der Übernahme entzieht, zur Übernahme der Vormundschaft (§ 1785 BGB) anzuhalten. Die Vorschrift ist abzugrenzen von § 1837 Abs. 3 Satz 1 BGB, der Zwangsgelder gegen den Vormund, der die Vormundschaft übernommen hat und sich Anordnungen des Familiengerichts widersetzt, vorsieht. Außerdem ist § 1788 BGB lex specialis gegenüber § 35 Abs. 1 FamFG.[1]

2 § 1788 BGB ist rechtspolitisch fragwürdig,[2] weil ein Vormund, der schon die Übernahme verweigert, im Regelfall kein geeigneter Vormund sein wird und es vorzugswürdig wäre, ihn sogleich nach § 1886 BGB zu entlassen. Der Gesetzgeber beabsichtigt daher, die Norm bei der anstehenden Reform des Vormundschaftsrechts (vgl. § 1773 BGB Rn. 3) zu streichen.

B. Inhalt der Norm

I. Zwangsgeldvoraussetzungen

1. Schuldhafte Pflichtverletzung

3 Die Festsetzung eines Zwangsgeldes setzt voraus, dass der nach § 1779 BGB ausgewählte Vormund **schuldhaft**[3] seine in § 1785 BGB geregelte Übernahmepflicht verletzt, was insbesondere dann der Fall ist, wenn keine Ablehnungsgründe nach § 1786 BGB vorliegen. Unerheblich ist, ob sich der Verpflichtete ausdrücklich weigert oder die Übernahme lediglich unterlässt.

---

1 BR-Drucks. 309/07, 423

2 Staudinger/*Veit,* § 1788 BGB Rn. 16, fordert zu Recht seine Streichung.

3 Soergel/*Zimmermann,* § 1788 BGB Rn. 2

2. Hinweis nach § 35 Abs. 2 FamFG

Nach Inkrafttreten des FamFG ist vor Festsetzung eines Zwangsgeldes keine Androhung mehr erforderlich, aber nach § 35 Abs. 2 FamFG hat die Auswahlentscheidung nach § 1779 BGB selbst[4] den **Hinweis** auf die Möglichkeit der Festsetzung von Zwangsgeld zu enthalten, wobei es ausreicht, auf die Höchstsumme einer Zuwiderhandlung hinzuweisen.[5] Bei einer wiederholten Festsetzung von Zwangsgeld ist der Hinweis zu wiederholen.[6] 4

3. Keine Amts- oder Vereinsvormundschaft

Nach h.M.[7] ist in analoger Anwendung von § 1837 Abs. 3 Satz 2 FamFG die Festsetzung eines Zwangsgeldes gegen das Jugendamt als **Amtsvormund** und gegen den **Vereinsvormund** unzulässig, wobei für den Letzteren gemäß § 1791a Abs. 1 Satz 2 BGB schon keine Übernahmepflicht besteht. 5

II. Verfahren und Entscheidung

Für die Entscheidung über das Zwangsgeld ist der **Rechtspfleger** nach § 3 Nr. 2a RPflG funktionell zuständig. Für das Verfahren gelten nach zutreffender Auffassung nicht §§ 95 Abs. 1 Nr. 3 FamFG, 888 ZPO, sondern vielmehr § 35 FamFG, da es sich hier um eine **verfahrensleitende Zwischenentscheidung** handelt.[8] Die Entscheidung steht im **pflichtgemäßen Ermessen** des Familiengerichts. Andere Zwangsmittel als Zwangsgeld, insbesondere Zwangshaft oder die Möglichkeit der Vorführung, sieht das Gesetz nicht vor. Der Zwangsgeldrahmen liegt nach Art. 6 Abs. 1 EGStGB, § 35 Abs. 3 FamFG zwischen 5,00 und 25.000,00 Euro. Eine Umwandlung des uneinbringlichen Zwangsgeldes in Zwangshaft ist ebenfalls nicht vorgesehen. Bei wiederholter Festsetzung ist nach Abs. 2 Satz 1 der vorgegebene **Mindestzwischenraum von 1 Woche** zu beachten, wobei nach Satz 2 maximal drei Zwangsgelder verhängt werden dürfen. Gemäß § 35 Abs. 3 Satz 2 FamFG sind dem Verpflichteten auch die **Verfahrenskosten** aufzuerlegen. Schließlich findet nach § 35 Abs. 5 FamFG gegen die familiengerichtliche Entscheidung die **sofortige Beschwerde** nach §§ 567 ff. ZPO statt. 6

Da das Zwangsgeld **Beugemittel** ist, ist dieses von Amts wegen **nicht mehr zu vollstrecken**, wenn die **Vormundschaft übernommen** wurde.[9] Erfolgt die Übernahme während des Beschwerdeverfahrens, ist der Beschluss aufzuheben, wobei es aber bei der Kostenfolge von § 35 Abs. 3 Satz 2 FamFG verbleibt.[10] Ist ein rechtskräftig festgesetztes Zwangsmittel bereits beigetrieben worden, ist der entsprechende Beschluss auch bei danach eingetretener Vornahme der Handlung in entsprechender Anwendung von § 48 Abs. 1 FamFG nicht aufzuheben.[11] Nach zutreffender Ansicht gilt dies auch dann, wenn bei einem rechtskräftig festgesetzten Zwangsgeld die Erfüllung vor Beitreibung des Zwangsgelds eintritt.[12] 7

4 Keidel/*Zimmermann*, § 35 FamFG Rn. 16
5 BGH NJW 1973, 2288, 2289
6 BayObLG FamRZ 1993, 823
7 Erman/*Schulte-Bunert*, § 1788 BGB Rn. 1; MüKo-BGB/*Spickhoff*, § 1788 Rn. 6
8 Staudinger/*Veit*, § 1791a BGB Rn. 1 und 12; NK-BGB/*Fritsche*, § 1788 Rn. 5 mit Einschränkungen; a.A. MüKo-BGB/*Spickhoff*, § 1788 Rn. 10
9 BGH NJW 2017, 3592; NJW-RR 2015, 610; OLG Schleswig FamRZ 2012, 729; MüKo-FamFG/*Ulrici*, § 35 Rn. 6
10 OLG Frankfurt FGPrax 2011, 322; Prütting/Helms/*Hammer*, § 35 FamFG Rn. 24
11 BGH NJW 2017, 3592
12 Bahrenfuss/*Rüntz*, § 35 FamFG Rn. 21; a.A.: Prütting/Helms/*Hammer*, § 35 FamFG Rn. 10; offengelassen von BGH NJW 2017, 3592

§ 1789 BGB Bestellung durch das Familiengericht

[1]Der Vormund wird von dem Familiengericht durch Verpflichtung zu treuer und gewissenhafter Führung der Vormundschaft bestellt. [2]Die Verpflichtung soll mittels Handschlag an Eides statt erfolgen.

Übersicht

Rn.
A. Allgemeines 1
B. Inhalt der Norm 2
I. Persönliche Anwesenheit des Vormunds 2
II. Verpflichtung des Vormunds 3
III. Keine Amts- oder Vereinsvormundschaft 4
C. Rechtsfolge der Bestellung 5

A. Allgemeines

1 § 1789 BGB regelt nach der Anordnung der Vormundschaft und der Auswahl des Vormunds die **dritte Stufe** des Vormundschaftsverfahrens, nämlich die förmliche Begründung des vormundschaftlichen Amtes durch die **sog. Bestellung des Vormunds**, wobei wegen der in § 1791 BGB auszuhändigenden Urkunde der Begriff **„Bestallung"** in der Praxis verwendet wird. Es handelt sich hierbei um einen mitwirkungsbedürftigen **öffentlich-rechtlichen Verwaltungsakt** der Freiwilligen Gerichtsbarkeit,[1] für den ebenfalls der **Rechtspfleger** nach § 3 Nr. 2a RPflG funktionell zuständig ist. Ob in Eilfällen der **Richter** gemäß § 6 RPflG die Bestellung an sich ziehen kann, ist umstritten.[2] Vor dem Hintergrund, dass Vergütungs- und Aufwendungsersatzansprüche nach h.M. grundsätzlich erst nach Bestellung des Vormunds entstehen können (siehe näher hierzu Rn. 5), ist die Frage aber zu bejahen.

§ 1789 BGB gilt über § 1915 Abs. 1 BGB auch für den Ergänzungs- und Umgangspfleger.[3]

1a Bei der anstehenden **Reform des Vormundschaftsrechts** ist beabsichtigt, die Bestellung des Vormunds neu im FamFG zu regeln und ihr – anders als im gegenwärtigen Recht – keinen konstitutiven Charakter mehr für das Amt beizumessen (vgl. § 1773 BGB Rn. 3).

B. Inhalt der Norm

I. Persönliche Anwesenheit des Vormunds

2 Die förmliche Bestellung des Vormunds setzt die **persönliche Anwesenheit** und Mitwirkung des ausgewählten Vormunds zwingend voraus.[4] Sie kann weder stillschweigend noch durch eine schriftliche Anordnung erfolgen.[5]

Hiervon kann nach zutreffender h. L. auch bei **berufsmäßigen Vormündern** nicht abgesehen werden.[6] Auch Stellvertretung und Bestellung im Wege einer stillschweigenden Duldung durch das Familiengericht sind unzulässig.[7] Findet ein Austausch des Vormunds statt, kann sie nicht vor dessen Wirksamwerden durch Bekanntgabe der Entscheidung erfolgen.[8]

1 BGH NJW-RR 2018, 325; Palandt/*Götz*, § 1689 BGB Rn. 1
2 Bejahend OLG Saarbrücken FamRZ 2012, 888; kritisch: *Bienwald*, RpflStud 2014, 177, 179
3 BGH FamRZ 2017, 1846; Vgl. dazu *Bienwald*, RpflStud 2014, 177, 178
4 BGH NJW-RR 2018, 325
5 OLG Dresden FamRZ 2017, 458; OLG Brandenburg FamRZ 2015, 1735
6 OLG Stuttgart FamRZ 2011, 846; OLG Koblenz FamRZ 2010, 1173; KG ZKJ 2006, 472; BayObLG BayZ 1925, 186; Staudinger/*Veit*, § 1789 BGB Rn. 6; *Bestelmeyer*, FamRZ 2011, 950; a.A. *Keuter*, FamRZ 2010, 1955: analog §§ 1791a Abs. 2, 1791b Abs. 2 BGB durch Beschluss
7 BGH NJW 1974, 1374
8 OLG Dresden FamRZ 2017, 458

II. Verpflichtung des Vormunds

Nach Satz 1 ist der Vormund vom Familiengericht durch **Verpflichtung zu treuer und gewissenhafter Amtsführung** zu bestellen, wobei nach Satz 2 dies mittels **Handschlag an Eides statt** zu erfolgen hat. Dabei ist eine wortgetreue Verpflichtung in diesem Sinne nicht erforderlich, auch durch Unterlassen des Händedrucks wird die Wirksamkeit der Bestellung nicht ausgeschlossen.[9] Unzulässig ist – auch bei Berufsvormündern – eine „**Vorratsverpflichtung**" für künftige Fälle.[10] **3**

III. Keine Amts- oder Vereinsvormundschaft

Nach §§ 1791a Abs. 2, 1791b Abs. 2 BGB findet § 1789 BGB keine Anwendung auf das Jugendamt als **Amtsvormund** und auf den **Vereinsvormund,** hier erfolgt die Bestellung durch **Übersendung des gerichtlichen Beschlusses**. Die nach § 1791c BGB **kraft Gesetzes** eintretende Amtsvormundschaft beginnt bereits ohne Bestellungsakt mit der Geburt des Kindes. **4**

C. Rechtsfolge der Bestellung

Erst mit der – konstitutiven – Bestellung **beginnt das vormundschaftliche Amt** und es entsteht das im BGB gesetzlich geregelte Rechtsverhältnis zwischen Vormund und Mündel mit allen **Rechten und Pflichten,**[11] und zwar unabhängig von der in § 1791 BGB geregelten **Übergabe der Bestallungsurkunde**.[12] Im Rahmen der Bestellung hat das Familiengericht auch die für die Vergütung des Berufsvormunds entscheidende **Feststellung der berufsmäßigen Ausübung der Vormundschaft**[13] zu treffen. Erst ab wirksamer Bestellung können grundsätzlich Vergütungsansprüche entstehen.[14] Diese Ansicht hat nunmehr auch der BGH bestätigt und entschieden, dass Vergütungs-, Aufwandsentschädigungsansprüche und Aufwendungsersatzansprüche des Vormunds oder Pflegers, die auf Tätigkeiten vor ihrer Bestellung beruhen, nicht im Vergütungsfestsetzungsverfahren nach § 168 FamFG geltend gemacht werden können.[15] Ob hier Ansprüche wegen schützenswerten Vertrauens nach § 242 BGB oder Amtshaftungsansprüche gegenüber der Staatskasse in Betracht kommen, hat der BGH offengelassen und insoweit auf den ordentlichen Rechtsweg verwiesen. **5**

Gegen die Bestellung kann Beschwerde nach §§ 11 Abs. 1 RPflG, 58 ff. FamFG eingelegt werden.[16]

9 BayObLG FamRZ 1958, 385; Erman/*Schulte-Bunert,* § 1789 BGB Rn. 1
10 BayObLG FamRZ 1992, 854; *Bestelmeyer,* FamRZ 2011, 950; a.A.; *Keuter,* FamRZ 2010, 1955; Soergel/*Zimmermann,* § 1789 BGB Rn. 1
11 BGH FamRZ 2017, 1846 (Umgangspfleger); NJW-RR 2018, 325 (Vormund)
12 KGJ 41, 38; Staudinger/*Veit,* § 1774 BGB Rn. 17
13 BGH MDR 2014, 855 zur Pflegschaft; FamRZ 2014, 468; FamRZ 2014, 653
14 OLG Brandenburg FamRZ 2009, 729; 2008, 1478; KG ZKJ 2006, 472; *Bestelmeyer,* FamRZ 2011, 950; a.A. OLG Braunschweig FamRZ 2017, 1412; OLG Frankfurt a.M. BeckRS 2017, 141000; FamRZ 2017, 461; FamRZ 2012, 1890; OLG Koblenz FamRZ 2010, 1173; LG Münster FamRZ 2010, 473; *Keuter,* FamRZ 2010, 1955, 1957 f: aus § 242 BGB
15 BGH NJW-RR 2018, 325 (Vormund); FamRZ 2017, 1846 (Umgangspfleger); NJW-RR 2018, 193 (Aufwandsentschädigungsansprüche)
16 MüKo-BGB/*Spickhoff,* § 1789 Rn. 15

Stufen des Vormundschaftsverfahrens

Anordnung der Vormundschaft nach § 1773 BGB durch den Rechtspfleger
(bzw. den Richter bei ausländischen Kindern nach § 14 Nr. 10 RPflG)

oder

Eintritt der Vormundschaft kraft Gesetzes

↓

Auswahl des Vormunds nach § 1779 durch den Rechtspfleger
(oder den Richter bei vorangegangener Entscheidung nach § 1666 BGB bzw. gem. § 6 RPflG)

↓

Bestellung des Einzelvormundes nach § 1789 BGB
und Aushändigung der Bestallungsurkunde

(bei Amts- und Vereinsvormund nicht erforderlich)

§ 1790 BGB Bestellung unter Vorbehalt

Bei der Bestellung des Vormunds kann die Entlassung für den Fall vorbehalten werden, dass ein bestimmtes Ereignis eintritt oder nicht eintritt.

1 Gemäß § 1790 BGB kann bei der Bestellung des Vormunds die **Entlassung** für den Fall **vorbehalten** werden, dass ein bestimmtes Ereignis eintritt oder nicht eintritt **(sog. Entlassungsvorbehalt**). Im Übrigen ist die Bestellung eines Vormunds unter einer **Bedingung oder Befristung** aber aus Gründen der Rechtssicherheit **unzulässig**.[1] Die Entlassung kann auch nicht an einen zeitlich feststehenden Endtermin geknüpft werden.[2]

2 Der Vorbehalt ist auch zulässig bei der **Amts- und Vereinsvormundschaft** und steht im pflichtgemäßen Ermessen des Familiengerichts, wobei er angesichts des **Kontinuitätsinteresses** des Mündels als **Ausnahmevorschrift** restriktiv zu handhaben ist.[3] Als Beispiel ist der Fall zu nennen, in dem ein Vormund wegen seiner Sachkompetenz zur Erledigung bestimmter zeitlich befristeter Geschäfte des Mündels bestellt worden ist oder der Fall,

1 BayObLGZ 28, 270
2 Erman/*Schulte-Bunert*, § 1790 BGB Rn. 1
3 Staudinger/*Veit*, § 1774 BGB Rn. 5

dass die am besten als Vormund geeignete Person vorübergehend nicht zur Verfügung steht.[4]

Tritt das bestimmte Ereignis ein, so **endet** das Amt des bisherigen Vormundes nicht bereits zu diesem Zeitpunkt, sondern erst mit der **förmlichen Entlassung** nach §§ 1886 ff. BGB, bei der das Mündelwohl mit einzubeziehen ist.[5] 3

§ 1791 BGB Bestallungsurkunde

(1) Der Vormund erhält eine Bestallung.

(2) Die Bestallung soll enthalten den Namen und die Zeit der Geburt des Mündels, die Namen des Vormunds, des Gegenvormunds und der Mitvormünder sowie im Falle der Teilung der Vormundschaft die Art der Teilung.

Übersicht

Rn.
A. Allgemeines 1
B. Inhalt der Norm 2

A. Allgemeines

§ 1791 BGB regelt im Rahmen des **öffentlich-rechtlichen Bestellungsakts** des Vormunds (näher hierzu *Dürbeck*, § 1789 BGB Rn. 1) die Übergabe einer förmlichen Urkunde (sog. **Bestallungsurkunde**) an den Vormund. Der notwendige Inhalt der Urkunde ist in Abs. 2 geregelt. Die Urkunde ist nach Beendigung des Amtes vom Vormund nach § 1893 Abs. 2 BGB zurückzugeben. 1

B. Inhalt der Norm

Die Bestallungsurkunde ist ein **gerichtliches Zeugnis** über die Bestellung des Vormunds. Ihre Aushändigung ist weder materiell-rechtliche noch formelle Wirksamkeitsvoraussetzung für die Bestellung des Vormunds.[1] Sie dient dem Vormund dazu, im **Rechtsverkehr seine Legitimation nachzuweisen**, schützt aber mangels ihrer Eigenschaft als Legitimationsurkunde nicht wie die Vollmacht nach § 172 BGB den **guten Glauben an ihre Richtigkeit**.[2] Wird ein Dritter infolge einer fehlerhaften Bestallungsurkunde getäuscht und geschädigt, kommen **Amtshaftungsansprüche** bei Verletzung einer Amtspflicht nach Art. 34 GG, § 839 BGB in Betracht. 2

Wird für **mehrere Geschwister** ein alleiniger Vormund bestellt, so genügt die Ausstellung einer einzigen Urkunde, auch wenn rechtlich gesehen mehrere Vormundschaften und Bestellungsakte vorliegen.[3] 3

Nach §§ 1791a Abs. 2, 1791b Abs. 2 BGB findet § 1791 BGB keine Anwendung auf das Jugendamt als **Amtsvormund** und auf den **Vereinsvormund**. Hier erfolgt die Bestellung nicht nach § 1789 BGB, sondern durch Übersendung des gerichtlichen Beschlusses. 4

Als **notwendigen Inhalt** der Bestallungsurkunde nennt § 1791 Abs. 2 BGB Namen und Geburt des Mündels und Namen des Vormunds bzw. der Vormünder sowie im Falle der Teilung der Vormundschaft die Art der Teilung. 5

---

4 MüKo-BGB/*Spickhoff*, § 1790 Rn. 2
5 NK-BGB/*Fritsche*, § 1790 Rn. 4
1 MüKo-BGB/*Spickhoff*, § 1791 Rn. 4
2 RGZ 74, 263, 265; Soergel/*Zimmermann*, § 1791 BGB Rn. 1
3 Staudinger/*Veit*, § 1774 BGB Rn. 2

§ 1791a BGB Vereinsvormundschaft

(1) [1]Ein rechtsfähiger Verein kann zum Vormund bestellt werden, wenn er vom Landesjugendamt hierzu für geeignet erklärt worden ist. [2]Der Verein darf nur zum Vormund bestellt werden, wenn eine als ehrenamtlicher Einzelvormund geeignete Person nicht vorhanden ist oder wenn er nach § 1776 als Vormund berufen ist; die Bestellung bedarf der Einwilligung des Vereins.

(2) Die Bestellung erfolgt durch Beschluss des Familiengerichts; die §§ 1789, 1791 sind nicht anzuwenden.

(3) [1]Der Verein bedient sich bei der Führung der Vormundschaft einzelner seiner Mitglieder oder Mitarbeiter; eine Person, die den Mündel in einem Heim des Vereins als Erzieher betreut, darf die Aufgaben des Vormunds nicht ausüben. [2]Für ein Verschulden des Mitglieds oder des Mitarbeiters ist der Verein dem Mündel in gleicher Weise verantwortlich wie für ein Verschulden eines verfassungsmäßig berufenen Vertreters.

(4) Will das Familiengericht neben dem Verein einen Mitvormund oder will es einen Gegenvormund bestellen, so soll es vor der Entscheidung den Verein hören.

Übersicht

Rn.
A. Allgemeines 1
B. Inhalt der Norm 2
I. Bestellungsvoraussetzungen 2
1. Erlaubnis des Landesjugendamts 2
2. Vorrang der Einzelvormundschaft (Abs. 1 Satz 2) 4
3. Einwilligung des Vereins (Abs. 1 Satz 2 Hs. 2) 5
II. Bestellung und Führung 6
III. Bestellung von Vereinsmitarbeitern als Einzelvormund 13

A. Allgemeines

1 Die gesetzliche Regelung der **Vereinsvormundschaft**[1] wurde 1969[2] in das BGB aufgenommen. Sie dient – wie die Amtsvormundschaft – dazu, den Mangel an geeigneten und bereiten Einzelvormündern auszugleichen. Voraussetzung für die Berücksichtigung eines rechtsfähigen Vereines ist es, dass dieser **auf dem Gebiet der Kinder- und Jugendhilfe tätig** ist und durch das zuständige **Landesjugendamt für geeignet erklärt** worden ist. Die hierfür erforderlichen Voraussetzungen sind in § 54 SGB VIII geregelt.[3]

1a In Deutschland sind etwa 150 Vormundschaftsvereine tätig, von denen mehr als die Hälfte von den Kirchen, insbesondere der katholischen Kirche, getragen werden und die mit unterschiedlichen regionalen Schwerpunkten, insbesondere in Bayern und Nordrhein-Westfalen, zu finden sind.[4]

B. Inhalt der Norm

I. Bestellungsvoraussetzungen

1. Erlaubnis des Landesjugendamts

2 Die **Erlaubnis** zur Wahrnehmung der Aufgabe eines Vereinsvormundes bedarf einer Erlaubnis des zuständigen **Landesjugendamts**, die in § 54 SGB VIII geregelt ist. Voraussetzung sind insbesondere **ausreichend qualifizierte Mitarbeiter**, ausreichend **Aufsicht und Versicherungsschutz**, die Ermöglichung eines **Erfahrungsaustauschs** zwischen

1 Vgl. dazu den Beitrag von *Hoffmann*, JAmt 2013, 554
2 BGBl. I 1969 S. 1243
3 Vgl. Wiesner/*Elmauer*, § 54 SGB VIII Rn. 1 ff.
4 *Elmauer/Kauermann-Walter*, JAmt 2016, 116; *dies.*, JAmt 2019, 368

den Mitarbeitern und das **planmäßige Bemühen um die Gewinnung von Einzelvormündern**.[5]

Das **Familiengericht** hat nur das **Vorliegen der Erlaubnis** zu überprüfen, nicht deren Rechtmäßigkeit.[6] Bei einem Widerruf oder der Rücknahme der Erlaubnis bleibt der Verein zunächst weiter Vormund, ist aber nach § 1887 Abs. 1 BGB zu entlassen.[7] 3

2. Vorrang der Einzelvormundschaft (Abs. 1 Satz 2)

Wie bei der Amtsvormundschaft in § 1791b Abs. 1 BGB bestimmt § 1591a Abs. 1 Satz 2 BGB auch für den Vereinsvormund, dass dieser **subsidiär** gegenüber geeigneten **ehrenamtlichen Einzelvormündern** ist. Bei der Prüfung von geeigneten Einzelpersonen hat das Familiengericht **von Amts wegen** (§ 26 FamFG) Ermittlungen zu tätigen. Anders als das Jugendamt können allerdings Vereine nach § 1791a Abs. 1 Satz 2 Hs. 1 Alt. 2 mit bindender Wirkung nach § 1776 BGB **von (verstorbenen) Eltern benannt** werden. Entgegen einer in der Literatur vertretenen Auffassung besteht **kein Stufenverhältnis** zwischen Vereinsvormundschaft und **Amtsvormundschaft** des Jugendamts, so dass die Vereinsvormundschaft hier **nicht vorrangig** ist.[8] Gegenüber **Berufsvormündern** besteht schon nach dem Gesetzeswortlaut kein Nachrang der Vereinsvormundschaft.[9] Im Kinder- und Jugendhilferecht ist dagegen in § 56 Abs. 4 SGB VIII ein Vorrang des Vereinsvormunds gegenüber der Amtsvormundschaft vorgesehen, wonach das Jugendamt jährlich zu prüfen hat, ob ein Vereins- oder Einzelvormund an seiner Stelle das Amt ausüben kann. Eine Bindung für das Familiengericht besteht aber insoweit nicht. Auch ist zu konstatieren, dass die Vereinsvormundschaft gegenüber der Amtsvormundschaft kaum nennenswerte Vorzüge aufweist, nehmen doch auch bei dieser deren Mitarbeiter bis zu 40 Ämter gleichzeitig wahr.[10] 4

3. Einwilligung des Vereins (Abs. 1 Satz 2 Hs. 2)

Nach § 1791a Abs. 2 BGB bedarf die Bestellung des Vereinsvormunds im jeweiligen Einzelfall zudem der **Einwilligung des Vereins**, die durch den Vorstand oder einen satzungsmäßig bestellten Vertreter zu erklären ist, wobei es sich hier um eine Verfahrenshandlung und nicht um eine Willenserklärung handelt.[11] Eine **Pflicht zur Übernahme** der Vormundschaft besteht – anders als beim Einzelvormund nach § 1785 BGB – nicht.[12] 5

II. Bestellung und Führung

Gemäß § 1791a Abs. 2 BGB erfolgt die Bestellung des Vereinsvormundes – wie des Amtsvormunds – mit **Übermittlung des familiengerichtlichen Beschlusses**. Nach Hs. 2 finden die gesetzlichen Vorschriften über die **Bestellung des Vormunds** nach § 1789 BGB und die Übergabe der **Bestallungsurkunde** nach § 1791 BGB auf den Vereinsvormund keine Anwendung. 6

Innerhalb des Vereins **überträgt** dieser die Ausübung der Vormundschaft durch einen **vereinsinternen Organisationsakt** gemäß § 1791a Abs. 3 Satz 1 BGB auf einen **seiner** 7

5 Einzelheiten bei LPK-SGB VIII/*Kunkel/Leonhardt*, § 54 Rn. 4 ff.; Oberloskamp/*Elmauer*, § 14 Rn. 14 ff.
6 Staudinger/*Veit*, § 1791a BGB Rn. 10
7 Erman/*Schulte-Bunert*, § 1791a BGB Rn. 6
8 OLG Karlsruhe FamRZ 2012, 1955; OLG Hamm FamRZ 2012, 798; OLG Celle JAmt 2011, 352; Oberloskamp/*Kunkel*, § 15 Rn. 15; *Hoffmann*, JAmt 2013, 554, 556; *DIJuF*-Rechtsgutachten JAmt 2013, 36; a.A. Palandt/*Götz*, § 1791b BGB Rn. 1
9 Für Vorrang des Ehrenamts zu Recht: OLG Karlsruhe FamRZ 2013, 1665; Oberloskamp/*Elmauer*, § 13 Rn. 44 für Vorrang auch des Vereinsvormunds gegenüber Berufsvormund
10 *Elmauer/Kauermann-Walter*, JAmt 2016, 116, 117; *dies.*, JAmt 2019, 368, 371
11 Vgl. *Hoffmann*, JAmt 2013, 554, 555
12 Gernhuber/*Coester-Waltjen*, § 70 Rn. 11

Mitglieder oder Mitarbeiter, wobei auch freie Mitarbeiter in Betracht kommen.[13] Als zulässig gilt auch die Übertragung auf **mehrere Mitarbeiter**, wenn dies im Einzelfall mit den Belangen des Mündels vereinbar ist.[14] Ein **Bestellungsverbot** gilt aber nach § 1791a Abs. 3 Hs. 2 BGB – wegen vermuteter **Interessenskollision** wie bei der Betreuung in § 1897 Abs. 3 BGB – für Personen, die den Mündel in einem **Heim** des Vereins **betreuen**.

8 Die Übertragung der Vormundschaft hat im Übrigen – wie bei der Amtsvormundschaft – nur **interne Bedeutung**, im Außenverhältnis und im Verhältnis zum Mündel ist der Verein Vormund und auch **gesetzlicher Vertreter**, was auch durch die § 31 BGB nachgebildete Haftungsnorm von § 1791a Abs. 3 Satz 2 BGB zum Ausdruck kommt, wonach der Verein gegenüber dem Mündel für ein Verschulden des betreffenden Mitarbeiters einzustehen hat wie für einen verfassungsmäßig berufenen Vertreter.[15] §§ 278, 831 BGB sind insoweit verdrängt.[16] **Zustellungen im Rahmen des gerichtlichen Verfahrens** haben daher an den Verein zu erfolgen, der auch nur als solcher im Rubrum eines Beschlusses zu führen ist.

9 Eine gesetzliche **Fallobergrenze**, wie für die Mitarbeiter des Jugendamts als Amtsvormund in § 55 Abs. 2 Satz 4 SGB VIII geregelt (höchsten 50 Vormundschaften/Pflegschaften gleichzeitig), besteht nicht, wäre aber bei Fallzahlen bis zu 40 Ämtern in der Praxis[17] durchaus wünschenswert.[18]

▶ *Zur Fallobergrenze bei der Amtsvormundschaft siehe Köhler, § 58 SGB VIII Rn. 11 ff.*

10 Auch der Vereinsvormund unterliegt der **Aufsicht durch das Familiengericht** (§ 1837 BGB), wobei auch gegen ihn ein **Zwangsgeld** nach § 1837 Abs. 3 BGB **nicht** festgesetzt werden darf. Von der **Überwachung durch das Jugendamt** ist er weitgehend befreit (vgl. § 53 Abs. 3 und 4 Satz 2 SGB VIII).

11 Bei der Bestellung eines **Gegenvormunds oder Mitvormunds** ist der Vereinsvormund vor der Entscheidung nach § 1791a Abs. 4 BGB **anzuhören**. Auch ist er wie das Jugendamt von zahlreichen sonst vorhandenen **Beschränkungen des Vormundschaftsrechts befreit**. Zu nennen sind die Befreiungen nach §§ 1857a BGB 1852 Abs. 2, 1853, 1854 BGB.

12 Der Vereinsvormund erhält **keine Vergütung** (§ 1836 Abs. 3 BGB),[19] **Aufwendungsersatz** kann er nach Maßgabe von § 1835 Abs. 4 und 5 BGB vom Mündel und subsidiär von der Staatskasse verlangen.

III. Bestellung von Vereinsmitarbeitern als Einzelvormund

13 Die Bestellung von Mitarbeitern oder Mitgliedern von Vereinen i.S.d. § 1791a Abs. 1 BGB zum **Einzelvormund** ist im Gesetz nicht vorgesehen. Im **Betreuungsrecht** ist dies nach § 1897 Abs. 2 Satz 1 BGB unter bestimmten Voraussetzungen (*insbesondere Einwilligung des Mitarbeiters*) möglich.

14 Der **BGH**[20] hat in zwei Entscheidungen eine **analoge Anwendung** der Vorschrift des § 1897 Abs. 2 Satz 1 BGB – im Kontext mit der Vergütungsfrage – auf das Vormundschaftsrecht befürwortet. Konsequenz dieser Auffassung ist, dass der zum Einzelvormund

---

13 Staudinger/*Veit*, § 1791a BGB Rn. 18; a.A. Soergel/*Zimmermann*, § 1791a BGB Rn. 5; Oberloskamp/*Elmauer*, § 14 Rn. 55
14 MüKo-BGB/*Spickhoff*, § 1791a Rn. 13
15 Staudinger/*Veit*, § 1791a BGB Rn. 21
16 Palandt/*Götz*, § 1791a BGB Rn. 3
17 *Elmauer/Kauermann-Walter*, JAmt 2016, 116, 117
18 *Veit/Salgo*, ZKJ 2011, 82, 84
19 BGH FamRZ 2011, 1394
20 BGH FamRZ 2011, 1394; JAmt 2013, 291; ausführlich zu den Konsequenzen; *Hoffmann*, JAmt 2013, 554

bestellte Vereinsmitarbeiter **analog § 7 VBVG** Vergütung und Aufwendungsersatz beanspruchen kann. Auch den **Antrag auf Entlassung des Vereinsvormundes** und die nachfolgende Bestellung des Mitarbeiters als Einzelvormund hat der BGH aus Gründen der Beanspruchung einer Vergütung für begründet gehalten,[21] was bereits zu erheblichen Veränderungen in der Praxis geführt hat.[22] Im Zuge der anstehenden Reform des Vormundschaftsrechts soll der Vergütungsanspruch des Vormundschaftsvereins bzw. des bestellten Mitarbeiters gesetzlich fixiert werden (vgl. § 1773 BGB Rn. 3).

Viele Rechtsfragen sind aber noch offen. Ungeklärt ist etwa die Frage, welche **anderen** 15
Vorschriften des Betreuungsrechts, etwa § 1899 Abs. 2 BGB für die Einwilligung des Vereinsmitarbeiters[23] oder von § 1791a BGB auf den Vereinsmitarbeiter als Einzelvormund anzuwenden sind. So dürfte etwa bei ihm kein Grund bestehen, §§ 1789, 1791 BGB im Hinblick auf seine **Bestellung** nicht anzuwenden.[24] Auch dürfte bei der Frage der **Entlassung** des Vormunds § 1887 BGB gelten und nicht die an strengere Voraussetzungen gebundene Vorschrift des § 1886 BGB für den Einzelvormund.[25] Ungeklärt sind auch **Haftungsfragen** und die Frage des **Verhältnisses zur Amtsvormundschaft**.[26]

§ 1791b BGB Bestellte Amtsvormundschaft des Jugendamts

(1) [1]Ist eine als ehrenamtlicher Einzelvormund geeignete Person nicht vorhanden, so kann auch das Jugendamt zum Vormund bestellt werden. [2]Das Jugendamt kann von den Eltern des Mündels weder benannt noch ausgeschlossen werden.

(2) Die Bestellung erfolgt durch Beschluss des Familiengerichts; die §§ 1789, 1791 sind nicht anzuwenden.

Übersicht

Rn.
A. Allgemeines ... 1
B. Inhalt der Norm ... 2
I. Verhältnis zu anderen Vormündern (Abs. 1) ... 2
1. Vorrang der Einzelvormundschaft (Abs. 1 Satz 1) ... 2
2. Vorrang der Vereinsvormundschaft? ... 4
3. Benennungs- und Ausschlussrecht ... 5
II. Form der Bestellung ... 6
C. Führung der Amtsvormundschaft ... 9

A. Allgemeines

Soweit eine **geeignete Einzelperson** als Vormund nicht zur Verfügung steht, ist die staat- 1
liche Gemeinschaft schon nach Art. 6 Abs. 2 Satz 2 GG gefordert, diese Lücke zum Schutze des Mündels durch einen **„Reservevormund"**[1] zu schließen. Dem dient die in § 1791b BGB geregelte **Amtsvormundschaft des Jugendamts**, die in der Praxis trotz ihrer **Subsidiarität** eine herausragende Bedeutung einnimmt.[2] So standen 2017 insgesamt 87.015

21 BGH JAmt 2013, 291; OLG Nürnberg FamRZ 2018, 112
22 Vgl. etwa OLG Düsseldorf FamRZ 2013, 477; *Gojowczyk*, Rpfleger 2013, 1, 5; Staudinger/*Veit*, § 1791a BGB Rn. 27
23 Befürwortet von *Hoffmann*, JAmt 2013, 554, 555
24 So auch OLG Düsseldorf FamRZ 2013, 54
25 Zutreffend OLG Nürnberg FGPrax 2015, 71
26 Vgl. ausführlich *Hoffmann*, JAmt 2013, 554
1 Vgl. Oberloskamp/*Kunkel*, § 16 Rn. 10
2 Vgl. *Hoffmann*, JAmt 2005, 116

Kinder unter bestellter Amtsvormundschaft bzw. Amtspflegschaft,[3] was einem Anteil von etwa 80% entsprechen dürfte.[4]

Ihre nähere Ausgestaltung ist in §§ 55, 56 SGB VIII geregelt. § 1791b BGB beinhaltet lediglich die durch **richterliche Auswahlentscheidung** nach § 1779 BGB getroffene **bestellte Amtsvormundschaft**, daneben besteht in den (abschließenden) Fällen von § 1751 Abs. 1, 1791c Abs. 1 Satz 1 und 2 und Abs. 2 BGB auch **Amtsvormundschaft kraft Gesetzes**.

Die Nachrangigkeit des Jugendamts gilt auch bei der Auswahl des **Umgangspflegers**.[5]

B. Inhalt der Norm

I. Verhältnis zu anderen Vormündern (Abs. 1)

1. Vorrang der Einzelvormundschaft (Abs. 1 Satz 1)

2 Wie dem Wortlaut von Abs. 1 Satz 1 unzweifelhaft entnommen werden kann, geht das Gesetz davon aus, dass bei **Vorhandensein geeigneter Einzelvormünder** das Jugendamt nicht zum Einzelvormund bestellt werden darf. Bei einem Anteil der Amtsvormundschaft von etwa 80% in der Praxis läuft das gesetzliche Subsidiaritätsprinzip aber leer, was auch in der anstehenden Reform des Vormundschaftsrechts berücksichtigt werden soll (vgl. § 1773 BGB Rn. 3). Der **Vorrang der Einzelvormundschaft** gilt dabei auch gegenüber **ehrenamtlich tätigen Personen und insbesondere auch gegenüber Pflegeeltern**,[6] nach zutreffender Auffassung aber **nicht gegenüber Berufsvormündern**.[7] Voraussetzung des Vorrangs eines ehrenamtlichen Einzelvormunds ist aber stets seine Eignung i.S.d. § 1779 Abs. 2 BGB.[8] Bei der Prüfung von geeigneten Einzelpersonen hat das Familiengericht von Amts wegen (§ 26 FamFG) zu ermitteln, bei erheblichen Zeitverzögerungen ist bei entsprechendem Handlungsbedarf zunächst der Amtsvormund zu bestellen und bei Auffindung einer geeigneten Einzelperson später wieder nach Maßgabe von §§ 1897, 1899 BGB (Kindeswohlprüfung) zu entlassen.[9]

3 Das einmal bestellte Jugendamt hat nach § 56 Abs. 4 SGB VIII in regelmäßigen Abständen, zumindest **jährlich selbst zu prüfen**, ob zwischenzeitlich geeignete Einzelvormünder oder ein Vereinsvormund zur Verfügung stehen.

2. Vorrang der Vereinsvormundschaft?

4 Entgegen einer in der Literatur vertretenen Auffassung besteht kein Stufenverhältnis zwischen Vereinsvormundschaft und Amtsvormundschaft des Jugendamts, so dass die Amtsvormundschaft hier nicht nachrangig ist[10] (vgl. dazu *Dürbeck*, § 1791a BGB Rn. 4). Angesichts der Erwähnung der Vereinsvormundschaft in § 56 Abs. 4 SGB VIII sollte der Gesetzgeber hier aber bei der anstehenden Gesetzesreform Klarheit schaffen.[11]

---

3 Statistisches Bundesamt, Statistiken der Kinder- und Jugendhilfe – Pfleg-, Vormund-, Beistandschaften, Pflegeerlaubnis, Sorgerechtsentzug, Sorgeerklärungen 2017
4 Vgl. *Katzenstein*, JAmt 2014, 606, 607
5 OLG Brandenburg NZFam 2014, 476
6 OLG Brandenburg, Beschl. v. 24.6.2019 – 9 WF 264/18, juris
7 OLG Celle ZKJ 2016, 135; OLG Schleswig ZKJ 2016, 303; OLG Stuttgart FamRZ 2002, 1065; OLG Karlsruhe ZKJ 2012, 272; OLG Hamm FamRZ 2012, 798; MüKo-BGB/*Spickhoff*, § 1791b Rn. 2; a.A. OLG Frankfurt a.M. ZKJ 2012, 451; OLG Hamm FamRZ 2010, 1684
8 BVerfG JAmt 2018, 574 (Verfahrensbeistand als Vormund); OLG Düsseldorf Rpfleger 2019, 269
9 OLG Schleswig JAmt 2003, 47; Staudinger/*Veit*, § 1591b BGB Rn. 12
10 OLG Celle ZKJ 2016, 135; OLG Schleswig ZKJ 2016, 303; OLG Karlsruhe FamRZ 2012, 1955; OLG Celle JAmt 2011, 352; Oberloskamp/*Kunkel*, § 16 Rn. 15; *Hoffmann*, JAmt 2013, 554, 556; *DIJuF*-Rechtsgutachten JAmt 2013, 36; *Harm*, Rpfleger 2013, 491; a.A. KG FamRZ 2010, 1998; Palandt/*Götz*, § 1791b BGB Rn. 1
11 Zutreffend Staudinger/*Veit*, § 1591b BGB Rn. 13

3. Benennungs- und Ausschlussrecht

Das Vorrangprinzip kann nach Abs. 1 Satz 2 auch nicht dadurch unterlaufen werden, dass die (verstorbenen) Eltern das Jugendamt als Vormund benennen.[12] Auch kann es nicht ausgeschlossen werden. 5

II. Form der Bestellung

Gemäß § 1791b Abs. 2 BGB erfolgt die Bestellung des Amtsvormunds mit **Zugang des familiengerichtlichen Beschlusses**. Auf die nach § 55 Abs. 2 Satz 1 SGB VIII folgende **Delegation der Aufgaben an einen bestimmten Mitarbeiter** kommt es nicht an.[13] Nach Hs. 2 finden die gesetzlichen Vorschriften über die **Bestellung des Vormunds** nach § 1789 BGB und die **Übergabe der Bestallungsurkunde** nach § 1791 BGB auf den Amtsvormund keine Anwendung. Der Nachweis der **Legitimation des Amtsvormunds** im Rechtsverkehr erfolgt durch Vorlage einer **Beschlussausfertigung**, die Rubrum und Tenor, nicht aber etwaige Gründe zu enthalten hat.[14] 6

Die **örtliche Zuständigkeit** des Jugendamts folgt aus § 87c Abs. 3 SGB VIII, also grundsätzlich nach dem **gewöhnlichen Aufenthalt des Mündels**. Auf **Übernahmebereitschaft** des zuständigen Jugendamts kommt es nicht an.[15] Auch soweit sachliche Gründe (*insbesondere. Kindeswohldienlichkeit*) bestehen, kann jedenfalls bei der erstmaligen Bestellung des nach dem SGB VIII örtlich zuständigen Jugendamts nicht **abgewichen** werden.[16] Bei einem **Aufenthaltswechsel** des Mündels ist vom bislang zuständigen Amtsvormund nach § 87c Abs. 3 Satz 3 SGB VIII ein **Antrag auf Entlassung** beim Familiengericht zu stellen, über den nach Maßgabe von §§ 1887 Abs. 1, 1889 Abs. 2 BGB (*Kindeswohlprüfung*) nach Ermessen zu entscheiden ist.[17] Hier besteht keine Bindung an die Vorschriften über die örtliche Zuständigkeit nach dem SGB VIII (abweichend *Köhler*, §§ 55 bis 58 SGB VIII Rn. 18). 7

Für **unbegleitete minderjährige Flüchtlinge** besteht nach § 88a Abs. 4 SGB VIII eine Sonderregelung für die Zeit der Inobhutnahme (Abs. 4 Nr. 2 i.V.m. Abs. 2) und für die nachfolgende Zeit der Leistungsgewährung (Abs. 4 Nr. 3 i.V.m. Abs. 3). Nach zutreffender Ansicht ist das Familiengericht auch hier bei der erstmaligen Auswahl des Amtsvormunds grundsätzlich gebunden.[18] Bei Änderungen der die Zuständigkeit begründenden Umstände ist § 87 Abs. 3 Satz 3 SGB VIII analog anzuwenden,[19] wobei hier aus oben genannten Gründen aus Kindeswohlgründen keine Bindung an die Vorgaben des SGB VIII bestehen. 7a

► *Näher zum Wechsel des Amtsvormunds bei einem Umzug des Mündels Dürbeck, § 1887 BGB Rn. 4.*

Innerhalb des Jugendamtes **überträgt** dieses die Ausübung der Vormundschaft durch einen **behördeninternen Organisationsakt**[20] gemäß § 55 Abs. 2 Satz 1 SGB VIII auf einen 8

12 Vgl. OLG Frankfurt a.M. ZKJ 2012, 451
13 *DIJuF*-Rechtsgutachten, JAmt 2013, 263
14 *DIJuF*-Rechtsgutachten JAmt 2014, 569
15 OLG Frankfurt a.M. FamRZ 2011, 1671
16 OLG Celle ZKJ 2018, 196; *Hoffmann*, FamRZ 2014, 1084, 1086; a.A. OLG Brandenburg FamRZ 2014, 1719; OLG Saarbrücken BeckRS 2003, 30331135; MüKo-BGB/*Spickhoff*, § 1791b Rn. 9
17 OLG Dresden JAmt 2018, 463; OLG Schleswig JAmt 2016, 632; OLG Hamm ZfJ 1999, 32 (abgelehnt); BayObLG FamRZ 1997, 897; Erman/*Schulte-Bunert*, § 1591b BGB Rn. 3; a.A. kein Auswahlermessen: OLG Celle ZKJ 2018, 196; LG Saarbrücken DAVorm 1996, 904; Wiesner/*Loos*, § 87c SGB VIII Rn. 15
18 OLG Karlsruhe ZKJ 2017, 114; LPK-SGB VIII/*Kepert*, § 88a Rn. 8; *Dürbeck*, FamRZ 2018, 553, 560; a.A.: OLG Schleswig NJW-RR 2016, 1030; FK-SGB VIII/*Eschelbach*, § 88a Rn. 7: Abweichung aus sachlichen Gründen des Kindeswohls
19 Schellhorn u.a./*Kern*, § 88a SGB VIII Rn. 5
20 Str. wie hier: Wiesner/*Walther*, § 55 SGB VIII Rn. 78; a.A. Verwaltungsakt: *DIJuF*-Rechtsgutachten JAmt 2013, 263; *Hoffmann*, FamRZ 2011, 249, 254

seiner Beamten oder Angestellten, der auf Basis einer Vollzeitbeschäftigung nach Abs. 2 Satz 4 höchstens 50 Vormundschaften/Pflegschaften gleichzeitig besorgen darf. Eine **Übertragung auf freie Träger** ist nicht möglich.[21] Entgegen des missverständlichen Wortlauts von § 55 Abs. 3 Satz 2 SGB VIII bleibt das Jugendamt trotz der Übertragung auf einen einzelnen Mitarbeiter selbst (als Behörde) Vormund und gesetzlicher Vertreter des Mündels.[22] Die Vertretung des zum Vormund bestimmten Mitarbeiters durch andere Bedienstete des Jugendamts muss amtsintern verbindlich geregelt sein.[23]

▶ *Näher hierzu Köhler, § 58 SGB VIII Rn. 14.*

C. Führung der Amtsvormundschaft

9 Auch das Jugendamt als Amtsvormund unterliegt der **Aufsicht durch das Familiengericht** (§ 1837 BGB),[24] ist aber von zahlreichen sonst vorhandenen Beschränkungen des Vormundschaftsrechts befreit. Zu nennen ist die nicht mögliche Bestellung eines Gegenvormunds (§ 1792 Abs. 1 Satz 2 BGB), die Befreiungen nach §§ 1857a BGB, 1852 Abs. 2, 1853, 1854 BGB, das Zwangsgeldverbot nach § 1837 Abs. 3 BGB, der Ausschluss der Anwendung von §§ 1802 Abs. 3, 1818 BGB durch § 56 Abs. 2 Satz 1 SGB VIII, die spezielle Vorschrift über die Anlegung von Mündelgeld nach §§ 1805 Satz 2 BGB, 56 Abs. 3 Satz 2 SGB VIII und die Befreiung von den Genehmigungsvorbehalten nach §§ 1803 Abs. 2, 1811, 1822 Nr. 6 und 7 BGB durch § 56 Abs. 2 Satz 2 SGB VIII. Weiter Ausnahmen bestehen aufgrund des Gesetzesvorbehalts in § 56 Abs. 2 Satz 3 SGB VIII in den Landesgesetzen (vgl. die Übersicht bei Staudinger/*Veit* § 1591b BGB Rn. 29). So bestimmt etwa § 14 Satz 1 des Hessischen Kinder- und Jugendhilfegesetzbuches, dass die Vorschriften des § 1802 Abs. 1, der §§ 1819 bis 1821, des § 1822 Nr. 1 bis 5, 8 bis 11 und 13 sowie der §§ 1823, 1824 und des § 1854 Abs. 2 BGB über die Aufsicht des Familiengerichts gegenüber dem Jugendamt außer Anwendung bleiben. Nach Satz 2 gilt dies auch bezüglich des § 1822 Nr. 12 BGB, soweit es sich um vermögensrechtliche Angelegenheiten handelt.

▶ *Näher zur Aufsicht über den Amtsvormund Dürbeck, § 1837 BGB Rn. 5 ff.*

▶ *Näher zu den Befreiungen des Amtsvormunds Köhler, § 58 SGB VIII Rn. 20 ff.*

10 Das Jugendamt erhält für seine Tätigkeit als Amtsvormund weder eine **Vergütung noch Aufwendungsersatz**.

11 Im Übrigen beabsichtigt der Gesetzgeber bei der anstehenden Reform des Vormundschaft wegen staatsorganisationsrechtlicher Bedenken im Hinblick auf die kommunale Selbstverwaltung nicht, der Rechtsprechung zum Vereinsvormund folgend auch bei der Amtsvormundschaft zur Stärkung der Personensorge und der Einzelvormundschaft die unmittelbare gerichtliche Bestellung persönlicher Amtsvormünder anstelle der Amtsvormundschaft des Jugendamts als Behörde einzuführen (vgl. § 1773 BGB Rn. 3).

D. Stellung im familiengerichtlichen Kindschaftsverfahren

12 Der Amtsvormund hat im familiengerichtlichen Verfahren in Kindschaftssachen eine vom nach § 162 FamFG anzuhörenden und ggf. zu beteiligenden Jugendamt zu unterscheidende eigenständige Bedeutung.[25] Er ist nach § 9 Abs. 2 FamFG nicht nur (gesetzlicher) **Vertreter** des nicht selbst verfahrensfähigen Kindes, sondern nach § 7 Abs. 2 Nr. 1 FamFG auch **selbst als Inhaber der Personensorge am Verfahren beteiligt**, soweit sein Auf-

---

21 *DIJuF*-Rechtsgutachten JAmt 2012, 397
22 BGH NJW 1966, 1808; Staudinger/*Veit*, § 1791b BGB Rn. 19
23 OVG Bremen JAmt 2019, 4`8
24 Ausführlich *Gojowczyk*, Rpfleger 2013, 1
25 Vgl. OVG Bremen ZKJ 2017, 324; *Hammer*, FamRZ 2017, 1904; *Oberloskamp*, ZKJ 2016, 336

gabenbereich berührt ist.[26] Soweit er nach einer Entscheidung des Familiengerichts, z. B. im Rahmen einer Umgangsregelung, Pflichten zu erfüllen hat, können gegen ihn bei schuldhafter Nichterfüllung auch **Ordnungsmittel** nach § 89 FamFG verhängt werden.[27] Er ist neben dem nach § 162 FamFG anzuhörenden bzw. zu beteiligenden Jugendamt zu allen **Terminen zu laden** und **Zustellungen** in gerichtlichen Verfahren haben an ihn zu erfolgen, wobei hier unmittelbar an den Beamten oder Mitarbeiter zugestellt[28] werden sollte, auf den nach § 55 Abs. 2 SGB VIII die Aufgabe der Wahrnehmung der Vormundschaft übertragen ist (näher hierzu *Dürbeck*, §§ 55 bis 58 SGB VIII Rn. 7 ff.). Allerdings genügt die Zustellung an das Jugendamt als Behörde, auch um den Lauf von Fristen auszulösen.[29]

Im **Rubrum** des gerichtlichen Beschlusses sollte der zuständige Mitarbeiter des Jugendamtes selbst als eigenständiger Beteiligter ausdrücklich aufgeführt werden. Auch hat er, soweit durch die Entscheidung seine Rechtsstellung nach § 59 Abs. 1 FamFG unmittelbar betroffen ist, ein **eigenes**, vom Beschwerderecht des Jugendamts nach § 162 Abs. 3 Satz 2 FamFG zu unterscheidendes **Beschwerderecht**.[30] Sein eigenes Beschwerderecht tritt dabei neben sein Recht, als gesetzlicher Vertreter des Mündels (§ 9 Abs. 2 FamFG) für diesen Beschwerde einzulegen.[31] Die Praxis der Familiengerichte differenziert hier gleichwohl in bedenklicher Weise nicht hinreichend zwischen dem Jugendamt als anzuhörende bzw. zu beteiligende Behörde nach § 162 FamFG und dem hiervon rechtlich zu unterscheidenden Amtsvormund.[32] **13**

§ 1791c BGB Gesetzliche Amtsvormundschaft des Jugendamts

(1) [1]Mit der Geburt eines Kindes, dessen Eltern nicht miteinander verheiratet sind und das eines Vormunds bedarf, wird das Jugendamt Vormund, wenn das Kind seinen gewöhnlichen Aufenthalt im Geltungsbereich dieses Gesetzes hat; dies gilt nicht, wenn bereits vor der Geburt des Kindes ein Vormund bestellt ist. [2]Wurde die Vaterschaft nach § 1592 Nr. 1 oder 2 durch Anfechtung beseitigt und bedarf das Kind eines Vormunds, so wird das Jugendamt in dem Zeitpunkt Vormund, in dem die Entscheidung rechtskräftig wird.

(2) War das Jugendamt Pfleger eines Kindes, dessen Eltern nicht miteinander verheiratet sind, endet die Pflegschaft kraft Gesetzes und bedarf das Kind eines Vormunds, so wird das Jugendamt Vormund, das bisher Pfleger war.

(3) Das Familiengericht hat dem Jugendamt unverzüglich eine Bescheinigung über den Eintritt der Vormundschaft zu erteilen; § 1791 ist nicht anzuwenden.

---

26 BGH FamRZ 2018, 601 (Vormundschaft); ZKJ 2017, 26 (Umgangsrecht); OLG Nürnberg ZKJ 2017, 33 (Umgangsrecht); Oberloskamp/*Dürbeck,* § 3 Rn. 34 und 36; a.A.: *Oberloskamp,* ZKJ 2016, 336, 342

27 BGH JAmt 2014, 230, OLG Frankfurt a.M. ZKJ 2013, 167

28 Zustellung an das Jugendamt als Behörde ist aber unschädlich, vgl. Hess. VGH ZfJ 2001, 389; *DIJuF*-Rechtsgutachten JAmt 2010, 80

29 BSG NJW 1960, 2071; VGH Hessen FamRZ 2001, 1739; VG Magdeburg, Beschl. v. 9.7.2018 – 6 A 138/18, BeckRS 2018, 43842; a.A.: VG Schwerin JAmt 2018, 350: erst ab tatsächlichem Zugang bei dem zuständigen Mitarbeiter

30 BGH FamRZ 2018, 601; OLG Nürnberg ZKJ 2017, 33 (Umgangsrecht); zur Abgrenzung OLG Frankfurt ZKJ 2017, 280

31 BGH FamRZ 2018, 601

32 Ausführlich: *Harm/Mix/Opitz/Pütz/Rotax/Rüting*, FamRZ 2012, 1849, 1851 ff.; *Hammer,* FamRZ 2017, 1904

Übersicht

Rn.
A. Allgemeines 1
B. Inhalt der Norm 2
I. Eintritt gesetzlicher Amtsvormundschaft 2
1. Kinder nicht miteinander verheirateter Eltern (Abs. 1 Satz 1) 2
2. Nachträgliche Beseitigung der Vaterschaft (Abs. 1 Satz 2) 5
3. Vorangegangene Amtspflegschaft (Abs. 2) 6
II. Rechtsstellung, Mitteilungspflichten, Bescheinigung 7

A. Allgemeines

1 § 1791c Abs. 1 BGB regelt neben § 1751 Abs. 1 BGB weitere Fälle, in denen Amtsvormundschaft nicht durch gerichtliche Anordnung, sondern zum Schutze eines nichtehelichen Kindes **kraft Gesetzes** eintritt. Abs. 2 regelt seltene Fälle des Übergangs einer Amtspflegschaft in eine Amtsvormundschaft. Eine Mitwirkung des Familiengerichts ist in diesen Fällen nicht vorgesehen. Um das Jugendamt frühzeitig zu informieren, besteht eine Mitteilungspflicht des Standesbeamten von der Geburt eines nichtehelichen Kindes nach §§ 168a Abs. 1 FamFG, 68a PStG.

B. Inhalt der Norm

I. Eintritt gesetzlicher Amtsvormundschaft

1. Kinder nicht miteinander verheirateter Eltern (Abs. 1 Satz 1)

2 Gemäß § 1791c Abs. 1 Satz 1 FamFG wird das Jugendamt mit der **Geburt eines im Inland aufenthältlichen nichtehelich geborenen Kindes** Amtsvormund, soweit dieses eines Vormundes bedarf. Erfasst sind nur Kinder, die ihren **gewöhnlichen Aufenthalt im Bundesgebiet** haben, die Staatsangehörigkeit ist ohne Bedeutung.[1]

3 Ob ein **Bedürfnis für eine Vormundschaft** besteht, richtet sich nach § 1773 BGB. Das ist insbesondere dann der Fall, wenn das nichteheliche Kind **nicht unter elterlicher Sorge** steht (*z. B. Mutter stirbt bei Geburt*) oder aber die Mutter **minderjährig oder nicht geschäftsfähig** (vgl. § 1673 BGB) ist. Gleichgestellt ist der Fall, dass die elterliche Sorge der Mutter bei einer **vertraulichen Geburt** nach § 1674a Satz 1 BGB ruht,[2] soweit diese nicht verheiratet ist.

4 Amtsvormundschaft tritt nach Abs. 1 Satz 1 Hs. 2 aber dann nicht ein, wenn bereits **vor der Geburt ein anderer Vormund** bestellt wurde, was nach § 1774 Satz 2 BGB zulässig und zur Durchsetzung des Gebots des Vorranges der Einzelvormundschaft auch geboten ist.[3] Die Frage, welches örtlich zuständige Jugendamt zum Amtsvormund wird, richtet sich anders als in den Fällen der Auswahlentscheidung des Familiengerichts (siehe hierzu § 1791b BGB Rn. 7) nach § 87c Abs. 1 und 2 SGB VIII, so dass es grundsätzlich auf den **Wohnsitz der Mutter** ankommt.[4] Bei einem Wechsel des gewöhnlichen Aufenthalts der Mutter kann es gemäß § 87c Abs. 2 Satz 2 SGB VIII zum Wechsel des Amtsvormunds **ipso iure** kommen, soweit sich das bisher zuständige Jugendamt mit dem Jugendamt am neuen Wohnsitz der Mutter einig sind, nähere Einzelheiten hierzu siehe *Dürbeck*, § 1887 BGB Rn. 3.

1 BeckOK-BGB/*Bettin*, § 1791c Rn. 2
2 Vgl. *Helms*, FamRZ 2014, 609, 613
3 Vgl. dazu *DIJuF*-Rechtsgutachten JAmt 2011, 205
4 LG Hamburg JAmt 2001, 494

2. Nachträgliche Beseitigung der Vaterschaft (Abs. 1 Satz 2)

Nach Abs. 1 Satz 2 tritt gesetzliche Amtsvormundschaft auch dann ein, wenn nach der Geburt des Kindes die nach § 1592 Nr. 1 oder 2 BGB bestehende **Vaterschaft durch Anfechtung** (§§ 1600 ff. BGB) **beseitigt** worden ist. Auch hier ist erforderlich, dass zum Zeitpunkt der Rechtskraft der Anfechtungsentscheidung die Voraussetzungen der Vormundschaft nach § 1773 BGB vorliegen, was insbesondere bei Tod, Geschäftsunfähigkeit oder Minderjährigkeit der Kindesmutter der Fall ist. **5**

3. Vorangegangene Amtspflegschaft (Abs. 2)

Nach Abs. 2 wird das Jugendamt auch dann Amtsvormund eines nichtehelichen Kindes, wenn es zuvor **Amtspfleger** war und diese kraft Gesetzes beendet ist, wenn das Kind eines Vormundes bedarf. Der Anwendungsbereich der Vorschrift ist eng. Zu nennen ist etwa der Fall, in dem der alleinsorgeberechtigten Mutter zunächst nur ein Teil der alleinigen Sorge zustand und das Jugendamt als Pfleger für einen Teilbereich des Sorgerechts bestellt war. Wird jetzt der Kindesmutter das Sorgerecht ganz entzogen oder ruht es oder verstirbt sie, endet die Pflegschaft nach § 1918 BGB und die Voraussetzungen für die Anordnung von Vormundschaft nach § 1773 BGB liegen vor.[5] **6**

II. Rechtsstellung, Mitteilungspflichten, Bescheinigung

Die Amtsvormundschaft des Jugendamts **beginnt**, sobald die in Rn. 2 bis 6 genannten Voraussetzungen eintreten.[6] Gemäß § 1791c Abs. 3 Satz 1 Hs. 2 BGB ist eine **Bestallungsurkunde** nach § 1791 BGB nicht zu übergeben, stattdessen sieht Hs. 1 vor, dass das Familiengericht dem Jugendamt unverzüglich eine **Bescheinigung über den Eintritt der Vormundschaft** zu erteilen hat, was aber nur deklaratorischen Charakter hat.[7] **7**

Das Jugendamt wiederum hat nach § 57 SGB VIII dem Familiengericht unverzüglich den Eintritt der Vormundschaft mitzuteilen.

§ 1792 BGB Gegenvormund

(1) [1]Neben dem Vormund kann ein Gegenvormund bestellt werden. [2]Ist das Jugendamt Vormund, so kann kein Gegenvormund bestellt werden; das Jugendamt kann Gegenvormund sein.

(2) Ein Gegenvormund soll bestellt werden, wenn mit der Vormundschaft eine Vermögensverwaltung verbunden ist, es sei denn, dass die Verwaltung nicht erheblich oder dass die Vormundschaft von mehreren Vormündern gemeinschaftlich zu führen ist.

(3) Ist die Vormundschaft von mehreren Vormündern nicht gemeinschaftlich zu führen, so kann der eine Vormund zum Gegenvormund des anderen bestellt werden.

(4) Auf die Berufung und Bestellung des Gegenvormunds sind die für die Begründung der Vormundschaft geltenden Vorschriften anzuwenden.

Übersicht

Rn.
A. Allgemeines 1
B. Inhalt der Norm 2
I. Bestellungsvoraussetzungen (Abs. 1 und 2) 2
II. Entscheidung und Wirkung 4

5 Vgl. MüKo-BGB/*Spickhoff*, § 1791c Rn. 10
6 *DIJuF*-Rechtsgutachten JAmt 2009, 30
7 OLG Karlsruhe FamRZ 1998, 1244

A. Allgemeines

1 § 1792 BGB hat den sog. Gegenvormund zum Gegenstand. Diesem kommt keine selbständige Verwaltungstätigkeit zu, seine Funktion beschränkt sich vielmehr auf die Kontrolle des Vormunds (vgl. § 1799 Abs. 1 BGB) und die Entlastung der Aufsichtspflicht des Familiengerichts. Sein Haupteinsatzgebiet ist, wie das gesetzliche Regelbeispiel in Abs. 2 zeigt, der Bereich der Vermögensverwaltung, er kann aber im Bereich der Personensorge bestellt werden.[1] In der Praxis spielt er kaum eine Rolle, angesichts der Möglichkeit der Bestellung von Mitvormündern nach §§ 1775, 1797 Abs. 1 BGB und der ohnehin gegebenen Aufsichtspflicht des Familiengerichts (§ 1837 Abs. 2 FamFG) sind Forderungen nach seiner Abschaffung[2] durch den Gesetzgeber berechtigt, was dieser nun auch bei der kommenden Vormundschaftsrechtsreform (vgl. § 1773 BGB Rn. 3) beabsichtigt.

B. Inhalt der Norm

I. Bestellungsvoraussetzungen (Abs. 1 und 2)

2 Die Bestellung eines Gegenvormunds steht im **pflichtgemäßen Ermessen** des Familiengerichts,[3] es ist jedoch stets das Bestehen eines entsprechenden **Bedürfnisses** nach Kontrolle des Vormunds und einer Entlastung des Familiengerichts erforderlich. Im Bereich der in Abs. 2 genannten Vermögenssorge kommt es für die Frage der im Gesetz genannten **Erheblichkeit** weniger auf die Größe des Vermögens, als auf die Komplexität und den Umfang und die Regelmäßigkeit der vom Vormund zu tätigenden Verwaltung des Vermögens an.[4] Dies wird etwa bei größerem Wertpapier- oder Immobilienvermögen der Fall sein, eher nicht bei Spareinlagen oder wertvollem Schmuck oder Mobiliar.

3 Soweit das Jugendamt **Amtsvormund** ist, kann nach Abs. 1 Satz 2 ein Gegenvormund nicht bestellt werden. Umgekehrt kann das Jugendamt aber als Gegenvormund bestellt werden (vgl. § 58 SGB VIII), was aber insbesondere im Bereich der Vermögenssorge wenig sinnvoll erscheint. An der Notwendigkeit der Bestellung eines Gegenvormunds fehlt es insbesondere dann, wenn das Familiengericht **gesamtgeschäftsführungsberechtigte Mitvormünder** nach §§ 1775, 1797 Abs. 1 BGB bestellt, weil hier eine zusätzliche Kontrolle nicht erforderlich ist.[5] Bei geteilter Mitvormundschaft (§ 1797 Abs. 2 BGB) ist es nach Abs. 3 möglich, die jeweiligen Vormünder auch als Gegenvormund des anderen zu bestellen.

II. Entscheidung und Wirkung

4 Sind die Voraussetzungen von § 1792 Abs. 1 und 2 BGB erfüllt, so richten sich die **Auswahl und Bestellung** des Gegenvormunds nach Abs. 4 nach den für den Vormund geltenden allgemeinen Vorschriften, also §§ 1776, 1779, 1789 ff. BGB. Die Gegenvormundschaft selbst bedarf insoweit keiner selbständigen Anordnung.[6]

5 Die Auswahl des Gegenvormunds ist nach denselben Grundsätzen wie bei § 1779 BGB nach Maßgabe von §§ 11 Abs. 1 RPflG, 58 ff. FamFG mit der **Beschwerde** anfechtbar. Der **Vormund** ist nach zutreffender Auffassung mangels Beeinträchtigung eigener Rechte nicht beschwerdeberechtigt.[7]

---

1 OLG Frankfurt a.M. FamRZ 2009, 247
2 Staudinger/*Veit*, § 1792 BGB Rn. 31
3 OLG München BtPrax 2012, 69 (Betreuung); Erman/*Schulte-Bunert*, § 1792 BGB Rn. 4
4 BayObLGZ 14, 210; kritisch Staudinger/*Veit*, § 1774 BGB Rn. 8
5 Gernhuber/*Coester-Waltjen*, § 70 Rn. 68
6 MüKo-BGB/*Spickhoff*, § 1792 Rn. 12
7 MüKo-BGB/*Spickhoff*, § 1792 Rn. 14; a.A.: Soergel/*Zimmermann*, § 1792 BGB Rn. 10

Mit der Bestellung besteht die Aufgabe des Gegenvormunds, sich über das Mündelvermögen zu informieren und den Vormund zu **kontrollieren** (vgl. § 1799 Abs. 1 Satz 1 BGB). Hierzu steht ihm nach § 1799 Abs. 2 BGB ein **Auskunfts- und Einsichtsrecht** gegen den Vormund zu. Pflichtwidrigkeiten hat er nach § 1799 Abs. 1 Satz 2 BGB unverzüglich dem Familiengericht anzuzeigen. Seine **Haftung** gegenüber dem Mündel richtet sich nach § 1833 BGB. Ein **Vertretungsrecht** für den Mündel besteht auch in Notfällen nicht.[8] Seine Vergütung richtet sich nach §§ 1835 ff. BGB.[9] 6

Untertitel 2
Führung der Vormundschaft

§ 1793 BGB Aufgaben des Vormunds, Haftung des Mündels

(1) [1]Der Vormund hat das Recht und die Pflicht, für die Person und das Vermögen des Mündels zu sorgen, insbesondere den Mündel zu vertreten. [2]§ 1626 Abs. 2 gilt entsprechend. [3]Ist der Mündel auf längere Dauer in den Haushalt des Vormunds aufgenommen, so gelten auch die §§ 1618a, 1619, 1664 entsprechend.

(1a) [1]Der Vormund hat mit dem Mündel persönlichen Kontakt zu halten. [2]Er soll den Mündel in der Regel einmal im Monat in dessen üblicher Umgebung aufsuchen, es sei denn, im Einzelfall sind kürzere oder längere Besuchsabstände oder ein anderer Ort geboten.

(2) Für Verbindlichkeiten, die im Rahmen der Vertretungsmacht nach Absatz 1 gegenüber dem Mündel begründet werden, haftet der Mündel entsprechend § 1629a.

Übersicht

	Rn.
A. Allgemeines	1
B. Inhalt der Norm	4
I. Personensorge	4
II. Vermögenssorge	8
III. Gesetzliche Vertretung	9
C. Übertragung von Aufgaben des Vormunds auf Dritte	11
D. Haftung des Vormunds und des Mündels	13

A. Allgemeines

§ 1793 Abs. 1 Satz 1 BGB macht es dem Vormund zur Aufgabe, für die **Person und das Vermögen des Mündels zu sorgen** und diesen **gesetzlich zu vertreten**. Obwohl der Vormund seine Stellung im Gegensatz zu den Eltern nicht aus der Verfassung als natürliches Grundrecht ableitet, sondern aus einem Hoheitsakt der staatlichen Gemeinschaft,[1] zeigt sich hier die Gleichförmigkeit von elterlicher Sorge und Vormundschaft. 1

Hinsichtlich der **Rechte und Pflichten des Vormunds** wird die Vorschrift ergänzt durch § 1800 S. 1 BGB, der im Bereich der Personensorge die Regelungen von §§ 1631 bis 1632 BGB für auf die Vormundschaft anwendbar erklärt. Wie die Eltern (Art. 6 Abs. 2 Satz 1 GG) hat demgemäß auch der Vormund die Sorge fremdnützig **im Mündelinteresse** auszuüben. Lebt der Mündel **im Haushalt des Vormunds** wird die elternähnliche Stellung des Vormunds durch den Gesetzgeber durch die Verweisung in Abs. 1 Satz 3 auf §§ 1618a, 1619, 1664 BGB zusätzlich gestärkt. 2

Auf der anderen Seite unterliegt der Vormund im Bereich der Personen- und vor allem Vermögenssorge einschließlich seiner **Vertretungsmacht** stärkeren **Einschränkungen** als 3

8 KG RJA 4, 73; Palandt/*Götz,* § 1792 BGB Rn. 1
9 Vgl. zur Vergütung des Berufsgegenvormunds *Bienwald,* FamRZ 2007, 938
1 BVerfGE 10, 302, 328; Oberloskamp/*Burschel,* § 8 Rn. 2

sorgeberechtigte Eltern (vgl. §§ 1792, 1794, 1795, 1797 Abs. 1, 1809 bis 1824 BGB) und steht zudem unter der **Aufsicht des Familiengerichts** (§ 1837 BGB) und auch des **Jugendamts** (vgl. § 53 Abs. 3 SGB VIII). Die Pflicht des Vormunds zum **persönlichen Kontakt mit dem Mündel** wird durch den neu eingefügten Abs. 1a betont und konkretisiert.

B. Inhalt der Norm

I. Personensorge

4 Im Bereich der Personensorge ist die Stellung des Vormunds naturgemäß davon abhängig, ob der Mündel in seinem **Haushalt** lebt und die Sorge damit auch **tatsächlich ausgeübt** wird oder ob der Mündel in einer Pflegefamilie oder einem Erziehungsheim lebt. Hinsichtlich der rechtlichen Personensorge gelten gemäß § 1800 Satz 1 BGB die Regelungen in §§ 1631 bis 1632 BGB, so dass der Vormund insbesondere für die **Pflege und Erziehung** des Mündels und seine **Aufsicht** (§ 1631 Abs. 1 BGB) zu sorgen hat. Darüber hinaus bestimmt er den **Aufenthalt** (§ 1631 Abs. 1 BGB) und den **Umgang** des Mündels mit Dritten einschließlich seiner Eltern (§ 1632 Abs. 2 BGB). Im Bedarfsfall können die Eltern mit Blick auf § 1684 Abs. 3 BGB die **Einleitung eines Umgangsverfahrens** anregen.

5 Zu **Gewalt** gegenüber dem Mündel ist auch er nicht befugt (§ 1631 Abs. 2 BGB). Durch die Verweisung von Abs. 1 Satz 2 auf § 1626 Abs. 2 BGB gilt auch für den Vormund, dass er bei der Ausübung der Personensorge die **wachsende Selbständigkeit und Reife** des Mündels mit zu berücksichtigen hat. Schließlich verweist Abs. 1 Satz 3 für den Fall, dass der Mündel im Haushalt des Vormunds lebt, auf § 1618a BGB (**Pflicht zu Beistand und Rücksicht**), § 1619 BGB (**Dienstleistungen in Haus und Geschäft**) und auf § 1664 BGB (**beschränkte Haftung**). Im Übrigen erhält der Vormund **Beratung und Unterstützung durch das Jugendamt** (§ 53 Abs. 2 SGB VIII).

6 Konkretisiert wird die Pflicht des Vormunds zur Ausübung der Personensorge weiterhin durch Abs. 1a, wonach er **persönlich mit dem Mündel Kontakt** zu halten hat und diesen (soweit er nicht in seinem Haushalt lebt) **mindestens einmal im Monat** in dessen üblicher Umgebung aufsuchen soll, wobei durch den letzten Halbsatz gewährleistet ist, dass Abweichungen hiervon im Einzelfall möglich sein sollen. Die Vorschrift wendet sich vor allem an den **Amtsvormund** (vgl. auch § 55 Abs. 3 Satz 2 SGB VIII) und wurde eingefügt, um ehemalige dort vorhandene Versäumnisse zu beseitigen und das staatliche Wächteramt zu stärken.[2] Sie dient insoweit nicht der Kontaktförderung, sondern vor allem auch der Abwendung von Vernachlässigungen und Misshandlungen des Mündels durch seine Pflegepersonen oder Dritte.[3]

7 Im Übrigen ist der Vormund mangels Verwandtschaft dem Mündel gegenüber nicht zum **Unterhalt** verpflichtet und kann etwaige Aufwendungen nach Maßgabe von § 1835 BGB ersetzt verlangen.[4]

II. Vermögenssorge

8 Hinsichtlich der **Vermögenssorge** hat der Vormund im Grundsatz die gleichen Befugnisse wie die Eltern. Es bestehen jedoch zahlreiche **Einschränkungen** und Sonderregelungen in §§ 1802 bis 1832 BGB (vgl. die Ausführungen zu §§ 1821, 1822 BGB). Seine Aufgabe ist es hier, im Wesentlichen das **Vermögen des Mündels zu erhalten und auch zu vermehren**, so dass es dem Mündel bei Eintritt der Volljährigkeit zu Gute kommen kann. Dazu gehört auch, dafür Sorge zu tragen, das Mündelvermögen **vor Schäden zu bewah-**

---

2 BT-Drucks. 17/5512, 4, 14; kritisch *Wilutzki*, ZKJ 2012, 208; *Katzenstein*, JAmt 2013, 234, 236
3 Vgl. ausführlich Staudinger/*Veit*, § 1793 BGB Rn. 23 ff.
4 Staudinger/*Veit*, § 1793 BGB Rn. 38

ren, so dass der Vormund etwa verpflichtet ist, für ausreichenden Versicherungsschutz zu sorgen, das Mündelvermögen sicher anzulegen und es ggf. auch in Besitz zu nehmen.[5] Zur Bestreitung des Unterhalts und der Erziehungskosten darf er aber auch den Vermögensstamm angreifen, wenn nicht ausreichend Erträge vorhanden sind.[6]

III. Gesetzliche Vertretung

Abs. 1 Satz 1 beinhaltet die Aufgabe des Vormunds zur **gesetzlichen Vertretung** des 9
Mündels. Damit kann er wie sorgeberechtigte Eltern **Willenserklärungen mit Wirkung für den Mündel** nach Maßgabe von § 164 Abs. 1 BGB abgeben und über das Schicksal vom Mündel selbst abgegebener Willenserklärungen nach §§ 107, 108, 110 BGB (*Zustimmung oder Genehmigung*) entscheiden. Auch vertritt er den Mündel in **gerichtlichen und behördlichen Verfahren**, soweit dieser nicht selbst verfahrensfähig ist (vgl. § 9 Abs. 2 FamFG). Grundsätzlich kann der Vormund auch **Dauerschuldverhältnisse** für den Mündel begründen, die **über den Eintritt dessen Volljährigkeit** hinausgehen (Ausnahme § 1822 Nr. 5 bis 7 BGB).[7] Hier ist aber nach § 1793 Abs. 2 BGB die **Beschränkung der Haftung des Mündels** nach § 1629a BGB zu beachten.[8]

Insbesondere im Bereich der **Personensorge** gelten für den Vormund die gleichen gesetz- 10
lichen **Einschränkungen seiner Vertretungsmacht** wie bei sorgeberechtigten Eltern, wie z. B: §§ 1596, 1411, 1311, 1600a Abs. 2 Satz 2 BGB. Speziell für den Vormund gilt § 3 RelKErzG. Im Übrigen sind die Einschränkungen nach §§ 1795, 1803 ff. BGB zu beachten. Weitere Einschränkungen können hier aufgrund der Anordnung einer **Mitvormundschaft** nach § 1797 Abs. 1 BGB (**Gesamtvertretung unter Mitvormündern**) bestehen. Die Bestellung eines **Gegenvormunds** (§ 1792 BGB) schränkt dagegen die Vertretungsmacht nicht ein.

C. Übertragung von Aufgaben des Vormunds auf Dritte

Wie bei der elterlichen Sorge können auch die Rechte und Pflichten des Vormunds weder 11
ganz noch teilweise auf Dritte rechtsgeschäftlich übertragen werden.[9] Aber auch der Vormund kann sich bei der Ausübung der Personen- und Vermögenssorge der **Hilfe Dritter** bedienen, insbesondere diesen auch **Vollmacht** (in eigenem Namen oder im Namen des Mündels[10]) für die eigene Vertretung oder Vertretung des Mündels erteilen (vgl. aber bei der **Prokura** § 1822 Nr. 11 BGB). Eine Grenze gilt aber bei der Erteilung von **Generalvollmachten**, gleich ob sie widerruflich oder unwiderruflich sind,[11] da diese mit dem Wesen der Vormundschaft und dem Grundsatz der persönlichen Verantwortung des Vormunds nicht zu vereinbaren sind.

Beauftragt der Vormund Dritte mit der **Pflege und Erziehung des Mündels**, wozu er 12
berechtigt ist, bestimmt sich sein Rechtsverhältnis zur Pflegeperson nach §§ 611 ff. BGB (privatrechtlicher Pflegevertrag).[12] Soweit es sich hierbei um eine Leistung des Jugendamts nach § 33 SGB VIII handelt, beurteilt sich sowohl das Verhältnis Jugendamt zum Vormund als auch zur Pflegeperson nach öffentlichem Recht.[13]

---

5 Zu den Einzelheiten Oberloskamp/*Dürbeck*, § 10 Rn. 1 ff.
6 BGH MDR 1967, 473
7 Aber nicht ohne hinreichenden Grund, vgl. RGZ 41, 263
8 Oberloskamp/*Dürbeck*, § 10 Rn. 236 ff.
9 RGZ 76, 185; MüKo-BGB/*Spickhoff*, § 1793 Rn. 35
10 Zur Unterscheidung vgl. Staudinger/*Veit*, § 1793 BGB Rn. 74 ff.
11 Str. wie hier MüKo-BGB/*Spickhoff*, § 1793 Rn. 40; a.A. RGZ 41, 263; Soergel/*Zimmermann*, § 1793 BGB Rn. 15
12 Vgl. BGHZ 2006, 1264
13 FK-SGB VIII/*von Boetticher/Münder*, Vorb. Kap. 5 Rn. 6 ff.

D. Haftung des Vormunds und des Mündels

13 Die **Haftung des Vormunds gegenüber dem Mündel** ist nicht in § 1793 BGB geregelt, sondern in § 1833 BGB. Soweit der Vormund sich bei der Erfüllung seiner Aufgaben in zulässiger Weise der Hilfe Dritter bedient, haftet er für ein etwaiges **Auswahl- und Überwachungsverschulden**.[14] War die Übertragung unzulässig (z.B. unwiderrufliche Generalvollmacht), so haftet er verschuldensunabhängig.[15] Eine **Haftungserleichterung** (*eigenübliche Sorgfalt*) besteht nach §§ 1793 Abs. 1 Satz 3, 1664 Abs. 1 BGB, wenn der Mündel **im Haushalt des Vormunds** lebt.

14 Der **Mündel haftet Dritten** gegenüber für schuldhaftes Verhalten des Vormunds nach § 278 BGB wie für eigenes Verschulden aus einem rechtsgeschäftlichen oder gesetzlichen **Schuldverhältnis**, nicht aber aus Delikt, weil der Vormund nicht sein Verrichtungsgehilfe ist. Hinzukommen kann in diesen Fällen aber eine eigene rechtsgeschäftliche Haftung des Vormunds als Vertreter.[16]

§ 1794 BGB Beschränkung durch Pflegschaft

Das Recht und die Pflicht des Vormunds, für die Person und das Vermögen des Mündels zu sorgen, erstreckt sich nicht auf Angelegenheiten des Mündels, für die ein Pfleger bestellt ist.

1 Gemäß § 1794 BGB erstrecken sich die Rechte und Pflichten des Vormunds – einschließlich seiner Vertretungsmacht[1] – nicht auf Angelegenheiten des Mündels, für die ein **Pfleger** nach §§ 1909 ff. BGB bestellt ist. Soweit der Ergänzungspfleger nach § 1909 Abs. 1 Satz 1 BGB bestellt ist, weil der Vormund für die betreffende Angelegenheit verhindert ist, hat § 1794 BGB nur **deklaratorischen** Charakter, weil die Vormundschaft infolge der Verhinderung bereits vor Anordnung der Pflegschaft und Bestellung des Pflegers insoweit nicht wirksam ausgeübt werden konnte.

2 **Konstitutive Bedeutung** im Sinne einer **Beschränkung der Befugnisse des Vormunds** hat die Regelung aber, soweit der Pfleger nach § 1909 Abs. 1 Satz 2 BGB (**Zuwendungspflegschaft durch letztwillige Verfügung des Erblassers**) oder analog § 1630 Abs. 3 BGB[2] (**Übertragung von Befugnissen der Personensorge auf die Pflegeperson**) bestellt worden ist. Der Ausschluss des Vormunds tritt in diesen Fällen auch dann ein, wenn die Bestellung des Pflegers zu Unrecht erfolgt ist.[3] Tätigt der Vormund gleichwohl in dem betreffender Wirkungskreis des Pflegers ein Geschäft im Namen des Mündels, gelten §§ 177 ff. BGB[4] mit der Möglichkeit der **Genehmigung des schwebend unwirksamen Rechtsgeschäfts** durch den Pfleger.

3 Dem Vormund steht gegen die Anordnung der Pflegschaft die **Beschwerde** nach §§ 58 ff. FamFG zu, mangels eigener Rechtsverletzung aber nicht gegen die Ablehnung der Anordnung[5] und die Auswahlentscheidung.[6] Gegen die Anordnung der Pflegschaft und auch

---

14 Erman/*Schulte-Bunert,* § 1793 BGB Rn. 18
15 Soergel/*Zimmermann,* § 1793 BGB Rn. 16
16 Einzelheiten bei Erman/*Schulte-Bunert,* § 1793 BGB Rn. 15a
1 Staudinger/*Veit,* § 1794 BGB Rn. 5
2 Zur analogen Anwendung auf die Vormundschaft vgl. MüKo-BGB/*Spickhoff,* § 1794 Rn. 1
3 KG NJW 1966, 1320; anders aber bei Nichtigkeit
4 Palandt/*Götz,* § 1794 BGB Rn. 1
5 KG OLG 1965, 237; Staudinger/*Veit,* § 1794 BGB Rn. 12
6 Erman/*Schulte-Bunert,* § 1794 BGB Rn. 2a

gegen die Auswahl des Pflegers kann der Vormund aber im Namen des Mündels Beschwerde einlegen, da dieser stets in eigenen Rechten nach § 59 FamFG betroffen ist.[7]

Nicht selbst beschwerdeberechtigt ist der **Vormund** gegen die Entscheidung des Familiengerichts zur **Genehmigung eines vom Pfleger abgeschlossenen Geschäfts,**[8] z. B. nach §§ 1821, 1822 BGB, auch hier besteht aber die Möglichkeit, **Beschwerde im Namen des Mündels** einzulegen (siehe oben Rn. 3). 4

§ 1795 BGB Ausschluss der Vertretungsmacht

(1) Der Vormund kann den Mündel nicht vertreten:

1. **bei einem Rechtsgeschäft zwischen seinem Ehegatten, seinem Lebenspartner oder einem seiner Verwandten in gerader Linie einerseits und dem Mündel andererseits, es sei denn, dass das Rechtsgeschäft ausschließlich in der Erfüllung einer Verbindlichkeit besteht,**
2. **bei einem Rechtsgeschäft, das die Übertragung oder Belastung einer durch Pfandrecht, Hypothek, Schiffshypothek oder Bürgschaft gesicherten Forderung des Mündels gegen den Vormund oder die Aufhebung oder Minderung dieser Sicherheit zum Gegenstand hat oder die Verpflichtung des Mündels zu einer solchen Übertragung, Belastung, Aufhebung oder Minderung begründet,**
3. **bei einem Rechtsstreit zwischen den in Nummer 1 bezeichneten Personen sowie bei einem Rechtsstreit über eine Angelegenheit der in Nummer 2 bezeichneten Art.**

(2) Die Vorschrift des § 181 bleibt unberührt.

Übersicht

Rn.
A. Allgemeines ... 1
B. Inhalt der Norm ... 3
I. Rechtsgeschäfte des Mündels mit dem Ehegatten, Lebenspartner oder Verwandten des Vormunds (Abs. 1 Nr. 1) ... 3
1. Personenkreis ... 3
2. Rechtsgeschäfte ... 6
3. Ausnahmen ... 7
II. Verfügung über in bestimmter Weise gesicherte Forderungen des Mündels gegen den Vormund (Abs. 1 Nr. 2) ... 9
III. Vertretung in Rechtsstreitigkeiten (Abs. 1 Nr. 3) ... 10
IV. Verbot von Insichgeschäften (Abs. 2 i. V. m. § 181 BGB) ... 13
C. Rechtsfolge ... 17

A. Allgemeines

§ 1795 Abs. 1 BGB schränkt die **Vertretungsbefugnis des Vormunds** für die dort genannten Geschäfte ein und gilt gemäß § 1629 Abs. 2 BGB auch für die **sorgeberechtigten Eltern**. Lediglich klarstellende Bedeutung hat der Hinweis in Abs. 2 auf § 181 BGB, dass das Verbot des Selbstkontrahierens auch für den Vormund (*und über § 1629 Abs. 2 BGB für die Eltern*) Geltung beansprucht. Im Übrigen liegen den Fallgruppen von Abs. 1 vom Gesetzgeber als **abstrakt für den Mündel gefährlich eingestufte Geschäfte** zu Grunde, die im Einzelfall auch bei fehlender tatsächlicher Gefährdung keine andere Auslegung der Vorschrift erlauben.[1] 1

7 OLG Düsseldorf BeckRS 2010, 21268
8 BayObLG FamRZ 1992, 104
1 BGHZ 50, 8

2 Bei Vorhandensein mehrerer, nach § 1797 Abs. 1 BGB **gesamtvertretungsberechtigter Vormünder** führt die Verhinderung eines Vormunds von der Vertretungsbefugnis auch zum Ausschluss der weiteren Vormünder, da diese ohne den betroffenen Mitvormund nicht mehr handlungsfähig sind.[2] Für den Fall, dass sich **außerhalb des Anwendungsbereichs von § 1795 Abs. 1 BGB und § 181 BGB** nicht hinnehmbare **Interessenskollisionen** zwischen Mündel und Vormund ergeben, ist auf § 1796 BGB abzustellen.[3] § 1795 Abs. 1 und 2 BGB gelten im Übrigen über den Wortlaut hinaus auch für den vom Jugendamt als **Amtsvormund** oder vom **Vereinsvormund** mit der Wahrnehmung der Vormundschaft betrauten **Beamten bzw. Mitarbeiter** im Sinne von §§ 55 Abs. 2 SGB VIII, 1791a Abs. 3 BGB.[4]

B. Inhalt der Norm

I. Rechtsgeschäfte des Mündels mit dem Ehegatten, Lebenspartner oder Verwandten des Vormunds (Abs. 1 Nr. 1)

1. Personenkreis

3 Gemäß Abs. 1 Nr. 1 kann der Vormund den Mündel nicht bei einem **Rechtsgeschäft** zwischen dem Mündel und **seinem Ehegatten oder Lebenspartner oder einem Verwandten des Vormunds in gerader Linie** vertreten.

4 Erfasst ist nur der **gegenwärtige Ehegatte** oder Lebenspartner des Vormunds, nicht derjenige aus einer geschiedenen oder aufgehobenen Ehe oder Lebenspartnerschaft.[5] Auf ein Getrenntleben oder die Rechtshängigkeit eines Ehescheidungsverfahrens kommt es insoweit nicht an.

5 Verwandte in **gerader Linie** sind nach der Legaldefinition von § 1589 Satz 1 BGB Personen, von denen zumindest einer von dem anderen **abstammt**, also in erster Linie Eltern, Großeltern, Kinder und Enkel des Vormunds. Geschäfte mit **Seitenverwandten** sind nicht erfasst, können aber unter § 1796 BGB fallen.[6]

2. Rechtsgeschäfte

6 Unter den Begriff des Rechtsgeschäfts fallen auch **einseitige Rechtsgeschäfte**, wie Kündigungen, die namens des Mündels oder gegenüber diesem erfolgen.[7] Weiterhin werden auch Verträge erfasst, bei denen der Ehegatte etc. des Vormunds zwar nicht Vertragspartei ist, aber **unmittelbar von dessen Rechtswirkungen betroffen** ist, wie beim echten Vertrag zugunsten Dritten gemäß § 328 BGB.[8] Abs. 1 Nr. 1 kann auch nicht dadurch umgangen werden, dass der Vormund einem Dritten **Untervollmacht** für die Vertretung des Mündels erteilt[9] oder aber ein selbst vom Mündel geschlossenes Rechtsgeschäft nach §§ 108, 184 BGB **genehmigt**.

3. Ausnahmen

7 Eine **gesetzliche Ausnahme** vom Vertretungsverbot liegt bei Rechtsgeschäften vor, die ausschließlich in der **Erfüllung einer Verbindlichkeit** bestehen. Hierunter fällt auch die **Aufrechnung**, nicht aber sonstige Erfüllungssurrogate.[10] Nach zutreffender Ansicht kann

2 Erman/*Schulte-Bunert,* § 1795 BGB Rn. 1
3 MüKo-BGB/*Spickhoff,* § 1795 Rn. 1, der zu Recht eine Analogie von § 1795 BGB ablehnt
4 MüKo-BGB/*Spickhoff,* § 1795 Rn. 29; Oberloskamp/*Dürbeck,* § 10 Rn. 229
5 OLG Düsseldorf NJW 1965, 400; OLG Stuttgart NJW 1955, 1721
6 Vgl. BGH FamRZ 1955, 100; Oberloskamp/*Dürbeck,* § 10 Rn. 230
7 Staudinger/*Veit,* § 1795 BGB Rn. 34
8 Palandt/*Götz,* § 1795 BGB Rn. 4
9 Erman/*Schulte-Bunert,* § 1795 BGB Rn. 3a
10 Palandt/*Götz,* § 1795 BGB Rn. 4

der Vormund den Mündel auch bei der Erfüllung einer gesetzlichen Verbindlichkeit vertreten, die nach der Gesetzeslage mit nachteiligen rechtlichen Nebenfolgen für den Mündel verbunden sind, wie dies insbesondere bei der Übereignung eines Grundstücks **aufgrund eines Vermächtnisses** an den Mündel im Hinblick auf den Eintritt in ein bestehendes Mietverhältnis nach § 566 BGB der Fall ist.[11]

Als **ungeschriebene Ausnahme** sind, wie bei § 181 BGB, Rechtsgeschäfte anerkannt, die dem Mündel einen **lediglich rechtlichen Vorteil** verschaffen.[12] Hier haben vor allem Fälle der **Schenkung und Übereignung von Grundstücken** an den Mündel in der Praxis Bedeutung.[13] Dabei hat der **dingliche Rechtserwerb** für sich gesehen keine Rechtsnachteile für den Mündel, die mit ihm verbundenen Lasten, wie **Steuern oder Abgaben** oder ein **Nießbrauch** oder eine **Grundschuld** gelten als unschädlich.[14] Gleiches gilt, wenn im schuldrechtlichen Grundgeschäft ein **Rücktrittsvorbehalt** zugunsten des Schenkers besteht.[15] Anders als in dem in Rn. 7 erwähnten Fall der Erfüllung eines Vermächtnisses sieht der BGH die Rechtslage – auch nach Aufgabe seiner Gesamtbetrachtungslehre[16] – bei der **schenkweisen Übereignung eines vermieteten Grundstücks**, weil der Mündel nach **§ 566 BGB** in das Mietverhältnis eintritt.[17] 8

Als nicht lediglich vorteilhaft gilt auch der schenkweise Erwerb von **Wohnungseigentum** wegen der damit nach dem WEG bestehenden Mitgliedschaft in der Wohnungseigentümergemeinschaft und den damit einhergehenden Lasten und Verpflichtungen.[18]

II. Verfügung über in bestimmter Weise gesicherte Forderungen des Mündels gegen den Vormund (Abs. 1 Nr. 2)

Gemäß Abs. 1 Nr. 2 besteht ein Vertretungsverbot auch bei einem Rechtsgeschäft, das die **Übertragung oder Belastung einer durch Pfandrecht, Hypothek, Schiffshypothek oder Bürgschaft gesicherten Forderung** des Mündels gegen den Vormund zum Gegenstand hat oder die Aufhebung oder Minderung dieser Sicherheit betrifft oder die Verpflichtung des Mündels zu einer solchen Übertragung, Belastung, Aufhebung oder Minderung begründet. § 181 BGB ist insoweit nicht tangiert, da der Vormund das Geschäft mit einem Dritten abschließt. Hauptanwendungsfall ist die **Verfügung über eine hypothekarisch gesicherte Forderung** des **Mündels gegen den Vormund**. Die h. L. wendet die Vorschrift auch auf durch **Sicherungsgrundschuld** gesicherte Forderungen an,[19] nach zutreffender Ansicht ist sie aber nicht auf durch **Sicherungsübereignung** gesicherte Forderungen anwendbar.[20] 9

Erfasst ist auch die Kündigung und Einziehung einer betroffenen Forderung in diesem Sinn.[21]

---

11 BayObLG Rpfleger 2004, 564; OLG München NJW-RR 2012, 137; FamRZ 2013, 494; a. A: noch OLG München ZEV 2011, 263; Jänicke/*Braun*, NJW 2013, 2474 unter Berufung auf BGH NJW 2010, 3643
12 BGH FamRZ 1975, 480; OLG Frankfurt a.M. FPR 2013, 397
13 Vgl. dazu *Althaus/Horndasch*, FuR 2019, 15
14 BGH FamRZ 2005, 359; MüKo-BGB/*Spickhoff*, § 1795 Rn. 19
15 OLG Brandenburg NJW-RR 2014, 1045
16 Vgl. dazu *Heuser*, JR 2013, 125
17 BGH NJW 2005, 1430; 2010, 3643
18 BGH FamRZ 2010, 2065; dazu auch die zust. Anm. von *Medicus*, JZ 2011, 159
19 Soergel/*Zimmermann*, § 1795 BGB Rn. 36; Erman/*Schulte-Bunert*, § 1795 BGB Rn. 10; a.A. Staudinger/*Veit*, § 1795 BGB Rn. 46
20 Staudinger/*Veit*, § 1795 BGB Rn. 47; a.A. MüKo-BGB/*Spickhoff*, § 1795 Rn. 32
21 KG OLGE 2, 140; Palandt/*Götz*, § 1795 BGB Rn. 5; a.A. Gernhuber/*Coester-Waltjen*, § 61 Rn. 3

III. Vertretung in Rechtsstreitigkeiten (Abs. 1 Nr. 3)

10 Schließlich verbietet Abs. 1 Nr. 3 dem Vormund auch, den Mündel bei einem **Rechtsstreit** zwischen den in Nummer 1 bezeichneten Personen sowie bei einem Rechtsstreit über eine Angelegenheit der in Nummer 2 bezeichneten Art **zu vertreten**. Erfasst sind **Zivilverfahren** jeder Art, gleich ob Zivilprozesse einschließlich der Zwangsvollstreckung,[22] Familienstreitverfahren und echte Familiensachen, in denen sich die Beteiligten wie in **kontradiktorischen Verfahren** gegenüber stehen, wie dies bei **Abstammungs**[23]- oder **Gewaltschutzverfahren** anzunehmen ist. Zu nennen sind auch Prozesse über Haftungsfragen in Bezug auf eine Schädigung des Mündelvermögens.[24] Nicht erfasst sind dagegen Erbscheinsverfahren.[25]

11 Umstritten ist die Rechtslage aber in **Kindschaftssachen**, in denen das Fürsorgebedürfnis des Kindes im Mittelpunkt des Verfahrens steht. Jedenfalls in **Sorge- und Umgangsverfahren** nach §§ 1671, 1626a Abs. 2, 1684 Abs. 1, 1685 BGB wird vertreten, dass Vormünder, die mit Verfahrensbeteiligten i.S.v. Nr. 1 verheiratet oder verwandt sind (z. B. Großmütter), einem Vertretungsverbot nach Nr. 3 unterliegen würden.[26] Nach anderer Auffassung ist Abs. 1 Nr. 3 FamFG generell in Kindschaftssachen nicht anzuwenden.[27] Der **BGH** hat im Rahmen von § 1796 BGB entschieden, dass der Interessenskonflikt zwischen Kind und seinen Eltern als gesetzlicher Vertreter durch die **Bestellung eines Verfahrensbeistands nach § 158 FamFG kompensiert** werde.[28] Die Entscheidung lässt sich aber nicht auf § 1795 Abs. 1 Nr. 3 BGB übertragen, da es nicht von der Verhältnismäßigkeit der Beschränkung des Sorgerechts abhängt, ob ein gesetzlicher Tatbestand, der die Vertretungsmacht ausschließt, erfüllt ist oder nicht. Wegen des im Vordergrund stehenden Kindeswohls erscheint es gleichwohl im Ergebnis zutreffend, hier keinen Rechtsstreit i.S.d. Abs. 1 Nr. 3 anzunehmen, zumal das Verfahren mit der Bestellung eines Ergänzungspflegers neben einem Verfahrensbeistand mit einer zu hohen Anzahl von Beteiligten und Interessensvertretern des Kindes überfrachtet werden würde.

12 Für eine **strafprozessuale Nebenklage** des Kindes gegen einen nahen Angehörigen des Vormunds ist Nr. 3 ebenfalls nicht anwendbar,[29] auch nicht bei der Frage der **Ausübung eines Zeugnisverweigerungsrechts** nach § 52 Abs. 1 StPO bei einer gegen das Kind gerichteten Straftat durch einen Elternteil.[30] Hier ist – soweit nicht § 52 Abs. 2 Satz 2 StPO unmittelbar einschlägig ist[31] – auf § 1796 BGB abzustellen (vgl. § 1796 BGB Rn. 6). Zum Beschwerderecht der Staatsanwaltschaft, vgl. *Dürbeck*, § 59 FamFG Rn. 12.

IV. Verbot von Insichgeschäften (Abs. 2 i. V. m. § 181 BGB)

13 Schließlich besteht nach § 1795 Abs. 2 BGB i. V. m. § 181 BGB für den Vormund – wie für die Eltern auch – das **Verbot des Selbstkontrahierens**. Dies ist dann anzunehmen, wenn der Vormund bei einem Geschäft mit dem Mündel **auf beiden Seiten** beteiligt ist. Unerheblich ist, ob der Vormund das Geschäft für sich selbst oder in **Vertretung eines Dritten**

22 OLG Oldenburg FamRZ 2010, 660
23 OLG Koblenz FamRZ 2015, 1122; OLG Oldenburg NJW 2013, 397; OLG Celle FamRZ 2012, 230; OLG Düsseldorf BeckRS 2011, 00214; BGH FamRZ 2012, 859 bei der Anfechtung des Scheinvaters; zum alten Recht BGH NJW 2009, 1496; ausführlich zum Diskussionsstand Staudinger/*Veit*, § 1791a BGB Rn. 56 ff.
24 Vgl. OLG Koblenz FamRZ 2017, 969 zum Eltern-Kind-Verhältnis
25 OLG Brandenburg, Beschl. v. 25.2.2019 – 9 WF 8/19, juris
26 Staudinger/*Veit*, § 1795 BGB Rn. 53
27 OLG Koblenz JAmt 2010, 504; OLG Stuttgart FamRZ 2010, 1166; *Keuter*, NJW 2010, 1851
28 BGH ZKJ 2011, 465
29 OLG Frankfurt a.M. FamRZ 2009, 1227
30 OLG Zweibrücken FamRZ 2019, 811; OLG Saarbrücken NJW 2011, 2306; OLG Hamburg JAmt 2013, 345
31 Ausführlich *Splitt*, FamRZ 2019, 507

abschließt. Über den Wortlaut von § 181 BGB hinaus gilt das Verbot auch für die **Prozessvertretung**.[32]

Zum Kreis der Rechtsgeschäfte, zur Anwendung auf die Amts- und Vereinsvormundschaft, zur Anwendung von § 108 BGB und auf Fälle der Unterbevollmächtigung eines Dritten gelten die Ausführungen zu Rn. 10 ff. entsprechend. Keinen Anwendungsfall des unzulässigen Insichgeschäfts stellt dagegen die Vertretung des Mündels bei **Ausschlagung einer Erbschaft** dar, in deren Folge der Vormund Alleinerbe wird, da Empfänger der Erklärung das Nachlassgericht ist. Nach zutreffender Ansicht ist § 181 BGB hier nicht anzuwenden,[33] die Interessen des Mündels sind insoweit nach § 1822 Nr. 2 BGB geschützt. Auch kann § 1796 BGB in Betracht zu ziehen sein.[34] 14

Wie bei Abs. 1 Nr. 1 besteht auch bei § 181 BGB die gesetzliche **Ausnahme** der Zulässigkeit des Insichgeschäfts, wenn dies ausschließlich der **Erfüllung einer Verbindlichkeit des Mündels** dient, was insbesondere dann zum Tragen kommt, wenn der Vormund gegen den Mündel eine Forderung hat, insbesondere Aufwendungsersatz nach § 1835 BGB, und sich aus dem Mündelvermögen befriedigt.[35] 15

Als ungeschriebene Ausnahme ist, wie bei Abs. 1 Nr. 1 BGB, ein Rechtsgeschäft anerkannt, dass dem Mündel einen **lediglich rechtlichen Vorteil** verschafft.[36] Hier haben ebenfalls vor allem Fälle der **Schenkung und Übereignung von Grundstücken** an den Mündel in der Praxis die größte Bedeutung.[37] Der BGH hat inzwischen die früher von ihm vertretene **Lehre der Gesamtbetrachtung** von Verpflichtungs- und Verfügungsgeschäft aufgegeben und bezieht bei der Prüfung der Vorteilhaftigkeit des Erfüllungsgeschäfts das Grundgeschäft grundsätzlich nicht mehr mit ein.[38] Als nicht lediglich rechtlich vorteilhaft werden in der Rechtsprechung beispielsweise die Schenkung einer Photovoltaikanlage[39] wegen der damit verbundenen Verkehrssicherungspflichten und steuerlichen Folgen und die schenkweise Übertragung eines Erbteils[40] wegen der damit verbundenen Haftung für Nachlassschulden gesehen. 16

C. Rechtsfolge

Ist die Vertretungsmacht des Vormunds ausgeschlossen, so ist nach § 1909 Abs. 1 Satz 1 BGB ein **Ergänzungspfleger** zu bestellen. Handelt der Vormund gleichwohl, sind die Rechtsfolgen eines Verstoßes gegen ein in § 1795 Abs. 1 und 2 BGB enthaltenes Vertretungsverbot in **§§ 177 ff. BGB** zu suchen. **Einseitige Rechtsgeschäfte** des Vormunds sind nach § 180 Satz 1 BGB grundsätzlich **nichtig**. Bei **zweiseitigen Rechtsgeschäften** gilt § 177 Abs. 1 BGB, so dass diese **schwebend unwirksam** sind. Das Geschäft kann **genehmigt** werden durch den **volljährig gewordenen Mündel** (§ 108 Abs. 3 BGB) oder von einem bestellten **Ergänzungspfleger**, nicht aber vom Familiengericht, das eine Genehmigung nach § 1822 BGB erteilt hat.[41] Im Übrigen besteht eine Haftung des Vormunds als sog. **falsus procurator** nach § 179 BGB. 17

---

32 BGH NJW 1996, 658; Palandt/*Ellenberger* § 181 BGB Rn. 5
33 BayObLG Rpfleger 1983, 482; a.A. MüKo-BGB/*Spickhoff,* § 1795 Rn. 6
34 OLG Köln FamRZ 2011, 231
35 BayObLG Rpfleger 1981, 302
36 BGH NJW 1982, 84; ausführlich zur Teleologie von § 181 BGB: *Heuser,* JR 2013, 125
37 Dazu *Althaus/Horndasch,* FuR 2019, 15
38 BGHZ 161, 170; anders noch BGHZ 78, 28; vgl. die Darstellung bei Staudinger/*Veit,* § 1795 BGB Rn. 28
39 OLG Dresden NJW 2016, 1027
40 OLG Frankfurt NJW-RR 2015, 842
41 BGH FamRZ 1961, 473; OLG Frankfurt a.M. FPR 2013, 397; Erman/*Schulte-Bunert,* § 1795 BGB Rn. 14

§ 1796 BGB Entziehung der Vertretungsmacht

(1) Das Familiengericht kann dem Vormund die Vertretung für einzelne Angelegenheiten oder für einen bestimmten Kreis von Angelegenheiten entziehen.

(2) Die Entziehung soll nur erfolgen, wenn das Interesse des Mündels zu dem Interesse des Vormunds oder eines von diesem vertretenen Dritten oder einer der in § 1795 Nr. 1 bezeichneten Personen in erheblichem Gegensatz steht.

Übersicht

Rn.
A. Allgemeines ... 1
B. Inhalt der Norm (Abs. 2) ... 3
C. Verfahren ... 7

A. Allgemeines

1 § 1796 BGB ergänzt die für den Vormund geltenden Vertretungsverbote des § 1795 BGB und ermöglicht es dem Familiengericht in anderen Fällen einer **Interessenskollision** im Verhältnis zwischen Mündel und Vormund die **Vertretungsmacht für einzelne Angelegenheiten oder einem bestimmten Kreis von Angelegenheiten zu entziehen**. Gemäß § 1629 Abs. 2 Satz 3 BGB gilt die Vorschrift auch für **sorgeberechtigte Eltern** entsprechend.

2 Anders als bei § 1795 BGB bedarf es aber der **Feststellung eines konkreten Interessenskonflikts**[1] und der Gefahr, dass der Vormund Eigeninteressen oder Interessen der in der Vorschrift genannten ihm nahe stehenden Personen unter Vernachlässigung der Mündelinteressen den Vorzug gibt.[2] Entgegen des missverständlichen Wortlauts von Abs. 1 („kann") steht die Entscheidung, wie Abs. 2 zeigt, **nicht im Ermessen** des Familiengerichts.[3] Liegen die Voraussetzungen von Abs. 2 vor, muss das Familiengericht unter Beachtung des Grundsatzes der **Verhältnismäßigkeit**[4] die Vertretungsmacht des Vormunds beschränken.

B. Inhalt der Norm (Abs. 2)

3 Die Entziehung der Vertretungsmacht des Vormunds in der oder den betreffenden Angelegenheiten soll nach Abs. 2 nur erfolgen, wenn das **Interesse des Mündels** zu dem **Interesse des Vormunds** oder eines von diesem vertretenen Dritten oder einer der in § 1795 Nr. 1 bezeichneten Personen in **erheblichem Gegensatz** steht. Dies ist dann der Fall, wenn die Erfüllung des einen Interesses nur auf Kosten des anderen erfolgen kann.[5] Diese Frage hat das Familiengericht umfassend aufzuklären[6] und unter Berücksichtigung konkreter Anhaltspunkte selbst zu beantworten, sie kann sie nicht dem bestellten Pfleger überlassen.[7] Dabei kann der Grundsatz der **Verhältnismäßigkeit** es gebieten, von einer Beschränkung der Vertretungsmacht des Vormunds abzusehen, weil die Bestellung eines

1 OLG Frankfurt a.M. FPR 2013, 397; FamRZ 2018, 827; NJW-RR 2005, 1382; Palandt/*Götz,* § 1796 BGB Rn. 2
2 BGH NJW 1955, 217; OLG Brandenburg ZEV 2011, 594
3 MüKo-BGB/*Spickhoff,* § 1796 Rn. 3
4 BGH ZKJ 2011, 465; FamRZ 1999, 738
5 OLG Hamm Rpfleger 1986, 13; Erman/*Schulte-Bunert,* § 1796 BGB Rn. 2
6 BayObLG Rpfleger 1989, 19
7 BGH NJW 1975, 345

Verfahrensbeistandes nach § 158 FamFG in einem **Kindschaftsverfahren** der Gefahr einer Interessenskollision hinreichend begegnet.[8] Das setzt allerdings voraus, dass man hier nicht schon das Vertretungsverbot nach § 1795 Abs. 1 Nr. 3 BGB als erfüllt ansieht, was nach der hier vertretenen Auffassung (vgl. *Dürbeck*, § 1795 BGB Rn. 11) zu verneinen ist.

Als mögliche Anwendungsfälle von § 1796 BGB sind zu nennen die **Ausschlagung einer Erbschaft** des Mündels, in deren Folge der Vormund Erbe wird,,[9] die pflichtwidrige Ausübung des Amts des Testamentsvollstreckers durch den allein sorgeberechtigten Elternteil, wenn das Kind Miterbe ist,[10] die Entbindung von der ärztlichen Schweigepflicht[11] der Abschluss eines Rechtsgeschäfts mit **Seitenverwandten** oder sonst nahestehenden Personen des Vormunds[12] oder bei einer Verbindung der Ämter des **Testamentsvollstreckers** und des Vormunds.[13] Schließlich kann auch bloße **Untätigkeit** des Vormunds, z. B. bei der Geltendmachung eines Mündelanspruchs gegen sich selbst oder gegen eine ihm nahestehende Person, eine Entscheidung nach § 1796 BGB erfordern.[14] Bei der Geltendmachung von Kindesunterhalt bei Praktizierung eines **Wechselmodells** erscheint § 1628 BGB gegenüber § 1796 BGB aus Gründen der Verhältnismäßigkeit vorzugswürdig.[15] 4

Die Frage, ob es bei der familiengerichtlichen Genehmigung nach §§ 1810 ff. BGB für einen Mündel zur Vertretung im Genehmigungsverfahren und zur **Entgegennahme des Genehmigungsbeschlusses i.S.v. § 41 Abs. 3 FamFG** der Bestellung eines **Ergänzungspflegers** bedarf, war früher streitig. Nach der einen Meinung sei dies wegen des verfassungsrechtlich abgesicherten Anspruchs des Mündels auf hinreichendes rechtliches Gehör stets der Fall und deshalb nach Entziehung der Vertretungsmacht nach § 1796 BGB ein Ergänzungspfleger zu bestellen.[16] Nach der Gegenauffassung, der sich auch der **BGH**[17] zu Recht angeschlossen hat, ist ein Ergänzungspfleger nur dann zu bestellen, wenn im Einzelfall festgestellt ist, dass das Interesse des Mündels zu dem Interesse des Vormunds in erheblichem Gegensatz steht.[18] 5

Ein in der Praxis beim Verhältnis Eltern – Kind typischer Anwendungsfall von § 1796 i. V. m. § 1629 Abs. 2 Satz 3 BGB ist die **Vertretung des Kindes bei der Ausübung seines Zeugnisverweigerungsrechts** nach § 52 StPO im Rahmen eines strafrechtlichen Ermittlungsverfahrens gegen einen Elternteil (meist wegen des Vorwurfs des sexuellen Missbrauchs oder Kindesmisshandlung).[19] Einer Entscheidung nach § 1796 BGB bedarf es aber nur dann, wenn die Vertretungsmacht nicht bereits nach § 52 Abs. 2 Satz 2 StPO kraft Gesetzes ausgeschlossen ist. Dies ist dann der Fall, wenn der allein Sorgeberechtigte Beschuldigter ist. Bei gemeinsamer Sorge sind beide Eltern auch dann ausgeschlossen, wenn nur einer von ihnen Beschuldigter ist. Eine Entscheidung nach § 1796 BGB ist mithin etwa dann erforderlich, wenn der Beschuldigte der Lebensgefährte des Sorgeberechtigten ist, in den übrigen Fällen nur bei einer im Raum stehenden Interessenkollision.[20] 6

---

8 BGH ZKJ 2011, 465; OLG Düsseldorf JAmt 2010, 505
9 OLG Köln FamRZ 2011, 231; OLG Zweibrücken FamRZ 2012, 1961
10 OLG Köln ZEV 2019, 149
11 OLG Brandenburg FamRZ 2014, 1212
12 OLG Köln FamRZ 2001, 430; Staudinger/*Veit*, § 1796 BGB Rn. 11
13 OLG Nürnberg FamRZ 2002, 72; OLG Hamm FamRZ 1993, 122; Erman/*Schulte-Bunert,* § 1796 BGB Rn. 3; a.A. BGH FamRZ 2008, 1156
14 BayObLG BtPrax 2005, 110; MüKo-BGB/*Spickhoff,* § 1796 Rn. 16
15 OLG Frankfurt FamRZ 2017, 289; str., a.A. etwa OLG Köln FamRZ 2015, 859; *Götz,* FF 2015, 146
16 OLG Celle FamRZ 2013, 651; OLG Köln FamRZ 2012, 579; *Musielak/Borth/Grandel,* § 41 FamFG Rn. 11
17 BGH JAmt 2014, 348; BGH FamRZ 2019, 986
18 OLG Brandenburg ZEV 2011, 954; Keidel/*Meyer-Holz,* § 41 FamFG Rn. 4a
19 OLG Zweibrücken FamRZ 2019, 811; OLG Koblenz NZFam 2014, 716; OLG Hamburg ZKJ 2014, 70; OLG Bremen FamRZ 2011, 232; ausführlich *Splitt,* FamRZ 2019, 507
20 Vgl. etwa den Fall von OLG Nürnberg NJW 2010, 3041, dort verneint

Ob der Bestellung des Ergänzungspflegers eine **gerichtliche Feststellung zur Aussagebereitschaft des Kindes** zugrunde liegen muss, ist umstritten, nach zutreffender Auffassung aber zu verneinen, weil es dem Kind nicht zuzumuten ist, eine sonst erforderliche erste Vernehmung ohne vorherige Rücksprache mit einem Ergänzungspfleger zu führen.[21] In Bezug auf die Verstandesreife des Kindes i.S.d. § 52 Abs. 2 Satz 1 StPO ist das Familiengericht an die Einschätzung der Staatsanwaltschaft gebunden.[22]

C. Verfahren

7 Für das Verfahren nach § 1796 BGB ist nach § 3 Nr. 2a RPflG der **Rechtspfleger** funktionell zuständig, der **von Amts wegen** tätig wird. Betroffene können aber die Einleitung eines Verfahrens anregen, § 24 Abs. 1 FamFG. Erkennt der Vormund einen Interessenkonflikt, hat er dies nach § 1909 Abs. 2 BGB beim Familiengericht **anzuzeigen**. Eine **Mitteilungspflicht anderer Gerichte** folgt aus § 22a FamFG. **Persönlich anzuhören** sind der Vormund, der Mündel und das Jugendamt (§§ 159 ff. FamFG).

8 Die Entscheidung des Familiengerichts ist **konstitutiv**.[23] Erst ab Wirksamkeit der Entscheidung (§ 40 FamFG) fehlt dem Vormund die Vertretungsmacht. Es genügt die **Bestellung eines Pflegers** in dem zu begründenden Beschluss, die Entziehung der Vertretungsmacht muss nicht in den Tenor aufgenommen werden.[24] Die betreffende Angelegenheit bzw. der Kreis der Angelegenheiten muss **genau bezeichnet** werden. Vom Vormund nach der Wirksamkeit der Entscheidung getätigte Rechtsgeschäfte sind nach § 177 BGB **schwebend unwirksam** (siehe näher zu den Folgen vgl. *Dürbeck*, § 1795 BGB Rn. 17).

9 Gegen die nach § 1796 BGB getroffene Entscheidung ist die **Beschwerde** nach §§ 58 ff. FamFG statthaft.[25] **Beschwerdeberechtigt** sind nach § 59 FamFG der Vormund,[26] nach § 60 FamFG der verfahrensfähige Mündel sowie nach § 162 Abs. 3 Satz 2 FamFG das Jugendamt. Nicht beschwerdeberechtigt sind die (nicht sorgeberechtigten) Eltern des Mündels.[27] Der Ergänzungspfleger kann sich nur gegen seine Auswahl, nicht gegen die Anordnung der Pflegschaft beschweren.[28] Der Staatsanwaltschaft steht gegen eine ablehnende Entscheidung nach § 1796 BGB keine Beschwerde zu.[29]

---

21 OLG Hamburg, Beschl. v. 13.8.2019 – 2 WF 102/19, NJW 220, 624; ZKJ 2014, 70; OLG Frankfurt a.M. FPR 2013, 397; BeckRS 2015, 1292; BayObLG FamRZ 1998, 257; a.A. OLG Koblenz NZFam 2014, 716; OLG Schleswig FamRZ 2013, 571; OLG Bremen NJW-RR 2011, 154; OLG Saarbrücken NJW 2011, 154; *Splitt*, FamRZ 2019, 507, 508

22 OLG Hamburg, Beschl. v. 13.8.2019 – 2 WF 102/19, NJW 220, 624; OLG Koblenz FamRZ 2014, 1719; *Splitt*, FamRZ 2019, 507 m.w.N.

23 BGH FamRZ 2007, 538; Oberloskamp/*Dürbeck*, § 10 Rn. 235

24 BayObLG FamRZ 2004, 906; Soergel/*Zimmermann*, § 1796 BGB Rn. 7

25 KG Rpfleger 2010, 422; Staudinger/*Veit*, § 1796 BGB Rn. 37; a.A.: *Zorn*, Rpfleger 2010, 425

26 BGH FamRZ 2011, 1788

27 OLG München BtPrax 2009, 237 bzgl. § 1837 BGB; MüKo-BGB/*Spickhoff*, § 1796 Rn. 18

28 BGH NJW 2012, 685

29 BGH MDR 2014, 1407

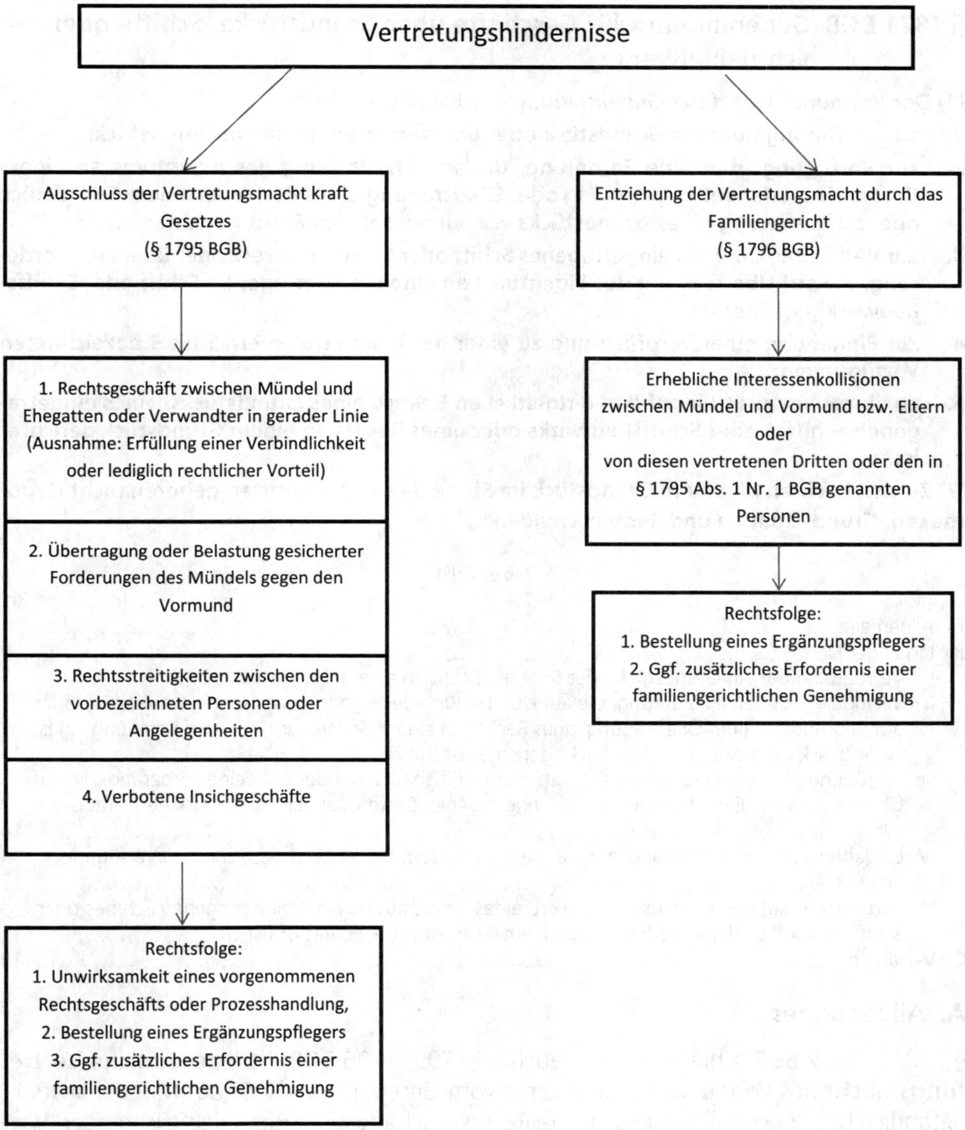

§§ 1797 bis 1820 BGB

[...]

Von Abdruck und Kommentierung wird abgesehen.

§ 1821 BGB Genehmigung für Geschäfte über Grundstücke, Schiffe oder Schiffsbauwerke

(1) Der Vormund bedarf der Genehmigung des Familiengerichts:

1. **zur Verfügung über ein Grundstück oder über ein Recht an einem Grundstück;**
2. **zur Verfügung über eine Forderung, die auf Übertragung des Eigentums an einem Grundstück oder auf Begründung oder Übertragung eines Rechts an einem Grundstück oder auf Befreiung eines Grundstücks von einem solchen Recht gerichtet ist;**
3. **zur Verfügung über ein eingetragenes Schiff oder Schiffsbauwerk oder über eine Forderung, die auf Übertragung des Eigentums an einem eingetragenen Schiff oder Schiffsbauwerk gerichtet ist;**
4. **zur Eingehung einer Verpflichtung zu einer der in den Nummern 1 bis 3 bezeichneten Verfügungen;**
5. **zu einem Vertrag, der auf den entgeltlichen Erwerb eines Grundstücks, eines eingetragenen Schiffes oder Schiffsbauwerks oder eines Rechts an einem Grundstück gerichtet ist.**

(2) Zu den Rechten an einem Grundstück im Sinne dieser Vorschriften gehören nicht Hypotheken, Grundschulden und Rentenschulden.

Übersicht

Rn.
A. Allgemeines ... 1
B. Inhalt der Norm ... 9
I. Verfügung über ein Grundstück oder über ein Recht an einem Grundstück (Nr. 1) ... 9
II. Verfügung über eine Forderung, die auf Übertragung des Eigentums an einem Grundstück oder auf Begründung oder Übertragung eines Rechts an einem Grundstück oder auf Befreiung eines Grundstücks von einem solchen Recht gerichtet ist (Nr. 2) ... 13
III. Verfügung über ein eingetragenes Schiff oder Schiffsbauwerk oder über eine Forderung, die auf Übertragung des Eigentums an einem eingetragenen Schiff oder Schiffsbauwerk gerichtet ist (Nr. 3) ... 14
IV. Eingehung einer Verpflichtung zu einer der in den Nummern 1 bis 3 bezeichneten Verfügungen (Nr. 4) ... 15
V. Vertrag, der auf den entgeltlichen Erwerb eines Grundstücks, eines eingetragenen Schiffes oder Schiffsbauwerks oder eines Rechts an einem Grundstück gerichtet ist (Nr. 5) ... 17
C. Verfahren ... 19

A. Allgemeines

1 §§ 1821, 1822 BGB schränken – wie auch §§ 1795, 1796 BGB – die **gesetzliche Vertretungsmacht** des Vormunds für bestimmte vom Gesetzgeber als für das Mündel abstrakt gefährlich bzw. nachteilig eingeschätzte Rechtsgeschäfte ein, indem sie sie unter den **Vorbehalt der Genehmigung des Familiengerichts** stellen. Durch die Verweisung in § 1643 Abs 1 BGB gelten §§ 1821, 1822 Nr. 1, 3, 5, 8 bis 11 BGB auch für **sorgeberechtigte Eltern**.

2 Das Jugendamt als **Amtsvormund** ist gemäß § 56 Abs. 2 Satz 2 SGB VIII von den Beschränkungen nach § 1822 Nr. 6 und 7 BGB freigestellt, weitere Befreiungen finden sich aufgrund des Gesetzesvorbehalts von § 56 Abs. 2 Satz 3 SGB VIII in den **Gesetzen der Länder** (siehe näher hierzu *Dürbeck*, § 1791b BGB Rn. 9, und *Köhler*, §§ 55 bis 58 SGB VIII Rn. 22).

3 Weitere für die Vormundschaft bedeutsame **Genehmigungsvorbehalte** finden sich z. B. in §§ 1810, 1812, 112, 1411, 2275 BGB, 125 Abs. 2 FamFG, 181 Abs. 2 ZVG oder § 19 StAG.[1]

1 Vgl. die ausführliche Zusammenstellung bei MüKo-BGB/*Kroll-Ludwigs*, § 1821 Rn. 2 f.

Wie bei § 1795 BGB gelten die Beschränkungen nach §§ 1821 f. BGB auch für den Fall, dass der Vormund einen **Dritten zur Vertretung des Mündels bevollmächtigt** als auch für den Fall der Entscheidung über eine Genehmigung für ein **vom Mündel selbst getätigtes Geschäft** nach § 108 BGB. Auch im Anwendungsbereich von §§ 110, 112, 113 BGB gilt die Genehmigungspflicht (vgl. §§ 1824, 112 Abs. 1 Satz 2, 113 Abs. 1 Satz 2 BGB). 4

Schließlich ist bei allen Tatbeständen Voraussetzung, dass das **Vermögen des Mündels unmittelbar tangiert** sein muss, was insbesondere dann verneint werden kann, wenn der Mündel nur **mittelbar als Teilhaber** an einer juristischen Person[2] betroffen ist oder er an einer OHG oder KG[3] beteiligt ist. Auch die Beteiligung an einer BGB-Gesellschaft, die auf eine Erwerbstätigkeit gerichtet ist, führt zur Nichtanwendbarkeit der Genehmigungsvorbehalte.[4] Im Übrigen ist aber unerheblich, ob der Mündel nur als Mitglied einer Gesamthands- oder Bruchteilsgemeinschaft[5] betroffen ist. 5

Akte der Prozessführung sind dann erfasst, wenn sie zugleich materiell-rechtliche Wirkungen, wie vor allem ein Vergleich, besitzen.[6] Nach zutreffender Auffassung gelten §§ 1821, 1822 BGB aber nicht für den Fall, dass der Mündel zur Abgabe einer Willenserklärung verurteilt wurde (*z. B. zur Auflassung eines Grundstücks und Eintragungsbewilligung*), so dass die Fiktion des § 894 ZPO uneingeschränkt Anwendung findet.[7] 6

Tätigt der Vormund ein unter §§ 1821, 1822 BGB fallendes Geschäft **ohne Genehmigung des Familiengerichts**, ist dieses nach § 1829 Abs. 1 Satz 1 BGB **schwebend unwirksam**. Bei Eintritt der Volljährigkeit kann es vom vormaligen Mündel nach § 1829 Abs. 3 BGB ohne Mitwirkung des Familiengerichts genehmigt werden, vor diesem Zeitpunkt nur durch die **Nachholung der familiengerichtlichen Genehmigung**. Wichtig ist, dass die familiengerichtliche Genehmigung oder deren Verweigerung nach § 1829 Abs. 1 Satz 2 BGB materiell-rechtlich **gegenüber dem Vertragspartner** erst wirksam wird, wenn sie ihm **durch den Vormund mitgeteilt** wird. Vor diesem Zeitpunkt steht es dem Vormund frei, von dem Geschäft doch noch Abstand zu nehmen.[8] 7

Wird die Genehmigung durch das Familiengericht verweigert, haftet der Vormund nicht als sog. **falsus procurator** nach § 179 Abs. 1 BGB, da es sich bei § 1821 BGB um keine Einschränkung seiner Vertretungsmacht handelt, sondern um ein **eigenständiges Wirksamkeitserfordernis** des betreffenden Rechtsgeschäfts.[9] Das Rechtsgeschäft ist in diesem Fall durch die Verweigerung der familiengerichtlichen Genehmigung **ex tunc unwirksam**.[10] 8

Tätigt ein sorgeberechtigter Elternteil im Namen des Kindes ein nach §§ 1821, 1822 BGB genehmigungspflichtiges Geschäft, bedarf es zur Vertretung des nicht verfahrensfähigen Kindes weder im Verfahren noch für die Bekanntgabe der die Genehmigung aussprechenden Entscheidung an das Kind eines **Ergänzungspflegers**, soweit nicht im Einzelfall die Eltern oder der Vormund nach § 1795 BGB ausgeschlossen sind oder ihnen die Vertre- 8a

---

2 Auch wenn er alleiniger Gesellschafter ist, vgl. RGZ 133, 7; Gernhuber/*Coester-Waltjen,* § 60 Rn. 82
3 BGH NJW 1971, 375
4 Vgl. OLG Nürnberg NJW 2013, 82; Staudinger/*Veit,* Vorbem. §§ 1821, 1822 BGB Rn. 24; anders aber, wenn ihn beträchtliche Haftungsrisiken treffen, vgl. OLG Nürnberg FamRZ 2015, 1407: Versagung nach § 1822 Nr. 3 BGB
5 KGJ 38, 219 (Erbengemeinschaft)
6 RGZ 56, 333; BayObLG FamRZ 2003, 631
7 BayObLG MDR 1953, 561; Soergel/*Zimmermann,* Vor 1821 BGB Rn. 5; a.A. Gernhuber/*Coester-Waltjen,* § 60 Rn. 81
8 BGHZ 15, 97; FamRZ 1964, 199
9 Vgl. *Fröschle* (Hrsg.), Handbuch Vormundschaft, S. 71
10 NK-BGB/*Fritsche,* § 1822 Rn. 28

tungsmacht wegen einer bestehenden Interessenkollision nach § 1796 BGB zu entziehen ist.[11]

▶ *Näher zur Bekanntgabe der Entscheidung unten Rn. 20.*

B. Inhalt der Norm

Der Vormund bedarf nach § 1821 BGB der Genehmigung des Familiengerichts in folgenden Fällen:

I. Verfügung über ein Grundstück oder über ein Recht an einem Grundstück (Nr. 1)

9 Gemeint sind hier Grundstücke des Mündels. Nicht erfasst ist der Fall, in dem der Mündel ein Grundstück **erwirbt**,[12] hier kann aber das Kausalgeschäft nach Nr. 5 genehmigungspflichtig sein. Erfasst sind vorbehaltlich der in Rn. 5 erfassten Ausnahmen auch **Anteile an Bruchteils- und Gesamthandsgemeinschaften** und **Wohnungseigentum**.[13] Die Teilung nach § 8 WEG erfordert keine Genehmigung,[14] anders aber die Bewilligung der Eintragung einer Änderung der Gemeinschaftsordnung in das Grundbuch.[15]

10 Zu den genannten **Grundstücksrechten** zählen **Dienstbarkeiten**, **Nießbrauch**, **Dauerwohnrechte** und **Reallasten**. Nach Abs. 2 sind **ausgenommen Verfügungen über Hypotheken, Grundschulden und Rentenschulden**, hier sind aber ggf. §§ 1812, 1819 BGB zu beachten. **Verfügungen** sind nach allgemein gängiger Definition die Übertragung, Belastung, Aufhebung, Inhalts- oder Rangänderung eines Rechts.[16] Nicht erfasst ist die Annahme einer geschuldeten Leistung.[17]

11 Hauptanwendungsfall von Nr. 1 ist die **Auflassung eines dem Mündel gehörenden Grundstücks**. **Belastungen** des Grundstücks sind genehmigungspflichtig, aber dann nicht, wenn sie **im Rahmen** eines – genehmigungsfreien – **Erwerbs eines Grundstücks** erfolgen.[18] Anwendbar ist Nr. 1 schließlich auf die **Bewilligung einer Auflassungs- und Löschungsvormerkung**[19] und die **Einräumung eines Vorkaufsrechts**.[20]

12 Nach h.M. ist bei Veräußerung eines Grundstückes des Kindes neben der Genehmigung der Veräußerung eine **zusätzliche familiengerichtliche Genehmigung für die Bestellung eines Grundpfandrechts** (des Erwerbers) zur Finanzierung des Kaufpreises erforderlich, wenn für deren Bestellung in dem notariellen Kaufvertrag eine **Belastungsvollmacht** erteilt wurde und die Erklärungen des Vormunds in dem Kaufvertrag einschließlich der Belastungsvollmacht bereits familiengerichtlich genehmigt worden ist.[21]

II. Verfügung über eine Forderung, die auf Übertragung des Eigentums an einem Grundstück oder auf Begründung oder Übertragung eines Rechts an einem Grundstück oder auf Befreiung eines Grundstücks von einem solchen Recht gerichtet ist (Nr. 2)

13 Umfasst sind hier vor allem **Verfügungen** (insbesondere durch Abtretung) **über den Auflassungsanspruch**, die wirtschaftlich der Übertragung des Grundstücks selbst gleich-

---

11 BGH, Beschl. v. 3.4.2019 – XII ZB 359/17, FamRZ 2019, 968, zu § 1822 Nr. 5 BGB, § 41 Abs. 3 FamFG; FamRZ 2014, 640 zum Vormund; FamRZ 2016, 296 zur Erbausschlagung
12 MüKo-BGB/*Kroll-Ludwigs,* § 1821 Rn. 22
13 Palandt/*Götz,* § 1821 BGB Rn. 7
14 KG MDR 2015, 269
15 OLG Hamm FGPrax 2016, 81
16 Erman/*Schulte-Bunert,* § 1821 BGB Rn. 3
17 Palandt/*Götz,* § 1821 BGB Rn. 10
18 H.M., vgl. BGH NJW 1998, 453
19 KG Rpfleger 2017, 266; OLG Frankfurt a.M. BeckRS 2015, 1292; NJW-RR 1997, 719
20 BeckOK-BGB/*Bettin,* § 1821 BGB Rn. 8
21 OLG Hamm FamRZ 2014, 492; OLG Frankfurt a.M. BeckRS 2015, 1292; BeckRS 2012, 02364; Palandt/*Götz,* § 1821 BGB Rn. 10; a.A. LG Saarbrücken Rpfleger 1982, 25

kommen. Weiterhin fallen auch Verfügungen über übertragbare Vorkaufsrechte und das **Recht aus dem Meistgebot** nach § 81 Abs. 2 ZVG[22] darunter. Nicht erfasst ist der **dingliche Vollzug eines schuldrechtlichen Geschäfts**, insbesondere durch Annahme des Auflassungsangebotes durch den Mündel, obwohl es sich tatbestandsmäßig um eine Verfügung handelt.[23]

III. Verfügung über ein eingetragenes Schiff oder Schiffsbauwerk oder über eine Forderung, die auf Übertragung des Eigentums an einem eingetragenen Schiff oder Schiffsbauwerk gerichtet ist (Nr. 3)

14 Anwendbar ist die Regelung nur auf im Schiffsregister eingetragene Schiffe und Schiffsbauwerke.

IV. Eingehung einer Verpflichtung zu einer der in den Nummern 1 bis 3 bezeichneten Verfügungen (Nr. 4)

15 Nr. 4 führt zum Genehmigungserfordernis für alle **schuldrechtlichen Rechtsgeschäfte**, wie z. B. Kaufverträge, aus denen für den Mündel die **Verpflichtung zu einer der in Nr. 1 bis 3 genannten Verfügungen** entsteht. Hier soll insbesondere eine Umgehung der Genehmigungsvorbehalte von Nr. 1 bis 3 vermieden werden, die dadurch eintreten würde, dass die Mitwirkung des Mündels an einer Verfügung durch eine gerichtliche Entscheidung (§ 894 ZPO) ohne Beteiligung des Familiengerichts erreicht werden könnte (vgl. Rn. 6).

16 Vom Regelungsgehalt dieser Ziffer nicht erfasst sind **Schenkungen zugunsten des Mündels**, auch wenn sie mit einer Belastung des Grundstücks verbunden sind oder sich der Schenker die Rückübertragung nach §§ 528, 530 BGB unter bestimmten Voraussetzungen vorbehält und zur Sicherung dieses Anspruchs eine Vormerkung vorbehält.[24]

V. Vertrag, der auf den entgeltlichen Erwerb eines Grundstücks, eines eingetragenen Schiffes oder Schiffsbauwerks oder eines Rechts an einem Grundstück gerichtet ist (Nr. 5)

17 Betroffen sind alle **schuldrechtlichen Rechtsgeschäfte**, die auf den **entgeltlichen Erwerb von Grundstücken, Schiffen etc. oder Rechte an diesen Gegenständen gerichtet** sind. Auch das Gebot in einer Zwangsversteigerung wird erfasst.[25] Entgeltlichkeit ist dann zu bejahen, wenn der Mündel eine Gegenleistung – gleich welcher Art – zu erbringen hat.[26]

18 Erfasst sind daher auch **Tauschverträge** und **gemischte Schenkungen**.[27] **Schenkungen unter Auflage** sind genehmigungspflichtig, wenn sie sich in Wahrheit als verschleierte Gegenleistung darstellen.[28] Nicht als entgeltlich eingestuft werden Schenkungen, die mit einer **gleichzeitigen Übernahme einer dinglichen Belastung** des Grundstücks[29] und mit der **gesetzlichen Übernahme von Mietverhältnissen nach § 566 BGB** einhergehen. Anders aber, wenn sich der Mündel über § 566 BGB hinaus vertraglich zur Übernahme sämtlicher Pflichten aus Mietverhältnissen des Rechtsvorgängers verpflichtet.[30] Die schenkweise Übertragung eines Grundstücks ist im Übrigen nicht allein deshalb als teilent-

22 *Brüggemann*, FamRZ 1990, 5, 10
23 RGZ 108, 356; BGH FamRZ 2010, 2065
24 Staudinger/*Veit*, § 1821 BGB Rn. 65 mit Rspr.-Nachweisen und auch zu den Grenzen derartiger Vorbehalte
25 *Brüggemann*, FamRZ 1990, 5, 10
26 *BGH* NJW 2009, 2737; Erman/*Saar*, § 1821 BGB Rn. 13
27 KG FamRZ 2011, 736
28 OLG Köln Rpfleger 1996, 446; ausführlich Staudinger/*Veit*, § 1821 BGB Rn. 77 bis 79
29 BayObLGZ 1968, 1; Rpfleger 1968, 18
30 KG FamRZ 2011, 736

geltlich zu behandeln, weil die schuldrechtliche Vereinbarung den Hinweis darauf enthält, dass der Minderjährige künftig kraft Gesetzes in bestehende Vertragsverhältnisse aus der Vermietung des übertragenen Grundbesitzes (§ 566 BGB) eintreten wird.[31]

C. Verfahren

19 Für das Verfahren nach §§ 1821 ff. BGB ist der **Rechtspfleger** nach §§ 3 Nr. 2a RPflG **funktionell zuständig**. Zu beteiligen sind der Vormund, der Mündel und ggf. das Jugendamt. Für die Anhörung gelten §§ 158 ff. FamFG nur, soweit **nicht ausschließlich** die **Vermögenssorge betroffen** ist.[32]

20 Für die **Kindesanhörung** ist im Bereich der Vermögenssorge § 159 Abs. 1 Satz 2 FamFG zu berücksichtigen. Ein **Verfahrensbeistand** kann nach § 158 FamFG nur in Angelegenheiten bestellt werden, die die Personensorge betreffen, wozu insbesondere §§ 1822 Nr. 6, 7 BGB gehören.

Bei der **Bekanntmachung der Entscheidung** ist die Sonderregelung in § 41 Abs. 3 FamFG zu beachten, wonach die Entscheidung, die die Genehmigung eines Rechtsgeschäfts zum Gegenstand hat, auch dem **betroffenen Mündel** bekannt zu geben ist. Die Vorschrift gilt auch für die Genehmigung verweigernde Entscheidungen, nicht aber für sog. Negativatteste (vgl. Rn. 21).[33] Für den mindestens 14-jährigen und damit **verfahrensfähigen Mündel** folgt dies aber bereits aus § 41 Abs. 1 FamFG und § 164 Satz 1 FamFG. Bei dem **nicht verfahrensfähigen Mündel** hat die Bekanntmachung an ihn nach § 9 Abs. 2 FamFG gegenüber dem **gesetzlichen Vertreter** zu erfolgen. Hierbei bedarf es nach der vom BGH inzwischen entschiedenen Streitfrage[34] nicht der Bestellung eines **Ergänzungspflegers** für die Bekanntmachung der Entscheidung (§ 41 Abs. 3 FamFG;[35] siehe näher hierzu *Dürbeck*, § 1796 BGB Rn. 5).

21 Die Entscheidung des Rechtspflegers ist mit der **Beschwerde** nach §§ 11 Abs. 1 RPflG, 58 ff. FamFG anfechtbar, wobei hier die **verkürzte Beschwerdefrist nach § 63 Abs. 2 Nr. 2 FamFG** zu beachten ist. Sie ist auch statthaft gegen sog. **Negativatteste**, bei denen das Familiengericht feststellt, dass ein bestimmtes Geschäft keiner Genehmigung bedarf.[36] Umgekehrt ist auch die **Verweigerung eines Negativattests** anfechtbar.[37]

22 Der **Vormund** ist gegen die Verweigerung der Genehmigung beschwerdeberechtigt, da er in eigenen Rechten betroffen ist.[38] Auch kann er als gesetzlicher Vertreter des Mündels (§ 9 Abs. 2 FamFG) Beschwerde für diesen einlegen. Nicht beschwerdeberechtigt ist der **Vertragspartner** des Mündels,[39] was auch dann der Fall ist, wenn es sich bei dem Vertragspartner um einen Elternteil des Kindes handelt. Etwas anders gilt nur dann, wenn dieser geltend macht, das betreffende Geschäft sei nicht genehmigungspflichtig oder das Familiengericht habe eine ihm gegenüber bereits wirksame Genehmigung widerrufen oder geändert[40] (vgl. § 59 FamFG Rn. 12).

---

31 OLG Hamm NJW-RR 2014, 1350
32 BGH FamRZ 2012, 436; 2011, 1788
33 MüKo-FamFG/*Ulrici*, § 41 Rn. 15
34 Dafür: OLG Celle FamRZ 2013, 651; OLG Köln FamRZ 2012, 579; KG FamRZ 2010, 1171; a.A. wie der BGH: OLG Brandenburg ZEV 2011, 594; MüKo-FamFG/*Ulrici*, § 41 Rn 14 ff.
35 BGH FamRZ 2019, 986; JAmt 2014, 348 mit Anm. *Zorn*
36 BGHZ 44, 325; OLG Hamm FGPrax 2011, 61
37 LG Mühlhausen FamRZ 2012, 1324
38 Oberloskamp/*Dürbeck*, § 10 Rn. 126; Staudinger/*Veit*, § 1828 BGB Rn. 83; vgl. auch BGH ZKJ 2017, 26 zum Recht des Vormunds auf Ausübung des Sorgerechts; a.A. OLG Stuttgart FGPrax 2001, 199: nur für den Mündel
39 RGZ 56, 124; BGH NJW 2016, 565; OLG Celle FamRZ 2012, 1066; näher vgl. *Dürbeck*, § 59 FamFG Rn. 12
40 BGH NJW 2016, 565

Der **bereits 14-jährige Mündel** ist nach § 60 Satz 2 FamFG beschwerdeberechtigt, auch der Vormund kann **in seinem Namen** als gesetzlicher Vertreter Beschwerde einlegen. Kein Beschwerderecht hat der Vormund dagegen gegen eine erteilte Genehmigung, weil es ihm durch die Möglichkeit von § 1829 Abs. 1 Satz 2 BGB noch frei steht, von dem Geschäft Abstand zu nehmen.[41]

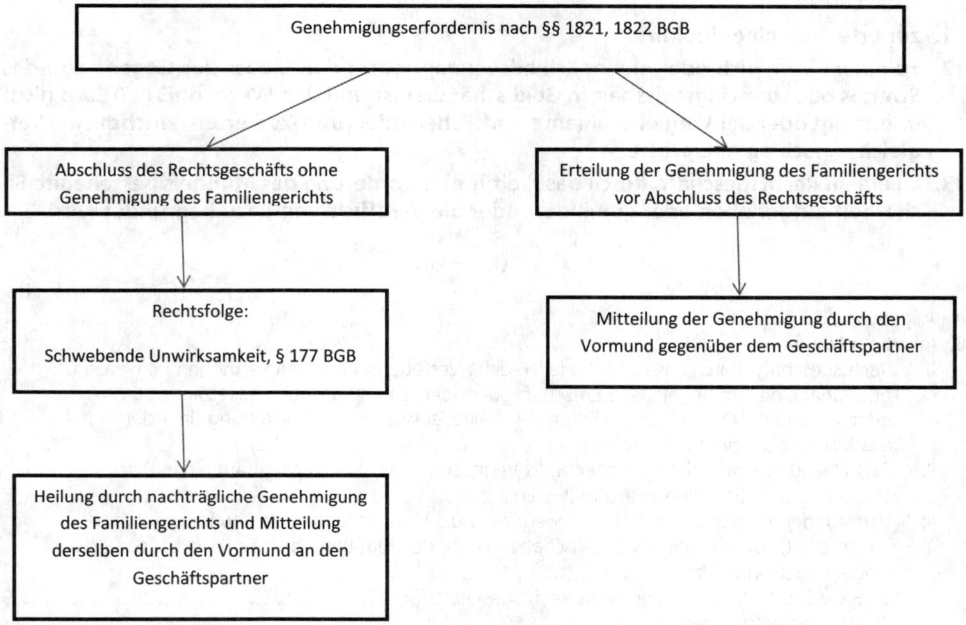

§ 1822 BGB Genehmigung für sonstige Geschäfte

Der Vormund bedarf der Genehmigung des Familiengerichts:

1. **zu einem Rechtsgeschäft, durch das der Mündel zu einer Verfügung über sein Vermögen im Ganzen oder über eine ihm angefallene Erbschaft oder über seinen künftigen gesetzlichen Erbteil oder seinen künftigen Pflichtteil verpflichtet wird, sowie zu einer Verfügung über den Anteil des Mündels an einer Erbschaft,**
2. **zur Ausschlagung einer Erbschaft oder eines Vermächtnisses, zum Verzicht auf einen Pflichtteil sowie zu einem Erbteilungsvertrag,**
3. **zu einem Vertrag, der auf den entgeltlichen Erwerb oder die Veräußerung eines Erwerbsgeschäfts gerichtet ist, sowie zu einem Gesellschaftsvertrag, der zum Betrieb eines Erwerbsgeschäfts eingegangen wird,**
4. **zu einem Pachtvertrag über ein Landgut oder einen gewerblichen Betrieb,**
5. **zu einem Miet- oder Pachtvertrag oder einem anderen Vertrag, durch den der Mündel zu wiederkehrenden Leistungen verpflichtet wird, wenn das Vertragsverhältnis länger als ein Jahr nach dem Eintritt der Volljährigkeit des Mündels fortdauern soll,**
6. **zu einem Lehrvertrag, der für längere Zeit als ein Jahr geschlossen wird,**
7. **zu einem auf die Eingehung eines Dienst- oder Arbeitsverhältnisses gerichteten Vertrag, wenn der Mündel zu persönlichen Leistungen für längere Zeit als ein Jahr verpflichtet werden soll,**

41 Staudinger/*Veit*, § 1828 BGB Rn. 89

8. zur Aufnahme von Geld auf den Kredit des Mündels,

9. zur Ausstellung einer Schuldverschreibung auf den Inhaber oder zur Eingehung einer Verbindlichkeit aus einem Wechsel oder einem anderen Papier, das durch Indossament übertragen werden kann,

10. zur Übernahme einer fremden Verbindlichkeit, insbesondere zur Eingehung einer Bürgschaft,

11. zur Erteilung einer Prokura,

12. zu einem Vergleich oder einem Schiedsvertrag, es sei denn, dass der Gegenstand des Streites oder der Ungewissheit in Geld schätzbar ist und den Wert von 3 000 Euro nicht übersteigt oder der Vergleich einem schriftlichen oder protokollierten gerichtlichen Vergleichsvorschlag entspricht,

13. zu einem Rechtsgeschäft, durch das die für eine Forderung des Mündels bestehende Sicherheit aufgehoben oder gemindert oder die Verpflichtung dazu begründet wird.

Übersicht

Rn.

A. Allgemeines ... 1
B. Inhalt der Norm ... 2
- I. Rechtsgeschäft, durch das der Mündel zu einer Verfügung über sein Vermögen im Ganzen oder über eine ihm angefallene Erbschaft oder über seinen künftigen gesetzlichen Erbteil oder seinen künftigen Pflichtteil verpflichtet wird, sowie zu einer Verfügung über den Anteil des Mündels an einer Erbschaft (Nr. 1) ... 3
- II. Ausschlagung einer Erbschaft oder eines Vermächtnisses, zum Verzicht auf einen Pflichtteil sowie zu einem Erbteilungsvertrag (Nr. 2) ... 5
- III. Vertrag, der auf den entgeltlichen Erwerb oder die Veräußerung eines Erwerbsgeschäfts gerichtet ist, sowie zu einem Gesellschaftsvertrag, der zum Betrieb eines Erwerbsgeschäfts eingegangen wird (Nr. 3) ... 9
  - 1. Erwerb oder Veräußerung eines Rechtsgeschäfts (Alt. 1) ... 9
  - 2. Gesellschaftsvertrag (Alt. 2) ... 12
- IV. Pachtvertrag über ein Landgut oder einen gewerblichen Betrieb (Nr. 4) ... 13
- V. Miet- oder Pachtvertrag oder ein anderer Vertrag, durch den der Mündel zu wiederkehrenden Leistungen verpflichtet wird, wenn das Vertragsverhältnis länger als ein Jahr nach dem Eintritt der Volljährigkeit des Mündels fortdauern soll (Nr. 5) ... 14
- VI. Lehrvertrag, der für längere Zeit als ein Jahr geschlossen wird (Nr. 6) sowie Eingehung eines auf ein Dienst- oder Arbeitsverhältnisses gerichteten Vertrages, wenn der Mündel zu persönlichen Leistungen für längere Zeit als ein Jahr verpflichtet werden soll (Nr. 7) ... 18
- VII. Aufnahme von Geld auf den Kredit des Mündels (Nr. 8) ... 19
- VIII. Ausstellung einer Schuldverschreibung auf den Inhaber oder zur Eingehung einer Verbindlichkeit aus einem Wechsel oder einem anderen Papier, das durch Indossament übertragen werden kann (Nr. 9) ... 21
- IX. Übernahme einer fremden Verbindlichkeit, insbesondere zur Eingehung einer Bürgschaft (Nr. 10) ... 22
- X. Erteilung einer Prokura (Nr. 11) ... 24
- XI. Vergleich oder Schiedsvertrag, es sei denn, dass der Gegenstand des Streites oder der Ungewissheit in Geld schätzbar ist und den Wert von 3 000 Euro nicht übersteigt oder der Vergleich einem schriftlichen oder protokollierten gerichtlichen Vergleichsvorschlag entspricht (Nr. 12) ... 25
- XII. Rechtsgeschäft, durch das die für eine Forderung des Mündels bestehende Sicherheit aufgehoben oder gemindert oder die Verpflichtung dazu begründet wird (Nr. 13) ... 27

C. Verfahren und Entscheidung ... 28

A. Allgemeines

Es gelten die unter § 1821 BGB Rn. 1 bis 8 und 18 bis 21 gemachten Ausführungen, auch zum Verfahren entsprechend hier. 1

B. Inhalt der Norm

Der Vormund bedarf nach § 1822 BGB der Genehmigung des Familiengerichts in folgenden Fällen: 2

I. Rechtsgeschäft, durch das der Mündel zu einer Verfügung über sein Vermögen im Ganzen oder über eine ihm angefallene Erbschaft oder über seinen künftigen gesetzlichen Erbteil oder seinen künftigen Pflichtteil verpflichtet wird, sowie zu einer Verfügung über den Anteil des Mündels an einer Erbschaft (Nr. 1)

Anders als bei der zu §§ 1365, 311b Abs. 2 und 3 BGB vorherrschenden **Einzelakttheorie** muss im Rahmen von Nr. 1 das Geschäft ausdrücklich darauf gerichtet sein, das **gesamte Vermögen** des Mündels mit einzubeziehen[1] (sog. **Gesamttheorie**). Dem gesamten Vermögen des Mündels gleichgestellt sind Erbschaften und Anteile an solchen. 3

▶ *Zum Verfügungsbegriff näher siehe Dürbeck, § 1821 BGB Rn. 10.*

Erfasst sind nach dem ausdrücklichen Wortlaut lediglich **Verpflichtungsgeschäfte**. Soweit Verfügungsgeschäfte nach anderen Vorschriften genehmigungsbedürftig sind, erstreckt sich die Genehmigung eines Verpflichtungsgeschäfts nach Nr. 1 auch auf die betreffenden Verfügungsgeschäfte.[2] 4

II. Ausschlagung einer Erbschaft oder eines Vermächtnisses, zum Verzicht auf einen Pflichtteil sowie zu einem Erbteilungsvertrag (Nr. 2)

Genehmigungsbedürftig ist auch die Vertretung des Mündels bei der **Ausschlagung einer Erbschaft** (§§ 1942 ff. BGB) oder eines **Vermächtnisses** (§§ 2176, 2180 BGB), bei einem **Pflichtteilsverzicht** (§ 397 BGB) für den **bereits entstandenen Pflichtteilsanspruch** (*der Verzicht auf einen künftigen Pflichtteil ist bereits nach § 2347 BGB genehmigungspflichtig*) und einem **Erbteilungsvertrag**. Letzterer ist dann gegeben, wenn durch den Vertrag die Erbengemeinschaft hinsichtlich des gesamten oder eines Teils des Nachlasses aufgehoben werden soll.[3] 5

Die für **sorgeberechtigte Eltern** nach § 1643 Abs. 2 Satz 2 BGB[4] vorgesehenen **Einschränkungen der Genehmigungsbedürftigkeit** gelten nicht für den Vormund. Auch die **Anfechtung einer Annahme der Erbschaft**, die nach § 1957 Abs. 1 BGB als Ausschlagung gilt, ist genehmigungsbedürftig, anders aber wegen § 2180 Abs. 3 BGB für die **Anfechtung der Annahme eines Vermächtnisses**. 6

Die Genehmigung des Familiengerichts kann auch noch **nach Ablauf der Ausschlagungsfrist** erteilt werden.[5] Es genügt, wenn innerhalb der Ausschlagungsfrist des § 1944 Abs. 1 BGB sowohl die **Ausschlagungserklärung** bei dem Nachlassgericht eingereicht wird, als auch die **Genehmigung des Familiengerichts** beantragt wird.[6] Genehmi- 7

---

1 BGH FamRZ 1957, 121; Soergel/*Zimmermann*, § 1822 BGB Rn. 2; a.A. Gernhuber/*Coester-Waltjen*, § 60 Rn. 102: ausreichend sei, dass der Gegenstand nahezu das gesamte Vermögen des Mündels ausmache
2 MüKo-BGB/*Kroll-Ludwigs*, § 1822 Rn. 4
3 KG KGJ 42, A 49
4 Vgl. dazu *Becker*, JA 2014, 101; *Jordan*, MDR 2014, 379
5 BayObLGZ 1969, 14; BeckOK-BGB/*Bettin*, § 1822 Rn. 6
6 *Mayer*, Rpfleger 2013, 657

gungspflichtig sind auch Erklärungen in einer Abschichtungsvereinbarung, durch die ein Miterbe aus einer Erbengemeinschaft ausscheidet.[7]

8 Es besteht im Übrigen hinsichtlich der **Werthaltigkeit einer Erbschaft** eine umfassende **Amtsermittlungspflicht** (§ 26 FamFG) des Familiengerichts.[8] Die von dem Vormund für das betroffene Kind erklärte Ausschlagung der Erbschaft ist im Regelfall **familiengerichtlich zu genehmigen**, wenn der Nachlass überschuldet ist und die Erbausschlagung somit im wirtschaftlichen Interesse des Mündels liegt.[9] Umgekehrt kommt bei Werthaltigkeit des Nachlasses eine Genehmigung der Ausschlagung oder des Verzichts wohl nur bei Vorhandensein besonderer Gründe in Betracht.

III. Vertrag, der auf den entgeltlichen Erwerb oder die Veräußerung eines Erwerbsgeschäfts gerichtet ist, sowie zu einem Gesellschaftsvertrag, der zum Betrieb eines Erwerbsgeschäfts eingegangen wird (Nr. 3)

1. Erwerb oder Veräußerung eines Rechtsgeschäfts (Alt. 1)

9 Alt. 1 der Norm betrifft **die Begründung oder Aufgabe** der Stellung des Mündels als **Inhaber eines Erwerbsgeschäfts**. Ein Erwerbsgeschäft liegt vor bei jeder **mit Gewinnerzielungsabsicht**, auf einen **regelmäßigen und selbständigen Erwerb gerichteten Tätigkeit**, gleich ob im Handel, Produktion, oder Handwerk, Kunst, Wissenschaft oder Landwirtschaft.[10] Erfasst sind damit auch Angehörige **freier Berufe**, Künstler oder Wissenschaftler. Die **Rechtsform** des Erwerbsgeschäfts ist unerheblich, die **Beteiligung** einer Personengesellschaft genügt, auch wenn der Mündel an der Geschäftsführung nicht teilhat.[11] Bei **Kapitalgesellschaften** besteht Genehmigungspflichtigkeit dann, wenn der Mündel auch ein **Unternehmerrisiko** zu tragen hat, was unzweifelhaft dann gegeben ist, wenn der Mündel sämtliche Anteile erwerben bzw. veräußern soll.[12]

10 Ob darüber hinaus die Vorschrift auch zum Tragen kommt, wenn der Mündel nur **Teile einer Gesellschaft** erwirbt oder veräußert, ist noch nicht hinreichend in der Rechtsprechung geklärt,[13] aber dann zu bejahen, wenn er durch den Erwerb oder die Veräußerung einen **beherrschenden Einfluss** auf das Unternehmen gewinnt oder verliert oder an der Gesellschaft nur Minderjährige beteiligt sind.[14] Werden Anteile einer GmbH bereits **vor deren Eintragung** ins Handelsregister übernommen, ist wegen der Möglichkeit der Begründung einer **persönlichen Haftung** des Mündels Genehmigungspflichtigkeit zu bejahen.[15] Nicht genehmigungspflichtig ist die Veräußerung einer Minderheitsbeteiligung an einer GmbH.[16]

11 Genehmigungsbedürftig sind der **entgeltliche** Erwerb und die Veräußerung des Geschäfts bzw. der Anteile, also die **schuldrechtlichen** Verträge.[17] Zur Frage der Entgeltlichkeit siehe näher *Dürbeck*, § 1821 BGB Rn. 17. **Schenkungsverträge** sind daher nicht be-

---

7 OLG Hamm NJW 2018, 712; a.A.: KG FamRZ 2018, 1673
8 Vgl. zu den Anforderungen OLG Saarbrücken FamRZ 2016, 260; OLG Schleswig ZKJ 2013, 261; Oberloskamp/*Dürbeck,* § 10 Rn. 154
9 OLG Brandenburg NJW-Spezial 2014, 136
10 RGZ 133, 7
11 RGZ 87, 100; BGH ZEV 2003, 375
12 BGH FamRZ 1957, 121; KG NJW 1976, 1946; ausführlich *Brüggemann*, FamRZ 1990, 124, 129
13 Vgl. die Darstellung von Staudinger/*Veit,* § 1822 BGB Rn. 56 ff.
14 BGH ZEV 2003, 375
15 BGH FamRZ 1989, 605; Gernhuber/*Coester-Waltjen,* § 60 Rn. 105
16 OLG Schleswig FamRZ 2018, 106
17 MüKo-BGB/*Kroll-Ludwigs,* § 1822 Rn. 13; a.A. *Soergel/Zimmermann,* § 1822 BGB Rn. 1: auch Erfüllungsgeschäfte

troffen,[18] ebenso wenig wie der Erwerb kraft Erbfalls (§ 1922 BGB) oder im Rahmen eines Vermächtnisses (§ 2174 BGB).[19]

2. Gesellschaftsvertrag (Alt. 2)

Alt. 2 der Norm erfasst schließlich den **Abschluss von Gesellschaftsverträgen**, die **zum Betrieb eines Erwerbsgeschäfts** eingegangen werden. Beinhaltet ist insoweit auch der **Beitritt zu einer bereits bestehenden Personen- oder Kapitalgesellschaft**,[20] auch genügt der Erwerb der **Kommanditistenstellung**.[21] Ausgenommen sind Gesellschaftsbeteiligungen, bei denen es sich um **reine Vermögensverwaltung** handelt,[22] die keine berufsmäßige Verwaltung und Übernahme unternehmerischen Risikos beinhaltet. Allerdings können hier bei einem Beitritt zu einer Personengesellschaft die Voraussetzungen von § 1822 Nr. 10 BGB (Haftung – analog – § 128 HGB) verwirklicht sein.[23] Bei Alt. 2 ist unerheblich, ob dem Gesellschaftsvertrag ein **unentgeltlicher Erwerb** zugrunde liegt.[24] **12**

IV. Pachtvertrag über ein Landgut oder einen gewerblichen Betrieb (Nr. 4)

Gemeint sind **Pachtverträge** nach § 581 ff. BGB, gleich ob der Mündel Pächter oder Verpächter ist. Unerheblich ist auch die Pachtdauer. Zum Landpachtvertrag vgl. § 585 BGB. **13**

V. Miet- oder Pachtvertrag oder ein anderer Vertrag, durch den der Mündel zu wiederkehrenden Leistungen verpflichtet wird, wenn das Vertragsverhältnis länger als ein Jahr nach dem Eintritt der Volljährigkeit des Mündels fortdauern soll (Nr. 5)

Genehmigungspflichtig sind sämtliche **Miet- und Pachtverträge sowie sonstige Dauerschuldverhältnisse**, die den Mündel **länger als ein Jahr nach Erreichen seiner Volljährigkeit** binden. Erfasst sind nur **rechtsgeschäftlich begründete Dauerschuldverhältnisse**, so dass vor allem **kraft Gesetzes gemäß §§ 566, 581 Abs. 2 BGB** anlässlich des Erwerbes des Grundstücks übergegangene Schuldverhältnisse nicht erfasst sind.[25] § 1822 Nr.5 ist bei der Verpachtung von Landgütern **neben Nr. 4** anzuwenden.[26] Beispiele für **sonstige Dauerschuldverhältnisse** sind **Versicherungsverträge**,[27] **Bausparverträge**, **Abzahlungskaufverträge** und **Leasingverträge**.[28] Unter Nr. 4 – und darüber hinaus §§ 1821 Nr. 1 und 3 BGB – fallen Verträge des Minderjährigen über die Errichtung eines **Friedwalds** auf in seinem Eigentum stehenden Waldflächen.[29] **14**

Nicht anzuwenden ist Nr. 5 nach zutreffender Auffassung auf **Lehr- und Arbeitsverhältnisse**, da Nr. 6 und 7 hier vorrangig sind.[30] Auf **Unterhaltsverpflichtungen** des Mündels ist Nr. 5 dann anzuwenden, wenn sie über die Anerkennung der gesetzlichen Unterhaltspflicht hinausgehen.[31] **15**

---

18 BGH Rpfleger 1989, 281, aber ggf. nach Alt. 2

19 BGH NJW 1971, 1268; OLG Jena FamRZ 2014, 140 (Schenkung Kommanditanteil an vermögensverwaltenden Familiengesellschaft); zur Kritik wegen entstehender Haftungsrisiken: Staudinger/*Veit*, § 1822 BGB Rn. 44 ff.

20 BayObLG FamRZ 1990, 208

21 BGH NJW 1955, 1067; OLG Oldenburg, Beschl. v. 17.7.2019 – 12 W 53/19, FamRZ 2019, 1934; Gernhuber/*Coester-Waltjen*, § 60 Rn. 107

22 OLG Dresden FGPrax 2018, 214: Beitritt zu einer Vermögensverwaltungs-KG; OLG Zweibrücken NJW-RR 1999, 1174; Palandt/*Götz*, § 1822 BGB Rn. 8; *Lüdecke*, NJOZ 2018, 681, 683; a.A.: BayObLG NJW-RR 1997, 1163

23 Vgl. *Lüdecke*, NJOZ 2018, 681, 684

24 OLG Oldenburg, Beschl. v. 17.7.2019 – 12 W 53/19, FamRZ 2019, 1934; BayObLG FamRZ 1997, 844; *Weinbrenner*, FPR 2009, 265, 268 f.; vgl. dazu ausführlich OLG Nürnberg MDR 2015, 403 zur Gründung einer GbR zwischen Eltern und Kind

25 BGH NJW 1983, 1780; OLG Hamm NJW-RR 2014, 1350

26 RGZ 114, 35; Palandt/*Götz*, § 1822 BGB Rn. 12

27 BGH NJW 1958, 1393: Lebensversicherung

28 Staudinger/*Veit*, § 1822 BGB Rn. 113 mit Nachweisen der Rspr

29 OLG Dresden FamRZ 2019, 535

30 Erman/*Schulte-Bunert*, § 1822 BGB Rn. 23; a.A. BeckOK-BGB/*Bettin*, § 1822 Rn. 19

31 OLG Oldenburg DAVorm 1962, 124

16 Die Bestimmung der in Nr. 5 festgelegten **Laufdauer** ist unproblematisch bei befristeten Verträgen. Besteht im Übrigen eine **Kündigungsmöglichkeit des Mündels**, kommt es darauf an, ob sie **ohne gravierende Nachteile** ausgeübt werden kann,[32] woran es bei Lebensversicherungen regelmäßig mangelt. Ist der Mündel Mieter bei einem unbefristeten **Mietvertrag über Wohnraum**, wird die Möglichkeit der Kündigung für eine Freistellung von Nr. 5 genügen müssen.[33]

17 Wird die **Genehmigung verweigert**, hängt die Wirksamkeit des Vertrages für die **Zeit bis zum 19. Lebensjahr** des Mündels von § 139 BGB ab.[34]

▶ *Näher zu den Rechtsfolgen der ausbleibenden Genehmigung Dürbeck, § 1821 BGB Rn. 7 f.*

VI. Lehrvertrag, der für längere Zeit als ein Jahr geschlossen wird (Nr. 6) sowie Eingehung eines auf ein Dienst- oder Arbeitsverhältnisses gerichteten Vertrages, wenn der Mündel zu persönlichen Leistungen für längere Zeit als ein Jahr verpflichtet werden soll (Nr. 7)

18 Nr. 6 und 7 betreffen den Abschluss von Berufsausbildungs- und Arbeits- und Dienstverträgen mit einer **Vertragsdauer von über einem Jahr**. Erfasst sind auch auf **unbestimmte Zeit** geschlossene Verträge, die vom Mündel **nicht vor Ablauf eines Jahres gekündigt** werden können.[35] Die Vorschriften gelten nach § 1643 Abs. 1 BGB **nicht für sorgeberechtigte Eltern** und nach § 56 Abs. 2 Satz 2 SGB VIII nicht für den **Amtsvormund**. Nicht anzuwenden sind Nr. 6 und 7 auf die **Kündigung** der Verträge.[36] Wird die Genehmigung verweigert, ist der Vertrag nach den Grundsätzen des fehlerhaften Arbeitsverhältnisses nur mit Wirkung ex nunc unwirksam, so dass Entgeltansprüche für bereits geleistete Dienste erhalten bleiben.[37]

VII. Aufnahme von Geld auf den Kredit des Mündels (Nr. 8)

19 Erfasst ist jede Form der **Kreditaufnahme** durch den Mündel, gleich ob in Form des **Darlehensvertrages** (§§ 488 ff. BGB), des **Kontokorrents** (§ 355 HGB), der **Schuldanerkenntnisse** (§§ 780. 781 BGB) oder mit einem **Kaufvertrag verbundenen Kredits** (§ 358 BGB).[38] In letzterem Fall führt bei Verweigerung der Genehmigung des Kreditvertrages dies nach § 139 BGB im Regelfall auch zur Unwirksamkeit des Kaufvertrages.[39] Die Norm gilt auch bei einer Darlehensabrede zwischen dem Mündel und dem Vormund bzw. einem Elternteil.[40]

20 Unerheblich ist im Übrigen, ob der Kredit **verzinslich** oder **gesichert** ist.[41] Um bei einer **Überziehung des Girokontos** zu vermeiden, wiederholt familiengerichtliche Genehmigungen einholen zu müssen, ist die **Vereinbarung eines Kreditrahmens** mit der Bank ratsam, der einmalig vom Familiengericht genehmigt werden könnte.[42] Nicht von Nr. 8 erfasst ist der (gewöhnliche) **Abzahlungskauf**.[43] Auch der Abschluss eines Kreditvertrages

32 BGH FamRZ 1958, 318
33 LG Münster FamRZ 1994, 531; a.A. Staudinger/*Veit,* § 1822 BGB Rn. 120
34 Vgl. MüKo-BGB/*Kroll-Ludwigs,* § 1822 Rn. 32
35 BeckOK-BGB/*Bettin,* § 1822 BGB Rn. 22
36 Soergel/*Zimmermann,* § 1822 BGB Rn. 34
37 Staudinger/*Veit,* § 1822 Rn. 142; a.A.: NK-BGB/*Fritsche,* § 1822 Rn. 28: § 812 BGB
38 BGH NJW 1961, 166: nicht aber der verbundene Kaufvertrag
39 LG Bremen FamRZ 1963, 658; Gernhuber/*Coester-Waltjen,* § 60 Rn. 115
40 VG Göttingen FamRZ 2015, 287
41 MüKo-BGB/*Kroll-Ludwigs,* § 1822 Rn. 52
42 KG FamRZ 2010, 402; Oberloskamp/*Dürbeck,* § 10 Rn. 145
43 BGH WM 1972, 698

durch eine BGB-Gesellschaft, an dem der Mündel beteiligt ist, zur Finanzierung der Erbauseinandersetzung mit einem Miterben ist genehmigungspflichtig.[44]

VIII. Ausstellung einer Schuldverschreibung auf den Inhaber oder zur Eingehung einer Verbindlichkeit aus einem Wechsel oder einem anderen Papier, das durch Indossament übertragen werden kann (Nr. 9)

Erfasst sind die Ausstellung von **Inhaberschuldverschreibungen** nach §§ 793 ff. BGB, die Eingehung jedweder **Wechselschulden** und solche aus **anderen Orderpapieren**, insbes. nach §§ 363 ff. HGB. Nach zutreffender Auffassung gilt Nr. 9 nicht für den **Inhaberscheck**.[45] Eine erteilte Genehmigung kann auf dem Wertpapier vermerkt werden, um so die Möglichkeit des Urkundenprozesses nach §§ 592 ff. ZPO zu ermöglichen. Auch eine allgemeine Ermächtigung nach § 1825 BGB ist möglich. **21**

IX. Übernahme einer fremden Verbindlichkeit, insbesondere zur Eingehung einer Bürgschaft (Nr. 10)

Die Vorschrift bezweckt den Schutz des Mündels vor der **Übernahme von Fremdschulden**. Nach ganz h.M. ist ihr Anwendungsbereich beschränkt auf die Fälle, in denen dem Mündel im Falle einer Inanspruchnahme ein **Ersatz- bzw. Ausgleichsanspruch gegen den Erstschuldner** zustehen würde.[46] Nicht erfasst sind daher Fälle der **befreienden Schuldübernahme** oder des **gesetzlichen oder vertraglichen Übergangs einer Schuld** anlässlich eines Erwerbsvorgangs, z. B. nach § 566 BGB[47] oder eines Grundpfandrechts.[48] **22**

Anwendungsfälle sind demgemäß die im Gesetz genannte **Bürgschaft** (§ 765 BGB), die **Schuldübernahme**, der **Schuldbeitritt**, die **Erfüllungsübernahme** mit Rückgriffsrecht und die Begründung der gesamtschuldnerischen Haftung für einen Dritten.[49] Nr. 10 ist anzuwenden auf die **Auflassung von Bruchteilen eines Wohnungseigentums** an Minderjährige, weil die Mitberechtigten gesamtschuldnerisch für ihren nach § 16 Abs. 2 WEG zu tragenden Anteil haften.[50] Ebenso findet Nr. 10 – im Hinblick auf § 128 HGB – Anwendung auf den Beitritt des Minderjährigen in eine Personengesellschaft.[51] **23**

X. Erteilung einer Prokura (Nr. 11)

Anwendbar ist die Vorschrift nur, wenn der Mündel **selbst Inhaber des Handelsgeschäfts** ist, die Beteiligung an einer Personen- oder Kapitalgesellschaft reicht insoweit nicht aus.[52] Nicht, auch nicht entsprechend, anwendbar ist die Norm auf den **Widerruf der Prokura** (§ 52 HGB), auf die **Handlungsvollmacht** nach § 54 HGB[53] und auf die **Bestellung eines Geschäftsführers** einer GmbH.[54] Fehlt die familienrechtliche Genehmigung oder ist sie verweigert, ist die Erteilung der Prokura unwirksam.[55] Aus Gründen der Vorrangigkeit des Minderjährigenschutzes wird auch der gute Glaube des Rechtsverkehrs an eine etwaige **Eintragung in das Handelsregister und deren Bekanntmachung** trotz der Regelung in § 15 Abs. 3 HGB nach richtiger Ansicht nicht zu schützen sein.[56] **24**

---

44 OLG Hamm ZEV 2016, 585
45 Gernhuber/*Coester-Waltjen,* § 60 Rn. 114: a.A. Soergel/*Zimmermann,* § 1822 BGB Rn. 38
46 RGZ 63, 76; MüKo-BGB/*Kroll-Ludwigs,* § 1822 Rn. 62
47 BGH NJW 1983, 1780
48 RGZ 110, 173
49 BGHZ 60, 385
50 OLG Köln MDR 2015, 595; OLG München FamRZ 2013, 494
51 *Wertenbruch*, NJW 2015, 2150, 2152; *Lüdecke*, NJOZ 2018, 681, 684
52 KG OLGE 27, 369; Erman/*Schulte-Bunert,* § 1822 BGB Rn. 31
53 Palandt/*Götz,* § 1822 BGB Rn. 22
54 OLG Düsseldorf AGS 2006, 244
55 RGZ 127, 153; Staudinger/*Veit,* § 1822 BGB Rn. 196
56 RGZ 127, 153; *Canaris,* § 5 Rn. 54; Baumbach/*Hopt,* § 15 HGB Rn. 19; a.A. MüKo-HGB/*Krebs,* § 15 Rn. 92

XI. Vergleich oder Schiedsvertrag, es sei denn, dass der Gegenstand des Streites oder der Ungewissheit in Geld schätzbar ist und den Wert von 3 000 Euro nicht übersteigt oder der Vergleich einem schriftlichen oder protokollierten gerichtlichen Vergleichsvorschlag entspricht (Nr. 12)

25 Anwendbar ist die Regelung auf **Vergleiche nach § 779 BGB** jeder Art einschließlich des Prozess-[57] und Unterhaltsvergleichs und Schiedsverträge. Sie gilt damit auch für die vor dem **Güterichter** (§ 36 Abs. 5 FamFG) geschlossenen Vergleiche. Eine Ausnahme besteht nur dann, wenn der Wert des Streits oder der Ungewissheit (es gelten §§ 3 ff. ZPO) **3.000 Euro** nicht übersteigt oder der Prozessvergleich einem schriftlichen oder im gerichtlichen Protokoll festgestellten **Vergleichsvorschlag** entspricht.

26 Nicht anwendbar ist Nr. 12 auf sog. **Schiedsgutachtenvereinbarungen**, die anders als der Schiedsvertrag nicht die Entscheidung des Rechtsstreits durch außerhalb der staatlichen Gerichtsbarkeit stehende Schiedsrichter zum Ziel haben, sondern auf die Klärung einzelner Tatbestandselemente oder gutachterlicher Leistungsbestimmungen gerichtet sind.[58]

XII. Rechtsgeschäft, durch das die für eine Forderung des Mündels bestehende Sicherheit aufgehoben oder gemindert oder die Verpflichtung dazu begründet wird (Nr. 13)

27 Betroffen sind Rechtsgeschäfte, durch die für eine Forderung des Mündels bestehende **Sicherheiten aufgehoben oder gemindert** werden, wobei das Gesetz auch das **schuldrechtliche Verpflichtungsgeschäft** unter Genehmigungsvorbehalt stellt. Erfasst sind damit **dingliche und persönliche Sicherheiten** jeder Art, wie z. B. Bürgschaften, Grundpfandrechte, Sicherungsabtretung und Sicherungszession. Auch die Aufgabe von Rechtspositionen in der **Zwangsvollstreckung**, wie die Rücknahme eines Versteigerungsantrages oder des Beitritts zum Verfahren, sind erfasst.[59]

C. Verfahren und Entscheidung

28 Für die Entscheidung des Rechtspflegers, ob die Genehmigung erteilt wird oder nicht, gibt es keine allgemein gültigen Kriterien. Sie wird insbesondere bestimmt von Sinn und Zweck des jeweiligen Genehmigungsvorbehalts und von den Vermögensinteressen des Mündels. So wird die Genehmigung zu der Erteilung einer Prokura nach Nr. 11 nur ausnahmsweise zu versagen sein, während die Genehmigung zur Übernahme einer fremden Verbindlichkeit (Nr. 10) nur bei besonders gewichtigen wirtschaftlichen und persönlichen Gründen auf Seiten des Mündels zu erteilen sind wird. In jedem Fall ist eine vor allem wirtschaftlich orientierte Gesamtabwägung zwischen den Vor- und Nachteilen eines Rechtsgeschäfts für den Mündel vorzunehmen.

▶ *Wegen der Einzelheiten des Verfahrens vgl. Dürbeck, § 1821 BGB Rn. 18 ff.*

§§ 1823 bis 1834 BGB

[...]

Von Abdruck und Kommentierung wird abgesehen.

---

57 RGZ 56, 333

58 BGH FamRZ 2014, 655

59 MüKo-BGB/*Kroll-Ludwigs,* § 1822 Rn. 73 f., und *Brüggemann*, FamRZ 1990, 124, 126, auch mit weiteren Einzelheiten

§ 1835 BGB Aufwendungsersatz

(1) [1]Macht der Vormund zum Zwecke der Führung der Vormundschaft Aufwendungen, so kann er nach den für den Auftrag geltenden Vorschriften der §§ 669, 670 von dem Mündel Vorschuss oder Ersatz verlangen; für den Ersatz von Fahrtkosten gilt die in § 5 des Justizvergütungs- und -entschädigungsgesetzes für Sachverständige getroffene Regelung entsprechend. [2]Das gleiche Recht steht dem Gegenvormund zu. [3]Ersatzansprüche erlöschen, wenn sie nicht binnen 15 Monaten nach ihrer Entstehung gerichtlich geltend gemacht werden; die Geltendmachung des Anspruchs beim Familiengericht gilt dabei auch als Geltendmachung gegenüber dem Mündel.

(1a) [1]Das Familiengericht kann eine von Absatz 1 Satz 3 abweichende Frist von mindestens zwei Monaten bestimmen. [2]In der Fristbestimmung ist über die Folgen der Versäumung der Frist zu belehren. [3]Die Frist kann auf Antrag vom Familiengericht verlängert werden. [4]Der Anspruch erlischt, soweit er nicht innerhalb der Frist beziffert wird.

(2) Aufwendungen sind auch die Kosten einer angemessenen Versicherung gegen Schäden, die dem Mündel durch den Vormund oder Gegenvormund zugefügt werden können oder die dem Vormund oder Gegenvormund dadurch entstehen können, dass er einem Dritten zum Ersatz eines durch die Führung der Vormundschaft verursachten Schadens verpflichtet ist; dies gilt nicht für die Kosten der Haftpflichtversicherung des Halters eines Kraftfahrzeugs. Satz 1 ist nicht anzuwenden, wenn der Vormund oder Gegenvormund eine Vergütung nach § 1836 Abs. 1 Satz 2 in Verbindung mit dem Vormünder- und Betreuervergütungsgesetz erhält.

(3) Als Aufwendungen gelten auch solche Dienste des Vormunds oder des Gegenvormunds, die zu seinem Gewerbe oder seinem Beruf gehören.

(4) [1]Ist der Mündel mittellos, so kann der Vormund Vorschuss und Ersatz aus der Staatskasse verlangen. [2]Absatz 1 Satz 3 und Absatz 1a gelten entsprechend.

(5) [1]Das Jugendamt oder ein Verein kann als Vormund oder Gegenvormund für Aufwendungen keinen Vorschuss und Ersatz nur insoweit verlangen, als das einzusetzende Einkommen und Vermögen des Mündels ausreicht. [2]Allgemeine Verwaltungskosten einschließlich der Kosten nach Absatz 2 werden nicht ersetzt.

Übersicht

Rn.
A. Allgemeines ... 1
B. Inhalt der Norm ... 6
I. Anspruch auf Aufwendungsersatz (Abs. 1 und 1a) ... 6
1. Art und Inhalt ... 6
2. Aufwendungen (Abs. 1 bis 3) ... 7
II. Fristgerechte Geltendmachung ... 13
III. Geltendmachung gegenüber dem Mündel ... 15
IV. Geltendmachung gegenüber der Staatskasse (Abs. 4) ... 16

A. Allgemeines

Auch wenn die Vormundschaft entsprechend dem gesetzgeberischen Leitbild **ehrenamtlich** ausgeübt wird, steht dem Vormund nach dem Gesetz ein **Anspruch auf Ersatz der aus der Führung der Vormundschaft entstandenen Aufwendungen nebst Vorschuss** zu. Diesen regelt § 1835 BGB. 1

Anspruchsgegner ist grundsätzlich der **Mündel** (Abs. 1), im Fall seiner **Mittellosigkeit haftet subsidiär die Staatskasse** (Abs. 4). Ausgeschlossen ist der Aufwendungsersatzanspruch gegen den Staat für den **Amts- und Vereinsvormund** (Abs. 5). Der Anspruch ist innerhalb einer gesetzlich bestimmten **Frist** (Abs. 1 und 1a) geltend zu machen. Besonderheiten gelten für die Erbringung von Diensten des Vormunds, **die zu seinem Beruf oder Gewerbe** gehören (Abs. 3). 2

3 Im Anwendungsbereich von § 1835 BGB sind die Aufwendungen zum Zwecke ihrer Geltendmachung dem Gericht gegenüber **im Einzelnen darzulegen**, während § 1835a BGB die Möglichkeit einer **pauschalen Geltendmachung** eröffnet. Eine **Vergütung für den Vormund** sieht das Gesetz in § 1836 BGB grundsätzlich nur für den berufsmäßig tätigen Berufsvormund vor.

4 Anwendbar ist die Regelung auch für den **Ergänzungspfleger** (§ 1915 Abs. 1 BGB), nicht aber für den **berufsmäßigen Verfahrensbeistand**, für den nach § 158 Abs. 7 Satz 2 FamFG Pauschalsätze gelten (siehe näher hierzu *Keuter*, § 158 FamFG Rn. 45 ff.). Über die Verweisungen in § 158 Abs. 7 Satz 1 FamFG und § 1684 Abs. 3 Satz 6 BGB auf § 277 Abs. 1 FamFG, finden § 1835 Abs. 1 und 2 BGB aber Anwendung auf den **nicht berufsmäßigen Verfahrensbeistand** und den **Umgangspfleger**. Deren Anspruch besteht hier aber ausschließlich gegenüber der Staatskasse (§§ 158 Abs. 7 Satz 5, 277 Abs. 5 Satz 1 FamFG).

5 Das **Vergütungsfestsetzungsverfahren** ist hinsichtlich des Vergütungsanspruchs nach § 1836 BGB und hinsichtlich des Aufwendungsersatzanspruchs gegen die Staatskasse in § 168 FamFG geregelt.

B. Inhalt der Norm

I. Anspruch auf Aufwendungsersatz (Abs. 1 und 1a)

1. Art und Inhalt

6 Gemäß § 1835 Abs. 1 BGB kann der Vormund für ihm bei der Führung der Vormundschaft **entstandene Aufwendungen** nach Maßgabe der §§ 669, 670 BGB von dem **Mündel Vorschuss** oder **Ersatz** verlangen. Nach Satz 2 gilt dies auch für den Gegenvormund. Es handelt sich dabei um einen **privatrechtlichen Anspruch**, der kraft gesetzlicher Verweisung nach den §§ 669, 670 BGB zu beurteilen ist.[1] Der Anspruch ist nach Maßgabe von §§ 256, 246 BGB zu **verzinsen** und richtet sich gegen den Mündel. Der Vormund kann die ihm zustehenden Geldbeträge **aus dem Mündelvermögen entnehmen**, weder § 1805 BGB noch §§ 1795 Abs. 2, 181 BGB steht dem entgegen (siehe näher hierzu *Dürbeck*, § 1795 BGB Rn. 15). Über die Art und Höhe der Aufwendungen hat der Vormund nach §§ 1840, 1841 BGB Rechnung zu legen.

Vor wirksamer **Bestellung** nach § 1789 BGB (siehe näher hierzu *Dürbeck*, § 1789 BGB Rn. 5) kann ein Aufwendungsersatzanspruch grundsätzlich nicht entstehen, so dass vom Vormund vor diesem Zeitpunkt ausgeübte Tätigkeiten nicht nach §§ 1835, 1835a BGB abgerechnet werden können.[2] Auch etwaige Ansprüche aus § 242 BGB (Vertrauensschutz) und Amtshaftung (etwa bei vom Rechtspfleger schuldhaft verzögerter Bestellung) können jedenfalls nicht im Vergütungsfestsetzungsverfahren nach § 168 FamFG geltend gemacht werden.[3]

2. Aufwendungen (Abs. 1 bis 3)

7 Gemäß § 670 BGB sind nur solche **Aufwendungen** zu erstatten, die der Vormund nach den Umständen **für erforderlich** halten durfte. Es handelt sich dabei um eine Ex-ante-Betrachtung aus der **subjektiven Sicht** des Vormunds. Hieran fehlt es, wenn die Aufwendung überflüssig war, sie durch kostenfreie oder billigere Alternativen vermeidbar war

1 MüKo-BGB/*Fröschle*, § 1835 Rn. 9
2 BGH NJW-RR 2018, 193 zu § 1835a BGB; OLG Brandenburg FamRZ 2009, 729; 2008, 1478; KG ZKJ 2006, 472; *Bestelmeyer*, FamRZ 2011, 950; a.A. OLG Koblenz FamRZ 2010, 1173; LG Münster FamRZ 2010, 473; *Keuter*, FamRZ 2010, 1955, 1957 f.
3 BGH NJW-RR 2018, 193; NJW-RR 2017, 1350; FamRZ 2016, 1072

oder sie aus einer **pflichtwidrigen Tätigkeit** des Vormunds resultiert.[4] Es gilt das **Gebot der kostensparenden Amtsführung**.[5]

Hinsichtlich der **Höhe und Berechnung** der Aufwendungen regelt das Gesetz in Abs. 1 HS 2 lediglich die **Fahrtkosten** des Vormunds. Diese bestimmen sich nach der in **§ 5 JVEG** für **Sachverständige** getroffenen Regelung (*Fahrkarte bei öffentl. Verkehrsmitteln, 0,30 Euro/km bei Benutzung des PKW zzgl. Parkgebühren*). Im Übrigen nennt das Gesetz in Abs. 2 Kosten einer **angemessenen Haftpflichtversicherung** gegen Schäden des Mündels und von Dritten im Rahmen der Ausübung der Vormundschaft. Nach dem Gesetz gilt dies aber **nicht für den Berufsvormund**, der eine Vergütung nach § 1836 Abs. 1 Satz 2 BGB erhält. Für ehrenamtlich tätige Vormünder haben die Länder Sammelhaftpflichtversicherungen abgeschlossen.[6] Nicht zulässig ist der Ersatz von Kosten der **Kfz-Haftpflichtversicherung**. Weitere Beispiele erstattungsfähiger Aufwendungen sind **Fotokopierkosten**,[7] Kosten für die **Lebensführung des Mündels** (soweit nicht durch Unterhalt oder Sozialleistungen rechtzeitig gedeckt),[8] **Büro- und Personalkosten** oder **Kosten für die Inanspruchnahme notwendiger Beratung oder Vertretung durch Dritte** (z. B. Rechtsanwälte, Steuerberater), **nicht aber Zeit- und Arbeitsaufwand** außerhalb der Fälle von Abs. 3. Auch Kosten für die Hinzuziehung eines **Dolmetschers** sind im Rahmen von § 1835 BGB zu erstatten.[9] Nicht zu erstatten sind auch Aufwendungen für die Fort- und Weiterbildung des Vormunds und für eine Supervision.[10] 8

Mangels Freiwilligkeit ihrer Entstehung können **Schäden des Vormunds**, die dieser bei der Ausübung der Vormundschaft erlitten hat, nicht beansprucht werden.[11] 9

Machen **Pflegeeltern**, die für das Kind als Ergänzungspfleger für einen Teilbereich der elterlichen Sorge, z. B. die Gesundheitssorge, bestellt worden sind, Ersatz von Aufwendungen gegen die Staatskasse wegen Mittellosigkeit des Kindes geltend, ist ein Anspruch nur begründet, wenn die Aufwendungen den **Aufgabenkreis der Pflegschaft** betreffen. Aufwendungen, die das **Pflegefamilienverhältnis** betreffen; sind nicht erstattungsfähig.[12] 10

Eine **Sonderregelung** für die ausnahmsweise **Erstattung des Werts einer Dienstleistung** des Vormunds enthält Abs. 3, wonach der Vormund für die Erbringung von Diensten, **die zu seinem Beruf oder Gewerbe gehören** (*z. B. Besorgung einer Rechtsanwaltsleistung für den Mündel)* Aufwandsersatz erhält. Für die **Höhe** des Aufwendungsersatzes gelten die jeweiligen **Gebührenordnungen**, wie z. B. **RVG**, GOÄ, HOAI etc. 11

Bei **mittellosen Mündeln**, wie dies bei **unbegleitet eingereisten minderjährigen Flüchtlingen** regelmäßig der Fall ist, gilt aber bei der anwaltlichen Vertretung und Beratung durch den Vormund wegen des **Gebots der kostensparenden Amtsführung** eine Begrenzung des Vergütungsanspruchs auf die Sätze der **Prozesskosten- und Beratungshilfe**.[13] Der Rechtsanwalt kann diese Begrenzung aber vermeiden, wenn er nach § 1836 Abs. 1 BGB nach Zeitaufwand abrechnet.[14] Erstattungsfähig sind auch die Aufwendungen 12

4 BayObLG FamRZ 2005, 550; MüKo-BGB/*Fröschle,* § 1835 Rn. 10
5 BGH FamRZ 2007, 670; NJW 2014, 865
6 BeckOGK/*Bohnert,* § 1835 BGB Rn. 62
7 BGH MDR 2014, 431, auch zur Möglichkeit der Schätzung analog § 287 ZPO
8 BayObLG FamRZ 2003, 405
9 OLG Frankfurt a.M. BeckRS 2015, 1292; FamRZ 2012, 1890; anders nach BGH FamRZ 2014, 1811 aber beim Betreuer und nach OLG Hamm FamRZ 2014, 2024 beim berufsmäßigen Verfahrensbeistand; kritisch *Keuter,* FamRZ 2014, 1971
10 OLG München, Beschl. v. 11.7.2017 – 33 WF 559/17, juris
11 LG Hamburg BtPrax 2002, 270
12 OLG Schleswig FamRZ 2015, 770
13 BGH NJW 2014, 865; FamRZ 2007, 670; a.A.: OLG Frankfurt a.M. BeckRS 2015, 1292; FamRZ 2013, 1160 (Vorinstanz); vgl. dazu ausführlich *Dürbeck*, ZKJ 2014, 266
14 OLG Frankfurt JurBüro 2015, 420; *Dürbeck,* FamRZ 2018, 553, 563

des zum Vormund bestellten Anwalts für die Wahrnehmung einer Wahlverteidigung des Mündels wegen einer von diesem verübten Straftat, soweit ein Fall notwendiger Verteidigung nach §§ 68 JGG, 140 StPO nicht vorlag.[15]

Voraussetzung für den Anspruch ist nach § 670 BGB, dass auch ein nicht selbst beruflich qualifizierter Vormund die Dienstleistung eines Dritten (z. B. Rechtsanwalt) in Anspruch genommen hätte.[16]

II. Fristgerechte Geltendmachung

13 Ersatz- und Vorschussanspruch sind – auch im Fall der Geltendmachung gegenüber der Staatskasse, Abs. 4 Satz 2 – nach Abs. 1 Satz 3 **binnen 15 Monaten seit ihrer Entstehung** geltend zu machen. Es handelt sich hierbei um eine **Ausschlussfrist**, die auch den in Abs. 3 erfassten Aufwendungsersatz für berufsspezifische Dienste umfasst.[17] Sie gilt entsprechend auch für den Verfahrensbeistand.[18] Für diesen beginnt die Frist bereits dann zu laufen, wenn er seine Tätigkeit aufnimmt,[19] und nicht erst mit deren Beendigung.[20] Nach Ablauf der Frist **erlischt der Anspruch** nach Abs. 1a Satz 3, was von Amts wegen zu berücksichtigen ist.[21] Das Familiengericht kann – unter Hinweis auf die Folgen möglicher Fristversäumung[22] – nach Abs. 1a die Frist auf **Antrag verlängern** oder verkürzen, wobei eine Mindestfrist von 2 Monaten zu beachten ist.

14 Bei Wahrung der Frist **verjährt** der Anspruch im Übrigen nach §§ 195, 199 BGB in drei Jahren.[23] Die Frist wird gewahrt durch Einreichung eines bezifferten und inhaltlich überprüfbaren[24] Erstattungsantrages, nach Abs. 1 Satz 2 letzter HS gilt die Geltendmachung des Anspruchs beim Familiengericht auch als Geltendmachung gegenüber dem Mündel.

III. Geltendmachung gegenüber dem Mündel

15 Wie in Rn. 6 ausgeführt kann der Vormund die ihm zustehenden Beträge – ohne gerichtliche Festsetzung – wegen seiner Ansprüche aus §§ 669, 670 BGB **aus dem Mündelvermögen entnehmen**. Ist er aber nicht (mehr) für die **Vermögenssorge bestellt** oder aber **Gegenvormund**, hat er den Anspruch **an den Mündel vertreten durch den (neuen) Vormund oder Pfleger** zu richten. Wird ihm dieser verweigert, kann er nach § 168 Abs. 1 Satz 1 Nr. 1 Alt. 2 FamFG **gerichtliche Festsetzung** beantragen. Einwendungen des Mündels zur **Erforderlichkeit der Aufwendungen und deren Höhe** sind dann im Festsetzungsverfahren zu berücksichtigen. Einer Verfolgung des Anspruchs im Wege der **Leistungsklage fehlt das Rechtsschutzbedürfnis**.[25]

IV. Geltendmachung gegenüber der Staatskasse (Abs. 4)

16 Nach Abs. 4 tritt die **Staatskasse** nur **subsidiär** in die Haftung für die Ansprüche des Vormunds nach §§ 669, 670 BGB ein, wenn der **Mündel mittellos** ist. Die Frage der **Mittellosigkeit** ist nach § 1836d BGB zu ermitteln. Gegenüber dem **Amts- und Vereinsvormund** haftet die Staatskasse nach Abs. 5 gar nicht. Wird die Staatskasse in Anspruch ge-

---

15 *Dürbeck,* FamRZ 2018, 553, 563; OLG München FamRZ 2018, 515 – allerdings aufgegeben durch OLG München v. 8.11.2017 – 33 WF 893/17, juris: nur Abrechnung nach § 1836 BGB
16 BGH FamRZ 2011, 203
17 BGH FamRZ 2012, 1377; OLG Frankfurt a.M. FamRZ 2004, 736
18 BGH MDR 2017, 177
19 BGH ZKJ 2019, 266; Prütting/Helms/*Hammer,* § 158 FamFG Rn. 63
20 So noch OLG Zweibrücken MDR 2015, 772
21 Palandt/*Götz,* § 1835 BGB Rn. 18
22 BayObLG FGPrax 2005, 77; BeckOK-BGB/*Bettin,* § 1835 Rn. 14
23 MüKo-BGB/*Fröschle,* § 1835 Rn. 31
24 OLG München FamRZ 2006, 891
25 Str., zutreffend MüKo-BGB/*Fröschle,* § 1835 Rn. 59; a.A. OLG München OLGR 2006, 139 noch zum alten Recht

nommen, so findet das **Kostenfestsetzungsverfahren nach § 168 Abs. 1 Nr. 1 Alt. 1 FamFG** statt. Die Erforderlichkeit und Höhe der Aufwendungen sind von Amts wegen zu überprüfen.

▶ *Näher zum Verfahren und Rechtsschutz nach § 168 FamFG Dürbeck, § 168 FamFG Rn. 1 ff.*

§ 1835a BGB Aufwandsentschädigung

(1) [1]Zur Abgeltung seines Anspruchs auf Aufwendungsersatz kann der Vormund als Aufwandsentschädigung für jede Vormundschaft, für die ihm keine Vergütung zusteht, einen Geldbetrag verlangen, der für ein Jahr dem Neunzehnfachen dessen entspricht, was einem Zeugen als Höchstbetrag der Entschädigung für eine Stunde versäumter Arbeitszeit (§ 22 des Justizvergütungs- und -entschädigungsgesetzes) gewährt werden kann (Aufwandsentschädigung). [2]Hat der Vormund für solche Aufwendungen bereits Vorschuss oder Ersatz erhalten, so verringert sich die Aufwandsentschädigung entsprechend.

(2) Die Aufwandsentschädigung ist jährlich zu zahlen, erstmals ein Jahr nach Bestellung des Vormunds.

(3) Ist der Mündel mittellos, so kann der Vormund die Aufwandsentschädigung aus der Staatskasse verlangen; Unterhaltsansprüche des Mündels gegen den Vormund sind insoweit bei der Bestimmung des Einkommens nach § 1836c Nr. 1 nicht zu berücksichtigen.

(4) Der Anspruch auf Aufwandsentschädigung erlischt, wenn er nicht binnen drei Monaten nach Ablauf des Jahres, in dem der Anspruch entsteht, geltend gemacht wird; die Geltendmachung des Anspruchs beim Familiengericht gilt auch als Geltendmachung gegenüber dem Mündel.

(5) Dem Jugendamt oder einem Verein kann keine Aufwandsentschädigung gewährt werden.

Übersicht

Rn.
A. Allgemeines 1
B. Inhalt der Norm 4
I. Höhe und Voraussetzung 4
II. Geltendmachung 8

A. Allgemeines

1 § 1835a BGB bezweckt die **Förderung der ehrenamtlichen Vormundschaft** und ermöglicht es dem Vormund, statt Dokumentation und Abrechnung jeder einzelnen Aufwendung nach § 1835 BGB seine notwendigen Aufwendungen **pauschal** als sog. **Aufwandsentschädigung** gegenüber dem **Mündel** und **subsidiär gegenüber der Staatskasse** (Abs. 3) geltend zu machen.

2 Der Vormund hat dabei ein **Wahlrecht**. Er kann seinen Anspruch entweder **konkret nach § 1835 BGB oder pauschal** geltend machen. Eine **Kumulierung** von § 1835 BGB und § 1835a BGB ist nicht zulässig.[1] **Ausgeschlossen** vom Anwendungsbereich der Norm sind der **Amts- und Vereinsvormund** (Abs. 5) und der **Berufsvormund** (Abs. 1 Satz 1), der eine Vergütung für seine Tätigkeit nach § 1836 BGB beanspruchen kann.

1 OLG Brandenburg BtPrax 2003, 265

3 Die Regelung ist nach § 1915 Abs. 1 BGB auf den ehrenamtlichen **Ergänzungspfleger** anwendbar, nicht aber auf den **Verfahrensbeistand** und den **Umgangspfleger**, vgl. §§ 1684 Abs. 3 Satz 4 BGB, 158 Abs. 7, 277 Abs. 1 FamFG.

B. Inhalt der Norm

I. Höhe und Voraussetzung

4 Nach Abs. 1 Satz 1 kann der (ehrenamtliche) Vormund als Aufwandsentschädigung für jede Vormundschaft, für die ihm keine Vergütung zusteht, einen **Geldbetrag** verlangen, der für ein Jahr dem Neunzehnfachen dessen entspricht, was einem Zeugen als Höchstbetrag der Entschädigung für eine Stunde versäumter Arbeitszeit (§ 22 des Justizvergütungs- und -entschädigungsgesetzes) gewährt werden kann. Da § 22 JVEG als Höchstbetrag der Zeugenentschädigung für Verdienstausfall 21 Euro[2] vorsieht, können derzeit **insgesamt 399 Euro** beansprucht werden. Der Anspruch kann nicht für Zeiträume geltend gemacht werden, die vor der konstitutiven Bestellung des Vormunds oder Pflegers nach § 1789 BGB lagen.[3]

5 Übt der Vormund das Amt für **mehrere Geschwister** aus, kann er die Pauschale **pro Kind** abrechnen. Bei der Bestellung von **Mitvormündern** (§ 1775 BGB) kann die Pauschale nach h.M. von jedem Mitvormund **in voller Höhe** beansprucht werden.[4] Der **Gegenvormund** kann dagegen die volle Pauschale beanspruchen, da seine Aufgabe selbständig und unabhängig vom Vormund auszuüben ist.

6 Nach Abs. 2 ist die Pauschale **jährlich zu zahlen**, erstmals nach **Ablauf von einem Jahr nach Bestellung** des Vormunds. Eine Anbindung an das Kalenderjahr findet nicht statt. Ein Vorschuss nach § 669 BGB unterhalb des Pauschalbetrages kann für einzelne Aufwendungen beansprucht werden, er wird nach Abs. 1 Satz 2 verrechnet.[5]

7 Auch für die Aufwandsentschädigung gilt, wie für die Einzelabrechnung nach § 1835 BGB, eine **Ausschlussfrist**. Sie beträgt nach § 1835a Abs. 4 BGB **drei Monate nach Ablauf des Jahres**, in dem der Anspruch entsteht und wird durch **Geltendmachung des Anspruchs** gewahrt. Die Möglichkeit der **Verlängerung der Frist** sieht das Gesetz – anders als bei § 1835 Abs. 1a BGB – **nicht** vor. Eine Wiedereinsetzung in den vorigen Stand kann nicht gewährt werden,[6] auch besteht keine Hinweispflicht des Familiengerichts.[7]

▶ *Näher hierzu Dürbeck, § 1835 BGB Rn. 13.*

II. Geltendmachung

8 Wie bei § 1835 BGB kann der Vormund die ihm zustehenden Geldbeträge – ohne gerichtliche Festsetzung – wegen seines Anspruchs auf Aufwandsentschädigung **aus dem Mündelvermögen entnehmen**. Es gelten im Übrigen die in § 1835 BGB Rn. 15 aufgezeigten Regeln.

9 Nach § 1835a Abs. 3 tritt die **Staatskasse** hier ebenfalls **subsidiär** in die Haftung für die Ansprüche des Vormunds auf Aufwandsentschädigung ein, wenn der **Mündel mittellos** ist. Bei der Ermittlung der Mittellosigkeit nach § 1835d BGB sind nach Abs. 3 Satz 2 **Unter-**

2 Geändert durch das 2. Kostenrechtsmodernisierungsgesetz zum 1.8.2013, BGBl. I 2013 S. 2586; zur Behandlung von Übergangsfällen vgl. *Deinert*, BtPrax 2013, 198
3 BGH NJW-RR 2018, 193; Bestellung des Pflegers erst acht Jahre nach der Entscheidung
4 OLG Oldenburg ZKJ 2019, 33; LG Lübeck FamRZ 2011, 1170; OLG Jena FamRZ 2005, 478; BayObLG NJW-RR 2002, 942; Palandt/*Götz*, § 1835a BGB Rn. 3; a.A.: LG Münster BtPrax 2001, 220; Erman/*Posselt*, § 1835a BGB Rn. 4
5 Erman/*Posselt*, § 1835a BGB Rn. 3
6 OLG Brandenburg FamRZ 2013, 319
7 OLG Köln FamRZ 2013, 1837; BeckOGK/*Bohnert*, § 1835a BGB Rn. 19

haltsansprüche des Mündels bei der Bestimmung des Einkommens nach § 1835c Nr. 1 BGB **nicht zu berücksichtigen**, so dass der Mündel insoweit privilegiert wird.

Gegenüber dem **Amts- und Vereinsvormund** haftet die Staatskasse nach Abs. 5 gar nicht. 10

Wird die Staatskasse in Anspruch genommen, so findet das Kostenfestsetzungsverfahren nach § 168 Abs. 1 Nr. 1 Alt. 1 FamFG statt.

▶ *Näher zum Verfahren und Rechtsschutz vgl. Dürbeck, § 168 FamFG Rn. 1 ff.*

Bei Zahlung durch die Staatskasse **geht** der **Anspruch des Vormunds** nach § 1836e BGB zwar **kraft Gesetzes** auf die Staatskasse **über**, der Mündel kann sich aber im gleichen Umfang wie in § 1835a Abs. 3 Satz 2 BGB auf seine **Mittellosigkeit** berufen.[8] 11

§ 1836 BGB Vergütung des Vormunds

(1) [1]Die Vormundschaft wird unentgeltlich geführt. [2]Sie wird ausnahmsweise entgeltlich geführt, wenn das Gericht bei der Bestellung des Vormunds feststellt, dass der Vormund die Vormundschaft berufsmäßig führt. [3]Das Nähere regelt das Vormünder- und Betreuervergütungsgesetz.

(2) Trifft das Gericht keine Feststellung nach Absatz 1 Satz 2, so kann es dem Vormund und aus besonderen Gründen auch dem Gegenvormund gleichwohl eine angemessene Vergütung bewilligen, soweit der Umfang oder die Schwierigkeit der vormundschaftlichen Geschäfte dies rechtfertigen; dies gilt nicht, wenn der Mündel mittellos ist.

(3) Dem Jugendamt oder einem Verein kann keine Vergütung bewilligt werden.

Übersicht

	Rn.
A. Allgemeines	1
§ 1 VBVG Feststellung der Berufsmäßigkeit und Vergütungsbewilligung	3
§ 2 VBVG Erlöschen der Ansprüche	3
§ 3 VBVG Stundensatz des Vormunds	3
B. Inhalt der Norm	4
I. Vergütung des Berufsvormunds (Abs. 1)	4
II. Vergütung bei nicht berufsmäßig geführter Vormundschaft (Abs. 2)	12

A. Allgemeines

§ 1836 BGB regelt in Ergänzung von §§ 1835, 1835a BGB die Frage der **Vergütung der Tätigkeit des Vormunds** und stellt in Abs. 1 Satz 1 den **Grundsatz der Unentgeltlichkeit** des Ehrenamtes des Vormunds in den Vordergrund.[1] Abs. 1 Satz 2 regelt als Ausnahme dieses Grundprinzips den Fall, dass im Falle der **berufsmäßigen Ausübung** des Vormundschaftsamts, was **bei der Bestellung festzustellen** ist, vom Vormund eine Vergütung beansprucht werden kann. 1

Wegen der Einzelheiten verweist das Gesetz in Abs. 1 Satz 3 auf die Regelungen des **Vormünder- und Betreuervergütungsgesetz** (VBVG),[2] wobei hier für den Vormund §§ 1 bis 3 VBVG von Bedeutung sind. 2

8 LG Koblenz RdLH 2003, 81; MüKo-BGB/*Fröschle*, § 1835a Rn. 14

1 Vgl. zur Entwicklung Staudinger/*Bienwald*, § 1836 BGB Rn. 8 f.

2 Neu geregelt durch das Gesetz zur Anpassung der Betreuer- und Vormündervergütung v. 22.6.2019, BGBl. I 2019 S. 866

§ 1 VBVG Feststellung der Berufsmäßigkeit und Vergütungsbewilligung

(1) Das Familiengericht hat die Feststellung der Berufsmäßigkeit gemäß § 1836 Abs. 1 Satz 1 des Bürgerlichen Gesetzbuchs zu treffen, wenn dem Vormund in einem solchen Umfang Vormundschaften übertragen sind, dass er sie nur im Rahmen seiner Berufsausübung führen kann, oder wenn zu erwarten ist, dass dem Vormund in absehbarer Zeit Vormundschaften in diesem Umfang übertragen sein werden. Berufsmäßigkeit liegt im Regelfall vor, wenn

1. **der Vormund mehr als zehn Vormundschaften führt oder**
2. **die für die Führung der Vormundschaft erforderliche Zeit voraussichtlich 20 Wochenstunden nicht unterschreitet.**

(2) [1]Trifft das Familiengericht die Feststellung nach Absatz 1 Satz 1, so hat es dem Vormund oder dem Gegenvormund eine Vergütung zu bewilligen. [2]Ist der Mündel mittellos im Sinne des § 1836d des Bürgerlichen Gesetzbuchs, so kann der Vormund die nach Satz 1 zu bewilligende Vergütung aus der Staatskasse verlangen.

§ 2 VBVG Erlöschen der Ansprüche

[1]Der Vergütungsanspruch erlischt, wenn er nicht binnen 15 Monaten nach seiner Entstehung beim Familiengericht geltend gemacht wird; die Geltendmachung des Anspruchs beim Familiengericht gilt dabei auch als Geltendmachung gegenüber dem Mündel. [2]§ 1835 Abs. 1a des Bürgerlichen Gesetzbuchs gilt entsprechend.

§ 3 VBVG Stundensatz des Vormunds

(1) [1]Die dem Vormund nach § 1 Abs. 2 zu bewilligende Vergütung beträgt für jede Stunde der für die Führung der Vormundschaft aufgewandten und erforderlichen Zeit 23,00 Euro. [2]Verfügt der Vormund über besondere Kenntnisse, die für die Führung der Vormundschaft nutzbar sind, so erhöht sich der Stundensatz

1. **auf 29,50 Euro, wenn diese Kenntnisse durch eine abgeschlossene Lehre oder eine vergleichbare abgeschlossene Ausbildung erworben sind;**
2. **auf 39,00 Euro, wenn diese Kenntnisse durch eine abgeschlossene Ausbildung an einer Hochschule oder durch eine vergleichbare abgeschlossene Ausbildung erworben sind.**

[3]Eine auf die Vergütung anfallende Umsatzsteuer wird, soweit sie nicht nach § 19 Abs. 1 des Umsatzsteuergesetzes unerhoben bleibt, zusätzlich ersetzt.

(2) [1]Bestellt das Familiengericht einen Vormund, der über besondere Kenntnisse verfügt, die für die Führung der Vormundschaft allgemein nutzbar und durch eine Ausbildung im Sinne des Absatzes 1 Satz 2 erworben sind, so wird vermutet, dass diese Kenntnisse auch für die Führung der dem Vormund übertragenen Vormundschaft nutzbar sind. [2]Dies gilt nicht, wenn das Familiengericht aus besonderen Gründen bei der Bestellung des Vormunds etwas anderes bestimmt.

(3) [1]Soweit die besondere Schwierigkeit der vormundschaftlichen Geschäfte dies ausnahmsweise rechtfertigt, kann das Familiengericht einen höheren als den in Absatz 1 vorgesehenen Stundensatz der Vergütung bewilligen. [2]Dies gilt nicht, wenn der Mündel mittellos ist.

(4) Der Vormund kann Abschlagszahlungen verlangen.

3 Abs. 2 regelt als weitere **Ausnahme der Unentgeltlichkeit** der Vormundstätigkeit den Fall, dass auch dem **nicht berufsmäßigen Vormund** ein Vergütungsanspruch bei **besonders schwieriger** oder **umfangreicher Tätigkeit** gegenüber dem **leistungsfähigen Mündel** gewährt werden kann.

Vereins- und Amtsvormund sind nach Abs. 3 ausnahmslos von der Vergütung ausgeschlossen. § 1836 BGB gilt über die Verweisungen in § 1684 Abs. 3 Satz 6 BGB, 277 Abs. 2 FamFG auch für den berufsmäßigen **Umgangspfleger**. Für den berufsmäßigen **Verfah-**

rensbeistand gilt dagegen die pauschale Vergütungsregelung in § 158 Abs. 7 Satz 2 FamFG. Für den (berufsmäßigen) **Ergänzungspfleger** ist § 1836 BGB über die Verweisung in § 1915 Abs. 1 Satz 1 BGB anwendbar, allerdings nach § 1915 Abs. 1 Satz 2 BGB mit Abweichungen bei der Geltung von § 3 Abs. 1 bis 3 VBVG (siehe näher hierzu *Dürbeck*, § 1915 BGB Rn. 3 ff.).

B. Inhalt der Norm

I. Vergütung des Berufsvormunds (Abs. 1)

Abs. 1 Satz 2 verlangt zunächst, dass das Familiengericht bei der Bestellung des Vormunds, die **Feststellung** trifft, dass der Vormund das Amt **berufsmäßig führt**. Unterbleibt die Feststellung im Bestellungsbeschluss, kann sie nach inzwischen ständiger Rechtsprechung des BGH entgegen der zuvor herrschenden Meinung[3] **nicht im späteren Kostenfestsetzungsverfahren mit Rückwirkung** nachgeholt werden.[4] In diesem Fall hat der berufsmäßig tätige Vormund die Unterlassung der Feststellung durch Anfechtung des Bestellungsbeschlusses mit der **Beschwerde nach §§ 58 ff. FamFG** anzugreifen, wobei für Altfälle vor Inkrafttreten des FamFG die unbefristete Beschwerde nach § 19 FGG (a.F.) noch heute möglich ist.[5] Unterlässt er dies, ist er in vergütungsrechtlicher Hinsicht ehrenamtlicher Vormund und kann – bis zu einer etwaigen Abänderung des Bestellungsbeschlusses – eine Vergütung lediglich ausnahmsweise nach § 1836 Abs. 2 BGB beanspruchen, die aber nur gegen den **nicht mittellosen Mündel** geltend gemacht werden kann. Ein Anspruch gegen die Staatskasse steht ihm dann nicht zu. Möglich bleibt aber eine **vergütungsrechtliche Umwidmung** mit Wirkung **ausschließlich für die Zukunft** durch eine – ggf. vom Vormund unverzüglich anzuregende – **Abänderung des Bestellungsbeschlusses** um die Feststellung der Berufsmäßigkeit der Ausübung der Vormundschaft.[6] Ansprüche gegen die Staatskasse stehen ihm für die Vergangenheit bis zum Wirksamwerden der Abänderung in einem solchen Fall nicht zu. 4

Allerdings kommt eine **Berichtigung** des Bestellungsbeschlusses nach § 42 Abs. 1 FamFG in Betracht, wenn die Feststellung der Berufsmäßigkeit versehentlich unterblieben ist und sich diese aus den Gründen des Beschlusses ergibt oder aus sonstigen Begleitumständen offensichtlich ist.[7] Berichtigt das Familiengericht den Beschluss in rechtswidriger Weise gleichwohl, so besteht eine Bindungswirkung im anschließenden Kostenfestsetzungsverfahren nach § 168 FamFG.[8] Ein Rechtsmittel gegen die zu Unrecht ergangene Berichtigung steht der Staatskasse nicht zu.[9] 4a

Die materiellen Kriterien für die Frage, wann eine Vormundschaft berufsmäßig ausgeübt wird, sind in § 1 Abs. 1 VBVG (*siehe Rn. 2*) geregelt. Als **Regelbeispiele** sind in § 1 Abs. 1 Satz 2 VBVG vorgesehen, dass das Amt dann berufsmäßig geführt wird, wenn der Betreffende **mehr als zehn Vormundschaften** führt oder aber in einem Umfang von **mindestens zwanzig Wochenstunden** für die Führung der Vormundschaft tätig ist. Auch bei **Nichterfüllung der Regelbeispiele** kann Berufsmäßigkeit vorliegen, wobei hier nach § 1 Abs. 1 Satz 1 VBVG vorrangig auf **Umfang** und nachrangig **Schwierigkeit der Tätigkeit** wertend abzustellen ist. Auch eine **nebenberufliche Berufsvormundschaft** ist anzuer- 5

---

3 OLG Frankfurt a.M. FamRZ 2013, 894; OLG Köln FamRZ 2013, 1837; OLG Brandenburg ZKJ 2009, 132
4 BGH FamRZ 2018, 1006; FamRZ 2014, 736; FamRZ 2014, 653; FamRZ 2014, 1283; NJW 2014, 863; ausführlich zu den Konsequenzen: *Bestelmeyer*, FGPrax 2014, 93
5 Vgl. BGH MDR 2014, 855; Staudinger/*Veit*, § 1836 BGB Rn. 66 ff.
6 *Bestelmeyer*, FGPrax 2014, 93, 96 ff.
7 BGH FamRZ 2014, 1283; FamRZ 2014, 653
8 BGH FamRZ 2018, 1006; OLG Frankfurt, Beschl. v. 23.8.2017 – 3 WF 145/17, juris
9 Vgl. OLG Frankfurt FGPrax 2004, 122

kennen.[10] Weiterhin kommt auch einem für die Ausübung des Vormundschaftsamts **besonders qualifizierenden Beruf** indizielle Bedeutung (*Erzieher für Personensorge, Rechtsanwalt oder Steuerberater für Vermögenssorge*) zu.[11]

6 Ist die Berufsmäßigkeit festgestellt, so kann der Vormund eine Vergütung nach Maßgabe von § 3 VBVG (siehe Rn. 2) für **zur Ausübung der Vormundschaft aufgewendete Tätigkeit** verlangen, die vom Familiengericht nach § 1 Abs. 2 Satz 1 VBVG zu bewilligen ist. Diese ist **stundenmäßig** zu veranschlagen, liegt derzeit bei 23 Euro und kann bei Vorhandensein besonderer Kenntnisse je nach Qualifikation und Art der Ausbildung auf 29 Euro bzw. **höchstens auf 39 Euro** pro Stunde **zzgl. Umsatzsteuer**[12] erhöht werden. In Ausnahmefällen erlaubt § 3 Abs. 3 VBVG bei besonderer Schwierigkeit der Vormundstätigkeit gegenüber dem **nicht mittellosen Mündel** eine **weitere Erhöhung** des Stundensatzes.

6a Abrechenbar ist die zur Erfüllung der sich aus der Vormundschaft ergebenden Aufgaben **erforderliche Zeit**. Der zeitliche Aufwand für persönliche Kontakte zum Mündel steht im Ermessen des Vormunds und hat sich an den individuellen Bedürfnissen des Kindes zu orientieren, wobei im Einzelfall auch Wochenendbesuche eines in einer weit entfernten Einrichtung der Jugendhilfe untergebrachten Kindes notwendig sein können.[13]

7 **Vor** wirksamer **Bestellung** nach § 1789 BGB (vgl. dort Rn. 5) können Vergütungsansprüche grundsätzlich nicht entstehen.[14] Etwaige Ansprüche nach § 242 BGB unter dem Gesichtspunkt des Vertrauensschutzes oder wegen Amtshaftung wegen vor der Bestellung liegender Tätigkeiten sind im Vergütungsfestsetzungsverfahren nach § 168 FamFG nicht zu berücksichtigen.

8 Wie bei §§ 1835, 1835a BGB unterfällt der Anspruch einer **materiellen Ausschlussfrist**. Sie beträgt nach § 2 VBVG (*siehe* Rn. 2) **15 Monate** seit Entstehung des Anspruchs, wobei § 1835a Abs. 1a BGB entsprechend gilt. Wegen der Einzelheiten siehe näher hierzu *Dürbeck*, § 1835 BGB Rn. 13.

9 Das Gesetz sieht in § 3 Abs. 4 VBVG die Möglichkeit der Gewährung von **Abschlagszahlungen**, nicht aber die Zahlung eines **Vorschusses** vor.

10 Hat der Berufsvormund eine **berufsspezifische Leistung** für den Mündel erbracht (*z. B. außergerichtliche Vertretung als Rechtsanwalt*), so hat er ein **Wahlrecht** zwischen **Aufwendungsersatz nach § 1835 Abs. 3 BGB i. V. m. RVG** (siehe näher hierzu *Dürbeck*, § 1835 BGB Rn. 11) und der **stundenweise Abrechnung der Vergütung seiner Tätigkeit nach § 1836 Abs. 1 Satz 2 BGB i. V. m. § 3 VBVG**.[15] Hier kann gerade bei mittellosen Mündeln wegen der Begrenzung des Aufwendungsersatzanspruchs auf die Sätze der **Beratungshilfe** (vgl. *Dürbeck*, § 1835 BGB Rn. 11) die Abrechnung nach § 1836 BGB günstiger für den anwaltlichen Berufsvormund sein.[16] Im Übrigen schließt ein Antrag des anwaltlichen Vormunds auf Festsetzung pauschaler Vergütung nach § 1836 BGB die nachträgliche Geltendmachung von Aufwendungsersatz nach § 1835 Abs. 3 BGB für in dem betreffenden Zeitraum erbrachte anwaltliche Dienste nicht aus.[17]

10 BVerfG FamRZ 1999, 568
11 OLG Frankfurt a.M. FGPrax 2001, 76; MüKo-BGB/*Fröschle,* § 1836 Rn. 10
12 Zur Umsatzsteuerbefreiung des berufsmäßigen Ergänzungspflegers nach § 4 Nr. 25 S. 3c UStG vgl. OLG Frankfurt a.M. JurBüro 2015, 420
13 OLG Braunschweig, Beschl. v. 29.3.2019 – 2 WF 11/19, juris
14 BGH FamRZ 2018, 513; ZKJ 2018, 62; OLG Brandenburg FamRZ 2009, 729; FamRZ 2008, 1478; KG ZKJ 2006, 472; *Bestelmeyer*, FamRZ 2011, 950; a.A. OLG Braunschweig ZKJ 2017, 319; OLG Frankfurt a.M. FamRZ 2012, 1890; OLG Koblenz FamRZ 2010, 1173; LG Münster FamRZ 2010, 473; *Keuter*, FamRZ 2010, 1955, 1957 f.
15 OLG Frankfurt a.M. JurBüro 2015, 420; ZKJ 2013, 212; KG FamRZ 2012, 63
16 Vgl. OLG Frankfurt a.M. JurBüro 2015, 420; ZKJ 2013, 212; *Dürbeck*, ZKJ 2014, 266, 272
17 BGH FamRZ 2014, 1628 OLG Frankfurt a.M. JurBüro 2015, 420

11 Wie bei §§ 1835, 1835a BGB haftet die **Staatskasse** nach § 1 Abs. 2 Satz 2 VBVG **subsidiär** für den Vergütungsanspruch bei – nach § 1836d BGB festzustellender – **Mittellosigkeit** des Mündels. Bei **leistungsfähigem Mündel** entnimmt der Vormund die Vergütung **aus dem Mündelvermögen** (vgl. im Übrigen die Anmerkungen *Dürbeck*, § 1835 BGB Rn. 6, die auch hier entsprechend gelten). Bei einer Haftung der Staatskasse ist nach § 168 Abs. 1 Nr. 2 FamFG das dort geregelte Vergütungsfestsetzungsverfahren durchzuführen.

▶ *Zum Vergütungsfestsetzungsverfahren näher Dürbeck, § 168 FamFG Rn. 1 ff.*

12 **Neben** dem Vergütungsanspruch kann der Vormund auch **Ersatz seiner Aufwendungen**, wie Fahrtkosten, Kopier-, Porto- und Telefonkosten sowie Reisekosten, nach § 1835 BGB geltend machen.[18] § 1835a BGB gilt für ihn nicht.

▶ *Näher zu den erstattungsfähigen Aufwendungen Dürbeck, § 1835 BGB Rn. 7 ff.*

II. Vergütung bei nicht berufsmäßig geführter Vormundschaft (Abs. 2)

13 Nach § 1836 Abs. 2 BGB kann auch einem ehrenamtlich tätigen Berufsvormund ausnahmsweise aus besonderen Gründen eine Vergütung bewilligt werden, soweit der **Umfang und die Schwierigkeit der zu erledigenden Geschäfte** dies rechtfertigen. Anspruchsgegner ist aber ausschließlich der nicht mittellose Mündel, eine **Ausfallhaftung der Staatskasse** besteht anders als beim Berufsvormund **nicht**. Eine solche im Ermessen stehende Vergütung kann angenommen werden, wenn der Umfang und die Schwierigkeit der Tätigkeit über das hinausgehen, was üblicherweise ohne Anspruch auf Vergütung zu leisten ist und diese ein Ausmaß annimmt, dass eine unentgeltliche Amtsführung billigerweise nicht mehr erwartet werden kann.[19] Dies wird etwa dann in der Rechtsprechung angenommen, wenn der wöchentliche Zeitaufwand **mehr als zwei Stunden** in Anspruch nimmt.[20] Für eine besondere Schwierigkeit der Tätigkeit des Vormunds spricht, dass er gerade wegen seiner speziellen Fachkenntnisse und Qualifikationen bestellt wurde.[21]

14 Werden die Voraussetzungen von Abs. 2 bejaht, so ist die Vergütung des nicht berufsmäßigen Vormunds nach § 1836 Abs. 2 BGB **nicht an die Mindest- und Höchstsätze von § 3 VBVG gebunden**[22] und kann in extrem schwierigen Ausnahmefällen sogar die Vergütung des Berufsvormunds überschreiten.[23]

§§ 1836a und 1836b

(weggefallen)

§§ 1836c bis 1836d

[...]

Von Abdruck und Kommentierung wird abgesehen.

18 Oberloskamp/*Hoffmann*, § 4 Rn. 10
19 Palandt/*Götz*, § 1836 BGB Rn. 8
20 OLG Frankfurt a.M. FamRZ 2008, 2153
21 MüKo-BGB/*Fröschle*, § 1836 Rn. 34
22 BayObLG FamRZ 2004, 1138; Oberloskamp/*Hoffmann*, § 4 Rn. 9; a.A. Soergel/*Zimmermann*, § 1836 BGB Rn. 37
23 OLG Karlsruhe FamRZ 2007, 1270; LG Mainz Rpfleger 2013, 395; *Zimmermann*, FamRZ 2014, 165

Untertitel 3
Fürsorge und Aufsicht des Familiengerichts

§ 1837 BGB Beratung und Aufsicht

(1) [1]Das Familiengericht berät die Vormünder. [2]Es wirkt dabei mit, sie in ihre Aufgaben einzuführen.

(2) [1]Das Familiengericht hat über die gesamte Tätigkeit des Vormunds und des Gegenvormunds die Aufsicht zu führen und gegen Pflichtwidrigkeiten durch geeignete Gebote und Verbote einzuschreiten. [2]Es hat insbesondere die Einhaltung der erforderlichen persönlichen Kontakte des Vormunds zu dem Mündel zu beaufsichtigen. [3]Es kann dem Vormund und dem Gegenvormund aufgeben, eine Versicherung gegen Schäden, die sie dem Mündel zufügen können, einzugehen.

(3) [1]Das Familiengericht kann den Vormund und den Gegenvormund zur Befolgung seiner Anordnungen durch Festsetzung von Zwangsgeld anhalten. [2]Gegen das Jugendamt oder einen Verein wird kein Zwangsgeld festgesetzt.

(4) §§ 1666, 1666a und 1696 gelten entsprechend.

Übersicht

Rn.
A. Allgemeines ... 1
B. Inhalt der Norm ... 3
I. Beratung (Abs. 1) ... 3
II. Aufsicht (Abs. 2 bis 4) ... 5
1. Ge- und Verbote (Abs. 2) ... 5
2. Zwangsgeld (Abs. 3) ... 11
3. Eingriffe in die Sorgebefugnis (Abs. 4) ... 16
4. Verfahren und Rechtsschutz ... 18
A. Allgemeines ... 1
B. Inhalt der Norm ... 2

A. Allgemeines

1 § 1837 BGB regelt die Beratung und Aufsicht[1] des Vormunds durch das Familiengericht. Dem einfachgesetzlichen **Grundsatz der Selbständigkeit des Vormunds** steht der aus Art. 6 Abs. 2 Satz 2 GG folgende **verfassungsrechtliche** – und damit vorrangige – **Schutzauftrag des Staates zugunsten des Kindes** gegenüber.

2 Sowohl staatliche Kontrollbefugnis als auch Eingriffsschwelle bei Pflichtwidrigkeiten in der Führung der Vormundschaft sind angesichts der fehlenden Einbeziehung des Vormunds in Art. 6 Abs. 2 Satz 1 GG auf einer **niedrigeren Stufe** als das **Sorgerecht der Eltern** angesiedelt. Unbeschadet dessen soll sich nach der gesetzgeberischen Zielsetzung auch die **gerichtliche Beaufsichtigung** des Vormunds auf das **Notwendigste** beschränken.[2] Ein wesentliches Ziel, was durch Abs. 1 zum Ausdruck kommt, ist die **Kooperation von Familiengericht und Vormund**[3] **unter Einbeziehung des Jugendamts** (vgl. § 53 SGB VIII). Neben der Aufsicht durch das Familiengericht unterliegt der Vormund auch der (insoweit eigenständigen[4]) **Aufsicht durch das Jugendamt** nach Maßgabe von § 53 Abs. 3 SGB VIII.

---

1 Ausführlich zur Aufsicht des Amtsvormunds: *Gojowczyk*, Rpfleger 2013, 1
2 Soergel/*Zimmermann,* § 1837 BGB Rn. 3
3 *Hoffmann*, JAmt 2011, 299
4 LPK-SGB VIII/*Kunkel/Leonhardt,* § 53 Rn. 22; Wiesner/*Elmauer,* § 53 SGB VIII Rn. 11

B. Inhalt der Norm

I. Beratung (Abs. 1)

Nach Abs. 1 berät das Familiengericht die Vormünder und wirkt dabei mit, sie in ihr Amt einzuführen. Im Gegensatz zu der in § 53 Abs. 2 SGB VIII vorgesehenen Beratung der Vormünder durch das Jugendamt, stehen hier weniger sozialarbeiterische bzw. erzieherische Fragen betreffend das Kind im Vordergrund, sondern **rechtliche bzw. organisatorische Grundfragen**. 3

Zuständig für die Aufsicht ist nach § 3 Nr. 2a RPflG der **Rechtspfleger**. **Die Einführung in das Amt** wird bei ehrenamtlichen Einzelvormündern im Rahmen der **Bestellung** und Übergabe der Bestallungsurkunde nach §§ 1789, 1791 BGB stattfinden. Zur Beratungsfunktion gehört auch die **Vermittlung bei Konflikten** zwischen Mündel und Vormund,[5] soweit dies nicht bereits seitens der staatlichen Kinder- und Jugendhilfe erfolgt ist. 4

II. Aufsicht (Abs. 2 bis 4)

1. Ge- und Verbote (Abs. 2)

Nach Abs. 2 hat das Familiengericht hat über die gesamte Tätigkeit des Vormunds und auch des Gegenvormunds die **Aufsicht zu führen** und **gegen Pflichtwidrigkeiten durch geeignete Gebote und Verbote** einzuschreiten. Der Aufsicht des Familiengerichts unterliegen auch der **Amts- und Vereinsvormund**.[6] 5

Die Aufsichtspflicht des Familiengerichts wird ergänzt durch die **Genehmigungsvorbehalte** in §§ 1809 ff. BGB, die **Vertretungsverbote und –einschränkungen** nach §§ 1795, 1796 BGB und die Pflichten des Vormunds zu **jährlicher Rechnungslegung und Vorlage eines Vermögensverzeichnisses** (§§ 1802, 1840 ff. BGB), die auch nach seiner Entlassung noch zu erfüllen sind (vgl. § 1892 BGB).[7] Bei Bedarf kann das Familiengericht zur Unterstützung seiner Aufsichts- und Kontrollfunktion auch einen **Gegenvormund** (§ 1792 BGB) bestellen. 6

Das Familiengericht hat die gesamte Tätigkeit des Vormunds dahin zu beaufsichtigen, ob sich aus dieser **Pflichtwidrigkeiten** ergeben. **Zweckmäßigkeitsfragen** hat es nicht zu beurteilen, insbesondere hat es das **Ermessen und die Selbständigkeit** des Vormunds zu achten und darf nicht Entscheidungen in Ansehung des Mündels an seiner Stelle entscheiden.[8] 7

Nach Abs. 2 Satz 2 hat es sich insbesondere der **Einhaltung der erforderlichen persönlichen Kontakte** des Vormunds (vgl. § 1793 Abs. 2 BGB Rn. 6) zu dem Mündel zu vergewissern, was vor allem für den Amts-, Berufs- und Vereinsvormund bedeutsam ist. Die Überwachung der **Einhaltung der Fallobergrenze** durch den Amtsvormund nach § 55 Abs. 2 Satz 4 SGB VIII fällt hingegen nicht unter seine Aufsichtsfunktion.[9] 8

▶ *Näher hierzu Köhler, § 58 SGB VIII Rn. 11 ff.*

Dauerhafte Verstöße hiergegen können aber Anlass sein, den Amtsvormund nach § 1887 BGB zu entlassen.

Stellt das Familiengericht im Rahmen seiner Aufsicht Verstöße gegen Pflichten des Vormunds fest, hat es nach Abs. 2 Satz 1 durch **geeignete Gebote und Verbote** gegenüber 9

5 MüKo-BGB/*Kroll-Ludwigs*, § 1837 Rn. 6
6 *Gojowczyk*, Rpfleger 2013, 1, 6
7 Vgl. Oberloskamp/*Dürbeck*, § 10 Rn. 4 ff.
8 OLG Frankfurt JAmt 2019, 528; OLG Hamm FamRZ 2012, 1312; OLG München FamRZ 2009, 2119; Palandt/*Götz*, § 1837 BGB Rn. 8; *Bienwald*, RpflStud 2014, 61
9 Oberloskamp/*Kunkel*, § 16 Rn. 19; *Gojowczyk*, Rpfleger 2013, 1, 4

dem Vormund einzuschreiten. Abs. 2 Satz 3 nennt als Beispiel für eine Maßnahme das an den Vormund gerichtete Gebot, eine **Haftpflichtversicherung** wegen möglicher Schäden des Mündels durch die Amtsführung abzuschließen. Nicht befugt ist das Familiengericht, **selbst Maßnahmen für den Mündel** zu treffen. Die Auswahl der Maßnahme steht im **pflichtgemäßen Ermessen** des Familiengerichts,[10] nicht aber das **„ob"** bei Bejahung einer Pflichtwidrigkeit.[11]

10 Kommt das Familiengericht seiner Aufsichtspflicht nicht nach, kann dies die **Amtshaftung** nach Art. 34 GG, 839 BGB für Schäden des Mündels begründen.[12]

2. Zwangsgeld (Abs. 3)

11 Bei Nichtbefolgung von Ge- oder Verboten kann das Familiengericht nach **Abs. 3** ein **Zwangsgeld** gegen den Vormund festsetzen. Die Anordnung von **Haft** ist gesetzlich nicht vorgesehen. Höhe, Verfahren und Rechtsschutz ergeben sich aus § 35 Abs. 2 bis 5 FamFG. Auf das mögliche Zwangsgeld ist in der Entscheidung, die das Ge- oder Verbot ausspricht, nach § 35 Abs. 2 FamFG **hinzuweisen**. Der **Zwangsgeldrahmen** liegt nach Art. 6 Abs. 1 EGStGB, § 35 Abs. 3 FamFG zwischen 5 und 25.000 Euro. Eine **Umwandlung** des uneinbringlichen Zwangsgeldes in **Zwangshaft** ist nicht vorgesehen.

12 Bei **wiederholter Festsetzung** ist nach Abs. 2 Satz 1 der vorgegebene **Mindestzwischenraum von 1 Woche** zu beachten, wobei nach Satz 2 **maximal drei Zwangsgelder** verhängt werden dürfen. Gemäß § 35 Abs. 3 Satz 2 FamFG sind dem Verpflichteten auch die **Verfahrenskosten** aufzuerlegen.

13 Nach § 35 Abs. 5 FamFG findet gegen die Entscheidung über das Zwangsgeld die **sofortige Beschwerde** nach §§ 567 ff. ZPO statt.

14 Gegen den **Amts- und Vereinsvormund** kann nach Abs. 3 Satz 2 kein Zwangsgeld festgesetzt werden. Hinsichtlich des Amtsvormunds verbleibt dem Familiengericht bei Nichtbefolgung seiner Anordnungen insoweit nur die Möglichkeit von **Gegenvorstellung** und **Dienstaufsichtsbeschwerde**.[13]

15 § 1837 Abs. 3 BGB steht im Übrigen der Anordnung eines **Ordnungsgelds gegen den Amtsvormund** nach § 89 FamFG wegen schuldhaften Verstoßes gegen eine vollstreckbare Umgangsregelung nicht entgegen.[14]

3. Eingriffe in die Sorgebefugnis (Abs. 4)

16 Abs. 4 verweist schließlich im Rahmen der Aufsicht über den Vormund auf die entsprechende Anwendung von **§§ 1666, 1666a, 1696 BGB**. Damit kann bei einer nicht anders abwendbaren Gefahr für das Wohl des Mündels über die Ge- und Verbote des Abs. 2 hinaus das Familiengericht auch in die **Sorgebefugnis des Vormunds eingreifen**. Ein vollständiger Entzug des Sorgerechts ist nicht zulässig, da insoweit § 1886 BGB die speziellere Norm darstellt und eine niedrigere Eingriffsschwelle als § 1837 Abs. 4 BGB beinhaltet.[15] Zulässig sind etwa der Teilentzug bestimmter Sorgebefugnisse nach § 1666 Abs. 1, Abs. 3

10 Oberloskamp/*Hoffmann*, § 2 Rn. 38
11 MüKo-BGB/*Kroll-Ludwigs*, § 1837 Rn. 17
12 OLG Oldenburg Rpfleger 1979, 101
13 BT-Drucks. 17/3617, 8
14 BGH ZKJ 2014, 251; OLG Frankfurt a.M. ZKJ 2013, 167
15 BeckOGK/*Gietl*, § 1837 BGB Rn. 77; zu Unrecht OLG Köln FamRZ 2009, 724

Nr. 6 BGB, wie der Entzug des Aufenthaltsbestimmungsrechts[16] nebst Bestellung eines Pflegers nach § 1909 BGB, Maßnahmen gegen Dritte gemäß § 1666 Abs. 4 BGB oder die Ersetzung einer Erklärung des Vormunds nach § 1666 Abs. 3 Nr. 5 BGB.

Bei s**chwerwiegenden Pflichtwidrigkeiten** des Vormunds ist jedoch in der Praxis dessen **Entlassung** nach § 1886 BGB zu erwägen, so dass auf Abs. 4 eher bei unaufschiebbaren Eilmaßnahmen zur Verhinderung von Schäden für den Mündel zurückzugreifen sein wird. Zur funktionellen Zuständigkeit vgl. Rn. 18. **17**

4. Verfahren und Rechtsschutz

Funktionell zuständig für die Aufsicht nach Abs. 1, für Anordnungen durch Ge- und Verbote nach Abs. 2 und für die Verhängung von Zwangsgeldern nach Abs. 3 ist nach § 3 Nr. 2a RPflG der Rechtspfleger. Für Verfahren nach Abs. 4 i. V. m. §§ 1666, 1666a, 1696 BGB soll nach h.M. dagegen der **Richtervorbehalt** nach § 14 Abs. 1 Nr. 2 RPflG zu beachten sein.[17] Diese Ansicht überzeugt allerdings nicht. Es ist nicht einleuchtend, weshalb der Rechtspfleger dazu befugt ist, den Vormund nach § 1886 BGB bereits wegen pflichtwidrigen Verhaltens unterhalb der Schwelle einer Kindeswohlgefährdung i.S.d. § 1666 BGB zu entlassen, während für den Entzug von Teilbereichen des Sorgerechts des Vormunds ein Richtervorbehalt bestehen soll.[18] Auch § 14 Abs. 1 Nr. 2 RpflG nötigt nicht zur Annahme eines Richtervorbehalts. Er benennt nicht § 1837 Abs. 4 BGB und nimmt erkennbar Bezug auf Eingriffe in das elterliche Sorgerecht, was im Hinblick auf Art. 6 Abs. 2 GG verfassungsrechtlich geboten ist. Das Amt der Vormundschaft ist dagegen nicht grundrechtlich abgesichert und bedarf als vom Staat verliehenes Amt dieses Schutzes nicht, was auch § 1886 BGB belegt. § 14 Abs. 1 Nr. 2 RpflG ist mithin auf Maßnahmen nach § 1837 Abs. 4 BGB nicht anzuwenden und ermöglicht es daher auch dem Rechtspfleger, eine Einzelfallabwägung zwischen der Entlassung des Vormunds und einer Beschneidung seiner sorgerechtlichen Kompetenzen vorzunehmen, wozu in Einzelfällen durchaus aus Sicht des Kindeswohls Anlass bestehen kann.[19] **18**

Gegen Entscheidungen des **Rechtspflegers** nach **Abs. 2** ist die **Beschwerde** nach §§ 11 Abs. 1 RPflG, 58 ff. FamFG statthaft, ebenso nach § 58 FamFG gegen Anordnungen des **Richters** nach **Abs. 4**. **Beschwerdeberechtigt** sind insoweit der **Vormund**, der **Mündel** und im Bereich der Personensorge das **Jugendamt** (§§ 59, 60, 162 Abs. 3 Satz 2 FamFG). **Dritte**, insbesondere **nicht sorgeberechtigte Eltern** haben kein Beschwerderecht gegen Entscheidungen des Familiengerichts im Bereich der Aufsicht über den Vormund,[20] insbesondere dann, wenn es von Ge- und Verboten keinen Gebrauch macht. Entscheidungen über Zwangsgelder nach **Abs. 3** sind nach § 35 Abs. 5 FamFG mit der **sofortigen Beschwerde** nach §§ 567 ff. ZPO anfechtbar. **19**

§ 1838 BGB
(weggefallen)

---

16 Vgl. den Fall von OLG Saarbrücken ZKJ 2018, 471
17 BeckOGK/*Gietl*, § 1837 BGB Rn. 86; MüKo-BGB/*Kroll-Ludwigs,* § 1837 Rn. 28
18 Zu Recht kritisch: *Harm/Mix/Opitz/Pütz/Rotax/Rüting*, FamRZ 2012. 1849, 1853 f.
19 Vgl. nur den Fall OLG Saarbrücken ZKJ 2018, 471 mit Anm. *Dürbeck*
20 OLG München BtPrax 2009, 237; MüKo-BGB/*Kroll-Ludwigs,* § 1837 Rn. 30; Staudinger/*Veit,* § 1837 BGB Rn. 82

§§ 1839 bis 1842 BGB

[…]

Von Abdruck und Kommentierung wird abgesehen.

§ 1843 BGB Prüfung durch das Familiengericht

(1) Das Familiengericht hat die Rechnung rechnungsmäßig und sachlich zu prüfen und, soweit erforderlich, ihre Berichtigung und Ergänzung herbeizuführen.

(2) Ansprüche, die zwischen dem Vormund und dem Mündel streitig bleiben, können schon vor der Beendigung des Vormundschaftsverhältnisses im Rechtsweg geltend gemacht werden.

Übersicht

	Rn.
A. Allgemeines	1
B. Inhalt der Norm	2
I. Prüfungspflicht (Abs. 1)	2
II. Streitige Ansprüche (Abs. 2)	6
A. Allgemeines	1
B. Inhalt der Norm	2
A. Allgemeines	1
B. Inhalt der Norm	3
A. Allgemeines	1
B. Inhalt der Norm	2

A. Allgemeines

1 § 1843 Abs. 1 BGB steht im Zusammenhang mit der **Auskunftspflicht des Vormunds** gegenüber dem Familiengericht nach § 1839 BGB und insbesondere der in §§ 1840, 1841 BGB geregelten Pflicht zu Bericht und Rechnungslegung. Abs. 2 betrifft die Geltendmachung von Ansprüchen im Verhältnis Vormund und Mündel.

B. Inhalt der Norm

I. Prüfungspflicht (Abs. 1)

2 Das Familiengericht hat die nach § 1840 BGB vom Vormund eingereichte Rechnung[1] **rechnungsmäßig und sachlich** zu **prüfen** und, soweit erforderlich, ihre **Berichtigung und Ergänzung** herbeizuführen. Die zuerst genannte **rechnerische Prüfung** ist rein **formell** zu verstehen und bezieht sich auf die **zahlenmäßige Übereinstimmung** der Rechnungsposten und Belege und die mathematische Richtigkeit des Abschlusses.[2]

3 Die **sachliche, materielle Prüfungspflicht** beinhaltet dagegen die Fragen der Einhaltung der gesetzlichen Vorschriften, die Einholung der erforderlichen Genehmigungen, die vollständige Auflistung von Einnahmen und Ausgaben und die Pflichtgemäßheit der Verfügungen über das Mündelvermögen.[3] Dabei kann das Gericht ergänzend Auskunft nach § 1839 BGB verlangen und sich zur Prüfung der rechnerischen Richtigkeit auch der Hilfe Dritter, insbesondere **Sachverständiger** bedienen, soweit dies sachlich im Einzelfall gerechtfertigt ist.[4]

---

1 Vgl. Oberloskamp/*Dürbeck,* § 10 Rn. 181 ff.
2 Palandt/*Götz,* § 1843 BGB Rn. 1
3 MüKo-BGB/*Kroll-Ludwigs,* § 1643 Rn. 5; Oberloskamp/*Dürbeck,* § 10 Rn. 221
4 OLG Naumburg FamRB 2012, 85 mit Anm. *Schmid*; Gernhuber/*Coester-Waltjen,* § 72 Rn. 19

Wegen der **Selbständigkeit des Vormunds** darf das Familiengericht **nicht selbst** Berichtigungen und Ergänzungen vornehmen,[5] sondern den Vormund mit den Mitteln von § 1837 Abs 2 und 3 BGB, also mit **Ge- und Verboten sowie Zwangsgeld** anhalten, diese selbst vorzunehmen. Erkennt das Familiengericht die Rechnung als ordnungsgemäß an, führt dies nicht zu einer Haftungsfreistellung des Vormunds gegenüber dem Mündel.[6] 4

Für die Prüfung des Berichts ist nach § 3 Nr. 2a RPflG der **Rechtspfleger** zuständig. Gegen seine Entscheidung im Rahmen der Rechnungsprüfung ist die **Beschwerde** nach §§ 11 Abs. 1 RPflG, 58 ff. FamFG statthaft. 5

II. Streitige Ansprüche (Abs. 2)

Abs. 2 stellt klar, dass **streitige Ansprüche aus dem Verhältnis Vormund und dem Mündel** schon **vor Beendigung der Vormundschaft** (*und auch unabhängig von der Prüfung des Familiengerichts nach Abs. 1*) im **Rechtsweg** geltend gemacht werden können. 6

Die Antwort auf die Frage der **sachlichen Zuständigkeit** für ein entsprechendes gerichtliches Verfahren ist umstritten. Überzeugend ist es jedoch, dass die (sachnäheren) **Familiengerichte analog § 266 Abs. 1 Nr. 4 FamFG** für aus dem Verhältnis von Vormund und Mündel herrührende Ansprüche und nicht die ordentlichen Zivilgerichte sachlich zuständig sind.[7] Es besteht für den Vormund in solchen Verfahren ein **Vertretungsverbot** nach §§ 1795 Abs. 2, 181 BGB, so dass für das Verfahren ein **Ergänzungspfleger** für den Mündel nach § 1909 Abs. 1 Satz 1 BGB zu bestellen ist. 7

▶ *Näher zu den für den Vormund in gerichtlichen Verfahren geltenden Vertretungsverboten Dürbeck, § 1795 BGB Rn. 10 ff.*

§§ 1844 bis 1845 BGB

[...]

Von Abdruck und Kommentierung wird abgesehen.

§ 1846 BGB Einstweilige Maßregeln des Familiengerichts

Ist ein Vormund noch nicht bestellt oder ist der Vormund an der Erfüllung seiner Pflichten verhindert, so hat das Familiengericht die im Interesse des Betroffenen erforderlichen Maßregeln zu treffen.

A. Allgemeines

In Abweichung vom Grundsatz der Selbständigkeit des Vormunds und der Beschränkung der Aufsicht des Familiengerichts nach § 1837 Abs. 2 BGB ermöglicht es § 1843 BGB dem Familiengericht, im Interesse des Mündels **selbst die erforderlichen Maßnahmen** zu treffen, soweit **noch kein Vormund bestellt** ist oder dieser **an der Erfüllung seiner Pflichten verhindert** ist. 1

---

5 LG Hannover Rpfleger 1987, 247; Soergel/*Zimmermann,* § 1843 BGB Rn. 4

6 Palandt/*Götz,* § 1843 BGB Rn. 1

7 OLG Dresden MDR 2011, 1182; LG Koblenz FamRZ 2011, 1090; Oberloskamp/*Dürbeck,* § 10 Rn. 221; Palandt/*Götz,* § 1843 BGB Rn. 2; a.A. MüKo-BGB/*Kroll-Ludwigs,* § 1843 Rn. 11; Soergel/*Zimmermann,* § 1843 Rn. 3

B. Inhalt der Norm

2 Das **Fehlen eines Vormunds** kann darauf beruhen, dass ein solcher nach Wegfall sorgeberechtigter Eltern (z.B. durch Tod) **noch nicht bestellt** ist oder ein bereits bestellter erster Vormund **verstorben oder entlassen** worden ist.

3 Eine **Verhinderung des Vormunds** kann veranlasst sein durch **tatsächliche** (Krankheit, Abwesenheit) oder **rechtliche Gründe** (z.B. Interessenkollision nach §§ 1795, 1796 BGB). Eine **pflichtwidrige Säumnis** des Vormunds fällt nicht darunter.[1]

4 Liegt einer der Voraussetzungen vor, ist weiterhin wegen des Ausnahmecharakters der Norm als **ungeschriebene Tatbestandsvoraussetzung** erforderlich, dass eine Maßnahme wegen **Dringlichkeit** zu treffen sein muss,[2] also im Interesse des Mündels **kein Aufschub** der Angelegenheit möglich ist. Ist dies nach pflichtgemäßer Prüfung zu bejahen, so entscheidet das **Familiengericht**, dort der **Rechtspfleger** nach § 3 Nr. 2a RPflG, über die **Art der zu treffenden Maßnahme**. Es kann einen Pfleger nach § 1909 Abs. 3 BGB im Wege einstweiliger Anordnung bestellen oder falls dies nicht mehr rechtzeitig möglich erscheint, im Eilfall **selbst die Entscheidung im Interesse des Mündels treffen** und diesen **vertreten**[3] (siehe näher zur Ersatzpflegschaft *Dürbeck*, § 1909 BGB Rn. 14).

5 **Beispiele** sind die Einwilligung in einen ärztlichen Eingriff,[4] die Fremdunterbringung des Mündels oder die Stellung eines Strafantrages.[5] Für eine Unterbringung des Mündels nach § 1631b BGB bedarf es stets einer richterlichen Entscheidung.

6 **Irrt sich das Familiengericht** über die Verhinderung des Vormunds und treffen Vormund und Familiengericht in der gleichen Angelegenheit **einander widersprechende Maßnahmen**, so entscheidet nicht das Prioritätsprinzip über die Wirksamkeit der Entscheidung, sondern wegen des **Vorrangs der Selbstständigkeit der Vormundschaft** ist die Entscheidung des Vormunds maßgeblich.[6]

7 **Rechtsschutz** gegen nach § 1846 BGB ergangene Anordnungen bestehen für Mündel, Vormund und im Bereich der Personensorge für das Jugendamt nach §§ 11 Abs. 1 RPflG, 58 ff. FamFG.

§ 1847 BGB Anhörung von Angehörigen

Das Familiengericht soll in wichtigen Angelegenheiten Verwandte oder Verschwägerte des Mündels hören, wenn dies ohne erhebliche Verzögerung und ohne unverhältnismäßige Kosten geschehen kann. § 1779 Abs. 3 Satz 2 gilt entsprechend.

A. Allgemeines

1 § 1847 BGB erweitert für die Vormundschaft die **Pflicht zur gerichtlichen Anhörung von Familienangehörigen des Mündels** über das Auswahlverfahren und dort nach § 1779 Abs. 3 BGB bestehende Anhörungspflicht hinaus auf **alle wichtigen Angelegenheiten des Mündels**.[1]

---

1 OLG Düsseldorf FamRZ 1995, 637
2 RGZ 71, 162; Soergel/*Zimmermann,* § 1846 BGB Rn. 3
3 Vgl. OLG Rostock FuR 2013, 602 bei einer Nachlasspflegschaft
4 AG Nettetal FamRZ 1996, 1104; Bluttransfusion bei Zeugen Jehovas
5 RGSt 75, 146
6 MüKo-BGB/*Kroll-Ludwigs,* § 1846 Rn. 9 (auch zur Gegenmeinung); Erman/*Schulte-Bunert,* § 1846 BGB Rn. 10
1 Zur Bedeutung der Anhörung in vom Rechtspfleger geführten Verfahren vgl. *Eickmann*, Rpfleger 1982, 449

Die Norm gilt insbesondere zugunsten **nicht sorgeberechtigter Eltern**, je nach Einzelfall aber auch darüber hinaus auf **weitere Verwandte und Verschwägerte**, soweit dies ohne erhebliche Verzögerung und ohne unverhältnismäßige Kosten möglich ist. 2

B. Inhalt der Norm

Wichtige Angelegenheiten des Kindes sind insbesondere in **Status- und Personenstandsfragen** anzunehmen, wie etwa bei der **Adoption**,[2] **Änderung des Namens** oder der **Staatsangehörigkeit** oder bei Anhängigkeit eines **Abstammungsverfahrens**.[3] Auch in grundlegenden **Vermögensangelegenheiten** (*z.B. Veräußerung eines Erwerbsgeschäfts*) kann eine Veranlassung zur Anhörung bestehen.[4] 3

Eine bestimmte Form der Anhörung ist nicht vorgeschrieben. Sie kann also **persönlich** im Rahmen eines anzuberaumenden gerichtlichen Termins, **schriftlich oder telefonisch** erfolgen. Im ersten und letztgenannten Fall ist ein Vermerk nach § 28 Abs. 4 FamFG zu fertigen. 4

▶ *Näher zum Vermerk Köhler, § 28 FamFG Rn. 3.*

Die angehörten Angehörigen können gemäß § 1847 Satz 2 i.V.m. § 1779 Abs. 3 Satz 2 BGB **Ersatz ihrer Auslagen vom Mündel** verlangen (siehe näher hierzu *Dürbeck*, § 1779 BGB Rn. 22). 5

Bei Nichtanhörung besteht auch bei Verstoß gegen § 1847 BGB **kein Beschwerderecht der Angehörigen**, da die Anhörung ausschließlich im Interesse des Mündels erfolgen soll und keine eigene Rechtsverletzung nach § 59 FamFG vorliegt.[5] 6

§ 1848 BGB

(weggefallen)

Untertitel 4
Mitwirkung des Jugendamtes

§§ 1849 bis 1850 BGB

(weggefallen)

§ 1851 BGB

[...]

Von Abdruck und Kommentierung wird abgesehen.

2 BayObLGZ 21, 201
3 Weitere Beispiele bei MüKo-BGB/*Kroll-Ludwigs*, § 1847 Rn. 3
4 Palandt/*Götz*, § 1847 BGB Rn. 1
5 Staudinger/*Veit*, § 1847 BGB Rn. 19

Untertitel 5
Befreite Vormundschaft

§§ 1852 bis 1881 BGB

[...]

Von Abdruck und Kommentierung wird abgesehen.

Untertitel 6
Beendigung der Vormundschaft

§ 1882 BGB Wegfall der Voraussetzungen

Die Vormundschaft endigt mit dem Wegfall der in § 1773 für die Begründung der Vormundschaft bestimmten Voraussetzungen.

A. Allgemeines

1 Die Vorschrift regelt den **Wegfall der Vormundschaft** im Sinne einer **Beendigung des staatlichen Fürsorgeverhältnisses**, das abzugrenzen vom **Wegfall des Amtes des Vormunds** ist, der z.B. infolge Tod oder Entlassung des Vormunds eintreten kann. Sie bestimmt, dass die Vormundschaft **kraft Gesetzes**, d.h. ohne konstitutive Entscheidung des Familiengerichts,[1] mit dem Wegfall ihrer in § 1773 BGB genannten Entstehungsvoraussetzungen endigt.

B. Inhalt der Norm

2 Als **Beendigungsgründe** gelten

- der Tod des Mündels[2]
- der Eintritt der Volljährigkeit des Mündels (siehe Rn. 6)
- die Rückübertragung des Sorgerechts auf einen oder beide Eltern (§ 1696 Abs. 2 BGB)
- die Adoption des Mündels (§ 1754 BGB) oder
- der Wegfall des Ruhens der elterlichen Sorge nach § 1674 BGB.[3]

3 § 1882 BGB ist auch anwendbar, wenn sich die mit der Anordnung der Vormundschaft vorausgesetzte **Annahme der Minderjährigkeit** eines Betroffenen im **Nachhinein als unzutreffend** herausstellt.[4]

4 Die Voraussetzungen nach § 1882 BGB sind vom Familiengericht (zuständig ist der Rechtspfleger nach § 3 Nr. 2a RPflG) **jederzeit von Amts wegen** zu prüfen. Von einer **persönlichen Anhörung** der Beteiligten, denen aber rechtliches Gehör zu gewähren ist, kann abgesehen werden. Im Übrigen gelten die verfahrensrechtlichen Vorschriften des Verfahrens in Kindschaftssachen, insbesondere hinsichtlich der örtlichen Zuständigkeit.

---

1 Soergel/*Zimmermann* § 1882 BGB Rn. 2; zur Verschollenheit vgl. § 1884 BGB
2 BayObLG NJW 1965, 397
3 Etwa bei Einreise der Eltern eines unbegleiteten minderjährigen Flüchtlings – hier ist aber ein konstitutiver Beschluss über den Wegfall des Hindernisses nach § 1674 Abs. 2 BGB erforderlich, vgl. *DIJuF*-Rechtsgutachten JAmt 2019, 31
4 OLG Köln ZKJ 2013, 419

Liegen die Voraussetzungen der Vorschrift vor, hat der Rechtspfleger die Beendigung der Vormundschaft mit **deklaratorischer Wirkung** durch Beschluss nach §§ 38 ff. FamFG festzustellen.[5] Gegen die deklaratorische Feststellung des Endes der Vormundschaft ist die *Beschwerde* nach §§ 11 Abs. 1 RPflG, 58 ff. FamFG statthaft.[6] Dies gilt insbesondere auch für den Vormund, da auch ein lediglich deklaratorischer Feststellungsbeschluss ihn in der Ausübung seines Sorgerechts, das ihm als eigenes Recht zugewiesen ist,[7] stört und erschwert.[8] **5**

Große Bedeutung in der Praxis hat § 1882 BGB in den Fällen unbegleitet eingereister Minderjähriger erlangt, deren Heimatrecht den Eintritt der Volljährigkeit zu einem späteren Zeitpunkt vorsieht, als dies das deutsche Recht mit **Vollendung des 18. Lebensjahres** (§§ 2, 106 BGB) bestimmt,,[9] wie dies etwa in Algerien[10] Gambia,[11] Liberia[12] oder Burundi[13] der Fall ist.[14] In Bezug auf **Guinea** hat die umstrittene Frage, welche **Altersgrenze** dort für den Eintritt der Volljährigkeit gilt, bereits dreimal den BGH[15] beschäftigt. Nach einem vom OLG Nürnberg eingeholten Rechtsgutachten des Sachverständigen Dutta ist dies wohl – wie im deutschen Recht – das 18. Lebensjahr.[16] **6**

Die Frage, nach welchem Recht die Frage der Volljährigkeit in diesen Fällen anzuwenden ist, hängt davon ab, ob der Betroffene **Flüchtling** i.S.d. der Genfer Flüchtlingskonvention (GFK) ist. Ist dies der Fall, so findet Art. 12 GFK und damit deutsches Recht für die Frage des Eintritts der Volljährigkeit Anwendung, ansonsten gilt nach Art. 24, 7 analog EGBGB das Heimatrecht des Flüchtlings.[17] Ist über den Asylantrag noch nicht bestandskräftig entschieden, so muss das Familiengericht die Flüchtlingseigenschaft im Rahmen seiner Amtsermittlungspflicht selbstständig aufklären.[18] Als Mittel der Sachaufklärung kommen hier neben der persönlichen Anhörung des Betroffenen vor allem die Beiziehung der ausländer- und asylrechtlichen Akten sowie eine Zeugenvernehmung oder informatorische Befragung des zuständigen Beamten des BAMF in Betracht. **7**

§ 1883 BGB

(weggefallen)

---

5 BGH ZKJ 2018, 227; Oberloskamp/*Hoffmann,* § 7 Rn. 11

6 BGH FamRZ 2018, 601; ZKJ 2018, 227; OLG Köln ZKJ 2013, 419; NK-BGB/*Fritsche,* § 1882 BGB Rn. 7; a.A. Staudinger/*Veit,* § 1882 BGB Rn. 22

7 BGH ZKJ 2017, 26

8 BGH FamRZ 2018, 601

9 Vgl. dazu *Helms,* ZKJ 2018, 219; *ders.* in: Budzikiewicz/Heiderhoff/Klinkhammer/Niethammer-Jürgens, Migration und IPR, 149

10 OLG Karlsruhe FamRZ 2015, 1820

11 OLG Koblenz FamRZ 2017, 1229; OLG Bremen FamRZ 2017, 1227

12 OLG Bremen ZKJ 2012, 359

13 OLG München FamRZ 2010, 1096

14 Vgl. die Länderübersicht bei Staudinger/*Hausmann,* Anh.zu Art. 7 EGBGB

15 BGH ZKJ 2018, 227; FamRZ 2018, 601; BGH, Beschl. v. 7.3.2018 – XII ZB 422/17, juris

16 OLG Nürnberg JAmt 2018, 575; vgl. dazu *Dutta/Lüttringhaus,* FamRZ 2018, 1564

17 BGH ZKJ 2018, 227; *Helms,* ZKJ 2018, 219

18 BGH ZKJ 2018, 227; *Dürbeck,* FamRZ 2018, 553, 562

§ 1884 BGB Verschollenheit und Todeserklärung des Mündels

(1) Ist der Mündel verschollen, so endigt die Vormundschaft erst mit der Aufhebung durch das Familiengericht. Das Familiengericht hat die Vormundschaft aufzuheben, wenn ihm der Tod des Mündels bekannt wird.

(2) Wird der Mündel für tot erklärt oder wird seine Todeszeit nach den Vorschriften des Verschollenheitsgesetzes festgestellt, so endigt die Vormundschaft mit der Rechtskraft des Beschlusses über die Todeserklärung oder die Feststellung der Todeszeit.

A. Allgemeines

1 § 1884 BGB knüpft an den in § 1882 BGB geregelten Wegfall der Vormundschaft für den Fall der **Verschollenheit und Todeserklärung des Mündels** an.

B. Inhalt der Norm

2 In Abweichung von § 1882 BGB bestimmt Abs. 1 zunächst, dass im Falle der Verschollenheit des Mündels, die Vormundschaft trotz der bestehenden Ungewissheit im Interesse der Rechtssicherheit **weiter besteht**, bis sie durch eine **konstitutive Entscheidung** des Familiengerichts aufgehoben worden ist. Kommt in diesem Schwebezustand ein Wegfallgrund nach § 1882 BGB hinzu (z.B. Volljährigkeit des Mündels), endet die Vormundschaft kraft Gesetzes.[1]

3 Das Familiengericht hat die Vormundschaft im Übrigen nach Abs. 1 Satz 2 aufzuheben, wenn ihm der **Tod des Mündels** bekannt wird. Die Entscheidung trifft der nach § 3 Nr. 2a RPflG zuständige Rechtspfleger.

4 Wird der Mündel nach den Vorschriften des VerschG für tot erklärt oder wird seine Todeszeit festgestellt, so endet die Vormundschaft nach Abs. 2 **kraft Gesetzes mit der Rechtskraft des Beschlusses über die Todeserklärung oder die Feststellung der Todeszeit**. Lebt der Mündel in Wahrheit doch noch, so gilt die Vormundschaft nach Abs. 2 dennoch mit Rechtskraft des Beschlusses nach dem VerschG als aufgehoben, so dass ggf. eine neue Vormundschaft unter den Voraussetzungen von § 1773 BGB anzuordnen sein kann und muss.[2]

§ 1885 BGB

(weggefallen)

§ 1886 BGB Entlassung des Einzelvormunds

Das Familiengericht hat den Einzelvormund zu entlassen, wenn die Fortführung des Amts, insbesondere wegen pflichtwidrigen Verhaltens des Vormunds, das Interesse des Mündels gefährden würde oder wenn in der Person des Vormunds einer der in § 1781 bestimmten Gründe vorliegt.

---

1 Palandt/*Götz,* § 1884 BGB Rn. 1; a.A. OLG Oldenburg NJW 1952, 939: erst durch Aufhebung
2 Soergel/*Zimmermann,* § 1884 BGB Rn. 3

Übersicht

Rn.

A. Allgemeines ... 1
B. Inhalt der Norm ... 2
I. Gesetzliche Entlassungsgründe ... 2
1. Gefährdung des Mündels, regelmäßig infolge Pflichtwidrigkeit (Alt. 1) ... 3
2. Untauglichkeit (Alt. 2) ... 6
II. Sonstige Gründe ... 7
C. Verfahren und Rechtsschutz ... 10

A. Allgemeines

§ 1886 BGB regelt die **Entlassung** des **Einzelvormunds**. Die Entlassung des Amts- und Vereinsvormunds ist in § 1887 BGB vorgesehen. Die Entlassung des Vormunds kann dabei nicht auf einzelne Wirkungskreise beschränkt werden,[1] der Entzug von einzelnen Sorgebefugnissen kann insoweit nur nach §§ 1837 Abs. 4, 1666 BGB erfolgen. Bei Interessenskollisionen nach §§ 1795, 1796 BGB ist ein Pfleger zu bestellen. Auch wenn Art. 6 Abs. Satz 1 GG für den Vormund nicht gilt, steht seine Entlassung unter dem Grundsatz der **Verhältnismäßigkeit**.[2] Wie der Wortlaut („hat") zeigt, handelt es sich um eine **gebundene Entscheidung** ohne Ermessensspielraum. 1

► *Zum Verhältnis der Vorschrift zu § 1666 BGB vgl. Dürbeck, § 1837 BGB Rn. 16 f.*

B. Inhalt der Norm

I. Gesetzliche Entlassungsgründe

Die in § 1886 aufgezählten Entlassungsgründe sind beispielhaft und nicht **enumerativ** („insbesondere"). Eine Entlassung kann damit auch aus weiteren Gründen von gleicher Tragweite in Betracht kommen (siehe hierzu unten Rn. 7). 2

1. Gefährdung des Mündels, regelmäßig infolge Pflichtwidrigkeit (Alt. 1)

Voraussetzung von § 1886 BGB Alt. 1 ist es, dass die Fortführung des Amts durch den betreffenden Vormund die **Interessen des Mündels gefährden** würde, wobei das Gesetz als Regelfall **pflichtwidriges Verhalten** des Vormunds verlangt. 3

Als **Pflichtwidrigkeiten** in diesem Sinne kommen etwa 4

- falsche Abrechnungen
- Verschwendung des Mündelvermögens
- Näheverhältnis zur Heimleitung bei im Raum stehendem Missbrauchsvorwurf[3]
- Entfremdung zwischen Vormund und Mündel[4]
- Verstöße gegen die Auskunfts-, Berichts- oder Rechnungslegungspflicht
- Intoleranz gegenüber Belangen des Mündels (*z.B. im Bereich des Umgangs mit seinen Eltern oder Verwandten*) oder
- Vernachlässigung des Kontakts zum Mündel

in Betracht.[5] Auf ein **Verschulden** des Vormundes kommt es nicht an.[6]

1 OLG Saarbrücken ZKJ 2018, 471; KG JW 36, 237; NK-BGB/*Fritsche,* § 1886 BGB Rn. 2
2 OLG Frankfurt a.M. OLGR 2005, 405; MüKo-BGB/*Spickhoff,* § 1886 Rn. 7
3 OLG Hamm, Beschl. v. 17.3.2017 – 6 UF 121/16, juris; NZFam 2017, 853
4 OLG Saarbrücken ZKJ 2018, 471: dort verneint
5 Weitere Beispiele bei Palandt/*Götz,* § 1886 BGB Rn. 2 m. Nachweisen der Rspr
6 OLG Hamm, Beschl. v. 17.3.2017 – 6 UF 121/16, juris; NZFam 2017, 853; BayObLG FamRZ 1991, 1353

5 Auch **ohne Verstoß gegen Pflichten** des Vormunds kommt ein Entlassungsgrund in Betracht, wenn durch die Fortführung des Amts eine Gefährdung des Mündelinteresses hinreichend wahrscheinlich ist.[7] Dies wird aber in der Praxis eher die Ausnahme sein.

2. Untauglichkeit (Alt. 2)

6 Als weiteren Entlassungsgrund benennt § 1886 BGB den Umstand, dass in der Person des Vormunds – nachträglich oder bereits bei Bestellung[8] – einer der in § 1781 BGB genannten Gründe zur **Untauglichkeit zur Vormundschaft** vorliegt oder eingetreten ist, er also **minderjährig** ist oder unter gesetzlicher **Betreuung** (§ 1896 BGB) steht.

II. Sonstige Gründe

7 Die h.M. erkennt auch außerhalb der im Gesetz in §§ 1886 bis 1889 BGB genannten Entlassungsgründe weitere Gründe für eine Entlassung des Vormunds an.[9] So kann etwa der nachträglich nach § 104 Nr. 2 BGB **geschäftsunfähig** (*z.B. infolge einer Geistesstörung*) gewordene Vormund wegen des Regelungsgehalts von § 1780 BGB von Amts wegen entlassen werden.[10] Zum Teil wird angenommen, dass eine Entlassung des Vormunds auch dann von Amts wegen möglich sein soll, wenn dieser **unter Verstoß gegen § 1779 Abs. 2 BGB** (*z.B. Übergehen eines geeigneten Angehörigen*) ausgewählt worden ist.[11] Diese Auffassung, die eine Entlassung zum Zwecke der **Korrektur einer unrichtigen Auswahlentscheidung** befürwortet, überzeugt jedoch nicht, da es an einer gesetzlichen Rechtsgrundlage fehlt und im Übrigen auch § 48 Abs. 1 FamFG einer Abänderung entgegenstehen dürfte.[12]

8 Schließlich kann der Vormund auch dann entlassen werden, wenn er unter **Vorbehalt** (§ 1790 BGB) bestellt worden ist.

9 Wurde ein Vormund zu Unrecht entlassen und noch vor der Entscheidung über seine hiergegen eingelegte **Beschwerde** ein neuer Vormund bestellt, ist dieser bei Erfolg der Beschwerde von Amts wegen wieder zu entlassen, ohne dass es auf die materiellen Voraussetzungen von § 1886 BGB ankäme.[13] Einer neuen Bestellung des ursprünglichen Vormunds bedarf es dann insoweit nicht.[14]

C. Verfahren und Rechtsschutz

10 Die Entscheidung über die Entlassung des Vormunds trifft der nach § 3 Nr. 2a RPflG funktionell zuständige **Rechtspfleger** des Familiengerichts, bei dem die Vormundschaft geführt wird durch Beschluss nach § 38 FamFG. Dies gilt auch dann, wenn der Vormund oder Pfleger vom Richter bestimmt worden war.[15] **Anzuhören** sind nach §§ 159 ff. FamFG der Mündel, die Eltern, der Vormund und das Jugendamt. Hinzukommen ggf. nach § 1847 BGB weitere Verwandte oder Verschwägerte.

11 Gegen die Entscheidung des Rechtspflegers kann nach §§ 11 Abs. 1 RPflG, 58 ff. FamFG **Beschwerde** eingelegt werden. **Beschwerdeberechtigt** ist der verfahrensfähige Mündel

7 BayObLG Rpfleger 1977, 254
8 Soergel/*Zimmermann,* § 1886 BGB Rn. 6; vgl. auch OLG Frankfurt a.M. ZKJ 2013, 503 zur Aufhebung einer zu Unrecht angeordneten Pflegschaft
9 Vgl. ausführlich MüKo-BGB/*Spickhoff,* § 1886 Rn. 11 ff.
10 Erman/*Schulte-Bunert,* § 1886 BGB Rn. 5
11 BayObLG FamRZ 1991, 1353; Gernhuber/*Coester-Waltjen,* § 73 Rn. 7
12 Zutreffend MüKo-BGB/*Spickhoff,* § 1886 Rn. 13 Fn. 37
13 BayObLG FamRZ 1988, 874; NK-BGB/*Fritsche,* § 1886 BGB Rn. 8
14 BayObLG FamRZ 1988, 874; Palandt/*Götz,* § 1887 BGB Rn. 3
15 OLG München FamRZ 2013, 1328 (Umgangspfleger)

nach § 60 FamFG, der entlassene Vormund nach § 59 Abs. 1 FamFG[16] und das Jugendamt nach § 162 Abs. 3 Satz 2 FamFG. Dritte einschließlich der Eltern des Mündels sind mangels Verletzung in eigenen Rechten nicht beschwerdeberechtigt.[17] Wird Beschwerde eingelegt, hat das Familiengericht – da die Entscheidung des Familiengerichts wirksam ist und die Beschwerde keine aufschiebende Wirkung hat – gleichwohl **unverzüglich einen neuen Vormund zu bestellen**, damit der Mündel handlungsfähig bleibt und kein Schwebezustand eintritt.[18] Ist die Beschwerde erfolgreich, ist wie in Rn. 9 unten aufgezeigt zu verfahren.

§ 1887 BGB Entlassung des Jugendamts oder Vereins

(1) Das Familiengericht hat das Jugendamt oder den Verein als Vormund zu entlassen und einen anderen Vormund zu bestellen, wenn dies dem Wohl des Mündels dient und eine andere als Vormund geeignete Person vorhanden ist.

(2) [1]Die Entscheidung ergeht von Amts wegen oder auf Antrag. [2]Zum Antrag ist berechtigt der Mündel, der das 14. Lebensjahr vollendet hat, sowie jeder, der ein berechtigtes Interesse des Mündels geltend macht. [3]Das Jugendamt oder der Verein sollen den Antrag stellen, sobald sie erfahren, dass die Voraussetzungen des Absatzes 1 vorliegen.

(3) Das Familiengericht soll vor seiner Entscheidung auch das Jugendamt oder den Verein hören.

Übersicht

Rn.
A. Allgemeines 1
B. Inhalt der Norm 5
I. Voraussetzungen 5
1. Vorhandensein eines geeigneten Einzelvormunds 5
2. Kindeswohlprüfung 7
II. Verfahren (Abs. 2) 8

A. Allgemeines

1 § 1887 BGB regelt die **Entlassung des Amts- und Vereinsvormunds** durch das Familiengericht, soweit ein geeigneter Einzelvormund vorhanden ist und setzt damit den bereits bei der erstmaligen Auswahl des Vormunds nach § 1779 BGB und in §§ 1791a, 1791b BGB enthaltenen **Subsidiaritätsgrundsatz** von Amts- und Vereinsvormundschaft fort.

2 Nach zutreffender Auffassung gilt die Vorschrift auch für die Fälle der **kraft Gesetzes** eingetretenen Amtsvormundschaft (z.B. § 1791c BGB).[1] Die Vorschrift gilt schließlich auch für den zum Einzelvormund bestellten **Mitarbeiter eines Vereins**[2] (siehe näher hierzu *Dürbeck*, § 1791a BGB Rn. 13 ff.). Soweit der Amts- oder Vereinsvormund **selbst** eine Entlassung nach Abs. 2 beantragt (*wozu nach § 56 Abs. 4 SGB VIII für den Amtsvormund eine Pflicht besteht*), wird § 1887 BGB durch den **spezielleren § 1889 BGB** verdrängt. Bei ei-

16 OLG Braunschweig, Beschl. v. 25.10.2019 – 2 UF 117/19, JAmt 2019, 628; OLG Hamm NZFam 2017, 853; BayObLG BtPrax 2004, 153; Staudinger/*Veit*, § 1886 BGB Rn. 29

17 OLG Frankfurt FamRZ 2012, 570; OLG Hamm ZKJ 2016, 369; BeckOGK/*Wentzell*, § 1886 BGB Rn. 44; a.A.: KG FamRZ 2008, 2306

18 BayObLGZ 1990, 79; FamRZ 1994, 51; NK-BGB/*Fritsche*, § 1886 BGB Rn. 8

1 *DIJuF*-Rechtsgutachten JAmt 2012, 656; Staudinger/*Veit*, § 1887 BGB Rn. 4; a.A. OLG Köln DAVorm 1995, 1060; Palandt/*Götz*, § 1887 BGB Rn. 1

2 OLG Nürnberg ZKJ 2015, 153 mit Anm. *Dürbeck*

nem **Wechsel des gewöhnlichen Aufenthalts** des Mündels ist bei der Amtsvormundschaft des Jugendamts das **gerichtlich kontrollierte Abgabeverfahren nach § 87c Abs. 2 SGB VIII** vorrangig.[3]

Insoweit ist zwischen Fällen gesetzlicher und bestellter Vormundschaft zu differenzieren.[4]

3 Bei der **kraft Gesetzes** nach § 1791c BGB bestehenden Amtsvormundschaft hat der bisherige Amtsvormund bei dem Jugendamt des neuen Aufenthaltsorts der Kindesmutter die Weiterführung der Amtsvormundschaft zu beantragen (§ 87c Abs. 2 Satz 1 SGB VIII). Mit der **Annahmeerklärung** geht die Amtsvormundschaft nach Abs. 2 Satz 2 **ipso iure** auf das neue Jugendamt über, was nach Satz 3 vom bisher zuständigen Amtsvormund dem Familiengericht anzuzeigen ist.[5] **Lehnt** das Jugendamt am neuen Aufenthaltsort des Mündels den Antrag **ab**, so kann nach § 87c Abs. 2 Satz 4 SGB VIII der bisherige Amtsvormund das **Familiengericht anrufen** und seine Entlassung beantragen. In diesem Fall hat eine **am Kindeswohl orientierte** familiengerichtliche Prüfung zu erfolgen, ob die Amtsvormundschaft des Jugendamts am Ort des bisherigen gewöhnlichen Aufenthalts aufrechterhalten bleibt oder das Jugendamt am Ort des neuen gewöhnlichen Aufenthalts bestellt wird. Die Regelung des Abs. 2 gilt nach § 87c Abs. 4 SGB VIII entsprechend für die kraft Gesetz bei der **Adoptionspflege** nach § 1751 Abs. 1 Satz 2 BGB eintretende Amtsvormundschaft.

4 Bei der **bestellten Amtsvormundschaft** führt der Wechsel des **gewöhnlichen Aufenthaltsorts** des Mündels nach § 87c Abs. 3 Satz 3 SGB VIII dagegen **in keinem Fall ipso jure** zu einem Austausch des Amtsvormunds. Nach dieser Norm hat das bisherige zum Amtsvormund bestimmte Jugendamt im Falle eines Wechsels des gewöhnlichen Aufenthalts des Mündels bei dem **Familiengericht** einen **Antrag auf Entlassung** zu stellen. Das Familiengericht hat sodann über den Antrag unter **vorrangiger Berücksichtigung des Kindeswohls**[6] zu entscheiden, kann es also auch, z.B. aus Gründen der Kontinuität, bei der Zuständigkeit des bisherigen Amtsvormunds belassen, so dass es zu einem Auseinanderfallen der Zuständigkeit von Leistungsträgerschaft und Amtsvormundschaft kommt.[7]

Der Wechsel der örtlichen Zuständigkeit des Jugendamts bewirkt aber keinen Wechsel der **örtlichen Zuständigkeit des Familiengerichts**.[8] Die internationale Zuständigkeit deutscher Familiengerichte bleibt auch bei einem Wegzug des Mündels ins Ausland bestehen. Hier ist die Abgabe der Vormundschaft im grenzüberschreitenden Kontext zu prüfen.[9]

B. Inhalt der Norm

I. Voraussetzungen

1. Vorhandensein eines geeigneten Einzelvormunds

5 Nach Abs. 1 setzt die Entlassung des Amts- oder Vereinsvormunds voraus, dass eine andere geeignete Person als Vormund vorhanden ist. Der Begriff der Eignung entspricht dem in § 1779 Abs. 2 BGB (vgl. hierzu *Dürbeck* § 1779 BGB Rn. 3 ff.). Das Vorhandensein einer solchen Person kann insbesondere darauf beruhen, dass sie bei der vormaligen Auswahlentscheidung nicht erreichbar oder bekannt war. Nach zutreffender Auffassung gilt

3 KG FamRZ 1988, 321; Erman/*Schulte-Bunert,* § 1887 BGB Rn. 4; Oberloskamp/*Kunkel,* § 16 Rn. 33 ff.
4 Vgl. ausführlich: *Mix,* JAmt 2014, 242
5 Wiesner/*Loos,* § 87c SGB VIII Rn. 9
6 OLG Schleswig JAmt 2016, 632; OLG Brandenburg FamRZ 2014, 1719; OLG Dresden JAmt 2001, 492; FK-SGB VIII/*Eschelbach,* § 87c Rn. 11; a.A.: OLG Celle ZKJ 2018, 196; Wiesner/*Loos,* § 87c SGB VIII Rn. 15: kein Ermessensspielraum; ebenso OLG Düsseldorf FF 2019, 460 zu § 88a Abs. 4 SGB VIII
7 *Mix,* JAmt 2014, 242, 243, sieht darin Vorteile in der Unabhängigkeit des Amtsvormunds
8 OLG Hamm FamRZ 1996, 57; LPK-SGB VIII/*Kunkel,* § 87c SGB VIII Rn. 15
9 Ausführlich *von Bary,* JAmt 2019, 363

§ 1887 Abs. 1 BGB aber nur bei Vorhandensein eines geeigneten **ehrenamtlichen Vormunds**, weil ein Vorrang der Berufsvormundschaft gegenüber Amts- und Vereinsvormundschaft nicht besteht[10] (siehe näher hierzu *Dürbeck,* § 1791b BGB Rn. 2). Auch besteht kein Vorrang des Vereinsvormundes gegenüber dem Amtsvormund (vgl. zum Streitstand *Dürbeck,* § 1791b BGB Rn. 4). Als geeignete Personen in diesem Sinne kommen in der Praxis vor allem die Pflegepersonen des Kindes[11] und Verwandte in Betracht.

▶ *Zum grundsätzlichen Vorrang von (geeigneten) Angehörigen und der aktuellen Rechtsprechung des BVerfG vgl. Dürbeck, § 1779 BGB Rn. 10 f.*

2. Kindeswohlprüfung 6

Abs. 1 verlangt zudem eine **Kindeswohlprüfung**, wobei die Vereinbarkeit der Entlassung des Amts- oder Vereinsvormunds mit dem Kindeswohl anders als bei der Regelung in § 1889 BGB **nicht vermutet** wird, sondern **positiv festgestellt** werden muss.

Wird der Antrag von als Vormund geeigneten **Pflegeeltern** gestellt, wird die Vereinbarkeit 7
des Vormundswechsels mit dem Wohl des Kindes **zu vermuten** sein, da eine Vormundschaft ihren Sinn aus Sicht des Kindes dann am besten erfüllt, wenn das Kind erlebt, dass die Person, die es täglich erzieht, auch rechtlich zur Erziehung befugt ist.[12] Eine Unvereinbarkeit mit dem Kindeswohl wird hingegen etwa dann zu bejahen sein, wenn besonders enge Bindungen und ein **enges Vertrauensverhältnis** zwischen dem Mündel und dem mit der Wahrnehmung der Vormundschaft betrauten Beamten bzw. Mitarbeiter des Amts-/Vereinsvormunds bestehen, was durchaus auch bei der Amtsvormundschaft – das belegen sozialwissenschaftliche Forschungen[13] – der Fall sein kann.

II. Verfahren (Abs. 2)

Die Entlassung des Amts- oder Vereinsvormunds kann nach Abs. 2 Satz 1 **von Amts wegen** oder **auf Antrag** erfolgen. **Antragsberechtigt** sind nach Satz 2 der verfahrensfähige 8
Mündel und jeder, der ein **berechtigtes Interesse** des Mündels geltend machen kann. Stellt der Mündel den Antrag, ist er nach § 9 Abs. 1 Nr. 3 FamFG auch verfahrensfähig.[14] Der Begriff des berechtigten Interesses entspricht nicht § 59 FamFG und erfordert insbesondere kein rechtliches Interesse. Ausreichend ist, dass die Person eine so **persönliche Beziehung zu dem Mündel** hat, dass sie nachvollziehbaren Anlass hat, für sein Wohl einzutreten.[15] In Betracht kommen hier vor allen **Eltern des Mündels**, sonstige **Verwandte und Pflegepersonen** des Kindes in Betracht, insbesondere auch dann, wenn sie sich selbst als geeigneten Vormund im Sinne von Abs. 1 anbieten.

Für das Verfahren ist nach § 3 Nr. 2a RPflG der **Rechtspfleger** zuständig. **Anzuhören** sind 9
nach §§ 1887 Abs. 3 BGB, 159 ff. FamFG der Mündel, die Eltern, die Pflegepersonen, der bestellte Amts- bzw. Vereinsvormund und das Jugendamt. Auch soweit ein Antrag nach Abs. 2 gestellt ist, gilt der **Amtsermittlungsgrundsatz** nach § 26 FamFG.[16] Gegen die Entlassung des Amts- bzw. Vereinsvormunds ist die **Beschwerde** nach §§ 11 Abs. 1 RPflG,

---

10 OLG Celle ZKJ 2016, 135; OLG Stuttgart FamRZ 2002, 1065; OLG Karlsruhe ZKJ 2012, 272; MüKo-BGB/*Spickhoff,* § 1791b Rn. 2; a.A. OLG Frankfurt a.M. ZKJ 2012, 451; OLG Celle JAmt 2010, 257; Palandt/*Götz,* § 1887 BGB Rn. 2

11 Vgl. etwa OLG Brandenburg, Beschl. v. 24.6.2019 – 9 WF 264/18, juris; OLG Celle ZKJ 2016, 135; OLG Brandenburg FamRZ 2014, 1863; OLG Nürnberg FamRZ 2012, 1959–1960; LG Frankfurt a.M. FamRZ 2009, 2103

12 OLG Rostock FamRZ 2017, 218; OLG Nürnberg ZKJ 2015, 153; FamRZ 2012, 1959; OLG Düsseldorf FamRZ 2011, 742; *DIJuF*-Rechtsgutachten JAmt 2013, 205; Staudinger/*Veit,* § 1887 BGB Rn. 11; a.A.: OLG Karlsruhe FamRZ 2014, 404 bei fehlender Eignung im Einzelfall

13 *Zitelmann* in: Zitelmann/Schweppe/Zenz, S. 49 ff.

14 OLG Bremen FamRZ 2017, 1701

15 BVerfG NJW 1986, 3129; RGZ 153, 93; MüKo-BGB/*Spickhoff,* § 1887 Rn. 5

16 KG FamRZ 2008, 2306

58 ff. FamFG eröffnet. **Beschwerdeberechtigt** nach §§ 59, 60, 162 Abs. 3 Satz 2 FamFG sind der betroffene Amts- oder Vereinsvormund,[17] der Mündel und das Jugendamt. Der **Antragsteller** (Eltern, Angehöriger, Pflegeperson), der ein berechtigtes Interesse i.S.v. Abs. 2 geltend gemacht hat, ist als Dritter **mangels eigener Rechtsverletzung** in der Regel nicht beschwerdeberechtigt.[18] Das über 14-jährige Kind ist dagegen nach § 60 FamFG beschwerdeberechtigt.

▶ *Näher zur Beschwerdeberechtigung Dürbeck, § 59 FamFG, Rn. 1 ff.*

§ 1888 BGB Entlassung von Beamten und Religionsdienern

Ist ein Beamter oder ein Religionsdiener zum Vormund bestellt, so hat ihn das Familiengericht zu entlassen, wenn die Erlaubnis, die nach den Landesgesetzen zur Übernahme der Vormundschaft oder zur Fortführung der vor dem Eintritt in das Amts- oder Dienstverhältnis übernommenen Vormundschaft erforderlich ist, versagt oder zurückgenommen wird oder wenn die nach den Landesgesetzen zulässige Untersagung der Fortführung der Vormundschaft erfolgt.

Von einer Kommentierung wird abgesehen.

§ 1889 BGB Entlassung auf eigenen Antrag

(1) Das Familiengericht hat den Einzelvormund auf seinen Antrag zu entlassen, wenn ein wichtiger Grund vorliegt; ein wichtiger Grund ist insbesondere der Eintritt eines Umstands, der den Vormund nach § 1786 Abs. 1 Nr. 2 bis 7 berechtigen würde, die Übernahme der Vormundschaft abzulehnen.

(2) ¹Das Familiengericht hat das Jugendamt oder den Verein als Vormund auf seinen Antrag zu entlassen, wenn eine andere als Vormund geeignete Person vorhanden ist und das Wohl des Mündels dieser Maßnahme nicht entgegensteht. ²Ein Verein ist auf seinen Antrag ferner zu entlassen, wenn ein wichtiger Grund vorliegt.

Übersicht

Rn.
A. Allgemeines ... 1
B. Inhalt der Norm ... 2
I. Entlassung des Einzelvormunds (Abs. 1) ... 2
II. Entlassung des Amts- und Vereinsvormunds (Abs. 2) ... 4
C. Verfahren und Rechtsschutz ... 8

A. Allgemeines

1 Die Vorschrift regelt die **Entlassung des Vormunds durch das Familiengericht** auf dessen **eigenen Antrag** hin. Wie Abs. 1 zeigt, ist die Amtsaufgabe dem Vormund nicht freigestellt, sondern sie setzt einen **wichtigen Grund** für einen Austausch des Vormunds voraus. Abs. 2 betrifft die **Entlassung des Amts- und Vereinsvormunds** auf **eigenen An-**

17 OLG Brandenburg, Beschl. v. 24.6.2019 – 9 WF 264/18, juris: Amtsvormund
18 OLG Oldenburg JAmt 2012, 675 (Eltern); OLG Brandenburg FamFR 2012, 237; OLG Nürnberg FamRZ 2014, 1864; 2014, 1473; ZKJ 2015, 153; Bork/Jacoby/Schwab/*Müther,* § 59 FamFG Rn. 25.2; in Ausnahmefällen bejaht OLG Karlsruhe ZKJ 2013, 457 das Beschwerderecht der Pflegeperson, siehe näher hierzu *Dürbeck*, § 59 FamFG Rn. 9

trag hin und verdrängt insoweit als lex specialis insoweit § 1887 Abs. 1 und 2 BGB. Liegen die Voraussetzungen von Abs. 1 oder 2 vor, so ist der Vormund zu entlassen, Ein Ermessensspielraum besteht für das Familiengericht nicht.[1]

B. Inhalt der Norm

I. Entlassung des Einzelvormunds (Abs. 1)

Nach Abs. 1 „hat" das Familiengericht den Einzelvormund **auf seinen Antrag hin** zu entlassen, wenn ein **wichtiger Grund** vorliegt. Nach HS 1 ist dies insbesondere anzunehmen, wenn **(nachträglich[2])** ein Umstand eingetreten ist, der den Vormund nach § 1786 Abs. 1 Nr. 2 bis 7 BGB berechtigen würde, die Übernahme der Vormundschaft abzulehnen. Dies ist insbesondere der Fall, wenn der Vormund 2

- das 60. Lebensjahr vollendet hat (Nr. 2),
- ihm die Sorge für die Person oder das Vermögen von mehr als drei minderjährigen Kindern zusteht (Nr. 3)
- durch Krankheit oder durch Gebrechen verhindert ist, die Vormundschaft ordnungsmäßig zu führen (Nr. 4),
- wegen Entfernung seines Wohnsitzes von dem Sitz des Familiengerichts die Vormundschaft nicht ohne besondere Belästigung führen kann (Nr. 5),
- mit einem anderen zur gemeinschaftlichen Führung der Vormundschaft bestellt werden soll (Nr. 7).

Die Aufzählung innerhalb der Vorschrift ist **nicht enumerativ**. Auch außerhalb von § 1786 Abs. 1 Nr. 2 bis 7 BGB kommen daher **weitere Gründe** für die Entlassung des Vormunds in Betracht, wenn diese – in ähnlicher Weise – so gewichtig sind, dass dem Vormund nicht zugemutet werden kann, die Vormundschaft fortzuführen. 3

II. Entlassung des Amts- und Vereinsvormunds (Abs. 2)

Nach § 1889 Abs. 2 BGB hat das Familiengericht das Jugendamt als Amtsvormund oder den Vereinsvormund als Vormund auf seinen **Antrag** hin zu entlassen, wenn eine **andere als Vormund geeignete Person vorhanden** ist und das **Wohl des Mündels dieser Maßnahme nicht entgegensteht**. Hierdurch kommt der in §§ 1791a, 1791b BGB enthaltene Gedanke der **Subsidiarität** der Amts- und Vereinsvormundschaft gegenüber der (ehrenamtlichen, siehe näher hierzu *Dürbeck*, § 1791b BGB Rn. 2) Einzelvormundschaft auch nach deren erstmaliger Anordnung zum Tragen. 4

Für das **Jugendamt als Amtsvormund** besteht schon nach § 56 Abs. 4 SGB VIII eine **amtswegige Pflicht** zu einer **fortwährenden Prüfung** des Vorhandenseins vorrangiger Einzel- und Vereinsvormünder, die durch § 1887 Abs. 2 Satz 2 BGB dahin konkretisiert wird, dass das Jugendamt – wie auch der Vereinsvormund – sogar **verpflichtet** ist, bei Vorhandensein eines geeigneten Einzelvormunds den **Antrag auf eigene Entlassung** beim Familiengericht zu stellen. Diese Pflicht gilt auch im Rahmen der insoweit vorrangigen Entlassung nach § 1889 Abs. 2 BGB. § 1889 Abs. 2 BGB gilt über § 87c Abs. 3 Satz 3 SGB VIII entsprechend bei einem Aufenthaltswechsel des Mündels.[3] 5

▶ *Näher zur Frage der Eignung einer Person zum Vormund Dürbeck; § 1779 BGB Rn. 3 ff.*

---

1 BGH JAmt 2013, 291
2 Zutreffend Staudinger/*Veit,* § 1889 BGB Rn. 9 unter Hinweis auf § 1786 Abs. 2 BGB
3 Vgl. OLG Dresden FamRZ 2019, 990, und hier *Köhler* unter § 87c SGB VIII Rn. 1 ff.

6 Beim Amts- und Vereinsvormund ist nach Abs. 2 Satz 1 eine **negative Kindeswohlprüfung** dahin durchzuführen, dass einer Entlassung des Amtsvormunds das Wohl des Mündels nicht entgegenstehen darf, was insoweit **vermutet** wird. Die Mündelwohldienlichkeit wird etwa dann zu verneinen sein, wenn besonders **enge Bindungen und ein enges Vertrauensverhältnis** zwischen dem Mündel und dem mit der Wahrnehmung der Vormundschaft betrauten Beamten bzw. Mitarbeiter des Amts-/Vereinsvormunds bestehen,[4] was durchaus auch bei der Amtsvormundschaft – das belegen sozialwissenschaftliche Forschungen[5] – der Fall sein kann.

7 Darüber hinaus ist nach Abs. 2 Satz 2 ein **Vereinsvormund** auf seinen Antrag hin auch bei Fehlen eines geeigneten Einzelvormunds ferner zu entlassen, wenn ein **wichtiger Grund** vorliegt. In der Gesetzesbegründung wird als Beispiel hierfür etwa ein zwischenzeitlich eingetretener **Mangel an Mitgliedern** genannt.[6] Der BGH hat einen wichtigen Grund i.S.v. Abs. 2 Satz 2 (und kumulativ auch die Voraussetzungen von Abs. 2 Satz 1) auch darin gesehen, dass ein Verein wegen des ihm nach § 1836 Abs. 3 BGB nicht zustehenden Vergütungsanspruches seine Entlassung **zugunsten der Bestellung des von ihm nach § 1791a Abs. 3 BGB mit der Wahrnehmung der Vormundschaft beauftragten Mitarbeiters oder Mitgliedes als Einzelvormunds** beantragt, um diesem einen Vergütungsanspruch nach § 1836 BGB zu verschaffen[7] (siehe näher hierzu *Dürbeck,* § 1791a BGB Rn. 13 ff.).

C. Verfahren und Rechtsschutz

8 Zu Verfahren und Rechtsschutz gelten die Anmerkungen zu § 1887 BGB Rn. 6 f. entsprechend, wobei es sich aber bei § 1889 BGB um ein **reines Antragsverfahren i.S.d. § 23 FamFG** handelt, so dass eine Einleitung von Amts wegen nicht in Betracht kommt. Bei Ablehnung seines Entlassungsantrages steht dem Vormund nach § 59 FamFG ein Beschwerderecht zu.[8]

§§ 1890 bis 1895 BGB

[...]

Von Abdruck und Kommentierung wird abgesehen.

4 OLG Dresden JAmt 2001, 492
5 *Zitelmann* in: Zitelmann/Schweppe/Zenz, S. 49 ff.
6 BT-Drucks. 16/6308, 215 V/2370, 88
7 BGH NJW 2013, 1598; FamRZ 2011, 1395; OLG Nürnberg FamRZ 2018, 112; ausführlich dazu *Hoffmann,* JAmt 2013, 554
8 Vgl. etwa OLG Düsseldorf, Beschl. v. 5.6.2012 – 1 WF 18/12, juris

Titel 3
Pflegschaft

§ 1909 BGB Ergänzungspflegschaft

(1) [1]Wer unter elterlicher Sorge oder unter Vormundschaft steht, erhält für Angelegenheiten, an deren Besorgung die Eltern oder der Vormund verhindert sind, einen Pfleger. [2]Er erhält insbesondere einen Pfleger zur Verwaltung des Vermögens, das er von Todes wegen erwirbt oder das ihm unter Lebenden unentgeltlich zugewendet wird, wenn der Erblasser durch letztwillige Verfügung, der Zuwendende bei der Zuwendung bestimmt hat, dass die Eltern oder der Vormund das Vermögen nicht verwalten sollen.

(2) Wird eine Pflegschaft erforderlich, so haben die Eltern oder der Vormund dies dem Familiengericht unverzüglich anzuzeigen.

(3) Die Pflegschaft ist auch dann anzuordnen, wenn die Voraussetzungen für die Anordnung einer Vormundschaft vorliegen, ein Vormund aber noch nicht bestellt ist.

Übersicht

	Rn.
A. Allgemeines	1
B. Inhalt der Norm	6
I. Ergänzungspflegschaft wegen Verhinderung (Abs. 1 Satz 1)	6
II. Zuwendungspflegschaft (Abs. 1 Satz 2)	12
III. Ersatzpflegschaft (Abs. 3)	14
C. Verfahren und Rechtsschutz	15

A. Allgemeines

§ 1909 BGB regelt die **Pflegschaft für einen Minderjährigen**, die für das Amt bestellte Person wird als sog. **Ergänzungspfleger** bezeichnet. In Abgrenzung zum Vormund, der grundsätzlich (vorbehaltlich gesetzlicher Einschränkungen) für alle Bereiche der Sorge für ein Kind zuständig ist, ist der Ergänzungspfleger nur für **Teilbereiche der elterlichen Sorge**, in denen sorgeberechtigte Eltern oder der Vormund **verhindert** sind, bestellt und rechtlich zuständig, so dass nur ein **partielles Fürsorgebedürfnis** für den Staat besteht. 1

Dabei beschränkt sich der Begriff des Ergänzungspflegers nicht auf Fälle, in denen Sorgeberechtigte wegen **Intereressenskonflikten** vorübergehend verhindert sind (z.B. bei §§ 1795, 1796 BGB), sondern er ist auch dann zu gebrauchen, wenn dieser die Pflegschaft **dauerhaft** (*wie z.B. beim partiellen Sorgerechtsentzug nach § 1666 BGB*) statt des Sorgeberechtigten ausüben soll.[1] Einen Sonderfall der Minderjährigenpflegschaft stellt die in Abs. 3 geregelte **Ersatzpflegschaft** dar. 2

Gesetzestechnisch gelten für die Minderjährigenpflegschaft über die **Verweisung in § 1915 Abs. 1 Satz 1 BGB** die Vorschriften über die **Vormundschaft** nach §§ 1773 ff. BGB entsprechend, soweit nicht § 1909 ff. BGB **Sonderregelungen** für die Pflegschaft enthalten. Wie bei der Vormundschaft (vgl. *Dürbeck*, § 1774 BGB Rn. 2) ist bei der Pflegschaft verfahrensmäßig zwischen den **drei Stufen** der **Anordnung** der Pflegschaft, der **Auswahl und Bestimmung** der Person des Pflegers und dessen **Bestellung** zu unterscheiden. 3

Abweichungen zum Vormundschaftsrecht und Sondervorschriften für den Pfleger bestehen in der Frage der **Vergütung** des Berufspflegers (§ 1915 Abs. 1 Satz 2 BGB), der Bestellung eines Gegenvormundes (§ 1915 Abs. 2 BGB), der Berufung als Ergänzungspfleger 4

1 So die Differenzierung von Oberloskamp/*Mix*, § 11 Rn. 3, der im letzten Fall von „Sorgerechtspflegschaft" spricht

(§ 1916 BGB) und der **Beendigung** der Pflegschaft (§§ 1918, 1919 BGB), näher hierzu *Dürbeck*, § 1915 BGB Rn. 1.

5 Im Gegensatz zur Vormundschaft (*z.B. § 1791c BGB*) gibt es nach Wegfall der Nichtehelichenpflegschaft von §§ 1709, 1706 BGB a.F. keine Fälle der **Pflegschaft kraft Gesetzes** mehr.

B. Inhalt der Norm

I. Ergänzungspflegschaft wegen Verhinderung (Abs. 1 Satz 1)

6 Gemäß § 1909 Abs. 1 Satz 1 BGB ist bei einem unter elterlicher Sorge oder Vormundschaft stehenden Kind ein Pfleger für diejenigen Angelegenheiten zu bestellen, in denen die (sorgeberechtigten) Eltern oder der Vormund **verhindert** sind. Wie bei §§ 1673 ff. BGB fallen hierunter Fälle der **tatsächlichen** und **rechtlichen Verhinderung**[2] (vgl. dort). Hauptanwendungsfälle sind die rechtliche Verhinderung von Eltern infolge **partiellem Sorgerechtsentzug** nach § 1666 Abs. 1 und 3 Nr. 6 BGB, **Vertretungsausschluss** wegen Interessenskollisionen nach §§ 1629 Abs. 2 und 2a, 1795 Abs. 1 und 2, 181 BGB (*z.B. Entscheidung über das Zeugnisverweigerungsrecht des Kindes nach § 52 StPO bei einem strafrechtlichen Ermittlungsverfahren gegen die Eltern*[3]) und **Beschränkungen der Vertretungsmacht** nach § 1796 BGB.

7 Auch die Bestellung eines **Ergänzungspflegers** mit dem Aufgabenkreis **„Regelung des Umgangs" (sog. Umgangsbestimmungspfleger)** ist gemäß § 1909 BGB i.V.m. § 1666 BGB möglich.[4] Der **Umgangspfleger** nach § 1684 Abs. 3 Satz 3 BGB ist dagegen kein Ergänzungspfleger i.S.d. § 1909 Abs. 1 Satz 1 BGB, die Voraussetzungen seiner Anordnung sind in § 1684 Abs. 3 BGB geregelt. Auf den Umgangspfleger finden aber §§ 1915 ff. BGB hinsichtlich Auswahl, Bestellung und Beendigung entsprechende Anwendung[5]

▶ *Näher zum Umgangspfleger Gottschalk, § 1684 BGB Rn. 57 ff.*

8 Schließlich gehört zu § 1909 Abs. 1 Satz 1 BGB auch der Fall, bei dem wegen Anfall einer Erbschaft für das Kind die **Vermögenssorge** der Eltern infolge einer **letztwilligen Verfügung** des Erblassers insoweit nach **§ 1638 Abs. 1 und 2 BGB** ausgeschlossen ist.[6]

9 Kein Bedürfnis für eine Pflegschaft besteht dagegen, wenn der Minderjährige nach §§ 112, 113 BGB selbst handeln kann oder wegen Verhinderung eines Elternteils dem anderen das Sorgerecht alleine zufällt (z.B. bei § 1678 Abs. 1 Satz 1 BGB).

10 Einen weiteren Anwendungsfall des **Verhinderungspflegers** stellt der Fall von § 1801 BGB dar, der es dem Familiengericht – wegen **unterschiedlicher Konfessionen** von Vormund und Mündel – ermöglicht, dem Einzelvormund die Sorge für die **religiöse Erziehung** des Mündels zu entziehen, so dass nach zutreffender Auffassung für diesen Bereich ein Pfleger nach § 1909 Abs 1 Satz 1 zu bestellen ist.[7]

11 Schon begrifflich kein Fall einer tatsächlichen Verhinderung ist es, wenn der Sorgeberechtigte zur Besorgung einer Angelegenheit des Kindes **tatsächlich ungeeignet** ist, wie dies in der Vergangenheit vor allem bei der Frage einer **Verhinderung des Amtsvormunds an der Vertretung unbegleitet eingereister minderjähriger Flüchtlinge** in deren

---

2 MüKo-BGB/*Schwab*, § 1909 Rn. 12
3 OLG Zweibrücken FamRZ 2019, 811; OLG Koblenz NZFam 2014, 716; OLG Bremen FamRZ 2011, 232; Staudinger/*Bienwald*, § 1909 BGB Rn. 35
4 BGH ZKJ 2016, 419; vgl. zum vormaligen Streitstand *Heilmann*, FamRZ 2014, 1753
5 OLG Frankfurt a.M. ZKJ 2015, 154; OLG Stuttgart ZKJ 2012, 491; Staudinger/*Dürbeck*, § 1684 BGB Rn. 130; *Fröschle*, Sorge und Umgang, Rn. 1176
6 Palandt/*Götz*, § 1909 BGB Rn. 6
7 Staudinger/*Bienwald*, § 1909 BGB Rn. 56

ausländer- und asylrechtlichen Angelegenheiten kontrovers diskutiert wurde. Ein Teil der Rechtsprechung hatte diese Frage in der Vergangenheit bejaht und **anwaltliche Berufsergänzungspfleger** für den betreffenden Wirkungskreis bestellt.[8] Der **BGH**[9] hat in seinen Entscheidungen vom 29.5.2013 der Bestellung von Ergänzungspflegern zu Recht unmissverständlich eine Absage erteilt, weil ein Vormund, der selbst nicht die Eignung für einen bestimmten Aufgabenkreis besitze, diesen Mangel durch Inanspruchnahme fremder Hilfe (z.B. durch einen Rechtsanwalt) kompensieren könne und damit nicht verhindert i.S.v. § 1909 Abs. 1 Satz 1 BGB sei. Diese Grundsätze gelten auch, wenn vom Amtsvormund Aufgaben der Vermögensverwaltung wahrzunehmen sind, da auch in diesem Fall etwaige mangelnde Sachkompetenz durch die Inanspruchnahme von Fremdhilfe kompensiert werden kann.[10] Bei der anstehenden Reform des Vormundschaftsrechts ist aber beabsichtigt, ehrenamtlichen Vormündern für Angelegenheiten, die sie nicht hinreichend zum Wohl des Kindes erledigen können, einen zusätzlichen Pfleger i.S.d. § 1909 BGB zur Seite zu stellen (vgl. § 1773 BGB Rn. 3).

▶ *Zur Frage der (abzulehnenden) Bestellung eines berufsmäßigen Mitvormunds in diesen Fällen vgl. Dürbeck, § 1775 BGB Rn. 7.*

II. Zuwendungspflegschaft (Abs. 1 Satz 2)

Einen Spezialfall der Ergänzungspflegschaft regelt Abs. 1 Satz 2, wonach der Minderjährige auch dann einen Pfleger zur Verwaltung des Vermögens erhält, das er von Todes wegen erworben oder das ihm unter Lebenden unentgeltlich zugewendet worden ist, wenn der Erblasser durch **letztwillige Verfügung**, der Zuwendende bei der Zuwendung bestimmt hat, dass die Eltern oder der Vormund das Vermögen nicht verwalten sollen. **12**

Entgegen ihres Wortlauts hat die Vorschrift nur für die **Vormundschaft** Bedeutung, weil Eltern im Falle einer solchen Bestimmung durch letztwillige Verfügung bereits nach § 1638 Abs. 1 und 2 BGB von der Vermögensverwaltung ausgeschlossen sind und damit bereits der Fall einer Verhinderungspflegschaft nach Abs. 1 Satz 1 vorliegt (vgl. bereits Rn. 8).[11] Gemäß § 1794 BGB tritt im Falle der Zuwendungspflegschaft beim Vormund eine Beschränkung seiner Vertretungsmacht erst mit der wirksamen Bestellung des Pflegers ein. **13**

III. Ersatzpflegschaft (Abs. 3)

Gemäß Abs. 3 ist eine Pflegschaft auch dann anordnen, wenn die Voraussetzungen für die Anordnung einer Vormundschaft vorliegen, ein **Vormund** aber **noch nicht bestellt** ist. Die Voraussetzungen für die Begründung einer Vormundschaft nach § 1773 BGB müssen vorliegen (z. B. Tod der Eltern) und es darf, z.B. weil das Auswahlverfahren nach § 1779 BGB noch nicht abgeschlossen ist, noch kein Vormund nach § 1789 BGB vom Familiengericht bestellt sein. Soweit ein entsprechendes **dringendes**[12] **Bedürfnis** für die Erledigung einer Angelegenheit des Kindes besteht, kann das Familiengericht **nur nach Maßgabe von § 1846 BGB eigene Maßnahmen** für das Kind treffen (z.B. Einwilligung in eine Operation), die Bestellung eines Ersatzpflegers ist, soweit die Angelegenheit noch insoweit Aufschub duldet, **vorrangig**.[13] **14**

---

8 Vgl. etwa OLG Frankfurt a.M. ZKJ 2013, 212; DAVorm 2000, 485; a.A. OLG Karlsruhe ZKJ 2011, 140; OLG Hamburg FGPrax 2011, 208; vgl. dazu *Dürbeck*, ZKJ 2014, 266

9 BGH ZKJ 2013, 413; JAmt 2013, 426

10 OLG Düsseldorf BeckRS 2015, 00236

11 OLG Frankfurt a.M. FamRZ 1997, 115; MüKo-BGB/*Schwab*, § 1909 Rn. 45; vgl. zu § 1638 BGB OLG Frankfurt a.M. BeckRS 2015, 10002

12 Staudinger/*Bienwald*, § 1909 BGB Rn. 32

13 Vgl. Oberloskamp/*Mix*, § 11 Rn. 37 f.

C. Verfahren und Rechtsschutz

15 Pflegschaftsverfahren zählen nach § 151 Nr. 5 FamFG wie Vormundschaftssachen zu den **Kindschaftssachen**. In Ansehung des Verfahrens ergeben sich insoweit grundsätzlich keine Besonderheiten, so dass hinsichtlich **Beteiligung, Anhörung,**[14] **Entscheidung** und **Rechtsschutz** auf die jeweiligen Ausführungen in den vormundschaftlichen Bestimmungen Bezug zu nehmen ist.

▶ *Näher hierzu Dürbeck, § 1774 BGB Rn. 3 ff.*

16 Im Rahmen des Verfahrens zur Bestellung eines Ergänzungspflegers für die Entscheidung über die Ausübung des **Zeugnisverweigerungsrechts** für einen Minderjährigen gemäß **§ 52 Abs. 2 StPO** ist wegen der Bedeutung der Angelegenheit für das Kind auch das noch nicht verfahrensfähige Kind regelmäßig persönlich anzuhören und ihm grundsätzlich ein **Verfahrensbeistand** zu bestellen.[15] Bei Ablehnung der Bestellung eines Ergänzungspflegers steht der **Staatsanwaltschaft** mangels eigener Rechtsverletzung nach § 59 FamFG kein Beschwerderecht zu.[16]

17 Die Anordnung der Pflegschaft erfolgt nach §§ 1915 Abs. 1 Satz 1, 1774 BGB **von Amts wegen**. § 1909 Abs. 2 BGB bestimmt dem vorgreifend, dass Eltern oder der Vormund dem Familiengericht **unverzüglich anzuzeigen** haben, wenn eine Pflegschaft erforderlich wird. Funktionell zuständig ist grundsätzlich nach § 3 Nr. 2a RPflG der **Rechtspfleger**, bei **ausländischen Kindern** ist der **Familienrichter** nach § 14 Nr. 10 RPflG für die Anordnung der Pflegschaft zuständig.

▶ *Näher zur funktionellen Zuständigkeit des Rechtspflegers Heilmann, §§ 3,14 RPflG Rn. 1 ff.*

18 Bei der **Auswahl des Pflegers** ist § 1779 BGB ist der grundsätzliche **Vorrang von (geeigneten) nahen Angehörigen** zu berücksichtigen, allerdings darf in Fällen von **Interessenkollisionen** (z.B. §§ 1629 Abs. 2, 1795, 1796 BGB) der Schutz des Kindes nicht dadurch beeinträchtigt werden, dass als Pfleger eine dem Sorgeberechtigten nahe stehende bzw. beeinflussbare Person zum Pfleger bestellt wird.[17]

19 Zur Verhinderung von Interessenskollisionen gelten nach § 1916 BGB auch §§ 1776 bis 1778 BGB über das **Benennungsrecht der Eltern** nicht. Für die **Zuwendungspflegschaft** gilt aber § 1917 Abs. 1 BGB, wonach die Person des Pflegers durch den Erblasser bestimmt werden kann.

20 Für die **Bestellung des Pflegers** ergeben sich ebenfalls keine Besonderheiten, so dass über § 1915 Abs. 1 Satz 1 BGB die Vorschriften der §§ 1789 ff. BGB anzuwenden sind.

▶ *Zur Vergütung des Pflegers nach § 1909 BGB*[18] *vgl. Dürbeck, § 1915 BGB Rn. 3 ff.*

§ 1910 BGB

(weggefallen)

---

14 Vgl. OLG Hamburg ZKJ 2014, 70

15 OLG Schleswig ZKJ 2013, 129; a.A. OLG Hamburg ZKJ 2014, 70 und Beschl. v. 13.8.2019 – 2 WF 102/19, NJW 220, 624; vgl. dazu auch *Splitt*, FamRZ 2019, 507

16 BGH MDR 2014, 1407; vgl. dazu *Dürbeck,* § 59 FamFG Rn.12

17 OLG Bremen FamRZ 2013, 477; OLG Köln FamRZ 2011, 1305

18 Ausführlich dazu *Volpert*, NJW 2013, 1659

§ 1911 BGB

[…]

Von Abdruck und Kommentierung wird abgesehen.

§ 1912 BGB Pflegschaft für eine Leibesfrucht

(1) Eine Leibesfrucht erhält zur Wahrung ihrer künftigen Rechte, soweit diese einer Fürsorge bedürfen, einen Pfleger.

(2) Die Fürsorge steht jedoch den Eltern insoweit zu, als ihnen die elterliche Sorge zustünde, wenn das Kind bereits geboren wäre.

A. Allgemeines

1 Wie § 1774 Satz 2 BGB bei der Vormundschaft ermöglicht es auch § 1912 BGB, bereits dem **noch nicht geborenen Kind** einen Pfleger zu bestellen und ihm so **Teilrechtsfähigkeit** zum Zwecke des Erwerbes von Rechten mit der Geburt zu verschaffen.[1] Die Vorschriften über die **Beistandschaft** §§ 1712 ff. BGB sind aber vorrangig.[2]

B. Inhalt der Norm

2 Voraussetzung ist zunächst, dass einem **bereits gezeugten** Kind **künftige Rechte zustehen können** und diese einer **Fürsorge** bedürfen. Beispiele sind Rechte aus einer Erbschaft oder aus unerlaubten Handlungen.[3] Wie Abs. 2 zeigt, fällt es grundsätzlich in den Aufgabenbereich der Eltern, künftige Rechte der Leibesfrucht selbst wahrzunehmen. Nur dann, wenn sie an der **Fürsorge rechtlich oder tatsächlich gehindert** sind, kommt die Bestellung eines Pflegers für die Leibesfrucht in Betracht. Eine tatsächliche Verhinderung liegt auch bei einer **hirntoten Mutter** vor[4] und im Übrigen immer dann, wenn bei **unterstellter Geburt** sogleich ein Pfleger nach § 1909 Abs. 1 BGB zu bestellen wäre. Für ein vor der Geburt beabsichtigtes Abstammungsverfahren kann eine Pflegschaft nach § 1912 BGB nicht begründet werden, weil ein Verfahren zur Feststellung der Vaterschaft vor der Geburt des Kindes nicht eingeleitet werden kann.[5]

3 Für das **Verfahren** gelten keine Besonderheiten, es sind §§ 151 ff. FamFG zu beachten. Insbesondere sind die Vorschriften über die persönliche Anhörung der Eltern (§ 160 FamFG) und die Einbeziehung des Jugendamtes (§ 162 FamFG) zu berücksichtigen. Der Wirkungskreis des Pflegers ist in der Entscheidung genau zu bestimmen. Für die Auswahl des Pflegers gilt §§ 1915 Abs. 1 BGB, 1779 BGB. Mit der Bestellung wird der Pfleger nach § 1912 BGB ***gesetzlicher Vertreter* der Leibesfrucht** und vertritt diese im Rahmen des übertragenen Aufgabenbereichs gerichtlich und außergerichtlich, wobei die Wirkungen von Rechtshandlungen erst mit der Geburt des Kindes für dieses eintreten.[6] Die Pflegschaft nach § 1912 BGB **endet** nach § 1918 Abs. 2 BGB mit der Geburt des Kindes **kraft Gesetzes**, auch wenn die betreffende Angelegenheit **noch nicht beendet** ist.[7]

---

1 MüKo-BGB/*Schwab*, § 1912 Rn. 1 und 4
2 Palandt/*Götz*, § 1912 BGB Rn. 3
3 Vgl. BGH FamRZ 1972, 202; *DIJuF*-Rechtsgutachten JAmt 2001, 34
4 MüKo-BGB/*Schwab*, § 1912 Rn. 6 unter Hinweis auf den berühmten Fall des AG Hersbruck FamRZ 1992, 1471
5 BGH ZKJ 2017, 69; OLG Düsseldorf FamRZ 2015, 1979
6 Soergel/*Zimmermann*, § 1912 BGB Rn. 9
7 Staudinger/*Bienwald*, § 1912 BGB Rn. 8; a.A. Palandt/*Götz*, § 1918 BGB Rn. 1

§§ 1913 und 1914 BGB

[...]

Von Abdruck und Kommentierung wird abgesehen.

§ 1915 BGB Anwendung des Vormundschaftsrechts

(1) [1]Auf die Pflegschaft finden die für die Vormundschaft geltenden Vorschriften entsprechende Anwendung, soweit sich nicht aus dem Gesetz ein anderes ergibt. [2]Abweichend von § 3 Abs. 1 bis 3 des Vormünder- und Betreuervergütungsgesetzes bestimmt sich die Höhe einer nach § 1836 Abs. 1 zu bewilligenden Vergütung nach den für die Führung der Pflegschaftsgeschäfte nutzbaren Fachkenntnissen des Pflegers sowie nach dem Umfang und der Schwierigkeit der Pflegschaftsgeschäfte, sofern der Pflegling nicht mittellos ist. [3]An die Stelle des Familiengerichts tritt das Betreuungsgericht; dies gilt nicht bei der Pflegschaft für Minderjährige oder für eine Leibesfrucht.

(2) Die Bestellung eines Gegenvormunds ist nicht erforderlich.

(3) § 1793 Abs. 2 findet auf die Pflegschaft für Volljährige keine Anwendung.

Übersicht

Rn.
A. Allgemeines ... 1
B. Inhalt der Norm ... 2
I. Anwendbare Vorschriften (Abs. 1 Satz 1) ... 2
II. Vergütung des Pflegers (Abs. 1 Satz 2) ... 3
III. Gegenvormund (Abs. 2) ... 6

A. Allgemeines

1 Gemäß Abs. 1 Satz 1 finden auf die Minderjährigenpflegschaft die für die **Vormundschaft geltenden Vorschriften entsprechende Anwendung**, soweit sich nicht aus §§ 1909 ff. BGB abweichende Bestimmungen ergeben.

Sonderregelungen für die Pflegschaft gelten vor allem für die Fragen der

- **Vergütung** des Berufspflegers (§ 1915 Abs. 1 Satz 2 BGB)
- Bestellung eines **Gegenvormundes** (§ 1915 Abs. 2 BGB)
- **Berufung** als Ergänzungspfleger (§ 1916 BGB)
- **Beendigung** der Pflegschaft (§§ 1918, 1919 BGB).

B. Inhalt der Norm

I. Anwendbare Vorschriften (Abs. 1 Satz 1)

2 Anwendbar sind insbesondere die Vorschriften über

- die amtswegige **Anordnung** der Vormundschaft nach § 1774 BGB
- die **Auswahl** der Person nach §§ 1779 ff. BGB (vgl. § 1916 BGB Rn. 1) einschließlich der Bestimmungen über die **Amts- und Vereinsvormundschaft** nach §§ 1791a, 1791b BGB
- die **Bestellungsvorschriften** nach §§ 1789 ff. BGB
- die Vorschriften über die **Führung** der Vormundschaft §§ 1793 ff. BGB
- die **Aufsicht** des Familiengerichts (§§ 1837 ff. BGB)

- die **Haftung** nach § 1833 BGB
- die **Entlassung** nach §§ 1882 ff. BGB
- die **gesetzliche Vertretung** des Kindes (z.B. §§ 1797, 1796, 1821, 1822 BGB) und
- den Ersatz und Vorschuss von **Aufwendungen**, Aufwandsentschädigung und **Vergütung** nach §§ 1835, 1835a, 1836 BGB.

II. Vergütung des Pflegers (Abs. 1 Satz 2)

Abs. 1 Satz 2 bestimmt hinsichtlich der **Vergütung des Berufspflegers**, die sich durch den Verweis von Satz 1 zunächst nach § 1836 BGB richtet, **abweichend von § 3 Abs. 1 bis 3 VBVG**, dass sich die Höhe seiner nach § 1836 Abs. 1 zu bewilligenden Vergütung nach den für die Führung der Pflegschaftsgeschäfte **nutzbaren Fachkenntnissen** des Pflegers sowie nach dem **Umfang** und der **Schwierigkeit** der Pflegschaftsgeschäfte, sofern der Pflegling nicht mittellos ist, bestimmt. Betroffen ist insoweit lediglich der Berufspfleger nach § 1836 Abs. 1 BGB. 3

Bei vermögenden Pfleglingen besteht mithin **keine Bindung** an die in § 3 VBVG genannten **Mindest- und Höchstsätze**, sondern der Stundensatz ist nach den **genutzten Fachkenntnissen** des Pflegers und **Umfang sowie Schwierigkeit der übertragenen Geschäfte nach Ermessen** zu bestimmen.[1] In der Praxis liegen die Stundensätze in einem Bereich zwischen 19,50 Euro und 115 Euro.[2] 4

Ist der Pflegling dagegen nach § 1836c BGB **mittellos**, so sind auch für den Berufspfleger nach § 1915 Abs. 1 Satz 1 BGB i.V.m. § 3 VBVG die dort genannten Höchstsätze von derzeit 39,00 Euro für seinen Anspruch gegen die Staatskasse maßgeblich.[3] Aufwendungsersatz- und Aufwandsentschädigungsansprüche nach §§ 1915 Abs. 1 Satz 1, 1835, 1835a BGB sind von § 1915 Abs. 1 Satz 2 BGB nicht betroffen.[4] 5

III. Gegenvormund (Abs. 2)

Nach Abs. 2 ist die die Bestellung eines **Gegenvormundes nicht erforderlich**. Der missverständliche Gesetzestext bezieht sich auf die Regelung in § 1792 Abs. 2 BGB, wonach ein Gegenvormund bestellt werden soll, wenn mit der Vormundschaft Vermögensverwaltung verbunden ist. Für den mit Aufgaben der Vermögensverwaltung betrauten Pfleger besteht danach dieser Regelfall der Bestellung eines Gegenvormunds nicht. Ein Gegenvormund kann aber durchaus zur Kontrolle des Pflegers bestellt werden, soweit dies **zweckmäßig** ist.[5] 6

(Abs. 1 Satz 3 und Abs. 3 haben für die Minderjährigenpflegschaft keine Bedeutung und bleiben daher unkommentiert.)

§ 1916 BGB Berufung als Ergänzungspfleger

Für die nach § 1909 anzuordnende Pflegschaft gelten die Vorschriften über die Berufung zur Vormundschaft nicht.

Die bei der Frage der Berufung des Vormunds geltenden Vorschriften über das **Benennungsrecht** der (verstorbenen) Eltern nach §§ 1776 bis 1778 BGB werden durch § 1916 1

1 OLG Schleswig MDR 2012, 1351; OLG Brandenburg ZEV 2011, 637
2 *Volpert*, NJW 2013, 1659
3 OLG Naumburg Rpfleger 2012, 319
4 Ausführlich zur Vergütung des Pflegers: *Volpert*, NJW 2013, 1659
5 Staudinger/*Bienwald,* § 1915 BGB Rn. 26

BGB für die Pflegschaft nach § 1909 BGB ausgeschlossen. Die Vorschrift dient dazu, **mögliche Interessenkollisionen** zwischen Pfleger und Mündel von vornherein auszuschließen.[1] Nach zutreffender Ansicht ist sie in erweiterter Auslegung auch dahin zu anzuwenden, dass die Regelung in **§ 1782 BGB**, wonach Eltern bestimmte Personen von der Bestellung als Vormund ausschließen können, auf die Ausschließung einer Person als Ergänzungspfleger auf die Pflegschaft nicht anzuwenden ist.[2]

2 Bei der **Auswahl des Pflegers** ist aber § 1779 BGB einschließlich des grundsätzlichen Vorrangs von (geeigneten) nahen Angehörigen zu berücksichtigen, allerdings darf in Fällen von **Interessenkollisionen** (z.B. §§ 1629 Abs. 2, 1795, 1796 BGB) der Schutz des Kindes nicht dadurch beeinträchtigt werden, dass als Pfleger eine dem Sorgeberechtigten nahe stehende bzw. beeinflussbare Person bestellt wird,[3] was dem Rechtsgedanken vom § 1916 BGB entnommen werden kann.

▶ *Näher hierzu und zur aktuellen Rechtsprechung des Bundesverfassungsgerichts Dürbeck, § 1779 BGB Rn. 10 f.*

3 Bei der Bestellung des Jugendamts als Amtspfleger kann das Familiengericht auch ein von der **örtlichen Zuständigkeitsbestimmung des § 87c Abs. 3 SGB VIII** abweichendes anderes Jugendamt auswählen, wenn hierfür sachliche Gründe bestehen (abweichend vgl. *Köhler,* § 58 SGB VIII Rn. 18).[4]

§ 1917 BGB

[...]

Von Abdruck und Kommentierung wird abgesehen.

§ 1918 BGB Ende der Pflegschaft kraft Gesetzes

(1) Die Pflegschaft für eine unter elterlicher Sorge oder unter Vormundschaft stehende Person endigt mit der Beendigung der elterlichen Sorge oder der Vormundschaft.

(2) Die Pflegschaft für eine Leibesfrucht endigt mit der Geburt des Kindes.

(3) Die Pflegschaft zur Besorgung einer einzelnen Angelegenheit endigt mit deren Erledigung.

Übersicht

	Rn.
A. Allgemeines	1
B. Inhalt der Norm	1
I. Ende der Pflegschaft nach Abs. 1	1
II. Ende der Pflegschaft für die Leibesfrucht (Abs. 2)	4
III. Erledigung der Angelegenheit (Abs. 3)	5

1 BayObLGZ 1964, 277
2 Soergel/*Zimmermann,* § 1916 BGB Rn. 1; a.A.: MüKo-BGB/*Schwab,* § 1912 Rn. 2
3 OLG München FamRZ 2016, 1475; MittBayNot 2018, 159; OLG Bremen FamRZ 2013, 477; OLG Köln FamRZ 2011, 1305; OLG Düsseldorf FamRZ 2011, 742
4 OLG Brandenburg FamRZ 2014, 1719: Kontinuität; BayObLG FamRZ 1997, 897

A. Allgemeines

Die Norm regelt den Beendigungszeitpunkt hinsichtlich der Pflegschaft. Eines konstitutiven Beendigungsaktes bedarf es nicht, vielmehr endet die Pflegschaft von Gesetzes wegen. Das Ende der Pflegschaft ist jedoch abzugrenzen von der **Beendigung des Amts** des Pflegers, das nach Maßgabe von §§ 1915 Abs. 1, 1882 ff. BGB durch **Entlassung** beendet wird.

B. Inhalt der Norm

I. Ende der Pflegschaft nach Abs. 1

Nach Abs. 1 endet die Pflegschaft für eine unter elterlicher Sorge (§§ 1626 ff. BGB) oder Vormundschaft (§§ 1773 ff. BGB) stehende Person **kraft Gesetzes** mit der **Beendigung der elterlicher Sorge** oder der **Vormundschaft**. 1

Gründe für eine Beendigung der elterlichen Sorge oder Vormundschaft i.S.v. Abs. 1 können sein 2

- das Erreichen der **Volljährigkeit** des Pfleglings
- der **Tod der Eltern**
- die **Adoption** des Kindes
- die **Aufhebung der Vormundschaft** sowie
- der **Wechsel in der Person des Sorgerechtsinhabers**.[1]

Wird etwa das Sorgerecht von einem Elternteil nach § 1671 Abs. 2 BGB **auf den anderen Elternteil übertragen**, so endet die Pflegschaft kraft Gesetzes nach Abs. 1. Dies gilt auch dann, wenn beim neuen Sorgerechtsinhaber die Notwendigkeit einer Pflegerbestellung fortbesteht. Es ist dann eine neue Pflegschaft zu begründen.[2] Das elterliche Sorgerecht endet auch, wenn es nach § 1666 BGB in vollem Umfang **entzogen** wird.[3] 3

II. Ende der Pflegschaft für die Leibesfrucht (Abs. 2)

Nach Abs. 2 endet die Pflegschaft für eine **Leibesfrucht** nach § 1912 BGB mit der **Geburt des Kindes** kraft Gesetzes. 4

▶ *Näher zu den Einzelheiten Dürbeck, § 1912 BGB Rn. 1 ff.*

III. Erledigung der Angelegenheit (Abs. 3)

Nach Abs. 3 endet die Pflegschaft zur Besorgung einer **einzelnen Angelegenheit** mit deren **Erledigung**. Ist ein Pfleger etwa für die Vertretung eines Kindes zur Entscheidung über die Ausübung eines Zeugnisverweigerungsrechts nach § 52 StPO bestellt, endet die Pflegschaft mit der entsprechenden Kundgabe der Entscheidung gegenüber der Vernehmungsperson. 5

Bei Zweifeln über die Beendigung der Pflegschaft nach Maßgabe von Abs. 1 bis 3 hat das Familiengericht einen **deklaratorisch wirkenden Beschluss** zu erlassen, der nach zutreffender Ansicht auch nach Maßgabe von §§ 11 Abs. 1 RPflG, 58 ff. FamFG mit der Beschwerde **anfechtbar** ist.[4] 6

---

1 KG FamRZ 1972, 44; MüKo-BGB/*Schwab,* § 1918 Rn. 5
2 Soergel/*Zimmermann,* § 1918 BGB Rn. 2
3 MüKo-BGB/*Schwab,* § 1918 Rn. 9; nicht aber bei Entzug von Teilen des Sorgerechts oder bei Entzug nur betreffend ein Elternteil, vgl. OLG Stuttgart FamRZ 1976, 538; OLG Karlsruhe FamRZ 1974, 661
4 Palandt/*Götz,* § 1918 BGB Rn. 1; vgl. auch BGH FamRZ 2018, 601 (zu § 1882 BGB); a.A. OLG Stuttgart ZKJ 2012, 491 (Umgangspflegschaft)

§ 1919 BGB Aufhebung der Pflegschaft bei Wegfall des Grundes

Die Pflegschaft ist aufzuheben, wenn der Grund für die Anordnung der Pflegschaft weggefallen ist.

Übersicht

	Rn.
A. Allgemeines	1
B. Inhalt der Norm	2
C. Verfahren	4

A. Allgemeines

1 § 1919 BGB regelt die **Aufhebung der Pflegschaft** durch **(konstitutive)** gerichtliche **Entscheidung**, soweit diese nicht bereits gemäß § 1918 BGB in den dort genannten Fällen kraft Gesetzes beendet ist.

B. Inhalt der Norm

2 Die Pflegschaft ist aufzuheben, wenn der **Grund für ihre Anordnung weggefallen** ist. Dies ist dann der Fall, wenn der nach § 1909 BGB ursprünglich vorhandene Grund der Anordnung (z.B. eine Interessenskollision nach § 1795 BGB oder eine partielle Verhinderung nach § 1674 BGB) **nachträglich** in Wegfall geraten ist. Die h.M. wendet die Vorschrift aber zu Recht auch auf die Fälle an, in denen schon **bei der Anordnung** der Pflegschaft ein in § 1909 BGB genannter Grund tatsächlich gefehlt hat,[1] die Bestellung des Pflegers also nicht von den gesetzlichen Voraussetzungen gedeckt war.

3 Soweit Eltern nach einem Sorgerechtsentzug das Sorgerecht wieder in vollem Umfang zurückerhalten, ist **§ 1696 Abs. 2 BGB vorrangige Rechtsgrundlage** für die Aufhebung die Pflegschaft gegenüber § 1919 BGB.[2]

C. Verfahren

4 Für die Aufhebung der Pflegschaft ist nach § 3 Nr. 2a RPflG der **Rechtspfleger** funktionell zuständig. Dies gilt auch bei Kindern mit **fehlender deutscher Staatsangehörigkeit**, da der **Richtervorbehalt** des § 14 Nr. 10 RPflG grundsätzlich nur für die Anordnung der Pflegschaft gilt.[3] Ist schon die Anordnung der Pflegschaft durch den nach § 14 Nr. 10 RPflG zuständigen Richter zu Unrecht erfolgt, kann diese zwar nach den unter Rn. 2 aufgezeigten Gründen nach § 1919 BGB jederzeit aufgehoben werden. In diesem Fall ist aber auch die Aufhebung der Pflegschaft dem Richter vorbehalten, weil andernfalls der Rechtspfleger zum Kontrollorgan des Richters werden würde.[4]

▶ *Näher zur funktionellen Zuständigkeit Heilmann, § 14 RPflG Rn. 22 ff.*

5 Hebt der Rechtspfleger die vom Richter angeordnete Pflegschaft mit der Begründung auf, bereits ihre Anordnung sei zu Unrecht erfolgt, hat dies demgemäß nach § 8 Abs. 4 Satz 1 RPflG in jedem Fall die **Unwirksamkeit der Entscheidung** zur Folge,[5] ohne dass es auf

---

1 OLG Frankfurt a.M. ZKJ 2013, 503; BayObLG Rpfleger 1990, 119
2 BayObLGZ 1975, 197; MüKo-BGB/*Schwab*, § 1919 Rn. 5; Oberloskamp/*Mix*, § 12 Rn. 13
3 *Dörndorfer*, § 14 RPflG Rn. 60; *Dürbeck*, ZKJ 2014, 266, 269
4 OLG Frankfurt a.M. ZKJ 2013, 503
5 OLG Frankfurt a.M. ZKJ 2013, 503; OLG Dresden ZKJ 2012, 269

die Rechtmäßigkeit der Anordnung der Pflegschaft ankäme. Trotz Unwirksamkeit ist die Entscheidung des unzuständigen Rechtspflegers aus Gründen der Rechtssicherheit im Beschwerdeverfahren aufzuheben.[6]

▶ *Näher hierzu Heilmann, § 8 RPflG Rn. 9 ff.*

Gegen die Entscheidung nach § 1919 BGB ist die **Beschwerde** nach §§ 11 Abs. 1 RPflG, 58 ff. FamFG statthaft. Beschwerdeberechtigt sind nach §§ 59, 60, 162 Abs. 3 Satz 2 FamFG insbesondere der Pflegling, der Pfleger (auch bei Ablehnung der Aufhebung[7]) und im Bereich der Personensorge das Jugendamt. Zu einer Vertretung des Kindes bei der Einlegung der Beschwerde ist der Pfleger aber nicht befugt.[8] Wird die auf § 1919 BGB gestützte Entscheidung im Beschwerdeverfahren aufgehoben, lebt die Pflegschaft kraft Gesetzes wieder auf, eine neuerliche Bestellung des Pflegers ist nicht erforderlich.[9] **6**

§ 1920 BGB

(weggefallen)

§ 1921 BGB

[…]

Von Abdruck und Kommentierung wird abgesehen.

6 BGH NJW-RR 2005, 1299
7 KG FamRZ 1962, 482; Oberloskamp/*Mix*, § 11 Rn. 18
8 BGH NJW 1953, 1666; OLG Koblenz FamRZ 2017, 1075
9 A.A.: KG RJA 15, 101; Palandt/*Götz*, § 1919 BGB Rn. 1

Anhang
Gesetz zum zivilrechtlichen Schutz vor Gewalttaten und Nachstellungen (Gewaltschutzgesetz – GewSchG)

vom 11. Dezember 2001 (BGBl. I S. 3513),
geändert durch das Gesetz vom 1. März 2017 (BGBl. I S. 386)

§ 1 GewSchG Gerichtliche Maßnahmen zum Schutz vor Gewalt und Nachstellungen

(1) [1]Hat eine Person vorsätzlich den Körper, die Gesundheit oder die Freiheit einer anderen Person widerrechtlich verletzt, hat das Gericht auf Antrag der verletzten Person die zur Abwendung weiterer Verletzungen erforderlichen Maßnahmen zu treffen. [2]Die Anordnungen sollen befristet werden; die Frist kann verlängert werden. [3]Das Gericht kann insbesondere anordnen, dass der Täter es unterlässt,

1. die Wohnung der verletzten Person zu betreten,
2. sich in einem bestimmten Umkreis der Wohnung der verletzten Person aufzuhalten,
3. zu bestimmende andere Orte aufzusuchen, an denen sich die verletzte Person regelmäßig aufhält,
4. Verbindung zur verletzten Person, auch unter Verwendung von Fernkommunikationsmitteln, aufzunehmen,
5. Zusammentreffen mit der verletzten Person herbeizuführen,

soweit dies nicht zur Wahrnehmung berechtigter Interessen erforderlich ist.

(2) [1]Absatz 1 gilt entsprechend, wenn

1. eine Person einer anderen mit einer Verletzung des Lebens, des Körpers, der Gesundheit oder der Freiheit widerrechtlich gedroht hat oder
2. eine Person widerrechtlich und vorsätzlich
   a) in die Wohnung einer anderen Person oder deren befriedetes Besitztum eindringt oder
   b) eine andere Person dadurch unzumutbar belästigt, dass sie ihr gegen den ausdrücklich erklärten Willen wiederholt nachstellt oder sie unter Verwendung von Fernkommunikationsmitteln verfolgt.

[2]Im Falle des Satzes 1 Nr. 2 Buchstabe b liegt eine unzumutbare Belästigung nicht vor, wenn die Handlung der Wahrnehmung berechtigter Interessen dient.

(3) In den Fällen des Absatzes 1 Satz 1 oder des Absatzes 2 kann das Gericht die Maßnahmen nach Absatz 1 auch dann anordnen, wenn eine Person die Tat in einem die freie Willensbestimmung ausschließenden Zustand krankhafter Störung der Geistestätigkeit begangen hat, in den sie sich durch geistige Getränke oder ähnliche Mittel vorübergehend versetzt hat.

Weiterführende Literatur: Bruns, Verfahren der einstweiligen Anordnung nach § 1 GewSchG – Grundlagen und ausgewählte Praxisprobleme, FamRZ 2012, 1024; *Cirullies*, Zustellungsprobleme in Gewaltschutzsachen, FamRZ 2012, 1854; *ders.*, Stalker ohne Schuld – Opfer ohne Schutz?, FamRZ 2014, 1901; *ders.*, Gewaltschutz und Versöhnung – wie verträgt sich das?, FamRZ 2016, 953; *ders.*, Der Vergleich in Gewaltschutzsachen – vergleichsweise kompliziert, FamRB 2019, 407; *Diehl*, Vollstreckung nach dem Gewaltschutzgesetz und andere Vollstreckungsmaßnahmen im Beisein von Kindern, FPR 2008, 426; *Giers*, Verfahren und Vollstreckung in Gewaltschutzsachen, FPR 2011, 224; *Krüger*, Gewaltschutz und Umgang, NZFam 2016, 294.

Übersicht

	Rn.
A. Allgemeines	1
I. Schutz bei Gewalt und Nachstellung	1
1. „Drei-Säulen-Schutz"	1
2. Gefahren durch Stalking	2
II. Zivil- und Verfahrensrecht	3
III. Europäischer Gewaltschutz	5
B. Inhalt der Norm	7
I. Voraussetzungen	7
1. Verfahrensvorschrift	7
2. Verletzungshandlungen	8
a) Körper- und Gesundheitsverletzungen	9
b) Freiheitsverletzung	10
c) Drohung mit Rechtsverletzung	11
d) Nachstellungen	12
3. Widerrechtlichkeit und Vorsatz	14
4. Wiederholungsgefahr	16
II. Maßnahmen	17
1. Erforderlichkeit	17
2. Bestimmtheit der Maßnahme	18
3. Wahrnehmung berechtigter Interessen	20
4. Betretungsverbot (Abs. 1 Nr. 1)	21
5. Näherungs- und Aufenthaltsverbot (Abs. 1 Nr. 2 und 3)	22
6. Kontaktverbot (Abs. 1 Nr. 4 und 5)	23
7. Befristung der Anordnungen	24
III. Schuldfähigkeit des Täters	25
IV. Verfahren	28
1. Zuständigkeit	28
2. Antragsverfahren	29
3. Verfahrensfähigkeit	32
4. Kindeswohl und Opferschutz	33
5. Einstweilige Anordnung	34
a) Voraussetzungen	34
b) Sofortige Wirksamkeit	35
6. Vergleich in Gewaltschutzsachen	36
a) Aufwertung des Vergleichs	36a
b) Bestätigter Vergleich	37
7. Verfahrenskostenhilfe	37
a) Mutwilligkeit	38
b) Beiordnung eines Rechtsanwalts	39
V. Vollstreckung	39
1. Allgemeine Vollstreckungsvoraussetzungen	39
a) Titel	39
b) Klausel	40
c) Zustellung	41
2. Vollstreckungsverfahren	43
a) Grundsätze	43
b) Unmittelbarer Zwang	43a
c) Ordnungsmittel	44
d) Vollstreckung trotz Ablaufs der Titelbefristung	45

A. Allgemeines

I. Schutz bei Gewalt und Nachstellung

1. „Drei-Säulen-Schutz"

1 Gewalt- und Opferschutz wird umfassend im **Zivil- und Familienrecht**, im **Polizeirecht** und im **Strafrecht** gewährt:

- Dabei sind die **zivilrechtlichen** Ansprüche vornehmlich in dem **„Gewaltschutzgesetz"**[1] geregelt. Es bildet die rechtliche Grundlage für verschiedene Schutzanordnungen (§ 1 GewSchG) und die Wohnungsüberlassung (§ 2 GewSchG).
- Für das Opfer ist die **Polizei** häufig die erste Adresse zur Gefahrenabwehr. Entsprechend dieser besonderen Verantwortlichkeit hat der Gewaltschutz auch in den Polizei- und Ordnungsgesetzen der Bundesländer seinen Niederschlag gefunden. Vor allem die dort verankerte **Wohnungsverweisung** mit Rückkehrverbot soll dem Opfer „Luft" zur Einholung zivilrechtlichen Rechtsschutzes verschaffen.[2]
- Die **strafrechtliche** Ahndung des Verhaltens gewalttätiger oder nachstellender Personen wird insbesondere durch die speziellen Regelungen in **§ 4 GewSchG** sowie § 238 StGB ermöglicht (vgl. *Cirullies*, § 4 GewSchG Rn. 1 ff.).

▶ *Zu dem Anwendungsbereich des Gewaltschutzgesetzes bei dem **Kind als Opfer** siehe Cirullies, § 3 GewSchG Rn. 2.*

2. Gefahren durch Stalking

2 Häusliche Gewalt und **„Stalking"** sind oftmals zwei Seiten derselben Medaille: Nach der Trennung schlägt die während des Zusammenlebens verübte Gewalt in Verfolgen und Belästigen des Ex-Partners um. Wenn sich der Täter in seine Liebes-, Rache- oder Wutgefühle hineinsteigert, besteht mitunter Gefahr für Leib und Leben des Opfers.[3] Eine energische Ahndung ist dann angezeigt. Insoweit hat das OLG Hamm[4] bei einem Intensiv- und Wiederholungstäter die originäre Anordnung von fast zwei Jahren(!) **Ordnungshaft** für angemessen gehalten. Voraussetzung hierfür ist allerdings die **Schuldfähigkeit** des Täters (siehe Rn. 25).

II. Zivil- und Verfahrensrecht

3 Im Regelfall kann das Opfer seine **zivilrechtlichen** Ansprüche aus dem **Gewaltschutzgesetz** herleiten. Nur in Ausnahmefällen ist das **BGB** einschlägig.

▶ *Vgl. Cirullies, § 3 GewSchG Rn. 3.*

Einen Sonderfall stellt dort das Familienrecht dar mit seinen Vorschriften zum Schutz des **Kindeswohls**; wegen des Wächteramtes des Staates muss hier – insbesondere betreffend Sorge- und Umgangsrecht – ein Einschreiten auch von Amts wegen möglich sein.

4 Das **Verfahren** in Gewaltschutzsachen richtet sich – wie in Kindschaftssachen – nach den Vorschriften des **FamFG** (§§ 210 ff. FamFG). Diese Verfahren sind in § 111 FamFG als Familiensachen definiert, für die die **Familiengerichte** zuständig sind. Die Normen der ZPO sind lediglich einschlägig, soweit das FamFG hierauf ausdrücklich verweist.

---

1 Gesetz zum zivilrechtlichen Schutz vor Gewalttaten und Nachstellungen (Gewaltschutzgesetz – GewSchG) vom 11.12.2001 (BGBl. I S. 3513)
2 Eingehend *Cirullies*, FamRB 2014, 229
3 Eingehend *Cirullies/Cirullies*, Rn. 6
4 OLG Hamm FamRZ 2013, 1507 (LS), dazu *Alberts*, FamFR 2013, 208

III. Europäischer Gewaltschutz

Inzwischen findet auch **grenzüberschreitender Gewaltschutz** in der Europäischen Union statt: In den vergangenen Jahren sind insoweit eine **EU-Gewaltschutzrichtlinie**[5] sowie eine **EU-Gewaltschutzverordnung**[6] verabschiedet worden. Hierdurch werden Systeme geschaffen, mit deren Hilfe Gewaltschutzanordnungen der Mitgliedstaaten auch in anderen Mitgliedstaaten der Europäischen Union anerkannt und die getroffenen Schutzmaßnahmen auf einen anderen Mitgliedstaat ausgedehnt werden können. **5**

Zur Umsetzung der EU-Richtlinie in nationales Recht und zur Durchführung der EU-Verordnung ist am 11.1.2015 das **EU-Gewaltschutzverfahrensgesetz**[7] in Kraft getreten. Es ermöglicht die Transformation ausländischer zivilrechtlicher Gewaltschutzmaßnahmen und schafft insoweit ein **weiteres Gewaltschutzgesetz** für internationale Fälle.[8] Erkennt das Gericht die Europäische Schutzanordnung (grundsätzlich) an, erlässt es zugleich eine geeignete Maßnahme nach § 1 GewSchG, die in höchstmöglichem Maße der angeordneten Schutzmaßnahme entspricht (§ 9 EUGewSchVG). Für die Vollstreckung bedarf es einer Vollstreckungsklausel zwar nicht mehr. Gleichwohl sind noch immer viele bürokratische Hürden zu überwinden, so dass es vorzugswürdig erscheint, im **Inland** eine inhaltsgleiche Schutzanordnung zu beantragen.[9] Dies ist für den Fall der Ablehnung der Anerkennung ohnehin vorgesehen (§ 7 Abs. 2 Nr. 2 EUGewSchVG). **6**

Im Übrigen ist das Übereinkommen des Europarats vom 11.5.2011 zur Verhütung und Bekämpfung von **Gewalt gegen Frauen und häuslicher Gewalt** (sog. **Istanbul-Konvention**) am 1.2.2018 in Kraft getreten.[10] Hiermit sollen auf europäischer Ebene einheitliche Schutzstandards in den Bereichen Prävention, des Opferschutzes, der Strafverfolgung und einer grenzüberschreitenden Zusammenarbeit geschaffen werden, um Gewalt gegen Frauen und Mädchen sowie häusliche Gewalt zu verhindern. Die Konvention gilt unmittelbar und ist auf allen staatlichen Ebenen umzusetzen.[11] **6a**

B. Inhalt der Norm

I. Voraussetzungen

1. Verfahrensvorschrift

Im Falle näher bezeichneter Verstöße des Täters kann das Gericht zum Schutz des Opfers geeignete Maßnahmen anordnen. Die Regelung ist aus verschiedenen Gründen **verfahrensrechtlich** ausgestaltet.[12] Sie enthält also – nach der Gesetzesbegründung[13] und nach ganz h.M.[14] – keine materiell-rechtliche Anspruchsgrundlage. Normiert ist lediglich die ge- **7**

5 Richtlinie 2011/99/EU des Europäischen Parlaments und des Rates über die Europäische Schutzanordnung vom 13.12.2011 (ABl. 2011 Nr. L 338 S. 2)

6 Verordnung (EU) Nr. 606/2013 des Europäischen Parlaments und des Rates über die gegenseitige Anerkennung von Schutzmaßnahmen in Zivilsachen vom 12.6.2013 (ABl. 2013 Nr. L 181 S. 4)

7 Gesetz zum Europäischen Gewaltschutzverfahren (EU-Gewaltschutzverfahrensgesetz – EUGewSchVG) als Art. 1 des Gesetzes zur Umsetzung der Richtlinie 2011/99/EU über die Europäische Schutzanordnung und zur Durchführung der Verordnung (EU) Nr. 606/2013 über die gegenseitige Anerkennung von Schutzmaßnahmen in Zivilsachen vom 5.12.2014 (BGBl. I S. 1964)

8 Ausführlich dazu *Dutta*, FamRZ 2015, 85; *Pietsch*, NZFam 2014, 726; *Campbell*, NJW-Spezial 2014, 708

9 Vgl. *Dutta*, a.a.O., S. 92

10 Umgesetzt in deutsches Recht durch Gesetz zu dem Übereinkommen des Europarates zur Verhütung und Bekämpfung von Gewalt gegen Frauen und häuslicher Gewalt, BGBl. II 2017 S. 1026 ff.; BT-Drucks. 18/12037, 47 f., 76 f.; hierzu *Lembke/Steinl*, djbZ 2018, 203; *Frings/Pertsch*, djbZ 2018, 213; *Uerpmann-Wittzack*, FamRZ 2017, 1812

11 Dazu *Lembke/Steinl*, djbZ 2018, 203, 204

12 „... hat das Gericht auf Antrag ... Maßnahmen zu treffen."

13 BT-Drucks. 14/5429, 17

14 BGH FamRZ 2014, 825 = NZFam 2014, 555 mit Anm. *Cirullies*; OLG Brandenburg BeckRS 2018, 34917, dazu *Cirullies*, NZFam 2019, 144; Palandt/*Brudermüller*, § 1 GewSchG Rn. 4

richtliche Befugnis, zur Abwendung weiterer Verletzungen von Körper, Gesundheit oder Freiheit der verletzten Person die erforderlichen Schutzmaßnahmen in Bezug auf den Täter zu treffen. Diese Schutzanordnungen können nur ergehen, sofern ein *materiell-rechtlicher* **Anspruch auf Unterlassung** der (zumindest bedingt) vorsätzlichen widerrechtlichen Verletzung der genannten Rechtsgüter besteht (sog. **„quasi-negatorischer Unterlassungsanspruch"** nach §§ 823, 1004 BGB).[15] Auch wenn das Gewaltschutzbegehren meist auf die Pflicht zu künftiger **Unterlassung** gerichtet ist, kann auch die **Beseitigung** einer fortwirkenden Beeinträchtigung (z.B. Verlassen der Wohnung des Opfers, Aufgabe des Wohnsitzes) verlangt werden.[16]

2. Verletzungshandlungen

8 Die in Abs. 1 Satz 3 genannten Schutzanordnungen sind bei Vorliegen bestimmter **Handlungen** möglich, die in Absatz 1 und Absatz 2 aufgeführt sind. Im Wesentlichen geht es um folgende **Verstöße**:

- **Abs. 1:** Verletzung einer Person an **Körper**, **Gesundheit** oder in ihrer **Freiheit**,
- **Abs. 2:**
  - widerrechtliche **Drohung** mit Verletzung dieser Rechtsgüter sowie des **Lebens**,
  - **Eindringen** in die Wohnung oder das befriedete Besitztum,
  - **unzumutbare Belästigung** durch wiederholtes **Nachstellen** oder Verfolgung durch Fernkommunikationsmittel.

a) Körper- und Gesundheitsverletzungen

9 **Körper- und Gesundheitsverletzungen** gehen häufig ineinander über. **Psychische Gewalt** wird als Körper- und Gesundheitsverletzung erfasst, wenn sie sich beim Opfer physisch auswirkt, wobei die Beeinträchtigung eine gewisse Erheblichkeit erreichen muss.[17] Es müssen nennenswerte körperliche Reaktionen wie Schlafstörungen,[18] Zittern oder Appetitlosigkeit[19] feststellbar sein. Das bloße Zurückschieben einer Person genügt nicht.[20]

b) Freiheitsverletzung

10 Verletzung der **Freiheit** bedeutet Entziehung der körperlichen Bewegungsfreiheit, etwa durch Einsperren oder Festhalten der Person. Insoweit kann auch eine **kurzzeitige** Entziehung genügen.[21] Für die Begriffsbestimmung kann auf die Definition einer Freiheitsberaubung i.S.v. § 239 StGB zurückgegriffen werden. Hierunter fallen nur Vorgänge, die das Opfer am Verlassen eines bestimmten Ortes hindern. Die Beeinträchtigung der allgemeinen Handlungs- und Entschlussfreiheit genügt nicht.[22] Auch das bloße **Aussperren** aus der Wohnung stellt keine Freiheitsverletzung dar.[23]

---

15 Also ein Anspruch, mit dem Störungen bestimmter Rechte wie etwa des allgemeinen Persönlichkeitsrechts abgewehrt werden können, und zwar in Analogie zu gesetzlich geregelten Unterlassungsansprüchen
16 BGH, a.a.O.
17 OLG Karlsruhe FamRZ 2012, 460
18 BT-Drucks. 14/5429, 19
19 OLG Rostock FamRZ 2007, 921
20 OLG Frankfurt, Beschl. v. 15.12.2014 – 4 WF 262/14, juris
21 OLG Brandenburg NJW-RR 2006, 220 = FamRZ 2006, 947 (LS)
22 OLG Frankfurt BeckRS 2012, 18680 (kurzzeitiges Festhalten an einem Arm)
23 H.M., vgl. Palandt/*Brudermüller,* § 1 GewSchG Rn. 5; MüKo-FamFG/*Erbarth,* § 210 Rn. 16

c) Drohung mit Rechtsverletzung

11 Die **Drohung** kann auch durch Drohgebärden und Gesten (z.B. das Andeuten des „Kehle-Durchschneidens") geäußert werden. Es muss sich um eine ernst gemeinte und vom Opfer auch vernünftigerweise ernst genommene Drohung i.S. der §§ 240, 241 StGB handeln. Zu unterscheiden ist die Drohung von der bloßen **Warnung**, durch die lediglich auf eine unabhängig vom Willen des Warnenden eintretende Folge eines bestimmten Verhaltens hingewiesen werden soll.[24]

Schwieriger ist häufig die Abgrenzung zu bloßen **Beschimpfungen**, Beleidigungen,[25] Verwünschungen oder Prahlereien. Entscheidend sind dabei die Gesamtumstände des Einzelfalls. So ist die Formulierung „Es wird ein totaler Krieg stattfinden" nicht schon ohne weiteres als rechtswidrige Drohung zu werten, sondern bedarf der Auslegung.[26] Allerdings eröffnet die Verwirklichung des **Beleidigungstatbestandes i.S.v. § 185 StGB** (jedenfalls in einem Einzelfall) noch nicht den Schutzbereich des § 1 GewSchG.[27]

d) Nachstellungen

12 Schutz vor **Nachstellungen** bietet das Gesetz ferner, wenn der Täter in die Wohnung **eindringt**[28] oder das Opfer dadurch **unzumutbar belästigt**, dass er

- ihm gegen den ausdrücklich erklärten Willen **wiederholt nachstellt** *oder*
- es verfolgt unter Verwendung von **Fernkommunikationsmitteln** wie Telefon, SMS, E-Mail oder soziale Netzwerke im Internet (z.B. Facebook).[29] Dazu zählt auch „Telefonterror" durch bloßes Klingelnlassen des Telefons und das Unterbrechen der Verbindung, bevor das Opfer den Anruf entgegennimmt, sowie durch Anrufe auf einem Anrufbeantworter ohne Hinterlassen einer Nachricht.[30]

Allerdings nimmt das Gesetz zwei **Einschränkungen** vor: Die **Nachstellungen** müssen

- **gegen den** ausdrücklich erklärten **Willen** des Opfers erfolgen und
- die Qualität einer **unzumutbaren Belästigung** haben.

13 Grundsätzlich muss das Opfer also im Streitfall nachweisen, dass es den **Täter aufgefordert** hat, die Nachstellungen zu unterlassen. Jedoch besteht eine **Beweiserleichterung** zugunsten des Opfers: Es spricht eine tatsächliche **Vermutung** dafür, dass das Opfer dem Täter unmissverständlich zu erkennen gegeben hat, dass es mit den Nachstellungen und Verfolgungen nicht einverstanden war. Der Täter muss die Vermutung widerlegen.[31] Im Übrigen kann sich schon aus der Natur der Störungen ergeben, dass eine vorherige Aufforderung entbehrlich ist (z.B. bei nächtlichem Telefonterror).[32]

Ob eine **unzumutbare Belästigung**[33] durch wiederholte Nachstellungen vorliegt, richtet sich nach den Umständen des Einzelfalls. Die Schwelle wird nach der Rechtsprechung unterschiedlich leicht überschritten.[34]

---

24 BGH NStZ-RR 2001, 171
25 Dazu OLG Brandenburg BeckRS 2015, 02398; OLG Frankfurt, Beschl. v. 15.12.2014 – 4 WF 262/14, juris
26 BGH NStZ 2004, 33; ähnlich OLG Brandenburg ZKJ 2006, 375 („Dich mache ich alle und rauch Dich in der Pfeife"); wegen weiterer Beispielsfälle vgl. *Cirullies/Cirullies*, Rn. 32
27 OLG Brandenburg BeckRS 2018, 34917, dazu *Cirullies*, NZFam 2019, 144
28 Der Versuch des Eindringens genügt nicht, ebenso wenig das weitere Verweilen in der Wohnung trotz Aufforderung zum Verlassen, vgl. OLG Brandenburg BeckRS 2019, 2614, dazu *Cirullies*, NZFam 2019, 323
29 Dazu OLG Hamm BeckRS 2013, 11035, dazu *Finke*, FamFR 2013, 378
30 *V. Pechstaedt*, NJW 2007, 1233, 1234
31 OLG Köln FamRZ 2015, 1976
32 OLG Braunschweig NJOZ 2018, 911
33 Zum Begriff vgl. OLG Brandenburg FamRZ 2019, 1325, dazu *Cirullies*, NZFam 2019, 323
34 Zu Beispielsfällen vgl. BeckOGK-BGB/*Schulte-Bunert*, § 1 GewSchG Rn. 47; *Cirullies/Cirullies*, Rn. 39 m.w.N.

3. Widerrechtlichkeit und Vorsatz

14 Die aufgeführten (Verletzungs-)Handlungen des Täters lassen nur im Fall der **Widerrechtlichkeit** die Verhängung von Schutzanordnungen zu. Allerdings wird die Widerrechtlichkeit grundsätzlich **vermutet** – es sei denn, der Täter kann einen Rechtsfertigungsgrund dartun und so die Vermutung widerlegen.[35]

15 § 1 GewSchG ist nur bei **vorsätzlicher** Rechtsgutsverletzung anwendbar.[36] Der Täter muss den rechtswidrigen Erfolg zumindest billigend in Kauf genommen haben. Bei **fahrlässigem** Verhalten bleiben jedoch weitergehende Ansprüche nach dem allgemeinen Deliktsrecht unberührt.[37]

4. Wiederholungsgefahr

16 Das Gericht hat die zur **Abwendung weiterer Verletzungen** erforderlichen Maßnahmen zu treffen. Es muss also Wiederholungsgefahr bestehen, die jedoch grundsätzlich aufgrund der Ereignisse **vermutet** wird. Folglich obliegt es dem Täter, das Indiz aus einem vorangegangenen rechtswidrigen Verhalten zu widerlegen. An die Widerlegung dieser Vermutung sind hohe Anforderungen zu stellen. Das bloße Bestreiten des Vortrags des Antragstellers genügt nicht.[38] Sind allerdings die räumliche Nähe und die damit verbundenen persönlichen Spannungen – etwa durch den **Wegzug** eines Beteiligten – entfallen, werden Schutzmaßnahmen nicht mehr erforderlich sein.[39]

II. Maßnahmen

1. Erforderlichkeit

17 Das Gericht darf nach Abs. 1 Satz 1 entsprechend dem Grundsatz der **Verhältnismäßigkeit** nur die zur Abwendung **erforderlichen** Maßnahmen treffen. Es hat also unter Berücksichtigung der Rechte des Täters das mildeste Mittel zu wählen, um der Wiederholungsgefahr zu begegnen. So rechtfertigt ein einmaliger Vorfall (Beleidigung, Tätlichkeit) regelmäßig nicht ein umfassendes Kontaktverbot.[40] Die Schutzmaßnahmen sind an den glaubhaft gemachten Rechtsverletzungen auszurichten.[41] Andererseits setzt die **Auswahl** einzelner Unterlassungsverpflichten nicht voraus, dass eine Wiederholungs- oder Begehungsgefahr gerade hinsichtlich der untersagten Verhaltensweise festgestellt ist.

Auch können aus dem nur beispielhaften, **nicht abschließenden** Katalog möglicher Maßnahmen in Abs. 1 Satz 3 **mehrere Anordnungen** miteinander **kombiniert** werden, um einen hinreichenden Schutz des Opfers zu bewirken.[42] Den Bedürfnissen des Einzelfalls angepasst kann das Gericht „maßgeschneiderte" Anordnungen treffen. An die oft recht weit gefassten Anträge des Opfers ist das Gericht nicht gebunden.

2. Bestimmtheit der Maßnahme

18 Wie bei jedem Vollstreckungstitel ist auch in Gewaltschutzverfahren auf die nötige **Bestimmtheit** zu achten. Gebote und Verbote müssen hinreichend deutlich umrissen und aus sich heraus verständlich sein. Grundsätzlich darf eine **Unterlassungsverpflichtung** nicht zu weit gefasst sein.[43] Zwar gebietet die Zielsetzung des Verfahrens nach dem **Ge-**

---

35 OLG Koblenz BeckRS 2016, 18362; OLG Brandenburg NJW-RR 2006, 220
36 MüKo-FamFG/*Erbarth*, § 210 Rn. 24
37 jurisPK-BGB/*Breidenstein*, § 1 GewSchG Rn. 24
38 OLG Karlsruhe FamRZ 2016, 1193; ferner OLG Celle FamRZ 2009, 1751
39 OLG Brandenburg BeckRS 2018, 26473; jurisPK-BGB/*Breidenstein*, § 1 GewSchG Rn. 30 m.w.N.
40 OLG Brandenburg BeckRS 2018, 34917, dazu *Cirullies*, NZFam 2019, 144; LG Oldenburg BeckRS 2008, 11514
41 OLG Karlsruhe BeckRS 2019, 7399, dazu *Reinken*, NZFam 2019, 560
42 Allerdings erhöht sich bei mehreren Maßnahmen nicht der Verfahrenswert, vgl. *Schneider*, NZFam 2014, 751
43 BGH NJW 1994, 2820, 2822

waltschutzgesetz im Interesse eines effektiven Schutzes des Betroffenen, insoweit geringere Anforderungen zu stellen. Jedoch darf das begehrte oder ausgesprochene Verbot nicht lediglich in einer Wiedergabe des Gesetzestextes bestehen, weil sonst die Klärung der Frage, ob ein Verhalten unzulässig ist, vom Erkenntnis- in das Vollstreckungsverfahren verlagert würde.[44] Es sollte gleichwohl so formuliert sein, dass auch leicht **abgewandelte Verhaltensweisen** des Täters hiervon erfasst sind, der Täter also nicht unter formaler Einhaltung der gerichtlichen Verbote das Opfer weiter belästigen kann.[45] Dementsprechend ist die Zwangsvollstreckung wegen unerwünschter **Telefonanrufe** nur zulässig, wenn der Vollstreckungstitel diese verbietet; ein allgemeines **Belästigungsverbot** ist nicht ausreichend.[46] Hingegen sind die Antragsformulierungen „die Antragstellerin nicht **körperlich** zu **attackieren** und nicht zu **beschimpfen**" noch hinnehmbar.[47] Gleiches gilt für die Regelung, „sich nicht zu bedrohen, zu verletzen oder sich sonst körperlich zu misshandeln".[48]

Die an einen Gewalttäter, Stalker oder Sexualstraftäter gerichtete generelle **Ausschließung der Kontaktaufnahme** bezieht sich auf jedwede Kontakte, also etwa auch im Wege der **Ferntelekommunikation**. Eine Kontaktsuche seitens des Kindes lässt sich mitunter nicht verhindern, muss jedoch von dem betreuenden Elternteil im Fall der Kindeswohlgefährdung unterbunden werden. Bei Schwierigkeiten sollte das Jugendamt bzw. Familiengericht eingeschaltet werden. 19

3. Wahrnehmung berechtigter Interessen

Sämtliche Schutzanordnungen stehen unter dem Vorbehalt der **Wahrnehmung berechtigter Interessen** des Täters (Abs. 1 Satz 3 letzter Hs.). So kann für diesen etwa die Notwendigkeit bestehen, seine persönlichen Gegenstände aus der Wohnung des Opfers zu holen. Dagegen rechtfertigen Geldschulden des Opfers Belästigungen nicht.[49] Der Vorbehalt erscheint dann nicht unproblematisch, wenn es – wie häufig – um **Umgangskontakte** des Täters zu den Kindern geht: Er sorgt in der Praxis oft für Unsicherheit und unter den Beteiligten für Unruhe, wenn sich der Täter unter Hinweis auf sein Umgangsrecht gegen Kontaktverbote zur Wehr setzt oder einfach darüber hinweggeht. Einer expliziten Regelung des Umgangs in der gerichtlichen Schutzanordnung bedarf es nicht, zumal dem Gericht bei Erlass häufig die genauen Umstände und Bedürfnisse der Beteiligten unbekannt sind. Überdies sind konkrete **Umgangsregelungen** in einem Beschluss nach §§ 1, 2 GewSchG fehl am Platz, weil die Verfahrensregeln in Gewaltschutz- und Kindschaftssachen durchaus unterschiedlich gestaltet sind.[50] Probleme des Umgangsrechts können nicht im Rahmen eines Gewaltschutzverfahrens gelöst werden.[51] Vielmehr ist in solchen Fällen, ggf. von Amts wegen, die Einleitung eines familiengerichtlichen Umgangsverfahrens geboten. Auch kann der Umgangsberechtigte etwaige Terminabsprachen zumutbarerweise über Dritte (Verwandte oder Jugendamtsmitarbeiter) treffen.[52] 20

---

44 OLG Köln FamRZ 2015, 163, dazu *Neumann*, NZFam 2014, 1002; *Cirullies/Cirullies*, Rn. 255 m.w.N.
45 jurisPK-BGB/*Breidenstein*, § 1 GewSchG Rn. 32
46 OLG Karlsruhe FamRZ 2008, 291, dazu *Hohloch*, FPR 2008, 430, 432
47 OLG Köln a.a.O.
48 OLG Hamburg FamRZ 2019, 1449, dazu *Cirullies*, NZFam 2019, 730
49 OLG Brandenburg BeckRS 2019, 11059; OLG Köln FamRZ 2015, 1976
50 Ausführlich *Cirullies/Cirullies*, Rn. 127, 183, 357
51 AG Flensburg NJOZ 2005, 270
52 Bedenklich daher OLG Brandenburg FamRZ 2019, 1325, dazu *Cirullies*, NZFam 2019, 323

4. Betretungsverbot (Abs. 1 Nr. 1)

21 Das Gericht kann anordnen, dass der Täter die **Wohnung** des Opfers nicht betreten darf. Ein solches Betretungsverbot tritt an die Stelle einer etwa zuvor ergangenen polizeilichen Wohnungsverweisung mit Rückkehrverbot. Meist dient es als flankierende Maßnahme einer **Wohnungsüberlassung** gemäß § 2 GewSchG.

5. Näherungs- und Aufenthaltsverbot (Abs. 1 Nr. 2 und 3)

22 Das Gericht kann dem Täter nach Nr. 2 und 3 ferner verbieten,

- sich in einem bestimmten Umkreis der Wohnung der verletzten Person **aufzuhalten** *und/oder*
- zu bestimmende andere Orte **aufzusuchen**, an denen sich das Opfer regelmäßig aufhält.

So kann dem Täter, der in der Vergangenheit einem jungen Mädchen nachgestellt hat, untersagt werden, sich an bestimmten Orten aufzuhalten, die das Mädchen üblicherweise aufsucht.[53]

Alle in der Schutzanordnung aufgelisteten verbotenen Plätze müssen **exakt bezeichnet** sein. Die **Bemessung der „Bannmeile"** richtet sich nach den örtlichen Verhältnissen. Ein Mindestabstand von 200 m ist in der Rechtsprechung gängig,[54] doch wird in vielen Fällen eine Distanz von 100 m oder auch nur 50 m angemessen sein.

Den Zutritt zu seinem **Arbeitsplatz** kann man dem Täter nur in extremen Ausnahmefällen untersagen. Hier muss vorrangig der Arbeitgeber oder Dienstherr im Rahmen seiner Fürsorgepflicht für den nötigen Opferschutz sorgen.[55]

Grundsätzlich ist der Täter auch nicht verpflichtet, dass er seine eigene **Wohnung** zur Vermeidung von Konflikten **aufzugeben**. Anders kann der Fall zu beurteilen sein, wenn er eine Wohnung bewusst in direkter Nähe des Opfers anmietet.[56]

6. Kontaktverbot (Abs. 1 Nr. 4 und 5)

23 Die Regelungen in Nr. 4 und 5 ermöglichen es, gegen den Täter ein **Kontakt- und Belästigungsverbot** zu verhängen. Es betrifft jede Art der Kommunikation, insbesondere durch **Fernkommunikationsmittel**, aber auch durch körperliche Gestik.[57]

Ferner kann dem Täter verboten werden, ein **Zusammentreffen** mit der verletzten Person herbeizuführen – verbunden mit der Auflage, bei einem zufälligen Zusammentreffen mit dem Opfer unverzüglich einen näher zu bestimmenden **Abstand** einzunehmen.

Gestattet das Opfer wieder eine gerichtlich untersagte **Kontaktaufnahme** oder erwidert diese, kann der durch die Gewaltschutzanordnung Verpflichtete deren Aufhebung bei Gericht beantragen. Eine **Vollstreckung** des Kontaktaufnahmeverbots kommt auch ohne förmliche Aufhebung der Gewaltschutzanordnung nicht mehr in Betracht.[58]

▶ *Cirullies, § 4 GewSchG Rn. 5 zu den **strafrechtlichen** Auswirkungen des Einverständnisses des Opfers.*

---

53 OLG Celle FamRZ 2015, 263, dazu *Ebert*, NZFam 2014, 958
54 Dazu *v. Pechstaedt*, NJW 2007, 1233, 1234, mit Beispielen aus der Judikatur
55 Dazu *Bieszk/Sadtler*, NJW 2007, 3382, 3383
56 BGH FamRZ 2014, 825 = NZFam 2014, 555 mit Anm. *Cirullies*
57 OLG Zweibrücken BeckRS 2019, 17800, dazu *Kischkel*, NZFam 2019, 748 (Zeigen des sog. Stinkefingers)
58 OLG Koblenz FamRZ 2019, 629; zum Selbstbestimmungsrecht des Opfers im Polizeirecht vgl. *Cirullies*, FamRB 2104, 229

7. Befristung der Anordnungen

Nach Abs. 1 Satz 2 ist – entsprechend dem Grundsatz der Verhältnismäßigkeit – eine Schutzmaßnahme im Regelfall[59] zu **befristen**.[60] Damit korrespondiert die gleichzeitig eröffnete Möglichkeit der (auch mehrfachen) **Fristverlängerung** für den Fall, dass nach Ablauf der ursprünglich gesetzten Frist weitere Verletzungen der Rechtsgüter des Verletzten zu befürchten sind.[61] In der Praxis üblich sind Fristen von drei bis zwölf Monaten. Meist werden **sechs Monate** als angemessen angesehen. 24

Bei der **Verlängerung** der Frist ist die Rechtmäßigkeit der ursprünglichen Anordnung nicht zu überprüfen.[62]

Hinweis: Bei (wiederholten) Verstößen des Antragsgegners gegen eine befristete Schutzanordnung sollte sich der Antragsteller hiergegen mit Vollstreckungsmaßnahmen zur Wehr setzen. Anderenfalls läuft er Gefahr, dass das Gericht seinen Verlängerungsantrag mangels **Rechtsschutzbedürfnisses** zurückweist.[63]

In besonderen Situationen sind Schutzanordnungen auch **unbefristet** möglich. Gerade in **Stalking-Fällen** ist eine Befristung eher untunlich und aus Verhältnismäßigkeitsgründen selten erforderlich.[64] Im Übrigen stellt die unterbliebene Befristung der Anordnung die **Strafbarkeit** nach § 4 GewSchG nicht infrage.[65]

III. Schuldfähigkeit des Täters

Die Anordnung von Schutzmaßnahmen setzt grundsätzlich Vorsatz (vgl. Rn. 15) und Schuldfähigkeit des Täters voraus.[66] Die Frage der **Schuldfähigkeit** (oder auch Zurechnungsfähigkeit)[67] ist bereits im **Erkenntnisverfahren** zu klären.[68] Ausgehend von dem Grundsatz der Eigenverantwortlichkeit des Handelnden trägt dieser grundsätzlich die **Darlegungs- und Feststellungslast** für seine Schuldunfähigkeit.[69] Ergeben sich jedoch aus dem Akteninhalt oder sonstigen Umständen wegen einer möglichen psychischen Erkrankung **offenkundige Zweifel** an der Schuldfähigkeit des Verpflichteten, so hat das Familiengericht dies **von Amts wegen** aufzuklären.[70] Verweigert der Täter die Mitwirkung an der gerichtlich angeordneten Begutachtung, kommt eine „Beweislast-Entscheidung" zu seinem Nachteil in Betracht. 25

Nimmt das Gericht aufgrund bereits vorliegender ärztlicher Atteste oder Sachverständigengutachten oder aber nach eigenen Ermittlungen **Schuldunfähigkeit** bei Begehung der Anlasstaten an, können Schutzmaßnahmen auf der Grundlage des Gewaltschutzgesetzes **nicht** angeordnet werden. Sie können jedoch auch dann verhängt werden, wenn die Taten in einem **vorübergehenden Zustand der Unzurechnungsfähigkeit** began- 26

59 BT-Drucks. 14/5429, 28; OLG Celle FamRZ 2009, 1751; OLG Hamm BeckRS 2013, 11035, dazu *Finke*, FamFR 2013, 378; zu Problemen bei fehlender Befristung vgl. OLG Karlsruhe, BeckRS 2015, 07632, ferner OLG Hamm BeckRS 2015, 08429
60 Ausführlich *Cirullies/Cirullies*, Rn. 52 ff.
61 Dazu OLG Bremen FamRZ 2013, 1828
62 OLG Nürnberg FamRZ 2012, 646 (LS) = BeckRS 2012, 04276; differenzierend: OLG Brandenburg FamRZ 2019, 1325, dazu *Cirullies*, NZFam 2019, 323
63 OLG Brandenburg a.a.O. (FamRZ 2019, 1325, dazu *Cirullies*, NZFam 2019, 323)
64 *V. Pechstaedt*, NJW 2007, 1233, 1235; BeckOGK-BGB/*Schulte-Bunert*, § 1 GewSchG Rn. 65; jurisPK-BGB/*Breidenstein*, § 1 GewSchG Rn. 42
65 BGH NStZ-RR 2018, 328
66 H.M., vgl. etwa OLG Frankfurt FamRZ 2014, 1956; FamRZ 2010, 1812; OLG Celle FamRZ 2012, 456; eingehend Bork/Jacoby/Schwab/*Cirullies*, § 210 FamFG Rn. 14 m.w.N.
67 Vgl. etwa MüKo-FamFG/*Erbarth*, § 210 Rn. 20 m.w.N.
68 A.A. OLG Koblenz FamRZ 2017, 1933, allerdings unter unzutreffender Bezugnahme auf *Cirullies*, FamRZ 2014, 1901
69 OLG Koblenz FamRZ 2017, 1933; KG BeckRS 2012, 07256 (betreffend § 890 ZPO)
70 *Cirullies*, FamRZ 2014, 1901

gen wurden, in den sich der Täter durch Alkohol, Drogen oder andere berauschende Mittel selbst versetzt hat (Abs. 3).

27 Maßnahmen nach dem GewSchG können hingegen nicht erlassen werden, wenn der Täter zur Tatzeit aufgrund einer (geistigen) **Krankheit** vorübergehend oder dauerhaft nicht schuldhaft gehandelt hat. Dieser Umkehrschluss erscheint nach dem Gesetzeswortlaut zwingend. In einem solchen Fall bleiben Schutzanordnungen aufgrund des **allgemeinen Unterlassungsanspruchs** analog §§ 823 Abs. 1, 1004 BGB möglich, der kein Verschulden des Störers voraussetzt. Auch hierüber haben die **Familiengerichte** zu befinden – jedenfalls dann, wenn sich erst im Verlauf des familiengerichtlichen Verfahrens die fehlende Zurechnungsfähigkeit des Antragsgegners ergibt (§ 17 Abs. 2 Satz 1 GVG analog).[71]

▶ *Vgl. auch Cirullies, § 3 GewSchG Rn. 5.*

IV. Verfahren

1. Zuständigkeit

28 Das **Familiengericht** ist zuständig für alle Gewaltschutzsachen, also die Verfahren, in denen Ansprüche nach den §§ 1, 2 GewSchG geltend gemacht werden. Die **Zivilgerichte** bleiben grundsätzlich **funktionell zuständig** für Unterlassungsansprüche mit gleicher Zielrichtung nach §§ 823 Abs. 1, 1004 Abs. 1 BGB analog und § 238 Abs. 1 StGB i.V.m. §§ 823 Abs. 2, 1004 Abs. 1 BGB analog sowie entsprechende Schadenersatz- oder Schmerzensgeldansprüche.[72] Allerdings soll dies nicht gelten, wenn die Geltendmachung von Ansprüchen nach dem Gewaltschutzgesetz daran scheitert, dass der **Täter nicht zurechnungsfähig** ist (§ 1 Abs. 3 GewSchG). In diesen Fällen könne auch das **Familiengericht** Schutzmaßnahmen unter dem rechtlichen Gesichtspunkt des allgemeinen zivilrechtlichen Unterlassungsanspruches auch bei Unzurechnungsfähigkeit des Täters anordnen (§ 17 Abs. 2 Satz 1 GVG analog).[73]

Nach Wahl des Antragstellers ist **örtlich zuständig** das Gericht, in dessen Bezirk die Tat begangen wurde, sich die gemeinsame Wohnung des Antragstellers und des Antragsgegners befindet oder der Antragsgegner seinen gewöhnlichen Aufenthalt hat (§ 211 FamFG). Mit Ausübung der **Wahl** wird das gewählte Gericht **ausschließlich zuständig**. Das Wahlrecht wird nicht schon allein durch das Aufsuchen der **Rechtsantragsstelle** eines der möglichen Gerichte ausgeübt. Zudem ist der Antragsteller über dieses Wahlrecht zu belehren.[74]

2. Antragsverfahren

29 Das Gewaltschutzverfahren wird **nur auf Antrag** eingeleitet (vgl. Abs. 1).[75] Dabei handelt es sich um einen **Verfahrensantrag (nur) zum Zwecke der Verfahrenseinleitung**; ein bestimmter Sachantrag ist nicht erforderlich.[76] Lediglich das Rechtschutzziel muss deutlich werden.

▶ *Cirullies, §§ 23 bis 25 FamFG Rn. 7.*

Es besteht **kein Anwaltszwang**.[77] Das Gericht ist an die gestellten Anträge **nicht gebunden**. Es kann sogar – entsprechend dem **Amtsermittlungsgrundsatz** – darüber hinaus-

---

71 OLG Frankfurt FamRZ 2010, 1812; OLG Celle FamRZ 2012, 456; aber streitig, a.A. OLG Hamburg NZFam 2020, 19 mit Anm. *Cirullies*
72 AG Tempelhof-Kreuzberg FamRZ 2010, 919; *Löhnig*, FPR 2011, 65, 67
73 OLG Celle FamRZ 2012, 456, dazu *Finke*, FamFR 2012, 547; OLG Frankfurt FamRZ 2010, 1812; s. aber Fn. 71, ferner hier *Keuter*, § 17a GVG Rn. 22
74 OLG Brandenburg BeckRS 2019, 1880, dazu *Neumann*, FamRB 2019, 273
75 Vgl. auch *Schulte-Bunert*, FuR 2014, 566 mit Antragsmuster
76 Ganz h.M., vgl. Bork/Jacoby/Schwab/*Cirullies*, Vor § 210 FamFG Rn. 6 m.w.N.
77 § 114 FamFG; OLG Brandenburg FamRZ 2011, 56

gehen, wenn es dies für sachgerecht und geboten erachtet. Ferner kann (und soll) das Gericht – unabhängig von dem konkreten Antrag – im Einzelfall vollstreckungserleichternde **Durchführungsmaßnahmen** anordnen. Der Antrag ist andererseits **hinreichend bestimmt** zu fassen, da er sonst nicht positiv beschieden werden kann. Er muss erkennen lassen, dass das Gericht „... die zur Abwendung weiterer Verletzungen erforderlichen Maßnahmen ..."[78] treffen soll; ein bloßer Antrag auf Unterlassung eines bestimmten Verhaltens genügt nicht.[79]

Inhaltlich ist ferner zu beachten, dass der Vortrag des Sachverhalts hinreichend **detailliert** ist. Die Verletzungshandlung(en), Zeitpunkt und Tatort müssen umfassend und möglichst genau genannt werden. Unsubstanziierter Vortrag kann zur Zurückweisung des Antrags führen. Auch etwaige **Verletzungsfolgen** sollten genau und ggf. unter Vorlage von Attesten oder Nennung des behandelnden Arztes geschildert werden.

Der **Antrag** (und Tenor einer Entscheidung) nach **§ 1 GewSchG** könnte in einem **Stalking-Fall** – gestützt auf entsprechende Vorfälle, die eine Wiederholung befürchten lassen – wie folgt lauten:[80] 30

1. *Der Antragsgegnerin wird verboten,*
   a) *den Antragsteller zu bedrohen oder zu belästigen,*
   b) *Verbindung zum Antragsteller, auch unter Verwendung von Fernkommunikationsmitteln, aufzunehmen,*
   c) *sich dem Antragsteller, seiner Wohnung in ... (genaue Bezeichnung) sowie seinem Arbeitsplatz in ... (genaue Bezeichnung) auf eine Entfernung von weniger als 50 m zu nähern,*
   d) *Zusammentreffen mit dem Antragsteller herbeizuführen; sollte es zu einem zufälligen Zusammentreffen kommen, hat die Antragsgegnerin sofort einen Abstand von 50 m herzustellen.*

[Dies gilt nicht, soweit es zur Wahrnehmung berechtigter Interessen erforderlich ist; siehe dazu Rn. 20.]

2. *Die Dauer der Anordnung ist befristet bis zum ... .*
3. *Die sofortige Wirksamkeit und die Zulässigkeit der Vollstreckung vor der Zustellung an die Antragsgegnerin werden angeordnet. [Siehe dazu Rn. 35 und 41.]*
3. *Der Antragsgegnerin wird darauf hingewiesen, dass das Gericht gegen sie für jeden Fall der Zuwiderhandlung gegen eine der genannten Verpflichtungen ein Ordnungsgeld bis zu 250.000 Euro, ersatzweise Ordnungshaft, oder unmittelbar Ordnungshaft bis zu sechs Monaten anordnen kann. Sie wird ferner darauf hingewiesen, dass die Zuwiderhandlung auch nach § 4 GewSchG bestraft werden kann.*
4. *Die Beteiligten werden darauf hingewiesen, dass diese Anordnung der zuständigen Polizeibehörde mitgeteilt wird (§ 216a FamFG).*
5. *Die Kosten des Verfahrens trägt die Antragsgegnerin.*

Zum Schutz des **Opfers** kann es mitunter angezeigt sein, dessen **Anschrift geheim zu halten**. Hierfür bedarf es eines schutzwürdigen Geheimhaltungsinteresses, das dem Gericht näher dargelegt werden muss. Ob ein solche Ausnahmesituation vorliegt, ist eine 31

---

78 Vgl. Abs. 1 Satz 1
79 OLG Frankfurt, Beschl. v. 15.12.2014 – 4 WF 262/14, juris
80 Vgl. auch *Schulte-Bunert*, FuR 2011, 263; *Viefhues*, ZFE 2003, 16, 18

Frage des jeweiligen Einzelfalls.[81] Allerdings muss sich das Opfer im Rahmen von Schutzmaßnahmen nach § 1 GewSchG entscheiden, ob ihm die Geheimhaltung der neuen Anschrift oder die Verhängung eines Näherungsverbots (mit der dann erforderlichen Adressenangabe) wichtiger ist. Zu seinem Schutz kann das Opfer bei der Meldebehörde die Eintragung einer **Auskunftssperre** im Melderegister beantragen.[82]

3. Verfahrensfähigkeit

32 Bei außergewöhnlichen Verhaltensweisen des Antragsgegners, die auf erhebliche psychische Störungen schließen lassen, kann im Erkenntnisverfahren bereits die **Verfahrensfähigkeit** zweifelhaft sein. Die Frage der Verfahrensfähigkeit knüpft im Wesentlichen an die **Geschäftsfähigkeit** nach bürgerlichem Recht an (§ 9 Abs. 1 FamFG). Zweifeln an der Verfahrensfähigkeit hat das Gericht **von Amts wegen** nachzugehen,[83] und zwar in jeder Lage des Verfahrens.[84] Auf Antrag des Antragstellers kann für den verfahrensunfähigen Antragsgegner, der ohne gesetzlichen Vertreter ist, gemäß § 57 Abs. 1 ZPO ein **Verfahrenspfleger** bestellt werden, wenn **Gefahr im Verzug** besteht.[85]

4. Kindeswohl und Opferschutz

33 Sind **Kinder** (mittelbar) betroffen von häuslicher Gewalt, wird in der Regel von Amts wegen ein **Kinderschutzverfahren** (§ 1666 BGB) oder ein Umgangsverfahren (§ 1684 BGB) einzuleiten sein.

Zum **Schutz des Gewaltopfers** in dem anzuberaumenden Termin können besondere **Sicherungsmaßnahmen** (getrennte Anhörung, Zeugenschutzzimmer etc.) angebracht sein.

▶ *Vgl. hierzu Cirullies, § 32 FamFG Rn. 5.*

5. Einstweilige Anordnung

a) Voraussetzungen

34 Das Gericht kann gemäß § 49 Abs. 1 FamFG durch eine einstweilige Anordnung eine **vorläufige Maßnahme** treffen, soweit dies nach den für das Rechtsverhältnis maßgebenden Vorschriften gerechtfertigt ist **(Anordnungsanspruch)** und ein dringendes Bedürfnis für ein sofortiges Tätigwerden besteht **(Anordnungsgrund)**.[86] Ein solches Bedürfnis ist in **Gewaltschutzsachen** gemäß § 214 Abs. 1 FamFG regelmäßig anzunehmen, wenn bereits eine **Tat** i.S.d. § 1 GewSchG **begangen** worden sein muss oder aufgrund konkreter Umstände mit einer solchen zu rechnen ist.[87] Zweifel können hier bestehen, wenn die vorgeworfene Tat bereits längere Zeit zurückliegt.

Im Rahmen dieses vorläufigen Rechtsschutzes muss der Antragsteller seinen Vortrag besonders untermauern: Nach § 51 Abs. 1 Satz 2 FamFG obliegt es ihm, seinen Antrag zu begründen und die Voraussetzungen für die Anordnung (zumindest) **glaubhaft zu machen**.[88] Hierfür kann er sich aller Beweismittel bedienen und auch zur Versicherung an Eides statt zugelassen werden (§ 31 Abs. 1 FamFG).[89]

---

81 BVerwG NJW 2012, 1527 m.w.N.; vgl. auch BVerfG FamRZ 2013, 103 (LS) zur Aussetzung der vom Familiengericht angeordneten Umgangskontakte des gewalttätigen Vaters zwecks (vorrangiger) Geheimhaltung des Aufenthaltsorts der Kinder und der Mutter
82 Nach § 51 Bundesmeldegesetz, näher *Cirullies/Cirullies*, Rn. 659a
83 § 9 Abs. 5 FamFG, § 56 Abs. 1 ZPO
84 BGH FamRZ 2010, 548
85 Ausführlich *Cirullies*, FamRZ 2014, 1901
86 Eingehend *Schulte-Bunert*, FuR 2014, 566
87 Musielak/Borth/*Grandel*, Vorbem. §§ 49 ff. FamFG Rn. 1
88 Eingehend *Cirullies/Cirullies*, Rn. 148 ff.
89 Zur Erschütterung der Glaubhaftmachung durch den Antragsgegner vgl. OLG Dresden FamRZ 2019, 533

Das Verfahren der einstweiligen Anordnung ist stets ein **selbstständiges Verfahren**, und zwar auch dann, wenn gleichzeitig das Hauptsacheverfahren anhängig ist (§ 51 Abs. 3 FamFG). Dies hat in der Praxis dazu geführt, dass – entsprechend der Erwartung des Gesetzgebers[90] – ein Hauptsacheverfahren nur noch selten eingeleitet werden muss.[91]

b) Sofortige Wirksamkeit

Einstweilige Anordnungen sind – im Gegensatz zum Hauptsacheverfahren – **sofort wirksam**, so dass es der Anordnung der sofortigen Wirksamkeit nicht bedarf.[92] Diese Formulierung ist jedoch zumindest missverständlich: Wirksam wird ein Beschluss grundsätzlich erst mit *Bekanntgabe* an den betroffenen Beteiligten (§ 40 Abs. 1 FamFG); dies bedeutet – wegen der Anfechtbarkeit des Beschlusses durch den Antragsgegner – mit der *Zustellung* (§ 41 Abs. 1 FamFG).[93] 35

Bei **Gewaltschutzverfahren** wird vielfach anzuordnen sein, dass die **Vollstreckung** der einstweiligen Anordnung **vor der Zustellung** an den Antragsgegner zulässig ist. In diesem Fall wird die einstweilige Anordnung mit Erlass wirksam (§ 53 Abs. 2 FamFG).[94]

6. Vergleich in Gewaltschutzsachen

a) Aufwertung des Vergleichs

Das gesamte FamFG ist dadurch charakterisiert, dass das Gericht auf eine **gütliche Einigung** der Beteiligten hinwirken soll. Eine Ausnahme macht der Gesetzgeber lediglich in **Gewaltschutzsachen** wegen deren Schutzzweck (§ 36 Abs. 1 Satz 2 FamFG). Zur Begründung wurde ursprünglich auf § 4 Satz 1 GewSchG verwiesen, wonach ein Verstoß gegen eine in einem Vergleich eingegangene Verpflichtung **nicht strafbewehrt** ist. Doch dieses Argument ist nach Einführung des gerichtlich bestätigten Vergleichs[95] obsolet, so dass für die nach wie vor geltende Einschränkung in § 36 Abs. 1 Satz 2 FamFG eine Rechtfertigung nicht mehr erkennbar ist.[96] Tatsächlich ist eine **Vereinbarung** in Gewaltschutzverfahren im Einzelfall durchaus **sachgerecht** und in der Praxis auch gang und gäbe.[97] Denn ein solcher Vergleich kann den konkreten Bedürfnissen der Beteiligten vielfach besser Rechnung tragen als eine gerichtliche Anordnung. Er wird gemeinhin von dem Täter auch eher akzeptiert und eingehalten.[98] 36

b) Bestätigter Vergleich

Um eine strafrechtliche Schutzlücke zu schließen, wurde der **gerichtlich bestätigte Vergleich (§ 214a FamFG)** eingeführt und § 4 GewSchG ergänzt.[99] Danach muss das Familiengericht von Amts wegen einen Vergleich, den die Beteiligten in Gewaltschutzverfahren schließen, in dem Maße bestätigen, wie es die im Vergleich festgelegten Schutzmaßnahmen auch im Einzelfall vom Gericht nach § 1 GewSchG hätte anordnen können. Diese mit der **Bestätigungspflicht** einhergehende zwingende Folge der Strafbewehrung kann sich allerdings in bestimmten Fallkonstellationen durchaus negativ auf die Vergleichsbereitschaft auswirken. Da dieses neue Institut schon wegen seiner offensichtlichen Nachteile[100] in der Praxis nur geringe Bedeutung erlangt hat und erlangen wird, kann auf eine nähere 36a

---

90 BT-Drucks. 16/6308, 199
91 Näher *Cirullies/Cirullies*, Rn. 143
92 OLG Hamm FPR 2011, 232, dazu *Burschel*, FamFR 2011, 111
93 Ausführlich *Cirullies*, FamRZ 2012, 1854, 1855 m.w.N.
94 Eine ähnliche Regelung für Hauptsacheverfahren findet sich in § 216 Abs. 2 FamFG
95 Siehe Rn. 36a
96 So auch Bumiller/Harders/*Schwamb*, § 214a FamFG Rn. 3
97 Prütting/Helms/*Neumann*, § 214a FamFG Rn. 2
98 *Cirullies/Cirullies*, FamRZ 2017, 493, 497 m.w.N.
99 Dazu *Cirullies*, FamRB 2019, 407
100 Vgl. auch Bumiller/Harders/*Schwamb*, § 214a FamFG Rn. 3

Darstellung verzichtet werden.[101] Im Übrigen ist es den Beteiligten unbenommen, wie bisher einen **einfachen Vergleich** zu schließen, der auch ohne gerichtliche Bestätigung Vollstreckungstitel nach § 86 Abs. 1 Nr. 3 FamFG bleibt.[102] Immerhin bietet das Zivilrecht dem Gewaltschutzopfer im Wege der Zwangsvollstreckung auch für den (unbestätigten) Vergleich wirkungsvollen Schutz durch die mögliche Verhängung von strafähnlichen **Ordnungsmitteln** (vgl. Rn. 42).

7. Verfahrenskostenhilfe

37 *a) Mutwilligkeit*

In Gewaltschutz- und Wohnungszuweisungsverfahren suchen die Beteiligten vielfach um die Bewilligung von **Verfahrenskostenhilfe** nach (§ 76 FamFG i.V.m. § 114 ZPO). Wenn sie dann den **Hauptsacheantrag** weitgehend zeit- und inhaltsgleich mit einem Antrag auf Erlass einer einstweiligen Anordnung stellen, wird die Rechtsverfolgung mitunter als **mutwillig** i.S.d. § 114 ZPO erachtet.[103] Andererseits muss den Beteiligten grundsätzlich ein nicht bloß summarisches Verfahren zur Verfügung stehen, in dem sie streitig gebliebene, lediglich glaubhaft zu machende Tatsachen mit **besseren Erkenntnismöglichkeiten**, höherem richterlichen Überzeugungsgrad und größerer Bestandskraft der Entscheidung klären lassen können.[104] Es ist jedoch zu differenzieren und auf die konkreten Umstände des **Einzelfalls** abzustellen: Die Einleitung des Hauptsacheverfahrens ist dann als **mutwillig** zu bewerten, wenn dieses Vorgehen ohne Zweifel sinnlos oder nicht ersichtlich ist, welche Nachteile sich für den Beteiligten ergeben, wenn er zunächst abwartet, ob die Situation mit der Anordnungsregelung hinreichend geklärt werden kann.[105]

38 *b) Beiordnung eines Rechtsanwalts*

Ist eine Vertretung durch einen Rechtsanwalt nicht vorgeschrieben (wie in Gewaltschutzsachen), so wird dem Beteiligten auf seinen Antrag ein **Rechtsanwalt** seiner Wahl **beigeordnet**, wenn wegen der **Schwierigkeit der Sach- und Rechtslage** die Vertretung durch einen Rechtsanwalt erforderlich erscheint (§ 78 Abs. 2 FamFG). Hierbei sind auch subjektive Umstände auf Seiten des Antragstellers zu berücksichtigen.[106]

Gerade in **Gewaltschutzsachen** wird ganz überwiegend[107] ein großzügiger Maßstab befürwortet: Ein nicht rechtskundiger Beteiligter sei in der Regel mit der Darstellung komplexer Sachverhalte überfordert. Es könne auch nicht pauschal auf den Amtsermittlungsgrundsatz abgestellt werden.[108] Denn die Aufklärungs- und Beratungspflicht des Anwalts gehe über die Reichweite der Amtsermittlungspflicht des Richters hinaus.[109]

Auch die gerichtliche **Rechtantragsstelle**, auf die man den Antragsteller gelegentlich verweist,[110] vermag die anwaltliche Hilfe nicht zu ersetzen: Denn die dort tätigen Rechtspfleger (mit recht unterschiedlichem Ausbildungsstand) helfen lediglich beim Formulieren der Anträge und erteilen sachdienliche Hinweise, dürfen jedoch keine Rechtsberatung gewähren.[111]

---

101 Wegen Einzelheiten der komplizierten Regelung vgl. *Cirullies/Cirullies*, Rn. 206 ff.
102 Dazu OLG Hamburg FamRZ 2019, 1449, dazu *Cirullies*, NZFam 2019, 730
103 OLG Hamm FamRZ 2014, 585 m.w.N., dazu *van Els*, NZFam 2014, 144
104 OLG Stuttgart FamRZ 2019, 298; OLG München BeckRS 2015, 5579; MüKo-FamFG/*Erbarth*, § 214 Rn. 5
105 OLG Karlsruhe BeckRS 2017, 121376; Bork/Jacoby/Schwab/*Cirullies*, Vor § 210 FamFG Rn. 8
106 BGH FamRZ 2010, 1427 mit Anm. *Stößer*; OLG Frankfurt FamRZ 2015, 947, dazu *Reinecke*, NZFam 2014, 856
107 A.A. OLG Brandenburg MDR 2015, 298; *OLG Celle* FamRZ 2014, 1046 (LS), dazu *Cirullies*, NZFam 2014, 181
108 OLG Zweibrücken FamRZ 2010, 579; OLG Saarbrücken FamRZ 2011, 1609
109 OLG Brandenburg FamRZ 2010, 1689
110 OLG Karlsruhe BeckRS 2014, 20586, dazu *Breidenstein*, NZFam 2014, 1147
111 *Bruns*, FamRZ 2012, 1024, 1025; *Cirullies*, NZFam 2014, 181 m.w.N.

V. Vollstreckung

1. Allgemeine Vollstreckungsvoraussetzungen

a) Titel

39 Als **Vollstreckungstitel** i.S.d. § 86 FamFG(siehe *Cirullies,* § 32 FamFG Rn. 5) kommen in Gewaltschutzsachen **Beschlüsse** in Hauptsache- oder (meist) Eilverfahren sowie **Vergleiche** in Betracht. **Beschlüsse** werden mit ihrem Wirksamwerden **vollstreckbar** (§ 86 Abs. 2 FamFG). Ein **Vergleich** wird grundsätzlich mit seinem Abschluss wirksam, sofern bei der **Protokollierung** alle Formvorschriften eingehalten sind (vgl. *Cirullies*, § 86 FamFG Rn. 25).

b) Klausel

40 Nach § 86 Abs. 3 FamFG ist eine **Vollstreckungsklausel** nur erforderlich, wenn die Vollstreckung nicht durch das Gericht erfolgt, das den Titel in der Hauptsache erlassen hat. Denn die Klausel soll dem Vollstreckungsorgan außerhalb des „Prozessgerichts" (insbesondere Gerichtsvollzieher, Vollstreckungsgericht, Grundbuchamt) die Prüfung abnehmen, ob der Titel bereits vollstreckbar ist. Dementsprechend hängt bei der Vollstreckung in **Gewaltschutzsachen** das Erfordernis der Klausel davon ab, welche **Vollstreckungsart** das Opfer wählt:

- Für die Vollstreckung einer Unterlassungsverpflichtung durch **Ordnungsmittel**[112] ist das Gericht zuständig, das den Titel erlassen hat. Mithin ist hier eine Klausel **nicht** geboten.
- Soll hingegen der **Gerichtsvollzieher** als Vollstreckungsorgan **unmittelbaren Zwang** (§ 96 Abs. 1 FamFG)[113] gegen den Zuwiderhandelnden anwenden oder im Fall des § 2 GewSchG eine **Räumung** durchführen, muss der Antragsteller einen mit **Klausel** versehenen Titel vorlegen.

Dies gilt auch für gerichtliche Vergleiche.[114]

Eine Besonderheit betrifft die **einstweilige Anordnung**: Sie bedarf der Vollstreckungsklausel nur, wenn die Vollstreckung für oder gegen eine nicht im Beschluss genannte Person erfolgen soll (§ 53 Abs. 1 FamFG).

c) Zustellung

41 Für die Vollstreckung ist im Grundsatz gemäß § 87 Abs. 2 FamFG die **Zustellung** des Beschlusses erforderlich, und zwar von Amts wegen (siehe Rn. 42). Diese Regelung gilt entsprechend für die übrigen in § 86 Abs. 1 FamFG aufgeführten Vollstreckungstitel, insbesondere einen **Vergleich**.[115] Auch aus einer **einstweiligen Anordnung** kann grundsätzlich erst nach Zustellung vollstreckt werden.

In **Gewaltschutzsachen** kann jedoch das Gericht mit der Anordnung der sofortigen Wirksamkeit auch die Zulässigkeit der **Vollstreckung vor der Zustellung** an den Antragsgegner anordnen (§ 216 Abs. 2 FamFG). Eine ähnliche Regelung findet sich für die **einstweilige Anordnung** in § 53 Abs. 2 FamFG. Auf Verlangen des Antragstellers darf die Zustellung einer schriftlich ergangenen einstweiligen Anordnung nicht vor der Vollstreckung erfolgen (§ 214 Abs. 2 Satz 3 FamFG).

---

112 Nach §§ 95 Abs. 1 Nr. 4, 96 Abs. 1 Satz 3 FamFG, 890 Abs. 1 ZPO
113 Dazu Rn. 43a
114 Vgl. OLG Brandenburg FamRZ 2016, 1960; *Cirullies*, FamRB 2019, 407, 408 m.w.N.
115 OLG Hamburg FamRZ 2019, 1449 mit eingehender Begründung

Zwar kann sich gemäß § 4 GewSchG **strafbar** machen, wer einer bestimmten vollstreckbaren Anordnung nach § 1 GewSchG oder einem nach § 214a FamFG bestätigten Vergleich zuwiderhandelt – allerdings nur dann, wenn diese Vollstreckungstitel dem Täter vor der Zuwiderhandlung **wirksam zugestellt** worden ist; die bloße Kenntnis vom Inhalt der Anordnung steht dem grundsätzlich nicht gleich.[116]

▶ *Siehe hierzu Cirullies, § 4 GewSchG Rn. 3.*

42 Die nach § 41 FamFG erforderliche Bekanntgabe des **Beschlusses** hat das **Gericht von Amts wegen** zu veranlassen. Dies gilt auch für die in Gewaltschutzsachen erlassene **einstweilige Anordnung**, wobei die **Geschäftsstelle** des Familiengerichts den Gerichtsvollzieher mit der Zustellung beauftragt (§ 214 Abs. 2 Satz 1 und 2 FamFG). Die Kundgabe durch Beteiligte oder sonstige Dritte genügt der Bekanntgabepflicht nicht (vgl. *Cirullies,* § 41 FamFG Rn. 1). Die Zustellung im Amtsbetrieb ist **förmlich** nach den Vorschriften der ZPO vorzunehmen.[117] Diese Regeln gelten auch für einen **Vergleich**.[118] Eine Zustellung im Beteiligtenbetrieb wird zwar – wohl in Anlehnung an das Verfahren im Zivilprozess – häufig gefordert, ist jedoch schlicht unwirksam.[119] Immerhin wird eine vorgenommene Amtszustellung als ausreichend für die Vollstreckbarkeit erachtet.[120]

Auch wenn die Zustellung einer Gewaltschutzanordnung an den der Wohnung verwiesenen Antragsgegner in der Praxis Schwierigkeiten bereitet, weil dessen neue **Anschrift nicht bekannt** ist, muss sie nach Möglichkeit durchgeführt werden.

▶ *Ausführlich hierzu Cirullies, § 41 FamFG Rn. 2.*

2. Vollstreckungsverfahren

a) Grundsätze

43 Während sich das Erkenntnisverfahren in **Gewaltschutzsachen** nach dem FamFG, also nach den Regeln der freiwilligen Gerichtsbarkeit vollzieht, richtet sich die Vollstreckung aus den entsprechenden Titeln nach der **ZPO** (§§ 95, 96 FamFG).

Geht es um die Vollstreckung der **Schutzmaßnahmen**, hat das Opfer die **Wahl:**[121] Es kann im Falle der Zuwiderhandlung gegen eine gerichtliche **Unterlassungsanordnung**

- zur Beseitigung einer andauernden Zuwiderhandlung einen **Gerichtsvollzieher** zuziehen (sog. **unmittelbarer Zwang**, § 96 Abs. 1 FamFG) *und/oder*
- die Festsetzung von **Ordnungsmitteln** (Ordnungsgeld oder Ordnungshaft) beantragen (§ 95 Abs. 1 Nr. 4 FamFG i.V.m. § 890 ZPO).

▶ *Eingehend hierzu Cirullies, § 95 FamFG Rn. 7 ff.*

b) Unmittelbarer Zwang

43a Handelt ein Verpflichteter einer nach **§ 1 GewSchG** ergangenen Anordnung[122] zuwider, eine Handlung zu unterlassen, kann der Berechtigte zur Beseitigung der noch andauernden Zuwiderhandlung einen **Gerichtsvollzieher** hinzuziehen (§ 96 Abs. 1 FamFG). Die

116 BGH NStZ-RR 2016, 155
117 Gemäß § 41 Abs. 1 1 i.V.m. § 15 Abs. 2 Satz 1 Alt. 1 FamFG; §§ 166 ff. ZPO; Keidel/*Giers*, § 87 FamFG Rn. 12; eingehend Bork/Jacoby/Schwab/*Cirullies*, § 214 FamFG Rn. 6; zweifelhaft *Tenner*, DGVZ 2019, 53 mit abl. Erwiderung *Schnebel*, DGVZ 2019, 147
118 OLG Brandenburg FamRZ 2015, 1224, dazu *Breidenstein*, NZFam 2015, 328; Zöller/*Feskorn*, § 87 FamFG Rn. 4; Keidel/*Giers*, § 87 FamFG Rn. 12
119 OLG Oldenburg FamRZ 2018, 1943 mit Anm. *Cirullies*; BeckOK-FamFG/*Schlünder*, § 87 Rn. 9
120 Etwa OLG Hamburg FamRZ 2019, 1449, dazu *Cirullies*, NZFam 2019, 730
121 Vgl. § 96 Abs. 1 Satz 3 FamFG
122 Gleiches gilt für die Unterlassungsverpflichtung in einem gerichtlichen Vergleich.

diesem nach § 758 Abs. 3 ZPO gestattete Anwendung von **Gewalt** wird auch als **unmittelbarer Zwang** bezeichnet.[123] Insbesondere bei Fällen intensiven Stalkings handelt es sich nicht selten um **zurechnungsunfähige** Täter. Gerade hier kann die Anwendung unmittelbaren Zwangs angebracht sein. Denn dieser setzt – im Gegensatz zu § 890 ZPO – **nicht** eine **schuldhafte** Zuwiderhandlung voraus, weil es um die körperliche Erzwingung der Unterlassung durch die Staatsgewalt geht.[124]

▶ *Cirullies, § 90 FamFG Rn. 2 ff.*

c) Ordnungsmittel

Die Vollstreckung einer Gewaltschutzanordnung wird in keinem Fall nach **§ 888 ZPO** oder nach **§ 35** FamFG durchgeführt;[125] es dürfen also **keine Zwangsmittel**, sondern nur Ordnungsmittel festgesetzt werden.[126] Die Verhängung solcher **Ordnungsmittel** setzt ein **schuldhaftes** Handeln voraus.[127] **44**

▶ *Siehe dazu Cirullies, § 95 FamFG Rn. 9.*

Der Ahndung muss – zwingend[128] – eine entsprechende **Androhung** vorausgegangen sein (§ 890 Abs. 2 ZPO). Sie soll dem Schuldner die möglichen Folgen eines Verstoßes gegen das Unterlassungsgebot deutlich vor Augen führen und ihn dadurch anhalten, die Unterlassungspflicht zu befolgen.[129] Die Androhung kann (und sollte) bereits in dem die Verpflichtung aussprechenden Beschluss enthalten sein.

d) Vollstreckung trotz Ablaufs der Titelbefristung

In Gewaltschutzsachen kann sich das **Ordnungsmittelverfahren** längere Zeit hinziehen und über die im Ausgangstitel bestimmte **Frist** hinaus andauern. Hierdurch wird jedoch die **Vollstreckung** des festgesetzten Ordnungsmittels **nicht unzulässig**.[130] Im Übrigen wird der Verpflichtete im Vollstreckungsverfahren nicht mit dem Einwand gehört, dass es an einer **Befristung fehle**.[131] **45**

§ 2 GewSchG Überlassung einer gemeinsam genutzten Wohnung

(1) Hat die verletzte Person zum Zeitpunkt einer Tat nach § 1 Abs. 1 Satz 1, auch in Verbindung mit Abs. 3, mit dem Täter einen auf Dauer angelegten gemeinsamen Haushalt geführt, so kann sie von diesem verlangen, ihr die gemeinsam genutzte Wohnung zur alleinigen Benutzung zu überlassen.

(2) [1]Die Dauer der Überlassung der Wohnung ist zu befristen, wenn der verletzten Person mit dem Täter das Eigentum, das Erbbaurecht oder der Nießbrauch an dem Grundstück, auf dem sich die Wohnung befindet, zusteht oder die verletzte Person mit dem Täter die Wohnung gemietet hat. [2]Steht dem Täter allein oder gemeinsam mit einem Dritten das Eigentum, das Erbbaurecht oder der Nießbrauch an dem Grundstück zu, auf dem sich die Wohnung befindet, oder hat er die Wohnung allein oder gemeinsam mit einem Dritten gemietet,

123 Zur Terminologie und zum Verfahren ausführlich vgl. *Cirullies*, DGVZ 2016, 17
124 Eingehend *Cirullies*, FamRZ 2014, 1901
125 Vgl. OLG Naumburg BeckRS 2010, 33319
126 OLG Bremen FamRZ 2007, 1033; OLG Zweibrücken FamRZ 2010, 1369
127 OLG Brandenburg FamRZ 2019, 1269, dazu *Neumann*, NZFam 2019, 416; näher hier *Cirullies*, § 95 FamFG Rn. 9
128 BGH WM 2012, 1489 = FamRZ 2012, 1563 (LS)
129 BGH a.a.O.
130 BGH FamRZ 2017, 1329; OLG Zweibrücken BeckRS 2019, 17800, dazu *Kischkel*, NZFam 2019, 748; eingehend *Cirullies/Cirullies*, Rn. 279
131 OLG Karlsruhe FamRZ 2015, 1405

so hat das Gericht die Wohnungsüberlassung an die verletzte Person auf die Dauer von höchstens sechs Monaten zu befristen. [3]Konnte die verletzte Person innerhalb der vom Gericht nach Satz 2 bestimmten Frist anderen angemessenen Wohnraum zu zumutbaren Bedingungen nicht beschaffen, so kann das Gericht die Frist um höchstens weitere sechs Monate verlängern, es sei denn, überwiegende Belange des Täters oder des Dritten stehen entgegen. [4]Die Sätze 1 bis 3 gelten entsprechend für das Wohnungseigentum, das Dauerwohnrecht und das dingliche Wohnrecht.

(3) Der Anspruch nach Absatz 1 ist ausgeschlossen,

1. **wenn weitere Verletzungen nicht zu besorgen sind, es sei denn, dass der verletzten Person das weitere Zusammenleben mit dem Täter wegen der Schwere der Tat nicht zuzumuten ist oder**
2. **wenn die verletzte Person nicht innerhalb von drei Monaten nach der Tat die Überlassung der Wohnung schriftlich vom Täter verlangt oder**
3. **soweit der Überlassung der Wohnung an die verletzte Person besonders schwerwiegende Belange des Täters entgegenstehen.**

(4) Ist der verletzten Person die Wohnung zur Benutzung überlassen worden, so hat der Täter alles zu unterlassen, was geeignet ist, die Ausübung dieses Nutzungsrechts zu erschweren oder zu vereiteln.

(5) Der Täter kann von der verletzten Person eine Vergütung für die Nutzung verlangen, soweit dies der Billigkeit entspricht.

(6) [1]Hat die bedrohte Person zum Zeitpunkt einer Drohung nach § 1 Abs. 2 Satz 1 Nr. 1, auch in Verbindung mit Abs. 3, einen auf Dauer angelegten gemeinsamen Haushalt mit dem Täter geführt, kann sie die Überlassung der gemeinsam genutzten Wohnung verlangen, wenn dies erforderlich ist, um eine unbillige Härte zu vermeiden. [2]Eine unbillige Härte kann auch dann gegeben sein, wenn das Wohl von im Haushalt lebenden Kindern beeinträchtigt ist. [3]Im Übrigen gelten die Absätze 2 bis 5 entsprechend.

Weiterführende Literatur: *Cirullies*, Der Gerichtsvollzieher im Gewaltschutzverfahren – Vollstreckung des Anspruchs auf Wohnungsüberlassung, DGVZ 2018, 77; *Ehinger*, Die Ehewohnungszuweisung nach dem Gewaltschutzgesetz, FPR 2010, 567.

1 Grundsätzlich kann das Opfer von dem Täter gemäß § 2 GewSchG die **Überlassung der gemeinsam genutzten Wohnung** zur alleinigen Benutzung verlangen. Hierfür müssen insbesondere folgende Voraussetzungen erfüllt sein:

- Führung eines auf Dauer angelegten **gemeinsamen Haushalts**

und

- Vorliegen einer **Rechtsgutverletzung** nach § 1 Abs. 1 Satz 1 *oder* einer **Drohung** nach § 1 Abs. 2 Satz 1 Nr. 1 GewSchG.

2 Neben dem Ausdruck **„Wohnungsüberlassung"**, der dem Gesetzeswortlaut entspricht und dem Anspruchscharakter der Regelung eher gerecht wird, wird vielfach noch der Begriff **„Wohnungszuweisung"** verwendet. Inhaltlich sind damit keine Unterschiede verbunden.

3 Der geschädigte **Ehegatte** kann in Fällen von Gewaltanwendung und Bedrohung grundsätzlich nach **§ 2 GewSchG** oder nach **§ 1361b BGB** die Überlassung der **Ehewohnung**[1] an sich verlangen. Die Vorschriften unterscheiden sich inhaltlich durchaus in einigen Teilbereichen, etwa bei der Befristung und der unbilligen Härte. Das Verhältnis der beiden gesetzlichen Regelungen zueinander ist umstritten. Es dürfte ein **Wahlrecht** anzunehmen

1 Zum Begriff vgl. BGH, FamRZ 2017, 22; *Erbarth*, NJW 2019, 1169

sein.[2] Ist eine Trennung durch die Ehegatten nicht beabsichtigt, sind Fälle häuslicher Gewalt in jedem Fall nach § 2 GewSchG zu entscheiden.

Die **Vollstreckung** einer **Wohnungsüberlassung nach** § 2 GewSchG oder § 1361b BGB oder eines entsprechenden Vergleichs wird im Wege der **Räumung** durch den Gerichtsvollzieher vorgenommen, § 885 ZPO i.V.m. § 95 Abs. 1 Nr. 2 FamFG.[3] **„Räumung"** im Rahmen eines solchen Verfahrens bedeutet: Der Gerichtsvollzieher setzt (lediglich) den **Schuldner nebst persönlicher Habe** wie Kleidung etc. aus der Wohnung; gemeinsame eheliche Haushaltsgegenstände verbleiben grundsätzlich in der Wohnung. 4

Grundsätzlich ist der Räumungstitel nach vollständiger Durchführung der Räumung **„verbraucht"**. Eine Ausnahme besteht jedoch während der Geltungsdauer (Befristung!) einer **einstweiligen Anordnung**: Hier ist die **mehrfache Einweisung** des Berechtigten in den Besitz zulässig (§ 96 Abs. 2 FamFG), und zwar auch dann, wenn das Opfer den Täter **freiwillig** wieder in die Wohnung aufgenommen hat. Der Schuldner muss dann auf eigenen Antrag die **Aufhebung** des Titels anstreben, um bei einem neuen Zerwürfnis eine Räumung aufgrund des vorliegenden Titels zu vermeiden.[4] Andererseits hat der Berechtigte den Titel **herauszugeben**, wenn sich die Beteiligten nach Anordnung einer Maßnahme nach dem Gewaltschutzgesetz versöhnen und sie wieder zusammenwohnen. Er darf den Titel nicht „auf Vorrat" behalten.[5]

§ 3 GewSchG Geltungsbereich, Konkurrenzen

(1) Steht die verletzte oder bedrohte Person im Zeitpunkt einer Tat nach § 1 Abs. 1 oder Abs. 2 Satz 1 unter elterlicher Sorge, Vormundschaft oder unter Pflegschaft, so treten im Verhältnis zu den Eltern und zu sorgeberechtigten Personen an die Stelle von §§ 1 und 2 die für das Sorgerechts-, Vormundschafts- oder Pflegschaftsverhältnis maßgebenden Vorschriften.

(2) Weitergehende Ansprüche der verletzten Person werden durch dieses Gesetz nicht berührt.

Übersicht

	Rn.
A. Allgemeines	1
B. Inhalt der Norm	2
I. Geltungsbereich des GewSchG	2
II. Weitergehende Ansprüche	5

A. Allgemeines

Die Norm regelt das **Konkurrenzverhältnis** des Gewaltschutzgesetzes zu anderen Vorschriften. Dabei geht es vor allem um die Abgrenzung zu den Regelungen des **BGB:** gegenüber dem (oft vorrangigen) Kindschaftsrecht und gegenüber weiteren zivilrechtlichen Ansprüchen. 1

2 Ausführlich dazu *Cirullies/Cirullies*, Rn. 60
3 Eingehend *Cirullies*, DGVZ 2018, 77 ff. mit Schaubild
4 Vgl. OLG Koblenz FamRZ 2019, 629; zu den rechtlichen Folgen der Versöhnung der Beteiligten eingehend *Cirullies*, FamRZ 2016, 953
5 OLG Hamburg FamRZ 2016, 989

B. Inhalt der Norm

I. Geltungsbereich des GewSchG

2 Das Gewaltschutzgesetz ist in erster Linie konzipiert zum Schutz **erwachsener** Opfer vor gewalttätigen **Erwachsenen**. Doch gelten folgende Besonderheiten:

- Nach Abs. 1 findet das Gesetz dann **keine Anwendung**, wenn das unter elterlicher Sorge, Vormundschaft oder Pflegschaft stehende Kind von seinen **Eltern** (oder dem Vormund oder Pfleger) verletzt wird. Im **Eltern-Kind-Verhältnis** gelten **ausschließlich** die Bestimmungen des **Kindschaftsrechts**. Entsprechend dem Willen des Gesetzgebers[1] soll der Schutz des Kindes, das von den Eltern oder Sorgeberechtigten verletzt wird, allein durch die Vorschriften der § 1666 BGB bzw. § 1684 Abs. 4 BGB effektiver[2] sichergestellt werden.
- Wird das Kind dagegen Opfer von Gewalt bzw. Nachstellungen **Dritter** (auch: neuer Lebensgefährte, Stiefelternteil, Großeltern), ist die Anwendung des Gewaltschutzgesetzes nicht ausgeschlossen. Es besteht insoweit ein **zweispuriger gerichtlicher Rechtsschutz:** sowohl nach dem Gewaltschutzgesetz als auch nach §§ 1666, 1666a BGB.[3]
- Zu Maßnahmen nach dem ebenfalls anwendbaren § 1685 BGB siehe *Gottschalk,* § 1685 BGB Rn. 20.
- Werden **Eltern** (oder Sorgeberechtigte) Opfer von Gewalt bzw. Nachstellungen durch die unter ihrer Sorge stehenden **minderjährigen Kinder**, kann das **GewSchG** grundsätzlich angewendet werden, wenn kindschaftsrechtliche Regelungen nicht möglich sind.

  Gewalttätigkeiten unter **minderjährigen Kindern** (auch bei Geschwistern) ist ausschließlich mit **kindschaftsrechtlichen** Maßnahmen zu begegnen.

Da mithin bei dieser Abgrenzung ausdrücklich auf die **Elternschaft** abgestellt wird, haben die Vorschriften der §§ 1666, 1666a BGB bzw. § 1684 Abs. 4 BGB generell **Vorrang** vor denen des Gewaltschutzgesetzes, wenn es um den Schutz der Kinder vor ihren **Eltern** geht.[4] Nicht maßgeblich ist insoweit deren Status als (Teil-)Sorgeberechtigte.[5] Folglich beurteilen sich auch Maßnahmen gegen einen gewalttätigen **nicht sorgeberechtigen Vater** nach § 1666 BGB bzw. § 1684 Abs. 4 BGB, nicht nach § 1 GewSchG.

▶ *Zur Abgrenzung im Einzelnen vgl. Cirullies, § 1666 BGB Rn. 13, 17.*

---

1 BT-Drucks. 14/5429, 32

2 Dazu MüKo-BGB/*Olzen,* § 1666a Rn. 19

3 BT-Drucks. 14/5429, 32; OLG Karlsruhe FamRZ 2012, 460; differenzierend: BeckOGK/*Burghart,* § 1666 BGB Rn. 111

4 So auch OLG Brandenburg BeckRS 2013, 14844; OLG Frankfurt FamRZ 2013, 1237 (LS) = ZKJ 2013, 298; Staudinger/*Dürbeck,* § 1684 BGB Rn. 336; Soergel/*Gietl,* § 3 GewSchG Rn. 2. Dies gilt auch für Adoptiveltern (§ 1754 BGB).

5 Dies wird nicht immer hinreichend deutlich getrennt, vgl. OLG Karlsruhe FamRZ 2012, 460; vgl. auch Palandt/*Götz,* § 1666 BGB Rn. 36 (Sorgerecht entscheidend) einerseits, Palandt/*Brudermüller,* § 3 GewSchG Rn. 1 (Eltern-Kind-Verhältnis maßgeblich) andererseits

Danach ergibt sich folgende **Übersicht**: 3

Übersicht: Gesetzeskonkurrenz

Täter	Opfer	anzuwendendes Gesetz
Erwachsener	Erwachsener	GewSchG
Eltern	Kind	BGB (§ 1666 oder § 1684 Abs. 4)
sonstiger Erwachsener	Kind	GewSchG *oder* BGB (§1666 oder ggf. § 1685)
Kind	Eltern/Sorgeberechtigter	BGB, hilfsweise GewSchG
Kind	sonstiger Erwachsener	GewSchG
Kind	Kind	BGB

Die jeweilige rechtliche Einordnung ist insofern von Belang, als das Gericht im Kindschaftsrecht auch **von Amts wegen** eingreifen kann und zudem die besonderen Verfahrensvorschriften nach §§ 151 ff. FamFG zu beachten sind. Hinsichtlich der Rechtsfolge sind die praktischen Auswirkungen gering, weil die wichtigsten Maßnahmen gegenüber Gewalttätern (insbesondere Wegweisung, Näherungs- und Kontaktverbot) nach § 1666 Abs. 3 BGB und § 1 Abs. 1 Satz 3 GewSchG gleichermaßen getroffen werden können[6] (siehe auch *Cirullies,* § 1666 BGB Rn. 10). Das **Umgangsrecht** ist ohnehin separat zu regeln (siehe *Cirullies,* § 1 GewSchG Rn. 20).

Für die Anwendbarkeit des Gewaltschutzgesetzes muss im Übrigen eine besondere **Beziehung** zwischen Opfer und Täter **nicht** bestehen. Erfasst werden *Gewalttaten* im **häuslichen** wie im **außerhäuslichen** *Bereich.*[7] Allerdings ist außerhalb des sozialen Nahbereichs, zu dem beispielsweise die Wohnung in einem Mehrfamilienhaus, der Arbeitsplatz oder der Sportverein zu rechnen sind, eine **Wiederholungsgefahr** nicht ohne weiteres zu vermuten (siehe *Cirullies,* § 1 GewSchG Rn. 16). 4

II. Weitergehende Ansprüche

Die Abgrenzung der Regelungen des Gewaltschutzgesetzes von denen des BGB wird dadurch erschwert, dass § 1 GewSchG nur eine **verfahrensrechtliche Vorschrift** darstellt, die das Gericht zum Erlass von Schutzanordnungen befugt, indes keine materiell-rechtliche Anspruchsgrundlage enthält. Voraussetzung für den Erlass solcher Schutzanordnungen ist danach zunächst das Bestehen eines Anspruchs nach §§ 823, 1004 BGB analog auf **Unterlassung** von vorsätzlichen widerrechtlichen Verletzungen der in § 1 GewSchG genannten Rechtsgüter (siehe *Cirullies,* § 1 GewSchG Rn. 7). 5

Weitergehende Ansprüche des Opfers können nach Abs. 2 über das Gewaltschutzgesetz hinaus geltend gemacht werden, insbesondere Ansprüche 6

- auf **Schadensersatz** (beispielsweise Kosten einer ärztlichen Behandlung oder für Telefon-Fangschaltungen) und **Schmerzensgeld**,[8]
- auf **Wohnungszuweisung nach § 1361b BGB**,
- auf **Wiedereinräumung des Mitbesitzes** (§ 861 BGB),[9]

6 jurisPK-BGB/*Breidenstein,* § 3 GewSchG Rn. 4
7 MüKo-FamFG/*Erbarth,* § 210 Rn. 10
8 Dazu OLG Frankfurt FamRZ 2014, 1481
9 Dazu Bork/Jacoby/Schwab/*Cirullies*, § 200 FamFG Rn. 7

- wegen **Verletzung weiterer Rechtsgüter** des Opfers, etwa des Eigentums oder sonstiger durch § 823 Abs. 1 und 2 BGB geschützter Rechte, insbesondere des **allgemeinen Persönlichkeitsrechts**.

Dabei kann sich die **Abgrenzung** zwischen von § 1 GewSchG erfassten Sachverhalten und der (bloßen) Verletzung des **allgemeinen Persönlichkeitsrechts** als schwierig erweisen. So verletzen die einmalige Veröffentlichung von Nacktbildern im Internet sowie die Zusendung eines Briefes mit einem ehrenrührigen Inhalt an einen Dritten zwar das allgemeine Persönlichkeitsrecht des Opfers, jedoch nicht die durch das Gewaltschutzgesetz geschützten Rechtsgüter.[10] Gänzlich ungeahndet bleibt ein ehrverletzender Misshandlungsvorwurf im engsten Familienkreis.[11]

Anders kann die Lage zu beurteilen sein, wenn Belästigungen sich häufen oder gar zu **psychischen Gesundheitsschäden** führen; dann liegt eine „Gesundheitsverletzung" i.S.d. § 1 GewSchG vor.[12] Insgesamt betrifft der Anwendungsbereich des Gewaltschutzgesetzes nur einen kleinen, sehr speziellen Ausschnitt aus dem allgemeinen Persönlichkeitsrecht, dem die Verfahrenserleichterungen des Gewaltschutzgesetzes zugutekommen sollen.[13]

7 Diese materiell-rechtliche Abgrenzung zwischen Gewaltschutzgesetz und BGB kann sich freilich wesentlich auf das **gerichtliche Verfahren** und hier speziell auf die **funktionelle Zuständigkeit** des Gerichts auswirken (doppelrelevante Tatsachen): Solche Ansprüche wegen Verletzung des allgemeinen Persönlichkeitsrechts, auch wegen Beleidigung,[14] sind grundsätzlich keine vor dem **Familiengericht** zu verhandelnden *Gewaltschutzsachen*.[15]

8 Doch damit ist die **Zuständigkeit der „Nicht-Gewaltschutzsachen"** noch nicht automatisch bei der streitigen Zivilgerichtsbarkeit angesiedelt:[16]

- Sofern es nämlich um Auseinandersetzungen zwischen (ehemals) **Verlobten** oder (ehemaligen) **Eheleuten** geht, kann eine **„sonstige Familiensache"** nach § 266 Abs. 1 Nr. 1, 2 oder 3 FamFG und damit eine Familienstreitsache nach § 112 Nr. 3 FamFG vorliegen.[17] Sie werden ebenfalls vor dem **Familiengericht**,[18] jedoch gemäß § 113 Abs. 1 FamFG – mit den sich aus §§ 113 ff. FamFG ergebenden Abweichungen – teils nach den Regeln der ZPO, teils nach denen des FamFG verhandelt. So wird vorläufiger Rechtsschutz durch einstweilige Anordnungen gewährt.
- Auch die Abgrenzung von sonstigen Familiensachen zu **allgemeinen Zivilsachen** stellt die Praxis häufig vor Probleme. Dies gilt vornehmlich bei der Anwendung des § 266 Abs. 1 Nr. 3 FamFG. Dabei ist der Begriff des geforderten inhaltlichen **Zusammenhangs** mit Trennung und Beendigung der Ehe großzügig zu beurteilen.[19]

---

10 OLG Karlsruhe FamRZ 2016, 2138; OLG Hamm NJOZ 2012, 247; wegen weiterer Beispiele vgl. *Cirullies/Cirullies*, Rn. 17
11 OLG Frankfurt FF 2019, 328, dazu *Neumann*, NZFam 2019, 280
12 BT-Drucks. 14/5429, 19
13 Vgl. auch OLG Brandenburg FamRZ 2017, 117; OLG Karlsruhe FamRZ 2016, 1863
14 OLG Frankfurt, Beschl. v. 15.12.2014 – 4 WF 262/14, juris
15 MüKo-FamFG/*Erbarth*, § 210 Rn. 17; vgl. aber zur rechtswegübergreifenden Entscheidungskompetenz des Familiengerichts nach § 17 Abs. 2 Satz 1 GVG analog hier *Cirullies*, § 1 GewSchG Rn. 27, 28
16 Im Einzelnen *Cirullies/Cirullies*, Rn. 20 m.w.N.
17 *Kemper*, FamRB 2009, 53, 54; Prütting/Helms/*Neumann*, § 211 FamFG Rn. 1
18 Vgl. §§ 23a Abs. 1, 23b Abs. 1 GVG i.V.m. § 111 Nr. 10 FamFG; zur Abgrenzung vgl. OLG Karlsruhe FamRZ 2012, 455
19 BGH FamRZ 2018, 1853, dazu *Cirullies*, NZFam 2018, 1050

- Liegt keiner der Sonderfälle vor, handelt es sich um **Zivilsachen**.[20] Dies bedeutet: Zuständig ist insoweit nicht das Familiengericht, sondern je nach Streitwert die Zivilprozessabteilung des Amtsgerichts (bis 5.000 Euro, §§ 23 Nr. 1, 71 GVG) oder das Landgericht. Das Verfahren folgt dann den (strengeren) Regeln der **ZPO**, nicht jenen des FamFG. Vorläufiger Rechtsschutz wird gewährt durch eine **einstweilige Verfügung**.

§ 4 GewSchG Strafvorschriften

[1]Mit Freiheitsstrafe bis zu einem Jahr oder mit Geldstrafe wird bestraft, wer einer bestimmten vollstreckbaren

1. **Anordnung nach § 1 Absatz 1 Satz 1 oder 3, jeweils auch in Verbindung mit Absatz 2 Satz 1, zuwiderhandelt oder**
2. **Verpflichtung aus einem Vergleich zuwiderhandelt, soweit der Vergleich nach § 214a Satz 1 des Gesetzes über das Verfahren in Familiensachen und in den Angelegenheiten der freiwilligen Gerichtsbarkeit in Verbindung mit § 1 Absatz 1 Satz 1 oder 3 dieses Gesetzes, jeweils auch in Verbindung mit § 1 Absatz 2 Satz 1 dieses Gesetzes, bestätigt worden ist.**

[2]Die Strafbarkeit nach anderen Vorschriften bleibt unberührt.

Übersicht

Rn.
A. Allgemeines 1
B. Inhalt der Norm 2
I. Schutzanordnung oder Vergleich 2
II. Zustellung des Titels 3
III. Keine Bindung des Strafrichters an Vorentscheidung 4
IV. Einverständnis des Opfers 5

Weiterführende Literatur: Brilla/Weiß, „Strafbarer" Vergleich – der § 214a FamFG, jM 2018, 10; *Cirullies/Cirullies*, Das neue Gesetz zur Verbesserung des Schutzes gegen Nachstellungen – eine Reform mit überschätzter Wirkung, FamRZ 2017, 493; *Krumm*, Der bestätigte Vergleich im Gewaltschutzrecht als Strafbarkeitsvoraussetzung, FamRB 2017, 153; *Onstein*, Was der Familienrechtler vom Strafrecht wissen sollte, FuR 2017, 308.

A. Allgemeines

Die Möglichkeit strafrechtlicher Ahndung dient – schon wegen der präventiven Wirkung 1
der Strafrechtsnormen – auch dem Schutz des Opfers. Dabei stellt die Vorschrift im Zusammenhang mit **Gewaltschutz und Nachstellung** – neben § 238 StGB (Nachstellung) – die wesentliche Strafvorschrift dar. Nunmehr kann auch der Verstoß gegen die in einem **gerichtlich bestätigten Vergleich** niedergelegte Verpflichtung bestraft werden. Allerdings bestehen auf dem Weg zu einer Verurteilung einige formale Hürden.

► *Ferner siehe Cirullies, § 1 GewSchG Rn. 5.*

20 OLG Celle FamRZ 2012, 456

B. Inhalt der Norm

I. Schutzanordnung oder Vergleich

2 Der Beschuldigte muss entweder einer bestimmten **vollstreckbaren Schutzanordnung** gemäß § 1 GewSchG oder einem gerichtlich **bestätigten Vergleich** (§ 214a FamFG) zuwidergehandelt haben.

Ist die übliche **Befristung**[1] der Schutztitel **unterblieben**, steht dies einer Strafbarkeit nach § 4 GewSchG nicht entgegen.[2] Gleiches gilt, wenn das Familiengericht gegen den Beschuldigten wegen der Zuwiderhandlung bereits **Ordnungsmittel** verhängt haben sollte.[3]

II. Zustellung des Titels

3 Die Strafbarkeit gemäß § 4 GewSchG setzt eine „bestimmte vollstreckbare Anordnung" voraus. Dies umfasste jedenfalls vor Inkrafttreten des FamFG auch deren **wirksame Zustellung**, denn erst dann war die gerichtliche Anordnung nach den Regeln der ZPO „vollstreckbar". Die bloße Kenntnis von dem Inhalt des Titels stand dem nicht gleich – auch wenn sie durch die Polizei vermittelt wurde.[4]

Diese Auffassung hat der **BGH**[5] in einem Fall **bestätigt**, in dem die Schutzanordnung bereits nach neuem Verfahrensrecht ergangen war. Indes war dort nicht feststellbar, ob das Familiengericht die nach dem FamFG mögliche Zulässigkeit der **Vollstreckung vor der Zustellung der Anordnung** an den Angeklagten bestimmt hatte. Daher konnte der BGH in seiner Entscheidung offenlassen, wie der Fall dann strafrechtlich zu beurteilen wäre. Die ordnungsgemäße Zustellung ist jedoch grundsätzlich geboten.[6] Diese Anforderungen gelten entsprechend für den Beschluss, mit dem das Gericht einen **Vergleich** gemäß § 214a FamFG bestätigt.[7]

Unterblieb die eigentlich gebotene **Amtszustellung**, ist eine **Heilung** nach § 189 ZPO **nicht** möglich.[8] Denn es fehlt jedenfalls an dem erforderlichen Zustellungswillen des zuständigen Organs. Eine ohne Zustellungswillen erfolgte Übermittlung des Inhalts ist nicht geeignet, den Zustellungsmangel zu heilen. So heilt selbst die Parteizustellung – immerhin eine gesetzlich vorgesehene Zustellungsart – nicht die eigentlich gebotene Amtszustellung.[9] Die Zustellung bleibt unwirksam.

III. Keine Bindung des Strafrichters an Vorentscheidung

4 Bei § 4 GewSchG handelt es sich um eine sog. **Blankettnorm:** Ihr Verbotsgehalt ergibt sich (erst) aus der zugrunde liegenden zivilgerichtlichen Entscheidung. Dies bedeutet nicht, dass das Gericht im Strafverfahren die familiengerichtliche Entscheidung einfach „hinzunehmen" hat. Vielmehr setzt hier die Verurteilung voraus, dass das **Strafgericht** die materielle Rechtmäßigkeit der Anordnung **überprüft** und dabei deren tatbestandliche Voraussetzungen eigenständig feststellt; an die Entscheidung des Familiengerichts ist es insoweit nicht gebunden.[10]

---

1 Siehe *Cirullies*, § 1 GewSchG Rn. 24
2 BGH NStZ-RR 2018, 328
3 jurisPK-BGB/*Breidenstein,* § 4 GewSchG Rn. 3.1
4 Vgl. BGH NJW 2019, 2713; FamRZ 2012, 1216
5 BGH FamRZ 2012, 1216; ebenso: BGH NStZ-RR 2016, 155
6 Zu Ausnahmen eingehend *Cirullies/Cirullies*, Rn. 554 ff.
7 Vgl. Bork/Jacoby/Schwab/*Cirullies*, § 214a FamFG Rn. 10
8 A.A. Soergel/*Gietl,* § 4 GewSchG Rn. 13 (ohne Begründung)
9 BGH FamRZ 2010, 1328; MüKo-ZPO/*Häublein,* § 189 ZPO Rn. 6
10 BGH FamRZ 2014, 559; BeckRS 2016, 15661; OLG Bamberg BeckRS 2017, 102385, dazu *Breidenstein*, NZFam 2017, 280; a.A. Soergel/*Gietl,* § 4 GewSchG Rn. 3 ff.

IV. Einverständnis des Opfers

In Fällen häuslicher Gewalt kommt es nach der Einschaltung von Polizei und Gericht oftmals wieder zu einer **Annäherung der Beteiligten**. Nimmt das Opfer den Täter erneut in die Wohnung auf, obwohl das gerichtliche Betretungsverbot nicht aufgehoben wurde, liegt ein strafbares Verhalten des Täters gemäß **§ 4 GewSchG** durch das Verweilen in der Wohnung **nicht** vor. Denn das Opfer kann eigenständig, d.h. ohne vorherige gerichtliche Aufhebungsentscheidung, darüber bestimmen, ob es den zivilrechtlichen Schutz, der auf einer erst auf seinen Antrag hin ergangenen Anordnung beruht, weiter in Anspruch nehmen oder auf ihn verzichten will (rechtfertigende Einwilligung).[11] 5

Nimmt das Opfer seinen Antrag nach Erlass der gerichtlichen Anordnung (wegen einer Versöhnung der Beteiligten) wieder zurück, kann ein entsprechender klarstellender Beschluss angezeigt sein, um die **Gefahr einer unberechtigten Strafverfolgung** auszuschließen.[12] Dieser Beschluss sollte auch der Polizei bekannt gegeben werden, die zwar von der Schutzanordnung, nicht hingegen von der Antragsrücknahme Kenntnis erlangt.

▶ *Cirullies, § 1 GewSchG Rn. 23, zu den* ***zivilrechtlichen*** *Auswirkungen der Versöhnung der Beteiligten.*

11 OLG Hamm BeckRS 2006, 03803; Soergel/*Gietl,* § 4 GewSchG Rn. 16; ausführlich zu der Problematik *Bergmann/Kroke*, ZIS 2013, 234

12 AG Neustadt a. Rbge. FamRZ 2004, 1392

Das gerichtliche Verfahren

Gesetz über das Verfahren in Familiensachen und in den Angelegenheiten der freiwilligen Gerichtsbarkeit (FamFG)

Gerichtsverfassungsgesetz (GVG)

Rechtspflegergesetz (RPflG)

Kapitel 1
Gesetz über das Verfahren in Familiensachen und in den Angelegenheiten der freiwilligen Gerichtsbarkeit (FamFG)

vom 17. Dezember 2008 (BGBl. I S. 2586, 2587),
zuletzt geändert durch das Gesetz vom 12. Dezember 2019 (BGBl. I S. 2633).

Buch 1
Allgemeiner Teil

Abschnitt 1
Allgemeine Vorschriften

§ 1 FamFG Anwendungsbereich

Dieses Gesetz gilt für das Verfahren in Familiensachen sowie in den Angelegenheiten der freiwilligen Gerichtsbarkeit, soweit sie durch Bundesgesetz den Gerichten zugewiesen sind.

Übersicht

	Rn.
A. Allgemeines	1
B. Inhalt der Norm	2
I. Familiensachen	2
II. Angelegenheiten der freiwilligen Gerichtsbarkeit	3

A. Allgemeines

1 Die Vorschrift bestimmt den Geltungsbereich des FamFG. Die sog. **ordentliche Gerichtsbarkeit**[1] umfasst – wie sich aus § 13 GVG ergibt – neben den bürgerlichen Rechtsstreitigkeiten und den Strafsachen als dritte Verfahrensart die **Familiensachen** und die Angelegenheiten der **freiwilligen Gerichtsbarkeit (fG)**.[2] Verfahrensordnung für die Familiensachen und alle Angelegenheiten der freiwilligen Gerichtsbarkeit ist das **FamFG**, das die Vorgängervorschriften in der ZPO, dem FGG sowie der HausratsVO ersetzt.

1a **Viele der Vorschriften des allgemeinen Teils des FamFG sind nur auf die Verfahren der freiwilligen Gerichtsbarkeit** (also etwa die im vorliegenden Werk dargestellten Kindschafts-, Abstammungs-, Adoptions- und Gewaltschutzsachen), nicht aber auf Ehesachen und Familienstreitsachen **anzuwenden**. § 113 Abs. 1 Satz 1 FamFG schließt mit §§ 2 bis 22, 23 bis 37, 40 bis 45, 46 Satz 1 und 2 sowie §§ 47 und 48 sowie 76 bis 96 FamFG viele Vorschriften des Allgemeinen Teils des FamFG für Ehesachen (definiert in § 121 FamFG) und Familienstreitsachen (definiert in § 112 FamFG) aus. Über § 113 Abs. 1 Satz 2 FamFG ist dafür in Ehe- und Familienstreitsachen eine Vielzahl der Vorschriften der ZPO anwendbar.

---

1 Der Begriff „ordentliche" Gerichtsbarkeit stammt aus früherer Zeit, als nur Zivil- und Strafgerichte mit unabhängigen Richtern besetzt waren, die Verwaltungsgerichtsbarkeit dagegen Teil der Verwaltungsbehörden und dementsprechend (nur) mit Beamten besetzt war

2 Z.B. § 8 HGB (Führung des Handelsregisters), § 312 Satz 1 Nr. 3 FamFG (Unterbringung Volljähriger)

Im Ergebnis sind unabhängig von der Art des Verfahrens damit **nur die Vorschriften über die einstweilige Anordnung (§§ 49 bis 57 FamFG) sowie** die **Beschwerde- und Rechtsbeschwerdevorschriften (§§ 58 bis 75 FamFG) für alle Verfahren anzuwenden**.

B. Inhalt der Norm

I. Familiensachen

2 **Familiensachen** sind in § 111 FamFG abschließend legal definiert. Zu ihnen zählen u.a. die Kindschafts-, Abstammungs-, Adoptions- und Gewaltschutzsachen. Sie werden ausschließlich vor dem Familiengericht[3] und grundsätzlich nach der Verfahrensordnung des **FamFG** verhandelt.

II. Angelegenheiten der freiwilligen Gerichtsbarkeit

3 Der Ausdruck „freiwillige Gerichtsbarkeit" ist irreführend und bereits im römischen Recht (*iurisdictio voluntaria*) historisch gewachsen in Abgrenzung zur streitigen Zivilgerichtsbarkeit (*iurisdictio contentiosa*). Zur fG zählen so viele Tätigkeitsfelder,[4] dass eine genaue Begriffsbestimmung schwierig ist. Es geht einerseits um **Fürsorgeverfahren („vorsorgende Rechtspflege")** wie etwa Kindschafts-, Adoptions-, Betreuungs-, Nachlass-, Register- und Grundbuchsachen, aber auch um **streitige Verfahren**, die einem Zivilprozess ähneln, jedoch wegen des besonderen Verfahrensgegenstandes nicht nach dessen strengen Regeln geführt werden sollen, z.B. in Ehewohnungs-, Haushalts- und Gewaltschutzsachen.

Die **Abgrenzung zur streitigen Gerichtsbarkeit** erfolgt **durch eine formelle Zuweisung in § 23a Abs. 2 GVG**. Nach dem Ausschlussprinzip liegt, soweit ein den ordentlichen Gerichten zugewiesenes Verfahren nicht den §§ 23, 71 GVG zugeordnet werden kann, eine Angelegenheit der freiwilligen Gerichtsbarkeit vor.

4 ***Übersicht: Einordnung der freiwilligen Gerichtsbarkeit***

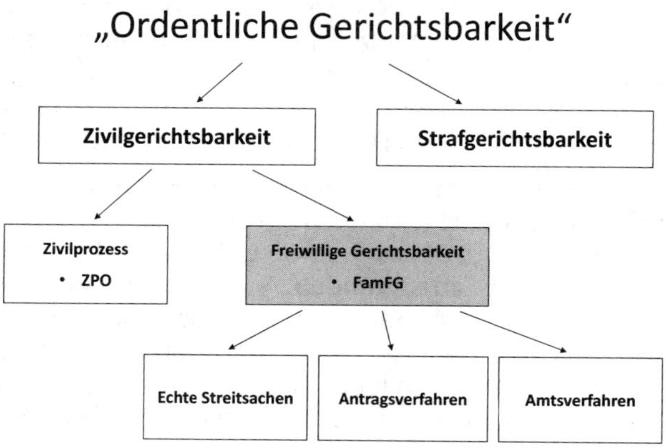

3 Vgl. hier *Keuter*, §§ 23a Abs. 1 GVG Rn. 3, § 23b Abs. 1 GVG i.V.m. § 111 FamFG
4 Vgl. die Aufzählung von *Keuter* zu § 23a Abs. 2 GVG Rn. 8 ff.

§ 2 FamFG Örtliche Zuständigkeit

(1) Unter mehreren örtlich zuständigen Gerichten ist das Gericht zuständig, das zuerst mit der Angelegenheit befasst ist.
(2) Die örtliche Zuständigkeit eines Gerichts bleibt bei Veränderung der sie begründenden Umstände erhalten.
(3) Gerichtliche Handlungen sind nicht deswegen unwirksam, weil sie von einem örtlich unzuständigen Gericht vorgenommen worden sind.

Übersicht

Rn.
A. Allgemeines ... 1
B. Inhalt der Norm ... 2
I. Mehrere örtlich zuständige Gerichte (Abs. 1) ... 2
II. Grundsatz der perpetuatio fori (Abs. 2) ... 3

A. Allgemeines

Entgegen der amtlichen Überschrift bestimmt § 2 FamFG inhaltlich nicht die örtliche Zuständigkeit, sondern regelt lediglich Fragen, die sich bei aufgrund anderer Vorschriften bereits bestehender örtlicher Zuständigkeit stellen können. Die Vorschrift ist nicht auf Ehe- und Familienstreitsachen anzuwenden.[1] 1

Die örtliche Zuständigkeit wird im FamFG **für jede Angelegenheit gesondert** bestimmt, so für **Kindschaftssachen** in §§ 152 bis 154 FamFG, für **Abstammungssachen** in § 170 FamFG, für **Adoptionssachen** in § 187 FamFG und für **Gewaltschutzsachen** in § 211 FamFG.

B. Inhalt der Norm

I. Mehrere örtlich zuständige Gerichte (Abs. 1)

Die Regelung mit ihrem **Prioritätsgrundsatz** soll Doppelbehandlungen derselben Sache vermeiden und einander widersprechende Entscheidungen ausschließen. **Voraussetzung** für die Anwendung der Vorschrift ist die tatsächliche **Zuständigkeit mehrerer Gerichte**. Nicht anwendbar ist die Vorschrift, wenn eines von mehreren angerufenen Gerichten unzuständig ist. Dann hat das unzuständige Gericht sich für unzuständig zu erklären und die Sache an das zuständige Gericht zu verweisen, § 3 Abs. 1 Satz 1 FamFG. **Maßgeblicher Zeitpunkt für das Befasstsein** i.S.d. § 2 Abs. 1 FamFG ist in Antragsverfahren der Eingang des Antrags bei Gericht[2] bzw. in Amtsverfahren die Kenntnis des Gerichts von Tatsachen, die eine Verpflichtung zum Tätigwerden auslösen,[3] spätestens der Eingang einer Anregung zur Einleitung eines Verfahrens i.S.d. § 24 Abs. 1 FamFG.[4] 2

Die Zuständigkeit kann gerade bei Anknüpfung an das Merkmal des **gewöhnlichen Aufenthalts** zweifelhaft sein.

---

1 § 113 Abs. 1 Satz 1 FamFG
2 BT-Drucks. 16/6308, 175; OLG Stuttgart FamRZ 2016, 1002
3 BT-Drucks. 16/6308, 175
4 Keidel/*Sternal*, § 2 Rn. 15

Beispiel:

Die gemeinsam sorgeberechtigten Eltern leben getrennt in Essen. Die Mutter zieht mit dem bei ihr wohnenden Kind ohne Absprache unvermittelt nach Düsseldorf zu ihrem neuen Lebensgefährten und meldet das Kind dort in der Schule an. Der Vater begehrt umgehend beim Familiengericht in Essen die Übertragung des Aufenthaltsbestimmungsrechts. Den spiegelbildlichen (Gegen-)Antrag hat die Mutter beim Familiengericht in Düsseldorf gestellt.

Mangels gewöhnlichen Aufenthalts des Kindes dürfte das AG Essen nicht mehr und das AG Düsseldorf noch nicht gemäß § 152 Abs.2 FamFG zuständig sein..[5] Allerdings ist in solchen Fällen gemäß § 152 Abs. 3 FamFG das Gericht zuständig, in dessen Bezirk das ***Bedürfnis der Fürsorge*** *bekannt wird[6] Dies gilt hier für beide Gerichtsbezirke, so dass nach § 2 Abs. 1 FamFG grundsätzlich dasjenige Gericht zuständig ist, bei dem der Antrag zuerst eingegangen ist. Sollte dies das Gericht des neuen „ertrotzten" Aufenthaltsortes sein, besteht die Verweisungsmöglichkeit nach § 154 FamFG.*

II. Grundsatz der perpetuatio fori (Abs. 2)

3 In **Abs. 2** ist – wie in § 261 Abs. 3 Nr. 2 ZPO – der **Grundsatz der perpetuatio fori** (Fortdauer der Gerichtszuständigkeit) für das FamFG-Verfahren normiert. Ansatzpunkt für das Fortbestehen der Zuständigkeit ist der Zeitpunkt des erstmaligen Befassens mit der Angelegenheit i.S.d. § 2 Abs. 1 FamFG. Damit soll grundsätzlich verhindert werden, dass bei einer Änderung der für die Zuständigkeit maßgeblichen Umstände sich ein neues Gericht mit der Sache befassen muss und dadurch unnötige Verzögerungen auftreten. Die Regelung gilt grundsätzlich bezüglich der Änderung aller zuständigkeitsbegründenden Tatsachen, jedoch nicht bei Änderung des Verfahrensgegenstands.[7] Aufgrund der unterschiedlichen Voraussetzungen und Rechtsfolgen liegen beispielsweise unterschiedliche Verfahrensgegenstände vor bei der Minderjährigen- im Vergleich zur Volljährigenadoption (§§ 1741 ff. BGB bzw. §§ 1767 ff. BGB).[8]

Die Fortdauer der Gerichtszuständigkeit nach § 2 Abs. 2 FamFG kommt in Kindschaftssachen etwa dann zur Anwendung, wenn der betreuende Elternteil mit dem minderjährigen **Kind in einen anderen Gerichtsbezirk umzieht**.

4 Dabei sind verschiedene Verfahrenssituationen auseinanderzuhalten:

- Während des **laufenden** Verfahrens bleibt die Zuständigkeit des befassten Gerichts auch im Falle eines Wegzugs des Kindes bestehen.
- Ist das Verfahren durch eine Endentscheidung bereits förmlich **abgeschlossen** und soll hieraus nach einem Wohnortwechsel des Kindes nunmehr **vollstreckt** werden, ist ein neues selbständiges Verfahren einzuleiten, für das das Wohnsitzgericht des Kindes zuständig ist (§ 88 Abs. 1 FamFG; siehe hierzu *Cirullies,* § 88 FamFG Rn. 2).
- Soll nach förmlichem Abschluss eines **Umgangsverfahrens** der vollstreckbare Titel nach dem Wegzug des Kindes modifiziert werden durch Einrichtung einer **Umgangspflegschaft**, ist ein **Abänderungsverfahren** i.S.v. § 166 Abs. 1 FamFG nach den Zuständigkeitsbestimmungen des § 152 FamFG einzuleiten.

---

5 Die Auffassung, bereits unmittelbar mit der Ortsveränderung werde ein neuer gewöhnlicher Aufenthalt begründet (so etwa KG FamRZ 2013, 648), grenzt nicht hinreichend zum tatsächlichen Aufenthalt ab. Näher zum gewöhnlichen Aufenthalt siehe *Keuter,* § 152 FamFG Rn. 12

6 Vgl. OLG Hamm FamRZ 2013, 2004, dazu *Grün*, FamFR 2013, 252

7 Vgl. BGH FamRZ 2013, 1113; OLG Karlsruhe NZFam 2019, 189

8 OLG Karlsruhe FamRZ 2019, 905, zustimmend *Eckebrecht*, NZFam 2019, 189; OLG Stuttgart FamRZ 2007, 839

- Hat das Gericht einen Umgangstitel mit einer **befristeten Umgangspflegschaft** geschaffen, ist dieser Titel eine Endentscheidung i.S.d. § 38 Abs. 1 Satz 1 FamFG. Soll die Frist nach einem Aufenthaltsortwechsel des Kindes **verlängert** werden, ist das Verfahren über die Verlängerung ein vor dem Richter, nicht dem Rechtspfleger, zu führendes[9] **neues Verfahren**, für das die örtliche Zuständigkeit nach den allgemeinen Vorschriften (insbesondere § 152 Abs. 2 FamFG) zu prüfen ist und für das **§ 2 Abs. 2 FamFG nicht gilt**.[10] Denn § 2 Abs. 2 FamFG gilt nur für laufende, nicht auch für abgeschlossene Verfahren.

Allerdings ermöglicht § 4 FamFG in bestimmten Fällen die **Abgabe** an ein anderes Gericht mit dessen Zustimmung (siehe hierzu *Köhler,* § 4 FamFG Rn. 2). Bei einem Streit verschiedener Gerichte über die örtliche Zuständigkeit entscheidet das nächsthöhere gemeinsame Gericht (§ 5 FamFG). 5

§ 3 FamFG Verweisung bei Unzuständigkeit

(1) [1]Ist das angerufene Gericht örtlich oder sachlich unzuständig, hat es sich, sofern das zuständige Gericht bestimmt werden kann, durch Beschluss für unzuständig zu erklären und die Sache an das zuständige Gericht zu verweisen. [2]Vor der Verweisung sind die Beteiligten anzuhören.

(2) [1]Sind mehrere Gerichte zuständig, ist die Sache an das vom Antragsteller gewählte Gericht zu verweisen. [2]Unterbleibt die Wahl oder ist das Verfahren von Amts wegen eingeleitet worden, ist die Sache an das vom angerufenen Gericht bestimmte Gericht zu verweisen.

(3) [1]Der Beschluss ist nicht anfechtbar. [2]Er ist für das als zuständig bezeichnete Gericht bindend.

(4) Die im Verfahren vor dem angerufenen Gericht entstehenden Kosten werden als Teil der Kosten behandelt, die bei dem im Beschluss bezeichneten Gericht anfallen.

Übersicht

Rn.
A. Allgemeines ... 1
B. Inhalt der Norm ... 2
I. Verweisungsverfahren ... 2
II. Bindungswirkung ... 3
III. Funktionelle Unzuständigkeit ... 4

A. Allgemeines

Von der in § 2 FamFG genannten, dort aber nicht geregelten örtlichen ist die **sachliche Zuständigkeit** zu unterscheiden. Die sachliche Zuständigkeit betrifft die Zuständigkeit des Gerichts des ersten Rechtszuges und regelt, ob das Amts- oder Landgericht das Eingangsgericht ist. Das Gesetz geht in § 71 GVG im Wege des Regel-Ausnahme-Prinzips grundsätzlich von der sachlichen Zuständigkeit des Landgerichts aus, falls nicht Streitigkeiten gesetzlich den Amtsgerichten zugewiesen sind (§§ 23, 23a GVG). Alle Familiensachen sind gemäß § 23a Abs. 1 Satz 1 Nr. 1 GVG den Amtsgerichten zugewiesen, so dass die 1

9 OLG München FamRZ 2013, 1155

10 So auch *Gottschalk,* § 1684 BGB Rn. 60; vgl. auch § 295 Abs. 1 Satz 1 FamFG für die Verlängerung einer Betreuung, wo auch alle Vorschriften der erstmaligen Anordnung entsprechend gelten; a.A. ohne nähere Begründung OLG Zweibrücken FamRZ 2015, 520; Staudinger/*Dürbeck,* § 1684 BGB Rn. 129; Keidel/*Sternal,* § 2 Rn. 28; BeckOK BGB/*Veit,* § 1684 Rn. 63.1

Amtsgerichte erstinstanzlich für alle Familiensachen, darunter Kindschaftssachen, sachlich zuständig sind.

B. Inhalt der Norm

I. Verweisungsverfahren

2 Ist das angerufene Gericht örtlich oder sachlich unzuständig, muss es sich durch Beschluss für unzuständig erklären und die Sache an das zuständige Gericht **verweisen** (§ 3 Abs. 1 Satz 1 FamFG). Im Gegensatz zu § 281 ZPO **setzt** die Norm **keinen Antrag voraus**. Das angerufene Gericht hat also auch in Antragsverfahren wie Sorgerechtsstreitigkeiten nach § 1626a oder 1671 BGB **von Amts wegen** über die Verweisung an das zuständige Gericht zu entscheiden, darf also auch bei einem Antragsverfahren den Antrag nicht wegen Unzuständigkeit als unzulässig zurückweisen.[1] Eine Verweisung ist auch ohne oder gegen den Willen der Beteiligten möglich.

Allen Beteiligten i.S.d. § 7 FamFG (näher hierzu *Köhler*, § 7 FamFG Rn. 1 ff.) ist vor der Entscheidung **rechtliches Gehör** zu gewähren (Abs. 1 Satz 2).

II. Bindungswirkung

3 Der Verweisungsbeschluss ist **nicht anfechtbar** (Abs. 3 Satz 1) und für das als zuständig bezeichnete Gericht grundsätzlich **bindend** (Abs. 3 Satz 2).[2] Sinn und Zweck der Bindung und der Nichtanfechtbarkeit ist es, im Interesse der Verfahrensökonomie einer Verzögerung und Verteuerung der Verfahren durch Zuständigkeitsstreitigkeiten vorzubeugen.[3] Die **Bindungswirkung** eines Verweisungsbeschlusses **tritt auch dann ein, wenn** der **Beschluss auf einem Rechtsirrtum beruht oder ansonsten inhaltlich fehlerhaft ist**. Bindung für das als zuständig bezeichnete Gericht bedeutet, dass dieses Gericht an einer Rück- oder Weiterverweisung gehindert ist.[4]

3a Die **Bindungswirkung entfällt** nur **ausnahmsweise**. Dies gilt zum einen dann, wenn der Verweisungsbeschluss jeglicher Rechtsgrundlage entbehrt, er also nicht nur auf unrichtiger Rechtsanwendung beruht, sondern er bei verständiger Würdigung nicht mehr verständlich erscheint und offensichtlich unhaltbar ist, sich also als objektiv **willkürlich** erweist.[5] Zum anderen entfällt die Bindungswirkung, wenn das Gericht den im Zeitpunkt der Entscheidung namentlich bekannten Verfahrensbeteiligten vor der Entscheidung **kein rechtliches Gehör** gewährt hat **und an ein örtlich oder sachlich unzuständiges Gericht verwiesen** hat.[6] Ein Verstoß gegen das verfassungsrechtliche Gebot auf rechtliches Gehör nach Art. 103 Abs. 1 GG und auf den gesetzlichen Richter nach Art. 101 Abs. 1 Satz 2 GG ist insoweit der objektiven Willkür gleichzustellen.

3b **Fehlt die Bindungswirkung** ausnahmsweise nach den in Rn. 3a genannten Fallgruppen, ist die Sache zwar bei dem Gericht, an das verwiesen wurde, anhängig geworden und dort zu behandeln, das Gericht kann aber seinerseits bei Annahme der eigenen Unzuständigkeit zurück- bzw. weiterverweisen.[7] Wurde **einem Beteiligten kein rechtliches Gehör gewährt, kann er die Gehörsrüge nach § 44 FamFG erheben**; § 44 Abs. 1 Satz 2

1 OLG Saarbrücken FamRZ 2017, 235; OLG Frankfurt FamRZ 2014, 1479; KG FamRZ 2012, 908
2 OLG Karlsruhe NZFam 2019, 189; BGH NJW-RR 2015, 1016 zu § 281 ZPO
3 BGH NJW 1988, 1794
4 BayObLG NJOZ 2001, 1461 zu § 281 ZPO
5 BGH NJW-RR 2015, 1016; keine Willkür bei Abweichung von überwiegender Rechtsauffassung: BGH FamRZ 2002, 88; OLG Karlsruhe FamRZ 2019, 1729: Willkür, wenn keine Auseinandersetzung mit herrschender Meinung
6 OLG Düsseldorf FuR 2019, 115; OLG Karlsruhe FamRZ 2018, 1168; BGH NJW 2006, 847; NJW 1978, 1163
7 BGH NJW 1989, 461

FamFG ist insoweit verfassungskonform zu reduzieren, weil ansonsten fachgerichtlicher Schutz gegen die Verweisungsentscheidung nicht mehr erreicht werden kann.[8]

III. Funktionelle Unzuständigkeit

Von der örtlichen und sachlichen Zuständigkeit wiederum abzugrenzen ist die **funktionelle** Zuständigkeit. Sie gibt an, welcher Spruchkörper innerhalb eines Gerichts zuständig ist (z.B. die Abgrenzung Richter-/Rechtspflegerzuständigkeit[9] oder beim Amtsgericht die Abgrenzung zwischen Zivilgericht und Familiengericht). Insoweit besteht eine Besonderheit für die funktionelle Unzuständigkeit: Die **Verweisung** eines Verfahrens von dem Zivilgericht an das Familiengericht (und umgekehrt) erfolgt nach § 17a Abs. 6 GVG und ist gemäß § 17a Abs. 6 GVG i.V.m. § 17a Abs. 4 Satz 3 GVG mit der sofortigen Beschwerde anfechtbar.[10] 4

§ 4 FamFG Abgabe an ein anderes Gericht

[1]Das Gericht kann die Sache aus wichtigem Grund an ein anderes Gericht abgeben, wenn sich dieses zur Übernahme der Sache bereit erklärt hat. [2]Vor der Abgabe sollen die Beteiligten angehört werden.

Übersicht

	Rn.
A. Allgemeines	1
B. Inhalt der Norm	2
I. Abgabe aus wichtigem Grund	2
II. Hinderungsgründe	5

A. Allgemeines

Grundsätzlich behält das angerufene Gericht seine Zuständigkeit (§ 2 Abs. 2 FamFG). Doch aus Zweckmäßigkeitserwägungen hat das Gericht trotz eigener Zuständigkeit die Möglichkeit der **Abgabe des Verfahrens** an ein anderes Gericht, wenn ein beachtlicher Grund hierfür gegeben ist. Eine solche Abgabe ist auch dann angezeigt, wenn der Vater wegen einer **Auskunftssperre** seinen „Antrag" auf Umgangsregelung nicht bei dem tatsächlich nach § 152 FamFG örtlich zuständigen Gericht einreichen kann.[1] 1

B. Inhalt der Norm

I. Abgabe aus wichtigem Grund

Die Abgabe spielt gerade in **Kindschaftssachen** bei einem **Wohnortwechsel** eine erhebliche Rolle, wenn das Gericht, in dessen Nähe sich die Beteiligten nach einem Umzug befinden, nunmehr besser zur Sachverhaltsaufklärung in der Lage ist.[2] Freilich stellt die inzwischen bestehende Zuständigkeit des übernehmenden Gerichts im Zeitpunkt der Abgabe allein keinen **wichtigen Grund** dar. Denn dies wäre mit dem grundsätzlichen Fortbestehen der örtlichen Zuständigkeit gemäß § 2 Abs. 2 FamFG (siehe oben *Köhler,* § 2 FamFG Rn. 3) nicht vereinbar.[3] So liegt der erforderliche wichtige Grund für eine Abgabe im Falle 2

8 MüKo-FamFG/*Pabst*, § 3 Rn. 16
9 Vgl. etwa § 14 RPflG, dazu hier *Heilmann,* § 14 RPflG Rn. 3 ff.
10 Dazu BGH FamRZ 2017, 1599; näher hierzu *Keuter,* § 17a GVG
1 Dazu OVG Münster BeckRS 2015, 40949
2 Vgl. OLG München NJW-RR 2011, 661; OLG Hamm FamRZ 2014, 411 (LS), dazu *Ernst*, FamFR 2013, 516; vgl. auch OLG Köln FamRZ 2011, 318 für Adoptionssachen
3 MüKo-FamFG/*Pabst,* § 4 Rn. 13

des Aufenthaltswechsels des Kindes (nur) dann vor, wenn besondere Erschwernisse es **aus Kindeswohlgesichtspunkten notwendig erscheinen lassen**, dass das Verfahren am Gericht des neuen Aufenthaltsortes des Kindes weitergeführt wird.[4] Dies kann etwa der Fall sein, wenn Eltern und Kind oder Vormund und Mündel dauerhaft (nicht nur vorübergehend) den gewöhnlichen Aufenthalt in den Bezirk eines anderen Familiengerichts verlagern.[5]

3 Ein wichtiger Grund kann auch bei einem **engen Sachzusammenhang** mit einem bei einem anderen Gericht geführten Verfahren gegeben sein, wie er gerade in Gewaltschutz- und Kindschaftssachen naheliegt.[6]

3a Eine Abgabe kommt **auch von Beschwerdegericht zu Beschwerdegericht** in Betracht.[7] Dies gilt insbesondere dann, wenn vor einem anderen Beschwerdegericht eine weitere, dasselbe Kind betreffende Kindschaftssache geführt wird (z.B. eine Sorgerechtsstreitigkeit bei einem OLG und eine Umgangsrechtsstreitigkeit bei einem anderen OLG) und das Kind im Gerichtsbezirk des aufnehmenden Gerichts seinen gewöhnlichen Aufenthalt hat. Zum einen folgt aus § 68 Abs. 3 Satz 1 FamFG, dass für das Verfahren der Beschwerdeinstanz alle Vorschriften des Verfahrens im ersten Rechtszug gelten, mithin auch § 4 FamFG. Zum anderen kann der Regelungszweck des § 4 FamFG, den Beteiligten und gerade dem Kind mehrfache Anhörungen und Erörterungen vor verschiedenen Senaten zu ersparen, auch in der Beschwerdeinstanz gegeben sein.[8] Der Auffassung, die eine Abgabe zwischen zwei Beschwerdegerichten pauschal ablehnt,[9] steht die Gesetzessystematik entgegen.

4 **Beispiel:** *Das Familiengericht A, bei dem bereits mehrere eine Familie betreffende Kindschaftssachen anhängig waren, überträgt schließlich die alleinige elterliche Sorge auf den im Gerichtsbezirk B wohnhaften Vater. Dies verkraften die Eltern der Mutter nicht und bedrohen den Vater heftig. Dieser wehrt sich mit Schutzanträgen nach § 1 GewSchG bei seinem nach § 211 FamFG (auch) zuständigen Heimatgericht B. Hier bietet sich eine Abgabe des Gewaltschutzverfahrens an das mit der gesamten Familiendynamik bereits vertraute Gericht A an.*

4a Das Gesetz sieht für die Abgabe **keine** bestimmte **Form** vor. Sie kann formlos, durch Verfügung oder durch Beschluss erfolgen.[10] Die Abgabe kann nicht angefochten werden, eine Überprüfung ist nur gemäß § 58 Abs. 2 FamFG innerhalb eines Beschwerdeverfahrens gegen die Endentscheidung möglich.[11] Mit der Abgabe wird das Verfahren in dem Stand des Verfahrens des Abgabegerichts bei dem übernehmenden Gericht anhängig. Durch die Abgabe tritt – anders als bei der Verweisung – **keine Bindungswirkung** ein.[12] Das übernehmende Gericht kann seinerseits weiter abgeben oder verweisen.

II. Hinderungsgründe

5 Vor der Abgabe einer **Kindschaftssache** ist stets zu prüfen, ob das **Beschleunigungsgebot** einem Wechsel der örtlichen Zuständigkeit des mit der Sache befassten Gerichts ent-

---

4 OLG Hamm FamRZ 2015, 1924; OLG Hamm FamRZ 2011, 55
5 Vgl. BT-Drucks. 16/6308, 176
6 AG Ludwigslust FamRZ 2010, 1754
7 OLG Frankfurt FamRZ 2018, 1854; vgl. auch BGH FamRZ 2017, 130
8 Musielak/Borth/*Borth/Grandel*, § 4 Rn. 8
9 OLG Bremen FamRZ 2014, 1394; Keidel/*Sternal*, § 4 Rn. 10
10 Keidel/*Sternal*, § 4 Rn. 32
11 Prütting/Helms/*Prütting*, § 4 Rn. 30
12 Prütting/Helms/*Prütting*, § 4 Rn. 32

gegensteht.[13] Die Abgabe einer Kindschaftssache an ein anderes Familiengericht ist unzulässig, solange die ausschließliche Zuständigkeit des Gerichts der Ehesache § 152 Abs. 1 FamFG besteht.[14]

Besteht **Streit** verschiedener Gerichte, ob eine Abgabe aus wichtigem Grund gerechtfertigt ist, entscheidet das nächsthöhere gemeinsame Gericht (§ 5 Abs. 1 Nr. 5 FamFG). Jedoch ist – wenn der BGH das nächsthöhere gemeinsame Gericht ist – gemäß § 5 Abs. 2 FamFG das Oberlandesgericht des erstbefassten Gerichts zur Entscheidung berufen, nicht der BGH.[15]

§ 5 FamFG Gerichtliche Bestimmung der Zuständigkeit

(1) Das zuständige Gericht wird durch das nächsthöhere gemeinsame Gericht bestimmt:

1. wenn das an sich zuständige Gericht in einem einzelnen Fall an der Ausübung der Gerichtsbarkeit rechtlich oder tatsächlich verhindert ist;

2. wenn es mit Rücksicht auf die Grenzen verschiedener Gerichtsbezirke oder aus sonstigen tatsächlichen Gründen ungewiss ist, welches Gericht für das Verfahren zuständig ist;

3. wenn verschiedene Gerichte sich rechtskräftig für zuständig erklärt haben;

4. wenn verschiedene Gerichte, von denen eines für das Verfahren zuständig ist, sich rechtskräftig für unzuständig erklärt haben;

5. wenn eine Abgabe aus wichtigem Grund (§ 4) erfolgen soll, die Gerichte sich jedoch nicht einigen können.

(2) Ist das nächsthöhere gemeinsame Gericht der Bundesgerichtshof, wird das zuständige Gericht durch das Oberlandesgericht bestimmt, zu dessen Bezirk das zuerst mit der Sache befasste Gericht gehört.

(3) Der Beschluss, der das zuständige Gericht bestimmt, ist nicht anfechtbar.

Übersicht

Rn.

A. Allgemeines ... 1
B. Inhalt der Norm ... 2
I. Verhinderung des Gerichts ... 2
II. Ungewisse Zuständigkeit ... 3
III. Positiver/Negativer Kompetenzkonflikt ... 4
IV. Streit bei Abgabe nach § 4 FamFG ... 6
V. Zuständiges Bestimmungsgericht ... 7
VI. Verfahren ... 8
VI. Unanfechtbarkeit des Beschlusses ... 9

A. Allgemeines

Ähnlich wie § 36 ZPO, an den die Vorschrift angeglichen wurde,[1] regelt § 5 FamFG die Fälle, bei denen das (örtlich bzw. sachlich)[2] zuständige Gericht durch das im Rechtszug nächsthöhere Gericht bestimmt wird. Auf Konflikte im Rahmen der internationalen Zuständigkeit ist die Vorschrift nicht anwendbar (hier gibt es kein höheres Gericht und es 1

13 OLG Hamm FamRZ 2011, 55
14 OLG Bremen MDR 2013, 794
15 BGH FamRZ 2017, 130
1 BT-Drucks. 16/6308, 176
2 Vgl. Keidel/*Sternal*, § 5 Rn. 6

fehlt auch an der Bindungswirkung einer Entscheidung über die Staatsgrenze hinaus). Durch die Regelung sollen im Interesse der **Rechtssicherheit** und **Verfahrensökonomie** etwaige in einem Verfahren auftretende Zuständigkeitsschwierigkeiten zügig geklärt werden.[3] Ein **Streit um die Zuständigkeit** zwischen verschiedenen Gerichten ist **gerade in Kindschaftssachen**, in denen der Beschleunigungsgrundsatz nach § 155 Abs. 1 FamFG gilt, **besonders misslich** wegen der damit zwangsläufig verbundenen Verzögerungen und **sollte bei vertretbarer eigener Zuständigkeit möglichst vermieden werden**. § 5 zählt abschließend die Fälle auf, in denen das nächsthöhere Gericht zur Bestimmung des zuständigen Gerichts berufen ist.

B. Inhalt der Norm

I. Verhinderung des Gerichts

2 Abs. 1 Nr. 1 FamFG bestimmt, dass ein Fall der Zuständigkeitsbestimmung vorliegt, wenn das an sich **zuständige Gericht** in einem einzelnen Fall an der Ausübung der Gerichtsbarkeit **rechtlich oder tatsächlich gehindert** ist. Die Vorschrift entspricht § 36 Abs. 1 Nr. 1 ZPO, wobei das FamFG die Ausübung der Gerichtsbarkeit statt der Ausübung des Richteramts benennt, um bereits im Wortlaut klarzustellen, dass neben Richtern auch Rechtspfleger erfasst sind. Eine Verhinderung aller Rechtspfleger des zuständigen Gerichts im Sinne der Vorschrift liegt wegen § 8 Abs. 1 RPflG aber erst vor, wenn bei dem Gericht (auch) kein Richter vorhanden ist, der die Aufgaben des Rechtspflegers wahrnehmen kann.

Rechtliche Verhinderung liegt vor, wenn **sämtliche Richter eines Gerichts** einschließlich ihrer Vertreter kraft Gesetzes nach § 6 FamFG i.V.m. § 41 ZPO von der Ausübung des Richteramtes **ausgeschlossen oder erfolgreich** gemäß § 6 Abs. 1 Satz 1 FamFG i.V.m. § 42 oder 48 ZPO **wegen Befangenheit abgelehnt** worden sind.[4]

Tatsächliche Verhinderung liegt vor, wenn sämtliche Richter eines Gerichts einschließlich ihrer Vertreter wegen langfristiger Krankheit, Tod oder Ausscheiden aus Altersgründen (ohne Wiederbesetzung) verhindert sind.

Eine generelle rechtliche Verhinderung eines Gerichts kennt das Gesetz nicht. Eine Entscheidung muss für jeden einzelnen Fall ergehen.

II. Ungewisse Zuständigkeit

3 Abs. 1 Nr. 2 FamFG entspricht in der ersten Alternative § 36 Abs. 1 Nr. 2 ZPO. Die zweite Alternative erfasst solche Fälle, in denen die rechtliche Beurteilung der gerichtlichen Zuständigkeit aus tatsächlichen Gründen unmöglich ist, weil die tatsächlichen Umstände unklar und nicht aufklärbar sind.[5] Die Vorschrift hat für Kindschaftssachen keine praktische Relevanz. Für die Anknüpfung der örtlichen Zuständigkeit in Gewaltschutzsachen an den Tatort gemäß § 211 Nr. 1 FamFG kann die Vorschrift Bedeutung erlangen.

III. Positiver/Negativer Kompetenzkonflikt

4 Abs. 1 Nr. 3 FamFG regelt den positiven, Abs. 1 Nr. 4 den negativen Kompetenzkonflikt, also dass in einem Rechtsstreit Gerichte, von denen mindestens eines zuständig ist, von ihrer Zuständigkeit (Nr. 3) bzw. Unzuständigkeit (Nr. 4) ausgehen und dies rechtskräftig festgestellt haben. Die Vorschrift entspricht § 36 Abs. 1 Nr. 5 bzw. Nr. 6 ZPO. Voraussetzung ist zum einen, dass **verschiedene Gerichte** über ihre Zuständigkeit **streiten**. Das bedeutet, dass ein Streit innerhalb eines Gerichts etwa zwischen verschiedenen Abteilun-

3 Vgl. BGH NJW 2002, 1425 zu § 36 ZPO
4 BGH, Beschl. v. 23.8.2016 – X ARZ 292/16, juris
5 So die Gesetzesbegründung BT-Drucks. 16/6308, 176, die als Beispiel den Sterbeort eines wohnsitzlosen Erblassers nennt

gen (z.B. Betreuungs- und Familiengericht oder zwischen Haupt- und Zweigstelle) oder zwischen verschiedenen funktional zuständigen Organen (z.B. Richter und Rechtspfleger) über ihre Zuständigkeit nicht zur Anwendung des § 5 führen kann.[6] Denn bei einem Streit zwischen verschiedenen Abteilungen eines Gerichts ist nach § 17a Abs. 6 GVG mit anfechtbarem Beschluss zu verweisen; den Streit zwischen Richter und Rechtspfleger eines Gerichts entscheidet der Richter durch unanfechtbaren Beschluss nach § 7 RPflG. Weiter müssen die streitenden Gerichte sich jeweils **„rechtskräftig" für zuständig (Nr. 3) bzw. unzuständig (Nr. 4) erklärt** haben. Da die entsprechenden Beschlüsse eine Rechtskraft im klassischen Sinne nicht kennen, bedeutet diese Formulierung in diesem Zusammenhang, dass die Gerichte einen **Beschluss gegenüber jedenfalls einem Beteiligten nach § 40 Abs. 1 FamFG bekannt gemacht** haben müssen, der abschließend die **Zuständigkeit bzw. Unzuständigkeit feststellt**. Gerichtsinterne Abgaben, Verfügungen, Hinweise oder die bloße Aktenübersendung an ein anderes Gericht genügen dem Merkmal der „rechtskräftigen" Zuständigkeitserklärung nicht.[7] Auch ein Verweisungsbeschluss muss, um die entsprechende Außenwirkung zu haben, den Beteiligten bekannt gemacht worden sein.[8]

Gerade in Kindschaftssachen kann ein solcher Kompetenzkonflikt (positiver oder negativer Art) auftreten. **5**

Beispiel:

Die Eltern wohnen in verschiedenen Städten, A-Stadt und B-Stadt, und leben mit ihrem Kind ein paritätisches Wechselmodell.

1. ***Alt.:** Der Vater stellt beim Familiengericht A-Stadt einen Antrag auf Übertragung des Aufenthaltsbestimmungsrechts für das Kind auf ihn, die Mutter stellt beim Familiengericht B-Stadt ebenfalls einen (spiegelbildlichen) Antrag auf Übertragung des Aufenthaltsbestimmungsrechts auf sie. Sowohl das Amtsgericht in A-Stadt als auch das Amtsgericht in B-Stadt stellen durch Beschluss ihre Unzuständigkeit fest und verweisen das Verfahren an das jeweils andere Gericht.*
2. ***Alt.:** Die Mutter regt beim Familiengericht B-Stadt an, den Umgang des Vaters wegen des Verdachts auf sexuellen Missbrauch des Kindes auszuschließen, hilfsweise den Umgang nur begleitet durchzuführen. Der Vater wendet sich an das Familiengericht in A-Stadt, teilt mit, dass die Mutter ihm den Umgang mit dem Kind verweigere, und will das bisher gelebte paritätische Wechselmodell gerichtlich angeordnet wissen. Sowohl das Amtsgericht in A-Stadt als auch das Amtsgericht in B-Stadt stellen durch Beschluss ihre Zuständigkeit fest.*

Da sich die örtliche Zuständigkeit des Amtsgerichts sowohl in Sorgerechtsstreitigkeiten als auch in Umgangsrechtsverfahren gemäß § 152 Abs. 2 FamFG in der Regel nach dem gewöhnlichen Aufenthalt des Kindes bestimmt, kann gerade bei ausgeübtem paritätischem Wechselmodell die Bestimmung des gewöhnlichen Aufenthalts des Kindes – jedenfalls bei unterschiedlichen Wohnorten der Eltern – schwierig sein und es müssen für die Klärung weitere Anhaltspunkte neben dem Wohnort (Schule, Freundeskreis, andere Bezugspersonen des Kindes) herangezogen werden. In der 1. Alt. liegt ein negativer Kompetenzkonflikt, d.h. ein Fall des Abs. 1 Nr. 4 FamFG, in der 2. Alt. ein positiver Kompetenzkonflikt, d.h. ein Fall des Abs. 1 Nr. 3 FamFG vor.

---

6 Keidel/*Sternal*, § 5 Rn. 24
7 Keidel/*Sternal*, § 5 Rn. 25
8 OLG Frankfurt FamRZ 2016, 1691

IV. Streit bei Abgabe nach § 4 FamFG

6 Abs. 1 Nr. 5 FamFG hat keine Entsprechung in § 36 ZPO, weil es im förmlichen Zivilprozess die Möglichkeit der formlosen Abgabe nicht gibt. Voraussetzung ist, dass das Gericht, das die Abgabe beabsichtigt, mit dem anderen Gericht i.S.d. § 4 FamFG korrespondiert hat, **das andere Gericht** aber die **Übernahme ablehnt**. Erst dann ist das Merkmal „nicht einigen können" nach Abs. 1 Nr. 5 FamFG erfüllt. Insbesondere kann **nicht vor einem Versuch der Einigung zwischen den Gerichten** sofort das nächsthöhere Gericht angerufen werden.

V. Zuständiges Bestimmungsgericht

7 Nach Abs. 1 FamFG ist das Bestimmungsgericht grundsätzlich das **nächsthöhere gemeinsame Gericht**. Maßgeblich ist insoweit nicht der allgemeine Gerichtsaufbau, sondern die **Rechtsmittelzuständigkeit in der konkreten Verfahrensart**.[9] Steht also die Zuständigkeit von zwei Familiengerichten im Streit, so ist das im Rechtsmittelzug übergeordnete Oberlandesgericht zuständig für die Zuständigkeitsbestimmung. Wegen § 5 Abs. 2 FamFG ist, wenn zwei Familiengerichte streiten, die kein gemeinsames übergeordnetes Oberlandesgericht haben, nicht der Bundesgerichtshof, sondern das Oberlandesgericht Bestimmungsgericht, zu dessen Bezirk das zuerst mit der Sache befasste Gericht gehört (**Prioritätsprinzip**). Auch wenn der Zuständigkeitskonflikt erstmals zwischen zwei Oberlandesgerichten auftritt, ist Bestimmungsgericht wegen § 5 Abs. 2 FamFG nicht der Bundesgerichtshof, sondern das zuerst mit der Sache befasste Oberlandesgericht (dann aber ein anderer Senat des Gerichts).[10]

VI. Verfahren

8 Im Rahmen des Bestimmungsverfahrens legt das nächsthöhere Gericht das zuständige Gericht durch zu begründenden Beschluss bindend fest. Das Bestimmungsverfahren wird regelmäßig durch Aktenvorlage eines der im Zuständigkeitskonflikt befindlichen Gerichte eingeleitet. Das Bestimmungsgericht prüft, ob die Voraussetzungen der Bestimmung vorliegen. Liegen diese nicht vor, lautet die Beschlussformel: „Die Bestimmung des zuständigen Gerichts wird abgelehnt." Wenn mehrere Gerichte zuständig sind, hat die **Zuständigkeitsbestimmung** im Rahmen einer Gesamtschau nach Zweckmäßigkeitsgesichtspunkten zu erfolgen. Sollte keines der streitenden Gerichte zuständig sein, kann das Bestimmungsgericht nach vorheriger Anhörung auch ein drittes zuständiges Gericht bestimmen, wenn dem bestimmenden Gericht auch die Zuständigkeit für das dritte Gericht zukommt.[11] Die Entscheidung enthält keine Kostenentscheidung und wird mit Bekanntgabe an das als zuständig bestimmte Gericht wirksam, wobei die Bekanntgabe an alle Beteiligten und auch das/die anderen im Bestimmungsverfahren beteiligten Gerichte zu erfolgen hat.[12]

VI. Unanfechtbarkeit des Beschlusses

9 Gemäß § 5 Abs. 3 FamFG ist der **Beschluss des Bestimmungsgerichts**, mit dem das zuständige Gericht bestimmt wird, **unanfechtbar**. Dies gilt auch für den die Bestimmung ablehnenden Beschluss, welcher keine Endentscheidung nach § 38 Abs. 1 Satz 1 FamFG, sondern eine nicht anfechtbare Zwischenentscheidung darstellt (vgl. § 58 Abs. 2 FamFG).

---

9 OLG Hamm FamRZ 2016, 1692; jeweils zu § 36 ZPO: BGH NJW 1988, 2739; NJW 1979, 2249
10 Vgl. BGH FamRZ 2017, 130
11 Keidel/*Sternal*, § 5 Rn. 46
12 BeckOK FamFG/*Burschel*, § 5 Rn. 18

§ 6 FamFG Ausschließung und Ablehnung der Gerichtspersonen

(1) [1]Für die Ausschließung und Ablehnung der Gerichtspersonen gelten die §§ 41 bis 49 der Zivilprozessordnung entsprechend. [2]Ausgeschlossen ist auch, wer bei einem vorausgegangenen Verwaltungsverfahren mitgewirkt hat.

(2) Der Beschluss, durch den das Ablehnungsgesuch für unbegründet erklärt wird, ist mit der sofortigen Beschwerde in entsprechender Anwendung der §§ 567 bis 572 der Zivilprozessordnung anfechtbar.

Übersicht

	Rn.
A. Allgemeines	1
B. Inhalt der Norm	2
I. Gerichtspersonen	2
II. Ausschluss- und Ablehnungsgründe	5
III. Verfahren	9
IV. Handlungsverbot und § 155 Abs. 1 FamFG	10
V. Rechtsmittel	14

A. Allgemeines

In besonderen Fällen kann eine **Gerichtsperson**, die nicht die an sie gestellten Anforderungen der Neutralität und Objektivität erfüllt, von ihrem Amt **ausgeschlossen** bzw. mit entsprechendem Antrag **abgelehnt** werden. Die **Regelung dient dem fairen Verfahren** und der gerechten Entscheidung des Einzelfalles ebenso wie der **Integrität der Rechtsprechung und der funktionierenden Rechtspflege**.[1] Andererseits darf die Justizgewährung nicht durch missbräuchliche Ablehnungsgesuche querulatorisch veranlagter Beteiligter eingeschränkt werden. 1

B. Inhalt der Norm

I. Gerichtspersonen

Der gesetzliche Richter i.S.d. Art. 101 Abs. 1 Satz 2 GG ist nur dann gewährleistet, wenn der einzelne Richter objektiv entscheidet und der Rechtsuchende nicht vor einem Richter steht, der aus bestimmten Gründen die gebotene **Neutralität, Unparteilichkeit , Unabhängigkeit und Distanz** vermissen lässt.[2] Durch den Begriff „Gerichtspersonen" werden nicht nur **Richter** (auch ersuchte oder ehrenamtliche), sondern wegen § 10 Satz 1 RPflG auch **Rechtspfleger** und wegen des Verweises in § 6 Abs. 1 Satz 1 FamFG auf § 49 ZPO auch **Urkundsbeamte der Geschäftsstelle** erfasst, genauso wie **Dolmetscher** über die Verweisung des § 191 Satz 1 GVG. Ein **Gerichtsvollzieher** kann wegen der Sondervorschrift des § 155 GVG nicht abgelehnt werden.[3] 2

Abgelehnt werden kann **nur der einzelne Richter**, **nicht** aber das **Gericht oder** eine **Gerichtsabteilung als solches**.[4] Wird ein Spruchkörper insgesamt abgelehnt – wenn auch die Richterinnen und Richter namentlich einzeln aufgeführt sind – ohne dass konkrete, auf eine Befangenheit der einzelnen Mitglieder des Spruchkörpers hinweisende Anhaltspunkte benannt werden, ist das Ablehnungsgesuch unzulässig.[5]

---

1 MüKo-FamFG/*Pabst*, § 6 Rn. 1
2 BVerfG NJW 1971, 1029
3 BGH FamRZ 2004, 1960; BVerfG NJW-RR 2005, 365
4 BGH FamRZ 2015, 1698
5 BGH, Beschl. v. 8.1.2015 – V ZB 184/14, juris; BGH, Beschl. v. 1.7.2014 – VIII ZB 27/14, juris

Abgelehnt werden kann **nur** die **aktuell zuständige Gerichtsperson**. Eine **vorsorgliche Ablehnung** des im **theoretischen Vertretungsfall** zuständigen Richters ist mangels Rechtsschutzbedürfnisses **unzulässig**.[6]

3 **Nicht** zu dem Personenkreis der Gerichtspersonen zählen **Mitarbeiter des Jugendamts**, da diese entweder Anhörungspersonen i.S.d. § 162 FamFG oder Vertreter des beteiligten Jugendamts sind.[7] Denn das jeweils zuständige Jugendamt ist – anders als etwa ein Sachverständiger – nicht vom Gericht ausgewählt, sondern gesetzlich in §§ 87b, 86 SGB VIII festgelegt und ihm ist in § 50 SGB VIII eine eigenständige unterstützende Mitwirkung zugewiesen; bei dieser ist es aus eigener gesetzlicher Verpflichtung neben dem Gericht selbstständig tätig. Obwohl sie vom Gericht bestellt sind, können auch **Verfahrensbeistände** und **Umgangspfleger nicht** abgelehnt werden. Denn sie werden durch die Bestellung Beteiligte nach § 7 FamFG (vgl. § 158 Abs. 3 Satz 2 FamFG). Auf Verfahrensbeteiligte ist eine Ablehnung wegen Befangenheit aber nicht anwendbar.[8] Beteiligte vertreten im Verfahren Interessen (vgl. § 158 Abs. 4 Satz 1 FamFG) und sind nicht gehalten, sich gegenüber anderen Beteiligten neutral zu verhalten. Gegebenenfalls ist ein Befangenheitsantrag gegen einen Verfahrensbeistand oder Umgangspfleger aber zum Anlass zu nehmen, die Geeignetheit der bestellten Person zu überprüfen (vgl. § 158 Abs. 1, Abs. 5 Var. 2 FamFG bzw. §§ 1684 Abs. 3, 1915 Abs. 1 Satz 1, 1886 BGB) und bei Feststellung der Nichteignung eine andere Person zu bestellen.[9]

4 **Sachverständige** sind keine Gerichtspersonen, § 6 FamFG ist auf sie also nicht anwendbar. Sachverständige können aber gemäß § 30 Abs. 1 FamFG i.V.m. §§ 406 Abs. 1 Satz 1, 42 ff. ZPO aus denselben Gründen, die zur Ablehnung eines Richters berechtigen, abgelehnt werden.

Zu der Ablehnung eines **Sachverständigen** hat sich gerade in **Kindschaftssachen** eine umfangreiche Kasuistik herausgebildet.[10]

▶ *Hierzu eingehend Heilmann, § 163 FamFG Rn. 31 ff.*

II. Ausschluss- und Ablehnungsgründe

5 § 6 FamFG verweist hinsichtlich der Gründe für den Ausschluss oder die Ablehnung der betreffenden Person auf die entsprechenden Regelungen der ZPO: § 41 ZPO nennt auf die Person des Richters bezogene Ausschlussgründe. Wenn ein **Ausschlussgrund nach § 41 ZPO** vorliegt, ist der **Richter kraft Gesetzes von jedweder Tätigkeit**, auch einer bloß vorbereitenden, **in dem betreffenden Verfahren ausgeschlossen**, ohne dass es einer gerichtlichen Entscheidung darüber bedarf. Ist die Rechtslage zweifelhaft, kann auf Selbstanzeige nach § 48 ZPO oder Antrag eines Beteiligten nach § 42 Abs. 1 ZPO eine gerichtliche Entscheidung eingeholt werden. Die **Ausschlussgründe nach § 41 ZPO sind** (anders als Befangenheitsgründe nach § 42 ZPO) nicht verzichtbar, § 43 ZPO, und **von Amts wegen zu beachten**, unabhängig von der Kenntnis der Beteiligten. In der **Praxis** sollte bei Vorliegen eines Ausschlussgrundes die Akte nicht wortlos an den geschäftsplanmäßigen Vertreter abgegeben, sondern ein **Aktenvermerk über das Vorliegen des Ausschluss-**

6 Verfassungsgericht Brandenburg, Beschl. v. 15.2.2019 – VfGBbg 183/17, juris; OLG Brandenburg FamRZ 2013, 1600; OLG Karlsruhe FamRZ 2005, 1260; OLG Zweibrücken FamRZ 2000, 1287
7 OLG Celle ZKJ 2011, 229 = FamRZ 2011, 1532
8 OLG Celle FGPrax 2003, 128; OLG München FamRZ 2005, 635
9 OLG Saarbrücken NJW-RR 2019, 327; OLG Hamburg FamRZ 2016, 1694
10 Vgl. etwa OLG Stuttgart FamRZ 2018, 455 (Begutachtung des Kindes ohne vorherige Zustimmung der sorgeberechtigten Eltern); OLG Frankfurt FamRZ 2017, 914 (eigene Sachverhaltsermittlung des Sachverständigen bei Drittpersonen ohne ausdrückliche Anordnung des Familiengerichts); OLG Düsseldorf ZKJ 2017, 238 (Überschreitung des Gutachtenauftrags); OLG Hamm ZKJ 2015, 198 (Teilnahme einer Begleitperson am Explorationstermin); OLG Brandenburg FamRZ 2014, 68 (Äußerungen des Sachverständigen); OLG Hamm FamRZ 2012, 894 (unzureichende Information der Beteiligten)

grundes niedergelegt und den Beteiligten zur Kenntnis übersandt werden, da die Beteiligten auch aus Art. 101 Abs. 1 Satz 2 GG Anspruch auf Information über ihren gesetzlichen Richter und den Grund des Richteraustausches haben.[11]

§ 42 ZPO regelt die **Ablehnung** eines Richters wegen der Besorgnis der Befangenheit.

5a Gemäß § 42 Abs. 2 ZPO findet die Ablehnung wegen **Besorgnis der Befangenheit** statt, wenn ein Grund vorliegt, der geeignet ist, Misstrauen gegen die Unparteilichkeit eines Richters zu rechtfertigen. Es kommt hierfür nicht darauf an, ob das Misstrauen des jeweiligen Beteiligten tatsächlich gerechtfertigt ist. Entscheidend ist allein, dass aus seiner Sicht ein sachlicher Anlass für ein Misstrauen gegenüber der abgelehnten Gerichtsperson besteht. Maßgeblich sind also **allein objektive Gründe**, die **aus Sicht eines verständigen Verfahrensbeteiligten berechtigte Zweifel an der Unparteilichkeit oder Unabhängigkeit des abgelehnten Richters wecken können**.[12] Im Ablehnungsverfahren geht es **allein** um die **Parteilichkeit** der Gerichtsperson und nicht um die **inhaltliche Richtigkeit** ihrer Handlungen und Entscheidungen, deren **Überprüfung allein dem Rechtsmittelgericht vorbehalten** ist. Die Befangenheitsablehnung stellt **kein Instrument zur Fehler- und Verfahrenskontrolle** dar.

5b Ein Ablehnungsgesuch kann daher grundsätzlich **nicht auf** die **Verfahrensweise**, die **Rechtsauffassung** einer Gerichtsperson **oder** die **vermeintliche Fehlerhaftigkeit einer gerichtlichen Entscheidung** gestützt werden.[13] Ebenso wenig kann ein Ablehnungsgesuch gegen die Gerichtsperson erfolgreich auf vermeintlich „fehlende Fortbildung" oder behauptete „fachliche Unkenntnis" oder fehlende Fortbildung gestützt werden.[14] Die amtswegige Einleitung eines Verfahrens nach §§ 1666, 1666a BGB ist, wenn in einem Umgangsverfahren Anhaltspunkte für eine Kindeswohlgefährdung auftreten, kein Befangenheitsgrund, sondern im Gegenteil die zutreffende Ausübung des staatlichen Wächteramts im Rahmen des § 26 FamFG.[15] Auch auf die Anordnung der Kindesanhörung im Beisein eines gerichtlich bestellten Sachverständigen bei Ablehnung der Begutachtung des Kindes durch den sorgeberechtigten Elternteil kann ein Ablehnungsgesuch gegen den Richter nicht erfolgreich gestützt werden.[16] Eine richterliche **Vorbefasstheit** in einer anderen Sache ist grundsätzlich **kein Befangenheitsgrund**[17] **ebenso wenig** die (einfache) **Verweigerung einer Terminsverlegung**, weil diese nur bei Vorliegen erheblicher Gründe in Betracht kommt (§§ 32 Abs. 1 Satz 2 FamFG, 227 Abs. 1, 2 ZPO).[18] Die **schlichte Untätigkeit des Gerichts** stellt regelmäßig ebenfalls **keinen Befangenheitsgrund** dar;[19] unabhängig davon ist das Befangenheitsgesuch selbst geeignet, das Verfahren zu verzögern. Im Übrigen gibt es in beschleunigt zu führenden Kindschaftssachen mit §§ 155b, 155c FamFG Abhilfemöglichkeiten.

Da **gerichtliche Hinweise** im Rahmen der materiellen Verfahrensleitung vorgeschrieben sind, liegt darin **regelmäßig ebenfalls kein Befangenheitsgrund**.[20]

6 Eine **Ausnahme** von diesem Grundsatz ist **bezogen auf das Verfahren bzw. die Entscheidungen** nur dann geboten, wenn die Gestaltung des Verfahrens oder die Entscheidungen des Richters sich so weit von den anerkannten (verfassungs-)rechtlichen Grundsät-

---

11 MüKo-ZPO/*Stackmann*, § 41 Rn. 32
12 BGH, Beschl. v. 10.10.2017 – III ZA 12/17, juris
13 BGH, Beschl. vom 10.4.2018 – VIII ZR 127/17, juris; OLG Brandenburg FamRZ 2019, 1796; BGH NJW 2002, 2396; OLG Köln FamRZ 2012, 318
14 OLG Celle FamRZ 2013, 1751 zu einer Sachverständigenablehnung
15 OLG Brandenburg FamRZ 2018, 1088
16 OLG Celle FamRZ 2019, 1930
17 BGH MDR 2012, 363
18 BGH FamRZ 2006, 944, Rn. 31; OLG Köln NJW-RR 1997, 828; zur Ausnahme siehe sogleich
19 OLG Köln FamRZ 2017, 1764; OLG Brandenburg FamRZ 2015, 2074
20 OLG Frankfurt, Beschl. v. 19.4.2017 – 2 U 174/16, juris; BGH FamRZ 2006, 261

zen entfernen, dass sie **aus der Sicht des Beteiligten nicht mehr verständlich und offensichtlich unhaltbar** erscheinen und dadurch den Eindruck einer **willkürlich**en oder doch jedenfalls sachfremden Einstellung des Richters erwecken.[21] Dazu gehört eine gerichtliche **Anordnung ohne gesetzliche Grundlage**[22] oder die **Verweigerung einer** beantragten **Terminsverlegung, wenn** erhebliche **Verlegungsgründe offensichtlich** vorliegen **und** die Zurückverweisung des Terminsverlegungsantrags sich als **Verletzung rechtlichen Gehörs** darstellte oder sich aus der Verweigerung der Terminsverlegung der Eindruck einer sachwidrigen Benachteiligung eines Beteiligten aufdrängt.[23] Ein Befangenheitsvorwurf kann sich zudem aus der wiederholt mangelnden Bereitschaft des Richters ergeben, Beteiligtenvorbringen zur Kenntnis zu nehmen.[24] Auch wenn sich das Ablehnungsgesuch nur auf das betreffende Verfahren und nicht auf Parallelverfahren bezieht,[25] lässt eine **erfolgreiche Ablehnung** eines Richters **in einem Parallelverfahren bei Vorliegen eines verfahrensübergreifenden Ablehnungsgrundes (wie Voreingenommenheit gegen die Person des Ablehnenden)** darauf schließen, dass eine Ablehnung in dem anderen Verfahren ebenfalls begründet ist.[26]

7 **Besondere persönliche Beziehungen** des Richters **zu einem Verfahrensbeteiligten können einen Grund für objektives Misstrauen** in die Unparteilichkeit eines Richters darstellen.[27] Dafür **genügt** eine **Bekanntschaft oder** eine **lockere Freundschaft** allerdings in der Regel **nicht**.[28] Allgemeine berufliche Kontakte, private Bekanntschaften, die gemeinsame Mitgliedschaft in einer Partei, einem Verein oder anderen Organisationen genügen in der Regel nicht. Eine **emotional geprägte Beziehung des Richters zu einem Beteiligten** (z.B. enge Freundschaft, Feindschaft, früheres oder aktuelles Liebesverhältnis) **begründet** hingegen in der Regel eine **Besorgnis der Befangenheit**.[29] Ist ein **anderer Richter desselben Gerichts Beteiligter** in einem Verfahren, besteht bei kleinen Gerichten (oder gar bei einem Kollegen aus derselben Kammer/demselben Senat) in der Regel die Besorgnis der Befangenheit, nicht aber bei größeren Gerichten.[30] Zwischen **Richter und Verfahrensbevollmächtigten eines Beteiligten** gelten großzügigere Maßstäbe als zwischen Richter und Beteiligtem, weil schon aufgrund der jeweiligen Berufspflichten eine Trennung zwischen beruflicher und privater Beziehung geboten ist.[31] Dabei kann die Besorgnis der Befangenheit begründet sein, wenn der **Richter** in einer Sache **aktuell noch selbst Mandant des Verfahrensbevollmächtigten** eines Beteiligten ist.[32] Jedenfalls, wenn der Richter das eigene Mandat nicht von sich aus rechtzeitig anzeigt, kann allein darin ein eigenständiger Befangenheitsgrund liegen.[33]

---

21 BVerfG NJW 2019, 505: wenn passwortgeschützt nur zur Einsicht für das Gericht staatsanwaltliche Ermittlungsakten auf einer CD von einem Beteiligten übersandt werden und das Gericht daraufhin von dem Beteiligten das Passwort anfordert, kann schon diese Vorbereitungshandlung die Besorgnis der Befangenheit begründen, weil der Eindruck der einseitigen Auswertung von Erkenntnisquellen entsteht; OLG Hamm FamRZ 2014, 324; OLG Dresden FamRZ 2014, 1654

22 OLG Stuttgart FamRZ 2016, 2144: Einforderung eines Auslagenvorschusses für ein amtswegig einzuholendes Gutachten in Kindschaftssachen entgegen § 16 FamGKG

23 OLG Saarbrücken FamRZ 2019, 375 (existenzielle Bedeutung eines EA-Verfahrens nach § 1666 BGB bei zuvoriger Inobhutnahme des Kind nach jahrelangen gerichtlichen, dem aktuellen Verfahren vorangehenden Streitigkeiten, wo anwaltliche Vertretung zwingend angezeigt ist); BGH FamRZ 2006, 944, Rn. 31; vgl. aber auch unten Rn. 9d zur Terminsverlegung

24 OLG Hamm FamRZ 2014, 324

25 Stein/Jonas/*Bork*, § 47 Rn. 2

26 KG FamRZ 2016, 995; OLG Brandenburg FamRZ 2016, 650; OLG München FamRZ 2014, 958

27 BGH, Beschl. v. 2.12.2015 – RiZ (R) 1/15, juris

28 BGH, Beschl. v. 2.12.2015 – RiZ (R) 1/15, juris; BayObLG NJW-RR 1987, 127

29 BGH, Beschl. v. 2.12.2015 – RiZ (R) 1/15, juris

30 OLG Zweibrücken MDR 2014, 1171; BVerfG NJW 2004, 3550

31 OLG Naumburg, Beschl. v. 19.7.2012 – 3 WF 156/12, juris

32 OLG Düsseldorf FamRZ 2018, 932; KG NJW-RR 2014, 572

33 OLG Köln, Beschl. v. 26.4.2017 – 16 W 26/17, juris; vgl. auch OLG Köln NJW-RR 2019, 885

8 Wird der Ablehnungsgrund **im Erörterungstermin bekannt**, muss das Ablehnungsgesuch spätestens bis zum Schluss des Erörterungstermins (d.h. zu Protokoll bzw. zum Vermerk nach § 28 Abs. 4 Satz 1 FamFG) angebracht werden, § 44 Abs. 4 ZPO.[34]

Nach vollständigem Abschluss einer Instanz ist ein **Ablehnungsgesuch** gegen den Richter dieser Instanz **unzulässig**, weil damit die beteiligten Richter ihre richterliche Tätigkeit im konkreten Verfahren beendet haben und ihre getroffene Entscheidung nicht mehr ändern können.[35]

Das **Rechtsschutzbedürfnis für ein Ablehnungsverfahren entfällt** mit der Folge der Unzulässigkeit des Befangenheitsgesuchs, **wenn die** jeweilige **Gerichtsperson nicht mehr mit der Sache befasst ist** (z.B. Dezernatswechsel im selben Gericht, Wechsel des Gerichts, Ausscheiden durch Pensionierung).[36]

III. Verfahren

9 Das Verfahren richtet sich nach **§§ 44 ff. ZPO**.

- Das **Ablehnungsgesuch** ist bei dem Gericht, dem der Richter angehört, anzubringen. Die Ablehnung ist bedingungsfeindlich. Die Geltendmachung kann schriftlich, mündlich, zu Protokoll der Geschäftsstelle oder im gerichtlichen Sitzungsprotokoll erfolgen. Anwaltliche Vertretung ist nicht erforderlich. Bei Erklärung zu Protokoll ist sofortige Begründung erforderlich, jedenfalls insoweit, dass eine Individualisierung des Ablehnungsgrundes möglich ist.[37] Es **müssen Angaben dazu erfolgen, aus welchen tatsächlichen Gründen der Richter abgelehnt wird**. Ein **Ablehnungsgesuch ohne Begründung ist unzulässig**, denn eine Ablehnung wegen Besorgnis der Befangenheit erfolgt nur auf Antrag, eine amtswegige Überprüfung findet nicht statt;[38] die amtswegige Überprüfung nach § 48 Alt. 2 ZPO gilt nur für Ausschlussgründe nach § 41 ZPO. Der Ablehnungsgrund ist glaubhaft zu machen, § 44 Abs. 2 Satz 1 ZPO. Die Glaubhaftmachung kann durch Bezugnahme auf das Zeugnis des abgelehnten Richters erfolgen, § 44 Abs. 2 Satz 2 ZPO.
- Der abgelehnte Richter hat eine **dienstliche Äußerung** zu dem Ablehnungsgesuch abzugeben, § 44 Abs. 3 ZPO. Entbehrlich ist eine solche Äußerung nur bei unzulässigen bzw. rechtsmissbräuchlichen Ablehnungsgesuchen.[39] Die dienstliche Äußerung hat sich **allein zu den vorgebrachten inneren und äußeren Tatsachen** in der Begründung des Ablehnungsgesuchs zu verhalten. Eine **Bezugnahme auf** den **Akteninhalt genügt, wenn** sich die **Tatsachen** (z.B. zur Verfahrensführung, zum Inhalt des Erörterungstermins) **aus den Akten ergeben**. Der Richter hat sich jeder inhaltlichen Würdigung des Gesuchs zu enthalten, die Prüfung obliegt dem Gericht nach § 45 Abs. 1 ZPO. Da es auf die Gefühle des Richters nicht ankommt, ist der Satz „Ich fühle mich nicht befangen" überflüssig.[40] Unsachliche und polemische Erklärungen in der dienstlichen Äußerung können ihrerseits einen Befangenheitsgrund darstellen,[41] ggf. auch unzulängliche dienstliche Äußerungen trotz beschwerdegerichtlicher Bitte um Ergänzung.[42] Zu der dienstlichen Äußerung des Richters ist den Beteiligten **rechtliches Gehör** zu gewähren, unabhängig vom Inhalt der Erklärung. 9a

34 BGH NJW-RR 2008, 800
35 BGH FamRZ 2007, 1734; BVerfG NJW 2011, 2191
36 BGH NJW-RR 2016, 127 bei Abordnung eines Richters an ein anderes Gericht und Neubesetzung des vorigen Dezernats
37 OLG Schleswig, Beschl. v. 24.9.2001 – 16 W 210/01, juris
38 OLG Hamburg NJW-RR 2018, 831
39 BGH, Beschl. v. 10.10.2017 – III ZA 12/17, juris; BGH NJW-RR 2012, 61
40 MüKo-ZPO/*Stackmann*, § 44 Rn. 10
41 OLG Brandenburg NZFam 2016, 567
42 OLG Frankfurt, Beschl. v. 9.6.2017 – 4 WF 103/17, juris

9b • Ein Richter kann sich auch **selbst ablehnen**, § 48 Alt. 1 ZPO.

Liegen Gründe nach § 41 oder § 42 Abs. 2 ZPO vor, ist die Selbstablehnung Amtspflicht des Richters und wegen Art. 101 Abs. 1 Satz 2, Art. 103 Abs. 1 GG auch **eine den Verfahrensbeteiligten gegenüber bestehende Pflicht**.[43] Die Selbstablehnung nach § 48 Alt. 1 tritt an die Stelle der dienstlichen Äußerung nach § 44 Abs. 3 ZPO und muss die tatsächlich und rechtlich maßgeblichen Umstände umfassen. Zu der Selbstablehnung ist den Beteiligten rechtliches Gehör zu gewähren und auch hier gilt § 47 ZPO[44] Pflichtwidriges Unterlassen einer Selbstanzeige kann selbst die Besorgnis der Befangenheit begründen.[45]

9c • Über das Ablehnungsgesuch **entscheidet** das (Kollegial-)**Gericht**, **dem der Abgelehnte angehört ohne dessen Mitwirkung**. Wird ein Richter beim Amtsgericht abgelehnt, so befindet ein anderer Richter des Amtsgerichts über das Gesuch, § 45 Abs. 2 Satz 1 ZPO. Einer Entscheidung bedarf es dann nicht, wenn der abgelehnte Richter selbst das Gesuch für begründet hält, § 45 Abs. 2 Satz 2 ZPO. Nach einer im Vordringen befindlichen Auffassung gebietet die Bedeutung des Rechts auf den gesetzlichen Richter nach Art. 101 Abs. 1 Satz 2 GG, dass auch die stattgebende Entscheidung nach § 45 Abs. 2 Satz 2 ZPO begründet wird.[46] Beim Oberlandesgericht entscheidet der gesamte Senat über das Ablehnungsgesuch gegen einen Einzelrichter am Kollegialgericht, auch wenn der abgelehnte Einzelrichter originär zuständig ist.[47]

Bei Ablehnung eines Rechtspflegers entscheidet der Richter, § 10 Satz 2 RPflG, bei Ablehnung eines Urkundsbeamten der Spruchkörper, für den der Urkundsbeamte tätig war, § 49 ZPO.

9d • Zu einer **eigenen Entscheidung über** das **Ablehnungsgesuch** ist der abgelehnte Richter **ausnahmsweise befugt, wenn** es sich um ein **unzulässiges**, insbesondere der Verschleppung dienendes, **nur verfahrensfremde Zwecke verfolgendes** und damit **rechtsmissbräuchliches Ablehnungsgesuch** handelt. Dies kann der Fall sein, wenn ein Ablehnungsgesuch nur gestellt wird, um in einer Kindschaftssache eine **Terminsverlegung** zu erreichen, die trotz eines zuvor gestellten Terminsverlegungsantrags nicht bewilligt wurde.[48] Unzulässig ist ein Ablehnungsgesuch aber nur dann, wenn es sich um eine reine Formalentscheidung ohne Eingehen auf den Verfahrensgegenstand handelt.[49] Ansonsten darf der Richter nicht in eigener Sache entscheiden und das nach § 45 Abs. 1 ZPO vorgeschriebene Gericht ist zur Entscheidung berufen.

9e • Die **Entscheidung** über das Ablehnungsgesuch erfolgt **ohne Kostenentscheidung**. Regelmäßig ist die **Entscheidung zu begründen**, auch bei Stattgabe wegen Art. 101 Abs. 1 Satz 2 GG.[50] Bei Zurückweisung bzw. Verwerfung des Ablehnungsgesuchs hat eine **Rechtsmittelbelehrung** über die sofortige Beschwerde nach §§ 6 Abs. 2 FamFG, 567 ff. ZPO zu erfolgen.

---

43 BGH NJW 1995, 1677
44 Vgl. dazu Rn. 10
45 OLG Bremen MDR 2008, 283; KG NJW-RR 2000, 1164
46 Zöller/*G. Vollkommer*, § 45 ZPO Rn. 7; OLG Frankfurt FamRZ 98, 378
47 BGH NJW-RR 2007, 776; BGH FamRZ 2006, 944
48 OLG Hamm FamRZ 2019, 1150
49 BVerfG NJW 2013, 1665, Rn. 30
50 Vgl. Rn. 9c

IV. Handlungsverbot und § 155 Abs. 1 FamFG

Bis zur rechtskräftigen **Entscheidung über** das **Befangenheitsgesuch bleibt** der **abgelehnte Richter der gesetzliche Richter nach Art. 101 Abs. 1 Satz 2 GG, unterliegt aber** – von der Ausnahme nach § 47 Abs. 1, Abs. 2 ZPO abgesehen – **einem Handlungsverbot**. Das bedeutet, dass der abgelehnte Richter ab Eingang des Ablehnungsgesuchs (bzw. ab Anzeige der Selbstablehnung) bis zur rechtskräftigen Entscheidung über das Gesuch in der Sache[51] bzw. den Ablauf der Rechtsmittelfrist grundsätzlich nicht tätig werden darf. 10

Faktisch bedeutet ein – **zulässiges** – **Befangenheitsgesuch** also bis zur rechtskräftigen Entscheidung einen **Verfahrensstillstand**.[52] Denn auch der **geschäftsplanmäßige Vertreter** des abgelehnten Richters ist **in der Zwischenzeit nicht zur Fortführung des Verfahrens berufen**, sondern erst nach Stattgabe des Ablehnungsgesuchs, denn erst dann wird er zum gesetzlichen Richter nach **Art. 101 Abs. 1 Satz 2 GG**. Entscheidet der geschäftsplanmäßige Vertreter vor Entscheidung über das Ablehnungsgesuch – ohne dass aus sonstigen Gründen ein Vertretungsfall vorläge – im laufenden Zwischenverfahren in der Sache, ist eine solche Entscheidung aus Zuständigkeitserwägungen offensichtlich rechtsfehlerhaft und damit willkürlich.[53]

Trotz Ablehnungsgesuchs weiterhin **zulässig** sind die **reine Aktenverwaltung** durch den abgelehnten Richter[54] und solche Maßnahmen, die auf das Handlungsverbot des § 47 Abs. 1 ZPO reagieren, etwa terminierte Anhörungen oder Erörterungen aufzuheben.[55]

Die gesetzlich geregelte **Ausnahme von dem Handlungsverbot** des abgelehnten Richters **vor Erledigung des Ablehnungsgesuchs** stellen solche **Handlungen dar, die keinen Aufschub gestatten, § 47 ZPO**. Diese Voraussetzung liegt **jedenfalls dann** vor, **wenn Gefahr im Verzug** gegeben ist. Gefahr im Verzug ist gegeben, **wenn einem Beteiligten durch die Untätigkeit des Gerichts wesentliche Nachteile entstehen können.**[56]

Besonders in den **Kindschaftssachen nach § 155 Abs. 1 FamFG** besteht ein Spannungsverhältnis zwischen dem Vorrang- und Beschleunigungsgebot einerseits und dem grundsätzlichen Handlungsverbot nach § 47 Abs. 1 ZPO andererseits. Das Vorrang- und Beschleunigungsgebot des § 155 Abs. 1 FamFG **gebietet** bereits, das **Zwischenverfahren über das Befangenheitsgesuch** ebenfalls **vorrangig und beschleunigt** – mit zügiger dienstlicher Äußerung, kurzer Frist zur Stellungnahme der Beteiligten und zügiger Entscheidung über das Gesuch – durchzuführen. Vorbehaltlich Besonderheiten des Einzelfalls sollte die dienstliche Äußerung in drei bis vier Tagen erstellt und den Beteiligten eine Frist von maximal einer Woche zur Stellungnahme zur dienstlichen Äußerung gesetzt werden. 11

Die allgemeine Eilbedürftigkeit von Kindschaftssachen nach **§ 155 Abs. 1 FamFG**[57] reicht ohne Ansehung des konkreten Einzelfalls nicht aus, eine Tätigkeitsberechtigung des abgelehnten Richters nach § 47 Abs. 1 ZPO zu begründen, andernfalls könnte der Richter unab-

---

51 BGH NJW-RR 2011, 427: zulässige Anhörungsrüge gegen Zurückweisung des Ablehnungsgesuchs ist auch abzuwarten

52 Wieczorek/Schütze/*Gerken*, § 47 ZPO Rn. 6; Zöller/*G. Vollkommer*, § 47 ZPO Rn. 2

53 *Windau*, NJW 2018, 3206, 3208 m.w.N.

54 MüKo-ZPO/*Stackmann*, § 47 Rn. 5; Stein/Jonas/*Bork*, § 47 ZPO Rn. 2

55 Stein/Jonas/*Bork*, § 47 ZPO Rn. 2

56 Stein/Jonas/*Bork*, § 47 ZPO Rn. 2; BPatG GRUR 1985, 373

57 Die Vorschrift gebietet in den in Abs. 1 genannten Verfahren eine kritische Prüfung von Ablehnungsgesuchen als rein taktisches Mittel im Hinblick auf ihre Rechtsmissbräuchlichkeit: OLG Hamm FamRZ 2019, 1150; OLG München, Beschl. v. 22.6.2017 – 33 WF 238/17, juris; in diesem Punkt bestätigt von BayVerfGH, Entscheidung v. 23.10.2018 – Vf. 65-VI-17, juris

hängig vom Ablehnungsgesuch alle dort genannten Verfahren uneingeschränkt weiterführen.

Wenn in den in § 155 Abs. 1 FamFG genannten Kindschaftssachen im laufenden Befangenheitsverfahren aber **ein besonderes Eilbedürfnis** auftritt, dann **darf der abgelehnte Richter** nach § 47 Abs. 1 ZPO **auch in der Sache im Wege einer einstweiligen Anordnung entscheiden,**[58] **wenn bei Untätigkeit des Gerichts wesentliche Nachteile für das Kind drohen würden** Dies ist jedenfalls dann der Fall, wenn **in Verfahren nach § 155 Abs. 1 FamFG ein dringendes Bedürfnis für ein gerichtliches Tätigwerden nach § 49 Abs. 1 FamFG vorliegt**. Zu denken ist insbesondere an eine akute Kindeswohlgefährdung, die dringende Maßnahmen nach §§ 1666, 1666a BGB oder § 1684 BGB erfordert. Wesentliche Nachteile für das Kind und das umgangsbegehrende Elternteil ergäben sich auch, wenn ohne eine gerichtliche Entscheidung über einen längeren Zeitraum keine Umgangskontakte stattfänden. Insoweit ein solches dringendes Bedürfnis für ein gerichtliches Tätigwerden gegeben ist, kann der abgelehnte Richter – soweit ein Hauptsacheverfahren geführt wird – amtswegig ein neues einstweiliges Anordnungsverfahren eröffnen[59] bzw. im laufenden einstweiligen Anordnungsverfahren in der Sache entscheiden. Im Rahmen dieser besonderen Dringlichkeit gilt der Grundsatz, dass eine Endentscheidung niemals nach § 47 Abs. 1 ZPO getroffen werden dürfe,[60] nicht. Die nach § 47 Abs. 1 ZPO getroffene einstweilige Anordnung durch den abgelehnten Richter muss nicht zeitlich begrenzt auf das voraussichtliche Ende des Zwischenverfahrens über das Ablehnungsgesuch erfolgen,[61] denn **§ 47 Abs. 1 ZPO gibt bei entsprechender Dringlichkeit die volle Kompetenz für eine einstweilige Anordnung nach §§ 49 ff. FamFG**.

12 Die Sondervorschrift des **§ 47 Abs. 2 Satz 1 ZPO** gilt über § 6 Abs. 2 FamFG auch für alle Anhörungs- und Erörterungstermine. Ab Aufruf der Sache bzw. Eintritt der Beteiligten in den Sitzungssaal/das Dienstzimmer/das Kindesanhörungszimmer greift die Vorschrift ein. Der Termin kann durchgeführt werden, **wenn** der Richter **erst im Termin abgelehnt** wird. Erfolgt die **Ablehnung vor dem Termin, gilt § 47 Abs. 1 ZPO**.[62] **Maßgeblich** dafür ist, **wann** der **Ablehnungsantrag in** den **Einflussbereich des Gerichts gelangt** ist. Das bedeutet, dass z.B. auch bei Eingang eines Ablehnungsantrags per Fax am Terminstag kein Fall des § 47 Abs. 2 Satz 1 ZPO, sondern ein Fall des § 47 Abs. 1 ZPO vorliegt, wenn bei Faxeingang die Terminsstunde noch nicht erreicht war. Führt der Richter in Unkenntnis des ihm noch nicht vorgelegten, kurz vor dem Termin eingegangenen Ablehnungsantrags den Termin trotzdem durch, ohne Bezug auf den Ablehnungsantrag zu nehmen oder diesen zu stellen, liegt ein Fall des § 43 ZPO vor, d.h., der Ablehnungsgrund kann wegen Einlassung in den Termin nicht mehr geltend gemacht werden. Einlassung in diesem Sinne ist in Amtsverfahren, in denen keine Anträge gestellt werden, jede dem Verfahren dienende

---

58 Keidel/*Zimmermann*, § 6 Rn. 57

59 Hier ist bereits problematisch, ob das eingelegte Befangenheitsgesuch für das neu eingeleitete Verfahren überhaupt gilt, da von einem in einem bestimmten Verfahren eingelegten Befangenheitsgesuch andere Parallelverfahren grundsätzlich nicht miterfasst sind, Stein/Jonas/*Bork*, § 47 ZPO Rn. 2. Ein amtswegig nach Einlegung des Befangenheitsgesuchs eingeleitetes Parallelverfahren mit im Übrigen – außer der Eilbedürftigkeit – identischem Verfahrensgegenstand dürfte das Befangenheitsgesuch aber erfassen; im Sinne der Transparenz gerichtlichen Handelns sollte bei der amtswegigen Einleitung des Verfahrens darauf hingewiesen werden, welche Auffassung das Gericht zum Umfang des Befangenheitsgesuchs vertritt

60 Stein/Jonas/*Bork*, § 47 ZPO Rn. 2. Dieser Grundsatz wird auch bei ZPO-Verfahren grundsätzlich nur in Bezug auf Endurteile verwandt und gilt für Arreste und einstweilige Verfügungen nach §§ 916 ff. ZPO, so dass der Grundsatz jedenfalls auch für einstweilige Anordnungen nach §§ 49 ff. FamFG nicht anwendbar ist

61 Gegebenenfalls mit Zeitfenster bis zur Rückkehr der Akten vom Beschwerdegericht und der möglicherweise daran anschließenden Notwendigkeit der Terminierung durch das erstinstanzliche Gericht in der Sache

62 Zöller/*G. Vollkommer*, § 47 ZPO Rn. 3a

Handlung des jeweiligen Beteiligten unter Mitwirkung des Richters, z.B. Beantworten von richterlichen Fragen.[63]

Wird das Ablehnungsgesuch **erst im Termin gestellt**, fordert § 47 Abs. 2 Satz 1 ZPO – anders als § 47 Abs. 1 ZPO – eine Unaufschiebbarkeit der Terminsdurchführung nicht. Es steht **im pflichtgemäßen Ermessen des Richters, ob er den Termin durchführt** oder die Anhörung bzw. Erörterung vertagt. Eine Entscheidung in der Sache ist über § 47 Abs. 2 Satz 1 ZPO – mit Ausnahme einer einstweiligen Anordnung nach § 47 Abs. 1 ZPO – grundsätzlich nicht möglich.[64] Bei einer besonderen Dringlichkeit, die sich im Rahmen einer durchgeführten Erörterung in Verfahren nach § 155 Abs. 1 FamFG ergibt, dürfte auch von diesem Grundsatz eine Ausnahme zu machen sein.[65] Wird der Richter für befangen erklärt, sind die Erörterungen bzw. Anhörungen, die nach § 47 Abs. 2 Satz 1 ZPO durchgeführt wurden, zu wiederholen, § 47 Abs. 2 Satz 2 ZPO.

Die **Nichtbeachtung des Handlungsverbots des § 47 ZPO** stellt einen **Verfahrensfehler** dar, der bei rechtskräftiger Zurückweisung oder Verwerfung des Ablehnungsgesuchs nachträglich geheilt wird.[66] Der Verstoß gegen das Tätigkeitsverbot des § 47 ZPO kann aber einen eigenständigen Befangenheitsgrund darstellen.[67] Wird dem Befangenheitsantrag stattgegeben, bleiben vorherige Verfahrenshandlungen wirksam (Gegenschluss aus §§ 48 Abs. 2 FamFG, 579 Abs. 1 Nr. 1, Nr. 3 ZPO). Die Entscheidung in der Sache durch den für befangen erklärten Richter kann mit den allgemeinen Rechtsmitteln, also Beschwerde nach §§ 58 ff. FamFG, angegriffen werden, was regelmäßig zu einer Aufhebung und Zurückverweisung an das Ausgangsgericht führen wird.[68] **13**

V. Rechtsmittel

Beschlüsse hinsichtlich eines Befangenheitsgesuchs sind Zwischenentscheidungen und daher nach der allgemeinen Regel des § 58 Abs. 1 FamFG, wonach nur Endentscheidungen i.S.d. § 38 Abs. 1 Satz 1 FamFG anfechtbar sind, nur auf besondere gesetzliche Anordnung anfechtbar. **14**

Das Rechtsmittelverfahren richtet sich nach §§ 6 Abs. 2 FamFG, 567 bis 572 ZPO. Die sofortige Beschwerde ist binnen einer Notfrist von zwei Wochen, § 569 Abs. 1 Satz 1 ZPO, beim Ausgangs- oder Beschwerdegericht einzulegen. Da in Kindschafts-, Abstammungs- und Adoptionsverfahren kein Anwaltszwang herrscht, kann die Beschwerde durch Einreichung einer Beschwerdeschrift oder durch Erklärung zu Protokoll der Geschäftsstelle eingelegt werden, § 568 Abs. 2, Abs. 3 Nr. 1 ZPO. Die Einlegung der sofortigen Beschwerde zu richterlichem Sitzungsprotokoll steht der Erklärung zu Protokoll der Geschäftsstelle gleich; eine Pflicht des Gerichts, Beschwerden zu Protokoll zu nehmen, besteht nicht.[69] Im Rahmen des Beschwerdeverfahrens können **keine neuen Ablehnungsgründe** geltend gemacht werden; **Gegenstand der Beschwerde** sind **nur die im Ablehnungsgesuch vorgebrachten Ablehnungsgründe**.[70] Das Ausgangsgericht hat ein **Abhilfeverfahren gemäß § 572 Abs. 1 Satz 1 Hs. 1 ZPO durchzuführen**; § 68 Abs. 1 Satz 2 FamFG gilt

63 Keidel/*Zimmermann*, § 6 Rn. 38
64 BGH NJW-RR 2008, 216
65 Stein/Jonas/*Bork*, § 47 ZPO Rn. 2, sieht selbst in ZPO-Sachen die Möglichkeit einer Endentscheidung über § 47 Abs. 2 Satz 1 ZPO als gegeben an, wenn der Termin nach § 47 Abs. 2 Satz 1 ZPO trotz Befangenheitsantrag im Termin durchgeführt wurde. Erst recht muss dies dann in Hauptsacheverfahren nach § 155 Abs. 1 FamFG gelten
66 BGH, Beschl. v. 15.7.2004 – IX ZB 280/03, juris
67 OLG Köln NJW-RR 2000, 591
68 MüKo-ZPO/*Stackmann*, § 47 Rn. 8
69 Zöller/*Heßler*, § 569 ZPO Rn. 9
70 Prütting/Helms/*Prütting*, § 7 Rn. 56; Keidel/*Zimmermann*, § 6 Rn. 55; MüKo-ZPO/*Stackmann*, § 46 Rn. 7; BayObLG FamRZ 1986, 291

nicht, da die Entscheidung zum Befangenheitsgesuch eine Zwischen-, keine Endentscheidung ist. Hilft das Ausgangsgericht nicht ab, hat es die Sache gemäß § 572 Abs. 1 Satz 1 Hs. 2 ZPO dem Beschwerdegericht vorzulegen, welches durch den originären Einzelrichter entscheidet, § 568 Abs. 1 Satz 1 ZPO.

15 Gemäß § 6 Abs. 2 FamFG sind **nur solche Beschlüsse** mit der sofortigen Beschwerde **anfechtbar, die dem Ablehnungsgesuch nicht stattgeben,**[71] und nicht Beschlüsse, die dem Befangenheitsantrag stattgeben. Trotz des Wortlauts „unbegründet" ist die **sofortige Beschwerde auch statthaft, wenn** der Befangenheitsantrag **als unzulässig verworfen** wurde.[72] Dies folgt aus dem Willen des historischen Gesetzgebers, der eine Harmonisierung mit den Befangenheitsvorschriften der ZPO erreichen wollte;[73] die Vorschrift soll – wie § 46 Abs. 2 ZPO – alle Fälle erfassen, mit der einem Ablehnungsgesuch nicht stattgegeben wurde, egal ob als unzulässig oder unbegründet. Ein **stattgebender Beschluss ist sofort wirksam** und für das Gericht bindend. Seine **Wirkungen sind auf das einzelne Verfahren**, in dem er ergangen ist, **beschränkt**.

Die Entscheidung des Beschwerdegerichts ergeht durch zu begründenden Beschluss, § 572 Abs. 4 ZPO. Wird die **Beschwerde zurückgewiesen oder verworfen**, sind die **Kosten des Beschwerdeverfahrens gemäß § 84 FamFG dem Beschwerdeführer aufzuerlegen**, der auch die außergerichtlichen Kosten des Beschwerdegegners zu tragen hat.[74] Die **Kosten einer erfolgreichen sofortigen Beschwerde sind solche des Verfahrens**, d.h., in diesen Fällen hat keine Kostenentscheidung und keine Beschwerdewertfestsetzung zu erfolgen.[75]

Entscheidungen des OLG (egal ob als Beschwerde- oder Erstinstanz) sind nicht anfechtbar, nur bei ausdrücklicher Zulassung der Rechtsbeschwerde durch das OLG, § 574 Abs. 1 Satz 1 Nr. 2 ZPO.

§ 7 FamFG Beteiligte

(1) In Antragsverfahren ist der Antragsteller Beteiligter.

(2) Als Beteiligte sind hinzuzuziehen:

1. diejenigen, deren Recht durch das Verfahren unmittelbar betroffen wird,

2. diejenigen, die auf Grund dieses oder eines anderen Gesetzes von Amts wegen oder auf Antrag zu beteiligen sind.

(3) Das Gericht kann von Amts wegen oder auf Antrag weitere Personen als Beteiligte hinzuziehen, soweit dies in diesem oder einem anderen Gesetz vorgesehen ist.

(4) [1]Diejenigen, die auf ihren Antrag als Beteiligte zu dem Verfahren hinzuzuziehen sind oder hinzugezogen werden können, sind von der Einleitung des Verfahrens zu benachrichtigen, soweit sie dem Gericht bekannt sind. [2]Sie sind über ihr Antragsrecht zu belehren.

(5) [1]Das Gericht entscheidet durch Beschluss, wenn es einem Antrag auf Hinzuziehung gemäß Absatz 2 oder Absatz 3 nicht entspricht. [2]Der Beschluss ist mit der sofortigen Beschwerde in entsprechender Anwendung der §§ 567 bis 572 der Zivilprozessordnung anfechtbar.

(6) Wer anzuhören ist oder eine Auskunft zu erteilen hat, ohne dass die Voraussetzungen des Absatzes 2 oder Absatzes 3 vorliegen, wird dadurch nicht Beteiligter.

---

71 Dies gilt auch bei Zurückweisung einer Selbstablehnung nach § 48 ZPO: OLG Karlsruhe NJW-RR 2000, 591

72 BeckOK FamFG/*Burschel*, § 6 Rn. 27

73 BT-Drucks. 16/6380, 177

74 BGH NJW 2005, 2233; Keidel/*Zimmermann*, § 6 Rn. 55

75 Keidel/*Zimmermann*, § 6 Rn. 55

Übersicht

	Rn.
A. Allgemeines	1
B. Inhalt der Norm	2
I. Bedeutung der Beteiligtenstellung	2
II. Begriff	5
1. Abgrenzung	5
2. Beteiligte in Kindschaftssachen	8
a) Antragsteller, Abs. 1	9
b) Beteiligte kraft Hinzuziehung	10
aa) Unmittelbar Betroffene, Abs. 2 Nr. 1	10
bb) Aufgrund gesetzlicher Sonderregelung, Abs. 2 Nr. 2	13
cc) Kann-Beteiligte, Abs. 3	14
dd) Hinzuziehung durch Beschluss oder konkludent	15
3. Einzelne Verfahren	16
III. Benachrichtigungs- und Belehrungspflicht bei Beteiligten auf Antrag, Abs. 4	23
IV. Beschluss über die Nicht-Hinzuziehung, Abs. 5	25
V. Anhörung von Nicht-Beteiligten, Abs. 6	25
VI. Folgen fehlerhafter Beteiligung	26

A. Allgemeines

Anders als im Zivilprozess mit den sich antagonistisch gegenüberstehenden Parteien (Kläger, Beklagter) geht es bei der freiwilligen Gerichtsbarkeit darum, aus der Vielzahl betroffener oder interessierter Personen diejenigen einzubinden, denen im Verfahren Mitwirkungsfunktionen zustehen sollen. Das FamFG nennt diese Personen **Beteiligte**. § 7 FamFG bestimmt als Generalvorschrift, wer in FamFG-Verfahren Beteiligter ist. Da im Abschnitt der Kindschaftssachen nach § 151 FamFG mit Ausnahme der Regelungen des § 162 FamFG für das Jugendamt und des § 158 Abs. 3 Satz 2 FamFG für den Verfahrensbeistand keine Sondervorschriften existieren, richtet sich die **Beteiligtenstellung in Kindschaftssachen** im Übrigen auch **nach § 7 FamFG**. 1

Ob ein Beteiligter **beteiligtenfähig** (in der Diktion der ZPO parteifähig) ist, bestimmt **§ 8 FamFG**. Ob ein Beteiligter **verfahrensfähig** (in der Diktion der ZPO prozessfähig) ist, richtet sich nach **§ 9 FamFG**.

B. Inhalt der Norm

I. Bedeutung der Beteiligtenstellung

Den Beteiligten sind verschiedene **Rechte und Pflichten** eingeräumt.[1] Sie haben beispielsweise ein Recht auf Bekanntgabe von Beschlüssen (§ 41 Abs. 1 Satz 1 FamFG) und Dokumenten (§ 15 Abs. 1, Abs. 3 FamFG) und auf Akteneinsicht (§ 13 Abs. 1 FamFG). Sie können gemäß § 25 Abs. 1 FamFG Anträge stellen und ihnen gegenüber sind gerichtliche Hinweise zu erteilen, § 28 Abs. 1 Satz 1,Satz 2 FamFG. Der Termin zur Erörterung der Sache hat mit den Beteiligten stattzufinden, §§ 32 Abs. 1 Satz 1, 155 Abs. 2 Satz 1 FamFG. Nur Beteiligte können für das Verfahren die Bewilligung von Verfahrenskostenhilfe beantragen, sich durch einen Rechtsanwalt oder einen Beistand vertreten lassen (§§ 77 Abs. 1, 10 Abs. 2 Satz 1, 12 Satz 1 FamFG). Die Beteiligten haben bestimmte Anhörungs- und Äußerungsrechte (§§ 3 Abs. 1 Satz 2, 4 Satz 2, 30 Abs. 4, 37 Abs. 2 FamFG). Die Beteiligten müssen bei der Aufklärung des Sachverhalts mitwirken (§ 27 Abs. 1, Abs. 2 FamFG). Das Nichterscheinen eines Beteiligten zum Termin kann mit Ordnungsmitteln geahndet werden (§ 33 Abs. 3 FamFG). 2

1 *Zimmermann*, FPR 2009, 5; *Bruns*, NJW 2009, 2797; *Reinken*, ZFE 2009, 164

3 In der Praxis sollte der Begriff „Beteiligte" im Sinne der gesetzlichen Vorschrift verwendet und nicht weiter gefasst werden. Denn **§ 7 Abs. 6 FamFG** stellt klar, dass allein die Anhörung eines Dritten oder dessen Auskunftserteilung nicht den Status eines Beteiligten bewirkt.

4 Im Übrigen ist die differenzierte Bestimmung der jeweiligen Verfahrensbeteiligten von erheblicher Bedeutung für zahlreiche **verfahrensrechtliche Konsequenzen**, etwa für das **Wirksamwerden einer Entscheidung** (§ 40 FamFG)[2] **oder eines gerichtlich gebilligten Vergleichs** (§§ 36 Abs. 1 Satz 1, 156 Abs. 2 FamFG),[3] die **Beteiligung an den Verfahrenskosten** (§ 81 FamFG) sowie das **Beschwerderecht**.[4] Da die Beteiligten gemäß § 38 Abs. 2 Nr. 1 FamFG auch im **Rubrum** einer Entscheidung aufgeführt werden müssen (siehe *Cirullies,* § 38 FamFG Rn. 4) und die Nichtbeteiligung eines Muss-Beteiligten im Beschwerdeverfahren zur Aufhebung und Zurückverweisung des Verfahrens nach § 69 Abs. 1 FamFG führen kann,[5] sollte an dieser Stelle besonders genau geprüft werden.

II. Begriff

1. Abgrenzung

5 Wer **Beteiligter** ist, bestimmt sich nach **§ 7 FamFG** sowie zahlreichen Sonderregelungen (z.B. §§158, 162, 172, 188, 204, 212, 219 FamFG). Die Sonderregelungen sind zumeist nicht abschließend, so dass daneben auf § 7 FamFG zurückzugreifen ist. Innerhalb des Beteiligtenbegriffes nach § 7 sind grundsätzlich zu **unterscheiden**:

6
- **„Muss-Beteiligte":** Sie müssen vom Gericht am Verfahren beteiligt werden, z.B. in Antragsverfahren der **Antragsteller** (§ 7 Abs. 1), ferner die Beteiligten **kraft Hinzuziehung** (§ 7 Abs. 2):
  - gemäß § 7 Abs. 2 Nr. 1 diejenigen, deren Recht durch das Verfahren **unmittelbar betroffen** wird (z.B. der Elternteil, dem das Sorgerecht entzogen werden soll),
  - gemäß § 7 Abs. 2 Nr. 2 diejenigen, die auf Grund des FamFG oder eines anderen Gesetzes von Amts wegen oder auf Antrag zu beteiligen sind. Beispiel: **Jugendamt** in Kindschafts-, Abstammungs-, Adoptions- und bestimmten Ehewohnungssachen (§§ 162 Abs. 2 Satz 2, 172 Abs. 2, 188 Abs. 2, 204 Abs. 2 FamFG).

Die **Muss-Beteiligten** und ihre Anschriften **sind** grundsätzlich **durch das Gericht im Rahmen der Amtsermittlung nach § 26 FamFG festzustellen**.[6]

Die durch **Hinzuziehung** als Beteiligter nach § 7 Abs. 2, Abs. 3 FamFG begründete Beteiligtenstellung **wirkt in den weiteren Instanzen fort,**[7] was sich auch aus der Möglichkeit der Anschlussbeschwerde nach § 66 Satz 1 FamFG ergibt. Dies gilt **jedenfalls dann, wenn** das Gericht **gesetzlich vorgesehene Personen als Beteiligte hinzugezogen hat**. Eine erneute Antragstellung auf Beteiligung (nach § 7 Abs. 2, Abs. 3 FamFG) ist für das Rechtsmittelverfahren nicht erforderlich. Beispielsweise bleibt das Jugendamt in Verfahren nach § 1671 oder § 1684 BGB – wenn es erstinstanzlich einen Antrag nach § 162

---

2 Siehe dazu hier *Cirullies,* § 40 FamFG Rn. 1
3 Siehe dazu hier *Wegener,* § 156 FamFG Rn. 1
4 Die Beteiligung im erstinstanzlichen Verfahren allein führt aber nicht automatisch zur Beschwerdeberechtigung, gemäß § 59 Abs. 1 FamFG ist eine Beeinträchtigung in eigenen Rechten zusätzlich erforderlich, BGH FamRZ 2017, 623
5 OLG Brandenburg FamRB 2012, 343. Die Nichtbeteiligung eines Muss-Beteiligten macht die Entscheidung zwar nicht nichtig, aber anfechtbar, BGH NJW-RR 2014, 1030
6 Keidel/*Zimmermann*, § 7 Rn. 8
7 BGH FamRZ 2012, 1049 zum Betreuungsverfahren nach § 303 Abs. 2 FamFG; Keidel/*Zimmermann*, § 7 Rn. 30; BeckOK FamFG/*Burschel*, § 7 Rn. 29

Abs. 2 Satz 2 FamFG gestellt hat – im Beschwerdeverfahren Beteiligter und muss nicht erneut einen Antrag auf Beteiligung stellen.

- **„Kann-Beteiligte":** Das Gericht kann von Amts wegen oder auf Antrag **weitere Personen** als Beteiligte hinzuziehen, soweit dies im FamFG oder einem anderen Gesetz vorgesehen ist (fakultative Beteiligung, § 7 Abs. 3). 7

2. Beteiligte in Kindschaftssachen

In **Kindschaftssachen** spielen überwiegend „Muss-Beteiligte" eine Rolle, also die **Antragsteller** nach § 7 Abs. 1 und die **in ihrem Recht unmittelbar Betroffenen** als Beteiligte nach § 7 Abs. 2 Nr. 1 FamFG. 8

a) Antragsteller, Abs. 1

In Antragsverfahren, also Verfahren i.S.d. § 23 FamFG, die nach einer ausdrücklichen gesetzlichen Regelung auf Antrag eingeleitet werden können, **ist der Antragsteller Beteiligter nach § 7 Abs. 1 FamFG**. Dies trifft etwa auf den Antragsteller in Abstammungssachen zu, da eine Abstammungssache nach § 171 Abs. 1 FamFG nur auf Antrag eingeleitet wird. Im Rahmen von Kindschaftssachen sind Antragsverfahren Verfahren nach § 1628 BGB, § 1630 Abs. 3 BGB, § 1631 Abs. 3 BGB, § 1632 Abs. 1 und 2 BGB sowie nach § 1671 Abs. 1 bis 3 BGB. Aber **auch in den Verfahren, die** nach der Systematik des § 23 FamFG nicht zu den reinen Antragsverfahren gehören, aber neben der amtswegigen Einleitung **auch auf Antrag eingeleitet werden können** und damit dogmatisch zu den Amtsverfahren i.S.d. § 24 FamFG gehören, **ist** – soweit das Verfahren auf Antrag eingeleitet werden – **der Antragsteller Beteiligter nach § 7 Abs. 1 FamFG**. Dazu gehören der Antragsteller nach § 1632 Abs. 4 BGB sowie der Antragsteller nach § 1682 BGB. 9

In **Amtsverfahren** nach § 24 FamFG stellt ein – ggf. auch so bezeichneter – „Antrag" lediglich eine Anregung zur Verfahrenseinleitung dar. Dazu gehören insbesondere Verfahren wegen Kindeswohlgefährdung nach § 1666 BGB, aber auch Umgangsverfahren nach §§ 1684, 1685 BGB. **Personen, die ein Amtsverfahren** – etwa wegen Kindeswohlgefährdung nach § 1666 BGB – **anregen, sind nicht nach § 7 Abs. 1 FamFG Beteiligter**, weil die Vorschrift nur für reine Antragsverfahren gilt.[8]

b) Beteiligte kraft Hinzuziehung

aa) Unmittelbar Betroffene, Abs. 2 Nr. 1

Die Vorschrift des § 7 Abs. 2 Nr. 1 FamFG knüpft an den materiellen Beteiligtenbegriff an und entspricht damit inhaltlich den Voraussetzungen für die Beschwerdeberechtigung in § 59 Abs. 1 FamFG.[9] Eine **unmittelbare Betroffenheit** eines Rechts im Sinne der Vorschrift liegt vor, **wenn die zu erwartende Beschlussformel unmittelbar in ein der Person zustehendes Recht eingreift**, es also aufhebt, beschränkt, mindert, ungünstig beeinflusst oder gefährdet, die Ausübung dieses Rechts stört oder die mögliche Verbesserung der Rechtsstellung vorenthält oder erschwert; eine Beeinträchtigung lediglich wirtschaftlicher, rechtlicher oder sonstiger berechtigter Interessen genügt dagegen nicht.[10] 10

Zu den **unmittelbar betroffenen „Muss-Beteiligten"** gehören insbesondere: 11

- das minderjährige **Kind** in allen seine Person oder sein Vermögen betreffenden Verfahren;[11]

---

8 OLG Hamburg FamRZ 2016, 151
9 BGH FamRZ 2017, 623; FamRZ 2017, 50; FamRZ 2015, 1019
10 BGH FamRZ 2017, 50; FamRZ 2015, 1019
11 BGH ZKJ 2011, 465 = FamRZ 2011, 1788

- die sorgeberechtigten **Eltern** in allen Kindschaftsverfahren, die ihr Kind betrifft;
- in Verfahren wegen Kindeswohlgefährdung nach § 1666 BGB auch der **nicht sorgeberechtigte Elternteil** des Kindes im Hinblick auf § 1680 Abs. 2, 3 FamFG;[12]
- die **Eltern** oder der **Vormund** als Inhaber der elterlichen Sorge in dem Verfahren betreffend die Regelung des Umgangs des Großvaters mit dem beteiligten Kind, und zwar auch dann, wenn das beteiligte Kind in einer Pflegefamilie lebt;[13]
- der **Elternteil**, dem unter anderem das Aufenthaltsbestimmungsrecht entzogen worden ist, der aber noch über **Teilbereiche des Sorgerechts** verfügt, in dem von den Pflegeeltern und dem Ergänzungspfleger geführten Verfahren auf Anordnung des Verbleibs des Kindes in der Pflegefamilie nach § 1632 Abs. 4 BGB;[14]
- Der **Dritte**, gegen den Maßnahmen nach § 1666 Abs. 4 BGB verhängt werden sollen (siehe *Cirullies,* § 1666 BGB Rn. 17);
- die **Person**, **der durch die Beschlussformel Pflichten auferlegt wurden**[15] (z.B. in Umgangsverfahren Pflegeeltern oder Großeltern, die das Kind an bestimmten Tagen herausgeben oder wieder entgegennehmen müssen, oder der Pfleger oder Vormund, der mit dem Beschluss zum Pfleger bzw. Vormund bestellt wird).

12 Die **Beteiligtenstellung fehlt** hingegen:

- den **Eltern** in Verfahren auf bloßen **Wechsel des Vormunds/Pflegers** (§ 1886 BGB), da durch dieses Verfahren ihr bereits zuvor gerichtlich beschränktes/ausgeschlossenes materielles (Sorge-)Recht nicht berührt wird;[16]
- den **Großeltern** in Sorgerechtsverfahren,[17] und zwar auch im Verfahren betreffend Maßnahmen nach **§ 1666 BGB**;[18] das Verfahren auf **Auswahl eines Vormundes** begründet auch dann keine unmittelbare Rechtsbetroffenheit der Großeltern des Kindes, wenn die Kindeseltern ihr Einverständnis damit erklären, dass die Großeltern als Vormund bestellt werden sollen.[19]

bb) Aufgrund gesetzlicher Sonderregelung, Abs. 2 Nr. 2

13 Daneben kann durch gesetzliche Sonderregelung vorgesehen sein, dass eine **Hinzuziehung von Amts wegen (Nr. 2 Alt. 1) oder auf Antrag (Nr. 2 Alt. 2)** vorzunehmen ist. So ist der **Verfahrensbeistand** bereits durch seine Bestellung Beteiligter (§ 158 Abs. 3 Satz 2 FamFG) ohne gesonderten Antrag. Das **Jugendamt** ist in Kindschaftssachen **von Amts wegen** in Sorgerechtsverfahren nach §§ 1666, 1666a BGB,[20] ansonsten lediglich **auf Antrag** zu beteiligen, § 162 Abs. 2 Satz 2 FamFG. Im vereinfachten Verfahren zur Übertragung des gemeinsamen Sorgerechts ist § 162 FamFG nicht anzuwenden, das Jugendamt kann in diesen Verfahren also keinen Antrag auf Beteiligung stellen, § 155a Abs. 3 Satz 2 FamFG.

12 BVerfG FamRZ 2010, 1403; OLG Hamm FamRZ 2013, 1989; OLG Frankfurt FamRZ 2013, 46; OLG Schleswig ZKJ 2011, 395
13 OLG Hamm FamRZ 2011, 1889; Staudinger/*Dürbeck*, § 1685 BGB Rn. 55
14 BGH FamRZ 2014, 1357
15 Staudinger/*Dürbeck*, § 1684 BGB Rn. 407 bezüglich Pflegepersonen
16 OLG Hamm ZKJ 2016, 369; OLG Frankfurt FamRZ 2012, 570
17 OLG Hamm FamRZ 2011, 1671
18 BGH FamRZ 2011, 552: kein Beschwerderecht
19 OLG Hamm FamRZ 2012, 799
20 Ferner als Beschwerdeführer in einem Beschwerdeverfahren, OLG Frankfurt ZKJ 2013, 167 = FamRZ 2013, 809

cc) Kann-Beteiligte, Abs. 3

Neben den Muss-Beteiligten nach Abs. 1 und Abs. 2 gibt es Kann-Beteiligte, die erst durch einen gerichtlichen Hinzuziehungsakt zu Beteiligten werden. Eine Hinzuziehung kann von Amts wegen oder auf Antrag erfolgen. Auch **nach § 7 Abs. 3 FamFG** können nicht alle Personen hinzugezogen werden, deren Beteiligung ggf. wünschenswert wäre, sondern **nur die gesetzlich berechtigten Personen** („soweit dies in diesem oder einem anderen Gesetz vorgesehen ist"). Zieht das Gericht Personen als Beteiligte hinzu, deren Hinzuziehung nicht gesetzlich vorgesehen ist, ist die Entscheidung zwar unzutreffend, aber wirksam und im Gegenschluss zu Abs. 5 Satz 2 nicht anfechtbar. Dies ist rechtsstaatlich insbesondere aufgrund möglicher Kostenfolgen bedenklich. Das erstinstanzliche Gericht **kann** die **Hinzuziehung innerhalb der Instanz aufheben**, etwa wenn es erkennt, dass es einen Nichtbeteiligten hinzugezogen hat.[21] Eine **Überprüfung** außerhalb der reinen Beteiligtenfragestellung **durch** das **Beschwerdegericht ist** aber **möglich, wenn die Entscheidung in der Sache** etwa bezüglich der Kosten oder in der Hauptsache **angegriffen wurde**. Eine **Bindung der Rechtsmittelinstanzen an die Beteiligung von Personen, die nach den gesetzlichen Vorgaben gar nicht**, auch nicht als Kann-Beteiligte, **hinzugezogen werden können, besteht nicht**.[22] Wurde vor dem Amtsgericht etwa eine Person hinzugezogen, die nach den gesetzlichen Vorgaben gar nicht Beteiligter sein kann, und ihr die Kosten des Verfahrens nach § 81 FamFG auferlegt, kann die Kostenentscheidung und damit letztlich auch die Verfahrensbeteiligung im Rahmen des Beschwerdeverfahrens überprüft werden, weil die Kostenpflicht nur solche Personen treffen kann, die zutreffend als Verfahrensbeteiligte hinzugezogen wurden.[23] 14

In **Kindschaftssachen** sind Kann-Beteiligte die **Pflegeeltern** (soweit sie nicht bereits ausnahmsweise Muss-Beteiligte sind, vgl. unten Rn. 16, 17) oder bestimmte Bezugspersonen, § 161 Abs. 1 Satz 1, Satz 2 FamFG, in **Unterbringungssachen** die Angehörigen, Vertrauenspersonen oder Leiter der Einrichtung des Betroffenen (§§ 167 Abs. 1 Satz 1, 315 Abs. 4 FamFG).

Soweit Personen nicht zu dem Kreis der Beteiligten nach § 7 Abs. 1 bis 3 FamFG zählen, besteht keine Möglichkeit der Beteiligung. **Andere Personen** als Beteiligte können ggf. **angehört** oder als Zeugen vernommen werden, **was nicht zu einer Beteiligtenstellung führt, § 7 Abs. 6 FamFG**.

dd) Hinzuziehung durch Beschluss oder konkludent

Die **Hinzuziehung** sollte – schon zur Klarstellung – **regelmäßig durch Beschluss oder entsprechenden gerichtlichen Hinweis** erfolgen. Sie **kann** aber auch **konkludent erfolgen**, etwa durch Übersendung von Schriftstücken oder durch Ladung zu Terminen[24] (Gegenschluss aus Abs. 5 Satz 1). Die Gewährung von Akteneinsicht sowie die **förmliche Zustellung der Entscheidung allein begründen** die **Beteiligtenstellung** durch konkludentes Verhalten **nicht**; das Gericht muss für die Annahme einer Hinzuziehung durch schlüssiges Verhalten konkludent zum Ausdruck bringen, dass es der Person eine Einflussnahme auf das Verfahren (vor der Entscheidung) ermöglichen will.[25] Weil im Rubrum aber alle Beteiligten aufzuführen sind, § 38 Abs. 2 Nr. 1 FamFG, und die Übersendung von Schriftstücken oder die Ladung zu einem Termin **mehrdeutig** sein kann (Anhörung, Frei- 15

21 Keidel/*Zimmermann*, § 7 Rn. 31
22 Vgl. näher unten Rn. 28
23 OLG Frankfurt ZKJ 2018, 320
24 BGH FamRZ 2018, 1607; FamRZ 2018, 197; FamRZ 2015, 572
25 BGH FamRZ 2019, 915

beweis, Zeugeneinvernahme o.Ä.), **sollte das Gericht mit einem entsprechenden Hinweis** die **verfahrensrechtliche Bedeutung** der gerichtlichen Handlung **klarstellen**.[26]

Für die **Ausübung des gerichtlichen Ermessens zur Entscheidung über die Hinzuziehung** ist von Bedeutung, ob die Hinzuziehung im Interesse vor allem des Kindes, aber auch der sonstigen Beteiligten ist und auch, ob die Person hinzugezogen werden möchte, weshalb eine vorherige Anhörung geboten sein kann.[27] Ein **Beschwerderecht gegen die Hinzuziehung** trotz entgegenstehenden Willens des Hinzugezogenen **besteht nicht**.

3. Einzelne Verfahren

16 • **Umgangsverfahren**

Beteiligte sind gemäß § 7 Abs. 2 Nr. 1 **das Kind** und **derjenige, der Umgang begehrt** (gemäß § 1684 BGB also das Elternteil oder gemäß § 1685 Abs. 1 BGB Großeltern oder Geschwister, gemäß § 1685 Abs. 2 BGB die sonstige Bezugsperson, die den Umgang begehrt.[28]), sowie die **Person(en), denen das Umgangsbestimmungsrecht zusteht**[29] (z.B. rechtliche Eltern, Ergänzungspfleger oder Vormund). Der erstinstanzlich **eingesetzte Umgangspfleger** ist im Beschwerdeverfahren zu beteiligen, in einem Abänderungsverfahren nur, wenn er nach der im Ausgangsverfahren angeordneten Umgangspflegschaft zum Zeitpunkt der Einleitung des Abänderungsverfahrens noch eingesetzt ist, die Anordnung also zeitlich noch nicht abgelaufen ist. Eltern, denen das Aufenthalts- und Umgangsbestimmungsrecht entzogen wurde, sind in Umgangsverfahren nach § 1685 BGB grundsätzlich nicht zu beteiligen;[30] sie sind ausnahmsweise nur dann Beteiligte, wenn durch die Umgangsregelung nach § 1685 BGB ihr eigenes Umgangsrecht nach § 1684 BGB tangiert werden könnte.[31] Aus dem Anhörungsrecht der Eltern gemäß § 160 FamFG, das auch für Eltern gilt, denen das Sorgerecht entzogen wurde, folgt keine Muss-Beteiligtenstellung, § 7 Abs. 6 FamFG. Wenn im Verfahren ein Verfahrensbeistand bestellt wurde, ist auch der **Verfahrensbeistand** Beteiligter, § 158 Abs. 3 Satz 2 FamFG, und **auf Antrag das Jugendamt**, § 162 Abs. 2 Satz 2 FamFG. Wenn mit dem Umgangsbeschluss voraussichtlich **Dritten Pflichten** im Zusammenhang mit der Ausübung des Umgangs etwa zur Abholung oder Herausgabe **auferlegt** werden, sind **auch diese Personen als Muss-Beteiligte nach § 7 Abs. 2 Nr. 1 FamFG zu beteiligen** (z.B. die Pflegemutter, der Holen, Bringen oder Bereithalten des Kindes nach der Beschlussformel auferlegt wird,[32] oder der Großvater, der das Kind abzuholen und zu den Umgangskontakten des Vaters zu bringen hat, oder auch die nichtsorgeberechtigten Eltern in Verfahren nach § 1685 BGB, wenn ihnen Pflichten wie das Bereithalten des Kindes auferlegt werden)[33] Wenn das Kind längere Zeit in Familienpflege lebt, kann das Gericht nach § 161 Abs. 1 Satz 1 FamFG die **Pflegeperson** als Beteiligte hinzuziehen. Der Begriff der Pflegeperson meint hier nur ein faktisches Pflegeverhältnis zwischen dem Kind und den Personen, dies es tatsächlich versorgen, und geht damit über die enge Legaldefinition einer Pflegeperson nach § 44 Abs. 1 Satz 1 SGB VIII hinaus.[34] Lebt das Kind im Verhältnis zu seinem Alter seit langer Zeit in einer Pflegefamilie und sind die Pflegepersonen die Hauptbezugspersonen des Kindes, dürfte sich das gerichtliche Ermessen nach § 161 Abs. 1

---

26 Bumiller/Harders/*Schwamb*, § 7 Rn. 31; Keidel/*Zimmerman*, § 7 Rn. 29
27 Prütting/Helms/*Prütting*, § 7 Rn. 47
28 Staudinger/*Dürbeck*, § 1685 Rn. 55
29 Staudinger/*Dürbeck*, § 1685 Rn. 55
30 Vgl. OLG Frankfurt FamRZ 2015, 1312
31 OLG Frankfurt FamRZ 2015, 1312; Staudinger/*Dürbeck*, § 1685 Rn. 55; hier *Gottschalk*, § 1685 BGB Rn. 29
32 Staudinger/*Dürbeck*, § 1684 Rn. 407
33 Staudinger/*Dürbeck*, § 1684 Rn. 403
34 OLG Hamburg FamRZ 2015, 2188

Satz 1 FamFG in der Regel auf null reduzieren mit der Folge, dass die Pflegepersonen als Beteiligte hinzuziehen sind.[35] In Verfahren bezüglich des Umgangsrechts der Eltern nach § 1684 BGB sind Pflegepersonen (soweit ihnen durch den Beschluss keine Pflichten auferlegt werden, vgl. oben) aber nicht in eigenen Rechten unmittelbar betroffen und keine Muss-Beteiligten nach § 7 Abs. 2 Nr. 1 FamFG.[36]

- **Sorgerechtsverfahren** 17

  Beteiligte sind **das Kind** und **die Eltern**. Dies gilt sowohl in Verfahren nach § 1626a, § 1671 BGB als auch in Verfahren nach § 1666 BGB. Wegen § 1680 BGB gilt die Beteiligtenstellung der Eltern auch für das Elternteil, das zum Zeitpunkt der Einleitung des Verfahrens keine elterliche Sorge innehat. Denn nach § 1680 BGB ist stets auch zu prüfen, ob dem nichtsorgeberechtigten Elternteil das Sorgerecht oder ein Teil davon (rück-) zu übertragen ist.[37] Wenn im Verfahren ein Verfahrensbeistand bestellt wurde, ist auch der **Verfahrensbeistand** Beteiligter, § 158 Abs. 3 Satz 2 FamFG, und in Verfahren nach § 1671 BGB nur auf Antrag, in Verfahren nach § 1666 BGB von Amts wegen **das Jugendamt**, § 162 Abs. 2 Satz 2, Abs. 2 Satz 1 FamFG. Mit dem Jugendamt ist stets das für die Mitwirkung im familiengerichtlichen Verfahren nach §§ 50, 87b SGB VIII zuständige Jugendamt gemeint. Ein für andere Leistungen der Jugendhilfe (z.B. Inobhutnahme) zuständige Jugendamt ist nicht Muss-Beteiligter des familiengerichtlichen Verfahrens. Ist im Zeitpunkt der Einleitung des Verfahrens nach § 1666 BGB für einen Bereich des Sorgerechts bereits ein **Ergänzungspfleger oder Vormund** bestellt, ist auch diese Person zu beteiligen. Sobald sich die Entscheidungsfindung des zur Auswahl eines Pflegers oder Vormunds berufenen Gerichts nach einer Eignungsprüfung auf eine Person verdichtet (und die Bestellung, wie zumeist, im Sorgerechtsverfahren durch den Richter, nicht in einem daran anschließenden Verfahren durch den Rechtspfleger erfolgt), ist diese am Sorgerechtsverfahren zu beteiligen, weil ihre Rechtsstellung durch die in Aussicht genommene Auswahl unmittelbar betroffen würde.[38] Wenn das Kind längere Zeit in Familienpflege lebt, kann das Gericht nach § 161 Abs. 1 Satz 1 FamFG die **Pflegeperson** als Beteiligte hinzuziehen. Lebt das Kind im Verhältnis zu seinem Alter seit langer Zeit in einer Pflegefamilie und sind die Pflegepersonen die Hauptbezugspersonen des Kindes, dürfte sich das gerichtliche Ermessen nach § 161 Abs. 1 Satz 1 FamFG in der Regel auf null reduzieren mit der Folge, dass die Pflegepersonen als Beteiligte hinzuzuziehen sind.[39] In Verfahren bezüglich des Sorgerechts der Eltern nach § 1666 BGB oder §§ 1696, 1666 BGB sind Pflegepersonen aber nicht in eigenen Rechten unmittelbar betroffen und keine Muss-Beteiligten nach § 7 Abs. 2 Nr. 1 FamFG,[40] ebenso wenig wie Großeltern.[41] Pflegeeltern sind auch dann nicht unmittelbar in ihren subjektiven Rechten betroffen, wenn das Kind längere Zeit in Familienpflege lebt und in einem Überprüfungsverfahren nach §§ 1696, 1666 BGB die Frage der Rückführung des Kindes zu den Eltern im Raum steht.[42] Aber auch in diesen Fällen wird sich das gerichtliche Ermessen für die Frage der Heranziehung der

35 OLG Bremen FamRZ 2014, 414; OLG Saarbrücken ZKJ 2014, 117; Prütting/Helms/*Hammer*, § 161 Rn. 6

36 BGH FamRZ 2005, 975 (zur gleichgelagerten Frage der unmittelbaren Betroffenheit von Pflegepersonen in eigenen Rechten im Rahmen der Beschwerdebefugnis)

37 BGH NJW 2016, 3303; BVerfG FamRZ 2010, 1403; OLG Schleswig FamRZ 2012, 725; OLG Hamm FamRZ 2011, 1971

38 OLG Brandenburg FamRZ 2017, 1252; OLG Frankfurt ZKJ 2016, 189

39 OLG Bremen FamRZ 2014, 414; OLG Saarbrücken ZKJ 2014, 117; Prütting/Helms/*Hammer*, § 161 Rn. 6

40 BGH FamRZ 2011, 552; OLG Köln FamRZ 2011, 233; BGH FamRZ 2004, 102; FamRZ 2000, 219 (jeweils zur gleichgelagerten Frage der unmittelbaren Betroffenheit von Pflegepersonen in eigenen Rechten im Rahmen der Beschwerdebefugnis)

41 OLG Hamm FamRZ 2013, 140; BGH FamRZ 2011, 552 (jeweils zur gleichgelagerten Frage der unmittelbaren Betroffenheit von Großeltern in eigenen Rechten im Rahmen der Beschwerdebefugnis)

42 Vgl. OLG Saarbrücken ZKJ 2016, 269 (wo nur § 161 FamFG geprüft wird)

Pflegeeltern als Beteiligte nach § 161 Abs. 1 Satz 1 FamFG regelmäßig auf null reduzieren.

Dritte, denen das Gericht gemäß **§ 1666 Abs. 4 BGB** in seiner Beschlussformel **Pflichten auferlegen will**, sind Muss-Beteiligte gemäß § 7 Abs. 2 Nr. 1 FamFG.

18 • **Kindesherausgabeverfahren**

Beteiligte in Verfahren nach § 1632 Abs. 1 und Abs. 4 BGB sowie nach § 1682 BGB sind **das Kind** und **die Person oder Institution** (z.B. Amtsvormund)**, gegen die sich der Herausgabeantrag richtet**, da durch die zu erwartende Beschlussformel auch in deren Rechte eingegriffen wird. Denn insoweit liegt durch einen Titel, der dieser Person/Institution die Leistungspflicht Herausgabe auferlegt, auch eine unmittelbare Betroffenheit der Person/Institution i.S.d. § 7 Abs. 2 Nr. 1 FamFG vor. **Die Eltern** sind jedenfalls dann zu beteiligen, solange ihnen noch Teile der elterlichen Sorge zustehen, auch wenn ihnen bereits zuvor das Aufenthaltsbestimmungsrecht entzogen wurde, weil das Erziehungsrecht nach § 1631 Abs. 1 BGB durch eine Verbleibensanordnung berührt sein kann.[43] Im Rahmen eines Verfahrens auf Erlass einer Verbleibensanordnung nach § 1632 Abs. 4 BGB sind die **Pflegeeltern** bei eigener Antragstellung gemäß § 7 Abs. 1 FamFG als Antragsteller bei einem von Amts wegen eingeleiteten Verfahren Muss-Beteiligte nach § 7 Abs. 2 Nr. 1 FamFG.[44] Die Bindungen zwischen Kind und Pflegeeltern stellen eine verfassungsrechtlich nach Art. 6 Abs. 1 und 3 GG geschützte subjektive Rechtsposition der Pflegeeltern dar.[45] Die einfachrechtlich im Amtsverfahren nach § 1632 Abs. 4 BGB geregelte Antragsbefugnis der Pflegeeltern ist Ausdruck dieser Rechtsposition und des subjektiven Rechts der Pflegeeltern. § 161 FamFG regelt nur die Kann-Beteiligung nach § 7 Abs. 3 FamFG; neben § 161 FamFG ist aber vorrangig zu prüfen, ob die Pflegeeltern nicht bereits Muss-Beteiligte nach § 7 Abs. 1, Abs. 2 FamFG sind.[46]

19 • **Vormundschafts- und Pflegschaftsverfahren**

Beteiligte sind **das Kind** und der nach einer Eignungsprüfung durch das Gericht zur Bestellung in Betracht kommende[47] **Pfleger** bzw. (Amts-)**Vormund**. Schließt sich das bei dem Rechtspfleger geführte Vormundschafts- bzw. Pflegschaftsverfahren unmittelbar an das (noch nicht bestandskräftige) richterliche Verfahren, das zur Entziehung der elterlichen Sorge geführt hat, an, sind auch **die Eltern** zu beteiligen. Das **Jugendamt ist unabhängig von der Amtsvormundschaft oder -pflegschaft auf seinen Antrag** zu beteiligen, § 162 Abs. 2 Satz 2 FamFG. Geht es in dem Vormundschafts- oder Pflegschaftsverfahren nach bestandskräftiger Sorgerechtsentscheidung **nur um** einen **Wechsel** des Vormunds oder Pflegers, sind die Eltern nicht Muss-Beteiligte nach Abs. 2 Nr. 1, weil durch eine solche Entscheidung ihr materielles Sorgerecht nicht tangiert werden kann, denn durch den bloßen Wechsel in der Person des Vormunds oder Pflegers wird nicht in den Teil des elterlichen Sorgerechts eingegriffen, über den bereits bestandskräftig entschieden wurde.[48] Die auch in diesen Verfahren erforderliche Anhörung der Eltern nach § 160 FamFG führt nicht zu einer Beteiligtenstellung, Abs. 6.

---

43 BGH FamRZ 2014, 1357 = ZKJ 2014, 380
44 BeckOK FamFG/*Burschel*, § 7 Rn. 14c
45 BVerfG FamRZ 2000,1489; BGH FamRZ 2017, 208; FamRZ 2000, 219; BeckOK FamFG/*Burschel*, § 7 Rn. 14c
46 Vgl. näher *Heilmann*, § 161 Rn. 10 ff.; Prütting/Helms/*Hammer*, § 161 FamFG Rn. 6; Staudinger/*Dürbeck*, § 1684 BGB Rn. 407
47 Vgl. OLG Brandenburg FamRZ 2017, 1252; OLG Frankfurt ZKJ 2016, 189
48 OLG Hamm FamRZ 2016, 1003; OLG Koblenz FamRZ 2016, 1004; OLG Celle FamRZ 2012, 1826; OLG Frankfurt FamRZ 2012, 570; Palandt/*Götz*, § 1909 BGB Rn. 11

Ist **nach Bestellung eines Ergänzungspflegers** für das Kind gemäß §§ 1629 Abs. 2 Satz 1, 1795, 1909 BGB wegen Ausschlusses der Vertretungsmacht der Eltern **noch eine familiengerichtliche Genehmigung nach §§ 1643, 1821 BGB** erforderlich, sind das Kind und der Ergänzungspfleger, aber **die Eltern nicht Beteiligte des familiengerichtlichen Genehmigungsverfahrens**, weil bereits durch die Ergänzungspflegschaft in ihre Rechtsposition eingegriffen wurde, und ihnen können deshalb auch keine Kosten des Genehmigungsverfahrens auferlegt werden. Diese Kosten hat in der Regel das stets am Verfahren beteiligte Kind zu tragen. § 81 Abs. 3 FamFG steht dem nicht entgegen, weil es im Genehmigungsverfahren nur um vermögensrechtliche Fragen geht, nicht um die Person des Kindes.[49] Bei familiengerichtlichen Genehmigungsverfahren ohne Vorschaltung einer Ergänzungspflegschaft nach §§ 1629 Abs. 2 Satz 1, 1795, 1909 BGB sind die Eltern Beteiligte des Verfahrens.

Die Eltern sind bei einem Verfahren auf bloßen Wechsel des Jugendamts oder Vereins als Vormund – wenn sie einen Antrag gemäß § 1887 Abs. 2 Satz 1 BGB stellen – als Antragsteller gemäß § 7 Abs. 1 FamFG zu beteiligen. Bei einem Wechsel des Vormunds oder Pflegers sind Vormund bzw. Pfleger zu beteiligen, jedoch nur dann beschwerdebefugt, wenn die Vormundschaft bzw. Pflegschaft fortgesetzt wird, nicht aber bei gänzlicher Aufhebung.[50] In diesen Fällen des Wechsels können Beteiligtenstellung nach § 7 und Beschwerdebefugnis nach § 59 Abs. 1 FamFG der Eltern bzw. des Pflegers/Vormunds auseinanderfallen. Die **Großeltern** sind – soweit sie nicht selbst zum Vormund bestellt werden sollen oder zugleich Pflegeeltern nach § 161 FamFG sind – **nicht Beteiligte** des Verfahrens auf Vormundbestellung.[51] Der Schutz der Familie nach Art. 6 Abs. 1 GG, der anders als das Elternrecht nach Art. 6 Abs. 2 Satz 1 GG auch für Großeltern gilt, umfasst zwar auch familiäre Bindungen der Großeltern mit ihrem Enkelkind und die Großeltern haben das Recht, bei der Entscheidung über die Auswahl eines Vormunds in Betracht gezogen zu werden.[52] Das **nach Art. 6 Abs. 1 GG geschützte Recht der Großeltern auf Schutz der Familie** wird aber **durch** die **Anhörung der Großeltern** im Auswahlverfahren **nach § 1779 Abs. 3 BGB hinreichend berücksichtigt**; die danach durchzuführende Anhörung führt nicht zur Beteiligtenstellung der Großeltern, Abs. 6.

- **Adoptionsverfahren** 20

  Beteiligte sind jedenfalls **der Anzunehmende** und **der bzw. die Annehmenden**, § 188 Abs. 1 Nr. 1 lit. a FamFG. Bei Minderjährigkeit des Anzunehmenden können dessen **Eltern** zu beteiligen sein, § 188 Abs. 1 Nr. 1 lit. b FamFG, und ggf. auch die **Ehegatten oder Lebenspartner** des Anzunehmenden bzw. des Annehmenden, § 188 Abs. 1 Nr. 1 lit. c FamFG. **Jugendamt und Landesjugendamt** sind auf ihren Antrag zu beteiligen, § 188 Abs. 2 FamFG. Weiter ist der **bestellte Verfahrensbeistand** zu beteiligen, §§ 191 Satz 2, 158 Abs. 3 Satz 2 FamFG. Kinder des Annehmenden sind zwar anzuhören, § 193 FamFG, werden dadurch aber nicht Beteiligte, § 7 Abs. 6 FamFG. Etwaige Einschränkungen der unterhaltsrechtlichen Leistungsfähigkeit des Annehmenden oder der künftigen Erbquote der Kinder sind bloß mittelbare Wir-

49 Vgl. auch Vorbemerkung 1.3.1, Abs. 2 zu KV Nr. 1310 FamGKG
50 BGH FamRZ 2015, 1178 für einen Betreuer
51 OLG Koblenz ZKJ 2018, 195; OLG Bremen FamRZ 2016, 1006; OLG Hamm ZKJ 2012, 195; BGH FamRZ 2011, 552; FamRZ 2013, 1380 (BGH jeweils zu § 59 Abs. 1 FamFG)
52 BVerfG ZKJ 2014, 435

kungen und führen nicht zu einer unmittelbaren Betroffenheit der Kinder des Annehmenden i.S.d. § 7 Abs. 2 Nr. 1 FamFG.[53]

▶ *Hierzu umfassend Braun, § 188 FamFG Rn. 1 ff.*

21 • **Abstammungsverfahren**

Beteiligte sind **das Kind**, **die Mutter** und **der rechtliche Vater**, § 172 Abs. 1 FamFG, sowie in den Fällen des § 176 Abs. 1 Satz 1 FamFG das **Jugendamt** auf seinen Antrag. Weiter beteiligt ist der **bestellte Verfahrensbeistand**, §§ 174 Satz 2, 158 Abs. 3 Satz 2 FamFG. Ferner kann der **potenzielle leibliche Vater** als Antragsteller, § 7 Abs. 1 FamFG, oder als benannter biologischer Vater unmittelbar betroffen sein gemäß § 7 Abs. 2 Nr. 1 FamFG. Stirbt der Vater im laufenden Vaterschaftsanfechtungsverfahren, sind dessen Erben (Eltern, Ehefrau) oder dessen Nachlasspfleger nicht Beteiligte des Verfahrens.[54]

▶ *Hierzu umfassend Grün, § 172 FamFG Rn. 1 ff.*

22 • **Verfahren zur Unterbringung Minderjähriger**

Beteiligte sind **das Kind**, der **gesetzliche Vertreter des Kindes** (Eltern, Vormund, Pfleger), §§ 167 Abs. 1 Satz 1, 315 Abs. 1 Nr. 1, Nr. 2 FamFG, weiter der **bestellte Verfahrensbeistand**, §§ 167 Abs. 1 Satz 2, 315 Abs. 2 FamFG und auf seinen Antrag das **Jugendamt**, §§ 167 Abs. 1 Satz 1, 315 Abs. 3 FamFG. Auch nicht sorgeberechtigte Eltern oder Pflegeeltern können als Kann-Beteiligte hinzugezogen werden, §§ 167 Abs. 1 Satz 1, 315 Abs. 4 Satz 1 FamFG.

▶ *Hierzu umfassend Fink, § 167 FamFG Rn. 13 ff.*

III. Benachrichtigungs- und Belehrungspflicht bei Beteiligten auf Antrag, Abs. 4

23 Zu den in der Praxis gelegentlich übersehenen Vorschriften gehört die Regelung in § 7 Abs. 4 FamFG. Die Vorschrift bezieht sich **nur** auf die **Beteiligten**, **die kraft Antrags hinzuzuziehen sind**, also die Muss-Beteiligten auf Antrag nach § 7 Abs. 2 Nr. 2 Alt. 2 und die Kann-Beteiligten auf Antrag nach § 7 Abs. 3 Alt. 2 FamFG. Eine **Benachrichtigungs- und Belehrungspflicht** besteht **nur** bezüglich Kann-Beteiligten, **„soweit sie dem Gericht bekannt sind"**, § 7 Abs. 4 Satz 1 FamFG a.E. Das bedeutet, dass das Gericht hier nicht umfassend ermitteln muss. Unbekannt ist eine Person, wenn der Name der Person nicht aktenkundig ist. **Grundrechtlich geschützte Interessen** können es aber **im Einzelfall verfassungsrechtlich gebieten, Name und Anschrift** einer Person **zu ermitteln, wenn erst dadurch** eine **verfahrensrechtliche Mitwirkung möglich wird**.[55] Ist der Name der Person bekannt, nicht aber die Anschrift, sollte bei den übrigen Beteiligten hinsichtlich der Anschrift nachgefragt werden, **§ 27 FamFG**. Weil sich das gerichtliche Ermessen hinsichtlich der Hinzuziehung von Pflegeeltern als Beteiligte nach § 161 Abs. 1 Satz 1 FamFG auf null reduzieren kann (vgl. oben Rn. 15, 16) bzw. Pflegeeltern in gewissen Konstellationen zwingend anzuhören sind, § 161 Abs. 2 FamFG, sollte das Gericht – soweit Name und/oder Anschrift der Pflegeeltern nicht aktenkundig sind – diesbezüglich stets bei dem Jugendamt nachfragen, um diese anhören bzw. am Verfahren beteiligen zu können.

Die **Formulierung der Belehrung** über das Antragsrecht gemäß Abs. 4 Satz 2, die mit der Benachrichtigung gemäß Abs. 4 Satz 1 gemeinsam erfolgen sollte, könnte gemeinsam mit der Benachrichtigung wie folgt lauten:

---

53 OLG Düsseldorf FamRZ 2011, 925; BT-Drucks. 16/6308, 248; a.A.: OLG Stuttgart FamRZ 2012, 145 (unterscheidet m.E. nicht hinreichend zwischen Anhörung und Beteiligung)

54 BGH FamRZ 2018, 764; BVerfG FamRZ 2016, 199; BGH FamRZ 2015, 1787

55 BGH ZKJ 2015, 231 zu einem Adoptionsverfahren bei Samenspende und der Notwendigkeit der Mitwirkung des möglichen leiblichen Vaters

„In der Anlage erhalten Sie einen Schriftsatz, mit dem das Gericht ein Verfahren betreffend das Kind [hier Name des Kindes einfügen] bezüglich [hier Verfahrensgegenstand einfügen, z.B. Umgang des Kindes mit …] eingeleitet hat. Sie werden darauf hingewiesen, dass Sie die verfahrensrechtliche Stellung eines Beteiligten nach § 7 Abs. 3 FamFG erlangen können, soweit Sie einen Antrag auf Beteiligung stellen, § 162 Abs. 2 Satz 2 FamFG [bei Jugendämtern] bzw. § 161 Abs. 1 Satz 1 FamFG [bei Pflegeeltern]."

IV. Beschluss über die Nicht-Hinzuziehung, Abs. 5

Stellen Muss- oder Kann-Beteiligte einen Antrag auf Beteiligung nach § 7 Abs. 2 Nr. 2 Alt. 2 bzw. Abs. 3 Alt. 2 FamFG, kann das Gericht diese – durch Beschluss, aber auch formlos möglich, vgl. oben Rn. 14 – als Beteiligte hinzuziehen. Will das Gericht diese Personen **nicht als Beteiligte hinzuziehen, muss es den Antrag** auf Beteiligung **durch förmlichen Beschluss mit Rechtsmittelbelehrung** zur nach § 7 Abs. 5 Satz 2 FamFG statthaften sofortigen Beschwerde **zurückweisen**. Ein Antrag auf Heranziehung als Kann-Beteiligter kann nur von demjenigen gestellt werden, der selbst beteiligt werden will. Andere „Anträge" sind als Anregungen auf Beteiligung von Amts wegen auszulegen und bedürfen keiner förmlichen Bescheidung. Der zu begründende **Beschluss**, der den Antrag auf Hinzuziehung zurückweist, **ist mit der sofortigen Beschwerde** gemäß § 7 Abs. 5 Satz 2 FamFG, § 567 ff. ZPO **anfechtbar**. Die Rechtskraft einer die Hinzuziehung ablehnenden Entscheidung nach Abs. 5 erstreckt sich allein darauf, dass der Antragsteller des Beteiligungsantrags nicht zu beteiligen ist.[56] **Beschlüsse über** die **positive Hinzuziehung** sind nach dem Wortlaut des § 7 Abs. 5 Satz 2 FamFG **nicht anfechtbar** (aber durch die Rechtsmittelinstanz bei Anfechtung etwa der Kosten überprüfbar). Im Rahmen des Beschwerdeverfahrens hat das Amtsgericht gemäß § 572 Abs. 1 Satz 1 Hs. 1 ZPO ein **Abhilfeverfahren** durchzuführen. § 68 Abs. 1 Satz 2 FamFG gilt hier nicht, weil es sich bei dem Beschluss nach § 7 Abs. 5 Satz 1 FamFG um keine Endentscheidung gemäß § 38 Abs. 1 Satz 1 FamFG, sondern eine Zwischenentscheidung handelt. 24

V. Anhörung von Nicht-Beteiligten, Abs. 6

§ 7 Abs. 6 FamFG stellt klar, dass die **bloße Anhörung** von Personen im Verfahren **allein nicht zu** einer **Beteiligtenstellung führt**. Nur, wenn darüber hinaus die Voraussetzungen von § 7 Abs. 2 oder Abs. 3 FamFG vorliegen, ist eine Person Beteiligter. Wenn also das Gericht im Rahmen der Amtsermittlung nach § 26 FamFG in einer Kindschaftssache Lehrer, Erzieherinnen oder sonstige Betreuungspersonen des Kindes anhört, sind diese Personen nicht Beteiligte und werden dies auch durch die Anhörung nicht. 25

Aber auch die Anhörung der Pflegeeltern (§ 161 Abs. 1 Satz 1 FamFG) oder sonstiger Bezugspersonen (§ 161 Abs. 1 Satz 2 FamFG) nach § 161 Abs. 2 FamFG führt per se nicht zur Beteiligung dieser Personen. Nur wenn sie ausnahmsweise Muss-Beteiligte nach Abs. 2 Nr. 1 sind oder auf Antrag oder von Amts wegen nach Abs. 3 hinzugezogen werden, sind sie Beteiligte des Verfahrens.

VI. Folgen fehlerhafter Beteiligung

Es ist zu unterscheiden, ob **zu Beteiligende fehlerhaft nicht herangezogen** wurden oder ob **Personen**, für deren Beteiligung es keine gesetzliche Grundlage gibt, **fälschlich als Beteiligte herangezogen wurden**. 26

Die **Nichtbeteiligung eines zu Beteiligenden** ist ein **Verfahrensfehle**r. In der Nichtbeteiligung liegt jedenfalls ein **Verstoß gegen das rechtliche Gehör nach Art. 103 Abs. 1 GG**. Ein solcher Verstoß **macht die Entscheidung anfechtbar**, lässt den sachlichen Ge- 27

56 BGH FamRZ 2014, 1099 zu § 303 Abs. 2 FamFG

halt der Entscheidung aber unbeeinträchtigt; der Verfahrensverstoß kann zur Aufhebung und Zurückverweisung nach § 69 Abs. 1 Satz 3 FamFG führen.[57] Die **Nichtbeteiligung eines zu Beteiligenden macht die Endentscheidung aber nicht** zu einer **Nichtentscheidung**. Es wird teilweise zwar vertreten, dass eine Entscheidung in der Sache nicht getroffen sei, wenn ein zu Beteiligender fehlerhaft nicht beteiligt wurde.[58] Etwa sei ein Kind nicht ordnungsgemäß am Verfahren beteiligt, wenn ein **Verfahrensbeistand** entgegen § 158 Abs. 2 FamFG nicht beigezogen wurde mit der Folge, dass dem Kind gegenüber auch keine Sachentscheidung getroffen worden sei.[59] Dem kann im Hinblick auf § 158 Abs. 4 Satz 6 FamFG, wonach der Verfahrensbeistand auch im Gerichtsverfahren nicht gesetzlicher Vertreter des Kindes ist, nicht gefolgt werden. Die Nichtbestellung eines Verfahrensbeistands trotz Vorliegen eines Regelbeispiels nach § 158 Abs. 2 FamFG stellt zwar einen Verfahrensfehler dar; dieser kann aber durch Bestellung eines Verfahrensbeistands im Beschwerdeverfahren geheilt werden und stellt in der Regel keinen Grund für eine Aufhebung und Zurückverweisung nach § 69 Abs. 1 Satz 2, 3 FamFG dar.[60]

Bei **Nichtbeteiligung eines Muss-Beteiligten laufen für diesen keine Rechtsmittelfristen**, wenn er im ersten Verfahren nicht als Beteiligter hinzugezogen wurde und ihm der instanzabschließende Beschluss nicht bekannt gegeben wurde, denn vor der Möglichkeit der Kenntnisnahme einer Endentscheidung können keine Rechtsmittelfristen zu laufen beginnen; diesbezüglich gilt auch nicht die fünfmonatige Auffangfrist des § 63 Abs. 3 Satz 2 FamFG.[61]

28 Die **Beteiligung eines Nichtbeteiligten**, d.h. einer Person, die nach den gesetzlichen Vorgaben nicht als Beteiligter herangezogen werden kann (z.B. eines Dritten, etwa einer Erzieherin oder Kinderärztin, der eine mögliche Kindeswohlgefährdung dem Gericht zur Kenntnis gibt, als Antragsteller in dem Amtsverfahren nach § 1666 BGB, wobei die Person im gesamten Verfahren als Beteiligte behandelt wird), stellt **auch** einen **Verfahrensfehle**r dar. Der Fehler kann jederzeit dadurch behoben werden, dass künftig eine Beteiligung am Verfahren unterbleibt. Erkennt also das Gericht, dass keine Beteiligtenstellung vorliegt, muss es von der weiteren Beteiligung absehen und sollte dies – zur Wahrung des rechtlichen Gehörs – den Beteiligten, vor allem aber auch der zuvor fälschlich als Beteiligte geführten Person kundtun. **An die fehlerhafte Beteiligung eines Nichtbeteiligten ist die Rechtsmittelinstanz** – anders als bei Beteiligung eines möglichen Kann-Beteiligten[62] – **nicht gebunden**.[63] Die Rechtsmittelinstanz kann dies (soweit nicht bereits nach Abs. 5 förmlich über einen Beteiligungsantrag zu entscheiden ist) auch in der Beschlussformel der Rechtsmittelentscheidung klarstellen, etwa wie folgt: Person X war nicht nach § 7 FamFG am Verfahren beteiligt.[64]

---

57 BeckOK FamFG/*Obermann*, § 69 Rn. 6

58 OLG Jena, Beschl. v. 13.1.2014 – 1 WF 597/13, juris; OLG Brandenburg FamRB 2012, 343 (Nichtbestellung eines Verfahrensbeistands trotz Vorliegen eines Regelbeispiels sei Nichtbeteiligung des Kindes); OLG Köln FamRZ 2011, 753 (Versorgungsausgleich)

59 OLG Rostock FamRZ 2014, 2020

60 MüKo-BGB/*Hennemann*, § 1671 Rn. 191

61 BGH FamRZ 2017, 727

62 BGH FamRZ 2012, 1049 zum Betreuungsverfahren nach § 303 Abs. 2 FamFG

63 Vgl. BAG NZA 2007, 999 Rn. 39 zum insoweit vergleichbaren, auch der Amtsermittlung nach § 83 Abs. 1 Satz 1 ArbGG unterliegenden arbeitsgerichtlichen Beschlussverfahren

64 So zum arbeitsrechtlichen Beschlussverfahren BAG a.a.O.

§ 8 FamFG Beteiligtenfähigkeit

Beteiligtenfähig sind

1. **natürliche und juristische Personen,**
2. **Vereinigungen, Personengruppen und Einrichtungen, soweit ihnen ein Recht zustehen kann,**
3. **Behörden.**

Übersicht

Rn.
A. Allgemeines ... 1
A. Inhalt der Norm ... 2

A. Allgemeines

1 Vergleichbar mit § 50 ZPO, der für die ZPO-Verfahren – und über § 113 Abs. 1 Satz 2 FamFG auch für die Familienstreitsachen – die Parteifähigkeit regelt, bestimmt § 8 FamFG für die Verfahren der freiwilligen Gerichtsbarkeit, wer beteiligtenfähig ist, d.h., wer **Subjekt in einem Verfahren** sein kann. Die hinter der Beteiligtenfähigkeit stehende Rechtsfähigkeit wird dabei nur in § 8 Nr. 2 a.E. erwähnt. § 8 FamFG zählt vergleichbar mit § 61 VwGO die beteiligtenfähigen Rechtssubjekte enumerativ auf. Die Beteiligtenfähigkeit ist eine von Amts wegen zu prüfende Sachentscheidungsvoraussetzung, § 9 Abs. 5 FamFG i.V.m. § 56 ZPO.

A. Inhalt der Norm

2 Die Beteiligten in Kindschaftssachen sind in der Regel **natürliche Personen** und als solche gemäß § 8 Nr. 1 Var. 1 FamFG **beteiligtenfähig** ab Geburt, § 1 BGB, bis zum Tod. Der **nasciturus** ist nicht rechtsfähig und daher **grundsätzlich nicht beteiligtenfähig**.[1] Auch wenn kinderschutzrechtliche Verfahren bereits vor Geburt eines Kindes eingeleitet werden können[2] und der *nasciturus* als Grundrechtssubjekt allgemein-verfassungsrechtlichen Schutz genießt und als künftiges Kind dem besonderen Schutzsystem des Art. 6 Abs. 2 GG unterfällt,[3] ist der *nasciturus* nicht Beteiligter des Verfahrens. Der verfassungsrechtlich gebotene Schutz kann ggf. aber schon vorgeburtlich durch Bestellung eines Verfahrensbeistands zu gewährleisten sein.[4]

3 Beteiligte, die nicht natürliche Personen sind, treten in Kindschaftssachen insbesondere mit dem **Jugendamt** in Erscheinung, sowohl im Rahmen der Mitwirkung im gerichtlichen Verfahren nach § 162 FamFG, § 50 SGB VIII als auch als Amtsvormund/-pfleger gemäß §§ 1791b, 1791c BGB, § 55 SGB VIII. Das Jugendamt ist **gemäß § 8 Nr. 3 FamFG** als Behörde[5] **beteiligtenfähig**.

Der rechtsfähige **Verein** ist im Rahmen der Vereinsvormundschaft, § 1791a BGB, beteiligtenfähig als juristische Person nach Nr. 1 Alt. 2.

Die **Staatskasse** ist in Verfahrenskostenhilfeverfahren gemäß § 127 Abs. 3 ZPO stets beteiligt und insoweit auch Behörde nach Nr. 3.

---

1 BVerwG NJW 1992, 1524 zum verwaltungsgerichtlichen Verfahren
2 OLG Frankfurt ZKJ 2017, 381; AG Bad Iburg ZKJ 2017, 383
3 Ausführlich zum Streitstand, auch mit Nachweisen zur verfassungsgerichtlichen Rechtsprechung: Staudinger/*Coester*, § 1666 Rn. 22 ff.
4 AG Bad Iburg ZKJ 2017, 383
5 Keidel/*Zimmermann*, § 8 Rn. 12; Musielak/*Borth*, § 8 Rn. 2. Behörde ist gemäß § 1 Abs. 4 VwVfG jede Stelle, die Aufgaben öffentlicher Verwaltung wahrnimmt

§ 9 FamFG Verfahrensfähigkeit

(1) Verfahrensfähig sind

1. die nach bürgerlichem Recht Geschäftsfähigen,

2. die nach bürgerlichem Recht beschränkt Geschäftsfähigen, soweit sie für den Gegenstand des Verfahrens nach bürgerlichem Recht als geschäftsfähig anerkannt sind,

3. die nach bürgerlichem Recht beschränkt Geschäftsfähigen, soweit sie das 14. Lebensjahr vollendet haben und sie in einem Verfahren, das ihre Person betrifft, ein ihnen nach bürgerlichem Recht zustehendes Recht geltend machen,

4. diejenigen, die auf Grund dieses oder eines anderen Gesetzes dazu bestimmt werden.

(2) Soweit ein Geschäftsunfähiger oder in der Geschäftsfähigkeit Beschränkter nicht verfahrensfähig ist, handeln für ihn die nach bürgerlichem Recht dazu befugten Personen.

(3) Für Vereinigungen sowie für Behörden handeln ihre gesetzlichen Vertreter und Vorstände.

(4) Das Verschulden eines gesetzlichen Vertreters steht dem Verschulden eines Beteiligten gleich.

(5) Die §§ 53 bis 58 der Zivilprozessordnung gelten entsprechend.

Weiterführende Literatur: Burghart, Die Verfahrensfähigkeit Jugendlicher, FamRZ 2019, 1029 ff.; *Heiter,* Verfahrensfähigkeit des Kindes in personenbezogenen Verfahren nach dem FamFG, FamRZ 2009, 85 ff.; *Köhler,* Jugendliche ab 14 Jahren in Kindschaftssachen; ZKJ 2018, 50 ff.; *Schauberger,* Die Partizipation Minderjähriger im Verfahren der freiwilligen Gerichtsbarkeit, Frankfurt 2015

Übersicht

	Rn.
A. Allgemeines	1
B. Inhalt der Norm	2
I. Anknüpfung an die Geschäftsfähigkeit	2
II. Verfahrensfähigkeit und Vertretung des Kindes, Abs. 2	3
III. Verfahrensfähigkeit des Kindes ab 14 Jahren, Abs. 1 Nr. 3	4
IV. Sondervorschriften zu Abs. 1 Nr. 3	8
V. Verfahrensfähigkeit von juristischen Personen und Behörden, Abs. 3	12
VI. Verschuldenszurechnung, Abs. 4	13
VII. Entsprechende Geltung von ZPO-Vorschriften, Abs. 5	14

A. Allgemeines

1 Die Beteiligtenfähigkeit (§ 8 FamFG) ist von der **Verfahrensfähigkeit** abzugrenzen. Die Verfahrensfähigkeit des FamFG **ist das Pendant zur Prozessfähigkeit** in **der** Terminologie der **ZPO** nach §§ 51 Abs. 1, 52 ZPO. Verfahrensfähigkeit ist die Fähigkeit, Verfahrenshandlungen selbst oder durch selbst bestellte Vertreter wirksam vornehmen zu können (**verfahrensrechtliche Handlungsfähigkeit**).

Die Frage der Verfahrensfähigkeit hat **insbesondere zwei praktische Konsequenzen**: Eine **wirksame Verfahrenshandlung** (Antragstellung, Antragsrücknahme, Beschwerdeeinreichung, Beschwerderücknahme) **setzt ein Handeln durch einen verfahrensfähigen Beteiligten voraus** (d.h. durch den Beteiligten selbst oder durch das entsprechende Organ bzw. den gesetzlichen Vertreter) und **im Rubrum der Entscheidung sind die Beteiligten entsprechend mit gesetzlichem Vertreter bzw. Bevollmächtigten zu bezeichnen**, § 38 Abs. 2 Nr. 1 FamFG.

B. Inhalt der Norm

I. Anknüpfung an die Geschäftsfähigkeit

Das Gesetz knüpft die Verfahrensfähigkeit für den Regelfall im Wesentlichen an die **Geschäftsfähigkeit** nach bürgerlichem Recht an (§§ 104 ff. BGB) an. **Alle voll Geschäftsfähigen nach bürgerlichem Recht**, also alle Volljährigen, die nicht dauerhaft in ihrer Geistestätigkeit eingeschränkt sind (§§ 2, 104 Nr. 2 BGB), **sind** gemäß Abs. 1 Nr. 1 FamFG **verfahrensfähig**. Nach Abs. 1 Nr. 2 sind auch beschränkt Geschäftsfähige in den Verfahren verfahrensfähig, in denen sie als geschäftsfähig anerkannt sind. Dies bezieht sich auf die Regelungen nach §§ 112, 113 BGB und ist für Kindschaftssachen nicht einschlägig. Eine etwa gegebene Deliktsfähigkeit (als Haftungsvoraussetzung eines auf Verschulden beruhenden Anspruchs nach § 828 Abs. 2, 3 BGB) führt nicht zur Geschäftsfähigkeit; diese ist abschließend in §§ 104 ff. BGB geregelt. 2

Zweifeln an der Verfahrensfähigkeit hat das Gericht **von Amts wegen** nachzugehen (§ 9 Abs. 5 FamFG, § 56 Abs. 1 ZPO), und zwar in jeder Lage des Verfahrens.[1] Hinsichtlich eines Streits um die Frage der Geschäftsfähigkeit ist der Betroffene als verfahrensfähig anzusehen.[2]

II. Verfahrensfähigkeit und Vertretung des Kindes, Abs. 2

Der **Grundsatz** für alle im FamFG-Verfahren beteiligten Kinder ist – entgegen dem Gesetzesaufbau – **in Abs. 2 geregelt**. Danach handeln für das Kind die nach bürgerlichem Recht dazu befugten Personen, d.h., **Kinder bedürfen grundsätzlich der gesetzlichen Vertretung**, um wirksame Verfahrenshandlungen vornehmen zu können, sind also in der Regel **nicht selbst verfahrensfähig**. In der Regel handeln für die Kinder gemäß § 1629 Abs. 1 Satz 2 Hs. 1 BGB die Eltern gemeinschaftlich. Zwar besteht in streitigen Kindschaftssachen ein **erheblicher Interessengegensatz zwischen Kind und Eltern**. Bei erheblichem Interessengegensatz sieht das bürgerliche Recht grundsätzlich den Ausschluss der Vertretungsmacht der Eltern und die Notwendigkeit der Bestellung eines Ergänzungspflegers für das Kind vor, §§ 1629 Abs. 2 Satz 3 Hs. 1, 1795, 1796 BGB. Jedoch bedarf es **in Kindschaftssachen regelmäßig nicht der Bestellung eines Ergänzungspflegers für das Kind**, **wenn** dem Kind **ein Verfahrensbeistand** zur Seite gestellt wurde, **weil originäre Aufgabe des Verfahrensbeistands die Interessenvertretung des Kindes** im kindschaftsrechtlichen Verfahren **ist**, auch bei erheblichem Interessengegensatz der Eltern, auch wenn der Verfahrensbeistand durch die Bestellung nicht gesetzlicher Vertreter des Kindes im Verfahren wird.[3] Die Bestellung eines Verfahrensbeistands ist als milderes Mittel gegenüber dem (teilweisen) Entzug der elterlichen anzusehen, das eine Entziehung der elterlichen Vertretungsbefugnis und die Anordnung einer Ergänzungspflegschaft entbehrlich macht. Folglich bleiben für die **Vertretung** des Kindes im Verfahren weiter die **Eltern** (oder der allein sorgeberechtigte Elternteil) zuständig.[4] Dies ist etwa für die Zustellung von Ladungen und Entscheidungen an das noch nicht verfahrensfähige Kind, aber auch für die Zustimmung zu einem gerichtlich gebilligten Vergleich (dazu *Wegener*, § 156 FamFG Rn. 25) von Bedeutung. Daher **können** die **Eltern ungeachtet ihrer eigenen Verfahrensbeteiligung** in Kindschaftssachen **auch im Namen des Kindes einen** 3

1 BGH FamRZ 2010, 548
2 BGH NJW-RR 2011, 284
3 BGH FamRZ 2012, 436; ZKJ 2011, 465
4 Jedenfalls solange die Eltern nicht gemäß § 1795 BGB von der Vertretung des Kindes ausgeschlossen sind oder ihnen gemäß § 1796 BGB die Vertretung wegen einer bestehenden Interessenkollision durch gerichtliche Entscheidung entzogen wurde, BGH FamRZ 2019, 986 = NJW 2019, 1814; FamRZ 2011, 1788

Rechtsanwalt zur Vertretung des Kindes beauftragen.[5] Dies ergibt sich auch aus § 158 Abs. 5 FamFG.

▶ *Zur Anwaltsbeauftragung durch das verfahrensfähige Kind selbst Köhler, § 9 FamFG Rn. 7.*

III. Verfahrensfähigkeit des Kindes ab 14 Jahren, Abs. 1 Nr. 3

4 Als **Ausnahmevorschrift zu Abs. 2** ist gemäß **Abs. 1 Nr. 3** das **ab 14 Jahre alte Kind unter mehreren kumulativen Voraussetzungen selbst verfahrensfähig:** Es muss in einem Verfahren, das seine Person betrifft, ein ihm nach bürgerlichem Recht zustehendes Recht geltend machen. Die **Vorschrift dient dazu**, die notwendige **Akzessorietät zwischen materiellem Recht** und **Verfahrensrecht herzustellen**.[6] Wenn dem 14 Jahre alten Kind also das materielle Recht ein Widerspruchs- oder Anhörungsrecht etc. gibt, soll das Kind dieses **Recht auch ohne gesetzliche Vertretung geltend machen können**.

Liegen die Voraussetzungen des Abs. 1 Nr. 3 nicht vor (z.B. es ist kein subjektives Recht betroffen, das Kind macht sein Recht nicht geltend etc.), **gilt Abs. 2**.[7]

5 Zu den **Verfahren**, welche die **Person des Kindes betreffen**, gehören jedenfalls **alle Kindschaftssachen i.S.d. § 151 FamFG** und daneben **auch Abstammungs- und Adoptionssachen**. Die Einschränkung „**nach bürgerlichem Recht**" bedeutet, dass **nur subjektive Rechte des Kindes nach dem BGB** davon umfasst sind. **Rechtspositionen des Verfassungs-, Verwaltungs- oder Verfahrensrechts fallen nicht darunter**. Auch **subjektive Rechtspositionen des Kindes im BGB**, die nicht als Mitwirkungs- oder Widerspruchsrechte ausgestaltet sind, **gehören dazu, etwa das Umgangsrecht des Kindes mit den Eltern**, nicht aber mit den Großeltern, weil der Wortlaut des § 1685 BGB, anders als § 1684 Abs. 1 BGB, nicht als subjektives Recht ausgestaltet ist. Im Rahmen der amtswegigen Prüfung eines Umgangsausschlusses gemäß § 1684 Abs. 4 BGB geht es um die Ausübung des staatlichen Wächteramts, regelmäßig nicht um ein subjektives bürgerliches Recht des Kindes, weshalb das Kind diesbezüglich nicht verfahrensfähig ist.[8] Der Auskunftsanspruch nach § 1686 BGB stellt ein Recht eines Elternteils dar (vgl. Wortlaut), aber kein subjektives Recht des Kindes.[9] Ebenso geht es im Rahmen eines Herausgabeverfahrens nach § 1632 BGB nicht um ein subjektives Recht des Kindes.[10] Auch **bei der Ausübung des staatlichen Wächteramts** in Sorgerechtssachen wegen Kindeswohlgefährdung **nach §§ 1666, 1666a BGB geht es nicht um** ein konkretes **subjektives Recht des Kindes**,[11] weshalb das **Kind diesbezüglich nicht verfahrensfähig** ist.[12]

Im Ergebnis kommen als subjektive Rechtspositionen des Kindes in Betracht: die positive Umgangsregelung nach § 1684 Abs. 1 BGB und ausdrücklich normierte Mitwirkungs- und Umgangsrechte gemäß §§ 1596 Abs. 2 Satz 1, Satz 2 Hs. 1; 1617c Abs. 1 Satz 2 Hs. 1; 1671 Abs. 1 Satz 2 Nr. 1; 1671 Abs. 2 Satz 2 Nr. 1; 1746 Abs. 1 Satz 2, Satz 3. Hs. 1; 1762 Abs. 1 Satz 1, 2 BGB.[13]

---

5 BGH ZKJ 2018, 424 = FamRZ 2018, 1512 Rn. 10; bei Uneinigkeit der Eltern hinsichtlich der Anwaltsbeauftragung ist ein Antrag eines gemeinsam sorgeberechtigten Elternteils auf Übertragung des Rechts zur Beauftragung eines Anwalts für das Kind nach § 1628 BGB in einem Kindschaftsverfahren aber zurückzuweisen, wenn dem Kind bereits ein Verfahrensbeistand bestellt wurde, BGH ZKJ 2018, 424 = FamRZ 2018, 1512

6 BT-Drucks. 16/9733, 208; ausführlich *Köhler*, ZKJ 2018, 50

7 A.A. *Burghart*, FamRZ 2019, 1029, der entgegen dem Wortlaut der Norm und entgegen der Gesetzesbegründung zu dem Ergebnis kommt, dass jedes Kind ab 14 Jahren verfahrensfähig sei

8 *Schauberger*, S. 60, 61; Prütting/Helms/*Prütting*, § 9 Rn. 14

9 So zutreffend *Hammer*, FamRZ 2019, 708 (ablehnende Anmerkung zu OLG Dresden FamRZ 2019, 707)

10 OLG Koblenz FamRZ 2019, 706

11 OLG München FamRZ 2019, 1706; Prütting/Helms/*Prütting*, § 9 Rn. 14; *Schauberger*, S. 60, 61; a.A. (subjektives Recht des Kindes) OLG Schleswig FamRZ 2019, 1700

12 Ausführlich mit Beispielen *Köhler*, ZKJ 2018, 50

13 Näher hierzu *Köhler*, ZKJ 2018, 50

Schließlich muss das Kind sein bürgerliches Recht auch **geltend machen**. Dies erfordert eine **aktive Mitwirkung** des Jugendlichen, reine Untätigkeit oder die bloße Möglichkeit der Geltendmachung genügen nicht. Das Merkmal zeigt, dass die Verfahrensfähigkeit dem Jugendlichen nicht aufoktroyiert werden soll. Auch im laufenden Verfahren kann der Jugendliche seine Meinung wieder ändern, was zu einer gewissen Unsicherheit führen kann. Es gibt aber **keine Verfahrensfähigkeit gegen den Willen des Kindes**. 6

Ist das Kind gemäß § 9 Abs. 1 Nr. 3 FamFG verfahrensfähig, hat es ohne gesetzliche Vertretung die volle Stellung eines Beteiligten und **alle verfahrensrechtlichen Befugnisse und Handlungsmöglichkeiten**. Die Verfahrensfähigkeit umfasst dabei das gesamte Verfahren, so dass dem betroffenen Kind insoweit alle Befugnisse eines Geschäftsfähigen zur Verfügung stehen.[14] Das bedeutet etwa, dass das Kind alle Schriftstücke erhalten muss und zu einem etwaigen Termin zu laden ist. Eine vergleichsweise Regelung, z.B. gemäß § 156 Abs. 2 Satz 1 FamFG, bedarf der Zustimmung des Kindes. Ab dem Zeitpunkt der Verfahrensfähigkeit kann es selbst einen Antrag auf Bewilligung von VKH stellen[15] und sich im Rahmen der VKH einen Verfahrensbevollmächtigten beiordnen lassen. Aufgrund der Verfahrensfähigkeit kann ein **verfahrensfähiges Kind** – unabhängig von den Voraussetzungen der Geschäftsfähigkeit nach §§ 104 ff. BGB – **einem Anwalt** für das jeweilige Kindschaftsverfahren **eine wirksame Verfahrensvollmacht erteilen**;[16] die Befugnis zur Erteilung einer Verfahrensvollmacht folgt nicht aus §§ 104 ff. BGB, sondern aus der jeweiligen Verfahrensfähigkeit.[17] Ohne die Möglichkeit, selbst einen Verfahrensbevollmächtigten zu bestellen, würde der vom Gesetzgeber (auch) verfolgte Zweck einer Stärkung der verfahrensrechtlichen Position durch die Regelung einer Verfahrensfähigkeit unabhängig von der Geschäftsfähigkeit in vielen Fällen verfehlt.[18] Ob das verfahrensfähige Kind – insoweit entgegen §§ 106 ff. BGB – über die Verfahrensvollmacht hinaus auch wirksam einen Rechtsanwaltsvertrag schließen kann, ist umstritten.[19] Zwar würde die Möglichkeit der Verfahrensvollmacht faktisch leerlaufen, wenn ohne Rechtsanwaltsvertrag kein Anwalt zur Vertretung im Verfahren bereit ist. Andererseits sind die §§ 106 ff. BGB hier eindeutig, so dass der Gesetzgeber gefordert ist, eine Regelung zu schaffen. 7

Auch bei einem verfahrensfähigen Kind sind die **verfahrensrechtlichen Schutzvorschriften für das Kind zu beachten**. Nach Sinn und Zweck sollten auch im laufenden Verfahren bis zur Entscheidung bei Vorliegen der Voraussetzungen des § 164 Satz 2 FamFG (also bei zu befürchtenden Nachteilen für die Entwicklung, Erziehung oder die Gesundheit des Kindes) entsprechende Schriftstücke dem Kind nicht übersandt werden.[20]

IV. Sondervorschriften zu Abs. 1 Nr. 3

In **verschiedenen Konstellationen** bestimmt sich die **Verfahrensfähigkeit des mindestens 14 Jahre alten Kindes** nicht nach Abs. 1 Nr. 3, sondern **nach anderen Regelungen, die** nach der Regel *lex specialis derogat legi generali* der Bestimmung des **Abs. 1 Nr. 3 vorgehen**. 8

Gemäß **§ 164 Satz 1 FamFG** hat die **Bekanntgabe einer Endentscheidung** – unabhängig von den sonstigen Voraussetzungen des § 9 Abs. 1 Nr. 3 FamFG – stets **an das bei Erlass der Entscheidung mindestens 14 Jahre alte Kind selbst** zu erfolgen, wenn das 9

14 BGH FamRZ 2014, 110 Rn. 7 zum insoweit gleichgelagerten § 275 FamFG
15 So schon BT-Drucks. 16/9733, 294
16 *Moelle*, ZKJ 2020, 7, 10
17 Staudinger/*Klumpp*, § 107 BGB Rn. 68; BeckOGK/*Duden*, § 107 BGB Rn. 123
18 BGH FamRZ 2014, 110 Rn. 9 zum insoweit gleichgelagerten § 275 FamFG
19 Dafür OLG Dresden FamRZ 2014, 1042; BeckOGK/*Duden*, § 107 BGB Rn. 123; *DIJuF*-Rechtsgutachten DRG 1198 v. 27.1.2016 – V1.220; dagegen AG Münster, Urteil v. 21.3.1994 – 6 C 886/93, juris, zum Asylrecht; offenlassend Staudinger/*Klumpp*, § 107 BGB Rn. 69
20 Siehe dazu hier *Heilmann*, § 164 FamFG Rn. 10; *Köhler*, ZKJ 2018, 50; *Heiter*, FamRZ 2009, 85

Kind (wie im Regelfall) nicht geschäftsunfähig ist. Hintergrund ist, dass das Kind ab dem Alter von 14 Jahren gemäß § 60 Satz 1, 2 FamFG unabhängig von seinem gesetzlichen Vertreter das Beschwerderecht auch selbst ausüben kann.

Eine Ersatzzustellung an Eltern, Vormund oder Pfleger scheidet gemäß § 15 Abs. 2 Satz 1 Alt. 1 FamFG, § 178 Abs. 2 ZPO aus, wenn diese selbst am Verfahren beteiligt sind. Der Urkundsbeamte der Geschäftsstelle hat hierauf in dem nach § 15 Abs. 2 Satz 1 Alt. 1 FamFG, § 176 Abs. 1 ZPO zu fertigenden Zustellungsauftrag durch den Vermerk „Keine Ersatzzustellung an die Eltern! [den Vormund X, den Pfleger X]" hinzuweisen.[21]

10 Gemäß **§ 167 Abs. 3 FamFG** ist **das mindestens 14 Jahre alte Kind in Verfahren nach § 151 Nr. 6 und Nr. 7 FamFG** unabhängig von seiner Geschäftsfähigkeit **stets selbst** unabhängig von einer gesetzlichen Vertretung **verfahrensfähig**.

11 **Im Beschwerdeverfahren** ist das **mindestens 14 Jahre alte Kind als Beschwerdeführer** – unabhängig von den sonstigen Voraussetzungen nach § 9 Abs. 1 Nr. 3 FamFG – wenn es nicht geschäftsunfähig ist, stets **selbst verfahrensfähig gemäß § 60 Satz 1 FamFG**. Das bedeutet, dass das Kind ohne Mitwirkung und auch gegen den ausdrücklichen Willen seiner gesetzlichen Vertreter selbst Beschwerde einlegen kann. Ist das **Kind nicht selbst Beschwerdeführer, gilt Abs. 1 Nr. 3, Abs. 2**.

V. Verfahrensfähigkeit von juristischen Personen und Behörden, Abs. 3

12 Gemäß Abs. 3 handeln für Vereinigungen und Behörden ihre gesetzlichen Vertreter und Vorstände. Die Vorschrift ist an § 62 Abs. 3 VwGO angelehnt und hinsichtlich des Begriffes Vereinigung weit zu verstehen.,[22] Insbesondere deckt die Vorschrift **alle Beteiligten nach § 8 Nr. 1 Alt. 2, Nr. 2 und Nr. 3 FamFG ab,** also alle Beteiligten, **die nicht natürliche Personen sind**. Im Kindschaftsrecht ist die Vorschrift insbesondere für das Jugendamt und den Vereinsvormund von Bedeutung. Das Jugendamt wird vertreten durch den Leiter, dessen Vertreter oder einen von diesem beauftragten Sachbearbeiter[23] der Verein durch den Vorstand, § 26 Abs. 2 BGB.

VI. Verschuldenszurechnung, Abs. 4

13 Nach Abs. 4, der § 51 Abs. 2 ZPO entspricht, wird das **Verschulden des gesetzlichen Vertreters dem vertretenen Beteiligten zugerechnet**. Relevanz hat die Vorschrift in Kindschaftssachen etwa für Wiedereinsetzungsgesuche im Rahmen der Verschuldensprüfung nach § 17 Abs. 1 FamFG. Bedenklich ist, dass der BGH die Verschuldenszurechnung nicht nur für Fälle gelten lässt, die über Schadensersatz geregelt werden können, sondern auch für Statusverfahren im Abstammungsrecht.[24] Hinsichtlich des Verschuldens des Verfahrensbevollmächtigten gilt nicht Abs. 4, sondern über § 11 Abs. 5 die Regelung des § 85 Abs. 2 ZPO.

VII. Entsprechende Geltung von ZPO-Vorschriften, Abs. 5

14 Die verwiesenen Vorschriften können in Kindschaftssachen vor allem in folgenden Fällen relevant werden:

- Ist einem **Elternteil** ein **Betreuer auch für den Aufgabenkreis gerichtliches Verfahren**/Prozessführung bestellt, so **obliegt die Verfahrensführung** auch für den geschäftsfähigen (nicht unter Einwilligungsvorbehalt stehenden) Elternteil aus Gründen der Rechtsklarheit **allein dem Betreuer, Abs. 5, § 53 ZPO.**

---

21 Zöller/*Lorenz*, § 164 FamFG Rn. 2
22 BT-Drucks. 16/6308, 180
23 Keidel/*Zimmermann*, § 9 Rn. 20
24 BGH FamRZ 1993, 308

- Das **Vorliegen aller Verfahrensvoraussetzungen**, d.h. insbesondere Beteiligten- und Verfahrensfähigkeit, ist in jeder Lage des Verfahrens und in jedem Rechtszug **von Amts wegen zu prüfen**, d.h., die Prüfung ist unabhängig von einer entsprechenden Rüge, aber nur bei entsprechenden Anhaltspunkten zu ermitteln, **Abs. 5, § 56 ZPO**, bei Zweifeln kann das Gericht dem im Streng- oder Freibeweisverfahren nachgehen. Bei Unaufklärbarkeit ist der Beteiligte als nicht verfahrensfähig anzusehen.[25]

§ 10 FamFG Bevollmächtigte

(1) Soweit eine Vertretung durch Rechtsanwälte nicht geboten ist, können die Beteiligten das Verfahren selbst betreiben.

(2) [1]Die Beteiligten können sich durch einen Rechtsanwalt als Bevollmächtigten vertreten lassen. [2]Darüber hinaus sind als Bevollmächtigte, soweit eine Vertretung durch Rechtsanwälte nicht geboten ist, vertretungsbefugt nur

1. **Beschäftigte des Beteiligten oder eines mit ihm verbundenen Unternehmens (§ 15 des Aktiengesetzes); Behörden und juristische Personen des öffentlichen Rechts einschließlich der von ihnen zur Erfüllung ihrer öffentlichen Aufgaben gebildeten Zusammenschlüsse können sich auch durch Beschäftigte anderer Behörden oder juristischer Personen des öffentlichen Rechts einschließlich der von ihnen zur Erfüllung ihrer öffentlichen Aufgaben gebildeten Zusammenschlüsse vertreten lassen;**
2. **volljährige Familienangehörige (§ 15 der Abgabenordnung, § 11 des Lebenspartnerschaftsgesetzes), Personen mit Befähigung zum Richteramt und die Beteiligten, wenn die Vertretung nicht im Zusammenhang mit einer entgeltlichen Tätigkeit steht;**
3. **Notare.**

(3) [1]Das Gericht weist Bevollmächtigte, die nicht nach Maßgabe des Absatzes 2 vertretungsbefugt sind, durch unanfechtbaren Beschluss zurück. [2]Verfahrenshandlungen, die ein nicht vertretungsbefugter Bevollmächtigter bis zu seiner Zurückweisung vorgenommen hat, und Zustellungen oder Mitteilungen an diesen Bevollmächtigten sind wirksam. [3]Das Gericht kann den in Absatz 2 Satz 2 Nr. 1 und 2 bezeichneten Bevollmächtigten durch unanfechtbaren Beschluss die weitere Vertretung untersagen, wenn sie nicht in der Lage sind, das Sach- und Streitverhältnis sachgerecht darzustellen.

(4) [1]Vor dem Bundesgerichtshof müssen sich die Beteiligten, außer im Verfahren über die Ausschließung und Ablehnung von Gerichtspersonen und im Verfahren über die Verfahrenskostenhilfe, durch einen beim Bundesgerichtshof zugelassenen Rechtsanwalt vertreten lassen. [2]Behörden und juristische Personen des öffentlichen Rechts einschließlich der von ihnen zur Erfüllung ihrer öffentlichen Aufgaben gebildeten Zusammenschlüsse können sich durch eigene Beschäftigte mit Befähigung zum Richteramt oder durch Beschäftigte mit Befähigung zum Richteramt anderer Behörden oder juristischer Personen des öffentlichen Rechts einschließlich der von ihnen zur Erfüllung ihrer öffentlichen Aufgaben gebildeten Zusammenschlüsse vertreten lassen. [3]Für die Beiordnung eines Notanwaltes gelten die §§ 78b und 78c der Zivilprozessordnung entsprechend.

(5) [1]Richter dürfen nicht als Bevollmächtigte vor dem Gericht auftreten, dem sie angehören.

In Verfahren nach dem FamFG besteht im Regelfall kein Anwaltszwang. Die Beteiligten können wahlweise das Verfahren selbst betreiben, Abs. 1, oder sich durch einen Rechtsanwalt als Bevollmächtigten vertreten lassen, Abs. 2 Satz 1. **Anwaltszwang** besteht gemäß § 114 FamFG **ausnahmsweise in** Familiensachen für **Ehe- und Folgesachen** (§§ 121, 137 FamFG) **sowie** für **Familienstreitsachen** (§ 112 FamFG). Wenn also eine Kindschaftssache gemäß § 137 Abs. 3 FamFG im Scheidungsverbund verhandelt wird, müssen 1

25 BGH NJW 2000, 289

sich die Ehegatten und Eltern durch einen Rechtsanwalt vertreten lassen. Anderenfalls sind ihre Erklärungen im Verfahren unwirksam. Das Verfahren der Verfahrenskostenhilfe unterliegt auch bezüglich einer Ehe-, Folge- oder Familienstreitsache keinem Anwaltszwang.[1] In einer **isolierten Kindschaftssache** besteht **kein Anwaltszwang**.

1a Vergleichbar mit der Regelung des § 79 ZPO, der in Abs. 2 Satz 2 aufführt, wer in einem Prozess, der nicht dem Anwaltszwang nach § 78 ZPO unterliegt, die Partei als Bevollmächtigter vertreten kann, regelt § 10 FamFG, wer in Verfahren nach dem FamFG, die nicht dem Anwaltszwang unterliegen, die Beteiligten als Bevollmächtigte vertreten kann. Ein **Bevollmächtigter vertritt** den Beteiligten **und handelt für den Beteiligten**. Der Kreis der Bevollmächtigten ist gesetzlich eingeschränkt auf Beschäftigte des Beteiligten (Nr. 1), unentgeltlich tätige näher bezeichnete Personen (Nr. 2) und Notare (Nr. 3). **Andere als die in Nr. 1 bis 3 bezeichneten Personen** (Bekannte, Freunde, Nachbarn ohne die besonderen Voraussetzungen) **können nicht als Bevollmächtigte** nach § 10 FamFG **tätig werden**.

1b Eine Behörde, etwa das Jugendamt, kann sich im gerichtlichen Verfahren gemäß Abs. 2 Satz 2 Nr. 1 **durch eigene Beamte oder Angestellte vertreten lassen**. Für die Wirksamkeit einer Verfahrenshandlung ist es dabei unerheblich, ob dies in Vertretung oder im Auftrag geschieht. Auch der **Vorlage einer Vollmacht bei Gericht bedarf es insoweit nicht**.[2]

1c Gemeinsames Merkmal der in **Nr. 2** genannten Personen ist das **unentgeltliche Tätigwerden**. Die entgeltliche Tätigkeit erfasst dabei nicht nur die Bezahlung für die konkrete Tätigkeit, sondern alle Arten von Vermögensvorteilen als Gegenleistung für das Tätigwerden. Auch wenn die Tätigkeit im Zusammenhang mit einer anderen (entgeltlichen) beruflichen Tätigkeit erbracht wird, liegt keine unentgeltliche Tätigkeit vor, die Vorschrift erlaubt nur uneigennütziges Tätigwerden.[3] Reiner Auslagenersatz, etwa für Schreib-, Portoauslagen oder Fahrtkosten, ist unschädlich für das Merkmal der Unentgeltlichkeit.[4]

2 Hat das Gericht nach § 33 FamFG das **persönliche Erscheinen** eines Beteiligten angeordnet oder ist der Beteiligte **persönlich anzuhören**, ist eine Vertretung insoweit ausgeschlossen. Jedoch kann ein Beteiligter auch bei Anordnung des persönlichen Erscheinens bzw. in einem Termin zur persönlichen Anhörung in Begleitung eines Bevollmächtigten erscheinen.[5]

3 Ein besonderes Problem kann sich **in grenzüberschreitenden Fallkonstellationen** stellen, wenn ein Beteiligter in Kindschaftssachen – zumeist ein Elternteil – einen **konsularischen Vertreter** zu einem Erörterungs- oder Anhörungstermin **hinzuziehen** möchte. Zu den konsularischen Aufgaben gehört nach Art. 5 lit. i des Wiener Konsularübereinkommens, vorbehaltlich der im Empfangsstaat geltenden Gepflogenheiten und Verfahren, die Angehörigen des Entsendestaates vor den Gerichten und Behörden des Empfangsstaates zu vertreten oder für ihre angemessene Vertretung zu sorgen, wenn diese wegen Abwesenheit oder aus einem anderen Grund ihre Rechte und Interessen nicht selbst rechtzeitig verteidigen können. Weil diese Aufgabenbeschreibung von Vertretung spricht, ist § 12 FamFG nicht anwendbar. Insoweit der konsularische Vertreter nicht die Befähigung zum Richteramt hat, ist § 10 FamFG seinem Wortlaut nach eigentlich auch nicht anwendbar. Um mögliche diplomatische Verwicklungen oder einen Streit darum, ob ein anderer Grund

---

1 BVerfG FamRZ 2018, 1524

2 BVerwG NVwZ 1994, 266 zu § 67 Abs. 1 Satz 3 VwGO a.F. (vergleichbar mit § 10 Abs. 2 Satz 2 Nr. 1 Hs. 2 FamFG)

3 Vgl. BT-Drucks. 16/3655, 57 zu § 6 Abs. 1 RDG, wo die unentgeltlichen Rechtsdienstleistungen legal definiert sind

4 Vgl. BT-Drucks. 16/3655, 57

5 Insoweit handelt der Bevollmächtigte als Beistand nach § 12: Bumiller/Harders/*Schwamb*, § 10 Rn. 4

vorliegt, warum ein Beteiligter nicht für seine eigene angemessene Vertretung sorgen kann, zu vermeiden, sollte Abs. 2 in dem Falle **völkerrechtsfreundlich** dahingehend **ausgelegt** werden, dass der konsularische Vertreter als Bevollmächtigter tätig sein kann.

Sind die Voraussetzungen für das Tätigwerden eines Bevollmächtigten nach § 10 Abs. 2 FamFG erfüllt, muss das Gericht darüber nicht förmlich entscheiden, sondern nimmt die Anwesenheit des Bevollmächtigten in dem entsprechenden Termin schlicht auf (ähnlich einer anwaltlichen Tätigkeit). Sind diese **Voraussetzungen nicht erfüllt**, weist das Gericht die **Person durch unanfechtbaren Beschluss als Bevollmächtigten zurück, § 10 Abs. 3 Satz 1 FamFG**, was auch gilt, wenn die Bevollmächtigten nicht in der Lage sind, das Sach- und Streitverhältnis sachgerecht darzustellen, § 10 Abs. 3 Satz 3 FamFG. War der Beteiligte an dem Termin selbst nicht anwesend – was in Kindschaftssachen, da persönliches Erscheinen in der Regel angeordnet wird, selten vorkommen dürfte –, muss der Termin abgebrochen und zu einem neuen Termin geladen werden.[6] Bis zur Zurückweisung sind die Verfahrenshandlungen des Bevollmächtigten dem Beteiligten gegenüber wirksam, § 10 Abs. 3 Satz 2 FamFG.[7] **4**

Im Einzelfall kann eine Person zwar als Bevollmächtigter ausgeschlossen sein, weil sie die besonderen Voraussetzungen nach Abs. 2 Nr. 2 nicht erfüllt, aber **die Voraussetzungen für ein Auftreten als Beistand** können gegeben sein, **§ 12 Satz 3 FamFG**. **5**

§ 11 FamFG Verfahrensvollmacht

[1]Die Vollmacht ist schriftlich zu den Gerichtsakten einzureichen. [2]Sie kann nachgereicht werden; hierfür kann das Gericht eine Frist bestimmen. [3]Der Mangel der Vollmacht kann in jeder Lage des Verfahrens geltend gemacht werden. [4]Das Gericht hat den Mangel der Vollmacht von Amts wegen zu berücksichtigen, wenn nicht als Bevollmächtigter ein Rechtsanwalt oder Notar auftritt. [5]Im Übrigen gelten die §§ 81 bis 87 und 89 der Zivilprozessordnung entsprechend.

Die Vorschrift regelt, wann und in welcher **Form** die von vertretenen Beteiligten erteilte **Vollmacht nachzuweisen** ist. Die Vollmacht ist **schriftlich** bei Gericht einzureichen. Für die Wirksamkeit bedarf es einer eigenhändigen Unterschrift auf der Vollmachtsurkunde. Eine per Fax versandte Vollmacht genügt nicht.[1] **1**

Der **Mangel der Vollmacht** kann in jeder Lage des Verfahrens gerügt werden. Bei Zweifeln an dem Bestehen oder der Wirksamkeit der Vollmacht muss das Gericht die Wirksamkeit von Amts wegen klären. Ausnahmsweise darf es auch die Wirksamkeit der Bevollmächtigung eines **Rechtsanwalts** von Amts wegen prüfen, wenn es begründete Zweifel hieran hat, zum Beispiel weil der Rechtsanwalt selbst solche Zweifel erweckt hat.[2] **2**

In den Verfahren der freiwilligen Gerichtsbarkeit – anders als in Verfahren, die dem Anwaltszwang unterliegen – kann die Vollmacht beschränkt werden, etwa als Terminsvollmacht auf den Termin oder auf den Abschluss eines Vergleichs, § 11 Satz 5 FamFG, § 83 Abs. 2 ZPO. Ein Verschulden des Bevollmächtigten ist dem jeweiligen Beteiligten gemäß § 11 Satz 5 FamFG, § 85 Abs. 2 ZPO zuzurechnen, was insbesondere im Rahmen von Wiedereinsetzungsgesuchen von Bedeutung sein kann. **3**

---

6 Keidel/*Zimmermann*, § 10 Rn. 39
7 OLG Karlsruhe FamRZ 2018, 1830 Rn. 36
1 BGH NJW 1994, 2298
2 OLG Schleswig FamRZ 2012, 320

§ 12 FamFG Beistand

[1]Im Termin können die Beteiligten mit Beiständen erscheinen. [2]Beistand kann sein, wer in Verfahren, in denen die Beteiligten das Verfahren selbst betreiben können, als Bevollmächtigter zur Vertretung befugt ist. [3]Das Gericht kann andere Personen als Beistand zulassen, wenn dies sachdienlich ist und hierfür nach den Umständen des Einzelfalls ein Bedürfnis besteht. [4]§ 10 Abs. 3 Satz 1 und 3 und Abs. 5 gilt entsprechend. [5]Das von dem Beistand Vorgetragene gilt als von dem Beteiligten vorgebracht, soweit es nicht von diesem sofort widerrufen oder berichtigt wird.

Übersicht

	Rn.
A. Allgemeines	1
B. Inhalt der Norm	2

A. Allgemeines

1 In besonders belastenden oder komplizierteren Verfahren kann es für einen Beteiligten sinnvoll sein, sich der Unterstützung eines befähigten, ihm nahestehenden Dritten zu versichern. Im Gegensatz zu einem Bevollmächtigten, der den Beteiligten vertritt und ersetzt, tritt ein solcher **Beistand** lediglich an dessen Seite. In der Praxis wird ein Beistand nur selten bestellt.

B. Inhalt der Norm

2 Ein Beistand unterstützt einen Beteiligten **im Termin** und tritt **neben einem Beteiligten** auf, **nicht an dessen Stelle**. Dies unterscheidet den Beistand von einem Verfahrensbevollmächtigten. **In Abwesenheit des Beteiligten ist der Beistand nicht mehr legitimiert**. Der Beistand benötigt im Gegensatz zum Bevollmächtigten keine Vollmacht, da die Anwesenheit des Beteiligten ihn legitimiert. Das **Gericht muss prüfen, welche Funktion die Begleitperson nach dem Willen des Beteiligten haben soll**, Bevollmächtigter nach § 10 FamFG oder Beistand nach § 12 FamFG. Als Beistand kann das Gericht neben Personen, die als Bevollmächtigte auftreten können (Satz 2), gemäß § 12 Satz 3 FamFG auch solche Personen zulassen, die nicht nach § 10 Abs. 2 FamFG als Bevollmächtigte auftreten dürfen. Insbesondere volljährige Familienangehörige können sowohl Beistand als auch Bevollmächtigter sein, § 10 Satz 2 Nr. 2 Var. 1 FamFG. Zu unterscheiden ist der Beistand weiter von Personen, die als Hilfskraft des Beteiligten im Rahmen der Verfahrensführung unterstützend tätig werden sollen, ohne dass sie nach dem Willen des Beteiligten Erklärungen oder Verfahrenshandlungen für ihn abgeben sollen, etwa ein Privatgutachter oder sonstige Fachleute.[1] Diese haben dann kein Anwesenheitsrecht im Termin.

3 Lediglich **Beteiligte** können sich eines Beistands bedienen. Zwar können Zeugen ihre Aussage vor Gericht von der Anwesenheit eines Rechtsbeistands abhängig machen;[2] ein solcher Rechtsbeistand des Zeugen stellt aber keinen Beistand i.S.d. § 12 FamFG dar. Der Zeuge ist aber in einem Ordnungsmittelverfahren gegen ihn selbst Beteiligter und kann insoweit auch einen Beistand hinzuziehen.

4 Die Aufwendungen des Beistands können im Einzelfall als notwendige Aufwendungen des Beteiligten anerkannt und als **Auslagen** nach §§ 80, 81 FamFG erstattet werden.[3] Allerdings ist es Sache des jeweiligen Beteiligten, nicht Aufgabe des Gerichts, für einen der deutschen Sprache nicht mächtigen Beistand einen **Dolmetscher** zu bestellen.[4]

---

1 BT-Drucks. 16/3655, 90 zu § 90 ZPO
2 BVerfG NJW 1975, 103
3 MüKo-FamFG/*Pabst*, § 12 Rn. 18
4 Keidel/*Zimmermann*, § 12 Rn. 4

Der in §§ 158, 167, 174 FamFG genannte **Verfahrensbeistand**[5] ist kein Beistand i.S.d. § 12 FamFG, sondern ein mit der Bestellung kraft Gesetzes Beteiligter mit eigenen Rechten.[6] Ferner zählt nicht hierzu die **Beistandschaft** des Jugendamtes nach § 55 SGB VIII, §§ 1712 ff. BGB (siehe hierzu *Köhler*, §§ 55 bis 58 SGB VIII Rn. 1 ff.).

Aus der Formulierung des § 12 Satz 1 FamFG „**im Termin**" ergibt sich, dass eine Begleitung durch einen Beistand nur bei gerichtlichen Terminen, d.h. Erörterungs-, Anhörungs- und Verkündungsterminen, zulässig ist. Außerhalb gerichtlicher Termine – etwa vor Ort bei einem **Sachverständigen** – kann ein Beistand i.S.d. § 12 FamFG nicht hinzugezogen werden.[7] Jedoch kann ein Beteiligter bei einem Untersuchungsgespräch bzw. einem Explorationstermin bei einem Sachverständigen – aus Gründen des effektiven Schutzes vor Wahrnehmungsfehlern des Sachverständigen – eine **Begleitperson ohne Äußerungsrecht** hinzuziehen.[8] Eine solche Begleitperson ist dann – wie sich im Gegenschluss aus den Rechten eines Beistands nach § 12 Satz 5 FamFG ergibt – nicht Beistand i.S.d. § 12 FamFG. 5

Der **Beistand kann im Termin** die **Beteiligtenrechte ausüben**, kann Erklärungen abgeben und auch Verfahrenshandlungen für den Beteiligten vornehmen und das von einem Beistand Vorgebrachte gilt als von dem Beteiligten vorgebracht, soweit es nicht vom Beteiligten sofort widerrufen oder berichtigt wird, Satz 5. Aus der Legitimation durch Anwesenheit des Beteiligten folgt, dass Vorbringen des Beteiligten außerhalb eines Gerichtstermins (z.B. Schriftsätze) dem Beteiligten nicht zugerechnet wird.[9] 6

Soweit ein Beteiligter eine Begleitperson als Beistand mitbringt, die auch **Bevollmächtigter nach § 10 FamFG sein könnte**, ist dies gemäß § 12 Satz 2 FamFG jederzeit möglich und **solche Beistände bedürfen nicht der Zulassung durch das Gericht**. Will der Beteiligte durch eine andere Person als Beistand unterstützt werden, die **nicht Bevollmächtigter nach § 10 FamFG sein kann**, **bedarf** dieser Beistand **der Zulassung durch das Gericht nach § 12 Satz 3 FamFG**. Der Beistand ist zuzulassen, wenn dies sachdienlich ist und hierfür nach den Umständen des Einzelfalls ein Bedürfnis besteht. Sachdienlichkeit ist gegeben, wenn die Zulassung verfahrensfördernd ist. Ein Bedürfnis im Einzelfall liegt vor bei Hilfebedürftigkeit oder Geschäftsungewandtheit des Beteiligten, im Einzelfall auch bei einem besonderen Nähe- oder Vertrauensverhältnis des Beteiligten zu dem gewünschten Beistand. Über die Zulassung entscheidet das Gericht gemäß §§ 12 Satz 4, 10 Abs. 3 Satz 1 FamFG durch **unanfechtbaren Beschluss**. Wurde ein gewünschter Beistand zurückgewiesen, muss er schweigen und – soweit die übrigen Beteiligten nicht alle seiner Anwesenheit zustimmen und das Gericht sein Ermessen nicht anderweitig ausübt, § 170 Abs. 1 Satz 2 GVG – den Gerichtssaal verlassen. Wenn der Beistand das Sach- und Streitverhältnis nicht sachgerecht darstellen kann, kann das Gericht dem Beistand sein Auftreten gemäß §§ 12 Satz 4, 10 Abs. 3 Satz 3 FamFG **untersagen**. Regelmäßig gebietet die gerichtliche Ermessensausübung, dass vor einer Untersagung eine Verwarnung des Beistands erfolgt. 7

5 Mitunter als „Anwalt des Kindes" bezeichnet
6 Keidel/*Zimmermann*, § 12 Rn. 5
7 MüKo-FamFG/*Pabst*, § 12 Rn. 8a
8 OLG Hamm FamRZ 2015, 1126
9 MüKo-FamFG/*Pabst*, § 12 Rn. 6

§ 13 FamFG Akteneinsicht

(1) Die Beteiligten können die Gerichtsakten auf der Geschäftsstelle einsehen, soweit nicht schwerwiegende Interessen eines Beteiligten oder eines Dritten entgegenstehen.

(2) [1]Personen, die an dem Verfahren nicht beteiligt sind, kann Einsicht nur gestattet werden, soweit sie ein berechtigtes Interesse glaubhaft machen und schutzwürdige Interessen eines Beteiligten oder eines Dritten nicht entgegenstehen. [2]Die Einsicht ist zu versagen, wenn ein Fall des § 1758 des Bürgerlichen Gesetzbuchs vorliegt.

(3) [1]Soweit Akteneinsicht gewährt wird, können die Berechtigten sich auf ihre Kosten durch die Geschäftsstelle Ausfertigungen, Auszüge und Abschriften erteilen lassen. [2]Die Abschrift ist auf Verlangen zu beglaubigen.

(4) [1]Einem Rechtsanwalt, einem Notar oder einer beteiligten Behörde kann das Gericht die Akten in die Amts- oder Geschäftsräume überlassen. [2]Ein Recht auf Überlassung von Beweisstücken in die Amts- oder Geschäftsräume besteht nicht. [3]Die Entscheidung nach Satz 1 ist nicht anfechtbar.

(5) Werden die Gerichtsakten elektronisch geführt, gilt § 299 Abs. 3 der Zivilprozessordnung entsprechend.

(6) Die Entwürfe zu Beschlüssen und Verfügungen, die zu ihrer Vorbereitung gelieferten Arbeiten sowie die Dokumente, die Abstimmungen betreffen, werden weder vorgelegt noch abschriftlich mitgeteilt.

(7) Über die Akteneinsicht entscheidet das Gericht, bei Kollegialgerichten der Vorsitzende.

Übersicht

	Rn.
A. Allgemeines	1
B. Inhalt der Norm	2
I. Verfahren	2
II. Einsichtsberechtigte	3
1. Beteiligte	3
2. Nicht beteiligte Dritte	4
3. Nicht beteiligte Behörden, andere Gerichte und die Staatsanwaltschaft	5
III. Ort der Einsichtnahme	7
IV. Gegenstand der Akteneinsicht	7a
V. Entscheidung	8
VI. Rechtsmittel	9

Weiterführende Literatur: Bieresborn, Die Auswirkungen der DSGVO auf das gerichtliche Verfahren, DRiZ 2019, 18 ff.; *Deinert,* Rechtsfragen des Datenschutzes im Betreuungswesen, BtPrax 2019, 19 ff.; *Gietl,* Akteneinsicht durch am Verfahren nicht Beteiligte, NZFam 2017, 681 ff.

A. Allgemeines

1 Die Vorschrift regelt als Ausprägung des verfassungsrechtlich geschützten Anspruchs auf rechtliches Gehör gemäß Art. 103 Abs. 1 GG die Akteneinsicht für die Verfahren der **freiwilligen Gerichtsbarkeit**. Hinsichtlich **Verfahrenskostenhilfeunterlagen** trifft § 76 Abs. 1 FamFG i.V.m. § 117 Abs. 2 Satz 2 ZPO eine vorrangige Regelung, nicht jedoch im Sinne eines Akteneinsichtsrechts. § 117 Abs. 2 Satz 2 ZPO regelt nur die Modalitäten, unter denen das Gericht Informationen aus dem VKH-Verfahren dem Gegner zugänglich machen kann; insoweit geht es nur um eine verbesserte Amtsaufklärung durch das Gericht, nicht um ein subjektives Recht des Gegners des VKH-Verfahrens.[1] Geht es um **behördli-**

1 BGH FamRZ 2015, 1176

che Akten, etwa des Jugendamtes, beurteilt sich das Akteneinsichtsrecht nach § 25 SGB X.[2]

▶ *Zur Akteneinsicht in Jugendamtsakten vgl. näher Köhler, §§ 61 bis 68 SGB VIII Rn. 4.*

Im Verhältnis zu den Datenschutzgesetzen des Bundes und der Länder stellt § 13 eine auf FamFG-Verfahren bezogene, bereichsspezifische Spezialregelung dar. Aufgrund der Subsidiarität der **Datenschutzgesetze** (vgl. § 1 Abs. 2 Satz 1 BDSG und entsprechende Vorschriften des Landesrechts) ist § 13 vorrangig. Dies gilt aber nur bei sog. Tatbestandskongruenz der Vorschriften, also nur insoweit, als von § 13 eine Regelung getroffen wird (vgl. § 1 Abs. 2 Satz 2 BDSG). Außerhalb des Regelungsbereichs von § 13 (etwa bezüglich nicht erfasster Personengruppen, hinsichtlich anderer als gerichtlicher Verfahren etc.) bleiben die Datenschutzgesetze daher grundsätzlich anwendbar. **1a**

Die **EU-Datenschutzgrundverordnung** (DSGVO)[3] gilt grundsätzlich auch im Rahmen der Gerichtsverfahren, vgl. Erwägungsgrund 20, Art. 55 Abs. 3, Art. 37 Abs. 1 lit. a DSGVO, wo Gerichte ausdrücklich erwähnt sind. Die Datenverarbeitung durch die Gerichte ist rechtmäßig gemäß Art. 6 Abs. 1 lit. e DGSVO, wonach die Verarbeitung rechtmäßig ist, wenn sie für die Wahrnehmung einer Aufgabe erforderlich ist, die im öffentlichen Interesse liegt oder in Ausübung öffentlicher Gewalt erfolgt, die dem Verantwortlichen übertragen ist. Für die besonderen, in Art. 9 Abs. 1 DGSVO einzeln aufgeführten personenbezogenen Daten, deren Verarbeitung grundsätzlich untersagt ist, macht Art. 9 Abs. 2 lit. f DGSVO eine Ausnahme, wenn die Verarbeitung zur Geltendmachung, Ausübung oder Verteidigung von Rechtsansprüchen oder bei Handlungen der Gerichte im Rahmen ihrer justiziellen Tätigkeit erforderlich ist. **1b**

B. Inhalt der Norm

I. Verfahren

Die Voraussetzungen für die Gewährung der **Akteneinsicht** und ihre Durchführung sind in § 13 FamFG beschrieben. Zu unterscheiden ist grundsätzlich danach, ob **ein Beteiligter oder ein Dritter** Akteneinsicht verlangt und ob das Verfahren, in dem Akteneinsicht begehrt wird, bereits abgeschlossen ist oder noch läuft. **2**

II. Einsichtsberechtigte

1. Beteiligte

Da der Anspruch auf rechtliches Gehör gemäß Art. 103 Abs. 1 GG die Kenntnis der Beteiligten von den Informationen voraussetzt, die der Entscheidung des Gerichts zugrunde liegen, besteht das Akteneinsichtsrecht als Ausfluss des Anspruchs auf rechtliches Gehör für alle **Beteiligten** i.S.d. § 7 FamFG **grundsätzlich uneingeschränkt**. Denn das Gericht darf seine Entscheidung nicht auf Informationen stützen, zu denen die Beteiligten sich nicht äußern konnten, § 37 Abs. 2 FamFG. Das Akteneinsichtsrecht kann nach Abs. 1 jedoch **eingeschränkt** sein bei **schwerwiegenden entgegenstehenden Interessen** eines Beteiligten oder Dritten. Es genügt dafür nicht jedes Interesse aus der Privat- oder Vermögenssphäre; vielmehr muss das entgegenstehende Interesse so schwerwiegend sein, dass das grundsätzlich zu gewährende Akteneinsichtsrecht demgegenüber ausnahmsweise zurücksteht. Solche Ausnahmefälle können vorliegen, wenn es in einem Gewaltschutzverfahren um die gebotene Geheimhaltung der Anschrift eines Beteiligten (z.B. bei neuem Aufenthalt des Opfers im Frauenhaus) geht oder um sensible, höchstpersönli- **3**

---

2 Dazu *DIJuF*-Rechtsgutachten TG-1129, Akteneinsichtsrecht der Beteiligten und Auskunftsrecht der Betroffenen; *Roller*, NZS 2013, 761; *Peschel-Gutzeit*, FPR 2012, 443, 445

3 Dazu *Bieresborn*, DRiZ 2019, 18; *Deinert*, BtPrax 2019, 19

che Angaben in einem psychologischen oder psychiatrischen Gutachten.[4] Es bedarf dafür einer individuellen Abwägung bezogen auf die konkret betroffenen Aktenbestandteile bzw. Schriftstücke. Auch wenn das Gericht zu dem Ergebnis kommt, dass ausnahmsweise für einzelne Unterlagen keine Akteneinsicht zu gewähren ist, hat es dafür Sorge zu tragen, dass der Antragsteller des Akteneinsichtsgesuchs dann über den wesentlichen Verfahrensverlauf in geeigneter Form in Kenntnis gesetzt wird, etwa durch Erstellung von Auszügen oder eine Zusammenfassung des Verfahrensverlaufes in schriftlicher Form.[5] **Kann** auf diese Weise **das rechtliche Gehör nicht hinreichend gewährt werden, dürfen die Erkenntnisse aus den betroffenen Unterlagen grundsätzlich nicht zur Grundlage der Entscheidung gemacht werden**.[6]

2. Nicht beteiligte Dritte

4 Ferner kann nicht am Verfahren beteiligten **Dritten**, die ein **berechtigtes Interesse** glaubhaft gemacht haben, Einsicht in die Akten gewährt werden, Abs. 2.

Ein **berechtigtes Interesse** ist gegeben, **wenn die Kenntnis vom Akteninhalt ein künftiges Verhalten des Antragstellers beeinflussen kann**. Dies gilt insbesondere, wenn sich der Antragsteller des Akteneinsichtsgesuchs gegen gegen ihn erhobene Ansprüche zur Wehr setzen oder selbst Ansprüche gerichtlich durchsetzen will.[7] Sind die Informationen dem Dritten bereits bekannt, besteht kein Akteneinsichtsrecht. Ein berechtigtes Interesse eines Dritten kann beispielsweise gegeben sein bei nicht bereits gemäß § 161 Abs. 1 Satz 1 FamFG beteiligten **Pflegepersonen** im Zusammenhang mit dem Einblick in die Umgangsakte der Umgang begehrenden Mutter[8] oder in die Vormundschaftsakte bei einem Verfahren auf Entlassung des Vormunds.[9] Ein Akteneinsichtsrecht kann auch für nichtbeteiligte **nicht sorgeberechtigte Elternteile** gegeben sein, wenn die Gefahr einer Kindeswohlgefährdung droht[10] oder im Hinblick auf das Informationsbedürfnis der Eltern zu den aktuellen Lebensumständen des Kindes.[11]

3. Nicht beteiligte Behörden, andere Gerichte und die Staatsanwaltschaft

5 Wenn eine **Behörde** wie etwa das Jugendamt am Verfahren beteiligt ist, steht ihr ein Akteneinsichtsrecht nach Abs. 1 zu. Stellt das Jugendamt aber keinen Antrag auf Beteiligung nach § 162 Abs. 2 Abs. 2 FamFG und ist nicht von Amts wegen zu beteiligen nach § 162 Abs. 2 Satz 1 FamFG, ist das Jugendamt zwar im Verfahren anzuhören, § 162 Abs. 1 Satz 1 FamFG, und es hat die Rechte nach § 162 Abs. 3 FamFG, es ist aber nicht beteiligt.[12] Die **Akteneinsicht nicht beteiligter Behörden** ist **in § 13 nicht geregelt**. Denn Abs. 2 nennt nur „Personen", denen als Nichtbeteiligten Akteneinsicht gewährt werden kann.[13] Nach § 13 kann Akteneinsicht an nicht beteiligte Behörden oder Gerichte nicht gewährt werden. Unabhängig von § 13 ist die Überlassung von Akten an nicht beteiligte Behörden **als Justizverwaltungsakt**[14] aber grundsätzlich im Wege der **Amtshilfe** gemäß Art. 35

4 BT-Drucks. 16/6308, 181
5 Musielak/*Borth/Grandel*, § 13 FamFG Rn. 3
6 BT-Drucks. 16/6308, 181
7 OLG Düsseldorf FamRZ 2014, 1480
8 OLG Celle FamRZ 2011, 1080
9 OLG Hamm FamRZ 2002, 1126
10 AG Freiburg FamRZ 2014, 231 (LS)
11 OLG Köln FamRZ 1998, 307
12 Zu den Konsequenzen der Nichtbeteiligung des Jugendamts auf die Übersendung von Schriftsätzen und Gutachten in laufenden Kindschaftsverfahren: *Dürbeck*, § 162 Rn. 23; *Heilmann*, FamRZ 2010, 1391, 1393; *Lack*, ZKJ 2010, 189
13 OLG Bamberg NJOZ 2019, 257; MüKo-FamFG/*Pabst*, § 13 Rn. 16; Keidel/*Sternal*, § 13 Rn. 47; BT-Drucks. 16/6308, 181: „Absatz 2 lässt andere gesetzliche Vorschriften, nach denen am Verfahren nicht beteiligte Behörden Akteneinsicht verlangen können, unberührt"; a.A. *Hoffmann*, FPR 2011, 304, 306
14 Näher unten Rn. 8

Abs. 1 GG in Verbindung mit den Bundes- bzw. Landesdatenschutzgesetzen möglich.[15] Andere **Gerichte** können wegen der Einbeziehung des Verfahrens nach dem FamFG in das GVG auch Akteneinsicht im Wege der **Amtshilfe** verlangen.[16] Allerdings muss gegen die Übermittlung von Daten aus Gerichtsakten **effektiver Rechtsschutz** (bei Justizverwaltungsakten nach §§ 23 ff. EGGVG) gewährt werden. Die richterliche Mitteilung von Informationen an nichtverfahrensbeteiligte Dritte ist nicht allein deshalb eine der Rechtsschutzgarantie des Art. 19 Abs. 4 GG entzogene spruchrichterliche Tätigkeit, weil sie aus einem laufenden Rechtsstreit heraus erfolgt.[17]

Daten in Kindschaftssachen unterliegen einer gesteigerten Geheimhaltung, da sie den **innersten Bereich der Privatsphäre von Kind und Eltern** betreffen.[18] Wenn Behörden (wie z.B. die Staatsanwaltschaft) im Wege der Amtshilfe gemäß Art. 35 Abs. 1 GG die Überlassung der Akten begehren, sind die besonderen Voraussetzungen für die Überlassung einer grundsätzlich geheimhaltungsbedürftigen Akte (d.h. das besondere Informationsinteresse) darzulegen.[19] Ein besonderes Informationsinteresse, welches ausnahmsweise das Geheimhaltungsinteresse der Beteiligten überwiegt, kann darin liegen, dass es im staatsanwaltlichen Ermittlungsverfahren um eine Tat zulasten des im Kindschaftsverfahren betroffenen Kindes geht. Geht es hingegen um mit dem Kind nicht in Verbindung stehende Taten oder nur um die Feststellung der persönlichen Verhältnisse des Beschuldigten, wird im Regelfall das Geheimhaltungsinteresse der Betroffenen das Informationsinteresse der Behörde für eine Überlassung der Kindschaftsakte überwiegen.[20] In jedem Fall dürfen **schutzwürdige Interessen** eines Beteiligten oder Dritten dem Einsichtsrecht nicht entgegenstehen. Ein besonderer Versagungsgrund besteht nach Abs. 2 Satz 2 in **Adoptionssachen**. Hiernach erstreckt sich das Geheimhaltungsgebot des § 1758 BGB auch auf die Akteneinsicht. 6

III. Ort der Einsichtnahme

Grundsätzlich beschränkt sich der Ort der Einsichtnahme aufgrund der Gefahr des Verlusts von Aktenteilen und der praktischen Anforderungen an den Geschäftsbetrieb auf die Akten führende **Geschäftsstelle**, Abs. 1. Nur den in Abs. 4 bezeichneten Antragstellern kann das Gericht nach seinem (als Zwischenentscheidung nicht anfechtbaren, Abs. 4 Satz 3) pflichtgemäßen Ermessen grundsätzlich die Vorgänge in die Amts- oder Geschäftsräume überlassen. Indes besteht **kein Anspruch auf Übersendung** von Gerichtsakten zur Einsichtnahme in eine Rechtsanwaltskanzlei.[21] 7

IV. Gegenstand der Akteneinsicht

Die Akteneinsicht umfasst den **gesamten Akteninhalt**, also **alles** das, **was das Gericht seiner Entscheidung zugrunde legt** bzw. zugrunde gelegt hat.[22] Dazu gehören etwa alle in den Akten befindlichen Schriftsätze nebst Anlagen, die von dem Gericht angefertigten Vermerke und Niederschriften, die Urschriften der Beschlüsse und Verfügungen als auch **ein gerichtlich eingeholtes Sachverständigengutachten**, unabhängig davon, ob dies in der Hauptakte oder in einem Sonderband geführt wird. Zur Akte gehören **auch die Berichte des Jugendamts**, weil dieses gemäß § 162 FamFG als zuständige Fachbehörde im Verfahren mitwirkt, und solche fachlichen Stellungnahmen. **Beigezogene Akten an-** 7a

---

15 OLG Bamberg NJOZ 2019, 257; Prütting/Helms/*Ahn-Roth*, § 13 Rn. 18, 19 m.w.N.
16 BT-Drucks. 16/6308, 181, 182, dort Rechtshilfe genannt; OLG Hamburg FamRZ 2019, 1730: keine Rechtshilfe nach §§ 156 ff. GVG, sondern Amtshilfe bei nur informatorischer Beiziehung von Akten eines anderen Gerichts
17 BVerfG NJW 2017, 1939; NJW 2015, 610
18 OLG Naumburg FamRZ 2018, 846
19 OLG Naumburg FamRZ 2018, 846; OLG Köln FamRZ 2014, 788
20 OLG Naumburg FamRZ 2018, 846; OLG Köln FamRZ 2014, 788
21 OLG Brandenburg NJW-RR 2008, 512
22 BT-Drucks. 16/6308, 181

derer Gerichte oder Behörden (etwa staatsanwaltliche Ermittlungsakten, Betreuungsakten oder die Familie betreffende Akten anderer Familiengerichte), die das Gericht seiner Entscheidung zugrunde gelegt hat bzw. zugrunde legen will, sind grundsätzlich vom Akteneinsichtsrecht mitumfasst. Da aber über die Akteneinsicht die aktenführende Behörde entscheidet, muss das entscheidende Gericht vor der Gewährung von Akteneinsicht in beigezogene Akten das **Einverständnis der aktenführenden Behörde** und ggf. auch anderer Betroffener (etwa dem vormaligen Ehegatten bei Einsicht in eine Scheidungsakte) einholen. Wird das Einverständnis nicht erteilt, darf das Gericht die betroffene beigezogene Akte nicht zum Gegenstand der Entscheidung machen. Nicht zur Gerichtsakte des Familiengerichts gehören aber solche Akten, die nie beigezogen wurden. Ein **Akteneinsichtsgesuch vermittelt kein Recht zur Beiziehung weiterer Akten** (etwa vollständiger Jugendamtsakten).

▶ *Näher zur Akteneinsicht in Jugendamtsakten siehe Köhler, §§ 61 bis 68 SGB VIII Rn. 4 ff.*

Nicht zur Akte gehören Entwürfe, Voten, richterliche Aktenauszüge und sonstige Dokumente zur Vorbereitung eines Termins oder einer Entscheidung, Abs. 6. Da die **Einsicht in die Unterlagen zur Verfahrenskostenhilfe in § 76 Abs. 1 FamFG, § 117 Abs. 2 Satz 1 ZPO speziell geregelt** ist, ist die Akte über die Verfahrenskostenhilfe gesondert zu führen und die VKH-Akte gehört nicht zur Hauptakte und sie ist nicht vom Akteneinsichtsgesuch umfasst.

V. Entscheidung

8 Die Entscheidung über das Akteneinsichtsgesuch auf Antrag eines Beteiligten nach Abs. 1 und auf Antrag einer dritten Personen nach Abs. 2 trifft gemäß Abs. 7 das **Gericht** in der jeweiligen Verfahrensinstanz, und zwar der für das Verfahren selbst zuständige Richter (bei Kollegialgerichten der Vorsitzende) oder Rechtspfleger.[23] Dies gilt sowohl für laufende wie auch für abgeschlossene Verfahren.[24] Die Rechtslage ist insofern anders als bei § 299 Abs. 2 ZPO, wonach der „Vorstand" des Gerichts, also ein Justizverwaltungsorgan, über Anträge Dritter durch Justizverwaltungsakt entscheidet.[25] Weil § 13 in Ehesachen und Familienstreitsachen nicht gilt, diesbezüglich vielmehr über §§ 113 Abs. 1 Satz 2 FamFG § 299 ZPO anzuwenden ist, hängt es auch innerhalb der Familiensachen nach § 111 FamFG vom jeweiligen Verfahrensgegenstand ab, wer zu entscheiden hat (Gericht oder Justizverwaltung) und welches Rechtsmittel statthaft ist.

Werden Akten im Wege der **Amtshilfe** einer **nicht** am Verfahren **beteiligten Behörde** überlassen, stellt dies hingegen – da nicht in § 13 FamFG geregelt – einen Justizverwaltungsakt dar, über den der Vorstand der Justizbehörde gemäß § 23 EGGVG entscheidet.[26]

VI. Rechtsmittel

9 Es ist zu unterscheiden:

Wird einem **Beteiligten** die Akteneinsicht während des **laufenden** Verfahrens versagt, ist diese Entscheidung als Zwischenentscheidung nicht anfechtbar, sondern nur im Rahmen einer Beschwerde gegen die Endentscheidung nach § 58 FamFG.[27] Ebenso ist die Entschei-

---

23 OLG Celle ZKJ 2012, 157 = FamRZ 2012, 727

24 OLG Frankfurt, Beschl. v. 25.6.2019 – 5 UF 35/19, juris; OLG Celle FamRZ 2012, 727; OLG Hamm FamRZ 2013, 1152; Keidel/*Sternal*, § 13 Rn. 54; a.A. nach Beendigung des Verfahrens Justizverwaltungsakt: Prütting/Helms/*Ahn-Roth*, § 13 Rn. 48a; MüKo-FamFG/*Pabst*, § 13 Rn. 32

25 Zum Akteneinsichtsrecht nach § 299 ZPO i.V.m. § 113 Abs. 1 Satz 2 FamFG: BGH NJW 2015, 1827

26 OLG Hamburg FamRZ 2019, 1730; OLG Bamberg NJOZ 2019, 257; OLG Naumburg FamRZ 2018, 846; Prütting/Helms/*Ahn-Roth*, § 13 Rn. 48a; Keidel/*Sternal*, § 13 Rn. 47

27 Keidel/*Sternal*, § 13 Rn. 67

dung, einem Rechtsanwalt oder Notar die Akten nur in der Geschäftsstelle oder in dessen Amts- oder Geschäftsräumen zur Einsicht zu überlassen, nicht anfechtbar, Abs. 4 Satz 3.

Gegen die Ablehnung des Gesuchs eines Beteiligten nach **Abschluss** des Verfahrens sowie des Gesuchs einer nicht beteiligten **dritten Person** nach Abs. 2 ist das Rechtsmittel der **Beschwerde** (§ 58 FamFG) gegeben, denn insoweit handelt es sich nicht um eine Zwischenentscheidung, sondern um eine verfahrensabschließende Endentscheidung.[28] 10

Die nicht von § 13 geregelte Entscheidung über die **Überlassung der Akte an eine nicht beteiligte Behörde** nach Art. 35 Abs. 1 GG ist als Justizverwaltungsakt **gemäß §§ 23 ff. EGGVG überprüfbar**.[29] 11

Gegen Entscheidungen des **Rechtspflegers** ist das statthafte Rechtsmittel die Erinnerung, da ein ordentliches Rechtsmittel nicht vorgesehen ist. Hilft der Rechtspfleger nicht ab, so hat er die Sache dem Richter vorzulegen (§ 11 Abs. 2 Satz 6 RPflG).[30] 12

§ 14 FamFG Elektronische Akte; elektronisches Dokument; Verordnungsermächtigung

(1) [1]Die Gerichtsakten können elektronisch geführt werden. [2]§ 298a Absatz 2 der Zivilprozessordnung gilt entsprechend.

(2) [1]Anträge und Erklärungen der Beteiligten sowie schriftlich einzureichende Auskünfte, Aussagen, Gutachten, Übersetzungen und Erklärungen Dritter können als elektronisches Dokument übermittelt werden. [2]Für das elektronische Dokument gelten § 130a der Zivilprozessordnung, auf dieser Grundlage erlassene Rechtsverordnungen sowie § 298 der Zivilprozessordnung entsprechend.

(3) Für das gerichtliche elektronische Dokument gelten die §§ 130b und 298 der Zivilprozessordnung entsprechend.

(4) [1]Die Bundesregierung und die Landesregierungen bestimmen für ihren Bereich durch Rechtsverordnung den Zeitpunkt, von dem an elektronische Akten geführt werden können. [2]Die Bundesregierung und die Landesregierungen bestimmen für ihren Bereich durch Rechtsverordnung die geltenden organisatorisch-technischen Rahmenbedingungen für die Bildung, Führung und Aufbewahrung der elektronischen Akten. [3]Die Landesregierungen können die Ermächtigung durch Rechtsverordnung auf die jeweils zuständige oberste Landesbehörde übertragen. [4]Die Zulassung der elektronischen Akte kann auf einzelne Gerichte oder Verfahren beschränkt werden; wird von dieser Möglichkeit Gebrauch gemacht, kann in der Rechtsverordnung bestimmt werden, dass durch Verwaltungsvorschrift, die öffentlich bekanntzumachen ist, geregelt wird, in welchen Verfahren die Akten elektronisch zu führen sind.

(4a) [1]Die Gerichtsakten werden ab dem 1. Januar 2026 elektronisch geführt. [2]Die Bundesregierung und die Landesregierungen bestimmen jeweils für ihren Bereich durch Rechtsverordnung die organisatorischen und dem Stand der Technik entsprechenden technischen Rahmenbedingungen für die Bildung, Führung und Aufbewahrung der elektronischen Akten einschließlich der einzuhaltenden Anforderungen der Barrierefreiheit. [3]Die Bundesregierung und die Landesregierungen können jeweils für ihren Bereich durch Rechtsverord-

28 OLG Frankfurt, Beschl. v. 25.6.2019 – 5 UF 35/19, juris; OLG Düsseldorf FamRZ 2014, 1480; OLG Hamm FGPrax 2013, 136; Keidel/*Sternal*, § 13 Rn. 72 m.w.N.; a.A. nach Abschluss des Verfahrens Justizverwaltungsakt mit Rechtsmittel nach §§ 23 ff. EGGVG: Prütting/Helms/*Ahn-Roth,* § 13 Rn. 48a; MüKo-FamFG/*Pabst*, § 13 Rn. 32

29 OLG Bamberg NJOZ 2019, 257; OLG Naumburg FamRZ 2018, 846; Prütting/Helms/*Ahn-Roth,* § 13 Rn. 48a; Keidel/*Sternal*, § 13 Rn. 47

30 Keidel/*Sternal*, § 13 Rn. 70

nung bestimmen, dass Akten, die in Papierform angelegt wurden, in Papierform weitergeführt werden. [4]Die Landesregierungen können die Ermächtigungen nach den Sätzen 2 und 3 durch Rechtsverordnung auf die für die Zivilgerichtsbarkeit zuständigen obersten Landesbehörden übertragen. [5]Die Rechtsverordnungen der Bundesregierung bedürfen nicht der Zustimmung des Bundesrates.

(5) [1]Sind die Gerichtsakten nach ordnungsgemäßen Grundsätzen zur Ersetzung der Urschrift auf einen Bild- oder anderen Datenträger übertragen worden und liegt der schriftliche Nachweis darüber vor, dass die Wiedergabe mit der Urschrift übereinstimmt, so können Ausfertigungen, Auszüge und Abschriften von dem Bild- oder dem Datenträger erteilt werden. [2]Auf der Urschrift anzubringende Vermerke werden in diesem Fall bei dem Nachweis angebracht.

Von einer Kommentierung wird abgesehen.

§ 14a FamFG Formulare; Verordnungsermächtigung

[1]Das Bundesministerium der Justiz und für Verbraucherschutz kann durch Rechtsverordnung mit Zustimmung des Bundesrates elektronische Formulare einführen. [2]Die Rechtsverordnung kann bestimmen, dass die in den Formularen enthaltenen Angaben ganz oder teilweise in strukturierter maschinenlesbarer Form zu übermitteln sind. [3]Die Formulare sind auf einer in der Rechtsverordnung zu bestimmenden Kommunikationsplattform im Internet zur Nutzung bereitzustellen. [4]Die Rechtsverordnung kann bestimmen, dass eine Identifikation des Formularverwenders abweichend von § 130a Absatz 3 der Zivilprozessordnung auch durch Nutzung des elektronischen Identitätsnachweises nach § 18 des Personalausweisgesetzes oder § 78 Absatz 5 des Aufenthaltsgesetzes erfolgen kann.

1 Die in § 14a Satz 1 FamFG genannte Rechtsverordnung wurde noch nicht erlassen, weshalb die Vorschrift noch keine praktische Bedeutung hat.

§ 14b FamFG Nutzungspflicht für Rechtsanwälte, Notare und Behörden

[1]Werden Anträge und Erklärungen durch einen Rechtsanwalt, einen Notar, durch eine Behörde oder durch eine juristische Person des öffentlichen Rechts einschließlich der von ihr zur Erfüllung ihrer öffentlichen Aufgaben gebildeten Zusammenschlüsse eingereicht, so sind sie als elektronisches Dokument zu übermitteln. [2]Ist eine Übermittlung aus technischen Gründen vorübergehend nicht möglich, bleibt die Übermittlung nach den allgemeinen Vorschriften zulässig. [3]Die vorübergehende Unmöglichkeit ist bei der Ersatzeinreichung oder unverzüglich danach glaubhaft zu machen; auf Anforderung ist ein elektronisches Dokument nachzureichen.

1 Die Vorschrift ist noch nicht in Kraft getreten. Sie wurde eingefügt **mit Wirkung vom 1.1.2022** durch Gesetz vom 10.10.2013 (BGBl. I 2013 S. 3786).

§ 15 FamFG Bekanntgabe; formlose Mitteilung

(1) Dokumente, deren Inhalt eine Termins- oder Fristbestimmung enthält oder den Lauf einer Frist auslöst, sind den Beteiligten bekannt zu geben.

(2) [1]Die Bekanntgabe kann durch Zustellung nach den §§ 166 bis 195 der Zivilprozessordnung oder dadurch bewirkt werden, dass das Schriftstück unter der Anschrift des Adressa-

ten zur Post gegeben wird. ²Soll die Bekanntgabe im Inland bewirkt werden, gilt das Schriftstück drei Tage nach Aufgabe zur Post als bekannt gegeben, wenn nicht der Beteiligte glaubhaft macht, dass ihm das Schriftstück nicht oder erst zu einem späteren Zeitpunkt zugegangen ist.
(3) Ist eine Bekanntgabe nicht geboten, können Dokumente den Beteiligten formlos mitgeteilt werden.

Übersicht

Rn.
A. Allgemeines ... 1
B. Inhalt der Norm ... 2
I. Notwendigkeit der Bekanntgabe (Abs. 1) ... 2
II. Formen der Bekanntgabe (Abs. 2) ... 3
III. Adressat der Bekanntgabe ... 4
IV. Bekanntgabe im Ausland ... 5
V. Formlose Mitteilung (Abs. 3) ... 6

A. Allgemeines

Die Vorschrift regelt die **Form der Bekanntgabe von Dokumenten** als Oberbegriff für alle Arten von gerichtlichen Verfügungen. **Für Beschlüsse gilt § 41 FamFG**, der in Abs. 1 Satz 2 ausdrücklich die Zustellung eines anfechtbaren Beschlusses an den Beteiligten anordnet, dessen erklärtem Willen er nicht entspricht. Wird ein Beschluss bei entgegenstehendem Willen eines Beteiligten diesem entgegen § 41 Abs. 1 Satz 2 nicht förmlich zugestellt, ist die Bekanntgabe des Beschlusses unwirksam,[1] kann aber ggf. gemäß § 15 Abs. 2 FamFG, § 189 ZPO mit tatsächlicher Kenntnis geheilt werden. Dies gilt aber dann nicht, wenn das Gericht nur formlos mitteilen wollte und nicht mit Zustellungswillen gehandelt hat.[2] Ein Beschluss ist nach der Legaldefinition von § 38 Abs. 3 Satz 3 FamFG **erlassen**, wenn er – bei in Kindschaftsverfahren üblicher schriftlicher Bekanntgabe – der Geschäftsstelle übergeben wird oder – in einem Termin, § 41 Abs. 2 Satz 1 FamFG – gegenüber (jedenfalls einem) anwesenden Beteiligten die Beschlussformel verlesen wird. Auch bei Bekanntgabe durch Verlesen hat stets noch schriftliche Bekanntgabe zu erfolgen, § 41 Abs. 2 Satz 4 FamFG. Mit **Bekanntgabe** an den Beteiligten, für den er seinem wesentlichen Inhalt nach bestimmt ist, wird ein Beschluss **wirksam**, § 40 Abs. 1 FamFG. 1

B. Inhalt der Norm

I. Notwendigkeit der Bekanntgabe (Abs. 1)

Abs. 1 benennt die Fälle, wann eine Bekanntgabe eines Dokuments – im Gegensatz zur bloß formlosen Mitteilung nach Abs. 3 – erforderlich ist. Das Wort **Dokument** ist dabei weitgehend gleichbedeutend mit dem Wort Schriftstück, welches in den §§ 173 ff. ZPO verwendet wird, und meint sämtliche schriftlich abgefassten Texte unabhängig davon, ob es vom Gericht oder einem Beteiligten kommt und unabhängig von Erstellungs- und Speicherform, einschließlich elektronischer Dokumente. 2

Die Bekanntgabe eines Dokuments ist einerseits erforderlich, wenn das Gericht einen **Termin** bestimmt. Termin meint dabei jede Art von Termin, also etwa den Termin nach § 155 Abs. 2 FamFG ebenso wie einen Erörterungstermin nach §§ 157 Abs. 1, Abs. 2 Satz 1, 32 FamFG und auch einen Termin zur Anhörung nach §§ 160, 159, 34 FamFG. Unerheblich ist für die Notwendigkeit der Bekanntgabe, ob es um die Bestimmung, Verlegung oder Aufhebung des Termins geht.

1 BGH FamRZ 2019, 477; FamRZ 2017, 1151; FamRZ 2015, 1374
2 BGH NJW 2003, 1192

Weiter ist die Bekanntgabe erforderlich, wenn mit dem Zugang des Dokuments **Fristen** in Gang gesetzt werden, z.B. Ladungsfristen (gesetzliche Fristen), oder diese Fristen vom Gericht angeordnet werden (richterliche Fristen), z.B. eine Frist zur Stellungnahme oder eine Fristsetzung nach § 52 Abs. 2 Satz 1 FamFG. Eine richterliche (gerichtliche) Frist kann auch eine vom Rechtspfleger im VKH-Überprüfungsverfahren gesetzte Frist nach § 120a Abs. 1 Satz 3 ZPO sein, die zur Folge der VKH-Aufhebung nach § 124 Abs. 1 Nr. 2 Alt. 2 ZPO führen kann.[3]

Wurde der Termin **nicht bekannt gemacht**, können **keine Rechtsfolgen aus der Versäumung** des Termins hergeleitet werden; eine **nicht bekannt gemachte Frist beginnt nicht zu laufen**.[4]

II. Formen der Bekanntgabe (Abs. 2)

3 § 15 Abs. 2 Satz 1 FamFG benennt zwei alternative Formen der Bekanntgabe, die **förmliche Zustellung nach den §§ 166 bis 195 ZPO** und die Aufgabe zur Post. Zwischen diesen beiden Alternativen wählt das Gericht im Rahmen seines pflichtgemäßen Ermessens. Die förmliche Zustellung nach den Vorschriften der ZPO wird in der Praxis überwiegend genutzt, die alternative Bekanntgabeart **Aufgabe zur Post**, die durch einfachen Brief erfolgt, hingegen eher selten. Das mag neben der bekannten und bewährten förmlichen Zustellung nach der ZPO, die zudem für die Bekanntgabe von Beschlüssen nach § 41 FamFG vorgeschrieben ist, auch den zwingend einzuhaltenden Erfordernissen für eine wirksame Aufgabe zur Post geschuldet sein. So muss der **Adressat** in dem bekannt zu gebenden Schriftstück **ausdrücklich darauf hingewiesen werden, dass** das **Schriftstück durch Aufgabe zur Post bekannt gemacht wird**, um den Eindruck einer bloß formlosen Mitteilung zu vermeiden.[5] Weiterhin bedarf es – zur Rechtssicherheit des gesicherten Nachweises eines etwaigen Fristbeginns – eines **Aktenvermerk**s des Urkundsbeamten **mit der verwendeten Anschrift des Adressaten und dem Datum der Übergabe an die Post.**[6] Dieser Vermerk ist eine öffentliche Urkunde mit der Beweiskraft des § 418 ZPO und ersetzt die Zustellungsurkunde nach § 182 ZPO.[7] Für die Bekanntgabe mittels Aufgabe zur Post sieht das Gesetz bei Bekanntgabe im Inland eine – widerlegbare – Fiktion der Bekanntgabe drei Tage nach Aufgabe zur Post vor, § 15 Abs. 2 Satz 2 FamFG. Bei Aufgabe zur Post ins Ausland gilt die Zugangsfiktion des § 184 Abs. 2 Satz 1 ZPO (Zweiwochenfrist).[8]

III. Adressat der Bekanntgabe

4 **Adressat** der Bekanntgabe sind **alle Beteiligten des Verfahrens nach § 7 FamFG**. Die Bekanntgabe hat an alle gemäß § 9 FamFG verfahrensfähigen Beteiligten selbst zu erfolgen. Sind einzelne Beteiligte – wie etwa Kinder – nicht verfahrensfähig, hat die Bekanntgabe an den gesetzlichen Vertreter zu erfolgen, § 170 Abs. 1 ZPO; bei gemeinsamer Vertretung durch die Eltern genügt Bekanntgabe nur an ein Elternteil, § 170 Abs. 3 Alt. 1 ZPO.[9] Ist das Kind aber selbst nach § 9 Abs. 1 Nr. 3 FamFG verfahrensfähig, ist eine trotzdem erfolgte Bekanntgabe an den gesetzlichen Vertreter dem Kind gegenüber nicht wirksam, § 178 Abs. 2 ZPO.[10] Handelt es sich um eine anfechtbare Entscheidung und ist das Kind bei Erlass der Entscheidung 14 Jahre alt, ist die Entscheidung dem Kind unabhängig

---

3 Entschieden für den vergleichbaren § 329 Abs. 2 Satz 2 ZPO in Familienstreitsachen: OLG Frankfurt NJOZ 2019, 236; OLG Karlsruhe FamRZ 2018, 1341; OLG Stuttgart FamRZ 2018, 1340; FamRZ 2018, 1013
4 MüKo-FamFG/*Pabst*, § 15 Rn. 11
5 OLG München NJW-RR 2012, 523 (LS)
6 BGH FamRZ 2016, 296 (LS)
7 BGH FamRZ 2016, 296
8 Keidel/*Sternal*, § 15 Rn. 68c; BT-Drucks. 16/6308, 182; a.A.: keine Fiktion MüKo-FamFG/*Pabst*, § 15 Rn. 19
9 Keidel/*Sternal*, § 15 Rn. 21
10 Vgl. hier *Dürbeck*, § 60 FamFG Rn. 2

von seiner Verfahrensfähigkeit die Entscheidung selbst bekannt zu machen, § 164 Satz 1 FamFG. Hat ein Beteiligter einen bestellten Verfahrensbevollmächtigten, hat die Bekanntgabe an diesen zu erfolgen, § 172 Abs. 1 Satz 1 ZPO.

▶ *Näher zur Bekanntgabe der Entscheidung an das Kind Heilmann, § 164 FamFG Rn. 4 ff.*

IV. Bekanntgabe im Ausland

Vorrangig vor nationalem Recht sind völkerrechtliche Vereinbarungen (multi- und bilaterale Verträge) und Regelungen der Europäischen Union, § 97 Abs. 1 Satz 1, 2 FamFG, § 183 Abs. 1, Abs. 2 ZPO. Für **Zustellungen ins EU-Ausland** ist die **VO (EG) Nr. 1393/ 2007 (EuZustVO)** über die Zustellung gerichtlicher und außergerichtlicher Schriftstücke in Zivil- und Handelssachen in den Mitgliedstaaten der Europäischen Union zu beachten. Nach der autonomen Qualifikation **gilt** diese Verordnung **auch in FamFG-Verfahren**.[11] Nach **Art. 14 EuZustVO** kann in allen Mitgliedstaaten auf dem Postweg durch **Einschreiben mit Rückschein** zugestellt werden. Die Zustellung ist bewirkt, wenn das Schriftstück an den Adressaten, Ehepartner, Postbevollmächtigten oder eine Person, die nach den jeweiligen Vorschriften des Empfängerlandes als Postempfänger auftreten kann, übergeben wird; der Nachweis der Zustellung wird mit dem Rückschein geführt.[12] Für die Durchführung gelten §§ 1067 bis 1071 ZPO. Für die **Zustellung ins Nicht-EU-Ausland** sind das Haager Übereinkommen über den Zivilprozess und das Haager Übereinkommen über die Zustellung gerichtlicher und außergerichtlicher Schriftstücke im Ausland in Zivil- und Handelssachen maßgeblich. Die praktische Durchführung bestimmt die Rechtshilfeordnung für Zivilsachen (ZRHO). Der Gesetzestext sowie Vordrucke finden sich auf dem Justizportal NRW unter www.ir-online.nrw.de. 5

Hinsichtlich der Zustellung an ein **Mitglied der NATO-Streitkräfte, wozu Mitglieder der Truppe, ziviles Gefolge und Angehörige gehören**,[13] ist das **Zusatzabkommen zum NATO-Truppenstatut (NTS-ZA)** zu beachten. Antragsschriften oder sonstige gerichtliche Verfügungen sind einem Mitglied der NATO-Streitkräfte nicht direkt, sondern über eine speziell eingerichtete Verbindungsstelle zuzustellen (vgl. Art. 32 NTS-ZA), was grundsätzlich auch für Terminsladungen gilt (vgl. Art. 37 NTS-ZA).

Für Heer, Marine und Marineinfanteriekorps der US-Nato-Streitkräfte ist Verbindungsstelle:

Office of the Judge Advocate HQ USAREUR and Seventh Army

Postfach 104323

69033 Heidelberg

Fax: 06221-576744

Für die Luftwaffe der US-Nato-Streitkräfte ist Verbindungsstelle:

HQ USAFE/JAIS

Gebäude 527

66877 Ramstein/Flugplatz

---

11 Keidel/*Sternal*, § 15 Rn. 53

12 Keidel/*Sternal*, § 15 Rn. 51

13 Vgl. Wortlaut des Art. 32 Abs. 1 lit. a: „Deutsche Gerichte und Behörden können in nicht strafrechtlichen Verfahren eine Verbindungsstelle, die von jedem Entsendestaat errichtet oder bestimmt wird, um die Durchführung der Zustellung von Schriftstücken an Mitglieder einer Truppe, eines zivilen Gefolges oder an Angehörige ersuchen."

Wenn der US-Soldat nicht mehr in Deutschland stationiert sein sollte, besteht die Möglichkeit, unter Angabe des vollständigen Namens des Soldaten, des Dienstgrads, der Sozialversicherungsnummer und der letzten bekannten Dienstanschrift einen Suchdienst in den USA zu bemühen.[14]

Das **bekannt zu gebende Dokument** ist – auch im Ausland – **nicht zu übersetzen**. Insoweit gilt § 184 GVG, wonach die Gerichtsprache Deutsch ist.[15] Strafrechtliche Vorgaben – insbesondere die Richtlinie 2010/64/EU und die Rechtsprechung des EuGH in Schriftstücken in Strafverfahren[16] – sind ausdrücklich nur im Strafverfahren anwendbar. Im Rahmen eines Termins, in dem die wesentlichen Fragen zu erörtern sind, gewährleistet der nach § 185 GVG hinzuzuziehende Dolmetscher, dass auch der deutschen Sprache nicht hinreichend mächtige Beteiligte ihre Beteiligungsrechte wahrnehmen können, selbst wenn die Beteiligten nicht anwaltlich vertreten sind. Falls mit einem Dokument eine Frist gesetzt und nach Fristversäumung glaubhaft gemacht wurde, dass aufgrund fehlender Sprachkenntnisse die Frist nicht gewahrt werden konnte, ist grundsätzlich Wiedereinsetzung in den vorigen Stand zu gewähren.[17]

V. Formlose Mitteilung (Abs. 3)

6 Ist eine Bekanntgabe nicht vorgeschrieben, so kann das Dokument den Beteiligten formlos mitgeteilt werden, sei es per zu Protokoll, per E-Mail, per Fax, mittels einfachen Briefs, mündlich oder telefonisch.[18] Das **Gericht ist in der Wahl der Mitteilungsform frei**. Die Mitteilung kann auch förmlich erfolgen.

§ 16 FamFG Fristen

(1) Der Lauf einer Frist beginnt, soweit nichts anderes bestimmt ist, mit der Bekanntgabe.

(2) Für die Fristen gelten die §§ 222 und 224 Abs. 2 und 3 sowie § 225 der Zivilprozessordnung entsprechend.

Übersicht

Rn.
A. Allgemeines ... 1
B. Inhalt der Norm ... 2
C. Rechtsmittel ... 4

A. Allgemeines

1 Die Norm regelt den Beginn des Fristlaufs einer gesetzlichen oder richterlichen Frist und verweist für die Fristberechnung im Einzelnen auf die entsprechenden Vorschriften der ZPO.

14 Zu den Anschriften siehe *Kraatz*, NJW 1987, 1126, 1127 unter II.2
15 OLG Brandenburg FamRZ 2006, 1860 zu einem Gewaltschutzverfahren; *DIJuF*-Rechtsgutachten v. 14.4.2015 zum vereinfachten Unterhaltsverfahren, JAmt 2015, 205; BGH NJW-RR 1996, 387 zu einem Scheidungsurteil; Zöller/*Lückemann*, § 184 GVG Rn. 6
16 Vgl. EuGH NJW 2016, 303
17 MüKo-ZPO/*Zimmermann*, § 184 GVG Rn. 8
18 Keidel/*Sternal*, § 15 Rn. 74

B. Inhalt der Norm

Eine Frist im Sinne der Vorschrift ist zum einen eine im Gesetz ausdrücklich bestimmte Frist, d.h. eine **gesetzliche Frist**, z.B. §§ 18 Abs. 1 Satz 1, Satz 2, 52 Abs. 2 atz 2, 63 Abs. 1, Abs. 2, 71 Abs. 1 Satz 1, Abs. 2 Satz 1, 165 Abs. 5 Satz 3 FamFG. Eine Änderung dieser Fristen (etwa durch gerichtliche Anordnung oder durch Vereinbarung der Beteiligten) ist regelmäßig nicht möglich (§ 16 Abs. 2 FamFG, § 224 Abs. 2 ZPO). Der Ablauf der Frist führt in der Regel zum Ausschluss der entsprechenden Handlung des Beteiligten.[1] Zum anderen gehört zu den Fristen im Sinne der Vorschrift auch die vom Richter oder Rechtspfleger festgelegte, d.h. **gerichtlich bestimmte Frist**. Dazu gehören sowohl Stellungnahmefristen als auch gesetzlich vorgesehene, aber im Gesetz der Dauer nach nicht näher bestimmte Fristen (z.B. nach § 65 Abs. 2 FamFG). Hinsichtlich dieser Fristen muss auch ein nach Fristablauf eingehender Schriftsatz berücksichtigt werden; wird eine unangemessen kurze Frist gesetzt und direkt nach Fristablauf entschieden, kann darin ein Verstoß gegen den Grundsatz auf rechtliches Gehör nach Art. 103 Abs. 1 GG liegen.[2] 2

Die Fristberechnung (Abs. 2 i.V.m. §§ 222 ZPO, 187 bis 193 BGB) und die Friständerung (Fristverkürzung oder -verlängerung, §§ 224, 225 ZPO) bestimmen sich nach den Vorschriften der ZPO. 3

C. Rechtsmittel

Gegen die **Ablehnung eines Antrags auf Fristverlängerung** findet **kein Rechtsmittel** statt, Abs. 2 i.V.m. § 225 Abs. 3 ZPO. Eine inzidente Überprüfung – wegen möglichen Verstoßes gegen Art. 103 Abs. 1 GG – kann bei Rechtsmitteleinlegung im Rahmen der Prüfung der Endentscheidung erfolgen, § 58 Abs. 2 FamFG. Werden Fristen antragsgemäß abgekürzt oder verlängert, ist dies nicht anfechtbar. Hingegen soll die Ablehnung der Abkürzung einer Frist anfechtbar sein mit der sofortigen Beschwerde.[3] 4

Entscheidungen des Rechtspflegers über Friständerungen sind stets mit der Erinnerung anfechtbar, § 11 Abs. 1, Abs. 2 RPflG.

§ 17 FamFG Wiedereinsetzung in den vorigen Stand

(1) War jemand ohne sein Verschulden verhindert, eine gesetzliche Frist einzuhalten, ist ihm auf Antrag Wiedereinsetzung in den vorigen Stand zu gewähren.

(2) Ein Fehlen des Verschuldens wird vermutet, wenn eine Rechtsbehelfsbelehrung unterblieben oder fehlerhaft ist.

§ 18 FamFG Antrag auf Wiedereinsetzung

(1) [1]Der Antrag auf Wiedereinsetzung ist binnen zwei Wochen nach Wegfall des Hindernisses zu stellen. [2]Ist der Beteiligte verhindert, die Frist zur Begründung der Rechtsbeschwerde einzuhalten, beträgt die Frist einen Monat.

(2) Die Form des Antrags auf Wiedereinsetzung richtet sich nach den Vorschriften, die für die versäumte Verfahrenshandlung gelten.

---

1 Keidel/*Sternal*, § 16 Rn. 4
2 Keidel/*Sternal*, § 16 Rn. 5
3 Zöller/*Feskorn*, § 225 Rn. 8; MüKo-ZPO/*Stackmann*, § 225 Rn. 10; Keidel/*Sternal*, § 16 Rn. 39

(3) [1]Die Tatsachen zur Begründung des Antrags sind bei der Antragstellung oder im Verfahren über den Antrag glaubhaft zu machen. [2]Innerhalb der Antragsfrist ist die versäumte Rechtshandlung nachzuholen. [3]Ist dies geschehen, kann die Wiedereinsetzung auch ohne Antrag gewährt werden.

(4) Nach Ablauf eines Jahres, von dem Ende der versäumten Frist an gerechnet, kann Wiedereinsetzung nicht mehr beantragt oder ohne Antrag bewilligt werden.

§ 19 FamFG Entscheidung über die Wiedereinsetzung

(1) Über die Wiedereinsetzung entscheidet das Gericht, das über die versäumte Rechtshandlung zu befinden hat.

(2) Die Wiedereinsetzung ist nicht anfechtbar.

(3) Die Versagung der Wiedereinsetzung ist nach den Vorschriften anfechtbar, die für die versäumte Rechtshandlung gelten.

Übersicht

Rn.

A. Allgemeines ... 1
B. Inhalt der Normen ... 2
I. Gesetzliche Frist ... 2
II. Ohne Verschulden ... 3
III. Wiedereinsetzungsfrist ... 4
IV. Nachholung der versäumten Verfahrenshandlung ... 5
V. Wiedereinsetzungsantrag ... 6
VI. Verfahren und Entscheidung ... 7
VII. Anfechtbarkeit ... 8

A. Allgemeines

1 Die Vorschriften regeln die Möglichkeit der Wiedereinsetzung in den vorigen Stand bei Versäumung einer gesetzlichen Frist. Sie dienen dem Grundsatz des fairen Verfahrens und dem Anspruch auf rechtliches Gehör. Die Vorschriften stimmen im Wesentlichen überein mit den §§ 233 bis 238 ZPO, welche für Familienstreitsachen gelten, § 113 Abs. 1 Satz 2 FamFG, für den die §§ 17 bis 19 FamFG nicht gelten, § 113 Abs. 1 Satz 1 FamFG.

B. Inhalt der Normen

I. Gesetzliche Frist

2 Gemäß § 17 Abs. 1 ist eine Wiedereinsetzung in den vorigen Stand **nur in eine gesetzliche Frist** möglich. Dazu gehören neben allen **Rechtsmittel- und Rechtsmittelbegründungsfristen** (§§ 63, 71 Abs. 1, Abs. 2, 73 FamFG, § 569 Abs. 1 Satz 1 ZPO) auch solche Fristen, deren Versäumung den Ausschluss der Verfahrenshandlung zur Folge hat (z.B. §§ 18 Abs. 1 Satz 1, 44 Abs. 2 FamFG). **Nicht dazu gehören** gesetzliche Ausschlussfristen (z.B. § 18 Abs. 4 FamFG, §§ 1617b Abs. 1 Satz 1, 1835 Abs. 1 Satz 3 BGB), richterliche Fristen oder **vereinbarte Widerrufsfristen eines gerichtlich protokollierten Vergleichs** nach § 36 FamFG.[1]

1 Keidel/*Sternal*, § 17 Rn. 7

II. Ohne Verschulden

Ist eine gesetzliche Frist versäumt, kann Wiedereinsetzung nur bewilligt werden, wenn der Beteiligte **ohne sein Verschulden an der Einhaltung der gesetzlichen Frist gehindert** war, § 17 Abs. 1. Dabei muss der als Wiedereinsetzungsgrund angegebene, hindernde Umstand kausal für die Versäumung der Frist sein. Ohne Verschulden des Beteiligten ist ein Hindernis eingetreten, wenn er dieses bei Anwendung der Sorgfalt, welche unter Berücksichtigung der konkreten Sachlage im Verkehr erforderlich war und ihm vernünftigerweise zugemutet werden konnte, nicht abzuwenden imstande war.[2] Das Fehlen des Verschuldens wird bei unterbliebener oder fehlerhafter Rechtsbehelfsbelehrung vermutet, § 17 Abs. 2. Ein Verschulden des Verfahrensbevollmächtigten wird dem Beteiligten zugerechnet, § 11 Satz 5 FamFG, § 85 Abs. 2 ZPO. Durch eine unterlassene oder fehlerhafte Rechtsbehelfsbelehrung wird ein Vertrauenstatbestand geschaffen, auf den sich auch ein Rechtsanwalt grundsätzlich verlassen darf.[3] Jedoch **fehlt es bei einem Rechtsanwalt und auch bei einer sach- und rechtskundigen Behörde**[4] **regelmäßig am ursächlichen Zusammenhang zwischen Belehrungsmangel und Fristversäumung,** weil ein anwaltlich vertretener Beteiligter für die zutreffende Information über seine Rechtsmittelmöglichkeiten keiner Unterstützung durch eine Rechtsbehelfsbelehrung bedarf.[5] Denn das Vertrauen in die Richtigkeit einer Rechtsbehelfsbelehrung kann ein Rechtsanwalt oder eine Behörde nicht uneingeschränkt, sondern nur in solchen Fällen in Anspruch nehmen, in denen die inhaltlich fehlerhafte Rechtsbehelfsbelehrung zu einem unvermeidbaren, zumindest aber zu einem nachvollziehbaren und daher verständlichen Rechtsirrtum geführt hat.[6] 3

III. Wiedereinsetzungsfrist

Die Wiedereinsetzung in den vorigen Stand ist auch bei fehlendem Verschulden nicht unbefristet möglich, sondern ihrerseits **nur in der gesetzlichen Frist von zwei Wochen ab Wegfall des Hindernisses**, § 18 Abs. 1 Satz 1 FamFG (bzw. einem Monat, § 18 Abs. 1 Satz 2 FamFG, hinsichtlich der Begründung der Rechtsbeschwerdefrist nach § 71 Abs. 2 Satz 1 FamFG). Da auch diese Frist eine gesetzliche Frist i.S.d. § 17 Abs. 1 FamFG darstellt, ist auch eine Wiedereinsetzung in die Wiedereinsetzung bei Vorliegen der Voraussetzungen im Übrigen möglich. 4

Nach der **Ausschlussfrist des § 18 Abs. 4 FamFG** kann nach Ablauf eines Jahres vom Ende der versäumten Frist an gerechnet **Wiedereinsetzung nicht mehr beantragt oder ohne Antrag bewilligt werden**. Die Vorschrift dient der Rechtssicherheit. Nach einem gewissen Zeitraum soll Klarheit über die Frage der Rechts- bzw. Bestandskraft herrschen. Die Bewilligung einer vor Ende der Ausschlussfrist beantragten Wiedereinsetzung nach der Jahresfrist bleibt möglich. Insoweit darf eine verzögerte Bearbeitung durch das Gericht nicht zulasten des Antragstellers gehen.

IV. Nachholung der versäumten Verfahrenshandlung

Voraussetzung einer jeden Wiedereinsetzung in den vorigen Stand ist die **Nachholung der versäumten Verfahrenshandlung**, § 18 Abs. 3 Satz 2. Die Vorschrift ist an § 236 Abs. 2 Satz 2 Hs. 1 ZPO angelehnt. Diese Nachholung muss innerhalb der Wiedereinsetzungsfrist des § 18 Abs. 1 erfolgen. Ohne Nachholung ist der Wiedereinsetzungsantrag 5

2 Keidel/*Sternal*, § 17 Rn. 12
3 BGH NJW 2012, 2443 zu § 233 ZPO
4 BGH FamRZ 2013, 779; FamRZ 2012, 367
5 BGH FamRZ 2013, 779; FamRZ 2012, 367; FamRZ 2010, 1425
6 BGH NJW 2012, 2443

unzulässig.[7] Die Verfahrenshandlung muss in der für sie bestimmten Form vorgenommen werden. Es ist durch Auslegung zu ermitteln, ob die Verfahrenshandlung im Wiedereinsetzungsantrag selbst enthalten ist.

V. Wiedereinsetzungsantrag

6 Grundsätzlich bedarf es eines **Antrag**s **auf Wiedereinsetzung**, § 17 Abs. 1 FamFG, in der **Form**, die für die versäumte Verfahrenshandlung vorgeschrieben ist, § 18 Abs. 2 FamFG. Die Tatsachen zur Begründung des Antrags, insbesondere also das für die Versäumung der Frist kausale Hindernis und (soweit nicht § 17 Abs. 2 FamFG eingreift) das fehlende Verschulden, sind **glaubhaft zu machen**, § 18 Abs. 3 Satz 1 FamFG.

Eines ausdrücklichen Antrags bedarf es nicht, § 18 Abs. 3 Satz 3 FamFG, wenn die versäumte Verfahrenshandlung nachgeholt wurde und die Wiedereinsetzungsgründe aktenkundig sind oder glaubhaft gemacht wurden.[8]

VI. Verfahren und Entscheidung

7 Über den Antrag auf Wiedereinsetzung entscheidet das Gericht, das über die versäumte Rechtshandlung zu befinden hat, § 19 Abs. 1 FamFG. **Wenn** es um die **Wiedereinsetzung in die Beschwerdefrist** geht, **ist das Beschwerdegericht zuständig**, auch wenn bei einer sofortigen Beschwerde nach §§ 567 ff. ZPO das Amtsgericht noch nicht über die Abhilfe nach § 572 Abs. 1 Satz 1 ZPO entschieden hat.[9] Vor der Entscheidung ist den **übrigen Beteiligten rechtliches Gehör** zu gewähren. Die Entscheidung ergeht durch **Beschluss**, der zusammen mit der Entscheidung in der Sache ergehen kann. Die positive Entscheidung über den Wiedereinsetzungsantrag – die nicht im Ermessen des Gerichts steht, sondern bei Vorliegen der Voraussetzungen zu erfolgen hat – führt zu der Fiktion, dass die Verfahrenshandlung rechtzeitig vorgenommen wurde.[10]

VII. Anfechtbarkeit

8 Die **positive Entscheidung** über den Antrag auf Wiedereinsetzung ist **nicht anfechtbar**, § 19 Abs. 2 FamFG.

Die **Ablehnung der Wiedereinsetzung** ist gemäß § 19 Abs. 3 FamFG **nach den Vorschriften** anfechtbar, die **für die versäumte Rechtshandlung** gelten. Für den Hauptanwendungsfall der Wiedereinsetzung in Beschwerdefristen führt dies **regelmäßig** zur **Nichtanfechtbarkeit** der Ablehnungsentscheidung, weil gegen die Zurückweisung einer (sofortigen) Beschwerde in Familiensachen der freiwilligen Gerichtsbarkeit durch das Beschwerdegericht kein Rechtsmittel gegeben ist, § 70 Abs. 1 FamFG, § 574 ZPO. Nur bei Zulassung durch das Beschwerdegericht ist ein Rechtsmittel gegeben, § 70 Abs. 1 FamFG, § 574 Abs. 1 Satz 1 Nr. 2 ZPO.[11]

---

7 BGH, Beschl. v. 26.5.1986 – VIII ZB 18/86, Rn. 11, juris
8 BGH FamRZ 2011, 30 zu § 236 ZPO
9 Keidel/*Sternal*, § 19 Rn. 3
10 BeckOK FamFG/*Burschel*, § 19 Rn. 7
11 Keidel/*Sternal*, § 19 Rn. 11

§ 20 FamFG Verfahrensverbindung und -trennung

Das Gericht kann Verfahren verbinden oder trennen, soweit es dies für sachdienlich hält.

Übersicht

	Rn.
A. Allgemeines	1
B. Inhalt der Norm	2
I. Verfahrensverbindung	2
1. Grundsätze	2
2. Scheidungsverbund	3
3. Sorgerechts- und Umgangsverfahren	4
4. Verschiedene Beteiligte	6
5. Verfahrensordnungsübergreifende Verbindung	8
II. Verfahrenstrennung	11
III. Rechtsmittel	12

A. Allgemeines

1 Die Verfahrensverbindung oder -trennung hilft, ein Verfahren sachgerecht zu führen. Der Verfahrensstoff soll hierdurch geordnet, die Übersichtlichkeit gefördert werden. Mit einer **Verbindung** kann eine einheitliche Beweisaufnahme und Beweiswürdigung gesichert, unnötige Doppelarbeit vermieden und ggf. Kosten gesenkt, bei einer **Trennung** eine Verfahrensverschleppung verhindert werden.[1]

B. Inhalt der Norm

I. Verfahrensverbindung

1. Grundsätze

2 Verfahren können aus verfahrensökonomischen Gründen und zur Vermeidung widerstreitender Entscheidungen **verbunden** werden (**Sachdienlichkeit**). Es entsteht ein einheitliches Verfahren mit grundsätzlich gemeinsamer Verhandlung und Entscheidung.

Vor einer Entscheidung über eine Verbindung ist **zu prüfen, ob überhaupt verschiedene Verfahrensgegenstände vorliegen**. Insbesondere in Sorgerechtsverfahren können Abgrenzungsprobleme hinsichtlich des Verfahrensgegenstands auftreten. So ist etwa das **Sorgerecht für ein Kind ein einheitlicher Verfahrensgegenstand**; geht in einem auf Antrag eines Elternteils eingeleiteten, **laufenden Verfahren nach § 1671 BGB** eine Gefährdungsmeldung des Jugendamts **bezüglich desselben Kindes** ein, darf **kein weiteres Verfahren nach § 1666 BGB** eröffnet werden, sondern das Verfahren bezüglich der elterlichen Sorge für dieses Kind ist in einem Verfahren zu führen, § 1671 Abs. 4 BGB.[2] Wurde amtswegig bereits ein Verfahren nach § 1666 BGB eingeleitet, können Anträge nach § 1671 BGB oder § 1628 BGB in diesem Verfahren gestellt werden; daneben darf ein weiteres sorgerechtliches Verfahren aber grundsätzlich nicht eingeleitet werden. Genauso ist aufgrund des umfassenderen Verfahrensgegenstandes in einem Antragsverfahren nach § 1671 BGB als Minus ein Antrag nach § 1628 BGB enthalten, jedenfalls wenn das gesamte Sorgerecht vom Antrag nach § 1671 BGB umfasst ist bzw. thematisch identische Teilbereiche (wie etwa die schulischen Angelegenheiten insgesamt bei § 1671 BGB im Vergleich etwa zur Meinungsverschiedenheit bei Wechsel der Grundschule bei § 1628 BGB)

---

1 MüKo-FamFG/*Pabst,* § 20 Rn. 1

2 OLG Nürnberg FamRZ 2013, 1993 (LS); Palandt/*Götz,* § 1671 Rn. 53; Staudinger/*Coester,* § 1671 Rn. 278; BeckOGK BGB/*Burghardt,* § 1666 Rn. 29

betroffen sind.[3] Hauptsacheverfahren sind im Vergleich zu Verfahren auf einstweilige Anordnung stets getrennte Verfahrensgegenstände. **Fälschlich getrennt geführte Verfahren sind (klarstellend) zu verbinden**.

Die Sachdienlichkeit einer Verfahrensverbindung ist in der Regel **zu verneinen, wenn nur für eines der Verfahren der Vorrang- und Beschleunigungsgrundsatz** des § 155 Abs. 1 FamFG **gilt**.[4]

Die Verbindung ist in manchen Fällen **unzulässig**, etwa bei Adoptionssachen (§ 196 FamFG) oder im Verhältnis einstweilige Anordnung – Hauptsacheverfahren (§ 51 Abs. 3 Satz 1 FamFG).[5]

Verfahren können **von Amts wegen** oder **auf Antrag** verbunden werden. Die Entscheidung über die Verbindung liegt im pflichtgemäßen Ermessen des Gerichts und erfolgt durch Beschluss.[6] Mit der Verbindung der Verfahren wird aus vormals selbstständigen Verfahren nunmehr **ein einheitliches Verfahren** mit gleichzeitiger Erörterung, ggf. Beweisaufnahme und Entscheidung. Bis zur Anordnung der Verbindung getätigte Maßnahmen behalten ihre Wirkung, erstrecken sich jedoch nur auf den bisherigen Verfahrensgegenstand.[7]

Praktisch häufiger als eine echte, förmliche Verbindung der Verfahren kommt die **gemeinsame Durchführung einzelner Verfahrenshandlungen** im Rahmen verschiedener Verfahren vor. Diese Möglichkeit, aus Gründen der Verfahrensökonomie etwa Anhörungen, Erörterungen oder Einholung von Sachverständigengutachten gemeinsam durchzuführen, ist anerkannt.[8] Darin liegt regelmäßig **keine Verbindung i.S.d. § 20** und dafür ist ein förmlicher Beschluss nicht erforderlich, eine gerichtliche Verfügung oder ein Hinweis an die Beteiligten genügt.

2. Scheidungsverbund

3 Einen Sonderfall der Verfahrensverbindung stellt der sog. **Verbund von Scheidung und Folgesachen** dar. Über sie ist zusammen zu verhandeln und zu entscheiden, § 137 Abs. 1 FamFG. Zu den Folgesachen können nach § 137 Abs. 3 auch **Kindschaftssachen** gehören, die die Übertragung oder Entziehung der elterlichen Sorge, das Umgangsrecht oder die Herausgabe eines gemeinschaftlichen Kindes der Ehegatten oder das Umgangsrecht eines Ehegatten mit dem Kind des anderen Ehegatten betreffen. Erforderlich ist in jedem Fall ein entsprechender fristgerechter **Antrag** auf Einbeziehung in den Verbund.[9] Allerdings wird das Gericht die Einbeziehung häufig aus Gründen des **Kindeswohls** ablehnen, insbesondere wenn ein langes Zuwarten bis zur Rechtskraft des Scheidungsbeschlusses nicht vertretbar erscheint, § 137 Abs. 3 FamFG. Soweit eine Kindschaftssache in den Verbund einbezogen wird, regelt § 139 FamFG, wie die anderen Beteiligten außer den Ehegatten (Kind, Verfahrensbeistand, Jugendamt) an dem Verfahren teilnehmen.

---

3 Vgl. OLG Frankfurt FamRZ 2019, 1244; OLG Stuttgart FamRZ 2019, 802; zur Abgrenzung MüKo-BGB/*Huber*, § 1628 Rn. 11; vgl. auch *Köhler*, Anmerkung zu KG FamRZ 2018, 502; zur Möglichkeit der Umdeutung eines Antrags nach § 1671 BGB in einen Antrag nach § 1628 BGB vgl. BGH FamRZ 2018, 1512; zu einer umgekehrten Umdeutung *Dürbeck*, Anmerkung zu OLG Stuttgart, ZKJ 2019, 150

4 OLG Brandenburg FamRZ 2017, 311; OLG Bremen FamRZ 2015, 2171; MüKo-FamFG/*Pabst*, § 20 Rn. 5a

5 MüKo-FamFG/*Pabst*, § 20 Rn. 3; zur verfahrensordnungsübergreifenden Verbindung sogleich Rn. 8

6 Keidel/*Sternal*, § 20 Rn. 6

7 MüKo-FamFG/*Pabst*, § 20 Rn. 12

8 Bahrenfuss/*Bahrenfuss*, § 20 Rn. 9; MüKo-FamFG/*Pabst*, § 20 Rn. 15

9 Die Einbeziehung von Amts wegen ist unzulässig: OLG Dresden FamRZ 2015, 74

3. Sorgerechts- und Umgangsverfahren

Soweit auch das Sorgerechtsverfahren gemäß § 155 Abs. 1 FamFG dem Vorrang- und Beschleunigungsgrundsatz unterliegt, kann eine Verfahrensverbindung von Sorgerechts- und Umgangsverfahren sachdienlich sein, um kohärente Entscheidungen zu ermöglichen[10] und mehrfache Anhörungen von Eltern und Kind(ern) zu vermeiden. **Zumeist genügt** zu diesem Zweck aber auch eine einfache **gemeinsame Durchführung einzelner Verfahrenshandlungen**, ohne dass eine förmliche Verbindung der Verfahren geboten ist. 4

Rein kostenrechtliche Argumente zum Gebot kostensparender Verfahrensführung im Rahmen der Verfahrenskostenhilfe, die zur gemeinsamen Beantragung eines Sorge- und Umgangsrechtsverfahrens vorgebracht werden,[11] helfen für die im pflichtgemäßen Ermessen zu treffende Entscheidung über die Verbindung von Verfahren nicht weiter. Die **gesonderte Verfahrensführung** ist **besser dazu geeignet, die Wahrung der Partizipationsrechte aller Beteiligten** sowie die – regelmäßig gebotene – individuelle Betrachtung der Verfahrensgegenstände im Hinblick auf Notwendigkeit der Bestellung eines Verfahrensbeistands, die unterschiedliche Stellung von Personen im Verfahren sowie die unterschiedliche Erfolgsaussichten etwaiger Verfahrenskostenhilfeanträge **zu gewährleisten.**[12] **Vorzuziehen** ist daher die **gemeinsame Durchführung einzelner Verfahrenshandlungen ohne förmliche Verbindung.** 5

4. Verschiedene Beteiligte

Die Verbindung kommt auch grundsätzlich bei verschiedenen Beteiligten in Betracht, wenn die Gegenstände der Verfahren in einem Zusammenhang stehen oder in einem Verfahren hätten geltend gemacht werden können.[13] Dabei muss jedoch auch den Anforderungen des Datenschutzes Rechnung getragen werden. 6

Beispiel: *In einem Verfahren nach § 1666 BGB regt das Jugendamt an, der allein sorgeberechtigten Mutter die elterliche Sorge für ihre drei bei ihr lebenden, von verschiedenen Vätern abstammenden Kinder zu entziehen.*

Hier handelt es sich grundsätzlich um drei **verschiedene Verfahren** mit unterschiedlichen Beteiligten. Eine Verfahrensverbindung erscheint zwar möglich, aber nicht angezeigt. Im Fall der Trennung der Verfahren müssen das Jugendamt und der regelmäßig zu bestellende Verfahrensbeistand zwar strikt getrennte Berichte einreichen. Ähnliches gilt für ein Sachverständigengutachten. Es kann auch im Sachverständigengutachten bei der Exploration die Einbeziehung der Geschwister – und ggf. auch anderen Väter – angezeigt sein. Aus verfahrensökonomischen Gründen können **einzelne gemeinsame Verfahrenshandlungen** – etwa die Beweisaufnahme durch Einholung des Sachverständigengutachtens – gemeinsam durchgeführt werden. Auch eine **gemeinsame Erörterung** ist **bei Einwilligung aller Beteiligten**, § 170 Abs. 1 Satz 2 GVG, möglich. Aus Gründen des **Datenschutzes** und der Wahrung der unterschiedlichen Partizipationsrechte der Beteiligten **erscheint** trotzdem die **Beibehaltung getrennter Verfahren geboten**. 7

10 So auch zur Begründung für ein zukünftiges einheitliches Kindschaftsverfahren ohne Trennung der verschiedenen Verfahrensgegenstände als Ausübung der elterlichen Verantwortung de lege ferenda: *Hammer*, FamRZ 2018, 229, 231

11 OLG Brandenburg FamRZ 2017, 311; OLG Hamm FamRZ 2014, 1880 (LS)

12 *Heilmann*, Anmerkung zu KG v. 28.2.2012, ZKJ 2012, 267, 269

13 Entsprechend § 147 ZPO, Prütting/Helms/*Ahn-Roth,* § 20 Rn. 6 m.w.N.

5. Verfahrensordnungsübergreifende Verbindung

8 Eine **verfahrensordnungsübergreifende Verbindung** ist grundsätzlich **unzulässig, wenn** in den Verfahren **verschiedene Verfahrensgrundsätze** gelten[14] (etwa Amtsermittlungsgrundsatz einerseits und Beibringungsgrundsatz andererseits). So kann ein FamFG-Verfahren nicht mit einem (echten) ZPO-Verfahren verbunden werden, ebenfalls nicht mit einem FamFG-Verfahren, auf das gemäß § 113 Abs. 1 Satz 2 FamFG die Vorschriften der ZPO entsprechende Anwendung finden. Mit Kindschaftssachen – bei denen der Amtsermittlungsgrundsatz herrscht – kann also grundsätzlich keine Familienstreitsache (wie etwa Kindesunterhalt) verbunden werden. Eine **Ausnahme** gilt **nur dann, wenn** das **Gesetz es ausdrücklich vorsieht**.

9 Auch in **Kindschaftssachen** kann sich das Problem stellen, dass FamFG-Verfahren und Familienstreitsachen in einem Verfahren geltend gemacht werden sollen. **Beispiele:** Im Rahmen eines **Umgangsverfahrens** nach § 1684 BGB begehrt ein Elternteil wegen der weiten Entfernung die Verpflichtung des anderen zur **Kostentragung**[15] oder **Schadensersatz**[16] wegen vergeblicher Fahrten oder aber die Zahlung eines Verfahrenskostenvorschusses (Familienstreitsachen nach § 266 Abs. 1 Nr. 5 FamFG). Oder: Ein Elternteil beantragt neben der **Kindesherausgabe** auch die Erstattung der zur Zurückführung eines entführten Kindes erforderlichen **Kosten**.

10 Das FamFG lässt nur ausnahmsweise eine Verbindung von Verfahren zu, in denen verschiedene Grundsätze gelten (Beibringungsgrundsatz einerseits, Amtsermittlungsgrundsatz andererseits). In § 237 Abs. 1 und 2 FamFG (**Vaterschaftsfeststellung und Unterhalt**) und § 265 FamFG (verschiedene güterrechtliche Ansprüche) ist eine solche verfahrensordnungsübergreifende Verbindung zugelassen. Über die ausdrücklichen gesetzlichen Verbindungsmöglichkeiten hinaus ist eine verfahrensordnungsübergreifende Verbindung nicht zulässig.[17]

II. Verfahrenstrennung

11 Ziel der **Verfahrenstrennung** ist es, den Verfahrensstoff zu ordnen und übersichtlicher zu gestalten, so wenn dessen Verständnis durch Anspruchshäufung erschwert wird, ferner um einer Verfahrensverschleppung wegen Streits in einzelnen Punkten entgegenzuwirken.[18] Auch zuvor verbundene Verfahren kann das Gericht wieder trennen. Unter bestimmten Voraussetzungen können auch Folgesachen aus dem **Scheidungsverbund** abgetrennt werden (§ 140 FamFG).

III. Rechtsmittel

12 Entscheidungen über die Verfahrensverbindung oder -trennung sind **als Zwischenentscheidungen** i.S.d. § 58 Abs. 2 FamFG **nicht selbstständig anfechtbar**. Im Rechtsmittelverfahren gegen die Entscheidung in der Hauptsache kann aber ggf. überprüft werden, ob die Entscheidung zur Verbindung oder Trennung willkürlich erfolgt ist.[19]

---

14 Prütting/Helms-*Ahn-Roth*, § 22 Rn. 8
15 Vgl. OLG Nürnberg NJW-RR 2014, 644, dazu *Erdrich*, NZFam 2014, 666
16 Dazu MüKo-BGB/*Hennemann*, § 1684 Rn. 95; BGH FamRZ 2002, 1099
17 BeckOK FamFG/*Burschel*, § 20 Rn. 3
18 BGH NJW 1995, 3120
19 Musielak/*Borth*/*Grandel*, § 20 Rn. 4

§ 21 FamFG Aussetzung des Verfahrens

(1) [1]Das Gericht kann das Verfahren aus wichtigem Grund aussetzen, insbesondere wenn die Entscheidung ganz oder zum Teil von dem Bestehen oder Nichtbestehen eines Rechtsverhältnisses abhängt, das den Gegenstand eines anderen anhängigen Verfahrens bildet oder von einer Verwaltungsbehörde festzustellen ist. [2]§ 249 der Zivilprozessordnung ist entsprechend anzuwenden.

(2) Der Beschluss ist mit der sofortigen Beschwerde in entsprechender Anwendung der §§ 567 bis 572 der Zivilprozessordnung anfechtbar.

Übersicht

Rn.
A. Allgemeines ... 1
B. Inhalt der Norm ... 2
I. Aussetzung aus wichtigem Grund ... 2
II. Rechtsmittel ... 7

A. Allgemeines

1 Die **Aussetzung** bedeutet den **Stillstand des Verfahrens** kraft richterlicher Anordnung.[1] Im Hinblick auf die Interessenlage der Beteiligten, denen meist an einem zügigen Verfahrensfortgang gelegen ist, sollte von der Möglichkeit der Aussetzung nur zurückhaltend Gebrauch gemacht werden. Vereinzelt finden sich im FamFG Sonderregelungen hierzu, etwa in § 36a Abs. 2 FamFG betreffend die Durchführung einer **Mediation**. Im Fall des § 36a Abs. 2 FamFG hat die Aussetzung zwingend zu erfolgen und steht – anders als die Aussetzung nach § 21 – nicht im Ermessen des Gerichts.[2]

Im Bereich des **einstweiligen Rechtsschutzes** kommt eine Aussetzung grundsätzlich **nicht** in Betracht, weil es nach § 49 Abs. 1 FamFG um die Sicherung eines Rechtszustandes oder eines Rechtsanspruchs geht.[3] Dieses Ziel hat Vorrang vor einer Aussetzung.[4] Sollte ein Hauptsacheverfahren ausgesetzt werden, ist der Beteiligte nicht gehindert, den Erlass einer einstweiligen Anordnung zu beantragen.

B. Inhalt der Norm

I. Aussetzung aus wichtigem Grund

2 Das Gericht kann **nach seinem pflichtgemäßen Ermessen** das Verfahren **aus wichtigem Grund** aussetzen. Das gilt insbesondere im Fall der **Vorgreiflichkeit**, wenn also die Entscheidung von dem Bestehen oder Nichtbestehen eines Rechtsverhältnisses abhängt, das den Gegenstand eines anderen anhängigen und nicht seinerseits ausgesetzten[5] Verfahrens bildet. Eine bloße Beeinflussung der Entscheidung genügt nicht.[6] Die **fehlende Mitwirkung eines Beteiligten** in einem Kindschaftsverfahren **rechtfertigt die Aussetzung nicht**. Denn der Amtsermittlungsgrundsatz entbindet das Gericht nicht davon, nach Ausschöpfung aller ihm möglichen Ermittlungen eine Sachentscheidung zu treffen.[7] Vor jeder Aussetzung muss sich das Gericht klarmachen, welchen Erkenntnisgewinn es erwar-

---

1 MüKo-FamFG/*Pabst*, § 20 Rn. 1
2 Prütting/Helms/*Hammer*, § 155 Rn. 50
3 KG FamRZ 2011, 1747 (LS)
4 Musielak/*Borth/Grandel*, § 21 Rn. 1
5 BGH NJW-RR 2005, 925
6 Prütting/Helms/*Ahn-Roth*, § 21 Rn. 8; zu weitgehend für eine „Vorgreiflichkeit im weiteren Sinne" OLG Braunschweig FamRZ 2018, 1157
7 OLG Köln FamRZ 2013, 719

tet, und stets ist zu **prüfen, ob den Beteiligten eine Verzögerung durch die Aussetzung zugemutet werden kann.**[8]

In einer Kindschaftssache, die gemäß § 155 Abs. 1 FamFG vorrangig und beschleunigt durchzuführen ist, sollte eine Aussetzung aufgrund des dort geltenden Beschleunigungsgrundsatzes vermieden werden.[9] Eine **Aussetzung eines Verfahrens nach § 155 Abs. 1 FamFG liefe der gesetzlichen Vorgabe der beschleunigten Verfahrensführung zuwider.**[10] Aus § 155 Abs. 4 FamFG ergibt sich nichts anderes, weil diese Vorschrift nur dazu dient, das Vorrang- und Beschleunigungsgebot zu wahren und in dem Konflikt zwischen Konfliktbeilegung und Beschleunigung eine zeitnahe Fortführung des Verfahrens sicherzustellen.[11] Auch in den Kindschaftssachen, die nicht dem Beschleunigungsgrundsatz unterliegen, ist stets zu prüfen, welche Ermittlungen das Familiengericht selbst tätigen kann, um eine hinreichende Grundlage für eine am Kindeswohl orientierte Entscheidung zu erlangen.

3 In einem Umgangsverfahren oder einem Verfahren wegen Kindeswohlgefährdung hat das Familiengericht von Amts wegen die entscheidungserheblichen Tatsachen zu ermitteln und dabei ist auch die Beiziehung etwaiger staatsanwaltlicher Ermittlungsakten geboten; eine **Aussetzung wegen** eines **staatsanwaltschaftlichen Ermittlungsverfahrens** (etwa wegen Verdachts auf sexuellen Kindesmissbrauch) **scheidet jedoch** regelmäßig **aus.**[12] Neben dem Beschleunigungsgebot des § 155 Abs. 1 FamFG spricht dagegen, dass die Kindschaftssache und das staatsanwaltliche Ermittlungsverfahren einen anderen Fokus sowie eine andere Beweis- bzw. Feststellungslast haben und eine Gefährdung des Kindes unabhängig von strafrechtlicher Beweisbarkeit gegeben sein kann. Wird das staatsanwaltschaftliche Ermittlungsverfahren nach § 170 Abs. 2 StPO wegen des Grundsatzes *in dubio pro reo* eingestellt und bleibt es nach den Ermittlungen des Familiengerichts offen, ob tatsächlich ein Missbrauch stattgefunden hat, so ist eine **kindeswohlorientierte Risikoabschätzung** vorzunehmen, die sich am Verdachtsgrad und den **Folgen** eines Umgangs **für das Kind** zu orientieren hat.[13]

4 Auch in einer – gemäß § 155 Abs. 1 FamFG beschleunigt zu führenden – Umgangsrechtsstreitigkeit kommt eine **Aussetzung wegen eines verwaltungsgerichtlichen Verfahrens** auf **Durchsetzung des** Anspruchs auf Unterstützung eines **begleiteten Umgangs gemäß § 18 Abs. 3 Satz 3 SGB VIII regelmäßig nicht in Betracht.**[14] Neben dem Beschleunigungsgrundsatz spricht dagegen, dass eine Aussetzung nur bei einem anhängigen, nicht aber erst einem einzuleitenden Verfahren in Betracht kommt, Abs. 1 Satz 1. Eine

8 BeckOK FamFG/*Burschel*, § 21 Rn. 9

9 Staudinger/*Dürbeck*, § 1684 Rn. 332 zu Umgangsverfahren bei Verdacht auf sexuellem Missbrauch in Bezug auf staatsanwaltliches Ermittlungsverfahren

10 So zutreffend *Keuter*, JAmt 2011, 373, 375 zu Umgangsverfahren in Bezug auf ein verwaltungsgerichtliches Verfahren wegen Durchsetzung einer Umgangsbegleitung durch das Jugendamt nach § 18 Abs. 3 Satz 3 SGB VIII; Staudinger/*Dürbeck*, § 1684 Rn. 332; a.A.: in Sorgerechtsstreitigkeiten könne in Einzelfällen ausnahmsweise eine Aussetzung zulässig sein, wenn die Familienverhältnisse noch in der Entwicklung seien, Prütting/Helms/*Ahn-Roth*, § 21 Rn. 10 unter Bezugnahme auf ältere Rechtsprechung und KG NJW-RR 2011, 220, wo verkannt wird, dass das Beschwerdegericht volle zweite Tatsacheninstanz ist, nicht nur Ermessensfehler des Ausgangsgerichts überprüft.

11 MüKo-FamFG/*Heilmann*, § 155 Rn. 73; Prütting/Helms/*Hammer*, § 155 Rn. 50; a.A.: OLG Schleswig FamRZ 2015, 1040, § 155 Abs. 4 zeige, dass eine Aussetzung auch in Verfahren nach § 155 Abs. 1 nicht nur ausnahmsweise möglich sei.

12 Staudinger/*Dürbeck*, § 1684 Rn. 332

13 Staudinger/*Dürbeck*, § 1684 Rn. 332; OLG Karlsruhe NZFam 2017, 1132 Rn. 86

14 *Keuter*, JAmt 2011, 373, 375; MüKo-BGB/*Hennemann*, § 1684 Rn. 70: „Dass dies das Beschleunigungsgebot konterkariert, ist offensichtlich"; Staudinger/*Dürbeck*, § 1684 Rn. 340; a.A.: OLG Schleswig FamRZ 2015, 1040, ohne sich damit auseinanderzusetzen, dass eine Aussetzung nur bei anhängigen Verfahren in Betracht kommt; BVerfG FamRZ 2015, 1686 Rn. 6 bezieht sich auf OLG Schleswig, ohne sich mit § 155 Abs. 1 oder der Notwendigkeit vorheriger Anhängigkeit auseinanderzusetzen.

Aussetzung ist unzulässig, wenn sie zu dem Zweck erfolgt, die Klärung eines präjudiziellen Rechtsverhältnisses durch die Beteiligten in einem erst anhängig zu machenden Verfahren herbeizuführen.[15]

Verweigert das Jugendamt eine Umgangsbegleitung, hat das Familiengericht zu entscheiden, ob statt des begleiteten Umgangs unbegleiteter Umgang in Betracht kommt; ist dies nicht der Fall, das Jugendamt zur Begleitung nicht bereit und ein anderer bereiter und geeigneter Umgangsbegleiter findet sich trotz entsprechender Ermittlungen des Familiengerichts nicht, ist der Umgang befristet nach § 1684 Abs. 4 Satz 2 BGB auszuschließen.[16]

Auch in einem Vollstreckungsverfahren nach **§§ 86 ff. FamFG** wegen Verstoßes gegen eine gerichtliche Umgangsregelung kommt eine **Aussetzung des Vollstreckungsverfahrens gemäß § 21 regelmäßig nicht in Betracht**.[17] Im Vollstreckungsverfahren gilt zum einen auch der Beschleunigungsgrundsatz, § 88 Abs. 3 Satz 1 FamFG. Zum anderen wird im Vollstreckungsverfahren die im Erkenntnisverfahren gefundene Umgangsregelung nicht erneut inhaltlich geprüft[18] und nach Abschluss des Erkenntnisverfahrens neu hinzutretende Gründe sind nur dann beachtlich, wenn diese triftig sind und hierauf ein zulässiger Abänderungsantrag, § 166 FamFG, § 1696 BGB, mit einem Antrag auf vorläufige Einstellung der Vollstreckung gemäß § 93 Abs. 1 Nr. 4 FamFG gestützt wurde[19] (im Rahmen einer einstweiligen Anordnung gemäß §§ 54 Abs. 1, 55 Abs. 1 Satz 1 FamFG[20]). Eine – grundsätzlich mögliche, § 87 Abs. 1 Satz 1 FamFG – amtswegige vorläufige Einstellung der Zwangsvollstreckung kommt nur in engen Ausnahmefällen (z.B. konkreter und substanziierter Verdacht sexuellen Missbrauchs) in Betracht.[21]

In **Abstammungssachen** ist ein **spezieller Aussetzungsgrund** in **§ 1598a Abs. 3 BGB** geregelt. Danach ist das Verfahren auszusetzen, wenn und solange die **Klärung der leiblichen Abstammung** eine **erhebliche Beeinträchtigung** des Wohls des **minderjährigen Kindes** begründen würde, die auch unter Berücksichtigung der Belange des Klärungsberechtigten für das Kind unzumutbar wäre. Die Formulierung „wenn und solange" zeigt, dass auch hier nur ein vorübergehender Aufschub zulässig ist. Die Vorschrift bezweckt den Schutz des minderjährigen Kindes in besonderen Lebenslagen und Entwicklungsphasen zu verwirklichen.[22] 5

▶ *Siehe näher hierzu Grün, § 1598a BGB Rn. 14.*

Daneben kommt die Aussetzung des Verfahrens ferner in Betracht, **wenn die Feststellung des rechtlichen Vaters wegen Eheschließung** schwierig ist und diese Frage **in einer parallel laufenden Ehesache geklärt wird**. Dies gilt aber dann nicht, wenn – etwa aufgrund mehrerer Beteiligter – weitere, davon in jedem Fall unabhängige Fragen im Abstammungsverfahren zu klären sind.[23]

Auch bei Durchführung einer konkreten Normenkontrolle nach Art. 100 Abs. 1 GG hat eine Aussetzung des Verfahrens zu erfolgen. Die diesbezügliche Aussetzungspflicht bei Annahme der Verfassungswidrigkeit einer entscheidungserheblichen Norm folgt nicht aus 6

---

15 Keidel/*Sternal*, § 21 Rn. 10
16 OLG Frankfurt ZKJ 2015, 240 (LS); FamRZ 2013, 1824; Staudinger/*Dürbeck*, § 1684 Rn. 340; *Dürbeck*, ZKJ 2015, 457
17 Staudinger/*Dürbeck*, § 1684 Rn. 544; *Dürbeck*, Anmerkung zu OLG Braunschweig, ZKJ 2018, 279; a.A: OLG Braunschweig ZKJ 2018, 277
18 BGH FamRZ 2015, 2147 Rn. 30; FamRZ 2012, 533 Rn. 22
19 BGH FamRZ 2012, 533 Rn. 23; Prütting/Helms/*Hammer*, § 89 Rn. 42; Staudinger/*Dürbeck*, § 1684 Rn. 544; einschränkend: OLG Braunschweig ZKJ 2018, 277
20 BGH FamRZ 2015, 2147 Rn. 29
21 OLG Karlsruhe ZKJ 2014, 482 (LS); Staudinger/*Dürbeck*, § 1684 Rn. 544
22 MüKo-BGB/*Wellenhofer*, § 1598a Rn. 35
23 OLG Frankfurt FamRB 2019, 184

§ 21, sondern direkt aus Art. 100 Abs. 1 GG.[24] Ein **wichtiger Grund zur Aussetzung** kann gegeben sein, **wenn die Entscheidung des BVerfG in einer** anderen, dort **anhängigen Sache abgewartet werden soll**, wenn die dort zu entscheidende Frage der Verfassungswidrigkeit einer Vorschrift wegen ihrer Wirkung für und gegen alle im auszusetzenden Verfahren rechtliche Bedeutung erlangt,[25] wobei die Aussetzung dann auch ohne eigene Vorlage an das BVerfG zulässig sein kann.[26]

II. Rechtsmittel

7 Der Aussetzungsbeschluss ist mit der **sofortigen Beschwerde** binnen zwei Wochen anfechtbar, § 21 Abs. 2 FamFG. Das gilt auch für die Ablehnung der beantragten Aussetzung.[27]

Ein **Rechtsmittel** ist **grundsätzlich nur gegen einen förmlichen Beschluss** des Gerichts gegeben. Betreibt das Gericht – etwa durch Nichtbetreiben, Nichtterminierung trotz entsprechender Anregung etc. – das Verfahren nur rein faktisch nicht, kann § 21 Abs. 2 FamFG auf diese Konstellationen grundsätzlich nicht analog angewendet werden. Denn insoweit fehlt es an einer planwidrigen Regelungslücke. Für die Untätigkeit des Gerichts hat der Gesetzgeber § 198 GVG geschaffen und diesen für bestimmte Verfahren aufgrund einer Entscheidung des EMRK[28] um Beschleunigungsrüge und -beschwerde nach §§ 155b, 155c FamFG erweitert.

▶ *Näher hierzu Keuter zu §§ 155b, c FamFG.*

8 Für andere Verfahren als die in § 155 Abs. 1 FamFG genannten gibt es nach dem ausdrücklichen Willen des Gesetzgebers nur die Entschädigungslösung des § 198 GVG. Auf reine Untätigkeit des Gerichts kann daher § 21 Abs. 2 FamFG nicht analog angewendet werden.[29]

9 Geht das **Verhalten des Familiengerichts** aber **über eine bloße Untätigkeit hinaus** und das Gericht begründet seine Untätigkeit mit Hinweis auf ein vorgreifliches Verfahren **ohne förmlichen Aussetzungsbeschluss**, kann gegen dieses gerichtliche Vorgehen **sofortige Beschwerde** wie gegen einen Aussetzungsbeschluss eingelegt werden.[30] Denn insoweit kommt – mit der einzigen Ausnahme der Beschlussform – das Verhalten des Gerichts einem Aussetzungsbeschluss gleich; dass sich das Gericht aber der gesetzlich vorgesehenen Form nicht bedient hat, darf nicht zulasten der Überprüfbarkeit des gerichtlichen Verhaltens durch die Beteiligten gehen. Hat das Rechtsmittel Erfolg, ist der Aussetzungsbeschluss aufzuheben; klarstellend kann tenoriert werden, dass dem Verfahren Fortgang zu geben ist.[31]

---

24 MüKo-FamFG/*Pabst,* § 21 Rn. 14
25 OLG Brandenburg FamRZ 2012, 563; MüKo-FamFG/*Pabst,* § 21 Rn. 15
26 BGH FamRZ 2013, 1888 zum Versorgungsausgleich
27 BGH FamRZ 2013, 118, dazu *Grün,* FamFR 2013, 118, auch zur Aussetzung wegen Verfassungswidrigkeit eines entscheidungserheblichen Gesetzes
28 Urteil v. 15.1.2015, FamRZ 2015, 469
29 A.A.: OLG Hamburg FamRZ 2013, 238 für einen Fall der bloß faktischen Untätigkeit; für eine Analogie bei § 252 ZPO ohne Begründung der Planwidrigkeit der Regelungslücke auch Zöller/*Greger,* § 252 Rn. 1
30 OLG Frankfurt FamRB 2019, 184
31 OLG Frankfurt FamRB 2019, 184

§ 22 FamFG Antragsrücknahme; Beendigungserklärung

(1) [1]Ein Antrag kann bis zur Rechtskraft der Endentscheidung zurückgenommen werden. [2]Die Rücknahme bedarf nach Erlass der Endentscheidung der Zustimmung der übrigen Beteiligten.

(2) [1]Eine bereits ergangene, noch nicht rechtskräftige Endentscheidung wird durch die Antragsrücknahme wirkungslos, ohne dass es einer ausdrücklichen Aufhebung bedarf. [2]Das Gericht stellt auf Antrag die nach Satz 1 eintretende Wirkung durch Beschluss fest. [3]Der Beschluss ist nicht anfechtbar.

(3) Eine Entscheidung über einen Antrag ergeht nicht, soweit sämtliche Beteiligte erklären, dass sie das Verfahren beenden wollen.

(4) Die Absätze 2 und 3 gelten nicht in Verfahren, die von Amts wegen eingeleitet werden können.

Übersicht

Rn.
A. Allgemeines ... 1
B. Inhalt der Norm ... 2
I. Antragsrücknahme ... 2
II. Beendigungserklärung ... 3
1. Echte Antragsverfahren ... 3
2. Amtsverfahren ... 4
III. Kosten ... 5

Weiterführende Literatur: Köhler, Zurückweisung eines „Antrags" im Amtsverfahren?, ZKJ 2018, 9 ff.; *Osthold,* Antrags- und Amtsverfahren in Kindschaftssachen nach dem FamFG, FamRZ 2017, 1643 ff.

A. Allgemeines

1 Im Rahmen ihrer Dispositionsbefugnis haben die Beteiligten die Möglichkeit, ein Verfahren auch ohne gerichtliche Entscheidung zu beenden. Das Gesetz regelt in der Vorschrift explizit die **Antragsrücknahme**, aber auch die **Beendigungserklärung**, die der übereinstimmenden Erledigterklärung des Zivilprozesses entspricht. Als dritte Möglichkeit ist der Abschluss eines Vergleichs (§ 36 FamFG) zu nennen. Für Amtsverfahren ist die Einschränkung des Abs. 4 zu beachten.

B. Inhalt der Norm

I. Antragsrücknahme

2 Ein Antrag kann bis zur Rechtskraft der Endentscheidung **zurückgenommen** werden, Abs. 1 Satz 1. Die Rücknahme ist **gegenüber dem zuständigen Gericht** zu erklären, bedarf **keiner bestimmten Form** und kann auch konkludent erklärt werden.[1] Als verfahrensgestaltende Erklärung ist die Antragsrücknahme **bedingungsfeindlich**, **unwiderruflich** und **nicht anfechtbar**.[2] Eine bereits ergangene, noch nicht rechtskräftige Endentscheidung wird hierdurch ohne weitere gerichtliche Handlung automatisch wirkungslos, Abs. 2 Satz 1. Auf Antrag kann diese kraft Gesetzes eintretende Wirkungslosigkeit deklaratorisch durch gerichtlichen, nicht anfechtbaren Beschluss festgestellt werden, Abs. 2 Satz 2, Satz 3. Nach wirksamer Rücknahme ist eine **erneute Antragstellung möglich**. Nach der Rücknahme entscheidet das Gericht nur noch über die Kosten des Verfahrens, § 83 Abs. 2 FamFG.

1 Keidel/*Sternal*, § 22 Rn.10
2 MüKo-FamFG/*Pabst,* § 22 Rn. 7; Keidel/*Sternal*, § 22 Rn.12

Der verfahrenseinleitende Antrag kann bei zulässigem Rechtsmittel auch noch in der Rechtsmittelinstanz zurückgenommen werden;[3] bei Rücknahme in der Rechtsmittelinstanz wird die vorinstanzliche Entscheidung mit der Antragsrücknahme wirkungslos. War zum Zeitpunkt der Rücknahmeerklärung **bereits eine Endentscheidung erlassen** i.S.d. § 38 Abs. 3 Satz 3 FamFG (typischerweise bei Rücknahme in der Rechtsmittelinstanz), **bedarf die Rücknahme** gemäß Abs. 1 Satz 2 zu ihrer Wirksamkeit der **Zustimmung aller übrigen Beteiligten** i.S.d. § 7 FamFG. Diese auch formlos mögliche Zustimmung ist gegenüber dem zuständigen Gericht zu erklären und ebenfalls bedingungsfeindlich, unwiderruflich und nicht anfechtbar. Erklären nicht alle übrigen Beteiligten ihre Zustimmung, ist die Rücknahme des Antrags nicht wirksam und die erlassene Endentscheidung bleibt bestehen.

2a Nach Abs. 4 besteht die Möglichkeit der Antragsrücknahme aber **nur** für verfahrenseinleitende Anträge **in echten Antragsverfahren**, weil nur dort eine **Dispositionsfreiheit** der Beteiligten besteht.[4] Nur in echten Antragsverfahren ist § 22 anwendbar (z.B. in Verfahren gemäß §§ 1626a Abs. 2, 1628, 1632 Abs. 1 und Abs. 2, 1671, 1748 Abs. 1 Satz 1, 1749 Abs. 1 Satz 2, 1752 Abs. 1, 1762, 1768, 1817 Abs. 1 Satz 1, 1889 Abs. 1 BGB und §§ 1, 2 GewSchG[5]), wobei dies für die Sorgerechtsstreitigkeiten dann nicht mehr gilt, wenn Anhaltspunkte für eine gerichtliche Eingriffsnotwendigkeit nach §§ 1666, 1666a BGB gegeben sind, § 1671 Abs. 4 BGG, denn ab diesem Zeitpunkt handelt es sich bei der sorgerechtlichen Streitigkeit (vormals etwa gemäß § 1628 oder § 1671 BGB) um ein Amtsverfahren.[6] Gerade in **Kindschaftssachen** handelt es sich jedoch **meist** um **Verfahren, die (auch) von Amts wegen eingeleitet werden**. So haben die Beteiligten in Umgangsrechtsstreitigkeiten nach §§ 1684, 1685[7] BGB, in Verfahren wegen Kindeswohlgefährdung nach §§ 1666, 1666a BGB oder auf Verbleibensanordnung nach § 1632 Abs. 4 BGB nicht die Befugnis, das Verfahren durch eigene Erklärung zu beenden. Stets ist **in diesen Verfahren** zu beachten, dass eine Rücknahme des „Antrags" das Gericht nicht der Pflicht enthebt, eine **Sachentscheidung zu treffen**.[8]

II. Beendigungserklärung

1. Echte Antragsverfahren

3 Eine Entscheidung über einen Antrag ergeht nicht, soweit alle Beteiligten **gegenüber dem zuständigen Gericht** das Verfahren für aus ihrer Sicht **beendet** erklären, Abs. 3. Die Erklärung ist wiederum formlos möglich und kann konkludent erfolgen. Bloßes Schweigen eines Beteiligten wird regelmäßig nicht als Beendigungserklärung gewertet werden können mangels einer dem § 91a Abs. 1 Satz 2 ZPO vergleichbaren Regelung.[9] Das Gericht kann in entsprechender Anwendung von Abs. 2 die Erledigung durch Beschluss mit **verfahrensbeendender** Wirkung feststellen. Eine hiergegen gerichtete **Beschwerde** ist unzulässig, Abs. 2 Satz 3 entsprechend.

Erklären beispielsweise die Eltern das erstinstanzliche Verfahren nach § 1671 BGB übereinstimmend für erledigt, ist ein erneut gestellter Sorgerechtsantrag in einem neuen Verfahren zu verfolgen.[10]

---

3 Keidel/*Sternal*, § 22 Rn. 8
4 Siehe dazu unten *Cirullies,* § 23 FamFG Rn. 4, § 36 FamFG Rn. 3
5 Unten *Cirullies,* § 23 FamFG Rn. 4
6 Vgl. oben *Köhler,* § 20 FamFG Rn. 2 zum einheitlichen Verfahrensgegenstand
7 Auch die Verfahren nach § 1685 BGB sind Amtsverfahren, vgl. BGH FamRZ 2017, 1668; hier *Gottschalk*, § 1685 Rn. 28; Staudinger/*Dürbeck*, § 1685 Rn. 53
8 OLG Brandenburg FamRZ 2014, 2019; *Köhler*, ZKJ 2018, 9, 10
9 MüKo-FamFG/*Pabst*, § 22 Rn. 18
10 OLG Brandenburg FamRZ 2013, 1328

Die Möglichkeit der Beendigungserklärung besteht **lediglich in echten Antragsverfahren**, nicht in unechten Antrags- und Amtsverfahren, Abs. 4. Insoweit gelten die Ausführungen in Rn. 2 entsprechend.

2. Amtsverfahren

4 In den **unechten Antrags-** und den **Amtsverfahren** besteht – wie bei der Antragsrücknahme – die Pflicht des Gerichts zu einer **inhaltlichen Sachentscheidung**.[11]

Beispiel:

Der Vater „beantragt" die Regelung des Umgangsrechts mit seinen bei der Mutter lebenden Kindern, die vom Gericht persönlich angehört werden. Dabei lehnen die Kinder Umgangskontakte vehement ab.

1. ***Alt.:** Der Vater hält den „Antrag" nach Anhörung der Kinder trotz deren ablehnender Haltung aufrecht.*
2. ***Alt.:** Der Vater verfolgt den „Antrag" wegen deren ablehnender Haltung nicht mehr weiter.*

*Weder kann der „Antrag" einfach zurückgewiesen[12] noch das Verfahren wegen Nichtbetreibens als erledigt weggelegt werden. Vielmehr ist das Umgangsverfahren als Amtsverfahren einer Sachentscheidung zuzuführen.[13] Denn lehnte das Gericht einfach eine Regelung des Umgangsrechtes ab, käme dies in der Wirkung einem **Umgangsrechtsausschluss** gleich, ohne dass der Umgangsberechtigte erkennen kann, wann er eine erneute Prüfung des Umgangsrechtes begehren kann.[14]*

*In der Praxis empfiehlt sich in der Sache die **ausdrückliche Feststellung**, dass es einer Regelung des Umgangs von Amts wegen nicht bedarf, etwa dergestalt:*

„Es wird festgestellt, dass ein Umgang des Kindes [Name] mit [Name(n) der [Groß-] Eltern] nicht familiengerichtlich zu regeln ist."[15]

III. Kosten

5 Bei einer Antragsrücknahme ist über die Kosten nach den allgemeinen Grundsätzen des § 81, also nach billigem Ermessen zu entscheiden, § 83 Abs. 2 FamFG. In dieses Ermessen kann das Gericht die übereinstimmende Beendigungserklärung mit einbeziehen. Jedoch ist in gleicher Weise zu berücksichtigen, wenn allein eine Antragsrücknahme des Antragstellers erfolgt, diese aber durch eine entsprechende Einigung zwischen den Beteiligten veranlasst wird.[16]

11 Vgl. oben Rn. 2
12 BGH FamRZ 2017, 532 Rn. 10; OLG Schleswig NJW 2018, 559; OLG Frankfurt NZFam 2014, 283; *Köhler*, ZKJ 2018, 9. Im Fall eines Umgangsbegehrens nach § 1685 BGB hält der BGH aber die Zurückweisung eines Antrags trotz Vorliegens eines Amtsverfahrens für möglich, BGH FamRZ 2017, 532. Dies erscheint dogmatisch nicht zutreffend, vgl. *Köhler*, ZKJ 2018, 9
13 *Köhler*, ZKJ 2018, 9
14 BVerfG FamRZ 2006, 1005; *Heilmann*, NJW 2012, 16, 20
15 Hier *Gottschalk*, § 1685 Rn. 21, 26; *Köhler*, ZKJ 2018, 9, 10
16 MüKo-FamFG/*Pabst*, § 22 Rn. 22

§ 22a FamFG Mitteilungen an die Familien- und Betreuungsgerichte

(1) Wird infolge eines gerichtlichen Verfahrens eine Tätigkeit des Familien- oder etreuungsgerichts erforderlich, hat das Gericht dem Familien- oder Betreuungsgericht Mitteilung zu machen.

(2) [1]Im Übrigen dürfen Gerichte und Behörden dem Familien- oder Betreuungsgericht personenbezogene Daten übermitteln, wenn deren Kenntnis aus ihrer Sicht für familien- oder betreuungsgerichtliche Maßnahmen erforderlich ist, soweit nicht für die übermittelnde Stelle erkennbar ist, dass schutzwürdige Interessen des Betroffenen an dem Ausschluss der Übermittlung das Schutzbedürfnis eines Minderjährigen oder Betreuten oder das öffentliche Interesse an der Übermittlung überwiegen. [2]Die Übermittlung unterbleibt, wenn ihr eine besondere bundes- oder entsprechende landesgesetzliche Verwendungsregelung entgegensteht.

1 Die dem Kinderschutz dienende[1] Vorschrift gewährt Gerichten und Behörden eine **Rechtsgrundlage** zur **Übermittlung personenbezogener Daten** auch **an** die Familiengerichte, z.B. wenn sich in einem gerichtlichen Verfahren Anzeichen für eine **Kindeswohlgefährdung** nach § 1666 BGB ergeben. 22a Abs. 1 FamFG bestimmt eine **Mitteilungspflicht** für Gerichte der ordentlichen Gerichtsbarkeit oder auch der Fachgerichtsbarkeiten. Hingegen regelt § 22a Abs. 2 FamFG eine **Übermittlungsbefugnis** und damit einhergehende datenschutzrechtliche Probleme und fordert von der übermittelnden Stelle eine Abwägung zwischen dem Schutzbedürfnis eines Betroffenen und dem öffentlichen Interesse an der Datenweitergabe.

Spezielle Regelungen (etwa für das Jugendamt nach SGB VIII bzw. § 162 FamFG) gehen der allgemeinen Regelung vor.

▶ *Zur Anrufung des Familiengerichts durch das Jugendamt siehe Köhler, § 8a SGB VIII Rn. 10 ff.*

2 Aufgrund § 1 FamFG gilt die **gerichtliche Pflicht nach Abs. 1** nur für FamFG-Verfahren. Jedoch muss die Vorschrift in jedem gerichtlichen Verfahren unabhängig von der Gerichtsbarkeit zumindest analog angewandt werden, weil die generelle Anwendbarkeit für die Vorgängervorschrift des § 35 FGG a.F. auch galt.[2] § 22a Abs. 1 FamFG gilt mithin (jedenfalls entsprechend) **für alle Gerichte aller Instanzen**.

Das Familiengericht, dem die Mitteilung nach § 22a Abs. 1 oder Abs. 2 FamFG zugeht, prüft in eigener Zuständigkeit und **eigenverantwortlich, ob** aufgrund der (gerichtlichen oder behördlichen) Mitteilung ein **Verfahren einzuleiten** ist **bzw. familiengerichtliche Maßnahmen erforderlich** sind. Ergebnis dieser Prüfung kann auch sein, dass kein familiengerichtliches Verfahren einzuleiten ist, § 24 Abs. 2 FamFG, bzw. im eingeleiteten Verfahren nach Verfahrensdurchführung festgestellt wird, dass keine familiengerichtlichen Maßnahmen zu treffen sind. Die mitteilende Behörde bzw. das mitteilende Gericht hat bezüglich der familiengerichtlichen Entscheidung **kein Beschwerderecht**.[3]

3 Die **Übermittlungsbefugnis** nach § 22a Abs. 2 FamFG erfordert einen Abwägungsvorgang der übermittelnden Behörde. Die übermittelnde Behörde hat im pflichtgemäßen Ermessen abzuwägen, ob die **schutzwürdigen Interessen des Betroffenen** an der Geheimhaltung seiner Daten die **schutzwürdigen Interessen des Minderjährigen** an dem Tätigwerden des Familiengerichts **überwiegen**. Wenn eine Kindeswohlgefährdung vorliegt, dürften regelmäßig die schutzwürdigen Interessen des Minderjährigen überwiegen.

1 BT-Drucks. 16/9733, 288
2 MüKo-FamFG/*Pabst*, § 22a Rn. 4
3 Keidel/*Sternal*, § 22a Rn. 8

Der **Rechtsschutz gegen die Übermittlung von personenbezogenen Daten** richtet sich nach dem jeweiligen **Verfahrensrecht, das für die übermittelnde Behörde/das übermittelnde Gericht gilt**. Fehlen solche Regelungen, greift § 22 Abs. 1 EGGVG mit dem Rechtsschutz nach §§ 22 Abs. 2, 3, 23 ff. EGGVG.[4] 4

4 Prütting/Helms/*Ahn-Roth,* § 22a Rn. 8

Abschnitt 2
Verfahren im ersten Rechtsszug

§ 23 FamFG Verfahrenseinleitender Antrag

(1) [1]Ein verfahrenseinleitender Antrag soll begründet werden. [2]In dem Antrag sollen die zur Begründung dienenden Tatsachen und Beweismittel angegeben sowie die Personen benannt werden, die als Beteiligte in Betracht kommen. [3]Der Antrag soll in geeigneten Fällen die Angabe enthalten, ob der Antragstellung der Versuch einer Mediation oder eines anderen Verfahrens der außergerichtlichen Konfliktbeilegung vorausgegangen ist, sowie eine Äußerung dazu, ob einem solchen Verfahren Gründe entgegenstehen. [4]Urkunden, auf die Bezug genommen wird, sollen in Urschrift oder Abschrift beigefügt werden. [5]Der Antrag soll von dem Antragsteller oder seinem Bevollmächtigten unterschrieben werden.

(2) Das Gericht soll den Antrag an die übrigen Beteiligten übermitteln.

§ 24 FamFG Anregung des Verfahrens

(1) Soweit Verfahren von Amts wegen eingeleitet werden können, kann die Einleitung eines Verfahrens angeregt werden.

(2) Folgt das Gericht der Anregung nach Absatz 1 nicht, hat es denjenigen, der die Einleitung angeregt hat, darüber zu unterrichten, soweit ein berechtigtes Interesse an der Unterrichtung ersichtlich ist.

§ 25 FamFG Anträge und Erklärungen zur Niederschrift der Geschäftsstelle

(1) Die Beteiligten können Anträge und Erklärungen gegenüber dem zuständigen Gericht schriftlich oder zur Niederschrift der Geschäftsstelle abgeben, soweit eine Vertretung durch einen Rechtsanwalt nicht notwendig ist.

(2) Anträge und Erklärungen, deren Abgabe vor dem Urkundsbeamten der Geschäftsstelle zulässig ist, können vor der Geschäftsstelle eines jeden Amtsgerichts zur Niederschrift abgegeben werden.

(3) [1]Die Geschäftsstelle hat die Niederschrift unverzüglich an das Gericht zu übermitteln, an das der Antrag oder die Erklärung gerichtet ist. [2]Die Wirkung einer Verfahrenshandlung tritt nicht ein, bevor die Niederschrift dort eingeht.

Übersicht

Rn.
A. Allgemeines ... 1
 I. Antrags- und Amtsverfahren ... 1
 II. Antragsberechtigung ... 5
B. Inhalt der Normen ... 7
 I. Verfahrenseinleitender Antrag ... 7
  1. Verfahrens- und Sachantrag ... 7
  2. Antragstellung ... 9
   a) Form ... 9
   b) Inhalt ... 12
    aa) Antragsbegründung ... 12
    bb) Namen der möglichen Beteiligten ... 13
 II. Anregung des Verfahrens ... 15

A. Allgemeines

I. Antrags- und Amtsverfahren

Kindschaftssachen sind wie alle Verfahren der freiwilligen Gerichtsbarkeit grundsätzlich **Amtsverfahren**, werden allerdings häufig durch einen **Antrag** in Gang gesetzt (etwa nach §§ 1632, 1671 oder 1684 BGB). Sie können dann im Rahmen einer **Ehescheidung** auch **Folgesachen** sein, über die nur mit der Scheidung zusammen im Verbund verhandelt und entschieden werden kann (§ 137 Abs. 1 und 3 FamFG). 1

Daneben können Kindschaftssachen jedoch auch **von Amts wegen** eingeleitet werden, insbesondere in Fällen der **Kindeswohlgefährdung** nach § 1666 BGB. Hier fehlt den Beteiligten jegliche Dispositionsbefugnis.[1] Sofern das **Jugendamt** – oder ein Dritter (Angehöriger, Nachbar, Lehrer etc.) – ein solches Verfahren initiiert, handelt es sich nur um eine **Anregung** i.S.d. § 24 FamFG.[2] Das Jugendamt ist in solchen Verfahren nicht „Antragsteller". Das gilt auch dann, wenn es im Anschluss an eine Inobhutnahme eine familiengerichtliche Entscheidung einholt (siehe dazu *Köhler*, § 42 SGB VIII Rn. 5). 2

Bei den auf **Antrag** betriebenen Kindschaftssachen handelt es sich nur ausnahmsweise um **echte Antragsverfahren**, die nur auf Antrag eröffnet werden können (insbesondere solche nach § 1671 Abs. 1 BGB,[3] ebenso bei Gewaltschutzsachen[4] und Adoptionssachen[5]). Das **Antragserfordernis** ergibt sich aus den materiell-rechtlichen Vorschriften, meist aus dem BGB. 3

Überwiegend liegen jedoch **doppeltypische Verfahren** vor, die sowohl auf Antrag wie auch von Amts wegen eingeleitet werden können (auch **unechte Antragsverfahren** genannt). So sind **Umgangssachen** grundsätzlich **Amtsverfahren**, die – abgesehen von einem gerichtlich gebilligten Vergleich (§ 156 Abs. 2 FamFG) und trotz der üblichen Einleitung durch einen Antrag – nicht der Disposition der Beteiligten unterliegen.[6] Umgangsverfahren können also auch von Amts wegen eröffnet werden, wie sich gerade im Fall der Trennung des Kindes von den Eltern zeigt.[7] In Umgangssachen darf ein „Antrag" nicht einfach zurückgewiesen werden, sondern es bedarf einer Sachentscheidung im Sinne einer konkreten, vollstreckbaren Regelung oder eines Ausschlusses.[8] 4

Übersicht: Antragsverfahren – Amtsverfahren

Echte Antragsverfahren	(Unechte) Antrags- und Amtsverfahren	Amtsverfahren
§ 1626a Abs. 2 BGB	§ 1632 Abs. 4 BGB	§ 1666 BGB
§ 1628 BGB	§ 1684 BGB	§§ 1674, 1674a BGB
§ 1632 Abs. 1 bis 3 BGB		§ 1688 Abs. 3 BGB
§ 1671 BGB		

1 OLG Saarbrücken NZFam 2014, 1001
2 OLG Frankfurt FamRZ 2013, 1237 (LS) = JAmt 2013, 656, dazu *Heiß*, FamFR 2013, 258; siehe auch Rn. 15
3 OLG Brandenburg FamRZ 2013, 1328; ebenso MDR 2014, 163, dazu *Fiedler*, NZFam 2014, 183
4 § 1 GewSchG
5 §§ 1762, 1768 BGB
6 BGH FamRZ 2017, 532; KG FamRZ 2018, 1329; OLG Frankfurt FamRZ 2014, 53; *Gottschalk*, § 1684 BGB Rn. 85; Staudinger/*Dürbeck*, § 1684 BGB Rn. 381 m.w.N.; a.A. *Osthold*, FamRZ 2017, 1643, 1648
7 Dazu OLG Brandenburg FamRZ 2010, 1743 = ZKJ 2010, 251
8 OLG Koblenz FamRZ 2017, 898; eingehend Staudinger/*Dürbeck*, a.a.O.; *Lies-Benachib*, NZFam 2018, 581 m.w.N.; problematisch insoweit BGH FamRZ 2017, 532 („Antrag" der Großeltern auf Umgang) mit abl. Stellungnahme *Köhler*, ZKJ 2018, 9

Echte Antragsverfahren	(Unechte) Antrags- und Amtsverfahren	Amtsverfahren
§§ 1762, 1768 BGB		
§§ 1, 2 GewSchG		

II. Antragsberechtigung

5 Jeder Antragsteller muss **antragsbefugt** sein. Diese Befugnis ergibt sich aus dem materiellen Recht (z.B. §§ 1626a Abs. 2, 1671 Abs. 1 und 2 BGB), aber auch aus anderen gesetzlichen Regelungen. So steht insbesondere allen **Beteiligten** ein Antragsrecht zu (§ 7 Abs. 4 Satz 2 FamFG). Dritte sind hingegen nicht antragsbefugt.

6 Die Befugnis, das **Recht eines Dritten in eigenem Namen** geltend zu machen, wenn der Antragsteller hieran ein eigenes schutzwürdiges Interesse hat (Verfahrensstandschaft), kommt im Bereich der **Kindschaftssachen** regelmäßig nicht in Betracht, weil es um die Geltendmachung eines eigenen, auf die Person bezogenen Rechts geht.[9]

B. Inhalt der Normen

I. Verfahrenseinleitender Antrag

1. Verfahrens- und Sachantrag

7 Sofern Verfahren nur auf **Antrag** eingeleitet werden, soll dieser den **inhaltlichen** Anforderungen des § 23 Abs. 1 FamFG entsprechen, mithin begründet werden und die im Gesetz genannten Angaben enthalten.

Bei dem Antrag handelt es sich einerseits um einen auf Einleitung des Verfahrens gerichteten **Verfahrensantrag**, andererseits auch um einen bestimmten **Sachantrag**, der das Rechtschutzziel verdeutlicht.[10] Nur wenn die Beteiligten hinsichtlich der betroffenen Rechte dispositionsbefugt sind, ist der Sachantrag für das Gericht **bindend**. Dies ist in Kindschaftssachen kaum der Fall. Beantragt beispielsweise die Mutter gemäß § 1671 BGB die Übertragung der alleinigen elterlichen Sorge auf sich, kann sich das Gericht nach seinem Ermessen auf die Übertragung von Teilbereichen des Sorgerechts beschränken und den Antrag im Übrigen zurückweisen.

8 Ähnliches gilt auch in **Gewaltschutzverfahren**. Hier kann das Gericht sogar über die Anträge hinausgehen, wenn es dies für sachgerecht und geboten erachtet.[11]

2. Antragstellung

a) Form

9 Die **Formerfordernisse** für den Antrag ergeben sich aus § 23 Abs. 1 FamFG. Verlangt werden insbesondere eine Antragsbegründung, die Benennung der Beweismittel und möglichen Verfahrensbeteiligten sowie die Beifügung in Bezug genommener Urkunden. Ob die **Schriftform** zwingend geboten ist, wird zwar unterschiedlich beantwortet. Doch sprechen hierfür die Regelungen in §§ 23 Abs. 1 Satz 5, 25 Abs. 1 FamFG, die sonst nicht sinnvoll erschienen.[12] Möglich ist die Einreichung eines Schriftsatzes per **Computerfax**.[13]

---

9 Musielak/*Borth/Grandel*, § 23 FamFG Rn. 9
10 Vgl. *Kretzschmar*, NZFam 2014, 908 mit einem „Musterantrag" auf Regelung des Umgangs
11 Näher dazu *Cirullies/Cirullies*, Rn. 115
12 Vgl. OLG Nürnberg FamRZ 2014, 63 (keine telefonische Antragstellung mit Aktenvermerk); MüKo-FamFG/*Ulrici*, § 23 FamFG Rn. 38; Bork/Jacoby/Schwab/*Jacoby*, § 25 FamFG Rn. 8, je m.w.N.
13 Dazu BGH FamRZ 2015, 253

Vorsicht ist insoweit bei Einreichung **fristgebundener** Schriftsätze am letzten Tag der Frist geboten: Möglichen Engpässen bei der Übermittlung – die vor allem dadurch entstehen können, dass eine Vielzahl von Absendern in letzter Minute noch einen Schriftsatz einreichen will – ist durch eine zusätzliche **Zeitreserve** Rechnung zu tragen. Das BVerfG[14] bemisst diesen Zeitraum für dortige Eingaben mit 20 Minuten.[15] Bei umfangreichen Anlagen zum Schriftsatz kann sich eine getrennte Übersendung empfehlen. **9a**

Der Antrag kann zum einen durch einen **Rechtsanwalt** bei Gericht eingereicht werden. Das ist (nur) dann erforderlich, wenn es um Verfahren i.S.d. § 137 Abs. 3 FamFG als Folgesachen im Scheidungsverbund geht. Grundsätzlich jedoch besteht in Kindschafts-, Adoptions- und auch Gewaltschutzsachen **kein Anwaltszwang** (§ 114 FamFG).[16] Daher kann der Beteiligte seinen Antrag gemäß § 25 FamFG auch **persönlich** bei Gericht stellen. Hierfür kann er sich zu jedem Amtsgericht begeben, das dann den aufgenommenen Antrag an das zuständige Gericht weiterzuleiten hat. Anlaufstelle ist nach dem Gesetzeswortlaut der Urkundsbeamte der Geschäftsstelle. Zur Geschäftsstelle gehört jedoch auch die bei Gericht regelmäßig eingerichtete **Rechtsantragsstelle**. Dort nehmen Rechtspfleger Anträge der Rechtsuchenden auf. Sie helfen beim Formulieren und erteilen sachdienliche Hinweise, leisten jedoch keine Rechtsberatung. **10**

Nicht empfehlenswert, doch unter bestimmten Umständen zulässig ist die **Antragstellung per E-Mail**. Wird ein solcher Antrag **ausgedruckt**, liegt – erst dann! – ein schriftlicher Antrag i.S.d. § 23 FamFG vor.[17] Allerdings ist die Antragstellung per **E-Mail riskant**, denn es liegt zunächst nur ein elektronisches Dokument vor. Das Gericht ist derzeit nicht verpflichtet, durch Ausdrucken des Dokuments die Zulässigkeit des Antrags erst herbeizuführen. **11**

Die Übermittlung einer **PDF-Datei per E-Mail** ist zur Fristwahrung auch dann **nicht** geeignet, wenn die Datei mit einer **qualifizierten elektronischen Signatur** versehen wird. Eine solche Signatur genügt zwar den Anforderungen des § 130a Abs. 3 ZPO, so dass es der Einreichung auf einem sicheren Übermittlungsweg i.S.v. § 130a Abs. 4 ZPO nicht bedarf. Gemäß § 130a Abs. 2 Satz 1 ZPO muss das elektronische Dokument aber zusätzlich für die Bearbeitung durch das Gericht geeignet sein. Die hierfür geeigneten technischen Rahmenbedingungen für Übermittlung und Bearbeitung hat die Bundesregierung aufgrund der Ermächtigung in § 130a Abs. 2 Satz 2 ZPO in der Verordnung über die technischen Rahmenbedingungen des elektronischen Rechtsverkehrs (ERVV) festgelegt. In § 4 Abs. 1 ERVV ist für ein elektronisches Dokument, das mit einer qualifizierten elektronischen Signatur versehen ist, als Alternative zu einem sicheren Übermittlungsweg nur die Übersendung an das Elektronische Gerichts- und Verwaltungspostfach (EGVP) vorgesehen. Hierzu ist, sofern nicht das **besondere elektronische Anwaltspostfach (beA)** zum Einsatz kommt, ein spezielles EGVP-Client-Programm erforderlich. Die Übermittlung per E-Mail genügt nicht.[18] Schließlich ist zu beachten, dass die im EGVP-Verfahren eingesetzte **qualifizierte Container-Signatur** seit dem 1.1.2018 nicht mehr den Anforderungen des § 130a ZPO genügt.[19] **11a**

14 BVerfG NVwZ 2014, 1084; ferner BGH MDR 2018, 1456
15 Dazu *Bacher*, MDR 2019, 851
16 OLG Brandenburg FamRZ 2011, 56
17 BGH NJW 2019, 2096; FamRZ 2015, 919
18 *Bacher*, MDR 2019, 851, 852
19 BGH NJW 2019, 2230 mit Anm. *Ulrich/Schmieder* = NZFam 2019, 622 mit Anm. *Schwamb*

b) Inhalt

aa) Antragsbegründung

12 Der Antrag soll das Rechtsschutzziel deutlich erkennen lassen. Er soll, d.h. muss nach Abs. 1 u.a. die zur **Begründung** dienenden Tatsachen und Beweismittel enthalten. Bei der Abfassung der Antragsschrift ist freilich Fingerspitzengefühl am Platze. Der (unechte) Antrag auf Gewährung von **Umgangsrecht** sollte lediglich den wesentlichen Sachverhalt sowie die eigene Position wiedergeben und sich herabsetzender Äußerungen über den anderen Elternteil enthalten, wie dies in den Leitfäden einzelner Gerichte bereits postuliert wird. Geht es hingegen um die Übertragung der elterlichen Sorge, ist umfassender Vortrag angezeigt.

bb) Namen der möglichen Beteiligten

13 Ferner sollen im Antrag die Personen benannt werden, die als **Beteiligte** in Betracht kommen.

Dabei wird in Kindschaftssachen mitunter übersehen, dass auch dem **nicht sorgeberechtigten Vater** als Beteiligtem rechtliches Gehör zu gewähren ist.

14 Schwierig wird die Bekanntgabe in Fällen mit **Gewaltbefürchtung**,[20] in denen ein **Geheimhaltungsinteresse** besteht. So läuft die in ein Frauenhaus geflohene Kindesmutter bei einem Sorgerechtsantrag Gefahr, dass wegen der Zuständigkeitsregelung in § 152 FamFG mit der Anknüpfung an den gewöhnlichen Aufenthaltsort des Kindes ihr Aufenthaltsort aufgedeckt wird. Sie wird deshalb von diesem Antrag wohl gleichermaßen Abstand nehmen wie das Gewaltschutzopfer, das eigentlich ein Näherungsverbot nach § 1 Abs. 1 Satz 3 Nr. 2 GewSchG anstrebt, jedoch seine Wohnanschrift aus Angst vor dem Täter nicht offenbaren möchte.[21]

14a Besteht in **Gewaltschutzfällen** für einen Elternteil und die gemeinsamen Kinder eine **Auskunftssperre** im Melderegister,[22] so ist es dem anderen Elternteil kaum möglich, einen Antrag an das örtlich zuständige Familiengericht zu richten. Er kann sich in diesem Fall an das für den bisherigen gewöhnlichen Aufenthalt des Kindes zuständige Gericht wenden, das dann von Amts wegen (§ 26 FamFG) die zur Bestimmung der örtlichen **Zuständigkeit** erforderlichen Daten zu ermitteln und ggf. das Verfahren an das örtlich zuständige Gericht zu verweisen hat.[23]

II. Anregung des Verfahrens

15 Die Einleitung von **Amtsverfahren** kann nicht beantragt, sondern lediglich **angeregt** werden (§ 24 Abs. 1 FamFG). Im weiteren Verfahren sind die Beteiligten daher auch nicht als „Antragsteller" bzw. „Antragsgegner" zu führen. Wichtig ist diese Möglichkeit vor allem in Sorgerechtsverfahren, wenn dritte Personen wie etwa Angehörige, Nachbarn, Lehrer, Kindergartenmitarbeiter oder behandelnde Ärzte das Gericht von einer möglichen **Kindeswohlgefährdung** in Kenntnis setzen. Solche Informationen können in jeder Form, also auch telefonisch weitergegeben werden. Die Daten des Informanten sind in diesen Fällen im Wege des Vermerks festzuhalten, schon um der etwaigen **Mitteilungspflicht** an den Anregenden nach § 24 Abs. 2 FamFG genügen zu können. Unbeschadet dessen ist

20 Siehe dazu *Cirullies,* hier § 32 FamFG Rn. 5
21 Dazu *Cirullies/Cirullies*, Rn. 120
22 Näher dazu *Cirullies/Cirullies*, Rn. 659a
23 Dazu OVG Münster FamRZ 2015, 1816 = ZKJ 2015, 162 mit Anm. *Gottschalk*

derjenige, der die Anregung zur Einleitung eines Verfahrens gegeben hat, nur unter den Voraussetzungen des § 7 FamFG Beteiligter.

▶ *Näher hierzu Köhler, Kommentierung zu § 7 FamFG.*

Lehnt das Gericht die Einleitung eines amtswegigen Verfahrens **ab**, so ist für denjenigen, der die Einleitung des Verfahrens i.S.d. § 24 FamFG angeregt hat, grundsätzlich die **Beschwerde** nach §§ 58, 59 FamFG statthaft. Dies gilt jedoch nur dann, wenn er durch die Entscheidung in **eigenen subjektiven Rechten** betroffen ist.[24] Hierdurch wird vermieden, dass ein in eigenen Rechten **nicht** betroffener Dritter, beispielsweise der Nachbar, der mit der Anzeige einer Kindeswohlgefährdung die Einleitung eines Verfahrens nach § 1666 BGB anregt, gegen die Ablehnung einer Verfahrenseinleitung vorgehen kann.[25] **16**

§ 26 FamFG Ermittlung von Amts wegen

Das Gericht hat von Amts wegen die zur Feststellung der entscheidungserheblichen Tatsachen erforderlichen Ermittlungen durchzuführen.

§ 27 FamFG Mitwirkung der Beteiligten

(1) Die Beteiligten sollen bei der Ermittlung des Sachverhalts mitwirken.

(2) Die Beteiligten haben ihre Erklärungen über tatsächliche Umstände vollständig und der Wahrheit gemäß abzugeben.

Übersicht

Rn.
A. Allgemeines 1
B. Inhalt der Normen 2
I. Grundsatz der Amtsermittlung 2
II. Mitwirkungspflicht 3
1. Einschränkung der Amtsermittlung 3
2. Sonderfall: Medizinische Untersuchung 4
a) Untersuchung der Eltern 4
b) Begutachtung des Kindes 6
c) Feststellung des Kindesalters 7

A. Allgemeines

Während im Zivilprozess (und damit auch in Familienstreitsachen) der Beibringungsgrundsatz gilt, unterliegt das Verfahren der freiwilligen Gerichtsbarkeit dem **Untersuchungsgrundsatz** (§ 26 FamFG). Das bedeutet: Auch in Antragsverfahren hat das Gericht bei der Feststellung des Sachverhalts **von Amts wegen** die Wahrheit zu ermitteln und ist hierbei grundsätzlich nicht an Vorbringen und Beweisangebote der Beteiligten gebunden (§ 29 Abs. 1 Satz 2 FamFG). Auch trifft das Gericht insoweit besondere Hinweispflichten (§ 28 FamFG). **1**

Allerdings haben auch die **Beteiligten** ihren Beitrag zur Aufklärung zu leisten (§ 27 FamFG) – mit erheblichen Konsequenzen für das Verfahren: Tragen nämlich alle Beteiligte **1a**

24 OLG Frankfurt FamRZ 2015, 1991 = ZKJ 2015, 275
25 *Gottschalk,* ZKJ 2015, 276

einen **übereinstimmenden** Sachverhalt vor, hat dies – wie sich schon aus § 30 Abs. 3 FamFG ergibt – eine einzelfallabhängig mehr oder weniger starke Indizwirkung für die Wahrheit dieses Vortrags. Soweit aus dem sonstigen Verfahrensgeschehen keine gegenteiligen Anhaltspunkte bestehen, wird das Gericht die übereinstimmend vorgebrachte Tatsache als Ergebnis freier Beweiswürdigung gemäß § 37 Abs. 1 FamFG feststellen und von Beweiserhebungen absehen.[1]

B. Inhalt der Normen

I. Grundsatz der Amtsermittlung

2 Der Amtsermittlungsgrundsatz verpflichtet das Gericht nicht, allen nur denkbaren Möglichkeiten nachzugehen. Insbesondere besteht keine Pflicht zu einer Amtsermittlung „ins Blaue" hinein.[2] Daher geben bloße **Verdachtsäußerungen**, die jeglicher tatsächlichen Grundlage entbehren, grundsätzlich keinen Ermittlungsanlass.[3] Allerdings sind in **kindschaftsrechtlichen** Verfahren, insbesondere im Rahmen einer Sorgerechtsentziehung oder eines Umgangsausschlusses, besondere Anforderungen an die tatrichterliche Sachaufklärung zu stellen.[4] Dazu gehört jedenfalls die möglichst zuverlässige Feststellung des wahren **Kindeswillens**, ohne dass es insoweit zwingend der Einholung eines Sachverständigengutachtens bedarf.[5]

2a Bei Nichtteilnahme eines Elternteils am Verfahren darf das Gericht nicht einseitig die Ausführungen des anderen Elternteils seiner Entscheidung zugrunde legen, sondern muss **weitere Ermittlungen** tätigen, etwa durch Bestellung eines Verfahrensbeistandes.[6]

II. Mitwirkungspflicht

1. Einschränkung der Amtsermittlung

3 Dieser Amtsermittlungsgrundsatz wird allerdings ergänzt und begrenzt durch die **Mitwirkungspflicht** der Beteiligten (§ 27 FamFG).;[7] In den **Antragsverfahren** haben die Beteiligten insofern eine gewisse Darlegungslast, als es ihnen obliegt, durch Vorbringen des ihnen (besser) bekannten Sachverhalts und Angabe geeigneter **Beweismittel** dem Gericht Anhaltspunkte dafür zu liefern, in welche Richtung es seine Ermittlungen ansetzen kann.[8] Deshalb entfällt die gerichtliche Ermittlungspflicht in dem Umfang, in dem einem Beteiligten die **Glaubhaftmachung** seiner Behauptung obliegt.[9] Die Mitwirkungspflicht der Beteiligten **erhöht** sich in gleichem Maß, wie das Gericht auf deren Mitwirkung bei der Sachaufklärung angewiesen ist, insbesondere bei Informationen aus dem höchstpersönlichen Lebensbereich eines Beteiligten.[10] Zwar ist eine Verletzung dieser Mitwirkungspflicht **nicht sanktionsfähig**[11] der betreffende Beteiligte läuft indes Gefahr, in dem Verfahren zu unterliegen. Zudem kann die Kostenentscheidung zu seinem Nachteil ausfallen.[12]

---

1 *Gomille*, NZFam 2014, 100, 101
2 OLG Karlsruhe FamRZ 2015, 2182
3 BGH FamRZ 2011, 1047; OLG Saarbrücken BeckRS 2014, 22194, dazu *Reinken*, NZFam 2015, 44
4 Vgl. BGH FamRZ 2012, 99
5 OLG Saarbrücken a.a.O.; OLG Schleswig ZKJ 2015 466
6 OLG Oldenburg BeckRS 2017, 129882, dazu *Erbarth*, NZFam 2017, 1161
7 Mitunter wird lediglich eine Mitwirkungslast angenommen, dazu MüKo-FamFG/*Ulrici*, § 27 Rn. 7 m.w.N.
8 Bumiller/Harders/Schwamb, § 26 FamFG Rn. 2
9 OLG Bremen FamRZ 2013, 1916 m.w.N.
10 OLG Frankfurt FamRZ 2018, 1319 mit Anm. *Hammer*
11 Auch nicht nach § 35 FamFG, vgl. Bork/Jacoby/Schwab/*Jacoby*, § 27 FamFG Rn. 11
12 OLG Brandenburg BeckRS 2019, 14156; dazu auch *Prinz*, FF 2019, 482, 485 m.w.N.

Die Beteiligten sind zwar nicht zur Mitteilung ihnen **nachteiliger Tatsachen** verpflichtet, da sich kein Beteiligter eines Verfahrens selbst belasten muss. Verboten ist jedoch aufgrund der Wahrheitspflicht nach § 27 Abs. 2 FamFG eine bewusste Lüge.[13] 3a

▶ *Zur Mitwirkungspflicht in den Fällen des **begleiteten Umgangs** siehe Gottschalk, § 1684 BGB Rn. 71 ff.*

2. Sonderfall: Medizinische Untersuchung

a) Untersuchung der Eltern

Allerdings stellt § 27 FamFG keine Rechtsgrundlage für die Verpflichtung zur Mitwirkung an **medizinischen Untersuchungen** dar. Mit Ausnahme von Abstammungssachen (§ 178 Abs. 1 FamFG) kann ein Beteiligter grundsätzlich nicht gezwungen werden, den Sachverständigen aufzusuchen und die Untersuchung zu dulden.[14] So kann das Gericht in einem Verfahren wegen Kindeswohlgefährdung nach § 1666 BGB nicht die Einholung einer sachverständigen Stellungnahme einholen zu der Frage, ob bei einem Elternteil eine Suchterkrankung mit Alkoholabusus vorliegt, und diesem gleichzeitig aufgeben, bei der Untersuchung mitzuwirken. Denn die Anordnung stellt einen erheblichen Eingriff in das allgemeine **Persönlichkeitsrecht** dar. Hierfür gibt es keine Rechtsgrundlage. Daher ist die Anordnung objektiv willkürlich und ausnahmsweise bereits während des laufenden Verfahrens mit der Beschwerde angreifbar.[15] 4

▶ *Zur Anfechtbarkeit von Beweisbeschlüssen siehe näher Dürbeck, § 58 FamFG Rn. 10.*

Verweigert in Verfahren nach § 1666 BGB ein Elternteil die eigene Mitwirkung an der Begutachtung, kann dieses Verhalten auch **nicht** nach den Grundsätzen der **Beweisvereitelung** gewürdigt werden. In Betracht kommt allerdings, den die Begutachtung verweigernden Elternteil in Anwesenheit eines Sachverständigen **gerichtlich anzuhören** und zu diesem Zweck das persönliche Erscheinen des Elternteils anzuordnen und ggf. gemäß § 33 FamFG durchzusetzen.[16] Dafür kann der Gerichtstermin in zur Begutachtung geeigneten Räumlichkeiten durchgeführt werden. Freilich können Aussagen des Beteiligten nicht erzwungen werden.[17] Jedoch kann die krankheits- und persönlichkeitsbedingt eingeschränkte Erziehungsfähigkeit eines Elternteils bei hinreichenden anderweitigen Anhaltspunkten selbst dann festgestellt werden, wenn dieser Elternteil die Mitwirkung an einer sachverständigen Exploration verweigert.[18] 5

b) Begutachtung des Kindes

Ein **Kind** darf vom gerichtlich bestellten Sachverständigen grundsätzlich nur mit **Zustimmung** des einsichtsfähigen Kindes oder mit Zustimmung des oder der Sorgeberechtigten **psychologisch** begutachtet werden.[19] Bei einer **Weigerung des Sorgeberechtigten**, das minderjährige **Kind** einer solchen gerichtlich angeordneten **psychologischen Begutachtung** zuzuführen, kann die **Zustimmung** zur Begutachtung nach § 1666 Abs. 3 Nr. 5 BGB – in einem gesonderten **Eilverfahren** – ersetzt werden, sofern Anhaltspunkte für eine Kindeswohlgefährdung vorliegen.[20] Diese Maßnahme reicht allerdings nicht aus, wenn zur Durchführung der Begutachtung die persönliche Mitwirkung des gesetzlichen Vertreters erforderlich ist. In solchen Fällen ist dem sorgeberechtigten Elternteil gemäß 6

13 Prütting/Helms/*Prütting*, § 27 FamFG Rn. 5
14 Zu Ausnahmen bei minderjährigen Flüchtlingen vgl. unten Rn. 7
15 OLG Frankfurt FamRZ 2015, 1521; OLG Nürnberg FamRZ 2014, 677, dazu *Breidenstein*, FamFR 2013, 519
16 BGH FamRZ 2010, 720 mit Anm. *Stößer* = NJW 2010, 1351 mit Anm. *Peschel-Gutzeit*
17 *Bohnert*, NZFam 2014, 107, 112
18 OLG Celle NJOZ 2019, 50, dazu *Zempel*, NZFam 2018, 528
19 OLG Jena FamRZ 2018, 1677
20 BGH FamRZ 2010, 720 mit Anm. *Stößer*

§ 1666 BGB für die Durchführung der Begutachtung das **Aufenthaltsbestimmungsrecht zu entziehen** und dieses auf einen Pfleger zu übertragen, der anstelle des Elternteils über die Möglichkeit einer Exploration des Kindes durch einen Sachverständigen entscheidet.[21]

c) Feststellung des Kindesalters

7 Bei Einreise **unbegleiteter Jugendlicher** als Flüchtlinge stellt sich vielfach die Frage nach der Minder- oder Volljährigkeit. Die erforderliche **Alterseinschätzung** ist gemäß § 26 FamFG unter Ausschöpfung aller verfahrensrechtlich zulässigen sowie nach den Umständen veranlassten Aufklärungsmöglichkeiten vorzunehmen.[22] Doch treffen den Betroffenen auch Darlegungs- und Mitwirkungspflichten, insbesondere die Teilnahme an zumutbaren **medizinischen Untersuchungen**.[23] Hierzu zählt auch die **Röntgendiagnostik**, die allerdings nur mit Einwilligung des Betroffenen oder seines Vertreters zulässig ist.[24]

§ 28 FamFG Verfahrensleitung

(1) [1]Das Gericht hat darauf hinzuwirken, dass die Beteiligten sich rechtzeitig über alle erheblichen Tatsachen erklären und ungenügende tatsächliche Angaben ergänzen. [2]Es hat die Beteiligten auf einen rechtlichen Gesichtspunkt hinzuweisen, wenn es ihn anders beurteilt als die Beteiligten und seine Entscheidung darauf stützen will.

(2) In Antragsverfahren hat das Gericht auch darauf hinzuwirken, dass Formfehler beseitigt und sachdienliche Anträge gestellt werden.

(3) Hinweise nach dieser Vorschrift hat das Gericht so früh wie möglich zu erteilen und aktenkundig zu machen.

(4) [1]Über Termine und persönliche Anhörungen hat das Gericht einen Vermerk zu fertigen; für die Niederschrift des Vermerks kann ein Urkundsbeamter der Geschäftsstelle hinzugezogen werden, wenn dies auf Grund des zu erwartenden Umfangs des Vermerks, in Anbetracht der Schwierigkeit der Sache oder aus einem sonstigen wichtigen Grund erforderlich ist. [2]In den Vermerk sind die wesentlichen Vorgänge des Termins und der persönlichen Anhörung aufzunehmen. [3]Über den Versuch einer gütlichen Einigung vor einem Güterichter nach § 36 Absatz 5 wird ein Vermerk nur angefertigt, wenn alle Beteiligten sich einverstanden erklären. [4]Die Herstellung durch Aufzeichnung auf Datenträger in der Form des § 14 Abs. 3 ist möglich.

Übersicht

Rn.

A. Allgemeines ... 1

B. Inhalt der Norm ... 2

I. Hinweispflichten ... 2

II. Dokumentationspflicht ... 3

---

21 OLG Celle BeckRS 2019, 11639; OLG Rostock FamRZ 2011, 1873; Prütting/Helms/*Hammer, § 163 FamFG Rn. 22*; a.A. OLG Rostock FamRZ 2017, 215 = NZFam 2017, 325 mit Anm. *Opitz*; MüKo-FamFG/*Schumann*, § 163 Rn. 11 (Sorgerechtsentzug unverhältnismäßig)

22 OLG Frankfurt FamRZ 2017, 244; OLG Koblenz FamRZ 2017, 1676; vgl. auch BGH JAmt 2015, 395

23 OLG Karlsruhe FamRZ 2015, 2182, dazu *Kemper*, NZFam 2015, 1028

24 OVG Bremen NVwZ 2018, 1899; OLG Frankfurt FamRZ 2017, 244; OLG Hamm FamRZ 2015, 1635; aber streitig, a.A. OLG Karlsruhe FamRZ 2015, 2182; OLG Hamm BeckRS 2014, 19258; eingehend zu der Problematik *Dürbeck*, FamRZ 2018, 553, 556 m.w.N.

A. Allgemeines

Die Norm weist dem Gericht eine Fürsorgepflicht und Mitverantwortung für ein faires, willkürfreies und möglichst auf die Wahrheitsermittlung ausgerichtetes Verfahren zu.[1] Eine Überraschungsentscheidung soll vermieden und die Transparenz des Verfahrens erhöht werden. Die Grundsätze gelten in Antrags- wie auch in Amtsverfahren. 1

B. Inhalt der Norm

I. Hinweispflichten

Unabhängig davon, ob der Beteiligte selbst handelt oder durch einen Anwalt vertreten wird, hat das Gericht nach § 28 FamFG bestimmte **Hinweis- und Hinwirkungspflichten**. Sie betreffen 2

- den **Antrag**, der sachdienlich und frei von Formmängeln zu sein hat,
- den **Tatsachenvortrag**, der alle erheblichen Fakten umfassen soll,
- die **rechtlichen Gesichtspunkte**, auf die das Gericht bei abweichender Beurteilung hinweisen muss.

Die entsprechenden Hinweise sind **aktenkundig** zu machen.

II. Dokumentationspflicht

Nach Abs. 4 ist das Gericht verpflichtet, über Termine und persönliche Anhörungen einen **Vermerk** aufzunehmen.[2] Dieser hat die Funktion eines Protokolls, ohne die strengen Anforderungen des § 160 ZPO erfüllen zu müssen. Die Gestaltung der Dokumentation ist in das **Ermessen** des Gerichts gestellt und an den Anforderungen des Einzelfalls auszurichten.[3] Eine umfassende Protokollierung des Termins ist grundsätzlich nicht erforderlich; nur das **wesentliche Ergebnis** muss festgehalten werden.[4] 3

Besondere Bedeutung erlangt ein solcher Vermerk bei einer in Abwesenheit der Eltern durchgeführten **Kindesanhörung**, weil er eine wesentliche Information der Eltern über den Inhalt der Anhörung zu bieten hat. Die Dokumentation muss daher von eigenen Wertungen des Gerichts über den Inhalt weitgehend freigehalten werden.[5] 3a

§ 29 FamFG Beweiserhebung

(1) [1]Das Gericht erhebt die erforderlichen Beweise in geeigneter Form. [2]Es ist hierbei an das Vorbringen der Beteiligten nicht gebunden.

(2) Die Vorschriften der Zivilprozessordnung über die Vernehmung bei Amtsverschwiegenheit und das Recht zur Zeugnisverweigerung gelten für die Befragung von Auskunftspersonen entsprechend.

(3) Das Gericht hat die Ergebnisse der Beweiserhebung aktenkundig zu machen.

---

1 Prütting/Helms/*Prütting*, § 28 FamFG Rn. 3
2 Dazu OLG Saarbrücken FamRZ 2018, 1001; OLG Karlsruhe FamRZ 2018, 196; KG FamRZ 2017, 1854
3 KG FamRZ 2017, 1854
4 BGH FamRZ 2015, 40
5 BVerfG ZKJ 2019, 361 = FamRZ 2019, 1437, dazu *Giers*, FamRB 2019, 390

§ 30 FamFG Förmliche Beweisaufnahme

(1) Das Gericht entscheidet nach pflichtgemäßem Ermessen, ob es die entscheidungserheblichen Tatsachen durch eine förmliche Beweisaufnahme entsprechend der Zivilprozessordnung feststellt.

(2) Eine förmliche Beweisaufnahme hat stattzufinden, wenn es in diesem Gesetz vorgesehen ist.

(3) Eine förmliche Beweisaufnahme über die Richtigkeit einer Tatsachenbehauptung soll stattfinden, wenn das Gericht seine Entscheidung maßgeblich auf die Feststellung dieser Tatsache stützen will und die Richtigkeit von einem Beteiligten ausdrücklich bestritten wird.

(4) Den Beteiligten ist Gelegenheit zu geben, zum Ergebnis einer förmlichen Beweisaufnahme Stellung zu nehmen, soweit dies zur Aufklärung des Sachverhalts oder zur Gewährung rechtlichen Gehörs erforderlich ist.

§ 31 FamFG Glaubhaftmachung

(1) Wer eine tatsächliche Behauptung glaubhaft zu machen hat, kann sich aller Beweismittel bedienen, auch zur Versicherung an Eides statt zugelassen werden.

(2) Eine Beweisaufnahme, die nicht sofort erfolgen kann, ist unstatthaft.

Übersicht

	Rn.
A. Allgemeines	1
B. Inhalt der Normen	2
I. Grundsätze der Beweiserhebung	2
1. Freibeweis	2
2. Strengbeweis	2a
2. Beweisantrag	3
3. Feststellungslast	4
II. Glaubhaftmachung	6
1. Einstweiliger Rechtsschutz	6
2. Eingeschränkte Beweisaufnahme	7
3. Möglichkeiten der Glaubhaftmachung	9
4. Eidesstattliche Versicherung	11
III. Zeugnisverweigerung	12

Weiterführende Literatur: Van Els, § 31 FamFG – behutsam auszulegen, FamRZ 2012, 496.

A. Allgemeines

1 Die Ermittlung der tatsächlichen Entscheidungsgrundlagen kann eine **Beweisaufnahme** erforderlich machen, die nach pflichtgemäßem Ermessen des Gerichts entweder formlos (vgl. § 29 FamFG, sog. **Freibeweis**) oder **förmlich** nach den Vorschriften der ZPO (vgl. § 30 FamFG; **sog. Strengbeweis**) durchgeführt wird.[1]

Für die Tatsachenfeststellung spielt auch die **Glaubhaftmachung** (§ 31 FamFG) eine wichtige Rolle, vor allem bei Erlass einer einstweiligen Anordnung.

Unabhängig von der Form der Beweiserhebung ist ein mögliches **Zeugnisverweigerungsrecht** eines Beteiligten oder einer Auskunftsperson zu beachten.

1 Ausführlich *Gomille*, NZFam 2014, 100, 102; *Meyer-Wehage*, NZFam 2014, 126

B. Inhalt der Normen

I. Grundsätze der Beweiserhebung

1. Freibeweis

Dabei ist der **Freibeweis** mit freierer Gestaltung des Beweisverfahrens der Regelfall. Dieses Instrument soll dem Gericht ein zügiges, effizientes und ergebnisorientiertes Arbeiten ermöglichen.[2] Es bedarf keines förmlichen Beweisbeschlusses. Die Beteiligten haben kein Anwesenheitsrecht. Allerdings ist das Ergebnis der Beweiserhebung aktenkundig zu machen (§ 29 Abs. 3 FamFG). So kann das Gericht Personen nur informatorisch anhören, Akten beiziehen, telefonische oder schriftliche Auskünfte bei Behörden oder Privatpersonen einholen oder eine Wohnung besichtigen. Auch die **Glaubhaftmachung** (durch eine eidesstattliche Versicherung oder Indizien) eignet sich grundsätzlich als Mittel des Freibeweises.[3] 2

2. Strengbeweis

Vom Freibeweis ist der Strengbeweis zu unterscheiden, der eine **förmliche Beweisaufnahme** voraussetzt. Diese ist zwingend durchzuführen in den gesetzlich vorgeschriebenen Fällen, z.B. bei der **Unterbringung** Minderjähriger mit freiheitsentziehenden Maßnahmen (§ 321 Abs. 1 FamFG i.V.m. § 312 Nr. 4, 167 Abs. 1 FamFG, § 1631b BGB) sowie in **Abstammungsverfahren** (§ 177 Abs. 2 i.V.m. § 169 Nr. 1 und 4 FamFG).[4] 2a

Darüber hinaus *soll* nach § 30 Abs. 3 FamFG eine förmliche Beweisaufnahme über die Richtigkeit einer Tatsachenbehauptung stattfinden, wenn das Gericht seine Entscheidung maßgeblich auf die Feststellung dieser Tatsache stützen will und die Richtigkeit von einem Beteiligten ausdrücklich bestritten wird. So ist ein schriftliches **Sachverständigengutachten** in der Regel im Strengbeweisverfahren einzuholen.[5]

Die förmliche Beweisaufnahme wird gemäß § 30 Abs. 1 FamFG grundsätzlich nach den Vorschriften der **ZPO** (insbesondere §§ 355 ff.) vorgenommen. Von deren Förmlichkeiten kann das Gericht nur abweichen und den Beweis in der ihm geeignet erscheinenden Art aufnehmen, wenn die Parteien damit einverstanden sind (§ 284 Satz 2 ZPO). Zu den zu beachtenden Regeln zählt auch § 163a FamFG n.F. (Unzulässigkeit der Vernehmung eines Kindes als Zeuge oder als Beteiligter). 2b

Ob es für die Einholung ein schriftliches **Sachverständigengutachtens** zwingend eines förmlichen **Beweisbeschlusses** gemäß § 30 Abs. 1 FamFG, § 358 ZPO bedarf, ist umstritten.[6] Sinnvoll jedoch ist die Abfassung einer solchen Anordnung in Kindschaftssachen allemal. Sie muss das Beweisthema so konkret wie möglich bezeichnen und darf sich nicht auf den Gesetzestext beschränken.[7] Die an dem jeweiligen Sachverhalt auszurichtenden Beweisfragen dürfen keine Rechtsfragen an den Gutachter übertragen, etwa die Ausfüllung des unbestimmten Rechtsbegriffs „Kindeswohl".[8]

▶ *Näher dazu Heilmann, § 163 FamFG Rn. 16 ff.*

---

2 BT-Drucks. 16/6308, 188
3 Prütting/Helms/*Prütting*, § 31 FamFG Rn. 8 f.
4 Dazu *Wellenhofer*, NZFam 2014, 117, 118
5 OLG Frankfurt FamRZ 2017, 914; *Köhler*, NZFam 2014, 97, 98
6 Dagegen u.a. der BGH (etwa FamRZ 2015, 2047; FamRZ 2010, 1726) in ständiger Rechtsprechung in Betreuungs- und Unterbringungssachen, allerdings ohne nähere Begründung
7 Staudinger/*Dürbeck*, § 1684 BGB Rn. 449; *Splitt*, FF 2018, 51, 53; *Bergmann*, FamRB 2016, 364, 365
8 *Ernst*, FamRB 2016, 361, 363

2. Beweisantrag

3 Soweit die Beteiligten förmliche **Beweisanträge** stellen, ist das Gericht an diese nicht gebunden, hat aber nach pflichtgemäßem Ermessen unter Beachtung des Untersuchungsgrundsatzes gemäß § 26 FamFG zu prüfen, inwieweit diesen nachzugehen ist.[9] Bei ausdrücklicher Antragstellung handelt um bloße Anregungen an das Gericht, in welche Richtung es seine Ermittlungen und Bemühungen um eine Verifizierung lenken soll.[10] **Beweisbeschlüsse** in Kindschaftssachen sind grundsätzlich nicht isoliert **anfechtbar**. Sie können erst im Rahmen des Rechtsmittels gegen die Endentscheidung zur Überprüfung gestellt werden.[11]

▶ *Näher hierzu Dürbeck, § 58 FamFG Rn. 10.*

3. Feststellungslast

4 Ist eine entscheidungserhebliche Tatsache nicht feststellbar, richten sich die Folgen nach den Grundsätzen der **Feststellungslast**, die denen der Beweislast entsprechen.[12] Die Feststellungslast trägt derjenige Beteiligte, der aus dem materiellen Recht eine für ihn günstige Rechtsfolge herleitet. Lassen sich demnach die Grundlagen für den geltend gemachten Anspruch nicht beweisen, wird der Antrag des Antragstellers zurückgewiesen.

5 Diese Regel kommt in Kindschaftssachen kaum zum Tragen, wohl aber in **Gewaltschutzsachen**: Kann das Opfer im Falle des Bestreitens den von ihm vorgetragenen Sachverhalt nicht durch Zeugen, Fotos oder dergleichen unter Beweis stellen, wird sein Unterlassungsantrag zurückgewiesen werden.[13]

II. Glaubhaftmachung

1. Einstweiliger Rechtsschutz

6 Insbesondere im Rahmen des vorläufigen Rechtsschutzes kommt der Glaubhaftmachung große Bedeutung zu. Hier wäre ohne dieses Instrument ein effektiver Schutz oftmals nicht zu erreichen.[14] Nach § 51 Abs. 1 Satz 2 FamFG obliegt es dem Antragsteller, seinen Antrag zu begründen und die Voraussetzungen für die beantragte einstweilige Anordnung (zumindest) **glaubhaft zu machen**. Hierfür kann er sich aller Beweismittel bedienen und auch zur Versicherung an Eides statt zugelassen werden (§ 31 Abs. 1 FamFG).[15] Eine Glaubhaftmachung kann **erschüttert** werden, indem substanziierte Einwendungen erhoben und durch sofort verfügbare Beweismittel glaubhaft gemacht werden, sog. **Gegenglaubhaftmachung**.[16]

2. Eingeschränkte Beweisaufnahme

7 Eine Beweisaufnahme ist nach § 31 Abs. 2 FamFG **unstatthaft**, wenn sie **nicht sofort** erfolgen kann, also die Anberaumung eines weiteren Termins erfordert. Der Beweisführer muss folglich die entsprechenden Beweismittel beschaffen, um die Beweiserhebung zu ermöglichen.

---

9 BayVerfGH FamRZ 2013, 1234; OLG Dresden FamRZ 2013, 1747 (LS), dazu *Schmid*, FamFR 2013, 501 (jeweils Beweisantrag der Kindesmutter auf psychiatrische Begutachtung des Kindesvaters); *Borth/Grandel in:* Musielak/*Borth*, § 29 FamFG Rn. 4

10 MüKo-FamFG/*Ulrici*, § 29 Rn. 9

11 OLG Frankfurt FamRZ 2018, 453, auch zu Ausnahmen von dieser Regel; ferner OLG Frankfurt FamRZ 2016, 1799

12 Vgl. auch *Erbarth*, NZFam 2014, 515, 520

13 Dazu OLG Hamburg NZFam 2020, 19 mit Anm. *Cirullies*

14 *Dölling*, NZFam 2014, 112, 115

15 Eingehend *Cirullies/Cirullies*, Rn. 148 ff.

16 Dazu OLG Dresden FamRZ 2019, 533

Zu den **präsenten Mitteln der Glaubhaftmachung** zählen insbesondere:

- die Vorlage von **Urkunden** (z.B. ärztliche Atteste, Erste-Hilfe-Protokolle)[17] und **Lichtbildern**,
- die Vorlage **schriftlicher Zeugenerklärungen**,
- **private Sachverständigengutachten**,
- das **Bereitstellen von Zeugen** (im Fall der Terminsanberaumung) *sowie*
- die **Glaubhaftmachung** durch einen Beteiligten.

Die Untersuchung mit einem **Polygraphen** soll im Sorge- und Umgangsverfahren ein geeignetes Mittel sein, einen Unschuldigen zu entlasten.,[18] Allerdings hat das KG[19] entgegengesetzt entschieden unter ausführlicher Darlegung der Rechtsprechung des BGH[20] wonach ein solcher „Lügendetektor" auch in Zivilsachen kein zulässiges Beweismittel ist. Es dürfte stattdessen ein **aussagepsychologisches Sachverständigengutachten** einzuholen sein. 8

3. Möglichkeiten der Glaubhaftmachung

Zur **Glaubhaftmachung** einer Tatsachenbehauptung bedarf es nicht der vollen gerichtlichen Überzeugung, sondern genügt ein geringerer Grad der richterlichen Überzeugungsbildung: Es muss bei freier Würdigung des gesamten Verfahrensstoffes eine **überwiegende Wahrscheinlichkeit** dafür streiten, dass der Vortrag zutrifft.[21] 9

Dabei reicht die **Benennung von Zeugen** zur Glaubhaftmachung einer Behauptung 10 **nicht** aus: Auch der Amtsermittlungsgrundsatz verpflichtet das Gericht in Verfahren des einstweiligen Rechtsschutzes nicht zur Ladung und Vernehmung der benannten Zeugen.[22] Freilich ist das Gericht *berechtigt*, den Beweisangeboten nachzugehen. Im Einzelfall können auch **Bild- und Videoaufzeichnungen** zur Glaubhaftmachung im Verfahren der einstweiligen Anordnung zugelassen werden.[23]

Ob solche – etwa heimlich entstandenen – Dokumentationen einem **Beweisverwertungsverbot** unterliegen oder aber vom Betroffenen hinzunehmen sind, kann nur unter Würdigung aller Umstände des Einzelfalls und durch Vornahme einer unter Berücksichtigung aller rechtlich, insbesondere auch verfassungsrechtlich geschützten Positionen der Beteiligten durchgeführten Güter- und Interessenabwägung ermittelt werden.[24] Allerdings kennt die ZPO selbst für rechtswidrig erlangte Informationen oder Beweismittel kein – ausdrückliches – prozessuales Verwendungs- bzw. Beweisverwertungsverbot. Aus § 286 ZPO i.V.m. Art. 103 Abs. 1 GG folgt vielmehr die grundsätzliche Verpflichtung der Gerichte, den von den Parteien vorgetragenen Sachverhalt und die von ihnen angebotenen Beweise zu berücksichtigen.[25] 10a

---

17 Einfache Abschriften genügen, vgl. BGH NJW 2003, 3558
18 So OLG Dresden FamRZ 2013, 1747 (LS), dazu *Schmid*, FamFR 2013, 501
19 KG FamRZ 2011, 839
20 BGH NJW 2003, 2527 unter Hinweis auf BGH NJW 1999, 657
21 OLG Saarbrücken FPR 2011, 234, *van Els*, FPR 2012, 480 je m.w.N.
22 OLG Bremen FamRZ 2012, 142 (LS) = NJW-RR 2011, 1511, dazu *Riegner*, FamFR 2011, 495
23 OLG Saarbrücken FamRZ 2011, 985
24 BGH NJW 1995, 1955; OLG Saarbrücken a.a.O.; vgl. auch BVerfG FamRZ 2003, 21
25 BAG NJW 2014, 810 unter Hinweis auf BVerfG NJW 2002, 361

4. Eidesstattliche Versicherung

11 Meist genügt für die Glaubhaftmachung, dass der Beteiligte die Richtigkeit seiner Tatsachenbehauptungen **an Eides statt versichert** (und ggf. ein ärztliches Attest oder einen Polizeibericht vorlegt).[26] Bestreitet der Antragsgegner den Vortrag lediglich, ohne seinerseits eine eidesstattliche Versicherung abzugeben oder präsente Beweismittel anzubieten, kommt eine Beweislastentscheidung (zu Lasten des Antragstellers) nicht in Betracht.[27] Andererseits wird bei der Bewertung der vorgelegten Beweismittel eine schriftliche Zeugenaussage der Glaubhaftmachung eines Beteiligten vorzuziehen sein.[28]

Vor der leichtfertigen Abgabe einer **unrichtigen eidesstattlichen Versicherung** ist wegen der durchaus möglichen **Strafbarkeit** nach § 156 StGB[29] zu warnen. Bei einer offenkundig falschen Versicherung sollte schon aus präventiven Gründen der Vorgang der zuständigen Staatsanwaltschaft zur Kenntnis gebracht werden.

III. Zeugnisverweigerung

12 Auch wenn das Gericht im Rahmen des Freibeweises keine förmliche Beweisaufnahme durchführt, sondern lediglich Auskunftspersonen befragt, gelten insoweit die Vorschriften der ZPO über das Recht zur **Zeugnisverweigerung** entsprechend (§ 29 Abs. 2 FamFG). Das Gesetz nennt hier **persönliche** Gründe in Bezug auf näher bezeichnete nahestehende Personen (§ 383 ZPO),[30] aber auch **sachliche** Gründe (§ 384 ZPO). Insoweit kann gerade in Gewaltschutzsachen, doch auch in Kindschaftssachen dem Verweigerungsgrund gemäß § 384 Nr. 2 ZPO eine besondere Bedeutung zufallen. Danach kann der Zeuge über Fragen, deren Beantwortung ihm oder den in § 383 ZPO genannten Personen **zur Unehre gereichen** oder die Gefahr der **Strafverfolgung** nach sich ziehen würde, das Zeugnis verweigern.[31]

§ 32 FamFG Termin

(1) [1]Das Gericht kann die Sache mit den Beteiligten in einem Termin erörtern. [2]Die §§ 219, 227 Abs. 1, 2 und 4 der Zivilprozessordnung gelten entsprechend.

(2) Zwischen der Ladung und dem Termin soll eine angemessene Frist liegen.

(3) In geeigneten Fällen soll das Gericht die Sache mit den Beteiligten im Wege der Bild- und Tonübertragung in entsprechender Anwendung des § 128a der Zivilprozessordnung erörtern.

Übersicht

	Rn.
A. Allgemeines	1
B. Inhalt der Norm	2
I. Anberaumung eines Termins	2
II. Terminsverlegung	3
III. Videoanhörung	4
C. Vorbereitung des Termins bei Gewaltbefürchtung	5

26 Zu Form und Inhalt der eidesstattlichen Versicherung vgl. *Dölling*, NZFam 2014, 112, 115
27 OLG Hamm FamRZ 2012, 880
28 Musielak/Borth/*Borth*/*Grandel*, § 31 FamFG Rn. 2
29 Dazu OLG Stuttgart NStZ-RR 2012, 368
30 Siehe dazu OLG Stuttgart MDR 2015, 225
31 A.A. wohl OLG Schleswig FamRZ 2013, 571

Weiterführende Literatur: Zorn, Das Verfahren in Kindschaftssachen nach dem FamFG, Rpfleger 2009, 421.

A. Allgemeines

Das FamFG differenziert zwischen dem **Erörterungstermin** i.S.d. § 32 FamFG und der **persönlichen Anhörung** der Beteiligten gemäß §§ 33, 34 FamFG.[1] Im Zusammenhang mit der **einstweiligen Anordnung** werden die Begriffe „mündliche Erörterung" (z. B. § 57 FamFG) und „mündliche Verhandlung" (z. B. § 54 Abs. 2 FamFG) verwendet, allerdings ohne erkennbare inhaltliche Unterschiede.[2] 1

Darüber hinaus werden in **Kindschaftssachen** weitere Termine unterschieden, wenngleich diese in der Praxis häufig in einem einzigen Termin zusammengefasst werden:[3]

- **früher Termin** (§ 155 Abs. 2 FamFG),
- **Erörterungstermin** in Verfahren zur Abwehr einer **Kindeswohlgefährdung** (§ 157 FamFG),[4]
- Termine zur **persönlichen Anhörung** der Eltern und des Kindes (§§ 159, 160 FamFG).
- Termin zur Erörterung der **einstweiligen Anordnung** (§ 57 Abs. 2 FamFG).

Alle Termine sind grundsätzlich **nicht öffentlich** (§ 170 Abs. 1 Satz 1 GVG).

B. Inhalt der Norm

I. Anberaumung eines Termins

Ob ein Gerichtstermin abgehalten wird, liegt grundsätzlich im **Ermessen** des Gerichts. Doch finden sich einige gesetzliche Sonderregelungen, nach denen ein Termin stattfinden *soll*, z.B. nach §§ 155 Abs. 2, 157, 175 FamFG in vorrangigen Kindschaftssachen bzw. Kindeswohlgefährdungs- und Abstammungsverfahren. Im Übrigen ist ein Termin anzuberaumen, sobald seine Durchführung **sachgerecht** ist.[5] 2

Unbeschadet dessen ist die Anberaumung eines Erörterungstermins regelmäßig schon deshalb angezeigt, weil das Gericht nach § 36 Abs. 1 Satz 2 FamFG – mit Ausnahme von **Gewaltschutzsachen**[6] und Kinderschutzverfahren – um eine **gütliche Einigung** der Beteiligten bemüht sein soll. Überhaupt wird dem Gericht auferlegt, grundsätzlich in jeder Lage des Verfahrens auf ein **Einvernehmen** der Beteiligten hinzuwirken – allerdings mit der Einschränkung, dass dies dem **Kindeswohl nicht widersprechen** darf (§ 156 Abs. 1 Satz 1 FamFG).[7]

Im Fall der Terminierung ist – in Abgrenzung zur persönlichen Anhörung nach § 34 FamFG (bzw. §§ 159, 160 FamFG) – grundsätzlich die Ladung ***aller*** Beteiligten zur gleichzeitigen Anwesenheit in ein und demselben Termin erforderlich.[8]

---

1 Dazu KG FamRZ 2018, 765
2 Vgl. OLG Frankfurt FamRZ 2013, 316; eingehend Bork/Jacoby/Schwab/*Cirullies*, § 207 FamFG Rn. 3
3 *Heilmann*, NJW 2012, 887, 888
4 Eingehend dazu *Schumann*, FPR 2011, 203
5 Bork/Jacoby/Schwab/*Jacoby*, § 32 FamFG Rn. 7
6 Dazu hier *Cirullies*, § 1 GewSchG Rn. 36
7 Dazu hier *Wegener*, § 156 FamFG Rn. 13
8 KG FamRZ 2018, 765

II. Terminsverlegung

3 Nach Abs. 1 Satz 2 gelten die Vorschriften über die Änderung eines Termins gemäß § 227 Abs. 1, 2 und 4 ZPO entsprechend. Danach kann das Gericht aus **erheblichen Gründen** einen Termin aufheben oder verlegen.

Allerdings ist in **Kindschaftssachen** § 155 Abs. 2 Satz 4 und 5 FamFG zu beachten: Eine Verlegung des Termins ist im Hinblick auf das Beschleunigungsgebot nur aus **zwingenden**, mit dem Verlegungsgesuch glaubhaft zu machenden Gründen **zulässig.** Der bloße Hinweis auf eine bereits anderweitig terminierte „Familiensache" reicht hier für ein Verlegungsgesuch grundsätzlich nicht aus. Es müsste sich dabei schon um ein ebenso dringliches Verfahren handeln, was näherer Darlegung bedarf.[9] Die **Verweigerung** einer beantragten Terminverlegung kann hingegen bei zwingenden Gründen für die Verlegung ausnahmsweise die Besorgnis der **Befangenheit** begründen.[10]

III. Videoanhörung

4 Nach Abs. 3 i.V.m. § 128a ZPO besteht die Möglichkeit, die Verhandlung unter Einsatz der **Videotechnik** an verschiedenen Orten durchzuführen.[11] Hiervon wird in der familiengerichtlichen Praxis bislang kaum Gebrauch gemacht. In Einzelfällen, etwa zur Vermeidung von **Kindesmehrfachanhörungen** oder von Vorführungen aus der **Justizvollzugsanstalt** oder in Fällen mit **Gewaltbefürchtung**, ist der Einsatz dieser Technik sinnvoll.[12] Allerdings haben die bei einer Kindesanhörung nicht im Vernehmungszimmer anwesenden **Eltern** keinen Anspruch darauf, im Wege der Videoübertragung die Anhörung zu verfolgen.[13]

C. Vorbereitung des Termins bei Gewaltbefürchtung

5 Gerade bei Anzeichen für eine **Gewaltproblematik** bedarf die Vorbereitung des Termins besonderer Beachtung. Hier können sich je nach individuellem Sachverhalt verschiedene **Maßnahmen** empfehlen:[14]

- bei akuter Gefährdung Anordnung der Anwesenheit eines **Wachtmeisters** zum Schutz während der Teilnahme an der Sitzung,
- in Ausnahmefällen kann auch eine zeitversetzte, **getrennte Anhörung** der Eltern nach § 33 Abs. 1 Satz 2 FamFG oder unter Einsatz der **Videotechnik** (vgl. oben Rn. 4) geplant werden,
- Hinweis in der **Ladung** an die gefährdete Person auf die Möglichkeit, in dem etwa (für Strafverfahren) vorhandenen **Zeugenschutzzimmer** Zuflucht zu nehmen,[15]
- Beiordnung eines **Verfahrensbeistandes**, der in der Lage ist, rechtzeitig vor dem Termin eine schriftliche Einschätzung der Konfliktlage einzureichen,

---

9 Dazu OLG Brandenburg FamRZ 2019, 822

10 OLG Saarbrücken FamRZ 2019, 375 (Teilnahme des Verfahrensbevollmächtigten an einer Fortbildungsveranstaltung)

11 Näher MüKo-FamFG/*Ulrici*, § 32 Rn. 11; kritisch zu der Regelung Prütting/Helms/*Abramenko*, § 32 FamFG Rn. 28

12 Dazu AG Darmstadt FamRZ 2015, 271 mit Anm. *Viefhues; ferner Lorenz, MDR 2016, 956*. Auf der Internetseite www.justiz.de/verzeichnis/index.php (Zugriff: 15.1.2020) sind die Standorte der aktuell vorhandenen Videokonferenzanlagen in den Gerichten und Justizvollzugsanstalten aufgelistet.

13 BVerfG ZKJ 2019, 361 = FamRZ 2019, 1437

14 Eingehend *Ehinger*, FPR 2006, 171, 172; *Scharl/Schmid*, NZFam 2014, 1078; zur Zulässigkeit der Übersendung familiengerichtlicher Akten vgl. OLG Hamburg FamRZ 2019, 1730

15 Hierzu *Cirullies/Cirullies*, Rn. 133

- Anforderung eines aktuellen Berichts des **Jugendamts** nebst **Ladung**[16] und Anordnung des persönlichen Erscheinens, damit eventuelle Schutz- und Hilfemaßnahmen sowie deren Realisierbarkeit im Termin besprochen werden können,
- u.U. Einholung von **Aussagegenehmigungen**,[17]
- Beiziehung von **Strafakten**, ggf. Polizeiberichten und Vernehmungsprotokollen,
- Einholung eines Auszugs aus dem **Bundeszentralregister**,
- Ladung von Mitarbeitern des Frauenhauses, des Kinderheims oder einer sonstigen **Schutzeinrichtung**, in der das Kind und/oder der betroffene Elternteil leben, um die Einschätzungen professionell beteiligter Dritter zur Bedeutung der Gewalterfahrung und zu den eventuell gebotenen Schutzmaßnahmen kennenzulernen.

§ 33 FamFG Persönliches Erscheinen der Beteiligten

(1) [1]Das Gericht kann das persönliche Erscheinen eines Beteiligten zu einem Termin anordnen und ihn anhören, wenn dies zur Aufklärung des Sachverhalts sachdienlich erscheint. [2]Sind in einem Verfahren mehrere Beteiligte persönlich anzuhören, hat die Anhörung eines Beteiligten in Abwesenheit der anderen Beteiligten stattzufinden, falls dies zum Schutz des anzuhörenden Beteiligten oder aus anderen Gründen erforderlich ist.

(2) [1]Der verfahrensfähige Beteiligte ist selbst zu laden, auch wenn er einen Bevollmächtigten hat; dieser ist von der Ladung zu benachrichtigen. [2]Das Gericht soll die Zustellung der Ladung anordnen, wenn das Erscheinen eines Beteiligten ungewiss ist.

(3) [1]Bleibt der ordnungsgemäß geladene Beteiligte unentschuldigt im Termin aus, kann gegen ihn durch Beschluss ein Ordnungsgeld verhängt werden. [2]Die Festsetzung des Ordnungsgeldes kann wiederholt werden. [3]Im Falle des wiederholten, unentschuldigten Ausbleibens kann die Vorführung des Beteiligten angeordnet werden. [4]Erfolgt eine genügende Entschuldigung nachträglich und macht der Beteiligte glaubhaft, dass ihn an der Verspätung der Entschuldigung kein Verschulden trifft, werden die nach den Sätzen 1 bis 3 getroffenen Anordnungen aufgehoben. [5]Der Beschluss, durch den ein Ordnungsmittel verhängt wird, ist mit der sofortigen Beschwerde in entsprechender Anwendung der §§ 567 bis 572 der Zivilprozessordnung anfechtbar.

(4) Der Beteiligte ist auf die Folgen seines Ausbleibens in der Ladung hinzuweisen.

§ 34 FamFG Persönliche Anhörung

(1) Das Gericht hat einen Beteiligten persönlich anzuhören,

1. **wenn dies zur Gewährleistung des rechtlichen Gehörs des Beteiligten erforderlich ist oder**
2. **wenn dies in diesem oder in einem anderen Gesetz vorgeschrieben ist.**

(2) Die persönliche Anhörung eines Beteiligten kann unterbleiben, wenn hiervon erhebliche Nachteile für seine Gesundheit zu besorgen sind oder der Beteiligte offensichtlich nicht in der Lage ist, seinen Willen kundzutun.

(3) [1]Bleibt der Beteiligte im anberaumten Anhörungstermin unentschuldigt aus, kann das Verfahren ohne seine persönliche Anhörung beendet werden. [2]Der Beteiligte ist auf die Folgen seines Ausbleibens hinzuweisen.

16 Vgl. §§ 157 Abs. 1 Satz 2, 162 Abs. 3 Satz 1 FamFG
17 Vgl. § 29 Abs. 2 FamFG i.V.m. § 376 ZPO

Übersicht

Rn.
A. Allgemeines ... 1
B. Inhalt der Normen ... 2
I. Persönliches Erscheinen ... 2
1. Pflicht der Beteiligten ... 2
2. Folgen des Ausbleibens ... 3
a) Festsetzung von Ordnungsgeld ... 4
b) Zwangsweise Vorführung ... 5
c) Aufhebung und Rechtsmittel ... 6
3. Getrennte Anhörung ... 7
II. Persönliche Anhörung ... 8

A. Allgemeines

1 Das Gericht hat die Kindschaftssache grundsätzlich mit den Beteiligten in einem Termin zu **erörtern** (§§ 155 Abs. 2 Satz 1, 157 FamFG). Dies setzt allerdings das **persönliche Erscheinen** der insoweit ordnungsgemäß zu ladenden Beteiligten voraus. Ein Fernbleiben kann durch Ordnungsgeld geahndet werden (§ 33 Abs. 3 FamFG).

Der verfassungsrechtlich geschützte Anspruch auf Gewährung **rechtlichen Gehörs** findet seinen Niederschlag an verschiedenen Stellen des FamFG. So darf das Gericht eine Entscheidung, die die Rechte eines Beteiligten beeinträchtigt, nur auf Tatsachen und Beweisergebnisse stützen, zu denen dieser Beteiligte sich äußern konnte (§ 37 Abs. 2 FamFG). Hierzu bedarf es in der Regel der **persönlichen Anhörung** (§ 34 FamFG).

B. Inhalt der Normen

I. Persönliches Erscheinen

1. Pflicht der Beteiligten

2 Die Anordnung des persönlichen Erscheinens zur Anhörung eines Beteiligten und deren zwangsweise Durchsetzung nach § 33 FamFG sind nur gegenüber **Beteiligten** zulässig. Hierzu zählen auch **Dritte** i.S.d. § 1666 Abs. 4 BGB, gegen die Schutzmaßnahmen erlassen werden sollen (vgl. *Cirullies*, § 1666 BGB Rn. 17). Auf andere Dritte, insbesondere Zeugen, ist die Vorschrift nicht anwendbar.[1]

2. Folgen des Ausbleibens

3 **Bleibt** ein Beteiligter trotz ordnungsgemäßer Ladung[2] unentschuldigt im Termin **aus**, muss das Gericht über das weitere Vorgehen entscheiden.

In diesen Fällen *kann* das Gericht nach seinem Ermessen gemäß **§ 33 Abs. 3 FamFG**

- gegen die Beteiligten – auch wiederholt – ein **Ordnungsgeld** (nicht: Ordnungshaft!) verhängen,
- im Falle des wiederholten, unentschuldigten Ausbleibens die **Vorführung** der Beteiligten durch einen Gerichtsvollzieher anordnen.

Eine **Kostenregelung** wie in § 380 Abs. 1 Satz 1 ZPO sieht das Gesetz **nicht** vor.[3] Allerdings kann ein schuldhaftes Verletzen der Mitwirkungspflichten in die **Kostenentscheidung** einfließen (vgl. § 81 Abs. 2 Nr. 4 FamFG, näher hierzu *Dürbeck*, § 81 FamFG Rn. 15). Dies ist in das **Ermessen des Gerichts** gestellt. Bei der Ahndung durch Ordnungs- und

1 Insoweit gilt § 380 ZPO i.V.m. § 30 Abs. 1 FamFG
2 Vgl. § 33 Abs. 4 FamFG: Hinweis auf die Folgen des Ausbleibens erforderlich; dazu OLG Celle FamRZ 2019, 1875
3 Dazu OLG Frankfurt FamRZ 2017, 1332

Zwangsmaßnahmen ist auch zu bedenken, dass der Beteiligte nicht zu einer Aussage gezwungen werden kann.

▶ *Zum Absehen von der persönlichen Anhörung Rn. 9.*

a) Festsetzung von Ordnungsgeld

Die Festsetzung eines Ordnungsgeldes[4] erfolgt nicht primär wegen einer Missachtung des Gerichts, sondern dient vorwiegend der **Verfahrensförderung**. Die Verhängung von Ordnungsgeld soll daher **ermessensfehlerhaft** sein, wenn sich das Nichterscheinen in der Sache nicht auswirkt,[5] wenn etwa in einem Termin zur Abänderung einer Umgangsregelung die Sache trotz des persönlichen Nichterscheinens gefördert werden kann.[6] Andererseits kann es der Sanktionscharakter von Ordnungsmitteln[7] gebieten, die Nichtbefolgung der Anordnung zu ahnden.[8] 4

Die **Höhe** des Ordnungsgeldes kann für jeden Verstoß zwischen 5 Euro und 1.000 Euro liegen.[9] Für die **Bemessung** sind insbesondere die Bedeutung des persönlichen Erscheinens für die zügige Sachverhaltsaufklärung, die wirtschaftlichen Verhältnisse des Beteiligten sowie der Grad des Verschuldens maßgeblich. Die Verhängung von **Ordnungshaft** ist auch nicht ersatzweise zulässig.

Das Ordnungsgeld wird **von Amts wegen** durch den Rechtspfleger nach dem Justizbeitreibungsgesetz vollstreckt.[10]

b) Zwangsweise Vorführung

Nur im Falle des **wiederholten, unentschuldigten Ausbleibens** kann das Gericht die Vorführung des Betroffenen durch den für den Wohnsitz des Beteiligten zuständigen **Gerichtsvollzieher**[11] anordnen (§ 33 Abs. 3 Satz 3 FamFG). Hiervon sollte dann Gebrauch gemacht werden, wenn dies zur **Sachverhaltsklärung** und zur Wahrung des Grundsatzes des **rechtlichen Gehörs** geboten erscheint. Indes kann von der Vorführung abgesehen und ohne Anhörung entschieden werden, wenn etwa bei einem Antrag auf Übertragung der Alleinsorge nach § 1671 Abs. 1 BGB der Antragsgegner auf gerichtliche Anschreiben nicht reagiert und auch den übrigen am Verfahren mitwirkenden Personen (Antragsteller, Jugendamt) keine Kontaktaufnahme gelingt. 5

c) Aufhebung und Rechtsmittel

Im Falle einer nachträglichen **Entschuldigung** werden die Ordnungsmittel von Amts wegen **aufgehoben** (§ 33 Abs. 3 Satz 4 FamFG). 6

Nicht gegen die Anordnung des persönlichen Erscheinens, wohl aber gegen die Ordnungsgeldfestsetzung und die Vorführungsanordnung kann der Betroffene binnen zwei Wochen **sofortige Beschwerde** einlegen (§ 33 Abs. 3 Satz 5 FamFG).

---

4 Zur Abgrenzung gegenüber dem Zwangsgeld vgl. *Cirullies,* § 35 FamFG Rn. 4
5 OLG Brandenburg BeckRS 2014, 14892; OLG Hamm FamRZ 2012, 150
6 OLG Frankfurt FamRZ 2017, 1332
7 Dazu hier *Cirullies*, § 35 FamFG Rn. 4
8 OLG München MDR 1992, 513, unter Hinweis auf die Missachtung auch des Gesetzes; ebenso Bork/Jacoby/Schwab/*Jacoby*, § 33 FamFG Rn. 10
9 Art. 6 Abs. 1 Satz 1 EGStGB
10 Zur Beitreibung im Einzelnen vgl. *Cirullies*, Rpfleger 2011, 573
11 Dazu § 149 GVGA

3. Getrennte Anhörung

7 Nach § 33 Abs. 1 Satz 2 FamFG[12] hat die Anhörung eines Beteiligten in **Abwesenheit** der anderen Beteiligten stattzufinden, falls dies zum Schutz des anzuhörenden Beteiligten oder aus anderen Gründen erforderlich ist.[13] Hiervon sollte allerdings nur in besonderen Ausnahmefällen Gebrauch gemacht werden. Denn bei einer abweichenden Sachverhaltsschilderung des Antragsgegners in dem Erörterungstermin fehlt eine wichtige Möglichkeit, das Geschehen unmittelbar aufzuklären. Alternativ sollte auch eine Anhörung durch Einsatz der **Videotechnik** in Betracht gezogen werden (vgl. oben *Cirullies,* § 32 FamFG Rn. 4).

II. Persönliche Anhörung

8 Grundsätzlich sind die Beteiligten vor Gericht **persönlich anzuhören** (§ 34 FamFG Abs. 1 FamFG, vgl. auch §§ 159 Abs. 1, 160 Abs. 1 FamFG).[14] Hiervon kann nur ausnahmsweise, namentlich in **Eilfällen**, abgesehen werden. Ferner kann die persönliche Anhörung eines Beteiligten unterbleiben, wenn hiervon **erhebliche Nachteile** für seine Gesundheit zu besorgen sind oder der Beteiligte offensichtlich nicht in der Lage ist, seinen Willen kundzutun (§ 34 Abs. 2 FamFG).

Wie die **Durchführung** der persönlichen Anhörung im Einzelfall zu gestalten ist (getrennte persönliche Anhörung, Teilnahme der weiteren Beteiligten etc.) und an welchem Ort sie erfolgen soll, hat das Gericht nach pflichtgemäßem Ermessen zu entscheiden. Jedenfalls die sind übrigen Beteiligten über die vorgesehene persönliche Anhörung zu informieren und durch Übermittlung des **Anhörungsvermerks** (§ 28 Abs. 4 FamFG) über Verlauf und Ergebnis der Anhörung zu unterrichten.[15]

9 Bleibt ein Elternteil im anberaumten **Anhörungstermin** unentschuldigt aus, kann das Verfahren mit Blick auf § 160 FamFG in Kindschaftssachen in der Regel nicht ohne seine persönliche Anhörung beendet werden. § 34 Abs. 3 FamFG, wonach von einer persönlichen Anhörung bereits abgesehen werden kann, wenn zuvor ein Hinweis auf die Folgen des Ausbleibens erfolgt, wird hier von der Spezialvorschrift des § 160 Abs. 3 FamFG verdrängt. Auch wegen des Amtsermittlungsgrundsatzes sollte das Verfahren in der Regel nicht **ohne persönliche Anhörung** der Beteiligten beendet werden.[16] Jedenfalls der Erlass einer **einstweiligen Anordnung** wird in Kindschaftssachen bei Vorliegen eines dringenden Bedürfnisses für ein unverzügliches Einschreiten ohne Anhörung zulässig und auch geboten sein.

§ 35 FamFG Zwangsmittel

(1) [1]Ist auf Grund einer gerichtlichen Anordnung die Verpflichtung zur Vornahme oder Unterlassung einer Handlung durchzusetzen, kann das Gericht, sofern ein Gesetz nicht etwas anderes bestimmt, gegen den Verpflichteten durch Beschluss Zwangsgeld festsetzen. [2]Das Gericht kann für den Fall, dass dieses nicht beigetrieben werden kann, Zwangshaft anordnen. [3]Verspricht die Anordnung eines Zwangsgeldes keinen Erfolg, soll das Gericht Zwangshaft anordnen.

12 Ähnlich: § 157 Abs. 2 Satz 2 FamFG
13 Dazu KG FamRZ 2018, 765
14 Zur Bedeutung der Kindesanhörung BGH FamRZ 2019, 115 mit Anm. *Köhler*; ferner *Ballof*, FamRZ 2019, 938; ausführlich zur Kindesanhörung siehe *Heilmann,* Kommentierung zu § 159 FamFG m.w.N.
15 KG FamRZ 2018, 765
16 OLG Bremen FamRZ 2015, 1219; *Heilmann*, NJW 2012, 887, 888

(2) Die gerichtliche Entscheidung, die die Verpflichtung zur Vornahme oder Unterlassung einer Handlung anordnet, hat auf die Folgen einer Zuwiderhandlung gegen die Entscheidung hinzuweisen.

(3) [1]Das einzelne Zwangsgeld darf den Betrag von 25 000 Euro nicht übersteigen. [2]Mit der Festsetzung des Zwangsmittels sind dem Verpflichteten zugleich die Kosten dieses Verfahrens aufzuerlegen. [3]Für den Vollzug der Haft gelten § 802g Abs. 1 Satz 2 und Abs. 2, die §§ 802h und 802j Abs. 1 der Zivilprozessordnung entsprechend.

(4) [1]Ist die Verpflichtung zur Herausgabe oder Vorlage einer Sache oder zur Vornahme einer vertretbaren Handlung zu vollstrecken, so kann das Gericht, soweit ein Gesetz nicht etwas anderes bestimmt, durch Beschluss neben oder anstelle einer Maßnahme nach den Absätzen 1, 2 die in §§ 883, 886, 887 der Zivilprozessordnung vorgesehenen Maßnahmen anordnen. [2]Die §§ 891 und 892 der Zivilprozessordnung gelten entsprechend.

(5) Der Beschluss, durch den Zwangsmaßnahmen angeordnet werden, ist mit der sofortigen Beschwerde in entsprechender Anwendung der §§ 567 bis 572 der Zivilprozessordnung anfechtbar.

Übersicht

Rn.
A. Allgemeines ... 1
I. Verfahrensleitende Anordnungen ... 1
II. Abgrenzung Zwangsmittel – Ordnungsmittel ... 4
B. Inhalt der Norm ... 5
I. Festsetzung des Zwangsmittels ... 5
II. Vollstreckung ... 8
1. Zwangsgeld ... 8
2. Zwangshaft ... 9
III. Rechtsmittel ... 10

Weiterführende Literatur: Cirullies, Rückzahlung beigetriebener Zwangsgelder, FamRZ 2017, 1952; *Schulte-Bunert,* Die Vollstreckung von verfahrensleitenden gerichtlichen Anordnungen nach § 35 FamFG, FuR 2009, 125; *Ulrici,* Rückzahlung beigetriebenen Zwangsgelds, FGPrax 2017, 286.

A. Allgemeines

I. Verfahrensleitende Anordnungen

Die Vorschrift bezieht sich nur auf **verfahrensleitende** Anordnungen des Gerichts während des laufenden Verfahrens. Mit den Sanktionsmöglichkeiten sollen vornehmlich **Mitwirkungspflichten** eines Beteiligten oder auch eines anderen Verpflichteten durchgesetzt werden. 1

Dementsprechend findet § 35 **nicht** Anwendung auf die Vollstreckung von Instanz abschließenden **Endentscheidungen** i.S.v. § 38 Abs. 1 FamFG, deren Vollstreckung sich nach §§ 86 ff. FamFG beurteilt.

Allerdings gibt die Vorschrift dem Gericht **nicht** die Befugnis, einem Beteiligten **Verpflichtungen beliebigen Inhalts** aufzuerlegen und diese durch Zwangsmittel zu erzwingen.[1] Vielmehr bedarf es einer gesetzlichen Regelung, die eine Verpflichtung zur Vornahme oder Unterlassung einer Handlung enthält. Solche **Rechtsgrundlagen** für verfahrensleitende Anordnungen sieht das Gesetz in verschiedenen Vorschriften vor, etwa in § 220 FamFG (Auskunftspflicht in Versorgungsausgleichssachen),[2] kaum jedoch in Kindschafts-, Ab- 2

1 OLG Karlsruhe FamRZ 2016, 1958

2 Dazu OLG Koblenz FamRZ 2019, 386; *Cirullies*, FamRZ 2012, 157; ferner Keidel/*Zimmermann*, § 35 FamFG Rn. 8 mit Beispielsfällen

stammungs-, Adoptions- und Gewaltschutzsachen.[3] Vor der Anwendung der Norm in jenen Verfahren kann eigentlich nur gewarnt werden, weil es immer wieder zu unsachgemäßer Anwendung kommt.

Zwangsmittel nach § 35 sind u.a. in folgenden Fällen **unzulässig**:

- Vollstreckung aus **Umgangstiteln (nur** nach Maßgabe der § 86 ff. FamFG),[4]
- **Auskunftserteilung nach § 1686 BGB (nur** nach § 95 Abs. 1 Nr. 3 FamFG i.V.m. § 888 ZPO),[5]
- Vollstreckung der gerichtlichen Anordnung nach dem **Gewaltschutzgesetz** (Vollstreckung nach § 96 FamFG),[6]
- **Anordnungen** des Gerichts, dass die Eltern an einem **Informationsgespräch** über Mediation oder an einer **Beratung** teilnehmen (§ 156 Abs. 1 Satz 3 bis 5 FamFG).[7]

3 Ferner sind **Sondervorschriften** zu beachten, die der Auffangnorm des § 35 vorgehen und einen abweichenden **Ahndungsrahmen** festlegen. So kann gemäß § 1837 Abs. 3 BGB gegen den **Vormund** wegen Nichtbefolgung gerichtlicher Anordnungen lediglich **Zwangsgeld**[8] verhängt werden.[9] Bleibt der ordnungsgemäß geladene Beteiligte unentschuldigt im Termin aus, kommt nur die Ahndung durch **Ordnungsgeld** in Betracht (§ 33 Abs. 3 FamFG).

II. Abgrenzung Zwangsmittel – Ordnungsmittel

4 Mit der Verhängung von **Zwangsmitteln** (Zwangsgeld und -haft) soll ein bestimmtes Verhalten des Betroffenen erzwungen werden. Sie haben daher ausschließlich **Beugecharakter**. Kommt der Betroffene der entsprechenden Anordnung nach, ist das Zwangsmittel aufzuheben.

Demgegenüber haben **Ordnungsmittel** nicht nur Beuge-, sondern auch repressiven, strafähnlichen **Sanktionscharakter**.[10] Das bedeutet: Sie dürfen noch festgesetzt und vollstreckt werden, wenn die geschuldete Handlung wegen Zeitablaufs nicht mehr vorgenommen werden kann. In Kindschaftssachen ist insoweit **§ 89 FamFG** von Bedeutung.

B. Inhalt der Norm

I. Festsetzung des Zwangsmittels

5 Für die Verhängung von Zwangsmitteln bedarf es keines Antrags, jedoch eines vorherigen **Hinweises auf die Folgen** einer Zuwiderhandlung (Abs. 2). Dieser Hinweis kann (wie bei § 89 Abs. 2 FamFG) nachgeholt werden.[11] Bei **wiederholter** Verhängung von Zwangsmitteln bedarf es eines **erneuten** Hinweises.[12]

Die Ahndung ist in das Ermessen des Gerichts gestellt. Dieses *kann* **Zwangsgeld** festsetzen und für den Fall der Nichtbeitreibbarkeit **(Ersatz-)Zwangshaft** anordnen. Es *soll* bei absehbarer Erfolglosigkeit (sofort) Zwangshaft anordnen. Hierin unterscheidet sich die Vorschrift von § 888 ZPO.[13]

---

3 Zu nennen sind lediglich §§ 1640, 1667 Abs. 1 BGB (Vorlegung eines Vermögensverzeichnisses)
4 OLG Saarbrücken ZKJ 2013, 507, dazu *Cirullies*, FamFR 2013, 496
5 BGH ZKJ 219, 3030 = FamRZ 2019, 1056 mit Anm. *Rake*
6 OLG Hamburg FamRZ 2019, 1448; OLG Brandenburg BeckRS 2016, 08423; OLG Celle FamRZ 2010, 1593
7 Dazu *Gartenhof/Schmid/Normann/v. Thüngen/Wolf*, NZFam 2014, 972
8 Nach § 95 Abs. 1 Nr. 3 FamFG i.V.m. § 888 ZPO
9 Palandt/*Götz*, § 1837 BGB Rn. 11; a.A. Keidel/*Zimmermann*, § 35 FamFG Rn. 8
10 BGH NJW 2004, 506, 509
11 OLG Naumburg FamRZ 2015, 1222
12 OLG Schleswig FamRZ 2019, 1267, dazu *Schuldei*, NZFam 2019, 552; OLG Karlsruhe FamRZ 2016, 1103
13 Dazu *Cirullies*, Rpfleger 2011, 573

Eine **schuldhafte** Zuwiderhandlung ist **nicht** erforderlich. Die gegenteilige h.M.[14] übersieht, dass es sich hier – wie bei der gleich gelagerten Vorschrift des § 888 ZPO[15] – nicht um strafähnliche *Ordnungs*mittel (wie etwa bei § 890 ZPO),[16] sondern um *Zwangs*mittel handelt, deren Vollstreckung jederzeit abgewendet werden kann.[17] Sofern die gerichtliche Anordnung missverständlich ist, kann sie ohnehin nicht vollstreckt werden. Legt der Verpflichtet plausibel dar, dass ihm die Erfüllung der auferlegten Pflicht unmöglich ist, wird das Gericht ohnehin von einer Ahndung absehen. 6

Das Gericht kann ein **Zwangsgeld** im Rahmen zwischen 5 Euro und 25.000 Euro verhängen.[18] Die Bemessung der **Höhe** steht in seinem pflichtgemäßen Ermessen. Dabei sind die Umstände des Einzelfalles zu berücksichtigen, insbesondere die Stärke der Missachtung des gerichtlichen Willens, das Maß des Verschuldens, die wirtschaftlichen Verhältnisse sowie ggf. die Wirkungslosigkeit bisheriger Zwangsvollstreckungen.[19] Die Dauer der festzusetzenden **Zwangshaft** beträgt mindestens einen Tag[20] und maximal **sechs Monate**.[21] Mit der Festsetzung des Zwangsmittels sind dem Verpflichteten zugleich die **Kosten** dieses Verfahrens aufzuerlegen (Abs. 3 Satz 2). 7

II. Vollstreckung

1. Zwangsgeld

Das vom Gericht festgesetzte **Zwangsgeld** wird wie ein Ordnungsgeld **von Amts wegen** durch den Rechtspfleger nach dem Justizbeitreibungsgesetz vollstreckt, nicht also durch einen Beteiligten. Besondere Anforderungen an die Vollstreckbarkeit der gerichtlichen Anordnung (z.B. Rechtskraft, Klausel, Zustellung) bestehen für derartige verfahrensleitende Verfügungen nicht. Das beigetriebene Zwangsgeld steht allein der **Staatskasse** zu.[22] Ist auf der Grundlage eines rechtskräftigen Festsetzungsbeschlusses das Zwangsgeld bereits beigetrieben worden, so kann die danach erfolgende Erfüllung der gerichtlichen Anordnung die Aufhebung des Festsetzungsbeschlusses und die **Rückzahlung** des Zwangsgelds **nicht** begründen.[23] 8

2. Zwangshaft

Für den **Vollzug** der (Ersatz-)Zwangshaft gelten §§ 802g ff. ZPO entsprechend (Abs. 3 Satz 3). Die Vollstreckung der Haft setzt demzufolge einen richterlichen **Haftbefehl** voraus, für dessen Erlass stets das Familiengericht als Prozessgericht ausschließlich zuständig ist, nicht etwa das Vollstreckungsgericht.[24] Die **Verhaftung** des Schuldners nimmt auf Antrag des Rechtspflegers der Gerichtsvollzieher vor. 9

---

14 Zöller/*Feskorn*, § 35 FamFG Rn. 3; Keidel/*Zimmermann*, § 35 FamFG Rn. 39; Johannsen/*Büte*, § 35 FamFG Rn. 3 je m.w.N.
15 Vgl. Zöller/*Seibel*, § 888 ZPO Rn. 7
16 Vgl. *Cirullies*, § 95 FamFG Rn. 7
17 MüKo-FamFG/*Ulrici*, § 35 FamFG Rn. 11 mit überzeugender Argumentation; ebenso *Burschel* in: BeckOK-FamFG, § 35 Rn. 15
18 Die Untergrenze folgt aus Art. 6 Abs. 1 Satz 1 EGStGB, die Obergrenze aus § 35 Abs. 3 Satz 1 FamFG
19 OLG Karlsruhe FamRZ 2005, 1698, 1700
20 Art. 6 Abs. 2 EGStGB
21 § 35 Abs. 3 Satz 3 FamFG i.V.m. § 802j Abs. 1 ZPO
22 BGH FamRZ 1983, 578
23 BGH FamRZ 2017, 1948 mit Anm. *Cirullies*
24 Eingehend zu den Modalitäten der Vollstreckung *Cirullies*, NJW 2013, 203; vgl. ferner *Cirullies*, Vollstreckung, Rn. 541 f. mit Gegenüberstellung zu der Vollstreckung nach § 89 FamFG und § 888 ZPO

III. Rechtsmittel

10 Weder die durchzusetzende verfahrensleitende Anordnung selbst noch die Folgenankündigung nach Abs. 2[25] sind selbstständig anfechtbar. Lediglich gegen den Beschluss, durch den Zwangsmaßnahmen **angeordnet** werden, ist das Rechtsmittel der **sofortigen Beschwerde** (§§ 567 ff. ZPO) gegeben.[26]

§ 36 FamFG Vergleich

(1) [1]Die Beteiligten können einen Vergleich schließen, soweit sie über den Gegenstand des Verfahrens verfügen können. [2]Das Gericht soll außer in Gewaltschutzsachen auf eine gütliche Einigung der Beteiligten hinwirken.

(2) [1]Kommt eine Einigung im Termin zustande, ist hierüber eine Niederschrift anzufertigen. [2]Die Vorschriften der Zivilprozessordnung über die Niederschrift des Vergleichs sind entsprechend anzuwenden.

(3) Ein nach Absatz 1 Satz 1 zulässiger Vergleich kann auch schriftlich entsprechend § 278 Abs. 6 der Zivilprozessordnung geschlossen werden.

(4) Unrichtigkeiten in der Niederschrift oder in dem Beschluss über den Vergleich können entsprechend § 164 der Zivilprozessordnung berichtigt werden.

(5) [1]Das Gericht kann die Beteiligten für den Versuch einer gütlichen Einigung vor einen hierfür bestimmten und nicht entscheidungsbefugten Richter (Güterichter) verweisen. [2]Der Güterichter kann alle Methoden der Konfliktbeilegung einschließlich der Mediation einsetzen. [3]Für das Verfahren vor dem Güterichter gelten die Absätze 1 bis 4 entsprechend.

Übersicht

Rn.
A. Allgemeines ... 1
B. Inhalt der Norm ... 2
I. Wirksamkeit des Vergleichs ... 2
1. Dispositionsbefugnis der Beteiligten ... 2
a) Grundsatz ... 2
b) Sorgerechtsverfahren ... 4
2. Formvorschriften ... 6
II. Aufhebung und Abänderung ... 8
III. Verweisung vor den Güterichter (Abs. 5) ... 9

Weiterführende Literatur: Benesch, Der Güterichter nach § 36 Abs. 5 FamFG – Erfahrungen und Möglichkeiten im familiengerichtlichen Verfahren, NZFam 2015, 807; *Cirullies,* Der Vergleich in Gewaltschutzsachen – vergleichsweise kompliziert, FamRB 2019, 407; *Zorn*, Gesetz zur Förderung der Mediation und anderer Verfahren der außergerichtlichen Konfliktbeilegung – Änderungen der Familiensachen betreffenden FamFG-Vorschriften, FamRZ 2012, 1265.

A. Allgemeines

1 Das gesamte FamFG ist dadurch charakterisiert, dass das Gericht auf eine **gütliche Einigung** der Beteiligten hinwirken soll. Eine Ausnahme macht der Gesetzgeber noch immer in **Gewaltschutzsachen** wegen deren Schutzzweck (Abs. 1 Satz 2). Zur Begründung wurde ursprünglich auf § 4 Satz 1 GewSchG verwiesen, wonach ein Verstoß gegen eine in einem Vergleich eingegangene Verpflichtung nicht strafbewehrt war. Indes hat der Ge-

25 BGH FamRZ 2012, 1204
26 Dazu *Dürbeck,* § 58 FamFG Rn. 9

setzgeber diese Strafbarkeitslücke durch Einführung des gerichtlich **bestätigten Vergleichs** nach § 214a FamFG und Erweiterung des § 4 GewSchG inzwischen geschlossen, so dass für die Einschränkung nach Abs. 1 Satz 2 jetzt keine Veranlassung mehr gegeben ist.[1]

B. Inhalt der Norm

I. Wirksamkeit des Vergleichs

1. Dispositionsbefugnis der Beteiligten

a) Grundsatz

Gerichtliche Vergleiche können lediglich insoweit wirksam geschlossen werden, als die Beteiligten über den Gegenstand des Verfahrens **verfügen** können. Nur dann sind sie auch **vollstreckbar**.[2] 2

Diese **Dispositionsbefugnis** besteht – mit Einschränkungen – in **Antragsverfahren**, etwa in **Gewaltschutzsachen**.[3] Sie **fehlt** hingegen in **Amtsverfahren**, z.B. in Umgangsverfahren[4] und teilweise in Sorgerechtsverfahren (dazu unten Rn. 4). Diese können grundsätzlich nur durch Beschluss beendet werden. 3

Umgangssachen und Kindesherausgabeverfahren können – in Erweiterung des § 36 Abs. 1 FamFG[5] – jedoch durch einen **gerichtlich gebilligten Vergleich** (§ 156 Abs. 2 FamFG) abgeschlossen werden, wobei die Billigung durch das Familiengericht konstitutiv für die Beendigung des Verfahrens ist.

▶ *Zu Einzelheiten des gerichtlich gebilligten Vergleichs siehe Cirullies, § 86 FamFG Rn. 12 ff., sowie Wegener, § 156 FamFG Rn. 65.*

b) Sorgerechtsverfahren

Auch wenn es den Verfahrensbeteiligten nicht immer klar ist: Ebenfalls **nicht** verfügen können die Eltern bezüglich der **elterlichen Sorge** (oder auch eines Teilbereichs wie das Aufenthaltsbestimmungsrecht).[6] Dies gilt trotz der Regelungsmöglichkeit bei Übereinstimmung der Eltern nach § 1671 Abs. 1 Satz 2 Nr. 1 BGB, denn es sind eine Überprüfung nach § 1671 Abs. 4 BGB und ein gerichtlicher Übertragungsakt erforderlich. Zwar umfasst die Pflicht zur Hinwirkung auf Einvernehmen nach § 36 Abs. 1 Satz 2 FamFG auch Verfahren der elterlichen Sorge.[7] Gleichwohl kann die elterliche Sorge nur durch gerichtlichen Beschluss, **nicht** aber im Wege der **Elternvereinbarung** wirksam geregelt werden. Insoweit genügt nicht ein bloßer gerichtlicher Billigungsbeschluss [8] oder ein Beschluss nach § 36 Abs. 3 FamFG i.V.m. § 278 Abs. 6 ZPO, mit dem das Zustandekommen eines Vergleichs festgestellt wird.[9] Dessen ungeachtet sind Vereinbarungen zur Ausübung der elterlichen 4

---

1 So auch *Bumiller/Harders/Schwamb*, § 214a FamFG Rn. 3; Prütting/Helms/*Abramenko*, § 36 FamFG Rn. 5; BeckOK-FamFG/*Burschel*, § 36 Rn. 13; ausführlich *Cirullies*, § 1 GewSchG Rn. 36 f.; *Cirullies/Cirullies*, Rn. 203 ff.
2 Vgl. § 86 Abs. 1 Nr. 3 FamFG, dazu hier *Cirullies*, § 86 FamFG Rn. 18
3 OLG Brandenburg BeckRS 2014, 07036, dazu *Többen*, NZFam 2014, 656. In Gewaltschutzsachen ist der Abschluss eines Vergleichs im Einzelfall durchaus sachgerecht und in der Praxis auch üblich, vgl. hier *Cirullies,* § 1 GewschG Rn. 36
4 OLG Schleswig FamRZ 2012, 895
5 BT-Drucks. 16/6308, 237
6 BGH FamRZ 1982, 156; OLG Köln FamRZ 2018, 1015 (LS); OLG Stuttgart FamRZ 2014, 1653, dazu *Leipold*, NZFam 2014, 919
7 Zu den Grenzen vgl. *Schmid*, NZFam 2015, 292
8 OLG Stuttgart a.a.O.
9 OLG Jena FamRZ 2019, 821, dazu *Giers*, NZFam 2019, 46

Sorge im Rahmen von **Umgangsvergleichen** durchaus üblich und auch möglich – nur eben ohne Außenwirkung.[10]

5 Hierbei sollten sich die Beteiligten bewusst sein, dass die **Abänderung** einer solchen (deklaratorischen) Vereinbarung grundsätzlich keiner gerichtlichen Entscheidung bedarf. Entsteht jedoch hiernach Regelungsbedarf, dann ist in einem folgenden Gerichtsverfahren Entscheidungsmaßstab des Gerichts nicht § 1696 Abs. 1 BGB („triftige … Gründe"), sondern die geringeren Anforderungen des § 1671 Abs. 1 Satz 2 Nr. 2 BGB. Für die Abänderung von Gerichtsentscheidungen hingegen gelten die höheren Hürden des § 1696 Abs. 1 BGB; abgeschlossene Sorgerechtsverfahren sollen eben nicht beliebig wieder aufgerollt werden können.[11]

▶ *Näher hierzu Gottschalk, Kommentierung zu § 1696 BGB.*

2. Formvorschriften

6 Auch im Verfahren nach dem FamFG sind bei der **Protokollierung** eines Vergleichs die Formvorschriften der ZPO einzuhalten (Abs. 2 Satz 2). Folglich ist der im Protokoll festgestellte Vergleich den Beteiligten laut **vorzulesen**, zur Durchsicht vorzulegen oder aber vorzuspielen; ferner ist in dem Protokoll zu vermerken, dass dies geschehen und die **Genehmigung erteilt** ist (§ 162 Abs. 1 Satz 1 und 3 ZPO).

Nicht ausreichend ist hingegen der Protokollvermerk „Laut diktiert und genehmigt".[12] Auch der Zusatz „Auf Vorspielen wird verzichtet" genügt den Anforderungen nicht.[13]

Sind die Formerfordernisse nicht erfüllt, ist der Vergleich **unwirksam**.[14] Das Verfahren ist nicht beendet.[15] Auch die nachfolgende Androhung von Ordnungsmitteln durch das Gericht ersetzt die fehlende Genehmigung nicht.[16] Damit unterscheidet sich der „einfache" Vergleich wesentlich von dem gerichtlich gebilligten Vergleich nach § 156 Abs. 2 FamFG, bei dem eine formnichtig protokollierte Umgangsvereinbarung die Wirksamkeit des für die Vollstreckung maßgeblichen Billigungsbeschlusses nicht berührt.[17]

7 § 36 Abs. 3 FamFG lässt ferner einen **schriftlichen Vergleichsabschluss** entsprechend § 278 Abs. 6 ZPO zu, sofern die Beteiligten dispositionsbefugt sind (vgl. oben Rn. 4). Nach § 278 Abs. 6 Satz 2 ZPO stellt das Gericht das Zustandekommen und den Inhalt des Vergleichs durch **Beschluss** fest; erst diese (deklaratorische) Entscheidung führt die Wirksamkeit und Vollstreckbarkeit des Vergleichs herbei.[18]

II. Aufhebung und Abänderung

8 Mit Abschluss eines wirksamen Vergleichs ist das **Verfahren beendet**. Weicht der Inhalt der vergleichsweisen Einigung vom Willen eines oder mehrerer Beteiligter ab, kommt keine Berichtigung nach § 36 Abs. 4 FamFG, sondern nur eine **Anfechtung** des Vergleichs nach §§ 119 ff. BGB in Betracht. Diese führt zur Beseitigung des Vergleichs und zur Fortführung des Verfahrens.

Nach überwiegender Auffassung unterliegen im Verfahren der freiwilligen Gerichtsbarkeit geschlossene Vergleiche, wenn nicht vorrangig § 1696 BGB, § 166 FamFG greifen, der **Ab-**

10 Insofern missverständlich *Borth/Grandel* in: *Musielak/Borth*,§ 36 FamFG Rn. 5
11 KG FamRZ 2013, 46 (LS), dazu *Cirullies*, FamFR 2012, 305; vgl. auch OLG Düsseldorf BeckRS 2014, 20303, dazu *Luthin*, NZFam 2014, 1152
12 OLG Saarbrücken BeckRS 2019, 22002, dazu *Cirullies*, FamRB 2020, 18
13 OLG Karlsruhe FamRZ 2019, 1451 mit Anm. *Hammer*, dazu *Jesgarzewski*, NZFam 2019, 495
14 OLG Hamm FGPrax 2011, 209
15 OLG Naumburg FamRZ 2007, 1178
16 OLG Hamm FGPrax 2011, 209, dazu *Poppen*, FamFR 2011, 302
17 OLG Karlsruhe FamRZ 2019, 1451 mit Anm. *Hammer*, dazu *Jesgarzewski*, NZFam 2019, 495
18 *Cirullies*, FPR 2012, 473, 476

änderung durch das Gericht gemäß § 48 FamFG analog (dazu unten *Cirullies,* § 48 FamFG Rn. 3). Diese nachträgliche Abänderung erfolgt in einem **neuen Verfahren**.

III. Verweisung vor den Güterichter (Abs. 5)

Weiterführende Literatur: Fischer, Die Mediation durch den Güterichter: Win-Win-Ergebnis statt „fauler" Kompromiss, FuR 2018, 461.

In geeigneten Fällen soll das Gericht nach der mit Wirkung vom 26.7.2012 in Kraft getretenen Regelung den Beteiligten vorschlagen, dass sie für den Versuch einer gütlichen Einigung vor den Güterichter des Gerichts verwiesen werden. Die Vorschrift findet in allen Verfahren der **freiwilligen Gerichtsbarkeit Anwendung**. In den **Familienstreitsachen** gilt über § 113 Abs. 1 Satz 2 FamFG die fast gleichlautende Vorschrift des **§ 278 Abs. 5 ZPO**.[19] In Ehesachen scheidet eine Verweisung vor den Güterichter aus, da § 113 Abs. 4 Ziffer 4 FamFG die Güteverhandlung und damit auch weitere Güteversuche im Sinne von § 278 Abs. 5 ZPO ausschließt.[20] Bei der Entscheidung über die Frage, ob ein Fall für den Güterichter geeignet ist, sind grundsätzlich dieselben Kriterien heranzuziehen, wie bei der Mediation. 9

▶ *Näher hierzu Wegener, § 156 FamFG Rn. 50.*

Ein Vorteil des Güterichterverfahrens besteht darin, dass es den Beteiligten die Möglichkeit einer Mediation eröffnet, ohne dass sie den eingeschlagenen Weg zum Gericht verlassen müssen.[21]

▶ *Zum Vorschlag einer außergerichtlichen Mediation durch das Gericht siehe Wegener, § 36a FamFG Rn. 2.*

Insbesondere in Kindschaftssachen ist zu beachten, dass das Verfahren vor dem Güterichter vom Grundsatz der **Eigenverantwortlichkeit** der Beteiligten geprägt ist. Dies schränkt den Kreis der Verfahren, die für eine Verweisung geeignet sind, erheblich ein, denn dieser Grundsatz bringt es mit sich, dass eine Verweisung vor den Güterichter die **Dispositionsmöglichkeit** der Beteiligten über den Verhandlungsgegenstand voraussetzt. Erfordert ein Verfahren die richterliche Autorität und ist das **staatliche Wächteramt** i.S.v. Art. 6 Abs. 2 Satz 2 GG aktiviert, so ist das Verfahren eher nicht geeignet für eine Verweisung vor den Güterichter. Grundsätzlich gilt: **Je mehr das staatliche Wächteramt aufgerufen ist, desto weniger ist das Verfahren geeignet für den Güterichter. Und: Je größer das Interesse der Beteiligten an einem vollstreckungsfähigen Titel, desto weniger eignet sich das Verfahren für eine Verweisung vor den Güterichter.** 10

Auch bei einem extremen und durch eine gleichgeordnete Verhandlungssituation nicht zu beeinflussenden Machtungleichgewicht der Beteiligten ist das Verfahren nicht für eine Verweisung vor den Güterichter geeignet. Ein eigenverantwortliches Handeln setzt auch voraus, dass die Beteiligten hierzu insbesondere von ihrer gesundheitlichen Situation und von ihrer intellektuellen Veranlagung her grundsätzlich in der Lage sind. Zwar kann eine gut angeleitete Mediation im Güterichterverfahren hier Hilfestellung leisten und die Beteiligten ein Stück weit auch in die Lage versetzen, autonom ihre Interessen zu vertreten. Dem sind aber im Falle von erheblichen gesundheitlichen Beeinträchtigungen, insbesondere psychischen Erkrankungen, und in den Fällen häuslicher Gewalt **Grenzen** gesetzt (vgl. § 36 Abs. 1 Satz 2 FamFG, näher *Cirullies,* Rn. 1). 11

---

19 Prütting/Helms/*Abramenko*, § 36 FamFG Rn. 24

20 *Zorn*, FamRZ 2012, 1265, 1269; *Fritz* in: Fritz/Pielsticker, § 36 FamFG Rn. 9

21 *Greger*, Verweisung, MDR 2014, 993; *Fritz/Schroeder*, NJW 2014, 1910; Prütting/Helms/*Abramenko*, § 36 FamFG Rn. 36

12 Die Verweisung erfolgt durch **Beschluss**, wenn die Beteiligten, denen zuvor rechtliches Gehör zu gewähren ist, einer solchen zustimmen. Zwar ist die Verweisung nach dem Gesetzeswortlaut nicht von der Zustimmung der Beteiligten abhängig, die Durchführung eines Güterichterverfahrens ist aber bei erklärter Ablehnung der Beteiligten oder ihrer Anwälte wenig sinnvoll;[22] jedenfalls erschwert eine (fortdauernde) Ablehnungshaltung die Durchführung eines vom Prinzip der **Freiwilligkeit** geprägten Mediationsverfahrens.[23] Der Beschluss wird in der ersten Instanz vom Familienrichter und im Beschwerdeverfahren, sofern eine Übertragung auf den Einzelrichter (noch) nicht erfolgt ist, vom Senat gefasst.

Der **Tenor** lautet: „In pp. werden die Beteiligten für den Versuch einer gütlichen Einigung vor den Güterichter verwiesen."

Einer Aussetzung des Hauptverfahrens bzw. einer Anordnung des Ruhens bedarf es nicht, da das Güterichterverfahren Teil des Gerichtsverfahrens ist.[24]

13 Der Güterichter sollte in den verschiedenen Methoden der Konfliktbeilegung, insbesondere der Mediation und in einer Reihe von Kommunikationstechniken besonders geschult sein, denn er ist **frei** in der **Verhandlungsgestaltung und Methodenwahl**.[25] Er ist in der Sache **nicht entscheidungsbefugt**, auch nicht in Bezug auf Nebenentscheidungen. Daher gilt auch das **Gebot des gesetzlichen Richters** für ihn **nicht** und die Fallzuteilung im Geschäftsverteilungsplan kann flexibel gehandhabt werden.[26] Als Teil der rechtsprechenden Gewalt unterliegt er nicht dem Mediationsgesetz.[27] Er verabredet mit den Beteiligten möglichst zeitnah einen Verhandlungstermin und schafft eine gute äußere Gesprächsatmosphäre, die es den Beteiligten unter seiner Anleitung ermöglicht, **freiwillig, eigenverantwortlich, vertraulich, informiert, ergebnisoffen und auf Augenhöhe** miteinander zu verhandeln.

▶ *Zum Ablauf einer Mediation siehe Wegener, § 156 FamFG Rn. 54.*

▶ *Zur Verhandlungsführung siehe Wegener, § 160 FamFG (Anhang).*

14 Ein **Vermerk** über den Einigungsversuch vor dem Güterichter wird nur dann angefertigt, wenn sich alle Beteiligten zuvor damit einverstanden erklären (§ 28 Abs. 4 Satz 3 FamFG) oder wenn Verfahrenshandlungen bzw. ein Vergleich protokolliert werden sollen.[28] Die Beteiligten können vor dem Güterichter einen Vergleich schließen wie vor dem erkennenden Gericht.[29]

14a Da der Güterichter keine Entscheidungsbefugnis hat (vgl. § 36 Abs. 5 Satz 1 FamFG), kann er jedoch **keine Billigung** z.B. eines Vergleichs zum Umgang i.S.v. § 156 Abs. 2 FamFG vornehmen. Diese ist ggf. durch das erkennende Gericht nachzuholen.[30] Das erkennende Gericht wird allerdings zunächst zu prüfen haben, ob eine hinreichende Grundlage für eine am Kindeswohl orientierte Entscheidung gegeben ist, d.h. insbesondere, ob alle am Verfahren Beteiligten und somit auch der über 14-jährige, von dem Verfahren betroffene Jugendliche persönlich angehört wurden.

---

22 *Greger*, Verweisung, MDR 2014, 993, 995; *Greger*, Das neue Güterichterverfahren, MDR, Sonderheft 2012, Prütting/Helms/*Abramenko*, § 36 FamFG Rn. 27; a.A. MüKo-FamFG/*Ulrici*, § 36 FamFG Rn. 7

23 *Fritz* in: Fritz/Pielsticker, § 36 FamFG Rn. 15 ff., 18, spricht daher auch von einem ungeschriebenen Tatbestandsmerkmal der Freiwilligkeit

24 Fischer, FuR 2018, 461 f.

25 *Greger* in: Greger/Unberath, Teil 4 Rn. 98; *Fritz* in: Fritz/Pielsticker, § 36 FamFG Rn. 13

26 Zöller/Greger, § 278 Rn. 26; Frank, Anm. zu OLG Bamberg, FamRB 2018, 485

27 Fischer, FuR 2018, 461 f.

28 MüKo-FamFG/*Ulrici*, § 36 FamFG Rn. 12; PK Familienverfahrensrecht/*Ernst*, § 36 FamFG Rn. 8

29 Prütting/Helms/*Abramenko*, § 36 FamFG Rn. 39

30 *Frank*, Anm. zu OLG Bamberg, FamRB 2018, 484, 485

Das Zustandekommen und der Inhalt eines Vergleichs können zwar nach dem Wortlaut der Vorschrift **auch schriftlich** im Beschlusswege festgestellt werden (§ 36 Abs. 5 Satz 3 i.V.m. § 36 Abs. 3 FamFG, § 278 Abs. 6 Satz 2 ZPO),[31] denn bei der Feststellung des Inhalts eines Vergleichs handelt es sich nicht um eine dem Güterichter verwehrte Entscheidung, sondern lediglich um eine besondere Form der Dokumentation.[32] Angesichts der eingeschränkten Dispositionsmöglichkeit der Beteiligten, der von Amts wegen vorzunehmenden Kindeswohlprüfung und der einzuhaltenden Verfahrensvorschriften (z.B. betreffend die Anhörung des Jugendamts oder die Bestellung eines Verfahrensbeistandes) sind allerdings kaum Fallkonstellationen denkbar, in denen durch den Güterichter ein vollstreckungsfähiger Titel erstellt werden könnte.[33]

Im Falle eines erfolglosen Güterichterverfahrens sind die persönlichen Anhörungen der Beteiligten vor dem erkennenden Gericht (erneut) vorzunehmen, da sich das Gericht dadurch einen persönlichen Eindruck von den Beteiligten verschaffen soll. Eine **Einbeziehung** und Anhörung **des Kindes** im Güterichtertermin sollte daher, um eine übermäßige Belastung des Kindes durch eine wiederholte Anhörung vor Gericht zu vermeiden, regelmäßig unterbleiben. Vorstellbar wäre aber eine Einbeziehung eines schon älteren Kindes (etwa ab einem Alter von sieben Jahren) in einem Folgetermin nach guter Vorbereitung und bei bereits weitgehend erzieltem Einvernehmen zwischen den Eltern im vorausgegangenen Güterichtertermin.

▶ *Zur Einbeziehung des Kindes in die Bemühungen des Familiengerichts um ein Einvernehmen siehe Wegener, § 156 Rn. 23.*

Gesonderte **Kosten** entstehen im Güterichterverfahren nicht, denn das Güterichterverfahren ist Teil des gerichtlichen Verfahrens und das FamGKG sieht keinen besonderen Gebührentatbestand vor.[34] Die Gerichtskosten reduzieren sich im Falle eines Vergleichs, der das gesamte Verfahren beendet, auf eine halbe Gerichtsgebühr (außer in selbstständigen Kindschaftssachen, hier entsteht ohnehin nur eine halbe Gebühr nach Ziffer 1310 des Kostenverzeichnisses). 15

Im Falle eines **Mehrvergleichs**, d.h. im Falle eines in der Praxis häufig vorkommenden Vergleichs auch über verfahrensfremde sonstige Gegenstände, die nicht bereits in einem anderen gerichtlichen Verfahren anhängig sind, entsteht zusätzlich eine Viertelgebühr nach Nr. 1500 des Kostenverzeichnisses.[35] Die **Wertfestsetzung** erfolgt durch das erkennende Gericht, denn der Güterichter ist schon nach dem Wortlaut des Gesetzes nicht zu einer Entscheidung berufen. Es empfiehlt sich aber, dass der Güterichter einen Vorschlag der Beteiligten zur Höhe des Wertes des Mehrvergleichs in den Vermerk bzw. in das Protokoll der Güterichterverhandlung aufnimmt. 16

Hatte noch kein Termin in der Instanz stattgefunden, so erhalten die Rechtsanwälte für die Teilnahme an der Güterichterverhandlung eine **Terminsgebühr**. Diese fällt allerdings in dem Verfahren in jeder Instanz nur einmal an. Kommt ein Vergleich zustande, so erhalten die begleitenden Rechtsanwälte eine **Einigungsgebühr (Nr. 1003, 1004 VV RVG)**. Die an einem Mehrvergleich über nicht anhängige Verfahrensgegenstände mitwirkenden Rechtsanwälte erhalten hierfür neben einer zusätzlichen Verfahrensgebühr (Nr. 3100, 3101 Ziffer 2 VV RVG) und ggf. einer zusätzlichen (Differenz-)Terminsgebühr (Nr. 3104 Abs. 2 VV RVG und Vorbem. 3 Abs. 3 VV RVG) eine zusätzliche Einigungsgebühr nach Nr. 1000 VV 17

31 *Zöller/Greger*, § 278 ZPO Rn. 32
32 AG Bersenbrück NZFam 2019, 316 mit Anm. *Schneider*
33 Siehe auch zu § 36 Abs. 3 FamFG i.V.m. § 278 Abs. 6 ZPO OLG Thüringen FamRZ 2019, 821
34 OLG Bamberg NZFam 2019, 315 mit Anm. *Schneider*
35 Keidel/*Meyer-Holz*, § 36 FamFG Rn. 78

RVG..[36] Eine einheitliche Einigung führt aber immer nur zu einer (einzigen) Einigungsgebühr, zusammengesetzt aus den Einzelgebühren für die verschiedenen Gegenstandswerte, begrenzt durch den Wert aus dem Gesamtbetrag sämtlicher Verfahrensgegenstände (§ 15 Abs. 3 RVG)[37] Die Einigungsgebühr entsteht auch für die Mitwirkung an einer Vereinbarung, über deren Gegenstand die Beteiligten nicht vertraglich verfügen dürfen (Nr. 1000 Abs. 5 Satz 3 VV RVG; Nr. 1003 Abs. 2 VV RVG), wie z.B. an einer Umgangsvereinbarung. Eine Einigungsgebühr entsteht auch dann, wenn durch eine Zwischenvereinbarung in einem Umgangsverfahren der Erlass einer einstweiligen Anordnung entbehrlich geworden ist.[38]

18 Im Falle eines Mehrvergleichs über nicht anhängige Verfahrensgegenstände bedarf es ggf. einer Erstreckung der bewilligten Verfahrenskostenhilfe auf diesen Mehrvergleich, während es einer Erstreckung der Verfahrenskostenhilfe auf das Güterichterverfahren an sich nicht bedarf. Zuständig für die Entscheidung über die Bewilligung von Verfahrenskostenhilfe ist das erkennende Gericht, denn der Güterichter ist kein zur Entscheidung berufener Richter.[39]

§ 36a FamFG Mediation, außergerichtliche Konfliktbeilegung

(1) [1]Das Gericht kann einzelnen oder allen Beteiligten eine Mediation oder ein anderes Verfahren der außergerichtlichen Konfliktbeilegung vorschlagen. [2]In Gewaltschutzsachen sind die schutzwürdigen Belange der von Gewalt betroffenen Person zu wahren.

(2)[1]Entscheiden sich die Beteiligten zur Durchführung einer Mediation oder eines anderen Verfahrens der außergerichtlichen Konfliktbeilegung, setzt das Gericht das Verfahren aus.

(3) [1]Gerichtliche Anordnungs- und Genehmigungsvorbehalte bleiben von der Durchführung einer Mediation oder eines anderen Verfahrens der außergerichtlichen Konfliktbeilegung unberührt.

Weiterführende Literatur: Friedman/Himmelstein, Konflikte fordern uns heraus, Frankfurt am Main 2013; *Krabbe/Thomsen*, Familienmediation mit Kindern und Jugendlichen, 4. Aufl. 2017; *Trenczek/Berning/Lenz/Will (Hrsg.)*, Mediation und Konfliktmanagement, 2. Aufl. 2017.

Übersicht

Rn.
A. Anwendungsbereich 1
B. Inhalt der Norm 1

A. Anwendungsbereich

§ 36a FamFG gilt in allen Verfahren der freiwilligen Gerichtsbarkeit, und zwar sowohl in Antrags- als auch in Amtsverfahren. Sie gilt nicht in den Ehe- und Familienstreitsachen; in diesen findet aber der fast gleichlautende § 278a ZPO über die Verweisungsvorschrift des § 113 Abs. 1 Satz 2 FamFG Anwendung.[1]

---

36 BGH, Beschl. v. 17.1.2018 – XII ZB 248/16, FamRZ 2018, 602, Rn. 11; OLG Stuttgart FamRZ 2017, 317
37 *Gerold/Schmidt/Müller-Rabe*, VV 1003, 1004 Rn. 71
38 OLG Koblenz FamRZ 2017, 319
39 OLG Bamberg, a.a.O. mit Anm. *Schneider* = FamRB 2018, 484, 485 mit Anm. *Frank*; *Fischer*, FuR 2018, 461, 463
1 Prütting/Helms/*Prütting*, § 36a FamFG Rn. 6

B. Inhalt der Norm

Die Norm erweitert und konkretisiert die generelle Verpflichtung des Gerichts nach § 36 Abs. 1 Satz 2 FamFG, auf eine gütliche Einigung der Beteiligten hinzuwirken. 1

▶ *Zu den Grenzen dieses Hinwirkens siehe Cirullies, § 36 FamFG Rn. 1 ff., und Wegener, § 156 FamFG Rn. 36 ff.*[2]

Anders als die Vorschrift des **§ 36 Abs. 5 FamFG** (hierzu *Wegener*, § 36 FamFG Rn. 9 ff.) will sie die Herstellung eines Einvernehmens zwischen den Beteiligen durch den Vorschlag des Gerichts fördern, eine **außergerichtliche Mediation** oder eine andere Form der außergerichtlichen Konfliktbeilegung durchzuführen (zu den **Eignungskriterien**[3] eines Verfahrens für eine Mediation an sich siehe *Wegener*, § 156 FamFG Rn. 50). Für eine außergerichtliche Mediation eignen sich insbesondere diejenigen Verfahren, in denen die Beteiligten freiwillig und eigenverantwortlich eine umfassende Lösung ihres Konflikts unter Einbeziehung einer Vielzahl von Konfliktthemen erarbeiten wollen. Eine solche Mediation erfordert in der Regel mehrere Sitzungen (in der Praxis üblicherweise zwischen drei und zehn) und kann im Güterichterverfahren nach § 36 Abs. 5 FamFG bzw. nach den §§ 113 Abs. 1 Satz 2 FamFG, 278 Abs. 5 ZPO, welches grundsätzlich von nur einem Termin ausgeht, nicht geleistet werden. 2

Während der Dauer eine Mediation setzt das Familiengericht das Verfahren zwingend aus. Die Durchführung einer Mediation ist also ein gesetzlich normierter „wichtiger Grund" i.S.d. des § 21 Abs. 1 FamFG.[4] Der Beschluss ist gemäß **§ 21 Abs. 2 FamFG anfechtbar** mit der sofortigen Beschwerde. Weist das Gericht einen Antrag auf Aussetzung zurück, so ist die Entscheidung **entsprechend § 21 Abs. 2 FamFG** anfechtbar.[5] 3

Abs. 3 stellt sicher, dass das Gericht im Rahmen seines staatlichen Wächteramtes handlungsfähig bleibt, indem es insbesondere Anordnungen erlassen oder im Falle einer Kindeswohlgefährdung Maßnahmen nach § 1666 BGB ergreifen kann. Zugleich stellt er klar, dass die Mediation außerhalb von Kindesschutzverfahren **keinen Einfluss auf die Dispositionsbefugnis der Beteiligten** hat, d.h. das Erfordernis von gerichtlichen Entscheidungen, z.B. in Bezug auf das Sorgerecht (§ 1671 BGB) oder die Billigung von Umgangsregelungen (§ 156 Abs. 2 Satz 2 FamFG) bleibt erhalten.[6] 4

▶ *Näher hierzu Cirullies, § 36 Rn. 4 ff.*

In Kindschaftssachen nimmt das Gericht das Verfahren gemäß **§ 155 Abs. 4 FamFG** in der Regel nach Ablauf von drei Monaten wieder auf, wenn die Beteiligten keine einvernehmliche Regelung erzielen.[7] 5

▶ *Näher hierzu Fink, § 155 FamFG Rn. 33 ff.*

▶ *Näher zur Mediation § 156 FamFG Rn. 53 ff.*

---

2 *Salgo*, FF 2010, 352, 358
3 *Fritz* in: Fritz/Pielsticker, § 36a FamFG Rn.10 ff.
4 Prütting/Helms/*Prütting*, § 36a FamFG Rn. 14
5 MüKo-FamFG/*Ulrici*, § 36a FamFG Rn. 16, MüKo-FamFG/*Pabst*, § 21 Rn. 33; vgl. auch § 252 ZPO
6 MüKo-FamFG/*Schumann*, § 156 FamFG Rn. 13
7 *Fritz* in: Fritz/Pielsticker, § 36a FamFG Rn. 63

§ 37 FamFG Grundlage der Entscheidung

(1) Das Gericht entscheidet nach seiner freien, aus dem gesamten Inhalt des Verfahrens gewonnenen Überzeugung.

(2) Das Gericht darf eine Entscheidung, die die Rechte eines Beteiligten beeinträchtigt, nur auf Tatsachen und Beweisergebnisse stützen, zu denen dieser Beteiligte sich äußern konnte.

Übersicht

Rn.
A. Allgemeines ... 1
B. Inhalt der Norm ... 2
I. Entscheidungsgrundlage ... 2
II. Rechtliches Gehör ... 3
1. Form ... 3
2. Gelegenheit zur schriftlichen Stellungnahme ... 4
3. Gehörsrüge ... 5

A. Allgemeines

1 Die Vorschrift enthält zwei Grundsätze, die für den Inhalt einer Entscheidung maßgeblich sind: So entscheidet das Gericht in **freier Würdigung**, welchen Sachverhalt es als feststehend erachtet. Dabei darf es jedoch, um den Anspruch der Beteiligten auf **rechtliches Gehör** zu gewährleisten, nur solche Ermittlungsergebnisse berücksichtigen, zu denen die Beteiligten zuvor Stellung nehmen konnten.

B. Inhalt der Norm

I. Entscheidungsgrundlage

2 Während sich das Urteil im Zivilprozess auf den Vortrag in der mündlichen Verhandlung und die förmliche Beweisaufnahme stützt,[1] ist Entscheidungsgrundlage im FamFG-Verfahren der **gesamte Inhalt des Verfahrens**. Eine Tatsache wird dadurch Verfahrensgegenstand, dass das Gericht, ein Beteiligter oder ein Dritter sie in das Verfahren einführt. Dazu zählen im Wege des **Freibeweises** erlangte Erkenntnisse, und zwar auch dann, wenn sie nicht nach § 29 Abs. 3 FamFG aktenkundig gemacht sind.[2] Das **Beschwerdegericht** muss hingegen nicht alle Erkenntnisquellen, die dem Gericht erster Instanz zur Verfügung gestanden haben, erneut ausschöpfen.[3]

II. Rechtliches Gehör

1. Form

3 Zur Wahrung des Grundsatzes **rechtlichen Gehörs** (Art. 103 Abs. 1 GG) soll das Gericht den Antrag an die übrigen Beteiligten übermitteln (§ 23 Abs. 2 FamFG). Zwar genügt grundsätzlich die formlose Mitteilung. Um allerdings den Zugang der Antragsschrift an den Antragsgegner sicherzustellen, sollte regelmäßig die förmliche **Zustellung** gewählt werden – jedenfalls dann, wenn die beteiligten Eltern oder Partner (noch) in einer gemeinsamen Wohnung leben.[4]

1 Vgl. § 286 Abs. 1 ZPO
2 MüKo-FamFG/*Ulrici*, § 37 FamFG Rn. 3, aber str.
3 OLG Brandenburg FamRZ 2016, 240
4 Eine Ersatzzustellung an den Antragsteller wäre unwirksam, § 178 Abs. 2 ZPO

2. Gelegenheit zur schriftlichen Stellungnahme

Das Gericht darf eine Entscheidung, die die Rechte eines Beteiligten beeinträchtigt, nur auf Tatsachen und Beweisergebnisse stützen, zu denen dieser **Beteiligte sich äußern** konnte (Abs. 2). Insoweit kann auch die bloße Gelegenheit zur **schriftlichen** Stellungnahme ausreichen. Auch die zwischenzeitliche Beauftragung eines Rechtsanwaltes macht die Durchführung einer weiteren mündlichen Verhandlung bzw. eines weiteren Termins nicht erforderlich.[5] Von der vollständigen Mitteilung eines **Sachverständigengutachtens** an das verfahrensfähige Kind darf in Kindschaftssachen nur unter den Voraussetzungen des § 164 Satz 2 FamFG abgesehen werden.[6] 4

▶ *Näher hierzu Heilmann, Kommentierung zu § 164 FamFG.*

3. Gehörsrüge

Hat das Gericht den Anspruch auf rechtliches Gehör in entscheidungserheblicher Weise verletzt, ist das Verfahren auf die **Rüge** des durch eine Entscheidung beschwerten Beteiligten fortzuführen, wenn ein Rechtsmittel oder ein Rechtsbehelf gegen die Entscheidung oder eine andere Abänderungsmöglichkeit nicht gegeben ist (§ 44 FamFG). 5

▶ *Näher hierzu Cirullies, Kommentierung zu § 44 FamFG.*

5 OLG Köln FamRZ 2013, 483
6 Hierzu BGH FamRZ 2012, 1556; ferner FamRZ 2019, 309 betreffend Unterbringungsverfahren

Abschnitt 3
Beschluss

§ 38 FamFG Entscheidung durch Beschluss

(1) [1]Das Gericht entscheidet durch Beschluss, soweit durch die Entscheidung der Verfahrensgegenstand ganz oder teilweise erledigt wird (Endentscheidung). [2]Für Registersachen kann durch Gesetz Abweichendes bestimmt werden.

(2) Der Beschluss enthält

1. die Bezeichnung der Beteiligten, ihrer gesetzlichen Vertreter und der Bevollmächtigten;

2. die Bezeichnung des Gerichts und die Namen der Gerichtspersonen, die bei der Entscheidung mitgewirkt haben;

3. die Beschlussformel.

(3) [1]Der Beschluss ist zu begründen. [2]Er ist zu unterschreiben. [3]Das Datum der Übergabe des Beschlusses an die Geschäftsstelle oder der Bekanntgabe durch Verlesen der Beschlussformel (Erlass) ist auf dem Beschluss zu vermerken.

(4) Einer Begründung bedarf es nicht, soweit

1. die Entscheidung auf Grund eines Anerkenntnisses oder Verzichts oder als Versäumnisentscheidung ergeht und entsprechend bezeichnet ist,

2. gleichgerichteten Anträgen der Beteiligten stattgegeben wird oder der Beschluss nicht dem erklärten Willen eines Beteiligten widerspricht oder

3. der Beschluss in Gegenwart aller Beteiligten mündlich bekannt gegeben wurde und alle Beteiligten auf Rechtsmittel verzichtet haben.

(5) Absatz 4 ist nicht anzuwenden:

1. in Ehesachen, mit Ausnahme der eine Scheidung aussprechenden Entscheidung;

2. in Abstammungssachen;

3. in Betreuungssachen;

4. wenn zu erwarten ist, dass der Beschluss im Ausland geltend gemacht werden wird.

(6) Soll ein ohne Begründung hergestellter Beschluss im Ausland geltend gemacht werden, gelten die Vorschriften über die Vervollständigung von Versäumnis- und Anerkenntnisentscheidungen entsprechend.

Übersicht

	Rn.
A. Allgemeines	1
B. Inhalt der Norm	2
I. Endentscheidung	2
II. Inhalt des Beschlusses	3
1. Aufbau	3
2. Rubrum	4
3. Beschlussformel	6
III. Ergänzung und Berichtigung	7
IV. Erlass des Beschlusses	8

Weiterführende Literatur: Metzger, „Urteilsähnliche" Beschlüsse im FamFG?, FamRZ 2010, 703; *Wohlgemuth*, Der Abschluss der Instanz durch das Gericht und durch den Anwalt: Entscheidungserlass, Rechtsbehelfsbelehrung und -beratung, FamRZ 2013, 674.

A. Allgemeines

Nach früherem Recht wurden die gerichtlichen Handlungen sehr unterschiedlich bezeichnet, etwa als „Verfügungen“, „Anordnungen“, „Entscheidungen“, „Beschlüsse“ oder „Urteile“. Nunmehr ist einheitlich die Entscheidungsform des **Beschlusses** für alle **Endentscheidungen** im Verfahren nach dem FamFG vorgeschrieben (§§ 38 Abs. 1, 116 FamFG). Das gilt auch für die weitgehend den Vorschriften der ZPO unterliegenden (§ 113 FamFG) Familienstreitsachen. **Aufbau und Inhalt** des Beschlusses sind an das Urteil in der ZPO angelehnt. Obwohl die Gründe des Beschlusses in einem ersten Abschnitt in der Regel auch Ausführungen zu den der Entscheidung zugrunde zu legenden Tatsachen enthalten soll, enthält er keinen förmlichen Tatbestand.[1] **1**

Abs. 3 beinhaltet eine wichtige Definition des **Erlasses** eines Beschlusses, der von der Bekanntmachung bzw. Wirksamkeit des Beschlusses zu unterscheiden ist (näher hierzu § 40 FamFG Rn. 3).

B. Inhalt der Norm

I. Endentscheidung

Die **Endentscheidung** ist dadurch charakterisiert, dass sie den Verfahrensgegenstand ganz oder teilweise erledigt. In diesen Fällen entscheidet das Gericht zwingend durch Beschluss. Das gilt für **Zwischen- und Nebenentscheidungen** lediglich dann, wenn das Gesetz dies ausdrücklich vorsieht (z.B. bei der Verhängung von Zwangs- und Ordnungsmitteln, §§ 33 Abs. 3 Satz 1, 35 Abs. 1, 89 Abs. 1 Satz 3 FamFG). **2**

Daneben lässt das Gesetz auch den Erlass einer **Teilentscheidung** zu („teilweise erledigt“). Der Erlass einer solchen kann insbesondere in Umgangssachen von Relevanz sein, wenn der regelbare Zeitraum – etwa in den Fällen des begleiteten Umgangs – den Erlass einer Endentscheidung noch nicht zulässt, weil er sich beispielsweise nur über einen Zeitraum von wenigen Wochen oder Monaten erstreckt. Eine Endentscheidung wird hier nur dann in Betracht kommen, wenn das Familiengericht ausdrücklich feststellt, dass es einer weiter gehenden familiengerichtlichen Regelung des Umgangs nicht bedarf. **2a**

II. Inhalt des Beschlusses

1. Aufbau

Die Entscheidung trägt die **Überschrift** „Beschluss“. Sodann folgt der Kopf, das sog. **Rubrum**, mit der Nennung der am Verfahren formell Beteiligten sowie der an der Entscheidung mitwirkenden Gerichtsperson(en). Hieran schließt die dem Urteilstenor entsprechende **Beschlussformel** an. Sie enthält die konkrete gerichtliche Anordnung, beispielsweise die Regelung des Umgangs, sowie Nebenentscheidungen (Kosten, Verfahrenswert etc.). Alsdann ist die Entscheidung zu **begründen**[2] und zu unterzeichnen. Ausnahmen von der Begründungspflicht regelt Abs. 4. Abgeschlossen wird die Entscheidung durch eine **Rechtsbehelfsbelehrung** (§ 39 FamFG). **3**

2. Rubrum

In **echten Antragsverfahren** (hierzu *Cirullies,* § 23 bis 25 FamFG Rn. 3) ist ähnlich wie in einem Zivilurteil das „streitige Rubrum“ mit den Beteiligtenbezeichnungen „Antragsteller“ und „Antragsgegner“ zu wählen. In den **unechten Antrags- und Amtsverfahren**, namentlich in Kindschafts- und Abstammungssachen, nach einer schlagwortartigen Kenn- **4**

1 OLG Frankfurt NZFam 2019, 584 mit Anm. *Burschel*; dazu auch Rn. 7
2 Zur „Begründungstiefe“ bei Entscheidungen nach §§ 1666, 1666a BGB siehe hier *Cirullies,* § 1666 BGB Rn. 78

zeichnung des Verfahrensgegenstandes die Auflistung der **Verfahrensbeteiligten** untereinander, ggf. mit ihren **Verfahrensbevollmächtigten** („fG-Rubrum"). Es ist insbesondere davon abzusehen, in Kinderschutzverfahren das Jugendamt als „Antragsteller" und die Eltern als „Antragsgegner" zu bezeichnen.[3]

Beispiel:

In der Familiensache

betreffend die elterliche Sorge[4] *für das Kind*

...,

geb. am ...

Verfahrensbeistand: *Frau/Herr ...*

weitere Beteiligte:

1. *Herr ...,* **Vater,**
2. *Frau ...* **Mutter,**

   vertreten durch ihren **Verfahrensbevollmächtigten** *Rechtsanwalt ...,*

zuständiges Jugendamt:

....

3. *...*

Das **Jugendamt** ist lediglich in Verfahren nach §§ 1666, 1666a BGB von Gesetzes wegen, ansonsten nur auf Antrag Beteiligter (§ 162 Abs. 2 FamFG) und im Rubrum entsprechend zu bezeichnen. In den übrigen Kindschaftssachen empfiehlt sich im Anschluss an die Auflistung der Beteiligten der Zusatz: „Zuständiges Jugendamt: ...". Der weit verbreiteten Praxis, Personen, die zwar nicht formell Beteiligte sind, jedoch in der Sache eine wesentliche Rolle spielen (z.B. Pflege- und Großeltern), als **„weitere Beteiligte"** aufzuführen, sollte nicht gefolgt werden. Mit Blick auf § 161 FamFG wird dies nämlich den Rechtsschein der Einräumung einer förmlichen Beteiligtenstellung – mit den entsprechenden Rechtsfolgen – setzen.[5]

5 Ist das **Jugendamt als Amtsvormund**[6] beteiligt, so wird nicht „das Jugendamt", sondern vielmehr der nach § 55 Abs. 2 SGB VIII bestimmte und als gesetzlicher Vertreter (Abs. 3 Satz 2) tätige **Mitarbeiter** im Rubrum als Beteiligter aufgeführt. In der Praxis ist dringend dafür Sorge zu tragen, dass diesen unterschiedlichen Beteiligtenpositionen innerhalb derselben Institution – auch bei Zustellungen und Ladungen – Rechnung getragen wird.

▶ *Zu Einzelheiten der Amtsvormundschaft siehe Dürbeck, § 1791b BGB Rn. 1 ff.*

3. Beschlussformel

6 Die **Sachentscheidung** wird im Allgemeinen umfassen:

- Regelung des **Verfahrensgegenstandes** (der nur in Antragsverfahren durch den Antrag bestimmt wird)

---

3 So beispielsweise OLG Stuttgart BeckRS 2018, 39645
4 Oder in Kinderschutzverfahren: „Maßnahmen nach §§ 1666 ff. BGB"
5 Vgl. hierzu *Heilmann,* § 161 FamFG Rn. 10
6 Zur Abgrenzung zwischen Amtsvormundschaft und Sozialem Dienst vgl. *Harm/Mix u.a.,* FamRZ 2012, 1849

- Regelung der **Kostentragungspflicht**
- Festsetzung des **Verfahrenswertes**

Zum Vollzug der Entscheidung sind gelegentlich **Durchführungsanordnungen**[7] als flankierende Maßnahmen erforderlich, etwa bei Ge- und Verboten im Rahmen einer Sorgerechts- oder Umgangsregelung, bei der Anordnung einer Kindesherausgabe, durch Verhängung eines Ausreiseverbots[8] oder in Gewaltschutzsachen.[9] Zudem ist in Gewaltschutzsachen wie auch in Kindesherausgabe- und Umgangssachen (vgl. § 89 Abs. 2 FamFG) die Androhung von **Ordnungsmitteln** geboten.

Ferner bedarf es mitunter auch der Entscheidung über die **sofortige Wirksamkeit** der Entscheidung (z.B. in Gewaltschutzsachen) sowie der Anordnung der Zulässigkeit der **Vollstreckung vor der Zustellung** an den Antragsgegner.[10]

Vorschläge zu der **Tenorierung** in den einzelnen **Kindschaftssachen** finden sich in der Kommentierung der entsprechenden materiell-rechtlichen Norm.[11]

III. Ergänzung und Berichtigung

Hat das Gericht einen beantragten Regelungsgegenstand versehentlich nicht beschieden **7**
oder eine Kostenentscheidung **vergessen**, kann dies auf Antrag nachgeholt werden. Diese **Ergänzung** ist binnen zwei Wochen ab schriftlicher Bekanntgabe des Beschlusses zu beantragen (§ 43 FamFG).

Lediglich Schreibfehler, Rechenfehler und ähnliche offenbare **Unrichtigkeiten** im Beschluss kann das Gericht auch von Amts wegen **berichtigen** (§ 42 FamFG). Hingegen ist eine inhaltliche Tatbestandsberichtigung (wie bei einem Urteil nach § 320 ZPO) nicht möglich, da der Beschluss keinen Tatbestand i.S.d. § 313 Abs. 1 Nr. 5 ZPO enthält. Zur Überprüfung der Sachverhaltsdarstellung ist allein das Beschwerdegericht berufen.[12]

IV. Erlass des Beschlusses

Nach Abs. 3 ist **„Erlass"** definiert als ***Übergabe*** des unterschriebenen Beschlusses an die **8**
Geschäftsstelle oder ***Bekanntgabe*** durch Verlesen der Beschlussformel (Verkündung). Der Beschluss wird hierdurch als Rechtsprechungsakt existent und kann danach vom Gericht grundsätzlich nicht mehr abgeändert werden.[13]

Der **Erlass** eines Beschlusses ist von dem Eintritt seiner **Wirksamkeit** zu unterscheiden. **9**
Das Wirksamwerden beurteilt sich nach den Regeln des § 40 FamFG, der u.a. auf die Bekanntgabe der Entscheidung abstellt. Beide Zeitpunkte können also, müssen aber nicht zusammenfallen (vgl. *Cirullies,* § 40 FamFG Rn. 2 ff.).

---

7 Auch und gerade im Rahmen einer einstweiligen Anordnung, vgl. § 49 Abs. 2 Satz 3 FamFG
8 Dazu OLG Frankfurt ZKJ 2018, 387 = FamRZ 2018, 1319; ferner hier *Cirullies*, § 1666 BGB Rn. 62
9 Dazu hier *Cirullies*, § 1 GewSchG Rn. 29; ausführlich *Cirullies/Cirullies*, Rn. 178 ff.
10 Dazu hier *Cirullies,* § 40 FamFG Rn. 3 sowie § 41 Rn. 2
11 Siehe hier z.B. *Keuter,* § 1671 BGB Rn. 3, und *Gottschalk,* § 1684 BGB Rn. 53
12 OLG Frankfurt NZFam 2019, 584 mit Anm. *Burschel*
13 BGH FamRZ 2015, 1698; zum Erlass einer nicht verkündeten Beschwerdeentscheidung vgl. BGH FamRZ 2018, 1593

§ 39 FamFG Rechtsbehelfsbelehrung

[1]Jeder Beschluss hat eine Belehrung über das statthafte Rechtsmittel, den Einspruch, den Widerspruch oder die Erinnerung sowie das Gericht, bei dem diese Rechtsbehelfe einzulegen sind, dessen Sitz und die einzuhaltende Form und Frist zu enthalten. [2]Über die Sprungrechtsbeschwerde muss nicht belehrt werden.

Übersicht

Rn.
A. Allgemeines ... 1
B. Inhalt der Norm ... 2
I. Rechtsbehelfsbelehrung ... 2
II. Wiedereinsetzungsantrag ... 3

Weiterführende Literatur: Götz, Die Rechtsbehelfsbelehrung, FPR 2011, 1; *Vogel,* Die Rechtsbehelfsbelehrung, FPR 2012, 294.

A. Allgemeines

1 Die Belehrungspflicht bezweckt, die Beteiligten unverzüglich und zuverlässig über die Möglichkeiten der Anfechtung einer gerichtlichen Entscheidung zu informieren, und soll unzulässige Rechtsbehelfe vermeiden helfen. Leider ist das Rechtsbehelfssystem unübersichtlich – und die Fehlerquote bei den erteilten Rechtsmittelbelehrungen (zu) hoch.[1]

B. Inhalt der Norm

I. Rechtsbehelfsbelehrung

2 Unerlässlicher Bestandteil jedes Beschlusses ist die **Rechtsbehelfsbelehrung**. Sie muss neben der Bezeichnung des statthaften Rechtsmittels oder Rechtsbehelfs das für die Entgegennahme zuständige Gericht und dessen vollständige Anschrift sowie die bei der Einlegung einzuhaltende Form und Frist angeben. Dazu gehört auch die Information über einen bestehenden **Anwaltszwang**. Sie muss mit diesem zwingenden **Inhalt** aus sich heraus verständlich sein und jeden Beteiligten in die Lage versetzen, ohne Hinzuziehung eines Rechtsanwalts den für ihn jeweils konkret zulässigen Rechtsbehelf gegen die ergangene Entscheidung einzulegen.[2]

2a Zu dem Inhalt einer Rechtsbehelfsbelehrung sind auch die **Antragsrechte** nach Erlass einer **einstweiligen** Anordnung zu zählen, insbesondere Antrag auf Einleitung des Hauptverfahrens (§ 52 Abs. 1 und 2 FamFG), Antrag auf erneute Entscheidung aufgrund mündlicher Verhandlung (§ 54 Abs. 2 FamFG) und Antrag auf Aufhebung oder Änderung der ergangenen Entscheidung (§ 54 Abs. 1 Satz 2 FamFG).[3] Dies ist wegen der komplizierten Regelungstechnik und der dadurch bedingten Unübersichtlichkeit des Rechtsschutzsystems geboten.[4]

2b Jedenfalls der anwaltlich vertretene Beschwerdeführer muss auch mit einer inhaltlich unzutreffenden Rechtsmittelbelehrung rechnen und eigenständig den richtigen Rechtsbehelf in Erfahrung bringen. Der Anwalt muss nach eigenverantwortlicher Überprüfung im Zuge der Übersendung der gerichtlichen Entscheidung den Mandanten richtig „belehren".[5]

---

1 Dazu BGH NJW 2014, 3731 mit Anm. *Fölsch*
2 BGH FamRZ 2011, 1389; FamRZ 2010, 1425
3 Ganz h.M., etwa Thomas/Putzo/*Seiler*, § 39 FamFG Rn. 2; Bumiller/Harders/*Schwamb*, § 39 FamFG Rn. 3; a.A. MüKo-FamFG/*Ulrici*, § 39 Rn. 6
4 Keidel/*Meyer-Holz*, § 39 FamFG Rn. 9
5 Dazu *Wohlgemuth*, FamRZ 2013, 674, 676; näher zu den Zulässigkeitsvoraussetzungen der Beschwerde siehe hier *Dürbeck,* § 58 FamFG Rn. 3 ff.

Ist ein Beteiligter erst durch die **fehlerhafte Rechtsmittelbelehrung** zur Einlegung des Rechtsmittels verleitet worden, so sind im Rechtsmittelverfahren **keine Gerichtskosten** zu erheben.[6] 2c

II. Wiedereinsetzungsantrag

Bei fehlender oder unzureichender Rechtsbehelfsbelehrung kommt grundsätzlich die **Wiedereinsetzung in den vorigen Stand** in Betracht (§ 17 FamFG). Für **anwaltlich** vertretene Beteiligte gelten hier strenge Anforderungen: 3

Zwar wird nach § 17 Abs. 2 FamFG ein **Fehlen des Verschuldens** vermutet. Doch setzt die Norm eine **Kausalität** zwischen der fehlerhaften oder fehlenden Rechtsbehelfsbelehrung und der Fristversäumung voraus. Sie kann entfallen, wenn der Beteiligte wegen vorhandener Kenntnis über seine Rechtsmittel, etwa bei **anwaltlicher Vertretung**, keiner Unterstützung durch eine Rechtsmittelbelehrung bedarf. Zwar kann auch ein **Rechtsanwalt** grundsätzlich auf die Richtigkeit der Rechtsbehelfsbelehrung vertrauen. Doch dies gilt **nicht**, wenn diese **offenkundig falsch** gewesen ist und deshalb nicht einmal den Anschein der Richtigkeit zu erwecken vermochte.[7] Von einem **Rechtsanwalt** ist grundsätzlich zu erwarten, dass er sich über die Voraussetzungen für die Einlegung eines Rechtsmittels, und damit auch über die einzuhaltende Frist, selbst und eigenverantwortlich vergewissert.[8] Fehlendes Verschulden auf Grund unrichtiger Rechtsmittelbelehrung kommt nur in Betracht, wenn auch bei einem im Verfahrensrecht kundigen Rechtsanwalt durch die falsche Belehrung ein **unvermeidbarer Irrtum** ausgelöst wird.[9] Folglich kann dem Beschwerdeführer auch **keine Wiedereinsetzung** gegen die Versäumung der Frist gewährt werden. Ihm ist vielmehr das (Mit-)Verschulden seines Verfahrensbevollmächtigten nach §§ 11 Satz 5 FamFG, 85 Abs. 2 ZPO zuzurechnen.[10] 4

In jedem Fall ist die **2-Wochen-Frist** für die Antragstellung zu beachten (§ 18 Abs. 1 FamFG).[11] Ferner ist innerhalb dieser Frist die versäumte **Prozesshandlung nachzuholen** gemäß § 18 Abs. 3 Satz 2 FamFG.[12] Um diese Probleme zu vermeiden und „auf der sicheren Seite" zu sein, empfiehlt sich grundsätzlich die (auch vorsorgliche) **Einlegung von Rechtsmitteln** binnen der kürzesten Frist von **zwei Wochen**. 5

§ 40 FamFG Wirksamwerden

(1) Der Beschluss wird wirksam mit Bekanntgabe an den Beteiligten, für den er seinem wesentlichen Inhalt nach bestimmt ist.

(2) [1]Ein Beschluss, der die Genehmigung eines Rechtsgeschäfts zum Gegenstand hat, wird erst mit Rechtskraft wirksam. [2]Dies ist mit der Entscheidung auszusprechen.

(3) [1]Ein Beschluss, durch den auf Antrag die Ermächtigung oder die Zustimmung eines anderen zu einem Rechtsgeschäft ersetzt oder die Beschränkung oder Ausschließung der Berechtigung des Ehegatten oder Lebenspartners, Geschäfte mit Wirkung für den anderen Ehegatten oder Lebenspartner zu besorgen (§ 1357 Abs. 2 Satz 1 des Bürgerlichen Gesetzbuchs,

6 OVG Münster BeckRS 2019, 1429 = JurBüro 2019, 372
7 Dazu BGH FamRZ 2017, 1151 mit Anm. *Fischer* = NZFam 2017, 556 m. Anm. *Schwamb*
8 Dies kann ebenfalls für Behörden gelten, BGH FamRZ 2013, 779
9 OLG Brandenburg BeckRS 2019, 30208
10 OLG Stuttgart BeckRS 2018 27348; OLG Naumburg FuR 2018, 96; OLG Zweibrücken FamRZ 2013, 1329 unter Bezugnahme auf BGH FamRZ 2012, 1287; einschränkend OLG Celle BeckRS 2014, 70289 (betr. Beschwerdeeinlegung bei dem falschen Gericht)
11 Zur Fristversäumung vgl. OLG Dresden BeckRS 2014, 09880
12 Dazu OLG Celle BeckRS 2014, 70289

auch in Verbindung mit § 8 Abs. 2 des Lebenspartnerschaftsgesetzes), aufgehoben wird, wird erst mit Rechtskraft wirksam. [2]Bei Gefahr im Verzug kann das Gericht die sofortige Wirksamkeit des Beschlusses anordnen. [3]Der Beschluss wird mit Bekanntgabe an den Antragsteller wirksam.

Übersicht

	Rn.
A. Allgemeines	1
B. Inhalt der Norm	4
I. Wirksamwerden	4
II. Genehmigung eines Rechtsgeschäfts (Abs. 2)	6
III. Ersetzung der Zustimmung (Abs. 3)	7

A. Allgemeines

1 Die Vorschrift bestimmt, wann die **verfahrensrechtliche Wirksamkeit** von Beschlüssen eintritt. Von diesem Zeitpunkt an kann ein Beschluss seine Folgen entfalten und dann auch erst **vollstreckt** werden (§ 86 Abs. 2 FamFG). Das Wirksamwerden entspricht der Vollstreckbarerklärung nach der ZPO.

Von der Wirksamkeit eines Beschlusses ist seine Existenz zu unterscheiden, die bereits durch seinen **Erlass (§ 38 Abs. 3 Satz 3 FamFG)**[1] eintritt. Im Falle einer mündlichen Bekanntgabe gegenüber einem anwesenden maßgeblichen Adressaten (vgl. § 41 Abs. 2 FamFG) fallen beide Zeitpunkte zusammen.[2]

2 Je nach Fallgestaltung im familiengerichtlichen Verfahren kann die Wirksamkeit zu **vier verschiedenen Zeitpunkten** eintreten,[3] wobei in **Kindschaftssachen** vor allem drei von Belang sind. Beschlüsse werden danach wirksam:

- in der Praxis am häufigsten mit **Bekanntgabe** (§ 40 Abs. 1 FamFG), d.h. entweder schriftlich durch Zustellung oder mündlich durch Verkündung (§ 41 Abs. 1 und 2 FamFG);
- ausnahmsweise mit **Erlass**, nämlich nach § 53 Abs. 2 FamFG bei einer einstweiligen Anordnung in Gewaltschutzsachen und vergleichbaren Fällen (etwa dringende Kindesherausgabe), wenn das Gericht die Zulässigkeit der Vollstreckung vor der Zustellung anordnet;
- mit **Rechtskraft** der Entscheidung in den Sonderfällen des § 40 Abs. 2 und 3 FamFG, ferner für den Fall der Geltendmachung als **Folgesache** im Scheidungsverbund nach § 137 FamFG mit **Rechtskraft des Scheidungsausspruchs** (§ 148 FamFG).

3 Abweichend hiervon werden Endentscheidungen in **Gewaltschutzsachen** grundsätzlich mit **Rechtskraft** wirksam. Allerdings soll das Gericht die **sofortige Wirksamkeit anordnen** (216 Abs. 1 FamFG). Dann tritt die Wirksamkeit mit **Bekanntgabe** (§ 40 Abs. 1 FamFG) ein. Sie erfolgt bereits mit der **Übergabe an die Geschäftsstelle** des Gerichts, sofern neben der sofortigen Wirksamkeit auch die Zulässigkeit der Vollstreckung vor der Zustellung angeordnet wird (§ 216 Abs. 2 FamFG).[4]

Eine wiederum im Detail abweichende Regelung besteht für **Adoptionsverfahren** in § 198 FamFG.

1 Vgl. dazu *Cirullies*, § 38 FamFG Rn. 8
2 MüKo-FamFG/*Ulrici*, § 40 Rn. 1
3 Ausführlich *Cirullies*, FPR 2012, 473, 476
4 Eingehend *Cirullies/Cirullies*, Rn. 187

Übersicht: Mögliche Wirksamkeitszeitpunkte – chronologisch geordnet

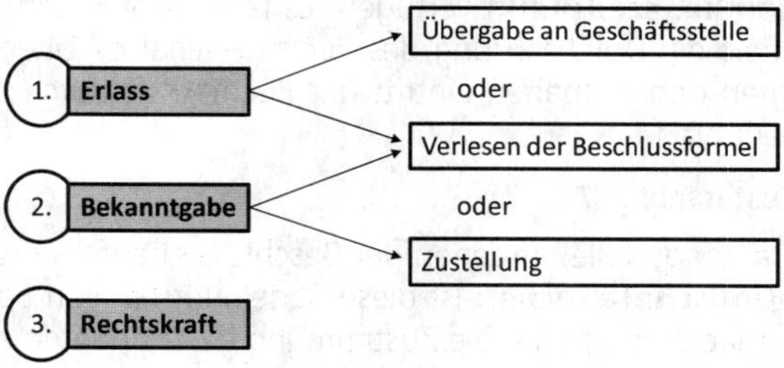

B. Inhalt der Norm

I. Wirksamwerden

Abs. 1 stellt klar, dass Beschlüsse nicht erst mit Eintritt der formellen Rechtskraft, sondern schon mit der **Bekanntgabe** an den Beteiligten **wirksam** werden, für den sie ihrem wesentlichen Inhalt nach bestimmt sind. Grund hierfür ist die Tatsache, dass vor allem Entscheidungen im Bereich der Rechtsfürsorge, etwa die Bestellung eines Pflegers oder Vormunds, rascher Wirksamkeit bedürfen. 4

Maßgebliche **Adressaten** sind diejenigen Beteiligten, die von dem Beschluss tatsächlich in ihrer Rechtssphäre unmittelbar betroffen werden und deren Kenntnis nach dem Zweck der Entscheidung vordringlich ist.[5] Entscheidend sind die Umstände des Einzelfalls. Im Antragsverfahren kommt es bei **Zurückweisung des Antrags** auf die Bekanntgabe an den Antragsteller und im Fall der – auch teilweisen – **Entziehung einer Rechtsstellung** auf die Bekanntgabe an denjenigen an, der durch die Entscheidung in seiner Rechtsstellung beeinträchtigt wird.[6]

Das Familiengerichtgericht darf im Rahmen der Entscheidung in einer Kindschaftssache **nicht** einen **abweichenden Zeitpunkt der Wirksamkeit** (insbesondere Rechtskraft der Entscheidung) aussprechen, etwa um zu vermeiden, dass das Kind bei einer divergierenden Entscheidung des Beschwerdegerichts mehrfach den Aufenthaltsort wechseln muss. Für eine solche Verlagerung des Zeitpunkts der Wirksamkeit in die Zukunft fehlt die Rechtsgrundlage. Es kommt nur eine **Aussetzung** der Vollziehung durch das Beschwerdegericht nach § 64 Abs. 3 FamFG in Betracht.[7] 5

▶ *Näher hierzu Dürbeck, § 64 FamFG Rn. 8.*

II. Genehmigung eines Rechtsgeschäfts (Abs. 2)

Die **Genehmigung** eines Rechtsgeschäfts, insbesondere in den Fällen der familiengerichtlichen Genehmigung nach §§ 1643, 1821, 1822 BGB, wird nach Abs. 2 in Abweichung von Abs. 1 erst mit Eintritt der **Rechtskraft** wirksam. Dabei geht es um die formelle Rechtskraft i.S.d. § 45 FamFG. Diese Regelung dient dem Schutz des Rechtsinhabers und muss – am besten im **Beschlusstenor** – zur Verdeutlichung ausdrücklich erwähnt werden. Im Gegenzug wurde nach § 63 Abs. 2 FamFG die **Beschwerdefrist** auf zwei Wochen **verkürzt**. Überdies sind nach § 48 Abs. 3 FamFG sowohl die Wiederaufnahme und die Wiedereinsetzung wie auch die Abänderung (§ 48 Abs. 1 FamFG) und die Anhörungsrüge (§ 44 FamFG) ausgeschlossen. 6

---

5 MüKo-FamFG/*Ulrici*, § 40 Rn. 6 m.w.N.
6 Prütting/Helms/*Abramenko*, § 40 FamFG Rn. 6
7 OLG Celle FamRZ 2013, 2001, dazu *Tomfort*, FamFR 2013, 299

Im Gegensatz zu Abs. 3 Satz 2 kann das Gericht bei besonderer Dringlichkeit **keinen vorgezogenen Wirksamkeitszeitpunkt** verfügen. Es fehlt insoweit an einer unbewussten Gesetzeslücke.[8] Bedarf die Durchführung des Rechtsgeschäftes einer **Beschleunigung**, können die Beteiligten den zeitnahen Eintritt der Rechtskraft durch ihren **Verzicht auf Rechtsmittel** herbeiführen.

III. Ersetzung der Zustimmung (Abs. 3)

7 Abs. 3 regelt weitere Sonderfälle, in denen der Beschluss ebenfalls erst **mit Rechtskraft wirksam** wird. In **Kindschaftssachen** ist diese Regelung u.a. von Belang, als aufgrund eines Antrags die Ermächtigung oder die Zustimmung eines anderen zu einem Rechtsgeschäft ersetzt werden soll, beispielsweise im Fall der Einbenennung (§ 1618 Satz 4 BGB) oder im Vormundschaftsrecht (z.B. § 1812 Abs. 2 BGB). Analog anzuwenden ist die Vorschrift auf Entscheidungen, welche Meinungsverschiedenheiten mehrerer Vertreter verbindlich entscheiden und hierdurch ein wirksames Handeln im Außenverhältnis ermöglichen, etwa bei § 1630 Abs. 2 BGB oder § 1797 Abs. 1 Satz 2 BGB.[9]

Besteht **Gefahr im Verzug**, kann das Gericht die **sofortige Wirksamkeit** nach Abs. 3 Satz 2 des Beschlusses anordnen. Deshalb gilt für die unter Abs. 3 fallenden Beschlüsse keine verkürzte Beschwerdefrist.

§ 41 FamFG Bekanntgabe des Beschlusses

(1) [1]Der Beschluss ist den Beteiligten bekannt zu geben. [2]Ein anfechtbarer Beschluss ist demjenigen zuzustellen, dessen erklärtem Willen er nicht entspricht.

(2) [1]Anwesenden kann der Beschluss auch durch Verlesen der Beschlussformel bekannt gegeben werden. [2]Dies ist in den Akten zu vermerken. [3]In diesem Fall ist die Begründung des Beschlusses unverzüglich nachzuholen. [4]Der Beschluss ist im Fall des Satzes 1 auch schriftlich bekannt zu geben.

(3) Ein Beschluss, der die Genehmigung eines Rechtsgeschäfts zum Gegenstand hat, ist auch demjenigen, für den das Rechtsgeschäft genehmigt wird, bekannt zu geben.

Übersicht

	Rn.
A. Allgemeines	1
I. Amtszustellung	1
II. Zustellung in Gewaltschutzsachen	2
III. Anwendungsbereich	3
B. Inhalt der Norm	4
I. Adressaten der Bekanntgabe	4
II. Form der Bekanntgabe	5
III. Bekanntgabe bei Genehmigung eines Rechtsgeschäfts	9

Weiterführende Literatur: Büte, Der vergessene Beteiligte, FuR 2011, 361; *Cirullies*, Der Gerichtsvollzieher im Gewaltschutzverfahren – Probleme bei der Zustellung, DGVZ 2015, 33; *ders.*, Zustellungsprobleme in Gewaltschutzsachen, FamRZ 2012, 1854; *Schneider*, Bekanntgabe und Zustellungen in Familiensachen, Rpfleger 2011, 1.

---

8 H.M., vgl. MüKo-FamFG/*Ulrici*, § 40 Rn. 11; Zöller/*Feskorn*, § 40 FamFG Rn. 9; a.A. Prütting/Helms/*Abramenko*, § 40 FamFG Rn. 14

9 MüKo-FamFG/*Ulrici*, § 40 Rn. 13 m.w.N.

A. Allgemeines

I. Amtszustellung

Die Vorschrift regelt für fG-Verfahren[1] die **Möglichkeiten der Bekanntgabe** einer Entscheidung. In jedem Fall hat die Bekanntgabe das **Gericht** zu veranlassen.[2] Die Kundgabe durch Beteiligte oder sonstige Dritte genügt der Bekanntgabepflicht nicht.[3] Eine „Parteizustellung" heilt nicht die eigentlich gebotene Amtszustellung; die Zustellung bleibt unwirksam.[4] Dies wird in der Praxis nicht selten verkannt.[5] Im FamFG fehlt eine § 750 Abs. 1 Satz 2 ZPO entsprechende Regelung, wonach auch eine Zustellung im Parteibetrieb ausreicht. Wegen dieser Amtshandlung ist der Nachweis über die Zustellung (oder die Mitteilung über erfolglose Zustellungsversuche) dem **Familiengericht** und nicht dem Antragsteller(vertreter) zu übersenden.[6] 1

Die Frage, ob auch **Vergleiche von Amts wegen** zuzustellen sind, ist zwar umstritten, im Ergebnis jedoch zu bejahen.[7] Dies entspricht auch gängiger Praxis.

II. Zustellung in Gewaltschutzsachen

Die Zustellung einer **Gewaltschutzanordnung**[8] an den der Wohnung verwiesenen Antragsgegner bereitet in der Praxis immer wieder Schwierigkeiten, wenn dessen ladungsfähige (neue) **Anschrift** dem Gericht **nicht bekannt** ist. Auch wenn die **Vollstreckung vor der Zustellung** zulässig ist (§ 214 Abs. 2 FamFG), muss die Zustellung der Vollstreckung nachfolgen. Sie ist dann alsbald **nachzuholen** – was sich in der Praxis oft als schwierig erweist: Eine **Ersatzzustellung** an die Antragstellerin scheidet aus, da diese an dem Verfahren beteiligt ist (§ 178 Abs. 2 ZPO). Das Gleiche gilt für eine Ersatzzustellung in der früheren Wohnung, die der Antragsgegner aufgrund polizeilicher oder gerichtlicher Weisung nicht mehr betreten darf.[9] Kommt eine Ersatzzustellung – auch durch Einlegung in ein **Postfach**[10] oder an der **Arbeitsstelle**[11] – nicht in Betracht, ist eine Zustellung an den **Antragsgegner persönlich** erforderlich, die an jedem Ort erfolgen kann, an dem er angetroffen wird (§ 177 ZPO). Da die Zustellung **von Amts wegen** durchgeführt wird, muss auch der Gerichtsvollzieher Erkundigungen einziehen, insbesondere bei der Polizei, dem Opfer oder dem Antragsgegner selbst im Falle telefonischer Erreichbarkeit.[12] Als letztes Mittel ist eine **öffentliche Zustellung** zu erwägen, die auch in Verfahren der freiwilligen Gerichtsbarkeit grundsätzlich zulässig ist. 2

III. Anwendungsbereich

Die Vorschrift gilt für alle **Beschlüsse** i.S.v. § 38 Abs. 1 FamFG (Endentscheidungen) unabhängig von ihrer Bezeichnung. Auf sonstige gerichtliche **Zwischen- oder Neben-Entscheidungen** ist sie nach überwiegender Auffassung nicht anwendbar.[13] 3

---

1 Nicht in Familienstreitsachen, vgl. § 113 Abs. 1 Satz 1 FamFG
2 So auch *Giers*, DGVZ 2009, 127, 129
3 MüKo-FamFG/*Ulrici*, § 41 Rn. 5
4 BGH FamRZ 2010, 1328
5 Vgl. etwa OLG Celle FamRZ 2011, 1971 (Zustellung im – durch das Gericht lediglich vermittelten – „Parteibetrieb"); widersprüchlich auch *Plastrotmann* in: Kindl/Meller-Hannich/Wolf, Zwangsvollstreckung und Gewaltschutzgesetz, Rn. 42 und 44
6 Die nicht vorschriftsmäßig durchgeführte Zustellung kann eine Amtspflichtverletzung darstellen, BGH NJW 2019, 1374
7 Ausführlich dazu *Cirullies/Cirullies*, Rn. 239
8 Vgl. hier *Cirullies*, § 1 GewSchG Rn. 41
9 Zur Wirksamkeit einer Ersatzzustellung vgl. auch BVerfG FamRZ 2019, 1798
10 Vgl. BGH NJW-RR 2012, 1012
11 Dazu BGH NJW 2001, 885: Es muss die ernsthafte Möglichkeit bestehen, dass dort eine ordnungsgemäße Zustellung vorgenommen werden kann
12 Dazu *Cirullies*, FamRZ 2012, 1854; *ders.*, DGVZ 2015, 33
13 MüKo-FamFG/*Ulrici*, § 41 Rn. 4; Prütting/Helms/*Abramenko*, § 41 FamFG Rn. 2; differenzierend: Bork/Jacoby/Schwab/*Bartels/Elzer*, § 41 FamFG Rn. 2

B. Inhalt der Norm

I. Adressaten der Bekanntgabe

4 Abs. 1 Satz 1 regelt die Pflicht zur Bekanntgabe des Beschlusses an **Beteiligte** i.S.d. § 7 FamFG. Die Entscheidung ist unter den Voraussetzungen des § 164 FamFG dem **Kind** selbst bekannt zu machen.

▶ *Näher hierzu Heilmann, Kommentierung zu § 164 FamFG.*

Sofern ein Beteiligter **verfahrensunfähig** ist,[14] muss die Entscheidung, wenn es sich nicht um eine Kindschaftssache handelt und dem Kind ein Verfahrensbeistand bestellt ist, seinem **gesetzlichen Vertreter** bekannt gegeben werden (zu den Ausnahmen siehe jedoch unten Rn. 10). Hat der Beteiligte einen rechtsgeschäftlichen Vertreter oder einen **Verfahrensbevollmächtigten**, müssen die Zustellungen stets an diesen gerichtet werden (§ 15 Abs. 2 Satz 1 FamFG i.V.m. §§ 171, 172 Abs. 1 Satz 1 ZPO). Aufgrund spezialgesetzlicher Regelung ist der Beschluss auch Dritten bekannt zu geben, etwa dem **Jugendamt** nach § 162 Abs. 3 FamFG.

II. Form der Bekanntgabe

5 Die **Form** der Bekanntgabe bestimmt sich gemäß § 15 Abs. 2 FamFG. Danach ist die Bekanntgabe an die Beteiligten durch **förmliche Zustellung** nach den Vorschriften der ZPO oder durch einfache **Versendung per Post** grundsätzlich in das Ermessen des Gerichts gestellt.

6 Allerdings bedarf es nach Abs. 1 Satz 2 stets der **förmlichen** Zustellung eines **anfechtbaren Beschlusses** an denjenigen, dessen **erklärtem Willen** er nicht entspricht. Hierdurch soll der Verfahrensaufwand reduziert werden. Entsprechend dem Wortlaut wird überwiegend vertreten, dass auf einen bloß mutmaßlichen Willen des Beteiligten nicht abzustellen ist und ein Schweigen nicht ausreicht. Vielmehr muss der Betroffene, insbesondere durch Stellung eines Antrags oder durch eine Äußerung im Rahmen der Wahrnehmung rechtlichen Gehörs, zum Ausdruck gebracht haben, dass ein bestimmter Entscheidungsinhalt seinem Willen nicht entspricht.[15] Freilich kann **Schweigen** verschiedene Ursachen haben und eine Kollision mit den Interessen des Beteiligten unentdeckt bleiben. Da bei der Art der Bekanntgabe ohnehin ein Ermessensspielraum besteht und eine mögliche Überforderung der Geschäftsstelle mit dieser Fragestellung zu vermeiden ist, sollte das Gericht schon bei einem **denkbaren Widerspruch** zu den Interessen eines Beteiligten die **Zustellung** des Beschlusses anordnen.[16]

6a Das **Unterbleiben** einer nach Abs. 1 Satz 2 erforderlichen Zustellung führt zur **Unwirksamkeit** der Bekanntgabe mit der Folge, dass Rechtsmittelfristen nicht zu laufen beginnen.[17] Allerdings kann eine **Heilung** der Zustellungsmängel[18] in Betracht kommen.[19]

7 Bei der **förmlichen Zustellung** ist zu beachten, dass eine **Ausfertigung**[20] des Beschlusses und nicht lediglich eine beglaubigte Abschrift[21] an den Antragsgegner zuzustellen ist.[22]

---

14 Dazu § 9 FamFG
15 MüKo-FamFG/*Ulrici*, § 41 Rn. 7
16 Prütting/Helms/*Abramenko*, § 41 FamFG Rn. 9
17 BGH FamRZ 2015, 1374
18 Gemäß § 15 Abs. 2 Satz 1 FamFG i.V.m. § 189 ZPO
19 Hierzu BGH NJW 2019, 1374
20 Abschrift der Urschrift mit Ausfertigungsvermerk, Unterschrift und Siegel; sie vertritt die Urschrift im Rechtsverkehr
21 Abschrift einer Urkunde mit Beglaubigungsvermerk
22 Vgl. auch Zöller/*Feskorn*, § 41 FamFG Rn. 2 m.w.N. Allerdings wird – wie bei der einstweiligen Verfügung – auch die Zustellung einer beglaubigten Abschrift der Ausfertigung ausreichen, vgl. BGH NJW 2004, 506

Hieran hat sich nichts durch die Modifizierung der Vorschrift des § 317 ZPO[23] geändert, die nur auf Urteile nach der ZPO und damit eigentlich nur in Familienstreitsachen[24] anwendbar ist.[25]

Abs. 2 Satz 1 ermöglicht die **Bekanntgabe durch Verlesen** der bloßen Beschlussformel in einem Termin. Ist der Beschluss in den Gründen noch nicht abgefasst, muss dies unverzüglich nachgeholt werden (Abs. 2 Satz 2). In jedem Fall ist der vollständige Beschluss auch **schriftlich** bekannt zu geben. **8**

III. Bekanntgabe bei Genehmigung eines Rechtsgeschäfts

Unabhängig von der Regelung der Bekanntgabe nach Abs. 1 bestimmt Abs. 3, dass ein Beschluss, der die **Genehmigung eines Rechtsgeschäfts** zum Gegenstand hat, auch demjenigen bekannt zu geben ist, für den das Rechtsgeschäft genehmigt wird. Mit der Bekanntgabe an den **vertretenen Rechtsinhaber** selbst (und nicht an seinen Vertreter) soll sichergestellt werden, dass dieser in der verfassungsrechtlich gebotenen Weise Kenntnis von der gerichtlichen Entscheidung erlangt und selbst Rechtsmittel einzulegen vermag. Denn im Regelfall kann das rechtliche Gehör nicht durch denjenigen vermittelt werden, dessen Handeln im Genehmigungsverfahren überprüft werden soll.[26] Dieses Ziel wird allerdings bereits dadurch erreicht, dass der Rechtsinhaber Muss-Beteiligter i.S.v. § 7 Abs. 2 Nr. 1 FamFG und daher schon im Verfahren und nicht erst bei Bekanntgabe der verfahrensabschließenden Entscheidung zu beteiligen ist. **9**

Schwierigkeiten bereitet die Anwendung von Abs. 3 allerdings bei **Geschäftsunfähigen** und bei **Minderjährigen unter 14 Jahren**, die nach § 60 Satz 3 FamFG ihr Beschwerderecht nicht selbst ausüben können. Hier genügt die Zustellung an einen Verfahrensbeistand nicht, da dieser nach § 158 Abs. 4 Satz 6 FamFG nicht Vertreter des Kindes ist. Es ist eigentlich ein **Ergänzungspfleger** (§ 1909 BGB) als gesonderter Bekanntgabevertreter zu bestellen. Doch besteht dieses Erfordernis – wie der BGH[27] nun geklärt hat – lediglich bei einem **Ausschluss der Vertretungsmacht** gemäß § 1795 BGB oder einer bestehenden **Interessenkollision** nach § 1796 BGB. **10**

§ 42 FamFG Berichtigung des Beschlusses

(1) Schreibfehler, Rechenfehler und ähnliche offenbare Unrichtigkeiten im Beschluss sind jederzeit vom Gericht auch von Amts wegen zu berichtigen.

(2) [1]Der Beschluss, der die Berichtigung ausspricht, wird auf dem berichtigten Beschluss und auf den Ausfertigungen vermerkt. [2]Erfolgt der Berichtigungsbeschluss in der Form des § 14 Abs. 3, ist er in einem gesonderten elektronischen Dokument festzuhalten. [3]Das Dokument ist mit dem Beschluss untrennbar zu verbinden.

(3) [1]Der Beschluss, durch den der Antrag auf Berichtigung zurückgewiesen wird, ist nicht anfechtbar. [2]Der Beschluss, der eine Berichtigung ausspricht, ist mit der sofortigen Beschwerde in entsprechender Anwendung der §§ 567 bis 572 der Zivilprozessordnung anfechtbar.

---

23 Zum 1.7.2014, BGBl. I S. 3786

24 Vgl. § 113 Abs. 1 Satz 2 FamFG

25 MüKo-FamFG/*Ulrici*, § 41 Rn. 6; Prütting/Helms/*Abramenko*, § 41 FamFG Rn. 3, je mit Hinweis auf § 42 Abs. 2 Satz 1 FamFG

26 BVerfG FamRZ 2000, 731 mit Anm. *Gottwald*, FamRZ 2000, 1477

27 BGH FamRZ 2019, 986 mit Anm. *Münch* = FGPrax 2019, 130 mit Anm. *Ulrici*, dazu *Hachenberg*, NZFam 2019, 545

§ 43 FamFG Ergänzung des Beschlusses

(1) Wenn ein Antrag, der nach den Verfahrensakten von einem Beteiligten gestellt wurde, ganz oder teilweise übergangen oder die Kostenentscheidung unterblieben ist, ist auf Antrag der Beschluss nachträglich zu ergänzen.

(2) Die nachträgliche Entscheidung muss binnen einer zweiwöchigen Frist, die mit der schriftlichen Bekanntgabe des Beschlusses beginnt, beantragt werden.

§ 44 FamFG Abhilfe bei Verletzung des Anspruchs auf rechtliches Gehör

(1) [1]Auf die Rüge eines durch eine Entscheidung beschwerten Beteiligten ist das Verfahren fortzuführen, wenn

1. ein Rechtsmittel oder ein Rechtsbehelf gegen die Entscheidung oder eine andere Abänderungsmöglichkeit nicht gegeben ist und

2. das Gericht den Anspruch dieses Beteiligten auf rechtliches Gehör in entscheidungserheblicher Weise verletzt hat.

[2]Gegen eine der Endentscheidung vorausgehende Entscheidung findet die Rüge nicht statt.

(2) [1]Die Rüge ist innerhalb von zwei Wochen nach Kenntnis von der Verletzung des rechtlichen Gehörs zu erheben; der Zeitpunkt der Kenntniserlangung ist glaubhaft zu machen. [2]Nach Ablauf eines Jahres seit der Bekanntgabe der angegriffenen Entscheidung an diesen Beteiligten kann die Rüge nicht mehr erhoben werden. [3]Die Rüge ist schriftlich oder zur Niederschrift bei dem Gericht zu erheben, dessen Entscheidung angegriffen wird. [4]Die Rüge muss die angegriffene Entscheidung bezeichnen und das Vorliegen der in Absatz 1 Satz 1 Nr. 2 genannten Voraussetzungen darlegen.

(3) Den übrigen Beteiligten ist, soweit erforderlich, Gelegenheit zur Stellungnahme zu geben.

(4) [1]Ist die Rüge nicht in der gesetzlichen Form oder Frist erhoben, ist sie als unzulässig zu verwerfen. [2]Ist die Rüge unbegründet, weist das Gericht sie zurück. [3]Die Entscheidung ergeht durch nicht anfechtbaren Beschluss. [4]Der Beschluss soll kurz begründet werden.

(5) Ist die Rüge begründet, hilft ihr das Gericht ab, indem es das Verfahren fortführt, soweit dies auf Grund der Rüge geboten ist.

Übersicht

	Rn.
A. Allgemeines	1
B. Inhalt der Norm	3
I. Voraussetzungen	3
II. Entscheidung	7
III. Kosten und Gebühren	8

Weiterführende Literatur: Abramenko, Die Anhörungsrüge nach dem neuen FamFG: Praktische Probleme und Lösungen, FGPrax 2009, 198; *Simon*, Wenn der Richter nicht richtig zuhört – die Gehörsrüge nach § 44 FamFG, FamFR 2012, 340.

A. Allgemeines

1 Die den §§ 29a FGG a.F., 321a ZPO nachgebildete Vorschrift regelt die sog. **Anhörungsrüge** (auch: **Gehörsrüge**). Sie trägt dem verfassungsrechtlich gesicherten Anspruch auf Beseitigung einer Verletzung des rechtlichen Gehörs durch die Fachgerichte Rechnung.[1] Sinn einer Gehörsrüge ist es, eine Möglichkeit zur Selbstkontrolle und -korrektur von End-

1 Dazu BVerfG FamRZ 2003, 995

entscheidungen zu schaffen, die ein Gericht unter Verletzung rechtlichen Gehörs getroffen hat, und dadurch das BVerfG von Verfassungsbeschwerden zu entlasten, die auf Gehörsverletzungen gestützt werden.[2] Eine solche **Verfassungsbeschwerde** ist daher grundsätzlich erst dann zulässig, wenn das in gehöriger Weise betriebene[3] Verfahren nach § 44 nicht zur Beseitigung der Gehörsverletzung geführt hat.[4] Das gilt grundsätzlich auch, wenn die Statthaftigkeit eines solchen Rechtsbehelfs nach dem aktuellen Stand von Rechtsprechung und Lehre umstritten ist.[5] Andererseits soll eine explizite Anhörungsrüge **nicht** geboten sein, wenn der Beschwerdeführer vor dem Fachgericht bereits **sinngemäß** eine Gehörsverletzung gerügt hat, weil damit der Intention des Gesetzgebers hinsichtlich § 44 FamFG entsprochen sei.[6]

Die Gehörsrüge ist kein Rechtsmittel. Das Anhörungsrügeverfahren ist demgemäß **kein** 2
selbstständiges Verfahren, sondern Teil des vorangegangenen Hauptsacheverfahrens.[7]

B. Inhalt der Norm

I. Voraussetzungen

Die Anhörungsrüge kann zwecks Verfahrensbeschleunigung grundsätzlich nur gegen eine 3
Endentscheidung, nicht gegen bloße Zwischenentscheidungen erhoben werden (vgl. Abs. 1 Satz 2). Etwas anderes gilt dann, wenn eine Nachholung des rechtlichen Gehörs vor Erlass der Endentscheidung nicht möglich ist (Beispiel: Richterablehnung). Auch **Beweisbeschlüsse**, die einen selbstständigen und voraussichtlich nicht mehr behebbaren Grundrechtseingriff bewirken können, können ausnahmsweise mit der Gehörsrüge überprüft werden.[8]

Die Anhörungsrüge ist nur bei **unanfechtbaren** Entscheidungen statthaft. Solange eine 4
Möglichkeit zur Überprüfung der Entscheidung in einer höheren Instanz besteht, kann dort der Verfahrensfehler geheilt und das rechtliche Gehör nachgeholt bzw. die Entscheidung aufgehoben und das Verfahren an die Ausgangsinstanz zurückverwiesen werden.[9]

Die Gehörsrüge ist nach Abs. 2 binnen **zwei Wochen** ab Kenntniserlangung **schriftlich** 5
oder zur Niederschrift bei Gericht zu erheben. Sie muss die angegriffene Endentscheidung bezeichnen sowie eine **Rügebegründung** beinhalten.

Insbesondere ist eine **entscheidungserhebliche Gehörsverletzung** schlüssig und sub- 6
stanziiert darzulegen.[10] Sieht beispielsweise das Gericht in einem Sorgerechtsverfahren – trotz entsprechender Anregung eines Beteiligten – davon ab, ein psychologisches Sachverständigengutachten einzuholen, liegt darin **keine** Gehörsverletzung.[11] Auch wenn die Gerichte zwar nach Art. 103 Abs. 1 GG verpflichtet sind, das Vorbringen der Beteiligten zur Kenntnis zu nehmen und in Erwägung zu ziehen, ist es **nicht** erforderlich, alle Einzelpunkte des Vortrags in den Gründen der Entscheidung ausdrücklich zu bescheiden.[12]

---

2 BGH FamRZ 2008, 1348
3 Dazu BVerfG BeckRS 2017, 112183
4 MüKo-FamFG/*Ulrici*, § 44 Rn. 4
5 BVerfG BeckRS 2019, 2938
6 BVerfG FamRZ 2010, 1970
7 BGH FamRZ 2014, 1362
8 BGH NJW-RR 2009, 1223; OLG Frankfurt FamRZ 2016, 1799; Bork/Jacoby/Schwab/*Bartels/Elzer*, § 44 FamFG Rn. 12
9 *Rüntz* in: Bahrenfuss, § 44 FamFG Rn. 9
10 BGH BeckRS 2018, 15634
11 OLG Jena BeckRS 2017, 106576, dazu *Engelmann*, NZFam 2017, 535
12 BGH NJW 2005, 1432; OLG Celle BeckRS 2018, 26593; OLG Dresden BeckRS 2016, 132977; OLG Zweibrücken BeckRS 2016, 105892

II. Entscheidung

7 Je nachdem, ob die Rüge bereits unstatthaft oder aber unbegründet ist, ist sie entweder als **unzulässig** zu verwerfen oder als **unbegründet** zurückzuweisen. Anderenfalls ist das Verfahren gemäß Abs. 5 insoweit fortzuführen, als es von der Gehörsverletzung betroffen ist.[13] Umstritten sind die Möglichkeiten eines **Eilrechtsschutzes** im Rahmen des Anhörungsrügeverfahrens.[14]

III. Kosten und Gebühren

8 Wird die Anhörungsrüge in vollem Umfang zurückgewiesen oder verworfen, so entsteht nach KV 1800 FamGKG eine **Festgebühr** von 60 Euro. Ist die Rüge auch nur teilweise begründet oder wird der Antrag vor Erlass der Entscheidung zurückgenommen, so ist das Verfahren gerichtskostenfrei. Der Festsetzung eines **Verfahrenswertes**, wie es gelegentlich geschieht,[15] bedarf es daher **nicht**. Besondere **Anwaltsgebühren** fallen in der Regel durch die Erhebung der Anhörungsrüge nicht an.[16]

§ 45 FamFG Formelle Rechtskraft

[1]Die Rechtskraft eines Beschlusses tritt nicht ein, bevor die Frist für die Einlegung des zulässigen Rechtsmittels oder des zulässigen Einspruchs, des Widerspruchs oder der Erinnerung abgelaufen ist. [2]Der Eintritt der Rechtskraft wird dadurch gehemmt, dass das Rechtsmittel, der Einspruch, der Widerspruch oder die Erinnerung rechtzeitig eingelegt wird.

Übersicht

	Rn.
A. Allgemeines	1
I. Formelle Rechtskraft	1
II. Materielle Rechtskraft	3
B. Inhalt der Norm	4

Weiterführende Literatur: Harders, Der „unbekannte Beteiligte" – Ein Beitrag zum Eintritt der Rechtskraft bei Genehmigungsbeschlüssen, DNotZ 2009, 725; *Terp*, Die Rechtskraft in Familiensachen, FuR 2014, 454.

A. Allgemeines

I. Formelle Rechtskraft

1 Die Vorschrift entspricht inhaltlich § 705 ZPO und bestimmt, zu welchem Zeitpunkt die Endentscheidungen i.S.v. § 38 Abs. 1 FamFG **formell rechtskräftig** werden, d.h. nicht mehr durch Einlegung einer Beschwerde angegriffen werden können. Zum Nachweis erteilt die Geschäftsstelle des Gerichts auf Antrag ein entsprechendes **Rechtskraftzeugnis** (§ 46 FamFG).

2 **Wirkungen** der formellen Rechtskraft sind insbesondere:

- Das Verfahren ist **beendet**.
- Spätestens mit Eintritt der formellen Rechtskraft kann aus einem (vollstreckungsfähigen) Beschluss **vollstreckt** werden.[1]

13 Näher zum Gang des Verfahrens vgl. BVerfG BeckRS 2019, 32320
14 Dazu näher Bork/Jacoby/Schwab//*Bartels/Elzer*, § 44 FamFG Rn. 52
15 Etwa OLG Dresden BeckRS 2016, 132977
16 Näher Bahrenfuss/*Rüntz*, § 44 FamFG Rn. 35
1 Maßgeblich für die Vollstreckbarkeit ist nach § 86 Abs. 2 FamFG allerdings das Wirksamwerden der Entscheidung, also meist ein früherer Zeitpunkt, dazu hier *Cirullies*, § 40 FamFG Rn. 1

- Von diesem Zeitpunkt an kann ein verfahrenseinleitender Antrag nicht mehr **zurückgenommen** werden (§ 22 Abs. 1 Satz 1 FamFG).
- Erst dann wird ein Beschluss, der die **Genehmigung eines Rechtsgeschäfts** zum Gegenstand hat, wirksam (§ 40 Abs. 2 FamFG).
- Im Falle einer zurückweisenden Entscheidung tritt eine zu demselben Verfahrensgegenstand ergangene **einstweilige Anordnung außer Kraft** (§ 56 Abs. 2 Nr. 2 FamFG).

Eine **inhaltliche Änderung** der Entscheidung ist dann nur noch ausnahmsweise zulässig, nämlich aufgrund einer Wiedereinsetzung (§ 17 FamFG), Wiederaufnahme (§ 48 Abs. 2 FamFG), Anhörungsrüge (§ 44 FamFG) oder im Wege der Abänderung im Rahmen eines neuen Verfahrens (§ 48 Abs. 1 FamFG).

II. Materielle Rechtskraft

Die formelle Rechtskraft ist abzugrenzen von der **materiellen Rechtskraft**. Diese besteht 3
darin, dass die in einer Entscheidung entschiedene Frage nicht einer erneuten richterlichen Prüfung unterzogen werden darf. Voraussetzungen der materiellen Rechtskraft sind zum einen die **formelle** Rechtskraft und zum anderen die **Identität der Beteiligten**.[2]

In Verfahren nach dem **FamFG** ist allerdings im Einzelfall zu entscheiden, ob die Entscheidung einer materiellen Rechtskraft überhaupt fähig sein kann. Dies ist etwa gegeben in echten Streitsachen wie **Gewaltschutzsachen** oder in **Abstammungssachen** wegen der rechtsgestaltenden Wirkung der Entscheidung. In **Kindschaftssachen** hingegen wird dies überwiegend abgelehnt.[3]

► *Zur Abänderung von Entscheidungen siehe insbesondere die Kommentierung von Gottschalk zu § 1696 BGB bzw. § 166 FamFG.*

B. Inhalt der Norm

Soweit ein Beschluss aufgrund gesetzlicher Regelung **unanfechtbar** ist oder sämtliche Be- 4
teiligte auf ein **Rechtsmittel verzichtet**[4] haben, tritt die formelle Rechtskraft sofort mit Erlass der Entscheidung ein. Im Übrigen beurteilt sich der Eintritt der formellen Rechtskraft nach den **Beschwerdefristen** des § 63 Abs. 1 und 2 FamFG (ein Monat oder zwei Wochen), soweit kein Rechtsmittel oder ein vergleichbarer Rechtsbehelf gegen die Entscheidung eingelegt wird. Formell rechtskräftig werden auch **einstweilige Anordnungen**, die allerdings nach § 54 FamFG aufgehoben oder abgeändert werden können.[5]

Satz 2 legt ferner fest, dass der **Eintritt der Rechtskraft** durch die rechtzeitige Einlegung des Rechtsmittels **gehemmt** wird.

§§ 46 bis 47 FamFG

Von Abdruck und Kommentierung wird abgesehen.

---

2 Prütting/Helms/*Abramenko*, § 45 FamFG Rn. 9
3 Musielak/Borth/*Borth/Grandel*, § 45 FamFG Rn. 7; Prütting/Helms/*Abramenko*, § 45 FamFG Rn. 11 m.w.N.
4 Vgl. § 67 Abs. 1 FamFG. Der Verzicht kann formlos im Termin erklärt werden.
5 Musielak/Borth/*Borth/Grandel*, § 45 FamFG Rn. 3

§ 48 FamFG Abänderung und Wiederaufnahme

(1) [1]Das Gericht des ersten Rechtszugs kann eine rechtskräftige Endentscheidung mit Dauerwirkung aufheben oder ändern, wenn sich die zugrunde liegende Sach- oder Rechtslage nachträglich wesentlich geändert hat. [2]In Verfahren, die nur auf Antrag eingeleitet werden, erfolgt die Aufhebung oder Abänderung nur auf Antrag.

(2) Ein rechtskräftig beendetes Verfahren kann in entsprechender Anwendung der Vorschriften des Buches 4 der Zivilprozessordnung wiederaufgenommen werden.

(3) Gegen einen Beschluss, durch den die Genehmigung für ein Rechtsgeschäft erteilt oder verweigert wird, findet eine Wiedereinsetzung in den vorigen Stand, eine Rüge nach § 44, eine Abänderung oder eine Wiederaufnahme nicht statt, wenn die Genehmigung oder deren Verweigerung einem Dritten gegenüber wirksam geworden ist.

Übersicht

Rn.
A. Allgemeines ... 1
B. Inhalt der Norm ... 2
I. Abänderung ... 2
1. Grundsätze ... 2
2. Vergleich ... 3
II. Wiederaufnahme ... 4
III. Genehmigung eines Rechtsgeschäftes ... 5

Weiterführende Literatur: Maurer, Zur Anwendung von § 48 Abs. 1 FamFG in Familiensachen, FamRZ 2009, 1792; *Obermann*, Materielle Rechtskraft im FamFG – Gedanken zum Anwendungsbereich von § 48 FamFG, NZFam 2016, 961.

A. Allgemeines

1 Die materielle Entscheidungsrichtigkeit kann es erfordern, dass eine formell rechtskräftige Entscheidung aufgehoben oder abgeändert werden kann. Da dies jedoch dem mit der Rechtskraft verknüpften Grundsatz der Rechtssicherheit widerspricht, sieht das Gesetz die Abänderungsmöglichkeit nur für **Endentscheidungen mit Dauerwirkung** und auch nur im Falle einer **wesentlichen Änderung** der zugrunde liegenden Verhältnisse vor.

Die Vorschrift findet grundsätzlich auf alle **Endentscheidungen** in Hauptsacheverfahren Anwendung. In den Verfahren der **einstweiligen Anordnung** richtet sich die Abänderung nach § 54 Abs. 1 FamFG.

Im Übrigen sind vorrangige **Sondervorschriften** zu beachten, die das Recht zur Aufhebung und Abänderung modifizieren. Dies gilt gerade in **Kindschaftssachen** (vgl. § 166 Abs. 1 FamFG i.V.m. § 1696 BGB), **Abstammungssachen** (§§ 184 Abs. 1, 185 FamFG) und **Adoptionssachen** (§§ 197 Abs. 3 Satz 2, 198 FamFG). Überdies besteht in Fällen von **Kindeswohlgefährdung** die Pflicht zur Überprüfung nach § 166 Abs. 2 und 3 FamFG. Auch ist im materiellen Recht vereinzelt geregelt, dass eine Umstandsänderung automatisch zur Unwirksamkeit der gerichtlichen Entscheidung führt, etwa bei **Vormundschaft und Pflegschaft** (§§ 1882, 1918 BGB); eine Aufhebung oder Abänderung ist hier nicht erforderlich.[1]

1 MüKo-FamFG/*Ulrici*, § 48 Rn. 4

B. Inhalt der Norm

I. Abänderung

1. Grundsätze

Nach Abs. 1 kann eine rechtskräftige Endentscheidung mit **Dauerwirkung** wegen **wesentlich veränderter Umstände** abgeändert oder sogar aufgehoben werden. Die veränderten Umstände können sich auf eine neue **Tatsachengrundlage**, aber auch eine veränderte **Rechtslage** beziehen, also auch, wenn sich die höchstrichterliche Rechtsprechung geändert hat.[2] Die wesentliche Änderung muss **nachträglich**, also nach Erlass des Beschlusses eingetreten sein. 2

Die Abänderung ist grundsätzlich von Amts wegen möglich. Lediglich in echten Antragsverfahren[3] bedarf es hierfür eines **Antrags**. Die Überprüfung erfolgt dann in einem neuen **selbstständigen Verfahren**. Die örtliche Zuständigkeit richtet sich nach den allgemeinen Bestimmungen (vgl. §§ 152, 170 FamFG).

2. Vergleich

Umstritten ist, ob im **Hauptsacheverfahren** der freiwilligen Gerichtsbarkeit geschlossene **Vergleiche** der **Abänderung** durch das Gericht unterliegen. Das FamFG regelt in § 48 Abs. 1 lediglich die Abänderbarkeit von *Beschlüssen*. Allerdings lässt es in § 166 Abs. 1 (gerichtlich gebilligter Vergleich) und § 227 Abs. 2 (Versorgungsausgleich) die gerichtliche Abänderbarkeit von *Vergleichen* explizit zu. Da zudem in § 36 FamFG und § 96a Abs. 1 FamFG der Vergleich einer Endentscheidung gleichgestellt wird und auch als Vollstreckungstitel dient (§ 86 Abs. 1 Nr. 2, 3), lässt es sich durchaus vertreten, **§ 48 FamFG analog** auf einen Vergleich i.S.d. § 36 anzuwenden.[4] Dementsprechend kann das Gericht auf Antrag eines Beteiligten durch eine Entscheidung den Vergleich an **veränderte tatsächliche Verhältnisse** anpassen.[5] 3

II. Wiederaufnahme

Abs. 2 sieht vor, dass unter bestimmten Voraussetzungen entsprechend §§ 578 bis 591 ZPO ein Verfahren **wieder aufgenommen** werden kann. Die Regelung hat nur geringe praktische Bedeutung. 4

III. Genehmigung eines Rechtsgeschäftes

Ausgeschlossen ist nach Abs. 3 die Abänderbarkeit eines Beschlusses, durch den die Genehmigung für ein Rechtsgeschäft erteilt oder versagt wurde, wenn die **Genehmigung** oder deren Verweigerung **gegenüber einem Dritten wirksam** geworden ist. Denn der am Rechtsgeschäft beteiligte Dritte hat ein schutzwürdiges Interesse am dauerhaften Bestand der Entscheidung. 5

---

2 Musielak/Borth/*Borth/Grandel*, § 48 FamFG Rn. 4; zum Begriff der Dauerwirkung vgl. ausführlich MüKo-FamFG/*Ulrici*, § 48 Rn. 7 ff.

3 Dazu oben *Cirullies*, § 23 FamFG Rn. 3

4 Musielak/Borth/*Borth/Grandel*, § 48 FamFG Rn. 14

5 H.M., vgl. Keidel/*Meyer-Holz*, § 36 FamFG Rn. 49; Zöller/*Feskorn*, § 48 FamFG Rn. 3; *Maurer*, FamRZ 2009, 1792, 1796; Bumiller/Harders/*Schwamb*, § 36 FamFG Rn. 15; BeckOK-FamFG/*Burschel*, § 36 Rn. 42; a.A. Bork/Jacoby/Schwab/*Bartels/Elzer*, § 36 FamFG Rn. 60; Prütting/Helms/*Abramenko*, § 36 FamFG Rn. 22; MüKo-FamFG/*Ulrici*, § 48 Rn. 6

Abschnitt 4
Einstweilige Anordnung

§ 49 FamFG Einstweilige Anordnung

(1) Das Gericht kann durch einstweilige Anordnung eine vorläufige Maßnahme treffen, soweit dies nach den für das Rechtsverhältnis maßgebenden Vorschriften gerechtfertigt ist und ein dringendes Bedürfnis für ein sofortiges Tätigwerden besteht.

(2) [1]Die Maßnahme kann einen bestehenden Zustand sichern oder vorläufig regeln. [2]Einem Beteiligten kann eine Handlung geboten oder verboten, insbesondere die Verfügung über einen Gegenstand untersagt werden. [3]Das Gericht kann mit der einstweiligen Anordnung auch die zu ihrer Durchführung erforderlichen Anordnungen treffen.

Übersicht

Rn.
A. Allgemeines ... 1
I. Normzweck ... 1
II. Selbstständiges Verfahren ... 3
B. Inhalt der Norm ... 4
I. Voraussetzungen (Abs. 1) ... 4
1. Rechtfertigung der Maßnahme ... 5
2. Regelungsbedürfnis ... 6
a) Grundsatz ... 6
b) Sonderregelungen ... 7
c) Eilbedürfnis in Kindschaftssachen trotz Vorrang- und Beschleunigungsgrundsatz ... 8
d) Eilbedürfnis in Kindschaftssachen bei Inobhutnahme ... 10
II. Inhalt der Entscheidung (Abs. 2) ... 11
C. Beispiele für einstweilige Anordnungen in Kindschaftssachen ... 12
I. Elterliche Sorge ... 12
1. Maßnahmen bei Kindeswohlgefährdung ... 13
2. Übertragung (von Teilbereichen) der elterlichen Sorge auf einen Elternteil ... 23
3. Begründung der gemeinsamen elterlichen Sorge nach § 1626a Abs. 2 Satz 1 BGB ... 31
4. Übertragung der Entscheidungsbefugnis nach § 1628 BGB ... 32
II. Umgang ... 34
III. Herausgabe und Verbleibensanordnung ... 37
IV. Geschlossene Unterbringung bzw. freiheitsentziehende Maßnahmen ... 40
D. Verhältnis der einstweiligen Anordnung zur Hauptsache ... 41
I. Begrenzung durch Hauptsacheantrag ... 41
II. Verbot der Vorwegnahme der Hauptsache ... 44
III. Abänderung der Hauptsacheentscheidung ... 45
E. Verfahrenskostenhilfe ... 46

A. Allgemeines

I. Normzweck

1 Gerade in Kindschaftssachen kann das Interesse der Beteiligten eine **rasche Entscheidung** des Gerichts erfordern. Dies kann vorläufig durch einstweilige Anordnung im Wege eines beschleunigten Verfahrens, in dem eine **summarische Prüfung** vorgenommen wird, geschehen. Hierbei soll die Entscheidung zur Hauptsache grundsätzlich nicht vorweggenommen werden,[1] was sich jedoch in dringend regelungsbedürftigen Kindschaftssachen selbst durch eine Befristung der Maßnahme nur eingeschränkt erreichen lässt (s. Rn. 40). Auch deshalb muss sich die einstweilige Anordnung auf den **geringstmöglichen Eingriff** beschränken. Hier bedarf es stets einer **Abwägung der Folgen** (s. Rn. 9), die durch den Erlass der einstweiligen Anordnung eintreten könnten, gegen diejenigen

1 BT-Drucks. 16/6308, 199

Folgen, die ohne den Erlass der einstweiligen Anordnung eintreten könnten.[2] Danach ist eine einstweilige Anordnung zu erlassen, wenn ohne deren Erlass ein schwererer Nachteil als bei deren Erlass eintreten würde.

Bestehen keine Sondervorschriften (siehe hierzu Rn. 7), gelten in Kindschaftssachen ausschließlich die §§ 49 bis 57 FamFG. 2

II. Selbstständiges Verfahren

Das Verfahren der einstweiligen Anordnung ist stets ein selbstständiges Verfahren, und zwar auch dann, wenn gleichzeitig das Hauptsacheverfahren anhängig ist (§ 51 Abs. 3 Satz 1, §§ 52, 56 FamFG). 3

Mit dem **Antrag** auf Erlass einer einstweiligen Anordnung kann zugleich das Verfahren in der Hauptsache anhängig gemacht oder eine einstweilige Anordnung erst nach dessen Einleitung beantragt werden. In Verfahren, die **von Amts wegen** eröffnet werden, hat das Gericht stets zu prüfen, ob die Einleitung eines Hauptsacheverfahrens bzw. eine Eilentscheidung erforderlich ist (vgl. § 156 Abs. 3, § 157 Abs. 3 FamFG).

▶ *Näher zur Abgrenzung von Antrags- und Amtsverfahren Cirullies, Kommentierung zu §§ 23 ff. FamFG.*

B. Inhalt der Norm

I. Voraussetzungen (Abs. 1)

Das Gericht kann nach Abs. 1 durch eine einstweilige Anordnung vorläufigen Rechtsschutz gewähren, soweit 4

- dies nach den für das Rechtsverhältnis maßgebenden Vorschriften gerechtfertigt ist (entsprechend einem **Anordnungsanspruch**, siehe Rn. 5) *und*
- ein **dringendes Bedürfnis** für ein sofortiges Tätigwerden besteht (**Anordnungsgrund**, siehe Rn. 6).

1. Rechtfertigung der Maßnahme

Die einstweilige Anordnung muss eine Stütze im **materiellen Recht** finden. Insoweit sind die materiell-rechtlichen Normen daraufhin zu überprüfen, ob im konkreten Fall ein zu schützendes Recht oder Rechtsverhältnis besteht (sog. materielle Akzessorietät).[3] Dies gilt sowohl für Amts- als auch für Antragsverfahren. 5

2. Regelungsbedürfnis

a) Grundsatz

Für ein sofortiges Tätigwerden verlangt Abs. 1 ein **dringendes Bedürfnis**. Es liegt vor, wenn ein Zuwarten bis zur Entscheidung in einer etwaigen Hauptsache nicht ohne Eintritt erheblicher Nachteile möglich wäre.[4] Ist ein solches Regelungsbedürfnis gegeben, hat das Gericht kein freies Handlungsermessen, sondern **muss** eine vorläufige Maßnahme treffen.[5] Es kann aber fehlen, wenn längere Zeit vergeht, bis der Erlass einer einstweiligen Anordnung begehrt wird, weil das Bedürfnis für ein sofortiges Tätigwerden dadurch bereits widerlegt wird.[6] Steht der Verfahrensgegenstand zur Disposition der Beteiligten (z.B. Sorgerechtsvollmacht, Vereinbarung über den Lebensmittelpunkt des Kindes oder ggf. auch 6

---

2 Vgl. BVerfG FamRZ 2013, 103; BVerfG FamRZ 2015, 1466; OLG Brandenburg, Beschl. v. 29.8.2019 – 13 UF 135/19, juris
3 MüKo-FamFG/*Soyka*, § 49 Rn. 4; vgl. OLG Brandenburg FamRZ 2015, 1515
4 BT-Drucks. 16/6308, 199; OLG Brandenburg ZKJ 2010, 251
5 Prütting/Helms/*Dürbeck*, § 49 Rn. 5
6 Prütting/Helms/*Dürbeck*, § 49 Rn. 5 m.w.N.

vorläufige Umgangsregelung), ist der Erlass einer einstweiligen Anordnung nicht (mehr) erforderlich, wenn die Beteiligten im Rahmen eines Hauptsacheverfahrens eine **(Teil-)Vereinbarung** zur vorläufigen Regelung bis zur Entscheidung der Hauptsache treffen.[7]

b) Sonderregelungen

7 Im Übrigen sind **Sonderregelungen** zu beachten, die die Vorschrift des § 49 FamFG überlagern:

- So soll das Gericht in **Umgangssachen** eine einstweilige Anordnung erlassen, wenn es eine Beratung oder schriftliche Begutachtung anordnet (§ 156 Abs. 3 Satz 2 FamFG).
- In **Gewaltschutzsachen** wird gemäß § 214 Abs. 1 Satz 2 FamFG ein dringendes Bedürfnis **vermutet**, wenn eine Tat nach § 1 GewSchG begangen wurde oder auf Grund konkreter Umstände mit einer Begehung zu rechnen ist.[8]
- In **Unterhaltssachen** kann das Gericht durch einstweilige Anordnung abweichend von § 49 FamFG auf Antrag die Verpflichtung zur Zahlung von Unterhalt oder zur Zahlung eines Kostenvorschusses für ein gerichtliches Verfahren regeln.

c) Eilbedürfnis in Kindschaftssachen trotz Vorrang- und Beschleunigungsgrundsatz

8 Das dringende Bedürfnis kann in Kindschaftssachen aufgrund des im Hauptsacheverfahren geltenden **Vorrang- und Beschleunigungsgrundsatzes** (§ 155 Abs. 1, § 155a Abs. 2 Satz 1FamFG) fehlen, weil die (vorzuziehende) Hauptsacheentscheidung hinreichend zügig herbeigeführt werden kann.[9] Pauschal, d.h. mit bloßem Hinweis auf den Vorrang- und Beschleunigungsgrundsatz, kann das besondere Eilbedürfnis für ein sofortiges Tätigwerden des Gerichts i.S.d. § 49 FamFG aber nicht verneint werden.[10] Nicht zuletzt wegen der Unterschiede zwischen Eil- und Hauptsachverfahren (u.a. Glaubhaftmachung und Anforderung an die Sachverhaltsermittlung) bedarf es stets einer Einzelfallprüfung. Das für den Erlass einer einstweiligen Anordnung vorausgesetzte dringende **Bedürfnis ist in den Fällen des § 155 Abs. 1 FamFG ausnahmsweise zu bejahen**, wenn

- das aus Vorverfahren bekannte, hoch konflikthafte Verhalten der Eltern ein sofortiges familiengerichtliches Tätigwerden gebietet,[11]
- die Hauptsache noch nicht entscheidungsreif (vgl. § 155b Abs. 2 Satz 2, § 156 Abs. 3 Satz 1, § 157 Abs. 3 FamFG) oder
- die Beschleunigungsrüge begründet ist (§ 155b Abs. 2 Satz 2 FamFG).

9 Konkret richtet sich in allen Kindschaftssachen auch die Frage des dringenden Bedürfnisses immer am **Kindeswohl** aus. Häufig ist eine **Folgenabwägung** vorzunehmen: Wiegen die **Nachteile**, die für die Rechte und Interessen der Beteiligten entstehen, schwerer, wenn die **einstweilige Anordnung unterbleibt**, die Hauptsache aber zu einem späteren Zeitpunkt (anders) entschieden würde, als die **Nachteile**, die durch die **vorläufige Maßnahme** eintreten können, die aber aufzuheben und rückabzuwickeln ist, wenn sich das Begehren in der Hauptsache als erfolglos erweisen sollte?[12] Zudem bestehen bei einer

7 Zur Sorgerechtsvollmacht OLG Frankfurt FamRZ 2018, 1679
8 Ausführlich *Cirullies/Cirullies*, Rn. 146
9 Prütting/Helms/*Dürbeck*, § 49 Rn. 11 m.w.N.
10 So OLG Stuttgart, Beschl. v. 30.9.2010 – 16 WF 189/10, juris
11 KG, Beschl. v. 5.4.2012 – 17 UF 50/12, juris = ZKJ 2012, 358 (LS) mit Anm. *Heilmann*, dazu *Cirullies*, FamFR 2012, 305; vgl. ferner *Schmid*, FPR 2011, 5, 8
12 OLG Brandenburg, Beschl. v. 29.8.2019 – 13 UF 135/19, juris und Beschl. v. 23.9.2013 – 13 UF 180/13, NZFam 2014, 475 = FamRZ 2014, 1038 (LS); vgl. auch BbgVerfG, Beschl. v. 5.9.2014 – 7/14 EA, juris = BeckRS 2014, 56408

Trennung des Kindes von seinen Eltern strenge Voraussetzungen und auch in Eilverfahren hohe Anforderungen an die Ermittlung des Sachverhalts (siehe Rn. 14 ff.).

d) Eilbedürfnis in Kindschaftssachen bei Inobhutnahme

Ist ein Minderjähriger in Obhut genommen worden, ist das Jugendamt während der Inobhutnahme berechtigt, alle Rechtshandlungen vorzunehmen, die zum Wohl des Kindes oder Jugendlichen notwendig sind (§ 42 Abs. 2 Satz 4, § 42a Abs. 3 Satz 1 SGB VIII).[13] Auch steht dem Herausgabeverlangen der Eltern der Verwaltungsakt der Inobhutnahme entgegen, da das Vorenthalten des Kindes bis zu einer (Eil-)Entscheidung des Familiengerichts nicht widerrechtlich i.S.v. § 1632 Abs. 1 BGB ist. Dies lässt das Eilbedürfnis für einen (teilweisen) Sorgerechtsentzug aber nicht entfallen, denn grundsätzlich ist das Jugendamt gehalten, bereits vor der Inobhutnahme (vgl. § 42 Abs. 1 Satz 1 Nr. 2 lit. b SGB VIII), bei Widerspruch der Personensorgeberechtigten aber jedenfalls unverzüglich nach erfolgter Inobhutnahme eine gerichtliche Entscheidung herbeizuführen (§ 42 Abs. 3 Satz 2 SGB VIII).[14] Bedarf es noch weiterer Sachverhaltsaufklärung, ist ein dringendes Bedürfnis für ein sofortiges Tätigwerden in der Regel gegeben. Das Familiengericht hat dann nach pflichtgemäßem Ermessen zu entscheiden, ob es einen Termin zur mündlichen Erörterung anberaumt oder eine sog. eilige einstweilige Anordnung (vgl. § 51 Abs. 2 Satz 2 FamFG) erlässt. 10

II. Inhalt der Entscheidung (Abs. 2)

Abs. 2 umschreibt den Inhalt einer zulässigen Anordnung. Hierzu zählen **Sicherungs- und Regelungsanordnungen**, ferner **Ge- und Verbote**. **Näherungs- und Kontaktverbote** spielen vor allem bei Schutzmaßnahmen nach dem Gewaltschutzgesetz wie auch in Kindschaftssachen (im Rahmen von § 1684 Abs. 4 oder § 1666 Abs. 3 BGB) eine Rolle. Darüber hinaus kann das Gericht mit der einstweiligen Anordnung weitere zu ihrer **Durchführung** erforderliche Anordnungen treffen. Eines Antrags bedarf es ungeachtet des Verfahrensgegenstandes dafür nicht, sie müssen aber nach dem materiellen Recht zulässig sein.[15] 11

C. Beispiele für einstweilige Anordnungen in Kindschaftssachen

I. Elterliche Sorge

Hohe Hürden für die Annahme eines Regelungsbedürfnisses bestehen im Bereich der elterlichen Sorge: An einem dringenden Bedürfnis für ein sofortiges Tätigwerden wird es regelmäßig fehlen, wenn die gesamte elterliche Sorge übertragen werden soll. Denn hier **genügt meist die Übertragung von Teilbereichen** (siehe Rn. 23 ff.).[16] Dies gilt grundsätzlich sowohl für Amts- als auch für Antragsverfahren. 12

1. Maßnahmen bei Kindeswohlgefährdung

Zu Eilentscheidungen aufgrund einer Kindeswohlgefährdung i.S.v. §§ 1666, 1666a BGB kommt es häufig aufgrund einer Anregung des Jugendamtes. Hier steht das Recht des Kindes, vor nachhaltigen Gefahren geschützt zu werden, dem Recht der Eltern, von einem unberechtigten Sorgerechtsentzug verschont zu bleiben, gegenüber.[17] Ist ein Abwarten bis zur Entscheidung in der Hauptsache nicht möglich, weil diese zu spät kommen würde, um das Kindeswohl zu wahren, bedarf es des Erlasses der einstweiligen Anordnung. Auf die Aussicht auf das Ergebnis des Hauptsacheverfahrens kommt es hier nicht an.[18] 13

---

13 KG FamRZ 2016, 649
14 Ausführlich *Köhler,* ZKJ 2019, 12 (12 f.)
15 OLG Brandenburg FamRZ 2015, 1515
16 OLG Nürnberg NJW-RR 2011, 219
17 Vgl. BVerfG ZKJ 2018, 59; FamRZ 2015, 2120
18 OLG Brandenburg, Beschl. v. 13.8.2015 – 13 UF 135/15, juris

14 Weil bereits der vorläufige Entzug der Personensorge einen erheblichen Grundrechtseingriff darstellt und später nicht rückgängig zu machende Tatsachen schaffen kann,[19] gelten nach der Rechtsprechung des BVerfG grundsätzlich auch im Eilverfahren hohe Anforderungen an die **Sachverhaltsermittlung**: Diese sind umso höher, je geringer der möglicherweise eintretende Schaden des Kindes wiegt, in je größerer zeitlicher Ferne der zu erwartende Schadenseintritt liegt und je weniger wahrscheinlich dieser ist.[20] Für einen vorläufigen Sorgerechtsentzug kommt es darauf an, ob die Gefährdungslage nach Ausmaß und Wahrscheinlichkeit aufgrund der vorhandenen Erkenntnisse bereits derart verdichtet ist, dass ein sofortiges Einschreiten auch ohne weitere gerichtliche Ermittlungen geboten ist.[21] Je schwerer die im Einzelnen auferlegte Belastung wiegt und je mehr die Maßnahme Unabänderliches bewirkt, umso gesicherter muss die Tatsachengrundlage für den Grundrechtseingriff sein.[22]

15 Bei alledem ist aber zu beachten, dass in Eilverfahren die praktisch verfügbaren Aufklärungsmöglichkeiten angesichts der spezifischen Eilbedürftigkeit dieser Verfahren regelmäßig hinter den im Hauptsacheverfahren bestehenden Möglichkeiten zurückbleiben. Deshalb kann das Gericht gemäß § 51 Abs. 2 Satz 2 FamFG ohne mündliche Verhandlung entscheiden und Anhörungen sind ggf. nachzuholen. Ferner kann in Eilverfahren in der Regel **kein Sachverständigengutachten** eingeholt werden[23] (siehe hierzu auch *Heilmann*, § 163 FamFG Rn. 3).

16 Der Erlass einer einstweiligen Anordnung ohne weitergehende Sachverhaltsaufklärung kommt etwa bei Hinweisen auf **körperliche Misshandlungen, Missbrauch oder gravierende, gesundheitsgefährdende Formen der Vernachlässigung** in Betracht.[24] Demgegenüber fehlt es an einem dringenden Bedürfnis für einen sofortigen Sorgerechtsentzug, wenn sich die drohende Beeinträchtigung erst über längere Zeiträume entwickeln und sich zum Zeitpunkt der Entscheidung noch nicht derart verdichtet haben, dass ein sofortiges Einschreiten geboten wäre.[25] Die Dringlichkeit für den Erlass einer einstweiligen Anordnung fehlt auch dann, wenn das Kind bereits fremduntergebracht ist und die Sorgeberechtigten die Fremdunterbringung mittragen und unterstützen.[26] Bestehen Zweifel an der Zuverlässigkeit der Sorgeberechtigten hinsichtlich der erklärten Mitwirkungsbereitschaft, bedarf es Ausführungen zur Wahrscheinlichkeit der Abkehr der Sorgeberechtigten von ihrer Zusage.[27] An einem dringenden Bedürfnis für ein sofortiges Tätigwerden fehlt es regelmäßig auch, wenn das Kind weiter in der Obhut seiner Personensorgeberechtigten verbleibt.[28]

17 Kann der durch den anderen Elternteil oder Lebensgefährten eines Elternteils geäußerte **Verdacht des sexuellen Missbrauchs** des Kindes nach Ausschöpfung aller im Eilverfahren zulässigerweise zur Verfügung stehenden Erkenntnisquellen nicht geklärt werden, ist eine **umfassende Risikoabwägung** unter Berücksichtigung des Kindeswohls vorzunehmen, wobei es vom **Grad der Wahrscheinlichkeit** für die Richtigkeit der erhobenen An-

19 BVerfG FamRZ 1994, 223; FamRZ 2002, 1021
20 BVerfG ZKJ 2014, 281; ZKJ 2018, 59
21 BVerfG ZKJ 2018, 312; ZKJ 2018, 59; FamRZ 2015, 2120
22 BVerfG ZKJ 2014, 281
23 BVerfG ZKJ 2018, 312; hierzu auch FamRZ 2015, 2120; *Lack/Heilmann*, ZKJ 2014, 308 (310)
24 BVerfG ZKJ 2014, 281
25 BVerfG ZKJ 2014, 281
26 BVerfG ZKJ 2018, 59; FamRZ 2015, 2120
27 BVerfG FamRZ 2015, 2120
28 OLG Schleswig-Holstein ZKJ 2014, 330

schuldigungen ankommt.[29] Bereits ein einmaliger Missbrauch begründet jedoch die Gefahr einer schwerwiegenden Schädigung des Kindes.[30]

Hilfen zur Erziehung nach den §§ 27 ff. SGB VIII werden grundsätzlich nur auf Antrag oder jedenfalls im Einverständnis mit den Personensorgeberechtigten gewährt. Eine ohne wirksamen Antrag gewährte Hilfe ist rechtswidrig.[31] Deshalb kann auch der Entzug des **Rechts zur Antragstellung für Leistungen nach dem SGB VIII und Mitwirkung an der Hilfeplanung** in Betracht kommen. Dies gilt vor allem für die Fälle der Fremdplatzierung des Kindes gegen den Willen der Personensorgeberechtigten oder wenn zu befürchten ist, dass die erklärte Hilfeakzeptanz nicht nachhaltig ist und der Antrag zurückgenommen werden wird. Allein der Entzug des Aufenthaltsbestimmungsrechts genügt nicht, um die Gewährung erforderlicher Hilfen z.B. in Form einer Vollzeitpflege sicherzustellen.[32] Verbleibt das Kind in der Herkunftsfamilie und sollen ambulante Hilfen (z.B. in Form einer sozialpädagogischen Familienhilfe) geleistet werden, sind diese in der Regel nur bei bestehender Hilfeakzeptanz und Mitwirkungsbereitschaft geeignet. Eines Entzugs des Rechts zur Antragstellung für Leistungen nach dem SGB VIII bedarf es dann nicht. Im Übrigen wird hier ein Gebot zur Inanspruchnahme von Leistungen der Kinder- und Jugendhilfe gemäß § 1666 Abs. 3 Nr. 1 BGB milderes Mittel gegenüber einem Teilsorgerechtsentzug sein. Ein dringendes Bedürfnis i.S.d. § 49 Abs. 1 wird hier in der Regel wohl nicht vorliegen. 18

Insbesondere bei **Fremdplatzierung** des Kindes ist auch der vorläufige Entzug des **Umgangsbestimmungsrechts** zu prüfen, weil der Entzug des Aufenthaltsbestimmungsrechts nicht den Entzug des Umgangsbestimmungsrechts mit umfasst. Denn das Umgangsbestimmungsrecht ist selbstständiger Teil der Personensorge, der im Fall der Kindeswohlgefährdung gesondert entzogen werden kann.[33] Verbleibt das Umgangsbestimmungsrecht bei den Personensorgeberechtigten, entscheiden sie „aus der Ferne", mit wem das Kind Kontakt hat. Dies kann bei widerstreitenden Interessen der Personensorgeberechtigten mit der Einrichtung oder den Pflegeeltern zu Unruhe und Verunsicherung insbesondere beim Kind führen, was zu vermeiden ist. 19

Bei Vorliegen einer Kindeswohlgefährdung wegen **Konflikts unter den Eltern** sind eine gerichtliche Umgangsregelung und die Bestimmung eines Umgangspflegers als mildere Mittel stets vorrangig[34] (zum in der Regel fehlenden Eilbedürfnis siehe Rn. 29). 20

► *Näher zur Abgrenzung der Umgangspflegschaft von der Umgangsbestimmungspflegschaft Gottschalk, § 1684 BGB Rn. 58 f., 62 f.*

Die **Gesundheitsfürsorge** kann im Eilverfahren aus Kindeswohlgründen entzogen werden, wenn es einen dringenden Regelungsbedarf gibt, etwa weil das Kind andernfalls den notwendigen Therapieplatz nicht erhält und lange Wartezeiten für einen neuen Therapieplatz abzusehen wären, oder auch, wenn der allein sorgeberechtigte Elternteil eine gegengeschlechtliche Hormontherapie für sein Kind beabsichtigt, obwohl die Frage der Transsexualität des Kindes noch nicht hinreichend gutachterlich geklärt ist[35] (zur vorläufigen Übertragung bei Elternstreit siehe Rn. 28). 21

---

29 KG, Beschl. v. 5.4.2012 – 17 UF 50/12, juris, dazu *Cirullies*, FamFR 2012, 305; OLG Frankfurt ZKJ 2018, 926; vgl. auch OLG Frankfurt FamRZ 2019, 1425
30 OLG Brandenburg, Beschl. v. 13.8.2015 – 13 UF 135/15, juris; OLG Frankfurt ZKJ 2018, 315 in Bezug auf die Anfertigung kinderpornografischer Fotografien; unter Hinweis auf schwere Nachteile für das Kind im Falle sexueller Handlungen zu dessen Nachteil vgl. OLG Brandenburg, Beschl. v. 13.8.2015 – 13 UF 135/15, juris
31 BVerwG NJW 2002, 232
32 Vgl. BVerwG NJW 2002, 232
33 OLG Frankfurt ZKJ 2015, 154, bestätigt durch BGH ZKJ 2016, 419
34 BGH ZKJ 2016, 419; vgl. auch OLG Frankfurt ZKJ 2018, 20
35 OLG Dresden ZKJ 2018, 149

22 Wird eine Kindeswohlgefährdung i.S.d. § 1666 Abs. 1 BGB infolge einer beabsichtigten zeitnahen Verbringung des Kindes ins Ausland ohne Rückkehrabsicht bejaht, kann dies dem/den Personensorgeberechtigten und auch einem Dritten im Wege der einstweiligen Anordnung verboten werden (sog. **Ausreiseverbot**).[36] Hierfür genügt eine glaubhafte Drohung, eine bereits in der Vergangenheit versuchte Entführung des Kindes oder sonst eine konkrete Gefahr, dass der Umgangsberechtigte das Kind nicht mehr zurückbringt.[37] Je unwahrscheinlicher eine Rückführung – ggf. unter Inanspruchnahme staatlicher Hilfe – ist, desto niedriger sind die Anforderungen an die Glaubhaftmachung eines dringenden Bedürfnisses für ein sofortiges Tätigwerden. Zu berücksichtigen ist dabei auch, ob der Staat, in den das Kind verbracht werden soll, Mitgliedstaat des Haager Übereinkommens über die zivilrechtlichen Aspekte internationaler Kindesentführung ist.[38]

2. Übertragung (von Teilbereichen) der elterlichen Sorge auf einen Elternteil

23 Unabhängig davon, ob eine Kindeswohlgefährdung bejaht werden muss oder ein Elternkonflikt vorliegt, ist unter Verhältnismäßigkeitsgesichtspunkten stets zu prüfen, ob die Übertragung von Teilbereichen ausreicht.

24 In der Praxis wird häufig die vorläufige Übertragung des **Aufenthaltsbestimmungsrechts** begehrt. § 156 Abs. 3 Satz 1 BGB sieht die Erörterung des Erlasses einer einstweiligen Anordnung vor, wenn in Kindschaftssachen, die u.a. den Aufenthalt des Kindes betreffen, eine einvernehmliche Regelung im frühen Termin nach § 155 Abs. 2 FamFG nicht erreicht werden kann. Hier ist zunächst zu prüfen, ob – nicht zuletzt wegen des **Vorrang- und Beschleunigungsgrundsatzes** – eine zeitnahe Entscheidung in einem Hauptsacheverfahren möglich ist (siehe Rn. 8 f.).

25 Da mit der Übertragung des Aufenthaltsbestimmungsrechts oftmals ein Ortswechsel einhergehen wird, der sich auf das Kindeswohl gravierend auswirken und faktische Präjudizwirkung entfalten kann, wird ein dringendes Bedürfnis für ein sofortiges Tätigwerden des Gerichts nur bejaht werden können, wenn das **Kindeswohl unmittelbar und akut gefährdet** ist bzw. eine **erhebliche Gefährdung des Kindeswohls bevorsteht** oder **zwingende Gründe des Kindeswohls die Maßnahme erforderlich machen**; eine bloß latente Gefährdung genügt nicht.[39] **Mehrfache Wechsel** des Kindes sind zu **vermeiden**.[40] Die Gefahr wiederholter Wechsel besteht vor allem dann, wenn im noch nicht abgeschlossenen Hauptsacheverfahren eine andere Entscheidung getroffen wird als im Verfahren der einstweiligen Anordnung.[41] Umgekehrt könnten sich bei Erlass der einstweiligen Anordnung Bindungen am neuen Wohnort des Kindes derart verfestigen, dass eine anderslautende Entscheidung im Hauptsacheverfahren aus Kindeswohlgründen ausscheiden könnte und in der Folge mit dem Erlass der einstweiligen Anordnung die Hauptsache – wenn auch unbeabsichtigt – vorweggenommen wurde.

26 Eine Übertragung des Aufenthaltsbestimmungsrechts auf einen Elternteil im Wege der einstweiligen Anordnung kann in Betracht kommen, **wenn das Kind bereits bei dem Elternteil lebt** und der andere Elternteil schon mit der Betreuung weiterer Geschwister-

---

36 OLG Frankfurt ZKJ 2018, 387; zur Rechtsgrundlage vgl. auch OLG Karlsruhe FamRZ 2002, 1273
37 Staudinger/*Dürbeck*, § 1684 BGB Rn. 214 m.w.N.
38 Vgl. OLG Karlsruhe FamRZ 1996, 424
39 OLG Schleswig-Holstein ZKJ 2014, 1383; MüKo-FamFG/*Soyka*, § 49 Rn. 6; a.A. OLG Jena, FamRZ 2010, 1830: Regelungsbedürfnis bei räumlich getrennt lebenden Elternteilen mit Rücksicht auf das Herausgabebegehren der Eltern nach § 1632 Abs. 1 BGB
40 OLG Brandenburg FamRZ 2015, 1216; vgl. auch OLG Brandenburg, Beschl. v. 9.9.2013 – 3 UF 64/13, juris = FamRZ 2014, 1124 (LS); *Heilmann*, NJW 2012, 887 (890)
41 OLG Celle ZKJ 2012, 446 mit Anm. *Gottschalk*; vgl. auch OLG Brandenburg FamRZ 2015, 1515

kinder überfordert ist oder versucht, das Kind im Rahmen des Sorgerechtsverfahrens zu instrumentalisieren.[42]

Eine Entscheidung über das Aufenthaltsbestimmungsrecht kann auch bei **eigenmächtiger Veränderung des Aufenthaltsortes des Kindes** in der ersten Phase der räumlichen Trennung dringend erforderlich werden, um eine sog. ertrotzten Kontinuität zu verhindern.[43] 27

Die vorläufige Übertragung der **Gesundheitsfürsorge** im Wege der einstweiligen Anordnung ist im Rahmen eines Elternkonflikts dann in Betracht zu ziehen, wenn eine vollständige Sachverhaltsaufklärung aus zeitlichen Gründen nicht möglich ist und ohne die gerichtliche Entscheidung nicht rückgängig zu machende Fakten geschaffen würden.[44] 28

Ein Entzug von Teilbereichen der elterlichen Sorge im Wege der einstweiligen Anordnung im Falle von **Problemen bei der Umsetzung eines Umgangs („Umgangsboykott")** scheidet in der Regel aus, weil die drohende Gefahr für die Beziehung zwischen Kind und Umgangsberechtigtem nicht so kurzfristig entsteht, dass ihr nicht mit einer Entscheidung in der Hauptsache ausreichend begegnet werden könnte.[45] 29

An einem dringenden Bedürfnis für eine vorläufige Regelung fehlt es, wenn eine **Sorgerechtsvollmacht** erteilt wird.[46] 30

3. Begründung der gemeinsamen elterlichen Sorge nach § 1626a Abs. 2 Satz 1 BGB

Verfahren nach § 1626a Abs. 2 Satz 1 BGB unterliegen dem Vorrang- und Beschleunigungsgrundsatz (§ 155a Abs. 2 Satz 1 i.V.m. § 155 Abs. 1 FamFG), siehe hierzu Rn. 8 f. Zudem stellt die Entscheidung über die Begründung der gemeinsamen elterlichen Sorge keine vorläufige, sondern eine endgültige Regelung dar.[47] Deshalb ist die Begründung der gemeinsamen elterlichen Sorge nicht miteinander verheirateter Eltern im Wege der einstweiligen Anordnung **auf kindeswohlrelevante Extremfälle zu beschränken**. Hierfür bedarf es neben einer über den Beschleunigungsgrundsatz hinausgehenden Eilbedürftigkeit der **Gefährdung des Kindeswohls**.[48] Extremfälle könnten je nach konkreten Umständen im Einzelfall z.B. in Fragen der Gesundheit, der Taufe und der Beschneidung des Kindes vorliegen. Ein beabsichtigter Umzug des allein sorgeberechtigten Elternteils mit dem Kind genügt nicht.[49] Versäumnisse des Antragstellers im Hinblick auf die Abgabe von Sorgeerklärungen berechtigen jenen nicht ohne Weiteres, eine einstweilige Anordnung zur Übertragung der gemeinsamen elterlichen Sorge zu beantragen. 31

4. Übertragung der Entscheidungsbefugnis nach § 1628 BGB

Ein dringendes Regelungsbedürfnis kann auch für einzelne Angelegenheiten der elterlichen Sorge, die für das Kind von erheblicher Bedeutung sind, zu bejahen sein. In Betracht kommen Entscheidungen über die **Tagesbetreuung** oder die **Schulanmeldung**, insbesondere wenn das Versäumen einer Anmeldefrist bevorsteht, unmittelbar bevorstehende **Urlaubsreisen**, die nicht ungefährlich sind und damit keine Angelegenheit des täglichen 32

42 OLG Brandenburg, Beschl. v. 15.10.2013 – 3 UF 90/12, juris = FamRZ 2014, 1124 (LS)
43 OLG Saarbrücken FamRZ 2011, 1739; vgl. auch *Fischer,* NZFam 2014, 475
44 Zur beabsichtigten Beschneidung eines Jungen aus kulturellen Gründen vgl. OLG Hamm ZKJ 2013, 497
45 KG FamRZ 2010, 1749
46 OLG Frankfurt FamRZ 2018, 1679
47 OLG Hamm ZKJ 2012, 225; OLG München ZKJ 2016, 140
48 OLG München ZKJ 2016, 140; Soergel/*Hilbig-Lugani*, § 1626a BGB Rn. 23; *Fink/Bitter,* ZKJ 2012, 172 (173); *Dürbeck,* ZKJ 2013, 330 (333) jeweils unter Hinweis auf § 155a Abs. 2 Satz 2 FamFG und die damit beabsichtigte Schonung der Mutter in den ersten sechs Wochen nach der Geburt des Kindes; siehe aber auch *Heilmann,* NJW 2013, 1473 (1476): Begründung der gemeinsamen elterlichen Sorge im Eilverfahren, wenn dies mit Blick auf § 1626a Abs. 2 BGB gerechtfertigt ist
49 OLG München ZKJ 2016, 140

Lebens i.S.d. § 1687 BGB mehr darstellen,[50] oder **Behördenangelegenheiten**[51] wie die Verlängerung einer Aufenthaltserlaubnis o.Ä. Die Entscheidung über einen **Umzug** des Kindes stellt keine bestimmte Angelegenheit i.S.d. § 1628 BGB dar, sondern ist ein Aspekt des Aufenthaltsbestimmungsrechts, über das ggf. nach § 1671 BGB zu entscheiden ist (siehe dazu Rn. 24 ff.).[52] Etwas anderes kann aber für den Fall der bislang lediglich beabsichtigten Trennung der Eltern gelten.[53]

33 Die Einräumung des **Bestimmungsrechts über den Vornamen** nach § 1628 BGB kommt im Wege der einstweiligen Anordnung grundsätzlich nicht in Betracht, da die Entscheidung zu einer Vorwegnahme der Hauptsache führen würde; etwas anderes gilt nur dann, wenn besondere Gründe des Kindeswohls, insbesondere eine konkret drohende erhebliche Gefahr, dennoch eine Entscheidung für erforderlich erscheinen lassen.[54]

II. Umgang

34 Aufgrund des Vorrang- und Beschleunigungsgrundsatzes und des Erfordernisses der persönlichen Anhörung der Beteiligten können Entscheidungen im Wege der einstweiligen Anordnung in **Umgangssachen nur selten schneller** getroffen werden **als** im **Hauptsacheverfahren** (siehe Rn. 8 f.). Der Gesetzgeber betont aber, dass gerade in Umgangssachen regelmäßig ein besonderes Bedürfnis für eine zeitnahe Regelung besteht, weil nur durch eine solche eine dem Kindeswohl abträgliche längere Unterbrechung der persönlichen Beziehung zu dem nicht betreuenden Elternteil vermieden werden kann. Die einstweilige Anordnung sei dafür ein geeignetes Mittel.[55] So sieht auch § 156 Abs. 3 FamFG die Erörterung des Erlasses einer einstweiligen Anordnung in Umgangssachen ausdrücklich vor, wenn eine einvernehmliche Regelung im Termin nach § 155 Abs. 2 FamFG nicht erreicht werden kann. Wenn die Teilnahme an einer Beratung, an einem kostenfreien Informationsgespräch über Mediation oder einer sonstigen Möglichkeit der außergerichtlichen Konfliktbeilegung oder eine schriftliche Begutachtung angeordnet wird, soll das Gericht in Kindschaftssachen, die das Umgangsrecht betreffen, den Umgang durch einstweilige Anordnung regeln oder ausschließen.

35 Ein vollständiger Kontaktabbruch aufgrund der **ablehnenden Haltung des Kindes und/ oder des betreuenden Elternteils** kann zu einer Solidarisierung des Kindes mit dem betreuenden Elternteil führen, dem mithilfe einer einstweiligen Anordnung entgegengewirkt werden kann.[56] Bedarf es einer **Regelung zum Schutz des Kindes**, kann auch ein dringendes Bedürfnis für eine Einschränkung oder einen Ausschluss des Umgangsrechts bestehen. Bei **im Hauptsacheverfahren noch aufzuklärenden Risiken** für das Kindeswohl im Falle der Durchführung unbegleiteter Umgänge, z.B. infolge suizidaler Krisen des Umgangsberechtigten, sind **vorläufig begleitete Umgänge** als Option zu prüfen, die durch einstweilige Anordnung zu regeln wären.[57]

36 Hinsichtlich der Regelung einer **paritätischen Betreuung (Wechselmodell)** im Wege der einstweiligen Anordnung kommt es darauf an, ob das praktizierte Wechselmodell beibehalten oder erstmals angeordnet werden soll. **Wird das Kind bereits** über einen längeren Zeitraum **paritätisch betreut**, ist es sicher an beide Elternteile gebunden, sind beide

---

50 OLG Frankfurt ZKJ 2016, 361; Fallgruppen zur Abgrenzung von Angelegenheiten des täglichen Lebens zu Angelegenheiten von erheblicher Bedeutung siehe Staudinger/*Salgo*, § 1687 BGB Rn. 35 ff.

51 Hinsichtlich der Beantragung des Kinderreisepasses als Angelegenheit des täglichen Lebens siehe Allgemeine Verwaltungsvorschrift zur Durchführung des Passgesetzes vom 17.12.2009 Ziffer 6. 1. 3. 4

52 OLG Koblenz FamRZ 2019, 804; OLG Stuttgart ZKJ 2019, 150 mit Anm. *Dürbeck*

53 MüKo-BGB/*Huber*, § 1628 Rn. 11 f.; Staudinger/*Coester*, § 1671 BGB Rn. 56

54 OLG Karlsruhe FamRZ 2016, 40

55 BT-Drucks. 16/6308, 199

56 *Schmid*, FPR 2011, 5 (8)

57 OLG Koblenz FamRZ 2018, 593

Elternteile in der Lage, die Bedürfnisse des Kindes zu befriedigen, und hat das Wechselmodell das Kind nicht belastet, kann der Kontinuitätsaspekt dafür sprechen, die Regelung vorläufig beizubehalten.[58] Soll das Wechselmodell hingegen **neu begründet** werden – was im Einzelfall auch gegen den Willen eines Elternteils möglich ist[59] –, sollte durch den Erlass einer einstweiligen Anordnung der Bindungsabbruch verhindert, die weitere Sachverhaltsaufklärung aber dem Hauptsacheverfahren vorbehalten bleiben.

III. Herausgabe und Verbleibensanordnung

Der Erlass einer einstweiligen Anordnung in Kindschaftssachen, die die Herausgabe des Kindes betreffen, ist nach § 156 Abs. 3 FamFG zu erörtern, wenn im Termin nach § 155 Abs. 2 FamFG keine einvernehmliche Regelung erreicht werden kann. **37**

Im Einzelfall kann auch die **Herausgabe des Kinderreisepasses** eilbedürftig sein, wenn der Pass z.B. für eine unmittelbar bevorstehende Urlaubsreise benötigt wird. Sie kann in entsprechender Anwendung der § 1632 Abs. 1, § 1684 Abs. 2 BGB verlangt werden, wenn sie für die Ausübung der Personensorge oder des Umgangsrechts tatsächlich erforderlich ist.[60] **38**

Der **Herausgabeanspruch der Pflegeeltern** zum Schutz der Bindungen des Kindes und zur Vermeidung einer Kindeswohlgefährdung in Folge der Herausnahme muss zeitnah nach der Herausnahme geltend gemacht werden.[61] Auch bei einer begehrten **Verbleibensanordnung** muss ein **zeitlicher Zusammenhang** zwischen der Herausnahme des Kindes und der abschließenden gerichtlichen Sachentscheidung bestehen, weil bei einer bereits erfolgten Integration des Kindes in eine neue Umgebung der Schutzzweck von § 1632 Abs. 4 BGB nicht mehr greift.[62] Durch einen Antrag auf Entscheidung im Wege der einstweiligen Anordnung kann dieser zeitliche Zusammenhang sichergestellt werden. **39**

IV. Geschlossene Unterbringung bzw. freiheitsentziehende Maßnahmen

Entscheidungen über die Genehmigung der geschlossenen Unterbringung eines Minderjährigen bzw. freiheitsentziehende Maßnahmen gemäß § 1631b BGB werden in der Praxis häufig im Wege der einstweiligen Anordnung getroffen. Hierfür gelten gemäß § 167 Abs. 1 FamFG die Sonderregelung der §§ 331 ff. FamFG. **40**

▶ *Näher hierzu Fink, Kommentierung zu § 167 FamFG.*

D. Verhältnis der einstweiligen Anordnung zur Hauptsache

I. Begrenzung durch Hauptsacheantrag

Trotz der Verfahrensunabhängigkeit ist der **Regelungsgehalt** der einstweiligen Anordnung nicht frei disponibel. Vielmehr muss er sich in **Antragsverfahren** in dem durch einen etwaigen Hauptsacheantrag vorgegebenen Bereich halten. Hierfür spricht auch § 56 FamFG, wonach der einstweilige Rechtsschutz lediglich für einen begrenzten Zeitraum, nämlich nur bis zum Wirksamwerden der Hauptsacheentscheidung gelten soll.[63] Der **Gegenstand muss mit demjenigen des Hauptsacheantrags nicht deckungsgleich** sein,[64] er darf lediglich nicht darüber hinausgehen. Handelt es sich jedoch um ein **Amts-** **41**

58 AG Duisburg FamRZ 2015, 1305; Staudinger/*Dürbeck*, § 1684 BGB Rn. 258
59 BGH ZKJ 2017, 190
60 BGH FamRZ 2019, 1056; zum Schadensersatzanspruch bei Pflichtverletzung gemäß §§ 1684, 280 Abs. 1 BGB analog OLG Hamburg ZKJ 2018, 103
61 BGH ZKJ 2017, 142 mit krit. Anm. *Gottschalk* = NJW 2017, 427 mit krit. Anm. *Lack* = FamRZ 2017, 208 mit krit. Anm. *Salgo*
62 OLG Koblenz ZKJ 2019, 181 mit Anm. *Dürbeck*
63 MüKo-FamFG/*Soyka*, § 49 Rn. 2
64 So aber MüKo-FamFG/*Soyka*, § 49 Rn. 2

verfahren, kann der Gegenstand des Eilverfahrens nicht durch das Begehren im Hauptsacheverfahren begrenzt sein.

42 Das **Rechtsschutzbedürfnis für einen Hauptsacheantrag** entfällt nicht, wenn bereits eine dem Hauptsacheantrag entsprechende einstweilige Anordnung vorliegt.[65] Vielmehr ist die **Einleitung des Hauptsacheverfahrens in Kindschaftssachen regelmäßig zwingend**, weil eine erweiterte Ermittlungspflicht besteht,[66] für die im Verfahren der einstweiligen Anordnung kein Raum ist. Dies gilt mit Blick auf Art. 6 Abs. 2 Satz 2 GG insbesondere in Kindesschutzverfahren, vor allem dann, wenn durch die Eilentscheidung erheblich in das Elternrecht eingegriffen worden ist.

43 Umgekehrt bedarf es nicht (mehr) des Erlasses einer einstweiligen Anordnung, wenn die **Hauptsache** ohne Weiteres **entscheidungsreif** ist.[67]

II. Verbot der Vorwegnahme der Hauptsache

44 Für den Erlass einer einstweiligen Anordnung gilt das **Verbot der Vorwegnahme der Hauptsache**, da lediglich vorläufige Maßnahmen zulässig sind. Doch gerade in Kindschaftssachen ist dieser Grundsatz eingeschränkt: So kann der für einen bestimmten Zeitraum ausgeschlossene Umgang nicht nachgeholt werden. Auch die mit einem Eingriff in das Sorgerecht verbundene Grundrechtsverletzung lässt sich für die Vergangenheit in der Regel nicht rückgängig machen. Ferner führt die Anordnung einer Kindesherausgabe praktisch zu einer Vorwegnahme der Hauptsache.[68] Eine einstweilige Anordnung kann in diesen Fällen insbesondere dann ergehen, wenn nach der vorhandenen Erkenntnislage mit hoher Wahrscheinlichkeit davon auszugehen ist, dass auch ein Hauptsacheverfahren zu einer dahingehenden Regelung führen würde.[69]

III. Abänderung der Hauptsacheentscheidung

45 Ist eine Hauptsacheentscheidung bereits getroffen, kann diese Entscheidung nach überwiegender Ansicht grundsätzlich nicht im Wege der einstweiligen Anordnung abgeändert werden. Hier wäre nach Ablauf der Beschwerdefrist ein Hauptsacheverfahren zur Überprüfung der ursprünglich getroffenen Entscheidung durchzuführen (vgl. § 166 FamFG). Eine Ausnahme gilt jedoch bei Vorliegen einer Kindeswohlgefährdung i.S.v. § 1666 Abs. 1 BGB, da zum effektiven Schutz eines gefährdeten Kindes jederzeit Eilmaßnahmen möglich sein müssen.[70] Die Zuständigkeit ergibt sich aus § 50 FamFG.

E. Verfahrenskostenhilfe

46 Anträge in Kindschafts- und Gewaltschutzsachen werden meist von Anträgen auf Bewilligung von Verfahrenskostenhilfe flankiert. Dabei ist zum einen zu beachten, dass die Einleitung eines Eilverfahrens **nicht von der Zahlung eines Gebührenvorschusses abhängig** gemacht (§ 14 Abs. 2 FamGKG) und daher die Antragsschrift bzw. die Anregung sofort nach Einreichung zugestellt wird. Sofern die Zustellung der Antragsschrift ausnahmsweise erst nach Bewilligung von Verfahrenskostenhilfe erfolgen soll, muss dies im Antrag hinreichend deutlich gekennzeichnet werden. Im Übrigen ist wegen der eingangs geschilderten Vorzüge des Hauptsacheverfahrens die gleichzeitige Einleitung von

---

65 OLG Nürnberg FamRZ 2010, 1679
66 OLG Jena FamRZ 2010, 1830
67 OLG Brandenburg FamRZ 2014, 784; dazu *Fiedler*, NZFam 2014, 183
68 Zöller/*Feskorn*, § 49 FamFG Rn. 5
69 OLG Frankfurt ZKJ 2016, 361
70 So auch Prütting/Helms/*Dürbeck*, § 49 Rn. 11

Hauptsache- und Anordnungsverfahren **nur ausnahmsweise mutwillig** i.S.d. § 76 FamFG, § 114 ZPO.[71]

47 Entscheidungen, die die Verfahrenskostenhilfe in den Verfahren nach §§ 49 ff. FamFG betreffen, unterliegen nicht der Überprüfung durch das Beschwerdegericht, wenn die Entscheidung ohne mündliche Verhandlung ergangen ist und nicht auf wirtschaftliche Gründe gestützt wird.[72]

§ 50 FamFG Zuständigkeit

(1) [1]Zuständig ist das Gericht, das für die Hauptsache im ersten Rechtszug zuständig wäre. [2]Ist eine Hauptsache anhängig, ist das Gericht des ersten Rechtszugs, während der Anhängigkeit beim Beschwerdegericht das Beschwerdegericht zuständig.

(2) [1]In besonders dringenden Fällen kann auch das Amtsgericht entscheiden, in dessen Bezirk das Bedürfnis für ein gerichtliches Tätigwerden bekannt wird oder sich die Person oder die Sache befindet, auf die sich die einstweilige Anordnung bezieht. [2]Es hat das Verfahren unverzüglich von Amts wegen an das nach Absatz 1 zuständige Gericht abzugeben.

Übersicht

	Rn.
A. Allgemeines	1
B. Inhalt der Norm	2
I. Gericht der Hauptsache (Abs. 1)	2
II. Auseinanderfallen der Zuständigkeit	7
III. Eilzuständigkeit (Abs. 2)	8

A. Allgemeines

1 Wegen der Selbstständigkeit des Verfahrens der einstweiligen Anordnung bedarf es der Regelung der **örtlichen und sachlichen Zuständigkeit** für ihren Erlass. Anknüpfungspunkt ist die Zuständigkeit für die **Hauptsache**, um nach Möglichkeit – schon aus Gründen der Verfahrensökonomie – einen Gleichlauf zu erzielen. Dabei handelt es sich um eine ausschließliche Zuständigkeit, so dass eine abweichende Zuständigkeit nicht durch rügelose Einlassung begründet werden kann.[1]

In Ausnahmefällen kann auch ein anderes Amtsgericht eine Eilentscheidung treffen (hierzu Rn. 8 f.).

Die internationale Zuständigkeit regeln die jeweils anwendbaren internationalen Übereinkommen bzw. die §§ 97 ff. FamFG.

Die Entscheidung eines örtlich unzuständigen Gerichts ist nicht unwirksam (§ 2 Abs. 3 FamFG), führt aber zur Aufhebung im Beschwerdeverfahren.

---

71 Zöller/*Feskorn*, § 49 FamFG Rn. 4 m.w.N.
72 OLG Köln, Beschl. v. 29.7.2010 – 4 WF 124/10, juris = JurBüro 2011, 41
1 OLG Stuttgart FamRZ 2010, 1828

B. Inhalt der Norm

I. Gericht der Hauptsache (Abs. 1)

2 Ist eine **Hauptsache nicht anhängig**, so ist nach Abs. 1 Satz 1 für den Erlass der einstweiligen Anordnung dasjenige Gericht zuständig, das für eine Hauptsache in erster Instanz zuständig wäre. Hierbei sind die allgemeinen **Zuständigkeitsvorschriften** zu beachten.[2]

▶ *Näher hierzu insbesondere Keuter, Kommentierung zu § 152 FamFG.*

Ist hingegen ein entsprechendes **Hauptsacheverfahren** bereits **anhängig**, so ist das mit der **Hauptsache** befasste Familiengericht auch für die einstweilige Anordnung zuständig. Wird für den Erlass der einstweiligen Anordnung ein anderes Gericht angerufen als in der Hauptsache, ist das Verfahren der einstweiligen Anordnung an das Gericht der Hauptsache zu verweisen.[3] Gegebenenfalls ist die Zuständigkeit der Hauptsache nach § 5 FamFG zu bestimmen, der dann auch die Zuständigkeit für das Eilverfahren folgt. Dasselbe gilt im Falle der Verweisung der Hauptsache.[4] In besonders dringenden Fällen greift § 50 Abs. 2.

Ist bereits die Beschwerde anhängig, ist das Beschwerdegericht auch für das Verfahren der einstweiligen Anordnung zuständig.

3 Allerdings besteht die nach Abs. 1 erforderliche **Konnexität der Verfahrensgegenstände**[5] nur dann, wenn der **Gegenstand** beider Verfahren **identisch** ist. Hierfür reicht aus, wenn die Gegenstände von Hauptsache- und Anordnungsverfahren sich ganz, teilweise oder in wesentlichen Punkten decken.[6] Gerade in Kindschaftssachen kann diese Feststellung Schwierigkeiten bereiten. So fehlt die Identität bei einem Hauptsacheverfahren über die elterliche Sorge einerseits und einem Anordnungsverfahren auf Herausgabe des Kindes bzw. auf Regelung des Umgangs mit dem Kind andererseits.[7] Ebenso fehlt sie bei einer Meinungsverschiedenheit nach § 1628 BGB einerseits und einem Eilverfahren mit dem Ziel der Übertragung eines (anderen) Teilbereichs der elterlichen Sorge andererseits.[8] Jedoch wird in der Regel die Zuständigkeitsregelung in § 152 Abs. 2 FamFG (gewöhnlicher Aufenthalt des Kindes) zur Bündelung beider Verfahren bei demselben Familiengericht führen.[9] Im Übrigen kann die Abgabe aus wichtigem Grund nach § 4 FamFG in Betracht zu ziehen sein, die jedoch nicht zu einer effektiven rechtsschutzverweigernden Verfahrensverzögerung führen darf.[10]

4 Erstinstanzlich tritt **Anhängigkeit** bei **Antragsverfahren** bereits mit Eingang der Antragsschrift bei Gericht ein. In Antragsverfahren genügt für die **Anhängigkeit** nach h.M.[11] bereits der Eingang eines Antrags auf Bewilligung von **Verfahrenskostenhilfe beim Amtsgericht**.

In **Amtsverfahren** bedarf es für die Anhängigkeit der Verfügung des Gerichts über die Verfahrenseinleitung.[12]

---

2 In Kindschaftssachen § 152 FamFG, in Abstammungssachen § 170 FamFG, in Adoptionssachen § 187 FamFG, in Gewaltschutzsachen § 211 FamFG
3 OLG Frankfurt FamRZ 2014, 1479
4 Keidel/*Giers*, § 50 FamFG Rn. 5
5 Vgl. OLG Koblenz FamRZ 2016, 1097
6 MüKo-FamFG/*Soyka*, § 50 Rn. 3
7 OLG Stuttgart FamRZ 2010, 1828
8 Prütting/Helms/*Dürbeck*, § 50 FamFG Rn. 4
9 Im Ergebnis auch Musielak/*Borth/Grandel*, § 50 FamFG Rn. 4
10 Prütting/Helms/*Dürbeck*, § 50 FamFG Rn. 3
11 Musielak/*Borth/Grandel*, § 50 FamFG Rn. 3; Johannsen/Henrich/*Büte*, § 50 FamFG Rn. 5; a.A. BeckOK-FamFG/*Schlünder*, § 50 Rn. 13; MüKo-FamFG/*Soyka*, § 50 Rn. 4 bezogen auf den Verfahrenskostenhilfeantrag für das Hauptsacheverfahren wegen der Selbstständigkeit von Eil- und Hauptsacheverfahren
12 Prütting/Helms/*Dürbeck*, § 50 FamFG Rn. 4

5 Zweitinstanzlich tritt **Anhängigkeit** nicht schon mit Eingang der Beschwerdeschrift beim Amtsgericht, sondern erst mit Eingang der Beschwerdeschrift oder der Akte beim Beschwerdegericht ein; ein VKH-Antrag für eine beabsichtigte Beschwerde führt noch nicht zur Anhängigkeit beim Beschwerdegericht.[13]

6 War das Eilverfahren bereits beim Beschwerdegericht anhängig, verbleibt es bei der Zuständigkeit des Beschwerdegerichts.[14]

II. Auseinanderfallen der Zuständigkeit

7 Wegen der verfahrensrechtlichen Selbstständigkeit einer einstweiligen Anordnung kann es zu einem **Auseinanderfallen der Zuständigkeit** kommen, wenn

- das Anordnungsverfahren bereits abgeschlossen ist und erst danach das Hauptsacheverfahren anhängig gemacht wird oder
- während des noch laufenden Hauptsacheverfahrens eine mündliche Erörterung bei dem die einstweilige Anordnung erlassenden Gericht beantragt wird.

Dieser Fall kann vornehmlich in **Kindschaftssachen nach einem Umzug des Kindes** wegen der Anknüpfung an dessen gewöhnlichen Aufenthalt in § 152 Abs. 2 FamFG auftreten. Der nach wie vor anzustrebende Gleichlauf kann nur durch eine **Abgabe** aus wichtigem Grund nach § 4 FamFG erreicht werden. In Einzelfällen kann die spätere Durchführung des Hauptsacheverfahrens durch das Gericht des gewöhnlichen Aufenthaltes des Kindes aber auch sinnvoll sein, etwa weil nach § 161 Abs. 1 FamFG Pflegeeltern anzuhören oder Jugendhilfemaßnahmen vor Ort zu prüfen sind.

III. Eilzuständigkeit (Abs. 2)

8 Abs. 2 Satz 1 begründet eine zusätzliche Eilzuständigkeit des Amtsgerichts für besonders dringende Fälle. Da schon der Erlass einer einstweiligen Anordnung ein *dringendes* Bedürfnis für ein sofortiges Tätigwerden voraussetzt, kann diese Eilzuständigkeit nach der Gesetzesformulierung lediglich in **besonderen Ausnahmefällen** begründet sein. In Antragsverfahren muss der Antragsteller glaubhaft machen, aus welchen Gründen er trotz moderner Kommunikationsmittel und Bereitschaftsdienst des eigentlich zuständigen Gerichts jenes nicht erreichen kann bzw. welche Nachteile ihm bei Einschaltung dieses Gerichtes erwachsen würden.[15]

9 Abs. 2 Satz 2 macht deutlich, dass die Eilzuständigkeit nicht auf Dauer besteht, sondern die Abgabe an das für das Eilverfahren zuständige Gericht unverzüglich zu erfolgen hat. Anders als nach § 4 FamFG bedarf es für die Abgabe nach § 50 Abs. 2 weder einer Abgabebereitschaft des angerufenen Gerichts noch einer Übernahmebereitschaft des anderen Gerichts. Dies ergibt sich aus dem unterschiedlichen Wortlaut der beiden Vorschriften. Auch bedarf es keiner vorherigen Anhörung der Beteiligten.[16] Für die einstweilige Anordnung ist § 50 Abs. 2 *lex specialis* gegenüber § 4 FamFG. Dies kann Auswirkungen auf die Zuständigkeit der Abänderung nach § 54 FamFG und ggf. auch auf die Zuständigkeit des Beschwerdegerichts haben (zur Zuständigkeit im Abänderungsverfahren siehe *Lack*, § 54 FamFG Rn. 3).

---

13 Keidel/*Giers*, § 50 FamFG Rn. 6a; Johannsen/Henrich/*Büte*, § 50 FamFG Rn. 6; Prütting/Helms/*Dürbeck*, § 50 FamFG Rn. 6

14 Prütting/Helms/*Dürbeck*, § 50 FamFG Rn. 6

15 Prütting/Helms/*Dürbeck*, § 50 FamFG Rn. 7

16 Keidel/*Giers*, § 50 FamFG Rn. 12

10 **Übersicht: Prüfung der Zuständigkeit**

1. Gericht der (anhängigen) Hauptsache
- Verfahrensgegenstand identisch mit dem der eAO?
- im Beschwerdeverfahren: Beschwerdegericht

2. Hauptsache nicht anhängig
- hypothetische Prüfung der Hauptsache-Zuständigkeit
- in Kindschaftssachen: § 152 FamFG

3. Eilzuständigkeit
- besondere Dringlichkeit
- Auftreten des Fürsorgebedürfnisses

§ 51 FamFG Verfahren

(1) [1]Die einstweilige Anordnung wird nur auf Antrag erlassen, wenn ein entsprechendes Hauptsacheverfahren nur auf Antrag eingeleitet werden kann. [2]Der Antragsteller hat den Antrag zu begründen und die Voraussetzungen für die Anordnung glaubhaft zu machen.

(2) [1]Das Verfahren richtet sich nach den Vorschriften, die für eine entsprechende Hauptsache gelten, soweit sich nicht aus den Besonderheiten des einstweiligen Rechtsschutzes etwas anderes ergibt. [2]Das Gericht kann ohne mündliche Verhandlung entscheiden. [3]Eine Versäumnisentscheidung ist ausgeschlossen.

(3) [1]Das Verfahren der einstweiligen Anordnung ist ein selbständiges Verfahren, auch wenn eine Hauptsache anhängig ist. [2]Das Gericht kann von einzelnen Verfahrenshandlungen im Hauptsacheverfahren absehen, wenn diese bereits im Verfahren der einstweiligen Anordnung vorgenommen wurden und von einer erneuten Vornahme keine zusätzlichen Erkenntnisse zu erwarten sind.

(4) Für die Kosten des Verfahrens der einstweiligen Anordnung gelten die allgemeinen Vorschriften.

Übersicht

	Rn.
A. Allgemeines	1
B. Inhalt der Norm	2
I. Verfahrenseinleitung (Abs. 1)	2
1. Antragserfordernis in Antragsverfahren	2
2. Einleitung in Amtsverfahren	3
3. Glaubhaftmachung in Antragsverfahren	4
II. Verfahrensgrundsätze (Abs. 2)	8
1. Mündliche Verhandlung	9
2. Anhörung der Beteiligten	10
3. Absehen von Verfahrenshandlungen	11
III. Selbstständiges Verfahren (Abs. 3)	12
IV. Kostenentscheidung (Abs. 4)	15

A. Allgemeines

Die Vorschrift enthält die wesentlichen **Verfahrensregeln** für den einstweiligen Rechtsschutz. Sie sind grundsätzlich an die für das Hauptsacheverfahren geltenden Bestimmungen angelehnt. Gleichwohl ist das Verfahren der einstweiligen Anordnung stets ein **selbstständiges Verfahren** (Abs. 3 Satz 1). Es besteht generell **kein Anwaltszwang** (§ 114 Abs. 4 Nr. 1 FamFG). Die Einleitung des Eilverfahrens darf nicht von der Einzahlung eines **Gerichtskostenvorschusses** abhängig gemacht werden (§ 14 Abs. 2 FamGKG). 1

B. Inhalt der Norm

I. Verfahrenseinleitung (Abs. 1)

1. Antragserfordernis in Antragsverfahren

In **Antragsverfahren** kann eine einstweiligen Anordnung nur auf entsprechenden Antrag ergehen. Hierzu zählen u.a. Sorgerechtsregelungen nach § 1626a Abs. 2 und § 1671 Abs. 1, Abs. 2 Nr. 2 BGB sowie Entscheidungen nach dem GewSchG, nicht hingegen das Umgangsverfahren. 2

▶ *Näher zur Abgrenzung von Antrags- und Amtsverfahrens Cirullies, Kommentierung zu §§ 23 ff. FamFG.*

2. Einleitung in Amtsverfahren

In **Amtsverfahren** bedarf es auch für den Erlass einer einstweiligen Anordnung keines Antrags. Das Verfahren kann auf Anregung oder aufgrund von Vorkenntnissen des Gerichts (z.B. aufgrund anderer Verfahren oder eines bereits anhängigen Hauptsachverfahrens) von Amts wegen eingeleitet werden. Zu den Amtsverfahren zählen u.a. Verfahren wegen möglicher Kindeswohlgefährdung nach §§ 1666, 1666a BGB und Umgangsverfahren nach § 1684 Abs. 3 und 4 BGB. Dementsprechend hat das Gericht auch während eines Hauptsacheverfahrens den Erlass einer einstweiligen Anordnung zu prüfen (vgl. § 156 Abs. 3, § 157 Abs. 3 FamFG). 3

Auch in sog. **unechten Antragsverfahren**[1] wie z.B. Verfahren betreffend die geschlossene Unterbringung Minderjähriger nach § 1631b BGB genügt eine Anregung.[2]

3. Glaubhaftmachung in Antragsverfahren

Nach Abs. 1 Satz 2 obliegt es dem Antragsteller, seinen Antrag nicht nur zu **begründen**, sondern auch die Voraussetzungen für die Anordnung – Anordnungsanspruch und Regelungsbedürfnis i.S. eines Anordnungsgrundes (vgl. § 49 FamFG Rn. 6 ff.) – (zumindest) **glaubhaft zu machen**. Eine Tatsache ist glaubhaft gemacht, wenn eine **überwiegende Wahrscheinlichkeit** für das Vorliegen der behaupteten Tatsache spricht.[3] Es bedarf demnach keiner vollen gerichtlichen Überzeugung, sondern es genügt ein geringerer Grad der richterlichen Überzeugungsbildung.[4] Für die Glaubhaftmachung kann sich der Antragsteller aller **präsenten Beweismittel** (vgl. § 31 Abs. 2 FamFG) bedienen und auch zur Versicherung an Eides statt zugelassen werden (§ 31 Abs. 1 FamFG). Ein lediglich angebotener Zeugenbeweis genügt demgegenüber nicht und ist unstatthaft,[5] jedoch können auch eidesstattliche Versicherungen Dritter zur Glaubhaftmachung vorgelegt und in einem Erörterungstermin müssen präsente Zeugen ggf. vernommen werden. **Eidesstattliche Ver-** 4

1 Zur Abgrenzung vgl. hier *Köhler,* § 22 FamFG Rn. 4
2 Heilmann/*Fink*, § 167 FamFG Rn. 4; Prütting/Helms/*Dürbeck*, § 51 FamFG Rn. 2
3 OLG Dresden FamRZ 2019, 533
4 OLG Saarbrücken FPR 2011, 234
5 *Bruns*, FamRZ 2012, 1024

sicherungen bedürfen einer eigenen Sachverhaltsdarstellung. Die bloße Bezugnahme auf den anwaltlichen Schriftsatz genügt nicht.[6] Ferner können ärztliche Atteste, Behördenauskünfte, Lichtbilder und Urkunden vorgelegt werden.[7]

5 Bei **fehlender oder nur unzureichender Glaubhaftmachung** hat das Gericht mehrere Möglichkeiten: Es kann den Antrag ohne mündliche Verhandlung als unzulässig **zurückweisen**. Dies kann allerdings im Hinblick auf den grundsätzlich geltenden Amtsermittlungsgrundsatz (§ 26 FamFG), die Hinwirkungspflicht (§ 28 FamFG) und das staatliche Wächteramt (Art. 6 Abs. 2 Satz 2 GG) – insb. nach § 1671 Abs. 1 und 2 BGB, da hier das Erfordernis anderweitiger Maßnahmen z.B. nach §§ 1666, 1666a BGB zu prüfen ist (§ 1671 Abs. 4 BGB) – fragwürdig sein. Im Allgemeinen wird das Gericht deshalb dem Antragsteller einen entsprechenden **Hinweis** erteilen und/oder **Termin** zur Anhörung und Erörterung anberaumen.[8] Dies gilt auch bei Zweifeln an der Richtigkeit des Vortrags in der Antragsschrift. Unterbleibt auch dann die Glaubhaftmachung oder ist die Begründung im Übrigen offensichtlich unzureichend, ist der Antrag zurückzuweisen.[9]

6 Die **Glaubhaftmachung** kann **erschüttert** werden, indem substanziierte Einwendungen erhoben und durch sofort verfügbare Beweismittel glaubhaft gemacht werden (sog. **Gegenglaubhaftmachung**).[10]

7 Da in **Amtsverfahren** der Amtsermittlungsgrundsatz (§ 26 FamFG) gilt, ist Abs. 1 Satz 2 in diesen Verfahren nicht anzuwenden.

II. Verfahrensgrundsätze (Abs. 2)

8 Abs. 2 Satz 1 verweist für das Anordnungsverfahren grundsätzlich auf die Verfahrensvorschriften, die für eine entsprechende **Hauptsache** anzuwenden sind, wie etwa den Amtsermittlungsgrundsatz nach § 26 FamFG in Familiensachen, die Bindung an gestellte Anträge in Antragsverfahren und die Pflicht zur Begründung des verfahrensbeendigenden Beschlusses (§ 38 Abs. 3 Satz 1 FamFG) nebst Rechtsbehelfsbelehrung (§ 39 FamFG). Jedoch gelten für die Gestaltung des Verfahrens einige Besonderheiten.

1. Mündliche Verhandlung

9 Ob das Gericht **Termin** zur mündlichen Verhandlung bestimmt **oder aufgrund der Aktenlage im schriftlichen Verfahren** entscheidet, steht nach Abs. 2 Satz 2 grundsätzlich in seinem Ermessen und hängt von den Umständen des Einzelfalls ab, insbesondere auch von der Eilbedürftigkeit der Entscheidung. In Kindschaftssachen wird sich eine mündliche Erörterung oft schon zum Zwecke der Sachaufklärung anbieten.

Zwischen der Ladung und dem Termin soll eine angemessene Frist liegen (§ 32 Abs. 2 FamFG). Eine **Ladungsfrist** von einer Woche ist in besonders eilbedürftigen Verfahren allemal ausreichend.[11] Auch bei einer unangemessen kurzen Frist kann aber eine Entscheidung aufgrund mündlicher Erörterung ergehen. Erscheint ein ordnungsgemäß geladener Beteiligter nicht zur mündlichen Verhandlung, ist (einseitig) zu verhandeln, da nach Abs. 2 Satz 3 eine **Säumnisentscheidung nicht zulässig** ist.[12] Das bedeutet aber nicht, dass der Antragsgegner durch Nichterscheinen in einem gerichtlich anberaumten Termin die Ent-

---

6 BGH NJW 1988, 2045; a.A. OLG Koblenz, Beschl. v. 11.11.2004 – 3 W 727/04, juris, wenn das Schriftstück, auf das Bezug genommen wurde, sich auf eine Sachverhaltsdarstellung ohne rechtliche Ausführungen beschränkt

7 Prütting/Helms/*Dürbeck*, § 51 FamFG Rn. 5

8 So zu Maßnahmen nach dem GewSchG im Ergebnis auch *Bruns*, FamRZ 2012, 1024 (1025)

9 Keidel/*Giers*, § 51 FamFG Rn. 7, 11

10 OLG Dresden FamRZ 2019, 533; OLG Brandenburg, Beschl. v. 14.7.2015 – 10 UF 53/15, juris; vgl. auch BGH, Beschl. v. 16.5.2013 – IX ZB 284/11, juris

11 OLG Frankfurt FamRZ 2013, 316 (betreffend Gewaltschutzsachen) unter Hinweis auf § 217 ZPO

12 Musielak/Borth/*Grandel*, § 51 FamFG Rn. 10; OLG Koblenz FamRZ 2017, 726

scheidung verhindern kann. Das Gericht bestimmt dann entweder neuen Termin oder entscheidet die Sache bei entsprechender Dringlichkeit dann nach Aktenlage.

2. Anhörung der Beteiligten

Auch im Verfahren der einstweiligen Anordnung sind die **Anhörungen grundsätzlich durchzuführen**, die für das jeweilige Verfahren festgelegt sind. Insbesondere muss die grundsätzliche Pflicht zur persönlichen Anhörung des **Kindes** nach § 159 FamFG, aber auch der Eltern (§ 160 FamFG), des Jugendamtes (§ 162 FamFG) und ggf. der Pflegeeltern (§ 161 FamFG) beachtet werden.[13] Dies gilt grundsätzlich auch im **Beschwerdeverfahren** und erst recht, wenn das Kind erstinstanzlich nicht angehört worden ist oder das Beschwerdegericht von der erstinstanzlichen Entscheidung abweichen möchte.[14] Auch der ggf. zu bestellende Verfahrensbeistand[15] muss als Verfahrensbeteiligter grundsätzlich angehört werden. 10

3. Absehen von Verfahrenshandlungen

Sofern die Besonderheiten des einstweiligen Rechtsschutzes es gebieten, darf im Einzelfall von Verfahrenshandlungen abgesehen werden (Abs. 2 Satz 1). Insbesondere kann das Gericht **ohne mündliche Verhandlung** (Abs. 2 Satz 2) und sogar ohne Gewährung rechtlichen Gehörs entscheiden, wenn der Zweck der Maßnahme andernfalls nicht erreicht werden kann.[16] Diese Regelungen tragen dem Umstand Rechnung, dass in Eilverfahren die praktisch verfügbaren Aufklärungsmöglichkeiten angesichts der spezifischen Eilbedürftigkeit dieser Verfahren regelmäßig hinter den im Hauptsacheverfahren bestehenden Möglichkeiten zurückbleiben. Deshalb kann in Eilverfahren i.d.R. auch **kein Sachverständigengutachten** eingeholt werden (zu den Anforderungen des BVerfG an die Sachverhaltsaufklärung bei möglicher Kindeswohlgefährdung siehe § 49 FamFG Rn. 14 ff.).[17] Das **Absehen von der Gewährung rechtlichen Gehörs** ist insbesondere bei kindesschutzrechtlichen Maßnahmen zu erwägen. Unterbleiben **Anhörungen** allein wegen Gefahr in Verzug, müssen sie **nachgeholt** werden (vgl. § 159 Abs. 3 Satz 2, § 160 Abs. 4, § 162 Abs. 1 Satz 2 FamFG).[18] Im Anschluss an die nachgeholte Anhörung kann das Gericht die getroffene einstweilige Anordnung aufheben oder ändern. Hierfür bedarf es weder in Antrags- noch in Amtsverfahren eines Antrages (§ 54 Abs. 1 Satz 3 FamFG). 11

III. Selbstständiges Verfahren (Abs. 3)

Abs. 3 Satz 1 stellt klar, dass das Verfahren der einstweiligen Anordnung ein selbstständiges Verfahren ist, das unabhängig von einem Hauptsacheverfahren geführt wird. Abs. 3 Satz 2 sichert die Übertragung von Verfahrensergebnissen in ein Hauptsacheverfahren. Danach müssen einzelne Verfahrenshandlungen im Hauptsacheverfahren nicht wiederholt werden, wenn von deren erneuter Vornahme keine zusätzlichen Erkenntnisse zu erwarten sind. Die Vorschrift dient der Verfahrensökonomie. Auf Termine und mündliche Verhandlungen sollte jedoch, sofern sie gesetzlich vorgeschrieben sind, in einem erstinstanzlichen Hauptsacheverfahren nicht verzichtet werden. Dies gilt insbesondere für den Termin in Kindschaftssachen nach § 155 Abs. 2 FamFG[19] und für die erneute Anhörung nach Einholung eines Sachverständigengutachtens in Unterbringungssachen.[20] 12

---

13 OLG Schleswig-Holstein FamRZ 2014, 1383
14 *Fischer*, NZFam 2014, 475 mit krit. Anm. zu OLG Brandenburg NZFam 2014, 475 = FamRZ 2014 1038 (LS)
15 OLG Brandenburg FamRZ 2019, 906; OLG Saarbrücken ZKJ 2019, 68 mit Anm. *Dürbeck*
16 *Van Els*, FPR 2012, 480
17 BVerfG ZKJ 2018, 312; hierzu auch BVerfG FamRZ 2015, 2120; *Lack/Heilmann*, ZKJ 2014, 308 (310)
18 Vgl. AG Berlin-Pankow/Weißensee, Beschl. v. 25.4.2012 – 24 F 3392/12 = BeckRS 2014, 04969
19 BT-Drucks. 16/6308, 200
20 BGH ZKJ 2012, 444

13 Aufgrund der Selbstständigkeit der Verfahren ist erforderlichenfalls die **Bestellung eines Verfahrensbeistandes** sowohl im Eil- als auch im Hauptsacheverfahren geboten.[21] Dementsprechend hat auch die Bestellung im Eil- und Hauptsacheverfahren jeweils durch gesonderten Beschluss zu erfolgen. Dem bestellten Verfahrensbeistand steht dann für jedes Verfahren ein Vergütungsanspruch zu.[22] Hinsichtlich der Annahme einer konkludenten Bestellung eines Verfahrensbeistandes für beide Verfahren, wenn beide Verfahren einheitlich unter einem gemeinsamen Aktenzeichen geführt werden,[23] verbleibt es bei Unsicherheiten im Hinblick auf den konkreten Umfang der Bestellung (das/die Kind/-er und den Aufgabenkreis betreffend),[24] die ebenso wie damit einhergehende Risiken auch für den Vergütungsanspruch des Verfahrensbeistandes durch gesonderte Bestellungsbeschlüsse vermieden werden.

14 Hat das Beschwerdegericht das **Hauptsacheverfahren auf den Einzelrichter übertragen**, gilt dies nicht zugleich für ein späteres Eilverfahren. Aufgrund der Selbstständigkeit von Hauptsache- und Eilverfahren bedarf es auch für Letzteres einer Übertragung auf den Einzelrichter. Soll lediglich die Vollziehung oder Wirksamkeit nach § 64 Abs. 3 FamFG ausgesetzt werden, handelt es sich demgegenüber nicht um ein eigenständiges Verfahren der einstweiligen Anordnung, sondern es bleibt Teil des Hauptsacheverfahrens,[25] so dass der Einzelrichter ohne weiteren Übertragungsbeschluss entscheiden kann.

IV. Kostenentscheidung (Abs. 4)

15 Wegen der Selbstständigkeit des Verfahrens der einstweiligen Anordnung muss das Gericht stets auch über die Kosten entscheiden. Abs. 4 verweist auf die allgemeinen Vorschriften (siehe §§ 80 ff. FamFG). **In Kindschaftssachen ist stets eine Kostenentscheidung zu treffen** (§ 81 Abs. 1 Satz 3 FamFG). Ob eine Kindschaftssache, deren Einleitung eines Antrags bedarf bzw. allein aufgrund Anregung eines Elternteils erfolgt, Familienstreitsachen so nahe steht, dass der Erfolg des Antragstellers das maßgebliche Kriterium der Kostenverteilung bildet, kann nicht pauschal beantwortet werden und ist im Rahmen der Billigkeit in jedem Einzelfall zu prüfen.[26]

16 Die Selbstständigkeit des einstweiligen Anordnungsverfahrens steht unter kostenrechtlichen Gesichtspunkten in Übereinstimmung mit der Wertung des § 17 Nr. 4 lit. b RVG, wonach Hauptsacheverfahren und Verfahren der einstweiligen Anordnung als verschiedene Angelegenheiten anzusehen sind. Die Kosten des Eilverfahrens können sogleich abgerechnet werden. Im Verfahren der einstweiligen Anordnung ist der **Verfahrenswert** in der Regel unter Berücksichtigung der geringeren Bedeutung gegenüber der Hauptsache[27] zu ermäßigen, wobei von der Hälfte des für die Hauptsache bestimmten Werts auszugehen ist (§ 41 FamGKG).

▶ *Näher zur Wertfestsetzung in Eilverfahren Dürbeck, § 80 FamFG Rn. 20.*

21 OLG Saarbrücken ZKJ 2019, 68; vgl. auch VerfG Potsdam FamRZ 2011, 305
22 BGH FamRZ 2011, 199
23 So OLG Zweibrücken FamRZ 2015, 1928
24 Hierzu OLG München, Beschl. v. 13.10.2016 – 11 WF 1092/16, juris = FuR 2017, 618
25 Vgl. BGH FamRZ 2010, 639
26 So auch *Keuter*, Anm. zu OLG Brandenburg FamRZ 2015, 1050; a.A. OLG Brandenburg, Beschl. v. 10.7.2019 – 13 WF 106/19 = FamRZ 2019, 2023
27 Vgl. OLG Frankfurt, Beschl. v. 9.10.2017 – 1 WF 174/17, juris

Übersicht: Verfahren der einstweiligen Anordnung 17

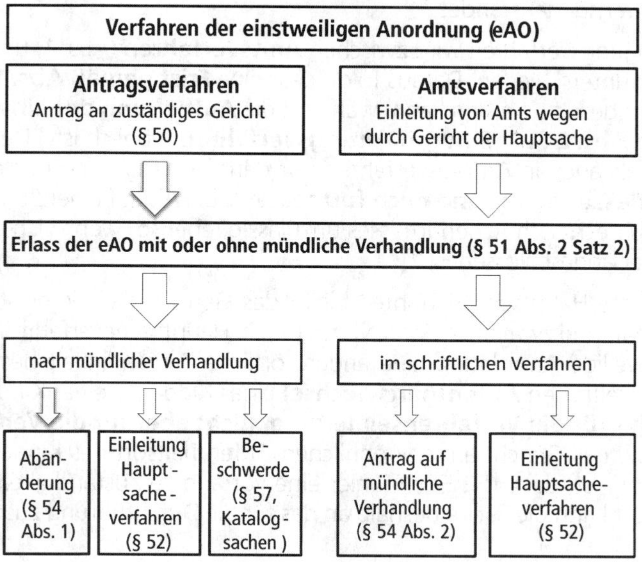

§ 52 FamFG Einleitung des Hauptsacheverfahrens

(1) [1]Ist eine einstweilige Anordnung erlassen, hat das Gericht auf Antrag eines Beteiligten das Hauptsacheverfahren einzuleiten. [2]Das Gericht kann mit Erlass der einstweiligen Anordnung eine Frist bestimmen, vor deren Ablauf der Antrag unzulässig ist. [3]Die Frist darf drei Monate nicht überschreiten.

(2) [1]In Verfahren, die nur auf Antrag eingeleitet werden, hat das Gericht auf Antrag anzuordnen, dass der Beteiligte, der die einstweilige Anordnung erwirkt hat, binnen einer zu bestimmenden Frist Antrag auf Einleitung des Hauptsacheverfahrens oder Antrag auf Bewilligung von Verfahrenskostenhilfe für das Hauptsacheverfahren stellt. [2]Die Frist darf drei Monate nicht überschreiten. [3]Wird dieser Anordnung nicht Folge geleistet, ist die einstweilige Anordnung aufzuheben.

Übersicht

Rn.
A. Allgemeines ... 1
B. Inhalt der Norm ... 4
I. Amtsverfahren (Abs. 1) ... 4
II. Antragsverfahren (Abs. 2) ... 7

A. Allgemeines

1 Durch die Ausgestaltung des Verfahrens der einstweiligen Anordnung als selbstständiges Verfahren bedarf es grundsätzlich nicht mehr der Durchführung eines Hauptsacheverfahrens. Die Beteiligten können sich mit dem im summarischen Verfahren erwirkten Titel abfinden, wie dies etwa in Gewaltschutzsachen nahezu durchweg der Fall ist. Sie können bei Erlass einer Eilentscheidung jedoch auch durch entsprechenden Antrag die Einleitung des Hauptsacheverfahrens mit besseren Erkenntnismöglichkeiten erzwingen. In Amtsverfahren verbleibt es bei der Pflicht des Gerichts, ggf. ein Hauptsacheverfahren von Amts wegen zu eröffnen. Das Hauptsacheverfahren ermöglicht in der Regel eine sorgfältigere

Prüfung der Sach- und Rechtslage und bietet häufig die Gewähr einer nachhaltigen Regelung des Verfahrensgegenstandes.[1]

2 Bei dem Erzwingungsverfahren wird zwischen **Amtsverfahren** (Abs. 1) und **Antragsverfahren** (Abs. 2) unterschieden. Daraus folgt, dass eine **Frist gemäß Abs. 1 Satz 2 nur in Amtsverfahren** gesetzt werden kann, während die **Aufhebung der einstweiligen Anordnung nach Abs. 2 Satz 3 nur in Antragsverfahren** möglich ist.[2] Der Antrag ist sowohl in Amts- als auch in Antragsverfahren nur dann zulässig, wenn eine **einstweilige Anordnung erlassen** wurde **und noch fortbesteht**. Bei Ablauf einer Befristung wird der Antrag mangels Rechtsschutzbedürfnisses unzulässig, ebenso, wenn sich die Hauptsache erledigt hat oder abgeschlossen ist.[3]

3 **Zuständig** für das Hauptsacheverfahren bleibt das Gericht, das die einstweilige Anordnung erlassen hat, und zwar auch dann, wenn für ein Hauptsacheverfahren ohne vorangegangene einstweilige Anordnung eine andere örtliche Zuständigkeit bestünde (z.B. bei einem zwischenzeitlichen **Aufenthaltswechsel** eines Kindes in einer Kindschaftssache).[4] Dies gilt aber **nur für die Verfahrenseinleitung, nicht aber für die Verfahrensdurchführung**, für die das Gericht am gewöhnlichen Aufenthaltsort des Kindes (§ 152 Abs. 2 FamFG) zuständig ist, da § 152 FamFG hier eine vorrangige Zuständigkeitsregelung enthält.[5] Das Gericht kann die Sache deshalb an das für die Durchführung zuständige Gericht **verweisen**.[6]

B. Inhalt der Norm

I. Amtsverfahren (Abs. 1)

4 In **Amtsverfahren** muss das Gericht grundsätzlich von Amts wegen prüfen, ob die Einleitung eines Hauptsacheverfahrens geboten ist. Doch kann es in der Regel zunächst die Wirkung der erlassenen Anordnung und die Reaktionen der Beteiligten abwarten.[7] Gemäß Abs. 1 Satz 1 kann auch ein Beteiligter beantragen, dass das Gericht das Hauptsacheverfahren von Amts wegen einleitet. Dieser Antrag ist aufgrund der Natur des Verfahrens als Amtsverfahren als **Anregung** zu verstehen.[8] Folgt das Gericht der Anregung nicht, hat es denjenigen, der die Einleitung angeregt hat, darüber zu unterrichten, soweit ein berechtigtes Interesse an der Unterrichtung ersichtlich ist (§ 24 Abs. 2 FamFG).

Wäre die anregende Person oder Behörde zu einem späteren Verfahren als Beteiligter hinzuzuziehen, ist dies in der Regel der Fall.[9] In welcher Form – formlos, mündlich oder schriftlich – die Mitteilung erfolgen soll, ist gesetzlich nicht geregelt. Ein Beschluss nach § 38 FamFG kann mangels Verfahrenseinleitung nicht ergehen,[10] was zur Folge hat, dass die Entscheidung über die Nichteinleitung eines Verfahrens nicht anfechtbar ist. Es fehlt bereits an einer Endentscheidung i.S.v. § 58 Abs. 1 FamFG. Ausnahmsweise soll eine Beschwerde aber statthaft sein, wenn durch die Verweigerung von Amts wegen zu treffender Maßnahmen in subjektive Rechte des Anregenden eingegriffen wird. Dann soll die Entscheidung des Amtsgerichts, unabhängig davon, ob es sich um einen Beschluss oder um eine formlose Mitteilung handelt, wie eine Endentscheidung i.S.d. § 38 Abs. 1 Satz 1

---

1 Musielak/*Borth/Grandel*, § 52 Rn. 1
2 Keidel/*Giers*, § 52 FamFG Rn. 2
3 Keidel/*Giers*, § 52 FamFG Rn. 3; *Langheim*, FamRZ 2014, 1413 (1417)
4 OLG München FamRZ 2011, 1078
5 OLG Frankfurt FamRZ 2017, 1146; OLG München FamRZ 2011, 1078
6 OLG Frankfurt FamRZ 2017, 1146; a.A. OLG München FamRZ 2011, 1078 (Abgabe)
7 Zöller/*Feskorn*, § 52 FamFG Rn. 2
8 OLG Frankfurt FamRZ 2017, 1146
9 Keidel/*Sternal*, FamFG, § 24 Rn. 6
10 Keidel/*Sternal*, FamFG, § 24 Rn. 7

FamFG zu behandeln sein, weil die Entscheidung entsprechende Wirkungen entfalte.[11] Dies mag für einen effektiven Rechtsschutz vom Ergebnis her wünschenswert sein, eine auf dem Verfahrensrecht beruhende dogmatische Herleitung sieht das FamFG aber nicht vor. Hier käme wohl allenfalls eine verfassungskonforme Auslegung in Betracht.

Auch eine Begründungspflicht sieht das Gesetz nicht vor. Eine knappe Begründung als Regelfall, welche dem Recht des Betroffenen auf informationelle Selbstbestimmung Rechnung trägt, ist aber im Sinne der Transparenz und Nachvollziehbarkeit gerichtlicher Entscheidungen zu befürworten.[12]

In Verfahren nach § 155 Abs. 1 FamFG kann ggf. Beschleunigungsrüge bzw. -beschwerde erhoben werden.

▶ *Näher hierzu Keuter, Kommentierung zu §§ 155b, c FamFG.*

In Verfahren nach **§§ 1666, 1666a BGB** ist mit Blick auf das staatliche Wächteramt des Familiengerichts regelmäßig die unverzügliche Einleitung eines **Hauptsacheverfahrens** geboten, wenn es im Verfahren der einstweiligen Anordnung mangels Eilbedürfnis gerichtliche Maßnahmen zzt. nicht für erforderlich hält oder eine kindesschutzrechtliche Maßnahme in Form eines erheblichen Sorgerechtseingriffs erlassen hat. Dies gilt insbesondere dann, wenn die erlassene einstweilige Anordnung die rechtliche Grundlage für eine **Fremdunterbringung** des Kindes bildet. Denn alle Beteiligten müssen wissen, ob der Sorgerechtsentzug dauerhaft ist und deswegen etwa eine Dauerpflegefamilie gesucht werden muss.[13]

Das Gericht hat die Möglichkeit, im Rahmen der einstweiligen Anordnung eine Wartefrist von höchstens drei Monaten zu bestimmen, innerhalb der ein Antrag auf Durchführung des Hauptsacheverfahrens unzulässig ist (Abs. 1 Satz 2 und 3).[14] Die Entscheidung hierüber hat das Gericht entsprechend dem Wortlaut („kann") nach pflichtgemäßem Ermessen zu treffen. Im Einzelfall kann der Verfahrensgegenstand der einstweiligen Anordnung die Bestimmung einer Wartefrist ausschließen (etwa in Kinderschutzverfahren, vgl. Rn. 4) oder jedenfalls nach einer kürzeren Frist verlangen. Dies ist etwa dann der Fall, wenn die einstweilige Anordnung unanfechtbar ist (z.B. in Umgangsverfahren) und schwerwiegend in die Rechte eines Beteiligten eingreift.[15] Weitere **Kriterien für die Bestimmung der Frist** können die Auswirkungen des Hinausschiebens der Frist auf die Beziehungen und deren Kontinuität, insbesondere in Sorge- und Umgangsrechtsverfahren, sowie die Chancen einer Deeskalation des Streits sein.[16] **5**

Die **Frist beginnt zu laufen** mit Wirksamwerden der Entscheidung, in der Regel also mit der Bekanntgabe durch Zustellung; sofern das Beschwerdegericht eine einstweilige Anordnung erlässt, beginnt die Frist erst mit Wirksamwerden der Beschwerdeentscheidung zu laufen (§§ 40, 41 FamFG).[17] Eine **Nachholung der Bestimmung der Wartefrist** nach Erlass der einstweiligen Anordnung **scheidet aus**. Ist das Gericht bei Erlass der einstweiligen Anordnung bereits zur Einleitung des Hauptsacheverfahrens entschlossen, unterbleibt die Fristsetzung.[18] **6**

---

11 OLG Frankfurt ZKJ 2015, 275 = FamRZ 2015, 1991; betr. Ablehnung der Einleitung eines Abänderungsverfahrens durch Beschluss vgl. OLG Brandenburg FamRZ 2015, 1993
12 So auch MüKo-FamFG/*Ulrici*, § 24 Rn. 12
13 *Schmid*, FPR 2011, 5 (8)
14 *Langheim*, FamRZ 2014, 1413 (1417)
15 BT-Drucks. 16/6308, 201
16 Johannsen/Henrich/*Büte*, § 52 FamFG Rn. 5
17 Johannsen/Henrich/*Büte*, § 52 FamFG Rn. 5
18 BT-Drucks. 16/6308, 201

6a Wird der **Antrag** unter Außerachtlassung der Wartefrist nach Abs. 1 **zu früh** gestellt, ist er in der Regel durch Beschluss als unzulässig zurückzuweisen.[19] **Gegebenenfalls ist er jedoch in eine Anregung zur Aufhebung bzw. Änderung der einstweiligen Anordnung (vgl. § 54 FamFG)** umzudeuten. Nach Ablauf der Wartefrist kann der Antrag erneut gestellt werden. Besteht die einstweilige Anordnung zum Zeitpunkt der Entscheidung nicht mehr, etwa weil das Gericht sie aufgehoben oder sie sich erledigt hat, entfällt eine Voraussetzung für den Rechtsbehelf des § 52 Abs. 1 FamFG.[20]

II. Antragsverfahren (Abs. 2)

7 Gemäß Abs. 2 kann der Antragsgegner in Antragsverfahren (z.B. § 1626a Abs. 2, § 1671 Abs. 1 und 2 BGB) nach Erlass einer (aufgrund mündlicher Verhandlung ergangenen) einstweiligen Anordnung verlangen, dass der Antragsteller innerhalb einer vom Gericht zu bestimmenden **Frist** das **Hauptsacheverfahren einleitet**. Ein solcher Antrag empfiehlt sich beispielsweise, wenn im Hauptsacheverfahren die vom Antragsteller glaubhaft gemachten Tatsachen voraussichtlich nicht bewiesen werden können bzw. sich als unwahr herausstellen. Entsprechend ihrem klaren Wortlaut gilt die Vorschrift **lediglich im Fall des Erlasses** einer einstweiligen Anordnung, nicht bei deren Ablehnung.[21]

Antragsberechtigt ist nur derjenige, welcher durch die einstweilige Anordnung beschwert ist.[22]

Der **fruchtlose Ablauf der vom Gericht bestimmten Frist** (max. drei Monate) hat gemäß Satz 3 **zwingend die rückwirkende Aufhebung** der einstweiligen Anordnung durch unanfechtbaren Beschluss[23] zur Folge. Die Aufhebung aber kommt mit Blick auf die systematische Stellung dieser gesetzlichen Regelung **nur bei Antragsverfahren** in Betracht, nicht hingegen bei Verfahren, die vom Amts wegen eingeleitet werden können.[24]

8 Gelegentlich fehlt das **Rechtsschutzbedürfnis** für die Fristsetzung zur Durchführung eines Hauptsacheverfahrens, wenn von der einstweiligen Anordnung für den Antragsgegner keine Gefahr mehr ausgeht[25] oder die Anordnung keinen Bestand mehr hat.[26] Dies gilt in Gewaltschutzsachen etwa, wenn die für die angeordneten Schutzmaßnahmen geltende Befristung abgelaufen ist.

9 Gegen die Anordnung, dass der Antragsteller binnen bestimmter Frist einen Antrag auf Einleitung des Hauptsacheverfahrens zu stellen hat, ist ein **Rechtsmittel nicht statthaft**.[27] Auch gegen die Ablehnung eines Antrages auf Fristsetzung gemäß Abs. 2 ist ein Rechtsmittel nach überwiegender Ansicht nicht statthaft.[28]

10 Die nach § 81 Abs. 1 Satz 3 FamFG in Familiensachen stets zu treffende **Kostenentscheidung** dürfte bei Aufhebung der einstweiligen Anordnung wegen Fristablaufs in der Regel so zu ergehen haben, dass demjenigen die Kosten aufzuerlegen sind, der die einstweilige Anordnung erwirkt hat.[29]

---

19 Johannsen/Henrich/*Büte*, § 52 FamFG Rn. 5
20 *Van Els*, FPR 2012, 480 (482)
21 So aber OLG Karlsruhe FamRZ 2011, 571 mit krit. Anm. *van Els*
22 *Van Els*, FPR 2012, 480 (482) m.w.N.
23 BT-Drucks. 16/6308, 201
24 OLG Brandenburg FamRZ 2011, 1872
25 OLG Karlsruhe FamRZ 2011, 571
26 *Van Els*, FPR 2012, 480 (482)
27 OLG Brandenburg FamRZ 2017, 1248
28 OLG Frankfurt FamRZ 2018, 519 mit ausführlicher Darstellung des Meinungsstreits; vgl. auch OLG Dresden FamRZ 2016, 2141
29 So auch Prütting/Helms/*Dürbeck*, § 52 FamFG Rn. 8

§ 53 FamFG Vollstreckung

(1) Eine einstweilige Anordnung bedarf der Vollstreckungsklausel nur, wenn die Vollstreckung für oder gegen einen anderen als den in dem Beschluss bezeichneten Beteiligten erfolgen soll.

(2) [1]Das Gericht kann in Gewaltschutzsachen sowie in sonstigen Fällen, in denen hierfür ein besonderes Bedürfnis besteht, anordnen, dass die Vollstreckung der einstweiligen Anordnung vor Zustellung an den Verpflichteten zulässig ist. [2]In diesem Fall wird die einstweilige Anordnung mit Erlass wirksam.

Übersicht

Rn.
A. Allgemeines ... 1
B. Inhalt der Norm ... 2
I. Vollstreckungsklausel (Abs. 1) ... 2
II. Vollstreckung vor Zustellung (Abs. 2) ... 3

A. Allgemeines

Die Vorschrift regelt die Voraussetzungen für die Vollstreckung einer einstweiligen Anordnung. Gemäß § 86 Abs. 2 FamFG sind gerichtliche Beschlüsse und gerichtlich gebilligte Vergleiche mit Wirksamwerden vollstreckbar. Wirksamkeit tritt grundsätzlich mit Bekanntgabe an den Betroffenen ein (§ 40 Abs. 1 FamFG). Eine **Anordnung der sofortigen Wirksamkeit** ist bei einer einstweiligen Anordnung in jedem Fall **nicht erforderlich**. Eine Vollziehungsfrist wie in § 929 Abs. 2 ZPO besteht nicht. Um Verzögerungen zu vermeiden, bedarf es auch der für die Vollstreckung grundsätzlich erforderlichen Vollstreckungsklausel bei einer einstweiligen Anordnung nur in seltenen Ausnahmefällen (Abs. 1). **1**

Grundsätzlich ist auch die **Zustellung** der einstweiligen Anordnung Vollstreckungsvoraussetzung. Eine Ausnahme besteht in Gewaltschutzsachen und ähnlich brisanten Verfahren: Hier kann das Gericht anordnen, dass die *Vollstreckung vor Zustellung zulässig* ist (Abs. 2). Rechtsgestaltende einstweilige Anordnungen wie die Übertragung (von Teilbereichen) der elterlichen Sorge bedürfen keines Vollstreckungsaktes, weil ihre Wirkungen mit Wirksamwerden von selbst eintreten.[1]

B. Inhalt der Norm

I. Vollstreckungsklausel (Abs. 1)

Eine Vollstreckungsklausel ist nur dann erforderlich, wenn die Vollstreckung für oder gegen einen anderen als den in dem Beschluss bezeichneten Beteiligten erfolgen soll (Abs. 1). Dies ist beispielsweise gegeben im Falle einer Rechtsnachfolge i.S.d. § 727 ZPO, aber auch bei der Vollstreckung einer Kindesherausgabe, wenn sich das Kind in der Obhut eines Dritten befindet. Dies bedeutet zugleich, dass es bei der Vollstreckung gegen im Beschluss genannte Beteiligte keiner Vollstreckungsklausel bedarf. Einer Klausel bedarf es zudem auch dann nicht, wenn die Vollstreckung durch das den Titel erlassende Gericht erfolgt (§ 86 Abs 3 FamFG). Praktisch ist die **Klausel** in Kindschafts- und Gewaltschutzsachen damit in der Regel **entbehrlich**, sofern aus einer einstweiligen Anordnung vollstreckt wird. Der Vollstreckungsklausel bedarf es allein dann, wenn ein Beteiligter durch den Gerichtsvollzieher oder wenn ein anderes Gericht aus einer einstweiligen Anordnung für/gegen eine nicht im Beschluss bezeichnete Person vollstreckt.[2] **2**

---

1 Prütting/Helms/*Dürbeck*, § 53 FamFG Rn. 1
2 Prütting/Helms/*Dürbeck*, § 53 FamFG Rn. 3

II. Vollstreckung vor Zustellung (Abs. 2)

3 Ausnahmsweise kann das Gericht anordnen, dass die Vollstreckung der einstweiligen Anordnung vor Zustellung an den Verpflichteten zulässig ist (Abs. 2). Dies betrifft **Gewaltschutzsachen** sowie sonstige Verfahren, in denen hierfür ein **besonderes Bedürfnis** besteht, z.B. in Verfahren auf Herausgabe eines Kindes.[3] Damit wird der Eilbedürftigkeit Rechnung getragen. Auch sollen für den Antragsteller belastende Situationen, die durch die Bekanntmachung einer gerichtlichen Entscheidung an den Verpflichteten entstehen können, vermieden werden.

4 Die einstweilige Anordnung ist dann **bereits mit ihrem Erlass** (nicht wie im Übrigen erst mit Bekanntgabe) wirksam. Nach der Legaldefinition in § 38 Abs. 3 Satz 3 FamFG ist hierfür der frühere von zwei möglichen Zeitpunkten maßgeblich: entweder die Übergabe des Beschlusses an die Geschäftsstelle oder die Bekanntgabe durch Verlesen der Beschlussformel.[4]

5 Die **Zustellung** ist jedoch unverzüglich **nachzuholen**. Sie erlangt gerade in Gewaltschutzsachen erhebliche Bedeutung, weil dort die ordnungsgemäße Zustellung unerlässliche Voraussetzung für die Festsetzung von Ordnungsmitteln (§ 890 ZPO) oder von Strafen (§ 4 GewSchG) ist.[5]

§ 54 FamFG Aufhebung oder Änderung der Entscheidung

(1) [1]Das Gericht kann die Entscheidung in der einstweiligen Anordnungssache aufheben oder ändern. [2]Die Aufhebung oder Änderung erfolgt nur auf Antrag, wenn ein entsprechendes Hauptsacheverfahren nur auf Antrag eingeleitet werden kann. [3]Dies gilt nicht, wenn die Entscheidung ohne vorherige Durchführung einer nach dem Gesetz notwendigen Anhörung erlassen wurde.

(2) Ist die Entscheidung in einer Familiensache ohne mündliche Verhandlung ergangen, ist auf Antrag auf Grund mündlicher Verhandlung erneut zu entscheiden.

(3) [1]Zuständig ist das Gericht, das die einstweilige Anordnung erlassen hat. [2]Hat es die Sache an ein anderes Gericht abgegeben oder verwiesen, ist dieses zuständig.

(4) Während eine einstweilige Anordnungssache beim Beschwerdegericht anhängig ist, ist die Aufhebung oder Änderung der angefochtenen Entscheidung durch das erstinstanzliche Gericht unzulässig.

Übersicht

Rn.
A. Allgemeines ... 1
B. Inhalt der Norm ... 2
I. Verfahren ... 2
1. Antrag ... 2
2. Zuständigkeit ... 4
3. Neues Verfahren ... 5
4. Beschluss ... 6
II. Aufhebungs- und Abänderungsgründe ... 8
III. Antrag auf mündliche Verhandlung (Abs. 2) ... 11

3 BT-Drucks. 16/6308, 201
4 Für Gewaltschutzsachen besteht auch die ähnlich lautende Vorschrift des § 216 Abs. 2 FamFG
5 Eingehend dazu *Cirullies*, FamRZ 2012, 1854

IV. Abänderung und Rechtsbehelfe ... 17
1. Antragsteller ... 17
2. Antragsgegner ... 18
a) Ohne mündliche Verhandlung ... 19
b) Nach mündlicher Verhandlung ... 20

A. Allgemeines

Im **vorläufigen Rechtsschutz** ergehen die Entscheidungen auf Grund einer summarischen Prüfung mitunter ohne vorherige Gewährung rechtlichen Gehörs und sind in der Regel nicht anfechtbar (§ 57 Satz 1 FamFG). Ist die Beschwerde gegen die einstweilige Anordnung nach § 57 FamFG zulässig, ist das **Beschwerdeverfahren vorrangig**. Solange das Beschwerdeverfahren anhängig ist, scheidet eine Abänderung oder Aufhebung durch das erstinstanzliche Gericht aus.[1] Hat das Gericht die einstweilige Anordnung wegen der Dringlichkeit im schriftlichen Verfahren erlassen, muss es aber zunächst die **mündliche Verhandlung** auf Antrag nachholen und auf dieser Grundlage neu entscheiden. Erst dann kann überhaupt eine Beschwerde statthaft sein (§ 57 FamFG). Daher erwachsen gerichtliche Entscheidungen im Eilverfahren auch nicht in Rechtskraft und können auch zu einem späteren Zeitpunkt unter den erleichterten Voraussetzungen des § 54 wieder **aufgehoben oder abgeändert** werden.[2] 1

Das Abänderungsverfahren kann grundsätzlich **wiederholt** werden. Sofern allerdings keine neuen Umstände vorgetragen werden, die auf eine Änderung der Sach- und Rechtslage hindeuten, fehlt einem solchen Änderungsantrag nicht nur die Erfolgsaussicht, sondern bereits das **Rechtsschutzbedürfnis**.[3]

Die Abänderung einer einstweiligen Anordnung erfolgt nicht nach § 1696 Abs. 1 BGB, da **§ 1696 BGB nur Endentscheidungen in Hauptsacheverfahren** betrifft. Die Änderung einstweiliger Anordnungen richtet sich ausschließlich nach § 54 FamFG.[4] Eine aufgrund mündlicher Verhandlung ergangene einstweilige Anordnung wird mit dem ungenutzten Ablauf der Beschwerdefrist unanfechtbar.

B. Inhalt der Norm

I. Verfahren

1. Antrag

In Amtsverfahren ist die Abänderung **von Amts wegen**, in Antragsverfahren grundsätzlich nur **auf Antrag** zulässig (Abs. 1 Satz 2). Dies gilt sowohl für positiv regelnde als auch eine einstweilige Anordnung ablehnende Entscheidungen.[5] In Amtsverfahren ist ein Antrag nicht erforderlich, aber als Anregung (vgl. § 24 Abs. 1 FamFG) auf Einleitung eines Abänderungsverfahrens zulässig.[6] **Antragsberechtigt** ist in einem Antragsverfahren nur derjenige, der durch die einstweilige Anordnung beschwert ist.[7] Das Antragserfordernis besteht gemäß Satz 3 nicht, wenn in dem bisherigen Verfahren von gesetzlich notwendigen Anhörungen (z.B. des Kindes, eines Elternteils oder eines anderen Beteiligten) abgesehen worden war; in diesem Fall kann das Gericht die Entscheidung ebenfalls von Amts wegen aufheben oder ändern. Eine Veränderung der Sach- oder Rechtslage ist für die Änderung nicht erforderlich, weil die Fürsorge gegenüber dem Minderjährigen stets Vorrang vor 2

1 Keidel/*Giers*, § 54 FamFG Rn. 8
2 Keidel/*Giers*, § 54 FamFG Rn. 1
3 Keidel/*Giers*, § 54 FamFG Rn. 11; Prütting/Helms/*Dürbeck*, § 54 FamFG Rn. 3
4 BVerfG FamRZ 2009, 1389; OLG Hamm FamRZ 2018, 830; Staudinger/*Coester* (2019), § 1696 BGB Rn. 33
5 BT-Drucks. 16/6308, 201
6 *Van Els*, FPR 2012, 480 (481)
7 Keidel/*Giers*, § 54 FamFG Rn. 5

der Endgültigkeit einer einmal getroffenen Entscheidung hat. Es genügt deshalb, dass das Gericht eine andere Würdigung vornimmt,[8] z.B. nach dem Hinweis eines Beteiligten auf einen bislang unberücksichtigten Umstand. Hinsichtlich einer **bereits außer Kraft getretenen Anordnung** kommt **mangels Rechtsschutzbedürfnis** eine Abänderung nach Abs. 1 ebenso wenig in Betracht wie die Einleitung eines Hauptsacheverfahrens mit dem Ziel der Feststellung der Rechtswidrigkeit der einstweiligen Anordnung.[9]

3 Obgleich in Abs. 1 lediglich von „Entscheidung" die Rede ist, kann auch ein im Verfahren der einstweiligen Anordnung geschlossener gerichtlich gebilligter **Vergleich** dann nach § 54 Abs. 1 FamFG abgeändert werden, wenn er wie ein entsprechender Beschluss nur eine **vorläufige Regelung** darstellt.[10] Für **endgültige Vereinbarungen**[11] kommt eine Abänderung in Kindschaftssachen nach § 1696 Abs. 1 BGB, § 166 FamFG, im Übrigen nach § 48 FamFG in Betracht. § 166 FamFG ist *lex specialis* gegenüber § 48 FamFG.

2. Zuständigkeit

4 **Zuständig** ist nach Abs. 3 Satz 1 das Gericht, das die einstweilige Anordnung erlassen, einen Vergleich (s. Rn. 3) protokolliert bzw. gebilligt oder bestätigt oder aber den Erlass der einstweiligen Anordnung verweigert hat. Denn auch die Ablehnung des Erlasses einer einstweiligen Anordnung ist eine Entscheidung des Gerichts und kann abgeändert werden.[12] Wurde die Sache an ein anderes Gericht abgegeben oder verwiesen, ist dieses nach Abs. 3 Satz 2 zuständig. War das Beschwerdegericht nach § 50 Abs. 1 Satz 2 FamFG zuständig, bleibt es auch für die Entscheidung nach § 54 FamFG zuständig.[13] Abs. 4 regelt das Verhältnis der Abänderung nach § 54 FamFG zu einem Beschwerdeverfahren nach §§ 57, 58 FamFG. Die Entscheidung über die Beschwerde geht hier vor und das Amtsgericht darf die einstweilige Anordnung nicht abändern oder aufheben.

Beschwerdeentscheidungen des Oberlandesgerichts nach §§ 57, 58 ff. FamFG über eine erstinstanzlich getroffene Eilentscheidung begründen keine Abänderungszuständigkeit des Beschwerdegerichts. Dies gilt auch dann, wenn in der Beschwerdeentscheidung erstmalig Anordnungen getroffen wurde.[14]

3. Neues Verfahren

5 Streitig ist, ob der Abänderungsantrag das ursprüngliche **Verfahren fortsetzt**[15] oder ein **neues Verfahren** einleitet.[16] **Kostenrechtlich** bilden die Anträge zwar eine Einheit.[17] Auch wirkt die im Anordnungsverfahren bewilligte **Verfahrenskostenhilfe** fort.[18]

---

8 BVerfG FamRZ 2014, 1772; Zöller/*Feskorn*, § 54 FamFG Rn. 3; a.A. nach Ablauf der Beschwerdefrist wohl OLG Hamm FamRZ 2018, 830: Veränderung tatsächlicher Lebensverhältnisse

9 *Bruns*, FamRZ 2012, 1024 (1026)

10 BGH FamRZ 2018, 1343; OLG Jena FamRZ 2012, 54; *Langheim*, FamRZ 2014, 1413 (1419); *van Els*, FPR 2012, 480 (481), je m.w.N.

11 BT-Drucks. 16/6308, 242

12 BT-Drucks. 16/6308, 201; *Langheim*, FamRZ 2014, 1413, 1418 (Fn. 96) m.w.N.; *van Els*, FamRZ 2011, 573 (Anm. zu OLG Karlsruhe FamRZ 2011, 571), Fn. 7

13 OLG Karlsruhe, Beschl. v. 31.5.2019 – 18 UF 254/18, NJW-RR 2019, 1474; Keidel/*Giers*, § 54 FamFG Rn. 6

14 OLG Karlsruhe, Beschl. v. 31.5.2019 – 18 UF 254/18, NJW-RR 2019, 1474

15 OLG Nürnberg, Beschl. v. 27.12.2011 – 10 WF 1859/11 = BeckRS 2012, 18632; Zöller/*Feskorn,* § 54 FamFG Rn. 6

16 MüKo-FamFG/*Soyka,* § 54 Rn. 15

17 Vgl. § 16 Nr. 5 RVG („dieselbe Angelegenheit"); Vorbem. 1.4 (2) KV-FamGKG (einmalige Gebührenerhebung). Etwas anderes gilt nach § 15 Abs. 5 Satz 2 RVG für die Anwaltsgebühren, wenn seit Erledigung des Ausgangsverfahrens mehr als zwei Kalenderjahre vergangen sind, dazu NJW-Spezial 2015, 61

18 *Langheim*, FamRZ 2014, 1413 (1419)

Es dürfte – entsprechend der gängigen Praxis – wie folgt zu **differenzieren** sein:

- Hat das **Gericht im schriftlichen Verfahren entschieden** und soll nunmehr auf Antrag nach Abs. 2 eine erneute Entscheidung aufgrund mündlicher Verhandlung getroffen werden, so wird das bisherige Verfahren fortgesetzt. Da § 54 FamFG keine zeitliche Grenze für die Aufhebung oder Abänderung vorsieht, ist die ggf. bereits weggelegte Akte wieder aufzurufen.
- Ist der Antrag auf Erlass einer einstweiligen Anordnung bereits **nach Durchführung einer mündlichen Verhandlung** beschieden worden, so leitet ein Abänderungsantrag nach Abs. 1 ein neues Verfahren ein, das dann ggf. im Fall der Verweisung oder Abgabe des Ursprungsverfahrens an ein anderes Gericht dorthin weitergeleitet werden kann.

In jedem Fall besteht (weiterhin) **kein Anwaltszwang** (§ 114 Abs. 4 Nr. 1 FamFG).

4. Beschluss

Das Gericht entscheidet durch **Beschluss** i.S.v. § 38 FamFG. Er ist in den Grenzen des § 57 FamFG **anfechtbar**. Besteht danach die Möglichkeit der Beschwerde, ist diese vorrangig gegenüber § 54 FamFG.[19] Auch kann eine Verfassungsbeschwerde noch keinen Erfolg haben, weil nach § 90 Abs. 2 Satz 1 BVerfGG zunächst der Rechtsweg zu erschöpfen, mithin Beschwerde einzulegen ist.[20] Auf die nach § 54 Abs. 2 FamFG bestehende Möglichkeit resp. Beschwerdemöglichkeit nach § 57 FamFG ist hinzuweisen (vgl. § 39 FamFG).[21] Die **Ablehnung des Antrags nach § 54 Abs. 1 FamFG** ist eine Entscheidung, deren Anfechtung gemäß § 57 FamFG nicht statthaft ist; eine dennoch eingelegte Beschwerde kann ohne mündliche Verhandlung verworfen werden.[22] Verweigert das Gericht eine erneute Entscheidung aufgrund mündlicher Verhandlung, ist diese Entscheidung nicht anfechtbar.[23] Gegebenenfalls begründet dieses Vorgehen des Gerichts aber die Besorgnis der Befangenheit. 6

Das Gericht kann seine ursprüngliche Entscheidung abändern, aufheben oder erstmals eine einstweilige Anordnung erlassen. Die Entscheidung kann mit Wirkung **für die Zukunft** ausgesprochen werden **oder rückwirkend** Geltung entfalten, sofern noch kein Vollzug der ursprünglichen Entscheidung erfolgt ist.[24] 7

II. Aufhebungs- und Abänderungsgründe

Die Aufhebung oder Abänderung einer von Amts wegen getroffenen Entscheidung im Eilverfahren **setzt keine Veränderung der Sach- oder Rechtslage voraus** (Rn. 2). Das Gericht ist nicht an seine ursprüngliche Entscheidung gebunden, es hat den Sachverhalt umfassend neu zu würdigen und kann ihn auch abweichend beurteilen.[25] Hierdurch hat das Gericht die Möglichkeit, auf die Auswirkungen, die die ursprüngliche Entscheidungen mit sich gebracht hat, einzugehen. 8

Die Abänderung einer einstweiligen Anordnung, die zu einer neuerlichen **Aufenthaltsveränderung des Kindes** führen würde, entspricht in der Regel nicht dessen Wohl, weil 9

---

19 Keidel/*Giers*, § 54 FamFG Rn. 8

20 BVerfG FamRZ 2019, 993. Nach § 90 Abs. 2 Satz 2 BVerfGG kann das BVerfG nur dann über eine vor Erschöpfung des Rechtswegs eingelegte Verfassungsbeschwerde sofort entscheiden, wenn sie von allgemeiner Bedeutung ist oder wenn dem Beschwerdeführer ein schwerer und unabwendbarer Nachteil entstünde, falls er zunächst auf den Rechtsweg verwiesen würde. Dies wäre vom Beschwerdeführer entsprechend darzulegen

21 Zöller/*Feskorn*, § 51 FamFG Rn. 11

22 OLG Karlsruhe FamRZ 2014, 1317

23 OLG Brandenburg FamRZ 2017, 1248; a.A. unter Bezugnahme auf §§ 644, 620c Satz 2 ZPO a.F. OLG Karlsruhe FamRZ 2014, 1317

24 Vgl. zum Unterhaltsrecht OLG Köln FamRZ 2004, 39; *Langheim*, FamRZ 2014, 1413 (1420) m.w.N.

25 BVerfG FamRZ 2014, 1772

ihm ein mehrfacher Wechsel von Aufenthaltsort und Bezugsperson(en) nicht zuzumuten ist. Etwas anderes gilt nur, wenn die Aufhebung der angegriffenen Entscheidung aus Gründen der **Kindeswohlgefährdung** erforderlich ist.[26]

10 Die Beurteilung der Sach- bzw. Rechtslage aufgrund neu hinzugetretener Umstände bleibt dem Erkenntnisverfahren unter umfassender Beachtung der Vorgaben des materiellen Rechts vorbehalten. Jene Umstände können der **Vollstreckung** eines durch einstweilige Anordnung geschaffenen Titels nur dann zur Wahrung des Kindeswohls entgegenstehen, wenn darauf auch ein zulässiger Antrag auf Aufhebung der Abänderung der Entscheidung nach § 54 FamFG und auf Aussetzung der Vollstreckung nach § 55 FamFG gestützt ist.[27]

III. Antrag auf mündliche Verhandlung (Abs. 2)

11 Die Begriffe „mündliche **Erörterung**" und „mündliche **Verhandlung**" werden im Gesetz und in der Praxis nicht genau abgegrenzt und oft synonym, ohne erkennbare inhaltliche Unterschiede verwendet, so etwa im Rechtsbehelfsrecht des FamFG (z.B. § 57 Satz 2 FamFG und § 54 Abs. 2 FamFG). Sinnvoll ist es allerdings, in Kindschaftssachen generell von einer mündlichen Erörterung zu sprechen, da den Verfahren der freiwilligen Gerichtsbarkeit das kontradiktorische Element einer mündlichen Verhandlung fremd ist und der Gesetzgeber diesen Terminus auch in der für Kindschaftssachen einschlägigen Vorschrift des § 57 verwendet.

12 Mit dem Antrag nach Abs. 2 kann eine erneute Entscheidung nach mündlicher Verhandlung erzwungen werden. Dies gilt unabhängig davon, ob das Gericht eine einstweilige Anordnung erlassen hat oder nicht.[28] Der Antrag sollte gestellt werden, wenn eine mündliche Erörterung Aussicht bietet, den Sachverhalt besser aufklären zu können, so dass das Gericht möglicherweise zu einer abweichenden Entscheidung gelangt. Unbeschadet dessen eröffnet erst eine Entscheidung aufgrund mündlicher Verhandlung ggf. ein Rechtsmittel (vgl. § 57 FamFG). Dieser Antrag ist auch nach Vollziehung der einstweiligen Anordnung und nach Erledigung der Hauptsache zulässig, selbst wenn die Anordnung schon einige Zeit zurückliegt.[29] **Antragsbefugt** ist derjenige, der durch die vorangegangene Entscheidung beschwert ist.[30]

13 Mitunter ist zweifelhaft, ob ein **Termin** zur mündlichen Verhandlung überhaupt in einer Weise **stattgefunden** hat, dass die einstweilige Anordnung „auf Grund" dieser ergangen ist. Nur dann kann in den Fällen des § 57 Satz 2 FamFG ein Rechtsmittel statthaft sein. Wichtig ist zunächst eine **ordnungsgemäße Ladung**: Alle Beteiligten i.S.d. § 7 FamFG müssen die tatsächliche Möglichkeit zur Teilnahme am oder Vertretung im Termin und zur Verwirklichung ihres Anspruchs auf rechtliches Gehör haben. Hierfür ist die bloße persönliche Anhörung der Beteiligten ungenügend.[31] Auch fehlt es an einer mündlichen Verhandlung, wenn ein Beteiligter nicht rechtzeitig und verfahrensordnungsgemäß von dem Termin und dessen Gegenstand unterrichtet wurde.[32] Ist ein Beteiligter **ordnungsgemäß geladen worden, aber nicht erschienen**, ergeht die Entscheidung gleichwohl aufgrund mündlicher Verhandlung.[33] Die Sache wurde auch dann mündlich verhandelt, wenn der Verfahrensgegenstand in einem zwischen den Beteiligten geführten **Parallelverfahren**

---

26 KG FamRZ 2014, 1790 m.w.N.
27 BGH FamRZ 2015, 2147
28 Vgl. BVerfG FamRZ 2005, 966
29 OLG Karlsruhe FamRZ 2011, 571, dazu krit. *Heinemann*, FamFR 2010, 469
30 Prütting/Helms/*Dürbeck*, § 54 FamFG Rn. 8
31 OLG Frankfurt FamRZ 2012, 571
32 OLG Frankfurt FamRZ 2013, 1831; OLG Koblenz FamRZ 2017, 726; OLG Celle, Beschl. v. 2.11.2012 – 10 UF 269/12, juris = NdsRpfl 2013, 83 = ZKJ 2013, 132 (LS); dazu *Hachenberg*, FamFR 2012, 566
33 OLG Frankfurt FamRZ 2013, 316; NJW 2014, 1393; OLG Hamm, Beschl. v. 3.6.2013 – 2 UF 67/13, juris

bzw. in einem Hauptsacheverfahren mit demselben Gegenstand unter dem Blickwinkel der einstweiligen Anordnung erörtert worden ist.[34] Vor diesem Hintergrund kann etwa in einem Kindesschutzverfahren, welches bislang als Hauptsache geführt wird, aufgrund des dort anberaumten Termins eine einstweilige Anordnung aufgrund mündlicher Erörterung ergehen (vgl. auch § 157Abs. 3 FamFG).

Zweifelhaft kann das Vorliegen einer Eilentscheidung aufgrund mündlichen Erörterung sein, wenn dem **Terminsverlegungsantrag** eines ferngebliebenen Beteiligten nicht stattgegeben worden ist.[35] Liegt objektiv kein Grund für eine Terminsverlegung vor, dann kann die Entscheidung gleichwohl „auf Grund" mündlicher Erörterung ergehen. In diesem Zusammenhang ist von Bedeutung, dass an eine Terminsverlegung in Kindschaftssachen, die dem Beschleunigungsgebot des § 155 Abs. 1 FamFG unterliegen, strenge Anforderungen zu stellen sind (vgl. dazu *Fink*, § 155 FamFG Rn. 13). Zudem muss ein Beteiligter, der aus beruflichen Gründen längere Zeit abwesend ist, Vorsorge treffen, dass er von amtlichen Schriftstücken rechtzeitig Kenntnis erlangt.[36] **14**

Eine Entscheidung ergeht hingegen dann nicht aufgrund mündlicher Erörterung, wenn das Gericht **nach mündlicher Erörterung weitere Ermittlungen** anstellt (Kindesanhörung, Einholung ärztlicher Stellungnahmen oder Berichte der Jugendhilfe, z.B. der SPFH) und seine Entscheidung auf die gewonnenen Erkenntnisse (auch) stützt.[37]

Eine **nicht zeitnahe Terminierung** verletzt den verfahrensrechtlichen Anspruch des Beteiligten auf erneute Entscheidung nach § 54 Abs. 2 FamFG. Insoweit kann ein Antrag auf **Feststellung der Rechtswidrigkeit** nach § 62 FamFG in Betracht kommen.[38] Unbeschadet dessen kann in Verfahren mit den in § 155 Abs. 1 FamFG benannten Verfahrensgegenständen eine Verzögerungsrüge geboten sein (vgl. § 155b FamFG). **15**

Der Antrag auf erneute Entscheidung nach mündlicher Verhandlung ist **nicht fristgebunden**, sondern unterliegt lediglich der Verwirkung gemäß § 242 BGB.[39] Auch eine zwischenzeitliche Erledigung steht dem nicht entgegen.[40] Hat das Gericht ohne mündliche Verhandlung entschieden, kann nur ein Antrag nach Abs. 2 gestellt werden. Einem Antrag auf Aufhebung oder Abänderung nach Abs. 1 fehlt das Rechtsschutzbedürfnis, da über Abs. 2 ausreichender Rechtsschutz besteht und nur effektiver, aber kein doppelter Rechtsschutz zu gewähren ist.[41] Hat eine **mündliche Erörterung**/Verhandlung im Rechtssinne tatsächlich **nicht stattgefunden**, kann die eingelegte – nach § 57 Satz 2 FamFG unstatthafte – „Beschwerde" gegen die einstweilige Anordnung vom Beschwerdegericht nach vorherigem Hinweis als ein **Antrag auf Neuentscheidung** aufgrund mündlicher Verhandlung gemäß § 54 Abs. 2 FamFG umzudeuten sein.[42] **16**

---

34 OLG Zweibrücken, Beschl. v. 2.3.2011 – 6 WF 222/10, juris = FamRZ 2011, 1243 (LS); OLG Hamm, Beschl. v. 14.11.2011 – 8 UF 172/11, juris

35 *Heilmann*, NJW 2012, 887 (890)

36 OLG Frankfurt FamRZ 2013, 316

37 OLG Zweibrücken FamRZ 2008, 1265; Prütting/Helms/*Dürbeck*, § 54 Rn. 8; § 57 FamFG Rn. 13; *van Els*, FPR 2012, 480 (481)

38 OLG München FamRZ 2010, 1755 (Zeitraum von sechs Wochen); kritisch dazu *Bruns*, FamRZ 2012, 1024, 1026

39 OLG Karlsruhe FamRZ 2014, 1317

40 OLG Karlsruhe FamRZ 2011, 571

41 OLG Celle, Beschl. v. 25.10.2012 – 10 WF 310/12, juris; Prütting/Helms/*Dürbeck*, § 54 FamFG Rn. 10; *Langheim*, FamRZ 2014, 1413 (1423); a.A. (Wahlrecht) OLG Karlsruhe FamRZ 2011, 571; OLG Jena FamRZ 2012, 54; Keidel/*Giers*, § 54 FamFG Rn. 14; *van Els*, FPR 2012, 480 (481)

42 Vgl. OLG Celle, Beschl. v. 2.11.2012 – 10 UF 269/12, juris = NdsRpfl 2013, 83 = ZKJ 2013, 132 (LS); dazu *Hachenberg*, FamFR 2012, 566

IV. Abänderung und Rechtsbehelfe

1. Antragsteller

17 Eine ablehnende Entscheidung kann der **Antragsteller** (in Amtsverfahren derjenige, der eine Regelung begehrt) mit der Beschwerde anfechten, sofern eine **mündliche Erörterung** vorangegangen ist (§ 57 FamFG). Anderenfalls kann (nur) die Durchführung einer solchen Verhandlung beantragt werden (Abs. 2).

2. Antragsgegner

18 Für die Frage, wie sich der **Antragsgegner** (in Amtsverfahren derjenige, gegen den sich eine Regelung richtet) gegen die erlassene einstweilige Anordnung zur Wehr setzen kann, ist ebenfalls nach dem bisherigen **Verfahrensgang** zu unterscheiden:

a) Ohne mündliche Verhandlung

19 Hat das Gericht im **schriftlichen Verfahren** entschieden, so stehen dem Antragsgegner wahlweise zur Verfügung:

- Antrag auf **mündliche Verhandlung**, § 54 Abs. 2 FamFG,
- Antrag auf **Fristsetzung** zwecks Einleitung des Verfahrens zur **Hauptsache**, § 52 FamFG.

Nicht zulässig sind dagegen:

- der Antrag auf **Abänderung**, § 54 Abs. 1 FamFG,
- die **Beschwerde**, §§ 57 Satz 2, 58 FamFG, die grundsätzlich eine **mündliche Erörterung** voraussetzt.[43]

b) Nach mündlicher Verhandlung

20 Hat bereits ein **Erörterungstermin stattgefunden**, bestehen folgende Änderungsmöglichkeiten:

- der Antrag auf Fristsetzung zwecks **Einleitung des Hauptsacheverfahrens**, § 52 Abs. 2 FamFG,
- in bestimmten Fällen (auch in Kindschafts- und Gewaltschutzsachen) die **Beschwerde**, § 57 Satz 2, § 58 FamFG,
- bei statthafter Beschwerde nach Ablauf der Beschwerdefrist der Antrag auf **Abänderung**, § 54 Abs. 1 FamFG.

§ 55 FamFG Aussetzung der Vollstreckung

(1) [1]In den Fällen des § 54 kann das Gericht, im Fall des § 57 das Rechtsmittelgericht, die Vollstreckung einer einstweiligen Anordnung aussetzen oder beschränken. [2]Der Beschluss ist nicht anfechtbar.

(2) Wenn ein hierauf gerichteter Antrag gestellt wird, ist über diesen vorab zu entscheiden.

---

43 Ausnahme: Beschwerde gegen Ablehnung von Verfahrenskostenhilfe, vgl. OLG Hamm FamRZ 2013, 1326; OLG Bremen FamRZ 2013, 1916; in Unterbringungssachen OLG Naumburg JAmt 2013, 48

Übersicht

Rn.
A. Allgemeines ... 1
B. Inhalt der Norm ... 2

A. Allgemeines

Anträge nach § 54 Abs. 1 und 2 FamFG sowie nach § 57 FamFG zulässige Beschwerden haben keine aufschiebende Wirkung und können daher die Vollstreckung einer einstweiligen Anordnung nicht hemmen. Deshalb ermöglicht § 55 FamFG, die **Vollstreckung auszusetzen oder zu beschränken**, bis über den Rechtsbehelf oder die Beschwerde entschieden ist.[1] Einer **mündlichen Verhandlung** bedarf es nicht, jedoch sollte den Beteiligten – je nach Eilbedürfnis – rechtliches Gehört gewährt werden.[2] Abs. 2 Satz 2 legt die **Unanfechtbarkeit** einer nach Abs. 1 Satz 1 im Beschlusswege ergangenen Entscheidung ausdrücklich fest. Dies gilt unabhängig davon, ob die Vollstreckung ausgesetzt wird oder nicht.[3] Eine **Abänderung oder Aufhebung** des Beschlusses ist aber von Amts wegen möglich. Mangels Endentscheidung bedarf es **keiner Kostenentscheidung**.[4] Abs. 1 Satz 1 ist vorrangig gegenüber § 93 Abs. 1 Nr. 4 FamFG.[5] 1

B. Inhalt der Norm

Den **Anwendungsbereich** für eine Aussetzung oder Beschränkung der Vollstreckung einstweiliger Anordnungen benennt Abs. 1 Satz 1: 2

- Antrag auf Aufhebung oder Abänderung einer einstweiligen Anordnung nach § 54 Abs. 1 oder Abs. 2 FamFG,
- Abänderung der einstweiligen Anordnung von Amts wegen nach § 54 Abs. 1 FamFG,
- während eines Beschwerdeverfahrens i.S.v. § 57 FamFG.

Durch die Entscheidung kann die sofortige Herausgabe eines Kindes verhindert werden. In Umgangssachen kann z.B. aufgegeben werden, sich auf eine Beratung einzulassen.[6]

Vor Einleitung des Beschwerdeverfahrens ist das Gericht, das die einstweilige Anordnung erlassen hat, **zuständig**. Während des laufenden Beschwerdeverfahrens i.S.v. § 57 FamFG, d.h. mit Eingang der Beschwerde beim Oberlandesgericht, ist das Beschwerdegericht zuständig.

Für die Aussetzung oder Beschränkung der Vollstreckung bedarf es keines Antrags. Sie kann **von Amts wegen** erfolgen.[7] Ist jedoch ein solcher **Antrag** ausdrücklich gestellt, ist hierüber nach Abs. 2 **„vorab" zu entscheiden**, mithin noch zügiger als ohnehin im Verfahren der einstweiligen Anordnung. Diese Antragsmöglichkeiten sind in der gerichtlichen Praxis noch kaum in das Bewusstsein der Beteiligten gerückt. Daher sollte mit dem Aussetzungsantrag auch die „Vorabentscheidung" angeregt werden. Die Aussetzung der Vollstreckung kann von **Bedingungen oder Auflagen** abhängig gemacht werden, insbesondere auch von einer Sicherheitsleistung.[8] 3

---

1 Eingehend dazu *van Els*, FamRZ 2011, 1706
2 *Van Els*, FamRZ 2011, 1706 (1708)
3 *Van Els*, FPR 2012, 480 (482)
4 Prütting/Helms/*Dürbeck*, § 55 FamFG Rn. 3; ebenso *van Els*, FamRZ 2011, 1706 (1708), der auf die Gegenstände einstweilige Anordnung und Verfahren nach § 55 FamFG als eine Angelegenheit abstellt und eine Kostenentscheidung für erforderlich hält nach mündlicher Verhandlung oder wenn der Anwalt nicht Verfahrensbevollmächtigter ist.
5 BGH FamRZ 2015, 2147
6 *Van Els*, FamRZ 2011, 1706 (1709)
7 BT-Drucks. 16/6308, 202
8 BT-Drucks. 16/6308, 202

4 Die **Wirksamkeit rechtsgestaltender einstweiliger Anordnungen** wie die Übertragung (von Teilbereichen) der elterlichen Sorge oder die Übertragung der Entscheidungsbefugnis nach § 1628 BGB kann nach Abs. 1 Satz 1 **vorläufig ausgesetzt** werden, wenn eine Aufhebung oder Abänderung der einstweiligen Anordnung ernsthaft in Betracht kommt bzw. eine Beschwerde Aussicht auf Erfolg hat.[9] Ferner sind die Folgen der Vollstreckung bzw. Wirksamkeit der Entscheidung in die zu treffende Ermessensentscheidung einzubeziehen: Abzuwägen sind die Nachteile, die eintreten würden, wenn die Vollstreckung/Wirksamkeit nicht ausgesetzt würde, der Rechtsbehelf aber Erfolg hätte, gegen die Nachteile, die entstehen würden, wenn die Vollstreckung/Wirksamkeit ausgesetzt würde, der Rechtsbehelf aber keinen Erfolg hätte.[10]

5 Mit Erlass einer Entscheidung nach § 54 FamFG oder im Beschwerdeverfahren tritt die Entscheidung nach § 55 FamFG **außer Kraft**. Einer Aufhebung bedarf es nicht.[11]

§ 56 FamFG Außerkrafttreten

(1) [1]Die einstweilige Anordnung tritt, sofern nicht das Gericht einen früheren Zeitpunkt bestimmt hat, bei Wirksamwerden einer anderweitigen Regelung außer Kraft. [2]Ist dies eine Endentscheidung in einer Familienstreitsache, ist deren Rechtskraft maßgebend, soweit nicht die Wirksamkeit zu einem späteren Zeitpunkt eintritt.

(2) Die einstweilige Anordnung tritt in Verfahren, die nur auf Antrag eingeleitet werden, auch dann außer Kraft, wenn

1. **der Antrag in der Hauptsache zurückgenommen wird,**
2. **der Antrag in der Hauptsache rechtskräftig abgewiesen ist,**
3. **die Hauptsache übereinstimmend für erledigt erklärt wird oder**
4. **die Erledigung der Hauptsache anderweitig eingetreten ist.**

(3) [1]Auf Antrag hat das Gericht, das in der einstweiligen Anordnungssache im ersten Rechtszug zuletzt entschieden hat, die in den Absätzen 1 und 2 genannte Wirkung durch Beschluss auszusprechen. [2]Gegen den Beschluss findet die Beschwerde statt.

Übersicht

	Rn.
A. Allgemeines	1
B. Inhalt der Norm	2
I. Anderweitige Regelung (Abs. 1)	2
1. Gerichtliche Entscheidung	2
2. Vergleich	3
3. Deckungsgleichheit	4
II. Befristung	5
III. Wirksamwerden	6
IV. Antragsverfahren (Abs. 2)	7
V. Feststellung des Außerkrafttretens (Abs. 3)	8

9 OLG Frankfurt ZKJ 2016, 361; Prütting/Helms/*Dürbeck*, § 55 FamFG Rn. 2; Zöller/*Feskorn*, § 55 FamFG Rn. 4: „zumindest hinreichende Erfolgsaussicht"; kritisch *van Els*, FamRZ 2011, 1706 (1708 f.)
10 AG Ebersberg, Beschl. v. 17.1.2019 – 3 F 840/18; Johannsen/Henrich/*Büte*, § 55 FamFG Rn. 2
11 Zöller/*Feskorn*, § 55 FamFG Rn. 4

A. Allgemeines

1 Die einstweilige Anordnung ist ihrem Wesen nach nur eine Zwischenlösung für eine Übergangszeit. Sie tritt daher nach Abs. 1 Satz 1 grundsätzlich **außer Kraft**:

- zu dem vom Gericht bestimmten Zeitpunkt (bei einer **Befristung**),
- anderenfalls bei Wirksamwerden einer **anderweitigen Regelung** (gerichtliche Entscheidung [Rn. 2] oder Vergleich [Rn. 3]).

Diese Rechtsfolge muss grundsätzlich nicht vom Gericht gesondert ausgesprochen werden. Die nach Abs. 3 ggf. zu treffende Feststellung ist deklaratorischer Natur.

Weitere Gründe für ein Außerkrafttreten sind in Antragsverfahren gegeben (Abs. 2). Abs. 1 und 3 gelten demgegenüber für sämtliche einstweilige Anordnungen in Amts- und Antragsverfahren.[1]

Die einstweilige Anordnung tritt nur **mit Wirkung für die Zukunft** außer Kraft.[2]

B. Inhalt der Norm

I. Anderweitige Regelung (Abs. 1)

1. Gerichtliche Entscheidung

2 Eine anderweitige Regelung stellt insbesondere der im **Hauptsacheverfahren** ergangene Beschluss des Gerichts dar. Liegt eine solche vor, entfällt mit deren Wirksamwerden (siehe Rn. 6) das Rechtsschutzbedürfnis für die ggf. nach § 57 FamFG zulässige Beschwerde bzw. Verfassungsbeschwerde, wenn auch kein fortwirkendes Rechtsschutzinteresse (z.B. wegen Wiederholungsgefahr) besteht.[3] Die Entscheidung, die aufgrund der Durchführung einer mündlichen Verhandlung oder als **Abänderungsentscheidung** gemäß § 54 FamFG ergangen ist, stellt **keine anderweitige Regelung** dar, weil diese an die Stelle der ursprünglichen Anordnung tritt.[4]

2. Vergleich

3 Auch bei einem zur endgültigen Streitbeilegung geschlossenen **Vergleich** kann es sich um eine anderweitige Regelung handeln. In Umgangssachen und Verfahren betreffend die Kindesherausgabe bedarf der Vergleich jedoch der **gerichtlichen Billigung** nach § 156 Abs. 2 FamFG.[5] Eine „anderweitige Regelung" ist durch einen Vergleich nicht möglich, wenn der Regelungsgegenstand nicht zur Disposition der Beteiligten stand.[6] Daran fehlt es etwa in Verfahren wegen möglicher Kindeswohlgefährdung.

3. Deckungsgleichheit

4 Weitere Voraussetzung für das Außerkrafttreten der einstweiligen Anordnung ist, dass **derselbe Verfahrensgegenstand** betroffen ist. Der Regelungsgehalt der Hauptsacheentscheidung oder des Vergleichs muss mit demjenigen der einstweiligen Anordnung inhaltlich und zeitlich im Grundsatz **kongruent** sein.

In **Kindschaftssachen** gilt dies allerdings nur eingeschränkt. Vorrang hat hier die **Hauptsacheentscheidung**, auch wenn sie von dem Regelungsumfang des Eilbeschlusses abweicht. Wenn etwa durch eine einstweilige Anordnung einem Elternteil nur **Teilbereiche**

---

1 Keidel/*Giers*, § 56 FamFG Rn. 2
2 Vgl. OLG Hamm NJW-RR 2006, 8
3 BVerfG FamRZ 2019, 534
4 Johannsen/Henrich/*Büte*, § 56 FamFG Rn. 7
5 Keidel/*Giers*, § 56 FamFG Rn. 3a
6 MüKo-FamFG/*Soyka*, § 56 Rn. 2

der elterlichen Sorge zugesprochen worden sind, tritt diese vorläufige Entscheidung außer Kraft durch die Hauptsacheentscheidung, mit der die **elterliche Sorge** für das betreffende Kind insgesamt übertragen wird und umgekehrt.[7]

In **Umgangssachen** kommt es darauf an, ob die im Hauptsacheverfahren und im Eilverfahren getroffenen Entscheidungen denselben Gegenstand abdecken. Werden mit einstweiliger Anordnung der Ferienumgang und der regelmäßige Umgang geregelt, während die Hauptsache nur den regelmäßigen Umgang betrifft, gilt die einstweilige Anordnung hinsichtlich des Ferienumgangs fort, wenn er nicht ausdrücklich in der Hauptsacheentscheidung aufgehoben bzw. anderweitig geregelt wird.[8]

Wird in einem Sorgerechtsverfahren, in dessen Rahmen ursprünglich die vorläufige Übertragung des Aufenthaltsbestimmungsrechts zur alleinigen Ausübung begehrt wird, ein gerichtlich gebilligter Vergleich geschlossen, in dessen Rahmen eine Umgangsregelung mit **paritätischer Betreuung** bei gleichzeitiger Rücknahme des Antrags auf Übertragung des Aufenthaltsbestimmungsrechts geschlossen, und wird zu einem späteren Zeitpunkt in der Hauptsache über das Aufenthaltsbestimmungsrecht entschieden, liegt in Bezug auf die Umgangsregelung keine Deckungsgleichheit mehr vor, sodass ungeachtet der sorgerechtlichen Regelung die vergleichsweise Umgangsregelung fortbesteht. Die Regelung des Aufenthaltsbestimmungsrechts entfaltet keine übergreifende Bindungswirkung für die Umgangsregelung und umgekehrt.[9]

II. Befristung

5 Im summarischen Verfahren trifft das Gericht seine Entscheidung häufig nur für einen bestimmten Zeitraum. Eine solche Befristung spielt in Umgangssachen, insbesondere aber in Gewaltschutzsachen eine große Rolle.[10] Auch eine vorläufige Unterbringung darf durch einstweilige Anordnung nur für maximal sechs Wochen angeordnet werden (§ 333 FamFG).

Mit Ablauf des Fristendes tritt die einstweilige Anordnung **automatisch außer Kraft**, wenn deren Geltungsdauer nicht zuvor verlängert wurde.

III. Wirksamwerden

6 Das Wirksamwerden von Beschlüssen in Familiensachen richtet sich nach § 40 FamFG, soweit keine Sonderregelungen (z.B. § 216 Abs. 1 FamFG in Gewaltschutzsachen und § 324 Abs. 1 FamFG in Unterbringungssachen) vorhanden sind. Die Bekanntgabe ist in § 41 FamFG geregelt.

▶ *Näher zur Abgrenzung von Antrags- und Amtsverfahren Cirullies, Kommentierung zu § 40 FamFG.*

IV. Antragsverfahren (Abs. 2)

7 Nach Abs. 2 tritt in Antragsverfahren die einstweilige Anordnung auch dann außer Kraft, wenn:

- der Antrag in der **Hauptsache zurückgenommen** wird (Ausnahme: Antragstellung aufgrund Anordnung nach § 52 Abs. 2 Satz 1 BGB) oder rechtskräftig **abgewiesen** ist,
- die **Hauptsache erledigt** ist.

---

7 Musielak/*Borth/Grandel*, § 56 FamFG Rn. 5; Keidel/*Giers*, § 56 FamFG Rn. 3
8 Vgl. Keidel/*Giers*, § 56 FamFG Rn. 3
9 BGH, Beschl. v. 27.11.2019 – XII ZB 512/18, NZFam 2020, 116
10 Vgl. hier *Cirullies*, § 1 GewSchG Rn. 24

Bei Verfahren, die auf Antrag oder von Amts wegen eingeleitet werden können (z.B. § 1632 Abs. 4, §§ 1686, 1687 Abs. 2, §§ 1687a, 1688 Abs. 3 Satz 2 BGB) ist Abs. 2 nur bei Antragstellung anzuwenden.[11]

Der Grund für die Abweisung des Hauptsacheantrages ist für das Außerkrafttreten nach Abs. 2 Nr. 2 irrelevant.[12]

Auch wenn der Antrag auf Erlass einer einstweiligen Anordnung zurückgenommen oder das Verfahren auf Erlass einer einstweiligen Anordnung übereinstimmend für erledigt erklärt wird, tritt die einstweilige Anordnung außer Kraft.[13] Soweit eine einstweilige Anordnung durch das Beschwerdegericht erlassen worden ist, tritt diese mit Rücknahme der Beschwerde ebenfalls außer Kraft. § 56 Abs. 2 Nr. 1 ist hier entsprechend anzuwenden.

V. Feststellung des Außerkrafttretens (Abs. 3)

Die Wirkung des Außerkrafttretens hat das **erstinstanzliche Gericht** auf Antrag durch Beschluss, der deklaratorische Wirkung hat, auszusprechen (Abs. 3). Dies gilt auch für Amtsverfahren. In Gewaltschutzsachen ist es wegen der Gefahr einer ungerechtfertigten Strafverfolgung (§ 4 GewSchG) angezeigt, das Außerkrafttreten einer Schutzanordnung nach § 1 Abs. 1 GewSchG auch ohne Antrag auszusprechen.[14] **Antragsberechtigt** ist derjenige, der durch die einstweilige Anordnung beschwert ist.[15] Die **Zuständigkeit** des erstinstanzlichen Gerichts bleibt auch dann erhalten, wenn das Beschwerdegericht die einstweilige Anordnung nach § 50 Abs. 1 Satz 2 FamFG erlassen hat. 8

Konkret hat das Gericht auf Antrag auszusprechen, **ob und ggf. ab welchem Zeitpunkt** die einstweilige Anordnung außer Kraft getreten ist. Dementsprechend sollte dem Antrag zu entnehmen sein, wann, wodurch und in welchem Umfang die einstweilige Anordnung außer Kraft getreten ist.[16]

§ 57 FamFG Rechtsmittel

[1]Entscheidungen in Verfahren der einstweiligen Anordnung in Familiensachen sind nicht anfechtbar. [2]Dies gilt nicht in Verfahren nach § 151 Nummer 6 und 7 und auch nicht, wenn das Gericht des ersten Rechtszugs auf Grund mündlicher Erörterung

1. **über die elterliche Sorge für ein Kind,**
2. **über die Herausgabe des Kindes an den anderen Elternteil,**
3. **über einen Antrag auf Verbleiben eines Kindes bei einer Pflege- oder Bezugsperson,**
4. **über einen Antrag nach den §§ 1 und 2 des Gewaltschutzgesetzes oder**
5. **in einer Ehewohnungssache über einen Antrag auf Zuweisung der Wohnung**

entschieden hat.

11 Keidel/*Giers*, § 56 FamFG Rn. 7
12 A.A. ohne gesetzliche Grundlage: Johannsen/Henrich/*Büte*, § 56 FamFG Rn. 6 (Zurückweisung als unzulässig für Außerkrafttreten nicht ausreichend)
13 Prütting/Helms/*Dürbeck*, § 56 FamFG Rn. 8
14 Prütting/Helms/*Dürbeck*, § 56 FamFG Rn. 10
15 Keidel/*Giers*, § 56 FamFG Rn. 10
16 *Van Els*, FPR 2012, 480 (485) m.w.N.; *Langheim*, FamRZ 2014, 1413 (1415)

Übersicht

	Rn.
A. Allgemeines	1
B. Inhalt der Norm	2
I. Mündliche Erörterung	2
II. Verfahrensgegenstände	3
1. Elterliche Sorge	4
2. Herausgabe des Kindes	6
3. Verbleibensanordnung	7
III. Verfahren	8
1. Zuständiges Gericht	8
2. Beschwerdefrist	9
3. Beschwerdebefugnis	10
IV. Isolierte Anfechtung der Kostenentscheidung	12

A. Allgemeines

1 Einstweilige Anordnungen in Familiensachen sind grundsätzlich nicht anfechtbar. Die Möglichkeit der Anfechtung mit der **Beschwerde** besteht wegen des besonders schwerwiegenden Grundrechtseingriffs und im Gleichklang mit der Unterbringung Volljähriger[1] einzig in Verfahren der freiheitsentziehenden Unterbringung und im Übrigen, wenn Entscheidungen über die in Satz 2 bezeichneten Verfahrensgegenstände („Katalogsachen") **aufgrund mündlicher Erörterung** ergangen sind. Dass Umgangssachen, die ebenso wie Entscheidungen über die elterliche Sorge einen schwerwiegenden Eingriff in Grundrechte bedeuten können (insbesondere ein Umgangsausschluss), nicht in dem Katalog des Satz 2 aufgeführt sind, ist verfassungsrechtlich bedenklich.[2]

Als Ausgleich für die überwiegende Unanfechtbarkeit können die Beteiligten unmittelbar oder auf dem Umweg über § 52 FamFG ein **Hauptsacheverfahren** einleiten oder eine **Abänderung** nach § 54 FamFG beantragen. Nach Ausschöpfung des Rechtswegs kommen die Anhörungsrüge nach § 44 FamFG und schließlich die Verfassungsbeschwerde in Betracht.

B. Inhalt der Norm

I. Mündliche Erörterung

2 Der angefochtene Beschluss muss **aufgrund mündlicher Erörterung**[3] ergangen sein.

▶ *Näher hierzu Lack, § 54 FamFG Rn. 13 f.*

Anderenfalls sind die Beschwerde bereits unzulässig und der Antrag auf erneute Entscheidung nach mündlicher Verhandlung gemäß § 54 Abs. 2 FamFG vorrangig gegenüber der Beschwerde.

II. Verfahrensgegenstände

3 Lediglich bei den in Satz 2 aufgeführten Verfahrensgegenständen (sog. Katalogsachen) ist die Beschwerde (nach mündlicher Erörterung im Ausgangsverfahren) statthaft – unabhängig davon, ob die angefochtene Entscheidung positiv oder negativ ist.[4] Da sie im Katalog des Satz 2 nicht aufgeführt sind, sind beispielsweise Anordnungen in Unterhalts- und Umgangssachen unanfechtbar.

---

1 Vgl. BT-Drucks. 17/10490, 18
2 Vgl. auch BT-Drucks. 16/9733, 289 (Beschlussempfehlung und Bericht des Rechtsausschusses zu dem Gesetzentwurf der Bundesregierung – Drucksache 16/6308 –)
3 Hier gleichbedeutend mit mündlicher Verhandlung
4 BT-Drucks. 16/6308, 202 f.

1. Elterliche Sorge

4 Beschwerde kann auch dann eingelegt werden, wenn nicht nur über die elterliche Sorge **insgesamt**, sondern auch über **Teilbereiche** entschieden worden ist. Die Erfolgsaussicht ist insbesondere bei einer bereits vollzogenen einstweiligen Anordnung zu prüfen. Insbesondere bei einer vorläufigen Übertragung des **Aufenthaltsbestimmungsrechts** ist zu beachten, dass ein mehrfacher Wechsel des Wohnortes und der unmittelbaren Bezugsperson das Kindeswohl in nicht unerheblichem Maße beeinträchtigen würde. Es entspricht regelmäßig nicht dem Wohl des Kindes, eine bereits vollzogene einstweilige Anordnung über das Aufenthaltsbestimmungsrecht ohne schwerwiegende Gründe abzuändern und somit vor einer etwaigen Entscheidung des Amtsgerichts in der Hauptsache über einen erneuten Ortswechsel zu befinden.[5]

▶ *Näher hierzu Lack, § 49 FamFG Rn. 24 ff.*

Auch gegen die **Übertragung der Entscheidungsbefugnis** nach § 1628 BGB nach mündlicher Erörterung ist die Beschwerde zulässig.

5 Probleme kann die **Abgrenzung** einer Entscheidung über die **elterliche Sorge** für ein Kind zu einer Entscheidung über das **Umgangsrecht** bereiten, welche eben nicht der Beschwerde unterliegt:

- Wird dem Umgangsberechtigten verboten (oder gestattet), mit dem Kind in das **Ausland zu verreisen**, wird eine unanfechtbare **Umgangsregelung**, bei einem entsprechenden an den Sorgeberechtigten gerichteten Verbot dagegen eine **Sorgerechtsregelung** vorliegen.[6]
- Wird ein Elternteil zur **Herausgabe des Kinderreisepasses** verpflichtet, handelt es sich um eine Sorgerechtregelung, wenn der betreuende Elternteil die Herausgabe verlangt, und um eine Umgangsregelung, wenn der umgangsberechtigte Elternteil den Pass zum Zwecke der Durchführung einer Reise verlangt.[7]
- Wird eine **Umgangspflegschaft** angeordnet, handelt es sich um eine unanfechtbare Umgangsregelung (§ 1684 Abs. 3 Satz 3 BGB). Wird hingegen **Umgangsbestimmungspflegschaft** angeordnet, handelt es sich um eine Regelung über die elterliche Sorge (§ 1666 Abs. 3 Nr. 6 Alt. 1 BGB).[8]

▶ *Näher hierzu Gottschalk, § 1684 BGB Rn. 58 f., 62 f.*

- Eine im Umgangsverfahren getroffene vorläufige Regelung zum **Wechselmodell** ist nicht anfechtbar.[9]
- Auch bei **Kontakt- und Näherungsverboten** kann fraglich sein, ob sie dem Sorge- oder dem Umgangsrecht zuzuordnen sind. Dies gilt insbesondere für Schutzmaßnahmen gegenüber einem nicht oder nicht mehr sorgeberechtigten Elternteil. Stützt man diese Verbote allein auf **§ 1684 Abs. 4 BGB**,[10] besteht keine Beschwerdemöglichkeit.

---

5 OLG Brandenburg, Beschl. v. 9.9.2013 – 3 UF 64/13, juris = FamRZ 2014, 1124 (LS)

6 Zöller/*Feskorn*, § 57 FamFG Rn. 6 m.w.N.

7 Siehe aber Prütting/Helms/*Dürbeck*, § 49 Rn. 11: Kindschaftssache i.S.v. § 151 Nr. 3 FamFG

8 OLG Hamm FamRZ 2017, 47; OLG Schleswig-Holstein ZKJ 2016, 464 mit Anm. *Gottschalk*; Prütting/Helms/*Dürbeck*, § 57 FamFG Rn. 5; a.A. OLG Schleswig-Holstein FamRZ 2012, 151

9 BGH ZKJ 2017, 190; a.A. OLG München FamRZ 2016, 2120. Der BGH hat die Frage, ob auf entsprechenden Antrag eines Elternteils und mit welchem Inhalt auch eine auf das gleiche Ergebnis gerichtete Sorgerechtsregelung möglich ist, ausdrücklich offengelassen. Gegen eine in einem Sorgerechtsverfahren getroffene einstweilige Anordnung im Hinblick auf das Aufenthaltsbestimmungsrecht wäre die Beschwerde dann zulässig (so auch Zöller/*Feskorn*, § 57 FamFG Rn. 6)

10 So OLG Frankfurt ZKJ 2013, 298 mit Anm. *Gottschalk*

Anders hingegen, wenn die Rechtsgrundlage in **§ 1666 Abs. 4 BGB**[11] oder aber in **§ 1 GewSchG**[12] gesehen wird.

▶ *Näher hierzu Gottschalk, § 1684 BGB Rn. 82.*

2. Herausgabe des Kindes

6 Nr. 2 erfasst nach dem Wortlaut lediglich die **Herausgabe an den anderen Elternteil**. Daher ist eine Beschwerde gegen eine einstweilige Anordnung über die Herausgabe eines Kindes an das als Vormund oder Pfleger zuständige **Jugendamt** nach überwiegender Ansicht unzulässig.[13] Gleiches gilt für die Herausgabe zum Zwecke der Durchführung des **Umgangs**.[14] Die Beschwerde ist nach **bereits erfolgter Herausgabe** des Kindes nicht mehr statthaft, weil sich die Hauptsache dann erledigt hat und die Beschwerde mangels Beschwer unzulässig ist.[15] Hier verbleiben nur sorgerechtliche Anträge bzw. Rechtbehelfe gegen die Entscheidung über das Aufenthaltsbestimmungsrecht.

3. Verbleibensanordnung

7 Ablehnende und befürwortende Eilentscheidungen über eine begehrte Verbleibensanordnung eines (Pflege-)Kindes sind mit der Beschwerde anfechtbar. Über den Wortlaut in Nr. 3 hinaus sind Eilentscheidungen wegen der identischen Eingriffsintensität auch dann anfechtbar, wenn das Gericht die Herausgabe von Amts wegen angeordnet hat.[16]

III. Verfahren

1. Zuständiges Gericht

8 Die Beschwerde ist bei dem Gericht einzulegen, dessen Beschluss angefochten wird. Dies gilt ebenso bei einem Antrag auf Verfahrenskostenhilfe für eine beabsichtigte Beschwerde (§ 64 Abs. 1 FamFG). Das Verfahren ist dem Beschwerdegericht unverzüglich zuzuleiten. Bei Einlegung der Beschwerde gilt das **Abhilfeverbot** des § 68 Abs. 1 Satz 2 FamFG **auch für die einstweilige Anordnung**, da es sich bei ihnen um eine Endentscheidung i.S.v. §§ 38, 58 FamFG handelt.[17]

2. Beschwerdefrist

9 Im Beschwerderecht ist bei einstweiligen Anordnungen insbesondere die kurze Beschwerdefrist von **zwei Wochen** (§ 63 Abs. 2 Nr. 1 FamFG) zu beachten – unabhängig davon, ob dem Antrag stattgegeben oder dieser zurückgewiesen wurde.

3. Beschwerdebefugnis

10 Beschwerdebefugt ist derjenige, dessen Rechte die getroffene Entscheidung beeinträchtigt. Die **Beschwerdebefugnis** gilt auch in Bezug auf **Nebenentscheidungen**, z.B. die **Kostenentscheidung**.[18] Auch zur Durchführung der Entscheidung getroffene **ergänzende Anordnungen** nach § 49 Abs. 2 Satz 3 FamFG zählen hierzu. Diese Nebenentscheidungen sind jedoch nicht außerhalb der für die Anfechtung der einstweiligen Anord-

---

11 MüKo-BGB/*Lugani*, § 1666 BGB Rn. 247; Palandt/*Götz*, § 1666 BGB Rn. 41
12 So *Heiß*, FamFR 2013, 258
13 OLG Düsseldorf, Beschl. v. 24.10.19 – 3 UF 129/19 = BeckRS 2019, 33387; OLG Saarbrücken FamRZ 2013, 1153; OLG Oldenburg FamRZ 2014, 1929, kritisch dazu *Söpper*, NZFam 2014,1011; OLG Saarbrücken ZKJ 2013, 171, dazu *Burschel*, FamFR 2013, 140; a.A. OLG Oldenburg FamRZ 2011, 745, insoweit zustimmend *Grün*, FamFR 2011, 40
14 Zöller/*Feskorn*, § 57 FamFG Rn. 7 m.w.N.
15 Prütting/Helms/*Dürbeck*, § 57 FamFG Rn. 8; BayObLG FamRZ 1990, 1379; OLG Oldenburg FamRZ 1978, 437
16 OLG Frankfurt FamRZ 2016, 1801
17 Ganz h.M., vgl. Musielak/*Borth/Grandel*, § 68 FamFG Rn 6. Lediglich eine Mindermeinung nimmt unter Hinweis auf den früheren Rechtszustand eine Abhilfebefugnis an, vgl. OLG Hamm FamRZ 2011, 234
18 OLG Frankfurt, Beschl. v. 26.6.2014 – 1 WF 48/14 = BeckRS 2014, 17019

nung geltenden Vorschriften isoliert anfechtbar, sondern ebenfalls erst **nach einer mündlichen Erörterung**.[19]

Gegen eine Entscheidung, mit der der bislang allein sorgeberechtigten Mutter das Sorgerecht teilweise entzogen und auf einen Ergänzungspfleger übertragen worden ist, steht dem nicht sorgeberechtigten Vater, bei dem das Kind lebt, eine Beschwerdebefugnis mangels Beschwer nicht zu; ebenso wenn die elterliche Sorge auf die Mutter nach vorläufiger Übertragung der elterlichen Sorge auf einen Dritten zurückübertragen wird.[20]

▶ *Näher zur Beschwerdebefugnis Dürbeck, Kommentierung zu §§ 59 FamFG.*

Die Entscheidung über begehrte **Verfahrenskostenhilfe** ist nach Satz 1 unanfechtbar, wenn die Zurückweisung mangels Erfolgsaussicht erfolgt.[21] Denn der Rechtsmittelzug im Verfahrenskostenhilfeverfahren kann grundsätzlich nicht weiter gehen als derjenige in der Hauptsache. Die sofortige Beschwerde gegen die Versagung von Verfahrenskostenhilfeverfahren mangels Erfolgsaussicht ist daher nicht nur dann unzulässig, wenn die Hauptsacheentscheidung unanfechtbar wäre, sondern auch dann, wenn es sich um ein einstweiliges Anordnungsverfahren handelt, dessen Gegenstand nicht in den Katalog des § 57 Satz 2 fällt. Umgekehrt ist die sofortige Beschwerde gegen eine die Bewilligung der Verfahrenskostenhilfe ablehnende Entscheidung wegen mangelnder Erfolgsaussicht in einem einstweiligen Anordnungsverfahren im Falle einer Katalogsache nach § 57 Satz 2 FamFG statthaft. Dies gilt auch dann, wenn noch keine mündliche Erörterung stattgefunden hat.[22] 11

IV. Isolierte Anfechtung der Kostenentscheidung

In **Familiensachen** ist die Kostenentscheidung – anders als in Familienstreitsachen – ungeachtet der Beschwerdesumme (§ 61 Abs. 1 FamFG) **isoliert anfechtbar**, wenn diese **mit der Sachentscheidung nach mündlicher Erörterung** ergangen ist **und** es sich um eine **Katalogsache** i.S.v. Satz 2 handelt.[23] 12

Die Möglichkeit der isolierten Anfechtung fehlt, wenn die **Hauptsache nicht anfechtbar** ist oder wäre, d.h. insbesondere bei Kostenentscheidungen in Familiensachen, bei denen es sich nicht um Katalogsachen nach Satz 2 handelt.[24] Hat das Amtsgericht im Verfahren der einstweiligen Anordnung **ohne mündliche Erörterung entschieden**, ist die Kostenentscheidung auch in Katalogsachen nicht isoliert anfechtbar. Dasselbe gilt im Fall der **Erledigung oder Antragsrücknahme**, auch wenn anschließend nur über die Kosten mündlich verhandelt wird.[25]

Wenn eine einstweilige Anordnung während des Beschwerdeverfahrens **außer Kraft tritt**, kann der Beschwerdeführer sein Rechtsmittel auf den **Kostenpunkt** beschränken.[26]

---

19 KG, Beschl. v. 26.6.2014 – 25 WF 54/14, juris = FamRZ 2014, 1929; OLG Koblenz FamRZ 2014, 496
20 KG FamRZ 2014, 1317
21 Prütting/Helms/*Dürbeck*, § 57 FamFG Rn. 15
22 OLG Bremen FamRZ 2013, 1916; OLG Frankfurt FamRZ 2014, 676, dazu *Grandke*, NZFam 2014, 420 m.w.N.
23 OLG Brandenburg, Beschl. v. 15.10.2013 – 3 WF 90/13, juris; vgl. auch *Fischer*, FamFR 2013, 563
24 OLG Hamburg, Beschl. v. 26.11.2010 – 7 UF 154/10, juris = MDR 2011, 104 = FamRZ 2011, 752 (LS)
25 OLG Frankfurt FamRZ 2013, 569; OLG Frankfurt FamRZ 2014, 593; OLG Nürnberg, Beschl. v. 18.9.2015 – 7 WF 1073/15, juris = FF 2016, 42 (LS)
26 KG FamRZ 2012, 1323

Abschnitt 5
Rechtsmittel

Unterabschnitt 1
Beschwerde

§ 58 FamFG Statthaftigkeit der Beschwerde

(1) Die Beschwerde findet gegen die im ersten Rechtszug ergangenen Endentscheidungen der Amtsgerichte und Landgerichte in Angelegenheiten nach diesem Gesetz statt, sofern durch Gesetz nichts anderes bestimmt ist.

(2) Der Beurteilung des Beschwerdegerichts unterliegen auch die nicht selbständig anfechtbaren Entscheidungen, die der Endentscheidung vorausgegangen sind.

Übersicht

Rn.
A. Allgemeines ... 1
B. Inhalt der Norm ... 3
I. Anfechtbarkeit von Endentscheidungen (Abs. 1) ... 3
1. Endentscheidungen in Hauptsacheverfahren ... 3
2. Endentscheidungen in Verfahren der einstweiligen Anordnung ... 5
3. Kostenentscheidungen ... 6
C. Anfechtbarkeit von Zwischenentscheidungen ... 9
I. Systematik ... 9
II. Unanfechtbare Zwischenentscheidungen ... 10
III. Anfechtbare Zwischenentscheidungen ... 12
1. Praktisch relevante Fälle ... 13
2. Verfahren der sofortigen Beschwerde ... 14
3. Rechtsschutz gegen unanfechtbare Zwischenentscheidungen ... 15
4. Rechtsschutz gegen die Untätigkeit der Familiengerichte ... 16

A. Allgemeines

1 § 58 FamFG sieht für alle im ersten Rechtszug ergangenen **Endentscheidungen** der Familiengerichte grundsätzlich das Rechtsmittel einer befristeten **Beschwerde** vor. Verfahren die vor dem 1.1.2009 im ersten Rechtszug eingeleitet worden sind[1] und auf die nach Art. 111 FGG-RG noch das vor dem 1.9.2009 anzuwendende Recht (befristete Beschwerde nach § 621e FGG a.F.) anzuwenden wäre, gibt es in Kindschaftssachen schon wegen der Notwendigkeit, diese in beschleunigter Weise zu erledigen (vgl. § 155 FamFG), in der Praxis nicht mehr. Auch soweit es um die **Vollstreckung** einer Endentscheidung geht, die noch nach altem Recht ergangen ist, kommt es auf die Einleitung des Vollstreckungsverfahrens an, da es sich um ein selbständiges Verfahren i.S.d. Art. 111 Abs. 1 und 2 FGG-RG handelt.[2]

§ 58 Abs. 1 und 2 FamFG[3] bestimmen im Grundsatz, dass

1. **Endentscheidungen** der Familiengerichte mit der **Beschwerde nach §§ 58 ff. FamFG** anfechtbaren sein sollen, soweit sie nicht für das betreffende Verfahren durch das Gesetz ausgeschlossen ist

und dass

1 Maßgeblich war die Einleitung des 1. Rechtszuges, vgl. BGH NJW 2010, 440; *Büte*, FuR 2010, 425
2 Keidel/*Engelhardt,* Art. 111 FGG-RG Rn. 5
3 Ausführlich *Fischer*, FuR 2014, 645, 2014, 700; 2015, 28

2. **Zwischenentscheidungen** grundsätzlich **nicht selbständig anfechtbar** sein sollen, sondern nur zusammen mit der Endentscheidung vom Beschwerdegericht zu überprüfen sind (Abs. 2), soweit sie nicht – durch das FamFG ausdrücklich normiert – mit der
3. **sofortigen Beschwerde nach §§ 567 ff. ZPO** selbständig anfechtbar (*vgl. Rn. 9*) sind.

Mit der Entscheidung in der Hauptsache getroffene **Nebenentscheidungen** (z. B. **Kostenentscheidung**, sofortige Wirksamkeit) sind entgegen der Gesetzesbegründung[4] nicht Zwischenentscheidungen i.S.d. § 58 Abs. 2 FamFG gleichzustellen, da sie der Endentscheidung nicht vorausgehen und der Gesetzgeber insbesondere hinsichtlich der Anfechtbarkeit der Kostenentscheidung bewusst auf einen Ausschluss, wie nach § 20a Abs. 1 Satz 1 FGG a.F., § 99 ZPO, verzichtet hat.[5] 2

B. Inhalt der Norm

I. Anfechtbarkeit von Endentscheidungen (Abs. 1)

1. Endentscheidungen in Hauptsacheverfahren

Endentscheidungen in Hauptsacheverfahren sind in Kindschaftssachen grundsätzlich mit der Beschwerde nach §§ 58 ff. FamFG anfechtbar. Es handelt sich dabei um solche gerichtlichen **Beschlüsse**, durch die der Verfahrensgegenstand **im ersten Rechtszug ganz oder teilweise erledigt** wird (§ 38 Abs. 1 Satz 1 FamFG). Damit sind auch **Teilbeschlüsse**, die nach § 38 Abs. 1 Satz 1 FamFG auch in Nichtstreitsachen grundsätzlich zulässig sind[6] – die in Kindschaftssachen aber mit Ausnahme von Teilbeschlüssen in Umgangssachen eher selten vorkommen – selbständig anfechtbar. Gleiches gilt für **Ergänzungsbeschlüsse** nach § 43 Abs. 1 FamFG, soweit auch gegen die zu ergänzende Endentscheidung ein Rechtsmittel statthaft ist.[7] Anfechtbar ist in amtswegigen Verfahren nach § 24 FamFG, in denen ein „Antrag" als Anregung zur Einleitung eines Verfahrens zu verstehen ist, die Verweigerung des Familiengerichts, ein **Verfahren einzuleiten**, da es sich aus Sicht der Betroffenen um eine Endentscheidung handelt.[8] Das gilt aber nicht für die Einleitung des Amtsverfahrens selbst.[9] Selbstständig anfechtbar sind in Familiensachen der freiwilligen Gerichtsbarkeit – das ist heute unstreitig[10] – auch mit der Hauptentscheidung ergangene (dann als Nebenentscheidung) oder isolierte **Kostenentscheidungen** (dann als Endentscheidung) (vgl. oben Rn. 2 und Rn. 6 f.). 3

Ausgeschlossen ist die Anfechtbarkeit von Endentscheidungen in Kindschaftssachen bei der Adoption (§ 197 Abs. 3 Satz 1 FamFG) und bei der Befreiung vom Eheverbot (§ 198 Abs. 3 Satz 1 FamFG).

Obwohl das FamFG im Gegensatz zu Ehe- und Familienstreitsachen (§§ 113 Abs. 1 Satz 2 FamFG, 280 Abs. 2 ZPO) **Zwischenentscheidungen** über die Zulässigkeit eines Antrages bzw. Verfahrens nicht vorsieht,[11] sind vom Familiengericht in einem Verfahren der freiwilligen Gerichtsbarkeit getroffene Zwischenentscheidungen über die internationale Zustän-

---

4 BT-Drucks. 16/6308, 162, 203
5 BT-Drucks. 16/6308, 216; wie hier: PK Familienverfahrensrecht/*Finke,* § 58 FamFG Rn. 7 ff.
6 Hier gelten aber die strengen Voraussetzungen von § 301 ZPO, wonach bei Teilbeschlüssen die Gefahr einander widersprechender Entscheidungen ausgeschlossen sein muss, entsprechend, vgl. OLG Frankfurt a.M. NJOZ 2014, 1044; Keidel/*Meyer-Holz,* § 38 FamFG Rn. 20
7 BGH FGPrax 2011, 148; Keidel/*Meyer-Holz,* § 43 FamFG 16 f.
8 OLG Frankfurt ZKJ 2015, 275; OLG Brandenburg FamRZ 2015, 1993; MüKo-FamFG/*A. Fischer,* § 58 Rn. 77; vgl. auch BVerfG FamRZ 2016, 1917; a.A. die wohl h.M.: BGH Rpfleger 2012, 445; MüKo-FamFG/*Ulrici,* § 24 Rn. 13; Prütting/Helms/*Ahn-Roth,* § 24 FamFG Rn. 11
9 OLG Stuttgart FGPrax 2003, 72
10 Vgl. dazu Rn. 5
11 A.A. Keidel/*Meyer-Holz,* § 58 FamFG Rn. 17: § 280 Abs. 2 ZPO analog

digkeit, zulässig und nach zutreffender Auffassung mit der Beschwerde nach § 58 Abs. 1 FamFG anfechtbar.[12]

Die Anfechtbarkeit von Endentscheidungen, die in rechtlich selbständigen (§ 51 Abs. 3 Satz 1 FamFG) Verfahren der **einstweiligen Anordnung** nach §§ 49 ff. FamFG ergangen sind, ist eingeschränkt und richtet sich nach § 57 Satz 1 und 2 FamFG (*vgl. Rn. 4*).

Nach § 58 Abs. 1 FamFG in Kindschaftssachen anfechtbare Endentscheidungen sind auch **Festsetzungen der Vergütung des Vormunds oder Pflegers** nach § 168 FamFG[13] oder des **Verfahrensbeistandes** nach §§ 158 Abs. 7, 168 Abs. 1 FamFG.[14] Denn sie beenden das Vergütungsfestsetzungsverfahren.

Auch die nach § 156 Abs. 2 FamFG von Familiengericht im Wege eines Beschlusses zu erteilende **Billigung einer Umgangsvereinbarung** ist – unbeschadet des früheren Meinungsstreits über die Form der Billigung (siehe näher hierzu *Wegener*, § 156 FamFG Rn. 65) – als Endentscheidung nach § 58 Abs. 1 FamFG anfechtbar, da erst sie den Titel nach § 86 Abs. 1 Nr. 2 FamFG vollstreckbar macht.[15] Nicht anfechtbar ist dagegen die **Verweigerung der Billigung** des Vergleichs, da dieser das Verfahren nicht erledigt.[16] Selbständig anfechtbar ist aber die **Erteilung oder Verweigerung des gerichtlichen Warnhinweises** nach § 89 Abs. 2 FamFG in einem Umgangsbeschluss.[17] Auch eine auf § 1684 Abs. 3 Satz 2 BGB oder (zu Unrecht) auf § 156 Abs. 1 Satz 4 FamFG gestützte **Beratungsanordnung** in einer Endentscheidung ist selbstständig anfechtbar, obwohl sie nach § 156 Abs. 1 Satz 5 FamFG analog nicht vollstreckbar ist.[18]

Selbständig als Endentscheidungen anfechtbar sind die **Anordnung oder Ablehnung einer Pflegschaft** und auch die Bestellung oder Auswechslung eines Ergänzungspflegers[19] sowie die Anordnung einer Umgangspflegschaft,[20] nicht aber die **Bestellung eines Verfahrensbeistandes** (§ 158 Abs. 3 Satz 1 FamFG). Eine Ausnahme besteht bei der Bestellung eines Verfahrensbeistands aber dann, wenn diese durch den Rechtspfleger erfolgt ist. Hier ist die Erinnerung nach § 11 Abs. 2 RpflG statthaft,[21] nicht aber die sofortige Beschwerde zum Oberlandesgericht.[22]

4 Soweit der **Rechtspfleger** nach § 3 Nr. 2a RPflG funktionell für eine Kindschaftssache zuständig ist, findet gegen seine Endentscheidungen über **§ 11 Abs. 1 RPflG** ebenfalls die Beschwerde nach §§ 58 ff. FamFG unmittelbar zum Oberlandesgericht statt. Ist gegen die Entscheidung des Rechtspflegers kein Rechtsmittel gegeben, so findet nach § 11 Abs. 2 Satz 1 RPflG die **Erinnerung** statt, über die der Familienrichter des ersten Rechtszugs nach § 11 Abs. 2 Satz 3 RPflG zu entscheiden hat. Nach Auffassung des BGH ist der Begriff des Nichtgegebenseins eines Rechtsmittels weit auszulegen und ist nicht nur dann zu bejahen, wenn kein Rechtsmittel statthaft ist (z. B. Entscheidung des Rechtspflegers über einstwei-

---

12 OLG Stuttgart FamRB 2014, 300 (Sorgerecht zur Brüssel IIa-VO) mit weiteren Einzelheiten

13 OLG Frankfurt a.M. FamRZ 2013, 894

14 OLG Frankfurt a.M. FamRZ 2010, 666

15 BGH ZKJ 2019, 417; OLG Frankfurt ZKJ 2019, 72; OLG München FF 2015, 30; OLG Hamm ZKJ 2014, 478; FamRZ 2015, 273; *Hammer*, FamRZ 2011, 1268; *Cirullies*, ZKJ 2011, 448, 450; *Fischer*, FuR 2014, 700, 701; Johannsen/Henrich/*Althammer*, § 58 FamFG Rn. 4: a.A. OLG Nürnberg FamRZ 2011, 1533; Schulte-Bunert/Weinreich/*Ziegler*, § 156 FamFG Rn. 6

16 OLG Frankfurt a.M. FamRZ 2011, 394

17 BVerfG ZKJ 2011, 219 gegen OLG Frankfurt a.M. FamRZ 2010, 917, und OLG Köln FamRZ 2011, 574; ebenso BGH ZKJ 2019, 417

18 KG NZFam 2019, 313

19 MüKo-FamFG/*A. Fischer*, § 58 Rn. 23

20 OLG Celle FamRZ 2011, 574; MüKo-FamFG/*A. Fischer*, § 58 Rn. 13, nicht aber im e.A.-Verfahren, vgl. § 57 Satz 1 und 2 FamFG

21 BGH ZKJ 2017, 273

22 *Dürbeck*, ZKJ 2018, 390; a.A.: OLG München ZKJ 2018, 389 ohne Begründung

lige Anordnung im Verfahren nach § 1686 BGB, vgl. § 57 Satz 1 FamFG), sondern auch wenn es sonst nicht zulässig, z.B. weil der Betroffene nicht beschwert i.S.d. § 59 FamFG ist.[23]

▶ *Näher hierzu Heilmann, § 11 RPflG Rn. 12 ff.*

2. Endentscheidungen in Verfahren der einstweiligen Anordnung

Eingeschränkt ist die Statthaftigkeit der Beschwerde nach §§ 58 ff. FamFG aber bei Endentscheidungen, die in **einstweiligen Anordnungsverfahren** nach §§ 49 ff. FamFG ergangen sind. Hier ist die Beschwerde grundsätzlich nach § 57 Satz 1 FamFG nicht statthaft, soweit sich nicht nach Satz 2 Ausnahmen ergeben. Ohne Einschränkungen ist nach § 57 Satz 2 FamFG die Beschwerde in Kindesunterbringungssachen nach § 151 Nr. 6 und 7 FamFG statthaft, auch ohne vorherige mündliche Erörterung. In Bezug auf Kindschaftssachen sind nach § 57 Satz 2 Nr. 1 bis 3 Endentscheidungen in **Sorgerechtsangelegenheiten** (Nr. 1), Verfahren, die die **Herausgabe des Kindes an einen Elternteil** (Nr. 2, **nicht** an einen sonstigen Dritten, wie das Jugendamt als Vormund oder Pfleger[24]) und Verfahren über einen Antrag auf **Verbleib des Kindes bei einer Pflege- oder Bezugsperson** (Nr. 3) ist die Beschwerde statthaft, aber nur unter der Einschränkung, dass bereits eine **mündliche Erörterung** mit den Beteiligten stattgefunden hat (siehe näher hierzu *Lack*, § 57 FamFG Rn. 2). Damit ist die Beschwerde in einstweiligen Anordnungsverfahren insbesondere in allen Umgangssachen nach § 151 Nr. 2 FamFG und Vormundschafts- und Pflegschaftssachen nach § 151 Nr. 4 und 5 FamFG per se unstatthaft, was bei Umgangssachen in der Praxis immer noch häufig, auch von Rechtsanwälten und Jugendämtern, übersehen wird. Unanfechtbar nach § 57 Satz 1 FamFG ist auch die Anordnung einer Umgangspflegschaft nach § 1684 Abs. 3 Satz 3 BGB im Wege einstweiliger Anordnung.[25] 5

3. Kostenentscheidungen

(a) Die Beschwerde ist nach heute einhelliger Auffassung auch statthaft gegen **Kostentscheidungen,**[26] sei es dass sie **isoliert** ergangen sind, z. B. nach Antragsrücknahme in nicht amtswegigen Verfahren, oder aber als Nebenentscheidung einer Entscheidung über die Hauptsache (vgl. Rn. 2). Streitig war hier vor allem die Frage, ob auch bei der Anfechtung der Kostenentscheidung in einer nichtvermögensrechtlichen Familiensache die **Mindestbeschwerdesumme** von § 61 Abs. 1 FamFG erreicht sein muss (siehe näher hierzu *Dürbeck*, § 61 FamFG Rn. 5 f.) und ob die Überprüfung einer Kostenentscheidung durch das Oberlandesgericht wegen des **Ermessensspielraumes** des Familienrichters eingeschränkt ist (siehe näher hierzu *Dürbeck*, § 68 FamFG Rn. 14). 6

(b) Eine Ausnahme gilt hier allerdings dann, wenn die **Hauptsache selbst nicht anfechtbar** ist oder es bei einer isolierten Kostenentscheidung nicht wäre, da der Rechtszug bei einer Nebenentscheidung nicht weiter gehen kann, als bei der zugehörigen Sachentscheidung,[27] was aus dem Rechtsgedanken von §§ 127 Abs. 2 Satz 2, 91a Abs. 2 ZPO folgt. Damit sind zunächst alle Kostenentscheidungen in **einstweiligen Anordnungsverfahren**, die unter § 57 Satz 1 FamFG fallen (Umgangs-, Vormundschafts- und Pflegschaftssachen) nicht anfechtbar.[28] Ebenfalls unanfechtbar ist die Kostenentscheidung in einer grundsätz- 7

---

23 BGH NJW-RR 2013, 1347: Großeltern bei der Auswahl des Vormunds

24 OLG Oldenburg FamRZ 2014, 1929; OLG Saarbrücken FamRZ 2013, 1153; a.A. OLG Oldenburg FamRZ 2011, 745: § 57 Satz 2 Nr. 2 analog

25 OLG Hamm NJOZ 2013, 1201; OLG Köln FamFR 2012, 109; OLG Celle ZKJ 2011, 182; *Heilmann*, FamRZ 2014, 1753, 1755; 2012, 16, 21; a.A. *Völker/Clausius,* § 1 Rn. 45; Johannsen/Henrich/*Büte*, § 57 FamFG Rn. 6

26 BGH FamRZ 2011, 1933; Vgl. dazu ausführlich: *Götsche*, FuR 2012, 510; *Keske*, FPR 2010, 339

27 BGH NJW-RR 2003, 1075; OLG Frankfurt a.M. BeckRS 2012, 10146; KG BeckRS 2010, 30434; Prütting/Helms/*Stößer* § 57 FamFG Rn. 11; a.A. *Keske*, FPR 2010, 339, 340

28 OLG München FamRZ 2011, 496; *Götsche*, FuR 2012, 510, 515

lich nach § 57 Satz 2 Nr. 1-3 FamFG anfechtbaren Kindschaftssache dann, wenn noch keine mündliche Erörterung stattgefunden[29] hat oder sie, z. B. nach Erledigung oder Antragsrücknahme, isoliert nach mündlicher Erörterung ergangen ist.[30] Ist die Kostenentscheidung zusammen mit der Endentscheidung in der Sache ergangen, besteht aber kein Grund, die Statthaftigkeit der gesonderten Anfechtung der Kostenentscheidung zu verneinen.[31] Ist die Kostenbeschwerde unstatthaft, vermag auch eine fälschlich erteilte Rechtsmittelbelehrung, welche auf eine angeblich zulässige Beschwerde verweist, an der fehlenden Statthaftigkeit nichts zu ändern, da eine unrichtige Rechtsbehelfsbelehrung generell keinen gesetzlich nicht vorgesehenen Rechtsweg eröffnet.[32]

8 (c) Kostenentscheidungen, die im **Vollstreckungsverfahren** nach §§ 87 Abs. 5, 81 ff. FamFG ergangen sind, sind – wie die Hauptentscheidung selbst – auch isoliert mit dem Rechtsmittel der sofortigen Beschwerde nach §§ 87 Abs. 4 FamFG, 567 ff. ZPO anfechtbar,[33] so dass nach § 567 Abs. 2 ZPO der Beschwerdewert von 200,00 Euro erreicht sein muss.

C. Anfechtbarkeit von Zwischenentscheidungen

I. Systematik

9 Aus § 58 Abs. 1 und 2 FamFG kann der Grundsatz entnommen werden, dass der Endentscheidung vorausgegangene **Zwischenentscheidungen**, die nur dazu dienen, die Entscheidung vorzubereiten,[34] nur dann selbständig anfechtbar sind, wenn das Gesetz dies ausdrücklich zulässt.[35] Soweit dies der Fall ist, verweist das FamFG im Regelfall auf die Statthaftigkeit der **sofortigen Beschwerde nach §§ 567 ff. ZPO** (*vgl. Rn. 12*).

II. Unanfechtbare Zwischenentscheidungen

10 Kraft ausdrücklicher gesetzlicher Bestimmung finden sich **unanfechtbare Zwischenentscheidungen** – soweit sie für Kindschaftssachen und in der Praxis relevant sind – in folgenden Fällen:

- **Zuständigkeitsbestimmung** durch das Oberlandesgericht nach § 5 Abs. 3 FamFG
- die einem **Ablehnungsgesuch wegen Befangenheit stattgebende Entscheidung** § 6 Abs. 1 Satz 1 FamFG, 46 Abs. 2 ZPO (Richter) bzw. §§ 30 Abs. 1 FamFG, 406 Abs. 5 ZPO (Sachverständiger)
- Zurückweisung eines **nicht vertretungsberechtigten Bevollmächtigten** § 10 Abs. 3 Satz 1 FamFG
- Zurückweisung der **Verlängerung einer Frist** §§ 16 Abs. 2 FamFG, 225 Abs. 3 ZPO
- **Beweisbeschlüsse** §§ 30 Abs. 1 FamFG, 355 Abs. 2 ZPO,[36] auch dann nicht, wenn sie die Einholung eines medizinischen oder psychologischen Sachverständigengutachtens anordnen[37] (vgl. aber die Möglichkeit eines Zwischenverfahrens nach §§ 167a Abs. 3, 178 Abs. 2 FamFG, 386 ff. ZPO für die Fall der Einholung eines Abstammungsgutach-

---

29 OLG Frankfurt NZFam 2016, 276; FamRZ 2013, 569; OLG Koblenz FamRZ 2014, 1930; Prütting/Helms/*Dürbeck*, § 57 FamFG Rn. 22

30 OLG Dresden FamRZ 2016, 318; KG NZFam 2014, 750; OLG Frankfurt a.M. FamRZ 2014, 593; 2013, 569; OLG Koblenz BeckRS 2014, 11453; a.A. zu Unrecht *N. Schneider*, NZFam 2014, 750

31 OLG Frankfurt a.M. BeckRS 2014, 17019; NZFam 2015, 517; Prütting/Helms/*Dürbeck*, § 57 FamFG Rn. 22

32 BGH NJW-RR 2007, 1071; OLG Frankfurt a.M. FamRZ 2014, 593

33 BGH FamRZ 2011, 1729; OLG Hamm FamRZ 2010, 1838; *Keske*, FPR 2010, 339, 340 f.

34 MüKo-FamFG/*A. Fischer*, § 58 Rn. 49

35 BGH FamRZ 2011, 282; Keidel/*Meyer-Holz*, § 58 FamFG Rn. 24

36 OLG Saarbrücken BeckRS 2014, 540; OLG Koblenz FamRZ 2013, 798

37 BGH NJW-RR 2008, 737; OLG Braunschweig FGPrax 2004, 281

tens[38]). Eine Ausnahme ist aber dann zu machen ist, wenn durch eine richterliche Zwischenentscheidung in existentieller Weise in höchstpersönliche Rechte des Betroffenen eingegriffen wird und diese sich als objektiv willkürlich darstellt.[39] Nach der Neuregelung der Frage der Anhörung der Beteiligten bei der Auswahl der Person des Sachverständigen in § 404 Abs. ZPO kann die Anfechtbarkeit eines Beweisbeschlusses in Kindschaftssachen nicht mehr auf eine Verletzung des rechtlichen Gehörs gestützt werden.[40] Gleichwohl verlangt das BVerfG[41] für Verfassungsbeschwerden, die sich gegen erstinstanzliche Beweisbeschlüsse richten, deren vorherige Anfechtung, was nicht einleuchtet.

- **Wiedereinsetzung** (§ 19 Abs. 2 FamFG, vgl. aber Abs. 3)
- Anberaumung eines Termins, Aufhebung oder Verlegung eines gerichtlichen **Termins**, § 32 Abs. 1 FamFG, 227 Abs. 4 Satz 2 ZPO
- Ablehnung einer **Beschlussberichtigung** § 42 Abs. 3 Satz 1 FamFG
- Verwerfung oder Zurückweisung einer **Gehörsrüge** § 44 Abs. 4 Satz 3 FamFG
- Entscheidungen über die Aussetzung oder Beschränkung der Vollstreckung einer einstweiligen Anordnung nach § 55 Abs. 1 Satz 2 FamFG
- Übertragung des Beschwerdeverfahrens auf den **Einzelrichter** oder **Rückübertragung** auf den Senat § 68 Abs. 4 FamFG i.V.m. § 526 Abs. 3 ZPO[42]
- **Abtrennung** einer Kindschaftsfolgesache gemäß § 140 Abs. 2 Nr. 3 FamFG aus dem **Scheidungsverbund**, § 140 Abs. 6 FamFG
- Anordnung zur Teilnahme an einer **Mediation oder Erziehungsberatung** § 156 Abs. 1 Satz 5 FamFG
- Bestellung eines **Verfahrensbeistandes** bzw. deren Aufhebung oder Ablehnung § 158 Abs. 3 Satz 4 FamFG
- **Abgabe** einer Kindschaftssache an das Gericht der Ehesache nach §§ 153 Satz 1 und 2 FamFG, 281 Abs. 2 Satz 2 ZPO.
- Feststellung des Scheiterns eines **Umgangsvermittlungsverfahrens** § 165 Abs. 5 Satz 1 FamFG.

Ohne ausdrückliche Regelung nicht anfechtbare Entscheidungen sind weiterhin im Be- 11
schwerdeverfahren ergangene oder abgelehnte einstweilige Anordnungen des Oberlandesgerichts, z.B. über die **Aussetzung der Vollstreckung** nach § 64 Abs. 3 FamFG, **Verbindungs- und (sonstige) Abtrennungsbeschlüsse**[43] (vgl. § 20 FamFG) sowie Entscheidungen nach § 55 FamFG über die **Vollstreckung von einstweiligen Anordnungen**.[44] Gleiches gilt für **verfahrensbegleitende Anordnungen**, wie z.B. in Bezug auf die **persönliche Anhörung** der Beteiligten oder Anhörung sonstiger Personen und auch Fragen der Versagung oder Gewährung von **Akteneinsicht** gegenüber Beteiligten während des

38 BVerfG BeckRS 2014, 49409 für ein Verfahren nach § 1686a BGB
39 OLG Nürnberg FamRZ 2014, 677, und OLG Frankfurt a.M. ZKJ 2015, 328 (Anordnung einer ärztlichen Alkoholuntersuchung in Sorgerechtssachen); OLG Köln MDR 2013, 286: Genehmigung einer Röntgenuntersuchung zur Altersbestimmung eines unbegleitet eingereisten Kindes ohne vorherige Anhörung unter Berufung auf BVerfG 1994, 2279; BGH NJW-RR 2005, 1387; ablehnend: *Fischer*, FuR 2014, 700, 701
40 So noch zum alten Recht OLG Frankfurt ZKJ 2016, 193
41 BVerfG NJW 2019, 987
42 BT-Drucks. 16/6308, 204
43 BT-Drucks. 16/6308, 184; PK Familienverfahrensrecht/*Finke*, § 58 FamFG Rn. 11
44 Keidel/*Giers*, § 53 FamFG Rn. 9

laufenden Verfahrens nach § 13 FamFG (vgl. § 13 Abs. 4 Satz 3 FamFG).[45] Betrifft die Entscheidung über ein Akteneinsichtsgesuch aber **während des laufenden Verfahrens** nicht formell beteiligte Dritte (wie z.B. Groß- oder Pflegeeltern), handelt es sich nach heute wohl h. M. bei den betreffenden Entscheidungen der Familiengerichte nicht um Justizverwaltungsakte, sondern selbständig nach § 58 FamFG anfechtbare Gerichtsendentscheidungen.[46]

▶ *Näher hierzu Köhler, § 13 FamFG Rn. 8.*

Anfechtbar sind in Familiensachen der freiwilligen Gerichtsbarkeit auch Entscheidungen betreffend die **Bekanntgabe von Beschlüssen** oder Verfügungen gemäß § 15 FamFG, wie z. B. die Anordnung der **öffentlichen Zustellung** nach §§ 15 Abs. 2 FamFG, 185 ZPO, obgleich ein Verweis auf § 567 Abs. 1 Nr. 2 ZPO nicht erfolgt ist.[47]

III. Anfechtbare Zwischenentscheidungen

12 Zwischenentscheidungen des Familiengerichts sind auch in Kindschaftssachen dann mit dem Rechtsmittel der **sofortigen Beschwerde nach §§ 567 ff. ZPO** anfechtbar, wenn das FamFG dies ausdrücklich anordnet. Dies gilt aber nicht für Zwischenentscheidungen des **Oberlandesgerichts** im Beschwerdeverfahren, da § 567 Abs. 1 ZPO die sofortige Beschwerde nur **gegen erstinstanzliche Entscheidungen** eröffnet.

1. Praktisch relevante Fälle

13
- die ein **Ablehnungsgesuch** zurückweisende Entscheidung § 6 Abs. 2 FamFG (Richter) bzw. §§ 30 Abs. 1 FamFG, 406 Abs. 5 ZPO (Sachverständiger)
- Ablehnung eines Antrages auf **formelle Beteiligung** am Verfahren, § 7 Abs. 5 Satz 2 FamFG
- **Aussetzung** des Verfahrens § 21 Abs. 2 FamFG
- Feststellung der Rechtsmäßigkeit einer **Zeugnisverweigerung** oder der **Verweigerung der Mitwirkung an einem Abstammungsgutachten** in einem **Zwischenverfahren** §§ 29 Abs. 2, 178 Abs. 2 Satz 1, 167a Abs. 3[48] FamFG, 387 Abs. 3 ZPO
- Festsetzung eines **Ordnungsmittels** gegen einen nicht erschienenen **Beteiligten** § 33 Abs. 3 Satz 5 FamFG
- Festsetzung eines **Ordnungsmittels** gegen einen nicht erschienenen **Zeugen oder Sachverständigen** §§ 30 Abs. 1 FamFG, 380 Abs. 3, 390 Abs. 3, 409 ZPO (auch Verweigerung des Zeugnisses oder Gutachtens)
- Anordnung von **Zwangsmitteln** zur Durchsetzung einer Handlung oder eines Unterlassens aufgrund einer gerichtlichen Anordnung § 35 Abs. 5 FamFG
- Beschluss, der eine **Berichtigung** ausspricht § 42 Abs. 3 Satz 2 FamFG

---

45 MüKo-FamFG/*Pabst,* § 13 Rn. 13; Keidel/*Sternal,* § 13 FamFG Rn. 67; a.A. Haußleiter/*Gomille,* § 13 FamFG Rn. 12

46 OLG Frankfurt, Beschl. v. 25.6.2019 – 5 UF 35/19, juris; OLG Düsseldorf ZKJ 2014, 161; OLG Hamm FGPrax 2013, 136; OLG Celle MDR 2012, 184; Keidel/*Sternal,* § 13 FamFG Rn. 72; Prütting/Helms/*Ahn-Roth,* § 13 FamFG Rn. 50; a.A. OLG Hamm FamRZ 2012, 51; Keidel/*Meyer-Holz,* § 58 FamFG Rn. 33; zur Zuständigkeit des Richters im laufenden Verfahren KG MDR 2014, 983

47 BGH NJW 2015, 1308 ; a.A.: noch OLG Frankfurt a.M., Beschl. v. 10.3.2015 – 6 WF 275/14, juris

48 Vgl. dazu BVerfG ZKJ 2015, 72betreffend eine Zwischenentscheidung zur Anordnung einer Abstammungsuntersuchung im Rahmen von § 167a FamFG

- **Verfahrenskostenhilfe** §§ 76 Abs. 2 FamFG, 127 Abs. 2 ZPO (siehe näher hierzu *Dürbeck*, § 76 FamFG Rn. 41 ff.)
- **Kostenfestsetzung** §§ 85 FamFG, 104 Abs. 3 ZPO
- Beschlüsse im **Vollstreckungsverfahren** § 87 Abs. 4 FamFG, z. B. gegen die Anordnung von Ordnungsmitteln wegen Verstoßes gegen eine Umgangsregelung.

2. Verfahren der sofortigen Beschwerde

Hinsichtlich des Verfahrens der sofortigen Beschwerde bei Entscheidungen im Rahmen der **Verfahrenskostenhilfe** kann auf die Ausführungen zu § 76 FamFG Rn. 50 ff. Bezug genommen werden. 14

Besonderheiten ergeben sich gegenüber der **VKH-Beschwerde** nach §§ 76 Abs. 2 FamFG, 127 Abs. 2-4 ZPO nur insoweit, als die Frist der sofortigen Beschwerde nach § 569 Abs. 1 Satz 1 ZPO **2 Wochen** (statt 1 Monat) beträgt und das Familiengericht (abweichend von § 127 Abs. 4 ZPO) eine Entscheidung über die Kosten des Beschwerdeverfahrens zu treffen hat, die sich nach der hier vertretenen Auffassung nach §§ 81 ff. FamFG und nicht nach §§ 91 ff. ZPO richtet.[49] Weiterhin muss in Kostensachen nach § 567 Abs. 2 ZPO ein Beschwerdewert von mehr als 200 Euro erreicht sein.

3. Rechtsschutz gegen unanfechtbare Zwischenentscheidungen

Ist gegen eine Zwischenentscheidung des Familiengerichts ein isoliertes Rechtsmittel nicht statthaft (hierzu Rn. 8), so unterliegen diese gemäß § 58 Abs. 2 FamFG grundsätzlich gleichwohl der **(inzidenten) Überprüfung** des Beschwerdegerichts, das über die Endentscheidung zu befinden hat.[50] Soweit allerdings auch eine inzidente Überprüfung durch das Beschwerdegericht gesetzlich ausgeschlossen ist oder es um unanfechtbare Zwischenentscheidungen des Oberlandesgerichts selbst geht, verbleiben den Betroffenen nur die **Gegenvorstellung** und auch die **Gehörsrüge** nach § 44 FamFG. Die Gegenvorstellung ist auch nach gesetzlicher Einführung der Gehörsrüge vom BVerfG für weiterhin statthaft erachtet worden, soweit die Entscheidung nicht der materiellen Rechtskraft fähig ist.[51] Wird mit ihr eine Verletzung rechtlichen Gehörs gerügt, ist sie innerhalb der **zweiwöchigen Frist** analog § 44 Abs. 1 Satz 1 FamFG einzulegen.[52] Die **Gehörsrüge** nach § 44 FamFG ist nach dem Wortlaut und auch aus verfassungsrechtlichen Gründen[53] nicht beschränkt auf Endentscheidungen, so dass sie grundsätzlich auch auf nicht mehr anfechtbare Zwischenentscheidungen, wie VKH-Beschlüsse,[54] anzuwenden ist. Sie gilt aber nicht für Zwischenentscheidungen, die nach § 58 Abs. 2 FamFG noch mit der Endentscheidung überprüft werden können, wie z.B. Beweisbeschlüsse[55] oder Beschlüsse zur Überprüfung der Verfahrensfähigkeit eines Beteiligten.[56] Ist sie in der Sache **begründet**, so ist das Verfahren nach § 44 Abs. 1 und 5 FamFG **fortzuführen**. Ist sie **unzulässig oder unbegründet**, ist sie nach Maßgabe von § 44 Abs. 4 FamFG durch unanfechtbaren Beschluss kostenpflichtig (vgl. Nr. 1800 KV FamGKG: 60 Euro) zu **verwerfen oder zurückzuweisen**. 15

---

49 A.A. OLG Köln, Beschl. v. 30.8.2010 – 4 WF 114/10, juris
50 Vgl. BGH FGPrax 2011, 101
51 BVerfG NJW 2009, 829
52 OLG Frankfurt a.M. FamRZ 2013, 1678; Baumbach/*Hartmann,* Vor § 567 ZPO Rn. 9; a.A. MüKo-ZPO/*Motzer,* § 127 Rn. 23
53 BVerfG FamRZ 2011, 272
54 OLG Naumburg FamRZ 2007, 917; a.A. OLG Frankfurt a.M. OLGR 2006, 310
55 Keidel/*Meyer-Holz,* § 58 FamFG Rn. 14
56 BGH NJW-RR 2011, 284

4. Rechtsschutz gegen die Untätigkeit der Familiengerichte

16 Gerade in Kindschaftssachen, wo auch wegen des kindlichen Zeitempfindens ein besonderes Bedürfnis[57] für Verfahrensbeschleunigung herrscht, hat die Frage, wie sich Verfahrensbeteiligte gegen eine **Verzögerung des Verfahrens** durch die Familiengerichte zur Wehr setzen können, besondere Bedeutung und die deutsche Gerichtspraxis wurde bereits mehrfach vom **EGMR** beanstandet.[58] Die früher in Ausnahmefällen für zulässig gehaltene **Untätigkeitsbeschwerde**[59] ist durch die Einführung der **Verzögerungsrüge** und des **Entschädigungsverfahrens** nach §§ 198 ff. GVG[60] für nicht mehr statthaft gehalten worden.[61] Unter den Voraussetzungen von § 198 Abs. 3 GVG konnte daher bei einer Verzögerung des Verfahrens zunächst nur **Verzögerungsrüge** in dem betreffenden Verfahren erhoben und sodann die spezielle **Entschädigungsklage nach §§ 198 ff. GVG** vor dem in erster Instanz zuständigen Oberlandesgericht eingereicht werden.[62] Erste Entscheidungen des BGH in Kindschaftssachen liegen hier bereits vor.[63] Dieser Rechtslage war jedoch der EGMR entgegen getreten. In seiner Entscheidung vom 15.1.2015[64] hat der EGMR in einem Umgangsverfahren beanstandet, dass das deutsche Verfahrensrecht keinen Rechtsbehelf vorsehe, der geeignet sei, überlange Verfahren in Umgangssachen effektiv zu beschleunigen und hierin einen Verstoß gegen Art. 8 EMRK (Recht auf Achtung des Privat- und Familienlebens) und Art. 13 EMRK (Recht auf wirksame Beschwerde) gesehen. Dies hat zur Einführung der Rechtsbehelfe der Beschleunigungsrüge (§ 155b FamFG) und der Beschleunigungsbeschwerde (§ 155c FamFG) in den in § 155 Abs. 1 FamFG genannten Kindschaftssachen geführt. Außerhalb dieser abschließend genannten Verfahren existiert kein statthafter primärer Rechtsbehelf gegen die Verzögerung von Verfahren.

▶ *Näher hierzu Keuter, Kommentierung zu §§ 155b und c FamFG.*

Neben dem Verfahren nach §§ 198 ff. GVG verbleibt aber auch die Möglichkeit, wegen überlanger Verfahrensdauer **Schadensersatzansprüche wegen Amtspflichtverletzung** nach Maßgabe von § 839 BGB i.V.m. Art. 34 GG geltend zu machen.[65] Während des laufenden Verfahrens kann mangels Statthaftigkeit der Untätigkeitsbeschwerde allenfalls der für eine etwaige Verfahrensverzögerung verantwortliche Richter oder Rechtspfleger wegen der **Besorgnis der Befangenheit** abgelehnt werden.[66]

---

57 *Heilmann*, Kindliches Zeitempfinden und Verfahrensrecht, S. 21 ff.
58 EGMR FamRZ 20006, 2389; 2009, 1037; 2010, 1721; 2011, 1283
59 Vgl. zuletzt noch OLG Saarbrücken ZKJ 2012, 75 (Umgangsrecht)
60 BGBl. I 2011 2302
61 BGH NJW 2013, 385; OLG Düsseldorf NJW 2012, 1455; kritisch: *Vogel,* FF 2014, 434
62 Zu den Einzelheiten Saenger/*Rathmann,* GVG § 198 Rn. 16 ff.; *Althammer/Schäuble,* NJW 2012, 1; zur bereits vorliegenden Rspr.: *Hansens*, SchlA 2013, 221
63 BGH FamRZ 2014, 1462 (Sorgerecht); 2014, 933 (Umgangsrecht)
64 EGMR FamRZ 2015, 469
65 OLG Karlsruhe FamRZ 2013, 1678; *Vogel,* FF 2014, 434, 436
66 Vgl. OLG Dresden FamRZ 2014, 957; MüKo-FamFG/*Heilmann,* § 155 Rn. 82 f.

Übersicht: Das Beschwerdeverfahren nach §§ 58 ff. FamFG

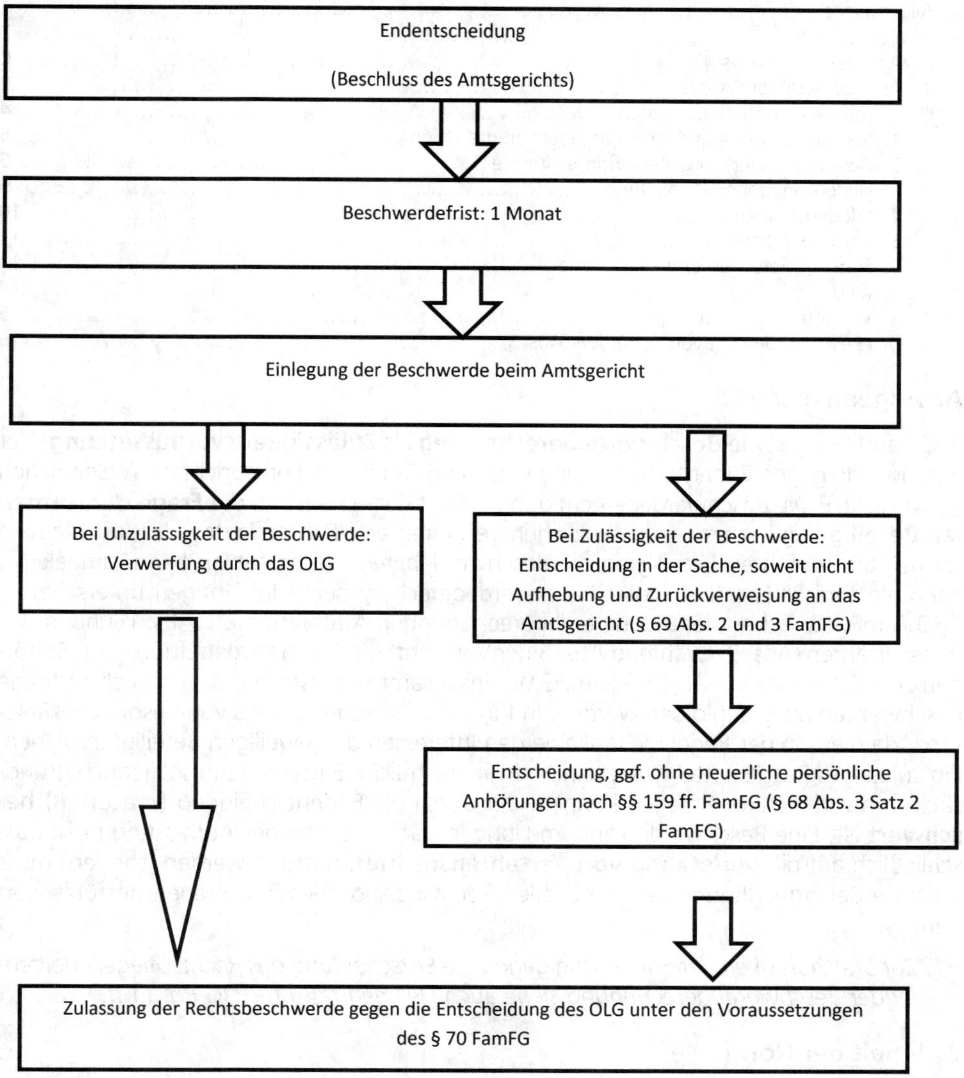

§ 59 FamFG Beschwerdeberechtigte

(1) Die Beschwerde steht demjenigen zu, der durch den Beschluss in seinen Rechten beeinträchtigt ist.
(2) Wenn ein Beschluss nur auf Antrag erlassen werden kann und der Antrag zurückgewiesen worden ist, steht die Beschwerde nur dem Antragsteller zu.
(3) Die Beschwerdeberechtigung von Behörden bestimmt sich nach den besonderen Vorschriften dieses oder eines anderen Gesetzes.

Übersicht

Rn.

A. Allgemeines 1
B. Inhalt der Norm 2
I. Amtsverfahren (Abs. 1) 2
II. Antragsverfahren (Abs. 2) 3
III. Einzelfälle in Kindschaftssachen 4
1. Sorgeberechtigte und nicht sorgeberechtigte Eltern 5
2. Der nicht (mehr) sorgeberechtigte Elternteil 6
3. Nahe Angehörige (Großeltern) 9
4. Pflegepersonen 10
5. Vormund/Pfleger 12
6. Sonstige Personen und Institutionen 13
7. Kind 14
8. Verfahrensbeistand 15
IV. Das Beschwerderecht von Behörden (Abs. 3) 16

A. Allgemeines

1 § 59 FamFG regelt die **Beschwerdeberechtigung** als **Zulässigkeitsvoraussetzung**[1] der Beschwerde gegen Endentscheidungen nach § 58 FamFG und entspricht im Wesentlichen § 20 FGG a. F. Die Beschwerdeberechtigung knüpft dabei **nicht an die Frage der formellen Beteiligung** in dem erstinstanzlichen Verfahren an.[2] Das bedeutet, dass auch einem formell am Verfahren Beteiligten die Beschwerdeberechtigung fehlen kann, umgekehrt kann ein formell Nichtbeteiligter beschwerdeberechtigt sein.[3] Im Übrigen unterscheidet § 59 FamFG zwischen der Beschwerdeberechtigung in Amtsverfahren (Abs. 1) und in Antragsverfahren (Abs. 2), während Abs. 3 der Vorschrift die Beschwerdebefugnis von Behörden zum Gegenstand hat. § 59 FamFG will insgesamt sicherstellen, dass rein altruistische Beschwerden ausgeschlossen werden. In Kindschaftssachen ist dies von besonderer Relevanz, da diese in der Regel nicht alleine den Interessen der jeweiligen Beteiligten dienen. Ein zulässiges Rechtsmittel gegen eine familienrechtliche Entscheidung soll jedoch grundsätzlich nur derjenige einlegen können, der durch die Endentscheidung **(materiell) beschwert** ist. Eine Beschwerde kann im Übrigen nach zutreffender Auffassung nicht ausschließlich auf die **Verletzung von Verfahrensrechten** gestützt werden, sondern muss auf eine Beeinträchtigung der materiellen Rechtsposition des Betroffenen gestützt werden.[4]

▶ *Zur Statthaftigkeit der Erinnerung gegen die Entscheidung des Rechtspflegers bei fehlender Beschwerdeberechtigung siehe auch Heilmann, § 11 RPflG Rn. 11 ff.*

B. Inhalt der Norm

I. Amtsverfahren (Abs. 1)

2 Da in **amtswegigen Verfahren** (siehe näher hierzu *Cirullies*, § 24 FamFG Rn. 1 ff.) die Beteiligten keine **förmlichen Anträge** stellen können (vgl. § 24 Abs. 1 FamFG), kann es hier auch bei demjenigen, der die Einleitung des Verfahrens mit einem bestimmten Rechtsschutzziel begehrt hat, **nicht auf eine formelle Beschwer** ankommen. Daher bestimmt § 59 Abs. 1 FamFG, dass die Beschwerde nur demjenigen zusteht, der durch den Beschluss **in seinen Rechten beeinträchtigt** und damit **materiell**[5] durch die Entscheidung be-

1 OLG Hamm FGPrax 2010, 143; Prütting/Helms/*Abramenko,* § 59 FamFG Rn. 1
2 BT-Drucks. 16/6308, 204
3 *Schürmann*, FuR 2010, 425, 429
4 Keidel/*Meyer-Holz,* § 59 FamFG Rn. 7; Johannsen/Henrich/*Althammer,* § 59 FamFG Rn. 4; a.A. OLG Bremen Rpfleger 1973, 58; *Bumiller/Harders/Schwamb,* § 59 FamFG Rn. 6
5 OLG Hamm FGPrax 2010, 143; Johannsen/Henrich/*Althammer,* § 59 FamFG Rn. 3

schwert ist. Unerheblich ist, ob er am Verfahren formell beteiligt war oder nicht[6] (vgl. Rn. 1). Die Rechtsbeeinträchtigung muss sich unmittelbar aus der Entscheidung, regelmäßig aus der **Beschlussformel** selbst ergeben. Soweit sich die Rechtsfolgen nicht allein aus der Beschlussformel ergeben, können zu seiner Auslegung die **Entscheidungsgründe** mit herangezogen werden.[7] Eine Rechtsbeeinträchtigung allein aus der Beschlussbegründung reicht nicht aus.[8] Auch begründen mittelbare oder künftig zu befürchtende Beeinträchtigungen der Rechtssphäre von Betroffenen nicht die Beschwerdebefugnis.[9] Besonderheiten bestehen bei der Frage der eigenen Rechtsbeeinträchtigung in Kindschaftssachen aber beim Jugendamt (vgl. Abs. 3 i.V.m. § 162 Abs. 3 Satz 2 FamFG) und des Verfahrensbeistands (§ 158 Abs. 4 Satz 5 FamFG), die allein im Interesse des Kindes beschwerdeberechtigt sind (siehe näher hierzu *Dürbeck,* § 162 FamFG Rn. 21 f., und *Keuter,* § 158 FamFG Rn. 38).

II. Antragsverfahren (Abs. 2)

Für (reine) **Antragsverfahren** i.S.d. § 23 FamFG (siehe näher hierzu *Cirullies,* § 23 FamFG Rn. 1 ff.) bestimmt § 59 Abs. 2 FamFG, dass bei der Zurückweisung eines Antrages nur derjenige Beschwerde einlegen kann, dessen Antrag zurückgewiesen wurde, der also **formell** durch die Entscheidung **beschwert** ist. Die Vorschrift begründet aber insoweit keine eigenständige Beschwerdebefugnis in Antragsverfahren. Auch der nach § 59 Abs. 2 FamFG formell Beschwerte bedarf einer **materiellen Beschwer** durch die Entscheidung[10] i.S.d. § 59 Abs. 1 FamFG, so dass sie Abs. 1 ergänzt.[11] Sie fehlt etwa den in § 1887 Abs. 2 Satz 1 BGB genannten Berechtigten (Eltern, Verwandte, sonstige Dritte), die im Interesse des Mündels die Entlassung des Amtsvormunds oder Vereinsvormunds beantragen (vgl. § 1887 BGB Rn. 9). **3**

Es reicht aber aus, dass der Antragsberechtigte den (zurückgewiesenen Antrag) in erster Instanz hätte stellen können, was insbesondere auf der Seite des Antragsgegners, der im Verfahren nach § 1671 Abs. 1 BGB sich auf die Zurückweisung des Antrages beschränkt hat, von Bedeutung sein kann.[12] Im Übrigen kann aber in reinen Antragsverfahren nur der Antragsteller Beschwerde gegen die Zurückweisung seines Antrages einlegen.[13] Dessen ungeachtet bleibt aber in Kindschaftssachen das Beschwerderecht von Jugendamt, Verfahrensbeistand und ggf. auch des Kindes (§ 60 FamFG) unberührt.

III. Einzelfälle in Kindschaftssachen

§ 59 Abs. 1 FamFG und die Frage einer **Beschwerdeberechtigung** von Betroffenen, Beteiligten bzw. Anzuhörenden hat gerade in Kindschaftssachen, in denen neben den Eltern häufig weitere Personen oder Behörden zu beteiligen oder anzuhören sind, zentrale Bedeutung für die Prüfung der Zulässigkeit einer Beschwerde. Die wichtigsten Konstellationen sind die folgenden: **4**

1. Sorgeberechtigte und nicht sorgeberechtigte Eltern

Sorgeberechtigte Eltern sind sowohl durch den Entzug oder die Beschränkung ihres Sorgerechts nach § 1666 Abs. 3 Nr. 1 bis 6 BGB als auch durch die Anordnung einer Vormundschaft/Ergänzungspflegschaft und die (erstmalige) Auswahl des Vormunds/Pflegers in **5**

6 BGH FamRZ 1980, 989
7 BGH NJW-RR 2002, 136
8 OLG Celle FamRZ 1985, 812; Johannsen/Henrich/*Althammer,* § 59 FamFG Rn. 3
9 BGH FamRZ 2011, 552; 2005, 975; BayObLG NJW-RR 2002, 440; Keidel/*Meyer-Holz,* § 59 FamFG Rn. 9
10 OLG Düsseldorf MDR 2013, 114; OLG Hamm NJW-RR 2012, 388
11 OLG Brandenburg FamRZ 2013, 1328
12 BGHZ 30, 220 (zum alten Recht); Prütting/Helms/*Abramenko,* § 59 FamFG Rn. 20
13 OLG Brandenburg FamRZ 2019, 629 (GewSchG)

eigenen Rechten unmittelbar betroffen.[14] Gegen die Erteilung der familiengerichtlichen Genehmigung einer Erbausschlagung besteht kein Beschwerderecht der sorgeberechtigten Eltern, weil noch von der Genehmigung durch Erklärung der Ausschlagung gegenüber dem Nachlassgericht Gebrauch zu machen und darauf auch verzichtet werden kann.[15]

Nach wohl h. M. sind nicht sorgeberechtigte Eltern durch die erstmalige Auswahlentscheidung im Rahmen einer Vormundschaft oder Pflegschaft in eigenen Rechten betroffen und daher beschwerdeberechtigt (siehe näher hierzu *Dürbeck*, § 1779 BGB Rn. 19).[16] Bei der erstmaligen Auswahl des Vormunds/Pflegers nach vorangegangen Sorgerechtsentzug folgt dies schon daraus, dass wegen des Vorrangs von Verwandten das Elternrecht nach Art. 6 Abs. 2 GG verletzt werden könnte.[17]

Dies gilt aber nicht gegen auf § 1837 BGB beruhende Entscheidungen des Familiengerichts im Zusammenhang mit der **Beratung und der Aufsicht des Vormunds**.[18] Auch gegen die **Ablehnung von Aufsichtsmaßnahmen** gegenüber dem Vormund durch das Familiengericht steht nicht sorgeberechtigten Eltern kein Beschwerderecht zu.[19] An einer Beeinträchtigung eigener Rechte fehlt es nicht mehr sorgeberechtigten Eltern auch beim **Austausch eines Ergänzungs- oder Umgangspflegers**.[20] Dies dürfte auch für die Genehmigung der Unterbringung des Kindes nach § 1631b BGB im Hinblick auf § 59 Abs. 1 FamFG durch den Vormund/Pfleger gelten.[21] Eine Beschwerdeberechtigung der sorgerechtslosen Eltern und sonstiger naher Angehöriger ergibt sich bei der Unterbringung des Kindes aber nach §§ 167 Abs. 1 Satz 1 FamFG i.V. . § 335 Abs. 1 Nr. 1 und 2 FamFG.[22] Gegen die Festsetzung der Vergütung des Umgangspflegers steht den am Verfahren beteiligten Eltern mangels eigener Rechtsverletzung kein Beschwerderecht zu,[23] da insoweit nur die Staatskasse und der Umgangspfleger am Vergütungsfestsetzungsverfahren beteiligt sind und die Entscheidung keine Bindungswirkung gegenüber den Eltern entfaltet. Einwendungen können von den Eltern, soweit ihnen die Verfahrenskosten zumindest anteilig auferlegt worden sind, im Wege der Erinnerung gegen den Kostenansatz nach § 57 FamGKG geltend gemacht werden. Gleiches gilt für die Vergütung des Verfahrensbeistands.

2. Der nicht (mehr) sorgeberechtigte Elternteil

6 Im Verfahren nach **§§ 1671 Abs. 1 und 2, 1626a Abs. 2 BGB** ist der Elternteil in seinen Rechten beeinträchtigt, der die alleinige oder gemeinsame Sorge für das Kind verliert bzw. dem diese vorenthalten wird. Hat ein Elternteil der Übertragung des Sorgerechts auf den anderen Elternteil nach § 1671 Abs. 1 Nr. 1 oder Abs. 2 Nr. 1 BGB **zugestimmt**, kann er gleichwohl gegen die erfolgte Übertragung des Sorgerechts auf den anderen Elternteil Beschwerde einlegen, da die **Zustimmung auch noch im Beschwerdeverfahren frei**

---

14 OLG Brandenburg FamRZ 2012, 237; OLG Celle JAmt 2012, 674; OLG Köln FamRZ 2011, 1305; MüKo-FamFG/*A. Fischer,* § 59 Rn. 27

15 OLG Koblenz FamRZ 2014, 1037

16 OLG Brandenburg FamRZ 2012, 237; 2013, 54; OLG Celle JAmt 2012, 674; OLG Köln FamRZ 2011, 1305; MüKo-FamFG/*A. Fischer,* § 59 Rn. 27; a.A. Hoffmann FamRZ 2014, 1167, 1171: nur wenn z. B. infolge Nichtanhörung in Verfahrensrechten verletzt, auch OLG Brandenburg FamRZ 2012, 1578

17 BVerfG FamRZ 2015, 208

18 OLG Hamm ZKJ 2012, 74: Unterbringung in einer Pflegefamilie statt Kinderheim

19 *Völker/Clausius,* § 1 Rn. 22

20 OLG München FamRZ 2016, 1475; FamRZ 2016, 1288; OLG Hamm FamRZ 2016, 1003; OLG Koblenz NZFam 2016, 763; OLG Düsseldorf FamRZ 2015, 1046; OLG Celle FamRZ 2012, 1826; OLG Frankfurt a.M. FamRZ 2012, 570

21 OLG Hamm FamRZ 2007, 1577; MüKo-FamFG/*A. Fischer,* § 59 Rn. 29; a.A. OLG Köln, Beschl. v. 8.11.2012 – 26 UF 158/12, juris; OLG Karlsruhe FamRZ 2008, 428; Johannsen/Henrich/*Althammer,* § 59 FamFG Rn. 5b

22 BGH ZKJ 2013, 74

23 OLG Nürnberg, Beschl. v. 29.10.2014 – 7 WF 1308/14, juris

widerruflich ist.[24] Ihm wird zwar bei entsprechender Bedürftigkeit und Erfolgsaussicht Verfahrenskostenhilfe zu bewilligen sein, sein Verhalten wird aber ggf. auch in der Entscheidung über die Kosten des Beschwerdeverfahrens einzubeziehen sein.

Problematisch ist aber die Frage, ob im **Verfahren nach § 1666 BGB** gegen den alleine sorgeberechtigten Elternteil der nicht sorgeberechtigte Elternteil berechtigt ist, Beschwerde gegen die Entscheidung einzulegen. Dies ist zu bejahen, wenn er das Sorgerecht nach **§ 1680 Abs. 3, 2 BGB** oder nach § 1696 Abs. 2 BGB begehrt und das Familiengericht dem anderen Elternteil das Sorgerecht (teilweise) entzogen und einen Vormund/Pfleger bestellt hat.[25] Dies gilt auch dann, wenn das Sorgerecht von einem Vormund auf den anderen Elternteil übertragen wurde und der beschwerdeführende Elternteil selbst das Sorgerecht begehrt.[26] Streitig ist hingegen der Fall, dass der nichtsorgeberechtigte Elternteil die Entscheidung anficht, **ohne selbst das Sorgerecht zu beanspruchen**. Die Beschwerdebefugnis wird hier zum Teil in der Rechtsprechung mit dem Argument bejaht, es genüge eine mögliche Verletzung des Elternrechts nach § 1680 Abs. 3 BGB.[27] Dieser Auffassung kann aber nicht gefolgt werden, denn nur derjenige Elternteil, der das Sorgerecht ganz oder teilweise für sich selbst beansprucht, kann in eigenen Rechten unmittelbar betroffen sein. Der nicht sorgeberechtigte Elternteil ist daher in diesen Fällen weder berechtigt gegen den Entzug des Beschwerderechts des anderen Elternteils noch gegen dessen Ablehnung Beschwerde einzulegen.[28] Dies gilt auch bei der Rückübertragung des Sorgerechts vom Vormund auf den anderen Elternteil.[29] **7**

Auch im Bereich des **Umgangsrechts** steht einem nicht sorgeberechtigten Elternteil kein Beschwerderecht gegen die Regelung des Umgangs des (fremduntergebrachten) Kindes mit dem anderen Elternteil zu, soweit nicht sein eigenes Umgangsrecht hierdurch beeinträchtigt wird.[30] Im Übrigen sind nicht sorgeberechtigte Eltern auch gegen Entscheidungen zum Umgangsrecht des Kindes mit Dritten i.S.d. § 1685 BGB nicht in eigenen Rechten betroffen, da sie nicht mehr das Recht zur Bestimmung des Umgangs (§ 1632 Abs. 2 BGB) besitzen.[31] Etwas anderes wird nur dann zu gelten haben, wenn durch die getroffene Umgangsregelung nach § 1685 BGB ihr eigenes Umgangsrecht beeinträchtigt wird. Wird nach einer Umgangsvereinbarung der **gerichtliche Billigungsbeschluss** nach § 156 Abs. 2 FamFG angefochten, sind auch die beteiligten Eltern zur Beschwerde berechtigt, weil sie ungeachtet ihrer Zustimmung zu dem Vergleich wegen der treuhänderischen Bindung des Elternrechts geltend machen können, die gerichtliche Billigung widerspreche dem Kindeswohl.[32] **8**

Gegen eine **Verbleibensanordnung** nach § 1632 Abs. 4 BGB steht dem nicht sorgeberechtigten Elternteil ein Beschwerderecht nicht zu.[33] Etwas anderes gilt, wenn auch die Rückübertragung des Sorgerechts auf die Eltern nach § 1696 Abs. 2 BGB Gegenstand des Verfahrens ist.

---

24 BGH DAVorm 2000, 704; OLG Zweibrücken FamRZ 2011, 992; *Völker/Clausius*, § 1 Rn. 231
25 BGH NJW 2016, 3303; FamRZ 2010, 1242
26 BGH ZKJ 2016, 299
27 OLG Hamm FamRZ 2013, 1989: OLG Frankfurt a.M. FamRZ 2013, 46
28 BGH FamRZ 2009, 220; KG NJW 2014, 1457; OLG Brandenburg, Beschl. v. 31.3.2014 – 13 UF 50/14, juris; OLG Celle FamRZ 2011, 1121; MüKo-FamFG/*A. Fischer*, § 59 Rn. 29
29 OLG Oldenburg JAmt 2012, 675; vgl. aber BGH ZKJ 2016, 299
30 KG NJW-RR 2014, 522; OLG Bremen ZKJ 2012, 405
31 OLG Frankfurt a.M. FamRZ 2015, 1312
32 BGH ZKJ 2019, 417
33 OLG Koblenz FamRZ 2014, 1393; OLG Hamm FamRZ 2011, 1666

3. Nahe Angehörige (Großeltern)

9 Da nahe Angehörige, insbesondere **Großeltern**, nicht selten intensive Bindungen zu ihren Enkelkindern, auch durch tatsächliche Übernahme von Verantwortung, aufbauen, stellt sich in der Gerichtspraxis durchaus häufig neben der Frage der **Beteiligung** nach § 7 FamFG und der **Anhörung** nach § 161 FamFG auch die der **Beschwerdeberechtigung**. Nicht beschwerdeberechtigt sind sie – auch bei tatsächlicher Verantwortungsübernahme – in **Verfahren nach § 1671 Abs. 1 Nr. 2 BGB** zwischen den gemeinsam sorgeberechtigten Eltern.[34] Dies gilt auch in **Verfahren nach § 1666 BGB** gegen die Entscheidung, dem eigenen Kind das Sorgerecht für den Enkel zu entziehen.[35] Hieran ändert auch die formelle Beteiligung und Einbeziehung in ein familienpsychologisches Sachverständigengutachten nichts.[36] Auch soweit ein Verwandter den Entzug des elterlichen Sorgerechts erstrebt, steht ihm kein Beschwerderecht zu.[37]

Schließlich steht ihnen trotz des in § 1779 Abs. 2 BGB enthaltenen Vorrangs naher Angehöriger nach der obergerichtlichen Rechtsprechung auch kein Beschwerderecht gegen ihre **Nichtberücksichtigung bei der Auswahl des Vormunds/Pflegers** zu, da es auch insoweit an einer eigenen Rechtsverletzung mangelt..[38] Die Auffassung des BGH,[39] gleichwohl eingelegte Beschwerden seien als Rechtspflegererinnerung nach § 11 Abs. 2 RPflG auszulegen und einer Überprüfung in der Sache durch den Richter zugänglich, setzt sich über das bisherige Verständnis, dass auch für die Erinnerung nach § 11 Abs. 2 Satz 1 und 3 RPflG dieselben Voraussetzungen wie für die Beschwerde in Bezug auf die Erinnerungsbefugnis gelten würden,[40] hinweg. Nach Auffassung des BGH soll an das Vorliegen einer Erinnerungsbefugnis nach § 11 Abs. 2 Satz 4 RPflG aber insoweit geringere Abforderungen zu stellen sein als an die Beschwerdebefugnis nach § 59 FamFG[41] Die Auffassung des BGH in Bezug auf die fehlende Beschwerdebefugnis naher Angehöriger bei der Auswahl zum Vormund/Pfleger wurde in der Zwischenzeit insoweit durch das BVerfG[42] bestätigt. Unklar ist aber, warum das BVerfG meint, es müsse als eine Quasi-Superrevisionsinstanz im Rahmen von Verfassungsbeschwerden die getroffene Auswahlentscheidung – wenn auch vermeintlich im Rahmen eines engen Prüfungsmaßstabes[43] – gleichwohl überprüfen.[44]

Beschwerdeberechtigt sind im Übrigen nahe Angehörige des Kindes in Verfahren betreffend ihr **Umgangsrecht nach § 1685 Abs. 1** BGB.[45] Sind Großeltern gleichzeitig auch die Pflegepersonen des Kindes, vgl. Rn. 9, lebt das Kind bei den **Großeltern** und werden diesen in einer **Umgangsregelung Verpflichtungen auferlegt** (z.B. das Kind an bestimmten Terminen bereit zu halten und an den Umgangsberechtigten zu übergeben), so sind sie auch wegen der Beeinträchtigung eigener Rechte beschwerdeberechtigt.[46]

---

34 OLG Frankfurt a.M. FamRZ 2013, 1230
35 BGH FamRZ 2011, 552
36 OLG Hamm ZKJ 2011, 394
37 OLG Frankfurt FamRZ 2017, 1250
38 BVerfG NZFam 2014, 734; FamRZ 2014, 1841; BGH ZKJ 2013, 451; OLG Brandenburg FamRZ 2018, 1767; OLG Frankfurt a.M. JAmt 2013, 226
39 ZKJ 2013, 451
40 *Schürmann*, FuR 2010, 493, 494 vgl. dazu auch OLG Jena FamRZ 2015, 1513
41 BGH ZKJ 2013, 451; ihm folgend OLG Hamm BeckRS 2014, 17376
42 BVerfG NZFam 2014, 734
43 Vgl. *Scherpe*, FamRZ 2014, 1821, kritisch hierzu auch *Keuter*, ZKJ 2015, 67
44 BVerfG NZFam 2014, 734; FamRZ 2014, 1841; 2014, 1843
45 OLG Frankfurt a.M. FamRZ 2013, 1994; OLG München FamRZ 2011, 1804; Johannsen/Henrich/*Althammer*, § 59 FamFG Rn. 5a; a.A. Prütting/Helms/*Abramenko*, § 59 FamFG Rn. 29 unter Hinweis auf insoweit nicht einschlägige Rspr
46 OLG München ZKJ 2015, 116 mit Anm. *Dürbeck*

4. Pflegepersonen

Lebt das Kind nicht im Haushalt seiner Eltern, sondern in Pflege, stellt sich die Frage der Beschwerdebefugnis von **Pflegepersonen**. Hier dürfte im Rahmen einer dringend nötigen Reform des Pflegekinderwesens erheblicher Bedarf für eine gesetzliche Festschreibung und Ausweitung des Beschwerderechts von Pflegeeltern bestehen.[47] Den Pflegeeltern des Kindes steht nach derzeit noch ganz h. M. **kein Beschwerderecht** gegen die Entscheidung des Familiengerichts zum **Sorgerechtsentzug der Eltern** nach § 1666 BGB zu, da ihre Rechte ungeachtet des Schutzes auch der Pflegefamilie durch Art. 6 Abs. 1 GG[48] insoweit nicht unmittelbar betroffen sein sollen.[49] Das soll auch für die Frage der Anfechtung der Auswahl des Vormundes gelten.[50] Jedenfalls in Ausnahmenfällen sollte aber aus **verfassungsrechtlicher Notwendigkeit** dann etwas anderes gelten, wenn ohne ein eigenes Beschwerderecht der Pflegeperson das nicht verfahrensfähige Kind, für das kein Verfahrensbeistand bestellt worden ist, sonst keine Möglichkeit hätte, Beschwerde gegen die Auswahl des Vormunds einzulegen.[51] Beschwerdeberechtigt sind Pflegepersonen aber immer bei Entscheidungen über **Verbleibensanordnungen** nach § 1632 Abs. 4 BGB,[52] welche in Verfahren nach §§ 1666, 1696 Abs. 2 BGB von den Pflegepersonen beantragt werden können und auch von Amts wegen zu prüfen sind. **10**

Entgegen der wohl h. M. ist Pflegepersonen zudem ein Beschwerderecht gegen Entscheidungen zur **Regelung oder Beschränkung**[53] **des Umgangs der Kinder mit ihren rechtlichen Eltern** zuzubilligen, da in diesem Fall die Rechtssphäre der von Art. 6 Abs. 1 GG geschützten Pflegefamilie unmittelbar betroffen ist und falls die Pflegeeltern bei einer notwendigen Beteiligung am Verfahren nach § 7 Abs. 2 Nr. 1 FamFG auch zum Verpflichteten einer vollstreckbaren Umgangsregelung werden.[54] Ist das Kind zu den Eltern zurückgeführt worden, steht umgangsberechtigten Pflegepersonen im Rahmen von § 1685 Abs. 2 BGB ein eigenes Beschwerderecht zu.[55] **11**

5. Vormund/Pfleger

Der Vormund – auch das Jugendamt in seiner Funktion als Amtsvormund – ist berechtigt Beschwerde einzulegen gegen seine **Auswahl** zum Vormund.[56] Dies gilt auch für den Fall seiner Entlassung nach § 1887 BGB.[57] Ein Beschwerderecht steht dem Jugendamt als Amtsvormund (anders als der nach § 162 FamFG anzuhörenden Behörde) aber nicht gegen die **Anordnung einer Vormundschaft/Pflegschaft** selbst zu, da es zu diesem Zeitpunkt noch an einer unmittelbaren Rechtsbeeinträchtigung fehlt.[58] Der Vormund kann im Übrigen auch geltend machen, dass er durch eine gerichtliche Entscheidung an der Ausübung des Sorgerechts gehindert sei, wie dies bei der deklaratorischen Feststellung, dass die Vormundschaft wegen Erreichens der Volljährigkeit des Mündels endet, angenommen **12**

---

47 KRK FamRZ 2014, 891
48 BVerfG FamRZ 1985, 39; 1989, 31
49 BGH NJW 1999, 3718; FamRZ 2004, 102; OLG Hamm FamRZ 2013, 140; OLG Köln FamRZ 2011, 233
50 BGH FamRZ 2013, 1380; OLG Nürnberg NZFam 2014, 619 und ZKJ 2015, 153
51 OLG Karlsruhe FamRZ 2013, 1665; vgl. auch die zust. Anm. von *Salgo*, FamRZ 2013, 1668
52 OLG Frankfurt a.M. ZKJ 2014, 292; OLG Hamm FamRZ 2005, 2081
53 BGH FamRZ 2005, 975; OLG Köln FamRZ 2011, 233; Johannsen/Henrich/*Althammer*, § 59 FamFG Rn. 5a
54 Vgl. OLG Hamburg FamRZ 2009, 1001; Staudinger/*Dürbeck*, § 1684 BGB Rn. 407; *Heilmann*, ZKJ 2014, 48, 54 jeweils für den Fall, dass die Pflegeeltern verpflichtet werden
55 BGH NJW 2001, 3337
56 KG JAmt 2016, 100; OLG Hamburg NZFam 2017, 1066; OLG München FamRZ 2012, 1071; OLG Frankfurt a.M. JAmt 2014, 170
57 OLG Brandenburg, Beschl. v. 24.6.2019 – 9 WF 264/18, JAmt 2019, 528
58 BGH ZKJ 2012, 149; OLG Brandenburg FF 2019, 126 (LS) = NJOZ 2019, 1047; OLG Frankfurt a.M. FamRZ 2017, 1942; JAmt 2014, 170

wird.[59] Nicht beschwerdeberechtigt ist der Vormund in Bezug auf die seiner Auswahl vorangegangene Sorgerechtsentscheidung.[60]

Gegen eine **familiengerichtliche Weisung** kann der Vormund dagegen selbst Beschwerde einlegen.[61]

6. Sonstige Personen und Institutionen

13 Als sonstige Beschwerdeberechtigte kommen auch dritte, dem Kind **nicht nahe stehende Personen**, wie etwa die **Adressaten von Weisungen oder Auflagen** nach § 1666 Abs. 3 Nr. 3 und 4 und Abs. 4 BGB[62] oder eines **Kontaktverbotes** nach § 1632 Abs. 2 BGB,[63] in Betracht.

Die Regelung des Umgangs eines Kindes mit seiner Großmutter stellt keine unmittelbare Beeinträchtigung eigener Rechte des Ehemannes der Kindesmutter dar, der nicht der leibliche Vater des Kindes ist, so dass keine Beschwerdeberechtigung besteht.[64]

Soweit der **Staatskasse** zu Unrecht die Kosten des Verfahrens auferlegt worden sind, kann sie diese Entscheidung anfechten, auch wenn sie nicht selbst am Verfahren beteiligt ist.[65]

Auch soweit sich die **Staatsanwaltschaft** gegen eine Entscheidung des Familiengerichts wendet, mit der dem im Ermittlungsverfahren beschuldigten Kindesvater Teile des Sorgerechts nicht entzogen wurden und kein Ergänzungspfleger bestellt worden ist, fehlt es an einer Beschwerdebefugnis. Eine Rechtsbeeinträchtigung liegt nicht vor, weil die Entscheidung nicht ein der Staatsanwaltschaft zustehendes Recht tangiert und allein die bloße Beeinträchtigung öffentlicher Strafverfolgungsinteressen nicht genügt.[66]

Dem **Erwerber eines Grundstückes** steht kein Beschwerderecht gegen die Versagung des familiengerichtlichen Genehmigung der Verträge nach §§ 1643 Abs. 1, 1821, 1822 BGB zu, weil insoweit nur die Interessen des Kindes unmittelbar betroffen sind und ein bloßes wirtschaftliches Interesse nicht zu einer Beschwerdebefugnis nach § 59 Abs. 1 FamFG führt.[67] Dies gilt auch dann, wenn der Erwerber der alleinsorgeberechtigte Elternteil ist.[68] Ausnahmsweise besteht ein Beschwerderecht, wenn durch das Verhalten des Familiengerichts ein Rechtsschein begründet wird, der zu einer Rechtsbeeinträchtigung führen kann. Dies ist dann der Fall, wenn eine bereits nach § 1829 Abs. 1 Satz 2 BGB wirksam gewordene Genehmigung abgeändert[69] wird oder wenn der Erwerber geltend macht, das Geschäft habe überhaupt keiner Genehmigung bedurft.[70]

7. Kind

14 Zum Beschwerderecht des Kindes siehe *Dürbeck*, § 60 FamFG Rn. 4 ff.

---

59 BGH, Beschl. v. 7.3.2018 – XII ZB 422/17, juris; NZFam 2018, 334
60 OLG Brandenburg FF 2019, 126 (LS) = NJOZ 2019, 1047; OLG Frankfurt FamRZ 2017, 1942: § 1674 BGB; *Dürbeck,* FamRZ 2018, 553
61 *DIJuF*-Rechtsgutachten JAmt 2014, 204
62 Vgl. OLG Zweibrücken NJW 1994, 1741; Palandt/*Götz,* § 1666 BGB Rn. 47
63 BGH FamRZ 2010, 1975
64 KG FamRZ 2000, 1520
65 OLG Düsseldorf ZKJ 2018, 154
66 BGH MDR 2014, 1407; OLG Hamm JAmt 2016, 88; OLG Frankfurt a.M. FamRZ 2014, 678
67 BGH NJW 2016, 565; OLG Hamm ZEV 2016, 585; OLG München MDR 2009, 1001; OLG Rostock NJW-RR 2006, 1229
68 OLG Celle FamRZ 2012, 1066; MüKo-FamFG/*A. Fischer,* § 59 Rn. 30
69 BGH NJW 2016, 565
70 OLG Hamm FamRZ 1984, 1036; Oberloskamp/*Dürbeck,* § 10 Rn. 125; *Staudinger/Veit,* § 1828 BGB Rn. 87

8. Verfahrensbeistand

15 Das Beschwerderecht des Verfahrensbeistands folgt aus § 158 Abs. 4 Satz 5 FamFG. Danach kann der Verfahrensbeistand „im Interesse" des Kindes eigene Rechtsmittel einlegen und bedarf insoweit **keiner eigenen Rechtsbeeinträchtigung** i.S.d. § 59 Abs. 1 FamFG. Er vertritt dabei nicht das Kind in rechtlicher Hinsicht, ist aber ein **gesetzlicher Vertreter „eigener Art"**.[71] Die Vertretungsbefugnis der sorgeberechtigten Eltern bleibt insoweit unberührt.[72] Er dürfte allerdings aus eigenem Recht im Hinblick auf Art. 12 Abs. 1 GG berechtigt sein, die nach § 158 Abs. 7 Satz 2 FamFG unterbliebene Feststellung der berufsmäßigen Führung der Verfahrensbeistandschaft anzufechten, da dies die Höhe seines Vergütungsanspruchs unmittelbar betrifft und die Feststellung auch im späteren Vergütungsfestsetzungsverfahren nicht mehr nachgeholt werden kann.[73] Die Gegenansicht, die ein Anfechtungsrecht verneint, weil es sich insoweit um eine Zwischenentscheidung handle,[74] überzeugt nicht und basiert auf der durch die Rechtsprechung des BGH überholten Annahme, die unterbliebene Feststellung der Berufsmäßigkeit der Ausübung des Amtes könne später noch nachgeholt werden.

IV. Das Beschwerderecht von Behörden (Abs. 3)

16 Hinsichtlich des **Beschwerderechts von Behörden** verweist § 59 Abs. 3 FamFG auf die besonderen Bestimmungen des FamFG oder anderer Gesetze. Von Bedeutung in Kindschaftssachen ist insoweit das Beschwerderecht des **Jugendamtes** nach § 162 Abs. 3 Satz 2 FamFG in allen Verfahren, die die Person des Kindes betreffen, wobei allerdings nur die **sachlich und örtlich zuständige Behörde** beschwerdebefugt ist.[75] In **Abstammungssachen** besteht ein (eingeschränktes) Beschwerderecht des Jugendamtes nach § 176 Abs. 2 Satz 2 FamFG in den Fällen der Anfechtung der Vaterschaft durch den potentiellen Erzeuger (§ 1600 Abs. 1 Nr. 2 BGB), durch das Kind, wenn die Anfechtung durch den gesetzlichen Vertreter erfolgt (§ 1600 Abs. 1 Nr. 4). Führt das Familiengericht in anderen Abstammungsverfahren eine nach § 176 Abs. 1 Satz 2 FamFG fakultative Anhörung des Jugendamtes durch, besteht nach Abs. 2 Satz 2 ebenfalls ein Beschwerderecht. Ein Beschwerderecht des Jugendamtes besteht auch in **Adoptionssachen** nach § 194 Abs. 2 Satz 2 FamFG, für das **Landesjugendamt** ergibt sich ein Beschwerderecht nach § 195 Abs. 2 Satz 2 FamFG. Die Beschwerdebefugnis des Jugendamts folgt insoweit aus den ihm durch das SGB VIII zugewiesenen Aufgaben. Ein Anfechtungsrecht in den **(öffentlich-rechtlichen) Unterbringungsverfahren** nach § 151 Nr. 7 FamFG besteht nach §§ 167 Abs. 1 Satz 1, 335 Abs. 4 FamFG für die nach **Landesrecht zuständige Polizei- oder Ordnungsbehörde**.

Der zuständigen Verwaltungsbehörde steht hinsichtlich der familiengerichtlichen Anhörung eines Antragstellers im Verfahren über die Änderung des Vornamens nach §§ 11, 2 NamÄndG kein Beschwerderecht nach § 59 FamFG zu.[76]

---

71 BVerfG FamRZ 2000, 1280; *Schael*, FamRZ 2009, 265

72 BGH FamRZ 2011, 1788

73 BGH FamRZ 2014, 468 (Betreuer); 2014, 653 (Ergänzungsbetreuer); 2014, 736 (Ergänzungspfleger); 2014, 1283 (Umgangspfleger); a.A. *Karmasin*, FamRZ 1999, 349; Keidel/*Engelhardt*, § 158 FamFG Rn. 34; Prütting/Helms/*Hammer*, § 158 FamFG Rn. 32

74 Keidel/*Engelhardt*, § 158 FamFG Rn. 35; Prütting/Helms/*Hammer*, § 158 FamFG Rn. 32

75 BGH ZKJ 2014, 104 (sachliche Zuständigkeit); vgl. dazu *Dürbeck*, ZKJ 2014, 266; OLG Saarbrücken NJOZ 2018, 1931 und OLG Hamm BeckRS 2018, 31142 (örtliche Zuständigkeit)

76 BGH NJW-RR 2018, 771

§ 60 FamFG Beschwerderecht Minderjähriger

[1]Ein Kind, für das die elterliche Sorge besteht, oder ein unter Vormundschaft stehender Mündel kann in allen seine Person betreffenden Angelegenheiten ohne Mitwirkung seines gesetzlichen Vertreters das Beschwerderecht ausüben. [2]Das Gleiche gilt in sonstigen Angelegenheiten, in denen das Kind oder der Mündel vor einer Entscheidung des Gerichts gehört werden soll. [3]Dies gilt nicht für Personen, die geschäftsunfähig sind oder bei Erlass der Entscheidung das 14. Lebensjahr nicht vollendet haben.

Übersicht

Rn.
A. Allgemeines 1
B. Inhalt der Norm 4
I. Umfang des Beschwerderechts des Kindes 4
II. Einzelfälle 5
1. Unterbringungssachen 5
2. Kinderschutzverfahren 6
3. Adoptionssachen 7

A. Allgemeines

1 Gemäß § 60 FamFG können minderjährige Kinder, die zum Zeitpunkt des Erlasses (§ 38 Abs. 3 Satz 3 FamFG i.V.m. § 60 Satz 3 FamFG) der Entscheidung das **14. Lebensjahr vollendet** haben, die unter elterlicher Sorge oder Vormundschaft stehen und auch nicht geschäftsunfähig (§ 104 Nr. 2 BGB) sind, in allen **ihre Person** betreffenden Angelegenheiten **ohne Mitwirkung ihres gesetzlichen Vertreters** das **Beschwerderecht** ausüben (Satz 1 und 3). Nach Satz 2 der Vorschrift gilt dies auch in sonstigen Angelegenheiten, in denen das Kind vor der Entscheidung des Gerichts gehört werden soll. Während sich Satz 1 über die nur in Kindschaftssachen anwendbare Regelung in § 160 FamFG hinaus auch auf alle das Kind selbst betreffende weitere Verfahren wie **Adoptions- und Abstammungssachen** bezieht, die nicht ausschließlich sein Vermögen betreffen,[1] ist der Anwendungsbereich der in Satz 2 erwähnten Verfahren enger. Hierunter zählen etwa Adoptionsverfahren (Anhörung von Kindern des Annehmenden nach § 193 Abs. 1 FamFG) oder **Vermögenssorgerechtsangelegenheiten**, wenn das Kind dort nach § 159 Abs. 1 Satz 2 FamFG **angehört** worden ist.[2] § 60 FamFG gilt analog auch für die **Rechtsbeschwerde**[3] und sonstige Rechtsmittel, wie etwa die sofortige Beschwerde nach §§ 567 ff. ZPO.[4]

2 § 60 FamFG ergänzt und modifiziert dabei § 9 Abs. 1 Nr. 3 FamFG, wonach beschränkt Geschäftsfähige in Verfahren der freiwilligen Gerichtsbarkeit, die ihre Person betreffen, mit Vollendung des 14. Lebensjahres verfahrensfähig sind, soweit sie ein ihnen nach dem BGB zustehendes Recht geltend machen. Ist das Kind ausnahmsweise bereits im ersten Rechtszug nach § 9 Abs. 1 Nr. 3 FamFG verfahrensfähig, weil es ein ihm nach dem BGB zustehendes Recht geltend gemacht hat (z.B. Widerspruch nach § 1671 Abs. 1 Satz 2 Nr. 1 BGB), so ist es auch bei einer ihm nachteiligen Entscheidung zur Beschwerde nach §§ 58, 59 FamFG berechtigt, ohne dass es auf § 60 FamFG ankäme.

▶ *Näher zur Verfahrensfähigkeit Köhler, § 9 FamFG Rn. 4 ff.*

2a Ist dies nicht der Fall, das Kind also nicht verfahrensfähig, folgt das eigene Beschwerderecht des Kindes aus § 60 FamFG. Aus § 60 FamFG folgt dann auch, dass das Kind im Be-

---

1 Johannsen/Henrich/*Althammer,* § 60 FamFG Rn. 6; a.A. Prütting/Helms/*Abramenko,* § 60 FamFG Rn. 7: mittelbarer Bezug zur Person reicht
2 Keidel/*Meyer-Holz,* § 60 FamFG Rn. 11
3 Prütting/Helms/*Abramenko,* § 60 FamFG Rn. 5
4 OLG Karlsruhe FamRZ 2016, 567

schwerdeverfahren verfahrensfähig ist, also z.B. einen Verfahrenskostenhilfe- oder Befangenheitsantrag[5] stellen kann (zur VKH für Minderjährige vgl. § 76 FamFG Rn. 5).[6] Aus § 60 FamFG ergibt sich demgegenüber nicht, dass das bereits 14-jährige Kind im zweiten Rechtszug auch dann unabhängig von § 9 Abs. 1 Nr. 3 FamFG verfahrensfähig ist, wenn es nicht selbst, sondern ein anderer Beteiligter Beschwerde eingelegt hat.[7]

Soweit aus §§ 9 Abs. 1 Nr. 3, 60 FamFG abgeleitet wird, dass verfahrensfähige Minderjährige **analog § 107 BGB** auch insoweit einen **Geschäftsbesorgungsvertrag mit einem Rechtsanwalt** schließen und diesem **Vollmacht** erteilen können,[8] erscheint dies aber nicht unproblematisch, setzt sich der Minderjährige doch mit Abschluss des Anwaltsvertrages einem Vergütungsanspruch des Anwalts aus.[9] Zudem bestimmt § 111 Satz 1 BGB die Unwirksamkeit einseitiger Rechtsgeschäfte durch einen beschränkt Geschäftsfähigen, zu denen auch die Vollmacht gehört.[10] Soweit danach ein rechtswirksamer Anwaltsvertrag ohne Einwilligung des gesetzlichen Vertreters des Minderjährigen wohl nicht geschlossen werden kann,[11] ist das verfahrensfähige Kind gleichwohl dazu imstande, einem Rechtsanwalt eine Verfahrensvollmacht zu erteilen, da sich deren Wirksamkeit nicht an §§ 106 ff. BGB orientiert, sondern an die Prozess- bzw. Verfahrensfähigkeit geknüpft ist.[12] Das Problem des Vergütungsanspruchs des Anwalts lässt sich nur bei mittellosen Minderjährigen, die insbesondere über keinen Verfahrenskostenvorschussanspruch gegenüber ihren Eltern verfügen, über die Verfahrenskostenhilfe nach §§ 76, 78 FamFG lösen, wobei aber auch dies nicht das rechtliche Problem der Unwirksamkeit des Geschäftsbesorgungsvertrages beheben kann.[13] **2b**

Im Zusammenhang mit § 60 FamFG ist auch § 164 FamFG zu sehen, wonach Entscheidungen, die von § 60 FamFG umfasst sind, dem Kind selbst bekannt zu machen sind, wenn es das 14. Lebensjahr vollendet hat und nicht geschäftsunfähig ist. Hierbei ist **§ 178 Abs. 2 ZPO** analog **(Verbot der Ersatzzustellung an verfahrensbeteiligte Eltern)** anzuwenden, wenn das Kind noch bei seinen Eltern lebt.[14] Nach § 164 Satz 2 FamFG kann aber im Interesse des Kindeswohls von der **vollständigen Übersendung der Beschlussgründe** ganz oder zum Teil **abgesehen** werden. **2c**

▶ *Näher zur Bekanntmachung Heilmann, Kommentierung zu § 164 FamFG.*

Die Möglichkeit der Einlegung einer eigenen Beschwerde durch das Kind schließt es aber nicht aus, dass auch der oder die **gesetzlichen Vertreter Rechtsmittel im Namen des Kindes** einlegen,[15] die insbesondere dann zum Tragen kommen können, wenn der Minderjährige seine Beschwerde zurücknimmt oder auf sie verzichtet hat.[16] Zur Frage der Bewilligung von Verfahrenskostenhilfe und der Beiordnung eines Rechtsanwaltes nach §§ 76 ff. FamFG vgl. *Dürbeck*, § 76 FamFG Rn. 5. **3**

---

5 OLG Karlsruhe FamRZ 2016, 567
6 Bork/Jacoby/Schwab/*Müther*, § 60 FamFG Rn. 2
7 A.A.: *Köhler*, ZKJ 2018, 50, 55
8 OLG Karlsruhe FamRZ 2016, 567; OLG Braunschweig InfAuslR 2016, 367; OLG Dresden FamRZ 2014, 1042; BayObLG Rpfleger 2003, 361; OLG Hamm FamRZ 2002, 1127; *Heiter*, FamRZ 2009, 85; Keidel/*Zimmermann*, § 9 FamFG Rn. 16
9 Zu diesem Problem vgl. *Naczinsky*, NZFam 2018, 713 in Bezug auf die Testierfähigkeit von Minderjährigen
10 MüKo-BGB/*Spickhoff*, § 111 Rn. 12
11 OLG Braunschweig InfAuslR 2016, 367; AG Münster NJW 1994, 1124; Erman/*Müller*, § 106 BGB Rn. 3; *Naczinsky*, NZFam 2018, 713, 716 f; a. A.: OLG Dresden MDR 2014, 477
12 BGH FamRZ 2014, 110; NJW 1993, 1170; Staudinger/*Klumpp*, § 107 BGB Rn. 68
13 Zutreffend BeckOK-FamFG/*Burschel*, § 9 Rn. 9
14 OLG Saarbücken, Beschl. v. 12.11.2009 – 8 U 518/08, juris
15 BGH NZFam 2018, 334; MüKo-FamFG/*A. Fischer*, § 60 Rn. 20; a.A. Keidel/*Meyer-Holz*, § 60 FamFG Rn. 3: keine Befugnisse im Verfahren
16 Zu möglichen Interessenkonflikten: BGH NJW 2012, 1150; *Sommer*, FPR 2012, 374, 375 f.

B. Inhalt der Norm

I. Umfang des Beschwerderechts des Kindes

4 Nach zutreffender Auffassung[17] regelt § 60 FamFG selbst **nicht** die **Beschwerdebefugnis** des Kindes in den dort genannten Verfahren, sondern ergänzt lediglich § 9 Abs. 1 Nr. 3 FamFG. Die Beschwerdeberechtigung muss sich vielmehr aus § 59 Abs. 1 und 2 FamFG ergeben und setzt das **Betroffensein in eigenen Rechten** auch bei der Beschwerde des Kindes voraus.[18] Ein Beschwerderecht besteht mithin grundsätzlich bei Entscheidungen zum Sorge- und Umgangsrecht und zu seiner Herausgabe.[19]

II. Einzelfälle

1. Unterbringungssachen

5 Beschwerden von Kindern, die das 14. Lebensjahr vollendet haben, kommen in der Praxis vor allem in **Unterbringungsverfahren** nach § 151 Nr. 6 FamFG vor, in denen das Kind aufgrund der ergangenen Endentscheidung – meist in einem einstweiligen Anordnungsverfahren – gegen seinen Willen in einer geschlossenen psychiatrischen Klinik untergebracht ist und sich in dieser für ihn schwierigen Situation gegen die familiengerichtliche Genehmigung der freiheitsentziehenden Unterbringung oder gegen eine freiheitsentziehende Maßnahme wendet. Hier ist die Beschwerde im Verfahren der **einstweiligen Anordnung** nach § 57 Satz 1 und 2 FamFG bereits **vor mündlicher Erörterung** statthaft. Anders ist die Rechtslage aber, wenn vom Familiengericht vor Vollzug einer Unterbringung des Kindes deren **Genehmigung verweigert** wird. Hier sind lediglich die Personensorgeberechtigten in ihren Rechten unmittelbar betroffen, wohingegen das Kind nur mittelbar betroffen ist.[20] Die Frage wird aber nur dann relevant, wenn man der Auffassung ist, die Einwilligung des Kindes in seine Unterbringung mache eine familiengerichtliche Genehmigung nicht entbehrlich.[21] (vgl. näher hierzu *Fink*, § 1631b BGB Rn. 4).

5a Die Verfahrensfähigkeit von Kindern ab dem 14. Lebensjahr folgt in **Unterbringungssachen** im Übrigen bereits aus § 167 Abs. 3 FamFG. Der Minderjährige kann dabei auch den Verfahrensbeistand beauftragen, für ihn Beschwerde einzulegen,[22] wobei dieser dann aber die Beschwerde in eigenem Namen nach § 158 Abs. 4 Satz 5 FamFG einlegen sollte, da er nicht gesetzlicher Vertreter des Kindes ist (vgl. § 158 Abs. 4 S. 6 FamFG).[23] Legt er die Beschwerde als rechtsgeschäftlich Bevollmächtigter des Kindes für dieses ein, muss sich aber aus der Beschwerdeschrift hinreichend deutlich ergeben, dass der Verfahrensbeistand – mit der Folge der Aufhebung seiner Bestellung (vgl. § 158 Abs. 5 FamFG) – seine bisherige Rolle im Verfahren aufgeben und als Verfahrensbevollmächtigter für den Betroffenen handeln will.[24]

2. Kinderschutzverfahren

6 In Verfahren nach **§ 1666 BGB** kann das verfahrensfähige Kind unzweifelhaft Beschwerde gegen eine Entscheidung einlegen, bei der das Familiengericht von Maßnahmen nach § 1666 BGB abgesehen hat, weil das Kind infolge einer Kindeswohlgefährdung in eigenen Rechten verletzt sein kann.[25] Daher ist es auch dann, wenn es einen Sorgerechtsentzug

---

17 OLG Düsseldorf FamRZ 2011, 1081; Zöller/*Feskorn,* § 60 FamFG Rn. 2
18 OLG Nürnberg JAmt 2012, 99; Prütting/Helms/*Abramenko*, § 60 FamFG Rn. 1
19 MüKo-FamFG/*A. Fischer,* § 59 Rn. 33
20 MüKo-FamFG/*A. Fischer,* § 59 Rn. 33
21 So insbesondere Staudinger/*Salgo,* § 1631b BGB Rn. 8 gegen die dort zitierte wohl h.L.
22 OLG Dresden FamRZ 2017, 621
23 BGH, Beschl. v. 27.3.2019 – XII ZB 66/19, FamRZ 2019, 1077
24 BGH, Beschl. v. 27.3.2019 – XII ZB 66/19, FamRZ 2019, 1077; NJW-RR 2019, 129 (zum Betreuungsrecht)
25 BayObLG DAVorm 1981, 987; Bork/Jacoby/Schwab/*Müther,* § 60 FamFG Rn. 7.1

gegenüber seinen Eltern erstrebt, beschwerdeberechtigt.[26] Streitig ist die Frage aber, wenn das Familiengericht **den Eltern das Sorgerecht ganz oder zum Teil entzogen** hat. Hier vertritt insbesondere das OLG Düsseldorf[27] die Auffassung, das Kind könne sich nach § 59 Abs. 1 FamFG nicht auf die Verletzung eigener Rechte berufen. Dem ist mit der ganz h. M. aber entgegen zu treten, da das Kind dem Grunde nach ein aus Art. 6 Abs. 2 GG folgendes **Grundrecht[28] auf Erziehung und Pflege** durch seine Eltern besitzt und folglich durch den Sorgerechtsentzug in eigenen Rechten betroffen ist.[29]

3. Adoptionssachen

In einem Verfahren betreffend die **Adoption eines Minderjährigen** ist bei Ablehnung des Antrages aufgrund der Regelung in § 59 Abs. 2 FamFG nur der antragstellende (vgl. § 1752 Abs. 1 BGB) Annehmende und nicht das anzunehmende Kind, das kein Antragsrecht besitzt, beschwerdeberechtigt.[30] 7

§ 61 FamFG Beschwerdewert; Zulassungsbeschwerde

(1) In vermögensrechtlichen Angelegenheiten ist die Beschwerde nur zulässig, wenn der Wert des Beschwerdegegenstandes 600 Euro übersteigt.

(2) Übersteigt der Beschwerdegegenstand nicht den in Absatz 1 genannten Betrag, ist die Beschwerde zulässig, wenn das Gericht des ersten Rechtszugs die Beschwerde zugelassen hat.

(3) [1]Das Gericht des ersten Rechtszugs lässt die Beschwerde zu, wenn

1. die Rechtssache grundsätzliche Bedeutung hat oder die Fortbildung des Rechts oder die Sicherung einer einheitlichen Rechtsprechung eine Entscheidung des Beschwerdegerichts erfordert und

2. der Beteiligte durch den Beschluss mit nicht mehr als 600 Euro beschwert ist.

[2]Das Beschwerdegericht ist an die Zulassung gebunden.

Übersicht

	Rn.
A. Allgemeines	1
B. Inhalt der Norm	5
I. Kostenbeschwerden in Nichtstreitsachen	5
II. Zulassungsbeschwerde	7

A. Allgemeines

Gemäß § 61 Abs. 1 FamFG ist die Beschwerde nur zulässig, wenn der Wert des Beschwerdegegenstands 600,– Euro übersteigt, wenn diese eine ***vermögensrechtliche Angelegenheit*** betrifft. Die Regelung ist § 511 ZPO nachgebildet und bezweckt die Entlastung der Rechtspflege bei Verfolgung lediglich geringfügiger wirtschaftlicher Interessen,[1] wobei die Möglichkeit der Beschwerdezulassung der Korrektur dieser gesetzlichen Interessensabwägung dient. Es handelt sich um eine **Zulässigkeitsvoraussetzung** der Beschwerde, die bei Unterschreiten der Wertgrenze nach § 68 Abs. 2 Satz 2 FamFG zu verwerfen ist. 1

---

26 OLG Brandenburg FamRZ 2014, 1649
27 OLG Düsseldorf ZKJ 2011, 185 mit abl. Anm. *Heilmann*
28 BVerfG FamRZ 2008, 845
29 Staudinger/*Coester,* § 1666 BGB Rn. 302; *Völker/Clausius,* § 9 Rn. 25; Keidel/*Meyer-Holz,* § 59 FamFG Rn. 70
30 OLG Nürnberg JAmt 2012, 99; Palandt/*Götz,* § 1752 BGB Rn 4; MüKo-BGB/*Maurer,* § 1752 Rn. 17
1 BT-Drucks. 16/6308, 205

2 Der Anwendungsbereich der Vorschrift in Verfahren betreffend die Angelegenheiten des Kindes ist sehr gering. Vermögensrechtliche Angelegenheiten sind nur solche, die ein **vermögensrechtliches Rechtsverhältnis** der Beteiligten betreffen oder auf einem nichtvermögensrechtlichen Rechtsverhältnis beruhen, aus dem sich aber ein vermögensrechtlicher Anspruch oder sonstige Folge ergibt.[2] Zu nennen sind im Bereich der Kindschaftssachen z. B. Fälle der familienrechtlichen **Genehmigung von Rechtsgeschäften** nach §§ 1643, 1821, 1822 BGB, Ansprüche des Kindes gegen seine Eltern nach § 1664 Abs. 1 BGB im Zusammenhang mit der **Verwaltung des Kindesvermögens**,[3] Beschwerden gegen die **Festsetzung der Vergütung von Vormund oder Pfleger** nach § 168 FamFG,[4] des Umgangspflegers nach § 1684 Abs. 3 BGB[5] oder des Verfahrensbeistandes oder Verfahren zur Bestimmung des Kindergeldbezugsberechtigten.[6]

3 Die **Beschwer** ist **analog §§ 3 ff. ZPO** zu schätzen. Maßgeblich ist das **wirtschaftliche Interesse des Beschwerdeführers an dem Verfahrensgegenstand**.[7] Bei einer Beschwerde gegen die Vergütungsfestsetzung des Vormunds, Pflegers oder Verfahrensbeistands ist maßgeblich die Differenz zwischen begehrten und festgesetzten Betrag.[8]

4 Die Wertgrenze des § 61 Abs. 1 FamFG muss grundsätzlich **bei Einlegung der Beschwerde** erreicht sein.[9] Sie ist vom Beschwerdegericht zu ermitteln, das an eine abweichende Feststellung des Familiengerichts nicht gebunden ist.[10] Erledigt sich die Hauptsache nach Einlegung der Beschwerde dahin, dass die Beschwer unter die Grenze des § 61 Abs. 1 FamFG fällt, wird die Beschwerde unzulässig, es sei denn die verbliebene Beschwer **einschließlich der insoweit entstandenen Kosten** erreicht den Beschwerdewert.[11]

B. Inhalt der Norm

I. Kostenbeschwerden in Nichtstreitsachen

5 Häufigster Anwendungsfall von § 61 Abs. 1 FamFG in Verfahren der freiwilligen Gerichtsbarkeit waren nach Inkrafttreten des FamFG zum 1.9.2009 **isolierte Beschwerden gegen die Kostenentscheidung**, deren Beschwer unter 600 Euro lagen, was insbesondere bei Verfahrenswerten im Bereich von nicht mehr als 3.000 Euro häufig der Fall war. Eine Mindermeinung war allerdings der Auffassung, dass § 61 Abs. 1 FamFG bei einer Kostenbeschwerde keine Anwendung finden würde, wenn die Hauptsache eine nicht vermögensrechtliche Streitigkeit zum Gegenstand habe, da maßgeblich insoweit sei, dass es sich bei der Hauptsache um eine nicht vermögensrechtliche Angelegenheit handle und sonst Wertungswidersprüche insoweit bestehen würden, als in Familienstreitsachen die sofortige Beschwerde bereits bei einer Beschwer über 200,00 Euro statthaft sei.[12] Demgegenüber vertrat die **h.M.**[13] die Auffassung, dass § 61 Abs. 1 FamFG auch auf **Kostenbeschwerden** in **Nichtstreitsachen** anzuwenden sei, da Kostenentscheidungen ein

2 Keidel/*Meyer-Holz,* § 61 FamFG Rn. 2
3 Vgl. OLG Köln FamRZ 1997, 1351
4 OLG Frankfurt a.M. ZKJ 2013, 212
5 OLG Celle FamRZ 2011, 307
6 BGH FamRZ 2014, 646: Beschwer im Regelfall unter 600 Euro
7 BeckOK-Streitwert/*Dürbeck,* „Sorgerechtsverfahren" Rn. 13; Johannsen/Henrich/*Althammer,* § 61 FamFG Rn. 5
8 BGH MDR 2012, 1242
9 BGH NJW-RR 2001, 1571
10 BGH FamRZ 2014, 1100; OLG Jena FamRZ 2016, 661; Keidel/*Meyer-Holz,* § 61 FamFG Rn. 10 f.
11 BGH FamRZ 2009, 495; BayObLG FamRZ 2004, 1533
12 OLG Düsseldorf FamRZ 2012, 1827; OLG Nürnberg FamRZ 2010, 998; *Fölsch*, SchlHA 2011, 264, 267
13 OLG Frankfurt a.M. FamRZ 2011, 752; OLG Brandenburg, Beschl. v. 19.2.2013 – 3 UF 43/12, juris; NJW-RR 2010, 943, 944; OLG Stuttgart FamRZ 2010, 664, 665; OLG Hamburg FamRZ 2010, 665, 666; OLG München FamRZ 2010, 1465, 1466; OLG Karlsruhe FamRZ 2010, 1695, 1696; OLG Düsseldorf FamRZ 2010, 1835, 1836; OLG Oldenburg FamRZ 2010, 1466; OLG Köln FamRZ 2010, 1834, 1835; OLG Zweibrücken FamRZ 2010, 1835; Keidel/*Meyer-Holz,* FamFG § 61 Rn. 4; BeckOK-FamFG/*Gutjahr,* § 61 Rn. 5 f.

vermögensrechtliches Rechtsverhältnis zum Gegenstand hätten. Der Gegenstand des Beschwerdeverfahrens bestimme sich nämlich nicht nach dem Verfahrensgegenstand im ersten Rechtszug, sondern danach, was in der Beschwerde verlangt werde. Hier ginge es aber ausschließlich um vermögensmäßige Interessen des Beschwerdeführers.

Der **BGH** hat sich in seiner Entscheidung vom 25.9.2013[14] aber der Mindermeinung angeschlossen und aus (*vermeintlichen*) systematischen und teleologischen Gründen entschieden, dass isolierte Kostenbeschwerden in Familienverfahren der freiwilligen Gerichtsbarkeit **keines Erreichens einer Beschwerdegrenze** bedürfen, so dass derzeit auch über Kostenbeschwerden in Kindschaftssachen mit einer Beschwer in Höhe von Kleinstbeträgen der Familiensenat, vorbehaltlich einer Übertragung der Sache auf den Einzelrichter, in voller Besetzung zu entscheiden hat. Hier bedürfte es dringend einer gesetzlichen Neuregelung, die sich aus Gründen der Gleichstellung aller Familiensachen an der Wertgrenze von § 567 Abs. 2 ZPO (200 Euro) orientieren sollte. 6

II. Zulassungsbeschwerde

Liegt die **analog §§ 3 ff. ZPO** (vgl. Rn. 3) zu bestimmende Beschwer nicht über 600 Euro, so ist die Beschwerde nach § 61 Abs. 2 FamFG nur zulässig, wenn das Familiengericht die **Beschwerde zugelassen** hat. Nach § 61 Abs. 3 Nr. 1 FamFG lässt das Familiengericht die Beschwerde zu, wenn die **Rechtssache grundsätzliche Bedeutung** hat oder die **Fortbildung des Rechts oder die Sicherung einer einheitlichen Rechtsprechung** eine Entscheidung des Beschwerdegerichts erfordert. Die Zulassungsgründe entsprechen insoweit denjenigen von § 70 FamFG für die Rechtsbeschwerde, weshalb auf die Kommentierung zu § 70 FamFG Bezug zu nehmen ist. 7

Die Zulassungsentscheidung selbst ist **in der Endentscheidung** des Familiengerichts zu treffen. Ausreichend ist es, wenn sich die Zulassung aus den **Gründen** ergibt.[15] Enthält die Endentscheidung weder im Tenor noch in den Gründen einen Hinweis auf die Zulassung der Beschwerde, kann nicht von einer Zulassung nicht ausgegangen werden, dies auch dann nicht, wenn irrtümlich eine Rechtsmittelbelehrung erteilt worden ist.[16] **Schweigen bedeutet also Nichtzulassung**. Nur dann, wenn das Familiengericht bewusst keine Veranlassung für eine Zulassungsentscheidung gesehen hat, weil es **erkennbar** von einer Beschwer **über 600 Euro** ausgegangen ist, ist die Zulassungsentscheidung vom **Beschwerdegericht nachzuholen**.[17] 8

Lässt das Familiengericht die Beschwerde zu, so ist das Oberlandesgericht nach § 61 Abs. 3 Satz 2 FamFG an die Entscheidung **gebunden**. Lässt es sie nicht zu, kann die Entscheidung von den Beteiligten **nicht angefochten** werden.[18] Es verbleiben hier nur die **Anhörungsrüge** nach § 44 FamFG oder die Verfassungsbeschwerde. Hat der Rechtspfleger die Entscheidung getroffen, ist die befristete Erinnerung nach § 11 Abs. 2 Satz 1 FamFG statthaft, über die der Familienrichter abschließend zu entscheiden hat. Im Rahmen der Entscheidung über die Abhilfe der Erinnerung nach § 11 Abs. 2 Satz 5 RPflG kann der Rechtspfleger eine unterbliebene Entscheidung über die Zulassung der Beschwerde durch Teilabhilfe nachholen,[19] was zur Zulässigkeit der Beschwerde führt (siehe näher hierzu *Heilmann*, § 11 RPflG Rn. 23 ff.). Lässt das Familiengericht die Beschwerde zu, ist diese Entscheidung für die anderen Beteiligten ebenfalls unanfechtbar. 9

---

14 BGH NJW 2013, 3523
15 BGH FamRZ 2008, 1339; 1989, 376
16 BGH MDR 2014, 977
17 BGH FamRZ 2011, 882; 2012, 961; MDR 2014, 977
18 BT-Drucks. 16/6308, 205; MüKo-FamFG/*A. Fischer*, § 61 Rn. 40
19 OLG Stuttgart ZKJ 2010, 163

§ 62 FamFG Statthaftigkeit der Beschwerde nach Erledigung der Hauptsache

(1) Hat sich die angefochtene Entscheidung in der Hauptsache erledigt, spricht das Beschwerdegericht auf Antrag aus, dass die Entscheidung des Gerichts des ersten Rechtszugs den Beschwerdeführer in seinen Rechten verletzt hat, wenn der Beschwerdeführer ein berechtigtes Interesse an der Feststellung hat.

(2) Ein berechtigtes Interesse liegt in der Regel vor, wenn

1. schwerwiegende Grundrechtseingriffe vorliegen oder

2. eine Wiederholung konkret zu erwarten ist.

Übersicht

Rn.
A. Allgemeines ... 1
B. Inhalt der Norm ... 5
I. Anwendungsvoraussetzungen ... 5
1. Erledigung ... 5
2. Antrag ... 7
3. Feststellungsinteresse ... 8
C. Einzelfälle ... 10

A. Allgemeines

1 Hat sich die angefochtene Entscheidung in der **Hauptsache erledigt**, so spricht das Beschwerdegericht gemäß § 62 Abs. 1 FamFG **auf Antrag** aus, dass die angefochtene Entscheidung den Beschwerdeführer **in seinen Rechten verletzt** hat, wenn der Beschwerdeführer ein **berechtigtes Interesse an der Feststellung** hat, was nach Absatz 2 dann der Fall sein soll, wenn **schwerwiegende Grundrechtseingriffe** vorliegen (Abs. 2 Nr. 1) oder eine **Wiederholung konkret** zu erwarten ist (Abs. 1 Nr. 2). Die Vorschrift erinnert an die Fortsetzungsfeststellungsklage des Verwaltungsprozesses (§ 113 Abs. 1 Satz 4 VwGO). Mit ihr hat der Gesetzgeber die in Abschiebungshaftsachen entwickelte Rechtsprechung des Bundesverfassungsgerichts[1] über die Zulässigkeit von Feststellungsanträgen bei erledigter Freiheitsentziehung gesetzlich fortgeschrieben. Der BGH hatte vor der Entwicklung der Rechtsprechung des BVerfG die nachträgliche Überprüfung einer erledigten Freiheitsentziehung in der Beschwerde oder Rechtsbeschwerde mangels Rechtsschutzbedürfnis wegen „prozessualer Überholung" abgelehnt.[2]

2 Der Hauptanwendungsbereich von § 62 FamFG liegt auch nach der gesetzlichen Normierung im FamFG in der Praxis im Bereich der **Freiheitsentziehungen** (Abschiebungshaft,[3] Unterbringungen[4]). Im Bereich der Kindschaftsverfahren hat die Vorschrift ebenfalls Bedeutung für Unterbringungssachen nach § 151 Nr. 6 und 7 FamFG, für Sorge- und Umgangsrechtsverfahren, die mit erheblichen staatlichen Eingriffen in das Elternrecht (Art. 6 Abs. 2 Satz 1 GG) verbunden sind,[5] und allgemein für Verfahren, in denen es zu schweren Eingriffen in Verfahrensrechte eines Beteiligten kommt.

3 Liegen die Voraussetzungen von § 62 Abs. 1 FamFG vor, kann über die vom Antragsteller begehrte Feststellung **nur im Beschwerdeverfahren** durch das Beschwerdegericht ent-

1 BVerfG NJW 2002, 2456; zur Entwicklung der Rspr.: *Heidebach*, NJW 2011, 1708
2 BGH NJW 1998, 2829
3 Vgl. *Schmidt-Räntsch,* NVwZ 2014, 110
4 Etwa BGH FamRZ 2018, 1361
5 Zu Recht verneint von KG FamRZ 2017, 1061 in einer Umgangssache

schieden werden, ein isoliertes Feststellungsverfahren vor dem Gericht des ersten Rechtszuges existiert nicht.[6]

Nach zutreffender Auffassung findet § 62 FamFG auch im Verfahren der **sofortigen Beschwerde** nach §§ 567 ff. ZPO, soweit das FamFG hierauf, wie in § 87 Abs. 4 FamFG im Vollstreckungsverfahren, verweist, entsprechende Anwendung.[7] Nicht anwendbar ist § 62 FamFG auf eine Beschleunigungsbeschwerde nach § 155c FamFG, die sich infolge der Nachholung der gebotenen Verfahrensförderung, insbesondere durch Erlass der Endentscheidung, erledigt hat.[8] 4

B. Inhalt der Norm

I. Anwendungsvoraussetzungen

1. Erledigung

Zu einer Erledigung der Hauptsache kommt es nach herkömmlichen verfahrensrechtlichen Verständnis dann, wenn **nach Einleitung des Verfahrens** der ***Verfahrensgegenstand*** durch ein Ereignis, welches eine **Änderung der Sach- oder Rechtslage bewirkt, *weggefallen*** ist, so dass die Weiterführung des Verfahrens keinen Sinn mehr hätte, weil eine Sachentscheidung nicht mehr ergehen kann.[9] Häufigste Anwendungsfälle sind der **zeitliche Ablauf einer vom Familiengericht befristeten Maßnahme** (Unterbringung, Umgangsausschluss, Kontaktverbot), die **Vollziehung** einer angeordneten Maßnahme (z. B. Herausgabe des Kindes), der Eintritt der **Volljährigkeit des Kindes** oder der **Tod** eines Betroffenen.[10] Ohne § 62 FamFG wäre in solchen Fällen der Erledigung der Hauptsache mangels Wegfalls eines Rechtsschutzbedürfnisses an der Aufhebung der angegriffenen Entscheidung die **Beschwerde unzulässig** und daher nach § 68 Abs. 2 Satz 2 FamFG – soweit sie nicht auf die Kosten beschränkt wird – zu verwerfen.[11] 5

Im Rahmen von § 62 FamFG ist der **Zeitpunkt der Erledigung** bedeutsam. Erledigt sich der Verfahrensgegenstand im ersten Rechtszug vor Erlass einer Entscheidung in der Sache, ist § 62 nicht anwendbar und lediglich über die Kosten nach §§ 83, 81 FamFG zu entscheiden (siehe näher hierzu *Dürbeck*, § 83 FamFG Rn. 6 f.).[12] Tritt die Erledigung **nach Erlass** des erstinstanzlichen Entscheidung, aber noch **vor Einlegung der Beschwerde** ein, kann gleichwohl ein Antrag auf Feststellung der Rechtswidrigkeit nach § 62 FamFG gestellt werden,[13] obwohl vom Wortlaut her die Norm davon ausgeht, dass die Erledigung nach Einlegung der Beschwerde erfolgt. Der Antrag ist in diesem Fall aber innerhalb der Frist des § 63 Abs. 1 oder 2 FamFG zu stellen.[14] 6

2. Antrag

§ 62 Abs. 1 FamFG setzt schon nach seinem Wortlaut voraus, dass der Beschwerdeführer die Feststellung der Rechtswidrigkeit der erledigten Entscheidung **beantragt**, was vor Inkrafttreten des FamFG umstritten war[15] und inzwischen aber auch durch den BGH[16] bestä- 7

6 BayObLG FamRZ 2004, 485; Johannsen/Henrich/*Althammer,* § 62 FamFG Rn. 1
7 OLG Brandenburg ZKJ 2012, 495; Keidel/*Meyer-Holz,* § 58 FamFG Rn. 89
8 OLG Karlsruhe ZKJ 2018, 66
9 BGH FGPrax 2011, 39; OLG Köln FGPrax 2011, 44; BeckOK-FamFG/*Gutjahr,* § 62 Rn. 1
10 BayObLGZ 1957, 628
11 BGH FamRZ 2019, 1615; BGH NJW-RR 2012, 997
12 OLG Frankfurt, Beschl. v. 9.5.2019 – 2 UF 124/19, juris: KG FamRZ 2016, 932
13 BGH FamRZ 2012, 211; OLG Stuttgart FamRZ 2014, 234
14 MüKo-FamFG/*A. Fischer,* § 62 Rn. 19
15 Vgl. *Heidebach*, NJW 2011, 1728
16 BGH FamRZ 2011, 1390; vgl. auch OLG Düsseldorf FamRZ 2011, 921

tigt worden ist. **Konkludente Antragstellung** genügt,[17] nicht ausreichend ist es aber, die Erledigung der Beschwerde zu erklären. Allerdings ist der Beschwerdeführer nach Erledigung der Hauptsache im Beschwerdeverfahren auf die Möglichkeit eines Antrages nach § 62 FamFG **hinzuweisen**, falls er **nicht anwaltlich** vertreten ist.[18] Dazu wird aber nur Veranlassung bestehen, wenn das Beschwerdegericht zu diesem Zeitpunkt von der Rechtswidrigkeit der angefochtenen Entscheidung ausgeht. Hat sich das Verfahren durch den Tod des Beschwerdeführers erledigt, können **nahe Angehörige** den Antrag außerhalb des Bereichs von Abschiebungs- und Zurückschiebungshaft[19] nicht stellen.[20] Gleiches gilt für die **Eltern eines nach § 1631b BGB untergebrachten Kindes** nach Beendigung der Unterbringung. Hier ist der Antrag vom gesetzlichen Vertreter des Kindes in dessen Namen zu stellen.[21] Auch der Verfahrensbeistand dürfte hier antragsberechtigt sein.

3. Feststellungsinteresse

8 § 62 Abs. 1 FamFG beschränkt die Möglichkeit des Antrages auf Feststellung der Rechtswidrigkeit einer Gerichtsentscheidung trotz Erledigung auf besondere Fälle, in denen ein **berechtigtes Interesse** des Betroffenen vorliegt.

§ 62 Abs. 2 FamFG nennt als Regelbeispiele in Nr. 1 zunächst einen **schwerwiegenden Grundrechtseingriff**, der vor allem bei staatlichen Eingriffen in die (körperliche) Freiheit angenommen wird (vgl. Rn. 1), so dass im Bereich des Kindschaftsrechts vor allem Unterbringungsverfahren nach § 151 Nr. 6 und 7 FamFG als klassischer Anwendungsbereich zu nennen sind.,[22] Daneben sind Fälle denkbar, in denen in schwerwiegender Weise in das Elternrecht nach Art. 6 Abs. 2 Satz 1 GG eingegriffen wurde, wie z. B. bei einem (Teil-) Entzug der elterlichen Sorge und bei Beschränkungen oder Ausschluss des Umgangsrechts nach §§ 1666, 1684 Abs. 4 BGB. In Verfahren mit geringerer Eingriffsintensität (z. B. §§ 1671, 1626a, 1628, 1684[23] 1685, 1686 BGB) kann sich ein schutzwürdiges Feststellungsinteresse allenfalls aus der **schwerwiegenden Verletzung von Verfahrensrechten** ergeben.[24]

9 Nach § 62 Abs. 2 Nr. 2 FamFG kann auch **konkrete Wiederholungsgefahr** ein besonderes Feststellungsinteresse begründen. Dieses Regelbeispiel hat eher Bedeutung in Dauerverfahren, wie z. B. im Betreuungsverfahren, in Kindschaftsverfahren hat es die Rechtsprechung bislang nicht beschäftigt. In Unterbringungsverfahren von chronisch kranken Minderjährigen wird schon das Regelbeispiel von Abs. 2 Nr. 1 erfüllt sein. Nicht ausreichend ist bei Abs. 2 Nr. 2 in jedem Fall das Interesse an der Klärung einer Rechtsfrage.[25]

C. Einzelfälle

10 § 62 FamFG hat die Rechtsprechung der Familiensenate der Oberlandesgerichte in Kindschaftssachen bisher eher selten beschäftigt. Im Bereich der freiheitsentziehenden Unterbringung des Kindes werden in Verfahren nach §§ 151 Nr. 6 FamFG, 1631b BGB Anträge des Kindes nach § 62 FamFG selten gestellt. Soweit hier Anträge von den Eltern gestellt worden sind, betraf dies nichtsorgeberechtigte Eltern, denen ein eigenes Antragsrecht

17 BGH FamRZ 2012, 619; 2014, 649
18 BGH FamRZ 2018, 1361; OLG München BeckRS 2005, 10402; Keidel/*Budde,* § 62 FamFG Rn. 10
19 BGH FamRZ 2012, 211
20 BGH FamRZ 2013, 29 (Betreuung)
21 BGH ZKJ 2014, 69
22 BGH FamRZ 2014, 649; ZKJ 2014, 29; OLG Bremen FamRZ 2013, 1244
23 KG FamRZ 2017, 1061
24 OLG Naumburg FamRZ 2013, 66: § 160 FamFG nicht beachtet; kritisch: MüKo-FamFG/*A. Fischer,* § 62 Rn. 26
25 OLG Hamm FGPrax 2011, 209

nach § 62 FamFG mangels Antragsbefugnis entsprechend § 59 FamFG verwehrt ist.[26] Denkbar sind Anträge von **personensorgeberechtigten** Eltern aber bei der **öffentlich-rechtlichen Unterbringung** des Kindes in Verfahren nach § 151 Nr. 7 FamFG nach den Länderfreiheitsentziehungsgesetzen.

Bei einem Verfahren wegen der Verpflichtung zur **Auskunftserteilung** nach § 1686 BGB besteht im Regelfall kein berechtigtes Feststellungsinteresse,[27] dagegen kann bei schwerwiegenden Eingriffen in Verfahrensrechte auch in Verfahren nach § 1628 BGB ein schwerwiegender Grundrechtseingriff bejaht werden.[28] **11**

Im Bereich der **Kindesherausgabe** (§ 1632 Abs. 1 BGB) liegt ein hinreichendes Feststellungsinteresse auch bei der Anordnung unmittelbaren Zwangs zur Herausgabe (§ 90 FamFG) nicht vor, wenn die angefochtene Entscheidung infolge vorheriger freiwilliger Übergabe des Kindes nicht vollzogen wurde.[29] **12**

In **Gewaltschutzsachen** kommt es auf die Eingriffsintensität der getroffenen Maßnahmen und ihrer Folgen für den Betroffenen an, ein bloßes Näherungsverbot genügt – anders als bei einer Wohnungszuweisung nach § 2 GewSchG – nicht.[30] **13**

§ 63 FamFG Beschwerdefrist

(1) Die Beschwerde ist, soweit gesetzlich keine andere Frist bestimmt ist, binnen einer Frist von einem Monat einzulegen.

(2) Die Beschwerde ist binnen einer Frist von zwei Wochen einzulegen, wenn sie sich gegen folgende Entscheidungen richtet:

1. Endentscheidungen im Verfahren der einstweiligen Anordnung oder

2. Entscheidungen über Anträge auf Genehmigung eines Rechtsgeschäfts.

(3) [1]Die Frist beginnt jeweils mit der schriftlichen Bekanntgabe des Beschlusses an die Beteiligten. [2]Kann die schriftliche Bekanntgabe an einen Beteiligten nicht bewirkt werden, beginnt die Frist spätestens mit Ablauf von fünf Monaten nach Erlass des Beschlusses.

Übersicht

	Rn.
A. Allgemeines	1
I. Anwendungsbereich	1
II. Fristberechnung	2
B. Inhalt der Norm	6
I. Monatsfrist (Abs. 1)	6
II. Zweiwochenfrist (Abs. 2)	7
III. „Fünf-Monats-Frist“ (Abs. 3 Satz 2)	8
C. Wahrung der Beschwerdefrist	11
I. Verfahrenskostenhilfeantrag	11
II. Einlegung der Beschwerde bei dem dafür zuständigen Gericht	14
III. Versäumung der Beschwerdefrist – Wiedereinsetzung in den vorigen Stand	15

26 BGH FamRZ 2013, 29; OLG Bremen FamRZ 2013, 1244; OLG Hamm FamRZ 2007, 1577; a.A. OLG Karlsruhe FamRZ 2008, 428
27 OLG Stuttgart FamRZ 2014, 234
28 OLG Naumburg FamRZ 2013, 66
29 OLG Brandenburg ZKJ 2012, 495; *Jennissen*, FGPrax 2009, 93, 98; vgl. auch BGH NJOZ 2008, 1890; a.A. OLG Köln FGPrax 2006, 232
30 OLG Rostock FamRZ 2017, 619

A. Allgemeines

I. Anwendungsbereich

Die in § 63 FamFG geregelten Fristen gelten für alle unter § 58 FamFG fallenden Beschwerden gegen Endentscheidungen in Kindschaftsverfahren. Damit sieht das FamFG im Gegensatz zum FGG nur noch die fristgebundene Beschwerde vor. Die Norm gilt im Übrigen auch in Familienstreitsachen, also auch Verfahren betreffend den Kindesunterhalt. Soweit in Kindschaftsverfahren Zwischenentscheidungen mit der **sofortigen Beschwerde** kraft Verweisung nach §§ 567 ff. ZPO anfechtbar sind, gilt – ausgenommen die VKH-Beschwerde §§ 76 Abs. 2 FamFG, 127 Abs. 2 ZPO – die 2-Wochen-Frist des § 569 Abs. 1 ZPO. Eine von § 63 FamFG abweichende Regelung der Beschwerdefrist findet sich in § 40 Abs. 2 Satz 2 IntFamRVG für Verfahren nach dem HKÜ (vgl. *Schweppe*, § 40 IntFamRVG Rn. 7 f.).

1 Hat der **Rechtspfleger** die Endentscheidung getroffen, so gelten für eine statthafte Beschwerde ebenfalls über § 11 Abs. 1 RPflG die Fristen des § 63 FamFG. Ist ein Rechtsmittel gegen seine Entscheidung nicht statthaft oder sonst nicht zulässig, unterliegt diese der **Erinnerung** nach § 11 Abs. 2 RPflG, für die nach dessen Satz 1 eine zweiwöchige Frist gilt (siehe näher hierzu *Heilmann*, § 11 RPflG Rn. 18).

II. Fristberechnung

2 Für die Berechnung der in § 63 FamFG vorgesehenen Fristen gelten nach § 16 Abs. 1 FamFG die Vorschriften der §§ 222, 224 Abs. 2 und 3, 225 ZPO, wobei § 222 Abs. 1 ZPO wiederum auf die Vorschriften des BGB, insbesondere §§ 187, 188 BGB verweist. Das bedeutet insbesondere, dass der Tag der Bekanntgabe nicht in die Frist eingerechnet wird (vgl. § 187 Abs. 1 BGB). Bei einer Monatsfrist endet bei einem am 1. des Monats zugestellten Beschluss diese gemäß § 188 Abs. 2 BGB folglich am 1. des darauf folgenden Monats. Fällt das Fristende (*nicht die Bekanntgabe*) auf einen Samstag, Sonntag oder gesetzlichen Feiertag, so endet die Frist nach §§ 16 Abs. 1 FamFG, 222 Abs. 2 ZPO am darauf folgenden Werktag. Die **kurze 2-Wochenfrist** des § 63 Abs. 2 FamFG endet mit Ablauf des Tages der zweiten Woche, der durch seine Benennung dem Tag der Bekanntmachung entspricht, so z.B. bei einem am Mittwoch dem 1. des Monats bekanntgemachter Beschluss die Frist am Mittwoch, den 15. des Monats endet.

3 Gemäß § 61 Abs. 3 Satz 1 FamFG beginnt die Frist mit der **schriftlichen Bekanntgabe** an den jeweiligen Beteiligten. Die Bekanntgabe des Beschlusses ist dabei in § 41 FamFG geregelt. Ob die Zustellung förmlich nach § 15 Abs. 2 FamFG i.V.m. §§ 166 ff. ZPO zugestellt worden ist (vgl. § 41 Abs. 1 Satz 2 FamFG) oder formlos zur Post, ist insoweit zwar ohne Belang, der Nachweis des Zugangs oder des Tages der Bekanntmachung lässt sich ohnehin nur bei der förmlichen Zustellung führen. Besteht aber eine gesetzliche Verpflichtung zur förmlichen Zustellung, wie nach § 41 Abs. 1 Satz 2 FamFG, kann die Beschwerdefrist nur durch eine solche in Gang gesetzt werden.[1]

4 Wird förmlich zugestellt, ist § 15 Abs. 2 FamFG i.V.m. § 172 ZPO zu beachten, wonach bei **anwaltlicher Vertretung** an den Verfahrensbevollmächtigten zuzustellen ist. Soweit der Antragsteller im Verfahren der Kindesrückführung nach dem **HKÜ** sowohl vom Bundesamt für Justiz als auch von einem Rechtsanwalt vertreten wird, beginnt die Frist erst mit Zustellung an einen der beiden Bevollmächtigten.[2] **Zustellungsmängel** können im Rahmen von §§ 15 Abs. 2 FamFG, 189 ZPO **geheilt** werden. Die Zustellung selbst muss aber wirksam sein, woran es insbesondere dann bei einer **öffentlichen Zustellung** an einen Beteiligten fehlt, wenn das Familiengericht nicht hinreichende Anstrengungen unternom-

1 BGH NJW 2013, 3310
2 OLG Karlsruhe FamRZ 2012, 468

men hat, dessen Aufenthalt zu ermitteln.[3] § 189 BGB findet auch dann keine Anwendung, wenn seitens des Gerichts keine förmliche Zustellung beabsichtigt und veranlasst worden war.[4] Auch ist die nach § 178 Abs. 2 ZPO eingeschränkte Möglichkeit der Ersatzzustellung zu beachten, wenn mehrere Beteiligte – wie häufig das Kind bei einem Elternteil – im gleichen Haushalt leben.

Wird den Beteiligten keine **beglaubigte Ausfertigung** des Beschlusses oder eine von der Urschrift abweichende Ausfertigung übersandt, so läuft die Frist ebenfalls nicht.[5] Das Fehlen einer nach § 39 FamFG erforderlichen **Rechtsbehelfsbelehrung** hindert allerdings den Beginn der Frist nicht,[6] sondern kann allenfalls ein Wiedereinsetzungsgrund sein (vgl. hierzu *Cirullies*, § 39 FamFG Rn. 3). 5

Voraussetzung für den Fristbeginn ist aber weiterhin der wirksame Erlass der Endentscheidung. An diesem fehlt es dann, wenn es an einer gesetzlich erforderlichen Verkündung der Entscheidung[7] (*wie z. B. bei einer Kindschaftssache als Folgesache im Scheidungsverbund*) mangelt.

B. Inhalt der Norm

I. Monatsfrist (Abs. 1)

Nach § 63 Abs. 1 FamFG ist die Beschwerde gegen Endentscheidungen in allen Familiensachen grundsätzlich – d. h., soweit kein Fall von Abs. 2 vorliegt – binnen **einem Monat ab Bekanntgabe** der Entscheidung (vgl. Rn. 4) einzulegen. § 63 FamFG hindert aber nicht daran, bereits vor Bekanntgabe des Beschlusses und damit vor Beginn der Beschwerdefrist (vgl. Abs. 3 Satz 1) Beschwerde einzulegen.[8] Ist die Bekanntgabe erfolgt, hat auch eine spätere Berichtigung des Beschlusses nach § 42 FamFG keinen Einfluss auf den Lauf der Frist.[9] Gleiches gilt für die Ergänzung eines Beschlusses (§ 43 FamFG), wenn zum Zeitpunkt seiner Bekanntgabe die Beschwerdefrist bereits abgelaufen ist.[10] 6

II. Zweiwochenfrist (Abs. 2)

Gemäß § 63 Abs. 2 FamFG beträgt die Beschwerdefrist **zwei Wochen**, wenn sich die Beschwerde gegen eine Entscheidung im Verfahren der **einstweiligen Anordnung** richtet (Nr. 1) oder wenn sie einen Antrag auf **Genehmigung eines Rechtsgeschäfts** (Nr. 2, z. B. §§ 1643, 1821, 1822 BGB) betrifft. Der Gesetzgeber hat hier wegen des Beschleunigungsbedürfnisses in beiden Verfahrensarten die Beschwerdefrist des Abs. 1 verkürzt. Vor der zum 1.1.2013 erfolgten Neufassung von Nr. 1[11] war streitig, ob die kurze Beschwerdefrist auch den Fall erfasste, dass sich die Beschwerde gegen die **Ablehnung einer einstweiligen Anordnung** richtete.[12] Hieran besteht aber infolge der Änderung der Vorschrift heute kein Zweifel mehr. Nicht von § 63 Abs. 2 Nr. 2 FamFG erfasst werden im Übrigen Fälle der Ersetzung der **Einwilligung in eine genetische Untersuchung** zur Klärung der Abstammung nach § 1598a Abs. 2 BGB.[13] Die Zweiwochenfrist nach Nr. 2 gilt im Übrigen 7

3 BGH FamRZ 2012, 1376; NJW 2002, 827
4 BGH MDR 2003, 407
5 BGH NJW 1998, 1959; BeckOK-FamFG/*Gutjahr*, § 63 Rn. 33
6 BGH NJW 2011, 522
7 Vgl. BGH FamRZ 2012, 106
8 MüKo-FamFG/*A. Fischer*, § 63 Rn. 26
9 BGH NJW-RR 2009, 1443
10 OLG Brandenburg FGPrax 2016, 191
11 BGBl. I 2013 S. 2418
12 Zum Streitstand vgl. Prütting/Helms/*Abramenko*, § 63 FamFG Rn. 4
13 OLG München FamRZ 2011, 1878

auch dann, wenn sich die Beschwerde gegen die **Ablehnung eines Ersetzungsantrages** richtet.[14]

III. „Fünf-Monats-Frist" (Abs. 3 Satz 2)

8 Gemäß § 63 Abs. 3 Satz 2 FamFG beginnt die nach Abs. 1 oder 2 maßgebliche Frist spätestens mit Ablauf von **5 Monaten** nach Erlass des Beschlusses, wenn die schriftliche Bekanntgabe an einen Beteiligten nicht bewirkt werden kann. Kaum eine andere Vorschrift des Beschwerderechts hat bis heute zu mehr Kontroversen in der Rechtsprechung und Literatur geführt. Dabei beinhaltet die Regelung keine dritte Rechtsmittelfrist, sondern die Anordnung der **Fiktion der Bekanntgabe** eines Beschlusses an einen Beteiligten.[15] Sie war in der Vergangenheit vor allem in Versorgungsausgleichssachen kontrovers diskutiert worden, wenn ein beteiligter Versorgungsträger „vergessen" worden war.[16] Hier hat der Gesetzgeber reagiert und mit Schaffung von § 142 Abs. 3 FamFG verhindert, dass noch Jahre nach der Ehescheidung diese durch eine Anschlussbeschwerde eines Ehegatten angefochten werden kann. Es kommt aber auch in Kindschaftssachen häufig vor, dass Muss-Beteiligte, wie z. B. nicht sorgeberechtigte Elternteile, etwa der rechtliche Vater, nicht formal beteiligt werden[17] und ihnen auch die Entscheidung nicht bekanntgemacht wird, z. B. weil ihr Aufenthalt unbekannt ist oder das Familiengericht rechtsirrig annimmt, sie seien nicht zu beteiligen.

9 Ist der **Aufenthalt** eines Muss-Beteiligten **nicht bekannt**, wird das Familiengericht, nachdem es hinreichende Ermittlungen zum Verbleib des Beteiligten getätigt hat (z. B. durch Anfragen beim Jugend- und Einwohnermeldeamt, der Ausländerbehörde), jedoch die **öffentliche Zustellung** des Beschlusses nach § 15 Abs. 2 FamFG, § 185 ZPO zu erwägen haben, so dass insoweit kein Raum für die Anwendung von § 63 Abs. 2 Satz 3 FamFG besteht.

10 **Unterbleibt** dagegen versehentlich die **Bekanntgabe** der Entscheidung an einen Beteiligten – gleich ob er zuvor formal im Verfahren beteiligt worden war –, so findet die Vorschrift nach zutreffender Auffassung ebenfalls keine Anwendung, weil dies mit ihrem Wortlaut und dem Bedürfnis nach einem **effektiven Rechtsschutz** für den betroffenen Beteiligten nicht zu vereinbaren ist.[18] Streitig ist hier aber, ob im Falle unterbliebener Beteiligung eines nach § 59 FamFG Beschwerdeberechtigten gar keine Frist läuft[19] oder aber in einem solchen Fall die Rechtsmittelfrist für den Übergangenen dann abläuft, wenn die Rechtsmittelfrist für den letzten formell Beteiligten abgelaufen ist.[20] Das Bedürfnis nach einem umfassenden und lückenlosen Rechtsschutz lässt nur die zuerst genannte Auslegung zu. Der BGH hat insoweit entschieden, dass die Frist jedenfalls vor einer Kenntnisnahme der Entscheidung durch den vergessenen Beteiligten nicht zu laufen beginnt.[21]

Ist dagegen die Bekanntgabe an den Beteiligten versucht worden, aber leidet sie an **formalen Mängeln** (falsche Adresse, nicht hinreichende Ermittlungen bei § 185 ZPO, unzulässige Ersatzzustellung), so findet § 63 Abs. 2 Satz 3 FamFG Anwendung.[22] In diesem Fall ist dem Betroffenen aber nach Ablauf der Beschwerdefrist Wiedereinsetzung in den vori-

---

14 OLG Köln FGPrax 2014, 139; OLG Düsseldorf NJW-RR 2014, 890; OLG Frankfurt a.M. NJOZ 2014, 324
15 BGH FamRZ 2013, 1566
16 Vgl. dazu *Büte*, FuR 2011, 361
17 BGH NJW 2019, 2435 Rn. 55 zu § 1666 BGB
18 OLG Zweibrücken FamRZ 2014, 1394; OLG Dresden FamRZ 2014, 681; OLG Köln FamRZ 2013, 1913
19 So die zuvor genannte Rspr. und MüKo-FamFG/*A. Fischer,* § 63 Rn. 32, 34 ff.
20 OLG Celle FamRZ 2012, 321; OLG Hamm FamRZ 2011, 396; *Büte*, FuR 2011, 361
21 BGH FamRZ 2017, 727; OLG Saarbrücken FamRZ 2016, 1797
22 BGH FamRZ 2013, 1566; Keidel/*Sternal,* § 63 FamFG Rn. 27; a.A. Prütting/Helms/*Abramenko,* § 63 FamFG Rn. 11

gen Stand in die nach Abs. 1 oder 2 versäumte Frist zu gewähren.[23] Der BGH[24] hat aber entschieden, dass § 63 Abs. 3 Satz 2 FamFG auch dann anzuwenden ist, wenn die Zustellung an einen bereits förmlich Beteiligten gänzlich unterblieben ist und auch nicht versucht wurde, hat aber auf die Möglichkeit, Wiedereinsetzung in den vorigen Stand zu gewähren, verwiesen.

C. Wahrung der Beschwerdefrist

I. Verfahrenskostenhilfeantrag

a) Die Beschwerdefrist nach § 63 FamFG wird nicht gewahrt, wenn ein von der Entscheidung Betroffener **Verfahrenskostenhilfe** für eine von ihm **beabsichtigte Beschwerde** einlegt. Auch in diesem Fall ist nach § 64 Abs. 1 Satz 2 FamFG der VKH-Antrag bei dem Amtsgericht einzureichen. Wegen der nach **Art. 3 GG gebotenen Gleichstellung von Minderbemittelten bei der Rechtswahrnehmung** muss diesen aber die Möglichkeit eröffnet werden zur Vermeidung von Kostennachteilen und zur Sicherung anwaltlichen Beistands für das Beschwerdeverfahren zunächst auch eine isolierte Entscheidung des Beschwerdegerichts, vor allem über die Erfolgsaussicht der Beschwerde als objektive Voraussetzung der VKH (§ 114 ZPO), herbeizuführen. Dies wird dadurch erreicht, dass im Falle von Bewilligung oder Ablehnung von VKH **Wiedereinsetzung in den vorigen Stand** bei dem Oberlandesgericht[25] in die versäumte Beschwerdefrist binnen 2 Wochen (§ 18 Abs. 1 FamFG) beantragt werden kann und muss und die Beschwerde binnen derselben Frist (§ 18 Abs. 3 Satz 2 FamFG) bei dem Amtsgericht (§ 64 Abs. 1 Satz 1 FamFG) einzulegen ist. Mit Blick auf das Vorrang- und Beschleunigungsgebot dürfte diese Vorgehensweise einem Beteiligten insbesondere in den Verfahren, in denen der Aufenthalt des Kindes oder der Umgang betroffen ist, jedoch nicht zu empfehlen sein, denn der Zeitablauf schafft in der Regel neue Tatsachen. 11

▶ *Näher hierzu Fink, § 155 FamFG Rn. 12 ff.*

b) Wird VKH beantragt und **gleichzeitig Beschwerde** eingelegt, ergeben sich hinsichtlich der Beschwerdefrist keine Besonderheiten und Ausnahmen, insbesondere bedarf es auch keiner späteren Wiedereinsetzung.[26] 12

c) Wird Beschwerde **für den Fall der Bewilligung** der beantragten VKH eingelegt, so handelt es sich wegen der **Bedingungsfeindlichkeit von Verfahrenshandlungen** um eine unzulässige Beschwerde.[27] Hier ist aber gleichwohl nicht sogleich die Beschwerde zu verwerfen, sondern zunächst über die VKH zu entscheiden, um dem Betroffenen sodann die Möglichkeit zu eröffnen, später ordnungsgemäß und unbedingt Beschwerde einzulegen.[28] Der VKH-Antrag ist dann wie ein Antrag für eine beabsichtigte Beschwerde zu behandeln. Mit der Entscheidung über den VKH-Antrag muss kein gerichtlicher Hinweis auf die unzulässige bedingte Beschwerde ergehen.[29] Wird innerhalb der Wiedereinsetzungsfrist nicht (erneut) Beschwerde eingelegt, ist die (vormalige bedingte) Beschwerde zu verwerfen.[30] 13

23 BGH FamRZ 2013, 1566
24 BGH FamRZ 2015, 1006
25 BGH NJW-RR 2014, 1; OLG Celle NJW 2014, 1828; a.A. MüKo-FamFG/*A. Fischer,* § 63 Rn. 32
26 BGH MDR 2012, 731
27 BGH NJW 1999, 2823
28 BGH MDR 2017, 419; FamRZ 2013, 696
29 BGH, Beschl. v. 17.4.2019 – XII ZB 546/18, juris
30 BGH, Beschl. v. 17.4.2019 – XII ZB 546/18, juris

II. Einlegung der Beschwerde bei dem dafür zuständigen Gericht[31]

14 Die Beschwerdefrist des § 63 FamFG wird nur dann gewahrt, wenn die Beschwerde innerhalb der Frist bei dem gesetzlichen vorgesehenen Gericht, das ist nach § 64 Abs. 1 Satz 2 FamFG **das Amtsgericht**, das die Entscheidung erlassen hat, eingelegt wird. Wird die Beschwerde bei dem Oberlandesgericht eingelegt, so ist dem nicht Genüge getan. Allerdings verlangt der BGH zu Recht, dass die betroffenen Oberlandesgerichte die bei ihnen eingegangenen Beschwerden **im ordentlichen Geschäftsgang** (keine Übersendung per Telefax oder Beauftragung eines besonderen Gerichtswachtmeisters erforderlich) an das zuständige Amtsgericht weiterleiten.[32] Eine Beschwerde, die erst zwei bis drei Werktage vor Ablauf der Beschwerdefrist bei dem Oberlandesgericht eingegangen ist, kann daher als unzulässig zu verwerfen sein. Es besteht auch keine Pflicht zur **telefonischen Benachrichtigung** des Beschwerdeführers oder seines Anwalts.[33] Verletzt das Oberlandesgericht diese Pflicht, so ist dem Beschwerdeführer – auch von Amts wegen – mangels Ursächlichkeit seines Verschuldens an der Fristversäumung **Wiedereinsetzung in den vorigen Stand** nach § 17 FamFG zu gewähren, wenn davon ausgegangen werden kann, dass bei rechtzeitiger Weiterleitung der Beschwerde diese noch innerhalb der gesetzlichen Beschwerdefrist bei dem Amtsgericht eingegangen wäre.[34]

III. Versäumung der Beschwerdefrist – Wiedereinsetzung in den vorigen Stand

15 a) Wird die Beschwerdefrist versäumt und auch keine Wiedereinsetzung in den vorigen Stand gewährt, so ist die Beschwerde nach § 68 Abs. 2 Satz 2 FamFG – nach vorheriger Gewährung rechtlichen Gehörs[35] – zu **verwerfen**.

b) Trifft weder den Beschwerdeführer selbst noch seinen Rechtsanwalt (§ 11 Satz 5 FamFG, § 85 ZPO) ein **Verschulden** an der Versäumung der Beschwerdefrist, so ist in Kindschaftssachen **Wiedereinsetzung in den vorigen Stand** nach § 17 FamFG zu gewähren. Hinsichtlich der umfangreichen und kaum mehr überschaubaren Rechtsprechung zur Verschuldensfrage wird auf die einschlägigen Kommentierungen von § 233 ZPO Bezug genommen.[36]

16 In Kindschaftssachen praktisch bedeutsam ist die Frage, ob eine **unterbliebene oder unrichtige Rechtsbehelfsbelehrung** zu einer unverschuldeten Fristversäumung führen kann. Zu nennen sind etwa Belehrungen über Hauptsacherechtsmittel in einstweiligen Anordnungsverfahren (*ein Monat statt zwei Wochen Beschwerdefrist*) oder über die sofortige Beschwerde statt einfacher Hauptsachebeschwerde. Auch die Belehrungen über die Beschwerde nach § 40 IntFamRVG ist leider häufig unzutreffend (vgl. *Schweppe*, § 40 IntRVG Rn. 3 ff.). Ist der Beschwerdeführer **anwaltlich nicht vertreten**, so bestimmt schon das Gesetz in § 17 Abs. 2 FamFG selbst, dass bei unterbliebener oder fehlerhafter Rechtsmittelbelehrung **fehlendes Verschulden** an der Fristversäumung **vermutet** wird, so dass Wiedereinsetzung zu gewähren ist.

17 Ist der Beschwerdeführer dagegen **anwaltlich vertreten**, so ist im Regelfall von einem **Verschulden des Anwalts** auszugehen, da er nicht auf die Rechtsmittelbelehrung vertrauen darf, sondern in eigener Verantwortung die Modalitäten und Voraussetzungen des Rechtsmittels zu überprüfen hat und dabei von ihm zu verlangen ist, dass er das Verfahrensrecht kennt und bei Zweifeln den sicheren Weg wählt.[37] Nur dann, wenn in einer

---

31 Vgl. dazu ausführlich: *Müther*, FamRZ 2010, 1952
32 BGH NJW-RR 2014, 2; NJW 2012, 1205; 2011, 3240
33 BGH MDR 2013, 994
34 BGH FamRZ 2012, 1205; OLG Düsseldorf FamRZ 2023, 1598
35 BGH NJW-RR 2007, 1718; Keidel/*Sternal*, § 68 FamFG Rn. 83
36 Etwa Zöller/*Greger*, § 233 ZPO Rn. 11 ff; zur Rspr. vgl. *Bernau*, NJW 2013, 2001; 2014, 2007
37 BGH FamRZ 2014, 826; 2011, 100

Rechtsfrage divergierende Auffassungen in der obergerichtlichen Rechtsprechung bestehen, kann für ihn Veranlassung bestehen, das Rechtsmittel entsprechend der erteilten Belehrung einzulegen, was ihn bei einem Rechtsirrtum entschuldigen kann.[38] Dies wurde bis zu der am 1.1.2013 erfolgten Neufassung von § 64 Abs. 1 Satz 2 FamFG bei der vormals höchst umstrittenen Frage angenommen, ob ein VKH-Antrag für eine beabsichtigte Beschwerde bei dem Amtsgericht oder dem Oberlandesgericht einzulegen ist[39] (vgl. näher hierzu *Dürbeck*, § 64 FamFG Rn. 2).

Ähnliche Grundsätze gelten auch für das **Jugendamt**. Wurde in der Rechtsbehelfsbelehrung irrtümlich der Hinweis erteilt, die Entscheidung sei unanfechtbar, und wird sodann Beschwerde vom Jugendamt nach Ablauf der für das jeweilige Rechtsmittel geltenden gesetzlichen Frist eingelegt, ist diese unzulässig, da insoweit die fehlerhafte Belehrung nicht ursächlich für die Versäumung der Frist ist und das Jugendamt die gesetzlichen Fristen kennen muss.[40] 18

§ 64 FamFG Einlegung der Beschwerde

(1) [1]Die Beschwerde ist bei dem Gericht einzulegen, dessen Beschluss angefochten wird. [2]Anträge auf Bewilligung von Verfahrenskostenhilfe für eine beabsichtigte Beschwerde sind bei dem Gericht einzulegen, dessen Beschluss angefochten werden soll.

(2) [1]Die Beschwerde wird durch Einreichung einer Beschwerdeschrift oder zur Niederschrift der Geschäftsstelle eingelegt. [2]Die Einlegung der Beschwerde zur Niederschrift der Geschäftsstelle ist in Ehesachen und in Familienstreitsachen ausgeschlossen. [3]Die Beschwerde muss die Bezeichnung des angefochtenen Beschlusses sowie die Erklärung enthalten, dass Beschwerde gegen diesen Beschluss eingelegt wird. [4]Sie ist von dem Beschwerdeführer oder seinem Bevollmächtigten zu unterzeichnen.

(3) Das Beschwerdegericht kann vor der Entscheidung eine einstweilige Anordnung erlassen; es kann insbesondere anordnen, dass die Vollziehung des angefochtenen Beschlusses auszusetzen ist.

Übersicht

	Rn.
A. Einlegung von Beschwerde und Verfahrenskostenhilfeantrag	1
B. Inhalt der Norm	3
I. Einlegung der Beschwerde	3
II. Form	4
III. Anwaltszwang?	5
IV. Inhaltliche Anforderungen	7
C. Einstweilige Anordnungen/Aussetzung der Vollziehung (Abs. 3)	8

A. Einlegung von Beschwerde und Verfahrenskostenhilfeantrag

Gemäß § 64 Abs. 1 FamFG ist die Beschwerde ausnahmslos in allen Familiensachen bei dem Gericht, dessen Entscheidung nach § 58 FamFG angefochten werden soll, einzulegen, also bei dem **Amtsgericht**. Der vom Gesetzgeber verfolgte Vereinfachungs- und Beschleunigungszweck[1] wird aber bei Familiensachen insoweit verfehlt, als dort eine **Abhilfeentscheidung** des Ausgangsgerichts nicht zu treffen ist (§ 68 Abs. 1 Satz 2 FamFG). Von 1

38 BGH FamRZ 2013, 1567; OLG Frankfurt a.M. NJW 2012, 3250
39 BGH FamRZ 2014, 826; 2013, 1567 auch mit Nachweisen zum vormaligen Streitstand unter den Oberlandesgerichten
40 OLG Frankfurt ZKJ 2017, 117
1 BT-Drucks. 16/6308, 206

Vorteil ist aber, dass Beschwerdeschrift und Verfahrensakte sofort zusammen sind und insoweit eine Korrespondenz von Beschwerdegericht und Amtsgericht wegen der Anforderung der Akte nicht notwendig ist. Gleichwohl hat die von §§ 519 Abs. 1 ZPO, 621e Abs. 3 ZPO a. F. (Einlegung beim Rechtsmittelgericht) abweichende Regelung sehr viel Verwirrung gestiftet und zu einer hohen Anzahl von unzulässigen Beschwerden geführt, weil die Beschwerde von den Anwälten bzw. Beteiligten häufig beim Oberlandesgericht eingelegt worden ist. Geht die Beschwerde beim Oberlandesgericht ein, so wahrt dies nicht die Beschwerdefrist von § 63 FamFG (vgl. dort Rn. 6). Das Beschwerdegericht trifft aber die **Pflicht, die Beschwerdeschrift im ordentlichen Geschäftsgang** (*keine Übersendung per Telefax, jedenfalls keine Beauftragung eines besonderen Gerichtswachtmeisters oder Pflicht zur telefonischen Benachrichtigung des Beschwerdeführers*) **an das zuständige Amtsgericht weiterzuleiten**.[2] Verletzt das Oberlandesgericht diese Pflicht, so ist dem Beschwerdeführer – auch von Amts wegen – mangels Ursächlichkeit seines Verschuldens an der Fristversäumung **Wiedereinsetzung in den vorigen Stand** nach § 17 FamFG zu gewähren, wenn davon ausgegangen werden kann, dass bei rechtzeitiger Weiterleitung der Beschwerde diese noch innerhalb der gesetzlichen Beschwerdefrist bei dem Amtsgericht eingegangen wäre.[3]

2 Bis zum 31.12.2012 war im FamFG nicht geregelt, bei welchem Gericht **Verfahrenskostenhilfe-Anträge** für eine **beabsichtigte Beschwerde** (siehe näher hierzu *Dürbeck,* § 63 FamFG Rn. 12 ff.) einzulegen waren. Die Frage war in Literatur und obergerichtlicher Rechtsprechung streitig.[4] Der BGH hat die Auffassung bestätigt, dass auch vor dem 1.1.2013 VKH-Anträge für beabsichtigte Beschwerden beim Beschwerdegericht einzulegen waren, ist aber wegen der ungeklärten Rechtslage von einem unvermeidbaren Rechtsirrtum des Rechtsanwalt ausgegangen und hat Wiedereinsetzung in den vorigen Stand für die versäumte Beschwerdefrist bejaht.[5] Seit 1.1.2013[6] bestimmt der neu eingefügte Satz 2 von § 64 Abs. 1 FamFG, dass VKH-Anträge für beabsichtigte Beschwerden ebenfalls beim Amtsgericht einzulegen sind (zu dem sich anschließenden Verfahren siehe näher *Dürbeck,* § 63 FamFG Rn. 12 ff.). Wurde nach dem 1.1.2013 von einem Rechtsanwalt ein VKH-Antrag für eine beabsichtigte Beschwerde beim Oberlandesgericht eingelegt und wird infolgedessen die Beschwerdefrist nicht mehr gewahrt, so kann Wiedereinsetzung in den vorigen Stand wegen eines nicht unverschuldeten Rechtsirrtums nicht mehr gewährt werden.[7]

B. Inhalt der Norm

I. Einlegung der Beschwerde

3 Die Beschwerde gegen eine Entscheidung in Kindschaftssachen ist bei demselben **Amtsgericht** einzulegen, das die Entscheidung erlassen hat. Der Antrag auf Bewilligung von **Verfahrenskostenhilfe** ist bei dem Gericht anhängig zu machen, dessen Entscheidung angefochten werden soll, mithin in Kindschaftssachen ebenfalls bei dem **Amtsgericht**.

II. Form

4 Gemäß § 64 Abs. 2 Satz 1 und 4 FamFG ist die Beschwerde durch Einreichung einer vom Beschwerdeführer oder seinem Bevollmächtigten unterzeichneten, in **deutscher Sprache** abgefassten[8] **Beschwerdeschrift** oder **zur Niederschrift der Geschäftsstelle** einzule-

2 BGH NJW-RR 2014, 2; MDR 2013, 994; NJW 2012, 1205; 2011, 3240
3 BGH FamRZ 2012, 1205
4 Vgl. OLG Frankfurt a.M. BeckRS 2013, 01554 (OLG), und OLG Bamberg NJW-RR 2011, 1509 (Amtsgericht)
5 BGH FamRZ 2013, 1567
6 BGBl. I 2012 S. 2418
7 OLG Dresden NJW 2014, 1826; OLG Zweibrücken NJW-Spezial 2013, 742
8 Vgl. § 184 GVG, Keidel/*Sternal,* § 64 FamFG Rn. 28

gen. Damit sind mündliche Erklärungen oder auch die Übermittlung mittels E-Mail grundsätzlich ausgeschlossen. Die **Übermittlung elektronischer Dokumente** kann aber nach Maßgabe von §§ 14 Abs. 2 FamFG, 130a ZPO (mit elektronischer Signatur) die Schriftform ersetzen, wenn sie durch eine **Rechtsverordnung des Bundes oder der Länder** zugelassen ist.[9] Die zwingend erforderliche **Unterschrift** muss **eigenhändig** sein, so dass etwa ein Faksimile[10] oder eine eingescannte Unterschrift nicht genügt.[11] Bei der Beschwerdeeinlegung durch eine **Behörde**, in Kindschaftssachen etwa das Jugendamt, braucht die Beschwerdeschrift nicht von dem Behördenleiter oder seinem Stellvertreter unterzeichnet sein, es reicht insoweit die eigenhändige Unterschrift des **Sachbearbeiters**.[12]

III. Anwaltszwang?

Da § 64 Abs. 2 Satz 1 FamFG die Beschwerdeeinlegung zur Niederschrift der Geschäfts- 5
stelle gestattet – nach Satz 2 ist dies nur in Ehe- und Familienstreitsachen ausgeschlossen – bedarf es nach § 114 Abs. 4 Nr. 6 FamFG, 78 Abs. 3 ZPO in Kindschaftssachen der freiwilligen Gerichtsbarkeit weder für die Einlegung der Beschwerde noch für dessen Durchführung der **anwaltlichen Vertretung** der Beteiligten. Streitig war die Frage der Notwendigkeit der Vertretung eines Rechtsanwalts für die Einlegung der Beschwerde und deren Durchführung aber bei im **Scheidungsverbund stehenden Folgesachen** der freiwilligen Gerichtsbarkeit, wie dies gerade auch in Kindschaftssachen der Fall sein kann, wenn die Voraussetzungen von § 137 Abs. 3 FamFG erfüllt sind.[13]

Nach einer in der Rechtsprechung überwiegend vertretenen Auffassung sei die Regelung 6
in § 64 Abs. 2 Satz 2 FamFG offenkundig missglückt, weshalb nach § 114 Abs.1 FamFG die Beschwerde in diesen Fällen nur wirksam durch einen Rechtsanwalt eingelegt werden könne.[14] Die Gegenansicht geht generell – aufgrund des insoweit eindeutigen Wortlauts von § 64 Abs. 2 Satz 2 FamFG – sowohl für die Einlegung der Beschwerde als auch deren Durchführung von der Notwendigkeit anwaltlicher Vertretung nicht aus.[15] Eine dritte Ansicht verneint dagegen den Anwaltszwang für die Einlegung der Beschwerde, bejaht ihn dagegen aber für die Durchführung des Beschwerdeverfahrens.[16] Der BGH hat sich der zuerst genannten Ansicht angeschlossen und ist ebenfalls der Auffassung, dass für die Einlegung der Beschwerde in einer Scheidungsfolgensache der freiwilligen Gerichtsbarkeit Anwaltszwang gilt.[17]

IV. Inhaltliche Anforderungen

Nach § 64 Abs. 2 Satz 3 FamFG muss die Beschwerde den **angefochtenen Beschluss be- 7
zeichnen** sowie die **Erklärung** enthalten, dass **Beschwerde** gegen diesen Beschluss eingelegt wird. Dabei ist es nicht zwingend erforderlich, das Aktenzeichen des betreffenden erstinstanzlichen Verfahrens zu benennen, es muss aber unzweifelhaft sein, in welchem von ggf. mehreren familiengerichtlichen Verfahren Beschwerde eingelegt werden soll.[18] Dabei können zur Aufklärung dieser Frage auch außerhalb der Beschwerdeschrift befindliche Umstände herangezogen werden.[19] Auch ist der Gebrauch des Wortes „Beschwerde"

9 Vgl. www.jusitz.de/ERV/index.php; weitere Einzelheiten bei Keidel/*Sternal,* § 14 FamFG Rn. 7 ff; vgl. auch BGH FamRZ 2015, 919
10 BGH FamRZ 2015, 919
11 OLG Celle FamRZ 2012, 1894; MüKo-FamFG/*A. Fischer,* § 64 Rn. 24
12 OLG Schleswig FamRZ 2014, 789; OLG Bamberg FamRZ 2013, 480
13 Ausführlich dargestellt bei *Schwamb*, FamRB 2014, 111
14 OLG Bremen FamRZ 2014, 596; OLG Köln FamRZ 2013, 1604; OLG Hamm FamRZ 2011, 130; OLG Rostock FamRZ 2011, 57; ebenso Keidel/*Weber,* § 114 FamFG Rn. 6
15 OLG Frankfurt a.M. FamRZ 2014, 681; OLG Brandenburg NJW 2014, 2370; *Frank*, FamRZ 2011, 1021
16 *Schwamb*, FamRB 2014, 111 unter Berufung auf OLG Nürnberg NJW 2011, 1613
17 BGH NJW 2017, 2123
18 BeckOK-FamFG/*Gutjahr,* § 64 Rn. 17
19 BGH NJW-RR 2000, 1371

nicht zwingend, es muss sich aber aus dem Schriftstück entnehmen lassen, dass der Betroffene die Nachprüfung der erstinstanzlichen Entscheidung wünscht. Hier stellen sich ggf. Abgrenzungsfragen zum Antrag auf Abänderung einer Entscheidung aufgrund neu eingetretener Umstände (z.B. nach § 166 FamFG) oder der Gegenvorstellung oder Dienstaufsichtsbeschwerde. Auch muss sich aus der Erklärung entnehmen lassen, wer Beschwerdeführer ist.[20] Einen **Sachantrag** braucht die Beschwerde in FamFG-Verfahren nicht zu enthalten. Zulässig sind in Antragsverfahren aber Änderungen und Erweiterungen der Sachanträge analog §§ 525, 263, 264 ZPO.[21] Unzulässig sind bedingte Beschwerden (siehe näher hierzu *Dürbeck*, § 63 FamFG Rn. 14).

▶ *Zur Begründung der Beschwerde siehe Dürbeck, § 65 FamFG Rn. 1 ff.*

C. Einstweilige Anordnungen/Aussetzung der Vollziehung (Abs. 3)

8 Gemäß § 64 Abs. 3 FamFG kann das Beschwerdegericht vor der Entscheidung eine **einstweilige Anordnung** erlassen, insbesondere die **Aussetzung der Vollziehung** der angefochtenen Entscheidung anordnen. Die Vorschrift gilt entsprechend für das Rechtsbeschwerdeverfahren vor dem BGH.,[22] Nicht entsprechend anwendbar sind die für das eA-Verfahren geltenden Verfahrensvorschriften §§ 51, 54 FamFG[23] so dass die Beteiligten weder persönlich anzuhören sind noch eine mündliche Erörterung vor dem Beschwerdegericht erzwungen werden kann.

Bei der hier bestehenden Möglichkeit nach pflichtgemäßem Ermessen – auch von Amts wegen[24] – einstweilige Anordnungen im Beschwerdeverfahren zu erlassen, ist zu beachten, dass diese – anders als in § 50 Abs. 1 Satz 2 FamFG – vom Hauptsacheverfahren abhängig sind und auf den Beschwerdegegenstand begrenzt sind. Sie sind anders als Verfahren nach §§ 49 ff. FamFG nicht selbständig, sondern sowohl vom Gegenstand her als auch kostenrechtlich Teil des Hauptsacheverfahrens.[25] Es sind damit keine neuen Akten anzulegen und eine etwaige Bewilligung von Verfahrenskostenhilfe bzw. die Bestellung eines Verfahrensbeistandes gelten auch für dieses Eilverfahren innerhalb des Beschwerdeverfahrens (zu Ausnahmen Rn. 9a).

8a Noch nicht geklärt ist die Frage, ob § 64 Abs. 3 FamFG auch nach Erlass der unanfechtbaren Beschwerdeentscheidung für den Fall Anwendung findet, dass ein durch die Entscheidung beschwerter Beteiligter **Gehörsrüge** nach § 44 FamFG einlegt. Das BVerfG hat die Frage offengelassen und eine bei ihm eingelegte Verfassungsbeschwerde in Kindschaftssachen verworfen, weil seiner Ansicht nach der Subsidiaritätsgrundsatz (§ 90 Abs. 2 Satz 1 BVerfGG) es auch in diesem Fall gebiete, zunächst eine Entscheidung auf Erlass einer einstweiligen Anordnung beim Beschwerdegericht einzuholen.[26] Die Frage einer Anwendung von § 64 Abs. 3 FamFG im Verfahren der Gehörsrüge nach § 44 FamFG ist aber zu verneinen, weil es insoweit an einer Verweisung auf § 44 FamFG mangelt.[27] Gibt das Beschwerdegericht der Anhörungsrüge statt, kann es aber – auch von Amts wegen – nach § 64 Abs. 3 FamFG eine eA erlassen.

---

20 Vgl. z. B. BGH FamRZ 2012, 211
21 BayObLG WuM 1989, 451; Keidel/*Sternal*, § 64 FamFG Rn. 46
22 BGH FamRZ 2019, 115 mit Anm. *Köhler*
23 Keidel/*Sternal*, § 64 FamFG Rn. 59; MüKo-FamFG/*A. Fischer*, § 64 Rn. 20; a.A.: Prütting/Helms/*Abramenko*, § 64 FamFG Rn. 25 ff.
24 BGH FGPrax 2010, 97
25 BGH FGPrax 2010, 102; OLG Frankfurt FuR 2018, 92
26 BVerfG, Beschl. v. 26.2.2019 – 1 BvR 340/19, juris
27 Keidel/*Meyer-Holz*, § 44 FamFG Rn. 64 für § 93 FamFG; a.A.: MüKo-FamFG/*Ulrici*, § 44 Rn. 25; Prütting/Helms/*Abramenko*, § 44 FamFG Rn. 23

Soweit es sich bei der angefochtenen Entscheidung um eine einstweilige Anordnung nach §§ 49 ff. FamFG handelt, ist § 55 Abs. 2 FamFG vorrangig,[28] der auch auf rechtsgestaltende, nicht vollstreckungsbedürftige Anordnungen wie im Sorgerecht[29] anwendbar ist. Noch nicht hinreichend geklärt ist das Verhältnis zu § 93 Abs. 1 Satz 1 Nr. 3 und Satz 2 FamFG.[30] 9

Soweit eine Anordnung nach Abs. 3 in Betracht kommt, fehlt für einen Antrag auf Erlass einer **einstweiligen Anordnung nach §§ 49 ff. FamFG** das Rechtsschutzbedürfnis.[31] § 64 Abs. 3 FamFG ermöglicht es dabei auch, die angefochtene Entscheidung um positive Regelungen zu ergänzen, wie etwa zusätzliche Schutzanordnungen nach § 1666 Abs. 3 BGB zu treffen oder vorläufig einen anderen Vormund für das Kind zu bestimmen. Nur dann, wenn der **Verfahrensgegenstand** der einstweiligen Anordnung ein anderer als der der Hauptsacheentscheidung ist, ist nach §§ 49 ff. FamFG durch eine verfahrens- und kostenrechtlich selbstständige einstweilige Anordnung zu entscheiden.[32] 9a

Häufigster Anwendungsfall von § 64 Abs. 3 FamFG ist das selbst in der Vorschrift genannte Regelbeispiel der **Aussetzung der Vollziehung** der angefochtenen Entscheidung, z. B. einer Umgangsregelung[33] oder Kindesherausgabe, welche nach § 40 Abs. 1 FamFG schon mit der Bekanntgabe der Entscheidung an die Beteiligten wirksam und damit vollziehbar werden. Da Sorgerechtsentscheidungen keiner Vollziehung bedürfen, kann hier lediglich die **Aussetzung der Wirksamkeit** der Entscheidung in Betracht kommen. Die gerichtliche Entscheidung nach § 64 Abs. 3 FamFG steht im Ermessen des Beschwerdegerichts, das eine summarische Prüfung der Erfolgsaussichten der Beschwerde vorzunehmen[34] und darüber hinaus insbesondere zu prüfen hat, ob dem Beschwerdeführer infolge der Wirksamkeit der Entscheidung oder deren Vollziehung schwerwiegende Nachteile entstehen würden,[35] wobei in Kindschaftssachen naturgemäß Fragen des Kindeswohls im Mittelpunkt zu stehen haben.[36] In Kindschaftssachen sind insbesondere die Folgen einer Vollziehung oder Wirksamkeit der Entscheidung, z. B. durch Herausgabe des Kindes oder Wegzug mit dem Kind ins Ausland, mit etwaigen nachteiligen Folgen für die anderen Beteiligten und das Kind abzuwägen. Zu vergleichen ist im Rahmen einer **Folgenabwägung**, ob bei Vollzug der amtsgerichtlichen Entscheidung und einem späteren Erfolg der Beschwerde schwerwiegendere Folgen entstehen als bei einer Aussetzung der Vollziehung der amtsgerichtlichen Entscheidung und einer späteren Zurückweisung der Beschwerde.[37] Soweit möglich ist insbesondere ein mehrmaliger Aufenthaltswechsel des Kindes zu vermeiden, so dass bei der Bejahung von gewissen Erfolgsaussichten die Vollziehung bzw. Wirksamkeit einer Entscheidung auszusetzen sein kann.[38] Sprechen Anhaltspunkte dafür, dass das Kindeswohl durch den Vollzug einer Umgangsregelung gefährdet werden könnte und überwiegen diese Umstände das Elternrecht des Umgangsberechtigten, ist die Aussetzung der Regelung geboten.[39] 10

---

28 OLG Frankfurt ZKJ 2016, 461; Prütting/Helms/*Dürbeck*, § 55 FamFG Rn. 1; Keidel/*Giers*, § 55 FamFG Rn. 1
29 *Van Els*, FamRZ 2011, 1706
30 Vgl. PK Familienverfahrensrecht/*Finke*, § 64 FamFG Rn. 9: „Überschneidung"
31 OLG Frankfurt NZFam 2017, 967; Bork/Jacoby/Schwab/*Müther*, § 64 FamFG Rn. 37
32 BGH FamRZ 2010, 639; OLG Saarbrücken MDR 2014, 1326; OLG Frankfurt NZFam 2017, 967; MüKo-FamFG/*A. Fischer*, § 64 Rn. 50
33 BGH FamRZ 2019, 115
34 BVerfG BeckRS 2010, 46097
35 BGH FamRZ 2019, 115; FGPrax 2010, 97; OLG Hamm FamRZ 2011, 578
36 Vgl. BVerfG NJW-RR 2009, 721
37 OLG Brandenburg, Beschl. v. 20.8.2018 – 13 UF 101/18, juris
38 Vgl. OLG Brandenburg BeckRS 2009, 08669; BayObLG 1963, 191; MüKo-FamFG/*A. Fischer*, § 64 Rn. 47
39 Vgl. BVerfG FamRZ 2013, 103; BeckOK-*Gutjahr*, § 64 Rn. 29b

11 In jedem Fall darf durch die Entscheidung die Hauptsache **nicht vorweggenommen** werden. Entscheidungen nach § 64 Abs. 3 FamFG sind nicht anfechtbar, aber auf Anregung hin oder von Amts wegen jederzeit abänderbar.[40] § 64 Abs. 3 FamFG ermächtigt das Beschwerdegericht im Übrigen nicht, in einem Sorgerechtsverfahren durch einstweilige Anordnung den Umgang zu regeln oder die Herausgabe des Kindes anzuordnen.

▶ *Vgl. aber zum HKÜ-Verfahren Schweppe, Art. 12 HKÜ Rn. 9 ff.*

§ 65 FamFG Beschwerdebegründung

(1) Die Beschwerde soll begründet werden.

(2) Das Beschwerdegericht oder der Vorsitzende kann dem Beschwerdeführer eine Frist zur Begründung der Beschwerde einräumen.

(3) Die Beschwerde kann auf neue Tatsachen und Beweismittel gestützt werden.

(4) Die Beschwerde kann nicht darauf gestützt werden, dass das Gericht des ersten Rechtszugs seine Zuständigkeit zu Unrecht angenommen hat.

Übersicht

Rn.
A. Allgemeines 1
B. Inhalt der Norm 2
I. Begründung der Beschwerde (Abs. 1 und 2) 2
II. Neue Tatsachen und Beweismittel (Abs. 3) 4
III. Ausschluss der Zuständigkeitsrüge (Abs. 4) 5

A. Allgemeines

1 Anders als in Ehe- und Familienstreitsachen (vgl. § 117 Abs. 1 FamFG) ist die Begründung der Beschwerde **nicht als Zulässigkeitsvoraussetzung** ausgestaltet und die Nichtbeachtung der Soll-Regelung bleibt letztlich – wie bei § 571 Abs. 1 ZPO, der dem Gesetzgeber als Vorbild diente[1] – sanktionslos.

Verdrängt wird die Norm von der Sondervorschrift des § 40 Abs. 2 Satz 2 IntFamRVG für Verfahren nach dem **Haager Kindesentführungsabkommen**. Wird die Beschwerde im dortigen Anwendungsbereich innerhalb der Beschwerdefrist nicht begründet, führt dies zur Verwerfung der Beschwerde als unzulässig (siehe näher hierzu *Schweppe*, § 40 IntFamRVG Rn. 9).[2]

B. Inhalt der Norm

I. Begründung der Beschwerde (Abs. 1 und 2)

2 Gemäß § 65 Abs. 1 FamFG **soll** die **Beschwerde begründet** werden. Enthält die Beschwerdeschrift bereits eine Begründung, so bestimmt sich das weitere Verfahren nach §§ 68, 69 FamFG, insbesondere hat der Vorsitzende des Senats den anderen Beteiligten rechtliches Gehör zu gewähren, wobei gerade in den Kindschaftssachen betreffend den **Aufenthalt eines Kindes**, in Verfahren nach §§ 1666, 1666a BGB und in Umgangssachen, wenn **kein Umgang** gewährt wird, aufgrund des **Beschleunigungsgrundsat-**

40 OLG Hamm FamRZ 1995, 1209; Keidel/*Sternal*, § 64 FamFG Rn. 71
1 BT-Drucks. 16/6308, 206
2 OLG Koblenz FamRZ 2017, 135; OLG Bamberg ZKJ 2016, 64; a.A.: OLG Stuttgart FamRB 2015, 459

zes eine Frist von **höchstens zwei Wochen** angemessen sein dürfte.[3] Enthält die Beschwerdeschrift keine Begründung, so kann der Vorsitzende, zweckmäßigerweise nach Rücksprache mit dem zuständigen Berichterstatter, oder das Beschwerdegericht nach § 65 Abs. 2 FamFG eine Frist zur Begründung der Beschwerde einräumen, die in vorrangigen Kindschaftssachen ebenfalls nicht länger als zwei Wochen sein sollte. Dabei kann das Beschwerdegericht – z. B. soweit es die Beschwerde zu diesem Zeitpunkt für offenkundig unbegründet hält – bereits zu diesem Zeitpunkt eine **Entscheidung ohne weitere persönliche Anhörungen** nach § 68 Abs. 3 Satz 2 FamFG ankündigen, was dem erklärten Willen des Gesetzgebers entspricht.[4]

Eine **Verlängerung der Frist** ist auf Antrag gemäß §§ 16 Abs. 2 FamFG, 224 Abs. 2 ZPO möglich, sollte aber in Kindschaftssachen – jedenfalls in den Fällen des § 155 Abs. 1 FamFG – nur bei **besonders triftigen Gründen** gewährt werden. Die engen Grenzen von §§ 117 Abs. 1 Satz 4, 520 Abs. 2 Satz 2, 3 ZPO gelten hier aber nicht. Wird die Beschwerde auch nach Fristsetzung **nicht begründet**, darf sie alleine deswegen **weder verworfen** werden noch führt dies zur **Präklusion** weiteren verspäteten Vorbringens.[5] Wurde keine Frist zur Begründung der Beschwerde nach Abs. 2 gesetzt, so ist eine später eingegangene Begründung auch dann zu berücksichtigen, wenn die Entscheidung bereits von den Senatsmitgliedern unterschrieben worden ist, aber noch nicht der Geschäftsstelle i.S.d. § 38 Abs. 3 Satz 3 FamFG übergeben worden ist.[6] 3

In einem **einstweiligen Anordnungsverfahren** kann eine unterbliebene Beschwerdebegründung des beschwerdeführenden Antragstellers aber indizieren, dass kein Eilbedürfnis i.S.d. § 49 Abs. 1 FamFG besteht.[7] Auch kann eine Endentscheidung nach § 68 Abs. 3 Satz 2 FamFG **ohne vorherige Ankündigung** ergehen, weil es eines vorherigen Hinweises wie bei Ehe- und Familienstreitsachen (§ 117 Abs. 3 FamFG) nicht bedarf.

II. Neue Tatsachen und Beweismittel (Abs. 3)

Gemäß § 65 Abs. 3 FamFG kann die Beschwerde auf **neue Tatsachen und Beweismittel** gestützt werden, was in FamFG-Verfahren schon wegen des Amtsermittlungsgrundsatzes (§ 26 FamFG), der auch für das Beschwerdegericht gilt (§ 68 Abs. 3 Satz 1 FamFG), selbstverständlich ist. Denn dieses hat seine Entscheidung auf der Grundlage der zum Zeitpunkt der Entscheidungsreife maßgeblichen Sach- und Rechtslage zu treffen.[8] Deshalb steht es naturgemäß auch den anderen Beteiligten frei, neue Tatsachen vorzutragen und Beweiserhebungen anzuregen.[9] Auch können von Amts wegen zu treffende Ermittlungen des Beschwerdegerichts zu neuen Tatsachengrundlagen führen.[10] Anders als im Zivilprozess (vgl. § 531 Abs. 2 ZPO) kommt es nicht darauf an, ob diese dem Beschwerdeführer erst nach der erstinstanzlichen Entscheidung bekannt geworden sind.[11] Letzterer Aspekt kann sich aber bei der Kostenentscheidung nachteilig auswirken (siehe näher hierzu *Dürbeck*, § 81 FamFG Rn. 11 ff.). Aus § 65 Abs. 3 FamFG folgt auch, dass das Beschwerdegericht bei der Überprüfung von Entscheidungen des Amtsgerichts, denen eine **Ermessensausübung** zugrunde liegt (z.B. bei Kostenentscheidungen nach § 81 Abs. 1 FamFG), eine 4

3 Ebenso Prütting/Helms/*Abramenko,* § 65 FamFG Rn. 6, und Keidel/*Sternal,* § 68 FamFG Rn. 55 für alle FamFG-Verfahren
4 BT-Drucks. 16/6308, 206
5 Johannsen/Henrich/*Althammer,* § 65 FamFG Rn. 5
6 BGH FamRZ 2015, 1698
7 OLG Köln ZKJ 2010, 289
8 BGH NJW-RR 2013, 1473
9 BeckOK-FamFG/*Gutjahr,* § 65 FamFG Rn. 15
10 Vgl. OLG Rostock FamRZ 2014, 1047
11 BGH MDR 2008, 764 (noch zum alten Recht); BeckOK-FamFG/*Gutjahr,* § 65 Rn. 14

eigene Ermessensentscheidung zu treffen hat und nicht darauf beschränkt ist, zu überprüfen, ob eine Ermessensüberschreitung vorliegt (vgl. 68 FamFG Rn. 14).[12]

Hat sich ein Verfahren in erster Instanz erledigt und hat das Familiengericht dies so festgestellt, so können allerdings neue Tatsachen i.S.d. § 65 Abs. 3 FamFG nicht eine Beschwer für eine vom Beschwerdeführer begehrte Sachentscheidung begründen.[13]

III. Ausschluss der Zuständigkeitsrüge (Abs. 4)

5 Nach § 65 Abs. 4 FamFG kann die Beschwerde nicht darauf gestützt werden, dass das Gericht des ersten Rechtszugs seine **Zuständigkeit** zu Unrecht angenommen hat. Damit will der Gesetzgeber in Anlehnung an § 571 Abs. 2 Satz 2 ZPO Rechtsmittel vermeiden, die ausschließlich Zuständigkeitsmängel rügen und die Beschwerdegerichte von rein verfahrensrechtlichen Streitigkeiten entlasten.[14] Die Vorschrift ist nicht auf die **örtliche Zuständigkeit** beschränkt, sondern betrifft auch die **sachliche und funktionelle Zuständigkeit**.[15] Für das **Verhältnis Familiengericht** und der **Zivilabteilung des Amtsgerichts** folgt dies aber schon aus § 17a Abs. 5 und 6 GVG. In Bezug auf die funktionelle Zuständigkeit führt eine Entscheidung des funktionell unzuständigen Rechtspflegers aber gleichwohl zum Erfolg der Beschwerde, da die Entscheidung nach § 8 Abs. 4 RPflG rechtsunwirksam ist.[16]

▶ *Zum Konflikt um die funktionelle Zuständigkeit siehe Heilmann, § 8 RPflG Rn. 1 ff., um die örtliche Zuständigkeit Keuter, § 152 FamFG Rn. 12 ff., und um die sachliche Zuständigkeit Keuter, § 17a GVG Rn. 22 ff.*

6 Nicht anwendbar ist § 65 Abs. 4 FamFG für die **internationale Zuständigkeit**, die im Beschwerdeverfahren von Amts wegen zu prüfen ist.[17]

§ 66 FamFG Anschlussbeschwerde

[1]Ein Beteiligter kann sich der Beschwerde anschließen, selbst wenn er auf die Beschwerde verzichtet hat oder die Beschwerdefrist verstrichen ist; die Anschließung erfolgt durch Einreichung der Beschwerdeanschlussschrift bei dem Beschwerdegericht. [2]Die Anschließung verliert ihre Wirkung, wenn die Beschwerde zurückgenommen oder als unzulässig verworfen wird.

Übersicht

Rn.
A. Allgemeines ... 1
B. Inhalt der Norm ... 3
I. Voraussetzungen der Anschlussbeschwerde ... 3
II. Verwerfung oder Rücknahme der Beschwerde ... 6
III. Entscheidung ... 7

---

12 BGH FamRZ 2017, 97 zu § 18 VersAusglG
13 OLG Brandenburg MDR 2013, 1105
14 BT-Drucks. 16/6308, 206
15 Johannsen/Henrich/*Althammer*, § 65 FamFG Rn. 6; Keidel/*Sternal*, § 65 FamFG Rn. 18
16 OLG Frankfurt a.M. ZKJ 2013, 503; vgl. dazu *Dürbeck*, ZKJ 2014, 266, 269
17 BGH NJW-RR 2007, 1509; OLG Hamm FuR 2015, 58; FamFR 2011, 480; MüKo-FamFG/*A. Fischer*, § 65 Rn. 28

A. Allgemeines

Gemäß § 66 Satz 1 FamFG kann sich ein Beteiligter der Beschwerde anschließen, auch wenn er auf die Beschwerde verzichtet hat oder die Beschwerdefrist verstrichen ist. Nach Satz 2 der Vorschrift **verliert** die Anschließung aber dann – **kraft Gesetzes** – **ihre Wirkung**, wenn die Beschwerde **zurückgenommen** oder als **unzulässig verworfen** wird. Hintergrund der Zulässigkeit sog. **unselbständiger Anschlussbeschwerden** ist der Umstand, dass in **Antragsverfahren** (siehe näher hierzu *Cirullies*, § 23 FamFG Rn. 1) der Beschwerdeführer durch das **Verbot der reformatio in peius** geschützt ist und es im Zuge der „Waffengleichheit" der Gesetzgeber für erforderlich erachtet hat, anderen Beteiligten eine Durchbrechung dieses Grundsatzes zu ermöglichen, wobei dies insbesondere dann sinnvoll ist, wenn die Beteiligten widersprechende Interessen haben.[1] 1

Im Bereich der **amtswegigen Kindschaftsverfahren**, wie etwa Verfahren nach §§ 1666, 1666a BGB oder Umgangsverfahren nach § 1684 BGB, spielt sie in der Praxis keine allzu große Rolle. Sinnvoll kann die Anschlussbeschwerde z.B. dann sein, wenn sich in einem Verfahren nach § 1671 Abs. 1 Satz 2 Nr. 2 BGB der andere Elternteil im ersten Rechtszug auf einen Zurückweisungsantrag beschränkt hat. Wenn dieser nun nach der Beschwerde des unterlegenen Antragstellers Anschlussbeschwerde einlegt und gleichzeitig als Widerantrag die Übertragung des alleinigen Sorgerechts auf sich beantragt, dann kann das Beschwerdegericht ihm die elterliche Sorge ganz oder zum Teil alleine nach § 1671 Abs. 2 Nr. 2 BGB übertragen, wenn dies dem Wohl des Kindes am besten entspricht (siehe näher hierzu *Keuter*, § 1671 BGB Rn. 27 ff.). Abzugrenzen ist die (unselbständige) Anschlussbeschwerde von der **selbständigen Beschwerde** eines weiteren Beteiligten nach § 58 Abs. 1 FamFG, die insbesondere **innerhalb der Frist des § 63 FamFG** erhoben worden ist. 2

B. Inhalt der Norm

I. Voraussetzungen der Anschlussbeschwerde

Die Einlegung einer Anschlussbeschwerde ist nach § 66 FamFG schon dann möglich und rechtswirksam, wenn ein **anderer Beteiligter Beschwerde** nach § 58 Abs. 1 FamFG eingelegt hat. Nicht zu prüfen ist vom Beschwerdegericht insoweit, ob die Beschwerde zulässig ist, da nach § 66 Satz 2 FamFG die Anschlussbeschwerde ihre Wirkung erst dann verliert, wenn die Beschwerde (nach § 68 Abs. 2 Satz 2 FamFG) durch Beschluss des Oberlandesgerichts **verworfen** wird. Eine **Frist für die Einlegung der Anschlussbeschwerde** sieht § 66 FamFG – anders als in Familienstreitsachen, vgl. §§ 117 Abs. 2 Satz 1 FamFG, 524 Abs. 2 Satz 2 und 3 ZPO – in Kindschaftssachen **nicht** vor. 3

Nach § 64 Satz 1 HS 2 FamFG kann die Anschlussbeschwerde nur durch **Einreichung einer Anschlussbeschwerdeschrift** eingelegt werden, eine **Erklärung zur Niederschrift der Geschäftsstelle** sieht § 66 FamFG, anders als § 64 Abs. 2 FamFG für die Beschwerde, nicht vor. Es handelt sich um eine Regelungslücke, die nach dem Sinn und Zweck der Norm dahin zu schließen ist, dass auch die Anschlussbeschwerde zur Niederschrift der Geschäftsstelle oder zu **richterlichem Protokoll** nach § 28 Abs. 4 FamFG erklärt werden kann.[2] Die Notwendigkeit der **Begründung** der Anschlussbeschwerde sieht das Gesetz nicht vor, es muss sich aber aus der Schrift erkennen lassen, in welchem Umfang eine Abänderung der erstinstanzlichen Entscheidung begehrt wird. 4

---

1 BT-Drucks. 16/6308, 206
2 OLG Karlsruhe FamRZ 2018, 196; MüKo-FamFG/*A. Fischer*, § 66 Rn. 9

5 Hat ein Beteiligter eine **selbständige Beschwerde** eingelegt, ist diese aber, z.B. wegen der Versäumung der Beschwerdefrist unzulässig, so kommt im Regelfall eine **Umdeutung** dahin in Betracht, dass eine **unselbständige Anschlussbeschwerde** gewollt ist.[3] Obwohl die Anschlussbeschwerde wegen ihrer Unselbständigkeit kein echtes Rechtsmittel ist und insoweit auch keine Beschwer voraussetzt,[4] bedarf sie doch eines **Rechtsschutzbedürfnisses**, das gerade in Kindschaftssachen häufig fehlen wird. Dies gilt etwa in amtswegigen Verfahren, in denen das Beschwerdegericht, wie bei §§ 1666, 1684 BGB, nicht an das Verbot der reformatio in peius gebunden ist.[5] So ist etwa die Anschlussbeschwerde eines nicht sorgeberechtigten Elternteils gegen den ausschließlich das Sorgerecht des anderen Elternteils betreffenden Sorgerechtsentzug nach § 1666 BGB unzulässig. Zulässig ist sie aber, soweit dem Anschließenden durch Beschluss des Amtsgerichts selbst die elterliche Sorge entzogen wurde.[6] Das Rechtsschutzbedürfnis für eine Anschlussbeschwerde fehlt im Übrigen allgemein dann, wenn mit der Anschließung lediglich das gleiche Ziel wie mit dem Hauptrechtsmittel verfolgt wird.[7]

5a Fraglich ist, ob auch in Fallkonstellationen, in denen beiden Elternteilen das Sorgerecht nach § 1666 BGB entzogen worden ist und nur einer von beiden (selbstständig) Beschwerde dagegen einlegt hat, das Beschwerdegericht gleichwohl gehalten ist, im Rahmen seiner materiellen Prüfung nach § 1680 Abs. 3 und 2 BGB bei Erfolglosigkeit der Beschwerde eine Sorgerechtsübertragung auf den anderen Elternteil auch dann zu erwägen, wenn dieser keine Anschlussbeschwerde eingelegt hat.[8] In der Praxis kann dies letztlich dahinstehen, denn zeigt der andere, nichtbeschwerdeführende Elternteil kein Interesse an der Wiedererlangung des Sorgerechts, indem er z.B. nicht im Termin erscheint, wird die Prüfung von § 1680 Abs. 2 und 3 BGB ohnehin negativ ausfallen.[9] Zeigt er hingegen Interesse an der elterlichen Sorge und liegen die Voraussetzungen nach § 1680 Abs. 2 und 3 BGB in Bezug auf seine Person vor, wird er auf Hinweis des Senats auch Anschlussbeschwerde einlegen.

II. Verwerfung oder Rücknahme der Beschwerde

6 Nach § 66 Satz 2 FamFG verliert die unselbständige Anschlussbeschwerde **kraft Gesetzes** ihre Wirkung, wenn die Beschwerde mangels Zulässigkeit (z.B. wegen Verfristung oder mangelnder Beschwerdebefugnis) **verworfen** worden ist (§ 68 Abs. 2 Satz 2 FamFG) oder aber **zurückgenommen** worden ist (vgl. § 67 Abs. 4 FamFG), worin sich ihre Akzessorietät zeigt. Ein **gesonderter Beschluss** des Beschwerdegerichts ist nicht erforderlich, aber zur Klarstellung zulässig und ggf. auch praktikabel.[10]

III. Entscheidung

7 Über die Anschlussbeschwerde hat das Beschwerdegericht nach Maßgabe von § 69 FamFG zu entscheiden. Zulässig ist es, zunächst über die Beschwerde durch **Teilentscheidung** zu befinden und erst danach durch **Schlussbeschluss** über die Anschlussbeschwerde, wegen § 66 Satz 2 FamFG aber nicht umgekehrt.[11] Erfolgt – wie in der Regel – eine gemeinsame Entscheidung über Beschwerde und Anschlussbeschwerde, hat dies auch in Ansehung der Kosten zu gelten, wobei in Kindschaftssachen Anschlussrechtsmittel

---

3 MüKo-FamFG/*A. Fischer,* § 66 Rn. 23
4 BGH NJW 1994, 944; Musielak/*Borth/Grandel,* § 66 FamFG Rn. 5
5 BGH FamRZ 2011, 547; OLG Stuttgart FamRZ 2011, 1086: Johannsen/Henrich/*Althammer,* § 66 FamFG Rn. 3
6 OLG Brandenburg FamFR 2012, 284
7 BGH NZFam 2014, 460 mit Anm. *Grün*; OLG München FamRZ 2012, 1503; OLG Bremen FamRZ 2011, 1296; KG NJW-RR 2011, 1372
8 So ausdrücklich OLG Karlsruhe FamRZ 2018, 196
9 OLG Frankfurt BeckRS 2013, 17057
10 Keidel/*Sternal,* § 66 FamFG Rn. 21
11 Prütting/Helms/*Abramenko,* § 66 FamFG Rn. 10

im Regelfall **nicht verfahrenswerterhöhend** sind, weil es sich z.B. im Verfahren zur elterlichen Sorge oder in Umgangssachen dann jeweils um einen einheitlichen Verfahrensgegenstand handelt,[12] auch wenn um unterschiedliche Bestandteile der elterlichen Sorge oder einerseits um die Ausweitung und andererseits um eine Einschränkung des Umgangs gestritten wird. Wird die Beschwerde **zurückgenommen oder verworfen**, trägt der **Beschwerdeführer nach § 84 FamFG auch die Kosten der Anschlussbeschwerde**.[13]

Verfahrenskostenhilfe muss für eine Anschlussbeschwerde grundsätzlich gesondert beantragt und bewilligt werden.[14]

§ 67 FamFG Verzicht auf die Beschwerde; Rücknahme der Beschwerde

(1) Die Beschwerde ist unzulässig, wenn der Beschwerdeführer hierauf nach Bekanntgabe des Beschlusses durch Erklärung gegenüber dem Gericht verzichtet hat.

(2) Die Anschlussbeschwerde ist unzulässig, wenn der Anschlussbeschwerdeführer hierauf nach Einlegung des Hauptrechtsmittels durch Erklärung gegenüber dem Gericht verzichtet hat.

(3) Der gegenüber einem anderen Beteiligten erklärte Verzicht hat die Unzulässigkeit der Beschwerde nur dann zur Folge, wenn dieser sich darauf beruft.

(4) Der Beschwerdeführer kann die Beschwerde bis zum Erlass der Beschwerdeentscheidung durch Erklärung gegenüber dem Gericht zurücknehmen.

Übersicht

Rn.
A. Allgemeines ... 1
B. Inhalt der Norm ... 2
I. Rechtsmittelverzicht (Abs. 1 bis 3) ... 2
II. Rücknahme der Beschwerde (Abs. 4) ... 7

A. Allgemeines

§§ 67 Abs. 1 bis 3 FamFG beinhalten Regelungen über den **Verzicht auf Haupt- oder Anschlussbeschwerden**, der in Kindschaftssachen eher von geringer praktischer Relevanz ist. Abs. 4 enthält eine an § 516 Abs. 1 ZPO orientierte Regelung der (freien) Möglichkeit und zeitlichen Begrenzung der **Beschwerderücknahme**. 1

B. Inhalt der Norm

I. Rechtsmittelverzicht (Abs. 1 bis 3)

Gemäß § 67 Abs. 1 FamFG ist die Beschwerde **unzulässig**, wenn der Beschwerdeführer 2
hierauf nach Bekanntgabe des Beschlusses durch Erklärung gegenüber dem Gericht **verzichtet** hat. Ob einer Erklärung insoweit ein dahin gehender Willen zu entnehmen ist, ist durch Auslegung zu ermitteln, wobei die Rechtsprechung hier – vor allem im Bereich der Abschiebungshaftsachen –[1] strenge Anforderungen stellt. Soweit das **Kind verfahrensfähig** und damit selbst beschwerdeberechtigt nach § 60 FamFG ist, kann es auch selbst auf Rechtsmittel verzichten, was aber nicht die Berechtigung des oder der gesetzlichen

12 BeckOK-Streitwert/*Dürbeck*, „Sorgerechtsverfahren" Rn. 8
13 Zöller/*Feskorn*, § 66 FamFG Rn. 7; vgl. auch BGH MDR 2005, 704 für die Anschlussberufung
14 Zöller/*Geimer*, § 119 ZPO Rn. 20; Keidel/*Sternal*, § 66 FamFG Rn. 20
1 Vgl. BGH BeckRS 2013, 02434

Vertreter ausschließt, Beschwerde im Namen des Kindes einzulegen.[2] Gleiches gilt für das eigene Beschwerderecht des **Verfahrensbeistands**. Eine **besondere Form** der Verzichtserklärung ist nicht vorgesehen, allerdings schließt auch insoweit § 25 FamFG mündliche Erklärungen gegenüber dem Gericht aus. Ein in der mündlichen Verhandlung erklärter Verzicht ist dagegen auch dann wirksam, wenn er nicht nach § 160 Abs. 3 Nr. 9 ZPO protokolliert wurde.[3] Der Verzicht kann im Übrigen auch noch nach bereits erfolgter Rechtsmitteleinlegung – gegenüber dem Rechtsmittelgericht – erklärt werden.[4]

3 Umstritten ist, ob entgegen des Wortlauts von Abs. 1 ein **Rechtsmittelverzicht** auch **bereits vor Erlass und Bekanntgabe der Entscheidung** zulässig ist, was in der Gesetzesbegründung erstaunlicher Weise bejaht wird[5] und deshalb auch von einem Teil der Literatur für möglich erachtet wird.[6] Eine vermittelnde Ansicht hält den Rechtsmittelverzicht jedenfalls nach Erlass der Entscheidung, aber noch vor Bekanntgabe der Entscheidung für zulässig, weil zu diesem Zeitpunkt auch bereits die Entscheidung angefochten werden könne.[7] Richtigerweise wird man wegen des insoweit eindeutigen Wortlauts einen Verzicht erst ab Bekanntgabe der Entscheidung an den Beteiligten als zulässig zu erachten haben.[8]

4 Ein einmal rechtswirksam erklärter Rechtsmittelverzicht führt zur **Unzulässigkeit und Verwerfung einer gleichwohl eingelegten Beschwerde** nach § 68 Abs. 2 Satz 2 FamFG.[9] Der Verzicht kann als Verfahrenshandlung nicht widerrufen werden und unterliegt auch nicht der Anfechtung analog §§ 119 ff. BGB.[10]

5 Abs. 3 ermöglicht auch die Erklärung eines **Rechtsmittelverzichts gegenüber einem anderen Beteiligten**, der aber abweichend von Abs. 1 nur dann zur Unzulässigkeit der gleichwohl eingelegten Beschwerde führt, wenn letzterer sich – im Sinne einer Einrede – darauf beruft. Gleichwohl ist der Anwendungsbereich der Vorschrift auch in amtswegigen Verfahren eröffnet.[11] Ein mündlich gegenüber einem (formell) Beteiligten erklärter Verzicht ist zwar formwirksam, aber bei einem Bestreiten des Beschwerdeführers schwer aufklärbar. Auch der gegenüber einem Beteiligten erklärte Verzicht ist als Verfahrenshandlung nicht widerruflich oder anfechtbar.[12]

6 Abs. 2 eröffnet schließlich die Möglichkeit des **Verzichts auf ein Anschlussrechtsmittel**, wenn der Anschlussrechtsmittelführer diesen nach Einlegung des Hauptrechtsmittels gegenüber dem Gericht erklärt hat, was vor überraschenden Beschwerden anderer Beteiligter schützen soll und impliziert, dass der (einseitige) Verzicht auf ein Hauptrechtsmittel nicht automatisch den Verzicht auf ein Anschlussrechtsmittel umfasst.[13] Eine Ausnahme hiervon besteht im Scheidungsverfahren nach § 144 FamFG, der einen gleich- und vorzeitigen Verzicht auf eine Anschlussbeschwerde ermöglicht, um die Rechtskraft der Eheschei-

---

2 BGH, Beschl. v. 7.3.2018 – XII ZB 422/17, juris, zum Amtsvormund; NZFam 2018, 334; MüKo-FamFG/*A. Fischer,* § 67 Rn. 9

3 OLG Jena NJOZ 2019, 574

4 BGH NJW 1994, 737

5 BT-Drucks. 16/6308, 207

6 *Heinemann*, DNotZ 2009, 6, 18

7 MüKo-FamFG/*A. Fischer,* § 67 Rn. 13; Keidel/*Sternal,* § 67 FamFG Rn. 9

8 BeckOK-FamFG/*Gutjahr,* § 67 Rn. 11; *Maurer*, FamRZ 2009, 465, 468

9 OLG Zweibrücken FamRZ 2016, 569; OLG Brandenburg, Beschl. v. 22.7.2013 – 3 UF 52/13, juris: Scheidungsverbund

10 BGH NJW 1985, 2334 (Widerruf); KG FGPrax 2003, 205; Keidel/*Sternal,* § 67 FamFG Rn. 10; Johannsen/Henrich/*Althammer,* § 67 FamFG Rn. 3; a.A. OLG Hamm FamRZ 2014, 772: arglistige Täuschung nach § 123 BGB

11 Johannsen/Henrich/*Althammer,* § 67 FamFG Rn. 5

12 Keidel/*Sternal,* § 67 FamFG Rn. 10: a.A. BeckOK-FamFG/*Gutjahr,* § 67 Rn. 10

13 Prütting/Helms/*Abramenko,* § 67 FamFG Rn. 10

dung herbeizuführen. Die Anschlussbeschwerdemöglichkeit in Folgesachen bleibt aber hiervon unberührt.[14]

II. Rücknahme der Beschwerde (Abs. 4)

Nach § 67 Abs. 4 FamFG kann die **Beschwerde bis zum Erlass der Beschwerdeentscheidung** durch Erklärung gegenüber dem Gericht **zurückgenommen** werden. Diese im **freien Ermessen** des Beschwerdeführers liegende Entscheidung besteht auch in Amtsverfahren[15] und ist in keinem Fall von der Zustimmung der anderen Beteiligten abhängig. Die Rücknahme kann frühestens nach Einlegung des Rechtsmittels und spätestens bis zum Erlass der Entscheidung (Übergabe des Beschlusses an die Geschäftsstelle oder Verlesen der Beschlussformel § 38 Abs. 3 Satz 3 FamFG oder Verkündung in Ehe- und Streitsachen) erklärt werden. Eine nach diesem Zeitpunkt erklärte Rücknahme hat keine Rechtswirkung mehr.[16] Die Rücknahme braucht zwar nicht ausdrücklich als solche bezeichnet zu werden, muss aber klar und unzweideutig sein, in Zweifelsfällen ist diejenige Auslegung maßgeblich, die die am wenigsten nachteiligen Folgen für den Beschwerdeführer bewirkt.[17] 7

Als Verfahrenshandlung ist die Rücknahme **bedingungsfeindlich** und weder **widerruf- noch anfechtbar**.[18] Die Rücknahme der Beschwerde beendet das Beschwerdeverfahren unmittelbar. In Familiensachen ist nach § 81 Abs. 1 Satz 3 FamFG zwingend über die **Kosten des Beschwerdeverfahrens** zu entscheiden. Diese trägt grundsätzlich der **Beschwerdeführer nach § 84** FamFG, wobei Ausnahmen denkbar sind (siehe näher hierzu *Dürbeck*, § 84 FamFG Rn. 3). Infolge der Rücknahme **reduzieren sich die Gerichtskosten** für das Beschwerdeverfahren in **isolierten Kindschaftssachen** nach Nr. 1315, 1314 KV FamGKG von 1,0 auf 0,5, was bei einem Wert von 3.000 Euro eine Kostenersparnis von 54 Euro bedeutet. Bei den **Anwaltsgebühren** kann bei einer Rücknahme der Beschwerde vor einer mündlichen Verhandlung oder Anhörung die **Terminsgebühr** (1,2 nach Nr. 3202 VV RVG = 241,20 Euro netto bei einem Wert von 3.000 Euro) gespart werden. 8

Eine **Verlustigkeit des Rechtsmittels** ist anders als in Ehe- und Familienstreitsachen (vgl. §§ 117 Abs. 2 FamFG, 516 Abs. 3 ZPO) in Kindschaftssachen nicht festzustellen.

§ 68 FamFG Gang des Beschwerdeverfahrens

(1) [1]Hält das Gericht, dessen Beschluss angefochten wird, die Beschwerde für begründet, hat es ihr abzuhelfen; anderenfalls ist die Beschwerde unverzüglich dem Beschwerdegericht vorzulegen. [2]Das Gericht ist zur Abhilfe nicht befugt, wenn die Beschwerde sich gegen eine Endentscheidung in einer Familiensache richtet.

(2) [1]Das Beschwerdegericht hat zu prüfen, ob die Beschwerde an sich statthaft und ob sie in der gesetzlichen Form und Frist eingelegt ist. [2]Mangelt es an einem dieser Erfordernisse, ist die Beschwerde als unzulässig zu verwerfen.

(3) [1]Das Beschwerdeverfahren bestimmt sich im Übrigen nach den Vorschriften über das Verfahren im ersten Rechtszug. [2]Das Beschwerdegericht kann von der Durchführung eines Termins, einer mündlichen Verhandlung oder einzelner Verfahrenshandlungen absehen, wenn

---

14 MüKo-FamFG/*A. Fischer,* § 67 Rn. 21

15 Keidel/*Sternal,* § 67 FamFG Rn. 15. In diesem Fall ist bei Notwendigkeit gerichtlicher Maßnahmen, z.B. nach § 1666 BGB, vom Amtsgericht ein neues Verfahren einzuleiten.

16 OLG Karlsruhe FamRZ 2014, 1050

17 BGH FamRZ 2019, 465

18 BGH FamRZ 2008, 43; Musielak/Borth/*Borth/Grandel*, § 67 FamFG Rn. 4

diese bereits im ersten Rechtszug vorgenommen wurden und von einer erneuten Vornahme keine zusätzlichen Erkenntnisse zu erwarten sind.

(4) Das Beschwerdegericht kann die Beschwerde durch Beschluss einem seiner Mitglieder zur Entscheidung als Einzelrichter übertragen; § 526 der Zivilprozessordnung gilt mit der Maßgabe entsprechend, dass eine Übertragung auf einen Richter auf Probe ausgeschlossen ist.

Übersicht

Rn.
A. Allgemeines ... 1
B. Inhalt der Norm ... 2
I. Kein Abhilfeverfahren ... 2
II. Vorrangige Zulässigkeitsprüfung (Abs. 2) ... 3
III. Beschwerdeverfahren (Abs. 3 und 4) ... 6
1. Geltung des erstinstanzlichen Verfahrensrechts (Abs. 3 Satz 1) ... 6
2. Entscheidung ohne mündliche Verhandlung oder persönliche Anhörung (Abs. 3 Satz 2) ... 7
3. Übertragung auf den Einzelrichter (Abs. 4) ... 12
C. Umfang der Prüfung der Begründetheit – Ermessensentscheidungen ... 14

A. Allgemeines

1 § 68 FamFG bestimmt den Gang des Beschwerdeverfahrens. Er gilt für alle Familiensachen und damit auch in Kindschaftssachen. Abs. 1 regelt die Frage der Notwendigkeit einer **Abhilfeentscheidung** des Amtsgerichts, Abs. 2 die (zeitlich) **vorrangige Prüfung der Zulässigkeit** der Beschwerde, Abs. 3 den **näheren Verfahrensablauf** mit **Erleichterungen im zweiten Rechtszug** und Abs. 4 die Möglichkeit der **Übertragung** der Beschwerde zur Entscheidung auf den **Einzelrichter**. In Ehe- und Familienstreitsachen bestehen Modifizierungen durch §§ 117 Abs. 2 und 3 FamFG, die für kindschaftsrechtliche Verfahren nicht von Relevanz sind.

B. Inhalt der Norm

I. Kein Abhilfeverfahren

2 Mit Blick auf § 68 Abs. 1 Satz 2 FamFG ist in Kindschaftssachen das Gericht des ersten Rechtszuges **nicht** zur **Abhilfe der Beschwerde** befugt, was vor allem im Rechtspflegerbereich in der Praxis noch häufig übersehen wird. Von dieser Regelung unberührt bleiben aber notwendige Abhilfeentscheidungen bei mit der **sofortigen Beschwerde** anfechtbaren Zwischenentscheidungen (vgl. § 572 Abs. 1 ZPO) oder im Rahmen der bei unstatthaften oder unzulässigen Beschwerden gegen Entscheidungen des Rechtspflegers gegebenen Erinnerung nach § 11 Abs. 2 RPflG (siehe näher hierzu *Heilmann*, § 11 RPflG Rn. 22 ff.). Entgegen der vormaligen Ansicht des OLG Hamm und eines Teiles der Literatur[1] gilt das Abhilfeverbot auch im **einstweiligen Anordnungsverfahren**.[2] Nicht als Familiensachen in diesem Zusammenhang gelten Entscheidungen nach dem AdWirkG zur Anerkennung ausländischer Adoptionen[3] (siehe näher hierzu *Braun*, Anh. zu § 199 FamFG – AdWirkG Rn. 1 ff.).

1 OLG Hamm FamRZ 2011, 234; Keidel/*Sternal*, § 68 FamFG Rn. 8

2 Musielak/Borth/*Borth/Grandel*, § 68 Rn. 6; Johannsen/Henrich/*Althammer*, § 68 FamFG Rn. 5; MüKo-FamFG/*A. Fischer*, § 68 Rn. 10

3 Str. wie hier vgl. OLG Hamm NJW 2012, 582; OLG Köln FamRZ 2012, 1234; a.A. OLG Düsseldorf FamRZ 2012, 1233; *Braun*, ZKJ 2012, 216; *Maurer*, FamRZ 2013, 90: Familiensache

II. Vorrangige Zulässigkeitsprüfung (Abs. 2)

Gemäß § 68 Abs. 2 FamFG hat das Beschwerdegericht nach Eingang der Beschwerde zunächst zu prüfen, ob die Beschwerde an sich **statthaft** ist und ob sie in der **gesetzlichen Form und Frist** eingelegt ist (Satz 1). Soweit es an einem dieser Erfordernisse fehlt, ist die Beschwerde nach Satz 2 als **unzulässig zu verwerfen**. Trotz der etwas missglückten Formulierung in Satz 1 bezieht sich die Regelung auf **alle Zulässigkeitsvoraussetzungen** der Beschwerde.[4] Praktisch bedeutsame Fälle von unzulässigen Beschwerden in Kindschaftsverfahren liegen in der fehlenden **Beschwerdeberechtigung nach § 59 FamFG** und in der **Versäumung der Beschwerdefrist** (§ 63 FamFG). 3

Ist die Beschwerde unzulässig, erfordert es Art. 103 Abs. 1 GG, dem Beschwerdeführer vor der Verwerfung seines Rechtsmittels **rechtliches Gehör** zu gewähren, z. B. um ihm die Möglichkeit einer kostensparenden Rücknahme der Beschwerde oder die Stellung eines Wiedereinsetzungsantrags zu ermöglichen.[5] Zum Zwecke der Vermeidung des Entstehens zusätzlicher Kosten (etwa der Gebühr des Verfahrensbeistandes) sollte in diesen Fällen die Zustellung der Beschwerdeschrift an die weiteren Beteiligten zunächst unterbleiben. 4

Mit der Verwerfung ist zugleich über die **Kosten des Beschwerdeverfahrens** zu entscheiden, die nach § 84 FamFG grundsätzlich dem Beschwerdeführer aufzuerlegen sind. Anders als in Ehe- und Familienstreitsachen (§ 117 Abs. 1 Satz 4 FamFG, § 522 Abs. 1 Satz 4 ZPO) ist die **Rechtsbeschwerde** im Falle der Verwerfung der Beschwerde nicht grundsätzlich, sondern nur bei **besonderer Zulassung** unter den Voraussetzungen von § 70 Abs. 1 und 2 FamFG statthaft.[6] Etwas anderes gilt nach § 70 Abs. 3 Nr. 2 FamFG in **Unterbringungssachen** nach § 151 Nr. 6 und 7 FamFG, wenn die Unterbringung des Kindes angeordnet wurde, allerdings nach § 70 Abs. 4 FamFG nicht in einstweiligen Anordnungsverfahren. 5

III. Beschwerdeverfahren (Abs. 3 und 4)

1. Geltung des erstinstanzlichen Verfahrensrechts (Abs. 3 Satz 1)

Gemäß § 68 Abs. 3 Satz 1 FamFG bestimmt sich das **Beschwerdeverfahren** (nach Bejahung der Zulässigkeit der Beschwerde) nach den **Vorschriften über das Verfahren im ersten Rechtszug**, also nach §§ 23-37 FamFG. Die §§ 1 bis 22a FamFG gelten auch ohne Verweisung unmittelbar für das Beschwerdeverfahren,[7] ebenso die besonderen verfahrensartabhängigen Vorschriften des zweiten Buchs des FamFG, in Kindschaftssachen also insbesondere §§ 151 ff. FamFG.[8] Damit gelten auch im Beschwerdeverfahren der **Amtsermittlungsgrundsatz** (§ 26 FamFG), das **Vorrang- und Beschleunigungsgebot** nach § 155 FamFG,[9] die Regelungen über die Beschleunigungsrüge und die Beschleunigungsbeschwerde nach §§ 155b, 155c FamFG, die **Anhörungsvorschriften** nach §§ 159 ff. FamFG und die allgemeinen Vorschriften über die **Beweiserhebung** nach §§ 29 ff. FamFG. Den anderen Beteiligten ist die Beschwerdebegründung, wenn die Beschwerde nicht offensichtlich unzulässig ist, zur **Gewährung rechtlichen Gehörs** zu übermitteln (§ 23 Abs. 2 FamFG), wobei hier in Kindschaftsverfahren wegen des im Regelfall gebotenen Beschleunigungsbedürfnisses eine Frist zur Stellungnahme binnen zwei Wochen ausreichend sein dürfte[10] (siehe näher hierzu *Dürbeck*, § 65 FamFG Rn. 2). Ist das Jugendamt Beteiligter nach § 162 FamFG und – ggf. durch den angegriffenen erstinstanzlichen Be- 6

---

4 BT-Drucks. 16/6308, 207; Zöller/*Feskorn,* § 68 FamFG Rn. 3
5 BGH FamRZ 2013, 1569
6 BGH NJW-RR 2018, 122
7 BT-Drucks. 16/6308, 207
8 BGH ZKJ 2013, 313; Johannsen/Henrich/*Althammer,* § 68 FamFG Rn. 7
9 MüKo-FamFG/*Heilmann,* § 155 Rn. 16
10 Ebenso Keidel/*Sternal,* § 68 FamFG Rn. 55

schluss – auch als Ergänzungspfleger oder Vormund zu beteiligen, hat die Übermittlung jeweils an beide zu erfolgen. Im Übrigen gilt auch im 2. Rechtszug § 7 Abs. 4 Satz 2 FamFG, wonach Personen oder Behörden, die auf **Antrag zu beteiligen** sind oder beteiligt werden können, über ihr **Antragsrecht zu belehren** sind, was insbesondere für das Jugendamt gemäß § 162 Abs. 2 Satz 2 FamFG von praktischer Relevanz ist.

2. Entscheidung ohne mündliche Verhandlung oder persönliche Anhörung (Abs. 3 Satz 2)

7 Gemäß § 68 Abs. 3 Satz 2 FamFG kann das Beschwerdegericht von der **Durchführung eines Termins, mündlichen Verhandlung oder einzelner Verfahrenshandlungen absehen**, wenn diese bereits im ersten Rechtszug vorgenommen wurden und von einer erneuten Vornahme keine zusätzlichen Erkenntnisse zu erwarten sind. Mit dieser im **pflichtgemäßen Ermessen** des Beschwerdegerichts stehenden Verfahrensnorm will der Gesetzgeber gerichtliche Ressourcen in der Beschwerdeinstanz effizient nutzen und insbesondere erreichen, dass die Durchführung weiterer Termine unterbleiben kann, wenn diese bereits in der ersten Instanz im erforderlichen Umfang mit den Beteiligten durchgeführt worden sind. Der Gesetzgeber hat insoweit ausdrücklich auf die nach seiner Auffassung bestehende Vereinbarkeit der Norm mit den Vorgaben durch Art. 6 EMRK hingewiesen.[11] Auch das BVerfG hat keine Bedenken gegen die Anwendung von § 68 Abs. 3 Satz 2 FamFG in Kindschaftssachen erhoben.[12]

8 Die Vorschrift erfasst insbesondere auch die **persönliche Anhörung der Beteiligten**[13] und ermöglicht nicht nur von allen persönlichen Anhörungen (z. B. §§ 159, 160 FamFG), sondern auch von einzelnen Anhörungen (z. B. Kindesanhörung) abzusehen.[14] Voraussetzung im Hinblick auf Art. 6 EMRK ist insbesondere, dass die Schwierigkeit der Sach- und Rechtslage und Bedeutung der Angelegenheit für die Betroffenen nicht eine mündliche Verhandlung bzw. persönliche Anhörung gebietet. Kam es aber im ersten Rechtszug zu **Mängeln bei der Sachverhaltsermittlung** oder wurden **zwingende Anhörungsvorschriften**, wie die Kindesanhörung nach § 159 FamFG nicht beachtet, so kann das Beschwerdegericht nicht nach § 68 Abs. 3 Satz 2 FamFG verfahren,[15] sondern hat die Anhörung/Ermittlung selbst nachzuholen oder aber unter den Voraussetzungen von § 69 Abs. 1 Satz 2 und 3 FamFG das Verfahren unter Aufhebung der Entscheidung an das Amtsgericht zurückzuverweisen. Gleiches kann gelten, wenn sich bei der Akte kein (aussagekräftiger) Vermerk über das Ergebnis der vom Amtsgericht durchgeführten persönlichen Anhörung befindet.

9 Beispiele aus der obergerichtlichen Rechtsprechung für Anhörungsmängel im ersten Rechtszug sind eine unterbliebene Anhörung des Kindes in Gegenwart des Verfahrensbeistands[16] oder (nochmalige) persönliche Anhörung des Kindes im Unterbringungsverfahren nach Einholung eines Sachverständigengutachtens.[17] Auch neue Tatsachen können eine neuerliche Anhörung gebieten, wenn sie entscheidungserheblich sind.[18]

10 § 68 Abs. 3 FamFG verlangt in Kindschaftssachen vor einer Endentscheidung **keinen vorherigen Hinweis des Beschwerdegerichts**, wie § 117 Abs. 3 FamFG zeigt, der lediglich für Ehe- Familienstreitsachen einen solchen verlangt. Er ist auch nicht beschränkt auf Fälle, in denen das Beschwerdegericht die Beschwerde für unbegründet hält.[19] Beabsichtigt das

---

11 BT-Drucks. 16/6308, 207; kritisch *Herr*, FF 2013, 147
12 BVerfG ZKJ 2018, 312
13 BGHZ 184, 323
14 BGH NZFam 2017, 988
15 BGH ZKJ 2013, 313; FamRZ 2012, 869; 2011, 805
16 BGH NJW 2012, 2584; 2011, 2365
17 BGH ZKJ 2013, 313
18 BVerfG ZKJ 2018, 312; BGH ZKJ 2017, 463; FamRZ 2017, 477
19 BGH BeckRS 2014, 20122

Beschwerdegericht aber die Entscheidung abzuändern, wird das Grundrecht auf rechtliches Gehör (Art. 103 Abs. 1 GG) einen vorherigen Hinweis auf die beabsichtigte Vorgehensweise verlangen.

Das Beschwerdegericht hat bei einer Anwendung von § 68 Abs. 3 Satz 2 FamFG die **Gründe**, aus denen es von einer persönlichen Anhörung der Beteiligten bzw. des Kindes absehen will, **in seiner Entscheidung** nachprüfbar darzulegen, wobei sich dies auch aus den weiteren Entscheidungsgründen ergeben kann.[20] 11

3. Übertragung auf den Einzelrichter (Abs. 4)

Gemäß § 68 Abs. 4 FamFG kann das Beschwerdegericht, in Familiensachen also der Senat des Oberlandesgerichts, die Beschwerde zur Entscheidung **auf den Einzelrichter übertragen**, wobei dessen Hs. 2 auf § 526 ZPO mit der Maßgabe verweist, dass eine Übertragung auf einen Richter auf Probe unzulässig ist. Hierzu müssen in Familiensachen die in § 526 Abs. 1 Nr. 2 bis 4 ZPO geregelten Übertragungsvoraussetzungen (Nr. 1 kann in Familiensachen nicht vorkommen) gegeben sein, insbesondere darf keine besondere tatsächliche oder rechtliche Schwierigkeit bestehen (Nr. 2), die Rechtssache keine grundsätzliche Bedeutung haben (Nr. 3) und nicht bereits eine mündliche Verhandlung vor dem Senat stattgefunden haben (Nr. 4).[21] 12

Die **unanfechtbare** (vgl. auch § 526 Abs. 3 ZPO) Entscheidung steht im **Ermessen des Senats** und erfolgt nach Anhörung der Beteiligten.[22] Hiervon sollte in Kindschaftssachen, in denen einen weitreichender Grundrechtseingriff im Raume steht (Kinderschutzfälle, Entscheidungen über den Elternkonflikt hinsichtlich des künftigen Lebensmittelpunkt des Kindes, Umgangsausschlüsse), zurückhaltend Gebrauch gemacht werden.[23] Hat bereits ein Termin vor dem Senat stattgefunden, kommt eine Übertragung auf den Einzelrichter nicht mehr in Betracht (§ 526 Abs. 1 Nr. 4 ZPO). 13

Auch in Familiensachen ist eine **Rückübertragung** vom Einzelrichter auf den Senat nach Maßgabe von § 68 Abs. 4 FamFG, § 526 Abs. 2 ZPO möglich. Eine Übertragung des Beschwerdeverfahrens auf den **vorbereitenden Einzelrichter** nach § 527 ZPO sieht das Gesetz in FamFG-Verfahren – anders als § 117 Abs. 2 FamFG in Ehe- und Familienstreitsachen – nicht vor. Zulässig ist aber die Übertragung einer Beweisaufnahme auf den **beauftragten Richter**, § 30 Abs. 1 FamFG, §§ 361 ff., 371 Abs. 2, 375, 402, 451, 479 ZPO.[24] Entsprechend kann auch die Durchführung der persönlichen Anhörungen von Kind und Eltern durch den Senat auf den Berichterstatter als beauftragten Richter des Senats übertragen werden. Jedoch darf dann insbesondere das Ergebnis der persönlichen Anhörung des Kindes nur in seinem objektiven Ertrag und als persönlicher Eindruck des Berichterstatters verwertet werden (näher hierzu *Heilmann*, § 159 FamFG Rn. 8 m. w. Nachw.)

C. Umfang der Prüfung der Begründetheit – Ermessensentscheidungen

Gegenstand des Beschwerdeverfahrens ist bei einem unbeschränkten Rechtsmittel der Verfahrensgegenstand, wie er dem ersten Rechtszug zugrunde gelegen hat.[25] Da neue Tatsachen und Beweise nach § 65 Abs. 3 FamFG ohne Einschränkungen im Beschwerdeverfahren zu berücksichtigen sind, ist die Beschwerdeinstanz insoweit vom Gesetzgeber 14

---

20 BGH FamRZ 2014, 828; 2012, 968
21 Vgl. zu den Einzelheiten Keidel/*Sternal*, § 68 FamFG Rn. 99 ff.
22 Keidel/*Sternal*, § 68 FamFG Rn. 102.Ees empfiehlt sich, zur Vermeidung von Verzögerungen dabei hierüber vorsorglich bereits im Rahmen der Einleitungsverfügung des Senatsvorsitzenden für den Fall einer etwaigen Übertragung rechtliches Gehör zu gewähren
23 *Ernst*, NZFam 2019, 145; *Heilmann*, FamRZ 2018, 1797, 1802
24 BGH NJW 2012, 317; BeckOK-FamFG/*Gutjahr*, § 68 FamFG Rn. 47
25 BGH FGPrax 2011, 202

als **volle und gleichwertige Tatsacheninstanz** ausgestaltet worden. Gleichwohl wird von einem großen Teil der Rechtsprechung immer wieder vertreten, dass **Ermessensentscheidungen des Amtsgerichts**, wie sie z. B. bei der Kostenentscheidung nach § 81 Abs. 1 FamFG[26] oder beim Absehen von der Teilung von Versorgungsanrechten gemäß § 18 FamFG[27] oder bei der Auswahl eines Vormunds/Pflegers[28] zu treffen sind, nur **in beschränkter Weise vom Beschwerdegericht auf einen Ermessensfehlgebrauch nachzuprüfen** sein sollen. Diese Rechtsprechung überzeugt jedoch nicht. Sie nimmt erkennbar Bezug auf die ältere Rechtsprechung des BGH zu seiner als Rechtsbeschwerdegericht eingeschränkten Befugnis zur Nachprüfung von Ermessensentscheidungen,[29] da der BGH eben selbst keine Tatsacheninstanz ist. Auch soweit auf eine Entscheidung des BGH aus dem Jahr 2007[30] Bezug genommen wird, in der dieser im Rahmen einer sofortigen Beschwerde nach §§ 93a, 567 ff. ZPO die Auffassung vertreten hat, auch das Beschwerdegericht unterliege bei Ermessensentscheidungen des Amtsgerichts der oben erwähnten beschränkten Überprüfungskompetenz, kann dem jedenfalls für die Beschwerde nach §§ 58 ff. FamFG nicht gefolgt werden. Denn weder das Gesetz selbst noch die Gesetzesbegründung legen eine beschränkte Überprüfungsmöglichkeit des Beschwerdegerichts nahe. Aus Vorschriften wie §§ 65 Abs. 3, 115, 69 Satz 1 und 3 FamFG kann im Gegenteil sogar der Schluss gezogen werden, dass dem Gesetzgeber an einer möglichst umfassenden und abschließenden Überprüfung von erstinstanzlichen Endentscheidungen durch das Beschwerdegericht als volle zweite Tatsacheninstanz gelegen war. Auch aus den nach dem 1.9.2009 ergangenen Entscheidungen des BGH zu oben genannten Ermessensentscheidungen ergab sich nicht, dass dieser davon ausgehen würde, das Oberlandesgericht sei nur in beschränkter Weise dazu befugt, eigenes Ermessen auszuüben.[31] In drei weiteren Entscheidungen[32] zur Kostenbeschwerde in Streit- und Nichtstreitsachen betont der BGH sogar ausdrücklich das vom Beschwerdegericht selbst auszuübende Ermessen bei der Kostenentscheidung. Ermessensentscheidungen der Familiengerichte unterliegen mithin in **vollem Umfang der Nachprüfung des Beschwerdegerichts**, das als zweite vollwertige Tatsacheninstanz nicht nur berechtigt, sondern verpflichtet ist, eine **eigene Ermessensentscheidung** zu treffen.[33] Diese Ansicht hat der BGH nunmehr auch in einer Entscheidung zu § 18 VersAusglG bestätigt und ausgeführt, dass – anders als in der Rechtsbeschwerde – das Beschwerdegericht schon im Hinblick auf § 65 Abs. 3 FamFG gehalten sei, eine eigene Ermessensentscheidung zu treffen, und sich nicht darauf beschränken könne, die Ausübung des Ermessensgebrauchs des Amtsgerichts auf etwaige Fehler oder Nichtgebrauchs seines Ermessens zu überprüfen.[34] Dies ist ohne Weiteres auch auf die in der Praxis häufig vorkommenden isolierten Kostenbeschwerden nach § 81 Abs. 1 FamFG zu übertragen,[35] was manche Beschwerdegerichte immer noch nicht hinreichend beachten.[36]

Eine von der ersten Instanz abweichende Entscheidung ist dem Beschwerdegericht auch in Fällen fehlenden Ermessensfehlgebrauch durch das Amtsgericht möglich.

---

26 OLG Jena AGS 2016, 249; OLG Bremen FamRZ 2016, 1481; OLG Celle FuR 2015, 57 in ständ. Rspr.; OLG Hamm MDR 2013, 469; OLG Düsseldorf FamRZ 2014, 685; OLG Brandenburg BeckRS 2013, 17122; OLG Frankfurt a.M. FamRZ 2013, 1979; KG FamRZ 2011, 393

27 OLG Frankfurt a.M. FamRZ 2013, 551

28 OLG Brandenburg NZFam 2014, 476; OLG Köln FamRZ 2011, 1305

29 Z. B. BGH FamRZ 2007, 893; 2012, 960; 2014, 744

30 BGH NJW-RR 2007, 1586

31 Vgl. etwa BGH FamRZ 2014, 744 zu § 81 Abs. 1 FamFG, und FamRZ 2012, 694 zu § 18 VersAusglG

32 BGH NJW 2013, 3523; 2011, 3654; FamRZ 2015, 570

33 Wie hier zutreffend: OLG Frankfurt FamRZ 2017, 829; Keidel/*Sternal,* § 68 FamFG Rn. 93; *Keske*, FPR 2010, 339; 341; BeckOK-FamFG/*Gutjahr,* § 69 Rn. 31; zum alten Recht: BayObLG NJW-RR 1990, 202

34 BGH FamRZ 2017, 97

35 Zutreffend OLG Düsseldorf BeckRS 2019, 7847; OLG Frankfurt BeckRS 2018, 41133; FamRZ 2017, 1415

36 OLG Stuttgart FamRZ 2019, 607; OLG Düsseldorf AGS 2018, 477; OLG Jena FuR 2018, 432; OLG Köln FamRZ 2018, 1015

§ 69 FamFG Beschwerdeentscheidung

(1) [1]Das Beschwerdegericht hat in der Sache selbst zu entscheiden. [2]Es darf die Sache unter Aufhebung des angefochtenen Beschlusses und des Verfahrens nur dann an das Gericht des ersten Rechtszugs zurückverweisen, wenn dieses in der Sache noch nicht entschieden hat. [3]Das Gleiche gilt, soweit das Verfahren an einem wesentlichen Mangel leidet und zur Entscheidung eine umfangreiche oder aufwändige Beweiserhebung notwendig wäre und ein Beteiligter die Zurückverweisung beantragt. [4]Das Gericht des ersten Rechtszugs hat die rechtliche Beurteilung, die das Beschwerdegericht der Aufhebung zugrunde gelegt hat, auch seiner Entscheidung zugrunde zu legen.

(2) Der Beschluss des Beschwerdegerichts ist zu begründen.

(3) Für die Beschwerdeentscheidung gelten im Übrigen die Vorschriften über den Beschluss im ersten Rechtszug entsprechend.

Übersicht

Rn.
A. Allgemeines ... 1
B. Inhalt der Norm ... 2
I. Beschwerdeentscheidung ... 2
1. Sachentscheidung (Abs. 1 Satz 1) ... 2
2. Reformatio in peius ... 4
II. Zurückverweisung (Abs. 1 Satz 2 bis 4) ... 5
1. Ohne Antrag (Abs. 1 Satz 2) ... 5
2. Auf Antrag: Wesentlicher Verfahrensmangel (Abs. 1 Satz 3) ... 6
3. Bindungswirkung (Abs. 1 Satz 4) ... 10
III. Begründung (Abs. 2) ... 11
IV. Erstinstanzliche Vorschriften über den Beschluss (Abs. 3) ... 12

A. Allgemeines

1 Gemäß § 69 Abs. 1 Satz 1 FamFG hat das Beschwerdegericht grundsätzlich in der Sache **selbst zu entscheiden** und darf nur in den in Satz 2 und 3 genannten Fällen das Verfahren an das Erstgericht **zurückverweisen**. Hierdurch verspricht sich der Gesetzgeber Beschleunigungseffekte.[1] Gerade im Gegensatz zur Rechtslage vor Inkrafttreten des FamFG, nach der im FGG-Verfahren auch ohne Antrag bei schweren Verfahrensfehlern eine Zurückverweisung möglich war,[2] erscheint es zumindest in amtswegigen Verfahren, wie z. B. in Kinderschutzverfahren nach §§ 1666, 1684 Abs. 4 BGB, befremdlich, die Frage der Zurückverweisung vom **Antrag eines Beteiligten** abhängig zu machen, doch ändert dies nichts an der eindeutigen gesetzlichen Regelung. Die Folgen einer Zurückverweisung an das Erstgericht sind in Abs. 1 Satz 4 geregelt. Abs. 2 enthält das Begründungserfordernis für Endentscheidungen des Beschwerdegerichts, während Abs. 3 für die Beschwerdeentscheidung auf die entsprechende Anwendung der Vorschriften über den Beschluss im ersten Rechtszug verweist.

B. Inhalt der Norm

I. Beschwerdeentscheidung

1. Sachentscheidung (Abs. 1 Satz 1)

2 Gemäß § 69 Abs. 1 Satz 1 FamFG hat das Beschwerdegericht grundsätzlich **selbst in der Sache zu entscheiden**. Das Beschwerdegericht ist vom Gesetzgeber gerade in FamFG-Verfahren – im Gegensatz zum Berufungsgericht in der ZPO – als volle zweite Tatsachen-

1 BT-Drucks. 16/6308, 208
2 Vgl. Keidel/Kuntze/*Winkler-Sternal*, 15. Aufl., § 25 FGG Rn. 21

instanz ausgestaltet, vor dem nach § 65 Abs. 3 FamFG auch unbeschränkt neue Tatsachen und Beweismittel vorgebracht werden können (vgl. *Dürbeck* § 65 FamFG Rn. 4) und das sein eigenes Ermessen an Stelle des Gerichts des ersten Rechtszugs ohne Einschränkungen selbst ausüben kann und muss (siehe näher hierzu *Dürbeck,* § 68 FamFG Rn. 14). Der **Beschwerdegegenstand** wird aber durch den Gegenstand des Verfahrens des **ersten Rechtzugs** begrenzt,[3] so dass das Oberlandesgericht, z. B. in einem Sorgerechtsverfahren, nicht den **Umgang regeln** darf[4] und damit auch keinen **Vergleich nach § 156 Abs. 2 FamFG billigen** kann.[5] Gleiches gilt in vorstehendem Beispiel für die Herausgabe des Kindes nach § 1632 Abs. 1 BGB, was in der Praxis häufig übersehen wird. Insoweit würde den Beteiligten auch eine Instanz genommen (zur Anfechtung der Billigungsentscheidung siehe *Dürbeck*, § 58 FamFG Rn. 3, und *Cirullies,* § 156 FamFG Rn. 65 f.). Betrifft die Beschwerde nur eines von mehreren Kindern, ist dem Beschwerdegericht ebenfalls eine Entscheidung in Ansehung der nicht von der Beschwerde betroffenen Kinder selbst im Falle einer Kindeswohlgefährdung verwehrt. Hält das Beschwerdegericht die Beschwerde für unbegründet, so weist es sie zurück und entscheidet nach Maßgabe von § 84 FamFG über die Kosten des Beschwerdeverfahrens. Hält es die Beschwerde für begründet, ändert es die erstinstanzliche Entscheidung ab und trifft eine eigene Entscheidung über den Antrag im Antragsverfahren oder von Amts wegen eine Sachentscheidung im amtswegigen Verfahren.

3 Ist beiden Elternteilen das Sorgerecht nach § 1666 BGB entzogen worden, hat aber nur der eine Elternteil Beschwerde eingelegt, kann das Beschwerdegericht den Sorgerechtsentzug desjenigen Elternteils nicht aufheben, der keine Beschwerde eingelegt hat.[6] Sind allerdings die Voraussetzungen von § 1680 Abs. 2 und 3 BGB erfüllt, wird das Beschwerdegericht den betreffenden Elternteil anhalten, Anschlussbeschwerde (§ 66 FamFG) einzulegen (vgl. § 66 FamFG Rn. 5).

Im Übrigen ist bei Beschwerden betreffend das Sorgerecht darauf zu achten, dass über die elterliche Sorge nur einmal entschieden werden darf. Hat das Amtsgericht etwa im ersten Rechtszug über einen Antrag nach § 1671 Abs. 1 oder 2 oder nach § 1626a Abs. 2 BGB entschieden und ergeben sich im Beschwerdeverfahren Hinweise auf eine Kindeswohlgefährdung, hat das Beschwerdegericht selbst § 1666 BGB zu prüfen und entsprechende Ermittlungen zu tätigen. Das Amtsgericht ist wegen der Rechtshängigkeit der elterlichen Sorge im Beschwerdeverfahren daran gehindert, ein neues Sorgerechtsverfahren nach § 1666 BGB zu eröffnen. Hat es dies gleichwohl getan, so hat es sein Verfahren wegen anderweitiger Rechtshängigkeit einzustellen und die Akten unverzüglich an das Beschwerdegericht abzugeben. Wurde umgekehrt im ersten Rechtszug beiden Eltern nach § 1666 BGB das Sorgerecht entzogen, kann das Beschwerdegericht (auf Antrag eines Elternteils) auch nach § 1671 Abs. 1 oder 2 BGB entscheiden, wenn dies dazu dient, einen Sorgerechtsentzug und eine Fremdunterbringung der Kinder zu vermeiden[7] (vgl. *Cirullies,* § 1666 BGB Rn. 6).

2. Reformatio in peius

4 In Kindschaftssachen besteht nur in **Antragsverfahren** nach § 23 FamFG (z. B. §§ 1626a Abs. 2, 1628, 1632 Abs. 3, 1671 Abs. 1 und 2, 1686a BGB) ein **Verböserungsverbot** für das Beschwerdegericht. Hat z. B. das Amtsgericht der antragstellenden Kindesmutter nur

---

3 KG FamRZ 2012, 1167; Prütting/Helms/*Abramenko,* § 69 FamFG Rn. 3
4 OLG Brandenburg, Beschl. v. 10.4.2019 – 13 WF 171/18, FF 2018, 511 (LS); Staudinger/*Dürbeck*, § 1684 BGB Rn. 502
5 OLG Köln ZKJ 2012, 29
6 OLG Frankfurt a.M. BeckRS 2013, 17057; a.A.: OLG Karlsruhe FamRZ 2018, 196
7 OLG Frankfurt a.M. FamRZ 2012, 359; Beschl. v. 3.4.2014 – 5 UF 320/13 n. v.

das Aufenthaltsbestimmungsrecht statt des ganzen Sorgerechts nach § 1671 Abs. 1 Nr. 2 BGB übertragen und legt die Kindesmutter Beschwerde ein, so ist das Beschwerdegericht daran gehindert, über das Aufenthaltsbestimmungsrecht zum Nachteil der Beschwerdeführerin zu entscheiden. Möglich sind aber nachteilige Entscheidungen für den Beschwerdeführer im Bereich der **Kostengrundentscheidung** und des **Verfahrenswertes**.[8] In **Amtsverfahren** (z.B. §§ 1684, 1685, 1666, 1632 Abs. 1 und 4 BGB) sind dagegen nachteilige Entscheidungen gegenüber dem Beschwerdeführer möglich, da diese überwiegend (auch) in Wahrnehmung des staatlichen Wächteramtes und zum Wohl des Kindes geführt werden.[9] Hat z. B. das Amtsgericht der Kindesmutter das Aufenthaltsbestimmungsrecht nach § 1666 BGB entzogen und die diese hiergegen Beschwerde eingelegt, kann ihr das Oberlandesgericht – soweit die gesetzlichen Voraussetzungen vorliegen – im Beschwerdeverfahren auch andere Teile des Sorgerechts, wie z. B. die Gesundheitssorge, entziehen.[10] Dem kann die Kindesmutter in diesem Fall nur durch Beschwerderücknahme entgegenwirken.

II. Zurückverweisung (Abs. 1 Satz 2 bis 4)

1. Ohne Antrag (Abs. 1 Satz 2)

Gemäß § 69 Abs. 1 Satz 2 FamFG darf das Beschwerdegericht die Sache unter Aufhebung 5
des angefochtenen Beschlusses und Verfahrens – **antragsunabhängig** (!), vgl. Satz 3 – an das Erstgericht zurückverweisen, wenn dieses i**n der Sache noch nicht entschieden** hat. Das ist etwa dann der Fall, wenn das Amtsgericht wegen Unzulässigkeit bzw. aus rein verfahrensrechtlichen Erwägungen einen Antrag zurückgewiesen oder die Einleitung eines Verfahrens abgelehnt hat.[11] Hat das Amtsgericht in einer Kindschaftssache einen Antrag zurückgewiesen, weil es sich **nicht für örtlich zuständig** hielt und dabei übersehen, dass es auch von Amts wegen gemäß § 3 Abs. 1 Satz 1 FamFG an das zuständige Amtsgericht verweisen kann und muss, kann das Oberlandesgericht im Beschwerdeverfahren von einer Zurückverweisung absehen und unter Aufhebung der angefochtenen Entscheidung **selbst das Verfahren an das örtlich zuständige Amtsgericht verweisen**.[12] Im Übrigen liegt die Entscheidung im **pflichtgemäßen Ermessen** des Beschwerdegerichts.[13] In die Abwägung sind insoweit auch die Gründe einzubeziehen, die zur Einführung des Vorrang- und Beschleunigungsgebotes i.S.d. § 155 FamFG geführt haben. Die mit dem Verfahren einhergehenden Belastungen für die Beteiligten, insbesondere für das Kind, und die Gefahren der faktischen Präjudizierung können im Einzelfall gegen eine Zurückverweisung sprechen (siehe näher hierzu *Fink*, § 155 FamFG Rn. 13 f.). Der Anwendungsbereich der Vorschrift ist in Kindschaftssachen weiter als es auf den ersten Blick erscheint. Es seien folgende Fälle genannt:

- Das Familiengericht hat in einem Umgangsverfahren den **„Antrag" auf Regelung des Umgangs „zurückgewiesen"** und weder den Umgang geregelt noch ausgeschlossen, was gesetzlich nicht vorgesehen ist und im Regelfall zur Anwendung von § 69 Abs. 1 Satz 2 FamFG führt.[14]

---

8 Vgl. Keidel/*Sternal,* § 69 FamFG Rn. 18, und § 55 Abs. 3 Nr. 2 FamGKG
9 Vgl. BGH NJW 2017, 1032; FamRZ 2016, 1752; FamRZ 2011, 45; NJW-RR 1998, 1473; OLG Frankfurt a.M. FamRZ 2012, 1882; OLG Saarbrücken ZKJ 2012, 118; FamRZ 2011, 826; Johannsen/Henrich/*Althammer,* § 69 FamFG Rn. 7
10 OLG Frankfurt a.M. ZKJ 2015, 154; OLG Karlsruhe FamRZ 2011, 1514; *Fischer,* FuR 2014, 700, 705
11 OLG Schleswig FamRZ 2012, 895; MüKo-FamFG/*A: Fischer,* § 69 Rn. 38
12 OLG Frankfurt a.M. FamRZ 2014, 1479
13 MüKo-FamFG/*A. Fischer,* § 69 Rn. 36
14 BGH ZKJ 2019, 417 zu § 69 Abs. 1 Satz 3 FamFG; OLG Schleswig ZKJ 2018, 23; OLG Frankfurt a.M. FamRZ 2016, 482; ZKJ 2013, 421; OLG Hamm FamRZ 2013, 310; vgl. auch BVerfG FamRZ 2006, 1005

- Das Familiengericht hat eine Umgangsvereinbarung nach § 156 Abs. 2 FamFG gebilligt, obwohl dieser **nicht alle Beteiligten** (z. B. der Verfahrensbeistand wegen Abwesenheit im Termin) **zugestimmt** haben.[15] Gleichgestellt ist der Fall, dass nach Abschluss einer Vereinbarung nach § 156 Abs. 2 FamFG ein Beteiligter seine Zustimmung vor gerichtlicher Billigung widerrufen hat.[16]
- Das Familiengericht hat in Verkennung des Umstands, dass ein amtswegiges Umgangsverfahren nicht durch eine **übereinstimmende Erledigung**[17] oder **Antragsrücknahme**[18] oder durch eine **nicht vollstreckungsfähige Umgangsvereinbarung**[19] der Beteiligten beendet werden kann, keine Umgangsregelung getroffen und nur über die Kosten des Verfahrens entschieden. Gleichgestellt ist der Fall, dass eine nicht vollstreckungsfähige[20] Umgangsregelung, z. B. über die Durchführung begleiteter Umgänge getroffen wurde[21] oder aber wesentliche Umgangsmodalitäten nicht getroffen wurden, so z. B. die Übergabe des Kindes, wenn gegen den Kindesvater ein Kontaktaufnahme- und Betretensverbot nach § 1 GewSchG gegenüber der Kindesmutter besteht.[22] Auch darf die Entscheidung über Art und Umfang der Umgangskontakte nicht einem Dritten, auch nicht einem Ergänzungs-[23] oder Umgangspfleger[24] überlassen werden und es ist die Mitwirkungsbereitschaft des Dritten festzustellen.[25]
- Kein Fall von § 69 Abs. 1 Satz 2 FamFG liegt dagegen vor, wenn die im ersten Rechtszug nach § 1671 Abs. 1 Nr. 1 FamFG erteilte Zustimmung zur Übertragung des alleinigen **Sorgerechts** auf den anderen Elternteil mit der Beschwerde widerrufen wird.[26] Zu weit geht die teilweise vertretene Auffassung, § 69 Satz 2 FamFG erfasse auch den Fall, dass eine gebotene umfassende Prüfung des der Entscheidung zugrunde liegenden Sachverhalts unterblieben ist.[27] Solche Fälle beinhalten zwar schwere Verfahrensfehler infolge mangelnder Sachaufklärung, sind aber nach § 69 Satz 3 FamFG nur auf Antrag zurückzuverweisen. Hat das Gericht dagegen bei einem Elternstreit über das Aufenthaltsbestimmungsrechts über dieses nicht abschließend entschieden, liegt ebenfalls ein Fall von Abs. 1 Satz 2 vor.[28]
- Ein zur Zurückverweisung führenden Fall liegt dagegen vor allem im Bereich des Sorgerechts im Falle einer unzulässigen Teilentscheidung analog § 301 ZPO vor, wenn in der Folge bzgl. der Schlussentscheidung die Gefahr einander widersprechender Entscheidungen besteht.[29] Auch die unzulässige Abtrennung einer in § 137 Abs. 3 FamFG genannten Kindschaftssache aus dem Scheidungsverbund führt zu einer unzulässigen

---

15 OLG Hamm FamRZ 2018, 1844; OLG München ZKJ 2015, 116 mit Anm. Dürbeck
16 OLG Oldenburg NZFam 2019, 363; OLG Düsseldorf ZKJ 2018, 68
17 OLG Schleswig FamRZ 2012, 895
18 OLG Zweibrücken FamRZ 2004, 1589
19 OLG Brandenburg FamRZ 2014, 2019; OLG Frankfurt a.M. NZFam 2014, 610; ZKJ 2013, 127
20 Zu den Anforderungen vgl. BGH ZKJ 2012, 190
21 OLG Frankfurt a.M. FamFR 2013, 381; FuR 2014, 307; OLG Celle FamRZ 2013, 1237
22 OLG Frankfurt a.M. BeckRS 2014, 17407
23 OLG Stuttgart NJW 2014, 3525
24 OLG Frankfurt a.M. FamFR 2013, 381
25 OLG Schleswig FamRZ 2015, 1040
26 A.A. OLG Zweibrücken FamRZ 2011, 992
27 A.A. OLG Karlsruhe, Beschl. v. 30.10.2014 – 5 UF 169/14: Entscheidung über Vaterschaftsanfechtung ohne Einholung eines Sachverständigengutachtens und Beteiligung des Kindes; OLG Naumburg FuR 2012, 150: Entscheidung nach § 1671 Abs. 1 BGB ohne Prüfung von Abs. 4 i.V.m. § 1666 BGB
28 OLG Hamm FamRZ 2018, 1844; OLG Brandenburg NZFam 2016, 571
29 Vgl. zum Sorgerecht OLG Nürnberg FamRZ 2013, 1993; OLG Naumburg BeckRS 2011, 27391; zum Umgang OLG Hamm ZKJ 2014, 393 und OLG Zweibrücken ZKJ 2014, 75; allgemein zur Zulässigkeit von Teilentscheidungen im FamFG-Verfahren OLG Frankfurt a.M. NJOZ 2014, 1044; *Götsche*, MDR 2005, 1086. Eine zulässige Teilentscheidung im Bereich Sorgerecht liegt OLG Nürnberg ZKJ 2014, 201 zugrunde.

Teilentscheidung im Scheidungsbeschluss, die auf die Beschwerde hin gemäß § 117 Abs. 2 FamFG, 538 Abs. 2 Nr. 7 ZPO – zwingend – zur Zurückverweisung führt.[30]

Ein Fall der Zurückverweisung liegt auch dann vor, wenn ein **notwendig zu Beteiligender** nicht hinzugezogen wurde, was insbesondere auch dann der Fall ist, wenn die gesetzlich nach § 158 Abs. 1 und 2 FamFG notwendige **Bestellung eines Verfahrensbeistands** unterblieben ist.[31]

2. Auf Antrag: Wesentlicher Verfahrensmangel (Abs. 1 Satz 3)

Gemäß § 69 Abs. 1 Satz 3 FamFG kann das Beschwerdegericht auf **Antrag** die Entscheidung aufheben und das Verfahren an das Familiengericht zurückverweisen, wenn 6

(1.) das erstinstanzliche **Verfahren** an einem **wesentlichen Mangel** leidet und

(2.) zur Entscheidung eine **umfangreiche oder aufwändige Beweiserhebung** notwendig wäre.

Als Verfahrensmängel kommen nur Verstöße gegen **formelle Verfahrensvorschriften** in 7 Betracht, nicht Fehler, die auf einer **Anwendung des materiellen Rechts** beruhen.,[32] Im Bereich der Kindschaftssachen sind wesentliche Mängel vor allem die unterbliebene **persönliche Anhörung** der Eltern[33] (§ 160 FamFG), des Kindes[34] (§ 159 FamFG), und zwar auch bei der gerichtlichen Billigung einer Umgangsvereinbarung nach § 156 Abs. 2 FamFG[35] der Anhörung des Jugendamts[36] (§ 162 FamFG) und von Pflegepersonen[37] (§ 161 FamFG). Weiter zu nennen sind die unterbliebene **Bestellung eines Verfahrensbeistands**[38] nach § 158 Abs. 1 und 2 FamFG[39] (vgl. aber oben Rn. 5) und Verstöße gegen die **Amtsermittlungspflicht** nach § 26 FamFG, z. B. durch mangelnde Aufklärung des Alters eines angeblichen Kindes im Rahmen von § 1674 BGB[40] oder im Rahmen eines Kindeswohlgefährdungsverfahrens durch nicht hinreichende Vernehmung von Zeugen oder Einholung eines **Sachverständigengutachtens**.[41] Auch Fehler bei der Auswahl eines geeigneten Sachverständigen sind hier relevant.[42] Auch eine wegen der Benennung erheblicher Gründe gegen die Herstellung gemeinsamer elterlicher Sorge zu Unrecht ergangene Sorgerechtsentscheidung im **vereinfachten Verfahren nach § 155a FamFG** stellt einen wesentlichen Verfahrensmangel dar und ist auf Antrag in jedem Fall zurückzuverweisen.[43]

---

30 BGH FamRZ 2012, 863; 2013, 1300

31 OLG Hamm FamRZ 2018, 456; OLG Rostock FamRZ 2014, 2020; OLG Brandenburg FamRB 2012, 343; OLG Köln FamRZ 2011, 753

32 BGH NJW-RR 2003, 131; Keidel/*Sternal,* § 69 FamFG Rn. 15a

33 OLG Bremen MDR 2015, 338; OLG Frankfurt a.M. FamRZ 2015, 1521; OLG Brandenburg BeckRS 2014, 07026; OLG Naumburg BeckRS 2011, 29333

34 OLG Saarbrücken NZFam 2018, 1001; NJW 2011. 2306; OLG Oldenburg NZFam 2017, 1161; OLG Hamm FamRZ 2012, 725 jeweils zurückverwiesen; a.A. OLG Schleswig NJW-RR 2013, 777

35 BGH, Beschl. v. 10.7.2019 – XII ZB 507/18, juris

36 BGH NJW 1987, 1024; OLG Oldenburg NZFam 2017, 1161; OLG Frankfurt a.M. FamRZ 2015, 1521; Keidel/*Engelhardt,* § 162 FamFG Rn. 7

37 OLG Saarbrücken ZKJ 2014, 209

38 OLG Hamm FamRZ 2012, 725

39 OLG Saarbrücken NZFam 2018, 1041; OLG Oldenburg NZFam 2017, 1161; OLG Brandenburg NJW-RR 2019, 453, und Beschl. v. 8.8.2016 – 13 UF 94/16, juris

40 BGH ZKJ 2014, 104; NZFam 014, 69; OLG München FamRZ 2012, 1958; KG ZKJ 2012, 450; vgl. dazu auch *Dürbeck*, ZKJ 2014, 266

41 OLG Bremen FuR 2017, 215 zum Sorgerecht; OLG Saarbrücken MDR 2012, 1231: Umgangsausschluss ohne Gutachten; OLG Schleswig FGPrax 2013, 214: Feststellungen zur Überschuldung des Nachlasses bei der Genehmigung der Erbausschlagung für das Kind.: OLG Frankfurt a.M. ZKJ 2014, 292: Ablehnung einer Verbleibensanordnung ohne Gutachten

42 OLG Saarbrücken NZFam 2018, 1102: Pädagoge statt Psychologe

43 OLG Jena NZFam 2015, 1521; OLG Karlsruhe FamRZ 2014, 1797; OLG Frankfurt a.M. BeckRS 2018, 33653; ZKJ 2014, 123; *Dürbeck*, ZKJ 2013, 330, 334; *Heilmann*, NJW 2013, 1473, 1477

8 Die weiterhin für eine Zurückverweisung notwendige Voraussetzung, dass infolge eines schweren Verfahrensmangels eine **umfangreiche oder aufwändige Beweiserhebung** notwendig wird, bedarf einer Prognose durch das Beschwerdegericht, an die keine strengen Anforderungen zu stellen sind.[44] Beweiserhebung in diesem Sinn sind nach der in Rn. 6 erwähnten Rechtsprechung[45] Anhörungen von Beteiligten,[46] da in FamFG-Verfahren, anders als in Familienstreitsachen, die Tatsachenfeststellung nicht auf die in der ZPO genannten förmlichen Beweismittel beschränkt ist und auch persönliche Anhörungen sehr aufwändig sein können. Ist eine zwingend notwendige Anhörung unterblieben, so ist bei der Prognose, ob eine aufwändige Beweiserhebung droht, auch zu berücksichtigen, dass die Nachholung einer unterbliebenen Anhörung neue Erkenntnisse bringen kann, die wiederum zu einer neuerlichen Anhörung der anderen Beteiligten und Anzuhörenden führen können.

9 Liegen die Voraussetzungen von § 69 Abs. 1 Satz 2 oder 3 FamFG vor, so hebt das Oberlandesgericht die angefochtene Entscheidung auf und weist das Verfahren zur erneuten Entscheidung an das Familiengericht zurück. Dabei ist es üblich und auch zulässig, dem Familiengericht auch die Entscheidung über die Kosten des Beschwerdeverfahrens zu überlassen.[47]

3. Bindungswirkung (Abs. 1 Satz 4)

10 Im Falle der Zurückverweisung hat nach Abs. 1 Satz 4 das Familiengericht in Kindschaftssachen die **rechtliche Beurteilung**, die das Oberlandesgericht der Aufhebungsentscheidung zugrunde gelegt hat, auch seiner Entscheidung zugrunde zu legen. Es hat dabei insbesondere die vom Beschwerdegericht beanstandete unterbliebene **Beweiserhebung nachzuholen**. Keine Bindungswirkung besteht für **obiter dicta** des Beschwerdegerichts, also Hinweise für die Weiterführung des Verfahrens.[48]

III. Begründung (Abs. 2)

11 Gemäß § 69 Abs. 2 FamFG ist die Beschwerdeentscheidung ausnahmslos zu **begründen**. Ein Absehen von einer Begründung nach Maßgabe von § 38 Abs. 4 FamFG ist hier nicht zulässig, was aus der systematischen Stellung von Abs. 2 vor der Verweisung in Abs. 3 folgt.[49] Nur soweit das Oberlandesgericht nach § 70 Abs. 1 und 2 FamFG die **Rechtsbeschwerde zulässt**, bedürfen die Beschlussgründe zwingend auch den der Entscheidung zugrunde liegenden **Sachverhalt**, da der BGH an die Tatsachenfeststellung gebunden ist (vgl. § 74 Abs. 3 Satz 4 FamFG, 559 ZPO).

IV. Erstinstanzliche Vorschriften über den Beschluss (Abs. 3)

12 Nach § 69 Abs. 3 FamFG gelten für die Beschwerdeentscheidung im Übrigen die Vorschriften über den Beschluss im ersten Rechtszug entsprechend, so dass hier z. B. die **Wirksamkeit** (§ 40 FamFG), die Bekanntgabe (§ 41 FamFG) oder die Notwendigkeit einer **Rechtsbehelfsbelehrung** (§ 39 FamFG) bei Zulassung der Rechtsbeschwerde oder deren Statthaftigkeit nach § 70 Abs. 3 Nr. 2 FamFG Anwendung finden.

---

44 So wohl auch BGH ZKJ 2014, 104
45 Zutreffend auch MüKo-FamFG/*A. Fischer,* § 69 Rn. 45
46 A.A. Keidel/*Sternal,* § 69 FamFG Rn. 15c; Johannsen/Henrich/*Althammer,* § 69 FamFG Rn. 11
47 Vgl. Keidel/*Sternal,* § 69 FamFG Rn. 39
48 Johannsen/Henrich/*Althammer,* § 69 FamFG Rn. 9
49 MüKo-FamFG/*A. Fischer,* § 69 Rn. 59; a.A. Johannsen/Henrich/*Althammer,* § 69 FamFG Rn. 28

Unterabschnitt 2
Rechtsbeschwerde

§ 70 FamFG Statthaftigkeit der Rechtsbeschwerde

(1) Die Rechtsbeschwerde eines Beteiligten ist statthaft, wenn sie das Beschwerdegericht oder das Oberlandesgericht im ersten Rechtszug in dem Beschluss zugelassen hat.

(2) [1]Die Rechtsbeschwerde ist zuzulassen, wenn

1. die Rechtssache grundsätzliche Bedeutung hat oder

2. die Fortbildung des Rechts oder die Sicherung einer einheitlichen Rechtsprechung eine Entscheidung des Rechtsbeschwerdegerichts erfordert.

[2]Das Rechtsbeschwerdegericht ist an die Zulassung gebunden.

(3) [1]Die Rechtsbeschwerde gegen einen Beschluss des Beschwerdegerichts ist ohne Zulassung statthaft in

1. Betreuungssachen zur Bestellung eines Betreuers, zur Aufhebung einer Betreuung, zur Anordnung oder Aufhebung eines Einwilligungsvorbehalts,

2. Unterbringungssachen und Verfahren nach § 151 Nr. 6 und 7 sowie

3. Freiheitsentziehungssachen.

[2]In den Fällen des Satzes 1 Nr. 2 und 3 gilt dies nur, wenn sich die Rechtsbeschwerde gegen den Beschluss richtet, der die Unterbringung oder die freiheitsentziehende Maßnahme anordnet.

(4) Gegen einen Beschluss im Verfahren über die Anordnung, Abänderung oder Aufhebung einer einstweiligen Anordnung oder eines Arrests findet die Rechtsbeschwerde nicht statt.

Übersicht

	Rn.
A. Allgemeines	1
B. Inhalt der Norm	3
I. Keine Rechtsbeschwerde im Verfahren der einstweiligen Anordnung	3
II. Unterbringungsverfahren	4
III. Zulassung der Rechtsbeschwerde	5
C. Weiteres Verfahren	10

A. Allgemeines

1 § 70 FamFG regelt die Statthaftigkeit der **Rechtsbeschwerde** zum **Bundesgerichtshof** (§ 133 GVG) gegen vom Beschwerdegericht nach §§ 68 Abs. 2 Satz 2, 69 Abs. 1 FamFG getroffene Entscheidungen. Dabei wird differenziert zwischen der **Statthaftigkeit** der Rechtsbeschwerde aufgrund einer **Zulassungsentscheidung** des Beschwerdegerichts (Abs. 1 und 2) und der generellen und **zulassungsunabhängigen** Statthaftigkeit kraft Gesetzes für die in Abs. 3 genannten Verfahren. Ausgeschlossen ist die Rechtsbeschwerde generell im **einstweiligen Anordnungsverfahren** (Abs. 4).

2 Der Bundesgerichtshof wird – das zeigt die Entwicklung in den letzten Jahren – in Kindschaftssachen immer häufiger tätig. Es sind seit Erscheinen der Vorauflage richtungsweisende Entscheidungen zum Wechselmodell, zum Umgangsrecht nach §§ 1685, 1686a BGB, zum Auskunftsanspruch nach § 1686 BGB, zur Umgangsbestimmungspflegschaft, zur Begleitung des Umgangs durch den Umgangspfleger, zur Übertragung der gemeinsamen Sorge nach § 1626a Abs. 2 BGB, zur Vormundschaft für unbegleitete minderjährige Flüchtlinge und zur Kindeswohlgefährdung in Fällen pädophil veranlagter Personen nach § 1666 BGB ergangen. Weitere grundlegende Entscheidungen stehen bevor. Demgegenüber hat sich die Bedeutung von Entscheidungen des **Bundesverfassungsgerichts in den letzten Jahren in Kindschaftssachen eher verringert, obwohl** dieses seine **Prü-**

fungskompetenz bei **Verfassungsbeschwerden** im Jahr 2014 ausgeweitet hat, was zu Recht auf Kritik gestoßen ist.[1]

B. Inhalt der Norm

I. Keine Rechtsbeschwerde im Verfahren der einstweiligen Anordnung

3 Ausgeschlossen ist die Rechtsbeschwerde nach § 70 Abs. 4 ZPO ausnahmslos[2] im **einstweiligen Anordnungsverfahren**, da der Gesetzgeber hier wegen der Eilbedürftigkeit und Vorläufigkeit etwaiger Anordnungen keine Notwendigkeit gesehen hat.[3] An der Unstatthaftigkeit vermag auch eine rechtsirrtümlich zugelassene Rechtsbeschwerde[4] nichts zu ändern.[5] Gleiches gilt für den Fall der irrtümlichen Erteilung einer Rechtsmittelbelehrung zur Statthaftigkeit der Rechtsbeschwerde.[6]

II. Unterbringungsverfahren

4 In Hauptsacheverfahren betreffend die **Unterbringung eines Kindes** (§ 151 Nr. 6 und 7 FamFG) ist die Rechtsbeschwerde gemäß § 70 Abs. 3 Nr. 2 FamFG ausnahmslos kraft Gesetzes statthaft, allerdings nach Satz 2 nur wenn die Unterbringung des Kindes angeordnet bzw. genehmigt worden ist.

III. Zulassung der Rechtsbeschwerde

5 Gemäß § 70 Abs. 1 FamFG ist die Rechtsbeschwerde im Übrigen nur statthaft, wenn sie das Beschwerdegericht in seiner nach § 68 Abs. 2 Satz 2 oder § 69 Abs. 1 FamFG ergangenen Endentscheidung **zugelassen** hat. Nach § 70 Abs. 2 Nr. 1 FamFG lässt das Oberlandesgericht in Kindschaftsverfahren die Beschwerde zu, wenn die **Rechtssache grundsätzliche Bedeutung** (Nr. 1) hat oder die **Fortbildung des Rechts oder die Sicherung einer einheitlichen Rechtsprechung** (Nr. 2) eine Entscheidung des Bundesgerichtshofs als Rechtsbeschwerdegericht erfordert. Hinzukommen muss als ungeschriebene Voraussetzung, dass der im Raum stehende rechtliche Gesichtspunkt entscheidungserheblich sein muss.[7]

6 Die Voraussetzungen des Zulassungsgrunds nach Nr. 1 liegen vor, wenn eine ***klärungsbedürftige Rechtsfrage*** zu entscheiden ist, die in einer unbestimmten Anzahl von Fällen auftreten kann.[8] Die **Fortbildung des Rechts** i.S.v. Nr. 2 Alt. 1 rechtfertigt die Zulassung der Rechtsbeschwerde dann, wenn der Einzelfall Veranlassung gibt, Leitsätze für die Auslegung von formellen oder materiellen Gesetzen aufzustellen oder vorhandene Lücken durch Richterrecht zu schließen.[9] Die **Sicherung einer einheitlichen Rechtsprechung** erfordert eine Entscheidung des BGH nur dann, wenn die getroffene Entscheidung von der Entscheidung eines höher- oder gleichrangigen Gerichts in derselben Rechtsfrage abweicht.[10]

7 Die Zulassungsentscheidung selbst ist **in der Endentscheidung** des Oberlandesgerichts zu treffen. Ausreichend ist es, wenn sich die Zulassung aus den **Gründen** ergibt,[11] aus Gründen der Rechtsklarheit sollte sie aber in den Tenor aufgenommen werden. Enthält die

---

1 Näher hierzu *Hammer*, FF 2014, 428; *Heilmann*, NJW 2014, 2904; FamRZ 2015, 92
2 BGH BeckRS 2014, 19723: Abschiebungshaft
3 BT-Drucks. 16/6308, 209
4 So OLG Frankfurt a.M., Beschl. v. 9.7.2013 – 6 UF 111/13, juris
5 BGH FamRZ 2013, 1878
6 BGH BeckRS 2014, 19723
7 BGH NJW 2003, 1125; Bork/Jacoby/*Müther*, § 70 FamFG Rn. 9
8 BGH NJW 2004, 2222
9 BGH NJW 2002, 3029
10 BVerfG NJW 2011, 1276; BGH NJW 2002, 3029
11 BGH FamRZ 2008, 1339; 1989, 376

Endentscheidung weder im Tenor noch in den Gründen einen Hinweis auf die Zulassung der Beschwerde, kann nicht von einer Zulassung ausgegangen werden, dies auch dann nicht, wenn irrtümlich eine Rechtsmittelbelehrung erteilt worden ist.[12] **Schweigen bedeutet also Nichtzulassung**, mögen auch die Voraussetzungen für eine Zulassung vorliegen.[13] Hat das Oberlandesgericht irrtümlich nicht über die Zulassung entschieden, kommt weder eine Berichtigung noch Ergänzung des Beschlusses in Betracht, da es ein Recht auf Zulassung nicht gibt.[14] Eine Nachholung kommt allenfalls bei einer Fortsetzung des Verfahrens aufgrund einer **Gehörsrüge** nach § 44 FamFG in Betracht.[15] Wird dort bei aber nicht festgestellt, dass die Nichtzulassung der Rechtsbeschwerde objektiv willkürlich war oder den Instanzenzug unzumutbar und in sachlich nicht zu rechtfertigender Weise verkürzt hat, ist die nachträglich auf § 44 FamFG gestützte Zulassungsentscheidung fehlerhaft und bindet den BGH nicht.[16] Auch bei einer unzulässigen Berichtigung des Tenors verneint der BGH eine Bindung an die nachträgliche Zulassung der Rechtsbeschwerde.[17]

Die Entscheidung über die Zulassung der Rechtsbeschwerde kann auch der nach § 68 Abs. 4 FamFG zuständige **Einzelrichter** treffen, die für § 574 ZPO entwickelten Grundsätze zur Aufhebung einer Einzelrichterzulassungsentscheidung wegen fehlerhafter Besetzung des Beschwerdegerichts[18] lassen sich auf § 70 FamFG nicht übertragen.[19] Gleichwohl ist der Einzelrichter verpflichtet, wenn sich die Bedeutung der Angelegenheit erst nach der Übertragung ergibt, die Sache dem Senat zur Entscheidung über die Rückübertragung nach §§ 68 Abs. 4 FamFG, 526 Abs. 2 Nr. 1 ZPO vorzulegen. 8

Gemäß § 70 Abs. 2 Satz 2 FamFG ist der **BGH** an die Zulassung der Rechtsbeschwerde **gebunden**. Erfolgte sie aus seiner Sicht zu Unrecht, kann er aber bei **Verneinung der Erfolgsaussicht** der Rechtsbeschwerde gemäß § 74a FamFG diese in **vereinfachter Form zurückweisen**.

Lehnt das Oberlandesgericht – wie meist in **Kindschaftssachen**, da es sich insbesondere um das einzelne Kind betreffende und am individuellen Kindeswohl orientierte Einzelfallentscheidungen handelt – die Zulassung der Rechtsbeschwerde ab, so sieht das Gesetz hiergegen keinen § 544 ZPO entsprechenden Rechtsbehelf, insbesondere nicht eine **Nichtzulassungsbeschwerde** vor.[20] Bei Verletzung der Rechtsschutzgarantie (Art. 2 Abs. 1, 20 Abs. 3 GG) bleibt aber bei zu Unrecht erfolgter Versagung der Zulassung der Weg zum **BVerfG**.[21] In Kinderschutzverfahren hat das BVerfG seit dem Jahr 2014 durch seine Entscheidungen zu § 1666 BGB mit der Ausweitung des Prüfungsmaßstabes bei der Verfassungsbeschwerde als eine Art „Superrevision" faktisch eine Überprüfung der Entscheidungen der Oberlandesgerichte geschaffen.[22] 9

12 BGH MDR 2014, 977; MDR 2011, 1065; MüKo-FamFG/*A. Fischer,* § 70 Rn. 15
13 BGH FamRZ 2011, 1728
14 BGH FamRB 2014, 462; Johannsen/Henrich/*Althammer,* § 70 FamFG Rn. 5: Berichtigung nur, wenn Anhaltspunkte in den Beschlussgründen vorhanden
15 MüKo-FamFG/*A. Fischer,* § 70 Rn. 37; Prütting/Helms/*Abramenko,* § 70 FamFG Rn. 11
16 BGH FamRZ 2018, 936; FamRZ 2017, 1608
17 BGH NJW-RR 2009, 1349; NJW 1980, 2813
18 Vgl. BGHZ 154, 200; NJW-RR 2012, 125; OLG Celle FamRZ 2015, 438 zu § 4 Abs. 5 JVEG
19 BGH NJW 2004, 2301; 2003, 2900; Zöller/*Feskorn,* § 70 FamFG Rn. 6
20 Kritisch *Herr,* FF 2013, 147
21 BVerfG FamRZ 2015, 2123 (Versorgungsausgleich); NJW 2011, 2276 zu § 574 ZPO
22 BVerfG FamRZ 2014, 907; ZKJ 2014, 242; FamRZ 2014, 1177; JAmt 2014, 415; NJW 2014, 2936; vgl. dazu auch die Kritik, u.a. von *Hammer*, FF 2014, 428; *Heilmann*, NJW 2014, 2904; *Lack/Heilmann*, ZKJ 2014, 308

C. Weiteres Verfahren

10 Ist die Rechtsbeschwerde statthaft, so ergeben sich die weiteren Zulässigkeitsvoraussetzungen der Rechtsbeschwerde aus §§ 71 ff. FamFG. Gemäß §§ 114 Abs. 2, 10 Abs. 4 FamFG müssen sich die Beteiligten durch einen beim Bundesgerichtshof zugelassenen Rechtsanwalt vertreten lassen, der auch die Rechtsbeschwerde nach § 71 FamFG einzulegen hat. Dies gilt auch für den (anwaltlichen) Verfahrensbeistand nach § 158 FamFG.[23] In diesem Fall kann der Verfahrensbeistand Verfahrenskostenhilfe nach § 76 FamFG beantragen, wobei es für die subjektiven Voraussetzungen nach §§ 114, 115 ZPO auf die Einkommens- und Vermögensverhältnisse des Kindes ankommt[24] (vgl. *Keuter*, § 158 FamFG Rn. 38 ff.).

Bei der **Vertretung von Behörden**, wie der Landeskasse oder dem Jugendamt, besteht zwar kein Anwaltszwang, aber gemäß § 114 Abs. 3 Satz 2 FamFG die Notwendigkeit der Vertretung durch einen **Volljuristen**.[25]

Das Verfahren vor dem BGH und dessen Entscheidung über die Rechtsbeschwerde ist in § 74 FamFG geregelt.

§§ 71 bis 75 FamFG

[...]

Von Abdruck und Kommentierung wird abgesehen.

23 BGH ZKJ 2019, 265 und NZFam 2017, 864
24 BGH ZKJ 2019, 265; Prütting/Helms/*Dürbeck*, § 76 FamFG Rn. 10
25 BGH ZKJ 2010, 410: Keine Ausnahme für den Bezirksrevisor

Abschnitt 6
Verfahrenskostenhilfe

§ 76 FamFG Voraussetzungen

(1) Auf die Bewilligung von Verfahrenskostenhilfe finden die Vorschriften der Zivilprozessordnung über die Prozesskostenhilfe entsprechende Anwendung, soweit nachfolgend nichts Abweichendes bestimmt ist.

(2) Ein Beschluss, der im Verfahrenskostenhilfeverfahren ergeht, ist mit der sofortigen Beschwerde in entsprechender Anwendung der § 567 bis 572, 127 Abs. 2 bis 4 der Zivilprozessordnung anfechtbar.

Übersicht

Rn.
A. Allgemeines ... 1
B. Inhalt der Norm ... 2
I. Bewilligungsverfahren ... 3
1. Kreis der Antragsberechtigten ... 3
2. Für ein gerichtliches Verfahren ... 7
3. Antrag ... 8
4. Funktionelle Zuständigkeit ... 9
5. Verfahren ... 11
II. Materielle Bewilligungsvoraussetzungen ... 13
1. Subjektive Voraussetzungen ... 13
a. Grundsätze ... 13
b. Prüfungsreihenfolge ... 14
2. Erfolgsaussichten ... 25
a. Inhaltliche Maßstäbe ... 25
b. Maßgeblicher Zeitpunkt ... 30
3. Keine Mutwilligkeit ... 31
a. Allgemeiner Maßstab ... 31
b. Pflicht zur Inanspruchnahme vorheriger Beratung? ... 32
c. Zeitgleiche Einleitung von Hauptsache- und Eilverfahren ... 33
d. Scheidungsverbund ... 34
e. Mehrere Kinder ... 35
f. VKH im Beschwerdeverfahren ... 35a
III. Entscheidung ... 36
1. Zeitpunkt, Form und Inhalt ... 36
2. Rechtskraft und Abänderung ... 39
3. Kostenbefreiung ... 40
IV. Rechtsschutz ... 41
1. Vorbemerkung ... 41
2. Zulässigkeitsvoraussetzungen der sofortigen Beschwerde ... 42
a. Statthaftigkeit ... 42
aa. Antragsteller ... 42
bb. Antragsgegner bzw. andere Beteiligte ... 46
cc. Verfahrensbevollmächtigter des Antragstellers ... 47
dd. Staatskasse ... 48
b. Beschwerdefrist ... 49
c. Form ... 50
3. Beschwerdeverfahren ... 51
4. Beschwerdeentscheidung ... 53

A. Allgemeines

Art. 3 Abs. 1, 20 Abs. 3 GG gebieten es, dass wirtschaftliche kostenarme Verfahrensbeteiligte Bemittelte bei der **Verwirklichung der Rechtsdurchsetzung** weitgehend und in al- 1 len Rechtszweigen und Verfahrensarten **gleichgestellt** werden.[1] Im Zivilprozess geschieht dies durch die Vorschriften über die Bewilligung von Prozesskostenhilfe nach §§ 114 ff. ZPO, im außergerichtlichen Bereich durch die gesetzlichen Regelungen der Beratungshilfe im BerHG.[2] Für alle dem FamFG unterfallenden Familiensachen, also auch für Kindschaftssachen, hat der Gesetzgeber zum 1.9.2009 den Begriff **„Verfahrenskostenhilfe"** eingeführt. Während das Gesetz bezüglich Ehe- und Familienstreitsachen mit der Verweisung von § 113 Abs. 1 Satz 2 FamFG auf die ZPO (§§ 114 ff.) keine vom Zivilverfahren abweichende Regelung getroffen hat, regeln **§§ 76 bis 78 FamFG** zumindest teilweise Besonderheiten für Familienverfahren der freiwilligen Gerichtsbarkeit, zu denen Kindschaftssachen[3] ausnahmslos gehören.

B. Inhalt der Norm

2 Regelungstechnisch verweist § 76 Abs. 1 FamFG für die Bewilligung von Verfahrenskostenhilfe auf §§ 114 bis 127 Abs. 1 ZPO, soweit §§ 77, 78 FamFG nicht Besonderheiten für Familienverfahren enthalten. § 76 Abs. 2 FamFG verweist bzgl. der Anfechtbarkeit von VKH-Entscheidungen auf das Rechtsmittel der sofortigen Beschwerde nach Maßgabe der §§ 127 Abs. 2 bis 4, 567 bis 572 ZPO. Im Einzelnen bedeutet dies, dass für die subjektiven und objektiven Voraussetzungen der Verfahrenskostenhilfe in Familiensachen keine Abweichungen gegenüber den Regeln der Prozesskostenhilfe in §§ 114 ff. ZPO bestehen. Abweichende Vorschriften bestehen für das Bewilligungsverfahren (§ 77 FamFG modifiziert §§ 118, 119 ZPO) und für die Beiordnung von Rechtsanwälten (§ 78 FamFG statt § 121 ZPO).

I. Bewilligungsverfahren

1. Kreis der Antragsberechtigten

3 Während in § 114 ZPO die Bewilligung von PKH der „Partei" vorbehalten ist, knüpft das FamFG die Bewilligung von Verfahrenskostenhilfe an die Frage der Beteiligung (vgl. § 78 Abs. 1 FamFG) im Verfahren. Es können mithin nur **formell** i.S.d. § 7 FamFG am Verfahren **Beteiligte** Verfahrenskostenhilfe erhalten,[4] die zudem in **eigenen Rechten betroffen** sein müssen.[5] Damit sind etwa in Sorge- und Umgangsrechtsverfahren die **Kindeseltern** stets als Beteiligte i.S.d. § 7 Abs. 2 Nr. 1 FamFG berechtigt, Verfahrenskostenhilfe zu beantragen, müssen aber zudem in eigenen Rechten betroffen sein. Hieran kann es fehlen, wenn ein nicht mehr sorgeberechtigter Elternteil Verfahrenskostenhilfe im Umgangsverfahren betreffend den anderen Elternteil begehrt, da die Wahrnehmung fremdnütziger Interessen nicht zur Beanspruchung staatlicher Verfahrenskostenfinanzierung berechtigt.[6] Dies gilt auch für den nicht sorgeberechtigten Vater im Verfahren nach § 1666 BGB.[7] Nicht mehr sorgeberechtigte Eltern können mangels Beteiligung im Verfahren zur Auswechslung des Vormunds ebenfalls nicht Verfahrenskostenhilfe beanspruchen.[8] Strebt der nicht mehr sorgeberechtigte Elternteil dagegen die (Rück-)Übertragung des Sorgerechts an, so ist er in eigenen Rechten betroffen (§ 7 Abs. 2 Nr. 1 FamFG) und auch am Verfahren beteiligt.[9]

---

1 BVerfG FamRZ 2009, 1811; NJW-RR 2003, 1216
2 BGBl. I 1980 S. 689, zuletzt geändert durch Verordnung vom 31. August 2015 (BGBl. I S. 1474)
3 Speziell zur VKH in Kindschaftssachen: *Nickel*, NJW 2011, 1117; *Büte*, FPR 2011, 17
4 BT-Drucks. 16/6308, 213; OLG Frankfurt a.M. FamRZ 2012, 570
5 BGH FamRZ 2017, 1700; NJW 2017, 2622; FamRZ 2015, 133; OLG Frankfurt a.M. FamRZ 2015, 1312; Prütting/Helms/*Dürbeck*, § 76 FamFG Rn. 10
6 OLG Frankfurt a.M. BeckRS 2015, 00241
7 OLG Frankfurt a.M. FamRZ 2013, 46; OLG Karlsruhe MDR 2012, 529
8 OLG Frankfurt a.M. FamRZ 2012, 570
9 BGH NJW 2016, 3303

Der **Verfahrensbeistand** kann nicht Verfahrenskostenhilfe beantragen, weil er selbst nach § 158 Abs. 8 FamFG keine Kosten schuldet. Eine Ausnahme muss aber dann gelten, wenn der Verfahrensbeistand eines mittellosen Kindes **Rechtsbeschwerde** zum BGH nach §§ 70 ff. FamFG einlegt, weil auch er der Vertretung durch einen beim BGH zugelassenen Rechtsanwaltes bedarf (§ 10 Abs. 4 FamFG), was nunmehr auch der BGH bestätigt hat.[10] Allerdings bedarf es insoweit einer Erklärung über die persönlichen und wirtschaftlichen Verhältnisse des Kindes, welche die sorgeberechtigten Eltern bzw. der Vormund des Kindes zu erstellen haben. VKH ist dem Kind aber nicht zu gewähren, wenn es einen Verfahrenskostenvorschuss von seinen unterhaltspflichtigen Eltern beanspruchen kann oder sonst über Vermögen verfügt. 4

Bei absehbarer Mittellosigkeit des Kindes sollte der Verfahrensbeistand beim BGH zunächst **Verfahrenskostenhilfe für eine von ihm selbst beabsichtigte Rechtsbeschwerde** binnen der Monatsfrist des § 71 FamFG einlegen. Hierzu bedarf er keiner anwaltlichen Vertretung (§ 10 Abs. 4 Satz 1 FamFG). Nach Vorlage der persönlichen Erklärung über die persönlichen und wirtschaftlichen Verhältnisse des Kindes, an der die sorgeberechtigten Eltern mitzuwirken haben und für die eine vereinfachte Erklärung nach § 2 Abs. 1 PKH-FormularVO genügen dürfte, kann bei Bewilligung von VKH der nach § 78 FamFG beigeordnete und beim BGH zugelassene Anwalt in Vertretung des Verfahrensbeistands Rechtsbeschwerde einlegen und Wiedereinsetzung in den vorigen Stand in Bezug auf die versäumten Fristen beantragen. 4a

Ist das Kind erkennbar nicht kostenarm oder lehnt es, wie dies bei Unterbringungen durchaus vorkommen kann, die Beschwerde des Verfahrensbeistands ab, lässt sich das Problem der Finanzierung der Anwaltskosten des Verfahrensbeistands nach geltendem Recht kaum lösen. Es könnte dann allenfalls über § 158 Abs. 7 FamFG hinaus erwogen werden, dem Verfahrensbeistand in diesem Ausnahmefall im Hinblick auf die Grundrechtsposition des Kindes einen Anspruch auf Ersatz seiner Auslagen für die Vergütung des Anwalts gegenüber der Staatskasse zu gewähren. 4b

▶ *Näher hierzu Keuter, § 158 FamFG Rn. 38 ff.*

Kinder sind in Verfahren, die ihre Person oder ihr Vermögen betreffen, stets Beteiligte i.S.d § 7 Abs. 2 Nr. 1 FamFG,[11] (vgl. § 7 Rn. 11). Sie können daher durch ihren gesetzlichen Vertreter VKH beanspruchen, was in der Praxis trotz der Bestellung eines Verfahrensbeistands immer häufiger vorkommt.[12] Hiervon zu unterscheiden ist aber die Frage, ob das über 14-jährige Kind selbst einen Antrag auf Bewilligung von VKH und Beiordnung eines Anwalts stellen kann.[13] Dies ist nur dann der Fall, wenn das Kind nach § 9 Abs. 1 Nr. 3 FamFG oder § 60 FamFG **verfahrensfähig** ist, weil es eigene Rechte in Bezug auf seiner Person, die ihm nach dem BGB zustehen, geltend macht. Solche subjektiven Rechte des Kindes sieht das BGB aber in Kindschaftssachen nur an wenigen Stellen vor, etwa bei der Erhebung eines Widerspruchs in Fällen der Sorgerechtsübertragung nach § 1671 Abs. 1 Satz 2 Nr. 1 und Abs. 2 Nr. 1,[14] bei der (seltenen) Geltendmachung eines Umgangsrechts des Kindes gegenüber einem Elternteil nach § 1684 Abs. 1 BGB[15] der Einwilligung des Kindes zu seiner Adoption nach § 1746 BGB, dem Umgangsrecht mit einem Geschwisterteil nach § 1685 Abs. 1 BGB[16] und bei einem Antrag auf Entlassung des Amtsvormunds nach 5

10 BGH ZKJ 2019, 265
11 Vgl. BGH NJW 2018, 2962; JAmt 2011, 535
12 Vgl. aber BGH ZKJ 2018, 424; KG ZKJ 2019, 305.
13 Dazu Staudinger/*Dürbeck*, § 1684 BGB Rn. 408 für Umgangssachen; *Köhler*, ZKJ 2018, 50
14 OLG Stuttgart ZKJ 2014, 289
15 Staudinger/*Dürbeck*, § 1684 Rn. 408
16 KG FamRZ 2017, 899

§ 1887 Abs. 2 Satz 2 BGB.[17] Generell verfahrensfähig ist das mindestens 14-jährige Kind darüber hinaus in allen Unterbringungssachen nach § 167 Abs. 3 FamFG und in den Fällen, in denen es selbst Beschwerde nach § 60 FamFG einlegt (vgl. § 60 Rn. 2). In den weit überwiegenden Fällen, etwa in sonstigen Fällen des Umgangs- und Sorgerechts sowie der Kindesherausgabe,[18] gewährt lediglich die Verfassung dem Kind subjektive Rechte, die für § 9 Abs. 1 Nr. 3 FamFG nicht genügen.[19] Ist das Kind verfahrensfähig, kann es auch einen Anwalt **bevollmächtigen**, weil sich die Wirksamkeit der Verfahrensvollmacht nicht nach §§ 106 ff. BGB richtet, sondern sich an der Verfahrensfähigkeit orientiert (vgl. ausführlich § 60 FamFG Rn. 2, auch zur Frage des Abschlusses des Anwaltsvertrages). Für seine Erklärung über die persönlichen und wirtschaftlichen Verhältnisse genügt nach § 2 Abs. 1 PKH-Formular-VO eine vereinfachte Erklärung. Ihm ist bei Mittellosigkeit und soweit die Voraussetzungen nach § 78 Abs. 2 FamFG vorliegen, auch dann ein Anwalt beizuordnen, wenn für ihn bereits ein **Verfahrensbeistand** bestellt worden ist.[20] Dessen Bestellung ist ggf. nach § 158 Abs. 5 FamFG aufzuheben (vgl. *Keuter*, § 158 FamFG Rn. 20 f.).

Eine Sonderstellung nimmt der nicht selbst bedürftige **Vormund** ein. Aufgrund seiner fremdnützigen Tätigkeit und seiner § 116 Satz 1 Nr. 1 ZPO vergleichbaren Stellung kommt es hier selbst dann ausschließlich auf die Einkommens- und Vermögensverhältnisse des Mündels an, wenn er selbst als Inhaber der Personensorge am Verfahren beteiligt ist.[21]

6 Im Übrigen führt allein der Umstand, dass eine Person im Verfahren **anzuhören** ist, nicht zu einer Beteiligung nach § 7 FamFG, so dass etwa die nach § 161 Abs. 2 FamFG als Pflegeperson des Kindes Anzuhörenden ohne formelle Beteiligung nach § 7 Abs. 3 FamFG nicht Verfahrenskostenhilfe erhalten können (§ 7 Abs. 6 FamFG). Damit scheiden – nicht formell beteiligte – **Pflegepersonen**, **Angehörige** (die z. B. Vormund werden möchten[22]) und sonstige **Dritte**, wie der Anregende nach § 1666 BGB,[23] als Berechtigte aus. Ausnahmen sind hier nicht – wie nach früherer Rechtsprechung[24] – zu machen.[25] Als nicht beteiligt und damit auch nicht VKH-berechtigt gilt auch der Vertragspartner des Kindes im familiengerichtlichen Genehmigungsverfahren nach §§ 1643 Abs 1, 1821 ff. BGB.[26] Bei Anträgen auf Beteiligung von Verwandten oder Pflegepersonen in Verfahren betreffend die Auswahl von Vormündern oder Pflegern auf Beteiligung am Verfahren nach § 7 Abs. 3 FamFG und anschließende VKH-Bewilligung ist aber der grundrechtliche Schutz der Familie nach Art. 6 Abs. 1 GG bei der Entscheidung zu berücksichtigen.[27]

2. Für ein gerichtliches Verfahren

7 Verfahrenskostenhilfe kann, was aus § 76 Abs. 1 FamFG i. V. m. § 114 ZPO folgt, auch in Kindschaftssachen nur für ein **familiengerichtliches Verfahren** bewilligt werden. Es scheiden damit aus der gesamte außergerichtliche Bereich, **Mediationsverfahren**[28] (vgl. aber dort die Möglichkeit des § 7 MediationsG), das **Verfahrenskostenhilfeprüfungs-**

17 OLG Bremen FamRZ 2017, 1701
18 Zutreffend OLG Koblenz FamRZ 2019, 706
19 OLG Koblenz FamRZ 2019, 706; *Hammer*, FamRZ 2019, 708; *Köhler*, ZKJ 2018, 50; *Dürbeck*, ZKJ 2018, 194; a.A.: OLG Dresden FamRZ 2019, 707 zu § 1686 BGB; OLG Hamburg ZKJ 2018, 193 zu § 1684 Abs. 4 BGB; OLG Hamburg ZKJ 2017, 429 zu § 1666 BGB; OLG Braunschweig InfAuslR 2016, 367: alle Kindschaftssachen
20 OLG Dresden FamRZ 2014, 1042; OLG Stuttgart ZKJ 2014, 289; OLG Naumburg BeckRS 2012, 24088; *Dürbeck/Gottschalk*, Rn. 52; a.A. OLG Naumburg BeckRS 2012, 24088
21 BGH NJW-RR 2011, 397; FamFR 2011, 181 jeweils zum Umgangsrecht; *DIJuF*-Rechtsgutachten JAmt 2019, 79 zur Beanspruchung von Erziehungshilfen nach §§ 27 ff. SGB VIII
22 OLG Koblenz FamRZ 2018, 1012; OLG Hamm BeckRS 2012, 01110; MüKo-FamFG/*Viefhues*, § 76 Rn. 8
23 OLG Koblenz FamRZ 2018, 1012; OLG Celle FamRZ 2004, 1879
24 OLG Köln FamRZ 1992, 199 (Großmutter)
25 Zutreffend *Götsche*, FamRZ 2009, 383; a.A. Keidel/*Zimmermann*, § 76 FamFG Rn. 7
26 OLG Rostock NJW-RR 2006, 1229
27 OLG Hamm FamRZ 2015, 950
28 Ausführlich: *Dürbeck*/Gottschalk, Rn. 18 ff.; *Effer-Uhe*, NJW 2013, 3333

verfahrens selbst einschließlich des Verfahrens der **sofortigen Beschwerde** nach §§ 76 Abs. 2 FamFG, 127 Abs. 2 ZPO[29] und auch **außergerichtliche Vergleiche**.[30] Für das **Vermittlungsverfahren** nach § 165 FamFG kann den Beteiligten dagegen Verfahrenskostenhilfe gewährt werden.[31]

3. Antrag

Verfahrenskostenhilfe wird nach §§ 76 Abs. 1 FamFG, 114 ZPO – auch in amtswegigen Kindschaftssachen (hierzu *Cirullies*, § 24 FamFG Rn. 1) – einem Verfahrensbeteiligten lediglich auf **Antrag** gewährt. Der Antrag muss vor Abschluss der Instanz gestellt sein.[32] Gemäß § 76 Abs. 1 FamFG i. V. m. § 117 Abs. 1 Satz 1 ZPO ist der Antrag im ersten Rechtszug bei dem **Familiengericht** zu stellen, ein Antrag für eine **beabsichtigte Beschwerde** ist nach § 64 Abs. 1 Satz 2 FamFG ebenfalls bei dem Amtsgericht einzulegen, dessen Entscheidung angefochten wird. Er kann nach § 117 Abs. 1 Satz 1 HS 2 ZPO **zu Protokoll der Geschäftsstelle** erklärt werden. Mit dem Antrag hat der Beteiligte eine **Erklärung über die persönlichen und wirtschaftlichen Verhältnisse nach § 117 Abs. 2 ZPO** abzugeben, für die nach § 117 Abs. 4 ZPO für natürliche Personen **Formularzwang** besteht. Einzelheiten bestimmt die auf der Grundlage von § 117 Abs. 3 ZPO ergangene Verordnung eines Formulars für die Erklärung über die persönlichen und wirtschaftlichen Verhältnisse bei Prozess- und Verfahrenskostenhilfe (PKHFV) v. 6.1.2014.[33] Außerdem sind aussagekräftige **Belege**, wie z. B. zeitnahe Gehaltsnachweise, Mietvertrag, Kontoauszüge, Versicherungsscheine, Kreditverträge beizufügen. Sind diese in fremdländischer Sprache verfasst, hat das Familiengericht sie von Amts wegen übersetzen zu lassen.[34] Hat der Antragsteller die Übersetzungskosten vorab verauslagt, sind ihm diese bei Bewilligung von VKH zu erstatten.[35] Sowohl im ersten Rechtszug als auch im Beschwerdeverfahren kann der VKH-Antrag für ein vom Antragsteller **beabsichtigtes Verfahren oder Rechtsmittel**[36] gestellt werden, was unmissverständlich klar zu stellen ist.[37] Es ist dann insoweit zur Prüfung der Erfolgsaussichten (vgl. Rn. 25 ff.) der Entwurf eines Antrages bzw. einer Anregung im Amtsverfahren oder Beschwerdeschrift beizufügen. Nicht zulässig ist es, einen Antrag i.S.d. § 23 FamFG oder ein Rechtsmittel **unter der Bedingung der Bewilligung von Verfahrenskostenhilfe** zu stellen.[38] Der Antrag wird aber auch im Kindschaftsrecht meist gleichzeitig mit dem Antrag/Anregung oder der Einlegung des Rechtsmittels in der Hauptsache gestellt. 8

4. Funktionelle Zuständigkeit

Funktionell zuständig für das VKH-Verfahren und die Entscheidung über den Antrag ist im ersten Rechtszug grundsätzlich derjenige Familienrichter oder Rechtspfleger, dem auch das Erkenntnisverfahren zugewiesen ist. An der richterlichen Zuständigkeit im VKH-Verfahren hat sich auch durch das zum 1.1.2014 in Kraft getretene Gesetz zur Änderung des 9

---

29 BVerfG NJW 2012, 3293; BGH FamRZ 2004, 1708; BVerwG Rpfleger 1991, 63; *Zimmermann*, Prozess- und Verfahrenskostenhilfe, Rn. 11
30 OLG Köln FamRZ 2011, 1742; OLG Karlsruhe MDR 2008, 293; a.A. für den Fall, dass vor Abschluss einer notariellen Vereinbarung ein VKH-Antrag gestellt worden war: OLG Frankfurt a.M. FamRZ 2009, 137
31 OLG Frankfurt a.M. FamRZ 2009, 1079; str. ist hier die Möglichkeit der Beiordnung eines Anwalts, vgl. *Dürbeck*, § 78 FamFG Rn. 7
32 BAG MDR 2004, 415; OLG Karlsruhe FamRZ 2011, 1608
33 BGBl. I 2014 S. 34
34 BGH Rpfleger 2018, 690, im Anschluss an EuGH EuGRZ 2017, 585
35 BAG NJW 2017, 3741; EuGH EuGRZ 2017, 585
36 Zur anschließenden Notwendigkeit der Beantragung von Wiedereinsetzung in den vorigen Stand vgl. *Dürbeck*, § 63 FamFG Rn. 12
37 BGH FamRZ 2005, 1537; *Dürbeck/Gottschalk*, Rn. 132
38 BGH FamRZ 2011, 29; FamRZ 2008, 978; FamRZ 1996, 1142

Prozesskosten- und Beratungshilferechts[39] nichts geändert. Allerdings enthält § 20 Abs. 2 RechtspflegerG n. F. eine **Länderöffnungsklausel**, wonach die Landesregierungen ermächtigt werden, eine Regelung zu schaffen, die es ermöglicht den **Rechtspflegern die Prüfung der persönlichen und wirtschaftlichen Verhältnisse des Antragstellers** nach §§ 114, 115 ZPO zu **übertragen**, womit sich der Gesetzgeber Einspareffekte bei den Kosten der Prozesskostenhilfe verspricht. Dabei soll der zuständige Richter am Amtsgericht bzw. der Vorsitzende des Senats am OLG, dem der Antrag in der Hauptsache oder der Antrag auf Bewilligung von Prozesskostenhilfe vorgelegt wird, zunächst selbst entscheiden, ob die persönlichen und wirtschaftlichen Verhältnisse vom Rechtspfleger zu prüfen sind. Hiervon soll aber abzusehen sein, wenn die **Bedürftigkeit**, wie bei Empfängern staatlicher Sozialleistungen, **offenkundig** ist oder aber in der Sache selbst **keine Erfolgsaussichten** bestehen und der Antrag schon deshalb abweisungsreif ist.

10 Auch in **Eilfällen**, die vor allem in Kindschaftssachen häufig vorkommen (z. B. früher Termin in Kindschaftssachen nach § 155 FamFG, vereinfachtes Verfahren nach § 155a FamFG oder einstweilige Anordnungsverfahren nach §§ 49 ff. FamFG), wird eine zeitnahe Entscheidung auch über das VKH-Gesuch durch den Richter veranlasst sein, weil es vor allem den Verfahrensbevollmächtigten kaum zumutbar sein dürfte, gerichtliche Termine wahrzunehmen, ohne dass vorher über die Frage ihrer Beiordnung nach §§ 121 ZPO, 78 FamFG entschieden worden ist.[40] Legt der Richter dem Rechtspfleger den Antrag zur Prüfung der persönlichen und wirtschaftlichen Verhältnisse des Antragstellers vor, so **entscheidet der Rechtspfleger über die Verfahrenskostenhilfe selbst**, wenn er zu dem Ergebnis gelangt, dass es an der **Bedürftigkeit fehlt**. Gegen die Entscheidung des Rechtspflegers ist dann die sofortige Beschwerde nach § 11 Abs. 1 RPflG, § 127 Abs. 2 Satz 2 und 3 ZPO statthaft. Ergibt die Prüfung des Rechtspflegers dagegen, dass die wirtschaftlichen Voraussetzungen für die Bewilligung von Prozesskostenhilfe **vorliegen**, so fertigt er einen Aktenvermerk, aus dem sich ergibt, ob dem Antragsteller ratenfreie Prozesskostenhilfe zu gewähren ist oder die Höhe der Raten unter Einschluss der relevanten Angaben zu Einkommen und Vermögen des Antragstellers, und **legt das VKH-Heft dem Richter vor**. Eine Vorabentscheidung durch den Rechtspfleger hat der Gesetzgeber hier nicht vorgesehen. Sodann prüft der Richter die Frage der Erfolgsaussichten der Rechtsverfolgung oder Rechtsverteidigung und die Mutwilligkeit und entscheidet schließlich selbst über den Antrag. Dabei ist der Richter hinsichtlich der Frage der persönlichen und wirtschaftlichen Verhältnisse **nicht an die Auffassung des Rechtspflegers gebunden**. Es dürfte davon auszugehen sein, dass viele Länder zur Erzielung von erwünschten Einspareffekten von der Möglichkeit nach § 20 Abs. 2 RPflG Gebrauch machen werden. Das **„Hin und Her" zwischen Richter und Rechtspfleger** im Rahmen des VKH-Verfahrens wird dann aber wohl zu einer nicht unerheblichen **Verzögerung** der Verfahren führen.[41] Bisher haben nur Baden-Württemberg und Sachsen von dieser Möglichkeit Gebrauch gemacht.[42]

5. Verfahren

11 Die Regelung in § 118 Abs. 1 ZPO, wonach dem „Gegner" Gelegenheit zur Stellungnahme zu den Voraussetzungen von Verfahrenskostenhilfe zu geben ist und damit vor der Entscheidung **rechtliches Gehör** zu gewähren ist, wird in Kindschaftssachen – in denen es im Regelfall keinen Antragsgegner, sondern andere Beteiligte gibt – modifiziert durch

39 BGBl. I 2013 S. 3533

40 Prütting/Helms/*Dürbeck*, § 76 FamFG Rn. 71

41 Zur Kritik ausführlich *Lissner*, AGS 2013, 371

42 Verordnung des Justizministeriums des Landes Baden-Württemberg zur Übertragung richterlicher Aufgaben zum 10.4.2014 (GBl. v. 23.4.2014, Nr. 7, 212); vgl. dazu *Dürbeck*, NJW-aktuell 36/2014, 14; § 5b der Sächsischen Justizorganisationsverordnung (GVBl v. 30.9.2015, S. 609)

§ 77 FamFG (vgl. dort Rn. 1 ff.). Nach der zum 1.1.2014 geltenden Neufassung von § 118 Abs. 1 ZPO erstreckt sich die Anhörung der anderen Beteiligten nunmehr auch auf die **subjektiven Voraussetzungen der Verfahrenskostenhilfe**.[43] Ohne Zustimmung des Antragstellers darf aber den anderen Beteiligten nach §§ 76 Abs. 1 FamFG, 117 Abs. 2 Satz 2 ZPO dessen **Erklärung über die persönlichen und wirtschaftlichen Verhältnisse nebst Belegen** nicht zugänglich gemacht werden, es sei denn – was bei den Beteiligten in Kindschaftssachen häufig der Fall ist –, ein Beteiligter hat gegen den Antragsteller einen materiell-rechtlichen Auskunftsanspruch (z. B. nach §§ 1361 Abs. 4 Satz 4, 1580, 1605, 1379 BGB) hinsichtlich Einkommen und/oder Vermögen. Dabei reicht das Bestehen eines abstrakten Auskunftsanspruchs außerhalb eines Unterhalts- oder Güterrechtsverfahrens aus.[44] Verweigert das Familiengericht einem Beteiligten die Übermittlung der Erklärung über die persönlichen und wirtschaftlichen Verhältnisse des Antragstellers, so findet gegen die Entscheidung die sofortige Beschwerde nicht statt.[45] Nach Bewilligung von VKH bestehen Rechte auf Akteneinsicht in die VKH-Unterlagen nur noch nach Maßgabe von § 13 FamFG, wobei andere Beteiligte insoweit Dritte i.S.d. Abs. 2 sind.[46]

Der zuständige Richter oder Rechtspfleger hat das VKH-Verfahren – das verlangen Gleichheitsgrundsatz und Sozialstaatsprinzip[47] – in **beschleunigter Weise** zu führen, wofür in Kindschaftssachen ein besonderes Bedürfnis für die Beteiligten besteht (vgl. § 155 FamFG). Dem Antragsteller obliegt im VKH-Prüfungsverfahren eine **Mitwirkungspflicht** (vgl. §§ 117 Abs. 2, 118 Abs. 2 Satz 4 ZPO). Er hat alle zur Prüfung seines Gesuches erforderlichen Angaben zu machen und zu belegen und seine Angaben nach § 118 Abs. 2 Abs. 1 Satz 2 ZPO auf Verlangen **an Eides statt** zu versichern. Macht er seine Angaben nicht hinreichend glaubhaft oder beantwortet er ihm vom Gericht gestellte Fragen nicht, so ist der Antrag nach **Setzung einer Frist** gemäß § 118 Abs. 2 Satz 4 ZPO abzulehnen. Fehlende Angaben oder auch die Erklärung über die persönlichen und wirtschaftlichen Verhältnisse selbst können im Beschwerdeverfahren nachgeholt werden (§ 571 Abs. 2 ZPO), wobei es auf ein Verschulden nicht ankommt.[48] Eine **Beweisaufnahme** soll im Prüfungsverfahren nur in Ausnahmenfällen (vgl. § 118 Abs. 2 Satz 2 ZPO) stattfinden. Eine **mündliche Erörterung mit den Beteiligten** – beschränkt auf den Verfahrenskostenhilfeantrag – ist nach § 118 Abs. 1 Satz 3 ZPO nur ausnahmsweise zulässig, wenn eine Einigung zu erwarten ist. Kommt es zu einem **Vergleich**, ist ausnahmsweise Verfahrenskostenhilfe für den **im Prüfungsverfahren geschlossenen Vergleich** zu bewilligen.[49] 12

II. Materielle Bewilligungsvoraussetzungen

1. Subjektive Voraussetzungen

a. Grundsätze

Gemäß §§ 76 Abs. 1 FamFG, 114 Abs. 1 Satz 1 ZPO kann nur dann einem Verfahrensbeteiligten Verfahrenskostenhilfe bewilligt werden, wenn er nach **seinen persönlichen und wirtschaftlichen Verhältnissen** die Kosten der Verfahrensführung nicht, nur zum Teil oder nur in Raten aufbringen kann. § 115 Abs. 1 und 3 ZPO konkretisieren dies, indem sie bestimmen, dass Beteiligte grundsätzlich ihr **Einkommen und ihr Vermögen zur Finan-** 13

43 BT-Drucks. 17/11472, 44
44 OLG Koblenz NJW-RR 2011, 509; OLG Bremen FamFR 2011, 545
45 OLG Oldenburg FamRZ 2013, 805; OLG Bremen FamRZ 2012, 649; *Dürbeck*/Gottschalk, Rn. 168; a.A. jurisPR-FamR/*Viefhues*, 6/2011 Anm. 6
46 Vgl. BGH NJW 2015, 1827; OLG Frankfurt FamRZ 2018, 608
47 OLG Stuttgart DAVorm 1975, 312; Zöller/*Geimer*, § 118 ZPO Rn. 13
48 BGH, Beschl. v. 9.10.2018 – VIII ZB 44/18, juris; BAG MDR 2004, 597
49 BGH NJW 2004, 2595. Str. ist, ob dies auch für das VKH-Verfahren selbst gilt, was der BGH ablehnt, zum Streitstand und der Gegenmeinung vgl. *Dürbeck*/Gottschalk, Rn. 187

zierung der Verfahrenskosten einzusetzen haben. Die Berechnung des Einkommens und die Frage, wann der Einsatz von Vermögen zumutbar ist, folgt nach § 115 ZPO im Wesentlichen nach **sozialrechtlichen Grundsätzen**. Wegen der Einzelheiten muss auf die einschlägige ZPO-Kommentarliteratur[50] und Spezialliteratur[51] verwiesen werden. Hier soll nur ein Überblick zum Aufbau der Prüfung und zu vor allem im Zusammenhang mit der Betreuung von Kindern stehenden Fragen der Einkommensberechnung und des Vermögenseinsatzes gegeben werden.

b. Prüfungsreihenfolge

14 § 115 ZPO gibt den Aufbau der Prüfung der wirtschaftlichen Verhältnisse des Antragstellers vor:[52]

1. Stufe: Ermittlung des Vermögens (§ 115 Abs. 3 ZPO)

§ 115 Abs. 3 ZPO bestimmt insoweit, dass vorhandenes Vermögen nach Maßgabe der **sozialhilferechtlichen** Bestimmung des § 90 SGB XII einzusetzen ist, wobei ergänzend auch die zu § 90 Abs. 2 Nr. 9 SGB XII ergangene DurchführungsVO[53] heranzuziehen ist. Aus § 1 dieser Verordnung folgt etwa, dass nur vorhandenes Bargeld oder Bankguthaben **ab einem Betrag von 5.000 Euro** (erhöht bei Unterhaltspflichten) einzusetzen ist. **Grundstücke, Gebäude und Eigentumswohnungen**, die nicht Wohnzwecken dienen (sonst Angemessenheitsprüfung nach § 90 Abs. 2 Nr. 8 SGB XII), sind grundsätzlich zur Verfahrensfinanzierung einzusetzen und ggf. zu verkaufen oder zu beleihen.[54] Einzusetzen sind schließlich grundsätzlich auch **Lebensversicherungen**, soweit nicht im Einzelfall eine unbillige Härte vorliegt.[55] Ausgenommen sind aber nach § 90 Abs. 2 Nr. 2 SGB XII **staatlich geförderte Lebensversicherungen**, die der Altersvorsorge dienen („Riester"). Natürlich schließt auch das Bestehen einer **Rechtsschutzversicherung**, die für das betreffende Kindschaftsverfahren Deckung bietet, Verfahrenskostenhilfebewilligung aus.[56]

15 Zum einzusetzenden Vermögen zählt schließlich auch ein Anspruch auf Leistung eines **Verfahrenskostenvorschusses** des Beteiligten gegen einen Ehegatten oder Lebenspartner (§ 1360a Abs. 4 BGB während des ehelichen Zusammenlebens, § 1361 Abs. 4 Satz 4 BGB während des Getrenntlebens) oder eines Kindes gegen seine Eltern nach §§ 1610 Abs. 2, 1615a BGB.[57] Dieser besitzt auch in Kindschaftssachen durchaus praxisrelevante Bedeutung. Begehrt etwa das über 14-jährige Kind im Unterbringungsverfahren Verfahrenskostenhilfe zum Zwecke der Beiordnung eines Rechtsanwaltes, so ist bei eigener Vermögenslosigkeit zunächst das Bestehen eines Verfahrenskostenvorschussanspruches gegen seine Eltern zu prüfen. Kindschaftsverfahren zählen auch zu den persönlichen Angelegenheiten i.S.d. § 1360a Abs. 4 BGB.[58] Die Prüfung eines Verfahrenskostenvorschussanspruches erfolgt nach unterhaltsrechtlichen Grundsätzen, im Prinzip reicht es im Ergebnis aus, dass der betreffende Beteiligte bedürftig ist und der Verpflichtete unterhaltsrechtlich leistungsfähig ist. Kann der Verpflichtete den Vorschuss nicht in einer Summe aufbringen, ist dem bedürftigen Beteiligten Verfahrenskostenhilfe mit der (fiktiven) Rate des Unterhaltsverpflichteten zu bewilligen und der Verfahrenskostenvorschuss ratenweise

---

50 Etwa Zöller/*Geimer* und Baumbach/*Hartmann* jeweils zu §§ 114, 115 ZPO

51 Etwa Dürbeck/*Gottschalk*, Rn. 241 ff.

52 Der Darstellung von *Gottschalk*, in: Dürbeck/Gottschalk, Rn. 243 im Wesentlichen folgend

53 BGBl. I 1988 S. 150, zuletzt geändert durch die Verordnung vom 22. März 2017 (BGBl. I S. 519)

54 OLG Celle FamRZ 2018, 607: Immobilie im Ausland; Einzelheiten bei *Zimmermann,* Rn. 146, 150, und *Dürbeck*/Gottschalk, Rn. 381

55 BGH NJW 2010, 2887 (umstr.)

56 BGH JurBüro 1992, 48

57 BGH FamRZ 2008, 337; KG NZFam 2018, 701 mit Anm. *Dürbeck*; OLG Dresden MDR 2013, 529; *Zimmermann,* Rn. 158

58 Dürbeck/*Gottschalk,* Rn. 439

durchzusetzen.[59] Diese Vorgehensweise scheidet naturgemäß dann aus, wenn der Vorschusspflichtige (z. B. der Kindesvater) selbst verfahrensbeteiligt ist und Verfahrenskostenhilfe beantragt hat. In Betracht kommt schließlich auch die Zurechnung **fiktiven Vermögens**, vor allem wenn der Antragsteller in Kenntnis des bevorstehenden Verfahrens Ausgaben tätigt, die nicht lebensnotwendig bzw. unvermeidbar sind.[60]

2. Stufe: Ermittlung des Bruttoeinkommens (§ 115 Abs. 1 Satz 1 und ZPO)

Die Ermittlung des **Bruttoeinkommens** bereitet bei Nichtselbständigen keine allzu großen Probleme, maßgeblich ist 1/12 des aktuellen Jahresarbeitseinkommens einschließlich Weihnachts- und Urlaubsgeld. Gleichgestellt sind Einkünfte mit Lohnersatzfunktion, wie Krankengeld und Arbeitslosengeld I, aber auch Leistungen nach SGB II.[61] Schwieriger ist dagegen die Einkommensermittlung bei Gewerbetreibenden oder sonstigen Selbständigen.[62] Hinzukommen andere Einkunftsarten, wie insbesondere Erträge aus Vermietung und Verpachtung oder aus der Nutzung von Kapitalvermögen. **16**

Auch regelmäßige **freiwillige Zuwendungen Dritter** zählen zum Einkommen i.S.d. § 115 ZPO und sind durch eidesstattliche Versicherungen der Dritten über Umfang und Grund der Hilfeleistung zu belegen.[63] Liegt das behauptete Einkommen unterhalb der Grenze eines denkbar bescheidenen Lebensunterhalts, so besteht eine Vermutung, dass Einkünfte nicht angegeben werden. Wird die Vermutung nicht widerlegt, so ist der Antrag wegen Rechtsmissbrauchs zurückzuweisen.[64] **16a**

3. Stufe: Berücksichtigung von Abzügen vom Bruttoeinkommen (§ 115 Abs. 1 Satz 3 ZPO)

Zu nennen sind vor allem: **17**

(1) **Einkommenssteuer**, Solidaritätszuschlag und **Sozialversicherungsbeiträge** § 115 Abs. 1 Satz 3 Nr. 1a ZPO, § 82 Abs. 2 Nr. 1 und 2 SGB XII.

(2) **Freibetrag für Erwerbstätige** § 115 Abs. 1 Satz 3 Nr. 1b ZPO: ab 1.1.2020 228 Euro.

(3) **Freibetrag für den Beteiligten** § 115 Abs. 1 Satz 3 Nr. 2a ZPO: ab 1.1.2020 501 Euro.

(4) Unterhaltsfreibetrag für den (mittellosen) Ehegatten (wie Ziffer 2a): 501 Euro.

(5) Unterhaltsfreibetrag für weitere unterhaltsberechtigte Personen § 115 Abs. 1 Satz 3 Nr. 2b ZPO: **18**

Hier kommen vor allem unterhaltsberechtigte, einkommenslose Kinder in Betracht. Die Freibeträge betragen (jeweils ab 1.1.2020) 289 Euro für Kinder von einem bis sechs Jahren, 358 Euro im Alter von sieben bis 14 und 381 Euro für Jugendliche von 15 bis 18 Jahren. Die Freibeträge kommen vor allem dann zum Tragen, wenn die Kinder beim Antragsteller leben und er keinen Barunterhalt oder staatliche Leistungen für die Kinder erhält. **Kindergeld** ist aber grundsätzlich einkommenserhöhend[65] zu berücksichtigen, soweit es nicht zur Bestreitung des notwendigen Unterhalts des minderjährigen Kindes zu verwenden ist. Leistet der nichtbetreuende Antragsteller für die Kinder Barunterhalt, so ist dieser Betrag, soweit er angemessen ist, maßgeblich.[66] Erhält der Antragsteller und betreuende Elternteil

59 BGH FamRZ 2004, 1633; Prütting/Helms/*Dürbeck*, § 76 FamFG Rn. 44
60 BGH VersR 2018, 1149; FamRZ 2018, 1525
61 Bei Nebeneinkünften können hier Raten in Betracht kommen, vgl. BGH NJW-RR 2011, 3
62 Vgl. dazu Zöller/*Geimer,* § 115 ZPO Rn. 13
63 BGH FamRZ 2019, 547; NJW-RR 2018, 190
64 BGH FamRZ 2019, 547; NJW-RR 2008, 953
65 BGH FamRZ 2017, 633; FamRZ 2005, 605 (str.), vgl. *Nickel*, FamRB 2014, 347 und *Zimmermann*, FPR 2009, 388, 389
66 *Gottschalk* in: Dürbeck/Gottschalk, Rn. 271

Barunterhalt für die Kinder, ist dieser bis zur Höhe der Freibeträge in Abzug zu bringen, so dass im Ergebnis bei Leistung von Kindesunterhalt mindestens in Höhe der Freibeträge dieser im Ergebnis bei dem allein betreuenden Elternteil wegfällt.[67] Beim Barunterhaltspflichtigen ist der Zahlbetrag in voller Höhe Abzugsposten.

19 (6) Freibetrag wegen eines **Mehrbedarfs** wegen der **alleinigen Betreuung** eines oder mehrerer Kinder § 115 Abs. 1 Satz 3 Nr. 4 ZPO, § 28 Abs. 3 SGB XII oder sonstige Mehrbedarfe. Der Abzug eines Mehrbedarfs kommt nicht in Betracht, wenn der betreffende Elternteil mit seinem Kind und einer weiteren erwachsenen Person als Familie zusammenlebt.[68]

20 (7) Kosten der **Unterkunft und Heizung** § 115 Abs. 1 Satz 3 Nr. 3 ZPO.

Hierunter fallen die Kosten für die Miete einer Wohnung einschließlich Heizkosten und nunmehr auch die Kosten der Wasserversorgung,[69] nicht aber die Stromkosten.[70]

21 (8) **Angemessene Beiträge für öffentliche und private Versicherungen** § 115 Abs. 1 Satz 3 ZPO, § 82 Abs. 2 Nr. 3 SGB XII, wie z. B. Kfz-Haftpflichtversicherung, wenn der PKW im Zusammenhang mit der Einkommenserzielung steht,[71] Hausrat-, Unfall-, Rechtsschutz-, Privathaftpflicht- oder Privatkrankenversicherung. Hier gilt es aber im Rahmen der Angemessenheitsprüfung eine vernünftige Grenze zu ziehen, da im Ergebnis die Versicherungsbeiträge bei Bewilligung ratenfreier Verfahrenskostenhilfe von der Allgemeinheit getragen werden.[72]

22 (9) **Werbungskosten** § 115 Abs. 1 Satz 3 ZPO, § 82 Abs. 2 Nr. 4 SGB XII

Hier kommt vor allem die Geltendmachung von Fahrtkosten eines Nichtselbständigen von seiner Wohnung zur Arbeitsstelle in Betracht. Wird berechtigterweise hierfür ein PKW genutzt, so kann zur Berechnung § 3 Abs. 6 Nr. 2a der DurchführungsVO zu § 82 SGB XII herangezogen werden (5,20 Euro pro Entfernungs-Km zzgl. Haftpflicht- und Kaskoversicherung sowie etwaige Finanzierungskosten).[73] Nach zutreffender Auffassung besteht kein Wahlrecht zu einer Berechnung der Fahrtkosten nach den jeweiligen Unterhaltsleitlinien der Oberlandesgerichte.[74] Eine Werbungskostenpauschale, wie im Unterhaltsrecht, besteht im Recht der Verfahrenskostenhilfe nicht. Die Geltendmachung weiterer Werbungskosten, wie z. B. Gewerkschaftsbeiträgen, ist natürlich möglich.

23 (10) **Besondere Belastungen** § 115 Abs. 1 Satz 3 Nr. 4 ZPO

Die Vorschrift stellt insoweit eine Härteklausel dar, als sie es dem bedürftigen Beteiligten ermöglichen soll, sich bei der Einkommensermittlung auf weitere besondere, von ihm zu tragende Belastungen zu berufen. Sie gilt z. B. unproblematisch für ratenweise zu zahlende Anwalts- und Gerichtskosten aus früheren Verfahren[75] oder außergewöhnlich hohe Medikamentenzuzahlungen.[76] In der Praxis steht die Frage im Vordergrund, ob und wenn ja in welcher Höhe **Kreditkosten** des Antragstellers zu berücksichtigen sind. Hier ist die Angemessenheit jedes einzelnen Kredits vom Antragsteller nach Anschaffungszweck,

67 Kritisch: *Nickel*, FamRB 2014, 347, 349 f., der den Barunterhalt nur insoweit auf den Freibetrag anrechnen will, als er diesen übersteigt.
68 OLG Brandenburg, Beschl. v. 13.3.2019 – 13 WF 54/19, juris = FamRZ 2019, 1153; FamRZ 2015, 946
69 OLG Frankfurt a.M. BeckRS 2013, 10879; a.A. noch BGH NJW-RR 2008, 595
70 OLG Karlsruhe FamRZ 2007, 1995; Thomas/Putzo/*Seiler*, § 115 ZPO Rn. 11
71 OLG Brandenburg FamRZ 2009, 202; OLG Dresden OLGR 2002, 55
72 OLG Brandenburg JurBüro 2009, 202; *Zimmermann*, Rn. 84
73 BGH FamRZ 2012, 1374; 2012, 1629
74 OLG Karlsruhe FamRZ 2009, 1165; Dürbeck/*Gottschalk*, Rn. 2300
75 OLG Köln FamRZ 1993, 579
76 OLG Bamberg OLGR 1999, 343

Ratenhöhe und Laufzeit des Vertrages darzulegen und zu belegen und sodann eine Angemessenheitsprüfung durchzuführen.[77]

4. Stufe: Festsetzung einer Monatsrate

24 Verbleibt nach obiger Berechnung ein Resteinkommen, so ist dieses nach dem zum 1.1.2014 neu gefassten § 115 Abs. 2 ZPO auf volle Euro abzurunden und (höchstens 48) Monatsraten auf die zu leistenden Verfahrenskosten in Höhe der **Hälfte des einzusetzenden Einkommens** zu bestimmen. Für Altfälle (vgl. § 40 EGZPO) gilt die Tabelle zu § 115 Abs. 2 ZPO a. F. Nach § 115 Abs. 4 ZPO ist Verfahrenskostenhilfe nicht zu bewilligen, wenn die Kosten der Verfahrensführung vier Monatsraten und die aus dem Vermögen aufzubringenden Teilbeträge voraussichtlich nicht übersteigen.

2. Erfolgsaussichten

a. Inhaltliche Maßstäbe

25 Als objektive Voraussetzung der Verfahrenskostenhilfe nennt § 114 Abs. 1 Satz 1 ZPO, dass die beabsichtigte Rechtsverfolgung oder Rechtsverteidigung **Aussicht auf Erfolg** besitzt. In höheren Rechtszügen wird die Bestimmung durch § 119 Satz 2 ZPO dahin eingeschränkt, dass es hinsichtlich des **Beschwerdegegners** keiner Prüfung der Erfolgsaussicht **seiner Verteidigung der angefochtenen Entscheidung** bedarf.

26 Die Prüfung der Erfolgsaussicht eines VKH-Antrages in Kindschaftssachen bereitet insoweit – zumindest im ersten Rechtszug – Probleme, als gerade bei Entscheidungen im Bereich des Sorge- und Umgangsrechts nicht die Rechtsposition der Beteiligten im Vordergrund steht, sondern das Wohl des betroffenen Kindes (vgl. §§ 1697a BGB, 1666, 1671, 1626a Abs. 2, 1684 ff. BGB) und es sich bei den Verfahren um **amtswegige Verfahren** nach § 24 FamFG handelt, in denen, wie z. B. in Umgangsverfahren nach §§ 1684, 1685 BGB, „Anträge" der Beteiligten als Anregungen an das Familiengericht zu verstehen sind, ein entsprechendes Verfahren einzuleiten.[78] Leitet das Familiengericht auf die Anregung eines Beteiligten oder von Amts wegen ein Kindschaftsverfahren (z. B. nach §§ 1666, 1684, 1685 BGB) ein, können sich die Verfahrensbeteiligten schon aufgrund des Umstandes ihrer Beteiligung einer Mitwirkung im Verfahren regelmäßig nicht entziehen, so dass es auf die Erfolgsaussichten ihrer Rechtsverfolgung nicht maßgeblich ankommen kann.[79] Schließlich gebieten auch verfassungsrechtliche Gründe in besonders grundrechtsintensiven Verfahren, wie dem Sorgerechtsentzug nach Art. 6 Abs. 3 GG, 1666 BGB, eine großzügige Prüfung der „Erfolgsaussichten".[80]

27 Anders ist zu verfahren, wenn das Familiengericht die **Einleitung eines amtswegigen Verfahrens ablehnt**, weil z. B. einem Abänderungsbegehren nach §§ 1696 BGB, 166 FamFG ein hinreichender Abänderungsgrund nicht zu entnehmen und dieser auch sonst nicht ersichtlich ist. In einem solchen Fall ist Verfahrenskostenhilfe mangels Erfolgsaussicht zu verweigern.

28 Auch im **Beschwerdeverfahren** hat eine inhaltlich nicht eingeschränkte Prüfung der Erfolgsaussicht des Rechtsmittels des Rechtsmittelführers stattzufinden. In reinen Antragsverfahren, wie §§ 1626a Abs. 2, 1671, 1628, 1686a BGB ist die Erfolgsaussicht der Anträge der beteiligten Kindeseltern und sonstigen Beteiligten (wie z. B. Pflegepersonen) in allen Rechtszügen – eingeschränkt durch § 119 Satz 2 ZPO – zu prüfen.

---

77 Vgl. ausführlich Dürbeck/*Gottschalk,* Rn. 339

78 BGH ZKJ 2017, 190; ZKJ 2017, 463; OLG Frankfurt a.M. FamRZ 2014, 53

79 OLG Schleswig FamRZ 2019, 48; OLG Brandenburg FamRZ 2017, 310; OLG Hamm ZKJ 2016, 466; OLG Frankfurt a.M. BeckRS 2014, 06420; a.A. für Umgangsverfahren: MüKo-FamFG/*Viefhus,* § 76 FamFG Rn. 32

80 OLG Brandenburg FamRZ 2006, 1775; OLG Karlsruhe FamRZ 2004, 706

29 Hinreichende Erfolgsaussicht bedeutet eine gewisse Wahrscheinlichkeit eines Erfolges bei summarischer und rechtlicher Prüfung.[81] Diese Überprüfung darf aber nach gefestigter Rechtsprechung des BVerfG nicht dazu führen, dass die Rechtsverfolgung oder Rechtsverteidigung in das summarische Verfahren der Prozesskostenhilfe **vorverlagert** wird und dieses an die Stelle des Hauptverfahrens tritt.[82] Auch schwierige und bislang ungeklärte Rechtsfragen dürfen nicht im VKH-Prüfungsverfahren geklärt werden.[83] Ist eine sorgerechtliche Frage aber höchstrichterlich bereits geklärt, so kann im Verfahrenskostenhilfeprüfungsverfahren auf fehlende Erfolgsaussicht auch dann erkannt werden, wenn dies im ersten Rechtszug verkannt wurde.[84] Diesem Umstand kommt auch in kindschaftsrechtlichen Antragsverfahren insoweit besondere Bedeutung zu, als sich die Erfolgsaussichten eines Antrages – zumindest im ersten Rechtszug – häufig nicht alleine aus den gewechselten Schriftsätzen, sondern auch aus dem in den persönlichen Anhörungen nach §§ 159 ff. FamFG gewonnenen Eindrücken und Ergebnissen hinreichend beurteilen lassen.

b. Maßgeblicher Zeitpunkt

30 Erledigt sich ein Verfahren vor Entscheidung über den VKH-Antrag, z. B. durch Antragsrücknahme oder übereinstimmender Erledigung in einem Antragsverfahren, stellt sich die Frage, auf welchen **Zeitpunkt für die Bewilligung von Verfahrenskostenhilfe** abzustellen ist. Die Rechtsprechung stellt hier zwar grundsätzlich auf den **Zeitpunkt der Entscheidung** ab, weil nach Beendigung des Verfahrens nicht rückwirkend Verfahrenskostenhilfe bewilligt werden kann. Anders ist aber zu verfahren, wenn das Gericht die Entscheidung über den Antrag **pflichtwidrig verzögert** hat. In diesem Fall kommt es auf die Bewilligungsreife an, d. h. auf den Zeitpunkt, in dem das Gericht über einen vollständigen VKH-Antrag nach Anhörung der anderen Beteiligten (§ 77 FamFG) hätte entscheiden können und müssen.[85] Liegt dieser Zeitpunkt vor der Beendigung des Verfahrens, so kommt es auf die (hypothetischen) Erfolgsaussichten zum Zeitpunkt der Bewilligungsreife an.

3. Keine Mutwilligkeit

a. Allgemeiner Maßstab

31 Mit dem zum 1.1.2014 neu gefassten § 114 ZPO hat der Gesetzgeber den Begriff der Mutwilligkeit der Rechtsverfolgung oder Rechtsverteidigung in dessen Abs. 2 nunmehr (wieder) definiert. Verfahrenskostenhilfe soll nicht bewilligt werden bei Mutwilligkeit der Rechtsverfolgung oder Verteidigung. Dies soll dann gegeben sein, wenn der nicht mittellose Beteiligte bei verständiger Würdigung aller Umstände von der Rechtsverfolgung oder Rechtsverteidigung absehen würde, obwohl eine hinreichende Aussicht auf Erfolg besteht. Mutwilligkeit liegt allgemein etwa dann vor, wenn ein einfacherer oder billigerer Weg zum gleichen Erfolg führen würde.[86]

Nach Ansicht des BGH soll es nicht mutwillig sein, wenn ein inhaftierter Kindesvater nach vorsätzlicher Tötung der Kindesmutter und rechtskräftiger Verurteilung wegen Totschlags ein Umgangsrecht mit seinem Kind verfolgt.[87]

81 BGH NJW 1994, 1161; Zöller/*Geimer,* § 114 ZPO Rn. 19
82 BVerfG NJW 2016, 1377; NZFam 2014, 1104; FamRZ 2009, 1654; FamRZ 1993, 664
83 BVerfG MDR 2008, 518; NJW 2006, 3412; BGH NJW 2013, 1310
84 OLG Celle BeckRS 2014, 16486
85 St. Rspr. des BGH, vgl. NZFam 2015, 179; FamRZ 2012, 964; FamRZ 2010, 197; zum Streitstand: Dürbeck/*Gottschalk,* Rn. 483 ff.
86 OLG Zweibrücken FamRZ 2000, 756; Baumbach/*Hartmann,* § 114 ZPO Rn. 107
87 BGH NJW 2016, 2188; zu Recht kritisch *Heilmann,* FamRZ 2016, 1058

b. Pflicht zur Inanspruchnahme vorheriger Beratung?

In Kindschaftssachen ist höchst streitig, ob der Antragsteller in einem Umgangs- oder Sorgerechtsverfahren (vor allem Verfahren nach §§ 1626a Abs. 2 BGB, 155a FamFG) mutwillig handelt, wenn er nicht **vor Stellung seines VKH-Antrages beim Jugendamt um Beratung und Vermittlung** nachgesucht hat. Eine weit verbreitete Ansicht bejaht dies, da dies ein kostenfreier Weg sei, das vom Antragsteller erstrebte Ziel zu erreichen.[88] Nach anderer Auffassung sei dies in Sorgerechtsverfahren abzulehnen, in Umgangsverfahren aber bei Verfügbarkeit des zuständigen Jugendamts zu bejahen.[89] Die Möglichkeit der Beratung und Vermittlung durch das Jugendamt stellt aber keinen vorrangig zu beschreitenden Weg dar, das von einem Beteiligten erstrebte Anliegen im Sorge- oder Umgangsrecht zu erreichen, da der Gesetzgeber darauf verzichtet hat, dies als Voraussetzung für die Inanspruchnahme der Familiengerichte zu normieren und das Familiengericht zudem nicht dazu in der Lage sein wird zu beurteilen, ob die vom Jugendamt zu leistenden Vermittlungsbemühungen tatsächlich erbracht worden wären und auch zum Erfolg geführt hätten.[90] Auch ist zu berücksichtigen, dass es für die Frage der Mutwilligkeit nicht auf den Zeitpunkt der Einleitung des Verfahrens, sondern auf den der Entscheidung über den VKH-Antrag ankommt, so dass allein schon der Umstand, dass der andere Elternteil dem Umgangsbegehren des Antragstellers entgegentritt, Mutwilligkeit ausschließt.[91] Die Bewilligung von Verfahrenskostenhilfe soll daher nicht alleine mit der Begründung versagt werden, eine vorhergehende Einschaltung des Jugendamts sei unterblieben. 32

c. Zeitgleiche Einleitung von Hauptsache- und Eilverfahren

Auch ein zeitgleicher ein Antrag in der **Hauptsache und auf Erlass einer einstweiligen Anordnung** ist nicht mutwillig, da wegen der begrenzten Erkenntnismöglichkeiten und der jederzeitigen Abänderbarkeit (§ 54 FamFG) des einstweiligen Anordnungsverfahren immer auch ein Rechtsschutzbedürfnis für eine Hauptsacheentscheidung besteht.[92] 33

d. Scheidungsverbund

Nach zutreffender Auffassung ist es ungeachtet der kostengünstigeren Möglichkeit (vgl. §§ 44 FamGKG, 16 Nr. 4 RVG), Sorge- und Umgangssachen im Rahmen des **Scheidungsverbundverfahrens** als Folgesachen (§ 137 Abs. 3 FamFG) geltend zu machen, nicht als mutwillig anzusehen, wenn ein bedürftiger Ehegatte eine **isolierte Sorge- oder Umgangsregelung** begehrt.[93] Hierfür spricht in Kindschaftssachen schon der Umstand, dass diese im Interesse des Kindes vorrangig und beschleunigt zu führen sind (vgl. § 155 FamFG) und sich dies mit der Ausgestaltung des Scheidungsverfahrens, in dem insbesondere in der Folgesache Versorgungsausgleich oft langwierige Ermittlungen zu führen sind, regelmäßig nicht vereinbaren lässt. Aus dem Gebot der kostensparenden Verfahrensfüh- 34

---

88 OLG Karlsruhe NZFam 2019, 459; OLG Brandenburg FamRZ 2015, 1040; FuR 2014, 181; OLG Köln FamRZ 2013, 1241; OLG Rostock MDR 2011, 790: OLG Schleswig NJW-Spezial 2011, 518; OLG Saarbrücken FamRZ 2010, 310; *Keuter*, FamRZ 2009, 1891; MüKo-FamFG/*Viefhues*, § 76 Rn. 54

89 Dürbeck/*Gottschalk*, Rn. 552

90 OLG Frankfurt FamRZ 2017, 1585; Köln FamRZ 2016, 1193; OLG Karlsruhe ZKJ 2016, 109; OLG Stuttgart FamRZ 2011, 1160; OLG Hamm NJW-RR 2011, 1577; OLG München FamRZ 2008, 1089; *Dürbeck*, ZKJ 2013, 330 (zu § 1626a Abs. 2 BGB); *ders.* in: Prütting/Helms, § 76 FamFG Rn. 44; vgl. auch einschränkend OLG Schleswig ZKJ 2014, 77

91 OLG Brandenburg, Beschl. v. 26.3.2019 – 13 WF 31/19, FamRZ 2019, 1632

92 OLG Stuttgart FamRZ 2019, 298; OLG München AGS 2015, 142; FamRZ 2012, 1234; OLG Frankfurt am Main FamRZ 2011, 661; OLG Köln FamRZ 2011, 1157; OLG Nürnberg NJW 2011, 319; ; a.A. OLG Karlsruhe AGS 2017, 527; OLG Saarbrücken FamRZ 2013, 564 (Sorgerecht); OLG Frankfurt a.M. FamRZ 2012, 144 (Gewaltschutz)

93 BGH NJW 2005, 1497 mit ausführlicher Darstellung des Streitstandes; OLG Brandenburg, Beschl. v. 23.4.2019 – 13 WF 87/19, juris; OLG Hamm FamRZ 2014, 1879; *Völker/Clausius*, § 8 Rn. 19

rung ergibt sich auch für den Rechtsanwalt entgegen der Ansicht des OLG Hamm[94] keine Pflicht, Umgangs- und Sorgerechtsanträge in einem gemeinsamen, zu verbindenden Verfahren zu stellen.

e. Mehrere Kinder

35 Die Einleitung getrennter Sorgerechtsverfahren für **mehrere Kinder** ist dagegen – jedenfalls bei identischen Eltern – als mutwillig anzusehen,[95] bei unterschiedlichen Vätern ist sie dagegen schon aus datenschutzrechtlichen Gründen geboten.

f. VKH im Beschwerdeverfahren

35a Soweit ein Beteiligter in einer Kindschaftssache Beschwerde einlegt, kann den in der Vorinstanz anwaltlich vertretenen weiteren Beteiligten trotz der Regelung von § 119 Abs. 1 Satz 2 ZPO im Allgemeinen Verfahrenskostenhilfe erst dann gewährt werden, wenn das Rechtsmittel begründet worden ist und die Voraussetzungen für eine Verwerfung nicht vorliegen.[96] Vorher kann VKH wegen Mutwilligkeit nicht bewilligt werden.

III. Entscheidung

1. Zeitpunkt, Form und Inhalt

36 Das Familiengericht hat nach Eintritt der **Bewilligungsreife** über den VKH-Antrag zu entscheiden, wobei nach § 119 Satz 1 ZPO Verfahrenskostenhilfe für jeden Rechtszug gesondert bewilligt werden muss. Voraussetzung ist, dass ein **vollständiger Antrag** einschließlich der **Erklärung über die persönlichen und wirtschaftlichen Verhältnisse** des Antragstellers nebst allen erforderlichen **Belegen** spätestens zum Zeitpunkt der Instanzbeendigung vorliegt. Ist dies nicht der Fall kann die Zurückweisung des Antrages nur dadurch vermieden werden, dass das Gericht dem Antragsteller eine letzte Frist zur Nachreichung der Unterlagen gestattet.[97] Wird diese aber versäumt, ist Verfahrenskostenhilfe nach Instanzbeendigung abzulehnen.[98]

37 Der Beschluss über die bewilligte Verfahrenskostenhilfe kann nicht stillschweigend erfolgen und muss zumindest hinsichtlich der subjektiven Voraussetzungen im Hinblick auf das potentielle Beschwerderecht der Staatskasse und auch des Beteiligten bei der Anordnung von Ratenzahlungen eine **Begründung** enthalten.[99]

38 Eine **Kostenentscheidung** im VKH-Verfahren ist nicht zu treffen, auch **Auslagen anderer Beteiligter** können nicht erstattet werden (§§ 118 Abs. Satz 4, 127 Abs. 4 ZPO). Im Hinblick auf die Statthaftigkeit der sofortigen Beschwerde nach § 76 Abs. 2 FamFG ist der Verfahrenskostenhilfe ablehnende oder durch die Anordnung von Ratenzahlungen einschränkende Beschluss dem Antragsteller oder seinem Verfahrensbevollmächtigten förmlich zuzustellen (§ 41 Abs. 1 Satz 2 FamFG). Bei uneingeschränkter Bewilligung genügt die formlose Bekanntgabe (§ 15 FamFG).

2. Rechtskraft und Abänderung

39 Die Entscheidung über die Verfahrenskostenhilfe erwächst **nicht in materielle Rechtskraft,**[100] so dass etwa auch bei Ablehnung der Verfahrenskostenhilfe nach Ablauf der Rechtsmittelfrist ein **neuer VKH-Antrag** gestellt werden kann, soweit das Verfahren in

94 OLG Hamm FF 2014, 215
95 OLG Hamm BeckRS 2013, 02315
96 BGH FamRZ 2013, 1322; OLG Brandenburg NZFam 2019, 458
97 OLG Frankfurt a.M. FamRZ 2011, 126; OLG Karlsruhe FamRZ 2011, 1608; 2004, 1217
98 *Dürbeck*/Gottschalk, Rn. 92
99 BVerfGE 71, 122 (136); Zöller/*Geimer*, § 127 ZPO Rn. 3
100 BVerfGE 56, 139, 145; BGH NJW-RR 2018, 257; FamRZ 2004, 940

dem betreffenden Rechtszug noch nicht beendet ist. Dies gilt auch dann, wenn die VKH zuvor wegen vorsätzlicher Falschangaben nach § 124 Abs. 1 Nr. 1 oder 2 Alt. 1 ZPO aufgehoben worden ist.[101] Ohne eine Änderung der sachlichen Voraussetzungen wird der Antrag aber als rechtsmissbräuchlich zurückzuweisen sein.[102] § 124 Abs. 1 Nr. 1 und Nr. 2 Alt. 1 ZPO sind im Übrigen im Bewilligungsverfahren nicht analog anzuwenden.[103]

Bei einer **nachträglichen Änderung der wirtschaftlichen Verhältnisse** kann – vor allem bei ursprünglich angeordneten Ratenzahlungen – eine Änderung der Entscheidung durch den insoweit funktionell zuständigen **Rechtspfleger** nach §§ 76 Abs. 1 FamFG, 120a Abs. 1 ZPO beantragt werden.[104] Für die ebenfalls mögliche Aufhebung der Verfahrenskostenhilfe gelten die zum 1.1.2014 neu gefassten Bestimmungen der §§ 120a, 124 ZPO auch für Kindschaftssachen über die Verweisung in § 76 Abs. 1 FamFG ohne Besonderheiten.[105] Für vor dem 1.1.2014 eingeleitete VKH-Verfahren gilt nach § 40 EG ZPO noch das alte Recht, also § 120 Abs. 4 ZPO a.F.

3. Kostenbefreiung

Wurde Verfahrenskostenhilfe **ratenfrei** bewilligt ist der betreffende Beteiligte gemäß 40 §§ 76 Abs. 1 FamFG, 122 Abs. 1 Nr. 1 und 3 ZPO von der Zahlung der von ihm zu **tragenden Verfahrenskosten befreit**, solange die Verfahrenskostenhilfe nicht aufgehoben wird oder nachträglich Ratenzahlungen angeordnet werden, was nach § 120a Abs. 1 Satz 4 ZPO nur binnen 4 Jahren nach Rechtskraft oder sonstiger Beendigung der Hauptsache möglich ist. Bei einer Übernahme der Verfahrenskosten **durch Vergleich** durch den bedürftigen Beteiligten gilt § 122 Abs. 1 Nr. 1a ZPO nicht für den sog. **Übernahmeschuldner** (§ 24 Nr. 2 FamGKG). Es kann hier zur Kostenhaftung des kostenarmen Beteiligten kommen. Zur Vermeidung dieses Ergebnisses muss auf eine exakte **Protokollierung des Vergleichs** i.S.d. zum 1.8.2013 neu eingefügten § 26 Abs. 4 FamGKG geachtet werden.[106] Keinen Einfluss hat die Verfahrenskostenhilfe auf die Kostenhaftung gegenüber einem anderen erstattungsberechtigten Beteiligten.

IV. Rechtsschutz

1. Vorbemerkung

§ 76 Abs. 2 FamFG verweist für die Frage der Anfechtbarkeit von Beschlüssen in Verfah- 41 renskostenhilfesachen, die in Familienverfahren der freiwilligen Gerichtsbarkeit ergehen, auf die Regelungen der **sofortigen Beschwerde** nach Maßgabe der §§ 127 Abs. 2 bis 4, 567 bis 572 ZPO. Das bedeutet zunächst, dass die uneingeschränkte Bewilligung von Verfahrenskostenhilfe für die Beteiligten – anders nur die **Staatskasse** § 127 Abs. 3 ZPO – nach § 127 Abs. 1 ZPO nicht anfechtbar wäre. Hat der Rechtspfleger die Entscheidung getroffen, ist gegen seine Entscheidung gemäß § 11 Abs. 1 RPflG ebenfalls die sofortige Beschwerde gegeben, soweit nicht eine Ausnahme nach § 11 Abs. 2 Satz 1 RPflG vorliegt.

2. Zulässigkeitsvoraussetzungen der sofortigen Beschwerde

a. Statthaftigkeit

aa. Antragsteller

Für den **Antragsteller** sind alle Entscheidungen über die Verfahrenskostenhilfe gemäß 42 §§ 76 Abs. 2 FamFG, 127 Abs. 2 ZPO anfechtbar, die für ihn **ungünstig** sind, also insbe-

101 BGH NJW-RR 2018, 257
102 BGH MDR 2009, 401; FamRZ 2004, 940; *Schneider*, MDR 1985, 441, 442
103 BGH NJW-RR 2015, 1338
104 Zur Abgrenzung zur sofortigen Beschwerde: *Dürbeck*/Gottschalk, Rn. 1034
105 Vgl. etwa die Darstellung von *Dürbeck*/Gottschalk, Rn. 957 ff.
106 Vgl. *Fölsch*, SchlHA 2013, 2

sondere bei Zurückweisung seines Antrages – gleich aus welchem Grund – bei Anordnung einer Ratenzahlung nach § 115 Abs. 2 ZPO oder bei Versagung der von ihm beantragten Beiordnung eines Rechtsanwaltes nach § 78 FamFG.[107] Statthaft ist auch die Beschwerde des Antragstellers gegen die Entscheidung nach § 117 Abs. 2 Satz 2 ZPO, einem anderen Beteiligten während des noch laufenden Bewilligungsverfahrens die Erklärung über die persönlichen und wirtschaftlichen Verhältnisse zu übersenden.[108] Nicht statthaft ist bei einer infolge von Nichttätigkeit verzögerten Entscheidung des Gericht die sog. **Untätigkeitsbeschwerde**, da diese durch Einführung der Verzögerungsrüge (§ 198 GVG) unstatthaft geworden ist.[109]

43 **Unstatthaft** ist die Beschwerde für den Antragsteller gegen **gerichtliche Verfahrensanordnungen im VKH-Prüfungsverfahren** nach § 118 Abs. 2 ZPO[110] und gegen alle vom Oberlandesgericht getroffenen Entscheidungen zur Verfahrenskostenhilfe, sei es als für die Entscheidung über eine sofortige Beschwerde nach § 127 Abs. 2 ZPO zuständiges Beschwerdegericht nach § 568 ZPO oder als Beschwerdegericht in der Hauptsache nach §§ 58 ff. FamFG bei der Entscheidung über die Bewilligung von VKH für den zweiten Rechtszug, da Entscheidungen der Oberlandesgerichte nach § 567 Abs. 1 ZPO nicht anfechtbar sind, es sei denn es hat im ersten Fall die Rechtsbeschwerde nach § 574 Abs. 1 Satz 1 Nr. 2 ZPO zugelassen.[111]

44 Nicht statthaft ist die sofortige Beschwerde gegen eine VKH-Entscheidung auch dann, wenn die **Hauptsacheentscheidung nicht rechtsmittelfähig** ist,[112] was z. B. in einer vermögensrechtlichen Kindschaftssache dann der Fall wäre, wenn die **Beschwerdesumme von § 61 Abs. 1 FamFG** nicht erreicht ist, weil der Rechtsschutz im VKH-Verfahren nicht weiter als in der Hauptsache reichen soll. Gleiches gilt für den Fall, dass eine Beschwerde des VKH-Antragstellers in der Hauptsache **mangels Beschwerdeberechtigung nach § 59 FamFG** unzulässig wäre[113] (z. B. Verwandte oder Pflegepersonen, die Vormund werden wollen, vgl. *Dürbeck*, § 59 FamFG Rn. 8 und 9). Dieser Grundsatz gilt aber in dem Fall **nicht**, dass die VKH wegen **Fehlens der subjektiven Voraussetzungen oder wegen Mutwilligkeit** verweigert wurde oder aber die **nicht gewährte Anwaltsbeiordnung** nach § 78 FamFG angegriffen wird.[114]

45 Unstatthaft ist die VKH-Beschwerde aber auch im **einstweiligen Anordnungsverfahren**, wenn in einer nach § 57 Satz 1 FamFG **unanfechtbaren Sache** (z. B. Umgangsverfahren) die VKH mangels Erfolgsaussicht verweigert wurde.[115] Dies gilt im einstweiligen Anordnungsverfahren nach zutreffender Ansicht aber auch dann, wenn in einer nach § 57 Satz 2 FamFG grundsätzlich anfechtbaren Sache (Sorgerecht, Kindesherausgabe an Elternteil) die VKH-Entscheidung **ohne mündliche Verhandlung** ergangen war, da § 57 FamFG – mit Ausnahme von Unterbringungssachen – die Beschwerde erst nach mündlicher Verhandlung eröffnet.[116] Die Gegenansicht, die vor allem im Hinblick auf die Rechts-

---

107 Thomas/Putzo/*Seiler*, § 127 ZPO Rn. 2
108 OLG Frankfurt FamRZ 2018, 608; OLG Koblenz FamRZ 2011, 389; OLG Brandenburg FamRZ 2011, 125; str., vgl. auch BGH NJW 2015, 1827
109 BGH NJW 2013, 385
110 OLG Zweibrücken FamRZ 2004, 35; *Zimmermann*, Rn. 693
111 BGH BeckRS 2011, 19480; *Dürbeck*/Gottschalk, Rn. 868
112 OLG Frankfurt a.M. OLGR 2002, 60; OLG Jena BeckRS 2011, 06704
113 OLG Hamm FamRZ 2015, 950
114 BGH NJW 2011, 2434; FamRZ 2010, 790; FamRZ 2005, 1477; *Dürbeck*/Gottschalk, Rn. 869
115 BGH FamRZ 2011, 1138; NJW 2005, 1659; OLG Stuttgart FamRZ 2009, 531
116 OLG Frankfurt a.M. (6. Familiensenat) BeckRS 2014, 16457; OLG Hamm FamRZ 2012, 53; 2011, 234; OLG Köln JurBüro 2011, 41; OLG Celle FamRZ 2011, 918; Keidel/*Giers*, § 57 FamFG Rn. 10a; *Dürbeck*/Gottschalk, Rn. 1052; *ders.* in: Prütting/Helms, § 76 FamFG Rn. 13a

wahrnehmungsgleichheit die Beschwerde für statthaft hält,[117] überzeugt nicht, da auch dem nicht kostenarmen Beteiligten der Weg zum Beschwerdegericht vor Durchführung einer mündlichen Erörterung versperrt ist und zumindest in der Beschwerdeinstanz die Gefahr widersprechender Entscheidungen im VKH-Beschwerdeverfahren und Hauptsacheverfahren nach §§ 57 Satz 2, 58 FamFG besteht.

bb. Antragsgegner bzw. andere Beteiligte

Anderen Beteiligten steht ein Beschwerderecht gegen die Bewilligung von VKH für den Antragsteller oder deren Versagung **nicht** zu,[118] da es an einer Beschwer für sie fehlt. Dies gilt auch für die Versagung einer Entscheidung nach § 117 Abs. 2 Satz 2 ZPO.[119] **46**

cc. Verfahrensbevollmächtigter des Antragstellers

Dem **Anwalt des Antragstellers** steht ein eigenes Beschwerderecht gegen eine VKH-Entscheidung zu, soweit er dadurch unmittelbar **in eigenen Rechten betroffen** ist. Verneint wird dies bei der Ablehnung des VKH-Antrages,[120] der Ablehnung der Anwaltsbeiordnung,[121] der Aufhebung der Ratenzahlungsanordnung[122] oder der Aufhebung der VKH.[123] Beschwerdeberechtigt ist er dagegen gegen die Aufhebung einer bereits erfolgten Beiordnung,[124] die Beschränkung seiner Beiordnung nach § 78 Abs. 3 FamFG[125] und die Einstellung der Ratenzahlungen nach § 120 Abs. 3 Satz 1 ZPO.[126] **47**

dd. Staatskasse

Der **Staatskasse** steht ein **(eingeschränktes)** eigenes Beschwerderecht nach § 127 Abs. 3 ZPO zu, soweit dem Antragsteller ratenfreie VKH bewilligt wurde und die Staatskasse die **Anordnung von Ratenzahlungen** begehrt. Sie kann also nicht geltend machen, VKH sei mangels der subjektiven Voraussetzungen ganz zu versagen[127] oder es seien bei angeordneter Ratenzahlung höhere Raten zu entrichten.[128] Zulässig ist weiter eine Beschwerde gegen die Ablehnung einer Nachzahlungsanordnung nach § 120a Abs. 1 ZPO durch den Rechtspfleger.[129] **48**

b. Beschwerdefrist

Hinsichtlich der Beschwerdefrist gilt nach § 127 Abs. 2 Satz 3 ZPO für die VKH-Beschwerde die Besonderheit, dass die Frist zur Einlegung der beim Amts- oder Oberlandesgericht einzulegenden Beschwerde **1 Monat ab Zustellung** der Entscheidung (§§ 127 Abs. 2 Satz 3, 569 ZPO) beträgt. Für die Beschwerde der Staatskasse sieht das Gesetz vor, dass diese nach Ablauf von **drei Monaten seit Verkündung der Entscheidung oder der Übergabe an die Geschäftsstelle** unstatthaft ist (§ 127 Abs. 3 Satz 4 und 5 ZPO). Bei Versäumung der Frist durch den Antragsteller kann Wiedereinsetzung in den vorigen Stand nach § 76 Abs. 2 FamFG, §§ 233 ff. ZPO beantragt werden bzw. von Amts wegen zu gewähren sein. **49**

---

117 OLG Frankfurt a.M. (5., 8. und 4. Familiensenat) FamRZ 2014, 676; FamFR 2012, 545; NZFam 2019, 366; ; OLG Bremen FamRZ 2013, 1916; OLG Köln BeckRS 2011, 23985
118 BGH NJW 2002, 3554; OLG Düsseldorf JurBüro 2011, 655
119 OLG Frankfurt a.M. FuR 2015, 244; OLG Nürnberg FamRZ 2015, 684; OLG Oldenburg FamRZ 2013, 805; OLG Bremen FamRZ 2012, 649
120 OLG Celle JurBüro 2012, 207; OLG Frankfurt a.M. FamRZ 2011, 385
121 OLG Celle FamRZ 2012, 1661; OLG Hamm MDR 2011, 628; OLG Frankfurt a.M. FamRZ 2011, 385
122 OLG Celle FamRZ 2015, 355; OLG Stuttgart FamRZ 2012, 650
123 OLG Saarbrücken OLGR 2001, 190
124 OLG Brandenburg FamRZ 2004, 213; a.A. OLG Naumburg FamRZ 2007, 916
125 OLG Stuttgart FamRZ 2007, 1111; OLG Köln FamRZ 2005, 2008
126 Str., zum Streitstand *Dürbeck*/Gottschalk, Rn. 1057
127 BGH FamRZ 2013, 123 a.A. bei unterlassener Berücksichtigung eines Verfahrenskostenvorschusses OLG Celle FamRZ 2015, 1420
128 BGH NJW-RR 2009, 494
129 BGH NJW 2013, 2289; weitere Einzelheiten in: *Dürbeck*/Gottschalk, Rn. 1061 ff.

c. Form

50 Die Beschwerde ist in Kindschaftssachen nach § 569 Abs. 2 und 3 ZPO durch Einreichung einer **Beschwerdeschrift** bei dem Amtsgericht oder Oberlandesgericht einzulegen oder **zu Protokoll der Geschäftsstelle** zu erklären und nach § 571 Abs. 1 ZPO soll sie begründet werden.

3. Beschwerdeverfahren

51 Das Familiengericht hat nach § 568 Abs. 1 ZPO zunächst über die **Abhilfe der Beschwerde** zu entscheiden. Hält es die Beschwerde für unzulässig oder unbegründet – was im Einzelnen unter Eingehung auf das Beschwerdevorbringen zu begründen ist[130] – hilft es ihr durch Beschluss nicht ab, teilt es die **Nichtabhilfeentscheidung** dem Beschwerdeführer mit und legt sie unverzüglich dem Oberlandesgericht als nach § 119 Abs. 1 Nr. 1b GVG zuständiges Beschwerdegericht zur Entscheidung vor.

52 Zuständig ist im Oberlandesgericht gemäß § 568 Satz 1 ZPO der **Einzelrichter** mit der **Möglichkeit der Übertragung auf den Senat** unter den in Satz 2 genannten Voraussetzungen. Für die Beurteilung der Bedürftigkeit kommt es stets auf den Zeitpunkt der Beschwerdeentscheidung an,[131] in der ersten Instanz versäumte Angaben können im Beschwerdeverfahren nachgeholt werden, da die sofortige Beschwerde nach § 571 Abs. 2 ZPO auf neue Angriffs- und Verteidigungsmittel gestützt werden kann. § 118 Abs. 2 Satz 4 ZPO wird insoweit verdrängt.[132] Hinsichtlich der Erfolgsaussichten kann das Beschwerdegericht diese nicht abweichend von einer inzwischen rechtskräftigen Hauptsacheentscheidung beurteilen.[133]

4. Beschwerdeentscheidung

53 Ist die Beschwerde **unstatthaft oder sonst unzulässig**, so ist sie nach § 572 Abs. 2 Satz 2 ZPO zu **verwerfen**. Ist sie zulässig, hat das Oberlandesgericht in der Sache zu entscheiden. Soweit es weiterer Tatsachenfeststellungen bedarf (z. B. das Amtsgericht hat die VKH mangels Erfolgsaussichten zu Unrecht verweigert), kann die **Entscheidung aufgehoben werden** und an das Amtsgericht (z. B. zur Prüfung der Bedürftigkeit) **zurückverwiesen** werden.

54 Im Übrigen gilt grundsätzlich das **Verbot der reformatio in peius**. Bei einer Beschwerde gegen die Ratenhöhe dürfen etwa keine höheren Raten angeordnet werden und VKH nicht entgegen der angefochtenen Entscheidung wegen § 115 Abs. 4 ZPO (Kosten übersteigen nicht vier Monatsraten) versagt werden.[134]

55 Bleibt die Beschwerde **erfolglos**, trifft den Beschwerdeführer eine gerichtliche **Beschwerdegebühr in Höhe von 60 Euro** gemäß Nr. 1912 KV FamGKG. Bei einem **Teilerfolg** der Beschwerde kann das Beschwerdegericht die Gebühr auf die Hälfte und mehr (auch bis auf null) **ermäßigen**. Im Übrigen **unterbleibt aber eine Kostenentscheidung** bei erfolgloser Beschwerde, da der Beschwerdeführer hinsichtlich der Gerichtskosten für seine erfolglose Beschwerde **kraft Gesetzes** haftet und § 127 Abs. 4 ZPO die **Erstattung außergerichtlicher Auslagen** auch im Beschwerdeverfahren nicht gestattet.[135]

---

130 Zur möglichen Aufhebung und Zurückverweisung wegen ungenügender Begründung: OLG Saarbrücken BeckRS 2011, 21795; OLG Schleswig BeckRS 2011, 21448
131 BGH FamRZ 2006, 548
132 BGH, Beschl. v. 9.10.2018 – VIII ZB 44/18, juris; BAG MDR 2004, 597
133 BGH NJW 2012, 117; BFHE 141, 494
134 OLG Bremen FamRZ 2009, 306; MüKo-FamFG/*Viefhues*, § 76 Rn. 148
135 BGH ZfSch 2010, 284

Gleiches gilt bei einer **erfolgreichen Beschwerde**. Hier fallen aber keine Gerichtsgebühren an. Dem Rechtsanwalt steht für das Beschwerdeverfahren gemäß Nr. 3500 VV RVG eine 0,5-Gebühr zu. Weder dem Beschwerdeführer noch den anderen Beteiligten kann VKH für das Beschwerdeverfahren bewilligt werden (*siehe Rn. 7*). 56

Die **Rechtsbeschwerde zum BGH** ist gegen die Beschwerdeentscheidung nur eröffnet, wenn sie das Oberlandesgericht nach § 574 ZPO zugelassen hat, was nur wegen Fragen, die die persönlichen und wirtschaftlichen Verhältnisse des Antragstellers, die Mutwilligkeit oder das Verfahren betreffen, zulässig ist.[136] Die Zulassung darf dabei nicht durch den Einzelrichter des OLG erfolgen.[137] Im Übrigen ist gegen die Entscheidung des OLG nur die Gehörsrüge oder Gegenvorstellung statthaft. 57

▶ *Zur Gehörsrüge und Gegenvorstellung näher Dürbeck, § 58 FamFG Rn. 11.*

§ 77 FamFG Bewilligung

(1) [1]Vor der Bewilligung der Verfahrenskostenhilfe kann das Gericht den übrigen Beteiligten Gelegenheit zur Stellungnahme geben. [2]In Antragsverfahren ist dem Antragsgegner Gelegenheit zur Stellungnahme zu geben, ob er die Voraussetzungen für die Bewilligung von Verfahrenskostenhilfe für gegeben hält, soweit dies aus besonderen Gründen nicht unzweckmäßig erscheint.

(2) Die Bewilligung von Verfahrenskostenhilfe für die Vollstreckung in das bewegliche Vermögen umfasst alle Vollstreckungshandlungen im Bezirk des Vollstreckungsgerichts einschließlich des Verfahrens auf Abgabe der Versicherung an Eides statt.

Übersicht

	Rn.
A. Allgemeines	1
B. Inhalt der Norm	2
I. Gewährung rechtlichen Gehörs (Abs. 1)	2
II. Bewilligung vor der Vollstreckung (Abs. 2)	3

A. Allgemeines

§ 77 Abs. 1 FamFG knüpft an die das VKH-Bewilligungsverfahren regelnde Vorschrift des § 118 Abs. 1 ZPO an und modifiziert diese für Familiensachen der freiwilligen Gerichtsbarkeit geringfügig. Abs. 2 befasst sich dagegen mit den Besonderheiten der Verfahrenskostenhilfe in Vollstreckungsverfahren. 1

B. Inhalt der Norm

I. Gewährung rechtlichen Gehörs (Abs. 1)

Während nach § 118 Abs. 1 Satz 1 ZPO dem **Gegner** als Regelfall vor der Entscheidung über die Voraussetzungen der VKH **rechtliches Gehör** zu gewähren ist, soweit dies nicht aus besonderen Gründen unzweckmäßig erscheint, stellt § 77 Abs. 1 Satz 1 FamFG die Frage der Anhörung der Beteiligten in Amtsverfahren in das **freie Ermessen des Familiengerichts**, für **Antragsverfahren** gilt dagegen der § 118 Abs. 1 Satz 1 FamFG wörtlich 2

136 BGH FamRZ 2007, 1720; BAG FamRZ 2006, 1117
137 BGH, Beschl. v. 9.10.2018 – VIII ZB 44/18, juris

entsprechende § 77 Abs. 1 Satz 2 FamFG. Das bedeutet insbesondere, dass jedenfalls in Antragsverfahren den Beteiligten im Regelfall auch rechtliches Gehör zu den **subjektiven Voraussetzungen der VKH** zu gewähren ist (*vgl. § 76 FamFG Rn. 13 ff.*) und unter den Voraussetzungen von § 117 Abs. 2 Satz 2 ZPO auch die **Erklärung des Antragstellers über die persönlichen und wirtschaftlichen Verhältnisse** nebst Belegen zu überlassen ist.[1] § 77 FamFG hat in Familiensachen der freiwilligen Gerichtsbarkeit keine eigenständige Bedeutung erlangt. Im Regelfall besteht hier keine Veranlassung, bei der Gewährung von rechtlichem Gehör im VKH-Prüfungsverfahren anders zu verfahren als in Familienstreitsachen, in denen nach § 113 Abs. 1 Satz 2 FamFG ausschließlich § 118 ZPO gilt. Im Übrigen ist bzgl. des VKH-Prüfungsverfahrens Bezug zu nehmen auf die Anmerkungen zu § 76 FamFG Rn. 3 ff.

II. Bewilligung vor der Vollstreckung (Abs. 2)

3 § 77 Abs. 2 FamFG entspricht wörtlich § 119 Abs. 2 ZPO und bestimmt, dass die Bewilligung von Verfahrenskostenhilfe für die **Vollstreckung in das bewegliche Vermögen** alle Vollstreckungshandlungen im Bezirk des Vollstreckungsgerichts einschließlich des Verfahrens auf Abgabe der Versicherung an Eides statt umfasst. Die Vorschrift hat in **Kindschaftssachen** keine praktische Bedeutung. Ihr ist allenfalls zu entnehmen, dass auch in Kindschaftssachen für das Vollstreckungsverfahren (§§ 86 ff. FamFG) **gesondert VKH** zu beantragen und zu bewilligen ist. Insoweit bedarf es auch hier Erfolgsaussichten i.S.d. § 114 ZPO und für die Frage der Anwaltsbeiordnung gilt § 78 FamFG.[2]

1 BT-Drucks. 17/11472, 47; Prütting/Helms/*Dürbeck,* § 77 FamFG Rn. 4; a.A. Keidel/*Zimmermann,* § 77 FamFG Rn. 3
2 BGH FamRZ 2010, 288; FamRZ 2012, 1637

Bewilligung von Verfahrenskostenhilfe und Beiordnung eines Rechtsanwalts

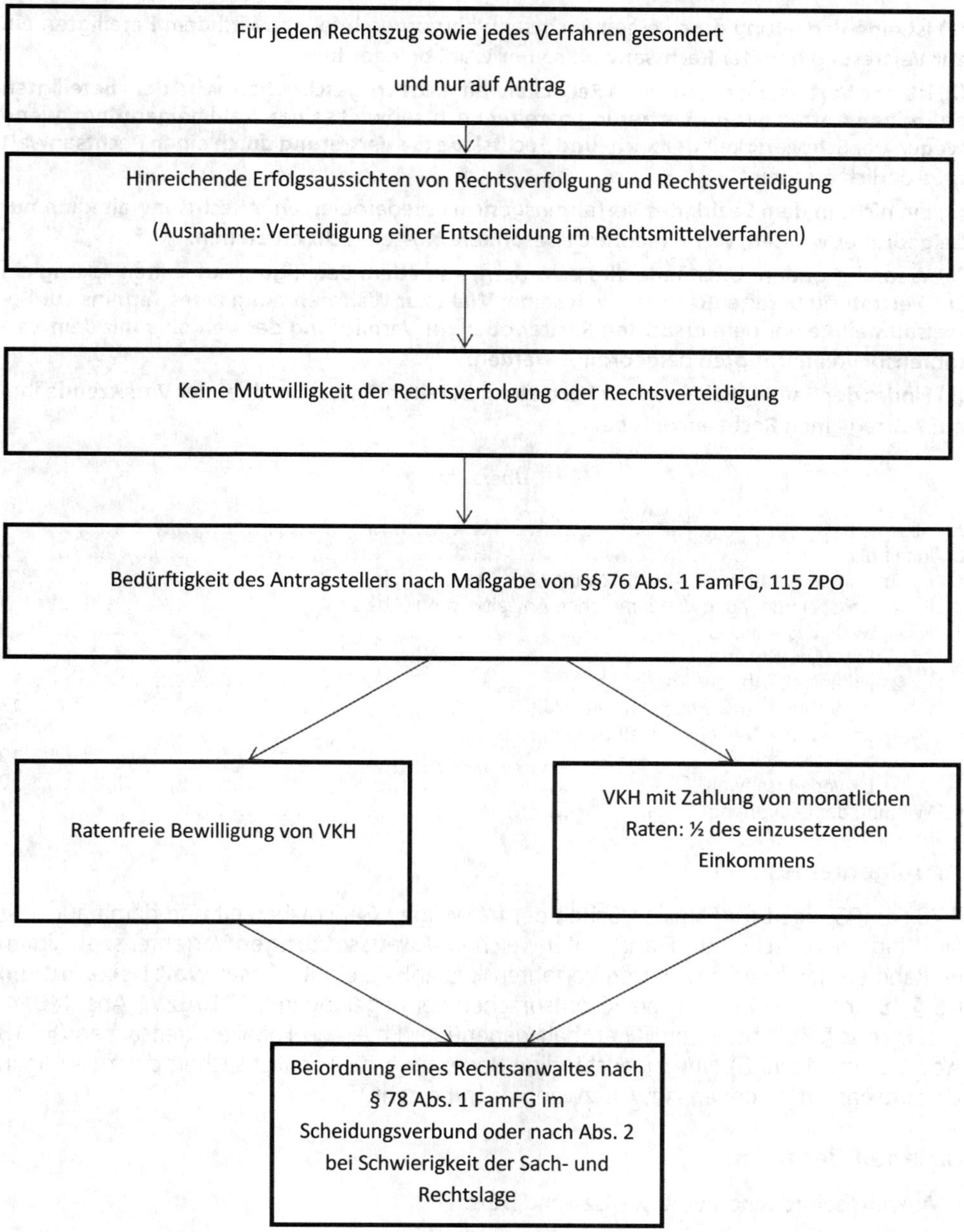

§ 78 FamFG Beiordnung eines Rechtsanwalts

(1) Ist eine Vertretung durch einen Rechtsanwalt vorgeschrieben, wird dem Beteiligten ein zur Vertretung bereiter Rechtsanwalt seiner Wahl beigeordnet.

(2) Ist eine Vertretung durch einen Rechtsanwalt nicht vorgeschrieben, wird dem Beteiligten auf seinen Antrag ein zur Vertretung bereiter Rechtsanwalt seiner Wahl beigeordnet, wenn wegen der Schwierigkeit der Sach- und Rechtslage die Vertretung durch einen Rechtsanwalt erforderlich erscheint.

(3) Ein nicht in dem Bezirk des Verfahrensgerichts niedergelassener Rechtsanwalt kann nur beigeordnet werden, wenn hierdurch besondere Kosten nicht entstehen.

(4) Wenn besondere Umstände dies erfordern, kann dem Beteiligten auf seinen Antrag ein zur Vertretung bereiter Rechtsanwalt seiner Wahl zur Wahrnehmung eines Termins zur Beweisaufnahme vor dem ersuchten Richter oder zur Vermittlung des Verkehrs mit dem Verfahrensbevollmächtigten beigeordnet werden.

(5) Findet der Beteiligte keinen zur Vertretung bereiten Anwalt, ordnet der Vorsitzende ihm auf Antrag einen Rechtsanwalt bei.

Übersicht

Rn.
A. Allgemeines ... 1
B. Inhalt der Norm ... 2
I. Anwaltsbeiordnung bei Anwaltszwang (Abs. 1) ... 2
II. Anwaltsbeiordnung in Verfahren ohne Anwaltszwang (Abs. 2) ... 3
III. Auswahl des Anwalts ... 9
1. Freie Anwaltswahl (Abs. 1 und 2) ... 9
2. Notanwalt (Abs. 5) ... 12
3. Beiordnung auswärtiger Anwälte (Abs. 3) ... 13
4. Beweis- und Verkehrsanwalt (Abs. 4) ... 19
a. Beweisanwalt ... 19
b. Verkehrsanwalt ... 20
C. Wirkung der Beiordnung ... 21

A. Allgemeines

1 § 78 FamFG regelt für Familiensachen der freiwilligen Gerichtsbarkeit und damit auch für alle Kindschaftssachen die Frage, unter welchen **Voraussetzungen** Verfahrensbeteiligten im Rahmen der ihnen gewährten Verfahrenskostenhilfe ein **Rechtsanwalt beizuordnen** ist. § 78 Abs. 1, 3, 4 und 5 FamFG entsprechen der Regelung in § 121 Abs. 1 Abs. 1, 3, 4, 5 ZPO, nur § 78 Abs. 2 FamFG enthält gegenüber Ehe- und Familienstreitsachen (§ 113 Abs. 1 Satz 2 FamFG) eine eigenständige Bedeutung für Familiensachen der freiwilligen Gerichtsbarkeit, in denen Anwaltszwang nicht besteht.

B. Inhalt der Norm

I. Anwaltsbeiordnung bei Anwaltszwang (Abs. 1)

2 § 78 Abs. 1 FamFG bestimmt für Verfahren, die dem **Anwaltszwang** unterliegen, dass Beteiligten, denen Verfahrenskostenhilfe gewährt worden ist, **zwingend** ein Rechtsanwalt beizuordnen ist. Da Kindschaftssachen grundsätzlich nicht dem Anwaltszwang unterliegen (vgl. § 114 Abs. 1 FamFG), ist sie hier nicht von nennenswerter Bedeutung. Eine Ausnahme besteht nur dann, wenn eine Kindschaftssache nach § 137 Abs. 3 FamFG im **Scheidungsverbund** geführt werden soll. Hier bedarf zumindest der **Antragsteller** i.S.d. § 137 Abs. 3 FamFG der anwaltlichen Vertretung. Der **andere Ehegatte** bedarf dagegen der anwaltlichen Vertretung dagegen nur, wenn er Verfahrenshandlungen, insbesondere

Anträge, wie z. B. auf Übertragung des Sorgerechts nach § 1671 Abs. 1 Nr. 2 BGB stellt.[1] Will der andere Ehegatte seine **Zustimmung zur Sorgerechtsübertragung** nach § 1671 Abs. 1 Nr. 1 BGB erteilen, bedarf er dafür keiner anwaltlichen Vertretung, da es sich um keine Verfahrenshandlung handelt, vgl. *Dürbeck*, § 64 FamFG Rn. 5 f.[2] Legt ein Elternteil gegen eine im Scheidungsverbund befindliche Kindschaftssache Beschwerde ein, so bedarf er hierfür anwaltlicher Vertretung.[3]

II. Anwaltsbeiordnung in Verfahren ohne Anwaltszwang (Abs. 2)

Die Frage, wann in **(isolierten) Kindschaftssachen** dem bedürftigen Beteiligten eines 3
Kindschaftsverfahrens ein Rechtsanwalt beizuordnen ist, gehörte zu den am meist diskutierten verfahrensrechtlichen Fragen seit Inkrafttreten des FamFG zum 1.9.2009. Die hierzu ergangene Rechtsprechung,[4] vor allem der Oberlandesgerichte, war fast unüberschaubar geworden. Nach § 78 Abs. 2 FamFG wird Beteiligten in Verfahren ohne Anwaltszwang auf **Antrag** ein zur Vertretung bereiter Rechtsanwalt beigeordnet, wenn wegen **Schwierigkeit der Sach- und Rechtslage** die Vertretung durch einen Rechtsanwalt erforderlich erscheint. Eine von § 121 Abs. 2 ZPO abweichende Regelung erschien dem Gesetzgeber aber angezeigt, weil in **Amtsermittlungsverfahren** das Gebot der Waffengleichheit, das in dem kontradiktorischen und dem Beibringungsgrundsatz unterliegenden Zivilprozess die Beiordnung eines Rechtsanwaltes für die kostenarme Partei erfordert, nicht (allein) die Notwendigkeit anwaltlicher Vertretung begründen kann.[5]

Der **BGH** hat zwischenzeitlich mehrfach zur Auslegung von § 78 Abs. 2 FamFG Stellung 4
genommen.[6] Seine zuerst ergangene Entscheidung[7] betraf dabei die Frage der Anwaltsbeiordnung in einem Umgangsverfahren und damit einer Kindschaftssache nach § 151 Nr. 2 FamFG. Nach Auffassung des BGH sei entscheidend für die Auslegung von § 78 Abs. 2 FamFG, ob auch ein **bemittelter Rechtssuchender** in der Lage des Unbemittelten **vernünftigerweise** einen Rechtsanwalt mit der Wahrnehmung seiner Interessen beauftragt hätte. Im Gegensatz zu Vaterschaftsanfechtungsverfahren[8] hat der BGH ein **Regel-Ausnahmeverhältnis** für die Anwendung von § 78 Abs. 2 FamFG in Kindschaftssachen als **nicht mit dem Gesetz vereinbar** abgelehnt. Die Schwere eines Grundrechtseingriffs, wie sie in Kindschaftssachen im Hinblick auf Art. 6 Abs. 1 und 2 GG regelmäßig drohen, soll nach Auffassung des BGH kein Kriterium für eine Anwaltsbeiordnung bilden, weil nicht davon ausgegangen werden könne, dass sich auch ein nicht bedürftiger Beteiligter bei Umgangsstreitigkeiten im Regelfall anwaltlichen Beistands versichert hätte. Die Frage, ob ein Verfahren eine schwierige Sach- oder Rechtslage für den kostenarmen Beteiligten darstelle, beurteile sich vielmehr nach dessen **subjektiven Fähigkeiten**.[9] Entgegen der Gesetzesbegründung misst der BGH dem **Grundsatz der Waffengleichheit** schon aus verfassungsrechtlichen Gründen[10] insoweit Bedeutung zu, dass der Umstand der anwaltlichen Vertretung anderer Beteiligter ein Kriterium für die Erforderlichkeit zur Beiordnung

---

1 MüKo-BGB/*Hennemann,* § 1671 BGB Rn. 55, 60
2 Prütting/Helms/*Helms,* § 114 FamFG Rn. 21; a.A. *Völker/Clausius,* § 1 Rn. 444
3 BGH FamRZ 2017, 1151 zum Versorgungsausgleich
4 Vgl. die Auswertung von *Nickel*, NJW 2011, 1117
5 BT-Drucks. 16/6308, 214
6 Vgl. Prütting/Helms/*Dürbeck*, § 78 FamFG Rn. 6
7 BGH FamRZ 2010, 1427
8 BGH FamRZ 2012, 1290
9 So bereits damals: OLG Zweibrücken NJW 2010, 1212; FamRZ 2010, 579; OLG Celle FamRZ 2010, 582; a.A. KG NJW-RR 2010, 1157; *Götsche*, FamRZ 2009, 383, 386
10 Vgl. BVerfG NJW-RR 2007, 1713 zur Bedeutung der Amtsermittlung für die Herstellung von Rechtsschutzgleichheit

eines Rechtsanwalts wegen der Schwierigkeit der Sach- oder Rechtslage sein soll. Bei **inhaftierten** Elternteilen soll eine Beiordnung nach Ansicht des BGH im Regelfall erfolgen.[11]

5 Die Rechtsprechung der **Oberlandesgerichte** zur Anwaltsbeiordnung in Kindschaftssachen hat sich nicht einheitlich entwickelt. Gleichwohl ist zu konstatieren, dass in der Mehrheit der Fälle in Verfahren wie nach §§ 1684, 1685, 1686a, 1671 Abs. 1 Satz 2 Nr. 2, Abs. 2 Nr. 2, 1666, 1632 Abs. 4 BGB die Frage der Notwendigkeit der Anwaltsbeiordnung bejaht wurde.[12] Dabei wurden in einigen Entscheidungen **eingeschränkte subjektive Fähigkeiten**, wie mangelnde Deutschkenntnisse des Antragstellers, betont.[13] Entgegen der Auffassung des BGH und des Gesetzgebers haben viele Entscheidungen zu §§ 1666, 1684 Abs. 4 BGB schon aus **verfassungsrechtlicher Notwendigkeit** zu Recht darauf abgestellt, dass die Schwere eines drohenden Grundrechtseingriffs die Schwierigkeit der Sach- und Rechtslage begründen könne und daher den Betroffenen ein Anwalt beizuordnen sei.[14] Hierfür spricht auch der Umstand, dass ein bemittelter Beteiligter, dem ein **schwerer Grundrechtseingriff** wie der Entzug der elterlichen Sorge droht, im Regelfall eher einen Rechtsanwalt hinzuziehen würde, wie etwa in einem Verfahren nach § 165 FamFG oder § 1671 Abs. 1 Nr. 1 BGB. In anderen Entscheidungen wurde der Schwerpunkt der Argumentation auf das Prinzip der Waffengleichheit gelegt.[15] Auch Kriterien wie die Eilbedürftigkeit des Verfahrens oder mangelnde Unterstützung durch das Jugendamt sind in Kindschaftssachen zu nennen.[16]

6 Für **Verfahren nach §§ 155a FamFG, 1626a BGB** wurde zu Recht angenommen, dass die noch ungeklärten Voraussetzungen der Begründung gemeinsamer elterlicher Sorge entsprechend des „neuen Leitbild des Gesetzgebers" zur gemeinsamen Elternverantwortung[17] die Annahme rechtfertigen würden, auch Unbemittelte würden sich im Rahmen eines vereinfachten Sorgerechtsverfahrens anwaltlich vertreten lassen.[18]

7 In **Umgangsverfahren** dürften auch Umstände wie die Notwendigkeit der Begleitung des Umganges[19] oder seiner Durchführung in einer Justizvollzugsanstalt[20] anwaltliche Vertretung der Beteiligten erfordern. Auf der anderen Seite kommt in Verfahren nach § 1671 Abs. 1 Nr. 1 BGB bei bereits außergerichtlich erklärter Zustimmung des anderen Elternteils zur Begründung alleiniger Sorge die Beiordnung eines Rechtsanwaltes eher nicht in Betracht.[21] Gleiches gilt für die Beiordnung eines Rechtsanwaltes für ein **Vermittlungsverfahren** nach § 165 FamFG.[22] Einem Rechtsanwalt, der zum Ergänzungspfleger eines min-

11 BGH FamRZ 2016, 1058; OLG München FamRZ 2011, 1240
12 Vgl. die Auswertung von *Nickel*, NJW 2011, 1113, nach in etwa 2/3 der Fälle Anwälte beigeordnet wurden, speziell zu Kindschaftssachen auch *Büte*, FPR 2011, 17; *Götsche*, ZFE 2010, 100
13 OLG Hamm BeckRS 2014, 06525 (§ 1674 BGB); OLG Koblenz BeckRS 2011, 17480; verneint im konkreten Fall von OLG Düsseldorf FuR 2013, 597
14 OLG Bamberg FamRZ 2014, 1041; OLG Düsseldorf FamRZ 2013, 897; OLG Brandenburg FamRZ 2013, 1593; OLG Saarbrücken ZKJ 2012, 230; OLG Frankfurt a.M. BeckRS 2012, 16091; FamRZ 2010, 1094
15 OLG Brandenburg NZFam 2015, 329; OLG Celle MDR 2011, 1178 (Umgang), im konkreten Fall Beiordnung verneint
16 OLG Brandenburg AGS 2017, 481
17 BT-Drucks. 17/11048, 12; zur Kritik: *Dürbeck*, ZKJ 2013, 330
18 OLG Stuttgart FamRZ 2014, 1045; OLG Jena NZFam 2015, 326; vgl. dazu ausführlich *Hamdan/Hamdan*, MDR 2015, 249
19 OLG Schleswig FamRZ 2011, 1241
20 BGH FamRZ 2018, 1058; OLG München FamRZ 2011, 1240
21 OLG Hamm MDR 2012, 1045; a.A. OLG Karlsruhe FamRZ 2013, 895 wegen eines unterbliebenen Hinweises des Familienrichters
22 OLG Bremen FamRZ 2017, 1144; OLG Frankfurt a.M. NJW-RR 2013, 962; OLG Hamm FamRZ 2013, 565; OLG Oldenburg FamRZ 2011, 916; OLG Karlsruhe MDR 2011, 107; a.A. OLG Köln FamRZ 2015, 1921; AGS 2010, 140; OLG München FamRZ 2000, 1225

derjährigen Kinds bestellt worden ist, ist im Regelfall in einer Kindschaftssache keine Verfahrenskostenhilfe unter Beiordnung seiner selbst zu bewilligen.[23]

Im Übrigen sind für die Auslegung von § 78 Abs. 2 FamFG die **Umstände des Einzelfalles** maßgeblich, wobei der Grad der Zerrüttung der sozialen Beziehung der Eltern,[24] der Umfang etwaiger Meinungsverschiedenheiten[25] und etwaige konkrete subjektive Defizite des Betroffenen (Sprachkenntnisse, Bildungsstand, kulturelle Besonderheiten, Gerichtserfahrung) von Bedeutung sind. 8

▶ *Zur Beiordnung nach § 78 Abs. 2 FamFG in Abstammungssachen[26] vgl. auch Grün, § 169 FamFG Rn. 12 ff.*

III. Auswahl des Anwalts

1. Freie Anwaltswahl (Abs. 1 und 2)

Der **Grundsatz freier Anwaltswahl** gewährt und erfordert, wie sich aus § 78 Abs. 1 und 2 FamFG ergibt, die **Benennung des gewählten Anwalts** durch den Antragsteller. Gewählt werden kann jeder zur Anwaltstätigkeit generell berechtigte Anwalt (vgl. § 45 BRAO), der für das konkret beabsichtigte Verfahren – das ist nur noch vor dem BGH nötig, vgl. § 114 Abs. 2 FamFG – postulationsfähig ist. Erforderlich ist zudem, dass der gewählte Anwalt **zur Vertretung des Antragstellers bereit** ist. Von einer Vertretungsbereitschaft des Anwalts kann nicht ausgegangen werden, wenn die dem Anwalt erteilte Vollmacht eine Vertretung im Nachprüfungsverfahren nach §§ 120a, 124 ZPO ausschließt.[27] Soweit in solchen Fällen bereits vorformulierte Vollmachten nicht bereits nach §§ 305c Abs. 1, 307 Abs. 1 Satz 1 und 2 BGB unwirksam sind,[28] wäre eine auf die VKH-Antragstellung und das Hauptsacheverfahren beschränkte Beiordnung weder mit dem Rechtszugsbegriff von § 119 Abs. 1 Satz 1 ZPO noch mit den anwaltlichen Berufspflichten im Zusammenhang mit der öffentlich-rechtlichen Beiordnung (§ 48 BRAO) vereinbar. Ein entsprechend beschränkter Beiordnungsantrag ist daher zurückzuweisen.[29] 9

Zu beachten ist in diesem Zusammenhang aber das in § 43a Abs. 4 BRAO geregelte **Verbot der Vertretung widerstreitender Interessen**, das in Sorgerechtsverfahren nach § 1666 BGB tangiert sein kann, wenn beide Eltern bei Verfolgung unterschiedlicher Verfahrensziele von einem gemeinsamen Rechtsanwalt vertreten werden.[30]

Eingeschränkt wird die Anwaltswahl auch durch § 78 Abs. 3 FamFG, wonach grundsätzlich zur Schonung der Staatskasse **kein auswärtiger Rechtsanwalt** gewählt werden soll (vgl. Rn. 13 ff.). 10

Ein einmal beigeordneter Anwalt kann nur bei Vorliegen eines **wichtigen Grundes** durch **Aufhebung der Beiordnung entpflichtet** werden (vgl. § 48 Abs. 2 BRAO). Ein wichtiger Grund für einen Anwaltswechsel liegt dann vor, wenn dieser auch dem nicht bedürftigen Beteiligten Anlass zu einem Anwaltswechsel gegeben hätte.[31] Dies setzt aus Sicht des Mandanten im Regelfall eine **nachhaltige Zerstörung des Vertrauensverhältnisses** zwischen Anwalt und Beteiligten voraus, die aber nicht durch vorwerfbares Verhalten des

---

23 OLG Schleswig FamRZ 2012, 808
24 OLG Hamm FamRZ 2011, 389; zu Recht verneint wegen weitgehender Einigkeit zum Sorgerecht: OLG Celle MDR 2011, 1006
25 Zu Recht verneint wegen noch zu regelnder Randfragen des Umgangs: OLG Saarbrücken FamRZ 2010, 1690
26 Vgl. BGH NJW 2012, 2586: Für Antragsteller im Vaterschaftsanfechtungsverfahren immer; anders zu Recht OLG Karlsruhe BeckRS 2014, 21837 für den anderen Elternteil, der dem nicht entgegentritt
27 LAG Köln, Beschl. v. 25.7.2019 – 9 Ta 101/19, juris; a.A.: *Nickel*, MDR 2017, 499, 505
28 So LAG Köln, Beschl. v. 30.4.2019 – 1 Ta 17/19, juris
29 LAG Köln, Beschl. v. 25.7.2019 – 9 Ta 101/19, juris
30 OLG Frankfurt, Beschl. v. 18.12.2014 – 5 WF 186/14, juris
31 OLG Köln FamRZ 2010, 747; Zöller/*Geimer*, § 121 ZPO Rn. 34 ff.

Beteiligten entstanden sein darf.[32] Die **Kündigung des Mandates** durch den Beteiligten stellt insoweit immer einen triftigen Grund für einen Aufhebungsantrag durch den Rechtsanwalt nach § 48 Abs. 2 BRAO dar.[33]

11 Nach Aufhebung der Beiordnung ist dem Beteiligten nur dann ein **neuer Anwalt** beizuordnen, wenn aus Sicht des Beteiligten ein **triftiger Grund zur Kündigung des Mandatsverhältnisses** gegeben war.[34] Etwaige Mehrkosten sind dann hinzunehmen und von der Staatskasse zu tragen. Liegen aber – wie in den meisten Fällen – **keine triftigen Gründe** zur Mandatsbeendigung vor, so kann ein neuer Anwalt nur dann beigeordnet werden, wenn der Staatskasse hierdurch **keine Mehrkosten** entstehen.[35] Das ist dann der Fall, wenn der erste Anwalt die Erklärung abgibt, auf die Vergütung zu verzichten oder der zweite Anwalt erklärt, nur bereits noch nicht entstanden Gebühren (z. B. Vergleichs- und Terminsgebühr) geltend zu machen.[36] Eine Beschränkung im Beiordnungsbeschluss setzt aber **entsprechende Erklärungen der Anwälte** voraus, sie kann **nicht von Amts wegen angeordnet** werden.[37] Wird sie – wie in der Praxis häufig – dennoch angeordnet und nicht vom Rechtsanwalt angefochten, ist sie aber im Vergütungsfestsetzungsverfahren nach §§ 45 ff. RVG bindend. Ordnet das Familiengericht einen zweiten Anwalt (ohne triftigen Grund für die Mandatsbeendigung) ohne eine ausdrücklich zu tenorierende vergütungsmäßige Einschränkung bei, stehen diesem uneingeschränkte Vergütungsansprüche zu. Lehnen der erste und zweite Anwalt eine Einschränkung ihrer Vergütungsansprüche ab, so hat die Beiordnung eines zweiten Rechtsanwaltes – bei vorheriger Mandatsbeendigung ohne triftigen Grund bei bereits entstandener anwaltlicher Verfahrens- und Terminsgebühr – zu unterbleiben.[38] Erfolgt die Einschränkung gleichwohl, so ist sie auf die Beschwerde des betroffenen Rechtsanwalts aufzuheben.

2. Notanwalt (Abs. 5)

12 Findet der bedürftige Beteiligte keinen zur Vertretung bereiten Anwalt, ordnet nach § 78 Abs. 5 FamFG das Familiengericht bzw. in höheren Rechtszügen der Senatsvorsitzende ihm auf Antrag einen zur Übernahme verpflichteten (vgl. § 48 Abs. 1 BRAO) Anwalt bei, **sog. Notanwalt**. Die Vorschrift hat in der Praxis keine nennenswerte Bedeutung. Denkbar sind Fälle im Rechtsbeschwerdeverfahren wegen der begrenzten Zahl von beim BGH zugelassenen Rechtsanwälten[39] oder aber auch bei querulatorischen Rechtssuchenden, die (auch) der Anwaltschaft hinreichend bekannt sind.

3. Beiordnung auswärtiger Anwälte (Abs. 3)

13 Gemäß § 78 Abs. 3 FamFG kann ein nicht in dem **Bezirk des Verfahrensgerichts** niedergelassener Rechtsanwalt nur beigeordnet werden, wenn hierdurch besondere Kosten – das Gesetz meint insoweit hier die Reisekosten des Rechtsanwaltes nach § 46 RVG – nicht entstehen. Die Anwendung der Vorschrift erfordert bei der Wahl eines nicht im Bezirk des Gerichts niedergelassenen Anwalts einen **Kostenvergleich**, bei dem diejenigen (Mehr-)Kosten, die dem auswärtigen Rechtsanwalt tatsächlich entstehen würden (Reisekosten, Tage- und Abwesenheitsgelder) denjenigen Kosten gegenüber gestellt werden, die entstehen würden, wenn die Kanzlei des Anwalts an dem **am weitesten vom Verfah-**

32 BGH NJW-RR 1992, 189; BFH/NV 2012, 954
33 OLG Nürnberg MDR 2003, 713; *Groß,* § 121 ZPO Rn. 5
34 BGH NJW-RR 1992, 189; Prütting/Helms/*Dürbeck*, § 78 FamFG Rn. 25
35 OLG Koblenz MDR 2015, 1077; OLG Brandenburg FamRZ 2002, 39; OLG Frankfurt a.M. MDR 1988, 501
36 OLG Hamm FamRZ 2010, 1268; OLG Celle FamRZ 2004, 1881; *Zimmermann,* Rn. 355
37 OLG Hamm FamRZ 2010, 1268; 2006, 1551; Zöller/*Geimer,* § 121 ZPO Rn. 35
38 BGH NJW-RR 1992, 189; Dürbeck/*Gottschalk*, Rn. 647
39 MüKo-FamFG/*Viefhues,* § 76 FamFG Rn. 34

rensgericht entfernten Ort des Bezirk des Instanzgerichts gelegen wäre.[40] Hier kann sich wegen der Größe eines OLG-Bezirkes daraus schon ergeben, dass tatsächlich keine Mehrkosten entstehen.[41]

Übersteigen die zusätzlichen Reisekosten die sonst gegebenen Kosten, erfolgt die Beiordnung auch **ohne ausdrücklich erklärtes Einverständnis** des Rechtsanwalts[42] nur **„zu den Bedingungen eines im Gerichtsbezirk niedergelassenen Rechtsanwalts"**, was die spätere Geltendmachung erhöhter Reisekosten ausschließt. In einem weiteren Schritt ist aber zu prüfen, ob dem Bedürftigen im Falle einer Beauftragung eines Rechtsanwaltes mit Sitz im Bezirk des Verfahrensgerichts nicht zusätzlich ein **Verkehrsanwalt** (mit Sitz an seinem Wohnort) nach § 78 Abs. 4 FamFG hätte beigeordnet werden müssen (zu den Voraussetzungen vgl. Rn. 20).[43] Ist dies der Fall, muss in einer **weiteren Vergleichsberechnung** ermittelt werden, ob die Mehrkosten des auswärtigen Anwalts – wie meist der Fall – unter denjenigen Kosten eines **fiktiv beigeordneten Verkehrsanwaltes** (vgl. Nr. 3400 VV RVG: 1,0 Gebühr) liegen. Liegt eine solche Konstellation vor, so ist streitig, ob der auswärtige Anwalt ohne Einschränkungen i.S.d. § 78 Abs. 3 FamFG beizuordnen ist[44] oder aber – wie von den Familiengerichten in der Praxis aus verständlichen Gründen der Vereinfachung bevorzugt – im Beiordnungsbeschluss auszusprechen ist, dass die Vergütung des auswärtigen Anwalts begrenzt wird auf die gesamte Vergütung, die durch die Beiordnung eines Verkehrsanwaltes entstehen würde.[45] Die zuletzt genannte Verfahrensweise ist vorzugswürdig, weil sie insbesondere auch dann einfach zu handhaben ist, wenn sich im Nachhinein höhere Mehrkosten des auswärtigen Anwalts (z. B. wegen der Durchführung mehrerer Termine) ergeben. 14

Die Praxis der Familiengerichte und der im Familienrecht tätigen Anwälte verfährt aber insoweit anders, als zunächst eine volle Beschränkung nach § 78 Abs. 3 FamFG für die Beiordnung des auswärtigen Anwalts ergeht und auch hingenommen wird, aber sodann unmittelbar vor oder im Termin zur mündlichen Verhandlung ein **unterbevollmächtigter, bezirksansässiger Terminsvertreter beigeordnet** wird, was der BGH unter den Voraussetzungen von § 78 Abs. 4 FamFG für zulässig hält[46] (vgl. Rn. 19 f.). Zu Unrecht wird dieser aber in der Praxis als Verkehrs- bzw. Korrespondenzanwalt i.S.d. § 78 Abs. 4 FamFG bezeichnet. Er ist in dieser Form vom Wortlaut der Vorschrift nicht umfasst. Dies offenbart, dass die Regelung der Beiordnung auswärtiger Rechtsanwälte in § 78 Abs. 3 und 4 FamFG völlig verfehlt ist und dringend einer gesetzgeberischen Anpassung an die Realitäten und Bedürfnissen der Praxis bedarf.[47] 15

Die **Vergütung des unterbevollmächtigten Terminsvertreters** richtet sich im Übrigen nach Nr. 3401, 3402 VV RVG (1,85 Gebühren im ersten Rechtszug), was insgesamt zu Mehrkosten von 0,65 Gebühren führt, wenn die Terminsgebühr nicht auch bei dem Hauptbevollmächtigten entstanden ist. 16

---

40 OLG Brandenburg MDR 2017, 791; FamRZ 2014, 230; OLG Frankfurt a.M. FamRZ 2009, 1615

41 Vgl. den Fall von OLG Bamberg NZFam 2014, 1103

42 BGH NJW 2006, 3783; OLG Karlsruhe FamFR 2010, 541; *Zimmermann,* Rn. 309: im Antrag liege ein konkludentes Einverständnis; a.A. OLG Zweibrücken FamRZ 2002, 107: nur bei ausdrücklichem Einverständnis

43 BGH NJW 2004, 2749; OLG Brandenburg BeckRS 2018, 32968

44 BGH FamRZ 2004, 1362; OLG Brandenburg FamRZ 2013, 548; OLG Frankfurt a.M. AGS 2010, 33; Horndasch/Viefhues/*Götsche,* § 78 FamFG Rn. 43

45 OLG Frankfurt MDR 2016, 234; OLG Dresden FamRZ 2008, 164; OLG Schleswig OLGR 2007, 576

46 BGH FamRZ 2004, 1362; OLG Frankfurt AGS 2016, 300; OLG Düsseldorf, Beschl. v. 27.2.2014 – II-1 WF 13/14 juris; a.A. BVerwG FamRZ 1994, 1138; OLG Celle FamRZ 2012, 1321

47 So auch PK Familienverfahrensrecht/*Finke,* § 78 FamFG Rn. 30; konsequent insoweit bei der Auslegung von § 78 Abs. 3 FamFG: OLG Celle FamRZ 2012, 1321: Beiordnung eines unterbevollmächtigten ortsansässigen Anwalts nicht vom Wortlaut gedeckt.

Eine dritte und einfach zu handhabende Variante besteht in der Möglichkeit der **Beauftragung einer Terminsvertreters durch den Hauptbevollmächtigten**, der mit diesem eine Vergütungsvereinbarung trifft, die maximal die Mehrkosten eines fiktiven Verkehrsanwalts betragen sollten. Nach Wahrnehmung des Termins erhält der Terminsvertreter die vereinbarte Vergütung durch den Hauptbevollmächtigten, der diese sodann als Auslagen nach § 46 Abs. 1, 5 RVG mit der Staatskasse abrechnet.[48]

17 Hat das Gericht in seinem Beiordnungsbeschluss eine nach § 78 Abs. 3 FamFG an sich notwendige Beschränkung unterlassen, ist der Kostenbeamte im späteren Vergütungsfestsetzungsverfahren nach §§ 45 ff. RVG daran gebunden und hat insbesondere die Reisekosten voll zu erstatten.[49]

18 Der eingeschränkt beigeordnete auswärtige Anwalt kann seine Reisekosten zur Teilnahme an Anhörungsterminen bis zur größtmöglichen Entfernung eines Ortes im Bezirk des Verfahrensgerichts zum Sitz des Verfahrensgerichts geltend machen.

4. Beweis- und Verkehrsanwalt (Abs. 4)

a. Beweisanwalt

19 Gemäß § 78 Abs. 4 FamFG kann dem Beteiligten, wenn besondere Umstände es erfordern, ein zur Vertretung bereiter Rechtsanwalt seiner Wahl zur Wahrnehmung eines **Termins zur Beweisaufnahme vor dem ersuchten Richter** beigeordnet werden. Sie kommt in Kindschaftssachen nur insoweit in Betracht, als eine persönliche Anhörung eines Elternteils nach § 160 FamFG, z. B. wegen großer Entfernung seines Wohnortes zum Familiengericht, vor dem ersuchten Richter stattfindet, was grundsätzlich zulässig,[50] wenngleich aus guten Gründen nicht üblich ist. Besondere Umstände können sich vor allem ergeben aus subjektiven Einschränkungen des Bedürftigen, einer schwierigen Sach- und Rechtslage oder besonderer Bedeutsamkeit der Beweiserhebung.[51]

b. Verkehrsanwalt

20 Ebenfalls bei Vorliegen besonderer Umstände kann nach § 78 Abs. 4 FamFG ein (zusätzlicher) **Verkehrsanwalt** (auch Korrespondenzanwalt genannt) beigeordnet werden **zur Vermittlung des Verkehrs** mit dem Verfahrensbevollmächtigten. Gemeint ist der Fall, dass der nicht im Bezirk des Gerichts wohnhafte Beteiligte einen Anwalt mit Sitz im Bezirk des Verfahrensgerichts beauftragt, es sich aber für ihn die Notwendigkeit ergibt, nicht nur telefonisch oder schriftlich mit diesem zu kommunizieren. Dem dient die Möglichkeit, dass der betroffene Beteiligte die Angelegenheit mit einem Verkehrsanwalt am Sitz seines Wohnortes persönlich bespricht und dieser sodann den Hauptbevollmächtigten informiert. Besondere Umstände können sich hier ebenfalls ergeben aus subjektiven Einschränkungen wie Alter und Krankheit,[52] die Bedeutung und Emotionalität für den Beteiligten, die vor allem bei Kindschaftssachen regelmäßig vorliegt,[53] oder die große Entfernung zum Gerichtsort.[54]

---

48 So *N. Schneider*, NZFam 2016, 1094
49 OLG Düsseldorf AGS 2014, 196; KG Rpfleger 2011, 217; OLG Düsseldorf FamRZ 2008, 1358
50 Keidel/*Engelhardt*, § 160 FamFG Rn. 13
51 Prütting/Helms/*Dürbeck*, § 78 FamFG Rn. 8
52 Keidel/*Zimmermann*, § 78 FamFG Rn. 17
53 OLG Dresden FamRZ 2008, 164; OLG Köln FamRZ 2008, 525; Johannsen/Henrich/*Markwardt*, § 121 ZPO Rn.29; a.A. Horndasch/Viefhues/*Götsche*, § 78 FamFG Rn. 56
54 OLG Karlsruhe FamRZ 2013, 1596; Prütting/Helms/*Dürbeck*, § 78 FamFG Rn. 11

C. Wirkung der Beiordnung

Die Beiordnung eines Rechtsanwaltes nach § 78 FamFG hat in dreifacher Hinsicht Auswirkungen auf die Rechtsverhältnisse zwischen Antragsteller, Staatskasse und denjenigen Beteiligten, denen die außergerichtlichen Kosten des bedürftigen VKH-Empfängers auferlegt wurden. **21**

- Im Verhältnis zum **eigenen Mandanten** bewirkt die Beiordnung, dass der Anwalt gemäß §§ 76 Abs. 1 FamFG, 122 Abs. 1 Nr. 3 ZPO die an sich entstandenen Wahlanwaltsgebühren gegen diesen solange nicht geltend machen kann, wie die VKH nicht aufgehoben ist.
- Gegenüber der Staatskasse besitzt der Rechtsanwalt gemäß §§ 45 ff. RVG einen Vergütungsanspruch bezüglich seiner Gebühren und Auslagen, wobei die Höhe der Gebühren nach § 49 RVG reduziert gegenüber den Wahlanwaltsgebühren (Auswirkung aber erst ab einem Verfahrenswert über 4.000,00 Euro) sind.[55] Erfüllt die Staatskasse den Vergütungsanspruch, geht der Vergütungsanspruch des Anwalts gegen den eigenen Beteiligten oder den erstattungspflichtigen anderen Beteiligten kraft Gesetzes gemäß § 59 RVG auf die Staatskasse über.
- Gegenüber dem kostenerstattungspflichtigen Gegner erhält der Anwalt gemäß §§ 76 Abs. 2 FamFG, 126 Abs. 1 ZPO ein eigenes Beitreibungsrecht, soweit er (hinsichtlich seiner Wahlanwaltsvergütung) noch nicht von der Staatskasse nach §§ 45 ff. RVG entschädigt wurde.[56]

§ 79 FamFG

(weggefallen)

---

55 Einzelheiten bei *Dürbeck/Gottschalk,* Rn. 883 ff.
56 Vgl. *Groß,* § 126 ZPO Rn. 1 ff.

Abschnitt 7
Kosten

§ 80 FamFG Umfang der Kostenpflicht

[1]Kosten sind die Gerichtskosten (Gebühren und Auslagen) und die zur Durchführung des Verfahrens notwendigen Aufwendungen der Beteiligten. [2]§ 91 Abs. 1 Satz 2 der Zivilprozessordnung gilt entsprechend.

Übersicht

Rn.
A. Allgemeines ... 1
I. Anwendungsbereich ... 1
II. Normzweck und Inhalt ... 2
B. Gerichtskosten ... 3
I. Vorschuss in Kindschaftssachen? ... 3
II. Begriff der Gerichtskosten ... 5
III. Gerichtsgebühren ... 6
1. Höhe und Fälligkeit ... 6
2. Verfahrenswertbestimmung ... 14
a. Allgemeines und Verfahren ... 14
b. Beschwerde ... 15
c. Kindschaftssachen nach § 45 Abs. 1 Nr. 1 bis 4 FamGKG ... 16
aa. Grundsätze ... 16
bb. Wertaddition? ... 17
cc. Abweichungen vom Regelwert ... 18
dd. Einstweiliges Anordnungsverfahren ... 20
d. Genehmigung einer Erklärung oder deren Ersetzung § 36 FamGKG ... 21
e. Übrige Kindschaftssachen nach § 46 FamGKG ... 22
f. Nicht von §§ 36, 45, 46 FamGKG erfasste Kindschaftssachen ... 23
IV. Gerichtliche Auslagen ... 24
V. Kostenhaftung ... 25
VI. Gerichtliches Verfahren zur Beitreibung der Gerichtskosten ... 27
1. Kostenansatz ... 27
2. Rechtsschutz ... 28
VII. Rechtsanwaltskosten ... 29
1. Begriff und Höhe ... 29
2. Geltendmachung der Anwaltskosten ... 33
a. Gegenüber dem Mandanten ... 33
b. Gegenüber anderen Beteiligten ... 34
c. Gegenüber der Staatskasse ... 35

A. Allgemeines

I. Anwendungsbereich

1 Die Vorschriften des 7. Abschnitts des FamFG in §§ 80-85 gelten nur für (selbständige) Familiensachen der freiwilligen Gerichtsbarkeit, also auch für alle nicht im Ehescheidungsverbund (§ 137 Abs. 3 FamFG) geführten **Kindschaftssachen** i.S.d. § 151 FamFG. Hier gelten diese Normen nicht nur im Hauptsacheverfahren, sondern über § 51 Abs. 4 FamFG auch im **einstweiligen Anordnungsverfahren** und über § 87 Abs. 5 FamFG im **Vollstreckungsverfahren**.

Nicht anzuwenden sind die §§ 80 ff. FamFG in Ehe- und Familienstreitsachen (§ 112 FamFG), hier gelten über 113 Abs. 1 Satz 2 FamFG die §§ 91 ff. ZPO bzw. Sonderregelungen des FamFG nach § 150 FamFG für die Ehescheidung oder § 243 FamFG in Unterhaltssachen auch betreffend den Kindesunterhalt einschließlich des vereinfachten Verfahrens nach §§ 249 ff. FamFG. Auch soweit Kindschaftssachen nach § 137 Abs. 3 FamFG auf Antrag im **Scheidungsverbund** geführt werden, ergeht eine einheitliche Kostenentscheidung über Scheidung und Folgesachen nach der spezielleren Kostennorm des § 150 FamFG.[1] Durch Schaffung des FamFG zum 1.9.2009 hat der Gesetzgeber den vormaligen Zustand der Zersplitterung des Kostenrechts im Bereich der zu den vormaligen Verfahren der freiwilligen Gerichtsbarkeit zählenden Kindschaftssachen (vgl. §§ 13a FGG a. F., 94 KostO a. F.) beendet und durch §§ 80 ff. FamFG das Verfahrensrecht in Bezug auf die Kosten harmonisiert.[2]

II. Normzweck und Inhalt

2 Entgegen des missverständlichen Wortlauts von § 80 FamFG („Umfang der Kostenpflicht") enthält die Vorschrift nicht Einzelheiten zur Frage der Haftung bzw. Erstattung von gerichtlichen oder außergerichtlichen Kosten. Satz 1 enthält vielmehr die im Kostenrecht übliche, § 162 Abs. 1 VwGO nachgebildete[3] **Definition der Kostenbegriffs**, unterteilt Gerichtskosten in Gebühren und Auslagen, wie sie im FamGKG erfolgt, sowie der zur Durchführung des Verfahrens **notwendigen Auslagen der Beteiligten**. § 80 Satz 2 FamFG verweist auf § 91 Abs. 1 Satz 2 ZPO und erklärt damit eigene Reisekosten und Verdienstausfall eines Beteiligten für die Wahrnehmung von Gerichtsterminen im Rahmen der Kostenfestsetzung für erstattungsfähig. Ein Verweis auf § 91 Abs. 2 ZPO, wonach die Rechtsanwaltskosten eines Beteiligten ausnahmslos zu erstatten sind, erfolgt nicht, so dass die **Notwendigkeit anwaltlicher Vertretung** im Kindschaftsverfahren i.S.d. § 80 Satz 1 FamFG stets im Kostenfestsetzungsverfahren zu prüfen ist (siehe näher hierzu *Dürbeck*, § 85 FamFG Rn. 6).

B. Gerichtskosten

I. Vorschuss in Kindschaftssachen?

3 Noch nicht abschließend geklärt ist in der Rechtsprechung die Frage, ob in Kindschaftssachen die verfahrenseinleitende Tätigkeit des Familiengerichts von der Zahlung eines **Vorschusses** an die Gerichtskasse für die Gerichtsgebühren durch den nicht Verfahrenskostenhilfe (vgl. § 15 Nr. 1 FamGKG) begehrenden Elternteil abhängig gemacht werden darf.[4] Gemäß § 14 Abs. 3 FamGKG soll in Familienverfahren der freiwilligen Gerichtsbarkeit, in denen der **Antragsteller die Kosten schuldet**, für das Verfahren im Allgemeinen keine gerichtliche Handlung vorgenommen werden. Nach § 21 Abs. 1 Satz 1 FamGKG schuldet in Verfahren, die **nur auf Antrag** eingeleitet werden, die Kosten gegenüber der Staatskasse, derjenige, der das Verfahren des Rechtszuges beantragt hat. Damit scheiden Antragstellerhaftung und Vorschusspflicht schon in allen Kindschaftsverfahren aus, die auch **von Amts wegen** nach § 24 FamFG eingeleitet werden können, so dass jedenfalls bei Umgangsverfahren,[5] Herausgabeverfahren nach § 151 Nr. 3 FamFG, Kindesschutzverfahren nach § 1666 BGB, Abänderungsverfahren nach § 166 FamFG, § 1696 BGB[6] und auch Vormundschaftsverfahren nach §§ 1643 Abs. 2, 1821 ff. BGB[7] Vorschüsse nicht gefordert werden dürfen.

4 **Reine Antragsverfahren**, für die allenfalls eine Vorschusspflicht diskutiert werden kann, sind dagegen vor allem Anträge von Elternteilen nach §§ 1626a Abs. 2, 1628 und 1671 Abs. 1 und 2 BGB und Umgangs- und Auskunftsverfahren nach §§ 1686, 1686a BGB, so

1 Prütting/Helms/*Helms*, § 150 FamFG Rn. 2
2 Zum Vergleich mit dem alten Recht: *Finke*, FPR 2010, 331
3 BT-Drucks. 16/6308, 215
4 Vgl. dazu ausführlich *H. Schneider*, FamRB 2012, 164
5 KG FamRZ 2019, 708; OLG Saarbrücken NJW 2012, 163; OLG Frankfurt a.M. ZKJ 2013, 127
6 KG FamRZ 2019, 708
7 BeckOK-BGB/*Veit*, § 1643 Rn. 12

dass vom Wortlaut her §§ 14 Abs. 3, 21 Abs. 1 Satz 1 FamGKG erfüllt sind. Das KG hat in einem Verfahren nach § 1671 BGB (a. F.) die Anforderung eines Vorschusses bei dem Antragsteller gebilligt.[8] Dem kann aber in dieser Form nicht zugestimmt werden. Auch die vorbezeichneten Antragsverfahren können im Einzelfall im Interesse des Kindeswohls besonderer Beschleunigung bedürfen, wie dies nach § 155 Abs. 1 und 2 FamFG etwa bei einem Streit der Eltern um den Aufenthalt des Kindes der Fall ist. Ob der andere Elternteil auch das Aufenthaltsbestimmungsrecht für das Kind begehrt, wird sich oft erst aus der Antragserwiderung ergeben, so dass bei Eingang der Antragsschrift weder Kostenbeamter noch Familienrichter die Eilbedürftigkeit des Verfahrens abschätzen können. Schon allein dieser Umstand rechtfertigt es, generell alle Kindschaftsverfahren von der Gerichtskostenvorschusspflicht auszunehmen,[9] rechtsdogmatisch kann dies in erweiternder Auslegung der Ausnahmeregelung des § 15 Nr. 3b FamGKG erreicht werden.[10]

II. Begriff der Gerichtskosten

5 § 80 Satz 1 FamFG unterteilt den Begriff der Gerichtskosten in Anlehnung an andere Verfahrensordnungen und auch Kostengesetze, insbesondere dem Gesetz über Gerichtskosten in Familiensachen[11] (FamGKG, vgl. dort § 1 Abs. 1 Satz 1), in die **Gerichtsgebühren** und die **Auslagen des Gerichts**. §§ 1 Abs. 1 Satz 1, 3 Abs. 2 FamGKG sehen vor, dass Gerichtskosten in diesem Sinne ausschließlich nur in den im Kostenverzeichnis (KV) der Anlage 1 zum FamGKG geregelten Fällen erhoben werden dürfen.

III. Gerichtsgebühren

1. Höhe und Fälligkeit

6 Für Kindschaftssachen hat der Gesetzgeber aus sozialpolitischen Erwägungen deutlich niedrigere Gerichtsgebühren als in anderen Familiensachen vorgesehen.[12] Nach der Vorbem. 1.3.1 Abs. 1 KV FamGKG sind Kindschaftssachen betreffend die Genehmigung der freiheitsentziehenden **Unterbringung** eines Minderjährigen und freiheitsentziehende Maßnahmen (§ 151 Nr. 6 und 7 FamFG), betreffend die **Pflegschaft für eine Leibesfrucht** (§§ 151 Nr. 5 FamFG, 1912 Abs. 1 BGB) und betreffend die **Aufgaben nach dem JGG** (§ 151 Nr. 8 FamFG) **gebührenfrei**.

7 Im Übrigen bestehen in Kindschaftssachen nach § 28 FamGKG **wertabhängige Gerichtsgebühren** (zur Wertbestimmung vgl. Rn. 13 ff.), deren Höhe zudem vom jeweiligen Instanzenzug abhängig ist. Für **erstinstanzliche Kindschaftssachen** (mit Ausnahme von **Vormundschaften und Pflegschaften**, für die nach Nr. 1310 Abs. 1 Nr. 1 bis 3, 1311-1313 KV FamGKG Sonderregelungen bestehen) entsteht nach der zum 1.8.2013 durch das 2. KostenrechtsmodernisierungsG[13] neu gefassten Nr. 1310 KV FamGKG eine **0,5 Verfahrensgebühr**. Bei einem nach § 45 Abs. 1 Nr. 1 bis 4 FamGKG anzunehmenden Regelverfahrenswert von 3.000,00 Euro ergibt sich nach der Berechnungsregelung in § 28 Abs. 1 FamGKG eine Gebühr für das (Hauptsache-) Verfahren im Allgemeinen in Höhe von 54,00 Euro.

7a In Sorgerechtssachen, in denen es zum (teilweisen) **Entzug des Sorgerechts** und Anordnung von **Vormundschaft oder Pflegschaft** kommt, bestimmt KV FamGKG Nr. 1310 Abs. 1 Nr. 3, dass Gerichtsgebühren insoweit nicht entstehen, weil diese für das Vormund-

---

8 KG AGS 2013, 195 mit Anm. *Volpert*
9 So im Erg. auch *Volpert*, FPR 2010, 327, 330; *Keske*, FPR 2012, 241
10 Staudinger/*Dürbeck*, § 1684 BGB Rn. 486; *Volpert*, FPR 2010, 327, 330
11 BGBl. I 2008 S. 2586
12 BT-Drucks. 16/6308, 311
13 BGBl. I 2013 S. 2586

schafts- bzw. Pflegschaftsverfahren nach Nr. 1311, 1312 erhoben werden. KV FamGKG Nr. 1310 Abs. 1 Nr. 3 ist dabei analog auf die Vormundschaft anzuwenden.[14]

8 Für **erstinstanzliche einstweilige Anordnungsverfahren** nach §§ 49 ff. FamFG sieht Nr. 1410 KV FamGKG in Kindschaftssachen eine Verfahrensgebühr von 0,3 vor, bei einem Regelverfahrenswert von 1.500,00 Euro (§§ 41, 45 FamGKG) ergeben sich Gerichtsgebühren in Höhe von 21,30 Euro. Keine gesonderten Gebühren werden nach § 4 FamGKG, Nr. 1310 Abs. 2 KV FamGKG für eine **Umgangspflegschaft** (§ 1684 Abs. 3 BGB) erhoben, sie sind kostenrechtlich Teil des betreffenden Umgangsverfahrens.[15] Zur Verfahrensgebühr nach Nr. 1310 FamGKG kann hinzukommen die besondere **0,25 Gebühr** von Nr. 1500 für den **Abschluss eines gerichtlichen Vergleichs über einen nicht gerichtlich anhängigen Gegenstand** (z.B. Abschluss einer gerichtlich gebilligten Umgangsvereinbarung im Rahmen eines Sorgerechtsverfahrens in erster Instanz; zur Frage der gerichtlichen Billigung einer Umgangsvereinbarung im Beschwerdeverfahren vgl. *Wegener*, § 156 FamFG Rn. 65 f.).

9 Für das **Beschwerdeverfahren** in Kindschaftssachen sieht Nr. 1314 KV FamGKG für Hauptsacheverfahren eine erhöhte Verfahrensgebühr von 1,0 vor (bei einem Beschwerdewert von 3.000: 108,00 Euro), für das **Rechtsbeschwerdeverfahren** beträgt sie nach Nr. 1316 VV FamGKG 1,5. Eine **Reduzierung der Verfahrensgebühr im Beschwerdeverfahren auf 0,5** erfolgt nach Nr. 1315 KV für den Fall der **Beendigung des gesamten Verfahrens ohne Endentscheidung**, wobei hier insbesondere die Beschwerderücknahme, die Antragsrücknahme und die vergleichsweise Erledigung des Verfahrens in Betracht kommen. Meist steht dem aber entgegen, dass das Oberlandesgericht noch eine Kostenentscheidung, z.B. nach Rücknahme der Beschwerde, zu treffen hat.[16] Eine **Reduzierung der Verfahrensgebühr** nach Nr. 1315 Abs. 2 KV FamGKG erfolgt nur dann, wenn die Beteiligten zuvor eine **Einigung über die Kostentragung** mitgeteilt haben oder eine Kostenübernahmeerklärung eines Beteiligten vorliegt.

10 Bei einer **Umgangsvereinbarung** im Beschwerdeverfahren hindert nach dem zum 1.8.2013 neu eingefügten Abs. 3 von Nr. 1315 KV FamGKG die Notwendigkeit, über die Billigung des Vergleichs nach § 156 Abs. 2 FamFG zu entscheiden, den Eintritt der Reduzierung der Verfahrensgebühr nicht. Für **Beschwerden betreffend einstweilige Anordnungsverfahren** in Kindschaftssachen (vgl. § 57 Satz 2 FamFG) beträgt die Verfahrensgebühr nach Nr. 1411 0,5. Betrifft die Beschwerde nach §§ 58 ff. FamFG lediglich die Kostenentscheidung (siehe näher hierzu *Dürbeck*, § 61 FamFG Rn. 5), so ist nicht Nr. 1314 KV FamGKG anwendbar, sondern es fällt eine Festgebühr nach Nr. 1912 KV FamGKG an.[17]

11 Nach zutreffender Auffassung sind **Vermittlungsverfahren** i.S.v. § 165 FamFG seit Inkrafttreten des FamFG nicht mehr gebührenbefreit.[18] Bleibt das Vermittlungsverfahren erfolglos und kommt es sodann zu einem neuen Umgangsverfahren nach § 151 Nr. 2 FamFG, so bestimmt § 165 Abs. 5 Satz 3 FamFG, dass die Kosten des Vermittlungsverfahrens als Teil der Kosten des nachfolgenden Verfahrens gelten. Streitig ist aber, ob diese Regelung bedeutet, dass die 0,5 Verfahrensgebühr nach Nr. 1310 KV FamGKG insgesamt nur einmal anfällt[19] oder aber – wie nach zutreffender Auffassung – zweimal anfällt.[20]

---

14 Vgl. *Dürbeck,* ZKJ 2016, 357 m.w.N.
15 HK-FamGKG/*Türck-Brocker,* § 4 Rn. 2
16 OLG Celle FamRZ 2012, 1969
17 *Keske*, FPR 2012, 241, 242; NK-GK/*H. Schneider,* KV FamGKG Nr. 1314–1315 Rn. 2
18 OLG Karlsruhe FPR 2012, 7; BeckOK-Streitwert/*Dürbeck*, Umgangsverfahren Rn. 10; *N. Schneider*, NZFam 2014, 906, 907; a.A. *Keske*, FPR 2012, 241, 246; Keidel/*Engelhardt,* § 165 FamFG Rn. 22
19 So *Horndasch* in: Horndasch/Viefhues, § 165 FamFG Rn. 17; HK-FamGKG/*Volpert,* Nr. 1310 KV Rn. 57
20 *N. Schneider,* Gebühren in Familiensachen, Rn. 2422

12 Werden Kindschaftssachen i.S.v. § 151 Nr. 1 bis 3 FamFG nach § 137 Abs. 3 FamFG dagegen – auf einen entsprechenden unverzichtbaren,[21] Antrag – im **Scheidungsverbund** geführt, so werden sie kostenrechtlich nicht selbständig behandelt, sondern sind **Teil des Kostenverbundes**. Die Gerichtsgebühr für das Ehescheidungsverfahren (2,0 Verfahrensgebühr nach Nr. 1110 KV FamGKG) wird nach § 44 Abs. 1 und 2 FamGKG aus einem **Gesamtverfahrenswert** aus der **Summe der Werte der Ehescheidung** (§ 43 FamGKG) und **aller im Verbund geführter Folgesachen** berechnet. Für **Kindschaftssachen** besteht hier die Besonderheit, dass sie nur mit **20% des Wertes der Ehescheidung** nach § 43 FamGKG, maximal aber mit jeweils 3000,00 Euro den Gesamtwert erhöhen.[22] Dies gilt auch dann, wenn sie mit der **Beschwerde nach §§ 58 ff. FamFG** angefochten werden, weil der Beschwerdewert nach § 40 Abs. 2 Satz 1 FamGKG nicht höher angesetzt werden darf als der Wert des ersten Rechtszugs.[23] Die Gegenansicht, die im Beschwerdeverfahren § 45 Abs. 1 FamGKG anwenden will[24] ist mit dem Gesetz nicht vereinbar. Werden zunächst im Verbund geführte Kindschaftssachen abgetrennt, so werden sie gemäß § 137 Abs. 5 Satz 2 FamFG sowohl in verfahrensrechtlicher als auch kostenrechtlicher Hinsicht[25] selbständig geführt und abgerechnet.

13 Die Verfahrensgebühr **entsteht** in erstinstanzlichen Kindschaftsverfahren, die nach § 23 FamFG nur auf Antrag eingeleitet werden können (also vor allem Sorgerechtsverfahren nach §§ 1671 Abs. 1 und 2, 1628, 1626a Abs. 2, 1686a BGB) mit der Einreichung des Antrages.[26] Bei den anderen Kindschaftssachen, die nach § 24 FamFG auch von Amts wegen eingeleitet werden können (z. B. §§ 1666, 1632, 1684 f. BGB), kommt es nicht auf den Eingang des Antrages bzw. der Anregung an, sondern auf die Verfahrenseinleitung durch das Familiengericht,[27] z. B. durch Anforderung eines Berichtes des Jugendamtes. Von der Frage der Entstehung der Gerichtsgebühren abzugrenzen ist deren **Fälligkeit**. Diese richtet sich nach § 11 FamGKG. Da in Kindschaftssachen gemäß § 81 Abs. 1 Satz 3 FamFG stets über die Kosten zu entscheiden ist, werden die Gerichtsgebühren nach § 11 Abs. 1 Nr. 1 FamGKG im Regelfall nach Erlass einer unbedingten Kostenentscheidung in der jeweiligen Instanz fällig, im Ausnahmefall nach § 11 Abs. 1 Nr. 2 FamGKG durch anderweitige Erledigung, z.B. durch einen Vergleich, der eine Kostenverteilung beinhaltet.

2. Verfahrenswertbestimmung

a. Allgemeines und Verfahren

14 Soweit in Kindschaftssachen nicht ein gebührenfreies Verfahren (z.B. Unterbringungssachen nach Vorbem. 1.3.1 Abs. 1 KV FamGKG) oder Festgebühren (z.B. Nr. 1912 KV FamGKG für eine isolierte Kostenbeschwerde) vorliegt und sich, wie bei Nr. 1310 KV FamGKG der Fall, die Gebühren gemäß § 3 FamGKG nach dem Verfahrenswert richten, sind die Familiengerichte nach § 55 Abs. 2 FamGKG zu einer (endgültigen) **Wertfestsetzung** verpflichtet, sobald eine **verfahrensabschließende Entscheidung** ergeht oder sich das Verfahren anderweitig erledigt. Bei Gebührenfreiheit oder Festgebühren verbietet sich dagegen in Ansehung der Gerichtskosten eine Wertfestsetzung und bei einem Verstoß ist die Wertfestsetzung auf eine Beschwerde hin aufzuheben.[28] Einer **vorläufigen**

---

21 OLG Dresden FamRZ 2015, 74
22 Vgl. dazu *Enders*, FPR 2012, 273, 275
23 OLG Saarbrücken AGS 2018, 572; OLG Frankfurt a.M. FamRZ 2015, 953; BeckOK-Streitwert/*Dürbeck*, „Verbund" Rn. 3.2
24 OLG Dresden RVGreport 2010, 472; OLG München AGS 2006, 249; HK-FamGKG/*N. Schneider*, § 40 Rn. 38 (§ 40 Abs. 2 Satz 2 FamGKG analog)
25 BeckOK-Streitwert/*Dürbeck*, „Verbund" Rn. 5
26 NK-GK/*H. Schneider*, KV FamGKG Nr. 1310 Rn. 15
27 HK-FamGKG/*Volpert*, Nr. 1310 KV FamGKG Rn. 34
28 OLG Nürnberg MDR 2019, 61; zur Kritik an der anderweitigen Praxis: *N. Schneider/Thiel*, NJW 2013, 25

Wertfestsetzung nach § 55 Abs. 1 Satz 1 FamGKG bedarf es in Kindschaftssachen nur, wenn nicht ein fester Wert nach dem FamGKG anzusetzen ist, was bei den Werten nach § 45 Abs. 1 Nr. 1-4 FamGKG aber grundsätzlich der Fall ist. Die Festsetzung des Wertes kann von dem Gericht, das sie getroffen hat oder vom Rechtsmittelgericht, das über ein Rechtsmittel in der Hauptsache, den Verfahrenswert, den Kostenansatz oder die Kostenfestsetzung zu entscheiden hat, gemäß § 55 Abs. 3 FamGKG **binnen sechs Monaten nach Rechtskraft** oder **anderweitiger Erledigung** (z.B. Vergleich) von Amts wegen geändert werden. Das bedeutet, dass z.B. auch das Oberlandesgericht i.R.d. Beschwerdeverfahrens berechtigt ist, binnen der in § 55 Abs. 3 FamGKG genannten Frist von Amts wegen den Verfahrenswert der ersten Instanz zu korrigieren. Dies gilt aber dann nicht, wenn das Familiengericht im ersten Rechtszug überhaupt keinen Wert festgesetzt hat.[29] Hier beginnt die 6-Monatsfrist überhaupt nicht zu laufen und die Wertfestsetzung ist durch die Vorinstanz nachzuholen.[30] Auch bei einer Rücknahme der Beschwerde kann das OLG den erstinstanzlichen Wert abändern.[31]

b. Beschwerde

Gemäß § 59 Abs. 1 Satz 1 FamGKG kann gegen den Beschluss des Familiengerichts, durch den der Verfahrenswert nach § 55 Abs. 2 FamGKG festgesetzt wurde, **Beschwerde** eingelegt werden, wenn der Wert des Beschwerdegegenstandes **200 Euro** übersteigt oder das Familiengericht wegen **grundsätzlicher Bedeutung** die Beschwerde **zugelassen** hat. Wertbeschwerden gegen Entscheidungen der Oberlandesgerichte sind nach § 59 Abs. 7 FamGKG **unanfechtbar**; hier verbleibt nur die Gegenvorstellung als außerordentlicher Rechtsbehelf.[32] Beschwerdeberechtigt sind im Rahmen von § 59 FamGKG die Verfahrensbeteiligten, soweit sie wertabhängige Gerichts- oder Rechtsanwaltskosten zu tragen haben. Zur Beschwerde berechtigt sind nach § 59 FamGKG grundsätzlich auch die Verfahrensbevollmächtigten, soweit sich die Gebühren für die eigene Tätigkeit nach dem gerichtlich bestimmten Wert orientieren (vgl. § 32 Abs. 1 und 2 RVG). Auch die Staatskasse ist zur Beschwerde berechtigt.[33] Die Wertbeschwerde ist nach § 59 Abs. 1 Satz 3 FamGKG binnen der **6-Monatsfrist** des § 55 Abs. 3 Satz 2 FamGKG (6 Monate nach Rechtskraft oder Erledigung der Hauptsache) einzulegen. Das Oberlandesgericht entscheidet nach §§ 59 Abs. 1 Satz 5, 57 Abs. 5 Satz 1 FamGKG grds. durch den **Einzelrichter**. Dieser kann nach §§ 59 Abs. 1 Satz 5, 57 Abs. 5 Satz 2 FamGKG das Verfahren auf den Senat übertragen, wenn die Sache besondere Schwierigkeiten tatsächlicher oder rechtlicher Art aufweist oder die Rechtssache grundsätzliche Bedeutung hat. Die Entscheidung des Oberlandesgerichts ist nach §§ 59 Abs. 1 Satz 5, 57 Abs. 7 FamGKG unanfechtbar, es besteht aber die Möglichkeit einer Gehörsrüge nach § 61 FamGKG oder einer Gegenvorstellung als außerordentlicher Rechtsbehelf. Das Beschwerdeverfahren ist nach § 59 Abs. 3 FamGKG **gerichtsgebührenfrei**, Nr. 1912 KV FamGKG gilt mithin nicht. Verfahrenskostenhilfe kann für das Beschwerdeverfahren mangels Rechtsgrundlage im FamGKG nicht bewilligt werden.[34] 15

c. Kindschaftssachen nach § 45 Abs. 1 Nr. 1 bis 4 FamGKG

aa. Grundsätze

Für Kindschaftssachen, die nach § 45 Abs. 1 Nr. 1 FamGKG die **Übertragung oder Entziehung der elterlichen Sorge** (§§ 1626a Abs. 2, 1671 Abs. 1 und 2, 1666, 1628, 1629 Abs. 2 Satz 3, 1630 Abs. 3, 1673 Abs. 2 Satz 3, 1678 Abs. 2, 1680 Abs. 2 und 3, 1681, 16

29 OLG Köln DGVZ 1986, 151; BeckOK-Streitwert/*Dürbeck*, „Verfahren der Wertfestsetzung" Rn. 5
30 BFH BB 1978, 1508; OLG Frankfurt a.M. BeckRS 2012, 07011
31 OLG Stuttgart NJW 2015, 421; BeckOK-Streitwert/*Dürbeck*, „Verfahren der Wertfestsetzung" Rn. 5
32 BGH NJW 2013, 470
33 OLG Düsseldorf MDR 2000, 789
34 OLG Düsseldorf JurBüro 2012, 534; a.A.: OLG Frankfurt NZFam 2017, 622; AGS 2016, 294

1751 Abs. 3, 1764 Abs. 4, 1696 BGB), nach Nr. 2 das **Umgangsrecht** (§§ 1684, 1685, 1686a, 1696 BGB), nach Nr. 3 das Recht auf **Auskunft über die persönlichen Verhältnisse des Kindes** (§§ 1686, 1686a BGB) und nach Nr. 4 die **Herausgabe des Kindes** (§ 1632 Abs. 1 und 4 BGB) betreffen, bestimmt § 45 Abs. 1 FamGKG einen Regelverfahrenswert von einheitlich 3000,00 Euro. Zu betonen ist, dass von § 45 Abs. 1 Nr. 1 FamGKG nicht sämtliche Sorgerechtsverfahren umfasst sind. Bei Vorhandensein **mehrerer Kinder** bestimmt § 45 Abs. 2 FamGKG, dass insoweit **keine Wertaddition** zu erfolgen hat.[35] Mehraufwand für das Gericht und die Verfahrensbevollmächtigten kann aber hier zu einer Werterhöhung nach § 45 Abs. 3 FamGKG führen, wenn z.B. die Kinder bei verschiedenen Elternteilen leben und unterschiedlichen Interessenlagen bestehen.

bb. Wertaddition?

17 Eine **Wertzusammenrechnung** nach § 33 Abs. 1 Satz 1 FamGKG findet auch dann nicht statt, wenn **beide Elternteile Anträge nach § 1671 Abs. 1 Nr. 2 BGB** stellen, weil es sich nach § 39 Abs. 1 Satz 3 FamGKG um dieselbe Sorgerechtsangelegenheit handelt.[36] Gleiches gilt für den Fall **widersprechender wechselseitiger „Anträge"** der Eltern in Verfahren nach § 1666 BGB.[37] Eine Addition nach § 33 Abs. 1 Satz 1 FamGKG findet aber statt, wenn das Gericht **ein Sorgerechtsverfahren mit einem Umgangsverfahren** nach § 45 Abs. 1 Nr. 2 FamGKG oder **Kindesherausgabeverfahren** nach § 45 Abs. 1 Nr. 4 FamGKG in einem einheitlichen Verfahren (ggf. nach einer Verbindung nach § 20 FamFG) führt.[38] Wird der Auskunftsanspruch des leiblichen, nicht rechtlichen Vaters nach § 1686a Abs. 1 Nr. 2 BGB im Verfahren kumulativ zum Umgangsrecht nach § 1686a Abs. 1 Nr. 1 BGB geltend gemacht, hat eine Wertaddition der Einzelwerte nach § 45 Abs. 1 Nr. 2 und 3 FamGKG gemäß § 33 Abs. 1 Satz 1 FamGKG zu erfolgen, so dass sich ein Gebührenverfahrenswert von 6.000 Euro ergibt.[39] Wird der Auskunftsanspruch **hilfsweise für den Fall der Nichtregelung des Umgangsrechts** geltend gemacht, gilt § 39 Abs. 1 Satz 2 FamGKG, so dass eine Addition dann erfolgt, wenn das Familiengericht über den hilfsweise gestellten Auskunftsantrag entschieden hat.[40] Zu keiner Wertaddition kommt es bei einer **subjektiven Beteiligtenhäufung**, wie sie etwa in Umgangssachen nach § 1685 BGB (zwei Großelternteile) oder in Sorgerechtssachen nach § 1666 BGB (zwei betroffene Elternteile) besteht.[41]

cc. Abweichungen vom Regelwert

18 Im Vordergrund der Gerichtspraxis steht bei Sorgerechtsverfahren nach § 45 Abs. 1 Nr. 1 FamGKG und Umgangsverfahren nach § 45 Abs. 1 Nr. 2 FamGKG die Frage, wann **Abweichungen vom Regelwert nach oben oder unten gemäß § 45 Abs. 3 FamGKG** vorzunehmen sind.[42] Nach § 45 Abs. 3 FamGKG kann das Familiengericht einen höheren oder niedrigeren Wert bestimmen, soweit der in Abs. 1 bestimmte Regelwert nach den besonderen Umständen des Einzelfalles unbillig ist. Umstände, die für eine **Erhöhung** des Regelwertes sprechen, sind eine **ungewöhnlich lange Verfahrensdauer**, **erheblicher Mehraufwand** für das Familiengericht und die Verfahrensbevollmächtigten, z.B. durch mehrere

---

35 OLG Frankfurt a.M. BeckRS 2014, 01628; OLG Karlsruhe ZKJ 2009, 174
36 OLG Bamberg FamRZ 2017, 1082; OLG Celle FamRZ 2012, 1746
37 OLG Schleswig FamRZ 2014, 237
38 *Vogel*, FPR 2010, 313, 314
39 OLG Frankfurt NZFam 2017, 1114
40 BeckOK-Streitwert/*Dürbeck*, „Auskunft" Rn. 2
41 BeckOK-Streitwert/*Dürbeck*, „Umgangsverfahren" Rn. 4a; im Erg. auch BGH NJW 2017, 2908; a.A.: OLG Brandenburg NJW-RR 2018, 584 zu § 1685 BGB
42 Ausführlich dazu: KG JurBüro 2014, 479; *Thiel/N. Schneider*, FPR 2010, 323

Anhörungstermine,[43] die Einholung eines **kinderpsychologischen Sachverständigengutachtens** in Verfahren nach § 1671 Abs 1 und 2 BGB.[44]

In Verfahren nach **§ 1666 BGB** stellen die Durchführung zweier Anhörungstermine und die Einholung eines Sachverständigengutachtens aber eher den Regelfall dar, hier ist nicht ohne Hinzutreten weiterer Umstände (z.B. Verfahrensdauer, Einholung eines Obergutachtens) eine Werterhöhung angezeigt. Eine erschwerte Kommunikation mit den Verfahrensbeteiligten, z.B. wegen **fehlender Deutschkenntnisse der Eltern und der Kinder** kann ebenfalls eine Werterhöhung indizieren.[45] Im Bereich der Vermögenssorge kann die Höhe des Kindesvermögens eine Werterhöhung erfordern.[46] In Umgangsverfahren können etwa schwerwiegende psychische Erkrankungen von Elternteilen[47] oder schwerwiegende Verfehlungen der Umgangsberechtigten (z.B. sexueller Missbrauch) eine Werterhöhung rechtfertigen, wenn sie das Verfahren und vor allem die Beweiserhebung nachhaltig erschwert haben. In **Verfahren nach § 1686a BGB** über Umgang oder Auskunft führt allein der Umstand, dass zur Klärung der **Abstammung des Kindes** ein Sachverständigengutachten eingeholt worden ist, nicht zu einer Erhöhung des Verfahrenswerts.[48]

Für eine **Absenkung** des Regelwertes sprechen dagegen das von Anfang an vorhandene **Einverständnis des anderen Elternteiles** bei einer Übertragung nach § 1671 Abs. 1 und 2 Nr. 1 BGB[49] oder die **Ablehnung der Beiordnung** eines Verfahrensbevollmächtigten im Rahmen der Verfahrenskostenhilfe nach § 78 FamFG mangels Schwierigkeit der Sach- und Rechtslage.[50] Auch der Umstand, dass lediglich ein begrenzter **Teilbereich** der elterlichen Sorge, wie z.B. die Vermögenssorge für das Kind, Gegenstand des Verfahrens ist, kann u.U. eine Herabsetzung des Wertes indizieren, zumindest wenn das Verfahren nicht umfangreich und schwierig ist.[51] Schließlich dürfte eine Absenkung des Regelwertes im Regelfall bei der Durchführung des **vereinfachten schriftlichen Verfahrens nach § 155a Abs. 2 und 3** FamFG bei der Begründung der gemeinsamen elterlichen Sorge für nicht eheliche Kinder in Betracht kommen, da das Verfahren ohne mündliche Erörterung und ohne großen Aufwand in beschleunigter Form durchgeführt wird.[52] 19

dd. Einstweiliges Anordnungsverfahren

Im Verfahren der **einstweiligen Anordnung** nach §§ 49 ff. FamFG beträgt der Verfahrenswert in den unter § 45 Abs. 1 FamGKG fallenden Kindschaftssachen gemäß § 41 FamGKG grundsätzlich **½ des Hauptsachewerts**, also 1500 Euro. Der Ansatz der vollen Werte des § 45 Abs. 1 FamGKG kommt auch dann nicht in Betracht, wenn die einstweiligen Anordnungen ein Hauptsacheverfahren entbehrlich machen, da das einstweilige Anordnungsverfahren seiner Natur nach auch im Bereich der Leistungsanordnungen nur auf eine vorläufige Regelung ausgerichtet ist und es den Beteiligten offen steht, eine endgültige Regelung in einem Hauptverfahren zu erreichen, ohne dass eine Bindung an die vorläufige Entscheidung im EA-Verfahren bestünde.[53] Es ist daher im Regelfall bei einer Verfahrensbeendigung durch eine gerichtliche Entscheidung eine Ermäßigung auf den halben 20

43 OLG Celle NZFam 2018, 528; KG FamRZ 2013, 723; OLG Schleswig FamRZ 2012, 241
44 OLG Celle NJW 2011, 1373; OLG Düsseldorf RVGreport 2011, 347; a.A. OLG Düsseldorf MDR 2015, 38; OLG Hamm FamRZ 2012, 1971
45 *Thiel/N. Schneider*, FPR 2010, 323
46 BeckOK-Streitwert/*Dürbeck*, „Sorgerechtsverfahren" Rn. 10a; FA-FamR/*Keske*, 17. Kap. Rn. 99
47 OLG Hamburg AGS 2010, 248
48 BeckOK-Streitwert/*Dürbeck*, „Umgangsverfahren" Rn. 6 ; a.A. *Keuter*, ZKJ 2014, 16
49 OLG Schleswig FamRZ 2012, 241
50 OLG Celle MDR 2012, 779
51 OLG Brandenburg JurBüro 2012, 589
52 *Dürbeck*, ZKJ 2013, 330 (334); a.A. jeweils ohne Begründung: OLG Karlsruhe NJW 2014, 3044; OLG Frankfurt a.M. FamRZ 2014, 852
53 OLG Stuttgart AGS 2010, 617

Wert vorzunehmen. Schließen die Beteiligten einen Vergleich, der z. B. das Sorge- oder Umgangsrecht nicht nur vorläufig, sondern endgültig regeln soll und legt das Gericht seiner Entscheidung den Vergleich zugrunde, ist der volle Wert nach §§ 41, 45 FamGKG nur für den für den Vergleichswert anzusetzen.[54]

20a Eine Wertfestsetzung ist dagegen dann nicht vorzunehmen, wenn das Oberlandesgericht als Beschwerdegericht über eine **einstweilige Anordnung gemäß § 64 Abs. 3 FamFG** zur vorläufigen Aussetzung der Vollziehung bzw. Wirksamkeit der angefochtenen Entscheidung entscheidet. Anders als einstweilige Anordnungen nach §§ 49 ff. FamFG sind solche nach § 64 Abs. 3 FamFG auch in kostenrechtlicher Hinsicht Teil des Hauptsacheverfahrens und lösen weder gesonderte Gerichts- noch Anwaltsgebühren aus (vgl. § 64 Rn. 8). Auch eine Kostenentscheidung ist daher nicht veranlasst.[55] Nur dann, wenn das Beschwerdegericht eine selbstständige, von der angefochtenen Entscheidung abgrenzbare einstweilige Anordnung nach §§ 49 ff. FamFG trifft, ist diese auch kostenrechtlich selbstständig und nach § 41 FamGKG gesondert zu bewerten.

d. Genehmigung einer Erklärung oder deren Ersetzung § 36 FamGKG

21 In Kindschaftssachen vorgesehene Fälle der **Erteilung einer richterlichen Genehmigung einer Erklärung** oder der **gerichtlichen Ersetzung einer Erklärung** existieren vor allem im Bereich des Sorge-, Vormundschafts- und Pflegschaftsrechts. Zu nennen sind die familiengerichtliche Genehmigung von Rechtsgeschäften für das Kind durch die sorgeberechtigten Eltern, Vormund oder Pfleger (§§ 1643 Abs. 1 und 2, 1821, 1822, 1915 BGB), die Genehmigung zum Betrieb eines Erwerbsgeschäfts nach § 112 BGB oder die Ersetzung der Genehmigung nach § 113 Abs. 3 BGB. § 36 FamGKG erfasst nur Fälle, in denen es um die **vermögensmäßigen Angelegenheiten des Kindes** geht. Die Fälle der Erteilung einer Genehmigung einer Erklärung oder deren Ersetzung in nicht vermögensrechtlichen Angelegenheiten, wie z. B. bei der Einbenennung nach § 1618 Satz 4 BGB, fallen unter die Auffangwertbestimmungsnorm des § 42 Abs. 2 und 3 FamGKG (vgl. Rn. 23). Der Wert für die gerichtliche Genehmigung einer Erklärung oder deren Ersetzung bestimmt sich nach § 36 Abs. 1 Satz 1 FamGKG in vermögensrechtlichen Angelegenheiten nach dem **Wert des der Genehmigung oder Ersetzung** zugrunde liegenden Geschäfts, also z.B. nach dem Wert eines Nachlasses (abzgl. Schulden) bei **Ausschlagung einer Erbschaft** für das Kind im Falle von § 1643 Abs. 2 BGB[56] oder nach dem Wert einer Wohnung bei einem **notariellen Kaufvertrag** im Falle von § 1821 Abs. 1 Nr. 1 BGB.[57] Für die Wertermittlung im Einzelnen verweist § 36 Abs. 1 Satz 2 FamGKG auf § 38 des **zum 1.8.2013 in Kraft getretenen GNotKG** und die für die Beurkundung geltenden besonderen Geschäftswert- und Bewertungsvorschriften des GNotKG.[58]

e. Übrige Kindschaftssachen nach § 46 FamGKG

22 Die Überschrift in § 46 FamGKG *„Übrige Kindschaftsverfahren"* ist missverständlich und suggeriert, dort seien alle von § 45 FamGKG nicht erfassten Kindschaftssachen der § 151 Nr. 1, 5 bis 9 FamFG geregelt. Von § 46 FamGKG werden jedoch grds. nur **vermögensrechtliche** Kindesangelegenheiten erfasst, die wiederum nicht bereits in §§ 45 Abs. 1 Nr. 1, 36 FamGKG geregelt sind. Eine Wertbestimmung enthält § 46 Abs. 2 FamGKG für **Pflegschaften betreffend einzelne Rechtshandlungen**. § 46 Abs. 1 FamGKG selbst verweist nur auf § 38 GNotKG und die für die Beurkundung geltenden besonderen Ge-

---

54 OLG Nürnberg FamRZ 2011, 756
55 BGH FGPrax 2010, 102
56 OLG Zweibrücken FamRZ 2019, 1084; OLG München FamRZ 2013, 904
57 OLG Hamm FamRZ 2014, 1222
58 Vgl. dazu *Diehn*, DNotZ 2013, 406; *Keske*, FuR 2013, 546

schäftswert- und Bewertungsvorschriften des GNotKG, die aber ihrerseits keine eigenständige Bewertungsvorschrift für die hier im Raum stehenden Fälle enthalten. Darüber hinaus erfasst § 46 Abs. 1 FamGKG lediglich solche Kindschaftsverfahren, die die **Vermögenssorge** betreffen, allerdings auch dann wegen des Vorrangs von § 45 Abs. 1 Nr. 1 FamGKG nicht, wenn es um die Übertragung der Vermögenssorge nach § 1671 Abs. 2 BGB oder deren Entzug nach § 1666 BGB geht.[59] Für alle von §§ 45, 46, 36 FamGKG nicht erfassten Kindschaftssachen nicht vermögensrechtlicher Art ist auf die Auffangregelung in **§ 42 Abs. 2 und 3 FamGKG** zurückzugreifen (*vgl. dazu Rn. 23*).

f. Nicht von §§ 36, 45, 46 FamGKG erfasste Kindschaftssachen

Nicht von §§ 45 Abs. 1 Nr. 1, 46 Abs. 1 und 2, 36 FamGKG erfasste Angelegenheiten des **23**
Kindes **nichtvermögensrechtlicher Art**, wie z.B. Verfahren in Fragen betreffend die Ersetzung der Einwilligung eines Elternteiles in die **Einbenennung** nach § 1618 Satz 4 BGB, die Genehmigung der (erstmaligen) **Religionsbestimmung für das Pflegekind** durch den Vormund/Pfleger gemäß § 3 Abs. 2 RKEG oder die Erteilung einer familiengerichtlichen Genehmigung für die Beantragung einer **Namensänderung** gemäß § 2 NamÄndG sind **nach § 42 Abs. 2 und 3 FamGKG** zu bewerten, soweit für sie Wertgebühren anfallen. Dies gilt auch für die Bewertung von **HKÜ-Verfahren**, die insbesondere nicht unter § 45 Abs. 1 Nr. 4 FamGKG fallen.[60]

Nach § 42 Abs. 2 FamGKG ist bei nichtvermögensrechtlichen Angelegenheiten der Wert unter Berücksichtigung aller Umstände des Einzelfalles, insbesondere des **Umfanges und der Bedeutung der Sache** und der **Einkommens- und Vermögensverhältnisse der Beteiligten** nach **billigem Ermessen** zu bestimmen, wobei als **Höchstwert 500.000,00 Euro** anzunehmen sind. Nach § 42 Abs. 3 FamFG ist der Wert dann auf **5.000,00 Euro** festzusetzen, falls keine hinreichenden Anhaltspunkte i.S.d. Kriterien von § 42 Abs. 2 FamGKG vorliegen.[61] Hierbei ist aber auch die Bewertung von Kindschaftssachen nach § 45 Abs. 1 FamGKG (3000,00 Euro) mit zu berücksichtigen.[62]

Keiner Bewertung in Ansehung der Gerichtskosten bedürfen **gebührenfreie Kindschaftsverfahren** wie Unterbringungsverfahren nach § 151 Nr. 6 und 7 FamFG (Vorb. 1.3.1 Abs. 1 Nr. 2 KV FamGKG) und Verfahren betreffend Aufgaben nach dem JGG nach § 151 Nr. 8 FamFG (KV Vorb. 1.3.1. Nr. 3 FamGKG) und solche Kindschaftssachen, in denen **Festgebühren** vorgesehen sind, wie sie bei Vormundschaften und Dauerpflegschaften (Nr. 1311 KV FamGKG) vorgesehen sind.

59 *Hartmann/Toussaint/Zevier*, Kostengesetze, § 46 FamGKG Rn. 1; a.A. *Vogel*, FPR 2010, 313, 315
60 OLG Bremen NJW-RR 2013, 1351; OLG Düsseldorf FamRZ 2011, 1575; OLG Nürnberg FamRZ 2010, 1575; a.A. OLG Hamm NJW-RR 2013, 69; OLG Stuttgart FamRZ 2012, 238; OLG Karlsruhe FamRZ 2012, 468; FamRZ 2015, 1627
61 OLG Nürnberg NZFam 2014, 619
62 OLG Frankfurt a.M. NJW 2014, 3111; OLG Koblenz FamRZ 2014, 1122

Übersicht: Gebührenverfahrenswert

⇩

Festsetzung

von Amts wegen, falls die Höhe der Gerichtskosten wertabhängig sind

oder

auf Antrag zur Wertbestimmung der anwaltlichen Tätigkeit nach § 33 RVG

⇩

Unterscheidung Hauptsache und einstweiliges Anordnungsverfahren (e.A.)
⇨ Für e.A. ½ Wert, § 41 FamGKG

HÖHE DES VERFAHRENSWERTES IN EINZELNEN KINDSCHAFTSSACHEN:

1. § 45 FamGKG: Regelwert 3.000,00 Euro für Kindschaftssachen der Übertragung oder Entziehung des Sorgerechts, des Umgangsrechts, des Rechts auf Auskunft über das Kind oder Kindesherausgabe

(A u s n a h m e: Erhöhung oder Absenkung des Regelwertes bei besonderen Umständen)

2. § 36 FamGKG bei Genehmigung einer vermögensrechtlichen Erklärung oder deren Ersetzung: Verkehrswert des Grundgeschäfts i.V.m. GNotKG

3. § 46 FamGKG übrige vermögensrechtliche Kindschaftssachen: Bestimmungen des GNotKG

4. Sonstige Kindschaftssachen (z.B. Verfahren nach dem HKÜ) : § 42 FamGKG
im Zweifel 5.000,00 Euro

IV. Gerichtliche Auslagen

Die erstattungspflichtigen **Auslagen des Familiengerichts** sind in Teil 2 KV FamGKG Nr. 2000-2015 abschließend geregelt. Zu nennen sind insoweit **pauschale Aufwendungen** für die Herstellung und Überlassung von **Dokumenten** (Nr. 2001 KV), Aufwendungen für vom Gericht veranlasste **Zustellungen** (Nr. 2002 KV), für die **Versendung der Akten** (Nr. 2003), für die **Entschädigung von Zeugen, Sachverständigen und Dolmetschern** nach dem JVEG (Nr. 2005), **Reisekosten von Gerichtspersonen** für Handlungen außerhalb der Gerichtsstelle (z. B. Kindesanhörung bei einer Unterbringung in einer Klinik, Nr. 2006 KV) und in Kindschaftssachen vor allem Aufwendungen für die **Vergütung des Verfahrensbeistandes** (Nr. 2013 KV) und des **Umgangspflegers** (Nr. 2014 KV). Zu den gerichtlichen Auslagen gehören nunmehr auch Aufwendungen für die **Begleitung des Umgangs**, wenn diese Aufgabe dem berufsmäßigen Umgangspfleger übertragen worden ist, was der BGH für zulässig hält (vgl. *Gottschalk*, § 1684 BGB Rn. 61).[63] 24

Für die gebührenfreien Kindschaftssachen nach § 151 Nr. 6-8 FamFG werden mit Ausnahme der Kosten für den Verfahrensbeistand keine Auslagen erhoben (vgl. Vorbem. 2 Abs. 3 KV). In den gebührenfreien Beschwerdeverfahren gilt dies aber nur, wenn das OLG sie nicht dem Gegner auferlegt hat (Vorbem. 2 Abs. 1 KV).[64]

V. Kostenhaftung

Ebenfalls im FamGKG geregelt ist die Frage, wer gegenüber der Staatskasse für die Gerichtskosten einzustehen hat. Hier ist zunächst derjenige Beteiligte zu nennen, dem durch die familiengerichtliche Entscheidung die Kosten des Verfahrens nach Maßgabe von §§ 81 ff. FamFG auferlegt worden sind (sog. **Entscheidungsschuldner**, § 24 Nr. 1 FamGKG). Die Gerichtskosten schuldet darüber hinaus derjenige, der durch eine von ihm abgegebene Erklärung die Kosten übernommen hat (sog. **Übernahmeschuldner**, § 24 Nr. 2 FamGKG). Hauptanwendungsfall ist hier die im verfahrensbeendigenden **Vergleich** getroffene Kostenregelung zwischen den Beteiligten.[65] Solche Fälle sind in Kindschaftssachen aber zum einen selten und zum anderen allenfalls dann gegeben, wenn das Verfahren nur auf Antrag eingeleitet werden kann. Darüber hinaus müssen die Beteiligten über den Verfahrensgegenstand verfügen können, was z. B. in einem Antragsverfahren nach § 1671 Abs. 1 und 2 BGB regelmäßig nicht der Fall ist, da nur das Familiengericht das Sorgerecht übertragen kann. Im Regelfall bedarf es in Kindschaftssachen zwingend einer Kostenentscheidung (§ 81 Abs. 1 Satz 3 FamFG). Denkbar wäre eine durch Vergleich getroffene Kostenübernahme hingegen, wenn im Rahmen eines Verfahrens nach § 1671 Abs. 1 BGB vergleichsweise geregelt wird, dass es bei dem gemeinsamen Sorgerecht verbleiben soll und eine hälftige Teilung der Gerichtskosten zwischen den Eltern vereinbart wird. Hier bedarf es keiner abschließenden gerichtlichen Entscheidung über den Verfahrensgegenstand und die Kosten. 25

Bedeutsam ist schließlich noch die Regelung in § 21 Abs. 1 S, 1 FamGKG, wonach in **reinen Antragsverfahren**, derjenige als **Veranlasser** für die Kosten haftet, der das Verfahren des jeweiligen Rechtszuges beantragt hat. In der ersten Instanz betrifft dies nur diejenigen Kindschaftssachen, die ausschließlich auf Antrag eines Beteiligten eingeleitet werden können, wie z. B. Verfahren nach §§ 1671 Abs. 1 und 2, 1626a Abs. 2, 1686, 1686a BGB.[66] Da zweitinstanzliche Verfahren nicht von Amts wegen eingeleitet werden können, 26

63 BGH ZKJ 2019, 143; *Dürbeck*, ZKJ 2019, 141, 143
64 Zu weiteren Auslagen vgl. *Keske*, FPR 2012, 241, 248
65 Zum Problem der Haftung bei Bewilligung von Verfahrenskostenhilfe: *Dürbeck/Gottschalk*, Rn. 766 ff.
66 Weitere Beispiele bei NK-GK/*H. Schneider*, § 21 FamGKG Rn. 29

sondern der Einlegung einer Beschwerde bedürfen, kommt für die Gerichtskosten des Beschwerdeverfahrens dagegen immer eine Kostenhaftung des Beschwerdeführers nach § 21 Abs. 1 FamGKG in Betracht. Mehrere Kostenschuldner haften nach § 26 Abs. 1 FamGKG grundsätzlich als **Gesamtschuldner**. Soweit ein Kostenschuldner nach § 24 Nr. 1 und 2 FamGKG als Erstschuldner haftet, soll aber die Haftung eines anderen Schuldners (sog. Zweitschuldner, vor allem der Veranlasser nach § 21 Abs. 1 FamGKG) nur dann in Anspruch genommen werden, wenn eine Zwangsvollstreckung in das bewegliche Vermögen des Erstschuldners erfolglos geblieben ist oder aussichtslos erscheint (§ 26 Abs. 2 Satz 1 FamGKG).[67]

VI. Gerichtliches Verfahren zur Beitreibung der Gerichtskosten

1. Kostenansatz

27 Der Kostenansatz bei den Gerichtskosten erfolgt durch den **Kostenbeamten**. Der notwendige Inhalt der Kostenrechnung ist in § 27 KostVfg geregelt und soll dem Schuldner die erforderliche Transparenz zur Überprüfung des Kostenansatzes ermöglichen.[68]

2. Rechtsschutz

28 Gegen den Kostenansatz kann der von der Staatskasse in Anspruch genommene Schuldner nach § 57 Abs. 1 Satz 1 FamGKG **Erinnerung** einlegen. Es entscheidet darüber der Richter (bei dem OLG der Einzelrichter nach § 57 Abs. 5 FamGKG) des jeweiligen Rechtszuges. Gegen die Entscheidung des Familienrichters betreffend Kosten des ersten Rechtszuges kann nach § 57 Abs. 2 FamGKG **Beschwerde** zum Oberlandesgericht eingelegt werden, wenn der Beschwerdegegenstand 200,00 Euro übersteigt oder wenn sie der Familienrichter wegen der grundsätzlichen Bedeutung der Angelegenheit zugelassen hat. Gemäß § 57 Abs. 6 FamGKG haben Erinnerung und Beschwerde grundsätzlich keine aufschiebende Wirkung. Entscheidungen des Oberlandesgerichts sind in jedem Fall gemäß § 57 Abs. 7 FamGKG unanfechtbar. Erinnerungs- und Beschwerdeverfahren sind nach § 57 Abs. 8 Satz 1 FamGKG gebührenfrei, nach Satz 2 werden (außergerichtliche Kosten) nicht erstattet. Nicht gerügt werden kann im Verfahren der Erinnerung oder Beschwerde nach § 57 FamGKG, dass der Verfahrenswert zu hoch angesetzt worden sei.[69] Innerhalb der 6-Monatsfrist des § 55 Abs. 3 Satz 2 FamGKG ist der Familienrichter oder der Einzelrichter des jeweiligen Senates aber berechtigt, nach § 55 Abs. 3 Satz 1 FamGKG den festgesetzten Wert abzuändern. Eine Erinnerung gegen den Kostenansatz kann z.B. dann begründet sein, wenn zu Unrecht ein Verfahrensbeistand nach § 158 Abs. und 2 FamFG[70] oder nach § 174 FamFG[71] bestellt worden ist.

VII. Rechtsanwaltskosten

1. Begriff und Höhe

29 Die Frage, ob und welche Vergütung der Beteiligte eines Kindschaftsverfahrens dem von ihm für das Verfahren beauftragten Rechtsanwalt schuldet, richtet sich nach dem RVG. Einzelheiten hierzu können an dieser Stelle nicht dargestellt werden, es ist hier speziell im Bereich der Familiensachen etwa auf die Werke von *N. Schneider*[72] und *Jungbauer*[73] zu verweisen. Wie das FamGKG unterteilt auch das RVG die Anwaltskosten in die Gebühren des Rechtsanwalts für seine Tätigkeit und seine Auslagen. Nach § 2 Abs. 1 RVG bestimmt

67 OLG Celle JurBüro 2018, 534
68 Vgl. OLG Schleswig SchlHA 2012, 111; weitere Einzelheiten bei HK-FamGKG/*Volpert*, § 18 Rn. 5 ff.
69 HK-FamGKG/*Volpert*, § 57 Rn. 9
70 OLG Karlsruhe Rpfleger 2019, 111
71 OLG Celle JurBüro 2018, 534
72 Gebühren für Familiensachen, 2009
73 Abrechnung in Familiensachen, 4. Aufl., 2017

sich die Höhe einer Gebühr – vorbehaltlich einer grundsätzlich zulässigen Honorarvereinbarung, vgl. § 3a RVG – nach dem Wert des Gegenstandes der anwaltlichen Tätigkeit. Dieser Wert entspricht im Regelfall dem für die Gerichtsgebühren vom Familiengericht festgesetzten Wert (§§ 23 Abs. 1, 32 Abs. 1 RVG), so dass etwa bei einem Umgangsverfahren der nach § 45 Abs. 1 Nr. 2 FamGKG für die Gerichtskosten festgesetzte Wert von 3.000,00 Euro dem Wert der anwaltlichen Tätigkeit entspricht. Nur soweit vom Familiengericht kein Wert für die Gerichtskosten festzusetzen ist, z. B. weil das Verfahren gerichtsgebührenfrei ist, keine Gerichtskosten erhoben werden oder Festgebühren, wie sie im Verfahren der sofortigen Beschwerde oder in Dauervormundschaften bestehen, ist der Wert der anwaltlichen Tätigkeit auf Antrag nach §§ 32 Abs. 2, 33 RVG vom Familiengericht gesondert festzusetzen.[74]

Für die Vertretung des Beteiligten im (isolierten) Kindschaftsverfahren erhält der Rechtsanwalt nach Nr. 3100 VV RVG zunächst eine **1,3 Verfahrensgebühr**. Hinzukommt für die regelmäßige Wahrnehmung eines gerichtlichen Anhörungstermins nach Nr. 3104 VV RVG eine **1,2 Terminsgebühr**, so dass sich in einer Kindschaftssache nach § 151 Nr. 1 bis 3 FamFG regelmäßig – auch für den im Rahmen der Verfahrenskostenhilfe beigeordneten Rechtsanwalt, für den nach § 49 RVG erst ab einem Wert von 4.000,00 Euro niedrigere Gebühren bestehen – Anwaltsgebühren in Höhe von netto 502,50 Euro (vgl. Tabelle Anlage 2 zu § 13 Abs. 1 Satz 3 RVG) ergeben. Hinzukommen kann in Kindschaftssachen noch nach Nr. 1000, 1003 VV RVG eine **1,0 Einigungsgebühr** (201 Euro netto bei einem Wert von 3.000 Euro) für die Mitwirkung beim Abschluss eines „Vertrages" im Sinne eines gerichtlichen Vergleichs. Vor Inkrafttreten des 2. Kostenrechtsmodernisierungsgesetzes zum 31.8.2013 war streitig, ob bei einer Einigung über das Sorge- oder Umgangsrecht mangels Verfügungsbefugnis der Beteiligten überhaupt die Einigungsgebühr für den Rechtsanwalt entstehen kann..[75] In Abs. 2 von Nr. 1003 VV RVG ist jedoch nunmehr vom Gesetzgeber klargestellt worden, dass die Gebühr in Kindschaftssachen auch für die Mitwirkung am Abschluss eines gerichtlich noch zu billigenden Vergleichs (§ 156 Abs. 2 FamFG) und an einer Vereinbarung, über dessen Gegenstand nicht vertraglich verfügt werden kann, entsteht, wenn hierdurch eine gerichtliche Entscheidung entbehrlich wird oder wenn die Entscheidung der Vereinbarung folgt. Letztere Voraussetzungen sind bei einem Verfahren nach § 1666 BGB nicht denkbar[76] Zweifelhaft ist heute vor allem noch die Frage, ob die Einigungsgebühr auch für die Mitwirkung an einem **Zwischenvergleich**, wie er nicht häufig in Umgangssachen geschlossen wird (z. B. vorläufige Ferienregelung), entsteht.[77] Bejaht man das Entstehen der anwaltlichen Einigungsgebühr ist als Wert der anwaltlichen Tätigkeit für den Abschluss der Zwischenvereinbarung naturgemäß nicht der volle Hauptsachewert anzusetzen, sondern nur ein Bruchteil hiervon.[78] Ein häufiger Streitpunkt stellen darüber hinaus gerichtliche Vergleiche in Kindschaftssachen (z. B. Sorgerecht) dar, in denen ein anderer Verfahrensgegenstand (z. B. Umgang) in einem sog. **Mehrvergleich** mitgeregelt wird. Hier entsteht für den Wahlanwalt unzweifelhaft hinsichtlich der Umgangssache eine 0,8 Differenzverfahrensgebühr nach Nr. 3101 Nr. 2 VV RVG (begrenzt nach § 15 Abs. 3 RVG auf 1,3 aus 6.000), eine 1,5 Einigungsgebühr nach Nr. 1000 VV RVG (begrenzt nach § 15 Abs. 3 RVG auf 1,5 aus 6000) und insgesamt eine erhöhte Terminsgebühr von 30

74 Einzelheiten zum Verfahren: BeckOK Streitwert/*Dürbeck*, „Verfahren der Wertfestsetzung" Rn. 13
75 Vgl. zum früheren Streitstand,: *Jungbauer*, § 4 Rn. 280 f.
76 OLG Brandenburg AGS 2019, 268; OLG Saarbrücken NZFam 2014, 1001
77 Vgl. etwa: sehr weitgehend zu einer Umgangszwischenvereinbarung OLG Celle AGS 2015, 446; OLG Zweibrücken AGS 2014, 269 mit Anm. *Thiel* und *N. Schneider*, und OLG Saarbrücken NJW-RR 2012, 522; enger zum Umgang OLG Köln FamRZ 2009, 714, und KG FamRZ 2011, 191, restriktiv zum Sorgerecht OLG Hamm JurBüro 2013, 242; vgl. auch die Zusammenfassung von *Thiel*, AGS 2014, 270, und *Jungbauer*, § 4 Rn. 289 ff.
78 Etwa analog § 41 FamGKG ½ des Hauptsachewerts, vgl. OLG Celle AGS 2015, 446; *N. Schneider*, AGS 2014, 272

1,2 aus 6.000 (Nr. 3104 Abs. 1 und 2 VV RVG, 15 Abs. 5 Satz 1 RVG). Höchst umstritten war in der Vergangenheit aber, ob auch der Rechtsanwalt, der nach § 78 FamFG im Rahmen der Verfahrenskostenhilfe – außerhalb einer Ehesache, hier stellt sich das Problem nicht mehr, vgl. dazu § 48 Abs. 3 Nr. 3 und 4 RVG – beigeordnet war, die erhöhten Gebühren (Verfahrendifferenzgebühr und erweiterte Terminsgebühr) ebenfalls für die – im vorstehenden Beispiel „mitverglichene" Umgangssache – von der Staatskasse beanspruchen kann. Der BGH hat die Frage entgegen der vormaligen h.M. bejaht.[79] Schließlich kann nach Nr. 1010 VV RVG auch in Kindschaftssachen die zum 1.8.2013 neu eingeführte **0,3 Zusatzgebühr für besonders umfangreiche Beweisaufnahmen** entstehen, wenn mindestens drei Beweisaufnahmetermine stattgefunden haben, in denen Zeugen oder Sachverständige vernommen worden sind, was in schwierigen Verfahren nach § 1666 BGB durchaus vorkommen kann. Im **Ehescheidungsverbund** nach Maßgabe von § 137 Abs. 3 FamFG als Folgesachen geführte Kindschaftssachen gelten auch in Bezug auf die Anwaltsgebühren nicht als selbstständig, sondern nach § 16 Nr. 4 RVG als eine Angelegenheit. Die wertabhängige Berechnung der Anwaltsgebühren erfolgt nach § 23 Abs. 1 Satz 1 RVG wie bei den Gerichtsgebühren im Rahmen einer begrenzten Addition der Einzelwerte von Ehescheidung und aller Folgesachen (vgl. Rn. 7 und § 44 Abs. 2 FamGKG). Im Übrigen gilt beim **Wert des Gegenstands der anwaltlichen Tätigkeit** eine Besonderheit bei einem (teilweise) Entzug des Sorgerechts nach § 1666 BGB und der Anordnung von Vormundschaft bzw. Pflegschaft im ersten Rechtszug. Da es sich gebührenrechtlich um verschiedene Gegenstände handelt, ist nach § 23 Abs. 1 Satz 2 RVG, § 33 FamGKG eine Wertaddition vorzunehmen,[80] so dass sich im Regelfall der Wert für die Anwaltsgebühren auf 6.000 Euro beläuft, was in der Praxis wenig bekannt ist.

31 Im **Beschwerdeverfahren** nach §§ 58 ff. FamFG erhält der Rechtsanwalt nach Nr. 3200 RVG eine **1,6 Verfahrensgebühr**, die **Terminsgebühr** beläuft sich auch hier auf **1,2** (vgl. Nr. 3202 VV RVG). Trifft das Oberlandesgericht eine Entscheidung ohne erneute persönliche Anhörung der Beteiligten nach **§ 68 Abs. 3 Satz 2 FamFG**, entsteht die Terminsgebühr für die Anwälte nicht, da § 68 Abs. 3 FamFG in Nr. 3202 Abs. 2 VV RVG nicht erwähnt ist.[81]

32 Zu den Gebühren des Rechtsanwalts kommen seine (erstattungsfähigen) **Auslagen** hinzu. Diese sind in Teil 7 Nr. 7000 ff. VV RVG geregelt. Zu nennen sind **pauschale Aufwendungen** für die Herstellung und Überlassung von **Dokumenten** (Nr. 7000 VV), Entgelte für **Post- und Telekommunikationsdienstleistungen** (Nr. 7001, 7002) und **Fahrtkosten**, Tage- und Abwesenheitsentgelt (Nr. 7003 bis 7006). Häufig wird hier nur die **Pauschale von 20,00 Euro** nach Nr. 7002 VV RVG abgerechnet. Hinzukommt schließlich noch die **Umsatzsteuer** in Höhe von 19% auf Gebühren und Auslagen (Nr. 7008 VV RVG).

2. Geltendmachung der Anwaltskosten

a. Gegenüber dem Mandanten

33 Der Anspruch des Rechtsanwalts gegenüber dem Mandanten auf Zahlung der vereinbarten Vergütung ergibt sich aus dem Anwaltsvertrag. Bereits vor Fälligkeit des Anspruchs kann der Wahlanwalt einen **Vorschuss** nach § 9 RVG verlangen. Nach Fälligkeit (§ 8 RVG) kann der Rechtsanwalt nach **§ 11 RVG Festsetzung seiner Vergütung** bei dem zuständigen Rechtspfleger des Gerichts des ersten Rechtszuges beanspruchen. Zulässig im Verfahren sind Einwendungen oder Einreden des Mandanten, die im Gebührenrecht ihren Grund haben (§ 11 Abs. 5 RVG). Macht der Mandant dagegen sonstige Einwendungen oder Ein-

---

79 BGH FamRZ 2018, 602
80 OLG Nürnberg ZKJ 2016, 374; *Dürbeck,* ZKJ 2016, 357
81 OLG Celle FF 2013, 168; KG FamRZ 2012, 812; *N. Schneider,* NZFam 2014, 403

reden geltend (z. B. Erfüllung, Aufrechnung, Schlechtleistung), so ist der Festsetzungsantrag nach § 11 Abs. 5 Satz 1 RVG abzulehnen und der Rechtsanwalt auf die Gebührenklage vor den ordentlichen Gerichten zu verweisen. Solange aber eine Vergütungsfestsetzung nach § 11 RVG möglich ist, fehlt einer Gebührenklage das Rechtsschutzbedürfnis.[82] Dies gilt auch für ein Mahnverfahren.[83] Der Festsetzungsbeschluss ist ein **Vollstreckungstitel** nach §§ 11 Abs. 2 Satz 3 RVG, 794 Nr. 2 ZPO. Wurde dem Mandanten Verfahrenskostenhilfe bewilligt, ist der Anwalt nach §§ 76 Abs. 1 FamFG, 122 Abs. 1 Nr. 3 ZPO so lange daran gehindert, seine Vergütung gegenüber dem Mandanten geltend zu machen, wie die Verfahrenskostenhilfe nicht aufgehoben worden ist.

b. Gegenüber anderen Beteiligten

Einen Kostenerstattungsanspruch gegen einen anderen Verfahrensbeteiligten hat der Rechtsanwalt auch in Kindschaftsverfahren dann, wenn nach einer **gerichtlichen Kostenentscheidung** oder einem **Vergleich** ein Beteiligter auch die **außergerichtlichen Kosten** des von ihm vertretenen Beteiligten zu tragen hat. Dies ist in Kindschaftssachen im ersten Rechtszug eher die Ausnahme (siehe näher hierzu *Dürbeck*, § 81 FamFG Rn. 3 ff.), im Beschwerdeverfahren nach § 84 FamFG bei Rücknahme, Verwerfung oder Zurückweisung der Beschwerde eher häufiger der Fall. Trägt etwa der Kindesvater nach der Entscheidung des Oberlandesgerichts die Kosten des Beschwerdeverfahrens, so kann der Rechtsanwalt der Kindesmutter nach § 85 FamFG i.V.m. §§ 103 ff. ZPO die Rechtsanwaltsgebühren gegen den Kindesvater festsetzen lassen und nach § 794 Nr. 2 ZPO aus dem Kostenfestsetzungsbeschluss vollstrecken. Ein Beitreibungsrecht gegen den erstattungspflichtigen Beteiligten hat der Anwalt nach § 126 Abs. 1 ZPO auch dann, wenn er seinem Mandanten im Rahmen der Verfahrenskostenhilfe nach § 78 FamFG beigeordnet wurde. **34**

c. Gegenüber der Staatskasse

Gegenüber der Staatskasse hat der Rechtsanwalt in Kindschaftssachen nur einen Anspruch auf Erstattung seiner Kosten nach §§ 45 ff. RVG, wenn er nach § 78 FamFG im Rahmen der **Verfahrenskostenhilfe beigeordnet** wurde. Das Familiengericht ist im Übrigen nicht berechtigt, die außergerichtlichen Auslagen von Beteiligten nach §§ 81 ff. FamFG der **Staatskasse** aufzuerlegen.[84] **35**

§ 81 FamFG Grundsatz der Kostenpflicht

(1) [1]Das Gericht kann die Kosten des Verfahrens nach billigem Ermessen den Beteiligten ganz oder zum Teil auferlegen. [2]Es kann auch anordnen, dass von der Erhebung der Kosten abzusehen ist. [3]In Familiensachen ist stets über die Kosten zu entscheiden.

(2) Das Gericht soll die Kosten des Verfahrens ganz oder teilweise einem Beteiligten auferlegen, wenn

1. **der Beteiligte durch grobes Verschulden Anlass für das Verfahren gegeben hat;**
2. **der Antrag des Beteiligten von vornherein keine Aussicht auf Erfolg hatte und der Beteiligte dies erkennen musste;**
3. **der Beteiligte zu einer wesentlichen Tatsache schuldhaft unwahre Angaben gemacht hat;**
4. **der Beteiligte durch schuldhaftes Verletzen seiner Mitwirkungspflichten das Verfahren erheblich verzögert hat;**

82 BGHZ 21, 199; Hartung/Schons/*Enders,* § 11 RVG Rn. 58
83 Riedel/Sußbauer/*Ahlmann,* § 11 RVG Rn. 60
84 OLG Düsseldorf ZKJ 2018, 154; OLG Nürnberg JAmt 2013, 647

5. **der Beteiligte einer richterlichen Anordnung zur Teilnahme an einem kostenfreien Informationsgespräch über Mediation oder über eine sonstige Möglichkeit der außergerichtlichen Konfliktbeilegung nach § 156 Absatz 1 Satz 3 oder einer richterlichen Anordnung zur Teilnahme an einer Beratung nach § 156 Absatz 1 Satz 4 nicht nachgekommen ist, sofern der Beteiligte dies nicht genügend entschuldigt hat.**

(3) Einem minderjährigen Beteiligten können Kosten in Kindschaftssachen, die seine Person betreffen, nicht auferlegt werden.

(4) Einem Dritten können Kosten des Verfahrens nur auferlegt werden, soweit die Tätigkeit des Gerichts durch ihn veranlasst wurde und ihn ein grobes Verschulden trifft.

(5) Bundesrechtliche Vorschriften, die die Kostenpflicht abweichend regeln, bleiben unberührt.

Übersicht

Rn.
A. Allgemeines ... 1
B. Inhalt der Norm ... 2
I. Obligatorische Kostenentscheidung ... 2
II. Inhalt der Kostenentscheidung ... 3
1. Ermessen (Abs. 1) ... 3
a. Absehen von der Erhebung von Gerichtskosten ... 4
b. Von der Kostentragung ausgenommene Beteiligte ... 5
aa. Minderjährige ... 5
bb. Verfahrensbeistand ... 6
cc. Jugendamt ... 7
dd. Sonstige ... 8
c. Ermessenskriterien bei § 81 Abs. 1 Satz 1 FamFG ... 9
2. Regelbeispiele nach § 81 Abs. 2 FamFG ... 11
a. Allgemeines ... 11
b. § 81 Abs. 2 Nr. 1 FamFG ... 12
c. § 81 Abs. 2 Nr. 2 FamFG ... 13
d. § 81 Abs. 2 Nr. 3 FamFG ... 14
e. § 81 Abs. 2 Nr. 4 FamFG ... 15
f. § 81 Abs. 2 Nr. 5 FamFG ... 16
3. Mehrere Kostenschuldner ... 17
4. Anfechtung der Kostenentscheidung ... 18

A. Allgemeines

1 § 81 FamFG ist auch für Kindschaftssachen die zentrale Vorschrift für die Frage, **ob** das Familiengericht überhaupt **eine Kostenentscheidung zu treffen** hat und **nach welchen Grundsätzen** in diesem Fall die **Kosten zu verteilen** sind. Damit hat der Gesetzgeber die im früheren Recht bestehende zersplitterte Regelung in der KostO und in § 13a FGG zugunsten einer Harmonisierung des Verfahrensrechts aufgegeben.[1] Ergänzt wird § 81 FamFG durch die ihm folgenden Vorschriften über den Zeitpunkt der zu treffenden Kostenentscheidung (§ 82 FamG), Regelungen über die Kostenverteilung bei Vergleich, Antragsrücknahme und Erledigung(§ 83 FamFG) und der Kostentragung bei erfolglosen Rechtsmitteln.

Schließlich gilt § 81 FamFG wegen der Verweisung in § 51 Abs. 4 FamFG auch für **einstweilige Anordnungsverfahren** nach §§ 49 ff. FamFG. Eine Sondervorschrift besteht für bestimmte **Vaterschaftsanfechtungsverfahren** in § 183 FamFG. Für Familienstreitsachen, zu den auch Verfahren betreffend den Kindesunterhalt zählen, gelten §§ 81 ff. FamFG nicht. Hier kommen vielmehr nach § 113 Abs. 1 Satz 2 FamFG die Vorschriften der ZPO (§§ 91 ff. ZPO) zur Anwendung, für Unterhaltssachen gilt die spezielle Regelung in

1 Ausführlich zum Vergleich mit dem früheren Recht: *Finke*, FPR 2010, 331

§ 243 FamFG. Befinden sich **Kindschaftssachen** nach § 137 Abs. 3 FamFG als Folgesachen im **Scheidungsverbund**, gilt für die einheitlich zu treffende Kostenentscheidung die gesetzliche Regelung in § 150 FamFG. Im Beschwerdeverfahren gelten hier im Rahmen der Billigkeitsabwägung von § 150 Abs. 4 FamFG auch die Grundsätze von § 84 FamFG, wenn die Beschwerde erfolglos ist.[2] Zur Kostenentscheidung in **Abstammungssachen** siehe näher *Grün*, § 183 FamFG Rn. 12 ff.

B. Inhalt der Norm

I. Obligatorische Kostenentscheidung

§ 81 Abs. 1 Satz 3 FamFG bestimmt, dass in **Familiensachen** (der freiwilligen Gerichtsbarkeit), zu denen Kindschaftssachen ausnahmslos zählen, **stets** vom Familiengericht **über die Kosten zu entscheiden** ist. Eine Ausnahme besteht nur dann, wenn die Beteiligten selbst in einem Vergleich die Frage der Kostentragung geregelt haben, was aber in Kindschaftssachen selten der Fall ist, weil dies nur in reinen Antragsverfahren (§ 23 FamFG) möglich ist, deren Gegenstand zudem der Disposition der Beteiligten unterliegen muss (siehe näher hierzu *Dürbeck*, § 83 FamFG Rn. 2).[3] 2

Eine Kostenentscheidung ist nach § 82 FamFG in der die **Instanz abschließenden Entscheidung** zu treffen, Zwischenentscheidungen dürfen keine Kostenregelungen enthalten.[4] Soweit in reinen Antragsverfahren die Akte nach den Vorschriften der AktO wegen Nichtbetreibens nach sechs Monaten weggelegt wird, steht dieser gerichtsinterne Verwaltungsvorgang der Beendigung des Verfahrens durch eine Entscheidung oder einen Vergleich nicht gleich, so dass insoweit keine Kostenentscheidung getroffen werden darf.[5]

II. Inhalt der Kostenentscheidung

1. Ermessen (Abs. 1)

Gemäß § 81 Abs. 1 Satz 1 FamFG kann das Familiengericht die Kosten des Verfahrens nach **billigem Ermessen** den Beteiligten ganz oder zum Teil auferlegen. Mit dieser allgemeinen Regelung, die ein Regel-Ausnahmeverhältnis nicht erkennen lässt, räumt die Vorschrift den Gerichten einen **weiten Gestaltungsspielraum** dahingehend ein, welchen Beteiligten die Kosten des Verfahrens nach den Umständen des jeweiligen Einzelfalles aufzuerlegen sind.[6] Entgegen dem vormaligen Recht (§ 13a Abs. 1 FGG a. F.) stellt die Vorschrift damit auch die Verteilung der Gerichtskosten in das pflichtgemäße Ermessen des Gerichts. Das Familiengericht kann auch in Kindschaftssachen die Kosten ganz oder teilweise zwischen den beteiligten Eltern aufteilen, die Kosten gegeneinander aufheben oder die Kosten getrennt nach Gerichtskosten und den außergerichtlichen Kosten der Beteiligten verteilen. Eine Ermessensbeschränkung enthält § 81 Abs. 2 FamFG, wonach in den dort genannten fünf Regelbeispielen die Kosten einem Beteiligten ganz oder teilweise auferlegt werden sollen. 3

Ein uneingeschränktes Ermessen hinsichtlich der Überprüfung von Kostenentscheidungen im Beschwerdeverfahren besteht auch für das Beschwerdegericht (vgl. zum Streitstand *Dürbeck*, § 68 FamFG Rn. 14).

---

2 OLG Karlsruhe FamRZ 2015, 754

3 OLG Frankfurt a.M. ZKJ 2013, 127 zur Frage der noch zu treffenden Kostenentscheidung bei einer Umgangsvereinbarung

4 *Götsche*, FuR 2012, 510

5 OLG Zweibrücken FamRZ 2011, 1750; *Vogel*, FPR 2013, 116, 117

6 BT-Drucks. 16/6308, 215; BGH ZKJ 2017, 26; FamRZ 2014, 744; Prütting/Helms/*Feskorn*, § 81 FamFG Rn. 6

a. Absehen von der Erhebung von Gerichtskosten

4 § 81 Abs. 1 Satz 2 FamFG sieht auch die Möglichkeit vor, dass das Familiengericht von der **Erhebung von Gerichtskosten absehen** kann. Diese Möglichkeit betrifft naturgemäß nur die Gerichtskosten und **nicht die außergerichtlichen Auslagen** der Beteiligten.,[7] Nach der Gesetzesbegründung soll dies der Fall sein, wenn es nach Verlauf oder Ausgang des Verfahrens unbillig erscheint, die Beteiligten mit den Gerichtskosten zu belasten.[8] Die Vorschrift ermöglicht dabei auch eine Differenzierung zwischen Gerichtsgebühren und einzelnen Auslagen, so dass z. B. auch angeordnet werden könnte, dass bestimmte Auslagen, wie die Kosten eines **Sachverständigengutachtens**[9] oder verauslagte Dolmetscherkosten[10] nicht erhoben werden.[11]

Die erstinstanzliche Praxis macht aber insgesamt zu häufig in Kindschaftssachen von § 81 Abs. 1 Satz 2 FamFG Gebrauch. Kein ausreichendes Kriterium ist es in diesem Zusammenhang, sich auf die schlechten wirtschaftlichen Verhältnisse der Beteiligten zu beziehen, da dieses Problem nicht durch § 81 FamFG zu lösen ist, sondern durch die Gewährung von Verfahrenskostenhilfe.[12] Zweifelhaft erscheint auch die Erwägung, von der Erhebung von Gerichtskosten abzusehen, weil Eltern das Verfahren oder Rechtsmittel ausschließlich oder zumindest auch im Interesse des Kindes veranlasst hätten,[13] weil insoweit in vielen Fällen eher eine Berufung auf das Elternrecht nach Art. 6 Abs. 2 GG in Kindschaftssachen vordergründig ist.[14] Andernfalls wäre das Absehen von der Erhebung von Gerichtskosten in Kindschaftssachen entgegen der Absicht des Gesetzgebers der Regelfall. Gerechtfertigt erscheint ein Absehen der Kostenerhebung – wie nach früherer Rechtslage – in Verfahren der **Ausübung des staatlichen Wächteramtes** (vor allem § 1666 BGB), wenn ein **unverschuldetes** Erziehungsversagen der Eltern (z. B. infolge von Krankheit) vorliegt.[15] Auch in Kindschaftssachen, in denen nach dem Versterben der Eltern von Amts wegen Vormundschaft angeordnet worden ist und in der Folge ein Verfahren unter Beteiligung mehrerer zur Übernahme der rechtlichen Verantwortung für das Kind bereiter Beteiligter geführt wird, erscheint es in der Regel unbillig, einen der Beteiligten mit der Zahlung von Gerichtskosten zu belasten.[16] Im zweiten Rechtszug trägt dieser Gedanke aber bei einem erfolglosen Rechtsmittel nicht (§ 84 FamFG). Zu weit geht auch die Auffassung, bei der notwendigen Entstehung von Dolmetscherkosten stets von deren Erhebung nach § 81 Abs. 1 Satz 2 FamFG abzusehen,[17] da dies in Kindschaftssachen losgelöst von den finanziellen Verhältnissen der Beteiligten nicht sachgerecht ist und diese in KV FamGKG Nr. 2005 ausdrücklich in die zu tragenden Auslagen aufgenommen worden sind. Im Übrigen sollte die Vorschrift in Kindschaftssachen restriktiv gehandhabt werden. Eine weitere Vorschrift, die ein Absehen von Gerichtskosten ermöglicht, enthält § 20 Abs. 1 FamGKG für den Fall unrichtiger Sachbehandlung durch das Gericht. Sie kommt vor allem in Beschwerdeverfahren in Betracht, wenn eine offenkundige formelle oder materiell fehlerhafte Sachbehandlung des Familiengerichts, ein erfolgreiches Rechtsmittel veranlasst hat. Das Kriterium der

---

7 *Feskorn*, FPR 2012, 254, 256; MüKo-FamFG/*Schindler*, § 81 Rn. 19
8 BR-Drucks. 309/07, 475 f.
9 OLG Frankfurt FamRZ 2016, 479: analog § 20 FamGKG
10 OLG Frankfurt a.M. BeckRS 2014, 20878
11 Keidel/*Zimmermann*, § 81 FamFG Rn. 18
12 KG FamRZ 2012, 1162; OLG Celle JAmt 2012, 40; *Feskorn*, FPR 2012, 254, 256
13 So OLG Hamm NJW 2012, 790; OLG Frankfurt am Main FamRZ 2012, 1163; OLG Saarbrücken FamRZ 2011, 1805
14 Wie hier: OLG Bremen NJW-RR 2013, 963
15 Prütting/Helms/*Feskorn*, § 81 FamFG Rn. 16
16 OLG Frankfurt, Beschl. v. 22.11.2018 – 6 WF 169/18, juris = FamRB 2019, 223
17 BGHZ 184, 323 für das Abschiebehaftverfahren; MüKo-FamFG/*Schindler*, § 81 Rn. 19, unter Berufung auf Art. 6 Abs. 3 lit. e EMRK, der jedoch Familiensachen nicht erfasst, vgl. auch OLG Frankfurt a.M. BeckRS 2014, 20878

unrichtigen Sachbehandlung ist aber auch bereits bei der Ausübung des Ermessens im Rahmen der Prüfung von § 81 Abs. 1 Satz 2 FamFG zu beachten.[18]

b. Von der Kostentragung ausgenommene Beteiligte

aa. Minderjährige

Nicht mit den Kosten belastet werden dürfen nach § 81 Abs. 3 FamFG **minderjährige Beteiligte** in Verfahren, die ihre Person betreffen. Damit sind Kinder nicht generell von der Belastung mit Verfahrenskosten ausgeschlossen. Eine solche kommt insbesondere in Betracht, wenn das Verfahren ausschließlich sein Vermögen oder seine Abstammung (vgl. § 183 FamFG Rn. 10) betrifft. 5

bb. Verfahrensbeistand

Gemäß §§ 81 Abs. 5, 158 Abs. 8 FamFG können auch dem **Verfahrensbeistand** des Kindes Kosten vom Familiengericht in allen Instanzen nicht auferlegt werden. 6

cc. Jugendamt

Wie § 2 Abs. 3 FamGKG zeigt, schließt die in § 2 Abs. 1 FamGKG vorgesehene Kostenfreiheit des Bundes und der Länder bzw. der Jugendämter nach § 2 Abs. 2 FamGKG i.V.m. § 64 Abs. 3 Satz 2 SGB X es nicht aus, dem **Jugendamt** als anzuhörende oder beteiligte Behörde i.S.d. § 162 FamFG oder dem am Verfahren beteiligten **Amtsvormund**[19] die Kosten des Verfahrens, z. B. für ein unzulässiges Rechtsmittel nach § 84 FamFG, aufzuerlegen. Soweit das Jugendamt nach § 162 Abs. 1 FamFG nur anzuhören ist und nicht nach § 162 Abs. 2 FamFG formell beteiligt ist, können ihm im Hinblick auf § 81 Abs. 4 FamFG aber als Drittem grundsätzlich keine Kosten auferlegt werden. 7

Auch wenn wegen §§ 2 Abs. 2 FamGKG, 64 Abs. 3 Satz 2 SGB X Gerichtskosten tatsächlich nicht in Rechnung gestellt werden, trifft das Jugendamt ggf. die Haftung für die außergerichtlichen Kosten der anderen Beteiligten. Der BGH hat jedoch der Auferlegung der Kosten auf das Jugendamt und dem Amtsvormund außerhalb der Fälle von § 81 Abs. 2 FamFG enge Grenzen gesetzt und verlangt, dass auch gesetzliche Kostenbefreiungstatbestände in die Ermessensausübung miteinfließen müssen.[20] Eine Kostenauferlegung auf das Jugendamt kommt aber gleichwohl in Betracht, wenn es durch eine offenkundig rechtswidrige Inobhutnahme nach §§ 42, 8a SGB VIII die Einleitung eines einstweiligen Anordnungsverfahrens veranlasst hat,[21] wobei hier aber auf § 81 Abs. 2 Nr. 1 FamFG abgestellt werden sollte. Bei nicht vorwerfbarer Veranlassung des Verfahrens durch eine Inobhutnahme, die später nicht zu einem Sorgerechtsentzug führt, gilt dies aber nicht.[22]

dd. Sonstige

Grundsätzlich können auch solchen Institutionen oder Personen, die **nicht formell i.S.d. § 7 FamFG beteiligt** sind, die Kosten nicht auferlegt werden.[23] Die gilt auch für die **Staatskasse.**[24] Eine Ausnahme bestimmt § 81 Abs. 4 FamFG aber für solche Dritte, die die Tätigkeit des Familiengerichts infolge eines groben Verschuldens veranlasst haben. Die Bestimmung hat in der Praxis keine Bedeutung. Sie käme etwa in dem Fall in Betracht, wenn ein Nachbar durch eine vorsätzliche oder grob fahrlässige falsche Tatsachenbehauptung die amtswegige Einleitung eines Verfahrens nach § 1666 BGB oder § 1684 Abs. 4 8

18 BGH ZKJ 2017, 26; FamRZ 2015, 570; OLG Frankfurt FamRZ 2016, 479
19 BGH ZKJ 2017, 26; Oberloskamp/*Dürbeck,* § 3 Rn. 34; a.A.: *Oberloskamp,* ZKJ 2016, 332, 336
20 BGH ZKJ 2017, 26: Amtsvormund; vgl. hierzu *Dürbeck,* ZKJ 2017, 19
21 So AG Frankfurt a.M. ZKJ 2019, 74
22 OLG Frankfurt JAmt 2015, 568
23 Zöller/*Herget,*§ 81 FamFG Rn. 2
24 OLG Düsseldorf ZKJ 2018, 154; OLG Nürnberg FamRZ 2013, 2006; BayObLG Rpfleger 1988, 385

BGB veranlassen würde. Auch das Jugendamt ist, wenn es nicht nach § 162 Abs. 2 FamFG am Verfahren beteiligt ist, Dritter in diesem Sinne.

c. Ermessenskriterien bei § 81 Abs. 1 Satz 1 FamFG

9 In Kindschaftssachen stellt sich auch im Rahmen des Nichtvorliegens von Regelbeispielen nach § 81 Abs. 2 FamFG, die Frage, inwieweit das **Obsiegen oder Unterliegen eines Elternteils** oder sonstigen Beteiligten, z. B. in Verfahren nach §§ 1671, 1628, 1626a BGB, von Bedeutung für die Ausübung des Ermessens bei der Kostenverteilung ist. Diese Frage ist zumindest für den Regelfall auch in reinen Antragsverfahren zu verneinen. Kindschaftssachen sind insoweit nicht mit anderen Familiensachen vergleichbar, in denen der Ausgang des Verfahrens für die Frage der Kostenverteilung von entscheidender Bedeutung sein mag, z. B. in Unterhaltsverfahren oder Gewaltschutzsachen, da in diesen Verfahren nicht die (nach Art. 6 Abs. 2 GG pflichtengebundenen) Rechte der Eltern im Vordergrund stehen, sondern das **Kindeswohl** als **oberste Richtschnur** für den Ausgang des jeweiligen Verfahrens zu gelten hat (vgl. § 1697a BGB). Es erscheint daher im Regelfall gerechtfertigt, jedenfalls in Sorgerechts- und Umgangssachen, dass jeder Beteiligte seine außergerichtlichen Kosten selbst und die beiden Elternteile die Gerichtskosten hälftig tragen.[25] Unterschiedliche wirtschaftliche Verhältnisse der Eltern rechtfertigen im Regelfall kein Abweichen von diesem Grundsatz.[26]

10 Eine Abweichung vom Grundsatz, dass sich gemeinsame elterliche Verantwortung für ein Kind auch in der Kostenentscheidung niederschlagen soll, ist etwa dann gerechtfertigt, wenn ein Elternteil außerhalb von Regelbeispielen nach § 81 Abs. 2 FamFG durch ein **vorwerfbares Verhalten** Anlass zur Einleitung des Verfahrens gegeben hat,[27] wobei hier gleichwohl sehr zurückhaltend verfahren werden sollte. Dem **Jugendamt** werden im Regelfall die Kosten des Verfahrens nach Maßgabe von § 81 Abs. 1 Satz 1 FamFG nicht aufzuerlegen sein.[28] Anderes kann aber in Fällen von § 81 Abs. 2, 84 FamFG gelten. In Verfahren nach § 1632 Abs. 4 BGB und sonstigen Verfahren, an denen sie nach §§ 7, 161 FamFG beteiligt sind, werden den **Pflegepersonen** des Kindes im Regelfall Gerichtskosten nicht aufzuerlegen sein,[29] anders wird aber bei einer erfolglosen Beschwerde nach § 84 BGB zu verfahren sein, wenn nicht anderweitige Ermessenskriterien eine andere Betrachtung verlangen.

10a Auch in Fällen von § 81 Abs. 2 FamFG können **Pflegepersonen** an den Kosten zu beteiligen sein.[30] Auch (ehrenamtliche) **Vormünder**, die im Interesse des Kindes Verfahren führen, werden im Regelfall – außerhalb von §§ 81 Abs. 2, 84 FamFG – nicht zur Tragung der Gerichtskosten heranzuziehen sein.[31]

2. Regelbeispiele nach § 81 Abs. 2 FamFG

a. Allgemeines

11 § 81 Abs. 2 FamFG[32] enthält als **ermessensreduzierende Sanktionsvorschrift** Abweichungen der Kostenentscheidung nach billigem Ermessen durch die Aufzählung von fünf

---

25 OLG Jena FuR 2018, 432; OLG Köln FuR 2017, 221; OLG Naumburg FamRZ 2014, 687; OLG Brandenburg BeckRS 2013, 17122; OLG Bremen NJW-RR 2013, 963; KG FamRZ 2012, 1162; OLG Nürnberg FamRZ 2010, 98; Prütting/Helms/*Feskorn*, § 81 FamFG Rn. 14a; a.A. OLG Brandenburg NZFam 2015, 227
26 OLG Bremen NJW-RR 2013, 963; ; a.A. Musielak/Borth/*Grandel,* § 81 FamFG Rn. 3; Keidel/*Zimmermann,* § 81 FamFG Rn. 48
27 *Finke*, FPR 2010, 331, 333
28 BGH ZKJ 2017, 26; OLG Frankfurt a.M. JAmt 2015, 568; OLG Celle ZKJ 2012, 321
29 OLG München ZKJ 2015, 433; OLG Stuttgart FamRZ 2012, 1401; OLG Hamm FamRZ 2008, 1098
30 Zurückhaltend aber OLG Hamm FamRZ 2015, 1226; vgl. auch OLG Frankfurt FamRZ 2013, 900
31 OLG Frankfurt, Beschl. v. 22.11.2018 – 6 WF 169/18, juris = FamRB 2019, 223: Streit von Angehörigen um die Vormundschaft nach Tod der Eltern
32 Ausführlich dazu: *Nickel*, FamFR 2013, 529

Regelbeispielen. Ist ein Regelbeispiel erfüllt, bedarf die Kostenauferlegung auf einen Beteiligten insoweit keiner weiteren Begründung.[33] Nicht Voraussetzung ist ein ursächlicher Zusammenhang zwischen Verursachungsbeitrag des Beteiligten und Kostenentstehung im Einzelnen.[34] Auch diese Regelung bedarf in Kindschaftssachen, in denen Eltern nicht nur eigene sondern auch die Interessen ihrer Kinder wahrnehmen, einer behutsamen Anwendung durch die Familiengerichte.[35]

b. § 81 Abs. 2 Nr. 1 FamFG

Nach § 81 Abs. 2 Nr. 1 FamFG soll das Familiengericht die Kosten des Verfahrens einem Beteiligten ganz oder teilweise auferlegen, wenn dieser durch **grobes Verschulden Anlass für das Verfahren gegeben** hat. Grobes Verschulden verlangt insoweit **Vorsatz oder grob fahrlässige Nichtbeachtung der erforderlichen Sorgfalt** des betreffenden Beteiligten.,[36] In Betracht kommt das Regelbeispiel in Kindschaftssachen vor allem in Verfahren nach § 1666 BGB und § 1684 Abs. 4 BGB, wenn die Eltern oder ein Elternteil das Verfahren durch **vorsätzliche Taten** (z. B. sexueller Missbrauch, gewaltsame Erziehung) oder grob fahrlässig herbeigeführte Kindeswohlgefährdungen [z. B. durch Unterlassen von Pflege oder Erziehung] verursacht haben.[37] Auch die eigenmächtige Verfügung über das Kindesvermögen ist hier zu nennen.[38] Nicht ausreichend sind bloßes Desinteresse gegenüber dem Kind[39] der Verzicht auf die vorherige Kontaktaufnahme zum Jugendamt[40] oder allgemein schuldhafte Erziehungsmängel. In Antragsverfahren nach §§ 1626a Abs. 2, 1628, 1671 BGB ist § 81 Abs. 2 Nr. 1 FamFG und auch in Umgangsverfahren außerhalb von § 1684 Abs. 4 BGB schwer vorstellbar. Anwendbar kann die Bestimmung aber in Abänderungsverfahren nach §§ 1696 BGB, 166 FamFG sein, wenn **ohne hinreichende Änderung der Sachlage** ein neuerliches Verfahren veranlasst wird. 12

c. § 81 Abs. 2 Nr. 2 FamFG

Nach § 81 Abs. 2 Nr. 2 FamFG sollen einem Beteiligten weiterhin die Kosten dann ganz oder teilweise auferlegt werden, wenn dessen **Antrag von vornherein keine Aussicht auf Erfolg** hatte und der Beteiligte dies – **grob schuldhaft**[41] – **erkennen musste**. Dies ist durch eine ex ante Betrachtung festzustellen.[42] Nach dem Wortlaut gilt die Vorschrift aber nur in **reinen Antragsverfahren** i.S.d. § 23 FamFG (also z. B. §§ 1626a Abs. 2, 1671, 1628 BGB),[43] so dass die meisten Kindschaftssachen, die auch von Amts wegen eingeleitet werden können, ausscheiden. In Amtsverfahren nach § 24 FamFG, zu denen regelmäßig auch Umgangssachen gehören (*Ausnahme § 1686a BGB*),[44] kann nur auf § 81 Abs. 2 Nr. 1 FamFG abgestellt werden. Gegen die Annahme bereits anfänglich fehlender Erfolgsaussichten sprechen vom Familiengerichte durchgeführte Ermittlungen.[45] Umgekehrt spricht der Umstand, dass ein Antrag ohne Anhörungen nach §§ 159 ff. FamFG zu- 13

---

33 MüKo-FamFG/*Schindler,* § 81 Rn. 33
34 *Fölsch*, SchlHA 2011, 264, 265
35 Vgl. etwa OLG Hamm FamRZ 2015, 1226 (Pflegeeltern)
36 OLG Stuttgart BeckRS 2012, 09114; OLG Jena BeckRS 2012, 08402; OLG Naumburg BeckRS 2011, 08487; *Vogel*, FPR 2013, 116, 117
37 MüKo-FamFG/*Schindler,* § 81 Rn. 37
38 OLG Koblenz FamRZ 2017, 969
39 OLG Saarbrücken FamFR 2011, 426
40 OLG Schleswig SchlHA 2017, 39; a.A.: AG Ebersberg Familienrecht kompakt 2015, S. 12
41 Auch wenn im Gesetz nicht ausdrücklich genannt, vgl. BR-Drucks. 309/07, 476
42 *Nickel*, FamFR 2013, 529, 530
43 OLG Brandenburg, Beschl. v. 1.4.2019 – 13 WF 39/19, FamRZ 2019, 1350, zu § 1671 Abs. 1 BGB; Keidel/*Zimmermann,* § 81 FamFG Rn. 57; Prütting/Helms/*Feskorn,* § 81 FamFG Rn. 23; übersehen von OLG Hamm FamRZ 2014, 686
44 BGH ZKJ 2017, 190
45 OLG Jena FuR 2018, 432; FamRZ 2012, 1898; OLG Hamm FamRZ 2014, 686

rückgewiesen wurde, für von vornherein fehlende Erfolgsaussichten.[46] Allein die Rücknahme eines Antrages indiziert nicht, dass der Antragsteller von vornherein die Aussichtslosigkeit seines Antrages erkennen musste.[47] Bei einem anwaltlich vertretenen Beteiligten kommt es für die Frage der subjektiven Erkennbarkeit – wie beim Verschulden in Nr. 1 – auf dessen bei ihm vorauszusetzende Kenntnis an.[48]

d. § 81 Abs. 2 Nr. 3 FamFG

14 Ein weiteres Regelbeispiel für eine einseitige Kostenverteilung ist gegeben, wenn ein Beteiligter zu einer wesentlichen Tatsache **schuldhaft unwahre Angaben** macht. Auch Abs. 2 Nr. 3 ist Ausdruck einer Haftung für grobes Verschulden eines Beteiligten.[49] Für die Wesentlichkeit einer Tatsache reicht es, dass der Tatsache Indizwirkung für ein Tatbestandsmerkmal, das für den Verfahrensausgang zu prüfen ist, zukommt.[50] Vorsatz ist nicht erforderlich, aber grobe Fahrlässigkeit. Die Rücknahme eines Antrages kann Indiz für ein Verschulden sein.[51] Beispielhaft sei der vorsätzlich oder grob fahrlässig erhobene, nachweislich falsche Vorwurf der Kindesmutter im Umgangsverfahren genannt, der Vater habe das Kind sexuell missbraucht. Auch das Verschweigen von Mehrverkehr durch die Kindesmutter in Abstammungssachen ist zu nennen.[52] Im Übrigen ist bei § 81 Abs. 2 Nr. 3 FamFG zu berücksichtigen, dass unterschiedliche Sichtweisen der Eltern, z. B. ihr soziales Verhältnis zueinander betreffend, nicht zwangsläufig bedeuten, es lägen schuldhafte Falschaussagen vor.

e. § 81 Abs. 2 Nr. 4 FamFG

15 Ein in der veröffentlichten Gerichtspraxis noch wenig angewendeter Regelfall der einseitigen Kostenbelastung liegt nach Abs. 2 Nr. 4 vor dann vor, wenn ein Beteiligter durch **schuldhaftes Verletzen seiner Mitwirkungspflicht das Verfahren erheblich verzögert** hat. Die Vorschrift knüpft an die in § 27 FamFG geregelte – nicht durchsetzbare[53] – Mitwirkungspflicht der Beteiligten an der Sachverhaltsaufklärung an. Ein einmaliges nicht entschuldigtes Fernbleiben an einem Anhörungstermin wird hier noch keine erhebliche Verzögerung des Verfahrens bedingen. Soweit in der gegenwärtigen Praxis immer häufiger Elternteile die Mitwirkung an der Erstellung familienpsychologischer Sachverständigengutachten in Sorge- und Umgangsverfahren verweigern, zu Untersuchungsterminen unentschuldigt nicht erscheinen und dies wie meist zu einer erheblichen Verzögerung der Verfahren führt, sollte von § 81 Abs. 2 Nr. 4 FamFG restriktiv Gebrauch gemacht werden, sofern die für die Verweigerung geltend gemachten Gründe nicht den Verschuldensvorwurf beseitigen können.[54] Der Begriff der Verzögerung bedarf einer Prognose, wann das Verfahren hätte erledigt werden können, wenn der Beteiligte pflichtgemäß mitgewirkt hätte und eines anschließenden Vergleichs mit der tatsächlichen Erledigung. In Kindschaftssachen wird hier zudem das Gebot der Beschleunigung (§ 155 FamFG) mit in die Abwägung mit einzubeziehen sein. Abs. 1 Nr. 4 ermöglicht es aber auch, dem betreffenden Beteiligten nicht die gesamten Verfahrenskosten aufzuerlegen, sondern diese auf die Kosten zu begrenzen, auf die sich das Verhalten konkret ausgewirkt hat.[55]

---

46 OLG Brandenburg, Beschl. v. 1.4.2019 – 13 WF 39/19, FamRZ 2019, 1350
47 OLG Saarbrücken BeckRS 2011, 08487; a.A. OLG Schleswig NJW-RR 2011, 576
48 OLG Brandenburg, Beschl. v. 1.4.2019 – 13 WF 39/19, FamRZ 2019, 1350; Prütting/Helms/*Feskorn,* § 81 FamFG Rn. 23
49 Zöller/*Herget,* § 81 FamFG Rn. 10
50 MüKo-FamFG/*Schindler,* § 81 Rn. 52
51 OLG Hamm BeckRS 2012, 07143
52 OLG Brandenburg FamRZ 2018, 1020
53 Prütting/Helms/*Prütting,* § 27 FamFG Rn. 6
54 Zutreffend OLG Saarbrücken, Beschl. v. 18.3.2019 – 6 UF 36/19, juris = NZFam 2019, 461; OLG Schleswig FamRZ 2016, 1481; KG ZKJ 2015, 464; OLG Celle AGS 2014, 533
55 OLG Jena FamRZ 2012, 1898; Prütting/Helms/*Feskorn,* § 81 FamFG Rn. 25

f. § 81 Abs. 2 Nr. 5 FamFG

Ein weiteres Regelbeispiel enthält Abs. 2 Nr. 5 bei **schuldhaften Verstößen** gegen familiengerichtlich nach §§ 156 Abs. 1 Satz 4 FamFG angeordnete **Mediations- und Beratungsauflagen**. Mit dieser in der Praxis unbedeutsamen und rechtspolitisch verfehlten[56] Vorschrift können aber nur Zusatzkosten, die infolge der Nichtteilnahme des Beteiligten entstanden sind, einseitig auf diesen abgewälzt werden, nicht aber Verfahrens- und Anwaltskosten, die ohnehin angefallen wären.[57] 16

3. Mehrere Kostenschuldner

Ordnet das Familiengericht an, dass **mehrere Beteiligte die Kosten zu tragen** haben (*Hauptfall: beide Elternteile in Verfahren nach § 1666 BGB*), so muss es auch darüber eine Entscheidung treffen, ob sie gegenüber der Staatskasse oder sonstiger erstattungsberechtigter Beteiligter **nach Kopfteilen** oder als **Gesamtschuldner** haften, was in der Praxis häufig nicht beachtet wird. Obwohl eine § 100 Abs. 1 und 4 ZPO nachgebildete Vorschrift im FamFG fehlt, besteht kein vernünftiger Zweifel, dass das weite Ermessen in § 81 Abs. 1 FamFG dem Familiengericht auch die Befugnis gibt, eine gesamtschuldnerische Haftung von Beteiligten für die Kosten anzuordnen.[58] In Kindschaftssachen wird dies vor allem bei Fällen gemeinsamer Verwirklichung von Regelbeispielen nach § 81 Abs. 2 FamFG anzunehmen sein. Unterbleibt eine Klarstellung durch das Familiengericht, besteht eine Erstattungspflicht **im Zweifel nur nach Kopfteilen**.[59] 17

4. Anfechtung der Kostenentscheidung

Zur früher umstr. Frage der Anfechtbarkeit der Kostenentscheidung und zur Frage der Überprüfung von Ermessensentscheidungen im Beschwerdeverfahren vgl. näher hierzu *Dürbeck*, § 58 FamFG Rn. 5 und § 68 FamFG Rn. 14. 18

§ 82 FamFG Zeitpunkt der Kostenentscheidung

Ergeht eine Entscheidung über die Kosten, hat das Gericht hierüber in der Endentscheidung zu entscheiden.

Übersicht

	Rn.
A. Allgemeines	1
B. Inhalt der Norm	2
C. Korrektur und Nachholung einer Kostenentscheidung	5

A. Allgemeines

§ 82 FamFG bestimmt, dass für den Fall, dass eine Entscheidung über die Kosten ergeht, das Gericht hierüber in der **Endentscheidung** zu befinden hat. Damit wollte der Gesetzgeber erreichen, dass die Beteiligten mit der Bekanntgabe der Endentscheidung auch Gewissheit über die Kostenfrage erhalten.[1] Nicht ausreichend ist es, dass das Familiengericht nach Ablauf von sechs Monaten die Akten weggelegt hat.[2] 1

56 So auch Keidel/*Zimmermann,* § 81 FamFG Rn. 65
57 BeckOK-FamFG/*Nickel,* § 81 Rn. 27
58 MüKo-FamFG/*Schindler,* § 81 Rn. 89; a.A. Keidel/*Zimmermann,* § 81 FamFG Rn. 15
59 Bork/Jacoby/Schwab/*Bartels,* § 81 FamFG Rn. 16
1 BT-Drucks. 16/6308, 216
2 OLG Zweibrücken FamRZ 2011, 1750

Die Frage, „ob" das Gericht überhaupt über die Kosten zu entscheiden hat, ist nicht in § 82 FamFG, sondern für Familiensachen der freiwilligen Gerichtsbarkeit und damit auch für Kindschaftssachen in § 81 Abs. 1 Satz 3 FamFG geregelt, so dass das Familiengericht grundsätzlich immer sowohl in Hauptsacheverfahren als auch in **einstweiligen Anordnungsverfahren** (§ 51 Abs. 4 FamFG) gleichzeitig mit der Endentscheidung, soweit über sie noch zu befinden ist, eine Kostenentscheidung zu treffen hat. Dies bestimmen § 92 Abs. 2 FamFG auch für **Vollstreckungsverfahren** betreffend die Regelung des Umgangs und die Herausgabe eines Kindes und § 87 Abs. 5 FamFG für sonstige Vollstreckungsverfahren.

B. Inhalt der Norm

2 Die Regelung von § 82 FamFG beinhaltet zum einen, dass grundsätzlich **Zwischenentscheidungen**, wie z. B. Beweis- oder Ablehnungsbeschlüsse, keine Kostenregelungen beinhalten. Ausnahmen bestehen bei Entscheidungen im Rahmen **förmlicher Beweisaufnahmen** über die Berechtigung von Zeugnisverweigerungen und Folgen unberechtigter Zeugnisverweigerung (§ 29 Abs. 2, 30 Abs. 1 FamFG, 387, 390 ZPO) bzw. Sachverständiger (§§ 402, 409 ZPO). Wird gegen eine Zwischenentscheidung ein **Rechtsmittel** eingelegt, so stellt allerdings die Entscheidung über das Rechtsmittel wiederum eine Endentscheidung dar, die eine Kostenentscheidung über das Rechtsmittel enthalten muss.[3] Der rein gerichtsinterne Vorgang der Erledigung der Zählkarte des Verfahrens wegen 6-monatigen Nichtbetreibens führt ebenfalls nicht zu einer Kostenentscheidung, da das Verfahren jederzeit fortgeführt werden kann.[4]

3 Zum anderen ist auch bei (horizontalen) **Teilentscheidungen**, wie sie gelegentlich in Sorge- oder Umgangsverfahren von den Familiengerichten getroffen werden, erst in der Schlussentscheidung nach §§ 81 ff. FamFG über die Kosten zu befinden.[5] Keine Kostenentscheidungen ist darüber hinaus im **Verfahrenskostenhilfeverfahren**[6] (vgl. auch § 118 Abs. 1 Satz 4 ZPO) und bei gesonderten Entscheidungen zum **Verfahrenswert**[7] und bei der **Kostenfestsetzung** zu treffen.[8] Keine gerichtliche Kostenentscheidung ergeht auch in reinen Antragsverfahren (§ 23 FamFG), wenn die Beteiligten über den Verfahrensgegenstand verfügen können und die Kosten in einem **Vergleich** geregelt haben (z. B. in einem Verfahren nach § 1686 BGB, siehe näher hierzu *Dürbeck*, § 83 FamFG Rn. 2).

4 Können die Beteiligten nicht über den amtswegigen Gegenstand verfügen (z. B. Umgang nach § 1684 BGB), so hat auch bei einer **„Rücknahme"** des „Antrages" bzw. der Anregung den Umgang zu regeln oder bei einer **überstimmenden Erledigung** des Verfahrens noch eine Kostenentscheidung zu ergehen[9] (vgl. auch § 83 Abs. 2 FamFG). Schließlich findet sich noch eine Ausnahme von der Regel, dass über die Kosten des betreffenden Verfahrens in der jeweiligen Endentscheidung zu befinden ist, beim **Vermittlungsverfahren** nach § 165 Abs. 5 Satz 3 FamFG, wonach bei Erfolglosigkeit des Verfahrens über dessen Kosten erst in dem nachfolgenden Umgangs- oder Sorgerechtsverfahren eine Regelung zu treffen ist (vgl. *Gottschalk*, § 165 FamFG Rn. 11).

---

3 Keidel/*Zimmermann,* § 82 FamFG Rn. 3
4 OLG Zweibrücken FamRZ 2011, 1750
5 MüKo-FamFG/*Schindler,* § 82 Rn. 3
6 OLG Zweibrücken OLGR 2002, 136; *Dürbeck*/Gottschalk, Rn. 228
7 *Toussaint* in: Hartmann/Toussaint, Kostengesetze, § 63 GKG Rn. 31
8 BeckOK-FamFG/*Nickel,* § 82 Rn. 4
9 OLG Frankfurt a.M. ZKJ 2013, 127; OLG Bremen FamRZ 2013, 1926

C. Korrektur und Nachholung einer Kostenentscheidung

Enthält eine vom Familiengericht getroffene Kostenentscheidung einen Schreib- oder Rechenfehler oder eine sonstige offenbare Unrichtigkeit, so kann dieser jederzeit nach Maßgabe von § 42 FamFG **berichtigt** werden.[10] Enthält der Tenor **keinen Kostenausspruch**, erfolgen dagegen in den Beschlussgründen des Gerichts zur Kostenverteilung Ausführungen, so hat ebenfalls antragsunabhängig eine Berichtigung des Beschlusses nach § 42 FamFG – und keine Ergänzung nach § 43 FamFG – zu erfolgen.[11] 5

Hat das Familiengericht in der Endentscheidung es **gänzlich verabsäumt**, eine Kostenentscheidung zu treffen, so wäre an sich eine **Ergänzung des Beschlusses** nach Maßgabe von § 43 Abs. 1 und 2 FamFG nur auf Antrag eines Beteiligten und **binnen einer Frist von 2 Wochen** zulässig.[12] Nach zutreffender Auffassung gilt dies jedoch zumindest **nicht für amtswegige Verfahren**, für die nach § 81 Abs. 1 Satz 3 FamFG zwingend eine Kostenentscheidung zu treffen ist, da es nicht zu Lasten von Beteiligten gehen kann, wenn hier ein gerichtliches Versäumnis besteht. In solchen Fällen ist daher eine Ergänzung des Beschlusses antragsunabhängig und nicht fristgebunden von Amts wegen möglich.[13] 6

Hat das Familiengericht dagegen die Kostenentscheidung gezielt in seiner Endentscheidung unterlassen, so kann hiergegen **Beschwerde nach § 58 FamFG** eingelegt werden.[14] Für den Fall, dass das Familiengericht in einem Amtsverfahren zu Unrecht bei einer Rücknahme oder Erledigungserklärung der Beteiligten das Verfahren ohne eine Kostenentscheidung „weggelegt“ bzw. nicht weiter betrieben hat, kann und muss die Kostenentscheidung jederzeit nachgeholt werden.[15] Eine Beschwerde gegen die Weglegung der Akten ist aber nicht eröffnet.[16] 7

§ 83 FamFG Kostenpflicht bei Vergleich, Erledigung oder Rücknahme

(1) [1]Wird das Verfahren durch Vergleich erledigt und haben die Beteiligten keine Bestimmung über die Kosten getroffen, fallen die Gerichtskosten jedem Teil zu gleichen Teilen zur Last. [2]Die außergerichtlichen Kosten trägt jeder Beteiligte selbst.

(2) Ist das Verfahren auf sonstige Weise erledigt oder wird der Antrag zurückgenommen, gilt § 81 entsprechend.

Übersicht

Rn.

A. Allgemeines 1
B. Inhalt der Norm 2
I. Vergleich (Abs. 1) 2
II. Antragsrücknahme oder sonstige Erledigung (Abs. 2) 4
1. Antragsrücknahme 5
2. Sonstige Erledigung 7

---

10 Keidel/*Zimmermann,* § 82 FamFG Rn. 6
11 Prütting/Helms/*Feskorn,* § 82 FamFG Rn. 3
12 So Keidel/*Meyer-Holz,* § 43 FamFG Rn. 12, allerdings zu Unrecht unter Berufung auf die dort genannten zwei Entscheidungen des BGH
13 Zutreffend BeckOK-FamFG/*Nickel,* § 82 Rn. 8; *Feskorn,* FPR 2012, 254
14 BGH NJW 2006, 1351 zu § 321 ZPO
15 Vgl. OLG Frankfurt a.M. ZKJ 2013, 127
16 OLG Düsseldorf FamRZ 2018, 49

A. Allgemeines

1 § 83 FamFG regelt Kostenfolgen, wenn das Verfahren durch **Vergleich** (Abs. 1) bzw. **Antragsrücknahme** oder auf **sonstige Weise erledigt** wird (Abs. 2). Nicht erfasst von § 83 Abs. FamFG ist die Rücknahme einer Beschwerde (siehe näher hierzu *Dürbeck*, § 84 FamFG Rn. 3). Da Kindschaftssachen häufig nicht der **Disposition der Beteiligten** unterliegen, kommt die Vorschrift hier eher selten zum Tragen.

B. Inhalt der Norm

I. Vergleich (Abs. 1)

2 § 83 Abs. 1 FamFG regelt nur den Fall, dass im Falle einer Verfahrensbeendigung durch **Vergleich** die Beteiligten dort keine Bestimmung über die Kosten getroffen haben. Er ist § 98 ZPO, der über § 113 Abs. 1 Satz 2 FamFG für Familienstreitsachen gilt, nachgebildet und bestimmt in Satz 1 zunächst, dass die **Gerichtskosten** in diesem Fall jedem Teil zu gleichen Teilen zur Last fallen sollen. Hinsichtlich der **außergerichtlichen Kosten** der Beteiligten gilt nach Abs. 1 Satz 2, dass diese jeder Beteiligte selbst tragen soll und damit eine Erstattung nicht stattfindet. Ein Verfahren kann aber nur dann durch einen Vergleich der Beteiligten beendet werden, wenn es sich um ein **reines Antragsverfahren** (§ 23 FamFG) handelt und dies zudem der **Disposition der Beteiligten** unterliegt. Damit scheiden hier schon alle Umgangsverfahren mit Ausnahme von § 1686a BGB (vgl. § 167a Abs. 1 FamFG) und § 1632 Abs. 3 BGB aus, da es sich um amtswegige Verfahren im Sinne von § 24 FamFG handelt.[1]

3 Auch kommen **antragsabhängige Sorgerechtsverfahren** nach §§ 1671 Abs. 1 und 2, 1626a Abs. 2,1628 BGB nicht in Betracht, wenn die im Vergleich vereinbarte Sorgerechtsregelung mangels Dispositionsbefugnis der Rechtsinhaber noch der **Umsetzung durch einen Beschluss** durch das Familiengericht bedarf[2] (Bsp.: Im Verfahren nach § 1671 Abs. 1 Nr. 2 BGB vereinbaren die Eltern in einem Vergleich, dass der Antragsteller nur einen Teil der alleinigen Sorge erhält). Nur dann, wenn ein verfahrensbeendigender gerichtlicher Beschluss aufgrund des Vergleiches nicht mehr notwendig ist (Bsp.: Vereinbarung im Verfahren über die Auskunft nach § 1686 BGB, Vereinbarung der Eltern im Verfahren nach § 1671 Abs. 1 BGB, dass es bei der gemeinsamen Sorge verbleiben soll), kann § 83 Abs. 1 FamFG zur Anwendung gelangen. Ist dies aber der Fall, verbietet § 83 Abs. 1 FamFG eine Kostenentscheidung des Familiengerichts.[3]

II. Antragsrücknahme oder sonstige Erledigung (Abs. 2)

4 Ist das Verfahren durch **Antragsrücknahme** oder in **sonstiger Weise erledigt**, so verweist § 83 Abs. 2 FamFG auf eine entsprechende Anwendung von § 81 FamFG.

1. Antragsrücknahme

5 Nur **reine Antragsverfahren** (§ 23 FamFG) können durch Rücknahme des Sachantrages beendet und damit erledigt werden. In Kindschaftssachen zählen hierzu Sorgerechtssachen nach §§ 1626a Abs. 2, 1628, 1671 BGB, Umgangs- und Auskunftsverfahren nach § 1686a BGB, Auskunftsverfahren nach § 1686 BGB (→ § 1686 BGB Rn. 13), nicht aber Unterbringungsverfahren nach §§ 151 Nr. 6 FamFG i.V.m. § 1631b BGB.[4] Auch Abstam-

1 OLG Frankfurt a.M. ZKJ 2013, 127; *Heilmann*, NJW 2012, 16, 20
2 Vgl. BGH DAVorm 2000, 704; OLG Stuttgart ZKJ 2014, 334: eine gerichtliche Billigung der Sorgerechtsvereinbarung nach § 156 Abs. 2 FamFG reicht insoweit nicht
3 OLG Brandenburg, Beschl. v. 14.2.2011 – 13 WF 20/11, juris
4 BT-Drucks. 18/11278, 16; Prütting/Helms/*Hammer*, § 167 FamFG Rn. 7; a.A.: OLG Bremen NJW-RR 2013, 579; OLG Frankfurt FamRZ 2015, 1991

mungsverfahren (§ 169 FamFG) zählen hierzu, vgl. § 171 Abs. 1 FamFG.[5] Kommt es in diesen reinen Antragsverfahren zur Rücknahme des Antrages, so hat der Gesetzgeber auf eine § 269 Abs. 3 Satz 2 ZPO entsprechende Vermutungsregel verzichtet und auch für diesen Fall bestimmt, dass grundsätzlich nach § 81 Abs. 1 Satz 1 FamFG über die Kosten nach billigem Ermessen zu entscheiden ist, es sei denn es liegt ein Regelfall nach § 81 Abs. 2 FamFG vor. Dies bedeutet, dass es in Kindschaftssachen auch bei einer Antragsrücknahme im Regelfall der Billigkeit entspricht, dass die Eltern die Gerichtskosten gemeinsam tragen und von einer Erstattung außergerichtlicher Auslagen abzusehen ist.[6]

Eine Ausnahme ist dann veranlasst, wenn der Antrag gemäß § 81 Abs. 2 Nr. 2 FamFG **von vornherein ohne Erfolgsaussicht** war,[7] was in Kindschaftsverfahren wegen der Notwendigkeit der Anhörung des Kindes und der Beteiligten eher selten der Fall ist.[8] Eine weitere Ausnahme hat nach § 81 Abs. 2 Nr. 1 FamFG zu erfolgen, wenn der Antragsteller durch **grobes Verschulden** Anlass für das Verfahren gegeben hat. Hierzu reicht es aber nicht aus, dass ein Elternteil ohne vorherige Konsultation des Jugendamts einen Antrag beim Familiengericht gestellt hat.[9] 6

2. Sonstige Erledigung

Fälle sonstiger Erledigung in einem Verfahren der freiwilligen Gerichtsbarkeit liegen vor, wenn nach seinem Beginn ein Ereignis eingetreten ist, das den Verfahrensgegenstand hat wegfallen lassen, so dass dessen Weiterführung obsolet wäre.[10] Als Beispiele in Kindschaftssachen sind zu nennen der **Tod des antragstellenden Elternteils**, der Tod oder der Eintritt der **Volljährigkeit des Kindes**, die **Herausgabe des Kindes** im Verfahren nach § 1632 Abs. 1 BGB oder die **Erteilung** der gemäß § 1686 BGB geschuldeten **Auskunft**. Das Familiengericht hat dies im Rahmen seiner Amtsermittlungspflicht in jedem Stadium des Amts- oder Antragsverfahrens zu prüfen.[11] 7

An eine **übereinstimmende Erledigungserklärung** der Beteiligten ist das Familiengericht auch in Kindschaftssachen nur in **reinen Antragsverfahren** gebunden.[12] In einem solchen Fall bedarf es keines konstitutiven Ausspruchs der Erledigung des Verfahrens[13] und es genügt insoweit eine Kostenentscheidung, die sich gemäß § 83 Abs. 2 FamFG nach § 81 FamFG richtet, ohne dass hier Besonderheiten bestünden.[14] In **amtswegigen Verfahren**, wie Umgangssachen nach § 1684 BGB, kommen Dispositionsakte wie übereinstimmende Erledigungserklärungen der Eltern grundsätzlich nicht in Betracht, so dass das diese allein das Verfahren nicht beenden und das Familiengericht weiter zu prüfen hat, ob gleichwohl eine Sachentscheidung (vollstreckbare Umgangsregelung, Umgangsausschluss) zu erfolgen hat.[15] Schließen die Beteiligten z. B. in einem Umgangsverfahren nach § 1684 BGB einen vollstreckbaren Umgangsvergleich, beendet dieser das Verfahren erst, wenn die gerichtliche Billigung gemäß §§ 86 Abs. 1 Nr. 2, 156 Abs. 2 FamFG und ggf. ein Vollstreckungshinweis nach § 89 Abs. 2 FamFG erteilt wird.[16] Schließen die Beteiligten in 8

5 BGH BeckRS 2014, 23024: Antragsrücknahme nach Erlass der Endentscheidung nur mit Zustimmung der anderen Beteiligten, vgl. § 22 Abs. 1 Satz 2 FamFG
6 OLG München FF 2015, 79; OLG Naumburg BeckRS 2014, 08286; OLG Hamm BeckRS 2013, 18095
7 OLG Köln FuR 2017, 221; OLG Frankfurt AGS 2015, 303 (Abstammung)
8 OLG München FF 2015, 79; OLG Brandenburg BeckRS 2013, 17122
9 OLG Schleswig SchlHA 2017, 39; OLG Hamm BeckRS 2013, 18095; *Völker/Clausius,* § 10 Rn. 11
10 BGH FamRZ 1982, 156; BeckOK-FamFG/*Nickel,* § 83 Rn. 8
11 BayObLG FamRZ 1991, 846
12 BGH NZFam 2015, 179; FamRZ 1982, 156; BT-Drucks. 16/6308, 365
13 BayObLG NJW-RR 1987, 9; MüKo-FamFG/*Schindler,* § 83 Rn. 17
14 Vgl. OLG Jena FuR 2018, 432
15 OLG Brandenburg BeckRS 2014, 12088; OLG Frankfurt a.M. ZKJ 2013, 127; übersehen von OLG Bremen NJW-RR 2013, 963
16 OLG Frankfurt a.M. NZFam 2014, 610

einem Umgangsverfahren einen außergerichtlichen Vergleich oder eine gerichtliche, aber nicht vollstreckungsfähige Umgangsvereinbarung und erklären das Verfahren übereinstimmend für erledigt, so kann eine solche Vereinbarung vom Familiengericht zwar nicht gebilligt werden.[17] Das Familiengericht hat aber gleichwohl zu prüfen, ob angesichts der Einigung noch eine Regelung des Umgangs veranlasst ist. Kommt es zum Ergebnis, dass dies nicht der Fall ist, hat es dies durch Beschluss festzustellen und nach §§ 83 Abs. 2, 81 FamFG über die Kosten zu entscheiden.[18]

§ 84 FamFG Rechtsmittelkosten

Das Gericht soll die Kosten eines ohne Erfolg eingelegten Rechtsmittels dem Beteiligten auferlegen, der es eingelegt hat.

Übersicht

	Rn.
A. Allgemeines	1
B. Inhalt der Norm	2
I. Erfolglosigkeit	2
II. Rücknahme der Beschwerde	3
III. Ausnahmen der Kostentragung des Rechtsmittelführers	4

A. Allgemeines

1 Nach § 84 FamFG **soll** das Gericht die Kosten eines **ohne Erfolg** eingelegten **Rechtsmittels** dem Rechtsmittelführer auferlegen. Die Vorschrift enthält damit im Grundsatz eine **ermessensreduzierende Regel** für erfolglose, d. h. unzulässige oder unbegründete Rechtsmittel, wobei in Kindschaftssachen nahezu ausschließlich das Rechtsmittel der Beschwerde nach §§ 57, 58 FamFG zur Verfügung steht. Damit soll nur in außergewöhnlichen Konstellationen eine anderweitige Verteilung der Kosten bei der Zurückweisung einer Beschwerde oder Rechtsbeschwerde erfolgen.[1] Wird eine Kindschaftssache nach § 137 Abs. 3 FamFG im **Scheidungsverbund** geführt, so gilt für die Kostenentscheidung vorrangig § 150 FamFG.[2] Bei einer erfolglosen Beschwerde in der im Verbund geführten Kindschaftssache fließen aber die Wertungen von § 84 FamFG in die Billigkeitsabwägung nach § 150 Abs. 4 FamFG mit ein.[3]

B. Inhalt der Norm

I. Erfolglosigkeit

2 Es ist heute unbestritten, dass bei der Frage der Erfolglosigkeit eines Rechtsmittels nicht mehr danach zu differenzieren ist, ob dieses **unzulässig oder unbegründet** ist.[4] Ist ein Rechtsmittel nur teilweise erfolglos, so ist § 84 FamFG nicht anwendbar.[5] Hat das Beschwerdegericht gemäß § 69 Abs. 1 Satz 2 und 3 FamFG die angefochtene Entscheidung aufgehoben und das Verfahren an das Amtsgericht **zurückverwiesen**, so **unterbleibt**

17 KG FamRZ 2011, 588; *Hammer*, FamRZ 2011, 1268, 1270
18 BGH ZKJ 2017, 26
1 BT-Drucks. 16/6308, 216
2 OLG Karlsruhe FamRZ 2015, 754; Keidel/*Weber*, § 150 FamFG Rn. 14; a.A. und für Vorrang von § 84 FamFG: Zöller/*Lorenz*, § 150 FamFG Rn. 10
3 OLG Karlsruhe FamRZ 2015, 754
4 Keidel/*Zimmermann*, § 84 FamFG Rn. 19
5 BGH NJW-RR 2018, 709

nach gängiger Praxis eine Kostenentscheidung, weil diese der Vorinstanz nach Maßgabe der §§ 81 ff. FamFG mitüberlassen werden soll.[6] Wurden **mehrere Beschwerden** von verschiedenen Beteiligten erhoben (*Bsp.: Mutter begehrt alleiniges Sorgerecht, Vater will Beibehaltung des gemeinsamen Sorgerechts, in erster Instanz erhält Kindesmutter nur die Vermögenssorge, beide Eltern legen Beschwerde ein*) und sind diese allesamt ohne Erfolg, so kann wegen des Grundsatzes der Einheitlichkeit der Kostenentscheidung nicht jedem Beteiligten die Kostentragung seines Rechtsmittels auferlegt werden. Hier ist vielmehr eine **Quotelung** (im Beispiel Kostenaufhebung) der Kosten vorzunehmen.[7]

II. Rücknahme der Beschwerde

Umstritten ist die Frage, ob § 84 FamFG auch die **Rücknahme eines Rechtsmittels** erfasst. Hier wird zum Teil in der Literatur vertreten, dass aufgrund der vormaligen Praxis bei der Handhabung von § 13a Abs. 1 FGG a. F. eine Anwendung von § 81 FamFG vorzugswürdig sei, weil dies im Einzelfall flexiblere und gerechtere Kostenverteilungen ermögliche.[8] Dies vermag nicht zu überzeugen, da auch ein zurückgenommenes Rechtsmittel erfolglos ist und eine Anwendung von § 84 FamFG auch dem Willen des Gesetzgebers entspricht.[9] Wird die Beschwerde **zurückgenommen oder verworfen**, trägt der Beschwerdeführer nach § 84 FamFG auch die Kosten der **Anschlussbeschwerde**.[10] 3

III. Ausnahmen der Kostentragung des Rechtsmittelführers

Allein der Umstand, dass das betreffende Rechtsmittel in einer Kindschaftssache eingelegt worden ist, begründet für sich keinen Umstand, von der Kostenfolge des § 84 FamFG abzusehen. Soweit die Praxis hier vor dem Inkrafttreten des FamFG in großzügiger Weise von der Erhebung von Gerichtskosten auch bei erfolglosen Beschwerden unter Heranziehung von § 94 Abs. 3 KostO a. F. und des Gedankens, dass Eltern Rechtsmittel zumindest auch im Interesse ihrer Kinder einlegen würden, abgesehen hat, kann § 84 FamFG eine Sonderbehandlung von Rechtsmitteln in Kindschaftssachen nicht mehr entnommen werden.[11] Gleichwohl verfährt die Praxis bei erfolglosen Beschwerden auch gegenwärtig viel zu großzügig mit § 81 Abs. 1 Satz 2 FamFG, indem sie zur Schonung der Rechtsmittelführer oftmals von der Erhebung von Gerichtskosten für das Rechtsmittelverfahren absieht. 4

Gründe, die es ausnahmsweise rechtfertigen können von der Kostentragung durch den Rechtsmittelführer abzusehen, sind etwa **veränderte Umstände**, die erst **nach Einlegung** des Rechtsmittels entstanden sind und zur Erfolglosigkeit geführt haben.[12] Weiterhin ist § 84 FamFG wegen der Sonderregelung in § 81 Abs. 3 FamFG nicht auf erfolglose Beschwerden von Minderjährigen anzuwenden. Auch für den Verfahrensbeistand gilt § 84 FamFG im Hinblick auf § 158 Abs. 8 FamFG nicht.[13] Auf unzulässige oder unbegründete Rechtsmittel des **Jugendamts** bzw. Amtsvormunds ist § 84 FamFG aber anzuwenden, die im Rahmen von § 81 FamFG vom BGH[14] geforderte Einschränkung des Ermessens bei der Kostenauferlegung auf das Jugendamt findet hier keine Rechtfertigung.[15] Die außerge- 5

6 OLG Frankfurt a.M. NZFam 2014, 610; Einzelheiten bei MüKo-FamFG/*Schindler*, § 84 Rn. 7
7 Prütting/Helms/*Feskorn*, § 84 FamFG Rn. 2
8 MüKo-FamFG/*Schindler*, § 84 Rn. 21; *Bumiller/Harders/Schwamb*, § 84 FamFG Rn. 1
9 BT-Drucks. 16/6308, 216; OLG Hamm NJW-Spezial 2016, 135; OLG Frankfurt a.M. FamRZ 2014, 688; OLG Nürnberg NJOZ 2011, 678; BeckOK-FamFG/*Nickel*, § 84 Rn. 4a
10 Zöller/*Feskorn*, § 66 FamFG Rn. 7; vgl. auch BGH MDR 2005, 704 für die Anschlussberufung
11 Wie hier kritisch: Keidel/*Zimmermann*, § 84 FamFG Rn. 20; a.A. BeckOK-FamFG/*Nickel*, § 84 Rn. 5 unter Hinweis auf die frühere Rspr. zum FGG bzw. KostO
12 OLG Karlsruhe, Beschl. v. 22.1.2019 – 20 UF 130/18, juris; KG ZKJ 2013, 362 (Wechselmodell); OLG Karlsruhe FamRZ 2013, 213 (Verdacht sexueller Missbrauch); Zöller/*Feskorn*, § 84 FamFG Rn. 7
13 Johannsen/Henrich/*Büte*, § 158 FamFG Rn. 30
14 BGH ZKJ 2017, 26
15 OLG Frankfurt ZKJ 2017, 280; *Dürbeck*, ZKJ 2017, 19, 20

richtlichen Kosten von Beteiligten, denen vor Zurückweisung oder Rücknahme der Beschwerde (noch) kein rechtliches Gehör gewährt wurde, brauchen in einem solchen Fall nicht dem Rechtsmittelführer auferlegt werden.[16] Anders ist aber bzgl. der außergerichtlichen Kosten der anderen Beteiligten zu verfahren, wenn die Beschwerde nur fristwahrend eingelegt wurde und nach Zustellung und noch vor einer Begründung zurückgenommen wurde.[17]

6 **Stirbt der Rechtsmittelführer**, ist das Beschwerdeverfahren insoweit **erledigt**, aber in Ansehung der noch nach § 81 Abs. 1 Satz 3 FamFG zu treffenden Kostenentscheidung **mit den Erben fortzusetzen**. Die Kostenentscheidung richtet sich auch in einem solchen Fall nach § 84 FamFG, wenn das Rechtsmittel voraussichtlich ohne Erfolg geblieben wäre, im Übrigen nach §§ 83 Abs. 2, 81 FamFG. Kommt § 84 FamFG zur Anwendung, so ist bei einer Kostenentscheidung **zu Lasten der Erben** des Rechtsmittelführers **analog § 780 ZPO der Vorbehalt der beschränkten Erbenhaftung** von Amts wegen anzufügen.[18]

§ 85 FamFG Kostenfestsetzung

Die § 103 bis 107 der Zivilprozessordnung über die Festsetzung des zu erstattenden Betrags sind entsprechend anzuwenden.

Übersicht

Rn.
A. Allgemeines ... 1
B. Inhalt der Norm ... 3
I. Kostenfestsetzungsantrag und Antragsberechtigung ... 3
II. Umfang der Kostenerstattung ... 6
III. Entscheidung und Rechtsschutz ... 9
IV. Vereinfachtes Kostenfestsetzungsverfahren ... 11

A. Allgemeines

1 Nach § 85 FamFG gelten auch für Kindschaftssachen die Vorschriften der **§§ 103 bis 107 ZPO** über die **Kostenfestsetzung** entsprechend.[1] Das **Kostenfestsetzungsverfahren** nach §§ 103 ff. ZPO ist ein selbständiges Verfahren, das als Annex zur Hauptsache voraussetzt, dass dort eine **Kostengrundentscheidung** getroffen wurde, aus der sich für einen Beteiligten ein **verfahrensrechtlicher Kostenerstattungsanspruch** ergibt.[2] Da gerade in Kindschaftssachen vor allem im ersten Rechtszug eine Kostenauferlegung auf einen Beteiligten eher die Ausnahme ist (siehe näher hierzu *Dürbeck*, § 81 FamFG Rn. 9 ff.), hat das Verfahren hier nur eine begrenzte Bedeutung. Eine Überprüfung oder gar Korrektur der Kostengrundentscheidung erfolgt im Kostenfestsetzungsverfahren nicht.[3]

2 Das Verfahren nach §§ 103 ff. ZPO ist abzugrenzen von dem **Vergütungsfestsetzungsverfahren nach § 11 RVG** (*vereinfachtes Verfahren zur Titulierung des anwaltlichen Vergütungsanspruchs gegen den eigenen Mandanten*[4]), dem Verfahren zur **Festsetzung der**

16 KG FamRZ 2006, 511; Musielak/Borth/*Grandel,* § 84 FamFG Rn. 2
17 BGH NJW 2003, 756
18 BayObLGZ 1964, 433, 443; MüKo-FamFG/*Schindler,* § 84 Rn. 17
1 Vgl. dazu ausführlich zur Bedeutung in Familiensachen: *N. Schneider*, FPR 2010, 343; *Dörndorfer*, FPR 2012, 261
2 Musielak/Voit/*Flockenhaus,* § 104 ZPO Rn. 1
3 OLG Köln BeckRS 2013, 01066
4 Vgl. dazu *Hansens*, ZAP 2004, 831 ff., 847 ff.

Kosten der Vollstreckung nach §§ 95 Abs. 1 FamFG, 788 ZPO,[5] dem Verfahren zur Festsetzung der Vergütung des im Rahmen der **Verfahrenskostenhilfe beigeordneten Rechtsanwalts** gegen die Staatskasse nach §§ 55 f., 45 ff. RVG,[6] dem Verfahren zur **Festsetzung des Verfahrenswertes** bzw. Gegenstands der anwaltlichen Tätigkeit nach §§ 53 ff. FamGKG, 33 ff. RVG (siehe näher hierzu *Dürbeck*, § 80 FamFG Rn. 13 ff.) und dem Verfahren über den **Kostenansatz** nach §§ 18 ff. FamGKG (siehe näher hierzu *Dürbeck*, § 80 FamFG Rn. 26 f.).

B. Inhalt der Norm

I. Kostenfestsetzungsantrag und Antragsberechtigung

Das Kostenfestsetzungsverfahren nach §§ 103 ff, ZPO setzt zunächst neben einem **zur Vollstreckung geeigneten Titel** (§ 103 Abs. 1 ZPO), in dem eine **Kostenentscheidung** als Nebenentscheidung enthalten ist oder der eine isolierte Kostenentscheidung z. B. nach Antragsrücknahme beinhaltet, einen **Antrag zur Festsetzung des Erstattungsberechtigten** (§ 103 Abs. 2 ZPO) voraus. Der Antrag ist bei dem **Gericht des ersten Rechtszuges** einzureichen (§ 104 Abs. 1 ZPO; im Falle des § 50 Abs. 1 Satz 2 FamFG also bei dem OLG), funktionell zuständig ist nach § 21 Nr. 1 RPflG der **Rechtspfleger**. 3

Antragsberechtigt ist grundsätzlich nur derjenige Verfahrensbeteiligte, dem nach der vollstreckbaren Kostengrundentscheidung ein (formeller) **Kostenerstattungsanspruch** gegen einen anderen Beteiligten oder Dritten zusteht.[7] Nicht antragsberechtigt ist der Wahlanwalt selbst. Über § 126 Abs. 1 ZPO, der nach § 76 Abs. 1 FamFG auch für Familiensachen der freiwilligen Gerichtsbarkeit gilt, ist aber der im Rahmen der Verfahrenskostenhilfe beigeordnete Rechtsanwalt des von der Kostenentscheidung begünstigten Beteiligten berechtigt, seine (Wahlanwalts-)Gebühren nach dem RVG gegen den Kostenpflichtigen festsetzen zu lassen,[8] soweit er noch nicht von der Staatskasse nach §§ 55, 56 RVG entschädigt worden ist. 4

Dem kostenpflichtigen Beteiligten ist vor der Entscheidung rechtliches Gehör zu gewähren.[9] Vom Rechtspfleger zu beachten sind vor allem **Einwendungen des Kostenschuldners**, die im Gebührenrecht ihre Grundlage haben,[10] aber auch materiell-rechtliche Einwendungen, wie die **Aufrechnung** des Kostenpflichtigen mit einer unstreitigen oder rechtskräftig festgestellten Gegenforderung, sind ausnahmsweise zulässig.[11] 5

II. Umfang der Kostenerstattung

Gegenstand der Kostenfestsetzung nach §§ 103 ff. ZPO sind auch in Familiensachen nur die **Verfahrenskosten** (vgl. § 103 Abs. 1 ZPO), so dass etwa außergerichtliche Rechtsanwaltsgebühren ausscheiden. Der **Umfang der Kostenpflicht** ist der Regelung von § 80 FamFG zu entnehmen, so dass insbesondere verauslagte Gerichtskosten, erstattungsfähige Auslagen des Beteiligten sowie die erstattungsfähigen Rechtsanwaltsgebühren und dessen Auslagen nach dem RVG festzusetzen sind (siehe näher hierzu *Dürbeck*, § 80 FamFG Rn. 28 ff.). Hat das Familiengericht in einem Antragsverfahren den Antrag „kostenpflichtig" zurückgewiesen, so umfasst diese Entscheidung auch bei Fehlen weiterer Ausführungen in den Gründen im Hinblick auf den Kostenbegriff von § 80 FamFG auch die 6

---

5 Vgl. dazu *Goebel*, FoVo 2013, 181
6 Vgl. dazu *Volpert*, FuR 2013, 262; *Dürbeck*/Gottschalk, Rn. 826 ff.
7 MüKo-ZPO/*Schulz*, § 103 Rn. 28
8 Vgl. dazu *Dürbeck*/Gottschalk, Rn. 913 ff.; zur Gefahr einer Doppelfestsetzung zugunsten des Beteiligten und dessen Anwalt vgl. dort Rn. 920
9 BVerfG JMBlNW 1983, 72; Zöller/*Herget*, § 104 ZPO Rn. 21 „rechtliches Gehör"
10 Vgl. dazu ausführlich MüKo-FamFG/*Schindler*, § 85 Rn. 20 ff.
11 BGHZ 3, 381; MDR 1963, 388; OLG Düsseldorf JurBüro 1989, 225

Erstattung der notwendigen Auslagen der anderen Beteiligten.[12] Die Frage, ob die **Beauftragung eines Rechtsanwaltes** im jeweiligen Einzelfall **notwendig i.S.d. § 80 Satz 1 FamFG** war, wird also erst hier geprüft. Hinsichtlich der Frage der Notwendigkeit der Anwaltsbeauftragung kann nicht ausschließlich der Maßstab von § 78 Abs. 2 FamFG für die Beiordnung eines Rechtsanwalt im Rahmen der Bewilligung von Verfahrenskostenhilfe gelten, da diese Norm an den fiskalischen Interessen des Staates orientiert ist.[13] Es kommt insoweit darauf an, ob das betreffende Verfahren in tatsächlicher oder rechtlicher Hinsicht Anlass zur Hinzuziehung anwaltlichen Beistandes bietet, was im Regelfall in Kindschaftssachen zu bejahen sein wird.[14] Es kommt hier darauf an, ob ein verständiger und wirtschaftlich vernünftig denkender Beteiligter die Beauftragung eines Anwalts als sachdienlich ansehen durfte, wobei der Grundsatz der sparsamen Verfahrensführung gilt.[15] Maßgeblich sind insoweit die subjektiven Fähigkeiten und Kenntnisse des Betreffenden.[16] In ganz einfach gelagerten Fällen, wie etwa für die Zustimmung zu einer Sorgerechtsübertragung nach § 1671 Abs. 1 Nr. 1 BGB, wird die Notwendigkeit der Beauftragung eines Anwalts in Zweifel zu ziehen sein. Ist der Betroffene selbst Rechtsanwalt, können fiktive Anwaltskosten im Regelfall nicht erstattet werden.[17] Hat das Gericht auf die mangelhafte Erfolgsaussicht eines Antrages oder Rechtsmittels hingewiesen, wird im Regelfall für die anderen Beteiligten keine Notwendigkeit bestehen, einen Rechtsanwalt zu beauftragen.[18] Notwendig und damit erstattungsfähig sind jedenfalls im Rahmen von § 80 FamFG auch die Anwaltskosten anderer Beteiligter im Beschwerdeverfahren, wenn die **Beschwerde zurückgenommen** worden ist, aber **vor Kenntniserlangung** ein Anwalt zur Verteidigung der angefochtenen Entscheidung beauftragt worden ist und dieser bereits nach außen hin tätig geworden ist, sich insbesondere zur Akte gemeldet hat.[19]

Kosten, die ein Beteiligter in einer Kindschaftssache für die Einholung eines **Privatgutachtens** aufgewendet hat, sind im Hinblick auf den dort geltenden Amtsermittlungsgrundsatz nicht erstattungsfähig.[20]

Sind die Verfahrenskosten zwischen den Beteiligten – in Kindschaftssachen eher unüblich – nach Quoten aufgeteilt, so findet nach Maßgabe von § 106 ZPO eine **Saldierung wechselseitiger Kostenerstattungsansprüche** statt.[21] Nach § 104 Abs. 1 Satz 2 ZPO ist auf Antrag auch eine Verzinsung auszusprechen.

7 Ein vom Pflichtigen geleisteter **Verfahrenskostenvorschuss** ist bei einer Kostenquotelung nur dann anzurechnen, wenn und soweit die Gesamtsumme aus Erstattungsanspruch und Vorschuss die den Berechtigten treffenden Gesamtkosten übersteigt.[22] Bei fehlender Quotelung ist er nur für die Kosten der Instanz anzurechnen, für die er entrichtet wurde.[23] Im Übrigen sind **materiell-rechtliche Einwendungen** vom Schuldner im Verfahren nach § 767 ZPO geltend zu machen.

---

12 OLG Hamm, Beschl. v. 23.7.2019 – 25 W 146/19, juris, das im Hinblick auf die abweichende Ansicht des OLG Köln FGPrax 2012, 282 die Rechtsbeschwerde zugelassen hat
13 OLG Nürnberg FamRZ 2012, 735
14 OLG Nürnberg FamRZ 2012, 735; Keidel/*Zimmermann,* § 85 FamFG Rn. 9
15 BGH FamRZ 2017, 643
16 OLG Celle FamRZ 2016, 82
17 OLG Karlsruhe, Beschl. v. 28.7.2016 – 18 WF 166/15, juris
18 OLG Brandenburg FamRZ 2015, 1743
19 BGH FamRZ 2017, 643
20 OLG Köln FamRZ 2013, 319; Prütting/Helms/*Feskorn,* § 80 FamFG Rn. 7
21 Vgl. *N. Schneider,* FPR 2010, 343, 346
22 BGH NJW-RR 2010, 718 mit ausführlichen Angaben zum Streitstand; str., a.A. OLG Celle FamRZ 1985, 731 (nur die Quote); OLG Düsseldorf Rpfleger 2005, 483 (immer in voller Höhe)
23 BGH NJW-RR 2010, 718; OLG Koblenz AGS 2017, 246

Soweit der **Verfahrenswert** angegriffen ist und über diesen noch nicht abschließend entschieden ist, ist das Kostenfestsetzungsverfahren analog § 11 Abs. 1 Satz 4 RVG auszusetzen.[24] Im Verfahren der sofortigen Beschwerde nach § 85 FamFG i.V.m. §§ 11 Abs. 1 RPflG, 104 Abs. 3, 567 ff. ZPO kann das Oberlandesgericht aber gemäß § 55 Abs. 3 Nr. 2 FamGKG den Verfahrenswert auch von Amts wegen ändern. 8

III. Entscheidung und Rechtsschutz

Soweit der Rechtspfleger dem Antrag wenigstens zum Teil stattgibt, ist der Beschluss dem Pflichtigen nach § 104 Abs. 1 Satz 3 ZPO von Amts wegen **förmlich zuzustellen**. Die Entscheidung im Kostenfestsetzungsverfahren ist – einschließlich des Erinnerungsverfahrens (§ 11 Abs. 4 RPflG) – **gerichtsgebührenfrei**. Auch entstehen **keine gesonderten Anwaltsgebühren** (§ 19 Abs. 1 Nr. 14 RVG). 9

Gegen die Entscheidung des Rechtspflegers findet nach § 85 FamFG i. V. m. 104 Abs. 3 ZPO das Rechtsmittel der **sofortigen Beschwerde** zum Oberlandesgericht statt, soweit der **Beschwerdewert von 200,00 Euro** erreicht ist (§§ 11 Abs. 1 RPflG, 567 Abs. 1 Nr. 1 und Abs. 2 ZPO). Nach der Entscheidung über die **Abhilfe** durch den Rechtspfleger (§ 572 Abs. 1 ZPO), die durch Beschluss zu erfolgen hat, entscheidet in Familiensachen bei dem **Oberlandesgericht** grundsätzlich nach § 568 ZPO der Einzelrichter. Soweit er oder der Senat die **Rechtsbeschwerde** zugelassen haben (§ 574 Abs. 1 Nr. 2 ZPO), ist auch der Weg zum BGH in Kostenfestsetzungsverfahren eröffnet.[25] Wird die sofortige Beschwerde verworfen oder zurückgewiesen, entsteht nach Nr. 1912 KV FamGKG eine Festgebühr von 60 Euro, für den Rechtsanwalt entsteht im Beschwerde- oder Erinnerungsverfahren (vgl. § 18 Nr. 3 RVG) eine 0,5 Gebühr nach Nr. 3500, 3513 VV RVG aus dem Wert des angefochtenen Beschlusses. Ist der Beschwerdewert nicht erreicht, so findet gegen die Entscheidung des Rechtspflegers die befristete Erinnerung nach § 11 Abs. 2 Satz 1 RPflG statt, über die bei Nichtabhilfe der Instanzrichter abschließend entscheidet (§ 11 Abs. 2 Satz 3 RPflG). 10

IV. Vereinfachtes Kostenfestsetzungsverfahren

Nach § 105 ZPO gibt es auch in Familiensachen über die Verweisung in § 85 FamFG die Möglichkeit der **vereinfachten Kostenfestsetzung**, die jedoch in Kindschaftssachen in der Praxis kaum Bedeutung erlangt hat.[26] 11

---

24 BGH AGS 2014, 246 mit Anm. *N. Schneider*
25 BGH NJW-RR 2014, 186
26 Vgl. *N. Schneider*, FPR 2010, 343, 346, und wegen der Einzelheiten vgl. Thomas/Putzo/*Hüßtege*, § 105 ZPO Rn. 1 ff.

Abschnitt 8
Vollstreckung

Unterabschnitt 1
Allgemeine Vorschriften

§ 86 FamFG Vollstreckungstitel

(1) Die Vollstreckung findet statt aus

1. gerichtlichen Beschlüssen;

2. gerichtlich gebilligten Vergleichen (§ 156 Abs. 2);

3. weiteren Vollstreckungstiteln im Sinne des § 794 der Zivilprozessordnung, soweit die Beteiligten über den Gegenstand des Verfahrens verfügen können.

(2) Beschlüsse sind mit Wirksamwerden vollstreckbar.

(3) Vollstreckungstitel bedürfen der Vollstreckungsklausel nur, wenn die Vollstreckung nicht durch das Gericht erfolgt, das den Titel erlassen hat.

Übersicht

Rn.
A. Allgemeines ... 1
I. Bedeutung der Vollstreckung ... 1
II. Terminologie ... 4
III. Gesetzessystematik ... 5
IV. Vollstreckungsvoraussetzungen ... 7
V. Vollstreckungsalternativen in Umgangssachen ... 8
B. Inhalt der Norm ... 10
I. Vollstreckungstitel ... 10
1. Gerichtliche Beschlüsse ... 11
2. Gerichtlich gebilligter Vergleich ... 12
a) Gesetzesregelung ... 12
b) Grundlage der Vollstreckung ... 13
c) Fehlerhafter Billigungsbeschluss ... 15
d) Vollstreckungsvoraussetzungen ... 16
3. Weitere Titel i.S.d. § 794 ZPO ... 18
II. Bestimmtheit ... 19
1. Grundsatz ... 19
2. Kindesherausgabe ... 20
3. Umgangsregelung ... 21
a) Notwendige Regelungen ... 21
b) Umgangspflegschaft ... 24
III. Vollstreckbarkeit ... 25
IV. Vollstreckungsklausel ... 26

Weiterführende Literatur: Cirullies, FamFG und Vollstreckung, ZKJ 2010, 174; *ders.*, Vollstreckung aus Titeln nach § 86 FamFG, FPR 2012, 473; *van Els*, Die Vollstreckung von einstweiligen Anordnungen, FPR 2012, 480; *Giers*, Die Vollstreckung nach §§ 86 ff. FamFG, NZFam 2020, 4; *Krekeler*, Die Vollstreckung von Umgangstiteln, FuR 2017, 240; *Schlünder*, Die Vollstreckung nach dem FamFG, FamRZ 2009, 1636; *Vogel*, Vollstreckung von Endentscheidungen nach dem FamFG, FPR 2011, 526.

A. Allgemeines

I. Bedeutung der Vollstreckung

1 Bei der Vollziehung von Titeln in **Kindschaftssachen** stößt das Gericht schon wegen des stets zu wahrenden Kindeswohls häufig an Grenzen – was manche Beteiligte durchaus zu ihrem (vermeintlichen) Vorteil zu nutzen wissen. Dies gilt vor allem für die Vollstreckung

umgangsrechtlicher Regelungen. Hier erlangen auch formale Voraussetzungen eine (mitunter übertrieben) große Bedeutung. So sollte bereits bei Schaffung des Titels eine mögliche Vollstreckung in Erwägung gezogen und insbesondere geprüft werden, ob die Regelung hinreichend bestimmt ist. In diesen ohnehin problematischen Verfahren sollten Formfehler, die mitunter zur Zurückverweisung durch das Beschwerdegericht führen,[1] und entsprechende **Verzögerungen vermieden** werden. Auch ist zu bedenken, dass die Betrachtung des **Kindeswohls** dem Erkenntnisverfahren vorbehalten ist und grundsätzlich nicht in das Vollstreckungsverfahren verlagert werden darf.[2]

Im Übrigen sollte primäres Ziel sein, dem Titel zur Durchsetzung zu verhelfen.[3] Das Familiengericht ist verpflichtet, die vorgesehenen Vollstreckungsmittel ausreichend **schnell und systematisch** einzusetzen. Dies gilt insbesondere, wenn die mangelnde Umsetzung des Umgangsrechts in erster Linie auf der offensichtlichen Ablehnung des Verpflichteten sowie des von ihm beeinflussten Kindes beruht.[4] 2

Auch bei Verstößen gegen **Schutzanordnungen nach § 1 GewSchG** spielt die Vollstreckung durch Verhängung von Ordnungsmitteln (§ 890 ZPO) oder durch unmittelbaren Zwang (§ 96 FamFG) eine erhebliche Rolle. 3

In **Abstammungssachen** kann der Pflicht zur Duldung einer Speichel- oder Blutprobe Nachdruck verliehen werden durch eine zwangsweise Vorführung des Verpflichteten (§ 96a Abs. 2 FamFG).

II. Terminologie

Im Vollstreckungsrecht werden die Begriffe **„Zwangsvollstreckung", „Vollstreckung"** und **„Vollziehung"** teils synonym, teils in unterschiedlicher Bedeutung gebraucht. Bereits das **FGG** verwendete alle drei Begriffe.,[5] Auch der Gesetzgeber des **FamFG** vermochte sich nicht zu einer einheitlichen Terminologie durchzuringen: Die einstweilige Anordnung wird „vollstreckt"[6] wohingegen das Beschwerdegericht die „Vollziehung" des angefochtenen Beschlusses aussetzen kann.[7] Grundsätzlich bestehen jedoch keine inhaltlichen Unterschiede.[8] 4

III. Gesetzessystematik

Die Gesetzessystematik in Familiensachen zu verstehen wird erschwert durch die grundsätzliche Beibehaltung zweier Verfahrensarten (freiwillige Gerichtsbarkeit – Zivilprozess) mit jeweiliger Verfahrensordnung (FamFG – ZPO) und zahlreichen Verweisungen. Dies gilt nicht minder für das Vollstreckungsrecht: 5

- Bei Verfahrensgegenständen der **freiwilligen Gerichtsbarkeit** ist das Thema „Vollstreckung" schwerpunktmäßig in **§§ 86 bis 96a FamFG** geregelt. Diese Vorschriften sind von Bedeutung vor allem in *Kindschafts-*, *Gewaltschutz-* und *Abstammungssachen*.
- Für bestimmte Vollstreckungsfälle (z.B. Vollstreckung von Auskunftsansprüchen) verweist § 95 Abs. 1 FamFG auf die **ZPO**, allerdings nur soweit §§ 86 ff. FamFG nichts Abweichendes regeln.

---

1 Vgl. OLG Hamm FamRZ 2013, 310; OLG Frankfurt BeckRS 2014, 17407
2 BGH FamRZ 2014, 732 mit Anm. *Hammer*; ferner hier *Cirullies*, § 89 FamFG Rn. 27
3 *Geißler*, DGVZ 1997, 145, 150; vgl. auch EGMR FamRZ 2015, 469
4 EGMR FamRZ 2008, 1059 mit Anm. *Rixe*
5 Exemplarisch in § 64b FGG
6 §§ 53, 55 FamFG
7 § 64 Abs. 3 FamFG
8 *Cirullies,* Vollstreckung in Familiensachen, Rn. 4 m.w.N.

- **Familienstreitsachen** (§ 112 FamFG) werden gemäß § 120 Abs. 1 FamFG stets entsprechend den Vorschriften der ZPO vollstreckt – mit den Besonderheiten des § 120 Abs. 2 FamFG.
- Daneben regelt § 35 FamFG die Vollstreckung **verfahrensleitender Anordnungen** des Gerichts.

Die Vorschriften zur **Vollstreckung nach dem FamFG** widmen sich neben dem allgemeinen Verfahren (§§ 86 – 87) schwerpunktmäßig der Vollstreckung von Beschlüssen über die **Kindesherausgabe** und die Regelung des **Umgangs** (§§ 88 bis 94) mit der Möglichkeit, Verstöße durch die Verhängung von **Ordnungsmitteln** zu ahnden.

6 **Übersicht: Grundlagen der Vollstreckung**

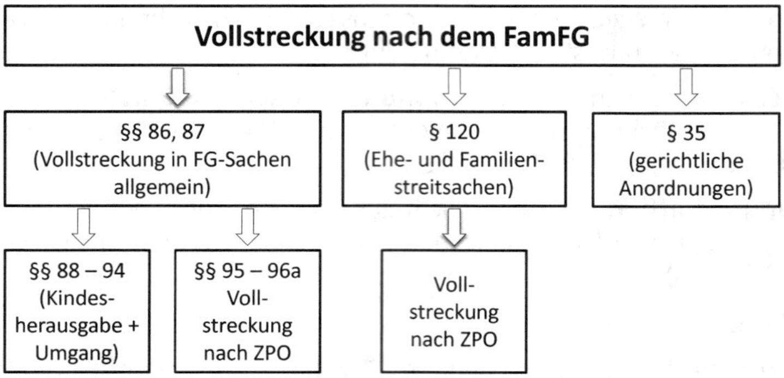

IV. Vollstreckungsvoraussetzungen

7 Grundsätzlich gilt auch im **FamFG**, dass als allgemeine Vollstreckungsvoraussetzungen erforderlich sind: **Titel, Klausel und Zustellung**.[9] In Kindschaftssachen von besonderer Bedeutung ist dabei der **gerichtlich gebilligte Vergleich** (§ 156 Abs. 2 FamFG), der nur bei Einhaltung formeller Kriterien vollstreckbar ist.[10] Jeder Titel muss einen hinreichend bestimmten **vollstreckungsfähigen Inhalt** haben, was insbesondere bei Umgangsregelungen Schwierigkeiten bereiten kann.

Die Vollstreckungsanträge leiten grundsätzlich **selbstständige** Verfahren ein.[11] Diese werden nach den Aktenordnungen der Länder in der Regel in gesonderten „Vollstreckungsheften" geführt.

V. Vollstreckungsalternativen in Umgangssachen

8 Die zwangsweise Durchsetzung von **Umgangsregelungen** ist schwierig und dem Kindeswohl nicht immer dienlich. Daher kann im Einzelfall der Versuch lohnen, über **alternative Strategien**[12] zum Erfolg zu gelangen. Gleichwohl kommt das Gericht mitunter nicht umhin, einen oft mehrjährigen **Umgangsausschluss** anzuordnen, etwa wegen übermäßig hoher seelischer Belastung des Kindes.[13] Insoweit gebietet es allerdings der **Verhältnismäßigkeitsgrundsatz**, zunächst eine Einschränkung des Umgangsrechts (insbesondere einen **begleiteten** Umgang) zu prüfen.[14]

▶ *Näher hierzu Gottschalk, § 1684 BGB Rn. 71.*

9 Vgl. §§ 86 Abs. 1 und 3, 87 Abs. 2 FamFG
10 Näher dazu Rn. 12 ff.
11 BGH FamRZ 2011, 1729, dazu *Cirullies*, FamFR 2011, 491
12 Eingehend hierzu *Gottschalk*, FPR 2007, 308; *Cirullies*, Vollstreckung in Familiensachen, Rn. 656 ff.
13 OLG Brandenburg ZKJ 2012, 356
14 BVerfG FamRZ 2009, 399

Unbeschadet dessen soll auch das **Vermittlungsverfahren** dazu dienen, die Vollstreckung eines Umgangstitels zu vermeiden.

▶ *Näher hierzu Gottschalk, § 165 FamFG Rn. 1 ff.*

Bei fortgesetzter massiver und schuldhafter Vereitelung des Umgangsrechts kann neben den Sanktionen, die direkt die Ausübung des Umgangsrechts bzw. die elterliche Sorge beeinflussen, auch eine (vollständige oder teilweise) **Verwirkung** des Anspruchs auf **Ehegattenunterhalt** nach § 1579 Nr. 7 BGB infrage kommen.[15] 9

Erwachsen dem umgangsberechtigten Elternteil dadurch finanzielle Nachteile, dass ihm der Umgang nicht in der vorgesehenen Art und Weise gewährt wurde („frustrierte Aufwendungen"), kann er von dem anderen grundsätzlich **Schadensersatz** verlangen.[16] Meist geht es um Ansprüche auf Ersatz unnötig angefallener Fahrt- oder Reisekosten, mitunter auch des Verdienstausfalls.[17]

B. Inhalt der Norm

I. Vollstreckungstitel

Entsprechend der abschließenden Aufzählung in Abs. 1 findet die Vollstreckung statt aus: 10

- **gerichtlichen Beschlüssen** (Nr. 1),
- **gerichtlich gebilligten Vergleichen** nach § 156 Abs. 2 FamFG (Nr. 2) sowie
- **weiteren Vollstreckungstiteln** i.S.d. § 794 ZPO, soweit die Beteiligten über den Gegenstand des Verfahrens bestimmen können (Nr. 3).

Urteile sind hier nicht genannt, weil das Gericht in Verfahren nach dem FamFG grundsätzlich durch **Beschluss** entscheidet (§ 38 FamFG).

1. Gerichtliche Beschlüsse

Zu den Beschlüssen nach Abs. 1 Nr. 1 zählen in erster Linie **Endentscheidungen** i.S.d. § 38 Abs. 1 FamFG, ferner sonstige im fG-Verfahren ergangene **verfahrensabschließende Beschlüsse** mit einem vollstreckbaren Inhalt, insbesondere 11

- Beschlüsse im Verfahren der **einstweiligen Anordnung**
- **Kostenfestsetzungsbeschlüsse**[18]
- Zwangsmittelbeschlüsse nach **§ 888 ZPO**[19]

Nicht zu den Beschlüssen i.S.d. Abs. 1 Nr. 1 gehören u.a.:

- **verfahrensleitende Verfügungen** und Anordnungen, auch wenn sie in Form eines Beschlusses ergehen. Sie werden nach der insoweit spezielleren Vorschrift des § 35 FamFG vollstreckt;
- Entscheidungen über **Ordnungsmittel;**[20]

---

15 BGH FamRZ 2007, 882; OLG München FamRZ 2006, 1605; vgl. auch OLG Saarbrücken BeckRS 2015, 00275

16 BGH FamRZ 2002, 1099; OLG Köln FamRZ 2015, 151; eingehend Mayer, FamRZ 2019, 1969; *Heiderhoff*, FamRZ 2004, 324

17 Vgl. OLG Hamburg FamRZ 2018, 599; KG FamRZ 2018, 270; OLG Bremen NZFam 2018, 28 mit Anm. *Löhnig*; OLG Frankfurt FamRZ 2016, 387; OLG Köln FamRZ 2015, 151; dazu auch *Splitt*, FF 2019, 94, 100

18 § 85 FamFG i.V.m. § 104 ZPO

19 *Cirullies*, FPR 2012, 473

20 Für ihre Vollziehung ist stets das Gericht nach den Regeln des Justizbeitreibungsgesetzes zuständig

- gerichtliche **Entscheidungen ohne vollzugsfähigen Inhalt**, z.B. Regelungen der **elterlichen Sorge**; Grundlage für den Vollzug sind erst die Entscheidungen, die zur Durchsetzung der Regelung der elterlichen Sorge angeordnet werden, z.B. eine Herausgabeanordnung nach § 1632 Abs. 2 BGB.[21]

2. Gerichtlich gebilligter Vergleich

a) Gesetzesregelung

12 Vor allem in **Umgangsverfahren** ist eine Vereinbarung der Beteiligten zwecks Abschlusses des Verfahrens vielfach sinnvoll. Hierfür sieht § 156 Abs. 2 FamFG ausdrücklich den **gerichtlich gebilligten Vergleich** vor, falls die Beteiligten **Einvernehmen** über den Umgang oder die Herausgabe des Kindes erzielen und das **Gericht** dieser Regelung nach Kindeswohlprüfung **zustimmt**.[22] Nur für die in der Vorschrift genannten Verfahrensgegenstände gilt die Regelung, nicht etwa für Gewaltschutzsachen.[23] Es handelt sich um eine Sonderregelung zu § 36 FamFG, denn die Regelungsgegenstände Kindesherausgabe und Umgang unterliegen eigentlich nicht der Disposition der Beteiligten (siehe hierzu *Cirullies*, § 36 FamFG Rn. 3).

▶ *Näher zum gerichtlich gebilligten Vergleich Wegener, § 156 FamFG Rn. 65.*

b) Grundlage der Vollstreckung

13 Die **Beschlussform** für die Billigung ist entsprechend den Vorgaben zahlreicher obergerichtlicher Entscheidungen[24] inzwischen gängige Gerichtspraxis. Es spricht vieles für die Ansicht, dass sich der Vollstreckungstitel bei einem Vergleich nach § 156 Abs. 2 FamFG aus der Kombination von **Vergleich und Billigungsbeschluss** zusammensetzt. Kein Bestandteil ist für sich alleine in der Lage, einen Vollstreckungstitel zu begründen.[25] Entscheidend ist dabei allerdings der (beschwerdefähige) **Beschluss**, denn erst durch den gerichtlichen Beschluss mit obligatorischer Kindeswohlprüfung wird das Verfahren beendet.[26]

14 Damit **unterscheidet** sich der **gerichtlich gebilligte Vergleich** wesentlich von dem im **Zivilprozess** nach § 794 ZPO geschlossenen Vergleich wie auch von einem **„einfachen" Vergleich** nach §§ 36, 86 Abs. 1 Nr. 3 FamFG, bei denen das Verfahren durch den Vergleich abgeschlossen wird.[27] Da sich der Billigungsbeschluss auf eine ganz konkrete Umgangsregelung bezieht, ist im Übrigen Vorsicht geboten bei späteren **außergerichtlichen Modifizierungen** eines gebilligten Vergleichs (z.B. einvernehmlicher Tausch der vor Gericht vereinbarten Umgangstermine). Dann liegt insoweit keine gerichtlich gebilligte Vereinbarung vor; die Umgangsregelung ist nicht mehr vollstreckbar.[28]

---

21 Ausführlich *Cirullies*, FPR 2012, 473

22 Eingehend zu den Voraussetzungen *Grandel*, FF 2019, 55; *Cirullies*, Vollstreckung, Rn. 420 ff.

23 Auch wenn der wohl auf einem Schreibversehen beruhende Leitsatz des OLG Brandenburg BeckRS 2018, 26473 („§ 86 Abs. 1 Nr. 2" statt „Nr. 3") dies suggeriert; entsprechend unzutreffend *Henn*, jurisPR-FamR 13/2019 Anm. 5

24 Vgl. insbesondere BGH FamRZ 2019, 1616 m.w.N. mit Anm. *Zivier* = NZFam 2019, 818 mit Anm. *Wache* = ZKJ 2019, 420 mit Anm. *Dürbeck* = FamRB 2019, 392 mit Anm. *Cirullies*; OLG Karlsruhe FamRZ 2019, 1451 mit Anm. *Hammer*; überholt daher OLG Koblenz FamRZ 2017, 42 (konkludente Billigung möglich)

25 *Grandel*, FF 2019, 55,58

26 OLG Hamm FamRZ 2014, 273

27 Dies wird gelegentlich verkannt, vgl. OLG Saarbrücken, BeckRS 2019, 22002 = FamRB 2019, 18 mit Anm. *Cirullies*

28 OLG Frankfurt FuR 2019, 296; FuR 2019, 547, dazu *Engelmann*, NZFam 2019, 276

c) Fehlerhafter Billigungsbeschluss

Ist etwa die Vereinbarung der Eltern **fehlerhaft protokolliert,**[29] worden oder lag bei Erlass des Billigungsbeschlusses das **Einvernehmen** der Beteiligten nicht (mehr) vor,[30] so ist fraglich, welche Auswirkungen solche Verfahrensfehler haben. Mitunter wird die Auffassung vertreten, der Billigungsbeschluss gehe dann „ins Leere"[31] der Vergleich sei unwirksam.[32] Tatsächlich jedoch machen Verfahrensfehler den gebilligten Vergleich lediglich **anfechtbar,**[33] nicht hingegen unwirksam. Er ist bis zu seiner Aufhebung oder Abänderung nach §§ 64, 93 FamFG vollstreckbar.[34] Gleiches gilt, wenn – wie häufig – der Vergleich ohne persönliche Anhörung des Kindes geschlossen wurde, was nach Meinung des BGH[35] das Verdikt der Verfahrensfehlerhaftigkeit der Billigung nach sich zieht. In all diesen Fällen ist der gebilligte Vergleich nach Ablauf der Rechtsmittelfrist wie ein gerichtlicher Beschluss in vollem Umfang vollstreckbar. Sofern der Verpflichtete etwa in einem Ordnungsmittelverfahren einwendet, die bisherige Regelung entspreche nicht dem Kindeswohl, kann und muss er insoweit ein **Abänderungsverfahren** nach § 1696 Abs. 1 BGB einleiten, sinnvollerweise in Verbindung mit einem **Einstellungsantrag** gemäß § 93 Abs. 1 Nr. 4 FamFG. **15**

Hinweis: Die Möglichkeit der Anfechtung des Billigungsbeschlusses selbst durch die Eltern, die der Vereinbarung zugestimmt haben,[36] bringt einige **Ungewissheit** für die Beteiligten mit sich, auch bezüglich der **Umgangstermine, die innerhalb der einmonatigen Beschwerdefrist liegen.** Daher kann es sich im Anschluss an die mündliche Bekanntgabe des Billigungsbeschlusses empfehlen, dass alle anwesenden Beteiligten einen **Rechtsmittelverzicht** aussprechen. Er kann formlos im Termin erklärt werden (§ 67 Abs. 1 FamFG, mit entsprechendem Vermerk nach § 25 Abs. 4 FamFG) und führt die Rechtskraft des Vollstreckungstitels herbei.[37]

d) Vollstreckungsvoraussetzungen

Auch bei einem gerichtlich gebilligten Vergleich sind die allgemeinen Vollstreckungsvoraussetzungen (vgl. Rn. 7) zu beachten. So muss die Vereinbarung der Eltern, auf die sich die Billigung bezieht, **hinreichend bestimmt** sein (vgl. Rn. 19 ff.). Einer **Vollstreckungsklausel** bedarf es nur dann, wenn – etwa nach einem Umzug des Kindes – ein anderes Gericht mit der Vollstreckung befasst wird.[38] Besonderes Augenmerk ist auf die richtige **Zustellung** zu legen: Sowohl die Vereinbarung (Protokoll) wie auch der Billigungsbeschluss müssen **von Amts wegen** zugestellt werden.[39] **16**

Soweit die Vollstreckung des Vergleichs – wie regelmäßig – nach § 89 FamFG durch Verhängung von **Ordnungsmitteln** vorgenommen werden soll, muss der Verpflichtete zuvor auf die Folgen einer Zuwiderhandlung nach § 89 Abs. 2 FamFG **hingewiesen** worden sein (vgl. *Cirullies,* § 89 FamFG Rn. 2 ff.). Für eine Vollstreckung durch Anwendung unmittelbaren Zwangs (§ 90 FamFG) ist dies nicht erforderlich.

---

29 Entgegen den Vorschriften in §§ 36 Abs. 2 Satz 2 FamFG, 162 Abs. 1, 160 Abs. 3 Nr. 1 ZPO; dazu OLG Saarbrücken a.a.O., ferner hier *Cirullies*, § 36 FamFG Rn. 6
30 Dazu OLG Oldenburg FamRZ 2019, 1159
31 So OLG Saarbrücken a.a.O.
32 Etwa OLG Brandenburg FamRZ 2017, 391
33 Mit der Beschwerde nach § 58 FamFG
34 Dazu *Hammer*, FamRZ 2019, 1451, 1454
35 BGH FamRZ 2019, 1616 = FamRB 2019, 392; zu Recht kritisch dazu *Wache*, NZFam 2019, 818, 821
36 So BGH FamRZ 2019, 1616
37 So auch *Kischkel*, NZFam 2019, 907, 908; vgl. ferner OLG Saarbrücken BeckRS 2019, 32703 (Rn. 15)
38 Dazu OLG Brandenburg NZFam 2019, 694, bespr. v. *Dürbeck*
39 Eingehend OLG Oldenburg, FamRZ 2018, 1943 mit Anm. *Cirullies;* ferner *Cirullies,* § 87 FamFG Rn. 3

17 Zusammenfassend ergibt sich für die **Vollstreckbarkeit** eines **gerichtlich gebilligten Vergleichs** nach § 89 FamFG folgende **Gleichung**:

	hinreichend bestimmte Regelung
+	Zustimmung aller Beteiligten
+	formwirksame Genehmigung der Protokollierung
+	(rechtskräftiger) Billigungsbeschluss nebst Folgenankündigung (§ 89 Abs. 2 FamFG)
+	Zustellung von Amts wegen (Vereinbarung und Beschluss)
=	**vollstreckbarer gerichtlich gebilligter Vergleich**.

3. Weitere Titel i.S.d. § 794 ZPO

18 Vollstreckungstitel können auch solche nach § 794 ZPO sein, soweit die Beteiligten über den Verfahrensgegenstand verfügen können (Nr. 3). Sie spielen im Verfahren der freiwilligen Gerichtsbarkeit – abgesehen von **Gewaltschutzsachen**[40] – eine eher untergeordnete Rolle, weil es sich häufig um Amtsverfahren handelt, in denen die Dispositionsbefugnis in der Regel fehlt.

II. Bestimmtheit

1. Grundsatz

19 Die Durchsetzung eines Vollstreckungstitels nach § 86 FamFG setzt einen vollstreckungsfähigen Inhalt voraus. Der Titel muss aus sich heraus für eine Auslegung **genügend bestimmt** sein oder jedenfalls sämtliche Kriterien für seine Bestimmbarkeit eindeutig festlegen.[41] Die Regelung soll so präzise und erschöpfend sein, dass sie erforderlichenfalls auch zwangsweise vollzogen werden kann.[42] Mangelnde Konkretisierung kann die Aufhebung der Vollstreckungsmaßnahme und damit zu erheblichen Verzögerungen führen.[43] Weichen die Kindeseltern einvernehmlich von einer titulierten (Umgangs-)Regelung ab und treffen eine davon neue Vereinbarung, ist der Titel mangels hinreichender Bestimmtheit nicht (mehr) nach § 89 FamFG vollstreckbar.[44]

2. Kindesherausgabe

20 **Herausgabeansprüche** können sich insbesondere aus § 1632 Abs. 1 und 4 BGB ergeben. Die Durchsetzung erfordert stets einen **Gerichtsbeschluss**, der die Pflicht zur Herausgabe des Kindes ausdrücklich bestimmt. Dieser Beschluss kann auch in der Billigung eines **Vergleichs** bestehen, mit dem der Herausgabeanspruch wirksam tituliert werden kann (§§ 86 Abs. 1 Nr. 2, 156 Abs. 2 FamFG). Aus dem Herausgabetitel muss sich genau ergeben, wer welches Kind an wen zu übergeben hat. Als **Zeitangaben** genügen „sofort" oder „unverzüglich" oder auch „nach Aufforderung durch ...".[45] Zu beachten ist, dass die Herausgabevollstreckung in den Händen des **Familiengerichts**, nicht des Herausgabeberechtigten liegt.

40 Hierzu *Cirullies*, § 1 GewSchG Rn. 36; ferner OLG Hamburg FamRZ 2019, 1448; OLG Karlsruhe FamRZ 2015, 1405
41 KG FamRZ 2011, 588
42 Eingehend zu der Problematik *Cirullies*, ZKJ 2011, 448 m.w.N.
43 Dazu OLG Hamm FamRZ 2013, 310; OLG Frankfurt BeckRS 2014, 17407
44 OLG Frankfurt FuR 2019, 547, dazu *Engelmann*, NZFam 2019, 276
45 PK Familienverfahrensrecht/*Meysen*, § 89 FamFG Rn. 4

3. Umgangsregelung

a) Notwendige Regelungen

An die Bestimmtheit eines gerichtlichen **Umgangsbeschlusses** stellt die Rechtsprechung erhebliche Anforderungen: Die Vollstreckung eines Umgangstitels nach § 89 Abs. 1 FamFG durch Festsetzung eines Ordnungsmittels gegen den betreuenden Elternteil setze eine hinreichend bestimmte und konkrete Regelung des Umgangsrechts voraus.[46] Dafür ist eine genaue und erschöpfende Bestimmung über **Art, Ort und (Uhr-)Zeit des Umgangs** erforderlich.[47] **Nicht** geboten sind hingegen detailliert bezeichnete Verpflichtungen des betreuenden Elternteils, etwa zum **Bereithalten und Abholen** des Kindes.[48] Dabei sollte nach Möglichkeit eine Formulierung gewählt werden, die es dem Betreuungselternteil für den Fall einer Verhinderung ausdrücklich freistellt, das Kind entweder persönlich herauszugeben oder sich hierzu der Hilfe von Dritten zu bedienen.[49] Ein besonderer Regelungsbedarf kann bestehen, wenn im Rahmen eines vorangegangenen Gewaltschutzverfahrens **Kontakt- und Näherungsverbote** gegen den anderen Elternteil ausgesprochen worden sind.[50] Im Übrigen wird der **(Ferien-)Ort**, an dem der Umgang stattfinden soll, bis zur Grenze der Kindeswohlverträglichkeit vom **Umgangsberechtigten** bestimmt.[51] 21

► *Zur Formulierung einer Umgangsentscheidung siehe Gottschalk, § 1684 BGB Rn. 53.*

Nicht vollstreckbar ist eine Umgangsregelung, in der zeitlich näher bestimmte Besuchstermine **„alle 14 Tage"** ohne eine kalendermäßige Festlegung des Anfangstermins vorgesehen sind.[52] Gleiches gilt, wenn zwar der Tag des Beginns und des Endes des **Ferienumgangs** festgelegt sind, nicht jedoch die jeweilige Uhrzeit für das Abholen und Zurückbringen des Kindes.[53] Schwierigkeiten kann bereits die Formulierung *„Der Kindesvater verpflichtet sich, zu den regelmäßigen Umgangszeiten auch nachts zu Hause zu sein"* bereiten.[54] Auch komplexe Umgangsregelungen mit Überschneidung der Besuchskontakte an Wochenenden, Feiertagen und in den Ferien stellen die Beteiligten gelegentlich vor große Herausforderungen.[55] 22

Zu bedenken ist, dass **übertrieben detaillierte Umgangsregelungen** dem Kindeswohl auch abträglich sein können.[56] Teilweise sind sie gar nicht vollstreckbar.[57] Damit laufen die von der Rechtsprechung aufgestellten Vollstreckbarkeitsanforderungen dem Verfahrensziel einer flexiblen, eigenverantwortlichen Umgangsregelung eigentlich zuwider.[58] Mitunter können und wollen sich die beteiligten Eltern nicht auf genaue Daten festlegen, weil etwa die konkrete Berufssituation dies nicht ermöglicht. Dann kann selbstverständlich auch eine entsprechende – allerdings nicht vollstreckbare – Umgangsregelung geschaffen 23

---

46 BGH FamRZ 2012, 533 mit Anm. *Hammer* = ZKJ 2012, 219 mit Anm. *Spangenberg*; dazu ferner *Spieker*, FamFR 2012, 158
47 Keidel/*Giers*, § 89 FamFG Rn. 4. Ist kein Ort des Umgangs geregelt, hat der Umgangsberechtigte das Kind bei dem anderen Elternteil abzuholen und dorthin wieder zurückzubringen, OLG Koblenz FamRZ 2017, 42
48 BGH a.a.O.; OLG Bamberg FamRZ 2013, 1759, dazu *Cirullies*, FamFR 2013, 286; Prütting/Helms/*Hammer*, § 89 FamFG Rn. 7 m.w.N.; a.A. *Niepmann*, FamFR 2013, 327
49 OLG Brandenburg FamRZ 2017, 1845 (LS), dazu *Groeneveld*, NZFam 2017, 813
50 OLG Frankfurt BeckRS 2014, 17407
51 KG FamRZ 2017, 1708 (LS), dazu *Engelmann*, NZFam 2017, 764
52 OLG Saarbrücken FamRZ 2013, 1760 (LS), dazu *Zimmermann*, FamFR 2013, 302; OLG Hamm FamRZ 2014, 1792
53 So OLG Bamberg a.a.O.
54 KG FamRZ 2016, 389
55 OLG Brandenburg BeckRS 2016, 8416, dazu *Schneider*, NZFam 2016, 766
56 Vgl. *van Els*, FF 2013, 458, 459
57 *Cirullies*, ZKJ 2011, 448 m.w.N.
58 Vgl. *Spangenberg*, FamRZ 2007, 13, 14

werden, in der nur die Grundzüge (Intervalle, Übernachtungen, Feiertage usw.) bestimmt sind.

b) Umgangspflegschaft

24 Ferner soll das Gericht nach der Rechtsprechung die Entscheidung über die Frage zu der **Häufigkeit**, der **Art** und der **Zeit des Umgangs** eines Elternteils mit dem gemeinsamen Kind **nicht** einem **Umgangspfleger**[59] überlassen; vielmehr hat es hierüber selbst eine Entscheidung zu treffen.[60] Lediglich hinsichtlich **untergeordneter Aspekte des Umgangs** kann sich das Familiengericht auf die Vorgabe von Höchstgrenzen bzw. eines ausfüllungsfähigen Rahmens beschränken und die „Feinabstimmung" dem Umgangspfleger nach Maßgabe der Verhältnisse vor Ort überlassen.[61] Diese Maßstäbe werden in gleicher Weise an die gerichtliche Anordnung von **begleiteten Umgangskontakten** (§ 1684 Abs. 4 Satz 3 BGB) angelegt.[62]

In der **familiengerichtlichen Praxis** bereitet diese Rechtsprechung vielfach Probleme.

▶ *Näher zum Umfang der Umgangspflegschaft Gottschalk, § 1684 BGB Rn. 57 ff.*

Wenn sich alle Beteiligten hierüber einig sind, kann (und sollte) immer eine Regelung getroffen werden, die das Wohl des Kindes angemessen berücksichtigt. Die fehlende Vollstreckbarkeit sollte ein solches Einvernehmen dann nicht hindern. In solchen Fällen ist das **Verfahren** – auch im Falle einer Kostenentscheidung – noch **nicht abgeschlossen**.[63] Daher kann für den Ausnahmefall, dass die bisherige Regelung nicht tragfähig ist, ein vollstreckbarer, hinreichend bestimmter Beschluss „nachgeschoben" werden.[64]

III. Vollstreckbarkeit

25 Die **Beschlüsse** werden mit ihrem **Wirksamwerden** vollstreckbar (Abs. 2). Sie bedürfen hierzu nicht einer Vollstreckbarerklärung des Gerichts. Für die Wirksamkeit eines Beschlusses knüpft das Gesetz gerade im familienrechtlichen Verfahren an viele **unterschiedliche Zeitpunkte** an (vgl. *Cirullies,* § 40 FamFG Rn. 2). Meistens ist der Zeitpunkt der **Bekanntgabe** entscheidend.

Bei **Vergleichen** sind zum einen formelle Voraussetzungen für die Wirksamkeit bei der **Protokollierung** zu beachten (dazu *Cirullies,* § 36 FamFG Rn. 6). Darüber hinaus gelten für den **gerichtlich gebilligten Vergleich** weitere Anforderungen (siehe oben Rn. 12).

IV. Vollstreckungsklausel

26 Nach Abs. 3 ist eine **Vollstreckungsklausel** nur erforderlich, wenn die Vollstreckung nicht durch das Gericht erfolgt, das den Titel in der Hauptsache erlassen hat.[65] Mit anderen Worten: Benötigt wird sie, wenn ein **anderes Vollstreckungsorgan** vollstreckt, insbesondere

– ein anderes **Gericht** in Kindschaftssachen,

---

59 Zur Abgrenzung gegenüber der Umgangsbestimmungspflegschaft vgl. BGH FamRZ 2016, 1752; ferner hier *Gottschalk*, § 1684 BGB Rn. 63

60 Dazu OLG Hamm FamRZ 2014, 1792; FamRZ 2013, 310; OLG Frankfurt FamRZ 2013, 1824 (LS), dazu *van Els*, FamFR 2013, 381; ferner OLG Saarbrücken FamRZ 2010, 2085 (Regelung des begleiteten Umgangs durch Erziehungsberatungsstelle)

61 KG FamRZ 2016, 1780 (LS) mit Anm. *Dürbeck*, dazu *Luthin*, FamRB 2016, 390, *Kemper*, NZFam 2016, 957

62 OLG Frankfurt FamRZ 2016, 1787, dazu *Bülow*, NZFam 2016, 952; KG a.a.O.; eingehend hier *Gottschalk*, § 1684 BGB Rn. 75

63 OLG Frankfurt BeckRS 2014, 02061, dazu *Opitz*, NZFam 2014, 610

64 Vgl. OLG Oldenburg ZKJ 2009, 462 = FamRZ 2010, 44

65 Eine Ausnahme besteht, wenn dem Familiengericht bei Beginn der Vollstreckung einer selbst erlassenen Entscheidung die Akten wegen eines laufenden Beschwerdeverfahrens nicht vorliegen, OLG Brandenburg FamRZ 2019, 1268

- der **Gerichtsvollzieher** bei der Anwendung unmittelbaren Zwangs[66] oder
- ein **Beteiligter**, etwa zwecks Herausgabe oder Räumung.

Das gilt auch für die Vollstreckung aus einem gerichtlich gebilligten Vergleich.[67]

Eine Besonderheit ist zudem für die **einstweilige Anordnung** bestimmt: Sie bedarf der Vollstreckungsklausel nur, wenn die Vollstreckung für oder gegen eine nicht im Beschluss genannte Person erfolgen soll (§ 53 Abs. 1 FamFG).

Das bedeutet im Ergebnis, dass in den von Amts wegen zu vollstreckenden **Kindschaftssachen** eine Vollstreckungsklausel in der Regel **nicht erforderlich** sein wird.

Übersicht: Vollstreckung nach dem FamFG, §§ 86 ff. 27

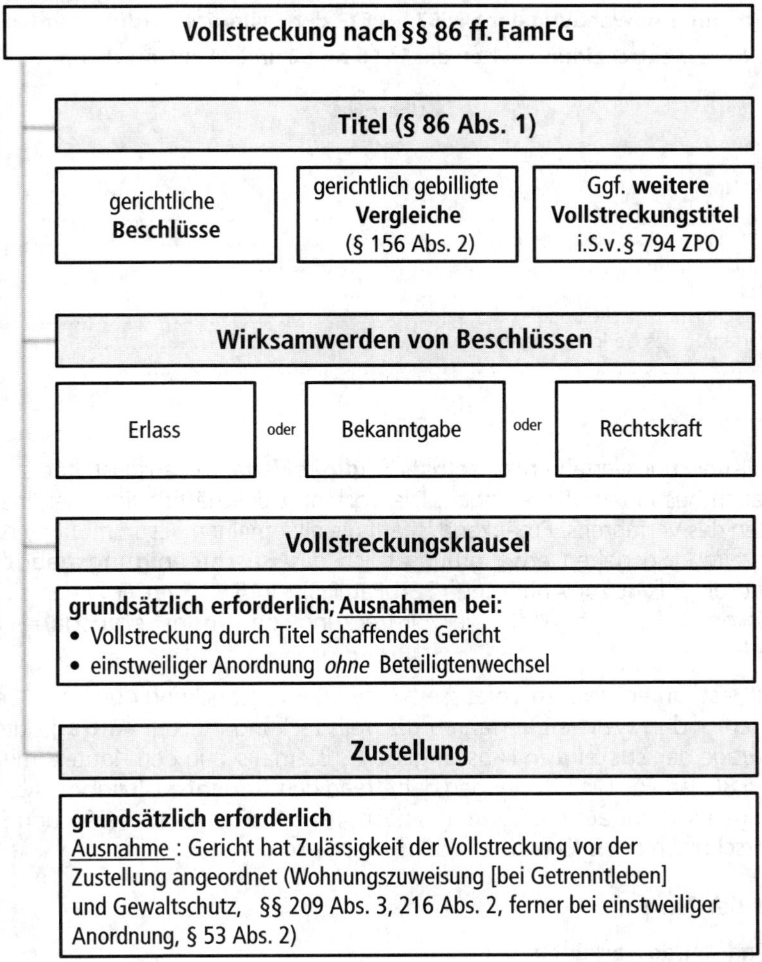

66 Nach § 96 Abs. 1 FamFG, dazu *Cirullies*, DGVZ 2016, 17, 19
67 OLG Brandenburg FamRZ 2019, 1946, dazu *Dürbeck*, NZFam 2019, 694; FamRZ 2016, 1960

§ 87 FamFG Verfahren; Beschwerde

(1) [1]Das Gericht wird in Verfahren, die von Amts wegen eingeleitet werden können, von Amts wegen tätig und bestimmt die im Fall der Zuwiderhandlung vorzunehmenden Vollstreckungsmaßnahmen. [2]Der Berechtigte kann die Vornahme von Vollstreckungshandlungen beantragen; entspricht das Gericht dem Antrag nicht, entscheidet es durch Beschluss.

(2) Die Vollstreckung darf nur beginnen, wenn der Beschluss bereits zugestellt ist oder gleichzeitig zugestellt wird.

(3) [1]Der Gerichtsvollzieher ist befugt, erforderlichenfalls die Unterstützung der polizeilichen Vollzugsorgane nachzusuchen. [2]§ 758 Abs. 1 und 2 sowie die §§ 759 bis 763 der Zivilprozessordnung gelten entsprechend.

(4) Ein Beschluss, der im Vollstreckungsverfahren ergeht, ist mit der sofortigen Beschwerde in entsprechender Anwendung der §§ 567 bis 572 der Zivilprozessordnung anfechtbar.

(5) Für die Kostenentscheidung gelten die §§ 80 bis 82 und 84 entsprechend.

Übersicht

Rn.
A. Allgemeines ... 1
B. Inhalt der Norm ... 2
I. Amts- und Antragsverfahren ... 2
II. Zustellung ... 3
III. Gerichtsvollzieher ... 5
IV. Rechtsmittel ... 6
1. Gerichtliche Entscheidungen ... 6
2. Verfahren des Gerichtsvollziehers ... 9
V. Kosten ... 10

A. Allgemeines

1 Da das Vollstreckungsverfahren als **selbstständiges** Verfahren ausgestaltet ist, bedarf es insoweit auch besonderer Regelungen. Die Vorschrift beschäftigt sich allerdings nur mit Teilaspekten des Verfahrens. Ergänzend ist auf die allgemeinen Bestimmungen des FamFG zurückzugreifen. So gelten etwa grundsätzlich das **Beschleunigungsgebot** in § 155 FamFG und die Pflicht zur Anhörung (§ 34 FamFG).[1] In § 92 FamFG finden sich weitere Verfahrensvorschriften speziell für die Vollstreckung von **Kindesherausgabe- und Umgangstiteln**.

Abs. 1 legt fest, unter welchen Voraussetzungen die Vollstreckung durch das Gericht von Amts wegen und in welchen Verfahren die Vollstreckung nur auf **Antrag** durchgeführt wird. Die Frage der **Zustellung** (Abs. 2) gehört systematisch in den Kontext mit Titel und Klausel in § 86 FamFG. Die Regelungen betreffend den **Gerichtsvollzieher** (Abs. 3) beziehen sich eigentlich nur auf das Verfahren nach §§ 88 ff. FamFG, da §§ 95 und 96 FamFG auf die Vorschriften der ZPO (u.a. §§ 758 ff.) verweisen.[2]

B. Inhalt der Norm

I. Amts- und Antragsverfahren

2 Die **Vollstreckung** erfolgt **von Amts wegen**, sofern das Gericht im **Erkenntnisverfahren** (auch) von Amts wegen tätig werden kann (vgl. *Cirullies*, §§ 23 bis 25 FamFG Rn. 4). Das Gericht, nicht der Berechtigte bestimmt im Falle der Zuwiderhandlung die vorzunehmenden Vollstreckungsmaßnahmen. Darüber hinaus kann der Berechtigte deren Vor-

1 PK Familienverfahrensrecht/*Meysen*, § 87 FamFG Rn. 3; Keidel/*Giers*, § 87 FamFG Rn. 10
2 Zöller/*Feskorn*, § 87 FamFG Rn. 6

nahme beantragen. Im Fall der Ablehnung entscheidet das Gericht durch Beschluss (Abs. 1).

In reinen Antragsverfahren bedarf es zur Einleitung des Vollstreckungsverfahrens hingegen ebenfalls eines **Antrages** des Berechtigten.[3]

Ein **Anwaltszwang** besteht auch in Vollstreckungsverfahren **nicht** (§ 114 FamFG).

II. Zustellung

Weitere Voraussetzung der Vollstreckung ist – wie nach § 750 Abs. 1 Satz 1 ZPO – die Zustellung des Titels (Abs. 2). Grundsätzlich muss der Titel spätestens mit Beginn der Vollstreckung zugestellt sein,[4] und zwar **förmlich**[5] und – soweit erforderlich (§ 86 Abs. 3 FamFG) – mit **Klausel**.[6] Dabei werden **Beschlüsse** gemäß § 41 FamFG **von Amts wegen** zugestellt.[7] Im FamFG fehlt eine § 750 Abs. 1 Satz 2 ZPO entsprechende Regelung, wonach auch eine Zustellung im Parteibetrieb ausreicht (siehe *Cirullies,* § 41 FamFG Rn. 1). 3

In Verfahren der **einstweiligen Anordnung** kann das Gericht allerdings von der – auch in Kindschaftssachen bestehenden – Möglichkeit einer Zusatzanordnung nach § 53 Abs. 2 FamFG Gebrauch machen und anordnen, dass die **Vollstreckung** der einstweiligen Anordnung **vor Zustellung** an den Verpflichteten zulässig ist. Damit ist das gerichtliche Unterlassungsgebot – in Abweichung von § 40 Abs. 1 FamFG ohne Bekanntgabe an den Verpflichteten – bereits mit dem Erlass i.S.d. § 38 Abs. 3 Satz 3 FamFG wirksam und auch vollstreckbar (§ 86 Abs. 2 FamFG).[8]

Die Regeln über die **Amtszustellung** sind auf einen **Vergleich** entsprechend anzuwenden.[9] Eine Zustellung im Beteiligtenbetrieb wird insoweit zwar – wohl in Anlehnung an das im Zivilprozess übliche Verfahren – häufig gefordert, ist jedoch schlicht unwirksam.[10] Dementsprechend muss auch ein **gebilligter Vergleich** zu Beginn der Zwangsvollstreckung **zugestellt** sein, obgleich § 87 Abs. 2 FamFG dem Wortlaut nach die Zustellung nur für die Vollstreckung aus *Beschlüssen* verlangt.[11] Doch wie die Beschränkung des Hinweiserfordernisses nach § 89 Abs. 2 FamFG ist auch die Beschränkung des Zustellungserfordernisses auf Beschlüsse in § 87 Abs. 2 FamFG als gesetzgeberisches Redaktionsversehen anzusehen.[12] Dementsprechend schweigt das Gesetz auch zu den Zustellungsmodalitäten. Schon im Hinblick auf den gerichtlichen Billigungsbeschluss, der den Vergleich erst vollstreckbar macht, ist eine Zustellung **von Amts wegen** geboten (§ 41 FamFG), und zwar sowohl der Vereinbarung als auch des Billigungsbeschlusses.[13] Wegen fehlender Zustellung kommt es nicht selten zu Verzögerungen im Vollstreckungsverfahren. 4

---

3 BT-Drucks. 16/6308, 217

4 Zu Ausnahmen vgl. *Cirullies*, FPR 2012, 473

5 §§ 15 Abs. 2 Satz 1, 41 Abs. 1 Satz 2 FamFG; dazu Tenner, DGVZ 2019, 224; zur Wirksamkeit einer Ersatzzustellung BVerfG FamRZ 2019, 1798

6 OLG Oldenburg FamRZ 2018, 1943 mit Anm. *Cirullies*

7 OLG Oldenburg a.a.O.; BeckOK-FamFG/*Sieghörtner*, § 87 Rn. 9 m.w.N.

8 OLG Brandenburg FamRZ 2019, 1269 mit Anm. *Cirullies*

9 OLG Brandenburg FamRZ 2019, 1454; FamRZ 2015, 1224; Zöller/*Feskorn*, § 87 FamFG Rn. 4; Keidel/*Giers*, § 87 FamFG Rn. 12; BeckOK-FamFG/*Schlünder*, § 87 Rn. 9

10 OLG Oldenburg a.a.O.; BeckOK-FamFG/*Schlünder*, a.a.O.

11 *Heilmann*, NJW 2012, 887 889; *Völker*, FPR 2012, 485, 486 m.w.N.; Zöller/*Feskorn*, § 87 FamFG Rn. 4; *Schmid*, NZFam 2014,881, 883

12 H.M., vgl. OLG Hamburg FamRZ 2019, 1449 (mit eingehender Begründung) = NZFam 2019, 730 mit Anm. *Cirullies*; OLG Saarbrücken BeckRS 2019, 32703; KG FamRZ 2017, 919; *Ernst*, NZFam 2015, 804, 807; *Cirullies*, Vollstreckung, Rn. 447 m.w.N.

13 OLG Oldenburg FamRZ 2017, 1333; KG FamRZ 2017, 919; differenzierend OLG Brandenburg FamRZ 2019, 1454 = NZFam 2019, 542 mit Anm. *Burschel*

Eine unterbliebene Zustellung kann jederzeit nachgeholt werden, so dass grundsätzlich ab dann vollstreckt werden kann.[14]

III. Gerichtsvollzieher

5 Vollstreckungsorgan ist der **Gerichtsvollzieher**. Nur er ist befugt, erforderlichenfalls Polizeibeamte zur Unterstützung anzufordern, nicht etwa das Jugendamt.[15] Entsprechend der Verweisung auf §§ 758 ff. ZPO darf er beispielsweise eine Haustüröffnung und (richterlich genehmigte) Wohnungsdurchsuchung vornehmen und hat hierüber Protokoll zu führen (Abs. 3).

Die Einschaltung des Gerichtsvollziehers ist vor allem im Rahmen der Vollstreckung einer **Kindesherausgabe** geboten. Die Vorgehensweise hierfür ist in **§ 156 GVGA**[16] detailliert geregelt. So kann die Vollstreckung nur durchgeführt werden, wenn der Berechtigte das Kind an Ort und Stelle übernimmt (§ 156 Abs. 4 GVGA).

IV. Rechtsmittel

1. Gerichtliche Entscheidungen

6 Gerichtliche Beschlüsse im Vollstreckungsverfahren – auch ablehnende (Abs. 1 Satz 2) – sind ausschließlich mit der **sofortigen Beschwerde** binnen (nur) **zwei Wochen** anfechtbar (Abs. 4 i.V.m. §§ 567 ff. ZPO). Auf diesem Wege kann die **Kostenentscheidung** im Ordnungsgeldverfahren auch isoliert angefochten werden,[17] ebenso die **Androhung** nach § 890 Abs. 2 ZPO.[18] Bei verspätet eingelegter Beschwerde wird für anwaltlich vertretene Beteiligte trotz falscher Rechtsmittelbelehrung **Wiedereinsetzung** grundsätzlich **nicht** gewährt.[19]

7 Da die Beschwerdevorschriften der ZPO analog anzuwenden sind, gilt auch § 570 Abs. 1 ZPO. Danach hat die Beschwerde **aufschiebende Wirkung** bezüglich der Festsetzung eines **Ordnungsmittels**, nicht jedoch bei der Anordnung unmittelbaren Zwangs (§ 90 FamFG).[20] Im Gegensatz zu der Beschwerde nach §§ 58 ff. FamFG gegen eine Endentscheidung im Hauptsacheverfahren[21] besteht im Vollstreckungsverfahren die Möglichkeit der **Abhilfe** durch das Ausgangsgericht (§ 572 Abs. 1 ZPO). Es ist daher ein Abhilfeverfahren durchzuführen und dieses mit einem – nicht lediglich formelhaft begründeten – Beschluss zu beenden.

8 Nach § 570 Abs. 2 ZPO kann das Ausgangsgericht, dessen Entscheidung angefochten wird, (nicht: Vollstreckungsgericht)[22] oder aber nach § 570 Abs. 3 ZPO das Beschwerdegericht die **Vollziehung**[23] **aussetzen**. Es handelt sich hierbei um eine Spezialregelung gegenüber § 64 Abs. 3 FamFG und auch § 93 Abs. 1 FamFG.[24]

---

14 OLG Frankfurt FamRZ 2012, 573; Besonderheiten sind insoweit bei der Vollstreckung von Ordnungsmitteln zu beachten, vgl. hier *Cirullies*, § 89 Rn. 9
15 So aber im Fall des VG Gießen FamRZ 2019, 1328
16 Geschäftsanweisung für Gerichtsvollzieher, neu gefasst zum 1.1.2019
17 OLG Zweibrücken BeckRS 2016, 15187, dazu *Schneider*, NZFam 2016, 1003; OLG Hamm FamRZ 2010, 1838
18 OLG Hamburg FamRZ 2019, 1448
19 OLG Naumburg FuR 2018, 96; OLG Zweibrücken FamRZ 2013, 1329; vgl. auch hier *Cirullies*, § 39 FamFG Rn. 3. Zur Fristwahrung bei Einwurf der Beschwerdeschrift in den Nachtbriefkasten vgl. OLG Saarbrücken BeckRS 2019, 32703
20 *Feskorn*, FamRB 2012, 162
21 Vgl. § 68 Abs. 1 Satz 2 FamFG, dazu *Dürbeck*, § 68 FamFG Rn. 2
22 So aber Musielak/Borth*Borth/Grandel*, § 87 FamFG Rn. 5
23 Zur Begrifflichkeit vgl. hier *Cirullies*, § 86 FamFG Rn. 4
24 Vgl. Zöller/*Feskorn*, § 93 FamFG Rn. 2

2. Verfahren des Gerichtsvollziehers

Will sich ein Beteiligter gegen die Vorgehensweise des **Gerichtsvollziehers** wenden, etwa wegen einer unzulässigen Durchsuchung, so ist die **Erinnerung** nach § 766 ZPO der richtige Rechtsbehelf.[25] 9

V. Kosten

Abs. 5 verweist wegen der Kostenentscheidung in Vollstreckungsverfahren auf die entsprechend anwendbaren §§ 80 bis 82 und 84 FamFG. Nach **§ 81 Abs. 1 FamFG** *kann* das Gericht die Verfahrenskosten nach billigem Ermessen den Beteiligten ganz oder teilweise auferlegen oder aber von der Erhebung der Kosten absehen. Es *soll* die Kosten einem Beteiligten auferlegen, wenn dieser durch **grobes Verschulden** Anlass für das Verfahren gegeben hat,[26] ferner in einer Reihe weiterer im Gesetz aufgeführter Fälle (**§ 81 Abs. 2 FamFG**). 10

Abweichend hiervon sind bei der Festsetzung von **Ordnungsmitteln** oder der Anordnung des **unmittelbaren Zwangs** die Kosten des Verfahrens zwingend dem **Verpflichteten** aufzuerlegen (§ 92 Abs. 2 FamFG). Weist das Gericht (nur in reinen Antragsverfahren, siehe oben Rn. 2) die entsprechenden Anträge jedoch zurück, ist § 87 Abs. 5 FamFG anzuwenden.

Ein Erstattungsanspruch des Schuldners, der die von Amts wegen betriebene Vollstreckung erfolgreich abwehrt, gegen den Rechtsträger des Familiengerichts ist im Kostenrecht nicht vorgesehen. Eine Kostenentscheidung **zugunsten des Schuldners** kommt bei der von Amts wegen betriebenen Vollstreckung nicht in Betracht.[27]

Hinweis: Für den Ordnungsgeldantrag ist eine **Festgebühr** nach Nr. 1602 KV-FamGKG vorgesehen. Einer gerichtlichen Wertfestsetzung bedarf es nicht.[28]

---

25 MüKo-FamFG/*Zimmermann*, § 87 Rn. 10
26 Dazu OLG Jena BeckRS 2015, 17853 (Rn. 19)
27 OLG Brandenburg FamRZ 2019, 1269 mit Anm. *Cirullies*, dazu *Neumann*, NZFam 2019, 416
28 OLG Brandenburg FamRZ 2019, 2026 (LS), dazu NJW-Spezial 2019, 348, ferner *Schneider*, NZFam 2019, 455

Unterabschnitt 2
Vollstreckung von Entscheidungen über die Herausgabe von Personen und die Regelung des Umgangs

§ 88 FamFG Grundsätze

(1) Die Vollstreckung erfolgt durch das Gericht, in dessen Bezirk die Person zum Zeitpunkt der Einleitung der Vollstreckung ihren gewöhnlichen Aufenthalt hat.

(2) Das Jugendamt leistet dem Gericht in geeigneten Fällen Unterstützung.

(3) [1]Die Verfahren sind vorrangig und beschleunigt durchzuführen. [2]Die §§ 155b und 155c gelten entsprechend.

Übersicht

	Rn.
A. Allgemeines	1
B. Inhalt der Norm	2
I. Örtliche Zuständigkeit	2
II. Unterstützungspflicht des Jugendamtes	4
III. Beschleunigungsgebot	5

Weiterführende Literatur: Cirullies, Zur Vollstreckbarkeit von Umgangstiteln, ZKJ 2011, 448; *Völker*, Vollstreckung einer Entscheidung zur Herausgabe von Personen und zur Regelung des Umgangs, FPR 2012, 485.

A. Allgemeines

1 §§ 88 bis 94 FamFG regeln ausführlich die Vollstreckung von Entscheidungen über die **Herausgabe von Personen** (Kind oder Betreuter) und die Regelung des **Umgangs**. Sofern es um die Kindesherausgabe aufgrund **internationaler** Übereinkommen geht, beurteilt sich die Vollstreckung nach § 44 IntFamRVG.[1]

Im Gesetz ungeregelt ist der Anspruch auf Herausgabe der **Sachen**, die das Kind zum **persönlichen Gebrauch** benötigt.[2] Der BGH[3] leitet einen solchen Anspruch nunmehr aus einer entsprechenden Anwendung der §§ 1632 Abs. 1, 1684 Abs. 2 BGB her. Noch ungeklärt ist hingegen die **Vollstreckung** eines entsprechenden Herausgabetitels. Während die Vollstreckung wegen Kindesherausgabe nach §§ 88 ff. FamFG durch das **Familiengericht** von Amts wegen erfolgt, wird die Herausgabe von Gegenständen gemäß § 95 Abs. 1 Nr. 2 FamFG nach der ZPO (§§ 883 ff.) im Auftrag des Berechtigten durch den **Gerichtsvollzieher** vollstreckt.[4] Um etwaige unterschiedliche Vollstreckungszuständigkeiten zu vermeiden, wird überwiegend eine **Annexkompetenz** des nach § 88 Abs. 1 FamFG zuständigen Gerichts für die gesamte Vollstreckung gemäß §§ 88 ff. FamFG angenommen, wenn beide Vollstreckungen gleichzeitig durchzuführen sind.[5]

Die Vorschrift befasst sich mit drei Einzelaspekten des Vollstreckungsverfahrens, nämlich mit der **örtlichen Zuständigkeit**, der Mitwirkung des **Jugendamtes sowie dem Vorrang- und Beschleunigungsgebot**. Zu beachten ist, dass die **sachliche Zuständigkeit** für Vollstreckungsmaßnahmen grundsätzlich beim Familiengericht liegt, also auch dann,

1 Dazu hier *Schweppe*, § 44 IntFamRVG Rn. 1 ff.
2 Dazu *Cirullies*, Vollstreckung, Rn. 623
3 BGH FamRZ 2019, 1056 mit Anm. Rake = NZFam 2019, 568 mit Anm. *Pursian-Woorth* (betreffend Kinderreisepass)
4 Dazu hier *Cirullies*, § 95 FamFG Rn. 3; vgl. auch § 156 Abs. 6 Satz 2 GVGA
5 Keidel/*Giers*, § 88 Rn. 3; *Götz*, FamRZ 2016, 519, 521

wenn eine im Beschwerdeverfahren ergangene Entscheidung des OLG zu vollziehen ist. Etwas anderes gilt nur in Kindesentführungsfällen nach dem HKÜ.[6]

B. Inhalt der Norm

I. Örtliche Zuständigkeit

Das Vollstreckungsverfahren ist gegenüber dem Hauptsacheverfahren **selbstständig**.[7] 2
Demgemäß ist die **örtliche Zuständigkeit** bei Einleitung des Verfahrens neu zu prüfen: Die Vollstreckung führt dasjenige Gericht durch, in dessen Bezirk das Kind zum Zeitpunkt der Einleitung der Vollstreckung seinen **gewöhnlichen Aufenthalt** hat (Abs. 1). Wegen der erforderlichen Ermittlungen im Vollstreckungsverfahren hat der Gesetzgeber der Ortsnähe den Vorrang eingeräumt gegenüber dem im Erkenntnisverfahren gewonnenen Wissen um die konkrete Familienproblematik.

Unter **gewöhnlichem Aufenthalt** ist der Ort zu verstehen, der Ausdruck einer gewissen sozialen und familiären Integration des Kindes ist.[8] Zu den entsprechenden Kriterien zählt auch der Ort, an dem das **Umgangsrecht** ausgeübt wird.[9] Der gewöhnliche Aufenthalt eines **Kleinkindes** wird durch die Integration derjenigen Person bestimmt, die das Kind betreut.[10]

Im Falle eines **Aufenthaltswechsels** auf Seiten des Kindes und einer entsprechenden **Änderung der Zuständigkeit** sind grundsätzlich nur die Akten des (eigenständigen) Ordnungsmittelverfahrens dem nunmehr zuständigen Gericht zu übersenden.

Die deutschen Gerichte sind für die Vollstreckung eines Umgangstitels auch dann **international zuständig**, wenn das Kind Deutscher ist, aber seinen gewöhnlichen Aufenthalt im **Ausland** hat und vorgehende Bestimmungen i.S.d. § 97 Abs. 1 FamFG fehlen.[11] 3

II. Unterstützungspflicht des Jugendamtes

Abs. 2 bestimmt die Pflicht des **Jugendamts**, dem Gericht in geeigneten Fällen zur Seite 4
zu stehen.[12] Diese Hilfe kann in einer schlichten **Beratung** der Eltern bestehen. Insbesondere in Fällen der **Kindesherausgabe** soll durch die Mitwirkung der Aufenthalt des Kindes gesichert werden. Auch kann die Anwesenheit eines Mitarbeiters zur Deeskalation und Vermeidung unmittelbaren Zwangs beitragen. Andererseits kann die Einbindung des Jugendamtes in den „Vollzugsapparat" die spätere Zusammenarbeit mit den Beteiligten erschweren.[13] Für die **Unterbringung Minderjähriger** besteht eine Sonderregelung in § 167 Abs. 5 FamFG.

Nicht hingegen kann und darf das Gericht die Vollstreckung der **Kindesherausgabe** auf das **Jugendamt** übertragen und gegen dieses – im Weigerungsfall – gar Ordnungsmittel verhängen.[14] Vielmehr hat das Gericht den **Gerichtsvollzieher** zu beauftragen (siehe

6 Dazu hier *Schweppe*, § 44 IntFamRVG Rn. 4
7 BGH FamRZ 2015, 2147
8 Näher hier *Keuter*, § 152 FamFG Rn. 12
9 EuGH FamRZ 2018, 1426
10 EuGH FamRZ 2019, 132 mit Anm. *Siehr*
11 BGH FamRZ 2015, 2147 (betreffend Volksrepublik China); OLG Karlsruhe FamRZ 2019, 1882 (bestätigt durch BGH MDR 2020, 120)
12 Diese Mitwirkungspflicht ergibt sich auch aus § 50 Abs. 1 Satz 2 SGB VIII, für internationale Fälle zudem aus der Spezialregelung in § 9 Abs. 1 Satz 2 Nr. 4 IntFamRVG
13 Dazu PK Familienverfahrensrecht/*Meysen*, § 88 FamFG Rn. 7
14 Dazu *DIJuF*-Rechtsgutachten v. 27.3.2012, JAmt 2012, 311

dazu unten *Cirullies,* § 90 FamFG Rn. 10). Nur er ist befugt, erforderlichenfalls Polizeibeamte zur Unterstützung anzufordern, nicht das Jugendamt.[15]

▶ *Näher zu den Aufgaben des Jugendamtes Köhler, Kommentierung zum SGB VIII.*

III. Beschleunigungsgebot

5 BGH,[16] BVerfG[17] und EGMR[18] haben wiederholt betont, dass ein vollstreckbarer Umgangstitel der **effektiven Durchsetzungsmöglichkeit** bedarf. Hierauf hat der Gesetzgeber reagiert: Gemäß dem neu angefügten Abs. 3[19] ist auch die **Vollstreckung** in Umgangs- und Kindesherausgabeverfahren **vorrangig und beschleunigt** durchzuführen. Dieses Gebot ist im gesamten Vollstreckungsverfahren zu beachten, d.h. von der Einleitung des Verfahrens bis zur Vollziehung von Ordnungsmitteln, aber auch bei einem Tätigwerden des Gerichtsvollziehers.[20] Auf die Vollstreckung von Titeln wegen **Gefährdung des Kindeswohls** nach § 1666 Abs. 3 Nr. 1 bis 4 BGB (insbesondere Wohnungszuweisungen und Kontaktverbote gegen Dritte), die nicht nach §§ 88 ff. FamFG, sondern nach § 95 FamFG vollstreckt werden, ist Abs. 3 Satz 1 analog anzuwenden.[21]

Im Übrigen gelten die neuen **Rechtsbehelfe** der Beschleunigungsrüge (§ 155b FamFG) und Beschleunigungsbeschwerde (155c FamFG)[22] auch für das Vollstreckungsverfahren.

§ 89 FamFG Ordnungsmittel

(1) [1]Bei der Zuwiderhandlung gegen einen Vollstreckungstitel zur Herausgabe von Personen und zur Regelung des Umgangs kann das Gericht gegenüber dem Verpflichteten Ordnungsgeld und für den Fall, dass dieses nicht beigetrieben werden kann, Ordnungshaft anordnen. [2]Verspricht die Anordnung eines Ordnungsgelds keinen Erfolg, kann das Gericht Ordnungshaft anordnen. [3]Die Anordnungen ergehen durch Beschluss.

(2) Der Beschluss, der die Herausgabe der Person oder die Regelung des Umgangs anordnet, hat auf die Folgen einer Zuwiderhandlung gegen den Vollstreckungstitel hinzuweisen.

(3) [1]Das einzelne Ordnungsgeld darf den Betrag von 25 000 Euro nicht übersteigen. [2]Für den Vollzug der Haft gelten § 802g Abs. 1 Satz 2 und Abs. 2, die §§ 802h und 802j Abs. 1 der Zivilprozessordnung entsprechend.

(4) [1]Die Festsetzung eines Ordnungsmittels unterbleibt, wenn der Verpflichtete Gründe vorträgt, aus denen sich ergibt, dass er die Zuwiderhandlung nicht zu vertreten hat. [2]Werden Gründe, aus denen sich das fehlende Vertretenmüssen ergibt, nachträglich vorgetragen, wird die Festsetzung aufgehoben.

---

15 Dazu VG Gießen FamRZ 2019, 1328

16 BGH FamRZ 2014, 732

17 BVerfG FamRZ 2011, 957

18 EGMR NJW 2017, 3699; FamRZ 2015, 469; dazu auch *Splitt*, FF 2019, 94

19 Aufgrund des Gesetzes zur Änderung des Sachverständigenrechts und zur weiteren Änderung des FamFG sowie zur Änderung des SGG, der VwGO, der FGO und des GKG v. 11.10.2016, BGBl. I S. 2222, in Kraft seit 15.10.2016, dazu *Stockmann*, FamRB 2016, 442; *Schneider*, FamRB 2016, 479

20 Vgl. § 156 Abs. 1 Satz 4 GVGA n.F.

21 Prütting/Helms/*Hammer,* § 88 FamFG Rn. 14 (Annahme eines Redaktionsversehens)

22 Kritisch dazu *Keuter*, FamRZ 2016, 1817, 1819; vgl. auch *Heilmann/Salgo*, FamRZ 2016, 432; *Schneider*, FamRB 2016, 479; zu den Voraussetzungen vgl. OLG Bremen FamRZ 2017, 984, dazu *Erbarth*, NZFam 2017, 278

Übersicht

Rn.
A. Allgemeines ... 1
B. Inhalt der Norm ... 2
I. Hinweis auf Folgen einer Zuwiderhandlung (Abs. 2) ... 2
1. Belehrung statt Androhung ... 2
2. Hinweispflicht ... 3
3. Form und Inhalt ... 4
4. Unzureichender Hinweis ... 8
5. Nachholung des Hinweises ... 9
6. Wiederholung des Hinweises ... 10
7. Unterlassener Hinweis ... 11
II. Anordnung der Ordnungsmittel (Abs. 1) ... 12
1. Zuwiderhandlung ... 12
2. Verpflichteter ... 13
a) Grundsatz ... 13
b) Umgangsunwilliger Elternteil ... 14
c) Jugendamt ... 15
3. Auswahl des Ordnungsmittels ... 16
III. Ordnungsgeld (Abs. 3 Satz 1) ... 17
1. Höhe ... 17
2. Ersatzordnungshaft ... 18
3. Beitreibung ... 19
IV. Ordnungshaft ... 21
V. Verschulden (Abs. 4) ... 22
1. Vermutetes Verschulden ... 22
2. Darlegungslast ... 23
a) Grundsatz ... 23
b) Entgegenstehender Wille des Kindes ... 25
c) Vorwurf des sexuellen Missbrauchs ... 27
3. Kindeswohlprüfung ... 28
VI. Checkliste für Vollstreckung aus Umgangstitel ... 30

Weiterführende Literatur: Cirullies, Die Vollstreckung von Zwangs- und Ordnungsmitteln, insbesondere in Familiensachen, Rpfleger 2011, 573; *von Els,* Zwangsweise Durchsetzung der Umgangspflicht, FPR 2009, 161; *Ernst*, Umgang und Unwilligkeit, NZFam 2015, 641; *Gottschalk*, Boykottierter Umgang – zwangsweise Durchsetzung von Umgangsregelungen und Grenzen staatlicher Interventionsmöglichkeiten, FPR 2007, 308; *Grandel*, „Minenfeld Ordnungsgeld" – zur Vollstreckbarkeit gerichtlicher Umgangsregelungen, FF 2019, 55; *Hennemann,* Rechtliche Mittel bei Umgangsverweigerung trotz Gerichtsbeschluss, FamFR 2013, 316.

A. Allgemeines

Das Gericht kann gemäß Abs. 1 zur Durchsetzung von Kindesherausgabetiteln und Umgangsregelungen **Ordnungsgeld**, ersatzweise oder auch unmittelbar **Ordnungshaft** verhängen, um eine bereits erfolgte Zuwiderhandlung zu ahnden.[1] Abs. 3 regelt insoweit einzelne Modalitäten. **1**

Wesentliche Besonderheit für die Vollstreckung in Umgangs- und Kindesherausgabesachen ist die sog. **Folgenankündigung** nach Abs. 2: Bereits in dem Beschluss, der die Regelung des Umgangs oder die Herausgabe einer Person anordnet, ist auf die Folgen der Zuwiderhandlung **hinzuweisen**. Diese Belehrung ist als Teil des Erkenntnisverfahrens der Vollstreckung vorgeschaltet und für die Vollstreckung der Ordnungsmittel unerlässlich.

---

1 Kein Zwangsgeld nach § 35 FamFG – dies wird gelegentlich übersehen, vgl. OLG Jena FuR 2016, 664; ebenso keine Zwangsmaßnahme nach § 95 Abs. 1 Nr. 4 FamFG i.V.m. § 890 ZPO, dazu hier *Cirullies,* § 95 FamFG Rn. 7

Um die Vollstreckung effektiver zu gestalten, wird das **Verschulden** des Verpflichteten grundsätzlich **vermutet** (Abs. 4).

B. Inhalt der Norm

I. Hinweis auf Folgen einer Zuwiderhandlung (Abs. 2)

1. Belehrung statt Androhung

2 Die – häufig verfahrensverzögernde – Androhung des Zwangsmittels nach altem Recht wird nun durch eine frühzeitige **Belehrung** ersetzt: Gemäß § 89 Abs. 2 FamFG ist bereits in dem Beschluss, der die Herausgabe einer Person oder die Regelung des Umgangs anordnet, auf die **Folgen der Zuwiderhandlung** hinzuweisen. Ohne eine solche Folgenankündigung können selbst gravierende Verstöße gegen die Umgangsregelung nicht sanktioniert werden.[2] Wird der Fehler erst im Falle einer Zuwiderhandlung erkannt, kann die Belehrung zwar noch **nachgeholt** werden, jedoch lediglich mit Wirkung für die Zukunft (vgl. Rn. 9).

2. Hinweispflicht

3 Der Hinweis nach Abs. 2 steht nicht im Ermessen des Gerichts, sondern ist **zwingend** zu erteilen.[3] Diese Pflicht gilt nicht nur für gerichtliche Beschlüsse, sondern auch für **gerichtlich gebilligte Vergleiche** nebst Billigungsentscheidung nach § 156 Abs. 2 FamFG[4] sowie für negative Umgangsregelungen wie einen **Umgangsausschluss**.[5] Ein Beschluss, der einen Umgangsausschluss und ein damit verbundenes ausdrückliches **Näherungsverbot** ausspricht, ist mit dem Hinweis auf die Folgen einer Zuwiderhandlung zu verbinden.[6] Auch wenn dem Umgangsberechtigten außerhalb der festgelegten Besuchszeiten jedwede **Kontaktaufnahme** mit dem Kind **untersagt** sein soll, muss sich dies aus dem Tenor der Umgangsregelung zweifelsfrei ergeben und der Hinweis nach § 89 Abs. 2 FamFG eindeutig darauf bezogen sein.[7]

In der Umgangsregelung muss – von Amts wegen – Niederschlag finden, dass § 1684 Abs. 1 BGB zur Wahrnehmung des Umgangs nicht nur berechtigt, sondern auch **verpflichtet**. Dementsprechend ist die Folgenankündigung auch auf den **Umgangsberechtigten** zu erstrecken, um ihm vor Augen zu führen, dass das Kind auch seine Zuverlässigkeit benötigt.[8]

3. Form und Inhalt

4 Da § 89 Abs. 2 FamFG den Warnhinweis zum **Beschlussinhalt** erklärt, ist es ungenügend, wenn die Geschäftsstelle ein Formblatt beifügt.[9] Die Folgenankündigung ist grundsätzlich in den Tenor der Entscheidung aufzunehmen. Wird der Hinweis erst an das Ende eines Beschlusses gesetzt, muss er sich deutlich von der Begründung absetzen.[10]

Der Hinweis ist so zu **formulieren**, dass er für die Adressaten, also Laien verständlich ist. Notwendig ist ein ausdrücklicher Hinweis auf die möglichen vom Gesetz vorgeschriebenen

---

2 OLG Köln FamRZ 2015, 163 (LS)
3 BGH FamRZ 2011, 1729
4 BVerfG FamRZ 2011, 957; OLG Naumburg FamRZ 2015, 777 (LS), dazu *Cirullies*, NZFam 2015, 182; Musielak/Borth/*Borth/Grandel*, § 89 FamFG Rn. 6
5 OLG Saarbrücken FF 2019, 121, dazu *Riegner*, NZFam 2019, 84; *Völker*, FPR 2012, 485, 487
6 OLG Celle FuR 2011, 574, dazu *Galinsky*, FamFR 2011, 330
7 OLG Frankfurt ZKJ 2017, 73
8 BGH FamRZ 2011, 1729, dazu *Cirullies*, FamFR 2011, 491; ferner OLG Oldenburg FuR 2016, 41; Prütting/Helms/*Hammer*, § 89 Rn. 27
9 MüKo-FamFG/*Zimmermann*, § 89 Rn. 7
10 Dazu OLG Oldenburg FamRZ 2016, 845

Folgen einer Zuwiderhandlung.[11] Wendungen wie: „Die Beteiligten werden gemäß § 89 FamFG belehrt" und auch die bloße Wiederholung des Gesetzestextes reichen mithin nicht aus.[12]

Die obergerichtliche Rechtsprechung neigt zu sehr umfänglichen Belehrungen. Auslöser hierfür ist folgender **„Musterhinweis" des BGH**,[13] auf den häufig Bezug genommen wird:[14] 5

Bei schuldhafter Zuwiderhandlung gegen die sich aus dem Beschluss des … vom … ergebenden Verpflichtungen kann das Gericht gegenüber dem Verpflichteten Ordnungsgeld bis zur Höhe von 25.000 Euro und für den Fall, dass dieses nicht beigetrieben werden kann, Ordnungshaft bis zu sechs Monaten anordnen. Verspricht die Anordnung eines Ordnungsgeldes keinen Erfolg, kann das Gericht Ordnungshaft bis zu sechs Monaten anordnen. Die Festsetzung eines Ordnungsmittels unterbleibt, wenn der Verpflichtete Gründe vorträgt, aus denen sich ergibt, dass er die Zuwiderhandlung nicht zu vertreten hat.

Ob sich allerdings die erstrebte Warnfunktion nur durch derlei umfassende Hinweise erreichen lässt, kann bezweifelt werden, da aufgrund der Komplexität die geforderte Verständlichkeit leidet.[15] Insbesondere ist die Belehrung für den Fall einer **schuldhaften** Zuwiderhandlung entbehrlich, da das Verschulden in § 89 Abs. 4 FamFG vermutet wird. Auch sollte der Verpflichtete schon aus psychologischen Gründen nicht von vornherein auf Ausweichmöglichkeiten gestoßen werden.

Das Ordnungsgeld muss **nicht betragsmäßig** konkretisiert werden.[16] Ausreichend, aber auch erforderlich ist es, die **Obergrenzen** für Ordnungsgeld und Ordnungshaft zu bezeichnen.[17] 6

Nach alledem könnte der **Warnhinweis nach Abs. 2** zum Beispiel lauten: 7

„Die beteiligten Eltern werden darauf hingewiesen, dass das Gericht gegen sie für jeden Fall der Zuwiderhandlung gegen eine der in der Umgangsregelung vom … genannten Verpflichtungen ein Ordnungsgeld bis zu 25.000 Euro und für den Fall, dass dieses nicht beigetrieben werden kann oder die Anordnung eines Ordnungsgeldes keinen Erfolg verspricht, Ordnungshaft bis zu sehs Monaten anordnen kann."

4. Unzureichender Hinweis

Der **ordnungsgemäße Hinweis** ist Voraussetzung für die Verhängung von Ordnungsmitteln. Fraglich ist, ob die Festsetzung von **Ordnungsgeld** tatsächlich ausscheidet, wenn einzelne Elemente der „Komplett-Belehrung" fehlen, wenn etwa die Möglichkeit der Exkulpation oder der isolierten Verhängung von Ordnungshaft (Abs. 1 Satz 2) unerwähnt bleibt. Durch den Hinweis soll dem Pflichtigen vor Augen geführt werden, welche konkreten Rechtsfolgen ein Verstoß gegen den vorliegenden Titel haben kann.[18] Wenn bezüglich 8

11 OLG Hamm FamRZ 2016, 1105; OLG Schleswig FamRZ 2016, 845
12 Dazu OLG Brandenburg FamRZ 2015, 693
13 BGH FamRZ 2011, 1729
14 OLG Oldenburg FamRZ 2014, 145; OLG Naumburg BeckRS 2014, 23398, dazu *Cirullies*, NZFam 2015, 182
15 So auch *Stockmann* in: Rahm/Künkel, Handbuch Familien- und Familienverfahrensrecht, 79. Lieferung 04.2019, Kindschaftsverfahrensrecht, Rn. 526
16 OLG Naumburg FamRZ 2016, 1106
17 OLG Brandenburg FamRZ 2019, 1454 = NZFam 2019, 542 mit Anm. *Burschel*, dazu *Giers*, FamRB 2019, 302; OLG Oldenburg FamRZ 2016, 845
18 BGH FamRZ 2011, 1729

der möglichen Ordnungsgeldfestsetzung beanstandungsfrei belehrt wurde, kann das Gericht eine Zuwiderhandlung (eben nur) durch dieses konkrete Ordnungsmittel ahnden.[19]

Sogar der **EGMR** hat die Schwerfälligkeit des deutschen Vollstreckungsrechts in Umgangssachen gerügt.[20] Zu den Verzögerungsgründen gehören auch übertriebene Anforderungen mancher Obergerichte an die Gestaltung des Warnhinweises.[21]

5. Nachholung des Hinweises

9 Eine etwa unzureichende Belehrung kann nach einhelliger Auffassung **nachgeholt** werden, auch in der Beschwerdeinstanz.[22] Stets zu beachten ist allerdings, dass dann der Hinweis seine **Wirkung lediglich für die Zukunft** entfaltet: Eine Nachholung erst im Vollstreckungsverfahren reicht nicht aus, da es bei der Festsetzung von Ordnungsgeld um die Sanktionierung eines zurückliegenden Verhaltens geht und deshalb ein später erfolgender Hinweis seinen Zweck hinsichtlich des insoweit bereits abgeschlossenen Sachverhalts nicht mehr erfüllen kann.[23] Eine Festsetzung von Ordnungsmitteln kann also lediglich diejenigen Verstöße gegen Verpflichtungen aus dem Umgangstitel ahnden, die **nach ordnungsgemäßer Bekanntgabe** der Belehrung (als Bestandteil des Titels) vorgenommen worden sind.[24] Daher sollte das Gericht die Belehrung bereits bei Titelerlass erteilen, um sofort eine Ahndung zu ermöglichen.

6. Wiederholung des Hinweises

10 Spätere gerichtliche **Modifizierungen** des Umgangstitels führen dazu, dass die bereits erfolgte **Belehrung wiederholt** werden muss. Denn der vormals erteilte Hinweis ist gegenstandslos geworden. Darauf, wie viel Zeit seit der Erteilung des Hinweises vergangen ist, kommt es nicht an.[25]

7. Unterlassener Hinweis

11 Der **Hinweis** selbst ist nicht isoliert, sondern erst für den Fall der Festsetzung von Ordnungsmitteln hiergegen mit der sofortigen Beschwerde **anfechtbar**.[26] Wird er allerdings trotz Gegenvorstellung **unterlassen**, ist dies wegen der damit verbundenen Einschränkung der Vollstreckung mit der sofortigen Beschwerde anfechtbar.[27]

II. Anordnung der Ordnungsmittel (Abs. 1)

1. Zuwiderhandlung

12 Die Anordnung von Ordnungsmitteln setzt die gerichtliche Feststellung voraus, dass der Verpflichtete dem Titel **zuwidergehandelt** hat. Nicht ausreichend ist die bloße Ankündigung einer Zuwiderhandlung, da dies mit dem Sanktionscharakter der Ordnungsmittel nicht vereinbar wäre.[28] Gleiches gilt für den **Versuch** der Zuwiderhandlung.[29] Der betreuende Elternteil handelt dem Umgangstitel zuwider, wenn er dem Kind im Ergebnis frei-

---

19 *Cirullies*, NZFam 2015, 182
20 EGMR NJW 2017, 3699; FamRZ 2015, 469
21 Ausführlich zu Problemen der Folgenankündigung Staudinger/*Dürbeck*, § 1684 Rn. 538; *Keuter*, FamRZ 2016, 1732; *Cirullies*, ZKJ 2016, 450
22 Etwa BVerfG FamRZ 2011, 957, dazu *Reinken*, FamFR 2011, 204; OLG Naumburg BeckRS 2014, 23398, dazu *Cirullies*, NZFam 2015, 182
23 OLG Hamm FamRZ 2010, 1838, dazu *Altrogge*, FamFR 2010, 263
24 OLG Oldenburg FamRZ 2018, 1943 mit Anm. *Cirullies*
25 BGH FamRZ 2016, 1763 mit Anm. *Keuter*, FamRZ 2016, 1732, dazu *Cirullies*, ZKJ 2016, 450
26 OLG Köln FamRZ 2011, 574; OLG Frankfurt FamRZ 2010, 917
27 BVerfG FamRZ 2011, 957; Musielak/Borth/*Borth/Grandel*, § 89 FamFG Rn. 7
28 Zöller/*Feskorn*, § 89 FamFG Rn. 4
29 OLG Brandenburg FamRZ 2019, 1269 m. Anm. *Cirullies*, dazu *Neumann*, NZFam 2019, 416

stellt, ob es den Umgang mit dem anderen Elternteil wahrnimmt oder nicht.[30] Im Übrigen muss der Verpflichtete die Zuwiderhandlung **zu vertreten** haben (siehe unten Rn. 22 ff.).

2. Verpflichteter

a) Grundsatz

Verpflichtete können nur **Beteiligte** des Erkenntnisverfahrens i.S.d. § 7 FamFG sein. In erster Linie sind hier die Eltern zu nennen. In Betracht kommen aber auch die Pflegeeltern, der Vormund oder der Ergänzungspfleger mit entsprechendem Aufgabenkreis.[31] Grundsätzlich ist auch der **Umgangsberechtigte** Verpflichteter, da ihn zum einen auch eine Umgangs*pflicht* trifft (§ 1684 Abs. 1 BGB).[32] Dies betrifft vor allem die Fälle, in denen der Umgangselternteil die im Titel festgelegten Umgangstermine wiederholt grundlos absagt oder das Kind erst nach Ende der Umgangszeit abholt oder viel zu spät zurückbringt.[33] Zudem enthält eine gerichtliche Entscheidung, die den Umgang positiv regelt, stets das konkludente Gebot an den **Umgangsberechtigten**, außerhalb der festgelegten Umgangszeiten einen Kontakt zum Kind zu **unterlassen;** diese Verpflichtung ist mit Ordnungsmitteln durchsetzbar.[34] 13

b) Umgangsunwilliger Elternteil

Grundsätzlich können auch gegen den **unwilligen Umgangsberechtigten** wegen Verweigerung von Umgangskontakten Ordnungsmittel verhängt werden. So entschied das BVerfG, die sich aus § 1684 Abs. 1 BGB ergebende Pflicht zum Umgang sei grundsätzlich mit der Verfassung vereinbar. Es sei einem Elternteil zumutbar, zum Umgang mit seinem Kind verpflichtet zu werden, wenn dies dem Wohl des Kindes diene.[35] Allerdings besteht weitgehend Einigkeit, dass ein Umgang, der nur mit Ordnungsmitteln gegen den umgangsunwilligen Elternteil vollstreckt werden kann, in aller Regel nicht dem **Kindeswohl** dient.[36] Ob die erzwungenen Kontakte ausnahmsweise dem Kindeswohl entsprechen, wird sich in der Regel erst nach Einschaltung eines Sachverständigen, meist auch eines Verfahrensbeistands beantworten lassen.[37] 14

c) Jugendamt

Im Rahmen der Vollstreckung, insbesondere aufgrund eines gerichtlich gebilligten Vergleichs, kann unter bestimmten Umständen Ordnungsgeld grundsätzlich auch gegen das **Jugendamt** festgesetzt werden, sofern es Umgangskontakte zwischen dem (etwa bei einer Pflegefamilie lebenden) Kind und den Eltern nicht hinreichend fördert. Voraussetzung für die Ahndung ist ein **Beteiligtenstatus** gemäß § 7 FamFG. Dies ist beispielsweise der Fall, wenn das Jugendamt als **Beschwerdeführer** auftritt[38] oder in seiner Eigenschaft als **Amtsvormund** an einem gerichtlich gebilligten Umgangsvergleich beteiligt ist.[39] Dem steht weder der Behördenstatus entgegen noch die Regelung in § 1837 Abs. 3 Satz 2 BGB, wonach gegen das Jugendamt kein Zwangsgeld festgesetzt werden darf.[40] Vorsorglich 15

---

30 OLG Saarbrücken FamRZ 2013, 48 (LS), dazu *Schmid*, FamFR 2012, 358
31 Prütting/Helms/*Hammer,* § 89 FamFG Rn. 14
32 OLG Oldenburg FamRZ 2017, 390; a.A. noch OLG Frankfurt FamRZ 2014, 403
33 Prütting/Helms/*Hammer,* § 89 FamFG Rn. 14
34 KG FamRZ 2015, 940
35 BVerfG FamRZ 2008, 845 (zu § 33 FGG a.F.) mit Anm. *Luthin*
36 OLG Hamm FamRZ 2018, 111; KG FamRZ 2017, 919; OLG Frankfurt FamRZ 2014, 403; Prütting/Helms/*Hammer,* § 89 FamFG Rn. 16 m.w.N.
37 *Horndasch*, FPR 2012, 208, 212; *Luthin*, FamRZ 2008, 853; *Adelmann*, JAmt 2008, 289, 294
38 OLG Frankfurt FamRZ 2013, 809 = ZKJ 2013, 167 mit Anm. *Gottschalk*
39 BGH, FamRZ 2014, 732 mit Anm. *Hammer* = NZFam 2014, 358 mit Anm. *Heiß*
40 BGH, a.a.O.; kritisch *Finke*, FamFR 2013, 142; ferner *DIJuF*-Rechtsgutachten v. 21.11.2012, JAmt 2012, 648

empfiehlt es sich in derartigen Fällen für das Jugendamt, bei Gericht eine **Abänderung** des Vergleichs nebst **Einstellung der Vollstreckung** anzuregen.

3. Auswahl des Ordnungsmittels

16 Auch wenn das Gericht nach § 89 FamFG Ordnungsmittel anordnen **„kann"**, verdichtet sich das dem Gericht eingeräumte Ermessen im Falle einer schuldhaften Zuwiderhandlung regelmäßig zu einer **Pflicht** zur Verhängung von Ordnungsmitteln. Eine Bindung an den **Antrag** besteht allerdings nicht.[41] Wartet beispielsweise der Gläubiger eines Umgangstitels längere Zeit (hier: über ein Jahr) mit der Einleitung eines Vollstreckungsverfahrens, kann das Gericht davon absehen, einen Verstoß aufgrund zwischenzeitlicher **Änderungen** nicht mehr zu ahnden.[42]

Bei der Bestimmung des konkreten Ordnungsmittels steht dem Gericht ein breites **Auswahlermessen** zu.[43] Die Überprüfungsbefugnis des Beschwerdegerichts ist insoweit eingeschränkt.[44]

In der Regel wird zunächst ein **Ordnungsgeld** festgesetzt. Dies gilt auch im Falle weitgehender Mittellosigkeit des Schuldners.[45]

Das Gericht kann aber (auch) **Ordnungshaft** anordnen, und zwar entweder bei **Nichtbeitreibbarkeit** des Ordnungsgeldes (Ersatzordnungshaft) oder sofort im Fall der bereits feststehenden oder absehbaren **Erfolglosigkeit** der Ordnungsgeldfestsetzung. Letzteres ist z.B. anzunehmen, wenn bereits früher ein Ordnungsgeld erfolglos festgesetzt wurde oder die Vermögenslosigkeit offenkundig ist oder ein Ordnungsgeld den Verpflichteten erkennbar nicht beeindrucken würde.[46] Selbstverständlich müssen bei der Entscheidung die Aspekte des **Kindeswohls** mit berücksichtigt werden.[47] So wird die Festsetzung von **Ordnungshaft** am ehesten dann angezeigt sein, wenn der **Herausgabeverpflichtete** das Kind bei Dritten (meist Verwandten) versteckt hält.[48] Doch ist Ordnungshaft auch in **Umgangsverfahren** möglich. Dabei wird es auf die Umstände in jedem Einzelfall ankommen. So muss das Gericht auch das **Elternrecht** des umgangsberechtigten Elternteils und seinen Anspruch auf Justizgewährung im Blick haben. In Fällen nicht nachvollziehbarer und **dauerhafter Umgangsverweigerung** kann daher eine Ordnungshaft – ungeachtet der Notwendigkeit einer Fremdunterbringung des Kindes – durchaus als zulässig anzusehen sein.[49]

III. Ordnungsgeld (Abs. 3 Satz 1)

1. Höhe

17 Für ein Ordnungsgeld legt Abs. 3 Satz 1 (lediglich) eine **Obergrenze von 25.000 Euro** fest. Daher bestimmt sich die Untergrenze nach Art. 6 Abs. 1 EGStGB auf 5 Euro. Auch die **Bemessung** der Höhe steht im pflichtgemäßen Ermessen des Gerichts und wird sich in erster Linie am Einkommen des Verpflichteten orientieren.[50] Maßgeblich sind ferner Art und Intensität des Verstoßes sowie der Grad des Verschuldens des Verpflichteten, aber

---

41 OLG Koblenz FamRZ 2016, 1104
42 OLG Frankfurt FamRZ 2018, 110
43 OLG Frankfurt FamRZ 2013, 812, dazu *Többen*, FamFR 2013, 113; OLG Celle ZKJ 2011, 433, dazu *Leipold*, FamFR 2011, 448
44 OLG Brandenburg BeckRS 2016, 01664
45 OLG Koblenz FamRZ 2016, 1104
46 OLG Saarbrücken BeckRS 2019, 32703; MüKo-FamFG/*Zimmermann*, § 89 Rn. 28; Keidel/*Giers*, § 89 FamFG Rn. 14b
47 Dazu *Diehl*, FPR 2008, 426,428; *Salgo*, FPR 2008, 401, 405 m.w.N.
48 MüKo-FamFG/*Zimmermann*, § 89 Rn. 29; vgl. auch EGMR FamRZ 2008, 1317; OLG Hamm FamRZ 2018, 1938
49 OLG Jena BeckRS 2015, 17853, dazu *Niederl*, NZFam 2015, 1174; ferner *Völker*, FPR 2012, 485, 487, 488
50 Dazu OLG Saarbrücken FamRZ 2013, 48 (LS), dazu *Schmid*, FamFR 2012, 358

auch und vor allem **spezialpräventive** Aspekte.[51] Üblich sind zwar Beträge zwischen 300 und 5.000 Euro.[52] Bei beengten wirtschaftlichen Verhältnissen (Sozialhilfebezug) soll sogar nur ein Bruchteil des Regelsatzes angemessen sein.[53]

Doch erscheint eine solche Ahndung vielfach zu geringfügig. So hat der **EGMR**[54] bei einem Ordnungsgeld von 300 Euro, das gegen eine die Umgangskontakte beharrlich verweigernde Mutter festgesetzt worden war, zu Recht Zweifel an der Wirksamkeit eines solchen „Druckmittels" geäußert. Vielmehr sollte von dem bestehenden **Sanktionsrahmen** auch Gebrauch gemacht werden.[55] Dabei ist neben den wirtschaftlichen Verhältnissen insbesondere zu berücksichtigen:

- ob es bei einer einmaligen Zuwiderhandlung geblieben ist,[56]
- ob es sich um einen erstmaligen oder aber einen wiederholten Verstoß gegen die titulierten Pflichten handelt,
- ob bereits Ordnungsmittel (wirkungslos) verhängt worden sind,[57]
- ob durch die Obstruktion seitens des Verpflichteten lediglich ein kürzerer Umgangskontakt oder etwa die Durchführung einer ganzen Ferienreise verhindert worden ist,
- welche Beschwernisse und Schäden die Umgangsvereitelungen für den Berechtigten mit sich gebracht haben,[58]
- dass bei beengten wirtschaftlichen Verhältnissen Zahlungserleichterungen (Stundung oder Ratenzahlung) nach Art. 7 EGStGB gewährt werden können.[59]

Bei wiederholten Verstößen können die zu § 890 ZPO entwickelten Grundsätze angewandt werden. Sind mehrere Zuwiderhandlungen aufgrund ihres räumlich-zeitlichen Zusammenhangs so eng miteinander verbunden, dass sie bei natürlicher Betrachtungsweise als einheitliches zusammengehörendes Tun erscheinen, dann sind sie zu einer natürlichen Handlungseinheit zusammenzufassen und nur durch eine Sanktion zu ahnden.[60] Meist wird jedoch bei mehreren Verstößen gegen Umgangstitel Tatmehrheit vorliegen. Dann können diese Verstöße nicht zu einer fortgesetzten Handlung zusammengefasst werden. Auch darf mangels gesetzlicher Regelung kein einheitliches Gesamtordnungsmittel gebildet werden.[61] Jedoch können alle Umstände berücksichtigt werden, die es angemessen erscheinen lassen, bei wiederholten Verstößen nicht das Vielfache der für eine einzelne Zuwiderhandlung als angemessen erachteten Sanktion zu verhängen.[62]

---

51 OLG Saarbrücken BeckRS 2015, 00275; OLG Köln FamRZ 2015, 163; Thomas/Putzo/*Seiler*, § 89 FamFG Rn. 6

52 Keidel/*Giers*, § 89 FamFG Rn. 14a m.w.N.; nach Einschätzung von *Hentschel* in: Bahrenfuss, § 89 FamFG Rn. 16, werden lediglich Ordnungsgelder zwischen 50 Euro und 500 Euro bei „Ersttätern" festgesetzt; vgl. auch OLG Brandenburg BeckRS 2019, 19624 (500 Euro bei beharrlichem Umgangsboykott)

53 KG BeckRS 2016, 08685 (nur 100 Euro); a.A. OLG Koblenz FamRZ 2016, 1104 (500 Euro)

54 FamRZ 2015, 469 = NJW 2015, 1433

55 So auch Prütting/Helms/*Hammer*, § 89 FamFG Rn. 20

56 Vgl. OLG Frankfurt FamRZ 2013, 812 (LS) = ZKJ 2013, 263 (lediglich 30 Euro bei beengten wirtschaftlichen Verhältnissen)

57 OLG Köln FF 2012, 504 = MDR 2012, 1293 (1.000 Euro im Wiederholungsfall nach früherer Festsetzung von 300 Euro)

58 Allerdings kann eine bereits titulierte Verpflichtung zur Zahlung von Schadensersatz wegen Umgangsvereitelung zu einer Minderung des Ordnungsgeldes führen, OLG Köln FamRZ 2015, 163

59 Allerdings sicher nur dann, wenn der Verpflichtete nunmehr Wohlverhalten zeigt. Die Bewilligung ist im Übrigen noch im Rahmen der Beitreibung möglich (Art. 7 Abs. 2 EGStGB)

60 OLG Schleswig FamRZ 2014, 1659; OLG Frankfurt BeckRS 2016, 8525; OLG Hamm BeckRS 2013, 06006, dazu *Alberts*, FamFR 2013, 208; Musielak/Voit/*Lackmann*, § 890 ZPO Rn. 13; Prütting/Helms/*Hammer*, § 89 FamFG Rn. 20

61 Prütting/Helms/*Hammer*, § 89 FamFG Rn. 20; a.A. MüKo-ZPO/*Gruber*, § 890 Rn. 36

62 OLG Saarbrücken BeckRS 2019, 32703; OLG Jena BeckRS 2015, 17853; Änderung der BGH-Rechtsprechung, vgl. BGH NJW 2009, 921; *Hofmann*, NJW 2019, 2126; *Lackmann*, a.a.O.

2. Ersatzordnungshaft

18 Mit dem Ordnungsgeldbeschluss wird in der Regel die **Ersatzordnungshaft** festgesetzt für den Fall, dass das **Ordnungsgeld nicht beigetrieben** werden kann. Tritt diese „Bedingung" ein, so erlangt der Ordnungsgeldbeschluss nicht etwa automatisch den Charakter einer Haftanordnung. Der Rechtspfleger kann also nicht nach Vorliegen einer „Fruchtlosigkeitsbescheinigung" des Gerichtsvollziehers diesen unmittelbar mit der Verhaftung beauftragen. Vielmehr bedarf es jetzt noch eines weiteren Beschlusses des Richters, der nicht nur die Frage der Uneinbringlichkeit des Ordnungsgeldes, sondern auch die Vollstreckungsvoraussetzungen prüft und dann über die Haft (endgültig) entscheidet.[63] Für die Bemessung der Ersatzordnungshaft gibt es keine starren Vorgaben; sie muss aber in einem angemessenen Verhältnis zum uneinbringlichen Ordnungsgeld stehen.[64] Ist die (eigentlich gebotene) Festsetzung der Ersatzordnungshaft unterblieben, kann das nicht beitreibbare Ordnungsgeld nachträglich in Ordnungshaft umgewandelt werden (Art. 8 Abs. 1 EGStGB).

3. Beitreibung

19 Ordnungsgeld wird stets **von Amts wegen** durch das Gericht **beigetrieben**. Die Vollstreckung erfolgt also nicht durch den Berechtigten, sondern auf Veranlassung des Familiengerichts durch den Rechtspfleger nach den Vorschriften des Justizbeitreibungsgesetzes.[65] Das beigetriebene Ordnungsgeld ist in jedem Fall an die **Staatskasse** (Gerichtskasse) abzuführen und steht nicht dem Berechtigten zu.[66]

20 **Übersicht: Beitreibung von Ordnungs- und Zwangsgeld**

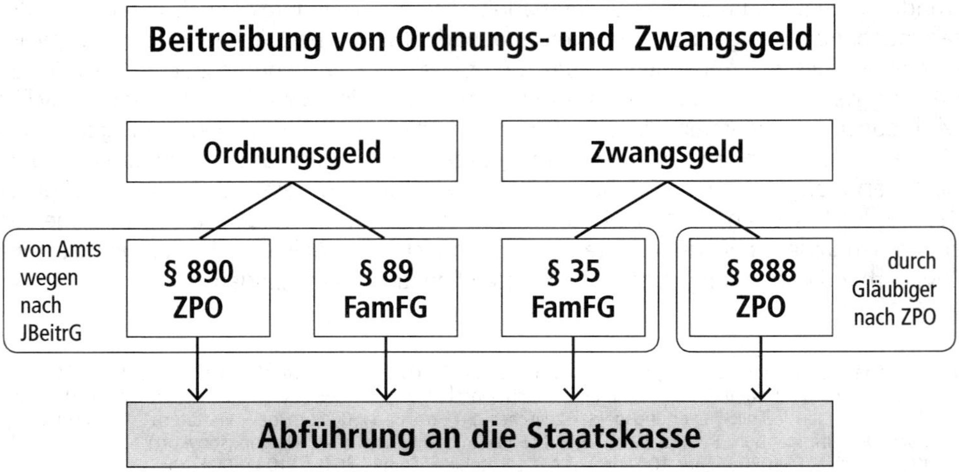

63 Eingehend *Cirullies*, DGVZ 2017, 81, 83
64 BGH NJW-RR 2017, 382
65 Nach § 1 Abs. 1 Nr. 3, Abs. 2, §§ 2 ff. des Justizbeitreibungsgesetzes i.V.m. § 1 Abs. 1 Nr. 3, Abs. 4, §§ 2 ff. der Einforderungs- und Beitreibungsanordnung, vgl. hierzu *Schulte-Bunert*, FPR 2008, 397, 399
66 BGH FamRZ 1983, 578

IV. Ordnungshaft

Die **Ordnungshaft** dauert entsprechend Art. 6 Abs. 2 EGStGB mindestens einen Tag und darf nach § 89 Abs. 3 Satz 2 FamFG i.V.m. § 802j Abs. 1 ZPO nicht **sechs Monate** übersteigen. In Fällen hartnäckiger **Umgangsboykotts** kann eine Gesamtordnungshaft von fünf Tagen[67] oder sechs Tagen[68] verhängt werden. 21

Die Haftvollstreckung liegt ebenfalls in der Hand des **Familiengerichts**, nicht des Gläubigers, und erfolgt nach Abs. 3 Satz 2 gemäß **§§ 802g ff. ZPO.** Der Vollzug der Ordnungshaft setzt dementsprechend den Erlass eines **Haftbefehls** durch den Richter voraus. Die Ausfertigung des Beschlusses über die (endgültige) Festsetzung der (Ersatz-)Ordnungshaft ist bereits der Haftbefehl i.S.d. § 802g Abs. 1 und 2 ZPO. Eines gesonderten „Haftbefehls" bedarf es nicht.

Den **Verhaftungsauftrag** erteilt das Gericht (Rechtspfleger) – und nicht etwa der andere Elternteil – dem zuständigen **Gerichtsvollzieher**, der bei der Verhaftung dem Verpflichteten den richterlichen **Ordnungshaftbefehl** in beglaubigter Form **aushändigt** (§ 802g Abs. 2 Satz 2 ZPO)[69] und notfalls polizeiliche Unterstützung in Anspruch nehmen kann (§ 87 Abs. 3 Satz 1 FamFG). Die eigentliche Vollstreckung obliegt also nicht dem Rechtspfleger,[70] sondern dem Gerichtsvollzieher. Er ist es, dem zum **Haftantritt** lädt.[71] Der Ablauf des **Verhaftungsverfahrens** im Einzelnen ergibt sich aus § 145 GVGA. Die **Kosten** einer Ordnungshaft sind Verfahrenskosten, und zwar Auslagen gemäß Nr. 2009 KV-FamGKG.[72]

Die Vollstreckung der **Ersatzordnungshaft** hat zu unterbleiben, wenn die weitere Vollziehung aufgrund der Geschehnisse und Entwicklungen, die **nach der Rechtskraft** des Ordnungsmittelbeschlusses eingetreten sind, eine **unbillige Härte** darstellen würde (Art. 8 Abs. 2 EGStGB). Auf Antrag des Schuldners trifft das **Familiengericht** (als Prozessgericht)[73] eine entsprechende Anordnung.

---

67 OLG Saarbrücken BeckRS 2019, 32703; OLG Schleswig FamRZ 2015, 1222
68 OLG Jena BeckRS 2015, 17853. Auch hier gilt, dass bei wiederholten Verstößen in der Regel nicht das Vielfache der für eine einzelne Zuwiderhandlung als angemessen erachteten Sanktion zu verhängen ist.
69 Dazu *Cirullies*, Vollstreckung in Familiensachen, Rn. 485
70 So zumindest missverständlich Keidel/*Giers*, § 89 FamFG Rn. 19 unter Verweis auf BayObLG Rpfleger 2002, 254
71 Prütting/Helms/*Hammer*, § 89 FamFG Rn. 36
72 *Giers* in: Kindl/Meller-Hannich/Wolf, §§ 149 bis 270 FamFG Rn. 181
73 Nicht das Vollstreckungsgericht

21a **Schaubild Vollstreckung der Ordnungshaft (in Anlehnung an DGVZ 2017, 85)**

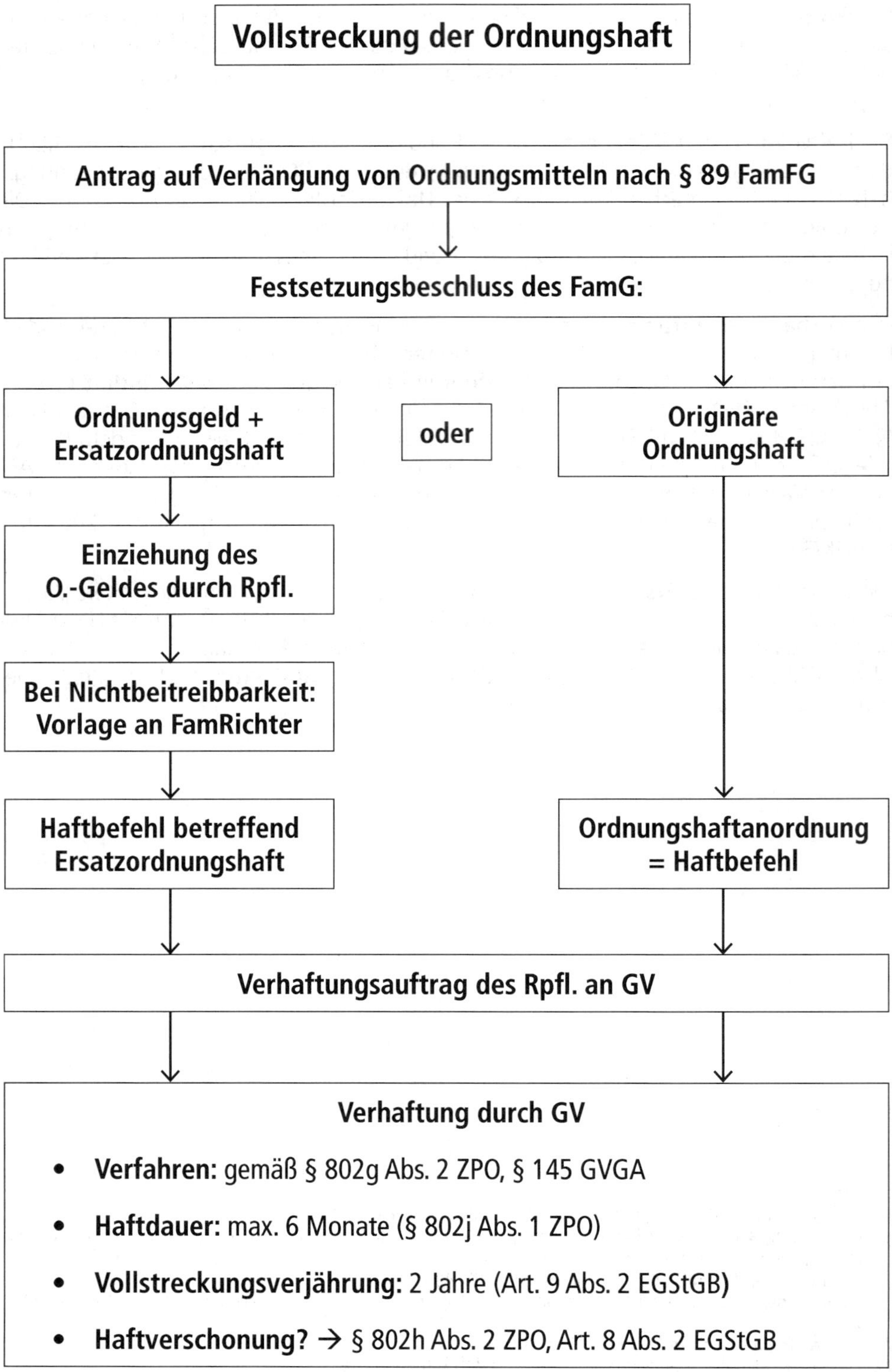

V. Verschulden (Abs. 4)

1. Vermutetes Verschulden

Die Festsetzung eines Ordnungsmittels setzt voraus, dass der Verpflichtete die Zuwiderhandlung zu **vertreten** hat, d.h. vorsätzlich oder fahrlässig gegen den Titel verstoßen hat. Dabei wird ein solches **Verschulden vermutet**. Nur wenn der Verpflichtete hinreichende Gründe zu seiner Entlastung vorbringt, kann die Festsetzung eines Ordnungsmittels unterbleiben oder wieder rückgängig gemacht werden. Er trägt die **Darlegungs- und Beweislast**[74] für fehlendes Vertretenmüssen.[75] Dabei obliegt es dem zur Umgangsgewährung verpflichteten Elternteil, seine familiären und beruflichen Verhältnisse so einzurichten, dass er seiner Verpflichtung nachkommen kann. Anderenfalls ist er gehalten, im Wege der **Abänderung** auf eine Neuregelung des Umgangs zu drängen.[76] Gegebenenfalls kann er hier im Eilwege vorgehen (vgl. § 93 FamFG).[77] 22

2. Darlegungslast

a) Grundsatz

Der Verpflichtete hat die **Umstände**, die den Grund für das Scheitern der Umgangskontakte darstellen, **im Einzelnen darzulegen**. Denn solche Umstände liegen regelmäßig in seiner Sphäre und sind daher im Nachhinein häufig nur eingeschränkt objektiv feststellbar. Überdies besteht eine **Wohlverhaltenspflicht** nach § 1684 Abs. 2 BGB.[78] Gelingt es dem Verpflichteten nicht, detailliert zu erläutern (und im Falle des Bestreitens nachzuweisen), aus welchen Gründen er an der Befolgung der gerichtlichen Anordnung gehindert war, kommt ein Absehen von der Festsetzung des Ordnungsmittels oder die nachträgliche Aufhebung des Ordnungsmittels nicht in Betracht.[79] So reicht selbstverständlich die lapidare Mitteilung des Umgangsverpflichteten, er „habe Termine", zur Entlastung nicht aus.[80] Unterbleibt der gerichtlich angeordnete Umgang wegen einer **Krankheit des Kindes**, muss der Umgangsverpflichtete zur Vermeidung einer Ordnungsgeldfestsetzung ein aussagekräftiges **ärztliches Attest** vorlegen, das die Transportunfähigkeit des Kindes ausweist.[81] 23

Doch sind auch im Rahmen des Ordnungsmittelverfahrens grundsätzlich **Beweiserhebungen** zulässig und im Einzelfall geboten – sei es auf Grund konkreter Beweisangebote der Beteiligten oder wegen des Amtsermittlungsgrundsatzes von Amts wegen.[82] Hat etwa der Verpflichtete konkrete Anhaltspunkte für Gewaltanwendungen oder sexuellen Missbrauch durch den Umgangsberechtigten dargelegt, muss das Familiengericht von sich aus diesen Vorwürfen nachgehen.[83] Ohne entsprechende Beweiserhebungen kann auch der Antrag des Umgangsberechtigten auf Bewilligung von **Verfahrenskostenhilfe** für den Ordnungsgeldantrag nicht negativ beschieden werden.[84] 24

Ein Verschulden ist vor allem dann schwierig festzustellen, wenn der verpflichtete Elternteil **seelisch erkrankt** ist, etwa an einer schweren **Depression** mit Antriebsschwäche leidet. In solchen Fällen wird es meist unmöglich sein, aus objektiv feststellbaren Verstößen gegen Umgangsvereinbarungen ein erforderliches subjektives Verschulden des erkrankten Eltern-

74 Genauer: Feststellungslast, vgl. *Cirullies* §§ 29 bis 31 FamFG Rn. 4
75 OLG Saarbrücken FamRZ 2015, 863; Prütting/Helms/*Hammer*, § 89 FamFG Rn. 14
76 OLG Köln FF 2012, 504, dazu *Leipold*, FamFR 2012, 397
77 OLG Brandenburg FamRZ 2020, 44; FamRZ 2019, 1269 m. Anm. *Cirullies*
78 Dazu OLG Köln FamRZ 2015, 151, auch zu einer Haftung wegen Umgangsvereitelung
79 BGH FamRZ 2014, 732; OLG Brandenburg FamRZ 2020, 44
80 OLG Koblenz FamRZ 2016, 1104
81 OLG Schleswig FamRZ 2018, 1946
82 Dazu *Cirullies*, Vollstreckung in Familiensachen, Rn. 474
83 *Cirullies*, NZFam 2014, 794
84 OLG Naumburg FamRZ 2014, 145 (LS) = NJOZ 2013, 2045

teils herzuleiten.[85] In diesen Fällen ist es jedoch geboten, dass die Erkrankung des Elternteils und die sich hieraus ergebenden Folgen nachgewiesen sind.

b) Entgegenstehender Wille des Kindes

25 Häufig beruft sich der Verpflichtete im Umgangsverfahren auf einen entgegenstehenden **Willen des Kindes**.[86] Dann obliegt es ihm, gehaltvoll darzulegen, auf welche Weise er auf das Kind **erzieherisch eingewirkt** hat, um es zum Umgang zu bewegen.[87] An den Vortrag, der **Wohlverhaltenspflicht** nachgekommen zu sein, sind hohe Anforderungen zu stellen.[88] Es genügt nicht, dem Kind im Ergebnis freizustellen, ob es den Umgang mit dem anderen Elternteil wahrnimmt oder nicht.[89] Vielmehr muss der Verpflichtete gegenüber dem Kind, das einen Umgang mit dem umgangsberechtigten Elternteil ablehnt, aufgrund seiner elterlichen Autorität ähnlich strenge erzieherische Maßnahmen zur Herstellung der Umgangskontrolle ergreifen wie bei einer Verweigerung des Schulbesuchs.[90] Dazu gehört, das Kind eindringlich und überzeugend zu ermahnen und ihm zu verdeutlichen, dass es mit den Umgangskontakten nicht nur einverstanden ist, sondern diese ausdrücklich auch selbst wünscht. Eine darüber hinausgehende Androhung oder Verhängung von altersangemessenen Strafen (etwa Taschengeldkürzung, Verbot der „Handy"-Nutzung oder bestimmter Freizeitgestaltungen) – wie es bei einer Schulverweigerung angezeigt sein könnte – erscheint demgegenüber problematisch, weil hierdurch das Verhältnis zum Umgangsberechtigten noch mehr belastet würde.

26 Dabei ist freilich das **Alter des Kindes** zu beachten. Bei **jüngeren Kindern** wird im Allgemeinen davon auszugehen sein, dass die Durchsetzung des Umgangs mit erzieherischen Mitteln erreicht werden kann.[91] Die Grenze für diese Vermutung wird bei ca. **neun bis elf Jahren** zu ziehen sein.[92] Dabei müssen die Gerichte der wachsenden Fähigkeit eines Kindes zu eigener Willensbildung und selbstständigem Handeln Rechnung tragen.[93] So hat der ernsthafte Wille eines fast **14 Jahre** alten Kindes, mit dem umgangsberechtigten Elternteil auch keinen begleiteten Umgang mehr zu pflegen, erhebliches Gewicht und kann im Einzelfall einen längerfristigen Umgangsausschluss rechtfertigen.[94] Bei erkennbaren **Loyalitätskonflikten** des Kindes darf das Gericht nicht ohne Einholung eines kinderpsychologischen **Sachverständigengutachtens** entscheiden.[95]

Praxishinweis: Bei beharrlicher Verweigerungshaltung des Kindes sollte eine geeignete **Dokumentation** der gleichwohl durchgeführten Bemühungen erfolgen, notfalls unter Beteiligung des **Jugendamtes**. Eltern haben **Anspruch auf Beratung** und Unterstützung bei der Ausübung des Umgangsrechts (§18 Abs. 3 Satz 3 SGB VIII).[96]

---

85 KG FamRZ 2017, 919
86 Eingehend *Schäder*, FamRZ 2019, 1120
87 BGH FamRZ 2012, 533; OLG Frankfurt FuR 2013, 664, dazu *Niepmann*, FamFR 2013, 327; siehe auch BT-Drucks. 16/6308, 218
88 OLG Karlsruhe FamRZ 2011, 1669; OLG Frankfurt FamRZ 2013, 812 (LS), dazu *Többen*, FamFR 2013, 113
89 OLG Köln FamRZ 2015, 1734; OLG Saarbrücken, FamRZ 2013, 48 (LS), dazu *Schmid*, FamFR 2012, 358; ferner *Burschel*, NZFam 2015, 623
90 OLG Saarbrücken BeckRS 2015, 00275, dazu *Clausius*, jurisPR-FamR 4/2015 Anm. 3; Staudinger/*Dürbeck*, § 1684 BGB Rn. 546 m.w.N.
91 OLG Saarbrücken BeckRS 2019, 32703 (8 Jahre); OLG Frankfurt FamRZ 2013, 475 (4 Jahre)
92 OLG Saarbrücken, FamRZ 2013, 48 (LS), dazu *Schmid*, FamFR 2012, 358; OLG Köln BeckRS 2015, 00599 m.w.N.; Prütting/Helms/*Hammer*, § 89 FamFG Rn. 17
93 BbgVerf BeckRS 2014, 47360, dazu *Rogalla*, NZFam 2014, 473
94 OLG Saarbrücken FamRZ 2011, 122 (LS), dazu *Hoffmann*, FamFR 2010, 503; ferner OLG Koblenz FamRZ 2019, 298 (LS) = BeckRS 2018, 39528 (13 Jahre); OLG Saarbrücken, FF 2019, 121 (16 Jahre), dazu *Riegner*, NZFam 2019, 84
95 OLG Saarbrücken FamRZ 2013, 48 (LS), dazu *Voges-Wallhöfer*, FamFR 2012, 285
96 Hierzu OVG Münster FamRZ 2017, 808

c) Vorwurf des sexuellen Missbrauchs

Wird der Vorwurf des **sexuellen Missbrauchs** eines Kindes erhoben, stellt sich oft die Frage, ob und inwieweit dem verdächtigten Elternteil **Umgang** gewährt werden kann.[97] Fälle nachgewiesenen sexuellen Missbrauchs von Kindern sind in der Praxis eher selten.[98] Einem hinreichend substanziierten Vorwurf muss das Gericht grundsätzlich in dem von dem Umgangsberechtigten angestrengten **Ordnungsmittelverfahren** von Amts wegen nachgehen. Gegebenenfalls hat das Familiengericht hinsichtlich des Umgangstitels eine (abändernde) einstweilige Anordnung zu erlassen. 27

▶ *Zur einstweiligen Anordnung in Umgangssachen siehe Lack, § 49 FamFG Rn. 34.*

3. Kindeswohlprüfung

Eine **erneute Prüfung** der Rechtmäßigkeit der zu vollstreckenden Entscheidung findet im Vollstreckungsverfahren grundsätzlich **nicht** statt.[99] Dies verdeutlicht bereits der Umkehrschluss aus § 90 Abs. 2 Satz 2 FamFG.[100] Auch haben gerichtliche Entscheidungen zum Sorge- und Umgangsrecht stets das **Kindeswohl** zu berücksichtigen (§ 1697a BGB). Im Übrigen bedarf der mit seiner Wirksamkeit vollstreckbare Titel einer effektiven Durchsetzungsmöglichkeit.[101] Dementsprechend rechtfertigen bloße Bedenken des Vollstreckungsschuldners gegen die Kindeswohldienlichkeit der titulierten Umgangsregelung keine Missachtung des Umgangstitels.[102] Eine solche Überprüfung erfolgt daher nur in seltenen **Ausnahmefällen**, beispielsweise wenn der Umgangsberechtigte trotz einer längeren Zeit des ausbleibenden Umgangs auf eine Vollstreckung verzichtet hatte oder wenn der titulierte Umgang offenkundig mit einer Gefährdung des körperlichen, geistigen oder seelischen Wohls i.S.d.§ 1666 Abs. 1 BGB verbunden wäre.[103] In beiden Fällen ist jedoch unverzüglich ein Abänderungsverfahren zum Umgangstitel einzuleiten, da die Beteiligten sich auch in Kindschaftssachen an gerichtliche Entscheidungen zu halten haben und das Recht nicht selbst in die Hand nehmen dürfen. Besondere Maßstäbe gelten auch im Verfahren wegen einer **Kindesrückführung** aus dem Ausland.[104] 28

Mangels Prüfung des Kindeswohls ist im Ordnungsmittelverfahren regelmäßig weder ein Verfahrensbeistand zu bestellen[105] noch das Jugendamt anzuhören.[106]

▶ *Näher zum Vollstreckungsverfahren Cirullies, Kommentierung zu § 92 FamFG.*

Mitunter bestehen Zweifel daran, dass die Umgangsregelung noch dem **Kindeswohl** entspricht, weil **neue Umstände** hinzugetreten sind oder seit dem Zeitpunkt des Titelerlasses ein **längerer Zeitraum** verstrichen ist, mitunter mehrere Jahre.[107] Hier kann es je nach den Umständen des Einzelfalls angezeigt sein, dass die beteiligten Eltern oder das Gericht von Amts wegen[108] ein **Abänderungsverfahren** einleiten, was grundsätzlich vorrangig ist.[109] 29

---

97 Anschaulich OLG Braunschweig FamRZ 2019, 119; eingehend *Cirullies*, Vollstreckung in Familiensachen, Rn. 478
98 *Dürbeck*, ZKJ 2018, 317, 319
99 BGH FamRZ 2014, 732 mit Anm. *Hammer;* OLG Brandenburg FamRZ 2019, 628 (LS), dazu *Opitz*, NZFam 2019, 132; Prütting/Helms/*Hammer*, § 89 FamFG Rn. 42
100 OLG Hamm FamRZ 2018, 1938 mit Anm. *Schweppe*
101 BGH FamRZ 2015, 2147; OLG Schleswig FamRZ 2015, 1222
102 OLG Brandenburg FamRZ 2019, 628 (LS), dazu *Opitz*, NZFam 2019, 132
103 OLG Frankfurt FamRZ 2013, 475
104 OLG Hamburg FamRZ 2015, 64
105 Vgl. BGH FamRZ 2015, 1011
106 OLG Hamm FamRZ 2018, 1938
107 Vgl. OLG Naumburg BeckRS 2014, 23398 (über zwei Jahre), dazu *Cirullies*, NZFam 2015, 182
108 Dazu OLG Brandenburg BeckRS 2019, 19624 (Auslegung eines laienhaft formulierten Wunsches nach Abänderung)
109 OLG Naumburg BeckRS 2018, 36694, dazu *Opitz*, NZFam 2019, 181; OLG Frankfurt FamRZ 2013, 812 (LS), dazu *Többen*, FamFR 2013, 113

Im Rahmen dessen kann nach § 93 Abs. 1 Nr. 4 FamFG oder nach § 166 FamFG i.V.m. § 1696 BGB die Vollstreckung des ursprünglichen Titels eingestellt werden.[110] Dies gilt auch bei der Verpflichtung zur **Herausgabe** des Kindes aufgrund einer Sorgerechtsentscheidung.[111] Wegen dieser gesetzlichen Möglichkeit der Vollstreckungseinstellung kommt insoweit die auf § 21 FamFG gestützte **Aussetzung** eines Ordnungsmittelverfahrens **nicht** in Betracht.[112]

Eine Prüfung der Rechtmäßigkeit der zu vollstreckenden Entscheidung erfolgt im Vollstreckungsverfahren im Übrigen auch dann nicht, wenn diese im Wege der **Beschwerde** angefochten worden ist. Denn die Einlegung der Beschwerde hemmt die Vollstreckbarkeit einer wirksamen gerichtlichen Umgangsregelung nicht. Eine etwaige **Einstellung der Zwangsvollstreckung** bis zur Entscheidung über die Beschwerde bleibt den Verfahren nach §§ 64 Abs. 3 bzw. 93 Abs. 1 Nr. 3 FamFG vorbehalten.[113]

VI. Checkliste für Vollstreckung aus Umgangstitel

30 Es bedarf einiger Umsicht, einen **vollstreckbaren Umgangstitel** zu erstellen und die Festsetzung von Ordnungsmitteln nicht durch Verfahrensmängel in Frage zu stellen.

Zu beachten sind insbesondere:

- hinreichende **Bestimmtheit** des Titels
- **Hinweis** auf die Folgen der Zuwiderhandlung
- Besonderheiten beim **gerichtlich gebilligten Vergleich**:
  - Billigungsbeschluss
  - Zustimmung aller Beteiligten
  - Genehmigung des Protokolls
- **Zustellung** des Titels von Amts wegen

In der Regel bedarf es **nicht** einer **Vollstreckungsklausel** (nur bei Umzug des Kindes).

§ 90 FamFG Anwendung unmittelbaren Zwanges

(1) Das Gericht kann durch ausdrücklichen Beschluss zur Vollstreckung unmittelbaren Zwang anordnen, wenn

1. die Festsetzung von Ordnungsmitteln erfolglos geblieben ist;

2. die Festsetzung von Ordnungsmitteln keinen Erfolg verspricht;

3. eine alsbaldige Vollstreckung der Entscheidung unbedingt geboten ist.

(2) [1]Anwendung unmittelbaren Zwanges gegen ein Kind darf nicht zugelassen werden, wenn das Kind herausgegeben werden soll, um das Umgangsrecht auszuüben. [2]Im Übrigen darf unmittelbarer Zwang gegen ein Kind nur zugelassen werden, wenn dies unter Berücksichtigung des Kindeswohls gerechtfertigt ist und eine Durchsetzung der Verpflichtung mit milderen Mitteln nicht möglich ist.

---

110 OLG Celle ZKJ 2011, 433, dazu *Leipold*, FamFR 2011, 448; ferner OLG Karlsruhe NZFam 2014, 793 mit Anm. *Cirullies*

111 OLG Koblenz FamRZ 2016, 1860

112 A.A. OLG Braunschweig FamRZ 2018, 927 mit ablehnender Anm. *Hammer*

113 OLG Frankfurt FamRZ 2013, 812 (LS), dazu *Többen*, FamFR 2013, 113

Übersicht

	Rn.
A. Allgemeines	1
B. Inhalt der Norm	2
I. Unmittelbarer Zwang	2
II. Verhältnismäßigkeit	3
III. Gewalt gegen Kinder	4
IV. Verfahren	7
1. Selbstständiges Verfahren	7
2. Antragsverfahren	8
3. Entscheidung	9
4. Vollstreckungsauftrag	10
5. Vollstreckung der Kindesherausgabe	11

A. Allgemeines

Zur Durchsetzung einer **Umgangsregelung** oder der **Kindesherausgabe** kommt neben der Verhängung von Ordnungsmitteln (§ 89 FamFG) als letztes Mittel die Anwendung **unmittelbaren Zwangs** in Betracht (Abs. 1). Die Vorschrift betrifft in erster Linie Fälle der Vollstreckung von Entscheidungen über die **Herausgabe von Personen**, insbesondere Kindern, und nur selten die Vollstreckung einer **Umgangsregelung** (wegen Abs. 2). Sie ist auch anwendbar, wenn es um die **grenzüberschreitende Rückführung** von Kindern geht. Denn in § 44 IntFamRVG n.F.[1] finden sich keine Bestimmungen über den unmittelbaren Zwang mehr.[2] 1

▶ *Näher hierzu Schweppe, Kommentierung zu § 44 IntFamRVG.*

Die Norm gilt hingegen **nicht für:**

- die Herausgabe von **Sachen** (Vollstreckung nach den Regelungen der **ZPO**),[3]
- die zwangsweise Zuführung von Minderjährigen in eine geschlossene Einrichtung (Gestattung der Gewaltanwendung nach § 167 Abs. 1 Satz 1 i.V.m. § 326 Abs. 2 FamFG).

B. Inhalt der Norm

I. Unmittelbarer Zwang

Für die Anwendung **unmittelbaren Zwanges** bedarf es einer entsprechenden Anordnung (besser: Gestattung) des Gerichts durch „ausdrücklichen Beschluss". Insofern unterscheidet sich die Regelung von **§ 96 Abs. 1 FamFG**, wonach der Berechtigte in **Gewaltschutzverfahren** gestützt auf die Schutzanordnung im Fall der Zuwiderhandlung sofort die Anwendung unmittelbaren Zwangs durch den Gerichtsvollzieher begehren kann. Zulässig ist die Anwendung gegen die Eltern und gegen Dritte, gegenüber Kindern nur mit den Einschränkungen des Abs. 2 (dazu Rn. 4). 2

Der **Begriff** stammt aus dem Polizeirecht und ersetzt in moderneren Gesetzen[4] den noch in der Vorgängervorschrift § 33 Abs. 2 FGG verwendeten Ausdruck „Gewalt", ohne allerdings nennenswerte inhaltliche Unterschiede aufzuweisen. Nach § 2 Abs. 1 und 2 UZwG ist **unmittelbarer Zwang** definiert als Einwirkung auf Personen oder Sachen durch körperliche Gewalt, ihre Hilfsmittel und durch Waffen. Unter **körperlicher Gewalt** ist jede unmittelbare körperliche Einwirkung auf Personen oder Sachen zu verstehen.[5]

1 Seit dem 1.9.2009
2 OLG Hamm FamRZ 2018, 1938 mit Anm. *Schweppe*; Staudinger/*Pirrung*, Vorbem. EGBGB, § 44 IntFamRVG Rn. G85
3 Vgl. hier *Cirullies,* § 95 FamFG Rn. 3
4 Etwa in den Landespolizeigesetzen oder in § 42 Abs. 6 SGB VIII
5 Vgl. *Hammer*, FPR 2008, 413, 414 m.w.N.

Typische **Zwangshandlungen** sind insbesondere das Festhalten und Fernhalten sowie das Fixieren an der Wand oder auf dem Boden. Zwangshandlungen gegenüber dem Kind sind auch ein Versperren des Weges, ein kurzzeitiges Festhalten bzw. ein Wegtragen, soweit damit ein geleisteter oder erwarteter Widerstand des Kindes überwunden werden soll.[6]

II. Verhältnismäßigkeit

3 Bei der Wahl der Zwangsmaßnahmen ist der Grundsatz der **Verhältnismäßigkeit** zu beachten. Nach den Vorstellungen des Gesetzgebers[7] sollte grundsätzlich zunächst das **Gespräch** des Familienrichters mit den Beteiligten[8] gesucht und das **Jugendamt** um Unterstützung (§ 88 Abs. 2 FamFG) gebeten werden. In einem nächsten Schritt sollen regelmäßig **Ordnungsmitteln** nach § 89 FamFG verhängt werden, und zwar nicht gleichzeitig mit der Ausübung unmittelbaren Zwangs.[9]

Dementsprechend kann das Gericht nach § 90 Abs. 1 FamFG zur Vollstreckung erst dann unmittelbaren Zwang gestatten, wenn

- die Festsetzung von Ordnungsmitteln (also auch Ordnungs*haft*)[10] **erfolglos** geblieben ist[11] *oder*
- die Festsetzung **keinen Erfolg verspricht**[12] *oder*
- eine alsbaldige Vollstreckung der Entscheidung **unbedingt geboten** ist.

Die letztgenannte besondere **Eilbedürftigkeit** zur **Gefahrenabwehr** gibt in der Praxis am ehesten Veranlassung, körperliche Gewalt zum Schutz des Kindes einzusetzen. Dies gilt etwa bei drohender Entführung oder Verbringung des Kindes in das Ausland (etwa zwecks Genitalverstümmelung[13] oder Zwangsverheiratung)[14] oder bei einer gewalttätigen oder psychisch auffälligen Obhutsperson.[15] Selbst eine hartnäckige Verletzung der Schulpflicht kann in Ausnahmefällen einen solchen Eingriff rechtfertigen.[16]

In jedem Fall ist eine gewaltsame Kindeswegnahme unter **größtmöglicher Schonung** des betroffenen Kindes durchzuführen.[17] Sie sollte nach Möglichkeit in Abwesenheit des Herausgabepflichtigen versucht werden (etwa in Schule oder Kindergarten). Bei unerwarteten Problemen vor Ort hat der beauftragte **Gerichtsvollzieher** noch die Möglichkeit, die **Vollstreckung auszusetzen** (dazu unten Rn. 12).

Gleichwohl kann im konkreten Einzelfall die Anwendung unmittelbaren Zwangs durchaus das Gebot der Stunde sein: „Zeitfressende Maßnahmen" können sich für das Kind und die übrigen Beteiligten häufig schädlicher auswirken als ein beherzter und dennoch umsichtiger „Zugriff".[18] Sind vorrangige, intensive Bemühungen aller am Verfahren beteiligten Professionen um eine konsensuale Lösung gescheitert, muss der Staat Eltern, die ihren Willen gegenüber dem nicht rückkehrwilligen Kind nicht durchsetzen können (und dürfen),

6 Prütting/Helms/*Hammer,* § 90 FamFG Rn. 3; differenzierend Johannsen/*Büte*, § 90 FamFG Rn. 1
7 BT-Drucks. 16/6308, 218
8 In einem nach § 32 FamFG anzuberaumenden Termin
9 OLG Hamm FamRZ 2018, 1938 mit Anm. *Schweppe*
10 OLG Hamm a.a.O.
11 Die Vollziehung muss nicht versucht worden sein, vgl. MüKo-FamFG/*Zimmermann*, § 90 Rn. 8
12 Etwa bei offenkundiger Nichtbeitreibbarkeit eines Ordnungsgeldes
13 BGH FamRZ 2005, 672
14 MüKo-FamFG/*Zimmermann*, § 90 Rn. 10
15 BayObLG FamRZ 1999, 1154
16 AG Bergisch-Gladbach BeckRS 2018, 39585; AG Bad Hersfeld FamRZ 2018, 1515 (LS), dazu *Leipold*, NZFam 2018, 615
17 BVerfG FamRZ 2006, 537 a.E
18 *Gaul,* Festschrift für Ishikawa, S. 87, 122; ähnlich *Völker,* FPR 2012, 485, 489 („Lieber ein Ende mit Schrecken als ein Schrecken ohne Ende")

grundsätzlich helfen.[19] Ob die Anwendung unmittelbaren Zwanges auch dann geboten ist, um Umgangskontakte zu Weihnachten oder zu wichtigen Familienfeiern durchzusetzen,[20] muss bezweifelt werden. Allerdings ist in solchen Fällen die Verhängung eines empfindlichen Ordnungsmittels angezeigt.

III. Gewalt gegen Kinder

Bei der Anwendung unmittelbaren Zwanges besteht eine wesentliche Einschränkung: Gegen ein **Kind** darf Gewaltanwendung **nicht** zugelassen werden, wenn das Kind herausgegeben werden soll, um das **Umgangsrecht** auszuüben (Abs. 2 Satz 1). Hingegen können die Kinder einem eigensinnigen Umgangsberechtigten nach Beendigung des Besuchskontakts grundsätzlich gewaltsam wieder weggenommen werden.[21] 4

Zulässig ist zudem die Gewaltanwendung gegen den **Herausgabepflichtigen**. Hier könnte sich vor einem zwangsweisen Vorgehen zunächst die Bestellung eines **Umgangspflegers** anbieten, der allerdings selbst nicht zur Gewaltanwendung befugt ist und auch nicht selbst dazu ermächtigt werden kann.[22]

▶ *Näher zu den Aufgaben des Umgangspflegers Gottschalk, § 1684 BGB Rn. 58 ff.*

Gestattet werden kann die **Gewaltanwendung gegen das Kind** vor allem in Fällen der **Kindeswohlgefährdung** (§ 1666 BGB), aber auch zur Durchsetzung bei einer Verbleibensanordnung (§ 1632 Abs.4 BGB). Damit ist nach dem Willen des Gesetzgebers all jenen eine Absage erteilt, die grundsätzlich jedwede Gewaltanwendung gegen das Kind ausgeschlossen wissen wollen.[23] 5

Nach Abs. 2 Satz 2 sind das Kindeswohl und in ganz besonderem Maße der Verhältnismäßigkeitsgrundsatz zu berücksichtigen. Dabei spielt im Hinblick auf § 1626 Abs. 2 Satz 1 BGB auch das Alter des Kindes eine wichtige Rolle.[24] Es gelten ähnliche Maßstäbe wie bei der Exkulpation nach § 89 Abs. 4 FamFG (siehe dazu *Cirullies*, § 89 FamFG Rn. 25). Entscheidend sind aber letztlich die Umstände des Einzelfalls. Wegen der gebotenen Kindeswohlprüfung wird das Gericht – jedenfalls soweit jüngere Kinder betroffen sind – im Rahmen des (selbstständigen) Vollstreckungsverfahrens regelmäßig einen Verfahrensbeistand zu bestellen und eine Stellungnahme des Jugendamtes einzuholen haben.[25] 6

IV. Verfahren

1. Selbstständiges Verfahren

Das Gericht kann die Gewaltanwendung in Fällen absehbarer Dringlichkeit bereits in der Hauptsacheentscheidung (z.B. Herausgabeanordnung nach § 1632 BGB) gestatten. Stellt sich die entsprechende Notwendigkeit erst im Verlauf des Vollstreckungsverfahrens heraus, ergeht die Anordnung – wie bei der Festsetzung von Ordnungsmitteln[26] – in einem selbstständigen Verfahren.[27] Falls die Vollstreckungsbedingungen es zulassen, ist der Verpflichtete zuvor anzuhören (§ 92 Abs. 1 Satz 2 FamFG). Insoweit kann im Einzelfall auch die Anberaumung eines Termins (§ 32 FamFG) sinnvoll sein. 7

---

19 AG Bad Hersfeld a.a.O.
20 So Johannsen/*Büte*, § 90 FamFG Rn. 6; Meysen/*Meysen*, § 90 FamFG Rn. 6
21 Dazu VG Berlin FamRZ 2012, 1665 (LS) = BeckRS 2012, 48775
22 MüKo-FamFG/*Zimmermann*, § 90 Rn. 22
23 Etwa *Dickmeis*, NJW 1992, 537, 540; *Diercks*, FamRZ 1994, 1226
24 So auch die Gesetzesbegründung, BT-Drucks. 16/6308, 482
25 OLG Hamm FamRZ 2018, 1938
26 BGH FamRZ 2011, 1729
27 Ganz h.M., a.A. OLG Hamm FamRZ 2018, 1938 (wohl Erkenntnis- und Vollstreckungsverfahren verwechselnd)

2. Antragsverfahren

8 Sofern es sich um ein reines **Antragsverfahren** handelt (insbesondere nach § 1632 Abs. 1 BGB), kann die Vollstreckung nur auf entsprechenden Antrag eingeleitet werden (§ 87 Abs. 1 FamFG). In den übrigen Fällen, insbesondere in Umgangssachen, wird das Gericht von Amts wegen tätig (näher hierzu *Cirullies*, § 23 FamFG Rn. 4). Auch in dem **Kindesherausgabeverfahren** nach § 1632 Abs. 1 BGB liegt die Durchführung der Vollstreckung, insbesondere die Beauftragung des Gerichtsvollziehers, in der Hand des Gerichts (dazu unten Rn. 10).

3. Entscheidung

9 Die Beschlussformel muss die **Gestattung** und den konkreten **Zweck** der **Gewaltanwendung** erkennen lassen, **nicht** jedoch notwendig die **Personen**, gegen die Gewalt angewendet werden darf.[28] Dies hat der Gerichtsvollzieher als Vollstreckungsorgan selbst vor Ort zu beurteilen, denn die Person des Herausgabepflichtigen, dessen Widerstand er überwinden darf (§ 156 Abs. 2 Satz 2 GVGA), kann wechseln. Etwas anderes gilt, wenn die Gewaltanwendung sich ausnahmsweise (auch) gegen das Kind richten soll.

Der Gerichtsvollzieher kann, aber muss nicht bereits in dem Beschlusstenor „beauftragt" werden (dazu unten Rn. 10).

Ist zur Vollstreckung voraussichtlich die zwangsweise Öffnung einer Wohnung bzw. deren Betreten vonnöten, muss das Gericht zusätzlich einen **Durchsuchungsbeschluss** nach § 91 FamFG erlassen. Gleiches gilt für eine etwa erforderliche Vollstreckung außerhalb der **üblichen Vollstreckungszeiten**.[29]

Sofern der Beschluss in einem **selbstständigen Verfahren** ergeht, bedarf er wie jede Endentscheidung der Kostenentscheidung,[30] Begründung, Rechtsmittelbelehrung und Zustellung. Eine **Vollstreckungsklausel** ist **nicht** erforderlich, da es sich bereits um eine Vollstreckungsmaßnahme handelt.[31]

Tenorierungsbeispiel (selbstständiges Verfahren):[32]

1. *Zur Durchsetzung der Herausgabeanordnung des Familiengerichts vom … betreffend das Kind … wird dem zuständigen Gerichtsvollzieher gestattet, erforderlichenfalls*
   a) *unmittelbaren Zwang anzuwenden, und zwar – falls nach den konkreten Umständen geboten – auch gegen das Kind,*
   b) *die Behältnisse der Kindesmutter oder anderer Personen, bei denen sich das Kind aufhält, zu durchsuchen und hierbei verschlossene Haustüren, Zimmertüren und Behältnisse gewaltsam öffnen zu lassen sowie*
   c) *die Vollstreckung auch zur* ***Nachtzeit*** *sowie an* ***Sonn- und Feiertagen*** *durchzuführen.*
2. *Die Kosten des Verfahrens werden der Kindesmutter auferlegt.*[33]

---

28 MüKo-FamFG/*Zimmermann*, § 90 Rn. 6; Prütting/Helms/*Hammer*, § 90 FamFG Rn. 7 m.w.N.
29 Dazu *Cirullies*,§ 91 FamFG Rn. 3
30 Vgl. § 92 Abs. 2 FamFG
31 Näher dazu Keidel/*Giers*, § 90 FamFG Rn. 7
32 Vgl. auch AG Bergisch-Gladbach BeckRS 2018, 39585; AG Bad Hersfeld FamRZ 2018, 1515 (LS) = BeckRS 2017, 147971; ferner *Cirullies* in: Gottwald, Münchener Prozessformularbuch Familienrecht, R.III.4
33 Vgl. § 92 Abs. 2 FamFG. Der Festsetzung eines Verfahrenswertes bedarf es nicht, da die Anordnung unmittelbaren Zwangs keine Gerichtsgebühren, sondern lediglich Kosten des Gerichtsvollziehers auslöst.

4. Vollstreckungsauftrag

Die Anwendung unmittelbaren Zwangs obliegt dem **Gerichtsvollzieher**. Das **Familiengericht**, nicht der Herausgabeberechtigte, **ersucht** ihn um die Vollstreckung (§ 156 Abs. 1 GVGA). Hierzu bedarf es grundsätzlich eines **konkreten Auftrages** des Familiengerichts. Mitunter überreicht der herausgabeberechtige Elternteil (oder sein Vertreter) dem Gerichtsvollzieher den **Herausgabetitel**, in dessen Tenor das Familiengericht – wie recht häufig – den Gerichtsvollzieher bereits mit der Herausnahme des Kindes „beauftragt" hat. Diese Übermittlung durch einen „Boten" genügt nicht. Denn es ist allein Sache des Familiengerichts, unter Kindeswohlgesichtspunkten abzuwägen, ob, zu welchem Zeitpunkt und in welchem Rahmen die Herausgabe erzwungen wird. Hierbei berücksichtigt es auch Einwendungen, die der Verpflichtete möglicherweise nach Beschlussfassung, die schon längere Zeit zurückliegen kann, vorgetragen hat. Überreicht der Berechtigte den Herausgabebeschluss zur Vollziehung dem Gerichtsvollzieher, sollte dieser den Auftrag nicht einfach ablehnen, sondern das Familiengericht telefonisch auf das fehlende Ersuchen hinweisen. Im Falle der Nichterreichbarkeit, etwa nach Dienstschluss, sollte im Regelfall bis zum nächsten Tag gewartet werden. Ausnahmen gelten freilich in erkennbaren Fällen einer akuten **Kindeswohlgefährdung**. 10

5. Vollstreckung der Kindesherausgabe

Im Zuge der Herausgabevollstreckung ist der **Gerichtsvollzieher** befugt, erforderlichenfalls **Polizeibeamte** zur Unterstützung anzufordern. Entsprechend der Verweisung auf §§ 758 ff. ZPO darf er beispielsweise eine **Haustüröffnung** und (richterlich genehmigte) **Wohnungsdurchsuchung** vornehmen und hat hierüber Protokoll zu führen (§ 87 Abs. 3 FamFG). 11

Im Übrigen gibt **§ 156 GVGA** eine ausführliche **Handlungsanweisung:** 12

Der Gerichtsvollzieher

- ist befugt, die **Vollstreckung** in sinngemäßer Anwendung des § 65 GVGA i.V.m. § 765a Abs. 2 ZPO bis zu einer Woche **aufzuschieben** (etwa bei einer Suizid-Drohung),[34]
- weist den Herausgabeberechtigten darauf hin, dass die Vollstreckung nur durchgeführt werden kann, wenn der **Berechtigte** das **Kind an Ort und Stelle übernimmt**,[35]
- prüft, ob zur Vermeidung und notfalls Überwindung eines Kindeswiderstandes von vornherein ein Vertreter des **Jugendamts** zur Unterstützung des Herausgabeberechtigten zuzuziehen ist,
- darf gleichzeitig **Sachen, die das Kind sofort benötigt**, wie z.B. angemessene Kleidung für eine Reise sowie Schulsachen, wegnehmen.

---

34 H.M., vgl. MüKo-FamFG/*Zimmermann*, § 90 Rn. 18; Prütting/Helms/*Hammer*, § 90 FamFG Rn. 8; Keidel/*Giers*, § 90 FamFG Rn. 8a; a.A. Zöller/*Feskorn*, § 90 FamFG Rn. 10 (Vorrang der richterlichen Vollstreckungseinstellung nach § 93 FamFG)

35 Es ist also nicht Aufgabe des Gerichtsvollziehers oder des Jugendamtes, das Kind zum Berechtigten „zurückzubringen".

13 **Übersicht: Vollstreckung der Kindesherausgabe nach FamFG**

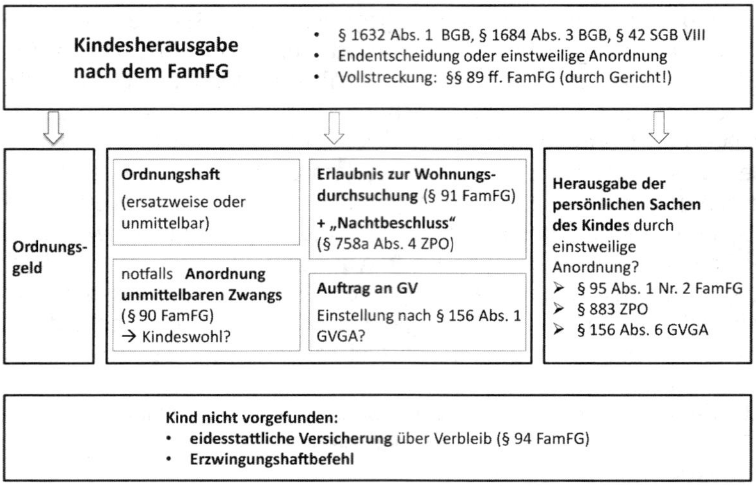

§ 91 FamFG Richterlicher Durchsuchungsbeschluss

(1) [1]Die Wohnung des Verpflichteten darf ohne dessen Einwilligung nur auf Grund eines richterlichen Beschlusses durchsucht werden. [2]Dies gilt nicht, wenn der Erlass des Beschlusses den Erfolg der Durchsuchung gefährden würde.

(2) Auf die Vollstreckung eines Haftbefehls nach § 94 in Verbindung mit § 802g der Zivilprozessordnung ist Absatz 1 nicht anzuwenden.

(3) [1]Willigt der Verpflichtete in die Durchsuchung ein oder ist ein Beschluss gegen ihn nach Absatz 1 Satz 1 ergangen oder nach Absatz 1 Satz 2 entbehrlich, haben Personen, die Mitgewahrsam an der Wohnung des Verpflichteten haben, die Durchsuchung zu dulden. [2]Unbillige Härten gegenüber Mitgewahrsamsinhabern sind zu vermeiden.

(4) Der Beschluss nach Absatz 1 ist bei der Vollstreckung vorzulegen.

Übersicht

Rn.
A. Allgemeines 1
B. Inhalt der Norm 2
I. Durchsuchungsbeschluss 2
II. Verfahren 3
III. Sonderfälle 4

A. Allgemeines

1 Um den titulierten Anspruch auf Kindesherausgabe oder Umgang zu vollstrecken, ist mitunter das Betreten der **Wohnung**[1] des Pflichtigen oder eines Dritten gegen dessen Willen erforderlich. Bei diesem Eingriff in die räumliche Lebenssphäre handelt es sich um eine **Durchsuchung** i.S.d. Art. 13 Abs. 2 GG. Danach dürfen Durchsuchungen nur durch den Richter, bei Gefahr im Verzuge auch durch die in den Gesetzen vorgesehenen anderen Organe angeordnet und nur in der dort vorgeschriebenen Form durchgeführt werden.[2]

1 Der Begriff ist weit auszulegen, MüKo-FamFG/*Zimmermann,* § 91 Rn. 2
2 BVerfG FamRZ 2000, 411

Die Vorschrift betrifft nur **Umgangs- und Kindesherausgabeverfahren**. Bei einer Vollstreckung nach §§ 95, 96, 120 FamFG gilt die nahezu wortgleiche Regelung in § 758a ZPO.

B. Inhalt der Norm

I. Durchsuchungsbeschluss

2 Sofern nicht **Gefahr im Verzug**[3] vorliegt (oder der Wohnungsinhaber einwilligt), bedarf es für die Durchsuchung eines entsprechenden **Gerichtsbeschlusses** (Abs. 1). Diese **richterliche** Anordnung hat Rahmen, Grenzen und Ziel der Durchsuchung zu definieren. Sie muss

- so **bestimmt** zu sein, dass Missverständnisse ausgeschlossen sind,
- mit der erforderlichen Sicherheit erkennen lassen, wozu die **Vollstreckungsorgane** befugt sind, *und*
- klar umreißen, was der Inhaber der Wohnung **dulden** muss.[4]

Dementsprechend sind in der **Beschlussformel** genau zu bezeichnen:

- die **Wohnung** (mit genauer Anschrift, bei Mehrfamilienhaus Stockwerk, und etwa dazu gehörenden Nebenräumen),
- die zu vollstreckende **Maßnahme** (Herausgabe der namentlich benannten Person) *sowie*
- der **zeitliche Rahmen**.[5]

Mitgewahrsamsinhaber müssen die Durchsuchung dulden (Abs. 3).

II. Verfahren

3 Die örtliche Zuständigkeit des Gerichts für den Erlass des richterlichen Durchsuchungsbeschlusses folgt aus § 88 Abs. 1 FamFG. Die Entscheidung ergeht **von Amts wegen**, und zwar auch in Antragsverfahren, denn die erforderlichen Vollstreckungsmaßnahmen müssen im Antrag nicht im Einzelnen bezeichnet werden.[6] Die duldungspflichtige Person ist nach Maßgabe von § 92 Abs. 1 FamFG vor Erlass der Durchsuchungsanordnung **anzuhören**.[7] Der Beschluss bedarf wie jede Endentscheidung der Kostenentscheidung,[8] Begründung, Rechtsmittelbelehrung und Zustellung. Eine Vollstreckungsklausel ist nicht erforderlich, da es sich bereits um eine Vollstreckungsmaßnahme handelt.[9]

Dem Betroffenen ist der Durchsuchungsbeschluss unaufgefordert **vorzulegen** (Abs. 4). Dies ersetzt nicht die förmliche Zustellung nach § 41 Abs. 1 FamFG, ermöglicht jedoch die Durchsuchung bereits vorher.[10]

Für den **Vollzug** der Durchsuchung durch den Gerichtsvollzieher sind die Bestimmungen des § 87 Abs. 3 FamFG i.V.m. §§ 758 Abs. 1 und 2, 759 bis 763 ZPO zu beachten. Im Übri-

---

3 Zum Begriff BVerfG a.a.O.

4 BVerfG a.a.O.

5 Musielak/Borth/*Borth/Grandel*, § 91 FamFG Rn. 3 mit Formulierungsbeispiel

6 Prütting/Helms/*Hammer*, § 91 FamFG Rn. 4; Keidel/*Giers*, § 91 FamFG Rn. 4; Musielak/Borth/*Borth/Grandel*, § 91 FamFG Rn. 8; a.A. MüKo-FamFG/*Zimmermann*, § 91 Rn. 5; BeckOK-FamFG/*Sieghörtner*, § 91 Rn. 4; *Bumiller*/Harders/Schwamb, § 91 FamFG Rn. 4; zweifelnd Bork/Jacoby/Schwab/*Althammer, § 91 FamFG Rn. 8*

7 Keidel/*Giers*, § 92 FamFG Rn. 3

8 Nach § 92 Abs. 2 FamFG analog, ebenso Keidel/*Giers*, § 91 FamFG Rn. 4; Bahrenfuss/*Hentschel*, § 92 FamFG Rn. 5; aber streitig, a.A. MüKo-FamFG/*Zimmermann*, § 92 Rn. 6; BeckOK-FamFG/*Sieghörtner*, § 92 Rn. 4; Bork/Jacoby/Schwab/*Althammer, § 92 FamFG Rn. 4; Völker, FPR 2012, 485, 490*

9 Näher dazu Keidel/*Giers*, § 90 FamFG Rn. 7

10 Prütting/Helms/*Hammer*, § 91 FamFG Rn. 8

gen richtet sich das Verfahren grundsätzlich nach § 61 GVGA, in Umgangs- und Kindesherausgabeverfahren jedoch nach der Sonderregelung des § 156 GVGA.[11]

Die Durchsuchungsanordnung ist vor der Vollziehung mit der **sofortigen Beschwerde** anfechtbar (§ 87 Abs. 4 FamFG). Nach beendeter Durchsuchung kommt § 62 Abs. 1 Nr. 1 FamFG zum Tragen.[12] Gegen die Art und Weise der Zwangsvollstreckung durch den Gerichtsvollzieher kann **Vollstreckungserinnerung** (§ 766 ZPO) eingelegt werden.[13]

III. Sonderfälle

4 Soll gegen den Betroffenen ein **Haftbefehl** zur Erzwingung der Abgabe der eidesstattlichen Versicherung[14] vollstreckt werden, impliziert dieser Beschluss bereits die Durchsuchungsanordnung (Abs. 2). Dies muss gleichfalls für die **Ordnungshaft** nach § 89 Abs. 3 FamFG i.V.m. § 802g ZPO gelten.[15] Vorsorglich sollte in diesem Fall der Richter den entsprechenden Haftbefehl um die Durchsuchungsanordnung ergänzen.[16]

Dagegen beinhaltet die **Anordnung unmittelbaren Zwangs** (§ 90 FamFG) **nicht** die Erlaubnis zur Wohnungsdurchsuchung.[17] Insoweit bedarf es eines ergänzenden Beschlusses, der mit der Gestattung der Kindeswegnahme und Gewaltanwendung kombiniert werden kann.[18]

Die in § 758a Abs. 4 ZPO enthaltene Einschränkung der Vollstreckung durch den Gerichtsvollzieher zur **Nachtzeit** sowie an **Sonn- und Feiertagen** nennt § 91 FamFG nicht. Die Vorschrift ist jedoch **entsprechend anzuwenden**.[19] Nach anderer Auffassung verbietet sich eine analoge Anwendung, da nicht ersichtlich sei, dass der Gesetzgeber diese Regelung versehentlich nicht übernommen habe.[20] Freilich muss eine Vollstreckung im Notfall auch außerhalb der üblichen Vollstreckungszeiten zulässig sein.

§ 92 FamFG Vollstreckungsverfahren

(1) [1]Vor der Festsetzung von Ordnungsmitteln ist der Verpflichtete zu hören. [2]Dies gilt auch für die Anordnung von unmittelbarem Zwang, es sei denn, dass hierdurch die Vollstreckung vereitelt oder wesentlich erschwert würde.

(2) Dem Verpflichteten sind mit der Festsetzung von Ordnungsmitteln oder der Anordnung von unmittelbarem Zwang die Kosten des Verfahrens aufzuerlegen.

(3) [1]Die vorherige Durchführung eines Verfahrens nach § 165 ist nicht Voraussetzung für die Festsetzung von Ordnungsmitteln oder die Anordnung von unmittelbarem Zwang. [2]Die Durchführung eines solchen Verfahrens steht der Festsetzung von Ordnungsmitteln oder der Anordnung von unmittelbarem Zwang nicht entgegen.

---

11 Vgl. § 61 Abs. 12 GVGA

12 Musielak/Borth/*Borth/Grandel*, § 91 FamFG Rn. 8; vgl. auch OLG Brandenburg FamRZ 2013, 802; BVerfG NJW 2015, 3432

13 Keidel/*Giers*, § 91 FamFG Rn. 4

14 Nach § 94 Satz 2 FamFG i.V.m. §§ 883 Abs. 2 Satz 3, 802g ZPO

15 Ganz h.M. („Redaktionsversehen"), vgl. Keidel/*Giers,* § 91 FamFG Rn. 3 m.w.N.

16 MüKo-FamFG/*Zimmermann,* § 91 Rn. 20

17 Eingehend *Cirullies*, ZKJ 2010, 174, 178

18 OLG Zweibrücken FamRZ 2004, 1592; Prütting/Helms/*Hammer,* § 91 FamFG Rn. 2; zur Tenorierung vgl. *Cirullies*, § 90 FamFG Rn. 9

19 So auch Bork/Jacoby/Schwab/*Althammer*, § 91 FamFG Rn. 9; *Schlünder*, FamRZ 2009, 1636, 1639

20 So Keidel/*Giers,* § 91 FamFG Rn. 2; Zöller/*Feskorn,* § 91 FamFG Rn. 8; Musielak/Borth/*Borth/Grandel,* § 91 FamFG Rn. 3

Übersicht

	Rn.
A. Allgemeines	1
B. Inhalt der Norm	2
I. Anhörung der Beteiligten	2
II. Kostenpflicht	4
III. Vermittlungsverfahren	5

A. Allgemeines

1 Die Vorschrift macht für das Umgangs- und Kindesherausgabeverfahren (zusammenhanglose) einzelne Vorgaben betreffend die **Anhörungspflicht**, die **Kostentragung** und das Verhältnis zum **Vermittlungsverfahren**.

B. Inhalt der Norm

I. Anhörung der Beteiligten

2 Der Verpflichtete ist vor der Festsetzung von **Ordnungsmitteln** grundsätzlich **anzuhören** (Abs. 1). Es handelt sich hierbei um eine **Spezialregelung** für das Vollstreckungsverfahren gegenüber den Anhörungsvorschriften des Erkenntnisverfahrens (insbesondere §§ 159, 160 FamFG).[1] Der Berechtigte hat keinen Anspruch darauf, gehört zu werden.[2]

Allerdings ist streitig, ob diese Anhörung nicht nur schriftlich, sondern auch persönlich zu erfolgen hat. Für die Ansicht, die **schriftliche Anhörung** sei ausreichend, spricht der Wortlaut der Vorschrift, wonach – wie bei § 891 Satz 1 ZPO – der Verpflichtete „zu hören" ist. Diese Formulierung ist im FamFG von der „persönlichen Anhörung" zu unterscheiden, die in anderen Vorschriften[3] ausdrücklich vorgesehen ist.[4] Insbesondere in **Kindschaftssachen** ist aber jeweils im Einzelfall sorgfältig zu prüfen, ob durch die persönliche Anhörung der Beteiligten die Vollstreckung im Interesse des Kindeswohls schonender durchgeführt werden kann.[5]

Im Übrigen ist im Ordnungsmittelverfahren mangels Prüfung des Kindeswohls grundsätzlich weder ein **Verfahrensbeistand** zu bestellen[6] noch das **Jugendamt** förmlich anzuhören.[7] Freilich sollte das **Jugendamt** in problematischen Fällen schon im Hinblick auf die wünschenswerte Hilfestellung (§ 88 Abs. 2 FamFG) eingebunden werden. Überhaupt kann im Einzelfall die Anberaumung eines **Termins** angebracht erscheinen, um etwaigen neuen, nach Schaffung des Umgangs- oder Kindesherausgabetitels entstandenen Entwicklungen Rechnung tragen zu können. Für weitere Ermittlungen von Amts wegen ist im Vollstreckungsverfahren grundsätzlich kein Raum.

3 Die Anhörungspflicht im Fall der Anordnung von **unmittelbarem Zwang** ist eingeschränkt, wenn – wie meistens – hierdurch die Vollstreckung vereitelt oder wesentlich erschwert würde (Abs. 1 Satz 2). Denn dies könnte etwa dazu führen, dass die Kinder wieder an einen anderen Ort gebracht und damit der Vollstreckung entzogen werden.[8]

---

1 OLG Hamm FamRZ 2018, 1938; Prütting/Helms/*Hammer*, § 92 FamFG Rn. 2 m.w.N.
2 OLG Nürnberg FamRZ 2018, 595
3 Vgl. etwa §§ 34, 160 FamFG
4 H.M., vgl. Karlsruhe FamRZ 2015, 2000; Bork/Jacoby/Schwab/*Althammer, § 92 FamFG Rn. 1;* Prütting/Helms/*Hammer*, § 92 FamFG Rn. 2; Zöller/*Feskorn*, § 92 FamFG Rn. 2; MüKo-FamFG/*Zimmermann*, § 92 Rn. 2; a.A. Johannsen/*Büte*, § 92 FamFG Rn. 1; Keidel/*Giers*, § 92 FamFG Rn. 2
5 Musielak/Borth/*Borth/Grandel*, § 92 FamFG Rn. 2
6 Vgl. BGH FamRZ 2015, 1011; anders bei der Gestattung unmittelbaren Zwangs, siehe hier *Cirullies*, § 90 FamFG Rn. 6
7 OLG Hamm FamRZ 2018, 1938
8 OLG Zweibrücken FamRZ 2004, 1592

II. Kostenpflicht

4 Ordnet das Gericht Ordnungsmittel oder unmittelbaren Zwang an, hat es dem **Verpflichteten** zwingend die **Kosten des Vollstreckungsverfahrens** aufzuerlegen. Diese gegenüber § 87 Abs. 5 FamFG vorrangige **Sonderregelung** ist entsprechend anzuwenden bei einer Durchsuchungsanordnung oder einer Entscheidung nach § 94 FamFG.[9]

Weist das Gericht die entsprechenden Anträge zurück, verbleibt es bei der Kostenfolge gemäß § 87 Abs. 5 FamFG.

III. Vermittlungsverfahren

5 Die Durchführung eines **Vermittlungsverfahrens** nach § 165 FamFG ist nicht Voraussetzung für die Anordnung von Zwangsmaßnahmen. Abs. 3 stellt klar, dass das Vermittlungsverfahren und das Vollstreckungsverfahren zwei voneinander unabhängige Verfahrensarten sind. Mit Einleitung eines Vermittlungsverfahrens kann jedoch gemäß § 93 Abs. 1 Nr. 5 FamFG die einstweilige Einstellung **der Vollstreckung** beantragt werden.

§ 93 FamFG Einstellung der Vollstreckung

(1) [1]Das Gericht kann durch Beschluss die Vollstreckung einstweilen einstellen oder beschränken und Vollstreckungsmaßregeln aufheben, wenn

1. Wiedereinsetzung in den vorigen Stand beantragt wird;

2. Wiederaufnahme des Verfahrens beantragt wird;

3. gegen eine Entscheidung Beschwerde eingelegt wird;

4. die Abänderung einer Entscheidung beantragt wird;

5. die Durchführung eines Vermittlungsverfahrens (§ 165) beantragt wird.

[2]In der Beschwerdeinstanz ist über die einstweilige Einstellung der Vollstreckung vorab zu entscheiden. [3]Der Beschluss ist nicht anfechtbar.

(2) Für die Einstellung oder Beschränkung der Vollstreckung und die Aufhebung von Vollstreckungsmaßregeln gelten § 775 Nr. 1 und 2 und § 776 der Zivilprozessordnung entsprechend.

Übersicht

	Rn.
A. Allgemeines	1
I. Terminologie	1
II. Anwendungsbereich	2
B. Inhalt der Norm	3
I. Einlegung der Beschwerde (Nr. 3)	3
II. Abänderungsantrag (Nr. 4)	4
III. Anfechtbarkeit	5

A. Allgemeines

I. Terminologie

1 Die Durchsetzung einer gerichtlichen Entscheidung hat häufig eine endgültige, nicht mehr umkehrbare Wirkung. Daher wird auch hier für bestimmte typische Konstellationen die rechtliche Handhabe geboten, die Vollstreckung zu unterbrechen, einzuschränken oder einzelne Maßnahmen gänzlich aufzuheben. Die Überschrift der Norm spricht von **Einstel-**

9 Keidel/*Giers,* § 92 FamFG Rn. 4, aber streitig, vgl. hier *Cirullies*, § 91 FamFG Rn. 3 (Fn. 8)

lung der Vollstreckung. Dieser Begriff deckt sich inhaltlich mit demjenigen der **Aussetzung** der Vollziehung[1] (etwa in § 64 Abs. 3 FamFG) oder dem **Aufschub** der Vollstreckung in § 156 Abs. 1 Satz 3 GVGA.

II. Anwendungsbereich

Nach der systematischen Stellung im Unterabschnitt 2 betrifft die Vorschrift lediglich Verfahren über die Herausgabe von Personen und die Regelung des Umgangs.[2] Für **einstweilige Anordnungen** gilt die Sondervorschrift des § 55 FamFG.[3] 2

▶ *Näher hierzu Lack, Kommentierung zu § 55 FamFG.*

Abs. 1 Satz1 nennt fünf Einstellungsgründe, von denen nur **Nr. 3 und 4** von größerer praktischer Relevanz sind. Allerdings soll der Regelungskatalog nicht abschließend sein.[4]

B. Inhalt der Norm

I. Einlegung der Beschwerde (Nr. 3)

Hier geht es um die Einlegung einer Beschwerde gegen den Vollstreckungstitel selbst nach § 58 FamFG. Die Beschwerde gegen ein Ordnungsmittel hat nach § 87 Abs. 4 i.V.m. § 570 Abs. 1 ZPO ohnehin aufschiebende Wirkung, so dass es einer Einstellung nicht bedarf (siehe *Cirullies,* § 87 FamFG Rn. 7). 3

Zuständig ist das Beschwerdegericht, das wahlweise auch nach § 64 Abs. 3 FamFG die Vollziehung des angefochtenen Beschlusses aussetzen kann.

Über die einstweilige Einstellung der Vollstreckung ist nach Abs. 1 Satz 2 **vorab zu entscheiden**. Diese Vorabentscheidung sollte mit der Beschwerdeeinlegung ausdrücklich **beantragt** werden.

II. Abänderungsantrag (Nr. 4)

Auch wenn die Abänderung einer Entscheidung **beantragt** wird, kann das für die **Abänderungsentscheidung** zuständige Gericht die Vollstreckung einstellen oder beschränken. Dieses Vorgehen ist gerade bei **Umgangstiteln** von Bedeutung, wenn der betreuende Elternteil aufgrund neuer Umstände Umgangskontakte für nicht (mehr) vertretbar hält. Da eine Überprüfung der Rechtmäßigkeit der gerichtlichen Entscheidung, insbesondere des Kindeswohls, im Vollstreckungsverfahren grundsätzlich nicht mehr stattfindet,[5] kann die Vollziehung des Ausgangstitels nur in einem Abänderungsverfahren in Verbindung mit einem Antrag auf **Einstellung** der Zwangsvollstreckung unterbunden werden. Die hierfür darzulegenden neuen Umstände stehen einer Vollstreckung des Umgangstitels entgegen.[6] 4

Dabei besteht die Möglichkeit der Vollstreckungseinstellung nach einhelliger Auffassung auch im Falle des nach § 166 Abs. 1 Satz 1 FamFG i.V.m. § 1696 BGB **von Amts wegen** eingeleiteten Abänderungsverfahrens.[7] So kann das Gericht auch **Umgangsregelungen** – etwa bei dem Vorwurf des sexuellen Missbrauchs durch den Umgangsberechtig-

1 Diese Aussetzung der Vollstreckung ist zu unterscheiden von der Verfahrensaussetzung nach § 21 FamFG, dazu OLG Braunschweig FamRZ 2018, 927, ferner hier *Cirullies*, § 89 Rn. 29
2 So die h.M., vgl. etwa OLG Celle FamRZ 2013, 2001; Zöller/*Feskorn*, § 93 FamFG Rn. 1; *Schlünder*, FamRZ 2009, 1636, 1639; a.A. *Giers*, FPR 2008, 441, 443 (alle fG-Verfahren)
3 BGH FamRZ 2015, 2147
4 Musielak/Borth/*Borth/Grandel*, § 93 FamFG Rn. 3
5 Hier *Cirullies*, § 89 FamFG Rn. 28
6 Dazu OLG Naumburg FamRZ 2019, 628 (LS), 36694, dazu *Opitz*, NZFam 2019, 181
7 OLG Brandenburg BeckRS 2019, 19624 (Auslegung einer laienhaft formulierten Beschwerdebegründung); OLG Celle ZKJ 2011, 433, dazu *Leipold*, FamFR 2011, 448; Zöller/*Feskorn*, § 93 FamFG Rn. 3; Prütting/Helms/*Hammer*, § 93 FamFG Rn. 2

ten – von Amts wegen überprüfen und vorläufig aussetzen.[8] Gleiches gilt bei der Verpflichtung zur **Herausgabe** des Kindes aufgrund einer Sorgerechtsentscheidung.[9]

III. Anfechtbarkeit

5 Der Beschluss – der einstellende wie auch der eine Einstellung ablehnende – ist **nicht anfechtbar** (Abs. 1 Satz 3). Bei Änderung der Sachlage kann jedoch ein neuer Einstellungsantrag gestellt werden.

§ 94 FamFG Eidesstattliche Versicherung

[1]Wird eine herauszugebende Person nicht vorgefunden, kann das Gericht anordnen, dass der Verpflichtete eine eidesstattliche Versicherung über ihren Verbleib abzugeben hat. [2]§ 883 Abs. 2 und 3 der Zivilprozessordnung gilt entsprechend.

1 Wird das herauszugebende Kind vom Gerichtsvollzieher nicht vorgefunden, kann das Gericht – von Amts wegen oder auf Antrag – den Verpflichteten anhalten, eine eidesstattliche Versicherung über den Verbleib des Kindes abzugeben. Die Regelungen in §§ 883 Abs. 2 und 3 i.V.m. §§ 478 ff., 802g ff. ZPO gelten entsprechend. Demgemäß hat der Verpflichtete dann zu Protokoll **an Eides statt zu versichern**, dass er das Kind nicht bei sich oder in seinem Haushalt habe und auch nicht wisse, wo es sich befinde.

2 Funktionell zuständig hierfür ist der **Gerichtsvollzieher**.[1] Er lädt den Verpflichteten unmittelbar[2] zum **Termin** und nimmt die Erklärungen zu **Protokoll**.[3]

3 Falls der Verpflichtete zu dem Termin nicht erscheint oder die Abgabe der eidesstattlichen Versicherung grundlos verweigert, kann das Gericht gegen ihn einen **Erzwingungshaftbefehl** erlassen. Zuständig hierfür ist das **Familiengericht**, in dessen Hand die Vollstreckung der Kindesherausgabe liegt.[4] Die Verhaftung wird wie bei der Ordnungshaft durchgeführt.

▶ *Zur Ordnungshaft siehe Cirullies, § 89 FamFG Rn. 21.*

---

8 Vgl. OLG Karlsruhe NZFam 2014, 793 mit Anm. *Cirullies*
9 OLG Koblenz FamRZ 2016, 1860
1 Und nicht etwa der Rechtspfleger, wie § 883 Abs. 2 Satz 2 ZPO eindeutig ausweist, dazu *Cirullies*, Vollstreckung in Familiensachen, Rn. 505
2 Auch wenn ein Verfahrensbevollmächtigter bestellt ist (§ 802f Abs. 2 ZPO)
3 Zöller/*Feskorn*, § 94 FamFG Rn. 2; Keidel/*Giers*, § 94 Rn. 2
4 Zu den unterschiedlichen Zuständigkeiten *Cirullies*, Vollstreckungsrecht, Rn. 506

Unterabschnitt 3
Vollstreckung nach der Zivilprozessordnung

§ 95 FamFG Anwendung der Zivilprozessordnung

(1) Soweit in den vorstehenden Unterabschnitten nichts Abweichendes bestimmt ist, sind auf die Vollstreckung

1. wegen einer Geldforderung,

2. zur Herausgabe einer beweglichen oder unbeweglichen Sache,

3. zur Vornahme einer vertretbaren oder nicht vertretbaren Handlung,

4. zur Erzwingung von Duldungen und Unterlassungen oder

5. zur Abgabe einer Willenserklärung

die Vorschriften der Zivilprozessordnung über die Zwangsvollstreckung entsprechend anzuwenden.

(2) An die Stelle des Urteils tritt der Beschluss nach den Vorschriften dieses Gesetzes.

(3) [1]Macht der aus einem Titel wegen einer Geldforderung Verpflichtete glaubhaft, dass die Vollstreckung ihm einen nicht zu ersetzenden Nachteil bringen würde, hat das Gericht auf seinen Antrag die Vollstreckung vor Eintritt der Rechtskraft in der Entscheidung auszuschließen. [2]In den Fällen des § 707 Abs. 1 und des § 719 Abs. 1 der Zivilprozessordnung kann die Vollstreckung nur unter derselben Voraussetzung eingestellt werden.

(4) Ist die Verpflichtung zur Herausgabe oder Vorlage einer Sache oder zur Vornahme einer vertretbaren Handlung zu vollstrecken, so kann das Gericht durch Beschluss neben oder anstelle einer Maßnahme nach den §§ 883, 885 bis 887 der Zivilprozessordnung die in § 888 der Zivilprozessordnung vorgesehenen Maßnahmen anordnen, soweit ein Gesetz nicht etwas Anderes bestimmt.

Übersicht

	Rn.
A. Allgemeines	1
B. Inhalt der Norm – Regelungsgegenstände (Abs. 1)	2
I. Geldforderung (Nr. 1)	2
II. Herausgabe von Sachen (Nr. 2)	3
III. (Nicht) vertretbare Handlungen (Nr. 3)	4
IV. Duldung und Unterlassung (Nr. 4)	7
1. Anwendungsbereich	7
2. Zuwiderhandlung	8
3. Verschulden	9
4. Androhung	10
5. Ordnungsmittelfestsetzung	11
6. Vollziehung	12
7. Vollstreckungsschutz	13
8. Anwendung von Gewalt	14
V. Abgabe einer Willenserklärung (Nr. 5)	15
A. Allgemeines	1
B. Inhalt der Norm	2
I. Ausschluss der Probeentnahme (Abs. 1)	2
II. Unmittelbarer Zwang (Abs. 2)	3

Weiterführende Literatur: Cirullies, Zwangsmittel und Haftbefehl – Die Anordnung von Ersatzzwangshaft, NJW 2013, 203; *ders.*, Der Gerichtsvollzieher im Gewaltschutzverfahren – Vollstreckung der Ordnungshaft, DGVZ 2017, 81; *Schulte-Bunert*, Die Vollstreckung nach der ZPO gemäß §§ 95 f. FamFG, FPR 2012, 491.

A. Allgemeines

1 Diese **Auffangnorm** ordnet für die Vollstreckung bestimmter Verpflichtungen die entsprechende Anwendung der **Vorschriften der ZPO** an, soweit nicht die Spezialregelungen in §§ 88 ff. FamFG eingreifen. Dabei tritt begrifflich der **Beschluss** nach § 38 FamFG an die Stelle des Urteils, um die Einheitlichkeit des FamFG-Verfahrens zu wahren (Abs. 2). Auch beurteilen sich die **allgemeinen Vollstreckungsvoraussetzungen** nach §§ 86, 87 FamFG, nicht nach der ZPO.[1] Aufgrund des Verweises auf die ZPO kann das **Vollstreckungsgericht** in besonderen Härtefällen Schuldnerschutz nach § 765a ZPO gewähren.

B. Inhalt der Norm – Regelungsgegenstände (Abs. 1)

I. Geldforderung (Nr. 1)

2 Die Bestimmung spielt in **Kindschaftssachen** im Wesentlichen nur für die **Vergütung** des Pflegers und Vormunds (§ 168 FamFG) sowie für den **Kostenfestsetzungsbeschluss** eine Rolle. Dann bedarf es regelmäßig einer Vollstreckungsklausel nach § 86 Abs. 3 FamFG. **Nicht** hierzu zählen insbesondere **Ordnungs- und Zwangsgelder**, die grundsätzlich nach § 1 Abs. 1 Nr. 3 JBeitrG vollstreckt werden.

▶ *Zu Einzelheiten siehe Cirullies, § 89 FamFG Rn. 19.*

II. Herausgabe von Sachen (Nr. 2)

3 Hat das Gericht mit der **Kindesherausgabe** die Herausgabe der zum **persönlichen Gebrauch des Kindes** bestimmten **Sachen** angeordnet, erfolgt die Vollstreckung dieses Titels nach §§ 883 ff. ZPO analog.[2] Dies gilt auch bei einer **separaten** Entscheidung, etwa betreffend die Herausgabe des Kinderreisepasses[3] oder eines Impfausweises, und entspricht im Übrigen der Intention des Gesetzgebers nach Wegfall des früheren § 50d FGG. Es soll eben nicht mehr nur durch die Festsetzung von Zwangsgeld (wie vormals nach § 33 FGG und jetzt nach Abs. 4) vollstreckt werden können.[4] Eine Vollstreckung nach §§ 88 ff. FamFG scheidet aus, weil diese Vorschriften nur für die Herausgabe des Kindes selbst sowie Umgangstitel gelten, die Herausgabe persönlicher Sachen jedoch auch außerhalb dieser Regelungsgegenstände tituliert werden kann.[5] Erforderlich ist ein entsprechender **Vollstreckungsauftrag** des Berechtigten gemäß § 754 ZPO an den **Gerichtsvollzieher**. Dieser darf ohnehin in Fällen der Kindesherausgabevollstreckung Sachen, die das Kind sofort benötigt, gleichzeitig wegnehmen (§ 156 Abs. 6 Satz 2 GVGA).

Räumungstitel, etwa in Gewaltschutzsachen, werden nach § 885 ZPO ebenfalls durch den Gerichtsvollzieher vollstreckt.[6]

Nach Abs. 4 kann das Gericht anstelle einer Herausgabevollstreckung (oder zusätzlich) **Zwangsgeld bzw. Zwangshaft** nach § 888 Abs. 1 ZPO verhängen, wenn der berechtigte Beteiligte diesen Weg ausnahmsweise für effektiver erachtet und einen entsprechenden **Antrag** stellt.[7]

---

1 Mangels spezieller Regelungen zu den besonderen Vollstreckungsvoraussetzungen gelten insoweit die Vorschriften der ZPO (etwa § 751 Abs. 1)
2 Vgl. auch § 156 Abs. 6 GVGA, dazu hier *Cirullies*, § 88 FamFG Rn. 1
3 Dazu BGH FamRZ 2019, 1056 mit Anm. *Rake* = ZKJ 2019, 303 mit Anm. *Dürbeck*
4 Vgl. BT-Drucks. 16/6308, 219; ferner *Götz*, FamRZ 2016, 519
5 So auch *Rake*, a.a.O., 1059
6 Ausführlich *Cirullies*, DGVZ 2018, 77
7 Dazu *Cirullies*, Vollstreckung in Familiensachen, Rn. 569

III. (Nicht) vertretbare Handlungen (Nr. 3)

Vertretbare Handlungen – sofern sie in Kindschaftssachen überhaupt vorkommen – sind nach **§ 887 ZPO** im Wege der Ersatzvornahme zu vollstrecken.[8] 4

Zu den **unvertretbaren Handlungen**, die nur durch den Verpflichteten selbst, nicht von einem Dritten ausgeführt werden können, zählt vor allem die **Auskunftserteilung**. In Kindschaftssachen kommen insoweit Ansprüche auf Auskunft über die persönlichen Verhältnisse des Kindes nach §§ 1686, 1686a Abs. 1 Nr. 2 BGB in Betracht.[9] Gleiches gilt für Ansprüche gegen die Kindesmutter auf Auskunft über die Identität des biologischen oder des rechtlichen Vaters,[10] ferner für Ansprüche des Kindes über die Identität seines anonymen Samenspenders.[11] Auch die vom Gericht verhängten **Gebote** nach § 1666 Abs. 3 BGB (z.B. Inanspruchnahme öffentlicher Hilfen oder Mitwirkung bei der Schulpflicht)[12] sowie **Auflagen** nach § 1667 BGB (Vermögensverzeichnis, Rechnungslegung, Sicherheitsleistung) gehören hierzu. Dabei ist die Zwangsvollstreckung grundsätzlich nicht schon dann ausgeschlossen, wenn (auch) ein **Dritter** an der Handlung mitwirken muss.[13]

Die Vollstreckung erfolgt nach **§ 888 ZPO** durch Verhängung von **Zwangsmitteln**.[14] 5
Nicht in Betracht kommt die Vollstreckung nach § 89 FamFG,[15] da diese Vorschrift lediglich Umgangs- und Kindesherausgabetitel betrifft.

Die Bestimmung der **Höhe** des **Zwangsgeldes** (5 bis 25.000 Euro)[16] sowie der **Dauer** der **Zwangshaft** (bis zu sechs Monaten)[17] liegt im pflichtgemäßen **Ermessen** des Gerichts. Wie stets bei Zwangsmitteln kann der Verpflichtete die Vollstreckung jederzeit durch Vornahme der zu erzwingenden Handlung **abwenden**. Ein **Verschulden** des Verpflichteten ist – wie bei § 35 FamFG (dazu *Cirullies,* § 35 FamFG Rn. 6) und im Gegensatz zu § 890 ZPO (dazu unten Rn. 7) – **nicht** erforderlich.

Die Durchführung ähnelt der Vollstreckung nach **§ 35 FamFG**,[18] doch gibt es einige Unterschiede:

- grundsätzlich nur auf Antrag[19] und Betreiben des Berechtigten (Gläubigers), in Amtsverfahren (insbesondere § 1666 BGB) auch von Amts wegen,
- keine Androhung (Abs. 2),
- kein Ermessen des Gerichts,[20]
- zwingend Verhängung von Zwangsgeld *und* Ersatzzwangshaft.

Das **Zwangsgeld** wird vollstreckt entsprechend den Vorschriften über die Zwangsvollstreckung wegen Geldforderungen (§§ 803 bis 882a ZPO).[21]

---

8 Wegen der Einzelheiten vgl. *Cirullies*, Vollstreckung, Rn. 268 ff.
9 Vgl. BGH FamRZ 2017, 918; OLG Saarbrücken FamRZ 2015, 162; *Dürbeck*, ZKZ 2017, 457, 461; ausführlich *Cirullies, Vollstreckung, Rn. 557 ff.*
10 Vgl. etwa BGH FamRZ 2014, 1440 (Anspruch des Scheinvaters); OLG Oldenburg FamRZ 2010, 1819 (Anspruch des biologischen Vaters)
11 BGH FamRZ 2015, 642
12 Dazu EGMR FamRZ 2019, 449 mit Anm. *Salgo*, FamRZ 2019, 451; OLG Schleswig FamRZ 2019, 453. In Betracht kommt etwa die Auflage an die Eltern, Kontakt zu den Lehrern aufzunehmen, oder das Gebot, das Kind regelmäßig zur Schule zu bringen, vgl. *Ernst*, FPR 2008, 602, 604; MüKo-BGB/*Olzen*, § 1666 Rn. 178
13 Dazu OLG Brandenburg FamRZ 2019, 1267 (LS) = BeckRS 2019, 6924
14 Ebenso *Burghart* in: BeckOGK-Zivilrecht, § 1666 BGB Rn. 238
15 So aber MüKo-BGB/*Olzen*, § 1666 Rn. 178
16 Die Untergrenze folgt aus Art. 6 Abs. 1 Satz 1 EGStGB, die Obergrenze aus § 888 Abs. 1 Satz 2 ZPO
17 Das Mindestmaß von einem Tag ergibt sich aus Art. 6 Abs. 1 EGStGB, das Höchstmaß von sechs Monaten aus § 888 Abs. 1 Satz 3 i.V.m. § 802j Abs. 1 ZPO.
18 Siehe dazu hier *Cirullies,* § 35 FamFG Rn. 8; ausführlich *Cirullies*, FamRZ 2012, 157
19 Dazu *Cirullies*, Vollstreckung in Familiensachen, Rn. 285 mit Formulierungsbeispiel
20 „ist … zu erkennen, …"
21 So auch § 196 Abs. 2 Satz 1 GVGA

6 Wie bei § 35 FamFG kann das Gericht originär oder in Ergänzung der Zwangsgeldfestsetzung **Zwangshaft** anordnen:

- unmittelbar (Zwangsgeldfestsetzung absehbar erfolglos) *oder*
- für den Fall der Wirkungslosigkeit der Zwangsgeldfestsetzung *oder*
- bei Nichtbeitreibbarkeit des Zwangsgeldes (Ersatzzwangshaft).[22]

Auch den **Verhaftungsauftrag** an den **Gerichtsvollzieher** erteilt der Gläubiger (oder in Amtsverfahren das Gericht).

IV. Duldung und Unterlassung (Nr. 4)

1. Anwendungsbereich

7 Klassischer Anwendungsfall ist die Vollstreckung von **Schutzanordnungen nach § 1 GewSchG**.[23] Doch auch in Kindschaftssachen sind gelegentlich Verstöße gegen Unterlassungspflichten zu ahnden. So können in Fällen von Kindeswohlgefährdung bestimmte Maßnahmen angeordnet werden, vor allem die **Wegweisung** eines Elternteils oder eines Dritten (nebst Platzverweis), ferner ein **Kontakt- und Näherungsverbot**. Die Vollstreckung dieser auf Duldung und Unterlassen gerichteten Anordnungen erfolgt in erster Linie nach **§ 890 ZPO**, also durch Verhängung von **Ordnungsmitteln**. Doch ist auch die – häufig effektivere – Anwendung **unmittelbaren Zwangs** möglich (vgl. Rn. 14).

Hingegen ist die (auch nur konkludente) Anordnung, dass ein Elternteil außerhalb der festgelegten **Umgangsbefugnis** Kontakte zu dem Kind zu unterlassen hat, mit Ordnungsmitteln nach § 89 FamFG zu ahnden.[24]

2. Zuwiderhandlung

8 Die Ahndung setzt nach § 890 Abs. 1 ZPO eine „Zuwiderhandlung" voraus. Der bloße Versuch der Zuwiderhandlung genügt nicht.[25] Die entsprechende Feststellung ist nur möglich, wenn der Vollstreckungstitel **hinreichend bestimmt**, die Verpflichtung des Schuldners – notfalls im Wege der Auslegung – also eindeutig erkennbar ist.[26] Zudem muss das Vorliegen einer Zuwiderhandlung unter Beachtung der sog. **Kerntheorie** geprüft werden: Danach beschränkt sich der Schutzumfang eines Unterlassungstitels nicht auf Handlungen, die mit der tenorierten Verpflichtung identisch sind; vielmehr erstreckt er sich auf alle Verletzungshandlungen, die als **gleichwertig** anzusehen sind.[27] Der Betroffene kann sich also nicht nur gegen eine exakte Wiederholung der Verletzungshandlung wehren, sondern auch gegen zwar leicht abgewandelte, aber **in ihrem Kern gleiche Eingriffe**, die von der im Titel bezeichneten Verletzungsform geringfügig abweichen.[28]

Mehrere Zuwiderhandlungen können grundsätzlich **je** mit Ordnungsgeld oder entsprechender Ordnungshaft geahndet werden.[29] Sind allerdings **mehrere Verhaltensweisen** zu einer **natürlichen Handlungseinheit** zusammenzufassen, weil sie aufgrund ihres räumlich-zeitlichen Zusammenhangs so eng miteinander verbunden sind, dass sie bei natürlicher Betrachtungsweise als einheitliches zusammengehörendes Tun erscheinen, ist dafür nur **eine Sanktion** zu verhängen.[30]

22 Eingehend *Cirullies*, NJW 2013, 203
23 Dazu hier *Cirullies*, § 1 GewSchG Rn. 39 ff.
24 KG FamRZ 2015, 940; a.A. BT-Drucks. 16/6308 220; vgl. hier *Cirullies*, § 89 FamFG Rn. 13
25 OLG Brandenburg FamRZ 2019, 1269 m. Anm. *Cirullies*, dazu *Neumann*, NZFam 2019, 416
26 Siehe oben *Cirullies*, § 86 FamFG Rn. 19
27 OLG Frankfurt NJW-RR 2001, 187; KG, Beschl. v. 28.09.2007 – 9 W 115/07, juris m.w.N.
28 BGH NJW 2014, 2870; NJW 1994, 2820; ferner OLG Köln FamRZ 2015, 163
29 Vgl. BGH NJW 2009, 921; Musielak/Voit/*Lackmann*, § 890 Rn. 13
30 OLG Schleswig FamRZ 2014, 1659; OLG Frankfurt BeckRS 2016, 8525; Musielak/Voit/*Lackmann*, § 890 ZPO Rn. 13

3. Verschulden

Ordnungsmittel haben im Gegensatz zu den Zwangsmitteln nicht nur Beuge-, sondern auch repressiven, strafähnlichen Sanktionscharakter. Daher setzt deren Verhängung **Verschulden** sowie den entsprechenden **Vollbeweis** voraus.[31] Das Kennen oder Kennenmüssen des Unterlassungsgebots ist auch im Fall der nach § 53 Abs. 2 FamFG fingierten **Wirksamkeit** und Vollstreckbarkeit einer einstweiligen Anordnung **vor Zustellung** erforderlich.[32] Eine bloße Glaubhaftmachung der Zuwiderhandlung reicht auch dann nicht aus, wenn das Erkenntnisverfahren eines des **einstweiligen Rechtsschutzes** gewesen ist.[33] 9

Der Verpflichtete trägt im Übrigen grundsätzlich die **Feststellungslast** für seine **Schuldunfähigkeit**, die eine Ausnahme vom Grundsatz der Eigenverantwortlichkeit des Handelns darstellt.[34] Gegen einen schuldunfähigen Täter kann **unmittelbarer Zwang** angewendet werden (dazu Rn. 14).

4. Androhung

Ferner bedarf es nach § 890 Abs. 2 ZPO einer **vorherigen Androhung**, die zur Vermeidung von Verzögerungen bereits bei **Anordnung** der Maßnahme ausgesprochen werden sollte. Ein Ordnungsmittel kann nur festgesetzt werden, wenn der Schuldner den Verstoß zeitlich **nach** Eintritt der Zulässigkeit der Zwangsvollstreckung und nach der erforderlichen Androhung begangen hat.[35] 10

Verfahrensrechtlich sind einige Besonderheiten zu beachten:

- Die Androhung muss, um wirksam zu sein, **Art und Höchstmaß** des angedrohten hoheitlichen Zwangs bestimmt angeben.[36]
- Die Androhung kann nicht in einem **Vergleich** enthalten sein, sondern setzt in diesem Fall eine gerichtliche Androhung durch einen **separaten Beschluss** voraus.
- Wurde **nur Ordnungsgeld** angedroht, kann nicht ersatzweise Ordnungshaft verhängt werden.[37]
- Wurde (versehentlich) die Festsetzung eines **Zwangsgeldes** angedroht, liegt darin nicht (auch) die Androhung eines Ordnungsgeldes.[38]

Vor der Entscheidung muss der Schuldner im Übrigen (schriftlich) **angehört** werden, § 891 ZPO.

5. Ordnungsmittelfestsetzung

Beantragt der Berechtigte die Vollstreckung nach § 890 ZPO, so „verurteilt" das Familiengericht den Schuldner wegen jeder Zuwiderhandlung zu 11

- einem **Ordnungsgeld, ersatzweise Ordnungshaft**,[39] *oder*
- unmittelbar zur **Ordnungshaft**.

Das **Ordnungsgeld** beträgt pro Zuwiderhandlung 5 bis 250.000 Euro.[40] Die mögliche **Ordnungshaftdauer** liegt zwischen einem Tag und sechs Monaten für jede Zuwider-

---

31 OLG Koblenz FamRZ 2019, 1947; OLG Schleswig FamRZ 2014, 1659, dazu *Breidenstein*, NZFam 2014, 812
32 OLG Brandenburg FamRZ 2019, 1269 mit Anm. *Cirullies*; OLG Hamburg FamRZ 2019, 1449 = NZFam 2019, 730 mit Anm. *Cirullies*
33 OLG Saarbrücken FamRZ 2012, 998
34 KG BeckRS 2012, 07256; zur Problematik bei schuldunfähigen Tätern vgl. *Cirullies*, FamRZ 2014, 1901
35 BGH WM 2012, 1489 = FamRZ 2012, 1563 (LS)
36 BGH NJW 2004, 506
37 OLG Hamm MDR 1992, 411
38 OLG Brandenburg FamRZ 2009, 1084
39 Zur Festsetzung der Ersatzordnungshaft im Einzelnen vgl. hier *Cirullies*, § 89 FamFG Rn. 18
40 Art. 6 Abs. 1 Satz 1 EGStGB, § 890 Abs. 1 Satz 2 ZPO

handlung (bei mehreren Verstößen maximal zwei Jahre).[41] Wiederholte, über mehrere Monate andauernde Verstöße gegen ein gemäß dem Gewaltschutzgesetz verhängtes Kontaktverbot sollen insgesamt 720 Tage **Ordnungshaft** rechtfertigen können.[42]

6. Vollziehung

12 Ordnungsgeld wird stets **von Amts wegen durch das Gericht** beigetrieben und ist an die Staatskasse abzuführen (siehe *Cirullies,* § 89 FamFG Rn. 19). Die Haftvollstreckung liegt ebenfalls in der Hand des **Familiengerichts** (siehe *Cirullies,* § 89 FamFG Rn. 21). Sie wird durch den Gerichtsvollzieher vorgenommen.[43]

7. Vollstreckungsschutz

13 Die Vollstreckung der **Ersatzordnungshaft** hat zu unterbleiben, wenn die weitere Vollziehung aufgrund der Geschehnisse und Entwicklungen, die nach der Rechtskraft des Ordnungsmittelbeschlusses eingetreten sind, eine **unbillige Härte** darstellen würde (Art. 8 Abs. 2 EGStGB). Auf Antrag des Schuldners trifft das Familiengericht (als Prozessgericht) eine entsprechende Anordnung.

8. Anwendung von Gewalt

14 **Unterlassungsgebote** können nach § 96 FamFG mit **unmittelbarem Zwang**[44] durchgesetzt werden, jedoch lediglich in Gewaltschutzsachen und nicht bei Anordnungen aufgrund von § 1666 BGB. Insoweit käme nur bei (recht seltenen) **Duldungstiteln** die ähnliche Regelung in § 892 ZPO in Betracht. Um jedoch dem Kind wirksamen Schutz zu gewähren, unabhängig davon, ob ein inhaltlich identisches **Näherungs- und Kontaktverbot** auf § 1 GewSchG oder auf § 1666 BGB beruht, muss unmittelbarer Zwang auch gegen die Eltern und gegen Dritte zulässig sein. Insoweit ist von einer planwidrigen Gesetzeslücke auszugehen.[45] Folglich kann auch hier der **Gerichtsvollzieher entsprechend § 96 FamFG** eingeschaltet werden, allerdings nur auf Veranlassung des Gerichts, da die Vollstreckung von Amts wegen erfolgt.

V. Abgabe einer Willenserklärung (Nr. 5)

15 Lautet der Titel auf Abgabe einer **Willenserklärung**, erfolgt die Vollstreckung nach **§ 894 ZPO:** Die Willenserklärung gilt (erst) mit Rechtskraft des Titels als abgegeben; einer weiteren Vollstreckung bedarf es nicht. Dazu gehören **Zustimmungen und Einwilligungen**, etwa die nach § 1598a Abs. 2 BGB vom Gericht zu ersetzende Einwilligung in eine genetische Abstammungsuntersuchung[46] oder die Zustimmung zur Ausstellung eines Reisepasses.[47] Hiervon zu unterscheiden ist die Möglichkeit der **Ersetzung** von Erklärungen gemäß § 1666 Abs. 3 Nr. 5 BGB (vgl. *Cirullies*, § 1666 BGB Rn. 53).

---

41 § 890 Abs. 1 Satz 2 ZPO
42 So OLG Hamm BeckRS 2013, 06006, dazu *Alberts*, FamFR 2013, 208; vgl. auch OLG Bremen FamRZ 2018, 289 (Ordnungshaft von 40 Tagen wegen zweier Verstöße)
43 Zum Verfahren bei der Verhaftung vgl. §§ 145, 146 GVGA
44 Siehe dazu *Cirullies,* § 90 FamFG Rn. 2
45 BeckOGK/*Burghart*, § 1666 BGB Rn. 237
46 Musielak/Borth/*Borth/Grandel*, § 95 FamFG Rn. 7
47 Dazu EuGH FamRZ 2016, 438

§ 96 FamFG Vollstreckung in Verfahren nach dem Gewaltschutzgesetz und in Ehewohnungssachen

(1) [1]Handelt der Verpflichtete einer Anordnung nach § 1 des Gewaltschutzgesetzes zuwider, eine Handlung zu unterlassen, kann der Berechtigte zur Beseitigung einer jeden andauernden Zuwiderhandlung einen Gerichtsvollzieher zuziehen. [2]Der Gerichtsvollzieher hat nach § 758 Abs. 3 und § 759 der Zivilprozessordnung zu verfahren. [3]Die §§ 890 und 891 der Zivilprozessordnung bleiben daneben anwendbar.

(2) [1]Bei einer einstweiligen Anordnung in Gewaltschutzsachen, soweit Gegenstand des Verfahrens Regelungen aus dem Bereich der Ehewohnungssachen sind, und in Ehewohnungssachen ist die mehrfache Einweisung des Besitzes im Sinne des § 885 Abs. 1 der Zivilprozessordnung während der Geltungsdauer möglich. [2]Einer erneuten Zustellung an den Verpflichteten bedarf es nicht.

Weiterführende Literatur: Cirullies, **Der Gerichtsvollzieher im Gewaltschutzverfahren – Anwendung unmittelbaren Zwangs, DGVZ 2016, 17;** *Cirullies,* **Der Gerichtsvollzieher im Gewaltschutzverfahren – Vollstreckung des Anspruchs auf Wohnungsüberlassung, DGVZ 2018, 77.**

Geht es um die Vollstreckung von **Schutzmaßnahmen nach § 1 GewSchG**, hat das Opfer die Wahl: Es kann im Falle der Zuwiderhandlung gegen eine gerichtliche Unterlassungsanordnung **1**

- die Festsetzung von **Ordnungsmitteln** beantragen (Abs. 1 Satz 3 oder § 95 Abs. 1 Nr. 4 FamFG je i.V.m. § 890 ZPO) *und/oder*
- zur Beseitigung einer andauernden Zuwiderhandlung einen **Gerichtsvollzieher** zuziehen (sog. **unmittelbarer Zwang**, Abs. 1 Satz 1 und 2).[1]

Diese Vollstreckungsmöglichkeiten bestehen alternativ und kumulativ (Abs. 1 Satz 3). Welchen Weg der Berechtigte beschreiten will, kann er nach freiem Ermessen situationsabhängig selbst entscheiden.[2] Insbesondere bei **schuldunfähigen** Tätern kann die Anwendung unmittelbaren Zwangs angebracht sein, denn dieser setzt – im Gegensatz zu § 890 ZPO – nicht eine schuldhafte Zuwiderhandlung voraus.[3]

Erläuternde Vorschriften zum **Verfahren** finden sich in §§ 62, 133, 134 GVGA. So wird der Gerichtsvollzieher zu der Vollstreckungshandlung ermächtigt durch den Besitz einer **Ausfertigung** der gerichtlichen Schutzanordnung.[4] Einer gesonderten Gestattung der Gewaltanwendung – wie bei § 90 FamFG – bedarf es hier nicht.[5]

§ 96a FamFG Vollstreckung in Abstammungssachen

(1) Die Vollstreckung eines durch rechtskräftigen Beschluss oder gerichtlichen Vergleich titulierten Anspruchs nach § 1598a des Bürgerlichen Gesetzbuchs auf Duldung einer nach den anerkannten Grundsätzen der Wissenschaft durchgeführten Probeentnahme, insbesondere die Entnahme einer Speichel- oder Blutprobe, ist ausgeschlossen, wenn die Art der Probeentnahme der zu untersuchenden Person nicht zugemutet werden kann.

(2) Bei wiederholter unberechtigter Verweigerung der Untersuchung kann auch unmittelbarer Zwang angewendet, insbesondere die zwangsweise Vorführung zur Untersuchung angeordnet werden.

1 Zu dem Begriff hier *Cirullies,* § 90 FamFG Rn. 2
2 Eingehend *Cirullies/Cirullies*, Rn. 251 ff.
3 *Cirullies*, FamRZ 2014, 1901, 1903; a.A. *Pheiler-Cox*, FuR 2014, 558, 565 (ohne Begründung)
4 § 134 Abs. 2 Satz 1 und 2 GVGA
5 Zum Verfahren ausführlich *Cirullies*, DGVZ 2016, 17 (mit Schaubild)

A. Allgemeines

1 Während die Pflicht zur **Duldung von Probenentnahmen** für familiengerichtliche Abstammungsverfahren bereits in §§ 167a Abs. 2, 178 Abs. 1 FamFG verankert ist,[1] muss das Gericht in dem grundsätzlich außergerichtlichen „Klärungsverfahren" nach **§ 1598a BGB** gemäß dessen Abs. 2 eine entsprechende **Duldung** erst noch **anordnen**. Verweigert in einem solchen Fall der Verpflichtete die Probenentnahme, kann grundsätzlich die **Vollstreckung** eines rechtskräftigen Beschlusses oder gerichtlichen Vergleichs gemäß **§ 96a** eingeleitet werden. Hierfür gibt die Vorschrift kein bestimmtes Verfahren vor. Abs. 1 zeigt allein die Grenzen der Duldungspflicht wegen Unzumutbarkeit auf. Abs. 2 stellt lediglich klar, dass bei beharrlicher Verweigerung der Untersuchung – wie im Fall des § 178 Abs. 2 Satz 2 FamFG – auch ein **zwangsweises Vorgehen** gegen den Verpflichteten zulässig ist.

B. Inhalt der Norm

I. Ausschluss der Probeentnahme (Abs. 1)

2 Aus Gründen der Rechtssicherheit ist hier (ausnahmsweise) die **Rechtskraft** des Duldungsbeschlusses erforderlich. Es muss nach § 1598a Abs. 1 BGB um die Entnahme einer für die Untersuchung geeigneten **genetischen Probe** gehen, die nach den anerkannten Grundsätzen der Wissenschaft entnommen werden soll. Abs. 1 betrifft in erster Linie die Entnahme einer **Blutprobe**, die bei Einführung der Vorschrift noch allein üblich war. Inzwischen sind jedoch **Mundspeichelproben** ebenso zur Untersuchung geeignet wie Blutproben und in der Praxis inzwischen der Regelfall. Gründe für eine Unzumutbarkeit sind insoweit kaum denkbar.[2]

II. Unmittelbarer Zwang (Abs. 2)

3 **Verweigert** der Verpflichtete mehrfach unberechtigt die Probeentnahme, kann das Gericht – neben der Verhängung von **Ordnungsmitteln** nach § 890 ZPO i.V.m. § 95 Abs. 1 Nr. 4 FamFG – auf **Antrag**[3] **Zwangsmaßnahmen**, insbesondere die **zwangsweise Vorführung** zur Untersuchung anordnen (Abs. 2). **Zuständig** ist entsprechend § 890 Abs. 1 Satz 1 ZPO das Familiengericht, das den Titel erlassen hat und auch für die Anordnung der Ordnungsmittel zuständig wäre. Vor der Entscheidung durch Beschluss ist dem Verpflichteten **rechtliches Gehör** zu gewähren (§ 37 Abs. 2 FamFG), sofern hierdurch nicht der Vollstreckungserfolg gefährdet ist (§ 92 Abs. 1 FamFG analog). Mit der zwangsweisen Vorführung des Betroffenen zur Probenentnahme wird der **Gerichtsvollzieher** beauftragt, und zwar – wie stets bei der Anwendung unmittelbaren Zwangs – durch das **Gericht**.[4] Eine **gerichtliche** Ladung ist hier – anders als bei einem durch das Gericht im Rahmen der Beweiserhebung in Auftrag gegebenen Abstammungsgutachten – **nicht** erforderlich, da das Gutachten privat durch den Berechtigten eingeholt wird.[5]

4 Zweifelhaft ist, ob vor solchen Zwangsmaßnahmen **vorrangig** die Vollstreckung durch Verhängung von **Ordnungsmitteln** beantragt und versucht werden muss.[6] Das Gesetz gibt hierfür wenig her. Immerhin weicht § 96a Abs. 2 FamFG von der Regelung in § 178 Abs. 2 FamFG insoweit ab, als dort ausdrücklich Ordnungsmittel als erster Schritt zur Durchsetzung vorgesehen sind. Eine § 90 Abs. 1 FamFG entsprechende Regelung fehlt.[7]

---

1 Zur Vollstreckung eingehend *Cirullies*, Vollstreckung in Familiensachen, Rn. 544
2 Prütting/Helms/*Hammer*, § 96a FamFG Rn. 3 m.w.N.
3 Vgl. § 87 Abs. 1 Satz 1 i.V.m. §§ 169 Nr. 2, 171 FamFG
4 Vgl. zum Verfahren § 149 Satz 1 GVGA
5 Zöller/*Feskorn*, § 96a FamFG Rn. 4
6 So die h.M., vgl. Keidel/*Giers*, § 96a FamFG Rn. 2; MüKo-FamFG/*Zimmermann*, § 96a Rn. 4; Prütting/Helms/*Hammer*, § 96a FamFG Rn. 8; differenzierend Bahrenfuss/*Hentschel*, § 96a FamFG Rn. 5
7 Zöller/*Feskorn*, § 96a FamFG Rn. 4

Die zügige Gestattung unmittelbaren Zwangs ist schon deshalb sinnvoll, weil hier eine Fiktion der Vaterschaft wegen „Beweisvereitelung"[8] mangels Beweisaufnahme im gerichtlichen Verfahren nicht in Betracht kommt und der Berechtigte somit auf eine effektive Abgabe der Blutprobe dringend angewiesen ist.[9] Das schwerfällige Ordnungsmittelverfahren (vorherige Androhung nach § 890 Abs. 2 ZPO!) verträgt sich hiermit nicht und ist überhaupt wenig geeignet, ein zukünftiges Verhalten zu erzwingen. Auch dürfte unter dem Gesichtspunkt der **Verhältnismäßigkeit** die zwangsweise Vorführung den geringeren Eingriff darstellen als die Verhängung von Ordnungshaft.

8 Wie in gerichtlichen Abstammungsverfahren, vgl. BGH FamRZ 1993, 691
9 Ausführlich *Cirullies*, Vollstreckung in Familiensachen, Rn. 548

Abschnitt 9
Verfahren mit Auslandsbezug

Unterabschnitt 1
Verhältnis zu völkerrechtlichen Vereinbarungen und Rechtsakten der Europäischen Gemeinschaft

§ 97 FamFG Vorrang und Unberührtheit

(1) [1]Regelungen in völkerrechtlichen Vereinbarungen gehen, soweit sie unmittelbar anwendbares innerstaatliches Recht geworden sind, den Vorschriften dieses Gesetzes vor. [2]Regelungen in Rechtsakten der Europäischen Gemeinschaft bleiben unberührt.

(2) Die zur Umsetzung und Ausführung von Vereinbarungen und Rechtsakten im Sinne des Absatzes 1 erlassenen Bestimmungen bleiben unberührt.

Übersicht

Rn.
A. Allgemeines ... 1
B. Inhalt der Norm ... 3
I. Völkerrechtliche Vereinbarungen ... 3
II. EU-Recht ... 5
III. Ausführungsbestimmungen ... 7

A. Allgemeines

1 Abschnitt 9 des FamFG enthält für Verfahren mit Auslandsbezug Regelungen zur internationalen Zuständigkeit sowie zur Anerkennung und Vollstreckung ausländischer Entscheidungen. Zur Anwendung gelangen diese Normen jedoch nur subsidiär, wie sich bereits aus § 97 FamFG ergibt. Weiter sind die vorrangigen Verfahrensregelungen des IntFamRVG (siehe Auslandsbezüge, Kapitel 5, IntFamRVG) zu beachten.

2 § 97 FamFG enthält einen allgemeinen Hinweis auf den Vorrang völkerrechtlicher und europarechtlicher Verfahrensregelungen für Verfahren mit Auslandsbezug, ohne die entsprechenden Rechtsgrundlagen im Einzelnen zu benennen.

B. Inhalt der Norm

I. Völkerrechtliche Vereinbarungen

3 Zu nennen sind hier für das Kindschaftsrecht

- Haager Übereinkommen vom 19.10.1996 über die Zuständigkeit, das anzuwendende Recht, die Anerkennung, Vollstreckung und Zusammenarbeit auf dem Gebiet der elterlichen Verantwortung und der Maßnahmen zum Schutz von Kindern **(Kinderschutzübereinkommen) – KSÜ**
- Haager Minderjährigenschutzübereinkommen vom 5.10.1961– **MSA**
- Europäisches Übereinkommen über die Anerkennung und Vollstreckung von Entscheidungen über das Sorgerecht für Kinder und die Wiederherstellung des Sorgeverhältnisses vom 20.5.1980 **(Sorgerechtsübereinkommen) – ESÜ**
- Haager Übereinkommen über die zivilrechtlichen Aspekte internationaler Kindesentführung vom 25.10.1980 – **HKÜ**

▶ *Zu Einzelheiten der Vereinbarungen und Kommentierungen der einschlägigen Vorschriften siehe Kapitel 3 im Teil „Auslandsbezüge".*

Soweit völkerrechtliche Übereinkommen nicht ausdrücklich den Vorrang eines Übereinkommens, etwa gegenüber älteren Übereinkommen regeln, so Art. 51 KSÜ für das Verhältnis zwischen KSÜ und MSA (siehe *Schweppe*, Art. 51 KSÜ Rn. 1), gelten sie bei einander überschneidenden Anwendungsbereichen nebeneinander. 4

II. EU-Recht

§ 97 Abs. 1 Satz 2 FamFG verweist auf Rechtsakte der europäischen Union, wobei für den Bereich des Kindschaftsrechts allein die Brüssel IIa-VO maßgeblich ist, enthält aber keinen Vorrang des EU-Rechts gegenüber völkerrechtlichen Verträgen. Das entsprechende Verhältnis zu den jeweiligen internationalen Übereinkommen ist in der Brüssel IIa-VO geregelt, etwa in Art. 60 für das ESÜ und das HKÜ sowie Art. 61 Brüssel IIa-VO für das KSÜ. 5

▶ *Zur Kommentierung der einschlägigen Vorschriften der Brüssel IIa-VO siehe Kapitel 2 im Teil „Auslandsbezüge".*

Gegenüber den Normen des nationalen Rechts ergibt sich der Vorrang des EU-Rechts aus der unmittelbaren Geltung von EU-Verordnungen nach allgemeinen Grundsätzen. 6

III. Ausführungsbestimmungen

Unter § 97 Abs. 2 FamFG fällt das IntFamRVG als Ausführungsgesetz für den Bereich des internationalen Kindschaftsrechts. 7

▶ *Zur Kommentierung der einschlägigen Vorschriften des IntFamRVG siehe Kapitel 5 im Teil „Auslandsbezüge".*

Unterabschnitt 2
Internationale Zuständigkeit

§ 98 FamFG Ehesachen; Verbund von Scheidungs- und Folgesachen

(1) Die deutschen Gerichte sind für Ehesachen zuständig, wenn

1. ein Ehegatte Deutscher ist oder bei der Eheschließung war;

2. beide Ehegatten ihren gewöhnlichen Aufenthalt im Inland haben;

3. ein Ehegatte Staatenloser mit gewöhnlichem Aufenthalt im Inland ist;

4. ein Ehegatte seinen gewöhnlichen Aufenthalt im Inland hat, es sei denn, dass die zu fällende Entscheidung offensichtlich nach dem Recht keines der Staaten anerkannt würde, denen einer der Ehegatten angehört.

(2) Für Verfahren auf Aufhebung der Ehe nach Artikel 13 Absatz 3 Nummer 2 des Einführungsgesetzes zum Bürgerlichen Gesetzbuche sind die deutschen Gerichte auch zuständig, wenn der Ehegatte, der im Zeitpunkt der Eheschließung das 16., aber nicht das 18. Lebensjahr vollendet hatte, seinen Aufenthalt im Inland hat.

(3) Die Zuständigkeit der deutschen Gerichte nach Absatz 1 erstreckt sich im Fall des Verbunds von Scheidungs- und Folgesachen auf die Folgesachen.

1 § 98 FamFG regelt die internationale Zuständigkeit für Ehesachen. Die Norm wird jedoch bereits für die Frage der Zuständigkeit für Ehesachen durch Art. 3 ff. Brüssel IIa-VO verdrängt. Denkbar ist eine Zuständigkeit nach § 98 Abs. 1 Nr. 4 FamFG jedoch, sofern kein Ehepartner die deutsche Staatsangehörigkeit besitzt, ein Ehepartner seit weniger als einem Jahr seinen gewöhnlichen Aufenthalt in Deutschland hat, der andere Ehepartner Angehöriger eines Drittstaates ist und die Entscheidung in zumindest einem Heimatstaat anerkannt wird.[1]

2 Für die Regelung von Sorgerecht bzw. Umgang im Scheidungsverbund besteht eine Verbundzuständigkeit nach § 98 Abs. 3 FamFG unter den in § 137 Abs. 3 FamFG genannten Voraussetzungen.

► *Zu den Voraussetzungen für die Aufnahme von Kindschaftssachen in den Scheidungsverbund siehe Keuter, § 137 FamFG Rn. 3 f.*

Diese Zuständigkeit ist beschränkt auf im Scheidungsverbund anhängige Folgesachen, eine weitergehende selbständige isolierte Verbundzuständigkeit sieht das Gesetz nicht vor.[2]

3 Aufgrund des Vorrangs der Brüssel IIa-VO ist der Anwendungsbereich von § 98 Abs. 3 FamFG eingeschränkt, da bei gewöhnlichem Aufenthalt des Kindes in einem EU-Mitgliedstaat die internationale Zuständigkeit im Scheidungsverbund nur unter den Voraussetzungen des Art. 12 Brüssel IIa-VO bestehen kann (siehe *Schweppe,* Art. 12 Brüssel IIa-VO Rn. 4 ff.).

4 Vorrangig ist auch eine etwaige Zuständigkeit nach Art. 5 ff. KSÜ.

1 Hierzu Keidel/*Dimmler*, § 98 FamFG Rn. 46; im Einzelnen Musielak/Borth/*Grandel*, § 98 FamFG Rn. 15 bis 22
2 Keidel/*Dimmler*, § 98 FamFG Rn. 58; Musielak/Borth/*Grandel*, § 98 FamFG Rn. 32

§ 99 FamFG Kindschaftssachen

(1) [1]Die deutschen Gerichte sind außer in Verfahren nach § 151 Nr. 7 zuständig, wenn das Kind

1. Deutscher ist oder

2. seinen gewöhnlichen Aufenthalt im Inland hat.

[2]Die deutschen Gerichte sind ferner zuständig, soweit das Kind der Fürsorge durch ein deutsches Gericht bedarf.

(2) Sind für die Anordnung einer Vormundschaft sowohl die deutschen Gerichte als auch die Gerichte eines anderen Staates zuständig und ist die Vormundschaft in dem anderen Staat anhängig, kann die Anordnung der Vormundschaft im Inland unterbleiben, wenn dies im Interesse des Mündels liegt.

(3) [1]Sind für die Anordnung einer Vormundschaft sowohl die deutschen Gerichte als auch die Gerichte eines anderen Staates zuständig und besteht die Vormundschaft im Inland, kann das Gericht, bei dem die Vormundschaft anhängig ist, sie an den Staat, dessen Gerichte für die Anordnung der Vormundschaft zuständig sind, abgeben, wenn dies im Interesse des Mündels liegt, der Vormund seine Zustimmung erteilt und dieser Staat sich zur Übernahme bereit erklärt. [2]Verweigert der Vormund oder, wenn mehrere Vormünder die Vormundschaft gemeinschaftlich führen, einer von ihnen seine Zustimmung, so entscheidet an Stelle des Gerichts, bei dem die Vormundschaft anhängig ist, das im Rechtszug übergeordnete Gericht. [3]Der Beschluss ist nicht anfechtbar.

(4) Die Absätze 2 und 3 gelten entsprechend für Verfahren nach § 151 Nr. 5 und 6.

Übersicht

	Rn.
A. Allgemeines	1
I. Normzweck	1
II. Anwendungsbereich	2
B. Inhalt der Norm	3
I. Zuständigkeit in Kindschaftssachen	3
1. Grundsatz	3
2. Vorrang des EU-Rechts	4
II. Vormundschaft	7
1. Anordnung einer Vormundschaft (§ 99 Abs. 2)	8
2. Abgabe einer Vormundschaft (§ 99 Abs. 3)	8
III. Pflegschaft und freiheitentziehende Unterbringung	12

A. Allgemeines

I. Normzweck

§ 99 FamFG regelt die internationale Zuständigkeit deutscher Gerichte für Kindschaftssachen im Sinne des § 151 FamFG mit Ausnahme des § 151 Abs. 7 FamFG, der die Anordnung der freiheitsentziehenden Unterbringung nach den Landesgesetzen über die Unterbringung psychisch Kranker betrifft. **1**

II. Anwendungsbereich

Der Anwendungsbereich des § 99 FamFG wird durch den Vorrang der Zuständigkeit nach der Brüssel IIa-VO und dem KSÜ beschränkt. **2**

B. Inhalt der Norm

I. Zuständigkeit in Kindschaftssachen

1. Grundsatz

3 Der Wortlaut des § 99 Abs. 1 FamFG stellt für die Zuständigkeit deutscher Gerichte gleichberechtigt auf die deutsche Staatsangehörigkeit und den gewöhnlichen Aufenthalt des Kindes ab.

2. Vorrang des EU-Rechts

4 Aufgrund des Vorrangs der Brüssel IIa-VO und des KSÜ ist das FamFG zur Bestimmung der internationalen Zuständigkeit deutscher Gerichte nur heranzuziehen,

- wenn das Kind seinen gewöhnlichen Aufenthalt (hierzu siehe *Schweppe,* Art. 8 Brüssel IIa-VO, Rn. 3 ff.) in einem Drittstaat (kein Mitgliedstaat der Brüssel IIa-VO oder des KSÜ) hat und
- entweder die deutsche Staatsangehörigkeit besitzt (§ 99 Abs. 1 Satz 1 Ziffer 1 FamFG),
- der „Fürsorge durch ein deutsches Gericht bedarf" (§ 99 Abs. 1 Satz 2 FamFG)[1] oder
- ein Scheidungsverfahren hier anhängig ist (§ 98 Abs. 3 FamFG).

5 Demnach besteht etwa auf Grundlage des § 99 FamFG die Zuständigkeit deutscher Familiengerichte für die Regelung der elterlichen Sorge bei gewöhnlichem Aufenthalt des Kindes in einem Drittstaat, der weder Mitglied der EU ist noch Vertragsstaat des KSÜ (Nichtvertragsstaat), sofern in dieser Konstellation materiell nicht deutsches, sondern das Kindschaftsrecht des gewöhnlichen Aufenthalts zur Anwendung gelangt.[2] Die innerstaatliche örtliche Zuständigkeit folgt in diesen Fällen aus § 152 Abs. 3 FamFG. Zudem ist in einem solchen Fall zu prüfen, ob der Ausübung der Zuständigkeit nicht die Rechtshängigkeit eines Verfahrens im Aufenthaltsstaat des Kindes entgegensteht.[3]

6 § 99 Abs. 1 FamFG regelt zunächst die Zuständigkeit für das Erkenntnisverfahren, nach einer Entscheidung des BGH aber auch die internationale Zuständigkeit für die Vollstreckung von Entscheidungen über das Umgangsrecht, soweit nicht vorrangige Regelungen aus völkerrechtlichen Vereinbarungen oder EU-Recht zur Anwendung gelangen. Damit sind deutsche Gerichte für die Vollstreckung eines Umgangstitels international zuständig, wenn das Kind die deutsche Staatsangehörigkeit besitzt (§ 99 Abs. 1 Satz 1 Ziffer 1 FamFG), aber seinen gewöhnlichen Aufenthalt in einem Drittstaat hat, der keinem der kollisionsrechtlichen Übereinkommen angehört.[4]

II. Vormundschaft

7 § 99 Abs. 2 bis 3 FamFG regeln das Vorgehen bei konkurrierender Zuständigkeit verschiedener Staaten für die Anordnung einer Vormundschaft und für die Abgabe einer Vormundschaft.[5]

---

1 Zu Anwendungsfällen siehe Keidel/*Dimmler,* § 99 FamFG Rn. 52. Für minderjährige unbegleitete Flüchtlinge greift jedoch vorrangig die Zuständigkeit nach Art. 6 KSÜ, vgl. *Schulz,* FamRZ 2018, 797, 798

2 Keidel/*Dimmler,* § 99 FamFG Rn. 44; vgl. zu einem solchen Fall OLG Brandenburg, Beschl. v. 3.3.2014 – 9 UF 275/11, juris (Umzug nach Norwegen vor dessen Beitritt zum KSÜ); OLG Bremen NZFam 2017, 765 (Zulässigkeit eines Sorgerechtsantrags nach Rückführung des Kindes nach Mexiko); sowie *Schulz,* FamRZ 2018, 797, 803 f.

3 So OLG Bremen FamRZ 2016, 1189 im Verhältnis zu den USA in entsprechender Anwendung von § 261 Abs. 3 Nr. 1 ZPO

4 BGH FamRZ 2015, 2147 (Volksrepublik China); anders in der Vorinstanz OLG Bremen ZKJ 2015, 151, in Anwendung von § 88 FamFG

5 Vgl. Oberloskamp/*Schweppe*, § 5 Rn. 60 f.

1. Anordnung einer Vormundschaft (§ 99 Abs. 2)

Sofern für die Anordnung einer Vormundschaft sowohl die deutschen Gerichte als auch die Gerichte eines anderen Staates zuständig sind, kann die Anordnung einer Vormundschaft durch das deutsche Gericht unterbleiben, wenn

- die Vormundschaft in dem anderen Staat anhängig ist
- und dies im Interesse des Kindes liegt.

Maßgeblich ist, ob die im Ausland bestehende Vormundschaft dem Kind den gleichen Schutz gewährt wie die Vormundschaft nach deutschem Recht, insbesondere in Deutschland anzuerkennen ist.[6]

2. Abgabe einer Vormundschaft (§ 99 Abs. 3)

§ 99 Abs. 3 regelt die Voraussetzungen und das Verfahren zur Abgabe einer im Inland angeordneten Vormundschaft (auch Amtsvormundschaft[7]). **8**

Danach erfolgt die Abgabe durch das inländische Gericht **9**

- an den Staat, dessen Gerichte für die Anordnung der Vormundschaft zuständig sind,
- wenn die Abgabe im Interesse des Mündels liegt,
- der Vormund die Zustimmung erteilt
- und der andere Staat sich zur Übernahme bereit erklärt.

Wird die Zustimmung des Vormunds/der Vormünder nicht erteilt, so entscheidet das für das jeweilige Familiengericht zuständige Oberlandesgericht, dessen Entscheidung nicht anfechtbar ist, § 99 Abs. 3 Satz 2 und 3 FamFG. **10**

Die Abgabe der Vormundschaft bewirkt ihre Beendigung im Inland. Die im Inland bestehende Vormundschaft ist aufzuheben und der Vormund zu entlassen.[8] **11**

III. Pflegschaft und freiheitentziehende Unterbringung

Das zu Abs. 2 und 3 geschilderte Verfahren und dessen Voraussetzungen gelten nach § 99 Abs. 4 FamFG auch für die Pflegschaft und die Genehmigung der mit Freiheitsentziehung verbundenen Unterbringung nach § 1631b BGB. **12**

§ 100 FamFG Abstammungssachen

Die deutschen Gerichte sind zuständig, wenn das Kind, die Mutter, der Vater oder der Mann, der an Eides statt versichert, der Mutter während der Empfängniszeit beigewohnt zu haben,

1. Deutscher ist oder

2. seinen gewöhnlichen Aufenthalt im Inland hat.

Übersicht

	Rn.
A. Allgemeines	1
B. Inhalt der Norm	4

6 Keidel/*Dimmler,* § 99 FamFG Rn. 54; MüKo-FamFG/*Rauscher,* § 99 Rn. 71 f.
7 Hierzu Oberloskamp/*Schweppe*, § 5 Rn. 62; Staudinger/*v. Hein,* Art. 24 EGBGB Rn. 56, 125
8 Keidel/*Dimmler,* § 99 FamFG Rn. 57

A. Allgemeines

1 Die Regelung ist inhaltsgleich mit der Vorgängerregelung des § 640a Abs. 2 ZPO a.F., wobei lediglich der Hinweis darauf, dass die internationale Zuständigkeit **nicht ausschließlich** ist, nicht in die Neuregelung übernommen wurde, weil sich dies nun aus der ausdrücklichen Regelung des § 106 FamFG ergibt.

2 Die Bestimmung gilt in allen Abstammungssachen i.S.v. § 169 FamFG. Vorrangige völkerrechtliche Verträge oder europarechtliche Bestimmungen zur internationalen Zuständigkeit gibt es im Abstammungsrecht nicht.[1] Die Brüssel IIa-VO und das KSÜ MSA können in Abstammungssachen jedoch mittelbare Bedeutung für die sorgerechtliche Frage erlangen, von wem das Kind im Verfahren vertreten werden kann, insbesondere ob ein Ergänzungspfleger bestellt werden muss.[2] Hier kann sich bei einem gewöhnlichen Aufenthalt des Kindes im Ausland eine vom deutschen Recht abweichende Beurteilung ergeben.

3 Die Regelung betrifft nur die internationale Zuständigkeit und hat keine Auswirkungen auf das anwendbare Sachrecht. Maßgebend für die internationale Zuständigkeit ist, dass es sich um einen in § 169 FamFG geregelten Verfahrensgegenstand handelt, mithin um die Klärung der Abstammung einer Person von einer anderen. Ob deutsches oder ausländisches materielles Recht anzuwenden ist, beurteilt sich nach dem EGBGB (vgl. die Kommentierung von *Köhler* zu Art. 19, 20 EGBGB). Damit kann ein nach § 100 FamFG (auch) zuständiges deutsches Gericht unter der Geltung ausländischen Sachrechts abstammungsrechtliche Feststellungen treffen müssen, die das deutsche materielle Recht nicht kennt – wie etwa die Feststellung oder die Anfechtung der Mutterschaft.[3] Bei der Anwendung ausländischen Sachrechts sind ggf. auch abweichende Fristen für die Anfechtung zu beachten.[4]

B. Inhalt der Norm

4 Die internationale Zuständigkeit deutscher Gerichte ist in Abstammungssachen extrem weit gefasst. Sie knüpft an die **Beteiligtenstellung** der lebenden Personen an. Darauf, dass eine bei Einleitung des Verfahrens bereits verstorbene Person, die Beteiligte des Verfahrens wäre, wenn sie noch leben würde, die deutsche Staatsangehörigkeit oder ihren gewöhnlichen Aufenthalt zuletzt in Deutschland hatte, kann die internationale Zuständigkeit nicht gestützt werden.[5] Ferner gilt die Einschränkung, dass die in der Regelung genannten Personen nach dem konkreten Verfahrensgegenstand auch materiell-rechtlich Beteiligte sind. Dies ist bei der Mutter, dem rechtlichen Vater und dem Kind immer der Fall, gilt aber bei der Feststellung der Vaterschaft auch für den Mann, der als Vater festgestellt werden soll.[6] An den in der Regelung ebenfalls benannten Mann, der versichert, der Mutter in der Empfängniszeit beigewohnt zu haben, kann die Zuständigkeit nur geknüpft werden, wenn das anwendbare Sachrecht diesem Mann eine Rechtsstellung einräumt. Dies gilt unter der Geltung deutschen materiellen Rechts nur bei Anfechtung der Vaterschaft durch den potentiellen leiblichen Vater (§ 1600 Abs. 1 Nr. 2 BGB).[7] Bei Anwendung ausländischen Sachrechts ist der Kreis der möglichen Antragsteller nach dem anzuwendenden Recht zu bestimmen, womit ein Antragsrecht – soweit dieses Recht die Anfechtbarkeit oder Feststellung der Mutterschaft bzw. der Elternschaft grundsätzlich vorsieht – insbeson-

1 Keidel/*Dimmler*, § 100 FamFG Rn. 2; MüKo-FamFG/*Rauscher*, § 100 Rn. 6
2 MüKo-FamFG/*Rauscher*, § 100 Rn. 7
3 Kemper/*Schreiber*, § 100 FamFG Rn. 4; MüKo-FamFG/*Coester-Waltjen/Lugani*, § 169 Rn. 23
4 OLG Karlsruhe FamRZ 2017, 2026, zum ukrainischen Recht
5 Prütting/Helms/*Hau*, § 100 FamFG Rn. 5
6 Vgl. BGH FamRZ 2016, 1849; OLG Frankfurt, Beschluss vom 8.10.2019 – 8 UF 137/19, sog. „Putativvater"
7 Prütting/Helms/*Hau*, § 100 FamFG Rn. 4; MüKo-FamFG/*Rauscher*, § 100 Rn. 12

dere der Person zustehen kann, welche die Feststellung der Mutter- bzw. Elternstellung begehrt.[8]

Die internationale Zuständigkeit deutscher Gerichte ist immer dann gegeben, wenn zumindest einer dieser Beteiligten (auch) die **deutsche Staatsangehörigkeit** hat[9] bzw. – wie Flüchtlinge mit einem inländischen Status aus Art. 12 Genfer Flüchtlingskonvention, anerkannte Asylberechtigte sowie Staatenlose mit gewöhnlichem Aufenthalt im Inland – deutschen Staatsangehörigen gleichgestellt ist.[10] Bei Mehrstaatigkeit kommt es nicht auf die Effektivität der Staatsangehörigkeit an,[11] weshalb – wenn nur ein Beteiligter (auch) die deutsche Staatsangehörigkeit hat – die deutschen Gerichte auch dann international zuständig sind, wenn sich keiner der Beteiligten in Deutschland aufhält.[12] 5

Auch wenn keiner der Beteiligten die deutsche Staatsangehörigkeit hat, sind die deutschen Gerichte dann international zuständig, wenn zumindest einer der Beteiligten seinen **gewöhnlichen Aufenthalt** in Deutschland hat. Für die Beurteilung, wann ein Aufenthalt als gewöhnlicher Aufenthalt zu qualifizieren ist, gelten im Abstammungsrecht keine Besonderheiten.[13] 6

In **zeitlicher Hinsicht** reicht es aus, wenn eine der Anknüpfungstatsachen des § 100 FamFG zum Entscheidungszeitpunkt gegeben ist. Lag ein die Zuständigkeit begründender Umstand bei Einleitung des Verfahrens vor und fällt er später weg – etwa weil der einzige Beteiligte mit gewöhnlichem Aufenthalt in Deutschland nach Einleitung des Verfahrens ins Ausland verzieht – so beseitigt dies die einmal begründet gewesene internationale Zuständigkeit nach dem Grundsatz der *perpetuatio fori* nicht.[14] 7

§ 101 FamFG Adoptionssachen

Die deutschen Gerichte sind zuständig, wenn der Annehmende, einer der annehmenden Ehegatten oder das Kind

1. **Deutscher ist oder**
2. **seinen gewöhnlichen Aufenthalt im Inland hat.**

Übersicht

	Rn.
A. Allgemeines	1
B. Inhalt der Norm	5
I. Die Anknüpfung an die deutsche Staatsangehörigkeit	5
II. Die Anknüpfung an den gewöhnlichen Aufenthalt in Deutschland	6
III. Abgabe von Adoptionssachen ins Ausland	7
IV. Wegfall der internationalen Zuständigkeit während des Verfahrens	8
V. Anhängigkeit von Adoptionssachen in mehreren Ländern	9

8 Vgl. MüKo-FamFG/*Rauscher*, § 100 Rn. 12
9 Vgl. BGH ZKJ 2017, 69; FamRZ 2016, 1849 (1850) mit Anm. *Dutta/Hammer*
10 MüKo-FamFG/*Rauscher*, § 100 Rn. 14
11 MüKo-FamFG/*Rauscher*, § 100 Rn. 13
12 Örtlich Zuständigkeit ist in diesen Fällen das AG Schöneberg, § 170 Abs. 3 FamFG
13 Es wird insoweit auf die Kommentierung zu § 99 FamFG,§ 152 FamFG und Art. 8 Brüssel IIa-VO verwiesen
14 MüKo-FamFG/*Rauscher*, § 100 Rn. 22; Prütting/Helms/*Hau*, § 100 FamFG Rn. 5

A. Allgemeines

1 Die Vorschrift bestimmt die **internationale Zuständigkeit in Adoptionssachen**. Sie gilt für sämtliche Verfahrensgegenstände in § 186 FamFG und darüber hinaus durch die Verweisung in § 5 Abs. 1 Satz 2 AdWirkG auch für die Verfahren nach dem Adoptionswirkungsgesetz.

2 Es existieren **keine multi- oder bilateralen Staatsverträge oder Rechtsakte der Europäischen Gemeinschaft**, welche der Zuständigkeitsbestimmung in § 101 FamFG vorgehen würden (vgl. § 97 FamFG).[1] Insbesondere finden sich im (ansonsten äußerst praxisrelevanten) Haager Adoptionsübereinkommen vom 29.5.1993 keine Bestimmungen zur internationalen Zuständigkeit.

3 **Anknüpfungspunkte** für die internationale Zuständigkeit sind einerseits die deutsche Staatsangehörigkeit (Nr. 1) und andererseits der gewöhnliche Aufenthalt (Nr. 2).

4 **Anknüpfungspersonen** sind sowohl der Annehmende (bei Adoption durch eine Person), einer der Annehmenden (bei gemeinschaftlichen Adoptionen) als auch das Kind. Es genügt, wenn nur eine dieser Personen die Voraussetzungen für die internationale Zuständigkeit vermittelt.

B. Inhalt der Norm

I. Die Anknüpfung an die deutsche Staatsangehörigkeit

5 Unabhängig vom (tatsächlichen und gewöhnlichen) Aufenthalt der Beteiligten ist schon immer dann eine internationale Zuständigkeit von deutschen Gerichten eröffnet, wenn mindestens eine der in § 101 aufgeführten Personen die **deutsche Staatsangehörigkeit** besitzt. Dabei spielt es keine Rolle, ob die betreffende Person neben der deutschen auch eine oder mehrere weitere Staatsangehörigkeiten besitzt (**Mehrstaater**).[2]

II. Die Anknüpfung an den gewöhnlichen Aufenthalt in Deutschland

6 Besitzt keine der betreffenden Personen die deutsche Staatsangehörigkeit, so kann eine internationale Zuständigkeit deutscher Gerichte **auch aus dem gewöhnlichen Aufenthalt in Deutschland** folgen. Anknüpfungspersonen sind auch hier der oder mindestens einer von mehreren Annehmenden sowie alternativ das Kind. Ein bloß tatsächlicher (oder „schlichter") Aufenthalt genügt nicht zur Eröffnung des deutschen Gerichtsstands. Die Feststellung des gewöhnlichen Aufenthalts unterliegt dem deutschen Recht (vgl. zum Begriff des gewöhnlichen Aufenthalts: *Braun*, § 187 Rn. 6 f.).

III. Abgabe von Adoptionssachen ins Ausland

7 Eine **Abgabe einer Adoptionssache ins Ausland** aus Zweckmäßigkeitsgründen (z.B. weil sich Annehmende und Kind im Ausland aufhalten) ist **nicht möglich**. Zwar sehen internationale Übereinkommen außerhalb des Adoptionsrechts solche Möglichkeiten durchaus vor.[3] In Adoptionssachen existieren jedoch keine vorrangigen Staatsverträge oder internationale Rechtsakte zu dieser Frage und auch eine analoge Anwendung von § 4 FamFG scheidet aus.[4]

---

1 Ausführlich: Keidel/*Dimmler*, § 101 FamFG Rn. 2
2 Keidel/*Dimmler*, § 101 FamFG Rn. 6
3 Vgl. z.B. Art. 8 KSÜ
4 Prütting/Helms/*Prütting*, § 4 FamFG Rn. 6

IV. Wegfall der internationalen Zuständigkeit während des Verfahrens

War ein deutsches Gericht bei Antragseingang zunächst international zuständig und fällt die internationale Zuständigkeit im Laufe des Verfahrens weg (z.B. wegen Umzugs der ausländischen Beteiligten ins Ausland), so darf das deutsche Gericht das Verfahren nicht weiter betreiben. Für eine **sog. perpetuatio fori internationalis** besteht in Adoptionssachen weder ein Bedürfnis noch eine Rechtsgrundlage.[5] 8

V. Anhängigkeit von Adoptionssachen in mehreren Ländern

§ 106 FamFG bestimmt ausdrücklich, dass die internationale Zuständigkeit **keine ausschließliche Zuständigkeit** ist. Es ist daher prinzipiell möglich, dass ein Adoptionsverfahren nicht nur in Deutschland, sondern auch **parallel vor einem ausländischen Gericht anhängig** gemacht wird. Dieses Szenario ist in Adoptionssachen durchaus realistisch, versuchen doch viele Adoptionswillige wegen mangelnder Chancen einer Adoptionsvermittlung in Deutschland, ein Kind aus dem Ausland oder im Ausland zu adoptieren. Dann existiert auch im Heimatland des Kindes regelmäßig eine internationale Zuständigkeit. 9

Erfährt das deutsche Gericht, dass vor einem ausländischen Gericht im Ausland ebenso ein Adoptionsverfahren geführt wird, dann kann es **das Verfahren im Inland gemäß § 21 FamFG aussetzen**. Voraussetzung hierfür ist jedoch einerseits, dass **das ausländische Verfahren zeitlich vor dem deutschen Verfahren anhängig gemacht worden ist** und andererseits, dass die ausländische Entscheidung nach einer durchzuführenden **Prognose anerkennungsfähig** ist.[6] **Zudem darf das Verfahren vor dem ausländischen Gericht nicht bereits ausgesetzt sein**. Es muss also schon während des Aussetzungsverfahrens überprüft werden, ob Anerkennungshindernisse nach § 109 Abs. 1 FamFG in Betracht kommen.[7] Kann das deutsche Verfahren nach diesen Vorgaben nicht ausgesetzt werden, so muss das Verfahren (bei fortbestehender internationaler Zuständigkeit) regulär in Deutschland weitergeführt werden (Justizgewährungsanspruch). 10

§§ 102 bis 105 FamFG

Von Abdruck und Kommentierung der §§ 102 bis 105 FamFG wird abgesehen.

§ 106 FamFG Keine ausschließliche Zuständigkeit

Die Zuständigkeiten in diesem Unterabschnitt sind nicht ausschließlich.

§ 106 FamFG stellt klar, dass auch bei Annahme der internationalen Zuständigkeit deutscher Gerichte die Zuständigkeit eines ausländischer Gerichts nicht ausgeschlossen ist.

Hieraus resultierende mögliche Zuständigkeitskonflikte oder eine doppelte Rechtshängigkeit sind entweder über die entsprechenden Sonderregelungen oder allgemeine Grundsätze zu lösen.[1]

5 So auch: MüKo/FamFG/*Rauscher,* § 101 Rn. 22; vgl. ausführlich zum Streitstand: Prütting/Helms/*Hau,* Vor §§ 98 bis 106 FamFG Rn. 9 ff.
6 Vgl. BGH NJW-RR 2008, 1169, 1170
7 Ausführlich: Prütting/Helms/*Hau*, Vor §§ 98 bis 106 FamFG Rn. 53 f.
1 Hierzu MüKo-FamFG/*Rauscher*, § 106 Rn. 5 f.

§ 107 FamFG

Von Abdruck und Kommentierung wird abgesehen.

§ 108 FamFG Anerkennung anderer ausländischer Entscheidungen

(1) Abgesehen von Entscheidungen in Ehesachen werden ausländische Entscheidungen anerkannt, ohne dass es hierfür eines besonderen Verfahrens bedarf.

(2) [1]Beteiligte, die ein rechtliches Interesse haben, können eine Entscheidung über die Anerkennung oder Nichtanerkennung einer ausländischen Entscheidung nicht vermögensrechtlichen Inhalts beantragen. [2]§ 107 Abs. 9 gilt entsprechend. [3]Für die Anerkennung oder Nichtanerkennung einer Annahme als Kind gelten jedoch die §§ 2, 4 und 5 des Adoptionswirkungsgesetzes, wenn der Angenommene zur Zeit der Annahme das 18. Lebensjahr nicht vollendet hatte.

(3) [1]Für die Entscheidung über den Antrag nach Absatz 2 Satz 1 ist das Gericht örtlich zuständig, in dessen Bezirk zum Zeitpunkt der Antragstellung

1. **der Antragsgegner oder die Person, auf die sich die Entscheidung bezieht, sich gewöhnlich aufhält oder**
2. **bei Fehlen einer Zuständigkeit nach Nummer 1 das Interesse an der Feststellung bekannt wird oder das Bedürfnis der Fürsorge besteht.**

[2]Diese Zuständigkeiten sind ausschließlich.

Übersicht

Rn.
A. Allgemeines 1
B. Inhalt der Norm 3
I. Grundsatz der Anerkennung 3
II. Fakultatives Anerkennungsverfahren 4
III. Inzidentprüfung 6

A. Allgemeines

1 § 108 FamFG, der allgemein die Anerkennung ausländischer Entscheidungen regelt, umfasst auch die Anerkennung von Entscheidungen in Kindschaftssachen.

2 Auch hier ist der Vorrang der entsprechenden Regelungen zu beachten:

- Art. 21 ff. Brüssel IIa-VO
- Art. 23 KSÜ und
- Art. 7 ESÜ

B. Inhalt der Norm

I. Grundsatz der Anerkennung

3 Aus § 108 Abs. 1 FamFG folgt, dass für ausländische Sorge- und Umgangsentscheidungen ein förmliches Anerkennungsverfahren nicht vorgesehen ist.[1]

1 Anderes gilt nach § 107 FamFG etwa für die Anerkennung ausländischer Entscheidungen in Ehesachen

II. Fakultatives Anerkennungsverfahren

§ 108 Abs. 2 Satz 1 FamFG enthält ein fakultatives Verfahren für die Anerkennung ausländischer Entscheidungen. Die Norm ist auch auf ausländische Sorgerechtsentscheidungen anzuwenden. Als Gegenstand dieser Anerkennung kommen neben Gerichtsentscheidungen auch Entscheidungen ausländischer Behörden in Betracht, sofern diese mit staatlicher Autorität ausgestattet sind und funktional deutschen Gerichten entsprechen.[2] 4

Die entsprechende Zuständigkeit ist in § 108 Abs. 3 FamFG geregelt, eine besondere Zuständigkeitskonzentration greift nicht. 5

Die Anerkennung einer ausländischen Entscheidung in Kindschaftssachen darf nur aus den in § 109 Abs. 1 i.V.m. Abs. 5 FamFG aufgeführten Gründen versagt werden.

III. Inzidentprüfung

Außerhalb isolierter Verfahren auf Anerkennung einer im Ausland ergangenen Entscheidung zur elterlichen Sorge oder zum Umgangsrecht ist die Anerkennungsfähigkeit solcher Entscheidungen in Verfahren vor deutschen Gerichten inzident zu prüfen, etwa wenn ein Elternteil einen Antrag auf Übertragung der elterlichen Sorge stellt und der andere Elternteil einwendet, es bestehe bereits eine ausländische Entscheidung. 6

Dabei gilt auch für Entscheidungen ausländischer Gerichte, selbst wenn diese nach dortigem Recht rechtskräftig sind, dass Regelungen über die elterliche Sorge oder das Umgangsrecht nicht in materielle Rechtskraft erwachsen, sondern eine Abänderung möglich ist, sofern die Zuständigkeit des deutschen Gerichts besteht und die Abänderungsvoraussetzungen nach § 1696 BGB (siehe Gottschalk, § 1696 BGB Rn. 20 ff.) vorliegen.[3] Die internationale Zuständigkeit für die Abänderung von Entscheidungen richtet sich nach den allgemeinen Zuständigkeitsvoraussetzungen, eine fortdauernde Zuständigkeit des Erstgerichts besteht nicht.[4] 7

§ 109 FamFG Anerkennungshindernisse

(1) Die Anerkennung einer ausländischen Entscheidung ist ausgeschlossen,

1. **wenn die Gerichte des anderen Staates nach deutschem Recht nicht zuständig sind;**
2. **wenn einem Beteiligten, der sich zur Hauptsache nicht geäußert hat und sich hierauf beruft, das verfahrenseinleitende Dokument nicht ordnungsgemäß oder nicht so rechtzeitig mitgeteilt worden ist, dass er seine Rechte wahrnehmen konnte;**
3. **wenn die Entscheidung mit einer hier erlassenen oder anzuerkennenden früheren ausländischen Entscheidung oder wenn das ihr zugrunde liegende Verfahren mit einem früher hier rechtshängig gewordenen Verfahren unvereinbar ist;**
4. **wenn die Anerkennung der Entscheidung zu einem Ergebnis führt, das mit wesentlichen Grundsätzen des deutschen Rechts offensichtlich unvereinbar ist, insbesondere wenn die Anerkennung mit den Grundrechten unvereinbar ist.**

(2) – (4) […]

(5) Eine Überprüfung der Gesetzmäßigkeit der ausländischen Entscheidung findet nicht statt.

---

2 Prütting/Helms/*Hau*, § 108 Rn. 5; verneint für die Eintragung im ukrainischen Geburtsregister und die darauf beruhende Geburtsurkunde durch BGH FamRZ 2019, 890 sowie FamRZ 2019, 892, 893; anders BGH FamRZ 2015, 240 zu einer ein Verwandtschaftsverhältnis der Wunscheltern feststellenden kalifornischen Entscheidung

3 OLG Stuttgart FamRZ 2018, 39 (LS); OLG Hamm FamRZ 2015, 346 (LS); vgl. Keidel/*Dimmler*, § 108 FamFG Rn. 14; Staudinger/*Henrich*, Art. 21 EGBGB Rn. 253 f., 260; Staudinger/*Coester*, § 1696 BGB Rn. 149; *Völker/Clausius*, § 11 Rn. 81 f.

4 Vgl. EuGH FamRZ 2017, 734

Übersicht

	Rn.
A. Allgemeines	1
B. Inhalt der Norm	3
I. Versagung der Anerkennung	3
1. Fehlende internationale Zuständigkeit	5
2. Verletzung rechtlichen Gehörs	6
3. Konkurrierende Entscheidungen	9
4. ordre public	13
a) Grundlagen	13
b) Rechtliches Gehör	16
II. Verbot der révision au fond	19

A. Allgemeines

1 § 109 FamFG regelt abschließend die Gründe, aus denen einer ausländischen Entscheidung die Anerkennung zu versagen ist.

2 Die veröffentlichten Entscheidungen betreffen überwiegend die Frage der Anerkennung von im Ausland ausgesprochenen Adoptionen (siehe *Braun*, Anhang zu § 199 FamFG), Fragen des Familiennachzugs[1] und zunehmend auch die rechtlichen Konsequenzen von Leihmutterschaftsverhältnissen.[2]

B. Inhalt der Norm

I. Versagung der Anerkennung

3 § 109 Abs. 1 FamFG regelt allgemein und insoweit auch abschließend die Gründe für die Versagung der Anerkennung ausländischer Entscheidungen, worunter auch Entscheidungen in Kindschaftssachen fallen, da insoweit keine besonderen Anforderungen bestehen, wie etwa nach § 109 Abs. 2 bis 4 FamFG für die Anerkennung von Entscheidungen in Ehesachen, Lebenspartnerschaftssachen, Familienstreitsachen etc.

4 Die Anerkennungshindernisse des § 109 Abs. 1 FamFG sind im Einzelnen:

1. Fehlende internationale Zuständigkeit

5 § 109 Abs. 1 Nr. 1 FamFG beinhaltet (anders als Art. 24 Brüssel IIa-VO) die Überprüfung der Zuständigkeit des Gerichts für den Erlass der anzuerkennenden Entscheidung nach dem „Spiegelbildprinzip", wobei zu prüfen ist, ob die Gerichte des Staates, in dem die anzuerkennende Entscheidung erlassen wurde, nach deutschem Recht für den Erlass dieser Entscheidung zuständig wären oder nicht.[3] Eine konkurrierende, d.h. nebeneinander bestehende, Zuständigkeit steht der Anerkennung nicht entgegen.[4]

2. Verletzung rechtlichen Gehörs

6 § 109 Abs. 1 Nr. 2 FamFG schließt die Anerkennung ausländischer Entscheidungen wegen Verletzung des Grundsatzes rechtlichen Gehörs aus, ist in seiner Anwendung aber beschränkt auf die fehlende Möglichkeit zur Einlassung in der Hauptsache, greift also nicht für einstweilige Anordnungen.

7 Zudem ist § 109 Abs. 1 Nr. 2 FamFG als Einrede ausgestaltet und greift damit nur, wenn der Beteiligte sich darauf beruft.

---

1 Vgl. BVerwG ZKJ 2013, 165, sowie OVG Berlin-Brandenburg NZFam 2014, 967
2 Hierzu BGH FamRZ 2018, 1846; FamRZ 2015, 240, sowie hier *Grün*, § 1591 BGB Rn. 14 ff.
3 Vgl. Keidel/*Dimmler*, § 109 FamFG Rn. 3; MüKo-FamFG/*Rauscher*, § 109 Rn. 11
4 Vgl. Keidel/*Dimmler*, § 109 FamFG Rn. 3 m.w.N.

Grobe Verletzungen des rechtlichen Gehörs und des Anspruchs auf Beteiligung am Verfahren (etwa die fehlende Kindesanhörung) sind aber als Verstoß gegen den *ordre public* unter § 109 Abs. 1 Nr. 4 FamFG von Amts wegen zu prüfen. 8

3. Konkurrierende Entscheidungen

§ 109 Abs. 1 Nr. 3 FamFG betrifft die Frage der Anerkennung ausländischer Entscheidungen im Falle konkurrierender Entscheidungen oder Verfahren. 9

Danach haben Entscheidungen deutscher Gerichte stets Vorrang vor damit unvereinbaren Entscheidungen ausländischer Gerichte und zwar selbst dann, wenn die deutsche Entscheidung unter Missachtung einer ausländischen Entscheidung oder Rechtshängigkeit des Verfahrens im Ausland ergangen ist.[5] 10

Auch die frühere Rechtshängigkeit eines Verfahrens vor deutschen Gerichten steht der Anerkennung entgegen. 11

Im Verhältnis der Entscheidungen ausländischer Gerichte untereinander gilt hingegen das Prioritätsprinzip, so dass einer ausländischen Entscheidung die Anerkennung zu versagen ist, wenn sie mit einer ebenfalls anerkennungsfähigen früheren Entscheidung, die in einem weiteren Staat ergangen ist, unvereinbar ist. 12

4. ordre public

a) Grundlagen

§ 109 Abs. 1 Nr. 4 FamFG enthält einen *Ordre-public*-Vorbehalt, der in seinem Wortlaut Art. 6 EGBGB entspricht, weshalb zunächst auf die dortigen Ausführungen verwiesen werden kann (siehe *Schweppe,* Auslandsbezüge, Art. 6 EGBGB). 13

Allerdings ist der anerkennungsrechtliche *Ordre-public*-Vorbehalt des § 109 Abs. 1 Nr. 4 FamFG in der Anwendung nicht mit dem kollisionsrechtlichen Vorbehalt des Art. 6 EGBGB gleichzusetzen, den die deutschen Gerichte bei Anwendung ausländischen Rechts zu beachten haben. Es ist vielmehr zu differenzieren, ob ausländisches Recht selbst durch ein deutsches Gericht anzuwenden oder eine ausländische Entscheidung anzuerkennen ist.[6] 14

Mit dem großzügigeren anerkennungsrechtlichen *ordre public international* ist ein ausländisches Urteil nicht schon dann unvereinbar, wenn der deutsche Richter – hätte er den Prozess entschieden – aufgrund zwingenden deutschen Rechts zu einem anderen Ergebnis gekommen wäre (Verbot der *révision au fond*). Maßgeblich ist vielmehr, ob das Ergebnis der Anwendung ausländischen Rechts im konkreten Fall zu den Grundgedanken der deutschen Regelungen und den in ihnen enthaltenen Gerechtigkeitsvorstellungen in so starkem Widerspruch steht, dass es nach deutscher Vorstellung untragbar erscheint. In die Abwägung sind auch die von der Europäischen Menschenrechtskonvention gewährleisteten Menschenrechte und die Rechtsprechung des Europäischen Gerichtshofs für Menschenrechte als Auslegungshilfen für die Bestimmung von Inhalt und Reichweite von Grundrechten und rechtsstaatlichen Grundsätzen des Grundgesetzes einzubeziehen.[7] 14a

Dabei steht § 1591 BGB der Anerkennung ausländischer Gerichtsentscheidungen, welche im Falle der Leihmutterschaft die rechtliche Elternschaft den Wunscheltern zuordnen, nicht entgegen. Ein Verstoß gegen den *ordre public* ist zu verneinen, sofern ein Wunschelternteil – im Unterschied zur Leihmutter – mit dem Kind genetisch verwandt ist und die Anerkennung der rechtlichen Elternschaft aus Gründen des Kindeswohls geboten ist, insbeson- 14b

5 MüKo-FamFG/*Rauscher*, § 109 Rn. 33
6 Prütting/Helms/*Hau*, § 109 FamFG Rn. 45
7 BGH FamRZ 2018, 1846; FamRZ 2015, 240 (rechtliche Elternschaft bei Leihmutterschaft); auch OLG Düsseldorf, FamRZ 2018, 1094; MüKo-FamFG/*Rauscher*, § 109 Rn. 37

dere im Hinblick auf das Recht des Kindes auf Begründung einer rechtlichen Eltern-Kind-Verbindung und der rechtlichen Zuordnung zu beiden Eltern.[8]

15 Eine Anerkennung ist ausgeschlossen, wenn die Entscheidung des ausländischen Gerichts aufgrund eines Verfahrens ergangen ist, das von den Grundsätzen des deutschen Verfahrensrechts in einem solchem Maße abweicht, dass die Entscheidung als nicht in einem geordneten rechtsstaatlichen Verfahren ergangen angesehen werden kann, mithin im ausländischen Gerichtsverfahren grundlegende verfahrensrechtliche Garantien außer Acht gelassen wurden.[9]

▶ *Zur Bedeutung des ordre public bei der Anerkennung von Adoptionen siehe Braun, Anhang zu § 199 FamFG Rn. 11 ff.*

b) Rechtliches Gehör

16 § 109 Abs. 1 Nr. 4 FamFG eröffnet über § 109 Abs. 1 Nr. 2 FamFG hinaus die Überprüfung der Gewährung rechtlichen Gehörs sowie speziell für kindschaftsrechtliche Verfahren die Überprüfung der Möglichkeit der Kindesanhörung und in begrenztem Umfang des Kindeswohls.[10] Hier gilt, dass die Anhörung nicht zwingend unmittelbar durch das Gericht zu erfolgen hat (vgl. zu dieser Frage auch *Schweppe*, Art. 21 Brüssel IIa-VO Rn. 7 f.);[11] bei Jugendlichen ist eine persönliche Anhörung erforderlich.[12]

17 Die Anerkennung einer ausländischen Entscheidung wäre etwa zu versagen, wenn alle Beteiligten ihren gewöhnlichen Aufenthalt in Deutschland haben und die Regelung der elterlichen Sorge im Rahmen eines im Heimatstaat der Eltern durchgeführten Scheidungsverfahrens ohne persönliche Anhörung erfolgte.

18 Da Maßstab für die Anerkennung das Kindeswohl ist, kann jedoch ausnahmsweise eine Sorgerechtsentscheidung, die unter Verletzung von Beteiligungsrechten zustande gekommen ist, anzuerkennen sein, wenn die Nichtanerkennung das Kindeswohl gefährdet.[13]

II. Verbot der révision au fond

19 § 109 Abs. 5 FamFG verbietet die inhaltliche Überprüfung der ausländischen Entscheidung (*révision au fond*).

§ 110 FamFG Vollstreckbarkeit ausländischer Entscheidungen

(1) Eine ausländische Entscheidung ist nicht vollstreckbar, wenn sie nicht anzuerkennen ist.

(2) [1]Soweit die ausländische Entscheidung eine in § 95 Abs. 1 genannte Verpflichtung zum Inhalt hat, ist die Vollstreckbarkeit durch Beschluss auszusprechen. [2]Der Beschluss ist zu begründen.

(3) [1]Zuständig für den Beschluss nach Absatz 2 ist das Amtsgericht, bei dem der Schuldner seinen allgemeinen Gerichtsstand hat, und sonst das Amtsgericht, bei dem nach § 23 der Zivilprozessordnung gegen den Schuldner Klage erhoben werden kann. [2]Der Beschluss ist erst zu erlassen, wenn die Entscheidung des ausländischen Gerichts nach dem für dieses Gericht geltenden Recht die Rechtskraft erlangt hat.

---

8 BGH FamRZ 2018, 1846; FamRZ 2015, 240; a.A. noch OLG Braunschweig FamRZ 2017, 972
9 BGH FamRZ 2009, 1816, 1818. Die Entscheidung betraf die Feststellung der Vaterschaft allein auf Grundlage einer Zeugenaussage
10 Vgl. *Völker/Clausius*, § 11 Rn. 80
11 Vgl. OLG Oldenburg, FamRZ 2012, 1887, 1888 f. (Südafrika, Anhörung durch eine Gutachterin)
12 BVerwG FamRZ 2013, 547, 549 (Mongolei)
13 BVerwG, FamRZ 2013, 547, 549 (Mongolei)

Übersicht

Rn.
A. Allgemeines 1
B. Inhalt der Norm 2
I. Grundsatz 2
II. Ausnahme 3

A. Allgemeines

§ 110 FamFG regelt die Vollstreckbarkeit ausländischer Entscheidungen, mithin die Frage, wie die Entscheidung eines ausländischen Gerichts durchgesetzt werden kann. Dabei ist auch hier der Vorrang der Brüssel IIa-VO sowie entsprechender kollisionsrechtlicher Vereinbarungen zu beachten, spezielle Regelungen zur Zulassung der Zwangsvollstreckung sind insoweit in §§ 16 ff. IntFamRVG enthalten. **1**

B. Inhalt der Norm

I. Grundsatz

Aus § 110 Abs. 1 FamFG folgt, dass ein förmliches Exequaturverfahren für außerhalb des Wirkungsbereichs der Brüssel IIa-VO bzw. kollisionsrechtlicher Übereinkommen ergangene Entscheidungen zur Herausgabe eines Kindes bzw. Umgangsregelungen nicht erforderlich ist, sondern über die Vollstreckbarkeit als Zwischenentscheidung in dem jeweiligen Vollstreckungsverfahren befunden wird. **2**

▶ *Näher zum Anerkennungsverfahren nach der Brüssel IIa-VO siehe Schweppe, Auslandsbezüge, Brüssel IIa-VO Art. 21, Rn. 1 ff.*

II. Ausnahme

Ein gesonderter Beschluss, in dem die Vollstreckbarkeit ausgesprochen wird, ist nach § 110 Abs. 2 FamFG erforderlich, soweit die ausländische Entscheidung eine in § 95 Abs. 1 FamFG genannte Verpflichtung zum Inhalt hat. Dies betrifft nicht die Verpflichtung zur Herausgabe eines Kindes, kann aber die Verpflichtung zur Herausgabe persönlicher Sachen des Kindes umfassen.[1] **3**

1 Zur Abgrenzung der Anwendungsbereiche von § 108 und § 110 vgl. *Klinck*, FamRZ 2009, 741, 745 f., sowie zum Verfahren nach § 110 Abs. 2 i.V.m. 3 FamFG Keidel/*Dimmler*, § 110 Rn. 54 ff.

Buch 2
Verfahren in Familiensachen

Abschnitt 1
Allgemeine Vorschriften

§ 111 Familiensachen

Familiensachen sind

1. Ehesachen,

2. Kindschaftssachen,

3. Abstammungssachen,

4. Adoptionssachen,

5. Ehewohnungs- und Haushaltssachen,

6. Gewaltschutzsachen,

7. Versorgungsausgleichssachen,

8. Unterhaltssachen,

9. Güterrechtssachen,

10. sonstige Familiensachen,

11. Lebenspartnerschaftssachen.

Von einer Kommentierung wird abgesehen.

§§ 112 bis 113

Von Abdruck und Kommentierung wird abgesehen.

§ 114 FamFG Vertretung durch einen Rechtsanwalt; Vollmacht

(1) Vor dem Familiengericht und dem Oberlandesgericht müssen sich die Ehegatten in Ehesachen und Folgesachen und die Beteiligten in selbständigen Familienstreitsachen durch einen Rechtsanwalt vertreten lassen.

(2) Vor dem Bundesgerichtshof müssen sich die Beteiligten durch einen bei dem Bundesgerichtshof zugelassenen Rechtsanwalt vertreten lassen.

(3) [1]Behörden und juristische Personen des öffentlichen Rechts einschließlich der von ihnen zur Erfüllung ihrer öffentlichen Aufgaben gebildeten Zusammenschlüsse können sich durch eigene Beschäftigte oder Beschäftigte anderer Behörden oder juristischer Personen des öffentlichen Rechts einschließlich der von ihnen zur Erfüllung ihrer öffentlichen Aufgaben gebildeten Zusammenschlüsse vertreten lassen. [2]Vor dem Bundesgerichtshof müssen die zur Vertretung berechtigten Personen die Befähigung zum Richteramt haben.

(4) Der Vertretung durch einen Rechtsanwalt bedarf es nicht

1. im Verfahren der einstweiligen Anordnung,

2. in Unterhaltssachen für Beteiligte, die durch das Jugendamt als Beistand, Vormund oder Ergänzungspfleger vertreten sind,

3. für die Zustimmung zur Scheidung und zur Rücknahme des Scheidungsantrags und für den Widerruf der Zustimmung zur Scheidung,

4. für einen Antrag auf Abtrennung einer Folgesache von der Scheidung,
5. im Verfahren über die Verfahrenskostenhilfe,
6. in den Fällen des § 78 Abs. 3 der Zivilprozessordnung sowie
7. für den Antrag auf Durchführung des Versorgungsausgleichs nach § 3 Abs. 3 des Versorgungsausgleichsgesetzes und die Erklärungen zum Wahlrecht nach § 15 Abs. 1 und 3 des Versorgungsausgleichsgesetzes.

(5) [1]Der Bevollmächtigte in Ehesachen bedarf einer besonderen auf das Verfahren gerichteten Vollmacht. [2]Die Vollmacht für die Scheidungssache erstreckt sich auch auf die Folgesachen.

Übersicht

Rn.
A. Allgemeines ... 1
B. Inhalt der Norm ... 2

A. Allgemeines

1 Die Vorschrift regelt die Frage, inwieweit für die Beteiligten eines Verfahrens **Anwaltszwang** besteht. Sie wird nachfolgend nur kommentiert, soweit dies für eine Kindschaftssache im Scheidungsverbund von Bedeutung ist.

▶ *Zu Bevollmächtigten in Kindschaftssachen siehe auch Köhler, § 10 FamFG Rn. 1 ff.*

B. Inhalt der Norm

2 Nach § 114 Abs. 1 FamFG besteht für die Ehegatten vor dem Familiengericht und dem Oberlandesgericht nur in Ehesachen und *Folgesachen* die Verpflichtung, sich durch einen Rechtsanwalt vertreten zu lassen. Will mithin ein Ehegatte eine **Kindschaftssache im Scheidungsverbund** mit geregelt wissen, so ist Vertretung durch einen Rechtsanwalt vorgeschrieben.

Außerhalb des Scheidungsverbundes gilt dagegen kein Anwaltszwang, weil insoweit eine Vertretung durch einen Rechtsanwalt nicht geboten ist (vgl. § 10 Abs. 1 FamFG). Der Antrag auf Einbeziehung der Kindschaftssache in den Scheidungsverbund kann nur durch einen Rechtsanwalt gestellt werden.

3 Der Anwaltszwang gilt für die **Ehegatten**. Am einbezogenen Kindschaftsverfahren beteiligte Dritte, insbesondere das betroffene Kind, Jugendamt und Verfahrensbeistand, bedürfen keiner anwaltlichen Vertretung.[1]

4 Der **Antrag** auf **Abtrennung** einer in den Verbund einbezogenen Kindschaftssache unterliegt jedoch nicht dem Anwaltszwang (vgl. § 114 Abs. 4 Nr. 4 FamFG). Wird eine Kindschaftssache aus dem Scheidungsverbund abgetrennt, wird das Verfahren nach § 137 Abs. 5 Satz 2 FamFG als selbstständige Kindschaftssache fortgeführt, der Anwaltszwang entfällt damit insgesamt.[2]

5 Lässt sich ein Ehegatte in einer Kindschaftsfolgesache entgegen § 114 FamFG nicht anwaltlich vertreten, ändert dies nichts an der Verpflichtung des Gerichts, ihn persönlich **anzuhören** (vgl. § 160 FamFG). Er kann allerdings keine wirksamen Anträge stellen. Will also ein anwaltlich nicht vertretener Ehegatte die Aufhebung der Alleinsorge für ein gemeinschaftliches Kind im Verbund erreichen, so geht dies nur, wenn er einen Rechtsanwalt beauftragt.

1 Zöller/*Lorenz*, § 114 FamFG Rn. 4
2 Bahrenfuss/*Blank*, § 114 FamFG Rn. 2

6 Die in der obergerichtlichen Rechtsprechung und Literatur streitige Frage, ob ein Ehegatte für die Einlegung einer Beschwerde und deren Durchführung in einer Folgesache der freiwilligen Gerichtsbarkeit, also insbesondere auch in einer Kindschaftsfolgesache, eines Anwaltes bedarf, hat nunmehr der BGH[3] für die Praxis entschieden und abweichend vom Wortlaut des § 64 Abs. 2 Satz 2 FamFG bejaht. Hierfür sprächen Sinn und Zweck des Anwaltszwangs und die Vermeidung eines Widerspruches zu § 114 FamFG, der für die erste Instanz Anwaltszwang vorschreibt.

▶ *Näheres siehe Dürbeck, § 64 FamFG Rn. 5.*

§§ 115 bis 132 FamFG

Von Abdruck und Kommentierung wird abgesehen.

3 BGH FamRZ 2017, 1151

Abschnitt 2
Verfahren in Ehesachen, Verfahren in Scheidungssachen und Folgesachen

Unterabschnitt 2
Verfahren in Scheidungssachen und Folgesachen

§ 133 FamFG Inhalt der Antragsschrift

(1) Die Antragsschrift muss enthalten:

1. Namen und Geburtsdaten der gemeinschaftlichen minderjährigen Kinder sowie die Mitteilung ihres gewöhnlichen Aufenthalts,

2. die Erklärung, ob die Ehegatten eine Regelung über die elterliche Sorge, den Umgang und die Unterhaltspflicht gegenüber den gemeinschaftlichen minderjährigen Kindern sowie die durch die Ehe begründete gesetzliche Unterhaltspflicht, die Rechtsverhältnisse an der Ehewohnung und an den Haushaltsgegenständen getroffen haben, und

3. die Angabe, ob Familiensachen, an denen beide Ehegatten beteiligt sind, anderweitig anhängig sind.

(2) Der Antragsschrift sollen die Heiratsurkunde und die Geburtsurkunden der gemeinschaftlichen minderjährigen Kinder beigefügt werden.

Übersicht

	Rn.
A. Allgemeines	1
B. Inhalt der Norm	2

A. Allgemeines

1 Die Vorschrift regelt als Ergänzung der allgemeinen Vorschrift des § 124 FamFG in Abs. 1 die zwingend notwendigen Bestandteile einer **Scheidungsantragsschrift**, Abs. 2 ergänzt diese als Soll-Vorschrift hinsichtlich beizufügender Urkunden. Die Vorschrift wird nur erläutert, soweit sie für Kindschaftssachen als Folgesachen von Bedeutung ist.

B. Inhalt der Norm

2 Die nach § 133 Abs. 1 Nr. 1 FamFG mitzuteilenden **Namen und Geburtsdaten der gemeinsamen Kinder** werden benötigt, um nach entsprechender Information durch das Gericht die Beratung der Eheleute durch das Jugendamt nach § 17 Abs. 3 SGB VIII sicherzustellen. Der ferner mitzuteilende gewöhnliche Aufenthalt des bzw. der Kinder dient der frühzeitigen Überprüfung der gerichtlichen Zuständigkeit.

3 Die nach § 133 Abs. 1 Nr. 2 FamFG notwendige Mitteilung, ob und ggf. über welche mögliche **Folgesache** die Eheleute bereits eine außergerichtliche **Einigung** erzielt haben, dient der Information des Gerichts, welches mögliche Streitpotential besteht, damit es frühzeitig auf entsprechende Beratungsmöglichkeiten zur Erzielung einer auch im Kindesinteresse ausgewogenen Scheidungsfolgenregelung hinweisen kann.[1] Der Inhalt der Einigung braucht nicht mitgeteilt zu werden.[2]

1 Keidel/*Weber,* § 133 FamFG Rn. 6
2 Schulte-Bunert/Weinreich/*Rossmann,* § 133 FamFG Rn. 9

4 § 133 Abs. 1 Nr. 3 FamFG schließlich dient ebenfalls der Aufklärung bestehender Streitpunkte,[3] in erster Linie aber der Herstellung der Zuständigkeitskonzentration.

▶ *Zur örtlichen Zuständigkeit in Kindschaftssachen vgl. Keuter, §§ 152, 153 FamFG.*

5 Enthält die Antragsschrift nicht die nach § 133 Abs. 1 FamFG notwendigen Angaben und Erklärungen und werden diese auch nach Fristsetzung nicht nachgeholt, ist der Scheidungsantrag als **unzulässig** abzuweisen.[4] In der Praxis wird vielfach insbesondere die Erklärung zu § 133 Abs. 1 Nr. 2 FamFG nur unvollständig oder gar nicht abgegeben mit entsprechend negativen Folgen für den Antragsteller.[5]

6 Sind Kinder aus der Ehe hervorgegangen, empfiehlt sich eine Formulierung wie:

„Aus der Ehe sind die Kinder X, geb. ... und Y, geb. ... hervorgegangen. Sie leben bei ... [der Mutter/dem Vater]. Die Ehegatten haben sich darauf verständigt, die elterliche Sorge weiterhin gemeinsam ausüben zu wollen. Ebenso haben sie eine Einigung über den Umgang mit den Kindern erzielt."

7 § 133 Abs. 2 FamFG sieht als Soll-Vorschrift die Beifügung der **Heirats- und etwaiger Geburtsurkunden** der Kinder vor. Dies dient der Verfahrensbeschleunigung und macht weitere Ermittlungen des Gerichts nach den korrekten Daten überflüssig.[6] Kann der Antragsteller die Urkunden nicht beifügen, z.B. bei Heirat im Ausland und späterer Flucht aus diesem Staat, so obliegt die Tatsachenfeststellung weiterhin im Rahmen der **Amtsermittlung** dem Gericht;[7] der Antrag darf also insoweit nicht als unzulässig abgewiesen werden.

§§ 134 bis 136 FamFG

Von Abdruck und Kommentierung wird abgesehen.

§ 137 FamFG Verbund von Scheidungs- und Folgesachen

(1) Über Scheidung und Folgesachen ist zusammen zu verhandeln und zu entscheiden (Verbund).

(2) [1]Folgesachen sind

1. *Versorgungsausgleichssachen,*
1. *Unterhaltssachen, sofern sie die Unterhaltspflicht gegenüber einem gemeinschaftlichen Kind oder die durch Ehe begründete gesetzliche Unterhaltspflicht betreffen mit Ausnahme des vereinfachten Verfahrens über den Unterhalt Minderjähriger,*
2. *Ehewohnungs- und Haushaltssachen und*
3. *Güterrechtssachen,*

wenn eine Entscheidung für den Fall der Scheidung zu treffen ist und die Familiensache spätestens zwei Wochen vor der mündlichen Verhandlung im ersten Rechtszug in der Scheidungssache von einem Ehegatten anhängig gemacht wird. [2]Für den Versorgungsausgleich ist in den Fällen der §§ 6 bis 19 und 28 des Versorgungsausgleichsgesetzes kein Antrag notwendig.

(3) Folgesachen sind auch Kindschaftssachen, die die Übertragung oder Entziehung der elterlichen Sorge, das Umgangsrecht oder die Herausgabe eines gemeinschaftlichen Kindes

---

3 Schulte-Bunert/Weinreich/*Rossmann*, § 133 FamFG Rn. 11
4 Schulte-Bunert/Weinreich/*Rossmann*, § 133 FamFG Rn. 12 m.w.N.
5 OLG Hamm FamRZ 2010, 1581; OLG Saarbrücken FamRZ 2014, 2021
6 Bahrenfuss/*Blank*, § 133 FamFG Rn. 3
7 BT-Drucks. 16/6308, 413

der Ehegatten oder das Umgangsrecht eines Ehegatten mit dem Kind des anderen Ehegatten betreffen, wenn ein Ehegatte vor Schluss der mündlichen Verhandlung im ersten Rechtszug in der Scheidungssache die Einbeziehung in den Verbund beantragt, es sei denn, das Gericht hält die Einbeziehung aus Gründen des Kindeswohls nicht für sachgerecht.

(4) Im Fall der Verweisung oder Abgabe werden Verfahren, die die Voraussetzungen des Absatzes 2 oder des Absatzes 3 erfüllen, mit Anhängigkeit bei dem Gericht der Scheidungssache zu Folgesachen.

(5) [1]Abgetrennte Folgesachen nach Absatz 2 bleiben Folgesachen; sind mehrere Folgesachen abgetrennt, besteht der Verbund auch unter ihnen fort. [2]**Folgesachen nach Absatz 3 werden nach der Abtrennung als selbständige Verfahren fortgeführt.**

Übersicht

Rn.
A. Allgemeines ... 1
B. Inhalt der Norm ... 2

A. Allgemeines

1 Der Scheidungsverbund soll den wirtschaftlich schwächeren Ehegatten schützen und den Eheleuten die Auswirkungen ihres Scheidungsentschlusses vor Augen führen.[1] Die folgende Kommentierung beschränkt sich auf die für Kindschaftssachen im Scheidungsverbund bedeutsamen Abschnitte (in der oben stehenden Norm sind die unkommentierten Abschnitte der Vorschrift kursiv gedruckt).

B. Inhalt der Norm

2 § 133 Abs. 3 FamFG benennt die als **Folgesachen** infrage kommenden **Kindschaftssachen**, nämlich

- Sorgerecht ein gemeinsames Kind betreffend (§§ 1671, ggf. 1666 BGB),
- Umgangsrecht eines Ehegatten mit einem gemeinsamen Kind (§ 1684 Abs. 1 BGB) oder mit dem Kind des anderen Ehegatten (§ 1685 Abs. 2 BGB),
- Herausgabe eines gemeinsamen Kindes (§ 1632 Abs. 1, 4 BGB);

▶ *Zum möglichen Zuständigkeitskonflikt in den Fällen des § 12 IntFamRVG siehe Keuter, § 23b GVG Rn 5.*

- Sorgerechts- und Umgangsrechtsabänderungsverfahren (§ 1696 BGB), da diese die genannten Gegenstände ebenfalls „betreffen".

3 In den Scheidungsverbund gelangt eines der vorgenannten Verfahren anders als nach früherem Recht nicht von Gesetzes wegen, sondern nur auf **Antrag** eines Ehegatten. Unzulässig ist es etwa, **von Amts wegen** ein Verfahren auf Entzug der elterlichen Sorge einzuleiten und ohne ausdrücklichen Antrag eines Ehegatten als Folgesache zu behandeln; diese nach § 623 Abs. 3 ZPO früher bestehende Möglichkeit ist unter der Geltung des FamFG entfallen.[2] Sie würde ohnehin regelmäßig dem Sinn und Zweck des Vorrang- und Beschleunigungsgebots (§ 155 FamFG) zuwiderlaufen.

4 Für den Antrag gilt **Anwaltszwang**, § 114 Abs. 1 FamFG, weil er eine Folgesache prozessual einleitet. Anders als bei den Folgesachen des § 137 Abs. 2 FamFG kann der Antrag noch bis zum Schluss der mündlichen Verhandlung in der Scheidungssache im ersten Rechtszug gestellt werden. Für das Scheidungsverfahren bewilligte **Verfahrenskosten-**

1 Keidel/*Weber*, § 137 FamFG Rn. 1
2 OLG Dresden FamRZ 2015, 74

hilfe erstreckt sich nicht automatisch auf die neu eingestellte Folgesache, sondern ist gesondert **neu zu beantragen** und ggf. auszudehnen.[3]

5 Ist bereits ein Scheidungsverfahren rechtshängig, werden vielfach Kindschaftssachen als Folgesachen zum Verbund eingereicht, obwohl in Wahrheit eine sofortige Entscheidung gewünscht wird und nicht erst eine „für den Fall der Scheidung". Stellt beispielsweise ein Anwalt einen Antrag auf Regelung des Umgangsrechts als Folgesache und begründet diesen damit, seinem Mandanten werde schon seit einigen Wochen ein Umgangsrecht versagt, so sollte das Gericht umgehend den Beteiligten den Hinweis geben, dass es den formal lediglich als „Anregung" anzusehenden „Antrag" als selbstständige Familiensache behandeln wird, sofern nicht umgehend klargestellt wird, warum eine Umgangsregelung erst ab Rechtskraft der Scheidung begehrt wird.

6 Die Aufnahme der Kindschaftssache in den Verbund darf nur abgelehnt werden, wenn das Gericht eine Einbeziehung aus Gründen des **Kindeswohls** als nicht sachgerecht ansieht, nicht aber deshalb, weil der Antrag – möglicherweise aus verfahrenstaktischen Gründen – erst kurz vor oder im Scheidungstermin eingereicht wird.[4]

7 Grundsätzlich liegt es im Interesse der Kinder, alsbald eine Regelung zum ständigen Aufenthalt (Lebensmittelpunkt) und zum Umgang und dessen Modalitäten zu treffen, damit sie insoweit Sicherheit und Stabilität erfahren.[5] Insbesondere in den **Anwendungsfällen des § 155 Abs. 1 FamFG** ist den Kindern ein Abwarten bis zur Rechtskraft der Scheidung nicht zuzumuten, so dass das Gericht die *Einbeziehung* der Kindschaftssache in den *Verbund* hier regelmäßig ablehnen wird.[6] Denn es ist auch zu berücksichtigen, dass eine familiengerichtliche Regelung im Rahmen eines isolierten Verfahrens bereits mit Bekanntgabe Wirksamkeit entfaltet (vgl. § 40 Abs. 1 FamFG) und nicht erst mit Rechtskraft der Scheidung (vgl. § 148 FamFG).[7]

8 Stellt sich erst nach Aufnahme der Kindschaftssache in den Verbund heraus, dass wegen veränderter Umstände das Kindeswohl dem Verbleib des Verfahrens im Verbund widerspricht, besteht die Möglichkeit der **Abtrennung** gemäß § 140 Abs. 2 Nr. 3 FamFG. Dies ist im Hinblick auf das Beschleunigungsgebot des § 155 Abs. 1 FamFG, das auch bei Kindschaftssachen im Verbund gilt, und zur Vermeidung einer Beschleunigungsrüge bzw. -beschwerde nach §§ 155b, 155c FamFG sogar **geboten**, wenn Handlungsbedarf – insbesondere in Umgangsverfahren – erkennbar ist.[8]

9 Erfolgt die Abtrennung der Kindschaftssache aus dem Verbund, so wird das Verfahren als **selbstständige Familiensache** *fortgeführt* (Abs. 5 Satz 2). Die Sache erhält damit ein neues Aktenzeichen, bereits für das Verfahren als Folgesache bewilligte Verfahrenskostenhilfe ist neu zu beantragen und zu bewilligen.[9] Eine bestellte Verfahrensbeistandschaft wirkt hingegen ebenso fort wie bereits vorgenommene sonstige Verfahrenshandlungen, die nicht wiederholt werden müssen. Die Kostenentscheidung nach Verfahrensbeendigung richtet sich nunmehr nach § 81 FamFG.

10 Der **Verfahrenswert** einer Kindschaftssache als Folgesache beträgt nach § 44 Abs. 2 FamGKG 20% des Werts der Ehesache, höchstens 3.000 Euro, nach Abtrennung und Fortführung richtet sich der Wert nach § 45 FamGKG (regelmäßig 3.000 Euro). Gebührenrechtlich gilt die frühere Folgesache als Teil der nunmehr selbstständig fortgeführten Kind-

3 Keidel/*Weber,* § 137 FamFG Rn. 7
4 OLG Brandenburg FamRZ 2012, 56
5 OLG Brandenburg FamRZ 2012, 56
6 Keidel/*Weber,* § 137 FamFG Rn. 22
7 Dies übersieht OLG Brandenburg FamRZ 2012, 56
8 OLG Brandenburg FamRZ 2018, 128
9 OLG Hamm FamRZ 2011, 662 m.w.N.; a.A. Schulte-Bunert/Weinreich/*Keske,* § 149 FamFG Rn. 8

schaftssache, § 6 Abs. 2 FamGKG. Bei der Gebührenberechnung für den Scheidungsverbund bleibt die frühere Folgesache mithin unberücksichtigt.[10] Der Rechtsanwalt erhält seine **Gebühren** nach dem Wert der nunmehr selbstständigen Folgesache. Ist bereits über die Scheidung unter Einbeziehung der abgetrennten Folgesache abgerechnet, hat sich der Anwalt bereits für die Folgesache erhaltene Gebühren anrechnen zu lassen,[11] weil es sich i.S.v. § 21 Abs. 3 RVG bei der abgetrennten und nunmehr selbstständigen Folgesache um eine Angelegenheit handelt.

▶ *Näher hierzu Dürbeck, § 80 FamFG Rn. 12 f.*

§§ 138 bis 139 FamFG

Von Abdruck und Kommentierung wird abgesehen.

§ 140 FamFG Abtrennung

(1) Wird in einer Unterhaltsfolgesache oder Güterrechtsfolgesache außer den Ehegatten eine weitere Person Beteiligter des Verfahrens, ist die Folgesache abzutrennen.

(2) [1]Das Gericht kann eine Folgesache vom Verbund abtrennen. [2]Dies ist nur zulässig, wenn

1. in einer Versorgungsausgleichsfolgesache oder Güterrechtsfolgesache vor der Auflösung der Ehe eine Entscheidung nicht möglich ist,

2. in einer Versorgungsausgleichsfolgesache das Verfahren ausgesetzt ist, weil ein Rechtsstreit über den Bestand oder die Höhe eines Anrechts vor einem anderen Gericht anhängig ist,

3. in einer Kindschaftsfolgesache das Gericht dies aus Gründen des Kindeswohls für sachgerecht hält oder das Verfahren ausgesetzt ist,

4. seit der Rechtshängigkeit des Scheidungsantrags ein Zeitraum von drei Monaten verstrichen ist, beide Ehegatten die erforderlichen Mitwirkungshandlungen in der Versorgungsausgleichsfolgesache vorgenommen haben und beide übereinstimmend deren Abtrennung beantragen oder

5. sich der Scheidungsausspruch so außergewöhnlich verzögern würde, dass ein weiterer Aufschub unter Berücksichtigung der Bedeutung der Folgesache eine unzumutbare Härte darstellen würde, und ein Ehegatte die Abtrennung beantragt.

(3) Im Fall des Absatzes 2 Nr. 3 kann das Gericht auf Antrag eines Ehegatten auch eine Unterhaltsfolgesache abtrennen, wenn dies wegen des Zusammenhangs mit der Kindschaftsfolgesache geboten erscheint.

(4) [1]In den Fällen des Absatzes 2 Nr. 4 und 5 bleibt der vor Ablauf des ersten Jahres seit Eintritt des Getrenntlebens liegende Zeitraum außer Betracht. [2]Dies gilt nicht, sofern die Voraussetzungen des § 1565 Abs. 2 des Bürgerlichen Gesetzbuchs vorliegen.

(5) Der Antrag auf Abtrennung kann zur Niederschrift der Geschäftsstelle oder in der mündlichen Verhandlung zur Niederschrift des Gerichts gestellt werden.

(6) Die Entscheidung erfolgt durch gesonderten Beschluss; sie ist nicht selbständig anfechtbar.

10 Keidel/*Weber*, § 137 FamFG Rn. 27
11 OLG Zweibrücken FamRZ 2012, 1413 (LS); OLG Hamm AGS 2013, 387; OLG Celle NJW 2010, 3791

Übersicht

Rn.
A. Allgemeines 1
B. Inhalt der Norm 2

A. Allgemeines

1 Die Vorschrift regelt die Möglichkeiten einer **Auflösung** des **Scheidungsverbundes**. Mit der Abtrennung entfällt die Notwendigkeit einer einheitlichen Entscheidung nach § 142 FamFG. Kommentiert werden im Folgenden nur die für die Abtrennung einer Kindschaftssache als Folgesache wichtigen Passagen (in der oben stehenden Norm sind die unkommentierten Abschnitte der Vorschrift kursiv gedruckt).

B. Inhalt der Norm

2 Die **Abtrennung** einer Kindschaftssache kann von Amts wegen oder auf Antrag erfolgen. Der Antrag auf Abtrennung unterliegt nicht dem Anwaltszwang (vgl. Abs. 5 bzw. § 114 Abs. 4 Nr. 4 FamFG).

3 Die Kindschaftssache kann aus dem Verbund abgetrennt werden, wenn das Gericht dies aus Gründen des **Kindeswohls** für sachgerecht hält. Erfasst sind insbesondere die Fälle, in denen zum einen nicht ohnehin bereits einer Aufnahme der Kindschaftsfolgesache in den Scheidungsverbund Gründe des Kindeswohls entgegenstanden (siehe *Keuter*, § 137 Abs. 3 Rn. 6, 7) und zum anderen eine beschleunigte Regelung für ein Kind notwendig wird, um ihm die erforderliche Klarheit und Stabilität zu vermitteln, das Gericht aber wegen anderweitiger Folgesachen an einer Verbundentscheidung innerhalb eines aus Sicht des Kindes vertretbaren Zeitrahmens gehindert ist. Eine solche Abtrennung kann das Beschleunigungsgebot des § 155 FamFG geradezu gebieten.[1]

Eine Abtrennung kann im Einzelfall dann (zunächst) unterbleiben, wenn es tragfähige Anzeichen gibt, dass die Eltern zeitnah zu einer einvernehmlichen Regelung gelangen.[2]

4 Eine weitere Abtrennungsmöglichkeit besteht, wenn „das Verfahren ausgesetzt ist". Gemeint ist die **Aussetzung der Kindschaftssache**, was ausnahmsweise denkbar ist, wenn z. B. die Eltern ihre Bereitschaft zu außergerichtlichen Beratungs- und Einigungsgesprächen mit hinreichender Aussicht auf einvernehmliche Regelung erklärt haben.[3]

5 Der Beschluss über die Abtrennung beinhaltet eine nur begrenzt überprüfbare **Ermessensentscheidung**.[4] Vorheriges rechtliches Gehör ist selbstverständlich zu gewähren.[5] Auch wenn der Abtrennungsbeschluss als solcher nicht anfechtbar ist (§ 140 Abs. 6 FamFG), muss er begründet werden. Denn eine unzulässige Abtrennung kann mit der Beschwerde gegen die Verbundentscheidung angefochten werden.[6]

6 Lagen die Abtrennungsvoraussetzungen nicht vor, hat das Gericht mit dem Verbundbeschluss eine **unzulässige Teilentscheidung** getroffen; das Beschwerdegericht hebt dann regelmäßig die Verbundentscheidung auf und verweist das Verfahren an die erste Instanz zur Wiederherstellung des Verbundes zurück.[7] Etwas anderes gilt dann, wenn das Familiengericht inzwischen über die abgetrennte Folgesache entschieden hat.[8]

1 OLG Brandenburg FamRZ 2018, 128
2 Keidel/*Weber*, § 140 FamFG Rn. 6
3 Schulte-Bunert/Weinreich/*Rossmann*, § 140 FamFG Rn. 24 f.
4 OLG Celle ZKJ 2011,396 = NJW-RR 2012, 133
5 BGH NJW 1987, 1772, 1773
6 BGH NJW 1987, 1772, 1773
7 OLG Koblenz FamRZ 2008, 166
8 Keidel/*Weber*, § 140 FamFG Rn. 21

Teilweise stehen Kindschaftsfolgesachen in engem sachlichen Zusammenhang mit einer **Unterhaltsfolgesache**, insbesondere mit Verfahren auf nachehelichen Unterhalt wegen Kindesbetreuung (§ 1570 BGB) oder mit Verfahren auf Kindesunterhalt. § 140 Abs. 3 FamFG bietet bei entsprechendem Sachzusammenhang die Möglichkeit, auch die Unterhaltsfolgesache aus dem Verbund zu trennen, allerdings nur auf Antrag hin. Der **Sachzusammenhang** mit Kindschaftsfolgesachen, die den Lebensmittelpunkt des Kindes und die Obhut eines Elternteils für das Kind betreffen, ist regelmäßig gegeben. 7

Wird neben der Kindschaftsfolgesache auch die Unterhaltsfolgesache aus dem Verbund getrennt, besteht zwischen den abgetrennten Verfahren **kein Restverbund**.[9] Der Anwaltszwang entfällt für die Kindschaftssache, § 114 Abs. 1 FamFG, nicht aber für das Unterhaltsverfahren als nunmehr selbständige Familienstreitsache, §§ 112 Nr. 1, 114 Abs. 1 FamFG. 8

► *Zu den weiteren Auswirkungen der Abtrennung hinsichtlich **Verfahrenskostenhilfe, Kostenentscheidungen und Gebühren** siehe Keuter, § 137 FamFG Rn. 9 ff.*

§§ 141 bis 150 FamFG

Von Abdruck und Kommentierung wird abgesehen.

9 *Musielak/Borth/Grandel*, § 140 FamFG Rn. 15

Abschnitt 3
Verfahren in Kindschaftssachen

§ 151 FamFG Kindschaftssachen

Kindschaftssachen sind die dem Familiengericht zugewiesenen Verfahren, die

1. **die elterliche Sorge,**
2. **das Umgangsrecht und das Recht auf Auskunft über die persönlichen Verhältnisse des Kindes,**
3. **die Kindesherausgabe,**
4. **die Vormundschaft,**
5. **die Pflegschaft oder die gerichtliche Bestellung eines sonstigen Vertreters für einen Minderjährigen oder für eine Leibesfrucht,**
6. **die Genehmigung von freiheitsentziehender Unterbringung und freiheitsentziehenden Maßnahmen nach § 1631b des Bürgerlichen Gesetzbuchs, auch in Verbindung mit den §§ 1800 und 1915 des Bürgerlichen Gesetzbuchs,**
7. **die Genehmigung oder Anordnung einer freiheitsentziehenden Unterbringung, freiheitsentziehenden Maßnahme oder ärztlichen Zwangsmaßnahme bei einem Minderjährigen nach den Landesgesetzen über die Unterbringung psychisch Kranker oder**
8. **die Aufgaben nach dem Jugendgerichtsgesetz**

betreffen.

Übersicht

	Rn.
A. Allgemeines	1
B. Inhalt der Norm	2
I. Elterliche Sorge (Nr. 1)	2
II. Umgangs- und Auskunftsrecht (Nr. 2)	5
III. Kindesherausgabe (Nr. 3)	6
IV. Vormundschaft (Nr. 4)	7
V. Pflegschaft (Nr. 5)	8
VI. Unterbringungsverfahren (Nr. 6 und 7)	9
VII. Aufgaben nach dem JGG (Nr. 8)	10

A. Allgemeines

1 § 151 FamFG schafft abweichend von der alten Terminologie des § 640 Abs. 2 ZPO a. F. eine Legaldefinition für die unter die Sammelbezeichnung **„Kindschaftssachen"** fallenden Verfahren. Da zeitgleich mit dem Inkrafttreten des FamFG das Vormundschaftsgericht abgeschafft wurde, obliegen sämtliche Entscheidungen in Kindschaftssachen dem Familiengericht. Angepasst wurden zugleich die §§ 23a bis 23c GVG.

1a Soweit ein Verfahren mehrere Kindschaftssachen umfasst – z. B. einen Antrag auf Übertragung des gemeinsamen Sorgerechts und einen Antrag auf Regelung des Umgangsrechts –, kann das Gericht nach seinem Ermessen die Verfahren trennen oder bei isolierter Einreichung miteinander verbinden, § 20 FamFG. Dies gilt dann nicht, wenn Verfahrensgegenstände inhaltlich nicht trennbar sind, z.B. zeitgleiche Verfahren nach §§ 1671 und 1666 BGB.[1] Werden Verfahren miteinander verbunden (§ 20 FamFG) oder vom Antragsteller kumulativ in einer Antragsschrift mehrere Verfahren zugleich anhängig gemacht (z. B. eine Umgangssache nach § 1684 BGB sowie ein Auskunftsanspruch nach § 1686 BGB), ist

1 OLG Nürnberg FamRZ 2013, 1993

bei späterer Festsetzung des Verfahrenswertes die gebührenrechtliche Selbstständigkeit der Verfahren zu beachten.[2]

▶ *Zur Verfahrensfähigkeit des Kindes siehe ausführlich Köhler, § 9 FamFG Rn. 4 ff.*

B. Inhalt der Norm

I. Elterliche Sorge (Nr. 1)

Zu den die elterliche Sorge betreffenden Kindschaftssachen gehören in erster Linie alle Verfahren, in welchen es um die *(Mit-)Inhaberschaft* der elterlichen Sorge geht, also insbesondere Verfahren nach 2

- § 1626a Abs. 2 BGB auf Begründung der gemeinsamen elterlichen Sorge
- § 1671 BGB auf Übertragung der alleinigen elterlichen Sorge
- §§ 1666, 1666a BGB auf Entzug der elterlichen Sorge
- §§ 1673, 1674, 1674a BGB betreffend das Ruhen der elterlichen Sorge
- § 1680 BGB betreffend Sorgerechtsregelung nach dem Tod eines Elternteils oder nach Sorgerechtsentzug gegenüber einem Elternteil
- § 1630 Abs. 3 BGB betreffend Sorgerechtsübertragung auf Pflegeeltern
- § 1629 Abs. 2 Satz 3 BGB betreffend Entzug der elterlichen Vertretungsbefugnis
- § 1696 BGB Abänderungsverfahren

Kind i.S.v. § 151 FamFG kann in Fällen von Auslandsberührung eine Person sein, die das 18. Lebensjahr bereits vollendet hat, sofern nach dem anwendbaren ausländischen Recht damit nicht zugleich die Volljährigkeit verbunden ist.[3]

Ferner gehören zu den Kindschaftssachen i.S.v. Nr. 1 auch einzelne Angelegenheiten, z. B.: 3

- § 1628 BGB Entscheidung bei elterlichen Meinungsverschiedenheiten
- §§ 1687, 1687a, 1688 BGB Einschränkung von Erziehungsbefugnissen
- §§ 1643 BGB Genehmigung von Rechtsgeschäften
- §§ 1640 Abs. 3, 1667 BGB Vermögensverzeichnis
- § 1618 Satz 4 BGB Einwilligungsersetzung bei Einbenennung[4]
- § 1303 Abs. 2 bis 4 Gestattung der Eheschließung eines Minderjährigen

Erfasst sind schließlich die *früher* den *Vormundschaftsgerichten* zugeordneten Entscheidungen, insbesondere: 4

- §§ 2 Abs. 3, 3, 7 RelKErzG betreffend Streit um die religiöse Erziehung
- § 112 Abs. 2 BGB betreffend Rücknahme einer Ermächtigung zum Betrieb eines Erwerbsgeschäftes durch einen Minderjährigen
- § 2 NamensänderungG betreffend Genehmigung für Antrag auf Namensänderung
- § 16 Abs. 3 VerschollenheitsG betreffend Genehmigung eines Antrages auf Erklärung eines Kindes als tot

---

2 OLG Frankfurt FamRZ 2018, 204
3 BGH FamRZ 2018, 457
4 BGH FamRZ 1999, 1648

II. Umgangs- und Auskunftsrecht (Nr. 2)

5 Unter Nr. 2 fallen sämtliche Verfahren, die das **Umgangsrecht** mit einem *minderjährigen* Kind betreffen, also insbesondere Verfahren nach §§ 1684, 1685 BGB. Der Antrag eines Elternteils auf Umgang mit dem unter Betreuung stehenden *volljährigen* Kind ist dagegen keine Kindschaftssache, sondern fällt in die Zuständigkeit des Betreuungsgerichts.[5] Ob ein Kontaktverbot gegen einen Dritten nach § 1632 Abs. 2 BGB als Umgangsverfahren nach § 151 Nr. 2 FamFG anzusehen ist oder als Kindschaftssache nach § 151 Nr. 1 BGB,[6] ist für die Zuständigkeit des Familiengerichts ohne praktische Bedeutung. Seit Juli 2013 sind auch aufgenommen worden die Verfahren betreffend das Recht auf **Auskunft** über die persönlichen Verhältnisse des Kindes.[7] Hierzu zählen die Verfahren nach § 1686 BGB (Auskunftsansprüche zwischen rechtlichen Elternteilen) sowie nach dem neuen § 1686a BGB (Auskunftsanspruch des leiblichen, nicht rechtlichen Vaters).

III. Kindesherausgabe (Nr. 3)

6 Erfasst werden Verfahren auf Herausgabe des Kindes nach § 1632 Abs. 1 BGB ebenso wie Verbleibensanordnungen nach §§ 1632 Abs. 4, 1682 BGB.

IV. Vormundschaft (Nr. 4)

7 Alle Verfahren, welche die Auswahl des Vormunds sowie die Bestimmung seiner Rechte und Pflichten nach §§ 1773 ff. BGB betreffen, sind von der Vorschrift umfasst. Hierzu gehören Anordnung und Aufhebung einer Vormundschaft, die Beaufsichtigung des Vormunds, seine Überwachung und die Abrechnung etwaiger Kostenrechnungen.[8] Auch Verfahren, in denen es um die Untersuchung eines möglicherweise Minderjährigen geht zur Prüfung, ob eine Vormundschaft angeordnet werden kann oder muss, zählen dazu.[9]

V. Pflegschaft (Nr. 5)

8 Unter diese Vorschrift fallen die Verfahren nach §§ 1909 ff. BGB. Auch hier sind alle Entscheidungen erfasst, die Auswahl, Bestellung und Abberufung eines Ergänzungspflegers oder dessen Überwachung oder Abrechnung erfassen. Weil die Anordnung einer Ergänzungspflegschaft einen Eingriff in die elterliche Sorge darstellt, gelten insbesondere die gesetzlichen Verfahrensgarantien wie die Anhörungs- und Begründungspflichten (vgl. §§ 159, 160, 38 Abs. 3 Satz 1 FamFG).[10]

VI. Unterbringungsverfahren (Nr. 6 und 7)

9 Zu den Kindschaftssachen werden sowohl die Anträge auf Genehmigung einer geschlossenen Unterbringung eines Minderjährigen (§ 1631b BGB) gezählt (Nr. 6) wie auch Anträge auf Anordnung einer solchen Maßnahme nach den jeweiligen landesrechtlichen Unterbringungsvorschriften (Nr. 7). Für beide Gruppen enthält § 167 FamFG den weitgehenden Verweis auf die Vorschriften in Unterbringungssachen nach §§ 312 ff. FamFG. Als Konsequenz aus der Entscheidung des BGH,[11] die Fixierung eines Kindes sei nicht genehmigungsbedürftig, ist nunmehr nach § 1631b Abs. 2 BGB n.F.[12] auch eine regelmäßige oder über einen längeren Zeitraum andauernde Freiheitsentziehung genehmigungspflich-

5 OLG Hamm, Beschl. v. 6.1.2014 – 8 WF 179/13, juris
6 So BGH FamRZ 2010, 1975
7 Gesetz zur Stärkung der Rechte des leiblichen, nicht rechtlichen Vaters vom 4.7.2013 (BGBl. I S. 2176)
8 OLG Stuttgart FamRZ 2011, 237
9 OLG Köln MDR 2013, 286
10 OLG Frankfurt NZFam 2018, 285
11 BGH FamRZ 2013, 1646 = ZKJ 2013,449 m.w.N. auch für die Gegenmeinung
12 Gesetz zur Einführung eines familiengerichtlichen Genehmigungsvorbehaltes für freiheitsentziehende Maßnahmen bei Kindern vom 17.7.2017, BGBl. 2017 S. 2424

tig, wenn die Freiheitsentziehung in nicht altersgerechter Weise erfolgt und sich das Kind in einem Krankenhaus, einem Heim oder in einer sonstigen Einrichtung aufhält.

VII. Aufgaben nach dem JGG (Nr. 8)

Gemäß §§ 53, 104 Abs. 4 JGG kann der Jugendrichter dem Familiengericht Auswahl und Anordnung von Erziehungsmaßregeln überlassen. Unter Nr. 8 fällt aber auch die Bestellung eines Pflegers zur Vertretung des Kindes im Strafverfahren sowie die Wahrnehmung übertragener Aufgaben nach § 34 JGG durch das Jugendgericht.[13] 10

§ 152 FamFG Örtliche Zuständigkeit

(1) Während der Anhängigkeit einer Ehesache ist unter den deutschen Gerichten das Gericht, bei dem die Ehesache im ersten Rechtszug anhängig ist oder war, ausschließlich zuständig für Kindschaftssachen, sofern sie gemeinschaftliche Kinder der Ehegatten betreffen.

(2) Ansonsten ist das Gericht zuständig, in dessen Bezirk das Kind seinen gewöhnlichen Aufenthalt hat.

(3) Ist die Zuständigkeit eines deutschen Gerichts nach den Absätzen 1 und 2 nicht gegeben, ist das Gericht zuständig, in dessen Bezirk das Bedürfnis der Fürsorge bekannt wird.

(4) [1]Für die in den §§ 1693 und 1846 des Bürgerlichen Gesetzbuchs und in Artikel 24 Abs. 3 des Einführungsgesetzes zum Bürgerlichen Gesetzbuche bezeichneten Maßnahmen ist auch das Gericht zuständig, in dessen Bezirk das Bedürfnis der Fürsorge bekannt wird. [2]Es soll die angeordneten Maßnahmen dem Gericht mitteilen, bei dem eine Vormundschaft oder Pflegschaft anhängig ist.

Übersicht

Rn.
A. Allgemeines ... 1
I. Zuständigkeitskriterien ... 1
II. Zeitpunkt der Zuständigkeitsbestimmung ... 2
III. Übersicht örtliche Zuständigkeit in Kindschaftssachen ... 8
B. Inhalt der Norm ... 9
I. Anhängigkeit einer Ehesache, Abs. 1 ... 9
II. Gewöhnlicher Aufenthalt des Kindes, Abs. 2 ... 12
III. Fürsorgebedürfnis, Abs. 3 ... 15
IV. Eilzuständigkeit, Abs. 4 ... 18

A. Allgemeines

I. Zuständigkeitskriterien

Mit Einführung des FamFG ist der frühere Geschwistergerichtsstand ebenso entfallen wie die Maßgeblichkeit des Wohnsitzes des Kindes. Die Zuständigkeit wird nunmehr nach **drei Kriterien** bestimmt: der **Anhängigkeit einer Ehesache**, dem **gewöhnlichen Aufenthalt des Kindes** und dem **Fürsorgebedürfnis**. Die verschiedenen Zuständigkeiten nach Abs. 1 bis 3 stehen nicht zur Auswahl, sondern sind in der **Reihenfolge der Absätze maßgeblich**.[1] Die in Abs. 4 normierte Eilzuständigkeit tritt neben die im Übrigen **ausschließliche** Zuständigkeit nach Abs. 1 bis 3.[2] 1

13 PK Familienverfahrensrecht/*Meysen*, § 151 FamFG Rn. 11
1 OLG Frankfurt FamRZ 2017, 1146
2 OLG Bremen MDR 2017, 1127; Keidel/*Engelhardt*, § 152 FamFG Rn. 10

II. Zeitpunkt der Zuständigkeitsbestimmung

2 **Maßgeblicher Zeitpunkt** für die Zuständigkeitsbestimmung ist in **Antragsverfahren** der Eingang des Antrags.[3] Das bloße Einreichen eines Verfahrenskostenhilfegesuches reicht nicht aus.[4] Dies gilt auch, wenn zwar der Antrag mit eingereicht wird, der Antragsteller jedoch erklärt, der Antrag solle nur für den Fall der Bewilligung von Verfahrenskostenhilfe gestellt werden, weil in diesem Fall der Antragsteller zunächst lediglich sein Verfahrenskostenhilfegesuch zur Prüfung des Gerichts stellt.

In **Amtsverfahren**, insbesondere solchen nach § 1666 BGB, ist maßgeblicher Zeitpunkt für die Zuständigkeitsbestimmung derjenige, in welchem das Gericht Kenntnis von Tatsachen erhält, die ihm Veranlassung zum Einschreiten geben.[5]

3 Geht dem Hauptverfahren ein Eilverfahren voraus, ist für die Klärung der örtlichen Zuständigkeit § 52 Abs. 1 FamFG zu beachten. Dies kann zu Schwierigkeiten führen, wenn zwischen Erlass der Eilregelung und der Anhängigkeit des Hauptverfahrens der gewöhnliche Aufenthalt des Kindes in einen anderen Gerichtsbezirk verlegt wird. Nach einer Ansicht[6] ist das Gericht, das die Eilanordnung erlassen hat, auch in diesem Fall für Einleitung und Durchführung des Hauptverfahrens zuständig, wobei die zwischenzeitliche Veränderung des gewöhnlichen Aufenthaltes Anlass für eine Abgabe des Hauptverfahrens nach § 4 FamFG sein kann. Nach anderer Ansicht[7] beinhaltet die Zuständigkeit für die *Einleitung* des Hauptverfahrens nicht automatisch auch die Zuständigkeit für dessen *Durchführung.* Gegen die Annahme einer fortgeltenden Zuständigkeit für die Verfahrensdurchführung sprächen der Wortlaut des § 52 Abs. 1 FamFG („Hauptverfahren einzuleiten"), die Selbstständigkeit von Eil- und Hauptverfahren sowie Sinn und Zweck der Zuständigkeitsvorschriften, insbesondere des § 152 FamFG. Werde der gewöhnliche Aufenthalt des Kindes nach Abschluss des Eilverfahrens in einen anderen Gerichtsbezirk verlegt, sei deshalb dieses Gericht nunmehr für das Hauptverfahren zuständig.

4 Die letztgenannte Meinung ist im Ergebnis vorzugswürdig.[8] Während die erstgenannte Auffassung von einer *perpetuatio fori* zwischen Eilanordnung und Hauptverfahren ausgeht,[9] wird eine solche von der Gegenmeinung ausdrücklich verneint. Nimmt man den in § 51 Abs. 3 Satz 1 FamFG ausdrücklich formulierten Grundsatz der Selbstständigkeit von Eil- und Hauptverfahren ernst, kann es eine solche fortdauernde Zuständigkeit des Gerichts der Eilsache auch für die Durchführung des Hauptverfahrens nicht geben. Für die Auffassung des OLG Frankfurt spricht insbesondere der Gesichtspunkt, dass sich danach stets[10] die speziellen und nach § 50 Abs. 1 Satz 1 FamFG grundsätzlich maßgeblichen[11] Zuständigkeitsvorschriften der §§ 152 ff. FamFG durchsetzen, und zwar ohne Rücksicht auf etwaige Abgabegründe nach § 4 FamFG. Wenn selbst für die Abänderung einer Hauptsacheentscheidung nach § 166 FamFG, 1696 BGB die Zuständigkeit trotz der Vorkenntnisse des Ausgangsgerichts neu zu bestimmen ist,[12] kann auch das Argument der Vorkenntnisse aus dem Eilverfahren nicht für die Zuständigkeit des Gerichts der Eilsache auch für das Hauptverfahren ausschlaggebend sein, zumal fehlende Vorkenntnisse zum einen

3 Schulte-Bunert/Weinreich/*Ziegler*, § 152 FamFG Rn. 2 m.w.N.
4 Schulte-Bunert/Weinreich/*Ziegler*, § 152 FamFG Rn. 4 m.w.N.
5 Schulte-Bunert/Weinreich/*Ziegler*, § 152 FamFG Rn. 4 m.w.N.
6 OLG München NJW-RR 2011, 661; Zöller/*Feskorn*, § 52 Rn. 4; Bahrenfuss/*Socha*, § 52 FamFG Rn. 7; Musielak/*Borth/Grandel*, § 52 FamFG Rn. 2 je m.w.N.
7 OLG Frankfurt FamRZ 2017, 1146; kritisch: *Stockmann*, jurisPR-FamR 9/2017 Anm. 5
8 Ebenso Prütting/Helms/*Hammer*, § 152 Rn. 7; Prütting/Helms/*Dürbeck*, § 52 Rn. 2. Die in der Vorauflage § 152 Rn. 4 vertretene gegenteilige Auffassung wird nicht aufrechterhalten
9 Museliak/*Borth/Grandel*, § 52 FamFG Rn. 2
10 *Stockmann*, JurisPR-FamR 9/2017 Anm. 5
11 Prütting/Helms/*Hammer*, § 152 Rn. 7
12 Siehe *Gottschalk*, § 166 Rn. 12

durch die Beiziehung der Akten des Eilverfahrens weitgehend ausgeglichen werden können und zum anderen die Eilanordnung regelmäßig auf einer nur summarisch ermittelten Grundlage ergeht.

Nach überwiegender Auffassung gilt § 152 FamFG nicht für Kindschaftssachen nach § 151 Nr. 6 und 7 FamFG, weil § 167 FamFG insoweit insgesamt auf die Vorschriften über die Unterbringung verweist und damit auf § 313 FamFG.[13] 5

Erachtet sich das in einer Kindschaftssache angerufene Familiengericht für örtlich unzuständig, darf es den Antrag auch dann nicht als unzulässig zurückweisen, wenn – in Antragsverfahren – der Antragsteller **keinen Verweisungsantrag** stellt, sondern es hat sich nach Anhörung der Beteiligten durch Beschluss für unzuständig zu erklären und das Verfahren von Amts wegen an das zuständige Gericht zu verweisen.[14] 6

▶ *Zu weiteren Kompetenzkonflikten siehe Übersicht Keuter, § 17a GVG Rn. 24, und Keuter, § 154 FamFG Rn. 5 ff.*

Kennt ein Elternteil wegen einer Auskunftssperre nicht den gewöhnlichen Aufenthalt seiner Kinder und kann er diesen Ort deshalb auch nicht kennen, so kann er gleichwohl ein Umgangsverfahren z.B. beim Familiengericht, welches für den früheren gewöhnlichen Aufenthalt des Kindes zuständig war, beantragen. Es ist Aufgabe dieses Familiengerichts, von Amts wegen die für die Zuständigkeit maßgebenden Umstände zu ermitteln und sodann ggf. das Verfahren nach § 3 FamFG an das zuständige Gericht zu verweisen.[15] 7

III. Übersicht örtliche Zuständigkeit in Kindschaftssachen

8

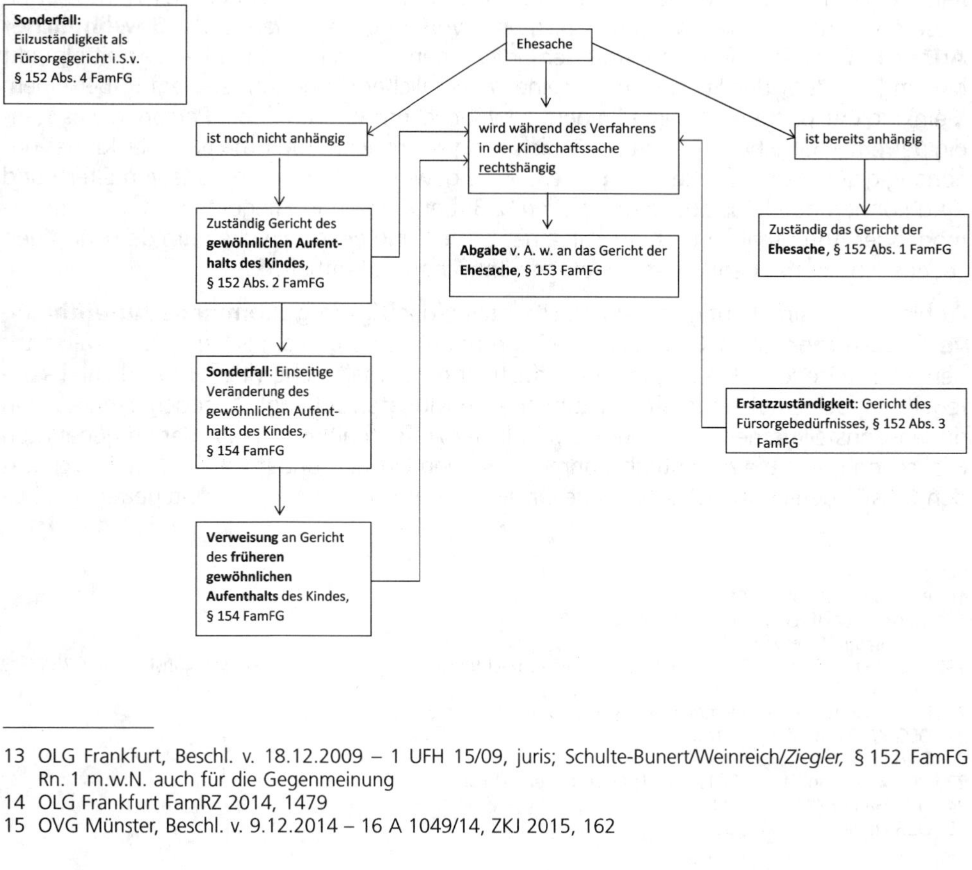

13 OLG Frankfurt, Beschl. v. 18.12.2009 – 1 UFH 15/09, juris; Schulte-Bunert/Weinreich/*Ziegler*, § 152 FamFG Rn. 1 m.w.N. auch für die Gegenmeinung
14 OLG Frankfurt FamRZ 2014, 1479
15 OVG Münster, Beschl. v. 9.12.2014 – 16 A 1049/14, ZKJ 2015, 162

B. Inhalt der Norm

I. Anhängigkeit einer Ehesache, Abs. 1

9 **Ehesachen** sind die in § 121 FamFG aufgezählten Verfahren. Die **Anhängigkeit** eines Verfahrens beginnt mit Eingang des Antrags bei Gericht (§ 124 Abs. 1 FamFG) und endet mit Rücknahme (§ 141 FamFG), rechtskräftiger Entscheidung (§ 148 FamFG), Tod eines Ehegatten (§ 131 FamFG) oder übereinstimmender Erledigung. Ein Ruhen des Verfahrens oder ein bloßes Nichtbetreiben mit der Folge, dass die Akten nach § 7 AktO weggelegt werden, beendet die Anhängigkeit nicht.[16]

10 Die Zuständigkeitskonzentration beim Gericht der Ehesache gilt nur für **gemeinschaftliche** Kinder; sie gilt z.B. nicht für ein Umgangsverfahren ein Stiefkind betreffend, vielmehr richtet sich hier die Zuständigkeit nach Abs. 2.[17]

11 Die vorrangige Zuständigkeit des Gerichts der Ehesache gilt zwar für die Dauer der Anhängigkeit. Ist aber die **Kindschaftssache anhängig** geworden, **bevor die Ehesache rechtshängig** wurde, so greift § 152 FamFG *nicht* ein; vielmehr zieht in dieser Situation erst die Rechtshängigkeit der Ehesache über *§ 153 FamFG* die Kindschaftssache an das Gericht der Ehesache.[18] Wenn während der Anhängigkeit einer Ehesache der gewöhnliche Aufenthalt des Kindes wechselt, kann gleichwohl zur Wahrung der Verfahrenskonzentration beim Gericht der Ehesache *keine Abgabe nach § 4 FamFG* erfolgen.[19]

II. Gewöhnlicher Aufenthalt des Kindes, Abs. 2

12 Nach der Legaldefinition des § 30 Abs. 3 Satz 2 SGB I (AT) hat den gewöhnlichen Aufenthalt „jemand dort, wo er sich unter Umständen aufhält, die erkennen lassen, dass er an diesem Ort oder in diesem Gebiet nicht nur vorübergehend verweilt". **Gewöhnlicher Aufenthalt** eines Kindes ist damit der Ort, an dem das Kind seinen Daseinsmittelpunkt hat und an dem der Schwerpunkt seiner persönlichen Beziehungen liegt.[20] Bei einem Kleinkind entspricht er regelmäßig dem gewöhnlichen Aufenthalt der Person, die es ständig betreut.[21] Gleichwohl ist grundsätzlich der gewöhnliche Aufenthaltsort des Kindes unabhängig von dem der Eltern zu prüfen.[22] Die gewöhnlichen Aufenthalte von Eltern und Kind können durchaus auseinanderfallen, z.B. bei Kindern in Pflegefamilien.[23] Ein mehrmonatiger Aufenthalt eines Kindes in einer Einrichtung bei Uneinigkeit um den künftigen Lebensmittelpunkt begründet keinen gewöhnlichen Aufenthalt.[24]

13 Problematisch sind häufig von einem Elternteil **einseitig vorgenommene Aufenthaltsveränderungen** eines Kindes: Für die Begründung eines gewöhnlichen Aufenthaltsortes genügt zwar regelmäßig ein bloßer kurzfristiger Aufenthalt nicht, vielmehr wird „als Faustregel" vielfach ein Aufenthalt von zumindest 6 Monaten verlangt.[25] Jedoch kann auch in diesen Konstellationen ein neuer gewöhnlicher Aufenthalt vor Ablauf der vorgenannten Frist schon durch die Aufenthaltsnahme am neuen Ort begründet werden, wenn sich aus den Umständen ergibt, dass der neue Ort auf längere Zeit angelegt ist und neuer Daseins-

---

16 BGH NJW-RR 1993, 898
17 Musielak/Borth/*Grandel*, § 152 FamFG Rn. 2
18 OLG Hamm FamRZ 2011, 58
19 OLG Bremen FamRZ 2013, 1680; zu etwaigen nachteiligen Folgen siehe *Stockmann*, jurisPR-FamR 25/2013 Anm. 4
20 PK Familienverfahrensrecht/*Meysen*, § 152 *FamFG* Rn. 4 m.w.N.
21 OLG Köln FamRZ 2012, 1406
22 BGH NJW 1997, 3024
23 OLG München FamRZ 2012, 1071; OLG Düsseldorf FamRZ 2010, 1178
24 OLG Hamm ZKJ 2013, 307
25 OLG Hamm ZKJ 2013, 35

mittelpunkt sein soll; dies gilt sogar für den Fall der Kindesentführung.[26] Für diese Fälle kann die Möglichkeit einer Rückverweisung bestehen (siehe *Keuter,* § 154 FamFG). Hat sich der einseitig veränderte Aufenthalt eines Kindes noch nicht zu einem neuen gewöhnlichen Aufenthalt verdichtet, ist die *Auffangzuständigkeit des § 152 Abs. 3 FamFG* zu beachten (siehe Rn. 15 f. und *Keuter,* § 154 FamFG Rn. 4 bis 7).

Werden sowohl beim Gericht des früheren gewöhnlichen Aufenthaltsortes wie auch beim Gericht des jetzigen Aufenthalts Anträge eingereicht, gilt § 2 Abs. 1 FamFG. **14**

III. Fürsorgebedürfnis, Abs. 3

Die Vorschrift ist als Auffangtatbestand weit auszulegen.[27] Denn insbesondere in Kindschaftssachen sollen negative Kompetenzkonflikte durch zügiges und fürsorgeorientiertes Tätigwerden des Gerichts tunlichst vermieden werden.[28] Ist keine Zuständigkeit aus § 152 Abs. 1 oder 2 FamFG zu begründen, ist das Gericht örtlich zuständig, in dessen Bezirk das **Bedürfnis der Fürsorge** *offenbar* wird. Dies betrifft insbesondere die Fälle, in denen der gewöhnliche Aufenthalt des Kindes im *Ausland* liegt oder *unbekannt* ist,[29] oder in denen sich der Aufenthalt eines Kindes *noch nicht zu einem gewöhnlichen Aufenthalt verdichtet* hat.[30] Wo immer ein Gericht amtlich von Tatsachen Kenntnis erlangt, die Anlass zu gerichtlichen Maßnahmen sein können, besteht das Bedürfnis der Fürsorge gemäß § 152 Abs. 3 FamFG.[31] **15**

Ist ein **Fürsorgebedürfnis in mehreren Gerichtsbezirken** offenbar geworden, ist die Zuständigkeit nach Zweckmäßigkeitsgesichtspunkten, insbesondere einer etwaigen *Vorbefassung* des Gerichts mit weiteren Eil- oder Hauptverfahren, zu bestimmen.[32] § 152 Abs. 3 FamFG gilt insbesondere für Verfahren ein noch *ungeborenes Kind* betreffend.[33] **16**

Auch für § 152 Abs. 3 FamFG gilt der Grundsatz der **perpetuatio fori** nach § 2 Abs. 2 FamFG. Das ursprünglich nach § 152 Abs. 3 FamFG zuständige Gericht darf also nicht untätig bleiben, wenn inzwischen sich eine anderweitige Zuständigkeit nach § 152 Abs. 2 FamFG ergeben hat. Insbesondere ist auch eine Verweisung an das Gericht des während des Verfahrens begründeten gewöhnlichen Aufenthaltes ausgeschlossen.[34] Unbeschadet dessen können die Voraussetzungen einer Abgabe nach § 4 FamFG zu prüfen sein. **17**

IV. Eilzuständigkeit, Abs. 4

Für Maßnahmen nach §§ 1693, 1846 BGB, Art. 24 Abs. 3 EGBGB schafft § 152 Abs. 4 FamFG eine *zusätzliche*[35] **Eilzuständigkeit**. Diese dauert indes nur so lange an, bis das nach § 152 Abs. 1 bis 3 zuständige Gericht selbst tätig geworden oder das Bedürfnis nach Eilregelungen weggefallen ist.[36] § 152 Abs. 4 Satz 2 FamFG normiert die Mitteilungspflicht des eine Eilmaßnahme treffenden Gerichts an das Gericht, bei dem eine Vormundschaft oder Pflegschaft anhängig ist. **18**

---

26 OLG Hamm ZKJ 2013, 35; Schulte-Bunert/Weinreich/*Ziegler,* § 152 FamFG Rn. 7 m.w.N.
27 BT-Drucks. 16/6308, 234
28 OLG Bremen MDR 2017, 1127
29 OLG Karlsruhe FamRZ 2011, 1888 m.w.N.
30 OLG Hamm ZKJ 2013, 307
31 Horndasch/Viefhues/*Horndasch,* § 152 FamFG Rn. 10
32 OLG Hamm ZKJ 2013, 307; OLG Stuttgart FamRZ 2017, 237
33 BT-Drucks. 16/6308, 235
34 OLG Frankfurt FamRZ 2016, 1691
35 BT-Drucks. 16/6308, 235; PK Familienverfahrensrecht/*Meysen,* § 152 FamFG Rn. 6 spricht von „subsidiärer" Zuständigkeit
36 Keidel/*Engelhardt,* § 152 FamFG Rn. 11

§ 153 FamFG Abgabe an das Gericht der Ehesache

[1]Wird eine Ehesache rechtshängig, während eine Kindschaftssache, die ein gemeinschaftliches Kind der Ehegatten betrifft, bei einem anderen Gericht im ersten Rechtszug anhängig ist, ist diese von Amts wegen an das Gericht der Ehesache abzugeben. [2]§ 281 Abs. 2 und 3 Satz 1 der Zivilprozessordnung gilt entsprechend.

Übersicht

	Rn.
A. Allgemeines	1
B. Inhalt der Norm	2
I. Abgabevoraussetzungen, Satz 1	2
II. Verweisung auf ZPO-Vorschriften, Satz 2	6

A. Allgemeines

1 Die Vorschrift verfolgt das Ziel, sämtliche ein gemeinschaftliches Kind betreffende Kindschaftssachen – mit Ausnahme der Unterbringungsverfahren (siehe *Keuter,* § 152 FamFG Rn. 5) – beim Gericht der Ehesache zu **konzentrieren**. Sie ergänzt § 152 Abs. 1 FamFG. Entsprechende Parallelvorschriften finden sich in §§ 202, 233 und 263 FamFG.

B. Inhalt der Norm

I. Abgabevoraussetzungen, Satz 1

2 Voraussetzung für die Anwendung des § 153 FamFG ist zunächst, dass zeitlich vorrangig eine **Kindschaftssache** beim Gericht A **anhängig** wird und nachfolgend eine **Ehesache** beim Gericht B **rechtshängig; die bloße Einreichung** eines **Verfahrenskostenhilfeantrages** für die Ehesache genügt nicht.[1] Für die umgekehrte Konstellation gilt die Zuständigkeit nach § 152 Abs. 1 FamFG (siehe auch *Keuter,* § 152 FamFG Rn. 11). Rechtshängigkeit setzt bereits erfolgte wirksame Zustellung der Antragsschrift in der Ehesache voraus, §§ 261, 253 ZPO.

3 Die Kindschaftssache muss ein **gemeinschaftliches Kind** der Eheleute betreffen. Das kann zu unterschiedlichen Zuständigkeiten führen, wenn z.B. der Ehemann ein Umgangsrecht mit einem gemeinschaftlichen Kind nach § 1684 Abs. 1 BGB begehrt und zugleich über § 1685 Abs. 2 BGB mit einem weiteren von der Ehefrau in die Ehe mitgebrachten Kind. Auseinanderfallenden Zuständigkeiten kann notfalls über § 4 FamFG Rechnung getragen werden, wobei wegen der hohen Bedeutung der Entscheidungskonzentration im Zweifel das Gericht der Ehesache das Verfahren betreffend das nicht gemeinsame Kind mit übernehmen sollte.

4 Die Kindschaftssache muss noch **erstinstanzlich anhängig** sein. Die Anhängigkeit in erster Instanz endet mit Rücknahme (§ 22 FamFG), Vergleich (§ 156 FamFG) oder Wirksamkeit (§ 40 FamFG) der erstinstanzlichen Endentscheidung (§ 38 FamFG). Ist bereits ein Rechtsmittel in der Kindschaftssache eingelegt, kommt eine Abgabe nicht mehr in Betracht, es sei denn, das Verfahren wird vom Beschwerdegericht an die erste Instanz zurückverwiesen, wobei in diesen Fällen die Zurückverweisung an das nunmehr zuständige Gericht der Ehesache erfolgt.[2] Wird gegen eine nicht Instanz beendende Entscheidung in der Kindschaftssache eine Beschwerde eingelegt, z.B. gegen einen Verfahrenskostenhilfebeschluss, so ist für die Beschwerde das dem Gericht der Ehesache übergeordnete Gericht zuständig, wenn inzwischen die Ehesache rechtshängig wurde.[3]

---

1 OLG Hamm FamRZ 2011, 58
2 Schulte-Bunert/Weinreich/*Ziegler,* § 153 FamFG Rn. 4 m.w.N.
3 BGH FamRZ 2001, 618; OLG Hamburg NJW-RR 1993, 1286

Die Abgabe erfolgt **von Amts wegen**, auch ohne Antrag eines Beteiligten.[4] Die Beteiligten sind zuvor anzuhören.[5] 5

II. Verweisung auf ZPO-Vorschriften, Satz 2

Der **Verweis auf § 281 Abs. 2 und 3 Satz 1 ZPO** hat zur Folge: Die Verweisung kann ohne mündliche Verhandlung ergehen. Der Beschluss ist grundsätzlich unanfechtbar und für das Gericht der Ehesache bindend. Beim abgebenden Gericht entstandene Kosten gelten als Teil der Kosten, die bei dem Gericht entstehen, an das abgegeben wird. 6

§ 154 FamFG Verweisung bei einseitiger Änderung des Aufenthalts des Kindes

[1]Das nach § 152 Abs. 2 zuständige Gericht kann ein Verfahren an das Gericht des früheren gewöhnlichen Aufenthaltsorts des Kindes verweisen, wenn ein Elternteil den Aufenthalt des Kindes ohne vorherige Zustimmung des anderen geändert hat. [2]Dies gilt nicht, wenn dem anderen Elternteil das Recht der Aufenthaltsbestimmung nicht zusteht oder die Änderung des Aufenthaltsorts zum Schutz des Kindes oder des betreuenden Elternteils erforderlich war.

Übersicht

Rn.

A. Allgemeines 1

B. Inhalt der Norm 2

I. Verweisungsvoraussetzungen 2

II. Ermessensentscheidung 4

III. Streit über Verweisungsvoraussetzungen 5

IV. Verweisungsfolgen 7

A. Allgemeines

Die Vorschrift schafft die Möglichkeit, auf **einseitig herbeigeführte Wechsel** des Aufenthaltsortes durch einen Elternteil im Inland reagieren zu können. Ein eigenmächtiges Handeln eines Elternteils ohne Rücksicht auf die bisherigen sozialen Bindungen des Kindes schadet regelmäßig dem Kindeswohl und soll nicht noch dem unrechtmäßig Handelnden Vorteile in Gestalt eines ortsnahen Gerichts bringen.[1] Der trennungswillige Elternteil hat vielmehr im Regelfall zunächst eine einverständliche Lösung und nach deren Scheitern eine umgehende gerichtliche Regelung bei dem für den gewöhnlichen Aufenthaltsort des Kindes zuständigen Gericht zu suchen.[2] 1

B. Inhalt der Norm

I. Verweisungsvoraussetzungen

Die Verweisung setzt voraus: 2

- **gemeinsam aufenthaltsbestimmungsberechtigte Elternteile** (Satz 2 erste Alternative)[3]

---

4 Keidel/*Engelhardt*, § 153 FamFG Rn. 6
5 MüKo-FamFG/*Heilmann*, § 153 Rn. 9
1 BT-Drucks. 6/1308, 235
2 BT-Drucks. 16/6308, 235
3 OLG Hamm FamRZ 2011, 55

- **fehlende Anhängigkeit einer Ehesache** (weil andernfalls Zuständigkeit bereits nach § 152 Abs. 1, nicht § 152 Abs. 2 FamFG, besteht)
- **Begründung eines neuen gewöhnlichen Aufenthaltes** (was im Einzelfall auch bereits durch die bloße Aufenthaltsnahme erfolgen kann, wenn sich aus den Umständen ergibt, dass der neue Ort der künftige Lebensmittelpunkt sein soll (vgl. *Keuter,* § 152 Rn. 13))
- **Fehlende Zustimmung** des anderen Elternteils

3 Dagegen ist die **Verweisung ausgeschlossen**, wenn die Änderung des Aufenthaltsortes zum Schutz des Kindes oder des fortziehenden Elternteils erforderlich war. Diese Einschränkung ist vom Gesetzgeber aus Opferschutzgründen eingeführt worden.[4]

II. Ermessensentscheidung

4 Liegen die vorgenannten Voraussetzungen vor, so **kann** das Gericht nach **pflichtgemäßem Ermessen** das Verfahren an das Gericht des früheren gewöhnlichen Aufenthalts des Kindes verweisen. Dabei hat das Gericht aber im Hinblick auf das Beschleunigungsgebot nach § 155 FamFG auch zu berücksichtigen, welche Nachteile durch die Verzögerung des Verfahrens infolge einer Verweisung entstehen.[5] Stimmt der andere Elternteil nachträglich dem Umzug des Kindes zu, scheidet im Regelfall eine Verweisung an das Gericht des früheren Aufenthaltsortes aus.[6] Auch dürfen Erkenntnisse, die im Rahmen einer zur Prüfung der Zuständigkeit erfolgten Beweisaufnahme gewonnen werden (siehe unten Rn. 6), nicht verloren gehen. Die Verweisung nach § 154 FamFG an das Gericht des früheren gewöhnlichen Aufenthaltsortes ist auch dann möglich, wenn Letzteres zuvor das Verfahren an das Gericht des aktuellen gewöhnlichen Aufenthaltsortes verwiesen hatte.[7]

III. Streit über Verweisungsvoraussetzungen

5 Beim in der Praxis häufiger auftauchenden Streit über die Voraussetzungen des § 154 Satz 2 FamFG muss das Gericht notfalls bereits zur Klärung der Zuständigkeit in eine – **regelmäßig vorrangig und beschleunigt durchzuführende – Beweisaufnahme** eintreten, weil auch die Zuständigkeit zu den vom Gericht im Rahmen des Amtsermittlungsgrundsatzes zu klärenden Verfahrensvoraussetzungen zählt.[8] Eine Beweisaufnahme zu der Frage, ob der verbleibende Elternteil mit dem Umzug einverstanden war oder dem fortziehenden Elternteil Gewalt drohte, vermittelt jedoch zugleich bereits wichtige Erkenntnisse über die Frage, wo künftig der Lebensmittelpunkt des Kindes liegt. Je (zeit-)intensiver sich das Gericht im Rahmen der Zuständigkeitsprüfung bereits mit der inhaltlichen Problematik beschäftigt hat, desto mehr spricht im Rahmen der Ermessensausübung (dazu oben Rn. 4) gegen eine Verweisung.

6 Bleibt die Frage, ob der verbleibende Elternteil mit dem Wegzug des Kindes einverstanden war, **ungeklärt**, kommt eine Verweisung nicht in Betracht, weil das Fehlen der Zustimmung des anderen Elternteils nach Satz 1 positive Verweisungsvoraussetzung ist; die **Feststellungslast** trägt also derjenige, der sich auf die Ausnahmevorschrift beruft.[9] Lässt sich dagegen auch durch die Beweisaufnahme nicht klären, ob die Änderung des Aufenthaltsortes aus Schutzgründen erforderlich war, kann grundsätzlich unter Beachtung der Bedenken (siehe oben Rn. 4 und 5) eine Verweisung erfolgen, weil § 154 Satz 2 FamFG als Ausnahme konzipiert ist, deren Vorliegen nicht festgestellt werden konnte.

---

4 BT-Drucks. 16/9733, 293
5 MüKo-FamFG/*Heilmann*, § 154 Rn. 11
6 Keidel/*Engelhardt*, § 154 FamFG Rn. 6
7 OLG Frankfurt FamRZ 2017, 236
8 Keidel/*Sternal*, § 26 FamFG Rn. 47
9 Zöller/*Lorenz*, § 154 Rn. 1 m.w.N.

IV. Verweisungsfolgen

Die Verweisung ist nach § 3 Abs. 3 FamFG[10] **nicht anfechtbar** und für das Gericht des früheren gewöhnlichen Aufenthaltsortes des Kindes bindend, wenn sie nicht unter Verletzung rechtlichen Gehörs oder willkürlich ergangen ist. Der Verweisungsbeschluss enthält keine Kostenentscheidung, vielmehr gilt § 3 Abs. 4 FamFG. 7

§ 155 FamFG Vorrang- und Beschleunigungsgebot

(1) Kindschaftssachen, die den Aufenthalt des Kindes, das Umgangsrecht oder die Herausgabe des Kindes betreffen, sowie Verfahren wegen Gefährdung des Kindeswohls sind vorrangig und beschleunigt durchzuführen.

(2) [1]Das Gericht erörtert in Verfahren nach Absatz 1 die Sache mit den Beteiligten in einem Termin. [2]Der Termin soll spätestens einen Monat nach Beginn des Verfahrens stattfinden. [3]Das Gericht hört in diesem Termin das Jugendamt an. [4]Eine Verlegung des Termins ist nur aus zwingenden Gründen zulässig. [5]Der Verlegungsgrund ist mit dem Verlegungsgesuch glaubhaft zu machen.

(3) Das Gericht soll das persönliche Erscheinen der verfahrensfähigen Beteiligten zu dem Termin anordnen.

(4) Hat das Gericht ein Verfahren nach Absatz 1 zur Durchführung einer Mediation oder eines anderen Verfahrens der außergerichtlichen Konfliktbeilegung ausgesetzt, nimmt es das Verfahren in der Regel nach drei Monaten wieder auf, wenn die Beteiligten keine einvernehmliche Regelung erzielen.

Übersicht

Rn.
A. Allgemeines 1
B. Inhalt der Norm 2
I. Anwendungsbereich 2
1. Aufenthalt 3
2. Umgangsrecht 6
3. Herausgabe des Kindes 7
4. Verfahren wegen Gefährdung des Kindeswohls 8
5. Sonstige Verfahren 9a
II. Vorrang- und Beschleunigungsgebot (Abs. 1) 12
III. Früher Termin (Abs. 2) 15
1. Erfordernis der Durchführung eines Termins (Satz 1) 15
2. Zeitraum (Satz 2) 19
3. Anhörung des Jugendamts (Satz 3) 23
4. Terminsverlegung (Satz 4 und 5) 24
IV. Anordnung des persönlichen Erscheinens (Abs. 3) 27
V. Wiederaufnahme der Aussetzung wegen Mediation oder außergerichtlicher Konfliktbeilegung (Abs. 4) 33

A. Allgemeines

Die Vorschrift soll im Interesse des Kindeswohls, insbesondere unter Berücksichtigung des kindlichen Zeitempfindens,[1] zur Vermeidung der Gefahr einer faktischen Präjudizierung[2] 1

10 BT-Drucks. 16/9733, 293; Bahrenfuss/*Schlemm*, § 154 FamFG Rn. 1
1 BVerfG NJW 2001, 961 f.; *Heilmann*, S. 18 ff. m.w.N.
2 *Heilmann*, S. 55 ff. m.w.N.; MüKo-FamFG/*Heilmann*, § 155 Rn. 3; *Coester*, FF 2009, 269, 271; *Salgo*, FF 2010, 352, 354

und zur Verringerung von Unsicherheiten und Belastungen[3] eine Verkürzung der Verfahrensdauer in ausgewählten Kindschaftssachen bewirken. Sie normiert daher ein umfassendes Vorrang- und Beschleunigungsgebot und sieht eine schnelle Terminierung vor, um eine Eskalierung des Elternkonflikts zulasten des Kindes zu vermeiden. Durch eine grundsätzliche Anordnung des persönlichen Erscheinens der verfahrensfähigen Beteiligten soll gewährleistet werden, dass die der Kindschaftssache zugrunde liegenden Probleme gemeinsam erörtert und ggf. einer einvernehmlichen Lösung zugeführt werden können.[4] Die Vorschrift regelt ferner das Spannungsverhältnis zwischen der Pflicht, das Verfahren zu beschleunigen, und der Pflicht, auf eine einvernehmliche Lösung hinzuwirken (§ 156 FamFG).

B. Inhalt der Norm

I. Anwendungsbereich

2 Der Anwendungsbereich der Vorschrift erstreckt sich auf alle in § 155 Abs. 1 FamFG aufgezählten Kindschaftssachen, die

- den Aufenthalt,
- das Umgangsrecht,
- die Herausgabe des Kindes,
- Verfahren wegen Gefährdung des Kindeswohls betreffen.

1. Aufenthalt

3 Verfahren, die den Aufenthalt des Kindes betreffen, sind solche des

- § 151 Nr. 1 FamFG, wenn das Aufenthaltsbestimmungsrecht im Streit steht (wie §§ 1628, 1671, 1680 Abs. 2, 1693, 1696 BGB),
- § 151 Nr. 4 FamFG, wenn das Aufenthaltsbestimmungsrecht eines Vormunds betroffen ist,
- § 151 Nr. 5 FamFG, wenn ein Pfleger mit dem Aufgabenkreis Aufenthaltsbestimmungsrecht bestellt ist (so auch für Regelungen nach §§ 1630 Abs. 3, 1632 Abs. 4 BGB),
- sowie alle Abänderungsverfahren (§ 166 FamFG) bei einer Entscheidung in Kindschaftssachen in den vorerwähnten Fällen nach § 151 Nr. 1, Nr. 4, Nr. 5 FamFG.

4 Der Aufenthalt ist immer dann betroffen, wenn Regelungen zur Festlegung von **Wohnort und Wohnung** des Kindes – auch bei Dritten wie Verwandten, Pflegefamilien, Heim, Kindergarten, Kur, Krankenhaus oder Internat[5] – getroffen werden müssen. Das betrifft aber nicht die Begründung des Wohnsitzes i.S.d. § 11 BGB.[6]

5 Von der Bestimmung des Aufenthalts ist ebenfalls eine **Beschränkung der Freiheit** erfasst in Form von Hausarrest, des Verbots, sich an einen bestimmten Ort zu begeben, der Festlegung von Ausgehzeiten oder der Wegnahme des Personalausweises oder Reisepasses, um eine Ausreise ins Ausland zu verhindern.[7]

---

3 BVerfG NJW 2001, 961, 962; MüKo-FamFG/*Heilmann*, § 155 Rn. 4
4 BT-Drucks. 16/6308, 235 f.
5 Staudinger/*Salgo*, § 1631 BGB Rn. 53, mit weiteren Beispielen
6 Staudinger/*Salgo*, § 1631 BGB Rn. 50
7 BeckOK-BGB/*Veit*, § 1631 BGB Rn. 11.1

2. Umgangsrecht

Verfahren, die das Umgangsrecht betreffen, sind solche des § 151 Nr. 2 FamFG. Das sind die Verfahren auf Regelung des Umgangs des Kindes mit den Eltern (§ 1684 Abs. 3 Satz 1, Abs. 4 BGB), mit anderen Bezugspersonen (§ 1685 Abs. 3 BGB) und dem leiblichen, nicht rechtlichen Vater (§ 1685a Abs. 2 BGB) bzw. deren jeweiliges Abänderungsverfahren (§ 166 FamFG). 6

3. Herausgabe des Kindes

Verfahren, die die Herausgabe des Kindes betreffen, sind solche des § 151 Nr. 3 FamFG i.V.m. § 1632 Abs. 1 BGB bzw. deren jeweiliges Abänderungsverfahren (§ 166 FamFG). 7

4. Verfahren wegen Gefährdung des Kindeswohls

Verfahren wegen Gefährdung des Kindeswohls sind alle Verfahren nach **§§ 1666**, 1666a BGB und solche, die Maßnahmen wegen Gefährdung des Kindeswohls gegen den Vormund (§ 1837 Abs. 4 BGB) oder gegen den Pfleger (§ 1915 Abs. 1 Satz 1 i.V.m. § 1837 Abs. 4 BGB) betreffen, bzw. deren jeweiliges Abänderungsverfahren (§ 166 FamFG). 8

Ferner sind die Verfahren nach § 151 Nr. 6 und Nr. 7 FamFG i.V.m. § 1631b BGB, welche die Genehmigung bzw. Anordnung der geschlossenen **Unterbringung** und die Genehmigung **freiheitsentziehender Maßnahmen** regeln, von der Vorschrift erfasst. 9

5. Sonstige Verfahren

Die Vorschrift gilt erst recht in Verfahren auf **Erlass einer einstweiligen Anordnung**, die einen der in § 155 Abs. 1 FamFG aufgezählten Regelungsgegenstände aufweisen. Ein Erlass kommt unter den Voraussetzungen der §§ 49 ff. FamFG in Betracht, wenn der beantragende Elternteil einen Anordnungsanspruch und einen Anordnungsgrund glaubhaft gemacht hat und ein dringendes Bedürfnis für ein sofortiges Tätigwerden besteht, § 49 Abs. 1 FamFG.[8] 9a

Ebenso gilt die Vorschrift in **Vollstreckungsverfahren**, § 88 Abs. 3 Satz 1 FamFG, bei **Zuständigkeitskonflikten** nach § 5 FamFG oder in **Befangenheitsverfahren** i.S.d. § 6 FamFG, wenn sich diese Verfahren auf Verfahren i.S.d. § 155 Abs. 1 FamFG beziehen.[9] 10

Darüber hinaus ist bei Verfahren i.S.d. § 155 Abs. 1 FamFG die Durchführung nicht von der Einholung eines **Kostenvorschusses** abhängig zu machen,[10] und bei der Prüfung der Bewilligung von **Verfahrenskostenhilfe** ist eine Mutwilligkeit jedenfalls dann zu verneinen, wenn das Jugendamt nicht binnen eines Monats einen Vermittlungs- bzw. Beratungstermin angeboten hat.[11] 11

▶ *Näher zu den Voraussetzungen der Bewilligung von Verfahrenskostenhilfe Dürbeck, § 76 FamFG Rn. 13 ff.*

II. Vorrang- und Beschleunigungsgebot (Abs. 1)

Das **Vorranggebot** bedeutet, dass alle Verfahren i.S.d. § 155 Abs. 1 FamFG gegenüber anderen familiengerichtlichen Verfahren (wie Ehesachen, Unterhaltssachen, Güterrechtssachen, sonstigen Familiensachen) bevorzugt und damit im Notfall auf Kosten anderer anhängiger Familiensachen zu erledigen sind.[12] Auf gleicher Stufe, wenn auch nicht von § 155 Abs. 1 FamFG erfasst, können jedoch die zivilrechtlichen und öffentlich-rechtlichen 12

---

8 BT-Drucks. 16/6308, 235; MüKo-FamFG/*Heilmann*, § 155 Rn. 14
9 EGMR FamRZ 2008, 1059, 1060 f.; *Salgo*, FF 2010, 352, 356; MüKo-FamFG/*Heilmann*, § 155 Rn. 15 f.
10 OLG Saarbrücken ZKJ 2012, 75; MüKo-FamFG/*Heilmann*, § 155 Rn. 17
11 OLG Schleswig, FamRZ 2011, 1881, 1883
12 BT-Drucks. 16/6308, 235; MüKo-FamFG/*Heilmann*, § 155 Rn. 26 ff.; *Salgo*, FF 2010, 352, 356

Unterbringungen Minderjähriger, Gewaltschutzverfahren oder Verfahren nach dem Haager Kindesentführungsübereinkommen sein.[13] Das Vorranggebot gilt in jeder Lage des Verfahrens, insbesondere auch für die Terminierung. Termine sind entweder vorzuhalten oder es sind ggf. nicht vorrangige Verfahren aufzuheben oder zu verschieben.[14] Bei Terminkollisionen hat ein anderes Gericht, wenn es sich dort nicht um eine vorrangige Kindschaftssache handelt, seinen Termin zu verlegen, unabhängig davon, ob der dortige Termin zeitlich früher anberaumt war oder ob es sich um ein aufwendiges Verfahren handelt.[15]

13 Das **Beschleunigungsgebot** bedeutet, dass das gesamte Verfahren – ohne Preisgabe der rechtsstaatlichen Verfahrensgarantien und des Gebots der Einhaltung der einfachgesetzlichen Verfahrensvorschriften – zügig durchzuführen ist.[16] Zwar müssen unabdingbare Verfahrensverzögerungen hingenommen werden, jedoch kann den dadurch entstehenden Gefahren einer faktischen Präjudizierung oder einer den Kindesinteressen zuwiderlaufenden Unsicherheit und Belastung durch den Abschluss eines Zwischenvergleichs oder den Erlass einer einstweiligen Anordnung begegnet werden.[17] Dabei kann eine Befristung der einstweiligen Anordnung und deren vorzeitiges Außer-Kraft-Treten erwogen werden, vgl. § 56 Abs. 1 Satz 1 FamFG.

14 Zur **Gewährleistung** eines zügigen Verfahrens[18]

- sind **Zuständigkeitsfragen** (insbesondere örtliche) unmittelbar zu klären,[19]
- ist unmittelbar zu prüfen, ob eine **Verfahrensbeiständin** bzw. ein **Verfahrensbeistand** zu bestellen sind (§ 158 Abs. 2 Nr. 2 und 3 FamFG), denn die Verfahrensbeiständin bzw. der Verfahrensbeistand sind „so früh wie möglich" zu bestellen, § 158 Abs. 3 Satz 1 FamFG,[20]
- ist den weiteren Verfahrensbeteiligten unverzüglich Gelegenheit zur **Stellungnahme** unter **Fristsetzung** zu geben **und zugleich** ein **früher Termin** anzuberaumen, der spätestens einen Monat nach Beginn des Verfahrens stattfinden soll, § 155 Abs. 2 FamFG,
- sind kurze **Stellungnahmefristen**, zwischen drei Tagen und maximal zwei Wochen, einzuräumen,
- ist eine **Verlegung** des Termins **nur** aus **zwingende**n **Gründe**n zulässig, § 155 Abs. 2 Satz 4 FamFG,
- sind die **Eltern** und ggf. das **Kind** unverzüglich **persönlich anzuhören** (hierzu §§ 159, 160 FamFG), wenn die Anhörung nicht bereits mit dem frühen Termin verbunden wird,
- ist das **Jugendamt** unverzüglich anzuhören und auf seinen Antrag hin zu beteiligen (§ 162 FamFG),
- ist bei Einholung eines **Sachverständigengutachten**s der bzw. dem Sachverständigen **zugleich** eine **Frist zu setzen**, binnen derer sie bzw. er das Gutachten einzurei-

---

13 MüKo-FamFG/*Heilmann*, § 155 Rn. 28
14 BT-Drucks. 16/6308, 235
15 MüKo-FamFG/*Heilmann*, § 155 Rn. 27
16 OLG Stuttgart FamRZ 2017, 1254; MüKo-FamFG/*Heilmann*, § 155 Rn. 29 ff.; Prütting/Helms/*Hammer*, § 155 FamFG Rn. 15; *Salgo*, FF 2010, 352, 356 f.
17 MüKo-FamFG/*Heilmann*, § 155 Rn. 29
18 Hierzu MüKo-FamFG/*Heilmann*, § 155 Rn. 39 ff.
19 Prütting/Helms/*Hammer*, § 155 FamFG Rn. 16
20 Dazu *Coester*, FF 2009, 269, 278 ff.; *Salgo*, FF 2010, 352, 359; *Rüntz/Viefhues*, FamRZ 2010, 1285, 1287; *Müller-Magdeburg*, ZKJ 2009, 184, 185

chen hat, § 30 Abs. 1 FamFG i.V.m. § 411 Abs. 1 ZPO. Wird das Gutachten nicht fristgemäß eingereicht, soll ein Ordnungsgeld angedroht bzw. festgesetzt werden, § 30 Abs. 1 FamFG i.V.m. § 411 Abs. 2 ZPO,[21]

- ist bei Einlegung einer Beschwerde beim Amtsgericht (§ 64 Abs. 1 FamFG) die Akte **unverzüglich**, also ohne schuldhaftes Zögern (§ 121 Abs. 1 Satz 1 BGB), **an** das **Beschwerdegericht** zu übersenden; auch kann die Vorübermittlung wesentlicher Teile der Akte per Fax durch das Amtsgericht zu veranlassen sein,[22]
- hat die **Beschwerdeinstanz** genauso wie die erste Instanz das **Vorrang- und Beschleunigungsgebot** zu beachten (vgl. § 68 Abs. 3 Satz 1 FamFG) und sorgfältig zu prüfen, ob tatsächlich zusätzliche Ermittlungen erforderlich sind oder nicht bereits eine zuverlässige Grundlage für eine kindeswohlorientierte Entscheidung vorhanden ist,[23]
- ist in der **Beschwerdeinstanz** nach Ablauf der Monatsfrist des § 63 Abs. 1 FamFG eine **weitere** Einräumung einer **Begründungsfrist** in der Regel **nicht möglich**,[24]
- trifft das **Beschwerdegericht** eine Pflicht zur **zügigen Entscheidung** bei Entscheidungsreife; eine **Zurückverweisung** kommt nur in Ausnahmefällen nach § 69 Abs. 1 Satz 2, Satz 3 FamFG in Betracht.[25]

III. Früher Termin (Abs. 2)

1. Erfordernis der Durchführung eines Termins (Satz 1)

Bei allen Verfahren i.S.d. § 155 Abs. 1 FamFG **ist** ein **früher Termin** durchzuführen, § 155 Abs. 2 Satz 1 FamFG. Allein in der Beschwerdeinstanz ist ein früher Termin dann nicht erforderlich, wenn das Beschwerdegericht die Durchführung des Termins nicht für notwendig erachtet, weil ein solcher erstinstanzlich durchgeführt worden ist und von einer erneuten Durchführung keine zusätzlichen Erkenntnisse zu erwarten sind, § 68 Abs. 3 Satz 2 FamFG. 15

Der frühe Termin ist zu **unterscheiden** von einem **Erörterungstermin nach § 157 FamFG** in Verfahren wegen Gefährdung des Kindeswohls und den Terminen zu der **persönlichen Anhörung** des Kindes und der Eltern nach §§ 159, 160 FamFG. Die persönliche Anhörung der Eltern dient in erster Linie der Feststellung des Sachverhalts und der Gewährung des rechtlichen Gehörs. Die Regelung des § 157 FamFG gilt nur bei Verfahren wegen einer Kindeswohlgefährdung. Jedoch können der frühe Termin und der Erörterungstermin nach § 157 FamFG in Verfahren wegen Kindeswohlgefährdung verbunden werden.[26] Ebenso kann die persönliche Anhörung des Kindes und der Eltern mit dem frühen Termin verbunden werden.[27] Bei der Terminsladung wird dann zur Anhörung und Erörterung geladen. 16

▶ *Näher zum Erörterungstermin nach § 157 FamFG Cirullies, § 157 FamFG Rn. 4 f.*

In **einstweiligen Anordnungsverfahren** und **Vollstreckungsverfahren**, die einen in § 155 Abs. 1 FamFG aufgezählten Regelungsgegenstand aufweisen, gelten die jeweiligen Sondervorschriften und eine Terminierung ist nicht immer erforderlich (vgl. § 51 Abs. 2 Satz 2 FamFG). 17

21 BT-Drucks. 16/6308, 242; OLG Hamburg FamRZ 2017, 986
22 MüKo-FamFG/*Heilmann*, § 155 Rn. 44
23 MüKo-FamFG/*Heilmann*, § 155 Rn. 46
24 MüKo-FamFG/*Heilmann*, § 155 Rn. 45; vgl. OLG Köln ZKJ 2010, 289
25 MüKo-FamFG/*Heilmann*, § 155 FamFG Rn. 47
26 BT-Drucks. 16/6308, 237; *Salgo*, FF 2010, 352, 359
27 BT-Drucks. 16/6308, 236; MüKo-FamFG/*Heilmann*, § 155 Rn. 50

18 **Inhalt** eines frühen Termins kann sein:

- auf eine **einvernehmliche Regelung** des Konflikts hinzuwirken, § 156 Abs. 1 Satz 1 FamFG,
- die **Hilfs- und Beratungsangebote** der Träger der Kinder- und Jugendhilfe aufzuzeigen, § 156 Abs. 1 Satz 2 FamFG – wie beispielsweise die Erziehungsberatung, § 28 SGB VIII,
- auf die Möglichkeit der **außergerichtlichen Streitbeilegung**, insbesondere Mediation, hinzuweisen, § 156 Abs. 1 Satz 3, Satz 4 FamFG,
- bei erzieltem Einvernehmen über den Umgang oder die Herausgabe des Kindes die einvernehmliche Regelung als **Vergleich** aufzunehmen, § 156 Abs. 2 FamFG,
- die Frage des Erlasses einer **einstweiligen Anordnung** mit den Beteiligten zu erörtern, § 156 Abs. 3 FamFG; dabei ist zu beachten, dass das Kind vor dem Erlass einer einstweiligen Anordnung angehört werden soll, § 156 Abs. 3 Satz 3 FamFG,
- die weiteren für notwendig erachteten **Verfahrensschritte** (wie Anhörung des Kindes (§ 159 FamFG), Einholung eines Sachverständigengutachtens) den Beteiligten – auch in zeitlicher Hinsicht – transparent darzulegen.

2. Zeitraum (Satz 2)

19 Die Vorschrift sieht vor, dass der frühe Termin **spätestens einen Monat** nach Beginn des Verfahrens stattfinden soll. Die Monatsfrist beginnt mit der Anhängigkeit der Kindschaftssache durch Antragstellung oder Anregung, auch wenn für die jeweilige Hauptsache nur ein Antrag auf Verfahrenskostenhilfebewilligung gestellt wird. In letzterem Fall ist ggf. die Frage der Bedürftigkeit im frühen Termin zu klären.[28]

20 Bei der Monatsfrist handelt es sich um eine grundsätzlich **verpflichtende Zeitvorgabe** für das Gericht, die nur in Ausnahmefällen überschritten werden kann, beispielsweise wenn eine öffentliche Zustellung des Antrags erforderlich ist oder in dem dazugehörigen einstweiligen Anordnungsverfahren bereits ein Termin innerhalb des letzten Monats stattgefunden hat.[29]

21 Das **Beschwerdegericht** sollte die Monatsfrist bei seiner Terminierung als zeitliche Orientierung zugrunde legen.[30]

22 Zu berücksichtigen ist, dass zwischen **Ladung** und Termin eine **angemessene Frist** liegen soll (§ 32 Abs. 2 FamFG), wobei die Ladungsfristen von mindestens drei Tagen bzw. mindestens einer Woche nach § 217 ZPO nicht zur Anwendung kommen.[31]

3. Anhörung des Jugendamts (Satz 3)

23 Die Vorschrift legt fest, dass im frühen Termin eine Mitarbeiterin bzw. ein Mitarbeiter des Jugendamts persönlich angehört werden muss (vgl. § 162 Abs. 1 Satz 1 FamFG). Diese Verpflichtung hat insbesondere den Vorteil, dass sich die Jugendamtsmitarbeiterin bzw. der -mitarbeiter zum aktuellen Sachstand fachlich äußern kann, so wie er sich im Termin darstellt.[32] Die Mitarbeiterin bzw. der Mitarbeiter können über etwaige bereits angebotene

---

28 BT-Drucks. 16/6308, 236
29 BT-Drucks. 16/6308, 236
30 MüKo-FamFG/*Heilmann*, § 155 Rn. 72
31 MüKo-FamFG/*Heilmann*, § 155 Rn. 56
32 BT-Drucks. 16/6308, 236

und erbrachte Leistungen berichten, erzieherische und soziale Gesichtspunkte zur Entwicklung des Kindes einbringen, auf mögliche Hilfen hinweisen (§ 50 Abs. 2 Satz 1 SGB VIII) und über den etwaigen Stand des Beratungsprozesses informieren (§ 50 Abs. 2 Satz 2 SGB VIII). Ein vorheriger **schriftlicher Bericht** des Jugendamts ist nur erforderlich, wenn das Jugendamt das Gericht im Rahmen seines Schutzauftrags bei Kindeswohlgefährdung nach § 8a SGB VIII anruft.[33]

▶ *Näher hierzu Dürbeck, § 8a SGB VIII Rn. 8 ff.*

4. Terminsverlegung (Satz 4 und 5)

Die Vorschriften stellen in Ergänzung zu § 32 Abs. 1 Satz 2 FamFG klar, dass eine Termins- **24**
verlegung nur aus **zwingenden Gründen** zulässig ist. Eine Verlegung wegen erheblicher Gründe (vgl. § 32 Abs. 1 Satz 2 FamFG i.V.m. § 227 Abs. 1 ZPO) ist nicht möglich.[34] Das gilt für die erste und zweite Instanz sowie für den Erörterungstermin nach § 157 FamFG und die Termine der persönlichen Anhörung des Kindes (§ 159 FamFG) und der Eltern (§ 160 FamFG).[35]

Zwingende Gründe sind nur solche, die eine Teilnahme am Termin tatsächlich unmöglich **25**
machen, wie beispielsweise eine Erkrankung.[36] Ebenso kann die **kurzfristige Erkrankung** der zuständigen Richterin bzw. des zuständigen Richters eine Terminsverlegung rechtfertigen. Bei voraussichtlich **langfristiger Erkrankung** hat die geschäftsplanmäßige Vertreterin bzw. der Vertreter den Termin wahrzunehmen, soweit sie bzw. er nicht durch andere Termine in vorrangig zu behandelnden Kindschaftssachen verhindert ist.[37] Kein ausreichender Grund ist das Vorliegen einer Terminkollision für einen Beteiligtenvertreter in einem anderen Verfahren, sofern es sich nicht ebenfalls um eine der in § 155 Abs. 1 FamFG aufgeführten Angelegenheiten handelt.[38]

Mit dem Verlegungsgesuch ist gleichzeitig der **Verlegungsgrund** – die zwingende Erfor- **26**
derlichkeit der Terminsverlegung – **glaubhaft** (§ 31 Abs. 1 FamFG) zu machen. Zur Glaubhaftmachung geeignet sind insbesondere die **eidesstattliche Versicherung** oder ein **ärztliches Attest**. Das ärztliche Attest muss dabei über die bloße Attestierung einer Arbeitsunfähigkeit hinausgehen.

IV. Anordnung des persönlichen Erscheinens (Abs. 3)

Die Vorschrift sieht vor, dass das Gericht das persönliche Erscheinen der verfahrensfähigen **27**
Beteiligten anordnen soll. Neben der Aufklärung des Sachverhalts ist ein wesentliches Ziel des Termins, die der Kindschaftssache zugrunde liegende Problematik gemeinsam zu erörtern. Die Erörterung kann im Hinblick auf die Regelung des § 156 FamFG zur gemeinsamen Konfliktlösung regelmäßig nur dann zu einem sinnvollen Ergebnis führen, wenn sich die Beteiligten im Termin nicht vertreten lassen können.[39]

---

33 *Salgo*, FF 2010, 352, 360; *Rüntz/Viefhues*, FamRZ 2010, 1285, 1287; *Müller-Magdeburg*, ZKJ 2009, 184, 185; MüKo-FamFG/*Heilmann*, § 155 Rn. 64
34 BT-Drucks. 16/6308, 236
35 MüKo-FamFG/*Heilmann*, § 155 Rn. 58
36 BT-Drucks. 16/6308, 236
37 MüKo-FamFG/*Heilmann*, § 155 Rn. 60
38 BT-Drucks. 16/6308, 236; OLG Brandenburg FamRZ 2019, 822
39 BT-Drucks. 16/6308, 236

28 **Verfahrensfähige Beteiligte** sind in der Regel:

- beide **Elternteile**; bei einem nicht sorgeberechtigten Elternteil mit der Maßgabe des § 160 Abs. 2 Satz 2 FamFG,
- das **Kind**, soweit es das 14. Lebensjahr vollendet hat und es in einem Verfahren, das seine Person betrifft, ein ihm nach bürgerlichem Recht zustehendes Recht geltend macht,
- die **Verfahrensbeiständin**, als Beteiligte aus eigenem Recht, § 158 Abs. 3 Satz 2 FamFG,
- die **Pflegeperson**, § 161 FamFG.

29 Auch wenn ein **Kind** verfahrensfähiger Beteiligter ist, erscheint eine gleichzeitige Teilnahme des Kindes im frühen Termin aus Kindeswohlgesichtspunkten grundsätzlich nicht angezeigt.[40]

30 Das **Jugendamt** ist zwar zu laden und ist zum Erscheinen verpflichtet. Die Anordnung des persönlichen Erscheinens einer bestimmten Mitarbeiterin bzw. eines bestimmten Mitarbeiters kann aber nicht erfolgen, da allein die Institution Jugendamt zur Teilnahme am Termin verpflichtet ist.[41]

31 Von der Anordnung des persönlichen Erscheinens zu einem gemeinsamen frühen Termin kann ausnahmsweise – wie in Fällen erkennbarer familiärer Gewalt – abgesehen und es kann eine **getrennte Erörterung** vorgenommen werden.

32 Bleibt ein verfahrensfähiger Beteiligter dem Termin trotz Anordnung fern, kann gegen ihn ein **Ordnungsgeld** verhängt oder die **Vorführung** angeordnet werden, § 33 Abs. 3 FamFG. Auf die Folgen des Fernbleibens muss in der Ladung hingewiesen werden, § 33 Abs. 4 FamFG.

▶ *Näher hierzu Cirullies, §§ 33, 34 FamFG Rn. 3 ff.*

V. Wiederaufnahme der Aussetzung wegen Mediation oder außergerichtlicher Konfliktbeilegung (Abs. 4)

33 Die durch das Mediationsgesetz 2012 eingeführte Vorschrift soll das Spannungsverhältnis lösen zwischen der Pflicht, das Verfahren zu beschleunigen, und der Pflicht, auf eine einvernehmliche Lösung – auch durch außergerichtliche Konfliktbeilegung, insbesondere Mediation – hinzuwirken (§ 156 FamFG).

▶ *Näher hierzu Wegener, § 156 FamFG.*

34 Steht bei den verfahrensfähigen Beteiligten eine außergerichtliche Streitbeilegung im Raum, kann das Gericht das **Verfahren aussetzen** (§ 21 FamFG). Das Gericht ist jedoch verpflichtet, die Nachteile der mit der Aussetzung verbundenen Verfahrensverzögerung möglichst gering zu halten, indem es ggf. eine **Befristung** der Aussetzung oder den **Erlass einer einstweiligen Anordnung** für die Dauer der Aussetzung anordnet.[42]

35 Erzielen die verfahrensfähigen Beteiligten keine einvernehmliche Lösung, ist das Gericht verpflichtet, das Verfahren in der Regel **nach drei Monaten** wieder aufzunehmen und mit der Aufnahme verbundene verfahrensfördernde Maßnahmen unter Beachtung des Vorrang- und Beschleunigungsgebots vorzunehmen. Die Vorschrift gibt den Beteiligten wie auch dem Gericht eine zeitliche Orientierung. Im Einzelfall kann das Gericht nach pflichtgemäßem Ermessen das Verfahren **auch früher oder später** wieder aufnehmen. Allein

---

40 BT-Drucks. 16/6308, 236
41 MüKo-FamFG/*Heilmann*, § 155 Rn. 70
42 MüKo-FamFG/*Heilmann*, § 155 Rn. 37

der Erlass einer einstweiligen Anordnung rechtfertigt eine Hinauszögerung der Wiederaufnahme nicht.[43]

Der Aussetzungsbeschluss wie auch die Ablehnung der Wiederaufnahme nach erfolgter Aussetzung ist mit der sofortigen Beschwerde **anfechtbar**, § 21 Abs. 2 FamFG i.V.m. §§ 567 ff. ZPO. Beschwerdeberechtigt sind die Eltern, die Verfahrensbeiständin bzw. der Verfahrensbeistand und das förmlich beteiligte Jugendamt.[44] 36

§ 155a FamFG Verfahren zur Übertragung der gemeinsamen elterlichen Sorge

(1) [1]Die nachfolgenden Bestimmungen dieses Paragrafen gelten für das Verfahren nach § 1626a Absatz 2 des Bürgerlichen Gesetzbuchs. [2]Im Antrag auf Übertragung der gemeinsamen Sorge sind Geburtsdatum und Geburtsort des Kindes anzugeben.

(2) [1]§ 155 Absatz 1 ist entsprechend anwendbar. [2]Das Gericht stellt dem anderen Elternteil den Antrag auf Übertragung der gemeinsamen Sorge nach den §§ 166 bis 195 der Zivilprozessordnung zu und setzt ihm eine Frist zur Stellungnahme, die für die Mutter frühestens sechs Wochen nach der Geburt des Kindes endet.

(3) [1]In den Fällen des § 1626a Absatz 2 Satz 2 des Bürgerlichen Gesetzbuchs soll das Gericht im schriftlichen Verfahren ohne Anhörung des Jugendamts und ohne persönliche Anhörung der Eltern entscheiden. [2]§ 162 ist nicht anzuwenden. [3]Das Gericht teilt dem nach § 87c Absatz 6 Satz 2 des Achten Buches Sozialgesetzbuch zuständigen Jugendamt seine Entscheidung unter Angabe des Geburtsdatums und des Geburtsorts des Kindes sowie des Namens, den das Kind zur Zeit der Beurkundung seiner Geburt geführt hat, zu den in § 58a des Achten Buches Sozialgesetzbuch genannten Zwecken formlos mit.

(4) [1]Werden dem Gericht durch den Vortrag der Beteiligten oder auf sonstige Weise Gründe bekannt, die der gemeinsamen elterlichen Sorge entgegenstehen können, gilt § 155 Absatz 2 mit der Maßgabe entsprechend, dass der Termin nach Satz 2 spätestens einen Monat nach Bekanntwerden der Gründe stattfinden soll, jedoch nicht vor Ablauf der Stellungnahmefrist der Mutter nach Absatz 2 Satz 2. [2]§ 155 Absatz 3 und § 156 Absatz 1 gelten entsprechend.

(5) [1]Sorgeerklärungen und Zustimmungen des gesetzlichen Vertreters eines beschränkt geschäftsfähigen Elternteils können auch im Erörterungstermin zur Niederschrift des Gerichts erklärt werden. [2]§ 1626d Absatz 2 des Bürgerlichen Gesetzbuchs gilt entsprechend.

Weiterführende Literatur: Fink/Bitter, Eine unendliche Geschichte – Kommt endlich die verfassungsgemäße Reform des Sorgerechts für nichteheliche Kinder?, ZKJ 2012, 172; *Heilmann*, Die Reform des Sorgerechts nicht miteinander verheirateter Eltern – Das Ende eines Irrwegs? NJW 2013, 1473; *Kinderrechtekommission des Deutschen Familiengerichtstags*, Stellungnahme zum Referentenentwurf (RefE) eines Gesetzes zur Reform des Sorgerechts vom 28.3.2012, ZKJ 2012, 263.

---

43 BR-Drucks 60/11, 35; MüKo-FamFG/*Heilmann*, § 155 Rn. 74
44 MüKo-FamFG/*Heilmann*, § 155 Rn. 75

Übersicht

	Rn.
A. Allgemeines	1
B. Inhalt der Norm	2
I. Allgemeine Voraussetzungen (Absatz 1)	4
1. Verfahren nach § 1626a Abs. 1 Nr. 3, Abs. 2 BGB (Satz 1)	4
2. Antragsverfahren (Satz 2)	9
II. Allgemeine Voraussetzungen (Abs. 2)	15
1. Vorrang- und Beschleunigungsgebot nach § 155 Abs. 1 FamFG (Satz 1)	15
2. Zustellung und Stellungnahmefrist (Satz 2)	17
3. Erlass einer einstweiligen Anordnung	19
4. Belehrungspflicht	20
III. Vereinfachtes Verfahren (Abs. 3)	21
1. Voraussetzungen und Durchführung des vereinfachten Verfahrens (Satz 1, Satz 2)	21
a) Anhörung Kind, Eltern, Jugendamt	23
b) Ermessensspielraum des Gerichts	27
c) Rechtsmittel	29
2. Mitteilungspflicht an das zuständige Jugendamt (Satz 3)	32
IV. Reguläres Verfahren (Abs. 4)	33
V. Abgabe von Sorgeerklärungen und Zustimmungen im Erörterungstermin (Abs. 5)	38

A. Allgemeines

1 Die Norm ist 2013 im Zuge der Neuregelung des Sorgerechts für nicht miteinander verheiratete Eltern geschaffen worden und bildet die verfahrensrechtliche Ergänzung zur Übertragung der gemeinsamen elterlichen Sorge nach § 1626a Abs. 1 Nr. 3, Abs. 2 BGB. Neben der Möglichkeit der Durchführung eines – mit einigen Besonderheiten – regulären Sorgerechtsverfahrens und der Abgabe von Sorgeerklärungen zur Niederschrift des Gerichts, ist insbesondere die Möglichkeit eines vereinfachten, beschleunigten Verfahrens geschaffen worden, um dem „neuen Leitbild" – dem zufolge die gemeinsame elterliche Sorge grundsätzlich den Bedürfnissen des Kindes nach Beziehungen zu beiden Elternteilen entspricht und beide Elternteile gleichermaßen bereit sind, für das Kind Verantwortung zu tragen[1] – effektiv zu seiner Durchsetzung zu verhelfen.

B. Inhalt der Norm

2 Die Norm beinhaltet drei Alternativen zur Übertragung der gemeinsamen elterlichen Sorge.

1 BT-Drucks. 17/11048, 12, 17

Übersicht: Voraussetzungen und Ablauf des Verfahrens nach § 155a FamFG 3

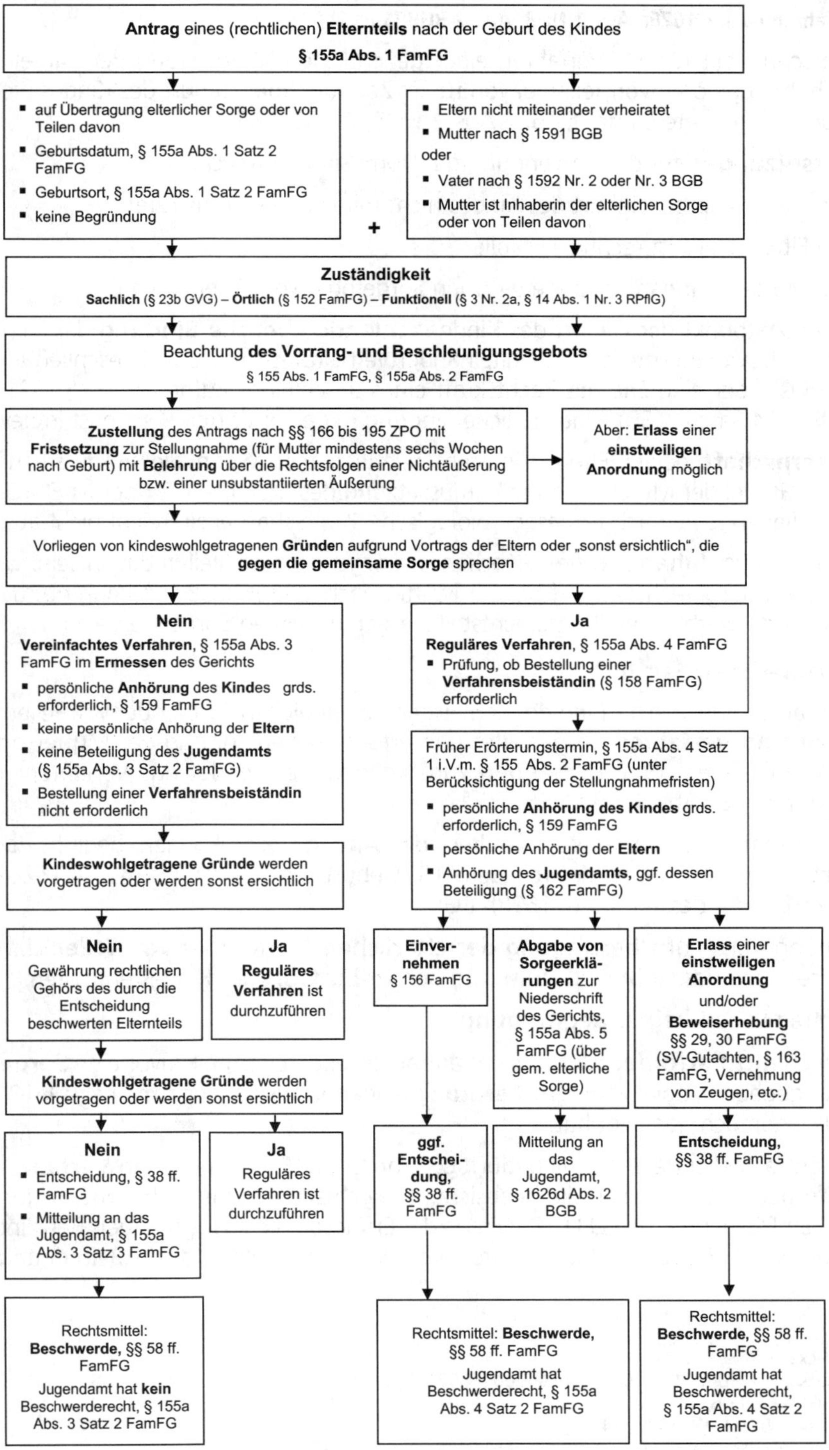

I. Allgemeine Voraussetzungen (Absatz 1)

1. Verfahren nach § 1626a Abs. 1 Nr. 3, Abs. 2 BGB (Satz 1)

4 Die Vorschrift gilt für alle Verfahren einer gerichtlichen Übertragung der gemeinsamen elterlichen Sorge oder von Teilen davon für im Zeitpunkt der Geburt des Kindes nicht miteinander verheiratete Eltern, § 1626 Abs. 1 Nr. 3, Abs. 2 BGB.

5 **Voraussetzungen** für die Anwendung der Norm sind demnach:

- die Eltern sind bei Geburt des Kindes nicht miteinander verheiratet,
- die Elternschaft ist rechtlich etabliert,
- die Mutter ist Inhaberin der elterlichen Sorge oder von Teilen davon.

6 Eine zum Zeitpunkt der Geburt des Kindes **fehlende eheliche Bindung** der Eltern liegt vor, wenn beide Elternteile nicht miteinander verheiratet sind, eine Eheschließung nicht wirksam ist oder eine Ehe mit Rechtskraft eines Beschlusses aufgelöst ist (§ 1313 Satz 2 i.V.m. § 1564 Satz 2 BGB). Eine eheliche Bindung mit einer dritten Person ist irrelevant.[2]

7 Die **Elternschaft** beider Elternteile steht rechtlich fest, wenn die Voraussetzung des § 1591 BGB bei der Mutter und die Voraussetzung des § 1592 Nr. 2 oder Nr. 3 BGB beim Vater vorliegen. Eine nachgewiesene biologische Vaterschaft allein reicht nicht aus.[3]

8 Die Mutter muss **Inhaberin der elterlichen Sorge** oder von Teilen davon sein. Liegt ein gerichtlicher Sorgerechtseingriff bei der Mutter nach § 1666 BGB vor, kann nur der noch bei der Mutter verbliebene Sorgerechtsteil zur gemeinsamen Sorge werden.[4]

2. Antragsverfahren (Satz 2)

9 Das Verfahren zur Übertragung der gemeinsamen elterlichen Sorge oder von Teilen davon ist als **Antragsverfahren** ausgestaltet und erfolgt nur auf Antrag der Mutter oder des (rechtlichen) Vaters. Wird der Antrag zurückgenommen, endet das Verfahren mit der Rücknahme, § 22 Abs. 1 Satz 1 FamFG.[5]

10 Der **Zeitraum**, innerhalb dessen die Eltern den Antrag stellen können, beginnt **nach der Geburt** des Kindes und endet mit dem 18. Geburtstag des Kindes (§ 2, § 1626 Abs. 1 Satz 1 BGB) oder dessen Tod (§ 1698b BGB).

11 Der Antrag muss auf **Übertragung der elterlichen Sorge oder von Teilen** davon gerichtet sein und das **Geburtsdatum und** den **Geburtsort** des Kindes enthalten.

12 Der Antrag bedarf **keiner Begründung**.[6]

13 Es ist auch **nicht erforderlich**, dass der antragstellende Elternteil zuvor eine **Sorgeerklärung** abgegeben[7] oder von dem **Beratung**sangebot des Jugendamts nach § 18 Abs. 2 SGB VIII Gebrauch gemacht hat.[8]

14 Ist der antragstellende Elternteil bedürftig, kann er um Bewilligung von **Verfahrenskostenhilfe** nachsuchen, wenn die beabsichtigte Rechtsverfolgung nicht mutwillig ist (§ 76 Abs. 1 FamFG i.V.m. § 114 ZPO). Die Frage der Erfolgsaussicht ist – mangels Begründungs- und vorheriger Beratungspflicht – großzügig zu behandeln. Ob die Beiordnung eines

---

2 BT-Drucks. 13/4899, 59
3 BT-Drucks. 17/11048, 16 f.; BGH FamRZ 2004, 802, 803; OLG Frankfurt FamRZ 2012, 1735
4 Vgl. BGH ZKJ 2006, 44
5 *Heilmann*, NJW 2013, 1473, 1475
6 MüKo-FamFG/*Schumann*, § 155a Rn. 13; BeckOK-BGB/*Veit*, § 1626a Rn. 12
7 BT-Drucks. 17/11048, 16; *Heilmann*, NJW 2013, 1473, 1475
8 BeckOK-BGB/*Veit*, § 1626a BGB Rn. 23

Rechtsanwalts wegen der Schwierigkeit der Sach- und Rechtslage erforderlich erscheint (§ 78 Abs. 2 FamFG), hängt vom Einzelfall ab.[9]

II. Allgemeine Voraussetzungen (Abs. 2)

1. Vorrang- und Beschleunigungsgebot nach § 155 Abs. 1 FamFG (Satz 1)

Das **Vorranggebot** bedeutet, dass das gesamte Verfahren gegenüber anderen familiengerichtlichen Verfahren (wie Ehesachen, Unterhaltssachen, Güterrechtssachen, sonstigen Familiensachen) bevorzugt und damit im Notfall auf Kosten anderer anhängiger Familiensachen zu erledigen ist.[10] 15

Das **Beschleunigungsgebot** bedeutet, dass das gesamte Verfahren – ohne Preisgabe der rechtsstaatlichen Verfahrensgarantien und des Gebots der Einhaltung der einfachgesetzlichen Verfahrensvorschriften – zügig durchzuführen ist.[11] 16

▶ *Näher zum Vorrang- und Beschleunigungsgebot Fink, § 155 FamFG.*

2. Zustellung und Stellungnahmefrist (Satz 2)

Das Gericht hat den (vollständigen) Antrag dem anderen Elternteil förmlich nach den Vorschriften der §§ 166 bis 195 ZPO **zuzustellen**. Damit kann der Antrag nicht nach § 15 Abs. 2 Satz 1 Alt. 2 FamFG einfach „zur Post gegeben" werden. Leben die Eltern zusammen, ist keine wirksame Ersatzzustellung nach § 178 Abs. 1 ZPO durch Übergabe an den Antragsteller, nach § 180 ZPO durch Einlegung in den Briefkasten oder nach § 181 ZPO durch Niederlegung möglich. Die Zustellung hat **unverzüglich** (ohne schuldhaftes Zögern, § 121 Abs. 1 Satz 1 BGB) zu erfolgen (vgl. § 155 Abs. 1 FamFG). 17

Mit der Zustellung des Antrags an den anderen Elternteil hat das Gericht eine **Frist zur** (schriftlichen) **Stellungnahme** festzusetzen. Die Fristdauer ist nach pflichtgemäßem Ermessen zu bestimmen und sollte grundsätzlich nicht über zwei Wochen hinausgehen.[12] Zu berücksichtigen ist die Frist zur Stellungnahme der Mutter, die mindestens **sechs Wochen** nach der Geburt des Kindes betragen muss. Ist das Kind bereits älter als sechs Wochen, ist der Mutter eine Stellungnahmefrist unter Beachtung der Wertung des § 155 Abs. 1 FamFG zu gewähren. Bei der Stellungnahmefrist handelt es sich nicht um eine Ausschlussfrist. Geht nach Fristablauf und vor Wirksamwerden der Entscheidung eine Stellungnahme ein, ist deren Inhalt zu berücksichtigen. Eine Verlängerung der Frist ist nach den allgemeinen Vorschriften gemäß § 16 Abs. 2 FamFG i.V.m. § 224 Abs. 2 ZPO möglich.[13] 18

3. Erlass einer einstweiligen Anordnung

Innerhalb der Stellungnahmefrist, insbesondere der Karenzfrist von sechs Wochen, besteht die Möglichkeit des **Erlasses einer einstweiligen Anordnung** unter den Voraussetzungen der §§ 49 ff. FamFG, wenn der beantragende Elternteil einen Anordnungsanspruch und einen Anordnungsgrund glaubhaft gemacht hat. Das Gericht kann dann dem beantragenden Elternteil die gemeinsame elterliche Sorge (teilweise) übertragen, wenn dies mit Blick auf § 1626a BGB gerechtfertigt ist. Es ist nämlich verfassungsrechtlich nicht gerechtfertigt, den Vater in der wichtigen Zeit nach der Geburt des Kindes von für das Kind zum 19

9 *Heilmann*, NJW 2012, 887, 890 m.w.N.
10 MüKo-FamFG/*Heilmann*, § 155 Rn. 26 ff.
11 MüKo-FamFG/*Heilmann*, § 155 Rn. 29 ff.
12 *Heilmann*, NJW 2013, 1473, 1476
13 *Heilmann*, NJW 2013, 1473, 1476

Teil existenziellen Entscheidungen auszuschließen, wie beispielsweise bei Fragen der Gesundheit, des Aufenthalts, der Namensgebung oder der Religion.[14]

▶ *Näher hierzu Lack, § 49 FamFG Rn. 4 ff.*

4. Belehrungspflicht

20 Mit der Zustellung und Fristsetzung zur Stellungnahme sollte eine **Belehrung über die Rechtsfolgen** einer Nichtäußerung bzw. einer unsubstantiierten Äußerung verbunden werden (vgl. § 91a Abs. 1 Satz 2, § 276 Abs. 2 Satz 1 ZPO).[15]

III. Vereinfachtes Verfahren (Abs. 3)

1. Voraussetzungen und Durchführung des vereinfachten Verfahrens (Satz 1, Satz 2)

21 Werden von keinem Elternteil **Gründe**[16] gegen die gemeinsame Sorge **vorgetragen** und sind solche Gründe auch **sonst nicht ersichtlich**, greift die gesetzliche Vermutung, dass die gemeinsame elterliche Sorge dem Kindeswohl nicht widerspricht (§ 1626a Abs. 2 Satz 2 BGB), und es **soll** eine gerichtliche Entscheidung im vereinfachten, schriftlichen Verfahren ergehen.

22 **Gründe**, die der Übertragung der gemeinsamen elterlichen Sorge entgegenstehen können, müssen **kindeswohlgetragen** sein.[17] Rein paarbezogene Gründe genügen nicht, soweit sie sich nicht auf das Kindeswohl auswirken (hierzu *Fink*, § 1626a BGB Rn. 29 ff.). Dem Elternteil, der die gemeinsame Sorge ablehnt, obliegt die **Darlegungslast**, konkrete Anhaltspunkte darzutun, dass sich die gemeinsame Sorge negativ auf das Kind auswirken würde.[18]

a) Anhörung Kind, Eltern, Jugendamt

23 Eine persönliche **Anhörung der Eltern** und eine schriftliche und persönliche Anhörung des **Jugendamts** sind vor einer Entscheidung im vereinfachten Verfahren nicht erforderlich.

24 Ein **Erörterungstermin** i.S.v. § 155 Abs. 2, Abs. 3 FamFG findet nicht statt. Die Regelung des § 162 FamFG ist nicht anzuwenden, § 155a Abs. 3 Satz 2 FamFG. Die Bestellung einer **Verfahrensbeiständin** bzw. eines **Verfahrensbeistands** (§ 158 Abs. 1 FamFG) wird in der Regel nicht erforderlich sein.[19]

25 Jedoch ist vor einer Entscheidung im vereinfachten Verfahren das **Kind** unter den Voraussetzungen des § 159 FamFG **persönlich anzuhören**,[20] wenn es das 14. Lebensjahr vollendet hat oder grundsätzlich wenn es älter als drei Jahre ist,[21] weil die Frage der Übertragung der gemeinsamen elterlichen Sorge eine richterliche Entscheidung ist, für welche die Neigungen, Bindungen und ggf. der Wille des Kindes von Bedeutung sind.[22]

26 Vor einer Entscheidung im vereinfachten Verfahren hat das Gericht ferner den Elternteil, gegen den eine nachteilige Entscheidung ergehen soll, darauf hinzuweisen, dass aus dem

---

14 Bundesrat, BT-Drucks. 17/11048, 28; *Fink/Bitter*, ZKJ 2012, 172, 173 f.; *Heilmann*, NJW 2013, 1473, 1476; a.A. *Dürbeck*, ZKJ 2013, 330, 333

15 Stellungnahme Kinderrechtekommission DFGT, ZKJ 2012, 263, 264; PK Familienverfahrensrecht/*Meysen*, § 155a FamFG Rn. 4

16 BT-Drucks. 17/11048, 18

17 BT-Drucks. 17/11048, 18

18 BT-Drucks. 17/11048, 17 f.

19 BT-Drucks. 17/11048, 23; *Heilmann*, NJW 2013, 1473, 1476; *Schneider*, MDR 2013, 309, 312; a.A. *Keuter*, FamRZ 2012, 825, 827

20 BT-Drucks. 17/11048, 23; BGH ZKJ 2016, 414, 418

21 BVerfG FamRZ 2007, 1078, 1079; OLG Bremen FamRZ 2015, 2170, 2171; *Fink/Bitter*, ZKJ 2012, 172, 174

22 *Heilmann*, NJW 2013, 1473, 1476; *Fink/Bitter*, ZKJ 2012, 172, 174; *Keuter*, FamRZ 2012, 825, 827; a.A. MüKo-FamFG/*Schumann*, § 155a Rn. 25; vgl. BGH ZKJ 2016, 414, 418 f.

bisherigen Vortrag keine Gründe ersichtlich werden, die der Übertragung der gemeinsamen elterlichen Sorge entgegenstehen können, und ihm – binnen kurzer Frist – **rechtliches Gehör** (vgl. Art. 103 Abs. 1 GG) zu gewähren. Denn jeder Beteiligte muss die Möglichkeit haben, sich zur rechtlichen Einschätzung des Gerichts zu äußern und darf durch die gerichtliche Entscheidung nicht überrascht werden.[23]

b) Ermessensspielraum des Gerichts

27 Die nach § 155a Abs. 3 Satz 1, Satz 2 FamFG eingeräumte Möglichkeit einer Entscheidung mit eingeschränkter Amtsermittlungspflicht steht mit der Formulierung **„soll"** im **Ermessen des Gerichts**,[24] solange tatsächlich keine kindeswohlgetragenen Gründe gegen eine gemeinsame Sorge vorgetragen oder ersichtlich sind.[25] Dies wird bereits nach der persönlichen Anhörung des Kindes und dem unmittelbaren Eindruck, den das Gericht zwangsläufig von dem Elternteil gewinnt, der das Kind zum Anhörungstermin bringt, nur noch selten der Fall sein.[26] Sind nämlich dem Gericht – unabhängig von dem Vortrag der Eltern – **sonstige Gründe i.S.v. § 1626a Abs. 2 Satz 2 BGB ersichtlich**, die der Übertragung der gemeinsamen Sorge entgegenstehen können, muss es ihnen nachgehen. Dabei ist das Tatbestandmerkmal weit zu interpretieren.[27] Der Amtsermittlungsgrundsatz gilt dann (wieder) uneingeschränkt.

28 Aber auch für den Fall, dass tatsächlich die Voraussetzungen des § 1626a Abs. 2 Satz 2 BGB vorliegen, kommt eine Entscheidung im vereinfachten Verfahren unter Berücksichtigung folgender – auch verfassungsrechtlicher – Aspekte **nicht in Betracht**.[28] Die folgenden Aspekte sollten jedenfalls – aufgrund des gegebenen Ermessenspielraums – bei der Entscheidung bedacht werden:[29]

- für jede am Kindeswohl orientierte Entscheidung benötigt das Gericht eine möglichst zuverlässige Grundlage[30] – der Antrag bedarf jedoch einerseits keiner Begründung, andererseits kann es unterschiedlichste Gründe geben, warum sich ein Elternteil zum Antrag des anderen nicht oder nur unzureichend äußert, z.B. aufgrund von Gewalt oder Drohung des Antragstellers oder aufgrund eines fehlenden legalen Aufenthalts;[31]
- mangels Vortrags könnte die gemeinsame Sorge auch dann begründet werden, wenn objektiv betrachtet ein Mindestmaß an Kooperationswilligkeit und Kooperationsfähigkeit der Eltern fehlt – das widerspräche aber dem Kindeswohl;[32]
- das Schweigen im Rechtsverkehr gilt nur unter ganz engen Voraussetzungen als Zustimmung – wer schweigt, setzt im Allgemeinen keinen Erklärungstatbestand, er bringt weder Zustimmung noch Ablehnung zum Ausdruck;[33]
- im Einzelfall kann fraglich sein, ob der Vortrag eines Elternteils tatsächlich keine kindeswohlgetragenen Gründe enthält oder ob doch Gründe ersichtlich sind, die – jeden-

23 BVerfGE 84, 188, 190; 98, 218, 263; *Heilmann*, NJW 2013, 1473, 1477
24 *Heilmann*, NJW 2013, 1473, 1476; *Schneider*, MDR 2013, 309, 311
25 BGH ZKJ 2016, 414, 418; Beispiele für Fälle, in denen das erstinstanzliche Gericht die Anforderungen an den Vortrag, der erforderlich ist, um einer Entscheidung im vereinfachten Verfahren entgegenzustehen, überspannt haben: OLG Jena NZFam 2015, 521; OLG Frankfurt, Beschl. v. 18.12.2018 – 5 UF 234/18, juris; a.A. OLG Hamm FuR 2016, 722
26 So auch *Heilmann*, NJW 2013, 1473, 1476 f.
27 *Huber/Antomo*, FamRZ 2013, 665, 670; BeckOK-BGB/*Veit*, § 1626a BGB Rn. 47
28 *Fink/Bitter*, ZKJ 2012, 172, 174
29 OLG Frankfurt ZKJ 2014, 123, 124; *Heilmann*, NJW 2013, 1473, 1475; *Dürbeck*, ZKJ 2013, 330, 333
30 BVerfGE 55, 171, 182; BVerfG NZFam 2014, 1109
31 *Salgo*, FPR 2012, 409, 410
32 Vgl. BT-Drucks. 17/11048, 12, 17, unter Bezugnahme auf BVerfGE 107, 150, 155
33 BGH NJW 2002, 3629, 3630; *Salgo*, FPR 2012, 409, 410

falls im Ansatz – im Bezug zum gemeinsamen Kind, zum Eltern-Kind-Verhältnis und/ oder konkret zum Verhältnis der beteiligten Eltern und somit im Zusammenhang mit der Einrichtung des Sorgerechts stehen können;[34]

- ebenfalls muss sorgfältig geprüft werden, welche Anforderungen an den Vortrag des darlegungspflichtigen Elternteils überhaupt gestellt werden dürfen, unter Berücksichtigung evtl. bestehender Verständigungs- oder Sprachschwierigkeiten und des sprachlichen Ausdrucksvermögens;[35]
- die bestehende körperliche und psychische Verfassung der Mutter kurz nach der Geburt des Kindes ist ebenso zu berücksichtigen
- wie eine fehlende Rechtskenntnis der Beteiligten;
- das Gericht soll in jeder Lage des Verfahrens auf eine einvernehmliche Lösung zwischen den Eltern hinwirken, vgl. § 156 FamFG;[36]
- die Ursachen der Uneinigkeit der Eltern über die Sorgetragung für das Kind und – damit verbunden – mögliche kinderschutzrelevante Aspekte bleiben bei der Durchführung des vereinfachten Verfahrens grundsätzlich unerkannt;[37]
- bei allen Maßnahmen, die Kinder betreffen, ist das Wohl des Kindes ein Gesichtspunkt, der vorrangig zu berücksichtigen ist, vgl. Art. 3 Abs. 1 Übereinkommen über die Rechte des Kindes.

c) Rechtsmittel

29 Die im vereinfachten Verfahren ergangene Entscheidung ist nach den allgemeinen Voraussetzungen der §§ 58 ff. FamFG mit der binnen Monatsfrist einzulegenden **Beschwerde** anfechtbar. Das Jugendamt ist nicht beschwerdeberechtigt, § 155a Abs. 3 Satz 2 FamFG.

30 Ist das Familiengericht **fehlerhafter** Weise davon ausgegangen, dass keine kindeswohlgetragenen Gründe vorgetragen wurden oder sonst ersichtlich waren und hat es insbesondere keine persönliche Anhörung des Kindes vorgenommen, obwohl dies erforderlich war, dürften regelmäßig die Voraussetzungen gegeben sein, die Sache unter Aufhebung der angefochtenen Entscheidung an das Familiengericht **zurückzuverweisen**, wenn ein Beteiligter dies beantragt, § 69 Abs. 1 Satz 3 FamFG.[38]

31 Die Kosten des Beschwerdeverfahrens können nach § 81 FamFG auch bei Erfolg des Rechtsmittels dem Beschwerdeführer auferlegt werden, insbesondere wenn er die Einlegung durch unbegründetes Schweigen auf den verfahrenseinleitenden Antrag hin erst veranlasst hat.[39] In einem solchen Fall dürfte auch die Bewilligung von Verfahrenskostenhilfe wegen Mutwilligkeit (§ 76 Abs. 1 FamFG i.V.m. § 114 ZPO) zu verneinen sein, auch wenn die Beschwerde Aussicht auf Erfolg hat.[40]

2. Mitteilungspflicht an das zuständige Jugendamt (Satz 3)

32 Kommt es zu einer Entscheidung im vereinfachten Verfahren, ist das Gericht verpflichtet, dem zuständigen Jugendamt, das für den Geburtsort des Kindes zuständig ist (§ 87c Abs. 6 Satz 2 SGB VIII), unter Angabe von Geburtsdatum, Geburtsort des Kindes und sei-

---

34 OLG Karlsruhe ZKJ 2014, 446, 448
35 *Huber/Antomo*, FamRZ 2013, 665, 669; *Dürbeck*, ZKJ 2013, 330, 333; *Schneider*, MDR 2013, 309, 311
36 Dazu *Salgo*, FPR 2012, 409, 410
37 Vgl. BeckOK-BGB/*Veit*, § 1626a BGB Rn. 43 m.w.N.
38 OLG Frankfurt, ZKJ 2014, 123; OLG Bremen FamRZ 2015, 2170; *Keuter*, FamRZ 2012, 825, 827; MüKo-FamFG/*Schumann*, § 155a Rn. 34
39 *Heilmann*, NJW 2013, 1473, 1477; MüKo-FamFG/*Schumann*, § 155a Rn. 35
40 *Heilmann*, NJW 2013, 1473, 1477

nes bei Geburtsbeurkundung geführten Namens **unverzüglich** – ohne schuldhaftes Zögern (§ 121 Abs. 1 Satz 1 BGB) – seine Entscheidung formlos mitzuteilen. Ist das Kind im Ausland geboren oder mit unbekanntem Geburtsort, ist das Landesjugendamt Berlin zuständig (§ 87c Abs. 6 Satz 2 i.V.m. § 88 Abs. 1 Satz 2 SGB VIII i.V.m. § 33 Abs. 1 Satz 2 Alt. 2 AG KJHG Berlin).

IV. Reguläres Verfahren (Abs. 4)

Werden von einem Elternteil oder beiden Elternteilen **kindeswohlgetragene Gründe** gegen die gemeinsame Sorge **vorgetragen** oder sind solche Gründe **sonst ersichtlich**, hat das Gericht ein reguläres Verfahren unter Beachtung der allgemeinen Regeln durchzuführen.[41] 33

▶ *Näher zu den kindeswohlgetragenen Gründen Fink, § 1626a BGB Rn. 28 ff.*

Zum **regulären Verfahren** gehört insbesondere:[42] 34

- zu prüfen, ob die **Bestellung einer Verfahrensbeiständin** bzw. eines **Verfahrensbeistand**s (§ 158 FamFG) erforderlich ist,
- die Durchführung eines **frühen Erörterungstermin**s, § 155a Abs. 4 Satz 1 i.V.m. § 155 Abs. 2 FamFG, mit der Maßgabe, dass der Termin nicht innerhalb von sechs Wochen nach der Geburt des Kindes und nicht vor Ablauf der Stellungnahmefrist der Mutter stattfindet,
- das **Jugendamt** anzuhören und es auf seinen Antrag hin zu beteiligen (§ 162 FamFG),
- die **Kindeseltern** persönlich anzuhören (§ 160 FamFG),
- ggf. das **Kind** persönlich anzuhören (§ 159 FamFG),
- das Hinwirken auf eine einvernehmliche Lösung (§ 156 FamFG).

Das Familiengericht kann die persönliche Anhörung der Eltern und des Jugendamts mit der Erörterung der Sache im **frühen Erörterungstermin** verbinden. Zu diesem Termin sollte das Gericht das persönliche Erscheinen der verfahrensfähigen Beteiligten anordnen, § 155a Abs. 4 i.V.m. § 155 Abs. 2 Satz 3, Abs. 3 FamFG. Der Termin soll **spätestens einen Monat** nach Bekanntwerden der Gründe stattfinden, die der gemeinsamen Sorgetragung entgegenstehen können, vgl. § 155 Abs. 2 Satz 2 FamFG. Zu berücksichtigen ist jedoch, dass der Termin nicht innerhalb von sechs Wochen nach der Geburt des Kindes und nicht vor Ablauf der Stellungnahmefrist der Mutter stattfinden darf.[43] 35

Das Gericht soll in jeder Lage des Verfahrens auf eine **einvernehmliche Lösung** zwischen den Eltern hinwirken, wenn dies dem Kindeswohl nicht widerspricht, und auf die Möglichkeiten der Beratung durch die Beratungsstellen und -dienste der Träger der Kinder- und Jugendhilfe insbesondere zur Entwicklung einer einvernehmlichen Lösung hinweisen, § 155a Abs. 4 Satz 2 i.V.m. § 156 Abs. 1 FamFG. 36

Das **Gericht** ist im regulären Verfahren **nicht verpflichtet**, dem zuständigen Jugendamt die **Entscheidung mitzuteilen**. Vielmehr hat das Gericht dem am Verfahren mitwirkenden Jugendamt die Entscheidung nach § 162 Abs. 3 Satz 1 FamFG bekanntzugeben. Dieses Jugendamt hat dann eine Mitteilungspflicht (§ 50 Abs. 3 SGB VIII) gegenüber demjenigen Jugendamt, das für den Geburtsort des Kindes zuständig ist (§ 87c Abs. 6 Satz 2 SGB VIII). 37

---

41 OLG Karlsruhe ZKJ 2014, 446; OLG Bremen FamRZ 2015, 2170; OLG Frankfurt, Beschl. v. 18.12.2018 – 5 UF 234/18, juris

42 *Heilmann,* NJW 2013, 1473, 1477

43 *Heilmann,* NJW 2013, 1473, 1477

V. Abgabe von Sorgeerklärungen und Zustimmungen im Erörterungstermin (Abs. 5)

38 Die Norm stellt klar, dass Sorgeerklärungen (§ 1626a Abs. 1 Nr. 1 BGB) und die ggf. erforderliche Zustimmung des gesetzlichen Vertreters eines beschränkt geschäftsfähigen Elternteils (§ 1626c Abs. 2 BGB) auch **in** einem **Erörterungstermin** abgegeben werden können. Die Sorgeerklärungen können dabei **nur** die **gesamte elterliche Sorge** umfassen. Eine nur auf Teilbereiche der elterlichen Sorge beschränkte Abgabe ist nicht möglich.[44] Die Abgabe der Erklärungen zur Niederschrift des Gerichts ersetzt die nach § 1626d Abs. 1 BGB erforderliche öffentliche Beurkundung.

39 Die Bezugnahme auf § 1626d Abs. 2 BGB in § 155a Abs. 2 Satz 2 FamFG soll sicherstellen, dass das **Gericht verpflichtet** ist,[45] die Abgabe der Sorgeerklärungen und Zustimmungen unter Angabe von Geburtsdatum, Geburtsort des Kindes und seines bei Geburtsbeurkundung geführten Namens **unverzüglich** – ohne schuldhaftes Zögern (§ 121 Abs. 1 Satz 1 BGB) – demjenigen **Jugendamt mitzuteilen**, das für den Geburtsort des Kindes zuständig ist (§ 87c Abs. 6 Satz 2 SGB VIII). Ist das Kind im Ausland geboren oder mit unbekanntem Geburtsort, ist das Landesjugendamt Berlin zuständig (§ 87c Abs. 6 Satz 2 i.V.m. § 88 Abs. 1 Satz 2 SGB VIII i.V.m. § 33 Abs. 1 Satz 2 Alt. 2 AG KJHG Berlin).

§ 155b FamFG Beschleunigungsrüge

(1) [1]Ein Beteiligter in einer in § § 155 Absatz 1 bestimmten Kindschaftssache kann geltend machen, dass die bisherige Verfahrensdauer nicht dem Vorrang- und Beschleunigungsgebot nach der genannten Vorschrift entspricht (Beschleunigungsrüge). [2]Er hat dabei Umstände darzulegen, aus denen sich ergibt, dass das Verfahren nicht vorrangig und beschleunigt durchgeführt worden ist.

(2) [1]Das Gericht entscheidet über die Beschleunigungsrüge spätestens innerhalb eines Monats nach deren Eingang durch Beschluss. [2]Hält das Gericht die Beschleunigungsrüge für begründet, hat es unverzüglich geeignete Maßnahmen zur vorrangigen und beschleunigten Durchführung des Verfahrens zu ergreifen; insbesondere ist der Erlass einer einstweiligen Anordnung zu prüfen.

(3) [1]Die Beschleunigungsrüge gilt zugleich als Verzögerungsrüge im Sinne des § 198 Absatz 3 Satz 1 des Gerichtsverfassungsgesetzes.

Weiterführende Literatur: Herberger, Die Beschleunigungsrüge (§ 155b FamFG) und die Beschleunigungsbeschwerde (§ 155c FamFG), FuR 2017, 654; *Keuter*, Beschleunigungsrüge und Beschleunigungsbeschwerde: Präventive Rechtsbehelfe bei überlanger Verfahrensdauer in Kindschaftssachen, FamRZ 2016, 1817; *Kinderrechtekommission des Deutschen Familiengerichtstages (Heilmann/Salgo)*, FamRZ 2016, 432; *Schneider*, Die Beschleunigungsrüge in Kindschaftssachen – Verfahren und Kosten, FamRB 2016, 479.

Übersicht

Rn.
A. Allgemeines 1
B. Inhalt der Norm 3
I. Voraussetzungen der Beschleunigungsrüge (Abs. 1) 3
1. Anwendungsbereich 3
2. Formalien 4
3. Notwendiger Sachvortrag 5

---

44 BT-Drucks. 17/11048, 30; BGH FamRZ 2008, 251, 255; a.A. Staudinger/*Coester*, § 1626a BGB Rn. 60
45 BT-Drucks. 17/11048, 24

II. Entscheidung des Gerichts (Abs. 2) 6
1. Entscheidungsfrist 6
2. Entscheidungskriterien 7
3. Begründete Rüge 9
4. Unbegründete Rüge 11
5. Nebenentscheidungen 12
III. Beschleunigungsrüge als Verzögerungsrüge (Abs. 3) 13

A. Allgemeines

Die Vorschrift wurde wie § 155c FamFG eingefügt durch das Gesetz zur Änderung des Sachverständigenrechts und zur weiteren Änderung des FamFG sowie zur Änderung weiterer Gesetze vom 11.10.2016.[1] Anlass war die Entscheidung des EuGHMR vom 15.1.2015[2], in der dieser erklärte, weder die Verzögerungsrüge noch eine Entschädigungsklage (§ 198 GVG) würden in ausreichendem Maße die Anforderungen an einen Beschleunigungsrechtsbehelf gemäß Art. 13 i.V.m. Art. 8 EMRK erfüllen, und zwar auch nicht in Verbindung mit dem Beschleunigungsgebot des § 155 FamFG und/oder einer – gesetzlich nicht geregelten – Untätigkeitsbeschwerde. Die Vorschrift schafft entsprechend den Vorgaben des EuGHMR einen präventiven Rechtsbehelf zur Durchsetzung des Vorrang- und Beschleunigungsgebots des § 155 FamFG. Die Verfassungsbeschwerde ist gegenüber der Beschleunigungsrüge subsidiär.[3] 1

Abs. 1 der Vorschrift definiert die Beschleunigungsrüge und normiert deren Voraussetzungen. Abs. 2 regelt die Behandlung der Rüge durch das Gericht. Der dritte Absatz bestimmt die Beschleunigungsrüge zugleich als Verzögerungsrüge nach § 198 GVG. Die Beschleunigungsrüge gilt gemäß § 88 Abs. 3 FamFG auch für das Vollstreckungsverfahren. 2

B. Inhalt der Norm

I. Voraussetzungen der Beschleunigungsrüge (Abs. 1)

1. Anwendungsbereich

Die Beschleunigungsrüge kann erhoben werden in Verfahren nach § 155 Abs. 1 FamFG, also in **Kindschaftssachen, die den Aufenthalt eines Kindes, das Umgangsrecht, die Kindesherausgabe oder eine Kindeswohlgefährdung zum Gegenstand** haben. Der Gesetzgeber ist damit einerseits über die Vorgaben des EuGHMR hinausgegangen, da das dortige Verfahren allein das Umgangsrecht betraf, andererseits hat er ebenfalls eilbedürftige Kindschaftssachen wie z.B. Unterbringungsverfahren nicht in den Kreis des § 155b Abs. 1 FamFG einbezogen. Die Vorschrift gilt analog auch für o. g. Kindschaftssachen, die vor Inkrafttreten des FamFG eingeleitet wurden.[4] 3

Die Beschleunigungsrüge kann **in Haupt- und Eilverfahren** sowie **in jeder Instanz**[5] erhoben werden. Ein **Rechtsschutzbedürfnis** besteht allerdings nur so lange, wie im Ausgangsverfahren noch keine verfahrensbeendende Entscheidung ergangen ist.[6] Nach einer solchen kann das Ziel einer Verfahrensbeschleunigung nicht mehr erreicht werden.

---

1 BGBl. I 2016 S. 2222
2 EuGHMR FamRZ 2015, 469
3 BVerfG FamRZ 2017, 620
4 OLG Bremen FamRZ 2018, 450
5 BT-Drucks. 18/9092, 16
6 BVerfG FamRZ 2018, 1761 m.w.N.

2. Formalien

4 Rügebefugt ist jeder Verfahrensbeteiligte,[7] also insbesondere das betroffene (verfahrensfähige) Kind, die Eltern und der Verfahrensbeistand, aber auch als Beteiligte hinzugezogene Pflegepersonen sowie das Jugendamt.[8] Die Rüge ist schriftlich oder zur Niederschrift der Geschäftsstelle einzureichen, § 25 Abs. 1 FamFG, und zwar bei dem Gericht, dessen Verfahrensweise als unangemessen lang gerügt wird. Soweit ausnahmsweise das Ausgangsverfahren dem Anwaltszwang unterliegt (Verbundverfahren nach § 137 FamFG, Anhängigkeit beim BGH), kann die Rüge wirksam nur durch einen Rechtsanwalt erhoben werden. Es besteht bis zum Verfahrensabschluss keine Rügefrist und auch keine Mindestverfahrensdauer.[9] Die Bezeichnung „Beschleunigungsrüge" muss nicht verwendet werden; es reicht, wenn aus dem Schriftsatz ersichtlich ist, dass der betreffende Verfahrensbeteiligte mit der bisherigen Dauer des Verfahrens nicht einverstanden ist.

3. Notwendiger Sachvortrag

5 Nach § 155b Abs. 1 Satz 2 FamFG hat der Rügende Umstände vorzutragen, aus denen sich ergibt, dass das Verfahren nicht vorrangig und beschleunigt behandelt worden ist. Diese **Darlegungspflicht** ist im Gesetzgebungsverfahren mit Blick auf die Verpflichtung des Gerichts, Grundrechtsschutz von Amts wegen zu gewährleisten, durchaus kritisch gesehen worden.[10] Gleichwohl hat sich der Gesetzgeber zu diesem Darlegungserfordernis entschlossen, was dem Gericht eine zielgerichtete Überprüfung ermöglicht und möglichem Missbrauch der Rüge vorbeugt.[11]

Umstände, die ein Verfahren unangemessen verzögern können, sind z.B.

- verspätete Zuständigkeitsprüfung,
- unterlassene oder verspätete Terminierung,
- unterlassene, zu großzügige oder nicht kontrollierte Fristen für die Erstellung eines Sachverständigengutachtens.[12]

Gerügt werden kann aber nur eine **tatsächlich bereits eingetretene Verfahrensverzögerung,**[13] nicht eine lediglich befürchtete, weil andernfalls Missbrauchsmöglichkeiten Tür und Tor geöffnet wäre.

II. Entscheidung des Gerichts (Abs. 2)

1. Entscheidungsfrist

6 Das Gericht prüft die Zulässigkeit und Begründetheit der Rüge. Auch eine unzulässige Rüge, z.B. eine erst nach Abschluss des Ausgangsverfahrens erhobene Rüge oder die wiederholte Rüge ohne neuen Sachvortrag,[14] ist zu bescheiden. Die Entscheidung über die Beschleunigungsrüge hat so rasch wie möglich zu erfolgen, die in § 155b Abs. 2 Satz 1 FamFG genannte **Monatsfrist ist als Höchstfrist** zu verstehen.[15] Zur Fristwahrung ist die Übergabe des vollständig verfassten und unterschriebenen Beschlusses an die Geschäftsstelle, nicht die Zustellung an den Beschwerdeführer maßgeblich.[16] Wird die Frist nicht ein-

---

7 MüKo-FamFG/*Schumann*, § 155b Rn. 4 m.w.N.
8 MüKo-FamFG/*Schumann*, § 155b Rn. 4 m.w.N. auch für Gegenmeinung, die für das Jugendamt und den Verfahrensbeistand die Rügebefugnis verneint.
9 *Keuter*, FamRZ 2016, 1817, 1819
10 Stellungnahme Kinderrechtekommission DFGT/*Heilmann/Salgo*, FamRZ 2016, 432, 433
11 BT-Drucks. 18/9092, 17
12 Weitere Beispiele: *Keuter*, FamRZ 2016, 1817, 1819
13 OLG Bremen ZKJ 2017, 198, 199
14 Beispiele aus der Gesetzesbegründung, BT-Drucks. 18/9092, 17
15 Stellungnahme Kinderrechtekommission des DFGT/*Heilmann/Salgo* FamRZ 2016, 432, 433
16 Formulierungshilfe der Bundesregierung, BT-Drucks. 18/6985, 6

gehalten, berechtigt dies zur Beschleunigungsbeschwerde nach § 155c Abs. 4 Satz 1 FamFG. Eine unzulässige Beschleunigungsbeschwerde ist durch einen mit Rechtsmittelbelehrung versehenen Beschluss als unzulässig zu verwerfen.

2. Entscheidungskriterien

Hält das Gericht die Beschwerde für begründet, stellt es dies durch Beschluss fest. Der **Tenor** könnte lauten: „Die bisherige Verfahrensdauer war unangemessen lang" oder „Es wird festgestellt, dass die bisherige Verfahrensbehandlung nicht ausreichend dem Vorrang- und Beschleunigungsgebot des § 155 Abs. 1 FamFG entspricht".[17] Bei der Entscheidung über die Angemessenheit der bisherigen Verfahrensdauer ist eine **Gesamtabwägung** aller verfahrens- und sachbezogenen Faktoren sowie der subjektiven, personenbezogenen Umstände vorzunehmen. Zu berücksichtigen sind Schwierigkeit und Bedeutung des Verfahrens, das Verhalten der Verfahrensbeteiligten[18] und die Verfahrensführung durch das Gericht.[19] Dabei prägt und begrenzt das Kindeswohl den Beschleunigungsgrundsatz.[20] Der Beschleunigungsgrundsatz ist kein Selbstzweck, sondern soll verhindern, dass eine Entscheidung durch Zeitablauf präjudiziert wird.[21] 7

Eine **generelle Festlegung einer Verfahrensverzögerung** ist nach Auffassung des Gesetzgebers **nicht möglich**.[22] 8

Beispiele aus der Rechtsprechung für fehlenden Verstoß gegen § 155 FamFG:

Allein aus der Dauer eines Umgangsverfahrens von 2,5 Jahren lässt sich noch kein Verstoß gegen das Beschleunigungsgebot entnehmen.[23] Es gibt auch keinen Anspruch auf eine Endentscheidung innerhalb eines Monats nach Erörterungstermin.[24] Ebenso rechtfertigt nicht jede **unterlassene Terminierung innerhalb der Monatsfrist** des § 155 FamFG die Beschleunigungsrüge,[25] schon weil in Ausnahmefällen (z.B. nur geringfügige Änderung des Umgangsrechts) die Nichteinhaltung der vorgenannten Sollvorschrift gestattet ist.[26] Auch kann eine **Terminsverlegung** mit der Folge einer Überschreitung der Monatsfrist sachlich gerechtfertigt sein, z.B. bei Erkrankung des Verfahrensbeistands.[27] Ist der ordentliche Dezernent krankheits- oder urlaubsbedingt verhindert, darf dessen Rückkehr in überschaubarer Zeit insbesondere dann abgewartet werden, wenn dieser in die Sache eingearbeitet ist und bereits mehrere Verfahren die Familie betreffend entschieden hat; dies entspricht auch dem Rechtsgedanken des § 23b Abs. 2 Satz 1 GVG („eine Familie, ein Richter").[28] Dies kann jedoch nur ein Abwarten von wenigen Wochen, nicht jedoch Monaten rechtfertigen. Gegebenenfalls ist das Verfahren zeitnah von seinem Vertreter in angemessener Weise zu fördern.

---

17 OLG Karlsruhe NZFam 2018, 282
18 Zu von Beteiligten durch Ablehnungsgesuche verursachten Verzögerungen siehe EuGMR, Entscheidung v. 21.2.2017 – 13240/15, juris = FamRZ 2017, 895 (LS)
19 OLG Bremen FamRZ 2018, 450
20 OLG Stuttgart ZKJ 2017, 200 (LS) = FamRZ 2017, 1254
21 OLG Bremen ZKJ 2017, 198, 199; OLG Stuttgart ZKJ 2017, 200 (LS) = FamRZ 2017, 1254
22 BVerfG FamRZ 2019, 1929; OLG Stuttgart ZKJ 2017, 200 (LS) = FamRZ 2017, 1254
23 KG ZKJ 2017, 193
24 OLG Brandenburg FamRZ 2018, 284
25 OLG Düsseldorf, Beschl. v. 9.1.2018 – 1 WF 276/17, juris
26 MüKo-FamFG/*Heilmann,* § 155 Rn. 57
27 OLG Bremen FamRZ 2017, 1855 Rn. 10; *Herberger,* JurisPR-FamR 19/2017, Anm. 5
28 OLG Bremen FamRZ 2017, 1855 Rn. 11

Beispiele aus der Rechtsprechung für einen Verstoß gegen § 155 FamFG:

Ein Zeitraum von vier Wochen zwischen Verfügung des Richters und deren Ausführung ist in Kindschaftssachen auch in Krankheits- und Vertretungszeit aber grundsätzlich zu lang.[29] Wird eine **Kindschaftssache im Verbund** geführt und kann dieses nicht in absehbarer Zeit entschieden werden, ist die Kindschaftssache zur Verfahrensförderung aus dem Verbund zu trennen.[30] Einem Sachverständigen, der über Monate hinweg trotz Erinnerung sein Gutachten nicht erstellt, ist ein Ordnungsgeld anzudrohen und gegen ihn festzusetzen,[31] siehe auch § 411 Abs. 2 ZPO.

3. Begründete Rüge

9 Bei begründeter Rüge hat das Gericht nach § 155b Abs. 2 Satz 2 FamFG unverzüglich geeignete Maßnahmen zur vorrangigen und beschleunigten Durchführung des Verfahrens zu ergreifen, insbesondere den Erlass einer Eilanordnung zu prüfen, § 155b Abs. 2 Satz 2 FamFG. Hierzu gehören insbesondere die Nachholung einer bislang unterlassenen Terminierung, Erinnerungen an den Sachverständigen zur beschleunigten Gutachtenerstellung, wenn möglich natürlich auch die Entscheidung in der Sache selbst. Der Anwendungsbereich des § 155b Abs. 2 Satz 2 FamFG dürfte im Hinblick auf §§ 156 Abs. 3, 157 Abs. 3 FamFG relativ eingeschränkt sein[32] und ins Leere gehen, wenn die Beschleunigungsrüge innerhalb eines Eilverfahrens erhoben wird. Wird von einer einstweiligen Anordnung abgesehen, empfiehlt sich, die Gründe hierfür aktenkundig zu machen, auch wenn dies gesetzlich nicht vorgeschrieben ist.[33] Leitet das Gericht ein Eilverfahren ein, ist dieses als neues Verfahren einzutragen, Verfahrenskostenhilfe ist gesondert zu beantragen, ein Verfahrensbeistand gesondert zu bestellen.[34]

10 Neben der unverzüglichen Förderung des Ausgangsverfahrens hat das Gericht auch die Beschleunigungsrüge zu bescheiden, und zwar selbst dann, wenn das Ausgangsverfahren inzwischen erledigt ist. Eine gesetzliche Regelung, wonach zumindest der Abschluss des Ausgangsverfahrens eine Entscheidung über die Beschleunigungsrüge oder -beschwerde erübrigt, hätte diesen Mehraufwand leicht vermeiden können.[35]

4. Unbegründete Rüge

11 Eine unbegründete Rüge ist durch einen mit Rechtsbehelfsbelehrung versehenen (§ 39 FamFG) und begründeten Beschluss (§ 38 FamFG) zurückzuweisen. Die Rechtsbehelfsbelehrung verweist auf die Möglichkeit der Beschleunigungsbeschwerde nach § 155c Abs. 1 FamFG innerhalb von zwei Wochen. Die Begründung kann und sollte sich auf die konkret vom Beschwerdeführer gerügten Verzögerungsursachen beschränken. Soweit gefordert wird, den gesamten bisherigen Verfahrensablauf einzubeziehen,[36] bindet dies Arbeitskraft des Gerichts, die besser in die Bearbeitung des Ausgangsverfahrens investiert ist. Gegen einen solchen Begründungsaufwand spricht auch die Streichung des ursprünglich im Gesetzentwurf enthaltenen Passus, die Begründung müsse darlegen, inwieweit der Verfahrensablauf seit Verfahrensbeginn den Vorgaben des § 155 FamFG entspreche.

---

29 OLG Bremen ZKJ 2017, 198, 199, das im konkreten Fall gleichwohl die Beschleunigungsbeschwerde zurückwies.
30 OLG Brandenburg FamRZ 2018, 128
31 OLG Hamburg NJW 2017, 1485 Rn. 5
32 MüKo-FamFG/*Schumann,* § 155b Rn. 13 m.w.N.
33 Stellungnahme Kinderrechtekommission DFGT/*Heilmann/Salgo,* FamRZ 2016, 432, 433
34 *Keuter,* FamRZ 2016, 1817, 1821 m.w.N.
35 Stellungnahme Kinderrechtekommission DFGT/*Heilmann/Salgo,* FamRZ 2016, 432, 433
36 Keidel/*Meyer-Holz,* § 155b FamFG Rn. 9; BeckOK-FamFG/*Schlünder,* § 155b Rn. 14

5. Nebenentscheidungen

Die Beschleunigungsbeschwerde ist Teil des Ausgangsverfahrens (siehe § 19 Abs. 1 Satz 2 Nr. 3 RVG), sodass für sie keine gesonderten Anwaltsgebühren anfallen.[37] Das gilt nicht, wenn sich das Anwaltsmandat auf die Beschleunigungsrüge beschränkt.[38] Auch Gerichtsgebühren fallen nicht an.[39] Verfahrenskostenhilfe braucht und kann im Hinblick auf fehlende Zusatzkosten für die Beschleunigungsrüge nicht beantragt und bewilligt werden.[40] **12**

III. Beschleunigungsrüge als Verzögerungsrüge (Abs. 3)

§ 155b Abs. 3 FamFG normiert die Beschleunigungsrüge zugleich als Verzögerungsrüge i.S.d. § 198 GVG. Durch diese gesetzliche Fiktion erhält der Rügende die Möglichkeit einer späteren Entschädigungsklage. Allerdings stehen beide Rechtsbehelfe unabhängig nebeneinander. Ob die Voraussetzungen für einen Entschädigungsanspruch vorliegen, ist erst durch das später mit der Entschädigungsklage befasste Gericht zu entscheiden.[41] **13**

§ 155c FamFG Beschleunigungsbeschwerde

(1) [1]Der Beschluss nach § 155b Absatz 2 Satz 1 kann von dem Beteiligten innerhalb einer Frist von zwei Wochen nach der schriftlichen Bekanntgabe mit der Beschwerde angefochten werden. [2]§ 64 Absatz 1 gilt entsprechend. [3]Das Gericht ist zur Abhilfe nicht befugt; es hat die Akten unverzüglich dem Beschwerdegericht nach Absatz 2 vorzulegen.

(2) [1]Über die Beschleunigungsbeschwerde entscheidet das Oberlandesgericht, wenn das Amtsgericht den Beschluss nach § 155b Absatz 2 Satz 1 gefasst hat. [2]Hat das Oberlandesgericht oder der Bundesgerichtshof den Beschluss gefasst, so entscheidet ein anderer Spruchkörper desselben Gerichts.

(3) [1]Das Beschwerdegericht entscheidet unverzüglich nach Aktenlage; seine Entscheidung soll spätestens innerhalb eines Monats ergehen. [2]§ 68 Absatz 2 gilt entsprechend. [3]Das Beschwerdegericht hat festzustellen, ob die bisherige Dauer des Verfahrens dem Vorrang- und Beschleunigungsgebot des § 155 Absatz 1 entspricht. [4]Stellt es fest, dass dies nicht der Fall ist, hat das Gericht, dessen Beschluss angefochten worden ist, das Verfahren unter Beachtung der rechtlichen Beurteilung des Beschwerdegerichts unverzüglich vorrangig und beschleunigt durchzuführen.

(4) [1]Hat das Gericht innerhalb der Monatsfrist des § 155b Absatz 2 Satz 1 keine Entscheidung über die Beschleunigungsrüge getroffen, kann der Beteiligte innerhalb einer Frist von zwei Monaten bei dem Beschwerdegericht nach Absatz 2 die Beschleunigungsbeschwerde einlegen. [2]Die Frist beginnt mit Eingang der Beschleunigungsrüge bei dem Gericht. [3]Die Absätze 2 und 3 gelten entsprechend.

Weiterführende Literatur: siehe hierzu die Kommentierung zu § 155b FamFG.

37 *Schneider,* FamRB 2016, 479, 482
38 Keidel/*Meyer-Holz,* § 155b FamFG Rn. 12
39 BT-Drucks. 18/9092, 20
40 MüKo-FamFG/*Schumann,* § 155b Rn. 16 m.w.N.
41 MüKo-FamFG/*Schumann,* § 155b Rn. 15

Übersicht

	Rn.
A. Allgemeines	1
B. Inhalt der Norm	3
I. Formalien	3
1. Form und Frist	3
2. Beschwerdeberechtigung	4
3. Keine Abhilfebefugnis	5
II. Zuständiges Beschwerdegericht (Abs. 2)	6
III. Beschwerdeentscheidung (Abs. 3)	7
1. Entscheidungsfrist	7
2. Unzulässige Beschwerde	8
3. Zulässige Beschwerde	9
IV. Untätigkeit des Ausgangsgerichts (Abs. 4)	12
V. Kosten, Gebühren, Wert	14

A. Allgemeines

1 Die Vorschrift stellt eine Ausnahme zur Regel dar, dass grundsätzlich nur Endentscheidungen anfechtbar sein sollen. Es handelt sich um einen eigenständigen Rechtsbehelf allein zur Durchsetzung des Beschleunigungsgebots des § 155 FamFG.[1] Die Beschleunigungsbeschwerde ist möglich bei erfolgloser Beschleunigungsrüge (§ 155c Abs. 1 FamFG) oder bei deren nicht fristgemäßer Bescheidung (§ 155c Abs. 4 FamFG).

2 Abs. 1 der Vorschrift regelt Form und Frist der Beschleunigungsbeschwerde und untersagt die Abhilfe durch das Ausgangsgericht. Abs. 2 bestimmt das zuständige Beschwerdegericht, Abs. 3 regelt dessen Verfahrensweise. Der vierte Absatz normiert den Sonderfall einer vom Ausgangsgericht nicht fristgemäß beschiedenen Beschleunigungsrüge.

B. Inhalt der Norm

I. Formalien

1. Form und Frist

3 Die Beschleunigungsbeschwerde ist **schriftlich oder zur Niederschrift** der Geschäftsstelle (§§ 155c Abs. 1 Satz 2, 64 Abs. 2 Satz 1 FamFG) einzureichen, und zwar innerhalb einer Frist von zwei Wochen. Die Frist **beginnt mit der schriftlichen Bekanntgabe** der Entscheidung. Sie kann nicht verkürzt oder verlängert werden.[2] Es besteht **kein Anwaltszwang**, es sei denn, die Kindschaftssache wird im Verbund geführt, § 114 FamFG. Die Beschwerde ist einzulegen beim **Ausgangsgericht**, dessen (unterbliebene) Entscheidung über die Beschleunigungsrüge angegriffen wird, §§ 155c Abs. 1 Satz 2, 64 Abs. 1 Satz 1 FamFG.

2. Beschwerdeberechtigung

4 **Beschwerdebefugt** ist nur der Verfahrensbeteiligte, der im Ausgangsverfahren die Beschleunigungsrüge erhoben hat („von dem Beteiligten").[3]

3. Keine Abhilfebefugnis

5 Das Ausgangsgericht ist zu einer Abhilfe nicht befugt, sondern hat vielmehr unverzüglich die Akten dem Beschwerdegericht zur Entscheidung vorzulegen, § 155c Abs. 1 Satz 3 FamFG. **Trotz fehlender Abhilfebefugnis ist das Ausgangsverfahren weiter zu fördern.** Insbesondere kann der weiter geltende Beschleunigungsgrundsatz die Anlegung ei-

1 BT-Drucks. 18/9092, 18
2 BT-Drucks. 18/9092, 18
3 BT-Drucks. 18/9092, 18

nes Aktendoppels gebieten.[4] Nicht recht verständlich ist indes, warum angesichts der fehlenden Abhilfebefugnis der Gesetzgeber nicht auch die Einlegung der Beschwerde unmittelbar beim Beschwerdegericht gestattet hat.[5]

II. Zuständiges Beschwerdegericht (Abs. 2)

Für Beschleunigungsbeschwerden gegen Entscheidungen des Amtsgerichts ist das Oberlandesgericht entsprechend dem üblichen Instanzenzug zuständig, § 155c Abs. 2 Satz 1 FamFG. Da aber auch Verfahrensverzögerungen in der Rechtsmittelinstanz angegriffen werden können, ergab sich die Notwendigkeit für die Zuständigkeitsregelung aus § 155c Abs. 2 Satz 2 FamFG: Hat das OLG oder der BGH über die Beschleunigungsrüge entschieden, so ist jeweils ein anderer Spruchkörper des Gerichts für die Entscheidung über die Beschwerde zuständig. Wird die Beschwerde beim unzuständigen Gericht eingereicht, wahrt dies die Beschwerdefrist nicht. Das unständige Gericht ist aber verpflichtet, die Beschwerde im Rahmen des ordentlichen Geschäftsganges an das zuständige Gericht weiterzuleiten.[6] **6**

III. Beschwerdeentscheidung (Abs. 3)

1. Entscheidungsfrist

Das Beschwerdegericht hat „unverzüglich nach Aktenlage" zu entscheiden, § 155c Abs. 3 Satz 1 FamFG. Eine mündliche Verhandlung ist damit im Beschleunigungsinteresse ausgeschlossen. Rechtliches Gehör ist zu gewähren.[7] „Unverzüglich" bedeutet „so schnell wie möglich", die Höchstfrist bestimmt § 155c Abs. 3 Satz 1 mit einem Monat. Fristbeginn insoweit ist der Eingang der Akte beim Beschwerdegericht. Sanktionsmöglichkeiten bei Fristüberschreitung hat der Gesetzgeber nicht vorgesehen. **7**

2. Unzulässige Beschwerde

Ist die Beschwerde nicht form- und fristgerecht eingelegt, wird sie gemäß §§ 155c Abs. 3 Satz 2, 68 Abs. 2 FamFG als unzulässig verworfen. **8**

3. Zulässige Beschwerde

Bei zulässiger Beschwerde entscheidet das Beschwerdegericht allein, ob „die bisherige Dauer des Verfahrens dem Vorrang- und Beschleunigungsgebot des § 155 Absatz 1 entspricht", § 155c Abs. 3 Satz 3 FamFG. **Nicht Gegenstand der Beschwerdeentscheidung** sind damit insbesondere die **Verfahrensführung des Ausgangsgerichts im Übrigen**,[8] z.B. dessen Auffassung, es sei die Einholung eines (weiteren) Sachverständigengutachtens erforderlich.[9] Derartige Entscheidungen sind solche im Rahmen der Amtsermittlung des Ausgangsgerichts mit einem weiten, der Bewertung im Rahmen der Beschleunigungsbeschwerde weitgehend entzogenen Gestaltungsspielraum.[10] **9**

Der Maßstab, ob ein Verstoß gegen § 155 FamFG vorliegt, ist derselbe wie der für das Ausgangsgericht bei Prüfung der Begründetheit der Beschleunigungsrüge. **10**

▶ *Näher hierzu Keuter, § 155b FamFG Rn. 7.*

▶ *Zu Beispielen aus der Rechtsprechung siehe Keuter, § 155b FamFG Rn. 8.*

---

4 MüKo-FamFG/*Schumann*, § 155c Rn. 7
5 Stellungnahme Kinderrechtekommission des DFGT/*Heilmann*/*Salgo* FamRZ 2016, 432, 434
6 BGH NJW-RR 2014, 1
7 Bahrenfuss/*Schlemm*, § 155c FamFG Rn. 9 m.w.N.
8 OLG Brandenburg FamRZ 2018, 284
9 OLG Stuttgart FamRZ 2017, 1254 Rn. 67; KG ZKJ 2017, 193, 198
10 MüKo-FamFG/*Schumann*, § 155c Rn. 16 m.w.N.

11 Erkennt das Beschwerdegericht keinen Verstoß gegen das Vorrang- und Beschleunigungsgebot, weist es die Beschwerde als unbegründet zurück. Andernfalls trifft es durch begründeten Beschluss die Feststellung, dass die bisherige Verfahrensführung dem Vorrang- und Beschleunigungsgebot nicht entspricht, § 155c Abs. 3 Satz 3 FamFG. Das Ausgangsgericht hat dann unter Beachtung der Rechtsauffassung des Beschwerdegerichts unverzüglich die vom Beschwerdegericht für erforderlich erachteten verfahrensfördernden Maßnahmen zu prüfen und diese oder ggf. andere Beschleunigungsmaßnahmen zu ergreifen. **Eine direkte Anweisung des Beschwerdegerichts an das Ausgangsgericht sieht das Gesetz ausdrücklich nicht vor**.[11]

IV. Untätigkeit des Ausgangsgerichts (Abs. 4)

12 § 155c Abs. 4 FamFG regelt den denkbaren Fall, dass das Ausgangsgericht über die Beschleunigungsrüge nicht fristgerecht entscheidet. Der Rügende kann sich in dieser Situation mit seinen Beanstandungen – anders als nach der Regelung in § 155c Abs. 1 Satz 2 FamFG – **unmittelbar an das Beschwerdegericht** wenden. Hierfür steht ihm eine Frist von zwei Monaten zur Verfügung, die allerdings bereits mit dem Eingang der Beschleunigungsrüge beim Ausgangsgericht beginnt, § 155c Abs. 4 Satz 2 FamFG. Es empfiehlt sich deshalb, sich diesen **Eingangszeitpunkt** der Beschleunigungsrüge frühzeitig vom Ausgangsgericht **bestätigen zu lassen**. Im Übrigen gelten für die Zuständigkeit des Beschwerdegerichts und sein Verfahren die Ausführungen zu Rn. 6 bis 11.

13 Eine analoge Anwendung des § 155c Abs. 4 FamFG wird in der Literatur[12] für den wohl eher seltenen Fall befürwortet, dass das Ausgangsgericht zwar der Beschleunigungsrüge stattgibt, gleichwohl aber keine weiteren Maßnahmen zur Verfahrensförderung ergreift. Ob dies zur „zur Gewährleistung effektiven Rechtsschutzes"[13] aber geboten ist, erscheint zweifelhaft, weil kaum vorstellbar ist, dass ein Gericht einerseits seine bisherige Verfahrensführung als nicht dem Vorrang- und Beschleunigungsgebot entsprechend einstuft, andererseits sich aber grundlos weigert, verfahrensfördernde Maßnahmen zu ergreifen.

V. Kosten, Gebühren, Wert

14 Eine begründete Beschleunigungsbeschwerde bleibt gebührenfrei.[14] Bleibt sie dagegen erfolglos, löst dies eine Festgebühr nach Nr. 1912 KV-FamGKG in Höhe von 60 Euro aus. Bei Teilerfolg kann nach dieser Bestimmung die Gebühr ermäßigt oder gestrichen werden.

Der **Anwalt erhält eine wertabhängige halbe Verfahrensgebühr** nach Nr. 3500 VV-RVG nebst Postpauschale und Mehrwertsteuer, da nach § 17 Nr. 1 RVG die Beschleunigungsbeschwerde eine gesonderte Angelegenheit darstellt. Der Verfahrenswert ist als Bruchteil des Wertes des Ausgangsverfahrens entsprechend dem Interesse des Beschwerdeführers an der vorrangigen und beschleunigten Verfahrensbearbeitung[15] entsprechend §§ 42 Abs. 2, 44 Abs. 2, 45 FamGKG festzusetzen.

Verfahrenskostenhilfe ist gesondert beim Ausgangsgericht (§ 64 Abs. 1 Satz 2 FamFG) zu beantragen und ggf. vom Beschwerdegericht zu bewilligen.

11 KG ZKJ 2017, 193
12 Prütting/Helms/*Hammer*, § 155c FamFG Rn. 26; Bahrenfuss/*Schlemm*, § 155c FamFG Rn. 17
13 Bahrenfuss/*Schlemm*, § 155c FamFG Rn. 17
14 *Schneider*, FamRB 2016, 479, 482
15 *Schneider*, FamRB 2016, 479, 482

§ 156 FamFG Hinwirken auf Einvernehmen

(1) [1]Das Gericht soll in Kindschaftssachen, die die elterliche Sorge bei Trennung und Scheidung, den Aufenthalt des Kindes, das Umgangsrecht oder die Herausgabe des Kindes betreffen, in jeder Lage des Verfahrens auf ein Einvernehmen der Beteiligten hinwirken, wenn dies dem Kindeswohl nicht widerspricht. [2]Es weist auf Möglichkeiten der Beratung durch die Beratungsstellen und -dienste der Träger der Kinder- und Jugendhilfe insbesondere zur Entwicklung eines einvernehmlichen Konzepts für die Wahrnehmung der elterlichen Sorge und der elterlichen Verantwortung hin. [3]Das Gericht kann anordnen, dass die Eltern einzeln oder gemeinsam an einem kostenfreien Informationsgespräch über Mediation oder über eine sonstige Möglichkeit der außergerichtlichen Konfliktbeilegung bei einer von dem Gericht benannten Person oder Stelle teilnehmen und eine Bestätigung hierüber vorlegen. [4]Es kann ferner anordnen, dass die Eltern an einer Beratung nach Satz 2 teilnehmen. [5]Die Anordnungen nach den Sätzen 3 und 4 sind nicht selbständig anfechtbar und nicht mit Zwangsmitteln durchsetzbar.

(2) [1]Erzielen die Beteiligten Einvernehmen über den Umgang oder die Herausgabe des Kindes, ist die einvernehmliche Regelung als Vergleich aufzunehmen, wenn das Gericht diese billigt (gerichtlich gebilligter Vergleich). [2]Das Gericht billigt die Umgangsregelung, wenn sie dem Kindeswohl nicht widerspricht.

(3) [1]Kann in Kindschaftssachen, die den Aufenthalt des Kindes, das Umgangsrecht oder die Herausgabe des Kindes betreffen, eine einvernehmliche Regelung im Termin nach § 155 Abs. 2 FamFG nicht erreicht werden, hat das Gericht mit den Beteiligten und dem Jugendamt den Erlass einer einstweiligen Anordnung zu erörtern. [2]Wird die Teilnahme an einer Beratung, an einem kostenfreien Informationsgespräch über Mediation oder einer sonstigen Möglichkeit der außergerichtlichen Konfliktbeilegung oder eine schriftliche Begutachtung angeordnet, soll das Gericht in Kindschaftssachen, die das Umgangsrecht betreffen, den Umgang durch einstweilige Anordnung regeln oder ausschließen. [3]Das Gericht soll das Kind vor dem Erlass einer einstweiligen Anordnung persönlich anhören.

Weiterführende Literatur: Dettenborn, Hochkonflikthaftigkeit bei Trennung und Scheidung, ZKJ 2013, 231 ff., 272 ff.; *Fichtner,* Gut beraten oder doch lieber entschieden?, ZKJ 2018, 257; *Krabbe,* Einvernehmen herstellen – Eine gute Idee mit offenen Fragen in der Praxis, ZKJ 2016, 392; *Krabbe/Thomsen,* Familienmediation mit Kindern und Jugendlichen, Grundlagen – Methodik – Techniken, 4. Aufl. 2017; *Trenczek/Berning/Lenz/Will (Hrsg.),* Mediation und Konfliktmanagement, 2. Aufl. 2017.

Übersicht

Rn.
A. Allgemeines ... 1
I. Normzweck ... 1
II. Anwendungsbereich ... 7
B. Inhalt der Norm ... 13
I. Hinwirken auf Einvernehmen (Abs. 1) ... 13
1. Durch das Familiengericht (Satz 1) ... 13
a) Verhandlungsführung des Gerichts ... 13
aa) Vorbereitung ... 14
bb) Haltung, Begrüßung und Einführung zu Beginn des Termins ... 15
cc) Anhörung der Beteiligten ... 20
dd) Erörterung und Lösungssuche ... 22
b) Einbeziehung des Kindes ... 23
aa) Einbeziehung in die Einigungsbemühungen durch das Familiengericht ... 25
bb) Einbeziehung in die Mediation bzw. in den Kontext der Beratung ... 29
c) Maßstab des Kindeswohls und Beschleunigungsgrundsatz ... 34

d) Mögliche Grenzen des Hinwirkens auf Einvernehmen: Hochkonflikthaftigkeit und häusliche Gewalt 36
aa) Eskalationskriterien bei Hochkonflikthaftigkeit 37
bb) Grenzen der Bemühungen um Einvernehmen 40
cc) Fazit 41
2. Hinweis auf Möglichkeiten der Beratung (Satz 2) 42
a) Beratungsangebote der Jugendhilfe 42
b) Abgrenzung der Indikation: Beratung, Therapie, Mediation 44
3. Informationsgespräch über Mediation oder eine sonstige Möglichkeit der außergerichtlichen Konfliktbeilegung (Satz 3) 46
a) Anordnung eines Informationsgesprächs 46
b) Ermessen 49
c) Verfahren und Durchsetzung 51
d) Mediation 53
4. Anordnung einer Beratung (Satz 4) 56
a) Indikation 56
b) Zusammenarbeit mit den Trägern der Jugendhilfe 57
c) Verfahren und Durchsetzung 59
5. Umsetzung einer einvernehmlichen Regelung in Sorgerechtsverfahren 61
a) Aufrechterhaltung der gemeinsamen elterlichen Sorge 61
b) Entscheidung des Familiengerichts 63
II. Gerichtlich gebilligter Vergleich (Abs. 2) 65
III. Einstweilige Anordnung (Abs. 3) 67
1. Erörterung im frühen Termin (Satz 1) 67
2. Einstweilige Anordnung zum Umgang (Satz 2) 68
3. Verfahren 71
4. Rechtsmittel und Vollstreckung 74
C. Kosten, Gebühren und Verfahrenskostenhilfe 75

A. Allgemeines

I. Normzweck

1 Eine einverständliche Konfliktlösung ist „auch in einem Rechtsstaat grundsätzlich vorzugswürdig gegenüber einer richterlichen Streitentscheidung".[1] Dementsprechend heißt es auch in **§ 278 Abs. 1 ZPO**, dass das Gericht in jeder Lage des Verfahrens auf eine gütliche Beilegung des Rechtsstreits oder einzelner Streitpunkte bedacht sein soll. Ähnlich lautet **§ 36 Abs. 1 Satz 2 FamFG**, nach dem das Gericht – außer in Gewaltschutzsachen – auf eine **gütliche Einigung** der Beteiligten hinwirken soll.

2 Über diese allgemeine Pflicht zur gütlichen Beilegung von rechtlichen Konflikten geht die in § 156 Abs. 1 FamFG angesprochene Verpflichtung des Gerichts, in Verfahren, die die Person eines Kindes betreffen, im Interesse des Kindes auf ein Einvernehmen der Beteiligten hinzuwirken, hinaus, indem sie die **verschiedenen Möglichkeiten des Hinwirkens auf ein Einvernehmen** durch das Gericht selbst und durch den Verweis auf die Möglichkeiten der Beratung, der Mediation und anderer Formen der außergerichtlichen Konfliktbeilegung konkret benennt. Zum Wohle der Kinder sollen die Eltern nach Möglichkeit in die Lage versetzt werden, wieder miteinander zu kommunizieren.[2]

3 Die Vorschrift entspricht weitgehend dem früheren, durch das **KindRG von 1997**[3] eingeführten **§ 52 Abs. 1 FGG**,[4] mit dem der Gedanke der selbständigen und eigenverantwortlichen Konfliktlösung durch die Eltern gestärkt werden sollte.[5] Ziel des Gesetzgebers war es

1 BVerfG NJW-RR 2007, 1073
2 *Fichtner/Salzgeber*, FPR 2009, 348, 349; *Vogel*, FamRZ 2010, 1870
3 Kindschaftsrechtsreformgesetz v. 16.12.1997
4 Keidel/*Engelhardt*, § 156 FamFG Rn. 1
5 BT-Drucks. 13/4899, 133; Prütting/Helms/*Hammer*, § 156 FamFG Rn. 3

schon damals, die Belastung durch das Gerichtsverfahren sowohl der Kinder, als auch der sich im Konflikt befindlichen Eltern zu vermindern. Durch die **Förderung der gerichtlichen und außergerichtlichen Konfliktbeilegung** sollte eine Belastung insbesondere des betroffenen Kindes durch die richterliche Anhörung, die Ermittlungen des Jugendamts, durch die Erstellung eines Sachverständigengutachtens und durch die Dauer des Verfahrens – vor allem bei Inanspruchnahme einer weiteren Instanz und sich dadurch wiederholende Verfahrenshandlungen – verringert werden.[6]

Auch der Belastung des Kindes durch einen **Loyalitätskonflikt** soll eine von beiden El- **3a**
ternteilen einvernehmlich erarbeitete Lösung entgegenwirken. Ebenso sind die Akzeptanz und die Nachhaltigkeit einer solchen, selbst getroffenen Vereinbarung in der Regel höher als im Falle einer gerichtlichen Entscheidung,[7] zumal die individuellen Interessen der Beteiligten in eine auf dem Verhandlungswege erzielte Vereinbarung besser einfließen können. Dies gilt jedenfalls dann, wenn die Vereinbarung tatsächlich auf einem erzielten Einvernehmen der Eltern beruht. Sie sollte also nicht lediglich das Ergebnis einer mit Druck auf eine Einigung hinzielenden Verhandlungsführung sein.[8] Schließlich trägt die Vorschrift auch dem Umstand Rechnung, dass der eigentliche emotionale Konflikt ohnehin durch eine richterliche Entscheidung häufig nicht zu lösen ist.

Das Ziel eines Einvernehmens zwischen den Beteiligten ist auch in weiteren Regelungen **4**
des Kindschaftsrechts verankert. Im materiellen Recht erlegt **§ 1626 Abs. 2 Satz 2 BGB** den Eltern die Pflicht auf, Fragen der elterlichen Sorge je nach Entwicklungsstand des Kindes mit diesem zu besprechen und ein Einvernehmen anzustreben. In verfahrensrechtlicher Hinsicht kann dem **Verfahrensbeistand** und dem **Sachverständigen** in geeigneten Fällen durch das Gericht aufgegeben werden, auf ein Einvernehmen zwischen den Beteiligten hinzuarbeiten (§§ 158 Abs. 4 Satz 3, 163 Abs. 2 FamFG).[9] Dem gleichen Zweck dient das gerichtliche **Vermittlungsverfahren** bei Umgangskonflikten (§ 165 FamFG).[10]

Abs. 2 regelt die Form der Vereinbarung im Falle eines erzielten Einvernehmens über den **5**
Umgang oder die Herausgabe des Kindes und unterstellt die elterliche Vereinbarung über diese, nicht der Disposition der Eltern unterliegenden Verfahrensgegenstände dem Erfordernis der **gerichtlichen Billigung**.[11]

Abs. 3 ist Ausdruck des in § 155 Abs. 1 FamFG normierten **Beschleunigungsgebotes** **6**
und schreibt in den dort genannten Fällen zwingend die Erörterung einer **einstweiligen Anordnung** vor, wenn im Termin nach § 155 Abs. 2 FamFG eine einvernehmliche Regelung nicht getroffen werden kann. Ist das Umgangsrecht betroffen und verzögert sich das Verfahren durch den Versuch einer außergerichtlichen Konfliktlösung oder durch die Einholung eines Gutachtens, soll das Gericht den Umgang durch Erlass einer einstweiligen Anordnung regeln oder ausschließen.

II. Anwendungsbereich

§ 156 FamFG stellt eine **Spezialvorschrift für Kindschaftssachen** im Kontext von Tren- **7**
nung und Scheidung dar und ergänzt die Vorschrift des § 155 Abs. 2 FamFG, nach der das Gericht in den Kindschaftssachen, die den Aufenthalt des Kindes (§§ 1631 Abs. 1, 1671 BGB), das Umgangsrecht (§§ 1684 ff. BGB) oder die Herausgabe des Kindes betreffen (§ 1632 Abs. 1 BGB), die Sache in einem frühen Termin mit den Beteiligten erörtert.

---

6 BT-Drucks. 13/4899, 133
7 Prütting/Helms/*Hammer*, § 156 FamFG Rn. 2; Johannsen/Henrich/*Büte*, § 156 FamFG Rn. 1; kritisch *Ivanits*, ZKJ 2012, 98, 101
8 *Ivanits*, ZKJ 2012, 98, 101
9 Hierzu „Fachgruppe Familienrecht", NZFam 2018, 976
10 MüKo-FamFG/*Schumann*, § 156 Rn. 1
11 Schulte-Bunert/Weinreich/*Ziegler*, § 156 FamFG Rn. 5

8 Der Anwendungsbereich ist in **Abs. 1** erweitert und erfasst auch den Verfahrensgegenstand der elterlichen Sorge bei Trennung und Scheidung (§§ 1626 ff., 1671 ff. BGB) sowie bei nicht miteinander verheirateten Eltern (§ 1626a Abs. 2 BGB; vgl. § 155a Abs. 4 Satz 2 FamFG) einschließlich der entsprechenden einstweiligen Anordnungs- und Abänderungsverfahren. Im Bereich des Umgangsrechts ist der Anwendungsbereich von demjenigen des § 165 FamFG abzugrenzen (hierzu *Gottschalk,* § 165 Rn. 2). *De lege ferenda* wird diskutiert, ob getrennt lebende Eltern nicht auch einen gerichtlich gebilligten Vergleich schließen können sollen über sorgerechtliche Fragen.[12]

9 Die Verpflichtung zum Hinwirken auf ein Einvernehmen gilt **„in jeder Lage des Verfahrens"** und somit auch in zweiter Instanz;[13] es ist aber auch im Beschwerdeverfahren darauf zu achten, dass nicht eine – weitere – Verzögerung des Verfahrens eintritt. Voraussetzung des Hinwirkens auf ein Einvernehmen ist, dass die Beteiligten über den Gegenstand des Verfahrens verfügen können (vgl. § 36 Abs. 1 Satz 1 FamFG). Im Kinderschutzverfahren nach §§ 1666, 1666a BGB findet die Norm daher keine Anwendung. Denn dieses hat im Rahmen des staatlichen Wächteramtes von Amts wegen zu treffende Maßnahmen zum Gegenstand, die der **Disposition** der Beteiligten entzogen sind.[14] Insofern ist die Vorschrift des § 156 FamFG in ihrem Anwendungsbereich **abzugrenzen** von der Vorschrift des **§ 157 FamFG**, dem **Erörterungstermin** bei Kindeswohlgefährdung.[15] Ebenfalls nicht anwendbar ist die Vorschrift in den Kindschaftssachen des § 151 Nr. 6, 7 FamFG. Insoweit gelten gemäß § 167 Abs. 1 FamFG die Vorschriften über die Unterbringung Volljähriger nach § 312 Nr. 3 FamFG.

10 Der Anwendungsbereich in den Absätzen 2 und 3 der Vorschrift ist jeweils ein anderer. **Abs. 2** betrifft nur die Verfahren, die den **Umgang** oder die **Herausgabe** des Kindes zum Gegenstand haben. Einer Ausdehnung der Möglichkeit der gerichtlichen Billigung eines Vergleichs auch auf Sorgerechtsangelegenheiten stehen die entsprechenden materiellrechtlichen Vorschriften entgegen, die eine gerichtliche Entscheidung in der Sache verlangen, z.B. § 1671 BGB.[16]

11 Wollen die Eltern sich umgekehrt **im Rahmen eines Sorgerechtsverfahrens** auch über eine Umgangsregelung verständigen, so steht einer gerichtlichen Billigung des Vergleichs zum Umgang zumeist entgegen, dass ein Umgangsverfahren mit den entsprechenden notwendigen Verfahrensschritten nicht durchgeführt wurde (etwa die persönliche Anhörung des Kindes zum Umgang) und das Familiengericht – in Bezug auf die Frage des Umgangs – dann **keine hinreichende Grundlage für eine am Kindeswohl orientierte Entscheidung** hat. Hier kommt in einem solchen Verfahren allenfalls die Protokollierung einer Vereinbarung der Eltern mit dem ausdrücklichen Hinweis darauf in Betracht, dass es sich nicht um einen gerichtlich gebilligten und damit nicht um einen vollstreckungsfähigen Vergleich handelt (hierzu *Cirullies,* § 86 Rn. 12 ff.). Im Beschwerdeverfahren **fällt** dem Oberlandesgericht bei einer Beschwerde gegen eine sorgerechtliche Entscheidung des Amtsgerichts die Entscheidung über den Umgang **nicht an**, so dass bereits aus diesem Grund eine Billigungsentscheidung i.S.v. § 156 Abs. 2 FamFG nicht möglich ist.

---

12 *Schumann*, Gemeinsam getragene Elternverantwortung nach Trennung und Scheidung – Reformbedarf im Sorge-, Umgangs- und Unterhaltsrecht) Gutachten B zum 72. Deutschen Juristentag, S. B 52; *Hammer*, FamRZ 2018, 229, 233; *Keuter*, FamRZ 2018, 1125, 1127; Beschlüsse 72. Deutscher Juristentag Leipzig 2018 – Familienrecht – B. 6. https://www.djt.de/fileadmin/downloads/72/Beschluesse_gesamt_final.pdf (Abruf 5.2.2020); *Scheiwe*, NZFam 2018, 830; *Hammer* in: Coester-Waltjen/Lipp/Schumann/Veit, S. 92; *Damljanovic*, S. 89

13 MüKo-FamFG/*Schumann,* § 156 Rn. 6; Keidel/*Engelhardt,* § 156 FamFG Rn. 2; Prütting/Helms/*Hammer*, § 156 FamFG Rn. 12; Schulte-Bunert/Weinreich/*Ziegler*, § 156 FamFG Rn. 2

14 Keidel/*Engelhardt,* § 156 FamFG Rn. 4; MüKo-FamFG/*Schumann,* § 156 Rn. 6; HB-VB/*Heilmann*, Rn. 1451

15 BT-Drucks. 16/6308, 237; Johannsen/Henrich/*Büte*, § 156 FamFG Rn. 2

16 Prütting/Helms/*Hammer*, § 156 FamFG Rn. 8

Abs. 3 gilt ausschließlich für die Verfahren, die den **Aufenthalt**, das **Umgangsrecht** oder die **Herausgabe** des Kindes zum Gegenstand haben (§§ 1631 Abs. 1, 1684 f., 1632 Abs. 1 BGB). 12

B. Inhalt der Norm

I. Hinwirken auf Einvernehmen (Abs. 1)

1. Durch das Familiengericht (Satz 1)

a) Verhandlungsführung des Gerichts

Das Gericht wirkt auf ein Einvernehmen hin, indem es seine Verhandlungsführung in besonderer Weise darauf ausrichtet, dass die Beteiligten in die Lage versetzt werden, ein solches Einvernehmen zu erzielen. Hier kann es hilfreich sein, wenn der Richter[17] Kenntnis von mediativen Gesprächstechniken hat und diese in seine Verhandlung einfließen lässt.[18] 13

▶ *Zu Einzelheiten der Verhandlungsführung siehe Wegener, Anhang zu § 160 FamFG.*

aa) Vorbereitung

Das Gericht bereitet die Verhandlung vor, indem es die **wesentlichen Informationen** über die Geschehnisse in der Vergangenheit, die bisherigen Ermittlungen, Inhalt und Ergebnisse evtl. bereits eingeholter Gutachten und Versuche gütlicher Einigungen in der Vergangenheit zusammenträgt und die **rechtlichen Grundlagen** des Konflikts zwischen den Beteiligten prüft. Es überlegt, **welche Personen** zu dem Termin zu laden sind, auch damit eine einvernehmliche Regelung erleichtert wird, und sorgt für einen angemessenen **zeitlichen Rahmen**. 14

▶ *Zur Frage, ob das Kind, welches gemäß § 159 FamFG – je nach Alter – grundsätzlich persönlich anzuhören ist, zum frühen Termin geladen wird, siehe unten Rn. 25.*

▶ *Näher zur Kindesanhörung siehe Heilmann, § 159 FamFG.*

▶ *Zur Frage des Zustimmungserfordernisses des verfahrensfähigen Kindes zu einem gerichtlich gebilligten Vergleich siehe Cirullies, § 86 FamFG Rn. 13.*

bb) Haltung, Begrüßung und Einführung zu Beginn des Termins

Die Menschen, die an einem kindschaftsrechtlichen Verfahren persönlich beteiligt sind, befinden sich in einer hochemotionalen Ausnahmesituation und sehr wahrscheinlich in einer schweren **Lebenskrise**: Es droht fast immer der Verlust einer wichtigen Bindung und der Zugehörigkeit zu einem Familienverbund. Ein Lebensentwurf ist gescheitert. Die emotional belasteten und mit der Neuorganisation ihrer Lebensumstände beschäftigten Eltern haben es in dieser Umbruchphase oft schwer, ihren Kindern die Unterstützung zu geben, die diese dringend bräuchten.[19] Die Eltern trotz dieser Situation für eine konstruktive Mitarbeit zu gewinnen, ist eine oftmals nur schwer zu bewältigende Aufgabe, gleichwohl lohnt sich die Mühe, denn möglicherweise lässt sich eine gütliche Vereinbarung erzielen oder es kann jedenfalls eine Entscheidung des Gerichts von den Eltern anschließend besser umgesetzt und in ihre Lebenswirklichkeit übertragen werden. Zumindest kann erreicht werden, dass sie das **Kind** wieder (mehr) **in den Blick** nehmen. 15

17 Zur besseren Lesbarkeit wird im Folgenden nur die männliche Form des Begriffs verwendet
18 Prütting/Helms/*Hammer*, § 156 FamFG Rn. 15
19 HB-VB/*Kostka*, Rn. 1172 ff.

16 Eine Verhandlungsatmosphäre, die ein Einvernehmen zwischen den Beteiligten fördert, erfordert vor allem anderen eine innere **Haltung** des Richters, die durch Ruhe und Präsenz sowie den Beteiligten gegenüber durch Offenheit, Respekt, grundsätzliche Akzeptanz und ein gewisses Maß an **Empathie** gekennzeichnet ist.[20] Empathie bedeutet in diesem Zusammenhang, die Welt des Beteiligten zu spüren, als ob es die eigene wäre, ohne jemals die Qualität des „als ob" zu verlieren.[21]

17 Zu Beginn der Verhandlung **begrüßt** der Richter die Beteiligten freundlich und mit Namen. Evtl. stellt er sich auch selbst vor, zumal dann, wenn sein Name nicht bereits aus der Terminsladung oder aus dem Terminsaushang hervorgeht. Eine Einschränkung seiner richterlichen Autorität ist damit nicht verbunden. Es wird empfohlen, mit Robe und in einem Sitzungssaal zu verhandeln. Andererseits sollte der Richter als Person sichtbar werden und die Beteiligten durch eine bestimmte, aber **offene Kommunikation** unmittelbar ansprechen. Wichtig ist es, unter Beibehaltung aller Ressourcen, die die **richterliche Autorität** auch für ein kindschaftsrechtliches Verfahren und einen Termin nach § 156 FamFG bedeuten kann, durch eine freundliche, klare und verbindliche Kommunikation eine **gute Verhandlungsatmosphäre** zu schaffen, in der die Beteiligten sich sicher, geführt, gehört und in den wesentlichen Bereichen akzeptiert fühlen, denn nur dann können sie sich wirklich gut auf eine Verhandlung einlassen.

18 Nach der Begrüßung und Vorstellung kann zunächst die Feststellung der Anwesenheit in das Protokoll bzw. den Vermerk diktiert werden. Daraufhin legt der Richter die **Regeln für die Kommunikation** im Termin fest und informiert über den **Ablauf** des Termins, d.h., er teilt den Beteiligten und sonstigen Anwesenden mit, dass sie nacheinander in einer von ihm bestimmten Reihenfolge angehört werden, dass er sie unterbrechen wird, wenn sie beginnen, im Termin Anwesende zu beschimpfen und zu beleidigen, und dass er ebenfalls eingreifen wird, wenn sich die Beteiligten nicht ausreden lassen oder der anderen Seite nicht zuhören. Es empfiehlt sich, die **Rolle der Rechtsanwälte** als **Interessenvertreter und Rechtsberater**[22] zu unterstreichen, damit diese sich jedenfalls bei der persönlichen Anhörung ihres Mandanten zurückhalten. Auch der **zeitliche Rahmen** ist zu besprechen, damit alle Anwesenden sich darauf einstellen können bzw. die Möglichkeit besteht, dass die Beteiligten eine eventuell bestehende zeitliche Einschränkung mitteilen können. Schließlich kann es sinnvoll sein, den Beteiligten mitzuteilen, dass sie, wenn nötig, auch um eine Pause bitten dürfen und dass dieser Bitte nachgekommen werden kann, wenn die Verhandlung dadurch nicht gestört oder unnötig in die Länge gezogen wird. Wichtig ist auch der Hinweis auf die Art und Weise der Protokollierung, die der Richter vorzunehmen beabsichtigt. Im Anschluss holt sich der Richter die **Zustimmung** ein für die soeben festgelegten Regeln: „Können wir so verfahren?"

19 Ein wesentlicher Vorteil der Vereinbarung solcher Regeln zu Beginn des Termins liegt darin, dass der Richter im Verlauf der Verhandlung bei Störungen immer wieder auf sie **zurückgreifen** kann, was u.U. wesentlich für einen klaren und strukturierten Ablauf, aber auch hilfreich sein kann für eine **Deeskalation** im Verlauf des Verfahrens, so z.B. bei Unterbrechungen, übermäßigem Reden, Vorpreschen der Anwälte usw. Auch für das Verhältnis von Anwalt zu Mandant ist es hilfreich, wenn dem Anwalt vom Gericht klar seine Rolle

---

20 Vgl. *Trossen*, in: HB Mediation Rn. 40 ff.; zur Haltung des Rechtsanwalts gegenüber seinem Mandanten als Grundlage einer gelungenen Kommunikation *Hohmann*, FPR 2013, 457, 458. Verschiedene psychologische Studien haben gezeigt, dass die fehlende Zugehörigkeit zu einer Gruppe und die wie auch immer geartete Zurückweisung durch andere Menschen stärkster und wichtigster Auslöser für Aggressionen ist (*Bielecke*, FPR 2013, 471, 472 m.w.N.)

21 *Ripke* in: Trenczek u.a., Haltung des Mediators, Rn. 39 unter Verweis auf *Carl Rogers*

22 Zur Rolle des Anwalts in einem auf Einvernehmen ausgerichteten Verfahren: *Offermann-Burckart*, FPR 2010, 431 ff.

und der Zeitpunkt für seine Ausführungen zur Unterstützung seines Mandanten deutlich gemacht werden.

cc) Anhörung der Beteiligten

Nach der Begrüßung folgt zunächst die **persönliche Anhörung der Beteiligten** in der zuvor festgelegten **Reihenfolge**, regelmäßig zuerst der Antragsteller bzw. Beschwerdeführer und dann die andere Seite. Zur Ermittlung der Tatsachengrundlagen können dann weitere geladene, nicht formell am Verfahren beteiligte Personen angehört werden, die anschließend den Sitzungssaal wieder verlassen, da das Verfahren nicht öffentlich geführt wird. Dann geben der Vertreter bzw. die Vertreterin des Jugendamts (§ 162 Abs. 1 Satz 1 FamFG), der Verfahrensbeistand des Kindes, soweit einer bestellt ist, und schließlich die Anwälte ihre Stellungnahmen ab. 20

▶ *Näher zur persönlichen Anhörung der Eltern siehe Wegener, § 160 FamFG Rn. 6.*

Der Richter schreibt das Gehörte, so gut er kann, mit und nimmt es anschließend in einen **Vermerk** auf, oder er fertigt den Vermerk nach der Sitzung (§ 28 Abs. 4 FamFG). Er kann auch das Gehörte in kurzen Abständen direkt in das Protokoll diktieren (Hören-Diktieren-Hören). Dies führt zur Verlangsamung und der Redefluss des Sprechenden wird unterbrochen, was im Einzelfall erwünscht sein kann. Im Falle von Beleidigungen und Beschimpfungen unterbricht er und erinnert zur Deeskalation an die eingangs aufgestellten Regeln, es sei denn, die Möglichkeit eines Einvernehmens erscheint ausgeschlossen und er möchte sich ein Bild machen vom Grad der fehlenden Kommunikations- und Kooperationsfähigkeit der Beteiligten untereinander. 21

dd) Erörterung und Lösungssuche

Nachdem Eltern, Jugendamt, ggf. Verfahrensbeistand und Rechtsanwälte gehört wurden bzw. ihre Stellungnahmen abgegeben haben, erörtert der Richter mit ihnen erste Lösungsansätze, die sich vielleicht in der Anhörung ergeben haben. Jetzt ist der Zeitpunkt gekommen, in dem die **Rechtsanwälte** in besonderer Weise ihre **Erfahrungen und Ideen** für eine Lösung einbringen können. Denn auch die Rechtsanwälte sind trotz ihrer Rolle als Interessenvertreter der Mandanten nach ihrer Berufsordnung verpflichtet, ihre Mandanten, so weit möglich, konfliktvermeidend und streitschlichtend zu begleiten.[23] Das Jugendamt und der Verfahrensbeistand werden einbezogen und nach evtl. noch fehlenden Informationen sowie nach **Ressourcen für eine Lösung** befragt. Am Schluss steht im günstigsten Falle eine zu protokollierende Vereinbarung, die im Falle einer Vereinbarung betreffend die elterliche Sorge, die nicht der Disposition der Beteiligten unterliegt, anschließend in eine Entscheidung des Familiengerichts einfließt. Betrifft die Vereinbarung den Umgang oder die Herausgabe des Kindes, so ist der Vergleich, wenn er vollstreckbar sein soll, nach h.M. noch im Wege eines Beschlusses familiengerichtlich zu billigen.[24] 22

▶ *Zur gerichtlichen Billigung einer Vereinbarung betreffend Umgang oder Herausgabe siehe Rn. 65 sowie Cirullies, § 86 FamFG Rn. 12.*

b) Einbeziehung des Kindes

Das Kind ist beteiligt gemäß § 7 Abs. 2 Ziffer 1 FamFG, da es in eigenen Rechten betroffen ist. Es ist – je nach Alter – auch grundsätzlich persönlich anzuhören gemäß § 159 FamFG. Dies gilt jedenfalls im Vorfeld einer familiengerichtlichen Entscheidung. Die konkrete **Aus-** 23

23 § 1 Abs. 3 BORA; *Vogel*, FF 2014, 399, 404; *Offermann-Burckart*, FPR 2012, 431
24 BGH, Beschl. v. 10.7.2019 – XII ZB 507/18, juris, Rn. 11 ff.; Prütting/Helms/*Hammer*, § 156 Rn. 68

gestaltung der Anhörung unterliegt dem **pflichtgemäßen Ermessen des Familiengerichts** (§ 159 Abs. 4 Satz 4 FamFG).[25]

▶ *Zu den Einzelheiten der Beteiligtenstellung siehe Köhler, § 7 FamFG, Rn. 11 ff.*

▶ *Zu den Einzelheiten der Anhörung siehe Heilmann, § 159 FamFG, Rn. 17 ff.*

24 Die Frage, ob das Kind, unabhängig vom Verfahrensausgang, auch schon in die Versuche des Gerichts nach § 156 Abs. 1 FamFG, ein Einvernehmen zwischen den Eltern herzustellen, bzw. in die Beratung oder Mediation einbezogen werden sollte, wird in der Literatur nicht einheitlich beantwortet. Teilweise wird – auch unter Verweis auf Art. 3 und Art. 12 der UN-Kinderrechtekonvention[26] sowie Art. 103 Abs. 1 GG – sehr weitgehend vertreten, dass das Kind unabhängig von seinem Alter und unabhängig von einer Zustimmung der Eltern immer und in jede Art von Vermittlungsbemühungen, sei es durch das Gericht, durch eine Beratungsstelle oder im Wege der Mediation einbezogen werden sollte.[27] Um das Kindeswohl zu bestimmen und zu wahren, sei die Kenntnis der Meinung des Kindes erforderlich. Ohne eine Anhörung des Kindes blieben seine Rechte und Bedürfnisse unberücksichtigt. Da Art. 12 der UN-Konvention insoweit keine Beschränkung vorsehe, seien auch außergerichtliche Verfahren zur Entscheidungsfindung erfasst.[28] Die Einbeziehung und Anhörung des Kindes stelle grundsätzlich eine Bereicherung bei der Entscheidungsfindung dar, und es würden bessere Ergebnisse durch die Beteiligung des Kindes erzielt. Dies gelte auch dann, wenn sich die Eltern einigten.[29] Wenn schließlich sowohl die Eltern (§ 1626 Abs. 2 BGB) als auch die Jugendhilfe (§ 8 SGB VIII) gehalten seien, das Kind grundsätzlich einzubeziehen und ein Einvernehmen mit ihm anzustreben, so könne auch für das Gericht nichts anderes gelten. Zudem könnten die Vorteile einer einvernehmlichen Lösung nur zum Tragen kommen, wenn ein gesamtfamiliäres Einvernehmen vorliege.[30]

So weitgehend kann dem nicht gefolgt werden. In der Praxis sollte vielmehr eine Differenzierung erfolgen:

aa) Einbeziehung in die Einigungsbemühungen durch das Familiengericht

25 Das **über 14 Jahre** alte Kind **sollte** in der Regel in die **Einigungsbemühungen des Familiengerichts** nach § 156 Abs. 1 FamFG einbezogen werden. Dies folgt bereits aus § 159 Abs. 1 Satz 1 FamFG.

Macht das **über 14 Jahre** alte Kind in einem **Verfahren, das seine Person betrifft** (das ist im Anwendungsbereich des § 156 FamFG der Fall), ein ihm nach bürgerlichem Recht zustehendes **Recht geltend**, so ist es gemäß § 9 Abs. 1 Nr. 3 FamFG **verfahrensfähig** und **zwingend** in die Einigungsbemühungen des Familiengerichts einzubeziehen. Voraussetzung ist also, dass dem minderjährigen, über 14 Jahre alten Kind nach materiellem Recht ein Widerspruchs- oder Mitwirkungsrecht zusteht oder dem Kind materiell-rechtlich eine subjektive Rechtsposition zugesprochen ist und das Kind sein **Recht** auch im Verfahren **geltend macht,** d.h. am Verfahren mitwirkt.

Das in diesem Sinne verfahrensfähige Kind ist dann auch bereits zum frühen Termin nach § 155 Abs. 2 FamFG zu laden.

▶ *Zu den Einzelheiten der Verfahrensfähigkeit des über 14 Jahre alten Kindes siehe Köhler, § 9 FamFG, Rn. 4 ff.*

---

25 *Heilmann*, NJW 2012, 888, 889
26 UN-Konvention über die Rechte des Kindes vom 20.11.1989
27 *Ivanits*, NZFam 2016, 7; HB-VB/*Ivanits*, Rn. 1223 ff.; ZKJ, 2012, 98 ff., 102
28 HB-VB/*Ivanits*, Rn. 1223 ff
29 HB-VB/*Ivanits*, Rn. 1223 ff.
30 Staudinger/*Coester* (2009), § 1671 Rn. 275

Ob das **über 14 Jahre** alte Kind, das **nicht verfahrensfähig** ist, z.B. weil es in einem Umgangsverfahren kein Recht geltend macht oder weil es sich um ein Herausgabeverfahren handelt,[31] in die Einigungsbemühungen des Familiengerichts einbezogen und zum Termin geladen wird, liegt im **pflichtgemäßen Ermessen des Gerichts**. Das Gericht hat bei der Ausübung dieses Ermessens die Kindeswohlzentrierung nicht nur einer möglichen Entscheidung, sondern auch des Verfahrens zu beachten.[32] In jedem Fall ist mit Blick auf § 159 Abs. 1 Satz 1 FamFG die Anhörung des über 14 Jahre alten Kindes nachzuholen, wenn ein gerichtlich gebilligter Vergleich gemäß § 156 Abs. 2 FamFG geschlossen werden soll (hierzu siehe unten Rn. 65 ff.)[33] oder die Umsetzung der erzielten Einigung der Eltern noch einer familiengerichtlichen Entscheidung bedarf.

Das nicht verfahrensfähige, **unter 14-jährige** Kind **kann** in die **Einigungsbemühungen des Familiengerichts** zur Information hinsichtlich seiner Wünsche und Vorstellungen einbezogen werden,[34] wobei die Autonomie der Bildung und der Äußerung des Kindeswillens im Rahmen des Spannungsfeldes eines gerichtlich ausgetragenen Elternkonflikts grundsätzlich in Frage zu stellen ist.[35]

Abzuwägen sind im Einzelfall die **Vorteile** der Einbeziehung für das Kind, nämlich, dass 26
es seine konkreten Wünsche und Vorstellungen äußern und auf diese Weise die zu treffende Vereinbarung der Eltern mitgestalten kann, was sich möglicherweise positiv auf sein Selbstwertgefühl und das Gefühl, selbst etwas bewirken zu können, auswirkt.[36] Zudem kann das Kind im Rahmen der Anhörung über den Ablauf und die Inhalte des gerichtlichen Verfahrens durch einen objektiven Dritten, in diesem Fall durch den Richter informiert werden. Eine – kindgerechte – Beteiligung kann somit eine entlastende Funktion haben.[37] Schließlich besteht die Möglichkeit, dass die zuweilen in ihrem Konflikt behafteten Eltern das Kind wieder mehr in den Blick nehmen, wenn es im Verfahren gehört wird. Es entsteht ein Perspektivwechsel, der den Eltern Gelegenheit gibt, ihre Annahmen in Bezug auf das Kind zu korrigieren und etwaige Projektionen zurückzunehmen.[38] Dem gegenüber stehen die potentiellen **Nachteile** für das Kind, wie die mögliche Belastung durch die richterliche Anhörung, auch schon im Vorfeld und ggf. auch im Anschluss daran, und das „Hineingezogenwerden" in den Elternkonflikt mit dem damit einhergehenden Risiko, selbst in einen Loyalitätskonflikt[39] oder gar in einen inneren Spaltungsprozess zu geraten.[40]

Einigkeit besteht zwar dahingehend, dass das Kind in der Anhörung keine Wahl oder Ent- 27
scheidung treffen soll, vielmehr geht es vor allem darum, die Perspektive des Kindes in den Prozess der Entscheidungsfindung bzw. in den Prozess der Einigung einzubringen (**voice not choice**);[41] ob dies jedoch in der gelebten Praxis von den Eltern, die das Kind auf die richterliche Anhörung vorbereiten, von den nahen Bezugspersonen und von den anzuhörenden Kindern selbst auch so gesehen wird, erscheint fraglich. Oft stehen die Kinder bei ihren Aussagen unter dem Druck eines Elternteils[42] sie haben aufgrund von lückenhaften, z.T. aus den Medien erhaltenen Informationen Angst, dass sie als Zeuge vernommen werden, dass sie in der Anhörung einen Elternteil belasten oder sich für einen Elternteil ent-

31 OLG Koblenz, Beschl. v. 12.12.2018 – 13 WF 986/18 = FamRZ 2019, 706 mit Anm. *Hammer*, S. 708
32 HB-VB/*Heilmann*, Rn. 1596 ff.
33 *Hammer*, FamRZ 2011, 1268, 1269
34 *Ivanits*, ZKJ 2012, 98 ff.; HB-VB/*Ivanits*, Rn. 1223 ff.
35 *Alberstötter* in: Weber/Alberstötter/Schilling, 122
36 Prütting/Helms/*Hammer*, § 156 FamFG Rn. 44
37 Ivanits, NZFam 2016, 7 ff., 11
38 Ivanits, NZFam 2016, 7 ff., 12
39 HB-VB/*Maywald*, Rn. 706
40 *Schimke*, in: HB Elterliche Sorge und Umgang Rn. 1130 unter Verweis auf Figdor
41 HB-VB/*Salgo*, Rn. 75; Ivanits, NZFam 2016, 7 ff., 11; HB-VB/*Ivanits*, Rn. 1150;
42 *Schimke*, in: HB Elterliche Sorge und Umgang Rn. 1132

scheiden müssen, sie stehen unter dem Druck, alles richtig machen zu müssen, zweifeln an sich selbst oder entwickeln im Anschluss an eine Anhörung sogar Schuldgefühle bzw. übernehmen die Verantwortung für eine Entwicklung oder gar Entscheidung.[43]

28 Mit Blick auf diese – möglichen und ex ante nicht auszuschließenden – Nachteile sollte daher **in jedem Einzelfall** und auch dann, wenn noch eine Entscheidung des Familiengerichts zu treffen ist (z.B. eine Sorgerechtsentscheidung oder die Billigung eines gerichtlichen Vergleichs), **geprüft und abgewogen werden**, ob ein **unter 14-jähriges Kind** bei einer Einigung der Eltern vom Familiengericht noch persönlich angehört werden muss. Steht beispielsweise der Lebensmittelpunkt des Kindes bei einem Elternteil fest und geht es lediglich um die Frage der alleinigen oder gemeinsamen elterlichen Sorge, so kann i.d.R. auf eine persönliche Anhörung des unter 14-jährigen Kindes verzichtet werden. **Wiederholte Anhörungen** des Kindes in den unterschiedlichen Settings sollten möglichst **vermieden werden**.

▶ *Zur Angemessenheit der Kindesanhörung im Einzelnen siehe näher Heilmann, § 159 FamFG Rn. 12 ff.*

28a Führen die Einigungsbemühungen des Familiengerichts in einem Kindschaftsverfahren, welches als **Antragsverfahren** der **Disposition** der Eltern unterliegt, z.B. in einem Verfahren nach § 1671 BGB, zu einer Einigung der Eltern und wird das Verfahren in formeller Hinsicht durch die Rücknahme des Antrags oder durch Erledigungserklärungen zum Abschluss gebracht, so ist eine Anhörung auch des verfahrensfähigen Kindes entbehrlich und unterbleibt in der Praxis auch regelmäßig.[44]

28b Wird in einem – **amtswegigen** – Umgangs- oder Herausgabeverfahren eine Einigung der Eltern erzielt und geben die Eltern an, es bedürfe keiner vollstreckungsfähigen Regelung durch einen gerichtlich gebilligten Vergleich, so steht es im Ermessen des Familiengerichts, das Verfahren im Beschlusswege zu beenden, indem es zum Ausdruck bringt, dass es einer familiengerichtlichen Regelung des Umgangs nicht (mehr) bedarf. Jedenfalls dem über 14-jährigen, verfahrensfähigen Jugendlichen ist vor einer das Verfahren auf diese Weise abschließenden Entscheidung rechtliches Gehör zu gewähren.

28c Grundsätzlich gilt die Vorschrift des § 159 FamFG betreffend die persönliche Anhörung des Kindes.

---

43 HB-VB/*Heilmann*, Rn. 1577 ff.

44 *Schimke*, in: HB Elterliche Sorge und Umgang Rn. 1151

Übersicht: Einbeziehung des Kindes in die Einigungsbemühungen durch das Familiengericht (§ 156 Abs. 1 und 2 FamFG)

§ 156 Abs. 1 (Hinwirken auf Einvernehmen)

↓

verfahrensfähiger Jugendlicher (> 14 Jahre und § 9 Abs. 1 Nr. 3 +)	nicht verfahrensfähiger Jugendlicher (> 14 Jahre und § 9 Abs. 1 Nr. 3 -)	Kind (< 14 Jahre)
↓	↓	↓
Einbeziehung +	Einbeziehung erfolgt regelmäßig	Abwägung

§ 156 Abs. 2 (Einvernehmliche Regelung)

↓ ↓ ↓

verfahrensfähiger Jugendlicher (> 14 Jahre und § 9 Abs. 1 Nr. 3 +)	nicht verfahrensfähiger Jugendlicher (> 14 Jahre und § 9 Abs. 1 Nr. 3 -)	Kind (< 14 Jahre)
↓	↓	↓
Einbeziehung +	vor Billigungsentschdg. zwingend pers. anzuhören (§ 159 Abs. 1)	pers. Anhörung nach Maßgabe von § 159 Abs. 2
↓	↓	↓
muss selbst zustimmen	Zustimmung Sorgeberechtigte(r).	

bb) Einbeziehung in die Mediation bzw. in den Kontext der Beratung[45]

Ob die direkte **Teilnahme** von Kindern an einer **Familien-Mediation** zur Sicherung der Kindesinteressen und zur Verbesserung sowohl des Mediationsprozesses als auch des -ergebnisses beitragen kann, ist offen und vom Einzelfall und nicht zuletzt von der Qualifikation und Methodensicherheit des Mediators abhängig. **29**

Für eine direkte Einbeziehung können – ähnlich wie bei der Einbeziehung in die Einigungsbemühungen des Familiengerichts (hierzu oben Rn. 25 ff.) – sprechen ein dahingehender Wunsch des Kindes, die Möglichkeit des Kindes, sich in einem geschützten Rahmen zu äußern, seine Interessen und Bedürfnisse zum Ausdruck zu bringen sowie Ideen zur Lösung eines das Kind persönlich betreffenden Konflikts der Eltern mitzuteilen. Zudem kann das Kind informiert werden über das Verfahren der Mediation und die von den Eltern **30**

45 Kulemeier, Eltern-Jugendlichen Mediation, S. 10 ff.

beabsichtigten Regelungen. Es wird ernst genommen und gehört.[46] Die Eltern haben die Chance, die **Realität ihres Kindes** in einem ausbalancierten Kontext wahrzunehmen.

31 **Gegen die Einbeziehung** sprechen ein entgegenstehender Wunsch des Kindes, die Gefahr der Überforderung, Beeinflussung und Polarisierung durch die Eltern bis hin zur Schaffung oder Verstärkung eines Loyalitätskonfliktes sowie die Gefahr einer Verantwortungsübernahme seitens des Kindes.[47]

32 Überwiegend wird vertreten, dass eine Einbeziehung des Kindes nur mit dem **Einverständnis der Eltern** erfolgen sollte.[48] Zudem wird differenziert nach den einzelnen **Verfahrensstufen oder -phasen der Mediation:**[49] Kinder können mit entsprechender Vorbereitung – auch der Eltern – und unter guter Anleitung des Mediators bei der Themensammlung, als Informationsquelle und bei der Suche nach Lösungen eine Bereicherung für den Mediationsprozess sein. In die Phase der eigentlichen Konfliktbearbeitung der Eltern sollten sie jedoch eher nicht einbezogen werden.[50]

32a Es wurden verschiedene **Methoden zur Einbeziehung von Kindern** in die Mediation entwickelt. Neben einer Befragung des Kindes durch den Mediator in einem gesonderten Termin ohne die Eltern gibt es z.B. das Konzept des externen **Kinderinterviewers**. Die Ergebnisse des Kinderinterviews werden anschließend in die Mediation zurückmeldet. Dadurch, dass der Mediator das Kinderinterview selbst nicht führt, bleibt er offen für die Anliegen der Erwachsenen und unabhängig bzw. ohne einen Auftrag des Kindes.[51] Schließlich können die Kinder auch mit Einverständnis und in Gegenwart der Eltern in einer sog. **Kindersitzung** vom Mediator angehört werden.[52] Für alle Methoden der Einbeziehung von Kindern in die Mediation ist Voraussetzung, dass der Mediator bzw. Kinder-Interviewer in Bezug auf die Besonderheiten der Kommunikation mit Kindern und Jugendlichen geschult ist.[53]

33 Im **Beratungskontext der Jugendhilfe** normieren insbesondere die Vorschriften der §§ 8 Abs. 1, 17 Abs. 2 und 18 Abs. 3, 28 SGB VIII unter den dort genannten Voraussetzungen eine Verpflichtung zur Einbeziehung und zur **angemessenen Beteiligung des Kindes**).

c) Maßstab des Kindeswohls und Beschleunigungsgrundsatz

34 Satz 1 richtet die verpflichtende Aufgabe des Gerichts, in seinem Anwendungsbereich und in jeder Lage des Verfahrens auf ein Einvernehmen zwischen den Beteiligten hinzuwirken, am **Maßstab des Kindeswohls** aus, dem die Einigungsversuche **nicht widersprechen** dürfen (negative Kindeswohlprüfung).[54] Das Kindeswohl hat also **Vorrang vor der Elternautonomie**.[55] Das Gericht hat aufgrund seines staatlichen Wächteramts darauf zu achten, dass das zwischen den Beteiligten erzielte Einvernehmen nicht in Widerspruch zum Wohl des Kindes steht, so z.B., wenn die Eltern einen dauernden Umgangsausschluss zwischen dem Kind und einem Elternteil vereinbaren, ohne dass ein solcher zwingend zur

46 HB-VB/*Kostka*, 3. Aufl., Rn. 1068, 1069 ff.
47 HB-VB/*Kostka*, 3. Aufl., Rn. 1068, 1071 ff.
48 Vgl. z.B. *Moll-Vogel*, Rn. 1233; *Krabbe/Thomsen*, S. 151 ff.
49 HB-VB/*Kostka*, 3. Aufl., Rn. 1068 ff., 1070; *Krabbe/Thomsen, S. 48, 59, 68, 80 ff., 93, 100, 108, 116, 126*
50 *Krabbe, ZKJ 2016, 392, 395 ff.*; HB-VB/*Kostka*, 3. Aufl., Rn. 1070
51 *Bernhardt*, ZKJ 2015, 68; *Krabbe/Thomsen*, S. 31 f.
52 *Lägler*, ZKM 2016, 137; *Krabbe*, ZKJ 2016, 392, 395 ff.; *Krabbe/Thomsen*, S. 154 ff.
53 Z.B. *Delfos*, „Sag mir mal ..." – Gesprächsführung mit Kindern (2013); *Delfos*, „Wie meinst Du das" – Gesprächsführung mit Kindern (2012)
54 Prütting/Helms/*Hammer*, § 156 FamFG Rn. 18, Keidel/*Engelhardt*, § 156 FamFG Rn. 14
55 *Zorn*, Rpfleger 2009, 421, 429

Wahrung des körperlichen, psychischen oder seelischen Wohls des Kindes wäre. Vereinbarungen, die dem Kindeswohl widersprechen, soll das Gericht nicht protokollieren.[56]

Die Erwähnung des Maßstabs des Kindeswohls in dieser Vorschrift bedeutet auch, dass bei den Versuchen, ein Einvernehmen zu erzielen, das Zeitmoment in besonderer Weise zu beachten ist. Auch die Vermittlungsbemühungen des Gerichts unterliegen also dem **Beschleunigungsgrundsatz** des § 155 Abs. 1 FamFG und dem darin enthaltenen Gebot, effektiven Rechtsschutz in angemessener Zeit zu gewähren.[57] Über einen langen Zeitraum hinweg währende Versuche der gütlichen Einigung mit immer neuen Zwischenvereinbarungen und Probephasen werden regelmäßig schon allein aufgrund der Belastung des Kindes durch ein laufendes Verfahren dem Kindeswohl widersprechen. In diesen Fällen ist somit eine Konfliktbeilegung durch eine – zeitnahe – richterliche Entscheidung angezeigt und vorzuziehen.[58] **35**

d) Mögliche Grenzen des Hinwirkens auf Einvernehmen: Hochkonflikthaftigkeit und häusliche Gewalt

Eine unbedingte Verpflichtung des Gerichts, auf ein Einvernehmen hinzuwirken, besteht nicht in Fällen **häuslicher Gewalt** (vgl. auch § 36 Abs. 1 Satz 2 FamFG)[59] und je nach Einzelfall auch nicht den Fällen, in denen die Eltern auf einem hohen Konfliktniveau streiten.[60] Bei **Hochkonflikthaftigkeit** sind möglicherweise gerichtliche oder außergerichtliche Bemühungen um die Herstellung von Einvernehmen nicht angezeigt.[61] Soll die Herstellung von Einvernehmen versucht werden, so ist zu entscheiden, welche Interventionsmethode indiziert ist.[62] In einem ersten Schritt sollte sich das Familiengericht jedoch im Wege einer Konfliktdiagnose[63] darüber klar werden, ob überhaupt ein Fall von Hochkonflikthaftigkeit gegeben ist. **36**

aa) Eskalationskriterien bei Hochkonflikthaftigkeit

Neben vielen anderen Ansätzen zur Strukturierung von Konflikten[64] unterscheidet *Dettenborn* zur Definition der Konfliktintensität drei Stufen, die sich am realen, beobachtbaren Konfliktverhalten der Konfliktparteien orientieren und stellt für diese drei Stufen Kriterien auf, nach denen sich die Stufen unterscheiden und einteilen lassen.[65] Die folgende Übersicht zeigt die Einteilung in die **drei Stufen**, nämlich Wortkonflikte, Konflikthandeln, Hochkonflikthaftigkeit mit ihren jeweiligen **Eskalationskriterien:** **37**

---

56 A.A. Zöller/*Lorenz*, § 156 FamFG Rn. 1: Protokollierung, aber Beschluss des Gerichts, dass die Vereinbarung nicht vereinbar ist mit dem Kindeswohl

57 Prütting/Helms/*Hammer*, § 156 FamFG Rn. 18; *Heilmann*, NJW 2012, 887, 888

58 Prütting/Helms/*Hammer*, § 156 FamFG Rn. 19

59 BT-Drucks. 16/6308, 236; Schulte-Bunert/Weinreich/*Ziegler*, § 156 FamFG Rn. 2; *Schmid*, NZFam 2015, 292 ff.

60 *Salgo*, FF 2010, 352, 358; vgl. auch die Kriterien für Hochkonflikthaftigkeit nach *Dettenborn*; ZKJ 2013, 231 ff.; 272 ff., und *Fichtner*, ZKJ 2012, 46 ff.

61 *Fichtner*, ZKJ 2018, 257, 263

62 Siehe hierzu *Fichtner*, ZKJ 2012, 46 ff.

63 *Glasl*, Konfliktdiagnose Rn. 1 ff.

64 Vgl. z.B. die 9 Eskalationstufen nach *Glasl* (von 1.) Verhärtung bis 9.) gemeinsam in den Abgrund), Eskalationsdynamik Rn. 18 ff.

65 *Dettenborn*, ZKJ 2013, 231 ff.

Übersicht: Stufen der Konfliktintensität

Stufe 1: Wortkonflikte
- Meinungsverschiedenheiten
- feindselige Polemik
- Drohungen ohne Ultimatum

Stufe 2: Konflikthandeln
- Setzen von Einschränkungen ohne Schikanetendenz
- informelle Negativdarstellung von Verhaltensweisen des Konfliktpartners bei Dritten
- behördlich-formelle Externalisierung

Stufe 3: Hochkonflikthaftigkeit
- Schikanehandeln
- gegenseitiges Drohverhalten mit Ultimatum (Eskalationsdialog)
- Verharren im Vorwurfskreislauf
- Allianzbildung
- Behinderung der Kommunikation zwischen den Konfliktpartnern
- überhöhte Kontrollansprüche in Bezug auf das Verhalten des Konfliktpartners
- Gewaltanwendung in der jüngeren Vergangenheit
- Pathologisierung des Konfliktpartners
- Kriminalisierung des Konfliktpartners
- Selbstschädigung (Verlustignoranz)
- häufig wechselnde Rechtsvertretung
- ausgeprägte Gerichtsanhängigkeit
- Nichteinhaltung von Maßnahmen
- mangelnde Bereitschaft zur Nutzung professioneller Hilfe
- hohe Anzahl von Konfliktthemen
- Drohverhalten gegenüber professionellen Dritten
- Belastung des Kindes (in Abwesenheit des Konfliktpartners)
- Belastung des Kindes (in Anwesenheit beider Konfliktpartner)

38 Die Liste umfasst 18 Kriterien, die für eine Beurteilung der Konfliktausprägung herangezogen werden können. Sie können einzeln oder kumulativ auftreten und sind je nach konkretem Einzelfall unterschiedlich ausgeprägt.[66] Der Kriterienkatalog bildet daher auch nur eine Unterstützung bei der Einschätzung des Konfliktniveaus, die aber in der Praxis für die Entscheidung, welche Intervention angezeigt ist, sehr hilfreich sein kann.[67]

66 *Dettenborn*, ZKJ 2013, 231, 234
67 *Dettenborn*, ZKJ 2013, 272, 273

39 Ein in der Praxis ebenfalls bewährtes Modell ist das **dreistufige Modell der Konflikteskalation** von *Alberstötter*, der unterscheidet:[68]

Übersicht: Stufen der Konflikteskalation

Stufe 1 **Zeitweilig gegeneinander gerichtetes Reden und Tun**
Stufe 2 **Verletzendes Agieren und Ausweitung des Konfliktfeldes**
Stufe 3 **Beziehungskrieg: Kampf um jeden Preis**

bb) Grenzen der Bemühungen um Einvernehmen

40 Zwar schließt Hochkonflikthaftigkeit ein Hinwirken auf Einvernehmen im familiengerichtlichen Verfahren nicht aus, jedoch sind die Erfolgschancen erheblich gemindert, wenn die Beteiligten aufgrund der hohen Eskalationsstufe des Konflikts nicht bereit oder auch nur nicht in der Lage sind, ihre Einstellungen und ihr Verhalten zu reflektieren und zu verändern.[69] Während die Eltern, die sich im dreistufigen Modell von *Alberstötter* auf Stufe 1 der Konflikteskalation befinden, noch deutliche Ressourcen aufweisen im Hinblick auf konfliktreduzierende Einsichten und Dritte (Berater, Mediatoren, Richter) noch als neutral akzeptieren können, gilt dies für die Stufe 2 nach diesem Modell nur noch in reduziertem Maß und für die Stufe 3 in der Regel nicht mehr.[70] Insgesamt besteht die Gefahr, dass die Selbstregulierungskräfte und die Fähigkeit, eigenverantwortlich zu handeln, überschätzt werden und sich der Konflikt durch die Bemühungen um ein Einvernehmen zeitlich in die Länge zieht. Gleichwohl besteht auch die Gefahr, dass die Selbstregulierungskräfte unterschätzt werden und die Chance für eine einvernehmliche Lösung verpasst wird.[71]

40a In diesem Spannungsfeld ist vom Familiengericht die Entscheidung über das Verfahren und die Art und Weise der Intervention zu treffen, wobei insbesondere darauf zu achten ist, dass das Wohl des Kindes durch die Einigungsbemühungen und eine zeitliche Ausdehnung des Konflikts der Eltern nicht gefährdet wird. In der Anhörung und Erörterung kann der Hochkonflikthaftigkeit – neben den sonstigen Methoden der Verhandlungsführung –[72] durch die folgenden Kommunikationstechniken begegnet werden:[73]

- besonders auf klare Struktur des Verhandlungsablaufs achten
- Entschleunigung der Verhandlungsführung
- Pausen machen
- kurze Redephasen der Beteiligten
- Themenbereiche partialisieren

68 Bundeskonferenz für Erziehungsberatung e.V., Beratung von Hochkonflikt-Familien, Fachliche Standards in: Weber/Alberstötter/Schilling, 437 f.
69 *Dettenborn*, ZKJ 2013, 272, 273; *Krabbe*, ZKJ 2016, 392 f.
70 Bundeskonferenz für Erziehungsberatung e.V., Beratung von Hochkonflikt-Familien, Fachliche Standards in: Weber/Alberstötter/Schilling, 437 f.
71 *Dettenborn*, ZKJ 2013, 272, 273
72 Siehe oben Rn. 13 ff.
73 Vgl. *Krabbe*, ZKJ 2016, 392 f.; *Krabbe/Thomsen*, S. 189 ff.

– begrenzte Lösungen für kurze Zeiträume, ggf. im Wege von Zwischen- bzw. Teilvereinbarungen oder -entscheidungen

cc) Fazit

41 Der Grundsatz, dass eine einvernehmliche Lösung der Beteiligten einer gerichtlichen Entscheidung vorzuziehen ist, stößt dort an seine **Grenzen**, wo die Situation des Kindes eine **gerichtliche**, dem Wohl des Kindes am besten entsprechende **Regelung erfordert**, die die Eltern – aus welchem Grund auch immer – nicht oder nicht befriedigend selbst herzustellen in der Lage sind.[74] Gehen die konflikthaften Verhaltensweisen der Eltern mit einer Einschränkung ihrer Erziehungsfähigkeit einher und zeigt das Kind bereits Verhaltensauffälligkeiten oder psychische bzw. psychosomatische Beeinträchtigungen, so dürften die Grenzen der Bemühungen um ein Einvernehmen erreicht und eine Entscheidung des Familiengerichts angezeigt sein (§ 1697a BGB).[75] Ist die Schwelle der Kindeswohlgefährdung erreicht, wird das Familiengericht Maßnahmen nach §§ 1666, 1666a BGB zu prüfen haben.

2. Hinweis auf Möglichkeiten der Beratung (Satz 2)

a) Beratungsangebote der Jugendhilfe

42 Unabhängig davon, ob ein Einvernehmen zwischen den Eltern erzielt werden konnte, weist das Gericht immer, auch für die Zukunft, auf die Möglichkeiten der Beratung durch die Beratungsstellen der öffentlichen und freien Träger der Kinder- und Jugendhilfe (§ 3 Abs. 2 SGB VIII) hin. Es empfiehlt sich hier, ein **Informationsblatt** zusammen mit den Trägern der Kinder- und Jugendhilfe zu erarbeiten, das möglichst konkret ist und Postanschriften, E-Mail-Adressen, Telefonnummern und persönliche Ansprechpartner in den verschiedenen Stellen nennt. Bewährt hat sich in der Praxis in geeigneten Fällen auch die **Teilnahme der Beratungsstelle im frühen Termin**, um ein gegenseitiges Kennenlernen zwischen Eltern und Beratungsperson zu ermöglichen und so die Schwelle der Inanspruchnahme von Beratung abzusenken, ggf. sogar mit dem Ergebnis konkreter Terminvereinbarungen.[76]

43 Die folgenden, in diesem Zusammenhang einschlägigen **Beratungsangebote** unterbreiten die Träger der Kinder- und Jugendhilfe:

(1) **Beratung bei Trennung und Scheidung** (§ 17 Abs. 1 und 2 SGB VIII). Ziel dieser Beratung ist es, den Familien dabei zu helfen, Konflikte und Krisen zu bewältigen, gute Bedingungen für die Wahrnehmung der gemeinsamen Elternverantwortung zu schaffen sowie die Eltern dabei zu unterstützen, einvernehmlich ein Konzept für die Wahrnehmung ihrer elterlichen Verantwortung und der elterlichen Sorge zu entwickeln.

(2) Beratung und Unterstützung bei der Ausübung des Umgangsrechts (§ 18 Abs. 1 und 3 SGB VIII)

(3) **Erziehungsberatung, auch bei Trennung und Scheidung** (§ 28 SGB VIII) durch die Erziehungsberatungsstellen

▶ *Ausführlich hierzu Köhler, Kommentierung zu §§ 17, 18 und 28 SGB VIII.*

---

74 MüKo-FamFG/*Schumann*, § 156 Rn. 8; *Vogel*, Kommunikation im familiengerichtlichen Verfahren, FF 2014, 399, 403; HB-VB/*Heilmann*, Rn. 1405 ff.

75 Prütting/Helms/*Hammer*, § 156 FamFG Rn. 19

76 Vgl. Münchener Modell, ZKJ 2008, 199; *Gartenhof/Schmid/Normann/v. Thüngen/Wolf*, NZFam 2014, 972, 973

b) Abgrenzung der Indikation: Beratung, Therapie, Mediation

Die **Beratung** bietet **Rat und Hilfe** bei der Klärung von belastenden Problemen und beim Abbau von Ängsten und Verletzungen durch gemeinsame oder einzeln geführte Gespräche. Sie umfasst auch **praktische und organisatorische Hilfen**. Von der Therapie, mit der sie die Klärung der Ursachen von Konflikten gemeinsam hat, grenzt sie sich durch ihre Ausrichtung auf eine konstruktive Arbeit an Lösungen ab. Die **Therapie** arbeitet an den **tiefer liegenden psychischen Problemen** des Klienten und an seiner Persönlichkeit, setzt also eine Bereitschaft des Klienten, sich dem Therapeuten gegenüber zu öffnen, voraus. Sie zielt weniger auf die Lösung konkreter sachlicher Probleme.[77] 44

Die **Mediation** hingegen zeichnet sich gerade durch das Ziel einer **Lösung des Konflikts** aus.[78] Sie arbeitet in erster Linie zukunftsorientiert und ist immer auf die Konfliktlösung zwischen zwei oder mehr Konfliktbeteiligten gerichtet. Die Mediation geht immer nur so weit in die Tiefe oder in die Vergangenheit zurück, wie es zur gemeinsamen Lösungsfindung nötig ist („So viel wie nötig, so wenig wie möglich"). In der Mediation fehlt das Element des Beratens, da der Mediator klassischerweise keinen Rat erteilt und auch nicht, wie im Falle der Beratung durch die Jugendhilfe, praktische und organisatorische Hilfen anbietet.

Die Indikation von Beratung, Therapie oder Mediation ist abhängig von der Art und Weise des Konflikts, der **Eskalationsstufe** (zur Hochkonflikthaftigkeit siehe oben Rn. 37 ff.) und – bei Trennung und Scheidung – von der Phase, in der sich die Eltern in Bezug auf die Trennung befinden.[79] Zu diesen **Trennungsphasen** gibt es unterschiedliche Modelle. Orientiert man sich an den Phasen, die nach den Beobachtungen von John Bowlby ein Kleinkind im allgemeinen durchläuft, welches im frühkindlichen Stadium von seiner Mutter getrennt wurde, so lassen sich auch bei Erwachsenen die folgenden Phasen modellhaft unterscheiden: eine erste Phase des **Protests**, eine zweite Phase der **Verzweiflung** und eine dritte Phase der **Gleichgültigkeit**[80] oder Depression, gefolgt von einer vierten Phase der **Trauer**.[81] Allgemeinverbindliche Regeln der Indikation lassen sich kaum aufstellen, vielmehr ist diese von den Umständen des Einzelfalls abhängig. Generell wird man aber in einer frühen und gleichzeitig hochemotional erlebten, wütenden **Trennungsprotestphase** nur **Kriseninterventionen**, gerichtet auf **kurzfristige Zwischenlösungen** wirkungsvoll durchführen können (Beratung, wie es in den nächsten Monaten weitergeht, Kurzzeittherapie zur Krisenbewältigung oder Mediation zu Themen, die nur unmittelbar anstehende Teilkonflikte betreffen). Längerfristige Therapien oder eine Mediation, die eine vollständige Vereinbarung über die Trennungs- und Scheidungsfolgen zum Ziel hat, sind hingegen eher dann indiziert, wenn entweder die Trennung noch nicht weit zurückliegt, jedoch von beiden Seiten bereits dem Grunde nach akzeptiert wird, oder die Trennung schon etwas länger andauert, die Beteiligten schon die ersten, von starken Emotionen begleiteten Phasen durchlaufen haben und nun bereit sind, sich konkret mit ihren Zukunftsperspektiven zu beschäftigen. 45

77 Prütting/Helms/*Hammer*, § 156 FamFG Rn. 23
78 *Mähler/Mähler*, in: HB Mediation Rn. 21
79 *Fichtner*, ZKJ 2012, 46, 51
80 HB-VB/*Maywald*, Rn. 1161 f. unter Verweis auf *Bowlby*, 1983, S. 20, S. 34; *Petri*, S. 59
81 *Petri*, a.a.O., S. 107 ff.; vgl. auch die von *Kübler-Ross* unterschiedenen Phasen bei Ablöseprozessen: (1) Verleugnung, (2) Auflehnung und Zorn, (3) Kampf um die Beziehung, (4) Niedergeschlagenheit und (5) Hinnahme der Trennung, Loslassen, *Bielecke*, FPR 2013, 471, 472 m.w.N.; *v. Luxburg*, Rn. 4 ff.; *Krabbe/Thomsen, S. 202*

3. Informationsgespräch über Mediation oder eine sonstige Möglichkeit der außergerichtlichen Konfliktbeilegung (Satz 3)

a) Anordnung eines Informationsgesprächs

46 Eine Mediation kann das Gericht auch nach der Neufassung der Norm durch das Gesetz zur Förderung der Mediation und anderer Formen der außergerichtlichen Konfliktbeilegung vom 21.7.2012 nicht anordnen, wohl aber kann es nach seinem Ermessen anordnen, dass die Beteiligten in Kindschaftssachen **wie auch in Ehesachen nach § 135 FamFG** einzeln oder gemeinsam an einem **kostenfreien Informationsgespräch** über Mediation oder eine andere Form der außergerichtlichen Konfliktbeilegung teilnehmen. Hierzu benennt das Gericht eine Stelle oder Person, die ein solches kostenfreies Informationsgespräch anbietet, wobei die Auswahl der Stelle oder Person im lediglich willkürfrei auszuübenden Ermessen steht[82] oder verweist auf die Internetseiten der Dachverbände der Mediatoren, auf denen die Mediatoren nach Ort (PLZ) oder Alphabet und ggf. Spezialisierung gelistet sind.[83] Vor der Anordnung der Teilnahme an einem solchen Informationsgespräch ist den Beteiligten rechtliches Gehör einzuräumen.[84]

47 Die **Dachverbände der Mediatoren** haben ihren Mitgliedern empfohlen, solche kostenfreien Informationsgespräche anzubieten und teilweise Informationsblätter für Richter, Mediatoren, Anwälte und Beteiligte entwickelt, die sich im Internet abrufen lassen.[85] Ein **Informationsgespräch** stellt regelmäßig noch nicht den Beginn der Mediation dar, sondern die Beteiligten werden in einem ca. 30 Minuten dauernden Gespräch über Inhalt, Ablauf, Sinn und Zweck einer Mediation und deren Möglichkeiten und evtl. auch Grenzen einschließlich der zu erwartenden Kosten, die derzeit noch von den Beteiligten selbst zu tragen sind, informiert.[86] Die Teilnehmer an dem Informationsgespräch erhalten anschließend eine schriftliche Teilnahmebestätigung.[87] Diese legen sie dem Gericht vor.[88]

48 Die **Kosten einer Mediation** reichen von der kostenfreien oder auf Spendenbasis gewährten Mediation der freien Träger (Caritas, Pro Familia usw.) bis hin zu einer Mediation mit einem Stundensatz von 70 bis ca. 150 Euro oder mehr.[89] Eine Mediationskostenhilfe sieht das Gesetz – bislang – noch nicht vor, wurde aber im Gesetzgebungsverfahren zum Mediationsgesetz von 2012 diskutiert. § 61a FamGKG gibt den Ländern die Möglichkeit, durch Rechtsverordnung eine Ermäßigung der Gerichtskosten zu regeln, wenn die Beteiligten eine Mediation durchgeführt haben.

b) Ermessen

49 Bei der Vorschrift des § 156 Abs. 1 Satz 3 FamFG handelt es sich um eine Kann-Vorschrift, d.h. es steht im **pflichtgemäßen Ermessen** des Familiengerichts, ob es die Eltern verpflichtet, an einem solchen Informationsgespräch teilzunehmen.[90] Bei der Ausübung dieses Ermessens kommt es darauf an, ob der Fall sich für eine Mediation überhaupt eignen könnte (vgl. auch die allgemeinen Eignungskriterien für die Herstellung von Einvernehmen, oben Rn. 7, und die Abgrenzung der Indikation einer bestimmten Interventionsmethode, hierzu Rn. 44). Zeichnet sich eine Kindeswohlgefährdung ab, so ist eine Mediation in der Regel nicht angezeigt.[91]

82 *Greger/Unberath*, MediationsG 2012, Teil 4, Rn. 76
83 Z.B. www.bafm-mediation.de/mediatorensuche; www.bmev.de; www.centrale-fuer-mediation.de
84 *Greger/Unberath*, Teil 4 Rn. 66
85 Vgl. www.bafm-mediation.de/mitgliedschaft/informationsgesprache-135-famfg
86 *Pielsticker* in: Fritz/Pielsticker, § 156 FamFG Rn. 13
87 *Pielsticker* in: Fritz/Pielsticker, § 156 FamFG Rn. 15
88 *Greger*, FPR 2011, 115; *Grabow*, FPR 2011, 33
89 *Greger*, FPR 2011, 115, 116
90 *Greger* in: Greger/Unberath, Teil 4, Rn. 65; *Grabow*, FPR 2011, 33, 35
91 Siehe auch *Schermaier-Stöckl*, FamRB 2018, 496

Kriterien der Eignung eines kindschaftsrechtlichen Verfahrens für eine Mediation können sein: 50

- **Komplexität** des Konflikts und der zu behandelnden Problemfelder
- Der verfahrensgegenständliche Konflikt stellt nur die „**Spitze des Eisbergs**" dar, d.h. der eigentliche Konflikt liegt tiefer und ist vielgestaltiger.
- Die Eltern sind jedenfalls **ansatzweise bereit, miteinander zu verhandeln**[92] und die Delegation an Anwälte und Gericht zurückzunehmen.
- Die Eltern sind von ihrer gesundheitlichen und psychischen Verfassung her grundsätzlich **in der Lage, eigenverantwortlich zu verhandeln**.
- Das staatliche Wächteramt steht nicht in einer Weise im Vordergrund, die eine Rückgabe des Konflikts an die eigenverantwortlich handelnden Eltern ausschließt. Grundregel: **Je mehr staatliches Wächteramt, desto weniger ist das Verfahren geeignet für eine Mediation.**
- Eine Mediation und die damit einhergehende Verfahrensverzögerung sind auch mit Blick auf die durch den Zeitablauf möglicherweise entstehende Faktenlage vertretbar. Grundregel: **Keine Fakten schaffen durch Zeitablauf** (z.B. wenn es um den Aufenthalt eines Kindes bei einem Elternteil geht; näher hierzu Fink, § 155 FamFG Rn. 13). Ggf. legt das Familiengericht in einem solchen Fall einen zeitlichen Rahmen für die Mediation fest und nimmt das Verfahren nach Fristablauf von Amts wegen wieder auf.
- Ein **hochstrittiger Elternkonflikt**[93] (zur Hochkonflikthaftigkeit siehe oben Rn. 36 ff.) schließt Mediation nicht aus, **erschwert** diese aber.[94] In diesen Fällen ist von der Anordnungskompetenz des § 156 Abs. 1 Satz 3 angesichts der hohen Eskalationsstufe des Konflikts, zumal er sich schon bei Gericht befindet, nur eingeschränkt Gebrauch zu machen. Möglicherweise ergibt eine Konfliktdiagnose[95] bei hochstrittigen Eltern, dass der strukturgebende Rahmen der gerichtlichen Verhandlung mit der Möglichkeit der Delegation seitens der Eltern einerseits und der Ressource staatlicher, d.h. richterlicher Autorität und Verhandlungsführung andererseits die geeignetere Verfahrensweise zur Konfliktbeilegung ist.[96]

c) Verfahren und Durchsetzung

51 Ordnet das Gericht an, dass die Beteiligten an einem Informationsgespräch über Mediation teilnehmen, so ist fraglich, ob es – wie im Falle der Durchführung einer außergerichtlichen Mediation gemäß § 36a FamFG – das laufende Verfahren aussetzen muss. Da die Aussetzung des Verfahrens nach § 36a Abs. 2 FamFG lediglich zum Gelingen der Mediation beitragen soll, indem während der Mediation keine neuen gerichtlichen Schritte eingeleitet und laufende Verfahren nicht betrieben werden, ist es im Falle der Anordnung nur eines Informationsgesprächs über die Mediation, ohne dass feststeht, dass sich die Eltern für das Verfahren der Mediation entscheiden, in diesem Stadium mit Blick auf den Beschleunigungsgrundsatz des § 155 Abs. 1 FamFG **nicht angezeigt, das Verfahren auszusetzen**.

52 Die Anordnung des Informationsgesprächs kann man zwar **nicht** mit **Ordnungs- und Zwangsmitteln** durchsetzen (§ 156 Abs. 1 Satz 5 FamFG in Abweichung zu § 35 FamFG);

---

92 Zu den Grenzen der Mediation siehe auch *Montada/Kals*, S. 294 ff.
93 Zu den Merkmalen von Hochkonflikthaftigkeit vgl. *Dettenborn*, ZKJ 2013, Heft 6 und 7
94 *Krabbe*, Mediation in hocheskalierten Partnerkonflikten, in: Trenczek, 5.4, Rn. 1 ff.
95 *Brändle/Schreiber*, WzS 2014, 35, 39
96 Prütting/Helms/*Hammer*, § 156 FamFG Rn. 14; *Dettenborn*, ZKJ 2013, 271, 274

die Verweigerung der Teilnahme kann aber eine **negative Kostenfolge** nach sich ziehen (§ 81 Abs. 2 Ziffer 5 FamFG).

d) Mediation

53 § 1 Abs. 1 MediationsG formuliert: „Mediation ist ein vertrauliches und strukturiertes Verfahren, bei dem Parteien mit Hilfe eines oder mehrerer Mediatoren freiwillig und eigenverantwortlich eine einvernehmliche Beilegung ihres Konfliktes anstreben." Abs. 2 lautet: „Ein Mediator ist eine unabhängige und neutrale Person ohne Entscheidungsbefugnis, die die Parteien durch die Mediation führt." Die Grundprinzipien der Mediation lauten: Eigenverantwortlichkeit, Freiwilligkeit, Vertraulichkeit, Informiertheit, Ergebnisoffenheit und Allparteilichkeit (des Mediators).[97]

54 Das Verfahren ist strukturiert. Je nach Ausbildung des Mediators werden **fünf Stufen** unterschieden:[98]

- In Stufe 1 wird der **Auftrag** mit den Beteiligten geklärt.
- In Stufe 2 werden alle **Themen** aufgelistet, die die Beteiligten in der Mediation besprechen wollen.
- In Stufe 3 wird – gesondert nach den aufgelisteten Themen – an dem eigentlichen Konflikt gearbeitet, d.h., es wird herausgearbeitet, welche **Interessen**, Anliegen und Bedürfnisse sich bei den Beteiligten hinter den Themen verbergen.
- In Stufe 4 wird – wiederum gesondert nach Themen – möglichst frei und kreativ nach möglichen **Lösungen** gesucht und
- in Stufe 5 wird eine **Vereinbarung** geschlossen, die alle gefundenen Lösungen umfasst.

55 Der Mediator sollte in einer umfassenden Ausbildung geschult sein und neben der Lehre von dem Verfahren der Mediation auch mit Konflikttheorien, dem Umgang mit Machtungleichgewichten, mit den wichtigsten Kommunikationstechniken, mit der Technik der Visualisierung und der passenden Fragestellung vertraut sein. Regelmäßige Fallsupervisionen tragen zum Aufbau und Erhalt der Qualität des Mediators bei.

4. Anordnung einer Beratung (Satz 4)

a) Indikation

56 Das Gericht kann bei – zunächst – beratungsunwilligen Beteiligten auch die Inanspruchnahme von Beratung anordnen, wenn es sich hiervon für die Konfliktbearbeitung oder für die Hilfestellung bei der Erziehung und der Wahrnehmung der elterlichen Verantwortung eine positive Einwirkung verspricht..[99] Zielgruppe sind diejenigen Eltern, die einer Beratung skeptisch gegenüber stehen, die aber doch über eine gewisse Offenheit und vor allem über eine **gewisse Einigungsbereitschaft** verfügen. Studien und Modellversuche haben gezeigt, dass auch eine angeordnete Beratung einen positiven Einfluss haben kann, so dass die Möglichkeiten der Beratung auch bei anfangs geringer Eigenmotivation der Beteiligten ausgeschöpft werden konnten[100] Das **Prinzip der Freiwilligkeit** drückt sich dann nicht in einer freiwilligen Aufnahme, wohl aber in einer **freiwilligen Fortführung der Beratung** aus. Die Aufgabe zu Beginn des Beratungsprozesses besteht also darin, aus der

---

97 *Kracht*, in: HB Mediation, Rn. 98; *Fritz* in: Fritz/Pielsticker, § 1 Rn. 16 ff.

98 *Kessen/Troja*, in: HB Mediation, Rn. 4 ff.; *Moll-Vogel*, in: HB Elterlicher Sorge und Umgang Rn. 1190 ff.; *Unberath* in: Greger/Unberath, § 2 Rn. 50 m.w.N.; *Krabbe/Thomsen*, S. 40 ff.

99 Vgl. Empfehlung des DFGT FamRZ 2005, 1962, 1964

100 *Fichtner*, ZKJ 2018, 257 f.; Prütting/Helms/*Hammer*, § 156 FamFG Rn. 4

Fremdmotivation eine **Eigenmotivation** zu entwickeln.[101] Förderlich für das Gelingen der Beratung durch die Träger der Jugendhilfe kann es sein, dass diese grundsätzlich, außer in den Fällen der Kindeswohlgefährdung (vgl. § 8a SGB VIII), der **Schweigepflicht** unterliegt (§§ 203 StGB, 65 SGB VIII).[102] Ob die Schweigepflicht der Beratungsstelle auch so weit geht, dass sie dem Gericht keine Mitteilung über den Verlauf der Beratung machen darf bzw. darüber, ob sie ggf. gescheitert ist, ist umstritten.[103] In der Praxis sollte sich das Gericht in angemessenen Zeitabständen bei den Beteiligten oder ihren Rechtsanwälten erkundigen, ob die Beratung noch andauert und ernsthaft wahrgenommen wird.

b) Zusammenarbeit mit den Trägern der Jugendhilfe

Ordnet das Gericht an, dass die Eltern an einer Beratung teilnehmen, so werden die Eltern hierdurch verpflichtet, die Beratungsleistung eines Trägers der Jugendhilfe anzunehmen.,[104] Da das Gericht jedoch de lege lata gegenüber dem Jugendamt oder einem anderen Träger der Jugendhilfe nach verbreiteter Ansicht **keine Anordnungskompetenz** hat (näher hierzu *Dürbeck*, § 162 FamFG Rn. 27), sondern die Beratungsstellen eigenständig die Indikation prüfen und über die Art und Weise der Beratung entscheiden[105] sind in der Praxis eine gute **Vernetzung und Kooperation** zwecks Abstimmung von Art und Weise, Ablauf und Umfang der Beratung zwischen dem Familiengericht, dem Jugendamt und den Beratungsstellen notwendig, auch um eine angeordnete Beratung gut auf den Weg zu bringen.[106] Die Mitwirkungsverpflichtung des Jugendamts im familiengerichtlichen Verfahren ergibt sich aus § 50 SGB VIII bzw. § 162 FamFG. **57**

Mit der Anordnung einer Beratung nach Satz 4 soll das Gericht schon aus praktischen und organisatorischen Bedürfnissen heraus festlegen, bei welcher Beratungsstelle und binnen welcher Frist die Eltern sich beraten lassen sollen.[107] Allerdings sind mangels Vollstreckbarkeit (vgl. Satz 5) an die Bestimmtheit der Anordnung keine zu hohen Anforderungen zu stellen.[108] **Gegenstand der Anordnung** können neben den Beratungs- und Unterstützungsangeboten der Jugendhilfe nach den §§ 17, 18 und 28 SGB VIII auch andere Unterstützungsangebote sein, sofern sie eine ähnliche Intensität und Konzeptionalität aufweisen, wie z.B. Anti-Gewalt-Trainings oder Elternkurse.[109] Da sie stark an der Person arbeitet, eine Selbstöffnung des Elternteils verlangt und somit in das Persönlichkeitsrecht des Elternteils eingreift, kann eine **Therapie nicht angeordnet**, sondern nur empfohlen werden.[110] **58**

c) Verfahren und Durchsetzung

Auch hier gilt, wie schon in der Anordnung nach Satz 3, dass die Verpflichtung zur Beratung **nicht** zu einer **Verzögerung** des Verfahrens führen darf; entsprechend wurde die Vorschrift des § 52 Abs. 2 FGG, die eine Aussetzung des Verfahrens vorsah, nicht übernommen. Eine Aussetzung kommt somit nur nach § 21 FamFG in Betracht.[111] Das Gericht wird sich spätestens nach Ablauf von 3 Monaten (vgl. § 155 Abs. 4 FamFG) bei den Eltern oder bei dem Jugendamt erkundigen, ob die Beratung noch andauert. Im Zweifel und **59**

---

101 *Gartenhof u.a.*, NZFam 2014, 972, 975
102 *Gartenhof u.a.*, NZFam 2014, 972, 975
103 Prütting/Helms/*Hammer*, § 156 FamFG Rn. 31; *Bergmann*, ZKJ 2010, 56, 58
104 MüKo-FamFG/*Schumann*, § 156 Rn. 10
105 Prütting/Helms/*Hammer*, § 156 FamFG Rn. 32; *Bergmann*, ZKJ 2010, 56, 58; Stellungnahme der Bundeskonferenz für Erziehungsberatung, ZKJ 2009, 121, 122; Wiesner/*Mörsberger/Wapler*, § 50 SGB VIII Rn. 73
106 PK Familienverfahrensrecht/*Meysen*, § 156 FamFG Rn. 15; *Gartenhof u.a.*, NZFam 2014, 972, 974; Wiesner/*Mörsberger/Wapler*, § 50 SGB VIII, Rn. 73 ff.
107 BT-Drucks. 16/6308, 237; Prütting/Helms/*Hammer*, § 156 FamFG Rn. 31; Schulte-Bunert/Weinreich/*Ziegler*, § 156 FamFG Rn. 3
108 Prütting/Helms/*Hammer*, § 156 FamFG Rn. 31
109 Prütting/Helms/*Hammer*, § 156 FamFG Rn. 30; www.kinderimblick.de
110 Prütting/Helms/*Hammer*, § 156 FamFG Rn. 30; MüKo-FamFG/*Schumann*, § 156 Rn. 10
111 BT-Drucks. 16/6308, 237; Schulte-Bunert/Weinreich/*Ziegler*, § 156 FamFG Rn. 3

wenn Verzögerungen zu befürchten sind, sollte das Gericht unverzüglich einen weiteren Erörterungstermin bestimmen oder eine andere, verfahrensleitende Verfügung treffen, z.B. – soweit noch nicht geschehen – die Bestellung eines Verfahrensbeistands (§ 158 FamFG) bzw. sollte nach abschließender Stellungnahmefrist, einen Beschluss erlassen, wenn eine hinreichende Grundlage für eine am Kindeswohl orientierte Entscheidung gegeben ist, insbesondere alle Beteiligten, namentlich die Eltern (§ 160 FamFG) und das Kind (§ 159 FamFG) sowie das Jugendamt (§ 162 FamFG) angehört wurden.[112]

60 Die auf § 156 FamFG gestützte Anordnung der Beratung stellt eine **nicht anfechtbare Zwischenentscheidung** dar und kann nicht im Zusammenhang mit einer Endentscheidung erlassen werden. Sie ist **nicht** mit **Zwangsmitteln** durchsetzbar (§ 156 Abs. 1 Satz 5 FamFG). Dies gilt jedenfalls dann auch für eine im Wege eines Vergleichs übernommene Verpflichtung, Beratung in Anspruch zu nehmen, wenn die Beteiligten über den Gegenstand des Vergleichs nicht verfügen können, z.B. wenn die Vereinbarung das Umgangsrecht betrifft.[113] Mit dem Ziel einer Beratung wäre es auch unvereinbar, wenn diese unter Zwang erfolgte. Ebenso wenig ist die Anordnung nach den §§ 58 ff. FamFG isoliert anfechtbar (§ 156 Abs. 1 Satz 5 FamFG); sie kann allenfalls inzidenter im Rahmen eines Rechtmittels gegen die Endentscheidung angefochten werden. In einem Umgangsverfahren könnte eine mit der Endentscheidung verfügte Beratungsanordnung auf die Vorschrift des § 1684 Abs. 2, Abs. 3 Satz 2 BGB gestützt werden.[114]

▶ *Näher zur Anfechtbarkeit von Zwischenentscheidungen Dürbeck, § 58 FamFG Rn. 9 ff.*

5. Umsetzung einer einvernehmlichen Regelung in Sorgerechtsverfahren

a) Aufrechterhaltung der gemeinsamen elterlichen Sorge

61 Erzielen die Beteiligten in einem Antragsverfahren, z.B. nach § 1671 BGB ein Einvernehmen, so bleibt es entweder bei der **gemeinsamen elterlichen Sorge** und ggf. wird noch eine **Sorgevereinbarung** getroffen und protokolliert, welche die Ausübung der elterlichen Sorge in Teilfragen näher regelt, z. B. den Lebensmittelpunkt des Kindes. Oder der Antrag wird, anders als in Amtsverfahren möglich, gemäß § 22 Abs. 1 FamFG zurückgenommen bzw. gemäß § 22 Abs. 3 übereinstimmend für erledigt erklärt. Das Gericht trifft lediglich noch eine Kostenentscheidung nach den §§ 83 Abs. 2, 81 FamFG.[115]

62 Eine Möglichkeit, bei fortbestehender gemeinsamer elterlicher Sorge den betreuenden Elternteil handlungsfähig zu machen, ist die Erteilung einer **Sorgerechtsvollmacht** durch den anderen Elternteil.[116] Diese ist widerruflich, so dass der betreuende Elternteil sie in der Regel nicht zum Nachteil des anderen Elternteils oder gar des Kindes ausnutzen wird. Es ist jedoch sorgfältig zu prüfen, ob die Erteilung einer Sorgerechtsvollmacht allein bereits dazu führen kann, die Voraussetzungen für eine Aufhebung der gemeinsamen elterlichen Sorge zu verneinen (siehe hierzu *Keuter*, § 1671 BGB Rn. 21).[117]

112 Prütting/Helms/*Hammer*, § 156 FamFG Rn. 37
113 OLG Frankfurt FamRZ 2015, 2001
114 KG ZKJ 2019, 234, mit Anm. *Dürbeck* in ZKJ 2019, 236; KG ZKJ 2018, 381 mit Anm. *Dürbeck*; anders noch KG ZKJ 2018, 230
115 Prütting/Helms/*Hammer*, § 156 FamFG Rn. 75
116 *Geiger/Kirsch*, FamRZ 2009, 1879
117 OLG Frankfurt ZKJ 2019, 230, wendet im Rahmen dieser Prüfung den Verhältnismäßigkeitsgrundsatz an.

b) Entscheidung des Familiengerichts

Finden die Eltern gerichtlich oder außergerichtlich, z.B. im Rahmen einer Beratung nach § 17 Abs. 2 SGB VIII oder mittels Mediation eine einvernehmliche Regelung, die die Übertragung des Sorgerechts oder von Teilbereichen des Sorgerechts zum Inhalt hat, bedarf es in jedem Fall noch einer **gerichtlichen Entscheidung**, da die Eltern über das Sorgerecht **nicht disponieren** können.[118] Das Familiengericht unternimmt die notwendigen Verfahrensschritte (Beteiligungen, Anhörungen, Kindeswohlprüfung) und erlässt einen Beschluss nach § 38 FamFG unter Berücksichtigung dessen, was die Eltern vereinbart haben.[119] **63**

Bezieht sich das zwischen den Eltern erzielte Einvernehmen auf das Umgangsrecht mit dem Kind oder auf die Herausgabe des Kindes, so knüpft § 156 Abs. 2 FamFG die Wirksamkeit eines entsprechenden Vergleichs an das Erfordernis der **gerichtlichen Billigung**, da auch die Regelung des Umgangsrechts und der Herausgabe nicht der **Disposition** der Eltern unterliegt. Insofern erweitert § 156 Abs. 2 FamFG den Anwendungsbereich der Vorschrift des § 36 Abs. 1 Satz 1 FamFG.[120] **64**

- ▶ *Zur Verweisung der Beteiligten vor den Güterichter siehe Wegener, § 36 FamFG Rn. 9 ff.*
- ▶ *Zur Verweisung in die außergerichtliche Mediation siehe Wegener, § 36a FamFG.*
- ▶ *Zur Mediation in internationalen Kindschaftskonflikten siehe Wegener, Auslandsbezüge, Kapitel 6.*

II. Gerichtlich gebilligter Vergleich (Abs. 2)

Erzielen die Beteiligten gerichtlich oder außergerichtlich ein Einvernehmen über die Regelung des Umgangs (§§ 1684 f. BGB) oder die Frage der Herausgabe des Kindes (§ 1632 Abs. 1 BGB), so nimmt das Gericht die einvernehmliche Regelung als Vergleich auf, wenn es diese billigt (§ 36 Abs. 2, 3 FamFG i.V.m. § 156 Abs. 2 FamFG). Es handelt sich gemäß § 36 Abs. 2 Satz 2 FamFG i.V.m. §§ 159 ff. ZPO um eine **förmliche Protokollierung.** Eine Umgangsregelung wird vom Gericht gebilligt, wenn sie dem Kindeswohl nicht widerspricht (**negative Kindeswohlprüfung**).[121] Eines **gesonderten Beschlusses über die Billigung** bedurfte es nach früher hier unter Verweis auf den Wortlaut des Gesetzes vertretener Auffassung nicht. **65**

Mit seiner Entscheidung vom 10.7.2019[122] hat der **BGH** diese Frage nunmehr geklärt: Neben der Protokollierung des Vergleichs bedarf es noch eines gesonderten **Beschlusses über die gerichtliche Billigung** des Vergleichs, der dann auch den **Warnhinweis nach § 89 Abs. 2 FamFG** enthält.[123] Die gerichtliche Billigung des Vergleichs hat nach dem BGH konstitutive Wirkung, denn das Gericht darf die Vereinbarung erst dann billigen, wenn es die notwendige (negative) Kindeswohlprüfung vorgenommen und zudem geprüft hat, ob alle notwendigen Verfahrenshandlungen, insbesondere die persönlichen Anhörungen der Beteiligten, vorgenommen wurden.[124]

---

118 *Zöller/Lorenz*, § 156 FamFG Rn. 2

119 OLG Hamm FamRZ 2018, 1844 mit Anm. *Hammer*; vgl. OLG Frankfurt, Beschl. v. 20.4.2018 – 1 UF 82/18 nicht veröff.; OLG Frankfurt ZKJ 2013, 127 mit Anm. *Gottschalk*

120 BT-Drucks. 16/6308, 237; Musielak/*Borth*, § 156 FamFG Rn. 5

121 Keidel/*Engelhardt*, § 156 FamFG Rn. 14

122 BGH ZKJ 2019, 417 m. Anm. *Dürbeck*, m.w.N. (Bestätigung OLG Frankfurt ZKJ 2019, 214)

123 OLG Oldenburg, Beschl. v. 18.3.2019 – 11 UF 35/19 = NZFam 2019, 363; OLG Frankfurt am Main, Beschl. v. 26.2.2018 – 8 WF 22/18, hefam; Prütting/Helms/*Hammer*, § 156 FamFG Rn. 68; *Zöller/Lorenz*, § 156 FamFG Rn. 3; *Bumiller/Harders/Schwamb*, § 156 Rn. 8

124 BGH ZKJ 2019, 417 (bestätigt OLG Frankfurt, a.a.O., Rn. 7); OLG München FamRZ 2015, 1422

Bei der familiengerichtlichen Billigung eines Vergleichs i.S.v. § 156 Abs. 2 FamFG handelt es sich somit um eine Endentscheidung i.S.d. § 58 FamFG.[125] Dies schließt – vollstreckbare – Zwischenvereinbarungen zum Umgang aus. In Betracht kommen jedoch Teilvergleiche über kurze Zeiträume von einigen Wochen (etwa über einen begleiteten Umgang), die dann auch gebilligt werden können (vgl. § 38 Abs. 1 Satz 1 „teilweise"). Im Zeitpunkt der gerichtlichen Billigung muss das Einvernehmen der Beteiligten noch gegeben sein.[126] **Die Zustimmung zum Vergleich** ist widerruflich, denn es muss den Beteiligten möglich sein, ihre Verfahrenshandlungen in Ausübung ihrer am Kindeswohl zu orientierenden Rechte und Pflichten an veränderte Umstände anzupassen.[127]

65a Erforderlich ist in jedem Fall, dass alle gemäß § 7 FamFG am Verfahren Beteiligten dem Vergleichsschluss **zustimmen.** Dies gilt auch für den am Verfahren beteiligten **verfahrensfähigen**, d.h. über 14-jährigen Jugendlichen, der ein ihm nach bürgerlichem Recht zustehendes Recht geltend macht (vgl. § 9 Abs. 1 Nr. 3 FamFG; näher hierzu *Köhler*, § 9 Rn. 4). Sofern der Jugendliche zwar über 14 Jahre alt ist, jedoch kein ihm nach bürgerlichem Recht zustehendes Recht geltend macht, oder ein Kind unter 14 Jahren beteiligt ist, wird das Kind im Hinblick auf das **Zustimmungserfordernis** durch seine sorgeberechtigten Eltern vertreten. Der Bestellung eines Ergänzungspflegers bedarf es insoweit nicht.[128]

65b Gemäß **§ 36 Abs. 3 i.V.m. § 278 Abs. 6 ZPO** ist es grundsätzlich nicht ausgeschlossen, dass das Einvernehmen der Beteiligten auch **schriftlich**, im Wege eines Beschlusses, festgestellt wird, der dann auch die Billigungsentscheidung enthält. Da jedoch das Gericht in jedem Fall die Beteiligten persönlich anhören muss, ist der praktische Anwendungsbereich dieser Verfahrensweise gering. Allenfalls dann, wenn die Zustimmung eines Verfahrensbeteiligten, der im Termin nicht anwesend war, noch nachgeholt wurde, kann das Zustandekommen der Vereinbarung über den Umgang oder die Herausgabe des Kindes im schriftlichen Wege festgestellt werden.[129]

Liegt im Zeitpunkt der gerichtlichen Entscheidung nicht die Zustimmung von allen Beteiligten vor, so entscheidet das Familiengericht in der Sache durch **Beschluss**. Es kann dann die getroffene, aber nicht von allen Beteiligten unterstützte Vereinbarung berücksichtigen, muss dies aber nicht.[130] Lehnt das Gericht in einem gesonderten Beschluss die Billigung ab, so handelt es sich dabei um eine nicht anfechtbare Entscheidung.[131] Es hat dann – ebenso wie im Falle der Versagung der Zustimmung durch einen oder mehrere Beteiligte – im Wege einer streitigen Endentscheidung gemäß § 38 Abs. 1 Satz 1 FamFG den Umgang zu regeln bzw. die Herausgabe anzuordnen.

65c Voraussetzung einer Vollstreckung ist es, dass der gerichtlich gebilligte Vergleich dem Vollstreckungsschuldner zugestellt wurde, und zwar sowohl der Vergleichstext, also in der Regel das Protokoll der mündlichen Verhandlung, als auch der Billigungsbeschluss des Gerichts, der auch direkt in das Protokoll diktiert werden kann. Die Zustellungen erfolgen von Amts wegen.[132] Ergeht der Billigungsbeschluss gesondert und wurde der Inhalt der gebilligten Regelung in den Tenor des Billigungsbeschlusses aufgenommen, so genügt als

125 BGH ZKJ 2019, 423 Rn. 13; OLG Oldenburg FamRZ 2019, 1159
126 OLG Oldenburg a.a.O.
127 BGH ZKJ 2019, 423; OLG Düsseldorf ZKJ 2018, 68 mit Anm. *Dürbeck*
128 Vgl. BGH FamRZ 2019, 986
129 Prütting/Helms/*Hammer*, § 156 Rn. 56
130 *Heilmann*, FamRZ 2010, 1391, NJW 2012, 887, 889; a.A. *Vogel*, FamRZ 2010, 1870, der die Möglichkeit einer Billigung des Vergleichs durch das Gericht auch in diesen Fällen annimmt; Schulte-Bunert/Weinreich/*Ziegler*, § 156 FamFG Rn. 5
131 OLG Frankfurt FamRZ 2011, 394; Musielak/*Borth*, § 156 FamFG Rn. 8
132 OLG Karlsruhe ZKJ 2019, 421 = FamRZ 2019, 1451, Rn. 40 ff.; OLG Oldenburg FamRZ 2018, 1943; OLG Frankfurt ZKJ 2012, 119; *Grandel*, FF 2019, 55, 59

Grundlage der Vollstreckung die Zustellung des Billigungsbeschlusses.[133] Grundlage der Vollstreckung ist der Beschluss über die gerichtliche Billigung des Vergleichs.[134] Sofern der Warnhinweis gemäß § 89 Abs. 2 FamFG noch nicht in den Vergleichstext selbst aufgenommen wurde, ist er in den Billigungsbeschluss aufzunehmen, in der Regel in den Tenor, jedenfalls aber deutlich abgegrenzt und sichtbar die Gründe der Entscheidung.[135]

▶ *Zu den Vollstreckungsvoraussetzungen aus einem gerichtlich gebilligten Vergleich siehe auch Cirullies, § 86 FamFG, Rn. 16.*

Der Beschluss, der die familiengerichtliche Billigung des zwischen den Beteiligten geschlos- **65d**
senen Vergleichs enthält, ist nach der Entscheidung des BGH v. 10.7.2019 mit der Beschwerde gemäß §§ 58 ff. FamFG anfechtbar, insbesondere weil es sich dabei um eine Endentscheidung handelt und nicht lediglich um die deklaratorische Bestätigung eines vorangegangenen Vergleichsschlusses. Für die Frage der Beschwerdebefugnis kommt es auch nicht auf eine formelle Beschwerdebefugnis an. Die Zustimmung eines Elternteils zu dem vereinbarten Umgang lässt die Beschwerdebefugnis nicht entfallen. Die Beteiligten können mit einer Beschwerde geltend machen, dass der Billigungsbeschluss verfahrensfehlerhaft zustande gekommen ist, oder anführen, die gerichtliche Billigung widerspreche dem Kindeswohl.[136]

Der Tenor eines Billigungsbeschlusses könnte lauten: **65e**

Tenorierungsbeispiel für einen Billigungsbeschluss

Der zwischen den Beteiligten am (Datum) geschlossene Vergleich zum Umgang des Kindesvaters mit dem minderjährigen Kind (Name) mit folgendem Inhalt (Text des Vergleichs)wird familiengerichtlich gebilligt.

Die Beteiligten werden gemäß § 89 Abs. 1, 2 FamFG darauf hingewiesen, dass bei Zuwiderhandlung gegen die Verpflichtung aus der Umgangsvereinbarung vom (Datum) gegen sie ein Ordnungsgeld bis zu einem Betrag von 25.000 Euro und für den Fall, dass dieses nicht beigetrieben werden kann, Ordnungshaft verhängt werden kann. Für den Fall, dass die Anordnung eines Ordnungsgeldes keinen Erfolg hat, kann das Gericht auch Ordnungshaft anordnen.

Treffen die Beteiligten bewusst eine Umgangsregelung, die das Gericht nicht billigen kann, **66**
weil sie zu unkonkret und damit nicht vollstreckbar ist, und verzichten sie auf die gerichtliche Billigung, so wird der Vergleich – wenn überhaupt – mit dem Hinweis protokolliert, dass es sich nicht um einen Vollstreckungstitel handelt, und das Gericht stellt in einem das **Verfahren abschließenden Beschluss** fest, dass – wenn das Kindeswohl nicht etwas anderes verlangt – ein Regelungsbedürfnis hinsichtlich des Umgangs nicht besteht und trifft eine Kostenentscheidung nach den §§ 83 Abs. 2, 81 FamFG.[137] **Nicht ausreichend** sind hier **Erledigungserklärungen** der Beteiligten oder eine Antragsrücknahme, da es sich um ein Amtsverfahren handelt mit der Folge, dass die Beteiligten nicht über den Abschluss des Verfahrens disponieren können.[138]

133 OLG Brandenburg ZKJ 2019, 424; vgl. zur Tenorierung Prütting/Helms/*Hammer*, § 156 Rn. 69
134 OLG Karlsruhe ZKJ 2019, 421 = FamRZ 2019, 1451 mit Anm. *Hammer*
135 BGH FamRZ 2011, 1729
136 BGH ZKJ 2019, 417; siehe auch *Kischkel*, NZFam 2019, 907
137 Prütting/Helms/*Hammer*, § 156 FamFG Rn. 65
138 OLG Brandenburg FamRZ 2014, 2019

- *Zu den weiteren Einzelheiten des gerichtlich gebilligten Vergleichs, vgl. Cirullies, § 86 FamFG Rn. 15.*
- *Näher zur Verfahrensbeendigung in Umgangssachen vgl. Gottschalk, § 1684 BGB Rn. 85 ff.*

III. Einstweilige Anordnung (Abs. 3)

1. Erörterung im frühen Termin (Satz 1)

67 Die Vorschrift ergänzt die Regelungen der §§ 155 Abs. 2 und 156 Abs. 1 FamFG und hebt für Verfahren, in denen es um den Aufenthalt des Kindes, das Umgangsrecht oder die Herausgabe des Kindes geht, die Bedeutung der Möglichkeit des Erlasses einer einstweiligen Anordnung hervor, indem es das Gericht verpflichtet, den **Erlass einer einstweiligen Anordnung** mit den Beteiligten und dem Jugendamt zu **erörtern**.[139] Im Unterschied zu Satz 2, der nur für Umgangsverfahren gilt, erlegt Satz 1 dem Gericht noch keine Pflicht zum Erlass einer Eilentscheidung auf. Im Übrigen richten sich die Voraussetzungen nach den §§ 49 ff. FamFG, d.h. es erfolgt eine summarische Prüfung der materiellen Rechtslage,[140] und es muss unter anderem ein **dringendes Bedürfnis für ein sofortiges Tätigwerden des Familiengerichts** festgestellt sein.

- *Näher zu den Voraussetzungen der einstweiligen Anordnung vgl. Lack, Kommentierung zu § 49 FamFG.*

2. Einstweilige Anordnung zum Umgang (Satz 2)

68 Satz 2 regelt die Verpflichtung des Gerichts, in Umgangssachen den Umgang im Wege der einstweiligen Anordnung zu regeln oder auszuschließen, wenn eine **Verfahrensverzögerung** durch eine der in Abs. 1 genannten Maßnahmen zur Herstellung eines Einvernehmens oder durch die Erstellung eines Sachverständigengutachtens **zu gewärtigen** ist. Der dieser Vorschrift zugrunde liegende Rechtsgedanke ist, dass es keinen länger andauernden ungeregelten Zustand in Bezug auf das Umgangsrecht geben soll, denn wenn es keine Regelung gibt, bedeutet dies faktisch einen Umgangsausschluss, ohne dass das Gericht hierüber rechtsmittelfähig entschieden hätte. Es sollen **keine „vollendeten Tatsachen"** geschaffen werden,[141] z.B. durch die wachsende Entfremdung des Kindes von dem nicht betreuenden Elternteil,[142] wobei zu berücksichtigen ist, dass jüngere Kinder einen Beziehungsabbruch schneller als endgültig empfinden als ältere Kinder.[143]

69 Satz 2 ist Ausdruck des in § 155 Abs. 2 FamFG normierten **Beschleunigungsgebos**. Es handelt sich um eine Sollvorschrift, von der z.B. dann abgewichen werden kann, wenn feststeht, dass die angeordnete Maßnahme nicht zu einer erheblichen Verzögerung führen wird.[144] Eines Antrags bedarf es nicht, da das Umgangsverfahren (bis auf dasjenige nach § 1686a BGB[145]) auch von Amts wegen eingeleitet werden kann (hierzu *Gottschalk*, § 1684 BGB Rn. 85). § 156 Abs. 3 Satz 2 FamFG normiert in Umgangsverfahren das in § 49 Abs. 1 FamFG geforderte Regelungsbedürfnis.[146]

---

139 Vgl. Anm. Burschel zu OLG Düsseldorf NZFam 2019, 919, 920
140 MüKo-FamFG/*Schumann*, § 156 Rn. 32
141 BT-Drucks. 16/6308, 237
142 BT-Drucks. 16/6308, 237
143 *Heilmann*, NJW 2012, 887, 888; *ders.*, Kindliches Zeitempfinden und Verfahrensrecht, 24 ff.
144 BT-Drucks. 16/6308, 237
145 Vgl. auch § 167a FamFG
146 So wohl auch Prütting/Helms/*Hammer*, § 156 FamFG Rn. 84; a.A. MüKo-FamFG/*Schumann*, § 156 Rn. 32 (keine gesetzliche Vermutung des dringenden Bedürfnisses für ein sofortiges Tätigwerden auch in den Fällen des § 156 Abs. 3 Satz 2 FamFG)

Die materiell-rechtlichen Voraussetzungen sind in den **§§ 1684 f. BGB** geregelt, und die einstweilige Anordnung muss einen vollstreckungsfähigen Inhalt haben, was in den Fällen, in denen das Gericht beabsichtigt, (zunächst) einen begleiteten Umgang nach § 1684 Abs. 4 Satz 3 BGB anzuordnen, gerade im Eilverfahren praktische Probleme der Umsetzung mit sich bringt, denn Ort und Daten der Umgangstermine sowie die Person des mitwirkungsbereiten Dritten müssen im Beschluss konkret festgehalten sein.[147] Gegebenenfalls kommt – als Zwischenentscheidung – die – nicht vollstreckbare – Anordnung einer Beratung bei der Ausübung des Umgangsrechts gemäß § 156 Abs. 1 Satz 4 FamFG i.V.m. § 18 Abs. 3 Satz 3 SGB VIII in Betracht,[148] damit das Jugendamt bis zu einem nächsten, möglichst bereits mit der Anordnung anzuberaumenden Termin, im Hinblick auf die Installierung des begleiteten Umgangs tätig werden kann.[149] **70**

3. Verfahren

Soll eine einstweilige Anordnung gemäß § 156 Abs. 3 Satz 1 oder 2 FamFG erlassen werden, so wird zunächst, ggf. aus der Sitzung heraus, ein **neues Verfahren** eingeleitet, indem entweder der einstw. AO-Antrag oder der Hinweis auf die Einleitung des einstw. AO-Verfahrens von Amts wegen in das Terminprotokoll aufgenommen wird. Die Eltern und der Mitarbeiter des Jugendamts, die im Termin nach § 155 Abs. 2 FamFG anwesend sind, werden zur Frage des Erlasses einer einstweiligen Anordnung gehört. Das Kind, welches regelmäßig zum Termin nach § 155 Abs. 2 FamFG noch nicht geladen worden war, soll ebenfalls angehört werden, bevor eine einstweilige Anordnung ergeht (Satz 3). Die Verpflichtung zur Anhörung des Kindes gründet sich zum einen darauf, dass das Kind durch die zu treffende einstweilige Anordnung unmittelbar in einem eigenen materiellen Recht betroffen ist; zum anderen soll sich das Gericht in der Regel einen eigenen persönlichen Eindruck von dem Kind verschaffen. Es gelten insoweit – hinsichtlich Voraussetzungen und Gestaltung – dieselben Grundsätze wie in § 159 FamFG (näher hierzu *Heilmann,* § 159 FamFG). Ist die Anhörung des Kindes wegen **besonderer Eilbedürftigkeit** vor Erlass der einstweiligen Anordnung nicht möglich, so muss die Anhörung **unverzüglich nachgeholt** werden.[150] Das Verfahren erhält ein eigenes Aktenzeichen, eine Protokollausfertigung des Termins, im Rahmen dessen das einstw. AO-Verfahren eingeleitet wurde, wird zu der neu anzulegenden Akte genommen. **71**

Da es sich bei dem neu eingeleiteten Verfahren um ein **eigenständiges Verfahren** handelt, ist den Beteiligten auch Gelegenheit zu geben, einen **Verfahrenskostenhilfeantrag** nach § 76 FamFG zu stellen. Der **Verfahrensbeistand** ist ggf. gesondert zu bestellen und kann für das einstw. AO-Verfahren eine gesonderte Vergütung nach § 158 Abs. 7 FamFG verlangen.[151] **72**

---

147 Prütting/*Helms/Hammer*, § 156 FamFG Rn. 88
148 Zur Mitwirkungsverpflichtung des Jugendamts OVG Saarlouis, ZKJ 2014, 488
149 Prütting/*Helms/Hammer*, § 156 FamFG Rn. 88
150 Keidel/*Engelhardt,* a.a.O.; MüKo-FamFG/*Schumann,* § 156 Rn. 33
151 *Heilmann*, NJW 2012, 887, 890

73 Die Entscheidung ergeht durch einen Beschluss gemäß § 38 Abs. 1 FamFG, der mit der Bekanntgabe wirksam wird (§ 40 Abs. 1 FamFG). Für die Kostenentscheidung gelten die allgemeinen Vorschriften (§ 51 Abs. 4 FamFG i.V.m. §§ 81 ff. FamFG).

- *Näher zur einstweiligen Anordnung siehe Cirullies, § 49 FamFG.*
- *Zur Anhörung des Kindes vor Erlass einer einstweiligen Anordnung siehe Heilmann, § 159 FamG Rn. 7.*

4. Rechtsmittel und Vollstreckung

74 Die einstweilige Anordnung zum Umgangsrecht erfolgt mit Beschluss aufgrund mündlicher Erörterung und ist nicht mit der Beschwerde anfechtbar (§ 57 Satz 1 FamFG). Dies gilt auch insoweit, als das Gericht mit dem Beschluss den Umgang geregelt und zur Umsetzung der Regel einen Umgangspfleger nach § 1684 BGB eingesetzt hat. Handelt es sich jedoch um die Anordnung einer sog. Umgangsbestimmungspflegschaft mit weitreichenden Befugnissen des Umgangs-(Ergänzungs-)pflegers und einem damit einhergehenden Eingriff in das Sorgerecht des betreuenden Elternteils (näher hierzu *Gottschalk,* § 1684 BGB Rn. 62), so ist die einstweilige Anordnung anfechtbar nach § 57 Satz 2 Ziffer 1 FamFG (*Gottschalk,* § 1684 BGB Rn. 63).[152] Der Beschluss stellt einen Vollstreckungstitel gemäß § 86 Abs. 1 Ziffer 1 FamFG dar. Die Vollstreckung erfolgt nach § 89 Abs. 1 FamFG. Einstweilige Anordnungen zum Aufenthalt oder zur Herausgabe des Kindes sind anfechtbar nach § 57 Satz 2 Ziffer 1 und 2, 58 ff. FamFG). Die Vollstreckung erfolgt nach den §§ 86 ff. FamFG.

C. Kosten, Gebühren und Verfahrenskostenhilfe

75 Fraglich ist, ob **Zwischenvereinbarungen**, die nach § 156 Abs. 1 FamFG getroffen werden, eine **Vergleichsgebühr** für die Rechtsanwälte auslösen[153] und ob ein Vergleich zum Umgangsrecht, der zwar nicht gerichtlich gebilligt wird, der aber dennoch zum Abschluss des Verfahrens führt, eine Vergleichsgebühr für die Anwälte auslöst (näher *Dürbeck,* § 80 FamFG, Rn. 30). Fraglich ist ferner, ob eine **Vereinbarung**, die einen **nicht anhängigen Verfahrensgegenstand** betrifft, eine **Gerichtsvergleichsgebühr** nach Ziffer 1500 des Kostenverzeichnisses auslöst (näher *Dürbeck,* § 80 FamFG, Rn. 8). Diskutiert wird auch, ob **Verfahrenskostenhilfe** mit der Begründung versagt werden darf, es liege **Mutwilligkeit vor**, da zunächst das Beratungsangebot der Jugendhilfe hätte in Anspruch genommen werden müssen (näher *Dürbeck,* § 76 FamFG Rn. 32).

---

152 Str.; vgl. *Heilmann*, FamRZ 2014, 1753; NJW 2012, 16, 21; *Völker,* FF 2012, 71, 73; a.A. OLG Celle, FamRZ 2011, 574; Zöller/*Feskorn*, § 57 ZPO Rn. 6

153 Vgl. OLG Oldenburg, FamRZ 2014, 1939; OLG Zweibrücken, FamRZ 2014, 1939; KG FamRZ 2014, 1940;

Anhang: Der Ablauf des Termins in Kindschaftssachen

76

I. Terminvorbereitung

1. Aktenstudium: Zahlen, Daten, Fakten sammeln
1. Zu welcher Art von Termin wird geladen?
   a) früher Termin (§ 155 Abs. 2 FamFG)
   b) Erörterungstermin wegen Kindeswohlgefährdung (§ 157 FamFG)
   c) mündliche Erörterung (§ 57 Satz 2 HS 1 FamFG)
2. Wer muss geladen werden? Insbes.: Einbeziehung des Kindes?
3. Wer könnte noch zum Termin geladen werden?
4. Wohin wird geladen (Sitzungssaal, Dienstzimmer)
5. Zu wann wird geladen? (Zeitspanne zwischen Ladungsverfügung und Termin beachten)
6. Wieviel Zeit wird eingeplant?
7. Wenn ein Kind zum Termin geladen wird: Ist für eine Kinderbetreuung gesorgt?
8. Robe? im Sitzungssaal eher ja, im Dienstzimmer eher nein.
9. Namen der Beteiligten und der weiteren geladenen Personen merken oder aufschreiben
10. Überlegen, wer wegen der Nichtöffentlichkeit des Verfahrens evtl. zunächst außerhalb des Sitzungszimmers warten muss
11. Ablaufplan erstellen, Reihenfolge der anzuhörenden Personen überlegen, Anhörung allein oder gemeinsam (§ 33 Abs. 1 Satz 2 FamFG)
12. Fragenkatalog zusammenstellen

II. Durchführung des Termins

1. Innere Haltung (ruhig, offen, respektvoll, akzeptierend, empathisch, präsent)
2. Begrüßung und Regeln
   a) Ablauf mitteilen
   b) Zeitrahmen besprechen
   c) Hinweis, dass jeder Beteiligte, wenn er an der Reihe ist, ausreichend Zeit bekommt zu sprechen und rechtliches Gehör zu allen Punkten gewährt werden wird.
   d) Rolle der Anwälte ansprechen
   e) Zuhören und Ausreden lassen, keine Unterbrechungen
   f) Kommunikation (jedenfalls anfangs) nur im Dreieck, d.h. über den Richtertisch, nicht direkt zwischen den Beteiligten,
   g) Ankündigung, dass man unterbrechen wird, wenn die Beteiligten sich beschimpfen oder beleidigen
   h) Ankündigung, dass bei Bedarf eine Pause gemacht werden kann

i) Hinweis auf Art und Weise der Protokollierung

j) Zustimmung zu diesen Regeln einholen

3. Persönliche Anhörung der Beteiligten

a) in der zuvor überlegten Reihenfolge; evtl. im Termin auf Änderungen reagieren (Beteiligte, Anwälte, ggf. weitere Personen)

b) Anwälte halten sich zunächst zurück

c) Eingangsfrage: offene Frage, z.B.: „Was sind Ihre wesentlichen Erwägungen in Bezug auf die Frage des zukünftigen Lebensmittelpunkts Ihrer Kinder?" – Antwort entwickeln lassen

d) Protokollieren? Wenn ja, wie? Oder anschließender Vermerk?

e) Zeitrahmen einhalten

4. Stellungnahmen:
   - des Verfahrensbeistands
   - des Jugendamts
   - der Anwälte

5. Erörterung

6. Lösungsoptionen entwickeln (Anwälte, Verfahrensbeistand und Jugendamt unbedingt einbeziehen)

7. ggf. weitere Verfahrensschritte besprechen

8. Vereinbaren oder Treffen bzw. Ankündigen einer Entscheidung

III. Protokoll, Vermerk

1. im Termin (parallel, nach Abschnitten, am Ende); kein Vorspielen notwendig, da lediglich Vermerk nach § 28 Abs. 4 FamFG)

2. als Vermerk nach der Sitzung, dann aber allen rechtliches Gehör gewähren

§ 157 FamFG Erörterung der Kindeswohlgefährdung; einstweilige Anordnung

(1) In Verfahren nach den §§ 1666 und 1666a des Bürgerlichen Gesetzbuchs soll das Gericht mit den Eltern und in geeigneten Fällen auch mit dem Kind erörtern, wie einer möglichen Gefährdung des Kindeswohls, insbesondere durch öffentliche Hilfen, begegnet werden und welche Folgen die Nichtannahme notwendiger Hilfen haben kann.

(2) [1]Das Gericht hat das persönliche Erscheinen der Eltern zu dem Termin nach Absatz 1 anzuordnen. [2]Das Gericht führt die Erörterung in Abwesenheit eines Elternteils durch, wenn dies zum Schutz eines Beteiligten oder aus anderen Gründen erforderlich ist.

(3) In Verfahren nach den §§ 1666 und 1666a des Bürgerlichen Gesetzbuchs hat das Gericht unverzüglich den Erlass einer einstweiligen Anordnung zu prüfen.

Übersicht

	Rn.
A. Allgemeines	1
I. Informationsfluss	1
II. Zweck des Termins	2
B. Inhalt der Norm	4
I. Erörterungstermin	4
1. Anberaumung	4
2. Inhalt der Erörterung	5
II. Entscheidung	6

Weiterführende Literatur: Berneiser, Die Erörterung der Kindeswohlgefährdung nach § 157 FamFG, ZKJ 2016, 255, 291; *Schumann,* Das Erörterungsgespräch bei möglicher Kindeswohlgefährdung, FPR 2011, 203.

A. Allgemeines

I. Informationsfluss

Hält das Jugendamt das Tätigwerden des Familiengerichts für erforderlich, so hat es das Familiengericht anzurufen (§ 8a Abs. 2 Satz 1 SGB VIII); zudem hat das Jugendamt im Fall einer Inobhutnahme bei einem Widerspruch der Personensorgeberechtigten unverzüglich eine Entscheidung des Familiengerichts herbeizuführen (§ 42 Abs. 3 Satz 2 Nr. 2 SGB VIII) – auf diesen Wegen werden Kinderschutzverfahren fast ausschließlich in Gang gesetzt.[1] Anlass hierfür können unterschiedliche Gefahrensituationen geben – von der Versäumung der Kindervorsorgeuntersuchungen[2] über Schulverweigerung und kleinere Ladendiebstähle bis hin zu gravierender Verwahrlosung und Schädigung des Kindes. 1

▶ *Zu den Fallgruppen vgl. Cirullies, § 1666 BGB Rn. 22 ff.; siehe auch Köhler, Kommentierung zu § 8a SGB VIII.*

Entsprechende Informationen erhält das Jugendamt verstärkt von Mitgliedern der in **§ 4 Abs. 1 KKG** genannten Berufsgruppen,[3] ferner durch Verwandte, Nachbarn oder die Polizei.[4] Auch können **Gerichte und Behörden** Gefährdungsmitteilungen unmittelbar an das Familiengericht richten (§ 22a FamFG). Allerdings bedarf es derartiger Anregungen Dritter nicht notwendig: Das Gericht kann auch aufgrund eigener Erkenntnisse – etwa im Rahmen eines Gewaltschutzverfahrens – das Verfahren **von Amts wegen** einleiten.

II. Zweck des Termins

Das Gericht ist in solchen Verfahren nach **§§ 1666, 1666a BGB** im Rahmen seines staatlichen Wächteramts gehalten, umgehend einen **Erörterungstermin** unter Einbindung aller Beteiligten durchzuführen, und zwar zur Klärung des Sachverhalts wie auch zur Unterstützung und „Warnung" der Eltern. § 156 FamFG findet hier keine Anwendung.[5] Gegenstand der Erörterung kann schon eine **mögliche Gefährdung** des Kindeswohls sein, während der Erlass kinderschutzrechtlicher Maßnahmen nach § 1666 BGB bereits einen Schadenseintritt oder jedenfalls eine **gegenwärtige** Gefahr voraussetzt (siehe hierzu *Cirullies,* § 1666 BGB Rn. 19).[6] Wegen der erstrebten Einwirkung auf die Erziehungsverpflichteten, mitunter auch auf das Kind, handelt sich um einen Sonderfall des frühen Termins nach § 155 Abs. 2 FamFG, der (zunächst) lediglich der Anhörung und Sachverhaltser- 2

---

1 *Heilmann,* NJW 2014, 2904, 2908
2 Dazu OLG Frankfurt NJW-RR 2014, 259; ferner *Mortsiefer,* NJW 2014, 3543
3 Zu den Problemen bei der Mitteilung eines Arztes vgl. OLG Naumburg NJOZ 2014, 928
4 Näher zum KKG siehe hier *Dürbeck,* §§ 1 bis 4 KKG Rn. 1 f.
5 *Wegener,* NZFam 2015, 799. Allerdings fällt dem Gericht häufig eine „Mittlerrolle" zwischen den Sichtweisen der Eltern und des Jugendamtes zu (dazu Rn. 5).
6 Vgl. auch BeckOK-BGB/*Veit,* § 1666 Rn. 16

mittlung dient. Eine Trennung von Erörterung und persönlicher Anhörung nach § 160 FamFG ist kaum möglich und allenfalls in Fällen häuslicher Gewalt zur Sicherheit eines Elternteils sinnvoll. Unabhängig davon ist in jedem Verfahrensstadium zu prüfen, ob der Grad der Kindeswohlgefährdung **vorläufigen Rechtsschutz** erfordert. Insbesondere in Misshandlungs- und Missbrauchsfällen ist eine **anderweitige Unterbringung** des Kindes zu erwägen (siehe dazu *Cirullies,* § 1666 BGB Rn. 73).

Auch wenn die Anwendbarkeit des § 1666 BGB auf den *nasciturus* umstritten ist (dazu *Cirullies,* § 1666 Rn. 15), ist ein **Erörterungstermin** mit der **werdenden Mutter** nach § 157 FamFG zulässig, falls sich ernst zu nehmende Gefahren für das ungeborene Kind abzeichnen.[7]

3 Im Übrigen steht in dem Erörterungstermin häufig die Frage im Vordergrund, ob und inwieweit den Eltern und dem Kind **öffentliche Hilfen** (weiterhin) zuteilwerden sollen. Hierbei spielt die Positionierung zum Verhältnis von **Jugendamt und Familiengericht** eine wichtige Rolle.

▶ *Ausführlich zur Zusammenarbeit zwischen Jugendamt und Familiengericht siehe Dürbeck, § 162 FamFG Rn. 1 ff., sowie zur sog. Anordnungskompetenz Köhler, § 36a SGB VIII Rn. 1, 4, 5.*

Wegen der ablehnenden Haltung des Jugendamts darf das Gericht jedenfalls nicht von der fehlenden Möglichkeit öffentlicher Hilfen ausgehen.[8]

B. Inhalt der Norm

I. Erörterungstermin

1. Anberaumung

4 Der **Termin** muss in der Praxis spätestens einen Monat nach Einleitung des Verfahrens,[9] meist jedoch – je nach Dringlichkeit und Geschäftslage – erheblich eher stattfinden. Er wird meist auch der persönlichen **Anhörung** nach § 160 FamFG dienen.

▶ *Zum Vorrang- und Beschleunigungsgebot siehe Fink, § 155 FamFG.*

Regelmäßig wird die Erörterung in Anwesenheit **beider Elternteile** durchgeführt. Einzubeziehen ist auch ein **nicht sorgeberechtigter** Elternteil.[10] Das Familiengericht *muss* sogar das **persönliche Erscheinen** der Eltern anordnen (Abs. 2 Satz 1).

Bei unentschuldigtem Fernbleiben kann **Ordnungsgeld** festgesetzt werden (§ 33 Abs. 3 FamFG). Das Gericht kann jedoch nach Abs. 2 Satz 2 von einer gemeinsamen Anhörung **absehen**, wenn dies zum Schutz eines Elternteils erforderlich ist, vor allem in Fällen von **Gewaltschutz**.[11] Zur **getrennten Anhörung** vgl. *Cirullies,* §§ 33, 34 FamFG Rn. 7.

Zu laden sind ferner:[12]

- in (selten) geeigneten Fällen auch das **Kind**,
- das stets zu beteiligende **Jugendamt** (§ 162 Abs. 2 FamFG),

7 Vgl. OLG Frankfurt FamRZ 2018, 190; AG Bad Iburg FamRZ 2018, 190, dazu *Menne*, FamRB 2018, 54; ferner *DIJuF*-Rechtsgutachten v. 6.6.2014, JAmt 2014, 389, 390

8 BVerfG FF 2014, 295, kritisch dazu *Riegner*, NZFam 2014, 625, 630; *Heilmann*, NJW 2014, 2904, 2908; *Keuter*, FamRZ 2014, 1354, 1355

9 § 155 Abs. 2 Satz 2 FamFG

10 OLG Frankfurt FamRZ 2013, 46; OLG Schleswig FamRZ 2012, 725, dazu *Maier*, FamFR 2011, 358

11 Bei einzelnen Gerichten sind im Rahmen der gebotenen Kooperation bereits spezielle Leitfäden für den Ablauf solcher Verfahren entwickelt worden, vgl. den Sonderleitfaden des „Müncheners Modells" für Verfahren nach § 1666 BGB, dazu *Scharl/Schmid*, NZFam 2014, 1078

12 Zu Verfahren mit Gewaltbefürchtung siehe hier *Cirullies*, § 32 FamFG Rn. 5

- der in diesen Verfahren regelmäßig zu bestellende **Verfahrensbeistand**,
- im Fall des § 161 FamFG (längere Familienpflegezeit) die **Pflegeperson**,[13]
- ein **Dritter**, gegen den Maßnahmen nach § 1666 Abs. 4 BGB verhängt werden sollen; er ist Beteiligter i.S.d. § 7 FamFG.

Zudem kann es in diesen Verfahren der Amtsermittlungsgrundsatz gebieten, den **Lebensgefährten**, der mit der Sorgeberechtigten einen gemeinsamen Haushalt führt, **persönlich anzuhören**.[14]

2. Inhalt der Erörterung

In dem Termin **erörtert** das Gericht mit den Erschienenen 5

- die Möglichkeiten, eine sich abzeichnende Kindeswohlgefährdung zu vermeiden, insbesondere durch **öffentliche Hilfen**, insbesondere **Hilfe zur Erziehung** nach §§ 27 ff. SGB VIII (dazu *Cirullies,* § 1666 BGB Rn. 42);
- die Folgen der **Nichtannahme** notwendiger Hilfen.

Das Gespräch soll also mehrere Funktionen erfüllen, nämlich Aufklärung, Unterstützung und Warnung. Insbesondere wenn die Sorgeberechtigten bislang gegenüber dem Jugendamt „geblockt" haben, besteht nun die Gelegenheit, mehr über die Familiensituation und die Hintergründe des bisherigen Verhaltens zu erfahren. Die **Möglichkeiten öffentlicher Hilfen** wird das Jugendamt bereits mit den Eltern erörtert haben. Meist geht es nun darum, die Eltern von der Notwendigkeit des Eingreifens zu überzeugen und ihnen etwaige **sorgerechtliche Konsequenzen** vor Augen zu führen. Bei verhärteten Fronten sollte das Gericht zwischen Eltern und Jugendamt vermitteln und Verständnis für die gegenseitigen Sichtweisen wecken.[15] Auch wenn der Gesetzgeber ausdrücklich auf den Begriff des „Erziehungsgesprächs" verzichtet hat, kann dem Gespräch – schon wegen der Warnfunktion – ein **erziehender** Charakter nicht abgesprochen werden.[16]

Über den Termin ist in jedem Fall ein **Vermerk** (Protokoll) zu fertigen, § 28 Abs. 4 FamFG.

► *Näher zum Vermerk Cirullies, § 28 FamFG Rn. 3.*

II. Entscheidung

Besteht nach der Erörterung noch weiterer **Aufklärungsbedarf**, ist das Verfahren nach § 1666 BGB unter Beachtung des Vorrang- und Beschleunigungsgebots **fortzuführen**.[17] In diesem Fall muss das Gericht nach Abs. 3 den Erlass einer **einstweiligen Anordnung** prüfen und ggf. insoweit ein selbstständiges Verfahren einleiten.[18] 6

Im Übrigen bedarf es einer **gerichtlichen Entscheidung**, deren Inhalt vom Ergebnis der Erörterung abhängt: 7

- Sind die Sorgeberechtigten nunmehr bereit, **öffentliche Hilfen anzunehmen**, ist das weitere Vorgehen in dem erforderlichen **Vermerk** festzuhalten. Es empfiehlt sich in solchen Fällen, das Verfahren förmlich zu **beenden** durch einen beschwerdefähigen Beschluss (Tenor: *„Es wird festgestellt, dass es kindesschutzrechtlicher Maßnahmen nicht bedarf"* sowie Kostenentscheidung und Begründung) und eine angemessene

---

13 OLG Saarbrücken ZKJ 2014, 117 mit Anm. *Heilmann*
14 OLG Saarbrücken a.a.O.
15 Prütting/Helms/*Hammer,* § 157 FamFG Rn. 25; vgl. auch BT-Drucks. 16/6815, 12
16 MüKo-FamFG/*Schumann,* § 157 Rn. 11
17 Zu den Anforderungen an den Ermittlungsaufwand im Hauptsacheverfahren vgl. EGMR FamRZ 2013, 845
18 Vgl. BVerfG FamRZ 2014, 907 mit Anm. *Hammer,* FamRZ 2014, 1005; OLG Brandenburg BeckRS 2015, 16353, dazu *Grandke*, NZFam 2015, 1170; Musielak/Borth/*Borth/Grandel*, § 157 FamFG Rn. 8

Frist (in der Regel drei Monate) zwecks Einleitung eines **Überprüfungsverfahrens nach § 166 Abs. 3 FamFG** zu verfügen. Ohne eine klarstellende „Entscheidung" ist für eine Überprüfung nach § 166 Abs. 3 FamFG kein Raum.[19]

- Lassen die Ermittlungen des Gerichts eine mögliche **Kindeswohlgefährdung nicht erkennen**, ist das **Verfahren ebenfalls ohne kinderschutzrechtliche Maßnahme zu beenden;** einer Überprüfung nach § 166 Abs. 3 FamFG bedarf es dann nicht.
- Bedarf es noch einer **weiteren Sachverhaltsaufklärung**, sollte im Termin klargestellt werden, welche Ermittlungen das Gericht vorzunehmen beabsichtigt und welche Mitwirkung insofern von den Eltern gefordert wird.[20]
- Ist die Schwelle zur **Kindeswohlgefährdung** bereits überschritten, so trifft das Gericht **Maßnahmen** nach §§ 1666 Abs. 1 und 3, 1666a BGB.[21]

§ 158 FamFG Verfahrensbeistand

(1) Das Gericht hat dem minderjährigen Kind in Kindschaftssachen, die seine Person betreffen, einen geeigneten Verfahrensbeistand zu bestellen, soweit dies zur Wahrnehmung seiner Interessen erforderlich ist.

(2) Die Bestellung ist in der Regel erforderlich,

1. **wenn das Interesse des Kindes zu dem seiner gesetzlichen Vertreter in erheblichem Gegensatz steht,**
2. **in Verfahren nach den §§ 1666 und 1666a des Bürgerlichen Gesetzbuchs, wenn die teilweise oder vollständige Entziehung der Personensorge in Betracht kommt,**
3. **wenn eine Trennung des Kindes von der Person erfolgen soll, in deren Obhut es sich befindet,**
4. **in Verfahren, die die Herausgabe des Kindes oder eine Verbleibensanordnung zum Gegenstand haben, oder**
5. **wenn der Ausschluss oder eine wesentliche Beschränkung des Umgangsrechts in Betracht kommt.**

(3) [1]Der Verfahrensbeistand ist so früh wie möglich zu bestellen. [2]Er wird durch seine Bestellung als Beteiligter zum Verfahren hinzugezogen. [3]Sieht das Gericht in den Fällen des Absatzes 2 von der Bestellung eines Verfahrensbeistands ab, ist dies in der Endentscheidung zu begründen. [4]Die Bestellung eines Verfahrensbeistands oder deren Aufhebung sowie die Ablehnung einer derartigen Maßnahme sind nicht selbständig anfechtbar.

(4) [1]Der Verfahrensbeistand hat das Interesse des Kindes festzustellen und im gerichtlichen Verfahren zur Geltung zu bringen. [2]Er hat das Kind über Gegenstand, Ablauf und möglichen Ausgang des Verfahrens in geeigneter Weise zu informieren. [3]Soweit nach den Umständen des Einzelfalls ein Erfordernis besteht, kann das Gericht dem Verfahrensbeistand die zusätzliche Aufgabe übertragen, Gespräche mit den Eltern und weiteren Bezugspersonen des Kindes zu führen sowie am Zustandekommen einer einvernehmlichen Regelung über den Verfahrensgegenstand mitzuwirken. [4]Das Gericht hat Art und Umfang der Beauftragung konkret festzulegen und die Beauftragung zu begründen. [5]Der Verfahrensbeistand kann im Interesse des Kindes Rechtsmittel einlegen. [6]Er ist nicht gesetzlicher Vertreter des Kindes.

(5) Die Bestellung soll unterbleiben oder aufgehoben werden, wenn die Interessen des Kindes von einem Rechtsanwalt oder einem anderen geeigneten Verfahrensbevollmächtigten angemessen vertreten werden.

---

19 MüKo-FamFG/*Heilmann*, § 166 Rn. 26
20 Prütting/Helms/*Hammer*, § 157 FamFG Rn. 28
21 Dazu MüKo-FamFG/*Schumann*, § 157 Rn. 12; vgl. auch hier *Cirullies*, § 1666 FamFG Rn. 39 ff.

(6) Die Bestellung endet, sofern sie nicht vorher aufgehoben wird,

1. mit der Rechtskraft der das Verfahren abschließenden Entscheidung oder

2. mit dem sonstigen Abschluss des Verfahrens.

(7) [1]Für den Ersatz von Aufwendungen des nicht berufsmäßigen Verfahrensbeistands gilt § 277 Abs. 1 entsprechend. [2]Wird die Verfahrensbeistandschaft berufsmäßig geführt, erhält der Verfahrensbeistand für die Wahrnehmung seiner Aufgaben nach Absatz 4 in jedem Rechtszug jeweils eine einmalige Vergütung in Höhe von 350,00 Euro. [3]Im Fall der Übertragung von Aufgaben nach Absatz 4 Satz 3 erhöht sich die Vergütung auf 550,00 Euro. [4]Die Vergütung gilt auch Ansprüche auf Ersatz anlässlich der Verfahrensbeistandschaft entstandener Aufwendungen sowie die auf die Vergütung anfallende Umsatzsteuer ab. [5]Der Aufwendungsersatz und die Vergütung sind stets aus der Staatskasse zu zahlen. [6]Im Übrigen gilt § 168 Abs. 1 entsprechend.

(8) Dem Verfahrensbeistand sind keine Kosten aufzuerlegen.

Übersicht

Rn.

A. Allgemeines ... 1
B. Inhalt der Norm ... 4
I. Grundnorm: § 158 Abs. 1 FamFG ... 4
1. Eigenständige Bedeutung ... 4
2. Die Person des Kindes betreffende Kindschaftssache ... 5
3. „Muss"-Vorschrift ... 6
4. Erforderlichkeit ... 7
5. Eignung des Verfahrensbeistands ... 11
II. Regelbeispiele nach Abs. 2 ... 12
1. Regel-Ausnahme-Verhältnis ... 12
2. Die Regelbeispiele im Einzelnen ... 13
a) Erheblicher Interessenkonflikt (Nr. 1) ... 13
b) Drohender (teilweiser) Entzug der Personensorge (Nr. 2) ... 15
c) Trennung des Kindes von Obhutsperson (Nr. 3) ... 16
d) Herausgabeverfahren und Verbleibensanordnungen ... 17
e) Ausschluss oder wesentliche Beschränkung des Umgangsrechts (Nr. 5) ... 18
III. Absehen von Bestellung des Verfahrensbeistands (Abs. 5) ... 20
IV. Verfahrensrechtliche Fragen (Abs. 3) ... 22
1. Bestellungszeitpunkt ... 22
2. Beteiligtenstellung ... 25
3. Bestellung ... 26
4. Unanfechtbarkeit ... 27
V. Aufgaben des Verfahrensbeistands (Abs. 4) ... 28
1. Originärer Aufgabenbereich ... 29
a) Interessenfeststellung ... 30
b) Geltendmachung der Kindesinteressen im Verfahren ... 33
c) Information und Begleitung des Kindes im Verfahren ... 37
d) Rechtsmittel im Interesse des Kindes ... 39
2. Erweiterter Aufgabenkreis ... 42
VI. Ende der Bestellung (Abs. 6) ... 44
VII. Vergütung und Aufwendungsersatz des Verfahrensbeistands (Abs. 7) ... 45
1. Allgemeines ... 46
2. Nicht berufsmäßiger Verfahrensbeistand ... 48
3. Berufsmäßiger Verfahrensbeistand ... 50
VIII. Keine Kostentragungspflicht (Abs. 8) ... 53
IX. Datenschutz ... 54

A. Allgemeines

Der **Verfahrensbeistand** hat in Kindschaftssachen den durch das Kindschaftsrechtsreformgesetz eingeführten Verfahrenspfleger abgelöst, der letztlich auf das Gebot der sach- 1 gemäßen Beteiligung eines Kindes am gerichtlichen Verfahren gemäß Art. 12 UN-Kinderrechtekonvention zurückgeht. Die Einrichtung der Verfahrensbeistandschaft ist Ausdruck der Subjektstellung des Kindes in seiner Individualität als Grundrechtsträger.[1] Das Kind, das sich häufig bei Streit seiner Eltern „zwischen den Stühlen" befindet, soll durch eigenständige Vertretung seiner Interessen im gerichtlichen Verfahren entlastet werden.[2]

2 Die Zahl der Bestellungen von Verfahrensbeiständen ist steigend.[3] Außer in Kindschaftssachen kann dem Kind auch in **Abstammungsverfahren** nach § 174 FamFG und in **Adoptionssachen** nach § 191 FamFG ein Verfahrensbeistand bestellt werden. In Verfahren betreffend die **Unterbringung eines Minderjährigen** tritt nach § 167 Abs. 1 Satz 2 FamFG der Verfahrensbeistand an die Stelle des Verfahrenspflegers.

3 Der **erste Absatz** der Vorschrift normiert die allgemeine Voraussetzung, unter der die Bestellung eines Verfahrensbeistands zu erfolgen hat. **Abs. 2** konkretisiert dies durch die Benennung von Regelbeispielen, **Abs. 5** schränkt die Fälle, in denen ein Verfahrensbeistand zu bestellen ist, wieder ein. **Abs. 3** behandelt verfahrensrechtliche Fragen der Bestellung. Kernpunkt der Vorschrift ist **Abs. 4**, welcher eingehend die Aufgaben des Verfahrensbeistands beschreibt. Die Dauer der Bestellung als Verfahrensbeistand ist in **Abs. 6** geregelt, die Vergütung in **Abs. 7**. Schließlich stellt **Abs. 8** klar, dass der Verfahrensbeistand nicht mit Kosten belastet werden darf.

B. Inhalt der Norm

I. Grundnorm: § 158 Abs. 1 FamFG

1. Eigenständige Bedeutung

4 Das Familiengericht muss dem Kind einen Verfahrensbeistand bestellen, wenn dies in einer seine Person betreffenden Kindschaftssache zur Wahrnehmung seiner Rechte erforderlich ist. Diese Grundnorm hat eine **eigenständige Bedeutung**, weil die Aufzählung der Regelbeispiele für eine Bestellung in Abs. 2 weder abschließend ist noch zusätzliche Voraussetzungen normiert.[4]

2. Die Person des Kindes betreffende Kindschaftssache

5 Das Verfahren muss zum Kreis der **Kindschaftssachen** nach § 151 FamFG gehören. Zudem muss es die **Person** des Kindes **betreffen**. Damit sind alle ausschließlich die *Vermögenssorge* betreffenden Angelegenheiten *ausgeschlossen*.[5] So kann z. B für ein Verfahren, in welchem die Landeskasse an den Vormund des Kindes gezahlte Beträge zurückfordert, dem Kind kein Verfahrensbeistand bestellt werden.[6] Gleiches gilt für die Genehmigung einer Erbausschlagung.[7] Zwar bedeutet die dann notwendige Bestellung eines Ergänzungspflegers Mehraufwand und Verfahrensverzögerung.[8] Gleichwohl kommt eine analoge Anwendung des § 158 FamFG auf ausschließlich die Vermögenssorge betreffende Kindschaftssachen angesichts des klaren Wortlautes nicht in Betracht.[9]

5a Ein Verfahrensbeistand ist ggf. auch für ein **ungeborenes Kind** zu bestellen. Da Schutzmaßnahmen zugunsten des ungeborenen Lebens nach h. M. entsprechend § 1666 BGB in

1 BGH FamRZ 2010, 1060 m.w.N.
2 BGH FamRZ 2010, 1060 m.w.N.
3 *Lack/Salgo*, FPR 2012, 353; *Völker/Clausius*, § 5 Rn. 2 m.w.N.
4 Keidel/*Engelhardt*, § 158 FamFG Rn. 9 m.w.N.
5 BGH NJW 2012, 685; BGH ZKJ 2011, 465
6 OLG Hamm FamRZ 2014, 600
7 BGH NJW 2012, 685; KG FamRZ 2010, 1171
8 KG FamRZ 2010, 1171, 117
9 Keidel/*Engelhardt*, § 158 FamFG Rn. 6 m.w.N. auch für Gegenmeinung

Betracht kommen, müssen die Rechte des ungeborenen Kindes auch verfahrensrechtlich Beachtung finden.[10]

3. „Muss"-Vorschrift

Das Gericht „hat" dem Kind einen Verfahrensbeistand zu bestellen. § 158 Abs. 1 FamFG 6
ist eine **„Muss-Vorschrift"**. Liegen die Bestellungsvoraussetzungen vor, bleibt dem Gericht kein Ermessensspielraum.[11] Die Vorschrift gilt **auch für Eilverfahren**.[12] Allerdings kann bei einem Zielkonflikt zwischen der Beschleunigung des Verfahrens und der eigenständigen Interessenvertretung eines Kindes jedenfalls in Fällen des eigenmächtigen Verbringens eines Kindes durch einen Elternteil regelmäßig zugunsten einer besonders straffen Verfahrensführung und raschen Entscheidung im Einzelfall auch auf die Bestellung eines Verfahrensbeistands verzichtet werden, um zu verhindern, dass der eigenmächtig handelnde Elternteil aus der von ihm ertrotzten Kontinuität ungerechtfertigte Vorteile zieht.[13] Nach Auffassung des Kammergerichtes kann eine im Eilverfahren unterlassene Bestellung eines Verfahrensbeistands nur dann einen wesentlichen Verfahrensmangel i.S.v. § 69 Abs. 1 Satz 3 FamFG darstellen, wenn ein Verfahrensbeistand weitere entscheidungserhebliche Gesichtspunkte hätte vortragen bzw. zusätzlich für die Entscheidungsfindung erheblichen Sachvortrag hätte beibringen können.[14] Diese Entscheidung sollte nicht dahin missverstanden werden, in Eilverfahren könne o. w. die Bestellung eines Verfahrensbeistands unterbleiben.

4. Erforderlichkeit

Die Bestellung eines Verfahrensbeistands hat zu erfolgen, soweit dies zur Wahrnehmung 7
der Interessen des Kindes erforderlich ist. Nach Auffassung des Gesetzgebers wird dies der Fall sein, wenn

- eine Angelegenheit von erheblicher Bedeutung zu entscheiden ist,
- die konkrete Gefahr besteht, dass die gesetzlichen Vertreter die Interessen des Kindes nur unzureichend wahrnehmen und
- auch die gesetzlichen Verfahrensgarantien für das Kind (u.a. persönliche Anhörung, Einschaltung des Jugendamtes, Amtsermittlungsgrundsatz) nicht zur Sicherung der Kindesinteressen ausreichen.[15]

Wann eine Angelegenheit von **erheblicher Bedeutung** für das Kind vorliegt, ist Einzelfall- 8
frage. Die Regelbeispiele des Abs. 2 können als Auslegungshilfen herangezogen werden. So wird man z.B. beim Begehren eines Vaters, ein 14-jähriges Kind bereits freitags um 16.00 Uhr statt um 18.00 Uhr für ein Umgangswochenende abholen zu können, bei Fehlen von Anhaltspunkten für weitergehende Konflikte auf einen Verfahrensbeistand verzichten können, während bei einem Kleinkind, für das der Vater ein Besuchsrecht von zwei Mal wöchentlich für je eine Stunde hat, die Ausdehnung auf zwei Mal wöchentlich für zwei Stunden – ebenso wie die Frage der Übernachtung – durchaus von erheblicher Bedeutung sein kann. Hinsichtlich des Elternstreits im Rahmen des § 1686 BGB über die Herausgabe eines Porträtfotos des Kindes an den nicht betreuenden Elternteil ist die Erfor-

---

10 AG Bad Iburg ZKJ 2017, 383 = NJW 2017, 2630; siehe auch OLG Frankfurt ZKJ 2017, 381
11 Musielak/*Borth/Grandel*, § 158 FamFG Rn. 2; Kemper/*Völker/Clausius*, § 158 FamFG Rn. 4; HK-ZPO/*Kemper*, § 158 Rn. 3
12 VerfG Brandenburg FamRZ 2011, 305
13 OLG Saarbrücken FamRZ 2011, 1740
14 KG FamRZ 2014, 1790
15 BT-Drucks. 13/4899, 131 für den Verfahrenspfleger

derlichkeit einer Verfahrensbeistandsbestellung mit erweitertem Wirkungskreis zu Recht verneint worden.[16]

9 Die konkrete **Gefahr unzureichender Interessenwahrnehmung** durch die gesetzlichen Vertreter kann bereits durch die Ankündigung unterschiedlicher Anträge indiziert sein,[17] z.B. beim Streit über den Lebensmittelpunkt eines Kindes.[18] Es genügt, dass ein Interessengegensatz in Betracht kommt.[19] Im Zweifel, ob die staatlichen Verfahrensgarantien wirklich zur vollständigen Interessenwahrung des Kindes ausreichen, ist zur Sicherung der Grundrechte des Kindes ein Verfahrensbeistand zu bestellen. Ist ein Elternteil wegen ständig wechselnder Aufenthalte und mangelnder Kooperationsfähigkeit bzw. -bereitschaft für das Gericht nicht erreichbar und wirkt nicht am Verfahren mit, ist dies gerade ein Grund für die Bestellung eines Verfahrensbeistands.[20]

10 Ein Verfahrensbeistand braucht nach den Vorstellungen des Gesetzgebers bei Einführung des Verfahrenspflegers nicht bestellt zu werden, wenn der **minderjährige Jugendliche** seine **Interessen selbst** in der Anhörung **hinreichend wahrnehmen** könne.[21] Mit dieser Annahme sollte zurückhaltend umgegangen werden, insbesondere unter Berücksichtigung der Rechtsprechung zur Erforderlichkeit einer Anwaltsbeiordnung im Rahmen der Verfahrenskostenhilfe. Es erscheint kaum sachgerecht, den Eltern auf Staatskosten einen Interessenvertreter beizuordnen, diesen dem Kind dagegen zu versagen.

5. Eignung des Verfahrensbeistands

11 Bestellt werden soll ein „**geeigneter**" Verfahrensbeistand. Der Gesetzgeber hat insoweit Persönlichkeiten vor Augen, die von fachlicher Vorbildung und ihrer Sozialkompetenz her in der Lage sind, die Interessen des Kindes zu ermitteln und im Verfahren unabhängig von den übrigen Verfahrensbeteiligten zu vertreten.[22] Ein gesetzliches Qualifikationsprofil fehlt.[23] Dies wird in jüngerer Vergangenheit zunehmend kritisiert.[24] Das Gericht hat ein Auswahlermessen, welches sorgfältig und pflichtgemäß auszuüben ist.[25] Nicht bestellt werden soll wegen des Rollenkonflikts das Jugendamt.[26] In Betracht kommen sowohl Juristen wie Sozialarbeiter, Psychologen, Pädagogen. Der Auffassung, ein Rechtsanwalt sei nur dort zu bestellen, wo es schwerpunktmäßig auf Rechtskenntnisse ankomme,[27] kann nicht zugestimmt werden; gegen sie spricht bereits, dass nach den Vorstellungen des Gesetzgebers sogar auch „engagierte Laien" als Verfahrensbeistand in Frage kommen.[28] Durch den Hinweis auf die „Geeignetheit" des Verfahrensbeistands wollte der Gesetzgeber lediglich klarstellen, dass bestimmte Mindestanforderungen im Hinblick auf Aus- und Vorbildung des Verfahrensbeistands und die von ihm bei der Arbeit zu beachtenden Standards einzuhalten sind.[29] Die Weiterbildung des Verfahrensbeistands auch in den anderen für das Kindschaftsrecht wichtigen Gebieten, wie sie durch zertifizierte Weiterbildungs-

16 OLG München FamRZ 2018, 1003
17 MüKo-FamFG/*Schumann*, § 158 Rn. 6 m.w.N.
18 OLG Köln FamRZ 2013, 46; KG FamRZ 2014, 1790
19 BVerfG FamRZ 2008, 845; OLG München FamRZ 1999, 667
20 OLG Oldenburg NZFam 2017, 1161
21 BT-Drucks. 13/4899, 131
22 PK Familienverfahrensrecht/*Stötzel*, § 158 FamFG Rn. 3 m.w.N.; OLG Dresden FamRZ 2003, 877
23 Kritisch *Salgo*, FPR 2006, 12, 15 mit Qualifikationskriterien; für gesetzliches Anforderungsprofil auch *Dahm*, ZKJ 2017, 341, 345
24 Hierzu etwa *Kinderkommission des Deutschen Bundestages*, ZKJ 2019, 22; *Heilmann*, ZKJ 2019, Heft 5 (Editorial)
25 Keidel/*Engelhardt*, § 158 FamFG Rn. 32 m.w.N.
26 OLG Naumburg FamRZ 2000, 300; PK Familienverfahrensrecht/*Stötzel*, § 158 FamFG Rn. 5 m.w.N.; offengelassen, doch dahin tendierend auch OLG Hamm FamRZ 2014, 600
27 Keidel/*Engelhardt*, § 158 FamFG Rn. 32
28 BT-Drucks. 13/4899, 130
29 KG ZKJ 2014, 285 m.w.N.

kurse z.B. von der Bundesarbeitsgemeinschaft Verfahrensbeistand angeboten werden, sollte selbstverständlich sein.

II. Regelbeispiele nach Abs. 2

1. Regel-Ausnahme-Verhältnis

Liegt eine der in Abs. 2 beschriebenen Konstellationen vor, ist regelmäßig ein Verfahrensbeistand zu bestellen. Sieht das Gericht ausnahmsweise von der Bestellung ab, so ist dies gesondert zu begründen, § 158 Abs. 3 Satz 2 FamFG. Sind mehrere Kinder beteiligt, kann ein Verfahrensbeistand für alle Kinder bestellt werden.[30] Möglich ist aber auch, jedem Kind einen eigenen Verfahrensbeistand zu bestellen.[31] Auch wenn dies im Vergleich zur Bestellung von einem Verfahrensbeistand für alle Kinder keine Mehrkosten verursacht (siehe Rn. 51), sollte davon nur bei tatsächlich bestehenden Interessenkonflikten zwischen den einzelnen Geschwistern Gebrauch gemacht werden, um die Zahl der Beteiligten nicht ins Uferlose steigen zu lassen.[32] **12**

2. Die Regelbeispiele im Einzelnen

a) Erheblicher Interessenkonflikt (Nr. 1)

Das Regelbeispiel entspricht den Voraussetzungen, unter welchen das Gericht einem Elternteil nach §§ 1629 Abs. 3 Satz 2, 1796 BGB die Vertretungsbefugnis entziehen kann. Stellt ein Elternteil die eigenen Interessen (z.B. den anderen Elternteil aus seinem Leben zu verbannen) vor die des Kindes (z.B. auf regelmäßigen Kontakt mit dem Elternteil), so ist er nicht in der Lage, die Kindesinteressen objektiv zu vertreten. Sind beide Elternteile sorgeberechtigt, genügt der Interessenkonflikt zwischen Kind und einem Elternteil.[33] **13**

Ob tatsächlich ein Elternteil aus objektiv vorhandenen Gesichtspunkten handelt oder aus nur subjektiv wahrgenommenen Motiven heraus, ist häufig kaum feststellbar. Die Bestellung des Verfahrensbeistands ist jedoch schon geboten, wenn nach den Umständen des Einzelfalles die **Möglichkeit** besteht, dass die Kindesinteressen den Elterninteressen nachgeordnet werden.[34] Soweit ältere obergerichtliche Entscheidungen die Bestellung eines (damaligen) Verfahrenspflegers von der positiven Feststellung abhängig gemacht haben, dass „der partnerschaftliche Streit der Eltern die Kindeswohlbelange überlagere oder sogar verdränge“[35] und allein widerstreitende Anträge nicht haben ausreichen lassen,[36] kann dem nicht zugestimmt werden. Müsste das Gericht erst positiv den bestehenden Interessengegensatz zwischen Eltern(-teil) und Kind feststellen, käme die von § 158 Abs. 3 Satz 1 FamFG geforderte „frühestmögliche“ Bestellung kaum jemals zum Zuge und würde in Fällen, in denen zweifelhaft bleibt, ob der betroffene Elternteil aus Eigeninteressen oder unter Einbeziehung der Kindesinteressen handelt, der Bestellung des Verfahrensbeistands gänzlich entgegenstehen. Eine ordnungsgemäße Beteiligung des Kindes am Verfahren wäre nicht gewährleistet. **14**

30 OLG Brandenburg FamRZ 2011, 1872 (LS)
31 AG Holzminden FamRZ 2010, 322
32 OLG Brandenburg FamRZ 2011, 1872 (LS); wohl eher für unterschiedliche Verfahrensbeistände: PK Familienverfahrensrecht/*Stötzel*, § 158 FamFG Rn. 6
33 Schulte-Bunert/Weinreich/*Ziegler*, § 158 FamFG Rn. 8 m.w.N.
34 OLG Schleswig, Beschl. v. 3.2.2014 – 15 WF 445/13, juris; OLG Köln FamRB 2012, 214; Keidel/*Engelhardt*, § 158 FamFG m.w.N.
35 OLG Düsseldorf NJW 2000, 1274
36 OLG Köln NJW-RR 2001, 76

b) Drohender (teilweiser) Entzug der Personensorge (Nr. 2)

15 Bei Einleitung eines Verfahrens nach §§ 1666, 1666a BGB ist ein erheblicher Interessengegensatz zwischen Kind und Elternteil indiziert; denn bestünde nicht die konkrete Möglichkeit einer Kindeswohlgefährdung durch den Elternteil infolge Misshandlung, Missbrauch, Vernachlässigung u. Ä., würde ein solches Verfahren nicht in Gang gesetzt. Gerade in diesen Verfahren befinden sich Kinder oft in Loyalitätskonflikten oder auch Angst vor dem Verlust des Elternhauses,[37] sie sehen möglicherweise auch das Jugendamt nicht als eine Institution, die hilft, sondern die sie nur „ins Heim schicken" will. Umso dringender ist eine eigenständige Interessenvertretung des Kindes geboten.[38] Auch hier setzt die Bestellung des Verfahrensbeistands lediglich die Möglichkeit eines (teilweisen) Entzugs der Personensorge voraus; sicher feststehen muss dies bei Bestellung noch nicht.[39]

c) Trennung des Kindes von Obhutsperson (Nr. 3)

16 Die Trennung eines Kindes von der Obhutsperson stellt regelmäßig einen schwer wiegenden Eingriff in die Zuordnung eines Kindes zur Familie bzw. Pflegefamilie dar, der eine eigenständige verfahrensrechtliche Vertretung des Kindes erfordert.[40] Wer die Trennung des Kindes von der bisherigen Obhutsperson erstrebt, ist unerheblich.[41] Von diesem Regelbeispiel erfasst sind deshalb insbesondere auch Verfahren, in denen ein Elternteil den Wechsel des Kindes aus dem Haushalt des anderen Elternteils in den eigenen erstrebt.[42] Gleiches gilt – auch für ein Eilverfahren –, wenn ein bislang praktiziertes **Wechselmodell** zugunsten einer gerichtlichen Entscheidung für den Lebensmittelpunkt bei nur einem Elternteil beendet werden soll.[43] Ist die **Pflegefamilie** nicht länger bereit, die Pflege fortzuführen, soll § 158 Abs. 2 Nr. 3 FamFG mangels Konflikt zwischen Eltern und Pflegeperson nicht zur Anwendung kommen.[44] Diese Auffassung greift zu kurz, weil sie die Kindesinteressen nicht hinreichend berücksichtigt. Gerade in derartigen Fällen, in denen dem Kind eine erneute Entwurzelung droht, wäre eine eigenständige Interessenwahrnehmung für das Kind geboten, zumal ja nicht o. w. gesichert ist, dass eine Rückkehr ins Elternhaus wirklich die dem Kindeswohl entsprechende Lösung darstellt.

d) Herausgabeverfahren und Verbleibensanordnungen

17 Die genannten Verfahren haben für ein Kind häufig existentielle Folgen. Die Herausnahme aus der gewohnten Umwelt bedeutet ein schwer bestimmbares Zukunftsrisiko.[45] Zudem läuft das Kind gerade in Verfahren nach § 1632 Abs. 1 BGB schnell Gefahr, zum bloßen Herausgabeobjekt degradiert zu werden. Soweit es Verbleibensanordnungen nach § 1632 Abs. 4 BGB betrifft, kommt es leicht zu (unschädlichen) Überschneidungen mit dem Regelbeispiel Nr. 3. Erfasst sind insbesondere auch Verfahren nach § 1682 BGB.

e) Ausschluss oder wesentliche Beschränkung des Umgangsrechts (Nr. 5)

18 Nicht jeder Streit um das Umgangsrecht fällt unter das Regelbeispiel: Da „der Ausschluss oder eine wesentliche Beschränkung" in Frage stehen muss, kommt § 158 Abs. 2 Nr. 5 FamFG nur zur Anwendung, wenn dem Grunde nach ein Umgangsrecht besteht, mithin allein in den Fällen des § 1684 Abs. 4 BGB. Steht das Umgangsrecht der Großeltern oder sonstiger Bezugspersonen nach § 1685 BGB im Streit, greift das Regelbeispiel nicht ein,

37 Keidel/*Engelhardt*, § 158 FamFG Rn. 13 m.w.N.
38 Schulte-Bunert/Weinreich/*Ziegler*, § 158 FamFG Rn. 13 m.w.N.
39 OLG München FamRZ 1999, 667
40 BVerfG FamRZ 1999, 85, 89
41 BT-Drucks. 16/6308, 238
42 Musielak/Borth/*Grandel*, § 158 FamFG Rn. 8
43 OLG Saarbrücken NZFam 2018, 1041 m.w.N.
44 BayObLG FamRZ 1999, 1455
45 BVerfG FamRZ 2010, 865

weil für ein solches Recht dessen Kindeswohldienlichkeit zunächst positiv festgestellt werden muss.[46] Gleiches gilt für das Umgangsrecht des leiblichen, nicht rechtlichen Vaters nach § 1686a BGB. Dies sollte allerdings nicht dazu führen, vorschnell von der Bestellung eines Verfahrensbeistands abzusehen, da diese in den genannten Fällen über § 158 Abs. 1, Abs. 2 Nr. 1 FamFG durchaus möglich und geboten sein kann. Haben beispielsweise die Eltern zur Erleichterung eigener Berufstätigkeit ihre Kinder über Jahre unter der Woche von den Großeltern betreuen lassen und untersagen nunmehr von heute auf morgen wegen erbrechtlicher Streitigkeiten jeglichen Kontakt zwischen Enkeln und Großeltern, erscheint zur Wahrnehmung der Kindesinteressen die Bestellung eines Verfahrensbeistands geboten.[47]

19 **Wesentliche Beschränkungen** des Umgangsrechts liegen in jedem Fall vor, wenn (nur) begleiteter Umgang gewährt wird.[48] Vom Wortlaut des Regelbeispiels erfasst sind jedenfalls auch Abänderungsverfahren nach § 1696 BGB, wenn das dem Elternteil bereits gerichtlich zugestandene Umgangsrecht erheblich reduziert werden soll. Auch das bewusste Absehen von einer Ferienregelung beim Umgang mit einem schulpflichtigen Kind ist als Umgangsbeschränkung gewertet worden.[49] Ebenso kann es sich bei einer **Umgangsregelung ohne Übernachtung** bereits um eine Umgangseinschränkung i.S.v. § 1684 Abs. 4 BGB handeln.[50]

III. Absehen von Bestellung des Verfahrensbeistands (Abs. 5)

20 Auch wenn die Voraussetzungen für die Bestellung eines Verfahrensbeistands nach § 158 Abs. 1, Abs. 2 FamFG vorliegen, soll nach Abs. 5 der Vorschrift die Bestellung „unterbleiben oder aufgehoben werden", wenn die Interessen des Kindes durch einen Rechtsanwalt oder anderweitig geeigneten Verfahrensbevollmächtigten angemessen vertreten werden. Die Vorschrift stellt einen **Spezialfall mangelnder Erforderlichkeit** dar.[51] In der Praxis dürfte es selten vorkommen, dass Eltern neben der Einschaltung eines eigenen Rechtsanwaltes einen weiteren Anwalt mit der Interessenwahrnehmung des Kindes beauftragen.[52] Geschieht dies gleichwohl, muss kritisch hinterfragt werden, ob es sich dann um eine „angemessene" Vertretung des Kindes handelt, weil ein vom Elternteil mit eigenem Interesse am Verfahrensausgang beauftragter Rechtsanwalt in erster Linie Willensvertreter des Auftraggebers ist und kaum die Kindesinteressen unparteilich und unabhängig wird wahrnehmen können.[53] Der Antrag eines Elternteils, ihm bei bestehender gemeinsamer elterlicher Sorge bezüglich der Anwaltsbeauftragung (hier: für ein Umgangsverfahren) die alleinige Entscheidungsbefugnis zu übertragen, ist jedenfalls zurückzuweisen, wenn ein bereits bestellter Verfahrensbeistand ausreichend in der Lage ist, die Kindesinteressen wahrzunehmen.[54]

21 Nach der Rechtsprechung ist aber auch die **Beauftragung eines Rechtsanwaltes** durch einen verfahrensfähigen Minderjährigen selbst möglich, weil die Frage, ob ein Minderjähriger wirksam eine Verfahrensvollmacht erteilen könne, sich nicht nach §§ 104 ff. BGB richte, sondern nach der jeweiligen Verfahrensordnung.[55] Der die Vertretung in einem gerichtlichen Verfahren betreffende Geschäftsbesorgungsvertrag zwischen einem minder-

46 OLG Celle ZKJ 2011, 431; PK Familienverfahrensrecht/*Stötzel*, § 158 FamFG Rn. 11
47 AG Bad Iburg – 5 F 94/14 (n.v.)
48 OLG Saarbrücken FamRZ 2010, 2085
49 OLG Saarbrücken ZKJ 2014, 75
50 OLG Saarbrücken ZKJ 2013, 365
51 *Brock/Breideneichen*, FuR 2001, 400
52 In über 20-jähriger Tätigkeit als Familienrichter hat der Verfasser nicht einen einzigen derartigen Fall erlebt
53 Schulte-Bunert/Weinreich/*Ziegler*, § 158 FamFG Rn. 20; a.A. KG FamRZ 2019, 1702 mit abl. Anmerkung *Keuter*
54 BGH FamRZ 2018, 1512
55 BGH NJW 2014, 215 zu § 275 FamFG m.w.N. auch für die Gegenmeinung

jährigen, aber verfahrensfähigen Beteiligten und einem Rechtsanwalt ist jedenfalls dann **ohne Zustimmung des gesetzlichen Vertreters** wirksam, wenn die anwaltliche Vertretung entsprechend § 78 Abs. 2 FamFG wegen der Schwierigkeit der Sach- oder Rechtslage unter Berücksichtigung der subjektiven Fähigkeiten des Beteiligten erforderlich erscheint.[56] Wird ein Rechtsanwalt beigeordnet, kann nach § 158 Abs. 5 FamFG die Beiordnung eines Verfahrensbeistands unterbleiben bzw. aufgehoben werden (siehe oben Rn. 20).

IV. Verfahrensrechtliche Fragen (Abs. 3)

1. Bestellungszeitpunkt

22 Der Verfahrensbeistand ist nach § 158 Abs. 3 Satz 1 FamFG **so früh wie möglich** zu bestellen. Gleichwohl können vor der Bestellung seitens des Gerichts Vorermittlungen zu tätigen sein, ob überhaupt ein elterlicher Interessenkonflikt besteht.[57] Insbesondere sind die Eltern zur beabsichtigten Bestellung in der Regel anzuhören.[58]

23 **Frühzeitige Bestellung** eines Verfahrensbeistands und **Beschleunigungsgebot** des § 155 FamFG können – insbesondere in Eilverfahren – zu **Konflikten** führen, weil für den Verfahrensbeistand keine hinreichende Einarbeitungszeit zur Verfügung steht.[59] Soweit die Auffassung vertreten wird, ein Verfahrensbeistand könne erst nach einer persönlichen Anhörung des Kindes oder nach Einholung eines Gutachtens über die Fähigkeit des Kindes, seine Interessen selbst wahrzunehmen, erfolgen,[60] ist dem entschieden zu widersprechen: Was soll die Information des Kindes über Gegenstand, Ablauf und möglichen Verfahrensausgang (§ 158 Abs. 4 Satz 2 FamFG) bringen, wenn das Kind sich doch einer unvorbereiteten Anhörung durch das Gericht ausgesetzt sieht? Soll das Gericht in jedem Fall, in dem es – nach Anhörung des Kindes – die Notwendigkeit eines Verfahrensbeistands bejaht, noch eine weitere Anhörung des Kindes im Hinblick auf das Anwesenheitsrecht des Verfahrensbeistands nach § 159 Abs. 4 Satz 3 BGB durchführen? Nimmt man den Gesetzeswortlaut ernst, muss das Gericht vorsorglich – auch zur Wahrung des Beschleunigungsgebots – schon bei Erstübersendung des Antrages bzw. des für ein solches Verfahren gestellten Verfahrenskostenhilfegesuchs Eltern und Jugendamt darauf hinweisen, dass es die Bestellung eines Verfahrensbeistands erwägt und insoweit eine (kurze) Stellungnahmefrist (bei besonderer Eilbedürftigkeit genügen auch drei Tage) einräumen. Nach deren Ablauf ist über die Bestellung zu befinden.

24 Im Zweifel ist *vorsorglich* ein Verfahrensbeistand zu bestellen.[61] Nur so kann dem Anliegen, den Interessen des Kindes im Verfahren **von Anfang an** Rechnung zu tragen, ausreichend entsprochen werden.[62] Eine Bestellung, die so spät erfolgt, dass der Verfahrensbeistand die Rechte des Kindes nicht mehr ausreichend wahrnehmen kann, stellt einen mit der Beschwerde anfechtbaren Verfahrensfehler dar.[63] Zu **Zielkonflikten** zwischen Verfahrensbeschleunigung und ausreichender eigenständiger Interessenvertretung des Kindes siehe auch Rn. 23. Wird im Einzelfall ein Verfahrensbeistand verfrüht und ohne Anhörung der Eltern bestellt, kann dies Veranlassung geben, von der Erhebung der auf die Vergütung des Verfahrensbeistandes entfallenden Gerichtskosten abzusehen.[64]

---

56 OLG Dresden FamRZ 2014, 1042 = ZKJ 2014, 257 (LS)
57 OLG Frankfurt FamRZ 2017, 543; OLG Dresden FamRZ 2000, 1296
58 Musielak/*Borth*/Grandel, § 158 FamFG Rn. 11; MüKo-FamFG/*Schumann*, § 158 Rn. 17 m.w.N.
59 *Bahrenfuss/Schlemm*, § 158 FamFG Rn. 10
60 Keidel/*Engelhardt*, § 158 FamFG Rn. 31
61 Schulte-Bunert/Weinreich/*Ziegler*, § 158 FamFG Rn. 21
62 Die Notwendigkeit möglichst frühzeitiger Bestellung betonen auch *Lack/Salgo*, FPR 2012, 353, 355; ebenso PK Familienverfahrensrecht/*Stötzel*, § 158 FamFG Rn. 12
63 BGH ZKJ 2011, 220
64 OLG Frankfurt FamRZ 2017, 543

2. Beteiligtenstellung

Mit der Bestellung wird der **Verfahrensbeistand selbst Beteiligter** des Verfahrens. An Weisungen des Kindes ist er nicht gebunden.[65] Er hat ein Akteneinsichtsrecht, sämtliche bisherigen und künftigen Entscheidungen und Schriftsätze sind ihm bekannt zu machen, er ist zu allen Terminen zu laden und muss einem gerichtlich gebilligten Vergleich i.S.v. § 156 Abs. 2 FamFG grundsätzlich zustimmen.[66] Wegen Befangenheit kann er nicht abgelehnt werden, weil er nicht ein zur Unparteilichkeit verpflichteter Gehilfe des Gerichts, sondern – auch wenn er bei seinen Empfehlungen objektive Gesichtspunkte zu berücksichtigen hat (siehe Rn. 35) – letztlich einseitiger Interessenvertreter des Kindes im Verfahren ist; insbesondere ist § 6 FamFG nicht auf ihn anwendbar.[67] Allerdings ist die persönliche oder fachliche Eignung des erstinstanzlich bestellten Verfahrensbeistandes im Rechtsmittelverfahren betreffend die Endentscheidung zu überprüfen.[68] Ihm steht ein Zeugnisverweigerungsrecht in Bezug auf Tatsachen, die er in Ausübung seiner Tätigkeit als Beistand zur Kenntnis genommen hat, aus § 383 Abs. 1 Nr. 6 ZPO zu[69] (zum Datenschutz siehe unten Rn. 54 ff.). 25

3. Bestellung

Der **Bestellungsbeschluss** macht den Verfahrensbeistand (wie den Verfahrenspfleger in Betreuungsverfahren nach § 274 Abs. 2 FamFG) unmittelbar zum Beteiligten; einer förmlichen Verpflichtung durch den Rechtspfleger wie z.B. beim Umgangspfleger bedarf es nicht. Teilweise wird sogar eine konkludente Bestellung des Verfahrensbeistands für möglich gehalten.[70] Soweit frühere obergerichtliche Entscheidungen eine Begründung des Bestellungsbeschlusses unter Berufung auf die damalige Anfechtbarkeit der Bestellung eines Verfahrenspflegers verlangten,[71] dürfte dem durch § 158 Abs. 3 Satz 4 FamFG der Boden entzogen sein.[72] Nach § 158 Abs. 3 Satz 3 FamFG ist dagegen in der Endentscheidung zu begründen, wenn trotz Vorliegens eines Regelbeispiels von der Bestellung eines Verfahrensbeistands abgesehen wurde. 26

4. Unanfechtbarkeit

Die Bestellung oder Abberufung eines Verfahrensbeistands sind wie auch entsprechende ablehnende Beschlüsse im Interesse eines zügigen Ablaufs nach § 158 Abs. 3 Satz 4 FamFG grundsätzlich **nicht selbständig anfechtbar**. Zulässig ist es aber, die **Beschwerde gegen die Endentscheidung** darauf zu stützen, ein Verfahrensbeistand sei fehlerhaft bestellt oder nicht bestellt worden, § 58 Abs. 2 FamFG. Das gilt auch für **das mindestens 14 Jahre alte Kind**.[73] Gerade weil die Bestellung im Interesse des Kindes erfolgt, muss auch ihm ein Beschwerderecht im gleichen Umfang wie den übrigen Verfahrensbeteiligten zustehen. Zudem ist nicht einzusehen, warum es für zulässig erachtet wird, wenn ein Elternteil seine Beschwerde auf eine angeblich falsche Auswahl des Verfahrensbeistands stützt,[74] dem Kind dies aber versagt sein soll. 27

---

65 BT-Drucks. 16/6308, 239
66 Keidel/*Engelhardt*, § 158 FamFG Rn. 39
67 OLG Celle FGPrax 2003, 128; OLG Braunschweig FamRZ 2019, 119
68 OLG Saarbrücken NZFam 2019, 84
69 OLG Braunschweig ZKJ 2012, 276;
70 OLG Nürnberg ZKJ 2015, 77; OLG Zweibrücken FamRZ 2015, 1928; skeptisch („nur im Ausnahmefall") OLG München FamRB 2017, 90 mit Anm. *Menne*
71 OLG Frankfurt FamRZ 1999, 1293; OLG Köln NJW-RR 2001, 76
72 Gegen Begründungserfordernis auch MüKo-FamFG/*Schumann*, § 158 Rn. 22 m.w.N.
73 *Völker/Clausius*, § 5 Rn. 41; a.A. Musielak/*Borth/Grandel*, § 158 FamFG Rn. 19 mit Hinweis auf OLG Stuttgart MDR 2001, 1242 (zum Verfahrenspfleger)
74 KG ZKJ 2014, 285

Wird ausnahmsweise der Verfahrensbeistand durch den **Rechtspfleger** bestellt, so ist diese Entscheidung abweichend von § 158 Abs. 3 Satz 4 FamFG mit der befristeten Erinnerung nach § 11 Abs. 2 RpflG anfechtbar.[75]

V. Aufgaben des Verfahrensbeistands (Abs. 4)

28 Übersicht: Aufgaben des Verfahrensbeistands

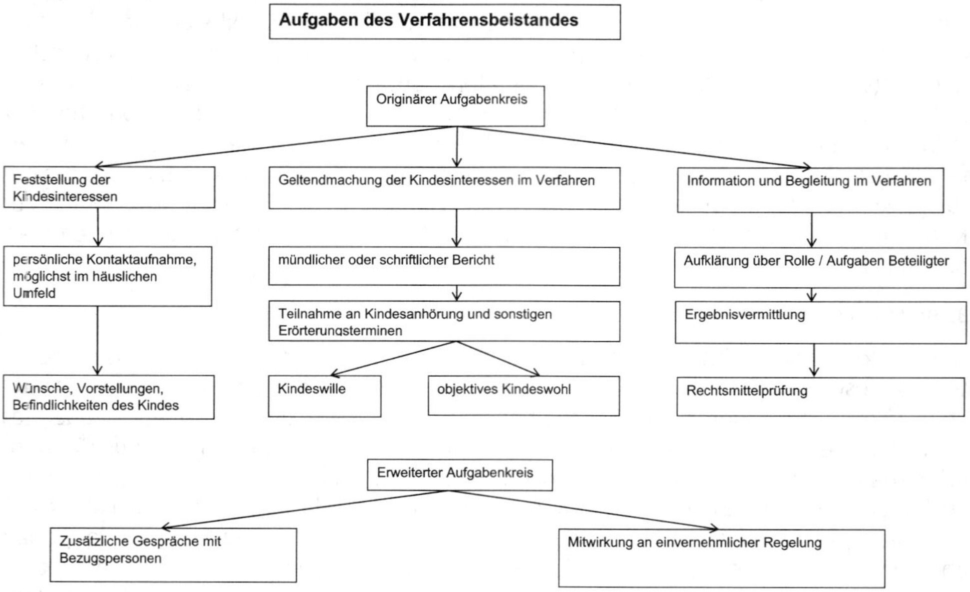

1. Originärer Aufgabenbereich

29 Nach § 158 IV Satz 1 und 2 FamFG umfasst der originäre Aufgabenbereich des Verfahrensbeistands

- die Feststellung des Interesses des Kindes,
- dessen Geltendmachung im Verfahren sowie
- Information und Begleitung des Kindes im Verfahren.

a) Interessenfeststellung

30 Sobald der Verfahrensbeistand bestellt ist, hat er die **Gerichtsakte** bzw. – in Eilverfahren – ihm vorab übersandte Anträge und Schriftsätze zu studieren, um sich einen Überblick über die Verfahrensproblematik zu verschaffen. Zugleich sollte er so schnell wie möglich versuchen, einen Termin für ein außergerichtliches Erstgespräch mit dem Kind zu vereinbaren.

31 Um das Kindesinteresse feststellen zu können, ist eine **persönliche Kontaktaufnahme** zum Kind unerlässlich. Diese sollte jedenfalls bei kleineren Kindern, wenn irgend möglich, in einer dem Kind vertrauten Umgebung stattfinden. Dies eröffnet nicht nur die Chance eines schnelleren Zugangs zum Kind, sondern bietet zugleich die Möglichkeit, durch die Beobachtung der Interaktion zwischen dem Kind und dem betreffenden Elternteil gewisse Rückschlüsse auf deren Beziehung zueinander ziehen und einen Eindruck vom häuslichen Umfeld gewinnen zu können.[76] Die Entscheidung, Kontakt zum Kind nur außerhalb des

75 BGH ZKJ 2017, 273

76 *Johnson*, FPR 2012, 377, 379; Prenzlow/*Kuleisa-Binge/Wacker*, Rn. 724 f.; Standards Verfahrensbeistandschaft Ziffer 3.1.1, abgedruckt in Salgo/Lack (Hrsg.), Handbuch Verfahrensbeistandschaft, Rn. 2019 ff.

Haushaltes des betreuenden Elternteils aufzunehmen, ist aber keine Pflichtverletzung des Verfahrensbeistandes, wenn hierfür ein sachlicher Grund – z. B. ein manipulierender betreuender Elternteil – vorliegt.[77] Dass der Verfahrensbeistand keine außergerichtliche Kontaktaufnahme mit dem Kind gegen den Willen des gesetzlichen Vertreters erzwingen kann,[78] wird mit Recht bedauert.[79] Regelmäßig lassen sich Eltern glücklicherweise aber auf ein solches vorgerichtliches Gespräch des Beistands mit dem Kind ein, zumal dann, wenn der Beistand auch den Eltern vorweg kurz seine Aufgaben und Funktion erläutert hat. Ein solches Gespräch mit einem Elternteil ist indes noch keine Wahrnehmung des erweiterten Aufgabenkreises i.S.v. § 158 Abs. 3 Satz 3 FamFG.[80]

Im Gespräch versucht der Verfahrensbeistand, **Vorstellungen, Wünsche und Befindlichkeiten des Kindes** zu eruieren.[81] Seine Tätigkeit umfasst dagegen nicht die Ermittlung des elterlichen Willens,[82] eine Begutachtung des Kindes (Sachverständigenaufgabe!),[83] die Unterstützung des Jugendamtes[84] sowie erzieherische oder therapeutische Aktivitäten.[85] Die Mitwirkung an Hilfeplänen, Umgangskontakten und eine eigene beratende Tätigkeit überschreiten die dem Verfahrenspfleger vom Gesetz zugewiesenen Aufgaben.[86] 32

b) Geltendmachung der Kindesinteressen im Verfahren

Der Verfahrensbeistand fasst die von ihm gewonnenen Erkenntnisse in einem **schriftlichen oder mündlichen Bericht** zusammen. Viele erstinstanzliche Richter sind für eine entsprechende Ersteinschätzung per Fax oder Telefon noch vor dem Erörterungstermin dankbar. An der **Anhörung des Kindes** soll er nach § 159 Abs. 4 Satz 3 FamFG teilnehmen; bei unfreiwilliger Verhinderung ist der Termin in der Regel zu verlegen oder die Anhörung zu wiederholen.[87] In der Anhörung wirkt er soweit nötig auf eine kindgerechte Gestaltung hin.[88] Als Verfahrensbeteiligter hat er auch das Recht auf Teilnahme an sonstigen Anhörungen bzw. Erörterungen.[89] 33

Wünscht das Kind ausnahmsweise eine Anhörung in Abwesenheit des Verfahrensbeistands, sollte das Gericht diesem Wunsch entsprechen; Gleiches gilt, wenn der Verfahrensbeistand zuvor mitgeteilt hat, er halte im Interesse des Kindes dessen Anhörung ohne eigene Teilnahme für sachgerechter.[90] Verzichtet der Verfahrensbeistand von sich aus auf die Teilnahme an der Kindesanhörung, so wird dies im Hinblick auf die Ausgestaltung des § 159 Abs. 4 Satz 3 FamFG als Soll-Vorschrift nicht als Verfahrensfehler angesehen.[91] In der Praxis dürften die genannten Fälle nur sehr selten vorkommen. 34

In erster Linie soll der Verfahrensbeistand das **subjektive Kindesinteresse** (Kindeswille) zum Ausdruck bringen. Dieses kann im Einzelfall, beispielsweise dem Wunsch eines Kindes, trotz grober Vernachlässigung durch die allein erziehende Mutter bei dieser zu verbleiben, mit dem **objektiven Interesse** (Kindeswohl) kollidieren. Im Hinblick auf seine eigen- 35

77 OLG Braunschweig FamRZ 2019, 119
78 OLG Brandenburg FamRZ 2000, 1295 m.w.N.
79 Schulte-Bunert/Weinreich/*Ziegler*, § 158 FamFG Rn. 29
80 MüKo-FamFG/*Schumann*, § 158 Rn. 28 m.w.N.
81 Schulte-Bunert/Weinreich/*Ziegler*, § 158 FamFG Rn. 2
82 BVerfG FamRZ 2010, 109
83 MüKo-FamFG/*Schumann*, § 158 Rn. 29 m.w.N.; *Johnson,* FPR 2012, 377, 379
84 OLG Brandenburg FamRZ 2005, 1108 mit Anm. *Menne*
85 OLG München FamRZ 2002, 563
86 OLG Oldenburg FamRZ 2005, 391
87 OLG Naumburg, Beschl. v. 18.10.2011 – 8 UF 204/11, juris
88 Prenzlow/*Kuleisa-Binge*/*Wacker*, Rn. 740 ff.
89 *Völker*/*Clausius* § 5 Rn. 36 m.w.N.
90 MüKo-FamFG/*Schumann*, § 158 Rn. 31 m.w.N.
91 OLG Naumburg, Beschl. v. 18.10.2011 – 8 UF 204/11, juris

ständige Stellung als Verfahrensbeteiligter und den Wortlaut des § 158 Abs. 4 Satz 1 FamFG, der allgemein von „dem Interesse" spricht, obliegt es dem Beistand auch, auf Gesichtspunkte hinzuweisen, die den subjektiven Wünschen des Kindes objektiv entgegenstehen können.[92]

36 Hält der Verfahrensbeistand weitere Ermittlungen, insbesondere die Einholung eines Gutachtens für erforderlich, so wirkt er auf entsprechende Umsetzung hin. Dazu gehört ggf. auch die Anregung von Eilmaßnahmen.

c) Information und Begleitung des Kindes im Verfahren

37 Der Verfahrensbeistand vermittelt dem Kind in altersangemessener Form den Ablauf des Verfahrens. Er informiert das Kind insbesondere über den Verfahrensgegenstand sowie die Rolle und Aufgaben der verschiedenen Beteiligten.[93] Hierzu gehört auch die Aufklärung über die Bedeutung der Wünsche des Kindes. Vielfach werden leider Kinder im Streit der Eltern von diesen in eine sie überfordernde „Schiedsrichterrolle" hineingedrängt. Hier kann der behutsame Hinweis auf die Verantwortlichkeit der Erwachsenen für die Entscheidung oftmals Entlastung bringen. Wenn irgend möglich, vermittelt der Verfahrensbeistand nach Ende eines Erörterungstermins dessen Ergebnis dem Kind, bespricht möglicherweise eine schon gefällte Entscheidung oder Elterneinigung; aus der entsprechenden Reaktion des Kindes sind u. U. wichtige Hinweise zu gewinnen, ob eine (vorläufige) Regelung möglicherweise im Interesse des Kindes anzufechten ist. Bestehen insoweit Zweifel, empfiehlt es sich auch, innerhalb der Rechtsmittelfrist einen weiteren Gesprächskontakt mit dem Kind zu suchen.

38 *d) Rechtsmittel im Interesse des Kindes*

Der Verfahrensbeistand ist nach § 158 Abs. 4 Satz 5 FamFG befugt, selbst **Rechtsmittel** im Interesse des Kindes einzulegen. Dies gilt auch für die Rechtsbeschwerde sowie für die Verfassungsbeschwerde.[94] Ungeklärt ist die Frage, wer die Kosten für die Beauftragung des nach §§ 10 Abs. 4, 114 Abs. 2 FamFG ausnahmslos für alle Beteiligten[95] vorgeschriebenen beim BGH zugelassenen Rechtsanwaltes trägt.

39 Der **nicht berufsmäßige Verfahrensbeistand** hat Anspruch auf Ersatz seiner Aufwendungen gemäß §§ 158 Abs. 7 Satz 1, 277 FamFG, 1835, 1836 BGB. Aufwendungen sind freiwillige Vermögensopfer im Interesse eines Dritten, damit grundsätzlich auch die Kosten für einen Anwalt, ohne den ein Rechtsmittel im Interesse des Dritten nicht eingelegt werden kann. In der betreuungsrechtlichen Rechtsprechung werden Honorarforderungen eines vom Betreuer beauftragten Rechtsanwalts allerdings nicht als Aufwendungen des Betreuers angesehen, sondern Schuldner des Anwaltshonorars sei der Betreute selbst.[96] Diese Auffassung ist auf den Verfahrensbeistand nicht übertragbar, weil sie maßgeblich damit begründet wird, der Betreute werde durch den Betreuer als gesetzlichem Vertreter nach § 1902 BGB unmittelbar verpflichtet, der Verfahrensbeistand aber gerade nicht gesetzlicher Vertreter des Kindes ist (Abs. 4 Satz 6). **Anwaltshonorare für ein im Interesse des Kindes eingelegtes Rechtsmittel** sind dem nicht berufsmäßigen Verfahrensbeistand daher als Aufwendungen aus der **Staatskasse** (Abs. 7 Satz 5) zu ersetzen.

40 Der **berufsmäßige Verfahrensbeistand** erhält dagegen eine Pauschalvergütung, die grundsätzlich sämtliche Auslagen mit abgilt. Daraus ließe sich ableiten, dass der Verfahrensbeistand die Honorarforderung des notwendigerweise eingeschalteten Rechtsanwalts

92 BT-Drucks. 16/6308, 239
93 *Prenzlow*, ZKJ 2011, 128
94 BVerfG ZKJ 2017, 104
95 BGH BtPrax 2010, 234; BGH AnwBl. 2011, 397
96 OLG Köln NJW-RR 2009, 1377

aus seiner Pauschalvergütung zu zahlen hat.[97] Die Gewährleistung eines effektiven Rechtsschutzes für das Kind verbietet es jedoch, durch Einlegung einer Rechtsbeschwerde entstandene Anwaltshonorare als von der Pauschale mit erfasste Aufwendungen anzusehen. Im Zweifel wird nämlich andernfalls der berufsmäßig tätige Verfahrensbeistand schlicht auf die Einlegung der Rechtsbeschwerde verzichten. Werden dem Verfahrensbeistand für eine Vertretung der Kindesinteressen erforderliche Tätigkeiten nicht vergütet, wird sein Einsatz für das Kind ineffektiv, was dem bezweckten Schutz des Kindes zuwiderläuft.[98] Auch er hat deshalb Anspruch auf Ersatz des verauslagten Anwaltshonorars gegen die Staatskasse.[99]

Demgegenüber verweist der BGH[100] auf die Möglichkeit, für eine Rechtsbeschwerde Verfahrenskostenhilfe zu beantragen. Zur Vermeidung des Risikos, die Kosten selbst aus der Pauschalvergütung zahlen zu müssen, bleibt dem berufsmäßigen Verfahrensbeistand nur die Möglichkeit, einen Antrag auf Verfahrenskostenhilfe für eine von ihm selbst noch beabsichtigte Rechtsbeschwerde innerhalb der Monatsfrist des § 71 FamFG zu stellen. Er hat diesem Antrag die vollständig ausgefüllte VKH-Erklärung des Kindes ebenfalls innerhalb der Monatsfrist beizufügen. Ist ihm dies nicht möglich, z.B., weil er selbst die notwendigen Informationen über das Vermögen des Kindes nicht besitzt und die Eltern nicht mitwirken, muss er dies vereinzelt darlegen. Nach Bewilligung der VKH muss er sodann innerhalb der Frist des § 18 FamFG durch den beigeordneten Anwalt Wiedereinsetzung in den vorigen Stand beantragen sowie Rechtsbeschwerde einlegen und begründen. **40a**

Der Verfahrensbeistand ist bereits aufgrund seiner einfachgerichtlichen Bestellung als solcher befugt, Verfassungsbeschwerde einzulegen und mit dieser – ausnahmsweise – Rechte des Kindes in eigenem Namen geltend zu machen.[101] Beauftragt der Verfahrensbeistand allerdings einen Rechtsanwalt mit der Einlegung einer Verfassungsbeschwerde, so wird er die hierdurch entstehenden Aufwendungen wohl nur aufgrund einer entsprechenden Kostenentscheidung durch das BVerfG erstattet erhalten, im Übrigen aber trotz Unterdeckung aus der Pauschale entrichten müssen.[102] Denn anders als bei der Rechtsbeschwerde ist für die Verfassungsbeschwerde kein Anwaltszwang vorgeschrieben. Von einem qualifizierten Verfahrensbeistand kann jedoch erwartet werden, dass er die verfassungsrechtlichen Bedenken gegen die letztinstanzliche Entscheidung aufzeigen und so die niedrigschwelligen Hürden des § 92 BVerfGG überwinden kann. Die Kenntnis über die Monatsfrist für die Einlegung der Verfassungsbeschwerde (§ 93 BVerfGG) muss ein qualifizierter Verfahrensbeistand ebenso besitzen wie die Kenntnis seiner Verpflichtung, der Verfassungsbeschwerde die angegriffene Entscheidung, vorangegangene Rechtsschutzanträge sowie sämtliche Unterlagen beizufügen, die für die verfassungsrechtliche Prüfung der vorgetragenen Rügen erforderlich sind. Zudem ist das Verfahren kostenfrei (mit Ausnahme einer – in Kindschaftssachen für den Verfahrensbeistand nicht zu gewärtigenden – Missbrauchsgebühr nach § 34 BVerfGG), so dass der Verfahrensbeistand, wenn er die Verfassungsbeschwerde ohne Zuziehung eines Anwaltes einlegt, kaum kostenrechtliche Risiken eingeht.[103] **41**

▶ *Zur Einzelheiten der Vergütung des Verfahrensbeistands siehe unten Rn. 45 ff.*

97 Zum ähnlich gelagerten Problem der Haftung für Dolmetscherkosten siehe Rn. 50
98 BVerfG FPR 2004, 622
99 Dürbeck ZKJ 2019, 262, 263
100 BGH ZKJ 2019, 265
101 BVerfG ZKJ 2017, 104
102 *Heilmann,* ZKJ 2017, 219, 220 m.w.N.
103 *Lack,* NJW 2017, 1300, 1301

2. Erweiterter Aufgabenkreis

42 Das Gericht kann dem Verfahrensbeistand nach § 158 Abs. 4 Satz 3 zusätzlich die Aufgabe übertragen, mit den Eltern und weiteren Bezugspersonen (Lehrer, Erzieher, Großeltern, neuen Partnern der leiblichen Eltern, volljährigen Geschwistern, Pflegepersonen usw.) Gespräche zu führen und am Zustandekommen einer einvernehmlichen Regelung über den Verfahrensgegenstand mitzuwirken. Mitwirkung bedeutet: Der Verfahrensbeistand ist „Anreger", aber nicht aktiv Handelnder im Sinne einer Tätigkeit als Berater oder Mediator.[104] Er kann z.B. Wünsche des Kindes an seine Eltern diesen vermitteln, den Blick der Eltern auf die Lage und Befindlichkeit des Kindes richten und an ihre Elternverantwortung appellieren. Zum Mitwirken kann aber auch gehören die Mitarbeit an einer Elternberatung bzw. gerichtsnahen Mediation durch Weitergabe und Erörterung möglicher Elternvereinbarungen einschließlich der Rückmeldung etwaiger Änderungswünsche des Kindes.[105]

43 Die Übertragung des erweiterten Aufgabenkreises begründet den Anspruch des berufsmäßigen Verfahrensbeistands auf die **erhöhte Pauschalvergütung**, § 158 Abs. 7 Satz 3 FamFG. Zwar hat das Gericht im Rahmen der Bestellung des Verfahrensbeistands Art und Umfang von dessen Beauftragung konkret festzulegen und die Beauftragung zu begründen, § 158 Abs. 4 Satz 4 FamFG.[106] Eine genaue Festlegung derjenigen Personen, mit denen der Verfahrensbeistand zwecks Mitwirkung am Zustandekommen einer einvernehmlichen Regelung Gespräche führen soll, ist hierbei jedoch nicht erforderlich, zumal eine derartige Differenzierung auf den Vergütungsanspruch keinerlei Auswirkungen hat.[107]

▶ *Zu Einzelheiten der Vergütung des Verfahrensbeistands siehe unten Rn. 45 ff.*

VI. Ende der Bestellung (Abs. 6)

44 Die Bestellung als Verfahrensbeistand endet, sofern sie nicht zu einem früheren Zeitpunkt aufgehoben wird, entweder mit „der Rechtskraft der das Verfahren abschließenden Entscheidung" (Nr. 1) oder mit dem sonstigen Verfahrensabschluss (Nr. 2). Eine **erstinstanzliche Bestellung erstreckt sich** daher automatisch **auf die Rechtsmittelinstanz** – unabhängig von der Frage, ob der Verfahrensbeistand selbst oder ein Dritter ein Rechtsmittel eingelegt hat –, und zwar auch hinsichtlich des (erweiterten) Aufgabenkreises, sofern das Rechtsmittelgericht keine Änderungen beschließt.[108] Auch hat der Verfahrensbeistand noch zu prüfen, ob er Verfassungsbeschwerde einlegt (hierzu Rn. 41). „Sonstiger Verfahrensabschluss" sind z.B. die Antragsrücknahme oder Erledigung der Hauptsache. Die erstinstanzliche Bestellung erfasst dagegen nicht mehr ein späteres Vollstreckungsverfahren,[109] ein Abänderungsverfahren oder ein Vermittlungsverfahren;[110] alle diese Verfahren sind vom Ausgangsverfahren unabhängige selbständige Verfahren, für die ggf. ein Verfahrensbeistand neu bestellt werden muss.

104 *Prenzlow,* FPR 2012, 366, 367
105 *Prenzlow,* FPR 2012, 366, 369
106 Beispiel OLG Köln FamRB 2012, 214
107 OLG Celle ZKJ 2013, 461 = FamRZ 2014, 413; AG Gießen, Beschl. v. 20.9.2013 – 247 F 1895/13, juris
108 OLG München FamRZ 2012, 728; OLG Stuttgart FamRZ 2011, 1533
109 OLG Karlsruhe BeckRS 2011, 24478
110 MüKo-FamFG/*Schumann*, § 158 Rn. 44

VII. Vergütung und Aufwendungsersatz des Verfahrensbeistands (Abs. 7)

Übersicht: Vergütung des Verfahrensbeistands 45

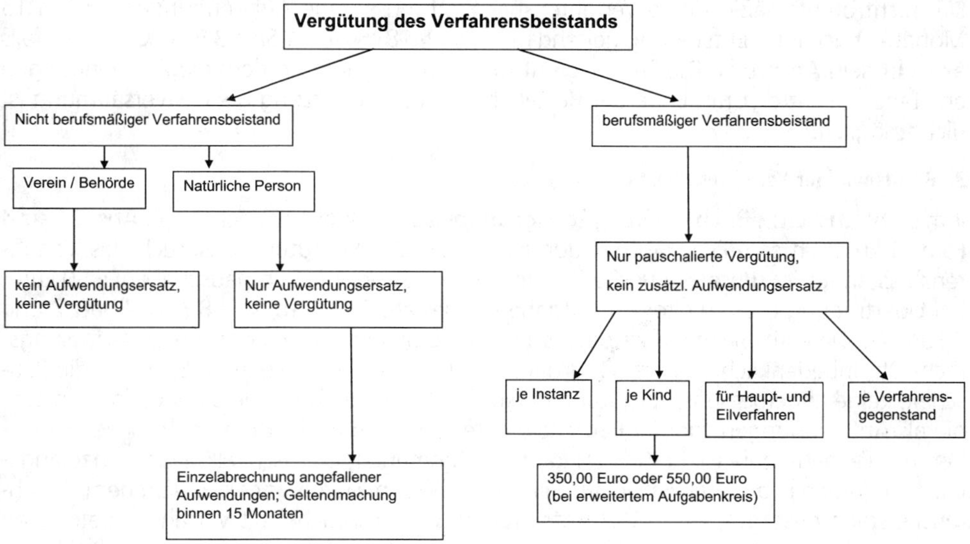

1. Allgemeines

Der Anspruch des Verfahrensbeistands auf Vergütung oder Auslagenersatz richtet sich nicht gegen das Kind, sondern **gegen die Staatskasse**, § 158 Abs. 7 Satz 5. Diese kann die entsprechenden Zahlungen als Gerichtskosten nach §§ 1, 21 ff. FamGKG vom Kostenschuldner – nach § 81 Abs. 3 FamFG in personenbezogenen Kindschaftssachen niemals das minderjährige Kind! – zurückfordern. Über § 158 Abs. 7 Satz 6 i. V. m. § 168 FamFG kann die Vergütung gerichtlich festgesetzt werden. Gegen die Entscheidung des zuständigen Rechtspflegers (§§ 3 Nr. 2a, 14 RPflG) ist die Beschwerde nach §§ 11 RPflG, 58 ff. FamFG gegeben.[111] Liegt der Beschwerdewert unter 600 Euro, muss die Beschwerde vom Rechtspfleger zugelassen werden, § 61 Abs. 1 bis 3 FamFG. Lehnt der Rechtspfleger eine Zulassung ab, kann hiergegen binnen zwei Wochen Erinnerung eingelegt werden, § 11 Abs. 2 RPflG.[112] Über diese Erinnerung entscheidet dann der Richter des Amtsgerichts. 46

Der Anspruch ist nach höchstrichterlicher Auffassung – trotz der Verpflichtung des Verfahrensbeistands zur Verschwiegenheit – abtretbar.[113] Auf den Vergütungsanspruch des berufsmäßigen Verfahrensbeistands sind weder § 1835 Abs. 1 Satz 2 BGB noch § 2 VBVG (i.V.m. § 277 Abs. 2 FamFG) entsprechend anwendbar.[114] 47

2. Nicht berufsmäßiger Verfahrensbeistand

Der nicht berufsmäßige Verfahrensbeistand kann gemäß § 277 Abs. 1 FamFG i. V. m. § 1835 BGB Ersatz seiner **Aufwendungen** verlangen. **Reisekosten** können entsprechend § 5 JVEG abgerechnet werden, § 1835 Abs. 1 BGB. Nach § 1835 Abs. 2 BGB zählen zu den Aufwendungen auch die Kosten einer angemessenen **Haftpflichtversicherung**. Wird ausnahmsweise einmal ein Verein oder eine Behörde zum Verfahrensbeistand bestellt, entfällt der Aufwendungsersatz, § 158 Abs. 7 Satz 1 i. V. m. § 277 Abs. 1 Satz 3 48

111 BVerfG FamRZ 2010, 185
112 OLG Stuttgart ZKJ 2010, 163
113 BGH FamRZ 2013, 1392; a.A. OLG Frankfurt, Beschl. v. 24.8.2010 – 7 UF 54/10, juris
114 OLG Köln, Beschl. v. 29.10.2014 – 21 WD 169/14, juris

FamFG. Eine Vergütung für den geleisteten Zeitaufwand erhält der ehrenamtliche Verfahrensbeistand nicht.[115]

49 Der nicht berufsmäßig tätige Verfahrensbeistand muss seine Aufwendungen binnen 15 Monaten nach ihrer Entstehung geltend machen, § 1835 Abs. 1 Satz 3 FamFG, andernfalls **erlischt** sein Anspruch. Die Frist beginnt mit dem Zeitpunkt, in dem die Aufwendungen entstehen, nicht erst mit Ende der Bestellung; Wiedereinsetzung bei Fristversäumung ist nicht möglich.[116]

3. Berufsmäßiger Verfahrensbeistand

50 Ihm steht **ausschließlich** ein **Vergütungsanspruch** zu, welcher nach § 158 Abs. 7 Satz 4 FamFG zugleich sämtliche Aufwendungen abgilt. Der Vergütungsanspruch des Verfahrensbeistandes ist umsatzsteuerfrei.[117] Der Anspruch beläuft sich pauschal auf 350 Euro, bei Übertragung des erweiterten Aufgabenkreises auf 550 Euro, § 158 Abs. 7 Satz 2 und 3 FamFG. Die vom Gesetzgeber bewusst vorgenommene Pauschalierung ist verfassungsrechtlich unbedenklich.[118] Dies gilt grundsätzlich selbst dann, wenn im Einzelfall die Pauschale keine angemessene Vergütung darstellt, z.B. wegen besonders hoher Fahrtkosten, die als Aufwendungen von der Pauschale miterfasst werden.[119] Denn mehrfaches Entstehen der Fallpauschale (siehe Rn. 51) kann im Rahmen einer Mischkalkulation unzulängliche Einnahmen in anderen Fällen ausgleichen.[120] Wenn allerdings das Gericht dem Verfahrensbeistand gestattet, einen **Dolmetscher** für die Gespräche mit Verfahrensbeteiligten hinzuzuziehen, so sind diese Aufwendungen nicht vom Verfahrensbeistand aus der Vergütungspauschale, sondern als gesonderte Auslagen vom Gericht zu begleichen.[121]

51 Nach dem klaren Gesetzeswortlaut („in jedem Rechtszug“) fällt die Pauschale **für jede Instanz gesondert** an, § 158 Abs. 7 Satz 2 FamFG. Wird im Beschwerdeverfahren die amtsgerichtliche Entscheidung aufgehoben und zurückverwiesen, fällt für das erneute Verfahren vor dem Ausgangsgericht indes mangels gesetzlicher Grundlage die Pauschale nicht erneut an.[122] Durch höchstrichterliche Entscheidungen ist für die Praxis inzwischen überdies geklärt, dass

- die Fallpauschale bei einer Bestellung für mehrere Kinder **für jedes Kind** gesondert entsteht[123]
- **für Eil- und Hauptverfahren** die Vergütung ohne Anrechnung gesondert anfällt[124]
- **für jeden Verfahrensgegenstand**, für den beigeordnet wird, die Pauschale entsteht, unabhängig davon, ob die Verfahren parallel oder nacheinander laufen[125] oder nach Verbindung z.B. ein Sorge- und ein Umgangsrechtsverfahren in einem einzigen Verfahren verhandelt werden.[126] Maßgeblich ist nicht die Aktenführung des Gerichts, sondern die Einheitlichkeit oder Verschiedenheit der Angelegenheiten, zu welchen die Bestellung als Verfahrensbeistand erfolgte.[127] Soweit z. T. bei einer Bestellung im

115 MüKo-FamFG/*Schumann*, § 158 Rn. 44; Schulte-Bunert/Weinreich/*Ziegler*, § 158 FamFG Rn. 39
116 OLG Brandenburg ZKJ 2008, 123 mit Anm. *Menne*, ZKJ 2008, 114
117 BFH FamRZ 2019, 1931
118 BGH ZKJ 2014, 21
119 BGH NJW 2014, 157; BGH NJW 2013, 3724
120 BVerfG ZKJ 2010, 70
121 OLG Frankfurt FamRZ 2014, 1135; a.A. OLG Hamm ZKJ 2014, 333 (vom Verfahrensbeistand aus Pauschalvergütung zu bestreiten); dagegen eingehend *Keuter*, FamRZ 2014, 1971
122 BGH NJW 2017, 3663 m.w.N. auch für Gegenmeinung
123 BGH FamRZ 2010, 1893 und 1896, jeweils m.w.N.; BGH FamRZ 2011, 468
124 BGH FamRZ 2011, 199
125 BGH FamRZ 2011, 467
126 BGH FamRZ 2012, 1630; OLG München FamRZ 2013, 966
127 OLG Frankfurt ZKJ 2014, 113

Scheidungsverbundverfahren unter Hinweis auf die Einheitlichkeit der Entscheidung dem Verfahrensbeistand nur eine Fallpauschale auch bei Wahrnehmung mehrerer Verfahrensgegenstände gewährt wird,[128] überzeugt dies nicht. Denn für das Entstehen des jeweiligen Vergütungsanspruches kommt es gerade nicht darauf an, ob die Sorgerechts- und die Umgangsrechtsangelegenheit Gegenstand zweier formal getrennter Verfahren sind.[129]

Der Anspruch des Verfahrensbeistands auf die Fallpauschale entsteht mit der Aufnahme seiner Tätigkeit im Rahmen des § 158 Abs. 4 FamFG. Es genügt, dass der Verfahrensbeistand in irgendeiner Weise im Interesse des Kindes tätig geworden ist, wobei allein die Entgegennahme des Bestellungsbeschlusses nicht ausreicht.[130] Nicht ausreichend sind ebenfalls im Beschwerdeverfahren die Entgegennahme und das Lesen einer noch nicht begründeten Beschwerdeschrift,[131] wohl aber Kenntnisnahme einer Beschwerdebegründung,[132] Aktenstudium, Anlage eines eigenen Vorgangs und Vorbereitung von Schriftverkehr.[133] **52**

Jedem Verfahrensbeistand ist dringend zu raten, seinen Vergütungsanspruch zeitnah geltend zu machen. Denn nach Auffassung des BGH[134] gilt die Ausschlussfrist des § 1835 Abs. 1 Satz 3 BGB (15 Monate nach Entstehen des Anspruchs) auch für die Pauschalvergütung des berufsmäßigen Verfahrensbeistands. Das KG[135] wendet mit dem Argument, die Vergütung des Verfahrensbeistandes zähle zu den Gerichtskosten, §§ 158 Abs. 7 Satz 6, 168 Abs. 1 Satz 4 FamFG, sogar § 2 Abs. 1 Satz 1, Satz 2 Nr. 2 JVEG an, so dass der Vergütungsanspruch daher bereits dann entfalle, wenn er nicht binnen drei Monaten nach der „Zuziehung" geltend gemacht werde. Die Frist beginne spätestens ab Rechtskraft der das Ausgangsverfahren abschließenden Entscheidung. Mit dieser Auffassung hat sich der BGH bislang nicht auseinandergesetzt. Auch den konkreten Beginn der Ausschlussfrist des § 1835 Abs. 1 Satz 3 BGB (erste Tätigkeit im Interesse des Kindes oder Beendigung der Tätigkeit) hat er offengelassen.[136] **52a**

VIII. Keine Kostentragungspflicht (Abs. 8)

Nach § 158 Abs. 8 FamFG dürfen dem Verfahrensbeistand keine Kosten auferlegt werden. Dies betrifft allerdings nur das Verfahren, für welches er beigeordnet wurde. Strengt er dagegen selbst eine Beschwerde seine Vergütung betreffend an, gilt dieses Kostenprivileg nicht, weil ein solches Verfahren allein seine Interessen, nicht die des Kindes betrifft.[137] **53**

IX. Datenschutz

Eine spezielle Regelung des Datenschutzes für die Tätigkeit des Verfahrensbeistands gibt es nicht.[138] Zum Teil wurde deshalb § 68 SGB VIII analog angewandt, zum Teil das BDSG herangezogen.[139] Richtigerweise gilt für den Verfahrensbeistand spätestens ab 25.5.2018 die Europäische Datenschutzgrundverordnung (DS-GVO), dort Art. 2 („Organ der Rechtspflege") und zwar auch, wenn der Verfahrensbeistand ein Rechtsanwalt ist, der personenbezogene Daten erhebt.[140] Nach der grundlegenden Vorschrift des § 6 Abs. 1 **54**

---

128 OLG München FamRZ 2013, 318
129 BGH FamRZ 2012, 1630
130 BGH FamRZ 2012, 1630
131 OLG Celle ZKJ 2012, 489
132 OLG Nürnberg ZKJ 2015, 77
133 OLG Köln FamRZ 2018, 1015 (LS)
134 BGH ZKJ 2017, 67 m.w.N. auch für die Gegenmeinung
135 KG ZKJ 2017, 38
136 *Keuter,* FamRZ 2018, 14
137 OLG Celle ZKJ 2012, 489
138 *DIJuF*-Rechtsgutachten v. 30.6.2014, JAmt 2014, 444
139 Hierfür *DIJuF*-Rechtsgutachten v. 30.6.2014, JAmt 2014, 444 m.w.N. auch für die Gegenmeinung
140 *Morat/Kramer,* ZKJ 2014, 139 mit Hinweis auf KG AnwBl. 2010, 802; a.A. *Kunkel*, FPR 2013, 487, 490

DS-GVO ist die Erhebung, Verarbeitung und Nutzung personenbezogener Daten nur zulässig, wenn eine der dort genannten Voraussetzungen erfüllt ist, insbesondere der Betroffene **eingewilligt** hat oder die Verarbeitung für die Wahrnehmung einer Aufgabe erforderlich ist, die im öffentlichen Interesse liegt (§ 6 Abs. 1 lit. e DS-GVO).

55 **Betroffene** sind nicht nur das Kind, sondern auch Eltern und Bezugspersonen wie Lehrer, Erzieher usw.[141] Auch die Übertragung des erweiterten Aufgabenkreises nach § 158 Abs. 4 Satz 3 FamFG ist keine ausreichende Grundlage i.S.d. BDSG für eine Datenerhebung, so dass letztere stets nur mit **Einwilligung** des Betroffenen zulässig ist.[142]

56 Der Verfahrensbeistand hat insbesondere keinen generellen **Anspruch auf Einsichtnahme** in Akten des Jugendamtes, weil er nur Beteiligter im familiengerichtlichen Verfahren, nicht aber im jugendhilferechtlichen Verwaltungsverfahren ist.[143] Die Jugendamtsmitarbeiter sind im Einzelfall aber durchaus befugt, Sozialdaten an den Verfahrensbeistand weiterzuleiten, § 64 Abs. 1 SGB VIII; der Austausch zwischen den Mitarbeitern des ASD und Verfahrensbeistand kann dessen Arbeit wesentlich erleichtern und zu einer besseren Wahrnehmung der Kindesinteressen beitragen, so dass im Einzelfall dem Verfahrensbeistand Akteneinsicht gewährt werden darf.[144]

57 Da der Verfahrensbeistand gerade nicht gesetzlicher Vertreter des Kindes ist, hat er auch keine Möglichkeit, ohne Einverständnis der Eltern von Ärzten, Lehrern, Erziehern usw. **Informationen** zu erhalten, die dem Datenschutz unterliegen. Hält er die Kenntnis derartiger Informationen für erforderlich, bleibt ihm nur, das Gericht zu bitten, diese Informationen im Rahmen der Amtsaufklärung nach § 26 FamFG zu beschaffen, soweit dies dem Gericht im Hinblick auf bestehende Schweigepflichten möglich ist.[145]

58 Bei der **Datenweitergabe** hat der Verfahrensbeistand § 78 SGB X zu beachten, d.h., er darf Daten, die er in zulässiger Weise z.B. vom Jugendamt erfahren hat, auch nur in dem Umfange weitergeben, wie diese Daten vom Jugendamt Dritten offenbart werden dürfen.[146]

§ 159 FamFG Persönliche Anhörung des Kindes

(1) [1]Das Gericht hat das Kind persönlich anzuhören, wenn es das 14. Lebensjahr vollendet hat. [2]Betrifft das Verfahren ausschließlich das Vermögen des Kindes, kann von einer persönlichen Anhörung abgesehen werden, wenn eine solche nach der Art der Angelegenheit nicht angezeigt ist.

(2) Hat das Kind das 14. Lebensjahr noch nicht vollendet, ist es persönlich anzuhören, wenn die Neigungen, Bindungen oder der Wille des Kindes für die Entscheidung von Bedeutung sind oder wenn eine persönliche Anhörung aus sonstigen Gründen angezeigt ist.

(3) [1]Von einer persönlichen Anhörung nach Absatz 1 oder Absatz 2 darf das Gericht aus schwerwiegenden Gründen absehen. [2]Unterbleibt eine Anhörung allein wegen Gefahr im Verzug, ist sie unverzüglich nachzuholen.

(4) [1]Das Kind soll über den Gegenstand, Ablauf und möglichen Ausgang des Verfahrens in einer geeigneten und seinem Alter entsprechenden Weise informiert werden, soweit nicht Nachteile für seine Entwicklung, Erziehung oder Gesundheit zu befürchten sind. [2]Ihm ist Ge-

141 *Morat/Kramer,* ZKJ 2014, 139, 140
142 *Morat/Kramer,* ZKJ 2014, 139, 140
143 HB-VB/*Bauer,* Rn. 439
144 *DIJuF*-Rechtsgutachten v. 30.6.2014, JAmt 2014, 444, 446
145 HB-VB/*Bauer,* Rn. 437
146 *Kunkel,* FPR, 2013, 487, 490

legenheit zur Äußerung zu geben. [3]Hat das Gericht dem Kind nach § 158 einen Verfahrensbeistand bestellt, soll die persönliche Anhörung in dessen Anwesenheit stattfinden. [4]Im Übrigen steht die Gestaltung der persönlichen Anhörung im Ermessen des Gerichts.

Weiterführende Literatur: Balloff, Kommunikation mit dem Kind und Anhörung des Kindes im familiengerichtlichen Verfahren, FamRZ 2019, 938; *Carl/Eschweiler*, Kindesanhörung-Chancen und Risiken, NJW 2005, 1681; *Carl/Karle*, Kindesanhörung und Fortbildung von Familienrichtern, NZFam 2014, 930; Delfos, „Sag mir mal ..." – Gesprächsführung mit Kindern, 9. Auflage, Weinheim 2013; *Hennemann,* Die Anhörung des Kindes in Kindschaftsverfahren, NZFam 2014, 871; *Karle/Carl/Clauss*, Kindesanhörung aus psychologischer Sicht, NZFam 2014, 875; *Rohmann/Karle*, Die Anhörung des Kindes aus kinderpsychologischer und kinderpsychiatrischer Sicht, ZKJ 2010, 434; *Rohmann*, Anhörung des Kindes und der Eltern sowie die Bekanntgabe der Entscheidung an das Kind als kommunikativer Prozess, FPR 2013, 464; *Schweppe/Bussian*, Die Kindesanhörung aus familienrichterlicher Sicht, ZKJ 2012, 13.

Übersicht

Rn.
A. Allgemeines ... 1
I. Normzweck ... 1
II. Anwendungsbereich ... 6
B. Inhalt der Norm ... 12
I. Voraussetzungen (Abs. 1 und 2) ... 12
II. Absehen von der persönlichen Anhörung (Abs. 3) ... 14
III. Gestaltung der Anhörung (Abs. 4) ... 17
1. Grundsätze ... 17
2. Anwesenheit von Personen ... 22
3. Ort der Anhörung ... 26
4. Vorgehensweise des Gerichts ... 28
5. Vermerk ... 33

A. Allgemeines

I. Normzweck

1 Das Kind hat grundsätzlich ein Recht darauf, vor der gerichtlichen Entscheidung in Kindschaftssachen gehört zu werden. Für das Kind kann **die Durchführung der Anhörung jedoch ambivalent** sein: Einerseits könnte dem Kind die Tragweite des gerichtlichen Verfahrens besonders bewusst werden und diese Erkenntnis das Kind belasten.[1] Andererseits erhält das Kind aber Gelegenheit, die Person kennen zu lernen, die wichtige – seine Person betreffende – Entscheidungen zu treffen hat, so dass es eine Entlastung bedeuten kann, wenn es sich „in guten Händen" weiß. Vor allem hat es aber die Gelegenheit, seinem eigenen Willen unmittelbaren Nachdruck zu verleihen. Eine Vernehmung des Kindes als Zeuge findet in Kindschaftssachen nicht statt (vgl. § 163 Abs. 3 FamFG). Fragen anderer Beteiligter sind ihm nicht vorzulegen.[2]

2 Zudem dient die Anhörung der Verwirklichung des Anspruchs auf **Gewährung rechtlichen Gehörs und der Sachaufklärung**, da sie dem Richter ermöglicht, das Kind und seine Lebensverhältnisse kennen zu lernen.[3] Vor diesem Hintergrund sollte eine persönliche Anhörung des Kindes vor dem ersuchten Richter eines anderen Gerichts in der Regel nicht erfolgen.[4] Das Ergebnis der Kindesanhörung ist den Beteiligten durch Übermittlung

1 Vgl. *Lempp* et al., S. 63 ff.
2 KG ZKJ 2014, 285
3 Hierzu auch KG a.a.O.
4 Im Ergebnis ebenso: *Hennemann*, NZFam 2014, 871

des zu fertigenden Vermerks (hierzu unten Rn. 33) mit Gelegenheit zur Stellungnahme bekannt zu geben.

3 Das Erfordernis der persönlichen Anhörung des Kindes hat nicht im Umkehrschluss zur Folge, dass die Äußerungen bzw. der Wille des Kindes für die Entscheidung des Familiengerichts alleinentscheidungserheblich wären. Vielmehr ist der **Wille des Kindes nur einer von mehreren Gesichtspunkten** im Rahmen der Prüfung des Kindeswohls (näher hierzu etwa *Keuter,* § 1671 BGB Rn. 44, sowie *Gottschalk,* § 1684 BGB Rn. 30). So ist es beispielsweise nicht zu beanstanden, wenn den Willensbekundungen eines sechs Jahre alten und in einem gravierenden Loyalitätskonflikt befindlichen Kindes, das äußert, bei einem Elternteil wohnen zu wollen, keine entscheidende Bedeutung beigemessen wird.[5]

4 Die persönliche Anhörung des Kindes ist ggf. mit **Ordnungsmitteln** nach § 33 FamFG durchzusetzen, denn es handelt sich hier um eine gesetzliche Anordnung i.S.v. § 34 Abs. 1 Nr. 2 FamFG.[6] Die Terminsanberaumung ist als verfahrensleitende Zwischenverfügung unanfechtbar.

▶ *Näher zu Ordnungsmaßnahmen siehe Cirullies, §§ 33, 34 FamFG Rn. 2.*

5 **Unterbleibt die Anhörung**, obwohl sie geboten ist, dann stellt dies einen schwerwiegenden Verfahrensfehler dar. Dieser kann nur mit dem Rechtsmittel gegen die Endentscheidung geltend gemacht werden. Die Anhörung sollte dann in der Regel im Beschwerdeverfahren nachgeholt werden. Denn eine Zurückverweisung kommt alleine wegen dieses Verfahrensfehlers auch mit Blick auf das Beschleunigungsgebot des § 155 Abs. 1 FamFG häufig nicht in Betracht.[7]

II. Anwendungsbereich

6 Die Norm ist in Kindschaftssachen anwendbar. Sie ist nicht nur in **Verfahren vor dem Richter**, sondern – was in der Praxis häufig nicht beachtet wird – auch in den **Verfahren vor dem Rechtspfleger** zu berücksichtigen, soweit die Anwendungsvoraussetzungen (siehe hierzu Rn. 12 f.) erfüllt sind.[8]

Im Verfahren betreffend die **Namensänderung** kann eine persönliche Anhörung des Kindes – auch im Beschwerdeverfahren – mit Blick auf § 2 Abs. 2 NamÄndG unterbleiben, da dieser den Vorschriften der §§ 159, 160 FamFG vorgeht. Das familiengerichtliche Verfahren ist dem behördlichen Verfahren hier lediglich vorgeschaltet und die Verwaltungsbehörde hat gemäß § 3 Abs. 2 NamÄndG ohnehin noch einmal von Amts wegen die für ihre Entscheidung erheblichen Ermittlungen vorzunehmen und in diesem Zusammenhang auch die Beteiligten zu hören.

7 Im **Verfahren der einstweiligen Anordnung** ist § 159 FamFG grundsätzlich anwendbar (§ 51 Abs. 2 Satz 1 FamFG). Bei besonderer Eilbedürftigkeit kann jedoch (zunächst) von der persönlichen Anhörung des Kindes abzusehen und diese später nachzuholen sein (§ 159 Abs. 3 Satz 2 FamFG). Ggf. macht die Anhörung im Eilverfahren eine nochmalige Anhörung im Hauptsacheverfahren entbehrlich (vgl. § 51 Abs. 3 Satz 2 FamFG). Dies kann in der Regel nicht mehr gelten, wenn die Anhörung des Kindes im Eilverfahren vor mehr als sechs Monaten erfolgt ist.

---

5 BVerfG FamRZ 2015, 210
6 MüKo-FamFG/*Schumann*, § 159 Rn. 1
7 OLG Schleswig ZKJ 2013, 129; a.A. etwa OLG Düsseldorf FamRZ 2008, 1363 (vor Inkrafttreten von § 155 FamFG); ohne Auseinandersetzung mit § 155 Abs. 1 FamFG: OLG Brandenburg, Beschl. v. 29.8.2012 – 3 UF 77/12, juris
8 OLG Schleswig ZKJ 2013, 129

In einem **Vollstreckungsverfahren** (hierzu *Cirullies,* § 86 ff. FamFG) wird im Regelfall keine erneute Anhörung des Kindes geboten sein, da eine Kindeswohlprüfung nicht mehr zu erfolgen hat.[9] 8

Unabhängig davon ist das Kind auch im **Beschwerdeverfahren** grundsätzlich (ggf. nochmals) anzuhören. Etwas anderes gilt, wenn die Anhörung des Kindes in der gebotenen Weise im ersten Rechtszug vorgenommen wurde und von einer erneuten Vornahme keine zusätzlichen Erkenntnisse zu erwarten sind (vgl. § 68 Abs. 3 Satz 2 FamFG). Dies kann der Fall sein, wenn weder neue entscheidungserhebliche Tatsachen vorgetragen noch eine Änderung des rechtlichen Gesichtspunkts eingetreten sind und auch der Zeitablauf oder sonstige Gründe die nochmalige Anhörung nicht geboten erscheinen lassen.[10] Dies kann auch deswegen der Fall sein, weil etwa der Verfahrensbeistand die aktuelle Sichtweise des Kindes, die sich nicht von der erstinstanzlich festgestellten unterscheidet, in das Beschwerdeverfahren eingebracht hat oder der Verfahrensbeistand sich mit Blick auf mehrfach erfolgte Anhörungen und die Belastung des Kindes ausdrücklich gegen eine erneute Anhörung ausspricht.[11] Eine nochmalige Anhörung durch das Oberlandesgericht ist – auch aus verfassungsrechtlichen Gründen – dann nicht geboten, wenn der Willensbekundung des Kindes im Rahmen der zu seinem Wohl vorzunehmenden Gesamtabwägung ohnehin nur begrenzte Bedeutung zukommen kann.[12] 9

Jedenfalls sollte mit Blick auf die Umstände des Einzelfalls sorgfältig geprüft werden, ob das Kind in der Rechtsmittelinstanz **durch den Berichterstatter als beauftragten Richter** oder – wie die Rechtsprechung des BGH nahelegt[13] – durch den gesamten Senat (drei Richter) angehört wird. Eine generelle Verpflichtung zur Anhörung des Kindes vor drei Richtern ist jedenfalls auch der Rechtsprechung des Bundesgerichtshofs nicht zu entnehmen. 10

Unbeschadet dessen warnen Psychologen vor der Anhörung gerade jüngerer Kinder vor dem Kollegialorgan.[14] Denn das Kind könnte überfordert werden, wenn es mit mehreren Richtern in Kommunikation treten soll.[15] Es kommt noch hinzu, dass Sinn und Zweck der persönlichen Anhörung des Kindes nicht nach einer anderen Betrachtung und damit nach einer Abkehr von einer Kindeswohlzentrierung des Verfahrens verlangt. Denn die persönliche Anhörung des Kindes stellt **keine förmliche Beweisaufnahme** dar, so dass der – zudem zivilprozessuale – Grundsatz der Unmittelbarkeit der Beweiserhebung keine Anwendung findet. Die Notwendigkeit einer etwaigen Mehrfachanhörung des Kindes wegen eines zwischenzeitlichen Berichterstatterwechsels wird ohnehin mit überzeugenden Erwägungen verneint.[16] Wenn schon ganz von der persönlichen Anhörung des Kindes in der Beschwerdeinstanz abgesehen werden kann, muss erst recht die persönliche Anhörung des Kindes – nach entsprechendem vorangegangenem Senatsbeschluss – nur durch den Berichterstatter möglich sein. Die Anhörung ist dann bei der Entscheidung des Senats jedoch nur in ihrem objektiven Ertrag und als persönlicher Eindruck des als beauftragter 11

9 So auch *Hennemann,* NZFam 2014, 871; Musielak/*Borth/Grandel*, § 92 FamFG Rn. 2; OLG Karlsruhe, Beschl. v. 18.3.2015 – 18 WF 46/14, juris; a.A. MüKo-FamFG/*Zimmermann*, § 92 Rn. 2
10 Näher hierzu (sowie zur Verwertbarkeit der Kindesanhörung): OLG Hamm NZFam 2014, 647; siehe auch BayObLG FamRZ 1985, 522; OLG Koblenz FamRZ 2001, 515
11 KG ZKJ 2019, 234 bzw. BGH, Beschl. v. 27.11.2019 – XII ZB 511/18, FamRZ 2020, 252
12 BVerfG, Beschl. v. 22.9.2014 – 1 BvR 2102/14, BeckRS 2014, 57439
13 Vgl. BGH ZKJ 2010, 327 ff.
14 Siehe nur *Rohmann/Karle*, ZKJ 2010, 434
15 Ausführlich hierzu *Rohmann,* ZKJ 2010, 434 ff.; vgl. *Fehmel*, in Baumeister u.a., Familiengerichtsbarkeit, 1623; *Eschweiler/Carl*, NJW 2005, 1681 ff.; siehe auch BGH FamRZ 1985, 169
16 So OLG Hamm FamRZ 2014, 1789

Richter tätigen Berichterstatters verwertbar.[17] Dieser hat einen ausführlichen Vermerk zu fertigen (hierzu unten Rn. 33).

B. Inhalt der Norm

I. Voraussetzungen (Abs. 1 und 2)

12 Das Kind ist stets zu hören, wenn es das **14. Lebensjahr vollendet** hat und das gerichtliche Verfahren die elterliche Sorge insgesamt oder (teilweise) die Personensorge (vgl. § 1631 Abs. 1 BGB) betrifft (§ 159 Abs. 1 Satz 1 FamFG; siehe aber § 159 Abs. 3 FamFG). Hat das Verfahren ausschließlich die Vermögenssorge zum Gegenstand, kann das Gericht von einer persönlichen Anhörung absehen, wenn eine solche nach der Art der Angelegenheit nicht angezeigt ist (vgl. § 159 Abs. 1 Satz 2 FamFG).

13 Hat das Kind das **14. Lebensjahr noch nicht vollendet** oder ist es geschäftsunfähig, dann hat es ein Recht darauf, gehört zu werden, wenn seine Neigungen, Bindungen und sein Wille für die Entscheidung von Bedeutung sind oder wenn eine persönliche Anhörung aus sonstigen Gründen angezeigt ist (vgl. § 159 Abs. 2 FamFG). Diese Voraussetzung ist in Verfahren betreffend die Personensorge regelmäßig erfüllt. Dies gilt auch dann, wenn es um die Frage einer Aufrechterhaltung oder Herstellung der gemeinsamen elterlichen Sorge geht.[18] Auch in Umgangssachen hat eine persönliche Anhörung des Kindes in aller Regel zu erfolgen, dies gilt auch, wenn ein Vergleich der Eltern gerichtlich gebilligt werden soll (§ 156 Abs. 2 FamFG).[19]

Feste Altersgrenzen sind im Gesetz nicht vorgesehen, so dass auch die Anhörung von sehr jungen Kindern in Betracht kommt. Die Rechtsprechung geht in Sorgerechtsverfahren davon aus, dass die Anhörung eines Kindes in kindschaftsrechtlichen Verfahren etwa ab dem dritten Lebensjahr geboten sein kann.[20] Wenngleich das Gesetz nun nicht mehr – wie noch § 50b FGG a.F. – von einem „unmittelbaren Eindruck" spricht, ist der Begriff der „Anhörung" bei kleineren Kindern richtiger als **„Anschauung" des Kindes und seines Verhaltens** zu verstehen.[21] Daher sollte auch bei einer fehlenden Äußerungsfähigkeit des Kindes oder erheblich eingeschränkter Fähigkeit des Kindes, sich zu seinem Willen und seinen Beziehungen zu äußern, nur ausnahmsweise von einer persönlichen Anhörung abgesehen werden, denn möglicherweise ergeben sich aus seinem Verhalten Rückschlüsse auf seine Wünsche und Bindungen.[22] Unbeschadet dessen kann die persönliche Anhörung zur Frage des Umgangs (in einem Parallelverfahren) regelmäßig nicht die persönliche Anhörung zum Sorgerecht ersetzen und umgekehrt, da es sich um unterschiedliche Gegenstände handelt.[23]

II. Absehen von der persönlichen Anhörung (Abs. 3)

14 Das Gericht kann nur aus **schwerwiegenden Gründen**, insbesondere bei Gefahr im Verzuge, von der Anhörung absehen (vgl. § 159 Abs. 3 FamFG). § 34 Abs. 3 Satz 1 FamFG, wonach das Verfahren auch ohne persönliche Anhörung beendet werden kann, wenn ein Beteiligter zu einem Termin nicht erscheint, findet keine Anwendung und wird von der Regel in Abs. 3 verdrängt. Auch ein Einvernehmen der Eltern oder der Wunsch eines Eltern-

---

17 Vgl. BGH ZKJ 2010, 327 ff.; gebilligt von BVerfG, Beschl. v. 25.4.2015 – 1 BvR 3326/14; siehe auch OLG Karlsruhe ZKJ 2017, 114

18 BGH FamRZ 2016, 1444 mit Anm. *Lack*

19 BGH FamRZ 2019, 115, sowie ZKJ 2017, 190

20 Vgl. BVerfG FamRZ 2007, 1078; FamRZ 2007, 105 und FamRZ 2005, 1057, sowie OLG Frankfurt FamRZ 1997, 571; BayObLG NJW-RR 1997, 1437; OLG Naumburg ZKJ 2009, 463 f.

21 Vgl. *Fehmel*, in Baumeister u.a., Familiengerichtsbarkeit, 1618

22 BGH FamRZ 2019, 115

23 OLG Saarbrücken FamRZ 2018, 1001

teils, von der persönlichen Anhörung des Kindes abzusehen, machen diese nicht entbehrlich, wenn das Gericht noch eine Entscheidung zu treffen hat.[24] Dies gilt auch in den Fällen des gerichtlich gebilligten Vergleichs i.S.v. § 156 Abs. 2 FamFG, da das Gericht hier eine Kindeswohlprüfung vorzunehmen hat.

Schwerwiegende Gründe, zu denen ggf. konkrete tatsächliche Feststellungen zu treffen und in der Endentscheidung darzulegen sind, liegen vor, wenn das Kind durch die Anhörung psychisch geschädigt werden könnte oder in sonstiger Weise eine Beeinträchtigung seines Gesundheitszustandes zu besorgen ist.[25] Damit muss es sich um triftige, das Kindeswohl nachhaltig berührende Gründe handeln.[26] Dies ist regelmäßig der Fall, wenn die Anhörung des Kindes zu einer erheblichen Beeinträchtigung seiner körperlichen oder seelischen Gesundheit führen könnte.[27] Regelmäßig mit einer persönlichen Anhörung (auch) einhergehende Belastungen des Kindes erreichen diese Schwelle nicht.[28] Nach Ansicht des BGH muss insoweit eine Abwägung zwischen den Kindesinteressen und der Pflicht zur Sachverhaltsaufklärung vorgenommen werden, wobei auch zu berücksichtigen sei, inwieweit Letzterer auch durch die Stellungnahmen anderer Beteiligter, etwa des Jugendamtes oder des Verfahrensbeistandes, Genüge getan werde.[29] Dabei ist jedoch auch einzubeziehen, dass die Kindesanhörung gerade auch der Gewährung rechtlichen Gehörs und damit auch der Wahrung der Subjektstellung des Kindes im Verfahren dient. Es ist daher zweifelhaft, ob aus schwerwiegenden Gründen deshalb von einer persönlichen Anhörung des Kindes abgesehen werden sollte, weil sich das Kind wegen des von einem Elternteil ausgehenden Drucks in einem schweren Loyalitätskonflikt befindet.[30] Zumal die mit der persönlichen Anhörung einhergehenden Entlastungseffekte (siehe Rn. 1) ebenfalls nicht außer Betracht bleiben sollten. 15

Ordnet das Gericht die Anhörung des Kindes an, dann ist diese Zwischenentscheidung nicht anfechtbar, sondern kann nur mit der Hauptsacheentscheidung überprüft werden, weshalb das Absehen von der persönlichen Anhörung zu begründen ist.[31]

Werden aufgrund der Weigerung hingegen durch einen gerichtlichen Beschluss **Zwangsmittel** verhängt, kann eine Überprüfung dieses Beschlusses durch das Oberlandesgericht herbeigeführt werden. 16

III. Gestaltung der Anhörung (Abs. 4) 17

1. Grundsätze

Im Hinblick auf die **äußeren Umstände und die Gestaltung der Anhörung** ist das Gericht frei (vgl. § 159 Abs. 4 Satz 4 FamFG). „Anhörung" ist im vorliegenden Zusammenhang der notwendige **persönliche Kontakt** des zuständigen Richters mit dem Kind. Welche der vorhandenen verfahrensmäßigen Möglichkeiten der Richter für diese äußerst schwierige Aufgabe wählt, ob er das „Kind einmal oder mehrmals, Geschwister einzeln oder zusammen, im Gericht oder in der vertrauten familiären Umgebung, in An- oder Ab-

24 Hierzu nur *Hennemann*, NZFam 2014, 871, 874 m.w.N.
25 Vgl. BGH NJW-RR 1986, 1130; hierzu etwa OLG Stuttgart FamRZ 2013, 1318
26 BayObLG FamRZ 1988, 871
27 BGH FamRZ 2019, 115
28 OLG Schleswig ZKJ 2019, 187
29 BGH, a.a.O. mit krit. Anm. *Köhler*; siehe auch BGH FamRZ 2020, 252
30 BGH, a.a.O.; zustimmend: *Götsche*, jurisPR-FamR 9/2019 Anm. 3; *Giers*, FamRB 2019, 12; a.A. *Köhler*, FamRZ 2019, 118; zur Bedeutung der Kindesanhörung bei Loyalitätskonflikten siehe auch HB VB/*Ivanits*, Rn. 1246 ff.
31 OLG Frankfurt, Beschl. v. 6.7.2016 – 5 WF 167/16, juris; OLG Brandenburg ZKJ 2016, 142; OLG Celle FamRZ 2013, 1681; vgl. auch OLG Stuttgart FamRZ 2013, 1318

wesenheit der Eltern und deren Prozessbevollmächtigten persönlich anhört und (...) einen Psychologen als Sachverständigen hinzuzieht", muss ihm überlassen bleiben.[32]

▶ *Näher hierzu Rn. 21 ff.*

18 In welchem Stadium des Verfahrens das Kind persönlich anzuhören ist, liegt ebenfalls im **Ermessen des Gerichts**. In der Regel sollte das Kind aber nicht zeitgleich zu dem Termin geladen werden, an dem auch die Eltern persönlich angehört werden, denn es besteht die Gefahr, dass sich deren Nervosität und Anspannung auf das Kind überträgt und damit das häufig ohnehin in einem Loyalitätskonflikt befindliche Kind noch zusätzlich belastet wird. Es kommt noch hinzu, dass dem Kind unnötige und unübersehbare Wartezeiten auferlegt werden. Ob das Kind an einem der Tage vor oder nach der persönlichen Anhörung der Eltern geladen wird, ist von den Umständen des Einzelfalls abhängig. Ein über 14 Jahre altes Kind wird jedenfalls in der Regel zeitlich immer vor den Eltern persönlich anzuhören sein, damit das Ergebnis seiner Anhörung bei dem Termin mit den Eltern Berücksichtigung finden kann.

19 Ein einmal anberaumter Termin zur Kindesanhörung kann unter Wahrung des Vorrang- und Beschleunigungsgebotes i.S.v. § 155 Abs. 1 FamFG **verlegt** werden. In der Regel wird das Gericht hier flexibel sein, da der Termin ohnehin außerhalb der allgemeinen Sitzungstage anberaumt wird.

20 Unabhängig davon kann und sollte ein Beteiligter, insbesondere der Verfahrensbeistand, durch **schriftliche oder mündliche Anregungen an das Gericht** versuchen, auf die nähere Ausgestaltung der Anhörung, insbesondere im Hinblick auf die Beteiligung weiterer Personen, den Ort der Anhörung sowie deren inhaltliche Gestaltung, durch begründete Anregungen an das Gericht Einfluss zu nehmen.[33]

21 2. Anwesenheit von Personen

In aller Regel ist die Anhörung in **Abwesenheit der Eltern und ihrer Verfahrensbevollmächtigten** vorzunehmen.[34] Durch die Abwesenheit der Eltern wird der häufig durch die Auseinandersetzung zwischen den Eltern besonders angespannten seelischen Verfassung des Kindes Rechnung getragen.[35] Auch würde die Unbefangenheit des Kindes in der Regel bei Anwesenheit der (streitenden) Eltern und ihrer Anwälte leiden.[36] Die bloße Anwesenheit der Eltern könnte das Kind daher psychisch beeinflussen und damit den vom Kind in der Anhörung geäußerten Willen in Frage stellen.

22 Insoweit sind auch die Ergebnisse von **„Interaktionsbeobachtungen"** durch den Richter, die er anlässlich der Begleitung des Kindes durch einen Elternteil oder bei zufälligen Begegnungen eines Elternteils mit dem Kind auf dem Gerichtsflur, sehr behutsam in die Entscheidungsfindung einzubeziehen. Regelmäßig werden solche Beobachtungen nur mit entsprechender Fachkunde, die in aller Regel nur Psychologen haben, bewertet werden können. In Ausnahmefällen kann es unbeschadet dessen angeraten sein, zur persönlichen Anhörung des Kindes einen Sachverständigen hinzuzuziehen.[37]

23 Hingegen ist die **Anwesenheit des Verfahrensbeistands** grundsätzlich geboten (vgl. § 159 Abs. 4 Satz 3 FamFG).[38] Bei seiner Abwesenheit wäre regelmäßig die Wahrnehmung

---

32 Vgl. BVerfGE 55, 171, 182
33 Vgl. *Zitelmann*, S. 195
34 Siehe hierzu BVerfG ZKJ 2019, 361 m. Anm. *Dürbeck*; vgl. auch BGH NJW 1987, 1024; vgl. auch *Fehmel*, in Baumeister u.a., Familiengerichtsbarkeit, 1618 f.
35 Vgl. BVerfGE 55, 171, 182
36 Vgl. *Fehmel*, in Baumeister u.a., Familiengerichtsbarkeit, 1619
37 BVerfG NJW 1981, 217; Staudinger/*Dürbeck*, § 1684 BGB Rn. 433
38 Siehe auch BGH FamRZ 2010, 1060

der Kindesinteressen durch den Verfahrensbeistand, insbesondere wenn das Kind noch jung ist, nicht mehr gewährleistet.[39] Es könnte zudem die Chance ungenutzt bleiben, sich seitens des Gerichts der Hilfe des Verfahrensbeistands zu bedienen, wenn es darum geht, das vom Kind zum Ausdruck Gebrachte zu verstehen, auf dieser Grundlage präzisere Fragen an das Kind zu richten und so den Erkenntnisgewinn zu steigern.[40] Schließlich kann die Begleitung durch den Verfahrensbeistand dazu beitragen, „Unbehagen, Selbstzweifel oder auch Schuldgefühle (‚Habe ich was Falsches gesagt?') des Kindes zu vermindern."[41]

Die **Anwesenheit des Verfahrensbeistands bei der Kindesanhörung ist jedoch dann nicht opportun**, wenn das Kind ansonsten seine Wünsche nicht mehr „ungefiltert" ausdrücken kann[42] oder es die alleinige Anhörung wünscht. Nur so bleibt dem Kind die Möglichkeit eröffnet, dem Richter persönliche Mitteilungen zu machen und sich insbesondere auch kritisch zu seiner Interessenvertretung bzw. deren Stellungnahmen zu äußern.[43] Da das Gericht dem Verfahrensbeistand die Anwesenheit gestatten „soll", kann es vor dem Hintergrund dieser Erwägungen ausnahmsweise auch gerechtfertigt sein, das Kind ohne Beisein des Verfahrensbeistands anzuhören. Dies gilt insbesondere, wenn konkrete Gründe dafür sprechen, dass die Sachaufklärung durch die Anwesenheit des Verfahrensbeistands beeinträchtigt wird.[44] Auch kann das Gericht das Kind alleine persönlich anhören, wenn der Verfahrensbeistand auf seine Anwesenheit verzichtet, denn dieser ist zur Teilnahme nicht verpflichtet.[45] Jedenfalls erfolgt die persönliche Anhörung des Kindes i.S.v. § 159 FamFG durch den Richter, dem auch die Gesprächsführung obliegt. 24

Nur **von Fall zu Fall** lässt sich entscheiden, ob das Gericht das Kind alleine oder mit seinen Geschwistern anhört. Meistens können die Vorteile einer Geschwisteranhörung einerseits und der Einzelanhörung andererseits dann am besten genutzt werden, wenn die Geschwister zunächst zusammen angehört werden und anschließend den Kindern Gelegenheit gegeben wird, ihre unterschiedlichen Perspektiven auch einzeln deutlich werden zu lassen.[46] 25

3. Ort der Anhörung

Neben der Frage, welche Personen bei der Anhörung des Kindes anwesend sind, ist die **Entscheidung über den Anhörungsort** von Bedeutung. Auch in dieser schwierigen Frage entscheidet das Gericht nach pflichtgemäßem Ermessen. So kann es ausnahmsweise geboten sein, das Kind in der vertrauten Umgebung (z.B. im Elternhaus, am Wohnsitz der Pflegefamilie oder im Heim) – und nicht im Gericht – anzuhören, wenn dies die Belastungen für das Kind mindert.[47] Es ist jedoch zu berücksichtigen, dass die auch nur mittelbare Anwesenheit von Bezugspersonen (etwa eines Elternteils) in der Regel Einfluss auf das kindliche Verhalten und seine Äußerungen haben wird.[48] Jedoch ist eine Anhörung im Gericht in den Fällen angezeigt, in denen das Kind sich in seiner gewohnten Umgebung durch den ihm fremden Menschen bedroht und verunsichert fühlt.[49] Aus diesem Grund wird bei jüngeren Kindern die Anhörung in **einem geeigneten Kinderspielzimmer im Gericht** bzw. bei älteren Kindern die Anhörung im Dienstzimmer des Richters häufig der häus- 26

39 OLG Bremen FamRZ 2000, 1298
40 Vgl. *Hohmann-Dennhardt*, ZfJ 2001, 77 ff.
41 *Zitelmann*, S. 200
42 Vgl. *Hohmann-Dennhardt*, a.a.O.
43 Vgl. *Zitelmann*, S. 199
44 Vgl. BGH FamRZ 2010, 1060
45 OLG Naumburg, Beschl. v. 18.10.2011 – 8 UF 204/11, juris
46 Vgl. *Lempp* et al., S. 107, sowie *Balloff*, Kinder vor dem Familiengericht, 305
47 Vgl. *Zitelmann*, S. 195
48 *Balloff*, FamRZ 2019, 938, 941
49 Vgl. *Lempp* et al., S. 197

lichen Anhörung vorzuziehen sein.[50] Eine persönliche Anhörung des Kindes in Robe und/ oder im Sitzungssaal kommt regelmäßig nicht in Betracht.

27 Eine persönliche Anhörung des Kindes sollte **nicht in der Schule oder im Kindergarten** durchgeführt werden.[51] Zum einen sollte dieser für das Kind häufig wichtige Rückzugsraum nicht in den Konflikt einbezogen werden, zum anderen wird damit auch dem Umfeld des Kindes die Durchführung eines familiengerichtlichen Verfahrens erst bekannt, was zu einer Belastung für alle Beteiligten führen kann.

4. Vorgehensweise des Gerichts

28 Für die Gestaltung der Anhörung sieht das Gesetz in § 159 Abs. 4 Satz 1 und 2 FamFG vor, dass das Gericht das Kind grundsätzlich in **geeigneter Weise über den Gegenstand, Ablauf und den möglichen Ausgang** des Verfahrens unterrichtet und ihm Gelegenheit zur Äußerung gibt.[52] Der konkrete Inhalt sowie der Umfang der Unterrichtung hängen auch davon ab, ob und inwieweit hierdurch Nachteile für das Kindeswohl, insbesondere unter Berücksichtigung der Entwicklung, der Erziehung oder der Gesundheit des Kindes, zu befürchten sind (vgl. § 159 Abs. 4 Satz 1 HS 2 FamFG). Dies hat der Richter nach pflichtgemäßem Ermessen zu prüfen und entsprechend vorzugehen. Das Kind hingegen in Verfahren betreffend den Umgang mit seinem biologischen Vater bei entsprechender Reife, wie der BGH meint,[53] im Rahmen der richterlichen Anhörung über seine Abstammung zu unterrichten, sollte hingegen dadurch vermieden werden, dass diese Information nötigenfalls im Rahmen der Einholung eines Gutachtens mit der gebotenen (psychologischen) Fachkompetenz erfolgt. Die Beteiligten, insbesondere der Verfahrensbeistand, können und sollten jedenfalls vor einem Anhörungstermin Hinweise und Anregungen zu dessen Gestaltung geben. Denn die Anhörung muss durch den Richter jederzeit kindgerecht durchgeführt und dabei auch den jeweiligen Eigenheiten des Kindes sowie seinem persönlichen einzelfallbezogenen Hintergrund Rechnung getragen werden.[54]

29 Die **„Technik" der Anhörung** richtet sich dabei in erster Linie nach dem Alter des Kindes und seinem Entwicklungsstand.[55]

30 Letztlich hängen jedoch *„das Ergebnis und der Erfolg einer persönlichen Anhörung des Kindes durch das Gericht (…) entscheidend davon ab, in welchem Maße der Richter die Fähigkeit zur Einfühlung in die besondere psychologische Situation des Kindes besitzt und ob es ihm gelingt, mit dem Kind ins Gespräch zu kommen"*.[56] **Geboten ist dabei eine nicht bedrängende und einfühlsame Gesprächsführung**, insbesondere wenn die Beziehungen zu den anderen Verfahrensbeteiligten abgeklärt werden bzw. kritische Themen zur Sprache kommen, sowie eine Akzeptanz gegenüber dem grundsätzlichen Unvermögen des Kindes, sich zu entscheiden oder seine Wünsche zu äußern.[57] Dabei muss sich der Richter auch stetig der besonderen Belastungssituation bewusst sein, in der sich das Kind befindet.[58] **Verweigert** sich ein Kind der persönlichen Anhörung durch den Richter, so ist dies zu akzeptieren und ein entsprechender Vermerk zu fertigen, wenn sich an dieser Haltung auch bei einfühlsamer Vorgehensweise nichts ändert.

---

50 Vgl. *Fehmel*, in Baumeister u.a., Familiengerichtsbarkeit, 1620
51 So auch *Hennemann,* NZFam 2014, 871, 872
52 Hierzu auch *Lempp* et al., S. 107; *Fehmel*, in: Baumeister u.a., Familiengerichtsbarkeit, 1616 f.
53 BGH ZKJ 2017, 21
54 Vgl. *Fehmel*, a.a.O.
55 Näher hierzu *Balloff,* FamRZ 2019, 938 ff.; *Karle/Carl/Clauss,* NZFam 2014, 875 ff., sowie *Balloff*, Kinder vor dem Familiengericht, 291 ff.
56 Vgl. BVerfGE 55, 171, 182 f.
57 Vgl. *Zitelmann,* S. 193
58 Hierzu *Lempp* et al., S. 63 ff.

Die **Gesprächsführung** obliegt dem Richter und nicht dem in der Regel anwesenden Verfahrensbeistand. Der Richter kann nach seinem Ermessen und unter Berücksichtigung der konkreten Situation im Einzelfall entscheiden, ob er Fragen des Verfahrensbeistands zulässt. Eine eigenständige Intervention des Verfahrensbeistands in die Gesprächsführung des Richters mit dem Kind sollte in der Regel unterbleiben. **31**

Die **Dauer der persönlichen Anhörung** des Kindes hängt von den Umständen des Einzelfalls und insbesondere vom Alter des Kindes ab. Während die Anhörung eines kleineren Kindes häufig kürzer als 15 Minuten andauern wird, dürfte für ein älteres Kind auch bis zu einer Stunde einzuplanen sein. **32**

Übersicht: Kommunikative Entwicklung bei Kindern[59] **32a**

- **Vorschulkinder:**
  - „Sprache als Mittel der Vorstellung und Vergegenwärtigung (Repräsentationsmedium) kennen Kinder **mit etwa vier Jahren**. Sie besitzen dann auch schon einen gewissen Wortschatz. Einfache Bezeichnungen beherrschen sie, und Nomen- oder Dingwörter können sie durch relationale oder propositionale Zusätze ergänzen".[60]
  - Das Kind kann ein Ereignis besser räumlich als zeitlich einordnen.[61]
  - Im Mittelpunkt steht die **Gewinnung eines unmittelbaren Eindrucks**, insbesondere auch von den nonverbalen Mitteilungen.
- **Kinder im Alter zwischen ca. 7 und ca. 10 Jahren:**
  - Kinder lernen in diesem Alter, kausal zu denken und konkrete Vorstellungen zu entwickeln
  - → es können konkretere Fragen gestellt werden („Stelle Dir vor …").
- **Kinder ab einem Alter von ca. 10 bis 11 Jahren:**
  - kognitive Reife lässt in der Regel offen formulierte Fragen zu
  - Keine Antwortalternativen (suggestiv) vorgeben!
  - Schweigen „aushalten"

▶ *Allgemein zu Kommunikationstechniken Wegener, Anhang zu § 160 FamFG.*

5. Vermerk

Über das Ergebnis der persönlichen Anhörung ist ein **Vermerk** zu fertigen (§ 28 Abs. 4 FamFG).[62] Diesem Vermerk kommt volle Beweiskraft hinsichtlich der Richtigkeit der in ihm festgehaltenen Umstände und Vorgänge zu.[63] Eine Videoaufzeichnung der Kindesanhörung ist unzulässig.[64] **33**

Zu dem Ergebnis der persönlichen Anhörung ist den Beteiligten **rechtliches Gehör** zu gewähren. Die bloße Wiedergabe des Ergebnisses der persönlichen Anhörung in den Gründen der verfahrensabschließenden Endentscheidung genügt daher nicht den sich aus Art. 103 Abs. 1 GG ergebenden verfassungsrechtlichen Anforderungen.[65] **34**

---

59 Hierzu nur *Delfos*, S. 41 ff.; *Carl/Eschweiler*, NJW 2005, 1681; *Rohmann*, FPR 2013, 464
60 *Rohmann*, FPR 2013, 464
61 Siehe nur *Delfos*, S. 53
62 Siehe BVerfG ZKJ 2019, 361 m. Anm. *Dürbeck*, sowie OLG Saarbrücken FamRZ 2018, 1001
63 OLG Koblenz ZKJ 2019, 181
64 OLG Koblenz, a.a.O.; siehe auch BVerfG a.a.O., sowie *Schweppe/Bussian*, ZKJ 2012, 13 ff.
65 So auch *Hennemann*, NZFam 2014, 871, 873; a.A. OLG Celle ZKJ 2013, 461 ff.

35 Wichtig ist, dass nicht nur das **Verhalten des Kindes** bei der ersten Kontaktaufnahme (ging spontan mit, klammerte sich an die Begleitperson, versteckte sich etc.) sowie die **verbalen Äußerungen** des Kindes protokolliert werden, sondern **auch Körperhaltung** (selbstbewusst, in sich versunken, ausweichend etc.), **Gesichtsausdruck** (angespannt, weinerlich, verängstigt etc.) und **Sprechweise** (spontan, stockend, widerwillig, monoton, emotional, einstudiert etc.) des Kindes können für die Entscheidungsfindung von großer Bedeutung sein.[66]

36 Ergänzend ist zu beachten, dass im Ausnahmefall von **einer Protokollierung der Aussagen des Kindes abgesehen** werden kann, wenn dies aus erheblichen Gründen des Kindeswohls gerechtfertigt ist. Dies kann beispielsweise dann angezeigt sein, wenn das Kind ausdrücklich darum gebeten hat, seine Äußerungen den anderen Verfahrensbeteiligten nicht unmittelbar zur Kenntnis zu bringen und es ohne eine entsprechende Zusicherung nicht Stellung beziehen will. Um in dieser Situation jedoch dem Anspruch der übrigen Beteiligten auf Gewährung rechtlichen Gehörs (Art. 103 Abs. 1 GG) gerecht zu werden, darf das Gericht diese Aussagen jedenfalls nur dann zur Grundlage seiner Entscheidung machen, wenn es die Angaben des Kindes durch seine eigene Sachverhaltsaufklärung nachgeprüft und den anderen Verfahrensbeteiligten – bspw. den Eltern – auf diesem Wege zugänglich gemacht hat.[67]

66 Vgl. *Lempp* et al., S. 108
67 Ähnlich *Maurer* in: Schwab, 204 f.

Übersicht: Ablauf der Kindesanhörung[68] 37

Stufe 1

- **„kindgerechte Begrüßung" und „Anlaufphase"**

Stufe 2

- **Information des Kindes über Gegenstand, Ablauf (zeitlicher Rahmen!) und möglichen Ausgang des Verfahrens durch den Richter**
  – vgl. § 159 Abs. 4 Satz 1 FamFG –

Stufe 3

- **„Ihm ist Gelegenheit zur Äußerung zu geben" (§ 159 Abs. 4 Satz 2 FamFG)**
  - „Allgemeine" Fragen (= allgemeine Dingen des persönlichen Lebens oder Alltags des Kindes)
  - Einleitende persönliche Fragen
  - Spezifischer Fokus

Stufe 4

- **„Ausschleichen" (u.a. Zusammenfassung in eigenen Worten)**

Stufe 5

- **Einbeziehung des Verfahrensbeistandes**

Stufe 6

- **Beenden**

Stufe 7

- **Ggf. Anhörung von Begleitpersonen (§§ 26 FamFG, 161 Abs. 2 FamFG)?**

Stufe 8

- **Vermerk und rechtliches Gehör**

▶ *Allgemein zur Terminsvorbereitung siehe Wegener, § 156 FamFG Rn. 76.*

68 Näher hierzu *Rohmann,* FPR 2013, 468; *Balloff*, Kinder vor dem Familiengericht, 294 ff.; *Delfos*, S. 125 ff.

§ 160 FamFG Anhörung der Eltern

(1) [1]In Verfahren, die die Person des Kindes betreffen, soll das Gericht die Eltern persönlich anhören. [2]In Verfahren nach den §§ 1666 und 1666a des Bürgerlichen Gesetzbuchs sind die Eltern persönlich anzuhören.

(2) [1]In sonstigen Kindschaftssachen hat das Gericht die Eltern anzuhören. [2]Dies gilt nicht für einen Elternteil, dem die elterliche Sorge nicht zusteht, sofern von der Anhörung eine Aufklärung nicht erwartet werden kann.

(3) [1]Von der Anhörung darf nur aus schwerwiegenden Gründen abgesehen werden.

(4) [1]Unterbleibt die Anhörung allein wegen Gefahr im Verzug, ist sie unverzüglich nachzuholen.

Übersicht

Rn.
A. Allgemeines ... 1
I. Normzweck ... 1
II. Anwendungsbereich ... 4
B. Inhalt der Norm ... 6
I. Persönliche Anhörung ... 6
1. Begriff der persönlichen Anhörung ... 6
2. Ort und Rahmen ... 7
3. Wer hört an? ... 9
4. Wie wird angehört? ... 12
5. Vermerk ... 14
6. Nichterscheinen des Beteiligten ... 17
7. Wiederholung der Anhörung in zweiter Instanz ... 19
II. Persönliche Anhörung in Verfahren, die die Person des Kindes betreffen (Abs. 1 Satz 1) ... 22
III. Zwingende persönliche Anhörung in Verfahren wegen Kindeswohlgefährdung (Abs. 1 Satz 2) . 24
IV. Anhörungspflicht in sonstigen Kindschaftssachen (Abs. 2) ... 25
V. Absehen von der Anhörung (Abs. 3) und Nachholung (Abs. 4) ... 26
VI. Verstoß gegen die Anhörungspflicht ... 31
VII. Kosten und Gebühren ... 32

A. Allgemeines

I. Normzweck

1 Eltern sind in Kindschaftssachen grundsätzlich persönlich (Abs. 1) oder in sonstiger Weise (Abs. 2) anzuhören. Die persönliche Anhörung ist im Allgemeinen Teil in § 34 FamFG näher geregelt. Die im Besonderen Teil in § 160 FamFG getroffene Regelung ist jedoch vorrangig zu prüfen. Das Recht auf **Gewährung rechtlichen Gehörs** gründet sich auf das Elternrecht aus Art. 6 Abs. 2 Satz 1 GG. Daneben dient die Anhörung der Eltern auch der **Sachverhaltsaufklärung** im Rahmen der Amtsermittlung (§ 26 FamFG),[1] d.h. der Vervollständigung der Tatsachen, der Überprüfung des Vorbringens auf Richtigkeit und der Gewinnung eines persönlichen Eindrucks, um so ein besseres Verständnis für das Vorbringen der Eltern zu ermöglichen.

2 Die Vorschrift sieht eine Abstufung nach Notwendigkeit der Anhörung und Art und Weise der Anhörung vor, je nachdem welche Bedeutung das Verfahren für das Elternrecht hat und je nachdem wie stark der mögliche Eingriff in das Elternrecht durch das Verfahren und das mögliche Ergebnis des Verfahrens ist.

---

1 MüKo-FamFG/*Schumann*, § 160 Rn. 1; Prütting/Helms/*Hammer*, § 160 FamFG Rn. 2; Schulte-Bunert/Weinreich/*Ziegler*, § 160 FamFG Rn. 2

Die Anhörung der Eltern ist abzugrenzen von der – strengeren Anforderungen unterliegenden –[2] **Erörterung mit den Beteiligten** i.S.v. § 32 Abs. 1 Satz 1 FamFG in den Terminen nach §§ 155 Abs. 2, 157 FamFG bzw. für das Verfahren auf Erlass einer einstweiligen Anordnung nach § 57 Satz 2 i.V.m. §§ 51 Abs. 2, 54 Abs. 2 FamFG. Die Erörterung dient dem Austausch von Informationen und Rechtsansichten, der Verhandlung hinsichtlich weiterer Verfahrensschritte, der Motivation der Eltern, sich zu einigen (vgl. § 156 Abs. 1 FamFG) und – im Falle des § 157 FamFG – der warnenden Verdeutlichung einer möglichen Gefährdung des Kindes und einer Besprechung, wie und unter Inanspruchnahme welcher öffentlicher Hilfen der Gefährdung entgegengewirkt werden kann[3] (näher hierzu *Cirullies*, § 157 FamFG Rn. 2 bis 5). 3

II. Anwendungsbereich

Die Vorschrift gilt in allen Kindschaftssachen nach § 151 FamFG mit Ausnahme der Verfahren zur Übertragung der gemeinsamen elterlichen Sorge bei nicht verheirateten Eltern gemäß § 155a FamFG (vgl. § 155a Abs. 3 Satz 1 FamFG: grundsätzlich schriftliche, keine zwingende persönliche Anhörung der Eltern) und mit Ausnahme der Verfahren betreffend die Genehmigung oder Anordnung einer freiheitsentziehenden Unterbringung des Kindes nach § 151 Ziff. 6 u.7 FamFG (persönliche Anhörung nur der sorgeberechtigten Eltern). 4

Die Vorschrift gilt auch in Verfahren, in denen es lediglich um eine vorläufige Regelung geht (vgl. § 51 Abs. 2 Satz 1 FamFG) sowie im Beschwerdeverfahren (zu den Ausnahmen siehe unten Rn. 19). Sie gilt insbesondere auch in Verfahren, für die der Rechtspfleger zuständig ist. Keine Anwendung findet sie grundsätzlich im Ordnungsmittelverfahren (str.).[4] 5

B. Inhalt der Norm

I. Persönliche Anhörung

1. Begriff der persönlichen Anhörung

Unter persönlicher Anhörung i.S.v. § 34 FamFG ist die **unmittelbare mündliche** Anhörung des Beteiligten **in Person** durch den Richter zu verstehen..[5] Der mündliche, unmittelbare Kontakt soll es dem erkennenden Gericht ermöglichen, persönliche Eigenschaften und Verhaltensweisen des Elternteils wahrzunehmen, seine Ansichten und Vorstellungen zu erfahren, ein besseres Verständnis für das Vorbringen des Elternteils zu erlangen[6] und sich so einen Gesamteindruck von dem Elternteil zu verschaffen. Der Elternteil selbst soll persönlich zu Wort kommen und sich nicht lediglich mittelbar durch seinen Verfahrensbevollmächtigten äußern[7] 6

2. Ort und Rahmen

Die Gestaltung der persönlichen Anhörung der Eltern liegt im pflichtgemäßen Ermessen des Gerichts.[8] Die persönliche Anhörung kann im Rahmen eines Termins vor dem erkennenden Gericht erfolgen, sie kann aber auch an einem anderen Ort erfolgen, wenn dies aus Gründen, die in der Person des Anzuhörenden liegen, oder aus Praktikabilitätsgründen angezeigt erscheint. Ist zu erwarten, dass das Gericht aus den örtlichen Gegebenheiten 7

2 KG FamRB 2018, 362
3 MüKo-FamFG/*Schumann*, § 157 Rn. 7, 10 f.; Prütting/Helms/*Hammer*, § 160 FamFG Rn. 3
4 Prütting/Helms/*Hammer*, § 160 FamFG Rn. 5; a.A. Schulte-Bunert/Weinreich/*Ziegler*, § 160 FamFG Rn. 3 (gilt auch in Verfahren betreffen die Festsetzung von Zwangs- und Ordnungsmitteln); MüKo-FamFG/*Schumann*, § 160 Rn. 3
5 Keidel/*Engelhardt*, § 160 FamFG Rn. 2; Prütting/Helms/*Hammer*, § 160 FamFG Rn. 9
6 Keidel/*Engelhardt*, § 160 FamFG Rn. 2; Prütting/Helms/*Hammer*, § 160 FamFG Rn. 2
7 Prütting/Helms/*Hammer*, § 160 FamFG Rn. 3
8 KG ZKJ 2017, 467 = FamRB 2018, 362 f.

weitere Erkenntnisse erlangt, so kann die Anhörung auch in der gewohnten Umgebung des Beteiligten erfolgen. Die Anhörung muss nicht zwingend in Anwesenheit der übrigen Beteiligten erfolgen, die Eltern werden aber regelmäßig gemeinsam angehört. Hiervon kann gemäß den §§ 33 Abs. 1 Satz 2 bzw. 157 Abs. 2 Satz 2 entsprechend FamFG eine Ausnahme gemacht werden.[9] Insbesondere in Fällen häuslicher Gewalt oder bei Straftaten eines Elternteils zum Nachteil des anderen kann mithin eine getrennte persönliche Anhörung geboten sein. Dem Gebot rechtlichen Gehörs wird dann dadurch Rechnung getragen, dass den übrigen Beteiligten vor einer Entscheidung der Anhörungsvermerk nach § 28 Abs. 4 FamFG übermittelt und ihnen Gelegenheit zur Stellungnahme gegeben wird (vgl. § 37 Abs. 2 FamFG).[10]

8 Eine telefonische oder schriftliche Anhörung, auch per E-Mail oder mit Hilfe von Skype, kann den Anforderungen der persönlichen Anhörung im Sinne dieser Vorschrift nicht genügen; ist die mündliche Anhörung jedoch nicht oder nicht in einem angemessenen zeitlichen Rahmen oder nur mit einem unverhältnismäßigen Aufwand möglich, so sollte jede Möglichkeit einer Anhörung des Beteiligten auf sonstige Weise genutzt und die persönliche Anhörung unverzüglich nach Beseitigung des Hindernisses nachgeholt werden (vgl. auch Abs. 4; hierzu unten Rn. 27).

3. Wer hört an?

9 Die Anhörung erfolgt durch das funktionell zuständige Entscheidungsorgan, also durch den Richter bzw. Rechtspfleger.

10 Ob und inwieweit der zur Entscheidung berufene Richter (oder Rechtspfleger) die Beteiligten selbst persönlich anhören muss, ist umstritten. Teilweise wird vertreten, die **persönliche Anhörung durch den Richter** (oder Rechtspfleger) sei nicht zwingend; eine Anhörung könne auch im Rahmen der Rechtshilfe durch den zuständigen ersuchten Richter vor Ort erfolgen.[11] Dies überzeugt jedoch nicht, denn § 160 FamFG enthält keine der Vorschrift des § 128 Abs. 3 FamFG (persönliche Anhörung der Ehegatten) entsprechende Regelung. Zudem ist es für eine Entscheidung immer förderlich, sich einen eigenen, persönlichen Eindruck von den Betroffenen zu machen. Lediglich in Ausnahmefällen, z.B. dann, wenn einem schwer kranken oder gebrechlichen Elternteil eine weite Anreise zum Gerichtsort nicht zuzumuten ist, kann die Anhörung durch den ersuchten Richter erwogen werden, allerdings mit der Konsequenz, dass das erkennende Gericht seine Entscheidung dann nicht auf den persönlichen Eindruck von dem Elternteil stützen kann.[12]

11 Das **Beschwerdegericht** entscheidet nach seinem Ermessen, ob es ein Mitglied des Spruchkörpers mit der persönlichen Anhörung der Beteiligten beauftragt oder ob die Anhörung durch alle Mitglieder des Beschwerdegerichts erfolgt,[13] was zum Beispiel dann angezeigt ist, wenn es in entscheidender Weise darauf ankommt, dass sich jedes Mitglied des Spruchkörpers einen eigenen, seinerseits persönlichen Eindruck von dem Beteiligten verschafft. Wird die Anhörung einem beauftragten Richter übertragen, so darf das Beschwerdegericht seine Entscheidung nur auf dessen persönlichen Eindruck stützen und die Anhörung im Übrigen in ihrem objektiven Ertrag verwerten.[14] Die zu treffende Ermessensentscheidung ist zu begründen.[15] Es reicht aber aus, wenn die Begründung aus den Gründen der Entscheidung hervorgeht.

---

9 MüKo-FamFG/*Schumann,* § 160 Rn. 13; Prütting/Helms/*Hammer,* § 160 FamFG Rn. 9
10 KG ZKJ 2017, 467 = FamRB 2018, 362 f. mit Anm. *Stockmann*
11 Prütting/Helms/*Hammer,* § 160 FamFG Rn. 10
12 Prütting/Helms/*Hammer,* § 160 FamFG Rn. 10
13 Keidel/*Engelhardt,* § 160 FamFG Rn. 14
14 Prütting/Helms/*Hammer,* § 160 FamFG Rn. 11
15 Schulte-Bunert/Weinreich/*Ziegler,* § 160 FamFG Rn. 16

4. Wie wird angehört?

Für die persönliche Anhörung sind unterschiedliche Vorgehensweisen denkbar. Zu Beginn sollte immer eine **offene**, wenn möglich in die Zukunft gerichtete **Eingangsfrage** des Richters stehen, die es dem Beteiligten ermöglicht, seine Sichtweise und seine Vorstellungen, wie es in der Zukunft weitergehen soll, mitzuteilen. Möglich ist auch eine einfache Aufforderung seitens des Gerichts, zu erzählen, wie der Beteiligte die gegenwärtige Situation erlebt und wie es – wenn es nach ihm ginge – weitergehen sollte. Es empfiehlt sich, den Beteiligten zunächst berichten zu lassen, nach einiger Zeit zu unterbrechen und dem Beteiligten dann das Gehörte noch einmal in eigenen Worten wiederzugeben, um sich anschließend von diesem versichern zu lassen, dass man ihn richtig verstanden hat (Technik des **Paraphrasierens**). Dies könnte der Zeitpunkt sein, in dem man mit dem **Protokollieren der Anhörung** des Beteiligten beginnt, denn gerade die Wiedergabe des Gehörten kann auch direkt in das Protokoll diktiert werden. 12

▶ *Näher zur Verhandlungsführung siehe Anhang zu § 160 FamFG.*

Im Falle von Beleidigungen und Beschimpfungen, sei es seitens des angehörten Elternteils, sei es durch andere Beteiligte, sollte der Richter unterbrechen und zur Deeskalation an die zu Beginn eines Termins aufzustellenden Regeln erinnern (hierzu Wegener, § 156 FamFG Rn. 18). Etwas anderes mag in den Grenzen des im Rahmen einer Gerichtsverhandlung noch angemessenen Rahmens gelten, wenn die Möglichkeit eines Einvernehmens ausgeschlossen erscheint und der Richter sich ein Bild machen möchte vom Grad der fehlenden Kommunikations- und Kooperationsfähigkeit der Beteiligten untereinander. 13

5. Vermerk

Gemäß § 28 Abs. 4 FamFG, der auch im Beschwerdeverfahren Anwendung findet, hat das Gericht über Termine (§ 32 FamFG) und persönliche Anhörungen (§ 34 FamFG) einen Vermerk zu fertigen, in den die wesentlichen Vorgänge des Termins und der persönlichen Anhörung aufzunehmen sind, wenn diese sich nicht bereits aus dem Protokoll der Verhandlung entnehmen lassen.[16] Im Falle eines Erörterungstermins nach § 157 BGB sind in den Vermerk oder in das Protokoll auch die Maßnahmen aufzunehmen, die zur Abwendung der Kindeswohlgefährdung erörtert worden sind. Durch das Protokoll oder den Vermerk soll u.a. das Beschwerdegericht in die Lage versetzt werden, zu prüfen, ob eine hinreichende Grundlage für eine am Kindeswohl orientierte Entscheidung vorgelegen hatte und ob eine erneute Anhörung in zweiter Instanz angezeigt ist.[17] 14

Unbeschadet der in § 28 Abs. 4 FamFG geregelten Anforderungen bestimmt das Gericht den Inhalt des Vermerks nach seinem Ermessen. Die Ausübung des Ermessens erfolgt vor allem mit Blick auf den Zweck der Anhörung. Insbesondere dann, wenn die zu treffende Entscheidung anfechtbar ist, sollte der Vermerk so ausführlich sein, dass er für das Rechtsmittelgericht aussagekräftig ist.[18]Da es sich nicht um ein Protokoll im Sinne der zivilprozessualen Vorschriften handelt, sind die Vorschriften über die Berichtigung von Protokollen gemäß § 164 ZPO nicht entsprechend anwendbar. Ist einer der Beteiligten mit dem Inhalt eines Vermerks nicht einverstanden, etwa weil er Auslassungen oder einzelne Formulierungen beanstandet, so kann er seine Überlegungen schriftsätzlich zur Akte reichen, damit diese Bestandteil der Gerichtsakte werden und damit bei der Entscheidung Berücksichtigung finden (können). 15

Mit Blick auf § 37 Abs. 2 FamFG ist, wenn die Anhörung nicht in Anwesenheit aller Beteiligten erfolgt ist, zwingend ein Aktenvermerk über die Anhörung zu fertigen, der den übri- 16

---

16 Schulte-Bunert/Weinreich/*Ziegler*, § 160 FamFG Rn. 17
17 Keidel/*Engelhardt*, § 160 FamFG Rn. 11
18 KG, Beschl. v. 20.12.2016 – 25 UF 23/16 = FamRZ 2017, 1854

gen Beteiligten vor einer Entscheidung zur Kenntnis- und ggf. Stellungnahme zu übermitteln ist.[19]

6. Nichterscheinen des Beteiligten

17 Erscheint der Beteiligte zur persönlichen Anhörung trotz ordnungsgemäßer Ladung unentschuldigt nicht, so kann in der Regel von der Vorschrift des § 34 Abs. 3 Satz 1 FamFG, nach dem das Verfahren ohne die Anhörung des Beteiligten beendet und der Beteiligte auf die Folgen seines Ausbleibens hingewiesen wird, kein Gebrauch gemacht werden, da die persönliche Anhörung der Eltern fast immer auch der Sachverhaltsaufklärung im Rahmen der Amtsermittlungspflicht des Gerichts nach § 26 FamFG dient (vgl. auch § 33 Abs. 1 Satz 1 FamFG).[20] Ein Hinweis auf § 34 Abs. 3 FamFG in der Ladung hat daher zu unterbleiben, denn insoweit geht die Regelung des § 160 FamFG den Regelungen im Allgemeinen Teil des FamFG vor. Das unentschuldigte Nichterscheinen kann dann mit der Verhängung eines **Ordnungsgeldes** sanktioniert werden, und bei wiederholtem unentschuldigtem Ausbleiben des Elternteils kann auch die **Vorführung** des Elternteils angeordnet werden (§ 33 Abs. 3 Satz 3 FamFG), z.B. um die Anhörung des Elternteils in Anwesenheit eines Sachverständigen zu ermöglichen.[21] Soll die Anhörung ausschließlich der Wahrung der Rechte des Beteiligten dienen, können keine Ordnungsmittel verhängt werden.[22]

18 Ordnungsmittel kommen auch in Betracht, wenn mit den Eltern in einem Termin nach § 157 FamFG die Möglichkeiten der Begegnung der Gefahr für das Kindeswohl und die Folgen der Nichtannahme von Hilfen erörtert werden sollen und das Gericht aus diesem Grunde das persönliche Erscheinen des Beteiligten angeordnet hatte (§ 33 Abs. 3, § 157 Abs. 1, 2 Satz 1 FamFG).

▶ *Näher hierzu Cirullies, § 157 FamFG Rn. 4.*

7. Wiederholung der Anhörung in zweiter Instanz

19 Das Rechtsmittelgericht kann im Rahmen des Beschwerdeverfahrens gemäß § 68 Abs. 3 FamFG nach eigenem Ermessen von einer Wiederholung der persönlichen Anhörung der Beteiligten absehen, wenn

- die Beteiligten zeitnah in erster Instanz angehört wurden,
- ein Vermerk über die Anhörung, aus der sich der wesentliche Inhalt und der Verlauf der Anhörung ergeben, gefertigt und zur Akte genommen wurde,
- das Beschwerdegericht von der Entscheidung des erstinstanzlichen Gerichts in den wesentlichen Punkten nicht abweichen will,
- keine erheblichen neuen Tatsachen oder neue rechtliche Gesichtspunkte zu berücksichtigen sind und
- in einer Gesamtschau von einer erneuten Anhörung der Beteiligten und einem persönlichen Eindruck des Beschwerdegerichts von den Beteiligten keine neuen, entscheidungserheblichen Erkenntnisse zu erwarten sind.[23]

20 Eines vorherigen rechtlichen Hinweises des Beschwerdegerichts zu seiner Absicht, ohne nochmalige persönliche Anhörung zu entscheiden, bedarf es, anders als in den Familienstreitsachen (vgl. § 117 Abs. 3 FamFG), eigentlich nicht; in der Praxis wird ein solcher Hin-

19 PK Familienverfahrensrecht/Meysen/*Ernst*, § 34 FamFG Rn. 5
20 OLG Schleswig, Beschl. v. 25.2.2013 – 10 WF 204/12 = ZKJ 2013, 261
21 MüKo-FamFG/*Schumann*, § 160 Rn. 12
22 BT-Drucks. 16/6308, 192
23 BT-Drucks. 16/6308, 207 f.; Keidel/*Engelhardt*, § 160 FamFG Rn. 17; Schulte-Bunert/Weinreich/*Ziegler*, § 160 FamFG Rn. 11

weis jedoch regelmäßig erteilt. Die Gründe für das Absehen von der Wiederholung einer Anhörung der Beteiligten müssen in jedem Fall in der Begründung der Beschwerdeentscheidung nachvollziehbar dargelegt sein.[24]

Eine schriftliche Anhörung bzw. die Gelegenheit zur schriftlichen Äußerung zum Beschwerdevorbringen, ggf. über die Bevollmächtigten der Eltern, haben in jedem Fall zu erfolgen.[25] **21**

II. Persönliche Anhörung in Verfahren, die die Person des Kindes betreffen (Abs. 1 Satz 1)

Verfahren, die die Person des Kindes betreffen, sind alle in § 151 FamFG aufgeführten Kindschaftssachen, die nicht ausschließlich die Vermögenssorge für das Kind betreffen (§ 1626 BGB), also nicht nur die Verfahren, welche die Personensorge betreffen[26] und somit grundsätzlich auch Verfahren betreffend die Bestellung eines Ergänzungspflegers nach § 52 Abs. 2 Satz 2 StPO.[27] In diesen Verfahren soll das Gericht die Eltern persönlich anhören (Soll-Vorschrift), wobei sich die Bezeichnung „soll" nur auf die Notwendigkeit der persönlichen Anhörung bezieht und nicht auf die Notwendigkeit der Elternanhörung an sich, die – wie aus einem Umkehrschluss zu § 160 Abs. 2 FamFG zu ersehen ist – mit den Ausnahmetatbeständen der Abs. 3 und 4 immer stattzufinden hat. **22**

Die Pflicht zur persönlichen Anhörung der Eltern besteht **unabhängig davon, ob dem Elternteil die elterliche Sorge zusteht oder nicht**.[28] Ist jedoch das Elternrecht durch das Verfahren und den Verfahrensgegenstand in keiner Weise berührt, so kann ausnahmsweise die Pflicht zur persönlichen Anhörung entfallen, so z.B. dann, wenn die elterliche Sorge entzogen worden ist, es um Umgangskontakte der Großeltern mit dem in einer Pflegefamilie lebenden Kind geht und der im Raum stehende Umgang den Umgang des betreffenden Elternteils nicht tangiert.[29] Gleiches gilt z.B. für die persönliche Anhörung des nicht sorgeberechtigten Vaters in einem Verfahren betreffend das Umgangsrecht der Großeltern mütterlicherseits, wenn das Kind bei der Mutter lebt.[30] In so gelagerten Fällen kann eine schriftliche Anhörung ausreichen, wenn diese in hinreichend aussagekräftiger Form zur Akte gelangt ist. **23**

In einem Verfahren betreffend die Genehmigung zur Antragstellung nach **§ 2 Abs. 1 NamÄndG** kann eine persönliche Anhörung der Eltern mit Blick auf § 2 Abs. 2 NamÄndG unterbleiben, denn dieser geht den §§ 159, 160 FamFG vor.[31] Es besteht nur eine beschränkte Anhörungspflicht in dem familiengerichtlichen Zwischenverfahren. Die eigentlichen Ermittlungen nimmt die Verwaltungsbehörde vor (§ 3 Abs. 2 NamÄndG). **23a**

▶ *Näher zum Verhältnis des Umgangsrechts der Eltern zu dem Umgangsrecht der Großeltern siehe Gottschalk, § 1685 BGB Rn. 2.*

---

24 Prütting/Helms/*Abramenko,* § 68 FamFG Rn. 30

25 Johannsen/Henrich/*Büte*, § 150 FamFG Rn. 5; MüKo-FamFG/*Schumann,* § 160 Rn. 10a; Prütting/Helms/*Hammer*, § 160 FamFG Rn. 20

26 Keidel/*Engelhardt,* § 160 FamFG Rn. 3; Prütting/Helms/*Hammer*, § 160 FamFG Rn. 6; Schulte-Bunert/Weinreich/*Ziegler*, § 160 FamFG Rn. 4

27 OLG Hamburg FamRZ 2013, 1683 = ZKJ 2014, 70; a.A. *Splitt*, FamRZ 2019, 507, 510

28 Prütting/Helms/*Hammer*, § 160 FamFG Rn. 6

29 Str.; OLG Hamm FamRZ 2011, 1889; OLG Schleswig FamRZ 2012, 725

30 OLG Celle FamRZ 2011, 1805 = ZKJ 2011, 431

31 OLG Frankfurt, Beschl. v. 4.8.2017 – 1 WF 82/17, n.v.; OLG Bremen StAZ 2014, 143, juris, Rn. 7; OLG Hamm FamRZ 2013, 985, juris, Rn. 28

III. Zwingende persönliche Anhörung in Verfahren wegen Kindeswohlgefährdung (Abs. 1 Satz 2)

24 In Verfahren wegen Kindeswohlgefährdung sind die Eltern zwingend persönlich anzuhören. Dementsprechend ordnet das Gericht auch zwingend das persönliche Erscheinen der Eltern zu dem regelmäßig anzuberaumenden Gerichtstermin an (§ 157 Abs. 2 Satz 1 FamFG). Damit soll auch der in § 157 Abs. 1 FamFG genannte Zweck verfolgt werden, mit den Eltern zu erörtern, wie die Gefahr für das Kindeswohl, ggf. durch Inanspruchnahme öffentlicher Hilfen abgewendet werden kann. Der nicht sorgeberechtigte Elternteil ist schon allein mit Blick auf die Vorschrift des § 1680 Abs. 3 BGB persönlich anzuhören und ist auch als Beteiligter gemäß § 7 Abs. 2 Nr. 1 FamFG anzusehen.[32]

IV. Anhörungspflicht in sonstigen Kindschaftssachen (Abs. 2)

25 Mit den in Abs. 2 genannten sonstigen Kindschaftssachen sind die Kindschaftssachen gemeint, die ausschließlich das Vermögen des Kindes betreffen. In diesen Verfahren hat die Anhörung der Eltern zwar zu erfolgen, sie kann aber auch schriftlich, telefonisch, per E-Mail oder durch einen Bevollmächtigten erfolgen. Nur in diesen Verfahren sieht das Gesetz auch keine zwingende Anhörung des nicht sorgeberechtigten Elternteils vor, wenn die gebotene Sachaufklärung dieses nicht erfordert (§ 160 Abs. 2 Satz 2 FamFG). Besteht allerdings ein guter Kontakt des auch nicht sorgeberechtigten Elternteils zu dem Kind, so empfiehlt sich auch in diesen Fällen eine Anhörung, um die Entscheidung des Familiengerichts auf eine gute und ausgewogene Grundlage zu stellen.[33]

Übersicht: Elternanhörung

Verfahrensgegenstand	Art der Elternanhörung
Kindeswohlgefährdung	„Muss"-Anhörung **und** „Muss"-persönliche Anhörung
Person des Kindes betroffen	„Muss"-Anhörung und „Soll"-persönliche Anhörung
nur Vermögen des Kindes betroffen	„Muss"-Anhörung, Ausnahme: – nicht sorgeberechtigter Elternteil, – keine persönliche Anhörung

V. Absehen von der Anhörung (Abs. 3) und Nachholung (Abs. 4)

26 Die Möglichkeit, ausnahmsweise von einer Anhörung abzusehen, bezieht sich auf die vorausgehenden Absätze 1 und 2.[34] Dabei ist der Begriff „soll" in § 160 Abs. 1 Satz 1 FamFG nicht dahingehend auszulegen, dass das Familiengericht nach freiem Ermessen von einer persönlichen Anhörung absehen darf. Von der (persönlichen) Anhörung der Eltern darf vielmehr nur aus schwerwiegenden Gründen gemäß Abs. 3 abgesehen werden,.[35] denn die Anhörung dient nicht nur der Gewährung rechtlichen Gehörs, sondern auch der von Amts wegen gebotenen Sachverhaltsaufklärung (§ 26 FamFG)[36] mit dem Ziel, eine Grundlage für eine am Kindeswohl orientierte Entscheidung zu schaffen. Schwerwiegende Gründe sind solche, die in der Person der Eltern liegen, so z.B. Unerreichbarkeit, dauernder Aufenthalt im weit entfernten Ausland, Krankheit oder Gebrechlichkeit (vgl.

32 Prütting/Helms/*Hammer*, § 160 Rn. 8 Fn. 5
33 Keidel/*Engelhardt*, § 160 FamFG Rn. 6
34 Keidel/*Engelhardt*, § 160 FamFG Rn. 7
35 OLG Frankfurt FamRZ 2018, 1093; FamRZ 2015, 1521
36 OLG Bremen FamRZ 2015, 1219

auch die in § 34 Abs. 2 FamFG genannten Gründe).[37] In diesen Fällen ist dann aber zumindest die Anhörung durch den ersuchten Richter zu erwägen (siehe Rn. 10). Auch eine Verweigerung der Anhörung durch den Elternteil wegen einer befürchteten psychischen Belastung oder wegen eines zu erwartenden unverhältnismäßigen Aufwandes kann einen schwerwiegenden Grund darstellen. Schließlich kann ein schwerwiegender Grund auch darin bestehen, dass die Anhörung eines Elternteils (mittelbar) zu erheblichen Nachteilen für das Kind führen oder beabsichtigte Maßnahmen erschweren oder unmöglich machen würde[38] Spricht ein schwerwiegender Grund gegen eine persönliche Anhörung eines Elternteils in den Fällen des Abs. 1, so ist jedenfalls die Möglichkeit einer nicht persönlichen Anhörung, d.h. schriftlich, telefonisch, per E-Mail oder durch einen Bevollmächtigten des Elternteils zu prüfen, ggf. unter Hinzuziehung eines Dolmetschers.[39]

Ist die Anhörung allein wegen Gefahr im Verzug unterblieben, ist sie unverzüglich nachzu- **27**
holen.

Im Falle der Notwendigkeit einer eiligen Entscheidung ist ggf. der Erlass einer einstweiligen Anordnung zu prüfen, wenn das rechtliche Gehör vor einer Hauptsacheentscheidung nicht rechtzeitig gewährt werden kann. Gefahr im Verzug liegt somit regelmäßig nur in einstweiligen Anordnungsverfahren vor. Eine aufgrund der Eilbedürftigkeit erlassene einstweilige Anordnung ist möglicherweise aufgrund der nachgeholten Anhörung gemäß § 54 Abs. 1 Satz 3 FamFG abzuändern.

▶ *Näher zur einstweiligen Anordnung Lack, §§ 49 ff. FamFG.*

In Ausnahmefällen, insbesondere dann, wenn die Entscheidung sich nicht auf das Ergebnis **28**
der Anhörung stützt, kann das rechtliche Gehör auch nachgeholt werden. Handelt es sich um eine Hauptsacheentscheidung, ist ggf. auf eine Gehörsrüge i.S.v. § 44 FamFG hin neu zu verhandeln und/oder anders zu entscheiden.

Im Falle der Anhängigkeit eines Beschwerdeverfahrens wird die Anhörung in der Regel **29**
durch das Beschwerdegericht nachgeholt, wenn nicht ein Fall der Zurückverweisung vorliegt (siehe Rn. 31).[40] Handelt es sich um eine ohne Anhörung ergangene Entscheidung des Beschwerdegerichts, so ist eine nachträgliche Stellungnahme unter Umständen als Gehörsrüge auszulegen und darüber entsprechend zu befinden.

Von einer Anhörung kann nicht deshalb abgesehen werden, weil eine solche in einem an- **30**
deren Verfahren mit anderem Verfahrensgegenstand bereits erfolgt ist. Eine Ausnahme sieht § 51 Abs. 3 Satz 2 FamFG vor, nach dem eine erneute Anhörung im Hauptsacheverfahren entbehrlich ist, wenn die Anhörung in einem EA-Verfahren mit dem gleichen Verfahrensgegenstand durchgeführt wurde und von einer erneuten Anhörung keine neuen Erkenntnisse zu erwarten sind.

Sieht das Gericht von einer grundsätzlich durchzuführenden persönlichen Anhörung der Eltern oder eines Elternteils ab, so hat es die Gründe hierfür im Beschluss darzulegen.[41]

VI. Verstoß gegen die Anhörungspflicht

Ein Verstoß gegen die Pflicht zur (persönlichen) Anhörung stellt einen Verfahrensfehler dar. **31**
Unter den Voraussetzungen des § 69 Abs. 1 Satz 2, 3 FamFG darf das Beschwerdegericht die Sache unter Aufhebung des angefochtenen Beschlusses und des Verfahrens an die erste Instanz zurückverweisen. Mit Blick auf den Beschleunigungsgrundsatz des § 155

37 Prütting/Helms/*Hammer,* § 160 FamFG Rn. 18; *Dürbeck*, FamRZ 2018, 553 ff.
38 Keidel/*Engelhardt,* § 160 FamFG Rn. 8
39 Schulte-Bunert/Weinreich/*Ziegler*, § 160 FamFG Rn. 8; *Dürbeck*, FamRZ 2018, 553 ff.
40 Prütting/Helms/*Hammer*, § 160 FamFG Rn. 22.; Schulte-Bunert/Weinreich/*Ziegler,* § 160 FamFG Rn. 12
41 OLG Frankfurt FamRZ 2018, 1093; Prütting/Helms/*Hammer*, § 160 FamFG Rn. 17

Abs. 1 FamFG wird eine unterbliebene Anhörung in der Regel durch das Beschwerdegericht nachgeholt, es sei denn, es treten noch weitere schwerwiegende Verfahrensfehler hinzu.[42]

▶ *Näher hierzu siehe Dürbeck, § 68 FamFG Rn. 8.*

VII. Kosten und Gebühren

32 Durch eine Anhörung der Beteiligten in Kindschaftssachen entsteht neben der Terminsgebühr für die Verfahrensbevollmächtigten keine gesonderte Gebühr. Sieht das Gericht von einer Anhörung der Beteiligten ab, so entsteht auch die Terminsgebühr nicht (näher hierzu *Dürbeck,* § 80 FamFG Rn. 30).[43]

Anhang: Verhandlungsführung

33 Zunächst ist es wichtig, einen guten **Rapport** herzustellen mit den Personen, die angehört werden sollen oder mit denen verhandelt werden soll, denn der Rapport gilt als wichtigste Rahmenbedingung für jede Kommunikation. Rapport kommt von dem französischen Wort *rapporter* – sich beziehen auf. Es geht darum, zu Beginn einer Verhandlung durch einige einleitende Worte der Begrüßung und Vorstellung eine Beziehung herzustellen, die möglichst von Respekt und Wertschätzung geprägt ist. Dabei hat es sich auch bewährt, zu Beginn einer Verhandlung oder eines Anhörungstermins den ungefähren **Ablauf** darzustellen, insbesondere die Reihenfolge der vorzunehmenden Anhörungen und abzugebenden Stellungnahmen, damit sich die Beteiligten darauf einstellen können. Das sorgt für Klarheit und Sicherheit und ermöglicht einen späteren Rückbezug, um Ordnung zu bewahren oder wiederherzustellen.

▶ *Zur Verhandlungsführung siehe auch Wegener, § 156 Rn. 13 ff.*

33a Von besonderer Bedeutung für die Verhandlungsführung ist die Technik des **Paraphrasierens**, d.h. des Wiedergebens des Gehörten mit eigenen Worten, gefolgt vom Einholen der Zustimmung, dass man richtig verstanden hat. Ganz wesentlich für die Verhandlungsführung und die Anhörung der Beteiligten ist es auch, in der jeweiligen Situation die richtige Art von **Frage** zu stellen.

Übersicht: Verhandlungsführung

1. Paraphrasieren

Paraphrasieren verläuft in drei Phasen:

(1) Aktives Zuhören

(2) Reformulieren in eigenen Worten, ggf. mit einem Reframing

(3) Vergewissern, ob man richtig verstanden hat

(1) Aktives Zuhören

Paraphrasieren beginnt mit dem aktiven Zuhören.[44] Zuhören ist eine aktive Arbeitshaltung und bedeutet ein aktives Präsentsein im Raum und Herstellen einer dichten Beziehung zu dem Beteiligten. Der Richter sollte dem Beteiligten genügend Zeit und Raum geben, sich zu äußern, er sollte gelassen sein und sich auf sein Gegenüber einstellen. Die innere Haltung ist davon geprägt, dass der Richter bereit ist, das, was er hört, als die Erfahrung dieses Beteiligten zu akzeptieren und dabei seine eigenen Erfahrungen

42 Prütting/Helms/*Hammer,* § 160 FamFG Rn. 23
43 Keidel/*Engelhardt,* § 159 Rn. 26
44 *Schweizer,* in: Hb. Mediation, Rn. 16

und Werte zurückzustellen. Er sollte das Gehörte möglichst nicht bereits – wie er es als Jurist gelernt hat – innerlich strukturieren und selektieren, was für die Fallbearbeitung von Bedeutung ist und was nicht, und sollte sich nach Möglichkeit auch empathisch, d.h. einfühlend verhalten[45] Trotz Akzeptanz und Empathie sollte er echt in seiner Richterpersönlichkeit bleiben. Hört der Richter mit dieser Haltung zu, so wird der Beteiligte in der Regel die Zeit intensiv nutzen, da er zumindest in diesem Konflikt vielleicht noch nicht erfahren hat, dass ihm akzeptierend, empathisch und genau zugehört wurde, oder damit jedenfalls vor Gericht nicht gerechnet hat. Der Richter sollte allerdings nur so lange zuhören, wie er die Informationen aufnehmen und im zweiten Schritt dann auch wiedergeben kann.

(2) Reformulieren in eigenen Worten, ggf. mit einem Reframing

Dies dient dazu, das Verständnis des Zuhörenden aktiv mit Worten zu zeigen (Verständnissicherung).[46] Beim Zuhören konnte man das Verständnis bereits zeigen durch Körpersprache wie z.B. Nicken. (Übrigens ist zu empfehlen, zwischendurch auch immer mal die andere Seite anzuschauen, um zu signalisieren, dass diese im Blick bleibt.) Durch das **Reformulieren** findet die Überprüfung der Kommunikation statt: *Habe ich wirklich alles richtig gehört?*

Beim sog. **Reframing** (in einen anderen Rahmen setzen) wiederholt der Richter das Gesagte nicht einfach nur, denn der Beteiligte bleibt dann in seinem Konzept. Soll Verarbeitung stattfinden, kann man bei der Wiedergabe das Gesagte etwas umformulieren. Das bedeutet, dass man in eigenen Worten, wiedergibt, was man gehört hat, und mit diesem Wiedergeben dem Beteiligten hilft, seine eigenen Bedürfnisse zu formulieren, sich aus einengenden Situationen zu lösen, ressourcenorientiert und anders mit dem Konflikt umzugehen oder dem Beteiligten sogar hilft, sich zu verändern, damit gemeinsam eine gute Lösung gefunden werden kann. Beim Reframen werden beleidigende und Schimpfworte nicht wiederholt, wenn nötig wird lediglich die hinter diesen Worten zu vermutende Emotion (z.B. Ärger) benannt. Das Gesagte wird also beim sog. Reframen vom Richter übersetzt und in einen neuen, mehr kooperativen und positiven Rahmen gesetzt, nämlich

Von[47]	**Zu**
• Positionen	• Interessen
• Beurteilungen	• Problembeschreibungen
• Schuldzuweisungen	• Bedürfnissen
• Vergangenheit	• Zukunft
• individuellem Problem	• gemeinsamem Problem
• Du-Botschaft	• Ich-Botschaft
• Destruktiven Äußerungen	• Konstruktiven Aussagen
• Vorwurf	• Wunsch
• Beschimpfung	• Forderung

Dabei sollte darauf geachtet werden, dass das Reformulieren nicht als Zwang zur Veränderung vom Beteiligten erlebt wird.

45 Zum Begriff der Empathie siehe *Hohmann*, FPR 2013, 457, 458 sowie *Wegener*, § 156 FamFG Rn. 16
46 *Bielecke*, FPR 2013, 471, 473
47 *Kessen in: Trenczek u.a.*, Die Kunst des Fragens, Rn. 27

(3) Vergewissern

Der dritte Schritt des Paraphrasierens ist das Vergewissern, ob man den Beteiligten richtig verstanden hat. Damit wird auch der Gefahr der Manipulation begegnet.

Beispiel für ein Paraphrasieren mit einem Reframen:

1) Aussage einer Mutter im Umgangsverfahren: „Immer holt seine neue Freundin, die ich ohnehin nicht leiden kann, die Kinder ab. Das passt mir nicht."
2) Der Richter formuliert: „Sie ärgern sich darüber, dass die neue Freundin Ihres Mannes oftmals die Kinder abholt. Verstehe ich Sie richtig, dass Sie es lieber hätten, wenn Ihr Mann die Kinder selbst abholt?"
3) Mutter: „Ja, genau!"

2. Die „Kunst des Fragens"[48]

Fragen sind ein starkes Interventions- und Kommunikationsmittel. Oft fragt man unbewusst suggestiv und somit manipulierend. Um bewusst mit den unterschiedlichen Arten zu fragen, umzugehen, könnte man die folgenden Arten von Fragen unterscheiden:[49]

a) **Offene Fragen:** W-Fragen (Was, wie, wer, wo, warum, wann, welche, womit, woher, wozu)
   - helfen, ein differenziertes Bild zu bekommen,
   - fördern die Bereitwilligkeit des Beteiligten, sich zu öffnen und mehr zu erzählen.

b) **Geschlossene Fragen:** können nur mit Ja und Nein beantwortet werden, beginnen in der Regel mit einem Verb oder Hilfsverb
   - dienen zur unmissverständlichen Klärung von Sachfragen.
   - Man kann sich damit die Zustimmung oder auch Ablehnung einholen.

c) **Zirkuläre Fragen:** Hier werden Dritte oder die andere Seite einbezogen, z.B.:
   - Was, glauben Sie, würden Ihre Kinder dazu sagen?
   - Was hätte wohl Ihr bester Freund für eine Idee?
   - Was, glauben Sie, sagt Ihre Frau dazu?

d) **Ressourcenorientierte Fragen:**
   - Was brauchen Sie, um noch einen Moment in Ruhe zuhören zu können?
   - Was müsste geschehen, damit Sie sich auf diese Verhandlung einlassen können?

e) **Wunderfragen, reflektive Fragen, Fragen des zweiten Futurs:**
   - Angenommen, die Lösung wäre schon da, wie würde sie aussehen?
   - Angenommen, Sie hätten drei Wünsche frei, was würden Sie sich wünschen?
   - Angenommen, Sie hätten eine gute Vereinbarung getroffen, woran genau würden Sie merken, dass sie gut ist?

48 *Kessen in: Trenczek u.a.*, Die Kunst des Fragens, Rn. 7 ff.; *Krabbe/Thomsen*, S. 149 ff.
49 Siehe auch *Krabbe*, ZKM 2014, 185; siehe auch *Schweizer,* in: Hb. Mediation, Rn. 17 ff.

f) **Konkretisierende Fragen:**
- Wie genau?
- Wie im Einzelnen?
- Woran machen Sie das fest?
- Was bedeutet das für Sie genau?

g) **Strategische und suggestive Fragen:** sind manipulierend, der Fragende will ein bestimmtes Ziel erreichen:
- Meinen Sie nicht auch, dass …
- Wenn Sie Ihren Mann so hören, spüren Sie dann auch, dass er …
- Sie haben doch sicher auch schon darüber nachgedacht, dass …
- Sie wollen doch wohl nicht, dass …
- Aber den Papa hast Du doch auch lieb oder? Und dann willst Du ihn doch bestimmt auch ab und zu mal sehen?
- Aber Sie hätten doch bestimmt gern auch mal ein Wochenende frei, ohne die Kinder betreuen zu müssen, oder?

3. sonstige Interventionen im Termin

- Pausen machen, Zusammenfassen oder ins Protokoll diktieren
- Umgang mit Störungen, Unterbrechungen: an Regeln erinnern; Akzeptanz des Anderen, wenn auch Schwierigen zum Ausdruck bringen (ohne es deswegen gutheißen zu müssen)[50]
- immer wieder, auch wenn ein Beteiligter spricht und man ihm gut zuhört, die anderen Beteiligten in den Blick nehmen, damit diese sich gesehen fühlen.
- Perspektivwechsel vornehmen
- Wenn es angemessen ist, nicht zu unterschätzen: Witz, Spaß, humorvoller Einwurf, story-telling.

§ 161 FamFG Mitwirkung der Pflegeperson

(1) [1]Das Gericht kann in Verfahren, die die Person des Kindes betreffen, die Pflegeperson im Interesse des Kindes als Beteiligte hinzuziehen, wenn das Kind seit längerer Zeit in Familienpflege lebt. [2]Satz 1 gilt entsprechend, wenn das Kind auf Grund einer Entscheidung nach § 1682 des Bürgerlichen Gesetzbuchs bei dem dort genannten Ehegatten, Lebenspartner oder Umgangsberechtigten lebt.

(2) Die in Absatz 1 genannten Personen sind anzuhören, wenn das Kind seit längerer Zeit in Familienpflege lebt.

50 *Bielecke*, FPR 2013, 471, 472

Übersicht

	Rn.
A. Allgemeines	1
I. Normzweck	1
II. Anwendungsbereich	3
B. Inhalt der Norm	9
I. Hinzuziehung als Beteiligte (Abs. 1)	10
1. Voraussetzungen der Hinzuziehung	10
2. Form der Hinzuziehung	17
3. Rechtsfolgen der Hinzuziehung	23
II. Anhörungspflicht (Abs. 2)	23
1. Voraussetzungen und Form der Anhörung	23
2. Rechtsfolgen der Anhörung	28
C. Rechtsfolgen der Nichtbeachtung	29

A. Allgemeines

I. Normzweck

1 Mit der Regelung soll zum einen die **verfahrensrechtliche Position der Pflegepersonen gestärkt** werden. Sind die gesetzlichen Voraussetzungen der Norm erfüllt, dann „sind" die Pflegepersonen des Kindes nicht nur zu hören, sondern das Gericht „kann" ihnen sogar den verfahrensrechtlichen Beteiligtenstatus zuerkennen. Damit wird nicht zuletzt dem Umstand Rechnung getragen, dass die soziale Beziehung des Kindes zu seinen Pflegeeltern den verfassungsrechtlichen Schutz von Art. 6 Abs. 1 GG genießt.[1]

2 Zum anderen ist § 161 Abs. 2 FamFG auch eine **Konkretisierung des Amtsermittlungsgrundsatzes** aus § 26 FamFG. Denn um eine hinreichende Grundlage für eine am Kindeswohl orientierte Entscheidung zu erlangen ist es regelmäßig unumgänglich, dass das Familiengericht die Personen befragt, die auf Grund ihres unmittelbaren Kontakts zu dem Kind aktuelle und detaillierte Informationen in das Verfahren einbringen können.

II. Anwendungsbereich

3 Die Norm ist nur auf solche Verfahren anwendbar, **„die die Person des Kindes betreffen"**. Dies sind Verfahren, welche die Lebensführung und Lebensstellung des Kindes zum Gegenstand haben und nicht ausschließlich vermögensrechtlicher Natur sind.[2]

4 Die Norm ist, was in der Praxis häufig übersehen wird, sowohl bei funktioneller Zuständigkeit des **Richters** als auch in den Fällen anwendbar, in denen der **Rechtspfleger** für das gerichtliche Verfahren und die Entscheidung zuständig ist.

▶ *Näher zur funktionalen Zuständigkeit siehe Heilmann, Kommentierung zu §§ 3, 14 RPflG.*

5 Soweit es sich hingegen um ein Verfahren betreffend die Unterbringung eines minderjährigen Kindes handelt (§ 151 Nr. 6 und 7 FamFG), ist die gesetzliche Regelung des § 167 FamFG vorrangig.

▶ *Näher zum Verfahren bei freiheitsentziehenden Maßnahme bzw. geschlossener Unterbringung Minderjähriger siehe Fink, Kommentierung zu § 167 FamFG.*

6 Die Norm behandelt nur die verfahrensrechtliche Stellung der **„Pflegeperson"** (Abs. 1 Satz 1, Abs. 2) sowie der **„Bezugsperson"** (Abs. 1 Satz 2, Abs. 2). Pflegepersonen sind alle Personen, zu denen ein tatsächliches Pflegeverhältnis familienähnlicher Art besteht. Dies kann in einem Bereitschaftspflegeverhältnis ebenso wie in einer Dauerpflegestelle i.S.v.

---

1 Siehe nur BVerfG FamRZ 1989, 31 ff.
2 Siehe nur OLG Saarbrücken ZKJ 2014, 209, sowie Prütting/Helms/*Hammer*, § 161 FamFG Rn. 3 m.w.N.

§ 33 SGB VIII der Fall sein.[3] Auch die Adoptionspflege i.S.v. § 1744 BGB kann ein solches Pflegeverhältnis begründen.[4] Selbst in einer Inobhutnahmeeinrichtung oder in einem Heim kann dieses begründet werden, wenngleich dieses häufig keine „längere Zeit" bestehen wird.

Es kommt mit Blick auf den Normzweck nicht darauf an, ob und inwieweit das **Pflegeverhältnis im privat-rechtlichen oder öffentlich-rechtlichen Sinne** wirksam begründet worden ist. Daher führt auch die Nichtbeachtung der Regelungen des SGB VIII, insbesondere von §§ 44 ff. SGB VIII, nicht zur Unanwendbarkeit der Norm.[5] 7

In Abgrenzung zur Pflegeperson ist die **Bezugsperson** nur der Ehegatte, Lebenspartner oder Umgangsberechtigte, bei dem das Kind auf Grund einer förmlichen und wirksamen gerichtlichen Entscheidung i.S.v. § 1682 BGB lebt. Die praktische Relevanz dieses Teils der Norm ist gering. 8

B. Inhalt der Norm

In allen Fällen, in denen ein Kind längere Zeit (hierzu Rn. 12 in einer Pflegefamilie oder bei anderen Bezugspersonen lebt, hat das Familiengericht diese nach Abs. 2 **anzuhören** und zu prüfen, ob es diese nach Abs. 1 als Beteiligte **hinzuzieht**. 9

I. Hinzuziehung als Beteiligte (Abs. 1)

1. Voraussetzungen der Hinzuziehung

Die Norm setzt nicht nur voraus, dass ihr Anwendungsbereich eröffnet ist (hierzu Rn. 3 bis 8). Hinzuziehung als Beteiligte nach § 161 Abs. 1 FamFG kommt unbeschadet dessen nur dann in Betracht, wenn ein **Fall der „Kann-Beteiligung"** i.S.v. § 7 Abs. 3 FamFG gegeben ist und nicht ein solcher, in denen die Pflege- oder Bezugspersonen ohnehin **„Muss-Beteiligte"** i.S.v. § 7 Abs. 1 bzw. § 7 Abs. 2 Nr. 1 FamFG sind. 10

Denn unbeschadet von Anwendungsbereich und Voraussetzungen des § 161 FamFG hat eine **„Muss-Beteiligung" der Pflege- bzw. Bezugsperson in folgenden Fällen** zu erfolgen:[6] 11

- Verfahren auf Herausgabe des Kindes[7] bzw. Erlass einer Verbleibensanordnung (§§ 1632 Abs. 4, 1682 BGB)
- Verfahren zur Übertragung von Sorgebefugnissen auf die Pflegeperson (§ 1630 Abs. 3 BGB)
- Umgangssachen nach § 1684 BGB[8]
- Umgangssachen nach § 1685 BGB[9] und
- Verfahren betreffend Entscheidungsbefugnisse (§§ 1688 Abs. 3, 4, 1687b Abs. 3 BGB, § 9 Abs. 3 LPartG).

Die zentrale Formulierung der Norm ist der Begriff **„längere Zeit"**. Für die praktische Handhabbarkeit dieser verfahrensrechtlichen Auswirkungen von sozialen Beziehungen des Kindes mag als **„grobe Daumenregel"** für diese verfahrensrechtliche Norm jedoch 12

---

3 OLG Saarbücken NZFam 2014, 74
4 KG FamRZ 2017, 243
5 OLG Hamburg ZKJ 2015, 399
6 Näher hierzu Prütting/Helms/*Hammer*, § 161 FamFG Rn. 2 m.w.N.
7 OLG Hamm FamRZ 2018, 286
8 Denn die Pflegeeltern sind in ihren eigenen Rechten betroffen, wenn ihnen eine Verpflichtung auferlegt werden soll, wozu auch das Bereithalten des Kindes gehört
9 Vgl. nur OLG Schleswig ZKJ 2019, 187

gelten, dass eine „längere Zeit" im Sinne der Norm mit Blick auf die vorliegend einzubeziehenden Besonderheiten des **kindlichen Zeitempfindens** am Alter des Kindes zu orientieren sind und in der Regel jedenfalls wie folgt zu bejahen ist:

- bei einem Lebensalter bis zu drei Jahren: nach drei Monaten
- bei einem Lebensalter von vier bis neun Jahren: nach sechs Monaten
- bei einem Lebensalter ab zehn Jahren: nach zwölf Monaten

13 Außerhalb der Verfahren, in denen die Pflegeperson sog. Muss-Beteiligte ist (vgl. oben Rn. 11), hat die Beteiligung **nach pflichtgemäßem Ermessen** in allen Verfahren zu erfolgen, welche „die Person des Kindes betreffen". Eine Einbeziehung hat im Sinne einer Negativabgrenzung damit in jenen Verfahren nicht zu erfolgen, die ausschließlich einen vermögensrechtlichen Hintergrund haben.[10]

14 **Beispiele** für den Anwendungsbereich des Abs. 1:

- Verfahren betreffend den (teilweisen) Entzug der elterlichen Sorge nach §§ 1666, 1666a BGB,[11]
- Verfahren betreffend die Übertragung der elterlichen Sorge auf den anderen Elternteil nach § 1680 BGB,
- Auswahl und Bestellung des Ergänzungspflegers bzw. Vormundes nach vorangegangenem (teilweisen) Entzug der elterlichen Sorge und
- Verfahren der Entlassung und Neubestellung eines Ergänzungspflegers bzw. Vormunds.

15 Sind die Voraussetzungen der Norm erfüllt, steht die Entscheidung über die Hinzuziehung im Ermessen des Familiengerichts (**„kann"**). Dieses ist pflichtgemäß auszuüben und wird vom Normzweck beeinflusst. Dabei ist nicht nur dem Ansinnen des Gesetzgebers Rechnung zu tragen, die Rechtsstellung der Pflegepersonen auch im verfahrensrechtlichen Sinne zu stärken. Es sind auch die Interessen des Kindes einzubeziehen.[12] Eine mit der Beteiligtenstellung einhergehende formelle Aufwertung der Position der Pflege- und Bezugspersonen wird bereits durch die umfassende Pflicht des Familiengerichts zur Gewährung rechtlichen Gehörs regelmäßig dazu führen, die am Kindeswohl zu orientierende Entscheidung auf eine breitere Grundlage zu stellen. Unabhängig hiervon dürfte eine förmliche Beteiligung dann zu unterbleiben haben, wenn die betroffenen Pflegeeltern eine solche ablehnen.[13]

16 Unbeschadet dessen werden nachhaltige **einvernehmliche Lösungen** in der Praxis häufig nur dann im Interesse des Kindes erreichbar und umzusetzen sein, wenn seiner sozialen Lebenswirklichkeit auch im Verfahrensrecht in der gebotenen Weise Rechnung getragen wird. Nach alledem ist mit Blick auf den Normzweck eher eine großzügige Ermessensausübung geboten. Gegen den Willen der betreffenden Person sollte eine förmliche Beteiligung hingegen in der Regel nicht erfolgen.

---

10 MüKo-FamFG/*Schumann*, § 161 G Rn. 6
11 OLG Köln FamRZ 2016, 1693; OLG Saarbrücken ZKJ 2014, 117 ff.; OLG Bremen ZKJ 2013, 460 f.
12 BT-Drucks. 16/6308, 241
13 OLG Saarbrücken FamRZ 2016, 1093

2. Form der Hinzuziehung

Form und Verfahren der Hinzuziehung bestimmt sich nach der allgemeinen Regelung in § 7 Abs. 3 bis 5 FamFG nach folgenden Schritten: 17

- Benachrichtigung der betreffenden Person von der Einleitung der Kindschaftssache und – unbeschadet der Anhörungspflicht nach Abs. 2 (!) – Hinweis auf die Möglichkeit der Beteiligung,
- Antrag der betreffenden Personen oder Beteiligung von Amts wegen,
- Gewährung rechtlichen Gehörs für die übrigen Beteiligten,
- Ermessensausübung und schließlich
- Entscheidung über die Hinzuziehung.

Erfolgt die Hinzuziehung: Zwischenbeschluss[14]

(„In pp. werden ... als Beteiligte hinzugezogen")

Dieser ist unanfechtbar.

Jedoch kann die **Hinzuziehung auch nicht förmlich** dadurch in wirksamer Weise erfolgen, dass die Pflege- bzw. Bezugsperson mit den übrigen Beteiligten zu einem gerichtlichen Termin geladen wird. Erfolgt dann nicht nur eine Anhörung nach § 161 Absatz 2 FamFG, sondern wird ihnen auch die Anwesenheit im (weiteren)Termin, insbesondere während der mündlichen Erörterung, der persönlichen Anhörung der Eltern, der mündlichen Stellungnahme des Jugendamtsvertreters oder des Verfahrensbeistandes gestattet, ist darin auch die Hinzuziehung als Beteiligter nach Abs. 1 zu sehen. Gleiches gilt, wenn ihnen – über die Nachricht der Verfahrenseinleitung hinaus – das Verfahren betreffende Schriftstücke zugesendet werden.[15] 18

Da die Entscheidung über die Hinzuziehung selbst **formlos möglich und unanfechtbar** ist, kann sie vom Familiengericht auch jederzeit – im Rahmen des pflichtgemäßen Ermessens – abgeändert werden. Dann sind jedoch ggf. die Besonderheiten bei der Ablehnung einer beantragten Hinzuziehung (ex nunc) zu beachten (siehe oben Rn. 18). 19

Ablehnung einer beantragten Hinzuziehung (Zwischenbeschluss): 20

(„In pp. wird der Antrag von ... auf Hinzuziehung als Beteiligte zurückgewiesen.").

Der Beschluss ist gemäß § 7 Abs. 5 Satz 2 FamFG mit der sofortigen Beschwerde entsprechend §§ 567 bis 572 ZPO anfechtbar und bedarf einer entsprechenden Rechtsbehelfsbelehrung.

▶ *Näher zu den Rechtsmitteln siehe Dürbeck, § 58 FamFG Rn. 9 ff.*

In der Praxis sollte beachtet werden, dass alle Pflege- und Bezugspersonen des Kindes in den Beschluss aufgenommen werden, insbesondere beide Pflegeelternteile. 21

3. Rechtsfolgen der Hinzuziehung 22

Es ergeben sich mit der Hinzuziehung **alle Rechte eines Beteiligten** (siehe hierzu *Köhler*, § 7 FamFG Rn. 2), insbesondere ist bei Vorliegen der weiteren gesetzlichen Voraussetzungen Verfahrenskostenhilfe zu bewilligen. Auch ist rechtliches Gehör zu allen Verfahrensschritten und Ermittlungsergebnissen zu gewähren, insbesondere sind die eingehenden Stellungnahmen der Eltern, des Jugendamtes und ein etwaiges Sachverständigengutach-

14 Ein solcher ist nicht gesetzlich vorgeschrieben, aber für die Praxis aus Gründen der Rechtsklarheit und Transparenz für die übrigen Beteiligten zu empfehlen

15 MüKo-FamFG/*Pabst*, § 7 Rn. 22

ten an den Beteiligten zu übermitteln. In den Tenor der Entscheidung kann der Beteiligte, auch durch Aufnahme von Verpflichtungen, die dann vollstreckbar sind, einbezogen werden. Ein Vergleich i.S.v. § 156 Abs. 2 FamFG bedarf dann der Zustimmung der Pflege- bzw. Bezugsperson. Die Entscheidung ist ihnen zuzustellen. Ein Beschwerderecht folgt hingegen aus der Beteiligung alleine noch nicht, hierzu bedarf es – anders als in § 162 Abs. 3 Satz 2 FamFG – der Beschwerdeberechtigung (siehe hierzu *Dürbeck,* Kommentierung zu§ 59 FamFG).

II. Anhörungspflicht (Abs. 2)

1. Voraussetzungen und Form der Anhörung

23 Die Anhörung von Pflege- und Bezugspersonen hat unter **denselben Voraussetzungen** zu erfolgen wie die Beteiligung, sie hat jedoch unabhängig hiervon zu erfolgen, d.h. auch wenn eine förmliche Beteiligung nicht erfolgt, ist in der Sache nach Abs. 2 anzuhören. Der maßgebliche Unterschied ist zudem, dass bei Vorliegen der Voraussetzungen **nicht noch eine Ermessensausübung** des Familiengerichts zu erfolgen hat. Vielmehr ist ein Absehen von der Anhörung – außerhalb eines Eilverfahrens (hier gilt § 160 Abs. 4 FamFG entsprechend) – nicht möglich.[16]

24 Die Pflicht des Gerichts zur Anhörung erstreckt sich auf **alle Pflege- und Bezugspersonen** des Kindes. Soweit sich etwa nur ein Pflegeelternteil äußert, lässt dies die Pflicht zur Anhörung des anderen Pflegeelternteils noch nicht entfallen.

25 Die Anhörungspflicht korrespondiert nicht mit einer Pflicht der Pflege- oder Bezugsperson, sich gegenüber dem Gericht auch **zu äußern**. Die Pflicht zur Anwesenheit in einem Termin kann im Anwendungsbereich von Abs. 2 nicht mit Zwangsmitteln durchgesetzt werden, denn nur wenn die Pflege- und Bezugsperson auch Beteiligter ist (über § 161 Abs. 1 FamFG oder als Muss-Beteiligter), kann bei Nichterscheinen im Termin ein Ordnungsgeld verhängt werden (vgl. § 33 Abs. 3 FamFG).

26 **Form und „Setting"** der Anhörung liegt, anders als das „ob" der Anhörung, im **pflichtgemäßen Ermessen des Gerichts**. Es kann also entscheiden, ob diese

- schriftlich erfolgt, also im Wege eines Anschreibens und Setzung einer Stellungnahmefrist,
- ausnahmsweise (persönlich) telefonisch oder in einem gesonderten Termin allein erfolgt, wobei mit Blick auf § 28 Abs. 4 FamFG und zur Gewährung rechtlichen Gehörs der (übrigen) Beteiligten ein schriftlicher Vermerk zu fertigen ist oder
- persönlich im Rahmen des mit den anderen Beteiligten anberaumten Termins erfolgt.

27 Der **Inhalt der Anhörung** hängt von den Umständen des Einzelfalls ab. Regelmäßig kann es aber geboten sein, die Pflege- bzw. Bezugsperson zu

- dem Erstkontakt mit dem Kind und dessen damaliger Situation bzw. Verhalten,
- dem aktuellen Tagesablauf bzw. der aktuellen Situation des Kindes,
- der Beziehung des Kindes zu ihnen,
- den weiteren Perspektiven des Kindes aus ihrer Sicht,
- ihren Erfahrungen mit den leiblichen Eltern sowie
- dem Verhalten des Kindes nach einem etwaigen Umgangskontakt mit den leiblichen Eltern

zu befragen.

---

16 BT-Drucks. 16/6308, 241; siehe etwa OLG Saarbrücken ZKJ 2016, 269

2. Rechtsfolgen der Anhörung

Die Anhörung selbst vermittelt noch nicht die Beteiligtenstellung (§ 7 Abs. 6 FamFG; siehe aber Rn. 18). Die verfahrensrechtliche Rechtsposition des Anzuhörenden ist wesentlich **schwächer als diejenige eines Beteiligten**. Insbesondere ist dem Anzuhörenden kein rechtliches Gehör zu gewähren, er erhält keine Verfahrensschriftstücke, muss nicht über den Ausgang des Verfahrens unterrichtet zu werden und kann auch sonst nicht auf das Verfahren Einfluss zu nehmen. Auch Verfahrenskostenhilfe ist nur einem Beteiligten zu gewähren. **28**

C. Rechtsfolgen der Nichtbeachtung

Eine verfahrensabschließende Entscheidung, die unter Nichtbeachtung der gesetzlichen Regelung des § 161 FamFG ergeht, ist verfahrensfehlerhaft. Dies ist in der Praxis noch viel zu häufig der Fall, da die gesetzliche Regelung nicht selten übersehen wird. Das Beschwerdegericht wird im Falle eines Rechtsmittels zu prüfen haben, ob es – im Anwendungsbereich des § 155 FamFG in der Regel – die unterbliebenen Verfahrenshandlungen nachholt oder ob es, soweit dies beantragt wird, die Entscheidung des Amtsgerichts nebst dem zu Grunde liegenden Verfahren aufhebt und die Sache zur weiteren Verhandlung und Entscheidung an das Amtsgerichts zurückverweist.[17] **29**

▶ *Näher zur Aufhebung und Zurückverweisung siehe Dürbeck, Kommentierung zu § 69 FamFG.*

§ 162 FamFG Mitwirkung des Jugendamts

(1) [1]Das Gericht hat in Verfahren, die die Person des Kindes betreffen, das Jugendamt anzuhören. [2]Unterbleibt die Anhörung wegen Gefahr im Verzug, ist sie unverzüglich nachzuholen.

(2) [1]In Verfahren nach den §§ 1666 und 1666a des Bürgerlichen Gesetzbuchs ist das Jugendamt zu beteiligen. [2]Im Übrigen ist das Jugendamt auf seinen Antrag am Verfahren zu beteiligen.

(3) [1]In Verfahren, die die Person des Kindes betreffen, ist das Jugendamt von Terminen zu benachrichtigen und ihm sind alle Entscheidungen des Gerichts bekannt zu machen. [2]Gegen den Beschluss steht dem Jugendamt die Beschwerde zu.

Übersicht

	Rn.
A. Allgemeines	1
B. Inhalt der Norm	3
I. Anhörung des Jugendamts (Abs. 1)	3
1. Die „Person" des Kindes betreffend	3
2. „Verfahren"	4
3. Ausnahmen	5
4. Zuständiges Jugendamt	6
a) Örtliche Zuständigkeit	7
b) Sachliche Zuständigkeit	9
c) Konkret zuständiger Mitarbeiter	10
5. Folgen unterbliebener Beteiligung	11
6. Zeitpunkt	12
7. Zweck	13

17 Vgl. OLG Saarbrücken ZKJ 2014, 209 f.

8. Form 14
9. Inhalt der Äußerung des Jugendamts 15
10. Datenschutz 16
11. Rechtsschutz gegen die fachliche Äußerung des Jugendamts 17
II. Beteiligung (Abs. 2) 18
1. Vorbemerkung 18
2. Muss-Beteiligung (Abs. 2 Satz 1) 19
3. Kann-Beteiligung (Abs. 3 Satz 2) 22
III. Terminsnachricht und Bekanntmachung (Abs. 3 Satz 1) 25
IV. Beschwerderecht (Abs. 3 Satz 2) 26
C. Verhältnis Familiengericht – Jugendamt 28
D. Die Veränderung der Rolle des Jugendamts durch die Einführung des Verfahrensbeistands 28

A. Allgemeines

1 § 162 FamFG regelt die **Anhörung und Form der Mitwirkung des Jugendamts** in Kindschaftssachen, die die **Person des Kindes** betreffen. Nachdem die in der ursprünglichen Fassung der Vorschrift vorgesehene Möglichkeit einer in das freie Ermessen des Jugendamts gestellten formellen Beteiligungsmöglichkeit[1] in der Praxis keine Rolle spielte, hat der Gesetzgeber reagiert und zum 1.1.2013[2] in Abs. 2 eine **Mussbeteiligung des Jugendamts** in Verfahren der **Kindeswohlgefährdung** nach §§ 1666, 1666a BGB geschaffen. Die von § 162 FamFG erfassten Anhörungstatbestände finden sich im **materiellen Recht des BGB** und Spezialgesetzen wie das RKEG oder NamÄG.[3] In Bezug auf Kindschaftsverfahren wird § 162 FamFG ergänzt durch weitere die Mitwirkung des Jugendamts vorsehende Vorschriften der § 194 FamFG (Adoptionssachen) und § 176 FamFG (Abstammungssachen). Soweit Kinder betroffen sind bei Entscheidungen über die Zuweisung einer Wohnung nach §§ 2 GewSchG oder §§ 1361b, 1568a BGB sehen §§ 204 Abs. 2, 205, 212, 213 FamFG die Anhörung und fakultative Beteiligung des Jugendamts vor.

2 Aus **Sicht des Jugendamts** ist seine Aufgabe zur Mitwirkung im familiengerichtlichen Verfahren in **§ 2 Abs. 3 Nr. 6 i. V. m. § 50 SGB VIII** geregelt. Der aus § 162 Abs. 1 FamFG folgenden Pflicht des Familiengerichts zur Anhörung des Jugendamts steht eine Pflicht des Jugendamts zur Mitwirkung am Verfahren gegenüber, die zwar nicht aus § 162 Abs. 1 FamFG resultiert, aber aus § 50 Abs. 1 Satz 2 SGB VIII.[4]

B. Inhalt der Norm

I. Anhörung des Jugendamts (Abs. 1)

1. Die „Person" des Kindes betreffend

3 Gemäß § 162 Abs. 1 FamFG ist das **Jugendamt** (zwingend) in Verfahren, die die **Person des Kindes betreffen**, vom Familiengericht **anzuhören**. Gemeint sind hier nicht nur Verfahren i.S.d. § 151 Nr. 1 FamFG, die die Personensorge im engeren Sinne (vgl. § 1631 BGB) betreffen, sondern alle Kindschaftssachen nach § 151 Nr. 1 bis 5 und Nr. 8 FamFG, die nicht ausschließlich vermögensrechtlicher Art sind.[5] Eine Anhörung des Jugendamts hat aber auch dann in vermögensrechtlichen Angelegenheiten des Kindes stattzufinden, wenn das Verfahren wegen einer Gefährdung des Vermögens des Kindes nach § 1666 Abs. 2 BGB geführt wird, weil das Jugendamt hier nach § 162 Abs. 2 FamFG Muss-Beteilig-

---

1 Vgl. dazu noch *Lack*, ZKJ 2010, 189; *Katzenstein*, FPR 2011, 20; *Heilmann*, FamRZ 2010, 1391; *Oberloskamp*, ZKJ 2016, 336
2 BGBl. I 2012 S. 2418
3 Vgl. die ausführliche Darstellung nahezu aller Anhörungstatbestände bei Wiesner/*Dürbeck*, Anh. 3 SGB VIII Rn. 32 ff.
4 Wiesner/*Dürbeck*, Anh. 3 Rn. 5; FK-SGB VIII/*Trenczek*, § 50 Rn. 19
5 BGH FamRZ 2012, 292

ter ist. Entgegen der Gesetzesbegründung und einer in der Literatur vertretenen Auffassung[6] findet § 162 FamFG keine unmittelbare Anwendung auf Unterbringungssachen nach § 151 Nr. 6 und 7 FamFG. Hier folgt die Notwendigkeit der Mitwirkung des Jugendamts aus der Verweisung von § 167 Abs. 1 Satz 1 FamFG auf §§ 315 Abs. 3, 320 FamFG.[7]

2. „Verfahren"

4 Eine Anhörung des Jugendamts ist nach Abs. 1 Satz 1 in allen familiengerichtlichen **Verfahren**, die die Person des Kindes betreffen, vorgesehen. Umstritten ist, ob die **Anhörungsvorschriften der §§ 159 ff. FamFG** – und damit auch § 162 Abs. 1 FamFG – im **Vollstreckungsverfahren** nach §§ 86 ff. FamFG gelten, was in der Praxis insbesondere bei Ordnungsmittelverfahren wegen Verstößen gegen eine vollstreckbare Umgangsregelung eine große Rolle spielt. § 92 Abs. 1 FamFG sieht insoweit nur die Pflicht zur Anhörung des Verpflichteten vor. Nach einer in der Literatur weit verbreiteten Auffassung[8] sollen im kindschaftsrechtlichen Vollstreckungsverfahren die Anhörungsvorschriften der §§ 159 ff. FamFG, also auch § 162 FamFG gelten, so dass auch das Jugendamt vor der Entscheidung zwingend anzuhören wäre. Für diese Auffassung spricht die vor dem 1.9.2009 zu § 33 FGG a. F. ergangene Rechtsprechung[9] und auch der Umstand, dass es sich beim Vollstreckungsverfahren um rechtlich selbständige Verfahren handelt.[10] Auch ist der Gesetzgeber offenbar davon ausgegangen, dass § 162 FamFG hier Geltung beansprucht.[11] Gleichwohl ist der Gegenauffassung[12] zu folgen, dass mangels Geltung von § 162 FamFG das Jugendamt hier nicht zwingend anzuhören ist. Denn mit § 92 Abs. 1 FamFG, wonach (nur) der Verpflichtete anzuhören ist, hat der Gesetzgeber für das Vollstreckungsverfahren eine **vorrangige Spezialregelung** in der Frage der Anzuhörenden geschaffen, die eine Geltung von §§ 158 ff. FamFG ausschließt und im Übrigen auch eine nur schriftliche Anhörung des Schuldners grundsätzlich ausreichen lässt. Auch bedarf es einer Stellungnahme des Jugendamts insoweit nicht, als im Vollstreckungsverfahren eine **erneute materielle Kindeswohlprüfung nicht** stattfindet.[13] Eine Anhörung des Jugendamts kann das Familiengericht im Vollstreckungsverfahren gleichwohl im Rahmen seiner Amtsermittlungspflicht (§ 26 FamFG) durchführen, wenn es z. B. einer sozialpädagogischen Stellungnahme des Jugendamts als Fachbehörde bedarf, damit das Familiengericht beurteilen kann, ob der Verpflichtete im Rahmen des Umgangs dazu in der Lage war, **erzieherisch auf das Kind einzuwirken**, weil nur bei einem **Verschulden des Verpflichteten** Ordnungsmittel verhängt werden können. Wird das JAmt vom FamG entgegen der hier vertretenen Auffassung angehört, so sollte sich seine Stellungnahme aus den o. g. Gründen nicht auf die Frage der Kindeswohldienlichkeit des Ordnungsmittels beziehen, sondern vielmehr die Gründe des Verpflichteten zur Nichteinhaltung seiner Pflichten, z. B. das Kind zu dem vereinbarten Umgangskontakt zu verbringen, beleuchten.

▶ *Zur Gegenansicht näher Cirullies, § 92 FamFG Rn. 2.*

---

6 BT-Drucks. 16/6308, 241; MüKo-FamFG/*Schumann,* § 162 Rn. 4; Keidel/*Engelhardt,* § 162 FamFG Rn. 3

7 Prütting/Helms/*Hammer,* § 162 FamFG Rn. 5; MüKo-FamFG/*Heilmann,* § 167 Rn. 10

8 Keidel/*Giers,* § 92 FamFG Rn. 2; MüKo-FamFG/*Schumann,* § 162 FamFG Rn. 4, und *Zimmermann,* § 92 FamFG Rn. 2; *Cirullies*, ZKJ 2010, 174, 177; offengelassen von OLG Karlsruhe FamRZ 2011, 1669

9 Vgl. etwa OLG Rostock NJW-RR 2009, 1093; OLG Hamm FamRZ 2004, 1797

10 BGH FamRZ 2011, 1729

11 BT-Drucks. 16/6308, 241

12 *Musielak/Borth/Grandel,* § 92 FamFG Rn. 2; Zöller/*Feskorn,* § 92 FamFG Rn. 2; Thomas/Putzo/*Hüßtege,* § 92 FamFG Rn. 1; Prütting/Helms/*Hammer,* § 162 FamFG Rn. 7

13 BGH NJW-RR 2012, 324 auch zu möglichen Ausnahmen

3. Ausnahmen

5 Eine nicht unbedeutsame und zu Recht kritisierte[14] **Ausnahme vom Grundsatz der Anhörung** und Möglichkeit der Beteiligung des Jugendamts ergibt sich aus § 155a Abs. 3 Satz 1 FamFG bei der Durchführung des **vereinfachten schriftlichen Verfahrens** zur Übertragung der **gemeinsamen elterlichen Sorge**. Hier findet ausdrücklich keine Anhörung des Jugendamts statt. Nach Satz 2 der vorbezeichneten Regelung erhält das nach § 87c Abs. 6 Satz 2 SGB VIII zuständige Jugendamt aber eine Mitteilung der getroffenen Entscheidung, damit es das Sorgeregister nach § 58a SGB VIII vervollständigen kann.

▶ *Näher hierzu Fink, § 155a FamFG Rn. 32.*

Nur eine scheinbare Ausnahme von der Anhörung des Jugendamts folgt aus § 162 Abs. 1 Satz 2 FamFG, wonach bei Gefahr im Verzug (z. B. bei Erlass einer einstweiligen Anordnung) zwar die Anhörung zunächst unterbleiben kann, diese jedoch unverzüglich nachzuholen ist.

4. Zuständiges Jugendamt

6 § 162 Abs. 1 FamFG regelt nicht, welches sachlich und örtliche zuständige Jugendamt anzuhören ist. Diese Fragen sind im SGB VIII geregelt und vom Familiengericht zu beachten.[15]

a) Örtliche Zuständigkeit

7 Die **örtliche Zuständigkeit** des Jugendamts für seine Mitwirkung im familiengerichtlichen Verfahren, die für das Jugendamt selbst in § 2 Abs. 3 Nr. 6 i. V. m. § 50 SGB VIII geregelt ist, ergibt sich aus § 87b i. V. m. § 86 Abs. 1 bis 4 SGB VIII. § 86 Abs. 2 Satz 2 SGB VIII bestimmt z. B. für den Fall, dass die gemeinsam personensorgeberechtigten Eltern verschiedene Wohnsitze haben, die örtliche Zuständigkeit desjenigen Jugendamts, bei dem das **Kind zuletzt seinen gewöhnlichen Aufenthalt** hatte.[16] Bei alleinigem elterlichen Sorgerecht ist der Wohnsitz dieses Elternteils maßgeblich. Kommt es auf den gewöhnlichen Aufenthalt des Kindes an, begründet ein zum Zeitpunkt der Einleitung des Verfahrens bereits erfolgter Wechsel des Kindes in eine Bereitschaftspflegestelle noch keinen neuen gewöhnlichen Aufenthalt, da dieser nur für vorübergehende Zeit angelegt ist.[17]

8 Wichtig ist, dass nach § 87b Abs. 2 SGB VIII die zu Beginn des Verfahrens begründete örtliche Zuständigkeit eines Jugendamts auch dann bis zur Beendigung des familiengerichtlichen Verfahrens bestehen bleibt, wenn sich die hierfür maßgeblichen Umstände, insbesondere durch einen Wegzug des Kindes und seinen Eltern, während des Verfahrens verändert haben.[18] Soweit sich nach einem Wegzug des Kindes mit seinem betreuenden Elternteil die Notwendigkeit eines Berichts durch das Jugendamt vor Ort ergibt, kann das Familiengericht im Rahmen seiner Amtsermittlungspflicht nach § 26 FamFG das für die Mitwirkung im Verfahren zuständige Jugendamt ersuchen, im Wege der Amtshilfe das Jugendamt vor Ort einzubeziehen. § 26 FamFG gestattet es aber dem Familiengericht auch, sich unmittelbar an das Jugendamt am neuen Wohnsitz des Kindes oder Elternteils zu wenden und um eine Stellungnahme nachzusuchen.[19]

---

14 Vgl. *Heilmann*, NJW 2013, 1473; *Dürbeck*, ZKJ 2013, 330, 333
15 Vgl. BGH FamRZ 2015, 1699; ZKJ 2014, 104, und NZFam 2014, 69 jeweils zur sachlichen Zuständigkeit, dazu *Dürbeck*, ZKJ 2014, 266; OLG Frankfurt FamRZ 2017, 244 zur Anhörung eines örtlich nicht zuständigen Jugendamts
16 Vgl. weitere Einzelheiten bei Wiesner/*Wiesner*, § 87b SGB VIII Rn. 3 ff.
17 OLG Saarbrücken NJOZ 2018, 1931
18 OLG Hamm NJW-RR 2019, 262
19 Keidel/*Engelhardt*, § 162 FamFG Rn. 6

b) Sachliche Zuständigkeit

Die **sachliche Zuständigkeit** des Jugendamts ist in § 85 SGB VIII geregelt und geht für den Regelfall von der Zuständigkeit des **örtlichen Trägers** aus. In den eingangs erwähnten drei vom BGH entschiedenen Fällen[20] hatte aber das Amtsgericht übersehen, dass es gemäß § 162 FamFG nicht den in Berlin nach dortigem Landesrecht für Inobhutnahmen nach § 42 Abs. 1 Nr. 3 SGB VIII zuständigen überörtlichen Träger der Jugendhilfe (in Berlin die Senatsverwaltung), sondern den für die Mitwirkung im Verfahren nach § 50 SGB VIII zuständigen örtlichen Träger der Kinder- und Jugendhilfe (in Berlin das Bezirksjugendamt) hätte beteiligen müssen.[21] Eine Anhörung des **Landesjugendamts** ist in Adoptionsverfahren in bestimmten Fällen nach § 195 FamFG vorgesehen (siehe näher hierzu *Braun*, § 195 FamFG Rn. 4 ff.). 9

c) Konkret zuständiger Mitarbeiter

Keinen Einfluss können die Beteiligten darauf nehmen, welcher Mitarbeiter konkret am Verfahren mitwirkt. Nicht zulässig ist insbesondere die **Ablehnung** des für das Verfahren zuständigen Mitarbeiters des Jugendamts wegen des Vorwurfs der **Befangenheit**,[22] da dessen fachliche Äußerung anders als das vom Gericht eingeholte Sachverständigengutachten kein Beweismittel ist. Gibt das Verhalten der zuständigen Fachkraft Anlass zu Beanstandungen, so verbleiben sowohl dem Familiengericht selbst als auch den Verfahrensbeteiligten nur die Möglichkeit einer **Dienstaufsichtsbeschwerde**. Es besteht auch kein subjektives, vor dem Verwaltungsgericht einklagbares Recht auf Auswechslung des zuständigen Mitarbeiters.[23] 10

5. Folgen unterbliebener Beteiligung

Unterlässt das Familiengericht die gesetzlich nach § 162 Abs. 1 FamFG notwendige Anhörung des Jugendamts oder hört es ein unzuständiges Jugendamt an, so stellt dies einen **schweren Verfahrensmangel** dar, der auf Antrag gemäß § 69 Abs. 1 Satz 2 und 3 FamFG regelmäßig zur **Aufhebung der Entscheidung und Zurückverweisung des Verfahrens** an das Amtsgericht führen wird.[24] Etwas anderes kann im Einzelfall mit Blick auf das Vorrang- und Beschleunigungsgebot des § 155 FamFG gelten. Dann holt das Beschwerdegericht – ebenso wenn ein Zurückverweisungsantrag nicht gestellt wird – die unterbliebene Verfahrenshandlung im Rahmen des Beschwerdeverfahrens nach. Die unterbliebene Anhörung des Jugendamts kann weiterhin Grund für eine **Befangenheit** des Richters sein.[25] 11

6. Zeitpunkt

Der Zeitpunkt der Anhörung des Jugendamts liegt im **pflichtgemäßen Ermessen** des Familiengerichts.[26] In den in § 155 Abs. 1 FamFG genannten Kindschaftssachen ist wegen des erhöhten Beschleunigungsbedürfnisses aber bereits im **frühen Termin** nach § 155 Abs. 2 Satz 3 FamFG eine persönliche Anhörung des Jugendamts vorgesehen, das auch bereits im Termin eine (erste) fachliche Stellungnahme abzugeben hat.[27] Das Familiengericht hat dabei im Hinblick auf seine **Belehrungspflicht nach § 7 Abs. 4 Satz 1 FamFG** zur Möglichkeit der Beteiligung am Verfahren das Jugendamt bereits von der Einleitung 12

20 BGH FamRZ 2015, 1699; ZKJ 2014, 104, und NZFam 2014, 69
21 Einzelheiten bei *Dürbeck*, ZKJ 2014, 266
22 OLG Celle FamRZ 2011, 1532; MüKo-FamFG/*Schumann,* § 162 Rn. 8
23 VG Köln ZKJ 2019, 157
24 BGH ZKJ 2014, 104; NJW 1987, 1024; OLG Frankfurt FamRZ 2017, 244; OLG Köln OLGR 2009, 438; OLG Düsseldorf FamRZ 1979, 859; *Lack*, ZKJ 2010, 189; *Walther,* JAmt 2009, 480
25 OLG Frankfurt a.M. JAmt 2010, 567
26 BeckOK-FamFG/*Schlünder,* § 162 Rn. 7
27 MüKo-FamFG/*Schumann,* § 162 Rn. 10; kritisch der Bundesrat in BT-Drucks. 16/6308, 360

des Verfahrens zu unterrichten.[28] Auch die **Häufigkeit der Anhörung** des Jugendamts steht im Ermessen des Gerichts und bestimmt sich nach den Umständen des Einzelfalls[29] und insbesondere der Dauer des Verfahrens. Die Anhörung des Jugendamts ist auch im Beschwerdeverfahren grundsätzlich zu wiederholen, es sei denn das Beschwerdegericht sieht nach § 68 Abs. 3 Satz 2 FamFG hiervon mangels Aussicht auf neue Erkenntnisse ab.[30]

7. Zweck

13 Die in § 162 Abs. 1 FamFG vorgesehene Anhörungspflicht dient in erster Linie der **Entscheidungsfindung** durch das Familiengericht und stellt sich daher als eine Form der Ermittlung und **Sachaufklärung** dar.[31] Die **sozialpädagogische Kompetenz** des Jugendamts soll dem Familiengericht dabei helfen, im Rahmen der Rechtsanwendung – vor allem in Bezug auf die Belange des betroffenen Kindes – die richtige Sachentscheidung zu treffen. Dabei soll das Jugendamt nicht als unselbständiges Hilfsorgan des Gerichts für das Verfahren relevante Tatsachen darlegen und sie im Rahmen seiner besonderen Kompetenz würdigen, sondern in eigenverantwortlicher und selbständiger Weise und nicht der Weisungskompetenz des Familiengerichts unterliegend im Verfahren mitwirken.[32]

8. Form

14 Die **Verpflichtung zur Anhörung** bedeutet, dass das Familiengericht dem Jugendamt Gelegenheit geben muss, sich vor der von ihm zu treffenden Entscheidung zu äußern. Gesetzliche Vorgaben über die Form der Anhörung existieren nicht. Auch sie steht im pflichtgemäßen richterlichen Ermessen, so dass grundsätzlich auch eine mündliche Anhörung des zuständigen Jugendamtsmitarbeiters genügen würde. Auf der anderen Seite entspricht es aber den Gepflogenheiten zwischen „Behörden" und dem Anspruch der Verfahrensbeteiligten auf eine ausreichende Vorbereitung einer mündlichen Erörterung bei einem Gericht, eine solche Äußerung in **schriftlicher Form** abzufassen und rechtzeitig vor einem Termin zu übersenden.[33] Soweit Äußerungen des Vertreters des Jugendamts in einem gerichtlichen Termin erfolgen, sind sie gemäß § 28 Abs. 4 FamFG in einem schriftlichen **Vermerk** festzuhalten. Eine **mündliche Stellungnahme** wird dann in Betracht kommen müssen, wenn das Jugendamt – wie leider in der Praxis häufig der Fall – die Familie noch nicht kennt und das Familiengericht einen frühen Termin nach § 155 Abs. 2 FamFG oder in einem einstweiligen Anordnungsverfahren nach §§ 49 ff. FamFG bestimmt.

9. Inhalt der Äußerung des Jugendamts

15 Die Stellungnahme des Jugendamts soll sich nicht auf die Darstellung von Tatsachen beschränken, sondern darüber hinaus auch eine psycho-soziale Bewertung der jeweiligen Fragestellung enthalten.[34] Sie erfolgt nicht in Gestalt eines Gutachtens, sondern als fachliche Äußerung.[35] Wegen der weiteren Einzelheiten und der Frage, ob die Äußerung des Jugendamts einen bestimmten Entscheidungsvorschlag enthalten muss, vgl. *Köhler*, § 50 SGB VIII Rn. 12.

---

28 Keidel/*Engelhardt*, § 162 FamFG Rn. 5; *Lack*, ZKJ 2010, 189, 190
29 Prütting/Helms/*Hammer*, § 162 FamFG Rn. 12
30 Anders die Gegenansicht, die eine Anhörung im Beschwerdeverfahren nur dann als erforderlich ansieht, wenn sich die maßgeblichen Verhältnisse seit der Erstentscheidung wesentlich verändert haben, vgl. BGH FamRZ 1986, 895; Johannsen/Henrich/*Büte*, § 162 FamFG Rn. 5; MüKo-FamFG/*Schumann*, § 162 Rn. 10; Haußleiter/*Fest*, § 162 FamFG Rn. 9; vgl. auch BGH NJW 1987, 1024 zum alten Recht
31 Keidel/*Engelhardt*, § 162 FamFG Rn. 2
32 OLG Celle FamRZ 2011, 1532; *Sommer*, S. 91 f.; *Rüting*, ZKJ 2011, 244; LPG-SGB VIII/*Berneiser/Diehl*, § 50 Rn. 9
33 FK-SGB VIII/*Trenczek*, Vor §§ 50 bis 52 Rn. 30; Prütting/Helms/*Hammer*, § 162 FamFG Rn. 10
34 Vgl. Wiesner/*Dürbeck*, Anh. 3 Rn. 12 ff.
35 Wiesner/*Wapler*, § 50 SGB VIII Rn. 53; a.A.: *Oberloskamp*, ZKJ 2016, 336, 341

10. Datenschutz

Soweit das Jugendamt nicht von sich selbst aus die Einleitung eines Kindschaftsverfahrens angeregt hat, muss es sich zunächst die für seine fachliche Äußerung relevanten Tatsachen selbst beschaffen. Auf welcher rechtlichen Grundlage dies geschehen soll, ist nicht ausdrücklich gesetzlich geregelt. Weder § 50 SGB VIII noch § 162 FamFG stellen selbst Ermächtigungsgrundlagen zur Erhebung von Sozialdaten dar.[36] Es muß daher auf die allgemeinen datenschutzrechtlichen Regeln des SGB VIII zurückgegriffen werden.[37] Wegen der Einzelheiten ist zu verweisen auf siehe *Köhler*, §§ 61 bis 68 SGB VIII Rn. 1 ff. 16

11. Rechtsschutz gegen die fachliche Äußerung des Jugendamts

Soweit ein Verfahrensbeteiligter mit einer fachlichen Äußerung des Jugendamts im Rahmen dessen Mitwirkung nach § 162 Abs. 1 FamFG nicht einverstanden ist, weil er sie etwa als unzutreffend, fachlich fehlerhaft oder ehrverletzend erachtet, besteht **kein vor den Verwaltungsgerichten einklagbarer öffentlich-rechtlicher Anspruch auf Unterlassen**.[38] Wegen der Einzelheiten siehe *Köhler*, § 50 SGB VIII Rn. 14. 17

II. Beteiligung (Abs. 2)

1. Vorbemerkung

Seit der ersten Gesetzesnovelle zu § 162 FamFG zum 1.1.2013[39] unterscheidet das Gesetz zwischen einer **Muss-Beteiligung** des Jugendamts in **Kindeswohlgefährdungsverfahren** (Abs. 2 Satz 1) und der Möglichkeit, sich auf eigenen Antrag hin am Verfahren zu beteiligen (sog. **Kann-Beteiligung** nach Abs. 2 Satz 2). Vor dem 1.1.2013 sah § 162 FamFG für alle Kindschaftsverfahren nur eine Kann-Beteiligung des Jugendamts vor, die in der Praxis von den betreffenden Jugendämtern kaum wahrgenommen worden war, was den Gesetzgeber dazu veranlasst hatte, zumindest in Verfahren nach §§ 1666, 1666a BGB eine Beteiligung des Jugendamts kraft Gesetzes vorzusehen.[40] Die mit Inkrafttreten des FamFG geschaffene Differenzierung zwischen Verfahren, in denen das Jugendamt formal i.S.d. § 7 FamFG beteiligt ist und solchen, in denen es lediglich nach § 162 Abs. 1 FamFG anzuhören ist, ist insgesamt wenig gelungen, zumal die Praxis entgegen der Forderungen in der Literatur[41] in Bezug auf die Bekanntmachung von Schriftstücken und Gerichtsentscheidungen sowie Terminsnachrichten an das Jugendamt eine unterschiedliche Handhabung nicht getätigt hat. 18

2. Muss-Beteiligung (Abs. 2 Satz 1)

Gemäß § 162 Abs. 2 Satz 1 FamFG ist das Jugendamt in **allen Verfahren nach §§ 1666, 1666a BGB** – also auch in solchen der Gefährdung des Kindesvermögens nach § 1666 Abs. 2 BGB – zu beteiligen. Dem liegt die Erwägung des Gesetzgebers zugrunde, dass in diesen Fällen der Kindeswohlgefährdung generell die Beteiligung des Jugendamts sinnvoll und notwendig ist.[42] 19

Wünschenswert wäre es gewesen, auch Verfahren, in denen ein **Umgangsausschluss** nach § 1684 Abs. 4 BGB oder eine **Verbleibensanordnung** nach § 1632 Abs. 4 BGB in Betracht kommt, mit einzubeziehen, da auch in diesen Fällen mögliche Kindeswohlgefährdungen zu prüfen sind. 20

---

36 VGH Hessen NVwZ-RR 2015, 258; OLG Zweibrücken ZKJ 2013, 256
37 *Hoffmann*, FPR 2011, 304, 306; *Kunkel*, ZKJ 2018, 355; FPR 2013, 487
38 VGH München ZKJ 2014, 38
39 Vgl. a.a.O. (Fn. 2)
40 BT-Drucks. 17/10490, 20
41 *Heilmann*, FamRZ 2010, 1391; *Lack*, ZKJ 2010, 189; *Müller-Magdeburg*, ZKJ 2009, 319; a.A. *Hoffmann*, FPR 2011, 304, 305 f.
42 BT-Drucks. 17/10490, 20

21 Ist das Jugendamt Beteiligter i.S.d. § 7 FamFG, so sind ihm **alle Schriftsätze** der anderen Beteiligten, sonstige Dokumente und alle **Zwischen- und Endentscheidungen** des Familiengerichts zu übermitteln und es ist zu **allen Terminen zu laden**. Außerdem besitzt es ein **Akteneinsichtsrecht** nach § 13 Abs. 1 FamFG, es kann ein **Befangenheitsgesuch** gegen einen Richter oder Sachverständigen stellen (§§ 6, 30 Abs. 1 FamFG, 42, 406 ZPO), Beschleunigungsrechtsbehelfe nach §§ 155b, 155c FamFG ergreifen und es muss einem **Vergleich** über den Umgang oder die Herausgabe des Kindes nach § 156 Abs. 2 FamFG **zustimmen** (siehe näher hierzu *Wegener*, § 156 FamFG Rn. 65).

Das **persönliche Erscheinen** eines zuständigen Mitarbeiters des Jugendamts kann zwar nicht im Wege der Vorführung oder Zwangsgeld erzwungen werden,[43] es kann aber ein **Ordnungsgeld** wegen Nichterscheinens im Termin nach § 33 Abs. 3 Satz 1 FamFG[44] angeordnet werden (siehe näher hierzu *Cirullies*, § 33, 34 FamFG Rn. 3 ff.).

Das nach § 162 Abs. 3 FamFG bestehende **Beschwerderecht** und das Recht auf Mitteilung aller Gerichtstermine und der Endentscheidung bestehen demgegenüber unabhängig von der formellen Beteiligung des Jugendamts. **Sachanträge** kann das Jugendamt – anderes als Verfahrensanträge – dagegen mangels materieller Antragsberechtigung (z. B. nach § 1671 BGB) nicht stellen.[45] Als Beteiligter ist das Jugendamt aber im **Rubrum** der gerichtlichen Endentscheidung aufzunehmen (§ 38 Abs. 2 Nr. 1 FamFG). Außerdem können ihm zwar als Beteiligter grundsätzlich auch die **Kosten des Verfahrens** nach § 81 FamFG auferlegt werden, jedoch entspricht es im Regelfall nicht der Billigkeit i.S.d. § 81 Abs. 1 FamFG das Jugendamt an den Kosten zu beteiligen,[46] so dass im Ergebnis nur bei einem Verschuldensvorwurf eine Kostenbeteiligung nach Maßgabe von § 81 Abs. 2 FamFG in Betracht zu ziehen ist[47] (vgl. § 81 FamFG Rn. 7). Auch dem Amtsvormund können Kosten trotz seiner Beteiligtenstellung in Sorge- und Umgangssachen – jedenfalls nach § 81 FamFG – nicht auferlegt werden.[48] Die **Anhörung des Jugendamts und seine Pflicht zu einer fachlichen Äußerung** nach § 162 Abs. 1 FamFG bestehen unabhängig von seiner Beteiligtenstellung.

3. Kann-Beteiligung (Abs. 3 Satz 2)

22 Gemäß § 162 Abs. 3 Satz 2 FamFG ist das Jugendamt – außerhalb von Verfahren nach §§ 1666, 1666a BGB – **auf seinen Antrag** zu beteiligen. Über dieses Antragsrecht hat das Familiengericht das Jugendamt nach § 7 Abs. 4 Satz 2 FamFG zu **belehren**, wobei eine im ersten Rechtszug unterbliebene Belehrung im Beschwerdeverfahren nachgeholt werden kann.[49] Stellt das Jugendamt den Antrag, so ist es zwingend zu beteiligen, gegen die Ablehnung der Beteiligung ist das Rechtsmittel der sofortigen Beschwerde nach § 7 Abs. 5 FamFG statthaft. Auch in der **Stellung eines Verfahrensantrages**[50] und in der **Einlegung der Beschwerde** nach §§ 58 ff. FamFG ist der Antrag auf Beteiligung am Verfahren zu sehen.[51] Hat sich das Jugendamt im ersten Rechtszug auf Antrag beteiligt, so setzt sich seine Beteiligung im zweiten Rechtszug automatisch fort.[52] Die Beteiligung des Jugendamts kann konkludent und formlos erfolgen,[53] ein gesonderter Beschluss ist nur bei Ableh-

---

43 Da das Jugendamt als Behörde beteiligt ist, vgl. OLG Oldenburg NJW-RR 1996, 650; OLG Schleswig FamRZ 1994, 1129; a.A. *Katzenstein*, FPR 2011, 20, 21
44 MüKo-FamFG/*Schumann*, § 162 FamFG Rn. 17; *Katzenstein*, FPR 2011, 20, 21
45 Prütting/Helms/*Hammer*, § 162 FamFG Rn. 20
46 OLG Frankfurt a.M. BeckRS 2015, 05693; OLG Celle FamRZ 2012, 1896
47 Zu einem solchen Fall vgl. AG Frankfurt ZKJ 2019, 74
48 BGH ZKJ 2017, 26; vgl. dazu *Dürbeck*, ZKJ 2017, 19
49 *Heilmann*, FamRZ 2010, 1391, 1393
50 BT-Drucks. 16/6308, 241
51 Keidel/*Engelhardt*, § 162 FamFG Rn. 10
52 BGH FamRZ 2012, 1049
53 *Lack*, ZKJ 2010, 189, 190; Keidel/*Zimmermann*, § 7 FamFG Rn. 18

nung des Antrages nach § 7 Abs. 5 FamFG notwendig. Wird das Jugendamt auf seinen Antrag hin beteiligt, so ergeben sich seine Rechte und Pflichten wie bei einer Muss-Beteiligung (*vgl. Rn. 16*).

Unterbleibt – wie im Regelfall – die formelle Beteiligung des Jugendamts, so ist seine Rechtsposition bis heute nicht hinreichend geklärt, obgleich die familiengerichtliche Praxis in Fragen der Bekanntmachung von Zwischenentscheidung und der Übersendung von Schriftsätzen der Beteiligten und eingeholten Beweismitteln, wie **Sachverständigengutachten** oder Vernehmungsprotokolle aus Strafverfahren, an das Jugendamt keine Unterschiede macht. Gleichwohl ist ein Teil der Literatur der Auffassung, dass bei fehlender Beteiligung dem Jugendamt nicht grundsätzlich eingegangene Sachverständigengutachten und Schriftsätze der Beteiligten zu übersenden seien, da sich sonst entgegen der gesetzgeberischen Zielsetzung eine Entlastung für das Familiengericht nicht ergäbe.[54] Demgegenüber ist ein anderer Teil des Schrifttums der Auffassung, dem Jugendamt seien auch im Rahmen seiner bloßen Mitwirkung nach § 162 Abs. 1 FamFG alle bei Gericht eingegangenen Schriftstücke, insbesondere Schriftsätze und Gutachten, zu übersenden.[55] Für die zuletzt genannte Ansicht wird angeführt, dass das Jugendamt unabhängig von der Entscheidung der Streitfrage auch als Nichtverfahrensbeteiligter ein umfassendes Akteneinsichtsrecht nach § 13 Abs. 2 FamFG haben dürfte, weil insoweit ein öffentliches Interesse besteht. Hier kann es aber selbst darüber befinden, ob es von diesem Recht Gebrauch macht oder nicht und wird vom Gericht nicht mit Schriftstücken befasst, an denen es kein Interesse hat. Auch nach der Gegenauffassung hat ohnehin das Familiengericht im Rahmen seiner Amtsermittlungspflicht nach § 26 FamFG dem Jugendamt für die Fertigung seiner fachlichen Äußerung nach § 162 Abs. 1 FamFG die hierfür maßgeblichen Umstände bekannt zu machen, so dass sich auch aus diesem Gesichtspunkt regelmäßig eine gerichtliche Pflicht zur Übersendung von Schriftstücken an das Jugendamt ergibt, um eine aktualisierte fachbehördliche Stellungnahme zur Grundlage seiner Entscheidung machen zu können. 23

Ist das Jugendamt **nicht beteiligt**, kann es keine Verfahrensanträge, wie Befangenheitsanträge, stellen und braucht einem **Vergleich** nach § 156 Abs. 2 FamFG **nicht zuzustimmen**. Es ist nicht verpflichtet zu einem **gerichtlichen Termin** zu erscheinen (Ausnahme § 155 Abs. 2 FamFG) und kann nur als Dritter nach § 81 Abs. 4 FamFG an den **Kosten** beteiligt werden. Das Beschwerderecht und das Recht auf Terminsnachricht und Übermittlung der Endentscheidung nach § 162 Abs. 3 FamFG steht ihm immer zu, so dass sich aus Sicht des Jugendamts angesichts seiner ohnehin bestehenden umfassenden Mitwirkungsrechte insgesamt wenig Anreize ergeben, sich an Kindschaftsverfahren nach § 162 Abs. 2 Satz 2 FamFG zu beteiligen.[56] 24

III. Terminsnachricht und Bekanntmachung (Abs. 3 Satz 1)

Nach dem zum 1.1.2013 neu eingefügten § 162 Abs. 3 Satz 1 FamFG ist das Jugendamt in allen Verfahren, die die Person des Kindes i.S.v. Abs. 1 betreffen, von **Terminen zu benachrichtigen** und es sind ihm **alle Entscheidungen des Familiengerichts bekannt zu machen**. Damit will der Gesetzgeber auch das nicht beteiligte Jugendamt in das Verfahren einbinden und ihm die Möglichkeit geben, sich über den Stand des Verfahrens zu **informieren** und ihm die Prüfung ermöglichen, ob es von seinem **Beschwerderecht** Gebrauch macht.[57] Die Pflicht zur Übersendung von Entscheidungen beschränkt sich dabei auf die 25

54 *Heilmann*, FamRZ 2010, 1391, 1392 f.; *Lack*, ZKJ 2010, 189, 191 f.
55 *DIJUF*-Rechtsgutachten JAmt 2010, 25; *Hoffmann*, FPR 2011, 304, 305 f.; *Katzenstein*, FPR 2011, 20
56 So auch MüKo-FamFG/*Schumann*, § 162 Rn. 17; Prütting/Helms/*Hammer*, § 162 FamFG Rn. 20; *Hoffmann*, FPR 2011, 304
57 BT-Drucks. 17/10490, 20

Endentscheidung.[58] Nicht zu übersenden sind Endentscheidungen, die im **vereinfachten Verfahren nach § 155a FamFG** ergangen sind, da hier nach § 155a Abs. 3 Satz 2 FamFG im Hinblick auf das auch nicht anzuhörende Jugendamt (*vgl. Rn. 5*) nur eine formlose Mitteilung an das für die Führung des Sorgeregisters zuständige Jugendamt erfolgt.

IV. Beschwerderecht (Abs. 3 Satz 2)

26 Nach § 162 Abs. 3 Satz 2 FamFG steht dem Jugendamt – **unabhängig von der Frage seiner Beteiligung** – ein **Beschwerderecht** gegen die vom Familiengericht getroffene **Endentscheidung**[59] zu. Diese **formelle Beschwerdebefugnis** i.S.d. § 59 Abs. 3 FamFG setzt keine Betroffenheit in eigenen Rechten voraus. Wichtig ist allerdings die Unterscheidung, ob das Jugendamt als nach **§ 162 Abs. 1 FamFG anzuhörende Behörde** bzw. **Verfahrensbeteiligter** Beschwerde (§ 2 Abs. 3 Nr. 6 SGB VIII) oder aber in seiner Funktion als **Amtsvormund oder Amtsergänzungspfleger** (§ 2 Abs. 3 Nr. 11 SGB VIII) einlegt.[60] Dem Letzteren fehlt insbesondere eine Beschwerdebefugnis gegen die Anordnung der Vormundschaft oder Pflegschaft[61] und der dieser vorangehenden Sorgerechtsentscheidung,[62] während das nach § 162 FamFG anzuhörende zuständige[63] Jugendamt immer beschwerdeberechtigt ist.

27 Ein Beschwerderecht des Jugendamts besteht aber nur insoweit, als die Beschwerde an sich **statthaft** ist, so dass z. B. wegen § 57 Satz 1 FamFG auch für das Jugendamt eine nach mündlicher Verhandlung in einem einstweiligen Anordnungsverfahren ergangene Umgangsentscheidung nicht anfechtbar ist, was in der Praxis von Jugendämtern nicht selten übersehen wird. Legt das Jugendamt **Rechtsbeschwerde** ein, so ist § 114 Abs. 3 FamFG (kein Anwaltszwang, aber **Vertretung durch Volljuristen**) zu beachten.

C. Verhältnis Familiengericht – Jugendamt

Unbestritten ist, dass das Jugendamt im Rahmen der ihm durch § 2 Abs. 3 Nr. 6 SGB VIII zugewiesenen Aufgabe der Mitwirkung am familiengerichtlichen Kindschaftsverfahren nicht als weisungsgebundenes Hilfsorgan des Familiengerichts tätig wird,[64] sondern dass es diese ihm zugewiesene gesetzliche Aufgabe selbständig und in eigener Verantwortung wahrnimmt. Auch entscheidet es über die Gewährung öffentlicher Hilfen eigenverantwortlich, was sich auch § 36a SGB VIII entnehmen lässt, wonach die öffentliche Kinder- und Jugendhilfe die Kosten einer Hilfe nur dann trägt, wenn sie auf der Grundlage ihrer (eigenen) Entscheidung gewährt und erbracht wird. Im Übrigen entspricht es auch heute der wohl immer noch vorherrschenden Anschauung, dass §§ 162, 155, 156 FamFG, 8a, 42, 50 SGB VIII die Vorstellung einer Kooperation zwischen Familiengericht und Jugendämtern zugrunde liegt, die auch im Hinblick auf das von beiden Institutionen wahrzunehmende staatliche Wächteramt nach Art. 6 Abs. 2 GG als *„Verantwortungsgemeinschaft"* bezeichnet wird.[65] Unklar ist aber bis heute, wie das Verhältnis der beiden Institutionen zu bestimmen ist, wenn das Jugendamt in Kinderschutzverfahren die Gewährung (weiterer) öffentlicher Hilfen verweigert, während das Familiengericht, das nach den Entscheidungen des BVerfG[66] nicht an die fachliche Einschätzung der Jugendhilfe gebunden sein soll, der

58 Prütting/Helms/*Hammer,* § 162 FamFG Rn. 27
59 *Schürmann*, FamRB 2009, 24, 25; *Krause*, FamRB 2009, 160; MüKo-FamFG/*Schumann,* § 162 Rn. 24
60 Zur oft nicht einfachen Abgrenzung OLG Frankfurt ZKJ 2017, 280
61 BGH NJW 2012, 685; OLG Frankfurt a.M. ZKJ 2017, 280; JAmt 2014, 170
62 OLG Frankfurt a.M. ZKJ 2017, 280; *Dürbeck,* FamRZ 2018, 553
63 Vgl. BGH NZFam 2014, 69; ZKJ 2014, 104
64 Prütting/Helms/*Hammer,* § 162 FamFG Rn. 17; FK-SGB VIII/*Trenczek,* § 50 Rn. 11; *Sommer,* S. 92 f.
65 Vgl. *Dittmann*, ZKJ 2014, 180; *Lack/Heilmann*, ZKJ 2014, 308, 311 f.; *Lewe*, FPR 012, 440; *Rüting*, ZKJ 2011, 244
66 BVerfG ZKJ 2014, 24,2 und FamRZ 2014, 1266

Auffassung ist, ein Sorgerechtsentzug könne durch die Gewährung (weiterer) öffentlicher Hilfen vermieden werden. Auch im Bereich des begleiteten Umgangs kommt es immer wieder zu Konflikten zwischen Familiengericht und Jugendamt, soweit es um dessen Notwendigkeit oder Häufigkeit geht.[67] Der Begriff der Verantwortungsgemeinschaft sollte daher in diesem Zusammenhang aufgegeben werden.

▶ *Ausführlich hierzu Köhler, § 36a SGB VIII Rn. 1 ff.*

D. Die Veränderung der Rolle des Jugendamts durch die Einführung des Verfahrensbeistands

Die gesetzliche Neuregelung des **Verfahrensbeistands** nach § 158 FamFG als Anwalt des Kindes und die daraufhin veränderte familiengerichtliche Praxis hat auch die Rolle des Jugendamts im familiengerichtlichen Verfahren grundlegend verändert und vor allem außerhalb von Kinderschutzverfahren seine Position und Bedeutung geschwächt. Die Familiengerichte machen zu Recht sehr großzügig von der nach § 158 Abs. 1 und 2 FamFG bestehenden Möglichkeit der Bestellung von Verfahrensbeiständen Gebrauch und **erweitern dessen Aufgabenkreis** regelmäßig auch um die zusätzliche Aufgabe, Gespräche mit den Eltern und weiteren Bezugspersonen des Kindes zu führen und am Zustandekommen einer einvernehmlichen Lösung des Konflikts mitzuwirken (§ 158 Abs. 4 Satz 3 FamFG). Auch wenn er von seiner primären Funktion her nicht Ermittlungsorgan des Familiengerichts,[68] sondern Interessensvertreter des Kindes ist, ist der Verfahrensbeistand heute derjenige, der sich in der Praxis – im Gegensatz zum Jugendamt – **in die Familien begibt** und dessen **schriftlicher Bericht** im Regelfall entscheidende Hinweise auf den **Kindeswillen** und die **Interessen und Fähigkeiten der Eltern** gibt. 28

Die Erfahrung in der Praxis zeigt, dass **Jugendämter** die Mitwirkung eines Verfahrensbeistands oft zum Anlass nehmen, selbst keinen Kontakt zu ihnen bislang unbekannten Familien aufzunehmen und sich häufig darauf beschränken, in der mündlichen Verhandlung allgemein und wenig gewinnbringend auf ihre Angebote der Beratung und Gewährung von Erziehungshilfen hinzuweisen.[69] Ohne Kenntnis des Kindes und der weiteren Beteiligten lässt sich jedoch die in § 50 Abs. 2 SGB VIII definierte Aufgabe, **erzieherische und soziale Gesichtspunkte** zur Entwicklung des **im Einzelfall betroffenen Kindes in das Verfahren einzubringen**, nicht gewährleisten. Damit ist der Verfahrensbeistand in vielen Fällen an die Stelle des Jugendamts getreten und so ist es zu einer vom Gesetzgeber eigentlich nicht beabsichtigten[70] **Funktionsverlagerung** innerhalb des familiengerichtlichen Verfahrens gekommen. Eine Stärkung der Position der Jugendämter dürfte aber nicht dadurch zu erreichen sein, dass diese in Konkurrenz zu den Verfahrensbeiständen treten, sondern verstärkt mit diesem kooperieren, sich bereits vor Gerichtsterminen austauschen und sodann unabhängig voneinander ihre jeweilige Sichtweise zu dem jeweiligen Fall schildern. Dies ist insbesondere dann geboten, wenn die Verfahrensbeistandschaft im konkreten Fall von einem **Rechtsanwalt** ausgeübt wird, da es diesem regelmäßig an der **sozialarbeiterischen Fachkompetenz** fehlt. Hierin liegen auch die Gefahren der angesprochenen Funktionsverlagerung: Den Beteiligten und insbesondere dem Familiengericht sollte stets gegenwärtig sein, von welcher (vorhandenen oder fehlenden) Fachkompetenz Informationen in das Verfahren eingebracht werden. 29

---

67 Vgl. nur BVerfG ZKJ 2015, 463; OLG Köln ZKJ 2018, 101; OLG Schleswig FamRZ 2015, 1040; OLG Frankfurt ZKJ 2015, 240; Staudinger/*Dürbeck*, § 1684 BGB Rn.; *ders.*, ZKJ 2015, 457

68 BVerfG FamRZ 2010, 109; Prütting/Helms/*Hammer*, § 158 FamFG Rn. 40

69 So im Erg. auch *Maywald* in: Salgo, Verfahrensbeistandschaft, Rn. 1812

70 Vgl. BR-Drucks. 308/1/12, 9, in der der Bundesrat die immense Steigerung der staatlichen Ausgaben für die Vergütung der Verfahrensbeistände beanstandet

Übersicht: Das Jugendamt im kindschaftsrechtlichen Verfahren

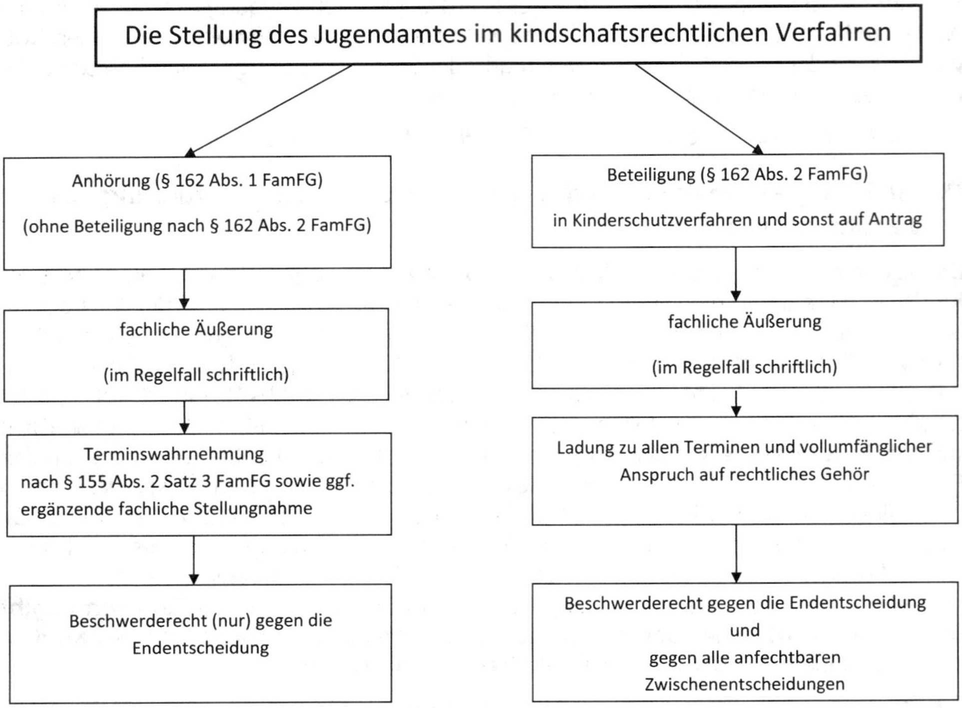

§ 163 FamFG Sachverständigengutachten

(1) [1]In Verfahren nach § 151 Nummer 1 bis 3 ist das Gutachten durch einen geeigneten Sachverständigen zu erstatten, der mindestens über eine psychologische, psychotherapeutische, kinder- und jugendpsychiatrische, psychiatrische, ärztliche, pädagogische oder sozialpädagogische Berufsqualifikation verfügen soll. [2]Verfügt der Sachverständige über eine pädagogische oder sozialpädagogische Berufsqualifikation, ist der Erwerb ausreichender diagnostischer und analytischer Kenntnisse durch eine anerkannte Zusatzqualifikation nachzuweisen.

(2) Das Gericht kann in Verfahren, die die Person des Kindes betreffen, anordnen, dass der Sachverständige bei der Erstellung des Gutachtens auch auf die Herstellung des Einvernehmens zwischen den Beteiligten hinwirken soll.

Literatur

Weiterführende Literatur: Balloff, Psychologische und psychiatrische Aspekte der Begutachtung im Kontext Gericht und Familien, FF 2019, 224 ff.; *Ernst,* Der Sachverständige in Kindschaftssachen nach neuem Recht, FPR 2009, 349; *Fichtner,* „Seriöser Anzug oder Matschhose", ZKJ 2015, 9 ff. u. 63 ff.; *Fichtner/Salzgeber,* Die Kommunikation des Sachverständigen mit den Verfahrensbeteiligten und dem Familiengericht, FPR 2013, 478 ff.; *Heilmann,* Überlegungen zur geplanten Reform des Sachverständigenrechts, ZKJ 2016, 174ff.; *Köhler,* Neue Regelungen im Sachverständigenrecht, JAmt 2017, 61 ff.; *Korn-Bergmann,* Gutachter, „Heimliche Richter" in Kindschaftsverfahren?, FamRB 2013, 302 ff.; *Lack/Hammesfahr,* Psychologische Gutachten im Familienrecht, Köln 2019; *Salzgeber,* Der lösungsorientierte Sachverständige und die Hochkonfliktfamilien, FamRZ

2010, 851 ff.; *Salzgeber,* Der psychologische Sachverständige im Familiengerichtsverfahren, FF 2013, 194 ff. u. 442 ff.

Übersicht

Rn.

A. Allgemeines ... 1
B. Inhalt der Norm ... 7
I. Anordnung der Begutachtung ... 7
1. Voraussetzungen ... 7
2. Form und Fristsetzung bei Gutachteneinholung ... 16
a) Beweisbeschluss ... 16
b) Fristsetzung (Abs. 2) ... 19
3. Die Auswahl des Sachverständigen (Abs. 1) ... 25
a) Profession ... 25
b) Befangenheit ... 31
4. Das Gutachtenthema ... 36
a) Fragen ... 36
b) Einbeziehung von Beteiligten und Dritten in die Exploration ... 40
5. Die Erstattung des Gutachtens ... 44
6. Verwertbarkeit ... 51
II. Ergänzende Anordnung: das lösungsorientierte Gutachten (Abs. 2) ... 58

A. Allgemeines

§ 163 FamFG ist der **normative Anknüpfungspunkt** für die Einholung eines Sachverständigengutachtens innerhalb der Vorschriften des FamFG über das Verfahren in Kindschaftssachen. Die Norm ergänzt zum einen die gesetzlichen Regelungen über die Pflicht des Gerichts zur Amtsermittlung (§ 26 FamFG) und über die Beweisaufnahme (§§ 29, 30 FamFG). 1

Die Norm wurde mit Wirkung vom 15.10.2016 durch das Gesetz zur Änderung des Sachverständigenrechts geändert.[1] Zuvor stand das **familiengerichtliche Gutachterwesen** in Kindschaftssachen geraume Zeit **in der Kritik**. Ausgangspunkt war insbesondere die in einer breiten Öffentlichkeit diskutierte Studie zweier Hagener Professoren, die Gutachten ausgewertet und nach eigenen Kriterien einer Qualitätsbewertung unterworfen haben.[2] Die Ergebnisse dieser Studie, wonach die untersuchten Gutachten überwiegend den zu stellenden Qualitätsanforderungen nicht genügen, wurden in der Fachöffentlichkeit zwar kritisch hinterfragt.[3] Gleichwohl sah sich der Gesetzgeber veranlasst, durch die Gesetzesänderung die Qualität von Gutachten in Kindschaftssachen zu verbessern. Parallel hierzu wurde eine interdisziplinäre Arbeitsgruppe eingerichtet, die unter fachlicher Begleitung des Bundesjustizministeriums nunmehr in 2. Auflage **Mindestanforderungen an die Qualität von Sachverständigengutachten im Kindschaftsrecht** erarbeitet hat.[4] 2

Unbeschadet dessen kann nicht außer Betracht bleiben, dass es die Aufgabe des Richters ist, das Sachverständigengutachten zu würdigen (hierzu Rn. 44). Letztlich haftet der gerichtliche Sachverständige nach zivilrechtlichen Grundsätzen auch für Schäden, die einem Beteiligten durch eine gerichtliche Entscheidung entstehen, die auf einem unrichtigen Gutachten beruht, welches der Sachverständige vorsätzlich oder grob fahrlässig erstattet hat (§ 839a BGB).

Die Einholung eines Sachverständigengutachtens erfolgt **nach den Regeln des Strengbeweisverfahrens**. Das FamFG verweist in § 30 Abs. 1 FamFG insoweit auf die gesetz- 3

1 BGBl. I 2016 S. 2222
2 *Salewski/Stürner*, ZKJ 2015, 4 ff.
3 Vgl. *Fichtner*, ZKJ 2015, 9 ff. und 63 ff.
4 Veröffentlicht u.a. in ZKJ 2019, 409 ff.

lichen Regelungen der Zivilprozessordnung. Es finden damit folgende gesetzliche Vorschriften entsprechend Anwendung:

- § 402 ZPO (Anwendbarkeit der Vorschriften für Zeugen)
- § 403 ZPO (Beweisantritt)
- § 404 ZPO (Sachverständigenauswahl)
- § 404a ZPO (Leitung der Tätigkeit des Sachverständigen)
- § 405 ZPO (Auswahl durch den mit der Beweisaufnahme betrauten Richter)
- § 406 ZPO (Ablehnung eines Sachverständigen)
- § 407 ZPO (Pflicht zur Erstattung des Gutachtens)
- § 407a ZPO (Weitere Pflichten des Sachverständigen)
- § 408 ZPO (Gutachtenverweigerungsrecht)
- § 409 ZPO (Folgen des Ausbleibens oder der Gutachtenverweigerung)
- § 410 ZPO (Sachverständigenbeeidigung)
- § 411 ZPO (Schriftliches Gutachten; Fristsetzung)
- § 411a ZPO (Verwertung von Sachverständigengutachten aus anderen Verfahren)
- § 412 ZPO (Neues Gutachten)
- § 413 ZPO (Sachverständigenvergütung)
- § 414 ZPO (Sachverständige Zeugen)

4 In **Verfahren auf Erlass einer einstweiligen Anordnung** ist die Einholung eines psychologischen Gutachtens regelmäßig nicht geboten. Die hiermit verbundenen Verfahrensverzögerungen stehen dem Eilcharakter dieser Verfahrensart grundsätzlich entgegen.[5] Zudem wird die Norm in den Verfahren betreffend die Unterbringung von Minderjährigen (§§ 151 Nr. 6, 7 FamFG) verdrängt durch die Sonderregelungen in § 167 FamFG (siehe hierzu im Einzelnen *Fink*, Kommentierung zu § 167 FamFG).

5 Die **Vergütung des Sachverständigen** bestimmt sich mit Blick auf § 30 Abs. 1 FamFG nach § 413 ZPO und damit nach den Vorschriften des JVEG. Der Sachverständige erhält einen Erstattungsanspruch gegen die Staatskasse, die wiederum die Kosten vom Kostenschuldner beitreiben kann. Die Einholung eines im Rahmen der amtswegigen Ermittlung einzuholenden Sachverständigengutachtens darf in der Regel nicht von der Einholung eines Vorschusses abhängig gemacht werden.[6]

▶ *Näher zur Kostenhaftung siehe Dürbeck, Kommentierung zu § 80 FamFG.*

6 Die Vorlage eines von einem Beteiligten eingeholten **(Privat-)Gutachtens** vermag die Einholung eines Sachverständigengutachtens in der Regel nicht zu ersetzen.[7] Dies ergibt sich bereits daraus, dass es an der gebotenen Neutralität des Gutachters mangelt, denn dieser wird bzw. wurde nur von dem betreffenden Beteiligten beauftragt und vergütet. Es kommt noch hinzu, dass dem Privatgutachter regelmäßig nicht alle Informationen zur Verfügung stehen, die für eine objektive Begutachtung erforderlich sind. Aus denselben Erwägungen ist auch die **Verwertbarkeit von sog. methodenkritischen Stellungnahmen** zu einem

5 BVerfG ZKJ 2018, 312; missverständlich noch BVerfG FamRZ 2014, 907
6 OLG Celle ZKJ 2012, 403 f.
7 Vgl. auch OLG Dresden FamRZ 2017, 62 (kein Vorschuss nach § 47 RVG für die Aufwendung zur Beauftragung eines Privatgutachtens)

im gerichtlichen Verfahren eingeholten Gutachten kritisch zu prüfen, da es ihnen in der Entstehung ebenfalls häufig an Transparenz und Nachvollziehbarkeit fehlt.

B. Inhalt der Norm

I. Anordnung der Begutachtung

1. Voraussetzungen

Die Norm setzt voraus, dass das Familiengericht die Einholung eines Sachverständigengutachtens im kindschaftsrechtlichen Verfahren für erforderlich erachtet. Reicht die **Sachkunde des Gerichts** nicht aus, um die für die Auslegung des unbestimmten Rechtsbegriffs „Kindeswohl" relevanten Tatsachen beurteilen zu können, muss es sich außerjuristischer Expertise bedienen. Denn es muss **möglichst zuverlässig die Grundlagen für eine am Kindeswohl orientierte Entscheidung erkennen** können. Die Entscheidung steht im pflichtgemäßen Ermessen des Gerichts. Etwaige „Beweisanträge" der Beteiligten oder dritter Personen sind insoweit nur Anregungen und binden das Gericht nicht. Mit ihnen hat sich das Gericht aber – nachdem es zu seiner Rechtsauffassung rechtliches Gehör gewährt hat – im Rahmen der Gründe seiner Entscheidung auseinanderzusetzen.[8] 7

Zwar sind die **Anforderungen an die Ermittlung der Entscheidungsgrundlagen** für das Gericht umso höher, desto schwerwiegender die Folgen seiner Entscheidung für den einzelnen Beteiligten sein können. Es kann damit bereits der Gegenstand eines Verfahrens für die Notwendigkeit der Einholung eines Sachverständigengutachtens sprechen, beispielsweise ein Kinderschutzverfahren nach §§ 1666, 1666a BGB, in welchem die Trennung des Kindes von seinen Eltern im Raume steht, ein Verfahren auf Erlass einer Verbleibensanordnung i.S.v. § 1632 Abs. 4 BGB oder ein Umgangsverfahren, in welchem ein Umgangsausschluss zu erwägen ist (§ 1684 Abs. 4 BGB). 8

Gleichwohl ist (auch hier) **nicht immer die Einholung eines Sachverständigengutachtens geboten**, denn es kann ausreichen, dass anderweitig eine hinreichende – möglichst zuverlässige – Grundlage für eine am Kindeswohl orientierte Entscheidung vorhanden ist.[9] Dies gilt nicht nur mit Blick auf § 30 Abs. 1 FamFG i.V.m. § 411a ZPO, denn hiernach kann ggf. auch die Verwertung eines etwa in einem anderen gerichtlichen Verfahren, also in einer Strafsache oder in einer früheren oder parallelen Kindschaftssache, **bereits vorliegenden Gutachtens** die nochmalige Einholung einer Expertise unnötig machen. Im Einzelfall mag insoweit auch eine vom Jugendamt eingeholte Diagnostik heranzuziehen sein. Hingegen genügt eine von einem Elternteil vorgelegte und von ihm in Auftrag gegebene Sachverständigenexpertise diesen Anforderungen in aller Regel nicht. Dies ist grundsätzlich nicht mehr und nicht weniger als im Beteiligtenvortrag. 9

Eine **anderweitige hinreichende Entscheidungsgrundlage** kann sich jedoch auch aus der **Stellungnahme des Verfahrensbeistandes** ergeben, wenn dieser etwa Psychologe oder Pädagoge ist.[10] Insbesondere bei der Regulierung eines Konflikts zwischen den Eltern, in dem es um die Ausübung der elterlichen Sorge oder die Regelung des Umgangs geht, kann sich eine solche Entscheidungshilfe auch aus dem nach § 162 FamFG eingeholten **Bericht des Jugendamtes** ergeben. Schließlich können auch **weitere Erkenntnisquellen** (vorgelegte ärztliche Atteste, Berichte von Familienhelfern oder Umgangsbegleitern) geeignet sein, die Einholung eines Sachverständigengutachtens entbehrlich zu machen. 10

---

8 Vgl. etwa OLG Saarbrücken MDR 2012, 1231

9 Für Verfahren nach §§ 1666, 1666a BGB siehe nur BVerfG FamRZ 2008, 492, 493; Beschl. v. 22.9.2014, BeckRS 2014, 57439; FamRZ 2015, 112 ff.; für § 1684 Abs. 4 BGB: BVerfG ZKJ 2013, 120, hierzu *Gottschalk/Heilmann*, ZKJ 2013, 113 f.

10 Vgl. BVerfG FamRZ 2012, 938, und FamRZ 2013, 361

11 Denn mit der Entscheidung über die Einholung eines Gutachtens gehen, unbeschadet der Kostenintensität, auch **Nachteile** einher. Dies sind zum einen die mit der Erstattung des Gutachtens einhergehenden Belastungen für alle Beteiligten und zum anderen die in der Regel **sehr erhebliche Verfahrensverzögerung**, die durch die richterliche Fristsetzung (hierzu Rn. 19) in der Praxis nur unzureichend beeinflusst wird.

12 Mit Blick auf das **Beschleunigungsgebot** sollte das Gericht daher vor der Entscheidung – unter Berücksichtigung der Art des Verfahrens, der bisherigen Verfahrensdauer und des Alters des Kindes – **zwischen Vor- und Nachteilen abwägen**, die durch die Beweiserhebung entstehen: Einerseits sind die Verfahrensverzögerungen und die sonstigen für das Kind mit der Beweisaufnahme verbundenen Belastungen zu berücksichtigen (näher hierzu *Fink,* Kommentierung zu § 155 FamFG). Andererseits ist der Umfang des möglicherweise durch die Erhebung des Beweises zu erwartenden Erkenntnisgewinns (auch mit Blick auf die bereits vorhandenen Entscheidungsgrundlagen [Ergebnis der persönlichen Anhörung des Kindes und der Eltern, Stellungnahmen des Verfahrensbeistandes und des Jugendamtes, Berichte der Familienhelfer und Umgangsbegleiter]) einzubeziehen und zu fragen, ob auf diesen zur Erlangung einer hinreichenden Grundlage für eine am Kindeswohl orientierte Entscheidung auch vor dem Hintergrund der genannten Nachteile nicht verzichtet werden kann.[11]

13 Die Entscheidung darüber, ob das Gutachten eines Sachverständigen eingeholt wird, sollte das Gericht jedenfalls **so früh wie möglich** treffen. Von der Zahlung eines **Kostenvorschusses** darf es seine Entscheidung nicht abhängig machen, denn es besteht generell eine Pflicht zur Amtsermittlung.[12]

14 Etwaige mit der Gutachteneinholung verbundene Nachteile für die Beteiligten können und müssen – bezogen auf die Verfahrensverzögerung – ggf. **durch Erlass einer einstweiligen Anordnung kompensiert** werden. In Verfahren betreffend den Aufenthalt, Umgang bzw. die Herausgabe des Kindes, also insbesondere in Kinderschutzverfahren oder sonstigen Sorgerechtsverfahren betreffend das Aufenthaltsbestimmungsrecht, hat das Gericht zuvor mit den Beteiligten den Erlass einer einstweiligen Anordnung zu erörtern (arg. ex § 156 Abs. 3 Satz 1 FamFG). Bei Anordnung einer schriftlichen Begutachtung in Umgangsverfahren etwa ist der Umgang durch einstweilige Anordnung zu regeln oder auszuschließen (§ 156 Abs. 3 Satz 2 FamFG). Das Kind soll es zuvor anhören (§ 156 Abs. 3 Satz 3 FamFG).

15 Die Einholung **eines weiteren bzw. neuen Gutachtens** kommt – sei es in erster Instanz, sei es im Beschwerdeverfahren – mit Blick auf das Beschleunigungsgebot des § 155 Abs. 1 FamFG in der Regel nicht in Betracht. Das Ermessen, welches der Gesetzgeber dem Gericht in § 30 Abs. 1 FamFG i.V.m. § 412 ZPO insoweit einräumt, sollte hier in der Regel eher dazu führen, dass der Sachverständige sein Gutachten nochmals intensiv erläutert.

2. Form und Fristsetzung bei Gutachteneinholung

a) Beweisbeschluss

16 Das Gericht kann die Entscheidung über die Erhebung eines bestimmten Beweises durch einen den Beteiligten bekannt zu machenden **Beweisbeschluss** treffen. Dem geht die (formlose) Entscheidung des Gerichts darüber voraus, ob es sich mit formlosen Ermittlungen begnügt (sog. Freibeweis, vgl. § 29 Abs. 1 Satz 1 FamFG; beispielsweise die telefonische Einholung von Auskünften) oder förmlich Beweis erheben will (sog. Strengbeweis,

11 Hierzu etwa OLG Frankfurt, FamRZ 2009, 990; siehe auch KG ZKJ 2018, 230
12 OLG Celle ZKJ 2012, 403

vgl. § 30 FamFG).[13] Die Entscheidung über die Art der Beweiserhebung steht – ebenso wie ihr Umfang – im **pflichtgemäßen Ermessen** des Gerichts.

Vor dem Erlass des Beschlusses sollte das Gericht den Beteiligten in der Regel rechtliches Gehör gewähren zu 17

- der Tatsache der Einholung eines Gutachtens (oben Rn. 7),
- der Auswahl des Sachverständigen (hinsichtlich der Profession unten Rn. 25; zur konkreten Person nur ausnahmsweise, vgl. § 404 Abs. 2 ZPO[14]) und
- den an ihn zu richtenden Fragen (unten Rn. 36).

Den Beteiligten sollte insoweit – wie generell – eine Frist zur Stellungnahme gesetzt werden. In den beschleunigungsbedürftigen Verfahren des § 155 Abs. 1 FamFG wird hier eine **kurze Frist** von einer Woche bis zehn Tagen hinreichend sein.

Der Beweisbeschluss ist als Zwischenentscheidung grundsätzlich **nicht selbstständig anfechtbar**.[15] Gleiches gilt für die Entscheidung des Gerichts, mit welchem das Begehr eines Beteiligten, den Sachverständigen auszuwechseln, zurückgewiesen wird.[16] 18

b) Fristsetzung (Abs. 2)

Im Übrigen setzt das Gericht dem Sachverständigen eine **Frist zur Erstattung des schriftlichen Gutachtens** und hat für deren Einhaltung Sorge zu tragen. Dies ergibt sich nach der Reform nicht mehr unmittelbar aus § 163 FamFG, sondern aus § 30 Abs. 1 FamFG i.V.m. § 411 Abs. 1 ZPO. Hierdurch soll dem Umstand Rechnung getragen werden, dass die Einholung eines Gutachtens eine wesentliche Ursache für die Verzögerung des Verfahrens darstellt. 19

In der Praxis sollte durch das Gericht mit einem potenziellen Sachverständigen – wie es auch § 30 Abs. 1 FamFG i.V.m. § 404 Abs. 2 ZPO gebieten kann – vor Abfassung des Beweisbeschlusses **Kontakt aufgenommen werden**. Dabei wird es insbesondere zu klären haben, ob dieser nicht nur die fachliche, sondern auch die zeitliche Kapazität für eine Erstattung des Gutachtens binnen eines für die Beteiligten, insbesondere das Kind, vertretbaren Zeitraumes hat. 20

In der Regel kommt eine über einen Zeitraum von **drei bis vier Monaten zu setzende Frist** in einer gemäß § 155 Abs. 1 FamFG beschleunigungsbedürftigen Kindschaftssache nicht in Betracht, da hier bereits der Begutachtungszeitraum zuzüglich etwaiger noch einzuräumender Stellungnahmefristen und notwendiger mündlicher Erörterungen des Gutachtens in einem gesonderten Termin unabänderliche Fakten schaffen kann. 21

Dieses **Dilemma** führt häufig dazu, dass mit Blick auf die nur begrenzte Anzahl vorhandener qualifizierter Sachverständiger dem Gebot der Abwägung der Vorteile des zu erwartenden Erkenntnisgewinns mit den Nachteilen der Verfahrensverzögerung besonderes Gewicht zukommt. 22

Für die **Einhaltung der Frist** hat das Gericht Sorge zu tragen. Es ist daher dringend zu empfehlen, den Sachverständigen schon im Beweisbeschluss um unverzügliche Mitteilung über den Fortgang der Begutachtung (Termine, Nichteinhaltung von Terminen, Zeitpunkt voraussichtlicher Fertigstellung) zu ersuchen und insoweit weit vor Ablauf der gesetzten Frist nachzufragen. Nur so genügt das Gesetz dem Beschleunigungsgebot des § 155 23

13 Vgl. AG Mönchengladbach-Rheydt FamRZ 1999, 730
14 Im Gesetzgebungsverfahren wurden anderweitige Bestrebungen des Gesetzgebers verhindert, näher hierzu *Heilmann*, ZKJ 2016, 174, 175
15 BVerfG NJW 2019, 987; OLG Frankfurt ZKJ 2018, 109 (hier auch zu den eng begrenzten Ausnahmefällen)
16 Prütting/Helms/*Hammer*, § 163 FamFG Rn. 20; OLG Köln FamRZ 2008, 1362

Abs. 1 FamFG und seinen gesetzlichen Aufsichts- und Leitungspflichten gegenüber dem Sachverständigen (§ 30 Abs. 1 FamFG i.V.m. § 404a ZPO). Das Gericht macht es sich hier zu einfach, wenn es lediglich eine Wiedervorlagefrist für einen Zeitpunkt nach Ablauf der dem Sachverständigen gesetzten Frist notieren lässt.

24 Bei **Nichteinhaltung der dem Sachverständigen gesetzten Frist** soll nach vorheriger Androhung unter Setzung einer Nachfrist ein Ordnungsgeld verhängt werden (vgl. § 30 Abs. 1, 2 i.V.m. § 411 Abs. 2 ZPO). Zwar ist das Gesetz nun wesentlich strenger als vor der Änderung der Norm. Es ist jedoch gleichwohl einzubeziehen, ob und inwieweit die Verzögerung in der Sphäre des Sachverständigen liegt. Häufig können die Ursachen bei den Beteiligten zu suchen sein, wenn diese nicht in der gebotenen Weise an der Begutachtung mitwirken (hierzu Rn. 41). In diesen Fällen kommt die Festsetzung eines Ordnungsgeldes gegen den Sachverständigen nicht in Betracht.

3. Die Auswahl des Sachverständigen (Abs. 1)

a) Profession

25 In Kindschaftssachen legt das Gesetz vor dem 15.10.2016 nur in Unterbringungsverfahren eine bestimmte Qualifikation des Sachverständigen fest (vgl. § 167 Abs. 6 FamFG; siehe näher hierzu *Fink,* § 167 Rn. 63). Die **Auswahl des Sachverständigen** sowohl hinsichtlich seiner Qualifikation als auch hinsichtlich der konkreten Person oblag allein dem Gericht. Nunmehr verlangt das Gesetz in Verfahren betreffend die elterliche Sorge, das Umgangsrecht und die Herausgabe die Auswahl eines „geeigneten" Sachverständigen, der mindestens eine der genannten Berufsqualifikationen innehaben soll. Wird ein Sachverständiger ausgewählt, der (nur) über eine pädagogische oder sozialpädagogische Qualifikation verfügt, „ist" eine anerkannte Zusatzqualifikation[17] nachzuweisen. Dies gilt jedoch nur dann, wenn von diesem ein familienpsychologisches Gutachten erstattet werden soll.[18] Erstreckt sich der Gutachtenauftrag hingegen auf ausschließlich pädagogische oder sozialpädagogische Fragestellungen, dann bedarf es eines solchen Nachweises nicht. Dies gilt etwa in den (Ausnahme-)Fällen, in denen es nach Ansicht des Familiengerichts ausnahmsweise der Einholung eines Gutachtens zur Überprüfung der sozialarbeiterischen Einschätzung des Jugendamtes bedarf.[19]

26 Welchen **professionellen Hintergrund der Sachverständige** im Einzelfall haben sollte, hängt von der außerjuristischen Fragestellung ab, die es zu klären gilt. Denn der Sachverständige soll aufgrund seines Fachwissens subjektive Wertungen, Schlussfolgerungen und Hypothesen vornehmen und damit das Gericht unterstützen.[20] Dabei sollte Folgendes beachtet werden:

- **Psychologen** haben regelmäßig ein Studium an einer Universität abgeschlossen. Die Psychologie beschreibt und erklärt das Erleben und Verhalten des Menschen, seine Entwicklung im Laufe des Lebens und die hierfür maßgeblichen inneren und äußeren Tatsachen.
- Als **Psychotherapeuten** dürfen sich nur zugelassene und approbierte Therapeuten bezeichnen (vgl. § 1 PsychThG). Sie diagnostizieren und behandeln psychische Beschwerden mit Krankheitswert mit wissenschaftlich anerkannten Methoden.

---

17 „Anerkannt" in diesem Sinne muss die Zusatzqualifikation derzeit ausschließlich vom Gericht werden. Dies gilt jedenfalls so lange, bis etwa die Berufsverbände entsprechende Regelungen entwickelt haben (vgl. nur Prütting/Helms/*Hammer*, § 163 Rn. 9 f.); kritisch zu Recht *Balloff*, FF 2019, 224, 231

18 Hierzu etwa OLG Saarbrücken FamRZ 2018, 199

19 Vgl. BVerfG ZKJ 2014, 242

20 Zöller/*Greger*, § 402 ZPO Rn. 1a

- **Psychiater** sind Ärzte, die eine Facharztausbildung erfolgreich absolviert haben. Sie diagnostizieren und behandeln psychische Erkrankungen von Kindern und Jugendlichen (bei entsprechender Qualifizierung zu Kinder- und Jugendpsychiatern) bzw. Erwachsenen.
- **Pädagogen bzw. Erziehungswissenschaftler** befassen sich mit der Theorie und Praxis von Bildung und Erziehung.

Als Sachverständige können auch **Ärzte bzw. Rechtsmediziner** auszuwählen sein. Dies kann insbesondere bei der Aufklärung von Ursachen von Verletzungen eines Kindes im Rahmen eines Kinderschutzverfahrens i.S.v. §§ 1666, 1666a BGB geboten sein. Hier können vor allem die in verschiedenen Regionen eingerichteten **Kinderschutzambulanzen**, die verschiedene medizinische Disziplinen und verschiedene Berufsgruppen unter einem Dach vereinen, wichtige Erkenntnisse darüber beitragen, ob etwa die Verletzungen des Kindes mit den Schilderungen der Eltern über ihr Entstehen in Einklang zu bringen sind.[21] 27

(bleibt frei) 28

Unbeschadet dessen können die Beteiligten – ohne Bindung für das Gericht – innerhalb des ihnen zu gewährenden rechtlichen Gehörs (hierzu Rn. 17) einen bestimmten Sachverständigen, der ihrer Ansicht nach über die notwendige Fachkompetenz verfügt und auch die notwendigen zeitlichen Kapazitäten hat, **vorschlagen**. Unabhängig hiervon hat der Sachverständige nach seiner Bestellung unverzüglich zu prüfen, ob der Auftrag in sein Fachgebiet fällt (vgl. § 30 Abs. 1 FamFG i.V.m. § 407a ZPO). 29

Gemäß § 30 Abs. 1 FamFG i.V.m. § 404 Abs. 1 ZPO ist durch das Gericht immer eine **konkrete Einzelperson** als Sachverständiger auszuwählen. Die Benennung eines Instituts oder einer Klinik genügt nicht (siehe hierzu auch unten Rn. 45). 30

b) Befangenheit

Gegebenenfalls kann ein Sachverständiger von einem Beteiligten wegen **Befangenheit**, spätestens binnen zwei Wochen nach Verkündung oder Zustellung des Beschlusses über die Bestellung des Sachverständigen (vgl. § 406 Abs. 2 ZPO),[22] abgelehnt werden (vgl. § 30 Abs. 1 FamFG i.V.m. § 406 Abs. 1 ZPO). Dabei müssen genügend objektive Gründe vorliegen, die nach Meinung eines ruhig und vernünftig denkenden Beteiligten Anlass geben, **gegenüber der Unparteilichkeit des Sachverständigen misstrauisch** zu sein.[23] Diese müssen glaubhaft gemacht werden, wobei die eidesstattliche Versicherung eines Beteiligten nicht genügt (§ 30 Abs. 1 FamFG i.V.m. § 406 Abs. 3 ZPO). 31

Im Wesentlichen kann auf die **Judikatur zu Ablehnungsgründen betreffend einen Richter** verwiesen werden, da § 30 Abs. 1 FamFG i.V.m. § 406 Abs. 1 ZPO letztlich auf die insoweit maßgeblichen Normierungen in §§ 41, 42 ZPO verweist. Verschiedene Konstellationen können – letztlich sind die Umstände des Einzelfalls einzubeziehen – beispielhaft unterschieden werden.[24] 32

21 Näher hierzu etwa www.kinderschutzambulanz-frankfurt.de

22 Nach Ablauf der 2-Wochen-Frist ist die Ablehnung nur zulässig, wenn der Beteiligte glaubhaft macht, dass er ohne sein Verschulden gehindert war, den Ablehnungsgrund früher geltend zu machen (vgl. § 406 Abs. 2 Satz 2 ZPO). In diesem Fall muss das Gesuch unverzüglich nach Kenntnis vom Ablehnungsgrund bei Gericht eingereicht werden (vgl. nur BGH NJW 2005, 1869)

23 Vgl. BGH NJW 1974, 1363

24 Hierzu und zum Folgenden *Salzgeber*, S. 77 ff., sowie Prütting/Helms/*Hammer*, § 163 FamFG Rn. 26 f.

33 **Gründe für eine erfolgreiche Ablehnung** können insbesondere sein:

- Nur einer von mehreren Beteiligten wird vom Sachverständigen zu der das Gutachten vorbereitenden Tätigkeit herangezogen.[25] Dieser Fall ist von der fehlenden Mitwirkungsbereitschaft eines Beteiligten (hierzu Rn. 41) zu unterscheiden.
- Bewertung der Persönlichkeit eines Beteiligten oder sonstige Positionierung, bevor mit der Begutachtung begonnen bzw. abgeschlossen worden ist.[26] Etwas anderes kann dann gelten, wenn die Erkenntnisse ausdrücklich als „vorläufig" bezeichnet werden.[27]
- Erhebliches Überschreiten des Gutachtenauftrages, wenn dieses nicht wegen akuter Kindeswohlgefährdung im Interesse des Kindes erfolgt.[28]
- Zugrundelegung falscher Tatsachen oder Behandlung von streitigen Tatsachen als unstreitig, wenn dies einseitig zulasten eines Beteiligten erfolgt und keine objektivierbaren sonstigen Informationen dieses Vorgehen rechtfertigen.[29]

34 **Ablehnungsgründe sind hingegen in der Regel insbesondere nicht:**[30]

- Erstattung eines Gutachtens in einem anderen Verfahren zulasten eines Elternteils, wenn dieses fachlichen Standards genügt,
- mangelnde Sachkunde des Sachverständigen,[31]
- Fehler im Gutachten,[32]
- die fehlende Gestattung, eine Begleitperson des zu Explorierenden während der Begutachtung zuzulassen,[33]
- die Einbeziehung Dritter in die Begutachtung,[34]
- eigene Ermittlungen des Sachverständigen[35] oder
- Überschreitung des Gutachtenauftrages wegen akuter Kindeswohlgefährdung.[36]

35 Über das Befangenheitsgesuch ist **durch gesonderten Beschluss** – und nicht inzident im Rahmen der verfahrensabschließenden Entscheidung – zu befinden (vgl. § 30 Abs. 1 FamFG i.V.m. § 406 Abs. 4 ZPO).

4. Das Gutachtenthema

a) Fragen

36 Die Fragen an den Sachverständigen müssen **konkret gefasst** werden und den korrekten Kindeswohlmaßstab benennen, wie er sich aus der Norm ergibt, die der Entscheidung zugrunde zu legen ist. Insbesondere der letztgenannte Gesichtspunkt wird in der Praxis viel zu häufig nicht beachtet. Die Fragestellung darf keine rechtliche, sondern muss eine solche **aus dem Gebiet des Sachverständigen** sein (z.B.: „Es soll ein psychologisches Gutach-

---

25 Vgl. OLG Frankfurt/M. FamRZ 1986, 1021
26 KG FamRZ 2006, 1214, OLG Hamm, Beschl. v. 13.10.2000 – 7 WF 402/00, juris
27 OLG Brandenburg FamRZ 2015, 68 f.
28 OLG Thüringen FamRZ 2008, 284 mit Anm. *Salzgeber*, FamRZ 2008, 1003; siehe auch OLG Karlsruhe ZKJ 2015, 199
29 Hierzu etwa KG FamFR 2012, 210
30 Zuletzt OLG Brandenburg FamRZ 2015, 68 f.
31 OLG Köln FamRZ 2008, 1362
32 BGH NJW 2005, 1869
33 OLG Hamm ZKJ 2015, 198: Der Senat hält hier aber unbeschadet dessen die Zulassung der Begleitperson, die jedoch kein Äußerungs- oder Beteiligungsrecht hat, für geboten und hat dem Sachverständigen eine entsprechende Weisung erteilt.
34 OLG Düsseldorf ZKJ 2017, 238
35 OLG Frankfurt FamRZ 2017, 914
36 OLG Hamm ZKJ 2012, 229 mit Anm. *Heilmann*

ten zu folgenden Fragen eingeholt werden: …").[37] Formulierungen wie „Ist das Wohl des Kindes gefährdet?" oder „Welche Sorge-/Umgangsrechtsregelung entspricht/dient dem Kindeswohl (am besten)?" verlagern die richterliche Subsumtionsarbeit auf den Sachverständigen und tragen weder der gerichtlichen Entscheidungsverantwortung noch dem Sinn und Zweck der Einholung eines Sachverständigengutachtens in der gebotenen Weise Rechnung.

Die konkrete Fragestellung richtet sich nach dem **Verfahrensgegenstand** und darf den Sachverständigen nicht zu einem fehlerhaften Prüfungsmaßstab verleiten. So darf es in einem Kinderschutzverfahren nicht um optimale oder bessere Förderungsbedingungen gehen, sondern es ist insbesondere die Frage nach Art, Schwere und Wahrscheinlichkeit der drohenden Kindeswohlgefährdung zu beantworten.[38] Zudem sind in Fällen einer Fremdunterbringung ggf. die Auswirkungen der Trennung des Kindes von seinen leiblichen Eltern zu ermitteln und in die Gesamtabwägungen einzubeziehen, wenn das Kind mit dem betreffenden Elternteil zusammengelebt hat.[39] 37

Immer ist es jedoch zu empfehlen, in den Beweisbeschluss aufzunehmen, der Sachverständige möge **unverzüglich Mitteilung** machen, wenn aus seiner fachlichen Sicht dringende Gründe für ein unverzügliches Einschreiten des Familiengerichts bestehen bzw. wenn die Beteiligten bei der Erstellung des Gutachtens nicht in der gebotenen Weise mitwirken. Im erstgenannten Fall eröffnet dies dem Gericht die Möglichkeit, (erneut) den Erlass einer einstweiligen Anordnung zu prüfen. Im letztgenannten Fall hat das Gericht geeignete Maßnahmen zu treffen (Rn. 41 ff.). 38

b) Einbeziehung von Beteiligten und Dritten in die Exploration 39

Das Gericht sollte **im Rahmen des Beweisbeschlusses in der Regel auch festlegen**, wer in die Exploration „jedenfalls" einzubeziehen ist. Dies lässt offen, dass der Sachverständige weitere Personen einbezieht, wenn dies der Sachverständige aus fachlicher Sicht für geboten erachtet und diese zur Mitwirkung auch bereit sind. Zudem kann der Sachverständige auch mit weiteren Personen oder Institutionen Gespräche führen.[40] In Zweifelsfällen sollte der Sachverständige jedoch Rücksprache mit dem Gericht halten. Zudem kann es geboten sein, wechselseitige **Schweigepflichtentbindungen** (vorab) durch das Gericht einholen zu lassen.

Insbesondere **ein Elternteil kann nicht gezwungen werden**, zum Zwecke der Begutachtung beim Sachverständigen zu erscheinen und sich untersuchen bzw. testen zu lassen. Dies ergibt sich aus dem Recht auf informationelle Selbstbestimmung (Art. 1, 2 GG). Seine fehlende Mitwirkung darf nicht nach den Grundsätzen der Beweisvereitelung zulasten dieses Elternteils gehen.[41] Der betreffende Elternteil kann jedoch in Anwesenheit des Sachverständigen persönlich angehört und seine Anwesenheit kann insoweit erzwungen werden.[42] Es ist allerdings sehr zweifelhaft, ob sich aufgrund einer solchen Vorgehensweise vernünftige Erkenntnisse gewinnen lassen und ob sich ein Sachverständiger überhaupt in der Lage sieht, vor einem solchen Hintergrund die fachlichen Anforderungen einer Begutachtung nur im Ansatz einzuhalten. 40

37 Hierzu etwa *Balloff*, FF 2019, 224, 232
38 Vgl. BVerfG FamRZ 2015, 112; hierzu *Heilmann*, FamRZ 2015, 92 ff.
39 BVerfG ZKJ 2014, 281; hierzu *Lack/Heilmann*, ZKJ 2014, 308 ff.
40 Vgl. OLG Frankfurt FamRZ 2017, 914, sowie OLG Celle ZKJ 2014, 483 (u.a. Einbeziehung von Verantwortlichen des Jugendhilfeträgers, Pflegekinderdienst, Bereitschaftspflegemutter, Mitarbeiter der sozialpädagogischen Familienhilfe)
41 Vgl. BGH FamRZ 2010, 720, sowie BVerfG FamRZ 2009, 944
42 Vgl. BGH FamRZ 2010, 720 mit krit. Anm. *Stößer*

41 Die Praxis zeigt vielmehr, dass der Sachverständige das Gericht über eine **fehlende Mitwirkung** (Schwierigkeiten bei der Terminsabsprache, nicht entschuldigtes Fernbleiben von einem vereinbarten Termin), sofern dies nicht ohnehin unmittelbar dem Gericht mitgeteilt wird bzw. worden ist, unverzüglich unterrichtet. Insofern ist ein **Handeln des Gerichts** – auch mit Blick auf § 155 Abs. 1 FamFG – **unmittelbar geboten**. Dieses kann in einem Anschreiben an die Beteiligten mit nachdrücklicher Aufforderung zur Mitwirkung unter Hinweis auf die nachteiligen Kostenfolgen[43] (vgl. § 81 Abs. 1 Satz 1 und Abs. 2 Nr. 4) oder – was sich häufig als hilfreich erwiesen hat – in der Anberaumung eines Erörterungstermins liegen, zu dem der Sachverständige auch geladen werden sollte. Dieser Termin dient nicht der Begutachtung, sondern der Herstellung einer Basis der Zusammenarbeit zwischen Sachverständigem und Elternteil.

42 Gelingt eine **Einbeziehung des Kindes** in die Begutachtung nicht, so ist zu unterscheiden: Weigert sich das einsichtsfähige Kind, sich begutachten zu lassen, so ist diese Weigerung zu beachten.[44] Verweigert ein Elternteil jedoch (auch) bezogen auf das Kind die Kooperation, so ist entweder – im Wege der einstweiligen Anordnung – diese Befugnis auf Antrag auf den anderen Elternteil nach § 1671 Abs. 1 BGB zu übertragen, wenn dieser dies beantragt und der Begutachtung des Kindes zustimmt, oder die Zustimmung eines bzw. beider Elternteile als gesetzlicher Vertreter des Kindes zu ersetzen (§ 1666 Abs. 3 Nr. 5 BGB); unbeschadet dessen kommt es auch in Betracht, dem Sachverständigen die Anwesenheit während der richterlichen Kindesanhörung zu gestatten.[45] Jedenfalls muss sich das Gericht mit den Gründen der Weigerung und diesen Rechtsfragen auseinandersetzen, bevor eine Einbeziehung des Kindes in die Exploration gegen den Willen eines Elternteils erfolgt.[46]

43 Im Einzelfall kann es auch geboten sein, den Eltern **im Wege der einstweiligen Anordnung** die elterliche Sorge in den Teilbereichen „Entscheidung über die Begutachtung des Kindes sowie über Zuführung und Durchführung zur Begutachtung" nach § 1666 BGB zu entziehen, wenn mildere Mittel (vgl. etwa Rn. 40) nicht ersichtlich sind. Der auszuwählende und zu bestellende Ergänzungspfleger könnte dann in diesen Fragen entscheiden.

▶ *Näher zur Ergänzungspflegschaft siehe Dürbeck, Kommentierung zu § 1909 BGB.*

5. Die Erstattung des Gutachtens

44 Das Gutachten sollte **in der Regel schriftlich** erstattet werden. Nur ausnahmsweise kann in überschaubaren Fällen und bei einzelnen Fragestellungen hinsichtlich einfacher Fachfragen eine nur mündliche Begutachtung im Rahmen eines Termins hinreichend sein.[47] Dies setzt jedoch voraus, dass das Gericht im Rahmen des Beweisbeschlusses einen entsprechenden Auftrag erteilt hat.

45 Das Gutachten ist **von der durch das Gericht ausgewählten Person** zu erstatten. Diese darf die Exploration der Beteiligten und die Erstellung der Expertise grundsätzlich nicht delegieren. Geschieht dies gleichwohl, wie es in der Praxis häufig in Instituten zu beobachten ist, so dürfte jedenfalls kritisch zu prüfen sein, ob und inwieweit das Gutachten verwertbar ist, denn dieses wurde dann (auch) von einem Sachverständigen unterzeichnet, der das Kind und die Eltern nicht selbst exploriert hat. Jedenfalls ist es dann nicht als Gutachten des häufig im Beweisbeschluss beauftragten Institutsleiters zu verwerten. Damit bedarf es

---

43 Hierzu OLG Celle ZKJ 2014, 479 ff.
44 Vgl. Staudinger/*Coester*, § 1666 BGB Rn. 281
45 Vgl. BGH FamRZ 2010, 720, sowie OLG Celle, Beschl. v. 3.6.2019 – 10 WF 87/19, juris
46 Zur möglichen Befangenheit des Richters in diesem Zusammenhang: OLG Hamm ZKJ 2019, 71 mit krit. Anm. *Dürbeck*
47 Hierzu Prütting/Helms/*Hammer*, § 163 FamFG Rn. 12 ff., sowie *Korn-Bergmann/Purschke*, FamRB 2013, 341

auch nicht dessen Ablehnung wegen Befangenheit. In einem solchen Fall dürfte vielmehr die Person zur mündlichen Erläuterung des Gutachtens zu laden sein, welche die Beteiligten exploriert hat.

Werden **Gehilfen beigezogen**, so ist dies unverzüglich mitzuteilen und der Umfang der Tätigkeit genau zu bezeichnen. Nur dann kann das Gericht prüfen, ob und inwieweit das Gutachten gleichwohl verwertbar ist. 46

Den Beteiligten ist **rechtliches Gehör** zu gewähren. Die Praxis zeigt, dass in den Fällen einer eindeutigen Positionierung des Gutachters häufig Einwendungen erhoben werden, die eine mündliche Erläuterung des schriftlichen Gutachtens erforderlich machen. Es empfiehlt sich daher für das Gericht, **nach Eingang des Gutachtens in hochstrittigen Fällen** 47

- vorsorglich einen Termin zur Erörterung anzuberaumen und die Beteiligten und den Sachverständigen zu laden,
- den Beteiligten das schriftliche Gutachten zu übersenden und eine Frist zur Stellungnahme von zwei Wochen zu setzen **und**
- nach Eingang der Stellungnahmen diese dem Sachverständigen ggf. zu übersenden, soweit diese Einwendungen gegen das Gutachten enthalten.

Nach Erstattung des Gutachtens kommt ggf. eine **mündliche Erläuterung des Gutachtens** in Betracht (vgl. § 30 Abs. 1 FamFG i.V.m. §§ 402, 397 ZPO).[48] Zu diesem Zwecke kann das Familiengericht von Amts wegen einen Termin anberaumen. Dies wird nach pflichtgemäßem Ermessen u.a. zu erfolgen haben, wenn **Zweifel an der Verwertbarkeit** des Gutachtens bestehen. Auch einem entsprechenden Antrag eines Beteiligten muss das Gericht grundsätzlich – aber nicht in jedem Fall – nachkommen. Je wichtiger ein Sachverständigengutachten für das Ergebnis eines Verfahrens ist, desto mehr Gewicht kommt aber dem Recht der Verfahrensbeteiligten zu, Einwendungen dagegen vorzubringen und den Sachverständigen mit ihnen zu konfrontieren.[49] 48

In dem anzuberaumenden Termin steht **(nur) den Beteiligten auch ein Fragerecht** zu (vgl. §§ 402, 397 ZPO). Dem Sachverständigen sollte die Stellungnahme eines Beteiligten, mit welchem sich dieser gegen die Expertise wendet, vorab zur Kenntnis gebracht werden, damit dieser sich auf den Termin vorbereiten kann. Bei ausführlicheren Einwendungen empfiehlt sich beispielsweise – soweit dies nicht ohnehin bereits geschehen ist – die Anberaumung eines Termins in zwei Wochen mit der Bitte, der Sachverständige möge binnen zehn Tagen vorab schriftlich zu den vorgetragenen Einwendungen Stellung nehmen. 49

In beiden Instanzen sind die **Ausführungen des Sachverständigen sorgfältig zu protokollieren**. Dies hat – auch mit Blick auf § 28 Abs. 4 FamFG – in beiden Instanzen in einer § 160 Abs. 3 Nr. 4 bzw. § 162 ZPO entsprechenden Form zu geschehen.[50] Denn das Gericht hat die Ergebnisse der Beweisaufnahme aktenkundig zu machen (§ 29 Abs. 3 FamFG). 50

6. Verwertbarkeit

Das Gericht ist bei seiner Entscheidung an das Ergebnis des Sachverständigen nicht gebunden, vielmehr ist es seine Aufgabe, **das Sachverständigengutachten kritisch zu würdigen**.[51] Will es jedoch vom Ergebnis des Gutachtens abweichen, dann muss es eine ander- 51

---

48 BGH NJW 1997, 802
49 Vgl. BVerfG NJW 1998, 2273
50 Prütting/Helms/*Hammer*, § 163 FamFG Rn. 13; Zöller/*Feskorn*, § 30 FamFG Rn. 1
51 Hierzu ausführlich *Coester*, 453 ff.

weitige zuverlässige Grundlage für die am Kindeswohl orientierte Entscheidung haben. Das Abweichen von einem fachpsychologischen Gutachten aus anderen als rechtlichen Gründen bedarf daher einer eingehenden Begründung und des Nachweises eigener entsprechender Sachkunde des Gerichts.[52] Der Richter darf sich jedenfalls auf den Sachverständigen ebenso wenig „blind" verlassen wie auf die Stellungnahme des Jugendamtes.[53] Allerdings sollte ein Familienrichter genau aus diesem Grunde sowohl auf dem Gebiet der Psychologie als auch im Kinder- und Jugendhilferecht mit seinen Bezügen zur sozialen Arbeit gut fortgebildet sein.

52 Die **„kritische Würdigung" des Gutachtens umfasst** jedenfalls, dass der Richter sich eine eigene Meinung von der Richtigkeit der vom Sachverständigen gezogenen Schlussfolgerungen bildet. Das Gutachten muss daher zum einen hinsichtlich seiner Nachvollziehbarkeit und Überzeugungskraft überprüft werden und zum anderen muss seine Nachprüfbarkeit gewährleistet sein. In diesem Zusammenhang kann das Gericht den Sachverständigen auch anweisen, vorhandene Aufzeichnungen (z.B. Video, Tonband, Testbögen, Zeichnungen des Kindes) vorzulegen (§ 30 Abs. 1 FamFG i.V.m. § 404 Abs. 1 ZPO). Eine entsprechende Anweisung durch das Gericht hat nach pflichtgemäßem Ermessen zu erfolgen, wobei hierfür ein darauf gerichteter „Antrag" eines Beteiligten weder erforderlich noch genügend ist. Vielmehr ist die Vorlage dann geboten, wenn das schriftliche Gutachten anderenfalls nicht nachvollziehbar bzw. nachprüfbar wäre oder objektive Anhaltspunkte für eine unzureichende oder fehlerhafte Darstellung im Gutachten vorhanden sind.

▶ *Näher hierzu siehe die Übersicht zu Rn. 57.*

53 **Verbindlich einzuhaltende „Standards"** für die Begutachtung gibt es in Kindschaftssachen nicht, da insbesondere die Methodenwahl noch nicht höchstrichterlich im Rahmen einer veröffentlichten Entscheidung überprüft worden ist.[54] Jedoch vermögen die „Mindestanforderungen an die Qualität von Sachverständigengutachten im Kindschaftsrecht" als wichtige Orientierung zu dienen.[55] Sie haben jedoch keine Gesetzeskraft und binden daher das Gericht nicht, so dass deren Nichteinhaltung als solche keine zwingenden Rückschlüsse auf die Verwertbarkeit der Expertise zulässt.

54 **Welche Methodik der Sachverständige** für die Erstellung des Gutachtens wählt (Wendet er Testverfahren an?[56] Wenn ja, welche? Verhaltens- und Interaktionsbeobachtungen? Umfang der Exploration?) liegt grundsätzlich **in seinem fachlichen Beurteilungsspielraum**.[57]

54a Im Rahmen der Untersuchung durch den Sachverständigen kommt neben Aktenanalyse und Gesprächsführung bzw. Exploration insbesondere die Interaktions- und/oder Verhaltensbeobachtung sowie der Einsatz von Testverfahren in Betracht.[58] Diese sollten jedoch lediglich dazu dienen, auf anderen Wegen gewonnene Erkenntnisse abzusichern oder zu hinterfragen.[59] Seine Methodenwahl hat der Sachverständige im schriftlichen Gutachten zu erläutern. Dies gilt zum einen hinsichtlich des Nichteinsatzes von Testverfahren. Zum anderen ist bei Durchführung von **Testverfahren** deren Einsatz zu begründen, deren Zielsetzung zu beschreiben und die Grundlagen der Durchführung, Auswertung und Interpre-

52 Vgl. BVerfG FamRZ 1999, 1417; BGH NJW 1997, 1446 f.
53 Vgl. BVerfG FamRZ 2014, 1005
54 Vgl. *Korn-Bergmann/Purschke*, FamRB 2013, 340
55 Abgedruckt etwa in ZKJ 2019, 409 ff.
56 Hierzu *Korn-Bergmann/Purschke*, FamRB 2013, 342 ff.; *Wiedemann*, ZKJ 2014, 185
57 OLG Frankfurt ZKJ 2014, 492 m.w.N.
58 Hierzu und zum Folgenden insbesondere *Hammesfahr* in: Lack/Hammesfahr, S. 114 ff.
59 *Salzgeber*, FamRZ 2016, 1944

tation sind anzugeben.[60] Gegebenenfalls muss das Gericht insoweit für Aufklärung Sorge tragen (siehe Rn. 56).

Testverfahren zur Anwendung bei Eltern können u.a. sein:

- das **Elternbelastungsscreening (EBSK)** und
- das **Persönlichkeits-Stil- und Störungs-Inventar (PSI)**, welches ein Selbstbeurteilungsinstrument ist, das die relative Ausprägung von Persönlichkeitsstilen quantifiziert und ebenfalls Rückschlüsse auf die Erziehungsfähigkeit und mögliche Kindeswohlgefährdung zulassen kann.

Testverfahren zur Anwendung beim Kind können sein:

- die **Sorge- und Umgangsrechtliche Testbatterie (SURT)**, welche bei Kindern zwischen vier und acht Jahren spielerisch anhand von Bildmaterial Informationen über die emotionalen Beziehungen der Kinder erhebt,
- der **Familien-Identifikations-Test (FIT)**, der bei Kindern ab sieben Jahren mittels eines psychometrischen Testverfahrens zur Familien- und Beziehungsdiagnostik dient,
- der **Familie-Relations-Test (FRT)**, dessen Items zur Unterstützung der Exploration als Interviewleitfaden verwendet werden können.

Soweit sog. **projektive Testverfahren** verwendet werden (z.B. Familie in Tieren), vermögen diese insbesondere ein probates Mittel für einen Einstieg in die Exploration darzustellen. Hingegen darf der Sachverständige seine Stellungnahme nicht wesentlich auf diese stützen, da der Aussagegehalt dieses Test maßgeblich von der subjektiven Interpretation durch den jeweiligen Sachverständigen beeinflusst wird.[61]

Da das Gericht das Gutachten jedoch nicht ungeprüft verwerten darf, **hat der Sachverständige dem Gericht jedenfalls darzulegen**, welche Erwägungen seiner Methodik zugrunde liegen. Zudem hat er die anerkannte und auf dem neusten Stand befindliche Wissenschaftlichkeit seiner Vorgehensweise nachvollziehbar (ggf. auch mit Literaturhinweisen im Anhang seines Gutachtens) zu belegen, wissenschaftliche Streitfragen, d.h. andere Positionen, offenzulegen und sich mit etwaigen in seiner Disziplin vertretenen anderen Ansichten nachvollziehbar auseinanderzusetzen. Daran kann es etwa fehlen, wenn sich ein Sachverständiger auf die vermeintliche „Diagnose" eines Parental-Alienation-Syndroms (PAS) stützt, was aus wissenschaftlichen Gründen bereits nicht haltbar ist.[62] **55**

Ist **das Gutachten nach alledem unverwertbar**, so ist zunächst zu prüfen, ob und inwieweit die Anberaumung eines Termins zur mündlichen Erläuterung des Gutachtens durch den Sachverständigen Abhilfe schaffen kann. Dies wird in der Praxis häufig der Fall sein. Die Einholung eines weiteren Sachverständigengutachtens wird hingegen vor allem im Hinblick auf das Beschleunigungsgebot nur in Ausnahmefällen in Betracht kommen. Denn eine Entscheidung der Fachgerichte kann selbst zum Kinderschutz beanstandungsfrei ergehen, wenn die Mängel thematisiert werden, die fachliche Qualifikation des Sachverständigen näher geklärt und schließlich nachvollziehbar dargelegt wird, inwiefern dessen Aussagen gleichwohl verwertbar sind und zur Entscheidungsfindung beitragen können.[63] Eine **weitere Begutachtung** kann in Ausnahmefällen nur erforderlich werden, wenn das Erstgutachten in entscheidungserheblichen Punkten von unzutreffenden tatsächlichen Voraussetzungen ausgeht oder elementare Widersprüche bzw. sonstige grobe Mängel enthält und deswegen nicht verwertbar ist, wenn auch im Übrigen keine hinrei- **56**

---

60 Vgl. *Kühne*, Qualitätssicherung psychologischer Gutachten, in: *Rotax,* Praxis des Familienrechts, Münster 2007
61 Vgl. Prütting/Helms/*Hammer*, § 163 Rn. 29b (lediglich ein „Baustein")
62 Hierzu *Fegert*, ZKJ 2013, 190
63 BVerfG ZKJ 2017, 313, und FamRZ 2015, 112

chende Grundlage für eine am Kindeswohl orientierte Entscheidung vorhanden ist und das Beschleunigungsgebot des § 155 FamFG nicht nach einer anderen Betrachtung verlangt.

Übersicht: Überprüfung eines Gutachtens

57

- **Nachvollziehbarkeit und Überzeugungskraft**:
  - Wissenschaftlichkeit, insbesondere Auseinandersetzung mit dem aktuellen Forschungsstand
  - innere Logik, insbesondere die Widerspruchsfreiheit der Argumentation
  - Schlüssigkeit, d.h. die Nachvollziehbarkeit der Begründungen und Schlussfolgerungen
  - stringente Berücksichtigung des anzuwendenden Kindeswohlmaßstabes
  - klare Trennung von Untersuchungsergebnissen und psychologischem Befund
  - Anknüpfung an korrekte bzw. unstreitige (erhebliche) und regelgerecht ermittelte Tatsachen
  - sachgerechte Gewichtung der Untersuchungsergebnisse[64]
  - Unvoreingenommenheit und Neutralität des Sachverständigen[65]
- **Nachprüfbarkeit**:[66]
  - Angabe aller Informationsquellen
  - Begründung der Methodenwahl, insbesondere für den Einsatz bzw. Nichteinsatz von Testverfahren sowie ggf. die Beschreibung von deren Zielsetzung sowie die Angabe der Grundlagen ihrer Durchführung, Auswertung und Interpretation
  - (getrennte) Darstellung des Untersuchungsablaufs und der Untersuchungsergebnisse
  - Information über Delegation bzw. die Hinzuziehung von Hilfskräften

II. Ergänzende Anordnung: das lösungsorientierte Gutachten (Abs. 2)

58 Die Regelung ergänzt **die weiteren Einvernehmensregelungen, insbesondere in § 156 FamFG**, und unterstreicht die Bedeutung, welche der Gesetzgeber einer einvernehmlichen Konfliktbeilegung in Kindschaftssachen zumisst.

▶ *Umfassend hierzu siehe Wegener, Kommentierung zu § 156 FamFG.*

59 Das Gericht kann anordnen, dass der Sachverständige bei der Erstellung des Gutachtenauftrages auch auf die Herstellung des Einvernehmens zwischen den Beteiligten hinwirken soll, wenn das Verfahren die Person des Kindes betrifft (zur strittigen Frage der Beteiligung des Kindes siehe *Wegener*, § 156 FamFG Rn. 24).

60 Die Entscheidung darüber, ob der Auftrag an den Sachverständigen entsprechend erweitert wird, steht **im pflichtgemäßen Ermessen des Gerichts**. Dieses wird insoweit einzubeziehen haben, dass eine solche Erweiterung des Auftrags in den Fällen, in denen der Verfahrensgegenstand nicht zur Disposition der Beteiligten steht, bereits nicht in Betracht

64 Vgl. auch BGH FamRZ 2012, 104 ff. (zum Betreuungsverfahren)
65 Zur Inzidentprüfung einer etwaigen Befangenheit des Sachverständigen: BGH ZKJ 2017, 21, 24
66 Hierzu *Kühne*, ZFE 2006, 371

kommen kann. Damit scheidet eine solche Anordnung in Kinderschutzverfahren nach §§ 1666, 1666a BGB denknotwendig aus.

Unter Berücksichtigung des hiermit eingeforderten **problematischen Rollenwechsels** vom Einigungsförderer zum diagnostischen Entscheider, was auch unter den Psychologen zu heftigen Diskussionen geführt hat,[67] sollte das Gericht hiervon gleichfalls in Verfahren betreffend den Streit der Eltern um das Aufenthaltsbestimmungsrecht oder den Umgang nur zurückhaltend Gebrauch machen.[68] Zumal hierdurch – bei Scheitern einer einvernehmlichen Lösung – eine erhebliche Verfahrensverzögerung eintritt und auch die Gefahr eines Befangenheitsgesuches gegen den Sachverständigen heraufbeschworen werden könnte. Überdies ist zu prüfen, inwieweit **sonstige Vermittlungsbemühungen** wie die Beratungsangebote der Kinder- und Jugendhilfe oder auch gerichtliche Einigungsversuche bereits durchgeführt worden sind bzw. ob die insoweit gemachten Erfahrungen überhaupt ein Einigungspotenzial noch erkennen lassen. Ist Letzteres nicht der Fall, hat die zügige Schaffung einer Grundlage für die am Kindeswohl orientierte Entscheidung im Vordergrund der Beauftragung des Sachverständigen zu stehen. **61**

Es bedarf damit einer **ausdrücklichen entsprechenden Beschlussfassung** des Gerichts im Rahmen des regelmäßig zu erlassenden Beweisbeschlusses. Auch insoweit ist den Beteiligten vorab rechtliches Gehör zu gewähren. **62**

Erfolgt eine entsprechende Anordnung, so kann selbst bei einem lösungsorientierten Gutachten auf eine **diagnostische** Phase bzw. wegen eines möglichen Scheiterns einer einvernehmlichen Lösung auf eine **Diagnostik der Konfliktlage** in der Familie sowie der kindlichen Bedürfnisse **nicht verzichtet werden**.[69] **63**

Zudem kommt der **Fristsetzung (Rn. 17)** eine besondere Bedeutung zu, damit das Gericht und die Beteiligten bei einem Scheitern der Bemühungen des Sachverständigen nicht – nach einem vor allem für das Kind nicht mehr vertretbaren Zeitraum – mit leeren Händen dastehen. Gegebenenfalls muss zeitnah erwogen werden, den Sachverständigen nach § 30 Abs. 1 FamFG i.V.m. § 404a Abs. 1 ZPO anzuweisen, seine Einvernehmensbemühungen einzustellen, falls diese keinen Erfolg (mehr) versprechen. **64**

Checkliste zu § 163 FamFG

65

I. Vor Einholung eines Gutachtens

1. Ist die Einholung eines Sachverständigengutachtens geboten?
2. Welche Qualifikation muss der Sachverständige haben?

II. Erlass des Beweisbeschlusses

1. Welche Beweisfragen sind dem Sachverständigen zu stellen? Kindeswohlmaßstab beachten!
2. Soll angeordnet werden, dass der Sachverständige bei der Erstellung des Gutachtens auch auf die Herstellung des Einvernehmens zwischen den Beteiligten hinwirken soll?
3. Benennung der Person des Gutachters
4. Fristsetzung!

---

67 Näher hierzu *Korn-Bergmann*, FamRB 2013, 306; Prütting/Helms/*Hammer*, § 163 FamFG Rn. 16 m.w.N.
68 Siehe *Coester* in: Lipp et al., 54 m.w.N.
69 OLG Celle ZKJ 2012, 446 unter Hinweis auf *Fichtner/Salzgeber*, FPR 2009, 348, 351, sowie *Ernst*, FPR 2009, 345, 347, und *Balloff*, FPR 2006, 415, 417

5. Hinweis an den Sachverständigen: Bitte um
- Nachricht über anberaumte Explorationstermine sowie
- unverzügliche Benachrichtigung bei unzureichender Mitwirkung eines Beteiligten bzw.
- Hinweis, soweit aus Sicht des Sachverständigen eine Eilentscheidung des Familiengerichts zur Veränderung der tatsächlichen Verhältnisse des Kindes geboten ist

→ Aktenübersendung

III. Während der Begutachtungsphase

1. Überwachung der Sachverständigenfrist
2. Gegebenenfalls Sachstandsanfragen an Sachverständigen in angemessenen (kurzen) Zeitabständen!
3. Gegebenenfalls Einschreiten des Familiengerichts bei fehlender Mitwirkung eines Beteiligten
4. Gegebenenfalls Prüfung der Voraussetzung einer Nachfristsetzung sowie der Androhung bzw. Festsetzung eines Ordnungsgeldes gegen den Sachverständigen

IV. Nach Eingang des Gutachtens

1. Gewährung rechtlichen Gehörs und in der Regel zugleich Anberaumung eines Termins, ggf. Ladung des Sachverständigen
2. Prüfung der Verwertbarkeit des Gutachtens

§ 163a FamFG Ausschluss der Vernehmung des Kindes

Eine Vernehmung des Kindes als Zeuge oder Beteiligter findet nicht statt.

Übersicht

Rn.
A. Allgemeines 1
B. Inhalt der Norm 2

A. Allgemeines

1 Die Vorschrift entspricht – ergänzt um die nun ebenfalls ausgeschlossene Vernehmung als Beteiligter – der früheren Regelung in § 163 Abs. 3 FamFG. Durch das Gesetz zur Änderung des Sachverständigenrechts wurde diese mit Wirkung vom 15.10.2016 in einen eigenen Paragrafen überführt.

B. Inhalt der Norm

2 Das Kind ist in Kindschaftssachen nicht als Zeuge – und auch nicht als Beteiligter[1] – zu vernehmen. Da das Kind in der Regel Beteiligter des kindschaftsrechtlichen Verfahrens ist, kommt eine Vernehmung als Zeuge im Strengbeweisverfahren (vgl. § 30 Abs. 2 FamFG) ohnehin nicht in Betracht.[2] Entsprechenden „Beweisanträgen", die in Unkenntnis der Rechtslage gestellt werden und ohnehin nur Anregungen sind, ist nicht nachzugehen. Das

1 Hierzu *Köhler*, Kommentierung zu § 7 FamFG
2 Vgl. nur Prütting/Helms/*Hammer*, § 163a FamFG Rn. 2

Kind ist lediglich persönlich anzuhören. Diese persönliche Anhörung stellt keine förmliche Beweisaufnahme dar. Vor diesem Hintergrund ist es mit § 163a FamFG nicht zu vereinbaren, etwa den Eltern im Rahmen einer Videoübertragung zu gestatten, die Anhörung zu verfolgen.[3]

▶ *Näher zur Kindesanhörung siehe Heilmann, Kommentierung zu § 159 FamFG.*

§ 164 FamFG Bekanntgabe der Entscheidung an das Kind

[1]Die Entscheidung, gegen die das Kind das Beschwerderecht ausüben kann, ist dem Kind selbst bekannt zu machen, wenn es das 14. Lebensjahr vollendet hat und nicht geschäftsunfähig ist. [2]Eine Begründung soll dem Kind nicht mitgeteilt werden, wenn Nachteile für dessen Entwicklung, Erziehung oder Gesundheit zu befürchten sind. [3]§ 38 Abs. 4 Nr. 2 ist nicht anzuwenden.

Übersicht

Rn.
A. Allgemeines ... 1
B. Inhalt der Norm ... 4
I. Das geschäftsfähige Kind hat das 14. Lebensjahr vollendet ... 4
II. Das Kind ist geschäftsunfähig und/oder hat das 14. Lebensjahr noch nicht vollendet ... 6
III. Begründung ... 9

A. Allgemeines

1 Die Norm bestätigt den Grundsatz der **Kindeswohlzentrierung des Verfahrens** in Kindschaftssachen. Jedes von einem kindschaftsrechtlichen Verfahren betroffene Kind hat einen Anspruch darauf, dass nicht nur die Endentscheidung inhaltlich dem Prinzip des Kindeswohls gerecht wird (vgl. § 1697a BGB), sondern auch das gerichtliche Verfahren selbst, denn das Kind ist selbst Grundrechtsträger (vgl. nur Art. 2 Abs. 1 i.V.m. Art. 1 Abs. 1 GG[1]) und Eingriffe seine Grundrechte müssen nicht zuletzt dem Grundsatz der Verhältnismäßigkeit Rechnung tragen.

2 Es kommt noch hinzu, dass die meisten kindschaftsrechtlichen Verfahren ihre Legitimation dadurch erhalten, dass sie um des Kindes und nicht um der Eltern willen – zudem häufig auch in Ausübung des staatlichen Wächteramtes (Art. 6 Abs. 2 Satz 2 GG) – **zur Sicherung des Kindeswohls** durchgeführt werden. Damit wäre es nicht zu vereinbaren, würde die Durchführung des gerichtlichen Verfahrens an sich bereits den Belangen des Kindes zuwiderlaufen. Vielmehr muss der Staat das gerichtliche Verfahren so gestalten, dass eine hinreichende Berücksichtigung der **grundrechtlichen Stellung des betroffenen Kindes** garantiert ist.[2] Das Kindeswohl muss daher die beherrschende Richtlinie für die gesamte Verfahrensgestaltung sein.[3] Unnötige Belastungen des Kindes sind zu vermeiden.

3 Die Norm **ergänzt die allgemeine Regelung** über die Bekanntgabe von Beschlüssen in § 41 FamFG für die Verfahren in Kindschaftssachen (siehe hierzu *Cirullies,* § 41 FamFG) und steht im systematischen Zusammenhang zu § 60 FamFG, der das Beschwerderecht des Kindes regelt, welches das 14. Lebensjahr vollendet hat. Die Norm regelt nicht die Frage der Übermittlung von Schriftsätzen bzw. – außerhalb von § 159 FamFG – die Teil-

---

3 Vgl. BVerfG ZKJ 2019, 361 m. Anm. *Dürbeck*
1 Vgl. BVerfGE 24, 119, 144
2 Vgl. BVerfGE a.a.O.
3 Vgl. nur Staudinger/*Coester,* § 1666 BGB Rn. 258 m.w.N.

nahme an Gerichtsterminen. Die Antwort hierauf hängt davon ab, ob das Kind verfahrensfähig ist oder nicht (hierzu *Köhler*, § 9 FamFG).

B. Inhalt der Norm

I. Das geschäftsfähige Kind hat das 14. Lebensjahr vollendet

4 Dem **über 14 Jahre alten und geschäftsfähigen Kind** ist die Entscheidung des Gerichts, die insbesondere Rubrum, Tenor und Entscheidungsgründe beinhaltet (vgl. § 38 Abs. 2 und 3 FamFG), bekannt zu geben. Maßgeblicher Zeitpunkt für die Feststellung, ob das Kind diese Altersgrenze erreicht hat, ist derjenige des Erlasses der Entscheidung (vgl. § 38 Abs. 3 Satz 2 FamFG).[4] Eine gleichwohl unterbleibende Bekanntmachung führt dazu, dass die Entscheidung dem Kind gegenüber nicht wirksam und formell nicht rechtskräftig werden kann.[5]

5 Hingegen soll eine **Mitteilung der Entscheidungsgründe an das Kind unterbleiben**, wenn hierdurch „Nachteile für dessen Entwicklung, Erziehung oder Gesundheit zu befürchten sind" (Satz 2). Die Formulierung ist inhaltsgleich zu § 159 Abs. 4 Satz 1 Hs. 2 FamFG). In diesen Fällen sind alle Teile der Entscheidung mit Ausnahme der Gründe mitzuteilen und dies entsprechend kenntlich zu machen. Soweit nur Teile der Gründe diese Voraussetzung erfüllen, hat nur deren Mitteilung zu unterbleiben. Dies ist ebenfalls entsprechend kenntlich zu machen („... *eine Mitteilung der Gründe dieser Entscheidung unterbleibt.*"). Die Entscheidung über den Umfang der Bekanntgabe trifft das Gericht, welches den Beschluss erlassen hat. Beim Amtsgericht ist dies entweder Richter oder Rechtspfleger. Handelt es sich um die Entscheidung des Beschwerdesenats am Oberlandesgericht, entscheidet hierüber der Senat bzw. der Einzelrichter, wenn ihm das Verfahren zuvor übertragen worden ist.[6] Im Beschwerdeverfahren stellt sich die Problematik jedoch nur, wenn das Kind im konkreten Verfahren verfahrensfähig ist oder die Rechtsbeschwerde zugelassen wird, denn nur solche Entscheidungen sind bekannt zu machen, „gegen die das Kind das Beschwerderecht ausüben kann".

II. Das Kind ist geschäftsunfähig und/oder hat das 14. Lebensjahr noch nicht vollendet

6 Dem **jüngeren bzw. i.S.v. § 104 Nr. 2 BGB geschäftsunfähigen Kind** ist die Entscheidung in aller Regel nicht selbst bekannt zu geben. Die förmliche Bekanntgabe hat hier an den gesetzlichen Vertreter für den Aufgabenkreis zu erfolgen, den die gerichtliche Entscheidung tangiert.

7 Zur Entgegennahme eines Beschlusses ist dem Kind nur dann ein **Ergänzungspfleger i.S.v. § 1909 BGB** zu bestellen, wenn die Voraussetzungen für eine Entziehung der Vertretungsmacht nach § 1796 BGB festgestellt sind[7] (näher hierzu *Dürbeck*, § 1796 BGB). In Verfahren der familiengerichtlichen Genehmigung von Rechtsgeschäften für das Kind gemäß § 1643 i.V.m. §§ 1821, 1822 BGB bedarf es zur wirksamen Bekanntgabe der Entscheidung (vgl. § 41 Abs. 3 FamFG) nur bei Vorliegen der Voraussetzungen des § 1795 BGB bzw. § 1796 BGB im Einzelfall eines Ergänzungspflegers.[8]

8 Eine **zusätzliche (formlose) Bekanntgabe** an das Kind hat nicht zu erfolgen. In den Fällen, in denen dem Kind ein Verfahrensbeistand für das gerichtliche Verfahren bestellt wor-

---

4 *Bumiller/Harders/Schwamb*, § 164 FamFG Rn. 2
5 MüKo-FamFG/*Schumann*, § 164 Rn. 4
6 A.A. Keidel/*Engelhardt*, § 164 Rn. 7, nach dessen Auffassung bei Kollegialorganen der Vorsitzende entscheide, wofür eine Rechtsgrundlage jedoch nicht ersichtlich ist
7 BGH FamRZ 2014, 640 f.
8 BGH FamRZ 2019, 986

den ist, gehört die Bekanntgabe des Ergebnisses des Gerichtsverfahrens noch zu den Aufgaben des Verfahrensbeistandes (hierzu *Keuter*, § 158 FamFG).

III. Begründung

Satz 3 stellt klar, dass nur in den Fällen des Satzes 2 (hierzu Rn. 3) eine **Begründung der gerichtlichen Entscheidung** gegenüber dem über 14 Jahre alten geschäftsfähigen Kind unterbleiben darf. In Abweichung von den allgemeinen Regeln bedarf es hingegen auch einer Begründung der gerichtlichen Entscheidung, wenn sich die Beteiligten einig sind, da § 38 Abs. 4 Nr. 2 FamFG nicht anwendbar ist. Anwendbar bleibt hingegen § 38 Abs. 4 Nr. 3 FamFG, so dass es einer Begründung nicht bedarf, wenn die mündliche Bekanntgabe in Anwesenheit aller Beteiligten erfolgt ist und diese einschließlich des bereits 14 Jahre alten Kindes auf Rechtsmittel verzichtet haben. 9

§ 165 FamFG Vermittlungsverfahren

(1) [1]Macht ein Elternteil geltend, dass der andere Elternteil die Durchführung einer gerichtlichen Entscheidung oder eines gerichtlich gebilligten Vergleichs über den Umgang mit dem gemeinschaftlichen Kind vereitelt oder erschwert, vermittelt das Gericht auf Antrag eines Elternteils zwischen den Eltern. [2]Das Gericht kann die Vermittlung ablehnen, wenn bereits ein Vermittlungsverfahren oder eine anschließende außergerichtliche Beratung erfolglos geblieben ist.

(2) [1]Das Gericht lädt die Eltern unverzüglich zu einem Vermittlungstermin. [2]Zu diesem Termin ordnet das Gericht das persönliche Erscheinen der Eltern an. [3]In der Ladung weist das Gericht darauf hin, welche Rechtsfolgen ein erfolgloses Vermittlungsverfahren nach Absatz 5 haben kann. [4]In geeigneten Fällen lädt das Gericht auch das Jugendamt zu dem Termin.

(3) [1]In dem Termin erörtert das Gericht mit den Eltern, welche Folgen das Unterbleiben des Umgangs für das Wohl des Kindes haben kann. [2]Es weist auf die Rechtsfolgen hin, die sich ergeben können, wenn der Umgang vereitelt oder erschwert wird, insbesondere darauf, dass Ordnungsmittel verhängt werden können oder die elterliche Sorge eingeschränkt oder entzogen werden kann. [3]Es weist die Eltern auf die bestehenden Möglichkeiten der Beratung durch die Beratungsstellen und -dienste der Träger der Kinder- und Jugendhilfe hin.

(4) [1]Das Gericht soll darauf hinwirken, dass die Eltern Einvernehmen über die Ausübung des Umgangs erzielen. [2]Kommt ein gerichtlich gebilligter Vergleich zustande, tritt dieser an die Stelle der bisherigen Regelung. [3]Wird ein Einvernehmen nicht erzielt, sind die Streitpunkte im Vermerk festzuhalten.

(5) [1]Wird weder eine einvernehmliche Regelung des Umgangs noch Einvernehmen über eine nachfolgende Inanspruchnahme außergerichtlicher Beratung erreicht oder erscheint mindestens ein Elternteil in dem Vermittlungstermin nicht, stellt das Gericht durch nicht anfechtbaren Beschluss fest, dass das Vermittlungsverfahren erfolglos geblieben ist. [2]In diesem Fall prüft das Gericht, ob Ordnungsmittel ergriffen, Änderungen der Umgangsregelung vorgenommen oder Maßnahmen in Bezug auf die Sorge ergriffen werden sollen. [3]Wird ein entsprechendes Verfahren von Amts wegen oder auf einen binnen eines Monats gestellten Antrag eines Elternteils eingeleitet, werden die Kosten des Vermittlungsverfahrens als Teil der Kosten des anschließenden Verfahrens behandelt.

Übersicht

Rn.
A. Allgemeines ... 1
I. Normzweck ... 1
II. Anwendungsbereich ... 2
B. Inhalt der Norm ... 3
I. Voraussetzungen des Vermittlungsverfahrens (Abs. 1) ... 3
1. Antrag ... 3
2. Umgangsregelung ... 4
3. Vorgehen des Gerichts ... 4
II. Termininierung (Abs. 2) ... 5
1. Terminsanberaumung, Ladung ... 5
2. Verfahrenskostenhilfe ... 7
III. Ablauf des Vermittlungstermins (Abs. 3, 4) ... 8
1. Vermittlungstermin ... 8
2. Ergebnis des Vermittlungstermins ... 9
IV. Beendigung (Abs. 5) ... 10
1. Abschluss des Vermittlungsverfahrens bei fehlender Einigung der Eltern ... 10
2. Kosten, Verfahrenswert ... 11
C. Übersicht: Ablauf des Vermittlungsverfahrens ... 12

A. Allgemeines

I. Normzweck

1 Da Umgangsregelungen, sei es als gerichtlich gebilligte Umgangsvereinbarung oder als gerichtliche Entscheidung, in der Praxis häufig Umsetzungsproblemen unterworfen sind, hat sich der Gesetzgeber mit der Einführung des Vermittlungsverfahrens (früher § 52a FGG) ein spezielles Verfahren erdacht, mit dem die Schwierigkeiten bei der Umsetzung der Umgangsregelung in einem Termin mit den Beteiligten ausgeräumt und dem Kind die Vollstreckung der Umgangsregelung mit Ordnungsmitteln erspart werden soll.[1] Ausdrückliche Zielsetzung des Verfahrens ist es demnach, ein Einvernehmen der Eltern herbeizuführen (vgl. Abs. 4, 5). In der Praxis spielt das Vermittlungsverfahren nur eine untergeordnete Rolle. Viele Beteiligten sehen nach oft monatelangen oder gar jahrelangen Streitigkeiten um den Umgang in einer neuerlichen Erörterung und Vermittlungsbemühungen durch das Gericht keinen Sinn und möchten nunmehr eine schnelle Umsetzung oder eine – aus ihrer Sicht – bessere Regelung. Auch die relativ strenge Rechtsprechung zur Beiordnung eines Rechtsanwalts (siehe unten Rn. 7) dürfte für die zögerliche Gebrauchmachung des Vermittlungsverfahrens ursächlich sein.

II. Anwendungsbereich

2 Das Vermittlungsverfahren findet **nur** auf **Antrag eines Elternteils** statt (§ 165 Abs. 1 FamFG) und ist damit ein reines Antragsverfahren. Es kann weder von Amts wegen noch auf Anregung oder auf Antrag eines Dritten, der in § 1685 BGB aufgeführten Umgangsberechtigten oder des Kindes eingeleitet werden.[2] Auch das Jugendamt, der Vormund oder der – vormalige – Verfahrensbeistand sind nicht antragsberechtigt.[3] Dies folgt aus dem eindeutigen Wortlaut der Vorschrift.

Voraussetzung ist zudem, dass eine **Umgangsregelung** vorliegt, entweder in Form einer **gerichtlichen Entscheidung oder eines gerichtlich gebilligten Vergleichs**. Es reicht deshalb nicht aus, wenn zwischen den Eltern eine außergerichtliche Vereinbarung (z.B. beim Jugendamt) oder – etwa im Rahmen des Scheidungs- oder eines Sorgerechtsverfah-

---

1 BT-Drucks. 16/6308, 242
2 OLG Bremen FamRZ 2015, 2190
3 OLG Bremen FamRZ 2015, 2190

rens – eine zwar protokollierte, aber nicht gebilligte einvernehmliche Regelung zum Umgang geschlossen wurde. Wird eine solche nicht eingehalten, bleibt den Beteiligten nur der erneute Weg zum Jugendamt oder die Einleitung eines gerichtlichen Umgangsverfahrens.[4] Auch eine notarielle Umgangsvereinbarung kann nicht Grundlage für die Einleitung eines Vermittlungsverfahrens sein.

B. Inhalt der Norm

I. Voraussetzungen des Vermittlungsverfahrens (Abs. 1)

1. Antrag

Dem Antrag des Elternteils muss zu entnehmen sein, dass sein – gerichtlich geregeltes – 3
Umgangsrecht durch den anderen Elternteil **vereitelt oder erschwert** wird.[5] Der Antrag des Elternteils ist ggf. auszulegen. Ihm muss aber der Wunsch nach einer Vermittlung des Gerichts zu entnehmen sein.[6] **Abgrenzungsschwierigkeiten** ergeben sich in der Praxis oftmals zu Anträgen auf **Vollstreckung** (§ 89 ff. FamFG). Beide Verfahren können aber durchaus parallel laufen.[7] Die Durchführung eines Vermittlungsverfahrens ist auch nicht Voraussetzung für die (spätere) Beantragung von Ordnungsmitteln.[8] Der Antrag bewirkt jedoch, dass die Vollstreckung einer Umgangsregelung eingestellt werden kann (§ 93 Abs. 1 Nr. 5 FamFG).

2. Umgangsregelung

Siehe hierzu Rn. 2.

3. Vorgehen des Gerichts

Dem Gericht stehen nunmehr zwei Möglichkeiten zur Verfügung: entweder lädt es die 4
Eltern unverzüglich zu einem Vermittlungstermin (siehe unten Rn. 5) oder es **lehnt die Vermittlung durch förmlichen Beschluss i.S.v. § 38 ff. FamFG ab**, weil bereits ein Vermittlungsverfahren oder eine sich an ein solches Verfahren anschließende außergerichtliche Beratung erfolglos geblieben ist. Andere Gründe rechtfertigen nach dem Wortlaut der Vorschrift keine Ablehnung. Dies gilt bspw. auch, wenn das Gericht aufgrund anderer, bei ihm anhängiger Verfahren die Erfolglosigkeit eines Vermittlungsverfahrens prognostiziert. Die ablehnende Entscheidung des Gerichts stellt eine Endentscheidung dar, die mit der **Beschwerde** (§ 58 FamFG) angefochten werden kann.[9]

II. Termininierung (Abs. 2)

1. Terminsanberaumung, Ladung

Lehnt das Gericht die Durchführung des Vermittlungsverfahrens nicht ab, so beraumt es 5
unverzüglich, d.h. so schnell wie es der ordnungsgemäße Ablauf des Gerichts zulässt, in jedem Fall aber innerhalb der Frist des § 155 Abs. 2 FamFG (siehe *Fink*, § 155 FamFG Rn. 19), einen Termin an. Zu diesem Termin ordnet das Gericht das **persönliche Erscheinen der Eltern** an (§ 33 FamFG). Da nach Abs. 5 Satz 1 als besondere Folge des Nichterscheinens eines Elternteils die Erfolglosigkeit des Vermittlungsverfahrens vorgesehen ist,

4 Zöller/*Lorenz*, § 165 FamFG Rn. 2
5 *Reinecken*, FPR 2010, 428, 430
6 *Völker/Clausius*, § 2 Rn. 186
7 OLG Naumburg FamRZ 2008, 1550 zu § 52a FGG, a.A. Johannsen/Henrich/*Büte*, § 165 FamFG Rn. 9 (dieser Auffassung steht jedoch § 92 Abs. 3 Satz 2 FamFG entgegen)
8 Früher streitig, vgl. auch OLG Rostock FamRZ 2002, 967 zu § 52 a FGG, jetzt gesetzlich in § 92 Abs. 3 FamFG geregelt
9 Keidel/*Engelhardt*, § 165 FamFG Rn. 8

darf das Nichterscheinen nicht mit Ordnungsmitteln sanktioniert werden.[10] In der Ladung werden die Eltern darauf **hingewiesen**, welche Folgen ein erfolgloses Vermittlungsverfahren haben kann (siehe hierzu Rn. 10). Sofern es das Gericht für sachdienlich hält, lädt es auch das **Jugendamt zum Termin**. Dies wird sich insbesondere in Fällen anbieten, in denen das Jugendamt im Vorfeld der gerichtlichen Umgangsentscheidung mitgewirkt hat und/oder auch im Anschluss hieran von den Eltern eingebunden wurde.

6 Da es sich auch bei dem Vermittlungsverfahren um eine Kindschaftssache i.S.v. § 151 Nr. 2 FamFG handelt, sind trotz der Sonderstellung des Vermittlungsverfahrens, welches quasi zwischen Umgangsentscheidung und Vollstreckung angesiedelt ist, die Vorschriften zur Mitwirkung des Jugendamtes (§ 162 FamFG) und zur Anhörung des Kindes (§ 159 FamFG) anwendbar.[11] Ebenso kommt die Bestellung eines Verfahrensbeistandes (§ 158 FamFG) bei Vorliegen der Voraussetzungen in Betracht.[12] Das macht das Verfahren zwar schwerfälliger, andererseits ist aber der Abschluss eines neuen gerichtlich gebilligten Vergleichs eine wesentliche Option, dessen Billigung nur erfolgen kann, wenn das Gericht – nach Ausschöpfung aller Erkenntnismöglichkeiten – von dessen Kindeswohldienlichkeit überzeugt ist.

2. Verfahrenskostenhilfe

7 Auch für das Vermittlungsverfahren wird einem Beteiligten auf seinen Antrag ein Anwalt nur dann beigeordnet, wenn wegen der Schwierigkeit der Sach- und Rechtslage die Vertretung durch einen Rechtsanwalt erforderlich erscheint (§ 78 Abs. 2 FamFG). Ob die Beiordnung erforderlich erscheint, hängt davon ab, ob ein Bemittelter in der Lage des Unbemittelten vernünftigerweise einen Rechtsanwalt mit der Wahrnehmung seiner Interessen beauftragt hätte. Für Vermittlungsverfahren wird dies von der Rechtsprechung häufig abgelehnt.[13] Die Besonderheiten des Vermittlungsverfahrens (Herbeiführung eines Einvernehmens zwischen den Eltern, Belehrungspflichten des Gerichts) werden zur Begründung dafür herangezogen, dass die **Beiordnung eines Rechtsanwalts** gemäß § 78 Abs. 2 FamFG regelmäßig im Vermittlungsverfahren **nicht in Betracht** kommt.[14]

III. Ablauf des Vermittlungstermins (Abs. 3, 4)

1. Vermittlungstermin

8 Das Gericht **erörtert** mit den **persönlich erschienenen Eltern** im Termin, welche **Folgen für das Kind** aufgrund des Umstandes entstehen können, dass der Umgang nicht stattfindet. Das Gericht hat hier eine Aufklärungsfunktion hinsichtlich der möglichen psychischen Folgen eines fehlenden Umgangs mit dem nicht betreuenden Elternteil für das Kind sowie hinsichtlich der Schlussfolgerungen auf die Erziehungskompetenz des Elternteils, der den Umgang verwehrt oder erschwert. Denn das Gericht soll die Eltern auch darauf hinweisen, welche **Rechtsfolgen die Nichtgewährung des Umgangs** für einen den Umgang verweigernden Elternteil haben kann, nämlich die Verhängung von Ordnungsmitteln **(§ 86 ff. FamFG)** oder die Einschränkung oder der Entzug der elterlichen Sorge **(§ 1666, aber auch § 1671)**. In Betracht kommt auch die Einleitung eines Abänderungsverfahrens betreffend die derzeitige – und nicht funktionierende – Umgangsregelung **(§§ 1696 BGB, 166 FamFG)**. Schließlich soll das Gericht die Eltern auf die Möglichkeit der außergerichtlichen

---

10 OLG Frankfurt ZKJ 2017, 382; Keidel/*Engelhardt*, § 165 FamFG Rn. 9

11 MüKo-FamFG/*Schumann*, § 165 Rn.10; *Völker/Clausius*, § 2 Rn. 189; a.A. Schulte-Brunert/Weinreich/*Ziegler, Rn. 6*

12 MüKo-FamFG/*Schumann*, § 165 Rn. 11

13 OLG Frankfurt NJW-RR 2013, 962; OLG Hamm FamRZ 2013, 565

14 OLG Frankfurt NJW-RR 2013, 962; a.A. OLG Bremen FamRZ 2017, 1144; OLG Zweibrücken AGS 2016, 141

Beratung durch Beratungsstellen der Kinder- und Jugendhilfe hinweisen (§ 18 Abs. 3 SGB VIII).

2. Ergebnis des Vermittlungstermins

Das eigentliche Ziel des Vermittlungsverfahrens ist in Abs. 4 Satz 1 geregelt: das Hinwirken des Gerichts auf ein **Einvernehmen der Eltern** über den Umgang. Das Einvernehmen kann in der Zusage, nunmehr die gerichtliche Regelung umzusetzen, ggf. flankiert durch eine außergerichtliche Beratung, bestehen oder aber in der Vereinbarung einer neuen Umgangsregelung, die dann in Form eines **gerichtlich gebilligten Vergleichs** (§ 156 Abs. 2 FamFG, siehe hierzu *Wegener, § 156 FamFG* Rn. 65), der an die Stelle der ursprünglichen Regelung tritt, geschlossen wird. Da an dem Verfahren auch das Kind gemäß § 7 Abs. 2 Nr. 1 FamFG beteiligt ist,[15] muss das über 14 Jahre alte und damit verfahrensfähige Kind (§ 9 Abs. 1 Nr. 3 FamFG) dem Vergleich zustimmen. Können die Eltern **kein Einvernehmen** erzielen, so werden die Streitpunkte in einem Vermerk **(§ 28 Abs. 4 FamFG)** festgehalten. **9**

IV. Beendigung (Abs. 5)

1. Abschluss des Vermittlungsverfahrens bei fehlender Einigung der Eltern

Bleibt das Vermittlungsverfahren erfolglos, weil sich die Eltern weder auf eine neue einvernehmliche Regelung des Umgangs noch auf die Beachtung der existierenden Regelung einigen konnten und sich auch nicht zu der Inanspruchnahme einer außergerichtlichen Beratung bereit erklären konnten oder aber ein – ordnungsgemäß geladener – Elternteil ist zu dem Termin nicht erschienen, dann wird die **Erfolglosigkeit durch Beschluss festgestellt**. Der Beschluss ist **nicht anfechtbar**. Das Gericht ist dann verpflichtet, folgende **Weiterungen** zu prüfen: Ordnungsmittel, §§ 86 ff. FamFG; Änderung der Umgangsregelung in einem Verfahren nach §§ 1696 BGB, 166 FamFG (in Betracht kommt zum Beispiel ein Umgangsausschluss, die Bestellung eines Umgangspflegers oder die Anordnung begleiteter Umgänge) und schließlich Maßnahmen zur elterlichen Sorge gemäß §§ 1666, 1696 BGB (Entzug des Umgangsbestimmungsrechts[16] und Einsetzung eines Ergänzungspflegers, siehe § 1684 Rn. 62). Ein Verfahren nach § 1671 BGB kann nicht von Amts wegen eingeleitet werden, es handelt sich um ein Antragsverfahren. **10**

2. Kosten, Verfahrenswert

Die Kosten des Vermittlungsverfahrens sind gemäß § 165 Abs. 5 Satz 3 FamFG Teil der Kosten eines etwaig sich anschließenden Verfahrens (gemäß Abs. 5 Satz 2). **11**

Verbleibt es beim Vermittlungsverfahren entsteht eine Verfahrensgebühr nach FamGKG-KV Nr. 1310.[17]

▶ *Zu den Kosten siehe Dürbeck, § 80 FamFG Rn. 11.*

Der Verfahrenswert beträgt gemäß § 45 Abs. 1 Nr. 2 FamGKG 3.000 Euro, wobei unter den Voraussetzungen des Abs. 3 ein geringerer Wert festgesetzt werden kann.

---

15 MüKo-FamFG/*Schumann*, § 165 Rn. 10
16 Näher hierzu *Heilmann*, FamRZ 2014, 1753 ff.
17 OLG Karlsruhe FamRZ 2013, 722; a.A. Keidel/*Engelhardt,* § 165 FamFG Rn. 22

C. Übersicht: Ablauf des Vermittlungsverfahrens

12

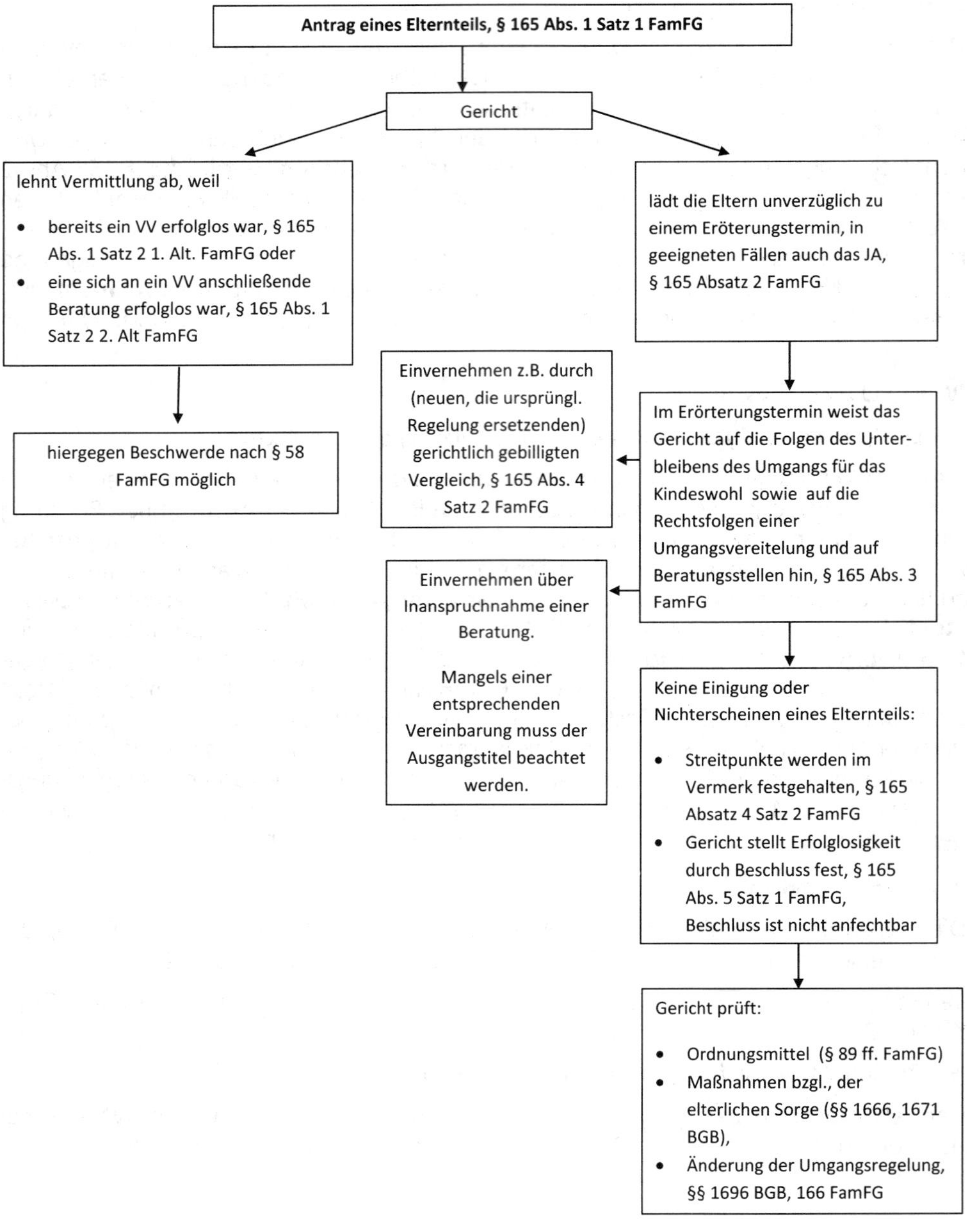

§ 166 FamFG Abänderung und Überprüfung von Entscheidungen und gerichtlich gebilligten Vergleichen

(1) Das Gericht ändert eine Entscheidung oder einen gerichtlich gebilligten Vergleich nach Maßgabe des § 1696 des Bürgerlichen Gesetzbuchs.

(2) Eine länger dauernde kindesschutzrechtliche Maßnahme hat das Gericht in angemessenen Zeitabständen zu überprüfen.

(3) Sieht das Gericht von einer Maßnahme nach den §§ 1666 bis 1667 des Bürgerlichen Gesetzbuchs ab, soll es seine Entscheidung in einem angemessenen Zeitabstand, in der Regel nach drei Monaten, überprüfen.

Übersicht

Rn.
A. Allgemeines ... 1
I. Normzweck ... 1
II. Anwendungsbereich ... 2
B. Inhalt der Norm ... 7
I. Abänderungsverfahren (Abs. 1) ... 7
1. Gegenstand der Abänderung ... 7
2. Verfahrensrechtliche Besonderheiten ... 10
II. Überprüfungsverfahren bei Maßnahmen (Abs. 2) ... 15
1. Kinderschutzrechtliche Maßnahmen von längerer Dauer ... 15
2. Angemessener Zeitraum ... 16
3. Durchführung/Verfahrensrechtliche Besonderheiten ... 17
III. Überprüfungsverfahren bei Absehen von Maßnahmen (Abs. 3) ... 19
1. Absehen von Maßnahmen nach §§ 1666 bis 1667 BGB ... 19
2. Angemessener Zeitabstand ... 21
3. Häufigkeit ... 22
IV. Gerichtliche Entscheidung ... 23
V. Kosten, Verfahrenswert, Verfahrenskostenhilfe ... 25
C. Übersicht: Überprüfungs- und Abänderungsverfahren ... 29

A. Allgemeines

I. Normzweck

Entscheidungen des Familiengerichts und (gerichtlich gebilligte) Vergleiche in Kindschaftssachen müssen **geänderten Verhältnissen angepasst** werden, um dem stetigen Wandel der ihnen zu Grunde liegenden Sachverhalte gerecht zu werden.[1] Liegen die materiellrechtlichen Voraussetzungen des § 1696 BGB vor, muss die formelle Rechtskraft durchbrochen werden, da das Kindeswohl stets den Vorrang hat.[2] Zudem muss die **Überprüfung kinderschutzrechtlicher Maßnahmen** gewährleistet sein, wenn das Gericht einmal mit einem Kindesschutzverfahren befasst war. 1

II. Anwendungsbereich

§ 166 FamFG stellt die **verfahrensrechtliche Ergänzung zu § 1696 BGB** dar und ist im Verhältnis zu § 48 FamFG die speziellere Regelung in Kindschaftssachen für das Verfahren der Abänderung und Überprüfung rechtskräftiger Entscheidungen und gerichtlich gebilligter Vergleiche nach § 156 Abs. 2 FamFG. 2

In den Kindschaftssachen der **§§ 151 Ziffer 4 bis 8 FamFG** findet § 166 Abs. 1 FamFG und damit auch § 1696 BGB **keine Anwendung**. Grund hierfür ist, dass der Regelungsgegenstand der in Ziffer 4 bis 8 des § 151 FamFG aufgeführten Kindschaftssachen nicht das 3

1 *Bartels*, FuR 2019, 77
2 Völker/*Clausius*, § 3 Rn. 1

Sorge- und Umgangsrecht im engeren Sinne ist.[3] Zum anderen sind für die Änderung von Bestellungsentscheidungen im Vormundschafts- und Pflegschaftsrecht die §§ 1886 ff BGB lex specialis gegenüber § 1696 BGB.[4] Der Abs. 1 findet hingegen Anwendung in den Fällen des § 1837 Abs. 4 BGB, der auf die §§ 1666, 1666a BGB verweist und auf den Vormund und Pfleger (über § 1915 BGB) unmittelbar Anwendung findet.[5]

4 Üben die Kindeseltern die **gemeinsame elterliche Sorge aufgrund § 1626a Abs. 1 Nr. 1 BGB** (gemeinsame Sorgeerklärung) aus, so erfolgt die Übertragung auf einen Elternteil allein aufgrund eines **Antrages eines Elternteils nach § 1671 Abs. 1 BGB**.

5 Das Verfahren zur Abänderung von Entscheidungen, die im Wege der **einstweiligen Anordnung** erlassen wurden (§§ 49 ff. FamFG), richtet sich **nach § 54 FamFG**.[6] **Bloße Berichtigungen** oder **Ergänzungen eines Beschlusses**, die den Beschluss inhaltlich nicht abändern, sind unter den Voraussetzungen der **§§ 42, 43 FamFG** möglich.

6 Die abzuändernde Entscheidung muss **formell rechtskräftig** sein. Das Nebeneinander eines Abänderungsverfahrens in erster Instanz und einer Überprüfung der Entscheidung in der Rechtsmittelinstanz kommt nicht in Betracht.[7]

B. Inhalt der Norm

I. Abänderungsverfahren (Abs. 1)

1. Gegenstand der Abänderung

7 § 166 Abs. 1 FamFG verweist auf § 1696 BGB und wird durch ihn beschränkt. Eine Abänderung findet zunächst hinsichtlich **gerichtlicher Entscheidungen** oder **gerichtlich gebilligter Vergleiche** statt, mit denen die **elterliche Sorge oder das Umgangsrecht** geregelt wurden (§ 1696 Abs. 1 Satz 1 BGB). Hierzu gehören auch **Entscheidungen nach § 1628 BGB (Meinungsverschiedenheit der Eltern)** oder § 1632 BGB **(Herausgabe des Kindes)**, insbesondere aber **Entscheidungen nach § 1671 BGB (Übertragung der Alleinsorge bei Getrenntleben), familiengerichtliche Regelungen des Umgangs** oder Abänderungsentscheidungen i.S.v. § 1696 BGB. Da es sich bei dem Abänderungsverfahren nicht um eine Überprüfung der Rechtmäßigkeit der Ausgangsentscheidung handelt (hierfür stehen Rechtsmittel zur Verfügung) und sich die Beteiligten zudem auf den Fortbestand eines formell rechtskräftigen Beschlusses verlassen können müssen, kann die Abänderung nur erfolgen, wenn **neue Tatsachen**[8] vorliegen, die **„triftige, das Wohl des Kindes nachhaltig berührende Gründe"** darstellen (zum Prüfungsmaßstab siehe *Gottschalk,* § 1696 BGB Rn. 20).

8 § 1696 Abs. 1 Satz 2 BGB **verweist hinsichtlich des Prüfungsmaßstabs auf die §§ 1671 Abs. 1, 1680 Abs. 2, 1681 Abs. 1, 2 BGB**. Steht demnach den Eltern die elterliche Sorge aufgrund einer gerichtlichen Entscheidung nach § 1626a Abs. 1 Nr. 3, 2 BGB zu, so erfolgt eine Abänderung einer solchen Entscheidung nach § 1671 BGB.[9]

9 Sind mit der Ausgangsentscheidung **kindesschutzrechtliche Maßnahmen nach den §§ 1666 bis1667 BGB** ergangen, ergibt sich der Prüfungsmaßstab aus § 1696 Abs. 2 BGB; sie sind abzuändern, wenn **keine Kindeswohlgefährdung mehr besteht** oder die zu

3 MüKo-FamFG/*Heilmann*, § 166 Rn. 6
4 MüKo-FamFG/*Heilmann,* § 166 Rn. 6
5 MüKo-FamFG/*Heilmann*, § 166 Rn. 6
6 *Socha,* JAmt 2017, 522
7 Völker/*Clausius*, § 3 Rn. 2; a.A. OLG Naumburg FUR 2012, 206 in einem Fall, in dem das Verfahren seit längerer Zeit in der Rechtsmittelinstanz anhängig war
8 OLG Bamberg, FamRZ 1990, 1135
9 *Socha,* JAmt 2017, 522; Staudinger/*Coester*, § 1696 Rn. 11, 19

ihrer Abwendung angeordnete **Maßnahme nicht mehr erforderlich** ist (bspw. ist die Familienhilfe nunmehr zur Abwehr der Kindeswohlgefährdung geeignet und die Fremdplatzierung kann beendet werden). Soll eine kindesschutzrechtliche Maßnahme **verschärft** werden, etwa weil die in der Ausgangsentscheidung angeordnete Maßnahme nicht (mehr) zur Gefahrenabwehr geeignet ist oder weil sich nun doch die Notwendigkeit für eine kindesschutzrechtliche Maßnahme ergibt, nachdem im Ausgangsverfahren eine solche noch nicht gesehen wurde (vgl. § 166 Abs. 3 FamFG), so kann der Prüfungsmaßstab nur §§ 1666, 1666a BGB entnommen werden.[10]

► *Ausführlich zu den Abänderungsmaßstäben im Übrigen, insbesondere in Fallkonstellationen des Sorgerechts nichtverheirateter Eltern siehe Gottschalk, § 1696 BGB, Rn. 5 ff.*

2. Verfahrensrechtliche Besonderheiten

Das Abänderungsverfahren nach § 166 Abs. 1 FamFG ist ein selbstständiges Verfahren, sofern es eingeleitet wird. **Die Einleitung erfolgt von Amts wegen**,,[11] nach pflichtgemäßem Ermessen des Gerichts[12] und muss erfolgen, wenn das Vorliegen der Voraussetzungen des § 1696 BGB naheliegt. Eines **Antrages bedarf es nicht**, hierbei handelt es sich um eine Anregung. Von der Einleitung darf z.B. abgesehen werden, wenn sich die erneute Anregung als rechtsmissbräuchlich darstellt[13] weil die abzuändernde Entscheidung gerade erst ergangen ist. Die Einleitung muss nicht **notwendigerweise durch Beschluss erfolgen, sondern auch durch verfahrensfördernde Handlungen des Gerichts** (Anlegen einer Akte, Mitteilung an die Beteiligten, dass ein Abänderungsverfahren durchgeführt wird etc.).[14] Sieht das Gericht von einer Einleitung ab, so muss es gemäß § 24 Abs. 2 FamFG denjenigen, der das Verfahren angeregt hat, hierüber unterrichten. Über den gestellten Antrag muss es nicht entscheiden.[15] Gegen die Ablehnung der Einleitung des Abänderungsverfahrens kann aber derjenige, der die Einleitung des Verfahrens i.S.d. § 24 FamFG angeregt hat, Beschwerde einlegen. Diese ist statthaft (§§ 58, 59 FamFG), sofern er durch die ablehnende Entscheidung in eigenen subjektiven Rechten betroffen ist.[16] **10**

Bei **gerichtlich gebilligten Vergleichen** bedarf es jedoch eines Abänderungsantrages eines Elternteils, denn das Gericht soll nicht von sich aus in eine einvernehmliche Elternvereinbarung eingreifen dürfen,[17] sofern nicht die Schwelle des § 1666 BGB überschritten ist. Dasselbe gilt für Verfahren nach § 1671 Abs. 1 Satz 2 Nr. 1 BGB, weil hier die elterliche Sorge auf einer gemeinsamen Elternentscheidung beruht.[18] **11**

Die **örtliche Zuständigkeit** ist nach den §§ 152 ff FamFG neu zu bestimmen. Ist das mit der Entscheidung über die Notwendigkeit einer Abänderung zunächst befasste Gericht hiernach nicht zuständig, muss es das (nunmehr) zuständige Gericht über die seiner Ansicht nach bestehende Notwendigkeit der Einleitung eines solchen Verfahrens in Kenntnis setzen (siehe *Keuter,* § 152 FamFG, Rn. 13 ff.; siehe unten Rn. 18). **12**

Es gilt der Amtsermittlungsgrundsatz (§ 26 FamFG). Eine **Feststellungslast gibt es nicht**.[19] Während jedoch in Verfahren nach § 1696 Abs. 1 BGB im Ergebnis die „Anre- **13**

10 BVerfG FamRZ 2009, 1472; Müko-FamFG/*Heilmann*, § 166 Rn. 11; Staudinger/*Coester,* § 1696 Rn. 16
11 OLG Frankfurt FamRZ 2013, 1238; *Socha,* NZFam 2017, 522, 525
12 Staudinger/*Coester*, § 1696 Rn. 135
13 Staudinger/*Coester*, § 1696 Rn. 135
14 A.A. *Meysen*, PraxiskommentarFamFG, § 166 FamFG Rn. 8: grundsätzlich Beschluss
15 OLG Frankfurt, Beschl. v. 31.3.2015 – 5 UF 272/14, juris (Abänderung einer Umgangsentscheidung)
16 OLG Brandenburg FamRZ 2015, 1993; OLG Frankfurt ZKJ 2015, 275
17 Staudinger/*Coester*, § 1696 Rn. 136
18 Staudinger/*Coester*, § 1696 Rn. 136, 44, 70, 75
19 Staudinger/*Coester,* § 1696 Rn. 138; anders OLG Frankfurt FamRZ 2013, 1238

gung" eines Elternteils ohne Erfolg bleibt, wenn die Abänderungsschwelle nicht erreicht ist, so kann die Fortdauer von kindesschutzrechtlichen Maßnahmen nicht damit begründet werden, dass die Eltern das Fehlen einer – vormals gegebenen – Gefährdungssituation nicht substantiiert vorgetragen bzw. nachgewiesen hätten.[20]

14 Der **Beschleunigungsgrundsatz** (§ 155 FamFG) ist in diesen Verfahren ebenso zu beachten, wie die Vorschrift des § 158 FamFG zum **Verfahrensbeistand** und die **Anhörungs- und Beteiligungsvorschriften**. Wird zunächst vom Gericht zu prüfen sein, ob eine wesentliche Änderung tatsächlich eingetreten ist, so sollte mit der Bestellung des Verfahrensbeistandes abgewartet werden (vgl. *Keuter,* § 158, Rn. 22 ff.). Ebenso kann von einzelnen Verfahrenshandlungen, z.B. einer Kindesanhörung, abgesehen werden, wenn bspw. das Abänderungsverfahren nach dem Vorbringen des Vaters eingeleitet wurde, aber bereits nach dem Bericht des Jugendamtes und einem Anhörungstermin mit den Eltern zur Überzeugung des Gerichts feststeht, dass die Abänderungsvoraussetzungen nicht gegeben sind.

II. Überprüfungsverfahren bei Maßnahmen (Abs. 2)

1. Kinderschutzrechtliche Maßnahmen von längerer Dauer

15 Kinderschutzrechtliche Maßnahmen, die länger andauern, müssen regelmäßig **von Amts wegen** durch das Gericht daraufhin überprüft werden, ob ihre Anordnung noch notwendig ist. Dies gebietet der Verhältnismäßigkeitsgrundsatz. Kindesschutzrechtliche Maßnahmen i.S.d. § 166 Abs. 2 sind solche Maßnahmen, die nach **§§ 1666, 1666a, 1667, 1684 Abs. 4**[21] **BGB** angeordnet werden, insbesondere der Entzug der elterlichen Sorge oder von Teilen hiervon, aber auch Verbleibensanordnungen gemäß § 1632 Abs. 4 BGB.[22] Die Maßnahmen müssen sich über einen **längeren Zeitraum erstrecken**. Hieran wird es fehlen, wenn sich die Maßnahme mit der einmaligen Befolgung erledigt (z.B. Vorstellen beim Kinderarzt) oder in der Ersetzung einer einzelnen Erklärung (Unterzeichnung eines Vertrages mit einer Kinderbetreuungseinrichtung; § 1666 Abs. 3 Nr. 5 BGB) liegt. Maßnahmen, **die weniger als drei Monate** andauern, sind jedenfalls nicht „von längerer Dauer".[23]

2. Angemessener Zeitraum

16 Das Familiengericht trifft eine **wiederkehrende Überprüfungspflicht** (anders als bei Abs. 3, siehe unten Rn. 19 ff.), solange die Maßnahme andauert. In welchen Zeitabständen eine Überprüfung angezeigt ist, liegt im **Ermessen des Gerichts** und wird sich an

- Art und Anlass der Maßnahme,
- dem Alter des Kindes sowie
- dem Zeitrahmen, der benötigt wird, um Erfolg oder Misserfolg einer **jugendhilferechtlichen Maßnahme beurteilen zu können**,

orientieren und auch von der Einschätzung des Gerichts hinsichtlich der **Wahrscheinlichkeit einer Besserung der Situation** des Kindes abhängen.[24]

Dabei ist einerseits dem Gesichtspunkt Rechnung zu tragen, dass sich alle Beteiligten, insbesondere das Kind ggf. an eine neue Lebenssituation gewöhnen und sich möglicherweise auf veränderte Umstände einstellen müssen. Diese Entwicklung wird möglicherweise durch ein erneutes Überprüfungsverfahren gestört. Andererseits muss gerade bei kleinen

20 Staudinger/*Coester,* § 1696 Rn. 138
21 Vgl. EGMRK FamRZ 2017, 89; BVerfG ZKJ 2016, 457 Rn. 38
22 OLG Frankfurt ZKJ 2014, 292
23 MüKo-FamFG/*Heilmann,* § 166 Rn. 18
24 Prütting/Helms/*Hammer,* § 166 FamFG Rn. 16

Kindern und intensiven Eingriffen wie einer Fremdplatzierung davon ausgegangen werden, dass neue Bindungen entstehen, deren Abbruch eine erneute Kindeswohlgefährdung nach sich ziehen kann. Orientiert an Abs. 3 sollte die Überprüfung nach Abs. 2 **frühestens nach drei Monaten und spätestens nach zwei Jahren** erfolgen.[25] Länger als zwei Jahre abzuwarten, kann nur in Ausnahmefällen gerechtfertigt sein.[26]

3. Durchführung/Verfahrensrechtliche Besonderheiten

17 Das Überprüfungsverfahren nach § 166 Abs. 2 FamFG stellt ein **spezielles Verfahren** dar, welches allein auf die Beantwortung der Frage ausgerichtet ist, ob ein Abänderungsverfahren nach Abs. 1 mit dem Ziel der Änderung der Entscheidung nach §§ 1666, 1666a BGB eingeleitet werden muss, und setzt das ursprüngliche Verfahren fort.[27] Es wird von Amts wegen vom Ursprungsrichter eingeleitet, ein entsprechender Antrag stellt eine Anregung i.S.d. § 24 FamFG dar. Die **örtliche Zuständigkeit** des Überprüfungsgerichts ist mit Blick auf § 152 jedoch eigenständig zu bestimmen und kann von derjenigen für die Erstentscheidung abweichen.[28] In diesem Fall ist das Überprüfungsverfahren entsprechend § 3 FamFG an das örtliche zuständige Gericht zu verweisen. [29]

Im Überprüfungsverfahren sollten **alle Erkundigungen** eingeholt werden, die dem Gericht die Beantwortung der Frage, ob ein Abänderungsverfahren eizuleiten ist oder nicht, ermöglichen.[30] Der Umfang der Erkundigungen liegt im pflichtgemäßen Ermessen des Gerichts. Dies umfasst insbesondere die **Einholung einer Stellungnahme beim Jugendamt** und ggf. beim Vormund oder Pfleger und kann sich auch hierin erschöpfen.[31]

18 Gelangt das Gericht hiernach zu dem **Ergebnis**, dass hinreichende Gründe für das Vorliegen von Abänderungsgründen bestehen, so leitet es ein **Abänderungsverfahren gemäß § 166 Abs. 1 FamFG ein** (siehe hierzu oben Rn. 10). Ergeben sich aus Sicht des Gerichts hingegen keine Anhaltspunkte für das Vorliegen von Abänderungsgründen, endet das Überprüfungsverfahren mit einem entsprechenden **Vermerk in den Akten**, dessen Inhalt den Eltern, dem Jugendamt, ggf. dem Vormund oder Pfleger und den Pflegeeltern und dem verfahrensfähigen Kind **zur Kenntnis** zu bringen ist und ohne eine darüberhinausgehende Veranlassung durch das Gericht. Gegen die Entscheidung kein Verfahren einzuleiten, kann Beschwerde eingelegt werden, wenn eine Verletzung in subjektiven Rechten gegeben ist.[32] Ausführlich hierzu siehe oben Rn. 10. Hat das Kind zwischenzeitlich seinen gewöhnlichen Aufenthaltsort gewechselt, sollte ein Vermerk mit der Anregung der Einleitung eines Abänderungsverfahrens an das neue Gericht des gewöhnlichen Aufenthalts übermittelt werden.

III. Überprüfungsverfahren bei Absehen von Maßnahmen (Abs. 3)

1. Absehen von Maßnahmen nach §§ 1666 bis 1667 BGB

19 Das Gericht trifft auch dann eine – einmalige – Überprüfungspflicht, wenn es von Maßnahmen nach den §§ 1666 bis 1667 BGB abgesehen hat. Das vorangegangene Verfahren muss jedoch abgeschlossen sein (siehe Rn. 6). Wurde es nur (faktisch) ruhend gestellt (wo-

---

25 So auch MüKo-FamFG/*Heilmann*, § 166 Rn. 20; Musielak/Borth-FamFG/*Grandel*, § 166 FamFG Rn. 4, schlagen eine Überprüfung nach sechs bis zwölf Monaten bei einer Herausnahme des Kindes aus dem elterlichen Haushalt vor, wenn nicht auszuschließen ist, dass sich die maßgeblichen Verhältnisse bei den Eltern alsbald wieder beruhigen

26 PK Familienverfahrensrecht/*Meysen*, § 166 FamFG Rn. 5

27 Musielak/Borth-FamFG/*Grandel*, § 166 FamFG Rn. 4

28 Vgl. BGH FamRZ 1992, 170; a.A. Musielak/Borth/*Borth/Grandel,* § 166 Rn. 5

29 MüKo-FamFG/*Heilmann*, § 166 Rn. 21

30 Vgl. BVerfG ZKJ 2016, 457 Rn. 39

31 Müko-FamFG/*Heilmann*, § 166 Rn. 22

32 OLG Frankfurt ZKJ 2015, 275

von allerdings abzusehen ist), so ist das Ausgangsverfahren fortzuführen. Mit der Überprüfungspflicht nach Abs. 3 FamFG soll sichergestellt werden, dass eine zum Handeln Anlass gebende **Kindeswohlgefährdung nicht übersehen wurde** oder nunmehr – im Vergleich zum Ausgangsverfahren – ein familiengerichtliches Einschreiten geboten ist, weil die Schwelle zur Kindeswohlgefährdung überschritten wird. Überprüft werden kann auch, ob die Eltern ihnen angebotene Hilfen nach dem SGB VIII angenommen haben bzw. ob eine in Aussicht gestellte Kooperation mit dem Jugendamt funktioniert. Die Regelung des Abs. 3 ermutigt das Familiengericht damit zu einem förmlichen Abschluss des Kindesschutzverfahrens. Eines beobachtenden Zuwartens bedarf es nicht.

20 Wurde im Ausgangsverfahren von der Einleitung von Maßnahmen zur Abwendung einer Kindeswohlgefährdung abgesehen, weil ganz offensichtlich und eindeutig eine solche nicht bestand, kann von einer Überprüfung abgesehen werden.

2. Angemessener Zeitabstand

21 Das Gesetz nennt als angemessenen Zeitabstand bereits die Dauer von **drei Monaten als Regelfall**. Dieser Zeitraum kann auch über- oder unterschritten werden, sollte jedoch nur in begründeten Einzelfällen von der im Gesetz vorgegebenen Frist abweichen.[33]

3. Häufigkeit

22 Im Gegensatz zu Abs. 2 sieht Abs. 3 nach seinem Wortlaut nur eine einmalige Überprüfung vor.[34]

Unabhängig hiervon bleibt das Jugendamt gleichwohl in der Pflicht, im Rahmen seiner Funktion als staatliches Wächteramt, mit der Familie in Kontakt zu bleiben und ihr ggf. Hilfen anzubieten, sofern es dies als notwendig erachtet. Auch kann es jederzeit mit Blick auf § 8a Abs. 2 SGB VIII ein neues Verfahren anregen, wenn sich die Situation in der Familie aus seiner Sicht verschlechtert.

▶ *Zur Zuständigkeit und zum Verfahren siehe Rn. 17 f.*

IV. Gerichtliche Entscheidung

23 Die Entscheidung über die Abänderung nach Absatz 1 ergeht durch Beschluss (§ 38 FamFG), der nach §§ 58 ff. FamFG anfechtbar ist. Es bedarf einer instanzabschließenden Sachentscheidung, die auch in der Feststellung liegen kann, dass derzeit keine Gründe für eine Änderung des Status quo gegeben sind. Der Tenor lautet dann: „Es wird festgestellt, dass der Beschluss/der gerichtlich gebilligte Vergleich des Familiengerichts … vom … nicht abzuändern ist."[35]

24 Das Ergebnis der Überprüfung nach den Abs. 2 und 3 wird jeweils als gerichtlicher Vermerk in den Akten festgehalten (siehe Rn. 16).[36] Die Entscheidung, dass ein Verfahren nach Abs. 1 eingeleitet wird, kann auch durch Beschluss ergehen oder durch ein entsprechendes Tätigwerden des Gerichts nach außen dokumentiert werden.

▶ *Zur Frage der Anfechtbarkeit der Entscheidung, ob ein Verfahren eingeleitet wird oder nicht siehe Dürbeck, § 58 FamFG Rn. 3.*

---

33 MüKo-FamFG/*Heilmann*, § 166 Rn. 28
34 Keine „Dauerkontrolle": BT-Drucks. 16/8914, 12
35 OLG Frankfurt FamRZ 2013, 1238
36 *Heilmann,* NJW 2013, 16, 20

V. Kosten, Verfahrenswert, Verfahrenskostenhilfe

Auch hier ist zu trennen, zwischen der Vorfrage, ob ein Abänderungsverfahren eingeleitet wird (= Überprüfungsverfahren ohne kostenrechtliche Relevanz) und dem sich – möglicherweise – anschließenden Abänderungsverfahren. 25

Das Verfahren nach § 166 Abs. 1 FamFG gilt gemäß § 31 Abs. 2 Satz 1 FamGKG als besonderes Verfahren im kostenrechtlichen Sinne, nicht aber die Überprüfungsverfahren nach § 166 Abs. 2 und 3 FamFG, § 31 Abs. 2 Satz 2 FamGKG, die auch nach der Aktenordnung nicht als eigenständiges Verfahren zu behandeln sind.[37] Hinsichtlich der Rechtsanwaltsgebühren handelt es sich beim Abänderungsverfahren um eine neue Angelegenheit, für die der Rechtsanwalt Gebühren fordern kann;[38] nach den obigen Ausführungen nicht aber für das Überprüfungsverfahren.[39] 26

Auf Verfahren, die auf die **Abänderung** bereits ergangener Sorgerechtsentscheidungen abzielen (§ 1696 BGB), ist § 45 Abs. 1 Nr. 1 FamGKG anzuwenden, das heißt im Regelfall beträgt der Verfahrenswert 3.000 Euro.[40] 27

Verfahrenskostenhilfe ist zwar nicht für das Überprüfungsverfahren,[41] jedoch in Abänderungsverfahren zu bewilligen, sofern die Voraussetzungen des § 76 FamFG vorliegen.[42] 28

▶ *Dürbeck, § 76 FamFG Rn. 1 ff.*

37 OLG Frankfurt FamRZ 2016, 926
38 Prütting/Helms/*Dürbeck*, § 166 FamFG Rn. 23
39 OLG Brandenburg FamRZ 2018, 368
40 BeckOK-Streitwert/*Dürbeck*, Sorgerechtsverfahren, Rn. 6
41 OLG Brandenburg FamRZ 2018, 368 (zu § 166 Abs. 2 FamFG; OLG Frankfurt FamRZ 2016, 926 (zu § 166 Abs. 3 FamFG)
42 OLG Naumburg FUR 2012, 206; zu den Voraussetzungen der Erfolgsaussicht: OLG Brandenburg FamRZ 2018, 1159

C. Übersicht: Überprüfungs- und Abänderungsverfahren

29

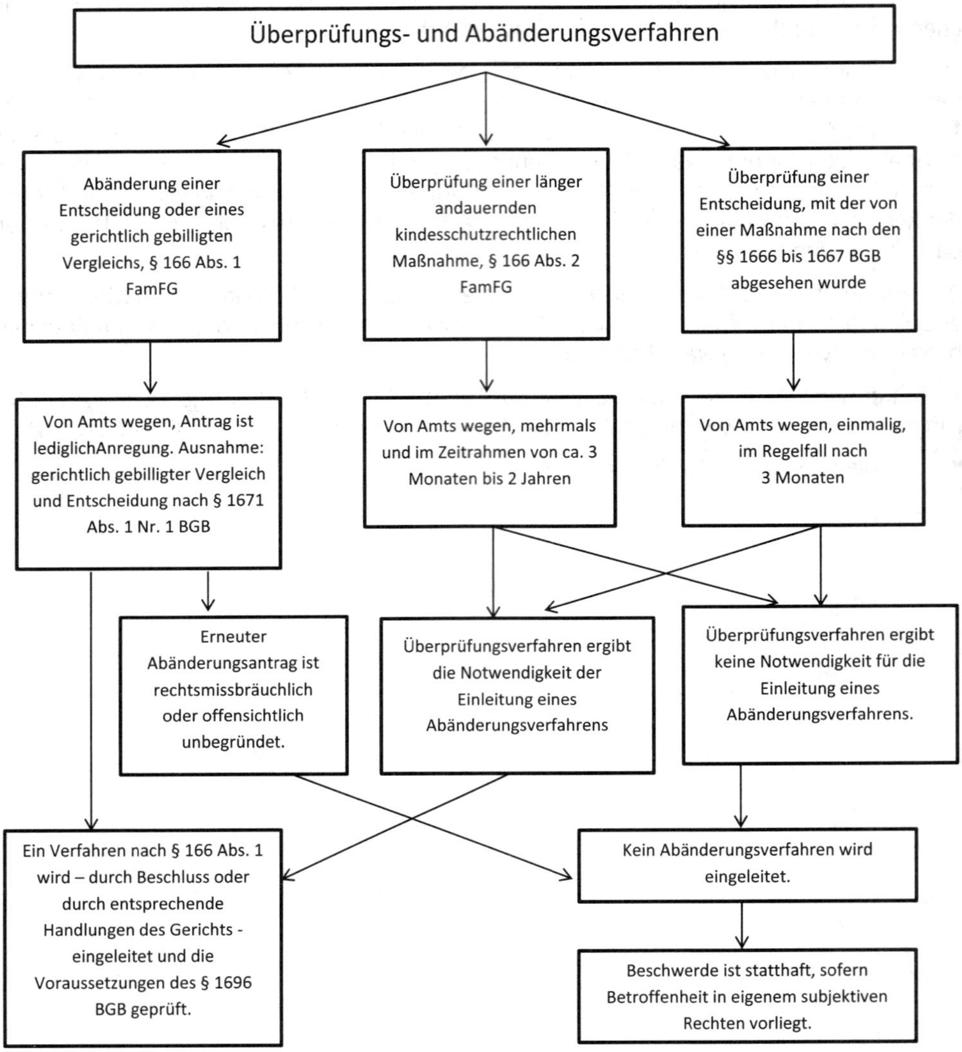

§ 167 FamFG Anwendbare Vorschriften bei Unterbringung Minderjähriger

(1) [1]In Verfahren nach § 151 Nummer 6 sind die für Unterbringungssachen nach § 312 Nummer 1 und 2, in Verfahren nach § 151 Nummer 7 die für Unterbringungssachen nach § 312 Nummer 4 geltenden Vorschriften anzuwenden. [2]An die Stelle des Verfahrenspflegers tritt der Verfahrensbeistand. [3]Die Bestellung eines Verfahrensbeistands ist stets erforderlich.

(2) Ist für eine Kindschaftssache nach Absatz 1 ein anderes Gericht zuständig als dasjenige, bei dem eine Vormundschaft oder eine die Unterbringung erfassende Pflegschaft für den Minderjährigen eingeleitet ist, teilt dieses Gericht dem für das Verfahren nach Absatz 1 zuständigen Gericht die Anordnung und Aufhebung der Vormundschaft oder Pflegschaft, den Wegfall des Aufgabenbereichs Unterbringung und einen Wechsel in der Person des Vor-

munds oder Pflegers mit; das für das Verfahren nach Absatz 1 zuständige Gericht teilt dem anderen Gericht die Unterbringungsmaßnahme, ihre Änderung, Verlängerung und Aufhebung mit.

(3) Der Betroffene ist ohne Rücksicht auf seine Geschäftsfähigkeit verfahrensfähig, wenn er das 14. Lebensjahr vollendet hat.

(4) In den in Absatz 1 Satz 1 genannten Verfahren sind die Elternteile, denen die Personensorge zusteht, der gesetzliche Vertreter in persönlichen Angelegenheiten sowie die Pflegeeltern persönlich anzuhören.

(5) Das Jugendamt hat die Eltern, den Vormund oder den Pfleger auf deren Wunsch bei der Zuführung zur Unterbringung zu unterstützen.

(6) [1]In Verfahren nach § 151 Nr. 6 und 7 soll der Sachverständige Arzt für Kinder- und Jugendpsychiatrie und -psychotherapie sein. [2]In Verfahren nach § 151 Nr. 6 kann das Gutachten auch durch einen in Fragen der Heimerziehung ausgewiesenen Psychotherapeuten, Psychologen, Pädagogen oder Sozialpädagogen erstattet werden. [3]In Verfahren der Genehmigung freiheitsentziehender Maßnahmen genügt ein ärztliches Zeugnis; Satz 1 gilt entsprechend.

(7) Die freiheitsentziehende Unterbringung und freiheitsentziehende Maßnahmen enden spätestens mit Ablauf von sechs Monaten, bei offensichtlich langer Sicherungsbedürftigkeit spätestens mit Ablauf von einem Jahr, wenn sie nicht vorher verlängert werden.

Übersicht

Rn.

A. Allgemeines ... 1
B. Inhalt der Norm ... 2
I. Verfahren nach § 151 Nr. 6 FamFG ... 3
1. Einleitung des Verfahrens ... 4
2. Zuständigkeit ... 5
3. Abgabe an ein anderes Gericht (§ 4 und § 314 FamFG) ... 10
4. Mitteilungspflicht (§ 167 Abs. 2 FamFG) ... 12
5. Verfahrensbeteiligte (§ 315, § 167 Abs. 1 Satz 2, Abs. 3 FamFG) ... 13
a. Muss-Beteiligte ... 13
b. Kann-Beteiligte ... 17
6. Anhörung (§ 319, § 320, § 167 Abs. 4 FamFG) ... 18
a. Persönliche Anhörung des Kindes ... 18
b. Persönliche Anhörung des bzw. der gesetzlichen Vertreter(s) des Kindes ... 23
c. Persönliche Anhörung der Pflegeeltern ... 24
d. Anhörung der sonstigen Beteiligten ... 25
e. Anhörung der zuständigen Behörde ... 26
7. Sachverständigengutachten (§ 321, § 322, § 167 Abs. 6 FamFG) ... 27
a. Gutachten bei Unterbringung ... 27
b. Ärztliches Zeugnis bei freiheitsentziehender Maßnahme (§ 167 Abs. 6 Satz 3 FamFG) ... 33
8. Beendigung des Verfahrens ... 34
a. Beschluss ... 34
b. Vollziehung der Unterbringung (§ 167 Abs. 5, § 326 FamFG) ... 40
c. Aufhebung ... 41
d. Verlängerung ... 42
9. Einstweilige Anordnungen (§ 331 und § 332 FamFG) und einstweilige Maßregel (§ 334 FamFG) ... 43
a. Einstweilige Anordnung (§ 331 FamFG) ... 44
b. Einstweilige Anordnung bei Gefahr im Verzug (§ 332 FamFG) ... 49
c. Verlängerung der einstweiligen Anordnungen (§ 331 und § 332 FamFG) ... 50
d. Einstweilige Maßregel (§ 334 FamFG) ... 52
10. Beschwerdeverfahren ... 53
II. Verfahren nach § 151 Nr. 7 FamFG ... 56
1. Einleitung des Verfahrens ... 59
2. Zuständigkeit ... 60
3. Abgabe an ein anderes Gericht (Spezielles Landesgesetz, § 4 und § 167 Abs. 1 Satz 1 i.V.m. § 314 FamFG) ... 63

4. Mitteilungspflicht (§ 167 Abs. 2 FamFG) ... 66
5. Verfahrensbeteiligte (§ 7 Abs. 1, § 167 Abs. 1 Satz 1 i.V.m. § 315, § 167 Abs. 1 Satz 2, Abs. 3 FamFG) ... 67
a. Muss-Beteiligte ... 67
b. Kann-Beteiligte ... 69
6. Anhörung (§ 167 Abs. 1 Satz 1 i.V.m. § 319, § 320, § 167 Abs. 4 FamFG) ... 70
a. Persönliche Anhörung des Kindes ... 70
b. Persönliche Anhörung des bzw. der gesetzlichen Vertreter(s) des Kindes ... 72
c. Persönliche Anhörung der Pflegeeltern ... 73
d. Anhörung der sonstigen Beteiligten ... 74
7. Sachverständigengutachten (§ 167 Abs. 1 Satz 1 i.V.m. § 321, § 322, § 167 Abs. 6 FamFG) .. 75
8. Beendigung des Verfahrens ... 81
a. Beschluss ... 81
b. Vollziehung ... 87
c. Aussetzung ... 89
d. Aufhebung ... 91
9. Einstweilige Anordnungen (§ 331 und § 332 FamFG) ... 93
a. Einstweilige Anordnung (§ 331 FamFG) ... 93
b. Einstweilige Anordnung bei Gefahr im Verzug (§ 332 FamFG) ... 98
c. Verlängerung der einstweiligen Anordnungen (§ 331 und § 332 FamFG) ... 99
10. Beschwerdeverfahren ... 101

A. Allgemeines

1 Die Norm enthält besondere Verfahrensvorschriften für die zivilrechtlichen und für die öffentlich-rechtlichen Unterbringungen und freiheitsentziehenden Maßnahmen Minderjähriger. Damit soll der Grundrechtsgarantie des Art. 104 Abs. 1 Satz 1 GG Rechnung getragen werden. Nach Art. 104 Abs. 1 Satz 1 GG darf das Recht des Kindes auf persönliche Freiheit (Art. 2 Abs. 2 Satz 2 GG) nur auf Grund eines förmlichen Gesetzes und nur unter Beachtung der darin vorgeschriebenen Formen beschränkt werden. Der Inhalt und die Reichweite der Formvorschriften sind von den Gerichten stets so auszulegen, dass sie eine der Bedeutung des Grundrechts angemessene Wirkung entfalten, schon um einer Aushöhlung und Entwertung des Rechts des Kindes auf persönliche Freiheit über das Verfahrensrecht entgegenzuwirken.[1]

1a Mit dem Gesetz zur Einführung eines familiengerichtlichen Genehmigungsvorbehaltes für freiheitsentziehende Maßnahmen bei Kindern vom 17.7.2017[2] wurde nun neben der materiell-rechtlichen Vorschrift des § 1631b Abs. 2 BGB auch § 167 Abs. 1, 6 und 7 FamFG insoweit geändert, als der Genehmigungsvorbehalt auch für freiheitsentziehende Maßnahmen während einer Unterbringung eingeführt wurde. Bisher stand die Entscheidung über die Vornahme in der Verantwortung der sorgeberechtigten Eltern des betroffenen Kindes.[3] Mit der Einführung der jetzigen Regelungen wollte der Gesetzgeber dem Umstand Rechnung tragen, dass freiheitsentziehende Maßnahmen mindestens ebenso schwerwiegend und belastend sein können wie eine geschlossene Unterbringung. Ferner sollte die mehrpolige Grundrechtssituation – einerseits das Recht des Kindes auf Leben, körperliche Unversehrtheit und Freiheit (Art. 2 Abs. 2 Satz 1, Satz 2 GG) und anderseits das Recht der Eltern auf Pflege und Erziehung ihres Kindes (Art. 6 Abs. 2 Satz 1 GG) zu gewährleisten – gelöst sowie ein Gleichlauf des Kinderschutzes und des Erwachsenenschutzes gewährleistet werden, da im Betreuungsrecht nach § 1906 Abs. 4 BGB bereits ein Genehmigungserfordernis für freiheitsentziehende Maßnahmen besteht.[4]

1 BVerfG NJW 2007, 3560, 3561
2 BGBl. I 2017 S. 2424, in Kraft seit 1.10.2017
3 BGH FamRZ 2013, 1646; OLG Frankfurt FamRZ 2013, 1225
4 BT-Drucks. 18/11278, 10

B. Inhalt der Norm

Die Norm enthält Sonderregelungen für das Unterbringungsverfahren und das Verfahren zur Genehmigung freiheitsentziehender Maßnahmen außerhalb des Elternhauses bei Minderjährigen. Da die Genehmigung wie auch die Anordnung der geschlossenen Unterbringung und die Genehmigung freiheitsentziehender Maßnahmen Kindschaftssachen nach § 151 FamFG sind, gelten die allgemeinen Vorschriften für Verfahren in Kindschaftssachen, soweit nicht die Sonderregelungen des § 167 FamFG greifen.[5] Ein Verständnis der Regelung des § 167 FamFG als abschließende Norm würde bedeuten, dass die Rechte des Kindes, die sich u.a. aus den §§ 155 ff. FamFG ergeben, verkürzt würden, obwohl die geschlossene Unterbringung und die Anwendung von freiheitsentziehenden Maßnahmen besonders schwere Eingriffe in das Recht des Kindes auf persönliche Freiheit (Art. 2 Abs. 2 Satz 2 GG) darstellen. Soweit Vorschriften des Allgemeinen Teils zur Anwendung kommen, sind grundsätzlich diejenigen für Familiensachen anzuwenden.[6] Demgegenüber betrachtet der BGH in einer Entscheidung aus dem Jahre 2012 § 167 FamFG in Bezug auf die Fälle i.S.d. § 151 Nr. 6 FamFG als abschließende Regelung, will aber im Hinblick auf die besondere Bedeutung des Kindeswohls die Wertungen der §§ 155 ff. FamFG bei der Auslegung des § 167 FamFG dann doch berücksichtigt wissen.[7] In einer anderen Entscheidung aus demselben Jahr wendet der BGH aber einzelne Normen der §§ 155 ff. FamFG wiederum direkt an.[8] 2

I. Verfahren nach § 151 Nr. 6 FamFG

Für Verfahren nach § 151 Nr. 6 FamFG, die die Genehmigung der Unterbringung und freiheitsentziehender Maßnahmen des Kindes nach § 1631b BGB, die Anordnung von Unterbringungsmaßnahmen nach § 1846 BGB sowie die Genehmigung der Unterbringung des Kindes durch den Vormund nach § 1800 i.V.m. § 1631b BGB und durch den Pfleger nach § 1915 i.V.m. § 1800 i.V.m. § 1631b BGB betreffen, sind die für die genehmigungspflichtige Unterbringung Erwachsener geltenden Vorschriften der §§ 312 Nr. 1 und Nr. 2 FamFG – mit einigen Besonderheiten – als Sondervorschriften anzuwenden. 3

1. Einleitung des Verfahrens

Das Verfahren kann von Amts wegen oder durch Antrag eingeleitet werden.[9] Der gesetzliche Vertreter bzw. die gesetzlichen Vertreter – die das Aufenthaltsbestimmungsrecht und die Gesundheitssorge für das Kind haben –[10] müssen jedoch zu erkennen geben, dass sie die Genehmigung für die Unterbringung des Kindes oder die freiheitsentziehende Maßnahme für das Kind wünschen; eine Anregung allein durch eine Einrichtung oder das Jugendamt reicht nicht aus.[11] 4

Fehlt es an der Willensäußerung des oder der gesetzlichen Vertreter, kann das Verfahren nicht durchgeführt werden, denn das Gericht genehmigt lediglich die Entscheidung des oder der gesetzlichen Vertreter.[12] Die Beendigung des Verfahrens ist dann durch Beschluss

5 Der Gesetzgeber hat sich diesbezüglich nicht eingelassen
6 Jox/Fröschle/*Bartels*, § 312 FamFG Rn. 13
7 BGH ZKJ 2013, 74, 75 unter Bezugnahme auf MüKo-FamFG/*Heilmann*, § 167 Rn. 4. Auf die jeweiligen Regelungen der einschlägigen Landesgesetze geht der BGH in seiner Entscheidung nicht ein.
8 BGH ZKJ 2012, 444, 445
9 BT-Drucks. 18/11278, 16; OLG Dresden FamRZ 2017, 621
10 OLG Naumburg ZKJ 2008, 519; AG Düren, Beschl. v. 2.10.2012 – 23 F 274/12, juris; vgl. BVerfG FamRZ 2014, 1177; FamRZ 2013, 767; anders noch BVerfG FamRZ 2007, 1627 für geschlossene Unterbringung; a.A. die – auch bei freiheitsentziehenden Maßnahmen, wie Medikamentengabe – die Inhaberschaft des Aufenthaltsbestimmungsrechts genügen lässt: OLG Bremen FamRZ 2013, 1227; Palandt/*Götz*, § 1631b BGB Rn. 7; Prütting/Helms/*Hammer*, § 167 FamFG Rn. 8
11 BVerfG NJW 2007, 3560, 3561 f.
12 OLG Frankfurt, FamRZ 2015, 2070, 2071; *Fink*, FS Salgo, 137, 156

festzustellen. Gegebenenfalls kann aber von Amts wegen ein Verfahren nach § 1666 BGB eingeleitet werden,[13] was dann aber kein Unterbringungsverfahren mit den Verfahrensvorschriften des § 167 FamFG darstellt, oder eine Unterbringungsmaßnahme nach dem öffentlichen Landesrecht geprüft werden.

4a Sind beide Elternteile des Kindes in den genannten Bereichen sorgeberechtigt, so können sie nur gemeinsam über die Frage der Unterbringung entscheiden. Allein die Entscheidung nur eines Sorgeberechtigten genügt dann nicht. Können sich die gemeinsam sorgeberechtigten Eltern über eine Unterbringung des Kindes oder eine freiheitsentziehende Maßnahme gegenüber dem Kind nicht einigen, kommt eine gerichtliche Entscheidung nach § 1628 BGB in Betracht[14] – oder wiederum die Anwendung des öffentlichen Landesrechts.

2. Zuständigkeit

5 **Sachlich** zuständig ist das Familiengericht, da es sich bei der Genehmigung der Unterbringung oder der freiheitsentziehenden Maßnahme um eine Kindschaftssache handelt (vgl. § 23a Abs. 1 Satz 1, § 23b GVG).[15]

6 Welches Gericht **örtlich ausschließlich** zuständig ist, richtet sich nach § 167 Abs. 1 Satz 1 i.V.m. § 313 Abs. 1, Abs. 2 FamFG.

7 Für das **Hauptsacheverfahren** gilt nach § 313 Abs. 1 FamFG folgende Rangfolge:

- Nr. 1: das Gericht, bei dem ein Verfahren zur Bestellung eines Vormunds eingeleitet oder das Vormundschaftsverfahren anhängig ist bzw. war; d.h. ist ein Vormund bereits bestellt, ist das Gericht der Bestellung zuständig,[16]
- Nr. 2: das Gericht, in dessen Bezirk der gewöhnliche Aufenthalt des Kindes liegt,
- Nr. 3: das Gericht, in dessen Bezirk das Bedürfnis für die Unterbringungsmaßnahme oder freiheitsentziehende Maßnahme hervortritt; ist das Kind bereits in einer (geschlossenen) Einrichtung, gibt die Einrichtung den Ausschlag,[17]
- Nr. 4: das Amtsgericht Schöneberg in Berlin, wenn das Kind deutsch ist.

8 Für das **einstweilige Anordnungsverfahren** und **einstweilige Maßregeln** nach § 1846 BGB ist nach § 313 Abs. 2 FamFG **auch** das Gericht zuständig, in dessen Bezirk das Bedürfnis für die Unterbringungsmaßnahme oder freiheitsentziehende Maßnahme bekannt wird. Zur Vermeidung doppelter Verfahren soll dem Gericht, welches nach § 313 Abs. 1 Nr. 1, Nr. 2 FamFG in der Hauptsache zuständig ist bzw. wäre, Mitteilung gemacht werden. Ist bereits parallel ein Hauptsacheverfahren eingeleitet worden, ist die Sonderzuständigkeit nach § 313 Abs. 2 FamFG subsidiär und tritt neben die bestehen bleibende oder parallel begründete Zuständigkeit des Hauptsachegerichts. Lehnen beide Gerichte ein Tätigwerden unter Hinweis auf die gleichzeitig bestehende Zuständigkeit des jeweils anderen Gerichts ab, gebührt der Vorrang dem Gericht, das zeitlich als erstes tätig geworden ist (§ 2 Abs. 1 FamFG).

9 **Funktionell** zuständig ist der Richter, Art. 104 Abs. 2 Satz 1 GG.[18]

---

13 BVerfG NJW 2007, 3560, 3562; OLG Naumburg ZKJ 2008, 519; MüKo-FamFG/*Heilmann*, § 167 Rn. 9
14 OLG Oldenburg FamRZ 2019, 203 für freiheitsentziehende Maßnahmen
15 Hierzu MüKo-FamFG/*Heilmann*, § 151 Rn. 3
16 Vgl. BT-Drucks. 16/6308, 272 f.; OLG Brandenburg FamRZ 2010, 2019, 2020
17 Jox/Fröschle/*Bartels*, § 313 FamFG Rn. 4; vgl. MüKo-FamFG/*Heilmann*, § 167 Rn. 7
18 Hierzu MüKo-FamFG/*Heilmann*, § 151 Rn. 46

3. Abgabe an ein anderes Gericht (§ 4 und § 314 FamFG)

Eine Abgabe ist nach § 4 FamFG aus wichtigem Grund möglich, wenn sich das andere Gericht zur Übernahme bereit erklärt hat. 10

Ferner ist eine Abgabe nach § 167 Abs. 1 Satz 1 i.V.m. § 314 FamFG möglich, wenn sich das Kind im Bezirk des anderen Gerichts aufhält und die Unterbringungsmaßnahme oder freiheitsentziehende Maßnahme dort vollzogen werden soll. Das Gericht hat über eine Abgabe nach pflichtgemäßem Ermessen zu entscheiden und muss in seine Entscheidung beispielsweise einbeziehen, dass das Gericht des gewöhnlichen Aufenthalts des Kindes eher die bisherigen Lebensverhältnisse des Kindes ermitteln kann.[19] 11

4. Mitteilungspflicht (§ 167 Abs. 2 FamFG)

Bei einem Auseinanderfallen des Gerichts, bei dem das Unterbringungsverfahren oder das Verfahren zur Genehmigung freiheitsentziehender Maßnahmen anhängig ist, und des Gerichts, bei dem ein Vormundschaftsverfahren bzw. Pflegschaftsverfahren anhängig ist, bestehen zur Vermeidung widersprüchlicher Entscheidungen wechselseitige Informationspflichten. 12

5. Verfahrensbeteiligte (§ 315, § 167 Abs. 1 Satz 2, Abs. 3 FamFG)

a. Muss-Beteiligte

An dem Unterbringungsverfahren **müssen beteiligt werden**: 13

- das **betroffene Kind** (§ 167 Abs. 1 Satz 1 i.V.m. § 315 Abs. 1 Nr. 1),
- der bzw. die **gesetzliche(n) Vertreter** des Kindes; d.h. die sorgeberechtigten Eltern, der Vormund oder der Pfleger mit entsprechendem Aufgabenkreis (§ 167 Abs. 1 Satz 1 i.V.m. § 315 Abs. 1 Nr. 2 FamFG),
- die **Verfahrensbeiständin** bzw. der **Verfahrensbeistand**, wenn sie bzw. er nach § 167 Abs. 1 Satz 2 i.V.m. § 158 FamFG bestellt worden ist, wobei die Bestellung obligatorisch ist, § 167 Abs. 1 Satz 3 FamFG,
- das **Jugendamt** auf seinen Antrag hin (vgl. § 167 Abs. 1 Satz 1 i.V.m. § 315 Abs. 3 FamFG).

Die **Verfahrensbeiständin** bzw. der **Verfahrensbeistand** wird nach § 167 Abs. 1 Satz 2 i.V.m. § 158 FamFG bestellt,[20] wobei die Bestellung obligatorisch ist, § 167 Abs. 1 Satz 3 FamFG. Die Rechtsfolgen der Bestellung richten sich nach den Vorschriften des § 167 Abs. 1 Satz 2 i.V.m. § 158 Abs. 3 bis Abs. 7 FamFG.[21] 14

Voraussetzung für die **Bestellung** der Verfahrensbeiständin ist nach § 158 Abs. 1 FamFG zwar die Erforderlichkeit zur Wahrnehmung der Interessen des Kindes. Da die geschlossene Unterbringung und die freiheitsentziehende Maßnahme einen besonders schweren Eingriff in das Recht des Kindes auf persönliche Freiheit (Art. 2 Abs. 2 Satz 2 GG) darstellen,[22] ist die Bestellung einer Verfahrensbeiständin nunmehr nach § 167 Abs. 1 Satz 3 FamFG **obligatorisch**. Die Bestellung soll nach § 158 Abs. 5 FamFG nur dann unterbleiben, wenn die Interessen des Kindes von einem Rechtsanwalt oder einem anderen geeig- 15

---

19 MüKo-FamFG/*Heilmann*, § 167 Rn. 7

20 BT-Drucks. 16/6308, 243; BT-Drucks. 18/11278, 19; MüKo-FamFG/*Heilmann*, § 167 Rn. 26; Prütting/Helms/*Hammer*, § 167 FamFG Rn. 22

21 MüKo-FamFG/*Heilmann*, § 167 Rn. 26 ff.; PK Familienverfahrensrecht/*Meysen/Stötzel/Kindermann*, § 167 FamFG Rn. 11 ff.

22 Vgl. BVerfG NJW 2007, 3560, 3561

neten Verfahrensbevollmächtigten wirksam vertreten werden, insbesondere wenn sich das Kind selbst einen Rechtsanwalt sucht.[23]

Die Bestellung hat so früh wie möglich zu erfolgen (§ 158 Abs. 3 Satz 1 FamFG), damit die Verfahrensbeiständin auch die Möglichkeit hat, den gebotenen Einfluss auf die Gestaltung und den Ausgang des Verfahrens zu nehmen.[24]

16 Da sich die **Rechtsfolgen** aus den § 158 Abs. 3 bis Abs. 7 FamFG ergeben, findet für die Vergütung der Verfahrensbeiständin auch die **sog. Pauschalierung** Anwendung.

▶ *Zur Pauschalierung näher Keuter, § 158 FamFG Rn. 50 ff.*

b. Kann-Beteiligte

17 An dem Unterbringungsverfahren **können** im Interesse des Kindes nach pflichtgemäßem Ermessen **zu beteiligen sein**:

- der **Ehegatte oder Lebenspartner** des Kindes, wenn sie nicht dauerhaft getrennt leben (§ 167 Abs. 1 Satz 1 i.V.m. § 315 Abs. 4 Satz 1 Nr. 1 FamFG),
- die **Eltern**, die aufgrund von Entziehung der elterlichen Sorge oder von Teilen davon nicht die gesetzlichen Vertreter des Kindes sind, wenn das Kind bei ihnen lebt oder bei Einleitung des Verfahrens gelebt hat (§ 167 Abs. 1 Satz 1 i.V.m. § 315 Abs. 4 Satz 1 Nr. 1 FamFG),
- die **Pflegeeltern**, die das Kind bei Verfahrensbeginn in einem tatsächlichen Pflegeverhältnis haben, unabhängig von einem Pflegevertrag oder einer Pflegeerlaubnis nach § 44 Abs. 1 Satz 1 SGB VIII (§ 167 Abs. 1 Satz 1 i.V.m. § 315 Abs. 4 Satz 1 Nr. 1 FamFG),
- eine vom Kind benannte oder durch seine Äußerungen bzw. aus den übrigen Umständen heraus erkennbare[25] **Person seines Vertrauens** (§ 167 Abs. 1 Satz 1 i.V.m. § 315 Abs. 4 Satz 1 Nr. 2 FamFG),
- die **Leiterin** bzw. der **Leiter der Einrichtung**, in der das Kind lebt oder bei Einleitung des Verfahrens gelebt hat (§ 167 Abs. 1 Satz 1 i.V.m. § 315 Abs. 4 Satz 1 Nr. 3 FamFG).

6. Anhörung (§ 319, § 320, § 167 Abs. 4 FamFG)

a. Persönliche Anhörung des Kindes

18 Die persönliche Anhörung des Kindes ist **unabhängig von seinem Alter** für das Familiengericht und das Beschwerdegericht[26] im Hauptsacheverfahren grundsätzlich zwingend, § 167 Abs. 1 Satz 1 i.V.m. § 319 Abs. 1 FamFG. Es bestehen die sehr engen Ausnahmen, von einer persönlichen Anhörung des Kindes nach § 34 Abs. 2 FamFG abzusehen. Dies enthebt das Gericht jedoch nicht von der Pflicht, sich einen persönlichen Eindruck vom Kind zu verschaffen. Wurde das Kind im erstinstanzlichen Verfahren verfahrensfehlerhaft nicht persönlich angehört, kann sich das Beschwerdegericht nicht auf § 68 Abs. 3 Satz 2 FamFG berufen.[27]

19 Die Verpflichtung zur **persönlichen Anhörung** hat nicht den bloßen Zweck der Gewährung rechtlichen Gehörs. Vorrangiger Zweck im Unterbringungsverfahren bzw. im Verfahren zur Genehmigung freiheitsentziehender Maßnahmen ist es vielmehr, dem Richter einen persönlichen Eindruck von dem betroffenen Kind und der Art seiner Erkrankung zu verschaffen, damit er in den Stand gesetzt wird, ein klares und umfassendes Bild von der

---

23 OLG Dresden FamRZ 2014, 1042; Prütting/Helms/*Hammer*, § 167 FamFG Rn. 22
24 BVerfG, Kammerbeschl. v. 26.8.1999 – 1 BvR 1403/99, Rn. 26, juris
25 BGH FamRZ 2013, 115
26 MüKo-FamFG/*Heilmann*, § 167 Rn. 11; vgl. BVerfG NJW 2007, 3560, 3562
27 BGH ZKJ 2012, 444, 445; FamRZ 2016, 1354; Prütting/Helms/*Hammer*, § 167 FamFG Rn. 24

Persönlichkeit des Kindes zu gewinnen und seiner Pflicht zu genügen, die **Gutachten bzw. ärztliche Zeugnisse, von denen der Richter im Zeitpunkt der Anhörung Kenntnis haben muss,**[28] einer substantiellen richterlichen Kontrolle zu unterziehen. Der persönliche Eindruck des entscheidenden Richters gehört deshalb als Kernstück des Amtsermittlungsverfahrens (vgl. § 26 FamFG) zu den wichtigsten Verfahrensgrundsätzen des Unterbringungsrechts und gilt auch im Beschwerdeverfahren.[29]

Daher kann das Gericht grundsätzlich **ohne Anhörung des Kindes** das **Verfahren nicht** **20**
beenden, auch wenn das Kind unentschuldigt vom Anhörungstermin fernbleibt.[30]

Soweit es für die Verschaffung des persönlichen Eindrucks erforderlich ist, hat das Gericht **21**
das Kind in seiner **„üblichen Umgebung"** anzuhören, vgl. § 167 Abs. 1 Satz 1 i.V.m. § 319 Abs. 1 Satz 2 FamFG. Ist das Kind bereits untergebracht, sollte seine Anhörung in der Einrichtung erfolgen, damit sich das Gericht im Rahmen der Amtsermittlung ein Bild von den Bedingungen der Unterbringung bzw. von der konkreten Ausgestaltung der freiheitsentziehenden Maßnahme machen kann.[31] Ein **Rechtshilfeersuchen** scheidet regelmäßig aus, § 167 Abs. 1 Satz 1 i.V.m. § 319 Abs. 4 FamFG. Eine persönliche Anhörung darf nur dann nach § 34 Abs. 2 FamFG **unterbleiben**, wenn hiervon erhebliche Nachteile für die Gesundheit des Kindes zu besorgen sind oder es offensichtlich nicht in der Lage ist, seinen Willen kundzutun. Die Entscheidung darüber kann nur auf Grundlage eines ärztlichen Gutachtens erfolgen, § 167 Abs. 1 Satz 1 i.V.m. § 319 Abs. 3 FamFG. Verweigert das Kind seine Mitwirkung, kann es auch **vorgeführt werden**, § 167 Abs. 1 Satz 1 i.V.m. § 319 Abs. 5 FamFG.

Das **Gericht unterrichtet das Kind** über den möglichen Verlauf des Verfahrens, § 167 **22**
Abs. 1 Satz 1 i.V.m. § 319 Abs. 2 FamFG. Dabei soll das Kind in seiner seinem Alter entsprechenden Weise informiert werden, soweit nicht Nachteile für seine Entwicklung, Erziehung oder Gesundheit zu befürchten sind, § 159 Abs. 4 Satz 1 FamFG. Hat das Gericht dem Kind eine **Verfahrensbeiständin** bestellt, findet die persönliche Anhörung des Kindes in deren **Anwesenheit** statt, § 159 Abs. 4 Satz 3 FamFG.[32]

b. Persönliche Anhörung des bzw. der gesetzlichen Vertreter(s) des Kindes

Der bzw. die gesetzliche(n) Vertreter des Kindes d.h. die sorgeberechtigten Eltern, der Vor- **23**
mund oder der Pfleger mit entsprechendem Aufgabenkreis sind – **grundsätzlich zwingend**[33] – persönlich anzuhören (§ 167 Abs. 4 FamFG). Die persönliche Anhörung kann nur **unterbleiben**, wenn hiervon erhebliche Nachteile für die Gesundheit des Anzuhörenden zu besorgen sind oder der Anzuhörende offensichtlich nicht in der Lage ist, seinen Willen kundzutun, § 34 Abs. 2 FamFG. Bleibt der Anzuhörende, trotz ordnungsgemäßer Ladung, im Anhörungstermin **unentschuldigt** aus, kann das Verfahren ohne seine persönliche Anhörung beendet werden, wenn er auf die Folgen seines Ausbleibens zuvor hingewiesen wurde, § 34 Abs. 3 FamFG. Das **Beschwerdegericht** kann nur dann von einer nochmaligen persönlichen Anhörung absehen, wenn von einer erneuten Anhörung keine zusätzlichen Erkenntnisse zu erwarten sind, vgl. § 68 Abs. 3 Satz 2 FamFG.

---

28 BGH ZKJ 2012, 444, 445; OLG Oldenburg FamRZ 2019, 203; MüKo-FamFG/*Heilmann*, § 167 Rn. 11
29 BVerfG NJW 2007, 3560; vgl. BVerfG NJW 1982, 691, 692
30 MüKo-FamFG/*Heilmann*, § 167 Rn. 11
31 Prütting/Helms/*Hammer*, § 167 FamFG Rn. 25
32 Vgl. BGH ZKJ 2012, 444, 445; MüKo-FamFG/*Heilmann*, § 167 Rn. 13
33 OLG Naumburg FamRZ 2010, 1919, 1920; OLG Oldenburg FamRZ 2019, 203; MüKo-FamFG/*Heilmann*, § 167 Rn. 37 f., 40

c. Persönliche Anhörung der Pflegeeltern

24 Ferner sind die Pflegeeltern persönlich anzuhören, die das Kind bei Verfahrensbeginn in einem tatsächlichen Pflegeverhältnis haben, unabhängig von einem Pflegevertrag oder einer Pflegeerlaubnis nach § 44 Abs. 1 Satz 1 SGB VIII,[34] § 167 Abs. 4 FamFG. Die persönliche Anhörung kann nur **unterbleiben**, wenn hiervon erhebliche Nachteile für die Gesundheit des Anzuhörenden zu besorgen sind oder der Anzuhörende offensichtlich nicht in der Lage ist, seinen Willen kundzutun, § 34 Abs. 2 FamFG. Bleibt der Anzuhörende, trotz ordnungsgemäßer Ladung, im Anhörungstermin **unentschuldigt** aus, kann das Verfahren ohne seine persönliche Anhörung beendet werden, wenn er auf die Folgen seines Ausbleibens zuvor hingewiesen wurde, § 34 Abs. 3 FamFG. Ist das **Pflegeverhältnis** erst **seit Kurzem beendet**, kommt eine Anhörung aufgrund des Amtsermittlungsgrundsatzes (§ 26 FamFG) in Betracht.[35]

d. Anhörung der sonstigen Beteiligten

25 Das Gericht **hat** ferner die sonstigen Beteiligten anzuhören, § 167 Abs. 1 Satz 1 i.V.m. § 320 Satz 1 FamFG. Dazu gehören:

- die **Verfahrensbeiständin** bzw. der **Verfahrensbeistand** als „Muss-Beteiligte" des Verfahrens, wenn sie bzw. er nach § 167 Abs. 1 Satz 2 i.V.m. § 158 FamFG bestellt worden ist,
- das **Jugendamt**, wenn es einen Antrag auf Beteiligung gestellt hat,
- der **Ehegatte oder Lebenspartner** des Kindes, wenn sie nicht dauerhaft getrennt leben,
- die **Eltern**, die aufgrund von Entziehung der elterlichen Sorge oder von Teilen davon nicht die gesetzlichen Vertreter des Kindes sind, wenn das Kind bei ihnen lebt oder bei Einleitung des Verfahrens gelebt hat,
- eine vom Kind benannte oder durch seine Äußerungen bzw. aus den übrigen Umständen heraus erkennbare[36] **Person seines Vertrauens**,
- die **Leiterin** bzw. der **Leiter der Einrichtung**, in der das Kind lebt oder bei Einleitung des Verfahrens gelebt hat.

e. Anhörung der zuständigen Behörde

26 Darüber hinaus **soll** das Gericht das Jugendamt als zuständige Behörde – nicht zwingend persönlich – anhören, § 167 Abs. 1 Satz 1 i.V.m. § 320 Satz 2 FamFG. Die Soll-Vorschrift ist nur relevant, wenn das Jugendamt keinen Antrag auf Beteiligung gestellt hat und damit zwingend anzuhören ist.[37]

7. Sachverständigengutachten (§ 321, § 322, § 167 Abs. 6 FamFG)

a. Gutachten bei Unterbringung

27 **Vor** einer Unterbringung hat das Gericht in einem Hauptsacheverfahren stets eine förmliche Beweisaufnahme (§ 30 FamFG) vorzunehmen durch Einholung eines ärztlichen Gutachtens eines Sachverständigen, § 167 Abs. 1 Satz 1 i.V.m. § 321 FamFG. Der Sachverständige hat das Kind vor der Erstattung des Gutachtens persönlich zu untersuchen und/oder zu befragen.

---

34 MüKo-FamFG/*Heilmann*, § 167 Rn. 40; Keidel/*Engelhardt*, § 167 FamFG Rn. 9; vgl. BT-Drucks. 11/4528, 184
35 Keidel/*Engelhardt*, § 167 FamFG Rn. 9; MüKo-FamFG/*Heilmann*, § 167 Rn. 40
36 BGH FamRZ 2013, 115
37 Jox/Fröschle/*Jox*, § 320 FamFG Rn. 1

Die **gutachterliche Beurteilung** muss sich erstrecken auf: 28

- die Notwendigkeit der Freiheitsentziehung, § 167 Abs. 1 Satz 1 i.V.m. § 321 Abs. 1 Satz 1 FamFG,
- die voraussichtliche Dauer der Unterbringung, § 167 Abs. 1 Satz 1 i.V.m. § 321 Abs. 1 Satz 3 FamFG.

Zur Sicherstellung der Begutachtung kann die **Vorführung** des Kindes (§ 322 i.V.m. § 283 Abs. 1 Satz 1 FamFG) und als ultima ratio die geschlossene **Unterbringung** für höchstens sechs Wochen (§ 322 i.V.m. § 284 Abs. 1, Abs. 2 FamFG) angeordnet werden. In beiden Fällen **muss** das Kind zuvor persönlich angehört werden. Vor einer Unterbringung zum Zweck der Begutachtung ist zusätzlich der Sachverständige anzuhören. 29

Der Sachverständige soll **Arzt für Kinder- und Jugendpsychiatrie und -psychotherapie** sein, § 167 Abs. 6 Satz 1 FamFG. **Ausnahmsweise**[38] kann das Gutachten auch durch einen in Fragen der Heimerziehung ausgewiesenen Psychotherapeuten, Psychologen, Pädagogen oder Sozialpädagogen erstattet werden, § 167 Abs. 6 Satz 2 FamFG. Das Gericht hat nach pflichtgemäßen Ermessen zu prüfen, ob eine Gutachtenerstattung nach § 167 Abs. 6 Satz 2 FamFG ausreicht, da es sich gerade bei stark verhaltensauffälligen Kindern, für die eine geschlossene Unterbringung in Betracht kommt, um eine psychiatrische Hochrisikogruppe handelt, für die im Regelfall eine psychiatrische Begutachtung erforderlich ist. Etwas anderes kann lediglich dann gelten, wenn von vornherein nur eine Unterbringung in einem Heim der Kinder- und Jugendhilfe (vgl. § 34 SGB VIII) in Betracht kommt, ohne dass ein psychiatrischer Hintergrund im Raum steht.[39] 30

In Fragen der Heimerziehung ausgewiesen ist ein Gutachter dann, wenn er unzweifelhaft über eine mehrjährige Erfahrung einer wissenschaftlichen und praktischen Tätigkeit mit Kindern in geschlossenen Einrichtungen der Kinder- und Jugendhilfe verfügt und seine Fähigkeit und Erfahrung das durchschnittliche Können seiner Fachkollegen übertrifft.[40] 31

Der Arzt bzw. Gutachter, der die Unterbringungsmaßnahme angeregt hat, scheidet wegen **Voreingenommenheit** als Sachverständiger im Hauptsacheverfahren aus.[41] Der Bestellung eines Arztes steht aber grundsätzlich nicht entgegen, dass er das Kind, etwa im Rahmen einer (vorläufigen) Unterbringung, bereits behandelt hat. Dies folgt aus dem Umkehrschluss aus § 167 Abs. 1 Satz 1 i.V.m. § 321 Abs. 1 Satz 5, § 329 Abs. 2 Satz 2 FamFG.[42] Jedoch sind die bei der Vorbehandlung erhobenen Befunde im Rahmen des Gutachtens nur verwertbar, wenn der gesetzliche Vertreter des Kindes den Sachverständigen von seiner ärztlichen Schweigepflicht vor der Begutachtung entbindet.[43] 32

▶ *Zum Sachverständigen in Kindschaftssachen siehe auch Heilmann, § 163 FamFG Rn. 1 ff.*

b. Ärztliches Zeugnis bei freiheitsentziehender Maßnahme (§ 167 Abs. 6 Satz 3 FamFG)

Für die Genehmigung einer freiheitsentziehenden Maßnahme ist die Einholung eines Sachverständigengutachtens nicht zwingend. Vielmehr genügt nach § 167 Abs. 6 Satz 3 FamFG grundsätzlich ein **ärztliches Zeugnis**, soweit nicht im Einzelfall der Amtsermittlungsgrundsatz ein Sachverständigengutachten erfordert.[44] Das ärztliche Zeugnis muss **nicht** im Wege **förmlicher Beweisaufnahme** gemäß § 30 Abs. 1 FamFG eingeholt wer- 33

38 BT-Drucks. 16/6308, 243
39 BT-Drucks. 16/6308, 243
40 MüKo-FamFG/*Heilmann*, § 167 Rn. 54
41 Vgl. LG Tübingen FamRZ 1996, 1344; Jox/Fröschle/*Jox*, § 321 FamFG Rn. 4
42 Vgl. BGH NJW 2013, 3309
43 Vgl. Jox/Fröschle/*Jox*, § 321 FamFG Rn. 4
44 Vgl. Jox/Fröschle/*Jox*, § 321 FamFG Rn. 12

den, sondern kann auch von einem Beteiligten vorgelegt werden. Es kann aber auch vom Gericht selbst angefordert werden.[45] Der Arzt ist – auch bei Anforderung des Zeugnisses durch das Gericht – dann (sachverständiger) Zeuge, nicht Sachverständiger.[46] Er kann daher nicht nach § 406 ZPO abgelehnt werden.

Das ärztliche Zeugnis soll von einem **Arzt für Kinder- und Jugendpsychiatrie und -psychotherapie** erstattet werden. Hat das betroffene Kind lediglich eine rein körperliche Behinderung, ist die Gesetzeslage äußerst unbefriedigend, da ein Arzt für Kinder- und Jugendpsychiatrie und –-psychotherapie für solche Fälle weniger Fachwissen aufweist als der das grundsätzlich Kind behandelnde (Kinder-)Arzt.[47] Da § 167 Abs. 6 Satz 3 FamFG nicht auf § 167 Abs. 6 Satz 2 FamFG verweist, genügt die Erstattung des ärztlichen Zeugnisses durch einen in Fragen der Heimerziehung ausgewiesenen Psychotherapeuten, Psychologen, Pädagogen oder Sozialpädagogen nicht.

Das ärztliche Zeugnis muss auf einer **zeitnahen persönlichen Untersuchung** oder Befragung des Kindes beruhen; ein Zeugnis nach Aktenlage genügt nicht.[48] Inhaltlich muss das ärztliche Zeugnis die gleichen Angaben enthalten wie ein Sachverständigengutachten.[49]

8. Beendigung des Verfahrens

a. Beschluss

34 Das Verfahren wird durch Beschluss – Genehmigung oder Ablehnung der Unterbringung bzw. freiheitsentziehenden Maßnahme oder Beendigung aufgrund fehlenden Wunsches der Genehmigung durch den gesetzlichen Vertreter – beendet. Der Beschluss ist zu begründen, § 38 Abs. 3 Satz 1 FamFG.

35 Wird die **Unterbringung** in einer Einrichtung genehmigt, ist nach § 167 Abs. 1 Satz 1 i.V.m. § 323 Abs. 1 FamFG:

- die Unterbringungsmaßnahme genau zu bezeichnen,
- der exakte Zeitpunkt zu benennen, zu dem die Unterbringungsmaßnahme endet.

Der Beschluss muss den Typus der Einrichtung (Kinder- und Jugendpsychiatrie, Einrichtung der Kinder- und Jugendhilfe, Suchthilfe etc.) exakt angeben, nicht jedoch auch die Einrichtung selbst.[50] Ordnet das Gericht jedoch die Unterbringung einstweilen nach § 167 Abs. 1 Satz 1 i.V.m. § 334 FamFG i.V.m. § 1846 oder § 1908i BGB an, muss es auch die Einrichtung selbst benennen, da es dann zugleich die Entscheidung des Vertreters über die Unterbringung ersetzt.[51]

---

45 Vgl. Prütting/Helms/*Fröschle*, § 281 FamFG Rn. 14a; Jox/Fröschle/*Jox*, § 321 FamFG Rn. 13
46 Prütting/Helms/*Hammer*, § 167 FamFG Rn. 38a; Prütting/Helms/*Fröschle*, § 281 FamFG Rn. 14a
47 Im Betreuungsrecht ist die Abgabe eines ärztlichen Zeugnisses allein durch einen sachkundigen Arzt, der ggf. auch der behandelnde Allgemeinmediziner sein kann, dessen Fachgebiet nicht durch Gesetz eingeschränkt wird, erforderlich. Kritisch *Kirsch*, FamRZ 2019, 933, der darauf hinweist, dass sich die Regelung bereits jetzt schon als wenig praxistauglich erwiesen hat.
48 BT-Drucks. 18/11278, 19
49 Prütting/Helms/*Hammer*, § 167 FamFG Rn. 38c; Jox/Fröschle/*Jox*, § 321 FamFG Rn. 12
50 BVerfG NJW 2007, 3560, 3562; OLG Koblenz FamRZ 2015, 2069; PK Familienverfahrensrecht/*Meysen/Stötzel/Kindermann*, § 167 FamFG Rn. 21
51 OLG Koblenz FamRZ 2015, 2069; vgl. Jox/Fröschle/*Bartels*, § 323 FamFG Rn. 7

Tenorierungsbeispiel für die Genehmigung der geschlossenen Unterbringung:

Die geschlossene Unterbringung des Kindes (Name), geboren am …, in einer Kinder- und Jugendpsychiatrie, einer Behinderteneinrichtung oder einer sonstigen Einrichtung wird bis längstens (Datum) familiengerichtlich genehmigt.

Die sofortige Wirksamkeit der Entscheidung wird angeordnet.

Wird die **freiheitsentziehende Maßnahme** in einer Einrichtung genehmigt, ist nach § 167 Abs. 1 Satz 1 i.V.m. § 323 Abs. 1 FamFG: 36

- die Art der Maßnahme (beispielsweise Fixierung mittels eines Bauchgurts, Anbringen eines Bettgitters),
- der Grund bzw. ungefähre zeitliche Rahmen (beispielsweise um Infusionen zu geben, damit das Kind zu seinem Schutz Impulskontrollausbrüche beenden kann,[52] oder damit das Kind nicht aus seinem Rollstuhl oder zur Nachtzeit aus seinem Bett stürzt etc.) sowie
- der exakte Zeitpunkt zu benennen, zu dem die Vornahme der freiheitsentziehenden Maßnahmen endet.

Eine ausdrückliche Erwähnung der Einrichtung ist nicht erforderlich, denn diese ergibt sich aus der Art und dem Grund der Maßnahme.[53]

Tenorierungsbeispiel für die Genehmigung einer freiheitsentziehenden Maßnahme:

Die Anbringung eines Bettgitters für das Kind (Name), geboren am …, zur Nachtzeit, damit das Kind nicht aus dem Bett fallen kann, und die Fixierung im (Roll-)Stuhl mittels eines Beckengurts während der Tageszeit, damit das Kind nicht aus dem (Roll-)Stuhl fallen kann, wird bis längstens (Datum) familiengerichtlich genehmigt.

Die sofortige Wirksamkeit der Entscheidung wird angeordnet.

Der Zeitpunkt, zu dem die Maßnahme endet; also ein bestimmtes oder mindestens bestimmbares Datum, muss exakt benannt werden. Die **Unterbringungsdauer** und/ oder **Dauer der Vornahme der freiheitsentziehenden Maßnahmen** darf grundsätzlich **sechs Monate** nicht überschreiten, § 167 Abs. 7 FamFG. Dabei muss sie in jedem Fall verhältnismäßig sein, also nicht länger als zum Erreichen des Zwecks erforderlich und angemessen. Bei offensichtlich langer Sicherungsbedürftigkeit kann eine Höchstdauer von **einem Jahr** bestimmt werden. Das soll jedoch nur in Ausnahmefällen möglich sein, wenn ein offensichtliches Bedürfnis für eine Unterbringung bzw. freiheitsentziehende Maßnahme über sechs Monate hinaus besteht (z.B. wenn ein körperlich behindertes Kind gesichert werden muss, damit es nicht aus seinem Rollstuhl oder zur Nachtzeit aus seinem Bett stürzt).[54] 37

Der Beschluss muss eine **Rechtsmittelbelehrung** enthalten, § 39 FamFG, und wird mit Rechtskraft **wirksam**, § 167 Abs. 1 Satz 1 i.V.m. § 324 Abs. 1 FamFG. Das Gericht kann jedoch die sofortige Wirksamkeit anordnen, § 167 Abs. 1 Satz 1 i.V.m. § 324 Abs. 2 FamFG. 38

Der Beschluss ist den Beteiligten, insbes. dem Kind, wenn es das 14. Lebensjahr vollendet hat, nach § 41 Abs. 1 i.V.m. § 164 Satz 1 FamFG bekannt zu geben. Von der Bekanntgabe 39

52 AG Bergisch Gladbach FamRZ 2018, 1315
53 Prütting/Helms/*Roth*, § 323 FamFG Rn. 5
54 BT-Drucks. 18/11278, 19

der **Gründe** an das Kind kann abgesehen werden, wenn dies nach ärztlichem Zeugnis erforderlich ist, um erhebliche Nachteile für seine Gesundheit zu vermeiden (§ 167 Abs. 1 Satz 1 i.V.m. § 325 Abs. 1 FamFG), oder wenn andernfalls Nachteile für seine Entwicklung und Erziehung zu befürchten sind (§ 164 Satz 2 FamFG).[55]

b. Vollziehung der Unterbringung (§ 167 Abs. 5, § 326 FamFG)

40 Die **Vollziehung** der **Unterbringung** erfolgt nicht durch das Gericht oder die Behörde, sondern durch den bzw. die gesetzlichen Vertreter.[56] Auf seinen bzw. ihren Wunsch hin **hat** das Jugendamt ihn bzw. sie nach § 167 Abs. 5 FamFG bei der Zuführung zur Unterbringung zu unterstützen. Dabei kann das Jugendamt bei der Zuführung zur Unterbringung nur dann Gewalt anwenden, wenn das Gericht dies – unter Einhaltung des Verhältnismäßigkeitsgrundsatzes – ausdrücklich angeordnet hat, § 167 Abs. 1 Satz 1 i.V.m. § 326 Abs. 2 Satz 1 FamFG. Das Jugendamt ist dann, ohne dass es einer weiteren Anordnung bedürfte, befugt, insoweit die Unterstützung der polizeilichen Vollzugsorgane nachzusuchen, § 167 Abs. 1 Satz 1 i.V.m. § 326 Abs. 2 Satz 2 FamFG.

c. Aufhebung

41 Die **Genehmigung** der Unterbringung und freiheitsentziehenden Maßnahme ist **aufzuheben**, wenn ihre Voraussetzungen wegfallen, § 167 Abs. 1 Satz 1 i.V.m. § 330 Satz 1 FamFG. Der gesetzliche Vertreter kann die Unterbringung oder freiheitsentziehende Maßnahme selbst beenden, ohne dass die Unterbringung oder die freiheitsentziehende Maßnahme vorher gerichtlich aufgehoben worden wäre, denn das Gericht genehmigt lediglich die Unterbringung oder freiheitsentziehende Maßnahme und ordnet sie nicht an. Ein Aufhebungsbeschluss ist dennoch unverzüglich zu treffen, um den Rechtsschein zu beseitigen. Wird das Kind mit Zustimmung der gesetzlichen Vertreter entlassen, ist für eine erneute Unterbringung eine erneute Genehmigung erforderlich. Dies gilt nicht, wenn das Kind eigenmächtig die Einrichtung verlässt oder nur eine kurzfristige Beurlaubung stattfindet.[57]

d. Verlängerung

42 Eine **Verlängerung** der Genehmigung der Unterbringung bzw. freiheitsentziehenden Maßnahme ist möglich, § 167 Abs. 7 FamFG. Für die Verlängerung der Genehmigung gelten im Hauptsacheverfahren die gleichen Verfahrensanforderungen wie für die ursprüngliche Genehmigung, § 167 Abs. 1 Satz 1 i.V.m. § 329 Abs. 2 FamFG.[58] Wenn die Unterbringung über vier Jahre andauert, darf der behandelnde oder der schon einmal begutachtende Arzt nicht das ärztliche Gutachten erstellen, § 167 Abs. 1 Satz 1 i.V.m. § 329 Abs. 2 Satz 2 FamFG.

9. Einstweilige Anordnungen (§ 331 und § 332 FamFG) und einstweilige Maßregel (§ 334 FamFG)

43 Im Unterbringungsverfahren sind einstweilige Anordnungen aufgrund des häufigen besonderen Eilbedürfnisses die Regelverfahren. Das Gesetz unterscheidet zwischen der **„allgemeinen" einstweiligen Anordnung** (§ 167 Abs. 1 Satz 1 i.V.m. § 331 FamFG) **und** der (besonders eiligen) **einstweiligen Anordnung bei Gefahr im Verzug** (§ 167 Abs. 1 Satz 1 i.V.m. § 332 FamFG).

55 Vgl. MüKo-FamFG/*Heilmann*, § 167 Rn. 18
56 Vgl. MüKo-FamFG/*Heilmann*, § 167 Rn. 18
57 Prütting/Helms/*Hammer*, § 167 FamFG Rn. 52
58 Prütting/Helms/*Hammer*, § 167 FamFG Rn. 51

Für einstweilige Anordnungen gelten die Vorschriften des Allgemeinen Teils (§ 49 bis § 57 FamFG), sofern keine Sonderregelungen nach § 167 Abs. 1 Satz 1 i.V.m. § 331 bis § 333 FamFG greifen.[59]

a. Einstweilige Anordnung (§ 331 FamFG)

Das Gericht kann eine vorläufige Unterbringung oder freiheitsentziehende Maßnahme nach § 167 Abs. 1 Satz 1 i.V.m. § 331 FamFG genehmigen, wenn: **44**

- dringende Gründe für die Annahme bestehen, dass die Voraussetzungen für eine Unterbringung oder freiheitsentziehende Maßnahme gegeben sind, und ein dringendes Bedürfnis für ein sofortiges Tätigwerden besteht,
- ein ärztliches Zeugnis über den Zustand des Kindes und über die Notwendigkeit der Maßnahme vorliegt,
- ein(e) bestellte(r) Verfahrensbeiständin bzw. Verfahrensbeistand angehört wurde,
- das Kind – unabhängig von seinem Alter – persönlich angehört wurde,
- der bzw. die gesetzliche(n) Vertreter des Kindes persönlich angehört wurde(n) (§ 167 Abs. 4 FamFG),
- die Pflegeltern persönlich angehört wurden (§ 167 Abs. 4 FamFG),
- das Jugendamt angehört wurde, unabhängig davon, ob es zuständige Behörde ist oder nicht (§ 162 Abs. 1 Satz 1 FamFG).

Dringende Gründe für ein sofortiges Tätigwerden liegen vor, wenn konkrete Umstände mit erheblicher Wahrscheinlichkeit darauf hindeuten, dass die Voraussetzungen vorliegen. Unter Berücksichtigung der Bedeutung des Rechts des Kindes auf persönliche Freiheit (Art. 2 Abs. 2 Satz 2 GG) müssen – soweit die Dringlichkeit es zulässt – alle zur Verfügung stehenden Aufklärungsmöglichkeiten ausgeschöpft werden.[60] **45**

Ein **dringendes Bedürfnis** besteht, wenn konkrete Umstände mit erheblicher Wahrscheinlichkeit darauf hindeuten, dass mit dem Aufschub der Unterbringung oder freiheitsentziehenden Maßnahme bis zur endgültigen Entscheidung Gefahr für das betroffene Kind verbunden wäre. Dem drohenden Nachteil muss dabei erhebliches Gewicht zukommen.[61] **46**

Die **Behandlungsbedürftigkeit** als solche rechtfertigt eine einstweilige Anordnung nur, wenn das Zuwarten bis zu einer endgültigen Entscheidung eine akute Verschlechterung des Gesundheitszustands erwarten lässt.[62] **47**

Das **ärztliche Zeugnis** hat sich nicht nur auf den gesundheitlichen Zustand des Kindes zu beschränken, sondern muss auch Angaben zu der Notwendigkeit der Maßnahme, dem zu erwartenden Behandlungserfolg und dem ohne sofortige Behandlung drohenden Nachteil sowie der Dauer der Unterbringung enthalten.[63] Das ärztliche Zeugnis soll von einem **Arzt für Kinder- und Jugendpsychiatrie und -psychotherapie** erstattet werden, § 167 Abs. 6 Satz 1 FamFG. Inhaltlich entspricht das ärztliche Zeugnis im Wesentlichen einem ärztlichen Gutachten, kann aber etwas weniger ausführlicher gestaltet werden. **48**

---

59 Prütting/Helms/*Hammer*, § 167 FamFG Rn. 63
60 Vgl. Jox/Fröschle/*Jox*, § 331 FamFG Rn. 4
61 Vgl. OLG München NJW-RR 2008, 1032, 1033; Jox/Fröschle/*Jox*, § 331 FamFG Rn. 5
62 Vgl. BVerfG NJW 1998, 1774, 1775; Fröschle/*Jox*, § 331 FamFG Rn. 5
63 Vgl. Jox/Fröschle/*Jox*, § 331 FamFG Rn. 6

b. Einstweilige Anordnung bei Gefahr im Verzug (§ 332 FamFG)

49 § 167 Abs. 1 Satz 1 i.V.m. § 332 FamFG enthält die Regelung bei **Gefahr im Verzug**, die äußerst restriktiv anzuwenden ist.[64] Eine Gefahr im Verzug besteht, wenn konkrete Gründe dafür vorliegen, dass bereits der durch die Anhörungen bedingte zeitliche Aufschub der Maßnahme die Gefahr erheblicher Nachteile für das Kind oder Dritte mit sich bringen würde.[65] Gründe, welche außerhalb des Kindes liegen (z.B. gerichtsinterne Gründe) dürfen hierbei keine Rolle spielen. Alle Verfahrenshandlungen, die wegen Gefahr im Verzug nicht vorgenommen wurden, sind unverzüglich – i.d.R. am nächsten Tag – vorzunehmen.[66]

c. Verlängerung der einstweiligen Anordnungen (§ 331 und § 332 FamFG)

50 Die einstweiligen Anordnungen dürfen grundsätzlich die **Dauer** von **sechs Wochen** nicht überschreiten, § 167 Abs. 1 Satz 1 i.V.m. § 333 Abs. 1 Satz 1 FamFG. Die vorläufig angeordnete Unterbringung bzw. freiheitsentziehende Maßnahme kann durch eine oder mehrere weitere einstweilige Anordnungen auf eine Gesamtdauer von maximal **drei Monaten verlängert** werden (§ 167 Abs. 1 Satz 1 i.V.m. § 333 Abs. 1 Satz 2 bis Satz 4 FamFG).

51 Bei einer **Verlängerung** einer **Unterbringung** ist zu berücksichtigen, dass ein ärztliches Zeugnis nicht mehr ausreicht, sondern die **Anhörung des Sachverständigen** erforderlich ist (§ 167 Abs. 1 Satz 1 i.V.m. § 333 Abs. 1 Satz 2 FamFG). Dies ist qualitativ mehr als ein bloßes Zeugnis und muss inhaltlich mehr ergeben als bei der Erstanordnung.

Bei einer **Verlängerung** einer **freiheitsentziehenden Maßnahme** wird aufgrund der Sonderregelung des § 167 Abs. 6 Satz 3 FamFG auch im einstweiligen Anordnungsverfahren ein erneutes weiteres **ärztliches Zeugnis** grundsätzlich ausreichen.

d. Einstweilige Maßregel (§ 334 FamFG)

52 Nach § 167 Abs. 1 Satz 1 i.V.m. § 334 FamFG kann das Gericht nach § 1846 BGB oder § 1908i BGB im Interesse des Kindes eine **einstweilige Maßregel** treffen, wenn ein Pfleger oder Vormund noch nicht bestellt oder der Pfleger oder Vormund an der Erfüllung seiner Pflichten verhindert ist. Sind hingegen die sorgeberechtigten Eltern nicht erreichbar oder an der Erfüllung ihrer Pflichten verhindert, so ist § 1846 BGB nicht anwendbar.

10. Beschwerdeverfahren

53 Für das Beschwerdeverfahren in der **Hauptsache** gelten die allgemeinen Vorschriften der §§ 58 ff. FamFG, die durch die Vorschriften der §§ 335 f. FamFG ergänzt werden. § 335 FamFG regelt das Beschwerderecht der Beteiligten, wobei die Verfahrensbeiständin bzw. der Verfahrensbeistand nicht nach § 335 FamFG, sondern nach § 167 Abs. 1 Satz 2 i.V.m. § 158 Abs. 4 Satz 5 FamFG und das Jugendamt, wenn es nicht zuständige Behörde ist, nach § 162 Abs. 3 Satz 2 FamFG beschwerdeberechtigt sind. Nach § 60 FamFG ist das Kind erst mit Vollendung des 14. Lebensjahrs selbst beschwerdeberechtigt.

54 Die in § 335 FamFG genannten Personen und Stellen haben ein eigenes Beschwerderecht – **im eigenen Namen** – unabhängig von einer Rechtsbeeinträchtigung i.S.v. § 59 FamFG. Wird das Rechtsmittel **im fremden Namen** eingelegt, muss dem Vertretenen ein Beschwerderecht zustehen, und der Vertreter muss eine Befugnis zur Vertretung haben. Diese kann sich entweder aus einer durch Rechtsgeschäft erteilten Vollmacht (für deren

---

64 MüKo-FamFG/*Heilmann*, § 167 Rn. 11
65 Vgl. Prütting/Helms/*Roth*, § 332 FamFG Rn. 4
66 Jox/Fröschle/*Jox*, § 332 FamFG Rn. 1 m.w.N.

Erteilung das Kind das 14. Lebensjahr vollendet haben muss, vgl. § 167 Abs. 3 FamFG) oder aus einer gesetzlichen Regelung ergeben.[67]

Wenn sich die Genehmigungs**entscheidung bereits erledigt** hat, kann das **Kind** als Betroffener die Feststellung der Rechtswidrigkeit der Maßnahme[68] und die bestellte **Verfahrensbeiständin** – im eigenen Namen – sowie die **gesetzlichen Vertreter** des Kindes – im fremden Namen –[69] die Feststellung der Rechtswidrigkeit der erteilten Genehmigung einer geschlossenen Unterbringung oder freiheitsentziehenden Maßnahme beantragen, § 62 FamFG.[70]

Für die Anfechtung der **einstweiligen Anordnung** mit der Beschwerde gelten nach § 57 Satz 2 FamFG ebenfalls die allgemeinen Vorschriften der §§ 58 ff. FamFG. Nach § 57 Satz 2 FamFG setzt die Anfechtbarkeit **keine Entscheidung aufgrund mündlicher Erörterung** (§ 32 FamFG) voraus. Zu beachten ist die verkürzte Beschwerdefrist von **zwei Wochen**, § 63 Abs. 2 Nr. 1 FamFG. Den in § 335 Abs. 1 Nr. 1 bis Nr. 3 FamFG aufgeführten Personen steht das Beschwerderecht nur dann zu, wenn sie auch am einstweiligen Anordnungsverfahren beteiligt gewesen sind.[71] **55**

II. Verfahren nach § 151 Nr. 7 FamFG

Für Verfahren nach § 151 Nr. 7 FamFG, die die **Anordnung der Unterbringung** des Kindes nach den öffentlich-rechtlichen Vorschriften des jeweiligen Landesgesetzes über die Unterbringung psychisch Kranker betreffen, sind die für die Anordnung der Unterbringung Erwachsener geltenden Vorschriften der § 312 Nr. 4, §§ 313 ff. FamFG – mit einigen Besonderheiten – als Sondervorschriften anzuwenden. **56**

Kein Anordnungsverfahren i.S.d. § 151 Nr. 7 FamFG ist die geschlossen Unterbringung eines Kindes durch ein Jugendamt im Rahmen der Inobhutnahme nach § 42 Abs. 5 SGB VIII. Die Freiheitsentziehung ist dann ohne gerichtliche Entscheidung spätestens mit Ablauf des Tages nach ihrem Beginn zu beenden. Für das gerichtliche Verfahren ist dann entscheidend, ob die bzw. der gesetzliche(n) Vertreter(in) der Unterbringung zustimmt – dann findet § 151 Nr. 6 FamFG Anwendung – oder nicht – dann ist das Verfahren nach § 151 Nr. 7 FamFG i.V.m. § 312 Nr. 4 FamFG zu führen. Parallel kann noch ein Verfahren nach § 1666 BGB über das Aufenthaltsbestimmungsrecht durchzuführen sein. **57**

Die **landesrechtlichen Vorschriften** für die Unterbringung psychisch Kranker sind: **58**

- **Baden-Württemberg**: Gesetz über Hilfen und Schutzmaßnahmen bei psychischen Krankheiten (PsychKHG) vom 25.11.2014,[72]
- **Bayern**: Bayerische Psychisch-Kranken-Hilfe-Gesetz (BayPsychKHG) vom 24.7.2018,[73]
- **Berlin**: Gesetz über Hilfen und Schutzmaßnahmen bei psychischen Krankheiten (BerlPsychKG) vom 17.6.2016,

---

67 Vgl. Jox/Fröschle/*Bartels*, § 335 FamFG Rn. 4

68 BGH FamRZ 2014, 108; FamRZ 2016, 1752

69 BGH FamRZ 2014, 108

70 Prütting/Helms/*Hammer*, § 167 FamFG Rn. 54a

71 Vgl. Jox/Fröschle/*Jox*, § 331 FamFG Rn. 13

72 § 25 PsychKHG ist dabei teilweise verfassungswidrig. Der baden-württembergische Gesetzgeber war verpflichtet, bis zum 30.6.2019 einen verfassungsgemäßen Zustand herbeizuführen, BVerfG FamRZ 2018, 1442. Dieser verfassungsrechtlichen Pflicht ist er bis zum gegenwärtigen Zeitpunkt noch nicht nachgekommen, so dass es in Baden-Württemberg aktuell an einer verfassungsgemäßen Grundlage für eine Fixierung fehlt.

73 Dem Freistaat Bayern fehlte es nach BVerfG FamRZ 2018, 1442, insgesamt an einer den verfassungsrechtlichen Anforderungen genügenden gesetzlichen Grundlage für die Anordnung von Fixierungen. Der bayrische Gesetzgeber war verpflichtet, bis zum 30.6.2019 einen verfassungsgemäßen Zustand herbeizuführen. Mit Art. 29 BayPsychKHG vom 24.7.2018 soll den verfassungsrechtlichen Anforderungen Genüge getan werden.

- **Brandenburg**: Gesetz über Hilfen und Schutzmaßnahmen sowie über den Vollzug gerichtlich angeordneter Unterbringung für psychisch kranke und seelisch behinderte Menschen im Land Brandenburg (BbgPsychKG) vom 5.5.2009,
- **Bremen**: Gesetz über Hilfen und Schutzmaßnahmen bei psychischen Krankheiten (PsychKG Bremen) vom 19.12.2000,
- **Hamburg**: Hamburgisches Gesetz über Hilfen und Schutzmaßnahmen bei psychischen Krankheiten (HmbPsychKG) vom 27.9.1995,
- **Hessen**: Hessisches Gesetz über Hilfen bei psychischen Krankheiten (HessPsychKHG)vom 4.5.2017,
- **Mecklenburg-Vorpommern**: Gesetz über Hilfen und Schutzmaßnahmen für Menschen mit psychischen Krankheiten (PsychKG-MV) vom 14.7.2016,
- **Niedersachen**: Niedersächsisches Gesetz über Hilfen und Schutzmaßnahmen für psychisch Kranke (NPsychKG) vom 16.6.1997,
- **Nordrhein-Westfalen**: Gesetz über Hilfen und Schutzmaßnahmen bei psychischen Krankheiten (PsychKG NRW) vom 17.12.1999,
- **Rheinland-Pfalz**: Landesgesetz für psychisch kranke Personen (PsychKG Rh.-Pf.) vom 17.11.1995,
- **Saarland**: Gesetz über die Unterbringung psychisch Kranker (SaarUBG) vom 11.11.1992,
- **Sachsen**: Sächsisches Gesetz über die Hilfen und die Unterbringung bei psychischen Krankheiten (SächsPsychKG) vom 10.10.2007,
- **Sachsen-Anhalt**: Gesetz über Hilfen für psychisch Kranke und Schutzmaßnahmen des Landes Sachsen-Anhalt (PsychKG LSA) vom 30.1.1992,
- **Schleswig-Holstein**: Gesetz zur Hilfe und Unterbringung psychisch kranker Menschen (PsychKG S-H) vom 14.1.2000,
- **Thüringen**: Thüringer Gesetz zur Hilfe und Unterbringung psychisch kranker Menschen (ThürPsychKG) vom 5.2.2009.

1. Einleitung des Verfahrens

59 Das Verfahren ist grds.[74] als **Antragsverfahren** ausgestaltet. In den einzelnen Landesgesetzen sind z.T. die Form und der Inhalt des Antrags geregelt.[75]

2. Zuständigkeit

60 **Sachlich** zuständig ist das Familiengericht, da es sich bei der Genehmigung der Unterbringung um eine Kindschaftssache handelt (vgl. § 23a Abs. 1 Satz 1, § 23b GVG).[76]

61 Die **örtlich ausschließliche** Zuständigkeit richtet sich für das Hauptsacheverfahren und das einstweilige Anordnungsverfahren[77] nach § 167 Abs. 1 Satz 1 i.V.m. § 313 Abs. 3 FamFG. Danach ist das Gericht zuständig, in dessen Bezirk das Bedürfnis für die Unterbringungsmaßnahme hervortritt. Ist das Kind bereits in einer geschlossenen Einrichtung, ist das Gericht ausschließlich zuständig, in dessen Bezirk die Einrichtung liegt.

---

74 In Hamburg ist ein Antrag nur für die erste (dauernde oder sofortige) Unterbringung erforderlich, nicht aber für Verlängerungen.
75 Jox/Fröschle/*Bartels*, § 312 FamFG Rn. 16; *Bumiller/Harders,* § 167 FamFG Rn. 2
76 Hierzu MüKo-FamFG/*Heilmann*, § 151 Rn. 3
77 Vgl. Jox/Fröschle/*Jox*, § 331 FamFG Rn. 3

Funktionell zuständig ist der Richter, Art. 104 Abs. 2 Satz 1 GG.[78] 62

3. Abgabe an ein anderes Gericht (Spezielles Landesgesetz, § 4 und § 167 Abs. 1 Satz 1 i.V.m. § 314 FamFG)

Eine Abgabe ist nach § 4, § 167 Abs. 1 Satz 1 i.V.m. § 314 FamFG nur möglich, wenn nicht das einschlägige Landesgesetz eine abschließende Regelung bzgl. der örtlichen Zuständigkeit enthält.[79] 63

Enthält das einschlägige Landesgesetz keine Spezialvorschrift, ist eine Abgabe nach § 4 FamFG aus wichtigem Grund möglich, wenn sich das andere Gericht zur Übernahme bereit erklärt hat. 64

Ferner ist eine Abgabe nach § 167 Abs. 1 Satz 1 i.V.m. § 314 FamFG möglich, wenn das Kind sich im Bezirk des anderen Gerichts aufhält und die Unterbringungsmaßnahme dort vollzogen werden soll. Das Gericht hat über eine Abgabe nach pflichtgemäßem Ermessen zu entscheiden und muss in seine Entscheidung beispielsweise einbeziehen, dass das Gericht des gewöhnlichen Aufenthalts des Kindes eher die bisherigen Lebensverhältnisse des Kindes ermitteln kann.[80] 65

4. Mitteilungspflicht (§ 167 Abs. 2 FamFG)

Bei einem Auseinanderfallen des Gerichts, bei dem das Unterbringungsverfahren anhängig ist, und des Gerichts, bei dem ein Vormundschaftsverfahren bzw. Pflegschaftsverfahren anhängig ist, bestehen zur Vermeidung widersprüchlicher Entscheidungen wechselseitige Informationspflichten. 66

5. Verfahrensbeteiligte (§ 7 Abs. 1, § 167 Abs. 1 Satz 1 i.V.m. § 315, § 167 Abs. 1 Satz 2, Abs. 3 FamFG)

a. Muss-Beteiligte

An dem Unterbringungsverfahren **müssen beteiligt werden**: 67

- die **antragstellende Behörde**, § 7 Abs. 1 FamFG – nach § 8 Nr. 3 FamFG die Behörde selbst und nicht die Körperschaft, bei der sie errichtet ist,
- das **betroffene Kind** (§ 167 Abs. 1 Satz 1 i.V.m. § 315 Abs. 1 Nr. 1, § 167 Abs. 3 FamFG),
- der bzw. die **gesetzliche(n) Vertreter** des Kindes; d.h. die sorgeberechtigten Eltern, der Vormund oder der Pfleger mit entsprechendem Aufgabenkreis (§ 167 Abs. 1 Satz 1 i.V.m. § 315 Abs. 1 Nr. 2 FamFG),
- die **Verfahrensbeiständin** bzw. der **Verfahrensbeistand**, wenn sie bzw. er nach § 167 Abs. 1 Satz 2 i.V.m. § 158 FamFG bestellt worden ist, wobei die Bestellung obligatorisch ist, § 167 Abs. 1 Satz 3 FamFG,
- das **Jugendamt**, auf seinen Antrag hin nach § 162 Abs. 2 Satz 2 FamFG.

▶ *Zu den Voraussetzungen der Bestellung der **Verfahrensbeiständin** bzw. des **Verfahrensbeistands** und den Rechtsfolgen der Bestellung siehe Fink, § 167 Rn. 15.* 68

78 Hierzu MüKo-FamFG/*Heilmann*, § 151 Rn. 46
79 Jox/Fröschle/*Jox*, § 314 FamFG Rn. 2 ff.; vgl. OLG Nürnberg NStZ 2012, 455
80 MüKo-FamFG/*Heilmann*, § 167 Rn. 7

b. Kann-Beteiligte

69 An dem Unterbringungsverfahren **können** im Interesse des Kindes nach pflichtgemäßem Ermessen **zu beteiligen sein**:

- der **Ehegatte oder Lebenspartner** des Kindes, wenn sie nicht dauerhaft getrennt leben (§ 167 Abs. 1 Satz 1 i.V.m. § 315 Abs. 4 Satz 1 Nr. 1 FamFG),
- die **Eltern**, die aufgrund von Entziehung der elterlichen Sorge oder von Teilen davon nicht die gesetzlichen Vertreter des Kindes sind, wenn das Kind bei ihnen lebt oder bei Einleitung des Verfahrens gelebt hat (§ 167 Abs. 1 Satz 1 i.V.m. § 315 Abs. 4 Satz 1 Nr. 1 FamFG),
- die **Pflegeeltern**, die das Kind bei Verfahrensbeginn in einem tatsächlichen Pflegeverhältnis haben, unabhängig von einem Pflegevertrag oder einer Pflegeerlaubnis nach § 44 Abs. 1 Satz 1 SGB VIII (§ 167 Abs. 1 Satz 1 i.V.m. § 315 Abs. 4 Satz 1 Nr. 1 FamFG),
- eine vom Kind benannte oder durch seine Äußerungen bzw. aus den übrigen Umständen heraus erkennbare[81] **Person seines Vertrauens** (§ 167 Abs. 1 Satz 1 i.V.m. § 315 Abs. 4 Satz 1 Nr. 2 FamFG),
- die **Leiterin** bzw. der **Leiter der Einrichtung**, in der das Kind lebt (§ 167 Abs. 1 Satz 1 i.V.m. § 315 Abs. 4 Satz 1 Nr. 3 FamFG),
- weitere Personen und Stellen, die das **einschlägige Landesrecht** vorsieht (§ 167 Abs. 1 Satz 1 i.V.m. § 315 Abs. 4 Satz 2 FamFG); das Interesse des Kindes gilt dabei nicht als Einschränkung.[82]

6. Anhörung (§ 167 Abs. 1 Satz 1 i.V.m. § 319, § 320, § 167 Abs. 4 FamFG)

a. Persönliche Anhörung des Kindes

70 Die persönliche Anhörung des Kindes ist **unabhängig von seinem Alter** für das Familiengericht und das Beschwerdegericht[83] **grundsätzlich zwingend**, § 167 Abs. 1 Satz 1 i.V.m. § 319 Abs. 1 FamFG (hierzu *Fink*, § 167 Rn. 19). Es bestehen die sehr engen Ausnahmen, von einer persönlichen Anhörung des Kindes nach § 34 Abs. 2 FamFG abzusehen. Dies enthebt das Gericht jedoch nicht von der Pflicht, sich einen persönlichen Eindruck vom Kind zu verschaffen.

71 Das Gericht kann das **Verfahren ohne Anhörung des Kindes grundsätzlich nicht beenden**, auch wenn das Kind unentschuldigt vom Anhörungstermin fernbleibt.[84] Dann ist im Extremfall an eine Vorführung des Kindes zu denken (hierzu *Fink*, § 167 Rn. 21).

b. Persönliche Anhörung des bzw. der gesetzlichen Vertreter(s) des Kindes

72 Der bzw. die gesetzliche(n) Vertreter(in) des Kindes, d.h. die sorgeberechtigten Eltern, der Vormund oder der Pfleger mit entsprechendem Aufgabenkreis, sind – **grundsätzlich zwingend**[85] – persönlich nach § 167 Abs. 4 FamFG anzuhören (hierzu *Fink*, § 167 Rn. 23). Das **Beschwerdegericht** kann nur dann von einer nochmaligen persönlichen Anhörung absehen, wenn von einer erneuten Anhörung keine zusätzlichen Erkenntnisse zu erwarten sind, vgl. § 68 Abs. 3 Satz 2 FamFG.

---

81 BGH FamRZ 2013, 115
82 Hierzu Jox/Fröschle/*Jox*, § 315 FamFG Rn. 17 ff.
83 MüKo-FamFG/*Heilmann*, § 167 Rn. 11
84 MüKo-FamFG/*Heilmann*, § 167 Rn. 11
85 MüKo-FamFG/*Heilmann*, § 167 Rn. 37 f., 40

c. Persönliche Anhörung der Pflegeeltern

Ferner sind die Pflegeeltern, die das Kind bei Verfahrensbeginn in einem tatsächlichen Pflegeverhältnis haben, nach § 167 Abs. 4 FamFG persönlich anzuhören, unabhängig von einem Pflegevertrag oder einer Pflegeerlaubnis nach § 44 Abs. 1 Satz 1 SGB VIII[86] (hierzu *Fink*, § 167 Rn. 24). **73**

d. Anhörung der sonstigen Beteiligten

Das Gericht **hat** ferner die sonstigen Beteiligten anzuhören (§ 167 Abs. 1 Satz 1 i.V.m. § 320 Satz 1 FamFG). Dazu gehören: **74**

- die **antragstellende Behörde**, als „Muss-Beteiligter" des Verfahrens,
- die **Verfahrensbeiständin** bzw. der **Verfahrensbeistand** als „Muss-Beteiligte(r)" des Verfahrens, wenn sie bzw. er nach § 167 Abs. 1 Satz 2 i.V.m. § 158 FamFG bestellt worden ist,
- das **Jugendamt** als „Muss-Beteiligter" des Verfahrens, wenn es einen Antrag auf Beteiligung gestellt hat,
- der **Ehegatte oder Lebenspartner** des Kindes, wenn sie nicht dauerhaft getrennt leben,
- die **Eltern**, die aufgrund von Entziehung der elterlichen Sorge oder von Teilen davon nicht die gesetzlichen Vertreter des Kindes sind, wenn das Kind bei ihnen lebt oder bei Einleitung des Verfahrens gelebt hat,
- eine vom Kind benannte oder durch seine Äußerungen bzw. aus den übrigen Umständen heraus erkennbare[87] **Person seines Vertrauens**,
- die **Leiterin** bzw. der **Leiter der Einrichtung**, in der das Kind lebt.

7. Sachverständigengutachten (§ 167 Abs. 1 Satz 1 i.V.m. § 321, § 322, § 167 Abs. 6 FamFG)

Vor einer geschlossenen Unterbringung hat das Gericht in einem Hauptsacheverfahren stets eine förmliche Beweisaufnahme (§ 30 FamFG) vorzunehmen durch Einholung eines ärztlichen Gutachtens eines Sachverständigen, § 167 Abs. 1 Satz 1 i.V.m. § 321 FamFG. **75**

Der Sachverständige hat das Kind vor der Erstattung des Gutachtens persönlich zu untersuchen oder zu befragen. **76**

Die **gutachterliche Beurteilung** muss sich erstrecken auf: **77**

- die Notwendigkeit der Freiheitsentziehung, § 167 Abs. 1 Satz 1 i.V.m. § 321 Abs. 1 Satz 1 FamFG,
- die voraussichtliche Dauer der Unterbringung, § 167 Abs. 1 Satz 1 i.V.m. § 321 Abs. 1 Satz 3 FamFG.

Zur Sicherstellung der Begutachtung kann die **Vorführung** des Kindes (§ 322 i.V.m. § 283 Abs. 1 Satz 1 FamFG) und als Ultima Ratio die geschlossene **Unterbringung** für höchstens sechs Wochen (§ 322 i.V.m. § 284 Abs. 1, Abs. 2 FamFG) angeordnet werden. In beiden Fällen **muss** das Kind zuvor persönlich angehört werden. Vor einer Unterbringung zum Zweck der Begutachtung ist zusätzlich der Sachverständige anzuhören. **78**

Der Sachverständige soll **Arzt für Kinder- und Jugendpsychiatrie und -psychotherapie** sein, § 167 Abs. 6 Satz 1 FamFG. **79**

---

86 MüKo-FamFG/*Heilmann*, § 167 Rn. 40; Keidel/*Engelhardt*, § 167 FamFG Rn. 9; vgl. BT-Drucks. 11/4528, 184
87 BGH FamRZ 2013, 115

80 Der Arzt, der die Unterbringungsmaßnahme angeregt hat, scheidet wegen **Voreingenommenheit** als Sachverständiger im Hauptsacheverfahren aus.[88] Der Bestellung steht aber grundsätzlich nicht entgegen, dass der Arzt das Kind, etwa im Rahmen einer (vorläufigen) Unterbringung, bereits behandelt hat. Dies folgt aus dem Umkehrschluss aus § 167 Abs. 1 Satz 1 i.V.m. § 321 Abs. 1 Satz 5, § 329 Abs. 2 Satz 2 FamFG.[89] Jedoch sind die bei der Vorbehandlung erhobenen Befunde im Rahmen des Gutachtens nur verwertbar, wenn der gesetzliche Vertreter des Kindes den Sachverständigen vor der Erstellung des Gutachtens von seiner ärztlichen Schweigepflicht entbindet.[90]

8. Beendigung des Verfahrens

a. Beschluss

81 Das Verfahren wird durch Beschluss – Anordnung der Unterbringung oder Ablehnung der Unterbringung oder aufgrund der Rücknahme des Antrags – beendet. Der Beschluss ist zu begründen, § 38 Abs. 3 Satz 1 FamFG.

82 Wird die Unterbringung in einer Einrichtung angeordnet, ist nach § 167 Abs. 1 Satz 1 i.V.m. § 323 Abs. 1 FamFG:

- die Unterbringungsmaßnahme genau zu bezeichnen,
- der exakte Zeitpunkt, zu dem die Unterbringungsmaßnahme endet, zu benennen.

83 Der Beschluss muss den Typus der Einrichtung (Kinder- und Jugendpsychiatrie, Einrichtung der Kinder- und Jugendhilfe, Suchthilfe etc.) exakt angeben. Meist ist dies jedoch schon aus dem Landesrecht vorgegeben, da die meisten Landesrechte lediglich die Unterbringung in einem psychiatrischen Krankenhaus zulassen.[91]

84 Ferner muss der Zeitpunkt exakt benannt werden, zu dem die Maßnahme endet; also ein bestimmtes oder mindestens bestimmbares Datum. Die **Unterbringungsdauer** darf grundsätzlich **sechs Monate** nicht überschreiten, § 167 Abs. 1 Satz 1 i.V.m. § 329 Abs. 1 FamFG. Dabei muss sie in jedem Fall verhältnismäßig sein, also nicht länger als zum Erreichen des Zwecks erforderlich und angemessen. Bei offensichtlich langer Sicherungsbedürftigkeit kann eine Höchstdauer von **einem Jahr** bestimmt werden. Dies soll jedoch nur in Ausnahmefällen möglich sein, wenn ein offensichtliches Bedürfnis für eine Unterbringung über sechs Monate hinaus besteht.

85 Der Beschluss muss eine **Rechtsmittelbelehrung** enthalten, § 39 FamFG,[92] und wird mit Rechtskraft **wirksam**, § 167 Abs. 1 Satz 1 i.V.m. § 324 Abs. 1 FamFG. Das Gericht wird jedoch in aller Regel die sofortige Wirksamkeit anordnen müssen, da die Verfahren nach Landesrecht aufgrund der engen materiellen Vorgaben immer eilbedürftig sind und nicht erst die Rechtskraft abgewartet werden kann, § 167 Abs. 1 Satz 1 i.V.m. § 324 Abs. 2 FamFG.

86 ▶ *Zu den Einzelheiten über die Bekanntgabe des Beschlusses siehe Fink, § 167 Rn. 39.*

b. Vollziehung

87 Die **Vollziehung** der Unterbringung erfolgt durch die nach dem entsprechenden Landesgesetz zuständige Behörde.

88 Gegen eine Maßnahme zur Regelung der einzelnen Angelegenheiten **im Vollzug** der Unterbringung kann das Kind ab Vollendung des 14. Lebensjahres auch ohne Vertretung

88 Jox/Fröschle/*Jox*, § 321 FamFG Rn. 4; vgl. LG Tübingen FamRZ 1996, 1344
89 Vgl. BGH NJW 2013, 3309
90 Vgl. Jox/Fröschle/*Jox*, § 321 FamFG Rn. 4
91 Vgl. Jox/Fröschle/*Bartels*, § 323 FamFG Rn. 12
92 MüKo-FamFG/*Heilmann*, § 167 Rn. 16

durch die Sorgeberechtigten eine Entscheidung des Gerichts beantragen, § 167 Abs. 1 Satz 1 i.V.m. § 327 Abs. 1, § 167 Abs. 3 FamFG.

c. Aussetzung

Das Gericht kann den Vollzug der Unterbringung **aussetzen** und mit Auflagen versehen, § 167 Abs. 1 Satz 1 i.V.m. § 328 Abs. 1 Satz 1 FamFG. Eine Aussetzung kommt in Betracht, wenn hinreichend wahrscheinlich ist, dass die Gefahr, deren Abwendung die Unterbringungsmaßnahme dient, unter dem Druck der Widerrufbarkeit und durch erteilte Auflagen so weit gemindert werden kann, dass ein (weiterer) Vollzug nicht mehr erforderlich erscheint.[93] **89**

Die Dauer der Aussetzung darf nur in Ausnahmefällen sechs Monate überschreiten und maximal bis zu einem Jahr verlängert werden. **90**

d. Aufhebung

Die **Anordnung** der Unterbringung ist **aufzuheben**, wenn ihre Voraussetzungen wegfallen, § 167 Abs. 1 Satz 1 i.V.m. § 330 Satz 1 FamFG. Vor der Aufhebung soll das Gericht die zuständige Behörde anhören, es sei denn, dass dies zu einer nicht nur geringen Verzögerung des Verfahrens führen würde, § 167 Abs. 1 Satz 1 i.V.m. § 330 Satz 2 FamFG. **91**

9. Einstweilige Anordnungen (§ 331 und § 332 FamFG)

In den Verfahren nach den Landesgesetzen sind einstweilige Anordnungen bei der Erstanordnung einer Unterbringung die absoluten Regelverfahren. Das Gesetz unterscheidet zwischen der **„allgemeinen" einstweiligen Anordnung** (§ 167 Abs. 1 Satz 1 i.V.m. § 331 FamFG) **und** der (besonders eiligen) **einstweiligen Anordnung bei Gefahr im Verzug** (§ 167 Abs. 1 Satz 1 i.V.m. § 332 FamFG). **92**

Für beide einstweiligen Anordnungen gelten die Vorschriften des Allgemeinen Teils (§ 49 bis § 57 FamFG), sofern keine Sonderregelungen nach § 167 Abs. 1 Satz 1 i.V.m. § 331 bis § 333 FamFG greifen.[94]

a. Einstweilige Anordnung (§ 331 FamFG)

Das Gericht kann eine vorläufige Unterbringung nach § 167 Abs. 1 Satz 1 i.V.m. § 331 FamFG anordnen, wenn: **93**

- der Antragsteller angehört wurde (§ 7 Abs. 1 FamFG),
- dringende Gründe für die Annahme bestehen, dass die Voraussetzungen für eine Unterbringungsmaßnahme gegeben sind, und ein dringendes Bedürfnis für ein sofortiges Tätigwerden besteht,
- ein ärztliches Zeugnis über den Zustand des Kindes und über die Notwendigkeit der Maßnahme vorliegt,
- ein(e) bestellte(r) Verfahrensbeiständin bzw. Verfahrensbeistand angehört wurde,
- das Kind – unabhängig von seinem Alter – persönlich angehört wurde,
- der bzw. die gesetzliche(n) Vertreter(in) des Kindes persönlich angehört wurde(n) (§ 167 Abs. 4 FamFG),
- die Pflegeltern persönlich angehört wurden (§ 167 Abs. 4 FamFG),
- das Jugendamt angehört wurde, unabhängig davon, ob es zuständige Behörde ist oder nicht (§ 162 Abs. 1 Satz 1 FamFG).

93 Jox/Fröschle/*Jox*, § 328 FamFG Rn. 3
94 Prütting/Helms/*Hammer*, § 167 FamFG Rn. 63

94 **Dringende Gründe** liegen vor, wenn konkrete Umstände mit erheblicher Wahrscheinlichkeit darauf hindeuten, dass die Voraussetzungen vorliegen. Unter Berücksichtigung der Bedeutung des Rechts des Kindes auf persönliche Freiheit (Art. 2 Abs. 2 Satz 2 GG) müssen – soweit die Dringlichkeit es zulässt – alle zur Verfügung stehenden Aufklärungsmöglichkeiten ausgeschöpft werden.[95]

95 Ein **dringendes Bedürfnis** für ein sofortiges Tätigwerden besteht, wenn konkrete Umstände mit erheblicher Wahrscheinlichkeit darauf hindeuten, dass mit dem Aufschub der Unterbringung bis zur endgültigen Entscheidung Gefahr für das betroffene Kind verbunden wäre. Dem drohenden Nachteil muss dabei erhebliches Gewicht zukommen.[96]

96 Die **Behandlungsbedürftigkeit** als solche rechtfertigt eine einstweilige Anordnung nur, wenn das Zuwarten bis zu einer endgültigen Entscheidung eine akute Verschlechterung des Gesundheitszustands erwarten lässt.[97]

97 Das **ärztliche Zeugnis** hat sich nicht nur auf den gesundheitlichen Zustand des Kindes zu beschränken, sondern muss auch Angaben zu der Notwendigkeit der Maßnahme, dem zu erwartenden Behandlungserfolg und dem ohne sofortige Behandlung drohenden Nachteil sowie der Dauer der Unterbringung enthalten.[98] Für das ärztliche Zeugnis gilt, dass der Sachverständige **Arzt für Kinder- und Jugendpsychiatrie und –psychotherapie** sein soll, § 167 Abs. 6 Satz 1 FamFG. Inhaltlich bestehen zwischen einem ärztlichen Zeugnis im einstweiligen Anordnungsverfahren und einem ärztlichen Gutachten im Hauptsacheverfahren keine wesentlichen Unterschiede. Ein ärztliches Zeugnis kann lediglich etwas kürzer ausfallen als ein, in formeller Beweisaufnahme eingeholtes ärztliches Gutachten (hierzu *Fink*, § 167 Rn. 48).

b. Einstweilige Anordnung bei Gefahr im Verzug (§ 332 FamFG)

98 § 167 Abs. 1 Satz 1 i.V.m. § 332 FamFG enthält die Regelung bei **Gefahr im Verzug**, die äußerst restriktiv anzuwenden ist.[99] Eine Gefahr im Verzug besteht, wenn konkrete Gründe dafür vorliegen, dass bereits der durch die Anhörungen bedingte zeitliche Aufschub der Maßnahme die Gefahr erheblicher Nachteile für das Kind oder Dritte mit sich bringen würde.[100] Alle Verfahrenshandlungen, die wegen Gefahr im Verzug nicht vorgenommen wurden, sind unverzüglich – in der Regel am nächsten Tag – vorzunehmen.[101]

c. Verlängerung der einstweiligen Anordnungen (§ 331 und § 332 FamFG)

99 Die einstweiligen Anordnungen dürfen grundsätzlich die **Dauer** von **sechs Wochen** nicht überschreiten, § 167 Abs. 1 Satz 1 i.V.m. § 333 Abs. 1 Satz 1 FamFG. Die vorläufig angeordnete Unterbringung bzw. freiheitsentziehende Maßnahme kann durch eine oder mehrere weitere einstweilige Anordnungen auf eine Gesamtdauer von **drei Monaten verlängert** werden (§ 167 Abs. 1 Satz 1 i.V.m. § 333 Abs. 1 Satz 2 bis Satz 4 FamFG).

100 Bei einer **Verlängerung** einer Unterbringung ist zu berücksichtigen, dass ein ärztliches Zeugnis nicht mehr ausreicht, sondern die **Anhörung des Sachverständigen** erforderlich ist (§ 167 Abs. 1 Satz 1 i.V.m. § 333 Abs. 1 Satz 2 FamFG).

95 Vgl. Fröschle/*Jox*, § 331 FamFG Rn. 4
96 Vgl. OLG München NJW-RR 2008, 1032, 1033; Jox/Fröschle/*Jox*, § 331 FamFG Rn. 5
97 Vgl. BVerfG NJW 1998, 1774, 1775; Jox/Fröschle/*Jox*, § 331 FamFG Rn. 5
98 Vgl. Jox/Fröschle/*Jox*, § 331 FamFG Rn. 6
99 MüKo-FamFG/*Heilmann*, § 167 Rn. 11
100 Vgl. Prütting/Helms/*Roth*, § 332 FamFG Rn. 4
101 Jox/Fröschle/*Jox*, § 332 FamFG Rn. 1 m.w.N.

10. Beschwerdeverfahren

Für das Beschwerdeverfahren gelten die allgemeinen Vorschriften der §§ 58 ff. FamFG, die durch die Vorschriften der §§ 335 f. FamFG ergänzt werden. § 335 FamFG regelt das Beschwerderecht der Beteiligten, wobei die Verfahrensbeiständin bzw. der Verfahrensbeistand nicht nach § 335 FamFG, sondern nach § 167 Abs. 1 Satz 2 i.V.m. § 158 Abs. 4 Satz 5 FamFG und das Jugendamt nach § 162 Abs. 3 Satz 2 FamFG beschwerdeberechtigt sind. Im Hinblick auf § 60 FamFG ist das Kind erst mit Vollendung des 14. Lebensjahrs beschwerdeberechtigt. **101**

Die in § 335 FamFG genannten Personen und Stellen haben ein eigenes Beschwerderecht – **im eigenen Namen** – unabhängig von ihrer Rechtsbeeinträchtigung i.S.v. § 59 FamFG. Wird das Rechtsmittel **im fremden Namen** eingelegt, muss dem Vertretenen ein Beschwerderecht zustehen, und der Vertreter muss eine Befugnis zur Vertretung haben. Diese kann sich entweder aus einer durch Rechtsgeschäft erteilten Vollmacht (für deren Erteilung das Kind das 14. Lebensjahr vollendet haben muss, vgl. § 167 Abs. 3 FamFG) oder aus einer gesetzlichen Regelung ergeben.[102] **102**

Für die Anfechtung der **einstweiligen Anordnung** mit der Beschwerde gelten nach § 57 Satz 2 FamFG ebenfalls die allgemeinen Vorschriften der §§ 58 ff. FamFG. Nach § 57 Satz 2 FamFG setzt die Anfechtbarkeit **keine Entscheidung aufgrund mündlicher Erörterung** (§ 32 FamFG) voraus. Zu beachten ist die verkürzte Beschwerdefrist von **zwei Wochen**, § 63 Abs. 2 Nr. 1 FamFG. Den in § 335 Abs. 1 Nr. 1 bis Nr. 3 FamFG aufgeführten Personen steht das Beschwerderecht nur dann zu, wenn sie auch am einstweiligen Anordnungsverfahren beteiligt worden sind.[103] **103**

§ 167a FamFG Besondere Vorschriften für das Verfahren nach § 1686a des Bürgerlichen Gesetzbuches

(1) Anträge auf Erteilung des Umgangs- oder Auskunftsrechts nach § 1686a des Bürgerlichen Gesetzbuchs sind nur zulässig, wenn der Antragsteller an Eides statt versichert, der Mutter des Kindes während der Empfängniszeit beigewohnt zu haben.

(2) Soweit es in einem Verfahren, das das Umgangs- oder Auskunftsrecht nach § 1686a des Bürgerlichen Gesetzbuchs betrifft, zur Klärung der leiblichen Vaterschaft erforderlich ist, hat jede Person Untersuchungen, insbesondere die Entnahme von Blutproben, zu dulden, es sei denn, dass ihr die Untersuchung nicht zugemutet werden kann.

(3) § 177 Absatz 2 Satz 2 und § 178 Absatz 2 gelten entsprechend.

Übersicht

Rn.
A. Allgemeines ... 1
I. Normzweck ... 1
II. Anwendungsbereich ... 2
B. Inhalt der Norm ... 8
I. Zulässigkeitsvoraussetzungen (Abs. 1) ... 8
1. Antrag ... 8
2. Form des Antrages ... 10

102 Vgl. Jox/Fröschle/*Bartels*, § 335 FamFG Rn. 4
103 Vgl. Jox/Fröschle/*Jox*, § 331 FamFG Rn. 13

II. Klärung der leiblichen Vaterschaft (Abs. 2, 3) ... 12
1. Inzidentfeststellung ... 12
2. Zeitpunkt der Inzidentfeststellung ... 12
3. Mitwirkung an der Begutachtung/Ordnungsmittel ... 16
C. Gerichtliche Entscheidung ... 18
D. Kosten, Verfahrenswert ... 19
E. Übersicht: Das Verfahren betreffend den Umgang des biologischen Vaters ... 22

A. Allgemeines

I. Normzweck

1 In zwei Entscheidungen.[1] hat der EuGHMR einen Verstoß der deutschen Rechtslage gegen Art. 8 EMRK festgestellt, wenn dem (feststehenden) biologischen Vater, der weder mit der Mutter verheiratet war noch die Vaterschaft anerkannt hat und der auch keine sozial-familiäre Bindung zu dem Kind hatte, der Umgang mit seinen Kindern ohne Prüfung der Kindeswohldienlichkeit versagt werde[2] oder – noch weitergehend – wenn dem mutmaßlichen biologischen Vater ohne individuelle Prüfung des Kindeswohls der Umgang versagt werde.[3] Der Gesetzgeber hat sich hierdurch veranlasst gesehen, durch das Gesetz zur Stärkung der Rechte des leiblichen, nicht rechtlichen Vaters vom 4.7.2013 (BGBl. I 2013 S. 2176, in Kraft seit dem 13.7.2013) dieser Rechtsprechung Rechnung zu tragen[4] und im neu eigefügten § 1686a BGB die materiell-rechtlichen Voraussetzungen für ein Umgangs- und Auskunftsrecht des leiblichen bzw. mutmaßlich leiblichen, nicht rechtlichen Vaters normiert. Die Entscheidungen des EuGHMR begründen jedoch keine Wiederaufnahme für ein vor dem 31.12.2006 formell rechtskräftig abgeschlossenes Umgangsverfahren[5] Der ins FamFG neu eingefügte § 167a FamFG enthält die notwendigen **verfahrensrechtlichen Regelungen** für die Durchsetzung der **Ansprüche aus § 1686a BGB** und ist **ausschließlich** in diesen Verfahren **anwendbar**.[6]

II. Anwendungsbereich

2 Der leibliche Vater kann nur dann einen **Antrag auf Auskunft oder Umgang** gemäß § 1686a BGB stellen, wenn **ein rechtlicher Vater existiert**..[7] Um zu vermeiden, dass sich der leibliche Vater mit einem Auskunfts- oder Umgangsrecht begnügt, ohne die mit der rechtlichen Vaterschaft verbundenen Pflichten zu übernehmen, muss er bei Nichtexistenz eines rechtlichen Vaters zunächst den Weg über die Anerkennung der Vaterschaft (ggf. im Wege eines Abstammungsverfahrens) wählen[8]

3 Er ist allerdings nicht verpflichtet, einen existierenden rechtlichen Vater gemäß § 1600 Abs. 1 Nr. 2, Abs. 2 BGB aus der Vaterschaft zu verdrängen.[9] Ein Auskunfts- oder Umgangsantrag nach § 1686a i.V.m. § 167a FamFG ist **neben einem Verfahren nach § 1685 BGB** zulässig.[10] Sofern eine soziale Beziehung des leiblichen Vaters zum Kind besteht, sind zudem beide Vorschriften nebeneinander anwendbar siehe näher hierzu Gottschalk, § 1686a BGB, Rn. 3.[11]

---

1 EuGHMR FamRZ 2011, 269; 2011, 1715; bestätigt durch EuGHMR FamRZ 2018, 1423; vgl. hierzu *Clausius*, NZFam 2017, 893
2 EuGHMR FamRZ 2011, 269
3 EuGHMR FamRZ 2011, 1715
4 BT-Drucks. 17/12163, 9
5 BGH FamRZ 2014, 927
6 MüKo-FamFG/*Heilmann*, § 167a Rn. 4
7 *Hammer*, FamRB 2013, 298
8 BT-Drucks. 17/12163, 12
9 BT-Drucks. 17/12163, 12
10 *Hammer*, FamRB 2013, 298
11 Staudinger/*Dürbeck*, § 1686a BGB, Rn. 8; a.A. OLG Frankfurt ZKJ 2019, 65

Das Umgangsverfahren nach § 167a FamFG ist eine **Kindschaftssache** gemäß § 151 Nr. 2 FamFG, auf das **die allgemeinen Vorschriften (§§ 152 ff. FamFG) Anwendung** finden.[12] Von Bedeutung ist hier insbesondere das Vorrang- und Beschleunigungsgebot (§ 155 FamFG), die Regeln zur persönlichen Anhörung (§§ 159-161 FamFG), die Bestellung eines Verfahrensbeistandes unter den Voraussetzungen des § 158 FamFG[13] und das Hinwirken auf Einvernehmen (§ 156 FamFG). 4

Die Prüfung nach § 156 Abs. 3 FamFG, ob nach Scheitern einer einvernehmlichen Regelung nach § 156 Abs. 2 FamFG der Erlass einer **einstweiligen Anordnung** geboten ist, muss jedenfalls dann zum Nichterlass einer Eilentscheidung führen, wenn die Vaterschaft des Antragstellers streitig und noch nicht erwiesen ist.[14] Im frühen ersten **Termin nach § 155 Abs. 2 FamFG** sollte nach Möglichkeit **geklärt werden**, ob die Vaterschaft streitig ist, denn nur dann kommt die Einholung eines Abstammungsgutachtens in Betracht (siehe Rn. 11) und ob der Antragsteller ein ernsthaftes Interesse i.S.d. § 1686a Abs. 1 BGB am Kind gezeigt hat.[15] Ist die gutachterlichen Feststellung der Vaterschaft zu Beginn des Verfahrens vorzunehmen, weil die anderen Voraussetzungen des § 1686a BGB sich weder ohne großen Aufwand klären lassen noch bereits offensichtlich ausscheiden,[16] so bietet es sich an, jedenfalls die Bestellung des Verfahrensbeistandes und die Anhörung des Kindes erst nach der Klärung der Vaterschaft vorzunehmen.[17] 5

Zu **beteiligen** sind: das verfahrensfähige Kind, die Mutter, der Antragsteller und der rechtliche Vater (§ 7 Abs. 1, 2 Nr. 1 FamFG), das Jugendamt auf Antrag (§ 162 Abs. 2 FamFG) und ggf. der Verfahrensbeistand (§ 158 Abs. 3 Satz 2 FamFG). Die unterbliebene Beteiligung eines Beteiligten berechtigt das Beschwerdegericht zur Aufhebung und Zurückverweisung nach § 69 Abs. 1 Satz 3 FamFG (siehe *Dürbeck,* § 69 FamFG Rn. 6 ff.). 6

Es besteht **kein Anwaltszwang** (§ 114 FamFG). 7

B. Inhalt der Norm

I. Zulässigkeitsvoraussetzungen (Abs. 1)

1. Antrag

Das Umgangs- oder Auskunftsverfahren nach § 1686a BGB wird nach dem ausdrücklichen Wortlaut des § 167a Abs. 1 FamFG **nur auf Antrag** durchgeführt. Anders als bei den Umgangsverfahren nach §§ 1684, 1685 BGB handelt es sich mithin um ein reines **Antragsverfahren** (§ 23 FamFG). Ein Umgangsverfahren nach § 1686a BGB kann demnach weder von Amts wegen eingeleitet noch darf es nach Rücknahme des Antrages (§ 22 FamFG) weitergeführt werden. 8

Antragsteller kann **nur der (mutmaßliche) leibliche Vater** sein, weder Mutter noch Kind sind daneben antragsberechtigt. 9

▶ *Zum Verfahren siehe auch Gottschalk, § 1686a BGB Rn. 31ff.*

2. Form des Antrages

Der Antragsteller muss dem Antrag eine **eidesstattliche Versicherung** beifügen, dass er der Kindesmutter während der **gesetzlichen Empfängniszeit beigewohnt** hat. Die Ab- 10

---

12 *Keuter,* ZKJ 2014, 16
13 Die aber in diesen Verfahren in der Regel vorliegen: *Hammer,* FamRB 2013, 298, 299
14 In diesem Sinne auch *Keuter,* ZKJ 2013, 16
15 *Hammer,* FamRB 2013, 298, 300
16 Vgl. BVerfG ZKJ 2015, 72
17 MüKo-FamFG/*Heilmann,* § 167a Rn. 12 zum Zeitpunkt der Inzidentfeststellung, hierzu auch Rn. 12

gabe der eidesstattlichen Versicherung ist **Zulässigkeitsvoraussetzung**[18] und dient dem Schutz von Mutter, Kind und rechtlichem Vater vor unbedachten, voreiligen und rechtsmissbräuchlichen Anträgen.[19] **Ausgeschlossen vom Antragsrecht** wird hierdurch der Mann, der durch heterologische Samenspende biologischer Vater geworden ist. Zu Recht wird jedoch darauf hingewiesen, dass dies nach der aktuellen Rechtsprechung des BGH zum Anfechtungsrecht des biologischen Vaters nach § 1600 Abs. 1 Nr. 2 BGB nur für den anonymen Samenspender gilt.[20] Liegt kein Verzicht auf die elterliche Verantwortung im Einverständnis gemäß § 1600 Abs. 5 BGB bei der Zeugung vor, ist demnach auch der Samenspender gemäß § 167a Abs. 1 FamFG antragsberechtigt.[21] Das gilt auch für die hetereologe Heiminsemination (privaten Becherspende) weil bei dieser – anders als der anonymen Samenspende nach vorheriger Konsultation einer Fortpflanzungsklinik oder Samenbank – ein persönliches Element innewohnt, zwischen Spender und Empfängerin also bereits eine Beziehungsgrundlage besteht, so dass keine Veranlassung besteht, den Antragsteller als privaten Spender von der Antragstellung nach § 167a FamFG auszuschließen.[22]

▶ *Zum Inhalt eines verfahrenseinleitenden Antrages siehe Köhler, § 23 FamFG, Rn. 12 ff.*

11 Bevor allerdings der **Antrag** wegen fehlender eidesstattlicher Versicherung – ohne vorab weitere Maßnahmen zu veranlassen – **als unzulässig abgewiesen** wird, ist der Antragsteller auf die Unzulässigkeit hinzuweisen und ihm Gelegenheit zur Nachbesserung zu geben.[23] Ob der Antragsteller tatsächlich der biologische Vater ist, wird, sofern es bestritten wird, im Rahmen der Begründetheit des Antrages überprüft.

II. Klärung der leiblichen Vaterschaft (Abs. 2, 3)

1. Inzidentfeststellung

Ist die **leibliche Vaterschaft** des Antragstellers **streitig**, so ist im Umgangsverfahren ein Abstammungsgutachten einzuholen. Diese, dem Umgangsverfahren im Übrigen wesensfremde,[24] Inzidentfeststellung wurde für notwendig erachtet, da die biologische Vaterschaft einerseits Voraussetzung für den Umgang des nicht rechtlichen Vaters ist, dieser andererseits ohne Mitwirkung der Mutter bzw. des Kindes keine rechtliche Möglichkeit hätte, seine biologische Vaterschaft klären zu lassen. Die Klärung der Vaterschaft bedarf keiner förmlichen Beweisaufnahme,[25] so dass auch die Verwertung eines außergerichtlich[26] oder in einem anderen Verfahren[27] eingeholten Gutachtens möglich ist. Das im Rahmen der Inzidentfeststellung eingeholte Gutachten erwächst nicht in materielle Rechtskraft, d.h. hierdurch wird kein rechtliches Vater-Kind-Verhältnis begründet.[28] Es handelt sich lediglich um eine Klärung der relevanten Vorfrage.

2. Zeitpunkt der Inzidentfeststellung

12 In der Praxis wird sich in vielen Fällen die Frage nach dem **richtigen Zeitpunkt** für die **Einholung des Gutachtens** stellen. Weder § 167a FamFG noch § 1686a BGB geben eine

18 OLG Bremen, ZKJ 2015, 26; *Clausius,* NZfam 2017, 893; *Grün,* NZFam 2014, 1138; BT-Drucks. 17/12163, 14
19 BT-Drucks. 17/12163, 14
20 *Hammer*, FamRB 2013, 298, 299 unter Bezugnahme auf BGH FamRZ 2013, 1209
21 *Hoffmann*, FamRZ 2013, 1077, 1078
22 OLG Frankfurt ZKJ 2019, 65
23 MüKo-FamFG/*Heilmann*, § 167a Rn. 9
24 MüKo-FamFG/*Heilmann*, § 167a Rn. 3, kritisch auch *Keuter*, ZKJ 2014, 16, 18 m.w.N.
25 § 167a FamFG verweist gerade nicht auf § 177 Abs. 2 Satz 2 FamFG
26 BT-Drucks. 17/12163, 14
27 *Hammer*, FamRB 2013, 298, 301
28 BT-Drucks. 17/12163, 14

Prüfungsreihenfolge vor.[29] Im Hinblick auf die familiären Auswirkungen der Vaterschaftsfeststellung und auf den mit der Begutachtung verbundenen Grundrechtseingriff kann es nicht allein im Belieben des Gerichts stehen, in welcher Reihenfolge die Prüfung der Voraussetzungen des § 1686a BGB erfolgt.[30]

▶ *Zur Frage der* ***Reihenfolge*** *der Klärung der Tatbestandsvoraussetzungen siehe Gottschalk, § 1686a BGB Rn. 7.*

Häufig wird zunächst das Bestehen eines **ernsthaften Interesses** an dem Kind seitens des Vaters festzustellen sein (§ 1686 Abs. 1 1. HS BGB), denn hierzu wird regelmäßig kein Gutachten erforderlich sein. Ein ernsthaftes Interesse ist z.B. anzunehmen, wenn sich der mutmaßliche Vater in der Vergangenheit nachhaltig um eine Kontaktaufnahme zu dem Kind bemüht hat, den Wunsch nach Umgang wiederholt geäußert oder sich von Anfang an zu dem Kind bekannt hat;[31] möglicherweise aber nicht, wenn der mutmaßlich biologische Vater von der Vaterschaft bereits vor der Geburt Kenntnis hatte, den Kontakt zur Mutter gleichwohl noch vor der Geburt abgebrochen hat und erst Jahre später wieder mit einem Umgangswunsch Kontakt aufgenommen hat.[32] **13**

▶ *Näher zum ernsthaften Interesse siehe Gottschalk, § 1686a BGB Rn. 10 ff.*

Die Anforderungen an den Vortrag der Ernsthaftigkeit dürfen jedoch nicht zu hoch angesetzt werden.[33] Hat sich der Antragsteller aus Rücksicht auf die rechtliche und soziale Familie Zurückhaltung bei der Forderung nach Umgang gezeigt, so darf ihm das nicht als fehlende Ernsthaftigkeit ausgelegt werden.[34] Gleiches sollte gelten, wenn er zwischenzeitlich einen Reifeprozess durchgemacht und sich im Hinblick auf die Verantwortungsübernahme eines Besseren besonnen hat. Andererseits wird ein nur anfängliches, und nunmehr Jahre zurückliegendes Bemühen nicht ausreichen.[35] **14**

Zur **Klärung** bietet sich der **frühe Termin nach § 155 Abs. 2 FamFG** (siehe Rn. 5) an. Auch wenn es sich um ein Antragsverfahren handelt (siehe Rn.8), so gilt gleichwohl der **Grundsatz** der **Amtsermittlung**, so dass der Antrag nicht unmittelbar mit der Begründung des fehlenden substantiierten Vortrages zurückgewiesen werden kann. Kann allerdings ein ernsthaftes Interesse wegen nicht vorhandener Ermittlungsmöglichkeiten bzw. nach gebotener Aufklärung durch das Gericht (§ 26 FamFG) und einem entsprechenden richterlichen Hinweis auf die fehlende Erfolgsaussicht des Antrages nicht festgestellt werden, so muss der Antrag – ohne weitere Ermittlungen zu den übrigen Voraussetzungen des § 1686a BGB – zurückgewiesen werden.

▶ *Zum Verhältnis der Amtsermittlungspflicht des Gerichts und der Mitwirkungspflicht*[36] *der Beteiligten vgl. Köhler, § 27 FamFG Rn. 3.*

Ist ein ernsthaftes Interesse ausgemacht, so wird es sich häufig anbieten, die Abstammungsfrage vor der Kindeswohlprüfung zu klären, da letztere eine weitergehende Einbeziehung des Kindes notwendig macht.[37] Das wird insbesondere dann der Fall sein, wenn zur Frage der Kindeswohldienlichkeit ein Gutachten eingeholt werden muss, was für alle **15**

29 BVerfG ZKJ 2015, 72
30 BVerfG ZKJ 2015, 72
31 BT-Drucks. 17/12163, 13
32 So OLG Bremen ZKJ 2015, 25
33 *Hammer*, FamRB 2013, 298, 299
34 Vgl. BT-Drucks. 17/12163
35 Vgl. *Hammer*, FamRB 2013, 298, 299
36 Keidel/*Sternal*, § 27 FamFG, Rn. 3; a.A. MüKo-FamFG/*Ulrici*, § 27 Rn. 7: „Mitwirkungslast"
37 I.E. ebenso MüKo-FamFG/*Heilmann*, § 167a Rn. 12; *Hammer*, FamRB 2013, 298, 301; kritisch *Keuter*, ZKJ 2014, 16, 18

Beteiligten, insbesondere aber für das Kind, eine Belastung darstellt.[38] Liegt jedoch nahe, dass die Kindeswohldienlichkeit nach dem Stand der Ermittlungen zu verneinen und der Antrag zurückzuweisen ist oder kann diese Frage, was in der Praxis selten der Fall sein wird, ohne großen Aufwand geklärt werden, muss die Klärung der Abstammung ausnahmsweise zurückgestellt werden oder erübrigt sich ganz.[39]

3. Mitwirkung an der Begutachtung/Ordnungsmittel

16 In die Abstammungsbegutachtung werden regelmäßig der **mutmaßliche leibliche Vater**, die **Mutter** und **Kind** einzubeziehen sein. **Weigern** sich Mutter und/oder Kind (vertreten durch die sorgeberechtigten Eltern),[40] an der Begutachtung mitzuwirken, so können sie nur mit der Begründung durchdringen, die Begutachtung sei **nicht erforderlich oder unzumutbar** (§ 167a Abs. 2 FamFG).[41] Die Unzumutbarkeit bezieht sich auf körperliche und psychische Folgen der Untersuchung und die Auswirkungen des Ergebnisses der Untersuchung.[42] So ist etwa eine Unzumutbarkeit in diesem Sinne gegeben, wenn ein ernsthaftes Interesse des Antragstellers am Kind nicht bekundet wurde (hierzu oben Rn. 13). Allerdings darf in diesem Stadium nicht die zunächst zurückgestellte Kindeswohlprüfung durchgeführt werden.[43] Unbeschadet dessen ist über die Weigerung durch Zwischenbeschluss gemäß § 387 ZPO zu entscheiden.

17 Bei einer **unberechtigten Weigerung** kann die Mitwirkung an der Untersuchung durch **Ordnungsmittel** gemäß § 167a Abs. 3 i.V.m. § 178 Abs. 2 FamFG i.V.m. § 390 ZPO **erzwungen** werden. Auch die **zwangsweise Vorführung zur Untersuchung** kann angeordnet werden (§ 167a Abs. 3 i.V.m. § 178 Abs. 2 FamFG).[44]

▶ *Näher hierzu Grün, § 178 FamFG.*

C. Gerichtliche Entscheidung

18 Einigen sich die Beteiligten nicht (§ 156 Abs. 2 FamFG), so muss das Gericht durch instanzabschließenden Beschluss über den Antrag des Antragstellers entscheiden. Dabei ist auch eine **bloße Zurückweisung** des Antrages möglich,[45] was sonst bei Umgangsverfahren ausgeschlossen ist.[46]

▶ *Näher hierzu Gottschalk, § 1686a BGB Rn. 31.*

Für die Bescheidung des **Auskunftsantrages** nach § 1686a Abs. 1 Nr. 2 BGB ist gemäß § 3 Nr. 2a der **Rechtspfleger funktionell zuständig**.[47] Werden jedoch die Ansprüche auf Umgang und Auskunft zusammen geltend gemacht, so ist für beide Verfahren der Richter zuständig.[48]

▶ *Näher zur funktionalen Zuständigkeit, Heilmann § 6 RPflG.*
Zum Inhalt der Umgangsregelung siehe Gottschalk, § 1684 BGB Rn. 28.
Zum Inhalt der Auskunftsregelung siehe Gottschalk, § 1686 BGB Rn. 8 ff.

---

38 vgl. BVerfG ZKJ 2015, 72

39 Vgl. EuGHMR FamRZ 2018, 1423; BVerfG ZKJ 2015, 72; siehe hierzu auch die Ausführungen in § 1686a BGB, Rn. 7

40 Hier ist ggf. auch die Bestellung eines Ergänzungspflegers gemäß § 1909 BGB angezeigt: Keidel/*Engelhardt*, 167a FamFG Rn. 9

41 OLG Oldenburg FamRZ 2017, 895

42 Keidel/*Engelhardt*, § 167a FamFG Rn. 9; vgl. BGH ZKJ 2017, 21 zur Begutachtung

43 OLG Oldenburg FamRZ 2017, 895

44 Siehe hierzu die Ausführungen zu § 178 Abs. 2 FamFG

45 OLG Frankfurt ZKJ 2019, 65; *Hammer*, FamRB 2013, 298, 302

46 Siehe oben § 1684 Rn. 28

47 OLG Hamm ZKJ 2018, 155

48 *Hammer*, FamRB 2013, 298, 302

D. Kosten, Verfahrenswert

Der Verfahrenswert für Anträge nach § 1686a Abs. 1 Nr. 1 BGB beläuft sich nach § 45 Abs. 1 Nr. 2 FamGKG **im Regelfall auf 3.000,--** €. Gleiches gilt nach § 45 Abs.1 Nr. 3 FamGKG wenn statt Umgang Auskunft über die persönlichen Verhältnisse des Kindes nach § 1686a Abs. 1 Nr. 2 BGB verlangt wird. Wird **Auskunft und Umgang begehrt**, erfolgt nach § 33 Abs. 1 FamGKG eine **Wertaddition**, ebenso in dem Fall, dass Umgang und hilfsweise Auskunft beantragt wird und über den Hilfsantrag entschieden wird.[49] **19**

Da es sich um ein echtes Antragsverfahren handelt, muss der Antragsteller – sofern er nicht verfahrenskostenhilfeberechtigt ist – gemäß § 14 Abs. 3, 21 FamGKG einen **Kostenvorschuss** erbringen. Die Verfahrensgebühr beträgt 0,5 (Nr. 1310 FamKGK-KV). **20**

Die Entscheidung über die **Kosten** richtet sich nach § 81 FamFG. Es ist eine Kostenentscheidung nach **billigem Ermessen** zu treffen. Im Rahmen dieser Ermessensentscheidung kommt auch eine Beteiligung der **Mutter** an den Verfahrenskosten – und damit auch an den Kosten des Sachverständigengutachtens – in Betracht.[50] Näher zu Kostenentscheidung und Wert siehe *Dürbeck*, § 80 FamFG Rn. 25, 14 ff. bzw. § 81 FamFG Rn. 3 ff. **21**

---

49 BeckOK-Streitwert/*Dürbeck*, Auskunft Rn. 2 und hier unter § 80 FamFG 16 ff.

50 Vgl. BGH FamRZ 2014, 744, der in einem Abstammungsverfahren (Anfechtung der Vaterschaft) entschieden hat, dass die Kosten auch bei Unterliegen des Vaters diesem nicht einseitig auferlegt werden dürfen, wenn die Mutter zuvor Mehrverkehr eingeräumt hat.

E. Übersicht: Das Verfahren betreffend den Umgang des biologischen Vaters

22

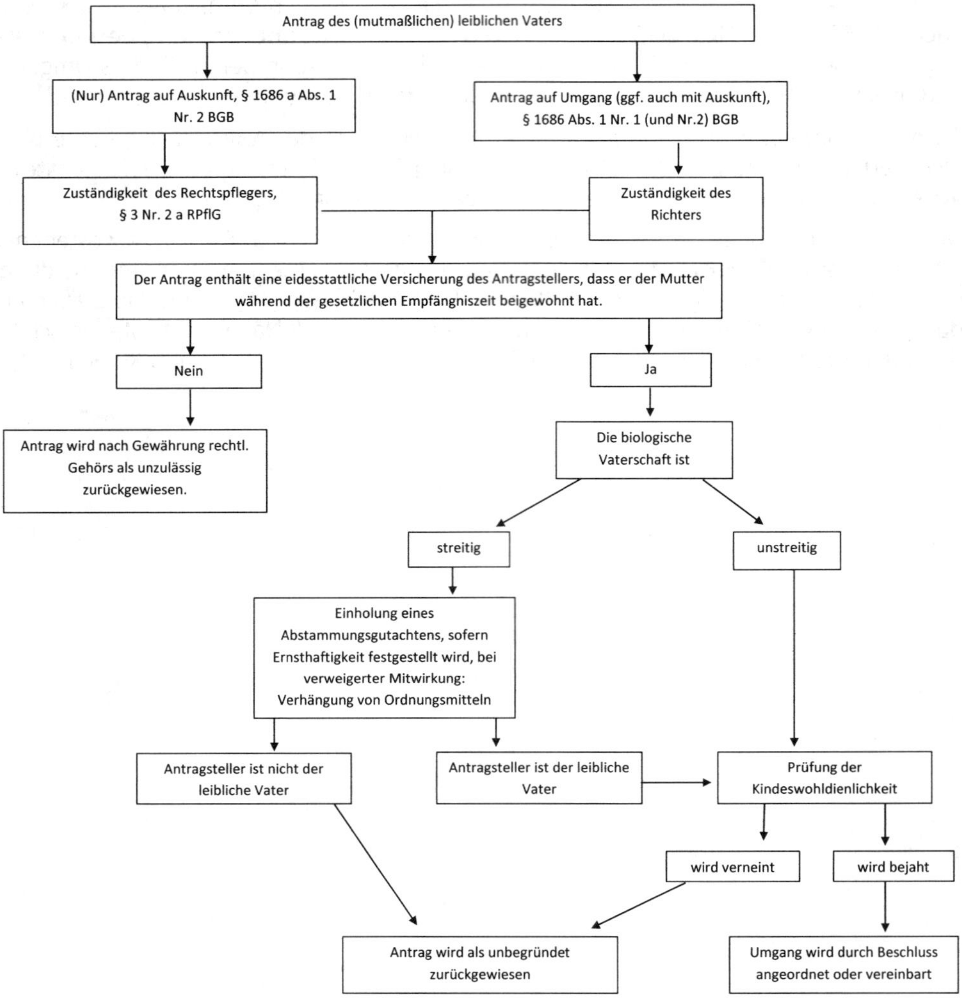

§ 168 FamFG Beschluss über Zahlungen des Mündels

(1) [1]Das Gericht setzt durch Beschluss fest, wenn der Vormund, Gegenvormund oder Mündel die gerichtliche Festsetzung beantragt oder das Gericht sie für angemessen hält:

1. **Vorschuss, Ersatz von Aufwendungen, Aufwandsentschädigung, soweit der Vormund oder Gegenvormund sie aus der Staatskasse verlangen kann (§ 1835 Abs. 4 und § 1835a Abs. 3 des Bürgerlichen Gesetzbuchs) oder ihm nicht die Vermögenssorge übertragen wurde;**
2. **eine dem Vormund oder Gegenvormund zu bewilligende Vergütung oder Abschlagszahlung (§ 1836 des Bürgerlichen Gesetzbuchs).**

[2]Mit der Festsetzung bestimmt das Gericht Höhe und Zeitpunkt der Zahlungen, die der Mündel an die Staatskasse nach den §§ 1836c und 1836e des Bürgerlichen Gesetzbuchs zu leisten hat. [3]Es kann die Zahlungen gesondert festsetzen, wenn dies zweckmäßig ist. [4]Erfolgt keine Festsetzung nach Satz 1 und richten sich die in Satz 1 bezeichneten Ansprüche gegen die Staatskasse, gelten die Vorschriften über das Verfahren bei der Entschädigung von Zeugen hinsichtlich ihrer baren Auslagen sinngemäß.

(2) [1]In dem Antrag sollen die persönlichen und wirtschaftlichen Verhältnisse des Mündels dargestellt werden. [2]§ 118 Abs. 2 Satz 1 und 2 sowie § 120 Absatz 2 und 3 sowie § 120a Absatz 1 Satz 1 bis 3 der Zivilprozessordnung sind entsprechend anzuwenden. [3]Steht nach der freien Überzeugung des Gerichts der Aufwand zur Ermittlung der persönlichen und wirtschaftlichen Verhältnisse des Mündels außer Verhältnis zur Höhe des aus der Staatskasse zu begleichenden Anspruchs oder zur Höhe der voraussichtlich vom Mündel zu leistenden Zahlungen, kann das Gericht ohne weitere Prüfung den Anspruch festsetzen oder von einer Festsetzung der vom Mündel zu leistenden Zahlungen absehen.

(3) [1]Nach dem Tode des Mündels bestimmt das Gericht Höhe und Zeitpunkt der Zahlungen, die der Erbe des Mündels nach § 1836e des Bürgerlichen Gesetzbuchs an die Staatskasse zu leisten hat. [2]Der Erbe ist verpflichtet, dem Gericht über den Bestand des Nachlasses Auskunft zu erteilen. [3]Er hat dem Gericht auf Verlangen ein Verzeichnis der zur Erbschaft gehörenden Gegenstände vorzulegen und an Eides statt zu versichern, dass er nach bestem Wissen und Gewissen den Bestand so vollständig angegeben habe, als er dazu imstande sei.

(4) [1]Der Mündel ist zu hören, bevor nach Absatz 1 eine von ihm zu leistende Zahlung festgesetzt wird. [2]Vor einer Entscheidung nach Absatz 3 ist der Erbe zu hören.

(5) Auf die Pflegschaft sind die Absätze 1 bis 4 entsprechend anzuwenden.

Übersicht

Rn.
A. Allgemeines ... 1
B. Inhalt der Norm ... 5
I. Das vereinfachte Justizverwaltungsverfahren (Abs. 1 Satz 4) ... 5
II. Familiengerichtliches Festsetzungsverfahren ... 6
1. Zuständigkeit ... 6
2. Einleitung und Durchführung des Verfahrens ... 7
III. Regress gegen den Erben des Mündels (Abs. 3) ... 15
C. Entscheidung und Rechtsschutz ... 15

A. Allgemeines

§ 168 FamFG regelt die verfahrensrechtliche Festsetzung von Ansprüchen des Vormunds auf Aufwendungsersatz und Vorschuss nach § 1835 BGB, auf Aufwandsentschädigung nach § 1835a BGB und auf Vergütung nach § 1836 BGB i. V. m. §§ 1 bis 3 VBVG. Nicht erfasst sind daraus resultierende **Zinsansprüche**.[1] 1

Nach Abs. 5 gilt § 168 FamFG auch für entsprechende Ansprüche des **Pflegers** (§§ 1909 ff. BGB) und kraft Verweisung in § 158 Abs. 7 Satz 6 FamFG für die Vergütung des **Verfahrensbeistands** und über §§ 1684 Abs. 4 Satz 6 BGB, 277 Abs. 5 Satz 2 FamFG gilt § 168 Abs. 1 FamFG auch für den **Umgangspfleger**. Die zuerst genannten Ansprüche des Vormunds und Pflegers können sich dabei entweder **gegen die Staatskasse oder den Mündel** richten. Festsetzungsfähig sind nach Abs. 1 Satz 1 Nr. 1 Nr. 1 auch **Regressansprüche der Staatskasse** gegen den Mündel (vgl. § 1836e BGB) oder dessen Erben (Abs. 3). 2

Der (auch für die Vermögenssorge allein bestellte) Vormund ist zunächst berechtigt, **ohne vorherige gerichtliche Festsetzung** die aus seinen Ansprüchen gegen den Mündel fol- 3

1 OLG Celle FamRZ 2002, 1431; MüKo-FamFG/*Heilmann*, § 168 Rn. 6

genden Geldbeträge unmittelbar **dem Vermögen des Mündels zu entnehmen** (siehe näher hierzu Dürbeck, § 1835 BGB Rn. 15), so dass insoweit **kein Rechtsschutzbedürfnis** für ein gerichtliches Festsetzungsverfahren besteht. Eine Entnahme aus dem Mündelvermögen ist dem Vormund **nicht möglich**, wenn er nicht (allein) für die Vermögenssorge bestellt ist (z. B. weil er Mitvormund oder Gegenvormund ist), eine Pflegschaft für die Vermögenssorge besteht oder der Vormund zwischenzeitlich entlassen oder die Vormundschaft aufgehoben oder infolge Volljährigkeit weggefallen ist. In diesen Fällen ist der Weg zu § 168 FamFG eröffnet (vgl. Abs. 1 Nr. 1 Alt. 2). Das Festsetzungsverfahren findet im Übrigen Anwendung auf **Ansprüche des Vormunds gegen die Staatskasse** und der **Staatskasse gegen den Mündel** im Wege des Regresses nach gesetzlichem Übergang der Forderung nach § 1836e BGB.

4 Streitigkeiten **zwischen dem Vormund und dem Mündel** über Grund und Höhe einer Entnahme aus dem Vermögen des Mündels sind entweder im Rahmen der **Aufsicht des Familiengerichts** nach § 1837 BGB oder im Rahmen eines **gerichtlichen Streitverfahrens** zu klären.[2] In das Kostenfestsetzungsverfahren fällt dagegen die Prüfung über **Grund und Höhe des Aufwendungsersatz- oder Vergütungsanspruchs**, nicht jedoch die Entscheidung über Gegenansprüche wegen mangelhafter Amtsführung und für den Einwand der Schlechterfüllung.[3] Diese sind im Wege der Vollstreckungsgegenklage nach § 767 ZPO zu verfolgen,[4] wobei – was umstritten ist – alle Ansprüche aus dem Verhältnis zwischen Vormund und Mündel analog § 266 Abs. 1 Nr. 4 FamFG **vor den Familiengerichten** geltend zu machen sind.[5]

4a In das Kostenfestsetzungsverfahren fällt dagegen die Prüfung der vom Anspruchsgegner erhobenen **Einrede der Verjährung**.[6] Dabei soll der Rechtspfleger auch prüfen, ob die Einrede der Verjährung **gemäß § 242 BGB** treuwidrig erfolgt ist.[7] Auch findet eine Prüfung dahin statt, ob der Geltendmachung **materiell-rechtliche Ausschlussfristen** entgegenstehen, wie dies bei § 1835 Abs. 1 Satz 2 und 3 BGB der Fall ist. Die fünfzehnmonatige Ausschlussfrist von § 1835 Abs. 1 Satz 3 BGB findet dabei auch auf den Vergütungsanspruch des Verfahrensbeistands entsprechende Anwendung.[8] Auch die Ausschlussfrist nach § 1835a Abs. 4 Satz 1 BGB ist zu beachten.[9]

4b Von Amts wegen zu berücksichtigen sind schließlich auch Gesichtspunkte des **Vertrauensschutzes**, wenn die förmliche Festsetzung nach § 168 Abs. 1 FamFG auf Anregung der Staatskasse zu dem Zweck erfolgt, im vereinfachten Verfahren nach § 168 Abs. 1 Satz 4 FamFG zu Unrecht gezahlte Beträge zurückzufordern.[10] Hier hat der BGH[11] sogar einem berufsmäßig tätigen Umgangspfleger, der eigenmächtig und ohne gerichtlichen Auftrag die Begleitung des Umgangs an sich gezogen hatte, Vertrauensschutz zuerkannt, weil das Familiengericht seine Tätigkeit geduldet hatte, was äußerst zweifelhaft erscheint und die Grenzen zulässiger Auslegung von Gesetzen überschreiten dürfte.[12]

---

2 BayObLG FamRZ 1995, 1375; Keidel/*Engelhardt,* § 168 FamFG Rn. 2, 35
3 BGH FamRZ 2012, 1051
4 OLG Schleswig BeckRS 2011, 21449; OLG Celle FamRZ 2011, 1755; *Zimmermann*, FamRZ 2011, 1776, 1783
5 LG Koblenz FamRZ 2011, 1090; Palandt/*Götz,* § 1843 BGB Rn. 2; a.A. noch die h.L., die auf die Zuständigkeit der ordentlichen Zivilgerichte verweist: BGH FamRZ 2012, 1051; MüKo-FamFG/*Heilmann,* § 168 Rn. 7; Keidel/*Zimmermann,* § 168 FamFG Rn. 21; Prütting/Helms/*Hammer,* § 168 FamFG Rn. 26
6 BGH FamRZ 2015, 248: Regress der Staatskasse; BtPrax 2012, 118
7 BGH FamRZ 2015, 248
8 BGH NJW 2017, 574; a. A.: OLG Frankfurt FGPrax 2016, 78
9 KG FamRZ 2016, 242
10 BGH ZKJ 2019, 143; FamRZ 2016, 1759; FamRZ 2015, 845; Prütting/Helms/*Hammer,* § 168 FamFG Rn. 12, 26b
11 BGH ZKJ 2019, 143
12 Vgl. *Dürbeck,* ZKJ 2019, 141

Ebenfalls im Verfahren nach § 168 Abs. 1 FamFG zu prüfen ist bei Vormündern und Pflegern, ob diese vor Beginn ihrer Tätigkeit nach **§ 1789 BGB förmlich bestellt** worden sind. Für Tätigkeiten, die vor diesem Zeitpunkt ausgeübt worden sind, kann eine Vergütung im förmlichen Festsetzungsverfahren nicht beansprucht werden.[13] Ob hier Ansprüche wegen der Tätigkeiten vor der Bestellung auf § 242 BGB oder Amtshaftung gestützt werden können, hat der BGH in den zuvor erwähnten Entscheidungen offengelassen, sie können jedenfalls nicht im Verfahren nach § 168 FamFG geltend gemacht werden. **4c**

B. Inhalt der Norm

I. Das vereinfachte Justizverwaltungsverfahren (Abs. 1 Satz 4)

Erfolgt keine Festsetzung nach Abs. 1 Satz 1 mangels eines entsprechenden Antrages, können nach Abs. 1 Satz 4 die in Rn. 1 genannten Ansprüche des **Vormunds gegen die Staatskasse** im **vereinfachten Justizverwaltungsverfahren** nach den Vorschriften über **Entschädigung von Zeugen (JVEG)** geltend gemacht werden. Zuständig ist der **Urkundsbeamte der Geschäftsstelle** des Gerichts, bei dem die Vormundschaft geführt wird. Gegen dessen Anweisung ist die einfache Beschwerde nach § 4 Abs. 3 JVEG nicht eröffnet, es kann nur ein Antrag auf Durchführung eines Kostenfestsetzungsverfahrens nach § 168 Abs. 1 FamFG gestellt werden,[14] der die Anweisung gegenstandslos macht. **5**

II. Familiengerichtliches Festsetzungsverfahren

1. Zuständigkeit

Für das gerichtliche Festsetzungsverfahren nach § 168 Abs. 1 FamFG ist der **Rechtspfleger** (§ 3 Nr. 2a RPflG) des Familiengerichts zuständig, bei dem die Vormundschaft geführt wird.[15] **6**

2. Einleitung und Durchführung des Verfahrens

Das Kostenfestsetzungsverfahren nach § 168 Abs. 1 Satz 1 FamFG ist auf **Antrag** (§ 23 FamFG) des Vormunds, Gegenvormunds oder des (verfahrensfähigen oder gesetzlich vertretenen) Mündels als **selbständiges Verfahren** einzuleiten. Der Antrag, der **keiner besonderen Form** bedarf, ist nach § 23 Abs. 1 Satz 1 FamFG zu **begründen** und soll nach Abs. 2 Satz 1 die **persönlichen und wirtschaftlichen Verhältnisse des Mündels** enthalten, was insbesondere für die Frage der (subsidiären) Haftung und des Regresses der Staatskasse nach materiellem Recht von Bedeutung ist. **7**

Nach Satz 2 gelten die Vorschriften über die **Prozesskostenhilfe** nach §§ 118 Abs. 2 Satz 1 und 2, 120 Abs. 2 und 3, 120a Abs. 1 Satz 1-3 ZPO entsprechend, so dass insbesondere auch die **Glaubhaftmachung der Angaben** einschließlich eidesstattlicher Versicherung und Vorlage von Belegen etc. verlangt werden kann. **8**

Insbesondere beim Aufwendungsersatzanspruch nach § 1835 BGB und beim Vergütungsanspruch nach § 1836 BGB sind **substantiierte und nachvollziehbare Angaben** über Art und Höhe der Aufwendungen und Art und Dauer der geleisteten Tätigkeit erforderlich.[16] **9**

Daneben kann das Familiengericht nach pflichtgemäßem Ermessen auch **von Amts wegen** ein Festsetzungsverfahren einleiten, was insbesondere bei der **Korrektur unrichtig** **10**

---

13 BGH NJW-RR 2016, 707 (Betreuer); NJW-RR 2017, 1350 (Umgangspfleger); FGPrax 2018, 24 (Pfleger); NJW-RR 2018, 325 (Vormund)
14 OLG Dresden FamRZ 2011, 320; Zöller/*Lorenz,* § 168 FamFG Rn. 33
15 Vgl. BGH FamRZ 2007, 1548; MüKo-FamFG/*Heilmann,* § 168 Rn. 12
16 OLG Frankfurt a.M. FamRZ 2002, 193

erfolgter Kostenfestsetzungen oder zur Vermeidung unterschiedlicher Festsetzungen im Verhältnis Mündel-Staatskasse-Vormund veranlasst sein kann.[17] Der Bezirksrevisor kann eine förmliche Festsetzung insoweit anregen.[18]

11 Nach Abs. 4 ist der **Mündel** – nicht zwingend persönlich[19] – **anzuhören**, bevor Zahlungen gegen ihn festgesetzt werden. Ein **Verfahrensbeistand** nach § 158 FamFG kann nicht bestellt werden, weil die Personensorge nicht tangiert ist, doch kann bei erheblichem Interessensgegensatz ein **Ergänzungspfleger** zu bestellen sein.[20] Eine Anhörung des Mündels bei der Festsetzung gegen die Staatskasse ist gesetzlich nicht vorgeschrieben und mangels Bindungswirkung der Entscheidung im Verhältnis Staatskasse-Mündel auch nicht geboten.[21] Daneben ist der Vormund anzuhören, wenn der Mündel Festsetzung beantragt hat und der Vertreter der Staatskasse, wenn Festsetzung gegen die Staatskasse vom Vormund beantragt ist.

12 Für das Verfahren gilt der **Amtsermittlungsgrundsatz** nach § 26 FamFG,[22] wobei aber die Feststellungslast derjenige trägt, der die Ansprüche geltend macht. Eine unsubstantiierte Darlegung bzw. fehlende Belege von Aufwendungen führen damit in der Regel zur (teilweisen) Zurückweisung des Festsetzungsbegehrens. Grund und Höhe des Anspruchs sind ebenso wie die Frage der Ausschlussfristen von Amts wegen zu überprüfen. Insbesondere die **Höhe** von geltend gemachten Aufwendungen und den Umfang geleisteter Tätigkeit kann das Gericht analog § 287 ZPO nach freiem Ermessen **schätzen**.[23]

13 Bei einem Vergütungsanspruch nach § 1836 Abs. 1 Satz 2 BGB kann die **Feststellung der Berufsmäßigkeit** der Ausübung der Vormundschaft **nicht im Kostenfestsetzungsverfahren nachgeholt** werden.[24] Diese kann nur im Bestellungsverfahren erfolgen bzw. nach Ablauf der Beschwerdefrist mit ex nunc Wirkung nachgeholt werden (siehe näher hierzu *Dürbeck*, § 1836 BGB Rn. 4). Nicht zu prüfen sind **Zurückbehaltungsrechte**, der **Einwand der Schlechterfüllung**, **Erfüllung, Erlass, Aufrechnung**, hierfür ist Vollstreckungsabwehrklage zu erheben (vgl. Rn. 4, auch zur Frage der Zuständigkeit des Familiengerichts).

14 Die **wirtschaftliche Leistungsfähigkeit des Mündels** ist von Amts wegen nach Maßgabe von § 1836c BGB zu prüfen. Nach Abs. 2 Satz 3 ist dies aber entbehrlich, wenn nach der freien Überzeugung des Gerichts der Aufwand zur Ermittlung der persönlichen und wirtschaftlichen Verhältnisse des Mündels **außer Verhältnis** zur Höhe des aus der Staatskasse zu begleichenden Anspruchs oder zur Höhe der voraussichtlich vom Mündel zu leistenden Zahlungen liegt. Ist dies der Fall, kann das Gericht ohne weitere Prüfung den Anspruch festsetzen oder von einer Festsetzung der vom Mündel zu leistenden Zahlungen absehen.

III. Regress gegen den Erben des Mündels (Abs. 3)

Nach dem **Tode des Mündels**, der die Vormundschaft beendet, sind nach Abs. 3 durch das Familiengericht Höhe und Zeitpunkt der Zahlungen, die der **Erbe des Mündels** nach § 1836e BGB als Rechtsnachfolger des Mündels an die Staatskasse zu leisten hat, zu bestimmen. Es gelten die gleichen Verfahrensgrundsätze wie bei Abs. 1 und 2, ergänzt um

17 BGH FamRZ 2015, 1880; OLG Celle NJW 2010, 2446
18 Prütting/Helms/*Hammer*, § 168 FamFG Rn. 19; vgl. auch BGH ZKJ 2019, 143; FamRZ 2015, 1880
19 BayObLG FamRZ 1993, 224
20 Keidel/*Zimmermann*, § 168 FamFG Rn. 13
21 MüKo-FamFG/*Heilmann*, § 168 Rn. 18
22 BGH FamRZ 2015, 1880
23 BayObLG FamRZ 1996, 1169
24 BGH FamRZ 2014, 736; FamRZ 2014, 653; NJW 2014, 863; ausführlich zu den Konsequenzen: *Bestelmeyer*, FGPrax 2014, 93

die Anhörung des Erben nach Abs. 4 Satz 2. Der Erbe ist nach Abs. 3 Satz 2 und 3 verpflichtet, dem Gericht über den Bestand des Nachlasses Auskunft zu erteilen und hat dem Gericht auf Verlangen ein Verzeichnis der zur Erbschaft gehörenden Gegenstände vorzulegen und an Eides statt zu versichern, dass er nach bestem Wissen und Gewissen den Bestand so vollständig angegeben habe, als er dazu imstande sei. Im Falle der Nichtbefolgung können Zwangsmittel nach § 35 FamFG angeordnet werden.

C. Entscheidung und Rechtsschutz

Das Familiengericht entscheidet nach §§ 38 ff. FamFG durch **Beschluss**. Mit der Festsetzung hat es nach Abs. 1 Satz 2 auch **Höhe und Zeitpunkt der Zahlungen**, die der Mündel im Falle der Leistungsfähigkeit nach §§ 1836c, 1836e BGB an die Staatskasse zu leisten hat, zu bestimmen, wobei Satz 3 auch gesonderte Festsetzung zulässt, soweit dies zweckmäßig ist und innerhalb der Frist des § 1836e Abs. 1 Satz 2 BGB (10 Jahre) liegt. Im Verhältnis Staatskasse zum Mündel gelten im Übrigen nach Abs. 2 Satz 2 §§ 120 Abs. 2 und 3, 120a Abs. 1 Satz 1-3 ZPO, was insbesondere auch die Möglichkeit der **Abänderung der Regressentscheidung** beinhaltet. 15

Entscheidungen im Festsetzungsverfahren sind im Übrigen der formellen und materiellen **Rechtskraft** fähig.[25] Eine Bindung besteht aber nur innerhalb des jeweiligen Rechtsverhältnisses der an der Entscheidung Beteiligten, so dass eine Festsetzung zu Lasten der Staatskasse nicht im Verhältnis der Staatskasse zum Mündel bindet.[26] 16

Gegen die Entscheidung im Kostenfestsetzungsverfahren nach § 168 Abs. 1 Satz 1 FamFG ist das Rechtsmittel der **Beschwerde nach §§ 11 Abs. 1 RPflG, 58 ff. FamFG**[27] statthaft, falls der Beschwerdewert von 600,00 Euro nach § 61 Abs. 1 FamFG erreicht ist oder der Rechtspfleger bei Unterschreiten dieser Grenze die Beschwerde nach § 61 Abs. 3 FamFG zugelassen hat. Andernfalls ist die Beschwerde unzulässig und gegen die Entscheidung des Rechtspflegers nach § 11 Abs. 2 RPflG die befristete Erinnerung statthaft, über die der Richter des Amtsgerichts abschließend (Ausnahme Zulassung nach § 61 Abs. 2 FamFG) zu entscheiden hat. 17

▶ *Zur Erinnerung näher hierzu Heilmann, § 11 RPflG Rn. 22 ff.*

Als **Beschwerdeberechtigte** nach § 59 FamFG kommen je nach Beteiligung die Staatskasse, der Vormund und der Mündel (§ 60 FamFG) in Betracht, soweit die Entscheidung für sie unmittelbar nachteilig ist. Im Beschwerdeverfahren gilt das Verbot der **reformatio in peius**.[28] Gegen die Festsetzung der **Vergütung des Umgangspflegers** steht den am Verfahren beteiligten Eltern mangels eigener Rechtsverletzung kein Beschwerderecht zu,[29] da insoweit nur die Staatskasse und der Umgangspfleger am Vergütungsfestsetzungsverfahren beteiligt sind und die Entscheidung keine Bindungswirkung gegenüber den Eltern entfaltet. Einwendungen können von den Eltern, soweit ihnen die Verfahrenskosten zumindest anteilig auferlegt worden sind, im Wege der Erinnerung gegen den Kostenansatz nach § 57 FamGKG geltend gemacht werden. Gleiches gilt für die Vergütung des Verfahrensbeistands. Die Staatskasse ist beschwerdeberechtigt, soweit sie zu Zahlungen verpflichtet bzw. ein Rückgriff abgelehnt wurde oder eine Festsetzung zum Zwecke der Rückforderung zu viel geleisteter Beträge nicht erfolgt ist. 18

---

25 BayObLG FamRZ 1998, 1055; Keidel/*Engelhardt,* § 168 FamFG Rn. 22
26 BayObLG FamRZ 2001, 377
27 OLG Karlsruhe FamRZ 2014, 672; KG FamRZ 2013, 478; vgl. auch BGH FamRZ 2014, 1283
28 Vgl. BGH FamRZ 2014, 736; NJW 2000, 3712
29 OLG Nürnberg FamRZ 2015, 601; MüKo-FamFG/*Heilmann,* § 168 Rn. 39

19 Soweit der Vormund nicht die Vermögenssorge (alleine) besitzt, ist der Beschluss, der die Zahlung gegen den Mündel festsetzt, nach §§ 86, 95 FamFG zu **vollstrecken**. Der Regress gegen den Mündel wird nach der **JBeitrO** von den Justizbehörden eingezogen.

§ 168a FamFG Mitteilungspflichten des Standesamts

(1) Wird dem Standesamt der Tod einer Person, die ein minderjähriges Kind hinterlassen hat, oder die Geburt eines Kindes nach dem Tod des Vaters oder das Auffinden eines Minderjährigen, dessen Familienstand nicht zu ermitteln ist, oder die Geburt eines Kindes im Wege der vertraulichen Geburt nach § 25 Absatz 1 des Schwangerschaftskonfliktgesetzes angezeigt, hat das Standesamt dies dem Familiengericht mitzuteilen.

(2) Führen Eltern, die gemeinsam für ein Kind sorgeberechtigt sind, keinen Ehenamen und ist von ihnen binnen eines Monats nach der Geburt des Kindes der Geburtsname des Kindes nicht bestimmt worden, teilt das Standesamt dies dem Familiengericht mit.

Von einer Kommentierung wird abgesehen.

Abschnitt 4
Verfahren in Abstammungssachen

§ 169 FamFG Abstammungssachen

Abstammungssachen sind Verfahren

1. **auf Feststellung des Bestehens oder Nichtbestehens eines Eltern-Kind-Verhältnisses, insbesondere der Wirksamkeit oder Unwirksamkeit einer Anerkennung der Vaterschaft,**
2. **auf Ersetzung der Einwilligung in eine genetische Abstammungsuntersuchung und Anordnung der Duldung einer Probeentnahme,**
3. **auf Einsicht in ein Abstammungsgutachten oder Aushändigung einer Abschrift oder**
4. **auf Anfechtung der Vaterschaft.**

Übersicht

Rn.
A. Allgemeines ... 1
B. Inhalt der Norm ... 4
I. Verfahren nach Nr. 1 ... 4
II. Verfahren nach Nr. 2 und Nr. 3 ... 9
III. Verfahren nach Nr. 4 ... 11
C. Exkurs: Verfahrenskostenhilfe in Abstammungssachen ... 12
I. Verfahren auf Feststellung der Vaterschaft (§ 1600d BGB) ... 12
1. Erfolgsaussicht (§ 114 ZPO) ... 12
2. Mutwilligkeit ... 16
3. Bedürftigkeit (§ 115 ZPO) ... 17
4. Anwaltsbeiordnung ... 18
II. Verfahren auf Anfechtung der Vaterschaft ... 21
1. Erfolgsaussicht (§ 114 ZPO) ... 21
2. Mutwilligkeit ... 23
3. Bedürftigkeit ... 24
4. Anwaltsbeiordnung ... 25
III. Klärungsverfahren nach § 169 Nr. 2 und Nr. 3 FamFG (1598a BGB) ... 26

A. Allgemeines

1 Die Regelung enthält eine abschließende Definition der Abstammungssachen, die nach dem FamFG ausnahmslos als Verfahren der freiwilligen Gerichtsbarkeit ausgestaltet sind. Vor Inkrafttreten des FamFG wurden diese Verfahren als Kindschaftssachen bezeichnet (§ 640 ZPO a.F.) und waren Klageverfahren nach der ZPO. Die Verfahren unterfielen nur dann der freiwilligen Gerichtsbarkeit, wenn die Person, gegen die die Klage zu richten gewesen wäre, bereits verstorben war (vgl. § 1600e Abs. 2 BGB a.F., § 55b FGG a.F.).

2 Die Abstammungssachen sind die einzigen Familiensachen, die im Zuge der FGG-Reform von ZPO-Streitsachen in reine Verfahren der freiwilligen Gerichtsbarkeit überführt wurden. Dies hatte erhebliche **Auswirkungen**.[1] Eine Besonderheit des Verfahrens der freiwilligen Gerichtsbarkeit besteht darin, dass sich das Verfahren nicht gegen einen Verfahrensgegner richtet und daher keinen Antragsgegner kennt, sondern nur Antragsteller (§ 7 Abs. 1 FamFG) und Beteiligte (§ 7 Abs. 2 und Abs. 3 FamFG), wobei mit § 172 FamFG für Abstammungssachen eine gesonderte Regelung zur Sicherung der Verfahrensbeteiligung der betroffenen Personen besteht. Dadurch bedarf es nicht mehr der nach früherem Recht erforderlichen Beiladung (§ 640e Abs. 1 Satz 2 ZPO a.F.) und auch die vorher in Verfahren auf Feststellung der Vaterschaft ermöglichte Streitverkündung (§ 640e Abs. 2 ZPO a.F.) ist

1 Vgl. *Grün*, Vaterschaftsfeststellung, Rn. 83 ff. und Rn. 192 ff.

weggefallen. Stattdessen können nunmehr im Verfahren auf Feststellung der Vaterschaft von vornherein mehrere Männer als in Betracht kommende leibliche Väter benannt werden und damit Beteiligte des Verfahrens sein (§§ 7 Abs. 2 Nr. 1, 179 FamFG). Anders als nach früherem Recht ist eine Nebenintervention eines Dritten in Abstammungssachen entfallen, da die Regelung des § 66 ZPO in Verfahren der freiwilligen Gerichtsbarkeit nicht anwendbar ist.

3 Zu den Abstammungssachen (Kindschaftssachen) alten Rechts gehörten auch Verfahren auf **Feststellung des Bestehens oder Nichtbestehens der elterlichen Sorge** der einen Partei für die andere (§ 640 Abs. 2 Nr. 5 ZPO a.F.). Diese Verfahren unterfallen unter der Geltung des FamFG nicht mehr den Abstammungssachen, sondern sind den Kindschaftssachen (§ 151 FamFG) zuzuordnen.

B. Inhalt der Norm

I. Verfahren nach Nr. 1

4 Nr. 1 betrifft Verfahren auf Feststellung **des Bestehens oder Nichtbestehens eines Eltern-Kind-Verhältnisses**, insbesondere der Wirksamkeit oder Unwirksamkeit einer Anerkennung der Vaterschaft.

Darunter fallen zum einen die Verfahren auf **Herstellung eines Eltern-Kind-Verhältnisses**. Die Herstellung eines Eltern-Kind-Verhältnisses **zum Vater** erfolgt nach deutschem Recht nur dann, wenn für das Kind noch keine Vaterschaftszuordnung nach §§ 1592 Nr. 1 oder Nr. 2, 1593 BGB besteht. Dann stellt das Gericht auf Antrag eines Antragsberechtigten in einem Verfahren auf **Feststellung der Vaterschaft** gemäß § 1600d BGB die Vaterschaft des Mannes, von dem das Kind biologisch abstammt, im Wege einer gerichtlichen Gestaltungsentscheidung mit Wirkung für und gegen alle (§ 184 Abs. 2 FamFG) fest. Zu den Verfahren nach Nr. 1 gehören aber auch Verfahren zur Herstellung des Eltern-Kind-Verhältnisses nach **ausländischem Recht**, nämlich dann, wenn deutsche Gerichte gemäß § 100 FamFG zuständig sind, das Abstammungsstatut allerdings gemäß Art. 19 EGBGB einem ausländischen Recht unterliegt. Nach deutschem Recht kann die gerichtliche Herstellung eines Eltern-Kind-Verhältnisses nicht **zur Mutter** erfolgen, da die Mutterschaft rechtlich unverrückbar daran gebunden ist, wer das Kind geboren hat (§ 1591 BGB). Unter der Geltung ausländischen materiellen Rechts kann jedoch unter den Voraussetzungen des § 100 FamFG in Deutschland ein Verfahren zur Feststellung der Mutterschaft geführt werden.[2]

5 Unter Nr. 1 fallen auch Verfahren, in denen es nicht um die Herstellung eines rechtlichen Eltern-Kind-Verhältnisses geht, sondern allein um die **Feststellung des Bestehens** eines solchen Verhältnisses. Dies umfasst Verfahren zur Klärung der **Wirksamkeit einer Anerkennung der Vaterschaft**. Unter Anwendung deutschen materiellen Rechts ist eine Vaterschaftsanerkennung (§ 1594 BGB) dann wirksam, wenn die Anerkennung den Erfordernissen der §§ 1594 bis 1597 BGB entspricht (§ 1598 Abs. 1 BGB) oder ein Wirksamkeitsmangel nach § 1598 Abs. 2 BGB geheilt ist.

6 Verfahren nach Nr. 1 sind auch **negative Feststellungsanträge**. Dabei geht es nicht um die Feststellung der Nichtvaterschaft im Sinne der Anfechtung der bestehenden rechtlichen Vaterschaftszuordnung – diese Verfahren unterfallen Nr. 4 –, sondern um die Abwehr einer behaupteten Vaterschaft zu einem Kind, für das bislang keine Vaterschaftszuordnung besteht. Wer sich der Behauptung ausgesetzt sieht, der Vater eines vaterlosen Kindes zu sein, muss nicht tatenlos abwarten, bis ein Antragsberechtigter gegen ihn die Feststel-

2 Prütting/Helms/*Dürbeck*, § 169 FamFG Rn. 6

lung der Vaterschaft betreibt, sondern kann selbst aktiv werden und mit einem negativen Feststellungsantrag die gerichtliche Feststellung begehren, dass er nicht der Vater des Kindes ist. Ergibt sich in einem solchen Verfahren, dass der Antragsteller oder ein anderer Mann der tatsächliche Vater des Kindes ist, schreibt § 182 Abs. 2 FamFG einen diese Feststellung beinhaltenden erweiterten Beschlusstenor vor.

Eine Feststellung des Bestehens der **Mutterschaft** kommt bei Geltung deutschen materiellen Rechts nur in Betracht, soweit in Fällen von Kindesverwechslung, Kindesentführung oder Falschbeurkundung[3] festgestellt werden soll, welche Frau das Kind geboren hat (vgl. hierzu *Grün,* § 1591 BGB Rn. 22). Eine Klärung, von welcher Frau das Kind genetisch abstammt, kann unter Anwendung deutschen Rechts nicht in einem Verfahren i.S.v. Nr. 1 herbeigeführt werden, da die genetische Abstammung des Kindes für die Mutterschaft nach § 1591 BGB unerheblich ist. Das deutsche Recht kennt auch keine Anerkennung der Mutterschaft. Bei ausländischem Abstammungsstatut kann dies jedoch Gegenstand eines Verfahrens i.S.v. Nr. 1 sein, sofern das ausländische Recht eine Anerkennung oder Feststellung der Mutterschaft vorsieht. 7

Unter Nr. 1 fallen auch Verfahren zur Feststellung, ob ein Eltern-Kind-Verhältnis durch **Adoption** begründet wurde.[4] Hinsichtlich einer nach dem 1.1.1977 gerichtlich ausgesprochenen Adoption sind solche Verfahren jedoch praktisch nicht denkbar, da ein gerichtlicher Adoptionsbeschluss die Wirkungen der Adoption selbst dann vermittelt, wenn er unter Verletzung von materiellen oder verfahrensrechtlichen Bestimmungen zustande kommt. Denn der gerichtliche Ausspruch der Adoption ist unanfechtbar und erwächst in Bestandskraft. Eine unter engen Voraussetzungen (§§ 1760 ff. BGB) mögliche Aufhebung des Annahmeverhältnisses kann nur durch gerichtliche Entscheidung erfolgen. Vor dem 1.1.1977 erfolgten Adoptionen hingegen im Vertragssystem. Hier ist es denkbar, dass in einem Verfahren nach § 169 Nr. 1 FamFG die Feststellung der Wirksamkeit oder Unwirksamkeit eines Annahmevertrages nach altem Recht begehrt wird. 8

Keine Abstammungssachen sind das Verfahren eines Kindes gegen seine Mutter auf **Auskunft über den Vater**,[5] des Putativvaters gegen die Mutter auf Auskunft über die Personalien des Kindes[6] oder die Person des rechtlichen Vaters[7] oder des durch heterologe Insemination gezeugten Kindes gegen den **Reproduktionsmediziner** auf Auskunft über den Samenspender.[8] 8a

II. Verfahren nach Nr. 2 und Nr. 3

Nr. 2 betrifft Verfahren, die eine Ersetzung der **Einwilligung in eine genetische Abstammungsuntersuchung** und die Anordnung der **Duldung der Probeentnahme** zum Gegenstand haben. Nach deutschem Recht besteht ein solcher Anspruch auf Einwilligung in eine genetische Abstammungsuntersuchung unter den Voraussetzungen des § 1598a Abs. 1 BGB. Verweigert der Einwilligungspflichtige die Einwilligung oder die Probeentnahme, kann die gerichtliche Ersetzung der Einwilligung und die gerichtliche Anordnung der Duldung der Probeentnahme nach § 1598a Abs. 2 BGB erfolgen. Das Verfahren nach § 1598a Abs. 2 BGB steht **gleichrangig** neben der Möglichkeit der Anfechtung der Vater- 9

3 KG JAmt 2018, 336: falsche Personalien bei der Entbindung
4 Vgl. MüKo-FamFG/*Coester-Waltjen/Lugani,* § 169 Rn. 9
5 BVerfG NJW 1988, 3010; FamRZ 1997, 870
6 *Dürbeck,* NZFam 2019, 233; a.A. OLG Hamm NZFam 2019, 233, das im Stufenverfahren über die Auskunft entschieden hat; ebenso OLG München StAZ 2018, 124 zum Auskunftsanspruch des Putativvaters gegen die Mutter nach einer vertraulichen Geburt i.S.d. § 25 SchKG
7 OLG Oldenburg FamRZ 2010, 1819
8 BGH FamRZ 2015, 1098

schaft. Besteht ein genügender Anfangsverdacht nach § 1600b Abs. 1 Satz 2 BGB, hat der Anfechtungsberechtigte ein Wahlrecht zwischen beiden Verfahren.[9]

10 Nr. 3 betrifft den Gegenanspruch des Einwilligungspflichtigen nach § 1598a Abs. 4 BGB auf **Einsicht in das Abstammungsgutachten** bzw. auf Aushändigung einer Abschrift hiervon.

III. Verfahren nach Nr. 4

11 Nach Nr. 4 gehören zu den Abstammungssachen Verfahren auf **Anfechtung der Vaterschaft**. Dies gilt sowohl für die Anfechtung der Vaterschaft nach deutschem materiellen Recht (§§ 1599 Abs. 1, 1600 bis 1600c BGB) als auch die Anfechtung der Vaterschaft nach ausländischem Recht (vgl. Art. 20 EGBGB). Voraussetzung ist jedoch, dass mit der Anfechtung die Beseitigung der nach einer inländischen oder ausländischen Rechtsnorm bestehenden rechtlichen Vaterschaftszuordnung erstrebt wird. Eine nach § 1599 Abs. 2 BGB **während des Ehescheidungsverfahrens** abgegebene Vaterschaftsanerkennung lässt das Rechtsschutzbedürfnis für ein Vaterschaftsanfechtungsverfahren vor Rechtskraft der Ehescheidung nicht entfallen.[10]

11a Von erheblicher praktischer Bedeutung ist in Vaterschaftsanfechtungsverfahren nach § 1600 Abs. 1 Nr. 2 BGB nunmehr auch das vom BVerfG[11] entwickelte verfassungsrechtliche **Gebot der Effizienz des Verfahrens** zur Erlangung der rechtlichen Vaterschaft durch den leiblichen Vater. Danach ist dem leiblichen Vater, der ein gerichtliches Verfahren zur Vaterschaft rechtzeitig eingeleitet hat, die Erlangung der rechtlichen Vaterschaft nicht zu versperren, wenn die Anerkennung der Vaterschaft durch einen anderen Mann erst während des Verfahrens erfolgt ist und auch die Begründung der sozial-familiären Beziehung zu dem Kind erst nach Einleitung des Verfahrens erfolgt ist. In diesem Fall genügt es bei einer Anfechtung der Vaterschaft nicht, dass die sozial-familiäre Beziehung i.S.d. § 1600 Abs. 2 BGB zwischen rechtlichem Vater und Kind zum Zeitpunkt der letzten mündlichen Verhandlung besteht. In verfahrensrechtlicher Hinsicht hat der Antragsteller in einem solchen Fall seinen durch die Anerkennung der Vaterschaft des anderen Mannes unbegründet gewordenen Feststellungsantrag in einen Vaterschaftsanfechtungsantrag zu ändern.[12]

C. Exkurs: Verfahrenskostenhilfe in Abstammungssachen

I. Verfahren auf Feststellung der Vaterschaft (§ 1600d BGB)

1. Erfolgsaussicht (§ 114 ZPO)

12 Für die Rechtsverfolgung durch den **Antragsteller** besteht hinreichende Erfolgsaussicht immer dann, wenn für das Kind noch keine Vaterschaftszuordnung besteht, der Antragsteller zu dem Kreis der Antragsberechtigten gehört (vgl. hierzu *Grün,* § 1600d BGB Rn. 24 ff.) und er darlegt, welcher Mann oder welche Männer in der Empfängniszeit der Kindesmutter beigewohnt haben oder dass das Kind durch Samenspende dieser Männer gezeugt wurde.[13] Da das Gericht bei entsprechender Antragstellung von Amts wegen klären muss, welcher Mann der Vater des Kindes ist, lässt es die Erfolgsaussicht für den Antragsteller nicht entfallen, wenn die als Vater in Betracht kommenden Männer nicht in ladungsfähiger Weise bezeichnet werden. Die Erfolgsaussicht kann nicht deshalb verneint werden, weil der Aufenthalt des als Vater festzustellenden Mannes unbekannt ist und eine

9 Prütting/Helms/*Dürbeck,* § 169 FamFG Rn. 12
10 OLG Frankfurt FamRZ 2016, 918
11 BVerfG ZKJ 2019, 177
12 Vgl. OLG Hamburg ZKJ 2019, 273
13 *Schwonberg*, FuR 2014, 634 (637)

öffentliche Zustellung erfolgen müsste.[14] Auch müssen die Voraussetzungen für eine öffentliche Zustellung des Antrags an den Putativvater, dessen Anschrift dem Antragsteller nicht bekannt ist, nicht dargelegt werden.[15]

Auch für die **Rechtsverteidigung** des Mannes oder der Männer, die zur Feststellung als Vater in Anspruch genommen werden, bedarf es einer Prüfung der Erfolgsaussicht. Diese kann nicht schon allein deshalb angenommen werden, weil ohnehin eine Beweisaufnahme über die Abstammung zu erfolgen hat.[16] Denn wenn der benannte Mann mit der Kindesmutter in der Empfängniszeit Geschlechtsverkehr hatte und es keine gegen seine Vaterschaft sprechenden Umstände gibt, könnte er die Vaterschaft anerkennen und dadurch das Feststellungsverfahren vermeiden. Es bedarf daher grundsätzlich der Darlegung von gegen die Vaterschaft sprechenden Umständen. Hierzu reicht es aus, wenn abgestritten wird, mit der Kindesmutter eine intime Beziehung unterhalten zu haben,[17] wobei jedoch die Gefahr der nachträglichen Entziehung der Verfahrenskostenhilfe nach § 76 Abs. 1 FamFG i.V.m. § 124 Abs. 1 Nr. 1 ZPO für den Fall besteht, dass durch ein Gutachten die Vaterschaft des wahrheitswidrig die Beiwohnung leugnenden Mannes festgestellt wird.[18] Allerdings kann § 124 Abs. 1 Nr. 1 ZPO nicht analog im Bewilligungsverfahren angewendet werden, wenn das Gericht pflichtwidrig erst nach Eingang des Abstammungsgutachtens über den bereits vorher bewilligungsreifen VKH-Antrag entschieden hat.[19] Hatte der Mann in der Empfängniszeit, Geschlechtsverkehr mit der Kindesmutter, muss er Umstände darlegen, die Zweifel an seiner Vaterschaft begründen können.[20] Wenn der als Vater in Anspruch genommene Mann Umstände darlegt, die es verständlich erscheinen lassen, dass er Zweifel an seiner Vaterschaft hegt, reicht dies aus.[21] Diese Zweifel können auf konkreten Verdachtsmerkmalen für einen Mehrverkehr der Mutter beruhen. Wenn er mit der Kindesmutter eine feste Beziehung hatte, genügt jedoch die pauschale Behauptung, die Kindesmutter habe noch mit weiteren Männern geschlechtlich verkehrt, in der Regel nicht.[22] Wenn aber der Geschlechtsverkehr bei einer flüchtigen Begegnung mit der Kindesmutter zustande kam und der Mann deshalb über Mehrverkehr keine konkreten Angaben machen kann, können schon die Umstände des Geschlechtsverkehrs für die Erfolgsaussicht der Rechtsverteidigung hinreichende Zweifel an der Vaterschaft begründen.[23] 13

Maßgebend für die Beurteilung der Erfolgsaussicht ist der Verfahrensstand zum **Zeitpunkt** der Entscheidungsreife des VKH-Antrags. Wurde dieser Antrag so rechtzeitig gestellt, dass über ihn vor Einholung des Abstammungsgutachtens hätte entschieden werden können, darf das Ergebnis des Gutachtens nicht für die Beurteilung der Erfolgsaussicht verwertet werden.[24] Wenn der Antrag auf Bewilligung von Verfahrenskostenhilfe von dem Mann jedoch erst gestellt wird, nachdem bereits das Abstammungsgutachten vorliegt, kann die Verfahrenskostenhilfe mangels hinreichender Erfolgsaussicht versagt werden, wenn das Gutachten zur Feststellung der Vaterschaft des Mannes gelangt.[25] 14

---

14 OLG Hamburg OLGR 1997, 158; OLG Stuttgart DAVorm 1995, 752
15 OLG Saarbrücken FamRZ 2018, 1338
16 So aber OLG Dresden FamRZ 2010, 2007; OLG Naumburg OLGR 2007, 180; OLG Zweibrücken MDR 2006, 271
17 OLG Hamm FamRZ 2010, 1363
18 *Schwonberg*, FuR 2014, 634, 637
19 BGH FamRZ 2015, 1874 zu § 124 Abs. 1 Nr. 2 ZPO; a.A.: OLG Stuttgart FamRZ 2016, 395
20 OLG Naumburg FamRZ 2006, 960; Prütting/Helms/*Dürbeck*, § 76 FamFG Rn. 64
21 OLG Brandenburg FamRZ 2007, 151; OLG Stuttgart FamRZ 2006, 797
22 OLG Hamburg DAVorm 2000, 505
23 *Schwonberg*, FuR 2014, 634, 637
24 A.A.: OLG Stuttgart FamRZ 2016, 395
25 OLG Naumburg FamRZ 2014, 587

15 Bei den **übrigen Beteiligten** i.S.v. § 172 FamFG, die nicht Antragsteller sind, bedarf es keiner Prüfung der Erfolgsaussicht, da diese weder das Verfahren eingeleitet haben noch durch eigene Verfahrenshandlungen das Verfahren beenden können.[26]

2. Mutwilligkeit

16 Der Kindesmutter kann die Bewilligung von Verfahrenskostenhilfe nicht mit der Begründung versagt werden, sie hätte der Anerkennung der Vaterschaft, zu der der Mann bereit war, zustimmen können, und deshalb mutwillig die Notwendigkeit des Verfahrens herbeigeführt.[27] Die Mutter muss einer Anerkennung der Vaterschaft nicht zustimmen, sondern kann auf einer gerichtlichen Klärung der Vaterschaft bestehen, etwa weil – was nur sie wissen kann – auch ein anderer Mann als Vater des Kindes in Betracht kommt. Die Weigerungsgründe muss sie nicht offenbaren. Der Mann, der die Feststellung seiner Vaterschaft begehrt, handelt nicht mutwillig, wenn er die gerichtliche Feststellung der Vaterschaft betreibt; auf eine außergerichtliche Klärung der Vaterschaft durch Einholung eines privaten Abstammungsgutachtens kann er nicht verwiesen werden,[28] zumal dessen Kosten nicht durch Verfahrenskostenhilfe oder Beratungshilfe finanziert werden können.[29]

3. Bedürftigkeit (§ 115 ZPO)

17 Hinsichtlich der Bedürftigkeit gelten keine Besonderheiten. Ein Anspruch des Kindes auf Zahlung eines Verfahrenskostenvorschusses gegen den Putativvater besteht in einem Verfahren auf Feststellung der Vaterschaft wegen der Rechtsausübungssperre des § 1600d Abs. 4 BGB nicht.[30] Gegen die Kindesmutter kann jedoch bei entsprechender Leistungsfähigkeit ein Anspruch auf Zahlung eines Verfahrenskostenvorschusses bestehen.[31]

4. Anwaltsbeiordnung

18 Die Erforderlichkeit der Beiordnung eines Rechtsanwalts beurteilt sich in Abstammungssachen nicht nach § 121 ZPO, sondern nach § 78 FamFG. Dem **Antragsteller** ist in der Regel ein Anwalt beizuordnen.[32] Dies ergibt sich schon aus den schwierigen Rechtsfragen, die sich bei der Einholung, Durchsetzung und Durchführung einer Abstammungsgutachtens und dessen Bewertung ergeben können.[33] Für das am Vaterschaftsfeststellungsverfahren beteiligte Kind entfällt die Notwendigkeit einer Anwaltsbeiordnung jedoch in der Regel dann, wenn es **vom Jugendamt vertreten** wird, sei es als Beistand, Pfleger oder Vormund, denn dann wird bereits eine sachkundige Vertretung des Kindes gewährleistet sein.[34] Etwas anderes kann jedoch dann gelten, wenn sich im Verfahren außergewöhnlich schwierige Rechtsfragen des Internationalen Rechts stellen. Die Beiordnung eines Rechtsanwalts kann einem minderjährigen Beteiligten jedoch nicht deshalb versagt werden, weil ihm im Verfahren ein **Verfahrensbeistand** bestellt ist (vgl. § 158 Abs. 5 FamFG).[35]

19 Für den auf Feststellung als Vater in Anspruch genommenen **Mann** ist wegen der für die Rechtsverteidigung erforderlichen fundierten Kenntnisse über die Abstammungsbegutachtung und der Möglichkeiten und Grenzen eigener Beweisanträge eine Beiordnung stets geboten.

26 OLG Celle FamRZ 2012, 467
27 OLG Hamburg FamRZ 2012, 1156
28 OLG Hamburg NJW-RR 2011, 1227
29 Prütting/Helms/*Dürbeck*, § 76 FamFG Rn. 62
30 OLG Karlsruhe FamRZ 2008, 2042; OLG Koblenz FamRZ 1999, 241
31 OLG Köln FamRZ 1999, 792
32 OLG Brandenburg NJW-RR 2012, 708; OLG Koblenz FamRZ 2011, 914; OLG Hamm FamRZ 2010, 1363
33 Vgl. hierzu nur BGH FamRZ 2006, 1745
34 OLG Brandenburg FamRZ 2011, 1311
35 OLG Dresden FamRZ 2014, 1042

Auch der am Verfahren beteiligten **Mutter** ist ein Rechtsanwalt beizuordnen,[36] was jedenfalls dann gilt, wenn die Beiwohnung des in Anspruch genommenen Mannes in der Empfängniszeit oder Mehrverkehr im Streit steht.[37] Die Beiordnung kann nicht unter Hinweis auf die ohnehin bestehende gerichtliche Pflicht zur Amtsermittlung abgelehnt werden,[38] zumal die Pflicht des Gerichts zur Amtsermittlung kein Garant dafür ist, dass dieser Verpflichtung auch umfassend entsprochen wird. 20

II. Verfahren auf Anfechtung der Vaterschaft

1. Erfolgsaussicht (§ 114 ZPO)

Für den **Antragsteller** des Anfechtungsverfahrens ist eine strenge Prüfung der Erfolgsaussicht schon deshalb erforderlich, weil das Gesetz von diesem eine schlüssige Darlegung der die Anfechtung stützenden Umstände verlangt (§ 171 Abs. 2 Satz 2 FamFG). Für ihn kommt daher eine Bewilligung von Verfahrenskostenhilfe nur dann in Betracht, wenn er einen konkreten Anfangsverdacht schlüssig darlegt und sich aus seinem Vortrag zudem die Einhaltung der Anfechtungsfrist ergibt (vgl. *Grün,* § 1599 BGB Rn. 9 f.). Bei der Anfechtung durch den potentiellen leiblichen Vater ist zudem Vortrag zum Fehlen einer sozialfamiliären Beziehung zwischen dem rechtlichen Vater und dem Kind erforderlich. 21

Für die **übrigen Beteiligten** ist eine Erfolgsaussichtprüfung entbehrlich.[39] Auf eine Erfolgsaussicht ihrer Verfahrenshandlungen kommt es schon deshalb nicht an, weil sie das Verfahren ungeachtet der beabsichtigten Verfahrenshandlungen ohnehin nicht vermeiden, insbesondere über den Verfahrensgegenstand nicht durch Vergleich oder Anerkenntnis verfügen können.[40] 22

2. Mutwilligkeit

Teilweise wird vertreten, ein gerichtliches Anfechtungsverfahren sei mutwillig, wenn ein Vaterwechsel im Wege der scheidungsakzessorischen **Anerkennung der Vaterschaft nach § 1599 Abs. 2 BGB** herbeigeführt werden könnte.[41] Dieser Auffassung ist jedoch nicht zu folgen (vgl. *Grün,* § 1599 BGB Rn. 8). Ein solches Vorgehen führt nur dann zum Vaterwechsel, wenn es zur rechtskräftigen Scheidung kommt. Dies hat jedoch der Antragsteller des Anfechtungsverfahrens nicht in der Hand. Wird etwa der Scheidungsantrag zurückgenommen oder verstirbt ein Ehegatte vor Rechtskraft der Scheidung, treten die Rechtsfolgen des § 1599 Abs. 2 BGB nicht ein. Würde der rechtliche Vater oder die Mutter erst dann ein Verfahren auf Anfechtung der Vaterschaft einleiten, wird für sie in der Regel die Anfechtungsfrist des § 1600b Abs. 1 BGB abgelaufen sein. Zudem bietet § 1599 Abs. 2 BGB nicht die Gewähr, dass der Vaterwechsel mit der tatsächlichen Abstammung übereinstimmt. Es ist daher nicht mutwillig, wenn das Verfahren auf Anfechtung der Vaterschaft betrieben wird, obwohl auch die Möglichkeit des § 1599 Abs. 2 BGB bestünde. 23

3. Bedürftigkeit

Dem Antragsteller des Anfechtungsverfahrens kann Verfahrenskostenhilfe nicht mit Blick auf einen gegen den rechtlichen Vater bestehenden **Anspruch auf Verfahrenskostenvorschuss** versagt werden, denn es ist dem rechtlichen Vater nicht zumutbar, einen Kostenvorschuss an einen Beteiligten zu leisten, der die Vaterschaft, auf Grund derer überhaupt nur ein Kostenvorschussanspruch in Betracht kommt, beseitigen will.[42] Wenn der 24

36 BGH FamRZ 2016, 531 zur Vaterschaftsanfechtung; OLG Celle ZKJ 2012, 78
37 OLG Brandenburg FamRZ 2014, 586
38 BGH FamRZ 2012, 1290, 1291
39 Kemper/Schreiber/*Harms,* § 76 FamFG Rn. 5
40 OLG Naumburg, Beschl. v. 19.7.2012 – 4 WF 59/12, juris; vgl. auch BGH FamRZ 2010, 1243
41 Z.B. OLG Naumburg FamRZ 2008, 432
42 Vgl. OLG Hamburg FamRZ 1996, 224; OLG Frankfurt FamRZ 1983, 827

rechtliche Vater jedoch selbst Antragsteller des Anfechtungsverfahrens ist, ist es nicht unbillig, wenn ihn ein anderer Beteiligter, der den Fortbestand der Vaterschaft will, auf Zahlung eines Verfahrenskostenvorschusses in Anspruch nimmt.

4. Anwaltsbeiordnung

25 Dem **Antragsteller** des Verfahrens auf Anfechtung der Vaterschaft ist im Rahmen der ihm bewilligen Verfahrenskostenhilfe stets ein Rechtsanwalt beizuordnen.[43] Dass ein Verfahren der gerichtlichen Amtsermittlung unterliegt, rechtfertigt es nicht, von einer Beiordnung abzusehen.[44] Wegen der rechtlichen Schwierigkeit des Vaterschaftsanfechtungsverfahrens ist auch **anderen Beteiligten** ein Anwalt beizuordnen.[45] Für das Kind besteht die Notwendigkeit einer Anwaltsbeiordnung in der Regel dann nicht, wenn es im Verfahren durch einen sachkundigen Ergänzungspfleger vertreten wird. Es erscheint aber nicht sachgerecht, darauf abzustellen, ob der Beteiligte, der selbst anfechtungsberechtigt wäre, ein dem Anfechtungsbegehren entgegenstehendes Verfahrensziel verfolgt.[46] Denn dieser könnte jederzeit selbst einen Anfechtungsantrag stellen und damit die Voraussetzung der Beiordnung ohnehin herbeiführen. Dies kann in einem laufenden Anfechtungsverfahren z.B. dann veranlasst sein, wenn die Anfechtung des Erstantragstellers im Hinblick auf den vom Gericht von Amts wegen zu berücksichtigenden (§ 177 Abs. 1 FamFG) Ablauf seiner Anfechtungsfrist zu scheitern droht.

III. Klärungsverfahren nach § 169 Nr. 2 und Nr. 3 FamFG (1598a BGB)

26 Für den Antragsteller ist im Hinblick auf die niederschwelligen Anspruchsvoraussetzungen eine Erfolgsaussicht in der Regel gegeben, wenn er zu dem antragsberechtigten Personenkreis gehört und noch kein die Abstammung klärendes einverständlich von den Beteiligten oder durch Anordnung eines Gerichts eingeholtes Abstammungsgutachten vorliegt. Umgekehrt fehlt in diesen Fällen die Erfolgsaussicht für die übrigen Beteiligten dann, wenn sie zu dem Kreis der Klärungsverpflichteten des § 1598a BGB gehören, es sei denn, es liegen konkrete Gründe für Umstände i.S.v. § 1598a Abs. 3 BGB vor. Der Beiordnung eines Rechtsanwalts wird es in diesem Verfahren regelmäßig nicht bedürfen, da es an einer schwierigen Sach- und Rechtslage i.S.v. § 78 Abs. 2 FamFG fehlt und das Verfahren selbst nicht zu einer Statusveränderung führt. Für das Kind erübrigt sich eine Anwaltsbeiordnung schon deshalb, weil es wegen § 1629a Abs. 2a BGB im Verfahren von einem Ergänzungspfleger vertreten sein wird.

§ 170 FamFG Örtliche Zuständigkeit

(1) Ausschließlich zuständig ist das Gericht, in dessen Bezirk das Kind seinen gewöhnlichen Aufenthalt hat.

(2) Ist die Zuständigkeit eines deutschen Gerichts nach Absatz 1 nicht gegeben, ist der gewöhnliche Aufenthalt der Mutter, ansonsten der des Vaters maßgebend.

(3) Ist eine Zuständigkeit nach den Absätzen 1 und 2 nicht gegeben, ist das Amtsgericht Schöneberg in Berlin ausschließlich zuständig.

---

43 BGH FamRZ 2012, 1290
44 BGH FamRZ 2012, 1290, 1291
45 BGH FamRZ 2016, 531: Kindesmutter
46 So aber OLG Karlsruhe FamRZ 2015, 686

Übersicht

	Rn.
A. Allgemeines	1
B. Inhalt der Norm	3
I. Zuständigkeitsleiter	3
II. Beurteilungszeitpunkt	8

A. Allgemeines

§ 170 regelt die **örtliche Zuständigkeit** in Abstammungssachen i.S.v. § 169 FamFG. Während die Vorgängerregelung des § 640a ZPO a.F. zugleich auch eine Regelung der internationalen Zuständigkeit enthielt, ergibt sich diese für Abstammungssachen nunmehr aus § 100 FamFG. 1

Die gesetzlich geregelte örtliche Zuständigkeit in Abstammungssachen ist eine **ausschließliche** Zuständigkeit. Weder kann durch Vereinbarung der Beteiligten noch durch rügeloses Verhandeln eine hiervon abweichende örtliche Zuständigkeit begründet werden. Hinsichtlich der internationalen Zuständigkeit besteht indes keine ausschließliche Zuständigkeit (§ 106 FamFG). Wenn daher neben der internationalen Zuständigkeit deutscher Gerichte (§ 100 FamFG) nach ausländischem Recht auch ein ausländisches Gericht zuständig ist, bestimmt sich die örtliche Zuständigkeit für das im Ausland betriebene Verfahren nach der ausländischen Verfahrensordnung. 2

B. Inhalt der Norm

I. Zuständigkeitsleiter

Die Regelung enthält eine **Rangfolge** der Zuständigkeitskriterien. Nach Abs. 1 ist vorrangig zuständig das Familiengericht, in dessen Bezirk **das Kind**, um dessen Abstammung es in dem Verfahren geht bzw. dessen Eltern-Kind-Verhältnis von dem Verfahren betroffen ist, seinen gewöhnlichen Aufenthalt hat. Die vorrangige Anknüpfung an den gewöhnlichen Aufenthalt des Kindes gilt unabhängig von der Art seiner Beteiligung im konkreten Verfahren – ob als Antragsteller nach § 7 Abs. 1 FamFG oder als Beteiligter nach § 172 FamFG – und auch unabhängig davon, ob das Kind minderjährig oder bereits volljährig ist. 3

Der **gewöhnliche Aufenthalt** ist der Ort des tatsächlichen Mittelpunktes der Lebensführung des Beteiligten, also des Schwerpunktes seiner sozialen Bindungen, insbesondere in familiärer und schulischer bzw. beruflicher Hinsicht.[1] Er wird von den tatsächlichen Verhältnissen bestimmt. Deshalb leitet sich der gewöhnliche Aufenthalt eines minderjährigen Kindes nicht zwingend vom Aufenthalt der sorgeberechtigten Kindeseltern ab, sondern ist eigenständig nach dem Lebensmittelpunkt des Kindes zu bestimmen. Der Aufenthalt eines Kleinkindes ist allerdings in der Regel identisch mit dem Aufenthalt der Person, die es betreut.[2] Auch Asylbewerber und ihre Kinder haben einen gewöhnlichen Aufenthalt im Inland, wenn ihre Abschiebung nicht unmittelbar bevorsteht.[3] 4

Nur wenn das Kind im Inland keinen gewöhnlichen Aufenthalt hat, kommen nachrangig die Anknüpfungskriterien des Abs. 2 FamFG zur Anwendung. Dann ist auf den inländischen gewöhnlichen Aufenthalt **der Mutter** abzustellen. Fehlt es auch an einem solchen der Mutter, ist der inländische gewöhnliche Aufenthalt **des Vaters** maßgebend. Mit Vater ist bei dem Vaterschaftsfeststellungsverfahren der als Vater in Anspruch genommene Mann und beim Anfechtungsverfahren der rechtliche Vater gemeint.[4] 5

1 *Stößer,* FamRZ 2009, 923, 924
2 OLG Köln FamRZ 2012, 1408
3 OLG Schleswig FamRZ 2016, 321; Prütting/Helms/*Dürbeck* § 170 FamFG Rn. 5
4 Schulte-Bunert/Weinreich/*Schwonberg,* § 170 FamFG Rn. 5

Die bis 1.9.2009 geltende fakultative Zuständigkeit des Gerichts des Wohnsitzes, hilfsweise des gewöhnlichen Aufenthalts der Mutter für ein von ihr betriebenes Abstammungsverfahren (§ 640a Abs. 1 Satz 2 ZPO a.F.), wodurch der Mutter ein Wahlrecht eingeräumt war, ob sie das Verfahren am Gericht des Wohnsitzes des Kindes oder am Gericht des eigenen Wohnsitzes führen wollte, hat das FamFG nicht übernommen.

6 Hat keiner der in § 170 FamFG genannten Beteiligten einen inländischen gewöhnlichen Aufenthalt, ist nach Abs. 3 das Amtsgericht **Berlin-Schöneberg** örtlich zuständig.

7 Die Zuständigkeitsleiter des § 170 FamFG gilt auch bei einem **postmortalen Abstammungsverfahren**, wobei jedoch der gewöhnliche Aufenthalt der noch lebenden Beteiligten maßgeblich ist. Unerheblich ist, wo die bereits verstorbenen Betroffenen zu Lebzeiten ihren gewöhnlichen Aufenthalt hatten. Sofern das vom Verfahren betroffene Kind bereits verstorben ist, kommt eine Anknüpfung nach Abs. 1 FamFG nicht in Betracht, weshalb dann der inländische Aufenthalt der Mutter und – wenn ein solcher fehlt – der inländische Aufenthalt des Vaters maßgebend ist. Hat keiner der lebenden Beteiligten einen inländischen gewöhnlichen Aufenthalt, gilt Abs. 3.

II. Beurteilungszeitpunkt

8 Die Beurteilung der Zuständigkeit bestimmt sich zunächst nach dem Zeitpunkt, zu dem das Gericht mit der Sache befasst wurde, also des Eingangs des verfahrenseinleitenden Antrags (§ 171 FamFG).[5] Wurde der Antrag bei einem unzuständigen Gericht eingereicht, ist das Verfahren nach § 3 Abs. 1 FamFG an das zuständige Gericht zu **verweisen**. Hierzu bedarf es nach überwiegender Ansicht in Verfahren der freiwilligen Gerichtsbarkeit keines Verweisungsantrags, sondern die Verweisung kann von Amts wegen erfolgen,[6] wobei jedoch die Beteiligten hierzu vorher anzuhören sind. Nach a.A. soll in Antragsverfahren auch in Verfahren der freiwilligen Gerichtsbarkeit ein Verweisungsantrag erforderlich sein.[7] Eine Verweisung kommt jedoch dann nicht mehr in Betracht, wenn die Zuständigkeitsvoraussetzungen zwar bei Antragseingang nicht vorlagen, diese jedoch noch vor Entscheidung über eine Verweisung bei dem angerufenen Gerichts eingetreten sind, etwa indem inzwischen dort der maßgebliche gewöhnliche Aufenthalt begründet wurde. Die einmal begründete örtliche Zuständigkeit bleibt nach § 2 Abs. 2 FamFG auch im Fall eines danach stattfindenden Wechsels des maßgeblichen Aufenthalts erhalten.

9 Das örtlich zuständige Gericht kann die Abstammungssache nach § 4 FamFG an ein anderes Gericht abgegeben werden, wenn sich dieses zur Übernahme bereit erklärt hat.[8]

§ 171 FamFG Antrag

(1) Das Verfahren wird durch einen Antrag eingeleitet.

(2) [1]In dem Antrag sollen das Verfahrensziel und die betroffenen Personen bezeichnet werden. [2]In einem Verfahren auf Anfechtung der Vaterschaft nach § 1600 Abs. 1 Nr. 1 bis 4 des Bürgerlichen Gesetzbuchs sollen die Umstände angegeben werden, die gegen die Vaterschaft sprechen, sowie der Zeitpunkt, in dem diese Umstände bekannt wurden. [3]In einem Verfahren auf Anfechtung der Vaterschaft nach § 1600 Abs. 1 Nr. 5 des Bürgerlichen Gesetzbuchs müssen die Umstände angegeben werden, die die Annahme rechtfertigen, dass die

---

5 *Stößer*, FamRZ 2009, 923, 924

6 OLG Saarbrücken FamRZ 2017, 235; OLG Frankfurt FamRZ 2014, 1479; KG FamRZ 2012, 908; OLG Köln FamRZ 2012, 1408; Prütting/Helms/*Dürbeck*, § 170 FamFG Rn. 7

7 Keidel/*Sternal*, § 3 FamFG Rn. 26

8 *Stößer*, FamRZ 2009, 923, 924

Voraussetzungen des § 1600 Abs. 3 des Bürgerlichen Gesetzbuchs vorliegen, sowie der Zeitpunkt, in dem diese Umstände bekannt wurden.

Übersicht

Rn.
A. Allgemeines ... 1
B. Inhalt der Norm ... 2
I. Verfahrenseinleitung (Abs. 1) ... 2
II. Antragsinhalt (Abs. 2) ... 9
C. Beispiele für die Antragsformulierung ... 12
I. Antrag nach § 1598a BGB ... 12
II. Antrag auf Anfechtung der Vaterschaft ... 13
III. Antrag auf Feststellung der Vaterschaft ... 17

A. Allgemeines

1 Abs. 1 regelt die Einleitung des Verfahrens und ist Konsequenz der Verlagerung der Abstammungssachen von Streitverfahren der ZPO zu Verfahren der freiwilligen Gerichtsbarkeit. Die in Abs. 2 geregelten Mindestanforderungen an die Antragsschrift dienen zum einen der Bestimmbarkeit des Antragsbegehrens (Satz 1) und regeln zum anderen den Umfang der Darlegungspflicht des Antragstellers im Verfahren auf Anfechtung der Vaterschaft (Satz 2).

B. Inhalt der Norm

I. Verfahrenseinleitung (Abs. 1)

2 Aus dem Antragserfordernis des Abs. 1 ergibt sich, dass ein Abstammungsverfahren **nicht von Amts wegen** möglich ist. Damit vollzieht das Verfahrensrecht die materielle Rechtslage nach. So entscheidet das Familiengericht etwa im Klärungsverfahren nach § 1598a Abs. 2 BGB nur auf Antrag über die Ersetzung der Einwilligung und die Duldung der Probeentnahme. Die Anfechtung der Vaterschaft kann nur höchstpersönlich (§ 1600a Abs. 1 BGB) von einem nach § 1600 Abs. 1 BGB Anfechtungsberechtigten erfolgen (vgl. *Grün,* § 1600 BGB Rn. 6 ff.), die Feststellung der Vaterschaft nur von einem Antragsberechtigten begehrt werden (vgl. *Grün,* § 1600d BGB Rn. 24 ff.).

3 Die **Antragsbefugnis** ist nicht im FamFG geregelt, sondern ergibt sich aus den jeweiligen materiell-rechtlichen Bestimmungen. So kann im Klärungsverfahren nach § 1598a BGB der Antrag auf Ersetzung der Einwilligung in die Probeentnahme und auf Duldung derselben nur vom Kind, der Mutter oder dem rechtlichen Vater gestellt werden (vgl. *Grün,* § 1598a BGB Rn. 5). Zur Beantragung der Feststellung der Vaterschaft sind nur das Kind, die Mutter und der Mann, dessen Vaterschaft festgestellt werden soll, befugt (vgl. *Grün,* § 1600d BGB Rn. 25 f.). Im Verfahren auf Anfechtung der Vaterschaft ergibt sich die Antragsbefugnis aus § 1600 Abs. 1 BGB (vgl. *Grün,* § 1600 BGB Rn. 6 ff.).

3a Die **Leibesfrucht** ist mangels Beteiligtenfähigkeit nicht berechtigt, einen Antrag auf Feststellung der Vaterschaft zu stellen.[1] Zwar sieht § 1713 Abs. 1 Satz 1 Alt. 2 BGB die Begründung einer Beistandschaft für die Leibesfrucht vor, die Durchführung eines Vaterschaftsfeststellungsverfahrens scheitert aber schon daran, weil vor der Geburt des Kindes die gesetzliche Empfängniszeit i.S.d. § 1600d Abs. 2 und 3 BGB nicht bestimmt werden kann und auch die Einholung eines Abstammungsgutachtens die Geburt des Kindes voraussetzt. Dieser Auffassung ist nunmehr auch der BGH in einer Entscheidung beigetreten, wo-

1 Staudinger/*Dürbeck,* § 1713 BGB Rn. 9; a.A. OLG München ZKJ 2016, 370; OLG Schleswig NJW 2000, 1271

nach bei einem im Ausland extrakorporal aufbewahrten Embryo eine Vaterschaftsfeststellung vor Geburt nicht möglich ist.[2]

4 Die Antragstellung ist eine Verfahrenshandlung. Hierfür ist die **Verfahrensfähigkeit** erforderlich. Diese bestimmt sich nach § 9 FamFG. Danach ist grundsätzlich die Geschäftsfähigkeit des Handelnden erforderlich. Minderjährige Kinder sind in Abstammungssachen nicht selbst verfahrensfähig, sondern für sie handeln ihre gesetzlichen Vertreter (§ 9 Abs. 2 FamFG). Die in Kindschaftssachen geltende Verfahrensfähigkeit nach § 9 Abs. 1 Nr. 3 FamFG für Kinder ab Vollendung des 14. Lebensjahres gilt in Abstammungssachen nicht, da das materielle Abstammungsrecht diesen Kindern für die Feststellung oder Anfechtung der Vaterschaft keine eigenen Rechte einräumt. Eine Ausnahme gilt nur hinsichtlich minderjähriger Eltern. Diese gelten – sofern sie nicht geschäftsunfähig sind – gemäß § 9 Abs. 1 Nr. 4 FamFG als verfahrensfähig, soweit sie – wie etwa bei der Anfechtung der Vaterschaft (§ 1600a Abs. 2 Satz 2 FamFG) – materiell-rechtlich selbst handlungsberechtigt sind.

5 Der Antrag kann **schriftlich** oder **zur Niederschrift** der Geschäftsstelle abgegeben werden (§ 25 Abs. 1 FamFG), da kein Anwaltszwang besteht. Besondere formelle Anforderungen stellt das Gesetz an die Antragstellung nicht. Insbesondere bedarf es nicht der Anforderungen an eine Klageschrift (§ 253 ZPO). Der schriftliche Antrag ist bei dem nach § 170 FamFG zuständigen Amtsgericht einzureichen. Eine Antragstellung zur Niederschrift der Geschäftsstelle kann gemäß § 25 Abs. 2 FamFG vor der Geschäftsstelle eines jeden Amtsgerichts erfolgen, wobei sie an das Gericht zu übermitteln ist, an das sie gerichtet ist (§ 25 Abs. 3 Satz 1 FamFG).

6 Eine **fristwahrende Wirkung** des zur Niederschrift der Geschäftsstelle eines Gerichts erklärten Antrags tritt erst ein, wenn er bei dem Gericht, an das er gerichtet ist, eingeht (§ 25 Abs. 3 Satz 2 FamFG). Die Regelung des § 25 Abs. 3 Satz 2 FamFG betrifft nach seinem Wortlaut nur die zur Niederschrift eines anderen als des Adressatgerichts erfolgte Antragstellung. Es ist streitig, ob sich aus dieser Regelung herleiten lässt, dass eine Fristwahrung immer erst mit Eingang beim zuständigen Gericht eintritt[3] oder ob – wie unter der Geltung des früheren Rechts, als für die Fristwahrung noch die Zustellung erforderlich war – die Frist auch bei Anrufung eines unzuständigen Gerichts gewahrt wird, sofern das Verfahren an das zuständige Gericht verwiesen wird.[4]

7 Der Antrag muss den übrigen Beteiligten übermittelt werden (§ 23 Abs. 2 FamFG), wozu eine **formlose Mitteilung** genügt (§ 15 Abs. 3 FamFG).[5] Etwas anderes gilt nur dann, wenn zugleich eine Termins – oder Fristbestimmung erfolgt; diese bedarf gemäß § 15 Abs. 1 FamFG der Bekanntgabe – möglichst durch förmliche Zustellung.

8 Eine **Rücknahme des Antrags** kann bis zur Rechtskraft der Endentscheidung erfolgen, wobei es bis zum Erlass der Endentscheidung hierzu nicht der Zustimmung der sonstigen Beteiligten bedarf (§ 22 Abs. 1 FamFG). Die wirksame Rücknahme des Antrags beendet das Verfahren, sofern nicht andere Antragsberechtigte ebenfalls einen entsprechenden Antrag i.S.v. § 171 FamFG gestellt haben.

II. Antragsinhalt (Abs. 2)

9 Abs. 2 regelt die inhaltlichen Anforderungen an die Antragsschrift, wobei es wegen der Sollformulierung nicht zur Unzulässigkeit des Antrags führt, wenn die Antragsschrift diesen Anforderungen nicht genügt.[6] Dabei ist zwischen Satz 1 und Satz 2 zu differenzieren.

---

2 BGH FamRZ 2016, 1849, bestätigt durch BVerfG FamRZ 2017, 446
3 So z.B. Erman/*Hammermann,* § 1600b BGB Rn. 5b
4 So MüKo-BGB/*Wellenhofer,* § 1600b Rn. 5
5 OLG Saarbrücken MDR 2018, 697; Prütting/Helms/*Dürbeck,* § 171 FamFG Rn. 5
6 MüKo-FamFG/*Coester-Waltjen/Lugani,* § 171 Rn. 9

Wenn das **Verfahrensziel** nicht erkennbar ist (Satz1) und auch auf Nachfrage des Gerichts nicht geklärt werden kann, fehlt es an einem zulässigen Antrag. Eine Antragsformulierung „ich stelle einen Antrag wegen der Abstammung des Kindes XY" lässt nicht erkennen, ob es um die Feststellung der Vaterschaft oder um die Anfechtung der Vaterschaft zu diesem Kind geht. Das Familiengericht hat im Rahmen seiner Pflicht zur Verfahrensleitung (§ 28 FamFG) auf eine Ergänzung des Antrags hinzuwirken.[7] Lässt sich trotz verfahrensleitender Hinweise nicht klären, welches Verfahrensziel der Antragstelle mit diesem Antrag verfolgt, ist der Antrag unzulässig. 10

Der Antrag setzt nicht voraus, dass die Voraussetzungen für eine **öffentliche Zustellung** des Antrags an den festzustellenden Vater, dessen Anschrift dem Antragsteller nicht bekannt ist, dargelegt werden, weil die gerichtlichen Ermittlungen insoweit von Amts wegen (§ 26 FamFG) zu veranlassen sind.[8] Auch kann im Einzelfall von der Angabe der genauen Personalien des Kindes abgesehen werden, wenn sie dem Putativvater unbekannt sind und die Kindesmutter ihm die Auskunft verweigert, soweit das Gericht diese ohne großen Aufwand im Rahmen seiner Amtsermittlungspflicht – etwa durch Anfragen beim Standes-, Einwohnermelde- oder Jugendamt – in Erfahrung bringen kann.[9] Der vorherigen Durchsetzung eines Auskunftsanspruches gegen die Mutter bedarf es insoweit nicht.[10] 10a

Abs. 2 Satz 2 bildet die Anforderungen ab, die an eine schlüssige Darlegung eines Antrags auf **Anfechtung der Vaterschaft** zu stellen sind (vgl. *Grün,* § 1599 BGB Rn. 9 f.). Der Antrag muss einen gegen die Vaterschaft sprechenden begründeten **Anfangsverdacht schlüssig darlegen**. Hierzu müssen konkrete Umstände dargelegt werden, die bei objektiver Betrachtung geeignet sind, Zweifel an der Vaterschaft zu begründen und die Möglichkeit der anderweitigen Abstammung des Kindes als nicht ganz fernliegend erscheinen lassen.[11] Zur Schlüssigkeit eines Anfechtungsantrags gehört sowohl die Darlegung der **gegen die Vaterschaft sprechenden Umstände** als auch die Darlegung des **Zeitpunktes ihrer Kenntniserlangung**, damit das Gericht im Rahmen der Schlüssigkeitsprüfung beurteilen kann, ob die Anfechtungsfrist des § 1600b BGB gewahrt ist.[12] Ein Anfechtungsantrag, der diesen Anforderungen nicht genügt, ist als unbegründet abzuweisen, wenn die entsprechende Darlegung trotz entsprechender Hinweise des Gerichts (§ 28 FamFG) nicht nachgeholt wird. 11

C. Beispiele für die Antragsformulierung

I. Antrag nach § 1598a BGB

12

Es wird beantragt,

a) die Einwilligung der Beteiligten zu 2) und zu 3) in die vom Antragsteller beim Institut XY beabsichtigte genetische Abstammungsuntersuchung zu ersetzen, und

b) anzuordnen, dass die Beteiligten zu 2) und zu 3) einen zu diesem Zweck durchzuführenden Mutschleimhautabstrich zu dulden haben.

7 Musielak/*Borth,* § 171 FamFG Rn. 3
8 OLG Saarbrücken MDR 2018, 697
9 *Dürbeck*, NZFam 2019, 233
10 A.A.: OLG Hamm NZFam 2019, 233
11 Vgl. BGH FamRZ 1998, 955; FamRZ 2008, 501
12 OLG Karlsruhe FuR 1998, 380

II. Antrag auf Anfechtung der Vaterschaft

13 1. Antrag des rechtlichen Vaters:

> Es wird beantragt,
>
> festzustellen, dass der Antragsteller nicht der Vater des am … in … geborenen Kindes … (Geburtseintrag Nr. …/… des Standesamtes in …) – des Beteiligten zu 3) – ist.

14 2. Antrag des Kindes:

> Es wird beantragt,
>
> festzustellen, dass der Beteiligte zu 2) nicht der Vater des Antragstellers (geboren am … in …, Geburtseintrag Nr. …/… des Standesamtes in …) ist.

15 3. Antrag der Mutter:

> Es wird beantragt,
>
> festzustellen, dass der Beteiligte zu 2) nicht der Vater des am … in … geborenen Kindes … (Geburtseintrag Nr. …/… des Standesamtes in …) – des Beteiligten zu 3) – ist.

16 4. Antrag des potentiellen leiblichen Vaters:

> Es wird beantragt,
>
> festzustellen,
>
> a) dass der Beteiligte zu 2) nicht der Vater des am … in … geborenen Kindes … (Geburtseintrag Nr. …/… des Standesamtes in …) – des Beteiligten zu 3) – ist,
>
> b) dass der Antragsteller der Vater dieses Kindes – des Beteiligten zu 3) – ist.

III. Antrag auf Feststellung der Vaterschaft

17 1. Antrag des Putativvaters

> Es wird beantragt,
>
> festzustellen, dass der Antragsteller der Vater des am … in … geborenen Kindes … (Geburtseintrag Nr. …/… des Standesamtes in …) – des Beteiligten zu 3) – ist.

18 2. Antrag des Kindes:

> Es wird beantragt,
>
> festzustellen, dass der Beteiligte zu 2) der Vater des Antragstellers (geb. am … in …, Geburtseintrag Nr. …/… des Standesamtes in …) ist.

19 3. Antrag der Mutter:

> Es wird beantragt,
>
> festzustellen, dass der Beteiligten zu 2) der Vater des am … in … (Geburtseintrag Nr. …/… des Standesamtes in …) – des Beteiligten zu 3) – ist.

§ 172 FamFG Beteiligte

(1) Zu beteiligen sind

1. das Kind,

2. die Mutter,

3. der Vater.

(2) Das Jugendamt ist in den Fällen des § 176 Abs. 1 Satz 1 auf seinen Antrag zu beteiligen.

Übersicht

	Rn.
A. Allgemeines	1
B. Inhalt der Norm	6
I. Personenkreis des Abs. 1	6
II. Beteiligung des Jugendamtes (Abs. 2)	10

A. Allgemeines

1 Die Regelung ergänzt[1] § 7 Abs. 1 und 2 FamFG dahingehend, dass die in Abs. 1 genannten Personen als **„Muss-Beteiligte"** i.S.v. § 7 Abs. 2 Nr. 2 FamFG definiert werden. Hierdurch soll gewährleistet werden, dass die am Abstammungsverhältnis unmittelbar beteiligten Personen in jedem Fall am Verfahren auch dann beteiligt werden, wenn sie nicht Antragsteller des Verfahrens sind. Nach dem vor dem FamFG geltenden Recht bedurfte es hierzu der Beiladung (§ 640e Abs. 1 ZPO a.F.), weil am dem Prozessrechtsverhältnis unmittelbar nur Kläger und Beklagter beteiligt waren. Einer solchen Beiladung bedarf es nun nicht mehr, da die in Abs. 1 genannten Personen von vornherein **zwingend** am Verfahren zu beteiligen sind.[2] Dies gilt auch dann, wenn nach dem anzuwendenden ausländischen Sachrecht einer der in Abs. 1 benannten Person abstammungsrechtlich keine materielle Rechtsstellung zugeordnet wird.[3]

2 Ist eine der in Abs. 1 genannten Personen **Antragsteller** des Verfahrens, ergibt sich deren Beteiligtenstellung bereits aus § 7 Abs. 1 FamFG, so dass es insoweit eines Rückgriffs auf § 172 FamFG nicht bedarf.

3 Die Bestimmung enthält **keine abschließende Regelung** der am Verfahren beteiligten Personen. Neben dem Antragsteller nach § 7 Abs. 1 FamFG sind auch nach § 7 Abs. 2 Nr. 1 FamFG **unmittelbar Betroffene** Beteiligte. Damit sind im Verfahren auf Feststellung der Vaterschaft der Mann oder die Männer Beteiligte, die als Vater des Kindes benannt und in die Begutachtung mit der möglichen Folge der Feststellung ihrer Vaterschaft einbezogen sind.[4] Wenn ein Beteiligter im laufenden Verfahren verstirbt, können dessen Erben hinsichtlich einer zu treffenden Kostenentscheidung zu beteiligen sein (siehe *Grün,* § 181 FamFG Rn. 14). Ist der Mann, dessen Vaterschaft zu klären ist, verstorben, können dessen Angehörige nur mit Blick auf das allgemeine Persönlichkeitsrecht und die Totenfürsorgeberechtigung unmittelbar betroffen sein.[5]

3a Diese Rechte vermögen jedoch allenfalls in einem **Zwischenverfahren** nach § 178 Abs. 2 FamFG i.V.m. §§ 386 ff. ZPO bei Verweigerung der Exhumierung Wirkung im Hinblick auf eine Beteiligung der Angehörigen entfalten. Am Verfahren in Ansehung der Endentscheidung selbst sind sie aber nicht beteiligt, da es an einer eigenen unmittelbaren Betroffen-

---

1 BGH FamRZ 2015, 1787
2 Kemper/Schreiber/*Fritsche,* § 172 FamFG Rn. 2
3 MüKo-FamFG/*Coester-Waltjen/Lugani,* § 172 Rn. 10
4 Differenzierend MüKo-FamFG/*Coester-Waltjen/Lugani,* § 172 Rn. 12
5 Sehr weitgehend *Löhnig*, FamRZ 2009, 1798, 1799

heit in subjektiven Rechten mangelt.[6] Daher können Angehörige, auch soweit sie fehlerhaft am Abstammungsverfahren beteiligt worden sind, auch nicht an den Verfahrenskosten beteiligt werden, da sie insoweit Dritte i.S.d. § 81 Abs. 4 FamFG sind.[7] Nach zutreffender Ansicht[8] sind Angehörige eines Verstorbenen auch dann nicht am Verfahren zu beteiligen, wenn der Tod **während eines rechtshängigen Abstammungsverfahrens** eingetreten ist, ein verbliebener anderer Beteiligter (dazu **§ 181 FamFG Rn. 1 ff.**) die Fortsetzung des Verfahrens nach § 181 beantragt hat und die Exhumierung der Leiche zum Zwecke der Beweiserhebung nicht erforderlich ist.

4 Das deutsche Abstammungsrecht enthält keine Regelungen, die eine Zuziehung weiterer Personen als „**Kann-Beteiligte**" i.S.v. § 7 Abs. 3 FamFG veranlassen. Etwas anderes kann sich jedoch aus einem anzuwendenden ausländischen Statusrecht ergeben.

5 Die Beteiligtenstellung des **Verfahrensbeistands** ergibt sich aus der Verweisung in § 174 FamFG auf § 158 Abs. 3 FamFG.

B. Inhalt der Norm

I. Personenkreis des Abs. 1

6 Der in Abs. 1 bezeichnete Personenkreis bezieht sich auf **lebende Personen**. Ein Verstorbener kann schon mangels Rechtsfähigkeit keine Beteiligtenstellung haben.

7 Das von dem Abstammungsverhältnis betroffene **Kind** ist gemäß Abs. 1 Nr. 1 Beteiligter. Ein minderjähriges Kind ist selbst aber nicht **verfahrenshandlungsfähig**. Die Regelung des § 9 Abs. 1 Nr. 3 FamFG betrifft nicht Abstammungssachen.[9] Denn diese Regelung verleiht einem mindestens 14 Jahre alten Kind nur dann die Verfahrensfähigkeit, soweit ihm nach dem materiellen Recht eine besondere Rechtstellung eingeräumt wird. Dies betrifft Kindschaftssachen, soweit Verfahrensgegenstand eine Regelung ist, für welche der Wille des mindestens 14 Jahre alten Kindes ausschlaggebend sein kann (vgl. z.B. § 1671 Abs. 1 Nr. 1 BGB). Im deutschen Abstammungsrecht gibt es keine vergleichbare materiell-rechtliche Regelung, weshalb ein minderjähriges Kind nur durch den gesetzlichen Vertreter handeln kann (§ 9 Abs. 2 FamFG).[10] Beteiligter ist dann aber weiterhin das Kind selbst und nicht der gesetzliche Vertreter des Kindes. Zur Frage, in welchen Fällen das Kind bei der Vaterschaftsanfechtung der Vertretung durch einen Ergänzungspfleger (§ 1909 BGB) bedarf, vgl. *Grün*, § 1600a BGB Rn. 16 ff.

8 Mit der in Abs. 1 Nr. 2 benannten **Mutter** ist die rechtliche Mutter i.S.v. § 1591 BGB gemeint, mithin die Frau, die das Kind geboren hat. Diese ist nach § 9 Abs. 1 Nr. 4 FamFG auch dann verfahrensfähig, wenn sie minderjährig ist, da ein minderjähriger beschränkt geschäftsfähiger Elternteil nach materiellem Recht seine Rechte selbst wahrnehmen kann (vgl. § 1600a Abs. 2 Nr. 2 FamFG). Eine von der gebärenden Frau abweichende genetische Mutter gehört nicht zu den Beteiligten i.S.v. § 172 Abs. 1 FamFG. Deren Beteiligtenstellung kann sich allerdings bei Anwendung ausländischen Sachrechts aus § 7 Abs. 2 Nr. 1 FamFG ergeben, wenn das anzuwendende Recht eine aufgespaltene Mutterschaft kennt.

---

6 OLG Frankfurt ZKJ 2018, 320; Prütting/Helms/*Dürbeck*, § 172 FamFG Rn. 10; a.A.: OLG Celle FamRZ 2017, 910
7 OLG Frankfurt ZKJ 2018, 320
8 MüKo-FamFG/*Coester-Waltjen/Lugani*, § 172 Rn. 26; Keidel/*Engelhardt*, § 181 FamFG Rn. 2, und § 184 FamFG Rn. 4; Prütting/Helms/*Dürbeck*, § 172 FamFG Rn. 10; offengelassen von BGH FamRZ 2015, 1787; a.A.: Zöller/*Greger*, § 172 FamFG Rn. 1; Musielak/*Borth*, § 172 FamFG Rn. 2; *Löhnig*, FamRZ 2009, 1798, 1799; *Schwonberg*, FuR 2014, 634, 636
9 Prütting/Helms/*Dürbeck*, § 172 FamFG Rn. 7
10 Vgl. *Grün*, Vaterschaftsfeststellung Rn. 119 ff.

Vater i.S.v. Abs. 1 Nr. 3 ist nur der **rechtliche Vater** i.S.v. §§ 1592, 1593 BGB. Der rechtliche Vater ist gemäß § 9 Abs. 1 Nr. 4 FamFG auch dann verfahrensfähig, wenn er beschränkt geschäftsfähig (§ 106 BGB) ist. Hier gilt das Gleiche wie für die beschränkt geschäftsfähige Mutter. 9

Der **potentielle leibliche Vater** unterfällt nicht der Regelung des § 172 FamFG.[11] Dessen Beteiligtenstellung kann sich nur aus § 7 Abs. 1 FamFG als Antragsteller eines Verfahrens auf Anfechtung der Vaterschaft nach § 1600 Abs. 1 Nr. 2 BGB oder aus § 7 Abs. 2 Nr. 1 FamFG daraus ergeben, dass er in einem Verfahren auf Feststellung der Vaterschaft als Vater festgestellt werden soll.

II. Beteiligung des Jugendamtes (Abs. 2)

Unter den Voraussetzungen des § 176 FamFG kann das Gericht das Jugendamt anhören. 10
Hierdurch wird das Jugendamt jedoch noch nicht formeller Beteiligter des Verfahrens. Die Beteiligtenstellung des Jugendamtes tritt nach Abs. 2 nur ein, wenn dies vom Jugendamt **ausdrücklich beantragt** wird. Dabei beschränkt Abs. 2 jedoch dieses Antragsrecht auf die Fälle des § 176 Abs. 1 Satz 1 FamFG. Das Jugendamt kann somit die Stellung eines Beteiligten nur im Verfahren auf Anfechtung der Vaterschaft durch den potentiellen leiblichen Vater (§ 1600 Abs. 1 Nr. 2 BGB) und bei der Anfechtung der Vaterschaft durch das vom gesetzlichen Vertreter vertretenen Kind (§ 1600a Abs. 3 BGB) erlangen, da nur dann im Verfahren Fragen des Kindeswohls betroffen sind. Dies gilt bei der Anfechtung durch den potentiellen leiblichen Vater mit Blick auf die Beurteilung der sozial-familiären Beziehung zwischen dem rechtlichen Vater und dem Kind (§ 1600 Abs. 2 BGB) und bei der Anfechtung durch den gesetzlichen Vertreter eines minderjährigen Kindes wegen der von § 1600a Abs. 4 BGB geforderten Kindeswohldienlichkeit der Anfechtung der Vaterschaft.

§ 173 FamFG Vertretung eines Kindes durch einen Beistand

Wird das Kind durch das Jugendamt als Beistand vertreten, ist die Vertretung durch den sorgeberechtigten Elternteil ausgeschlossen.

Übersicht

	Rn.
A. Allgemeines	1
B. Inhalt der Norm	3

A. Allgemeines

Die Regelung will gegensätzliche Verfahrenshandlungen des Jugendamtes als **Beistand** des Kindes einerseits und der Kindesmutter als sorgeberechtigtem Elternteil andererseits verhindern, indem Verfahrenshandlungen des Jugendamtes der Vorrang einräumt wird.[1] Sie hat nur Bedeutung für Verfahren auf Feststellung der Vaterschaft, da nur für diesen Aufgabenkreis des Abstammungsrechts durch § 1712 Abs. 1 Nr. 1 BGB die Beistandschaft des Jugendamtes ermöglicht ist.[2] In Unterhaltssachen, für die unter den Voraussetzungen des § 1712 Abs. 1 Nr. 2 BGB ebenfalls eine Beistandschaft in Betracht kommt, gilt die inhaltsgleiche Regelung des § 234 FamFG. 1

11 OLG München FamRZ 2012, 1825
1 Prütting/Helms/*Dürbeck*, § 173 FamFG Rn. 1
2 MüKo-FamFG/*Coester-Waltjen/Lugani*, § 173 Rn. 2

2 Die Einrichtung einer Beistandschaft ändert nichts daran, dass die **Mutter** nach § 172 Abs. 1 FamFG aus eigenem Recht ebenfalls Beteiligte des Verfahrens ist und als solche eigene Verfahrenshandlungen vornehmen kann. Lediglich Verfahrenshandlungen als gesetzlicher Vertreter des Kindes sind ihr bei Bestehen einer den Verfahrensgegenstand betreffenden Beistandschaft verwehrt.

B. Inhalt der Norm

3 Die Regelung schließt – jedoch **nur im Verfahren** selbst – den Sorgerechtsinhaber von der gesetzlichen Vertretung des Kindes aus. Dies gilt unabhängig davon, ob das Kind Antragsteller nach § 7 Abs. 1 FamFG oder Beteiligter nach § 172 FamFG ist. In einem bereits vor Einrichtung der Beistandschaft eingeleiteten Verfahren tritt die Wirkung des § 173 FamFG jedoch erst dann ein, wenn das Jugendamt als Beistand in das Verfahren eintritt, mithin sich zum Verfahren meldet. Solange dies nicht erfolgt, kann der Sorgerechtsinhaber das Kind trotz eingerichteter Beistandschaft auch im Verfahren vertreten.[3] Insoweit ist die Regelung vergleichbar mit § 53 ZPO, der den Vorrang von Verfahrenshandlungen eines gerichtlich bestellten Betreuers regelt.

4 Die Einrichtung einer Beistandschaft schränkt die **elterliche Sorge** nicht ein (§ 1716 Satz 1 BGB). Die gesetzliche Vertretung des Kindes obliegt daher auch bei eingerichteter Beistandschaft weiterhin dem Sorgeberechtigten, mithin bei einem Kind ohne Vaterschaftszuordnung der Kindesmutter (§ 1626a Abs. 3 BGB). Der Sorgerechtsinhaber vertritt das Kind grundsätzlich auch im Verfahren. Jedoch bewirkt die Beistandschaft, dass im Aufgabenkreis der Beistandschaft auch der Beistand Erklärungen mit Wirkung für und gegen das Kind abgeben kann. Damit kann es zu einander widersprechenden Erklärungen der Kindesmutter und des Beistands kommen. Für Verfahrenshandlungen besteht indes ein Bedürfnis nach Rechtssicherheit, wessen Erklärungen maßgeblich sind. Die verfahrensrechtliche Vertretung des Kindes durch die Kindesmutter wird durch § 173 FamFG ausgeschlossen, damit es nicht zu einander widersprechenden Verfahrenshandlungen für das Kind kommt.[4]

5 Hierdurch wird die Kindesmutter nicht in eigenen Rechten beeinträchtigt. Denn diese kann jederzeit und ohne Begründungserfordernis durch schriftliche Erklärung gegenüber dem Jugendamt die **Beistandschaft beenden** (§ 1715 Abs. 1 BGB). Mit Zugang einer solchen Beendigungserklärung beim Jugendamt endet die Beistandschaft (§ 1715 Abs. 1 Satz 2 i.V.m. § 1714 BGB), mit der Folge, dass die Vertretung des Kindes im Verfahren auf Feststellung der Vaterschaft (wieder) alleine der Kindesmutter obliegt.

§ 174 FamFG Verfahrensbeistand

[1]Das Gericht hat einem minderjährigen Beteiligten in Abstammungssachen einen Verfahrensbeistand zu bestellen, sofern dies zur Wahrnehmung seiner Interessen erforderlich ist. [2]§ 158 Abs. 2 Nr. 1 sowie Abs. 3 bis 8 gilt entsprechend.

Übersicht

	Rn.
A. Allgemeines	1
B. Inhalt der Norm	2

3 MüKo-BGB/*v. Sachsen Gessaphe*, § 1716 Rn. 7; Staudinger/*Dürbeck*, § 1716 BGB Rn. 5
4 Vgl. *DIJuF*-Rechtsgutachten JAmt 2019, 251

A. Allgemeines

Erstmals wurde mit dieser mit dem FamFG neu geschaffenen Regelung in Abstammungsverfahren die Möglichkeit eröffnet, einem minderjährigen Beteiligten einen Verfahrensbeistand zu bestellen. Damit sollen auch in Abstammungsverfahren die Interessen des Kindes angemessen zur Geltung gebracht werden können. Dies ist jedoch nicht von großer praktischer Relevanz, da Fragen des Kindeswohls in Abstammungssachen nur vereinzelt entscheidungserheblich sind und zudem in diesen Verfahren das Kind oftmals ohnehin von einem Ergänzungspfleger vertreten wird (vgl. Grün, § 1600a BGB Rn. 23). 1

Erfolgt die Bestellung eines Verfahrensbeistands trotz der Vertretung des Kindes durch einen Ergänzungspfleger gleichwohl, werden die entsprechenden Kosten des Verfahrensbeistands wegen unrichtiger Sachbehandlung nach § 20 FamGKG niederzuschlagen sein.[1] 1a

B. Inhalt der Norm

Aufgabe des Verfahrensbeistandes ist es, den Interessen des minderjährigen Kindes Geltung zu verschaffen (§ 174 Satz 2 FamFG i.V.m. § 158 Abs. 4 FamFG). Voraussetzung für die Bestellung eines Verfahrensbeistands ist daher, dass im konkreten Verfahren die **Interessen des Kindes entscheidungserheblich** sind. Dies ist im Abstammungsrecht nur im Rahmen des Klärungsverfahrens nach § 1598a BGB im Hinblick auf die in Abs. 3 dieser Vorschrift geregelte Aussetzung des Verfahrens aus Gründen des Kindeswohls und bei einem durch den gesetzlichen Vertreter des Kindes für das Kind betriebenen Verfahren auf Anfechtung der Vaterschaft im Rahmen der nach § 1600a Abs. 4 BGB zu beurteilenden Kindeswohldienlichkeit der Fall. Ferner ist es geboten, bei der Beurteilung der Frage des Fehlens einer sozial-familiären Beziehung zwischen dem rechtlichen Vater und dem Kind (§ 1600 Abs. 2 BGB) die Haltung des Kindes in den Blick zu nehmen. 2

In allen anderen Abstammungssachen scheidet die Bestellung eines Verfahrensbeistands schon deshalb aus, weil die Interessen des Kindes für das Entscheidungsergebnis **unerheblich** sind. Ein Verfahrensbeistand könnte daher das Entscheidungsergebnis nicht beeinflussen. Weder kann er in einem Verfahren auf Feststellung der Vaterschaft die Feststellung der Vaterschaft verhindern noch kann er sie befördern, zumal er nicht gesetzlicher Vertreter des Kindes ist (§ 174 Satz 2 i.V.m. § 158 Abs. 4 Satz 6 FamFG) und daher für das Kind keine Verfahrensanträge stellen kann. Er ist zwar kraft seiner Bestellung Beteiligter des Verfahrens (§ 174 Satz 2 i.V.m. § 158 Abs. 3 Satz 2 FamFG), jedoch ist die Befugnis zur Beantragung der Feststellung der Vaterschaft oder der Anfechtung der Vaterschaft an die gesetzliche Vertretung des Kindes geknüpft. Wenn die Tätigkeit eines Verfahrensbeistands unter keinem denkbaren Gesichtspunkt Einfluss auf das Verfahrensergebnis haben kann, bedarf es keiner Bestellung eines Verfahrensbeistands. 3

Im Verfahren auf **Feststellung der Vaterschaft** steht die Bestellung eines Verfahrensbeistands zudem in einem Wertungswiderspruch zu § 1629 Abs. 2 Satz 3 BGB. Nach dieser Regelung kann der Mutter die Vertretungsbefugnis für das Kind nicht wegen widerstreitender Interessen in der Frage der Feststellung der Vaterschaft entzogen werden. Zwar erfolgt mit der Bestellung eines Verfahrensbeistands nur ein geringer Eingriff in die Rechtsstellung der Mutter, da der Verfahrensbeistand nicht gesetzlicher Vertreter des Kindes ist (§ 158 Abs. 4 Satz 6 FamFG), sondern ein Vertreter eigener Art.[2] Dennoch wird insoweit in die Elternstellung eingegriffen, als der Verfahrensbeistand Aufgaben wahrnimmt, die ohne seine Bestellung allein von dem sorgeberechtigten Elternteil wahrzunehmen wären. Da der Mutter wegen § 1629 Abs. 2 Satz 3 BGB für die Vaterschaftsfeststellung nicht die 4

1 OLG Celle JurBüro 2018, 534
2 *Schael,* FamRZ 2009, 265, 268

Vertretungsbefugnis des Kindes entzogen werden kann, erscheint es fraglich, ob anderen die Befugnis übertragen werden kann, in einem solchen Verfahren – im Übrigen ohnehin rechtlich nicht relevante – Interessen des Kindes zur Geltung zu bringen.

5 Voraussetzung der Bestellung eines Verfahrensbeistands ist ferner, dass dies **erforderlich** ist, um die Interessen des Kindes zu wahren. In Abstammungssachen ist Sinn und Zweck dieses Rechtsinstituts hauptsächlich, einem möglichen Interessengegensatz zwischen dem gesetzlichen Vertreter des Kindes und dem Kind entgegen zu wirken (§ 174 Satz 2 FamFG i.V.m. § 158 Abs. 2 Nr. 1 FamFG). Diese Gefahr stellt sich jedoch in der Regel nur dann, wenn das Kind im Verfahren von einem Elternteil gesetzlich vertreten wird. Wenn jedoch für das Kind zur Vertretung im Verfahren ein Ergänzungspfleger zu bestellen ist, sind die Eltern insoweit ohnehin von der gesetzlichen Vertretung ausgeschlossen. Dies gilt in Verfahren nach § 1598a BGB wegen § 1629 Abs. 2a BGB. In Verfahren auf Anfechtung der Vaterschaft scheidet die Vertretung des Kindes durch die Kindesmutter aus, wenn diese mit dem Scheinvater verheiratet ist oder das Kind unter der gemeinsamen elterlichen Sorge von Mutter und Scheinvater steht (vgl. *Grün,* § 1600a BGB Rn. 23), weshalb dem Kind ein Ergänzungspfleger (§ 1909 BGB) zu bestellen ist.[3] Dann kommt die Anordnung einer Verfahrensbeistandschaft in der Regel nicht in Betracht,[4] weil bereits eine die Verfahrensbeistandschaft entbehrlich machende geeignete Interessenwahrnehmung gewährleistet ist (vgl. § 174 Satz 2 FamFG i.V.m. § 158 Abs. 5 FamFG).[5] Wenn jedoch das Familiengericht im konkreten Abstammungsverfahren konkrete Gründe für die Annahme hat, dass der Ergänzungspfleger die Interessen des Kindes nicht zur Geltung bringt, kann auch bei bestehender Ergänzungspflegschaft ausnahmsweise die Bestellung eines Verfahrensbeistandes in Betracht kommen.

6 An der Erforderlichkeit eines Verfahrensbeistands fehlt es, wenn das Kind seine Interessen selbst unbeeinflusst und erschöpfend zur Geltung bringen und damit wahrnehmen kann.[6] Wenn das Alter und die Reife des Kindes die eigene Wahrnehmung seiner Interessen erlauben, ist daher die Bestellung eines Verfahrensbeistands nicht erforderlich.

7 Satz 2 erklärt im Übrigen § 158 Abs. 3 bis 8 FamFG für entsprechend abwendbar.

▶ *Näher hierzu Keuter, § 158 FamFG Rn. 22 ff.*

§ 175 FamFG Erörterungstermin, persönliche Anhörung

(1) [1]Das Gericht soll vor einer Beweisaufnahme über die Abstammung die Angelegenheit in einem Termin erörtern. [2]Es soll das persönliche Erscheinen der verfahrensfähigen Beteiligten anordnen.

(2) [1]Das Gericht soll vor einer Entscheidung über die Ersetzung der Einwilligung in eine genetische Abstammungsuntersuchung und die Anordnung der Duldung der Probeentnahme (§ 1598a Abs. 2 des Bürgerlichen Gesetzbuchs) die Eltern und ein Kind, das das 14. Lebensjahr vollendet hat, persönlich anhören. [2]Ein jüngeres Kind kann das Gericht persönlich anhören.

---

3 Vgl. BGH FamRZ 2012, 859
4 Prütting/Helms/*Dürbeck,* § 174 FamFG Rn. 3; Kemper/Schreiber/*Fritsche,* § 174 FamFG Rn. 8
5 Prütting/Helms/*Hammer,* § 158 FamFG Rn. 11 und Rn. 53
6 Prütting/Helms/*Hammer,* § 158 FamFG Rn. 12

Übersicht

	Rn.
A. Allgemeines	1
B. Inhalt der Norm	5
I. Erörterung vor der Beweisaufnahme (Abs. 1)	5
II. Anhörungstermin im Verfahren nach § 1598a BGB (Abs. 2)	10

A. Allgemeines

1 Die Regelung ist zwar als Sollvorschrift ausgestaltet, sie ist jedoch so zu verstehen, dass von der vorherigen Erörterung nur abgesehen werden darf, wenn sie ausnahmsweise nicht möglich ist. Die persönliche Erörterung gehört zum einen zur gesetzlichen Pflicht der **Amtsermittlung** (§ 26 FamFG),[1] zum anderen aber auch zur **Gewährung rechtlichen Gehörs** – auch mit Blick auf den mit einer Abstammungsuntersuchung (§ 178 FamFG) verbundenen Grundrechtseingriff. Eine unter Verstoß gegen Abs. 1 angeordnete Abstammungsuntersuchung kann zu Einwendungen nach § 178 Abs. 2 FamFG führen.[2] Zudem kann es die Richtigkeit des Abstammungsgutachtens in Frage stellen, wenn mangels vorheriger Anhörung für die Berechnung der Vaterschaftswahrscheinlichkeit erhebliche Kriterien unberücksichtigt geblieben sind.

2 Im Erörterungstermin kann sich eine **Beweisaufnahme** anschließen. Dabei hat in Verfahren auf Feststellung des Bestehens oder Nichtbestehens eines Eltern-Kind-Verhältnisses, insbesondere in Verfahren auf Feststellung der Vaterschaft, sowie in Verfahren der Anfechtung der Vaterschaft über die Abstammung eine förmliche Beweisaufnahme zu erfolgen (§ 177 Abs. 2 Satz 1 FamFG), weshalb gemäß § 30 Abs. 1 FamFG die Vorschriften der ZPO über die förmliche Beweisaufnahme entsprechend Anwendung finden.

3 Der Erörterungstermin ist **nicht öffentlich**; das Gericht kann die Öffentlichkeit zulassen, wenn kein Beteiligter widerspricht (§ 170 GVG).

4 Für die Ladung zum Termin und die Durchführung des Erörterungstermins gelten die Regelungen des § 32 FamFG. Über den Termin hat das Gericht gemäß § 28 Abs. 4 FamFG einen **Vermerk** zu fertigen. Erfolgt im Termin eine Beweisaufnahme über die Abstammung, sollte wegen der vom Gesetz insoweit angeordneten förmlichen Beweisaufnahme (§ 177 Abs. 2 Satz 1 FamFG) eine **Sitzungsniederschrift** in Anlehnung an §§ 159 ff. ZPO erstellt werden.

B. Inhalt der Norm

I. Erörterung vor der Beweisaufnahme (Abs. 1)

5 Bei dem vor Durchführung der Beweisaufnahme durchzuführenden Erörterungstermin nach Abs. 1 ist zu klären, ob die Einholung eines Abstammungsgutachtens **erforderlich** ist und **welche Personen** in die Begutachtung einzubeziehen sind. Denn nur dann, wenn eine Untersuchung zur Feststellung der Abstammung erforderlich ist, muss sie gemäß § 178 Abs. 1 FamFG geduldet und kann die Mitwirkung an der Untersuchung durchgesetzt werden (vgl. hierzu *Grün,* § 178 FamFG Rn. 4 ff.). Eine solche Untersuchung wird z.B. dann nicht erforderlich, wenn im Verfahren auf Feststellung der Vaterschaft im Erörterungstermin die Anerkennung der Vaterschaft erfolgt und die Mutter zustimmt (§ 180 FamFG). Ferner bedarf es der Einbeziehung einer Person in die Abstammungsbegutachtung dann nicht, wenn als Ergebnis des Anhörungstermins feststeht, dass diese Person in der Empfängniszeit mit der Mutter keinen Geschlechtsverkehr hatte. So kann sich etwa in einem Erörterungstermin ergeben, dass die intime Beziehung zwischen der Kindesmutter

1 MüKo-FamFG/*Coester-Waltjen/Lugani,* § 175 Rn. 2
2 Prütting/Helms/*Dürbeck,* § 175 FamFG Rn. 4

und einer als Vater in Betracht gezogenen Person bei Beginn der Empfängniszeit längst beendet war oder die Kindesmutter bereits schwanger war, als sie mit dieser Person erstmals Verkehr hatte.

6 Der Erörterungstermin dient auch dazu, **für die Abstammungsbegutachtung bedeutsame Umstände** zu klären, etwa solche, die für die biostatistische Auswertung der erhobenen Befunde von Bedeutung sein können. Da die Berechnung der Vaterschaftswahrscheinlichkeit die Häufigkeitsverteilung bestimmter DNA-Merkmale berücksichtigt, die populationsgenetisch je nach Herkunft der Person unterschiedlich sein kann, sollte die Herkunft des Scheinvaters und der Mutter erfragt werden. Ist der Scheinvater oder der Putativvater etwa asiatischer oder südamerikanischer Herkunft, was sich im Hinblick auf seine Adoption durch deutsche Eltern aus seinem Namen nicht erschließt, muss dies im Hinblick auf die populationsgenetische Häufigkeitsverteilung von DNA-Merkmalen bei der Abstammungsbegutachtung berücksichtigt werden. Auch eine zwischen dem Mann und der Kindesmutter bestehende Verwandtschaft kann von Bedeutung sein und sollte erfragt werden. Es kann auch hilfreich sein, bei der Ladung zum Erörterungstermin die Vorlage des Mutterpasses anzuordnen, um im Termin zu erörtern, in welcher Schwangerschaftswoche die Geburt stattfand. Ferner dient der Termin der Klärung, ob und welche Männer der Frau in der Empfängniszeit ebenfalls beigewohnt haben und in ein Gutachten zur Feststellung der Vaterschaft einzubeziehen sind.

7 Ferner können in der Erörterung Umstände geklärt werden, die für die Abfassung des **Beweisbeschlusses** hinsichtlich der Anordnung einer Abstammungsbegutachtung und der organisatorischen Vollziehung der Probeentnahme von Bedeutung sein können. Es kann sich aus den bei der Erörterung in Erfahrung gebrachten Umständen für das Gericht die Notwendigkeit ergeben, nicht einen Mundschleimhautabstrich, sondern eine Blutentnahme und deren Untersuchung anzuordnen. Ferner kann die Erörterung der Klärung dienen, ob bereits ein privat eingeholtes Abstammungsgutachten vorliegt und verwertet werden kann (§ 177 Abs. 2 Satz 2 FamFG).

8 Im Verfahren auf Anfechtung der Vaterschaft sind in einem solchen Erörterungstermin auch die Umstände zu klären, die für die Beurteilung der Einhaltung der **Anfechtungsfrist** nach § 1600b BGB maßgeblich sind. Denn die Abstammungsbegutachtung erübrigt sich, wenn die Anfechtungsfrist verstrichen ist. Zu diesen Erörterungen besteht jedoch kein Anlass, wenn das Verfahren eingeleitet wurde, bevor das zweite Lebensjahr des Kindes vollendet war (vgl. § 1600b Abs. 2 BGB).

9 Gemäß Abs. 1 Satz 2 soll das Gericht das persönliche Erscheinen der verfahrensfähigen Beteiligten anordnen. Dies dient der Sachverhaltsklärung. Der Vollzug der Anordnung des persönlichen Erscheinens richtet sich nach § 33 FamFG. Nach dessen Abs. 3 kann das persönliche Erscheinen erzwungen werden. Über den Verlauf des Termins hat das Familiengericht gemäß § 28 Abs. 4 FamFG einen Vermerk zu fertigen, in dem nur das wesentliche Ergebnis der Anhörung festgehalten werden muss.[3]

II. Anhörungstermin im Verfahren nach § 1598a BGB (Abs. 2)

10 Nach Abs. 2 soll das Gericht vor einer Entscheidung über die Ersetzung der Einwilligung in eine genetische Abstammungsuntersuchung und die Anordnung der Duldung der Probeentnahme die Eltern und das Kind, das das 14. Lebensjahr vollendet hat, persönlich anhören. Ein jüngeres Kind kann das Gericht persönlich anhören. Im Zusammenwirken mit § 34 Abs. 1 Nr. 2 FamFG folgt aus der Sollvorschrift des Abs. 2 die Verpflichtung zur persönlichen Anhörung der Eltern und des über 14 Jahre alten Kindes.[4] Zwar ist für die persönliche

3 BGH FamRZ 2015, 39
4 MüKo-FamFG/*Coester-Waltjen/Lugani*, § 175 Rn. 8

Anhörung nicht zwingend die Durchführung eines gemeinsamen Erörterungstermins erforderlich. Dies empfiehlt sich aber vor dem Hintergrund, dass ein Klärungsverfahren i.S.v. § 1598a BGB auch mit einem gerichtlichen Vergleich beendet werden kann (vgl. § 96a Abs. 1 Satz 1 FamFG).[5]

§ 176 FamFG Anhörung des Jugendamtes

(1) [1]Das Gericht soll im Fall einer Anfechtung nach § 1600 Absatz 1 Nummer 2 des Bürgerlichen Gesetzbuchs sowie im Fall einer Anfechtung nach § 1600 Abs. 1 Nr. 4 des Bürgerlichen Gesetzbuchs, wenn die Anfechtung durch den gesetzlichen Vertreter erfolgt, das Jugendamt anhören. [2]Im Übrigen kann das Gericht das Jugendamt anhören, wenn ein Beteiligter minderjährig ist.

(2) [1]Das Gericht hat dem Jugendamt in den Fällen einer Anfechtung nach Absatz 1 Satz 1 sowie einer Anhörung nach Absatz 1 Satz 2 die Entscheidung mitzuteilen.[2] Gegen den Beschluss steht dem Jugendamt die Beschwerde zu.

Übersicht

Rn.
A. Allgemeines ... 1
B. Inhalt der Norm ... 4
I. Regelmäßiges Anhörungserfordernis (Abs. 1 Satz 1) ... 4
II. Anhörung des Jugendamtes in sonstigen Fällen (Abs. 1 Satz 2) ... 8
III. Mitteilung der Entscheidung (Abs. 2 Satz 1) ... 9
IV. Beschwerdebefugnis des Jugendamtes (Abs. 2 Satz 2) ... 10

A. Allgemeines

Abs. 1 eröffnet eine – über das frühere Recht (§ 640d Abs. 2 ZPO a.F.) hinausgehende – Möglichkeit zur Anhörung des Jugendamtes in Abstammungssachen. Für bestimmte Verfahren schreibt die Vorschrift die Anhörung des Jugendamtes vor, ermöglicht darüber hinaus die Anhörung des Jugendamtes aber auch für andere Abstammungssachen. Abs. 2 stärkt die Rechtsposition des Jugendamtes,[1] indem diesem in den Fällen seiner zwingenden Anhörung und bei erfolgter fakultativer Anhörung die Entscheidung in einer Abstammungssache mitzuteilen ist und ihm eine eigene Beschwerdebefugnis eingeräumt wird. 1

Die Mitwirkungspflicht des Jugendamtes an diesen Verfahren ergibt sich aus § 50 Abs. 1 Satz 2 Nr. 2 SGB VIII. Über die nähere Ausgestaltung der Mitwirkung – insbesondere das Ausmaß und die Gestaltung von Ermittlungen des Jugendamtes und der Stellungnahme im Verfahren – entscheidet das Jugendamt nach pflichtgemäßem Ermessen. Das Gericht kann dem Jugendamt hierzu keine Weisungen erteilen. 2

Die Anhörung des Jugendamtes allein bewirkt nicht, dass das Jugendamt Beteiligter des Verfahrens wird. In den Fällen des Abs. 1 Satz 1 kann das Jugendamt aber seine Beteiligung nach § 172 Abs. 2 FamFG beantragen. 3

B. Inhalt der Norm

I. Regelmäßiges Anhörungserfordernis (Abs. 1 Satz 1)

In den Fällen des Abs. 1 Satz 1 ist die Anhörung als Sollvorschrift ausgestaltet. Dies begründet jedoch eine **Anhörungspflicht**,[2] da das Gericht im Rahmen seiner Amtsermittlungs- 4

5 Prütting/Helms/*Dürbeck*, § 175 FamFG Rn. 7
1 MüKo-FamFG/*Coester-Waltjen/Lugani*, § 176 Rn. 1
2 MüKo-FamFG/*Coester-Waltjen/Lugani*, § 176 Rn. 6

pflicht gehalten ist, alle Erkenntnisquellen zu nutzen. Von der Anhörung des Jugendamtes in den in Satz 1 genannten Fällen ist daher nur dann abzusehen, wenn aus besonderen Umständen von vornherein von der Anhörung des Jugendamtes keine Aufklärung erwartet werden kann.[3]

4a Soweit das Jugendamt in Abstammungssachen schon als **Ergänzungspfleger** des Kindes mit dem Verfahren befasst ist, besteht gleichwohl eine Anhörungspflicht nach Abs. 1 Satz 1, da es sich nach § 2 Abs. 3 Nr. 6 und 9 SGB VIII hier um unterschiedliche Aufgaben der Jugendhilfe handelt, die auch organisatorisch unterschiedlichen Personen zugeordnet sind.[4]

5 Die Anhörung des Jugendamtes soll erfolgen bei **Anfechtung der Vaterschaft durch den potentiellen leiblichen Vater** (§ 1600 Abs. 1 Nr. 2 BGB). Dies dient vor allem der Klärung der Frage, ob zwischen dem Kind und dem rechtlichen Vater keine sozial-familiäre Beziehung besteht, denn nur dann ist die Anfechtung der Vaterschaft durch den potentiellen leiblichen Vater eröffnet (§ 1600 Abs. 2 BGB, vgl. *Grün,* § 1600 BGB Rn. 16 ff.). Hierzu kann das Jugendamt entscheidungserhebliche Erkenntnisse haben, zu deren Ermittlung das Gericht im Rahmen des § 26 FamFG verpflichtet ist. Dabei geht es allerdings nicht um Erwägungen des Kindeswohls, da diese für die Entscheidung ohne Bedeutung sind, sondern alleine um Kriterien für oder gegen das Bestehen einer vor der Intervention eines Dritten geschützten sozialen Familie.

6 Die Anhörung des Jugendamtes soll ferner erfolgen bei der **Anfechtung der Vaterschaft durch das Kind** (§ 1600 Abs. 1 Nr. 4 BGB), wenn diese durch den gesetzlichen Vertreter erfolgt (§ 1600a Abs. 3 BGB). Denn dann ist die Anfechtung nur zulässig, wenn sie dem Wohl des Kindes dient (§ 1600a Abs. 4 BGB). Hier ist das Jugendamt in seiner ureigenen Aufgabe zur Gewährleistung des Kindeswohls gefragt und soll das Gericht bei der Kindeswohlprüfung unterstützen.[5] Nach dem Wortlaut der Regelung wäre das Jugendamt auch bei der Anfechtung der Vaterschaft durch den Vertreter eines volljährigen geschäftsunfähigen Kindes zu beteiligen. Nach ihrem Zweck und der Aufgabenstellung des Jugendamtes ist der Anwendungsbereich jedoch auf minderjährige Kinder beschränkt.

7 (bleibt frei)

II. Anhörung des Jugendamtes in sonstigen Fällen (Abs. 1 Satz 2)

8 Das Gericht kann das Jugendamt auch in sonstigen Abstammungssachen anhören, wenn ein Beteiligter minderjährig ist. Eine solche **fakultative Anhörung** des Jugendamtes kann in Verfahren nach § 1598a BGB veranlasst sein, wenn die Klärung von Umständen i.S.v. § 1598a Abs. 3 BGB zu erfolgen hat. In Verfahren auf Feststellung der Vaterschaft besteht für eine Anhörung des Jugendamtes schon deshalb kein Anlass, weil materiell-rechtlich weder das Kindeswohl noch sonstige Umstände, zu deren Klärung das Jugendamt beitragen könnte, entscheidungserheblich sind. Dies gilt auch, wenn ein Abstammungsverfahren von einem minderjährigen Elternteil betrieben wird, da dieser selbst verfahrensfähig ist (§ 9 Abs. 1 Nr. 4 FamFG) und eine Anfechtung der Vaterschaft selbst betreiben kann (§ 1600a Abs. 2 Satz 2 BGB), ohne dass dabei eine Kindeswohlprüfung zu erfolgen hätte. Bei der Feststellung der Vaterschaft ist das Jugendamt im Übrigen ohnehin aus § 52a SGB VIII zur Beratung und Unterstützung der Mutter verpflichtet und hat insoweit von sich aus ein Beratungsangebot zu unterbreiten, wenn ihm die Geburt eines Kindes angezeigt wird, dessen Eltern nicht miteinander verheiratet sind (§ 52a Abs. 4 SGB VIII).

---

3 Kemper/Schreiber/*Fritsche,* § 176 FamFG Rn. 2
4 Vgl. BGH FamRZ 2017, 50 in einer Umgangssache
5 Prütting/Helms/*Dürbeck,* § 176 FamFG Rn. 3

III. Mitteilung der Entscheidung (Abs. 2 Satz 1)

In den Fällen der obligatorischen Anhörung des Jugendamtes nach Abs. 1 Satz 1 muss das Gericht die Entscheidung dem Jugendamt mitteilen, auch wenn es von der Anhörung des Jugendamtes abgesehen hat.[6] Bei der fakultativen Anhörung nach Abs. 1 Satz 2 hat die Mitteilung der Entscheidung an das Jugendamt nur dann zu erfolgen, wenn es tatsächlich angehört wurde.[7] **9**

IV. Beschwerdebefugnis des Jugendamtes (Abs. 2 Satz 2)

In den Fällen der obligatorischen Anhörung nach Abs. 1 Satz 1 hat das Jugendamt die Befugnis, die gerichtliche Entscheidung mit der Beschwerde anzufechten, auch wenn es tatsächlich nicht angehört wurde.[8] In anderen Abstammungssachen ist das Jugendamt nur beschwerdebefugt, wenn eine Anhörung des Jugendamtes tatsächlich erfolgt ist. Mit dieser Regelung ist klargestellt, dass es unter diesen Voraussetzungen für eine Beschwerdebefugnis des Jugendamtes keiner Beeinträchtigung in eigenen Rechten (§ 59 Abs. 3 FamFG) bedarf.[9] **10**

§ 177 FamFG Eingeschränkte Amtsermittlung; förmliche Beweisaufnahme

(1) Im Verfahren auf Anfechtung der Vaterschaft dürfen von den beteiligten Personen nicht vorgebrachte Tatsachen nur berücksichtigt werden, wenn sie geeignet sind, dem Fortbestand der Vaterschaft zu dienen, oder wenn der die Vaterschaft Anfechtende einer Berücksichtigung nicht widerspricht.

(2) Über die Abstammung in Verfahren nach § 169 Nr. 1 und 4 hat eine förmliche Beweisaufnahme stattzufinden. Die Begutachtung durch einen Sachverständigen kann durch die Verwertung eines von einem Beteiligten mit Zustimmung der anderen Beteiligten eingeholten Gutachtens über die Abstammung ersetzt werden, wenn das Gericht keine Zweifel an der Richtigkeit und Vollständigkeit der im Gutachten getroffenen Feststellungen hat und die Beteiligten zustimmen.

Übersicht

Rn.
A. Allgemeines ... 1
B. Inhalt der Norm ... 2
I. Einschränkung der Amtsermittlung (Abs. 1) ... 2
II. Förmliche Beweisaufnahme (Abs. 2 Satz 1) ... 5
III. Verwertung von Privatgutachten (Abs. 2 Satz 2) ... 9

A. Allgemeines

Die Bestimmung in Abs. 1 entspricht der vorher in 640d ZPO a.F. enthaltenen Regelung. Die Anordnung der förmlichen Beweisaufnahme in Abs. 2 Satz 1 ist dadurch erforderlich geworden, dass das FamFG Abstammungssachen als Verfahren der freiwilligen Gerichtsbarkeit ausgestaltet und in solchen Verfahren eine förmliche Beweisaufnahme nur dann zwingend ist, wenn dies ausdrücklich im Gesetz vorgesehen ist (§ 30 Abs. 2 FamFG). Die Regelung in Abs. 2 Satz 2 ist neu und soll es unter den dort genannten Voraussetzungen ermöglichen, von der Einholung eines gerichtlichen Abstammungsgutachtens abzusehen, wenn bereits ein privat eingeholtes derartiges Gutachten vorliegt. **1**

6 Kemper/Schreiber/*Fritsche*, § 176 FamFG Rn. 4
7 Prütting/Helms/*Dürbeck*, § 176 FamFG Rn. 5
8 MüKo-FamFG/*Coester-Waltjen/Lugani*, § 176 Rn. 9
9 Prütting/Helms/*Dürbeck*, § 176 FamFG Rn. 6

B. Inhalt der Norm

I. Einschränkung der Amtsermittlung (Abs. 1)

2 Abstammungssachen unterliegen der gerichtlichen Amtsermittlung nach § 26 FamFG. Diese Pflicht zur Amtsermittlung wird durch Abs. 1 in Verfahren auf **Anfechtung der Vaterschaft** auf solche Umstände beschränkt, die dem Fortbestand der Vaterschaft dienen. Denn der Anfechtungsberechtigte kann über die Verwertung anfechtungsgünstiger Tatsachen ebenso disponieren wie über die Ausübung des Anfechtungsrechts selbst.[1] Tatsachen, die geeignet sind, der Anfechtung der Vaterschaft zum Erfolg zu verhelfen, dürfen vom Gericht nur berücksichtigt werden, wenn sie vom Anfechtenden vorgebracht werden. Hat sie ein anderer Beteiligter, der nicht Antragsteller ist, vorgebracht, darf das Gericht sie nur berücksichtigen, wenn der Anfechtende einer Berücksichtigung nicht widerspricht. Der Widerspruch des Anfechtenden muss deutlich sein,[2] jedoch kann sich dieser Widerspruch schon daraus ergeben, dass die Tatsachen zu dem eigenen Vortrag des Anfechtenden in Widerspruch stehen.[3] Trägt etwa der Anfechtende vor, zu einem Zeitpunkt mit der Kindesmutter Geschlechtsverkehr ausgeübt zu haben, der vor der Empfängniszeit lag und daher von vornherein seine Vaterschaft ausgeschlossen erscheinen ließ, ist sein später als zwei Jahre nach Kenntnis von der erfolgten Geburt des Kindes eingereichter Antrag auf Anfechtung der Vaterschaft selbst dann verfristet, wenn andere Beteiligte einen späteren Zeitpunkt des Geschlechtsverkehrs vortragen.[4] Wollen andere Beteiligte die Berücksichtigung solcher Umstände erreichen, können sie dies gegen den Widerspruch des Anfechtenden nur erreichen, wenn sie selbst einen Anfechtungsantrag stellen.[5]

3 Das Gericht darf somit nicht von Amts wegen **gegen die Vaterschaft sprechende Umstände** ermitteln oder in das Verfahren einführen. Wenn der Anfechtende Mehrverkehr der Kindesmutter nicht vorträgt, darf das Gericht eine etwaige Kenntnis von einem solchen Mehrverkehr – z.B. aus einem Scheidungsverfahren des weiteren Mannes, der mit der Mutter Geschlechtsverkehr hatte – nicht von Amts wegen berücksichtigen. Hat ein die Vaterschaft anfechtender Vater keine gegen das Vorliegen einer sozial-familiären Beziehung zwischen dem Kind und dem rechtlichen Vater sprechenden Umstände dargelegt, muss das Gericht ohne weitere Amtsermittlung davon ausgehen, dass der rechtliche Vater weiterhin Verantwortung für das Kind trägt.[6] Trägt der Anfechtende einen Zeitpunkt der Kenntniserlangung von gegen die Vaterschaft sprechenden Umständen vor, nach dem die Anfechtungsfrist bereits verstrichen wäre, darf das Gericht einen von einem anderen Beteiligten behaupteten späteren Zeitpunkt der Kenntniserlangung, bei dem die Anfechtungsfrist noch gewahrt wäre, nicht zugrunde legen, sofern sich der Anfechtende diesen anderen Vortrag nicht zu eigen macht oder der andere Beteiligte nicht selbst einen Antrag auf Anfechtung der Vaterschaft stellt.

4 Alle dem **Fortbestand der Vaterschaft** dienenden Umstände muss das Gericht von Amts wegen ermitteln und berücksichtigen. Dazu zählen insbesondere alle Umstände, aus denen sich eine Verfristung des Anfechtungsantrags (§ 1600b Abs. 1 BGB) ergeben können. Trägt der Anfechtende einen Zeitpunkt der Kenntniserlangung von gegen die Vaterschaft sprechenden Umständen vor, bei welchem die Anfechtungsfrist gewahrt wäre, erlangt das Gericht aber Kenntnis davon, dass der Anfechtende schon länger als zwei Jahre vor der Einleitung des Anfechtungsverfahrens Kenntnis von gegen die Vaterschaft sprechenden

---

1 MüKo-FamFG/*Coester-Waltjen/Lugani*, § 177 Rn. 7
2 MüKo-FamFG/*Coester-Waltjen/Lugani*, § 177 Rn. 4
3 Kemper/Schreiber/*Fritsche*, § 177 FamFG Rn. 5
4 BGH FamRZ 1990, 507, 508
5 Staudinger/*Rauscher*, Anh. zu § 1600d BGB Rn. 74
6 BGH FamRZ 2008, 1821

Umständen hatte, kann die Anfechtung selbst dann keinen Erfolg haben, wenn keiner der Beteiligten sich auf eine Verfristung beruft. Ebenso muss das Gericht von Amts wegen Umstände berücksichtigen, die für das Bestehen einer sozial-familiären Beziehung zwischen dem rechtlichen Vater und dem Kind sprechen und damit dem Anfechtungsrecht des potentiellen leiblichen Vaters entgegenstehen.[7]

II. Förmliche Beweisaufnahme (Abs. 2 Satz 1)

In Verfahren der freiwilligen Gerichtsbarkeit entscheidet das Gericht nach pflichtgemäßem Ermessen, ob es entscheidungserhebliche Tatsachen durch eine förmliche Beweisaufnahme dem Beweisverfahren der ZPO entsprechend feststellt oder ob es Feststellungen im Wege des Freibeweises trifft (§ 30 Abs. 1 FamFG). Etwas anderes gilt jedoch dann, wenn das FamFG die förmliche Beweisaufnahme ausdrücklich vorsieht (§ 30 Abs. 2 FamFG), wie dies durch § 177 Abs. 2 Satz 1 FamFG erfolgt. Nach dieser Bestimmung muss in Verfahren nach § 169 Nr. 1 und Nr. 4 FamFG **über die Abstammung** eine förmliche Beweisaufnahme stattfinden.[8] Dabei beschränkt sich die förmliche Beweisaufnahme nicht allein auf das Abstammungsgutachten selbst, sondern auch auf alle anderen Beweismittel und Beweisfragen – wie etwa der Einhaltung der Anfechtungsfrist. 5

Damit gilt in Verfahren auf Feststellung des Bestehens eines Eltern-Kind-Verhältnisses, auf Feststellung der Vaterschaft und auf Anfechtung der Vaterschaft der Strengbeweis. Es muss mit den Beweismitteln der ZPO Beweis erhoben werden. Dies erstreckt sich jedoch nur auf die **Durchführung der Beweiserhebung**, nicht darauf, ob Beweis erhoben wird, da letzteres aus der Pflicht zur Amtsermittlung folgt. Es bedarf daher keines Beweisantritts der Beteiligten und keiner Beweisanträge.[9] Die Beteiligten können jedoch Beweisanträge stellen, um die Heranziehung bestimmter Beweismittel zu erreichen. Dies hat insbesondere Bedeutung, wenn der Mann, der als Vater festgestellt werden soll, Mehrverkehr der Kindesmutter behauptet und diesen unter Beweis stellt. Über entsprechende **Beweisanträge** hat das Gericht in Anlehnung an § 244 Abs. 3 StPO zu entscheiden.[10] Das Gericht darf solche Beweisanträge nicht mit der Begründung ablehnen, nach dem Ergebnis des Abstammungsgutachtens stehe die Vaterschaft bereits fest, selbst wenn das Gutachten eine sehr hohe Vaterschaftswahrscheinlichkeit aufweist, da auch eine hohe Vaterschaftswahrscheinlichkeit bei Mehrverkehr in Frage gestellt sein kann.[11] 6

Erforderlich ist ein **Beweisbeschluss** (§§ 358 ff. ZPO),[12] wobei es jedoch keinen im Beschluss zu benennenden Beweisführer gibt, soweit die Pflicht zur Amtsermittlung besteht.[13] Für die Durchführung des Zeugenbeweises gelten die Regelungen der §§ 375 ff. ZPO entsprechend, im Rahmen der Amtsermittlung jedoch nicht die Regelung des § 373 ZPO über den Beweisantritt. Für das Abstammungsgutachten gelten die Bestimmungen der ZPO über den Sachverständigenbeweis (§§ 402 ff. ZPO) entsprechend, soweit das FamFG keine abweichenden Regelungen enthält. Bei der Durchführung der Vernehmung der Beteiligten ist insbesondere § 452 ZPO zu beachten. Der Beweisbeschluss ist nicht anfechtbar, auch nicht die Anordnung einer Abstammungsuntersuchung.[14] 7

7 MüKo-FamFG/*Coester-Waltjen/Lugani*, § 177 Rn. 3
8 Vgl. hierzu z.B. *Wellenhofer*, NZFam 2014, 117 ff.
9 Kemper/Schreiber/*Fritsche*, § 177 FamFG Rn. 6
10 Prütting/Helms/*Dürbeck*, § 177 FamFG Rn. 23; ausführlich hierzu auch *Grün*, Vaterschaftsfeststellung, Rn. 361 ff.
11 BGH FamRZ 2006, 1745
12 MüKo-FamFG/*Coester-Waltjen/Lugani*, § 177 Rn. 10
13 Kemper/Schreiber/*Fritsche*, § 177 FamFG Rn. 6
14 BGH FamRZ 2007, 1728; vgl. hierzu auch hier *Grün*, § 178 FamFG Rn. 12 ff.

7a Über das wesentliche Ergebnis der Beweisaufnahme ist nach § 28 Abs. 4 FamFG ein **Vermerk** zu fertigen. Die strengen Anforderungen der Protokollierungsgrundsätze von §§ 160 ff. ZPO gelten hier nicht, weil § 28 Abs. 4 FamFG insoweit *lex specialis* ist.[15]

8 Zur Durchsetzung der Beweisaufnahme muss das Gericht die Zwangsmittel der ZPO anwenden, wobei die Mitwirkung an der Abstammungsbegutachtung unter den Voraussetzungen des § 178 Abs. 2 FamFG auch durch Anwendung unmittelbaren Zwangs durchgesetzt werden kann.[16]

III. Verwertung von Privatgutachten (Abs. 2 Satz 2)

9 Unter den Voraussetzungen des Abs. 2 Satz 2 kann das Gericht auf die Einholung eines gerichtlichen – weiteren – Abstammungsgutachtens verzichten. Jedoch sollte im Interesse der Statuswahrheit davon nicht leichtfertig Gebrauch gemacht werden. Das Gericht muss sich insbesondere eine Überzeugung davon bilden, dass das eingeholte Gutachten gesetzmäßig auf der Grundlage des Gendiagnostikgesetzes[17] und richtliniengemäß erstellt wurde,[18] was sich nicht nur auf die Auswertung des erhobenen Befundes, sondern auch auf die Probeentnahme, den Kreis der Miteinzubeziehenden und die Gewährleistung der Personenidentität der untersuchten Person erstreckt.

10 Es kann nur ein **mit Zustimmung der Beteiligten eingeholtes Gutachten** – mithin nicht ein heimlich eingeholtes Abstammungsgutachten – verwertet werden,[19] selbst wenn alle Beteiligten der Verwertung im Verfahren zustimmen. Abgesehen davon, dass heimliche Vaterschaftstests gesetzeswidrig sind,[20] scheidet deren Verwertung auch deshalb aus, weil die Probengewinnung nicht dem GenDG und den Richtlinien der Gendiagnostik-Kommission für Abstammungsgutachten entspricht,[21] weshalb von vornherein Zweifel an der Richtigkeit des Gutachtens bestehen müssen.

11 Die Beteiligten müssen die **Zustimmung zur Verwertung des Gutachtens** erklären. Dies gilt auch, wenn es sich um ein in Folge eines Verfahrens nach § 1598a Abs. 2 BGB eingeholtes Gutachten handelt.[22] Es ist immer eine ausdrückliche Zustimmung aller Beteiligten erforderlich, so dass bereits die fehlende Zustimmung eines Verfahrensbeteiligten die Verwertung hindert. Das Schweigen auf die Frage nach der Zustimmung zur Verwertung darf nicht als Zustimmung behandelt werden.[23] Aus der Zustimmung zur Einholung des Gutachtens darf nicht auf die Zustimmung zur Verwertung des Gutachtens im Verfahren geschlossen werden.[24] Die Verweigerung der Zustimmung muss nicht begründet werden.[25]

12 Das Gericht darf auch bei Zustimmung der Beteiligten ein privat eingeholtes Gutachten nur verwerten, wenn es **keine Zweifel an der Richtigkeit** und Vollständigkeit der im Gutachten getroffenen Feststellungen hat. Im Hinblick auf die Fehleranfälligkeit von Abstammungsuntersuchungen, insbesondere was die Probeentnahme selbst und die dabei zu beachtende Identitätssicherung sowie die Heranziehung der zutreffenden populations-

15 Prütting/Helms/*Dürbeck*, § 177 FamFG Rn. 7; Schulte-Bunert/Weinreich/*Brinkmann*, § 30 FamFG Rn. 32; a.A.: MüKo-FamFG/*Coester-Waltjen/Lugani*, § 177 Rn. 10

16 Wegen der Folgen einer Beweisvereitelung wird auf die Kommentierung zu § 178 FamFG verwiesen

17 OLG Celle JurBüro 2018, 534: keine Einbeziehung der Mutter; vgl. hierzu auch *Genenger*, NJW 2010, 113

18 Richtlinie der Gendiagnostik-Kommission (GEKO) für die Anforderungen an die Durchführung genetischer Analysen zur Klärung der Abstammung und an die Qualifikation von ärztlichen und nichtärztlichen Sachverständigen gemäß § 23 Abs. 2 Nr. 4 und Nr. 2b GenDG, Bundesgesundheitsblatt 2013, 169 ff., auch veröffentlicht auf der Homepage des Robert-Koch-Instituts (www.rki.de)

19 MüKo-FamFG/*Coester-Waltjen/Lugani*, § 177 Rn. 12; Prütting/Helms/*Dürbeck*, § 177 FamFG Rn. 10

20 Vgl. BVerfG FamRZ 2007, 753; BGH FamRZ 2007, 1314; FamRZ 2005, 340

21 Siehe Fn. 18

22 OLG Naumburg NJW-RR 2013, 1413

23 MüKo-FamFG/*Coester-Waltjen/Lugani*, § 177 Rn. 17

24 Kemper/Schreiber/*Fritsche*, § 177 FamFG Rn. 7

25 MüKo-FamFG/*Coester-Waltjen/Lugani*, § 177 Rn. 16

genetischen Merkmalverteilung bei der Wahrscheinlichkeitsberechnung betrifft (vgl. hierzu *Grün,* § 1600d BGB Rn. 6 ff.), sollte das Gericht unbedingt von einer Verwertung von Gutachten absehen, die von einem Institut erstellt wurden, das nicht die Qualitätsanforderungen der Richtlinien der Gendiagnostik-Kommission erfüllt. Die Statuswahrheit hat Vorrang vor dem Kosteninteresse der Beteiligten oder der Staatskasse.

§ 178 FamFG Untersuchungen zur Feststellung der Abstammung

1) Soweit es zur Feststellung der Abstammung erforderlich ist, hat jede Person Untersuchungen, insbesondere die Entnahme von Blutproben, zu dulden, es sei denn, dass ihr die Untersuchung nicht zugemutet werden kann.

(2) [1]Die §§ 386 bis 390 der Zivilprozessordnung gelten entsprechend. [2]Bei wiederholter unberechtigter Verweigerung der Untersuchung kann auch unmittelbarer Zwang angewendet, insbesondere die zwangsweise Vorführung zur Untersuchung angeordnet werden.

Übersicht

	Rn.
A. Allgemeines	1
B. Inhalt der Norm	2
I. Duldungspflicht der Untersuchungsperson (Abs. 1)	2
1. Umfang der Duldungspflicht und betroffener Personenkreis	2
2. Voraussetzungen der Duldungspflicht	4
II. Verweigerung der Untersuchung (Abs. 2)	12
1. Geltendmachung eines Weigerungsrechts	13
2. Durchsetzung der Untersuchung	17
C. Beweisvereitelung	22
D. Abstammungsgutachten	26

A. Allgemeines

Die Bestimmung entspricht der – weiterhin geltenden – wortgleichen Regelung des § 372a ZPO, die jedoch nur noch für Abstammungsuntersuchungen außerhalb von Abstammungsverfahren Bedeutung hat. In Abstammungssachen i.S.v. § 169 FamFG gilt allein die Regelung des § 178 FamFG, der in Abs. 1 die Pflicht zur Mitwirkung an zum Zwecke der Beweisaufnahme gerichtlich angeordneten Abstammungsuntersuchungen und in Abs. 2 die gerichtliche Durchsetzung der Mitwirkungspflicht regelt. 1

B. Inhalt der Norm

I. Duldungspflicht der Untersuchungsperson (Abs. 1)

1. Umfang der Duldungspflicht und betroffener Personenkreis

Die Verpflichtung zur Duldung der Untersuchung umfasst nicht nur die passive Hinnahme von Untersuchungsmaßnahmen, sondern **auch aktives Verhalten** des Pflichtigen, wie etwa das Aufsuchen der Untersuchungsstelle, die Mitwirkung an der Identitätsprüfung und Identitätssicherung,[1] die Duldung der Anfertigung eines Lichtbildes und eines Fingerabdrucks sowie die Mitwirkung an der Probeentnahme und die Duldung des damit verbundenen Eingriffs. 2

Die Anordnung der Abstammungsuntersuchung kann sich nicht nur auf Beteiligte des Verfahrens beziehen, sondern auf **alle Personen**, deren Untersuchung für die Klärung der 3

1 AG Hohenstein-Ernstthal FamRZ 2006, 1769

Abstammung erforderlich ist. Damit werden auch Dritte – wie etwa die Angehörigen eines bereits verstorbenen Putativvaters – erfasst.[2]

2. Voraussetzungen der Duldungspflicht

4 Eine Anordnung nach § 178 FamFG kann nur ergehen, wenn in einem **Abstammungsverfahren** nach § 169 FamFG die **Feststellung der Abstammung entscheidungserheblich** ist. Dies ist nur in Verfahren nach § 169 Nr. 1 und Nr. 4 FamFG der Fall, also insbesondere bei der Feststellung der Vaterschaft und bei der Anfechtung der Vaterschaft. In Verfahren nach § 169 Nr. 2 und Nr. 3 FamFG (Klärungsverfahren nach § 1598a BGB) erfolgt keine gerichtliche Feststellung der Abstammung, sondern es wird nur die Einwilligung in ein außergerichtlich einzuholendes Abstammungsgutachten ersetzt und die Duldung der Probeentnahme angeordnet, die dann nach §§ 95, 96a Abs. 2 FamFG vollstreckt wird. In einem solchen Verfahren kann daher keine Anordnung nach § 178 FamFG erfolgen.[3]

5 Eine Untersuchungsmaßnahme darf nur angeordnet werden, wenn sie **erforderlich** ist. Daran fehlt es, wenn schon die Zugangsvoraussetzungen für das konkrete Abstammungsverfahren oder die beantragte Entscheidung nicht vorliegen. So kommt z.B. in einem Restitutionsverfahren (§ 580 ZPO, § 185 FamFG) die Anordnung der Abstammungsuntersuchung erst in Betracht, wenn der Wiederaufnahmeantrag zulässig ist und ein Restitutionsgrund tatsächlich vorliegt.[4] Ist ein Verfahren auf Feststellung der Vaterschaft von einem Antragsteller eingeleitet worden, der nicht antragsberechtigt ist (vgl. *Grün,* § 1600d BGB Rn. 26), oder wurde die Anfechtung der Vaterschaft nicht von einem nach § 1600 Abs. 1 BGB Anfechtungsberechtigten beantragt (vgl. *Grün,* § 1600 BGB Rn. 6 ff.), scheidet die Anordnung einer Abstammungsuntersuchung aus. Eine Abstammungsuntersuchung ist auch dann nicht erforderlich, wenn sich in einem Verfahren auf Anfechtung der Vaterschaft durch den potentiellen leiblichen Vater (§ 1600 Abs. 1 Nr. 2 BGB) ergibt, dass zwischen dem rechtlichen Vater und dem Kind eine sozial-familiäre Beziehung besteht (§ 1600 Abs. 2 BGB). Es steht deshalb **nicht im Belieben des Gerichts**, ob dann, wenn neben der Abstammung auch weitere Anspruchsvoraussetzungen im Streit stehen, zunächst die Abstammungsuntersuchung oder zunächst die Klärung der übrigen Voraussetzungen erfolgt. Je fraglicher die übrigen Voraussetzungen sind, umso eher sind diese zunächst zu klären, bevor ein Betroffener dem Grundrechtseingriff der Abstammungsuntersuchung ausgesetzt wird.[5] Zur Beurteilung der Erforderlichkeit der Einbeziehung einer Person in eine Abstammungsuntersuchung ist es daher unbedingt erforderlich, vorher einen Erörterungstermin durchzuführen, was durch § 175 Abs. 1 FamFG ausdrücklich vorgeschrieben ist (vgl. *Grün,* § 175 FamFG Rn. 5 ff.). Stellt sich etwa in einem Verfahren auf Feststellung der Vaterschaft als Ergebnis dieses Erörterungstermins zur Überzeugung des Gerichts heraus, dass der als möglicher Vater benannte Mann in der Empfängniszeit keinen Geschlechtsverkehr mit der Kindesmutter hatte, verbietet sich dessen Einbeziehung in ein Abstammungsgutachten.

6 Die angeordnete Untersuchung muss zur Klärung der Abstammung **geeignet** sein. Es darf nur eine **anerkannte wissenschaftliche Methode** der Abstammungsbegutachtung angeordnet werden.[6] Ferner muss die Untersuchungsmethode im konkreten Fall auch Erfolg versprechen. Steht z.B. fest, dass die Kindesmutter in der Empfängniszeit Geschlechtsver-

---

2 Zöller/*Greger,* § 178 FamFG Rn. 1

3 Hinsichtlich der Erforderlichkeit einer klaren gesetzlichen Grundlage für die gerichtliche Anordnung einer Abstammungsuntersuchung vgl. auch BVerfG ZKJ 2013, 407

4 Vgl. OLG Celle FamRZ 2000, 1510; vgl. auch hier *Grün,* § 185 FamFG Rn. 4

5 BVerfG FamRZ 2015, 212

6 OLG Naumburg FamRZ 2001, 931

kehr mit monozygoten Zwillingsbrüdern hatte, lässt sich nach derzeitigem Stand der Technik mit einer „whole-genome-sequenzing" nicht klären, von welchem der beiden Zwillingsbrüder das Kind abstammt, weshalb die Abgabe einer Spermaprobe für eine solche Untersuchung nicht verlangt werden kann.[7]

Die Untersuchung darf nach ihrer Art oder nach den Folgen ihres Ergebnisses für den zu Untersuchenden nicht unzumutbar sein. Die **Zumutbarkeit** fehlt, wenn die Art der Untersuchung für die Untersuchungsperson gesundheitliche Schäden befürchten lässt. Die in der Vergangenheit in diesem Zusammenhang gelegentlich geltend gemachte „Spritzenphobie"[8] hat heute keine Bedeutung mehr, da eine Begutachtung in der Regel auch auf der Grundlage eines Mundschleimhautabstrichs oder sonstigen entnommenen DNA-Untersuchungsmaterials erfolgen kann. **7**

Blutproben dürfen im Hinblick auf die Verhältnismäßigkeit des damit verbundenen Eingriffs in die körperliche Unversehrtheit nur in Ausnahmefällen entnommen werden, deren Gründe durch den Sachverständigen darzulegen sind.[9] Die Verpflichtung zur Duldung einer **DNA-Untersuchung** verstößt im Übrigen nicht gegen das von Art. 8 EMRK geschützte Recht auf Achtung des Privatlebens.[10] Versäumt ein Beteiligter unentschuldigt mehrfach Termine zur Abstammungsuntersuchung, kann dies nach § 81 Abs. 2 Nr. 4 bei der Kostenentscheidung zu berücksichtigen sein.[11] **7a**

Die Gefahr, dass das Untersuchungsergebnis **strafrechtliche Folgen** gegen die Untersuchungsperson selbst oder gegen Angehörige nach sich ziehen kann, begründet in der Regel keine Unzumutbarkeit. Dies gilt auch, wenn durch die Untersuchung eine strafbare Zeugung offenbart wird, etwa weil das Kind einer Inzestverbindung entstammt.[12] Etwas anderes kann jedoch dann gelten, wenn die Untersuchungsperson selbst nicht Beteiligter des Verfahrens ist.[13] Da es sich bei der Abstammungsuntersuchung nicht um einen Zeugenbeweis handelt, ist ein etwaiges **Zeugnisverweigerungsrecht** i.S.v. §§ 383 ff. ZPO unbeachtlich.[14] **8**

Eine Abstammungsuntersuchung ist nur dann zumutbar, wenn das Abstammungsgutachten ein im Verfahren **verwertbares Gutachten** erwarten lässt. Die Verwertbarkeit steht in Frage, wenn das Gericht einen Sachverständigen beauftragt, der nicht die Qualifikationsanforderungen der Richtlinien der Gendiagnostik-Kommission für die Abstammungsbegutachtung erfüllt.[15] **9**

Die Frage der Zumutbarkeit stellt sich insbesondere dann, wenn die zu untersuchende **Person bereits verstorben** ist und die Probeentnahme entweder **bei Verwandten** der Person erfolgen soll oder sie eine **Exhumierung** erfordert. Teilweise wird vertreten, eine Exhumierung sei nicht zumutbar, wenn bei lebenden Verwandten des verstorbenen Mannes Untersuchungsmaterial entnommen werden könne.[16] Die Untersuchung von Verwandten bringt aber nur dann sichere Erkenntnisse, wenn sich hierdurch die Vaterschaft bestätigt. Ergibt sich aus einer solchen Untersuchung ein Ausschluss der Vaterschaft, kann dies auch **10**

---

7 OLG Celle FamRZ 2013, 1669
8 Vgl. OLG Koblenz NJW 1976, 379
9 OLG Frankfurt NZFam 2019, 431
10 EGMR v. 29.1.2019 – Nr. 62257/15 – *Mifsud/Malta*, in engl. Sprache abrufbar unter hudoc.echr.coe.int
11 OLG Saarbrücken NZFam 2019, 461 (*Dürbeck*)
12 BGH NJW 1964, 1469, 1371; OLG Frankfurt NJW 1970, 1257; OLG Karlsruhe FamRZ 1992, 334; OLG Köln NJW 1993, 474; OLG Hamm FamRZ 1993, 76
13 Zöller/*Greger,* § 178 FamFG Rn. 5
14 BGH NJW 1990, 2936; OLG Naumburg FamRZ 1993, 1099
15 Bundesgesundheitsblatt 2013, 169 ff., auch veröffentlicht auf der Homepage des Robert-Koch-Instituts (www.rki.de)
16 OLG Celle FamRZ 2010, 1510; OLG Hamm FamRZ 2005, 1192

daran liegen, dass entgegen der Annahme der Beteiligten eine als Kind des Verstorbenen untersuchte Person nicht von dem Verstorbenen abstammt oder – bei einer Untersuchung von Eltern oder Geschwistern der verstorbenen Person – dass der Verstorbene oder das Geschwisterkind nicht von den Eltern abstammt. Deshalb gewährleistet eine solche Untersuchung nicht von vornherein, dass eine Exhumierung vermieden wird.[17] Werden Verwandte des Verstorbenen in die Abstammungsuntersuchung einbezogen, können diese die Mitwirkung nicht wegen der finanziellen Auswirkungen einer Vaterschaftsklärung verweigern und auch nicht deshalb, weil der Antragsteller die Vaterschaft auch schon zu Lebzeiten des Mannes hätte klären lassen können.[18]

11 Der mit einer Exhumierung einhergehende Eingriff in die Totenruhe begründet keine Unzumutbarkeit. Das **postmortale Persönlichkeitsrecht** tritt regelmäßig hinter das Interesse des Kindes auf Kenntnis der eigenen Abstammung zurück.[19] Dies gilt auch bei einem volljährigen Kind jedenfalls dann, wenn sein Interesse an der Vaterschaftsklärung nachhaltig unter Beweis gestellt ist, er insbesondere nicht allein finanzielle Motive für die Klärung der Abstammung hat, die Exhumierung unvermeidbar ist und die Angehörigen für ihre Verweigerung der Exhumierung keine besonders anerkennungswürdigen Gründe haben.[20]

II. Verweigerung der Untersuchung (Abs. 2)

12 Wenn die Untersuchungsperson die Mitwirkung an der Abstammungsuntersuchung verweigert, ist danach zu unterscheiden, ob von ihr ein Weigerungsrecht geltend gemacht wird oder ob sie ohne Angabe von Gründen der Untersuchung fernbleibt.

1. Geltendmachung eines Weigerungsrechts

13 Macht die Untersuchungsperson ein Weigerungsrecht geltend, so folgt aus der Verweisung in Abs. 2 Satz 1, dass zunächst über die Rechtmäßigkeit der Weigerung in entsprechender Anwendung von § 387 ZPO in einem Zwischenverfahren durch **Zwischenbeschluss** zu entscheiden ist.[21] Die Entscheidung des Zwischenverfahrens obliegt dem mit der Abstammungsklärung befassten Gericht. Im erstinstanzlichen Zwischenverfahren entstehen keine gesonderten Gerichts- und Anwaltsgebühren (vgl. § 19 Abs. 1 Satz 2 Nr. 3 RVG), so dass insoweit auch nicht Verfahrenskostenhilfe bewilligt werden kann.[22]

Ist die **Weigerung rechtmäßig**, wird in der Zwischenentscheidung die Weigerung für berechtigt erklärt. Die angeordnete Untersuchung ist dann nicht mehr durchsetzbar. Ist die Weigerung unbegründet, wird sie mit der Zwischenentscheidung für **unberechtigt** erklärt. Gegen den Zwischenbeschluss des Amtsgerichts ist die **Beschwerde** zum Oberlandesgericht eröffnet. Erst mit Rechtskraft dieser Entscheidung können gerichtliche Maßnahmen zur Durchsetzung der Untersuchungsanordnung getroffen werden.

14 Die **Entscheidung über die Verweigerung** der Untersuchung trifft die Untersuchungsperson selbst. Dies gilt auch für einen Minderjährigen, wenn er bereits die notwendige Verstandesreife hat, wobei hierfür die Vollendung des 14. Lebensjahres ein Anhaltspunkt sein kann.[23] Wenn er noch nicht die notwendige Verstandesreife hat, entscheidet über die Duldung und Mitwirkung des Kindes an der Untersuchung der gesetzliche Vertreter.[24] Die Gel-

17 Vgl. auch OLG Nürnberg FamRZ 2005, 728
18 OLG München FamRZ 2012, 57
19 BGH FamRZ 2015, 39; OLG München FamRZ 2001, 126
20 EuGHMR FamRZ 2006, 1354
21 OLG Brandenburg FamRZ 2011, 397; OLG Saarbrücken FamFR 2010, 429; OLG Brandenburg FamRZ 2007, 1755
22 A.A. zu Unrecht OLG Hamburg FamRZ 2009, 1232
23 OLG Celle FamRZ 2018, 1851; OLG Karlsruhe FamRZ 1998, 563; Prütting/Helms/*Dürbeck*, § 178 FamFG Rn. 12
24 OLG Naumburg DAVorm 2000, 495

tendmachung eines Weigerungsrechts rechtfertigt nicht einen Eingriff in die elterliche Sorge des die Weigerung erklärenden Elternteils, weil über die Berechtigung der Weigerung im Zwischenverfahren entschieden werden kann.[25] Die Verweigerung der Untersuchung des Kindes ohne Geltendmachung von Weigerungsrechten kann jedoch Anlass sein, dem Elternteil die Vertretungsbefugnis hinsichtlich der Entscheidung über die Mitwirkung des Kindes wegen Interessenkollision zu entziehen – allerdings wegen § 1629 Abs. 2 Satz 3 BGB nicht in einem Verfahren auf Feststellung der Vaterschaft (vgl. *Grün,* § 1600d BGB Rn. 29).

Die Verweigerung kann darauf gestützt werden, dass die Abstammungsuntersuchung **nicht erforderlich** sei.[26] Ist die Anfechtung der Vaterschaft vom Fehlen einer sozial-familiären Beziehung zwischen dem rechtlichen Vater und dem Kind abhängig und wird die Verweigerung mit dem Bestehen einer solchen Beziehung begründet, so ist die Verweigerung rechtmäßig, wenn diese Anfechtungsvoraussetzung fehlt. Deshalb muss bei einer hierauf gestützten Weigerung das Vorliegen der Anfechtungsvoraussetzung im Zwischenverfahren geklärt werden.[27] **15**

Die Verweigerung der Untersuchung kann nicht unter Berufung auf das Grundrecht der Glaubensfreiheit und der ungestörten Religionsausübung oder auf das Recht der **informationellen Selbstbestimmung** und der Wahrung der Intimsphäre verweigert werden.[28] **16**

2. Durchsetzung der Untersuchung

Bei **schlichter Verweigerung** der Untersuchung ohne Geltendmachung von Weigerungsgründen kann ohne vorausgehendes Zwischenverfahren die Untersuchung mit Zwangsmitteln durchgesetzt werden. Das gleiche gilt, wenn ein geltend gemachtes Weigerungsrecht im Zwischenverfahren rechtskräftig für unberechtigt erklärt wurde. **17**

Voraussetzung für Zwangsmittel ist zunächst, dass die **Untersuchungsanordnung ordnungsgemäß** ergangen ist. Es ist ein gerichtlicher **Beschluss** erforderlich, der die Art des einzuholenden Sachverständigengutachtens, den beauftragten Sachverständigen und die in die Begutachtung einzubeziehenden Personen hinreichend bestimmt bezeichnet.[29] Der Beweisbeschluss selbst ist nicht anfechtbar, sondern es kann nur im Zwischenverfahren nach § 178 Abs. 2 FamFG i.V.m. § 387 ZPO geprüft werden, ob von der Untersuchungsperson geltend gemachte Weigerungsgründe berechtigt sind.[30] **18**

Zwangsmittel können erst dann verhängt werden, wenn einer **gerichtlichen Aufforderung zur Untersuchung** nicht Folge geleistet wurde. Es reicht nicht aus, dass der Betroffene einer Ladung des Sachverständigen nicht gefolgt ist, sondern die Ladung muss durch das Gericht selbst erfolgen.[31] In der Ladung muss auf die Möglichkeit von Zwangsmitteln hingewiesen werden. **19**

Zur Erzwingung der Untersuchung kann gemäß § 178 Abs. 2 Satz 1 FamFG i.V.m. § 390 Abs. 1 ZPO **Ordnungsgeld** und für den Fall, dass dieses nicht beigetrieben werden kann, **Ordnungshaft** angeordnet werden. Der Rahmen für das Ordnungsgeld erstreckt sich von 5 Euro bis 1.000 Euro, der Rahmen für die Ersatzordnungshaft von einem Tag bis sechs Wochen (Art. 6 EGStGB). Bei **wiederholter Weigerung** würde wegen der Verweisung in **20**

25 OLG Karlsruhe FamRZ 2007, 738
26 OLG Nürnberg FamRZ 2005, 728
27 OLG Naumburg FamRZ 2012, 1148
28 OLG Brandenburg FamRZ 2010, 1826; OLG Jena FamRZ 2007, 1676
29 Zöller/*Greger,* § 178 FamFG Rn. 7
30 BGH FamRZ 2007, 1728
31 OLG Naumburg FamRZ 2001, 1010

§ 178 Abs. 2 Satz 1 FamFG an sich auch die Möglichkeit der Anordnung von Beugehaft (§ 390 Abs. 2 ZPO) bestehen. Jedoch gilt insoweit die speziellere Regelung des § 178 Abs. 2 Satz 2 FamFG, wodurch die Möglichkeit eröffnet ist, zur Durchsetzung der Untersuchung unmittelbaren Zwang anzuwenden, insbesondere die zwangsweise **Vorführung** der Untersuchungsperson durch den Gerichtsvollzieher zum Zwecke der Untersuchung anzuordnen.

21 Gegen **Strafunmündige** können keine Zwangsmittel angeordnet werden. Streitig ist, ob bei unberechtigter Weigerung eines Minderjährigen Zwangsmittel gegen den gesetzlichen Vertreter in Betracht kommen oder ob stattdessen gegen diesen sorgerechtliche Maßnahmen zu ergreifen sind.[32]

C. Beweisvereitelung

22 In Verfahren auf **Feststellung der Vaterschaft** kann die grundlose Verweigerung der Mitwirkung an der Abstammungsuntersuchung durch den als Vater geltend gemachten Mann Rechtsfolgen nach den Grundsätzen der Beweisvereitelung nach sich ziehen. Diese bestehen jedoch nicht in einer Umkehrung der Beweislast, sondern es ist unter Anwendung der **Vermutungswirkung des § 1600d Abs. 2 BGB** zu entscheiden. Der Mann kann unter engen Voraussetzungen so behandelt werden, als hätte die Begutachtung keine Anhaltspunkte für schwerwiegende Zweifel an der Vaterschaft i.S.v. § 1600d Abs. 2 Satz 2 BGB erbracht.[33] Steht allerdings fest, dass Mehrverkehr der Kindesmutter in der Empfängniszeit stattgefunden hat, verhilft die Vermutungswirkung nicht zur Feststellung der Vaterschaft.[34] Erforderlich ist aber immer die Feststellung der **Beiwohnung in der Empfängniszeit**. Diese Beiwohnung selbst kann nicht nach den Grundsätzen der Beweisvereitelung dem Mann als Sanktion für die Beweisvereitelung unterstellt werden.[35]

23 Erforderlich ist ferner die **grundlose oder unberechtigte Verweigerung der Untersuchung**. Bleibt eine Untersuchungsperson der Untersuchung fern, hat das Gericht[36] einen Untersuchungstermin zu bestimmen und die Person zu diesem Termin förmlich zu laden. Bleibt die Person der Untersuchung wiederum ohne Angabe von Gründen fern, liegt eine grundlose Verweigerung vor. Macht die Person Gründe für die Weigerung der Mitwirkung an der Abstammungsbegutachtung geltend, ist über die Berechtigung der Weigerung im Zwischenverfahren mit Zwischenbeschluss (§ 178 Abs. 2 FamFG, § 387 ZPO, § 38 FamFG) zu entscheiden. Wird mit Zwischenbeschluss die Weigerung für unbegründet erklärt, steht mit Rechtskraft dieser Entscheidung fest, dass die Weigerung unberechtigt war.[37]

24 Bei grundloser oder unberechtigter Weigerung ist vom Gericht eine **Frist zur Nachholung** der Mitwirkung zu bestimmen. Dies geschieht in der Weise, dass das Gericht erneut einen Termin zur Untersuchung bestimmt, zu dem der Betroffene vom Gericht geladen wird, wobei er auf die Möglichkeit der Anwendung der Grundsätze der Beweisvereitelung hinzuweisen ist.

25 Die Grundsätze der Beweisvereitelung kommen nur zur Anwendung, wenn eine Durchsetzung der Mitwirkung an der Abstammungsbegutachtung mit Hilfe von Zwangsmitteln nicht möglich ist. Dies gilt insbesondere, wenn die **Untersuchungsperson nicht greifbar** ist. Hält sich der als Vater in Anspruch genommene Mann im Ausland auf und verweigert er das Erscheinen zu einem inländischen Untersuchungstermin, hat das Gericht zu prüfen,

32 Vgl. OLG München FamRZ 1997, 1170
33 BGH FamRZ 1986, 663; FamRZ 1993, 691; AG Neustadt ZKJ 2007, 82
34 OLG Karlsruhe FamRZ 2001, 931
35 *Grün*, Vaterschaftsfeststellung, Rn. 182
36 OLG Naumburg FamRZ 2010, 1010
37 BGH FamRZ 1993, 691

ob eine Untersuchung im Wege internationaler Rechtshilfe durchsetzbar ist.[38] Erst wenn feststeht, dass dies nicht möglich ist, können die Grundsätze der Beweisvereitelung zur Anwendung kommen. Die bloße Vermutung der Nichtdurchsetzbarkeit reicht nicht aus.[39]

D. Abstammungsgutachten

Ein Abstammungsgutachten erbringt keinen wissenschaftlichen positiven Beweis der Vaterschaft, sondern die bei der Untersuchung festgestellten Übereinstimmungen der Blutmerkmale bzw. der DNA-Merkmale führen für sich genommen lediglich zu der Feststellung, ob der Mann der Vater sein kann. Wenn eine sichere Ausschlusskonstellation vorliegt (vgl. *Grün,* § 1600c BGB Rn. 7), kann der Mann nicht der Vater sein. Liegt jedoch keine sichere Ausschlusskonstellation vor, bedarf es einer Quantifizierung der Befunde durch geeignete statistische Maßzahlen. Es schließt sich daher jeweils ein statistisches Verfahren der Berechnung der Vaterschaftswahrscheinlichkeit an. Je mehr Merkmale das Kind und der untersuchte Mann gemeinsam haben, ohne dass das jeweilige gemeinsame Merkmal von der Mutter stammen kann, umso wahrscheinlicher ist die Vaterschaft des Mannes. Dem liegt die statistisch abgesicherte Erkenntnis zugrunde, dass bestimmte Blut- und/oder DNA-Merkmale in der Bevölkerung unterschiedlich oft anzutreffen sind. Wenn sowohl das Kind als auch der untersuchte Mann die gleichen selten vorkommenden Merkmale aufweisen, spricht eine hohe Wahrscheinlichkeit für die Vaterschaft des untersuchten Mannes. Die statistische Bewertung hängt von der Häufigkeitsverteilung der Merkmale ab, hinsichtlich derer bei der Untersuchung Übereinstimmungen gefunden wurden. Dies legt der BGH sehr anschaulich in seiner Entscheidung vom 3.5.2006 dar.[40] **26**

Zum Vorgehen bei der Abstammungsbegutachtung selbst und zur inhaltlichen Bewertung eines Abstammungsgutachtens wird auf die „Richtlinien der Gendiagnostik-Kommission für die Anforderungen an die Durchführung genetischer Analysen zur Klärung der Abstammung und an die Qualifikation von ärztlichen und nichtärztlichen Sachverständigen gemäß § 23 Abs. 2 Nr. 4 und Nr. 2 b GenDG" verwiesen.[41] Die Kenntnis dieser Richtlinien und der maßgeblichen Bestimmungen des GenDG ist für den mit Abstammungssachen befassten Praktiker unverzichtbar. Viele in der Praxis zu beobachtenden Fehler, wie etwa die Entnahme einer Speichelprobe durch den Richter selbst – was nach diesen Bestimmungen unzulässig ist –, die Nichteinbeziehung der Kindesmutter in die Untersuchung entgegen Nr. III 6.1. der Richtlinie[42] oder eine ungenügende Identitätsprüfung und Identitätssicherung im Rahmen der Probeentnahme, lassen sich nur damit erklären, dass die Richtlinien für Abstammungsgutachten nicht zur Kenntnis genommen oder für irrelevant erachtet werden. Dabei wird verkannt, dass diese Richtlinien die gesetzlichen Vorgaben des GenDG umsetzen.

38 Vgl. hierzu OLG Bremen FamRZ 2009, 802
39 OLG Hamm FamRZ 2003, 616
40 FamRZ 2006, 1745; weiterführend z.B. *Grün*, Vaterschaftsfeststellung, Rn. 383 ff; *Helms/Kieninger/Rittner*, Rn. 277 ff.
41 Bundesgesundheitsblatt 2013, 169 ff.; auch veröffentlicht auf der Homepage des Robert-Koch-Instituts (www.rki.de)
42 OLG Celle JurBüro 2018, 534

§ 179 FamFG Mehrheit von Verfahren

(1) [1]Abstammungssachen, die dasselbe Kind betreffen, können miteinander verbunden werden. [2]Mit einem Verfahren auf Feststellung des Bestehens der Vaterschaft kann eine Unterhaltssache nach § 237 verbunden werden.

(2) Im Übrigen ist eine Verbindung von Abstammungssachen miteinander oder mit anderen Verfahren unzulässig.

Übersicht

	Rn.
A. Allgemeines	1
B. Inhalt der Norm	2
I. Eingeschränkte Möglichkeit der Verfahrensverbindung (Abs. 1)	2
II. Ausschluss sonstiger Verfahrensverbindung (Abs. 2)	10
III. Verfahrenswert	10a
IV. Kostenentscheidung	10b
C. Exkurs: Unterhalt bei Feststellung der Vaterschaft (§ 237 FamFG)	11

A. Allgemeines

1 Die Regelung will gewährleisten, dass sich Abstammungsverfahren auf die Klärung der Abstammung konzentrieren und diese Klärung nicht dadurch verzögert wird, dass andere Verfahrensgegenstände in das Verfahren hineingezogen oder mit dem Verfahren verbunden werden. Dies entspricht im Grundsatz der vor dem FamFG geltenden Rechtslage (§ 640c ZPO a.F.). Von dem Verbindungsverbot des Abs. 2 werden durch Abs. 1 dasselbe Kind betreffende Abstammungssachen sowie – bei einem Verfahren auf Feststellung der Vaterschaft – die Geltendmachung von Unterhalt bei Feststellung der Vaterschaft nach § 237 FamFG ausgenommen.

B. Inhalt der Norm

I. Eingeschränkte Möglichkeit der Verfahrensverbindung (Abs. 1)

2 Abstammungssachen, die **dasselbe Kind** betreffen, können miteinander verbunden werden. Anders als nach früherem Recht (vgl. § 640c ZPO a.F.) können nach dem FamFG Geschwister betreffende Abstammungssachen nicht in einem Verfahren betrieben werden, sondern es ist für jedes Geschwisterkind ein eigenes Verfahren zu führen.[1] Dies gilt nach dem eindeutigen Wortlaut des § 179 FamFG auch dann, wenn es sich um Zwillinge handelt und dem Verfahren damit ein einheitlicher Zeugungsakt zugrunde liegt.

3 Soweit eine Verbindung zulässig ist, kann sie in der Weise erfolgen, dass mehrere getrennte Verfahren zusammengeführt werden, oder auch dadurch, dass die einzelnen Anträge von vornherein im Wege der subjektiven oder objektiven Antragshäufung in einem einzigen Verfahren betrieben werden, was auch in Form eines Widerantrags erfolgen kann. Die einzelnen Anträge können in einem Eventualverhältnis zueinander stehen.[2]

4 Die Regelung des Abs. 1 ermöglicht es, dass **verschiedene Antragsteller** die Feststellung der Vaterschaft bezüglich desselben Kindes betreiben, gleichgültig ob alle Antragsteller denselben Mann als Putativvater benennen. Zum anderen kann aber auch ein Antragsteller **verschiedene Putativväter** als für die Vaterschaft in Betracht kommende Männer benennen, die dann jeweils nach § 7 Abs. 2 Nr. 1 BGB Beteiligte des Verfahrens sind.

5 Möglich ist es, ein Verfahren auf Feststellung der **Wirksamkeit einer Vaterschaftsanerkennung** (§ 169 Nr. 1 FamFG) mit einem Verfahren auf Anfechtung der Vaterschaft zu

1 OLG Celle ZKJ 2012, 78; Schulte-Bunert/Weinreich/*Schwonberg,* § 179 FamFG Rn. 6
2 MüKo-FamFG/*Coester-Waltjen/Lugani,* § 179 Rn. 3

dem Mann, der die Vaterschaft anerkannt hatte, zu verbinden.[3] Denn das Bestehen einer wirksamen Vaterschaftszuordnung zu dem Mann, dessen Vaterschaft angefochten werden soll, ist ohnehin als Voraussetzung für das Anfechtungsrecht (vgl. § 1600 Abs. 1 Nr. 1 BGB) bzw. das Rechtsschutzbedürfnis für ein Anfechtungsverfahren zu klären.

Ein Verfahren auf Anfechtung der Vaterschaft kann mit einem für den Fall der Verfristung der Anfechtung (§ 1600b BGB) **hilfsweise** gestellten Antrag auf Ersetzung der Einwilligung in eine Abstammungsuntersuchung und Anordnung der Duldung der Probeentnahme (§ 1598a Abs. 2 BGB) verbunden werden.[4] 6

Teilweise wird vertreten, ein Verfahren auf **Anfechtung der Vaterschaft** könne mit einem Antrag auf **Feststellung der Vaterschaft** eines Dritten verbunden werden.[5] Dies ist jedoch abzulehnen. Eine Verfahrensverbindung ist nur insoweit zulässig, als das verbundene Verfahren auch in einem einheitlichen Beschluss entschieden werden kann. Bei einem durch den rechtlichen Vater, das Kind oder die Mutter betriebenen Verfahren auf Anfechtung der Vaterschaft ist jedoch die Feststellung der Vaterschaft eines Dritten erst eröffnet, wenn die bestehende Vaterschaftszuordnung zum bisherigen rechtlichen Vater beseitigt wurde (§ 1600d Abs. 1 BGB), was die Rechtskraft der gerichtlichen Feststellung der Nichtvaterschaft voraussetzt. Würde man beides in einem Verfahren betreiben, müsste zunächst durch Teilbeschluss über die Anfechtung der Vaterschaft entschieden und nach Eintritt der Rechtskraft des Teilbeschlusses dann das Verfahren hinsichtlich der Feststellung der Vaterschaft fortgesetzt werden.[6] Dem steht allerdings entgegen, dass in einem einheitlichen Verfahren der Antrag auf Feststellung der Vaterschaft sogleich entscheidungsreif wäre, nämlich wegen der bestehenden Vaterschaftszuordnung abgewiesen werden müsste. Ferner kann in einem einheitlichen Verfahren nur eine einheitliche Kostenentscheidung ergehen, die sich aber hinsichtlich der erfolgreichen Anfechtung der Vaterschaft nach der zwingenden Regelung des § 183 FamFG und im Übrigen nach § 81 FamFG richten müsste. Von einer Verbindung eines Verfahrens auf Anfechtung der Vaterschaft mit einem Verfahren auf Feststellung der Vaterschaft ist daher abzusehen. 7

Aufgrund der vom BVerfG verlangten **Effizienz** des Zugangs zur Vaterschaft (vgl. § 169 FamFG Rn. 11) ist es aber zulässig, dass der die Feststellung der Vaterschaft begehrende Putativvater nach Anerkennung der Vaterschaft durch einen anderen Mann seinen dann unzulässigen Antrag in einen Vaterschaftsanfechtungsantrag nach § 1600 Abs. 1 Nr. 2 BGB ändert.[7] 7a

Dass bei der **Anfechtung der Vaterschaft durch den potentiellen leiblichen Vater** (§ 1600 Abs. 1 Nr. 2 BGB) wegen § 182 Abs. 1 FamFG zeitgleich ein Ausspruch über die Feststellung der Vaterschaft ergeht, beruht darauf, dass gemäß § 1600 Abs. 2 BGB die Vaterschaft des Anfechtenden Voraussetzung für sein Anfechtungsrecht ist. Dadurch wird nicht eine verfahrensrechtliche Verbindung eines Antrags auf Anfechtung der Vaterschaft mit einem Antrag auf Feststellung der Vaterschaft bewirkt, sondern es handelt sich allein um ein Verfahren auf Anfechtung der Vaterschaft, wobei durch § 182 Abs. 1 FamFG ein erweiterter Beschlussinhalt vorgeschrieben ist. 8

Hauptfall der Verfahrensverbindung ist die Verbindung mit einem Antrag auf Verpflichtung zur Zahlung von **Unterhalt bei Feststellung der Vaterschaft** (§ 237 FamFG). Dieses Verfahren ist eröffnet, wenn ein Antrag auf Feststellung der Vaterschaft anhängig ist, wobei Gegenstand des Unterhaltsantrags nur der Mindestunterhalt des minderjährigen 9

3 MüKo-FamFG/*Coester-Waltjen/Lugani*, § 179 Rn. 3
4 Prütting/Helms/*Dürbeck*, § 179 FamFG Rn. 3
5 Kemper/Schreiber/*Fritsche*, § 179 FamFG Rn. 4
6 AG Schwerin FamRZ 2005, 381
7 OLG Hamburg ZKJ 2019, 273

Kindes sein kann (§ 237 Abs. 1 und 3 FamFG). Für das Verfahren nach § 237 FamFG gelten nicht die abstammungsrechtlichen Verfahrensvorschriften, sondern es finden insoweit die **Verfahrensvorschriften der §§ 231 ff. FamFG für das streitige Unterhaltsverfahren** Anwendung, weshalb hierfür auch die Bestimmungen über Familienstreitsachen (§§ 112 Nr. 1, 113 Abs. 1 FamFG) gelten. Dies wirkt sich u.a. dahingehend aus, dass für den Unterhaltsantrag nach § 237 FamFG – im Gegensatz zum Abstammungsverfahren – nach § 114 Abs. 1 FamFG **Anwaltszwang** besteht, der aber für das Kind entfällt, wenn es durch das Jugendamt als Beistand vertreten wird (§ 114 Abs. 4 Nr. 2 FamFG). Zur Kostenentscheidung in diesem Fall vgl. Rn. 10b.

II. Ausschluss sonstiger Verfahrensverbindung (Abs. 2)

10 Die Möglichkeiten der Verfahrensverbindung sind in Abs. 1 abschließend benannt. Eine Verbindung von verschiedene Kinder betreffenden Abstammungssachen oder eine Verbindung einer Abstammungssache mit anderen als den in Abs. 1 erwähnten Verfahren ist durch Abs. 2 ausnahmslos ausgeschlossen. Unter das Verbindungsverbot fällt auch ein Stufenverfahren i.S.d. § 254 ZPO, in dem zunächst Auskunft über die Person eines am Abstammungsverfahren Beteiligten verlangt wird.[8]

III. Verfahrenswert

10a Eine Sonderregelung enthält § 33 Abs. 1 Satz 2 FamGKG für die Bestimmung des Gebührenverfahrenswertes für den Fall der Verbindung von vermögensrechtlichen und nichtvermögensrechtlichen Gegenständen. Danach sind im Falle des § 179 Abs. 1 Satz 2 FamFG die Einzelwerte der Abstammungs- und Unterhaltssache nicht zu addieren, sondern allein maßgeblich für die Berechnung der Gerichts- und Anwaltsgebühren ist der höhere Wert, was bei Geltendmachung des Mindestunterhalts der nach § 51 FamGKG zu berechnende Wert der Unterhaltssache ist.[9] Bei der Verbindung mehrerer Abstammungssachen betreffend dasselbe Kind nach § 179 Abs. 1 Satz 1 FamFG (z.B. mehrere Putativväter) findet dagegen nach § 33 Abs. 1 Satz 1 FamGKG eine Wertaddition der nach § 47 FamGKG zu berechnenden Einzelwerte statt.[10]

IV. Kostenentscheidung

10b Folge der Verfahrensverbindung im Falle von § 179 Abs. 1 Satz 2 FamFG ist es, dass in Bezug auf die Kostenentscheidung eine kombinierte Anwendung von § 81 FamFG für die Abstammungssache und § 243 FamFG für die Unterhaltssache erforderlich ist. Diese wird zudem dadurch erschwert, dass die Kindesmutter nur Beteiligte des Abstammungsverfahrens, nicht aber des Unterhaltsverfahrens ist. Auch der Umstand, dass die Verfahrenswerte von Abstammungs- und Unterhaltssache nach § 33 Abs. 1 Satz 2 FamGKG nicht zu addieren sind, führt zu kaum lösbaren Problemen bei der Begründung einer Kostenverteilung auf Vater, Mutter und Kind. Auch die Frage, inwieweit Kostenentscheidungen im Falle von § 179 Abs. 1 Satz 2 FamFG isoliert anfechtbar sind, ist schwer zu lösen. Während Kostenentscheidungen in FamFG-Verfahren nach §§ 58 ff. FamFG ohne Einschränkung isoliert anfechtbar sind, ist dies in Unterhaltssachen nach § 113 Abs. 1 Satz 2 FamFG iVm § 99 Abs. 1 ZPO nicht der Fall.[11] Nach der h.M.[12] soll hier die einheitliche Kostenentscheidung in einen anfechtbaren und einen nicht anfechtbaren Teil aufzulösen sein, während nach anderer Ansicht[13] die Kostenbeschwerde vollumfänglich statthaft sein soll. Die h.M. über-

---

8 *Dürbeck,* NZFam 2019, 233; a.A.: OLG Hamm NZFam 2019, 233
9 OLG Frankfurt BeckRS 2014, 14162
10 BeckOK-Streitwert/*Dürbeck*, „Abstammungssachen" Rn. 7
11 BGH NJW 2019, 1300
12 KG FamRZ 2016, 319; OLG Schleswig SchlHA 2012, 352
13 OLG Koblenz FamRZ 2015, 1424; *Dürbeck,* NZFam 2019, 524, 527

sieht dabei, dass sich die Gebühren wegen des Additionsverbotes von § 33 Abs. 1 Satz 2 FamGKG gerade nicht in den Abstammungs- und den Unterhaltsteil aufteilen lassen. Auch ist die Kindesmutter wegen ihrer fehlenden Beteiligung an der Unterhaltssache immer zur Kostenbeschwerde berechtigt. Es ist daher der Auffassung zuzustimmen, dass im Falle von § 179 Abs. 1 Satz 2 FamFG die Kostenentscheidung vollumfänglich für alle Beteiligten anfechtbar ist.

C. Exkurs: Unterhalt bei Feststellung der Vaterschaft (§ 237 FamFG)

Das Verfahren ist nur für den Unterhalt minderjähriger Kinder eröffnet. Im Verfahren nach § 237 FamFG kann daher kein Betreuungsunterhalt nach § 1615l BGB geltend gemacht werden. Der Mutter stehen jedoch als Mittel des Eilrechtsschutzes die einstweiligen Anordnungen nach §§ 247 bzw. 248 FamFG zur Verfügung. 11

Ein Verfahren nach § 237 FamFG ist nur zulässig, wenn ein **Verfahren auf Feststellung der Vaterschaft anhängig** ist oder ein Antrag auf Bewilligung von Verfahrenskostenhilfe für ein solches Verfahren gestellt wurde. Anders als nach bisherigem Recht ist es unerheblich, wer Antragsteller des Vaterschaftsfeststellungsantrags ist. Ein Unterhaltsverfahren nach § 237 FamFG kann nicht mehr eingeleitet werden, wenn die **Vaterschaft bereits rechtskräftig festgestellt** ist. Dann ist der Unterhalt entweder im vereinfachten Unterhaltsfestsetzungsverfahren nach §§ 249 ff. FamFG, in einem Unterhaltsverfahren nach §§ 231 ff. FamFG oder im einstweiligen Anordnungsverfahren (§ 246 FamFG) geltend zu machen. Ein Verfahren nach § 237 FamFG, das während der Anhängigkeit eines Verfahrens auf Feststellung der Vaterschaft eingeleitet wurde, kann jedoch fortgeführt werden, wenn im Laufe des Verfahrens eine rechtliche Vaterschaftszuordnung durch wirksame Anerkennung der Vaterschaft oder durch Feststellung der Vaterschaft herbeigeführt wird. Es kann in diesem Fall aber auch das Unterhaltsverfahren in ein „gewöhnliches Unterhaltsverfahren" nach § 231 Abs. 1 Nr. 1 FamFG übergeleitet werden,[14] was sich dann empfiehlt, wenn höherer Unterhalt als der im Verfahren nach § 237 FamFG nur geltend zu machende Mindestunterhalt (§ 237 Abs. 3 FamFG) in Betracht kommt. 12

Der Kindesunterhalt kann rückwirkend **vom Tag der Geburt des Kindes an** verlangt werden. Gemäß § 1613 Abs. 2 Nr. 2 Buchst. a BGB kann Unterhalt ohne die Einschränkung des § 1613 Abs. 1 BGB für die Vergangenheit verlangt werden, wenn der Berechtigte für diesen Zeitraum aus rechtlichen Gründen an der Geltendmachung des Unterhalts gehindert war. Diese Voraussetzungen liegen immer vor, solange eine Vaterschaftszuordnung zu dem Antragsgegner nicht besteht. Denn bis zum Entstehen einer Vaterschaftszuordnung i.S.v. § 1592 BGB ist der Unterhaltsberechtigte aus rechtlichen Gründen gehindert, den Unterhalt gegenüber dem Vater geltend zu machen (vgl. § 1600d Abs. 4 BGB). Auch bezüglich des rückständigen Unterhalts ist – begrenzt auf den Mindestunterhalt – das Verfahren nach § 237 FamFG eröffnet.[15] 13

Der Unterhalt kann dynamisiert oder statisch geltend gemacht werden. Obergrenze ist der **Mindestunterhalt** nach § 1612a Abs. 1 BGB, vermindert um das nach Maßgabe des § 1612b BGB anrechenbare Kindergeld bzw. der nach § 1612c BGB anrechenbaren Leistungen. Für Unterhaltszeiträume bis 31.12.2007 stellen die Regelbeträge der Regelbetrag-VO, vermindert um das nach Maßgabe des § 1612b Abs. 5 BGB a.F. anrechenbare Kindergeld, die Obergrenze dar. Das Kind kann auch einen darunterliegenden Unterhalt geltend machen, was sich dann empfiehlt, wenn die eingeschränkte Leistungsfähigkeit des Unterhaltsschuldners bekannt ist und außer Streit steht. 14

---

14 Prütting/Helms/*Bömelburg*, § 237 FamFG Rn. 4
15 Vgl. insoweit zur identischen früheren Rechtslage BGH FamRZ 2003, 1095

15 Die Verteidigungsmöglichkeiten des im Verfahren nach § 237 FamFG in Anspruch Genommenen sind wegen § 237 Abs. 3 Satz 3 FamFG nur sehr eingeschränkt vorhanden. In dem Verfahren können Einwendungen des in Anspruch genommenen Beteiligten **nicht zu einer Herabsetzung** des Unterhalts unter den Mindestunterhalt **führen**. Der **Zweck** dieser Regelung besteht darin, dem Kind möglichst schnell und auf einfachem Weg mit der Vaterschaftsfeststellung zu einem Unterhaltstitel zu verhelfen. Das Verfahren soll nicht durch materiell-rechtliche Einwendungen verzögert werden. Deren Geltendmachung bleibt dem Abänderungsverfahren nach § 240 FamFG vorbehalten. Dies entspricht der vor dem FamFG geltenden Rechtslage (vgl. § 653 ZPO a.F.), weshalb die zum damaligen Recht entwickelten Grundsätze auch für § 237 FamFG Geltung haben. Deshalb sind **sämtliche materiell-rechtlichen Einwendungen** – auch der **Erfüllungseinwand**,[16] der Einwand des **Anspruchsübergangs** auf einen Dritten[17] oder der **Verwirkungseinwand**[18] – im Verfahren nach § 237 FamFG **ausgeschlossen** und bleiben dem Abänderungsverfahren nach § 240 FamFG vorbehalten. Betroffen hiervon ist vor allem der Einwand des in Anspruch Genommenen, zur Zahlung des geltend gemachten Unterhalts **nicht oder nur teilweise leistungsfähig** zu sein, der im Verfahren nach § 237 FamFG nicht erhoben,[19] sondern nur im Wege eines Abänderungsverfahrens nach § 240 FamFG geltend gemacht werden kann. Ein solches Abänderungsverfahren ist nicht an die Voraussetzungen des § 238 FamFG geknüpft und ermöglicht bei rechtzeitiger Einreichung des Abänderungsantrags (§ 240 Abs. 2 Satz 1 FamFG) auch eine rückwirkende Abänderung. Nach teilweise vertretener Ansicht sollen die Beschränkungen des § 237 Abs. 3 FamFG dann nicht mehr gelten, wenn die Vaterschaftszuordnung durch Anerkennung während des Verfahrens wirksam geworden ist,[20] was aber mit der h.M.[21] abzulehnen ist. Steht die Vaterschaft des auf Unterhalt in Anspruch genommenen Mannes aber wegen der rechtswirksamen Anerkennung bereits zum Zeitpunkt der Zustellung des Unterhaltsantrages fest, ist ein Unterhaltsverfahren nach § 237 FamFG nicht statthaft.[22]

§ 180 FamFG Erklärungen zur Niederschrift des Gerichts

[1]Die Anerkennung der Vaterschaft, die Zustimmung der Mutter sowie der Widerruf der Anerkennung können auch in einem Erörterungstermin zur Niederschrift des Gerichts erklärt werden. [2]Das Gleiche gilt für die etwa erforderliche Zustimmung des Mannes, der im Zeitpunkt der Geburt mit der Mutter des Kindes verheiratet ist, des Kindes oder eines gesetzlichen Vertreters.

Übersicht

	Rn.
A. Allgemeines	1
B. Inhalt der Norm	2

16 Vgl. zur identischen früheren Rechtslage OLG Düsseldorf FamRZ 2001, 1620
17 OLG Nürnberg FamRZ 2015, 277; OLG Naumburg FamRZ 2006, 1395
18 Schulte-Bunert/Weinreich/*Schwonberg,* § 179 FamFG Rn. 5; vgl. zur identischen früheren Rechtslage OLG Karlsruhe FamRZ 2002, 1262
19 OLG Hamm FamRZ 2016, 1000; OLG München FamRZ 2015, 1814; OLG Frankfurt BeckRS 2015, 18964; vgl. zur identischen früheren Rechtslage OLG Brandenburg, FamRZ 2000, 1044; OLG Bremen FamRZ 2000, 1164; OLG Hamm FamRZ 2000, 902
20 Vgl. OLG Hamm FamRZ 2012, 146
21 OLG München NJW 2019, 1467; OLG Hamm FamRZ 2016, 1000; MüKo-FamFG/*Pasche,* § 237 Rn. 14; so auch schon BGH FamRZ 2003, 1095 zum früheren Recht
22 OLG Nürnberg FamRZ 2017, 542

A. Allgemeines

Die Regelung entspricht § 641c ZPO a.F. und will gewährleisten, dass im Rahmen eines Abstammungsverfahrens die für eine Vaterschaftsanerkennung erforderlichen Erklärungen zur Niederschrift des Gerichts beurkundet werden können, damit die Beteiligten einen dahingehend gefassten Entschluss unmittelbar umsetzen können. 1

B. Inhalt der Norm

Eine Erklärung zur Niederschrift des Gerichts erfüllt nur dann das für die Anerkennung der Vaterschaft und die hierzu erforderlichen Zustimmungen geltende Formerfordernis der öffentlichen Beurkundung (§ 1597 Abs. 1 BGB), wenn die Erklärung im Rahmen eines Erörterungstermins **in einer Abstammungssache** erfolgte. Eine Erklärung im Rahmen eines sonstigen Verfahrens – etwa des Scheidungsverfahrens – erfüllt diese Voraussetzungen nicht.[1] 2

Da die im Rahmen der Anerkennung der Vaterschaft erforderlichen Erklärungen **höchstpersönlich** abgegeben werden müssen, genügt es nicht, wenn ein Verfahrensbevollmächtigter die Erklärungen im Erörterungstermin abgibt. Ein solches von einem Verfahrensbevollmächtigten erklärtes Anerkenntnis erzeugt keine Rechtsfolgen. 3

Die Regelung bewirkt für den Familienrichter zugleich eine **Verpflichtung**, die in § 180 FamFG genannten Erklärungen zur Niederschrift aufzunehmen. Es ist nicht zulässig, die Beteiligten darauf zu verweisen, sie sollten diese Erklärungen beim Jugendamt oder einer anderen für die Beurkundung zuständigen Stelle abgeben bzw. wiederholen. Ein solches Vorgehen birgt zudem die Gefahr, dass die im Verfahren angekündigte Erklärung dann doch nicht abgegeben wird und über den Antrag auf Feststellung der Vaterschaft entschieden werden muss, was regelmäßig die Einholung eines Abstammungsgutachtens erforderlich macht. 4

Das Gericht muss die Erklärungen in den über den Anhörungstermin anzufertigenden Vermerk (§ 28 Abs. 4 FamFG) aufnehmen, wobei das Gericht auch eine Sitzungsniederschrift in entsprechender Anwendung der Bestimmungen der ZPO fertigen kann. Die Erklärungen müssen vorgespielt oder vorgelesen und von den Erklärenden genehmigt werden.[2] Da der **Niederschrift** in diesem Falle Beurkundungsfunktion zukommt und diese dem Standesamt zuzuleiten ist (§ 1597 Abs. 2 BGB), muss die Niederschrift die Beteiligten eindeutig bezeichnen, das Kind unter Angabe des Geburtsdatums und des Geburtsortes. Zur Vermeidung von Nachfragen des Standesamtes empfiehlt sich die Angabe des Geburtsdatums und des Geburtsortes auch hinsichtlich des die Vaterschaft anerkennenden Mannes. 5

Die Erklärung der Anerkennung ermöglicht nicht den Erlass eines Anerkenntnisbeschlusses, da ein solcher in Abstammungssachen ausgeschlossen ist (vgl. § 38 Abs. 5 Nr. 2 FamFG).[3] Wenn daher zwar der Mann die Vaterschaft anerkennt, die Mutter jedoch die gemäß § 1595 BGB erforderliche Zustimmung hierzu verweigert, kommt keine wirksame Anerkennung der Vaterschaft zustande, sondern das Gericht muss ein Abstammungsgutachten einholen und – sofern das Ergebnis der Beweisaufnahme dies erbringt – die Vaterschaft gemäß § 1600d BGB feststellen. 6

1 BGH FamRZ 2013, 944; OLG Frankfurt FamRZ 2012, 1735
2 MüKo-FamFG/*Coester-Waltjen/Lugani*, § 180 Rn. 6; Prütting/Helms/*Dürbeck*, § 180 FamFG Rn. 3
3 Prütting/Helms/*Dürbeck*, § 180 FamFG Rn. 5

§ 181 FamFG Tod eines Beteiligten

[1]Stirbt ein Beteiligter vor Rechtskraft der Endentscheidung, hat das Gericht die übrigen Beteiligten darauf hinzuweisen, dass das Verfahren nur fortgesetzt wird, wenn ein Beteiligter innerhalb einer Frist von einem Monat dies durch Erklärung gegenüber dem Gericht verlangt. [2]Verlangt kein Beteiligter innerhalb der vom Gericht gesetzten Frist die Fortsetzung des Verfahrens, gilt dieses als in der Hauptsache erledigt.

Übersicht

Rn.
A. Allgemeines 1
B. Inhalt der Norm 3
I. Anwendungsbereich 3
1. Gegenständlich 3
2. Persönlich 4
3. Zeitlich 5
II. Hinweis des Gerichts 11
III. Fortsetzungsverlangen 12
IV. Erledigungsfolge (Satz 2) 15

A. Allgemeines

1 In Verfahren der freiwilligen Gerichtsbarkeit führt das Ableben eines Beteiligten nicht zur Unterbrechung des Verfahrens, da § 239 ZPO nur in Familienstreitsachen Anwendung findet und das FamFG selbst keine vergleichbare Regelung enthält.[1] Vielmehr enthält das FamFG an verschiedenen Stellen für die einzelnen Verfahrensgegenstände **gesonderte Regelungen** darüber, welche Auswirkungen das Versterben eines Beteiligten im laufenden Verfahren hat (vgl. z.B. §§ 131, 181, 208, 226 Abs. 5 FamFG).

2 § 181 regelt die Auswirkungen des Ablebens eines Verfahrensbeteiligten **während des laufenden Abstammungsverfahrens**. Der Tod des Beteiligten muss nach Eingang des Antrags bei Gericht und vor rechtskräftigem Abschluss des Verfahrens eingetreten sein. Dann wird das Verfahren nur auf Verlangen eines Beteiligten fortgeführt. Dem liegt die Erwägung zugrunde, dass das Interesse der übrigen Beteiligten an dem Verfahren nach dem Tod eines bisherigen Beteiligten entfallen sein kann.[2]

B. Inhalt der Norm

I. Anwendungsbereich

1. Gegenständlich

3 Der gegenständliche Anwendungsbereich der Regelung umfasst **alle Abstammungssachen** i.S.v. § 169 FamFG, mithin neben der Feststellung der Vaterschaft (§ 1600d BGB) oder des Bestehens eines Eltern-Kind-Verhältnisses sowie der Anfechtung der Vaterschaft (§ 1599 ff. BGB) auch Verfahren auf Ersetzung der Einwilligung in eine genetische Abstammungsuntersuchung und die Anordnung der Duldung der Probeentnahme nach § 1598a BGB.[3]

---

1 Haußleiter/*Eickelmann*, § 181 FamFG, Rn. 8; Schulte-Bunert/Weinreich/*Schwonberg*, § 181 FamFG Rn. 2
2 MüKo-FamFG/*Coester-Waltjen/Lugani*, § 181 Rn. 1
3 Nach Haußleiter/*Eickelmann*, § 181 FamFG Rn. 3, soll sich der Anwendungsbereich auch auf ein Vollstreckungsverfahren nach § 96a Abs. 2 FamFG erstrecken.

2. Persönlich

Der persönliche Anwendungsbereich erstreckt sich auf **Beteiligte** des Verfahrens. Dabei ist es unerheblich, ob die Beteiligtenstellung des Verstorbenen aus seiner Stellung als Antragsteller (§ 7 Abs. 1 FamFG), als unmittelbar Betroffener (§ 7 Abs. 2 Nr. 1 FamFG) oder aus § 172 FamFG folgte. Die Regelung umfasst nach ihrem Wortlaut zwar auch das Ableben des Verfahrensbeistandes, da auch dieser Verfahrensbeteiligter ist (§ 174 i.V.m. § 158 Abs. 3 Satz 2 FamFG). Nach ihrem Sinn und Zweck ist die Regelung jedoch auf das Versterben eines materiell-rechtlich Beteiligten zu begrenzen.[4] Auch das Ableben des gesetzlichen Vertreters eines Beteiligten unterfällt nicht der Regelung des § 181 FamFG, da dieser nicht selbst Beteiligter des Verfahrens ist. Wenn der gesetzliche Vertreter verstirbt, kann das Verfahren wegen § 9 Abs. 2 FamFG erst fortgeführt werden, wenn ein neuer gesetzlicher Vertreter vorhanden ist. 4

3. Zeitlich

Zeitlich erfasst die Regelung den Zeitraum **ab der Einleitung des Verfahrens** bis zur formellen Rechtskraft der Endentscheidung. Damit gilt die Regelung nicht, wenn eine zum Kreis der Beteiligten nach § 172 FamFG gehörende Person bereits vor Einleitung des Verfahrens, d.h. vor Eingang des das Verfahren einleitenden Antrags (§ 171 FamFG) bei Gericht, verstorben war. Dann ist das Verfahren von vornherein mit den lebenden Beteiligten zu führen.[5] Ist das **Kind** nach seiner Geburt gestorben, kann gleichwohl die Vaterschaft auf Antrag festzustellen sein, ohne dass dafür ein besonderes Rechtsschutzbedürfnis erforderlich wäre.[6] Ist in einem auf Feststellung der Vaterschaft gerichteten Verfahren der als Vater festzustellende Mann bereits verstorben, sind dessen nahe Angehörige am Verfahren zu beteiligen (vgl. *Grün,* § 172 FamFG Rn. 3). 5

Verstirbt ein Beteiligter im laufenden Verfahren **vor Erlass einer Entscheidung**, gilt die Regelung ohne weiteres. Dabei ist es gleichgültig, ob der Beteiligte anwaltlich vertreten war oder nicht. Denn die Regelung knüpft nicht an die Verfahrensfähigkeit an, sondern will verhindern, dass eine statusverändernde Abstammungsentscheidung ergeht, obwohl die überlebenden Beteiligten hieran kein Interesse mehr haben. 6

Die Regelung gilt auch nach Erlass der Entscheidung ohne weiteres, wenn ein Beteiligter im laufenden Verfahren **in der Beschwerdeinstanz** verstirbt. Dann obliegt dem Beschwerdegericht der in Satz 1 geregelte Hinweis. 7

Nicht eindeutig geregelt ist, was gilt, wenn der Beteiligte **nach Erlass der Entscheidung, aber vor Eintritt der Rechtskraft** verstirbt und das Verfahren nicht in die Beschwerdeinstanz gelangt. Hierzu wird vertreten, aus § 181 FamFG folge mittelbar, dass eine Entscheidung nicht in Rechtskraft erwachsen könne,[7] der Beschluss werde daher ipso jure wirkungslos.[8] Diese Ansicht trägt aber nicht den geänderten verfahrensrechtlichen Grundsätzen Rechnung, die durch die Überführung des Abstammungsverfahrens in ein Verfahren der freiwilligen Gerichtsbarkeit Anwendung finden. Das vorher geltende Recht war in §§ 640g, 640 Abs 1 i.V.m. § 619 ZPO a.F. so ausgestaltet, dass das Verfahren nur dann als erledigt galt, wenn die klagende Partei im laufenden Prozess verstarb und das Verfahren nicht von einem anderen Klageberechtigten aufgenommen wurde. Dies war darin begründet, dass es sich um einen zwischen Parteien geführten Rechtsstreit handelte und dieser nicht ohne einen klageberechtigten Kläger fortgeführt werden sollte. Die Regelung des 8

4 MüKo-FamFG/*Coester-Waltjen/Lugani,* § 181 Rn. 6
5 Prütting/Helms/*Dürbeck,* § 181 FamFG Rn. 1
6 *DIJuF*-Rechtsgutachten JAmt 2018, 550: nach der Geburt verstorbener Zwilling
7 OLG Karlsruhe FamRB 2017, 256; *Wieser,* MDR 2009, 61, 62
8 Haußleiter/*Eickelmann,* § 181 FamFG Rn. 18

§ 181 FamFG beschränkt sich jedoch nicht auf das Ableben des Antragstellers, sondern findet auch auf andere Beteiligte Anwendung. Das Abstammungsverfahren nach dem FamFG ist ein Verfahren ohne Antragsgegner. Auf dieses Verfahren hat es keinen unmittelbaren verfahrensrechtlichen Einfluss, wenn ein Beteiligter verstirbt, zumal wenn dieser nicht der Antragsteller war.

9 Entgegen der vorstehend zitierten Auffassung ist aus der Regelung des § 181 FamFG nicht zu entnehmen, dass eine ergangene Entscheidung wegen des zwischenzeitlichen Ablebens eines Beteiligten generell nicht **in Rechtskraft erwachsen** könnte.[9] Ist der Beteiligte verstorben, bevor ihm die Entscheidung zugestellt wurde, kann eine wirksame Zustellung jedenfalls dann bewirkt werden, wenn dieser Beteiligte im Verfahren durch einen Rechtsanwalt vertreten war, da gemäß § 11 FamFG i.V.m. § 86 ZPO dessen Verfahrensvollmacht über den Tod hinaus Geltung hat. Verstirbt der Beteiligte zeitlich nach der an ihn bewirkten Zustellung, hindert dies den Eintritt der Rechtskraft deshalb nicht, weil der Lauf der Rechtsmittelfrist durch die Zustellung in Gang gesetzt (§ 16 FamFG) wird und das FamFG eine entsprechende Anwendung des § 249 ZPO nur kennt, wenn das Gericht das Verfahren ausgesetzt hat (§ 21 Abs. 1 Satz 2 FamFG). Eine § 239 ZPO vergleichbare Regelung über die verfahrensrechtlichen Folgen des Ablebens eines Beteiligten – mit der Folge der Unterbrechung des Fristenlaufs (§ 249 ZPO) – fehlt im FamFG. Diese Bestimmungen der ZPO finden nur in Familienstreitsachen entsprechende Anwendung (§ 113 Abs.1 FamFG).

10 Dass die Regelung des § 181 FamFG bei Ableben eines Beteiligten **zwischen den Instanzen** praktisch nicht handhabbar ist, zeigt sich auch darin, dass es sich bei dem nach Satz 1 erforderlichen Hinweis um eine **verfahrensleitende gerichtliche Handlung** handelt. Solche kommen jedoch grundsätzlich nicht mehr in Betracht, wenn das Gericht bereits eine Endentscheidung i.S.v. § 38 FamFG getroffen hat. Es fragt sich auch, was die Rechtsfolge sein soll, wenn das Familiengericht nach Erlass seiner Entscheidung wegen des zwischenzeitlichen Ablebens eines Beteiligten einen solchen Hinweis erteilt und sodann von einem Beteiligten die Fortsetzung des Verfahrens verlangt wird. Soll dann das Familiengericht die bereits getroffene Entscheidung nochmals wiederholen? Mit der Systematik der freiwilligen Gerichtsbarkeit lässt es sich eher vereinbaren, wenn die Regelung des § 181 FamFG bei Versterben eines Beteiligten zwischen den Instanzen nur zur Anwendung kommt, wenn ein Beteiligter gegen die Entscheidung des Familiengerichts Beschwerde einlegt.

II. Hinweis des Gerichts

11 Der Hinweis des Gerichts ist eine **verfahrensleitende Handlung**, die in Form einer Verfügung oder eines Beschlusses erfolgen kann. Er richtet sich an die überlebenden Beteiligten und ist wegen der damit verbundenen Fristsetzung diesen nach § 15 Abs. 1 BGB in einer Weise bekannt zu machen, dass der Fristbeginn feststellbar ist. Inhaltlich muss sich aus dem Hinweis ergeben, dass das Verfahren als erledigt gilt, wenn kein Beteiligter innerhalb eines Monats die Fortsetzung des Verfahrens verlangt. Die Regelung ist insoweit ungenau, als Satz 1 eine Monatsfrist vorgibt, in Satz 2 jedoch von einer vom Gericht gesetzten Frist die Rede ist. Hierdurch ist dem Gericht die Möglichkeit eröffnet, im Ausnahmefall eine längere Frist für die Erklärung des Fortsetzungsverlangens einzuräumen, etwa wenn bei einem Beteiligten Umstände vorliegen, die den Zugang einer Erklärung innerhalb eines Monats nicht erwarten lassen.

---

9 Prütting/Helms/*Dürbeck*, § 181 FamFG Rn. 3a; a.A.: Schulte-Bunert/Weinreich/*Schwonberg*, § 181 FamFG Rn. 3

III. Fortsetzungsverlangen

Das Fortsetzungsverlangen kann nur **von einem der verbliebenen Beteiligten** erklärt werden, nicht von einem Erben des verstorbenen Beteiligten.[10] Denn die Fortsetzung des Verfahrens kann nur von einem solchen Beteiligten begehrt werden, der auch berechtigt wäre, das Verfahren selbst zu betreiben. Dies sind bei einem Verfahren auf Anfechtung der Vaterschaft nur die in § 1600 Abs. 1 BGB aufgeführten Anfechtungsberechtigten und im Verfahren auf Feststellung der Vaterschaft nur der Putativvater, das Kind und die Mutter. Das Antragsrecht ist höchstpersönlich und nicht vererblich. 12

Das Fortsetzungsverlangen muss **fristgerecht** bei Gericht eingehen. Maßgeblich für die Fristberechnung ist nicht der Zeitpunkt des Versterbens des Beteiligten, sondern der Zeitpunkt des Zugangs des gerichtlichen Hinweises nach Satz 1. Die Fristberechnung richtet sich nach den allgemeinen Vorschriften (§ 16 Abs. 2 FamFG i.V.m. § 222 ZPO, §§ 186 ff. BGB). Da es sich bei dem Fortsetzungsverlangen um eine Verfahrenshandlung handelt, ist bei Fristversäumnis unter den Voraussetzungen des § 17 FamFG eine Wiedereinsetzung in den vorigen Stand möglich.[11] 13

Geht das Fortsetzungsverlangen fristgerecht bei Gericht ein, ist das Verfahren **mit den übrigen Beteiligten** fortzusetzen. Ein Eintrittsrecht der Erben des verstorbenen früheren Beteiligten gibt es hinsichtlich der zu treffenden Sachentscheidung nicht.[12] Diese können jedoch wegen der Kostenentscheidung als Erben am Verfahren zu beteiligen sein. Wenn das postmortale Persönlichkeitsrecht des Verstorbenen berührt wird, insbesondere wenn über eine Exhumierung des Verstorbenen zu entscheiden ist, sind die Totenfürsorgeberechtigten zu beteiligen. 14

IV. Erledigungsfolge (Satz 2)

Wenn innerhalb der vom Gericht gesetzten Frist von keinem der Beteiligten die Fortsetzung des Verfahrens verlangt wird, gilt dieses in der Hauptsache als erledigt. Maßgeblich für die **Fristwahrung** ist der Eingang des Fortsetzungsverlangens bei dem Gericht, bei dem das Verfahren anhängig ist. 15

Die Fiktion der Erledigung der Hauptsache tritt **kraft Gesetzes** ein, ohne dass es hierzu einer Erledigungserklärung der Beteiligten bedarf. Diese Fiktion betrifft jedoch nur die Hauptsache, so dass das Verfahren hinsichtlich der Entscheidung über die Verfahrenskosten anhängig bleibt.[13] Über die **Kosten** ist bei Erledigung der Hauptsache gemäß § 83 Abs. 2 FamFG in entsprechender Anwendung von § 81 FamFG zu entscheiden. Dies gilt auch bei einem in der Hauptsache erledigten Verfahren auf Anfechtung der Vaterschaft, da die Regelung des § 183 FamFG nur Anwendung findet, wenn ein Antrag auf Anfechtung der Vaterschaft Erfolg hat, mithin zur Feststellung der Nichtvaterschaft führt.[14] 16

10 BGH FamRZ 2015, 1877: OLG Nürnberg FamRZ 2015, 770; bestätigt auch durch BVerfG FamRZ 2016, 199

11 Haußleiter/*Eickelmann,* § 181 FamFG Rn. 15; Kemper/Schreiber/*Fritsche,* § 181 FamFG Rn. 2; Prütting/Helms/*Dürbeck,* § 181 FamFG Rn. 4

12 MüKo-FamFG/*Coester-Waltjen/Lugani,* § 181 Rn. 15; a.A.: Kemper/Schreiber/*Fritsche,* § 181 FamFG Rn. 2

13 Haußleiter/*Eickelmann,* § 181 FamFG Rn. 19

14 OLG Frankfurt NZFam 2015, 682; *Dürbeck,* NZFam 2019, 524

§ 182 FamFG Inhalt des Beschlusses

(1) [1]Ein rechtskräftiger Beschluss, der das Nichtbestehen einer Vaterschaft nach § 1592 des Bürgerlichen Gesetzbuchs infolge der Anfechtung nach § 1600 Abs. 1 Nr. 2 des Bürgerlichen Gesetzbuchs feststellt, enthält die Feststellung der Vaterschaft des Anfechtenden. [2]Diese Wirkung ist in der Beschlussformel von Amts wegen auszusprechen.

(2) Weist das Gericht einen Antrag auf Feststellung des Nichtbestehens der Vaterschaft ab, weil es den Antragsteller oder einen anderen Beteiligten als Vater festgestellt hat, spricht es dies in der Beschlussformel aus.

Übersicht

Rn.
A. Allgemeines ... 1
B. Inhalt der Norm ... 3
I. Erfolgreiche Anfechtung der Vaterschaft durch den potentiellen leiblichen Vater (Abs. 1) ... 3
II. Beschlusstenor bei einem negativen Feststellungsantrag (Abs. 2) ... 7

A. Allgemeines

1 In Verfahren der freiwilligen Gerichtsbarkeit entscheidet das Gericht durch Beschluss i.S.v. § 38 FamFG. Für Abstammungssachen gibt es insoweit die Besonderheit, dass die Entscheidung nicht auf Grund eines Anerkenntnisses ergehen kann und die Entscheidung immer zu begründen ist, weil § 38 Abs. 5 Nr. 2 FamFG die Regelung des § 38 Abs. 4 FamFG in Abstammungssachen nicht für anwendbar erklärt. Darüber hinaus regelt § 182 FamFG für zwei konkrete Fälle, nämlich in Abs. 1 für die Anfechtung der Vaterschaft durch den potentiellen leiblichen Vater nach § 1600 Abs. 1 Nr. 2 BGB und in Abs. 2 für die Abweisung eines negativen Feststellungsantrags, einen über den eigentlichen Verfahrensgegenstand hinausgehenden erweiterten Inhalt der Beschlussformel.

2 Die Regelung in Abs. 1 entspricht der vormaligen Regelung in § 640h Abs. 2 ZPO a.F., Abs. 2 gibt die frühere Regelung in § 641h ZPO inhaltsgleich wieder.

B. Inhalt der Norm

I. Erfolgreiche Anfechtung der Vaterschaft durch den potentiellen leiblichen Vater (Abs. 1)

3 Gemäß § 1600 Abs. 1 Nr. 2 i.V.m. Abs. 2 BGB ist Voraussetzung für die Anfechtung der Vaterschaft durch den **potentiellen leiblichen Vater** unter anderem, dass der Anfechtende **tatsächlich der Vater** des Kindes ist (vgl. hierzu *Grün,* § 1600 BGB Rn. 23). Damit will das Gesetz gewährleisten, dass ein anderer als der rechtliche Vater, die Mutter oder das Kind eine Vaterschaftszuordnung nach §§ 1592 Nr. 1 oder Nr. 2, 1593 BGB zum rechtlichen Vater nur dann beseitigen kann, wenn gleichzeitig eine Vaterschaftszuordnung zum Anfechtenden bewirkt wird. Andernfalls könnte ein Dritter die Vaterlosigkeit des Kindes herbeiführen, ohne selbst der Vater zu sein.

4 Daher schreibt die Regelung in Abs. 1 vor, dass das Gericht bei der erfolgreichen Anfechtung der Vaterschaft durch den potentiellen leiblichen Vater zugleich **von Amts wegen** dessen Vaterschaft im Beschlusstenor festzustellen hat. Mit Rechtskraft dieser Entscheidung wird mit Wirkung für und gegen alle (§ 184 Abs. 2 FamFG) die Vaterschaftszuordnung zum bisherigen rechtlichen Vater beseitigt und die Vaterschaftszuordnung zum Anfechtenden herbeigeführt. Das Kind wird somit durch die Anfechtung durch den potentiellen leiblichen Vater nicht vaterlos, sondern es findet ein zeitgleicher Vateraustausch statt.

5 **Verfahrensgegenstand** ist gleichwohl allein die Anfechtung der Vaterschaft, weshalb sich bei der erfolgreichen Anfechtung der Vaterschaft durch den potentiellen leiblichen

Vater trotz des durch Abs. 1 erweiterten Inhaltes des Beschlusstenors die Kostenentscheidung nach § 183 FamFG richtet und der Verfahrenswert nach § 47 FamGKG nur einmal und nicht doppelt verwirklicht wird.

Der **Beschlusstenor** könnte lauten: 6

> „Es wird festgestellt, dass nicht der Beteiligte zu 2), sondern der Antragsteller der Vater des am … in … geborenen Kindes … – des Beteiligten zu 3) – ist."

II. Beschlusstenor bei einem negativen Feststellungsantrag (Abs. 2)

Abs. 2 betrifft nicht das Verfahren auf Feststellung der Nichtvaterschaft nach § 1599 Abs. 1 BGB (Anfechtung der Vaterschaft),[1] sondern allein den – in der Praxis sehr seltenen – Fall des **negativen Feststellungsantrags** hinsichtlich eines Kindes, für das noch keine Vaterschaftszuordnung besteht. Wer sich mit der Mutmaßung oder der Behauptung konfrontiert sieht, der Vater eines Kindes zu sein, für das bislang keine Vaterschaftszuordnung besteht, hat ein Feststellungsinteresse für einen negativen Feststellungsantrag zur dahinlautenden Feststellung, nicht der Vater des Kindes zu sein. Damit kann er klären lassen, dass er – entgegen anderslautenden Behauptungen – nicht der Vater des Kindes ist und der ihn als Vater vorgebenden Behauptung oder einem entsprechenden Gerücht mit Wirkung für und gegen alle entgegenwirken. 7

In einem solchen negativen Feststellungsverfahren wird nach Einholung eines Abstammungsgutachtens geklärt, ob der Antragsteller der Vater des Kindes ist. Stellt sich heraus, dass der Antragsteller tatsächlich der Vater ist, schreibt Abs. 2 vor, diese Feststellung im Beschlusstenor auszusprechen. Denkbar ist aber auch, dass in einem solchen negativen Feststellungsverfahren andere Männer in die Abstammungsbegutachtung und das Verfahren einbezogen werden und das Gericht zu der Feststellung gelangt, welcher andere Mann als der Antragsteller tatsächlich der Vater des Kindes ist. Auch für diesen Fall schreibt Abs. 2 vor, dass das Gericht von Amts wegen die Feststellung ausspricht, dass dieser Beteiligte der Vater des Kindes ist. 8

Wenn sich in einem negativen Feststellungsverfahren herausstellt, dass der **Antragsteller** tatsächlich doch der tatsächliche Vater ist, lautet der Beschlusstenor: 9

> „Der Antrag des Antragstellers auf Feststellung des Nichtbestehens der Vaterschaft wird abgewiesen. Es wird festgestellt, dass der Antragsteller der Vater des am … in … geborenen Kindes … – des Beteiligten zu 2) – ist."

Wenn sich in einem negativen Feststellungsverfahren herausstellt, dass nicht der Antragsteller, sondern **ein anderer Verfahrensbeteiligter** der tatsächliche Vater des Kindes ist, lautet der Beschlusstenor: 10

> „Es wird festgestellt, dass der Antragsteller nicht der Vater des am … in … geborenen Kindes … – des Beteiligten zu 2) – ist. Gleichzeitig wird festgestellt, dass der Beteiligte zu …) der Vater des am … in … geborenen Kindes … – des Beteiligten zu 2) – ist."

Ergibt sich als Ergebnis eines solchen negativen Feststellungsverfahrens allein, dass der Antragsteller nicht der Vater des Kindes ist, und bleibt **ungeklärt**, wer Vater des Kindes ist, findet Abs. 2 keine Anwendung. Es gibt dann keinen erweiterten Inhalt der Beschlussformel, sondern diese beschränkt sich auf die Feststellung, dass der Antragsteller nicht der Vater des Kindes ist. 11

---

1 Kemper/Schreiber/*Fritsche*, § 182 FamFG Rn. 2

12 Wenn weder festgestellt werden kann, ob der Antragsteller der Vater des Kindes ist noch dass er es nicht ist, beschränkt sich die Beschlussformel auf die Abweisung des negativen Feststellungsantrags des Antragstellers.[2]

§ 183 FamFG Kosten bei Anfechtung der Vaterschaft

Hat ein Antrag auf Anfechtung der Vaterschaft Erfolg, tragen die Beteiligten, mit Ausnahme des minderjährigen Kindes, die Gerichtskosten zu gleichen Teilen; die Beteiligten tragen ihre außergerichtlichen Kosten selbst.

Übersicht

	Rn.
A. Allgemeines	1
B. Inhalt der Norm	3
I. Anwendungsbereich	3
II. Kostenverteilung	8
C. Kostenentscheidung in Abstammungssachen im Übrigen	12
I. Kostenentscheidung nach billigem Ermessen	12
II. Einzelfälle	17

A. Allgemeines

1 § 183 ist der Vorgängerregelung des § 93c ZPO a.F., der bei einer erfolgreichen Klage auf Anfechtung der Vaterschaft die Kostenaufhebung vorschrieb, nachgebildet. Die Regelung passt diese Rechtsfolge inhaltlich an die Terminologie für Verfahren der freiwilligen Gerichtsbarkeit nach dem FamFG an und berücksichtigt zudem, dass es sich nicht um ein Prozessrechtsverhältnis zwischen zwei Parteien handelt, sondern um ein Verfahren mit in der Regel mehr als zwei Beteiligten (§§ 7, 172 FamFG). Neu ist auch, dass das minderjährige Kind von der Kostenhaftung für die Gerichtskosten ausgenommen wurde.

2 In ihrem Anwendungsbereich geht § 183 FamFG als spezielle Kostenregelung der – ansonsten in Abstammungssachen geltenden – allgemeinen Kostenregelung des § 81 FamFG vor (vgl. § 81 Abs. 5 FamFG).

B. Inhalt der Norm

I. Anwendungsbereich

3 Die Regelung gilt nur für die **erfolgreiche Anfechtung der Vaterschaft**. Bei einem anderen Ausgang des Verfahrens auf Anfechtung der Vaterschaft und auf andere Abstammungsverfahren ist die Vorschrift nicht – auch nicht entsprechend – anwendbar,[1] sondern dann richtet sich die Kostenentscheidung nach den allgemeinen Bestimmungen (§ 80 ff. FamFG; siehe Rn. 12 ff).

4 **Erfolgreich** ist ein Antrag auf Anfechtung der Vaterschaft dann, wenn die Nichtvaterschaft des bisherigen rechtlichen Vaters festgestellt wird. Von § 183 wird damit auch die erfolgreiche Anfechtung der Vaterschaft durch den potentiellen leiblichen Vater (§ 1600 Abs. 1 Nr. 2 BGB) erfasst. Dass hier zugleich die Vaterschaft des Anfechtenden festgestellt wird, ist eine Folge des gesetzlich vorgeschriebenen erweiterten Beschlussinhalts (§ 182 Abs. 1 FamFG) und stellt keine objektive Antragshäufung im Sinne einer Verfahrensverbin-

---

2 BGHZ 17, 252

1 BGH FamRZ 2014, 744; OLG Stuttgart FamRZ 2012, 1966; OLG Brandenburg FamRZ 2012, 1966

dung (§ 179 FamFG) dar, weshalb auch dieses Verfahren alleine als Verfahren auf Anfechtung der Vaterschaft zu behandeln ist (siehe *Grün,* § 179 FamFG Rn. 8).[2]

Die Regelung ist entsprechend anwendbar, wenn im Laufe eines Verfahrens auf Anfechtung der Vaterschaft die **Erledigung der Hauptsache** durch das Wirksamwerden einer scheidungsakzessorischen Anerkennung der Vaterschaft nach § 1599 Abs. 2 BGB eintritt und dadurch die Vaterschaft des bisherigen rechtlichen Vaters entfällt.[3] In anderen Fällen der Erledigung der Hauptsache (etwa wegen § 181 FamFG), richtet sich die Kostenentscheidung nach §§ 83, 81 FamFG.[4] **5**

Im **Beschwerdeverfahren** gilt die Regelung dann, wenn dem Antrag auf Anfechtung der Vaterschaft erst durch die Beschwerdeentscheidung stattgegeben wird (§ 69 Abs. 3 FamFG).[5] Ist bereits erstinstanzlich die Nichtvaterschaft festgestellt worden und die hiergegen gerichtete Beschwerde erfolglos geblieben, sind dem Beschwerdeführer die Kosten des Beschwerdeverfahrens nach § 84 FamFG aufzuerlegen. Führt das Beschwerdeverfahren dazu, dass die Entscheidung über die Feststellung der Nichtvaterschaft abgeändert und der Antrag abgewiesen wird, richtet sich die Kostenentscheidung insgesamt nach § 81 FamFG. **6**

Nach hier vertretener Auffassung kann ein Verfahren auf Anfechtung der Vaterschaft nicht mit einem Verfahren auf Feststellung der Vaterschaft eines Dritten verbunden werden (vgl. *Grün,* § 179 FamFG Rn. 7). Folgt man der Gegenansicht,[6] müsste bei einer **Verfahrensverbindung** oder einer entsprechenden objektiven Antragshäufung zunächst durch Teilbeschluss über die Anfechtung der Vaterschaft durch Feststellung der Nichtvaterschaft erkannt und nach dessen Rechtskraft durch Schlussbeschluss der Feststellungsantrag beschieden werden.[7] Dies bereitet erhebliche Schwierigkeiten, da wegen des Grundsatzes der einheitlichen Kostenentscheidung die Kostenentscheidung nicht getrennt nach Verfahrensgegenständen erfolgen kann und deshalb die Kostenregelung aus einer Kombination von § 183 FamFG und § 81 FamFG ergehen muss. **7**

II. Kostenverteilung

Die Kostenfolge des § 183 FamFG ist **zwingend**. Das Gericht hat kein Ermessen, die Kosten bei einer erfolgreichen Anfechtung die Vaterschaft abweichend zu regeln.[8] Dies gilt auch, wenn durch das unbegründete Vorbringen eines Beteiligten besondere Kosten entstanden sind. Damit ist zwar ein Beteiligter, der sich erfolglos gegen die Anfechtung der Vaterschaft wendet, insoweit privilegiert, als ihm keine über seinen Anteil hinausgehende Gerichtskosten und auch nicht die Erstattung von Kosten anderer Beteiligter – etwa des Antragstellers – auferlegt werden können. Dies trägt jedoch dem Umstand Rechnung, dass das Verfahren auf Anfechtung der Vaterschaft nicht allein dem Interesse des erfolgreichen Antragstellers dient und eine bestehende Abstammungszuordnung nicht der Disposition der übrigen Beteiligten unterliegt, weshalb diese durch eigene Handlungen das Verfahren nicht vermeiden können. **8**

Die **Gerichtskosten** tragen die Beteiligten – mit Ausnahme des minderjährigen Kindes – zu gleichen Teilen. **Beteiligte** sind im Anfechtungsverfahren der Antragsteller (§ 7 Abs. 1 FamFG) und die in § 172 FamFG genannten Personen, soweit sie nicht ohnehin schon als Antragsteller beteiligt sind. Ein etwaig bestellter Verfahrensbeistand (§ 174 i.V.m. § 158 **9**

---

2 MüKo-FamFG/*Coester-Waltjen/Lugani,* § 183 Rn. 7; *Dürbeck,* NZFam 2019, 524
3 Vgl. Kemper/Schreiber/*Fritsche,* § 183 FamFG Rn. 3
4 OLG Frankfurt NZFam 2015, 682; Prütting/Helms/*Dürbeck*, § 183 FamFG Rn. 3
5 Haußleiter/*Eickelmann,* § 183 FamFG Rn. 2
6 Kemper/Schreiber/*Fritsche,* § 179 FamFG Rn. 4
7 Vgl. AG Schwerin FamRZ 2005, 381
8 *Dürbeck,* NZFam 2019, 524; *Rake,* FuR 2018, 73

FamFG) ist zwar Beteiligter des Verfahrens (§ 158 Abs. 3 Satz 2 FamFG), jedoch sind ihm keine Kosten aufzuerlegen (§ 158 Abs. 8 FamFG). Hat das Jugendamt seine Beteiligung beantragt (§ 172 Abs. 2 FamFG) – was nicht bereits durch die bloße Anhörung des Jugendamtes bewirkt wird (vgl. *Grün,* § 172 FamFG Rn. 10) –, ist nach zutreffender Ansicht die Teilungsquote auch unter Berücksichtigung des Jugendamtes zu berechnen,[9] auch wenn vom Jugendamt nach § 64 Abs. 2 SGB X später Gerichtskosten nicht zu erheben sind. Nicht Beteiligte i.S.d. §§ 172, 7 Abs. 2 Nr. 1 FamFG sind im postmortalen Vaterschaftsanfechtungsverfahren die Angehörigen oder die Ehefrau des bereits verstorbenen Vaters.[10]

10 Das **minderjährige Kind** hat nach der ausdrücklichen Regelung des § 183 FamFG keine anteiligen Gerichtskosten zu tragen und ist daher bei der Verteilung der Gerichtskosten und der Ermittlung der Haftungsquote der übrigen Beteiligten unberücksichtigt zu lassen. Diese Sonderregelung ist erforderlich, da die Kostenbefreiung des minderjährigen Kindes in § 81 Abs. 3 FamFG nur Kindschaftssachen und nicht Abstammungssachen erfasst. Die Kostenbefreiung des minderjährigen Kindes gilt nur, wenn sich die Kostenentscheidung nach § 183 FamFG richtet und somit nicht bei einem erfolglosen Antrag auf Anfechtung der Vaterschaft oder in anderen Abstammungssachen. Volljährige Kinder sind dagegen nicht privilegiert und bei der Verteilung der Gerichtskosten zu berücksichtigen.

11 Bei erfolgreicher Anfechtung der Vaterschaft schließt es § 183 FamFG aus, dass unter den Beteiligten eine Kostenerstattung angeordnet wird, so dass jeder Beteiligte seine **außergerichtlichen** Kosten selbst zu tragen hat. Dies gilt auch für die außergerichtlichen Kosten des minderjährigen Kindes.

C. Kostenentscheidung in Abstammungssachen im Übrigen

I. Kostenentscheidung nach billigem Ermessen

12 Außerhalb des Anwendungsbereichs des § 183 FamFG ist in Abstammungssachen über die Kosten nach den **allgemeinen Bestimmungen** der § 80 ff. FamFG zu entscheiden. Das Gericht hat daher nach billigem Ermessen über die Kosten zu entscheiden (§ 81 FamFG).

13 Anders als in anderen Verfahren der freiwilligen Gerichtsbarkeit besteht in Familiensachen kein Ermessen dahingehend, **ob eine Kostenentscheidung** überhaupt für sachgerecht erachtet wird, da § 81 Abs. 1 Satz 3 FamFG vorschreibt, dass in Familiensachen stets über die Kosten zu entscheiden ist.

14 Hinsichtlich der Frage, wie die Kostenverteilung zu regeln ist, d.h. welchem Beteiligten welche Kosten aufzuerlegen sind, räumt das FamFG dem Gericht einen **weiten Ermessens- und Gestaltungsspielraum** ein. Das Gericht kann die Kosten ganz oder teilweise zwischen den Beteiligten verteilen, sie gegeneinander aufheben oder eine hinsichtlich der gerichtlichen und außergerichtlichen Kosten getrennte Kostenverteilung vornehmen.[11] Dieses weite Ermessen erfährt nur eine Einschränkung durch § 81 Abs. 2 FamFG dahingehend, dass in den dort genannten Fällen die Kosten einem Beteiligten auferlegt werden sollen. Dies bedeutet aber nicht, dass eine einseitige Kostenauferlegung nur in Betracht käme, wenn ein Katalogfall des § 81 Abs. 2 FamFG vorliegt, denn die dort genannten Fälle sind nicht abschließend.[12] Deshalb kann die Auferlegung von Kosten auch dann erfolgen

---

9 Schulte-Bunert/Weinreich/*Schwonberg,* § 183 FamFG Rn. 5; *Dürbeck,* NZFam 2019, 524; ablehnend MüKo-FamFG/*Coester-Waltjen/Lugani,* § 183 Rn. 8

10 OLG Frankfurt ZKJ 2018, 320; Prütting/Helms/*Dürbeck*, § 172 FamFG Rn. 10; a.A.: OLG Celle NZFam 2017, 583

11 BGH FamRZ 2014, 744

12 Kemper/Schreiber/*Schneider,* § 81 FamFG Rn. 49; Prütting/Helms/*Feskorn,* § 81 Rn. 19

kann, wenn kein Katalogfall vorliegt, sofern dies als Ergebnis einer umfassenden Abwägung aller Umstände billigem Ermessen entspricht.

Für die Kostenentscheidung nach § 81 FamFG gibt es **kein Regel-Ausnahme-Verhältnis**. Das Gericht darf sich daher nicht auf die Erwägung beschränken, dass die angeordnete Kostenregelung nach dem Verfahrensergebnis – dem Obsiegen oder Unterliegen – geboten sei.[13] Der Ausgang des Verfahrens ist nur ein Abwägungskriterium neben anderen. **15**

Das Gericht muss bei der Kostenentscheidung auch abwägen, ob es Gründe gibt, nach denen es billigem Ermessen entspricht, **von der Erhebung von Gerichtskosten abzusehen** (§ 81 Abs. 1 Satz 2 FamFG),[14] was auch auf einzelne Auslagen des Gerichts beschränkt werden kann. Dies kann – nicht nur, aber auch – bei unrichtiger Sachbehandlung geboten sein. Ist etwa in einem Verfahren auf Feststellung der Vaterschaft für das Kind in Verkennung von § 1629 Abs. 2 Satz 3 BGB ein Ergänzungspfleger bestellt worden, kann es geboten sein, von der Erhebung der dadurch entstandenen Kosten abzusehen.[15] Dies gilt entsprechend bei einer zu Unrecht erfolgten Bestellung eines Verfahrensbeistands für das Kind.[16] **16**

II. Einzelfälle

Da die Kostenentscheidung immer von einer umfassenden Abwägung der konkreten Umstände des Einzelfalles abhängt und sich damit jeglicher Automatismus verbietet, dürfen die nachfolgenden Ausführungen nur als Vorschlag für eine **Gewichtung der Abwägungskriterien** verstanden werden. Im Vordergrund steht dabei die Frage, ob ein Beteiligter durch sein Verhalten Anlass für die Einleitung des Verfahrens und die Entstehung von einzelnen Gerichtskosten gegeben hat (sog. **Veranlassungsprinzip**).[17] **17**

Bei der **erfolglosen Anfechtung der Vaterschaft** wird nach dem Grund des Scheiterns des Anfechtungsverfahrens zu differenzieren sein. Stellt sich heraus, dass der Anfechtende tatsächlich der Vater ist, kann es billigem Ermessen entsprechen, dem Antragsteller die Kosten aufzuerlegen, wenn keiner der übrigen Beteiligten i.S.v. § 172 FamFG einen Anlass dazu gesetzt hat, die Vaterschaft in Zweifel zu ziehen.[18] Dies dürfte z.B. gelten, wenn sich der Vater zur Anfechtung der Vaterschaft veranlasst sah, weil er meinte – oder ihm von Dritten vermittelt wurde –, das Kind sehe ihm nicht ähnlich.[19] Wurde ein gegen die Vaterschaft sprechender Verdacht von der Kindesmutter geweckt oder lag tatsächlich bzw. zugestandenermaßen anderweitiger Geschlechtsverkehr der Kindesmutter in der Empfängniszeit vor, spricht dies dagegen, dem Antragsteller die Erstattung der Kosten der Kindesmutter aufzuerlegen.[20] Bei dieser Sachlage kann auch in Betracht kommen, der Kindesmutter die Gerichtskosten anteilig aufzuerlegen. Scheitert die Anfechtung der Vaterschaft an der Verfristung, dürfte in die Abwägung einzubeziehen sein, welche Gründe dazu geführt haben, dass der Anfechtende den Antrag auf Anfechtung der Vaterschaft nicht vor Ablauf der Anfechtungsfrist (§ 1600b Abs. 1 BGB) eingereicht hat. Im Übrigen werden hier im Regelfall dem Anfechtenden allein die Kosten aufzuerlegen sein. **18**

Auch bei der **Feststellung der Vaterschaft** ist nicht von einem Regel-Ausnahme-Prinzip auszugehen, weshalb nicht allein auf das Obsiegen oder Unterliegen abgestellt werden **19**

13 BGH FamRZ 2014, 744
14 BGH NJW-RR 2015, 385
15 BGH NJW-RR 2015, 385
16 OLG Celle NJOZ 2019, 796
17 BGH FamRZ 2014, 744; NJW-RR 2015, 385; *Dürbeck,* NZFam 2019, 524, 525
18 OLG Saarbrücken FamRZ 2017, 545
19 OLG Frankfurt AGS 2015, 303
20 OLG Naumburg FamRZ 2018, 1020; OLG Karlsruhe FuR 2016, 423

darf.[21] Wenn der als Vater festgestellte Mann Anlass haben konnte, seine Vaterschaft in Zweifel zu ziehen – etwa bei einem von der Kindesmutter eingeräumten Mehrverkehr oder einer nur flüchtigen sexuellen Beziehung mit der Mutter–, kann es billigem Ermessen entsprechen, dem als Vater festgestellten Mann die Kosten des Verfahrens einschließlich der Erstattung der Kosten der übrigen Beteiligten nicht allein aufzuerlegen.[22] Ist bei einem von der Mutter eingeräumten Mehrverkehr die fehlende Vaterschaft der anderen männlichen Geschlechtspartner erwiesen, wird auch dies nicht dazu führen können, dem Betreffenden die vorgerichtliche Anerkennung der Vaterschaft zuzumuten.[23]

Es kommt mithin bei nachvollziehbaren Zweifeln an der Vaterschaft in Betracht, die Kindesmutter an den Gerichtskosten zu beteiligen und sie ihre eigenen Kosten selbst tragen zu lassen. Denn bei der Ermessensabwägung sind im Rahmen der Entscheidung über die Kosten eines Verfahrens auf Feststellung der Vaterschaft auch solche Umstände einzubeziehen, die dazu Anlass gegeben haben, von einer Anerkennung der Vaterschaft abzusehen.[24] Auch wenn ein Mann als Ergebnis der Abstammungsbegutachtung nicht der tatsächliche Vater des Kindes ist, bedeutet dies nicht von vornherein, dass dessen Kosten vom Antragsteller zu tragen wären und dieser nicht an den Gerichtskosten zu beteiligen wäre. Hat dieser Mann in der Empfängniszeit tatsächlich Geschlechtsverkehr mit der Kindesmutter ausgeübt, kann es der Billigkeit entsprechen, ihn trotzdem an den Kosten der Begutachtung zu beteiligen.[25] Dies wird auch dann zu gelten haben, wenn die Kindesmutter wahrheitswidrig Mehrverkehr bestritten hat und der Putativvater als Erzeuger ausgeschlossen wird, da auch im Falle wahrheitsgemäßer Angaben ein Abstammungsverfahren hätte durchgeführt werden müssen.[26] Bei einer erfolgreich betriebenen Feststellung der Vaterschaft dürfte es allerdings eher billigem Ermessen entsprechen, die Kindesmutter nicht mit Kosten zu belasten, wenn für einen Mehrverkehrsverdacht kein Anlass bestand und die Beziehung zwischen den Eltern während der Empfängniszeit störungsfrei verlief.[27]

19a Kein taugliches Abwägungskriterium stellt im Regelfall der Umstand dar, dass ein Beteiligter es verabsäumt habe, der Einholung eines kostengünstigeren **außergerichtlichen Abstammungsgutachtens** zuzustimmen.[28] Die Ablehnung, auf eigene Kosten außergerichtlich ein Gutachten einzuholen, kann sowohl aus wirtschaftlichen Gründen (keine Finanzierung durch Verfahrenskostenhilfe) gerechtfertigt sein als auch deswegen, dass angesichts der hohen rechtlichen Anforderungen an die Richtigkeit und Vollständigkeit eines Abstammungsgutachtens nach dem GenDG (vgl. § 17 GenDG) eine gerichtliche Kontrolle des Gutachtens gewünscht wird.[29]

19b Nach dem zum 1.1.2013 geänderten § 81 Abs. 3 FamFG können auch dem **minderjährigen Kind** Kosten in Abstammungssachen außerhalb von § 183 FamFG auferlegt werden. Es besteht aber heute Konsens, dass hierfür im Regelfall wegen des elementaren Interesses des Kindes an der Klärung seiner Abstammung und der Verantwortung der Mutter und ihres männlichen Geschlechtspartners für die Durchführung des Verfahrens keine Veran-

21 BGH FamRZ 2014, 744
22 OLG Hamm NZFam 2019, 597; OLG Naumburg FamRZ 2018, 1020; OLG Frankfurt FamRZ 2017, 1415
23 OLG Saarbrücken NZFam 2019, 461
24 BGH FamRZ 2014, 744, 746
25 OLG Oldenburg FamRZ 2013, 971
26 OLG Brandenburg FamRZ 2018, 1018; OLG Saarbrücken FamRZ 2015, 1746; *Dürbeck,* NZFam 2019, 524 (525)
27 OLG Nürnberg FamRZ 2016, 1482; OLG Bremen NZFam 2016, 183; OLG Celle NZFam 2014, 752; OLG München FamRZ 2013, 1925
28 OLG Saarbrücken FamRZ 2017, 545; OLG Brandenburg FamRZ 2014, 1728; *Rake,* FuR 2018, 73, 75; a.A.: OLG Frankfurt FamRZ 2013, 1922
29 *Dürbeck,* NZFam 2019, 524 (526); *Rake,* FuR 2018, 73, 75

lassung besteht.[30] Volljährige Kinder können dagegen auch im Rahmen von § 81 FamFG zu den Kosten herangezogen werden.[31]

In **postmortalen Abstammungsverfahren** können nach zutreffender Ansicht Angehörigen oder dem Ehegatten eines Beteiligten Kosten nicht auferlegt werden, da sie nicht formell am Verfahren beteiligt sind und daher Dritte i.S.d. § 81 Abs. 4 FamFG sind.[32] **19c**

§ 81 Abs. 2 FamFG, wonach in den dort genannten Regelbeispielen einem Beteiligten die Kosten des Verfahrens ganz oder teilweise auferlegt werden können, hat in Abstammungssachen eine eher geringe Bedeutung. § 81 Abs. 2 Nr. 4 FamFG kann im Einzelfall verwirklicht sein, wenn ein Beteiligter seine Mitwirkungspflicht dadurch verletzt hat, dass er mehrfach unentschuldigt zur Abstammungsuntersuchung nicht erschienen ist und dadurch das Verfahren erheblich verzögert hat.[33] **19d**

Auch bei einem **Klärungsverfahren** nach § 1598a BGB richtet sich die Kostenentscheidung nach § 81 FamFG. Da die Voraussetzungen für einen Anspruch auf Einwilligung in eine genetische Abstammungsuntersuchung und auf Duldung der Probeentnahme niederschwellig ausgestaltet sind (vgl. *Grün,* § 1598a BGB Rn. 8) und auf Verlangen eines Klärungsberechtigten eine Verpflichtung zur Einwilligung und Mitwirkung besteht, dürfte eine unbegründete Verweigerung in der Regel zur Auferlegung der Kosten führen.[34] Etwas anderes gilt jedoch dann, wenn Umstände vorlagen, die zu einer Aussetzung des Verfahrens nach § 1598a Abs. 3 BGB hätten Anlass geben können. Wird der Antrag abgewiesen, weil der Antragsteller nicht zum Kreis der Klärungsberechtigten des § 1598a Abs. 1 BGB gehört oder weil dieser die Abstammung zu einer anderen Person als dem rechtlichen Elternteil klären wollte, sind die Kosten des Verfahrens dem Antragsteller aufzuerlegen. **20**

§ 184 FamFG Wirksamkeit des Beschlusses; Ausschluss der Abänderung; ergänzende Vorschriften über die Beschwerde

(1) [1]Die Endentscheidung in Abstammungssachen wird mit Rechtskraft wirksam. [2]Eine Abänderung ist ausgeschlossen.

(2) Soweit über die Abstammung entschieden ist, wirkt der Beschluss für und gegen alle.

(3) Gegen Endentscheidungen in Abstammungssachen steht auch demjenigen die Beschwerde zu, der an dem Verfahren beteiligt war oder zu beteiligen gewesen wäre.

Übersicht

	Rn.
A. Allgemeines	1
B. Inhalt der Norm	2
I. Eintritt der Wirksamkeit (Abs. 1 Satz 1)	2
II. Abänderungsausschluss (Abs. 1 Satz 2)	3
III. Inter-omnes-Wirkung (Abs. 2)	4
IV. Beschwerdeberechtigung (Abs. 3)	9

30 OLG Hamm NZFam 2019, 597 unter Aufgabe von NZFam 2015, 522; OLG Naumburg FamRZ 2018, 1020; OLG Karlsruhe FuR 2016, 423; *Rake,* FuR 2018, 73, 76

31 OLG Frankfurt ZKJ 2018, 320

32 OLG Frankfurt ZKJ 2018, 320; *Dürbeck,* NZFam 2019, 524, 526

33 OLG Saarbrücken NZFam 2019, 461; OLG Schleswig FamRZ 2016, 1481

34 Kemper/Schreiber/*Fritsche,* § 183 FamFG Rn. 2; Schulte-Bunert/Weinreich/*Schwonberg,* § 183 FamFG Rn. 20

A. Allgemeines

1 § 184 entspricht einem Teil der früheren Regelung des § 640h ZPO a.F., trifft jedoch darüber hinaus auch Regelungen über das Wirksamwerden der Entscheidung (Abs. 1) und über die Beschwerdebefugnis.

B. Inhalt der Norm

I. Eintritt der Wirksamkeit (Abs. 1 Satz 1)

2 Eine Endentscheidung ergeht in Abstammungssachen durch Beschluss (§ 38 FamFG). In Verfahren der freiwilligen Gerichtsbarkeit wird ein Beschluss nach § 40 Abs. 1 FamFG mit der Bekanntgabe an den Beteiligten wirksam, sofern keine abweichende gesetzliche Regelung besteht. Eine solche abweichende Regelung beinhaltet § 184 Abs. 1 FamFG, die für alle Abstammungssachen i.S.v. § 169 FamFG gilt. Damit können Rechte und Pflichten aus einer Feststellung der Vaterschaft (§ 1600d BGB) erst hergeleitet werden, wenn die Entscheidung rechtskräftig geworden ist. Bei der Anfechtung der Vaterschaft (§ 1599 Abs. 1 BGB) entfallen die aus der rechtlichen Vaterschaftszuordnung (§§ 1592 Nr. 1 und Nr. 2, 1593 BGB) erwachsenden Rechte und Pflichten erst, wenn die im Anfechtungsverfahren erfolgte Feststellung der Vaterschaft in Rechtskraft erwachsen ist. Auf eine im Klärungsverfahren nach § 1598a Abs. 2 BGB erfolgte Ersetzung der Einwilligung in ein Abstammungsgutachten darf mit der Begutachtung erst mit Rechtskraft der Entscheidung begonnen werden. Die in einem solchen Verfahren erfolgte Anordnung der Duldung der Probeentnahme kann nicht vor Rechtskraft der Entscheidung vollstreckt werden.

II. Abänderungsausschluss (Abs. 1 Satz 2)

3 Rechtskräftige Endentscheidungen mit Dauerwirkung unterliegen in Verfahren der freiwilligen Gerichtsbarkeit unter den Voraussetzungen des § 48 FamFG einer Abänderungsmöglichkeit. Eine solche Abänderung wird durch § 184 Abs. 1 Satz 2 FamFG für rechtskräftige Endentscheidungen in Abstammungssachen ausgeschlossen. Diese erwachsen im Interesse der Statusklarheit dauerhaft in Bestandskraft, die nur im Wege eines Wiederaufnahmeverfahrens nach §§ 48 Abs. 2, 185 FamFG, § 578 ff. ZPO durchbrochen werden kann.

III. Inter-omnes-Wirkung (Abs. 2)

4 Eine in einem Abstammungsverfahren ergangene rechtskräftige Entscheidung über die Abstammung wirkt für und gegen alle. Dies setzt zum einen voraus, dass die rechtskräftige Entscheidung in einem **Abstammungsverfahren** ergangen ist. Wenn in anderen Verfahren eine Entscheidung über die Abstammung erfolgt, hat dies keine Auswirkungen auf den abstammungsrechtlichen Status. Eine inzidente Klärung der Abstammung – etwa im Unterhaltsregressverfahren oder in einem Verfahren nach § 1686a BGB – erwächst hinsichtlich der Abstammung nicht in Rechtskraft und entfaltet erst recht keine Wirkungen i.S.v. Abs. 2.[1]

5 Auch für Abstammungsverfahren gilt die Regelung nur dann, wenn eine **Entscheidung über die Abstammung** erfolgt. Daran fehlt es im Klärungsverfahren nach § 1598a BGB, da in einem solchen Verfahren nicht über die Abstammung entschieden, sondern lediglich deren außergerichtliche Klärung ermöglicht wird. Abs. 2 gilt daher nicht in Verfahren nach § 169 Nr. 2 und Nr. 3.[2]

---

1 Prütting/Helms/*Dürbeck,* § 184 FamFG Rn. 7
2 MüKo-FamFG/*Coester-Waltjen/Lugani,* § 184 Rn. 5

Für die Wirkung des Abs. 2 ist es unerheblich, ob es sich um eine **gestaltende oder feststellende** gerichtliche Entscheidung handelt.[3] Damit entfaltet auch eine stattgebende Entscheidung auf einen positiven Feststellungsantrag über das Bestehen eines Eltern-Kind-Verhältnisses oder die Abweisung eines negativen Feststellungsantrags mit dem nach § 182 Abs. 2 FamFG erweiterten Beschlussinhalt Wirkung für und gegen alle. Allerdings haben Entscheidungen i.S.v. § 169 Nr. 1 FamFG, die keine statusrechtlichen Feststellungen treffen, sondern lediglich ein Rechtsverhältnis feststellen, Rechtskraftwirkungen nur für und gegen die Beteiligten.[4] 6

Mit rechtskräftiger erfolgreicher **Anfechtung der Vaterschaft** entfällt die Vaterschaftszuordnung zum bisherigen rechtlichen Vater mit Wirkung für und gegen alle. Die Abweisung eines Antrags auf Anfechtung der Vaterschaft bewirkt zwar, dass die rechtliche Vaterschaftszuordnung aus materiell-rechtlichen Gründen (wegen § 1592 Nr. 1 oder Nr. 2 BGB oder wegen § 1593 BGB) mit Wirkung für und gegen alle fortbesteht. Es liegt aber keine gerichtliche Entscheidung über die Abstammung i.S.v. Abs. 2 vor, wenn die Anfechtung der Vaterschaft mangels schlüssiger Darlegung von gegen die Vaterschaft sprechenden Umständen oder wegen Nichteinhaltung der Anfechtungsfrist (§ 1600b Abs. 1 BGB) abgewiesen wurde. Jedoch entfaltet auch eine solche Entscheidung insoweit Rechtskraftwirkung, als derjenige, der die Vaterschaft angefochten hat, die Vaterschaft nicht erneut aus den gleichen Gründen anfechten kann.[5] Andere Anfechtungsberechtigte sind bei einem aus solchen Gründen abgewiesenen Anfechtungsantrag nicht gehindert, selbst noch ein Verfahren auf Anfechtung der Vaterschaft zu betreiben, sofern für sie die Anfechtungsfrist gewahrt ist und sie gegen die Vaterschaft sprechende Umstände schlüssig darlegen. 7

Eine gerichtliche Entscheidung im **Vaterschaftsfeststellungsverfahren** wirkt wegen Abs. 2 für und gegen alle. Allerdings kann eine Vaterschaftsfeststellung dann keine Wirkung entfalten, wenn das Kind nicht vaterlos war, sondern bereits eine rechtliche Vaterschaftszuordnung zu einem anderen Mann bestand, weil es in bestehender Ehe der Kindesmutter geboren wurde und diese Vaterschaftszuordnung nicht zuvor beseitigt worden war.[6] 8

IV. Beschwerdeberechtigung (Abs. 3)

Gegen Endentscheidungen in Abstammungssachen findet gemäß § 58 Abs. 1 FamFG die Beschwerde statt. Gemäß § 59 Abs. 1 FamFG steht die Beschwerde jedem zu, der durch den Beschluss in eigenen Rechten verletzt ist. Ferner hat der Antragsteller bei Zurückweisung seines Antrags ein Beschwerderecht nach § 59 Abs. 2 FamFG. Die Regelung des § 184 Abs. 2 FamFG bewirkt in Abstammungssachen eine **Erweiterung der Beschwerdeberechtigung** dahingehend, dass jedem Beteiligten des Abstammungsverfahrens unabhängig von einer Verletzung in eigenen Rechten[7] oder der Zurückweisung eines eigenen Antrags ein eigenes Beschwerderecht zusteht. Dies gilt auch für solche Personen, deren formelle Beteiligung in erster Instanz verfahrensrechtswidrig unterlassen wurde. Daraus kann für Abstammungsverfahren gefolgert werden, dass für einen vergessenen Beteiligten keine Beschwerdefrist in Lauf gesetzt wird. 9

Nicht Beteiligter eines Vaterschaftsanfechtungsverfahren und damit nicht beschwerdeberechtigt ist der potentielle **biologische Vater**, wenn er nicht selbst Antragsteller nach § 1600 Abs. 1 Nr. 2 BGB ist, in einem Verfahren, in dem die Vaterschaft des rechtlichen 9a

3 MüKo-FamFG/*Coester-Waltjen/Lugani*, § 184 Rn. 7
4 Kemper/Schreiber/*Fritsche*, § 184 FamFG Rn. 7
5 Kemper/Schreiber/*Fritsche*, § 184 FamFG Rn. 8
6 OLG München FamRZ 2012, 1503
7 Vgl. hierzu auch BGH FamRZ 2009, 861

Vaters angefochten wird und darüber hinaus die Feststellung seiner Vaterschaft beantragt ist.[8]

9b Weitgehend geklärt ist die Beteiligtenstellung von **Angehörigen oder des Ehegatten** eines Verstorbenen. Sind diese in einem postmortalen Abstammungsverfahren deshalb zu beteiligen, weil die Exhumierung der Leiche des Putativvaters angeordnet werden soll, sind sie lediglich insoweit betroffen, als es um das postmortale Persönlichkeitsrecht oder die Totenfürsorge des Verstorbenen geht. Ihnen steht nur in diesem Fall das Recht der sofortigen Beschwerde im Zwischenverfahren nach § 178 Abs. 2 Satz 1 FamFG i.V.m. § 387 Abs. 1 und 3 ZPO zu.[9] Eine Beteiligung in Bezug auf die Hauptsacheentscheidung erfolgt hingegen mangels unmittelbarer Rechtsbeeinträchtigung i.S.d. § 7 Abs. 2 Nr. 1 FamFG nicht.[10] Weder ihre erbrechtlichen Interessen noch sonstige ideelle, soziale oder wirtschaftliche Belange und auch nicht die Wahrnehmung des postmortalen Persönlichkeitsrechts des Verstorbenen oder die Totenfürsorgeberechtigung führen zu einer unmittelbaren Rechtsbetroffenheit i.S.d. §§ 59 Abs. 1 FamFG.[11] Dies gilt auch dann, wenn ein Beteiligter während des Verfahrens verstirbt und das Verfahren nach § 181 FamFG auf Antrag eines verbleibenden Beteiligten fortgesetzt wird.[12] Hier besteht lediglich in Ansehung der Kostenentscheidung ein Beschwerderecht, soweit sie als Erben des Verstorbenen Kosten zu tragen haben. Nicht beschwerdeberechtigt ist schließlich auch der Nachlasspfleger eines verstorbenen Beteiligten.[13]

10 Die Beschwerdeberechtigung des **Jugendamtes** folgt aus § 176 Abs. 2 Satz 2 FamFG. Der **Verfahrensbeistand** ist gemäß § 174 i.V.m. § 158 Abs. 4 Satz 5 FamFG befugt, im Interesse des Kindes Beschwerde einzulegen.

§ 185 FamFG Wiederaufnahme des Verfahrens

(1) Der Restitutionsantrag gegen einen rechtskräftigen Beschluss, in dem über die Abstammung entschieden ist, ist auch statthaft, wenn ein Beteiligter ein neues Gutachten über die Abstammung vorlegt, das allein oder in Verbindung mit den im früheren Verfahren erhobenen Beweisen eine andere Entscheidung herbeigeführt haben würde.

(2) Der Antrag auf Wiederaufnahme kann auch von dem Beteiligten erhoben werden, der in dem früheren Verfahren obsiegt hat.

(3) [1]Für den Antrag ist das Gericht ausschließlich zuständig, das im ersten Rechtszug entschieden hat; ist der angefochtene Beschluss von dem Beschwerdegericht oder dem Rechtsbeschwerdegericht erlassen, ist das Beschwerdegericht zuständig. [2]Wird der Antrag mit einem Nichtigkeitsantrag oder mit einem Restitutionsantrag nach § 580 der Zivilprozessordnung verbunden, ist § 584 der Zivilprozessordnung anzuwenden.

(4) § 586 der Zivilprozessordnung ist nicht anzuwenden.

---

8 OLG Köln FamRZ 2019, 726; OLG München FamRZ 2012, 1825; Bork/Jacoby/Schwab/*Löhnig*, § 172 FamFG Rn. 3

9 BGH FamRZ 2015, 1787; Prütting/Helms/*Dürbeck*, § 184 FamFG Rn. 12

10 BGH FamRZ 2017, 623; FamRZ 2018, 764

11 BGH FamRZ 2017, 623; FamRZ 2018, 764; OLG Karlsruhe FamRB 2017, 256; OLG Frankfurt NJOZ 2017, 844

12 Keidel/*Engelhardt*, § 181 FamFG Rn. 2; Prütting/Helms/*Dürbeck*, § 184 FamFG Rn. 12; a.A. Musielak/*Borth*, § 184 FamFG Rn. 12

13 BGH FamRZ 2018, 764

Übersicht

	Rn.
A. Allgemeines	1
B. Inhalt der Norm	2
I. Neues Abstammungsgutachten als zusätzlicher Restitutionsgrund (Abs. 1)	2
II. Antragsberechtigung (Abs. 2)	7
III. Zuständigkeit (Abs. 3)	8
IV. Befreiung von der Antragsfrist (Abs. 4)	10
V. Entscheidung	11

A. Allgemeines

In Verfahren der freiwilligen Gerichtsbarkeit sind gemäß § 48 Abs. 2 FamFG die Regelungen der Zivilprozessordnung über die Wiederaufnahme des Verfahrens – mithin §§ 578 bis 591 ZPO – entsprechend anwendbar. § 185 FamFG erweitert für Abstammungsverfahren diese Regelungen hinsichtlich des Restitutionsgrundes eines neuen Abstammungsgutachtens (Abs. 1), hinsichtlich der Antragsberechtigung (Abs. 2) und auch dahingehend, dass der mit einem neuen Abstammungsgutachten begründete Wiederaufnahmeantrag an keine Frist gebunden ist (Abs. 4). Ferner regelt die Bestimmung die Zuständigkeit für das Wiederaufnahmeverfahren in Abstammungssachen (Abs. 3). Inhaltlich entspricht dies der früher in § 641i ZPO a.F. enthaltenen Regelung. 1

B. Inhalt der Norm

I. Neues Abstammungsgutachten als zusätzlicher Restitutionsgrund (Abs. 1)

Es gelten durch die Verweisung in § 48 Abs. 2 FamFG die Bestimmungen der § 578 ff. ZPO und damit die Restitutionsgründe des § 580 ZPO. Wenn also ein solcher Restitutionsgrund vorliegt, bedarf es nicht des Rückgriffs auf § 185 Abs. 1 FamFG. Die dort genannten Gründe greifen jedoch nicht, wenn erst durch die nach Abschluss des Verfahrens eingetretenen **Fortschritte der Abstammungsbegutachtung** Feststellungen ermöglicht sind, die im Ursprungsverfahren nach dem damaligen Stand der Wissenschaft und Technik noch nicht möglich waren. Eine Statusentscheidung soll nicht aus formalen Gründen dauerhafte Bestandskraft haben, wenn sie deshalb auf einem unzutreffenden Beweisergebnis beruht, weil nur unzureichende Methoden der Abstammungsbegutachtung zur Verfügung standen. 2

Diese Wertung fließt auch in die Auslegung von § 1598a BGB ein. Der BGH sieht insoweit den Umstand, dass die Abstammung des Kindes bereits durch ein gerichtliches Abstammungsgutachten geklärt ist, welches weder fehlerhaft ist noch einen geringeren Wahrscheinlichkeitsgrad der Abstammung gegenüber heutigem wissenschaftlichen Standard aufweist, als **negatives Tatbestandsmerkmal** von § 1598a Abs. 1 Satz 1 BGB an.[1] 2a

Der erweiterte Restitutionsgrund gilt in allen **Abstammungsverfahren**, in denen **über die Abstammung entschieden** wurde, aber auch, wenn ein Antrag auf Feststellung der Vaterschaft als Ergebnis der damaligen Beweisaufnahme abgewiesen wurde.[2] Er gilt auch dann, wenn zusätzlich zur Feststellung der Vaterschaft auch ein Ausspruch zur Unterhaltszahlung erfolgt ist.[3] Da in Verfahren nach § 169 Nr. 2 und Nr. 3 FamFG keine gerichtliche Entscheidung über die Abstammung getroffen wird, ist § 185 FamFG auf solche Verfahren nicht anwendbar.[4] 3

1 BGH FamRZ 2017, 219
2 BGH FamRZ 2003, 1833
3 OLG Brandenburg FamRZ 2009, 1931
4 Kemper/Schreiber/*Fritsche*, § 185 FamFG Rn. 2

4 Ein auf Abs. 1 gestützter Restitutionsantrag setzt voraus, dass ein **neues Abstammungsgutachten** bei Einreichung des Restitutionsantrags **bereits vorliegt**. Er ist nicht statthaft, wenn ein neues Gutachten erst im Restitutionsverfahren erstellt werden soll.[5] Dies erschwerte in der Vergangenheit den Zugang zu diesem Restitutionsgrund, da ein neues Abstammungsgutachten nur mit Einwilligung der Betroffenen erstellt werden kann und diese Einwilligung nach früherem Recht nicht erzwungen werden konnte.[6] Seit Inkrafttreten des § 1598a BGB kann unter den dort genannten Voraussetzungen die Einwilligung in eine Abstammungsbegutachtung gerichtlich ersetzt und die Mitwirkung an der Abstammungsbegutachtung gerichtlich durchgesetzt werden.

5 **Neu** ist ein Gutachten dann, wenn es im Ursprungsverfahren noch nicht vorlag und auch von keinem Beteiligten vorgelegt werden konnte. Lag es damals bereits dem die Wiederaufnahme beantragenden Beteiligten vor, hindert dies einen Restitutionsantrag dann nicht, wenn dieser unverschuldet verhindert war, es in das Verfahren einzubringen (vgl. auch § 48 Abs. 2 FamFG i.V.m. § 582 ZPO).[7] Es kann sich dabei auch um ein erstmalig erstelltes Sachverständigengutachten handeln, wenn im Ursprungsverfahren entgegen § 177 Abs. 2 FamFG ohne ein Abstammungsgutachten entschieden worden ist.[8]

6 Wenn ein Antrag auf **Anfechtung der Vaterschaft** wegen Verfristung (§ 1600b Abs. 1 BGB) erfolglos geblieben ist, kann ein Restitutionsantrag nicht auf ein neues Abstammungsgutachten gestützt werden,[9] auch dann nicht, wenn ein mit Hilfe von § 1598a BGB eingeholtes Gutachten nunmehr die Vaterschaft widerlegt (vgl. auch Art. 228 § 17 EGBGB). Hier können nur Restitutionsgründe i.S.v. § 580 ZPO in Bezug auf die Feststellung der Verfristung geltend gemacht werden.

II. Antragsberechtigung (Abs. 2)

7 Abs. 2 stellt klar, dass für einen Antrag auf Wiederaufnahme **keine Beschwer erforderlich** ist.[10] Der Ausgang des Ursprungsverfahrens ist daher für die Befugnis zur Antragstellung unerheblich. Der Antrag kann jedoch nicht von Dritten, sondern nur von einem Beteiligten des Ursprungsverfahrens gestellt werden. Die Frage, ob eine Person, die verfahrenswidrig am Ursprungsverfahren nicht beteiligt wurde, zu einem Wiederaufnahmeantrag berechtigt ist,[11] stellt sich nicht bei Endentscheidungen in Abstammungssachen, die unter der Geltung des FamFG ergangen sind, da diesen Personen durch § 184 Abs. 3 FamFG eine eigene Beschwerdebefugnis eingeräumt wird.

III. Zuständigkeit (Abs. 3)

8 Wird ein Restitutionsantrag **ausschließlich** auf den **Restitutionsgrund des Abs. 1** gestützt, richtet sich die Zuständigkeit nach Abs. 3. Zuständig ist dann das Familiengericht, das über die Abstammung entschieden hat. Wenn allerdings die Entscheidung über die Abstammung durch das Beschwerdegericht oder das Rechtsbeschwerdegericht erfolgte, ist für den Restitutionsantrag das Beschwerdegericht zuständig. Eine Entscheidung des Beschwerdegerichts über die Abstammung liegt auch dann vor, wenn eine Beschwerde gegen die Entscheidung des Familiengerichts zurückgewiesen und so die dortige Entscheidung über die Abstammung inhaltlich bestätigt wurde. Dann ist das Beschwerdegericht für das Wiederaufnahmeverfahren zuständig. Etwas anderes gilt jedoch, wenn das Beschwerdegericht die Beschwerde gegen die Abstammungsentscheidung des Familienge-

---

5 BGH FamRZ 2003, 1833; Schulte-Bunert/Weinreich/*Schwonberg,* § 185 FamFG Rn. 8
6 OLG Zweibrücken FamRZ 2005, 735
7 MüKo-FamFG/*Coester-Waltjen/Lugani,* § 185 Rn. 7
8 BGH FamRZ 2003, 1833; OLG Stuttgart FamRZ 2019, 607
9 OLG Brandenburg, Beschl. v. 5.12.2012 – 3 UF 74/12, juris; Prütting/Helms/*Dürbeck,* § 185 FamFG Rn. 4
10 Prütting/Helms/*Dürbeck,* § 185 FamFG Rn. 7
11 differenzierend MüKo-FamFG/*Coester-Waltjen/Lugani,* § 185 Rn. 11

richts als unzulässig verworfen hat. Dann hat das Beschwerdegericht nicht über die Abstammung entschieden, sondern nur über die Zulässigkeitsvoraussetzungen der Beschwerde, weshalb in diesem Fall für einen Wiedereinsetzungsantrag das erstinstanzliche Gericht zuständig wäre.

Die Zuständigkeit beurteilt sich nicht nach Abs. 3, sondern nach § 584 ZPO, wenn ein Res- 9
titutionsgrund des § 580 ZPO oder ein Nichtigkeitsgrund nach § 579 ZPO geltend gemacht wird. Dies macht aber nur dann einen Unterschied zur Zuständigkeitsregelung des § 185 FamFG, wenn gegen eine Entscheidung des Rechtsbeschwerdegerichts ein Nichtigkeitsantrag nach § 579 ZPO oder ein auf § 580 Nr. 4 oder Nr. 5 ZPO gestützter Restitutionsgrund erhoben wird. Dann ist für die Entscheidung über den Restitutionsantrag das Rechtsbeschwerdegericht zuständig, in allen anderen Fällen ergibt sich die gleiche Zuständigkeit wie nach § 185 FamFG.

IV. Befreiung von der Antragsfrist (Abs. 4)

Nach Abs. 4 ist § 586 ZPO, der die Frist für die Restitutionsklage regelt, nicht anzuwenden. 10
Dies gilt jedoch nur, soweit ein Wiederaufnahmeantrag auf den Restitutionsgrund des Abs. 1 gestützt wird. Werden Restitutionsgründe i.S.v. § 580 ZPO geltend gemacht, gilt auch in Abstammungssachen die Klagefrist des § 586 ZPO entsprechend (§ 48 Abs. 2 FamFG),[12] ebenso für einen Nichtigkeitsantrag nach § 579 ZPO.[13]

V. Entscheidung

Ist der Wiederaufnahmeantrag begründet, so ist die ursprüngliche Entscheidung ein- 11
schließlich der Kostenentscheidung aufzuheben und es kann nach pflichtgemäßem Ermessen des Gerichts nach Durchführung des Verfahrens eine **gemeinsame Entscheidung** über die Wiederaufnahme- und Abstammungsfrage getroffen werden.[14] In Bezug auf die Kostenfrage ist über die **Kosten** des früheren Verfahrens und die des Wiederaufnahmeverfahrens dann einheitlich zu entscheiden.[15]

---

12 Vgl. zur identischen Vorgängerregelung OLG Düsseldorf FamRZ 2002, 1268
13 Prütting/Helms/*Dürbeck,* § 185 FamFG Rn. 10
14 OLG Stuttgart FamRZ 2019, 607
15 OLG Stuttgart FamRZ 2019, 607; Zöller/*Greger,* § 590 ZPO Rn. 17

Abschnitt 5
Verfahren in Adoptionssachen

Übersicht: Verfahrensablauf bei Annahme eines minderjährigen Kindes (Minderjährigenadoption)

1. **Verfahrenseinleitung durch Antrag des oder der Annehmenden (§ 23 FamFG, § 1752 Abs. 1 BGB)**
2. **Prüfung der internationalen und örtlichen Zuständigkeit (§§ 101, 187 FamFG)**
3. **Anforderung verfahrensrelevanter Unterlagen und Dokumente**
4. **Anforderung der fachlichen Äußerung (§ 189 FamFG)**
5. **ggf. Bestellung eines Verfahrensbeistands (§ 191 FamFG)**
6. **Anhörungen**
   - des Kindes (§ 192 Abs. 1 und 3 FamFG)
   - des oder der Annehmenden (§ 192 Abs. 1 FamFG)
   - ggf. der leiblichen Eltern (§ 192 Abs. 2 FamFG)
   - ggf. der Kinder des Annehmenden (§ 193 FamFG)
   - des Jugendamts (§ 194 Abs. 1 FamFG)
   - ggf. des Landesjugendamts (§ 195 Abs. 1 FamFG)
7. **ggf. weitere Ermittlungen (§ 26 FamFG)**
8. **Entscheidung (§ 197 FamFG)**

Übersicht: Verfahrensablauf bei Annahme eines volljährigen Kindes (Volljährigenadoption)

1. **Verfahrenseinleitung durch gemeinschaftlichen Antrag des oder der Annehmenden und des Anzunehmenden (§ 23 FamFG, § 1768 Abs. 1 Satz 1 BGB)**
2. **Prüfung der internationalen und örtlichen Zuständigkeit (§§ 101, 187 FamFG)**
3. **Anforderung verfahrensrelevanter Unterlagen und Dokumente**
4. **Anhörungen**
   - des Anzunehmenden (§ 192 Abs. 1 FamFG)
   - des oder der Annehmenden (§ 192 Abs. 1 FamFG)
   - ggf. der leiblichen Eltern (§ 192 Abs. 2 FamFG)
   - ggf. der Kinder des Annehmenden (§ 193 FamFG)
   - ggf. der Kinder des Anzunehmenden (§ 193 FamFG)
5. **ggf. weitere Ermittlungen (§ 26 FamFG)**
6. **Entscheidung (§ 197 FamFG)**

Übersicht: Verfahrensablauf bei Ersetzung der Einwilligung eines leiblichen Elternteils

1. **Verfahrenseinleitung durch Antrag des Kindes (§ 23 FamFG, § 1748 Abs. 1 BGB)**
2. **Prüfung der internationalen und örtlichen Zuständigkeit (§§ 101, 187 FamFG)**
3. **Ermittlungen zur Prüfung der Voraussetzungen des § 1748 BGB (insb. Anforderung von Jugendamtsberichten)**
4. **Anhörungen**
   - des Kindes (§ 192 Abs. 2 FamFG)
   - der Annehmenden (§ 192 Abs. 2 FamFG)
   - des Elternteils, dessen Einwilligung ersetzt werden soll (§ 192 Abs. 2 FamFG)
   - des Jugendamts (§ 194 Abs. 1 FamFG)
5. **Entscheidung (§ 198 Abs. 1 FamFG)**

Übersicht: Verfahrensablauf bei Aufhebung einer Adoption

1. **Verfahrenseinleitung**
   – durch fristgebundenen Antrag (§ 23 FamFG, § 1762 BGB) bei den Verfahren nach §§ 1760 und 1771, 1772 Abs. 1 BGB bzw.
   – von Amts wegen bei den Verfahren nach § 1763 BGB
2. **Prüfung der internationalen und örtlichen Zuständigkeit (§§ 101, 187 FamFG)**
3. **Ermittlungen zur Prüfung der Aufhebungsvoraussetzungen**
4. **Anhörungen**
   - des (volljährigen oder minderjährigen) Angenommenen (§ 192 Abs. 1 FamFG)
   - der Annehmenden (§ 192 Abs. 1 FamFG)
   - der leiblichen Eltern (§ 192 Abs. 2 FamFG)
   - des Jugendamts bei Aufhebung einer Minderjährigenadoption (§ 194 Abs. 1 FamFG)
5. **Entscheidung (§ 198 Abs. 1 FamFG)**

§ 186 FamFG Adoptionssachen

Adoptionssachen sind Verfahren, die

1. **die Annahme als Kind,**
2. **die Ersetzung der Einwilligung zur Annahme als Kind,**
3. **die Aufhebung des Annahmeverhältnisses oder**
4. **die Befreiung vom Eheverbot des § 1308 Abs. 1 des Bürgerlichen Gesetzbuchs**

betreffen.

Weiterführende Literatur: Braun, Das Verfahren in Adoptionssachen nach §§ 186 ff. FamFG, FamRZ 2010, 81; *Reinhardt*, FamFG und Adoption, JAmt 2009, 162; *Zschiebsch*, Das amtsgerichtliche Verfahren zur Annahme als Kind, FPR 2009, 493.

Übersicht

Rn.
A. Allgemeines ... 1
B. Inhalt der Norm ... 7
I. Die Verfahrensgegenstände bei der Annahme als Kind (Nr. 1) ... 7
II. Die Verfahrensgegenstände bei der Ersetzung von Einwilligungen (Nr. 2) ... 13
III. Die Verfahrensgegenstände bei der Aufhebung von Adoptionen (Nr. 3) ... 17
IV. Verfahrensgegenstände bei der Befreiung vom Eheverbot (Nr. 4) ... 20

A. Allgemeines

1 Mit der **Definition der „Adoptionssachen"** hat der Gesetzgeber im Rahmen der FGG-Reform 2009 einen **neuen Rechtsbegriff** eingeführt.[1] Durch die Voranstellung der betreffenden Verfahrensgegenstände wird klargestellt, bei welchen Verfahrensgegenständen §§ 186 ff. FamFG zur Anwendung kommen.

2 Die Norm hat **keinen eigenen Regelungsgehalt**, schafft aber Klarheit für die Abgrenzung zu anderen Familiensachen (insb. Kindschaftssachen). Die in § 186 FamFG aufgeführten **Verfahrensgegenstände sind abschließend**, was insbesondere für die Abgrenzung zu den Verfahren nach dem Adoptionswirkungsgesetz (AdWirkG) wichtig ist (siehe hierzu *Braun,* § 199 FamFG Rn. 1).

3 **Systematisch** sind die Adoptionssachen gemäß § 111 Nr. 4 FamFG den **Familiensachen** zugeordnet, woraus wiederum mittelbar die **sachliche Zuständigkeit** der Familienabteilungen bei den Amtsgerichten folgt (vgl. §§ 23a Abs. 1 Nr. 1, 23b Abs. 1 GVG).[2] Gleichzeitig ist damit auch der **Instanzenzug** geklärt, indem in der zweiten Tatsacheninstanz die Oberlandesgerichte (§ 119 Abs. 1 Nr. 1a) GVG) und in der Rechtsbeschwerdeinstanz der Bundesgerichtshof (§ 133 GVG) zuständig sind.

4 Der **Rechtsbegriff der Adoptionssache** findet sich **in anderen Gesetzen** wieder. So bestimmt etwa § 14 Nr. 15 und 16 RPflG, welche Verfahren in der funktionellen Zuständigkeit des Richters liegen und in der Vorbemerkung 1.3.2 Abs. 1 Nr. 2, Abs. 2 im Kostenverzeichnis zum FamGKG ist bestimmt, welche Adoptionssachen gerichtsgebührenpflichtig sind und welche nicht.

5 Das **mit Abstand wichtigste Verfahren in Adoptionssachen ist das Verfahren auf Annahme als Kind** (Nr. 1). Von diesem Verfahrensgegenstand sind nicht nur die Prüfung des Antrags auf Annahme als Kind nach § 1752 Abs. 1 BGB, sondern auch zunächst durchzuführende Teil- und Zwischenverfahren erfasst. Das Ersetzungsverfahren (Nr. 2) ist zwar meist ein Zwischenverfahren im Rahmen des Adoptionsverfahrens nach Nr. 1. Zwin-

1 BT-Drucks. 16/6308, 247
2 Bis zur FGG-Reform 2009 waren die Adoptionsverfahren noch den Vormundschaftsgerichten zugeordnet.

gend ist dies jedoch nicht, so dass die formale Trennung der Verfahren nach Nr. 1 und Nr. 2 durchaus Sinn macht (siehe auch unten Rn. 15). Die beiden weiteren Verfahrensgegenstände der Aufhebung von Annahmeverhältnissen (Nr. 3) oder die Befreiung vom Eheverbot des § 1308 Abs. 1 BGB (Nr. 4) spielen eine eher untergeordnete Rolle.

Ausdrücklich keine Adoptionssachen i.S.v. § 186 FamFG sind die Verfahren, in denen ein **Lebenspartner ein Kind adoptieren möchte** bzw. bei denen die Ersetzung der Einwilligung zu einer solchen Adoption beantragt wird. Diese Verfahren sind nach § 269 Abs. 1 Nr. 4 FamFG **Lebenspartnerschaftssachen**. Nach § 270 Abs. 1 Satz 2 FamFG finden jedoch bei diesen Verfahren sämtliche Vorschriften in Adoptionssachen entsprechende Anwendung, so dass im Ergebnis keine verfahrensrechtlichen Unterschiede bestehen. 6

B. Inhalt der Norm

I. Die Verfahrensgegenstände bei der Annahme als Kind (Nr. 1)

Das in Nr. 1 aufgeführte Verfahren auf Annahme als Kind umfasst **sowohl Minderjährigen- als auch Volljährigenadoptionen**. Im Gegensatz zum materiellen Recht (§§ 1741 ff. BGB einerseits und §§ 1767 ff. BGB andererseits) findet im Verfahrensrecht keine Unterscheidung dieser Adoptionsarten statt. 7

Die Verfahren auf Annahme als Kind betreffen die **Prüfung der Anträge auf Annahme als Kind** nach § 1752 Abs. 1 BGB und § 1768 Abs. 1 Satz 1 BGB. Innerhalb dieser Verfahren werden regelmäßige weitere Teil- oder Zwischenentscheidungen getroffen bzw. andere Verfahrenshandlungen durchgeführt. 8

Als wichtigste Entscheidungen und Verfahrenshandlungen sind folgende Verrichtungen zu nennen: 9

- die gerichtliche Genehmigung der Einwilligung des Kindes bei unterschiedlicher Staatsangehörigkeit nach § 1746 Abs. 1 Satz 4 BGB
- die Erteilung der Bescheinigung des Ruhens der elterlichen Sorge und Eintritt der Amtsvormundschaft nach § 1751 Abs. 1 BGB
- die Namensbestimmung bei Anträgen nach § 1757 Abs. 3 Nr. 1 oder Nr. 2 BGB
- die Anordnung eines Offenbarungs- und Ausforschungsverbots nach § 1758 Abs. 2 Satz 2 BGB
- die Feststellung der Wirkungen einer Volljährigenadoption mit den Wirkungen einer Minderjährigenadoption nach § 1772 Abs. 1 BGB[3]

Die Verfahren auf Annahme als Kind (Minderjährigen- und Volljährigenadoption) sind **Antragsverfahren** (§§ 1752 Abs. 1, 1768 Abs. 1 Satz 1 BGB). Das Verfahren kann nur mit einem verfahrenseinleitenden Antrag nach § 23 FamFG beginnen. Eine Verfahrensführung von Amts wegen ist nicht vorgesehen. Die Zwischen- und Teilentscheidungen sind teilweise auch von Amts wegen zu prüfen (insb. die Erteilung der Bescheinigung nach § 1751 BGB, § 191 FamFG). 10

Kommen bei einer vor einem deutschen Gericht beantragten Annahme als Kind aufgrund international-privatrechtlicher Anknüpfung gemäß Art. 22, 23 EGBGB **ausländische Sachvorschriften** zur Anwendung, hat dies für das durchzuführende Verfahren keine Bedeutung. Auch dann ist ausschließlich das deutsche Verfahrensrecht anzuwenden (**lex fori**). 11

3 Zu weiteren Verfahrenshandlungen: MüKo-FamFG/*Maurer,* § 186 Rn. 3

12 Die Verfahren auf Anerkennung, Wirkungsfeststellung und Umwandlung ausländischer Adoptionen nach dem Adoptionswirkungsgesetz (AdWirkG) stellen keine Adoptionssachen i.S.v. § 186 Nr. 1 FamFG dar (siehe *Braun,* § 199 FamFG Rn. 2).

II. Die Verfahrensgegenstände bei der Ersetzung von Einwilligungen (Nr. 2)

13 Folgende Verfahrensgegenstände gelten als Ersetzungsverfahren i.S.v. § 186 Nr. 2 FamFG:

- die Ersetzung der Einwilligung eines Elternteils nach § 1748 BGB
- die Ersetzung der Einwilligung des Vormunds im Namen des Kindes nach § 1746 Abs. 3 1. HS BGB
- die Ersetzung der Einwilligung des Ehegatten nach § 1749 Abs. 1 Satz 2 und 3 BGB

14 Die Verfahren auf Ersetzung der Einwilligungen der Eltern und auf Ersetzung der Einwilligungen der Ehegatten sind **Antragsverfahren nach § 23 FamFG**. Dies ergibt sich aus den materiell-rechtlichen Vorschriften in § 1748 Abs. 1 und § 1749 Abs. 1 Satz 2 BGB. Das (seltene) Verfahren auf Ersetzung der Einwilligung des Vormunds (§ 1746 Abs. 3 1. HS BGB) kann jedoch auch von Amts wegen durchgeführt werden.[4]

15 Das Ersetzungsverfahren ist verfahrensrechtlich **unabhängig vom Verfahren auf Annahme als Kind** nach Nr. 1 mit eigenen Verfahrensvorgaben. In der Praxis sind die Ersetzungsverfahren zwar regelmäßig Zwischenverfahren zum Verfahren auf Annahme als Kind.[5] Insbesondere eine Ersetzung der Einwilligung eines Elternteils nach § 1748 BGB kann aber auch unabhängig von einem Annahmeverfahren durchgeführt werden, also bevor ein verfahrenseinleitender Antrag auf Annahme als Kind gestellt worden ist.[6]

16 Bei einem **Auslandsbezug** sind für die Frage des anwendbaren Rechts kumulativ Art. 22 und 23 EGBGB relevant. Auch wenn die Anknüpfung (teilweise oder vollständig) zur **Anwendung ausländischen Sachrechts** führt, bleibt es auch bei den Ersetzungsverfahren bei der Anwendung deutschen Verfahrensrechts (lex fori).

III. Die Verfahrensgegenstände bei der Aufhebung von Adoptionen (Nr. 3)

17 Die in Nr. 3 aufgeführten **Aufhebungsverfahren** umfassen:

- die Aufhebung einer Minderjährigenadoption nach § 1760 Abs. 1 BGB
- die Aufhebung einer Minderjährigenadoption nach § 1763 BGB
- die Aufhebung einer Volljährigenadoption nach § 1771 BGB
- die Aufhebung einer Volljährigenadoption nach § 1772 Abs. 2 BGB

18 Die Aufhebungsverfahren nach § 1760 Abs. 1 und §§ 1771, 1772 Abs. 2 BGB sind **Antragsverfahren**. Die Aufhebung einer Minderjährigenadoption aus schwerwiegenden Gründen (§ 1763 BGB) kann auch von Amts wegen eingeleitet werden.

19 Auch hier gilt, dass es trotz einer etwaigen **Anwendung ausländischen Sachrechts** (Aufhebung einer ausländischen Adoption) bei der Anwendung des deutschen Verfahrensrechts bleibt (lex fori).

IV. Verfahrensgegenstände bei der Befreiung vom Eheverbot (Nr. 4)

20 § 186 Nr. 4 FamFG betrifft lediglich das (äußerst seltene) **Verfahren auf Befreiung vom Eheverbot** in § 1308 Abs. 1 BGB. Eine solche Befreiung ist nur möglich, wenn eine Ehe

---

4 OLG Hamm, NJW-RR 1991, 905
5 OLG Zweibrücken, FGPrax 2001, 113, 114
6 MüKo-BGB/*Maurer,* § 1748 Rn. 65

zwischen zwei Adoptionsgeschwistern (Verwandtschaft in der Seitenlinie i.S.v. § 1308 Abs. 2 Satz 1 BGB) geschlossen werden soll. Dieses Verfahren ist ein Antragsverfahren.[7]

§ 187 FamFG Örtliche Zuständigkeit

(1) Für Verfahren nach § 186 Nr. 1 bis 3 ist das Gericht ausschließlich zuständig, in dessen Bezirk der Annehmende oder einer der Annehmenden seinen gewöhnlichen Aufenthalt hat.

(2) Ist die Zuständigkeit eines deutschen Gerichts nach Absatz 1 nicht gegeben, ist der gewöhnliche Aufenthalt des Kindes maßgebend.

(3) Für Verfahren nach § 186 Nr. 4 ist das Gericht ausschließlich zuständig, in dessen Bezirk einer der Verlobten seinen gewöhnlichen Aufenthalt hat.

(4) Kommen in Verfahren nach § 186 ausländische Sachvorschriften zur Anwendung, gilt § 5 Abs. 1 Satz 1 und Abs. 2 des Adoptionswirkungsgesetzes entsprechend.

(5) [1]Ist nach den Absätzen 1 bis 4 eine Zuständigkeit nicht gegeben, ist das Amtsgericht Schöneberg in Berlin zuständig. [2]Es kann die Sache aus wichtigem Grund an ein anderes Gericht verweisen.

Übersicht

Rn.
A. Allgemeines ... 1
B. Inhalt der Norm ... 6
I. Der Rechtsbegriff des gewöhnlichen Aufenthalts ... 6
II. Die örtliche Zuständigkeit bei den Verfahren auf Annahme als Kind ... 8
1. Anknüpfung an den gewöhnlichen Aufenthalt des Annehmenden oder des Kindes ... 8
2. Die Konzentrationszuständigkeit in § 187 Abs. 4 FamFG ... 12
III. Die örtliche Zuständigkeit bei den Ersetzungsverfahren ... 14
IV. Die örtliche Zuständigkeit bei den Aufhebungsverfahren ... 16
V. Die örtliche Zuständigkeit bei den Verfahren auf Befreiung vom Eheverbot ... 17
VI. Die Verweisung wegen örtlicher Unzuständigkeit ... 18
1. Die Verweisung nach § 3 FamFG ... 18
2. Die besondere Verweisungsmöglichkeit nach § 187 Abs. 5 Satz 2 FamFG ... 22
VII. Die Abgabe nach § 4 FamFG wegen Veränderung des gewöhnlichen Aufenthalts ... 24

A. Allgemeines

Die Norm bestimmt die **örtliche Gerichtszuständigkeit (Gerichtsstand)** für sämtliche Adoptionssachen. Hauptanknüpfungspunkt ist bei allen Verfahren der gewöhnliche Aufenthalt. **1**

In **Verfahren mit Auslandsbezug** werden in Abs. 4 und 5 praxisrelevante Sondervorgaben getroffen. So ist bei Verfahren, in denen aufgrund international-privatrechtlicher Anknüpfung „ausländische Sachvorschriften zur Anwendung" gelangen (Abs. 4), nicht das örtliche Amtsgericht, sondern vielmehr das Amtsgericht am Sitz des Oberlandesgerichts örtlich zuständig (sog. **Konzentrationszuständigkeit**) (§ 5 Abs. 1 AdWirkG). In Verfahren, in denen kein Beteiligter seinen gewöhnlichen Aufenthalt im Inland hat, bestimmt Absatz 5 eine **Auffangzuständigkeit des Amtsgerichts Schöneberg** in Berlin. **2**

Relevanter Zeitpunkt für die Bestimmung der örtlichen Zuständigkeit ist die Anhängigkeit des Verfahrens (in Antragsverfahren der Zeitpunkt des Eingangs des Antrags bei Gericht).[1] Eine im Zeitpunkt der Anhängigkeit begründete örtliche Zuständigkeit bleibt **3**

7 Weitere Hinweise zu diesen Verfahren: Keidel/*Engelhardt*, § 186 FamFG Rn. 25 f.

1 PK Familienverfahrensrecht/*Meysen*, § 187 FamFG Rn. 8

grundsätzlich erhalten (§ 2 Abs. 2 FamFG, sog. **perpetuatio fori**). Gerade in Adoptionssachen ist aber bei einem Wechsel des gewöhnlichen Aufenthalts der Annehmenden an eine Abgabe nach § 4 FamFG zu denken.

▶ *Zu Einzelheiten der Verfahrensabgabe siehe Köhler, § 4 FamFG Rn. 2 ff.*

4 Die örtliche Zuständigkeit ist eine **ausschließliche Zuständigkeit**. Es dürfen keine Verfahren an mehreren Gerichten geführt werden. Zwar ist es durch die Anknüpfung nach § 187 Abs. 1 FamFG möglich, dass mehrere Gerichte formal zuständig sind (wenn die Annehmenden unterschiedliche gewöhnliche Aufenthalte haben). Dann ist nach § 2 Abs. 1 FamFG das zuerst mit der Sache befasste Gericht örtlich zuständig.[2]

5 Die Vorschrift trifft **keine Regelung zur internationalen Zuständigkeit**. Diese richtet sich nach der besonderen Vorschrift in § 101 FamFG.

B. Inhalt der Norm

I. Der Rechtsbegriff des gewöhnlichen Aufenthalts

6 Bei sämtlichen Verfahren in Adoptionssachen wird der Gerichtsstand an den gewöhnlichen Aufenthalt angeknüpft. Der **Begriff des gewöhnlichen Aufenthalts** ist ein unbestimmter Rechtsbegriff, welcher auslegungsbedürftig ist. Die Gesetzesbegründung spricht hierbei vom „**Mittelpunkt der Lebensführung**",[3] während andere Stimmen versuchen den Begriff mit „einer Eingliederung in die soziale Umwelt"[4] oder mit dem „Daseinsmittelpunkt"[5] näher einzugrenzen. In der Praxis bedarf es einer **Gesamtschau der Lebensverhältnisse**, wobei v.a. die objektive Situation und weniger der Wille der entsprechenden Person entscheidend ist.[6]

7 Der **gemeldete (Haupt-)Wohnsitz** gibt nur einen ersten Anknüpfungspunkt zum gewöhnlichen Aufenthalt. Es ist davor zu warnen, ausschließlich auf die Meldeadresse abzustellen. Ergibt sich etwa aus der Gesamtbetrachtung der Lebensbedingungen, dass der Schwerpunkt der sozialen Eingliederung tatsächlich woanders liegt, so ist die örtliche Zuständigkeit an diesem Ort begründet. Auch bloß **temporäre Aufenthalte** (etwa zur Ausbildung) begründen in der Regel noch keinen gewöhnlichen Aufenthalt.

▶ *Näher zum Begriff des gewöhnlichen Aufenthalts siehe Keuter, § 152 FamFG Rn. 22.*

II. Die örtliche Zuständigkeit bei den Verfahren auf Annahme als Kind

1. Anknüpfung an den gewöhnlichen Aufenthalt des Annehmenden oder des Kindes

8 Die örtliche Zuständigkeit bei den Verfahren auf Annahme als Kind wird durch ein **Stufenverhältnis** bestimmt.

9 **Primärer Anknüpfungspunkt** ist der **gewöhnliche Aufenthalt des oder der Annehmenden** (§ 187 Abs. 1 FamFG). Bei der gemeinschaftlichen Adoption können im Einzelfall auch mehrere Gerichtsstände eröffnet sein. Dann ist dasjenige Gericht zuständig, bei welchem das Verfahren zuerst eingeleitet worden ist (§ 2 Abs. 1 FamFG).[7]

10 In der **zweiten Stufe** richtet sich die örtliche Zuständigkeit nach dem **gewöhnlichen Aufenthalt des anzunehmenden Kindes** (§ 187 Abs. 2 FamFG). Dies ist bei **Minderjährigenadoptionen** äußerst selten, da sich der gewöhnliche Aufenthalt des Kindes in aller

---

2 KG FamRZ 1995, 440
3 BT-Drucks. 16/6308, 226
4 Keidel/*Engelhardt*, § 99 FamFG Rn. 44
5 BGH FamRZ 1975, 272, 273
6 Ausführlich: Prütting/Helms/*Helms*, § 122 FamFG Rn. 4 ff.
7 KG FamRZ 1995, 440

Regel auch bei einem Annehmenden befindet. Bei der **Volljährigenadoption** ist dies jedoch schon eher vorstellbar, da hierbei der gewöhnliche Aufenthalt der Annehmenden einerseits und der Anzunehmenden andererseits im Normalfall auseinanderfällt.

Bei **Auslandsdeutschen (dritte Stufe)** ist der Antrag beim **Amtsgericht Schöneberg in Berlin** einzureichen (§ 187 Abs. 5 Satz 1 FamFG). 11

▶ *Zur besonderen Verweisungsmöglichkeit nach Satz 2 siehe unten Rn. 22 f.*

2. Die Konzentrationszuständigkeit in § 187 Abs. 4 FamFG

Von der Zuständigkeit des örtlichen Amtsgerichts nach Abs. 1 oder 2 wird in § 187 Abs. 4 FamFG eine praxisrelevante Ausnahme gemacht. Wenn ausländische Sachvorschriften zur Anwendung gelangen, tritt eine **Konzentrationszuständigkeit des Amtsgerichts am Sitz des Oberlandesgerichts** ein (vgl. § 5 Abs. 1 Satz 1 und Abs. 2 AdWirkG).[8] Im Ergebnis findet daher schon im Rahmen der Prüfung der örtlichen Zuständigkeit eine **international-privatrechtliche Vorprüfung** statt. 12

Die Auslegung von § 187 Abs. 4 FamFG ist **in drei Fragen umstritten**. 13

- Zum einen ist fraglich, ob die Konzentrationszuständigkeit nur dann zum Tragen kommt, wenn die Anknüpfung an Art. 22 EGBGB zur Anwendung ausländischen Rechts führt oder ob hierfür **schon die Verweisung nach Art. 23 Satz 1 EGBGB genügt**. Mittlerweile ist diese Streitfrage dahingehend geklärt, dass schon die ausländische Staatsangehörigkeit des Kindes (und damit die Verweisung auf ausländisches Recht nach Art. 23 EGBGB) ausreicht, um zur Konzentrationszuständigkeit nach § 187 Abs. 4 FamFG zu gelangen.[9]
- Weiterhin ist fraglich, ob die Konzentrationszuständigkeit des § 187 Abs. 4 FamFG **auch bei Volljährigenadoptionen** zur Anwendung kommen kann. Hier vertritt soweit ersichtlich einzig das OLG Frankfurt die Ansicht, dass die Konzentrationszuständigkeit auch bei Volljährigenadoptionen eingreift.[10] Andere Oberlandesgerichte wenden § 187 Abs. 4 FamFG ausschließlich bei Minderjährigenadoptionen an.[11] Für die letztgenannte Ansicht spricht jedenfalls, dass § 187 Abs. 4 FamFG auf die Zuständigkeitsnormen im Adoptionswirkungsgesetz verweist. In diesem Gesetz sind aber nur (ausländische) Minderjährigenadoptionen Bezugspunkte der Entscheidungen. Daher kann davon ausgegangen werden, dass der Gesetzgeber auch nur bei den Minderjährigenadoptionen ein Bedürfnis für eine Konzentrationszuständigkeit gesehen hat. Darüber hinaus spricht auch der Sinn und Zweck für eine ausschließliche Anwendbarkeit für Minderjährigenadoptionen. Denn die Folgen einer Minderjährigenadoption sind hinsichtlich Sorge-, Umgangs- und Unterhaltsrecht sehr viel weitreichender als bei der Volljährigenadoption. Nur bei der Minderjährigenadoption bedarf es daher auch der „besonderen Sachkunde eines sachlich und personell entsprechend ausgestatteten Gerichts".

---

8 Von der Möglichkeit in § 5 Abs. 2 AdWirkG, die Konzentrationszuständigkeit an ein anderes Amtsgericht zu übertragen, hat bislang kein Bundesland Gebrauch gemacht

9 A.A. wohl nur noch: OLG Schleswig FamRZ 2006, 1142; ausführlich: OLG Frankfurt ZKJ 2011, 144; ebenso: OLG Köln FamRZ 2006, 1859; OLG Stuttgart FamRZ 2007, 839; OLG Hamm FamRZ 2003, 1042

10 OLG Frankfurt, Beschl. v. 6.3.2012 – 1 UFH 6/12, unveröffentlicht

11 OLG Köln FamRZ 2011, 311 (unter ausdrücklicher Aufgabe der vormaligen gegenteiligen Ansicht in OLG Köln FamRZ 2006, 1859); OLG München NJW-RR 2009, 592; OLG Düsseldorf FamRZ 2011, 59; OLG Stuttgart NJW-RR 2007, 297; OLG Schleswig FamRZ 2006, 1462; OLG Rostock FGPrax 2007, 175; OLG Hamm FamRZ 2008, 300; OLG Karlsruhe FamRZ 2019, 905

- Die dritte Streitfrage bezieht sich schließlich darauf, ob **die Konzentrationszuständigkeit auch bei einer Rückverweisung auf deutsches Sachrecht** eingreift (Art. 22 und 23 EGBGB sind Gesamtverweisungen).[12] Richtigerweise darf in einem solchen Fall die Konzentrationszuständigkeit nicht eintreten, da der eindeutige Wortlaut von § 187 Abs. 4 fordert, dass „ausländische Sachvorschriften" zur Anwendung kommen. Bei einer Rückverweisung kommen jedoch gerade nur inländische „Sachvorschriften" zur Anwendung (vgl. Art. 4 Abs. 1 Satz 2 EGBGB).[13]

III. Die örtliche Zuständigkeit bei den Ersetzungsverfahren

14 Die **örtliche Zuständigkeit bei Ersetzungsverfahren** ist gleichlaufend wie bei den Verfahren auf Annahme als Kind. Selbst wenn also noch kein Verfahren auf Annahme als Kind eingeleitet worden ist, bestimmt sich der Gerichtsstand primär nach dem **gewöhnlichen Aufenthalt des oder der Annehmenden**. Tatsächlich kann es also vorkommen, dass bei einer „Vorschaltung" des Ersetzungsverfahrens ein anderes Gericht örtlich zuständig ist als das Gericht, welches später dann über die Annahme als Kind entscheidet.

15 Bei der **Konzentrationszuständigkeit nach § 187 Abs. 4 FamFG** ist zu beachten, dass bei Ersetzungsverfahren das anwendbare Recht kumulativ nach Art. 22 und Art. 23 EGBGB bestimmt wird. Verweist also nur eine der IPR-Normen auf ausländisches Sachrecht, so tritt die Konzentrationszuständigkeit beim Familiengericht am Sitz des OLG ein.

IV. Die örtliche Zuständigkeit bei den Aufhebungsverfahren

16 Für den **Gerichtsstand bei den Aufhebungsverfahren** kann vollumfänglich auf die Ausführungen zur örtlichen Zuständigkeit für die Annahmeverfahren verwiesen werden. Auch hier bestimmt sich die **örtliche Zuständigkeit nach § 187 Abs. 1, 2, 4 und 5 FamFG**.

V. Die örtliche Zuständigkeit bei den Verfahren auf Befreiung vom Eheverbot

17 Für die Verfahren auf Befreiung vom Eheverbot sieht **§ 187 Abs. 3 FamFG eine Sondervorschrift** vor. Hier findet die Anknüpfung an den gewöhnlichen Aufenthalt mindestens eines Verlobten statt.

VI. Die Verweisung wegen örtlicher Unzuständigkeit

1. Die Verweisung nach § 3 FamFG

18 Wird der Antrag auf Annahme als Kind bei einem örtlich unzuständigen Gericht eingereicht, so ist das Verfahren **nach § 3 FamFG an das örtlich zuständiges Gericht zu verweisen**.[14] Liegen die Voraussetzungen vor, so muss verwiesen werden, **ohne** dass das Gericht hierbei ein **Ermessen** hätte. Vor einer Verweisungsentscheidung sind die Beteiligten (zumindest schriftlich) **anzuhören** (§ 3 Abs. 1 Satz 2 FamFG) (zu den Beteiligten des Verfahrens siehe *Braun,* § 188 FamFG Rn. 1 ff.). Geschieht dies nicht, so besteht die Gefahr des Ausschlusses der Bindungswirkung nach § 3 Abs. 3 Satz 2 FamFG (näher hierzu *Cirullies,* § 3 FamFG Rn. 3). In der Praxis ist dies häufig zu beobachten.

19 Da es bei der Frage der örtlichen Zuständigkeit maßgeblich um die Auslegung des Begriffs des gewöhnlichen Aufenthalts geht (siehe Rn. 6 ff.), kann es auch zu unterschiedlichen Einschätzungen hinsichtlich dieser Frage kommen. Im Grundsatz steht die Entscheidung insoweit jedoch dem verweisenden Gericht zu. Sowohl das Gericht, an das verwiesen worden ist, als auch die Verfahrensbeteiligten müssen sich dieser Einschätzung grundsätzlich

---

12 Hierfür: OLG Karlsruhe FamRZ 2005, 1695
13 Näher hierzu: *Braun*, FamRZ 2011, 81, 83
14 Siehe zur Verweisung bei Änderung des Verfahrensgegenstands von Minderjährigen- auf Volljährigenadoption: OLG Karlsruhe FamRZ 2019, 905

fügen. Ein Verweisungsbeschluss ist **unanfechtbar und für das Zielgericht bindend** (§ 3 Abs. 3 FamFG).

Trotz dieser grundsätzlichen Bindungswirkung kann es zu einer **Zuständigkeitsbestimmung durch das nächsthöhere Gericht nach § 5 Abs. 1 Nr. 4 FamFG in zwei Ausnahmefällen** kommen. Dies ist einmal der Fall, wenn mindestens einem Beteiligten gemäß § 3 Abs. 1 Satz 2 FamFG **kein rechtliches Gehör** gewährt worden ist (siehe hierzu Rn. 18) oder wenn die Verweisung als **willkürlich** zu beurteilen ist. Letzteres kommt in Betracht, wenn eindeutig gegen geltendes Recht verstoßen wird oder eine Einschätzung des gewöhnlichen Aufenthalts vorgenommen wird, welche schlicht untragbar erscheint. Bloße Streitfälle machen eine Verweisung jedoch nicht willkürlich. 20

Die Verweisung ist **durch Beschluss** zu entscheiden. Der Wortlaut des Rubrums kann dem Wortlaut von § 3 Abs. 1 Satz 1 FamFG entsprechen (z.B. *„Das Gericht erklärt sich für unzuständig und verweist das Verfahren an das Amtsgericht …"*). 21

2. Die besondere Verweisungsmöglichkeit nach § 187 Abs. 5 Satz 2 FamFG

Im Adoptionsrecht existiert eine **besondere Verweisungsmöglichkeit**, wenn der Gerichtsstand aufgrund der Auffangzuständigkeit in § 187 Abs. 5 Satz 1 FamFG dem Amtsgericht Schöneberg übertragen ist. Nach **§ 187 Abs. 5 Satz 2 FamFG** kann das Amtsgericht Schöneberg das Verfahren „aus wichtigem Grund" an ein anderes Gericht verweisen. Sowohl aus dem Wortlaut als auch aus der Gesetzgebungsgeschichte[15] ergibt sich eindeutig, dass dies tatsächlich eine Verweisung i.S.v. § 3 FamFG und keine Abgabe i.S.v. § 4 FamFG ist.[16] Dementsprechend gelten die Voraussetzungen und Wirkungen des § 3 FamFG (insb. die Bindungswirkung des § 3 Abs. 3 Satz 2 FamFG) auch hier. 22

Wann ein **wichtiger Grund i.S.v. § 187 Abs. 5 Satz 2 FamFG** vorliegt, lässt das Gesetz offen. Um der grundsätzlichen Zuständigkeit des Amtsgerichts Schöneberg Rechnung zu tragen, sollte der Begriff **eng ausgelegt** werden.[17] Es genügt also nicht, dass etwa der beurkundende Notar seinen Sitz in einem bestimmten Gerichtsbezirk hat oder dass ein Zustellungsbevollmächtigter im entsprechenden Bezirk bestellt worden ist. Vielmehr sollte die Verweisung nach § 187 Abs. 5 Satz 2 FamFG nur dann erfolgen, wenn etwa noch eine Meldeadresse in Deutschland besteht oder eine baldige Rückkehr in einen bestimmten Bezirk bevorsteht. 23

VII. Die Abgabe nach § 4 FamFG wegen Veränderung des gewöhnlichen Aufenthalts

In Adoptionssachen kommt häufig eine **Abgabe des Verfahrens aus wichtigem Grund nach § 4 FamFG** in Betracht. Hiervon ging auch die Gesetzesbegründung zu § 4 FamFG aus, indem ausdrücklich Adoptionssachen als Anwendungsbeispiel für das Vorliegen eines wichtigen Grundes genannt worden sind: *„In Adoptionssachen kann ein wichtiger Grund vorliegen, wenn der Annehmende und das Kind ihren Wohnsitz in den Bezirk eines anderen Gerichts verlegt haben"*.[18] Ist dies der Fall, so kann ohne Bedenken eine Abgabe an das entsprechende Gericht erfolgen. Etwas anderes sollte nur dann gelten, wenn fast sämtliche Ermittlungstätigkeiten schon durchgeführt worden sind (insb. die persönlichen Anhörungen). Dann wäre es sinnwidrig, das Verfahren noch kurz vor Abschluss abzugeben. 24

Das **Verfahren der Abgabe** ergibt sich aus § 4 FamFG. Hiernach sollen die Beteiligten zur Abgabe **angehört** werden. Außerdem ist eine Abgabe nur möglich, wenn sich das Zielge- 25

15 Vgl. BT-Drucks. 16/6308, 247, 380, 414, 417
16 So auch: MüKo-FamFG/*Maurer,* § 187 Rn. 14 f.; a.A. Keidel/*Engelhardt,* § 187 FamFG Rn. 10
17 In diese Richtung: Prütting/Helms/*Krause,* § 187 FamFG Rn. 10
18 BT-Drucks. 16/6308, 176

richt mit der Übernahme einverstanden erklärt. Die **Übernahmebereitschaft** steht allerdings nicht im freien Ermessen des Gerichts, an das abgegeben wird. Vielmehr reduziert sich dieses Ermessen „auf Null", wenn die Fortführung des Verfahrens am neuen Gericht offensichtlich zweckdienlich ist. Bei Streitigkeiten über die Abgabe zwischen den Gerichten kann das nächsthöhere Gericht zur **Zuständigkeitsbestimmung nach § 5 Abs. 1 Nr. 5** FamFG angerufen werden.

▶ *Zu Einzelheiten der Abgabe Köhler, § 4 FamFG Rn. 2 ff.*

§ 188 FamFG Beteiligte

(1) Zu beteiligen sind

1. in Verfahren nach § 186 Nr. 1
   a) der Annehmende und der Anzunehmende,
   b) die Eltern des Anzunehmenden, wenn dieser entweder minderjährig ist und ein Fall des § 1747 Abs. 2 Satz 2 oder Abs. 4 des Bürgerlichen Gesetzbuchs nicht vorliegt oder im Fall des § 1772 des Bürgerlichen Gesetzbuchs,
   c) der Ehegatte oder Lebenspartner des Annehmenden und der Ehegatte oder Lebenspartner des Anzunehmenden, sofern nicht ein Fall des § 1749 Abs. 2 des Bürgerlichen Gesetzbuchs vorliegt;

2. in Verfahren nach § 186 Nr. 2 derjenige, dessen Einwilligung ersetzt werden soll;

3. in Verfahren nach § 186 Nr. 3
   a) der Annehmende und der Angenommene,
   b) die leiblichen Eltern des minderjährigen Angenommenen;

4. in Verfahren nach § 186 Nr. 4 die Verlobten.

(2) Das Jugendamt und das Landesjugendamt sind auf ihren Antrag zu beteiligen.

Weiterführende Literatur: Reinhardt, Die Beteiligung in Adoptionsverfahren und der Geheimhaltungsschutz – Prüfstein für die Kooperation von Jugendamt und Familiengericht in Adoptionssachen, JAmt 2011, 628.

Übersicht

	Rn.
A. Allgemeines	1
B. Inhalt der Norm	6
I. Die Beteiligten beim Verfahren auf Annahme als Kind	6
1. Die Beteiligtenstellung der Annehmenden und des Kindes	7
2. Die Beteiligtenstellung der Eltern des Kindes	8
3. Die Beteiligtenstellung der Ehepartner des Annehmenden und des Anzunehmenden	14
4. Die Beteiligtenstellung des Jugendamts	16
5. Die Beteiligtenstellung des Landesjugendamts	21
6. Die Beteiligtenstellung des Verfahrensbeistands	23
7. Die Stellung des Verfahrensbevollmächtigten und des gesetzlichen Vertreters im Verfahren	24
8. Die Stellung des beurkundenden Notars im Verfahren	25
9. Die Stellung der Kinder der Annehmenden und der Anzunehmenden im Verfahren	26
II. Die Beteiligten beim Ersetzungsverfahren	27
III. Die Beteiligten beim Aufhebungsverfahren	30
IV. Die Beteiligten beim Verfahren auf Befreiung vom Eheverbot	31
V. Die Folgen der Beteiligung	32

A. Allgemeines

Die Vorschrift bestimmt **die Beteiligten in Adoptionssachen** und ist **lex specialis zu § 7 FamFG**. Die Norm gilt **für sämtliche Adoptionssachen**, insbesondere auch für die Volljährigenadoption. 1

Der **systematische Aufbau** von Abs. 1 orientiert sich an den unterschiedlichen in § 186 FamFG aufgeführten Verfahrensgegenständen. In Abs. 2 wird die besondere Beteiligungsmöglichkeit des Jugendamts und des Landesjugendamts aufgeführt. 2

Sämtliche in § 188 FamFG aufgeführte Beteiligte sind sog. **Muss-Beteiligte** („sind … zu beteiligen"). Wenn eine Person oder Behörde die Vorgaben des § 188 FamFG erfüllt, gibt es keine Möglichkeit für das erkennende Gericht, von der Beteiligung abzusehen (was auch bei der Beteiligungsmöglichkeit des Jugendamts und des Landesjugendamts auf Antrag gilt). 3

Die **Aufzählung** der Beteiligten in § 188 FamFG ist **im Wesentlichen abschließend**. Lediglich die Beteiligtenstellungen des Vaterschaftsprätendenten (siehe unten Rn. 12) sowie der Annehmenden und des Kindes im Ersetzungsverfahren (siehe unten Rn. 28) folgen nicht direkt aus § 188 FamFG. 4

Die Fähigkeit, Beteiligter an einem Verfahren zu sein (**Beteiligtenfähigkeit nach § 8**), ist unabhängig vom Alter des Beteiligten. Die Beteiligtenfähigkeit richtet sich nach der **Rechtsfähigkeit**, so dass ein Kind schon ab Geburt am Verfahren beteiligt ist. Die Beteiligtenfähigkeit ist **von der Verfahrensfähigkeit nach § 9 FamFG zu unterscheiden**: ein minderjähriges Kind bleibt auch dann beteiligt, wenn die Verfahrenshandlungen durch seinen gesetzlichen Vertreter durchgeführt werden. 5

B. Inhalt der Norm

I. Die Beteiligten beim Verfahren auf Annahme als Kind

Bei den Annahmeverfahren kommen folgende Personen und Behörden als Beteiligte in Betracht: 6

- der bzw. die Annehmende(n)
- das anzunehmende Kind (bzw. der erwachsene Anzunehmende)
- die Eltern des Kindes
- die Ehepartner und Lebenspartner des Annehmenden oder des Anzunehmenden
- das Jugendamt auf dessen Antrag
- das Landesjugendamt auf dessen Antrag
- der Verfahrensbeistand

1. Die Beteiligtenstellung der Annehmenden und des Kindes

Sowohl jeder Annehmende als auch das anzunehmende Kind (bzw. der volljährige Anzunehmende) sind **zwingend und ohne Ausnahmen** am Verfahren beteiligt (§ 188 Abs. 1 Nr. 1a) FamFG). Der gesetzliche Vertreter des Kindes (z.B. Vormund) ist jedoch kein eigenständiger Beteiligter am Verfahren. Er nimmt vielmehr nur die Beteiligtenrechte eines (verfahrensunfähigen) Kindes in dessen Namen wahr. 7

2. Die Beteiligtenstellung der Eltern des Kindes

8 Bei der **Minderjährigenadoption** sind **die Eltern grundsätzlich zu beteiligen** (§ 188 Abs. 1 Nr. 1b) FamFG).[1] Mit dem Begriff der „Eltern" sind die **rechtlichen Eltern** gemeint.

▶ *Näher zur rechtlichen Elternschaft Grün § 1592 BGB Rn. 5 ff.*

9 Von der Beteiligung der Eltern macht das Gesetz **drei praxisrelevante Ausnahmen**. So findet keine Beteiligung statt, wenn

- eine Einwilligung des entsprechenden Elternteils in eine Inkognitoadoption nach § 1747 Abs. 2 Satz 2 BGB stattgefunden hat oder
- auf eine Einwilligung nach § 1747 Abs. 4 BGB verzichtet werden kann oder
- die Einwilligung des entsprechenden Elternteils rechtskräftig gemäß § 1748 BGB ersetzt worden ist.

10 **Die Herausnahme der Eltern** aus dem Kreis der Beteiligten **bei einer Inkognitoadoption** hat erhebliche praktische Bedeutung. Wären diese nach der erfolgten Einwilligungserklärung weiterhin am Verfahren beteiligt, so wäre das angestrebte Inkognito kaum aufrechtzuerhalten und die entsprechenden Elternteile könnten etwa durch die Wahrnehmung ihres Akteneinsichtsrechts nach § 13 Abs. 1 FamFG oder durch das Recht auf Bekanntgabe der Endentscheidung nach § 41 Abs. 1 Satz 1 FamFG den Aufenthaltsort des Kindes und der Annehmenden herausfinden. Der in § 1758 Abs. 2 Satz 1 BGB niedergelegte Schutz wird damit auch verfahrensrechtlich abgesichert.

11 Fraglich ist, ob die **Elternteile, deren Einwilligung gemäß § 1748 BGB rechtskräftig ersetzt worden ist**, im darauffolgenden Annahmeverfahren ebenso als Beteiligte ausscheiden. In § 188 Abs. 1 Nr. 1b) FamFG ist dies nicht explizit aufgeführt und daher kommen diese weiterhin als Beteiligte gemäß § 188 Abs. 1 Nr. 1b) FamFG in Betracht. Denn allein durch die Ersetzung der Einwilligung verlieren sie noch nicht ihren Status als rechtliche Eltern. Richtigerweise sollten diese jedoch nicht als Beteiligte im Annahmeverfahren auftreten dürfen. Vielmehr ist hier die Interessenlage gleichgelagert wie bei Elternteilen, auf deren Einwilligung nach § 1747 Abs. 4 BGB verzichtet werden kann (§ 188 Abs. 1 Nr. 1b, 2. Alt. FamFG). Außerdem konnte der entsprechende Elternteil seine Rechte schon im (getrennten, vgl. § 186 Nr. 2 FamFG) Ersetzungsverfahren geltend machen. Dort sind die Eltern, deren Einwilligung ersetzt werden soll, von Gesetzes wegen Beteiligte (§ 188 Abs. 1 Nr. 2 FamFG) und es besteht kein Grund, ihnen erneut die Beteiligtenrechte im Annahmeverfahren zuzugestehen.

12 Ebenso gesetzlich nicht geregelt ist die **Beteiligtenstellung des sog. Vaterschaftsprätendenten** (§ 1747 Abs. 1 Satz 2 BGB). Da dieser nach dem materiellen Recht dieselben (Einwilligungs-)Rechte wie die rechtlichen Väter hat, sollte er auch verfahrensrechtlich den rechtlichen Vätern gleichgestellt und am Verfahren beteiligt werden.[2]

13 Bei der **Volljährigenadoption** gilt der umgekehrte Grundsatz wie bei der Minderjährigenadoption: **im Regelfall** sind die Eltern des Anzunehmenden **nicht beteiligt**. Etwas anderes gilt nur, wenn ein Antrag auf Feststellung der starken Wirkungen nach § 1772 BGB Abs. 1 BGB gestellt worden ist (§ 188 Abs. 1 Nr. 1b), 3. Alt. FamFG).

---

1 Hierzu: BVerfG, FamRZ 2008, 243
2 So auch: MüKo-FamFG/*Maurer*, § 188 FamFG Rn. 8

3. Die Beteiligtenstellung der Ehepartner des Annehmenden und des Anzunehmenden

Nach § 188 Abs. 1 Nr. 1c) FamFG sind sowohl die **Ehepartner der Annehmenden** (relevant bei Stiefkindkonstellationen) als auch die **Ehepartner der Anzunehmenden** (relevant bei Volljährigenadoptionen) am Verfahren **beteiligt**. Die in der Norm genannte Ausnahme bzgl. der Ehepartner, auf deren Einwilligung nach § 1749 Abs. 2 BGB verzichtet wird, ist wenig praxisrelevant. Gleiches gilt für die Ehepartner, deren Einwilligung ersetzt worden ist (siehe hierzu oben Rn. 11). 14

Zu den Beteiligten gehören **auch die Lebenspartner der Annehmenden** (vgl. § 9 Abs. 6 Satz 1 LPartG), soweit kein Fall von § 9 Abs. 6 Satz 2 LPartG vorliegt, sowie **die Lebenspartner der Anzunehmenden** (vgl. § 1767 Abs. 2 Satz 3 BGB). 15

4. Die Beteiligtenstellung des Jugendamts

Das (nach § 87b Abs. 1 Satz 1 i.V.m. § 86 Abs. 1 bis 4 SGB VIII zuständige) **Jugendamt ist nur auf dessen Antrag hin** zu beteiligen (§ 188 Abs. 2 FamFG). Wird ein entsprechender Antrag gestellt, so wird das Jugendamt (Muss-)Beteiligter. Das Gericht hat diesbezüglich kein Ermessen und es bedarf auch keines besonderen Beschlusses (vgl. § 7 Abs. 2 Satz 2, 2. Alt. FamFG). 16

Die Vorschrift ist **einschränkend auszulegen**, indem eine Beteiligung des Jugendamts **nur bei Minderjährigenadoptionen** in Betracht kommt. Eine Beteiligung bei einer Volljährigenadoption macht inhaltlich keinen Sinn.[3] 17

Damit das Jugendamt sein Antragsrecht nach Abs. 2 wahrnehmen kann, **muss die Behörde von dem Verfahren erfahren** (§ 7 Abs. 4 Satz 1 FamFG). Dies ist im Adoptionsrecht in der Regel unproblematisch, da die Jugendämter entweder die fachliche Äußerung nach § 189 FamFG abgeben (als Adoptionsvermittlungsstelle oder gemäß § 189 Satz 2 FamFG) oder aufgrund von § 194 Abs. 1 Satz 1 FamFG anzuhören sind. Einer formellen Belehrung des entsprechenden Jugendamts über dessen Antragsrecht nach § 7 Abs. 4 Satz 2 FamFG bedarf es daher nicht. Von einer Behörde kann erwartet werden, dass sie nach Kenntnis von dem Verfahren ihren Anspruch auf Beteiligung auch geltend macht.[4] 18

Aus Sicht der Jugendämter erscheint ein **Antrag auf Beteiligung nur im Einzelfall sinnvoll**, da die maßgeblichen Beteiligungsrechte des Jugendamts schon durch §§ 189, 194 FamFG abgedeckt sind. Nur wenn die Fachbehörde die Einschätzung hat, dass während des Verfahrens jederzeit fachlicher Einfluss notwendig ist (z.B. durch Anwesenheit im Termin), erscheint eine Antragstellung auf Beteiligung ratsam.[5] 19

Die Beteiligtenstellung gilt nur für das Jugendamt. **Adoptionsvermittlungsstellen in freier Trägerschaft** (§§ 2 Abs. 2, 2a Abs. 3 Nr. 3 AdVermiG) oder Adoptionsvermittlungsstellen an anderen Orten als das örtlich zuständige Jugendamt können **keine Beteiligtenstellung** nach § 188 Abs. 2 FamFG erlangen. 20

5. Die Beteiligtenstellung des Landesjugendamts

Die Beteiligtenstellung des Landesjugendamts folgt ebenso aus § 188 Abs. 2 FamFG. Auch hier entsteht die **Beteiligtenstellung erst auf Antrag**. 21

Bei der Beteiligungsmöglichkeit der Landesjugendämter muss eine **einschränkende Auslegung** erfolgen. Erstens kommt wie bei der Beteiligung der Jugendämter eine Beteiligtenstellung **nur bei der Minderjährigenadoption** in Frage. Des Weiteren sollte das ent- 22

---

3 *Braun*, FamRZ 2011, 81, 84

4 Prütting/Helms/*Prütting*, § 7 FamFG Rn. 35

5 BAGLJÄ, Empfehlungen zur Adoptionsvermittlung, 7. Auflage, Nr. 10.8.2, S. 55; *Reinhardt*, JAmt 2009, 162, 164; PK Familienverfahrensrecht/*Meysen*, § 18 FamFG Rn. 10

sprechende Landesjugendamt nur dann auf Antrag hinzugezogen werden müssen, wenn ein **Fall von § 11 Abs. 1 Nr. 2 oder 3 AdVermiG** (Verfahren mit Auslandsbezug) vorliegt. Dies kann mittelbar aus § 195 Abs. 1 Satz 1 FamFG geschlossen werden: wenn das Landesjugendamt bei reinen Inlandsfällen schon nicht angehört werden muss, so besteht auch keine Notwendigkeit, dieser Behörde die weiteren Beteiligtenrechte nach § 188 Abs. 2 FamFG zu ermöglichen. Ggf. ist die Beteiligungsmöglichkeit der Landesjugendämter noch auf die Fälle zu erweitern, in denen im Vorfeld die Vermittlung des Kindes gemäß § 11 Abs. 1 Nr. 1 AdVermiG schwierig war.[6]

6. Die Beteiligtenstellung des Verfahrensbeistands

23 Wird durch das Gericht gemäß § 191 ein Verfahrensbeistand bestellt, so wird dieser **qua Amt zum Beteiligten** (§ 191 Satz 2 i.V.m. § 158 Abs. 3 Satz 2 FamFG).

▶ *Zu Einzelheiten der Verfahrensbeistandschaft siehe Keuter, § 158 FamFG Rn. 4 ff.*

7. Die Stellung des Verfahrensbevollmächtigten und des gesetzlichen Vertreters im Verfahren

24 Keine Beteiligten sind die von einem oder mehreren Beteiligten benannten **Verfahrensbevollmächtigten** nach § 10 FamFG. Diese nehmen lediglich für den entsprechenden Beteiligten die Beteiligtenrechte im Verfahren wahr. Das Gleiche gilt für die gesetzlichen Vertreter eines minderjährigen Kindes oder für die rechtlichen Betreuer eines Beteiligten.

8. Die Stellung des beurkundenden Notars im Verfahren

25 Ebenso nicht am Verfahren beteiligt ist der den Adoptionsantrag **beurkundende Notar**. Dieser ist lediglich „unabhängiger und unparteiischer Betreuer der Beteiligten" (§ 14 Abs. 1 Satz 2 BNotO). Allein durch seine Beauftragung, eine Ausfertigung der notariellen Urkunde dem Gericht zu übermitteln, wird dieser auch nicht Verfahrensbevollmächtigter der Annehmenden oder des Anzunehmenden. Nur bei expliziter Bevollmächtigung darf er die Rechte eines oder mehrerer Beteiligten im Verfahren gemäß § 10 Abs. 2 Satz 2 Nr. 3 FamFG wahrnehmen. Die häufig anzutreffende Praxis, in Annahmeverfahren allein mit dem Notar zu kommunizieren und z.B. verfahrensrelevante Dokumente von diesem anzufordern, findet im Verfahrensrecht keine Stütze. Erst recht führt eine Zustellung an den beurkundenden Notar nicht zum Wirksamwerden einer Adoptionsentscheidung nach § 197 Abs. 2 FamFG (siehe hierzu *Braun,* § 197 FamFG Rn. 11).

9. Die Stellung der Kinder der Annehmenden und der Anzunehmenden im Verfahren

26 In § 193 FamFG ist die zwingende Anhörung der **Kinder der Annehmenden und der Kinder der Anzunehmenden** normiert. Im Gegensatz hierzu sind diese Personen in § 188 FamFG indes nicht als Beteiligte aufgeführt und auch die Gesetzesbegründung geht „im Regelfall" nicht von einer Beteiligtenstellung aus.[7] Ausdrücklich anderer Ansicht ist jedoch das OLG Stuttgart unter Hinweis auf den Anspruch auf rechtliches Gehör nach Art. 103 Abs. 1 GG.[8] Dies überzeugt nicht, da zur Gewährung rechtlichen Gehörs die Gewährung der weiteren Beteiligtenrechte gerade nicht erforderlich ist. Den Anforderungen des Art. 103 Abs. 1 GG ist vielmehr schon durch § 193 FamFG (Pflicht zur Anhörung) Genüge getan. Die in § 193 FamFG genannten Personen sind daher im Ergebnis **keine Beteiligten i.S.v. § 188 FamFG**.[9]

---

6 Ausführlich: *Braun*, FamRZ 2011, 81, 84 f.
7 BT-Drucks. 16/6308, 248
8 OLG Stuttgart FamRZ 2012, 145
9 So auch: OLG Düsseldorf FamRZ 2011, 925; Prütting/Helms/*Krause,* § 188 FamFG Rn. 18b; *Braun*, FamRZ 2010, 81, 85; a.A. MüKo-FamFG/*Maurer,* § 188 Rn. 8

II. Die Beteiligten beim Ersetzungsverfahren

Nach dem Wortlaut von § 188 Abs. 1 Nr. 2 FamFG sind **im Ersetzungsverfahren** nur diejenigen **Personen** beteiligt, **deren „Einwilligung ersetzt werden soll"**. In den Verfahren nach § 1748 BGB sind dies die (rechtlichen) **Eltern** und (über § 1747 Abs. 1 Satz 2 BGB) ggf. der Vaterschaftsprätendent. Im Verfahren nach § 1746 Abs. 3 BGB ist **der Pfleger oder Vormund**, welcher die Einwilligung im Namen des Kindes verweigert, beteiligt, im Verfahren nach § 1749 Abs. 1 Satz 2 und 3 BGB **der entsprechende Ehepartner**. 27

Neben den in § 187 Abs. 1 Nr. 2 FamFG genannten Personen sind **auch die Annehmenden und das Kind** am Verfahren zwingend zu beteiligen. Dies folgt nicht aus § 188 FamFG, sondern aus der allgemeinen Vorschrift in **§ 7 FamFG**. Das Kind stellt den Antrag auf Ersetzung und ist damit schon aufgrund dessen Beteiligter nach § 7 Abs. 1 FamFG. Die Beteiligtenstellung der Annehmenden folgt wiederum aus § 7 Abs. 2 Nr. 1 FamFG, da ohne (erfolgreiche) Ersetzung der Einwilligung keine Annahme als Kind möglich ist. Sie sind daher unmittelbar von der Entscheidung betroffen. 28

Die **Beteiligungsmöglichkeiten des Jugendamts und des Landesjugendamts** auf Antrag (§ 188 Abs. 2 FamFG) gelten auch für die Ersetzungsverfahren (siehe oben Rn. 16 ff.). 29

III. Die Beteiligten beim Aufhebungsverfahren

Nach § 188 Abs. 1 Nr. 3 FamFG sind bei Aufhebungsverfahren **die Annehmenden, der** (minderjährige oder volljährige) **Angenommene** und **die leiblichen Eltern des minderjährigen Angenommenen**[10] zwingend zu beteiligen. § 188 Abs. 2 FamFG gilt auch bei den Aufhebungsverfahren, allerdings mit der Einschränkung, dass nur bei minderjährigen Angenommenen eine Beteiligung des Jugendamts oder des Landesjugendamts möglich ist (siehe oben Rn. 17 und 22). 30

IV. Die Beteiligten beim Verfahren auf Befreiung vom Eheverbot

Im Verfahren auf Befreiung vom Eheverbot sind ausschließlich die Verlobten am Verfahren beteiligt (§ 188 Abs. 1 Nr. 4 FamFG). 31

V. Die Folgen der Beteiligung

Aus der Beteiligtenstellung folgen **maßgebliche Verfahrensrechte und -pflichten**. In Adoptionssachen sind dabei insbesondere das (erleichterte) Akteneinsichtsrecht nach § 13 Abs. 1 FamFG,[11] das Recht auf Bekanntgabe der Entscheidung (§ 41 Abs. 1 Satz 1 FamFG) sowie die Mitwirkungspflicht nach § 27 FamFG zu nennen.[12] 32

Die Beteiligtenstellung ist **nicht gleichbedeutend mit einem Anhörungsrecht**. Dies zeigt besonders anschaulich die Verfahrensnorm in § 193 FamFG: während die Kinder der Annehmenden oder der Anzunehmenden zwar ausdrücklich anzuhören sind, sind diese dennoch nicht am Verfahren beteiligt (siehe Rn. 26). 33

Die Beteiligtenstellung ist **unabhängig von einer Beschwerdeberechtigung nach § 59 FamFG**. So können einerseits auch Nichtbeteiligte beschwerdeberechtigt sein (vgl. §§ 194 Abs. 2 Satz 2, 195 Abs. 2 Satz 2 FamFG) und andererseits kann tatsächlich Beteiligten die Beschwerdeberechtigung fehlen (näher zur Beschwerdeberechtigung *Dürbeck*, § 59 Rn. 1 ff.). 34

---

10 Gilt daher nicht für die Verfahren auf Aufhebung von Volljährigenadoptionen.
11 Zur Problematik ausführlich: *Reinhardt*, JAmt 2011, 628, 632 f.
12 Ausführlich ebenso: Keidel/*Zimmermann*, § 7 FamFG Rn. 49 ff.

§ 189 FamFG Fachliche Äußerung einer Adoptionsvermittlungsstelle

[1]Wird ein Minderjähriger als Kind angenommen, hat das Gericht eine fachliche Äußerung der Adoptionsvermittlungsstelle, die das Kind vermittelt hat, einzuholen, ob das Kind und die Familie des Annehmenden für die Annahme geeignet sind. [2]Ist keine Adoptionsvermittlungsstelle tätig geworden, ist eine fachliche Äußerung des Jugendamts oder einer Adoptionsvermittlungsstelle einzuholen. [3]Die fachliche Äußerung ist kostenlos abzugeben.

Übersicht

Rn.
A. Allgemeines ... 1
B. Inhalt der Norm ... 4
I. Die fachliche Äußerung bei vermittelten Adoptionen (Satz 1) ... 4
II. Die fachliche Äußerung bei unvermittelten Adoptionen (Satz 2) ... 6
III. Inhalt der fachlichen Äußerung ... 9
IV. Weigerung zur Abgabe der fachlichen Äußerung ... 14
V. Entscheidung trotz Fehlens einer fachlichen Äußerung ... 15
C. Weitere Ermittlungen (insb. das Einholen und Prüfen entscheidungserheblicher Unterlagen) ... 16
I. Weitere Ermittlungsmaßnahmen bei der Minderjährigenadoption ... 16
1. Das Einholen und Prüfen von entscheidungserheblichen Dokumenten ... 17
2. Weitere Beweismittel ... 20
II. Weitere Ermittlungsmaßnahmen bei der Volljährigenadoption ... 21
III. Weitere Ermittlungsmaßnahmen bei Ersetzungsverfahren ... 24
IV. Weitere Ermittlungsmaßnahmen bei Aufhebungsverfahren ... 25
D. Weitere Ermittlungsmaßnahmen bei der Befreiung vom Eheverbot ... 27

A. Allgemeines

1 § 189 FamFG schreibt die Erstellung einer fachlichen Äußerung im Adoptionsverfahren vor.[1] Die Norm gilt ausschließlich für die Verfahren auf Annahme als Kind (§ 186 Nr. 1) und **nur für die Minderjährigenadoption**.

2 Als wesentliche Ermittlungsgrundlage ist die Anforderung einer fachlichen Äußerung **für das Gericht zwingend**. Versäumt das Gericht diese Verfahrenshandlung, so führt dies zu einem schweren Verfahrensfehler, macht die Entscheidung aber nicht nichtig.[2]

3 **Gesetzessystematisch** findet eine **Unterscheidung zwischen vermittelten Adoptionen (Satz 1) und nicht vermittelten Adoptionen (Satz 2)** statt. Während im ersten Fall die fachliche Äußerung durch die vermittelnde Adoptionsvermittlungsstelle erstellt werden muss, kann das Gericht bei nicht vermittelten Adoptionen zwischen dem (örtlichen) Jugendamt und einer Adoptionsvermittlungsstelle wählen.

B. Inhalt der Norm

I. Die fachliche Äußerung bei vermittelten Adoptionen (Satz 1)

4 Wurde die Adoption (legal) vermittelt, so muss diejenige Adoptionsvermittlungsstelle die fachliche Äußerung erstellen, welche das Kind vermittelt hat. Vermittlung i.S.v. § 189 FamFG meint die **Vermittlung nach dem Adoptionsvermittlungsgesetz** und umfasst **sowohl nationale als auch internationale Vermittlungen**. Bei nationalen Vermittlungen werden die Adoptionen regelmäßig durch die Adoptionsvermittlungsstellen bei den Jugendämtern vermittelt (§ 2 Abs. 1 AdVermiG). Zum Teil werden diese Aufgaben aber auch durch die zentralen Adoptionsstellen bei den Landesjugendämtern (§ 2 Abs. 1 AdVermiG) oder durch (anerkannte) freie Träger nach § 2 Abs. 2 AdVermiG erfüllt. Bei in-

1 Bis 2009 wurde dies noch „gutachtliche Äußerung" genannt; siehe auch: BT-Drucks. 16/9733, 295
2 MüKo-FamFG/*Maurer*, § 197 Rn. 26

ternationalen Vermittlungen findet die Adoptionsvermittlung durch die in § 2a Abs. 3 AdVermiG genannten Stellen statt (meistens hierfür anerkannte Auslandsvermittlungsstellen in freier Trägerschaft). Bei internationalen Adoptionen, welche unter das Haager Adoptionsübereinkommen fallen, sind zusätzlich die dort niedergelegten Vermittlungsvorschriften zu beachten (dazu *Braun,* Anhang zu § 199 FamFG Rn. 3).

Es kommt häufig vor, dass die Adoptionsvermittlung nicht durch die Adoptionsvermittlungsstelle des örtlichen (d.h. am Wohnsitz der Annehmenden befindlichen) Jugendamts durchgeführt worden ist. Da die Überprüfung der Adoptionsbewerber und das sog. *Matching* mit dem Kind aber von dieser Stelle durchgeführt worden sind, erscheint es sachgerecht (und vom Gesetzgeber gewollt),[3] dass dennoch diese Stelle die fachliche Äußerung nach § 189 FamFG abgibt. Um weitere Informationen „vor Ort" zu bekommen, kann sich die nach § 189 Satz 1 FamFG zuständige Stelle mittels Amtshilfe der Hilfe des vor Ort befindlichen Jugendamts bedienen. 5

II. Die fachliche Äußerung bei unvermittelten Adoptionen (Satz 2)

Falls die Adoption nicht vermittelt worden ist (v.a. bei Stiefkindadoptionen), kommt subsidiär § 189 Satz 2 FamFG zur Anwendung. In solchen Fällen kann das Gericht **entweder das Jugendamt oder jede in §§ 2 oder 2a Abs. 3 AdVermiG genannte sonstige Adoptionsvermittlungsstelle** zur fachlichen Äußerung auffordern. 6

Wird das Jugendamt angerufen, so stellt die Maßnahme von dessen Seite eine Mitwirkung an einem gerichtlichen Verfahren nach § 50 Abs. 1 Nr. 3 SGB VIII dar (näher hierzu *Dürbeck,* § 50 SGB VIII Rn. 4). Die **örtliche Zuständigkeit** bestimmt sich dann nach § 87b Abs. 1 Satz 1 i.V.m. § 86 Abs. 1 bis 4 SGB VIII. Erstaunlicherweise wird nach § 86 SGB VIII nicht primär an den (gewöhnlichen oder tatsächlichen) Aufenthalt des Kindes oder des Annehmenden angeknüpft, sondern an den Aufenthalt der „Eltern". Hiermit können auch nur die bisherigen Eltern gemeint sein, da es im Zeitpunkt der fachlichen Äußerung noch zu keinem Statuswechsel des Kindes gekommen ist.[4] Im Ergebnis wird es in den meisten Fällen von § 189 Satz 2 FamFG (Stiefkindadoptionen) dennoch zu einer Zuständigkeit des Jugendamts kommen, in dessen Bezirk sich das Kind aufhält. Denn regelmäßig kann bei einer Stiefkindadoption an den Aufenthalt desjenigen Elternteils angeknüpft werden, dessen Ehegatte das Kind adoptieren möchte (Fälle des § 86 Abs. 2 SGB VIII). Dann stimmt der gewöhnliche Aufenthalt dieses Elternteils mit dem Aufenthalt des Kindes auch überein. 7

Leben bei einer unvermittelten Adoption das **Kind und der Annehmende im Ausland**, so findet zwar grundsätzlich § 86 Abs. 4 SGB VIII Anwendung (Anknüpfung an den vormaligen Aufenthalt des Kindes im Inland). In derartigen Fällen erscheint es jedoch nicht sinnvoll, ein deutsches Jugendamt mit der fachlichen Äußerung zu beauftragen. Vielmehr sollte dann eine Auslandsvermittlungsstelle nach § 2a Abs. 3 Nr. 3 AdVermiG oder die zentrale Adoptionsstelle beim entsprechenden Landesjugendamt (§ 2a Abs. 3 Nr. 1 AdVermiG) beauftragt werden. Nur so können die erforderlichen Ermittlungen im Ausland durchgeführt und eine brauchbare fachliche Äußerung erstellt werden. Ggf. können auch die Strukturen des *International Social Service* genutzt werden, wobei derartige fachliche Äußerungen entgegen § 189 Satz 3 FamFG kostenpflichtig sind.[5] 8

---

3 BT-Drucks. 7/5087, 24

4 So auch: MüKo-FamFG/*Maurer,* § 189 Rn. 9

5 Deutsche Korrespondenzstelle für grenzüberschreitende Adoptionen ist der Verein familie international frankfurt e.V.

III. Inhalt der fachlichen Äußerung

9 **Inhalt und Umfang der fachlichen Äußerung** sind im Gesetz nicht geregelt. Die allgemeine Forderung in § 50 Abs. 2 SGB VIII, wonach das Jugendamt bei der Mitwirkung am gerichtlichen Verfahren „erzieherische und soziale Gesichtspunkte zur Entwicklung des Kindes oder Jugendlichen" einbringen soll, gibt nur einen Aspekt der fachlichen Äußerung wieder und berücksichtigt nicht die Besonderheiten eines Adoptionsverfahrens.

10 Tatsächlich sollte sich der Inhalt der fachlichen Äußerung vielmehr **an den materiell-rechtlichen Voraussetzungen in § 1741 Abs. 1 Satz 1 BGB (Kindeswohl und Eltern-Kind-Verhältnis) orientieren**. Dies darf sich nicht auf ein bloßes „Abhaken" der förmlichen Voraussetzungen wie Gesundheitszustand oder fehlende Vorstrafen der Annehmenden beschränken. Viel entscheidender sind die Fragen der Entwicklung des Zusammenlebens zwischen Annehmenden und Kind während der Probezeit (§ 1744 BGB), die emotionalen, sozialen und erzieherischen Fähigkeiten und Vorstellungen der Annehmenden (sog. Elterneignung) sowie das wohnliche und soziale Umfeld, in dem das Kind aufwachsen soll. Bei Geschwisterkonstellationen ist dabei auch auf die Interessen der weiteren Kinder einzugehen (vgl. § 1745 BGB). Bei besonderen Situationen (etwa bei gesundheitlichen Beeinträchtigungen oder Traumatisierungen des Kindes bzw. bei großen oder geringen Altersabständen) ist besondere Sorgfalt an den Tag zu legen.[6] Zusammenfassend erfasst die fachliche Äußerung also sämtliche Inhalte eines Sozialberichts bzgl. der Elterneignung nach § 7 Abs. 1 AdVermiG und geht darüber hinaus, indem das stattgefundene tatsächliche Zusammenleben in Augenschein genommen und fachlich bewertet wird.

11 **Grundlagen der Ermittlungen** der begutachtenden Stelle sind zum einen die eingereichten **Unterlagen** (siehe unten Rn. 17), zum anderen die zu führenden **Gespräche** mit den Annehmenden und mit dem Kind sowie sonstige **Beobachtungen** im direkten Kontakt. Zur Beurteilung des wohnlichen und sozialen Umfelds sollte mindestens ein **Hausbesuch** bei dem Kind durchgeführt werden (auch bei Stiefkindadoptionen). Eine bloß telefonische Rücksprache oder eine ausschließliche Beurteilung der vorgelegten Unterlagen ist eindeutig nicht ausreichend.

12 Die Beurteilung, ob die fachliche Äußerung den inhaltlichen Anforderungen und der geforderten Qualität entspricht, obliegt dem erkennenden Gericht. Es ist an die Empfehlungen des Jugendamtes nicht gebunden. Das Gericht ist berechtigt (und nach § 28 FamFG verpflichtet), ggf. weitere Anforderungen zu stellen.[7] Eine **qualitativ nicht ausreichende fachliche Äußerung** kann im Rechtsmittelverfahren zur Rückverweisung an die vorherige Instanz führen[8] (näher zur Zurückverweisung siehe *Dürbeck,* § 69 FamFG Rn. 5).

13 **Verweigern die Annehmenden eine Kooperation** mit der Adoptionsvermittlungsstelle oder dem Jugendamt, so ist dies dem Gericht mitzuteilen. Von sich aus ist die beauftragte Stelle nicht berechtigt, die Ermittlungen einzustellen, die fachliche Äußerung aus diesem Grund zu verzögern oder eigene Zwangsmittel anzuordnen.[9] Vielmehr ist ein solches Verhalten der Annehmenden wegen deren fehlender Mitwirkung nach § 27 FamFG – anders als etwa die fehlende Mitwirkung der Eltern bei der Erstellung eines Sachverständigengutachtens in einer Kindschaftssache (hierzu *Heilmann,* § 163 FamFG Rn. 40 ff.) – **im Rahmen der Beweiswürdigung zu berücksichtigen**.[10] Dasselbe gilt, wenn die Ermittlungen dadurch eingeschränkt werden, dass die Adoptionsvermittlungsstelle oder das Jugendamt nicht mit dem Kind kommunizieren dürfen, da diesem seine Herkunft noch nicht

6 Hierzu: BAGLJÄ, Empfehlungen zur Adoptionsvermittlung, 7. Auflage, Nr. 7.3.5 und 7.3.6, S. 31
7 Keidel/*Engelhardt,* § 189 FamFG Rn. 5
8 OLG Frankfurt OLGR Frankfurt 1999, 178
9 MüKo-FamFG/*Maurer,* § 189 Rn. 16
10 Ausführlich: MüKo-FamFG/*Ulrici*, § 27 G Rn. 8 ff.

offenbart worden ist.[11] In sämtlichen Fällen ist die fachliche Äußerung unter Berücksichtigung dieser Sachlage abzugeben.

IV. Weigerung zur Abgabe der fachlichen Äußerung

Weigert sich die angerufene Stelle, eine fachliche Äußerung abzugeben, so hat das Gericht zwar grundsätzlich das Recht, **Zwangsmittel (insb. Zwangsgeld) nach § 35 FamFG** zu verhängen.[12] Dies wird aber nur selten zu dem gewünschten Ergebnis einer fachlich fundierten Stellungnahme führen. Vielmehr sollte das Gericht bei nachhaltiger Weigerung eine (andere) Adoptionsvermittlungsstelle oder ein Jugendamt beauftragen (was aber nur in den Fällen des Satz 2 möglich ist). 14

V. Entscheidung trotz Fehlens einer fachlichen Äußerung

Wird eine Entscheidung getroffen, obwohl keine fachliche Äußerung nach § 189 FamFG erstellt worden ist, so stellt dies einen **schweren Verfahrensfehler** dar. Im Beschwerdeverfahren muss eine solche Entscheidung **aufgehoben** werden und das Verfahren auf Antrag (§ 69 Abs. 1 Satz 3 FamFG) an die entsprechende Instanz wieder **zurückverwiesen** werden.[13] Da jedoch prinzipiell nur bei negativen Adoptionsentscheidungen die Beschwerde offen steht (§ 197 Abs. 3 Satz 1), bleibt der Fehler meistens sanktionslos. Eine eigene Anhörungsrüge nach § 44 FamFG steht der Adoptionsvermittlungsstelle oder dem Jugendamt wegen Verstoßes gegen § 189 FamFG nicht zu.[14] 15

C. Weitere Ermittlungen (insb. das Einholen und Prüfen entscheidungserheblicher Unterlagen)

I. Weitere Ermittlungsmaßnahmen bei der Minderjährigenadoption

Die Ermittlungen bei der Annahme eines minderjährigen Kindes erschöpfen sich nicht in der fachlichen Äußerung nach § 189 FamFG und den Anhörungen nach §§ 192 ff. FamFG. In Adoptionssachen ist das Familiengericht vielmehr gehalten gemäß dem **Amtsermittlungsgebot (§ 26 FamFG)** noch weitere Ermittlungen anzustellen. **Insbesondere die Vorlage von entscheidungserheblichen Unterlagen** spielt in jedem Adoptionsverfahren eine bedeutende Rolle. 16

1. Das Einholen und Prüfen von entscheidungserheblichen Dokumenten

Um die Familiensituation des Kindes und der Annehmenden umfassend zu ermitteln, bedarf es der **Einholung und Prüfung von verschiedenen Dokumenten**. Das Familiengericht darf aufgrund der Bedeutung (und praktischen Unumkehrbarkeit) einer Adoptionsentscheidung nicht auf bloße Behauptungen der Beteiligten vertrauen, sondern muss diese nachprüfen (vgl. § 29 Abs. 1 FamFG). Die Prüfung bezieht sich dabei **sowohl auf formale wie auf materiell-rechtliche Gesichtspunkte**. 17

Welche konkreten Unterlagen im Adoptionsverfahren benötigt werden, ist gesetzlich nicht geregelt. Eine Normierung wäre auch wenig tauglich, um die vielen unterschiedlichen Einzelfälle abzudecken. Dennoch bedient sich die Praxis (Gerichte, Notare und Jugendämter) mehr oder weniger durchdachter **Listen**, welche dann in jedem Fall schlicht „abgehakt" werden.[15] Hiervor ist zu warnen, da dabei entweder zu viele (für die Sachentscheidung unerhebliche) Dokumente angefordert werden (was dann z.T. mit erheblichen sinnlosen Kosten für die Annehmenden verbunden sein kann) oder andererseits wesent- 18

11 BayObLG NJW-RR 2001, 722
12 Ausführlich: MüKo-FamFG/*Maurer,* § 189 Rn. 12
13 Keidel/*Engelhardt,* § 189 FamFG Rn. 3; OLG Frankfurt OLGR Frankfurt 1999, 178
14 MüKo-FamFG/*Maurer,* § 189 Rn. 26
15 Z.B. *Zschiebsch*, FPR 2009, 493, 494; *Sieghörtner* in: Müller/Sieghörtner/Emmerling de Oliveira, Rn. 153 f.

liche Informationen nicht eingeholt werden und dadurch das Gerichtsverfahren unnötig in die Länge gezogen wird.

19 Die folgende **Darstellung von möglichen Dokumenten** soll daher nicht als allgemeingültige Liste verstanden werden, sondern die wesentlichen in Betracht kommenden Unterlagen thematisieren und deren Bedeutung für die Ermittlungen untersuchen. Sie mag daher als Checkliste dienen, die den jeweiligen Umständen des Einzelfalls anzupassen ist:

- Die **Geburtsurkunde des Kindes** dient der Feststellung der rechtlichen Abstammung. Für das Verfahren führt dies zu der wesentlichen Erkenntnis, welche Personen rechtliche Eltern des Kindes sind und gemäß § 1747 BGB in die Adoption grundsätzlich einwilligen müssen. Es ist darauf zu achten, eine **aktuelle Geburtsurkunde** anzufordern, da sich seit Geburt des Kindes v.a. die Vaterschaft zum Kind durch Vaterschaftsfestellung, -anerkennung oder -anfechtung verändert haben kann. Noch mehr Erkenntnisse kann ein (gemäß § 62 Abs. 2 PStG) anzufordernder **Auszug aus dem Geburtenregister** (§ 21 PStG) erbringen, da sich hieraus z.B. die Staatsangehörigkeit des Kindes oder die Ehelichkeit des Kindes ergibt (vgl. § 21 Abs. 3 PStG). Der Beweiswert einer (aktuellen) deutschen Geburtsurkunde ist hoch (§ 54 PStG), so dass von der materiellen Richtigkeit der Eintragung ausgegangen werden kann. Bei **ausländischen Geburtsurkunden** ist jedoch Vorsicht angebracht, da es entweder kein funktionierendes Personenstandswesen im entsprechenden Land gibt oder Eintragungen in Registern oder Urkunden ohne sachliche Prüfung einfach durch bloße Erklärungen aufgenommen werden. Bei Geburten in Staaten, welche Mitgliedstaaten des CIEC-Übereinkommens sind, bietet es sich an, einen entsprechenden Auszug aus dem ausländischen Geburtenbuch nach dem CIEC-Übereinkommen vorzulegen.[16]
- Die **Geburtsurkunden der Annehmenden** sind für die Adoptionsentscheidung von geringer Bedeutung. Die Kenntnis der Identität der Eltern der Annehmenden, welche sich aus einer derartigen Geburtsurkunde ergibt, ist für die Sachentscheidung nur selten relevant. Auch die Tatsache der Geburt, der Geburtsort, das Geburtsdatum oder die Namensführung der Annehmenden kann sich ebenso aus anderen Dokumenten ergeben (z.B. Personalausweis, Meldebescheinigung oder Eheurkunde).
- Die **Eheurkunde** (§§ 15, 57 PStG) **der jeweiligen Annehmenden** (bzw. ein **Auszug aus dem Eheregister**) ist bei einer gemeinschaftlichen Adoption immer anzufordern. Dadurch wird einerseits die Adoptionsfähigkeit nach § 1741 Abs. 2 Satz 2 und 3 BGB (nur gemeinschaftliche Adoption) nachgewiesen sowie andererseits der aktuelle Ehename der Annehmenden ersichtlich, was wiederum für die zukünftige Namensführung des Kindes nach § 1757 BGB relevant sein kann. Auch **Lebenspartnerschaftsurkunden** sind in den Fällen von § 9 Abs. 6 oder Abs. 7 LPartG vorzulegen. Auch hier ist zu beachten, dass **aktuelle Urkunden** vorgelegt werden (um z.B. Veränderungen durch Namensänderungen oder zwischenzeitliche Scheidung festzustellen). Das **sog. Familienbuch** existiert seit dem 1.1.2009 nicht mehr. Für Ehen, welche vor diesem Datum geschlossen wurden, werden vom Standessamt sog. **Auskünfte aus Altregistern** erteilt. Die Vorlage eines sog. Stammbuchs hat indes überhaupt keinen Beweiswert. Ein Stammbuch stellt nur eine freiwillige private Sammlung von ggf. relevanten Personenstandsurkunden oder kirchlichen Unterlagen dar.
- Je nach Einzelfall können **vorangegangene familiengerichtliche Entscheidungen (insb. Scheidungs- und Sorgerechtsentscheidungen)** für die Adoptionsentscheidung relevant sein. So gibt ein (rechtskräftiges) Scheidungsurteil des Annehmenden

16 Der Text und die Mitgliedstaaten des Übereinkommens kann gefunden werden auf der Internetseite des Bundesinnenministeriums.

Auskunft darüber, ob das Kind alleine angenommen werden kann (§ 1741 Abs. 2 Satz 1 BGB). Eine Sorgerechtsentscheidung bzgl. des Kindes dient wiederum der Erkenntnis, wer das Kind bei dessen Einwilligungserklärung nach § 1746 BGB vertritt. Auch in materiell-rechtlicher Hinsicht kann der Zeitpunkt einer Scheidung einer vorangegangenen Ehe für die Ermittlungen, die das Eltern-Kind-Verhältnis zum Annehmenden betreffen, relevant sein. Bei nichtehelichen Kindern sind zur Feststellung der Vertretungsberechtigung ggf. auch **Sorgerechtserklärungen beider Elternteile i.S.v. § 1626a Abs. 1 Nr. 1 BGB** vorzulegen (näher hierzu, insbesondere zur Form, siehe *Fink*, § 1626d BGB Rn. 2 f.). Da fehlerhafte oder fehlende Einwilligungserklärungen mögliche Aufhebungsgründe für die Adoption nach § 1760 BGB darstellen, sollte das Gericht insbesondere hierbei nicht bloß auf Behauptungen der Annehmenden oder der leiblichen Eltern vertrauen, sondern sich entsprechende **beglaubigte Kopien oder Originale der Entscheidungen bzw. Erklärungen** vorlegen lassen.

- **Staatsangehörigkeitsnachweise** dienen der Beurteilung des anwendbaren Rechts nach Art. 22, 23 EGBGB. Der Nachweis der deutschen Staatsangehörigkeit kann regelmäßig durch **Vorlage eines gültigen Personalausweises oder eines deutschen Reisepasses** erfolgen. Zwar hat ein **Staatsangehörigkeitsausweis** nach § 30 Abs. 3 StAG im Vergleich hierzu einen höheren Beweiswert. Auf die Darstellungen im Personalausweises oder Reisepass ist aber in aller Regel zu vertrauen. Bei **ausländischen Staatsangehörigen** gilt grundsätzlich dasselbe. Auch hier genügt für den Nachweis die Vorlage einer Kopie des Reisepasses (bzw. Personalausweises, wenn der ausländische Staat solche ausgibt). In Zweifelsfällen muss die Staatsangehörigkeit durch andere Bescheinigungen nachgewiesen werden (Bescheinigungen durch ausländische Staatsangehörigkeitsbehörden, Konsulate oder Botschaften). Auch die Staatenlosigkeit ist wegen Art. 5 Abs. 2 EGBGB nachzuweisen.

- **Auskünfte aus dem Melderegister** für die Annehmenden und das Kind dienen der Feststellung des aktuellen (gewöhnlichen) Aufenthalts. Darüber hinaus sind aus dem Melderegister auch die aktuelle Namensführung, der Familienstand und die Staatsangehörigkeit der betreffenden Person herauszulesen. Die Meldeadresse ist regelmäßig ein wichtiger Anknüpfungspunkt für die örtliche Zuständigkeit nach § 187 FamFG (siehe hierzu *Braun*, § 187 Rn. 7). Bei Stiefkindkonstellationen hat die Melderegisterauskunft darüber hinaus auch einen materiell-rechtlichen Zweck. Denn hier ist häufig entscheidend, für wie lange das Kind schon mit dem Annehmenden tatsächlich zusammengelebt hat. Da aus dem Melderegister auch Einzugs- und Auszugsdaten ersichtlich sind, kann durch die Einsichtnahme ins Register diese Information erlangt werden. Seit dem 1.11.2015 ist das Meldewesen bundesweit durch das **Bundesmeldegesetz (BMG)** geregelt. Wie schon bei den bisherigen Ländergesetzen kann dabei zwischen einfachen, erweiterten und unbeschränkten Melderegisterauskünften unterschieden werden. Im Adoptionsverfahren ist entweder eine **erweiterte Melderegisterauskunft nach § 45 BMG** von dem entsprechenden Beteiligten anzufordern oder (was häufig zweckmäßiger ist) die **unbeschränkte Melderegisterauskunft nach § 34 BMG** vom Gericht selbst einzuholen.

- **Gesundheitszeugnisse der Annehmenden und des Kindes** dienen der Ermittlung des Kindeswohls in § 1741 Abs. 1 Satz 1 BGB. Gesundheitszeugnisse der Annehmenden geben darüber Auskunft, ob aufseiten eines Annehmenden ein gesundheitlicher Hinderungsgrund für die Annahme eines Kindes besteht (siehe ausführlich *Braun*, § 1741 BGB Rn. 14).[17] Gesundheitszeugnisse für das Kind geben dem Gericht weitere

17 OLG Frankfurt, Beschl. v. 12.6.2003 – 20 W 264/02, juris (besondere Anforderungen bei Kind in der Pubertät); zur Möglichkeit der Anforderung eines HIV-Tests: KG FamRZ 1991, 1101

Hinweise dazu, ob evtl. ein besonderer Betreuungsbedarf (und damit eine besondere Elterneignung) zu beachten ist.[18] Es ist indes darauf hinzuweisen, dass der **Erkenntniswert** derartiger ärztlicher Unterlagen in der Praxis **eher gering** ist.[19] Insbesondere bei der Fremdadoption ist davon auszugehen, dass die Adoptionsbewerber schon vor Aufnahme des Kindes einer eingehenden medizinischen Eignungsüberprüfung unterzogen worden sind (vgl. § 7 Abs. 1 Satz 1 AdVermiG). Lebt das Kind nun schon über längere Zeit mit den Annehmenden als Pflegekind zusammen, so wird eine Adoption wohl nur äußerst selten allein aufgrund einer später auftretenden schweren Erkrankung eines Annehmenden abgelehnt werden können. Ähnliches gilt für Stiefkindkonstellationen, da das Kind auch dann schon längere Zeit mit dem Adoptierenden zusammengelebt hat und selbst bei einer Ablehnung der Adoption wegen einer schweren Erkrankung das tatsächliche Zusammenleben fortbestehen würde. Dementsprechend ist auch keine obergerichtliche Entscheidung bekannt, bei der eine Adoption allein aufgrund einer problematischen Gesundheitssituation abgelehnt worden wäre.[20] Somit ist der Streit, ob ein amtsärztliches Zeugnis anzufordern ist[21] oder ob ein Attest des Hausarztes genügt,[22] für die Praxis im Ergebnis von untergeordneter Bedeutung.

- Die **Einsichtnahme in das Bundeszentralregister** (oder die Vorlage eines **Führungszeugnisses**) betreffend die jeweiligen Annehmenden soll sicherstellen, dass kein Adoptionsbewerber ein Kind auf- und annimmt, welcher aufgrund eines Gewalt-, Menschenhandel- oder Sexualdelikts (vgl. den Katalog der Straftaten in § 72a Abs. 1 SGB VIII) verurteilt worden ist. Die Überprüfung von (Adoptiv-)Pflegeeltern findet schon vor Aufnahme des Kindes in eine Pflegschaft gemäß § 44 Abs. 2 Satz 2 i.V.m. § 72a SGB VIII durch Anforderung eines sog. **erweiterten Führungszeugnisses nach § 30a BZRG** statt. Ob dies dann im später stattfindenden gerichtlichen Adoptionsverfahren erneut einzuholen ist, hängt vom Einzelfall ab. Sicherheitshalber ist dies aber zu empfehlen und bei Stiefkindadoptionen, bei denen ja bei „Aufnahme" des Kindes keine vorherige Überprüfung stattgefunden hat, auf jeden Fall erforderlich. Es ist zu beachten, dass sich sowohl aus einem „normalen" als auch aus einem erweiterten Führungszeugnisse weniger Informationen ergeben als aus den tatsächlichen Eintragungen im Bundeszentralregister. Insbesondere sind im Führungszeugnis Erstbestrafungen zu Geldstrafen bis zu 90 Tagessätzen nicht eingetragen. Jedes Gericht hat (im Gegensatz zu Jugendämtern) aber gemäß § 41 BZRG die Möglichkeit, eine **unbeschränkte Auskunft aus dem Bundeszentralregister einzuholen** (auch ohne Einverständnis der jeweiligen Person). In Adoptionsverfahren ist diese Verfahrensweise zu empfehlen.
- Ein **Nachweis der Vermögens- und Einkommenslage der Annehmenden** dient ebenso der Ermittlung der Elterneignung. Erforderlich ist dies jedoch **nur bei der Fremdadoption**, da nur hier eine mangelnde finanzielle Versorgungsfähigkeit des Annehmenden ein Ausschlusskriterium für die Annahme als Kind darstellen kann.[23] Bei einer Stiefkind- oder Verwandtenadoption sind die finanziellen Verhältnisse weniger entscheidend, da sich auch ohne den Ausspruch der Adoption diese Situation für das Kind rein tatsächlich nicht ändern würde.

---

18 Zum möglichen Inhalt derartiger ärztlicher Stellungnahmen und zu Kindern mit besonderen Bedürfnissen: BAGLJÄ, Empfehlungen zur Adoptionsvermittlung, 7. Auflage, Nr. 7.3.5, S. 31

19 So auch: *Zschiebsch*, FPR 2011, 493, 494

20 Bei OLG Frankfurt, Beschl. v. 12.6.2003 – 20 W 264/02, juris, wurde die Adoption maßgeblich wegen des hohen Altersabstands zwischen Annehmenden und Kind abgelehnt

21 So: MüKo-BGB/*Maurer*, § 1741 Rn. 20

22 So wohl: *Sieghörtner* in: Müller/Sieghörtner/Emmerling de Oliveira, Rn. 154

23 MüKo-BGB/*Maurer*, § 1741 Rn. 22 (zumindest durchschnittliches Einkommen der Annehmenden)

2. Weitere Beweismittel

In Einzelfällen müssen bei Minderjährigenadoptionen gemäß § 26 FamFG noch weitere Ermittlungen für die Sachentscheidung durchgeführt werden. Namentlich kann insbesondere bei Stiefkindkonstellationen an die **Anforderung von externen Sachverständigengutachten zur Elterneignung** gedacht werden. Dies kommt etwa in Betracht, wenn das Jugendamt bei der fachlichen Äußerung nach § 189 Satz 2 FamFG Bedenken an der Erziehungsfähigkeit des oder der Annehmenden feststellt. Mitunter bedarf es auch der Einholung eines **externen Rechtsgutachtens**, wenn es gemäß Art. 22, 23 EGBGB zur Anwendung ausländischen Rechts kommt. Einerseits können so die formalen und materiell-rechtlichen Voraussetzungen des ausländischen Rechts ermittelt werden und andererseits bedarf es wegen § 2 Abs. 3 AdWirkG der Feststellung der Wirkungen einer nach ausländischen Rechtsnormen ausgesprochenen Adoption im Beschluss (dazu *Braun,* § 197 FamFG Rn. 4). 20

II. Weitere Ermittlungsmaßnahmen bei der Volljährigenadoption

Der Verfahrensgegenstand der Volljährigenadoption ist ein grundsätzlich anderer als bei der Minderjährigenadoption. Hier stehen nicht mehr das Kindeswohl und die Versorgung des Kindes im Vordergrund, sondern es ist die Frage der sittlichen Rechtfertigung nach § 1767 Abs. 1 BGB zu ermitteln. Dementsprechend müssen auch nur **sehr viel weniger Unterlagen** vorgelegt werden als bei einer Minderjährigenadoption. Dies gilt insbesondere für **Gesundheits- und Führungszeugnisse.** Es ist nicht ersichtlich, welche Erkenntnisse für die Feststellung eines Eltern-Kind-Verhältnisses oder für eine sonstige sittliche Rechtfertigung aus diesen Dokumenten herausgelesen werden könnten. 21

Erforderlich sind indes in der Regel die **Vorlage von Geburts- und Eheurkunden** (ggf. auch des Anzunehmenden) sowie von **Staatsangehörigkeitsnachweisen**. Diese Dokumente dienen der Ermittlung der Adoptionsfähigkeit nach § 1741 Abs. 2 BGB, der Einwilligungsbedürftigkeit des Ehepartners nach §§ 1749 Abs. 1, 1767 Abs. 2 Satz 2 BGB und der Frage des anwendbaren Rechts nach dem deutschen internationalen Privatrecht. 22

Bei der Volljährigenadoption hat die Einholung von **unbeschränkten Auskünften aus dem Melderegister** (gemäß § 34 BMG) betreffend die Annehmenden und den Anzunehmenden eine besondere Bedeutung. Da die Frage des tatsächlichen Zusammenlebens zwischen Annehmenden und Anzunehmenden häufig eines der wenigen objektiven Kriterien für die Feststellung der sittlichen Rechtfertigung darstellt (siehe hierzu *Braun*, § 1767 BGB Rn. 16), kann aus den Melderegisterauskünften herausgelesen werden, ob und für wie lange die Beteiligten in der Vergangenheit bei der gleichen Adresse gemeldet waren. 23

III. Weitere Ermittlungsmaßnahmen bei Ersetzungsverfahren

Bei den Verfahren auf Ersetzung der Einwilligung eines Elternteils (§ 186 Nr. 2 FamFG i.V.m. § 1748 BGB) muss ermittelt werden, ob ein Ersetzungsgrund gemäß § 1748 Abs. 1, Abs. 3 oder Abs. 4 BGB vorliegt (Gleichgültigkeit, Pflichtwidrigkeit oder Krankheit bzw. Behinderung). Allein die Anhörungen des Elternteils, des Kindes und der Annehmenden nach § 192 Abs. 2 FamFG und die Anhörung des Jugendamts nach § 194 Abs. 1 FamFG genügen hierfür meist nicht. In der Regel sind die Ermittlungen deshalb von **aussagekräftigen Unterlagen und Informationen aus Akten des Jugendamts oder aus vorangegangenen familiengerichtlichen Verfahren** abhängig. Entsprechende Berichte sind daher von den Beteiligten vorzulegen oder im Rahmen des Ersetzungsverfahrens vom entsprechenden Jugendamt anzufordern. Bei der am häufigsten vorkommenden Fallgruppe der **Gleichgültigkeit** bei der Ersetzung der Einwilligung eines Elternteils (§ 1748 Abs. 1 BGB) muss sich aus der Gesamtschau konkret ergeben, seit wann und für welchen Zeitraum keine Kontakte zwischen Kind und Elternteil stattgefunden haben und in wessen Verant- 24 wortungsbereich dies lag. Zudem muss nachgewiesen sein, dass die Belehrung durch das Jugendamt nach § 1748 Abs. 2 BGB stattgefunden hat oder dass diese zumindest versucht worden ist.

IV. Weitere Ermittlungsmaßnahmen bei Aufhebungsverfahren

25 Im Rahmen der Verfahren auf **Aufhebung einer Minderjährigenadoption** nach § 1763 BGB bedarf es eingehender Ermittlungen zur Feststellung der „schwerwiegenden Gründe" nach § 1763 BGB. So wird es hier zusätzlich zu den nach §§ 192, 194 Abs. 1 FamFG durchzuführenden Anhörungen notwendig sein, etwa ein **fachpsychiatrisches Gutachten** zu etwaigen Belastungen des Kindes durch das Fortbestehen der Adoption anzufordern.[24] Auch bei den Verfahren nach § 1760 BGB bedarf es ggf. **ärztlicher Stellungnahmen**, wobei es hierbei dann auf die Frage der Geschäfts(un)fähigkeit (vgl. den Aufhebungsgrund nach § 1760 Abs. 2a) BGB) oder der Kindeswohlgefährdung nach § 1761 Abs. 2 BGB ankommt.

26 Im Rahmen der Verfahren auf **Aufhebung einer Volljährigenadoption** aus wichtigem Grund nach § 1771 Satz 1 BGB ist die Frage der Unzumutbarkeit des Fortbestehens der Volljährigenadoption zu ermitteln. Weitere Ermittlungsmöglichkeiten als die Anhörung der Beteiligten (und ggf. weiterer Familienangehöriger) hat das Gericht hierbei jedoch selten. Denkbar ist aber auch hier die Einholung einer ärztlichen Expertise. Bei den übrigen Verfahren auf Aufhebung einer Volljährigenadoption (§§ 1771 Satz 2, 1772 Abs. 2 BGB) kann wiederum die Einholung von **ärztlichen Sachverständigengutachten zur Feststellung einer Geschäftsunfähigkeit** erforderlich werden.

D. Weitere Ermittlungsmaßnahmen bei der Befreiung vom Eheverbot

27 Bei den Verfahren auf Befreiung vom Eheverbot muss ermittelt werden, ob „wichtige Gründe der Eingehung der Ehe entgegenstehen" (§ 1308 Abs. 2 Satz 2 BGB). Neben den durchzuführenden Anhörungen sind hier **kaum weitere Ermittlungsmöglichkeiten** vorstellbar.

§ 190 FamFG Bescheinigung über den Eintritt der Vormundschaft

Ist das Jugendamt nach § 1751 Abs. 1 Satz 1 und 2 des Bürgerlichen Gesetzbuchs Vormund geworden, hat das Familiengericht ihm unverzüglich eine Bescheinigung über den Eintritt der Vormundschaft zu erteilen; § 1791 des Bürgerlichen Gesetzbuchs ist nicht anzuwenden.

Übersicht

Rn.
A. Allgemeines ... 1
B. Inhalt der Norm ... 2
I. Funktionelle Zuständigkeit ... 2
II. Erteilung von Amts wegen und ohne Ermessen ... 3
III. Rechtscharakter und Form der Bescheinigung ... 4
IV. Zeitpunkt der Erteilung ... 5
V. Adressat der Bescheinigung ... 6
VI. Verfahrenshandlungen bei fehlerhafter Bescheinigung und bei Ablauf der Vormundschaft ... 7

24 So: OLG Köln NJW-RR 2009, 1376

A. Allgemeines

Die Norm trifft die **Verfahrensvorgaben für** den aus § 1751 Abs. 1 Satz 1 und 2 BGB folgenden **Eintritt der Amtsvormundschaft** als Folge der Einwilligungen durch die leiblichen (sorgeberechtigten) Eltern des Kindes. Zur Herstellung von Rechtsklarheit hat das Familiengericht dem Jugendamt eine **Bescheinigung** hierüber zu erteilen.[1] Die Norm gilt **nur für Minderjährigenadoptionen**. 1

B. Inhalt der Norm

I. Funktionelle Zuständigkeit

Funktionell zuständig für die Erteilung der Bescheinigung ist der **Rechtspfleger**, da die Erteilung der Bescheinigung nach § 190 FamFG nicht im Katalog von § 14 Abs. 1 Nr. 15, 16 RPflG aufgeführt ist (vgl. § 3 Nr. 2 Buchstabe a) RPflG). 2

▶ *Zu Einzelheiten der funktionellen Zuständigkeit des Rechtspflegers siehe Heilmann, § 3 RPflG Rn. 10.*

II. Erteilung von Amts wegen und ohne Ermessen

Für die Erteilung der Bescheinigung bedarf es keines Antrags. Die Bescheinigung ist vielmehr **von Amts wegen** zu erteilen.[2] Liegen die Voraussetzungen für den Eintritt der Amtsvormundschaft nach § 1751 Abs. 1 Satz 1 und 2 BGB vor, so ist die Bescheinigung **ohne Ermessensmöglichkeit** zwingend zu erteilen. 3

III. Rechtscharakter und Form der Bescheinigung

Die Erteilung der Bescheinigung nach § 190 FamFG erfolgt **nicht durch Beschluss**. Da die Rechtsfolge der Amtsvormundschaft von Gesetzes wegen eintritt, hat die Bescheinigung daher auch nur **deklaratorischen Charakter**.[3] Sie führt lediglich zu einer widerlegbaren Vermutung, dass die Adoptionsvormundschaft tatsächlich beim Jugendamt liegt. Die Bescheinigung hat nicht die Form einer Bestallungsurkunde nach § 1791 BGB, was in § 190 2. HS FamFG ausdrücklich klargestellt wird. 4

IV. Zeitpunkt der Erteilung

Die Bescheinigung ist **unverzüglich nach Eintritt der Amtsvormundschaft**, d.h. ohne schuldhaftes Zögern, zu erteilen. Maßgeblicher Bezugspunkt ist die Wirksamkeit der (die Amtsvormundschaft auslösenden) Einwilligungserklärung des entsprechenden Elternteils. Eine Einwilligung wird wirksam mit Zugang beim Familiengericht (§ 1750 Abs. 1 Satz 3 BGB). Entsteht die Amtsvormundschaft aufgrund Ersetzungsentscheidung nach § 1748 BGB, dann tritt die Amtsvormundschaft mit formeller Rechtskraft dieser Entscheidung ein (§ 198 Abs. 1 Satz 1 FamFG). Die Bescheinigung ist **auch dann** zu erteilen, **wenn noch kein Antrag auf Annahme als Kind** nach § 1752 Abs. 1 BGB gestellt worden ist. Der Eintritt der Amtsvormundschaft ist unabhängig vom Annahmeverfahren. 5

V. Adressat der Bescheinigung

Adressat der Bescheinigung ist das **Jugendamt am gewöhnlichen** (oder subsidiär am tatsächlichen) **Aufenthaltsort des Kindes** (§ 87c Abs. 3 Satz 1, 2 SGB VIII). Wechselt das Kind seinen gewöhnlichen Aufenthalt, so wird das Jugendamt am neuen Ort (von Gesetzes wegen) Amtsvormund. Die vormalige Bescheinigung ist zurück zu geben und eine neue Bescheinigung an das nunmehr zuständige Jugendamt zu erteilen. 6

---

1 BT-Drucks. 7/5087, 14
2 MüKo-FamFG/*Maurer,* § 190 Rn. 10
3 Keidel/*Engelhardt,* § 190 FamFG Rn. 2

VI. Verfahrenshandlungen bei fehlerhafter Bescheinigung und bei Ablauf der Vormundschaft

7 Wurde die Bescheinigung nach § 190 FamFG fälschlicherweise erteilt, so ist diese durch das Gericht vom entsprechenden Jugendamt **zurückzufordern**. Das Gleiche gilt, wenn die nach § 1751 BGB eingetretene Amtsvormundschaft von Gesetzes wegen geendet hat (insbesondere bei einem positiven Annahmebeschluss, aber auch bei rechtskräftiger Zurückweisung des Annahmeantrags oder bei Kraftlosigkeit der Einwilligungserklärung).

§ 191 FamFG Verfahrensbeistand

Das Gericht hat einem minderjährigen Beteiligten in Adoptionssachen einen Verfahrensbeistand zu bestellen, sofern dies zur Wahrnehmung seiner Interessen erforderlich ist. § 158 Abs. 2 Nr. 1 sowie Abs. 3 bis 8 gilt entsprechend.

Übersicht

Rn.
A. Allgemeines ... 1
B. Inhalt der Norm ... 4
I. Die Erforderlichkeit der Bestellung eines Verfahrensbeistands in Adoptionssachen ... 4
1. Erforderlichkeit bei den Verfahren auf Annahme als Kind ... 5
2. Erforderlichkeit bei den Ersetzungs- und Aufhebungsverfahren ... 7
II. Die Folgen der Bestellung eines Verfahrensbeistands ... 10

A. Allgemeines

1 Die Norm regelt, unter welchen Voraussetzungen in Adoptionssachen ein **Verfahrensbeistand** zu bestellen ist. Die Vorschrift war im Gesetzgebungsprozess umstritten, da der Bundesrat die Sinnhaftigkeit der Norm bezweifelte.[1] Im Ergebnis hat sich dann jedoch die Einschätzung der Bundesregierung[2] durchgesetzt und § 191 FamFG ist Gesetz geworden.

2 Die Norm gilt aufgrund des eindeutigen Wortlauts **nur für minderjährige Beteiligte**. Zwar kommt es vor, dass auch bei einer Volljährigenadoption die Interessen von minderjährigen Kindern des Annehmenden oder des Anzunehmenden gemäß § 1769 BGB zu beachten sind. Diese Kinder sind jedoch ausdrücklich keine Beteiligten am Verfahren (dazu *Braun,* § 188 FamFG Rn. 26), so dass für diese auch kein Verfahrensbeistand bestellt werden kann.[3]

3 Die Vorschrift **verweist in wesentlichen Punkten auf** die in **§ 158 FamFG** normierten Voraussetzungen, Verfahrensvorgaben und Rechtsfolgen der Verfahrensbeistandsbestellung in Kindschaftssachen.

▶ *Zu Einzelheiten siehe Keuter, § 158 FamFG Rn. 4 ff.*

B. Inhalt der Norm

I. Die Erforderlichkeit der Bestellung eines Verfahrensbeistands in Adoptionssachen

4 Die Bestellung eines Verfahrensbeistands in Adoptionssachen hat zu erfolgen, wenn dies **zur Wahrnehmung der Interessen des Kindes** erforderlich ist. Konkretisiert wird diese Anforderung dadurch, dass dies **insbesondere** der Fall sein soll, **wenn die Interessen**

1 BT-Drucks. 16/6308, 381
2 BT-Drucks. 16/6308, 417
3 A.A. MüKo-FamFG/*Maurer,* § 191 Rn. 7

des Kindes zu den Interessen seines gesetzlichen Vertreters in erheblichem Widerspruch stehen (§ 191 Satz 2 i.V.m. § 158 Abs. 2 Nr. 1 FamFG).

1. Erforderlichkeit bei den Verfahren auf Annahme als Kind

In den Verfahren auf Annahme als Kind (§ 186 Nr. 1 FamFG) ist diese Fallkonstellation allerdings **nur selten** gegeben, da **die Interessenlagen** der gesetzlichen Vertreter einerseits und des Kindes andererseits gerade **meistens gleichlaufend** sind.[4] Schließlich wird das Kind im Annahmeverfahren in der Regel entweder durch einen Vormund (bei Fremdadoptionen) oder durch den Ehepartner des Annehmenden (bei Stiefkindadoptionen) vertreten, welche durch die Einwilligung im Namen des Kindes nach § 1746 BGB zu erkennen geben, dass sie im Interesse des Kindes die Annahme wollen.[5] Dass das Kind im Gegensatz hierzu ausdrücklich die Adoption ablehnt oder ein Vormund die Einwilligung verweigert (Fall von § 1746 Abs. 3 BGB), kommt nur äußerst selten vor. 5

Die Bestellung eines Verfahrensbeistands ist jedoch **in Betracht zu ziehen**, wenn die Interessenwahrnehmung aufgrund der mangelnden Bereitschaft oder aufgrund des geringen intellektuellen Niveaus des gesetzlichen Vertreters nicht ausreichend erscheint.[6] Gleiches gilt, wenn das Kind einer besonderen Unterstützung bei der persönlichen Anhörung bedarf, da dann der Verfahrensbeistand seine Aufgaben nach § 159 Abs. 4 Satz 3 FamFG wahrnehmen kann.[7] 6

2. Erforderlichkeit bei den Ersetzungs- und Aufhebungsverfahren

In den Ersetzungs- und Aufhebungsverfahren ist **in der Regel ein Verfahrensbeistand zu bestellen**, da die Interessenlagen des Kindes und des gesetzlichen Vertreters regelmäßig gegenläufig sind.[8] 7

In den Aufhebungsverfahren nach § 1760 BGB und nach § 1763 BGB ist dies offensichtlich, da hier das Rechtsverhältnis zwischen den Annehmenden und dem Kind aufgehoben werden soll und diese damit auf unterschiedlichen Interessenseiten stehen. Etwas anderes gilt nur dann, wenn den Annehmenden schon vor der Aufhebung das Sorgerecht für das Kind entzogen worden ist und die Interessenwahrnehmung durch einen (Amts-)Vormund durchgeführt wird. 8

In den Ersetzungsverfahren nach § 1748 BGB ist die Bestellung eines Verfahrensbeistands wiederum **nur dann entbehrlich**, wenn der nicht einwilligungsbereite Elternteil zum Zeitpunkt des Ersetzungsverfahrens **nicht (mehr) gesetzlicher Vertreter des Kindes** ist (z.B. bei nichtehelichen Kindern oder bei vorherigem Entzug der elterlichen Sorge nach § 1666 BGB). 9

II. Die Folgen der Bestellung eines Verfahrensbeistands

Durch die Bestellung als Verfahrensbeistand wird dieser zum **Beteiligten am Verfahren**. Er vertritt die objektiven Interessen des minderjährigen Beteiligten im Verfahren, wird jedoch durch die Bestellung **nicht dessen rechtlicher oder gesetzlicher Vertreter (Satz 2 i.V.m. § 158 Abs. 4 Satz 6 FamFG)**. Insbesondere kann ein Verfahrensbeistand nicht im Namen des Kindes dessen Einwilligung nach § 1746 Abs. 1 BGB erklären oder einer Einwilligung des über 14-jährigen Kindes zustimmen. Dieses Recht steht allein dem gesetzlichen Vertreter (leibliche Eltern oder Vormund oder Pfleger) zu. 10

---

4 Zutreffend: OLG Celle FamRZ 2012, 1226; *Zschiebsch*, FPR 2009, 493, 494
5 *Reinhardt*, JAmt 2009, 162, 164
6 Keidel/*Engelhardt*, § 191 FamFG Rn. 3
7 Zu weiteren möglichen Fällen: *Reinhardt*, JAmt 2009, 162, 164
8 So auch: MüKo-FamFG/*Maurer*, § 191 Rn. 6

§ 192 FamFG Anhörung der Beteiligten

(1) Das Gericht hat in Verfahren auf Annahme als Kind oder auf Aufhebung des Annahmeverhältnisses den Annehmenden und das Kind persönlich anzuhören.

(2) Im Übrigen sollen die beteiligten Personen angehört werden.

(3) Von der Anhörung eines minderjährigen Beteiligten kann abgesehen werden, wenn Nachteile für seine Entwicklung, Erziehung oder Gesundheit zu befürchten sind oder wenn wegen des geringen Alters von einer Anhörung eine Aufklärung nicht zu erwarten ist.

Übersicht

Rn.
A. Allgemeines ... 1
B. Inhalt der Norm ... 5
I. Die Anhörung der Beteiligten in Verfahren auf Annahme als Kind ... 5
1. Die persönliche Anhörung des Kindes ... 6
a) Pflicht zur persönlichen Anhörung ... 6
b) Ausnahmen von der Anhörungspflicht ... 7
aa) Absehen von der persönlichen Anhörung wegen zu befürchtender Nachteile für das Kind ... 8
bb) Absehen wegen des geringen Alters des Kindes ... 10
c) Inhalt und Ausgestaltung der Anhörung des Kindes ... 13
d) Die Anhörung des Anzunehmenden bei der Volljährigenadoption ... 14
2. Die persönliche Anhörung der Annehmenden ... 15
3. Die Anhörung weiterer Beteiligter (insbesondere der leiblichen Eltern) ... 16
4. Die Anhörung von nicht beteiligten Personen ... 19
II. Die Anhörung der Beteiligten in Ersetzungsverfahren ... 23
III. Die Anhörung der Beteiligten in Aufhebungsverfahren ... 25
IV. Die Anhörung der Beteiligten in Verfahren auf Befreiung vom Eheverbot ... 26

A. Allgemeines

1 Die Norm trifft die **verfahrensrechtlichen Vorgaben** zur Frage, **welche Beteiligten in welcher Form anzuhören** sind (bzw. angehört werden sollen) sowie in welchen Fällen auf eine Anhörung **verzichtet** werden kann. Sie ist damit lex specialis zur allgemeinen Vorschrift in § 34 FamFG, verdrängt die allgemeine Vorschrift aber nur teilweise.

2 Die Norm ist einerseits **Ausdruck des Anspruchs auf rechtliches Gehör nach Art. 103 Abs. 1 GG**. Andererseits sind Anhörungen in Verfahren der freiwilligen Gerichtsbarkeit aber auch immer ein wesentlicher Teil der **Sachverhaltsermittlung** nach § 26 FamFG.[1]

3 Die Verfahrensvorschrift ist **für sämtliche Adoptionssachen** anzuwenden, wobei Abs. 1 ausdrücklich nur für die Verfahren nach § 186 Nr. 1 und Nr. 3 FamFG (Annahme- und Aufhebungsverfahren) gilt. Die Vorgaben gelten uneingeschränkt auch für die Volljährigenadoptionen (mit Ausnahme von Abs. 3).

4 Ein **Verstoß gegen die Anhörungspflichten** in § 192 FamFG stellt einen **erheblichen Verfahrensfehler** dar. Hieraus folgt zwar keine Nichtigkeit der Entscheidung. Im Beschwerdeverfahren führt dies aber zur Aufhebung und Rückverweisung an die entsprechende Instanz. Darüber hinaus steht betroffenen Personen auch bei stattgebenden und damit unanfechtbaren (vgl. § 197 Abs. 3 Satz 1 FamFG) Adoptionsbeschlüssen die Möglichkeit des außerordentlichen Rechtsbehelfs der Anhörungsrüge nach § 44 FamFG oder sogar der Verfassungsbeschwerde unter Hinweis auf Art. 103 Abs. 1 GG offen (siehe hierzu *Braun*, § 197 FamFG Rn. 16).

1 Ausführlich: Prütting/Helms/*Abramenko*, § 34 FamFG Rn. 3

B. Inhalt der Norm

I. Die Anhörung der Beteiligten in Verfahren auf Annahme als Kind

Bei den Verfahren auf Annahme als Kind wird in § 192 FamFG zwischen den **Anhörungen der Annehmenden und des Kindes einerseits (Abs. 1)** und den **Anhörungen der übrigen Beteiligten (Abs. 2)** andererseits unterschieden. 5

1. Die persönliche Anhörung des Kindes

a) Pflicht zur persönlichen Anhörung

Das Kind ist **zwingend anzuhören** („hat … anzuhören", Abs. 1). Die Anhörung muss darüber hinaus in der **Form der persönlichen Anhörung**, also mündlich bei körperlicher Anwesenheit des Kindes, erfolgen.[2] Im Gegensatz zu § 159 FamFG wird dabei nicht zwischen unter 14-jährigen und über 14-jährigen Kindern unterschieden, so dass die persönliche Anhörungspflicht grundsätzlich auch für sehr junge Kinder gilt. 6

b) Ausnahmen von der Anhörungspflicht

Mögliche **Ausnahmen von der persönlichen Anhörungspflicht** des minderjährigen Kindes sind **in § 192 Abs. 3 FamFG normiert**. Hiernach kann entweder wegen zu befürchtender Nachteile für die Entwicklung, Erziehung oder Gesundheit des Kindes oder aufgrund eines zu geringen Alters auf die Anhörung verzichtet werden. Wegen des hohen Stellenwerts des Anspruchs auf rechtliches Gehör und der erheblichen rechtlichen Folgen einer Adoption sind die Ausnahmetatbestände **äußerst eng auszulegen**. Die allgemeinen Vorschriften zur Möglichkeit eines Absehens von einer persönlichen Anhörung nach § 34 Abs. 2 und 3 FamFG werden durch die lex specialis in § 192 Abs. 3 FamFG verdrängt.[3] 7

aa) Absehen von der persönlichen Anhörung wegen zu befürchtender Nachteile für das Kind

Die erste Fallgruppe (der zu befürchtenden Nachteile für die Entwicklung, Erziehung oder Gesundheit) wird **eher selten zu bejahen** sein.[4] Denn in aller Regel kann die Anhörung des Kindes entsprechend ausgestaltet werden, damit die genannten Nachteile gerade nicht entstehen (z.B. durch Anhörung in der gewohnten Umgebung des Kindes).[5] Darüber hinaus kann (und sollte) bei der Befürchtung von entsprechenden Nachteilen für das Kind ein Verfahrensbeistand nach § 191 FamFG bestellt werden, damit das Kind auf die Anhörungssituation vorbereitet werden kann (vgl. § 191 Satz 2 i.V.m. § 158 Abs. 4 Satz 2 FamFG; vgl. dazu *Braun*, § 191 FamFG Rn. 6). 8

Ausdrücklich kein Kriterium für das Absehen einer Anhörung darf die Frage sein, ob das Kind Kenntnis von seiner Herkunft oder von der geplanten Adoption hat oder erhalten soll. Auch ein Kind, welches noch nicht versteht, dass es nicht mit seinen „echten" (leiblichen) Eltern zusammenlebt, kann zu seinen Wünschen und zu den Realitäten seines Zusammenlebens in seiner sozialen Familie befragt werden.[6] 9

bb) Absehen wegen des geringen Alters des Kindes

In welchen Fällen von einer persönlichen Anhörung **wegen zu geringen Alters des Kindes** abgesehen werden kann (§ 192 Abs. 3, 2. Alt. FamFG), ist eine Frage des Einzelfalls. Die **Festlegung absoluter Altersgrenzen** ist im Gesetz **nicht vorgesehen und abzu-** 10

2 BT-Drucks. 16/6308, 248; OLG Düsseldorf FamRZ 1995, 1294
3 MüKo-FamFG/*Maurer*, § 192 bis 195 Rn. 14 bis 16
4 Zu möglichen Fällen: LG Freiburg FamRZ 2002, 1647
5 BayObLG NJW-RR 2001, 722
6 So auch: BayObLG NJW-RR 2001, 722

lehnen. Auch die Unterscheidung von unter 14-jährigen und über 14-jährigen Kindern ist in § 192 Abs. 3 FamFG gerade kein relevantes Kriterium.

11 Richtigerweise sollte vielmehr auf die **Fähigkeit des Kindes zur Bildung und Ausübung eines (natürlichen) Willens** abgestellt werden.[7] Dabei geht es nicht um die Fähigkeit, die rechtlichen Folgen einer Adoption im Detail zu verstehen. Ausreichend ist schon, dass sich das Kind zu seinem Zusammenleben mit den Annehmenden äußern und seine Wünsche diesbezüglich ausdrücken kann. Darüber hinaus ist natürlich auch der der Adoption zugrundeliegende Sachverhalt zu berücksichtigen. So mag etwa die persönliche Anhörung eines sehr jungen Kindes, welches bei einer Stiefkindadoption nie eine andere soziale Vaterperson als seinen Stiefvater gekannt hat, weniger relevant sein als die Anhörung eines Kindes, welches in der Vergangenheit schon mehrere Bindungsabbrüche verarbeiten musste (bzw. noch muss).[8] Im letzten Fall können sich schon sehr junge Kinder häufig an entsprechende Situationen erinnern und dem Gericht weitere Erkenntnisse zum ggf. strittigen Entstehen eines neuen Eltern-Kind-Verhältnisses geben. Auch bei tatsächlichen Umgangskontakten zu den leiblichen Eltern (sog. offene Adoption) kann die persönliche Anhörung eines noch sehr jungen Kindes erforderlich werden.

12 Es gilt daher der Grundsatz, dass **auch sehr junge Kinder (im Vorschulalter)** zumindest zu einem Termin zur Anhörung (meistens gemeinsam mit den Annehmenden) geladen werden sollten. Stellt sich dann im Rahmen des Termins heraus, dass sich das Kind (auch mithilfe der Annehmenden oder eines Verfahrensbeistands) nicht zum Sachverhalt äußern kann, so kann von einer tatsächlichen Anhörung abgesehen werden. Dennoch empfiehlt es sich dann, den richterlichen Eindruck vom Kind in einem Vermerk (vgl. § 28 Abs. 4 FamFG) niederzulegen. Nur so kann im Nachhinein festgestellt werden, ob aufgrund zu geringen Alters von der Anhörung abgesehen werden durfte.

c) Inhalt und Ausgestaltung der Anhörung des Kindes

13 Thema der persönlichen Anhörung eines anzunehmenden Kindes sind **v.a. die materiellrechtlichen Fragen des Kindeswohls und des Eltern-Kind-Verhältnisses** nach § 1741 Abs. 1 Satz 1 BGB. Gegebenenfalls kann aber auch das Verhältnis zu den weiteren Kindern der Annehmenden nach § 1745 BGB eine Rolle spielen.

▶ *Zu Einzelheiten der persönlichen Anhörung eines minderjährigen Kindes siehe Heilmann, § 159 FamFG Rn. 17 ff.*

d) Die Anhörung des Anzunehmenden bei der Volljährigenadoption

14 Bei der **Volljährigenadoption** ist die **persönliche Anhörung des Anzunehmenden ohne Ausnahmen immer erforderlich**.[9] Sie dient hier nicht der Gewährung rechtlichen Gehörs (der Anzunehmende hat hier schließlich selbst den Antrag auf Adoption gestellt), sondern ausschließlich der Sachverhaltsermittlung (insbesondere der Voraussetzungen der sittlichen Rechtfertigung nach § 1767 Abs. 1 BGB). Eine (analoge) Anwendung des Abs. 3 scheidet aus, da dieser ausdrücklich nur für minderjährige Beteiligte gilt. Allerdings kommt ausnahmsweise die Anwendung der allgemeinen Vorgaben in § 34 Abs. 2 und 3 FamFG in Betracht.

---

7 MüKo-FamFG/*Maurer*, § 192 bis 195 Rn. 13
8 In diese Richtung: BayObLG FamRZ 1988, 871
9 *Braun*, FamRZ 2011, 81, 86

2. Die persönliche Anhörung der Annehmenden

Annehmende sind in jedem Fall **zwingend persönlich anzuhören**, **ohne** dass hierfür **Ausnahmen** vorgesehen wären (§ 192 Abs. 1 FamFG). Da die Annehmenden sowohl bei der Minderjährigen- wie bei der Volljährigenadoption Antragsteller sind, geht es hier nicht um die Gewährung rechtlichen Gehörs, sondern ausschließlich um die Sachverhaltsermittlung. Zwar kann nach den allgemeinen Vorgaben nach § 34 Abs. 2 und 3 FamFG im Ausnahmefall von einer persönlichen Anhörung abgesehen werden.[10] Insbesondere bei einem Ausbleiben zu einem Termin ist das Gericht nach § 26 FamFG jedoch angehalten zu prüfen, ob der ansonsten ermittelte Sachverhalt ausreichend für die Sachentscheidung ist oder ob die Anhörung nach § 35 FamFG mit Zwangsmitteln erzwungen werden muss[11] 15

▶ *Zu Einzelheiten der persönlichen Anhörung Erwachsener siehe Wegener, § 160 FamFG Rn. 6 ff.*

3. Die Anhörung weiterer Beteiligter (insbesondere der leiblichen Eltern)

Sämtliche **weitere Beteiligte „sollen" angehört** werden (§ 192 Abs. 2 FamFG). Es besteht daher weder bzgl. der Anhörung selbst noch bzgl. der Persönlichkeit der Anhörung eine gesetzlich normierte Verpflichtung. Praxisrelevant ist die Sollvorschrift v.a. bei der Frage der **Anhörung der leiblichen Eltern** (soweit sie gemäß § 188 Abs. 1 Nr. 1b) FamFG beteiligt sind). 16

Bei Minderjährigenadoptionen ist eine Anhörung der leiblichen Eltern **nur selten erforderlich**. Dies liegt daran, dass die entsprechenden Elternteile entweder schon (unwiderruflich) in die Annahme als Kind eingewilligt haben (§ 1747 BGB) oder dass deren Einwilligung nach § 1748 BGB ersetzt worden ist oder auf die Einwilligung gemäß § 1747 Abs. 4 BGB verzichtet werden kann (in den letztgenannten Fällen sind sie im Übrigen schon gar nicht am Annahmeverfahren beteiligt: siehe *Braun*, § 188 FamFG Rn. 9, 11). 17

Bei der **Volljährigenadoption** mit den Wirkungen nach § 1772 Abs. 1 BGB (nur dann sind die leiblichen Eltern auch Beteiligte) ist eine (zumindest schriftliche) **Anhörung der leiblichen Eltern zwingend erforderlich**. Dies ergibt sich zwar nicht direkt aus § 192 Abs. 2 FamFG (reine Sollvorschrift), jedoch aus der einschlägigen Rechtsprechung des Bundesverfassungsgerichts.[12] Im Gegensatz zur Minderjährigenadoption erfahren die entsprechenden Elternteile nämlich häufig erstmals durch die Anhörung von der geplanten Adoption ihres Kindes. Da die Eltern durch die Volljährigenadoption mit den starken Wirkungen ihren Verwandtenstatus gegenüber dem Anzunehmenden verlieren, würde ein Absehen von einer Anhörung zu einem erheblichen Verstoß gegen den Anspruch auf rechtliches Gehör nach Art. 103 Abs. 1 GG führen. Derartige Anhörungen können durchaus auf schriftlichem Wege erfolgen. Auf den persönlichen Eindruck kommt es bei der Volljährigenadoption nur selten an. 18

4. Die Anhörung von nicht beteiligten Personen

§ 192 FamFG normiert nur die Frage der Anhörung von beteiligten Personen. Allerdings kann es im Einzelfall aufgrund von Art. 103 Abs. 1 GG oder aufgrund des Bedürfnisses zu weiterer Sachverhaltsermittlung erforderlich sein, auch **nicht beteiligte Personen** im Verfahren auf Annahme als Kind explizit anzuhören. Die Anhörungspflicht der Kinder des Annehmenden und des Anzunehmenden ist ausdrücklich in § 193 FamFG geregelt (hierzu *Braun*, § 193 FamFG Rn. 1 ff.), die Anhörungspflichten des Jugendamts und des Landesjugendamts in § 194 Abs. 1 FamFG und § 195 Abs. 1 FamFG. 19

---

10 PK Familienverfahrensrecht/*Meysen*, § 192 FamFG Rn. 2
11 Ausführlich: MüKo-FamFG/*Maurer*, § 192 Rn. 14 ff.
12 BVerfG FamRZ 2008, 243

20 **Bei der Minderjährigenadoption** betrifft die Anhörungspflicht von Nichtbeteiligten insbesondere die Anhörung der **leiblichen Eltern im Falle der Inkognitoadoption** nach § 1747 Abs. 2 Satz 2 BGB und in den Fällen, in denen die **Einwilligung des Elternteils vorher ersetzt** worden ist. Hier kann es im Einzelfall erforderlich sein, weitere Informationen von dem entsprechenden Elternteil zu erlangen (insbesondere zum vormaligen Zusammenleben mit dem Kind oder bei veränderter Sachlage nach einer Ersetzung). Eine solche Anhörung sollte dann im Regelfall auch persönlich stattfinden.

21 Bei der **Volljährigenadoption** sind die leiblichen Eltern nur dann beteiligt und nach § 192 Abs. 2 FamFG anzuhören, wenn die Wirkungen nach § 1772 Abs. 1 BGB beantragt worden sind (§ 188 Abs. 1 Nr. 1b), 3. Alt. FamFG). Tatsächlich bedarf es aus verfassungsrechtlichen Gründen **auch im Rahmen der „normalen" Volljährigenadoption nach § 1770 BGB einer Anhörung der leiblichen Eltern**. Denn obwohl das Verwandtschaftsverhältnis zu den bisherigen Eltern auch nach der Adoption erhalten bleibt, verändert sich deren Rechtsposition zum Anzunehmenden nachhaltig. So kann die Adoption durch Hinzutreten weiterer Unterhaltsberechtigter die Unterhaltsrechte der leiblichen Eltern schmälern oder das gesetzliche Erbrecht verändern. Hinzu kommt, dass die Anhörung gerade bei der Volljährigenadoption auch der weiteren Sachverhaltsaufklärung dient. Da es hierbei auch auf das Verhältnis des Anzunehmenden zu seiner bisherigen Familie ankommt, sollten die Ansichten und Interessen der bisherigen Eltern hierzu berücksichtigt werden.[13]

22 Darüber hinaus ist noch die Anhörung **weiterer nicht beteiligter Personen** im Einzelfall erforderlich. Zu denken wäre hier etwa an vormalige Pflegeeltern des Kindes, bei denen das Kind vor der Vermittlung an die Annehmenden gelebt hat.

II. Die Anhörung der Beteiligten in Ersetzungsverfahren

23 In den **Ersetzungsverfahren** ist – da diese Verfahren in § 192 Abs. 1 FamFG nicht aufgeführt sind – **nur § 192 Abs. 2 FamFG anwendbar**. Aufgrund der Ausgestaltung als Sollvorschrift besteht per Gesetz daher keine (persönliche) Anhörungspflicht der beteiligten Personen (insbesondere des Kindes, der Annehmenden und der leiblichen Eltern).

24 Die **gesetzgeberische Wertung überzeugt jedoch nicht**, da einerseits die leiblichen Eltern durch die Ersetzung nach § 1751 BGB schon frühzeitig ihre sämtlichen Rechte und Pflichten gegenüber dem Kind verlieren (was dann nach positivem Abschluss des darauf folgenden Annahmeverfahrens sogar praktisch unumkehrbar wird). Andererseits stellt aber die Ersetzung auch für die Kinder einen erheblichen Eingriff dar und der persönliche Eindruck von den Kindern ist dann häufig von erheblicher Bedeutung für die Sachentscheidung. Zutreffend geht daher die Rechtsprechung insbesondere bei der Anhörung der Kinder und der leiblichen Eltern von einer tatsächlichen (regelmäßig persönlichen) Anhörungspflicht der Beteiligten im Ersetzungsverfahren aus.[14]

III. Die Anhörung der Beteiligten in Aufhebungsverfahren

25 Im Aufhebungsverfahren gelten wiederum dieselben Grundsätze wie im Annahmeverfahren. Auch hier ist die **persönliche Anhörung der Annehmenden und des Kindes** (mit den Ausnahmen in Abs. 3) **zwingend erforderlich** (§ 192 Abs. 1 FamFG). Die weiteren Beteiligten (insbesondere die leiblichen Eltern des Angenommenen) sollen angehört werden (§ 192 Abs. 2 FamFG).

---

13 *Braun*, FamRZ 2011, 81, 86
14 BverfG FamRZ 2003, 1448; FamRZ 2002, 229; BayObLG FamRZ 1984, 204; FamRZ 1984, 935; FamRZ 1988, 871; OLG Stuttgart FamRZ 2005, 542; OLG Köln FamRZ 1999, 889

IV. Die Anhörung der Beteiligten in Verfahren auf Befreiung vom Eheverbot

In den Verfahren auf Befreiung vom Eheverbot ist **nur die Sollvorschrift in § 192 Abs. 2 FamFG anwendbar**. Gegebenenfalls bedarf es zur Sachverhaltsermittlung etwaiger „wichtiger Gründe" gemäß § 1308 Abs. 2 Satz 2 BGB noch der Anhörung weiterer Personen (insbesondere von anderen Familienangehörigen). 26

§ 193 FamFG Anhörung weiterer Personen

¹Das Gericht hat in Verfahren auf Annahme als Kind die Kinder des Annehmenden und des Anzunehmenden anzuhören. ²§ 192 Abs. 3 gilt entsprechend.

Die Vorschrift normiert die **Vorgaben zur Anhörung der Kinder des Annehmenden und des Anzunehmenden**. Sie geht auf Rechtsprechung des Bundesverfassungsgerichts zur Anhörungspflicht von Kindern des Annehmenden zurück[1] und stellt die verfahrensrechtliche Absicherung der Wahrung der Interessen dieser Personen nach § 1745 BGB (Minderjährigenadoption) und nach § 1769 BGB (Volljährigenadoption) dar.[2] 1

Die Norm gilt nach ihrem eindeutigen Wortlaut („... in Verfahren auf Annahme als Kind ...") nur in den Verfahren nach § 186 Nr. 1 (Annahmeverfahren). In Ersetzungs- oder Aufhebungsverfahren besteht kein Bedürfnis für die Anhörung der in § 199 FamFG aufgeführten Personen. 2

Die **Anhörung der (weiteren) Kinder des Annehmenden** ist im Annahmeverfahren erforderlich, da sich deren Rechtsposition durch die Annahme mittelbar verändert. Dies gilt für sämtliche Adoptionsarten und insbesondere auch für die „normale" Volljährigenadoption mit den Wirkungen nach § 1770 BGB. Als „Kinder" gelten sowohl leibliche als auch vorher adoptierte Kinder, unabhängig von deren Alter. Die Norm ist auch auf Enkel des Annehmenden anzuwenden.[3] Insbesondere bei minderjährigen Kindern ist regelmäßig eine persönliche Anhörung erforderlich, um deren Interessen zu ermitteln und um sich einen persönlichen Eindruck zu verschaffen.[4] Durch den Verweis in § 193 Satz 2 FamFG sind aber die Möglichkeiten eines Absehens von der Anhörung eines minderjährigen Kindes nach § 192 Abs. 3 FamFG anwendbar (hierzu *Braun,* § 192 FamFG Rn. 7 ff.). Bei volljährigen Kindern genügt meist eine schriftliche Anhörung. 3

§ 193 FamFG erfasst auch die **Anhörung der Kinder des Anzunehmenden**. Faktisch kommt dies naturgemäß nur bei der Volljährigenadoption vor, da minderjährige Kinder nur selten eigene Abkömmlinge haben. Die Interessen der Kinder des Anzunehmenden sind dadurch beeinflusst, indem diese sowohl bei einer Adoption mit den Wirkungen nach § 1770 BGB als auch bei einer Adoption mit den Wirkungen nach § 1772 Abs. 1 BGB mit den Annehmenden verwandt werden und dadurch Rechte und Pflichten erwerben. Sind die Kinder des Anzunehmenden minderjährig, so kann von der Anhörung nach § 193 Satz 2 FamFG i.V.m. § 192 Abs. 3 FamFG abgesehen werden (hierzu *Braun,* § 192 FamFG Rn. 7 ff.). 4

Ein **Verstoß gegen die Anhörungspflicht** der in § 193 FamFG genannten Personen stellt einen **erheblichen Verfahrensmangel** dar. Eine Nichtigkeit der Adoptionsentscheidung geht damit indes nicht einher.[5] 5

1 BVerfG FamRZ 2009, 106; FamRZ 1994, 493; FamRZ 1988, 1247
2 BT-Drucks. 17/6308, 248
3 MüKo-FamFG/*Maurer,* § 192 bis 195 Rn. 22
4 Keidel/*Engelhardt,* § 193 FamFG Rn. 2
5 BVerfG FamRZ 2009, 106; FamRZ 1994, 493

§ 194 FamFG Anhörung des Jugendamts

(1) [1]In Adoptionssachen hat das Gericht das Jugendamt anzuhören, sofern der Anzunehmende oder Angenommene minderjährig ist. [2]Dies gilt nicht, wenn das Jugendamt nach § 189 eine fachliche Äußerung abgegeben hat.

(2) [1]Das Gericht hat dem Jugendamt in den Fällen, in denen dieses angehört wurde oder eine fachliche Äußerung abgegeben hat, die Entscheidung mitzuteilen. [2]Gegen den Beschluss steht dem Jugendamt die Beschwerde zu.

Übersicht

Rn.
A. Allgemeines 1
B. Inhalt der Norm 4
I. Die Anhörungspflicht des Jugendamts 4
II. Die Mitteilung der Entscheidung und das Beschwerderecht des Jugendamts 9

A. Allgemeines

1 Die Vorschrift normiert einerseits die Anhörungspflicht des Jugendamts (§ 194 Abs. 1 FamFG) und andererseits die Modalitäten der Mitteilung der Entscheidung sowie die Beschwerdeberechtigung des Jugendamts (§ 194 Abs. 2 FamFG).

▶ *Zur Parallelvorschrift in Kindschaftssachen siehe Dürbeck, § 162 FamFG Rn. 3 ff.*

2 Die Norm ist nach ihrem Wortlaut **für sämtliche „Adoptionssachen" bei minderjährigen Kindern** anwendbar („..., sofern der Anzunehmende oder Angenommene minderjährig ist"). Maßgeblich findet die Vorschrift daher auch in den Ersetzungs- und Aufhebungsverfahren nach §§ 1748, 1760, 1763 BGB Anwendung.

3 Die Anhörungspflicht, die Mitteilungspflicht und das Beschwerderecht führen nicht zu einer Beteiligtenstellung des Jugendamts. Die Rechte nach § 194 FamFG sind unabhängig davon, ob das Jugendamt einen Antrag auf Beteiligung nach § 188 Abs. 2 FamFG stellt (hierzu schon *Braun,* § 188 FamFG Rn. 33).

B. Inhalt der Norm

I. Die Anhörungspflicht des Jugendamts

4 Bei den Verfahren auf Annahme als Kind ist das erkennende Gericht **zur (schriftlichen) Anhörung des Jugendamts verpflichtet** („hat ... anzuhören"), **es sei denn**, es hat schon (als Adoptionsvermittlungsstelle oder gemäß § 189 Satz 2 FamFG) eine **fachliche Äußerung** abgegeben.

5 **Zuständig** ist dasjenige Jugendamt, welches zur Mitwirkung im gerichtlichen Verfahren nach § 50 Abs. 1 Nr. 3 SGB VIII verpflichtet ist, also das örtliche Jugendamt nach § 87b Abs. 1 Satz 1 i.V.m. § 86 Abs. 1 bis 4 SGB VIII (vgl. *Braun,* § 189 FamFG Rn. 7).[1]

6 Eine Anhörung nach § 194 Abs. 1 FamFG ist **keine fachliche Äußerung** nach § 189 FamFG. Es besteht daher keine Verpflichtung zur Wahrnehmung der Anhörungsrechte und eine Äußerung kann auch nicht erzwungen werden.[2]

7 **Sinnvollerweise** sollte die Anhörung des Jugendamts **am Ende der Ermittlungen** stattfinden. Nur so kann die Fachbehörde entscheiden, ob sie hier ihr Anhörungsrecht wahrnehmen möchte oder nicht.

1 PK Familienverfahrensrecht/*Meysen*, § 194 FamFG Rn. 2
2 A.A. MüKo-FamFG/*Maurer*, §§ 192 bis 195 Rn. 29

Auch bei den Ersetzungsverfahren und **Aufhebungsverfahren** (bzgl. minderjähriger Angenommener) ist das entsprechende Jugendamt anzuhören. Da hierbei keine fachlichen Äußerungen erstellt werden, gibt es hierzu auch keine Ausnahmen. 8

II. Die Mitteilung der Entscheidung und das Beschwerderecht des Jugendamts

In den Fällen, in denen das Jugendamt angehört worden ist oder in denen das Jugendamt die fachliche Äußerung erstellt hat, ist **die Entscheidung dem Jugendamt „mitzuteilen"** (§ 194 Abs. 2 Satz 1 FamFG). Bei einem stattgebenden Adoptionsbeschluss kann die Mitteilung formlos nach § 15 Abs. 3 FamFG erfolgen. Ist die Entscheidung jedoch anfechtbar (insbesondere ablehnende Adoptionsentscheidungen und Ersetzungs- und Ablehnungsentscheidungen), so ist die Entscheidung dem Jugendamt gemäß § 15 Abs. 2 FamFG (durch Zustellung nach der ZPO oder durch Aufgabe zur Post) schriftlich bekanntzugeben. Denn anderenfalls würde keine Beschwerdefrist nach § 63 Abs. 3 Satz 1 FamFG zu laufen beginnen und die entsprechende Entscheidung könnte nicht formell rechtskräftig werden. Bei Volljährigenadoptionen besteht keine Mitteilungspflicht gegenüber dem Jugendamt. 9

Das Jugendamt ist in Adoptionssachen betreffend minderjährige Kinder gemäß § 194 Abs. 2 Satz 2 FamFG **beschwerdeberechtigt** (ohne dass eine „Beschwer" gemäß § 59 Abs. 1 FamFG geltend gemacht werden müsste). Dieses **besondere Beschwerderecht** ist indes nur dann eröffnet, wenn die Entscheidung grundsätzlich anfechtbar ist. Bei der großen Zahl der stattgebenden Adoptionsentscheidungen ist eine Beschwerde generell ausgeschlossen (§ 197 Abs. 3 Satz 1 FamFG). Zu beachten ist das besondere Beschwerderecht des Jugendamts aber bei Ersetzungs- und Aufhebungsentscheidungen (siehe hierzu *Braun*, § 198 FamFG Rn. 2 und 7). 10

§ 195 FamFG Anhörung des Landesjugendamts

(1) [1]In den Fällen des § 11 Abs. 1 Nr. 2 und 3 des Adoptionsvermittlungsgesetzes hat das Gericht vor dem Ausspruch der Annahme auch die zentrale Adoptionsstelle des Landesjugendamts anzuhören, die nach § 11 Abs. 2 des Adoptionsvermittlungsgesetzes beteiligt worden ist. [2]Ist eine zentrale Adoptionsstelle nicht beteiligt worden, tritt an seine Stelle das Landesjugendamt, in dessen Bereich das Jugendamt liegt, das nach § 194 Gelegenheit zur Äußerung erhält oder das nach § 189 eine fachliche Äußerung abgegeben hat.

(2) [1]Das Gericht hat dem Landesjugendamt alle Entscheidungen mitzuteilen, zu denen dieses nach Absatz 1 anzuhören war. [2]Gegen den Beschluss steht dem Landesjugendamt die Beschwerde zu.

Übersicht

	Rn.
A. Allgemeines	1
B. Inhalt der Norm	4
I. Die Anhörungspflicht des Landesjugendamts	4
II. Die Mitteilung der Entscheidung und das Beschwerderecht des Landesjugendamts	8

A. Allgemeines

Die Vorschrift bestimmt, dass in Fällen des Auslandsbezugs (§ 11 Abs. 1 Nr. 2 und 3 AdVermiG) das Landesjugendamt im gerichtlichen Verfahren anzuhören ist (§ 195 Abs. 1 FamFG). Darüber hinaus werden die Modalitäten der Mitteilung der Entscheidung und eine besondere Beschwerdeberechtigung des Landesjugendamts geregelt (§ 195 Abs. 2 FamFG). 1

2 Die Anhörungs- und Mitteilungspflicht sowie die Beschwerdemöglichkeit gelten **nur in den Verfahren auf Annahme als Kind** und hierbei **nur für die Minderjährigenadoptionen**. Dies folgt aus dem Wortlaut („… vor dem Ausspruch der Annahme als Kind …") sowie mittelbar aus dem Verweis auf § 11 Abs. 1 AdVermiG, da es im Adoptionsvermittlungsgesetz nur um die Vermittlung mit dem Ziel der Annahme von minderjährigen Kindern geht. Ersetzungs- und Aufhebungsverfahren sind hier nicht thematisiert.[1]

3 Fraglich ist, ob die Norm durch den Verweis auf das Adoptionsvermittlungsgesetz **nur für vermittelte Adoptionen** gilt **oder** ob sie auch bei der großen Zahl von Stiefkindadoptionen (und sonstigen **unvermittelten Adoptionen**) Anwendung findet. Richtigerweise bedarf es hier einer **weiten Auslegung**. Denn Sinn und Zweck der Norm ist die Einbindung der Fachbehörde in allen Fällen, welche aufgrund des Auslandsbezugs besondere Schwierigkeiten mit sich bringen.[2] Das gilt unabhängig davon, ob das Landesjugendamt schon während der Vermittlung des Kindes eingebunden war oder ob es erst im Rahmen des gerichtlichen Adoptionsverfahrens von dem Auslandsbezug erfährt.

B. Inhalt der Norm

I. Die Anhörungspflicht des Landesjugendamts

4 Das Landesjugendamt ist nur in bestimmten Fällen anzuhören. Indem § 195 Abs. 1 FamFG auf § 11 Abs. 1 Nr. 2 und 3 AdVermiG verweist, ist klargestellt, dass die Anhörungspflicht **nur bei Minderjährigenadoptionen mit Auslandsbezug** besteht. § 11 Abs. 1 Nr. 2 und 3 AdVermiG lautet wie folgt:

„Die zentrale Adoptionsstelle des Landesjugendamtes unterstützt die Adoptionsvermittlungsstelle bei ihrer Arbeit, insbesondere durch fachliche Beratung,

1. […]

2. wenn ein Adoptionsbewerber oder das Kind eine ausländische Staatsangehörigkeit besitzt oder staatenlos ist,

3. wenn ein Adoptionsbewerber oder das Kind seinen Wohnsitz oder gewöhnlichen Aufenthalt außerhalb des Geltungsbereichs dieses Gesetzes hat,

4. […]."

5 Zu beachten ist hierbei, dass es somit nicht auf die Anwendung ausländischen Rechts aufgrund international-privatrechtlicher Anknüpfung nach Art. 22, 23 EGBGB ankommt, sondern allein darauf, **ob einer der genannten Beteiligten eine ausländische Staatsangehörigkeit besitzt oder außerhalb Deutschlands lebt**.

6 **Örtlich zuständig** ist entweder das Landesjugendamt, welches während des Vermittlungsverfahrens gemäß § 11 Abs. 2 AdVermiG schon involviert war (§ 195 Abs. 1 Satz 1 FamFG),[3] oder dasjenige Landesjugendamt, in dessen Bezirk sich das Jugendamt befindet, welches nach § 194 FamFG angehört wurde oder nach § 189 FamFG die fachliche Äußerung abgegeben hat (§ 195 Abs. 1 Satz 2 FamFG). **Funktional zuständig** ist die entsprechende zentrale Adoptionsstelle, welche gemäß § 2 Abs. 1 Satz 2, 2. HS AdVermiG bei jedem Landesjugendamt einzurichten ist.[4]

---

1 MüKo-FamFG/*Maurer,* § 19 bis –195 Rn. 23
2 Keidel/*Engelhardt,* § 195 FamFG Rn. 1
3 Das Gesetz spricht hier missverständlich von „beteiligt", was indes nichts mit der Beteiligung nach § 188 FamFG zu tun hat.
4 Häufig gibt es gemeinsame zentrale Adoptionsstellen für mehrere Bundesländer (vgl. § 2 Abs. 1 Satz 4 und 5 AdVermiG).

Die Anhörung erfolgt **im Regelfall schriftlich**, da eine persönliche Anwesenheit des Sachbearbeiters wohl nur selten zu weiteren Erkenntnissen führen wird.[5] Sinnvollerweise sollte die Anhörung des Landesjugendamts auch **erst gegen Ende der Ermittlungen** stattfinden. Ziel der Anhörung ist doch die fachliche Einschätzung unter Zugrundelegung sämtlicher Informationen. 7

II. Die Mitteilung der Entscheidung und das Beschwerderecht des Landesjugendamts

Bezüglich der Mitteilung der Entscheidung und bezüglich des Beschwerderechts des Landesjugendamts in Abs. 2 ist vollumfänglich auf die Ausführungen zu § 194 Abs. 2 zu verweisen (Braun, § 194 FamFG Rn. 9 f.). 8

Allerdings ist zu beachten, dass in Ersetzungs- und Aufhebungsverfahren weder eine Mitteilungspflicht noch eine Beschwerdeberechtigung des Landesjugendamts besteht (hierzu schon oben Rn. 2).

§ 196 FamFG Unzulässigkeit der Verbindung

Eine Verbindung von Adoptionssachen mit anderen Verfahren ist unzulässig.

Die Norm schreibt vor, dass Adoptionssachen nicht mit anderen Verfahren, insbesondere Familiensachen, verbunden werden dürfen **(Verbindungsverbot)**. § 196 FamFG stellt damit einen **Ausnahmefall** zu der grundsätzlichen Verbindungsmöglichkeit nach **§ 20 FamFG** dar. 1

Hintergrund des Ausschlusses ist v.a. das Offenbarungs- und Ausforschungsverbot in § 1758 BGB. Könnten Verfahrensbeteiligte von anderen Familienverfahren über den Umweg eines verbundenen Verfahrens von der Adoption selbst oder über deren Hintergründe Kenntnis erlangen, so wäre der Schutz des § 1758 BGB in Gefahr.[1] 2

§ 197 FamFG Beschluss über die Annahme als Kind

(1) [1]In einem Beschluss, durch den das Gericht die Annahme als Kind ausspricht, ist anzugeben, auf welche gesetzlichen Vorschriften sich die Annahme gründet. [2]Wurde die Einwilligung eines Elternteils nach § 1747 Abs. 4 des Bürgerlichen Gesetzbuchs nicht für erforderlich erachtet, ist dies ebenfalls in dem Beschluss anzugeben.

(2) In den Fällen des Absatzes 1 wird der Beschluss mit der Zustellung an den Annehmenden, nach dem Tod des Annehmenden mit der Zustellung an das Kind wirksam.

(3) [1]Der Beschluss ist nicht anfechtbar. [2]Eine Abänderung oder Wiederaufnahme ist ausgeschlossen.

5 Prütting/Helms/*Krause*, § 195 FamFG Rn. 5
1 BT-Drucks. 16/6308, 248

Übersicht

Rn.
A. Allgemeines ... 1
B. Stattgebende Adoptionsentscheidungen ... 3
I. Inhalt und Aufbau des Beschlusses ... 3
1. Besonderheiten bei Adoptionsbeschlüssen ... 4
2. Angabe der Vorschriften, auf denen die Annahme gründet ... 5
3. Angabe von § 1747 Abs. 4 BGB bei Verzicht auf die Einwilligung eines Elternteils ... 9
II. Wirksamwerden von stattgebenden Adoptionsbeschlüssen ... 11
III. Unanfechtbarkeit von stattgebenden Adoptionsentscheidungen ... 13
IV. Unabänderbarkeit und Verbot der Wiederaufnahme ... 17
C. Ablehnende Adoptionsentscheidungen ... 19

A. Allgemeines

1 Die Vorschrift macht **für positive Annahmebeschlüsse spezielle Vorgaben** zum Inhalt des Adoptionsbeschlusses (§ 197 Abs. 1 FamFG), womit sie eine Ergänzung zu §§ 38, 39 FamFG darstellt, zur Wirksamkeit eines Adoptionsbeschlusses (§ 197 Abs. 2 FamFG), womit sie eine Konkretisierung des § 40 Abs. 1 FamFG darstellt, zur Unanfechtbarkeit (§ 197 Abs. 3 Satz 1 FamFG), womit sie lex specialis zu § 58 Abs. 1 FamFG ist, und zur Abänderung und Wiederaufnahme (§ 197 Abs. 3 Satz 2 FamFG), womit sie lex specialis zu § 48 FamFG ist.

2 Die Vorschrift gilt **nur für Annahmeverfahren**, hierbei jedoch **sowohl für die Minderjährigen- als auch für die Volljährigenadoption**. Seinem eindeutigen Wortlaut nach („In einem Beschluss, durch den das Gericht die Annahme als Kind ausspricht …") gelten die Vorgaben **nur für stattgebende Entscheidungen**. Wird die Annahme abgelehnt, so gelten ausschließlich die Vorgaben im Allgemeinen Teil des FamFG (insbesondere §§ 38 ff., 58 ff. FamFG).

B. Stattgebende Adoptionsentscheidungen

I. Inhalt und Aufbau des Beschlusses

3 Der **Inhalt und Aufbau eines stattgebenden Beschlusses** auf Annahme als Kind richtet sich zunächst nach den **allgemeinen Vorschriften in §§ 38, 39 FamFG**. Als Endentscheidung nach § 38 Abs. 1 FamFG folgt der Beschluss auf Annahme als Kind somit dem grundsätzlichen Aufbau in Rubrum, Tenor und Entscheidungsgründe.

▶ *Grundsätzlich zu Inhalt und Aufbau eines Beschlusses siehe Cirullies, § 38 FamFG Rn. 3 ff.*

1. Besonderheiten bei Adoptionsbeschlüssen

4 Aufgrund des besonderen Verfahrensgegenstands und der statusändernden Wirkungen von Adoptionsentscheidungen ist auf **folgende Besonderheiten bei der Abfassung des Beschlusses** zu achten:

- Bei der **Angabe der Beteiligten im Rubrum** ist darauf zu achten, dass tatsächlich nur die Beteiligten nach § 188 FamFG (und ggf. deren Verfahrensbevollmächtigten oder gesetzlichen Vertreter) aufgeführt werden. Insbesondere darf es aufgrund des Adoptionsgeheimnisses (vgl. § 1758 BGB) und zum Schutz des Kindes nicht passieren, dass bei einer Inkognitoadoption der entsprechende Elternteil mit aufgeführt und der Beschluss in der Folge diesem als „Beteiligten" bekannt gegeben wird. Die beurkundenden Notare sind in der Regel weder Beteiligte am Verfahren noch Verfahrensbevollmächtigte der Annehmenden, so dass sie auch im Rubrum nicht erscheinen (hierzu *Braun,* § 188 FamFG Rn. 25).

- Bei der **Hauptentscheidung im Tenor** sind die Personen möglichst genau zu individualisieren (zumindest Angabe des vollständigen Namens – inkl. der Geburtsnamen, des Geburtsdatums und des Geburtsorts). Dies ist zur zweifelsfreien Zuordnung bei der Änderung der Personenstandseinträge erforderlich.

  Formulierungsvorschlag:

  „Das Kind … …, geb. am … in … wird von den Eheleuten Frau … …, geborene …, geb. am … in … und Herrn … …, geb. am … in … als gemeinschaftliches Kind angenommen."

  Bei Findelkindern, welche noch keinen (Vor-)Namen erhalten erhaben, ist zur zweifellosen Individualisierung auch die entsprechende Nummer des Geburtenregisters beim entsprechenden Standesamt anzugeben.

- Ist eine **Nebenentscheidung zur zukünftigen Namensführung** zu treffen (Fälle des §§ 1757 Abs. 2 und 3, 1767 Abs. 2 Satz 2 BGB), ist dies im Tenor aufzuführen. Dies ist deswegen so wichtig, da die Namensänderungen konstitutiv wirken.

- Wird die Annahme unter Anwendung ausländischen Sachrechts (gemäß Art. 22 EGBGB) ausgesprochen, so sind **im Tenor auch die Wirkungen der ausländischen Adoption aufzuführen**. Dies folgt aus der (versteckten) Norm in § 2 Abs. 3 AdWirkG.

- Bei Adoptionsentscheidungen bedarf es immer einer **Kostenentscheidung** (§ 81 Abs. 1 Satz 3 FamFG), auch wenn die Annahme eines minderjährigen Kindes keine Gerichtsgebühren nach sich zieht (vgl. Vorbem. 1.3.2 Abs. 1 Nr. 2 KV-FamGKG).

  Formulierungsvorschlag:

  „Der Verfahrenswert wird auf 5.000 Euro festgesetzt. Außergerichtliche Kosten werden nicht erstattet."

  Bei der Volljährigenadoption entstehen wiederum Gerichtsgebühren nach Nr. 1320 ff. KV-FamGKG (dann: „normale" Kostenentscheidung).

- Im Grundsatz besteht bei jeder Endentscheidung (also auch bei Adoptionsbeschlüssen) eine **Begründungspflicht** (§ 38 Abs. 3 Satz 1 FamFG). Bei einem stattgebenden Adoptionsbeschluss könnte man gemäß § 38 Abs. 4 Nr. 2 FamFG (wegen der Stattgabe gleichgerichteter Anträge) oder aufgrund der Unanfechtbarkeit nach § 197 Abs. 3 Satz 1 FamFG in sinngemäßer Anwendung von § 38 Abs. 4 Nr. 3 FamFG jedoch auch von einer Begründung absehen.[1] Dies ist jedoch wegen der erheblichen statusändernden Wirkungen einer Adoption und des Erfordernisses der Klarheit im Rechtsverkehr nicht zu empfehlen. In den Gründen sollten daher die wesentlichen Familienverhältnisse und das Vorliegen der formellen und materiell-rechtlichen Voraussetzungen einer Adoption (zumindest kurz) dargestellt werden.

- Ein stattgebender Adoptionsbeschluss **bedarf keiner Rechtsmittelbelehrung**, da es kein statthaftes Rechtsmittel gibt (§ 197 Abs. 3 Satz 1 FamFG). Zur Klarheit im Rechtsverkehr ist aber zu empfehlen, dass der Wirkungseintritt und die Unanfechtbarkeit aufgeführt werden.

  Formulierungsvorschlag:

  „Die Entscheidung ist unanfechtbar und wird mit Zustellung an die Annehmenden wirksam."

---

1 So: KG, FamRZ 2013, 717 (Anerkennungsbeschluss nach § 2 AdWirkG)

2. Angabe der Vorschriften, auf denen die Annahme gründet

5 § 197 Abs. 1 Satz 1 FamFG ergänzt die allgemeinen Vorschriften dahingehend, dass bei Adoptionsbeschlüssen die **Vorschriften** aufgeführt werden müssen, **auf denen „sich die Annahme gründet"**. Hintergrund dieser Anforderung ist die Unterstützung der Personenstandsbehörden bei der Eintragung der Änderungen in den entsprechenden Personenstandsregistern als Folge der Adoption.[2] Mit der Vorgabe in § 197 Abs. 1 Satz 1 FamFG ist die **Angabe der entsprechenden Adoptionswirkungen** gemeint. Die Angabe weiterer Rechtsgrundlagen bzgl. der Voraussetzungen der Annahme als Kind (§§ 1741 bis 1750 BGB oder §§ 1767 bis 1769 BGB) ist hingegen nicht zu fordern.[3] Schließlich führt das Aufführen dieser Vorschriften zu keinen weiteren Erkenntnissen nach Abschluss des Verfahrens. Eine Ausnahme gilt nur bzgl. § 1747 Abs. 4 BGB aufgrund der expliziten Vorschrift in § 197 Abs. 1 Satz 2 FamFG (siehe hierzu Rn. 9 f.). Die Angabe der Vorschriften kann **sowohl im Tenor als auch in den Gründen der Entscheidung** erfolgen.

6 Bei den Minderjährigenadoptionen sind je nach Fallgestaltung folgende Angaben erforderlich:

- bei der Fremdadoption durch mehrere Annehmende: „Die Wirkungen der Annahme richten sich nach §§ 1754 Abs. 1, 1755 Abs. 1 BGB."
- bei der Fremdadoption durch einen Annehmenden: „Die Wirkungen der Annahme richten sich nach §§ 1754 Abs. 2, 1755 Abs. 1 BGB."
- bei der Stiefkindadoption ohne dass der Fall von § 1756 Abs. 2 BGB vorliegt: „Die Wirkungen der Annahme richten sich nach §§ 1754 Abs. 1, 1755 Abs. 2 BGB."
- bei der Stiefkindadoption, bei der der vormalige Elternteil verstorben ist und das Sorgerecht gegenüber dem Kind hatte: „Die Wirkungen der Annahme richten sich nach §§ 1754 Abs. 1, 1755 Abs. 2, 1756 Abs. 2 BGB."
- bei der Verwandtenadoption (im 2. oder 3. Grad verwandt oder verschwägert): „Die Wirkungen der Annahme richten sich nach §§ 1754 Abs. 1, 1755 Abs. 1, 1756 Abs. 1 BGB."

7 Bei den Volljährigenadoptionen ist bzgl. folgender Angaben zu differenzieren:

- bei der „normalen Volljährigenadoption": „Die Wirkungen der Annahme richten sich nach § 1770 BGB."
- bei der „starken Volljährigenadoption": „Es wird festgestellt, dass sich die Wirkungen der Annahme nach den Vorschriften über die Annahme eines Minderjährigen richten (§ 1772 Abs. 1 BGB)."

8 Die Angabe der relevanten Vorschriften ist **grundsätzlich rein deklaratorisch**. Wird die Angabe vergessen oder ist die Angabe fehlerhaft bzw. unvollständig, so sind andere Behörden und Gerichte hieran nicht gebunden.[4] Eine **konstitutive Wirkung** der Angabe entsteht jedoch nach der Rechtsprechung **hinsichtlich der Wirkungen der Volljährigenadoption**. Ergibt sich etwa aus dem Beschluss, dass eine Adoption mit den Wirkungen einer Minderjährigenadoption (§ 1772 Abs. 1 BGB) ausgesprochen worden ist, so gilt dies auch dann, wenn eigentlich die Voraussetzungen hierfür nicht gegeben waren.[5]

---

2 BT-Drucks. 7/3061, 58

3 So aber: Keidel/*Engelhardt*, § 197 FamFG Rn. 12; MüKo-FamFG/*Maurer*, § 197 Rn. 11, welche die Angabe der „Rechtsgrundlagen" fordern, ohne jedoch zu spezifizieren, was damit im Konkreten gemeint sein soll.

4 MüKo-FamFG/*Maurer*, § 197 Rn. 11

5 BayObLG NJW-RR 1996, 1093

3. Angabe von § 1747 Abs. 4 BGB bei Verzicht auf die Einwilligung eines Elternteils

Musste im Rahmen des Adoptionsverfahrens auf die Einwilligung eines Elternteils gemäß § 1747 Abs. 4 BGB verzichtet werden, so ist diese Vorschrift **im Beschluss explizit aufzuführen** (§ 197 Abs. 1 Satz 2 FamFG) (mögliche Formulierung: *„Auf die Einwilligung des leiblichen Vaters ist gemäß § 1747 Abs. 4 BGB wegen dessen dauernd unbekannten Aufenthalts zu verzichten."*). Auch hier gilt, dass die Angabe **sowohl im Tenor als auch in den Gründen möglich** ist. 9

Sinn und Zweck der Angabe von § 1747 Abs. 4 BGB ist die Aufhebungsmöglichkeit solcher Adoptionen nach § 1760 Abs. 5 BGB, wenn die Voraussetzungen für ein Absehen von der Einwilligung fälschlicherweise angenommen worden sind.[6] Die Angabe ist **rein deklaratorisch**.[7] Wird die Norm genannt, obwohl der entsprechende Elternteil eingewilligt hat, so entsteht hierdurch nicht der Aufhebungsgrund nach § 1760 Abs. 5 BGB. Wird die Angabe hingegen trotz tatsächlichem Absehen von der Einwilligung vom Gericht vergessen, so kann dennoch – bei Vorliegen der weiteren Voraussetzungen – eine Aufhebung erfolgen. 10

II. Wirksamwerden von stattgebenden Adoptionsbeschlüssen

Nach § 197 Abs. 2 FamFG wird der stattgebende Adoptionsbeschluss **mit Zustellung an den (die) Annehmenden wirksam**, was sowohl für die Minderjährigen- als auch für die Volljährigenadoption gilt. Mit dem Begriff der Zustellung ist die **förmliche Zustellung nach § 15 Abs. 2 1. Alt. FamFG i.V.m. §§ 166 bis 195 ZPO** gemeint. Eine Aufgabe zur Post (gemäß § 15 Abs. 2 2. Alt. FamFG) oder durch persönliche Bekanntgabe nach § 41 Abs. 2 FamFG genügt für den Eintritt der Rechtswirkungen einer Adoption nicht. Bei mehreren Annehmenden wird die Entscheidung erst wirksam, wenn der Beschluss dem letzten der beiden Annehmenden zugestellt worden ist. Die Zustellung führt zu einer **Wirkung inter omnes** (also gegenüber Jedermann), auch wenn die anderen Beteiligten (insbesondere das Kind) von der Entscheidung noch keine Kenntnis haben.[8] Stirbt der Annehmende vor Ausspruch der Adoption (Fall des § 1753 Abs. 2 BGB), so wird der Beschluss mit Zustellung an das Kind wirksam (§ 197 Abs. 2, 2. HS FamFG). 11

Ein Adoptionsbeschluss wird nur dann nicht wirksam, wenn er **nichtig** ist. Dies ist allerdings aufgrund des Bedürfnisses der Bestandskraft der statusändernden Entscheidung nur sehr selten der Fall.[9] 12

III. Unanfechtbarkeit von stattgebenden Adoptionsentscheidungen

Stattgebende Adoptionsentscheidungen sind **unanfechtbar** (§ 197 Abs. 3 Satz 1 FamFG). Dies gilt **sowohl für Minderjährigenadoptionen als auch für Volljährigenadoptionen**. Mit Zustellung der Entscheidung an den oder die Annehmenden (Wirksamwerden) wird die Entscheidung formell rechtskräftig (§ 45 FamFG). Hintergrund der Unanfechtbarkeit ist das (vermeintliche) Bedürfnis für eine möglichst schnelle Bestandskraft der Entscheidung und damit Rechtssicherheit für das Kind.[10] 13

In der Vergangenheit wurde zwar diskutiert, ob eine **besondere Beschwerdemöglichkeit bei „greifbarer Gesetzeswidrigkeit"** in Adoptionssachen zuzugestehen ist. Dies betraf Verfahren, in denen das rechtliche Gehör von beteiligten oder nichtbeteiligten Per- 14

6 BT-Drucks. 7/3061 79; 7/5087 24
7 A.A. Keidel/*Engelhardt,* § 197 FamFG Rn. 16
8 PK Familienverfahrensrecht/*Meysen*, § 197 FamFG Rn. 4
9 Vgl. die Übersicht zu möglichen Nichtigkeitsgründen bei: MüKo-FamFG/*Maurer,* § 197 Rn. 20
10 BT-Drucks. 7/3061, 58. Zumindest bei der Volljährigenadoption ist dies m.E. äußerst fragwürdig.

sonen missachtet worden war.[11] Die Eröffnung einer solchen besonderen Beschwerdemöglichkeit ist jedoch nunmehr aufgrund der gesetzlich normierten Anhörungsrüge nach § 44 FamFG und der (hierauf folgenden) Möglichkeit der Einlegung einer Verfassungsbeschwerde (siehe hierzu Rn. 16) nicht mehr erforderlich.

15 **Nebenentscheidungen im Rahmen eines Adoptionsverfahrens** sind jedoch auch bei Stattgabe des Hauptantrags **isoliert anfechtbar**. Dies betrifft insbesondere die Entscheidungen über die Namensführungen (Anträge nach § 1757 Abs. 3 BGB)[12] oder Kostenentscheidungen oder Entscheidungen über die Höhe des Verfahrenswerts.[13]

16 Trotz stattgebenden Adoptionsbeschlusses steht bei einer Verletzung des Anspruchs auf rechtliches Gehör nach Art. 103 Abs. 1 GG nunmehr der **außerordentliche (fristgebundene) Rechtsbehelf der Anhörungsrüge nach § 44 FamFG** offen. Führt auch dies nicht zum gewünschten Erfolg, so steht grundsätzlich die **Verfassungsbeschwerde zum Bundesverfassungsgericht** zur Verfügung, wenn die Verletzung von Grundrechten geltend gemacht wird.[14] Weder die Anhörungsrüge noch die Verfassungsbeschwerde führen jedoch zu einer Aufhebung der Adoptionsentscheidung. Vielmehr wird nur temporär die formelle Rechtskraft beseitigt und das entsprechende Instanzgericht zur erneuten Entscheidung (unter Berücksichtigung des nachgeholten rechtlichen Gehörs) aufgefordert.

IV. Unabänderbarkeit und Verbot der Wiederaufnahme

17 Stattgebende Adoptionsbeschlüsse sind als statusändernde Entscheidungen auch bei späterer Änderung der Sach- und Rechtslage **unabänderbar** (§ 197 Abs. 3 Satz 2 FamFG). Die allgemeine Vorschrift in § 48 Abs. 1 Satz 1 FamFG ist daher nicht anwendbar. Ebenso ist die **Wiederaufnahme des Verfahrens** gemäß § 197 Abs. 3 Satz 2 FamFG **ausgeschlossen** (lex specialis zu § 48 Abs. 2 FamFG). Personen, welche eine Änderung des Adoptionsverhältnisses begehren, sind auf die (strengen) Aufhebungsvorschriften in §§ 1760, 1763, 1771, 1772 Abs. 2 BGB zu verweisen. Hintergrund dieser gesetzgeberischen Wertung ist erneut das Bedürfnis für dauerhaften Bestandsschutz durch die Adoption (siehe hierzu schon oben Rn. 13).

18 Möglich sind allerdings die **Berichtigung nach § 42 FamFG** (bei offensichtlichen Unrichtigkeiten) und die **Ergänzung nach § 43 FamFG.** Letzteres kommt in Adoptionssachen insbesondere dann in Betracht, wenn ein Antrag auf Namensänderung nicht beschieden wurde, obwohl dieser rechtzeitig gestellt worden war.[15] Ein nach Wirksamwerden des Adoptionsbeschlusses gestellter Antrag auf Namensänderung kann jedoch nicht im Wege der Ergänzung beschieden werden.[16]

C. Ablehnende Adoptionsentscheidungen

19 Bei ablehnenden Adoptionsentscheidungen sind **folgende Besonderheiten** zu beachten:

- Die Ablehnung erfolgt durch **Zurückweisung des jeweiligen Antrags** (mögliche Formulierung: *„Der Antrag des Annehmenden auf Annahme des Kindes wird zurückgewiesen."*). Ist der Antrag schon unzulässig, so ist der Antrag zu verwerfen.

---

11 So: LG Koblenz NJW-RR 2000, 959; LG Düsseldorf, Beschl. v. 12.10.2004 – 25 T 690/04, juris; differenzierend: OLG Köln, Beschl. v. 18.6.2001 – 16 Wx 1/01, juris
12 OLG Zweibrücken FamRZ 2001, 1733; MüKo-BGB/*Maurer*, § 1757 Rn. 37
13 OLG Düsseldorf FamRZ 2010, 1937
14 BVerfG FamRZ 2009, 106; FamRZ 1988, 1247
15 OLG Zweibrücken StAZ 2012, 54; OLG Frankfurt StAZ 1992, 378
16 BayObLG StAZ 2003, 44

- Es bedarf (auch bei der Minderjährigenadoption) immer einer **Kostenentscheidung** nach § 81 Abs. 1 FamFG.
- Die Entscheidung ist zu **begründen**, da kein Ausnahmefall der Begründungspflicht nach § 38 Abs. 4 FamFG ersichtlich wäre.
- Es bedarf einer **Rechtsmittelbelehrung** nach § 39 FamFG (Rechtsmittelfrist: 1 Monat).

Das **Beschwerdeverfahren** richtet sich nach den allgemeinen Vorschriften in §§ 58 ff. FamFG. **20**

- **Beschwerdeberechtigt** sind bei der Minderjährigenadoption die Annehmenden als Antragsteller (§ 59 Abs. 2 FamFG), das Jugendamt (§ 194 Abs. 2 Satz 2 FamFG) und das Landesjugendamt, soweit ein Auslandsbezug vorliegt (§ 195 Abs. 2 Satz 2 FamFG). Das Kind ist hingegen nicht beschwerdeberechtigt, da es bei der Minderjährigenadoption nicht antragsbefugt ist. Dies gilt trotz § 60 Satz 3 FamFG auch für ein über 14-jähriges Kind.[17] Die Anwendung von § 60 FamFG setzt voraus, dass überhaupt eine Beschwerdeberechtigung nach § 59 FamFG vorliegt.[18] Bei Volljährigenadoptionen sind ausschließlich die Antragsteller (die Annehmenden und Anzunehmenden) beschwerdeberechtigt (§ 59 Abs. 2 FamFG).
- **Die Beschwerdefrist** beträgt einen Monat ab schriftlicher Bekanntgabe der Entscheidung (§ 63 Abs. 1, 3 FamFG i.V.m. §§ 15 Abs. 2, 41 FamFG). Eine bloß mündliche Bekanntgabe nach § 41 Abs. 2 FamFG lässt die Beschwerdefrist nicht beginnen.
- **Beschwerdegericht** ist das Oberlandesgericht (§ 119 Abs. 1 Nr. 1a) GVG). Vor Befassung des Beschwerdegerichts findet beim Familiengericht kein Abhilfeverfahren statt (§ 68 Abs. 1 Satz 2 FamFG).
- **Die Rechtsbeschwerde** zum Bundesgerichtshof gegen Entscheidungen des OLG ist nur auf Zulassung statthaft (§ 70 Abs. 1 FamFG).

§ 198 FamFG Beschluss in weiteren Verfahren

(1) [1]Der Beschluss über die Ersetzung einer Einwilligung oder Zustimmung zur Annahme als Kind wird erst mit Rechtskraft wirksam. [2]Bei Gefahr im Verzug kann das Gericht die sofortige Wirksamkeit des Beschlusses anordnen. [3]Der Beschluss wird mit Bekanntgabe an den Antragsteller wirksam. [4]Eine Abänderung oder Wiederaufnahme ist ausgeschlossen.

(2) Der Beschluss, durch den das Gericht das Annahmeverhältnis aufhebt, wird erst mit Rechtskraft wirksam; eine Abänderung oder Wiederaufnahme ist ausgeschlossen.

(3) Der Beschluss, durch den die Befreiung vom Eheverbot nach § 1308 Abs. 1 des Bürgerlichen Gesetzbuchs erteilt wird, ist nicht anfechtbar; eine Abänderung oder Wiederaufnahme ist ausgeschlossen, wenn die Ehe geschlossen worden ist.

Übersicht

	Rn.
A. Allgemeines	1
B. Die Entscheidung in Ersetzungsverfahren	2
C. Die Entscheidung in Aufhebungsverfahren	7
D. Die Entscheidung auf Befreiung vom Eheverbot	9

17 A.A. Keidel/*Engelhardt,* § 197 FamFG Rn. 30
18 Prütting/Helms/*Abramenko,* § 60 FamFG Rn. 1

A. Allgemeines

1 Die Vorschrift trifft besondere Vorgaben bzgl. des Wirksamwerdens, der Abänderung und der Wiederaufnahme von Entscheidungen in den weiteren Adoptionssachen (§ 186 Nr. 2 bis 4 FamFG). Darüber hinaus gelten auch hier die allgemeinen Vorschriften in §§ 38 ff. und bezüglich der Beschwerde die §§ 58 ff. FamFG.

B. Die Entscheidung in Ersetzungsverfahren

2 Entscheidet das Gericht über die Ersetzung einer Einwilligung oder Zustimmung, so wird die Entscheidung **erst mit (formeller) Rechtskraft wirksam**. Gegen einen Ersetzungsbeschluss steht **die Beschwerde nach §§ 58 ff. FamFG und ggf. die Rechtsbeschwerde nach §§ 70 ff. FamFG offen**. **Beschwerdebefugt** gegen die Versagung einer Ersetzung sind der jeweilige Antragsteller (im Verfahren nach § 1748 BGB das Kind, vertreten durch dessen gesetzlichen Vertreter) (§ 59 Abs. 2 FamFG) sowie das Jugendamt (§ 194 Abs. 2 Satz 2 FamFG) (hierzu *Braun*, § 194 Rn. 10). Beim stattgebenden Ersetzungsbeschluss ist wiederum die Person beschwerdeberechtigt, deren Einwilligung ersetzt werden soll (im Verfahren nach § 1748 BGB der jeweilige Elternteil) (§ 59 Abs. 1 FamFG). Auch hier besteht darüber hinaus das besondere Beschwerderecht des Jugendamts nach § 194 Abs. 2 Satz 2 FamFG (und zwar unabhängig von dessen Beteiligtenstellung).

3 Die **Abänderung oder Wiederaufnahme** ist wie bei den übrigen Adoptionssachen auch im Ersetzungsverfahren ausgeschlossen (§ 198 Abs. 1 Satz 4 FamFG).

4 Ersetzungsbeschlüsse müssen **begründet** und mit einer **Rechtsmittelbelehrung** versehen werden (§§ 38, 39 FamFG).

5 In der Praxis ist darauf zu achten, dass die Ersetzungsentscheidung allen beschwerdeberechtigten Personen **schriftlich nach § 15 Abs. 2 FamFG bekanntgegeben** wird und die **formelle Rechtskraft** nach Ablauf der Rechtsmittelfrist (von einem Monat) bescheinigt wird (Rechtskraftzeugnis, § 46 FamFG). Erst wenn die formelle Rechtskraft feststeht, kann das darauf folgende Annahmeverfahren fortgesetzt werden.

6 In § 198 Abs. 1 Satz 2 und Satz 3 FamFG wird zwar die **Möglichkeit der Anordnung der sofortigen Wirksamkeit** eröffnet. Es sind jedoch kaum Ersetzungsverfahren denkbar, bei denen eine „Gefahr im Verzug" zu bejahen wäre.[1]

C. Die Entscheidung in Aufhebungsverfahren

7 Bzgl. der Aufhebungsverfahren bestimmt § 198 Abs. 2 FamFG, dass diese **erst mit (formeller) Rechtskraft wirksam** werden. Gegen Aufhebungsentscheidungen steht die **Beschwerde und ggf. die Rechtsbeschwerde** zur Verfügung. **Beschwerdeberechtigt** sind in Antragsverfahren die Antragsteller (vgl. insbesondere § 1762 BGB), im Übrigen (vor allem bei den Verfahren nach § 1763 BGB) die **durch die Entscheidung beschwerten Personen**. Hierzu gehören bei Ausspruch der Aufhebung auch die leiblichen Eltern, da diese in der Folge wieder die Verwandtschaft gegenüber dem Kind (mit den damit zusammenhängenden Rechten und Pflichten) zurückerhalten. Nach § 194 Abs. 2 Satz 2 FamFG steht **auch dem Jugendamt die** Beschwerdemöglichkeit zu, wenn der Angenommene minderjährig ist (hierzu *Braun,* § 194 Rn. 10).

8 Die **Abänderung oder Wiederaufnahme** ist wie bei den übrigen Adoptionssachen auch im Aufhebungsverfahren ausgeschlossen (§ 198 Abs. 2 Hs. 2 FamFG).

---

1 PK Familienverfahrensrecht/*Meysen*, § 198 FamFG Rn. 3, nennt das Beispiel eines unmittelbar bevorstehenden Todes des Kindes.

D. Die Entscheidung auf Befreiung vom Eheverbot

Entscheidungen auf Befreiung vom Eheverbot sind **unanfechtbar** (§ 198 Abs. 3 FamFG). 9
Sie werden nach der allgemeinen Regel in § 40 Abs. 1 FamFG **mit Bekanntgabe an die beiden Verlobten** wirksam. Der Ausschluss der **Abänderung oder Wiederaufnahme** tritt erst mit Eheschließung ein (§ 198 Abs. 3 Hs. 2 FamFG).

§ 199 FamFG Anwendung des Adoptionswirkungsgesetzes

Die Vorschriften des Adoptionswirkungsgesetzes bleiben unberührt.

Die Vorschrift enthält eine **Ergänzung zu § 97 Abs. 2 FamFG**. Da das Adoptionswir- 1
kungsgesetz nicht nur eine völkerrechtliche Vereinbarung i.S.v. § 97 Abs. 1 FamFG (hier das Haager Adoptionsübereinkommen vom 29. Mai 1993) umsetzt, sondern auch für die Anerkennung und Umwandlung von Adoptionen außerhalb des Übereinkommens gilt, war es erforderlich, den Vorrang der Bestimmungen des Adoptionswirkungsgesetzes in § 199 FamFG noch einmal explizit klarzustellen.[1]

Durch § 199 FamFG werden die **Verfahren nach dem AdWirkG jedoch keine Adopti- 2
onssachen** i.S.v. § 186 Nr. 1 FamFG. Gerade dies wird zwar in Rechtsprechung und Literatur z.T. vertreten.[2] Hiergegen sprechen jedoch gewichtige Argumente: Sinn und Zweck von § 199 FamFG ist nicht die Einbindung der AdWirkG-Verfahren in den Kreis der Adoptionssachen, sondern im Gegenteil die Feststellung, dass die Vorschriften im AdWirkG den Vorschriften des FamFG insoweit vorgehen, als im Spezialgesetz besondere Regelungen zu finden sind. Würde man die Verfahren nach dem AdWirkG aber als Adoptionssachen einordnen, wären auch sämtliche Verfahrensvorschriften in §§ 186 ff. FamFG anzuwenden und eben nicht nur die Normen, auf die das AdWirkG explizit verweist. Die spezialgesetzlichen Verweisungen in § 5 Abs. 1 Satz 2 AdWirkG auf § 101, 187 FamFG oder § 5 Abs. 4 AdWirkG auf § 197 Abs. 2 FamFG wären dann nutzlos.[3]

Anhang zu § 199 FamFG – Die Verfahren auf Anerkennung und Umwandlung von ausländischen Adoptionen nach dem Adoptionswirkungsgesetz

Weiterführende Literatur: Botthof, Der Schutz des Familienlebens nach Art. 8 Abs. 1 EMRK und sein Einfluss auf die Anerkennung ausländischer Adoptionsentscheidungen, StAZ 2013, 77; *Braun*, Das gerichtliche Verfahren auf Anerkennung, Umwandlung und Wirkungsfeststellung von ausländischen Adoptionen nach dem Adoptionswirkungsgesetz, ZKJ 2012, 216; *Frank*, Neuregelungen auf dem Gebiet des Internationalen Adoptionsrechts unter besonderer Berücksichtigung der Anerkennung von Auslandsadoptionen, StAZ 2003, 257; *Hoffmann*, Ausländische Adoptionsentscheidungen in der deutschen gerichtlichen Anerkennungspraxis, ZKJ 2006, 542; *Hölzel*, Verfahren nach §§ 2 und 3 AdWirkG – Gerichtliche Feststellung der Anerkennung ausländischer Adoptionen und Umwandlung schwacher Auslandsadoptionen, StAZ 2003, 289; *Ludwig*, Internationales Adoptionsrecht in der notariellen Praxis nach dem Adoptionswirkungsgesetz, RNotZ

---

1 BT-Drucks. 16/6308, 248
2 OLG Düsseldorf FamRZ 2012, 1233; *Maurer*, FamRZ 2013, 90, 94
3 Weitergehend: *Braun*, FamRZ 2011, 81, 82; Prütting/Helms/*Krause*, § 186 FamFG Rn. 1; OLG Hamm ZKJ 2012, 233

2002, 353; *Maurer*, Das Gesetz zur Regelung von Rechtsfragen auf dem Gebiet der internationalen Adoption und zur Weiterentwicklung des Adoptionsvermittlungsrechts, FamRZ 2003, 1337; *Steiger*, Im alten Fahrwasser zu neuen Ufern – Neuregelungen im Recht der internationalen Adoption mit Erläuterungen für die notarielle Praxis, DNotZ 2002, 184; *Weitzel*, Zur Anerkennung ausländischer Adoptionsentscheidungen, IPrax 2007, 308.

Übersicht

Rn.
A. Grundlagen ... 1
B. Die Vorschriften des Adoptionswirkungsgesetzes ... 8
C. Das Anerkennungsverfahren ... 9
I. Der Prüfungsinhalt im Anerkennungsverfahren (insbesondere Ordre-public-Vorbehalt) ... 9
II. Der Anwendungsbereich des Adoptionswirkungsgesetzes ... 19
1. Die Qualifikation des ausländischen Rechtsverhältnisses als „Annahme als Kind" (sachlicher Anwendungsbereich) ... 19
2. Anerkennung nach dem AdWirkG nur für Minderjährigenadoptionen (persönlicher Anwendungsbereich) ... 20
III. Das gerichtliche Verfahren ... 22
1. Verfahrenseinleitung durch Antrag ... 22
2. Die gerichtliche Zuständigkeit ... 25
3. Die Vorlage von entscheidungserheblichen Dokumenten ... 28
4. Die Bestellung eines Verfahrensbeistands ... 31
5. Die Beteiligung der Bundeszentralstelle für Auslandsadoption ... 32
6. Die Anhörungen ... 33
7. Die Entscheidung ... 36
D. Das Umwandlungsverfahren ... 40
I. Der Prüfungsinhalt des Umwandlungsverfahrens ... 40
II. Das gerichtliche Verfahren ... 47
III. Die Entscheidung ... 53
V. Übersichten ... 57a

A. Grundlagen

1 Im Gegensatz zu anderen Kindschaftssachen existieren **im internationalen Adoptionsrecht besondere Vorschriften zur Anerkennung ausländischer Entscheidungen**. Wie § 108 Abs. 2 Satz 3 FamFG ausdrücklich klarstellt, ist das Adoptionswirkungsgesetz (AdWirkG) vorrangig (lex specialis) gegenüber den sonstigen verfahrensrechtlichen Vorgaben zur Anerkennungsmöglichkeit ausländischer Entscheidungen nach § 108 Abs. 2 Satz 1, 2 und Abs. 3 FamFG.

2 Zusätzlich zur Anerkennungsmöglichkeit ausländischer Adoptionen beinhaltet das Adoptionswirkungsgesetz noch **zwei weitere Verfahrensgegenstände**: einerseits die **gerichtliche Feststellung über die Wirkungen des ausländischen Adoptionsverhältnisses** (§ 2 Abs. 2 AdWirkG) und andererseits die **Umwandlung der ausländischen Adoption** (§ 3 AdWirkG).

3 Die Verfahrensregeln im Adoptionswirkungsgesetz stehen im engen **Zusammenhang zum** *„Übereinkommen vom 29. Mai 1993 über den Schutz von Kindern und die Zusammenarbeit auf dem Gebiet der internationalen Adoption"* (im Folgenden: **Haager Adoptionsübereinkommen oder HAÜ**), welches in der Bundesrepublik Deutschland am 1.3.2002 in Kraft getreten ist. Nach § 97 Abs. 1 FamFG sind die in Art. 23 ff. HAÜ niedergelegten Anerkennungs- und Umwandlungsvoraussetzungen gegenüber dem autonomen Recht in §§ 108 Abs. 1, 109 Abs. 1 FamFG vorrangig. Dies setzt jedoch voraus, dass der sachliche Anwendungsbereich des Art. 2 Abs. 1 HAÜ eröffnet ist („grenzüberschreitende Adoption" zwischen Vertragsstaaten), dass es sich bei der ausländischen Adoption

um eine Minderjährigenadoption (vor Vollendung des 18. Lebensjahres) handelte (Art. 3 HAÜ) und dass die zentrale Behörde des Vertragsstaates, in dem die Adoption durchgeführt worden ist, das Zustandekommen nach dem Übereinkommen nach Art. 23 Abs. 1 HAÜ bescheinigt hat (sog. „Konformitätsbescheinigung"). Ist nur eine dieser Voraussetzungen nicht erfüllt, so ist die ausländische Adoption ausschließlich an den Maßstäben in § 109 Abs. 1 FamFG zu messen.[4]

Sowohl nach dem Haager Adoptionsübereinkommen (Art. 23 Abs. 1 HAÜ) als auch nach 4
dem autonomen Recht (§ 108 Abs. 1 FamFG) gilt der **Grundsatz der „Anerkennung kraft Gesetzes"**: das ausländische Adoptionsverhältnis gilt auch im Inland, ohne dass dies erst positiv durch gerichtliche Entscheidung festgestellt werden müsste.[5] Die Durchführung des Anerkennungsverfahrens nach § 2 Abs. 1 AdWirkG ist daher (im Gegensatz zur Anerkennung ausländischer Scheidungen nach § 107 FamFG) nicht zwingend **(fakultatives Verfahren)**.[6] Eine Anerkennung ist nur dann zu versagen, wenn einer der Fälle von § 109 Abs. 1 FamFG oder von Art. 24 HAÜ vorliegt. Trotz dieses gesetzlichen Regel-Ausnahme-Verhältnisses sah der Gesetzgeber schon 2002 ein Bedürfnis zur Regelung einer Möglichkeit, die Anerkennung einer ausländischen Adoption positiv durch ein Gericht feststellen zu lassen.[7] Das Anerkennungsverfahren hat zum Ziel, Rechtssicherheit herzustellen und führt zu einer **Bindungswirkung inter omnes** (für und gegen jeden) (§ 4 Abs. 2 AdWirkG): nach erfolgter Anerkennung kann keine inländische Behörde und kein inländisches Gericht das Bestehen und die Anerkennungsfähigkeit der ausländischen Adoption mehr anzweifeln.[8] Es entsteht aber durch die Anerkennungsentscheidung kein neues Rechtsverhältnis (**deklaratorische Entscheidung**). Die Anerkennung führt nicht zu einer Anpassung der Wirkungen der ausländischen Adoption an die Wirkungen einer deutschen Adoption gemäß §§ 1754 ff. BGB. Das international-privatrechtliche Adoptionsstatut bleibt auch nach einer Anerkennungsentscheidung unverändert.[9]

§ 2 Abs. 1 AdWirkG sieht auch die Möglichkeit vor, die **Wirksamkeit eines ausländischen Adoptionsvertrags** gerichtlich feststellen zu lassen. Hier wird nicht die Anerkennungsfähigkeit nach § 109 Abs. 1 FamFG überprüft, sondern die Wirksamkeit des ausländischen Rechtsverhältnisses nach den in Art. 22, 23 EGBGB enthaltenen international-privatrechtlichen Voraussetzungen beurteilt.[10] Die Wirksamkeitsfeststellung eines ausländischen Adoptionsvertrags ist jedoch heutzutage **kaum noch praxisrelevant**, da die meisten Rechtsordnungen der Welt mittlerweile Dekretadoptionen vorsehen.[11] 5

Da die Wirkungen in den unterschiedlichen Rechtsordnungen der Welt äußerst unterschiedlich sind, gibt § 2 Abs. 2 AdWirkG vor, dass jede Anerkennungsentscheidung mit einer **Wirkungsfeststellung** verbunden werden muss. Damit sollen international-privatrechtliche Substitutionsprobleme gelöst werden. Durch die Feststellung nach § 2 Abs. 2 Nr. 1 AdWirkG (sog. starke Wirkungen) oder die Feststellung nach § 2 Abs. 2 Nr. 2 AdWirkG (sog. schwache Wirkungen) wissen nachfolgende inländische Behörden oder Gerichte, ob und in welchem Umfang die ausländische Adoption funktional gleichwertig mit einer deutschen Adoption ist. Insbesondere im Erbrecht kann dies von Bedeutung sein. 6

4 So die h.M., a.A. OLG Schleswig FamRZ 2014, 498
5 Im Gegensatz zur Anerkennung von ausländischen Scheidungen (§ 107 FamFG)
6 *Frank*, StAZ 2003, 257, 26
7 Mittlerweile besteht diese Möglichkeit auch für alle sonstigen Familiensachen nach § 108 Abs. 2, 3 FamFG.
8 BGH, Beschl. v. 17.6.2015 – XII ZB 730/12, FamRZ
9 Ausführlich: *Ludwig*, RNotZ 2002, 353; *Steiger*, DNotZ 2002, 184, 200
10 Ausführlich: Staudinger/*Henrich*, Art. 22 Rn. 98
11 Reine Adoptionsverträge sieht z.B. noch das indische Hindu-Recht oder das Adoptionsrecht von Bangladesh vor.

Es ist jedoch zu betonen, dass **lediglich die Gleichwertigkeit** ausgesprochen wird **und nicht die Gleichartigkeit** der ausländischen Adoption.[12]

7 In einigen Fällen können die Annehmenden nun das Interesse haben, die Wirkungen der ausländischen Adoption tatsächlich den Wirkungen einer deutschen Adoption anzupassen. Insbesondere wenn die Adoptivkinder als Folge der ausländischen Adoption weiterhin Rechte und Pflichten gegenüber ihrer bisherigen Familie behalten (schwache Adoptionen),[13] kann durch ein **Umwandlungsverfahren nach § 3 AdWirkG** erreicht werden, dass die ausländische Adoption in eine Volladoption nach deutschen Vorstellungen umgewandelt wird. Die Umwandlungsentscheidung hat damit (im Gegensatz zur Anerkennungsentscheidung) **rechtsgestaltende Wirkung** und führt zu dem gleichen Ergebnis, wie wenn eine Wiederholungsadoption im Inland durchgeführt worden wäre.

B. Die Vorschriften des Adoptionswirkungsgesetzes[14]

8 **§ 1 Anwendungsbereich**

[1]Die Vorschriften dieses Gesetzes gelten für eine Annahme als Kind, die auf einer ausländischen Entscheidung oder auf ausländischen Sachvorschriften beruht. [2]Sie gelten nicht, wenn der Angenommene zur Zeit der Annahme das 18. Lebensjahr vollendet hatte.

§ 2 Anerkennungs- und Wirkungsfeststellung

(1) Auf Antrag stellt das Familiengericht fest, ob eine Annahme als Kind im Sinne des § 1 anzuerkennen oder wirksam und ob das Eltern-Kind-Verhältnis des Kindes zu seinen bisherigen Eltern durch die Annahme erloschen ist.

(2) [1]Im Falle einer anzuerkennenden oder wirksamen Annahme ist zusätzlich festzustellen,

1. **wenn das in Absatz 1 genannte Eltern-Kind-Verhältnis erloschen ist, dass das Annahmeverhältnis einem nach den deutschen Sachvorschriften begründeten Annahmeverhältnis gleichsteht,**
2. **andernfalls, dass das Annahmeverhältnis in Ansehung der elterlichen Sorge und der Unterhaltspflicht des Annehmenden einem nach den deutschen Sachvorschriften begründeten Annahmeverhältnis gleichsteht.**
3. **[2]Von der Feststellung nach Satz 1 kann abgesehen werden, wenn gleichzeitig ein Umwandlungsausspruch nach § 3 ergeht.**

(3) [1]Spricht ein deutsches Familiengericht auf der Grundlage ausländischer Sachvorschriften die Annahme aus, so hat es die in den Absätzen 1 und 2 vorgesehenen Feststellungen von Amts wegen zu treffen. [2]Eine Feststellung über Anerkennung oder Wirksamkeit der Annahme ergeht nicht.

§ 3 Umwandlungsausspruch

(1) [1]In den Fällen des § 2 Abs. 2 Satz 1 Nr. 2 kann das Familiengericht auf Antrag aussprechen, dass das Kind die Rechtsstellung eines nach den deutschen Sachvorschriften angenommenen Kindes erhält, wenn

1. **dies dem Wohl des Kindes dient,**
2. **die erforderlichen Zustimmungen zu einer Annahme mit einer das Eltern-Kind-Verhältnis beendenden Wirkung erteilt sind und**

---

12 *Frank*, StAZ 2003, 257, 261
13 So z.B. nach dem thailändischen oder äthiopischen Recht
14 Gesetz über Wirkungen der Annahme als Kind nach ausländischem Recht (Adoptionswirkungsgesetz – AdWirkG) vom November 2001 (BGBl. I S. 2950, 2953), zuletzt geändert durch das Gesetz vom 20. November 2015 (BGBl. I S. 2010)

3. überwiegende Interessen des Ehegatten, des Lebenspartners oder der Kinder des Annehmenden oder des Angenommenen nicht entgegenstehen.

[2]Auf die Erforderlichkeit und die Erteilung der in Satz 1 Nr. 2 genannten Zustimmungen finden die für die Zustimmungen zu der Annahme maßgebenden Vorschriften sowie Artikel 6 des Einführungsgesetzes zum Bürgerlichen Gesetzbuche entsprechende Anwendung. [3]Auf die Zustimmung des Kindes ist zusätzlich § 1746 Abs. 1 Satz 1 bis 3, Abs. 2 und 3 des Bürgerlichen Gesetzbuchs anzuwenden. [4]Hat der Angenommene zur Zeit des Beschlusses nach Satz 1 das 18. Lebensjahr vollendet, so entfällt die Voraussetzung nach Satz 1 Nr. 1.

(2) Absatz 1 gilt in den Fällen des § 2 Abs. 2 Satz 1 Nr. 1 entsprechend, wenn die Wirkungen der Annahme von den nach den deutschen Sachvorschriften vorgesehenen Wirkungen abweichen.

§ 4 Antragstellung; Reichweite der Entscheidungswirkungen

(1) [1]Antragsbefugt sind

1. für eine Feststellung nach § 2 Abs. 1
   a) der Annehmende, im Fall der Annahme durch Ehegatten jeder von ihnen,
   b) das Kind,
   c) ein bisheriger Elternteil oder
   d) das Standesamt, das nach § 27 Abs. 1 des Personenstandsgesetzes für die Fortführung der Beurkundung der Geburt des Kindes im Geburtenregister oder nach § 36 des Personenstandsgesetzes für die Beurkundung der Geburt des Kindes zuständig ist;

2. für einen Ausspruch nach § 3 Abs. 1 oder Abs. 2 der Annehmende, annehmende Ehegatten nur gemeinschaftlich.

[2]Von der Antragsbefugnis nach Satz 1 Nr. 1 Buchstabe d ist nur in Zweifelsfällen Gebrauch zu machen. [3]Für den Antrag nach Satz 1 Nr. 2 gelten § 1752 Abs. 2 und § 1753 des Bürgerlichen Gesetzbuchs.

(2) [1]Eine Feststellung nach § 2 sowie ein Ausspruch nach § 3 wirken für und gegen alle. [2]Die Feststellung nach § 2 wirkt jedoch nicht gegenüber den bisherigen Eltern. [3]In dem Beschluss nach § 2 ist dessen Wirkung auch gegenüber einem bisherigen Elternteil auszusprechen, sofern dieser das Verfahren eingeleitet hat oder auf Antrag eines nach Absatz 1 Satz 1 Nr. 1 Buchstabe a bis c Antragsbefugten beteiligt wurde. [4]Die Beteiligung eines bisherigen Elternteils und der erweiterte Wirkungsausspruch nach Satz 3 können in einem gesonderten Verfahren beantragt werden.

§ 5 Zuständigkeit und Verfahren

(1) [1]Über Anträge nach den §§ 2 und 3 entscheidet das Familiengericht, in dessen Bezirk ein Oberlandesgericht seinen Sitz hat, für den Bezirk dieses Oberlandesgerichts; für den Bezirk des Kammergerichts entscheidet das Amtsgericht Schöneberg. [2]Für die internationale und die örtliche Zuständigkeit gelten die §§ 101 und 187 Abs. 1, 2 und 4 des Gesetzes über das Verfahren in Familiensachen und in den Angelegenheiten der freiwilligen Gerichtsbarkeit entsprechend.

(2) [1]Die Landesregierungen werden ermächtigt, die Zuständigkeit nach Absatz 1 Satz 1 durch Rechtsverordnung einem anderen Familiengericht des Oberlandesgerichtsbezirks oder, wenn in einem Land mehrere Oberlandesgerichte errichtet sind, einem Familiengericht für die Bezirke aller oder mehrerer Oberlandesgerichte zuzuweisen. [2]Sie können die Ermächtigung auf die Landesjustizverwaltungen übertragen.

(3) [1]Das Familiengericht entscheidet im Verfahren der freiwilligen Gerichtsbarkeit. [2]Die §§ 159 und 160 Absatz 1 Satz 1, Absatz 2 bis 4 des Gesetzes über das Verfahren in Familiensa-

chen und in den Angelegenheiten der freiwilligen Gerichtsbarkeit sind entsprechend anzuwenden. [3]Im Verfahren nach § 2 wird ein bisheriger Elternteil nur nach Maßgabe des § 4 Abs. 2 Satz 3 und 4 angehört. [4]Im Verfahren nach § 2 ist das Bundesamt für Justiz als Bundeszentralstelle für Auslandsadoption, im Verfahren nach § 3 sind das Jugendamt und die zentrale Adoptionsstelle des Landesjugendamtes zu beteiligen.

(4) [1]Auf die Feststellung der Anerkennung oder Wirksamkeit einer Annahme als Kind oder des durch diese bewirkten Erlöschens des Eltern-Kind-Verhältnisses des Kindes zu seinen bisherigen Eltern, auf eine Feststellung nach § 2 Abs. 2 Satz 1 sowie auf einen Ausspruch nach § 3 Abs. 1 oder 2 oder nach § 4 Abs. 2 Satz 3 findet § 197 Abs. 2 und 3 des Gesetzes über das Verfahren in Familiensachen und in den Angelegenheiten der freiwilligen Gerichtsbarkeit entsprechende Anwendung. [2]Im Übrigen unterliegen Beschlüsse nach diesem Gesetz der Beschwerde; sie werden mit ihrer Rechtskraft wirksam. [3]§ 4 Abs. 2 Satz 2 bleibt unberührt.

C. Das Anerkennungsverfahren

I. Der Prüfungsinhalt im Anerkennungsverfahren (insbesondere Ordre-public-Vorbehalt)

9 Inhalt des Anerkennungsverfahrens nach § 2 Abs. 1 AdWirkG ist die Prüfung, **ob die ausländische Adoption im Inland Geltung beanspruchen kann**. Maßgeblich geht es dabei um die Überprüfung der Anerkennungsfähigkeit nach § 109 Abs. 1 FamFG bzw. (bei Konventionsadoptionen) nach Art. 24 HAÜ.

10 Die entsprechenden Vorschriften finden sich in § 109 FamFG sowie in Art. 24 HAÜ. Letzterer lautet wie folgt:

Art. 24 HAÜ

Die Anerkennung einer Adoption kann in einem Vertragsstaat nur versagt werden, wenn die Adoption seiner öffentlichen Ordnung offensichtlich widerspricht, wobei das Wohl des Kindes zu berücksichtigen ist.

Innerhalb der Anerkennungsversagungsgründe in § 109 Abs. 1 Nr. 1 bis 4 FamFG spielt ausschließlich der **Verstoß gegen den inländischen ordre public eine praktische Rolle**. Da auch Art. 24 HAÜ dies als (einzigen) Anerkennungsversagungsgrund vorsieht, ist der Prüfungsinhalt sowohl bei Nichtkonventionsadoptionen als auch bei Konventionsadoptionen **inhaltlich gleichlaufend**.

11 Der **Ordre-public-Vorbehalt in § 109 Abs. 1 Nr. 4 FamFG bzw. in Art. 24 HAÜ** besagt, dass eine Anerkennung einer ausländischen Entscheidung ausgeschlossen ist, wenn das Ergebnis der Anerkennung zu einer **offensichtlichen Unvereinbarkeit mit den wesentlichen Grundsätzen des deutschen Rechts und insbesondere mit den Grundrechten** führen würde. Nach einer immer wieder zitierten Formel des Bundesgerichtshofs ist dies immer dann zu bejahen, wenn der **Kernbestand der inländischen Rechtsordnung angetastet** wird beziehungsweise das Ergebnis der Anerkennung zu den Grundgedanken des deutschen Rechts und den darin enthaltenen Gerechtigkeitsvorstellungen in **so starkem Widerspruch** steht, dass eine Anerkennung **schlechthin untragbar** erscheint.[15] Im Ergebnis ist daher sowohl das autonome deutsche Recht als auch das Konventionsrecht des HAÜ **äußerst anerkennungsfreundlich**.[16]

---

15 Z.B. BGH NJW 1998, 2358

16 *Hoffmann*, ZKJ 2006, 542

Im Bereich des internationalen Adoptionsrechts hat sich bzgl. möglicher Ordre-public-Verstöße eine **umfassende Kasuistik** ausgebildet, welche im Folgenden zusammenfassend dargestellt werden soll: 12

- Die Mehrzahl der veröffentlichten Gerichtsentscheidungen beschäftigt sich mit der Frage, ob im ausländischen Verfahren in ausreichendem Maße eine **Überprüfung der Elterneignung der Annehmenden** stattgefunden hat.[17] Ab welcher Grenze dies zu einer Ablehnung der Anerkennung führen soll, wird jedoch unterschiedlich beurteilt.[18] Eindeutig zu versagen ist die Anerkennung, wenn überhaupt keine Elterneignungsprüfung durchgeführt worden ist oder die Annehmenden lediglich nach rein formalen Kriterien (wie z.B. ihren finanziellen Verhältnissen) beurteilt worden sind. In beiden Fällen ist das Kind in eine Familie gekommen, in der völlig ungewiss war, ob es dort auch gut und sicher aufgehoben ist. Dies verstößt gegen die Grund- und Menschenrechte des Kindes. 13
- Eine weitere Fallgruppe von Gerichtsentscheidungen beschäftigt sich mit der Frage, ob die **fehlende oder ungenügende Prüfung eines Adoptionsbedürfnisses** im ausländischen Verfahren zu einer Versagung der Anerkennung führen kann. Meistens geht es dabei um Fälle, in denen das Kind von in Deutschland lebenden Verwandten oder Bekannten im Heimatstaat des Kindes adoptiert worden ist. Nach der wohl h.M. ist die Anerkennung zu versagen, wenn die Alternative des Verbleibens des Kindes in der bisherigen Familie vorhanden und für das Kind zumutbar war.[19] Eine Adoption dürfe nicht allein aus dem Zweck heraus geschehen, um ein Leben im wirtschaftlich besser gestellten Ausland zu ermöglichen. Insbesondere bei einer Adoption ins Ausland sei die „biologische und kulturelle Verwurzelung" des Kindes zu beachten.[20] Zusätzlich wird dann noch auf die Subsidiarität der Auslandsadoption abgestellt. Es solle grundsätzlich zunächst geprüft werden, ob das Kind in seinem Herkunftsstaat weiter versorgt und adoptiert werden kann, bevor es ins Ausland vermittelt wird.[21] Diesen Grundsatz findet man u.a. auch in Art. 21 lit. b der UN-Kinderrechtskonvention. Die Versagung der Anerkennung allein wegen nicht erkennbarer Prüfung eines Adoptionsbedürfnisses ist jedoch im Ergebnis abzulehnen. Denn die Prüfung dieser Frage ist ausschließlich die Aufgabe des erkennenden ausländischen Gerichts. Überprüft das deutsche Familiengericht dies im Anerkennungsverfahren, so verstößt dies gegen das Verbot der *révision au fond* in § 109 Abs. 5 FamFG. Auch in einem deutschen Adoptionsverfahren kommt es nicht darauf an, ob die Adoption tatsächlich erforderlich ist. Vielmehr gilt der Maßstab die Kindeswohldienlichkeit (§ 1741 Abs. 1 Satz 1 BGB), so dass eine Adoption auch dann möglich ist, wenn es durchaus noch die Alternative gäbe, dass das Kind in seiner Herkunftsfamilie verbleibt. Bei der Bewertung der ausländischen Adoption dürfen aber keine höheren Maßstäbe angesetzt werden als bei einer deutschen Adoption. 14
- Es finden sich auch zahlreiche Entscheidungen, welche sich mit **adoptionsfernen Motiven** für die Adoption auseinandersetzen. Stellt sich im Anerkennungsverfahren heraus, dass die ausländische Adoption ausschließlich zur Ermöglichung einer Einreise nach Deutschland, zur Erlangung der deutschen Staatsangehörigkeit oder aus wirt- 15

17 OLG Celle FamRZ 2008, 1109; OLG Frankfurt ZKJ 2009, 376; KG FamRZ 2012, 1234; OLG Hamm FamRZ 2011, 310

18 Sehr streng trotz ausführlicher Kindeswohlprüfung im ausländischen Verfahren: OLG Karlsruhe StAZ 2011, 210

19 Statt vieler: OLG Karlsruhe StAZ 2011, 210

20 OLG Düsseldorf FamRZ 2011, 1522

21 OLG München, Beschl. v. 5.12.2011 – 31 Wx 83/11, juris; LG Frankfurt/a.M., Beschl. v. 13.1.2010 – 2/9 T 606/08, juris; LG Düsseldorf, Beschl. v. 30.10.2007 – 25 T 1193/06, juris

schaftlichen Motiven durchgeführt worden ist, so sei die Anerkennung wegen Verstoßes gegen den *ordre public* zu versagen.[22] Auch diese Argumentation ist im Hinblick auf das Verbot der *révision au fond* in § 109 Abs. 5 FamFG kritisch zu bewerten. Es ist nicht Aufgabe des deutschen Anerkennungsgerichts, einen inneren Bewertungsvorgang des ausländischen Gerichts (ob trotz dieser adoptionsfremden Motive die Adoption dennoch dem Kindeswohl dient) im Nachhinein zu bewerten und zu revidieren.

16 • Weitere Gerichtsentscheidungen thematisieren die **Frage des rechtlichen Gehörs nach Art. 103 Abs. 1 GG**. Richtigerweise ist die Anerkennung einer ausländischen Adoptionsentscheidung zu versagen, wenn materiell-rechtlich betroffenen Personen im ausländischen Verfahren keine Möglichkeit zur Äußerung gegeben worden ist. Insbesondere der **fehlenden Beteiligung der bisherigen Eltern** im ausländischen Verfahren kommt hierbei ein hoher Stellenwert zu.[23] Wegen des Eingriffs in ihr Elternrecht nach Art. 6 Abs. 2 Satz 1 GG müssen sie in einem Adoptionsverfahren zwingend gehört werden.[24] Nur in eng umgrenzten Fällen kann hierauf verzichtet werden, insbesondere wenn ihr Aufenthaltsort trotz entsprechender Ermittlungen unbekannt bleibt (vgl. § 1747 Abs. 4 BGB). Nicht ausreichend ist nach deutschen Vorstellungen hingegen der Verzicht auf eine Einwilligung der bisherigen Eltern im Adoptionsverfahren, weil den bisherigen Eltern vorher das Sorgerecht oder vergleichbare Erziehungsrechte entzogen worden sind.[25] Denn das Sorgerecht kann jederzeit wieder zurück übertragen werden, während eine Adoption praktisch unumkehrbar ist. Ebenso beachtlich ist **die fehlende Anhörung bzw. Beteiligung eines schon älteren Kindes** im ausländischen Verfahren.[26] Ein Verstoß gegen den anerkennungsrechtlichen *ordre public* kommt immer dann in Betracht, wenn das Kind im Zeitpunkt der ausländischen Adoption schon die entsprechende Verstandesreife gehabt hat und dessen Wünsche und Interessen nicht beachtet worden sind.

17 • Ausdrücklich keine Verstöße gegen den *ordre public* stellen die Fälle dar, in denen im Ausland eine Adoption ausgesprochen worden ist, welche in Deutschland aus formalen Gründen nicht erlaubt wäre (z.B. die Adoption durch eine verheiratete Einzelperson, § 1741 Abs. 2 Satz 2 BGB) oder welche schwächere Wirkungen als eine deutsche Adoption nach §§ 1754 ff. BGB hat.[27]

18 Kommt ein Verstoß gegen den anerkennungsrechtlichen *ordre public* in Betracht, so stellt sich in der Folge die Frage, ob die Anerkennung dennoch auszusprechen ist, weil **mittlerweile (also im Zeitpunkt der Anerkennungsentscheidung) eine schützenswerte Eltern-Kind-Beziehung entstanden ist.**[28] Hierauf stellt der Europäische Gerichtshof für Menschenrechte unter Verweis auf Art. 8 Abs. 1 EMRK in mehreren Entscheidungen ab.[29] Einige deutsche obergerichtliche Entscheidungen führen sogar eine erneute Kindeswohlprüfung durch, um eine ungenügende Elterneignungsprüfung im Ausland im Rahmen der Anerkennung nachzuholen und damit die Adoption im Nachhinein zu „retten".[30] Diese Vorgehensweise verstößt jedoch gegen den Sinn und Zweck des Anerkennungsverfahrens. Denn dieses soll nach dem Willen des Gesetzgebers gerade keine Wiederholungs-

22 Z.B.: OLG Köln FamRZ 2010, 49; OLG Hamm, Beschl. v. 28.9.2010 – 15 Wx 69/10, juris; OLG Celle FamRZ 2008, 1109; OLG Schleswig, Beschl. v. 24.6.2009 – 2 W 38/09, juris
23 Ausführlich: Staudinger/*Henrich,* Art. 22 EGBGB Rn. 91
24 OLG Düsseldorf FamRZ 2012, 1229
25 Diese Möglichkeit des Verzichts auf eine Beteiligung im Adoptionsverfahren sehen v.a. osteuropäische Rechtsordnungen vor.
26 LG Dresden, Beschl. v. 9.8.2006 – 2 T 188/06, juris; Staudinger/*Henrich*, Art 22 EGBGB Rn. 90
27 Staudinger/*Frank,* Art. 22 EGBGB Rn. 96 f.; zu weiteren Fällen: *Hoffmann*, ZKJ 2006, 542
28 So schon: BayObLG FamRZ 2001, 1641; ausführlich: *Botthof*, StAZ 2013, 77
29 EGHMR FamRZ 2007, 1529; EGHMR NJW 2013, 2171
30 OLG Hamm, Beschl. v. 28.9.2010 – 15 Wx 69/10, juris

adoption, sondern eine kursorische Überprüfung der schon stattgefundenen ausländischen Adoption sein. Anderenfalls könnten sich tatsächlich ungeeignete adoptionswillige Personen ohne Risiko im Ausland ein Kind mittels Adoption besorgen und später darauf hoffen, dass sich das Verhältnis zum Kind schon irgendwie positiv entwickeln wird. Sämtliche Schutzvorschriften für das Kind im Haager Adoptionsübereinkommen und im deutschen Recht könnten damit umgangen werden.[31]

II. Der Anwendungsbereich des Adoptionswirkungsgesetzes

1. Die Qualifikation des ausländischen Rechtsverhältnisses als „Annahme als Kind" (sachlicher Anwendungsbereich)

Eine Anerkennung nach dem AdWirkG ist nur dann möglich, wenn es sich bei dem ausländischen Rechtsverhältnis um eine „Annahme als Kind" i.S.v. § 1 Satz 1 AdWirkG handelt (**sachlicher Anwendungsbereich**). Bei der **Qualifikation ist ein internationaler Maßstab anzusetzen.**[32] Das ausländische Rechtsverhältnis muss in seinen Wirkungen nicht exakt die gleichen Wirkungen wie eine deutsche Adoption gemäß §§ 1754 ff. BGB haben. Damit sind auch sog. „schwache Adoptionen" grundsätzlich nach § 2 Abs. 1 AdWirkG anerkennungsfähig. Um das Adoptionsverhältnis von bloßen Vormundschaften und Pflegschaften abzugrenzen, ist für die Qualifikation entscheidend, ob sich durch das ausländische Rechtsverhältnis eine **Statusveränderung** für das Kind ergeben hat. Nur wenn das Kind durch die ausländische Entscheidung der Familie der Annehmenden zugeordnet worden ist, kann man von einer Annahme als Kind i.S.d. § 1 Satz 1 AdWirkG sprechen. Bleibt die vorherige Verwandtschaft jedoch unverändert und führt die ausländische Entscheidung lediglich zur Übertragung einzelner Rechte (insbesondere Sorge- oder Umgangsrecht), dann ist das ausländische Rechtsverhältnis eher als Vormundschaft oder Pflegschaft zu qualifizieren.[33] Deren Anerkennung richtet sich nicht nach § 2 Abs. 1 AdWirkG, sondern nach den Verfahrensvorschriften in § 108 Abs. 2 und 3 FamFG. 19

2. Anerkennung nach dem AdWirkG nur für Minderjährigenadoptionen (persönlicher Anwendungsbereich)

Die Vorgaben des Adoptionswirkungsgesetzes finden nur dann Anwendung, wenn **das Kind im Zeitpunkt der ausländischen Adoption noch nicht das 18. Lebensjahr vollendet hatte** (§ 1 Satz 2 AdWirkG – **persönlicher Anwendungsbereich**). Keine Rolle spielt es indes, wann der Antrag auf Anerkennung gestellt wird. Im Zeitpunkt der Antragstellung kann das Kind auch schon lange volljährig sein. 20

Auch ausländische Volljährigenadoptionen können durch familiengerichtliche Entscheidung anerkannt werden. Dies folgt dann aber dem Anerkennungsregime in § 108 Abs. 2 Satz 1, 2 und Abs. 3 FamFG. 21

III. Das gerichtliche Verfahren

1. Verfahrenseinleitung durch Antrag

Anerkennungsverfahren nach § 2 Abs. 1 AdWirkG sind **Antragsverfahren** („Auf Antrag ..."). Von Amts wegen darf über die Anerkennung ausländischer Adoptionen nicht entschieden werden.[34] **Antragsbefugt** sind neben dem Annehmenden (bei mehreren Annehmenden auch jeder allein) und dem Kind auch die bisherigen (meistens leiblichen) Eltern des Kindes und das Geburtsstandesamt (§ 4 Abs. 1 Satz 1 a) bis d) AdWirkG). Die Antragsbefugnis des zuständigen Standesamts besteht jedoch nur „in Zweifelsfällen" (§ 4 22

---

31 Ausführlich: *Weitzel*, IPrax 2007, 308, 310 ff.
32 So auch: *Maurer*, FamRZ 2003, 1337, 1338
33 Z.B. OLG Köln StAZ 2013, 339 zum iranischen Rechtsverhältnis „sarparasti"
34 MüKo-BGB/*Maurer*, § 4 AdWirkG Rn. 2

Abs. 1 Satz 2 AdWirkG). Die Behörde muss also maßgebliche Zweifel an der Anerkennungsfähigkeit geltend machen. Kann sie dies nicht, so ist der Antrag als unzulässig zu verwerfen.

23 Der Antrag kann **formlos** gestellt und bis zum Erlass der Entscheidung **zurückgenommen werden**.

24 Bei der Antragstellung muss **nicht zwingend auch die Wirkungsfeststellung nach § 2 Abs. 2 AdWirkG mit beantragt** werden. Diese Feststellung muss das Gericht von Amts wegen zusätzlich zur Anerkennungsentscheidung treffen (vgl. § 2 Abs. 1 Hs. 2 AdWirkG).

2. Die gerichtliche Zuständigkeit

25 Nach § 5 Abs. 1 AdWirkG ist für die Entscheidung über die Anerkennung das Familiengericht am Sitz des jeweiligen Oberlandesgerichts örtlich zuständig (sog. **Konzentrationsgericht**). Von der aus § 5 Abs. 2 AdWirkG folgenden Befugnis, durch Rechtsverordnung andere Familiengerichte mit dieser Aufgabe zu betrauen, hat – soweit ersichtlich – bislang kein Bundesland Gebrauch gemacht.

26 Anknüpfungspunkt für die örtliche Zuständigkeit ist der **gewöhnliche Aufenthalt** der Annehmenden (§ 5 Abs. 1 Satz 2 AdWirkG i.V.m. § 187 Abs. 1 FamFG) und subsidiär der gewöhnliche Aufenthalt des Kindes (§ 187 Abs. 2 FamFG). Haben weder die Annehmenden noch das Kind ihren gewöhnlichen Aufenthalt in Deutschland, so entscheidet das Amtsgericht Schöneberg in Berlin, welches das Verfahren wiederum „aus wichtigem Grund“ an ein anderes Konzentrationsgericht verweisen kann (§ 5 Abs. 1 Satz 2 AdWirkG i.V.m. § 187 Abs. 5 Satz 1 und Satz 2 AdWirkG; siehe hierzu *Braun*, § 187 Rn. 22 und 23).

▶ *Näher zum Begriff des gewöhnlichen Aufenthalts siehe Braun, § 187 FamFG Rn. 6 f., und Keuter, § 152 FamFG Rn. 22.*

27 Die internationale Zuständigkeit richtet sich wiederum nach § 5 Abs. 1 Satz 2 AdWirkG i.V.m. § 101 FamFG. Anknüpfungspunkte sind hierbei die deutsche Staatsangehörigkeit oder der gewöhnliche Aufenthalt (der Annehmenden oder des Kindes) in Deutschland.

3. Die Vorlage von entscheidungserheblichen Dokumenten

28 Prüfungsinhalt des Anerkennungsverfahrens ist die Anerkennungsfähigkeit einer ausländischen Adoptionsentscheidung. Es muss daher zunächst überprüft werden, ob überhaupt eine wirksame Entscheidung im Ausland ergangen ist und sodann betrachtet werden, ob diese Entscheidung von ihrem Verfahren und Inhalt her in Deutschland anerkennungsfähig ist.

29 Grundlage für diese Prüfung ist die **Vorlage entsprechender ausländischer Dokumente**. Die Aussagekraft der entsprechenden Unterlagen ist jedoch stark von den Vorgaben der entsprechenden Rechtsordnung abhängig. Während sich aus manchen ausländischen Entscheidungen schon aus dem Wortlaut der Entscheidung die wesentlichen Informationen für die Anerkennungsentscheidung ergeben, müssen in anderen Rechtsordnungen weitere Unterlagen angefordert werden. Ebenso ist die Beweiskraft von ausländischen Personenstandsurkunden äußerst unterschiedlich. Die folgende Liste kann daher nur einen (nicht vollständigen) Überblick über mögliche Unterlagen geben.[35]

- In jedem Fall anzufordern ist die **ausländische Entscheidung**, durch die die ausländische Adoption begründet worden ist.[36]

35 Ähnlich: MüKo-BGB/*Maurer*, § 5 AdWirkG Rn. 9
36 Hierzu: OLG Celle, Beschl. v. 10.5.2011 – 17 UF 148/10, juris

- Die **ausländische Geburtsurkunde des Kindes** nach der Adoption zeigt in der Regel die rechtliche Neuzuordnung des Kindes zu den Annehmenden und unterstützt daher die Feststellung, ob im Ausland eine Statusänderung infolge einer Adoption stattgefunden hat. In manchen Rechtsordnungen werden auch gesonderte Adoptionsurkunden erstellt[37] oder Registrierungen in besonderen Adoptionsregistern vorgenommen.[38]
- Handelte es sich bei der ausländischen Adoption um eine nach dem Haager Adoptionsübereinkommen vermittelte Adoption, so ist ebenso die **Konformitätsbescheinigung nach Art. 23 Abs. 1 Satz 1 HAÜ** vorzulegen.
- Ergeben sich aus der ausländischen Entscheidung keine maßgeblichen Informationen zum Ablauf des ausländischen Verfahrens, so lohnt sich die Anforderung von **ausländischen Sozialberichten oder Gerichtsprotokollen**. Auch die den Annehmenden unterbreiteten ausländischen Kindervorschläge können weitere Informationen zur Herkunft und zur Existenz leiblicher Eltern bieten.
- Ergibt sich dies nicht aus den weiteren Unterlagen, so müssen ggf. **gesonderte Einwilligungserklärungen der vormaligen Eltern** aus dem ausländischen Verfahren angefordert werden. Häufig kann nur so festgestellt werden, ob den vormaligen Eltern rechtliches Gehör nach Art. 103 Abs. 1 GG gewährt worden ist (vgl. oben Rn. 16).
- Je nach Rechtsordnung können noch weitere Unterlagen verlangt werden. Zu nennen sind hierbei etwa Ermittlungsberichte der örtlichen Polizei, wenn vorgebracht wird, dass das Kind ein ausgesetztes Kind ist, oder vorangegangene Vereinbarungen über die Adoption eines Kindes.

In einigen Fällen ist die **Überprüfung der Echtheit der vorgelegten Dokumente** problematisch. Ausgangspunkt für diese Prüfung sind die Kriterien in § 438 ZPO, wonach das Gericht nach den Umständen des Falles zu entscheiden hat. Keine Probleme ergeben sich, wenn das Dokument aus einem Staat kommt, welches eine Haager Apostille erstellen darf oder in dem eine sog. Legalisation nach § 13 KonsG (vgl. § 438 Abs. 2 ZPO) möglich ist. In einigen Staaten ist die Urkundenlage jedoch so unzuverlässig, dass die Echtheit von Dokumenten nur durch eine Urkundenüberprüfung (meistens durch einen Vertrauensanwalt der deutschen Botschaft) feststellbar ist. Ergibt sich die Echtheit aber aus den sonstigen Gesamtumständen (vgl. § 438 Abs. 1 ZPO), so stellt die Nichtdurchführung des sehr zeitaufwändigen Urkundenüberprüfungsverfahrens keinen Verfahrensfehler dar. **30**

4. Die Bestellung eines Verfahrensbeistands

Obwohl das Adoptionswirkungsgesetz nicht auf § 191 FamFG oder 158 FamFG verweist, kann auch in den Verfahren nach dem Adoptionswirkungsgesetz ein Verfahrensbeistand bestellt werden.[39] Dies ist insbesondere dann erforderlich, wenn das Kind Unterstützung während der persönlichen Anhörung bedarf oder weiterhin Kontakte zur bisherigen Familie bestehen (z.B. bei Verwandtenadoptionen). **31**

5. Die Beteiligung der Bundeszentralstelle für Auslandsadoption

Nach § 5 Abs. 3 Satz 4 AdWirkG ist in den Anerkennungsverfahren die Bundeszentralstelle für Auslandsadoption beim Bundesamt für Justiz in Bonn zu „beteiligen". Ob hierunter eine Beteiligung i.S.v. § 7 Abs. 2 Nr. 1 FamFG zu verstehen ist oder tatsächlich nur eine An- **32**

---

37 So z.B. in Russland, Ukraine
38 So z.B. in Thailand, Haiti
39 OLG Köln FamRZ 2012, 1234; zurückhaltender: OLG Düsseldorf FamRZ 2012, 1229

hörungspflicht besteht,[40] hat praktisch keine große Bedeutung. In jedem Fall hat es sich eingebürgert, dass die Behörde ausführliche Stellungnahmen zu der Anerkennungsfähigkeit und zu den Wirkungen der ausländischen Adoption abgibt.

6. Die Anhörungen

33 Erstaunlicherweise **verweist § 5 Abs. 3 Satz 2 AdWirkG** nicht auf die Anhörungsvorschriften in Adoptionssachen (vgl. § 192 FamFG), sondern **auf die entsprechenden Verfahrensnormen im Kindschaftsrecht**: § 159 FamFG gilt für die Anhörung des Kindes und § 160 Abs. 1 Satz 1, Abs. 2 bis 4 FamFG für die Anhörung der bisherigen Eltern (welche wiederum gemäß der Rückausnahme in § 5 Abs. 3 Satz 3 AdWirkG im Anerkennungsverfahren in aller Regel nicht erforderlich ist).

34 Bei der **Anhörung der Kinder** kann häufig § 159 Abs. 2 FamFG zur Anwendung kommen, da in den meisten Fällen im Ausland sehr junge Kinder adoptiert worden sind und diese im späteren Anerkennungsverfahren nur selten zur weiteren Sachverhaltsaufklärung beitragen können.[41] Schließlich ist zu bedenken, dass die Anerkennung nicht zu einer statusbegründenden Entscheidung führt, sondern lediglich die Geltung der ausländischen Adoption im Inland zum Verfahrensgegenstand hat. Sind die Kinder jedoch über 14 Jahre alt, so sind diese auch dann persönlich anzuhören, wenn sie bei der ausländischen Adoption noch sehr jung waren. Hier lässt das Gesetz in § 159 Abs. 1 Satz 1 FamFG keine Ausnahmen zu („... *hat das Kind persönlich anzuhören,* ..."). Die Möglichkeit des Absehens von der persönlichen Anhörung aus schwerwiegenden Gründen nach § 159 Abs. 3 FamFG wird – wie in anderen Kindschaftssachen – nur selten eingreifen können (näher hierzu *Heilmann*, § 159 FamFG Rn. 14 ff.). Insbesondere ist ein schwerwiegender Grund gerade nicht darin zu sehen, dass das Kind ggf. von der Adoption nichts erfahren soll.[42]

35 Als Beteiligte sind selbstverständlich **auch die Annehmenden anzuhören**. Ob die Anhörung persönlich erfolgen muss, richtet sich nach § 34 Abs. 1 FamFG.

7. Die Entscheidung

36 Die **stattgebende Entscheidung** erfolgt **durch Beschluss**, welcher von Gesetzes wegen nicht zwingend begründet werden muss (§ 38 Abs. 4 Nr. 2 FamFG). Da der Sinn und Zweck der Anerkennungsverfahren jedoch die Herstellung von Rechtssicherheit ist, sollte zumindest eine kurze **Begründung** erfolgen. Ansonsten wissen nachfolgende Behörden und Gerichte gerade häufig nicht, auf welchen Grundlagen und mit welchem Hintergrund die ausländische Adoption anerkannt worden ist.

37 Bei der **Tenorierung** ist darauf zu achten, dass die ausländische Adoption unmissverständlich bezeichnet wird.[43] Es muss klar sein, auf welche ausländische Entscheidung sich die Anerkennung bezieht. Auch wenn dies nicht explizit beantragt worden ist, muss von Amts wegen auch die Feststellung über die Wirkung der ausländischen Adoption gemäß § 2 Abs. 2 AdWirkG erfolgen. Hierbei kann der Wortlaut in § 2 Abs. 2 Satz 1 Nr. 1 AdWirkG (sog. starke Adoption) oder der Wortlaut in § 2 Abs. 2 Satz 1 Nr. 2 AdWirkG (sog. schwache Adoption) übernommen werden.

38 Bei der **Ablehnung der Anerkennung** darf der Antrag nicht bloß zurückgewiesen werden. Vielmehr ist festzustellen, dass die Anerkennung der konkreten ausländischen Adoption zu versagen ist. Dies ist deshalb erforderlich, da auch die negative Anerkennungsent-

---

40 *Maurer*, FamRZ 2003, 1337, 1343
41 OLG Schleswig FamRZ 2014, 498; strenger: OLG Hamm ZKJ 2012, 233
42 *Braun*, ZKJ 2012, 216, 218
43 MüKo-BGB/*Maurer*, § 5 AdWirkG Rn. 11, schlägt auch die Darstellung des Zeitpunkts der Rechtskraft der ausländischen Entscheidung vor.

scheidung in materielle Rechtskraft erwächst und erst die rechtskräftige Ablehnung der Anerkennung die Möglichkeit einer Nachadoption eröffnet.[44]

Sämtliche Anerkennungsentscheidungen sind mit einer **Kostenentscheidung** zu versehen (§ 81 Abs. 1 Satz 3 FamFG). Bei der Anerkennung fallen Gerichtsgebühren nach Nr. 1710 Nr. 3 oder Nr. 1714 KV zum FamGKG (in der Regel 240 Euro) an. Kostenschuldner ist der Antragsteller (§ 21 FamGKG). 39

D. Das Umwandlungsverfahren

I. Der Prüfungsinhalt des Umwandlungsverfahrens

Die Umwandlung nach § 3 AdWirkG bewirkt die **Anpassung von geringeren ausländischen Adoptionswirkungen an die Wirkungen einer deutschen Adoption**.[45] Im Gegensatz zum Anerkennungsverfahren wirkt die Umwandlung damit rechtsbegründend (**konstitutiv**). Es wird das gleiche Ergebnis erreicht, wie wenn eine Wiederholungsadoption in Deutschland stattgefunden hätte. 40

Die geringeren Wirkungen des ausländischen Adoptionsverhältnisses beziehen sich meistens darauf, dass nach der ausländischen Rechtsordnung maßgebliche Rechte und Pflichten der bisherigen Familie des Kindes erhalten bleiben (sog. schwache Adoptionen).[46] Das Eltern-Kind-Verhältnis zu den bisherigen Eltern ist dann noch nicht erloschen und im Rahmen der Anerkennung kann nur die Wirkungsfeststellung nach § 2 Abs. 2 Satz 1 Nr. 2 AdWirkG erfolgen. Die Möglichkeit der Umwandlung einer (schon) starken ausländischen Adoption nach § 3 Abs. 2 AdWirkG ist wenig praxisrelevant. 41

Die Umwandlung einer ausländischen Adoption setzt die vorherige Anerkennung der ausländischen Adoption voraus. Die beiden Verfahren können aber in einem Verfahren gemeinsam durchgeführt werden. 42

Die Vorgaben für die Umwandlung finden sich in § 3 AdWirkG: 43

- Es bedarf zunächst der Prüfung, ob die Umwandlung dem **Kindeswohl** entspricht (§ 3 Abs. 1 Satz 1 Nr. 1 AdWirkG). Die Kindeswohlprüfung ist jedoch nicht gleichbedeutend mit einer Kindeswohlprüfung in einem deutschen Adoptionsverfahren (vgl. § 1741 Abs. 1 BGB). Prüfungsgegenstand einer Umwandlung ist lediglich die Änderung der Wirkungen einer schon erfolgten (ausländischen) Adoption. Das statusbegründende Rechtsverhältnis zwischen Kind und Annehmenden ist schon durch die ausländische Adoption entstanden.[47] Maßgeblich geht es bei der Kindeswohlprüfung daher ausschließlich um die Frage, ob sich die Beendigung des rechtlichen Eltern-Kind-Verhältnisses zu der bisherigen Familie für das Kind positiv auswirkt.[48] 44
- Des Weiteren müssen im Umwandlungsverfahren erneute **Zustimmungen zu einer Volladoption nach deutschen Vorstellungen** erteilt werden (§ 3 Abs. 1 Satz 1 Nr. 2 AdWirkG bzw. Art. 27 Abs. 1 lit. b HAÜ i.V.m. Art. 4 lit c und d HAÜ).[49] Hintergrund dieser Regelung ist die Tatsache, dass insbesondere die vorherigen Eltern (soweit solche bekannt und beteiligt worden sind) und das Kind bislang im ausländischen Verfahren nur in eine Adoption mit den geringeren ausländischen Wirkungen eingewilligt haben. Da diese Personen nun durch die Umwandlung maßgebliche Rechte und Pflichten verlieren, müssen sie erneut zustimmen. Ob Zustimmungen erforderlich sind 45

44 *Maurer*, FamRZ 2003, 1337, 1344
45 MüKo-BGB/*Maurer*, § 3 AdWirkG Rn. 2
46 Ausführlich mit Beispielen: *Hölzel*, StAZ 2003, 289, 290 f.
47 MüKo-BGB/*Maurer*, § 3 AdWirkG Rn. 5
48 Ausführlich: AG Frankfurt/a.M. StAZ 2013, 23
49 Ausführlich: MüKo-BGB/*Maurer*, § 3 AdWirkG Rn. 6

oder ob auf diese auch im Rahmen der Umwandlung verzichtet werden kann (bzw. ob die Einwilligungen ersetzt werden können), richtet sich nach der ausländischen Rechtsordnung (inklusive deren internationalem Privatrecht).[50] Ausdrücklich erforderlich ist aber die erneute Zustimmung des Kindes nach deutschem Recht gemäß § 3 Abs. 1 Satz 3 AdWirkG i.V.m. § 1746 Abs. 1 BGB.

46 • Schließlich bedarf es auch bei der Umwandlung der **Berücksichtigung der Interessen** des Ehegatten des Annehmenden, der (weiteren) Kinder der Annehmenden und der Kinder des Angenommenen (§ 3 Abs. 1 Satz 1 Nr. 3 AdWirkG), wobei zu bedenken ist, dass durch die Umwandlung nur selten maßgebliche Interessen dieser Personen betroffen sind. Schließlich geht es bei der Umwandlung meistens ausschließlich um den Abbruch der rechtlichen Beziehungen zur vormaligen Familie.

II. Das gerichtliche Verfahren

47 Folgende Verfahrensschritte sind bei der Umwandlung einer ausländischen Adoption durchzuführen:

48 • Das Verfahren kann nur durch **Antrag des Annehmenden** eingeleitet werden (§ 4 Abs. 1 Satz 1 Nr. 2 AdWirkG). Fand im Ausland eine gemeinschaftliche Adoption statt, so können die beiden Annehmenden das Verfahren nur gemeinsam initiieren. Der Antrag bedarf der **notariellen Form** (§ 4 Abs. 1 Satz 3 AdWirkG i.V.m. § 1752 Abs. 2 Satz 2 BGB).

49 • Die **gerichtliche Zuständigkeit** ist identisch wie bei den Anerkennungsverfahren (vgl. oben Rn. 25 ff.).

50 • Welche **Dokumente für die Umwandlungsentscheidung** vorzulegen sind, richtet sich nach dem Einzelfall. Da sich die Kindeswohlprüfung nach § 3 Abs. 1 Satz 1 Nr. 1 AdWirkG ausschließlich mit der Frage befasst, ob die Veränderung der Adoptionswirkungen dem Kind zum Vorteil gereicht, bedarf es keiner erneuten Einholung von z.B. Gesundheits- oder Führungszeugnissen der Annehmenden. Relevant kann hingegen die Vorlage von Sozialberichten über das Vorleben des Kindes und über das Zusammenleben in der neuen Familienkonstellation sein. Soll es als Folge der Umwandlung zu einer Namensänderung kommen, so sind Personenstandsurkunden der Annehmenden (Geburts- und Heiratsurkunden) und des Kindes (ausländische oder deutsche Geburtsurkunde) einzuholen.

51 • Nach § 5 Abs. 3 Satz 4 AdWirkG sind im Umwandlungsverfahren das **Jugendamt und die zentrale Adoptionsstelle beim Landesjugendamt zu beteiligen**. Weder das Jugendamt noch das Landesjugendamt sind jedoch dazu berufen, eine fachliche Äußerung zu erstellen. Vielmehr beschränkt sich deren Aufgabe darauf, etwaige fachliche Bedenken hinsichtlich des Kindeswohls nach § 3 Abs. 1 Satz 1 Nr. 1 AdWirkG vorzubringen. Der qualitative und quantitative Prüfungsaufwand ist für die Fachbehörden daher bedeutend geringer als bei einer deutschen Adoption.

52 • Bzgl. der **Anhörungen im Umwandlungsverfahren** sind im Grundsatz sowohl das Kind, die Annehmenden als auch die leiblichen Eltern anzuhören (§ 5 Abs. 3 Satz 2 AdWirkG i.V.m. §§ 34, 159, 160 FamFG). Da auch die Interessen von Kindern der Annehmenden, von Kindern des Anzunehmenden und von Ehegatten zu berücksichtigen sind (§ 3 Abs. 1 Satz 1 Nr. 3 AdWirkG), sind auch diese Personen anzuhören. Zu beachten ist, dass die Möglichkeit des Absehens von der Anhörung der leiblichen Eltern nach § 5 Abs. 3 Satz 3 AdWirkG im Umwandlungsverfahren nicht möglich ist. Eine persönliche Anhörung ist jedoch meistens nicht erforderlich, da die leiblichen Eltern

50 Kritisch hierzu: *Hölzel*, StAZ 2003, 289, 290

(soweit ihre Identität und ihr Aufenthaltsort bekannt sind) schließlich ohnehin zustimmungsverpflichtet nach § 3 Abs. 1 Satz 1 Nr. 2 AdWirkG sind. Der Anhörungsinhalt ist bei der Umwandlung ein anderer als bei der Anerkennung. Da es hier maßgeblich um die Prüfung des Kindeswohls nach § 3 Abs. 1 Satz 1 Nr. 1 AdWirkG geht, wird das Gericht bei unter 14-jährigen Kindern nur selten gemäß § 159 Abs. 2 FamFG auf die persönliche Anhörung verzichten können.[51] Schließlich sind die Meinung und Wünsche des Kindes bzgl. der Veränderung der Adoptionswirkungen zu ermitteln.

III. Die Entscheidung

Die **stattgebende Entscheidung** erfolgt durch Beschluss, welcher nicht zwingend zu begründen ist (§ 38 Abs. 4 Nr. 2 FamFG). Wie bei der Anerkennungsentscheidung ist jedoch auch hier eine Begründung zu empfehlen (vgl. oben Rn. 36). 53

Bei der **Tenorierung** kann der Wortlaut des § 3 AdWirkG übernommen werden, 54

„Es wird festgestellt, dass das Kind die Rechtsstellung eines nach deutschen Sachvorschriften angenommenen Kindes erhält."

Häufig werden **die Anerkennung und die Umwandlung der ausländischen Adoption gemeinsam beantragt**. Dies kann dann auch in einem Beschluss beschieden werden. Zu beachten ist hierbei, dass gemäß § 2 Abs. 2 Satz 2 AdWirkG dann keine gesonderte Wirkungsfeststellung stattfinden muss. 55

Wird der **Umwandlungsantrag abgelehnt**, so kann durchaus tenoriert werden, dass der Antrag zurückgewiesen wird. Allein die negative Umwandlungsentscheidung führt nicht zu einer materiellen Rechtskraft. Verändern sich etwa die Verhältnisse hinsichtlich des Kindeswohls in § 3 Abs. 1 Satz 1 Nr. 1 AdWirkG, so können die Annehmenden zu einem späteren Zeitpunkt erneut die Umwandlung der ausländischen Adoption beantragen. 56

Der Umwandlungsbeschluss ist in jedem Fall mit einer **Kostenentscheidung** zu versehen (§ 81 Abs. 1 Satz 3 FamFG). Erneute Gerichtsgebühren entstehen aber allein aufgrund der Umwandlung nicht. Hierzu findet sich kein Gebührentatbestand im Kostenverzeichnis zum FamGKG. 57

V. Übersichten

Übersicht: Anerkennungsverfahren (§ 2 Abs. 1 und 2 AdWirkG) 57a

1. **Verfahrenseinleitung durch Antrag** (§ 4 Abs. 1 AdWirkG, § 23 FamFG)
   a. formloser Antrag ausreichend
   b. Antragsbefugnis nach § 4 Abs. 1 Satz 1 Nr. 1 AdWirkG
      - jeder Annehmende
      - Kind
      - bisheriger Elternteil
      - Geburtsstandesamt „im Zweifelsfall"
2. **Sachlicher und persönlicher Anwendungsbereich des Adoptionswirkungsgesetzes** („Annahme als Kind" und Minderjährigenadoption im Ausland i.S.d. § 1 AdWirkG)
3. **Internationale und örtliche Zuständigkeit** (§ 5 Abs. 1 Satz 2, Abs. 2 AdWirkG, §§ 101, 187 FamFG)

51 So auch: MüKo-BGB/*Maurer*, § 5 AdWirkG Rn. 10

4. Anforderung entscheidungserheblicher Unterlagen und Dokumente

5. Ggf. Bestellung eines Verfahrensbeistands

6. Beteiligung der Bundeszentralstelle für Auslandsadoption durch Anforderung einer Stellungnahme (§ 5 Abs. 3 Satz 4 AdWirkG)

7. Anhörungen

a. des Kindes (§ 5 Abs. 3 Satz 2 AdWirkG i.V.m. § 159 FamFG)

b. der Annehmenden (§ 34 FamFG)

c. der Eltern des Kindes (§ 5 Abs. 3 Satz 2 AdWirkG i.V.m. § 160 FamFG, aber beachte: § 5 Abs. 3 Satz 3 AdWirkG)

8. Sachentscheidung

a. Prüfungsinhalt

aa) Überprüfung der formellen Wirksamkeit der ausländischen Adoption

bb) Überprüfung der Anerkennungsfähigkeit der ausländischen Adoption

- bei Konventionsadoptionen am Maßstab des Art. 24 HAÜ
- bei Nichtkonventionsadoptionen am Maßstab des § 109 Abs. 1 Nr. 1 bis 4 FamFG

cc) Ermittlung der Wirkungen der ausländischen Adoption (§ 2 Abs. 2 AdWirkG)

b. Beschlussinhalt

aa) bei positivem Beschluss: Feststellung der Anerkennung und der Wirkungen der ausländischen Adoption

bb) bei negativem Beschluss: Feststellung, dass die Anerkennung der ausländischen Adoption abgelehnt wird

c. Rechtsmittel(belehrung)

aa) bei positivem Beschluss: keine Rechtsmittel eröffnet (§ 5 Abs. 4 Satz 1 AdWirkG i.V.m. § 197 Abs. 3 Satz 1 FamFG)

bb) bei negativem Beschluss: Beschwerde (§ 5 Abs. 4 Satz 2 AdWirkG i.V.m. §§ 58 ff. FamFG)

d. Wirksamwerden, Bekanntgabe und Mitteilungen

aa) positive Beschlüsse:

- Wirksamwerden mit Zustellung an Annehmende (§ 5 Abs. 4 Satz 1 AdWirkG i.V.m. § 197 Abs. 2 FamFG)
- Bekanntgabe an alle Beteiligten durch Zustellung, Aufgabe zur Post oder durch Verlesen der Beschlussformel (§§ 15 Abs. 2, 41 Abs. 1 und 2 FamFG)
- Mitteilung an das die Geburt beurkundende Standesamt (Nr. XIV. Ziff. 1. Abs. 1 Nr. 3 MiZi)

bb) negative Beschlüsse:

- Wirksamwerden mit (formeller) Rechtskraft (§ 5 Abs. 4 Satz 2 AdWirkG)
- Bekanntgabe an alle Beteiligten gemäß §§ 15 Abs. 2, 41 Abs. 1 und 2 FamFG
- Mitteilung an Wohnsitzgericht, Zentrale Adoptionsstelle beim Landesjugendamt, Jugendamt und Ausländerbehörde (Nr. XIV. Ziff. 2. Abs. 1 und 3 MiZi)

e. Kosten

Kostenentscheidung nach § 81 Abs. 1 Satz 3 FamFG, Verfahrenswert nach § 42 Abs. 2 und 3 FamGKG, Gerichtsgebühren nach Nr. 1710, 1714 KV zum FamGKG

Übersicht: Umwandlungsverfahren (§ 3 AdWirkG) **57b**

1. **Verfahrenseinleitung durch Antrag** (§ 4 Abs. 1 AdWirkG, § 23 FamFG)
   a. notarielle Form § 4 Abs. 1 Satz 3 AdWirkG
   b. Antragsbefugnis nach § 4 Abs. 1 Satz 1 Nr. 2 AdWirkG – Annehmende (nur gemeinsam)
2. **(vorhergehende) Anerkennung**
3. **Internationale und örtliche Zuständigkeit** (§ 5 Abs. 1 Satz 2, Abs. 2 AdWirkG, §§ 101, 187 FamFG)
4. **Zustimmungen**
   a. des Kindes (§ 3 Abs. 1 Satz 1 Nr. 2, Satz 2 AdWirkG und § 3 Abs. 1 Satz 3 i.V.m. § 1746 BGB)
   b. der bisherigen Eltern (§ 3 Abs. 1 Satz 1 Nr. 2, Satz 2 AdWirkG)
   c. ggf. anderer zustimmungsbefugter Personen (§ 3 Abs. 1 Satz 1 Nr. 2, Satz 2 AdWirkG)
5. **Anforderung entscheidungserheblicher Unterlagen und Dokumente**
6. **Ggf. Bestellung eines Verfahrensbeistands**
7. **Beteiligung des Jugendamts und der Zentralen Adoptionsstelle beim Landesjugendamt** (§ 5 Abs. 3 Satz 4 AdWirkG)
8. **Anhörungen**
   a. des Kindes (§ 5 Abs. 3 Satz 2 AdWirkG i.V.m. § 159 FamFG)
   b. der Annehmenden (§ 34 FamFG)
   c. der bisherigen Eltern des Kindes (§ 5 Abs. 3 Satz 2 AdWirkG i.V.m. § 160 FamFG)

9. Sachentscheidung

a. Prüfungsinhalt

aa) Kindeswohlprüfung (§ 3 Abs. 1 Satz 1 Nr. 1 AdWirkG)

bb) keine überwiegenden Interessen der Ehegatten, Lebenspartner und weiterer Kinder der Annehmenden oder des Angenommenen (§ 3 Abs. 1 Satz 1 Nr. 3 AdWirkG)

b. Beschlussinhalt

aa) bei positivem Beschluss: Feststellung, dass das Kind die Rechtsstellung eines nach deutschem Recht adoptierten Kindes erhält

bb) bei negativem Beschluss: Zurückweisung des Antrags

c. Rechtsmittel(belehrung)

aa) bei positivem Beschluss: keine Rechtsmittel eröffnet (§ 5 Abs. 4 Satz 1 AdWirkG i.V.m. § 197 Abs. 3 Satz 1 FamFG

bb) bei negativem Beschluss: Beschwerde (§ 5 Abs. 4 Satz 2 AdWirkG i.V.m. §§ 58 ff. FamFG)

d. Wirksamwerden, Bekanntgabe und Mitteilungen

aa) positive Beschlüsse:

- Wirksamwerden mit Zustellung an Annehmende (§ 5 Abs. 4 Satz 1 AdWirkG i.V.m. § 197 Abs. 2 FamFG)
- Bekanntgabe an alle Beteiligten durch Zustellung, Aufgabe zur Post oder durch Verlesen der Beschlussformel (§§ 15 Abs. 2, 41 Abs. 1 und 2 FamFG)
- Mitteilung an das die Geburt beurkundende Standesamt (Nr. XIV.1 Abs. 1 Nr. 4 und Abs. 3 MiZi)

bb) negative Beschlüsse:

- Wirksamwerden mit (formeller) Rechtskraft (§ 5 Abs. 4 Satz 2 AdWirkG)
- Bekanntgabe an alle Beteiligten gemäß § Abs. 2, 41 Abs. 1 und 2 FamFG
- Mitteilung an Wohnsitzgericht, Zentrale Adoptionsstelle beim Landesjugendamt, Jugendamt und Ausländerbehörde (Nr. XIV. Ziff. 2 Abs. 1 und 3 MiZi)

e. Kosten

Kostenentscheidung nach § 81 Abs. 1 Satz 3 FamFG, Verfahrenswert nach § 42 Abs. 2 und 3 FamGKG, keine Gerichtsgebühren

Kapitel 2
Gerichtsverfassungsgesetz (GVG)

der Bekanntmachung vom 9. Mai 1975 (BGBl. I S. 1077,
zuletzt geändert durch das Gesetz vom 12. Dezember 2019 (BGBl. I S. 2633)

– Auszug –

§ 17a GVG Rechtswegentscheidung

(1) Hat ein Gericht den zu ihm beschrittenen Rechtsweg rechtskräftig für zulässig erklärt, sind andere Gerichte an diese Entscheidung gebunden.

(2) [1]Ist der beschrittene Rechtsweg unzulässig, spricht das Gericht dies nach Anhörung der Parteien von Amts wegen aus und verweist den Rechtsstreit zugleich an das zuständige Gericht des zulässigen Rechtsweges. [2]Sind mehrere Gerichte zuständig, wird an das vom Kläger oder Antragsteller auszuwählende Gericht verwiesen oder, wenn die Wahl unterbleibt, an das vom Gericht bestimmte. [3]Der Beschluss ist für das Gericht, an das der Rechtsstreit verwiesen worden ist, hinsichtlich des Rechtsweges bindend.

(3) [1]Ist der beschrittene Rechtsweg zulässig, kann das Gericht dies vorab aussprechen. [2]Es hat vorab zu entscheiden, wenn eine Partei die Zulässigkeit des Rechtsweges rügt.

(4) [1]Der Beschluss nach den Absätzen 2 und 3 kann ohne mündliche Verhandlung ergehen. [2]Er ist zu begründen. [3]Gegen den Beschluss ist die sofortige Beschwerde nach den Vorschriften der jeweils anzuwendenden Verfahrensordnung gegeben. [4]Den Beteiligten steht die Beschwerde gegen einen Beschluss des oberen Landesgerichts an den obersten Gerichtshof des Bundes nur zu, wenn sie in dem Beschluss zugelassen worden ist. [5]Die Beschwerde ist zuzulassen, wenn die Rechtsfrage grundsätzliche Bedeutung hat oder wenn das Gericht von der Entscheidung eines obersten Gerichtshofes des Bundes oder des Gemeinsamen Senats der obersten Gerichtshöfe des Bundes abweicht. [6]Der oberste Gerichtshof des Bundes ist an die Zulassung der Beschwerde gebunden.

(5) Das Gericht, das über ein Rechtsmittel gegen eine Entscheidung in der Hauptsache entscheidet, prüft nicht, ob der beschrittene Rechtsweg zulässig ist.

(6) Die Absätze 1 bis 5 gelten für die in bürgerlichen Rechtsstreitigkeiten, Familiensachen und Angelegenheiten der freiwilligen Gerichtsbarkeit zuständigen Spruchkörper in ihrem Verhältnis zueinander entsprechend.

Weiterführende Literatur: Griesche, Bestimmung des zuständigen Gerichts im negativen Kompetenzkonflikt im Fall einer rechtskräftigen Zurückverweisung, FamFR 2012, 169.

Übersicht

	Rn.
A. Allgemeines	1
B. Inhalt der Norm	3
I. Positive Rechtswegentscheidung (Abs. 1)	3
II. Unzulässiger Rechtsweg (Abs. 2)	7
III. Vorabentscheidung bei zulässigem Rechtsweg (Abs. 3)	12
IV. Verfahren (Abs. 4)	14
V. Rechtswegprüfung in Rechtsmittelinstanz	20
VI. Kompetenzkonflikte innerhalb des Rechtsweges	22

A. Allgemeines

1 Zu den von Amts wegen zu prüfenden Verfahrensvoraussetzungen gehört die **Zulässigkeit des Rechtsweges**. Sie ist stets zu **Verfahrensbeginn** zu prüfen, weil eine Abweisung der Klage/des Antrags bei Unzulässigkeit des Rechtswegs nicht in Betracht kommt (vgl. Abs. 2 Satz 1).

2 Die **Rechtswegfrage** ist vor der Verhandlung zur Sache in der ersten Instanz bzw. auf eine Beschwerde gegen einen nach § 17a Abs. 3 GVG erlassenen Beschluss hin *abschließend* zu klären.[1] Entsprechend der Zielsetzung dieses Kommentars beschränkt sich die nachfolgende Kommentierung auf Rechtswegprobleme in Familiensachen. *Kernvorschrift* insoweit ist § 17a Abs. 6 GVG, der die entsprechende Anwendung der Regelungen der vorhergehenden Absätze auf das Verhältnis der Familiengerichte zur allgemeinen Zivilgerichtsbarkeit erstreckt. Erfasst ist nicht nur das Verhältnis der Familienabteilung zur Zivilabteilung desselben Gerichts, sondern auch das Verhältnis von Landgericht und Familiengericht.[2]

B. Inhalt der Norm

I. Positive Rechtswegentscheidung (Abs. 1)

3 Nach § 17a Abs. 1 GVG entscheidet jedes Gericht selbst mit endgültiger Wirkung (Grundsatz der **Kompetenzautonomie**).[3] Die Bindungswirkung erfasst die Gerichte aller Gerichtsbarkeiten, ein Gericht eines anderen Rechtswegs darf sich mit der Sache nicht weiter befassen.[4]

4 Die **Bindungswirkung** einer positiven Rechtswegentscheidung tritt ein

- mit **Rechtskraft einer Vorabentscheidung** nach § 17a Abs. 3 Satz 1 GVG oder
- mit **Erlass** des erstinstanzlichen Sachurteils (wegen § 17a Abs. 5 GVG) oder
- mit **Rechtskraft** des erstinstanzlichen Sachurteils, wenn das Gericht entgegen § 17a Abs. 3 Satz 2 GVG nicht vorab, sondern erst in der Begründung des Sachurteils über den Rechtsweg entschieden hat.[5]

5 Die Bindungswirkung tritt auch ein bei **gesetzwidrigen Verweisungen**.[6] Sie kann nur bei „extremen Verstößen" entfallen, d. h., die Verweisung muss unverständlich und schlechthin unhaltbar sein.[7] Die Rechtsprechung zu § 281 ZPO hinsichtlich ausnahmsweise fehlender Bindungswirkung ist auf Rechtswegkonflikte wegen der Spezialregelung in § 17a Abs. 4 GVG nicht anzuwenden.[8]

6 Kommt es innerhalb eines Verfahrens aber zu **Zweifeln über die Bindungswirkung** eines Verweisungsbeschlusses und ist deshalb keines der infrage kommenden Gerichte bereit, die Sache zu bearbeiten oder rechtfertigt die Verfahrensweise eines Gerichts die Annahme, dass das Verfahren von diesem trotz Anhängigkeit nicht prozessordnungsgemäß gefördert werden wird, kann eine regelmäßig nur deklaratorisch wirkende Zuständigkeitsbestimmung entsprechend § 36 Abs. 1 Nr. 6 ZPO bzw. § 5 Abs. 1 Nr. 3 FamFG im Interesse einer funktionierenden Rechtspflege und der Rechtssicherheit geboten sein.[9] Dies gilt auch

1 BGH NJW 2008, 3572, 3573
2 OLG Stuttgart FamRZ 2012, 1072
3 Musielak/Voit/*Wittschier,* § 17a GVG Rn. 2
4 OLG Hamm FamRZ 2011, 658; Zöller/*Lückemann,* § 17a GVG Rn. 4
5 Musielak/Voit/*Wittschier,* § 17a GVG Rn. 3
6 BGH NJW 2002, 2474; FamRZ 2004, 434
7 BGH MDR 2011,1134 m.w.N.
8 BGH FamRZ 2013, 1302
9 BGH NZS 2014, 675; MDR 2011, 1134

bei negativem Kompetenzkonflikt zwischen Familiengericht und Landgericht.[10] Sofern zwei Gerichte **unterschiedlicher Rechtswege** ihre Zuständigkeit verneint haben, obliegt die Bestimmung des zuständigen Gerichts demjenigen obersten Gerichtshof des Bundes, der **zuerst** darum angegangen wird.[11]

II. Unzulässiger Rechtsweg (Abs. 2)

Hält das angerufene Gericht den Rechtsweg für unzulässig, darf es die Klage/den Antrag nicht als unzulässig abweisen, sondern hat nach Anhörung der Parteien/Beteiligten das Verfahren **zwingend** an das Gericht des nach seiner Auffassung zulässigen Rechtsweges zu verweisen. Diese **Verweisung** erfordert keinen Antrag, sondern erfolgt **von Amts wegen**. Rügelose Einlassung der Parteien/Beteiligten steht der Verweisung ebenso wenig entgegen wie eine bereits erlassene Teilanerkenntnis- oder Teilversäumnisentscheidung.[12] 7

Kommen innerhalb des vom verweisenden Gericht für zutreffend erachteten anderweitigen Rechtsweges mehrere Gerichte in Betracht, hat der Kläger/Antragsteller insoweit ein **Wahlrecht** (vgl. Abs. 2 Satz 2). Nur wenn er sein Wahlrecht nicht ausübt, bestimmt das verweisende Gericht das künftig zuständige Gericht (Abs. 2 Satz 2 Hs. 2). In allen Fällen ist die Verweisung hinsichtlich des **Rechtswegs** für das Gericht, an das verwiesen wird, **bindend**, § 17a Abs. 2 Satz 3 GVG. Eine Weiterverweisung im Hinblick auf eine versehentlich angenommene örtliche Zuständigkeit wäre dagegen möglich.[13] 8

Bei Verfahrenskostenhilfegesuchen ist zu differenzieren: 9

Wird **ausschließlich ein Antrag auf Verfahrenskostenhilfe** mit einem Entwurf der Antragsschrift eingereicht oder ausdrücklich auf die Abhängigkeit des Hauptantrages von vorheriger Bewilligung von Verfahrenskostenhilfe hingewiesen, so gilt § 17a GVG nicht, weil er eine rechtshängige Klage/einen rechtshängigen Antrag voraussetzt.[14] Auch eine analoge Anwendung von § 17a GVG scheidet aus (streitig),[15] schon weil eine Verweisung im Verfahrenskostenhilfeverfahren **keine Bindungswirkung für das Hauptverfahren** entfaltet[16] und prozessunökonomisch wäre.[17] Das angerufene Gericht darf also das Verfahrenskostenhilfegesuch ablehnen mit der Begründung, mangels Rechtswegzuständigkeit bestehe keine hinreichende Erfolgsaussicht; gegen diesen Beschluss hat der Antragsteller das übliche Rechtsmittel der sofortigen Beschwerde.

Ist dagegen *zugleich* mit dem Verfahrenskostenhilfegesuch auch das **Hauptverfahren anhängig** gemacht worden, so ist das Gericht verpflichtet, zunächst ohne inhaltliche Entscheidung über das Verfahrenskostenhilfegesuch über die **Zulässigkeit des Rechtswegs** zu befinden und ggf. den Rechtsstreit an das zuständige Gericht des zulässigen Rechtsweges zu **verweisen**; allein dieses Gericht, das auch eine Entscheidung in der Hauptsache selbst zu treffen hat, ist berufen, die erforderlichen Erfolgsaussichten des Klagebegehrens und die wirtschaftlichen Voraussetzungen für die Gewährung von Verfahrenskostenhilfe zu prüfen und einer Entscheidung zuzuführen.[18] Nur auf dem Wege der Vorwegentscheidung über den Rechtsweg ist dem Kläger/Antragsteller eine anschließende Sachentscheidung über sein Verfahrenskostenhilfegesuch garantiert. 10

10 OLG Saarbrücken NZFam 2017, 578 m.w.N.
11 BGH NJW-RR 2010, 209 Rn. 6 m.w.N.
12 OLG Nürnberg MDR 2007, 676
13 Zöller/*Lückemann,* § 17a GVG Rn. 12 m.w.N.
14 OLG Karlsruhe MDR 2007, 1390 m.w.N.
15 OLG Karlsruhe MDR 2007, 1390 m.w.N.; a.A.: OLG Dresden FamRZ 2016, 1949
16 BGH NJW-RR 2010, 209, 210 Rn. 15 m.w.N.
17 OVG Münster NJW 1993, 2766
18 OLG Stuttgart NJW-RR 2011, 1502

11 Tenor eines Beschlusses nach § 17a Abs. 2 GVG:

„Der allgemeine Zivilrechtsweg ist unzulässig. Das Verfahren wird an das Amtsgericht – Familiengericht – XY verwiesen."

III. Vorabentscheidung bei zulässigem Rechtsweg (Abs. 3)

12 Hält das angerufene Gericht den eingeschlagenen Rechtsweg für zulässig, *kann* es dies durch einen entsprechenden Beschluss vorab aussprechen; es *muss* dies tun, wenn ein Beteiligter die Zulässigkeit des Rechtsweges rügt. Ein bloßer Hinweis in einer Terminsladung, der gewählte Rechtsweg sei „der richtige", genügt nicht,[19] vielmehr muss deutlich erkennbar sein, dass es sich bei dem Beschluss um eine rechtsmittelfähige Entscheidung über die Zulässigkeit des Rechtsweges handelt, andernfalls greift mangels wirksamer Vorabentscheidung die Beschränkung des Abs. 5 GVG nicht ein.[20]

13 Tenor einer Vorabentscheidung nach § 17a Abs. 3 GVG

„Der Rechtsweg zum Familiengericht ist zulässig."

IV. Verfahren (Abs. 4)

14 Vor jedem Beschluss nach Abs. 2 oder 3 ist den Beteiligten rechtliches Gehör zu gewähren; die vorherige **Anhörung** ist ausdrücklich zwar nur in Abs. 2 vorgeschrieben, ergibt sich für Abs. 3 aber aus dem Grundsatz eines fairen Verfahrens und dient insbesondere der Vermeidung von Überraschungsentscheidungen.

15 In Kindschaftssachen ist dabei darauf zu achten, dass nicht nur demjenigen, der das Verfahren eingeleitet hat, rechtliches **Gehör** gewährt wird, sondern allen Beteiligten, also etwa auch dem verfahrensfähigen **Kind**.

16 Der Beschluss nach Abs. 2 oder 3 ist zu begründen (vgl. Abs. 3 Satz 2). Er kann nach Abs. 3 Satz 3 mit der **sofortigen Beschwerde** angefochten werden, also gemäß §§ 567 Abs. 1, 569 Abs. 1 ZPO binnen zwei Wochen für ein bislang als Zivilsache laufendes Verfahren (Beschwerdegericht: Landgericht oder Oberlandesgericht) bzw. für ein bislang als FamFG-Sache laufendes Verfahren unter entsprechender Anwendung der vorgenannten Vorschriften (Beschwerdegericht: OLG, wenn Verfahren bislang Familiensache).[21]

17 Eine ausdrückliche Regelung für die Rechtswegbeschwerde fehlt sowohl im FamFG als auch in § 17a Abs. 6 GVG, die **analoge Anwendung** ist im Hinblick auf eine anzunehmende planwidrige Regelungslücke angemessen, weil auch für die Anfechtung sonstiger Zwischenentscheidungen auf die sofortige Beschwerde nach **§§ 567, 569 ZPO** verwiesen wird.[22] Für eine anschließende Zuständigkeitsbestimmung nach § 36 Abs. 1 Nr. 6 ZPO bzw. analog § 5 Abs. 1 Nr. 4 FamFG ist kein Raum mehr.[23]

18 **Rückverweisungen** sind wegen der Bindungswirkung des Verweisungsbeschlusses grundsätzlich unzulässig. Erfolgt gleichwohl eine Rückverweisung, so ist abweichend von Rn. 17 ausnahmsweise eine Zuständigkeitsbestimmung nach § 36 Abs. 1 Nr. 6 ZPO bzw. § 5 Abs. 1 Nr. 3 FamFG im Interesse der Rechtssicherheit und einer funktionierenden Rechtspflege möglich und erforderlich, weil ansonsten nicht gewährleistet ist, dass eines der Gerichte das Verfahren in der Sache fördert (hierzu bereits Rn. 6).[24] Dabei stellt sich das Problem, dass sowohl dem Ausgangsverweisungsbeschluss wie auch der Rückverweisung

---

19 OLG Frankfurt MDR 2009, 1243
20 BGH NJW-RR 2005, 142
21 Zöller/*Lückemann,* § 17a GVG Rn. 15
22 Zöller/*Lückemann,* § 17a GVG Rn. 15
23 OLG Hamm NJW 2010, 2740; Musielak/Voit/*Wittschier,* § 17a GVG Rn. 24 m.w.N.
24 BGH NJW-RR 2002, 713; a.A. OLG Brandenburg FamRZ 2018, 1683 m.w.N. für beide Auffassungen

Bindungswirkung zukommt, wenn die Beteiligten die Beschlüsse nicht anfechten,[25] wobei nach Auffassung des BGH die **Bindungswirkung** des **zuletzt ergangenen Verweisungsbeschlusses** die des ersten überlagert.[26]

Nach § 17a Abs. 4 Satz 4 bis 6 GVG ist gegen Rechtswegentscheidungen des obersten Landesgerichts die **Rechtsbeschwerde** zulässig, wenn sie ausdrücklich unter den Voraussetzungen des § 17a Abs. 4 Satz 5 GVG vom Beschwerdegericht zugelassen wurde. Die Zulassung ist für den obersten Gerichtshof des Bundes bindend, § 17a Abs. 4 Satz 6 GVG. Abweichend vom Wortlaut des § 17a Abs. 4 („obere Landgericht") kann auch das Landgericht als Beschwerdegericht die Rechtsbeschwerde zum BGH zulassen.[27] **19**

V. Rechtswegprüfung in Rechtsmittelinstanz

In der allgemeinen Rechtsmittelinstanz wird die Zulässigkeit des Rechtsweges grundsätzlich nicht mehr überprüft (Abs. 5). Dies gilt auch dann, wenn weder die Beteiligten noch das Gericht die Problematik des eingeschlagenen Rechtsweges erkannt und erörtert haben und dessen Zulässigkeit daher konkludent erst mit der erstinstanzlichen Sachentscheidung bejaht wurde.[28] **20**

Hat dagegen das erstinstanzliche Gericht trotz Rechtswegrüge keine Vorabentscheidung erlassen, sondern den Rechtsweg erst mit der Sachentscheidung bejaht, greift die Beschränkung des Abs. 5 nicht ein.[29] Gleiches gilt, wenn in erster Instanz verfahrenswidrig eine Person nicht beteiligt wurde, weil sie keinerlei Möglichkeit hatte, die Unzulässigkeit des Rechtsweges zu rügen.[30] § 17a Abs. 5 GVG greift auch dann nicht ein, wenn das Familiengericht in einem keine Familiensache betreffenden Verfahren zur Sache entschieden hat, ohne die Frage seiner Rechtswegzuständigkeit erkennbar geprüft zu haben.[31] **21**

VI. Kompetenzkonflikte innerhalb des Rechtsweges

Nach Abs. 6 gelten ausdrücklich die Regelungen der Abs. 1 bis 5 auch bei **Kompetenzkonflikten zwischen Zivilgericht, Familiengericht und Abteilung der freiwilligen Gerichtsbarkeit**. Dies entsprach schon vor Einführung der Vorschrift allgemeiner Auffassung. Die Regelung hat daher in erster Linie klarstellende Funktion.[32] Für reine Amtsverfahren, wie sie im kindschaftsrechtlichen Bereich häufig zu finden sind (siehe Cirullies, § 23 FamFG Rn. 1 bis 4), gilt die Vorschrift von vornherein nicht.[33] Abs. 6 erfasst also die Verfahren, in denen **22**

- die Prozessabteilung des Amtsgerichts an das Familiengericht oder das Gericht der freiwilligen Gerichtsbarkeit verweist und umgekehrt,
- das Familiengericht an das Gericht der freiwilligen Gerichtsbarkeit verweist und umgekehrt sowie
- die Zivilkammer des Landgerichts an das Familiengericht oder das Gericht der freiwilligen Gerichtsbarkeit verweist und umgekehrt.[34]

---

25 BGH NJW 2000, 1343
26 BGH NJW 2000, 1343; NJOZ 2011, 1408, 1409; OLG Saarbrücken NZFam 2017, 578; *Griesche*, FamFR 2012, 169
27 BGH FamRZ 2017, 1599; a.A. Zöller/*Lückemann*, § 17a GVG Rn. 16a
28 BGH NJW 2008, 3572; a.A. OLG Rostock NJW 2006, 2563
29 BGH NJW 2008, 3572, 3573 Rn. 12
30 OLG Nürnberg FamRZ 2012, 896
31 OLG Düsseldorf MDR 2019, 184
32 BT-Drucks. 16/6308, 318
33 OLG Zweibrücken NJW-RR 1999, 1682
34 BT-Drucks. 16/6308, 318

23 Bei den letztgenannten Verfahren geht es zumeist um sonstige Familienstreitsachen i.S.d. § 266 FamFG und deren Abgrenzung von normalen Zivilverfahren. Für diese **Abgrenzung** ist nicht nur auf den Vortrag des Klägers/Antragstellers abzustellen, sondern *auch auf den Vortrag des Beklagten* bzw. Antragsgegners.[35]

24 **Tabellarische Übersicht: Kompetenzkonflikte**

Streit besteht zwischen	Entscheidung erfolgt durch	Rechtsgrundlage	Bei fortdauerndem Streit
verschiedenen Familienabteilungen **desselben** Amtsgerichts	Präsidium des AG	Geschäftsverteilungsplan	
Familienabteilung und Prozessabteilung **desselben** Amtsgerichts	Verweisung	§ 17a GVG: Es gelten die Regeln über **Rechtswegkonflikte** entsprechend, Abs. 6	Im Ausnahmefall deklaratorische Zuständigkeitsbestimmung analog § 36 Abs. 1 Nr. 6 ZPO
Familiengericht und Landgericht	Verweisung	§ 17a GVG: Es gelten die Regeln über **Rechtswegkonflikte** entsprechend, Abs. 6	Im Ausnahmefall deklaratorische Zuständigkeitsbestimmung analog § 36 Abs. 1 Nr. 6 ZPO
Familienabteilungen **verschiedener** Amtsgerichte	Verweisung/Abgabe	**Streit um örtliche Zuständigkeit** §§ 3 und 4 FamFG bzw. Spezialvorschriften §§ 122, 123 FamFG (Ehesachen), 153, 154 FamFG (Kindschaftssachen), 202 FamFG (Ehewohnungs- und Haushaltssachen), 233 FamFG (Unterhaltssachen), 263 FamFG (Güterrechtssachen), 268 FamFG (sonstige Familiensachen)	Zuständigkeitsbestimmung gemäß § 5 FamFG bzw. § 36 Abs. 1 Nr. 6 ZPO

§ 23a GVG Zuständigkeit in Familiensachen und Angelegenheiten der freiwilligen Gerichtsbarkeit

(1) [1]Die Amtsgerichte sind ferner zuständig für

1. Familiensachen;

2. Angelegenheiten der freiwilligen Gerichtsbarkeit, soweit nicht durch gesetzliche Vorschriften eine anderweitige Zuständigkeit begründet ist.

[2]Die Zuständigkeit nach Satz 1 Nummer 1 ist eine ausschließliche.

(2)[1] Angelegenheiten der freiwilligen Gerichtsbarkeit sind

1. Betreuungssachen, Unterbringungssachen sowie betreuungsgerichtliche Zuweisungssachen,

2. Nachlass- und Teilungssachen,

3. Registersachen,

4. unternehmensrechtliche Verfahren nach § 375 des Gesetzes über das Verfahren in Familiensachen und in den Angelegenheiten der freiwilligen Gerichtsbarkeit,

5. die weiteren Angelegenheiten der freiwilligen Gerichtsbarkeit nach § 410 des Gesetzes über das Verfahren in Familiensachen und in den Angelegenheiten der freiwilligen Gerichtsbarkeit,

6. Verfahren in Freiheitsentziehungssachen nach § 415 des Gesetzes über das Verfahren in Familiensachen und in den Angelegenheiten der freiwilligen Gerichtsbarkeit,

7. Aufgebotsverfahren,

8. Grundbuchsachen,

---

35 BGH NJW 2013, 616 Rn. 19 ff.; FamRZ 2018, 839

1 Von Abdruck und Kommentierung der Absätze 2 und 3 wird abgesehen, weil diese für das Kindschaftsrecht nicht relevant sind.

9. *Verfahren nach § 1 Nr. 1 und 2 bis 6 des Gesetzes über das gerichtliche Verfahren in Landwirtschaftssachen,*
10. *Schiffsregistersachen sowie*
11. *sonstige Angelegenheiten der freiwilligen Gerichtsbarkeit, soweit sie durch Bundesgesetz den Gerichten zugewiesen sind.*

(3) Abweichend von Absatz 1 Satz 1 Nummer 2 sind für die den Amtsgerichten obliegenden Verrichtungen in Teilungssachen im Sinne von § 342 Absatz 2 Nummer 1 des Gesetzes über das Verfahren in Familiensachen und in den Angelegenheiten der freiwilligen Gerichtsbarkeit anstelle der Amtsgerichte die Notare zuständig.

Weiterführende Literatur: Heiß, Ansprüche aus dem Eltern-Kind-Verhältnis und aus dem Umgangsrecht, FPR 2011, 95.

Übersicht

Rn.
A. Allgemeines ... 1
B. Inhalt der Norm ... 3
I. Zuständigkeitsumfang ... 3
II. Zuordnungskriterien ... 4
III. Familiensachen im Einzelnen ... 8
1. Abstammungssachen ... 9
2. Adoptionssachen ... 10
3. Gewaltschutzsachen ... 12
4. Sonstige Familiensachen ... 13
IV. Ausschließliche Zuständigkeit ... 15

A. Allgemeines

§ 23a GVG normiert die **sachliche Zuständigkeit** des Amtsgerichts für Familiensachen 1
und die Angelegenheiten der freiwilligen Gerichtsbarkeit. Auf den Verfahrenswert kommt es in den aufgezählten Sachen für die Zuständigkeit des Amtsgerichts nicht an.[2] Für die **internationale Zuständigkeit** hinsichtlich der von § 23a GVG erfassten Verfahren wird auf §§ 98 bis 106 FamFG verwiesen, für die **funktionale Aufgaben**verteilung auf §§ 3, 14 bis 19b RPflG. Die **örtliche Zuständigkeit** für Kindschaftssachen wird in §§ 152 ff. FamFG geregelt.

Mit Einführung des FamFG ist die Zuständigkeit des Familiengerichts erheblich erweitert 2
und insbesondere durch die Zuweisung der „sonstigen Familiensachen" des § 266 FamFG, sämtlicher Gewaltschutzverfahren und diverser Zuständigkeiten des früheren Vormundschaftsgerichts das so genannte **„Große Familiengericht"** geschaffen worden. Dem Familiengericht sollte es ermöglicht werden, alle durch den sozialen Verband von Ehe und Familie sachlich verbundenen Rechtsstreitigkeiten zu entscheiden, wobei Ordnungskriterium allein die **Sachnähe** des Familiengerichts zum Verfahrensgegenstand sein sollte.[3]

B. Inhalt der Norm

I. Zuständigkeitsumfang

§ 23a Abs. 1 Nr. 1 GVG verweist sämtliche **Familiensachen** in die erstinstanzliche Zustän- 3
digkeit des Amtsgerichts. Welche Verfahren als Familiensachen anzusehen sind, regelt **§ 111 FamFG**, wobei die dort benannten Verfahren jeweils eingangs des betreffenden Abschnitts des FamFG ihrerseits legal definiert werden. Erfasst werden auch **Nebenansprü-**

2 MüKo-FamFG/*Zimmermann,* § 23a GVG Rn. 1
3 BT-Drucks. 16/6308, 169

che wie Zinsen, Kosten oder Auskunftsansprüche.[4] Ebenso gilt die Vorschrift für **vorbereitende** und **ergänzende Entscheidungen** wie insbesondere die Bewilligung von Verfahrenskostenhilfe, das Kostenfestsetzungsverfahren,[5] die Festsetzung der Vergütung von Zeugen und Sachverständigen oder die Bestimmung des Verfahrenswertes.[6] Auch soweit **Vollstreckungsangelegenheiten** dem **Prozessgericht** zugewiesen sind (§§ 887, 888, 890 ZPO), werden sie von der Zuständigkeitsregel des § 23a GVG erfasst, dagegen nicht alle weiteren sich an die Familiensache anschließenden **Zwangsvollstreckungsverfahren**, da sie nicht die Regelung der in § 23a GVG, § 111 FamFG angeführten Verfahren und Streitigkeiten zum Gegenstand haben, sondern allein deren Durchsetzung dienen.[7]

II. Zuordnungskriterien

4 Ob ein Verfahren als Familiensache einzustufen ist, richtet sich vorrangig nach der **Begründung** des geltend gemachten Anspruchs. Für die Frage, ob der zur Entscheidung stehende Verfahrensgegenstand eine bürgerlich-rechtliche Streitigkeit oder eine Familiensache i.S.d. § 17a Abs. 6 GVG darstellt, kommt es aber nicht allein auf den Vortrag der Klägerseite, sondern ebenfalls auf das Vorbringen der Gegenseite an.[8]

5 Führt der Antragsteller **verschiedene sachlich-rechtliche Begründungen** eines einheitlichen prozessualen Begehrens auf der Grundlage eines einheitlichen Lebenssachverhaltes an, von denen nur eine zur Einordnung des Verfahrens als Familiensache führt, ist das Verfahren insgesamt Familiensache und das Familiengericht hat den Anspruch auch auf seine Begründetheit nach sonstigen zivilrechtlichen Grundlagen zu überprüfen.[9] Handelt es sich dagegen um eine objektive **Anspruchshäufung** i.S.v. § 260 ZPO, von denen einer oder mehrere nicht als Familiensachen einzustufen sind, muss das Gericht diese Verfahrensteile abtrennen und nach Anhörung der Verfahrensbeteiligten an die zuständige Zivilabteilung verweisen.

6 Eine **Verbindung von Familiensachen mit Nichtfamiliensachen** ist nach wie vor unzulässig.[10] Gleiches gilt für die Erhebung eines Widerantrags, der beim Familiengericht auch nur zulässig ist, wenn auch der **Widerantrag** eine Familiensache betrifft und derselben Verfahrensordnung (ZPO-Vorschriften oder Verfahren der freiwilligen Gerichtsbarkeit) unterliegt.[11]

7 Für die Qualifikation als Familiensache spielt ebenso wenig die Frage einer **Aufrechnung** eine Rolle. Sie ist bloßes Verteidigungsvorbringen und ungeeignet, aus einer Nichtfamiliensache eine Familiensache zu machen.[12] So wie das Zivilgericht u.U. über eine zur Aufrechnung gestellte familienrechtliche Forderung mitentscheiden muss, hat das Familiengericht umgekehrt auch über eigentlich zur Zuständigkeit des Zivilgerichts gehörende zur Aufrechnung gestellte Gegenforderungen zu befinden.

III. Familiensachen im Einzelnen

8 Für die Verfahren nach § 111 Nr. 1, 7 bis 9, 11 FamFG wird auf die einschlägige Kommentierung verwiesen, hinsichtlich der **Kindschaftssachen** nach § 111 Nr. 2 FamFG auf die Kommentierung zu § 151 FamFG.

---

4 Musielak/Voit/*Wittschier,* § 23a GVG Rn. 3 m.w.N.
5 BGH FamRZ 78, 585
6 MüKo-FamFG/*Zimmermann,* § 23a GVG Rn. 35
7 OLG Saarbrücken OLGR 2009, 461
8 BGH NJW 2013, 616
9 BGH NJW 1983, 1913, 1914
10 *OLG Brandenburg FamRZ 2017, 117; Kemper,* § 111 FamFG Rn. 8; Zöller/*Lorenz,* § 266 FamFG Rn. 8
11 Musielak/Borth/*Grandel,* § 111 FamFG Rn. 8
12 BGH NJW-RR 1989, 173, 174

1. Abstammungssachen

Abstammungssachen (früher Kindschaftssachen) nach §§ 111 Nr. 3, 169 FamFG sind vor allem Verfahren auf Feststellung des Bestehens oder Nichtbestehens eines Eltern-Kind-Verhältnisses, insbesondere der Wirksamkeit oder Unwirksamkeit einer Anerkennung der Vaterschaft (§ 169 Nr. 1 FamFG). Eine Abstammungssache nach § 169 Nr. 1 FamFG ist auch die Feststellung der rechtlichen Mutterschaft in den Fällen einer Kinderverwechslung, nicht jedoch die Feststellung einer genetischen Mutterschaft.[13] Verfahren nach § 169 Nr. 2 und 3 FamFG dienen der Durchsetzung der Ansprüche aus § 1598a BGB. Hohe praktische Bedeutung haben Vaterschaftsanfechtungsverfahren nach § 169 Nr. 4 FamFG. 9

2. Adoptionssachen

Zu den **Adoptionssachen** (§ 111 Nr. 4 FamFG) zählen nach § 186 Nr. 1 FamFG alle Verfahren, die die Annahme als Kind betreffen, insbesondere die Adoption Minderjähriger und Volljähriger einschließlich etwaiger unselbständiger Verfahren wie beispielsweise ein Ausspruch zur Namensführung nach § 1757 BGB. Unter § 186 Nr. 2 FamFG fallen alle Verfahren, in welchen eine für die Adoption notwendige Einwilligungserklärung gerichtlich ersetzt werden soll. Weitere Adoptionssachen sind die Verfahren auf Aufhebung des Annahmeverhältnisses (§ 186 Nr. 3) sowie praktisch seltene Fälle der Befreiung vom Eheverbot nach § 1308 BGB, welche im Hinblick auf ihre Sachnähe zur Annahme als Kind als Adoptionsverfahren eingestuft wurden.[14] 10

Keine Adoptionssachen sind dagegen Verfahren auf Rückübertragung der elterlichen Sorge nach § 1751 Abs. 3 BGB oder § 1764 Abs. 4 BGB (Kindschaftssache nach § 151 Nr. 1 FamFG).[15] Die heftig umstrittene Einordnung von Verfahren auf Anerkennung, Wirkungsfeststellung und Umwandlung von ausländischen Adoptionen nach dem **AdWirkG** gemäß § 108 Abs. 2 Satz 3 FamFG[16] berührt vorwiegend die Frage, ob in diesen Verfahren nach Einlegung einer Beschwerde das Familiengericht eine Abhilfeentscheidung treffen muss oder darf (§ 68 Abs. 1 Satz 2 FamFG), während die sachliche Zuständigkeit des Familiengerichts nach § 5 Abs. 1 Satz 1 AdWirkG außer Frage steht. 11

3. Gewaltschutzsachen

Sämtliche **Gewaltschutzsachen** sind nach § 111 Nr. 6 FamFG Familiensachen ohne Rücksicht auf eine besondere Nähebeziehung.[17] Gerichtliche Maßnahmen zur Vermeidung einer Kontaktaufnahme zwischen Eltern, die nicht personensorgeberechtigt sind, und ihren Kindern können nur über § 1684 Abs. 4 BGB erfolgen, sind indes keine Gewaltschutzverfahren.[18] 12

4. Sonstige Familiensachen

„**Sonstige Familiensachen**" (§§ 111 Nr. 10, 266 Abs. 1 Nr. 1 bis 5 FamFG) dürfen nicht zur Zuständigkeit der Arbeitsgerichte gehören, ebenso wenig ein Sachgebiet gemäß § 348 Abs. 1 Satz 2 Nr. 2a bis k ZPO, das Erbrecht oder Wohnungseigentumsrecht betreffen. Aus kindschaftsrechtlicher Sicht interessieren hier Verfahren nach § 266 Abs. 1 Nr. 4 und 5 FamFG.[19] Zu erstgenannten zählen Verfahren, die **„aus dem Eltern-Kind-Verhältnis herrührende Ansprüche"** betreffen. Anders als in § 266 Abs. 1 Nr. 1 oder 3 FamFG ge- 13

---

13 *Keuter*, Statusrecht, § 2 Rn. 229 m.w.N.
14 BT-Drucks. 16/6308, 247
15 BT-Drucks. 16/6308, 247; *Kemper/Fritzsche*, § 186 Rn. 6
16 OLG Frankfurt FamRZ 2017, 1512 mit Nachweisen für beide Auffassungen; siehe auch *Keuter*, FamRZ 2014, 518, 524
17 LG Dessau-Roßlau FamRZ 2013, 1151
18 OLG Frankfurt ZKJ 2013, 298
19 Eingehend *Heiß*, FPR 2011, 96 ff.

nügt ein bloßer Zusammenhang mit einem Eltern-Kind-Verhältnis nicht.[20] So sind z.B. Streitigkeiten zwischen Familienangehörigen über das Recht am eigenen Bild keine sonstigen Familiensachen.[21] Erfasst sind dagegen beispielsweise Anträge auf Herausgabe des Kindesvermögens nach § 1698 BGB[22] oder auch (Schadensersatz-)Ansprüche des Kindes gegen die Eltern aus der ihnen nach § 1626 BGB sorgerechtlich obliegenden Verwaltung des Kindesvermögens.[23] Als Familiensache eingestuft wurden auch deliktische Ansprüche des Kindes gegen einen Elternteil auf Schadensersatz aus § 1664 BGB wegen einer rechtswidrig vorgenommenen **Beschneidung**.[24] Keine Familiensache ist dagegen die Geltendmachung eines rein deliktischen Anspruchs des Kindes gegen einen Elternteil wegen sexuellen Missbrauchs, weil dieser nicht primär familienrechtlich geprägt ist.[25]

14 **„Aus dem Umgangsrecht herrührende Ansprüche"** (§ 266 Abs. 1 Nr. 5 FamFG) sind insbesondere Ansprüche wegen schuldhaft pflichtwidriger Nichteinhaltung einer Umgangsregelung und daraus resultierender verfehlter oder erhöhter Aufwendungen.[26] Denkbar sind aber auch Verfahren über die Kosten der Ausübung des Umgangsrechts, soweit diese nicht unterhaltsrechtlich bereits berücksichtigt werden.[27] Bedeutung hat § 266 Abs. 1 Nr. 5 FamFG im Hinblick auf § 266 Abs. 1 Nr. 3 FamFG vor allem für nicht miteinander verheiratete Eltern.[28] Verfahren, welche die Regelung und Durchsetzung des Umgangsrechts selbst (§§ 1684, 1685, 1686a BGB) betreffen, sind nach §§ 111 Nr. 2, 151 Nr. 2 FamFG Familiensachen der freiwilligen Gerichtsbarkeit.

IV. Ausschließliche Zuständigkeit

15 Die Zuständigkeit des Familiengerichts ist **ausschließlich**, § 23a Abs. 1 Satz 2 GVG. Eine Begründung der Zuständigkeit durch Vereinbarung oder rügeloses Verhandeln ist nicht möglich, § 40 Abs. 2 ZPO.

§ 23b GVG Familiengerichte

(1) Bei den Amtsgerichten werden Abteilungen für Familiensachen (Familiengerichte) gebildet.

(2) [1]Werden mehrere Abteilungen für Familiensachen gebildet, so sollen alle Familiensachen, die denselben Personenkreis betreffen, derselben Abteilung zugewiesen werden. [2]Wird eine Ehesache rechtshängig, während eine andere Familiensache, die denselben Personenkreis oder ein gemeinschaftliches Kind der Ehegatten betrifft, bei einer anderen Abteilung im ersten Rechtszug anhängig ist, ist diese von Amts wegen an die Abteilung der Ehesache abzugeben. [3]Wird bei einer Abteilung ein Antrag in einem Verfahren nach den §§ 10 bis 12 des Internationalen Familienrechtsverfahrensgesetzes vom 26. Januar 2005 (BGBl. I S. 162) anhängig, während eine Familiensache, die dasselbe Kind betrifft, bei einer anderen Abteilung im ersten Rechtszug anhängig ist, ist diese von Amts wegen an die erstgenannte Abteilung abzugeben; dies gilt nicht, wenn der Antrag offensichtlich unzulässig ist. [4]Auf übereinstimmenden Antrag beider Elternteile sind die Regelungen des Satzes 3 auch auf andere Familiensachen anzuwenden, an denen diese beteiligt sind.

---

20 OLG Hamm FamRZ 2013, 574; OLG Koblenz NJW-Spezial 2014, 71
21 OLG Frankfurt FamRZ 2016, 2138
22 OLG Dresden FamRZ 2012, 146
23 OLG Zweibrücken NJW-RR 2011, 584
24 OLG Karlsruhe NJW 2015, 257, dazu *Cirullies*, NZFam 2014, 1149
25 OLG Saarbrücken NZFam 2017, 578
26 BGH FPR 2002, 563
27 *Heiß*, FPR 2011, 96, 99
28 *Heiß*, FPR 2011, 96, 99 m.w.N.

(3) [1]Die Abteilungen für Familiensachen werden mit Familienrichtern besetzt. [2]Ein Richter auf Probe darf im ersten Jahr nach seiner Ernennung Geschäfte des Familienrichters nicht wahrnehmen.

Weiterführende Literatur: Heilmann, Qualifiziert Familienrichter!, NJW-aktuell 16/2018 (Editorial); *Kinderrechtekommission des DFGT (Heilmann)*, Die Richterschaft in der Familiengerichtsbarkeit – Plädoyer für eine Qualitätsoffensive, ZKJ 2018, 179; *Rörig*, Familiengerichte – Verantwortung ohne Fortbildung?, DRiZ 2018, 84.

Übersicht

Rn.
A. Allgemeines ... 1
B. Inhalt der Norm ... 2
I. Mehrzahl von Familiengerichten ... 2
II. Zuständigkeitskonzentration ... 3
III. Zuständigkeitskonflikt ... 6
1. Kompetenzstreit zweier Familienabteilungen desselben Gerichts ... 6
2. Kompetenzstreit Familiengericht / Zivilgericht ... 7
IV. Familienrichter ... 8

A. Allgemeines

§ 23b GVG bestimmt die **Einrichtung spezieller Spruchkörper** für die den Familiengerichten zugewiesenen Verfahren. Von der Einrichtung einer „Abteilung für Familiensachen" (Familiengericht) bei einem Amtsgericht kann nur dort abgesehen werden, wo entsprechend der Konzentrationsregelung des § 23d GVG ein Amtsgericht die Aufgaben des Familiengerichts für mehrere AG-Bezirke übernimmt.[1] Von dieser Ermächtigung haben nur wenige Bundesländer Gebrauch gemacht. § 23b Abs. 2 GVG soll für die Konzentration sämtlicher dieselbe Familie betreffender Familiensachen beim selben Spruchkörper sorgen, § 23b Abs. 3 GVG trifft nähere Bestimmungen über die Besetzung des Spruchkörpers. 1

B. Inhalt der Norm

I. Mehrzahl von Familiengerichten

Die für den Bezirk eines Amtsgerichts anfallenden Familiensachen sind gesetzlich dem Familiengericht zur Erledigung zugewiesen. Ob diese Aufgaben von **einem oder mehreren Familienrichtern** zu erledigen sind, ist vom Präsidium im Rahmen der Geschäftsverteilung zu regeln.[2] Reichen die Familiensachen als alleiniges Pensum zur angemessenen Belastung eines Richters nicht aus, dürfen ihm beliebige anderweitige Verfahren ergänzend zugewiesen werden.[3] Um eine ausreichende Erfahrung auch des Vertreters in Familiensachen zu gewährleisten, verteilen viele Amtsgerichte die Aufgaben des Familiengerichts auch dann auf zwei Richter, wenn das familiengerichtliche Pensum insgesamt etwa 1,0 beträgt. Dies ermöglicht auch beim Amtsgericht den fachlichen Austausch von Kollegen, die mit der Spezialmaterie Familienrecht vertraut sind. Die Konzentrationsregelungen des § 23b Abs. 2 Satz 2 bis 4 sind zu beachten. Der Auffassung, die **Bildung mehrerer Abteilungen** sei nicht beliebig zulässig,[4] ist durch die Streichung der in früheren Fassungen der Vorschrift enthaltene Beschränkung („sind wegen des Umfangs . . .") die Grundlage entzogen.[5] 2

1 Z.B. § 3 ZuständigkeitsVO Justiz BW oder § 15 ZuweisungsVO Berlin
2 Musielak/Voit/*Wittschier,* § 23b GVG Rn. 2
3 MüKo-ZPO/*Zimmermann,* § 23b GVG Rn. 3
4 MüKo-ZPO/*Zimmermann,* § 23b GVG Rn. 4
5 Ebenso Prütting/Gehrlein/*Haberland,* § 23b GVG Rn. 2

II. Zuständigkeitskonzentration

3 Nach § 23b Abs. 2 Satz 1 GVG **sollen** alle denselben Personenkreis betreffenden Familiensachen derselben Abteilung zugewiesen werden. Vorrangig ist gemäß § 23b Abs. 2 Satz 2 GVG der für das Scheidungsverfahren zuständige Richter. Eine **Geschäftsverteilung nach Aufgabengebieten** – z.B. alle vermögensrechtlichen oder alle kindschaftsrechtlichen Verfahren – ist **zu vermeiden**.[6] Ausnahmen für eine Geschäftsverteilung nach Aufgabengebieten ergeben sich zum einen aus § 23b Abs. 2 Satz 3 und 4 GVG, zum andern wird man sie als zulässig ansehen müssen für Verfahren, in denen das Familiengericht an die Stelle des Vormundschaftsgerichts getreten ist.[7] So bestehen z.B. keine Bedenken, das Aufgabengebiet „Adoptionssachen" ausschließlich einem Familienrichter des Gerichts zu übertragen, zumal es bei diesen Verfahren regelmäßig erst einmal um die Begründung der neuen Familie geht und der Rechtsgedanke des § 137 FamFG keine Rolle spielt. Ebenso wäre es nach dem Zweck des Gesetzes („eine Familie – ein Richter") unbedenklich, alle Gewaltschutzsachen, die nicht Eheleute untereinander oder Eltern gegenüber Kindern betreffen, als Spezialzuständigkeit zuzuweisen.

4 Nach § 12 IntFamRVG sind Verfahren nach dem **HKÜ** sowie weitere in § 10 IntFamRVG aufgelistete Verfahren regelmäßig beim Amtsgericht am Sitz eines Oberlandesgerichts konzentriert. Der hierfür zuständige Richter soll nach § 23b Abs. 2 Satz 3 GVG auch weitere bei einer anderen Abteilung des Gerichts anhängige, dasselbe Kind betreffende Verfahren entscheiden. Die von Amts wegen vorzunehmende Abgabe an die spezialisierte Abteilung erfolgt nicht, „wenn der Antrag offensichtlich unzulässig ist", § 23b Abs. 2 Satz 3 letzter HS GVG.

5 Soll während eines rechtshängigen Scheidungsverfahrens ein Antrag aus dem Katalog der Verfahren nach §§ 10, 11 IntFamRVG anhängig gemacht werden, **geht die Zuständigkeitskonzentration des § 12 IntFamRVG dem Scheidungsverbund vor**.[8] Denn § 12 IntFamRVG verfolgt das Ziel, dass sich Richter mit dieser Spezialmaterie vertraut machen und entsprechende Erfahrungen sammeln können.[9] Möchten die Ehegatten in dieser seltenen Fallkonstellation den Scheidungsverbund wieder herstellen, bleibt ihnen die Möglichkeit, auf **übereinstimmenden Antrag** die Ehesache an das Konzentrationsgericht abgeben zu lassen, § 23b Abs. 3 Satz 4 GVG.[10]

III. Zuständigkeitskonflikt

1. Kompetenzstreit zweier Familienabteilungen desselben Gerichts

6 Können sich zwei Abteilungen für Familiensachen desselben Amtsgerichts nicht einigen, welche der beiden zuständig ist, hat das **Präsidium** des Amtsgerichts diesen Streit nach dem Geschäftsverteilungsplan zu entscheiden.[11] Der Abgabebeschluss einer Abteilung an die andere ist nicht bindend,[12] es sei denn, es handelt sich um eine von Amts wegen vorzunehmende Abgabe nach § 23b Abs. 2 Satz 2 oder 3 GVG.[13] Ebenso muss der Abgabe nach § 23b Abs. 2 Satz 4 GVG Bindungswirkung beigemessen werden.

6 Zöller/*Lückemann,* § 23b GVG Rn. 10
7 Zu sachlich begründeten Ausnahmen BT-Drucks. 7/4361, 60
8 Zöller/*Lückemann,* § 23b GVG Rn. 11
9 BT-Drucks. 14/4591, 2
10 Zöller/*Lückemann,* § 23b GVG Rn. 11; a.A. (Vorrang des Gerichts der Ehesache): Musielak/Voit/*Wittschier,* § 23b GVG Rn. 8
11 Musielak/Voit/*Wittschier,* § 23b GVG Rn. 5
12 Musielak/Voit/*Wittschier,* § 23b GVG Rn. 5
13 Prütting/Gehrlein/*Haberland,* § 23b GVG Rn. 5

2. Kompetenzstreit Familiengericht / Zivilgericht

Ein Streit zwischen Familiengericht und der Zivilabteilung desselben Gerichts, ob ein Verfahren als Familiensache einzuordnen ist, berührt die gesetzlich geregelte Geschäftsverteilung und ist nach § 17a Abs. 6 GVG in entsprechender Anwendung der Regelungen des § 17a Abs. 1 bis 5 GVG zu lösen. **Verweisungen** vom Familiengericht an die Zivilabteilung oder umgekehrt haben seit 2009 gemäß § 17a Abs. 2 Satz 3, Abs. 6 GVG grundsätzlich **Bindungswirkung,** wenn sie nicht gemäß § 17a Abs. 4 Satz 3 GVG angefochten wurden.[14] Dies gilt auch für eine Verweisung bei Kompetenzstreit zwischen Familiengericht und Landgericht.[15] 7

- *Zu den Einzelheiten siehe Keuter, § 17a GVG, Rn. 7 bis 11.*
- *Hinsichtlich der Konflikte verschiedener Familiengerichte über die* ***örtliche Zuständigkeit*** *wird auf die Kommentierung zu § 152 und § 154 FamFG verwiesen.*

IV. Familienrichter

Das Familiengericht entscheidet durch den Familienrichter als Einzelrichter, §§ 23b Abs. 3 Satz 1, 22 Abs. 1 GVG. Der Gesetzgeber hat kein ausdrückliches **Berufs- und Qualifikationsbild** für den Familienrichter[16] geschaffen, vielmehr sich darauf beschränkt, Richter auf Probe im ersten Jahr nach ihrer Ernennung von einer Tätigkeit als Familienrichter auszunehmen. Bei Einführung des Familiengerichts schwebte dem Gesetzgeber vor, dass ausschließlich besonders erfahrene Richter mit breit gestreuter Sachkunde und hinreichender richterlicher Erfahrung diese Position bekleiden sollten.[17] Ein Proberichter durfte das Amt des Familienrichters generell nicht ausüben.[18] Zwar erwarten mit Recht die Rechtssuchenden in anderen Rechtsgebieten ebenfalls Richterpersönlichkeiten mit hinreichender Erfahrung, Sachkompetenz, Fairness und Menschenkenntnis. Andererseits spielen auf kaum einem anderen Rechtsgebiet Emotionen eine ähnlich hohe Rolle wie im Familienrecht, wo erlittene seelische Verletzungen häufig eine Auseinandersetzung auf Sachebene stark erschweren. Neben der Einarbeitung in die komplizierte familienrechtliche Spezialmaterie verlangt die Aufgabe des Familienrichters gerade in Kindschaftssachen deshalb stets auch eine besondere Sensibilität, ein hohes Maß an Kommunikationsfähigkeit und sozialer Kompetenz sowie Zusammenarbeit mit anderen Berufsgruppen wie den Vertretern des Jugendamtes, psychologischen Sachverständigen oder Verfahrensbeiständen. All dies von einem Berufsanfänger zu erwarten, bedeutet schlichte Überforderung. Jedes Präsidium ist deshalb gut beraten, **Proberichter grundsätzlich nicht mit familienrichterlichen Aufgaben zu beauftragen**.[19] Hierfür sprechen auch die gesetzgeberischen Bemühungen, möglichst sämtliche Familiensachen, die denselben Personenkreis betreffen, beim selben Gericht zu bündeln. Diese Bündelung wird indes konterkariert, wenn die Person des Entscheiders wie bei Proberichtern üblich häufig wechselt. 8

Die Normierung eines **Anforderungsprofils** – wie in § 22 Abs. 6 GVG für den Insolvenzrichter – könnte die Bedeutung familienrichterlicher Tätigkeit unterstreichen. Ob sie bei ähnlicher Ausgestaltung als Sollvorschrift mit Ausnahmemöglichkeit eine wesentliche Änderung häufig anzutreffender Besetzungspraxis (findet sich kein Freiwilliger, wird der Dienstjüngste eingeteilt) bewirken würde, bliebe abzuwarten. Eine stärkere Berücksichtigung des Kindschaftsrechts in der Ausbildung und regelmäßige – warum eigentlich nicht verpflichtende? – Fortbildungen können die Kompetenz der Familiengerichte wesentlich 9

---

14 OLG Köln FF 2010,80
15 Prütting/Gehrlein/*Haberland,* § 23b GVG Rn. 12 m.w.N. auch für Gegenmeinung
16 *Wever,* FF 2012, 427, 428 f.
17 *Kissel/Mayer,* § 23b GVG Rn. 87 m.w.N.
18 Art. 5 Nr. 2 Erstes EheRG BGBl. 1976 S. 1421, 1444
19 Ebenso *Rörig,* DRiZ 2018, 84; Kinderrechtekommission des DFGT (*Heilmann*), ZKJ 2018, 179

stärken.[20] Gerade Anfänger in einem familienrechtlichen Dezernat sind häufig unzureichend vorbereitet auf die besonderen Herausforderungen der Kommunikation mit z.T. hochbelasteten Kindern und Eltern, die – in ihrem Paarkonflikt verhaftet – die Interessen der Kinder völlig aus den Augen verlieren. Bereits in der Ausbildung vermittelte Kenntnisse der Grundzüge angrenzender Wissenschaften, insbesondere der Sozialen Arbeit, Psychologie und Pädagogik sowie entsprechende Fortbildungsangebote, verbunden natürlich mit der Bereitschaft, von diesen auch Gebrauch zu machen, könnten hier Abhilfe schaffen.

10 Soweit ein Proberichter gesetzlich als Familienrichter ausgeschlossen ist, gilt dies auch für **Vertretungsfälle**[21] sowie **Rechtshilfeersuchen** nach § 157 GVG.[22] Eine gegen § 23b Abs. 3 Satz 2 GVG verstoßende Besetzung ist ein Verstoß gegen das Gebot des gesetzlichen Richters (Art. 101 Abs. 1 Satz 2 GG), der die Entscheidung zwar nicht unwirksam, aber anfechtbar macht, nach Rechtsmittelerschöpfung sogar mit der Verfassungsbeschwerde.[23]

§§ 23c bis 169 GVG

Von Abdruck und Kommentierung wird abgesehen.

§ 170 GVG Nichtöffentliche Familiensachen und Angelegenheiten der freiwilligen Gerichtsbarkeit

(1) [1]Verhandlungen, Erörterungen und Anhörungen in Familiensachen sowie in Angelegenheiten der freiwilligen Gerichtsbarkeit sind nicht öffentlich. [2]Das Gericht kann die Öffentlichkeit zulassen, jedoch nicht gegen den Willen eines Beteiligten. [3]In Betreuungs- und Unterbringungssachen ist auf Verlangen des Betroffenen einer Person seines Vertrauens die Anwesenheit zu gestatten.

(2) Das Rechtsbeschwerdegericht kann die Öffentlichkeit zulassen, soweit nicht das Interesse eines Beteiligten an der nicht öffentlichen Erörterung überwiegt.

Weiterführende Literatur: Lipp, Öffentlichkeit der mündlichen Verhandlung und der Entscheidungsverkündung? FPR 2011, 37

Übersicht

	Rn.
A. Allgemeines	1
B. Inhalt der Norm	2
I. Nichtöffentlichkeit	2
II. Ausnahmsweise (Teil)Öffentlichkeit	7

A. Allgemeines

1 Seit Inkrafttreten des FamFG am 1.9.2009 sind Familiensachen grundsätzlich **nicht öffentlich**. Die Vorschrift dient dem typisierten schutzwürdigen Interesse der Beteiligten, sensible private Angelegenheiten nicht vor einer möglicherweise sensationslüsternen Öffentlichkeit erörtern zu müssen.[1]

20 *Salgo,* ZKJ 2018, 168, 173 m.w.N.
21 HK-ZPO/*Rathmann,* § 23b GVG Rn. 3
22 OLG Stuttgart FamRZ 1984, 716; a.A. MüKo-ZPO/*Zimmermann,* § 23b GVG Rn. 14
23 MüKo-ZPO/*Zimmermann,* § 23b GVG Rn. 15
1 MüKoZPO/*Zimmermann*, § 170 GVG Rn. 1

B. Inhalt der Norm

I. Nichtöffentlichkeit

Nicht öffentlich sind *Verhandlungen, Erörterungen* und *Anhörungen* in Familiensachen. Die *Verkündung* einer Endentscheidung in Ehesachen sowie in Familienstreitsachen hat dagegen nach § 173 Abs. 1 GVG stets **öffentlich** zu erfolgen. Bei Familiensachen der FG, insbesondere in Kindschaftssachen, hat das Gericht die Wahl zwischen (öffentlicher) Verkündung oder (schriftlicher) Bekanntgabe (§§ 38 Abs. 3 Satz 3, 41 Abs. 1 FamFG).[2] 2

Zur **Teilnahme** an Verhandlungen, Erörterungen und Anhörungen berechtigt sind die **Beteiligten** des Verfahrens. Wer hierzu gehört, bestimmt § 7 FamFG. 3

▶ *Ausführlich hierzu Köhler, Kommentierung zu § 7 FamFG.*

Ferner listen z. B. §§ 172, 188, 204, 212 FamFG die Beteiligten bestimmter FG-Familiensachen im jeweiligen Abschnitt des FamFG auf. Außer den Beteiligten und ihren Verfahrensbevollmächtigten dürfen im Grundsatz keine weiteren Personen an den Verhandlungen, Erörterungen und Anhörungen teilnehmen. Ein *Verstoß* gegen Öffentlichkeitsvorschriften macht die Entscheidung nicht nichtig, sondern anfechtbar (§ 72 Abs. 3 FamFG i.V.m. § 547 Nr. 5 ZPO, § 75 FamFG). Die Wirksamkeit der Verkündung einer Endentscheidung in Ehe- und Familienstreitsachen wird nicht dadurch berührt, dass sich aus der darüber gefertigten Sitzungsniederschrift nicht die vorherige Herstellung der gemäß § 173 GVG notwendigen Öffentlichkeit ergibt.[3]

Das **Jugendamt** darf in kindschaftsrechtlichen Verfahren auch dann, wenn es nicht ohnehin nach § 162 Abs. 2 Satz 1 Beteiligter ist, anwesend sein, da § 155 Abs. 2 Satz 3 FamFG die persönliche Anwesenheit des Jugendamtsvertreters im Erörterungstermin ausdrücklich vorschreibt. Anwesenheit von in der Familie eingesetzten **sozialpädagogischen Familienhelfern** kann – auch stillschweigend[4] – über § 175 Abs. 2 Satz 1 GVG gestattet werden. Ebenso darf im Einzelfall **Pflegepersonen** auch ohne förmliche Beteiligung die Anwesenheit gestattet werden.[5] Auf das *Einverständnis* der Beteiligten kommt es – anders als nach § 170 Abs. 1 Satz 2 GVG – insoweit nicht an. 4

Gleiches gilt für die Anwesenheit eines **Sachverständigen**, die insbesondere dann erforderlich sein kann, wenn sich ein Elternteil geweigert hat, sich selbst einer psychologischen Exploration zu unterziehen. Eine solche Mitwirkung kann mangels gesetzlicher Grundlage nicht erzwungen werden, auch nicht indirekt durch Anwendung der Grundsätze über die Beweisvereitelung.[6] In diesen Fällen ist es aber möglich, den die Begutachtung verweigernden Elternteil in Gegenwart des Sachverständigen anzuhören.[7] 5

▶ *Näher hierzu Heilmann, § 163 FamFG Rn. 40.*

Wird eine Kindschaftssache im **Scheidungsverbund** erörtert, so haben indes Beteiligte anderer Folgesachen (Versorgungsträger, Vermieter u.ä.) Zutritt nur zu dem Verhandlungsteil, der ihre Beteiligung betrifft.[8] Ebenso haben Jugendamtsvertreter, Verfahrensbeistand pp. kein Zutrittsrecht, solange allein die Scheidung nebst Versorgungsausgleich erörtert wird.[9] 6

---

2 *Lipp*, FPR 2011, 37, 38
3 OLG Celle NJW 2014, 3458
4 Löwe-Rosenberg/*Wickern*, § 175 GVG Rn. 12
5 Siehe für Anwesenheit von Pflegepersonen in Umgangsrechtsverfahren OLG Schleswig SchlHA 1983, 31
6 BGH FamRZ 2010, 720 m.w.N. auch für die Gegenmeinung
7 BGH FamRZ 2010, 720
8 *Kissel/Mayer*, § 170 GVG Rn. 7
9 MüKo-ZPO/*Zimmermann*, § 170 GVG Rn. 9

II. Ausnahmsweise (Teil)Öffentlichkeit

7 Nach § 170 Abs. 1 Satz 2 GVG kann das Gericht die Öffentlichkeit zulassen, jedoch nicht gegen den Willen eines Beteiligten. Widerspricht auch nur ein Beteiligter, bleibt die Öffentlichkeit ausgeschlossen.[10] Zutreffend wird aber nur auf das **Einverständnis anwesender Beteiligter** abzustellen sein.[11]

8 Das Gericht kann ferner gemäß § 175 Abs. 2 GVG Einzelpersonen – z. B. zu Ausbildungszwecken – die Anwesenheit **gestatten**; auch im Rahmen der **Dienstaufsicht** gestattet § 175 Abs. 3 die Anwesenheit des Dienstvorgesetzten.

9 Die mögliche Zulassung der Öffentlichkeit durch das **Rechtsbeschwerdegericht** gemäß § 170 Abs. 2 GVG ist dem Interesse der Öffentlichkeit an der BGH-Rechtsprechung geschuldet.[12]

§§ 171 bis 197 GVG

Von Abdruck und Kommentierung wird abgesehen.

§ 198 GVG Entschädigung, Verzögerungsrüge

(1) [1]Wer infolge unangemessener Dauer eines Gerichtsverfahrens als Verfahrensbeteiligter einen Nachteil erleidet, wird angemessen entschädigt. [2]Die Angemessenheit der Verfahrensdauer richtet sich nach den Umständen des Einzelfalles, insbesondere nach der Schwierigkeit und Bedeutung des Verfahrens und nach dem Verhalten der Verfahrensbeteiligten und Dritter.

(2) [1]Ein Nachteil, der nicht Vermögensnachteil ist, wird vermutet, wenn ein Gerichtsverfahren unangemessen lange gedauert hat. Hierfür kann Entschädigung nur beansprucht werden, soweit nicht nach den Umständen des Einzelfalles Wiedergutmachung auf andere Weise gemäß Absatz 4 ausreichend ist. [2]Die Entschädigung gemäß Satz 2 beträgt 1 200 Euro für jedes Jahr der Verzögerung. [3]Ist der Betrag gemäß Satz 3 nach den Umständen des Einzelfalles unbillig, kann das Gericht einen höheren oder niedrigeren Betrag festsetzen.

(3) [1]Entschädigung erhält ein Verfahrensbeteiligter nur, wenn er bei dem mit der Sache befassten Gericht die Dauer des Verfahrens gerügt hat (Verzögerungsrüge). [2]Die Verzögerungsrüge kann erst erhoben werden, wenn Anlass zur Besorgnis besteht, dass das Verfahren nicht in einer angemessenen Zeit abgeschlossen wird; eine Wiederholung der Verzögerungsrüge ist frühestens nach sechs Monaten möglich, außer wenn ausnahmsweise eine kürzere Frist geboten ist. [3]Kommt es für die Verfahrensförderung auf Umstände an, die noch nicht in das Verfahren eingeführt worden sind, muss die Rüge hierauf hinweisen. [4]Anderenfalls werden sie von dem Gericht, das über die Entschädigung zu entscheiden hat (Entschädigungsgericht), bei der Bestimmung der angemessenen Verfahrensdauer nicht berücksichtigt. [5]Verzögert sich das Verfahren bei einem anderen Gericht weiter, bedarf es einer erneuten Verzögerungsrüge.

(4) [1]Wiedergutmachung auf andere Weise ist insbesondere möglich durch die Feststellung des Entschädigungsgerichts, dass die Verfahrensdauer unangemessen war. [2]Die Feststellung setzt keinen Antrag voraus. [3]Sie kann in schwerwiegenden Fällen neben der Entschädi-

---

10 Hk-ZPO/*Rathmann*, § 170 GVG Rn. 3
11 MüKo-ZPO/*Zimmermann*, § 170 GVG Rn. 5
12 Prütting/Gehrlein/*Neff*, § 170 GVG Rn. 4

gung ausgesprochen werden; ebenso kann sie ausgesprochen werden, wenn eine oder mehrere Voraussetzungen des Absatzes 3 nicht erfüllt sind.

(5) [1]Eine Klage zur Durchsetzung eines Anspruchs nach Absatz 1 kann frühestens sechs Monate nach Erhebung der Verzögerungsrüge erhoben werden. [2]Die Klage muss spätestens sechs Monate nach Eintritt der Rechtskraft der Entscheidung, die das Verfahren beendet, oder einer anderen Erledigung des Verfahrens erhoben werden. [3]Bis zur rechtskräftigen Entscheidung über die Klage ist der Anspruch nicht übertragbar.

(6) Im Sinne dieser Vorschrift ist

1. **ein Gerichtsverfahren jedes Verfahren von der Einleitung bis zum rechtskräftigen Abschluss einschließlich eines Verfahrens auf Gewährung vorläufigen Rechtsschutzes und zur Bewilligung von Prozess- oder Verfahrenskostenhilfe; ausgenommen ist das Insolvenzverfahren nach dessen Eröffnung; im eröffneten Insolvenzverfahren gilt die Herbeiführung einer Entscheidung als Gerichtsverfahren;**
2. **ein Verfahrensbeteiligter jede Partei und jeder Beteiligte eines Gerichtsverfahrens mit Ausnahme der Verfassungsorgane, der Träger öffentlicher Verwaltung und sonstiger öffentlicher Stellen, soweit diese nicht in Wahrnehmung eines Selbstverwaltungsrechts an einem Verfahren beteiligt sind.**

Die Vorschrift regelt die Voraussetzungen einer nachträglichen Entschädigung. Zum präventiven Rechtsbehelf der Beschleunigungsrüge und Beschleunigungsbeschwerde nach §§ 155b, 155c FamFG in Kindschaftssachen siehe die dortige Kommentierung.

▶ *Zur Bedeutung der Verfahrensdauer in Kindschaftssachen vgl. Fink, § 155 FamFG Rn. 12 ff.*

Kapitel 3
Rechtspflegergesetz (RPflG)

in der Fassung der Bekanntmachung vom 14. April 2013 (BGBl. I S. 778, 2014 I S. 46), zuletzt geändert durch Gesetz vom 17. Dezember 2018 (BGBl. I 2573)

Erster Abschnitt
Aufgaben und Stellung des Rechtspflegers

§ 1 RPflG Allgemeine Stellung des Rechtspflegers

Der Rechtspfleger nimmt die ihm durch dieses Gesetz übertragenen Aufgaben der Rechtspflege wahr.

Übersicht

	Rn.
A. Allgemeines	1
B. Inhalt der Norm	3

A. Allgemeines

1 Nur das zuständige Gericht und die hier zuständige Person können eine förmlich rechtmäßige Entscheidung treffen. Im Rahmen der Zuständigkeitsprüfung, die der Richter bzw. Rechtspfleger in Kindschaftssachen bei Verfahrenseinleitung vorzunehmen hat, ist zu unterscheiden zwischen der **sachlichen, örtlichen und funktionalen Zuständigkeit**. Dabei entscheidet sich die funktionale Zuständigkeit im Kindschaftsrecht auf der Grundlage des Rechtspflegergesetzes (§§ 3, 14 RPflG), welches daneben u.a. gesetzliche Regelungen über die Aufgabenwahrnehmung durch den Rechtspfleger (§§ 1, 4, 9 RPflG), das Verhältnis von Richter und Rechtspfleger (§§ 5 bis 8 RPflG) sowie die Anfechtbarkeit von Entscheidungen des Rechtspflegers (§ 11 RPflG) enthält.

2 Der Rechtspfleger ist im Unterschied zum Richter **Angehöriger der Exekutive** und nicht der Judikative. Er ist zwar sachlich unabhängig (vgl. § 9 RPflG), jedoch nicht Richter i.S.d. Art. 92 GG,[1] sondern **Beamter des gehobenen Justizdienstes**, hat in der Regel einen dreijährigen Vorbereitungsdienst abgeleistet und die sog. Rechtspflegerprüfung bestanden (vgl. § 2 RPflG). Während des Vorbereitungsdienstes hat er einen Studiengang an einer Fachhochschule absolviert und verschiedene Abteilungen des Amtsgerichts durchlaufen. Während dieser Zeit werden ihm die theoretischen und praktischen Grundlagen für seine spätere Tätigkeit vermittelt.

B. Inhalt der Norm

3 Die Norm verdeutlicht, dass die **Aufgaben des Rechtspflegers** sich umfassend aus dem Rechtspflegergesetz ergeben. Mit diesem wurden vormals richterliche Tätigkeiten zur Entlastung des Richters auf das damals neue Berufsbild des Rechtspflegers übertragen. Mit Aufgaben, die nicht diesem Gesetz zu entnehmen sind, darf der Rechtspfleger als solcher nicht betraut werden.

4 Der Rechtspfleger nimmt **Aufgaben der Rechtspflege** wahr und nicht Aufgaben der Verwaltung. Seine Entscheidungen im Bereich des Kindschaftsrechts sind damit solche „des Amtsgerichts" bzw. „des Familiengerichts". Diese trifft er nach denselben verfahrens-

1 Hierzu etwa BGH NJW-RR 2010, 1366

rechtlichen und materiell-rechtlichen Grundlagen wie der Richter, also insbesondere dem FamFG und dem BGB.

§ 2 RPflG Voraussetzungen für die Tätigkeit als Rechtspfleger

Von Abdruck und Kommentierung wird abgesehen.

§ 3 RPflG Übertragene Geschäfte

Dem Rechtspfleger werden folgende Geschäfte übertragen:

1. **in vollem Umfange die nach den gesetzlichen Vorschriften vom Richter wahrzunehmenden Geschäfte des Amtsgerichts in**
   a) – e) […]
   f) Urkundssachen einschließlich der Entgegennahme der Erklärung,
   g) – m) […]
2. **vorbehaltlich der in den §§ 14 bis 19b dieses Gesetzes aufgeführten Ausnahmen die nach den gesetzlichen Vorschriften vom Richter wahrzunehmenden Geschäfte des Amtsgerichts in**
   a) Kindschaftssachen und Adoptionssachen sowie entsprechenden Lebenspartnerschaftssachen nach den §§ 151, 186 und 269 des Gesetzes über das Verfahren in Familiensachen und in den Angelegenheiten der freiwilligen Gerichtsbarkeit,

[…] *(Vom weiter gehenden Abdruck wird abgesehen.)*

Literatur

Weiterführende Literatur: Harm/Mix/Opitz/Pütz/Rotax/Rüting, Amtsvormundschaft und Familiengericht im Spannungsfeld der unterschiedlichen Aufgabenwahrnehmung vor dem Hintergrund der Vormundschaftsreform, FamRZ 2012, 1849 ff.

Übersicht

	Rn.
A. Allgemeines	1
B. Inhalt der Norm	4

A. Allgemeines

1 Das Rechtspflegergesetz kennt die sog. **Vollübertragung** und die **Einzelübertragung** (§ 3 Ziffer 1 und 3), die im Kindschaftsrecht mit Ausnahme von Beurkundungen in Abstammungssachen keine nennenswerte Relevanz haben, sowie die sog. **Vorbehaltsübertragung** (§ 3 Ziffer 2). Mit Letzterer werden die im Kanon der Ziffer 2 genannten Geschäfte vorbehaltlich einer anderweitigen gesetzlichen Regelung in diesem Gesetz auf den Rechtspfleger übertragen. Findet sich eine solche Übertragung nicht innerhalb des Rechtspflegergesetzes, so bleibt es bei der in § 3 als Ausgangspunkt gesetzlich festgelegten funktionalen Zuständigkeit des Rechtspflegers. Angesichts der grundsätzlichen Zuweisung der Sachgebiete auf den Rechtspfleger spricht **in Zweifelsfällen eine Vermutung** für dessen Zuständigkeit.[1] Für das Kindschaftsrecht sind dabei ausschließlich die gesetzlichen Regelungen in §§ 4 und 14 RPflG von Relevanz, die der Normanwender im Einzelfall zu prüfen hat.

1 *Dörndorfer*, § 3 RPflG Rn. 12 m.w.N.

2 Übertragen werden damit Geschäfte, für die insbesondere nach dem Bürgerlichen Gesetzbuch **„das Gericht", „das Familiengericht" oder „der Richter"** zuständig ist. In diesen Fällen entscheiden erst die gesetzlichen Regelungen im Rechtspflegergesetz darüber, ob das gerichtliche Verfahren letztlich vor dem Richter oder dem Rechtspfleger durchzuführen ist bzw. wer von beiden die verfahrensabschließende Entscheidung zu treffen hat. Dabei beinhaltet der Vorbehalt des § 14 RPflG trotz seiner missverständlichen Formulierung über den Inhalt des Vorbehalts („Entscheidungen", „Maßnahmen", „Regelungen" etc.), dass der Richter in den Fällen des Vorbehalts **insgesamt für das Verfahren** und nicht lediglich für die verfahrensabschließende Entscheidung zuständig ist.[2]

3 **Welcher von mehreren Rechtspflegern** innerhalb des Gerichts für die nach dem Rechtspflegergesetz von ihm wahrzunehmenden Aufgaben zuständig ist, ist – auch mit Blick auf §§ 9 und 10 RPflG – im Wege der **Geschäftsverteilung** vom Dienstvorgesetzten und nicht vom Präsidium des Gerichts zu regeln, da § 21e GVG keine Anwendung findet.[3] Insgesamt sind die Vorschriften über den gesetzlichen Richter auf den Rechtspfleger nicht anzuwenden.[4]

B. Inhalt der Norm

4 Dem Rechtspfleger werden insbesondere die **Kindschaftssachen** (hierzu *Keuter,* Kommentierung zu § 151 FamFG) sowie die **Adoptionssachen** (hierzu *Braun,* Kommentierung zu § 186 FamFG) übertragen, wobei diese Übertragung nur vorbehaltlich der in § 14 RPflG ausführlich aufgelisteten Ausnahmen erfolgt. Erst der Blick in §§ 3 und 14 vermittelt damit die abschließende Antwort auf die Frage, ob der Richter oder Rechtspfleger funktional zuständig ist.

▶ *Zur Richterzuständigkeit im Kindschaftsrecht siehe Heilmann, Kommentierung zu 14 RPflG.*

5 Im **Bereich der elterlichen Sorge** ist damit der Rechtspfleger für folgende Verfahren funktionell zuständig:

- Ersetzung der Einwilligung des anderen Elternteils, dessen Namen das Kind führt, zu einer Einbenennung, wenn diesem die elterliche Sorge nicht zusteht[5] (siehe hierzu *Heilmann,* § 14 RPflG Rn. 14)
- Entziehung der elterlichen Vertretungsmacht (§ 1629 Abs. 2 Satz 3 i.V.m. § 1796 BGB)
- Unterstützung der Eltern bei der Ausübung der Personensorge (§ 1631 Abs. 3 BGB)
- Genehmigung bei Abweichungen von einer Erblasseranordnung (§§ 1639 Abs. 2, 1803 Abs. 2, 3 BGB)
- Anordnung der Aufnahme eines Vermögensverzeichnisses durch Behörde, Beamten bzw. Notar (§ 1640 Abs. 3 BGB)
- Genehmigung von Rechtsgeschäften (§ 1643 i.V.m. § 1821, § 1822 Abs. 1 Nr. 1, 3, 5, 8 bis 11, 1825 BGB)
- Genehmigung zur Überlassung von Vermögensgegenständen an das Kind (§ 1644 BGB)
- Genehmigung zum Beginn eines neuen Erwerbsgeschäfts im Namen des Kindes (§ 1645 BGB)

---

2 *Dörndorfer,* § 3 RPflG Rn. 13
3 BVerwGE 19, 112 ff.
4 BGH NJW-RR 2010, 1366
5 OLG Stuttgart Rpfleger 1999, 443; BGH FamRZ 1999, 1648

- Anordnung von Maßnahmen bei Gefährdung des Kindesvermögens (§ 1667 BGB); auch der Entzug der Vermögenssorge (arg. e. § 14 Abs. 1 Nr. 2 RPflG)[6]
- Feststellung des Ruhens der elterlichen Sorge bei tatsächlichem Hindernis (§ 1674 BGB) sowie die Feststellung, dass der Grund des Ruhens nicht mehr besteht (§ 1674 Abs. 2 BGB).[7] Gegebenenfalls ist die Sache dem Richter zur Prüfung der Einleitung eines Kindesschutzverfahrens (§§ 1666, 1666a BGB) vorzulegen.
- Entscheidung über den Auskunftsanspruch eines Elternteils gegen den anderen Elternteil über die persönlichen Verhältnisse des Kindes (§ 1686 BGB); ggf. aber Richterzuständigkeit mit Blick auf § 6 RPflG
- Entscheidung über den Auskunftsanspruch des biologischen Vaters (§ 1686a Abs. 1 Nr. 2 BGB); ggf. aber Richterzuständigkeit mit Blick auf § 6 RPflG
- Einschränkung oder Ausschluss von Befugnissen des nicht sorgeberechtigten Elternteils (§ 1687b Abs. 3 BGB) bzw. Lebenspartners (§ 9 Abs. 3 LPartG)
- gerichtliche Maßnahmen bei Verhinderung der Eltern (§ 1693 BGB), soweit keine Unterbringung des Kindes in Betracht kommt
- Abänderung einer Rechtspflegerentscheidung nach § 1696 BGB
- Tätigkeiten im Rahmen der §§ 112, 1484, 1491 bis 1493, 1596, 1597 Abs. 3, 1599 Abs. 2 Satz 2 i.V.m. §§ 1596, 2282 Abs. 2, 2290 Abs. 2 Satz 2, 2291, 2347, 2351, 2352 BGB, § 16 Abs. 3 VerschG und §§ 19 Abs. 1, 25 Abs. 1, 26 StAG (auch soweit der Vormund tätig wird)

Mit Blick auf die Verweisung in § 158 Abs. 7 Satz 6 FamFG auf § 168 FamFG sowie den fehlenden Richtervorbehalt ist der Rechtspfleger auch für die **Festsetzung der Vergütung** des **Verfahrensbeistandes** funktionell zuständig. 6

Im **Bereich der Vormundschaft** besteht die funktionale Zuständigkeit für folgende Verfahren: 7

- Anordnung der Vormundschaft sowie Auswahl und Bestellung des Vormunds, es sei denn, das Kind ist Angehöriger eines fremden Staates oder Hintergrund ist die Aufhebung der Adoption (vgl. § 1764 Abs. 4 BGB); ggf. aber – auch aus verfassungsrechtlichen Gründen – Richterzuständigkeit nach § 6 RPflG, wenn ein enger Zusammenhang zum Sorgerechtseingriff nach §§ 1666, 1666a BGB besteht[8]
- Entziehung der Vertretungsmacht bei einem Interessenkonflikt (§ 1796 BGB)
- Genehmigung bzw. Zustimmungsersetzung in den Fällen des § 1802 Abs. 2, 3 BGB
- vormundschaftsrechtliche Genehmigungen (§§ 1810 bis 1812, 1819 bis 1824 BGB) sowie die allgemeine Ermächtigung (§ 1825 BGB)
- Befreiungserteilung (§ 1817 BGB) und Hinterlegungsanordnung (§ 1818 BGB)
- Festsetzung von Vergütung, Aufwendungsersatz und Aufwandsentschädigung des Vormunds (§§ 1835, 1836 BGB, §§ 1, 3 VBVG) und von Zahlungen an die Staatskasse (§ 168 Abs. 1 Satz 2, Abs. 3 FamFG)
- Beratung und Beaufsichtigung des Vormunds (§ 1837 Abs. 1, 2 BGB)
- Rechnungsprüfung (§ 1843 BGB)

---

6 Dies verkennt OLG Frankfurt NJW-RR 2005, 1382 (näher hierzu unten § 14 Rn. 5).

7 Mit Blick auf die mögliche Intensität des Grundrechtseingriffs erwägt das KG (ZKJ 2012, 269) eine entsprechende Anwendung von § 14 Abs. 1 Nr. 1 RPflG.

8 BVerfG FamRZ 2015, 208 = JAmt 2015, 324

- Ge- und Verbote (§ 1837 Abs. 2 bis 4 BGB) und etwaige Abänderungsentscheidungen (§ 1837 Abs. 4 BGB i.V.m. § 1696 BGB), nicht jedoch Eingriffe in die Personensorge des Vormunds (§ 1837 Abs. 4 BGB i.V.m. §§ 1666, 1666a BGB), da insoweit der Richtervorbehalt des § 14 Abs. 1 Nr. 2 RPflG eingreift
- einstweilige Maßregeln des Familiengerichts i.S.v. § 1846 BGB
- Aufhebung der Befreiung i.S.v. § 1857 BGB bzw. der Vormundschaft gemäß § 1884 BGB
- Entlassung des Vormunds (§§ 1886 bis 1889 BGB)
- Prüfung der Schlussrechnung (§ 1892 BGB)
- Genehmigungen nach § 1411 BGB, §§ 2, 8 NamÄndG, § 180 Abs. 2 ZVG

8 Im **Bereich der Pflegschaft bzw. Vertretung** ist der Rechtspfleger zuständig für:

- Anordnung der Pflegschaft sowie Auswahl und Bestellung des Pflegers in den Fällen der
  - Ergänzungspflegschaft (§ 1909 BGB),
  - Pflegschaft für eine Leibesfrucht (§ 1912 BGB) und einen unbekannten Beteiligten (§ 1913 BGB) und
  - Pflegschaft nach § 17 SachenRBerG (siehe jedoch § 96 GBO)
- Bestellung eines Vertreters nach § 81 AO, § 207 BauGB, § 119 FlurbG, § 15 SGB X, § 16 VwVfG, wenn die Vertreterbestellung nicht aufgrund dienstrechtlicher Vorschriften erfolgt (vgl. § 14 Abs. 1 Nr. 9 RPflG, hierzu § 14 RPflG Rn. 20)
- die unter Rn. 7 genannten Geschäfte, soweit § 1915 BGB hierauf verweist

9 **Keine funktionale Zuständigkeit** des Rechtspflegers besteht hingegen für die Entscheidung über die Aufhebung einer Pflegschaft, wenn für deren Anordnung die funktionelle Zuständigkeit des Richters besteht. Dies ist insbesondere in den Fällen des Richtervorbehaltes nach § 14 Nr. 10 RPflG zu beachten. Bei anderer Betrachtung würde dem Rechtspfleger, der die Rechtsauffassung des Richters nicht teilt, die Stellung einer diesem übergeordneten Instanz zukommen. Eine gleichwohl getroffene Entscheidung des Rechtspflegers ist in diesen Fällen gemäß § 8 Abs. 1 RPflG unwirksam.[9]

10 Im **Bereich der Adoptionssachen** besteht Rechtspflegerzuständigkeit für:

- Erteilung einer Bescheinigung an das Jugendamt (§ 190 FamFG)
- Anordnung über das Bestehen des Offenbarungs- und Ausforschungsverbotes im Falle eines Antrages auf Ersetzung der Einwilligung eines Elternteils zur Adoption (§ 1758 Abs. 2 Satz 2 BGB)
- Anordnung der Namensführung nach Aufhebung des Annahmeverhältnisses (§ 1765 Abs. 3 BGB), soweit diese nicht wegen des engen Zusammenhangs nach § 6 RPflG mit der Entscheidung über die Aufhebung vom Richter getroffen wird

Im Übrigen bestehen nach § 14 Abs. 1 Nr. 15 und 16 RPflG Richtervorbehalte.

11 Im Bereich der **Abstammungssachen** findet durch das Gesetz keine explizite Übertragung von Aufgaben auf den Rechtspfleger statt. Für diese ist der Richter funktionell zuständig. Allenfalls ist der Rechtspfleger für **Beurkundungen** (siehe § 3 Nr. 1 lit. f RPflG) sowie dann zuständig, wenn das Abstammungsrecht andere Bereiche tangiert, in denen

9 OLG Frankfurt ZKJ 2013, 503 f.

eine Aufgabenübertragung durch das Gesetz erfolgt. Ist etwa die Bestellung eines Ergänzungspflegers für das Abstammungsverfahren geboten, ist diese vom Rechtspfleger vorzunehmen, es sei denn, der Richter zieht dieses Geschäft mit Blick auf § 6 RPflG an sich.

▶ *Zu Einzelheiten des Verfahrens in Abstammungssachen siehe Grün, Kommentierung zu § 169 FamFG.*

§ 4 RPflG Umfang der Übertragung

(1) Der Rechtspfleger trifft alle Maßnahmen, die zur Erledigung der ihm übertragenen Geschäfte erforderlich sind.

(2) Der Rechtspfleger ist nicht befugt,

1. eine Beeidigung anzuordnen oder einen Eid abzunehmen,

2. Freiheitsentziehungen anzudrohen oder anzuordnen, sofern es sich nicht um Maßnahmen zur Vollstreckung

a) einer Freiheitsstrafe nach § 457 der Strafprozessordnung oder einer Ordnungshaft nach § 890 der Zivilprozessordnung,

b) einer Maßregel der Besserung und Sicherung nach § 463 der Strafprozeßordnung oder

c) der Erzwingungshaft nach § 97 des Gesetzes über Ordnungswidrigkeiten

handelt.

(3) Hält der Rechtspfleger Maßnahmen für geboten, zu denen er nach Absatz 2 Nr. 1 und 2 nicht befugt ist, so legt er deswegen die Sache dem Richter zur Entscheidung vor.

Übersicht

Rn.
A. Allgemeines ... 1
B. Inhalt der Norm ... 3
I. Zuständigkeit für erforderliche Maßnahmen (Abs. 1) ... 3
II. Ausnahmen (Abs. 2) ... 6
III. Richtervorlage (Abs. 3) ... 7

A. Allgemeines

1 Der Rechtspfleger soll im Rahmen der ihm übertragenen Befugnisse grundsätzlich **dieselben Kompetenzen** haben wie der Richter. Damit soll eine ordnungsgemäße und effektive Verfahrensführung „in einer Hand" gewährleistet sein. Der Rechtspfleger hat damit im Kindschaftsrecht auch die Einhaltung verfahrensrechtlicher Garantien (rechtliches Gehör, persönliche Anhörungen, Verfahrensbeistandbestellung etc.) zu gewährleisten, wenn er funktionell zuständig ist.

2 Der Rechtspfleger ist jedoch kein Richter, so dass insbesondere die **verfassungsrechtlichen Vorgaben** auch einfachrechtlich umzusetzen sind. Das Grundgesetz verlangt etwa, dass nur der Richter über die Zulässigkeit und Fortdauer einer Freiheitsentziehung entscheidet (Art. 104 Abs. 2 Satz 1 GG). Derartige Maßnahmen obliegen damit nicht dem Rechtspfleger. § 4 setzt insbesondere dieses verfassungsrechtliche Gebot um.

B. Inhalt der Norm

I. Zuständigkeit für erforderliche Maßnahmen (Abs. 1)

3 Die Übertragung auf den Rechtspfleger umfasst **„alle Maßnahmen, die zur Erledigung der ... übertragenen Aufgaben erforderlich sind"**. Damit hat dieser innerhalb dieses

Rahmens seine (sachliche, örtliche und funktionelle) Zuständigkeit eigenständig zu prüfen, kann ein Verfahren ggf. nach § 3 FamFG verweisen bzw. nach § 4 FamFG abgeben oder übernehmen und dieses nach § 5 FamFG vorlegen sowie über Akteneinsichtsgesuche befinden, Rechts- und Amtshilfe leisten (§ 156 GVG).

4 Der Rechtspfleger hat nach § 26 FamFG **von Amts wegen die zur Feststellung der entscheidungserheblichen Tatsachen erforderlichen Ermittlungen** durchzuführen (§ 26 FamFG). Er hat also in den Grenzen des Abs. 2 auch Beweis zu erheben, hat **Termine und Anhörungen** durchzuführen bzw. Stellungnahmen, insbesondere nach § 162 FamFG, einzuholen. Verletzt er diese Verpflichtung, kann seine Entscheidung auf das nach § 11 RPflG statthafte Rechtsmittel hin aufzuheben und auf Antrag an ihn zurückzuverweisen sein.[1] Daneben hat er auch in den ihm übertragenen Angelegenheiten die Entscheidung über einen **Verfahrenskostenhilfeantrag** zu treffen.

5 Mithin hat der Rechtspfleger im Rahmen der Übertragung **alle verfahrensvorbereitenden Neben- und Zwischenentscheidungen** sowie die Nebenentscheidungen zur verfahrensabschließenden Endentscheidung (**Kosten, Wert**) zu treffen. Soweit die gesetzlichen Voraussetzungen erfüllt sind, obliegt ihm im Rahmen seiner funktionalen Zuständigkeiten auch die **Bestellung eines Verfahrensbeistandes** als sog. Zwischenentscheidung.[2] Diese ist unanfechtbar (§ 158 Abs. 3 Satz 4 FamFG) und kann auch nicht mit der Erinnerung i.S.v. § 11 RPflG angefochten werden, da es sich nicht um eine Endentscheidung oder eine nach dem Gesetz anfechtbare Zwischenentscheidung handelt.

II. Ausnahmen (Abs. 2)

6 Die Entscheidungen über **Beeidigungen und Freiheitsentziehungen obliegen dem Richter**, Letzteres mit Blick auf die klare verfassungsrechtliche Ausgangslage in Art. 104 Abs. 2 Satz 1 GG, Ersteres mit der Einschränkung, dass der Eid von der eidesstattlichen Versicherung zu unterscheiden ist. Letztere kann der Rechtspfleger entgegennehmen.

III. Richtervorlage (Abs. 3)

7 In den **Fällen des Abs. 2** hat der Rechtspfleger die Sache dem Richter vorzulegen (zur Form siehe *Heilmann,* Kommentierung zu § 5 RPflG), wenn er eine solche Maßnahme für geboten erachtet. Fehlt es daran, dann muss er diese auch nicht vorlegen und die Maßnahme unterbleibt. Legt der Rechtspfleger hingegen vor, dann ist die Tätigkeit des Richters auf die Entscheidung über die entsprechende Maßnahme beschränkt.

§ 5 RPflG Vorlage an den Richter

(1) Der Rechtspfleger hat ihm übertragene Geschäfte dem Richter vorzulegen, wenn

1. sich bei der Bearbeitung der Sache ergibt, dass eine Entscheidung des Bundesverfassungsgerichts oder eines für Verfassungsstreitigkeiten zuständigen Gerichts eines Landes nach Artikel 100 des Grundgesetzes einzuholen ist;

2. zwischen dem übertragenen Geschäft und einem vom Richter wahrzunehmenden Geschäft ein so enger Zusammenhang besteht, dass eine getrennte Behandlung nicht sachdienlich ist.

(2) Der Rechtspfleger kann ihm übertragene Geschäfte dem Richter vorlegen, wenn die Anwendung ausländischen Rechts in Betracht kommt.

---

1 BGH ZKJ 2014, 104 f. mit Anm. *Dürbeck*
2 BGH NJW-RR 2003, 1369

(3) [1]Die vorgelegten Sachen bearbeitet der Richter, solange er es für erforderlich hält. [2]Er kann die Sachen dem Rechtspfleger zurückgeben. [3]Gibt der Richter eine Sache an den Rechtspfleger zurück, so ist dieser an eine von dem Richter mitgeteilte Rechtsauffassung gebunden.

Übersicht

Rn.
A. Allgemeines ... 1
B. Inhalt der Norm ... 5
I. „Mussvorlage" (Abs. 1) ... 5
II. „Kannvorlage" (Abs. 2) ... 8
III. Richtertätigkeit (Abs. 3) ... 10

A. Allgemeines

Die Regelungen der Aufgabenübertragung auf den Rechtspfleger sind auf den ersten Blick **statisch und unflexibel**. Dies dient nicht zuletzt der Rechtssicherheit. Gleichwohl kann die Abgrenzung der Zuständigkeiten im Einzelfall verfahrensunökonomisch sein und damit Verfahrensverzögerungen nach sich ziehen, die dem zentralen Leitmotiv in Kindschaftssachen, dem kindeswohlzentrierten Verfahren, zuwiderlaufen können. 1

Insbesondere § 5 Abs. 1 Nr. 2 RPflG ermöglicht daher **im Einzelfall die Vorlage durch den Rechtspfleger an den Richter** und damit eine einheitliche Sachbearbeitung durch diesen, obwohl eine funktionelle Zuständigkeit des Rechtspflegers besteht. Eine nach alter Rechtslage noch bestehende Vorlagepflicht an den Richter wegen rechtlicher Schwierigkeit der Sache hält der Gesetzgeber mit Blick auf den heutigen Ausbildungsstand der Rechtspfleger nicht mehr für erforderlich.[1] Dieser vermag eine Vorlage an den Richter und damit eine Abweichung vom gesetzgeberischen Regelungskonzept nicht mehr zu rechtfertigen. 2

Zu den **Folgen eines Verstoßes gegen die Vorlagepflicht** siehe § 8 Abs. 3 RPflG. Erfolgt die Vorlage, dann bearbeitet der Richter die Sache entweder oder er gibt sie an den Rechtspfleger zurück, wenn er die gesetzlichen Voraussetzungen für seine funktionelle Zuständigkeit nicht als gegeben erachtet. Bei Streit oder Ungewissheit (zwischen Rechtspfleger und Richter bzw. bei den Beteiligten) über die Zuständigkeit gilt § 7 RPflG. 3

„Richter" im Sinne des Rechtspflegergesetzes ist nach § 28 RPflG immer der gerichtsintern **nach dem jeweiligen Geschäftsverteilungsplan zuständige Richter**. 4

B. Inhalt der Norm

I. „Mussvorlage" (Abs. 1)

In den Fällen des Abs. 1 muss der Rechtspfleger die Sache dem Richter vorlegen. Er hat damit **kein Ermessen**. 5

Ziffer 1 bezieht sich damit auf die Fälle, in denen der Rechtspfleger der Ansicht ist, dass ein Gesetz, auf das es bei seiner Entscheidung ankommt, **verfassungswidrig** ist. In diesen Fällen legt er die Sache dem Richter vor, der dann etwa die Entscheidung zur Vorlage an das Bundesverfassungsgericht zu treffen hat. Legt der Richter die Sache nicht dem Bundesverfassungsgericht vor, weil er die Voraussetzungen hierfür nicht als gegeben erachtet, so gibt er die Sache dem Rechtspfleger zurück und dieser hat das Gesetz mit Blick auf § 5 Abs. 3 Satz 3 RPflG anzuwenden. 6

1 BT-Drucks. 13/10244, 7

7 Ziffer 2 regelt den Fall des **engen Sachzusammenhangs** zwischen einem Geschäft, für welches der Richter funktionell zuständig ist, und einem solchen, für das sich aus dem Gesetz eine funktionelle Zuständigkeit des Rechtspflegers ergibt. In diesen Fällen soll der Richter die Sache mit Blick auf § 6 RPflG einheitlich bearbeiten. Für die Praxis relevante Beispiele aus dem Bereich des Kindschaftsrechts sind etwa der vollständige bzw. teilweise Entzug der elterlichen Sorge nach §§ 1666, 1666a BGB und die erforderlich werdende Ergänzungspfleger- bzw. Vormundbestellung (Anordnung und Auswahl).[2] Gleiches gilt bei der Anordnung einer Vormundschaft für ein Mitglied eines fremden Staates und die sich anschließende Auswahlentscheidung.

II. „Kannvorlage" (Abs. 2)

8 Kommt die **Anwendung ausländischen Rechts** in Betracht, dann hat der Rechtspfleger ein Ermessen, ob er die Sache dem Richter vorlegt. Die Anwendung und Auslegung der kollisionsrechtlichen Vorschriften des Internationalen Privatrechts, insbesondere des EGBGB, kann dann durch den Richter erfolgen.

9 **„Ausländisches Recht"** in diesem Sinne sind nicht internationale Abkommen, die durch Bundesgesetz ihrerseits Teil des deutschen Rechts geworden sind.

III. Richtertätigkeit (Abs. 3)

10 Der Richter ist lediglich mit Blick auf § 7 RPflG, also in den Fällen der **Vorlage wegen engen Zusammenhangs**, insoweit gebunden, dass er sowohl sein eigenes als auch das Rechtspflegergeschäft bearbeiten „soll". Letztlich hat er die weitere Verfahrensweise aber in der Hand, denn er hat ein Rechtspflegergeschäft nur so lange zu bearbeiten, wie er „es für erforderlich hält", und kann die Sache dann dem Rechtspfleger zurückgeben. Dieser ist dann nicht nur an die **Rechtsauffassung des Richters** zur Frage der Zulässigkeit der Vorlage, sondern auch an dessen kenntlich gemachte rechtliche Bewertung in der Sache gebunden. Der Rechtspfleger hat, wenn der Richter einen entsprechenden Beschluss fasst, auch keine Möglichkeit mehr, eine weiter gehende richterliche Tätigkeit zu erzwingen, denn der Richter entscheidet mit Blick auf § 7 RPflG im Zweifel abschließend über die weitere Zuständigkeitsverteilung.

§ 6 RPflG Bearbeitung übertragener Sachen durch den Richter

Steht ein übertragenes Geschäft mit einem vom Richter wahrzunehmenden Geschäft in einem so engen Zusammenhang, dass eine getrennte Bearbeitung nicht sachdienlich wäre, so soll der Richter die gesamte Angelegenheit bearbeiten.

1 Die Vorschrift eröffnet dem Richter die Möglichkeit, sowohl sein eigenes als auch das Rechtspflegergeschäft zu bearbeiten. Sie setzt damit voraus, dass es neben diesem auch ein richterliches Geschäft gibt. Nur in diesem Fall darf der Richter das Rechtspflegergeschäft an sich ziehen. Dies wird etwa bei der anstehenden Entscheidung in einem Verfahren auf Entzug der elterlichen Sorge nach §§ 1666, 1666a BGB geboten sein, damit der Richter zugleich auch über die Auswahl des Vormunds entscheidet.[1]

2 Zwar korrespondiert diese Regelung mit der **Pflicht zur Vorlage** durch den Rechtspfleger an den Richter in § 5 Abs. 1 Nr. 2 RPflG. Soweit hierzu jedoch die Auffassung vertreten wird, dass es einer vorherigen Vorlage durch den Rechtspfleger bedarf,[2] ist dem nicht zu

2 BVerfG FamRZ 2015, 208 = JAmt 2015, 324
1 BVerfG a.a.O.
2 *Dörndorfer*, § 6 RPflG Rn. 1

folgen. Ohnehin würde in einem Kompetenzkonflikt zwischen Richter und Rechtspfleger der Richter abschließend zu entscheiden haben (vgl. § 7 RPflG). Sachdienlichkeitserwägungen und Überlegungen der Verfahrensökonomie sind daher vorrangig vor übertriebenem Formalismus.

§ 7 RPflG Bestimmung des zuständigen Organs der Rechtspflege

[1]Bei Streit oder Ungewissheit darüber, ob ein Geschäft von dem Richter oder dem Rechtspfleger zu bearbeiten ist, entscheidet der Richter über die Zuständigkeit durch Beschluss. [2]Der Beschluss ist unanfechtbar.

1 Die Norm ist sowohl bei Zuständigkeitskonflikten zwischen Richter und Rechtspfleger als auch bei solchen zwischen dem Rechtspfleger und Beteiligten anwendbar, wenn Letztere der Auffassung sind, nicht der Rechtspfleger, sondern der Richter hätte ein Geschäft wahrzunehmen. Zeitaufwendige Zuständigkeitskonflikte sollen auf diese Weise vermieden werden. Entweder der Richter oder der Rechtspfleger sollen nun in die Verfahrensförderung eintreten, ohne durch Kompetenzkonflikte gehindert zu werden.

2 Die Norm ist nicht anwendbar bei Zuständigkeitskonflikten zwischen Rechtspflegern verschiedener Gerichte (hier gelten die allgemeinen Normen zu den Konflikten auf den Ebenen sachlicher und örtlicher Zuständigkeit, siehe hierzu *Keuter,* § 154 FamFG Rn. 5, sowie *Keuter,* § 17a GVG Rn. 22). Bei einem Zuständigkeitskonflikt zwischen den Rechtspflegern desselben Gerichts handelt es sich um einen Streit über die Auslegung und Anwendung der Geschäftsverteilung, so dass der Dienstvorgesetzte zu entscheiden hat. Einen Kompetenzkonflikt zwischen Rechtspfleger und Urkundsbeamten der Geschäftsstelle kann der Rechtspfleger analog § 7 RPflG entscheiden.[1]

3 Der im Rahmen des § 7 RPflG getroffene Beschluss des Richters ist bindend und unanfechtbar. Das Geschäft des Rechtspflegers ist unbeschadet etwaiger Verstöße gegen die Kompetenzverteilung durch das RPflG wirksam (vgl. § 8 Abs. 4 Satz 2 RPflG). Es handelt sich nicht um einen Beschluss i.S.v. § 38 FamFG, da es sich nicht um eine Endentscheidung handelt. Eine formlose „Zuschreibung" der Sache durch den Richter an den Rechtspfleger genügt den gesetzlichen Anforderungen nicht.[2] Der förmlich zu fassende Beschluss ist im Übrigen den Beteiligten bekannt zu machen.[3]

§ 8 RPflG Gültigkeit von Geschäften

(1) Hat der Richter ein Geschäft wahrgenommen, das dem Rechtspfleger übertragen ist, so wird die Wirksamkeit des Geschäfts hierdurch nicht berührt.

(2) Hat der Rechtspfleger ein Geschäft wahrgenommen, das ihm der Richter nach diesem Gesetz übertragen kann, so ist das Geschäft nicht deshalb unwirksam, weil die Übertragung unterblieben ist oder die Voraussetzungen für die Übertragung im Einzelfalle nicht gegeben waren.

(3) Ein Geschäft ist nicht deshalb unwirksam, weil es der Rechtspfleger entgegen § 5 Absatz 1 dem Richter nicht vorgelegt hat.

---

1 *Dörndorfer,* § 7 RPflG Rn. 3
2 BGH Rpfleger 2005, 520
3 OLG München FamRZ 2006, 1773

(4) [1]Hat der Rechtspfleger ein Geschäft des Richters wahrgenommen, das ihm nach diesem Gesetz weder übertragen ist noch übertragen werden kann, so ist das Geschäft unwirksam. [2]Das gilt nicht, wenn das Geschäft dem Rechtspfleger durch eine Entscheidung nach § 7 zugewiesen worden war.

(5) Hat der Rechtspfleger ein Geschäft des Urkundsbeamten der Geschäftsstelle wahrgenommen, so wird die Wirksamkeit des Geschäfts hierdurch nicht berührt.

Übersicht

Rn.
A. Allgemeines ... 1
B. Inhalt der Norm ... 3
I. Wahrnehmung einer Rechtspflegeraufgabe durch den Richter (Abs. 1) ... 3
II. Wahrnehmung einer übertragbaren Aufgabe durch den Rechtspfleger (Abs. 2) ... 5
III. Verstoß gegen die Vorlagepflicht des § 5 Abs. 1 (Abs. 3) ... 8
IV. Wahrnehmung einer Richteraufgabe durch den Rechtspfleger (Abs. 4) ... 9
V. Wahrnehmung einer Aufgabe des Urkundsbeamten der Geschäftsstelle durch den Rechtspfleger (Abs. 5) ... 12

A. Allgemeines

1 Obwohl die funktionelle Zuständigkeitsverteilung vom Gesetzgeber detailreich geregelt ist, kann es zu **Aufgabenwahrnehmungen durch die unzuständige Person** kommen, sei es dadurch, dass der Richter eine Rechtspflegeraufgabe wahrnimmt, sei es, dass der Rechtspfleger – als solcher und nicht im Rahmen einer Verwaltungstätigkeit (vgl. § 27 RPflG) – eine Richteraufgabe wahrnimmt. In diesen Fällen stellt sich zum einen die Frage, welche Rechtsfolgen die Verletzung der gesetzlichen Regelungen für das einzelne Geschäft hat, und zum anderen ist zu klären, ob die getroffene Entscheidung von einem der Beteiligten mit Erfolg angefochten werden kann. Nur auf die erstgenannte Frage gibt das Gesetz in § 8 RPflG eine Antwort.

2 Die Norm befasst sich nach ihrem Wortlaut und ihrer systematischen Struktur nur mit den **Verstößen gegen die gesetzlichen Regelungen über die funktionelle Zuständigkeit** und nicht mit Verstößen gegen die Geschäftsverteilungsregeln des Amtsgerichts.[1] Ohnehin sind die für Richter geltenden gesetzlichen Regelungen über die Geschäftsverteilung nicht auf den Rechtspfleger anwendbar.[2]

B. Inhalt der Norm

I. Wahrnehmung einer Rechtspflegeraufgabe durch den Richter (Abs. 1)

3 Nimmt der Richter irgendeine Aufgabe wahr, die nach dem Gesetz dem Rechtspfleger obliegt, dann ist dieses Geschäft **wirksam**. Diese Wirksamkeit bezieht sich insbesondere auf alle Verfahrenshandlungen sowie auf alle Haupt- und Nebenentscheidungen in der Sache.

4 Ein **Rechtsmittel** gegen die Entscheidung des Richters kann auch nicht alleine auf dessen funktionelle Unzuständigkeit gestützt werden. Wie einer Entscheidung des Bundesgerichtshofs aus dem Jahre 2001 zumindest inzident entnommen werden kann, ist die Entscheidung des Richters nicht bereits wegen einer Verletzung der gesetzlichen Zuständigkeitsverteilung auf eine Beschwerde hin aufzuheben.[3]

1 *Dörndorfer*, § 8 RPflG Rn. 10
2 BGH NJW-RR 2010, 1366
3 BGH NJW 2002, 300, 301; ausdrücklich in diesem Sinne: LG Göttingen NJW-RR 2003, 1353

II. Wahrnehmung einer übertragbaren Aufgabe durch den Rechtspfleger (Abs. 2)

Abs. 2 regelt (nur) **zwei Fälle einer Aufgabenwahrnehmung** durch den Rechtspfleger: zum einen die Wahrnehmung eines Geschäfts, welches durch den Richter auf ihn übertragen werden konnte, was jedoch nicht geschehen ist, zum anderen die Wahrnehmung eines durch den Richter auf ihn übertragenen Geschäfts, bei dem im Einzelfall die gesetzlichen Voraussetzungen für eine solche Übertragung nicht gegeben waren. In beiden Fällen ist das Rechtspflegergeschäft wirksam. 5

Da es sich immer um eine **von Gesetzes wegen „übertragbare" Aufgabe** handeln muss, hat die Norm außerhalb des § 5 Abs. 3 Satz 2 Rechtspflegergesetz im Kindschaftsrecht keine praktische Relevanz. Soweit es sich um die Wahrnehmung eines „nichtübertragbaren" Geschäfts handelt, gilt § 8 Abs. 4 RPflG. 6

Obwohl der **Formmangel** eine im Rahmen der Wahrnehmung einer übertragbaren Aufgabe getroffene Entscheidung nicht unwirksam macht, kann diese mit Erfolg angefochten werden. Es gelten hinsichtlich der Zulässigkeit des einzulegenden **Rechtsmittels** die allgemeinen Regeln des § 11 RPflG. Dieses hat in den genannten Fällen auch in der Sache Erfolg, denn den Beteiligten wurde der gesetzliche Richter i.S.v. Art. 101 Abs. 1 Satz 2 GG entzogen. Soweit dem Rechtspfleger etwa nach § 11 Abs. 2 Satz 5 RPflG eine Abhilfebefugnis zusteht, kann dieser durch Aufhebung der angefochtenen Entscheidung dem Rechtsbehelf abhelfen und die Sache dem Richter vorlegen, der dann entweder in der Sache entscheidet oder – in den Fällen des Abs. 2 Alt. 1 (Übertragung ist unterblieben) – die Sache zur erneuten Prüfung und Entscheidung auf den Rechtspfleger überträgt. 7

III. Verstoß gegen die Vorlagepflicht des § 5 Abs. 1 (Abs. 3)

Ist die Entscheidung des Bundesverfassungsgerichts oder eines Landesverfassungsgerichts einzuholen, dann „hat" der Rechtspfleger ihm von Gesetzes wegen übertragene Geschäfte mit Blick auf § 5 Abs. 1 RPflG ebenso dem Richter vorzulegen wie in den Fällen, in denen ein enger sachlicher Zusammenhang zwischen einem Richter- und einem Rechtspflegergeschäft besteht, wenn eine getrennte Behandlung nicht sachdienlich ist (näher § 5 RPflG). Gleichwohl ist das **Geschäft wirksam**, jedoch kann es mit dem nach § 11 RPflG statthaften Rechtsbehelf bzw. Rechtsmittel **mit Erfolg angefochten** werden, weil auch hier eine Verletzung des verfassungsrechtlichen Anspruchs der Beteiligten auf Gewährung des gesetzlichen Richters i.S.v. Art. 101 Abs. 1 Satz 2 GG gegeben ist.[4] 8

IV. Wahrnehmung einer Richteraufgabe durch den Rechtspfleger (Abs. 4)

Nimmt der Rechtspfleger eine Aufgabe wahr, für die der Richter funktionell zuständig ist, weil sie dem Rechtspfleger nicht übertragen ist, und handelt es sich nicht um eine übertragbare Aufgabe, dann ist das **Geschäft unwirksam**, es sei denn, die Zuständigkeit des Rechtspflegers wurde zuvor vom Richter – formell ordnungsgemäß – nach § 7 RPflG bestimmt.[5] 9

„Unwirksam" i.S.v. Abs. 4 bedeutet, dass die getroffenen Verfügungen und Entscheidungen des Rechtspflegers **nichtig** sind, keinerlei rechtliche Wirkungen entfalten und nicht beachtet werden müssen.[6] Gleichwohl ist die Entscheidung **anfechtbar**[7] und es muss, insbesondere im Kindschaftsrecht, ein entsprechender Rechtspflegerbeschluss im Falle eines nach § 11 RPflG statthaften Rechtsmittels zum Zwecke der Klarstellung und zur Gewährleistung des gesetzlichen Richters aufgehoben und die Sache – ohne dass die besonderen 10

4 Differenzierend *Dörndorfer*, § 8 RPflG Rn. 41 f. m.w.N.
5 OLG München FamRZ 2007, 1773
6 Vgl. OLG München MDR 2001, 236; Jox/Fröschle/*Fröschle*, Anh. II zu § 1 FamFG Rn. 27 m.w.N.
7 BGH MDR 2009, 464

Zurückverweisungsvoraussetzungen des § 69 Abs. 1 FamFG (hierzu *Dürbeck*, § 69 FamFG Rn. 5) erfüllt sein müssten – an die Eingangsinstanz zurückverwiesen werden, damit der zuständige Richter entscheiden kann.[8] Dies gilt freilich nur dann, wenn ein Verfahren wirksam eingeleitet worden ist.[9] Auf die inhaltliche Richtigkeit der Entscheidung kommt es dabei nicht an.[10]

11 Das nach Abs. 4 unwirksame Geschäft wird auch **nicht dadurch geheilt**, dass der Richter beschließt, die Entscheidung des Rechtspflegers zu billigen bzw. einer Beschwerde nicht abzuhelfen.[11] Es bedarf einer eigenen und ausdrücklichen Sachentscheidung durch den Richter.

V. Wahrnehmung einer Aufgabe des Urkundsbeamten der Geschäftsstelle durch den Rechtspfleger (Abs. 5)

12 Nimmt der Rechtspfleger eine Aufgabe des Urkundsbeamten der Geschäftsstelle (UdG) wahr und wird dies nicht von der Aufgabenübertragung in § 24 RPflG gedeckt, dann bleibt das Geschäft wirksam. Soweit eine Entscheidung vorliegt, kann diese nicht allein wegen der Verletzung der gesetzlichen Zuständigkeitsverteilung zwischen Rechtspfleger und UdG erfolgreich angefochten werden.[12]

13

Übersicht: Rechtsfolgen einer Verletzung der funktionellen Zuständigkeit

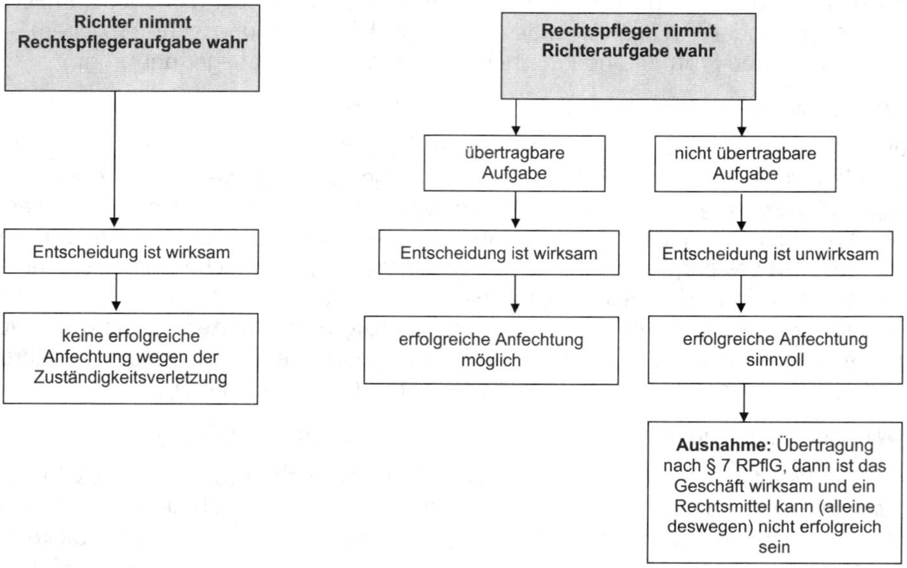

8 Vgl. BGH MDR 2005, 1305 f.; so auch KG ZKJ 2012, 269
9 OLG Frankfurt ZKJ 2013, 503
10 OLG München FamRZ 2007, 1773; OLG Dresden ZKJ 2012, 269; OLG Frankfurt ZKJ 2013, 503
11 OLG Frankfurt NJW-RR 1996, 1288
12 *Dörndorfer*, § 8 RPflG Rn. 48

§ 9 RPflG Weisungsfreiheit des Rechtspflegers

Der Rechtspfleger ist sachlich unabhängig und nur an Recht und Gesetz gebunden.

Der Rechtspfleger ist in **der Sache unabhängig**, insbesondere ist der Richter nicht aus seiner Position heraus Dienstvorgesetzter des Rechtspflegers. Als Organ der Rechtspflege nimmt der Rechtspfleger die ihm übertragenen Aufgaben daher wahr, ohne irgendwelchen Weisungen in Bezug auf die sachliche Bearbeitung unterworfen zu sein.[1] Er ist nur an Gesetz und Recht gebunden. 1

Jedoch bleibt die hier einfachgesetzlich geregelte **Weisungsfreiheit des Rechtspflegers** weit hinter der Unabhängigkeit des Richters, die mit Blick auf Art. 97 GG Verfassungsrang hat, zurück. Art. 97 GG findet weder direkte noch entsprechende Anwendung auf den Rechtspfleger, da dieser eben nicht Richter im Sinne dieser Norm bzw. i.S.d. Art. 92 GG ist. Dies folgt bereits aus dem **Grundkonzept der Gewaltenteilung**, welches u.a. Exekutive und Judikative grundsätzlich trennt, und zeigt sich auch darin, dass der Rechtspfleger, ohne dass es eines einen Devolutiveffekt auslösenden Rechtsmittels bedarf, an die Rechtsauffassung des Richters im Einzelfall gebunden sein kann (hierzu etwa § 5 Abs. 3 Satz 3 RPflG und § 7 RPflG). Auch ist der Rechtspfleger als Beamter – anders als der Richter – Dienstzeiten unterworfen. 2

§ 10 RPflG Ausschließung und Ablehnung des Rechtspflegers

[1]Für die Ausschließung und Ablehnung des Rechtspflegers sind die für den Richter geltenden Vorschriften entsprechend anzuwenden. [2]Über die Ablehnung des Rechtspflegers entscheidet der Richter.

Im Kindschaftsrecht ist die Frage nach Ausschließung und Ablehnung eines Rechtspflegers nach **§ 6 FamFG** und damit letztlich unter Anwendung der **§§ 41 bis 49 ZPO** zu beantworten.[1] Es gelten die gleichen Maßstäbe wie für den Richter (siehe näher hierzu *Cirullies*, Kommentierung zu § 6 FamFG). 1

Zuständig für die Entscheidung über die Ablehnung des Rechtspflegers ist mit Blick auf § 28 RPflG **der nach dem geltenden Geschäftsverteilungsplan zuständige Richter** desselben Amtsgerichts. Dessen Beschluss ist nach den allgemeinen Vorschriften des FamFG anfechtbar. Soweit dieser das Ablehnungsgesuch mithin für unbegründet erachtet, ist die sofortige Beschwerde statthaft (vgl. § 6 Abs. 2 FamFG), erachtet er das Ablehnungsgesuch für begründet, ist seine Entscheidung unanfechtbar. 2

§ 11 RPflG Rechtsbehelfe

(1) Gegen die Entscheidungen des Rechtspflegers ist das Rechtsmittel gegeben, das nach den allgemeinen verfahrensrechtlichen Vorschriften zulässig ist.

(2) [1]Kann gegen die Entscheidung nach den allgemeinen verfahrensrechtlichen Vorschriften ein Rechtsmittel nicht eingelegt werden, so findet die Erinnerung statt, die innerhalb einer Frist von zwei Wochen einzulegen ist. [2]Hat der Erinnerungsführer die Frist ohne sein Verschulden nicht eingehalten, ist ihm auf Antrag Wiedereinsetzung in den vorigen Stand

1 BT-Drucks. I/3839, 18

1 Hierzu etwa AmtsG Bergen (Rügen), Beschl. v. 5.4.2013 – 14 K 38/10, juris

zu gewähren, wenn er die Erinnerung binnen zwei Wochen nach der Beseitigung des Hindernisses einlegt und die Tatsachen, welche die Wiedereinsetzung begründen, glaubhaft macht. [3]Ein Fehlen des Verschuldens wird vermutet, wenn eine Rechtsbehelfsbelehrung unterblieben oder fehlerhaft ist. [4]Die Wiedereinsetzung kann nach Ablauf eines Jahres, von dem Ende der versäumten Frist an gerechnet, nicht mehr beantragt werden. [5]Der Rechtspfleger kann der Erinnerung abhelfen. [6]Erinnerungen, denen er nicht abhilft, legt er dem Richter zur Entscheidung vor. [7]Auf die Erinnerung sind im Übrigen die Vorschriften der Zivilprozessordnung über die sofortige Beschwerde sinngemäß anzuwenden.

(3) [1]Gerichtliche Verfügungen, Beschlüsse oder Zeugnisse, die nach den Vorschriften der Grundbuchordnung, der Schiffsregisterordnung oder des Gesetzes über das Verfahren in Familiensachen und in den Angelegenheiten der freiwilligen Gerichtsbarkeit wirksam geworden sind und nicht mehr geändert werden können, sind mit der Erinnerung nicht anfechtbar. [2]Die Erinnerung ist ferner in den Fällen der §§ 694, 700 der Zivilprozeßordnung und gegen die Entscheidungen über die Gewährung eines Stimmrechts (§ 77 der Insolvenzordnung) ausgeschlossen.

(4) Das Erinnerungsverfahren ist gerichtsgebührenfrei.

Übersicht

Rn.
A. Allgemeines ... 1
I. Normzweck ... 1
II. Anwendungsbereich ... 4
B. Inhalt der Norm ... 8
I. Allgemein zulässiges Rechtsmittel (Abs. 1) ... 8
II. Erinnerung (Abs. 2) ... 11
1. Statthaftigkeit ... 13
2. Form ... 16
3. Frist ... 18
4. Erinnerungsberechtigung ... 19
5. Rechtsschutzbedürfnis ... 22
6. Erinnerungsverfahren ... 23
III. Ausschluss der Erinnerung (Abs. 3) ... 29
IV. Kosten (Abs. 4) ... 31
V. Tenorierungsbeispiele ... 32

A. Allgemeines

I. Normzweck

1 Die Regelung bildet die **Rechtsgrundlage für die Anfechtbarkeit** von Entscheidungen des Rechtspflegers. Sie ist also immer dann heranzuziehen, wenn nicht der Richter, sondern der Rechtspfleger im Rahmen des gerichtlichen Verfahrens tätig geworden ist. Dabei unterscheidet die Norm danach, ob in den Fällen, in denen der Richter entschieden hätte, ein Rechtsmittel zulässig gewesen wäre oder ob nach den allgemeinen verfahrensrechtlichen Vorschriften ein Rechtsmittel nicht statthaft gewesen wäre.

2 Damit gewährleistet die Norm in grundrechtsrelevanten Bereichen, dass – in derselben oder in der nächsthöheren Instanz – eine **Überprüfung der Entscheidung des Rechtspflegers durch den Richter** gewährleistet ist, nicht zuletzt, um der Rechtsweggarantie des Art. 19 Abs. 4 GG zu genügen.[1]

3 Somit ist auch der **Rechtsweg i.S.d. § 90 Abs. 2 Satz 1 BVerfGG**, als Zulässigkeitsvoraussetzung für die Erhebung einer Verfassungsbeschwerde, nicht erschöpft, wenn der Beschwerdeführer im fachgerichtlichen Verfahren noch Erinnerung einlegen kann.[2]

1 Hierzu zuletzt OLG Nürnberg NJW 2014, 2883
2 BVerfG, Beschl. v. 16.10.2014 – 2 BvR 718/14, juris

II. Anwendungsbereich

Die Norm ist anwendbar, wenn **„Entscheidungen" des Rechtspflegers** angefochten werden (sollen). Im Sinne einer umfassenden Rechtsschutzgewährung ist dieser Begriff, um dem Normzweck Genüge zu tun, weit auszulegen und gilt grundsätzlich für alle sachlichen Entschließungen des Rechtspflegers mit Außenwirkungen.[3] 4

„Entscheidungen" gemäß § 11 RPflG sind damit zum einen **verfahrensabschließende Endentscheidungen**, insbesondere Beschlüsse zur Hauptsache und im Verfahren der einstweiligen Anordnung i.S.v. §§ 49 ff. FamFG, und zum anderen solche **verfahrensleitenden Zwischenentscheidungen**, die in die Rechte von Beteiligten eingreifen und bei denen das FamFG im Falle der richterlichen Tätigkeit eine eigenständige Anfechtbarkeit ausdrücklich vorsieht. 5

Keine Entscheidungen in diesem Sinne sind solche Maßnahmen, die lediglich der Vorbereitung einer Entscheidung dienen, nicht eigenständig in die Rechte eines Beteiligten eingreifen und die gemäß § 58 Abs. 2 FamFG mit der Endentscheidung durch das Rechtsmittelgericht überprüft werden können (z.B. rechtliche Hinweise, Terminsbestimmung zur persönlichen Anhörung und die Bestellung eines Verfahrensbeistandes). 6

Gegebenenfalls ist eine **Beschwerde in eine Erinnerung umzudeuten**, diese mithin als Rechtspflegererinnerung nach § 11 Abs. 2 Satz 1 RPflG zu behandeln.[4] Der Rechtspfleger hat in diesem Fall – ggf. nach Aufhebung seiner Vorlageverfügung durch das Rechtsmittelgericht – das unzulässige Rechtsmittel als Erinnerung i.S.v. § 11 Abs. 2 Satz 1 RPflG auszulegen und sie bei Nichtabhilfe dem Richter zur abschließenden Entscheidung vorzulegen.[5] 7

B. Inhalt der Norm

I. Allgemein zulässiges Rechtsmittel (Abs. 1)

Statthaft ist das Rechtsmittel, welches zulässig wäre, **falls der Richter entschieden hätte**.[6] Ist das Rechtsmittel nach diesen Vorschriften unzulässig, dann gilt Abs. 2 (näher hierzu unten Rn. 11 ff.). 8

Für das Kindschaftsrecht von Bedeutung sind damit die folgenden Rechtsmittel: 9

1. die Beschwerde i.S.v. §§ 58 ff. FamFG,
2. die sofortige Beschwerde nach §§ 567 ff. ZPO über die jeweilige Verweisung im FamFG sowie
3. Kostenbeschwerden (§§ 57 bis 59 FamGKG, § 33 RVG).

▶ *Zu den Einzelheiten der Rechtsmitteln wird Bezug genommen auf Dürbeck, Kommentierung zu § 58 FamFG.*

Trifft der Rechtspfleger in Verkennung der Regelung in Abs. 1 über eine sofortige Beschwerde gegen einen von ihm erlassenen Beschluss ohne Vorlage an das Rechtsmittelgericht selbst die Beschwerdeentscheidung, so ist diese **nach § 8 Abs. 4 RPflG unwirksam**, denn der Rechtspfleger muss in den Fällen, in denen er die sofortige Beschwerde für unzulässig oder unbegründet hält, einen Nichtabhilfebeschluss erlassen und die Beschwerde der höheren Instanz zur Entscheidung vorlegen.[7] 10

---

3 *Dörndorfer*, § 11 RPflG Rn. 20, 22
4 OLG Hamm FamRz 2015, 274
5 BGH FamRZ 2012, 1796
6 BT-Drucks. 13/10244, 7
7 BGH MDR 2009, 464

II. Erinnerung (Abs. 2)

11 Die Erinnerung ist **Rechtsbehelf** und nicht, da es ihr am Devolutiveffekt fehlt, Rechtsmittel. Das Erinnerungsverfahren eröffnet dem Rechtsbehelfsführer keine weitere Instanz.

12 **1. Statthaftigkeit**

Kann gegen die Entscheidung des Rechtspflegers **nach allgemeinen Vorschriften kein Rechtsmittel** eingelegt werden, ist die Erinnerung statthaft und (nur) dann ist vom Rechtspfleger ein Abhilfeverfahren durchzuführen, da § 68 Abs. 1 Satz 2 FamFG im Erinnerungsverfahren keine Anwendung findet.[8] Nach der jüngeren Rechtsprechung des Bundesgerichtshofs, die u.a. im Zusammenhang mit der Auswahlentscheidung eines Rechtspflegers betreffend einen für das Kind einzusetzenden Vormund ergangen ist, ist diese Voraussetzung **von zunehmender praktischer Relevanz**. Es genügt nach der Rechtsprechung des Bundesgerichtshofs für die Statthaftigkeit der Erinnerung, dass ein anderes Rechtsmittel entweder „nicht statthaft oder aus anderen Gründen nicht zulässig ist".[9] Daher ist auch die Bestellung eines Verfahrensbeistandes durch den Rechtspfleger nach Ansicht des BGH mit der Erinnerung anfechtbar.[10]

13 Die Formulierung des Bundesgerichtshofs („oder aus anderen Gründen nicht zulässig") ist jedoch **eng auszulegen**. Damit ist die Erinnerung zwar auch statthaft, wenn der Rechtsmittelführer **nicht beschwerdeberechtigt** i.S.v. § 59 Abs. 1 FamFG ist (hierzu *Dürbeck*, § 59 FamFG Rn. 4 ff.). Dies gilt etwa für die Großeltern und Pflegeeltern hinsichtlich der Auswahlentscheidung des Rechtspflegers betreffend den Vormund für das Kind.[11] Ist die Beschwerde jedoch deswegen unzulässig, weil es an der Beschwerdefähigkeit des Rechtsmittelführers fehlt, oder ist die **Beschwerdefrist nicht eingehalten**, dann ist gegen eine Rechtspflegerentscheidung auch die Erinnerung nicht statthaft. Anderenfalls würden Sinn und Zweck dieser rechtsmitteleinschränkenden Voraussetzungen konterkariert. In diesem Fall muss die Beschwerde nicht durch das Oberlandesgericht dem Richter des Amtsgerichts zur Behandlung als Erinnerung vorgelegt werden.[12]

14 Unbeschadet dessen ist auch dann eine nicht statthafte Beschwerde **nicht als Rechtspflegererinnerung zu behandeln**, wenn das begehrte Ziel des Rechtsmittelführers bereits aufgrund einer zulässigen Beschwerde eines anderen Beschwerdeführers erreicht ist.[13]

15 Schließlich ist die Erinnerung auch dann nicht statthaft, wenn es sich **nicht um eine „Entscheidung"** handelt oder eine Ausnahme i.S.v. Abs. 3 gegeben ist.

2. Form

16 Die Erinnerung ist schriftlich bei dem Gericht einzulegen, dem der Rechtspfleger angehört, und muss die Bezeichnung der angefochtenen Entscheidung sowie die Erklärung enthalten, dass Beschwerde gegen diese Entscheidung eingelegt wird und ihre Überprüfung begehrt wird. Sie kann auch zu **Protokoll der Geschäftsstelle** eingelegt werden (Abs. 2 Satz 7 i.V.m. § 569 Abs. 2, 3 ZPO).

---

8 OLG Brandenburg, Beschl. v. 4.1.2019 – 13 WF 217/18, juris
9 BGH ZKJ 2013, 451
10 BGH ZKJ 2017, 273; a.A. die Vorinstanz: OLG Stuttgart FamRZ 2016, 1696
11 BGH ZKJ 2013, 451 (vom BVerfG ausdrücklich gebilligt: BVerfG FamRZ 2014, 1435 ff.) bzw. OLG Nürnberg NJW-RR 2014, 1159 (für die Pflegeeltern)
12 Im Ergebnis: OLG Jena FamRZ 2015, 1513
13 OLG Nürnberg ZKJ 2015, 153

Ein **Anwaltszwang** besteht für die Einlegung der Erinnerung **nicht**. Sie „soll" zwar begründet werden (Abs. 2 Satz 7 i.V.m. § 571 Abs. 1 ZPO), doch führt eine fehlende Begründung nicht zu ihrer Unzulässigkeit. 17

3. Frist

Die Erinnerung ist **binnen zwei Wochen** einzulegen (Abs. 2 Satz 1 Hs. 2). Es gelten besondere Regelungen für die Wiedereinsetzung bei Säumnis der Frist (Abs. 2 Satz 2 bis 4). 18

4. Erinnerungsberechtigung

Auch die Erinnerung ist **kein Popularrechtsbehelf**, der von jedermann eingelegt werden kann. Vielmehr setzt ihre Zulässigkeit voraus, dass bei dem Rechtsbehelfsführer eine Erinnerungsberechtigung vorhanden ist. Die Anforderungen an das Vorliegen einer solchen ist niedriger als bei der Beschwerdeberechtigung i.S.v. § 59 FamFG. Es genügt nach der Rechtsprechung des Bundesgerichtshofs, dass der Erinnerungsführer ein **„berechtigtes Interesse** an der Entscheidung (hat) und in dem Verfahren vom Amtsgericht auch beteiligt worden ist".[14] 19

Ein **„berechtigtes Interesse"** dürfte jedenfalls dann vorliegen, wenn der Schutzbereich eines Grundrechts der Erinnerungsführer tangiert ist. Dies gilt insbesondere dann, wenn das Elternrecht aus Art. 6 Abs. 2 Satz 1 GG und der Schutz der Familie i.S.v. Art. 6 Abs. 1 GG berührt ist, wobei Letzterer auch die Pflegefamilie schützt.[15] 20

Soweit nach Ansicht des Bundesgerichtshofs eine weitere Voraussetzung für das Vorliegen der Erinnerungsberechtigung ist, dass der **Erinnerungsführer vom Amtsgericht „beteiligt"** worden ist, überzeugt dies nicht. Denn es kann etwa den Großeltern der nach Art. 19 Abs. 4 GG gebotene Rechtsschutz nicht deswegen versagt werden, weil sie nicht einmal beteiligt worden sind. Gegebenenfalls muss Wiedereinsetzung begehrt werden. Unbeschadet dessen haben Bundesgerichtshof und Bundesverfassungsgericht durch ihre Rechtsprechung, die eine hohe Hürde bei der Beschwerdeberechtigung aufbaut, über die Verfassungsbeschwerde nunmehr den unmittelbaren Weg vom Amtsgericht zum Bundesverfassungsgericht geebnet. 21

5. Rechtsschutzbedürfnis

In seltenen Ausnahmefällen kann die Erinnerung wegen **fehlenden Rechtsschutzbedürfnisses** unzulässig sein. Beispiele können sein: Fälle des Rechtsmissbrauchs, der begehrten Abänderung von Entscheidungsgründen sowie einer Anfechtung der bereits durch die Endentscheidung überholten Zwischenentscheidung.[16] 22

6. Erinnerungsverfahren

Wird eine Erinnerung eingelegt, hat der Rechtspfleger zunächst deren **Zulässigkeit zu prüfen** (siehe oben Rn. 12 ff.). Ist die Erinnerung zulässig und auch – zumindest teilweise – begründet, dann hat der Rechtspfleger den Beteiligten zunächst **rechtliches Gehör** zur beabsichtigten (Teil-)Abhilfe zu gewähren. Sodann hat er eine Abhilfebefugnis (Abs. 2 Satz 5). Diese Abhilfebefugnis gilt auch in Familiensachen, da § 68 Abs. 1 Satz 2 FamFG nur im Falle einer Beschwerde gegen die Rechtspflegerentscheidung Anwendung findet, nicht jedoch im Erinnerungsverfahren. 23

14 BGH ZKJ 2013, 451
15 Siehe nur BVerfG FamRZ 1989, 31 ff.
16 Vgl. *Dornhöfer*, § 11 RPflG Rn. 98 m.w.N.

24 Die **Abhilfe** erfolgt dadurch, dass der Rechtspfleger den angegriffenen Beschluss abändert. Insbesondere in den Fällen der Teilabhilfe ist der angegriffene Beschluss nicht insgesamt aufzuheben und ein neuer Beschluss zu erlassen, da dann auch der nichtangefochtene Teil aufgehoben würde, was dem im Erinnerungsverfahren geltenden Schlechterstellungsverbot widerspricht.[17]

25 **Hilft der Rechtspfleger der Erinnerung nicht ab**, dann genügt ein Aktenvermerk hierüber nicht. Es hat vielmehr ein den Beteiligten bekannt zu machender **Beschluss** zu ergehen, der auch **zu begründen** ist und in welchem sich der Rechtspfleger – nicht floskelhaft – mit dem Vorbringen des Erinnerungsführers auseinandersetzt, soweit dieses neues tatsächliches bzw. rechtliches Vorbringen enthält.[18] Zugleich hat der Rechtspfleger die Erinnerung unverzüglich (vgl. Abs. 2 Satz 7 i.V.m. § 572 Abs. 1 Satz 1 Hs. 2 ZPO) dem zuständigen Richter des Amtsgerichts (vgl. § 28 RPflG) zur Entscheidung vorzulegen (Abs. 2 Satz 6). Eine gleichwohl erfolgte Vorlageverfügung an das Oberlandesgericht ist aufzuheben,[19] damit der Rechtspfleger das Abhilfeverfahren durchführen kann.

26 Ein **Beschluss des Rechtspflegers**, in welchem dieser der Erinnerung nicht lediglich nicht abhilft und die Sache dem Richter zur Entscheidung vorlegt, sondern in welchem er die Erinnerung als unzulässig oder unbegründet **selbst bescheidet**, ist gemäß § 8 Abs. 4 RPflG unwirksam. Der Richter muss dann die Erinnerungsentscheidung von Amts wegen (ggf. auf Anregung eines Beteiligten) nachholen. Die Abhilfeentscheidung des Rechtspflegers hingegen kann ihrerseits wiederum mit dem nach § 11 Abs. 1 bzw. Abs. 2 statthaften Rechtsmittel bzw. Rechtsbehelf angegriffen werden.

27 Wird ihm die Erinnerung vorgelegt, so hat **der zum Zeitpunkt der Vorlage zuständige Richter** über diese – unanfechtbar – zu entscheiden. Er kann die Erinnerung als unzulässig verwerfen, als unbegründet zurückweisen oder in der Sache unter Aufhebung bzw. Abänderung des Rechtspflegerbeschlusses (teilweise) selbst entscheiden. Der Richter kann im Fall der Annahme grundsätzlicher Bedeutung auch seinerseits die Beschwerde nach § 61 Abs. 3 FamFG zulassen.[20] Leidet das Verfahren des Rechtspflegers unter einem wesentlichen Mangel und ist die Sache (noch) nicht entscheidungsreif, dann kann die Rechtspflegerentscheidung auch aufgehoben und die Sache an den Rechtspfleger zurückverwiesen werden. Dies kann der Fall sein, wenn der Rechtspfleger in Kindschaftssachen, etwa vor der Auswahl des Vormunds oder Pflegers, die vorgeschriebenen Verfahrensschritte (etwa persönliche Anhörungen bzw. Einholung einer Stellungnahme des Jugendamtes, vgl. §§ 159 ff. FamFG) nicht durchgeführt hat.[21]

---

17 Hierzu OLG München Rpfleger 1984, 285
18 Vgl. *Dornhöfer*, RPflG, § 11 Rn. 99 m.w.N.
19 OLG Hamm FamRZ 2015, 274; im Ergebnis ebenso BGH, Beschl. v. 3.7.2014 – IX ZB 2/14, juris
20 BGH FamRZ 2017, 1318
21 BGH ZKJ 2014, 266 ff. mit Anm. *Dürbeck*

Übersicht: Zulässigkeit und Begründetheit der Erinnerung 28

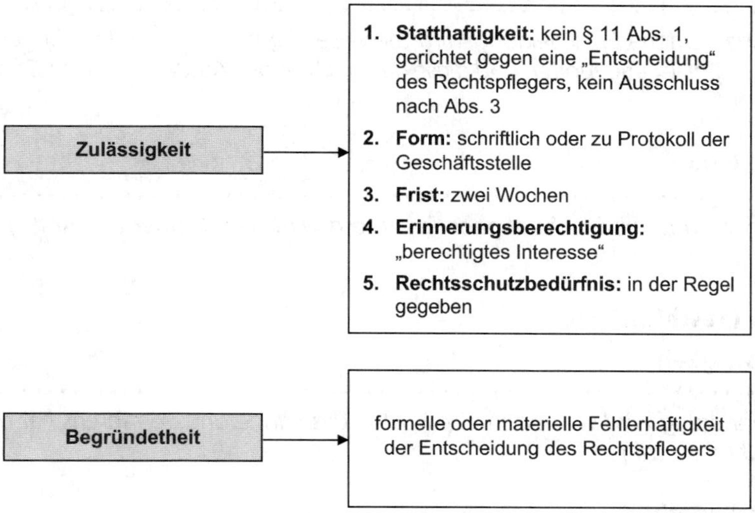

III. Ausschluss der Erinnerung (Abs. 3)

In den Fällen des Abs. 3 ist eine Erinnerung unstatthaft und damit – nach Nichtabhilfe und Vorlage durch den Rechtspfleger – vom Richter als unzulässig zu verwerfen. Die Regelung betrifft Konstellationen, in denen der Gesetzgeber der Rechtssicherheit den Vorrang gegenüber der Möglichkeit gibt, die Rechtspflegerentscheidung vom Richter überprüfen zu lassen. 29

Im Bereich des Kindschaftsrechts sind die familiengerichtlichen Genehmigungsentscheidungen durch den Rechtspfleger erfasst (vgl. §§ 1643, 1812, 1821, 1822 BGB). Hier ist nicht die Erinnerung, sondern – innerhalb von zwei Wochen (§ 63 Abs. 2 Nr. 2 FamFG) – die Beschwerde i.S.d. §§ 58 ff. FamFG einzulegen. 30

IV. Kosten (Abs. 4)

Die Regelung führt dazu, dass das Erinnerungsverfahren gerichtsgebührenfrei ist. Gerichtskosten sind jedoch Gebühren und Auslagen. Letztere werden auch in Erinnerungsverfahren erhoben (vgl. Nr. 2000 KV-FamGKG). Wird ein Beteiligter im Erinnerungsverfahren durch einen Rechtsanwalt vertreten, verdient dieser einen halbe Verfahrensgebühr (vgl. Nr. 3500 VV.RVG). Die Entscheidungen über die Erinnerung müssen daher auch eine Kostenentscheidung enthalten, die sich nach allgemeinen Regeln richtet (siehe hierzu *Dürbeck*, Kommentierung zu § 81 FamFG). 31

V. Tenorierungsbeispiele 32

1. Rechtspfleger (Beschluss)

a) Abhilfe

„Der Erinnerung wird abgeholfen und die angefochtene Entscheidung wie folgt abgeändert: (…)." oder *„Der Erinnerung wird abgeholfen und die angefochtene Entscheidung aufgehoben. Die Kosten des Erinnerungsverfahrens hat … zu tragen."*

b) Teilweise Abhilfe

„Die angefochtene Entscheidung wird teilweise abgeändert: (...). Im Übrigen wird der Erinnerung nicht abgeholfen und diese dem Richter des Amtsgerichts zur Entscheidung vorgelegt."

c) Nichtabhilfe

„Der Erinnerung wird nicht abgeholfen. Diese wird dem Richter des Amtsgerichts zur Entscheidung vorgelegt."

2. Richter (Beschluss)

a) Unzulässigkeit

„Die Erinnerung wird verworfen. Die Kosten des Erinnerungsverfahrens hat der Erinnerungsführer zu tragen."

b) Unbegründetheit

„Die Erinnerung wird zurückgewiesen. Die Kosten des Erinnerungsverfahrens hat der Erinnerungsführer zu tragen."

c) Erfolgreiche Erinnerung

„Die angefochtene Entscheidung wird aufgehoben (oder: abgeändert und wie folgt neu gefasst: ...). Die Kosten des Erinnerungsverfahrens hat ... zu tragen (oder: Kosten des Erinnerungsverfahrens werden nicht erhoben; außergerichtliche Kosten werden nicht erstattet)."

oder

„Unter Aufhebung der angefochtenen Entscheidung und des Verfahrens wird die Sache zur erneuten Entscheidung – auch über die Kosten des Erinnerungsverfahrens – unter Beachtung der aus diesem Beschluss ersichtlichen Rechtsauffassung an den Rechtspfleger zurückverwiesen."

§ 13 RPflG Ausschluss des Anwaltszwangs

§ 78 Absatz 1 der Zivilprozessordnung und § 114 Absatz 1 des Gesetzes über das Verfahren in Familiensachen und in den Angelegenheiten der freiwilligen Gerichtsbarkeit sind auf Verfahren vor dem Rechtspfleger nicht anzuwenden.

Zweiter Abschnitt
Dem Richter vorbehaltene Geschäfte in Familiensachen und auf dem Gebiet der freiwilligen Gerichtsbarkeit sowie in Insolvenzverfahren und schifffahrtsrechtlichen Verteilungsverfahren

§ 14 RPflG Kindschafts- und Adoptionssachen

(1) Von den dem Familiengericht übertragenen Angelegenheiten in Kindschafts- und Adoptionssachen sowie den entsprechenden Lebenspartnerschaftssachen bleiben dem Richter vorbehalten:

1. **Verfahren, die die Feststellung des Bestehens oder Nichtbestehens der elterlichen Sorge eines Beteiligten für den anderen zum Gegenstand haben;**
2. **die Maßnahmen auf Grund des § 1666 des Bürgerlichen Gesetzbuchs zur Abwendung der Gefahr für das körperliche, geistige oder seelische Wohl des Kindes;**
3. **die Übertragung der elterlichen Sorge nach den §§ 1626a, 1671, 1678 Absatz 2, § 1680 Absatz 2 und 3 sowie § 1681 Absatz 1 und 2 des Bürgerlichen Gesetzbuchs;**
4. **die Entscheidung über die Übertragung von Angelegenheiten der elterlichen Sorge auf die Pflegeperson nach § 1630 Absatz 3 des Bürgerlichen Gesetzbuchs;**
5. **die Entscheidung von Meinungsverschiedenheiten zwischen den Sorgeberechtigten;**
6. **(aufgehoben)**
7. **die Regelung des persönlichen Umgangs zwischen Eltern und Kindern sowie Kindern und Dritten nach § 1684 Absatz 3 und 4, § 1685 Absatz 3 und § 1686a Absatz 2 des Bürgerlichen Gesetzbuchs, die Entscheidung über die Beschränkung oder den Ausschluss des Rechts zur alleinigen Entscheidung in Angelegenheiten des täglichen Lebens nach den §§ 1687, 1687a des Bürgerlichen Gesetzbuchs sowie über Streitigkeiten, die eine Angelegenheit nach § 1632 Absatz 2 des Bürgerlichen Gesetzbuchs betreffen;**
8. **die Entscheidung über den Anspruch auf Herausgabe eines Kindes nach § 1632 Absatz 1 des Bürgerlichen Gesetzbuchs sowie die Entscheidung über den Verbleib des Kindes bei der Pflegeperson nach § 1632 Absatz 4 oder bei dem Ehegatten, Lebenspartner oder Umgangsberechtigten nach § 1682 des Bürgerlichen Gesetzbuchs;**
9. **die Anordnung einer Betreuung oder Pflegschaft auf Grund dienstrechtlicher Vorschriften, soweit hierfür das Familiengericht zuständig ist;**
10. **die Anordnung einer Vormundschaft oder einer Pflegschaft über einen Angehörigen eines fremden Staates einschließlich der vorläufigen Maßregeln nach Artikel 24 des Einführungsgesetzes zum Bürgerlichen Gesetzbuche;**
11. **die religiöse Kindererziehung betreffenden Maßnahmen nach § 1801 des Bürgerlichen Gesetzbuchs sowie den §§ 2, 3 und 7 des Gesetzes über die religiöse Kindererziehung;**
12. **die Ersetzung der Zustimmung**
    a) **eines Sorgeberechtigten zu einem Rechtsgeschäft,**
    b) **eines gesetzlichen Vertreters zu der Sorgeerklärung eines beschränkt geschäftsfähigen Elternteils nach § 1626c Absatz 2 Satz 1 des Bürgerlichen Gesetzbuchs**
13. **die im Jugendgerichtsgesetz genannten Verrichtungen mit Ausnahme der Bestellung eines Pflegers nach § 67 Absatz 4 Satz 3 des Jugendgerichtsgesetzes;**
14. **die Ersetzung der Einwilligung oder der Zustimmung zu einer Annahme als Kind nach § 1746 Absatz 3 sowie nach den §§ 1748 und 1749 Absatz 1 des Bürgerlichen Gesetzbuchs, die Entscheidung über die Annahme als Kind einschließlich der Entscheidung über den Namen des Kindes nach den §§ 1752, 1768 und 1757 Absatz 4 des Bürgerlichen Gesetzbuchs, die Genehmigung der Einwilligung des Kindes zur Annahme nach § 1746 Absatz 1 Satz 4 des Bürgerlichen Gesetzbuchs, die Aufhebung des Annahmeverhältnis-**

ses nach den §§ 1760, 1763 und 1771 des Bürgerlichen Gesetzbuchs sowie die Entscheidungen nach § 1751 Absatz 3, § 1764 Absatz 4, § 1765 Absatz 2 des Bürgerlichen Gesetzbuchs und nach dem Adoptionswirkungsgesetz vom 5. November 2001 (BGBl. I S. 2950, 2953), soweit sie eine richterliche Entscheidung enthalten;

15. die Befreiung vom Eheverbot der durch die Annahme als Kind begründeten Verwandtschaft in der Seitenlinie nach § 1308 Absatz 2 des Bürgerlichen Gesetzbuchs;

16. die Genehmigung für den Antrag auf Scheidung oder Aufhebung der Ehe oder auf Aufhebung der Lebenspartnerschaft durch den gesetzlichen Vertreter eines geschäftsunfähigen Ehegatten oder Lebenspartners nach § 125 Absatz 2 Satz 2, § 270 Absatz 1 Satz 1 des Gesetzes über das Verfahren in Familiensachen und in den Angelegenheiten der freiwilligen Gerichtsbarkeit.

(2) Die Maßnahmen und Anordnungen nach den §§ 10 bis 15, 20, 21, 32 bis 35, 38, 40, 41, 44 und 47 des Internationalen Familienrechtsverfahrensgesetzes vom 26. Januar 2005 (BGBl. I S. 162), soweit diese dem Familiengericht obliegen, bleiben dem Richter vorbehalten.

Übersicht

Rn.
A. Allgemeines 1
B. Inhalt der Norm 4
I. Übertragung einzelner Angelegenheiten (Abs. 1) 4
II. IntFamRVG (Abs. 2) 30

A. Allgemeines

1 Die Norm ist im **Zusammenhang mit der Vorbehaltsübertragung** in § 3 Nr. 2 lit. a RPflG zu sehen und kann nur in Wechselwirkung mit dieser Regelung vollständig erfasst werden. Nur soweit eine der in dem abschließenden Katalog genannten Aufgaben vorliegt, ist im Kindschaftsrecht der Richter und nicht der Rechtspfleger zuständig. Es besteht mithin ein **Regel-Ausnahme-Verhältnis**: Der Rechtspfleger ist funktional zuständig, es sei denn, aus dem in § 14 genannten Katalog ergibt sich etwas anderes.

2 Im Interesse der **Rechtssicherheit** ist grundsätzlich eine **enge Auslegung** der Vorschrift geboten, da in der Regel klar und eindeutig feststehen soll, ob ein Richtervorbehalt greift und damit eine Wahrnehmung des Geschäfts durch den Rechtspfleger wegen § 8 Abs. 4 RPflG nichtig ist.[1]

3 Freilich kann die **funktionelle Zuständigkeitsverteilung** nicht dazu führen, dass der Rechtspfleger aufgrund unterschiedlicher Rechtsansicht eine richterliche Entscheidung aufhebt, denn die Intention des Rechtspflegergesetzes ist die Entlastung des Richters, so dass dem Rechtspfleger weder rechtlich noch tatsächlich die Aufgabe obliegen kann, eine richterliche Entscheidung zu überprüfen bzw. zu korrigieren.[2]

B. Inhalt der Norm

I. Übertragung einzelner Angelegenheiten (Abs. 1)

4 Nr. 1 (Feststellung des Bestehens oder Nichtbestehens der elterlichen Sorge)

5 Nr. 2 (Kinderschutz)

▶ *Näher zum materiell-rechtlichen Hintergrund siehe Cirullies, Kommentierung zu § 1666 BGB.*

▶ *Zur verbleibenden Rechtspflegerzuständigkeit siehe Heilmann, § 3 RPflG Rn. 5.*

1 KG FamRZ 1978, 834
2 OLG Frankfurt ZKJ 2013, 503

Die Entscheidung über den **Entzug der Vermögenssorge** obliegt dem Rechtspfleger, da diese Maßnahme zwar auf dem im Vorbehalt genannten § 1666 BGB beruht, es sich aber nicht um eine Maßnahme „zur Abwendung der Gefahr für das körperliche, geistige oder seelische Wohl des Kindes" handelt. Den Schutz des Kindesvermögens hat der Rechtspfleger zudem im Rahmen des § 1667 BGB zu gewährleisten.

Die **Auswahl des Ergänzungspflegers bzw. Vormunds** nach teilweisem bzw. vollständigem Entzug der elterlichen Sorge obliegt nach den Grundsätzen der Vorbehaltsübertragung zwar dem Rechtspfleger.[3] Mit Blick auf § 6 RPflG und die verfassungsrechtliche Dimension der zu treffenden Entscheidung hat der Richter diese Aufgabe jedoch ebenfalls wahrzunehmen.[4] 6

Soweit Nr. 2 im Übrigen zwar einen Richtervorbehalt für kindesschutzrechtliche Maßnahmen nach §§ 1666, 1666a BGB, nicht jedoch für den **Vormund betreffende Ge- und Verbote** im Rahmen des § 1837 Abs. 2 Satz 1 BGB und für die Entlassung des Vormunds vorsieht, wenn die Fortführung des Amtes das Interesse des Mündels gefährden würde (§ 1886 BGB), ist die Folge der funktionellen Zuständigkeit des Rechtspflegers zwar unbefriedigend, mit Blick auf das Verhältnis von §§ 3, 14 RPflG jedoch hinzunehmen. Dieser hat dann die entsprechende Kindschaftssache durchzuführen und dabei §§ 151 ff. FamFG zu beachten. Gleiches gilt, soweit § 1837 Abs. 4 BGB den Anwendungsbereich der §§ 1666, 1666a, 1696 BGB eröffnet. 7

▶ *Siehe auch Dürbeck, § 1837 BGB Rn. 18.*

Hingegen ist der Richter funktional zuständig für **das Mündel betreffende Herausgabe- und Umgangsverfahren** sowie sonstige Verfahren zur Abwehr einer Gefährdung seines Wohls. 8

Der Richter ist auch zuständig für das **Überprüfungs- bzw. Abänderungsverfahren** hinsichtlich kindesschutzrechtlicher Maßnahmen (vgl. § 1696 Abs. 2 BGB, § 166 FamFG). 9

Nr. 3 (Sorgerechtsübertragung) 10

▶ *Näher zum materiell-rechtlichen Hintergrund siehe Keuter, Kommentierung zu § 1671 BGB.*

▶ *Zur verbleibenden Rechtspflegerzuständigkeit siehe Heilmann, § 3 RPflG Rn. 5.*

Auch die **Durchführung des Abänderungsverfahrens** bzw. die Entscheidung über die Abänderung (§ 1696 Abs. 1 BGB, § 166 FamFG) obliegt dem Richter.

Nr. 4 (Übertragung von Angelegenheiten der elterlichen Sorge auf die Pflegeperson) 11

▶ *Näher zum materiell-rechtlichen Hintergrund siehe Fink, Kommentierung zu § 1630 BGB.*

Nr. 5 (Entscheidung von Meinungsverschiedenheiten zwischen Sorgeberechtigten) 12

▶ *Näher zum materiell-rechtlichen Hintergrund siehe Fink, Kommentierung zu § 1628 BGB.*

Dem Richter ist damit nicht nur die **Übertragung einer konkret-situativen Entscheidung** im Rahmen der elterlichen Sorge auf einen Elternteil nach § 1628 BGB vorbehalten. Der Vorbehalt erstreckt sich auch auf die Entscheidung bei **Meinungsverschiedenheiten zwischen Eltern und Pfleger** (§ 1630 Abs. 2 BGB) **sowie mehreren Vormündern, mehreren Pflegern bzw. Pfleger und Vormund** (§§ 1797, 1798 BGB ggf. i.V.m. § 1915 Abs. 1 BGB). 13

3 A.A. wohl OLG München FamRZ 2006, 1773
4 BVerfG FamRZ 2015, 208 = JAmt 2015, 324

Die Regelung eines **Konflikts zwischen Eltern und Vormund** ist zwar nicht vom Richtervorbehalt der Nr. 5 erfasst, hier greifen aber bei Kinderschutz-, Herausgabe- und Umgangssachen ggf. die Nrn. 2, 7 und 8, so dass auch hier der **Richter zuständig** ist.

14 Für die **Übertragung des Namensbestimmungsrechts** auf einen Elternteil (§ 1617 Abs. 2 Satz 1 BGB) besteht die Zuständigkeit des Richters, da regelmäßig davon auszugehen ist, dass eine Meinungsverschiedenheit der Eltern zugrunde liegt.[5]

Nr. 6 (aufgehoben)

15 Nr. 7 (Umgang und Angelegenheit des täglichen Lebens)

▶ *Näher zum materiell-rechtlichen Hintergrund siehe Gottschalk, Kommentierung zu § 1684 BGB bzw. § 1687 BGB.*

Der Richter ist damit nicht zuständig für die Entscheidung über die **Auskunft** (vgl. §§ 1686, 1686a Abs. 1 Nr. 2 BGB). Dies ergibt sich nach der Änderung von § 151 Nr. 2 FamFG auch aus dem dortigen Nebeneinander von Umgangs- und Auskunftsangelegenheit. Jedoch finden sich häufig beide Angelegenheiten innerhalb desselben Verfahrens. Hier ist mit Blick auf § 6 RPflG regelmäßig eine **einheitliche Bearbeitung** und Entscheidung durch den Richter geboten.

16 Hingegen hat der Richter bei **Konflikten zwischen Eltern und Vormund bzw. Umgangsbestimmungspfleger** (hierzu *Gottschalk,* § 1684 BGB Rn. 63) auch den Umgang des Mündels mit seinen leiblichen Eltern und Dritten (vgl. § 1632 Abs. 2 BGB) zu regeln.

17 Der Richter ist auch zuständig für die **Anordnung einer Umgangspflegschaft** i.S.v. § 1684 Abs. 3 Satz 3 BGB sowie für die Verlängerung einer bereits angeordneten befristeten Umgangspflegschaft.[6] Hingegen obliegt die Entscheidung über die Entlassung der Person des Umgangspflegers dem Rechtspfleger, weil insoweit kein Richtervorbehalt besteht.[7]

18 Der Richter ist zwar nur für die Beschränkung oder den **Ausschluss des Rechts zur alleinigen Entscheidung in Angelegenheiten des täglichen Lebens** (§§ 1687, 1687a BGB) zuständig. Es bleibt jedoch bei der Zuständigkeit des Rechtspflegers für die Fälle der §§ 1687b, 1688 BGB.

19 Nr. 8 (Herausgabe des Kindes)

▶ *Näher zum materiell-rechtlichen Hintergrund siehe Fink, Kommentierung zu § 1632 BGB.*

Der Richter ist auch zuständig für **das Mündel betreffende Herausgabeverfahren** (wegen § 14 Abs. 1 Nr. 8 RPflG).

20 Nr. 9 (Familiengerichtliche Anordnung einer Betreuung oder Pflegschaft auf Grund dienstrechtlicher Vorschriften)

Die **Anordnung einer Pflegschaft** bzw. die Bestellung eines Betreuers durch das Familiengericht ist in diesem Zusammenhang in § 85 Abs. 2 WDO für die Fälle der Verhandlungsunfähigkeit bzw. Abwesenheit von Soldaten bestimmt. Gegebenenfalls kann auch die Bestellung eines Vertreters für die Wahrnehmung der Rechte in einem Verwaltungsverfahren geboten sein (vgl. § 3 BDG i.V.m. § 16 VwVfG).

21 Die **Länder** können diesen Richtervorbehalt nach § 19 Abs. 1 Satz 1 Nr. 1 RPflG aufheben. Bisher hat noch kein Bundesland von dieser Möglichkeit Gebrauch gemacht.

---

5 OLG Frankfurt NJW-RR 1996, 1288
6 OLG München FamRZ 2013, 1155
7 OLG München FamRZ 2013, 1328

Nr. 10 (Pflegschaft oder Vormundschaft für Angehörige eines fremden Staates) 22

▶ *Näher zum materiell-rechtlichen Hintergrund siehe Dürbeck, Kommentierung zu § 1773 BGB bzw. § 1909 BGB.*

Seinen Hauptanwendungsbereich hat die Regelung im Bereich der **unbegleiteten minderjährigen Flüchtlinge**.[8] Für die **Folgemaßnahmen** wie insbesondere die Auswahl und die Bestellung des Pflegers bzw. Vormunds bleibt hingegen nach dem Wortlaut der Regelung („Anordnung") der Rechtspfleger zuständig. Nach den Vorstellungen des Gesetzgebers kann damit im konkreten Fall **folgende Zuständigkeitsverteilung** gegeben sein:

- Anordnung des Ruhens der elterlichen Sorge = Rechtspfleger
- Anordnung der Vormundschaft = Richter
- Auswahl des Vormunds = Rechtspfleger
- Bestellung des Vormunds = Rechtspfleger

Hier hilft in der Praxis nur eine **vernünftige Handhabung und Auslegung von § 6 RPflG**, so dass die Anordnung von Ruhen und Vormundschaft sowie die Auswahl des Vormunds durch den Richter erfolgt. Der Rechtspfleger hat dann die Bestellung zu vollziehen und darf diese nicht mit der Begründung einer unterschiedlichen Rechtsansicht verweigern, da er nicht eine dem Richter übergeordnete Instanz ist.[9]

23 Der Richter ist nicht nur in den Fällen funktionell zuständig, in denen die **Aufhebung der Pflegschaft** ohne Veränderung der tatsächlichen Umstände erfolgen soll, sondern für jede Aufhebung einer Vormundschaft bzw. Pflegschaft betreffend die Angehörigen eines fremden Staates, da sich hier immer die notwendige Prüfung des Internationalen Privatrechts ergeben kann, die nach dem Willen des Gesetzgebers ausschlaggebend für diesen Richtervorbehalt gewesen ist.[10]

24 Die **Länder** können diesen Richtervorbehalt nach § 19 Abs. 1 Satz 1 Nr. 1 RPflG aufheben. Bisher hat noch kein Bundesland von dieser Möglichkeit Gebrauch gemacht.

Nr. 11 (Maßnahmen betreffend die religiöse Kindererziehung) 25

▶ *Siehe auch das Gesetz über die religiöse Kindererziehung – KErzG.*

Nr. 12 (Zustimmungsersetzungen) 26

▶ *Näher zum materiell-rechtlichen Hintergrund siehe Fink, Kommentierung zu § 1626c BGB.*

(bleibt frei) 27

Nr. 13 (Verrichtungen nach dem JGG) 28

§ 34 Abs. 1 JGG bestimmt, dass **dem Jugendrichter die familiengerichtlichen Erziehungsmaßnahmen übertragen** werden sollen. Nr. 14 behält dem Jugend- bzw. Familienrichter die Unterstützung der Erziehungsberechtigten nach § 34 Abs. 3 Nr. 1 JGG, die Maßnahmen zur Abwehr einer Gefährdung des Jugendlichen (§ 34 Abs. 3 Nr. 2 JGG) sowie die Auswahl und Anordnung von Erziehungsmaßregeln (§§ 53, 104 Abs. 4 JGG) vor. Für die funktionelle Zuständigkeit des Rechtspflegers verbleibt die Bestellung eines Pflegers nach § 67 Abs. 4 Satz 3 JGG.

8 Näher hierzu *Dürbeck*, ZKJ 2014, 266 ff.
9 OLG Frankfurt ZKJ 2013, 503
10 OLG Frankfurt ZKJ 2013, 503; a.A. *Dallmeyer/Eickmann*, § 14 RPflG Rn. 99; *Arnold/Meyer-Stolte/Rellermeyer*, § 14 RPflG Rn. 58

29 Nr. 14 (Übertragung der elterlichen Sorge nach § 1751 Abs. 3 BGB und Rückübertragung des Sorgerechts nach Aufhebung der Adoption gemäß § 1764 Abs. 3 BGB)

▶ *Näher zum materiell-rechtlichen Hintergrund siehe Braun, Kommentierung zu § 1751 BGB bzw. § 1764 BGB.*

Von einer weiter gehenden Kommentierung wird abgesehen.

II. IntFamRVG (Abs. 2)

30 Die Maßnahmen und Anordnungen nach dem IntFamRVG (näher hierzu siehe *Schweppe*, Kommentierung zum IntFamRVG) sind nahezu **umfassend dem Richter vorbehalten**. Dies sind insbesondere

- die Angelegenheiten nach §§ 10 bis 12 IntFamRVG,
- der Erlass einer einstweiligen Anordnung nach § 15 IntFamRVG,
- die Zulassung einer Zwangsvollstreckung nach §§ 20, 21 IntFamRVG (wobei die Vollstreckungsklausel nach § 23 IntFamRVG vom UdG zu erteilen ist),
- die Anerkennungsfeststellung (§ 32 IntFamRVG),
- die Anordnung der Kindesherausgabe (§ 33 IntFamRVG),
- die Änderung bzw. Aufhebung von Beschlüssen (§ 34 IntFamRVG),
- die Entscheidung über Schadensersatz nach § 35 IntFamRVG,
- Beschleunigungsmaßnahmen betreffend Verfahren nach dem HKÜ (§ 38 IntFamRVG),
- die Widerrechtlichkeitsfeststellung nach § 41 IntFamRVG,
- die Vollstreckung nach § 44 IntFamRVG[11] und
- die Genehmigung der Zustimmung zur Unterbringung eines Kindes (§ 47 IntFamRVG).

31 Im Bereich internationaler Verfahren **bleibt der Rechtspfleger damit zuständig** für die Aufnahme von Anträgen, die in anderen Vertragsstaaten zu erledigen sind (vgl. § 29 Nr. 3 RPflG, § 42 Abs. 1 IntFamRVG), sowie hinsichtlich der Entscheidungen betreffend Übersetzungskosten (vgl. § 5 Abs. 2 IntFamRVG; hierzu auch § 32 RPflG).

§§ 15 bis 40 RPflG

Von Abdruck und Kommentierung wird abgesehen.

---

11 Näher hierzu *Schulte-Bunert*, FamRZ 2007, 1608

Gesetz zur Kooperation und Information im Kinderschutz (KKG)

Achtes Buch Sozialgesetzbuch
– Kinder- und Jugendhilfegesetz –
(SGB VIII)

Vorbemerkung

Übersicht

	Rn.
A. Allgemeines	1
B. Anspruch auf Leistungen und dessen gerichtliche Durchsetzung	5
C. Folgen der Verletzung fachlicher Standards	7
I. Verwaltungs- und sozialrechtliche Ebene	8
II. Zivilrechtliche Haftung	14
III. Strafrechtliche Verantwortung	15

A. Allgemeines

Die Kenntnis der für die Tätigkeit des Jugendamts geltenden Rechtsgrundlagen ist für die an kindschaftsrechtlichen Gerichtsverfahren beteiligten Familienrichter, Rechtspfleger, Rechtsanwälte, Vormünder, Pfleger und Verfahrensbeistände unerlässlich. Mitaufgabe dieses Praxiskommentars ist, die Schnittstellen zwischen dem familiengerichtlichen Verfahren in den § 151 FamFG genannten Kindschaftssachen und dem kinder- und jugendhilferechtlichen Verfahren aufzuzeigen und in das zuletzt genannte Verfahren einzuführen.[1] Dabei sollen (lediglich) die besonders relevanten Vorschriften über den **Schutzauftrag des Jugendamts bei Kindeswohlgefährdung** (§ 8a SGB VIII), die **Inobhutnahme** (§ 42 SGB VIII), die **Mitwirkung des Jugendamts im familiengerichtlichen Verfahren** (§ 50 SGB VIII), § 36a SGB VIII im Hinblick auf die Frage einer **Anordnungskompetenz des Familiengerichts gegenüber der Jugendhilfe** und (im Überblick) die Regelungen über die **Vormundschaft und Pflegschaft** (§§ 55 ff. SGB VIII) ausführlicher kommentiert werden. 1

§§ 1 bis 4 SGB VIII aus dem **allgemeinen Teil**, die **Leistungen der Jugendhilfe** aus dem Abschnitt **Förderung der Erziehung in der Familie** nach §§ 17 bis 19 SGB VIII und **Hilfen der Erziehung** nach §§ 27 bis 35 SGB VIII, die Vorschriften über **Mitwirkung und den Hilfeplan** sowie der **Zusammenarbeit bei Hilfen außerhalb der eigenen Familie** nach §§ 36, 37 SGB VIII, die **Sozialdatenschutzvorschriften** der §§ 61 bis 65, 68 SGB VIII und die Vorschriften über die **örtliche Zuständigkeit** nach §§ 86, 87, 87b und 87c SGB VIII sollen in der hier gebotenen Kürze vorgestellt werden, ohne den Anspruch einer umfassenden Kommentierung zu erheben. 2

Das Kinder- und Jugendhilferecht umfasst die Gesamtheit der Rechtsvorschriften des Bundes und der Länder über die **öffentlichen Sozialisationshilfen** für junge Menschen und der **Unterstützungsleistungen** für deren Familien, Erziehungs- und Personensorgeberechtigten, Schule, Hochschule, Berufsausbildung und Arbeitswelt. Das SGB VIII „Kinder- und Jugendhilfe" ist das sog. **Stammgesetz** des Kinder- und Jugendhilfegesetzes (KJHG) vom 26.6.1990. Das KJHG wiederum trat an die Stelle des aus dem Jahr 1922 stammenden Jugendwohlfahrtsgesetzes (JWG), modifiziert mit Gesetz vom 11.8.1961.[2] Diese Ablösung offenbart auch einen Wandel in der Konzeption des modernen Gesetzgebers: An die Stelle des eingriffs- und ordnungsrechtlichen Verwaltungsinstrumentariums des JWG ist ein präventiv ausgerichtetes Leistungsgesetz getreten, das in erster Linie die Eltern und sonstige Erziehungsberechtigte durch **soziale Arbeit** bei ihren Erziehungsaufgaben unterstützen soll. 3

1 Für das ausführliche Studium des Kinder- und Jugendhilferechts kann auf die Darstellungen von *Kunkel*, Jugendhilferecht, und *Münder/Wiesner/Meysen*, Kinder- und Jugendhilferecht, verwiesen werden.

2 BGBl. I 1961 S. 1193

4 Eine Veränderung hat das Kinder- und Jugendhilferecht durch das zum 1.1.2012 in Kraft getretene **Bundeskinderschutzgesetz**[3] erfahren, das durch Änderungen des SGB VIII und durch Schaffung von **Frühwarnsystemen und Netzwerken** nach dem neu geschaffenen **Gesetz zur Kooperation und Information im Kinderschutz (KKG)** den Kinderschutz als Reaktion auf in den Medien kontrovers diskutierten Todesfälle von Kindern verbessern will (vgl. *Lack,* §§ 1 bis 4 KKG Rn. 1 f.).

B. Anspruch auf Leistungen und dessen gerichtliche Durchsetzung

5 Die Leistungen der Kinder- und Jugendhilfe gemäß § 2 Abs. 1 SGB VIII sind hinsichtlich Minderjähriger unterteilt in Angebote der Jugendarbeit, der Jugendsozialarbeit und des erzieherischen Kinder- und Jugendschutzes (§§ 11 bis 14 SGB VIII), Angebote zur Förderung der Erziehung in der Familie (§§ 16 bis 21 SGB VIII), Angebote zur Förderung von Kindern in Tageseinrichtungen und in Tagespflege (§§ 22 bis 25 SGB VIII), Erziehungshilfen und ergänzende Leistungen (§§ 27 bis 35, 36, 37, 39, 40 SGB VIII) und Hilfen für seelisch behinderte Kinder und Jugendliche (§§ 35a bis 37 SGB VIII).

6 Die Einordnung der Leistungen des § 2 Abs. 2 SGB VIII als Sozialleistungen i.S.d. § 11 SGB I bedeutet nicht, dass auf diese Leistung ein **subjektiver Anspruch – verbunden mit der Möglichkeit sie vor den zuständigen Verwaltungsgerichten einzuklagen** – bestünde. Ob und inwieweit ein *Sozialleistungsanspruch besteht,* ergibt sich aus der **Auslegung** der jeweiligen einzelnen Vorschrift, was etwa bei den **Hilfen der Erziehung nach §§ 27 ff. SGB VIII** für den Personensorgeberechtigten von der h.M. bejaht wird.[4] Eigene Ansprüche der Betroffenen können sich z.B. **unmittelbar aus dem Wortlaut des Gesetzes** ergeben („hat Anspruch auf", „ist zu leisten", „muss erbringen") und im Übrigen nach der sog. **verwaltungsrechtlichen Schutznormlehre** dann, wenn die entsprechende Norm nicht nur den öffentlichen Interessen, sondern **zumindest auch den Interessen der Betroffenen zu dienen bestimmt** ist und der Normadressatenkreis **individualisierbar** ist.[5] Soweit Leistungen bewilligt werden können (sog. Kann-Leistung), liegt die Bewilligung im **pflichtgemäßen Ermessen** des Jugendamts als Verwaltungsbehörde. Gemäß § 39 Abs. 1 Satz 2 SGB I besteht ein Rechtsanspruch auf pflichtgemäße Ausübung des Ermessens.[6] Bei der **verwaltungsgerichtlichen Kontrolle** von Ermessensentscheidungen des Jugendamts im Rahmen der Bewilligung bzw. Versagung von Leistungen sind die Verwaltungsgerichte darauf **beschränkt, zu überprüfen**, ob die gesetzlichen Grenzen des Ermessens überschritten worden sind oder das Ermessen in fehlerhafter Weise gebraucht worden ist, eine neue Sachentscheidung ist durch das Verwaltungsgericht grundsätzlich nicht zu treffen.[7] Hiervon unabhängig sind die **Familiengerichte** nicht dazu berufen, Entscheidungen der Jugendämter im Bereich der Gewährung öffentlicher Hilfen zu überprüfen, allerdings – vor allem in Kinderschutzverfahren – auch nicht an sie gebunden.[8]

▶ *Näher zur Anspruchsberechtigung der Eltern Köhler, § 27 SGB VIII Rn. 2a f.*

6a Auch wenn ein Leistungsanspruch – wie etwa im Fall des § 27 Abs. 1 SGB VIII – besteht, kommt es grundsätzlich nicht von Amts wegen zum Einsetzen der Hilfen zur Erziehung. **Nur bei Ausübung des staatlichen Wächteramts nach §§ 8a, 42 SGB VIII** kann es

3 BGBl. I 2011 S. 2975; vgl. dazu *Meysen*, FamRZ 2012, 405; *Kunkel*, ZKJ 2012, 288
4 LPK-SGB VIII/*Kunkel/Kepert*, § 27 Rn. 15; FK-SGB VIII/*Tammen/Trenczek*, § 27 Rn. 13; Wiesner/*Schmid-Obkirchner,* Vor § 27 SGB VIII Rn. 4
5 Vgl. BVerwG NJW 1996, 1297; zur Schutznormlehre vgl. Sodan/Ziekow/*Sodan*, § 42 VwGO Rn. 386 ff.
6 Vgl. Einzelheiten bei FK-SGB VIII/*Münder,* Vor Kap. 2 Rn. 8
7 OVG Münster, Beschl. v. 15.10.2012 – 12 A 1443/12, juris; OVG Rheinland-Pfalz NJW 2007, 1993; OVG Schleswig NJW 2007, 243; FK-SGB VIII/*Trenczek,* Anh. I: Verfahren und Rechtsschutz Rn. 98; Wiesner/*Schmid-Obkirchner,* § 27 SGB VIII Rn. 64
8 BVerfG JAmt 2014, 410 = FamRZ 2014, 1266; ZKJ 2014, 327 = FamRZ 2014, 1177

sein, dass Hilfen zur Erziehung **von Amts** wegen und **gegen den Willen der Sorgeberechtigten**[9] gewährt werden. In diesen Fällen sieht § 8a Abs. 1 Satz 3 SGB VIII auch ein ausdrückliches Angebot des Jugendamts von geeigneten Hilfen zur Abwendung der Gefahr vor. In den übrigen Fällen bedarf es zwar **keines förmlichen Antrags**, aber einer (auch konkludent möglichen)[10] **eindeutigen Willensbekundung des/der Personensorgeberechtigten** hinsichtlich der Hilfe zur Erziehung.[11] Diese eindeutige Willensbekundung der Personensorgeberechtigten kann auch zu Protokoll bzw. im Vermerk des Familiengerichts im Rahmen der persönlichen Anhörung der Personensorgeberechtigten erfolgen.

C. Folgen der Verletzung fachlicher Standards

Die Tätigkeit des Jugendamts im Kontext eines familiengerichtlichen Kindschaftsverfahrens wirft die Frage auf, welche Rechtsfolgen entstehen, wenn der oder die betreffenden Mitarbeiter des Jugendamts (z.B. die Fachkraft des ASD bei einer Stellungnahme nach § 50 SGB VIII, der mit der Amtsvormundschaft betraute Mitarbeiter) im Rahmen einer **Handlung oder eines Unterlassens gegen fachliche Standards verstoßen** hat. Dabei existiert allerdings keine allgemeingültige Kodifizierung der Handlungspflichten der öffentlichen Kinder- und Jugendhilfe, diese der Wertung der jeweils zu beachtenden Normen und allgemein gültiger Grundsätze staatlichen Handels gegenüber dem Bürger jeweils im Einzelfall zu bestimmen.[12] Es sind die unter Ziffer I bis III aufgezeigten Ebenen zu unterscheiden. **7**

I. Verwaltungs- und sozialrechtliche Ebene

Im Bereich einer Verletzung von Bestimmungen des SGB VIII ist zwischen **Eingriffs- und Leistungsverwaltung** zu differenzieren. Erlässt das Jugendamt etwa im Rahmen einer Inobhutnahme infolge fehlerhafter Sachverhaltseinschätzung einen insoweit belasteten Verwaltungsakt, so steht betroffenen Eltern hiergegen verwaltungsrechtlicher Rechtsschutz in Form des **Widerspruchs** nach § 68 VwGO, welcher ein öffentlich-rechtliches Vorverfahren eröffnet, und der verwaltungsgerichtlichen **Anfechtungsklage** nach § 42 Abs. 1 VwGO zu (siehe näher hierzu *Köhler*, § 42 SGB VIII Rn. 24). **8**

Daneben steht den Personensorgeberechtigten über ein **Widersprechen gegen die Inobhutnahme** nach § 42 Abs. 3 SGB VIII auch der **Weg zum Familiengericht** offen, das aber nicht die Rechtmäßigkeit der verwaltungsrechtlichen Entscheidung des Jugendamts, sondern ausschließlich die Voraussetzungen von § 1666 BGB zu prüfen hat[13] (siehe näher hierzu *Köhler*, § 42 SGB VIII Rn. 20). **9**

Wird im Bereich der Sozialleistungsverwaltung eine **Leistung**, auf die ein Rechtsanspruch besteht, **verweigert** (z.B. Umgangsbegleitung, siehe näher hierzu *Köhler*, § 18 SGB VIII Rn. 3), so ist **Verpflichtungsklage** nach § 42 Abs. 1 VwGO zu erheben.[14] **10**

---

9 VG Saarlouis ZKJ 2015, 87

10 *DIJuF*-Rechtsgutachten v. 24.5.2012, JAmt 2012, 313

11 VGH Mannheim ZKJ 2018, 162 Rn. 12; BVerwG ZKJ 2016, 375 Rn. 36; BayVGH NZFam 2016, 941 Rn. 32; OVG Lüneburg, Beschl. v. 2.8.2013 – 4 LA 112/12, juris; OVG Rheinland-Pfalz JAmt 2012, 606; BVerwG NJW 2002, 232 Rn. 14; Wiesner/*Schmid-Obkirchner*, § 27 SGB VIII Rn. 26; FK-SGB VIII/*Tammen/Trenczek*, § 27 Rn. 44; LPK-SGB VIII/*Kunkel/Kepert*, § 27 Rn. 1. Soweit in BVerwG NVwZ-RR 2001, 763 eine Antragstellung vorausgesetzt wird, widerspricht dies nicht der vorgenannten Auffassung, weil im dort behandelten Fall der Personensorgeberechtigte gar nicht an den öffentlichen Träger herangetreten ist, auch nicht mit einer unförmlichen Willensbekundung, und nachträglich Kostenersatz für eine Leistung eines freien Trägers wollte

12 Vgl. dazu *Schindler*, FPR 2012, 539; *Münder*, ZfJ 2001, 401

13 Bayerischer VGH FamRZ 2017, 1136; OLG Frankfurt NZFam 2015, 517; Wiesner/*Wiesner*, § 42 SGB VIII Rn. 15a, Rn. 71

14 Vgl. etwa BVerfG NJW 2015, 3563; OVG Saarland ZKJ 2014, 488; OVG Nordrhein-Westfalen NJW 2014, 3593

11 Wurde infolge falscher Beratung und Information des Jugendamts eine sonst zu gewährende **Leistung rechtswidrigerweise nicht erbracht**, kann ein **sozialrechtlicher Herstellungsanspruch** gegeben sein.[15] In der Praxis des Kinder- und Jugendhilferechts spielt der sozialrechtliche Herstellungsanspruch aber bisher keine nennenswerte Rolle.[16]

12 Soweit ein Verfahrensbeteiligter mit einer **fachlichen Äußerung des Jugendamts** im Rahmen dessen Mitwirkung nach §§ 162 Abs. 1 FamFG, 50 SGB VIII nicht einverstanden ist, weil er sie etwa als unzutreffend, fachlich fehlerhaft oder ehrverletzend hält, besteht **kein vor den Verwaltungsgerichten einklagbarer öffentlich-rechtlicher Anspruch auf Unterlassen** der vom Jugendamt getätigten Äußerungen, soweit diese nicht leichtfertig abgegeben wurden und sie sich in einem sachlichen Rahmen bewegen[17] (siehe näher hierzu *Köhler*, § 50 SGB VIII Rn. 14).

13 Eine **Mitteilung des Jugendamtes** an das Familiengericht nach § 8a SGB VIII, wie z.B. wegen Unterlassens der Teilnahme an der ärztlichen Vorsorgeuntersuchung, kann von den Eltern schon mangels Verletzung eigener Rechte nicht vor dem Verwaltungsgericht angefochten werden[18] (siehe näher hierzu *Köhler*, § 8a SGB VIII Rn. 10).

II. Zivilrechtliche Haftung

14 Im Falle einer **schuldhaften Amtspflichtverletzung** kommt eine **Haftung des Trägers** des zuständigen Beamten oder Angestellten nach Maßgabe von **Art. 34 GG, § 839 BGB** in Betracht. Rechtsfolge ist demnach Schadensersatz des Jugendamts als Institution und nicht des einzelnen Mitarbeiters. So wurde etwa bei **fehlerhafter Sachverhaltserfassung** anlässlich einer Inobhutnahme und daran anschließender **fehlerhafter Sachverhaltsdarstellung** gegenüber dem Familiengericht, das infolge dessen den Eltern vorläufig das Sorgerecht entzogen hatte, der Ersatz von Vermögensschäden von der Rechtsprechung gebilligt.[19] Es kommt in diesem Zusammenhang aber dann keine Haftung des Jugendamts in Betracht, wenn die falsche Einschätzung des Sachverhalts gutgläubig und ohne die Verletzung von Pflichten erfolgt ist.[20] Eine weiterer Fall anerkannter Amtshaftung stellen **schuldhafte Verstöße gegen Handlungsgebote** dar, etwa bei der **Beaufsichtigung von Pflegefamilien**.[21] Allerdings haftet das Jugendamt nicht für ein Verschulden der Pflegeeltern, wo das Kind vorläufig nach § 42 SGB VIII untergebracht wurde, während der Betreuungszeit der Pflegefamilie.[22] Weitere Bereiche betreffen **Unterlassungen des Amtsvormunds**, z.B. infolge **nicht hinreichenden persönlichen Kontakts** mit dem Mündel und/oder infolge Untätigkeit wegen **Überschreitens der Fallobergrenze** von § 55 Abs. 2 Satz 3 SGB VIII.[23] Denkbar sind schließlich auch Schadensersatzansprüche wegen einer **Verletzung der Aufsichtspflicht**, insbesondere des Amtsvormunds, nach § 832 BGB.[24] Auch im Bereich des **Adoptionsrechts** kann es zu Amtspflichtverletzungen kommen. So besteht etwa aus §§ 9 Abs. 1, 7 Abs. 1 AdVermiG eine Pflicht der Adoptionsvermittlungsstelle zur Offenbarung von für die Annahmeentscheidung erheblichen Um-

---

15 Vgl. BSG, Urteil v. 27.7.2004 – B 7 SF 1/03, juris; *Völker/Clausius*, § 12 Rn. 14
16 Wiesner/*Mörsberger/Wapler*, SGB VIII, Anh. 2.5.3.2 Rn. 28
17 VGH München ZKJ 2014, 38; OVG Münster, Beschl. v. 16.7.2009 – 12 A 788/09, juris
18 Hess. VGH ZKJ 2013, 82; NJW 2013, 1753
19 VerfGH Sachsen FamRZ 2012, 1764; BGH NJW 2014, 692 (Haftung des Jugendamts bei Ausübung einer unterhaltsrechtlichen Beistandschaft); *Knittel/Birnstengel*, Themengutachten TG-1236, Amtshaftung für die Tätigkeit des Jugendamts als Beistand, Vormund oder Pfleger, beck-online
20 BGH NJW 1961, 2254; *Schindler*, FPR 2012, 539, 540
21 BGH NJW 2005, 68
22 BGH NJW 2006, 1121
23 *Schindler*, FPR 2012, 539, 542 f.
24 BeckOGK/*Wellenhofer*, § 832 BGB Rn. 21

ständen, wie z.B. Alkohol-, Drogen- oder Medikamentenmissbrauch während der Schwangerschaft, gegenüber Adoptionsbewerbern.[25]

III. Strafrechtliche Verantwortung

Die Verletzung fachlicher Standards durch das Jugendamt kann schließlich auch strafrecht- **15**
liche Konsequenzen haben,[26] die im Verurteilungsfalle zu Geld- oder Freiheitsstrafen gegen den oder die verantwortlichen Mitarbeiter führen können. Diese sind insbesondere im Bereich des **Unterlassens von kinderschützenden Maßnahmen** denkbar. In der strafrechtlichen Rechtsprechung ist anerkannt, dass Sozialarbeiter kommunaler Jugendämter im Rahmen ihrer Aufgabe, Problemfamilien und deren Kinder zu betreuen sowie der Aufsicht von Pflegepersonen, **Garant für das Wohlergehen der Kinder** i.S.d. § 13 StGB sein können.[27] Dabei können sich Jugendämter auch nicht ihrer strafrechtlichen Verantwortung durch **Übertragung von Aufgaben auf freie Träger** gänzlich entledigen.[28] Wie im zivilrechtlichen Bereich kommen auch im Strafrecht zudem fahrlässige Unterlassungen seitens der Amtsvormünder in Betracht.[29]

25 OLG Frankfurt ZKJ 2015, 26

26 Vgl. dazu OLG Karlsruhe ZKJ 2018, 30; zu der Diskussion vgl. *Knödler*, ZKJ 2019, 17; *Knödler*, ZKJ 2018, 452; *Becker/Mörsberger*, JAmt 2018, 178; *Heghmanns*, ZKJ 2018, 407; *Heghmanns*, JAmt 2018, 230; *Bringewat*, ZKJ 2018, 346; *Bringewat*, SRa 2018, 110; *Mörsberger*, ZKJ 2013, 21; *Mörsberger*, ZKJ 2013, 61; *Bringewat*, ZKJ 2012, 330

27 AG Medebach NZFam 2017, 703; OLG Stuttgart NJW 1998, 3131; OLG Oldenburg FamRZ 1997, 1032; AG Mönchengladbach BeckRS 2004, 17128; Wiesner/*Mörsberger/Wapler*, SGB VIII, Anh. 2.5.2 Rn. 24 ff.; *Bringewat*, FPR 2007, 12; *Bringewat*, NJW 1998, 944; umfassend dazu *Dießner*, Die Unterlassungsstrafbarkeit der Kinder- und Jugendhilfe bei familiärer Kindeswohlgefährdung, Diss., S. 1 ff.

28 OLG Oldenburg FamRZ 1997, 1032; *DIJuF*-Rechtsgutachten JAmt 2014, 446

29 Vgl. *Hoffmann*, ZKJ 2007, 389

Gesetz zur Kooperation und Information im Kinderschutz (KKG)

vom 22. Dezember 2011 (BGBl. I S. 2975),
zuletzt geändert durch das Gesetz vom 23. Dezember 2016 (BGBl. I S. 3234)

§ 1 KKG Kinderschutz und staatliche Mitverantwortung

(1) Ziel des Gesetzes ist es, das Wohl von Kindern und Jugendlichen zu schützen und ihre körperliche, geistige und seelische Entwicklung zu fördern.

(2) [1]Pflege und Erziehung der Kinder und Jugendlichen sind das natürliche Recht der Eltern und die zuvörderst ihnen obliegende Pflicht. [2]Über ihre Betätigung wacht die staatliche Gemeinschaft.

(3) Aufgabe der staatlichen Gemeinschaft ist es, soweit erforderlich, Eltern bei der Wahrnehmung ihres Erziehungsrechts und ihrer Erziehungsverantwortung zu unterstützen, damit

1. **sie im Einzelfall dieser Verantwortung besser gerecht werden können,**
2. **im Einzelfall Risiken für die Entwicklung von Kindern und Jugendlichen frühzeitig erkannt werden und**
3. **im Einzelfall eine Gefährdung des Wohls eines Kindes oder eines Jugendlichen vermieden oder, falls dies im Einzelfall nicht mehr möglich ist, eine weitere Gefährdung oder Schädigung abgewendet werden kann.**

(4) [1]Zu diesem Zweck umfasst die Unterstützung der Eltern bei der Wahrnehmung ihres Erziehungsrechts und ihrer Erziehungsverantwortung durch die staatliche Gemeinschaft insbesondere auch Information, Beratung und Hilfe. [2]Kern ist die Vorhaltung eines möglichst frühzeitigen, koordinierten und multiprofessionellen Angebots im Hinblick auf die Entwicklung von Kindern vor allem in den ersten Lebensjahren für Mütter und Väter sowie schwangere Frauen und werdende Väter (Frühe Hilfen).

§ 2 KKG Information der Eltern über Unterstützungsangebote in Fragen der Kindesentwicklung

(1) Eltern sowie werdende Mütter und Väter sollen über Leistungsangebote im örtlichen Einzugsbereich zur Beratung und Hilfe in Fragen der Schwangerschaft, Geburt und der Entwicklung des Kindes in den ersten Lebensjahren informiert werden.

(2) [1]Zu diesem Zweck sind die nach Landesrecht für die Information der Eltern nach Absatz 1 zuständigen Stellen befugt, den Eltern ein persönliches Gespräch anzubieten. [2]Dieses kann auf Wunsch der Eltern in ihrer Wohnung stattfinden. [3]Sofern Landesrecht keine andere Regelung trifft, bezieht sich die in Satz 1 geregelte Befugnis auf die örtlichen Träger der Jugendhilfe.

§ 3 KKG Rahmenbedingungen für verbindliche Netzwerkstrukturen im Kinderschutz

(1) In den Ländern werden insbesondere im Bereich Früher Hilfen flächendeckend verbindliche Strukturen der Zusammenarbeit der zuständigen Leistungsträger und Institutionen im Kinderschutz mit dem Ziel aufgebaut und weiterentwickelt, sich gegenseitig über das jeweilige Angebots- und Aufgabenspektrum zu informieren, strukturelle Fragen der Angebots-

gestaltung und -entwicklung zu klären sowie Verfahren im Kinderschutz aufeinander abzustimmen.

(2) In das Netzwerk sollen insbesondere Einrichtungen und Dienste der öffentlichen und freien Jugendhilfe, Einrichtungen und Dienste, mit denen Verträge nach § 76 Absatz 1 des Zwölften Buches Sozialgesetzbuch bestehen, Gesundheitsämter, Sozialämter, Schulen, Polizei- und Ordnungsbehörden, Agenturen für Arbeit, Krankenhäuser, Sozialpädiatrische Zentren, Frühförderstellen, Beratungsstellen für soziale Problemlagen, Beratungsstellen nach den §§ 3 und 8 des Schwangerschaftskonfliktgesetzes, Einrichtungen und Dienste zur Müttergenesung sowie zum Schutz gegen Gewalt in engen sozialen Beziehungen, Familienbildungsstätten, Familiengerichte und Angehörige der Heilberufe einbezogen werden.

(3) [1]Sofern Landesrecht keine andere Regelung trifft, soll die verbindliche Zusammenarbeit im Kinderschutz als Netzwerk durch den örtlichen Träger der Jugendhilfe organisiert werden. [2]Die Beteiligten sollen die Grundsätze für eine verbindliche Zusammenarbeit in Vereinbarungen festlegen. [3]Auf vorhandene Strukturen soll zurückgegriffen werden.

(4) [1]Dieses Netzwerk soll zur Beförderung Früher Hilfen durch den Einsatz von Familienhebammen gestärkt werden. [2]Das Bundesministerium für Familie, Senioren, Frauen und Jugend unterstützt den Aus- und Aufbau der Netzwerke Frühe Hilfen und des Einsatzes von Familienhebammen auch unter Einbeziehung ehrenamtlicher Strukturen durch eine zeitlich auf vier Jahre befristete Bundesinitiative, die im Jahr 2012 mit 30 Millionen Euro, im Jahr 2013 mit 45 Millionen Euro und in den Jahren 2014 und 2015 mit 51 Millionen Euro ausgestattet wird. [3]Nach Ablauf dieser Befristung wird der Bund einen Fonds zur Sicherstellung der Netzwerke Frühe Hilfen und der psychosozialen Unterstützung von Familien einrichten, für den er jährlich 51 Millionen Euro zur Verfügung stellen wird. [4]Die Ausgestaltung der Bundesinitiative und des Fonds wird in Verwaltungsvereinbarungen geregelt, die das Bundesministerium für Familie, Senioren, Frauen und Jugend im Einvernehmen mit dem Bundesministerium der Finanzen mit den Ländern schließt.

§ 4 KKG Beratung und Übermittlung von Informationen durch Geheimnisträger bei Kindeswohlgefährdung

(1) Werden

1. Ärztinnen oder Ärzten, Hebammen oder Entbindungspflegern oder Angehörigen eines anderen Heilberufes, der für die Berufsausübung oder die Führung der Berufsbezeichnung eine staatlich geregelte Ausbildung erfordert,
2. Berufspsychologinnen oder -psychologen mit staatlich anerkannter wissenschaftlicher Abschlussprüfung,
3. Ehe-, Familien-, Erziehungs- oder Jugendberaterinnen oder -beratern sowie
4. Beraterinnen oder Beratern für Suchtfragen in einer Beratungsstelle, die von einer Behörde oder Körperschaft, Anstalt oder Stiftung des öffentlichen Rechts anerkannt ist,
5. Mitgliedern oder Beauftragten einer anerkannten Beratungsstelle nach den §§ 3 und 8 des Schwangerschaftskonfliktgesetzes,
6. staatlich anerkannten Sozialarbeiterinnen oder -arbeitern oder staatlich anerkannten Sozialpädagoginnen oder -pädagogen oder
7. Lehrerinnen oder Lehrern an öffentlichen und an staatlich anerkannten privaten Schulen

in Ausübung ihrer beruflichen Tätigkeit gewichtige Anhaltspunkte für die Gefährdung des Wohls eines Kindes oder eines Jugendlichen bekannt, so sollen sie mit dem Kind oder Jugendlichen und den Personensorgeberechtigten die Situation erörtern und, soweit erforderlich, bei den Personensorgeberechtigten auf die Inanspruchnahme von Hilfen hinwirken, soweit hierdurch der wirksame Schutz des Kindes oder des Jugendlichen nicht in Frage gestellt wird.

(2) Die Personen nach Absatz 1 haben zur Einschätzung der Kindeswohlgefährdung gegenüber dem Träger der öffentlichen Jugendhilfe Anspruch auf Beratung durch eine insoweit erfahrene Fachkraft. Sie sind zu diesem Zweck befugt, dieser Person die dafür erforderlichen Daten zu übermitteln; vor einer Übermittlung der Daten sind diese zu pseudonymisieren.

(3) [1]Scheidet eine Abwendung der Gefährdung nach Absatz 1 aus oder ist ein Vorgehen nach Absatz 1 erfolglos und halten die in Absatz 1 genannten Personen ein Tätigwerden des Jugendamtes für erforderlich, um eine Gefährdung des Wohls eines Kindes oder eines Jugendlichen abzuwenden, so sind sie befugt, das Jugendamt zu informieren; hierauf sind die Betroffenen vorab hinzuweisen, es sei denn, dass damit der wirksame Schutz des Kindes oder des Jugendlichen in Frage gestellt wird. [2]Zu diesem Zweck sind die Personen nach Satz 1 befugt, dem Jugendamt die erforderlichen Daten mitzuteilen.

1 Als Bestandteil des zum 1.1.2012 in Kraft getretenen Bundeskinderschutzgesetzes[1] wurde das Gesetz zur Kooperation und Information im Kinderschutz (KKG) neu geschaffen. Einen Schwerpunkt legt das Gesetz auf die **Verankerung Früher Hilfen** in der Phase der Schwangerschaft und der frühen Kindheit, um von Anfang an die Potenziale und Kompetenzen von Eltern, aber auch die ihrer Kinder zu stärken.[2] Entwicklungsmöglichkeiten von Kindern sollen hierdurch bestmöglich gefördert, Risiken für ihr Wohl möglichst früh wahrgenommen und Gefährdungen systematisch abgewendet werden können.[3] Bei der Wahrnehmung des den Eltern von Verfassungs wegen garantierten Erziehungsrechts und ihrer Erziehungsverantwortung (Art. 6 Abs. 2 Satz 1 GG) sollen sie möglichst frühzeitig insbesondere durch Information, Beratung und Hilfe unterstützt werden (§ 1 Abs. 3 und 4 KKG). Durch dieses niedrigschwellige Angebot soll einerseits Vertrauen in die Jugendhilfe geschaffen und andererseits belastenden Lebenslagen und geschwächten familiären Bewältigungsressourcen vorgebeugt werden.

2 Dementsprechend regelt § 2 Abs. 1 KKG, dass bereits werdende Eltern **über Unterstützungsangebote im örtlichen Einzugsbereich informiert** werden sollen. Hierzu können nach § 2 Abs. 2 KKG **Gespräche – auch in der Wohnung der (werdenden) Eltern** – angeboten werden (sog. **Willkommensbesuch**). Ein Zutrittsrecht der Jugendhilfe in die Wohnung geht mit dieser Regelung nicht einher. Auch dient der Besuch nicht der Kontrolle der Familie wie z.B. der Hausbesuch i.S.v. § 8a Abs. 1 Satz 2 SGB VIII, der aber greifen kann, wenn sich im Rahmen des Willkommensbesuchs gewichtige Anhaltspunkte für eine Kindeswohlgefährdung ergeben.[4]

3 Für einen gelingenden Kinderschutz bedarf es der Überwindung der Versäulung einzelner mit dem Kinderschutz befasster Leistungsträger und Institutionen ebenso wie der Kenntnis des jeweiligen Angebots- und Aufgabenspektrums. Deshalb beinhaltet § 3 KKG den Aufbau und die Weiterentwicklung flächendeckend verbindlicher, fallübergreifender Strukturen der Zusammenarbeit der zuständigen Leistungsträger und Institutionen im Kinderschutz **(Schaffung eines sozialen Netzwerkes Kinderschutz)**. Die Jugendämter sind verpflichtet, dieses Netzwerk zu organisieren. In das Netzwerk eingebunden werden sollen alle Einrichtungen der öffentlichen und freien Jugendhilfe (Tageseinrichtungen, Kindertagespflegepersonen, Erziehungsberatungsstellen), Einrichtungen und Dienste der Sozialhilfe nach SGB XII, Gesundheits- und Sozialämter, Agenturen für Arbeit, Schulen, Polizei- und Ordnungsbehörden, Krankenhäuser, Geburts- und Kinderkliniken, Kinderpsychiatrien, Angehörige der Heilberufe, Hebammen, Familiengerichte, Familienbildungsstätten, Beratungsdienste zum Schutz gegen Gewalt (Frauenhäuser) oder Schwangerschaftsfragen

1 BGBl. I 2011 S. 2975; vgl. dazu *Meysen*, FamRZ 2012, 405; *Kunkel*, ZKJ 2012, 288; *Maywald*, FPR 2012, 199
2 BT-Drucks. 17/6256, 15
3 BT-Drucks. 17/6256, 16
4 *Wiesner*, SGB VIII, Anh. 1 § 2 KKG Rn. 8

etc. Wie die Formulierung „insbesondere" zeigt, ist die in § 3 Abs. 2 KKG vorgenommene Aufzählung der Leistungsträger und Institutionen nicht abschließend. Eine Verpflichtung zur Beteiligung an dem Netzwerk geht mit § 3 KKG ebenso wenig einher wie eine Ermächtigung zur Übermittlung von Daten.[5]

§ 3 Abs. 4 KKG hebt die Schlüsselrolle von **Familienhebammen** im Bereich Früher Hilfen hervor. Sie haben unmittelbaren Zugang zu den Familien und haben eine wichtige Lotsenfunktion.[6] 4

Einzelfallbezogene Kooperation soll nach Maßgabe von § 4 KKG erfolgen. Die Vorschrift enthält eine bundeseinheitliche Regelung zur **Beratung und Weitergabe von Informationen bei Kindeswohlgefährdung** durch die in § 4 Abs. 1 KKG genannten Berufsgeheimnisträger **an das Jugendamt** und sieht dabei ein **mehrstufiges Verfahren** vor: Werden Berufsgeheimnisträgern i.S.v. § 4 Abs. 1 KKG gewichtige Anhaltspunkte für eine Kindeswohlgefährdung – der Begriff ist identisch mit dem des § 8a Abs. 1 Satz 1 SGB VIII – bekannt, sollen sie **selbst eine Gefährdungseinschätzung** vornehmen. Sie sollen mit dem Kind oder Jugendlichen und den Personensorgeberechtigten die **Situation erörtern** und ggf. bei den Personensorgeberechtigten **auf die Inanspruchnahme von Hilfen hinwirken**, soweit hierdurch der wirksame Schutz des Kindes oder des Jugendlichen nicht infrage gestellt wird (§ 4 Abs. 1 KKG). Nicht in § 4 Abs. 1 KKG erwähnt werden Erzieher, die aber über § 8a Abs. 4 SGB VIII vom Schutzauftrag des § 8a SGB VIII erfasst sind, wenn sie in Kindertagesstätten tätig sind, und über § 8b SGB VIII ebenfalls einen Anspruch auf Beratung durch eine insoweit erfahrene Fachkraft haben. Auch Jugendseelsorger werden nicht vom Anwendungsbereich des § 4 erfasst.[7] 5

Da die Einschätzung einer Kindeswohlgefährdung im Einzelfall sehr schwierig und komplex sein kann, nicht immer zu den typischen Aufgaben der unter die Norm fallenden Berufsgruppen zählt und nicht alle in § 4 Abs. 1 KKG genannten Berufsträger Kenntnisse von den einschlägigen Hilfeangeboten haben,[8] haben sie einen Anspruch auf **Beratung durch eine insoweit erfahrene Fachkraft**[9] (§ 4 Abs. 2 Satz 1 KKG). Zu diesem Zweck sind sie auch zur Übermittlung pseudonymisierter Daten befugt (§ 4 Abs. 2 Satz 2 KKG). Der Beratungsanspruch besteht gegenüber dem Träger der öffentlichen Jugendhilfe, der dem Anspruchsberechtigten eine insoweit erfahrene Fachkraft zu benennen hat. Das Jugendamt selbst wird hier nicht beratend tätig, um eine Interessenkollision (Einschätzung des Risikos einerseits und Verpflichtung zu eigenem Handeln andererseits) zu vermeiden.[10] Durch die Beratung soll der Berufsgeheimnisträger in die Lage versetzt werden, zu entscheiden, welche weiteren Maßnahmen fachlich geboten sind. Anforderungen an die **Qualifikation der insoweit erfahrenen Fachkraft** sind gesetzlich nicht verankert.[11] 6

---

5 BT-Drucks. 17/6256, 18

6 Ausführlich zur Tätigkeit von Familienhebammen *Horschitz/Meysen/Schaumberg/Schönecker/Seltmann*, Rechtsgutachten zu rechtlichen Fragestellungen im Zusammenhang mit dem Einsatz von Familienhebammen und Familien-, Gesundheits- und Kinderkrankenpflegerinnen und -pflegern, 2015, abrufbar unter www.fruehehilfen.de/fileadmin/user_upload/fruehehilfen.de/pdf/Publikation_NZFH_Rechtsgutachten_2015.pdf (Zugriff: 15.1.2020)

7 Kritisch BeckOGK/*Jox*, § 4 KKG Rn. 29 f.

8 Vgl. auch *Dittmann/Raabe*, JAmt 2018, 437 ff.; *Slüter*, JAmt 2017, 54 ff.

9 Zur Rolle der insoweit erfahrenen Fachkraft nach § 8a SGB VIII vgl. *Discher/Schimke*, ZKJ 2011, 12 ff.

10 *Wiesner*, SGB VIII, Anh. 1 § 4 KKG Rn. 27

11 Eine Übersicht bietet *Heinitz*, JAmt 2012, 558 ff.

7 Der Beratungsanspruch nach § 4 Abs. 2 KKG ist von demjenigen nach § 8b Abs. 1 SGB VIII abzugrenzen:

Übersicht: Abgrenzung Beratungsansprüche § 8b Abs. 1 SGB VIII/§ 4 Abs. 2 KKG

	§ 8b Abs. 1 SGB VIII	**§ 4 Abs. 2 KKG**
Anspruchsinhaber	Person, die beruflich in Kontakt mit Kindern oder Jugendlichen steht	Berufsgeheimnisträger und Lehrer
Anspruchsvoraussetzung	Vager Verdacht („ungutes Gefühl") einer Kindeswohlgefährdung	Gewichtige Anhaltspunkte für eine Kindeswohlgefährdung
Anspruchsgegner	Örtlicher Träger der Jugendhilfe (Jugendamt) → Allzuständigkeit	Örtlicher Träger der Jugendhilfe (Jugendamt) → Allzuständigkeit

§ 8b Abs. 1 SGB VIII gilt nicht **für Berufsgeheimnisträger und Lehrer an öffentlichen Schulen**; für sie gilt **§ 4 KKG als lex specialis**. Auch wenn § 8b SGB VIII das in § 4 KKG vorgesehene mehrstufige Verfahren nicht vorsieht, gibt es keine Gründe, dieses außer Acht zu lassen.

8 In letzter Konsequenz dürfen nach § 4 Abs. 3 KKG nur bei Nichtlösbarkeit des Schutzproblems (z.B. fehlende Mitwirkung der Personensorgeberechtigten oder keine Hilfeakzeptanz) **Informationen an die Jugendämter**, nicht aber an weitere Institutionen weitergegeben werden.[12] Wird der wirksame Schutz des Kindes infrage gestellt, kann die Datenweitergabe ohne vorherige Mitteilung an die Personensorgeberechtigten erfolgen. Diese Regelung knüpft an die strafbewehrte **Schweigepflicht von Berufsgeheimnisträgern** (§ 203 StGB) an. Sie waren bei Vorliegen eines rechtfertigenden Notstandes i.S.v. § 34 StGB auch schon vor Inkrafttreten des § 4 KKG zur Datenweitergabe befugt. Die dabei zu treffende Interessenabwägung führte aber in der Praxis zu Anwendungsschwierigkeiten und Unsicherheiten.[13] Die mit § 4 Abs. 3 KKG getroffene Regelung soll **Handlungssicherheit** gewährleisten. Bei Einhaltung des in § 4 KKG vorgesehenen stufenmäßigen Vorgehens ist ein Rückgriff auf die allgemeinen strafrechtlichen Rechtfertigungs- und Entschuldigungsgründe entbehrlich. Der Straftatbestand des § 203 StGB ist dann schon aufgrund § 4 Abs. 3 KKG nicht erfüllt, selbst wenn sich zu einem späteren Zeitpunkt herausstellen sollte, dass sich die Annahme des Berufsgeheimnisträgers hinsichtlich einer Kindeswohlgefährdung nicht bestätigt.[14]

9 Eine **Verpflichtung zur Datenweitergabe** ist mit § 4 Abs. 3 KKG nicht verbunden, da es sich um eine **Befugnisnorm** handelt.[15] Jedoch sind in diesem Zusammenhang aus strafrechtlicher Sicht der Tatbestand der unterlassenen Hilfeleistung (§ 323c StGB) und die Grundsätze zur strafrechtlichen Garantenstellung nach § 13 StGB zu berücksichtigen, so dass aus strafrechtlicher Sicht eine Verpflichtung zum Tätigwerden bei Vorliegen gewichtiger Anhaltspunkte für eine Kindeswohlgefährdung regelmäßig bestehen dürfte.[16]

---

12 Vgl. auch die Empfehlungen des *Kinderschutzbundes*, ZKJ 2013, 115; *Mörsberger/Wapler*, FPR 2012, 437
13 BT-Drucks. 17/6256, 20
14 Vgl. KG JAmt 2013, 653
15 *Mörsberger/Wapler*, FPR 2012, 437 (439)
16 Ausführlich BeckOGK/*Jox*, § 4 KKG Rn. 63 ff.

Übersicht: Keine „Schweigepflichtverletzung"

1. Geheimnisträger 2. Anhaltspunkte für eine Kindeswohlgefährdung: Bei der Einschätzung hilft das Jugendamt auf Anfrage (Daten pseudonymisieren!) 3. Erörterung mit Kind und Eltern, wenn der Schutz des Kindes hierdurch nicht infrage gestellt wird. 4. Zum Schutz des Kindes kann auch die Weitergabe der Daten durch Meldung an das Jugendamt geboten sein.

Durch das in § 4 KKG vorgesehene mehrstufige Verfahren werden die vorrangige elterliche **10** Erziehungsverantwortung und das Primat der elterlichen Gefahrenabwendung (Art. 6 Abs. 2 Satz 1 GG) gewahrt. Die Berufsgeheimnisträger können ihre Stellung und Vertrauensbeziehung zum Kind und dessen Eltern nutzen und die Betroffenen zur Inanspruchnahme von Hilfen motivieren. Hierfür müssen die Betroffenen über alle Schritte informiert werden, soweit der Schutz des Kindes oder Jugendlichen dadurch nicht beeinträchtigt wird (**Transparenzgebot**), und es sollten nur die zur Gefährdungseinschätzung bzw. -abwendung erforderlichen Daten übermittelt werden (**Verhältnismäßigkeitsgrundsatz**). Mit den nach dem in der 18. Legislaturperiode gescheiterten Entwurf eines Gesetzes zur Stärkung von Kindern und Jugendlichen (KJSG) vorgesehenen Änderungen des § 4 KKG sollte nicht von diesem abgestuften Vorgehen abgewichen werden.[17] Zu begrüßen ist die seinerzeit vorgesehene Änderung dahingehend, die die Daten übermittelnden Personen in geeigneter Weise an dem weiteren Prozess der Gefährdungseinschätzung zu beteiligen (§ 8a Abs. 1 Nr. 2 SGB VIII-E). Dem entspricht die in § 4 Abs. 4 KKG-E vorgesehene Änderung, wonach das Jugendamt zeitnah eine Rückmeldung geben soll, ob es die gewichtigen Anhaltspunkte für die Gefährdung des Wohls des Kindes oder Jugendlichen bestätigt sieht und ob es zum Schutz des Betroffenen tätig geworden ist und noch tätig ist.

---

17 BT-Drucks. 18/12330, 70 f.; a.A. *Radewagen*, JAmt 2017, 278 (282). Nach dem Koalitionsvertrag für die 19. Legislaturperiode (S. 21) soll das Kinder- und Jugendhilferecht auf Basis des in der letzten Legislaturperiode beschlossenen KJSG weiterentwickelt werden.

11 ***Übersicht: Beratung und Übermittlung von Informationen durch Geheimnisträger bei Kindeswohlgefährdung (§ 4 KKG)***

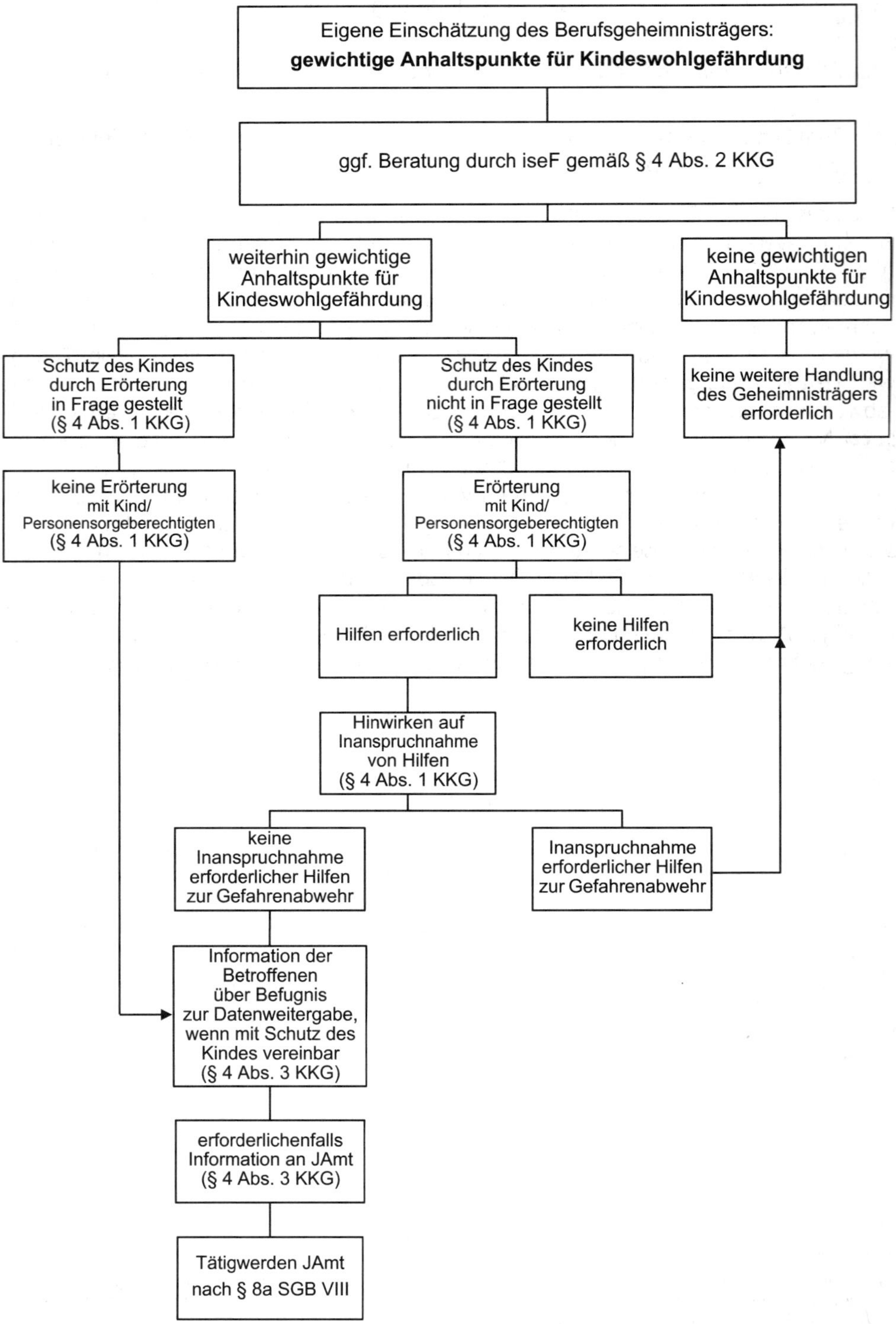

Achtes Buch Sozialgesetzbuch – Kinder- und Jugendhilfegesetz – (SGB VIII)

vom 14. Dezember 2006 (BGBl. I S. 3134), zuletzt geändert durch das Gesetz vom 12. Dezember 2019 (BGBl. I S. 2652)

Erstes Kapitel
Allgemeine Vorschriften

§ 1 SGB VIII Recht auf Erziehung, Elternverantwortung, Jugendhilfe

(1) Jeder junge Mensch hat ein Recht auf Förderung seiner Entwicklung und auf Erziehung zu einer eigenverantwortlichen und gemeinschaftsfähigen Persönlichkeit.

(2) [1]Pflege und Erziehung der Kinder sind das natürliche Recht der Eltern und die zuvörderst ihnen obliegende Pflicht. [2]Über ihre Betätigung wacht die staatliche Gemeinschaft.

(3) Jugendhilfe soll zur Verwirklichung des Rechts nach Absatz 1 insbesondere

1. junge Menschen in ihrer individuellen und sozialen Entwicklung fördern und dazu beitragen, Benachteiligungen zu vermeiden oder abzubauen,

2. Eltern und andere Erziehungsberechtigte bei der Erziehung beraten und unterstützen,

3. Kinder und Jugendliche vor Gefahren für ihr Wohl schützen,

4. dazu beitragen, positive Lebensbedingungen für junge Menschen und ihre Familien sowie eine kinder- und familienfreundliche Umwelt zu erhalten oder zu schaffen.

§ 2 SGB VIII Aufgaben der Jugendhilfe

(1) Die Jugendhilfe umfasst Leistungen und andere Aufgaben zugunsten junger Menschen und Familien.

(2) Leistungen der Jugendhilfe sind:

1. Angebote der Jugendarbeit, der Jugendsozialarbeit und des erzieherischen Kinder- und Jugendschutzes (§§ 11bis 14),

2. Angebote zur Förderung der Erziehung in der Familie (15 §§ bis 21),

3. Angebote zur Förderung von Kindern in Tageseinrichtungen und in Tagespflege (§§ 22 bis 25),

4. Hilfe zur Erziehung und ergänzende Leistungen (§§ 27 bis 35, 36, 37, 39, 40),

5. Hilfe für seelisch behinderte Kinder und Jugendliche und ergänzende Leistungen (§§ 35a bis 37, 39, 40),

6. Hilfe für junge Volljährige und Nachbetreuung (§ 41).

(3) Andere Aufgaben der Jugendhilfe sind

1. die Inobhutnahme von Kindern und Jugendlichen (§ 42),

2. die vorläufige Inobhutnahme von ausländischen Kindern und Jugendlichen nach unbegleiteter Einreise (§ 42a),

3. die Erteilung, der Widerruf und die Zurücknahme der Pflegeerlaubnis (§§ 43, 44),

4. die Erteilung, der Widerruf und die Zurücknahme der Erlaubnis für den Betrieb einer Einrichtung sowie die Erteilung nachträglicher Auflagen und die damit verbundenen Aufgaben (§§ 45 bis 47, 48a),

5. die Tätigkeitsuntersagung (§§ 48, 48a),

6. die Mitwirkung in Verfahren vor den Familiengerichten (§ 50),

7. die Beratung und Belehrung in Verfahren zur Annahme als Kind (§ 51),

8. die Mitwirkung in Verfahren nach dem Jugendgerichtsgesetz (§ 52),
9. die Beratung und Unterstützung von Müttern bei Vaterschaftsfeststellung und Geltendmachung von Unterhaltsansprüchen sowie von Pflegern und Vormündern (§§ 52a, 53),
10. die Erteilung, der Widerruf und die Zurücknahme der Erlaubnis zur Übernahme von Vereinsvormundschaften (§ 54),
11. Beistandschaft, Amtspflegschaft, Amtsvormundschaft und Gegenvormundschaft des Jugendamts (§§ 55 bis 58),
12. Beurkundung (§ 59),
13. die Aufnahme von vollstreckbaren Urkunden (§ 60).

§ 3 SGB VIII Freie und öffentliche Jugendhilfe

(1) Die Jugendhilfe ist gekennzeichnet durch die Vielfalt von Trägern unterschiedlicher Wertorientierungen und die Vielfalt von Inhalten, Methoden und Arbeitsformen.

(2) [1]Leistungen der Jugendhilfe werden von Trägern der freien Jugendhilfe und von Trägern der öffentlichen Jugendhilfe erbracht. [2]Leistungsverpflichtungen, die durch dieses Buch begründet werden, richten sich an die Träger der öffentlichen Jugendhilfe.

(3) [1]Andere Aufgaben der Jugendhilfe werden von Trägern der öffentlichen Jugendhilfe wahrgenommen. [2]Soweit dies ausdrücklich bestimmt ist, können Träger der freien Jugendhilfe diese Aufgaben wahrnehmen oder mit ihrer Ausführung betraut werden.

§ 4 SGB VIII Zusammenarbeit der öffentlichen Jugendhilfe mit der freien Jugendhilfe

(1) [1]Die öffentliche Jugendhilfe soll mit der freien Jugendhilfe zum Wohl junger Menschen und ihrer Familien partnerschaftlich zusammenarbeiten. [2]Sie hat dabei die Selbständigkeit der freien Jugendhilfe in Zielsetzung und Durchführung ihrer Aufgaben sowie in der Gestaltung ihrer Organisationsstruktur zu achten.

(2) Soweit geeignete Einrichtungen, Dienste und Veranstaltungen von anerkannten Trägern der freien Jugendhilfe betrieben werden oder rechtzeitig geschaffen werden können, soll die öffentliche Jugendhilfe von eigenen Maßnahmen absehen.

(3) Die öffentliche Jugendhilfe soll die freie Jugendhilfe nach Maßgabe dieses Buches fördern und dabei die verschiedenen Formen der Selbsthilfe stärken.

Übersicht

	Rn.
A. Allgemeines	1
B. Aufbau des Gesetzes	4
C. Verhältnis der öffentlichen Jugendhilfe zu freien Trägern der Jugendhilfe	5

A. Allgemeines

1 Das SGB VIII bezieht die **Wertung des Grundgesetzes** mit ein und wiederholt in § 1 Abs. 2 SGB VIII den Wortlaut von Art. 6 Abs. 2 GG. Damit obliegt auch nach der Konzeption des SGB VIII die **Erziehungsverantwortung** für Kinder und Jugendliche **vorrangig den Eltern** (Art. 6 Abs. 2 Satz 1 GG). Ersuchen diese den Staat um Hilfe oder erklären sie sich mit staatlicher Hilfe zumindest einverstanden, kommt das Beratungs- und Leistungssystem des SGB VIII zum Einsatz (vgl. § 1 Abs. 3 Nr. 2 SGB VIII). Der Staat kommt damit seiner Schutzpflicht gegenüber Kindern und Jugendlichen (Art. 6 Abs. 2 Satz 2, Art. 2 Abs. 1,

Art. 2 Abs. 2 Satz 1 GG i.V.m. § 1 Abs. 3 Nr. 3 SGB VIII) nach, gleichzeitig aber auch seiner Schutzpflicht gegenüber der Familie (Art. 6 Abs. 1 GG, § 1 Abs. 3 Nr. 4 SGB VIII).

Das **Leistungsangebot des SGB VIII** (vgl. die Aufzählung der einzelnen **Leistungen der Jugendhilfe** in § 2 Abs. 2 SGB VIII) ist sehr breit und vielfältig angelegt und stellt den jungen Menschen und sein Recht auf Förderung seiner Entwicklung und Erziehung zu einer eigenverantwortlichen und gemeinschaftsfähigen Persönlichkeit (vgl. § 1 Abs. 1 SGB VIII) in den Mittelpunkt seiner Hilfen. 2

Auch wenn das Kinder- und Jugendhilferecht vorrangig ein Leistungsgesetz ist, folgt aus der Wahrnehmung des **staatlichen Wächteramtes** (Art. 6 Abs. 2 Satz 2 GG, § 1 Abs. 2 Satz 2 SGB VIII) die Notwendigkeit für **Eingriffsbefugnisse** des Jugendamts als Träger der staatlichen Kinder- und Jugendhilfe, durch welche Kinder und Jugendlichen wirksam und effektiv vor **Gefahren geschützt** werden können. Insoweit müssen auch **Eingriffe in das grundgesetzlich verankerte Elternrecht** gesetzlich vorgesehen sein. Dies wird insbesondere durch die Vorschriften über die Inobhutnahme in §§ 42, 8a SGB VIII gewährleistet. Wie die Aufgabe der Jugendämter, im kindschaftsrechtlichen Verfahren mitzuwirken (§ 50 SGB VIII), Vormünder und Pfleger zu beraten und zu beaufsichtigen (§ 53 SGB VIII) und selbst Aufgaben der Beistandschaft, Vormundschaft und Pflegschaft wahrzunehmen (§§ 55 ff. SGB VIII), gehört dies zu den sog. **anderen Aufgaben** der Jugendhilfe (vgl. § 2 Abs. 3 SGB VIII). 3

B. Aufbau des Gesetzes

Die Vorschriften des SGB VIII geben kein einheitliches Bild. Im Schwerpunkt erwähnt das Gesetz zunächst die **allgemeinen Angebote der Jugendarbeit**, der **Jugendsozialarbeit** und des **erzieherischen Kinder- und Jugendschutzes** (§§ 11 bis 15). Es folgen sodann konkrete Angebote zur **Förderung der Erziehung in der Familie und Hilfen für Familien** in besonderen Lebenssituationen, z.B. bei Trennung und Scheidung, für Alleinerziehende und für die Betreuung und Versorgung von Kindern in Notfällen (§§ 16 bis 21) sowie **Angebote zur Förderung von Kindern bei Tagesbetreuung** (§§ 22 bis 26). Das SGB VIII bietet neben den klassischen Formen der **Erziehung in der Pflegefamilie und im Heim** vielfältige **ambulante und (teil-)stationäre Erziehungshilfen** (§§ 27 bis 40) an. Darauf folgt die Regelung zur **Inobhutnahme** von Kindern und Jugendlichen (§ 42) mit Sonderregelungen für ausländische Kinder und Jugendliche nach unbegleiteter Einreise (§§ 42a bis 42f). Schließlich gestaltet das Gesetz die Grundlagen des **Pflegekinderwesens** und die der **Heimaufsicht** (§§ 44 bis 49) näher aus. Es folgen die Vorschriften über die **Mitwirkung im gerichtlichen Verfahren** (§§ 50 bis 52), über die **Beistandschaft, Pflegschaft und Vormundschaft** (§§ 53 bis 58 a) sowie über **Beurkundungen, Beglaubigungen und vollstreckbare Urkunden** (§§ 59, 60). Im 5. Kapitel (§§ 69 ff.) folgen Regelungen über die **Träger der öffentlichen Jugendhilfe** und die **Zusammenarbeit mit der freien Jugendhilfe**. 4

C. Verhältnis der öffentlichen Jugendhilfe zu freien Trägern der Jugendhilfe

Erbracht werden die Leistungen nach § 3 Abs. 2 Satz 1 SGB VIII von Trägern der **freien** und denen der **öffentlichen Jugendhilfe. Leistungsverpflichtungen** richten sich nach § 3 Abs. 2 Satz 2 SGB VIII aber ausschließlich an die **Träger der öffentlichen Jugendhilfe**, die damit im Außenverhältnis die Verantwortung tragen. Die Leistungsberechtigten haben nach § 5 Abs. 1 Satz 1 SGB VIII das Recht, zwischen Einrichtungen und Diensten verschiedener Träger zu wählen und Wünsche hinsichtlich der Gestaltung der Hilfe zu äußern. 5

Gemäß § 3 Abs. 1 SGB VIII ist die Jugendhilfe gekennzeichnet durch eine **Vielfalt von Trägern unterschiedlicher Wertorientierungen** *(z.B. kirchlich, verbandlich, gemeinnützig,* 6 *gewerkschaftlich etc.)* und eine Vielfalt von Inhalten, Methoden und Arbeitsformen. § 3 Abs. 2 Satz 1 SGB VIII stellt zunächst klar, dass sich in der Jugendhilfe Träger der **freien und der öffentlichen Jugendhilfe** betätigen. Das Nebeneinander von öffentlicher und privater Jugendhilfe ist historisch bedingt und auch heute wird der größere, in weiten Teilbereichen der ganz überwiegende Anteil der Leistungen der Jugendhilfe, z.B. im Bereich der sozialpädagogischen Familienhilfe (§ 31 SGB VIII) mit über 80%,[1] durch freie Träger erbracht. Dabei verstärkt sich auch bei den Trägern der freien Jugendhilfe der Trend zum eigenen Verständnis als **moderne und marktorientierte Dienstleistungsunternehmen**.[2] Die freie Jugendhilfe entscheidet dabei selbst, ob und in welchem Umfang sie tätig wird. Sie bedarf grundsätzlich **keiner staatlichen „Konzession"**. Will sie jedoch **öffentliche Förderung** nach § 74 SGB VIII erhalten, muss sie die dafür vorgesehenen Rahmenbedingungen akzeptieren und bedarf der **öffentlichen Anerkennung**. Die Anerkennung als Träger der *freien Jugendhilfe* ist in § 75 SGB VIII geregelt.

7 Ein selbständiges Betätigungsrecht der Träger der freien Jugendhilfe besteht aber nur im Bereich der in § 2 Abs. 2 SGB VIII aufgeführten Leistungen. Ihr Verhältnis zum Leistungsberechtigten ist *privatrechtlicher Natur.*[3] Im Hinblick auf die Autonomie der Träger der freien Jugendhilfe richten sich die gesetzlichen Leistungsverpflichtungen des SGB VIII nur an die Träger der öffentlichen Jugendhilfe, § 3 Abs. 2 Satz 2 SGB VIII. Die Rechtsbeziehungen zwischen dem Adressaten (junger Mensch, Sorgeberechtigter) und dem freien Träger (Zivilrecht) sowie zum Träger der öffentlichen Jugendhilfe (öffentliches Recht, §§ 11 ff. SGB VIII) und zwischen dem freien Träger und dem Träger der öffentlichen Jugendhilfe (öffentliches Recht, §§ 3, 4, 74 ff. SGB VIII) wird als **jugendhilferechtliches Dreiecksverhältnis** bezeichnet.[4] Schaltet der Träger der öffentlichen Jugendhilfe einen Träger der freien Jugendhilfe zur Erfüllung seiner Leistungsverpflichtungen gemäß § 3 Abs. 3 Satz 2 SGB VIII ein, verbleibt dem **Träger der öffentlichen Jugendhilfe** die sog. **Gesamtverantwortung**, § 79 Abs. 1 SGB VIII.

8 **Andere Aufgaben** i.S.v. § 2 Abs. 3 SGB VIII werden nach § 3 Abs. 3 Satz 1 SGB VIII grundsätzlich von Trägern der öffentlichen Jugendhilfe wahrgenommen. Nur soweit dies nach Abs. 3 Satz 2 gesetzlich ausdrücklich bestimmt ist, können im Bereich der anderen Aufgaben freie Träger tätig sein. Die gesetzliche Regelung ist insoweit **in § 76 Abs. 1 SGB VIII** enthalten, wonach freie Träger bei der Erfüllung der Mitwirkung der Jugendhilfe im familiengerichtlichen Verfahren (§ 50 SGB VIII) und im Bereich der Beratung und Aufsicht über Vormünder und Pfleger (§ 53 SGB VIII), aber auch bei der Inobhutnahme (§ 42 SGB VIII, hier etwa bei Unterstützungsleistungen nach § 42 Abs. 2 Satz 1 SGB VIII oder im Rahmen der Gefährdungseinschätzung, vgl. § 8 Abs. 4 SGB VIII) beteiligt werden können oder ihnen die jeweilige Aufgabe übertragen werden kann. Der **freie Träger darf** aber **keine hoheitlichen Befugnisse ausüben**, darf also etwa keinen Verwaltungsakt erlassen.[5] Er ist nicht Beliehener,[6] sondern handelt im Rahmen eines öffentlich-rechtlichen Auftragsverhältnisses, beauftragt durch den Träger der öffentlichen Jugendhilfe, der stets verantwortlich bleibt, § 76 Abs. 2 SGB VIII. Die Mitwirkung des freien Trägers an der Wahrnehmung der anderen Aufgaben nach § 2 Abs. 3 SGB VIII wird durch den Abschluss eines auftragsähnlichen, koordinationsrechtlichen öffentlich-rechtlichen Vertrages zwischen dem freien Träger und dem Träger der öffentlichen Jugendhilfe rechtlich abgesichert.[7] **Außerhalb**

1 Wiesner/*Schmid-Obkirchner,* § 31 SGB VIII Rn. 2a
2 FK-SGB VIII/*Münder,* § 4 Rn. 8 ff.
3 Wiesner/*Wiesner,* § 3 SGB VIII Rn. 13
4 LPK-SGB VIII/*Schindler/Elmauer,* § 5 Rn. 18; dazu *Wapler,* ZKJ 2015, 336
5 Wiesner/*Wiesner,* § 76 SGB VIII Rn. 12
6 LPK-SGB VIII/*Schindler/Elmauer,* § 76 Rn. 15; Wiesner/*Wiesner,* § 76 SGB VIII Rn. 11; FK-SGB VIII/*von Boetticher/Münder,* § 76 Rn. 3; a.A.: Handeln als Beliehener: MüKo-BGB/*Tillmanns,* § 3 SGB VIII Rn. 7
7 LPK-SGB VIII/*Schindler/Elmauer,* § 76 Rn. 11; Wiesner/*Wiesner,* § 76 SGB VIII Rn. 13

des § 76 Abs. 1 SGB VIII dürfen freie Träger im Rahmen der anderen Aufgaben nach § 2 Abs. 2 SGB VIII **nicht tätig werden**, weil keine weitere ausdrückliche Bestimmung vorliegt, § 3 Abs. 3 Satz 2 SGB VIII. Dazu gehört insbesondere die Ausübung hoheitlicher Befugnisse wie der Erlass von Verwaltungsakten oder Beurkundungen nach § 59 SGB VIII. Dazu gehört auch der Schutzauftrag bei Kindeswohlgefährdung nach § 8a SGB VIII, weil diese Vorschrift in § 76 Abs. 1 SGB VIII (anders als § 42 SGB VIII) nicht genannt ist.[8]

▶ *Zur Datenübermittlung an das Familiengericht vgl. Köhler, §§ 61 bis 68 SGB VIII Rn. 1 ff.*

Die **Zusammenarbeit** der freien Träger mit dem Träger der öffentlichen Jugendhilfe ist in § 4 SGB VIII geregelt. Es gelten folgende Grundsätze: 9

- **Grundsatz der partnerschaftlichen Zusammenarbeit** bei **Achtung der Selbständigkeit** des freien Trägers in Zielsetzung, Organisation, Aufgabenwahrnehmung (Abs. 1)
- **Gesamtverantwortung** öffentlicher Träger, der auch **Adressat von Leistungsansprüchen** ist (§§ 79, 3 Abs. 2 Satz 2 SGB VIII, siehe oben Rn. 7)
- Leistungserbringung durch beide, aber **Vorrang freier Trägerschaft** (§ 3 Abs. 2 Satz 1 SGB VIII) – sog. **Subsidiaritätsprinzip**, d. h. falls ausreichend Angebote von freien Trägern vorhanden sind, keine Betätigung der öffentlichen Jugendhilfe durch eigene Angebote
- **Förderung der freien Jugendhilfe** durch die öffentliche Jugendhilfe §§ 4 Abs. 3, 74 SGB VIII.

§ 5 SGB VIII Wunsch- und Wahlrecht

(1) Die Leistungsberechtigten haben das Recht, zwischen Einrichtungen und Diensten verschiedener Träger zu wählen und Wünsche hinsichtlich der Gestaltung der Hilfe zu äußern. Sie sind auf dieses Recht hinzuweisen.

(2) Der Wahl und den Wünschen soll entsprochen werden, sofern dies nicht mit unverhältnismäßigen Mehrkosten verbunden ist. Wünscht der Leistungsberechtigte die Erbringung einer in § 78a genannten Leistung in einer Einrichtung, mit deren Träger keine Vereinbarungen nach § 78b bestehen, so soll der Wahl nur entsprochen werden, wenn die Erbringung der Leistung in dieser Einrichtung im Einzelfall oder nach Maßgabe des Hilfeplans (§ 36) geboten ist.

Von einer Kommentierung wird abgesehen.

§ 6 SGB VIII Geltungsbereich

(1) Leistungen nach diesem Buch werden jungen Menschen, Müttern, Vätern und Personensorgeberechtigten von Kindern und Jugendlichen gewährt, die ihren tatsächlichen Aufenthalt im Inland haben. Für die Erfüllung anderer Aufgaben gilt Satz 1 entsprechend. Umgangsberechtigte haben unabhängig von ihrem tatsächlichen Aufenthalt Anspruch auf Beratung und Unterstützung bei der Ausübung des Umgangsrechts, wenn das Kind oder der Jugendliche seinen gewöhnlichen Aufenthalt im Inland hat.

---

8 *Kepert*, Sozialrecht aktuell 2019, 104, 110

(2) Ausländer können Leistungen nach diesem Buch nur beanspruchen, wenn sie rechtmäßig oder auf Grund einer ausländerrechtlichen Duldung ihren gewöhnlichen Aufenthalt im Inland haben. Absatz 1 Satz 2 bleibt unberührt.

(3) Deutschen können Leistungen nach diesem Buch auch gewährt werden, wenn sie ihren Aufenthalt im Ausland haben und soweit sie nicht Hilfe vom Aufenthaltsland erhalten.

(4) Regelungen des über- und zwischenstaatlichen Rechts bleiben unberührt.

Von einer Kommentierung wird abgesehen.

§ 7 SGB VIII Begriffsbestimmungen

(1) Im Sinne dieses Buches ist

1. **Kind, wer noch nicht 14 Jahre alt ist, soweit nicht die Absätze 2 bis 4 etwas anderes bestimmen,**
2. **Jugendlicher, wer 14, aber noch nicht 18 Jahre alt ist,**
3. **junger Volljähriger, wer 18, aber noch nicht 27 Jahre alt ist,**
4. **junger Mensch, wer noch nicht 27 Jahre alt ist,**
5. **Personensorgeberechtigter, wem allein oder gemeinsam mit einer anderen Person nach den Vorschriften des Bürgerlichen Gesetzbuchs die Personensorge zusteht,**
6. **Erziehungsberechtigter, der Personensorgeberechtigte und jede sonstige Person über 18 Jahre, soweit sie auf Grund einer Vereinbarung mit dem Personensorgeberechtigten nicht nur vorübergehend und nicht nur für einzelne Verrichtungen Aufgaben der Personensorge wahrnimmt.**

(2) Kind im Sinne des § 1 Absatz 2 ist, wer noch nicht 18 Jahre alt ist.

(3) Werktage im Sinne der §§ 42a bis 42c sind die Wochentage Montag bis Freitag; ausgenommen sind gesetzliche Feiertage.

(4) Die Bestimmungen dieses Buches, die sich auf die Annahme als Kind beziehen, gelten nur für Personen, die das 18. Lebensjahr noch nicht vollendet haben.

Von einer Kommentierung wird abgesehen.

§ 8 SGB VIII Beteiligung von Kindern und Jugendlichen

(1) Kinder und Jugendliche sind entsprechend ihrem Entwicklungsstand an allen sie betreffenden Entscheidungen der öffentlichen Jugendhilfe zu beteiligen. Sie sind in geeigneter Weise auf ihre Rechte im Verwaltungsverfahren sowie im Verfahren vor dem Familiengericht und dem Verwaltungsgericht hinzuweisen.

(2) Kinder und Jugendliche haben das Recht, sich in allen Angelegenheiten der Erziehung und Entwicklung an das Jugendamt zu wenden.

(3) Kinder und Jugendliche haben Anspruch auf Beratung ohne Kenntnis des Personensorgeberechtigten, wenn die Beratung auf Grund einer Not- und Konfliktlage erforderlich ist und solange durch die Mitteilung an den Personensorgeberechtigten der Beratungszweck vereitelt würde. § 36 des Ersten Buches bleibt unberührt.

Von einer Kommentierung wird abgesehen.

§ 8a SGB VIII Schutzauftrag bei Kindeswohlgefährdung

(1) [1]Werden dem Jugendamt gewichtige Anhaltspunkte für die Gefährdung des Wohls eines Kindes oder Jugendlichen bekannt, so hat es das Gefährdungsrisiko im Zusammenwirken mehrerer Fachkräfte einzuschätzen. [2]Soweit der wirksame Schutz dieses Kindes oder dieses Jugendlichen nicht in Frage gestellt wird, hat das Jugendamt die Erziehungsberechtigten sowie das Kind oder den Jugendlichen in die Gefährdungseinschätzung einzubeziehen und, sofern dies nach fachlicher Einschätzung erforderlich ist, sich dabei einen unmittelbaren Eindruck von dem Kind und von seiner persönlichen Umgebung zu verschaffen. [3]Hält das Jugendamt zur Abwendung der Gefährdung die Gewährung von Hilfen für geeignet und notwendig, so hat es diese den Erziehungsberechtigten anzubieten.

(2) [1]Hält das Jugendamt das Tätigwerden des Familiengerichts für erforderlich, so hat es das Gericht anzurufen; dies gilt auch, wenn die Erziehungsberechtigten nicht bereit oder in der Lage sind, bei der Abschätzung des Gefährdungsrisikos mitzuwirken. [2]Besteht eine dringende Gefahr und kann die Entscheidung des Gerichts nicht abgewartet werden, so ist das Jugendamt verpflichtet, das Kind oder den Jugendlichen in Obhut zu nehmen.

(3) [1]Soweit zur Abwendung der Gefährdung das Tätigwerden anderer Leistungsträger, der Einrichtungen der Gesundheitshilfe oder der Polizei notwendig ist, hat das Jugendamt auf die Inanspruchnahme durch die Erziehungsberechtigten hinzuwirken. [2]Ist ein sofortiges Tätigwerden erforderlich und wirken die Personensorgeberechtigten oder die Erziehungsberechtigten nicht mit, so schaltet das Jugendamt die anderen zur Abwendung der Gefährdung zuständigen Stellen selbst ein.

(4) [1]In Vereinbarungen mit den Trägern von Einrichtungen und Diensten, die Leistungen nach diesem Buch erbringen, ist sicherzustellen, dass

1. **deren Fachkräfte bei Bekanntwerden gewichtiger Anhaltspunkte für die Gefährdung eines von ihnen betreuten Kindes oder Jugendlichen eine Gefährdungseinschätzung vornehmen,**
2. **bei der Gefährdungseinschätzung eine insoweit erfahrene Fachkraft beratend hinzugezogen wird sowie**
3. **die Erziehungsberechtigten sowie das Kind oder der Jugendliche in die Gefährdungseinschätzung einbezogen werden, soweit hierdurch der wirksame Schutz des Kindes oder Jugendlichen nicht in Frage gestellt wird.**

[2]In die Vereinbarung ist neben den Kriterien für die Qualifikation der beratend hinzuzuziehenden insoweit erfahrenen Fachkraft insbesondere die Verpflichtung aufzunehmen, dass die Fachkräfte der Träger bei den Erziehungsberechtigten auf die Inanspruchnahme von Hilfen hinwirken, wenn sie diese für erforderlich halten, und das Jugendamt informieren, falls die Gefährdung nicht anders abgewendet werden kann.

(5) [1]Werden einem örtlichen Träger gewichtige Anhaltspunkte für die Gefährdung des Wohls eines Kindes oder eines Jugendlichen bekannt, so sind dem für die Gewährung von Leistungen zuständigen örtlichen Träger die Daten mitzuteilen, deren Kenntnis zur Wahrnehmung des Schutzauftrags bei Kindeswohlgefährdung nach § 8a erforderlich ist. [2]Die Mitteilung soll im Rahmen eines Gespräches zwischen den Fachkräften der beiden örtlichen Träger erfolgen, an dem die Personensorgeberechtigten sowie das Kind oder der Jugendliche beteiligt werden sollen, soweit hierdurch der wirksame Schutz des Kindes oder des Jugendlichen nicht in Frage gestellt wird.

Übersicht

Rn.

A. Allgemeines 1
B. Inhalt der Norm 2
   I. Einschätzung des Gefährdungsrisikos (Abs. 1) 2
   II. Anrufung des Familiengerichts (Abs. 2 Satz 1) 8
   III. Inobhutnahme (Abs. 2 Satz 2) 11

IV. Einschaltung anderer Institutionen (Abs. 3) ... 12
V. Einbeziehung freier Träger (Abs. 4) ... 13
VI. Zuständigkeitswechsel (Abs. 5) ... 14

Literatur

Weiterführende Literatur: Biesel/Schnurr, Prozessmanual zur dialogisch-systemischen Kindeswohlabklärung, JAmt 2018, 80; *Coester*, Inhalt und Funktionen des Begriffs der Kindeswohlgefährdung – Erfordernis einer Neudefinition?, JAmt 2008, 1 ff.; *Ehrmann/Breitfeld*, Besserer Kinderschutz nach Inkrafttreten des Bundeskinderschutzgesetzes?, FPR 2012, 418 ff.; *Kaufmann*, Der unangemeldete Hausbesuch von Fachkräften der Jugendämter in Pflegefamilien, ZKJ 2011, 198 ff.; *Knödler*, Zur Strafbarkeit von Sozialarbeitern und Sozialpädagogen – Teil 1 ZKJ 2018, 452 ff., Teil 2 ZKJ 2019, 17 ff.; *Köhler*, Inobhutnahme und nachfolgender familiengerichtliche Entscheidung, ZKJ 2019, 12 ff.; *Meysen*, Bundeskinderschutzgesetz: gesetzliche Programmatik im Baukastensystem, FamRZ 2012, 405 ff.; *Moch/Junker-Moch*, Zur Zusammenarbeit zwischen dem Jugendamt und der Kinderschutzfachkraft, FPR 2011, 319 ff.; *Salgo*, § 8a SGB VIII – Anmerkungen und Überlegungen zur Vorgeschichte und zu den Konsequenzen der Gesetzesänderung, Teil 1, ZKJ 2006, 531 ff., Teil 2 ZKJ 2007, 12 ff.; *Sommer*, Zur verwaltungsgerichtlichen Überprüfung der Gefährdungsmitteilung des Jugendamts an das Familiengericht nach § 8a SGB VIII, ZKJ 2013, 68 ff.; *Willutzki*, Der Schutzauftrag des Jugendamts im neuen Recht, FPR 2008, 488 ff.

A. Allgemeines

1 § 8a SGB VIII wurde durch das Kinder- und Jugendhilfeerweiterungsgesetz (KICK) vom 8.9.2005[1] in das SGB VIII eingefügt,[2] um Kindeswohlgefährdungen möglichst frühzeitig zu erkennen und diesen effektiv zu begegnen. Die Norm wird „rechtsgestaltende Spitzenvorschrift“[3] genannt, weil darin das Programm der Kinder- und Jugendhilfe komprimiert ist: Im Zentrum steht das Kind, dessen Entwicklung und Schutz (§ 1 Abs. 1, Abs. 3 SGB VIII), für den vorrangig die Eltern verantwortlich sind und worin sie unterstützt werden (§ 1 Abs. 2 Satz 1 SGB VIII). Falls diese elterliche Verantwortung versagt, muss der Staat in Ausübung des **staatlichen Wächteramtes** nach Art. 6 Abs. 2 GG seinen **Schutzauftrag bei einer Kindeswohlgefährdung** wahrnehmen, § 1 Abs. 2 Satz 2 SGB VIII. Die Vorschrift beinhaltet insbesondere Verfahrensregelungen für das einer Entscheidung über eine Inobhutnahme vorgelagerte Verfahrensstadium innerhalb der Jugendämter und soll damit in erster Linie den Kinderschutz zum Wohle betroffener Minderjähriger effektivieren. Bei dieser Gelegenheit kann sie auch die Risiken einer möglichen strafrechtlichen Verantwortlichkeit von Jugendamtsmitarbeitern aufgrund ihrer Garantenstellung gegenüber gefährdeten Kindern (näher hierzu *Köhler*, Vorbem. SGB VIII Rn. 15) begrenzen.[4] Die materiellen und verfahrensrechtlichen Voraussetzungen der Inobhutnahme selbst sind in § 42 SGB VIII geregelt.

B. Inhalt der Norm

I. Einschätzung des Gefährdungsrisikos (Abs. 1)

2 Werden dem Jugendamt gewichtige Anhaltspunkte für eine Kindeswohlgefährdung bekannt, so hat es nach § 8a Abs. 1 Satz 1 SGB VIII im **Zusammenwirken mehrerer Fach-**

1 BGBl. I 2005 S. 2729
2 Zur Vorgeschichte *Salgo*, ZKJ 2006, 531
3 LPK-SGB VIII/*Bringewat*, § 8a Rn. 1
4 Vgl. *Knödler*, ZKJ 2018, 452; ZKJ 2019, 17; AG Medebach NZFam 2017, 703; Wiesner/*Wiesner*, § 8a SGB VIII Rn. 88 ff.

kräfte ein **Gefährdungsrisiko einzuschätzen**.[5] Diese fachliche Einschätzung ist eine **Schlüsselstelle im staatlichen Kinderschutzsystem**; das Jugendamt muss dabei in einer schwierigen Doppelrolle zwischen Prävention und Intervention den staatlichen Kinderschutzauftrag mit häufig bereits laufenden Unterstützungsleistungen (etwa einer Hilfeplanung nach § 36 SGB VIII) parallel koordinieren.[6] **„Einschätzung des Gefährdungsrisikos"** meint die Erfassung des im konkreten Einzelfall bestehenden Ausmaßes einer Kindeswohlgefährdung, d.h. einen **fachlichen Bewertungs- und Beurteilungsprozess der gefährdungsrelevanten Risikofaktoren** mit nicht punktueller oder abschließender Feststellung, sondern der **Ermittlung von Gefährdungsdynamik**.[7] Erschwert wird dieses komplexe Verfahren dadurch, dass es wissenschaftlich aussagekräftige, universell einsetzbare Verfahren zur Gefährdungseinschätzung derzeit noch nicht gibt.[8] Mit der Einschätzung nach § 8a Abs. 1 Satz 1 SGB VIII ist nach dem ausdrücklichen Wortlaut eine Handlungspflicht zur Wahrnehmung des staatlichen Kinderschutzauftrages statuiert, die jedes Jugendamt unabhängig von seiner örtlichen oder sachlichen Zuständigkeit wahrzunehmen hat.[9] Der Schutzauftrag gilt schon im Hinblick auf Art. 20 Abs. 1 UN-Kinderrechtskonvention im besonderen Maße auch gegenüber Pflegekindern,[10] verschafft Dritten aber keinen einklagbaren Anspruch auf Durchführung der Risikoprognose.[11]

Gewichtige Anhaltspunkte zur Durchführung einer Gefahreinschätzung liegen dann vor, wenn konkrete **Hinweise oder Indizien** für Umstände vorliegen, die eine **Kindeswohlgefährdung** nahelegen.[12] Auch die Äußerung bloßer Vermutungen, ggf. auch anonym, kann ausreichender Anlass für eine Gefahrprognose in diesem Sinne sein, wenn sie aufgrund weiterer Indizien bei einer Gesamtwürdigung aller Umstände ernst zu nehmen ist.[13] Der Begriff der Kindeswohlgefährdung ist **wie bei § 1666 BGB** zu bestimmen[14] (näher hierzu *Cirullies*, § 1666 BGB Rn. 19 ff.). Eine Gefährdung des Kindeswohls liegt demnach dann vor, wenn das Kind bereits einen körperlichen, geistigen oder psychischen Schaden erlitten hat oder aber bei der weiteren Entwicklung eine erhebliche Schädigung mit ziemlicher Sicherheit zu erwarten ist.[15] Die Nichtwahrnehmung von Terminen der **Früherkennungsuntersuchungen** allein reicht für die Gefährdungseinschätzung nach § 8a Abs. 1 SGB VIII nicht aus.[16] Die fehlende Teilnahme an Vorsorgeuntersuchungen begründet nur einen Gefahrerforschungsauftrag für das Jugendamt.[17] Erst wenn bei der weiteren Gefahrerforschung Indizien dazukommen, kann dies in der Gesamtwürdigung für die Ge- 3

---

5 Der Begriff „Abschätzung" wurde in Abs. 1 Satz 1 durch das BundeskinderschutzG durch den Begriff „Einschätzung" ersetzt, allerdings wird in Abs. 2 Satz 1 – wahrscheinlich aufgrund eines Redaktionsversehens – noch immer die Formulierung „Abschätzung" des Gefährdungsrisikos verwendet

6 *Biesel/Schnurr*, JAmt 2018, 80

7 LPK-SGB VIII/*Bringewat*, § 8a Rn. 18

8 LPK-SGB VIII/*Bringewat*, § 8a Rn. 21; FK-SGB VIII/*Meysen*, § 8a Rn. 25

9 *DIJuF*-Rechtsgutachten JAmt 2017, 184; *DIJuF*-Rechtsgutachten JAmt 2014, 514; *DIJuF*-Rechtsgutachten JAmt 2009, 367; FK-SGB VIII/*Meysen*, § 8a SGB VIII Rn. 10; a.A. VG Braunschweig JAmt 2011, 106: nur das nach § 87 SGB VIII zuständige Jugendamt

10 *Salgo*, ZKJ 2013, 150

11 OVG Nordrhein-Westfalen JAmt 2009, 384

12 LPK-SGB VIII/*Bringewat*, § 8a Rn. 35

13 *Salgo*, ZKJ 2007, 12, 14

14 *Coester*, JAmt 2008, 1, 5; Wiesner/*Wiesner*, § 8a SGB VIII Rn. 13a; a.A. LPK-SGB VIII/*Bringewat*, § 8a Rn. 27; *Bringewat*, ZKJ 2011, 278: Es reichen bereits Defizite nach § 27 SGB VIII

15 BVerfG FamRZ 2010, 713; ZKJ 2012, 186; BGH FamRZ 1956, 350; Staudinger/*Coester*, § 1666 BGB Rn. 82

16 LPK-SGB VIII/*Bringewat*, § 8a Rn. 36; FK-SGB VIII/*Meysen*, § 8a Rn. 18; VerfGH Rheinland-Pfalz JAmt 2010, 142; VG Köln ZKJ 2012, 239; *DIJuF*-Rechtsgutachen JAmt 2012, 161

17 OLG Frankfurt ZKJ 2014, 31

fährdungseinschätzung ausreichen. Genauso genügt die Einleitung eines **Privatinsolvenzverfahrens** der Eltern für sich allein nicht als gewichtiger Anhaltspunkt für eine Kindeswohlgefährdung.[18]

▶ *Zur Frage des Rechtsschutzes bei einer Gefährdungsmitteilung an das Familiengericht vgl. unten Rn. 10.*

4 Liegen gewichtige Anhaltspunkte für eine Kindeswohlgefährdung in diesem Sinne vor, so hat das Jugendamt zunächst die Pflicht von Amts wegen sich weitere **Informationen** für die Durchführung der von ihm geforderten Prognose zu verschaffen (§ 20 SGB X).[19] Die **Befugnis zur Erhebung von Sozialdaten** über die Personensorgeberechtigten und das Kind bei Dritten ergibt sich aus § 62 Abs. 3 SGB VIII.

5 Im Anschluss daran hat nach dem Gesetzeswortlaut – noch vor Beteiligung der Erziehungsberechtigten und des Kindes/Jugendlichen – eine Gefährdungseinschätzung im **Zusammenwirken mehrerer Fachkräfte** zu erfolgen. Die Einbeziehung mehrerer Personen soll mit unterschiedlichen Perspektiven zu einer besseren Einschätzung beitragen.[20] Bei Vorliegen von gewichtigen Anhaltspunkten für eine Gefährdung ist diese Gefährdungseinschätzung unverzüglich vorzunehmende Pflichtaufgabe des Jugendamts; ein Ermessen hinsichtlich des Ob besteht insoweit nicht.[21] Die kollegiale Einschätzung erfolgt im Zusammenwirken von mindestens zwei Fachkräften i.S.d. §§ 72 Abs. 1, 79 Abs. 3 SGB VIII, wobei je nach Fallgestaltung auch Veranlassung bestehen kann, mehrere Fachkräfte, ggf. auch externe Berater, hinzuzuziehen.[22] Auch muss zumindest eine insoweit **erfahrene Fachkraft** beteiligt sein.

6 Die **Erziehungsberechtigten und das Kind** sollen sodann nach Abs. 1 Satz 2 nach kollegialer Bejahung einer Gefährdungsprognose in die Entscheidungsbildung **miteinbezogen** werden, soweit dies den wirksamen Schutz des Kindes nicht vereiteln würde. Soweit nach fachlicher Einschätzung erforderlich, soll nach Abs. 1 Satz 2 Hs. 2 ein **Hausbesuch** stattfinden und sich das Jugendamt einen unmittelbaren Eindruck von dem Kind verschaffen. Die Frage der Anordnung eines obligatorischen Hausbesuchs, zu dem sich der Gesetzgeber nicht entschließen konnte, gehörte zu den am meist umstrittensten Themen des Gesetzgebungsverfahrens zum Bundeskinderschutzgesetz.[23] Die Frage, ob ein solcher – auch unangemeldet zulässiger[24] – Hausbesuch zum Zwecke der Informationsgewinnung erforderlich ist, bleibt im Ermessen des Jugendamts, das sich aber bei besonders gewichtigen Anhaltspunkten zu einer Pflicht zu einem unangemeldeten Besuch reduzieren kann.[25] Eine **Befugnis zum Zutritt der** grundrechtlich gemäß Art. 13 GG geschützten **Wohnung gegen den Willen** des Wohnungsinhabers **gibt Abs. § 8a 1 Satz 2 SGB VIII nicht**; nur bei Gefahr in Verzug kann die Polizei im Wege der Amtshilfe eingeschaltet werden, um zwangsweise Zutritt zur Wohnung zu erhalten.[26] Durch Abs. 1 Satz 2 will der Gesetzgeber erreichen, dass im Idealfall eine Klärung der Gefährdungssituation im Rahmen des Familienverbundes erfolgt. Ein Ausnahmefall der Gefährdung wirksamen Schutzes wird etwa bei schwerwiegenden Fällen sexuellen Missbrauchs angenommen.[27] Das Erstellen von Fotografien oder Tonaufnahmen während des Hausbesuchs ist gegen den Widerspruch der El-

18 LPK-SGB VIII/*Bringewat,* § 8a Rn. 37; Wiesner/*Wiesner,* § 8a SGB VIII Rn. 14d
19 Wiesner/*Wiesner,* § 8a SGB VIII Rn. 16
20 Hauck/Noftz/*Stähr,* § 8a SGB VIII Rn. 3
21 LPK-SGB VIII/*Bringewat,* § 8a Rn. 57
22 *Willutzki*, FPR 2008, 488, 489; LPK-SGB VIII/*Bringewat,* § 8a Rn. 58
23 Vgl. *Kaufmann*, ZKJ 2011, 198; *Ehrmann/Breitfeld*, FPR 2012, 418
24 VG München JAmt 2009, 264; kritisch *Kaufmann*, ZKJ 2011, 198
25 Ähnlich LPK-SGB VIII/*Bringewat,* § 8a SGB VIII Rn. 52 f.; vgl. auch *DIJuF*-Rechtsgutachten JAmt 2015, 83
26 Wiesner/*Wiesner,* § 8a SGB VIII Rn. 23e
27 BT-Drucks. 15/3676, 38

tern regelmäßig nicht zulässig.[28] Im Übrigen besteht auch für weitere Eingriffe, wie etwa die körperliche Untersuchung des Kindes ohne das Einverständnis der Eltern, keine gesetzliche Ermächtigungsgrundlage. Hier verbleibt bei fehlender Kooperation der Eltern nur die Anrufung des Familiengerichts (vgl. unten Rn. 8 f.).

Hält das Jugendamt zur Abwendung der Gefährdung die Gewährung von Hilfen nach dem SGB VIII für geeignet und notwendig, so hat es diese nach Abs. 1 Satz 3 den Erziehungsberechtigten anzubieten. Die Regelung ist eine **Konkretisierung des Verhältnismäßigkeitsgrundsatzes**[29] und will sicherstellen, dass zunächst mit den Erziehungsberechtigten ein Hilfebedarf erörtert und den Erziehungsberechtigten Hilfen angeboten werden, bevor eine mögliche Kindeswohlgefährdung eintritt und z.B. das Familiengericht angerufen werden muss. So können Eingriffe in das Sorgerecht nach § 42 SGB VIII oder § 1666 BGB unterbleiben, wenn die Gefahr bereits durch Gewährung von Hilfeleistungen, z.B. nach § 19 oder § 31 SGB VIII, abgewendet werden kann. 7

II. Anrufung des Familiengerichts (Abs. 2 Satz 1)

Hält das Jugendamt nach § 8a Abs. 2 Satz 1 SGB VIII das Tätigwerden des Familiengerichts für erforderlich, so hat es das **Gericht anzurufen**. Nach Hs. 2 soll dies auch in den Fällen gelten, in denen die Erziehungsberechtigten nicht bereit oder dazu in der Lage sind, bei der Abschätzung des Gefährdungsrisikos mitzuwirken. Nachdem vor Einführung dieser gesetzlichen Regelung die Jugendämter die Familiengerichte häufig erst dann eingeschaltet haben, wenn sie im Rahmen der §§1666, 1666a BGB den (teilweisen) Entzug der elterlichen Sorge für unumgänglich hielten, ist nach der gesetzlichen Konzeption nunmehr das Familiengericht im Rahmen des staatlichen Wächteramtes aus Art. 6 Abs. 2 Satz 2 GG früher in den Kinderschutzfall einzubeziehen. So kann das Familiengericht das Maßnahmenarsenal des § 1666 Abs. 3 BGB im Sinne des Kinderschutzes möglichst frühzeitig und so eventuell auch weniger eingriffsintensiv nutzen. 8

▶ *Zu den Maßnahmen des Familiengerichts siehe Cirullies, § 1666 BGB Rn. 39 ff.*

Die Regelung korrespondiert mit der verfahrensrechtlichen Regelung des § 157 FamFG (näher hierzu *Cirullies*, § 157 FamFG Rn. 1 ff.). 9

Die **Anrufung des Familiengerichts** ist unter den vorbezeichneten Voraussetzungen als **Amtspflicht der Jugendämter** ausgestaltet. Abs. 2 Satz 1 Hs. 1 kommt zum Tragen, wenn das Jugendamt Hilfemaßnahmen nach Abs. 1 Satz 3 als nicht ausreichend zur Abwendung einer Kindeswohlgefährdung hält, sondern ihm darüber hinaus Eingriffe in das Sorgerecht – sei es als Entzug oder (nur) als Beschränkung nach § 1666 Abs. 3 Nr. 1 bis 5 BGB – erforderlich erscheinen. Nach Hs. 2 ist das Familiengericht auch dann anzurufen, wenn die **Gefährdungseinschätzung positiv** ist und die Eltern **nicht zu einer Zusammenarbeit mit dem Jugendamt bereit** oder **dazu in der Lage** sind. Dabei hat das Jugendamt in seine Überlegungen einerseits die Warn- und Initiierungsfunktion der Einschaltung des Familiengerichts auf die Eltern, andererseits aber auch die mögliche Auswirkung der Anrufung des Familiengerichts auf die Kooperationsbereitschaft der Eltern miteinzubeziehen.[30] Im Sinne eines effektiven Kinderschutzes sollte **in Zweifelsfällen das Familiengericht angerufen** werden.[31]

Wird das Familiengericht angerufen, so ist das Jugendamt in rechtlicher Hinsicht nicht Antragsteller eines Verfahrens nach § 1666 BGB, sondern **regt nach § 24 Abs. 1 FamFG die** 10

28 *DIJuF*-Rechtsgutachten JAmt 2008, 23; FK-SGB VIII/*Meysen,* § 8a Rn. 34; Wiesner/*Wiesner,* § 8a SGB VIII Rn. 23d
29 FK-SGB VIII/*Meysen,* § 8a Rn. 35
30 FK-SGB VIII/*Meysen,* § 8a Rn. 42 f.
31 BeckOGK/*Jox,* § 8a SGB VIII Rn. 75

Einleitung eines Verfahrens nach § 1666 BGB durch das Familiengericht **an**. Das Familiengericht hat in **eigener Verantwortung** zu prüfen, ob es von Amts wegen hinreichende Anhaltspunkte erkennt, die wegen einer möglichen Gefährdung des Kindeswohls die Einleitung eines Verfahrens nach § 1666 BGB rechtfertigen. Ihm obliegt dabei nicht die Prüfung, ob das Jugendamt zu Recht nach § 8a Abs. 2 Satz 1 SGB VIII eine Mitteilung gemacht hat.[32] Eine **Mitteilung des Jugendamtes** an das Familiengericht nach § 8a Abs. 2 Satz 1 SGB VIII ist im Übrigen von den Eltern mangels Verletzung eigener Rechte auch **nicht vor dem Verwaltungsgericht anfechtbar**.[33]

III. Inobhutnahme (Abs. 2 Satz 2)

11 Besteht aus Sicht des Jugendamts eine so **dringende Gefahr** für das Kind, dass eine Entscheidung des nach Abs. 2 Satz 1 anzurufenden Familiengerichts nicht abgewartet werden kann, so ist das Jugendamt nach § 8a Abs. 2 Satz 2 SGB VIII verpflichtet, das Kind oder den Jugendlichen in Obhut zu nehmen. Damit beschränkt das Gesetz die Möglichkeit der Trennung von Kindern von ihren Personensorgeberechtigten durch Inobhutnahme nach § 42 SGB VIII – außerhalb der Fälle unbegleitet eingereister minderjähriger Flüchtlinge und der Inobhutnahme auf eigenen Wunsch der Minderjährigen, vgl. § 42 Abs. 1 Nr. 1 und 3, 42a ff. SGB VIII – auf Fälle, in denen eine **besondere Dringlichkeit** besteht, was dann anzunehmen ist, wenn eine Beeinträchtigung des körperlichen, geistigen oder seelischen Wohls des Kindes **unmittelbar bevorsteht** oder bereits realisierter Gefahr konkrete Wiederholungsgefahr droht.[34] Die Vorschrift ist eine Rechtsgrundverweisung, d.h., alle Voraussetzungen nach § 42 Abs. 1 Satz 1 Nr. 2 lit. b SGB VIII müssen für eine Inobhutnahme des Kindes durch das Jugendamt gegen den Willen der Erziehungsberechtigten vorliegen.[35] Wegen der **vorrangigen Möglichkeit der Anordnung einer einstweiligen Anordnung durch das Familiengericht** nach §§ 49 ff. FamFG ist der Anwendungsbereich der Norm sehr gering und kommt **nur in besonders gelagerten akuten Gefährdungssituationen** in Betracht, die ein Abwarten der Entscheidung des Familiengerichts nicht erlauben.[36]

▶ *Näher zur Inobhutnahme Köhler, § 42 SGB VIII Rn. 1 ff.*

IV. Einschaltung anderer Institutionen (Abs. 3)

12 Soweit zur Abwendung der Gefährdung des Kindes oder Jugendlichen das Tätigwerden **anderer Leistungsträger** (z.B. Eingliederungshilfe nach SGB XII), der Einrichtungen der **Gesundheitshilfe** (z.B. Krankenhäuser) oder der **Polizei** notwendig ist, so hat nach Abs. 3 Satz 1 das Jugendamt wegen des Vorrangs der Eigenverantwortlichkeit der Erziehungsberechtigten auf die Inanspruchnahme durch die Erziehungsberechtigten hinzuwirken. Nur wenn ein sofortiges Tätigwerden erforderlich ist und die Personensorgeberechtigten oder die Erziehungsberechtigten nicht mitwirken, schaltet das Jugendamt nach Satz 2 die anderen zur Abwendung der Gefährdung zuständigen Stellen selbst ein. Die Gründe der unterlassenen Inanspruchnahme durch die Erziehungs- bzw. Sorgeberechtigten sind unerheblich; bei entsprechender Dringlichkeit kommt eine Einschaltung auch in Betracht, wenn die Eltern nicht rechtzeitig informiert werden können.[37]

---

32 OLG Frankfurt ZKJ 2014, 31

33 Hess. VGH ZKJ 2013, 82; NJW 2013, 1753: Gefährdungsmitteilung ist nur Information des Familiengerichts und hat selbst keinerlei Eingriffscharakter; kritisch: *Sommer*, ZKJ 2013, 68; FK-SGB VIII/*Meysen*, § 8a Rn. 37

34 LPK-SGB VIII/*Bringewat*, § 8a Rn. 86

35 jurisPK-SGB VIII/*Kößler*, § 8a SGB VIII Rn. 51; BeckOGK/*Jox*, § 8a SGB VIII Rn. 83; a.A.: LPK-SGB VIII/*Bringewat*, § 8a Rn. 88: Rechtsfolgenverweisung

36 OVG Mecklenburg-Vorpommern ZKJ 2018, 394; OVG Berlin-Brandenburg ZKJ 2017, 241; *Köhler*, ZKJ 2019, 12

37 MüKo-BGB/*Tillmanns*, § 8a SGB VIII Rn. 11

V. Einbeziehung freier Träger (Abs. 4)

Auch freie Träger von Einrichtungen oder Dienste der Kinder- und Jugendhilfe haben in ihren jeweiligen Hilfekontexten eine eigene Verantwortung für den Schutz von Kindern und Jugendlichen, welcher sich nicht vom Träger der öffentlichen Jugendhilfe ableitet, „sondern sich originär aus dem [ggf. konkludent vereinbarten] Betreuungsverhältnis zum Kind oder Jugendlichen ergibt".[38] Da sich der gesetzliche **Schutzauftrag aus dem staatlichen Wächteramt** aber **nur an** einen **Träger der öffentlichen Jugendhilfe** (d.h. an das Jugendamt als zuständige Behörde) richten kann (vgl. auch Abs. 1, Abs. 2: „das Jugendamt"), ermöglicht Abs. 4, den autonomen Auftrag der freien Träger mit dem Schutzauftrag des Jugendamts zu verknüpfen.[39] Mit der Vereinbarung zwischen dem öffentlichen Träger und dem freien Träger nach Abs. 4 soll sichergestellt werden, dass die Fachkräfte der **freien Träger der Jugendhilfe**[40] den in § 8a Abs. 1 SGB VIII enthaltenen Schutzauftrag ebenfalls wahrnehmen. Entsprechende Vereinbarungen[41] sind in Form von öffentlichen Verträgen nach Maßgabe von §§ 78a ff. SGB VIII abzuschließen. Die Mindestinhalte sind in Abs. 4 vorgegeben. Der freie Träger muss nach seiner von ihm umzusetzenden Organisation dazu in der Lage sein, selbst eine Gefährdungsprognose vorzunehmen (Nr. 1), diese wie bei Abs. 1 im Team zu treffen (Nr. 2) und dabei die Erziehungsberechtigten und das Kind nach Maßgabe von Abs. 1 Satz 2 einzubeziehen (Nr. 3), also über die entsprechenden Ressourcen und die entsprechende Organisation verfügen. Nach Satz 2 ist der freie Träger insbesondere verpflichtet, auf die Inanspruchnahme von Hilfen durch die Personensorge- und Erziehungsberechtigten hinzuwirken und das Jugendamt zu informieren, wenn die angenommen Hilfen nicht ausreichend erscheinen. Außerdem ist nach Abs. 4 Satz 2 in die Vereinbarung auch die Verpflichtung aufzunehmen, dass die Fachkräfte der freien Träger bei den Erziehungsberechtigten auf die Inanspruchnahme von Hilfen hinwirken, wenn sie diese für erforderlich halten, und das Jugendamt informieren, falls die Gefährdung nicht anders abgewendet werden kann. **13**

Aus Abs. 4 Satz 2 folgt eine Verpflichtung des freien Trägers zur **Information des Jugendamts**, falls die Gefährdung nicht anders abgewendet werden kann. Eine Befugnis bzw. gar eine Verpflichtung zur Information oder Anrufung des Familiengerichts folgt daraus nicht; dies ist gemäß Abs. 2 Satz 1 Aufgabe des Jugendamts.[42] Das weitere Vorgehen des Jugendamts nach Eingang dieser Information richtet sich wiederum nach Abs. 1 bis 3.

▶ *Zur Datenübermittlung an das Familiengericht vgl. Köhler, §§ 61 bis 68 SGB VIII Rn. 1 ff.*

Auch ohne eine Vereinbarung nach Abs. 4 kann sich eine Verpflichtung der freien Träger zur Einschaltung des Jugendamts aus allgemeinen Handlungspflichten für den Schutz von Personen in Gefährdungssituationen ergeben wie § 323c StGB oder einer strafrechtlichen Garantenpflicht.[43]

38 Gesetzesbegründung zum Bundeskinderschutzgesetz, BT-Drucks. 17/6256, 20
39 Wiesner/*Wiesner*, § 8a SGB VIII Rn. 63
40 Zu deren wahrzunehmenden Aufgaben im Bereich des Kinderschutzes ausführlich: *Moch/Junker-Moch*, FPR 2011, 319
41 Beispiele: www.blja.bayern.de/service/bibliothek/vereinbarungen/Mustervereinbarung.php (Zugriff: 15.1.2020); www.ekir.de/lennep/Downloads/Arbeitshilfe_LAG_Mustervereinbarung_SGB_VIII_2013.pdf (Zugriff: 15.1.2020)
42 BeckOGK/*Jox*, § 8a SGB VIII Rn. 123; zur Verpflichtung des freien Trägers zur Information nur des Jugendamts, nicht auch des Familiengerichts und zu den Grenzen der Familienhilfe im Rahmen des § 1666 BGB: *Heilmann*, NJW 2019, 1417, 1419; *Kepert*, Sozialrecht aktuell 2019, 104, 110
43 BeckOGK/*Jox*, § 8a SGB VIII Rn. 130

VI. Zuständigkeitswechsel (Abs. 5)

14 Der zum 1.1.2012 neu eingeführte Abs. 5 dient der Verhinderung eines Informationsverlustes und damit verbundener Einschränkung des Schutzauftrages durch sog. **Jugendamts-Hopping** (infolge Umzug der Eltern).[44] Zu den weiterzugebenden Informationen gehören nicht nur gewichtige Anhaltspunkte für eine Kindeswohlgefährdung, sondern alle Daten, Erkenntnisse, Informationen etc., die für die Gewährleistung von Schutz und Hilfe relevant sind.[45] Zur Datenübermittlung ist das übergebende JA auch befugt, hinsichtlich besonders anvertrauter Daten gemäß § 65 Abs. 1 Satz 1 Nr. 3 SGB VIII, hinsichtlich der übrigen Daten gemäß § 64 Abs. 2 SGB VIII i.V.m. § 69 Abs. 1 Nr. 1 Alt. 2 SGB X.[46] Nach Satz 2 soll ein formelles **„Gespräch"** zwischen den beiden Fachkräften der Jugendämter stattfinden, und zwar unter grundsätzlicher Beteiligung der Sorgeberechtigten und Jugendlichen. Von der aus Transparenzgründen vorgesehenen Beteiligung der Sorgeberechtigten und des Kindes/Jugendlichen ist abzusehen, wenn dadurch der wirksame Schutz des Kindes/Jugendlichen eingeschränkt würde.[47]

Ausdrückliches Ziel von Abs. 5 ist es, dass die Wirksamkeit des Kinderschutzes nicht durch den Wechsel von Zuständigkeiten untergraben wird.[48]

▶ *Zur örtlichen Zuständigkeit der Jugendämter siehe Köhler, §§ 86 ff. SGB VIII Rn. 1 ff.*

§ 8b SGB VIII Fachliche Beratung und Begleitung zum Schutz von Kindern und Jugendlichen

(1) Personen, die beruflich in Kontakt mit Kindern oder Jugendlichen stehen, haben bei der Einschätzung einer Kindeswohlgefährdung im Einzelfall gegenüber dem örtlichen Träger der Jugendhilfe Anspruch auf Beratung durch eine insoweit erfahrene Fachkraft.

(2) Träger von Einrichtungen, in denen sich Kinder oder Jugendliche ganztägig oder für einen Teil des Tages aufhalten oder in denen sie Unterkunft erhalten, und die zuständigen Leistungsträger, haben gegenüber dem überörtlichen Träger der Jugendhilfe Anspruch auf Beratung bei der Entwicklung und Anwendung fachlicher Handlungsleitlinien

1. **zur Sicherung des Kindeswohls und zum Schutz vor Gewalt sowie**
2. **zu Verfahren der Beteiligung von Kindern und Jugendlichen an strukturellen Entscheidungen in der Einrichtung sowie zu Beschwerdeverfahren in persönlichen Angelegenheiten.**

Von einer Kommentierung wird abgesehen.

§§ 9 bis 10 SGB VIII

Von Abdruck und Kommentierung wird abgesehen.

---

44 BT-Drucks. 17/6256, 2
45 LPK-SGB VIII/*Bringewat,* § 8a Rn. 119
46 FK-SGB VIII/*Meysen,* § 8a Rn. 79
47 FK-SGB VIII/*Meysen,* § 8a Rn. 81
48 Vgl. Einzelheiten bei *Meysen*, FamRZ 2012, 405, 413 f.

Zweites Kapitel
Leistungen der Jugendhilfe

[...]

Zweiter Abschnitt
Förderung der Erziehung in der Familie

§ 16 SGB VIII Allgemeine Förderung der Erziehung in der Familie

(1) Müttern, Vätern, anderen Erziehungsberechtigten und jungen Menschen sollen Leistungen der allgemeinen Förderung der Erziehung in der Familie angeboten werden. Sie sollen dazu beitragen, dass Mütter, Väter und andere Erziehungsberechtigte ihre Erziehungsverantwortung besser wahrnehmen können. Sie sollen auch Wege aufzeigen, wie Konfliktsituationen in der Familie gewaltfrei gelöst werden können.

(2) Leistungen zur Förderung der Erziehung in der Familie sind insbesondere

1. **Angebote der Familienbildung, die auf Bedürfnisse und Interessen sowie auf Erfahrungen von Familien in unterschiedlichen Lebenslagen und Erziehungssituationen eingehen, die Familien in ihrer Gesundheitskompetenz stärken, die Familie zur Mitarbeit in Erziehungseinrichtungen und in Formen der Selbst- und Nachbarschaftshilfe besser befähigen sowie junge Menschen auf Ehe, Partnerschaft und das Zusammenleben mit Kindern vorbereiten,**
2. **Angebote der Beratung in allgemeinen Fragen der Erziehung und Entwicklung junger Menschen,**
3. **Angebote der Familienfreizeit und der Familienerholung, insbesondere in belastenden Familiensituationen, die bei Bedarf die erzieherische Betreuung der Kinder einschließen.**

(3) Müttern und Vätern sowie schwangeren Frauen und werdenden Vätern sollen Beratung und Hilfe in Fragen der Partnerschaft und des Aufbaus elterlicher Erziehungs- und Beziehungskompetenzen angeboten werden.

(4) Das Nähere über Inhalt und Umfang der Aufgaben regelt das Landesrecht.

(5) (weggefallen)

Von einer Kommentierung wird abgesehen.

§ 17 SGB VIII Beratung in Fragen der Partnerschaft, Trennung und Scheidung

(1) [1]Mütter und Väter haben im Rahmen der Jugendhilfe Anspruch auf Beratung in Fragen der Partnerschaft, wenn sie für ein Kind oder einen Jugendlichen zu sorgen haben oder tatsächlich sorgen. [2]Die Beratung soll helfen,

1. **ein partnerschaftliches Zusammenleben in der Familie aufzubauen,**
2. **Konflikte und Krisen in der Familie zu bewältigen,**
3. **im Fall der Trennung oder Scheidung die Bedingungen für eine dem Wohl des Kindes oder des Jugendlichen förderliche Wahrnehmung der Elternverantwortung zu schaffen.**

(2) Im Fall der Trennung und Scheidung sind Eltern unter angemessener Beteiligung des betroffenen Kindes oder Jugendlichen bei der Entwicklung eines einvernehmlichen Konzepts für die Wahrnehmung der elterlichen Sorge und der elterlichen Verantwortung zu unterstützen; dieses Konzept kann auch als Grundlage für einen Vergleich oder eine gerichtliche Entscheidung im familiengerichtlichen Verfahren dienen.

(3) Die Gerichte teilen die Rechtshängigkeit von Scheidungssachen, wenn gemeinschaftliche minderjährige Kinder vorhanden sind, sowie Namen und Anschriften der beteiligten Eheleute und Kinder dem Jugendamt mit, damit dieses die Eltern über das Leistungsangebot der Jugendhilfe nach Absatz 2 unterrichtet.

1 Die Vorschrift begründet in Abs. 1 einen Anspruch auf **Beratung in Fragen der Partnerschaft**, insbesondere im Falle der Trennung und Scheidung. Für diesen Fall erstreckt Abs. 2 den Anspruch auf die Unterstützung der Eltern bei der Entwicklung eines Konzepts für die Wahrnehmung der elterlichen Sorge. Wie Abs. 3 zeigt, steht die Beratung und Unterstützung in engem Zusammenhang mit den **familiengerichtlichen Verfahren** im Falle der Trennung und Scheidung. Da vielen Eltern die Beratungsangebote des Jugendamtes nicht bekannt sind, **verpflichtet Abs. 3 die Familiengerichte** dazu, **den Jugendämtern Namen und Anschrift der beteiligten Eltern bekannt zu geben**, damit den Eltern die Beratungsangebote nahegebracht werden können.

2 Die Vorschrift schafft in Satz 1 einen **Rechtsanspruch** auf Beratung.[1] Die Zielrichtung der Beratung wird in Satz 2 beschrieben. In Satz 2 Nr. 1 und Nr. 2 geht es um Beratung und Unterstützung vor Trennung, in Satz 2 Nr. 3 im Trennungsprozess und nach Trennung mit Blick auf das Kind/den Jugendlichen um die Mitwirkung bei der **Entwicklung eines einvernehmlichen Konzepts elterlicher Verantwortung bei Getrenntleben** und der Vermeidung konfliktreicher gerichtlicher Auseinandersetzungen.[2]

§ 18 SGB VIII Beratung und Unterstützung bei der Ausübung der Personensorge und des Umgangsrechts

(1) Mütter und Väter, die allein für ein Kind oder einen Jugendlichen zu sorgen haben oder tatsächlich sorgen, haben Anspruch auf Beratung und Unterstützung

1. **bei der Ausübung der Personensorge einschließlich der Geltendmachung von Unterhalts- oder Unterhaltsersatzansprüchen des Kindes oder Jugendlichen,**
2. **bei der Geltendmachung ihrer Unterhaltsansprüche nach § 1615l des Bürgerlichen Gesetzbuchs.**

(2) Mütter und Väter, die mit dem anderen Elternteil nicht verheiratet sind, haben Anspruch auf Beratung über die Abgabe einer Sorgeerklärung und die Möglichkeit der gerichtlichen Übertragung der gemeinsamen elterlichen Sorge.

(3) [1]Kinder und Jugendliche haben Anspruch auf Beratung und Unterstützung bei der Ausübung des Umgangsrechts nach § 1684 Absatz 1 des Bürgerlichen Gesetzbuchs. [2]Sie sollen darin unterstützt werden, dass die Personen, die nach Maßgabe der §§ 1684, 1685 und 1686a des Bürgerlichen Gesetzbuchs zum Umgang mit ihnen berechtigt sind, von diesem Recht zu ihrem Wohl Gebrauch machen. [3]Eltern, andere Umgangsberechtigte sowie Personen, in deren Obhut sich das Kind befindet, haben Anspruch auf Beratung und Unterstützung bei der Ausübung des Umgangsrechts. [4]Bei der Befugnis, Auskunft über die persönlichen Verhältnisse des Kindes zu verlangen, bei der Herstellung von Umgangskontakten und bei der Ausführung gerichtlicher oder vereinbarter Umgangsregelungen soll vermittelt und in geeigneten Fällen Hilfestellung geleistet werden.

(4) Ein junger Volljähriger hat bis zur Vollendung des 21. Lebensjahres Anspruch auf Beratung und Unterstützung bei der Geltendmachung von Unterhalts- oder Unterhaltsersatzansprüchen.

---

1 BT-Drucks. 13/4899, 169
2 FK-SGB VIII/*Tammen/Trenczek*, § 17 Rn. 15 f.; Wiesner/*Struck*, § 17 SGB VIII Rn. 34 ff.

Die Norm erweitert die **Beratungs- und Unterstützungsangebote** der Kinder- und Jugendhilfe auf besondere Fallgestaltungen. 1

In Abs. 1 wird der Situation **allein erziehender Elternteile** Rechnung getragen, indem diesen ein weitreichender **Anspruch auf Beratung und Unterstützung** gewährt wird, der neben der **Personensorge** auch die Geltendmachung von **Unterhalts- und Unterhaltsersatzansprüchen** erfasst. Abs. 2 bietet einen **Beratungsanspruch unverheirateter Elternteile über die Abgabe einer Sorgeerklärung**.

In Abs. 3 wird ein eigener Anspruch des Kindes/Jugendlichen sowie ein Anspruch der Eltern, der Umgangsberechtigten und von Personen, die das Kind in Obhut haben, auf **Unterstützung und Beratung bei der Ausübung des Umgangsrechts** begründet. Für das kindschaftsrechtliche Umgangsverfahren (§ 151 Nr. 2 FamFG) hat die Reichweite der Vorschrift ganz fundamentale Bedeutung. Neben der Beratungs- und Vermittlungsfunktion im Bereich des Kindesumgangs ist sie auch die Rechtsgrundlage für die Erbringung und Bewilligung **begleiteter Umgangskontakte** durch das Jugendamt oder von ihm beauftragter freier Träger (vgl. auch § 1684 Abs. 4 Satz 4 BGB).[1] Denn von der Formulierung „bei der Ausführung gerichtlicher oder vereinbarter Umgangsregelungen soll … in geeigneten Fällen Hilfestellung geleistet werden" nach Abs. 3 Satz 4 ist auch die Begleitung von Umgangskontakten durch das Jugendamt (bzw. freie Träger) umfasst.[2] Die „Geeignetheit" ist ein unbestimmter Rechtsbegriff, der der vollen verwaltungsgerichtlichen Prüfung unterliegt.[3] Im Rahmen seiner Mitwirkungsverpflichtung hat der öffentliche Träger alle ihm möglichen Maßnahmen zu ergreifen, den begleiteten Umgang in dem verwaltungsgerichtlich festgestellten Umfang zu gewährleisten. Kann der Rechtsanspruch auf begleiteten Umgang nicht mit eigenem Personal bewerkstelligt werden, zählt dazu auch die Sorgetragung, dass entsprechende organisatorische und personelle Voraussetzungen ggf. über freie Träger der Jugendhilfe zur Verfügung gestellt werden; auf finanzielle Unterversorgung kann sich der öffentliche Träger nicht berufen.[4] 2

Bejaht das **Familiengericht** nach § 1684 Abs. 4 Satz 3 BGB die **Notwendigkeit begleiteten Umgangs**, muss es zunächst gemäß § 26 FamFG unter Mitwirkung der Beteiligten nach § 27 FamFG mögliche geeignete Personen zur Begleitung des Umgangs ermitteln.[5] Diesbezüglich kommen neben (ehrenamtlichen) Verwandten oder Vertrauenspersonen auch geeignete berufsmäßige Umgangsbegleiter in Betracht. Eine Vergütung von Umgangsbegleitern aus der Justizkasse findet grundsätzlich nicht statt; die Kosten einer professionellen Umgangsbegleitung sind keine Kosten des Verfahrens.[6] Soweit der BGH ausnahmsweise die Vergütung einer Umgangsbegleitung nach § 1684 Abs. 4 Satz 3 BGB im Rahmen einer Umgangspflegschaft nach § 1684 Abs. 3 Satz 3 BGB dann zulässt, wenn für einen berufsmäßigen Umgangspfleger eine Begleitung von Umgangskontakten ausdrücklich mitangeordnet wurde,[7] ist dies eine unzulässige Vermischung der Institute des Umgangsbegleiters und des Umgangspflegers sowie eine Umgehung der gesetzgeberischen 3

1 Zur Praxis des begleiteten Umgangs aus jugendhilferechtlicher Sicht: *Schlund*, ZKJ 2015, 55
2 OVG Münster FamRZ 2017, 808
3 OVG Münster FamRZ 2017, 1935; OVG Berlin-Brandenburg FamRZ 2013, 409
4 OVG Münster NJW 2014, 3593; LPK-SGB VIII/*Kunkel/Kepert*, § 2 Rn. 7
5 Insbesondere vor einem etwaigen Umgangsausschluss hat das Familiengericht zunächst zu prüfen, ob andere mitwirkungsbereite Dritte in Betracht kommen, OLG Frankfurt FamRZ 2015, 1730
6 BGH ZKJ 2019, 143 Rn. 19 = FamRZ 2019, 199; OLG Köln ZKJ 2018, 101 = FamRZ 2018, 598; OLG Frankfurt FamRZ 2016, 1787; Palandt/*Götz*, § 1684 BGB Rn. 35; Staudinger/*Dürbeck*, § 1684 BGB Rn. 373; *Dürbeck*, ZKJ 2015, 457
7 BGH ZKJ 2019, 143 (LS) = FamRZ 2019, 199

Entscheidung, die Finanzierung professioneller Umgangsbegleiter ausschließlich über die Träger der öffentlichen Jugendhilfe zu ermöglichen.[8]

3a Stellt sich wie in der Mehrzahl der Fälle heraus, dass nur das Jugendamt (bzw. ein von diesem beauftragter freier Träger) als Umgangsbegleiter in Betracht kommt, ist nach der Praxis der Jugendämter **für das jugendhilferechtliche Bewilligungsverfahren** ein **Antrag beim Träger der öffentlichen Jugendhilfe** erforderlich, zumeist auch durch den betreuenden Elternteil, obwohl es sich bei Abs. 3 Satz 4 um einen Anspruch des umgangsberechtigten Elternteils handelt.[9] Auch bei grundsätzlicher Bereitschaft des Jugendamts zur Begleitung von Umgängen wird jugendhilferechtlich zumeist davon ausgegangen, dass begleitete Umgänge nur für eine Übergangszeit erforderlich seien, bis unbegleitete Umgänge installiert werden könnten. Angeboten werden je nach Träger dann ca. zehn bis zwölf Termine für einen Zeitraum von weniger als einem Jahr. Jedoch kann es auch Fälle geben, in denen (etwa aufgrund Erkrankung eines Elternteils) eine dauerhafte und unbefristete Umgangsbegleitung erforderlich ist.[10] Bietet das Jugendamt nur für einen befristeten Zeitraum Umgangsbegleitung an, kann das Familiengericht auch nur eine Entscheidung für diesen Zeitraum treffen. Für den Fall, dass die Beteiligten sich im Anschluss an den Zeitraum nicht auf eine einvernehmliche Regelung des Umgangs einigen können bzw. das Familiengericht nicht davon ausgeht, dass nach diesem Zeitraum einvernehmlicher unbegleiteter Umgang erfolgen wird, ist dann (bei einer Teilentscheidung) das Verfahren fortzuführen bzw. (bei einer Endentscheidung) ein Abänderungsverfahren nach §§ 166 FamFG, 1696 BGB durchzuführen.[11]

▶ *Zur Form des Antrags Köhler, Vorbem. SGB VIII Rn. 6a.*

3b **Weigert sich das Jugendamt**, die **Umgangsbegleitung jugendhilferechtlich zu bewilligen** – was in der Praxis durchaus vorkommt –, hat das Familiengericht nur eingeschränkte Möglichkeiten der weiteren Vorgehensweise.[12] Die Frage einer Anordnungskompetenz der Familiengerichte gegenüber dem Jugendamt (vgl. dazu *Köhler,* § 36a SGB VIII Rn. 1 ff.) stellt sich hier insoweit nicht, als dass begleiteter Umgang schon nach dem Wortlaut von nach § 1684 Abs. 4 Satz 3 BGB ausnahmslos die Bereitschaft der Begleitperson an seiner Durchführung voraussetzt (näher hierzu *Gottschalk*, § 1684 BGB Rn. 71 ff.).[13] Das Familiengericht kann das Jugendamt mithin schon aus materiell-rechtlichen Gründen **nicht gegen dessen Willen** als Umgangsbegleiter verpflichten, auch wenn dies gemäß § 18 Abs. 3 SGB VIII zu den Aufgaben der Kinder- und Jugendhilfe gehört.[14] Soweit vertreten wird, dass das Familiengericht bei fehlender Mitwirkungsbereitschaft des Jugendamts trotzdem eine Umgangsregelung mit Begleitung durch Mitarbeiter des Jugendamts beschließen könne und solle,[15] widerspricht diese Ansicht bereits der materiell-rechtlichen Voraussetzung der notwendigen Mitwirkungsbereitschaft nach § 1684 Abs. 4 Satz 3 BGB. Da damit begleiteter Umgang zunächst nicht angeordnet werden kann,

---

8 *Keuter*, FamRZ 2019, 202 (Anm. zu BGH FamRZ 2019, 199); Staudinger/*Dürbeck*, § 1684 BGB Rn. 378.1; bei entsprechender Mitwirkung und nach jugendhilferechtlicher Bewilligung sind die Kosten der professionellen Umgangsbegleitung (etwa eines freien Trägers) aber durch das Jugendamt zu tragen: OLG Köln FamRZ 2018, 598; LPK-SGB VIII/*Kunkel/Pattar,* § 18 Rn. 84

9 Ausführlich zum Streitstand, auch zur Gegenmeinung, dass es wegen § 40 Abs. 1 SGB I keines Antrags bedarf: Staudinger/*Dürbeck*, § 1684 BGB Rn. 374

10 Staudinger/*Dürbeck*, § 1684 BGB Rn. 358

11 OLG Frankfurt ZKJ 2019, 72 = FamRZ 2019, 214; Staudinger/*Dürbeck*, § 1684 BGB Rn. 359

12 Vgl. *Dürbeck*, ZKJ 2015, 457; *Holldorf/von Pirani*, ZKJ 2012, 384; *Keuter*, JAmt 2011, 373

13 BVerfG ZKJ 2015, 463; OLG Frankfurt ZKJ 2015, 240; OLG Saarbrücken FamRZ 2015, 344; OLG Frankfurt FamRZ 1999, 617; Palandt/*Götz,* § 1684 BGB Rn. 35; Staudinger/*Dürbeck*, § 1684 BGB Rn. 370; *Dürbeck,* ZKJ 2015, 457

14 OVG Münster, Beschl. v. 20.12.2016 – 12 B 1262/16, juris; OLG Frankfurt FamRZ 2015, 1730; OVG Saarland ZKJ 2014, 488 = FamRZ 2014, 1862; Staudinger/*Dürbeck*, § 1684 BGB Rn. 370

15 BeckOGK/*Altrogge*, § 1684 BGB Rn. 470

verbleibt dem Familiengericht im Ergebnis nur die Möglichkeit eines Umgangsausschlusses oder aber die Anordnung eines unbegleiteten Umgangs. Ein unbegleiteter Umgang dürfte in dieser Fallkonstellation nicht in Betracht kommen, denn dieser würde das Kind einer Gefährdung aussetzen, die als Voraussetzung für eine Beschränkung des Umgangs in Form der Umgangsbegleitung (vgl. § 1684 Abs. 4 Satz 2, Satz 3 BGB) vom Familiengericht zuvor bejaht worden ist. Begleiteter Umgang könnte in dieser praxisrelevanten Problemlage theoretisch dadurch erreicht werden, dass die Eltern zunächst auf den Verwaltungsrechtsweg verwiesen werden, weil § 18 Abs. 3 SGB VIII auch ein einklagbares subjektives Recht gegen den staatlichen Träger der Jugendhilfe eröffnet.[16] Dies ist aber unbefriedigend, da der Verwaltungsrechtsweg regelmäßig zeitintensiv ist. Eine Aussetzung des familiengerichtlichen Verfahrens gemäß § 21 FamFG kommt in der Regel nicht in Betracht, wenn überhaupt nur bezüglich eines bereits laufenden verwaltungsgerichtlichen Verfahrens unter Berücksichtigung des Vorrang- und Beschleunigungsgrundsatzes gemäß § 155 Abs. 1 FamFG (näher zur Aussetzung *Köhler*, § 21 FamFG Rn. 2 ff.).

▶ *Zu weiteren Einzelheiten des begleiteten Umgangs siehe auch Gottschalk, § 1684 BGB Rn. 71 ff.*

§ 18 Abs. 3 Satz 3, Satz 4 SGB VIII gewährt einem Elternteil **keinen Anspruch auf Übernahme der Fahrtkosten zur Ausübung des Umgangsrechts**.[17] Denn die Kosten, die bei dem Umgangsberechtigten bzw. dem Kind entstehen, gehören zu Kosten der allgemeinen Lebensführung. Hingegen können Fahrtkosten zur Ausübung des Umgangsrechts bei Sozialhilfeempfängern über § 28 Abs. 1 Satz 2 SGB XII berücksichtigt werden; Leistungsberechtigten nach dem SGB II ist ein Mehrbedarf nach § 21 Abs. 6 SGB II zuzuerkennen.[18] 4

§ 19 SGB VIII Gemeinsame Wohnformen für Mütter/Väter und Kinder

(1) [1]Mütter oder Väter, die allein für ein Kind unter sechs Jahren zu sorgen haben oder tatsächlich sorgen, sollen gemeinsam mit dem Kind in einer geeigneten Wohnform betreut werden, wenn und solange sie auf Grund ihrer Persönlichkeitsentwicklung dieser Form der Unterstützung bei der Pflege und Erziehung des Kindes bedürfen. [2]Die Betreuung schließt auch ältere Geschwister ein, sofern die Mutter oder der Vater für sie allein zu sorgen hat. [3]Eine schwangere Frau kann auch vor der Geburt des Kindes in der Wohnform betreut werden.

(2) Während dieser Zeit soll darauf hingewirkt werden, dass die Mutter oder der Vater eine schulische oder berufliche Ausbildung beginnt oder fortführt oder eine Berufstätigkeit aufnimmt.

(3) Die Leistung soll auch den notwendigen Unterhalt der betreuten Personen sowie die Krankenhilfe nach Maßgabe des § 40 umfassen.

Diese Art der Leistung bietet allein erziehenden Müttern und Vätern Unterstützung, welche durch eine ambulante oder teilstationäre Hilfe nicht geleistet werden könnte.[1] Anspruchsberechtigt ist der das Kind allein erziehende Elternteil.[2] Durch die **gemeinsame Unterbringung mit ihrem Kind** sollen Mütter und Väter **besser befähigt** werden, ihre 1

16 OVG Münster FamRZ 2017, 808; OVG Saarland FamRZ 2014, 186; OVG Münster NJW 2014, 3593; LPK-SGB VIII/*Kunkel*, § 18 Rn. 22
17 OVG Berlin-Brandenburg ZKJ 2015, 249 mit zust. Anm. *Wiesner*
18 LPK-SGB VIII/*Kunkel/Pattar*, § 18 Rn. 19; BSGE 118, 82 (zu § 21 Abs. 6 SGB II)
1 Ausführlich *Wiesner*, NDV 1998, 225
2 OVG Lüneburg, Beschl. v. 26.7.2010 – 4 LA 208/09, juris

Erziehungsaufgaben wahrzunehmen, gleichzeitig aber auch **entlastet** und in die Lage versetzt werden, ihre **Schul- und Berufsausbildung abzuschließen**. Bei Aufenthalt in einem Frauenhaus kommen Leistungen nach § 19 SGB VIII grundsätzlich aufgrund der Kurzfristigkeit des Aufenthalts im Frauenhaus nicht in Betracht,[3] ebenso wenig bei einem Aufenthalt in einer Therapieeinrichtung, weil dort medizinische Gründe im Vordergrund stehen.[4]

2 Das Angebot stellt damit eine **Hilfe zur Selbsthilfe** für den betroffenen Elternteil, und damit eine mittelbare Hilfe für das Kind dar. Voraussetzung ist, dass das betroffene **Kind unter sechs Jahre** alt ist und der betroffene Elternteil aufgrund seiner **Persönlichkeitsentwicklung hilfsbedürftig ist**, weil er **emotional, intellektuell und/oder materiell** nicht dazu in der Lage ist, das Leben zu meistern und seiner Erziehungsverantwortung gerecht zu werden. Die Leistung wird in der Praxis häufig im Vorfeld oder während eines Verfahrens nach § 1666 BGB gewährt, um eine Trennung zwischen Eltern und Kind zu vermeiden.

§§ 20 und 26 SGB VIII

Von Abdruck und Kommentierung wird abgesehen.

Vierter Abschnitt
Hilfe zur Erziehung, Eingliederungshilfe für seelisch behinderte Kinder und Jugendliche, Hilfe für junge Volljährige

Erster Unterabschnitt
Hilfe zur Erziehung

§ 27 SGB VIII Hilfe zur Erziehung

(1) Ein Personensorgeberechtigter hat bei der Erziehung eines Kindes oder eines Jugendlichen Anspruch auf Hilfe (Hilfe zur Erziehung), wenn eine dem Wohl des Kindes oder des Jugendlichen entsprechende Erziehung nicht gewährleistet ist und die Hilfe für seine Entwicklung geeignet und notwendig ist.

(2) [1]Hilfe zur Erziehung wird insbesondere nach Maßgabe der §§ 28 bis 35 gewährt. Art und Umfang der Hilfe richten sich nach dem erzieherischen Bedarf im Einzelfall; dabei soll das engere soziale Umfeld des Kindes oder des Jugendlichen einbezogen werden. [2]Die Hilfe ist in der Regel im Inland zu erbringen; sie darf nur dann im Ausland erbracht werden, wenn dies nach Maßgabe der Hilfeplanung zur Erreichung des Hilfezieles im Einzelfall erforderlich ist.

(2a) Ist eine Erziehung des Kindes oder Jugendlichen außerhalb des Elternhauses erforderlich, so entfällt der Anspruch auf Hilfe zur Erziehung nicht dadurch, dass eine andere unterhaltspflichtige Person bereit ist, diese Aufgabe zu übernehmen; die Gewährung von Hilfe zur Erziehung setzt in diesem Fall voraus, dass diese Person bereit und geeignet ist, den Hilfebedarf in Zusammenarbeit mit dem Träger der öffentlichen Jugendhilfe nach Maßgabe der §§ 36 und 37 zu decken.

(3) [1]Hilfe zur Erziehung umfasst insbesondere die Gewährung pädagogischer und damit verbundener therapeutischer Leistungen. [2]Sie soll bei Bedarf Ausbildungs- und Beschäftigungsmaßnahmen im Sinne des § 13 Absatz 2 einschließen.

---

3 BeckOK-Sozialrecht/*Winkler,* § 19 SGB VIII Rn. 18

4 BeckOK-Sozialrecht/*Winkler,* § 19 SGB VIII Rn. 20

(4) Wird ein Kind oder eine Jugendliche während ihres Aufenthaltes in einer Einrichtung oder einer Pflegefamilie selbst Mutter eines Kindes, so umfasst die Hilfe zur Erziehung auch die Unterstützung bei der Pflege und Erziehung dieses Kindes.

Bei den Hilfen zur Erziehung nach §§ 27 ff. SGB VIII handelt es sich um die **klassische Einzelfallhilfe** für Kinder und Jugendliche bei **individuellen Erziehungsdefiziten**. Im familiengerichtlichen Kinderschutzverfahren sind dies die grundsätzlich vorrangigen „öffentlichen Hilfen" nach § 1666a Abs. 1 Satz 1 BGB mit der wohl größten praktischen Relevanz. 1

▶ *Näher zum Vorrang öffentlicher Hilfen siehe Cirullies, § 1666a BGB Rn. 3 ff.*

▶ *Zur Frage, ob auf diese Leistungen ein Anspruch besteht und in welcher Form ein etwaiger Anspruch gerichtlich durchsetzbar ist, vgl. Köhler, Vorbem. SGB VIII Rn. 5 f.*

§ 27 SGB VIII ist die **Grundnorm** für den **individuellen Rechtsanspruch**[1] **auf diese erzieherische Hilfe**. Nichtpädagogische Leistungen, also insbesondere therapeutische Leistungen, fallen nicht unter die Vorschrift, § 27 Abs. 3 Satz 1 SGB VIII. Therapeutische Leistungen medizinischer Art sind von den Krankenkassen gemäß § 27 SGB V zu erbringen und gehen gemäß § 10 Abs. 1 SGB VIII der Jugendhilfe vor.[2] Nach § 27 Abs. 1 SGB VIII besteht ein **Anspruch des Personensorgeberechtigten** (*nicht des Kindes*) auf Hilfe zur Erziehung unter den in Abs. 1 normierten Voraussetzungen **(1. eine dem Wohl des Kindes/Jugendlichen entsprechende Erziehung ist nicht gewährleistet, 2. die Hilfe ist für seine Entwicklung geeignet und 3. diese Hilfe ist auch notwendig)**, wobei sich die **Auswahl der einzelnen Hilfeart nach §§ 28 bis 35** SGB VIII gemäß § 27 Abs. 2 Satz 2 SGB VIII ausschließlich an **pädagogischen Gesichtspunkten** und insbesondere an dem **erzieherischen Bedarf im Einzelfall** orientiert. Es müssen daher bei sämtlichen Erziehungshilfen nach §§ 28 bis 35 SGB VIII zunächst immer die Voraussetzungen der Grundnorm von § 27 SGB VIII erfüllt sein. Sämtliche Erziehungshilfen setzen immer eine **eindeutige Willensbekundung** des/der Personensorgeberechtigten voraus, wobei ein **förmlicher Antrag nicht erforderlich** ist.[3] Die Hilfen werden **nicht von Amts** wegen und **nur im Rahmen der §§ 8a, 42 SGB VIII gegen den Willen der Sorgeberechtigten**[4] gewährt (vgl. näher hierzu *Köhler*, Vorbem. SGB VIII Rn. 6). Das Vorliegen des Einverständnisses des/der Personensorgeberechtigten ist materiell-rechtliche Voraussetzung für die Hilfe zur Erziehung.[5] § 27 SGB VIII ist im Übrigen auch dann anwendbar, wenn Pflegepersonen den vorhandenen erzieherischen Bedarf des Kindes im Einvernehmen mit den Eltern freiwillig decken.[6] 2

▶ *Zur Form des Antrags Köhler, Vorbem. SGB VIII Rn. 6a.*

Anspruchsinhaber ist nach § 27 Abs. 1 SGB VIII **der Personensorgeberechtigte**. Der sozialrechtliche Begriff des Personensorgeberechtigten ist **in § 7 Abs. 1 Nr. 5 SGB VIII** für das gesamte SGB VIII **definiert**[7] und knüpft an die Vorschriften des BGB an. **Maßgeblich** 2a

---

1 Zur Durchsetzung des Anspruchs vor dem VG und zum Beurteilungsspielraum des Jugendamts vgl. FK-SGB VIII/*Tammen/Trenczek,* § 27 Rn. 55 ff.

2 LPK-SGB VIII/*Kunkel/Kepert,* § 27 Rn. 36

3 VGH Mannheim ZKJ 2018, 162 Rn. 12; BVerwG ZKJ 2016, 375 Rn. 36; BayVGH NZFam 2016, 941 Rn. 32; OVG Lüneburg, Beschl. v. 2.8.2013 – 4 LA 112/12, juris; OVG Rheinland-Pfalz JAmt 2012, 606; BVerwG NJW 2002, 232 Rn. 14; Wiesner/*Schmid-Obkirchner,* § 27 SGB VIII Rn. 26; FK-SGB VIII/*Tammen/Trenczek,* § 27 Rn. 44; LPK-SGB VIII/*Kunkel/Kepert,* § 27 Rn. 1; soweit in BVerwG NVwZ-RR 2001, 763 eine Antragstellung vorausgesetzt wird, widerspricht dies nicht der vorgenannten Auffassung, weil im dort behandelten Fall der Personensorgeberechtigte gar nicht an den öffentlichen Träger herangetreten ist, auch nicht mit einer unförmlichen Willensbekundung, und nachträglich Kostenersatz für eine Leistung eines freien Trägers wollte.

4 VG Saarlouis ZKJ 2015, 87

5 LPK-SGB VIII/*Kunkel/Kepert,* § 27 Rn. 1

6 BVerwG ZKJ 2015, 167 mit. Anm. *Wiesner*: Anspruch der Großeltern auf Übernahme der Aufwendungen für die Vollzeitpflege von Enkelkindern

7 BVerwG ZKJ 2018, 392 Rn. 9; BVerwG ZKJ 2017, 322 Rn. 12 = JAmt 2017, 413

für das SGB VIII sind also grundsätzlich **die bürgerlich-rechtlichen Regelungen zur Personensorge**.[8] Personensorgeberechtigt ist danach der allein sorgeberechtigte Elternteil, wenn ihm das Sorgerecht allein zusteht (aufgrund Gesetzes nach § 1626a Abs. 3, § 1678 Abs. 1, § 1680 Abs. 1, Abs. 3 oder nach einer gerichtlichen Entscheidung gemäß § 1671 Abs. 1 bzw. § 1628 BGB). Steht das Sorgerecht beiden Eltern gemeinsam zu, sind sie auch gemeinsam Anspruchsinhaber und müssen beide ihr Einverständnis mit der konkreten Hilfe erklären,[9] wobei Bevollmächtigung eines Elternteils durch den anderen möglich ist, wenn die Bevollmächtigung hinreichend konkret ist und sich auf eine bestimmte Hilfe bezieht.[10]

2b **Weil das bürgerliche Recht maßgeblich ist für die Ausgestaltung des Personenberechtigten nach dem SGB VIII, kann den Eltern das Recht zur Antragstellung nach dem SGB VIII** – bei Vorliegen der Voraussetzungen nach §§ 1666, 1666a BGB – **auch entzogen werden**.[11] Wurde den Eltern (nur) das Aufenthaltsbestimmungsrecht entzogen, bleiben sie anspruchsberechtigt nach § 27 SGB VIII.[12] Auch wenn das Kind in einer Pflegefamilie lebt, sind die Pflegepersonen nicht anspruchsberechtigt nach § 1688 BGB, wenn und solange das bzw. die Elternteile noch Inhaber der Personensorge sind.[13] Wurde die elterliche Sorge als Ganzes auf einen Vormund übertragen, ist allein der **Vormund** Anspruchsinhaber nach § 27 Abs. 1 SGB VIII. Besteht **Ergänzungspflegschaft**, ist maßgeblich, welche Teile der elterlichen Sorge den Eltern entzogen und auf den Ergänzungspfleger übertragen wurden. Wurde das **Recht auf Antragstellung nach dem SGB VIII** bzw. das **Recht auf Inanspruchnahme von Hilfen zur Erziehung**[14] **auf den Ergänzungspfleger übertragen, ist dieser anspruchsberechtigt** und davon ist auch die Mitwirkung im Hilfeplanverfahren nach § 36 SGB VIII umfasst.[15]

3 Die **Reihenfolge der Leistungen untereinander** orientiert sich an der **pädagogischen Intensität** der einzelnen Hilfearten im Hinblick auf den Lebensmittelpunkt des Kindes in der Familie und orientiert sich mithin nach dem Grundsatz der **Verhältnismäßigkeit**. Welche Maßnahme die geeignete und notwendige ist, entscheidet sich aber anhand des konkreten Einzelfalls, ohne dass insoweit eine Rangfolge einzuhalten wäre.[16]

4 Die angebotene Hilfe soll **maßgeschneidert** sein **auf den erzieherischen Bedarf** des Kindes im Einzelfall, wobei das engere soziale Umfeld des Kindes bzw. Jugendlichen einbezogen werden soll, § 27 Abs. 2 Satz 2 SGB VIII. Das gebietet **in der Regel** eine **möglichst wohnortnahe Hilfe im Inland** mit Integration des Herkunftsmilieus in die Hilfegestaltung.[17] Hilfen im Ausland sind daher nur ausnahmsweise unter den besonderen Voraussetzungen des § 27 Abs. 2 Satz 3 Hs. 2 SGB VIII möglich (vgl. auch § 36 Abs. 4 SGB VIII).

▶ *Näher zu Hilfen im Ausland siehe Schweppe, § 45 IntFamRVG Rn. 1 ff.*

---

8 BVerwG ZKJ 2018, 392 Rn. 9
9 VG Augsburg, Urteil v. 25.7.2018 – Au 3 K 15.1892, juris
10 jurisPK-SGB VIII/*Nellissen*, § 27 SGB VIII Rn. 61; *DIJuF*-Rechtsgutachten v. 17.12.2014, JAmt 2015, 33
11 OVG Lüneburg ZKJ 2019, 319 = FamRZ 2019, 1708; BayVGH, Beschl. v. 27.5.2011 – 12 CE 11.893, Rn. 30, juris; BVerwG NJW 2002, 232 = FamRZ 2002, 668; vgl. auch *Westerholt*, ZKJ 2015, 439
12 OVG Bautzen NJW 2008, 3729 = JAmt 2008, 540; BVerwG NJW 2002, 232 = FamRZ 2002, 668
13 LPK-SGB VIII/*Kunkel/Kepert*, § 27 Rn. 22
14 Vgl. BVerwG FamRZ 2002, 668 = NJW 2002, 232
15 *DIJuF*-Rechtsgutachten v. 14.9.2018, JAmt 2018, 453; VGH München, Beschl. v. 1.4.2005 – 12 AE 05.671, Rn. 28, juris; a.A. auch die Mitwirkungsrechte im Verfahren nach § 36 SGB VIII seien zusätzlich zu übertragen: LPK-SGB VIII/*Kunkel/Kepert*, § 27 Rn. 20; FK-SGB VIII/*Tammen/Trenczek*, § 27 Rn. 36; weiter a.A. es sei stets das gesamte Personensorgerecht zu entziehen: Wiesner/*Schmid-Obkirchner*, Vorbemerkung zu § 27 SGB VIII Rn. 42 (diese Ansicht ist wegen des Verhältnismäßigkeitsgrundsatzes, vgl. auch § 1666a BGB, schon verfassungsrechtlich nicht haltbar)
16 MüKo-BGB/*Tillmanns*, § 27 SGB VIII Rn. 6
17 LPK-SGB VIII/*Kunkel/Kepert*, § 27 Rn. 31

§ 28 SGB VIII Erziehungsberatung

[1]Erziehungsberatungsstellen und andere Beratungsdienste und -einrichtungen sollen Kinder, Jugendliche, Eltern und andere Erziehungsberechtigte bei der Klärung und Bewältigung individueller und familienbezogener Probleme und der zugrunde liegenden Faktoren, bei der Lösung von Erziehungsfragen sowie bei Trennung und Scheidung unterstützen. [2]Dabei sollen Fachkräfte verschiedener Fachrichtungen zusammenwirken, die mit unterschiedlichen methodischen Ansätzen vertraut sind.

Die **Erziehungsberatungsstellen** werden nach Satz 1 Kindern, Jugendlichen, Eltern und anderen Erziehungsberechtigten angeboten. Sie sollen diesen Personenkreis bei der Bewältigung **individueller und familienbezogener Probleme** und bei der **Lösung von Erziehungsfragen** sowie bei Trennung und Scheidung unterstützen. Die Erziehungsberatungsstellen sind – verglichen mit den anderen Hilfen zur Erziehung nach §§ 29 bis 35 SGB VIII – ein **niedrigschwelliges Angebot**, da sich die Hilfesuchenden grundsätzlich **unmittelbar an den Beratungsdienst** wenden können, vgl. auch § 36a Abs. 2 Satz 1 SGB VIII.[1] 1

Die Erziehungsberatung nach § 28 unterscheidet sich von der in § 17 SGB VIII geregelten Beratung in Fragen der Partnerschaft, Trennung und Scheidung nach § 17 SGB VIII dadurch, dass sie voraussetzt, dass eine dem **Wohl des Kindes oder Jugendlichen entsprechende Erziehung bereits nicht mehr gewährleistet** ist (§ 27 Abs. 1 SGB VIII), also bereits ein Erziehungsdefizit eingetreten ist. Nach § 28 Satz 2 SGB VIII sollen bei der Beratung Fachkräfte **verschiedener Fachrichtungen (sog. Interdisziplinarität)** zusammenwirken, die mit unterschiedlichen methodischen Ansätzen vertraut sind. 2

§ 29 SGB VIII Soziale Gruppenarbeit

[1]Die Teilnahme an sozialer Gruppenarbeit soll älteren Kindern und Jugendlichen bei der Überwindung von Entwicklungsschwierigkeiten und Verhaltensproblemen helfen. [2]Soziale Gruppenarbeit soll auf der Grundlage eines gruppenpädagogischen Konzepts die Entwicklung älterer Kinder und Jugendlicher durch soziales Lernen in der Gruppe fördern.

Die soziale Gruppenarbeit folgt einem **gruppenpädagogischen Ansatz** und ist **für ältere Kinder und Jugendliche** gedacht, bei denen ein **soziales Fehlverhalten** therapiert werden soll. **Voraussetzung** ist, dass ein **Verbleib in der Familie noch möglich**, das familiäre Beziehungsnetz also noch ausreichend tragfähig ist.[1] Die Hilfe ist auf Jugendliche ausgerichtet, die in Entwicklungsschwierigkeiten oder Krisen stecken und durch **problematische Verhaltensweisen** – häufig delinquentes, aggressives, aber auch regressives Verhalten – auffallen.[2] Im Unterschied etwa zum Erziehungsbeistand wirkt die soziale Gruppenarbeit weniger in das familiäre Umfeld des Jugendlichen ein.[3] 1

Nach § 10 Abs. 1 Satz 3 Nr. 6 JGG kann der Jugendrichter einem straffälligen Jugendlichen die Weisung auferlegen, an einem sozialen Trainingskurs teilzunehmen. § 29 SGB VIII ermöglicht den Einsatz dieser sozialen Gruppenarbeit auch für nichtstraffällige Jugendliche und ältere Kinder mit entsprechenden Entwicklungsproblemen.[4] 2

1 FK-SGB VIII/*Struck*, § 28 Rn. 18
1 FK-SGB VIII/*Struck/Trenczek*, § 29 Rn. 5
2 LPK-SGB VIII/*Kunkel/Kepert*, § 29 Rn. 1
3 FK-SGB VIII/*Struck/Trenczek*, § 29 Rn. 5
4 Vgl. ausführlich *Drewniak/Höynck*, ZfJ 1998, 487

§ 30 SGB VIII Erziehungsbeistand, Betreuungshelfer

Der Erziehungsbeistand und der Betreuungshelfer sollen das Kind oder den Jugendlichen bei der Bewältigung von Entwicklungsproblemen möglichst unter Einbeziehung des sozialen Umfelds unterstützen und unter Erhaltung des Lebensbezugs zur Familie seine Verselbständigung fördern.

1 Der Erziehungsbeistand[1] (vgl. auch § 12 Nr. 1 JGG) oder der Betreuungshelfer (i.S.d. § 10 Abs. 1 Satz 3 Nr. 5 JGG) wird von Fachkräften der freien oder öffentlichen Jugendhilfe gestellt und soll mit dem (da ein gewisses Reflexionsvermögen vorausgesetzt wird, regelmäßig älteren, in Einzelfällen auch jüngeren[2]) Kind bzw. dem Jugendlichen **zusammen in dessen gewohnter Umgebung** versuchen, **unterstützende Hilfen bei der Bewältigung von Entwicklungsproblemen mit dem Ziel der Verselbständigung** des Minderjährigen zu geben. Anders als die sozialpädagogische Familienhilfe gemäß § 31 SGB VIII, die stärker mit der Familie insgesamt arbeitet, ist die Unterstützung gemäß § 30 SGB VIII hauptsächlich auf das Kind/den Jugendlichen ausgerichtet.[3]

2 In der Praxis hat die Erziehungsbeistandschaft als **ambulante Hilfe** zunehmend an Bedeutung gewonnen. Dabei soll das soziale Umfeld des jungen Menschen miteinbezogen werden, wobei der Einsatz einer erfahrenen Fachkraft angesichts der Intensität der Leistung gefordert wird.[4] Erziehungsbeistandschaften sind meist auf **längere Zeiträume** von ein bis drei Jahren angelegt.[5]

§ 31 SGB VIII Sozialpädagogische Familienhilfe

[1]Sozialpädagogische Familienhilfe soll durch intensive Betreuung und Begleitung Familien in ihren Erziehungsaufgaben, bei der Bewältigung von Alltagsproblemen, der Lösung von Konflikten und Krisen sowie im Kontakt mit Ämtern und Institutionen unterstützen und Hilfe zur Selbsthilfe geben. [2]Sie ist in der Regel auf längere Dauer angelegt und erfordert die Mitarbeit der Familie.

1 Die sozialpädagogische Familienhilfe (SPFH) ist die im familiengerichtlichen Verfahren vorkommende häufigste Form der ambulanten Hilfe innerhalb einer Familie.[1] Die SPFH ist die **intensivste Form der ambulanten Hilfe**.[2] **Ziel** der Regelung ist es, unter aktiver Mitarbeit der Familie **Hilfe zur Selbsthilfe** zu geben, **um eine Fremdunterbringung der Kinder** außerhalb der Familie **zu vermeiden**.[3] SPFH wird häufig von Mitarbeitern freier Träger erbracht und bezieht die gesamte Familie mit ihrer Gesamtheit von Problemen und Konflikten, unabhängig vom Alter der Kinder, mit ein.[4] Sie wurde beispielsweise im Jahr 2018 in insgesamt 126.025 Fällen eingesetzt, ein Anstieg um 5,1 % im Vergleich zum Vorjahr.[5]

2 Mit der SPFH soll der Familie die **Rückgewinnung der Fähigkeit zur Problemlösung** und zur **Alltagsbewältigung** einschließlich der **Unterstützung bei Kontakten zu Ämtern und Behörden** ermöglicht werden. Das setzt in den meisten Fällen die **Bereitschaft**

---

1 Ausführlich mit statistischem Material *Menne*, JAmt 2019, 64
2 VG Aachen BeckRS 2015, 41514
3 LPK-SGB VIII/*Kunkel/Kepert,* § 30 Rn. 7; FK-SGB VIII/*Struck/Trenczek,* § 30 Rn. 5
4 *DIJuF*-Rechtsgutachten JAmt 2005, 15; FK-SGB VIII/*Struck/Trenczek,* § 30 Rn. 7
5 FK-SGB VIII/*Struck/Trenczek,* § 30 Rn. 7; LPK-SGB VIII/*Kunkel/Kepert,* § 30 Rn. 9
1 Ausführlich: *Leeb/Weber*, JAmt 2014, 71
2 LPK-SGB VIII/*Frings/Kunkel,* § 31 Rn. 1
3 LPK-SGB VIII/*Frings/Kunkel,* § 31 Rn. 2
4 jurisPK-SGB VIII/*Nellissen*, § 31 Rn. 14
5 Quelle: www.destatis.de/DE/Themen/Gesellschaft-Umwelt/Soziales/Kinderhilfe-Jugendhilfe/Tabellen/hilfen-erziehung-jungevolljaehrige.html (Zugriff: 15.1.2020)

der Familienmitglieder zur Mitarbeit (vgl. Satz 2) und damit ein gewisses Vertrauensverhältnis zwischen Familie und Helfer voraus, was häufig auch dadurch beeinträchtigt wird, dass der Familienhelfer auch als „Kontrolleur" für die Seite des Jugendamtes wahrgenommen wird.[6] Eine inzidente **Kontrolle der Familie** ist letztlich Ausfluss der in § 8a SGB VIII normierten Schutzpflicht des staatlichen Wächteramts, **Kontrolle kann** aber **nicht alleiniges Ziel einer Familienhilfe sein**.[7] Mittels einer Leistung nach dem SGB VIIII kann eine Familie nicht überwacht und ausgeforscht werden; insoweit bestehen keine rechtlichen Befugnisse zur Anordnung einer „aufsuchenden Hilfe mit Kontrollauftrag"[8] Die **Eignung** einer SPFH ist **nur dann** gegeben, wenn in der Familie eine **defizitäre Erziehungssituation der Kinder** gegeben ist und die SPFH diese Defizite mit der Familie voraussichtlich abmildern oder beheben kann. Schwerpunkte der Hilfen können etwa sein Grundlagen des Zusammenlebens (Kommunikationsstruktur, Problemlösungsverhalten, Umgang mit Streit und Konflikten, Rollenverteilung, Kindererziehung) oder Unterstützung und Vernetzung der Familie bei Antragstellung für staatliche Leistungen und bei Kontakten zu Schulen sowie schulischen Unterstützungsangeboten der Kinder.[9] Die in Satz 1 genannte lebenspraktische Unterstützung (Kontakt mit Ämtern und Institutionen) dient nach der gesetzgeberischen Intention nur dazu, Bedingungen einer kindeswohlgerechten Versorgung und Erziehung zu gewährleisten.[10] Familien, die als dauerhaft überfordert gelten und bei denen die SPFH schon lange Zeit ohne nennenswerte Erfolge besteht, kommen eher nicht für eine weitere Bewilligung oder Fortführung dieser Hilfeform in Betracht.[11]

Die sozialpädagogische Familienhilfe ist insoweit **kein „Allheilmittel"**, dass immer als geeignetes Mittel i.S.d. Verhältnismäßigkeitsgrundsatzes dazu in der Lage wäre, Kindeswohlgefährdungen i.S.d. §§1666, 1666a BGB abzuwenden. Ein Vertrauensverhältnis der Familienhelfer zur Familie und eine freiwillige und auf Einsicht in die eigenen Defizite beruhende Mitarbeit der Familie entstehen selten dadurch, dass die Eltern in einem familiengerichtlichen Verfahren zur Akzeptanz einer SPFH mittels Anordnung des Familiengerichts gemäß § 1666 Abs. 3 Nr. 1 BGB gezwungen werden, weshalb es auch kritische Stimmen bezüglich solcher Anordnungen gibt.[12] Als regelmäßiger Zeitraum für diese Hilfeform werden ein bis zwei Jahre veranschlagt,[13] wobei ein nicht unerheblicher Teil der Hilfen über zwei Jahre hinausgeht.[14] Die wöchentliche Arbeitszeit der Fachkraft beträgt je nach Bedarf und Einzelfall zwischen fünf und 20 Stunden.[15] Als beruflicher Hintergrund der eingesetzten Fachkräfte ist im Regelfall ein sozialpädagogisches Studium erforderlich.[16] **3**

Im Rahmen der SPFH lernen die Helfer die Familie in ihrer Privatsphäre sehr intensiv kennen. Daher kommt dem **Datenschutz** im Rahmen dieser Hilfe zur Erziehung eine besondere Bedeutung zu. Die grundsätzliche datenschutzrechtliche Vorschrift für anvertraute Sozialdaten ist § 65 SGB VIII. Für den Datenschutz darf es keine Rolle spielen, ob die SPFH bei einem öffentlichen oder freien Träger angesiedelt ist.[17] Ist das **Wohl eines Kindes gefährdet**, muss der Datenschutz zurückstehen und die Mitarbeiter **sind befugt**, ggf. ver- **4**

6 *Vgl. Wiesner/Schmid-Obkirchner,* § 31 SGB VIII Rn. 4 f.
7 OLG Karlsruhe FamRZ 2019, 1429 = ZKJ 2019, 33 (LS); LPK-SGB VIII/*Frings/Kunkel,* § 31 Rn. 26; *Frings*, JAmt 2008, 461; instruktiv *Kepert*, Sozialrecht aktuell 2019, 104, 108 f.
8 *Kepert*, Sozialrecht aktuell 2019, 104, 109, der sich zu Recht kritisch mit der Entscheidung BGH NJW 2019, 1435 auseinandersetzt
9 Wiesner/*Schmid-Obkirchner,* § 31 SGB VIII Rn. 11
10 BeckOGK/*Bohnert*, § 31 SGB VIII Rn. 16
11 OVG Lüneburg JAmt 2010, 444, nimmt bei einem Zeitraum ab fünf Jahren eine Zweckverfehlung der Hilfe an
12 LPK-SGB VIII/*Frings/Kunkel,* § 31 Rn. 12
13 LPK-SGB VIII/*Frings/Kunkel,* § 31 Rn. 10
14 FK-SGB VIII/*Struck,* § 31 Rn. 4: im Jahr 2010 20%
15 FK-SGB VIII/*Struck,* § 31 Rn. 10; Wiesner/*Schmid-Obkirchner,* § 31 SGB VIII Rn. 18
16 FK-SGB VIII/*Struck,* § 31 Rn. 11: Erzieher nur mit Einschränkung
17 LPK-SGB VIII/*Frings/Kunkel,* § 31 Rn. 24

pflichtet **zur Übermittlung der Sozialdaten**, § 65 Abs. 1 Satz 1 Nr. 4 SGB VIII. Der freie Träger hat eine gesetzliche Befugnis zur Weiterleitung aber nur an den öffentlichen Träger, nicht direkt an das Familiengericht.[18]

▶ *Näher zum Datenschutz siehe Köhler, §§ 61 bis 68 SGB VIII Rn. 1 ff.*

§ 32 SGB VIII Erziehung in einer Tagesgruppe

[1]Hilfe zur Erziehung in einer Tagesgruppe soll die Entwicklung des Kindes oder des Jugendlichen durch soziales Lernen in der Gruppe, Begleitung der schulischen Förderung und Elternarbeit unterstützen und dadurch den Verbleib des Kindes oder des Jugendlichen in seiner Familie sichern. [2]Die Hilfe kann auch in geeigneten Formen der Familienpflege geleistet werden.

1 Nach Satz 1 ist es Ziel der Leistung, die Entwicklung des Kindes oder Jugendlichen **in einer Tagesgruppe** durch 1. soziales Lernen in der Gruppe, 2. Begleitung der schulischen Förderung und 3. Elternarbeit zu unterstützen („Drei-Komponenten-Hilfe"[1]) und dadurch den Verbleib des Kindes in seiner Familie zu sichern, wobei Satz 2 die Hilfe auch für geeignete Formen der Familienpflege eröffnet. Es handelt sich insoweit um eine **teilstationäre** Maßnahme i.S.d. § 91 Abs. 2 SGB VIII an der Schnittstelle zwischen ambulanten und stationären Hilfen, die es belasteten Familien **ermöglichen soll**, eine **Trennung des Kindes mittels Fremdplatzierung** im Rahmen von stationären Hilfen nach §§ 33, 34 SGB VIII **zu vermeiden**.[2]

2 In Betracht kommen Familien, bei denen nicht gewährleistet ist, dass Minderjährige ausreichend versorgt werden oder Kinder oder Jugendliche wegen Verhaltensauffälligkeiten oder Lernschwächen oder anderen Benachteiligungen regelmäßig in konstant besetzten Gruppen betreut werden müssen. Die Leistung der Hilfe im Bereich der Familienpflege gemäß Satz 2 erscheint deplatziert, weil in einer Pflegefamilie das Merkmal „durch soziales Lernen in der Gruppe" kaum verwirklicht werden kann.[3] Praktisch kommt eine Hilfe gemäß § 32 SGB VIII in einer Pflegefamilie auch äußerst selten vor.[4]

§ 33 SGB VIII Vollzeitpflege

[1]Hilfe zur Erziehung in Vollzeitpflege soll entsprechend dem Alter und Entwicklungsstand des Kindes oder des Jugendlichen und seinen persönlichen Bindungen sowie den Möglichkeiten der Verbesserung der Erziehungsbedingungen in der Herkunftsfamilie Kindern und Jugendlichen in einer anderen Familie eine zeitlich befristete Erziehungshilfe oder eine auf Dauer angelegte Lebensform bieten. [2]Für besonders entwicklungsbeeinträchtigte Kinder und Jugendliche sind geeignete Formen der Familienpflege zu schaffen und auszubauen.

1 § 33 SGB VIII regelt die **stationäre Unterbringung** des Kindes **in Vollzeitpflege**, also in einer Pflegefamilie **außerhalb der leiblichen Familie**. Sie kann nach § 33 Satz 1 SGB VIII **zeitlich befristet** sein, aber auch **auf Dauer** angelegt sein. Zum 31.12.2017 lebten in Deutschland 74.969 minderjährige Kinder in Vollzeitpflege in einer anderen Familie, davon

---

18 *Kepert*, Sozialrecht aktuell 2019, 104, 110
1 LPK-SGB VIII/*Kunkel/Kepert*, § 32 Rn. 1
2 FK-SGB VIII/*Struck*, § 32 SGB VIII Rn. 13
3 Wiesner/*Schmid-Obkirchner*, § 32 SGB VIII Rn. 14
4 FK-SGB VIII/*Struck*, § 32 SGB VIII Rn. 15

19.829 in Verwandtenpflege; das Verhältnis von Jungen zu Mädchen in Vollzeitpflege betrug 52,3% zu 47,7%.[1]

Dem Jugendamt obliegt es dabei, die **Eignung der Pflegeperson** sicherzustellen. Die Pflegeperson ist in § 44 Abs. 1 Satz 1 SGB VIII legal definiert als Person, die ein Kind oder einen Jugendlichen über Tag und Nacht in seinem Haushalt aufnehmen will. Im Rahmen der Prüfung der Eignung durch das Jugendamt ist ggf. vorher unter den Voraussetzungen von § 44 Abs. 1 SGB VIII eine Pflegeerlaubnis zu erteilen. Sowohl Eltern als auch Kind sind an der Auswahl der Pflegestelle zu beteiligen, die stets **außerhalb des Elternhauses** (vgl. § 27 Abs. 2a, § 39 Abs. 1 Satz 1 SGB VIII), bei entsprechender Eignung auch bei Verwandten des Kindes (z.B. Großeltern)[2] oder bei seinem Vormund einzurichten ist. Wegen der **besonderen Schutzbedürftigkeit** von Pflegekindern, wie dies auch in Art. 20 Abs. 1 der **UN-Konvention über die Rechte des Kindes** als Recht des Pflegekindes und als staatlicher Schutzauftrag verlangt wird, kommen gerade **Auswahl und Überwachung der Pflegeperson** durch den öffentlichen Träger der Kinder- und Jugendhilfe (§§ 44 ff. SGB VIII) entscheidende Bedeutung zu. Versäumnisse hierbei können, wie verschiedene medienwirksame Fälle zeigen,[3] dramatische Folgen für betroffene Pflegekinder haben. 2

Die Vollzeitpflege zählt neben der Heimerziehung (§ 34 SGB VIII) zum klassischen Hilfeinstrumentarium der staatlichen Jugendfürsorge. Sie kommt vor allem in Betracht, wenn Eltern elementare Erziehungs- und Versorgungsaufgaben nicht mehr wahrnehmen können und deswegen Kinder nicht mehr länger im Haushalt ihrer Eltern verbleiben können. Die Frage der **Erlaubnispflicht und der Berichtspflicht** gegenüber dem Jugendamt ist in § 44 SGB VIII geregelt. In der Regel keine Vollzeitpflege i.S.d. § 33 SGB VIII, sondern Bestandteil einer Inobhutnahme ist eine Bereitschaftspflegestelle.[4] 3

2017 wurden 69.575 Hilfen in Form von § 33 SGB VIII für Minderjährige gewährt.[5]

Die nicht sorgeberechtigten **Pflegeeltern** sind im Falle der Beendigung der Vollzeitpflege durch Herausnahme der Kinder aus ihrer Pflegefamilie[6] nicht gemäß § 42 Abs. 2 VwGO gegen das Jugendamt **klagebefugt**, da ihnen im Verhältnis zum Jugendamt kein subjektives öffentliches Recht zusteht.[7] Rechtsschutz besteht hier nur vor dem Familiengericht im Rahmen der Prüfung einer Verbleibensanordnung nach § 1632 Abs. 4 BGB. 4

Lebt das Kind für längere Zeit in Familienpflege, haben die Pflegeeltern kraft gesetzlicher Anordnung gewisse Entscheidungsbefugnisse gemäß § 1688 BGB. Das Jugendhilferecht kennt auch die Möglichkeit des Dauerpflegeverhältnisses (§ 33 Satz 1 SGB VIII, § 37 Abs. 1 Satz 4 SGB VIII), während das Familienrecht grundsätzlich von einer nur vorübergehenden Situation für das Kind bis zur Rückkehr in die leibliche Familie ausgeht (Pflegekindschafts- 4a

1 www.destatis.de/DE/Themen/Gesellschaft-Umwelt/Soziales/Kinderhilfe-Jugendhilfe/Publikationen/Downloads-Kinder-und-Jugendhilfe/erzieherische-hilfe-5225112177004.pdf?__blob=publicationFile&v=5 (Zugriff: 15.1.2020)

2 BVerwG FamRZ 1997, 814; vgl. Einzelheiten zur Auswahl bei LPK-SGB VIII/*Kunkel/Kepert,* § 33 Rn. 3 ff.

3 Vgl. zum Fall Chantal in Hamburg: *Salgo,* ZKJ 2013, 150; *Gläss,* JAmt 2013, 174; zum Missbrauch auf einem Campingplatz in Lügde: „Nach Lügde: Wie werden Pflegeeltern ausgesucht?", WDR v. 9.2.2019, www1.wdr.de/nachrichten/pflegeeltern-100.html (Zugriff: 15.1.2020)

4 VG Ansbach BeckRS 2007, 34323; LPK-SGB VIII/*Kunkel/Kepert,* § 33 Rn.7; differenzierend: mit Zustimmung der Eltern Vorform der Vollzeitpflege Hauck/Noftz/*Stähr,* § 33 SGB VIII Rn. 19

5 www.destatis.de/DE/Themen/Gesellschaft-Umwelt/Soziales/Kinderhilfe-Jugendhilfe/Publikationen/Downloads-Kinder-und-Jugendhilfe/erzieherische-hilfe-5225112177004.pdf?__blob=publicationFile&v=5 (Zugriff: 15.1.2020)

6 Zum psychologischen Hintergrund, der Notwendigkeit von Kontinuität und Stabilität der Lebensbeziehungen des Kindes sowie dem Konfliktpunkt dauerhafter Verbleibensperspektive in der Pflegefamilie vs. Rückkehr in die Herkunftsfamilie vgl. *Balloff,* NZFam 2014, 769

7 OVG Lüneburg FamRZ 2015, 367; OVG Niedersachsen BecKRS 2014, 54314; BayVGH NJW 2014, 715

verhältnisse sind institutionell auf Zeit angelegt).[8] Gesetzliche Reformbestrebungen in der 18. Legislaturperiode, wonach eine Verbleibensanordnung nach § 1632 Abs. 4 BGB auch auf Dauer möglich sein sollte,[9] scheiterten. Die Annahme einer nur auf Zeit angelegten Inpflegenahme eines Kindes wird von den tatsächlichen Rückkehrzahlen in die leibliche Familie nicht gedeckt.[10] Auch familienrechtlich ist eine **unbefristete Verbleibensanordnung** dann möglich, wenn eine Rückkehr der Kinder zu ihren leiblichen Eltern nicht absehbar ist.[11]

▶ *Zur Verbleibensanordnung siehe Fink, Kommentierung zu § 1632 BGB*

▶ *Zur Rechtsstellung der Pflegeeltern in Kindschaftsverfahren siehe Heilmann, § 161 FamFG Rn. 1 ff.*

▶ *Zur Beteiligtenstellung der Pflegeeltern in Kindschaftsverfahren siehe Köhler, § 7 FamFG Rn. 14, 16 ff.*

§ 34 SGB VIII Heimerziehung, sonstige betreute Wohnform

[1]Hilfe zur Erziehung in einer Einrichtung über Tag und Nacht (Heimerziehung) oder in einer sonstigen betreuten Wohnform soll Kinder und Jugendliche durch eine Verbindung von Alltagserleben mit pädagogischen und therapeutischen Angeboten in ihrer Entwicklung fördern. [2]Sie soll entsprechend dem Alter und Entwicklungsstand des Kindes oder des Jugendlichen sowie den Möglichkeiten der Verbesserung der Erziehungsbedingungen in der Herkunftsfamilie

1. **eine Rückkehr in die Familie zu erreichen versuchen oder**
2. **die Erziehung in einer anderen Familie vorbereiten oder**
3. **eine auf längere Zeit angelegte Lebensform bieten und auf ein selbständiges Leben vorbereiten.**

[3]Jugendliche sollen in Fragen der Ausbildung und Beschäftigung sowie der allgemeinen Lebensführung beraten und unterstützt werden.

1 **Heimerziehung** ist nach § 34 Satz 1 SGB VIII die Hilfe zur ganztägigen, **vollstationär**en Erziehung in einer Einrichtung oder in einer sonstigen betreuten Wohnform. Mit dem Begriff „sonstige betreute Wohnform" wird zum Ausdruck gebracht, dass nach heutigem Verständnis neben klassischen Kinderheimen auch z.B. kleine Wohneinheiten, wie pädagogisch betreute Jugendwohngemeinschaften, aber auch sog. betreutes Einzelwohnen, in denen sozialpädagogische Fachkräfte mit dem zu betreuenden Kind zusammenleben, erfasst sind.[1]

2 Die Unterbringung in einer Einrichtung schließt **nicht** automatisch die **Befugnis zu freiheitsentziehenden Maßnahmen** ein, dazu bedarf es vielmehr auch im Rahmen von § 34 SGB VIIII einer familiengerichtlichen Genehmigung gemäß § 1631b BGB.[2]

3 Heimerziehung und sonstige betreute Wohnformen sollen – wie auch Leistungen nach §§ 32, 33 SGB VIII – die Erziehungsbedingungen in der Herkunftsfamilie verbessern und

8 BVerfG FamRZ 2006, 1593; EGMR FamRZ 2005, 585; zur Kritik an der Divergenz zwischen Jugendhilfe- und Familienrecht auch *Lack*, Anm. zu BGH NJW 2017, 472

9 Geplanter § 1632 Abs. 4 Satz 2 BGB, BT-Drucks. 18/12330, 28

10 BMFSFJ, Pflegefamilien als soziale Familien, ihre rechtliche Anerkennung und aktuelle Herausforderungen, S. 30, www.bmfsfj.de/blob/76080/882dd907f94fd183472d6cac5dbcd0ee/gutachten-pflegefamilien-beirat-data.pdf (Zugriff: 15.1.2020); BeckOGK/*Schwedler*, § 1688 BGB Rn. 27

11 OLG Saarbrücken NZFam 2015, 1076; OLG Frankfurt ZKJ 2014, 292 = FamRZ 2014, 1787

1 MüKo-BGB/*Tillmanns*, § 34 SGB VIII Rn. 1

2 LPK-SGB VIII/*Nonninger*, § 34 Rn. 35; MüKo-BGB/*Tillmanns*, § 34 SGB VIII Rn. 1

eine **Rückkehr des Kindes oder des Jugendlichen in die Familie ermöglichen**, vgl. § 34 Satz 1 Nr. 1 SGB VIII. Die Hilfe muss insoweit allerdings so gestaltet werden, dass diese sog. **Rückführoption** nur innerhalb eines **für das Kind vertretbaren Zeitraums** aufrechterhalten wird (§ 37 SGB VIII). Vor und während einer langfristig zu leistenden Hilfe hat das Jugendamt zu prüfen, ob eine Annahmeoption besteht (§ 36 Abs. 1 Satz 2 SGB VIII). Andererseits kann dadurch auch die Erziehung in einer anderen (Pflege-) Familie vorbereitet (Satz 1 Nr. 2) oder – bei älteren Minderjährigen – die Heimerziehung als auf **längere Zeit angelegte Lebensform** bis zur Verselbstständigung des Jugendlichen angeboten werden (Satz 1 Nr. 3). Dies soll durch eine Verbindung von Alltagserlebnissen und pädagogischen und therapeutischen Angeboten erreicht werden. Nach Satz 2 sollen die Kinder und Jugendlichen bei der Ausbildung, Beschäftigung und der allgemeinen Lebensführung unterstützt werden.

Heimerziehung ist zum einen veranlasst für (dem Kleinkindalter entwachsene) Kinder und 4
Jugendliche, deren **erzieherischer Bedarf** (§ 27 SGB VIII) im Elternhaus oder in anderen Familien (insbesondere Pflegefamilien) **nicht gedeckt werden kann**. Im Regelfall sind solche Kinder und Jugendlichen so stark belastet, eingeschränkt und überfordert, dass sie in einer professionell organisierten Umgebung und in der Gruppe leben müssen.[3] Mithin kommt Heimerziehung besonders bei Kindern in Betracht, die hochgradig verhaltensauffällig sind,[4] was bedingt sein kann durch Misshandlung, Vernachlässigung oder hohes familiäres Konfliktniveau. Zum anderen wird Heimerziehung in der Praxis auch dann gewährt, wenn Pflegefamilien nicht in ausreichender Zahl zur Verfügung stehen.

2017 wurden 72.103 Hilfen in Form von § 34 SGB VIII für Minderjährige gewährt.[5]

§ 35 SGB VIII Intensive sozialpädagogische Einzelbetreuung

[1]Intensive sozialpädagogische Einzelbetreuung soll Jugendlichen gewährt werden, die einer intensiven Unterstützung zur sozialen Integration und zu einer eigenverantwortlichen Lebensführung bedürfen. [2]Die Hilfe ist in der Regel auf längere Zeit angelegt und soll den individuellen Bedürfnissen des Jugendlichen Rechnung tragen.

Die intensive sozialpädagogische Einzelbetreuung ist beschränkt auf **Jugendliche** i.S.d. 1
§ 7 Abs. 1 Nr. 2 SGB VIII. Sie soll diesen ermöglichen, eine **eigenverantwortliche Lebensführung** zu realisieren. Als typischer Adressatenkreis sind besonders gefährdete, ggf. auch strafrechtlich auffällige Jugendliche aus der **Prostituierten-, Drogen- und Obdachlosenszene** zu nennen,[1] die sich anderen Hilfsangeboten entziehen, weil sie nicht gemeinschaftsfähig sind[2] oder weil sie die Arbeit mit anderen, weniger stark betroffenen Kindern und Jugendlichen gefährden könnten.[3]

Die Betreuung ist sehr stark auf die **individuellen Bedürfnisse** der betroffenen Jugendli- 2
chen ausgerichtet und kann sich im Einzelfall zu einer **„Rund-um-die-Uhr-Betreuung"** entwickeln.[4] Die Tätigkeit des Einzelbetreuers ist vielfältig und auf die jeweiligen Bedürf-

3 MüKo-BGB/*Tillmanns*, § 34 SGB VIII Rn. 3
4 FK-SGB VIII/*Struck*/*Trenczek*, § 34 Rn. 13
5 www.destatis.de/DE/Themen/Gesellschaft-Umwelt/Soziales/Kinderhilfe-Jugendhilfe/Publikationen/Downloads-Kinder-und-Jugendhilfe/erzieherische-hilfe-5225112177004.pdf?__blob=publicationFile&v=5 (Zugriff: 15.1.2020)

1 BT-Drucks. 11/5948, 72
2 VG München, Urteil v. 6.11.2013 – M 18 K 12.357, juris; *Klawe*, JAmt 2011, 186
3 BeckOGK/*Bohnert*, § 35 SGB VIII Rn. 3
4 MüKo-BGB/*Tillmanns*, § 35 SGB VIII Rn. 31

nisse des Jugendlichen abgestellt, sie umfasst etwa die Beschaffung von Wohn- oder Schlafmöglichkeiten, die Vermittlung von Schul- oder Berufsausbildung oder finanzieller oder ärztlicher Hilfen.

2017 wurden 795 Hilfen in Form von § 35 SGB VIII für Minderjährige gewährt.[5]

§ 35a SGB VIII

Von Abdruck und Kommentierung wird abgesehen.

Dritter Unterabschnitt
Gemeinsame Vorschriften für die Hilfe zur Erziehung und die Eingliederungshilfe für seelisch behinderte Kinder und Jugendliche

§ 36 SGB VIII Mitwirkung, Hilfeplan

(1) [1]Der Personensorgeberechtigte und das Kind oder der Jugendliche sind vor der Entscheidung über die Inanspruchnahme einer Hilfe und vor einer notwendigen Änderung von Art und Umfang der Hilfe zu beraten und auf die möglichen Folgen für die Entwicklung des Kindes oder des Jugendlichen hinzuweisen. [2]Vor und während einer langfristig zu leistenden Hilfe außerhalb der eigenen Familie ist zu prüfen, ob die Annahme als Kind in Betracht kommt. [3]Ist Hilfe außerhalb der eigenen Familie erforderlich, so sind die in Satz 1 genannten Personen bei der Auswahl der Einrichtung oder der Pflegestelle zu beteiligen. [4]Der Wahl und den Wünschen ist zu entsprechen, sofern sie nicht mit unverhältnismäßigen Mehrkosten verbunden sind. [5]Wünschen die in Satz 1 genannten Personen die Erbringung einer in § 78a genannten Leistung in einer Einrichtung, mit deren Träger keine Vereinbarungen nach § 78b bestehen, so soll der Wahl nur entsprochen werden, wenn die Erbringung der Leistung in dieser Einrichtung nach Maßgabe des Hilfeplans nach Absatz 2 geboten ist.

(2) [1]Die Entscheidung über die im Einzelfall angezeigte Hilfeart soll, wenn Hilfe voraussichtlich für längere Zeit zu leisten ist, im Zusammenwirken mehrerer Fachkräfte getroffen werden. [2]Als Grundlage für die Ausgestaltung der Hilfe sollen sie zusammen mit dem Personensorgeberechtigten und dem Kind oder dem Jugendlichen einen Hilfeplan aufstellen, der Feststellungen über den Bedarf, die zu gewährende Art der Hilfe sowie die notwendigen Leistungen enthält; sie sollen regelmäßig prüfen, ob die gewählte Hilfeart weiterhin geeignet und notwendig ist. [3]Werden bei der Durchführung der Hilfe andere Personen, Dienste oder Einrichtungen tätig, so sind sie oder deren Mitarbeiter an der Aufstellung des Hilfeplans und seiner Überprüfung zu beteiligen. [4]Erscheinen Maßnahmen der beruflichen Eingliederung erforderlich, so sollen auch die für die Eingliederung zuständigen Stellen beteiligt werden.

(3) Erscheinen Hilfen nach § 35a erforderlich, so soll bei der Aufstellung und Änderung des Hilfeplans sowie bei der Durchführung der Hilfe die Person, die eine Stellungnahme nach § 35a Absatz 1a abgegeben hat, beteiligt werden.

(4) Vor einer Entscheidung über die Gewährung einer Hilfe, die ganz oder teilweise im Ausland erbracht wird, soll zur Feststellung einer seelischen Störung mit Krankheitswert die Stellungnahme einer in § 35a Absatz 1a Satz 1 genannten Person eingeholt werden.

1 § 36 SGB VIII regelt die Mitwirkung und Mitgestaltung erzieherischer Hilfen durch betroffene Kinder, Jugendliche und deren **Personensorgeberechtigte**. Weil eine Vielzahl der jugendhilferechtlichen Vorschriften auf Hilfe zur Selbsthilfe abzielt und zunächst eigene

---

5 www.destatis.de/DE/Themen/Gesellschaft-Umwelt/Soziales/Kinderhilfe-Jugendhilfe/Publikationen/Downloads-Kinder-und-Jugendhilfe/erzieherische-hilfe-5225112177004.pdf?__blob=publicationFile&v=5 (Zugriff: 15.1.2020)

Ressourcen der Familienmitglieder entdeckt und aktiviert werden sollen, ist die Mitwirkung und Mitgestaltung der Hilfen durch die Betroffenen hier gesetzlich geregelt. Abs. 1 Satz 1 sieht vor Inanspruchnahme einer Erziehungshilfe eine **Beratung** des Minderjährigen und der Personensorgeberechtigten vor. Vor der Gewährung von langfristigen Hilfen ist nach Abs. 1 Satz 2 zu prüfen, ob nicht eine Adoption des Kindes in Betracht kommt. Bei der **Auswahl der Einrichtung und einer Pflegestelle** sind die betroffenen Minderjährigen und Sorgeberechtigten ebenfalls nach Abs. 1 Satz 3 zu beteiligen; ihren Wünschen ist nach Satz 4 zu entsprechen, soweit sie nicht mit unverhältnismäßigen Mehrkosten verbunden sind. **Ziel** des partizipatorischen Gestaltungsprozesses **der Hilfeplanung** ist, eine **gemeinsame Sichtweise** zur Geeignetheit und Notwendigkeit konkreter Hilfen zu erreichen, **um gemeinsame Zielsetzungen** für die für notwendig erachtete Hilfe **absprechen zu können**.[1]

Nicht im Gesetz geregelt ist die Frage, ob die **Eltern** betroffener Kinder auch dann am **Hilfeplanverfahren zu beteiligen** sind, wenn sie entweder in Folge vorangegangenen Sorgerechtsentzug **nicht mehr personensorgeberechtigt** sind oder bei alleinigem Sorgerecht eines Elternteils. Soweit dies im zuletzt genannten Fall den nichtsorgeberechtigten Elternteil betrifft, sollte dieser – entsprechendes Interesse vorausgesetzt – gleichwohl beteiligt werden, da insoweit auch von Relevanz sein kann, ob dieser längerfristig als Pflegeperson in Betracht kommt oder aber auch Fragen seines Umgangsrechts betroffen sein könnten.[2] Auch nicht mehr sorgeberechtigte Eltern sollten beteiligt werden, wenn die Aufrechterhaltung der Beziehung im Interesse des Minderjährigen liegt, eine realistische Rückkehroption besteht oder es um die Kooperationspflichten auch der nichtsorgeberechtigten Eltern nach § 37 Abs. 1 SGB VIII geht.[3] 2

Nach § 36 Abs. 2 ist für alle Hilfen, die **„voraussichtlich für längere Zeit zu leisten sind"**, eine qualifizierte Planung und Überprüfung des Hilfeprozesses (sog. **Hilfeplan**) im **Zusammenwirken mehrerer Fachkräfte** erforderlich. Nach Abs. 2 Satz 2 ist Grundlage einer zeit- und zielgerichteten Intervention ein Hilfeplan, der im **Zusammenwirken von Personensorgeberechtigten, Kind oder Jugendlichem und den Fachkräften** erstellt werden soll. In diesem Plan sind 3

- der **Bedarf**,
- die zu gewährende **Art der Hilfe** und
- die **notwendigen Leistungen**

festzulegen.

Bei Hilfen außerhalb der Familie regelt § 37 Abs. 2a Satz 1 und Satz 2 SGB VIII, dass in diesen Fällen **zusätzlich die Art und Weise der Zusammenarbeit** zwischen Pflegeperson und Eltern nach § 37 Abs. 1 Satz 1 SGB VIII und **die damit im Einzelfall verbundenen Ziele** sowie (bei Hilfen nach §§ 33, 35a Abs. 2 Nr. 3 und 41 SGB VIII) der **vereinbarte Umfang der Beratung der Pflegeperson** und die Höhe der laufenden Leistungen zum Unterhalt des Kindes oder Jugendlichen **zu dokumentieren sind**.

Der Hilfeplan ist ein Instrument der **verwaltungsmäßigen Selbstkontrolle** für das jeweilige Jugendamt und regelt im Übrigen auch das **Verhältnis zwischen dem Jugendamt** und dem **Träger der Erbringung der Leistung** (*z.B.* Pflegefamilie, Vormund, Heim, Familienhelfer etc.).[4] Mangels eigenständiger Regelungswirkung ist er **kein Verwaltungsakt** 4

1 FK-SGB VIII/*Schönecker/Meysen*, § 36 Rn. 25
2 FK-SGB VIII/*Schönecker/Meysen*, § 36 Rn. 30
3 Wiesner/*Schmid-Obkirchner*, § 35 SGB VIII Rn. 20
4 MüKo-BGB/*Tillmanns*, § 36 SGB VIII Rn. 4

i.S.d. § 31 Satz 1 SGB X.[5] Der Hilfeplan ist schlichtes Verwaltungshandeln, das die Entscheidung über die konkrete Leistung durch Leistungsbescheid erst vorbereitet.[6] Ein Unterlassen seiner Aufstellung stellt zwar einen Verfahrensverstoß dar, der aber die Wirksamkeit der bewilligten Erziehungshilfe nicht tangiert.[7]

5 Nach § 36 Abs. 2 Satz 2 letzter Hs. SGB VIII soll in **regelmäßigen Abschnitten überprüft** werden, ob die Ziele erreicht wurden und die gewählte Hilfeart weiterhin geeignet und notwendig ist (vgl. § 27 Abs. 1 SGB VIII). Durch die Prüfungspflicht soll verhindert werden, dass Kinder oder Jugendliche in den Ämtern „vergessen" werden.

5a Besondere Bedeutung kommt dem **Hilfeplan im Kinderschutzverfahren** nach § 1666 BGB zu. Zumeist hat vor einer Befassung des Familiengerichts das Jugendamt schon Erfahrungen mit dem Kind und der Familie gemacht. Da in den Hilfeplänen dokumentiert ist, welche Ziele eine eingesetzte Hilfe hatte, welche Ziele erreicht bzw. nicht erreicht wurden und wie sich die Mitwirkung der Eltern gestaltete, kann ein Hilfeplan dokumentieren, inwieweit bereits erbrachte Leistungen der Erziehungshilfe geeignet waren, Kindeswohlgefährdungen abzuwenden bzw. wie dies prognostisch einzuschätzen ist.[8] Deswegen sollte das Familiengericht, wenn das Jugendamt die entsprechenden Hilfepläne nicht bereits von sich aus übersendet, in der Regel in Kinderschutzverfahren im Rahmen seiner Amtsermittlung gemäß § 26 FamFG Hilfepläne bezüglich der betroffenen Familie **vom Jugendamt anfordern**. Das Jugendamt ist im Rahmen seiner Mitwirkungspflicht nach § 50 FamFG in Kinderschutzverfahren auch zur Übersendung von Hilfeplänen an das Familiengericht verpflichtet und kann sich insoweit nicht auf entgegenstehende Datenschutzgründe berufen[9] (vgl. auch § 65 Abs. 1 Satz 1 Nr. 2 SGB VIII).

§ 36a SGB VIII Steuerungsverantwortung, Selbstbeschaffung

(1) [1]Der Träger der öffentlichen Jugendhilfe trägt die Kosten der Hilfe grundsätzlich nur dann, wenn sie auf der Grundlage seiner Entscheidung nach Maßgabe des Hilfeplans unter Beachtung des Wunsch- und Wahlrechts erbracht wird; dies gilt auch in den Fällen, in denen Eltern durch das Familiengericht oder Jugendliche und junge Volljährige durch den Jugendrichter zur Inanspruchnahme von Hilfen verpflichtet werden. [2]Die Vorschriften über die Heranziehung zu den Kosten der Hilfe bleiben unberührt.

(2) [1]Abweichend von Absatz 1 soll der Träger der öffentlichen Jugendhilfe die niedrigschwellige unmittelbare Inanspruchnahme von ambulanten Hilfen, insbesondere der Erziehungsberatung, zulassen. [2]Dazu soll er mit den Leistungserbringern Vereinbarungen schließen, in denen die Voraussetzungen und die Ausgestaltung der Leistungserbringung sowie die Übernahme der Kosten geregelt werden.

(3) [1]Werden Hilfen abweichend von den Absätzen 1 und 2 vom Leistungsberechtigten selbst beschafft, so ist der Träger der öffentlichen Jugendhilfe zur Übernahme der erforderlichen Aufwendungen nur verpflichtet, wenn

1. **der Leistungsberechtigte den Träger der öffentlichen Jugendhilfe vor der Selbstbeschaffung über den Hilfebedarf in Kenntnis gesetzt hat,**
2. **die Voraussetzungen für die Gewährung der Hilfe vorlagen und**

---

5 Wiesner/*Schmid-Obkirchner,* § 35 SGB VIII Rn. 78
6 Wiesner/*Schmid-Obkirchner,* § 35 SGB VIII Rn. 78
7 BVerwG NVwZ 2000, 325
8 *Völker/Clausius,* § 12 Rn. 53
9 LPK-SGB VIII/*Kunkel,* § 61 Rn. 112; LPK-SGB VIII/*Berneiser/Diehl,* § 50 Rn. 27; FK-SGB VIII/*Trenczek,* § 50 Rn. 31; Wiesner/*Schmid-Obkirchner,* § 36 SGB VIII Rn. 87; BeckOGK/*Eschelbach*, § 50 SGB VIII Rn. 25

3. die Deckung des Bedarfs

a) bis zu einer Entscheidung des Trägers der öffentlichen Jugendhilfe über die Gewährung der Leistung oder

b) bis zu einer Entscheidung über ein Rechtsmittel nach einer zu Unrecht abgelehnten Leistung

keinen zeitlichen Aufschub geduldet hat.

[2]War es dem Leistungsberechtigten unmöglich, den Träger der öffentlichen Jugendhilfe rechtzeitig über den Hilfebedarf in Kenntnis zu setzen, so hat er dies unverzüglich nach Wegfall des Hinderungsgrundes nachzuholen.

Literatur

Weiterführende Literatur: Fahl, Die Verantwortungsgemeinschaft von Familiengerichten und Jugendämtern in Kindschaftsverfahren, NZFam 2015, 247 ff.; *Hammer*, Anforderungen an familiengerichtliche Entscheidungen im Kinderschutz ... aus Sicht des Familiengerichts, JAmt 2015, 291 ff.; *Hammer*, Das BVerfG, die Familiengerichte und die Jugendämter auf der Suche nach dem Rechten Maß im Kindesschutz – Besprechung von BVerfG, Kammerbeschluss vom 22.05.2014 – 1 BvR 2882/13, FF 2014, 428 ff.; *Heilmann*, Schützt das Grundgesetz die Kinder nicht? Eine Betrachtung der bisherigen Kammerrechtsprechung des BVerfG im Jahr 2014, NJW 2014, 2904 ff.; *Holldorf/von Pirani*, Der begleitete Umgang im Spannungsfeld zwischen Jugendhilfe und Familiengericht, ZKJ 2012, 384 ff.; *Lack/Heilmann*, Kinderschutz und Familiengericht – Verfassungsrechtliche Vorgaben für die familiengerichtliche Intervention bei Kindeswohlgefährdung, ZKJ 2014, 308 ff.; *Sommer*, Das Verhältnis von Familiengericht und Jugendamt, Frankfurt 2012; *Vogel*, Verantwortungsgemeinschaft Jugendamt/Familiengericht – oder Spannungsverhältnis, Zuständigkeit und Machtkampf, NZFam 2016, 585 ff.

§ 36a SGB VIII regelt in Abs. 1 und 2 die **Steuerungsverantwortung der öffentlichen** 1
Jugendhilfe in Bezug auf die Frage der **Kostentragung** bei der Erbringung von Leistungen. Abs. 3 beschäftigt sich mit der Frage, unter welchen Umständen die öffentliche Jugendhilfe die Kosten für vom leistungsberechtigten selbst beschaffte Hilfen zu übernehmen hat. Besondere Relevanz hat die Norm, da die praktischen Auswirkungen bzw. Rechtsfolgen der in ihr festgeschriebenen „Steuerungsverantwortung" der Jugendhilfe umstritten sind. Kann aber aus § 36a Abs. 1 Satz 1 Hs. 2 SGB VIII, wonach die Steuerungsverantwortung auch in den Fällen bei der öffentlichen Jugendhilfe liegt, in denen Eltern durch das Familiengericht zur Inanspruchnahme von Hilfen verpflichtet worden sind, entnommen werden, dass im Falle eines Dissenses zwischen Familiengericht und Jugendamt über die Notwendigkeit und Zweckmäßigkeit einer Hilfe nach dem SGB VIII das **Familiengericht gegenüber dem Jugendamt** keine **Anordnungskompetenz** zur Bewilligung und Erbringung der Leistung hat? Diese Frage stellt sich in der Praxis zwar nicht in den Fällen des begleiteten Umgangs (dazu *Köhler,* § 18 SGB VIII Rn. 2 ff.), jedoch vor allem in **Kinderschutzverfahren nach § 1666 BGB**, wenn das Familiengericht entgegen der Auffassung des am Verfahren beteiligten (vgl. § 162 Abs. 2 Satz 1 FamFG) Jugendamts nach Durchführung seiner Ermittlungen zu dem Ergebnis gelangt, ein **Sorgerechtsentzug lasse sich durch die Gewährung (weiterer) öffentlicher Hilfe vermeiden** und sei daher nach § 1666a BGB unverhältnismäßig. Der Verweis auf den ohnehin problematischen Begriff der **„Verantwortungsgemeinschaft"**[1] zwischen Jugendamt und Familiengericht bei der Wahrnehmung des staatlichen Wächteramts und die Notwendigkeit der **Kooperation im Kinderschutz** (vgl. *Dürbeck,* § 162 FamFG Rn. 27a) hilft gerade in diesen Fällen nicht weiter.

---

1 *Vogel,* NZFam 2016, 585; *Fahl,* NZFam 2015, 247; FK-SGB VIII/*Trenczek,* Vorbemerkung zu den §§ 50 bis 52, Rn. 20

2 Das **Jugendamt** wird im Rahmen der ihm durch §§ 2 Abs. 3 Nr. 6, 50 SGB VIII zugewiesenen Aufgabe der Mitwirkung am familiengerichtlichen Kindschaftsverfahren **nicht als weisungsgebundenes Hilfsorgan des Familiengerichts** tätig,[2] sondern es nimmt diese ihm zugewiesene gesetzliche Aufgabe selbstständig und in eigener Verantwortung wahr. Im Übrigen liegt den §§ 162, 155, 156 FamFG, §§ 8a, 42, 50 SGB VIII nach ganz überwiegender Auffassung die Vorstellung einer Kooperation zwischen Familiengericht und Jugendämtern zugrunde.[3]

3 Die Diskussion um das das Verhältnis zwischen Jugendamt und Familiengericht ist aber durch mehrere im Jahr 2014 ergangene Entscheidungen des Bundesverfassungsgerichts zu den Voraussetzungen eines Sorgerechtsentzugs nach §§ 1666, 1666a BGB neu entfacht worden.[4] Das BVerfG hat in diesen Entscheidungen die Bedeutung des Elternrechts betont und von den Familiengerichten verlangt, insbesondere die Frage, ob durch Gewährung weiterer öffentlicher Erziehungshilfen eine Trennung der Kinder von ihren Eltern vermieden werden kann, unabhängig von einer etwaigen Verweigerungshaltung der Jugendämter eigenverantwortlich zu ermitteln und darüber zu entscheiden. Dabei hat es aber die im Zentrum der Problematik eines Konflikts zwischen Familiengericht und Jugendamt liegende Frage, ob das Familiengericht auch befugt ist, gegen den Willen des Jugendamts rechtlich bindende und durchsetzbare öffentliche Hilfen nach dem SGB VIII anzuordnen, leider ausdrücklich offengelassen[5] und auf die – angebliche – Möglichkeit verwiesen, dass die insoweit noch sorgeberechtigten Eltern ihren vermeintlichen Anspruch gegen das Jugendamt auf die Gewährung öffentlicher Hilfen im Verwaltungsrechtsweg durchsetzen könnten.[6] Der zuletzt genannten Erwägung steht aber entgegen, dass die wohl überwiegende verwaltungsrechtliche Rechtsprechung und Literatur im Rahmen von § 37 SGB VIII einen einklagbaren Rechtsanspruch der Eltern auf Gewährung einer bestimmten Hilfe mit dem Ziel der Rückführung des Kindes verneint.[7] Auch kann es den betroffenen Elternteilen kaum zugemutet werden, nach zwei Instanzen familiengerichtlicher Auseinandersetzungen, einen neuen Gerichtsweg angesichts verwaltungsrechtlich unklarer Rechtslage zu beschreiten.[8] Damit wird künftig von der familiengerichtlichen Rechtsprechung die Frage zu klären sein, ob das Familiengericht gegenüber dem Jugendamt, das im Konfliktfall dem Grundrechtsschutz des Kindes den Vorzug gibt, weitere öffentliche Hilfen rechtlich verbindlich anordnen kann.

4 Die wohl überwiegende Meinung in der jugendhilferechtlichen Literatur[9] und ein Teil der familienrechtlichen Autoren[10] leiten aus der in § 36a Abs. 1 SGB VIII geregelten Steuerungsverantwortung eine fehlende Anordnungskompetenz der Familiengerichte gegenüber dem Jugendamt zur Erbringung konkreter Hilfen ab. Dem widerspricht ein Teil der familienrichterlicher Autoren zumindest in Verfahren nach § 1666 BGB vor allem unter

---

2 Prütting/Helms/*Hammer*, § 162 FamFG Rn. 17; BT-Drucks. 11/5948, 87 (zu der Vorgängervorschrift des § 50 SGB VIII)

3 Wiesner/*Wapler*, § 50 SGB VIII Rn. 3; BT-Drucks. 16/6308, 238 (zu § 157 Abs. 2 FamFG)

4 Vgl. dazu BVerfG ZKJ 2014, 242; 2014, 327; 2014, 281; JAmt 2014, 410; 2014, 415; 2014, 419; dazu kritisch *Heilmann*, NJW 2014, 2904; *Lack/Heilmann*, ZKJ 2014, 308; *Hammer*, FF 2014, 428

5 BVerfG ZKJ 2014, 242 Rn. 52; FamRZ 2014, 1266 = JAmt 2014, 410 Rn. 55; ZKJ 2014, 327 Rn. 37

6 BVerfG ZKJ 2014, 242 Rn. 52; JAmt 2014, 410 = FamRZ 2014, 1266 Rn. 55

7 OVG Lüneburg JAmt 2012, 271; VG Düsseldorf JAmt 2005, 153; Hauck/Noftz/*Stähr*, § 37 SGB VIII Rn. 14; BeckOGK/*Bohnert*, § 37 SGB VIII Rn. 8; BeckOK-Sozialrecht/*Winkler*, § 37 Rn. 4; a.A. FK-SGB VIII/*Schönecker/Meysen*, § 37 Rn. 16; vgl. auch OVG Saarland ZKJ 2014, 488 zu einem von ihm angenommenen Rechtsanspruch gegenüber dem Jugendamt auf Gewährung begleiteten Umgangs

8 So auch *Heilmann*, NJW 2014, 2904

9 FK-SGB VIII/*Meysen*, § 36a Rn. 16 ff.; *ders.*, FamRZ 2008, 562; Wiesner/*Schmid-Obkirchner*, § 36a SGB VIII Rn. 20 ff.; BeckOGK/*Bohnert*, § 36a SGB VIII Rn. 5; LPK-SGB VIII/*Berneiser/Diehl*, § 50 Rn. 17; *Kepert*, Sozialrecht aktuell 2019, 104, 109

10 *Völker/Clausius*, § 12 Rn. 32 (zur Umgangsbegleitung nach § 18 Abs. 3 Satz 4 SGB VIII); *Holldorf/v. Pirani*, ZKJ 2012, 384; MüKo-BGB/*Olzen*, § 1666 BGB Rn. 175

Hinweis auf das Verhältnis von Judikative und Exekutive, auf die Effektivität des Eltern- und Kindergrundrechtsschutzes und auf die Wahrung des Grundsatzes der Verhältnismäßigkeit nach § 1666a BGB.[11] Die familien- und verwaltungsgerichtliche Rechtsprechung gibt ebenfalls kein einheitliches Bild.[12] Das BVerfG hat eine mögliche Anordnungskompetenz zu einer Verpflichtung der Jugendgerichtshilfe durch den Jugendrichter zumindest angedeutet,[13] aber im Ergebnis auch offengelassen.

Die Frage einer Anordnungskompetenz der Familiengerichte gegenüber dem Jugendamt 5
ist aber zumindest im Rahmen von Verfahren nach § 1666 BGB zu bejahen. § 36a SGB VIII ist eine reine **Kostentragungsvorschrift** des Kinder- und Jugendhilferechts, die keine Aussage zu einer Kompetenzverteilung zwischen dem Jugendamt und dem Gericht trifft.[14] Ob öffentliche Hilfen erfolgversprechend sind, beurteilt das Familiengericht in eigener Letztverantwortung, wozu es sich aus Gründen des Eltern- und Kindergrundrechtsschutzes eine zuverlässige Entscheidungsgrundlage verschaffen muss und sich insoweit nicht allein auf die Einschätzung des Jugendamts verlassen darf.[15] Aus dem Wortlaut des § 1666 Abs. 1 BGB („hat das Gericht die Maßnahmen zu treffen, die zur Abwendung der Gefahr erforderlich sind") und aus dem Wortlaut des § 1666a Abs. 1 Satz 1 BGB („Maßnahmen … sind nur zulässig, wenn der Gefahr nicht auf andere Weise, auch nicht durch öffentliche Hilfen, begegnet werden kann") folgt die Anordnungskompetenz des Familiengerichts bezüglich öffentlicher Hilfen. Der Wortlaut der Vorschrift bezieht sich zwar zunächst auf die Eltern des Kindes. Aus dem Wortlaut ist aber keine eingeschränkte Kompetenz gegenüber anderen Verfahrensbeteiligten des Kinderschutzverfahrens (wie dem Jugendamt gemäß § 162 Abs. 2 Satz 1 FamFG) zu entnehmen. Das Familiengericht darf im Gegenteil den Eltern das Sorgerecht oder Teile davon dann nicht entziehen, wenn nach seiner Einschätzung öffentliche Hilfen die bestehende Gefahr gleich wirksam abwenden können, es muss dann die entsprechenden Gebote zur Annahme öffentlicher Hilfen aussprechen (vgl. § 1666 Abs. 3 Nr. 1 BGB). Daneben liefe es auch dem Gebot effektiven Rechtsschutzes zuwider, Eltern nach familiengerichtlichen Streitigkeiten (ggf. über mehrere Instanzen) mit der Frage der – vom Familiengericht schon geprüften, vgl. oben – Gewährung öffentlicher Hilfen auf den Verwaltungsrechtsweg zu verweisen.[16] Mithin gebietet der **Verhältnismäßigkeitsgrundsatz**, verbunden mit dem Gebot des effektiven Rechtsschutzes, dass auch eine Verpflichtung des Jugendamts zur Bewilligung und Erbringung einer Hilfe durch das Familiengericht möglich sein muss.[17] Soweit dagegen vorgebracht wird, dass das Gesetz keine ausdrückliche Ermächtigungsgrundlage gegenüber dem Jugendamt vorsehe,[18] wird auf den Wortlaut der §§ 1666 Abs. 1, 1666a Abs. 1 Satz 1, 1666 Abs. 3 Nr. 1 BGB verwiesen (vgl. oben).

11 *Heilmann* in: Elz (Hrsg.), Kooperation von Jugendhilfe und Justiz bei Sexualdelikten gegen Kinder, 2007, S. 89 ff.; *Sommer*, S. 147 ff.; Staudinger/*Coester*, § 1666a BGB Rn. 13 ff.; *Lack/Heilmann*, ZKJ 2014, 308, 312

12 Vgl. OLG Nürnberg JAmt 2015, 109; OLG Koblenz NJW 2012, 3108; OLG Oldenburg JAmt 2008, 330; OLG Frankfurt a.M. ZfJ 1993, 561; VGH Hessen ZKJ 2013, 82; JAmt 2008, 327; ausführlich zur Rechtsprechung *Sommer*, S. 175 ff.

13 BVerfG JAmt 2007, 211

14 Staudinger/*Coester*, § 1666a BGB Rn. 15; auch in der Gesetzesbegründung ist zentrales Argument die Wiedererlangung der Kostenhoheit des Jugendamts, da das Jugendamt vor der Schaffung der Vorschrift nur noch als bloße „Zahlstelle" für von dritter Seite angeordnete oder selbst beschaffte Leistungen „missbraucht" bzw. wahrgenommen wurde: BT-Drucks. 15/3676, 36; ein rein kostenrechtliches Verständnis der Vorschrift im Verhältnis zum Jugendgericht sei „nicht fern liegend": BVerfG JAmt 2007, 211 Rn. 29; *Sommer*, S. 174

15 BVerfG ZKJ 2014, 242

16 *Heilmann*, NJW 2014, 2904, 2909

17 So auch Staudinger/*Coester*, § 1666a BGB Rn. 18; BeckOK-BGB/*Veit*, § 1666 Rn. 101; MüKo-BGB/*Tillmanns*, § 1 SGB VIII Rn. 7; *Heilmann* in: Elz (Hrsg.), Kooperation von Jugendhilfe und Justiz bei Sexualdelikten gegen Kinder, 2007, S. 102; differenzierend: *Schmidt*, FamRZ 2015, 1158; OLG Koblenz NJW 2012, 3108; VGH Hessen ZKJ 2013, 82; VG Saarlouis ZKJ 2015, 87

18 *Sommer*, S. 208; *Vogel*, NZFam 2016, 585, 587

Praktisch dürfte es bei zielgerichteter Durchführung des Kinderschutzverfahrens jedoch **sehr selten** zur **Notwendigkeit einer Anordnung gegen den Willen des Jugendamts** kommen, was nachfolgend näher dargestellt wird.

6 Zunächst muss das Familiengericht die im Kinderschutzverfahren relevanten Informationen mit Unterstützung des Jugendamts von Amts wegen ermitteln, § 26 FamFG. Da das Familiengericht die Erforderlichkeit von öffentlichen Hilfen eigenständig und ohne Bindung an die Einschätzung des Jugendamts zu überprüfen hat (vgl. oben), genügen nicht Allgemeinplätze des Jugendamts wie „Weitere Hilfen zur Erziehung kommen nicht in Betracht" oder „Sämtliche Hilfsmaßnahmen sind gescheitert". Erforderlich ist hier eine dezidierte, notfalls vom Familiengericht zu erfragende Aufstellung, **seit wann welche Hilfen** konkret **in der Familie erbracht wurden, welche Veränderung die Hilfen** in der Familie **ergeben bzw. nicht ergeben haben**, welche weiteren Hilfen es gibt und aus welchen Gründen diese in Betracht kommen bzw. warum diese nicht in Betracht kommen. Liegen diese Informationen vollständig mit Berichten der eingesetzten Helfer (und ggf. Berichten anderer Einrichtungen wie Kindergärten, Schule oder Nachmittagsbetreuung) dem Familiengericht vor, kann erst ein **echter Austausch von Familiengericht und Jugendamt zu den jeweiligen Hilfen** und dem Grund der jeweiligen Haltung stattfinden.[19] Lehnt das Jugendamt auf Basis der vollständig vorliegenden Informationen zu vergangenen Hilfen und deren Wirkung die Erbringung weiterer öffentlicher Hilfen aus **konkret vorgebrachten sozialpädagogischen Erwägungen** ab, so wird das Familiengericht im Regelfall kaum Anlass haben, diese Einschätzung in Zweifel zu ziehen. Wenn das Familiengericht ausnahmsweise meint, der begründeten fachlichen Einschätzung des Jugendamts nicht folgen zu können, muss es darlegen, über **bessere entgegenstehende Sachkunde** zu verfügen,[20] was in der Regel ein **sozialpädagogisches Sachverständigengutachten** erfordert.

6a Ordnet das Familiengericht dann die Pflicht des Jugendamts zur Gewährung einer **bestimmten, genau bezeichneten öffentlichen Hilfe** an, ist die nähere Ausgestaltung (Umfang der Hilfe, Erbringung durch öffentliche oder freie Träger) dem Jugendamt zu überlassen. Die **Formulierung der Beschlussformel** könnte etwa lauten: „Es wird angeordnet, dass das Jugendamt den Kindeseltern sozialpädagogische Familienhilfe gemäß §§ 27, 31 SGB VIII zu gewähren hat"[21] oder „Es wird angeordnet, dass das Jugendamt der Kindesmutter Hilfe gemäß § 19 Abs. 1 Satz 1 SGB VIIII in Form der Unterbringung in einer Mutter-Kind-Einrichtung gemeinsam mit ihrer Tochter [Name, Geburtsdatum] zu gewähren hat".[22] Die Verpflichtung des Jugendamts zur Gewährung bestimmter, konkret bezeichneter Hilfen ist nach allgemeinen Grundsätzen gemäß §§ 86 ff. FamFG, insbesondere durch **Zwangsmittel** (§§ 95 Abs. 1 Nr. 3 FamFG, 888 ZPO), **vollstreckbar**. Dem steht weder der Bestimmtheitsgrundsatz noch der Umstand, dass das Jugendamt eine staatliche Behörde ist, noch die Vorschrift des § 1837 Abs. 3 Satz 2 BGB, wonach Zwangsmittel gegenüber dem Amtsvormund im Rahmen der Aufsicht unzulässig sind, entgegen,[23] da das

---

19 *Hammer*, JAmt 2015, 291

20 Staudinger/*Coester*, § 1666a BGB Rn. 18; *Lack/Heilmann*, ZKJ 2014, 308, 312

21 Vgl. die entsprechende verwaltungsgerichtliche Beschlussformel: „Der Antragsgegnerin wird ... aufgegeben, ... der Antragstellerin für ihre Söhne eine sozialpädagogische Familienhilfe gemäß §§ 27, 31 SGB VIII zu gewähren", VG Saarland ZKJ 2015, 87

22 Vgl. die entsprechende verwaltungsgerichtliche Beschlussformel: „Die Antragsgegnerin wird ... verpflichtet, der Antragstellerin ... Hilfe gemäß § 19 Abs. 1 Satz 1 SGB VIII in Form der Unterbringung in einer Mutter-Kind-Einrichtung – gemeinsam mit ihrer am 18. September 2017 geborenen Tochter D. E. – zu gewähren", VGH Lüneburg ZKJ 2019, 319 = FamRZ 2019, 1708

23 BGH ZKJ 2014, 251; OLG Frankfurt a.M. ZKJ 2013, 162 jeweils zur Verhängung eines Ordnungsgelds gegen den Amtsvormund bei einem vollstreckbaren Umgangsvergleich; vgl. auch *DIJuF*-Rechtsgutachten JAmt 2013, 208

Jugendamt in diesem Fall sowohl Verfahrensbeteiligter (§ 162 Abs. 2 Satz 1 FamFG) als auch Verpflichteter einer vollstreckbaren Anordnung des erkennenden Familiengerichts ist.

Äußerst selten dürfte es vorkommen, dass das Jugendamt die im Raum stehenden öffentlichen Hilfen aus **unsachlichen Erwägungen** (z.B. fiskalischen Zwängen) ablehnt. Zumeist bringt das Jugendamt, trotz bestehender finanzieller Zwänge, jedenfalls auch fachliche Gründe vor.[24] Falls ausnahmsweise Hilfen nur mit unsachlichen Erwägungen abgelehnt werden oder wenn das Jugendamt diese **pflichtwidrig unterlassen** hat, so ist das Familiengericht schon aus Gründen der im Raum stehenden Eingriffe in das Elternrecht aus verfassungsrechtlicher Notwendigkeit gehalten, das Jugendamt zur Erbringung konkret bezeichneter Hilfen zu verpflichten, falls seine Ermittlungen ergeben, dass dadurch ein weitergehender Eingriff in das Elternrecht, insbesondere eine Trennung des Kindes von seinen Eltern vermieden werden kann.[25] 7

Vertritt man in dieser Frage die Auffassung der Gegenmeinung und verneint eine Anordnungskompetenz des Familiengerichts, wird dieses in entsprechenden Konfliktlagen bei einer Weigerung des Jugendamts zur Gewährung weiterer öffentlicher Hilfen trotz einer Gefährdung des Kindeswohls einen Sorgerechtsentzug wegen aus seiner Sicht möglicher und vorrangiger Hilfen ablehnen müssen[26] und so die – infolge der Begründung einer Garantenstellung auch **strafrechtliche – Verantwortung** für das Kind dem Jugendamt allein überlassen. Damit die Eltern auf dem Verwaltungsrechtsweg das Jugendamt ggf. verpflichten können, die Hilfen zur Erziehung zu gewähren, ist den Eltern in diesen Fällen im Rahmen eines Sorgerechtsentzuges das Recht zur Beantragung von Hilfen nach dem SGB VIII zu belassen.[27] 8

▶ *Zu den weiteren Einzelheiten von § 36a SGB VIII wird auf die vorhandenen aktuellen Kommentierungen verwiesen.*[28]

§ 37 SGB VIII Zusammenarbeit bei Hilfen außerhalb der eigenen Familie

(1) [1]Bei Hilfen nach §§ 32 bis 34 und § 35a Absatz 2 Nummer 3 und 4 soll darauf hingewirkt werden, dass die Pflegeperson oder die in der Einrichtung für die Erziehung verantwortlichen Personen und die Eltern zum Wohl des Kindes oder des Jugendlichen zusammenarbeiten. [2]Durch Beratung und Unterstützung sollen die Erziehungsbedingungen in der Herkunftsfamilie innerhalb eines im Hinblick auf die Entwicklung des Kindes oder Jugendlichen vertretbaren Zeitraums so weit verbessert werden, dass sie das Kind oder den Jugendlichen wieder selbst erziehen kann. [3]Während dieser Zeit soll durch begleitende Beratung und Unterstützung der Familien darauf hingewirkt werden, dass die Beziehung des Kindes oder Jugendlichen zur Herkunftsfamilie gefördert wird. [4]Ist eine nachhaltige Verbesserung der Erziehungsbedingungen in der Herkunftsfamilie innerhalb dieses Zeitraums nicht erreichbar, so soll mit den beteiligten Personen eine andere, dem Wohl des Kindes oder des Jugendlichen förderliche und auf Dauer angelegte Lebensperspektive erarbeitet werden.

(2) [1]Die Pflegeperson hat vor der Aufnahme des Kindes oder Jugendlichen und während der Dauer des Pflegeverhältnisses Anspruch auf Beratung und Unterstützung; dies gilt auch in den Fällen, in denen für das Kind oder den Jugendlichen weder Hilfe zur Erziehung noch Eingliederungshilfe gewährt wird oder die Pflegeperson nicht der Erlaubnis zur Vollzeitpflege nach § 44 bedarf. [2]Lebt das Kind oder der Jugendliche bei einer Pflegeperson außer-

24 Wiesner/*Schmid-Obkirchner*, § 36a SGB VIII Rn. 22
25 Staudinger/*Coester*, § 1666a BGB Rn. 19
26 Zutreffend *Hammer*, FF 2014, 428; *Hammer*, JAmt 2015, 291
27 Vgl. BVerfG ZKJ 2014, 242 Rn. 52 = JAmt 2014, 223
28 FK-SGB VIII/*Meysen*, § 36a Rn. 1 ff.; LPK-SGB VIII/*Kunkel/Pattar*, § 36a Rn. 1 ff.

halb des Bereichs des zuständigen Trägers der öffentlichen Jugendhilfe, so sind ortsnahe Beratung und Unterstützung sicherzustellen. [3]Der zuständige Träger der öffentlichen Jugendhilfe hat die aufgewendeten Kosten einschließlich der Verwaltungskosten auch in den Fällen zu erstatten, in denen die Beratung und Unterstützung im Wege der Amtshilfe geleistet wird. [4]§ 23 Absatz 4 Satz 3 gilt entsprechend.

(2a) [1]Die Art und Weise der Zusammenarbeit sowie die damit im Einzelfall verbundenen Ziele sind im Hilfeplan zu dokumentieren. [2]Bei Hilfen nach den §§ 33, 35a Absatz 2 Nummer 3 und § 41 zählen dazu auch der vereinbarte Umfang der Beratung der Pflegeperson sowie die Höhe der laufenden Leistungen zum Unterhalt des Kindes oder Jugendlichen. [3]Eine Abweichung von den dort getroffenen Feststellungen ist nur bei einer Änderung des Hilfebedarfs und entsprechender Änderung des Hilfeplans zulässig.

(3) [1]Das Jugendamt soll den Erfordernissen des Einzelfalls entsprechend an Ort und Stelle überprüfen, ob die Pflegeperson eine dem Wohl des Kindes oder des Jugendlichen förderliche Erziehung gewährleistet. [2]Die Pflegeperson hat das Jugendamt über wichtige Ereignisse zu unterrichten, die das Wohl des Kindes oder des Jugendlichen betreffen.

1 § 37 Abs. 1 Satz 1 SGB VIII bestimmt, dass das Jugendamt bei (voll stationären) Hilfen zur Erziehung, insbesondere nach den §§ 32 bis 34 SGB VIII auf eine **Zusammenarbeit von Eltern, Pflegeeltern oder den in einer Einrichtung verantwortlichen Personen zum Wohl des Kindes/Jugendlichen** hinwirken soll. Auch bei Unterbringung eines Kindes in einem Heim oder einer Pflegefamilie bleibt es nach dem Willen des Gesetzgebers nach Abs. 1 Satz 2 vordringliches Ziel, durch **Beratung und Unterstützung** innerhalb eines für die Entwicklung des Kindes oder Jugendlichen **vertretbaren Zeitraums** die Erziehungsbedingungen in der Herkunftsfamilie zu verbessern, was vom BVerfG in seinen neueren Entscheidungen zu § 1666 BGB im Hinblick auf das Elternrecht stark betont wird.[1] Die Formulierung „innerhalb eines für das Kind vertretbaren Zeitraums" orientiert sich an den Besonderheiten des **kindlichen Zeitempfindens**, so dass dieser Zeitraum umso kürzer zu bemessen ist, je jünger das Kind ist.

Ungeklärt ist die Frage, ob sich aus § 37 Abs. 1 SGB VIII einklagbare Rechtsansprüche von Eltern ergeben,[2] was insbesondere von der verwaltungsrechtlichen Rechtsprechung verneint wird.[3]

2 Jedenfalls soll nach dem Gesetz während dieses – noch ungewissen – Zeitraums der **Kontakt des Kindes oder Jugendlichen zu seinen Eltern** nicht abgebrochen werden, Abs. 1 Satz 3. Kommt der Träger der öffentlichen Jugendhilfe nach Auswertung der Entwicklung in der Herkunftsfamilie zu der Überzeugung, dass die **Prognose der Rückführung des Kindes nach Ablauf des Zeitraums negativ** ist, so hat es mit den Beteiligten eine anderweitige Lebensperspektive für das Kind gemäß Abs. 1 Satz 4 zu erarbeiten. Das Gesetz verlangt also danach, unter Beachtung der Rechtssubjektivität des Kindes eine dauerhafte Lebensperspektive zu erarbeiten, die entweder in der sicheren Rückkehr zu seinen leiblichen Eltern, in einer hinreichende abgesicherten Unterbringung in einer Dauerpflegestelle oder – wie § 36 Abs. 1 Satz 2 SGB VIII betont – in die Adoption mündet. Ist die Verbesserung der Erziehungsbedingungen in der Herkunftsfamilie innerhalb dieses Zeitrahmens nicht möglich, besteht eine nicht in ihrem Ermessen stehende Pflicht der Jugendhilfe zur Erarbeitung eines anderen Lösungskonzepts für das Kind außerhalb des Elternhauses.[4]

---

1 BVerfG FamRZ 2014, 1266 mit Anm. *Keuter*

2 Vgl. dazu *Hammer*, FF 2014, 428, 431 f.

3 OVG Lüneburg JAmt 2012, 271; VG Düsseldorf JAmt 2005, 153; Hauck/Noftz/*Stähr*, § 37 SGB VIII Rn. 14; BeckOGK/*Bohnert*, § 37 SGB VIII Rn. 8; BeckOK-Sozialrecht/*Winkler*, § 37 Rn. 4; a.A. FK-SGB VIII/*Schönecker/Meysen*, § 37 Rn. 1

4 *Kinderrechtekommission des DFGT*, FamRZ 2014, 891, 893; LPK-SGB VIII/*Berneiser*, § 37 Rn. 28 ff.

Nach § 37 Abs. 2 SGB VIII hat auch die Pflegeperson vor Aufnahme des Kindes und während der Dauer der Pflege einen Anspruch auf Beratung und Unterstützung. Damit erlangen etwa die **Pflegeeltern** auch im Rahmen des Kinder- und Jugendhilferechts eine eigenständige Rechtsposition, die der verfassungsrechtlichen Ausgangslage, wonach ein **grundrechtlicher Schutz der Pflegefamilie aus Art. 6 Abs. 1 GG** besteht,[5] Rechnung trägt. 3

§ 37 Abs. 2a SGB VIII ergänzt den notwendigen Inhalt der Dokumentation im Hilfeplan über die Regelung des § 36 Abs. 2 Satz 2 SGB VIII hinaus, wenn es um die Zusammenarbeit bei Hilfen außerhalb der eigenen Familie geht. Die Regelung **dient der Sicherung der Hilfekontinuität**, insbesondere auch um Brüche in der Kontinuität bei Zuständigkeitswechseln der Jugendämter zu verhindern.[6] 4

§ 38 SGB VIII Vermittlung bei der Ausübung der Personensorge

Sofern der Inhaber der Personensorge durch eine Erklärung nach § 1688 Absatz 3 Satz 1 des Bürgerlichen Gesetzbuchs die Vertretungsmacht der Pflegeperson soweit einschränkt, dass dies eine dem Wohl des Kindes oder des Jugendlichen förderliche Erziehung nicht mehr ermöglicht, sowie bei sonstigen Meinungsverschiedenheiten sollen die Beteiligten das Jugendamt einschalten.

§§ 39 bis 41 SGB VIII

Von Abdruck und Kommentierung wird abgesehen.

Drittes Kapitel
Andere Aufgaben der Jugendhilfe

Erster Abschnitt
Vorläufige Maßnahmen zum Schutz von Kindern und Jugendlichen

§ 42 SGB VIII Inobhutnahme von Kindern und Jugendlichen

(1) [1]Das Jugendamt ist berechtigt und verpflichtet, ein Kind oder einen Jugendlichen in seine Obhut zu nehmen, wenn

1. das Kind oder der Jugendliche um Obhut bittet oder

2. eine dringende Gefahr für das Wohl des Kindes oder des Jugendlichen die Inobhutnahme erfordert und

   a) die Personensorgeberechtigten nicht widersprechen oder

   b) eine familiengerichtliche Entscheidung nicht rechtzeitig eingeholt werden kann oder

3. ein ausländisches Kind oder ein ausländischer Jugendlicher unbegleitet nach Deutschland kommt und sich weder Personensorge- noch Erziehungsberechtigte im Inland aufhalten.

---

5 BVerfGE 79, 51 (60); ausführlich *Groß*, FPR 2004, 411
6 LPK-SGB VIII/*Berneiser*, § 37 Rn. 42

[2]Die Inobhutnahme umfasst die Befugnis, ein Kind oder einen Jugendlichen bei einer geeigneten Person, in einer geeigneten Einrichtung oder in einer sonstigen Wohnform vorläufig unterzubringen; im Fall von Satz 1 Nummer 2 auch ein Kind oder einen Jugendlichen von einer anderen Person wegzunehmen.

(2) [1]Das Jugendamt hat während der Inobhutnahme die Situation, die zur Inobhutnahme geführt hat, zusammen mit dem Kind oder dem Jugendlichen zu klären und Möglichkeiten der Hilfe und Unterstützung aufzuzeigen. [2]Dem Kind oder dem Jugendlichen ist unverzüglich Gelegenheit zu geben, eine Person seines Vertrauens zu benachrichtigen. [3]Das Jugendamt hat während der Inobhutnahme für das Wohl des Kindes oder des Jugendlichen zu sorgen und dabei den notwendigen Unterhalt und die Krankenhilfe sicherzustellen; § 39 Absatz 4 Satz 2 gilt entsprechend. [4]Das Jugendamt ist während der Inobhutnahme berechtigt, alle Rechtshandlungen vorzunehmen, die zum Wohl des Kindes oder Jugendlichen notwendig sind; der mutmaßliche Wille der Personensorge- oder der Erziehungsberechtigten ist dabei angemessen zu berücksichtigen. [5]Im Fall des Absatzes 1 Satz 1 Nummer 3 gehört zu den Rechtshandlungen nach Satz 4, zu denen das Jugendamt verpflichtet ist, insbesondere die unverzügliche Stellung eines Asylantrags für das Kind oder den Jugendlichen in Fällen, in denen Tatsachen die Annahme rechtfertigen, dass das Kind oder der Jugendliche internationalen Schutz im Sinne des § 1 Absatz 1 Nummer 2 des Asylgesetzes benötigt; dabei ist das Kind oder der Jugendliche zu beteiligen.

(3) [1]Das Jugendamt hat im Fall des Absatzes 1 Satz 1 Nummer 1 und 2 die Personensorge- oder Erziehungsberechtigten unverzüglich von der Inobhutnahme zu unterrichten und mit ihnen das Gefährdungsrisiko abzuschätzen. [2]Widersprechen die Personensorge- oder Erziehungsberechtigten der Inobhutnahme, so hat das Jugendamt unverzüglich

1. **das Kind oder den Jugendlichen den Personensorge- oder Erziehungsberechtigten zu übergeben, sofern nach der Einschätzung des Jugendamts eine Gefährdung des Kindeswohls nicht besteht oder die Personensorge- oder Erziehungsberechtigten bereit und in der Lage sind, die Gefährdung abzuwenden oder**
2. **eine Entscheidung des Familiengerichts über die erforderlichen Maßnahmen zum Wohl des Kindes oder des Jugendlichen herbeizuführen.**

[3]Sind die Personensorge- oder Erziehungsberechtigten nicht erreichbar, so gilt Satz 2 Nummer 2 entsprechend. [4]Im Fall des Absatzes 1 Satz 1 Nummer 3 ist unverzüglich die Bestellung eines Vormunds oder Pflegers zu veranlassen. [5]Widersprechen die Personensorgeberechtigten der Inobhutnahme nicht, so ist unverzüglich ein Hilfeplanverfahren zur Gewährung einer Hilfe einzuleiten.

(4) Die Inobhutnahme endet mit

1. **der Übergabe des Kindes oder Jugendlichen an die Personensorge- oder Erziehungsberechtigten,**
2. **der Entscheidung über die Gewährung von Hilfen nach dem Sozialgesetzbuch.**

(5) [1]Freiheitsentziehende Maßnahmen im Rahmen der Inobhutnahme sind nur zulässig, wenn und soweit sie erforderlich sind, um eine Gefahr für Leib oder Leben des Kindes oder des Jugendlichen oder eine Gefahr für Leib oder Leben Dritter abzuwenden. [2]Die Freiheitsentziehung ist ohne gerichtliche Entscheidung spätestens mit Ablauf des Tages nach ihrem Beginn zu beenden.

(6) Ist bei der Inobhutnahme die Anwendung unmittelbaren Zwangs erforderlich, so sind die dazu befugten Stellen hinzuzuziehen.

Übersicht

Rn.
A. Allgemeines 1
B. Inhalt der Norm 5
I. Gründe für eine Inobhutnahme (Abs. 1 Satz 1) 5
1. Eigene Bitte des Kindes/Jugendlichen (Abs. 1 Nr. 1) 6
2. Kindeswohlgefährdung (Abs. 1 Nr. 2) 7
3. Unbegleitet eingereiste Minderjährige (Abs. 1 Nr. 3) 10

II. Befugnisse und Pflichten des Jugendamts (Abs. 1 Satz 2, Abs. 2, 3 und 5) ... 12
1. Befugnisse (Abs. 1 Satz 2, Abs. 2 Satz 4, Abs. 5) ... 12
a. Geeignete Unterbringung ... 12
b. Notkompetenzen ... 13
c. Wegnahmerecht ... 15
2. Pflichten (Abs. 2 und 3) ... 16
a. Hilfe und Unterstützung ... 16
b. Unterhalt und Krankenhilfe ... 17
c. Unterrichtspflicht ... 18
III. Anrufung des Familiengerichts oder Rückführung (Abs. 3) ... 19
IV. Ende der Inobhutnahme ... 21
C. Verwaltungsverfahren ... 22
D. Rechtsschutz ... 24
I. Verwaltungsrecht ... 24
II. Familienrecht ... 25
1. Herausgabeantrag gemäß §§ 1632 Abs. 1 BGB, 151 Nr. 3 FamFG ... 26
2. Sorgerechtsverfahren §§ 1666 BGB, 151 Nr. 1 FamFG ... 26

Literatur

Weiterführende Literatur: Antholz, Kindesinobhutnahmen 1995–2015, ZKJ 2017, 294 ff.; *Coester*, Inhalt und Funktionen des Begriffs der Kindeswohlgefährdung – Erfordernis einer Neudefinition? JAmt 2008, 1 ff.; *Dürbeck*, Aktuelle Rechtsfragen im Zusammenhang mit der Einreise unbegleiteter minderjähriger Flüchtlinge, ZKJ 2014, 266 ff.; *Dürbeck*, Unbegleitete minderjährige Flüchtlinge im Familienrecht, FamRZ 2018, 553 ff.; *Ernst*, Die Inobhutnahme bei nur teilweise alleinsorgeberechtigten Eltern im Spannungsfeld verwaltungsrechtlicher und familiengerichtlicher Entscheidungen, FamRZ 2017, 1120 ff.; *Finke*, Zur Vollstreckung von Inobhutnahmen – insbesondere zum Verhältnis von Polizei und Jugendamt bei der Anwendung unmittelbaren Zwangs, JAmt 2011, 251 ff.; *Fritzsche*, Bestimmung der Rechtswegzuständigkeit und der anzuwendenden Verfahrensordnung, NJW 2015, 586 ff.; *Fröschle*, Familiengericht und Jugendamt – gekreuzte Rechtswege, FamRZ 2016, 1905 ff.; *Gundelach*, Die Rechtsprechung zur medizinischen Altersfeststellung – eine Anmerkung, NVwZ 2018, 1849 ff.; *Heilmann*, Die Gesetzeslage zum Sorge- und Umgangsrecht – Eine Bestandsaufnahme unter Einbeziehung aktueller Rechtsprechungstendenzen, NJW 2012, 16 ff.; *Hoffmann*, Inobhutnahme im Sinne des § 42 SGB VIII, JAmt 2012, 244 ff.; *Holldorf/von Pirani*, Der begleitete Umgang im Spannungsfeld zwischen Jugendhilfe und Familiengericht, ZKJ 2012, 384 ff.; *Kirchhoff/Rudolf*, Altersfeststellung bei unbegleiteten Ausländern vor Inobhutnahmen durch Jugendämter, NVwZ 2017, 1167 ff.; *Knödler*, Zur Strafbarkeit von Sozialarbeitern und Sozialpädagogen – Teil 1 ZKJ 2018, 452 ff.; Teil 2 ZKJ 2019, 17 ff.; *Köhler*, Inobhutnahme und nachfolgende familiengerichtliche Entscheidung, ZKJ 2019, 12 ff.; *Lauterbach*, Die Inobhutnahme im Spannungsfeld zwischen Kinder- und Elternrecht, JAmt 2014, 10 ff.; *Neundorf*, Die Altersbestimmung bei unbegleiteten Minderjährigen – rechtliche Grundlagen und Debattenüberblick, ZAR 2018, 238 ff.; *Sommer*, Das Verhältnis von Jugendamt und Familiengericht, Frankfurt 2012; *Wagner*, Kindesinobhutnahmen 1995–2015, ZKJ 2017, 334 ff.; *Zitelmann*, Kindesschutz durch Inobhutnahme, ZKJ 2011, 236 ff.

A. Allgemeines

§ 42 SGB VIII ist die zentrale und klassische Vorschrift des öffentlichen Rechts für das nach Art. 6 Abs. 2 Satz 2 GG auszuübende **staatlichen Wächteramt** im Bereich des **Kinderschutzes**.[1] Sie ermöglicht zum Schutz des Kindes eine **Trennung des Kindes von seinen Personensorgeberechtigten** und steht damit nach Art. 6 Abs. 3 GG wegen des **Verhält-** 1

1 Vgl. ausführlich *Zitelmann*, ZKJ 2011, 236

nismäßigkeitsgrundsatzes wie § 1666 BGB unter besonders engen Voraussetzungen und in einem Spannungsfeld zwischen Elternrecht und Rechten des Kindes.

2 Gemäß § 2 Abs. 3 Nr. 1 SGB VIII handelt es sich bei der Inobhutnahme um eine **andere Aufgabe der Jugendhilfe**. Sie steht grundsätzlich selbstständig **neben dem zivilrechtlichen Kinderschutz** durch die Familiengerichte und dient der **vorläufigen Krisenbewältigung zur Abwendung einer Kindeswohlgefährdung**. Eine Verbindung zum zivilrechtlichen Kinderschutzverfahren besteht aber durch die **Pflicht zur Anrufung des Familiengerichts** durch das Jugendamt in den in §§ 8a Abs. 2 Satz 1, 42 Abs. 3 Satz 2 SGB VIII genannten Fällen. Das (dann folgende) zivilrechtliche Kinderschutzverfahren dient aber **nicht der Überprüfung der Voraussetzungen von §§ 8a, 42 SGB VIII,**[2] sondern orientiert sich ausschließlich **an den Voraussetzungen von §§ 1666, 1666a BGB** zum Zeitpunkt der gerichtlichen Entscheidung (vgl. unten Rn. 20).

Abs. 1 regelt abschließend **drei Fälle**, die zur Inobhutnahme von Kindern und Jugendlichen berechtigen, nämlich das Kind/Jugendlichen, das **selbst um seine Obhut bittet** (Nr. 1), der **unbegleitet eingereiste Minderjährige** (Nr. 3) und schließlich Kinder, bei denen eine dringende, **nicht anders abwendbare Gefahr** für ihr Wohl besteht (Nr. 2). Für den zuletzt genannten Fall wird § 42 SGB VIII **flankiert durch die Regelung in § 8a SGB VIII**, die vor allem **Verfahrensregeln** im **Vorfeld** einer Entscheidung nach § 42 Abs. 1 SGB VIII aufstellt.

3 Nach Abs. 1 Satz 1 ist § 42 SGB VIII nicht als bloße **Befugnisnorm zu einem Eingriff in das Elternrecht** der Sorgeberechtigten ausgestaltet, sondern stellt zugleich eine **Rechtspflicht** zu einem entsprechenden Handeln für die Jugendämter auf, deren Verletzung nicht nur verwaltungsrechtliche, sondern auch **straf-**[3] **und zivilrechtlichen Konsequenzen** für die Träger der Jugendhilfe und deren Mitarbeitern haben können (vgl. näher hierzu *Köhler*, Vorbem. SGB VIII Rn. 14 f.).

4 Im Jahr 2018 kam es bundesweit insgesamt in **52.590 Fällen** zu einer Inobhutnahme nach § 42 SGB VIII, davon betrafen 12.201 Fälle unbegleitet eingereiste Minderjährige.[4] Im Jahr 2017 waren es 61.383 Fälle der Inobhutnahme, davon betrafen 22.492 Fälle unbegleitet eingereiste Minderjährige.[5] Im Jahr 2016 gab es insgesamt 84.230 Inobhutnahmen, davon 42.309 Fälle unbegleitet einreisender Minderjähriger. Das bedeutet, dass der Rückgang der Inobhutnahmen weit überwiegend mit den geringer werdenden Inobhutnahmen unbegleitet einreisender Minderjähriger zu tun hat. Betrachtet man die Gesamtzahl an Fällen von Inobhutnahmen unter Ausklammerung der unbegleitet einreisenden Minderjährigen, haben sich die Zahlen von 2010 bis 2017 wie folgt entwickelt: 2010 33.521 Fälle, 2011 34.999 Fälle, 2012 35.510 Fälle, 2013 35.539 Fälle, 2014 36.417 Fälle, 2015 35.336 Fälle, 2016 41.921 Fälle, 2017 38.891 Fälle und 2018 40.389 Fälle. Damit hat zwischen 2010 und 2018 eine Steigerung der Fallzahlen (ohne unbegleitet einreisende Minderjährige) um insgesamt 20,488% stattgefunden, was zeigt, dass Änderungen im Kinderschutzrecht durch das KICK und das Bundeskinderschutzgesetz Wirkung zeigen.[6] Die Steigerung der Fallzahlen von unbegleitet eingereisten Kindern von 2.822 Fällen im Jahr 2010 auf 44.935 Fälle im Jahr 2016 und dann der Rückgang im Jahr 2017 auf 22.492 und im Jahr 2018 auf

2 Vgl. BayVGH FamRZ 2017, 1136; OLG Frankfurt NZFam 2015, 517; *DIJuF*-Rechtsgutachten JAmt 2018, 94; *Köhler*, ZKJ 2019, 12; Wiesner/*Wiesner*, § 42 SGB VIII Rn. 15a, Rn. 71

3 Vgl. hierzu auch *Knödler*, ZKJ 2018, 452; ZKJ 2019, 17

4 www.destatis.de/DE/Presse/Pressemitteilungen/2019/08/PD19_308_225.html (Zugriff: 15.1.2020); zu den familienrechtlichen Rechtsfragen in Bezug auf unbegleitete minderjährige Flüchtlinge: *Dürbeck*, FamRZ 2018, 553; *Dürbeck*, ZKJ 2014, 266

5 Diese und die folgenden Zahlen finden sich unter www-genesis.destatis.de/genesis/online?sequenz=tabelleErgebnis&selectionname=22523-0001 (Zugriff: 15.1.2020)

6 Zur Entwicklung der Inobhutnahmen von 1995 bis 2015 *Wagner*, ZKJ 2017, 334; *Antholz*, ZKJ 2017, 294

noch 12.201 Fälle ist dagegen der politischen und wirtschaftlichen Instabilität der jeweiligen Heimatländer und politischen Entscheidungen in Deutschland geschuldet, stellt aber gerade die meist als Amtsvormünder eingesetzten Jugendämter, wie die Praxis zeigt, vor große organisatorische und wirtschaftliche Herausforderungen.

B. Inhalt der Norm

I. Gründe für eine Inobhutnahme (Abs. 1 Satz 1)

Nach § 42 Abs. 1 Satz 1 SGB VIII ist das Jugendamt berechtigt und verpflichtet, ein Kind oder einen Jugendlichen in folgenden (**abschließend geregelten**, vgl. Art. 6 Abs. 3 GG) Fällen in seine Obhut zu nehmen: 5

1. Eigene Bitte des Kindes/Jugendlichen (Abs. 1 Nr. 1)

Abs. 1 Nr. 1 betrifft den sog. **Selbstmelder**, d. h. den Fall, dass ein Kind oder Jugendlicher gegenüber dem Jugendamt **um Obhut bittet**. Hier ist das Jugendamt **zur Aufnahme verpflichtet** und es besteht nach ganz h. M. auch ein **Rechtsanspruch des Kindes** auf Inobhutnahme.[7] Die vom Betreffenden vorgebrachten Gründe oder Motive sind nicht zu prüfen; eine Gefährdungslage ist nicht erforderlich.[8] Voraussetzung ist stets, dass das Kind bzw. der Jugendliche **zur Bildung und Äußerung eines entsprechenden natürlichen Willens fähig** ist, was bei Kleinstkindern meist nicht der Fall sein wird.[9] Die Vorschrift dient im Übrigen dazu, dem betroffenen Kind bzw. Jugendlichen **vorläufigen Schutz** zu gewähren. Das Jugendamt hat den betroffenen Minderjährigen nach Abs. 2 Satz 1 zu **beraten** und mit ihm die **Gründe seiner Entfernung** von den Erziehungsberechtigten zu **erörtern**. Es hat dabei nach Abs. 2 Satz 2 auch für **sein Wohl zu sorgen** und seinen **Unterhalt sicherzustellen**. Das Jugendamt hat den Personensorge- oder Erziehungsberechtigten nach Abs. 3 Satz 1 **unverzüglich** von der Inobhutnahme zu **unterrichten**. Es muss aber in jedem Fall genügend **Zeit zur vorläufigen Klärung des Sachverhalts** und zur **Beratung** des Kindes verbleiben.[10] Gegenüber Abs. 1 Nr. 3 ist Nr. 1 subsidiär.[11] Für das weitere Verfahren vgl. unten Rn. 11 ff. 6

2. Kindeswohlgefährdung (Abs. 1 Nr. 2)

Abs. 1 Nr. 2 betrifft den in der Praxis **häufigsten Anlass einer Inobhutnahme** durch das Jugendamt, nämlich bei einer **dringenden Gefahr für das Wohl des Kindes oder Jugendlichen und** der zusätzlichen Voraussetzung, dass die **Personensorgeberechtigten nicht widersprechen** (Nr. 1) oder eine **familiengerichtliche Entscheidung nicht rechtzeitig eingeholt** werden kann (Nr. 2). Der Begriff der **Kindeswohlgefährdung** entspricht dem des § 1666 BGB.[12] Eine Gefährdung des Kindeswohls liegt demnach dann vor, wenn das Kind bereits einen **körperlichen, geistigen oder psychischen Schaden** erlitten hat oder aber bei der weiteren Entwicklung eine **erhebliche Schädigung mit ziemlicher Sicherheit** zu erwarten ist.[13] Wie bei § 8a Abs. 2 Satz 2 SGB VIII bedarf es einer **dringenden Gefahr**, die dann gegeben ist, wenn eine Beeinträchtigung des körperlichen, geistigen oder seelischen Wohls des Kindes **hinreichend wahrscheinlich** ist **oder** wenn bei einer bereits realisierten Gefahr **Wiederholungsgefahr droht** und **sofortiges Einschreiten erforderlich** ist (näher hierzu *Köhler,* § 8a SGB VIII Rn. 11). Nicht erforderlich 7

---

7 BVerwG JAmt 2013, 588 Rn. 26; FK-SGB VIII/*Trenczek,* § 42 Rn. 7
8 Bay VGH, Beschl. v. 8.8.2011 – 12 ZB 10.974, juris; OVG Lüneburg JAmt 2009, 510
9 *Hoffmann,* JAmt 2012, 244
10 FK-SGB VIII/*Trenczek,* § 42 Rn. 41
11 *Hoffmann,* JAmt 2012, 244
12 *Coester,* JAmt 2008, 1, 5; LPK-SGB VIII/*Kepert,* § 42 Rn. 25; OLG Koblenz NJW 2012, 3108
13 BVerfG FamRZ 2018, 1084 = ZKJ 2018, 312; BVerfG FamRZ 2017, 524 = ZKJ 2017, 225; BVerfG FamRZ 2015, 112; BGH FamRZ 2019, 598; Staudinger/*Coester,* § 1666 BGB Rn. 82

ist es, dass die Verletzung oder Schädigung unmittelbar bevorsteht.[14] Bei der Frage der Dringlichkeit spielt auch **die Intensität der befürchteten Rechtsgutverletzung** eine entscheidende Rolle.[15]

8 **Kumulativ** hinzukommen muss, dass die Personensorgeberechtigten der Inobhutnahme **nicht widersprechen**, wobei eine bloße Duldung nicht ausreichend ist.[16] Das Einverständnis kann aber **konkludent** erteilt werden[17] und ist bei gemeinsamem Sorgerecht **von beiden Elternteilen** zu erklären.[18]

Fehlt es an einem Einverständnis des oder der Personensorgeberechtigten, so ist nach Nr. 2 die Inobhutnahme wegen des damit verbundenen Eingriffs in Art. 6 Abs. 2 Satz 1 GG nur zulässig, wenn eine **Entscheidung des Familiengerichts**, die auch im Wege der **einstweiligen Anordnung nach §§ 49 ff. FamFG** möglich ist, **nicht abgewartet werden kann**. Die Inobhutnahme nach § 42 Abs. 1 Satz 1 Nr. 2 SGB VIII ist nur eine vorläufige Notkompetenz des Jugendamts anstelle des eigentlich berufenen Familiengerichts.[19] Angesichts der bei den Amtsgerichten vorgehaltenen Bereitschaftsdienste, des in Gefährdungsfällen geltenden Beschleunigungsgrundsatzes und der modernen Telekommunikation, die eine Entscheidung innerhalb weniger Stunden ermöglichen, kommt eine Inobhutnahme nach § 42 Abs. 1 Satz 1 Nr. 2 SGB VIII **nur in besonders gelagerten akuten Gefährdungssituationen** in Betracht, die ein Abwarten der Entscheidung des Familiengerichts nicht erlauben.[20]

Wenn ein familiengerichtliches Kinderschutzverfahren bereits läuft, das Jugendamt eine Inobhutnahme aber ohne vorherige Information des Familiengerichts (d.h. ohne den Versuch einer Herbeiführung einer Entscheidung des Familiengerichts) durchführt, kann dies auch zu einer für das Jugendamt nachteiligen Kostenentscheidung des Familiengerichts führen.[21]

9 Auch das Jugendamt hat bei dieser ihm obliegenden Einschätzung den **Verhältnismäßigkeitsgrundsatz** und den insoweit hier geltenden **Vorrang des zivilrechtlichen Kinderschutzes** zu beachten.[22] Eine Inobhutnahme ist etwa dann zu unterlassen, wenn das Kind im Einvernehmen mit den Eltern bei Verwandten untergebracht werden kann und dies geeignet ist, das Kind hinreichend zu schützen.

3. Unbegleitet eingereiste Minderjährige (Abs. 1 Nr. 3)

10 § 42 erfasst in Abs. 1 Nr. 3 auch den Fall, dass ein **ausländisches Kind oder ein ausländischer Jugendlicher unbegleitet** nach Deutschland kommt und hier weder Personensorge- noch Erziehungsberechtigte vorhanden sind. Umfassende weitere Regelungen, insbesondere zur Verteilung und Aufnahmequoten der Bundesländer, wurden diesbezüglich in §§ 42a bis 42f SGB VIII aufgenommen.[23] Die Verpflichtung zur Inobhutnahme gilt bei unbegleitet eingereisten Minderjährigen unabhängig von der Stellung eines Asylantrags und führt grundsätzlich zur Unterbringung in Einrichtungen der Jugendhilfe, nicht einer

14 OVG Münster, Beschl. v. 18.5.2017 – 12 B 528/17, juris; Wiesner/*Wiesner*, § 42 SGB VIII Rn. 11
15 VG Cottbus JAmt 2014, 397; LPK-SGB VIII/*Kepert*, § 42 Rn. 25
16 OLG Frankfurt NJOZ 2012, 1627
17 MüKo-BGB/*Tillmanns*, § 42 SGB VIII Rn. 6
18 *Hoffmann*, JAmt 2012, 244, 246
19 BT-Drucks. 11/5948, 80; *Köhler*, ZKJ 2019, 12
20 OVG Greifswald ZKJ 2018, 394; OVG Berlin-Brandenburg ZKJ 2017, 241; VGH München FamRZ 2017, 1136; AG Frankfurt ZKJ 2019, 74; LPK-SGB VIII/*Kepert*, § 42 Rn. 34; *Köhler*, ZKJ 2019, 12
21 AG Frankfurt ZKJ 2019, 74
22 LPK-SGB VIII/*Kepert*, § 42 Rn. 27; BeckOGK/*C. Schmidt*, § 42 SGB VIII Rn. 27
23 Gesetz zur Verbesserung der Unterbringung, Versorgung und Betreuung ausländischer Kinder und Jugendlicher vom 28.10.2015, BGBl. I 2015 S. 1802, eingeführt mit Wirkung zum 1.11.2015; dazu *Veit*, FamRZ 2016, 93

asylrechtlichen Aufnahmeeinrichtung.[24] Nr. 3 betrifft auch den Fall, dass der Minderjährige zwar in Begleitung eines Erziehungsberechtigten in Deutschland einreist, danach aber hier allein zurückgelassen wird,[25] sei es wegen Weiterreise, freiwilliger Rückkehr, Abschiebung, Nichterreichbarkeit (Abtauchen in die Illegalität) oder Tod des Sorgeberechtigten.[26] Das Jugendamt hat nach der Inobhutnahme nach Abs. 3 Satz 4 unverzüglich die **Bestellung eines Vormunds oder Pflegers** durch das Familiengericht zu veranlassen. Für die Anordnung der Vormundschaft ist der Richter nach § 14 Nr. 10 RPflG zuständig, die Feststellung über das Ruhen der elterlichen Sorge nach § 1674 BGB trifft zuvor der Rechtspfleger nach § 3 Nr. 2a RPflG. In Berlin besteht die Besonderheit, dass nach dortigem Landesrecht die Senatsverwaltung als überörtlicher Träger der Jugendhilfe für Inobhutnahmen nach Abs. 1 Nr. 3 sachlich zuständig ist.[27]

Eines der Hauptprobleme bei Inobhutnahmen von unbegleitet eingereisten jungen Menschen stellt die Frage dar, wie alt die jungen Menschen wirklich sind. Das Gesetz sieht die Inobhutnahme nur für Minderjährige vor. Häufig sind die jungen Menschen ohne Papiere eingereist oder haben die Papiere verloren. Manchmal weisen Ausweisdokumente bestimmter Staaten immer den ersten oder letzten Tag eines Jahres als Geburtsdatum auf, was Zweifel an der Korrektheit des Geburtsdatums weckt. Gemäß § 20 Abs. 1 Satz 1 SGB X hat die zuständige Behörde den Sachverhalt von Amts wegen zu ermitteln. Der Gesetzgeber hat mit Wirkung zum 1.11.2015[28] in § 42f SGB VIII ein behördliches Verfahren zur **Altersfeststellung**[29] eingeführt, wodurch eine gesetzliche Grundlage im Rahmen der vorläufigen Inobhutnahme auch für eine ärztliche Untersuchung in Zweifelsfällen geschaffen wurde. Problematisch bleibt, dass nach bisherigem medizinischem Stand auch gutachterlich anhand der Untersuchungsmethoden (Zuordnung der drei somatischen Altersparameter „Weisheitszahn"-Mineralisation, Hand- und Schlüsselbeinverknöcherung zu geschlechtsspezifischen Mindestalterswerten der jeweils festgestellten Entwicklungsstufen)[30] stets nur eine Spannweite des möglichen Alters bestimmt werden kann und nur, wenn in dieser Spannweite keine Minderjährigkeit miteingeschlossen ist, eine Volljährigkeit sicher festgestellt werden kann. Eine vorläufige Inobhutnahme für die Zwecke der Altersbestimmung kommt nach § 42f Abs. 1 Satz 1 SGB VIII nicht nur für eindeutig Minderjährige, sondern darüber hinaus auch für solche Personen in Betracht, bei denen die Minderjährigkeit nicht ohne Weiteres feststeht, aber auch nicht ausgeschlossen werden kann.[31] Bei **Nichtaufklärbarkeit** auch nach ärztlicher Untersuchung ist **im Zweifel** Minderjährigkeit anzunehmen.[32] 11

24 BayVGH JAmt 2014, 528
25 MüKo-BGB/*Tillmanns,* § 42f SGB VIII Rn. 8; Hauck/Noftz/*Bohnert,* § 42a SGB VIII Rn. 19; LPK-SGB VIII/*Kepert,* § 42a Rn. 6; *Dürbeck*, ZKJ 2014, 266, 267
26 Hauck/Noftz/*Bohnert,* § 42a SGB VIII Rn. 19
27 § 33 Abs. 1 Satz 1 KJHG-Ausführungsgesetz Berlin; *Dürbeck*, ZKJ 2014, 266
28 Gesetz zur Verbesserung der Unterbringung, Versorgung und Betreuung ausländischer Kinder und Jugendlicher vom 28.10.2018, BGBl. I 2015 S. 1802
29 Vgl. zur Altersfeststellung OVG Bremen, Beschl. v. 6.11.2018 – 1 B 184/18, juris; OLG Hamm NJW-RR 2019, 262; OVG Bremen, NVwZ 2018, 1899; *Gundelach*, NVwZ 2018, 1849; *Neundorf*, ZAR 2018, 238; *Kirchhoff/Rudolf*, NVwZ 2017, 1167
30 Vgl. *Kirchhoff/Rudolf*, NVwZ 2017, 1167
31 BVerwG ZKJ 2018, 390 Rn. 29
32 Art. 25 Abs. 5 Unterabs. 1 Satz 2 der Richtlinie 2013/32/EU vom 26.6.2013; jurisPK-SGB VIII/*Kirchhoff*, § 42f Rn. 43; *Dürbeck*, FamRZ 2018, 553, 557; a.A. Darlegungs- und Beweislast des jungen Menschen für die anspruchsbegründende Tatsache Minderjährigkeit, im Zweifel Volljährigkeit: LPK-SGB VIII/*Kepert,* § 42 Rn. 39

II. Befugnisse und Pflichten des Jugendamts (Abs. 1 Satz 2, Abs. 2, 3 und 5)

1. Befugnisse (Abs. 1 Satz 2, Abs. 2 Satz 4, Abs. 5)

a. Geeignete Unterbringung

12 Nach Abs. 1 Satz 2 umfasst die Inobhutnahme die Befugnis, ein Kind oder Jugendlichen bei einer geeigneten Person, einer **geeigneten Einrichtung** oder in einer **sonstigen Wohnform vorläufig unterzubringen**. Sie ist aber gleichsam Teil der Pflicht nach Abs. 2 Satz 3, sich um das **Wohl des Kindes zu sorgen**. In der Praxis werden hier auf **Bereitschaftspflegestellen**[33] und **Heimeinrichtungen** i.S.d. § 34 SGB VIII zurückgegriffen, im Übrigen sind Alter und Zustand des Kindes und das etwaige Bedürfnis, den Aufenthaltsort des Kindes seinen Eltern nicht zu offenbaren, von Bedeutung für die **Auswahl des Unterbringungsorts**. Es kommen auch als geeignete Personen Verwandte oder der nicht sorgeberechtigte Elternteil in Betracht.[34]

b. Notkompetenzen

13 Das Jugendamt hat mit der Inobhutnahme **vorläufige**[35] öffentlich-rechtliche Notkompetenzen gemäß § 42 Abs. 2 Satz 4 Hs. 1 SGB VIII, welche in den entsprechenden Teilbereichen die Ausübung der elterlichen Sorge faktisch verhindern bzw. suspendieren. Die **Rechtsinhaberschaft der elterlichen Sorge wird durch die Inobhutnahme jedoch nicht verändert**.[36] Von dieser Notkompetenz grundsätzlich erfasst sind nach dem Wortlaut „alle Rechtshandlungen". Entscheidendes Merkmal ist die Notwendigkeit zum Wohl des Kindes.[37] Nicht umfasst ist in der Regel die **Regelung des Umgangs des Kindes mit seinen Eltern**. Allenfalls **in den ersten Tagen** der Inobhutnahme vermag diese entsprechende Entscheidungen des Jugendamtes zu legitimieren. Sodann ist die **Einleitung eines familiengerichtlichen Umgangsverfahrens nach § 24 FamFG anzuregen**. Etwas anderes ergibt sich auch dann nicht, wenn dem Jugendamt das Recht zur Aufenthaltsbestimmung – etwa im Wege der einstweiligen Anordnung – übertragen ist, denn dieses umfasst nicht das Recht zur Regelung des Umgangs.[38] Für die Bestimmung des Umfangs der Kompetenzen des Jugendamts nach erfolgter Inobhutnahme, etwa in Gesundheitsfragen oder Schulangelegenheiten, ist stets zu berücksichtigen, dass die Inobhutnahme an der Inhaberschaft des Sorgerechts nichts ändert und für Eingriffe in das Sorgerecht das Familiengericht die Regelkompetenz hat. Deshalb ist das **Jugendamt nach § 42 Abs. 2 Satz 4 Hs. 1 SGB VIII in allen Bereichen nur für unaufschiebbare Notfälle kompetent**, wobei es nach § 42 Abs. 2 Satz 4 Hs. 1 SGB VIII im Rahmen der Ausübung der Notkompetenzen den mutmaßlichen Willen der Personensorgeberechtigten zu berücksichtigen hat. Regelmäßig wird die Einleitung eines familiengerichtlichen Eilverfahrens eine hinreichend zeitnahe Klärung ermöglichen.

14 Freiheitsentziehende Maßnahmen sind nach **§ 42 Abs. 5 SGB VIII** im Rahmen der Inobhutnahme in außergewöhnlichen Krisenfällen **als Ultima Ratio** nur zulässig, wenn und soweit sie erforderlich sind, um eine **Gefahr für Leib oder Leben des Kindes** oder des Jugendlichen oder eine Gefahr für Leib oder Leben **Dritter** abzuwenden. § 42 Abs. 5 SGB VIII ist insoweit **lex specialis für die öffentlich-rechtliche Unterbringung** (§ 151 Nr. 7 FamFG) im Rahmen der Kinder- und Jugendhilfe.[39] Die Freiheitsentziehung ist in die-

---

33 FK-SGB VIII/*Trenczek*, § 42 Rn. 28
34 OLG Zweibrücken FamRZ 1996, 1026; LPK-SGB VIII/*Kepert*, § 42 Rn. 48; a.A. Wiesner/*Wiesner*, § 42 SGB VIII Rn. 20
35 BVerfG FamRZ 2007, 1632 Rn. 332 = ZKJ 2008, 38
36 BVerfG ZKJ 2008, 38; MüKo-BGB/*Tillmanns*, § 42 SGB VIII Rn. 15; *Köhler*, ZKJ 2019, 12
37 FK-SGB VIII/*Trenczek*, § 42 Rn. 35
38 BGH FamRZ 2016, 1752; OLG Frankfurt ZKJ 2015, 154; *Heilmann*, NJW 2012, 16, 18
39 FK-SGB VIII/*Trenczek*, § 42 Rn. 57

sem Fall ohne gerichtliche Entscheidung spätestens mit Ablauf des Tages nach ihrem Beginn zu beenden. Daneben bzw. danach kann das Jugendamt auch, da die zivilrechtliche Unterbringung nach § 1631b BGB ein Amtsverfahren darstellt und keines förmlichen Antrags durch die Sorgeberechtigten bedarf,[40] beim Familiengericht ein **zivilrechtliches Unterbringungsverfahren nach § 1631b BGB anregen** oder nach den öffentlich-rechtlichen Freiheitsentziehungsgesetzen der Länder (§ 151 Nr. 7 FamFG) vorgehen.

c. Wegnahmerecht

Schließlich berechtigt die Anordnung einer Inobhutnahme nach Abs. 1 Satz letzter Hs. auch zur **Wegnahme des Kindes oder Jugendlichen** von einer anderen Person. Mit der Änderung der Vorschrift durch das KICK wurde die Wegnahmebefugnis auch gegen den Personensorgeberechtigten erstreckt. **Zwang oder Gewalt** kann nur nach Maßgabe der **Ländervollstreckungsgesetze** angewendet werden, was durch § 42 Abs. 6 SGB VIII klargestellt wird, so dass das Jugendamt bei Notwendigkeit der Anwendung unmittelbaren Zwangs bei der Wegnahme des Kindes oder Jugendlichen die Polizei hinzuzuziehen hat.[41] 15

2. Pflichten (Abs. 2 und 3)

a. Hilfe und Unterstützung

Das Jugendamt hat nach Abs. 2 Satz 1 nach der Inobhutnahme die Situation, die zur Inobhutnahme geführt hat, zusammen mit dem Kind oder dem Jugendlichen zu **klären** und diesem **Möglichkeiten der Hilfe und Unterstützung aufzuzeigen**. Gemäß Abs. 2 Satz 2 ist dem Kind oder Jugendlichen nach der Inobhutnahme **unverzüglich Gelegenheit** zu geben, eine **Person seines Vertrauens zu benachrichtigen**. Soweit ein Konflikt mit den Eltern Grund für die Inobhutnahme ist, bietet sich die Einschaltung einer Vertrauensperson des Kindes an. Dies können z.B. sein: Verwandte, Freunde, Nachbarn, Lehrer oder Erzieher oder Geistliche. Das Kind oder der Jugendliche benachrichtigt grundsätzlich selbst (auch bestimmt es die Form der Übermittlung[42]), dem Jugendamt obliegt es aber, ihm eine entsprechende Gelegenheit dazu zu geben. Ist zu befürchten, dass ein Gespräch mit der ausgewählten Kontaktperson das Wohl des Kindes gefährden könnte, ist das Jugendamt berechtigt, dies zu unterbinden. Unverzüglich ist stets eine familiengerichtliche Regelung herbeizuführen, da das Recht der Eltern auch den (telefonischen) Kontakt zum Kind grundsätzlich umfasst. 16

Unbeschadet dessen hat das Jugendamt auf die Möglichkeit, eine andere Person zu kontaktieren, hinzuweisen[43] und die Kontaktaufnahme mit einer alternativen Vertrauensperson zu ermöglichen.

b. Unterhalt und Krankenhilfe

Nach § 42 Abs. 2 Satz 3 ist das Jugendamt während der Zeit der Inobhutnahme für das Wohl des Kindes verantwortlich und hat für das Kind den Unterhalt und die Krankenhilfe nach Maßgabe der §§ 39, 40 SGB VIII sicherzustellen. 17

c. Unterrichtspflicht

Schließlich hat das das Jugendamt nach Abs. 3 Satz 1 in den Fällen der Inobhutnahmen nach Abs. 1 Satz 1 Nr. 1 und 2 die **Personensorge- oder Erziehungsberechtigten unverzüglich von der Inobhutnahme zu unterrichten** und mit ihnen **das Gefährdungs-** 18

40 BT-Drucks. 18/11278, 16
41 LPK-SGB VIII/*Kepert*, § 42 Rn. 121; Wiesner/*Wiesner*, § 42 SGB VIII Rn. 66; a.A. *Finke*, JAmt 2011, 251, die Jugendämter selbst als Teil der Ordnungsbehörde als zur Zwangsausübung berechtigt ansieht
42 FK-SGB VIII/*Trenczek*, § 42 Rn. 33
43 MüKo-BGB/*Tillmanns*, § 42 SGB VIII Rn. 13

risiko abzuschätzen. Dies darf auch dann nicht unterbleiben, wenn das Kind oder der Jugendliche darum ersucht.[44] Das mit den Sorgeberechtigten zu führende Gespräch soll auch Klarheit darüber bringen, ob diese mit der Inobhutnahme einverstanden sind. In diesem Fall ist nach Abs. 3 Satz 5 unverzüglich ein **Hilfeplanverfahren** zur Gewährung einer Hilfe (z.B. Heimunterbringung nach § 34 SGB VIII) einzuleiten.

III. Anrufung des Familiengerichts oder Rückführung (Abs. 3)

19 **Widersprechen** die Personensorge- oder Erziehungsberechtigten der Inobhutnahme (der Widerspruch nur eines Personensorgeberechtigten genügt), so hat das Jugendamt nach Abs. 3 Satz 2 **unverzüglich** – das betrifft vor allem Fälle von Abs. 1 Satz 1 Nr. 1 – das Kind oder den Jugendlichen den Personensorge- oder Erziehungsberechtigten zu **übergeben**, sofern nach der Einschätzung des Jugendamts eine Gefährdung des Kindeswohls nicht (mehr) besteht oder die Personensorge- oder Erziehungsberechtigten nach gemeinsamer Erörterung des Anlasses der Inobhutnahme bereit und in der Lage sind, die Gefährdung abzuwenden (Abs. 3 Satz 2 Nr. 1). Gegebenenfalls sind erforderliche Hilfen zu gewähren. Insoweit besteht ein **Vorrang der Elternverantwortung** i.S.v. Art. 6 Abs. 2 Satz 1 GG.

Bejaht das Jugendamt die Notwendigkeit einer **fortdauernden Trennung** von Kind oder Jugendlichen von seinen Personen- oder Erziehungsberechtigten wegen einer **dringenden Kindeswohlgefährdung**, hat es nach Abs. 3 Satz 2 Nr. 2 eine **Entscheidung des Familiengerichts** über die erforderlichen Maßnahmen zum Wohl des Kindes oder des Jugendlichen **herbeizuführen**.

▶ *Zum Umfang der Mitteilungspflicht siehe auch Köhler, § 8a SGB VIII Rn. 8 ff.*

20 Das **Familiengericht** hat insbesondere in **eigener Verantwortung** zu prüfen, ob es von Amts wegen hinreichende Anhaltspunkte erkennt, die eine **Beschränkung des Sorgerechts nach § 1666 BGB** und eine **fortdauernde Trennung** von Kind und Sorgeberechtigten rechtfertigen.[45] Auch hat es nach seinem eigenen Ermessen zu entscheiden, ob es unmittelbar – ohne mündliche Erörterung, § 51 Abs. 2 Satz 2 FamFG, und ohne vorherige Anhörungen wegen Gefahr in Verzug, §§ 159 Abs. 3 Satz 2, 160 Abs. 4 FamFG – eine Eilentscheidung erlässt oder zunächst einen zeitnahen Termin anberaumt. Dem Familiengericht obliegt dabei nicht die Prüfung, ob das Jugendamt zu Recht die Voraussetzungen einer Inobhutnahme nach § 42 SGB VIII bejaht hat.[46] Gleichgestellt ist nach Abs. 3 Satz 3 der Fall, dass die Personensorge- oder Erziehungsberechtigten **nicht erreichbar sind**, so dass auch in diesem Fall das Familiengericht anzurufen ist, um diesen ungewissen Zustand zu beenden.

▶ *Zum Kinderschutzverfahren des Familiengerichts siehe Cirullies, § 1666 BGB Rn. 1 ff.*

IV. Ende der Inobhutnahme

21 Nach § 42 Abs. 4 SGB VIII endet die Inobhutnahme mit der **Übergabe des Kindes** oder Jugendlichen an die Personensorge- oder Erziehungsberechtigten (Nr. 1) und mit der **Entscheidung des Jugendamts über die Gewährung von Hilfen** nach dem SGB VIII (Nr. 2). **Entweicht** das Kind oder der Jugendliche eigenmächtig aus der Obhut des Jugendamts, entfällt ebenfalls die Grundlage der Inobhutnahme nach § 42 SGB VIII.[47]

---

44 LPK-SGB VIII/*Kepert*, § 42 Rn. 79
45 OLG Bamberg FamRZ 1999, 663; OLG Brandenburg FamRZ 2009, 994
46 BVerfG NJW 2007, 3560; OLG Frankfurt NZFam 2019, 407; BayVGH FamRZ 2017, 1136; OLG Frankfurt NZFam 2015, 517; OVG Lüneburg FamRZ 2010, 769; OLG Bamberg FamRZ 1999, 663; FK-SGB VIII/*Trenczek*, § 42 Rn. 47; *Lauterbach*, JAmt 2014, 10; Wiesner/*Wiesner*, § 42 SGB VIII Rn. 15a, Rn. 71; *Köhler*, ZKJ 2019, 12, 14; a.A. zu Unrecht: OLG Frankfurt NJOZ 2012, 1627
47 Wiesner/*Wiesner*, § 42 SGB VIII Rn. 54

Die **Auswirkung der familiengerichtlichen Entscheidung auf die Inobhutnahme ist umstritten**, da das Gesetz die familiengerichtliche Entscheidung nicht explizit als Beendigungstatbestand in § 42 Abs. 4 SGB VIII bestimmt hat. Nach der überwiegenden Auffassung endet die Inobhutnahme automatisch, wenn das Familiengericht, nachdem es vom Jugendamt oder den Personensorgeberechtigten angerufen worden ist, festgestellt hat, dass ein Entzug des Aufenthaltsbestimmungsrechts nach § 1666 BGB nicht stattfindet.[48] Diese Auffassung ist – da die Inobhutnahme nur eine Notkompetenz des Jugendamts darstellt und dann das eigentlich berufene Familiengericht entschieden hat – innerhalb der Systematik des § 42 SGB VIII konsequent. Jedoch kann eine Beendigung des Verwaltungsakts Inobhutnahme[49] durch eine Entscheidung eines Familiengerichts kaum erklärt werden.[50] Vorzugswürdig erscheint, dass die Inobhutnahme durch die familiengerichtliche Entscheidung zwar nicht automatisch endet, aber rechtswidrig wird.[51] Dieser Auffassung kann wiederum § 48 SGB X entgegengehalten werden. Der Grund für diese rechtsdogmatisch kaum zufriedenstellend auflösbaren Probleme zwischen Familienrecht, Jugendhilferecht und Verwaltungsrecht ist die Parallelität von verwaltungsrechtlichem und familienrechtlichem Verfahren. Es bedürfte hier gesetzlicher Klarstellung.[52] Unbeschadet dessen:

Wenn das Jugendamt den Personensorgeberechtigten das Kind **nach der familiengerichtlichen Entscheidung weiter vorenthält**, ist dies jedenfalls **widerrechtlich i.S.d. § 1632 Abs. 1 BGB**.[53] Teilt das Jugendamt die Einschätzung des Amtsgerichts nicht, sollte es Beschwerde einlegen und unverzüglich bei dem Oberlandesgericht die Aussetzung der Vollziehung anregen.

▶ *Näher zum zivilrechtlichen Herausgabeanspruch der Eltern siehe Fink, § 1632 BGB Rn. 2 ff.*

▶ *Näher zu den Eilmaßnahmen des Oberlandesgerichts im Rahmen des Beschwerdeverfahrens Dürbeck, § 64 FamFG Rn. 8 ff.*

C. Verwaltungsverfahren

In der Praxis besteht die Inobhutnahme häufig nur aus einem tatsächlichen Vorgang, d.h. dem tatsächlichen Verbringen und Fremdbetreuen des Kindes bzw. Jugendlichen in einer Einrichtung oder einer Bereitschaftspflegefamilie.[54] Rechtsnatur der Inobhutnahme nach § 42 SGB VIII ist ein **Dauerverwaltungsakt** (§ 31 SGB X).[55] Dieser ist **nicht formbedürftig** und kann gemäß § 33 Abs. 2 Satz 1 SGB X in schriftlicher, mündlicher oder in anderer Form ergehen. Schon wegen der notwendigen Anordnung der sofortigen Vollziehbarkeit[56] ist aber Schriftform regelmäßig geboten (§ 80 Abs. 2 Nr. 2, Abs. 3 Satz 1 VwGO: „... ist ... schriftlich zu begründen", Ausnahme § 80 Abs. 3 Satz 2 VwGO bei Gefahr in Verzug) und inzwischen auch Praxis. Der Verwaltungsakt ist grundsätzlich nach §§ 37 Abs. 1, **22**

48 OLG Frankfurt NZFam 2019, 407; Hauck/Noftz/*Bohnert*, § 42 SGB VIII Rn. 22; *Lauterbach*, JAmt 2014, 10; ebenso *Dürbeck* in der Vorauflage

49 Zur Rechtsnatur der Inobhutnahme sogleich Rn. 22

50 *Köhler*, ZKJ 2019, 12, 14

51 *Köhler*, ZKJ 2019, 12, 14

52 *Ernst*, FamRZ 2017, 1120, 1122; *Fröschle*, FamRZ 2016, 1905; *Lauterbach*, JAmt 2014, 10; umfassend *Sommer*, Das Verhältnis von Jugendamt und Familiengericht

53 OLG Frankfurt NZFam 2019, 407; *Köhler*, ZKJ 2019, 12, 16

54 Teilweise wird vertreten, dass das Realhandeln der Behörde nur ein Vollzugsakt sei und es zur Annahme eines Verwaltungsaktes daneben immer der Schriftform und der Begründung bedürfe; ohne Schriftform und ohne Begründung liege nur ein Vollzugsakt, aber kein Verwaltungsakt vor: VG Minden, Beschl. v. 12.12.2007 – 6 L 624/07, juris

55 LPK-SGB VIII/*Kepert*, § 42 Rn. 105; *Köhler*, ZKJ 2019, 12, 13; BVerwG JAmt 2013, 588 (Verwaltungsakt)

56 Ohne Anordnung der sofortigen Vollziehung haben Widerspruch und Anfechtungsklage aufschiebende Wirkung, § 80 Abs. 1 VwGO, d.h., die Inobhutnahme könnte bis zur Entscheidung über eingelegten Widerspruch bzw. Anfechtungsklage nicht vollzogen werden

39 Abs. 1 SGB X **bekannt zu machen**, und zwar nach zutreffender Auffassung gegenüber **den widersprechenden Personensorgeberechtigten und** dem (nicht selbst handlungsfähigen) **betroffenen Kind oder Jugendlichen, vertreten durch seinen gesetzlicher Vertreter**.[57] Sind der oder die gesetzlichen Vertreter nicht erreichbar, so ist mangels Möglichkeit der Bekanntmachung die Inobhutnahme durch (verwaltungsrechtlich) **unmittelbare Ausführung der Maßnahme** durchzuführen.[58]

23 Die **örtliche Zuständigkeit des Jugendamts** richtet sich gemäß § 87 Satz 1 SGB VIII nach dem tatsächlichen Aufenthalt des Kindes oder Jugendlichen. Zur Mitwirkung im Verfahren vor den Familiengerichten gemäß § 50 SGB VIII kann ein anderes Jugendamt zuständig sein als für die Inobhutnahme; zur Besonderheit der Regelung der **sachlichen Zuständigkeit** bei Inobhutnahmen nach § 42 Abs. 1 Nr. 3 SGB VIII in Berlin (Nr. 6 Abs. 1 bis 3 des Zuständigkeitskatalogs Ordnungsaufgaben zu § 2 Abs. 4 Allgemeines Sicherheits- und Ordnungsgesetz des Landes Berlin) vgl. bereits oben Rn. 10.

▶ *Näher zur örtlichen Zuständigkeit des Jugendamts siehe Köhler, §§ 86 ff. SGB VIII Rn. 1 ff.*

D. Rechtsschutz

I. Verwaltungsrecht

24 Eine **Überprüfung der Rechtmäßigkeit** einer vom Jugendamt angeordneten und noch andauernden Inobhutnahme können betroffene Sorgeberechtigte – unbeschadet ihres Begehrens auf Herausgabe des Kindes (hierzu unten Rn. 25) – nur über die **verwaltungsrechtlichen Rechtsbehelfe** erreichen. Da es sich um einen **Verwaltungsakt** handelt, ist zunächst ein **vorgerichtliches Widerspruchsverfahren** nach §§ 62 SGB X, 68 VwGO durchzuführen. **Nicht widerspruchs- und klagebefugt** mangels Verletzung eigener Rechte sind **Pflegeeltern**[59] und **nichtsorgeberechtigte Eltern**.[60] Für den Fall nicht erfolgreicher Durchführung steht die **verwaltungsgerichtliche Anfechtungsklage** nach § 42 Abs. 1 VwGO als statthaftes Rechtsmittel zur Verfügung. Ist die Inobhutnahme bereits durch Rückführung des Kindes beendet, kann nur nach den Grundsätzen der **Fortsetzungsfeststellungsklage** nach § 113 Abs. 1 Satz 4 VwGO analog bei besonderem Fortsetzungsfeststellungsinteresse eine Überprüfung durch die Verwaltungsgerichte erreicht werden.[61]

57 LPK-SGB VIII/*Kepert*, § 42 Rn. 123, 126; a.A. Wiesner/*Wiesner*, § 42 SGB VIII Rn. 68: Kind oder Jugendlicher
58 Ausführlich LPK-SGB VIII/*Kepert*, § 42 Rn. 122 f.
59 OVG Lüneburg DÖV 2014, 896; BayVGH NJW 2014, 715
60 VG München BeckRS 2013, 59433; VG Augsburg BeckRS 2009, 47886; VG Aachen BeckRS 2005, 29858; *Hoffmann*, JAmt 2012, 244, 249; Münder/Wiesner/Meysen/*Fischer*, Kinder- und Jugendhilferecht, Ziffer 6.3.2.1.3 Rn. 16
61 Str., bejaht von OVG Saarland ZKJ 2012, 159; FK-SGB VIII/*Trenczek*, § 42 Rn. 63; im konkreten Fall verneint von BVerwG ZKJ 2018, 390; verneint von OVG Sachsen JAmt 2010, 244

II. Familienrecht

Von der Inobhutnahme betroffene Personensorgeberechtigte verfolgen regelmäßig nicht das alleinige Ziel, die Rechtswidrigkeit der Inobhutnahme zu klären, sondern sie wollen die Herausgabe des Kindes erreichen.[62] Mit diesem Rechtsschutzziel können sie sich **unmittelbar selbst an das Familiengericht** wenden. Es sind folgende Verfahren in Erwägung zu ziehen: 25

1. Herausgabeantrag gemäß §§ 1632 Abs. 1 BGB, 151 Nr. 3 FamFG

Da die Inobhutnahme nicht zu einer Beschränkung des Sorgerechts führt (vgl. oben Rn. 14) können die Inhaber des Aufenthaltsbestimmungsrechts gegenüber dem Jugendamt zwar den Anspruch auf **Herausgabe des Kindes nach § 1632 Abs. 1 BGB** geltend machen.[63] Der Anspruch ist aber unbegründet, da infolge der öffentlich-rechtlichen Inobhutnahme das Zurückhalten des Kindes durch das Jugendamt – schon wegen des Grundsatzes der Einheit der Rechtsordnung – **bis zu einer (Eil-)Entscheidung des Familiengerichts** im Rahmen eines Kinderschutzverfahrens (siehe oben Rn. 21) **nicht widerrechtlich** i.S.d. § 1632 Abs. 1 BGB ist, weil das Jugendamt nach § 42 Abs. 2 Satz 4 SGB VIII bis zur Beendigung der Inobhutnahme im Rahmen seiner Notkompetenz berechtigt ist, vorläufig den Aufenthaltsort des Kindes anderweitig zu bestimmen.[64] Das Familiengericht hat dabei nicht zu prüfen, ob die Inobhutnahme nach § 42 Abs. 1 SGB VIII rechtmäßig war (vgl. oben Rn. 2). Es kommt allein darauf an, dass die Inobhutnahme rechtswirksam ist, was nur in extremen Ausnahmefällen offenkundiger Rechtswidrigkeit wegen **Nichtigkeit des Verwaltungsakts** nach § 42 SGB X zu verneinen ist.

2. Sorgerechtsverfahren §§ 1666 BGB, 151 Nr. 1 FamFG

Soweit das Jugendamt wegen eines Widerspruchs oder Unerreichbarkeit der (sorgeberechtigten) Eltern nicht bereits selbst das Familiengericht nach Maßgabe von § 42 Abs. 3 Satz 2 SGB VIII angerufen hat, können sich betroffene Eltern, Vormünder oder Pfleger auch **unmittelbar selbst an das Familiengericht** wenden und die **Einleitung eines amtswegigen Verfahrens nach § 1666 BGB** i.V.m. § 24 Abs. 1 FamFG **anregen**, was nach allgemeinen Verfahrensgrundsätzen des kinderschutzrechtlichen Amtsverfahrens stets möglich ist. Das Familiengericht kann in diesem Fall die Sorgeberechtigten nicht auf die Möglichkeit des Verwaltungsrechtswegs verweisen. Die Eltern haben ein **qualifiziertes Rechtsschutzbedürfnis** an der Einleitung eines Sorgerechtsverfahrens, weil die familiengerichtliche Entscheidung, dass ein Entzug des Aufenthaltsbestimmungsrechts nicht veranlasst ist, die Inobhutnahme beendet bzw. rechtswidrig werden lässt (vgl. oben Rn. 21) und damit den Herausgabeanspruch nach § 1632 Abs. 1 BGB gegen das Jugendamt begründet macht. Das Familiengericht kann nach seinem Ermessen die beiden Verfahren gemäß § 1666 BGB bzw. § 1632 Abs. 1 BGB auch nach § 20 FamFG verbinden. 26

62 *Ernst*, FamRZ 2017, 1120
63 OLG Frankfurt NZFam 2019, 407; OLG Brandenburg, Beschl. v. 18.2.2019 – 13 WF 210/18, juris; OLG Bamberg FamRZ 1999, 663; a.A. *Fritzsche*, NJW 2015, 586, 588
64 OLG Frankfurt NZFam 2019, 407; OLG Zweibrücken FamRZ 1996, 1026; Staudinger/*Salgo*, § 1632 BGB Rn. 16; Wiesner/*Wiesner*, § 42 SGB VIII Rn. 31; *Dürbeck* in: Handbuch Verfahrensbeistandschaft, Rn. 586; *Köhler*, ZKJ 2019, 12, 15

Übersicht: Inobhutnahme eines Minderjährigen nach § 42 Abs. 1 Nr. 2 SGB VIII

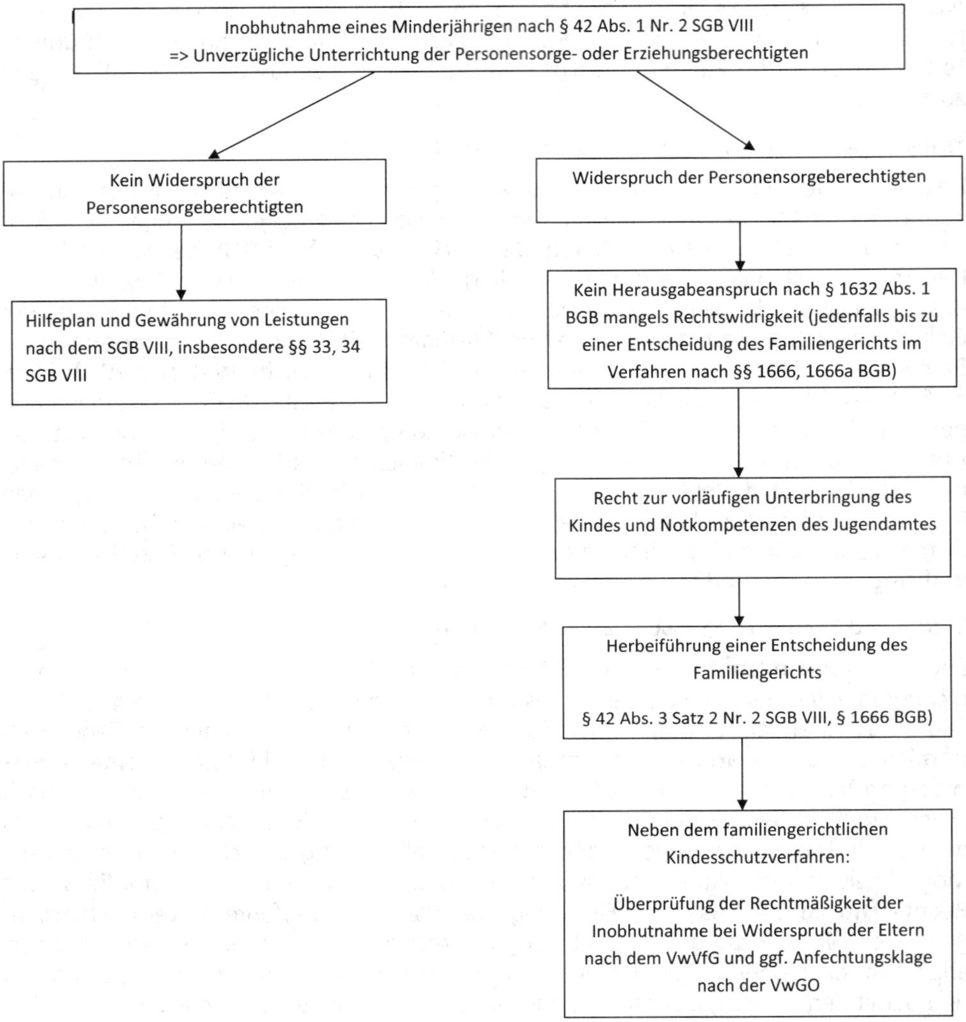

§ 42a SGB VIII Vorläufige Inobhutnahme von ausländischen Kindern und Jugendlichen nach unbegleiteter Einreise

(1) [1]Das Jugendamt ist berechtigt und verpflichtet, ein ausländisches Kind oder einen ausländischen Jugendlichen vorläufig in Obhut zu nehmen, sobald dessen unbegleitete Einreise nach Deutschland festgestellt wird. [2]Ein ausländisches Kind oder ein ausländischer Jugendlicher ist grundsätzlich dann als unbegleitet zu betrachten, wenn die Einreise nicht in Begleitung eines Personensorgeberechtigten oder Erziehungsberechtigten erfolgt; dies gilt auch, wenn das Kind oder der Jugendliche verheiratet ist. [3]§ 42 Absatz 1 Satz 2, Absatz 2 Satz 2 und 3, Absatz 5 sowie 6 gilt entsprechend.

(2) [1]Das Jugendamt hat während der vorläufigen Inobhutnahme zusammen mit dem Kind oder dem Jugendlichen einzuschätzen,

1. ob das Wohl des Kindes oder des Jugendlichen durch die Durchführung des Verteilungsverfahrens gefährdet würde,
2. ob sich eine mit dem Kind oder dem Jugendlichen verwandte Person im Inland oder im Ausland aufhält,
3. ob das Wohl des Kindes oder des Jugendlichen eine gemeinsame Inobhutnahme mit Geschwistern oder anderen unbegleiteten ausländischen Kindern oder Jugendlichen erfordert und
4. ob der Gesundheitszustand des Kindes oder des Jugendlichen die Durchführung des Verteilungsverfahrens innerhalb von 14 Werktagen nach Beginn der vorläufigen Inobhutnahme ausschließt; hierzu soll eine ärztliche Stellungnahme eingeholt werden.

[2]Auf der Grundlage des Ergebnisses der Einschätzung nach Satz 1 entscheidet das Jugendamt über die Anmeldung des Kindes oder des Jugendlichen zur Verteilung oder den Ausschluss der Verteilung.

(3) [1]Das Jugendamt ist während der vorläufigen Inobhutnahme berechtigt und verpflichtet, alle Rechtshandlungen vorzunehmen, die zum Wohl des Kindes oder des Jugendlichen notwendig sind. [2]Dabei ist das Kind oder der Jugendliche zu beteiligen und der mutmaßliche Wille der Personen- oder der Erziehungsberechtigten angemessen zu berücksichtigen.

(3a) Das Jugendamt hat dafür Sorge zu tragen, dass für die in Absatz 1 genannten Kinder oder Jugendlichen unverzüglich erkennungsdienstliche Maßnahmen nach § 49 Absatz 8 und 9 des Aufenthaltsgesetzes durchgeführt werden, wenn Zweifel über die Identität bestehen.

(4) [1]Das Jugendamt hat der nach Landesrecht für die Verteilung von unbegleiteten ausländischen Kindern und Jugendlichen zuständigen Stelle die vorläufige Inobhutnahme des Kindes oder des Jugendlichen innerhalb von sieben Werktagen nach Beginn der Maßnahme zur Erfüllung der in § 42b genannten Aufgaben mitzuteilen. [2]Zu diesem Zweck sind auch die Ergebnisse der Einschätzung nach Absatz 2 Satz 1 mitzuteilen. [3]Die nach Landesrecht zuständige Stelle hat gegenüber dem Bundesverwaltungsamt innerhalb von drei Werktagen das Kind oder den Jugendlichen zur Verteilung anzumelden oder den Ausschluss der Verteilung anzuzeigen.

(5) [1]Soll das Kind oder der Jugendliche im Rahmen eines Verteilungsverfahrens untergebracht werden, so umfasst die vorläufige Inobhutnahme auch die Pflicht,

1. die Begleitung des Kindes oder des Jugendlichen und dessen Übergabe durch eine insofern geeignete Person an das für die Inobhutnahme nach § 42 Absatz 1 Satz 1 Nummer 3 zuständige Jugendamt sicherzustellen sowie
2. dem für die Inobhutnahme nach § 42 Absatz 1 Satz 1 Nummer 3 zuständigen Jugendamt unverzüglich die personenbezogenen Daten zu übermitteln, die zur Wahrnehmung der Aufgaben nach § 42 erforderlich sind.

[2]Hält sich eine mit dem Kind oder dem Jugendlichen verwandte Person im Inland oder im Ausland auf, hat das Jugendamt auf eine Zusammenführung des Kindes oder des Jugendlichen mit dieser Person hinzuwirken, wenn dies dem Kindeswohl entspricht. [3]Das Kind oder der Jugendliche ist an der Übergabe und an der Entscheidung über die Familienzusammenführung angemessen zu beteiligen.

(6) Die vorläufige Inobhutnahme endet mit der Übergabe des Kindes oder des Jugendlichen an die Personensorge- oder Erziehungsberechtigten oder an das aufgrund der Zuweisungsentscheidung der zuständigen Landesbehörde nach § 88a Absatz 2 Satz 1 zuständige Jugendamt oder mit der Anzeige nach Absatz 4 Satz 3 über den Ausschluss des Verteilungsverfahrens nach § 42b Absatz 4.

§§ 42a bis 42f SGB VIII wurden durch das Gesetz zur Verbesserung der Unterbringung, Versorgung und Betreuung ausländischer Kinder und Jugendlicher vom 28.10.2015 mit Wirkung zum 1.11.2015 eingeführt.[1] Nachdem zuvor nur die Regelung des § 42 Abs. 1 Satz 1 Nr. 3 SGB VIII zur Inobhutnahme ausländischer Minderjähriger bestand, wurde vor dem Eindruck der stark steigenden Zahlen unbegleitet einreisender ausländischer Minder- **1**

1 BGBl. I 2015 S. 1802; dazu *Veit*, FamRZ 2016, 93

jähriger[2] und der bis dahin regional sehr unterschiedlichen Verteilung ein Mechanismus geschaffen, der vor allem dazu dient, **nach einer vorläufigen Inobhutnahme durch geänderte Zuständigkeiten zur endgültigen Inobhutnahme eine gerechtere Verteilung zwischen den Bundesländern zu erreichen** (vgl. § 42b Abs. 1 Satz 2, § 42c Abs. 1 Satz 2 SGB VIII). Jedoch wurde darauf geachtet, bei dieser endgültigen Verteilung die Bindungen und Beziehungen der Minderjährigen zu berücksichtigen, was in dem grundsätzlichen Verbot der Geschwistertrennung (§ 42b Abs. 5 Satz 1, Satz 2 SGB VIII) und dem grundsätzlichen Gebot der Zusammenführung mit Verwandten (§ 42a Abs. 5 Satz 2, § 42b Abs. 4 Nr. 3 SGB VIII) zum Ausdruck kommt.

2 Der **Aufbau von § 42a SGB VIII** wurde **an § 42 SGB VIII angelehnt**. Abs. 1 des § 42a SGB VIII definiert, wann das Jugendamt zur **vorläufigen Inobhutnahme** eines ausländischen Minderjährigen berechtigt und verpflichtet ist und wann dieser als unbegleitet zu betrachten ist. Nach den Vorgaben des Abs. 2 Satz 1 entscheidet das Jugendamt, ob der ausländische Minderjährige zum Verteilungsverfahren gemäß § 42b SGB VIII angemeldet oder davon ausgeschlossen wird. § 42a Abs. 3 SGB VIII entspricht § 42 Abs. 2 Satz 4 SGB VIII. Der mit Wirkung zum 9.8.2019 eingefügte Abs. 3a verpflichtet das Jugendamt, bei Zweifeln an der Identität des unbegleitet eingereisten Minderjährigen dafür Sorge zu tragen, dass die nach § 49 AufenthG zuständige Stelle erkennungsdienstliche Maßnahmen bei unbegleitet eingereisten Minderjährigen durchführt. Zu diesen Maßnahmen gehören das Anfertigen eines Lichtbildes und (bei Kindern ab 14 Jahren) ein Fingerabdruck aller Finger, § 49 Abs. 8 Satz 2, Satz 3 AufenthG. § 42a Abs. 4 und 5 SGB VIII regeln für den Fall der Verteilung die Mitteilungen des für die vorläufige Inobhutnahme zuständigen Jugendamts an die nach Landesrecht zuständige Stelle für die Verteilung (Abs. 4) bzw. die notwendige Informationsweiterleitung an das nach Verteilung endgültig zuständige Jugendamt (Abs. 5). § 42a Abs. 6 SGB VIII entspricht mit den zusätzlichen Besonderheiten des Verteilungsverfahrens der Regelung des § 42 Abs. 4 SGB VIII zur Beendigung der vorläufigen Inobhutnahme.[3]

§§ 42b bis 42e SGB VIII

Von Abdruck und Kommentierung wird abgesehen.

Die Vorschriften betreffen das behördliche Verfahren zur Verteilung unbegleiteter ausländischer Flüchtlinge ohne familiengerichtliche Anknüpfungspunkte.

§ 42f SGB VIII Behördliches Verfahren zur Altersfeststellung

(1) [1]Das Jugendamt hat im Rahmen der vorläufigen Inobhutnahme der ausländischen Person gemäß § 42a deren Minderjährigkeit durch Einsichtnahme in deren Ausweispapiere festzustellen oder hilfsweise mittels einer qualifizierten Inaugenscheinnahme einzuschätzen und festzustellen. [2]§ 8 Absatz 1 und § 42 Absatz 2 Satz 2 sind entsprechend anzuwenden.

(2) [1]Auf Antrag des Betroffenen oder seines Vertreters oder von Amts wegen hat das Jugendamt in Zweifelsfällen eine ärztliche Untersuchung zur Altersbestimmung zu veranlassen. [2]Ist eine ärztliche Untersuchung durchzuführen, ist die betroffene Person durch das Jugendamt umfassend über die Untersuchungsmethode und über die möglichen Folgen der Altersbestimmung aufzuklären. [3]Ist die ärztliche Untersuchung von Amts wegen durchzuführen, ist die betroffene Person zusätzlich über die Folgen einer Weigerung, sich der ärztlichen Untersuchung zu unterziehen, aufzuklären; die Untersuchung darf nur mit Einwilli-

2 Zu den Zahlen vgl. oben § 42 Rn. 4
3 Weiterführend vgl. *Dürbeck*, FamRZ 2018, 553

gung der betroffenen Person und ihres Vertreters durchgeführt werden. [4]Die §§ 60, 62 und 65 bis 67 des Ersten Buches sind entsprechend anzuwenden.

(3) [1]Widerspruch und Klage gegen die Entscheidung des Jugendamts, aufgrund der Altersfeststellung nach dieser Vorschrift die vorläufige Inobhutnahme nach § 42a oder die Inobhutnahme nach § 42 Absatz 1 Satz 1 Nummer 3 abzulehnen oder zu beenden, haben keine aufschiebende Wirkung. [2]Landesrecht kann bestimmen, dass gegen diese Entscheidung Klage ohne Nachprüfung in einem Vorverfahren nach § 68 der Verwaltungsgerichtsordnung erhoben werden kann.

Mit § 42f SGB VIII wurde eine Grundlage für die behördliche Altersfeststellung im Rahmen der vorläufigen Inobhutnahme ausländischer unbegleitet einreisender Minderjähriger geschaffen.[1] **1**

Wie bereits dargestellt, kann gerade bei ausländischen jungen Menschen ohne Papiere die Altersfeststellung besonders problematisch sein, da die Minderjährigkeit oftmals Tatbestandsvoraussetzung von kinder- und jugendhilferechtlichen Ansprüchen ist.[2] Als **Grundlage der behördlichen Altersfeststellung** sieht § 42f Abs. 1 Satz 1 SGB VIII die **Einsichtnahme in die Ausweispapiere**, hilfsweise eine **qualifizierte Inaugenscheinnahme** vor. **In Zweifelsfällen** ist gemäß § 42f Abs. 2 Satz 1 SGB VIII eine **ärztliche Untersuchung** zu veranlassen. Im verwaltungsgerichtlichen Verfahren kann sich das Jugendamt nicht auf ein angeblich feststehendes Alter des jungen Menschen berufen, wenn es selbst von Amts wegen eine ärztliche Untersuchung zur Altersbestimmung veranlasst hat.[3]

Auch **im familiengerichtlichen Verfahren** kann es, etwa im Zusammenhang mit ausländischen Flüchtlingen, zu Problemen der Altersfeststellung kommen. Kindschaftssachen wie die Einsetzung eines Vormunds oder eines Ergänzungspflegers setzen voraus, dass die Betroffenen noch minderjährig sind. Zunächst ist das anwendbare Recht zu prüfen, um festzustellen, nach dem Recht welchen Staates sich die Beurteilung der Minderjährigkeit richtet.[4] Das Familiengericht hat die entscheidungserheblichen Tatsachen, wozu auch das Alter des Kindes gehört,[5] gemäß § 26 FamFG von Amts wegen zu ermitteln. § 26 FamFG gebietet bei Zweifeln, alle verfahrensrechtlich möglichen und zulässigen Aufklärungsmöglichkeiten auszuschöpfen, um das Alter des Betroffenen aufzuklären.[6] Wenn es sich bei der Minderjährigkeit um eine doppelrelevante Tatsache handelt, also eine Tatsache, die sowohl für die Frage der (internationalen) Zuständigkeit als auch die Begründetheit erheblich ist, ist die Minderjährigkeit im Rahmen der Zuständigkeit zu unterstellen.[7] **2**

Anders als im behördlichen Verfahren gibt es **für das familiengerichtliche Verfahren keine Vorschrift, welche die körperlich eingreifende ärztliche Untersuchung zur Altersfeststellung gegen den Willen des Betroffenen erlaubt**. § 26 FamFG ermöglicht zwar eine Befragung des Betroffenen in einem Anhörungstermin und auch eine Inaugenscheinnahme, nicht aber etwa eine röntgenologische Untersuchung gegen den Willen des Betroffenen.[8] Wurde im behördlichen Verfahren gemäß § 42f SGB VIII ein röntgenologisches Gutachten eingeholt, kann dies im familiengerichtlichen Verfahren verwertet werden.[9] Hinsichtlich des derzeitigen fachlichen Erkenntnisstands ist festzustellen, dass eine **3**

1 Eingeführt durch Gesetz vom 28.10.2015 mit Wirkung vom 1.11.2015, BGBl. I 2015 S. 1802
2 Vgl. oben § 42 SGB VIII Rn. 11
3 OVG Bremen JAmt 2019, 418
4 BGH ZKJ 2018, 227 (Vormundschaft für einen jungen Menschen aus Guinea); *Dürbeck*, FamRZ 2018, 553, 556
5 BGH JAmt 2018, 476 (Abschiebungssache); OLG Koblenz FamRZ 2017, 1676; KG ZKJ 2012, 450
6 *Dürbeck*, FamRZ 2018, 553, 556
7 BGH ZKJ 2018, 227 (LS)
8 Auch § 25 Abs. 1 der Röntgen-VO ist keine entsprechende Grundlage, OLG Hamm FamRZ 2015, 1635; AG Schöneberg ZKJ 2014, 486; einer Verwertbarkeit eines von einem Verfahrensbeteiligten eingeholten röntgenologischen Gutachtens im FamFG-Verfahren steht § 25 Abs. 1 Röntgen-VO aber nicht entgegen: LG Berlin JAmt 2009, 457
9 OLG Hamm FamRZ 2015, 1635

einigermaßen genaue (oder gar taggenaue) Altersfeststellung (noch) nicht möglich ist. Anhand der üblichen Untersuchungsmethoden (Zuordnung der drei somatischen Altersparameter „Weisheitszahn"-Mineralisation, Hand- und Schlüsselbeinverknöcherung zu geschlechtsspezifischen Mindestalterswerten der jeweils festgestellten Entwicklungsstufen)[10] kann stets nur eine Spannweite des möglichen Alters bestimmt werden. Nur, wenn in dieser Spannweite keine Minderjährigkeit miteingeschlossen ist, kann sicher von Volljährigkeit ausgegangen werden. Wenn nach erschöpfender Sachaufklärung (insbesondere Befragung, Inaugenscheinnahme und gutachterliche Klärung) **erhebliche Zweifel an der Minderjährigkeit** des Betroffenen bestehen, dürfte **im familiengerichtlichen Verfahren von Minderjährigkeit** auszugehen sein.[11] Zwar kennt auch das kindschaftsrechtliche Verfahren nach Ausschöpfung aller Beweismittel eine objektive Feststellungslast. Diese dürfte aber vorliegend nicht eingreifen, da es keine gesetzliche Vermutung der Volljährigkeit gibt.[12]

Zweiter Abschnitt
Schutz von Kindern und Jugendlichen in Familienpflege und in Einrichtungen

§ 43 SGB VIII Erlaubnis zur Kindertagespflege

(1) Eine Person, die ein Kind oder mehrere Kinder außerhalb des Haushalts des Erziehungsberechtigten während eines Teils des Tages und mehr als 15 Stunden wöchentlich gegen Entgelt länger als drei Monate betreuen will, bedarf der Erlaubnis.

(2) Die Erlaubnis ist zu erteilen, wenn die Person für die Kindertagespflege geeignet ist. Geeignet im Sinne des Satzes 1 sind Personen, die

1. **sich durch ihre Persönlichkeit, Sachkompetenz und Kooperationsbereitschaft mit Erziehungsberechtigten und anderen Tagespflegepersonen auszeichnen und**
2. **über kindgerechte Räumlichkeiten verfügen.**
3. **Sie sollen über vertiefte Kenntnisse hinsichtlich der Anforderungen der Kindertagespflege verfügen, die sie in qualifizierten Lehrgängen erworben oder in anderer Weise nachgewiesen haben. § 72a Absatz 1 und 5 gilt entsprechend.**

(3) Die Erlaubnis befugt zur Betreuung von bis zu fünf gleichzeitig anwesenden, fremden Kindern. Im Einzelfall kann die Erlaubnis für eine geringere Zahl von Kindern erteilt werden. Landesrecht kann bestimmen, dass die Erlaubnis zur Betreuung von mehr als fünf gleichzeitig anwesenden, fremden Kindern erteilt werden kann, wenn die Person über eine pädagogische Ausbildung verfügt; in der Pflegestelle dürfen nicht mehr Kinder betreut werden als in einer vergleichbaren Gruppe einer Tageseinrichtung. Die Erlaubnis ist auf fünf Jahre befristet. Sie kann mit einer Nebenbestimmung versehen werden. Die Tagespflegeperson hat den Träger der öffentlichen Jugendhilfe über wichtige Ereignisse zu unterrichten, die für die Betreuung des oder der Kinder bedeutsam sind.

(4) Erziehungsberechtigte und Tagespflegepersonen haben Anspruch auf Beratung in allen Fragen der Kindertagespflege.

(5) Das Nähere regelt das Landesrecht.

Von einer Kommentierung wird abgesehen.

---

10 Vgl. *Kirchhoff/Rudolf*, NVwZ 2017, 1167
11 BGH JAmt 2015, 395 Rn. 7 (zum Aufenthaltsrecht)
12 BGH ZKJ 2016, 414 (im dort entschiedenen Fall kennt § 1626a Abs. 2 Satz 2 BGB eine Vermutung, die im Zweifelsfall nach Feststellungslastgrundsätzen eingreift); vgl. auch *Dürbeck*, FamRZ 2018, 553, 557

§ 44 SGB VIII Erlaubnis zur Vollzeitpflege

(1) Wer ein Kind oder einen Jugendlichen über Tag und Nacht in seinem Haushalt aufnehmen will (Pflegeperson), bedarf der Erlaubnis. Einer Erlaubnis bedarf nicht, wer ein Kind oder einen Jugendlichen

1. im Rahmen von Hilfe zur Erziehung oder von Eingliederungshilfe für seelisch behinderte Kinder und Jugendliche auf Grund einer Vermittlung durch das Jugendamt,

2. als Vormund oder Pfleger im Rahmen seines Wirkungskreises,

3. als Verwandter oder Verschwägerter bis zum dritten Grad,

4. bis zur Dauer von acht Wochen,

5. im Rahmen eines Schüler- oder Jugendaustausches,

6. in Adoptionspflege (§ 1744 des Bürgerlichen Gesetzbuchs)

über Tag und Nacht aufnimmt.

(2) Die Erlaubnis ist zu versagen, wenn das Wohl des Kindes oder des Jugendlichen in der Pflegestelle nicht gewährleistet ist. § 72a Absatz 1 und 5 gilt entsprechend.

(3) Das Jugendamt soll den Erfordernissen des Einzelfalls entsprechend an Ort und Stelle überprüfen, ob die Voraussetzungen für die Erteilung der Erlaubnis weiter bestehen. Ist das Wohl des Kindes oder des Jugendlichen in der Pflegestelle gefährdet und ist die Pflegeperson nicht bereit oder in der Lage, die Gefährdung abzuwenden, so ist die Erlaubnis zurückzunehmen oder zu widerrufen.

(4) Wer ein Kind oder einen Jugendlichen in erlaubnispflichtige Familienpflege aufgenommen hat, hat das Jugendamt über wichtige Ereignisse zu unterrichten, die das Wohl des Kindes oder des Jugendlichen betreffen.

Von einer Kommentierung wird abgesehen.

§ 45 SGB VIII Erlaubnis für den Betrieb einer Einrichtung

(1) Der Träger einer Einrichtung, in der Kinder oder Jugendliche ganztägig oder für einen Teil des Tages betreut werden oder Unterkunft erhalten, bedarf für den Betrieb der Einrichtung der Erlaubnis. Einer Erlaubnis bedarf nicht, wer

1. eine Jugendfreizeiteinrichtung, eine Jugendbildungseinrichtung, eine Jugendherberge oder ein Schullandheim betreibt,

2. ein Schülerheim betreibt, das landesgesetzlich der Schulaufsicht untersteht,

3. eine Einrichtung betreibt, die außerhalb der Jugendhilfe liegende Aufgaben für Kinder oder Jugendliche wahrnimmt, wenn für sie eine entsprechende gesetzliche Aufsicht besteht oder im Rahmen des Hotel- und Gaststättengewerbes der Aufnahme von Kindern oder Jugendlichen dient.

(2) Die Erlaubnis ist zu erteilen, wenn das Wohl der Kinder und Jugendlichen in der Einrichtung gewährleistet ist. Dies ist in der Regel anzunehmen, wenn

1. die dem Zweck und der Konzeption der Einrichtung entsprechenden räumlichen, fachlichen, wirtschaftlichen und personellen Voraussetzungen für den Betrieb erfüllt sind,

2. die gesellschaftliche und sprachliche Integration und ein gesundheitsförderliches Lebensumfeld in der Einrichtung unterstützt werden sowie die gesundheitliche Vorsorge und die medizinische Betreuung der Kinder und Jugendlichen nicht erschwert werden sowie

3. zur Sicherung der Rechte von Kindern und Jugendlichen in der Einrichtung geeignete Verfahren der Beteiligung sowie der Möglichkeit der Beschwerde in persönlichen Angelegenheiten Anwendung finden.

(3) Zur Prüfung der Voraussetzungen hat der Träger der Einrichtung mit dem Antrag
1. **die Konzeption der Einrichtung vorzulegen, die auch Auskunft über Maßnahmen zur Qualitätsentwicklung und -sicherung gibt, sowie**
2. **im Hinblick auf die Eignung des Personals nachzuweisen, dass die Vorlage und Prüfung von aufgabenspezifischen Ausbildungsnachweisen sowie von Führungszeugnissen nach § 30 Absatz 5 und § 30a Absatz 1 des Bundeszentralregistergesetzes sichergestellt sind; Führungszeugnisse sind von dem Träger der Einrichtung in regelmäßigen Abständen erneut anzufordern und zu prüfen.**

(4) Die Erlaubnis kann mit Nebenbestimmungen versehen werden. Zur Sicherung des Wohls der Kinder und der Jugendlichen können auch nachträgliche Auflagen erteilt werden.

(5) Besteht für eine erlaubnispflichtige Einrichtung eine Aufsicht nach anderen Rechtsvorschriften, so hat die zuständige Behörde ihr Tätigwerden zuvor mit der anderen Behörde abzustimmen. Sie hat den Träger der Einrichtung rechtzeitig auf weitergehende Anforderungen nach anderen Rechtsvorschriften hinzuweisen.

(6) Sind in einer Einrichtung Mängel festgestellt worden, so soll die zuständige Behörde zunächst den Träger der Einrichtung über die Möglichkeiten zur Beseitigung der Mängel beraten. Wenn sich die Beseitigung der Mängel auf Entgelte oder Vergütungen nach § 134 des Neunten Buches oder nach § 76 des Zwölften Buches auswirken kann, so ist der Träger der Eingliederungshilfe oder der Sozialhilfe, mit dem Vereinbarungen nach diesen Vorschriften bestehen, an der Beratung zu beteiligen. Werden festgestellte Mängel nicht behoben, so können dem Träger der Einrichtung Auflagen erteilt werden, die zur Beseitigung einer eingetretenen oder Abwendung einer drohenden Beeinträchtigung oder Gefährdung des Wohls der Kinder oder Jugendlichen erforderlich sind. Wenn sich eine Auflage auf Entgelte oder Vergütungen nach § 134 des Neunten Buches oder nach § 76 des Zwölften Buches auswirkt, so entscheidet die zuständige Behörde nach Anhörung des Trägers der Eingliederungshilfe oder der Sozialhilfe, mit dem Vereinbarungen nach diesen Vorschriften bestehen, über die Erteilung der Auflage. Die Auflage ist nach Möglichkeit in Übereinstimmung mit den nach § 134 des Neunten Buches oder nach den §§ 75 bis 80 des Zwölften Buches getroffenen Vereinbarungen auszugestalten.

(7) Die Erlaubnis ist zurückzunehmen oder zu widerrufen, wenn das Wohl der Kinder oder der Jugendlichen in der Einrichtung gefährdet und der Träger der Einrichtung nicht bereit oder nicht in der Lage ist, die Gefährdung abzuwenden. Widerspruch und Anfechtungsklage gegen die Rücknahme oder den Widerruf der Erlaubnis haben keine aufschiebende Wirkung.

Von einer Kommentierung wird abgesehen.

§ 46 SGB VIII Örtliche Prüfung

(1) Die zuständige Behörde soll nach den Erfordernissen des Einzelfalls an Ort und Stelle überprüfen, ob die Voraussetzungen für die Erteilung der Erlaubnis weiter bestehen. Der Träger der Einrichtung soll bei der örtlichen Prüfung mitwirken. Sie soll das Jugendamt und einen zentralen Träger der freien Jugendhilfe, wenn diesem der Träger der Einrichtung angehört, an der Überprüfung beteiligen.

(2) Die von der zuständigen Behörde mit der Überprüfung der Einrichtung beauftragten Personen sind berechtigt, die für die Einrichtung benutzten Grundstücke und Räume, soweit diese nicht einem Hausrecht der Bewohner unterliegen, während der Tageszeit zu betreten, dort Prüfungen und Besichtigungen vorzunehmen, sich mit den Kindern und Jugendlichen in Verbindung zu setzen und die Beschäftigten zu befragen. Zur Abwehr von Gefahren für das Wohl der Kinder und der Jugendlichen können die Grundstücke und Räume auch außerhalb der in Satz 1 genannten Zeit und auch, wenn sie zugleich einem Hausrecht der Bewoh-

ner unterliegen, betreten werden. Der Träger der Einrichtung hat die Maßnahmen nach den Sätzen 1 und 2 zu dulden.

Von einer Kommentierung wird abgesehen.

§ 47 SGB VIII Meldepflichten

Der Träger einer erlaubnispflichtigen Einrichtung hat der zuständigen Behörde unverzüglich

1. **die Betriebsaufnahme unter Angabe von Name und Anschrift des Trägers, Art und Standort der Einrichtung, der Zahl der verfügbaren Plätze sowie der Namen und der beruflichen Ausbildung des Leiters und der Betreuungskräfte,**
2. **Ereignisse oder Entwicklungen, die geeignet sind, das Wohl der Kinder und Jugendlichen zu beeinträchtigen, sowie**
3. **die bevorstehende Schließung der Einrichtung**

anzuzeigen. Änderungen der in Nummer 1 bezeichneten Angaben sowie der Konzeption sind der zuständigen Behörde unverzüglich, die Zahl der belegten Plätze ist jährlich einmal zu melden.

Von einer Kommentierung wird abgesehen.

§ 48 SGB VIII Tätigkeitsuntersagung

Die zuständige Behörde kann dem Träger einer erlaubnispflichtigen Einrichtung die weitere Beschäftigung des Leiters, eines Beschäftigten oder sonstigen Mitarbeiters ganz oder für bestimmte Funktionen oder Tätigkeiten untersagen, wenn Tatsachen die Annahme rechtfertigen, dass er die für seine Tätigkeit erforderliche Eignung nicht besitzt.

Von einer Kommentierung wird abgesehen.

§ 48a SGB VIII Sonstige betreute Wohnform

(1) Für den Betrieb einer sonstigen Wohnform, in der Kinder oder Jugendliche betreut werden oder Unterkunft erhalten, gelten die §§ 45 bis 48 entsprechend.
(2) Ist die sonstige Wohnform organisatorisch mit einer Einrichtung verbunden, so gilt sie als Teil der Einrichtung.

Von einer Kommentierung wird abgesehen.

§ 49 SGB VIII Landesrechtsvorbehalt

Das Nähere über die in diesem Abschnitt geregelten Aufgaben regelt das Landesrecht.

Von einer Kommentierung wird abgesehen.

Dritter Abschnitt
Mitwirkung in gerichtlichen Verfahren

§ 50 SGB VIII Mitwirkung in Verfahren vor den Familiengerichten

(1) [1]Das Jugendamt unterstützt das Familiengericht bei allen Maßnahmen, die die Sorge für die Person von Kindern und Jugendlichen betreffen. [2]Es hat in folgenden Verfahren nach dem Gesetz über das Verfahren in Familiensachen und in den Angelegenheiten der freiwilligen Gerichtsbarkeit mitzuwirken:

1. Kindschaftssachen (§ 162 des Gesetzes über das Verfahren in Familiensachen und in den Angelegenheiten der freiwilligen Gerichtsbarkeit),

2. Abstammungssachen (§ 176 des Gesetzes über das Verfahren in Familiensachen und in den Angelegenheiten der freiwilligen Gerichtsbarkeit),

3. Adoptionssachen (§ 188 Absatz 2, §§ 189, 194, 195 des Gesetzes über das Verfahren in Familiensachen und in den Angelegenheiten der freiwilligen Gerichtsbarkeit),

4. Ehewohnungssachen (§ 204 Absatz 2, § 205 des Gesetzes über das Verfahren in Familiensachen und in den Angelegenheiten der freiwilligen Gerichtsbarkeit) und

5. Gewaltschutzsachen (§§ 212, 213 des Gesetzes über das Verfahren in Familiensachen und in den Angelegenheiten der freiwilligen Gerichtsbarkeit).

(2) [1]Das Jugendamt unterrichtet insbesondere über angebotene und erbrachte Leistungen, bringt erzieherische und soziale Gesichtspunkte zur Entwicklung des Kindes oder des Jugendlichen ein und weist auf weitere Möglichkeiten der Hilfe hin. [2]In Kindschaftssachen informiert das Jugendamt das Familiengericht in dem Termin nach § 155 Absatz 2 des Gesetzes über das Verfahren in Familiensachen und in den Angelegenheiten der freiwilligen Gerichtsbarkeit über den Stand des Beratungsprozesses.

(3) Das Jugendamt, das in Verfahren zur Übertragung der gemeinsamen Sorge nach § 155a Absatz 4 Satz 1 und § 162 des Gesetzes über das Verfahren in Familiensachen und in den Angelegenheiten der freiwilligen Gerichtsbarkeit angehört wird oder sich am Verfahren beteiligt, teilt gerichtliche Entscheidungen, aufgrund derer die Sorge gemäß § 1626a Absatz 2 Satz 1 des Bürgerlichen Gesetzbuchs den Eltern ganz oder zum Teil gemeinsam übertragen wird, dem nach § 87c Absatz 6 Satz 2 zuständigen Jugendamt zu den in § 58a genannten Zwecken unverzüglich mit. Mitzuteilen sind auch das Geburtsdatum und der Geburtsort des Kindes oder des Jugendlichen sowie der Name, den das Kind oder der Jugendliche zur Zeit der Beurkundung seiner Geburt geführt hat.

Literatur

Weiterführende Literatur: Dürbeck, Aktuelle Rechtsfragen im Zusammenhang mit der Einreise unbegleiteter minderjähriger Flüchtlinge, ZKJ 2014, 266 ff.; *Dürbeck*, Das Gesetz zur Reform der elterlichen Sorge nicht miteinander verheirateter Eltern aus Sicht der Praxis, ZKJ 2013, 330 ff.; *Flemming*, Das aktive Jugendamt, ZKJ 2009, 315 ff.; *Hoffmann*, Aufgaben des Jugendamts im Kontext familiengerichtlicher Verfahren, FPR 2011, 304 ff.; *Kunkel*, Wider einen „Perspektivenwechsel" in der Jugendhilfe, FamRZ 1997, 193 ff.; *Kunkel*, Möglichkeiten und Grenzen der professionellen Kommunikation in der Familiengerichtsbarkeit mit Blick auf Verschwiegenheitspflicht und Datenschutz, FPR 2013, 487 ff.; *Lohse/Ernst/Katzenstein*, Profilierung des familiengerichtlichen Kinderschutzverfahrens, JAmt 2019, 234 ff.; *Meysen*, Familiengericht und Jugendamt: produktives Ringen oder Machtkampf?, NZFam 2016, 580 ff.; *Morat/Kramer*, Verfahrensbeistandschaft und Datenschutz, ZKJ 2014, 139 ff.; *Müller-Magedburg*, Die Beteiligung des Jugendamts – Plädoyer für ein aktives Jugendamt, ZKJ 2009, 319 ff.; *Oberloskamp*, Das Jugendamt im familiengerichtlichen Verfahren, ZKJ 2016, 336 ff.; *Oelkers*, Formelle und materiell-rechtliche Fragen des Umgangsrechts nach § 1634 BGB, FamRZ 1995, 449 ff.; *Rüting*, Das kindorientierte Zusammenwirken im Verfahren vor dem Familiengericht, ZKJ 2011, 244 ff.; *Sommer*, Das Verhältnis von Jugendamt und Familiengericht, Frankfurt 2012.

Übersicht

Rn.

A. Allgemeines ... 1
B. Inhalt der Norm ... 3
I. Mitwirkungstatbestände (Abs. 1 Satz 2) ... 3
II. Rechtsposition des Jugendamts und Zweck der Mitwirkung ... 4
III. Art der Mitwirkung ... 7
1. Form ... 7
2. Inhalt ... 9
IV. Übermittlungspflichten (Abs. 3) ... 13
C. Rechtsschutz gegen die fachliche Äußerung ... 14
D. Grenzen der Mitwirkung ... 15
E. Übertragung auf freie Träger ... 18
F. Örtliche und sachliche Zuständigkeit ... 20

A. Allgemeines

1 Mit der Einführung des FamFG zum 1.9.2009 wurde auch die Frage der Beteiligung und Anhörung des Jugendamts in Verfahren betreffend die Person und Angelegenheiten des Kindes neu und einheitlich in § 162 FamFG gefasst. Der Aufzählung einzelner Mitwirkungstatbestände folgt auch das SGB VIII in § 50 Abs. 1 Satz 2. Die **Mitwirkung des Jugendamts im kindschaftsrechtlichen Verfahren** hat eine lange Rechtstradition, wobei sich das Verständnis der Rolle und Funktion des Jugendamts und sein Verhältnis zum Familiengericht grundlegend gewandelt hat.[1] Das Jugendamt gilt insbesondere nicht mehr als bloßer Ermittlungsgehilfe des Familiengerichts. Seine Rolle und Aufgabe im familiengerichtlichen Verfahren nimmt es **eigenständig** wahr und bringt seine **fachspezifische soziale Kompetenz** in das Verfahren ein.

2 Die Mitwirkung des Jugendamts in Verfahren vor dem Familiengericht gilt nach § 2 Abs. 3 Nr. 6 SGB VIII als **andere Aufgabe der Kinder- und Jugendhilfe**. Die hohen Anforderungen, die das BVerfG an die Voraussetzungen eines Sorgerechtsentzuges nach §§ 1666, 1666a BGB stellt (vgl. hierzu *Cirullies*, § 1666 BGB Rn. 18 ff.), führen in der Praxis vermehrt zu Konflikten zwischen Jugendamt und Familiengericht über die Notwendigkeit und Sinnhaftigkeit der Erbringungen weiterer öffentlicher Hilfen zur Abwendung einer Trennung von Kind und Eltern, die die Frage aufwerfen, ob das Familiengericht gegenüber dem Jugendamt die Gewährung von Leistungen nach dem SGB VIII anordnen kann, siehe näher hierzu *Köhler*, § 36a SGB VIII Rn.1 ff. Auch die Pflicht des Familiengerichts, Elternrechte in ihrem Konflikt mit Rechten des Kindes in verfassungskonformer Weise bei der Entscheidung zu berücksichtigen,[2] setzt einer **Kooperation zwischen Familiengericht und Jugendamt**, wie dies als Idealbild einer „Verantwortungsgemeinschaft" in der familien- und jugendhilferechtlichen Literatur[3] gesehen wird, in der Praxis deutliche Grenzen. Unbeschadet der Aufgaben des Jugendamtes hat auch der **Verfahrensbeistand** nach § 158 FamFG die Rolle, Bedeutung und Wahrnehmung des Jugendamts im Rahmen seiner Mitwirkung

1 Zur Entwicklung vgl. juris-PK/*Schruth*, § 50 SGB VIII Rn. 3; zum Verhältnis Jugendamt und Familiengericht grundlegend *Sommer*, S. 27 ff.

2 Vgl. zur Kritik an der Überbetonung der Elternrechte im Kinderschutz durch das BVerfG: *Heilmann*, NJW 2014, 2904

3 Vgl. etwa Wiesner/*Wapler*, § 50 SGB VIII Rn. 73 ff.; *Meysen*, NZFam 2016, 580; *Rüting*, ZKJ 2011, 244; *Hoffmann*, FPR 2011, 304

und ggf. Beteiligung im familiengerichtlichen Verfahren erheblich verändert (näher hierzu *Dürbeck*, § 162 FamFG Rn. 28 f.).

▶ *Zu den Aufgaben des Verfahrensbeistandes siehe Keuter, § 158 FamFG Rn. 28 ff.*

B. Inhalt der Norm

I. Mitwirkungstatbestände (Abs. 1 Satz 2)

3 § 50 Abs. 1 Satz 2 SGB VIII fasst die Vorschriften des FamFG zur Anhörung des Jugendamts zusammen und statuiert für das Jugendamt eine **Amtspflicht zur Mitwirkung** in **Kindschaftssachen** nach § 162 FamFG i.V.m. § 151 FamFG (Nr. 1), in Abstammungssachen nach § 176 FamFG (Nr. 2), in Adoptionssachen nach §§ 188 Abs. 2, 189, 194, 195 FamFG (Nr. 3), in den in §§ 204 Abs. 2, 205 FamFG genannten Ehewohnungssachen (Nr. 4) und den in §§ 212, 213 FamFG genannten Gewaltsschutzsachen. Die einzelnen Anhörungstatbestände ergeben sich aus dem materiellen Recht des BGB und z.T. aus Spezialgesetzen wie dem RKEG oder NamÄG und sind entscheidend für die inhaltlichen Anforderungen an die Mitwirkung des Jugendamts im Verfahren vor dem Familiengericht.[4]

II. Rechtsposition des Jugendamts und Zweck der Mitwirkung

4 Der Rechtsstatus des Jugendamts in den familiengerichtlichen Verfahren, in denen es nach Abs. 1 Satz 2 mitwirkt, hängt zunächst davon ab, ob es im Verfahren formell **beteiligt** ist oder nicht. Eine Muss-Beteiligung ist nur nach § 162 Abs. 2 Satz 1 FamFG in Kinderschutzverfahren nach §§ 1666, 1666a BGB vorgesehen, im Übrigen steht es ihm im Rahmen von § 162 Abs. 2 Satz 2, 204 Abs. 2, 212, 188 Abs. 2 FamFG frei, sich durch Antragstellung zu **beteiligen**.

▶ *Ausführlich zur Beteiligung des Jugendamtes siehe Dürbeck, § 162 FamFG Rn. 18 ff.*

Das **Beschwerderecht** steht dem Jugendamt nach § 162 Abs. 3 Satz 2 FamFG unabhängig von der Frage seiner Beteiligtenstellung zu.

5 Auch soweit das Jugendamt nicht verfahrensbeteiligt ist, wird das Jugendamt im Rahmen der ihm durch § 2 Abs. 3 Nr. 6 SGB VIII zugewiesenen eigenständigen Pflichtaufgabe der Mitwirkung am familiengerichtlichen Kindschaftsverfahren **nicht als weisungsgebundenes Hilfsorgan** oder als Ermittlungsbehörde des Familiengerichts tätig,[5] sondern nimmt diese ihm zugewiesene gesetzliche Aufgabe **selbstständig** und in **eigener Verantwortung** wahr. Es soll dabei nach dem gesetzlichen Leitbild seine Rolle im familiengerichtlichen Verfahren **aktiv** wahrnehmen[6] und mit dem Familiengericht in kindsorientierter Weise **kooperieren**.[7]

6 Die in § 50 SGB VIII vorgesehene Mitwirkung dient **aus Sicht des Familiengerichts** der gerichtlichen Entscheidungsfindung und stellt sich daher als eine Form der Ermittlung und Sachaufklärung dar.[8] Dem trägt auch Abs. 1 Satz 1 Rechnung und betont die **Unterstützungsfunktion** des Jugendamts gegenüber dem Familiengericht. Die sozialpädagogische Kompetenz des Jugendamts soll dem Familiengericht dabei helfen, im Rahmen der Rechtsanwendung – vor allem in Bezug auf die Belange von betroffenen Kindern – die richtige Sachentscheidung zu treffen und wird dem unbestimmten Rechtsbegriff „Kindeswohl" als Leitmaßstab für familiengerichtliche Entscheidungen und Einfallstor außerjuristischer Er-

---

4 Ausführlich zu allen Anhörungstatbeständen im materiellen Familienrecht: Wiesner/*Dürbeck*, Anh. 3 SGB VIII Rn. 32 ff.
5 *Lohse/Ernst/Katzenstein*, JAmt 2019, 234, 240
6 *Flemming*, ZKJ 2009, 315
7 *Rüting*, ZKJ 2011, 244; *Sommer*, S. 135 ff.
8 Keidel/*Engelhardt*, § 162 FamFG Rn. 2

kenntnisse gerecht. Aus **Sicht der Jugendhilfe** soll die Mitwirkung im familiengerichtlichen Verfahren die durch § 1 Abs. 1 SGB VIII vorgegebenen Ziele, sich für eine Verbesserung der Lebenssituation von Kindern oder Jugendlichen einzusetzen, erfüllen helfen.[9] Diese unterschiedlichen Zielsetzungen müssen im Einzelfall auf Grund der unterschiedlichen Herangehensweise der agierenden Berufsfelder **nicht immer deckungsgleich** sein.

III. Art der Mitwirkung

1. Form

Die Verpflichtung zur Mitwirkung in den im Gesetz genannten Familiensachen bedeutet, 7
dass das Jugendamt die ihm vom Familiengericht gewährte Gelegenheit wahrzunehmen hat, sich vor der zu treffenden Entscheidung zu äußern. Gesetzliche Vorgaben über die Form der Mitwirkung bestehen nicht. Es entspricht jedoch den Gepflogenheiten zwischen Behörden und sonstigen staatlichen Institutionen, dem Anspruch der weiteren Verfahrensbeteiligten auf **Gewährung rechtlichen Gehörs** und dem Erfordernis einer ausreichenden Vorbereitung einer mündlichen Verhandlung bei einem Gericht, dass in der Regel eine Äußerung in **schriftlicher Form** abzufassen und rechtzeitig vor einem Termin abzusenden ist.[10] Eine schriftliche Äußerung des Jugendamts wird etwa dann unerlässlich sein, wenn es nach erfolgter Inobhutnahme des Kindes oder Jugendlichen nach § 42 Abs. 3 Satz 2 SGB VIII oder im Rahmen von § 8a Abs. 2 Satz 1 SGB VIII das Familiengericht anruft. Eine **mündliche Stellungnahme** wird hingegen dann ausreichen, wenn das Jugendamt die betroffene Familie noch nicht kennt und das FamG einen frühen Termin nach § 155 Abs. 2 FamFG oder in einem einstweiligen Anordnungsverfahren nach §§ 49 ff. FamFG bestimmt, ohne dass es dem Jugendamt vorher möglich war, die betroffenen Eltern und Kinder oder Jugendlichen zu kontaktieren.

Ist das Jugendamt am Verfahren **beteiligt** (gemäß § 162 Abs. 2 Satz 1 FamFG von Amts 8
wegen in Kinderschutzverfahren oder ansonsten auf seinen Antrag), **kann** das **persönliche Erscheinen des Jugendamts** als zuständige Fachbehörde (nicht aber ein bestimmter Sachbearbeiter) **zu einem gerichtlichen Termin angeordnet** und notfalls mit Ordnungsmitteln durchgesetzt **werden**.[11]

Ist das Jugendamt nicht förmlich am Verfahren beteiligt, ist es grundsätzlich nicht verpflichtet, zu einem gerichtlichen Termin zu erscheinen (unabhängig von der Anordnung des persönlichen Erscheinens). Eine Ausnahme dazu bildet § 155 Abs. 2 Satz 3 FamFG, wo eine Terminsanwesenheit des Jugendamts in den in § 155 Abs. 1 FamFG genannten, vorrangig und beschleunigt zu führenden Kindschaftssachen vorausgesetzt wird, unabhängig von der Beteiligtenstellung des Jugendamts. Das bedeutet, dass das **Jugendamt als Fachbehörde** auch eine **Anwesenheitspflicht in dem Termin nach § 155 Abs. 2 FamFG** hat.[12]

2. Inhalt

Die regelmäßig schriftlich abzufassende Stellungnahme des Jugendamts sollte sich nicht 9
auf die Darstellung von Tatsachen – etwa der Schilderung dessen, was die Eltern gegenüber dem Jugendamt geäußert haben – beschränken, sondern darüber hinaus auch einen **psychosozialen Befund mit einer psychosozialen Diagnose**, d.h. eine Erklärung und Zuordnung der Befunde vor dem Hintergrund spezifischen Fachwissens enthalten.[13] Hilfreich ist, wenn Sachverhaltsdarstellung mit konkret beschriebenen Situationen getrennt

---

9 FK-SGB VIII/*Trenczek*, Vor §§ 50–52 Rn. 6
10 LPK-SGB VIII/*Berneiser/Diehl*, § 50 Rn. 18; FK-SGB VIII/*Trenczek*, Vor §§ 50–52 Rn. 30
11 Wiesner/*Wapler*, § 50 SGB VIII Rn. 63d; OLG Frankfurt JAmt 2013, 162
12 MüKo-FamFG/*Heilmann*, § 155 Rn. 64
13 *Oberloskamp*, ZKJ 2016, 336, 339; FK-SGB VIII/*Trenczek*, Vor §§ 50–52 Rn. 26

von der Bewertung dargestellt werden. Die Stellungnahme ist kein Gutachten, sondern vielmehr eine **fachliche behördliche Äußerung**.[14] Der Inhalt der Äußerung bestimmt sich nach dem jeweiligen Anhörungstatbestand des materiellen Rechts.[15] Damit sollte sich das Jugendamt in Kindesschutzverfahren zur Frage der Gefährdung des Kindeswohls positionieren. Dazu gehört nicht nur die Darstellung von Missständen im elterlichen Haushalt, sondern insbesondere auch die diesbezüglichen Folgen für das Kind aus sozialarbeiterischer Sicht (drohende oder bereits eingetretene, konkret benannte Schäden, ggf. Ressourcen des Kindes).[16] In Verfahren nach § 1671 BGB sollte das Jugendamt dazu Stellung nehmen, ob eine Aufhebung der gemeinsamen elterlichen Sorge und die Übertragung auf den Antragsteller dem Wohl des Kindes am besten entspricht und in Umgangsverfahren nach § 1684 BGB sich dazu äußern, welche Regelung des Umgangs dem Wohl des Kindes dient bzw. ob und inwieweit es einer Einschränkung des Umgangs zur Abwehr einer (konkret benannten) Kindeswohlgefährdung bedarf.

10 Im Grundsatz hat das Jugendamt nach § 50 Abs. 2 Satz 1 SGB VIII insbesondere über **bereits erbrachte oder angebotene Erziehungshilfen** und sonstige Leistungen zu berichten und **erzieherische und soziale Gesichtspunkte** zur Entwicklung des Kindes einzubringen. Dabei sollte im Regelfall – soweit **datenschutzrechtliche Gesichtspunkte** dem nicht entgegenstehen[17] – ein vorhandener **Hilfeplan** mitgeliefert werden. Gleiches gilt uneingeschränkt für vorhandene **Gefährdungseinschätzungsbögen**.

10a Durch die Mitteilung des Jugendamts über bereits erbrachte Hilfen kann das Familiengericht besser beurteilen, ob die Eltern nicht gewillt und nicht in der Lage sind, die Gefährdung abzuwenden (§ 1666 Abs. 1 BGB); die vom Jugendamt mitgeteilten erzieherischen und sozialen Gesichtspunkte zur Entwicklung des Kindes oder Jugendlichen dienen dem Familiengericht zur Überprüfung der Frage, ob das körperliche, geistige oder seelische Wohl des Kindes gefährdet ist (§ 1666 Abs. 1 BGB); der Hinweis des Jugendamts auf weitere Möglichkeiten der Hilfe dient der Überprüfung, ob der Gefahr auf andere Weise, insbesondere durch öffentliche Hilfen, begegnet werden kann (§ 1666a Abs. 1 Satz 1 BGB).[18]

11 Weiterhin wäre es aus Sicht der Familiengerichte wünschenswert, wenn das Jugendamt zur Vorbereitung seines Berichts einen **Hausbesuch** bei beiden Eltern durchführen würde,[19] was in der Praxis außerhalb von Kinderschutzverfahren leider eher die Ausnahme ist und heute von den Verfahrensbeiständen übernommen wird (zur Funktionsverlagerung im Verhältnis Verfahrensbeistand und Jugendamt vgl. *Dürbeck*, § 162 FamFG Rn. 28 f.). Eine aus § 50 SGB VIII folgende Verpflichtung zu vorherigen Hausbesuchen besteht jedoch auch unter Berücksichtigung von § 8a Abs. 1 Satz SGB VIII (*vgl. Köhler*, § 8a SGB VIII Rn. 6) nicht,[20] sondern steht im Ermessen der zuständigen Fachkraft.

12 Umstritten ist, ob die fachliche Äußerung des Jugendamts einen bestimmten **Entscheidungsvorschlag** enthalten muss, was insbesondere von der kinder- und jugendhilferecht-

14 FK-SGB VIII/*Trenczek*, Vor §§ 50–52 Rn. 23
15 Vgl. die ausführliche Darstellung von Wiesner/*Dürbeck*, Anh. 3 SGB VIII Rn. 32 ff. zu allen familienrechtlichen Anhörungstatbeständen
16 *Lohse/Ernst/Katzenstein*, JAmt 2019, 234, 238
17 FK-SGB VIII/*Trenczek*, § 50 Rn. 31; LPK-SGB VIII/*Berneiser/Diehl*, § 50 Rn. 27: ohne Einverständnis der Eltern i. Erg. nur im Kinderschutzverfahren; a.A. Wiesner/*Schmid-Obkirchner*, § 36 SGB VIII Rn. 87: Pflicht zur Vorlage
18 Instruktiv *Lohse/Ernst/Katzenstein*, JAmt 2019, 234, 237
19 So ausdrücklich: OLG Stuttgart FamRZ 2006, 1857; OLG Köln FamRZ 2001, 1535; FamRZ 1999, 1517; *Völker/Clausius*, § 1 Rn. 441: „in der Regel einen Hausbesuch bei beiden Eltern", vgl. dazu auch *DIJuF*-Rechtsgutachten JAmt 2015, 83
20 *Lohse/Ernst/Katzenstein*, JAmt 2019, 234, 240; *Oberloskamp*, ZKJ 2016, 336, 343; LPK-SGB VIII/*Berneiser/Diehl*, § 50 Rn. 26

lichen Literatur[21] überwiegend verneint wird. Dem ist insoweit zuzustimmen, dass das Familiengericht das Jugendamt nicht zu einem Entscheidungsvorschlag zwingen kann und der Wortlaut des § 50 Abs. 2 SGB VIII einen Entscheidungsvorschlag nicht als zwingenden Teil der Stellungnahme des Jugendamts vorsieht. Jedoch sollte sich das Jugendamt im Rahmen seiner fachlichen Einschätzung positionieren,[22] da die Interessenwahrnehmung für ein betroffenes Kind, wie es § 1 Abs. 1 und 3 Nr. 1 SGB VIII als Ziel der Jugendhilfe vorgeben, untrennbar verbunden ist mit Parteinahme. So sollte etwa in einem Antragsverfahren nach §§ 1628 oder 1671 BGB seitens des Jugendamts auch ein bestimmter Entscheidungsvorschlag gemacht werden. **Kein Entscheidungsvorschlag** kann jedenfalls dann erwartet werden, wenn Gründe des **Datenschutzes** dem im Einzelfall entgegenstehen sollten,[23] die betroffenen Elternteile die **Kooperation mit dem Jugendamt verweigert** haben (was dann auch dem Gericht mitzuteilen ist)[24] oder dem Jugendamt wegen bestimmter im Vordergrund stehenden Fragen (z.B. körperliche oder psychische Erkrankung der Eltern) die **Sachkompetenz fehlt**.[25]

IV. Übermittlungspflichten (Abs. 3)

Durch das Gesetz zur Reform der elterlichen Sorge nicht miteinander verheirateter Eltern 13
vom 16.4.2013[26] wurde Abs. 3 der Vorschrift eingefügt. Soweit das Jugendamt in **Verfahren zur Übertragung der gemeinsamen Sorge nach § 155a Abs. 4 Satz 1 FamFG** angehört wird oder sich am betreffenden Verfahren beteiligt hat, hat es nach § 50 Abs. 3 SGB VIII gerichtliche Entscheidungen, aufgrund derer die Sorge gemäß § 1626a Abs. 2 Satz 1 BGB den Eltern ganz oder zum Teil gemeinsam übertragen wurde, dem nach § 87c Abs. 6 Satz 2 zuständigen Jugendamt zu den in § 58a SGB VIII genannten Zwecken **unverzüglich mitzuteilen**. Mitzuteilen sind nach Satz 2 auch das Geburtsdatum und der Geburtsort des Kindes oder des Jugendlichen sowie der Name, den das Kind oder der Jugendliche zur Zeit der Beurkundung seiner Geburt geführt hat.

Soweit das Familiengericht im **vereinfachten Verfahren nach § 155a Abs. 2 und 3 FamFG ohne Anhörung und Beteiligung** entschieden hat und zumindest in Teilbereichen gemeinsames Sorgerecht begründet hat, ist es nach § 155a Abs. 3 Satz 3 FamFG selbst für die Übermittlung der vorbezeichneten Daten an das für die Führung des Sorgerechtsregisters zuständige Jugendamt zuständig (näher hierzu *Fink*, § 155a FamFG Rn. 32).

C. Rechtsschutz gegen die fachliche Äußerung

Soweit ein Verfahrensbeteiligter mit einer fachlichen Äußerung des Jugendamts im Rah- 14
men dessen Mitwirkung nach § 50 SGB VIII nicht einverstanden ist, weil er sie etwa als unzutreffend, fachlich fehlerhaft oder ehrverletzend ansieht, besteht **kein vor den Verwaltungsgerichten einklagbarer öffentlich-rechtlicher Anspruch auf Unterlassen** der vom Jugendamts getätigten Äußerungen, soweit diese nicht leichtfertig abgegeben wurden und sie sich in einem sachlichen Rahmen bewegen.[27] Es besteht kein Anspruch auf Wahrnehmung der Aufgabe durch einen bestimmten Sachbearbeiter in der Behörde; die

21 FK-SGB VIII/*Trenczek*, Vor §§ 50–52 Rn. 31; Wiesner/*Wapler*, § 50 SGB VIII Rn. 50; MüKo-BGB/*Tillmanns*, § 50 SGB VIII Rn. 9; LPK-SGB VIII/*Berneiser/Diehl*, § 50 Rn. 15; Wiesner/*Dürbeck*, Anh. 3 SGB VIII Rn. 9
22 BGH FamRZ 1986, 895 Rn. 16: „Entscheidungsvorschlag unterbreiten soll"; OLG Stuttgart FamRZ 2006, 1857 Rn. 12: „soll ... einen bestimmten Entscheidungsvorschlag unterbreiten"; *Völker/Clausius*, § 1 Rn. 441: „Das Jugendamt hat auch, soweit es hierzu in der Lage ist, einen Entscheidungsvorschlag zu unterbreiten"; *Oelkers*, FamRZ 1995, 449, 451; Staudinger/*Dürbeck*, § 1684 Rn. 446 (für eine Pflicht)
23 Was aber selten der Fall ist, vgl. *Kunkel*, FamRZ 1997, 193, 196: FPR 2013, 487
24 BayObLG FamRZ 2001, 647; Wiesner/*Dürbeck*, Anh. SGB VIII 3 Rn. 10
25 Wiesner/*Dürbeck*, Anh. SGB VIII 3 Rn. 10
26 BGBl. I 2013 S. 795; vgl. dazu *Dürbeck*, ZKJ 2013, 330
27 VGH München ZKJ 2014, 38; OVG Münster, Beschl. v. 16.7.2009 – 12 A 788/09, juris

Befangenheit eines Sachbearbeiters kann – ebenso wie Rechtsschutz gegen die fachliche Stellungnahme selbst – nur mit einem Rechtsmittel gegen die familiengerichtliche Entscheidung erlangt werden.[28] Die Frage der Verwertbarkeit einer fachlichen Stellungnahme des Jugendamts obliegt insoweit ausschließlich den Familiengerichten, die an Empfehlungen des Jugendamts nicht gebunden sind.[29] Schließlich besteht auch kein Anspruch auf Akteneinsicht in die bei Jugendamt geführten Akten betreffend die Mitwirkung in einem familiengerichtlichen Verfahren, da schon der Sozialdatenschutz nach § 65 SGB VIII dem entgegensteht.[30]

D. Grenzen der Mitwirkung

15 Grenzen der Mitwirkung des Jugendamts ergeben sich zunächst im Hinblick auf **datenschutzrechtliche Bestimmungen**, die es dem Jugendamt insbesondere verwehren können, ohne Zustimmung der jeweiligen Verfahrensbeteiligten bei Dritten eingeholte Auskünfte zu offenbaren. Dies gilt auch im Umgang mit dem Verfahrensbeistand[31] (zu Einzelheiten vgl. insoweit *Köhler*, §§ 61 bis 68 SGB VIII Rn. 1 ff.).

16 Als **Zeugen** können Fachkräfte von Jugendämtern vom Familiengericht zwar grundsätzlich nach §§ 29 Abs. 2, 30 Abs. 1 FamFG, 373 ff. ZPO vernommen werden. Es sind hier jedoch sowohl **beamtenrechtliche Genehmigungen** nach §§ 376 ZPO i.V.m. den Ländergesetzen zu beachten als auch etwaige oftmals bestehende **Zeugnisverweigerungsrechte** nach §§ 29 Abs. 2 FamFG, 383 Abs. 1 Nr. 6 ZPO.[32]

17 Verweigern die am Verfahren beteiligten Eltern Gespräche mit dem Jugendamt, können diese mangels Rechtsgrundlagen weder zwangsweise vorgeführt werden, noch hat das Jugendamt eine Befugnis, im Rahmen eines **Hausbesuchs** die Wohnung **gegen den Willen der Wohnungsinhaber** zu betreten (Art. 13 Abs. 2 GG).[33]

E. Übertragung auf freie Träger

18 Gemäß § 76 Abs. 1 SGB VIII können Träger der öffentlichen Jugendhilfe **anerkannte Träger der freien Jugendhilfe** mit deren Zustimmung an der **Durchführung ihrer Aufgaben nach § 50 SGB VIII beteiligen oder** ihnen diese **Aufgabe zur Ausführung übertragen**. Die Entscheidung über die Mitwirkung anerkannter freier Träger erfolgt durch den Jugendhilfeausschuss gemäß § 70 Abs. 1 Alt. 1 SGB VIII.[34] Regelmäßig werden die Absprachen durch Abschluss eines öffentlich-rechtlichen Vertrags fixiert. Es entsteht insoweit zwischen dem Träger der öffentlichen Jugendhilfe und dem anerkannten freien Träger ein **öffentlich-rechtliches Auftragsverhältnis**.[35] In Hessen ist dies z.B. im Landkreis Gießen der Fall, wo die Beratungsstelle des Deutschen Kinderschutzbundes für das zuständige Kreisjugendamt die Aufgaben nach § 50 SGB VIII übernimmt, indem sie fachliche Äußerungen eigenständig abgibt und ihre Mitarbeiter Termine in Kindschaftssachen bei den Amtsgerichten und dem Oberlandesgericht Frankfurt wahrnehmen.[36] Gemäß § 76 Abs. 2

---

28 VG Köln ZKJ 2019, 157; VG Aachen, Beschl. v. 8.3.2010 – 2 L 77/10, juris; Hauck/Noftz/*Bohnert*, § 50 SGB VIII Rn. 22
29 BVerfG ZKJ 2014, 242; JAmt 2014, 410
30 VG Hannover ZKJ 2015, 243
31 *DIJuF*-Rechtsgutachten JAmt 2014, 444, 446; zum Umgang des Verfahrensbeistands mit dem Datenschutz vgl. *Morat/Kramer*, ZKJ 2014, 139
32 Vgl. LPK-SGB VIII/*Berneiser/Diehl*, § 50 Rn. 21
33 MüKo-BGB/*Tillmanns*, § 50 SGB VIII Rn. 11; Wiesner/*Wapler*, Vor § 50 Rn. 54; vgl. auch oben § 8a SGB VIII Rn. 6
34 LPK-SGB VIII/*Schindler/Elmauer*, § 76 Rn. 5
35 Wiesner/*Wiesner*, § 76 SGB VIII Rn. 15
36 Vgl. auch den Fall des VG Köln ZKJ 2019, 157, in dem das Jugendamt die AWO Beratungsdienste gGmbH als freien Träger für die Aufgaben nach § 50 SGB VIII eingesetzt hat

SGB VIII bleibt aber das **Jugendamt für die Erfüllung der Aufgabe verantwortlich** und hat z.B. sicherzustellen, dass der beauftragte Träger die Aufgabe ordnungsgemäß erfüllt und auch den Datenschutz beachtet. Diese **Gesamtverantwortung** des Jugendamts gilt auch gegenüber dem Familiengericht.[37] Die Tätigkeit des Mitarbeiters des freien Trägers im gerichtlichen Verfahren ist **im Außenverhältnis zum Gericht ein Tätigwerden des Jugendamts**.[38] Im Verhältnis Jugendamt und freier Träger besteht wegen des eigenständigen Betätigungsrechts der freien Träger im Rahmen der Kinder- und Jugendhilfe **kein einzelfallbezogenes Weisungsrecht** gegenüber dem freien Träger.[39]

Bislang nicht erörtert ist die Frage, ob einer Übertragung der Aufgabe an einen freien Träger auch das **Beschwerderecht** nach § 162 Abs. 3 Satz FamFG vom freien Träger ausgeübt werden kann. Die Frage dürfte zu verneinen sein, weil das Beschwerderecht, wie andere Verfahrensrechte auch, z.B. das der Beteiligtenstellung nach § 162 Abs. 2 Satz 1 FamFG, nicht disponibel sind.[40] **19**

F. Örtliche und sachliche Zuständigkeit

Die **örtliche Zuständigkeit** des Jugendamts für seine Mitwirkung im familiengerichtlichen Verfahren ergibt sich aus § 87b SGB VIII i.V.m. § 86 Abs. 1 bis 4 SGB VIII. Sie ist nicht immer identisch mit der örtlichen Zuständigkeit des Familiengerichts (oder mit der örtlichen Zuständigkeit des Jugendamts für die Inobhutnahme nach § 87 Satz 1 SGB VIII). § 86 Abs. 2 Satz 2 SGB VIII bestimmt etwa für den Fall, dass die gemeinsam personensorgeberechtigten Eltern verschiedene Wohnsitze haben, die örtliche Zuständigkeit desjenigen Jugendamts, bei dem **das Kind zuletzt seinen gewöhnlichen Aufenthalt** hatte. Bei alleinigem elterlichen Sorgerecht ist der Wohnsitz dieses Elternteils maßgeblich. Leben die Eltern, wie z.B. in Verfahren nach § 1666 BGB zusammen, ist nach § 86 Abs. 1 Satz 1 SGB VIII ihr Wohnsitz maßgeblich. **20**

Für die Mitwirkung des Jugendamts im gerichtlichen Verfahren nach § 50 SGB VIII gilt die Besonderheit, dass nach § 87b Abs. 2 SGB VIII die **zu Beginn des Verfahrens begründete örtliche Zuständigkeit eines Jugendamts** auch dann **bis zur Beendigung des familiengerichtlichen Verfahrens bestehen bleibt**, wenn sich die hierfür maßgeblichen Umstände, insbesondere durch einen **Wegzug des Kindes** und seiner Eltern, verändert haben und die Zuständigkeit in Ansehung anderer Aufgaben (z.B. Leistungen) auf ein anderes Jugendamt übergegangen ist (vgl. etwa § 86 Abs. 5 SGB VIII). Hierdurch wird die **Kontinuität der Beteiligung eines Jugendamts bis zum Abschluss eines familiengerichtlichen Verfahrens** gegenüber dem Familiengericht und den Verfahrensbeteiligten gewahrt.[41] Soweit sich nach einem Wegzug des Kindes mit seinem betreuenden Elternteil die Notwendigkeit eines Berichts durch das Jugendamt am neuen Wohnort ergibt, hat das Familiengericht im Rahmen seiner Amtsermittlungspflicht nach § 26 FamFG das für die Mitwirkung im Verfahren **zuständige Jugendamt zu ersuchen**, im Wege der Amtshilfe das Jugendamt vor Ort zu ersuchen, einen Bericht zu erstatten. § 26 FamFG gestattet es aber auch dem Familiengericht, sich unmittelbar an das Jugendamt am neuen Wohnsitz des Kindes oder Elternteils zu wenden.[42] **21**

Die **sachliche Zuständigkeit** des Jugendamts ist in § 85 SGB VIII geregelt und geht für den Regelfall von der Zuständigkeit des örtlichen Trägers aus. In Berlin bestehen insoweit **22**

---

37 FK-SGB VIII/*von Boetticher/Münder,* § 76 Rn. 11
38 Wiesner/*Wiesner,* § 76 SGB VIII Rn. 19
39 FK-SGB VIII/*von Boetticher/Münder,* § 76 Rn. 12; LPK-SGB VIII/*Schindler/Elmauer,* § 76 Rn. 16; a.A. OLG Oldenburg ZfJ 1997, 56; ähnlich Wiesner/*Wiesner,* § 76 SGB VIII Rn. 21
40 OLG Naumburg FamRZ 2003, 468; FamRZ 2003, 781 (Beteiligung); jurisPK-SGB VIII/*Trésoret,* § 76 Rn. 60
41 LPK-SGB VIII/*Kunkel/Kepert,* § 87b Rn. 8
42 Keidel/*Engelhardt,* § 162 FamFG Rn. 6

Besonderheiten (näher hierzu *Dürbeck*, § 162 FamFG Rn. 9). In beiden vom BGH entschiedenen Fällen[43] hatte das Amtsgericht übersehen, dass es gemäß § 162 FamFG nicht den in Berlin nach dortigem Landesrecht für Inobhutnahmen nach § 42 Abs. 1 Nr. 3 SGB VIII zuständigen überörtlichen Träger der Jugendhilfe (in Berlin die Senatsverwaltung), sondern den für die Mitwirkung im Verfahren nach § 50 SGB VIII zuständigen örtlichen Träger der Kinder- und Jugendhilfe (in Berlin das Bezirksjugendamt) hätte beteiligen müssen.[44]

§ 51 SGB VIII Beratung und Belehrung in Verfahren zur Annahme als Kind

(1) Das Jugendamt hat im Verfahren zur Ersetzung der Einwilligung eines Elternteils in die Annahme nach § 1748 Absatz 2 Satz 1 des Bürgerlichen Gesetzbuchs den Elternteil über die Möglichkeit der Ersetzung der Einwilligung zu belehren. Es hat ihn darauf hinzuweisen, dass das Familiengericht die Einwilligung erst nach Ablauf von drei Monaten nach der Belehrung ersetzen darf. Der Belehrung bedarf es nicht, wenn der Elternteil seinen Aufenthaltsort ohne Hinterlassung seiner neuen Anschrift gewechselt hat und der Aufenthaltsort vom Jugendamt während eines Zeitraums von drei Monaten trotz angemessener Nachforschungen nicht ermittelt werden konnte; in diesem Fall beginnt die Frist mit der ersten auf die Belehrung oder auf die Ermittlung des Aufenthaltsorts gerichteten Handlung des Jugendamts. Die Fristen laufen frühestens fünf Monate nach der Geburt des Kindes ab.

(2) Das Jugendamt soll den Elternteil mit der Belehrung nach Absatz 1 über Hilfen beraten, die die Erziehung des Kindes in der eigenen Familie ermöglichen könnten. Einer Beratung bedarf es insbesondere nicht, wenn das Kind seit längerer Zeit bei den Annehmenden in Familienpflege lebt und bei seiner Herausgabe an den Elternteil eine schwere und nachhaltige Schädigung des körperlichen und seelischen Wohlbefindens des Kindes zu erwarten ist. Das Jugendamt hat dem Familiengericht im Verfahren mitzuteilen, welche Leistungen erbracht oder angeboten worden sind oder aus welchem Grund davon abgesehen wurde.

(3) Steht nicht miteinander verheirateten Eltern die elterliche Sorge nicht gemeinsam zu, so hat das Jugendamt den Vater bei der Wahrnehmung seiner Rechte nach § 1747 Absatz 1 und 3 des Bürgerlichen Gesetzbuchs zu beraten.

Von einer Kommentierung wird abgesehen.

§ 52 SGB VIII Mitwirkung in Verfahren nach dem Jugendgerichtsgesetz

(1) Das Jugendamt hat nach Maßgabe der §§ 38 und 50 Absatz 3 Satz 2 des Jugendgerichtsgesetzes im Verfahren nach dem Jugendgerichtsgesetz mitzuwirken.

(2) Das Jugendamt hat frühzeitig zu prüfen, ob für den Jugendlichen oder den jungen Volljährigen Leistungen der Jugendhilfe in Betracht kommen. Ist dies der Fall oder ist eine geeignete Leistung bereits eingeleitet oder gewährt worden, so hat das Jugendamt den Staatsanwalt oder den Richter umgehend davon zu unterrichten, damit geprüft werden kann, ob diese Leistung ein Absehen von der Verfolgung (§ 45 JGG) oder eine Einstellung des Verfahrens (§ 47 JGG) ermöglicht.

(3) Der Mitarbeiter des Jugendamts oder des anerkannten Trägers der freien Jugendhilfe, der nach § 38 Absatz 2 Satz 2 des Jugendgerichtsgesetzes tätig wird, soll den Jugendlichen oder den jungen Volljährigen während des gesamten Verfahrens betreuen.

Von einer Kommentierung wird abgesehen.

---

43 BGH ZKJ 2014, 104; NZFam 2014, 69
44 Einzelheiten bei *Dürbeck*, ZKJ 2014, 266

Vierter Abschnitt
Beistandschaft, Pflegschaft und Vormundschaft für Kinder und Jugendliche, Auskunft über Nichtabgabe von Sorgeerklärungen

§ 52a SGB VIII Beratung und Unterstützung bei Vaterschaftsfeststellung und Geltendmachung von Unterhaltsansprüchen

(1) Das Jugendamt hat unverzüglich nach der Geburt eines Kindes, dessen Eltern nicht miteinander verheiratet sind, der Mutter Beratung und Unterstützung insbesondere bei der Vaterschaftsfeststellung und der Geltendmachung von Unterhaltsansprüchen des Kindes anzubieten. Hierbei hat es hinzuweisen auf

1. die Bedeutung der Vaterschaftsfeststellung,

2. die Möglichkeiten, wie die Vaterschaft festgestellt werden kann, insbesondere bei welchen Stellen die Vaterschaft anerkannt werden kann,

3. die Möglichkeit, die Verpflichtung zur Erfüllung von Unterhaltsansprüchen nach § 59 Absatz 1 Satz 1 Nummer 3 beurkunden zu lassen,

4. die Möglichkeit, eine Beistandschaft zu beantragen, sowie auf die Rechtsfolgen einer solchen Beistandschaft,

5. die Möglichkeit der gemeinsamen elterlichen Sorge.

Das Jugendamt hat der Mutter ein persönliches Gespräch anzubieten. Das Gespräch soll in der Regel in der persönlichen Umgebung der Mutter stattfinden, wenn diese es wünscht.

(2) Das Angebot nach Absatz 1 kann vor der Geburt des Kindes erfolgen, wenn anzunehmen ist, dass seine Eltern bei der Geburt nicht miteinander verheiratet sein werden.

(3) Wurde eine nach § 1592 Nummer 1 oder 2 des Bürgerlichen Gesetzbuchs bestehende Vaterschaft zu einem Kind oder Jugendlichen durch eine gerichtliche Entscheidung beseitigt, so hat das Gericht dem Jugendamt Mitteilung zu machen. Absatz 1 gilt entsprechend.

(4) Das Standesamt hat die Geburt eines Kindes, dessen Eltern nicht miteinander verheiratet sind, unverzüglich dem Jugendamt anzuzeigen.

Von einer Kommentierung wird abgesehen.

§ 53 SGB VIII Beratung und Unterstützung von Pflegern und Vormündern

(1) Das Jugendamt hat dem Familiengericht Personen und Vereine vorzuschlagen, die sich im Einzelfall zum Pfleger oder Vormund eignen.

(2) Pfleger und Vormünder haben Anspruch auf regelmäßige und dem jeweiligen erzieherischen Bedarf des Mündels entsprechende Beratung und Unterstützung.

(3) Das Jugendamt hat darauf zu achten, dass die Vormünder und Pfleger für die Person der Mündel, insbesondere ihre Erziehung und Pflege, Sorge tragen. Es hat beratend darauf hinzuwirken, dass festgestellte Mängel im Einvernehmen mit dem Vormund oder dem Pfleger behoben werden. Soweit eine Behebung der Mängel nicht erfolgt, hat es dies dem Familiengericht mitzuteilen. Es hat dem Familiengericht über das persönliche Ergehen und die Entwicklung eines Mündels Auskunft zu erteilen. Erlangt das Jugendamt Kenntnis von der Gefährdung des Vermögens eines Mündels, so hat es dies dem Familiengericht anzuzeigen.

(4) Für die Gegenvormundschaft gelten die Absätze 1 und 2 entsprechend. Ist ein Verein Vormund, so findet Absatz 3 keine Anwendung.

Von einer Kommentierung wird abgesehen.

§ 54 SGB VIII Erlaubnis zur Übernahme von Vereinsvormundschaften

(1) Ein rechtsfähiger Verein kann Pflegschaften oder Vormundschaften übernehmen, wenn ihm das Landesjugendamt dazu eine Erlaubnis erteilt hat. Er kann eine Beistandschaft übernehmen, soweit Landesrecht dies vorsieht.

(2) Die Erlaubnis ist zu erteilen, wenn der Verein gewährleistet, dass er

1. **eine ausreichende Zahl geeigneter Mitarbeiter hat und diese beaufsichtigen, weiterbilden und gegen Schäden, die diese anderen im Rahmen ihrer Tätigkeit zufügen können, angemessen versichern wird,**
2. **sich planmäßig um die Gewinnung von Einzelvormündern und Einzelpflegern bemüht und sie in ihre Aufgaben einführt, fortbildet und berät,**
3. **einen Erfahrungsaustausch zwischen den Mitarbeitern ermöglicht.**

(3) Die Erlaubnis gilt für das jeweilige Bundesland, in dem der Verein seinen Sitz hat. Sie kann auf den Bereich eines Landesjugendamts beschränkt werden.

(4) Das Nähere regelt das Landesrecht. Es kann auch weitere Voraussetzungen für die Erteilung der Erlaubnis vorsehen.

Von einer Kommentierung wird abgesehen.

§ 55 SGB VIII Beistandschaft, Amtspflegschaft, Amtsvormundschaft

(1) Das Jugendamt wird Beistand, Pfleger oder Vormund in den durch das Bürgerliche Gesetzbuch vorgesehenen Fällen (Beistandschaft, Amtspflegschaft, Amtsvormundschaft).

(2) [1]Das Jugendamt überträgt die Ausübung der Aufgaben des Beistands, des Amtspflegers oder des Amtsvormunds einzelnen seiner Beamten oder Angestellten. [2]Vor der Übertragung der Aufgaben des Amtspflegers oder des Amtsvormunds soll das Jugendamt das Kind oder den Jugendlichen zur Auswahl des Beamten oder Angestellten mündlich anhören, soweit dies nach Alter und Entwicklungsstand des Kindes oder Jugendlichen möglich ist. Eine ausnahmsweise vor der Übertragung unterbliebene Anhörung ist unverzüglich nachzuholen. [3]Ein vollzeitbeschäftigter Beamter oder Angestellter, der nur mit der Führung von Vormundschaften oder Pflegschaften betraut ist, soll höchstens 50 und bei gleichzeitiger Wahrnehmung anderer Aufgaben entsprechend weniger Vormundschaften oder Pflegschaften führen.

(3) [1]Die Übertragung gehört zu den Angelegenheiten der laufenden Verwaltung. [2]In dem durch die Übertragung umschriebenen Rahmen ist der Beamte oder Angestellte gesetzlicher Vertreter des Kindes oder Jugendlichen. [3]Amtspfleger und Amtsvormund haben den persönlichen Kontakt zu diesem zu halten sowie dessen Pflege und Erziehung nach Maßgabe des § 1793 Absatz 1a und § 1800 des Bürgerlichen Gesetzbuchs persönlich zu fördern und zu gewährleisten.

§ 56 SGB VIII Führung der Beistandschaft, Amtspflegschaft und der Amtsvormundschaft

(1) Auf die Führung der Beistandschaft, der Amtspflegschaft und der Amtsvormundschaft sind die Bestimmungen des Bürgerlichen Gesetzbuchs anzuwenden, soweit dieses Gesetz nicht etwas anderes bestimmt.

(2) [1]Gegenüber dem Jugendamt als Amtsvormund und Amtspfleger werden die Vorschriften des § 1802 Absatz 3 und des § 1818 des Bürgerlichen Gesetzbuchs nicht angewandt. [2]In den Fällen des § 1803 Absatz 2, des § 1811 und des § 1822 Nummer 6 und 7 des Bürgerlichen

Gesetzbuchs ist eine Genehmigung des Familiengerichts nicht erforderlich. [3]Landesrecht kann für das Jugendamt als Amtspfleger oder als Amtsvormund weitergehende Ausnahmen von der Anwendung der Bestimmungen des Bürgerlichen Gesetzbuchs über die Vormundschaft über Minderjährige (§§ 1773 bis 1895) vorsehen, die die Aufsicht des Familiengerichts in vermögensrechtlicher Hinsicht sowie beim Abschluss von Lehr- und Arbeitsverträgen betreffen.

(3) [1]Mündelgeld kann mit Genehmigung des Familiengerichts auf Sammelkonten des Jugendamts bereitgehalten und angelegt werden, wenn es den Interessen des Mündels dient und sofern die sichere Verwaltung, Trennbarkeit und Rechnungslegung des Geldes einschließlich der Zinsen jederzeit gewährleistet ist; Landesrecht kann bestimmen, dass eine Genehmigung des Familiengerichts nicht erforderlich ist. [2]Die Anlegung von Mündelgeld gemäß § 1807 des Bürgerlichen Gesetzbuchs ist auch bei der Körperschaft zulässig, die das Jugendamt errichtet hat.

(4) Das Jugendamt hat in der Regel jährlich zu prüfen, ob im Interesse des Kindes oder des Jugendlichen seine Entlassung als Amtspfleger oder Amtsvormund und die Bestellung einer Einzelperson oder eines Vereins angezeigt ist, und dies dem Familiengericht mitzuteilen.

§ 57 SGB VIII Mitteilungspflicht des Jugendamts

Das Jugendamt hat dem Familiengericht unverzüglich den Eintritt einer Vormundschaft mitzuteilen.

§ 58 SGB VIII Gegenvormundschaft des Jugendamts

Für die Tätigkeit des Jugendamts als Gegenvormund gelten die §§ 55 und 56 entsprechend.

Übersicht

	Rn.
A. Allgemeines	1
B. Beistandschaft	6
C. Amtsübertragung auf den einzelnen Beamten oder Angestellten (§ 55 Abs. 2 SGB VIII)	7
D. Wirkung der Übertragung und Amtsführung	14
E. Örtliche Zuständigkeit	18
F. Führung der Amtspflegschaft und Amtsvormundschaft (§ 56 SGB VIII)	20
G. Vorrang der Einzelvormundschaft (§ 56 Abs. 4 SGB VIII)	24
H. Mitteilungspflicht (§ 57 SGB VIII)	25

A. Allgemeines

§§ 55 ff. SGB VIII regeln die Wahrnehmung der Aufgaben des Amtsvormundes, Amtspflegers und der Beistandschaft (i.S.d. § 1712 BGB) durch das Jugendamt. Es handelt sich insoweit um **andere Aufgaben der Jugendhilfe** gemäß § 2 Abs. 3 Nr. 11 SGB VIII. Die Frage der Auswahl und Bestellung des Jugendamts zum Vormund oder Pfleger ist in materiellrechtlicher Hinsicht im BGB, verfahrensrechtlich im FamFG geregelt (vgl. insoweit insbesondere die Anmerkungen zu § 1791b BGB), was durch die Regelung von § 55 Abs. 1 SGB VIII klargestellt wird. Auch sind im BGB diejenigen Fälle geregelt, in denen Amtsvormundschaft kraft Gesetzes (z.B. § 1791c BGB) eintritt. 1

§ 55 SGB VIII gestaltet vor allem das **Innenverhältnis zwischen Jugendamt** als organisatorischer Institution und dem **einzelnen Beamten oder Angestellten**, der mit der konkreten Wahrnehmung der Aufgaben des Vormunds, Pflegers oder Beistands betraut ist. 2

Auf die **Beistandschaft** soll hier nur kurz eingegangen werden, diese hat ihre Bedeutung in der Praxis vor allem im Unterhaltsrecht.

3 Außer der Wahrnehmung der Amtsvormundschaft und Amtspflegschaft ist das Jugendamt – neben dem Familiengericht, vgl. § 1837 BGB – auch in die **Beratung der Einzel- und Vereinsvormünder** und der **Aufsicht der Einzelvormünder** eingebunden (vgl. § 53 Abs. 2 und 3 SGB VIII).[1]

4 Obwohl die **Auswahl des Jugendamts** als Amtsvormund oder Amtspflegschaft gegenüber dem (ehrenamtlichen, vgl. hierzu *Dürbeck*, § 1791b BGB Rn. 2) Einzelvormund **subsidiär** ist (§§1791b Abs. 1 BGB, 56 Abs. 4 SGB VIII) ist sie in der Praxis die **vorherrschende Form** der Ämter und hat in der Vergangenheit wegen der hohen Fallzahlen bei den Jugendämtern auch zu Missständen geführt, die vor dem Hintergrund der intensiven Diskussion tragischer **Fälle von Kindesmisshandlung** und Kindesvernachlässigung in allen öffentlichen Medien auch den Gesetzgeber dazu bewogen haben, in § 55 Abs. 2 SGB VIII durch das **Gesetz zur Änderung des Vormundschafts- und Betreuungsrecht vom 29.6.2011**[2] eine **Fallobergrenze**[3] für die betreffenden Beamten oder Angestellten der Jugendämter festzuschreiben (vgl. dazu unten Rn. 11 f.). **Vorbereitungen zu einer weiteren Reform des Vormundschaftsrechts laufen** derzeit, wobei nicht absehbar ist, ob es noch in der 19. Legislaturperiode zu Gesetzesänderungen kommt. Eckpunkte einer möglichen Reform wurden veröffentlicht,[4] genauso wie ein 2. Diskussionsteilentwurf mit Vorschlägen zur Änderung des Vormundschaftsrechts.[5]

5 § 58 SGB VIII bestimmt, dass für die Tätigkeit des Jugendamts als **Gegenvormund**, die nach § 1792 Abs. 1 BGB begründet werden kann, die §§ 55, 56 SGB VIII entsprechend gelten.

B. Beistandschaft

6 Nach § 55 Abs. 1 SGB VIII wird das Jugendamt **Beistand** in den durch das BGB vorgesehenen Fällen. Dies sind nach § 1712 BGB die (gerichtliche) **Feststellung der Vaterschaft nach § 1592 Nr. 3 BGB** (Nr. 1) und die **Geltendmachung von Unterhaltsansprüchen des Kindes** (Nr. 2). Eine Mitwirkung des Familiengerichts ist bei der Begründung der Beistandschaft nicht vorgesehen. Sie **entsteht durch Zugang (§ 130 BGB)**[6] **eines schriftlichen Antrages** eines nach § 1713 BGB antragsberechtigten Elternteils bei dem nach § 87c SGB VIII zuständigen Jugendamt (vgl. § 1712 Abs. 1 BGB). Die Beistandschaft wird – wie bei der Vormund- und Pflegschaft – nach § 55 Abs. 2 Satz 1 SGB VIII **einem Beamten oder Angestellten zur Wahrnehmung übertragen**, der damit nach § 55 Abs. 2 Satz 3 SGB VIII zum **gesetzlicher Vertreter des Kindes** wird, wobei allerdings nach § 1716 Satz 1 BGB durch die Beistandschaft die elterliche Sorge nicht eingeschränkt wird.[7] Lediglich im familiengerichtlichen Verfahren ist der sorgeberechtigte Elternteil nach §§ 234, 173 FamFG von der Vertretung des Kindes ausgeschlossen. Hinsichtlich der Führung der Bei-

---

1 Vgl. dazu Wiesner/*Elmauer*, § 53 SGB VIII Rn. 7 ff.
2 BGBl. I 2011 S. 1306; vgl. dazu *Willutzki*, ZKJ 2012, 168, 206 *Veit/Salgo*, ZKJ 2011, 68
3 Dazu Wiesner/*Walther*, § 55 SGB VIII Rn. 96 ff.
4 www.bmjv.de/SharedDocs/Downloads/DE/PDF/Themenseiten/FamilieUndPartnerschaft/Vormundschaftsrecht_Eckpunke_2014.pdf;jsessionid=8314688F722A9010CE14F9E4C7244CC7.2_cid334?__blob=publicationFile&v=3 (Zugriff: 15.1.2020)
5 www.bmjv.de/SharedDocs/Downloads/DE/PDF/Themenseiten/FamilieUndPartnerschaft/Vormundschaftsrecht_zweiter_Diskussionsentwurf.pdf;jsessionid=8314688F722A9010CE14F9E4C7244CC7.2_cid334?__blob=publicationFile&v=1 (Zugriff: 15.1.2020); dazu *Veit*, FamRZ 2019, 337
6 Ausführlich *Meysen*, JAmt 2008, 120
7 Zu den Auswirkungen der Beistandschaft auf die elterliche Sorge und Verfahrensvertretung BeckOK-BGB/*Pöcker*, § 1716 Rn. 2 ff.

standschaft verweist § 56 Abs. 1 SGB VIII auf die Vorschriften des BGB, vgl. dort §§ 1712 ff.

C. Amtsübertragung auf den einzelnen Beamten oder Angestellten (§ 55 Abs. 2 SGB VIII)

Gemäß § 55 Abs. 2 Satz 1 SGB VIII **überträgt** das Jugendamt die Ausübung der Aufgaben des Beistands, des Amtspflegers oder des Amtsvormunds **einzelnen seiner Beamten oder Angestellten**. Die Übertragung gehört nach § 55 Abs. 3 Satz 1 SGB VIII zu den Angelegenheiten der laufenden Verwaltung und ist nach zutreffender Auffassung ein **öffentlich-rechtlicher behördeninterner Organisationsakt** und kein Verwaltungsakt.[8] Die Form der Übertragung ist gesetzlich nicht geregelt, sie geschieht durch eine schriftliche Einzelverfügung.[9] 7

Nach § 55 Abs. 2 Satz 2 soll durch das Jugendamt vor der Übertragung der Aufgaben des Amtspflegers oder des Amtsvormunds das **Kind oder der Jugendliche** zur Auswahl des Beamten oder Angestellten **mündlich angehört** werden, soweit dies nach Alter und Entwicklungsstand des Kindes oder Jugendlichen möglich ist. Während also die Anhörung des Kindes im Rahmen des familiengerichtlichen Verfahrens nach § 159 FamFG die gerichtliche Entscheidung vorbereitet und der Wahrung seiner Rechtssubjektivität im familiengerichtlichen Verfahren dient, stellt diese Regelung sicher, dass entsprechendes auch vor der behördlichen Entscheidung über die konkrete Amtsperson, welche Elternbefugnisse für den Minderjährigen wahrnimmt, gewährleistet ist. 8

Eine ausnahmsweise vor der Übertragung **unterbliebene Anhörung** ist **unverzüglich nachzuholen**. Schon dieses Erfordernis spricht dafür, dass die Übertragung nicht, wie vielfach üblich, durch einen **Geschäftsverteilungsplan** erfolgen darf.[10] 9

Anders als der Einzelvormund bedarf der Amtsvormund **keiner förmlichen Bestellung** durch das Familiengericht, §§ 1789 ff. BGB gelten nach § 1791b Abs. 2 BGB hier nicht, so dass die Vormundschaft kraft richterlicher Entscheidung gemäß § 1779 BGB bereits **mit der Bekanntgabe der Entscheidung** an das Jugendamt beginnt.[11] Eine **Verantwortlichkeit der Fachkraft** besteht aber erst **mit der Übertragung**.[12] Der Nachweis der Legitimation des Amtsvormunds im Rechtsverkehr erfolgt durch Vorlage einer Beschlussausfertigung, die Rubrum und Tenor, nicht aber etwaige Gründe zu enthalten hat.[13] 10

Nach § 55 Abs. 4 SGB VIII soll ein **vollzeitbeschäftigter Beamter oder Angestellter**, der nur mit der Führung von Vormundschaften oder Pflegschaften betraut ist, **höchstens 50** und bei gleichzeitiger Wahrnehmung anderer Aufgaben[14] entsprechend weniger Vormundschaften oder Pflegschaften führen. Nachdem in der Praxis je Amtsvormund teilweise 200 Fälle gleichzeitig geführt wurden,[15] hat der Gesetzgeber auf die öffentliche Kritik reagiert und mit dem Gesetz zur Änderung des Vormundschafts- und Betreuungsrecht die vorbezeichnete **Fallzahlenoberbegrenzung** gesetzlich in § 55 Abs. 2 Satz 4 SGB VIII 11

8 Wiesner/*Walther,* § 55 SGB VIII Rn. 78; MüKo-BGB/*Tillmanns,* § 55 SGB VIII Rn. 9; FK-SGB VIII/*Hoffmann,* § 55 Rn. 33; BeckOK-Sozialrecht/*Winkler,* § 55 SGB VIII Rn. 8; a.A. *DIJuF*-Rechtsgutachten JAmt 2014, 213; *DIJuF*-Rechtsgutachten JAmt 2013, 95; LPK-SGB VIII/*Kunkel/Leonhardt,* § 55 Rn. 15
9 MüKo-BGB/*Tillmanns,* § 55 SGB VIII Rn. 9; BeckOK-Sozialrecht/*Winkler,* § 55 SGB VIII Rn. 8
10 MüKo-BGB/*Tillmanns,* § 55 SGB VIII Rn. 9; BeckOK-Sozialrecht/*Winkler,* § 55 SGB VIII Rn. 8; Wiesner/*Walther,* § 55 SGB VIII Rn. 79
11 FK-SGB VIII/*Hoffmann,* § 55 Rn. 16; *DIJuF*-Rechtsgutachten JAmt 2014, 316; *Meysen*, JAmt 2008, 120
12 Wiesner/*Walther,* § 55 SGB VIII Rn. 86; *DIJuF*-Rechtsgutachten JAmt 2009, 30
13 BeckOGK/*Hoffmann*, § 1791 BGB Rn. 10; *DIJuF*-Rechtsgutachten JAmt 2014, 569
14 Zur Kritik an Mischarbeitsplätzen: Jugend- und Familienministerkonferenz JAmt 2011, 323; *Justin*, 2011, 305
15 Vgl. etwa in Bremen im Jahr 2007 ca. 240, vgl. Bericht des parlamentarischen Untersuchungsausschusses „Kindeswohl" zum Tod des Kindes Kevin in Bremen, LT-Drucks. 16/1381

als Soll-Vorschrift festgeschrieben. Berücksichtigt man zudem, dass § 1793 Abs. 1a BGB einen Kontakt mit dem Mündel pro Monat verlangt, sind von Amtsvormündern jährlich bei einer Fallzahl von 50 insgesamt 600 Termine wahrzunehmen, was in der Praxis kaum umsetzbar ist und eher zu niedrigeren Fallzahlen führen muss bzw. schon führt.[16] Unverständlich ist, warum der Gesetzgeber nicht zwischen Vormundschaften und Pflegschaften differenziert.

12 Die Einhaltung der Fallobergrenze obliegt **nicht unmittelbar der Aufsicht des Familiengerichts** nach § 1837 BGB, eine Nichtbeachtung kann aber bei nicht hinreichender Aufgabenwahrnehmung **Anlass zu Aufsichtsmaßnahmen** bis hin zur Entlassung des Amtsvormundes nach § 1887 BGB sein.[17] Ist gerichtsbekannt, dass die Fallzahlenobergrenze nicht beachtet wird, wird das Jugendamt ggf. als ungeeignet i.S.v. § 1779 Abs. 2 BGB zu gelten haben und soweit möglich ein geeigneter Vereins- oder Berufsvormund zu bestellen sein.

▶ *Zur zivil- und strafrechtlichen Haftung wegen Verletzung fachlicher Standards, die insoweit durch § 55 Abs. 2 Satz 4 SGB VIII vorgegeben werden, vgl. Köhler, Vorbem. SGB VIII Rn. 14 ff.*

13 Wie bereits dargestellt, bestehen seitens des Gesetzgebers Überlegungen zu einer weiteren Reform des Vormundschaftsrechts. Dabei soll der Gedanke der Einzelvormundschaft gestärkt werden und in die Überlegungen wird die Bestellung eines Jugendamtmitarbeiters als „persönlicher Amtsvormund" – ähnlich der vergütungsmäßig motivierten Bestellung von Mitarbeitern von Vereinen zu Einzelvormündern (näher hierzu *Dürbeck*, § 1791a BGB Rn. 13 ff.) – einbezogen.[18]

D. Wirkung der Übertragung und Amtsführung

14 Durch die Übertragung wird der betreffende Beamte oder Angestellte gemäß § 55 Abs. 2 Satz 3 SGB VIII – im privatrechtlichen Sinne – **gesetzlicher Vertreter** des Kindes. Dies führt dazu, dass er in kindschaftsrechtlichen Gerichtsverfahren außerhalb der Mitwirkung des Jugendamts als Behörde nach § 162 FamFG selbst **zu beteiligen** ist, soweit sein Aufgabenbereich berührt ist (§ 7 Abs. 2 Nr. 2 FamFG).[19] Soweit er nach einer Entscheidung des Familiengerichts, z.B. im Rahmen einer Umgangsregelung Pflichten zu erfüllen hat, können gegen ihn bei schuldhafter Nichterfüllung auch **Ordnungsmittel** nach § 89 FamFG verhängt werden.[20] **Zustellungen** in gerichtlichen Verfahren sollten unmittelbar an ihn erfolgen, weshalb er auch im Rubrum als eigenständiger Beteiligter ausdrücklich aufgeführt werden sollte. Die Praxis der Familiengerichte differenziert hier nicht hinreichend zwischen dem Jugendamt als anzuhörende bzw. zu beteiligende Behörde nach § 162 FamFG und dem hiervon rechtlich zu unterscheidenden Amtsvormund.[21] Da aber das Jugendamt **im Außenverhältnis** trotz Übertragung **Träger der Amtsvormundschaft** ist, genügt es, wenn Zustellungen an das Jugendamt als Behörde erfolgen.[22]

15 Im Bereich der Wahrnehmung seiner Aufgaben unterliegt der Amtsvormund voll umfänglich der **Aufsicht durch das Familiengericht** nach § 1837 BGB[23] und der Dienstaufsicht

16 *Joos*, JAmt 2014, 6; *Veit/Salgo*, ZKJ 2011, 82, 83; kritisch mit Blick auf die Fallobergrenze BeckOGK/*Gietl*, § 1837 BGB Rn. 60 ff.
17 *Gojowczyk*, Rpfleger 2013, 1, 4; *Willutzki*, ZKJ 2012, 206, 210
18 Vgl. oben Rn. 4; zu den Reformvorschlägen *Veit*, FamRZ 2019, 337; *Veit/Marchlewski*, FamRZ 2017, 779
19 Der Amtsvormund ist in Kindschaftssachen Muss-Beteiligter, BGH JAmt 2017, 99 = FamRZ 2017, 50 (LS)
20 BGH JAmt 2014, 230 = FamRZ 2014, 732 Rn. 13, OLG Frankfurt ZKJ 2013, 167
21 Ausführlich: *Harm/Mix/Opitz/Pütz/Rotax/Rüting*, FamRZ 2012, 1849, 1851 ff.
22 Hess. VGH FamRZ 2001, 1739; *DIJuF*-Rechtsgutachten JAmt 2010, 80; differenzierend: OVG Bremen JAmt 2019, 418 (für die aktive Vertretung muss es amtsintern verbindliche Regelung geben)
23 Ausführlich zu seiner Aufsicht: *Gojowczyk*, Rpfleger 2013, 1

der Amtsleitung. **Zwangsgeld** kann gegen ihn – anders als Ordnungsgeld, vgl. Rn. 14 – nach § 1837 Abs. 3 BGB nicht verhängt werden.[24]

Bei seiner Amtsführung ist der Amtsvormund/-pfleger ausschließlich **den Interessen des Kindes oder Jugendlichen verpflichtet**. Hinsichtlich der Zweckmäßigkeit seiner Amtsführung bei der Wahrnehmung seiner Aufgaben gegenüber dem Kind unterliegt er deshalb im Hinblick auf eine einzelne Entscheidungen wie dem Aufenthaltsort des Kindes, Kontakten zwischen Eltern und Kind etc. **einer relativen Weisungsfreiheit** durch seine Vorgesetzten.[25] Anders ist die Rechtslage aber dann, wenn er rechtswidrig handelt oder das Kind in Gefahr ist.[26] 16

Gemäß § 55 Abs. 3 Satz 3 SGB VIII haben Amtspfleger und Amtsvormund den **persönlichen Kontakt** zu dem Mündel oder Pflegling zu halten sowie dessen **Pflege und Erziehung** nach Maßgabe des § 1793 Abs. 1a und § 1800 BGB **persönlich zu fördern und zu gewährleisten**. Die Vorschrift wurde wie § 1793 Abs. 1a BGB durch das Gesetz zur Änderung des Vormundschafts- und Betreuungsrechts (vgl. Rn. 4) neu aufgenommen und stellt eine Reaktion des Gesetzgebers auf Missstände bei der Führung der Amtsvormundschaften im Bereich des **persönlichen Kontakts** zwischen Vormündern und Mündeln dar.[27] Die Frage der Häufigkeit der persönlichen Kontakte wird konkretisiert durch § 1793a Abs. 1a Satz 2 BGB, der als Regelfall mindestens einen persönlichen Kontakt in der üblichen Umgebung[28] des Mündels vorsieht (vgl. dazu *Dürbeck*, § 1793 BGB Rn. 6). Hierdurch will der Gesetzgeber die Entstehung eines **Vertrauensverhältnisses** zwischen Vormund und Mündel erreichen.[29] Weiterhin bringt Satz 3 zum Ausdruck, dass verhindert werden soll, dass die Aufgaben des Vormundschaftsamts und insbesondere die Wahrnehmung des persönlichen Kontakts zum betreffenden Kind oder Jugendlichen an die **Fachkräfte des ASD delegiert** werden.[30] 17

E. Örtliche Zuständigkeit

Die **örtliche Zuständigkeit** des Jugendamts ist für die Amtsvormundschaft, die Amtspflegschaft und die Beistandschaft in § 87c SGB VIII geregelt. Bei der **kraft Gesetzes** nach § 1591c BGB eintretenden Amtsvormundschaft ist nach § 87c Abs. 1 SGB VIII grundsätzlich der gewöhnliche Aufenthaltsort der Kindesmutter zuständigkeitsbegründend. **Umstritten** ist, **ob das Familiengericht bei der Bestellung** eines Amtsvormunds bzw. Amtspflegers **von den Zuständigkeitsvorschriften des SGB VIII abweichen kann**. Nach der überwiegenden Ansicht hat das Familiengericht ein Ermessen und kann bei Vorliegen von sachlichen Gründen (insbesondere Kontinuität für das Kind) von der Auswahl des nach dem SGB VIII örtlich zuständigen Jugendamts abweichen.[31] Nach vorzugswürdi- 18

24 Zu möglichen Sanktionen bis hin zur Entlassung: *Gojowczyk*, Rpfleger 2013, 1; *DIJuF*-Rechtsgutachten JAmt 2013, 270

25 BGH NJW-RR 1999, 1521; VG Würzburg BeckRS 2013, 58587 (relative Weisungsfreiheit); *Kunkel*, FamRZ 2015, 901; *DIJuF*-Rechtsgutachten JAmt 2017, 296; *DIJuF*-Rechtsgutachten JAmt 2011, 530; FK-SGB VIII/*Hoffmann*, § 55 Rn. 41; Wiesner/*Walther*, § 55 SGB VIII Rn. 84

26 *DIJuF*-Rechtsgutachten JAmt 2013, 147; *Kunkel*, ZKJ 2011, 204, 206

27 Vgl. *Willutzki*, ZKJ 2012, 206, 208, und die Forschungsergebnisse von *Zitelmann* zur Wahrnehmung der Amtsvormünder aus Kindessicht in: *Zitelmann/Schweppe/Zenz*, S. 50 ff.; kritisch *Veit/Salgo*, ZKJ 2011, 82; *Hoffmann*, FamRZ 2011, 249

28 Zur Handhabung ausführlich *Katzenstein*, JAmt 2013, 234

29 Vgl. *Mix*, JAmt 2014, 242

30 BT-Drucks. 17/3617, 7 f.; FK-SGB VIII/*Hoffmann*, § 55 Rn. 47; zu den unterschiedlichen Funktionen: *Harm/Mix/Opitz/Pütz/Rotax/Rüting*, FamRZ 2012, 1849, 1851

31 OLG Schleswig NZFam 2016, 907; OLG Brandenburg FamRZ 2014, 1719; OLG Saarbrücken BeckRS 2003, 30331135; *DIJuF*-Rechtsgutachten JAmt 2016, 258; Palandt/*Götz*, § 1791b BGB Rn. 2; FK-SGB VIII/*Eschelbach*, § 87c Rn. 16; tendenziell für ein Ermessen, aber im Ergebnis ohne Festlegung: OLG Dresden JAmt 2018, 463 = NZFam 2018, 704; MüKo-BGB/*Spickhoff*, § 1791b BGB Rn. 9; *Dürbeck*, FamRZ 2018, 553 (außer bei der Erstbestellung bei unbegleiteten minderjährigen Flüchtlingen)

ger Ansicht ist das Familiengericht an die Zuständigkeitsvorschriften des SGB VIII gebunden.[32] Wenn im BGB oder im FamFG das Jugendamt (in der Funktion als Fachbehörde oder als Amtsvormund) genannt wird, ist damit stets das zuständige Jugendamt gemeint. Für die Frage der Zuständigkeit ist das SGB VIII lex specialis zu zivilrechtlichen Vorschriften und in **§ 87c SGB VIII** ist die **Zuständigkeit** bezüglich Amtsvormundschaft und -pflegschaft **abschließend geregelt**, woran das **Familiengericht gebunden** ist, **Art. 20 Abs. 3 GG**.[33] Gesetzliche Zuständigkeitsvorschriften können nicht mit Verweis auf das Kindeswohl umgangen werden. Auch aus dem Gesetzeswortlaut folgt dieses Ergebnis. § 56 Abs. 1 SGB VIII verweist nur insoweit auf die Vorschriften des BGB, soweit das SGB VIII nicht etwas anderes bestimmt. § 87c Abs. 3 Satz 1 SGB VIII bestimmt ein anderes als eine mögliche Ermessensauswahl, nämlich das für die Amtspflegschaft und -vormundschaft zuständige Jugendamt. Auch der Wortlaut von § 1887 Abs. 1 BGB und von § 1889 Abs. 2 BGB bezieht sich hinsichtlich der Kindeswohlprüfung jeweils allein auf den Vorrang des Einzelvormunds gegenüber dem Amtsvormund, nicht aber auf die Prüfung zwischen mehreren Amtsvormündern. Eine Beeinträchtigung des Kindeswohls aufgrund eines Wechsels des Amtsvormunds schließt das Gesetz vielmehr in typisierender Betrachtung aus, indem es eine generelle Eignung jedes Jugendamtes zur sachgerechten Ausübung der Amtsvormundschaft unterstellt.[34]

Bei einem **Umzug** kann die Übernahme der Vormundschaft durch das Jugendamt am neuen Wohnort nach Maßgabe von § 87c Abs. 2 SGB VIII beantragt werden, wobei das **Familiengericht** zu beteiligen ist (§ 87c Abs. 2 Satz 3 SGB VIII) und auch im Streitfall zu entscheiden hat. Bei der **bestellten Amtspflegschaft oder Amtsvormundschaft** knüpft § 87c Abs. 3 SGB VIII an den **gewöhnlichen Aufenthalt des Kindes oder Jugendlichen**. Bei einem **Umzug** hat der Amtsvormund nach § 87c Abs. 3 Satz 3 SGB VIII einen **Antrag auf seine Entlassung** zu stellen. Das Familiengericht entscheidet nach Maßgabe von §§ 1887 Abs. 1, 1889 Abs. 2 BGB nach **Kindeswohlgesichtspunkten**, ob ein Zuständigkeitswechsel zu erfolgen hat und hat dabei nach zutreffender Ansicht einen Entscheidungsspielraum nur insoweit, als es um den Wechsel von Amts- zu Einzelvormund geht; will es weiter einen Amtsvormund auswählen, ist es an die Zuständigkeitsvorschriften des § 87c Abs. 3 SGB gebunden.[35]

Diese Schwierigkeiten können umgangen werden, wenn bei der Erstauswahl ein Einzelvormund ausgewählt wird.

19 Bei einem **unbegleitet eingereisten ausländischen Kind oder Jugendlichen**, der keinen gewöhnlichen Aufenthalt hat, kommt es seit der Schaffung der §§ 42a bis 42f SGB VIII nach der ausdifferenzierten Regelung des § 88a Abs. 4 SGB VIII darauf an, ob es sich um die Zeit während der vorläufigen Inobhutnahme nach § 42a SGB VIII handelt (dann gemäß § 88a Abs. 1 SGB VIII das Jugendamt des tatsächlichen Aufenthalts vor Beginn der Maßnahme nach § 88a Abs. 1 SGB VIII), um die Zeit während der Inobhutnahme nach § 42 SGB VIII handelt (dann gemäß § 88a Abs. 2 Satz 1 SGB VIII grundsätzlich das nach der Zuweisungsentscheidung gemäß § 42b Abs. 3 Satz 1 SGB VIII zuständige Jugendamt) oder um die Zeit während der Leistungsgewährung handelt (dann grundsätzlich das Jugendamt des tatsächlichen Aufenthalts des Minderjährigen zu Beginn der Leistung gemäß § 88a Abs. 3 Satz 1 SGB VIII).

---

32 OLG Celle JAmt 2018, 216 = FamRZ 2018, 1246; OLG Karlsruhe NJW-RR 2017, 389 = JAmt 2017, 136; Staudinger/*Veit*, § 1791b BGB Rn. 15 (grundsätzliche Bindung des Familiengerichts); BeckOK-BGB/*Bettin*, § 1779 BGB Rn. 4; *Hoffmann*, FamRZ 2014, 1084, 1086; BeckOGK/*Hoffmann*, § 1791b BGB Rn. 17; instruktiv jurisPK SGB VIII/*Lange*, § 87c SGB VIII Rn. 66 ff.

33 jurisPK SGB VIII/*Lange*, § 87c SGB VIII Rn. 68

34 jurisPK SGB VIII/*Lange*, § 87c SGB VIII Rn. 74

35 jurisPK SGB VIII/*Lange*, § 87c SGB VIII Rn. 74; zum Meinungsstreit vgl. soeben

F. Führung der Amtspflegschaft und Amtsvormundschaft (§ 56 SGB VIII)

§ 56 Abs. 1 SGB VIII verweist hinsichtlich der **Führung von Amtspflegschaft und Amtsvormundschaft** auf die Bestimmungen des **BGB**, also §§ 1773 ff., 1915 ff. BGB, soweit in § 56 Abs. 2 bis 4 SGB VIII keine Sonderregelungen bestehen. Sondervorschriften für die Amtsvormundschaft und Amtspflegschaft (über § 1915 Abs. 1 BGB) sind enthalten im BGB §§ 1792 Abs. 1 Satz 2, 1835 Abs. 5, 1835a Abs. 5, 1836 Abs. 3, 1837 Abs. 3, 1857a (vgl. jeweils dort). 20

Als **Sonderregelungen** gegenüber Amtsvormundschaft und Amtspflegschaft bestimmt § 56 Abs. 2 Satz 1 SGB VIII weiterhin, dass gegenüber dem Jugendamt die Vorschriften des § 1802 Abs. 3 BGB (familiengerichtliche Anordnung der Errichtung eines Vermögensverzeichnisses durch einen Notar, Beamten oder Behörde) und des § 1818 BGB (Anordnung der Hinterlegung von Wertpapieren und Kostbarkeiten) nicht anzuwenden sind. Nach § 56 Abs. 2 S. 2 ist in den Fällen des § 1803 Absatz 2 BGB (familiengerichtliche Genehmigung der Abweichung von Anordnungen in einer letztwilligen Verfügung), des § 1811 BGB (familiengerichtliche Genehmigung anderer Arten der Anlage von Mündelgeld) und des § 1822 Nr. 6 und 7 BGB (familiengerichtliche Genehmigung eines Berufsausbildungsvertrages und der Eingehung eines Dienst- oder Arbeitsverhältnisses) eine Genehmigung des Familiengerichts für den Amtsvormund nicht erforderlich, weil das Gesetz vermutet, dass der Amtsvormund im Interesse des Kindes oder Jugendlichen handelt. 21

Nach Satz 3 kann **Landesrecht** für das Jugendamt als Amtspfleger oder als Amtsvormund weitergehende Ausnahmen von der Anwendung der Bestimmungen der §§ 1773 bis 1895 BGB vorsehen, die die Aufsicht des Familiengerichts in vermögensrechtlicher Hinsicht sowie beim Abschluss von Lehr- und Arbeitsverträgen betreffen. Von diesem Vorbehalt haben zahlreiche Länder Gebrauch gemacht.[36] So bestimmt etwa § 14 Satz 1 des **Hessischen Kinder- und Jugendhilfegesetzbuches**, dass die Vorschriften des § 1802 Abs. 1, der §§ 1819 bis 1821, des § 1822 Nr. 1 bis 5, 8 bis 11 und 13 sowie der §§ 1823, 1824 und des § 1854 Abs. 2 BGB über die Aufsicht des Familiengerichts gegenüber dem Jugendamt außer Anwendung bleiben. Nach Satz 2 gilt dies auch bezüglich des § 1822 Nr. 12 BGB, soweit es sich um eine vermögensrechtliche Angelegenheit handelt. 22

Gemäß § 56 Abs. 3 SGB VIII kann zudem abweichend von § 1807 BGB Mündelgeld mit Genehmigung des Familiengerichts auf **Sammelkonten des Jugendamts** bereitgehalten und angelegt werden, wenn es den Interessen des Mündels dient und sofern die sichere Verwaltung, Trennbarkeit und Rechnungslegung des Geldes einschließlich der Zinsen jederzeit gewährleistet ist. **Landesrecht** kann weiterhin bestimmen, dass eine Genehmigung des Familiengerichts nicht erforderlich ist.[37] Die Anlegung von Mündelgeld gemäß § 1807 BGB ist nach Abs. 3 Satz 2 in Abweichung von § 1805 BGB auch bei der Körperschaft zulässig, die das Jugendamt errichtet hat. 23

G. Vorrang der Einzelvormundschaft (§ 56 Abs. 4 SGB VIII)

Gemäß § 56 Abs. 4 SGB VIII hat das Jugendamt in der Regel **jährlich zu prüfen**, ob im Interesse des Kindes oder des Jugendlichen **seine Entlassung als Amtspfleger oder Amtsvormund** und die **Bestellung einer Einzelperson oder eines Vereins** angezeigt ist, und dies dem **Familiengericht mitzuteilen**. Hierdurch wird die bereits bei der erstmaligen Auswahlentscheidung nach § 1791b Abs. 1 BGB zu berücksichtigende **Subsidiarität** 24

---

36 Baden-Württemberg § 24 LKJHG, Bayern Art. 59 AGSG, Brandenburg § 21 AGKJHG, Bremen § 12 AGKJHG, Hamburg § 20 AGSGB VIII, Hessen § 14 HKJGB, Nordrhein-Westfalen § 26 AGKJHG, Saarland § 32 AGKJHG, Sachsen § 34 LJHG, Sachsen-Anhalt § 30 KJHG-LSA; Schleswig-Holstein § 46 JuFöG SH

37 Bayern Art. 59 AGSG

(vgl. aber zum Verhältnis Amtsvormundschaft zum Berufseinzelvormund und zum Vereinsvormund *Dürbeck*, § 1791b BGB Rn. 2 und 4) fortgeschrieben und sie mit einer entsprechenden jährlichen Überprüfungs- und Mitteilungspflicht verbunden. Diese Regelung hat in der Praxis gleichwohl nicht die erhoffte Wirkung gebracht.[38] Besondere Aufmerksamkeit sollte der Amtsvormund dabei der Möglichkeit der Übertragung der Vormundschaft auf die Betreuungspersonen bei in **Pflegeverhältnissen** lebenden Kinder oder Jugendlichen zukommen lassen.[39] Beantragt das Jugendamt seine Entlassung, weil ein geeigneter Einzel- oder Vereinsvormund zur Verfügung stehen würde, hat das Familiengericht hierüber nach Maßgabe von §§ 1887 Abs. 1, 1889 Abs. 2 BGB unter Berücksichtigung des Kindeswohls zu entscheiden. Fiskalische Interessen bleiben außer Acht.[40]

H. Mitteilungspflicht (§ 57 SGB VIII)

25 Nach § 57 SGB VIII hat das Jugendamt dem **Familiengericht** unverzüglich den **Eintritt einer Vormundschaft** mitzuteilen. Die Vorschrift bezieht sich auf den Eintritt einer Vormundschaft **kraft Gesetzes**, wie dies insbesondere bei §§ 1791c Abs. 1 Satz 1 BGB, 1791c Abs. 1 Satz 2 BGB (vgl. jeweils dort) und bei § 1751 Abs. 1 Satz 2 BGB (Einwilligung in die Adoption) der Fall ist. Das Jugendamt selbst erlangt Kenntnis vom Eintritt einer gesetzlichen Vormundschaft in den Fällen von § 1791c Abs. 1 Satz 1 BGB durch die **Meldung des Standesamts** nach § 68 Abs. 1 PStG. Bei einer **vertraulichen Geburt** i.S.d. § 25 SchKG informiert das Standesamt gemäß § 168a Abs. 1 FamFG auch das Familiengericht.

§ 58a SGB VIII Sorgeregister; Bescheinigung über Nichtvorliegen von Eintragungen im Sorgeregister

(1) Zum Zwecke der Erteilung der Bescheinigung nach Absatz 2 wird für Kinder nicht miteinander verheirateter Eltern bei dem nach § 87c Absatz 6 Satz 2 zuständigen Jugendamt ein Sorgeregister geführt. In das Sorgeregister erfolgt jeweils eine Eintragung, wenn

1. **Sorgeerklärungen nach § 1626a Absatz 1 Nummer 1 des Bürgerlichen Gesetzbuchs abgegeben werden oder**
2. **aufgrund einer gerichtlichen Entscheidung die elterliche Sorge den Eltern ganz oder zum Teil gemeinsam übertragen wird.**

Das Sorgeregister enthält auch Eintragungen, wenn Sorgeerklärungen nach Artikel 224 § 2 Absatz 3 des Einführungsgesetzes zum Bürgerlichen Gesetzbuche in der bis zum 19. Mai 2013 geltenden Fassung ersetzt wurden.

(2) Liegen keine Eintragungen im Sorgeregister vor, so erhält die mit dem Vater des Kindes nicht verheiratete Mutter auf Antrag hierüber eine Bescheinigung von dem nach § 87c Absatz 6 Satz 1 zuständigen Jugendamt. Die Mutter hat dafür Geburtsdatum und Geburtsort des Kindes oder des Jugendlichen anzugeben sowie den Namen, den das Kind oder der Jugendliche zur Zeit der Beurkundung seiner Geburt geführt hat.

Von einer Kommentierung wird abgesehen.

38 Wiesner/*Walther*, § 56 SGB VIII Rn. 18; *Salgo/Zenz*, FamRZ 2009, 1378, 1382

39 *Kinderrechtekommission*, FamRZ 2014, 891; *Hoffmann*, FamRZ 2014, 1084; 1089, *Salgo/Zenz*, FamRZ 2009, 1378, nach Prenzlow/*Salgo/Lack*, Rn. 1316, haben immer noch 70 bis 80% der Pflegekinder einen Amtsvormund, nach *Katzenstein*, JAmt 2014, 606, 607, ca. 80%; zur verfassungsgerichtlichen Überprüfung der Einsetzung eines Amtsvormunds vgl. BVerfG NZFam 2018, 635 = FamRZ 2018, 1092

40 OLG Hamm FamRZ 2012, 798

Fünfter Abschnitt
Beurkundung, vollstreckbare Urkunden

§ 59 SGB VIII Beurkundung

(1) Die Urkundsperson beim Jugendamt ist befugt,

1. **die Erklärung, durch die die Vaterschaft anerkannt oder die Anerkennung widerrufen wird, die Zustimmungserklärung der Mutter sowie die etwa erforderliche Zustimmung des Mannes, der im Zeitpunkt der Geburt mit der Mutter verheiratet ist, des Kindes, des Jugendlichen oder eines gesetzlichen Vertreters zu einer solchen Erklärung (Erklärungen über die Anerkennung der Vaterschaft) zu beurkunden,**
2. **die Erklärung, durch die die Mutterschaft anerkannt wird, sowie die etwa erforderliche Zustimmung des gesetzlichen Vertreters der Mutter zu beurkunden (§ 44 Absatz 2 des Personenstandsgesetzes),**
3. **die Verpflichtung zur Erfüllung von Unterhaltsansprüchen eines Abkömmlings oder seines gesetzlichen Rechtsnachfolgers zu beurkunden, sofern der Abkömmling zum Zeitpunkt der Beurkundung das 21. Lebensjahr noch nicht vollendet hat,**
4. **die Verpflichtung zur Erfüllung von Ansprüchen auf Unterhalt (§ 1615l des Bürgerlichen Gesetzbuchs), auch des gesetzlichen Rechtsnachfolgers, zu beurkunden,**
5. **die Bereiterklärung der Adoptionsbewerber zur Annahme eines ihnen zur internationalen Adoption vorgeschlagenen Kindes (§ 7 Absatz 1 des Adoptionsübereinkommens-Ausführungsgesetzes) zu beurkunden,**
6. **den Widerruf der Einwilligung des Kindes in die Annahme als Kind (§ 1746 Absatz 2 des Bürgerlichen Gesetzbuchs) zu beurkunden,**
7. **die Erklärung, durch die der Vater auf die Übertragung der Sorge verzichtet (§ 1747 Absatz 3 Nummer 2 des Bürgerlichen Gesetzbuchs), zu beurkunden,**
8. **die Sorgeerklärungen (§ 1626a Absatz 1 Nummer 1 des Bürgerlichen Gesetzbuchs) sowie die etwa erforderliche Zustimmung des gesetzlichen Vertreters eines beschränkt geschäftsfähigen Elternteils (§ 1626c Absatz 2 des Bürgerlichen Gesetzbuchs) zu beurkunden,**
9. **eine Erklärung des auf Unterhalt in Anspruch genommenen Elternteils nach § 252 des Gesetzes über das Verfahren in Familiensachen und in den Angelegenheiten der freiwilligen Gerichtsbarkeit aufzunehmen; § 129a der Zivilprozessordnung gilt entsprechend.**

Die Zuständigkeit der Notare, anderer Urkundspersonen oder sonstiger Stellen für öffentliche Beurkundungen bleibt unberührt.

(2) Die Urkundsperson soll eine Beurkundung nicht vornehmen, wenn ihr in der betreffenden Angelegenheit die Vertretung eines Beteiligten obliegt.

(3) Das Jugendamt hat geeignete Beamte und Angestellte zur Wahrnehmung der Aufgaben nach Absatz 1 zu ermächtigen. Die Länder können Näheres hinsichtlich der fachlichen Anforderungen an diese Personen regeln.

Von einer Kommentierung wird abgesehen.

§ 60 SGB VIII Vollstreckbare Urkunden

Aus Urkunden, die eine Verpflichtung nach § 59 Absatz 1 Satz 1 Nummer 3 oder 4 zum Gegenstand haben und die von einem Beamten oder Angestellten des Jugendamts innerhalb der Grenzen seiner Amtsbefugnisse in der vorgeschriebenen Form aufgenommen worden sind, findet die Zwangsvollstreckung statt, wenn die Erklärung die Zahlung einer bestimmten Geldsumme betrifft und der Schuldner sich in der Urkunde der sofortigen Zwangsvollstreckung unterworfen hat. Die Zustellung kann auch dadurch vollzogen werden, dass der

Beamte oder Angestellte dem Schuldner eine beglaubigte Abschrift der Urkunde aushändigt; § 173 Satz 2 und 3 der Zivilprozessordnung gilt entsprechend. Auf die Zwangsvollstreckung sind die Vorschriften, die für die Zwangsvollstreckung aus gerichtlichen Urkunden nach § 794 Absatz 1 Nummer 5 der Zivilprozessordnung gelten, mit folgenden Maßgaben entsprechend anzuwenden:

1. **Die vollstreckbare Ausfertigung sowie die Bestätigungen nach § 1079 der Zivilprozessordnung werden von den Beamten oder Angestellten des Jugendamts erteilt, denen die Beurkundung der Verpflichtungserklärung übertragen ist. Das Gleiche gilt für die Bezifferung einer Verpflichtungserklärung nach § 790 der Zivilprozessordnung.**
2. **Über Einwendungen, die die Zulässigkeit der Vollstreckungsklausel oder die Zulässigkeit der Bezifferung nach § 790 der Zivilprozessordnung betreffen, über die Erteilung einer weiteren vollstreckbaren Ausfertigung sowie über Anträge nach § 1081 der Zivilprozessordnung entscheidet das für das Jugendamt zuständige Amtsgericht.**

Von einer Kommentierung wird abgesehen.

Viertes Kapitel
Schutz von Sozialdaten

§ 61 SGB VIII Anwendungsbereich

(1) [1]Für den Schutz von Sozialdaten bei ihrer Verarbeitung in der Jugendhilfe gelten § 35 des Ersten Buches, §§ 67 bis 85a des Zehnten Buches sowie die nachfolgenden Vorschriften. [2]Sie gelten für alle Stellen des Trägers der öffentlichen Jugendhilfe, soweit sie Aufgaben nach diesem Buch wahrnehmen. [3]Für die Wahrnehmung von Aufgaben nach diesem Buch durch kreisangehörige Gemeinden und Gemeindeverbände, die nicht örtliche Träger sind, gelten die Sätze 1 und 2 entsprechend.

(2) Für den Schutz von Sozialdaten bei ihrer Verarbeitung im Rahmen der Tätigkeit des Jugendamts als Amtspfleger, Amtsvormund, Beistand und Gegenvormund gilt nur § 68.

(3) Werden Einrichtungen und Dienste der Träger der freien Jugendhilfe in Anspruch genommen, so ist sicherzustellen, dass der Schutz der personenbezogenen Daten bei der Verarbeitung in entsprechender Weise gewährleistet ist.

§ 62 SGB VIII Datenerhebung

(1) Sozialdaten dürfen nur erhoben werden, soweit ihre Kenntnis zur Erfüllung der jeweiligen Aufgabe erforderlich ist.

(2) [1]Sozialdaten sind bei der betroffenen Person zu erheben. [2]Sie ist über die Rechtsgrundlage der Erhebung sowie die Zweckbestimmungen der Verarbeitung aufzuklären, soweit diese nicht offenkundig sind.

(3) Ohne Mitwirkung der betroffenen Person dürfen Sozialdaten nur erhoben werden, wenn

1. **eine gesetzliche Bestimmung dies vorschreibt oder erlaubt oder**
2. **ihre Erhebung bei der betroffenen Person nicht möglich ist oder die jeweilige Aufgabe ihrer Art nach eine Erhebung bei anderen erfordert, die Kenntnis der Daten aber erforderlich ist für**
   a) **die Feststellung der Voraussetzungen oder für die Erfüllung einer Leistung nach diesem Buch oder**
   b) **die Feststellung der Voraussetzungen für die Erstattung einer Leistung nach § 50 des Zehnten Buches oder**

c) die Wahrnehmung einer Aufgabe nach den §§ 42 bis 48a und nach § 52 oder
d) die Erfüllung des Schutzauftrages bei Kindeswohlgefährdung nach § 8a oder
3. die Erhebung bei der betroffenen Person einen unverhältnismäßigen Aufwand erfordern würde und keine Anhaltspunkte dafür bestehen, dass schutzwürdige Interessen der betroffenen Person beeinträchtigt werden oder
4. die Erhebung bei der betroffenen Person den Zugang zur Hilfe ernsthaft gefährden würde.

(4) [1]Ist die betroffene Person nicht zugleich Leistungsberechtigter oder sonst an der Leistung beteiligt, so dürfen die Daten auch beim Leistungsberechtigten oder einer anderen Person, die sonst an der Leistung beteiligt ist, erhoben werden, wenn die Kenntnis der Daten für die Gewährung einer Leistung nach diesem Buch notwendig ist. [2]Satz 1 gilt bei der Erfüllung anderer Aufgaben im Sinne des § 2 Absatz 3 entsprechend.

§ 63 SGB VIII Datenspeicherung

(1) Sozialdaten dürfen gespeichert werden, soweit dies für die Erfüllung der jeweiligen Aufgabe erforderlich ist.

(2) [1]Daten, die zur Erfüllung unterschiedlicher Aufgaben der öffentlichen Jugendhilfe erhoben worden sind, dürfen nur zusammengeführt werden, wenn und solange dies wegen eines unmittelbaren Sachzusammenhangs erforderlich ist. [2]Daten, die zu Leistungszwecken im Sinne des § 2 Absatz 2 und Daten, die für andere Aufgaben im Sinne des § 2 Absatz 3 erhoben worden sind, dürfen nur zusammengeführt werden, soweit dies zur Erfüllung der jeweiligen Aufgabe erforderlich ist.

§ 64 SGB VIII Datenübermittlung und -nutzung

(1) Sozialdaten dürfen zu dem Zweck übermittelt oder genutzt werden, zu dem sie erhoben worden sind.

(2) Eine Übermittlung für die Erfüllung von Aufgaben nach § 69 des Zehnten Buches ist abweichend von Absatz 1 nur zulässig, soweit dadurch der Erfolg einer zu gewährenden Leistung nicht in Frage gestellt wird.

(2a) Vor einer Übermittlung an eine Fachkraft, die nicht dem Verantwortlichen angehört, sind die Sozialdaten zu anonymisieren oder zu pseudonymisieren, soweit die Aufgabenerfüllung dies zulässt.

(3) Sozialdaten dürfen beim Träger der öffentlichen Jugendhilfe zum Zwecke der Planung im Sinne des § 80 gespeichert oder genutzt werden; sie sind unverzüglich zu anonymisieren.

§ 65 SGB VIII Besonderer Vertrauensschutz in der persönlichen und erzieherischen Hilfe

(1) [1]Sozialdaten, die dem Mitarbeiter eines Trägers der öffentlichen Jugendhilfe zum Zwecke persönlicher und erzieherischer Hilfe anvertraut worden sind, dürfen von diesem nur weitergegeben oder übermittelt werden

1. mit der Einwilligung dessen, der die Daten anvertraut hat, oder
2. dem Familiengericht zur Erfüllung der Aufgaben nach § 8a Absatz 2, wenn angesichts einer Gefährdung des Wohls eines Kindes oder eines Jugendlichen ohne diese Mittei-

lung eine für die Gewährung von Leistungen notwendige gerichtliche Entscheidung nicht ermöglicht werden könnte, oder

3. dem Mitarbeiter, der auf Grund eines Wechsels der Fallzuständigkeit im Jugendamt oder eines Wechsels der örtlichen Zuständigkeit für die Gewährung oder Erbringung der Leistung verantwortlich ist, wenn Anhaltspunkte für eine Gefährdung des Kindeswohls gegeben sind und die Daten für eine Abschätzung des Gefährdungsrisikos notwendig sind, oder
4. an die Fachkräfte, die zum Zwecke der Abschätzung des Gefährdungsrisikos nach § 8a hinzugezogen werden; § 64 Absatz 2a bleibt unberührt, oder
5. unter den Voraussetzungen, unter denen eine der in § 203 Absatz 1 oder 4 des Strafgesetzbuchs genannten Personen dazu befugt wäre.

[2]Gibt der Mitarbeiter anvertraute Sozialdaten weiter, so dürfen sie vom Empfänger nur zu dem Zweck weitergegeben werden, zu dem er diese befugt erhalten hat.

(2) § 35 Absatz 3 des Ersten Buches gilt auch, soweit ein behördeninternes Weitergabeverbot nach Absatz 1 besteht.

§ 66 bis § 67 BGB

(weggefallen)

§ 68 SGB VIII Sozialdaten im Bereich der Beistandschaft, Amtspflegschaft und der Amtsvormundschaft

(1) [1]Der Beamte oder Angestellte, dem die Ausübung der Beistandschaft, Amtspflegschaft oder Amtsvormundschaft übertragen ist, darf Sozialdaten nur verarbeiten, soweit dies zur Erfüllung seiner Aufgaben erforderlich ist. [2]Die Nutzung dieser Sozialdaten zum Zwecke der Aufsicht, Kontrolle oder Rechnungsprüfung durch die dafür zuständigen Stellen sowie die Übermittlung an diese ist im Hinblick auf den Einzelfall zulässig. [3]Die Informationspflichten nach Artikel 13 und 14 der Verordnung (EU) 2016/679 des Europäischen Parlaments und des Rates vom 27. April 2016 zum Schutz natürlicher Personen bei der Verarbeitung personenbezogener Daten, zum freien Datenverkehr und zur Aufhebung der Richtlinie 95/46/EG (Datenschutz-Grundverordnung) (ABl. L 119 vom 4.5.2016, S. 1; L 314 vom 22.11.2016, S. 72; L 127 vom 23.5.2018, S. 2) in der jeweils geltenden Fassung bestehen nur, soweit die Erteilung der Informationen

1. mit der Wahrung der Interessen der minderjährigen Person vereinbar ist und
2. nicht die Erfüllung der Aufgaben gefährdet, die in der Zuständigkeit des Beistands, des Amtspflegers oder des Amtsvormundes liegen.

(2) § 84 des Zehnten Buches gilt entsprechend.

(3) [1]Das Recht auf Auskunft der betroffenen Person gemäß Artikel 15 der Verordnung (EU) 2016/679 besteht nicht, soweit die betroffene Person nach Absatz 1 Satz 3 nicht zu informieren ist oder durch die Auskunftserteilung berechtigte Interessen Dritter beeinträchtigt würden. [2]Einer Person, die unter Beistandschaft, Amtspflegschaft oder Amtsvormundschaft gestanden und ihr 18. Lebensjahr noch nicht vollendet hat, kann Auskunft erteilt werden, soweit sie die erforderliche Einsichts- und Urteilsfähigkeit besitzt und die Auskunftserteilung nicht nach Satz 1 ausgeschlossen ist. [3]Nach Beendigung einer Beistandschaft hat darüber hinaus der Elternteil, der die Beistandschaft beantragt hat, einen Anspruch auf Kenntnis der gespeicherten Daten, solange der junge Mensch minderjährig ist, der Elternteil antragsberechtigt ist und die Auskunftserteilung nicht nach Satz 1 ausgeschlossen ist.

(4) Personen oder Stellen, an die Sozialdaten übermittelt worden sind, dürfen diese nur zu dem Zweck speichern und nutzen, zu dem sie ihnen nach Absatz 1 befugt übermittelt worden sind.

Literatur

Weiterführende Literatur: DIJuF-Rechtsgutachten vom 30.6.2014, Datenerhebung durch und Datenübermittlung an den/die Verfahrensbeistand/-beiständin, JAmt 2014, 444 ff.; *Hoffmann*, Notwendige Praxisumstellungen bei Einwilligung in datenverarbeitende Vorgänge – Neuerungen mit der Datenschutzgrundverordnung (DSGVO) zum 25.5.2018, JAmt 2018, 2 ff.; *Kunkel*, Datenschutz im Jugendamt, ZKJ 2018, 355 ff.; *Morat/Kramer*, Verfahrensbeistandschaft und Datenschutz, ZKJ 2014, 139 ff.

Für die **Erhebung und Weitergabe von Daten** durch das Jugendamt im Kontext eines familiengerichtlichen Verfahrens stellen weder § 50 SGB VIII noch § 162 FamFG eine Befugnisnorm zur Erhebung von Sozialdaten dar.[1] Es gelten daher die **allgemeinen datenschutzrechtlichen Regeln** des SGB VIII und die DSGVO.[2] Danach darf das Jugendamt Daten grundsätzlich nur beim Betroffenen erheben (§ 62 Abs. 2 SGB VIII). Ohne Mitwirkung des Betroffenen dürfen Sozialdaten u. a. nur dann erhoben werden, wenn ihre Erhebung beim Betroffenen nicht möglich ist, die Kenntnis der Daten aber erforderlich ist für die Erfüllung des Schutzauftrags bei **Kindeswohlgefährdung** nach § 8a SGB VIII (§ 62 Abs. 3 Nr. 2d SGB VIII). Dies gilt auch nach Inkrafttreten der DSGVO.[3] Die Weitergabe von zum Zwecke persönlicher und erzieherischer Hilfe anvertrauter Daten darf (ohne Einwilligung des Betroffenen) an das Familiengericht nur zur Erfüllung der Aufgaben nach § 8a Abs. 2 SGB VIII – also **bei Verdacht auf Kindeswohlgefährdung** – erfolgen (§ 65 Abs. 1 Satz 1 Nr. 2 SGB VIII i.V.m. Art. 6 Abs. 1 lit. e, Abs. 3 DSGVO). Die Anrufung des Familiengerichts nach § 42 Abs. 3 Satz 2 Nr. 2 SGB VIII stellt einen Unterfall des § 8a Abs. 2 SGB VIII dar, weshalb auch in diesen Fällen eine Weitergabebefugnis (bzw. -pflicht) an das Familiengericht gegeben ist.[4] **Datenschutz steht damit einem effektiven Kinderschutz nicht entgegen**. 1

Erhalten eingesetzte **freie Träger** Informationen, die auf eine Kindeswohlgefährdung i.S.d. § 8a Abs. 1 Satz 1 SGB VIII hindeuten, kommt eine **Datenübermittlung** nach §§ 8a Abs. 4 SGB VIII, 69 Abs. 1 Nr. 1 Alt. 2, Alt. 3 SGB X **nicht direkt an das Familiengericht, sondern nur an das Jugendamt** in Betracht, § 8a Abs. 4 Satz 2 SGB VIII („... das Jugendamt zu informieren ...").[5] Das Jugendamt selbst kann dann diese Daten zur Abwendung einer Kindeswohlgefährdung an das Familiengericht weiterleiten, was § 65 Abs. 1 Nr. 2 SGB VIII zulässt. Aber auch diese Weiterleitung darf nicht in allen Fällen, insbesondere nicht zu jeder möglichen Veränderung familiärer Verhältnisse, vom Jugendamt an das Familiengericht weitergegeben werden. Dies verkennt der BGH in seiner Entscheidung vom 6.2.2019, wenn er ausführt: „Auch wenn ein Kontrollauftrag ... nicht originäres Ziel einer sozialpädagogischen Familienhilfe ist, hindert das einen Familienhelfer nicht, dem Familiengericht zeitnah von möglichen Veränderungen zu berichten, so dass hinreichend Gelegenheit bestünde, den Sachverhalt aufzuklären und angemessen zu reagieren."[6] Gemäß § 65 Abs. 1 Nr. 2 SGB VIII ist das Jugendamt zu einer solchen Datenübermittlung nur befugt, wenn (einzig) mit einer Übermittlung der anvertrauten Daten eine familiengerichtliche Entscheidung ermöglicht werden könnte, welche zur Abwehr einer Kindeswohlge- 1a

1 VGH Hessen ZKJ 2014, 493; OLG Zweibrücken ZKJ 2013, 256
2 *Kunkel*, ZKJ 2018, 355, 356; *Hoffmann*, JAmt 2018, 2; Knickrehm/Kreikebohm/Waltermann/*Winkler*, Kommentar zum Sozialrecht, Sammelkommentierung §§ 1–106 SGB VIII Rn. 134
3 Schulz/*Gola*, Datenschutz-Grundverordnung, Art. 8 Rn. 3
4 LPK-SGB VIII/*Kunkel*, § 65 Rn. 17
5 Vgl. *Kepert*, Sozialrecht aktuell 2019, 104, 110
6 BGH FamRZ 2019, 598 Rn. 45 = NJW 2019, 1435 = JAmt 2019, 267

fährdung geeignet ist. Eine Weiterleitung von nur möglichen Veränderungen in der Familie als fortlaufende Kontrolle der Familie, ohne dass diese Datenübermittlung der aktuellen Herbeiführung einer familiengerichtlichen Entscheidung zur Abwehr einer Kindeswohlgefährdung dient, ist datenschutzrechtlich unzulässig.[7]

2 Werden Daten **ohne ausreichende gesetzliche Rechtfertigung** an das Familiengericht oder sonstige Beteiligte des Verfahrens (wie z.B. den Verfahrensbeistand) weitergegeben (z.B. über Gespräche des ASD-Mitarbeiters mit dem Kindergarten, Lehrern, Therapeuten, Erziehungsberatern), so kann dies zur **Amtshaftung** des Trägers des Jugendamts[8] oder zur **Verpflichtung zur Löschung der Daten**[9] (vgl. § 84 Abs. 1 SGB X) führen. Soweit die Daten für die Entscheidung des Familiengerichts relevant sind, kann dieses ohnehin nach § 26 FamFG die entsprechenden Ermittlungen durchführen und insoweit selbst Daten erheben.

3 Datenschutzrechtliche Bestimmungen sind für das Jugendamt im Übrigen auch in Bezug auf den **Verfahrensbeistand des Kindes** (§ 158 FamFG) zu beachten. Ohne Einwilligung von Betroffenen dürfen im Rahmen von erzieherischen Hilfen anvertraute Daten nicht an diesen weitergegeben werden. Selbst im Fall der **Kindeswohlgefährdung** ist eine Übermittlung der Daten nach § 65 Abs. 1 Nr. 1 und 2 SGB VIII nur an das Familiengericht, nicht aber unmittelbar an den Verfahrensbeistand zulässig.[10] Im Rahmen der Gewährung rechtlichen Gehörs kann und muss das Familiengericht diese Daten dann an die übrigen Beteiligten, und damit auch an den Verfahrensbeistand, weitergeben. Die Übermittlung **nicht anvertrauter Daten** an den Verfahrensbeistand ist nach Maßgabe von §§ 64 Abs. 1 und 2 SGB VIII, 69 Abs. 1 SGB X jedoch zulässig.

4 Wenn ein sorgeberechtigter Elternteil **Akteneinsicht in die beim Jugendamt geführten Akten** haben möchte, ist **zu differenzieren**. Geht es um Informationen **aus einem laufenden Verwaltungsverfahren des Jugendamts** i.S.d. § 8 SGB X, d.h. eine Tätigkeit mit dem Ziel des Abschluss eines Verwaltungsakts oder eines öffentlich-rechtlichen Vertrages (nicht reiner Beratungen oder Auskünfte), z.B. um die Bewilligung von Hilfen zur Erziehung nach §§ 27 ff. SGB VIII, besteht **gegenüber dem Jugendamt grundsätzlich gemäß § 25 SGB X ein vor den Verwaltungsgerichten geltend zu machendes Akteneinsichtsrecht des Verfahrensbeteiligten** in alle Teile der Akte, soweit die Vorgänge nicht wegen berechtigter Interessen Beteiligter oder Dritter geheim gehalten werden müssen; ein derartiges Interesse ist regelmäßig bei von Dritten anvertrauten Daten nach § 65 SGB VIII anzunehmen.[11] Geht es um **Akten des Jugendamts im Rahmen der Mitwirkung im familiengerichtlichen Verfahren** nach § 50 SGB VIII, besteht **kein Anspruch auf Akteneinsicht gegenüber dem Jugendamt** nach § 25 SGB X, weil diese Tätigkeit des Jugendamts nicht auf den Erlass eines Verwaltungsakts abzielt; überdies steht einer solchen Akteneinsichtsgewährung auch die Geheimhaltungsverpflichtung des Jugendamts nach § 65 SGB VIII entgegen.[12] Auch wenn kein Akteneinsichtsrecht besteht, kann gegenüber dem Jugendamt ein Anspruch auf Auskunft nach § 83 SGB X bestehen.[13] Die-

7 Eingehend *Kepert*, Sozialrecht aktuell 2019, 104, 110 zur vorgenannten Entscheidung des BGH
8 OLG Zweibrücken ZKJ 2013, 256; Wiesner/*Mörsberger*, Anh. 4 SGB VIII Rn. 30
9 VGH Hessen ZKJ 2014, 493
10 *DIJuF*-Rechtsgutachten JAmt 2014, 444, 446
11 FK-SGB VIII/*Hoffmann*, Vorb. zum 4. Kapitel, Rn. 40 f.
12 OVG Münster ZKJ 2019, 35; OVG Münster, Beschl. v. 5.2.2009 – 8 E 1258/08, juris; VG Würzburg, Urteil v. 26.1.2017 – W 3 K 16.885, juris; VG Köln, Urteil v. 31.10.2016 – 26 K 5681/15, juris; VG Augsburg JAmt 2016, 219; VG Hannover JAmt 2015, 516 = ZKJ 2015, 243; BayVGH, Beschl. v. 1.6.2011 – 12 C 10.1510, juris
13 FK-SGB VIII/*Hoffmann*, Vorb. zum 4. Kapitel, Rn. 39

sem Auskunftsanspruch steht in Fällen eines Verdachts sexuellen Kindesmissbrauchs ebenfalls § 65 Abs. 1 Satz 1 SGB VIII entgegen.[14]

Zum Teil wird in der verwaltungsgerichtlichen Rechtsprechung vertreten, dass ein Anspruch auf Akteneinsicht bezüglich der Mitwirkung des Jugendamts am familiengerichtlichen Verfahren nach § 50 SGB VIII **vor den Familiengerichten** durchzusetzen sei.[15] Dem kann **nur insoweit** zugestimmt werden, als es bei dem Akteneinsichtsgesuch inhaltlich um **Bestandteile der Gerichtsakte** geht, die überhaupt **Gegenstand eines Akteneinsichtsgesuchs nach § 13 FamFG** sein können. Dazu gehören neben der gesamten Verfahrensakte alle beigezogenen Akten und Unterlagen, die zur Grundlage der Entscheidung gemacht werden sollen oder gemacht worden sind.[16] Das sind etwa alle Beiakten, Gutachten, zu den Akten gereichten Unterlagen und insbesondere **auch Berichte der Jugendämter** gemäß § 50 SGB VIII.[17] Hat das Familiengericht im Ausnahmefall also Jugendamtsakten beigezogen, ist diese beigezogene Akte grundsätzlich Gegenstand des Akteneinsichtsgesuchs nach § 13 FamFG. Nicht zur Gerichtsakte des Familiengerichts gehören solche Akten, die nicht beigezogen wurden. Ein **Akteneinsichtsgesuch vermittelt kein Recht zur Beiziehung weiterer Akten wie etwa der Jugendamtsakten**. 5

▶ *Näher zur Akteneinsicht im familiengerichtlichen Verfahren siehe Köhler, § 13 FamFG Rn. 1 ff.*

Hinsichtlich der **Akten eines freien Trägers der Jugendhilfe** besteht kein Anspruch auf Akteneinsicht nach § 25 SGB X, jedoch ein zivilrechtlicher Anspruch,[18] wobei der Schutz der personenbezogenen Daten gemäß § 61 Abs. 3 SGB VIII in entsprechender Weise (wie bei den öffentlichen Trägern) zu gewährleisten ist. 6

Für den Datenschutz im Bereich der **Beistandschaft, Amtspflegschaft und Amtsvormundschaft gilt § 68 SGB VIII** als Sondervorschrift. Die Vorschrift gilt für die **konkrete Person**, der ein Amt nach **§ 55 Abs. 2 SGB VIII** übertragen wurde, also nicht für das Jugendamt als Fachbehörde. § 68 Abs. 3 SGB VIII normiert besondere Informationsrechte ab Volljährigkeit (Satz 1) bzw. schon bei Minderjährigkeit, wenn entsprechende Einsichtsfähigkeit vorliegt (Satz 2). Nach Ende der Beistandschaft bei noch bestehender Minderjährigkeit des Kindes hat ein Elternteil ein Informationsrecht nach Abs. 3 Satz 3. Diese Ansprüche sind insofern von Relevanz, als sie **nach Abschluss** der Beistandschaft, Amtspflegschaft bzw. Amtsvormundschaft gelten; während laufender Bestellungen besteht nur ein über § 65 SGB VIII begrenztes Auskunftsrecht nach § 83 SGB X, da § 25 SGB X mangels laufenden Verwaltungsverfahrens nicht gilt.[19] 7

§§ 69 bis 78g SGB VIII

Von Abdruck und Kommentierung wird abgesehen.

---

14 OVG Münster, Beschl. v. 5.2.2009 – 8 E 1258/08, juris
15 VGH München, Beschl. v. 2.12.2011 – 12 ZB 11.1386, juris, Rn. 10; VG Karlsruhe, Beschl. v. 10.10.2012 – 4 K 2344/12, juris, Rn. 20; jeweils offengelassen von: BVerwG, Beschl. v. 3.3.2014 – 20 F 12.13, juris; VG Köln, Urteil v. 13.12.2017 – 26 K 134/17, juris; VG Köln, Urteil v. 31.10.2016 – 26 K 5681/15, juris
16 BT-Drucks. 16/6308, 181
17 Keidel/*Sternal*, § 13 FamFG Rn. 49
18 FK-SGB VIII/*Hoffmann*, Vorb. zum 4. Kapitel, Rn. 45
19 LPK-SGB VIII/*Kunkel*, § 68 Rn. 14

Vierter Abschnitt
Gesamtverantwortung, Jugendhilfeplanung

§ 79 SGB VIII Gesamtverantwortung, Grundausstattung

(1) Die Träger der öffentlichen Jugendhilfe haben für die Erfüllung der Aufgaben nach diesem Buch die Gesamtverantwortung einschließlich der Planungsverantwortung.

(2) Die Träger der öffentlichen Jugendhilfe sollen gewährleisten, dass zur Erfüllung der Aufgaben nach diesem Buch

1. **die erforderlichen und geeigneten Einrichtungen, Dienste und Veranstaltungen den verschiedenen Grundrichtungen der Erziehung entsprechend rechtzeitig und ausreichend zur Verfügung stehen; hierzu zählen insbesondere auch Pfleger, Vormünder und Pflegepersonen;**
2. **eine kontinuierliche Qualitätsentwicklung nach Maßgabe von § 79a erfolgt.**

Von den für die Jugendhilfe bereitgestellten Mitteln haben sie einen angemessenen Anteil für die Jugendarbeit zu verwenden.

(3) Die Träger der öffentlichen Jugendhilfe haben für eine ausreichende Ausstattung der Jugendämter und der Landesjugendämter zu sorgen; hierzu gehört auch eine dem Bedarf entsprechende Zahl von Fachkräften.

Von einer Kommentierung wird abgesehen.

§ 79a SGB VIII Qualitätsentwicklung in der Kinder- und Jugendhilfe

Um die Aufgaben der Kinder- und Jugendhilfe nach § 2 zu erfüllen, haben die Träger der öffentlichen Jugendhilfe Grundsätze und Maßstäbe für die Bewertung der Qualität sowie geeignete Maßnahmen zu ihrer Gewährleistung für

1. **die Gewährung und Erbringung von Leistungen,**
2. **die Erfüllung anderer Aufgaben,**
3. **den Prozess der Gefährdungseinschätzung nach § 8a,**
4. **die Zusammenarbeit mit anderen Institutionen**

weiterzuentwickeln, anzuwenden und regelmäßig zu überprüfen. Dazu zählen auch Qualitätsmerkmale für die Sicherung der Rechte von Kindern und Jugendlichen in Einrichtungen und ihren Schutz vor Gewalt. Die Träger der öffentlichen Jugendhilfe orientieren sich dabei an den fachlichen Empfehlungen der nach § 85 Absatz 2 zuständigen Behörden und an bereits angewandten Grundsätzen und Maßstäben für die Bewertung der Qualität sowie Maßnahmen zu ihrer Gewährleistung.

Von einer Kommentierung wird abgesehen.

§ 80 SGB VIII Jugendhilfeplanung

(1) Die Träger der öffentlichen Jugendhilfe haben im Rahmen ihrer Planungsverantwortung

1. **den Bestand an Einrichtungen und Diensten festzustellen,**
2. **den Bedarf unter Berücksichtigung der Wünsche, Bedürfnisse und Interessen der jungen Menschen und der Personensorgeberechtigten für einen mittelfristigen Zeitraum zu ermitteln und**
3. **die zur Befriedigung des Bedarfs notwendigen Vorhaben rechtzeitig und ausreichend zu planen; dabei ist Vorsorge zu treffen, dass auch ein unvorhergesehener Bedarf befriedigt werden kann.**

(2) Einrichtungen und Dienste sollen so geplant werden, dass insbesondere

1. **Kontakte in der Familie und im sozialen Umfeld erhalten und gepflegt werden können,**
2. **ein möglichst wirksames, vielfältiges und aufeinander abgestimmtes Angebot von Jugendhilfeleistungen gewährleistet ist,**
3. **junge Menschen und Familien in gefährdeten Lebens- und Wohnbereichen besonders gefördert werden,**
4. **Mütter und Väter Aufgaben in der Familie und Erwerbstätigkeit besser miteinander vereinbaren können.**

(3) Die Träger der öffentlichen Jugendhilfe haben die anerkannten Träger der freien Jugendhilfe in allen Phasen ihrer Planung frühzeitig zu beteiligen. Zu diesem Zwecke sind sie vom Jugendhilfeausschuss, soweit sie überörtlich tätig sind, im Rahmen der Jugendhilfeplanung des überörtlichen Trägers vom Landesjugendhilfeausschuss zu hören. Das Nähere regelt das Landesrecht.

(4) Die Träger der öffentlichen Jugendhilfe sollen darauf hinwirken, dass die Jugendhilfeplanung und andere örtliche und überörtliche Planungen aufeinander abgestimmt werden und die Planungen insgesamt den Bedürfnissen und Interessen der jungen Menschen und ihrer Familien Rechnung tragen.

Von einer Kommentierung wird abgesehen.

§ 81 SGB VIII Strukturelle Zusammenarbeit mit anderen Stellen und öffentlichen Einrichtungen

Die Träger der öffentlichen Jugendhilfe haben mit anderen Stellen und öffentlichen Einrichtungen, deren Tätigkeit sich auf die Lebenssituation junger Menschen und ihrer Familien auswirkt, insbesondere mit

1. **den Trägern von Sozialleistungen nach dem Zweiten, Dritten, Vierten, Fünften, Sechsten und dem Zwölften Buch sowie Trägern von Leistungen nach dem Bundesversorgungsgesetz,**
2. **Rehabilitationsträgern nach § 6 Absatz 1 Nummer 7 des Neunten Buches,**
3. **den Familien- und Jugendgerichten, den Staatsanwaltschaften sowie den Justizvollzugsbehörden,**
4. **Schulen und Stellen der Schulverwaltung,**
5. **Einrichtungen und Stellen des öffentlichen Gesundheitsdienstes und sonstigen Einrichtungen und Diensten des Gesundheitswesens,**
6. **den Beratungsstellen nach den §§ 3 und 8 des Schwangerschaftskonfliktgesetzes und Suchtberatungsstellen,**
7. **Einrichtungen und Diensten zum Schutz gegen Gewalt in engen sozialen Beziehungen,**
8. **den Stellen der Bundesagentur für Arbeit,**
9. **Einrichtungen und Stellen der beruflichen Aus- und Weiterbildung,**
10. **den Polizei- und Ordnungsbehörden,**
11. **der Gewerbeaufsicht und**
12. **Einrichtungen der Ausbildung für Fachkräfte, der Weiterbildung und der Forschung**

im Rahmen ihrer Aufgaben und Befugnisse zusammenzuarbeiten.

Von einer Kommentierung wird abgesehen.

§§ 82 bis 84 SGB VIII

Von Abdruck und Kommentierung wird abgesehen.

Siebtes Kapitel
Zuständigkeit, Kostenerstattung

Erster Abschnitt
Sachliche Zuständigkeit

§ 85 SGB VIII Sachliche Zuständigkeit

(1) Für die Gewährung von Leistungen und die Erfüllung anderer Aufgaben nach diesem Buch ist der örtliche Träger sachlich zuständig, soweit nicht der überörtliche Träger sachlich zuständig ist.

(2) Der überörtliche Träger ist sachlich zuständig für

1. **die Beratung der örtlichen Träger und die Entwicklung von Empfehlungen zur Erfüllung der Aufgaben nach diesem Buch,**
2. **die Förderung der Zusammenarbeit zwischen den örtlichen Trägern und den anerkannten Trägern der freien Jugendhilfe, insbesondere bei der Planung und Sicherstellung eines bedarfsgerechten Angebots an Hilfen zur Erziehung, Eingliederungshilfen für seelisch behinderte Kinder und Jugendliche und Hilfen für junge Volljährige,**
3. **die Anregung und Förderung von Einrichtungen, Diensten und Veranstaltungen sowie deren Schaffung und Betrieb, soweit sie den örtlichen Bedarf übersteigen; dazu gehören insbesondere Einrichtungen, die eine Schul- oder Berufsausbildung anbieten, sowie Jugendbildungsstätten,**
4. **die Planung, Anregung, Förderung und Durchführung von Modellvorhaben zur Weiterentwicklung der Jugendhilfe,**
5. **die Beratung der örtlichen Träger bei der Gewährung von Hilfe nach den §§ 32 bis 35a, insbesondere bei der Auswahl einer Einrichtung oder der Vermittlung einer Pflegeperson in schwierigen Einzelfällen,**
6. **die Wahrnehmung der Aufgaben zum Schutz von Kindern und Jugendlichen in Einrichtungen (§§ 45 bis 48a),**
7. **die Beratung der Träger von Einrichtungen während der Planung und Betriebsführung,**
8. **die Fortbildung von Mitarbeitern in der Jugendhilfe,**
9. **die Gewährung von Leistungen an Deutsche im Ausland (§ 6 Absatz 3), soweit es sich nicht um die Fortsetzung einer bereits im Inland gewährten Leistung handelt,**
10. **die Erteilung der Erlaubnis zur Übernahme von Pflegschaften oder Vormundschaften durch einen rechtsfähigen Verein (§ 54).**

(3) Für den örtlichen Bereich können die Aufgaben nach Absatz 2 Nummer 3, 4, 7 und 8 auch vom örtlichen Träger wahrgenommen werden.

(4) Unberührt bleiben die am Tage des Inkrafttretens dieses Gesetzes geltenden landesrechtlichen Regelungen, die die in den §§ 45 bis 48a bestimmten Aufgaben einschließlich der damit verbundenen Aufgaben nach Absatz 2 Nummer 2 bis 5 und 7 mittleren Landesbehörden oder, soweit sie sich auf Kindergärten und andere Tageseinrichtungen für Kinder beziehen, unteren Landesbehörden zuweisen.

(5) Ist das Land überörtlicher Träger, so können durch Landesrecht bis zum 30. Juni 1993 einzelne seiner Aufgaben auf andere Körperschaften des öffentlichen Rechts, die nicht Träger der öffentlichen Jugendhilfe sind, übertragen werden.

Von einer Kommentierung wird abgesehen.

Zweiter Abschnitt
Örtliche Zuständigkeit

Erster Unterabschnitt
Örtliche Zuständigkeit für Leistungen

§ 86 SGB VIII Örtliche Zuständigkeit für Leistungen an Kinder, Jugendliche und ihre Eltern

(1) [1]Für die Gewährung von Leistungen nach diesem Buch ist der örtliche Träger zuständig, in dessen Bereich die Eltern ihren gewöhnlichen Aufenthalt haben. [2]An die Stelle der Eltern tritt die Mutter, wenn und solange die Vaterschaft nicht anerkannt oder gerichtlich festgestellt ist. [3]Lebt nur ein Elternteil, so ist dessen gewöhnlicher Aufenthalt maßgebend.

(2) [1]Haben die Elternteile verschiedene gewöhnliche Aufenthalte, so ist der örtliche Träger zuständig, in dessen Bereich der personensorgeberechtigte Elternteil seinen gewöhnlichen Aufenthalt hat; dies gilt auch dann, wenn ihm einzelne Angelegenheiten der Personensorge entzogen sind. [2]Steht die Personensorge im Fall des Satzes 1 den Eltern gemeinsam zu, so richtet sich die Zuständigkeit nach dem gewöhnlichen Aufenthalt des Elternteils, bei dem das Kind oder der Jugendliche vor Beginn der Leistung zuletzt seinen gewöhnlichen Aufenthalt hatte. [3]Hatte das Kind oder der Jugendliche im Fall des Satzes 2 zuletzt bei beiden Elternteilen seinen gewöhnlichen Aufenthalt, so richtet sich die Zuständigkeit nach dem gewöhnlichen Aufenthalt des Elternteils, bei dem das Kind oder der Jugendliche vor Beginn der Leistung zuletzt seinen tatsächlichen Aufenthalt hatte. [4]Hatte das Kind oder der Jugendliche im Fall des Satzes 2 während der letzten sechs Monate vor Beginn der Leistung bei keinem Elternteil einen gewöhnlichen Aufenthalt, so ist der örtliche Träger zuständig, in dessen Bereich das Kind oder der Jugendliche vor Beginn der Leistung zuletzt seinen gewöhnlichen Aufenthalt hatte; hatte das Kind oder der Jugendliche während der letzten sechs Monate keinen gewöhnlichen Aufenthalt, so richtet sich die Zuständigkeit nach dem tatsächlichen Aufenthalt des Kindes oder des Jugendlichen vor Beginn der Leistung.

(3) Haben die Elternteile verschiedene gewöhnliche Aufenthalte und steht die Personensorge keinem Elternteil zu, so gilt Absatz 2 Satz 2 und 4 entsprechend.

(4) [1]Haben die Eltern oder der nach den Absätzen 1 bis 3 maßgebliche Elternteil im Inland keinen gewöhnlichen Aufenthalt, oder ist ein gewöhnlicher Aufenthalt nicht feststellbar, oder sind sie verstorben, so richtet sich die Zuständigkeit nach dem gewöhnlichen Aufenthalt des Kindes oder des Jugendlichen vor Beginn der Leistung. [2]Hatte das Kind oder der Jugendliche während der letzten sechs Monate vor Beginn der Leistung keinen gewöhnlichen Aufenthalt, so ist der örtliche Träger zuständig, in dessen Bereich sich das Kind oder der Jugendliche vor Beginn der Leistung tatsächlich aufhält.

(5) [1]Begründen die Elternteile nach Beginn der Leistung verschiedene gewöhnliche Aufenthalte, so wird der örtliche Träger zuständig, in dessen Bereich der personensorgeberechtigte Elternteil seinen gewöhnlichen Aufenthalt hat; dies gilt auch dann, wenn ihm einzelne Angelegenheiten der Personensorge entzogen sind. [2]Solange in diesen Fällen die Personensorge beiden Elternteilen gemeinsam oder keinem Elternteil zusteht, bleibt die bisherige Zuständigkeit bestehen. [3]Absatz 4 gilt entsprechend.

(6) [1]Lebt ein Kind oder ein Jugendlicher zwei Jahre bei einer Pflegeperson und ist sein Verbleib bei dieser Pflegeperson auf Dauer zu erwarten, so ist oder wird abweichend von den Absätzen 1 bis 5 der örtliche Träger zuständig, in dessen Bereich die Pflegeperson ihren gewöhnlichen Aufenthalt hat. [2]Er hat die Eltern und, falls den Eltern die Personensorge nicht oder nur teilweise zusteht, den Personensorgeberechtigten über den Wechsel der Zuständigkeit zu unterrichten. [3]Endet der Aufenthalt bei der Pflegeperson, so endet die Zuständigkeit nach Satz 1.

(7) [1]Für Leistungen an Kinder oder Jugendliche, die um Asyl nachsuchen oder einen Asylantrag gestellt haben, ist der örtliche Träger zuständig, in dessen Bereich sich die Person vor Beginn der Leistung tatsächlich aufhält; geht der Leistungsgewährung eine Inobhutnahme

voraus, so bleibt die nach § 87 begründete Zuständigkeit bestehen. [2]Unterliegt die Person einem Verteilungsverfahren, so richtet sich die örtliche Zuständigkeit nach der Zuweisungsentscheidung der zuständigen Landesbehörde; bis zur Zuweisungsentscheidung gilt Satz 1 entsprechend. [3]Die nach Satz 1 oder 2 begründete örtliche Zuständigkeit bleibt auch nach Abschluss des Asylverfahrens so lange bestehen, bis die für die Bestimmung der örtlichen Zuständigkeit maßgebliche Person einen gewöhnlichen Aufenthalt im Bereich eines anderen Trägers der öffentlichen Jugendhilfe begründet. [4]Eine Unterbrechung der Leistung von bis zu drei Monaten bleibt außer Betracht.

§§ 86a bis 86d

Von Abdruck und Kommentierung wird abgesehen.

Zweiter Unterabschnitt
Örtliche Zuständigkeit für andere Aufgaben

§ 87 SGB VIII Örtliche Zuständigkeit für vorläufige Maßnahmen zum Schutz von Kindern und Jugendlichen

[1]Für die Inobhutnahme eines Kindes oder eines Jugendlichen (§ 42) ist der örtliche Träger zuständig, in dessen Bereich sich das Kind oder der Jugendliche vor Beginn der Maßnahme tatsächlich aufhält. [2]Die örtliche Zuständigkeit für die Inobhutnahme eines unbegleiteten ausländischen Kindes oder Jugendlichen richtet sich nach § 88a Absatz 2.

§ 87a SGB VIII Örtliche Zuständigkeit für Erlaubnis, Meldepflichten und Untersagung

(1) Für die Erteilung der Pflegeerlaubnis sowie deren Rücknahme oder Widerruf (§§ 43, 44) ist der örtliche Träger zuständig, in dessen Bereich die Pflegeperson ihren gewöhnlichen Aufenthalt hat.

(2) Für die Erteilung der Erlaubnis zum Betrieb einer Einrichtung oder einer selbständigen sonstigen Wohnform sowie für die Rücknahme oder den Widerruf dieser Erlaubnis (§ 45 Absatz 1 und 2, § 48a), die örtliche Prüfung (§§ 46, 48a), die Entgegennahme von Meldungen (§ 47 Absatz 1 und 2, § 48a) und die Ausnahme von der Meldepflicht (§ 47 Absatz 3, § 48a) sowie die Untersagung der weiteren Beschäftigung des Leiters oder eines Mitarbeiters (§§ 48, 48a) ist der überörtliche Träger oder die nach Landesrecht bestimmte Behörde zuständig, in dessen oder deren Bereich die Einrichtung oder die sonstige Wohnform gelegen ist.

(3) Für die Mitwirkung an der örtlichen Prüfung (§§ 46, 48a) ist der örtliche Träger zuständig, in dessen Bereich die Einrichtung oder die selbständige sonstige Wohnform gelegen ist.

§ 87b SGB VIII Örtliche Zuständigkeit für die Mitwirkung in gerichtlichen Verfahren

(1) [1]Für die Zuständigkeit des Jugendamts zur Mitwirkung in gerichtlichen Verfahren (§§ 50 bis 52) gilt § 86 Absatz 1 bis 4 entsprechend. [2]Für die Mitwirkung im Verfahren nach dem

Jugendgerichtsgesetz gegen einen jungen Menschen, der zu Beginn des Verfahrens das 18. Lebensjahr vollendet hat, gilt § 86a Absatz 1 und 3 entsprechend.

(2) [1]Die nach Absatz 1 begründete Zuständigkeit bleibt bis zum Abschluss des Verfahrens bestehen. [2]Hat ein Jugendlicher oder ein junger Volljähriger in einem Verfahren nach dem Jugendgerichtsgesetz die letzten sechs Monate vor Abschluss des Verfahrens in einer Justizvollzugsanstalt verbracht, so dauert die Zuständigkeit auch nach der Entlassung aus der Anstalt so lange fort, bis der Jugendliche oder junge Volljährige einen neuen gewöhnlichen Aufenthalt begründet hat, längstens aber bis zum Ablauf von sechs Monaten nach dem Entlassungszeitpunkt.

(3) Steht die örtliche Zuständigkeit nicht fest oder wird der zuständige örtliche Träger nicht tätig, so gilt § 86d entsprechend.

§ 87c SGB VIII Örtliche Zuständigkeit für die Beistandschaft, die Amtspflegschaft, die Amtsvormundschaft und die Bescheinigung nach § 58a

(1) [1]Für die Vormundschaft nach § 1791c des Bürgerlichen Gesetzbuchs ist das Jugendamt zuständig, in dessen Bereich die Mutter ihren gewöhnlichen Aufenthalt hat. [2]Wurde die Vaterschaft nach § 1592 Nummer 1 oder 2 des Bürgerlichen Gesetzbuchs durch Anfechtung beseitigt, so ist der gewöhnliche Aufenthalt der Mutter zu dem Zeitpunkt maßgeblich, zu dem die Entscheidung rechtskräftig wird. [3]Ist ein gewöhnlicher Aufenthalt der Mutter nicht festzustellen, so richtet sich die örtliche Zuständigkeit nach ihrem tatsächlichen Aufenthalt.

(2) [1]Sobald die Mutter ihren gewöhnlichen Aufenthalt im Bereich eines anderen Jugendamts nimmt, hat das die Amtsvormundschaft führende Jugendamt bei dem Jugendamt des anderen Bereichs die Weiterführung der Amtsvormundschaft zu beantragen; der Antrag kann auch von dem anderen Jugendamt, von jedem Elternteil und von jedem, der ein berechtigtes Interesse des Kindes oder des Jugendlichen geltend macht, bei dem die Amtsvormundschaft führenden Jugendamt gestellt werden. [2]Die Vormundschaft geht mit der Erklärung des anderen Jugendamts auf dieses über. [3]Das abgebende Jugendamt hat den Übergang dem Familiengericht und jedem Elternteil unverzüglich mitzuteilen. [4]Gegen die Ablehnung des Antrags kann das Familiengericht angerufen werden.

(3) [1]Für die Pflegschaft oder Vormundschaft, die durch Bestellung des Familiengerichts eintritt, ist das Jugendamt zuständig, in dessen Bereich das Kind oder der Jugendliche seinen gewöhnlichen Aufenthalt hat. [2]Hat das Kind oder der Jugendliche keinen gewöhnlichen Aufenthalt, so richtet sich die Zuständigkeit nach seinem tatsächlichen Aufenthalt zum Zeitpunkt der Bestellung. [3]Sobald das Kind oder der Jugendliche seinen gewöhnlichen Aufenthalt wechselt oder im Fall des Satzes 2 das Wohl des Kindes oder Jugendlichen es erfordert, hat das Jugendamt beim Familiengericht einen Antrag auf Entlassung zu stellen. [4]Die Sätze 1 bis 3 gelten für die Gegenvormundschaft des Jugendamts entsprechend.

(4) Für die Vormundschaft, die im Rahmen des Verfahrens zur Annahme als Kind eintritt, ist das Jugendamt zuständig, in dessen Bereich die annehmende Person ihren gewöhnlichen Aufenthalt hat.

(5) [1]Für die Beratung und Unterstützung nach § 52a sowie für die Beistandschaft gilt Absatz 1 Satz 1 und 3 entsprechend. [2]Sobald der allein sorgeberechtigte Elternteil seinen gewöhnlichen Aufenthalt im Bereich eines anderen Jugendamts nimmt, hat das die Beistandschaft führende Jugendamt bei dem Jugendamt des anderen Bereichs die Weiterführung der Beistandschaft zu beantragen; Absatz 2 Satz 2 und § 86c gelten entsprechend.

(6) [1]Für die Erteilung der Bescheinigung nach § 58a Absatz 2 gilt Absatz 1 entsprechend. [2]Die Mitteilungen nach § 1626d Absatz 2 des Bürgerlichen Gesetzbuchs, die Mitteilungen nach § 155a Absatz 3 Satz 3 und Absatz 5 Satz 2 des Gesetzes über das Verfahren in Familiensachen und in den Angelegenheiten der freiwilligen Gerichtsbarkeit sowie die Mitteilungen

nach § 50 Absatz 3 sind an das für den Geburtsort des Kindes oder des Jugendlichen zuständige Jugendamt zu richten; § 88 Absatz 1 Satz 2 gilt entsprechend. ³Das nach Satz 2 zuständige Jugendamt teilt auf Ersuchen dem nach Satz 1 zuständigen Jugendamt mit, ob Eintragungen im Sorgeregister vorliegen.

1 §§ 86 ff. SGB VIII regeln die **örtliche Zuständigkeit** des Jugendamts und differenzieren dabei nach der Wahrnehmung der jeweiligen Aufgabe i.S.v. § 2 SGB VIII. Die Differenzierung nach der jeweiligen Aufgabe, unterschiedliche Anknüpfungspunkte und Verweisungen machen die Vorschriften sehr unübersichtlich. § 86 SGB VIII ist dabei die **Grundnorm**[1] der örtlichen Zuständigkeit. Die Vorschrift gilt in der direkten Anwendung für die Gewährung von **Leistungen i.S.d. § 2 Abs. 2 SGB VIII**, also vor allem auch für die im Rahmen eines kindschaftsrechtlichen Verfahrens besonders relevanten Hilfen nach §§ 16 bis 20, 27 bis 35 SGB VIII. Aufgrund der Verweisung des § 87b Abs. 1 Satz 1 SGB VIII gilt § 86 Abs. 1 bis 4 SGB VIII auch für die Zuständigkeit im familiengerichtlichen Verfahren.

1a Nach § 86 Abs. 1 Satz 1 SGB VIII ist **grundsätzlich der gewöhnliche Aufenthalt der Eltern** zuständigkeitsbegründend. Bei **verschiedenen gewöhnlichen Aufenthalten** (das bedeutet hier in den Bezirken zweier verschiedener Jugendhilfeträger gelegenen Wohnorten) der Elternteile ist der gewöhnliche Aufenthalt des **allein**[2] **personensorgeberechtigten Elternteil**s nach Abs. 2 Satz 1 maßgeblich. Der Begriff der Personensorgeberechtigung ist in § 7 Abs. 1 Nr. 5 SGB VIII für das Kinder- und Jugendhilferecht legal definiert. Grundsätzlich nicht relevant ist für die Frage der Personensorgeberechtigung, dass einzelne Teile der elterlichen Sorge dem Elternteil entzogen wurden, § 86 Abs. 2 Satz 1 Hs. 2 SGB VIII. Haben die sich in verschiedenen Jugendamtsbezirken aufenthaltenden **Elternteile** das **gemeinsame Sorgerecht**, bestimmt sich die **Zuständigkeit nach dem gewöhnlichen Aufenthalt des Elternteils, bei dem das Kind/der Jugendliche** seinen tatsächlichen Aufenthalt vor Beginn der Leistung hatte, § 86 Abs. 2 Satz 2 SGB VIII. Bei gewöhnlichem Aufenthalt bei beiden Eltern oder keinem Elternteil trifft Abs. 2 Satz 3, Satz 4 Regelungen. Das Gesetz enthält für den Fall, dass jeder Elternteil Teile des Sorgerechts ausübt (aber kein Teil gemeinsam ausgeübt wird), eine Regelungslücke, die ggf. durch Analogie zu § 86 Abs. 2 Satz 2 SGB VIII, also zum gewöhnlichen Aufenthalt des Kindes oder Jugendlichen (nicht zu Abs. 2 Satz 1), geschlossen werden kann.[3] Haben beide **Elternteile** bei verschiedenen Aufenthalten **kein Personensorgerecht**, ist der **gewöhnliche Aufenthalt des Elternteils**, bei dem das Kind/der Jugendliche lebt, bzw. des Kindes/des Jugendlichen maßgeblich, § 86 Abs. 3, Abs. 2 Satz 2 bis 4 SGB VIII. **Ohne gewöhnlichen Aufenthalt der Eltern** im Inland oder **bei Tod beider Eltern** ist der gewöhnliche Aufenthalt des Kindes/Jugendlichen maßgeblich, § 86 Abs. 4 SGB VIII.

Ab zweijährigem Aufenthalt des Kindes oder Jugendlichen **bei einer Pflegeperson** i.S.d. § 44 Abs. 1 Satz 1 SGB VIII (nicht Einrichtung) richtet sich die örtliche Zuständigkeit mit Ablauf der zwei Jahre automatisch kraft Gesetzes nach dem gewöhnlichen Aufenthalt der Pflegeperson, wenn der Verbleib dort auf Dauer zu erwarten ist, § 86 Abs. 6 SGB VIII. Bei Wechsel der Pflegestelle läuft die Zweijahresfrist ab Aufnahme in die neue Pflegestelle erneut.[4] Diese Vorschrift ist **von der Verweisung** des § 87b Abs. 1 Satz 1 SGB VIII **für die örtliche Zuständigkeit** zur Mitwirkung **in familiengerichtlichen Verfahren nicht erfasst**. Vom Verweis wurde abgesehen, da der automatische Zuständigkeitswechsel Sinn und Zweck des § 87b SGB VIII widerspricht.[5]

---

1 LPK-SGB VIII/*Kunkel/Kepert*, § 86 SGB VIII Rn. 1
2 BVerwG NJW 2018, 2743 = JAmt 2018, 580
3 Als „naheliegend" bezeichnet, aber nicht abschließend entschieden von BVerwG NJW 2018, 2743 = JAmt 2018, 580; zustimmend FK-SGB VIII/*Eschelbach*, § 86 SGB VIII Rn. 8
4 LPK-SGB VIII/*Kunkel/Kepert*, § 86 SGB VIII Rn. 53
5 Wiesner/*Loos*, § 87b SGB VIII Rn. 3

Für die Zuständigkeit für eine **Inobhutnahme** ist dagegen nach § 87 Satz 1 SGB VIII der **tatsächliche Aufenthalt des Minderjährigen** maßgeblich (vgl. hierzu auch *Köhler*, § 42 SGB VIII Rn. 23). Für die Inobhutnahme unbegleiteter ausländischer Kinder oder Jugendlicher gilt die Sondervorschrift des § 88a SGB VIII (vgl. § 87 Satz 2 SGB VIII). 2

Die **örtliche** Zuständigkeit für die **Mitwirkung des Jugendamts im familiengerichtlichen Verfahren** nach § 50 SGB VIII, § 162 FamFG ist in **§ 87b SGB VIII** geregelt (vgl. hierzu auch *Dürbeck*, § 162 FamFG Rn. 6 f., und *Köhler*, § 50 SGB VIII Rn. 20 f.). **Sachlich** zuständig ist gemäß § 85 Abs. 1 SGB VIII der örtliche Träger der Jugendhilfe. Eine Übertragung der Aufgabe nach § 50 SGB VIII zur Ausführung auf anerkannte freie Träger der Jugendhilfe ist gemäß § 76 Abs. 1 SGB VIII möglich (vgl. näher *Köhler*, § 50 SGB VIII Rn. 18). Für grenzüberschreitende Sorge- und Umgangsrechtskonflikte nach dem IntFamRVG gilt § 9 Abs. 2 IntFamRVG als Spezialregelung. 3

▶ *Zur örtlichen Zuständigkeit des Jugendamts nach § 9 Abs. 2 IntFamRVG vgl. Schweppe, § 9 Abs. 2 IntFamRVG Rn. 4.*

Hinsichtlich der örtlichen Zuständigkeit verweist § 87b Abs. 1 Satz 1 SGB VIII auf § 86 Abs. 1 bis 4 SGB VIII. Im **Regelfall** ist für die Zuständigkeit der Bezirk des Jugendhilfeträgers am **gewöhnlichen Aufenthaltsort beider bzw. eines Elternteils** maßgeblich (§ 86 Abs. 1 bis 3 SGB VIII).[6] Weil die Gerichtszuständigkeit maßgeblich auf den gewöhnlichen Aufenthalt des Kindes abstellt (§ 152 Abs. 2 FamFG), stimmt die örtliche Zuständigkeit des Familiengerichts nicht immer mit der örtlichen Zuständigkeit des Jugendamts überein. Auch die Zuständigkeit des Jugendamts für die Gewährung von Leistungen der Jugendhilfe oder andere Aufgaben der Jugendhilfe kann von der Zuständigkeit des Jugendamts für die Mitwirkung in familiengerichtlichen Verfahren abweichen (in den Fällen, in denen für die Leistungen und Aufgaben nicht auf den gewöhnlichen Aufenthalt der Eltern abgestellt wird, z.B. in § 86 Abs. 5 SGB VIII bei mindestens zweijährigem Aufenthalt des Kindes in der Pflegefamilie, in § 87 Satz 1 SGB VIII bei Inobhutnahmen nach § 42 SGB VIII oder in § 88a SGB VIII bei unbegleiteten ausländischen Minderjährigen).

Bei örtlichem Auseinanderfallen von familiengerichtlicher und jugendamtlicher Zuständigkeit kann die Inanspruchnahme von Amtshilfe des Jugendamts am Sitz des Gerichts nach § 3 SGB X erforderlich werden.[7]

Gemäß **§ 87b Abs. 2 Satz 1 SGB VIII besteht die Zuständigkeit** des Jugendamts im laufenden Verfahren vergleichbar mit der *perpetuatio fori* der örtlichen Gerichtszuständigkeit (§ 2 Abs. 2 FamFG) **bis zum Abschluss des Verfahrens fort**. Das bedeutet, dass **geänderte tatsächliche Umstände** (wie der Wechsel des gewöhnlichen Aufenthalts eines oder beider Elternteile oder des Kindes) die **Zuständigkeit des Jugendamts** für die Mitwirkung im familiengerichtlichen Verfahren **unberührt lassen**. Das berufene Jugendamt bleibt zuständig, bis das Verfahren **rechtskräftig abgeschlossen** ist. 3a

Die Verweisung aus § 87b Abs. 1 Satz 1 SGB VIII auf das Merkmal „vor Beginn der Leistung" in § 86 SGB VIII ist schon aus Gründen der Rechtsklarheit so zu verstehen, dass **maßgeblicher Zeitpunkt** für die Bestimmung der Zuständigkeit die **erstmalige Einschaltung** bzw. In-Kenntnis-Setzung des Jugendamts durch das Familiengericht ist[8] bzw. der Zeitpunkt, zu dem sich das Jugendamt (in den Fällen der §§ 8a, 42 SGB VIII) an das Familiengericht wendet.

6 Vgl. oben Rn. 1a
7 LPK-SGB VIII/*Kunkel/Kepert*, § 87b SGB VIII Rn. 5
8 BeckOGK/*Sitner*, § 87b SGB VIII Rn. 8; jurisPK-SGB VIII/*Lange*, § 87b Rn. 18; Wiesner/*Loos*, § 87b SGB VIII Rn. 3; a.A.: LPK-SGB VIII/*Kunkel/Kepert*, § 87b SGB VIII Rn. 4: Der Zeitpunkt, zu dem das Jugendamt Anlass hat, seine Mitwirkung zu prüfen

Bei nicht feststehender Zuständigkeit oder Nicht-tätig-Werden des örtlich zuständigen Jugendamts hat das Jugendamt am tatsächlichen Aufenthaltsort des Kindes oder Jugendlichen die Verpflichtung zum vorläufigen Tätigwerden nach §§ 87b Abs. 3, 86d SGB VIII. Diese Verpflichtung endet mit dem Tätigwerden des örtlich zuständigen Jugendamts bzw. mit Klärung der örtlichen Zuständigkeit.[9]

4 Soweit es die Wahrnehmung der Aufgaben der Amtsvormundschaft und der Amtspflegschaft betrifft, gilt § 87c SGB VIII, der zwischen gesetzlich eingetretener Amtsvormundschaft (Abs. 1, 2, 4) und **bestellter Amtspflegschaft bzw. -vormundschaft gemäß § 87c Abs. 3 SGB VIII** differenziert.

- ▶ *Zur örtlichen Zuständigkeit des Jugendamts im Bereich der Vormundschaft vgl. Dürbeck, § 1791a BGB Rn. 7, § 1791c BGB Rn. 4, Köhler, §§ 55 bis 58 SGB VIII Rn. 18.*
- ▶ *Zu den Folgen eines Aufenthaltswechsels der Mutter bei der gesetzlichen Amtsvormundschaft bzw. des Mündels bei der bestellten Amtsvormundschaft oder Amtspflegschaft nach § 87c Abs. 2 und 3 SGB VIII vgl. Dürbeck, § 1887 BGB Rn. 3 f.*[10]

§ 87d SGB VIII Örtliche Zuständigkeit für weitere Aufgaben im Vormundschaftswesen

(1) Für die Wahrnehmung der Aufgaben nach § 53 ist der örtliche Träger zuständig, in dessen Bereich der Pfleger oder Vormund seinen gewöhnlichen Aufenthalt hat.
(2) Für die Erteilung der Erlaubnis zur Übernahme von Pflegschaften oder Vormundschaften durch einen rechtsfähigen Verein (§ 54) ist der überörtliche Träger zuständig, in dessen Bereich der Verein seinen Sitz hat.

Von einer Kommentierung wird abgesehen.

§ 87e SGB VIII Örtliche Zuständigkeit für Beurkundung und Beglaubigung

Für Beurkundungen und Beglaubigungen nach § 59 ist die Urkundsperson bei jedem Jugendamt zuständig.

Von einer Kommentierung wird abgesehen.

Dritter Unterabschnitt
Örtliche Zuständigkeit bei Aufenthalt im Ausland

§ 88 SGB VIII Örtliche Zuständigkeit bei Aufenthalt im Ausland

(1) Für die Gewährung von Leistungen der Jugendhilfe im Ausland ist der überörtliche Träger zuständig, in dessen Bereich der junge Mensch geboren ist. Liegt der Geburtsort im Ausland oder ist er nicht zu ermitteln, so ist das Land Berlin zuständig.

---

9 LPK-SGB VIII/*Kunkel/Kepert*, § 87b SGB VIII Rn. 12
10 Ausführlich auch *Mix*, JAmt 2014, 242, 243

(2) Wurden bereits vor der Ausreise Leistungen der Jugendhilfe gewährt, so bleibt der örtliche Träger zuständig, der bisher tätig geworden ist; eine Unterbrechung der Hilfeleistung von bis zu drei Monaten bleibt dabei außer Betracht.

Von einer Kommentierung wird abgesehen.

Vierter Unterabschnitt
Örtliche Zuständigkeit für vorläufige Maßnahmen, Leistungen und die Amtsvormundschaft für unbegleitete ausländische Kinder und Jugendliche

§ 88a SGB VIII Örtliche Zuständigkeit für vorläufige Maßnahmen, Leistungen und die Amtsvormundschaft für unbegleitete ausländische Kinder und Jugendliche

(1) Für die vorläufige Inobhutnahme eines unbegleiteten ausländischen Kindes oder Jugendlichen (§ 42a) ist der örtliche Träger zuständig, in dessen Bereich sich das Kind oder der Jugendliche vor Beginn der Maßnahme tatsächlich aufhält, soweit Landesrecht nichts anderes regelt.

(2) Die örtliche Zuständigkeit für die Inobhutnahme eines unbegleiteten ausländischen Kindes oder Jugendlichen (§ 42) richtet sich nach der Zuweisungsentscheidung gemäß § 42b Absatz 3 Satz 1 der nach Landesrecht für die Verteilung von unbegleiteten ausländischen Kindern oder Jugendlichen zuständigen Stelle. Ist die Verteilung nach § 42b Absatz 4 ausgeschlossen, so bleibt die nach Absatz 1 begründete Zuständigkeit bestehen. Ein anderer Träger kann aus Gründen des Kindeswohls oder aus sonstigen humanitären Gründen von vergleichbarem Gewicht die örtliche Zuständigkeit von dem zuständigen Träger übernehmen.

(3) Für Leistungen an unbegleitete ausländische Kinder oder Jugendliche ist der örtliche Träger zuständig, in dessen Bereich sich die Person vor Beginn der Leistung tatsächlich aufhält. Geht der Leistungsgewährung eine Inobhutnahme voraus, so bleibt die nach Absatz 2 begründete Zuständigkeit bestehen, soweit Landesrecht nichts anderes regelt.

(4) Die örtliche Zuständigkeit für die Vormundschaft oder Pflegschaft, die für unbegleitete ausländische Kinder oder Jugendliche durch Bestellung des Familiengerichts eintritt, richtet sich während

1. **der vorläufigen Inobhutnahme (§ 42a) nach Absatz 1,**
2. **der Inobhutnahme (§ 42) nach Absatz 2 und**
3. **der Leistungsgewährung nach Absatz 3.**

Von einer Kommentierung wird abgesehen

§§ 89 bis 106 SGB VIII

Von Abdruck und Kommentierung wird abgesehen.

Auslandsbezüge

Brüssel IIa-VO – Internationale Übereinkommen – EGBGB – IntFamRVG – Mediation

Kapitel 1
Vorbemerkungen

Weiterführende Literatur: Niethammer-Jürgens/Erb-Klünemann, Internationales Familienrecht in der Praxis, Frankfurt am Main 2019; *Schulz*, Das deutsche internationale Kindschaftsrecht, FamRZ 2018, 797.

Übersicht

	Rn.
A. Einführung	1
B. Rechtsgrundlagen	4
I. UN-Kinderrechtekonvention	5
II. Brüssel IIa-VO	6
III. Kollisionsrechtliche Übereinkommen	8
1. Übereinkommen des Europarates	9
2. Übereinkommen der Haager Konferenz	11
C. Internationale Zuständigkeit	16
D. Anzuwendendes Recht	23
I. Materielles Recht	23
II. Verfahrensrecht/IntFamRVG	26
E. Anerkennung und Vollstreckung	28
F. Praxishinweise	31

A. Einführung

Das vorliegende Kapitel befasst sich im Schwerpunkt mit Verfahren zur elterlichen Sorge bzw. zum Umgang eines Elternteils mit dem Kind sowie dem Rückführungsverfahren nach dem Haager Kindesentführungsübereinkommen. **1**

▶ *Zum Auslandsbezug in Abstammungssachen siehe Grün, Kommentierung zu § 100 FamFG. Zum Auslandsbezug in Adoptionssachen siehe Braun, Kommentierung zu § 101 FamFG.*

Im Zeitalter zunehmender Internationalisierung zwischenmenschlicher Beziehungen nehmen auch die Konflikte um Kinder zu, die einen Bezug zum internationalen Recht haben. Dieser kann sich zum einen auf Grund des (früheren) Aufenthalts in einem anderen Staat ergeben. Zum anderen kann die ausländische Staatsangehörigkeit relevante Rechtsfragen aufwerfen. Insbesondere ist zu klären, welches Gericht aus internationaler Sicht zuständig ist und welches Recht, das deutsche oder das eines anderen Staates, in der Sache Anwendung findet. **2**

In derartigen Verfahren ist – ebenso wie für die Frage der Anerkennung und Vollstreckung ausländischer Entscheidungen – zu beachten, dass EU-Recht bzw. internationale Übereinkommen gegenüber den kollisionsrechtlichen Regelungen des EGBGB und des FamFG vorrangig sind. Dies folgt bereits grundsätzlich aus Art. 3 EGBGB bzw. § 97 FamFG. **3**

B. Rechtsgrundlagen

In Sorge- und Umgangsverfahren mit Auslandsbezug werden die Regelungen des EGBGB und des FamFG weitgehend durch EU-Recht, namentlich die Brüssel IIa-VO, und durch kollisionsrechtliche Übereinkommen (HKÜ, ESÜ und KSÜ) mit sich teils überschneidenden, teils einander ausschließenden Anwendungsbereichen verdrängt. Besondere Verfahrensregelungen enthält das IntFamRVG. **4**

I. UN-Kinderrechtekonvention

Außerhalb dieses Systems steht die UN-Konvention über die Rechte des Kindes vom 20.11.1989 als das grundlegende Kindesinteressen betreffende völkerrechtliche Vertragswerk. Nach Art. 3 Abs. 1 der UN-Konvention ist das Wohl des Kindes ein vorrangig zu berücksichtigender Gesichtspunkt bei allen die Interessen von Kindern betreffenden Maßnahmen. Art. 12 der UN-Konvention gewährt ein vom Alter und der Reife des Kindes abhängiges Recht zur Meinungsäußerung in seinen Angelegenheiten, insbesondere auch ein Recht auf Gehör in allen das Kind berührenden Gerichts- oder Verwaltungsverfahren. Die in der Konvention statuierten Kinderrechte sind insbesondere im Rahmen der völkerrechtskonformen Auslegung deutscher Gesetze zu berücksichtigen und damit auch für kindschafts- **5** rechtliche Verfahren mit Auslandsbezug von Bedeutung.[1] Der Text der UN-Konvention ist auszugsweise im Anhang abgedruckt.

II. Brüssel IIa-VO

6 Die Brüssel IIa-VO, die für alle Mitgliedstaaten der Europäischen Union mit Ausnahme Dänemarks Anwendung findet,[2] enthält Regelungen zur internationalen Zuständigkeit, zur Anerkennung und Vollstreckung von Entscheidungen aus anderen Mitgliedstaaten, weiter besondere Regelungen zur Umsetzung des Haager Kindesentführungsübereinkommens zwischen den EU-Staaten; sie enthält jedoch keine Regelungen zum materiell anzuwendenden Recht. Die Verordnung wurde vollständig überarbeitet; die Neufassung – Verordnung (EU) 2019/1111 vom 25.Juni 2019 – greift jedoch erst für ab dem 1.8.2022 eingeleitete Verfahren.

▶ *Näher hierzu Schweppe, Vorbemerkung zur Kommentierung der Brüssel IIa-VO.*

7 Von erheblicher praktischer Bedeutung für die Anwendung der Brüssel IIa-VO sind die zahlreichen Entscheidungen des Gerichtshofs der Europäischen Union (EuGH) mit Sitz in Luxemburg, der als oberstes rechtsprechendes Organ der EU über die Verletzung und Auslegung des Unionsrechts, etwa auf Vorlage der Gerichte der EU-Mitgliedstaaten, entscheidet.[3]

III. Kollisionsrechtliche Übereinkommen

8 Multilaterale kollisionsrechtliche Übereinkommen werden mit der Ratifizierung und Umsetzung in den Vertragsstaaten innerstaatlich verbindliches Recht. In ihrer Wirkung und Anwendung sind sie primär auf das Verhältnis der Vertragsstaaten untereinander beschränkt (vgl. HKÜ), können aber auch universell – d.h. auch im Verhältnis zu Drittstaaten – geltende Regelungen enthalten. Bilaterale Abkommen sind demgegenüber in der Praxis deutscher Gerichte ohne Bedeutung.[4]

1. Übereinkommen des Europarates

9 Zu den multilateralen Übereinkommen zählen zunächst die Übereinkommen des Europarates, darunter die Konvention zum Schutz der Menschenrechte und Grundfreiheiten (Europäische Menschenrechtskonvention – EMRK) vom 4.11.1950, die über die Entscheidungen des Europäischen Gerichtshofs für Menschenrechte (EGMR) in Straßburg Einfluss auf Rechtsprechung und Gesetzgebung der Vertragsstaaten hat.[5]

9a Das Europäische Übereinkommen über die Anerkennung und Vollstreckung von Entscheidungen über das Sorgerecht für Kinder und die Wiederherstellung des Sorgeverhältnisses vom 20.5.1980 (Europäisches Sorgerechtsübereinkommen – ESÜ) regelt im Wesentlichen das Verfahren für die Anerkennung und Vollstreckung von Entscheidungen anderer Vertragsstaaten, es wird bei Überschneidung der Anwendungsbereiche durch die Brüssel IIa-VO verdrängt.[6]

10 Von praktisch geringer Bedeutung sind das Europäische Übereinkommen über die Ausübung von Kinderrechten vom 25.1.1996, das für Deutschland zum 1.8.2002 in Kraft getreten ist,[7] sowie das Europäische Übereinkommen über den Umgang von und mit Kindern vom 15.5.2003, das bisher nur durch wenige Staaten ratifiziert wurde und insbesondere für die Mitgliedstaaten der EU noch nicht in Kraft getreten ist. Es enthält im Wesentlichen allgemeine Grundsätze zur Verfahrensgestaltung und

---

1 Vgl. BGH FamRZ 2015, 240, 242; vgl. auch HB-VB/*Salgo*, Rn. 63 ff.; *Schmahl*, Rn. 25 f., *sowie Wabnitz*, ZKJ 2010, 428 ff.

2 Dänemark nimmt an der Brüssel IIa-VO nicht teil und gilt insoweit nicht als Mitgliedstaat (siehe Art. 2 Ziffer 3 Brüssel IIa-VO). Sofern im Folgenden die „EU-Mitgliedstaaten" genannt werden, ist Dänemark jeweils ausgenommen

3 Sog. Vorabentscheidungsverfahren nach Art. 267 AEUV, vgl. hierzu etwa EuGH FamRZ 2017, 1506; FamRZ 2009, 843; FamRZ 2010, 1521; FamRZ 2015, 107

4 Zu nennen wäre hier das deutsch-persische Niederlassungsabkommen vom 17.2.1929, das zur Anwendung iranischen Rechts führt, sofern alle Beteiligten ausschließlich die iranische Staatsangehörigkeit besitzen

5 Siehe aktuell EGMR FamRZ 2019, 594 (teilweise Entziehung des elterlichen Sorgerechts wegen religiös motivierter Züchtigung); FamRZ 2018, 350 (Anforderungen an die gerichtliche Aussetzung des Umgangs eines Vaters mit seinem Kind)

6 Zum Verhältnis zwischen ESÜ und HKÜ siehe § 37 IntFamRVG

7 Vgl. hierzu HB-VB/*Salgo*, Rn. 69 f.

Gewährung von Umgang.[8] Auf die Darstellung dieser beiden Übereinkommen wird in dieser Kommentierung verzichtet.

2. Übereinkommen der Haager Konferenz

Von den Übereinkommen der Haager Konferenz für Internationales Privatrecht ist neben dem Kinderschutzübereinkommen (KSÜ) vor allem das Kindesentführungsübereinkommen (HKÜ) von erheblicher praktischer Bedeutung.[9] **11**

Das Haager Kinderschutzübereinkommen vom 19.10.1996 (KSÜ) als Nachfolgeübereinkommen des Minderjährigenschutzübereinkommens (MSA/MSÜ) ist für die Bundesrepublik Deutschland am 1.1.2011 in Kraft getreten. Es gilt nur im Verhältnis der Vertragsstaaten untereinander, dies sind insbesondere die Mitgliedstaaten der EU, Australien, Russland, die Schweiz sowie zahlreiche osteuropäische Staaten. **12**

Das Haager Minderjährigenschutzübereinkommen vom 5.10.1961 (MSA/MSÜ) ist praktisch nicht mehr relevant, da nunmehr sämtliche Vertragsstaaten, namentlich Deutschland, Frankreich, Italien, Lettland, Litauen, Luxemburg, Niederlande, Österreich, Polen, Portugal, Schweiz, Spanien, Tschechien und die Türkei (zum 1.2.2017), auch dem KSÜ angehören.[10] Zu den Vertragsstaaten des MSA und zur Kommentierung des Übereinkommens ist daher auf die Vorauflage zu verweisen. **13**

Das in der Praxis bedeutsamste Haager Übereinkommen über die zivilrechtlichen Aspekte internationaler Kindesentführung vom 25.10.1980 (HKÜ) enthält einen besonderen Rückführungsmechanismus, um grenzüberschreitende Auseinandersetzungen über das Sorgerecht zu lösen, in deren Verlauf ein Elternteil das Kind in einen anderen Staat verbringt oder dort nach Ablauf eines vereinbarten Umgangskontakts zurückhält. Das HKÜ wurde bisher durch über 100 Staaten unterzeichnet und gelangt in Deutschland seit dem 1.12.1990 und aktuell im Verhältnis zu über 80 Staaten zur Anwendung. Das IntFamRVG und auch die Brüssel IIa-VO enthalten für die Umsetzung des HKÜ ergänzende Regelungen, wobei die Normen der Brüssel IIa-VO auf die Anwendung im Verhältnis der Mitgliedstaaten der EU untereinander beschränkt sind. **14**

8 Zu Zielsetzung und Inhalt des Übereinkommens vgl. *Völker/Clausius*, § 11 Rn. 5, 164f, sowie *Schomburg*, KindPraxSpezial 2004, 7

9 Zu den aktuellen Fallzahlen siehe *Schlauß*, ZKJ 2019, 255, 257

10 Theoretisch denkbar wäre eine Anwendung des MSA im Verhältnis zur chinesischen Provinz Macau als ehemaligem portugiesischem Überseegebiet sowie Aruba und St. Martin (ehemals Niederlande), vgl. *Niethammer-Jürgens/Erb-Klünemann*, S. 131. Zum verbleibenden Anwendungsbereich vgl. auch *Schulz,* FamRZ 2018, 797, 801 f.; zur Umsetzung des KSÜ in der Türkei siehe *Odendahl*, IPRax 2018, 450

15 **Übersicht: Internationale Übereinkommen**

Abkürzungen		Regelungsbereich	Geltung	Siehe in diesem Werk
		EU-Recht		
Brüssel IIa-VO, auch EUGVO II, EU-EheVO, EheGVO, Ehe-EuGVVO oder ESGVO (*nicht* EheVO)	Verordnung EG Nr. 2201/2003 vom 27.11.2003 über die Zuständigkeit und die Anerkennung und Vollstreckung von Entscheidungen in Ehesachen und in den Verfahren betreffend die elterliche Verantwortung und zur Aufhebung der Verordnung (EG) Nr. 1347/2000	**Internationale Zuständigkeit** für Ehescheidung und Verfahren betreffend elterliche Verantwortung (Sorge und Umgang); **Anerkennung und Vollstreckung in der EU**; Sonderregelungen für HKÜ-Verfahren	1.3.2005	Auslandsbezüge Kapitel 2
		Übereinkommen des Europarates		
ESÜ SorgeRÜ EuSorgeRÜbk	Europäisches Übereinkommen über die Anerkennung und Vollstreckung von Entscheidungen über das Sorgerecht für Kinder und die Wiederherstellung des Sorgeverhältnisses vom 20.5.1980	Anerkennung und Vollstreckung von Entscheidungen anderer Vertragsstaaten	1.2.1991	Auslandsbezüge Kapitel 3, Abschn. 2
EÜAK	Europäisches Übereinkommen über die Ausübung von Kinderrechten vom 25.1.1996	Allg. Verfahrensrechte für Kinder	1.8.2002	Vorbem. (Rn. 10)
EUÜ	Europäisches Übereinkommen über den Umgang von und mit Kindern vom 15.5.2003	Grundsätze zur Verfahrensgestaltung und Gewährung von Umgang	Noch nicht für EU-Staaten	Vorbem. (Rn. 10)
		Übereinkommen der Haager Konferenz:		
HKÜ HKEntfÜ	Haager Übereinkommen über die zivilrechtlichen Aspekte internationaler Kindesentführung vom 25.10.1980	**Rückführungsverfahren** zwischen Vertragsstaaten	1.12.1990	Auslandsbezüge Kapitel 3, Abschn. 1
KSÜ	Haager Übereinkommen vom 19.10.1996 über die Zuständigkeit, das anzuwendende Recht, die Anerkennung, Vollstreckung und Zusammenarbeit auf dem Gebiet der elterlichen Verantwortung und der Maßnahmen zum Schutz von Kindern (Kinderschutzübereinkommen)	Internationale Zuständigkeit **Anzuwendendes Recht**	1.1.2011	Auslandsbezüge Kapitel 3, Abschn. 3
MSA/MSÜ	Haager Minderjährigenschutzübereinkommen vom 5.10.1961	Internationale Zuständigkeit Anzuwendendes Recht	17.9.1971	Vorauflage
UN-KRK	UN-Konvention über die Rechte des Kindes vom 20.11.1989	Kinderrechte, Orientierungsfunktion für Gesetzgebung und Rechtsprechung	–	Vorbem. (Rn. 5) Anhang

Staatenliste

	Brüssel IIa-VO	HKÜ*	ESÜ**	KSÜ**	MSA**
Albanien		1.10.2007		1.1.2011	
Australien		1.12.1990		1.1.2011	
Belgien	+	1.5.1999	1.2.1991	1.9.2014	
Bulgarien	+	1.12.2004	1.10.2003	1.1.2011	
Dänemark		1.7.1991	1.8.1991	1.10.2011	
Deutschland	+	1.12.1990	1.2.1991	1.1.2011	17.9.1971
Estland	+	1.12.2001	1.9.2011	1.1.2011	
Finnland	+	1.8.1994	1.8.1994	1.3.2011	
Frankreich	+	1.12.1990	1.2.1991	1.2.2011	10.11.1972
Griechenland	+	1.6.1993	1.7.1993	1.6.2012	
Irland	+	1.10.1991	1.10.1991	1.1.2011	
Island		1.4.1997	1.11.1996		
Italien	+	1.5.1995	1.6.1995	1.1.2016	23.4.1995
Kanada		1.12.1990			
Kroatien	+	1.12.1991		1.1.2011	
Lettland	+	1.11.2001	1.8.2002	1.1.2011	25.3.2001
Litauen	+	1.12.2004	1.5.2003	1.1.2011	22.12.2001
Luxemburg	+	1.12.1990	1.2.1991	1.1.2011	4.2.1969
Malta	+	1.11.2002	1.2.2000	1.1.2012	
Marokko		1.10.2010		1.1.2011	
Montenegro		1.12.1991	6.6.2006	1.1.2013	
Niederlande	+	1.12.1990	1.2.1991	1.5.2011	18.9.1971
Norwegen		1.12.1990	1.2.1991	1.7.2016	
Österreich	+	1.12.1990	1.2.1991	1.4.2011	11.5.1975
Polen	+	1.2.1993	1.3.1996	1.1.2011	25.7.1993
Portugal	+	1.12.1990	1.2.1991	1.8.2011	4.2.1969
Rumänien	+	1.7.1993	1.9.2004	1.1.2011	
Russland		1.4.2016		1.6.2013	
Schweden	+	1.12.1990	1.2.1991	1.1.2013	
Schweiz		1.12.1990	1.2.1991	1.1.2011	4.2.1969
Serbien		1.12.1991	2.5.2002	1.11.2016	
Slowakei	+	1.2.2001	1.9.2001	1.1.2011	
Slowenien	+	1.6.1995		1.1.2011	
Spanien	+	1.12.1990	1.2.1991	1.1.2011	21.7.1987
Tschechien	+	1.3.1998	1.7.2000	1.1.2011	
Türkei		1.8.2000	1.6.2000	1.2.2017	24.10.1993
Ukraine		1.1.2008	1.11.2008	1.1.2011	
Ungarn	+	1.12.1990	1.6.2004	1.1.2011	
USA		1.12.1990			
Vereinigtes *** Königreich	+	1.12.1990	1.2.1991	1.11.2012	
Zypern	+	1.5.1995	1.2.1991	1.1.2011	

\+ = *durch Brüssel IIa-VO gebundene EU-Staaten*
* *Darüber hinaus gilt das HKÜ im Verhältnis zu Deutschland für die folgenden weiteren Staaten: Andorra (1.9.2011), Argentinien (1.6.1991), Armenien (1.10.2009), Bahamas (1.5.1994), Belize (1.12.1990), Bosnien und Herzegowina (1.12.1991), Brasilien (1.5.2002), Burkina Faso (1.1.1993), Chile (1.6.1995), China (nur Hong Kong – 1.9.1997 – und Macau – 1.3.1999), Costa Rica (1.12.2007), Dominikanische Republik (1.4.2008), Ecuador (1.9.1992), El Salvador (1.11.2002), Fidschi (1.4.2008), Georgien (1.3.1998), Guatemala (1.1.2003), Honduras (1.8.1994), Israel (1.12.1991), Japan (1.4.2014), Kasachstan (1.5.2017), Kolumbien (1.11.1996), Mauritius (1.12.1993), Mazedonien (1.12.1991), Mexiko (1.2.1992), Moldau (1.5.2000), Monaco (1.7.1993), Neuseeland (1.2.1992), Nicaragua (1.9.2007), Panama (1.6.1995), Paraguay (1.12.2001), Peru (1.9.2007), San Marino (1.9.2007), Seychellen (1.4.2009), Simbabwe (1.2.1997), Singapur (1.6.2011), Sri Lanka (1.1.2003), St. Kitts und Nevis (1.5.1995), Südafrika (1.2.1998), Südkorea (1.5.2017), Thailand (1.6.2007), Trinidad und Tobago (1.9.2007), Turkmenistan (1.8.1998), Uruguay (1.10.2001), Usbekistan (1.10.2009), Venezuela (1.1.1997), Weißrussland (1.2.1999)*
Beitrittsstaaten des HKÜ, jedoch noch keine Geltung im Verhältnis zu Deutschland, siehe Art. 1 HKÜ Rn. 2: Barbados, Bolivien, Gabun, Guinea, Guyana, Irak, Jamaika, Kuba, Lesotho, Pakistan, Philippinen, Sambia, Tunesien.
Weitere Vertragsstaaten:

- *ESÜ: Andorra (1.7.2011), Grönland (1.7.2016), Liechtenstein (1.8.1997), Mazedonien (1.3.2003), Moldau (1.5.2004)*
- *KSÜ: Armenien (1.1.2011), Dominikanische Republik (1.1.2011), Ecuador (1.1.2011), Fidschi (1.4.2019), Georgien (1.3.2015), Guyana (1.12.2019), Honduras (1.8.2018), Kuba (1.12.2017), Lesotho (1.6.2013), Monaco (1.1.2011), Nicaragua (1.12.2019), Paraguay (1.7.2019), Uruguay (1.1.2011)*

** *Geltung zumindest/jedenfalls im Verhältnis zu Deutschland*
*** *Daten ohne Überseegebiete*

Daten: Bundesamt für Justiz, Stand: 28.10.2019

C. Internationale Zuständigkeit

16 Erster Prüfungspunkt für die Familiengerichte ist stets die Frage, ob die internationale Zuständigkeit deutscher Gerichte zu bejahen oder das Verfahren in einem anderen Staat zu führen ist. Dies ist in jeder Lage des Verfahrens vorab von Amts wegen zu prüfen[11] und unterliegt – als Ausnahme zu § 65 Abs. 4 FamFG, der die Überprüfung der Zuständigkeit in der Beschwerdeinstanz verbietet (vgl. für die innerstaatliche Zuständigkeit *Dürbeck*, § 65 FamFG Rn. 5) – der Überprüfung durch das Beschwerdegericht.[12] Gleiches gilt – unbeschadet des Wortlauts von § 72 Abs. 2 FamFG – im Fall der Rechtsbeschwerde zum BGH.[13]

17 Die internationale Zuständigkeit deutscher Gerichte für Sorge- und Umgangsverfahren ergibt sich vorrangig aus Art. 8 ff. Brüssel IIa-VO. Danach ist primärer Anknüpfungspunkt für die internationale Zuständigkeit der gewöhnliche Aufenthalt des Kindes (vgl. Art. 8 Brüssel IIa-VO, Rn. 3 ff.), und zwar unabhängig von der Staatsangehörigkeit.

18 Hat das Kind seinen gewöhnlichen Aufenthalt in einem Vertragsstaat des KSÜ, in dem die Brüssel IIa-VO nicht gilt, etwa Dänemark, folgt die internationale Zuständigkeit aus diesen Übereinkommen (vgl. Art. 5 KSÜ, Rn. 2).

19 Nur wenn sich aus den genannten Regelungen eine Entscheidung über die internationale Zuständigkeit nicht treffen lässt, ist § 99 FamFG heranzuziehen.

▶ *Vgl. Schweppe, § 99 FamFG Rn. 4 f.*

20 Eine Zuständigkeit für Sorge- und Umgangsentscheidungen im Rahmen eines anhängigen Scheidungsverfahrens kann auf Grundlage von Art. 12 Brüssel IIa-VO bzw. nach Art. 10 KSÜ bestehen. Außerhalb dieser Anwendungsbereiche kann sich die Zuständigkeit deutscher Gerichte nach § 98 Abs. 3 FamFG auf als Folgesachen im Scheidungsverbund anhängige Kindschaftssachen erstrecken (siehe *Schweppe*, § 98 FamFG Rn. 2).

---

11 BGH FamRZ 2010, 720
12 Vgl. Keidel/*Sternal*, § 65 FamFG Rn 18a; Prütting/Helms/*Hau*, vor §§ 98–106 FamFG Rn. 4; BGH FamRZ 2010, 720; OLG Hamm FamRZ 2015, 346
13 BGH FamRZ 2018, 457 Rn. 9

Übersicht: Internationale Zuständigkeit deutscher Gerichte in Kindschaftssachen 21

A. Kind hat seinen gewöhnlichen Aufenthalt in Deutschland

I. Grundsatz: Art. 8 Brüssel IIa-VO gewöhnlicher Aufenthalt

- gewöhnlicher Aufenthalt zum Zeitpunkt der Antragstellung (perpetuatio fori)
- gilt universell und unabhängig von der Staatsangehörigkeit

II. Ausnahme: Besondere Zuständigkeitsregelung nach Art. 9, 10 oder 12 Brüssel IIa-VO greift ein:

→ *Kind hat seinen gewöhnlichen Aufenthalt in einem anderen EU-Staat (außer Dänemark)*

– *Vorrang besonderer Zuständigkeiten innerhalb der Mitgliedstaaten der EU –*

- **Art. 9 Aufrechterhaltung der Zuständigkeit des früheren gewöhnlichen Aufenthaltsortes des Kindes**
  - Antrag auf Abänderung einer Umgangsentscheidung innerhalb von drei Monaten nach Umzug
- **Art. 10 Brüssel IIa-VO Zuständigkeit in Fällen von Kindesentführung** (vgl. HKÜ)

→ *Kind hat seinen gewöhnlichen Aufenthalt in EU-Mitgliedstaat oder Drittstaat (nicht Vertragsstaat KSÜ)*

- **Art. 12 Brüssel IIa-VO Vereinbarung über die Zuständigkeit**
  - Verbundzuständigkeit im Scheidungsverfahren, Art. 12 Abs. 1 und 2
  - Zuständigkeitsvereinbarung

III. Subsidiäre Anknüpfung in der Brüssel IIa-VO

1. *Art. 13 Brüssel IIa-VO Zuständigkeit aufgrund der Anwesenheit des Kindes*

oder

2. *Art. 17 Brüssel IIa-VO Prüfung der Zuständigkeit eines anderen Mitgliedstaats nach Art. 8 bis 13*

→ falls *Zuständigkeit* eines anderen Mitgliedstaats, hat sich das angerufene Gericht **von Amts wegen** für unzuständig zu erklären

→ falls keine Zuständigkeit eines anderen Staates, dann **Art. 14 Brüssel IIa-VO Restzuständigkeit** möglich

B. Kind hat seinen gewöhnlichen Aufenthalt in einem Drittstaat, der Vertragsstaat ist des

→ **KSÜ** (Grundsatz: Art. 5 Abs. 1 KSÜ gewöhnlicher Aufenthalt; keine perpetuatio fori, Art. 5 Abs. 2 KSÜ)

Die Zuständigkeit deutscher Gerichte kann bestehen nach:

- Art. 6 KSÜ für minderjährige Flüchtlinge
- Art. 7 KSÜ widerrechtliches Verbringen/Zurückhalten
- Art. 10 KSÜ Verbundzuständigkeit

C. Kind hat seinen gewöhnlichen Aufenthalt in Drittstaat, der nicht Vertragsstaat eines Übereinkommens ist

Die Zuständigkeit deutscher Gerichte kann sich ergeben aus

- § 98 Abs. 3 FamFG Folgesache im Scheidungsverbund
- § 99 Abs. 1 Satz 1 Nr. 1 FamFG deutsche Staatsangehörigkeit
- § 99 Abs. 1 Satz 2 FamFG Fürsorgebedürfnis

D. Darüber hinaus zu beachten:

- **Eilzuständigkeit**, soweit ein besonderes Eilbedürfnis besteht und das Kind sich tatsächlich in Deutschland aufhält, nach **Art. 20 Brüssel IIa-VO, Art. 11** bzw. **12 KSÜ**
- **Verweisung bzw. Abgabe von Verfahren** nach **Art. 15 Brüssel IIa-VO** bzw. **Art. 8** und **9 KSÜ**

22 **Übersicht: perpetuatio fori**

(Fortdauer der Zuständigkeit des zuerst angerufenen Gerichts, wenn das Kind im Laufe des Verfahrens einen neuen gewöhnlichen Aufenthalt in einem Mitgliedstaat erwirbt)
Der Grundsatz der perpetuatio fori **findet Anwendung**

- im Verhältnis zu EU-Mitgliedstaaten,

da der Wortlaut des Art. 8 Brüssel IIa-VO an den „Zeitpunkt der Antragstellung" anknüpft.

Der Grundsatz der perpetuatio fori **gilt nicht**

- im Verhältnis zu Vertragsstaaten des KSÜ (Bsp. Dänemark, Norwegen, Schweiz, Türkei): Diese sind nicht durch die Brüssel IIa-VO gebunden, so dass auch im laufenden Verfahren die Begründung eines neuen gewöhnlichen Aufenthalts beachtlich ist (vgl. Art. 5 Abs. 2 KSÜ).

Auch im Verhältnis zu Drittstaaten greift der Grundsatz der perpetuatio fori, jedoch ist im Einzelfall zu prüfen, ob eine auf Grundlage der fortdauernden Zuständigkeit ergangene Entscheidung auch im neuen Aufenthaltsstaat anerkannt wird.

D. Anzuwendendes Recht

I. Materielles Recht

23 Die Brüssel IIa-VO enthält keine Regelungen zum anzuwendenden Recht. Dieses ergibt sich vielmehr aus dem KSÜ als völkerrechtlichem Übereinkommen (siehe *Schweppe*, Art. 15 KSÜ Rn. 1 ff.), wonach grundsätzlich ein Gleichlauf von internationaler Zuständigkeit und anzuwendendem Recht gilt.

24 Dabei sind Sorgerechtspositionen zu beachten, die einem Elternteil von Gesetzes wegen nach dem Recht des Staates des derzeitigen oder früheren gewöhnlichen Aufenthalts des Kindes zustehen.[14] Zu berücksichtigen sind dabei insbesondere die unterschiedlichen Regelungen zur gesetzlichen elterlichen Sorge für Kinder, deren Eltern nicht miteinander verheiratet sind.[15]

25 Nur ausnahmsweise ist zur Bestimmung des anzuwendenden Rechts Art. 21 EGBGB heranzuziehen (siehe *Schweppe*, Art. 21 EGBGB Rn. 4). Danach ist das Recht des gewöhnlichen Aufenthalts des Kindes maßgeblich, was zur Anwendung ausländischen Rechts durch deutsche Gerichte führen kann.

II. Verfahrensrecht/IntFamRVG

26 Grundsätzlich wenden deutsche Gerichte auch in kindschaftsrechtlichen Verfahren mit Auslandsbezug innerstaatliches Verfahrensrecht (lex fori) und damit das FamFG an. Gegenüber dem FamFG vorrangige Regelungen zu Umsetzung der Brüssel IIa-VO, des HKÜ, ESÜ und KSÜ enthält das Internationale Familienrechtsverfahrensgesetz (siehe *Schweppe*, Kommentierung zum IntFamRVG).

27 **Übersicht: Anzuwendendes Recht (Prüfungsreihenfolge)**

→ **Internationale Zuständigkeit folgt aus KSÜ:**

- Art. 15 Abs. 1 KSÜ: jeder Staat wendet sein eigenes Recht an (*lex fori*)
- Art. 15 Abs. 3 KSÜ: bei Erwerb eines neuen gewöhnlichen Aufenthalts wechselt nicht nur die internationale Zuständigkeit (Art. 5 Abs. 2 KSÜ), sondern auch das anzuwendende Recht
- Art. 16 Abs. 1 KSÜ: ***Sorgerecht von Gesetzes wegen*** bestimmt sich nach dem Recht des gewöhnlichen Aufenthalts (auch Nichtvertragsstaat, Art. 20 KSÜ),

  Gleiches gilt für durch Vereinbarung oder einseitiges Rechtsgeschäft erworbenes Sorgerecht (Art. 16 Abs. 2 KSÜ)

  – ***Sorgerechtsstatut*** ist ***wandelbar*** durch Anknüpfung an gewöhnlichen Aufenthalt.

14 Vgl. hierzu *Schweppe*, Art. 16 KSÜ Rn. 4 ff.
15 Zur unterschiedlichen Ausgestaltung des Sorgerechts bzw. Aufenthaltsbestimmungsrechts in verschiedenen Staaten vgl. *Martiny*, FamRZ 2012, 1765, 1770 ff., zur gemeinsamen elterlichen Sorge nicht miteinander verheirateter Eltern ebda. 1777 f., sowie *Jurczyk/Walper*, S. 89 ff.

- *Schutz wohlerworbener Rechte*: Ein bereits erworbenes Sorgerecht wirkt fort (Art. 16 Abs. 3 KSÜ).
- *Hinzuerwerb von Rechten*: Mit Begründung eines neuen Aufenthalts kann ein von Gesetzes wegen bestehendes Sorgerecht erworben werden (Art. 16 Abs. 4 KSÜ).

→ **Internationale Zuständigkeit folgt aus Brüssel IIa-VO:**
- Anwendung des Art. 15 KSÜ (h.M.: Gleichlauf), siehe oben

→ **Verbleibender Anwendungsbereich für Art. 21 EGBGB?**
- Umfang str. (hierzu *Schweppe*, Art. 15 KSÜ Rn. 2 f.), jedenfalls im Fall der Anknüpfung an § 99 FamFG
- Art. 21 EGBGB gewöhnlicher Aufenthalt
- Beachte:
  - Rück- und Weiterverweisungen (Art. 4 Abs 1 EGBGB)
  - Vereinbarkeit mit „ordre public" (Art. 6 EGBGB)

E. Anerkennung und Vollstreckung

28 Die Vorschriften über die Anerkennung und Vollstreckung ausländischer Entscheidungen regeln, inwiefern die Entscheidung eines ausländischen Gerichts im Inland – unmittelbar oder durch gerichtlichen Akt – wirksam und ggf. durchsetzbar ist.

29 Auch hier gilt der grundsätzliche Vorrang der Brüssel IIa-VO (Art. 59 ff. Brüssel IIa-VO). Die maßgeblichen Vorschriften finden sich bei Anwendbarkeit der Brüssel IIa-VO in deren Kapitel III. Für die Anerkennung und Vollstreckung von Entscheidungen, die außerhalb der EU, jedoch in einem Vertragsstaat des ESÜ oder des KSÜ ergangen sind, enthalten diese Übereinkommen jeweils gesonderte Regelungen. Einheitliche Ausführungsvorschriften hierzu finden sich im IntFamRVG, insbesondere greift eine besondere Zuständigkeitskonzentration (siehe § 10 i.V.m. § 12 IntFamRVG). Das Verfahren zur Zulassung der Zwangsvollstreckung ist in §§ 16 ff. IntFamRVG geregelt.

30 Im Verhältnis zu Drittstaaten, für die weder die Brüssel IIa-VO noch kollisionsrechtliche Übereinkommen gelten, greifen § 108 und § 109 FamFG für die Anerkennung ausländischer Entscheidungen und § 110 FamFG für ihre Vollstreckung

▶ *Siehe hierzu Schweppe, Kommentierung zu § 108 FamFG bis § 110 FamFG.*

F. Praxishinweise

31 Aktuelle und ausführliche Informationen zu Verfahren mit Auslandsbezug bietet die Internetseite des Bundesamts für Justiz (www.bundesjustizamt.de/sorgerecht) als Zentrale Behörde für internationale Kindschaftskonflikte, unter anderem durch die „Staatenliste" zu den Vertragsstaaten von HKÜ, KSÜ und ESÜ mit jeweiligem Zeitpunkt des Inkrafttretens im Verhältnis zu Deutschland und etwaigen Vorbehaltserklärungen, Hinweisen zu Verbindungsrichter/-innen sowie durch die kostenlos erhältliche Broschüre „Internationale Kindschaftsverfahren". Hier sind auch Hinweise zu möglichen Sicherungs- und Schutzmaßnahmen einschließlich der Ausschreibung zur Grenzfahndung (sog. „Grenzsperre")[16] enthalten.

▶ *Näher zur Grenzsperre Lack, § 49 FamFG Rn. 22.*

32 Die Internetseite der Haager Konferenz für Internationales Privatrecht (www.hcch.net) enthält daneben die Vertragstexte sämtlicher Haager Konventionen auch in deutscher Übersetzung nebst den jeweiligen erläuternden Berichten sowie die Anschriften der Zentralen Behörden der Vertragsstaaten zum HKÜ. Die Internetseite www.incadat.com (International Child Abduction Database) bietet eine Fallsammlung zu HKÜ-Verfahren.

Weiter ist auf die Internetseite des EuGH (curia.europa.eu) und das als zentrale elektronische Anlaufstelle für den Justizbereich geplante Europäische Justizportal (e-justice.europa.eu/home.do) zu verweisen.

16 Hierzu näher *Schweppe*, § 15 IntFamRVG Rn. 2

33 Als „Zentrale Anlaufstelle für grenzüberschreitende Kindschaftskonflikte" bietet die deutsche Zweigstelle des Internationalen Sozialdienstes unter www.zank.de Informationen und Beratung für Fachleute und Betroffene auch zu Staaten, mit denen keine internationalen Übereinkommen bestehen. Beratung und Unterstützung können auch durch den Verband binationaler Familien und Partnerschaften, www.verband-binationaler.de, erfolgen.

34 Für die Familiengerichte besteht darüber hinaus die Möglichkeit der Einschaltung von Verbindungsrichtern, die im Rahmen des Europäischen Justiziellen Netzes für Zivil- und Handelssachen bzw. im Internationalen Haager Verbindungsrichternetzwerk tätig sind und direkte Kontakte zu den mit etwaigen Parallelverfahren befassten Kollegen im Ausland herstellen oder bei der Beantwortung konkreter Fragen zur Gesetzeslage nach ausländischem Recht, etwa den Voraussetzungen für die gemeinsame elterliche Sorge oder den notwendigen Inhalt einer Umgangsregelung, unterstützend tätig werden können.[17] Die Einschaltung von Verbindungsrichtern ist (nur) über das mit dem Verfahren befasste Gericht möglich.

▶ *Zur Mediation in internationalen Kindschaftskonflikten siehe Wegener, Mediation in internationalen Kindschaftskonflikten.*

17 Hierzu grundlegend *Carl/Menne*, NJW 2009, 3537, sowie aktuell *Menne*, FamRZ 2018, 1644; JZ 2017, 332; siehe auch die Informationsbroschüre mit den Kontaktdaten der deutschen Verbindungsrichterinnen und Verbindungsrichter unter https://www.bundesjustizamt.de/DE/Themen/Gerichte_Behoerden/EJNZH/Verbindungsrichter/Kontaktdaten_Verbindungsrichter.html;jsessionid=DE4A7C150998EF7CBFA8EC7C8C80237E.2_cid394?nn=3620232

Kapitel 2 Brüssel IIa-VO

Vorbemerkung

Die Verordnung (EG) Nr. 2201/2003 des Rates vom 27. November 2003 über die Zuständigkeit und die Anerkennung und Vollstreckung von Entscheidungen in Ehesachen und in Verfahren betreffend die elterliche Verantwortung und zur Aufhebung[1] der Verordnung (EG) Nr. 1347/2000,[2] im Folgenden als **Brüssel IIa-VO** bezeichnet (häufig auch EuEheVO), findet seit dem 1.3.2005 Anwendung[3] und gilt als unmittelbares Recht[4] in allen EU-Staaten mit Ausnahme Dänemarks,[5] mithin in Belgien, Bulgarien, Deutschland, Estland, Finnland, Frankreich, Griechenland, Irland, Italien, Kroatien, Lettland, Litauen, Luxemburg, Malta, Niederlande, Österreich, Polen, Portugal, Rumänien, Schweden, Slowakei, Slowenien, Spanien, Tschechien, Ungarn, dem Vereinigten Königreich und Zypern.

Die Brüssel IIa-VO wurde grundlegend überarbeitet.[6] Die Neufassung wurde als Verordnung (EU) 2019/1111 des Rates vom 25. Juni 2019 über die Zuständigkeit, die Anerkennung und Vollstreckung von Entscheidungen in Ehesachen und in Verfahren betreffend die elterliche Verantwortung und über internationale Kindesentführungen verabschiedet; sie gilt jedoch erst für am oder nach dem 1.8.2022 eingeleitete Verfahren.[7] Bis dahin bleibt die Brüssel IIa-VO anwendbar, so dass in dieser Auflage auf Abdruck und Kommentierung der Neufassung verzichtet wird.

Weiterführende Literatur: Althammer, Brüssel IIa – Rom III, Kommentar zu den Verordnungen (EG) 2201/2003 und (EU) 1259/2010; *Holzmann,* Verfahren betreffend die elterliche Verantwortung nach der Brüssel IIa-VO, FPR 2010, 497 ff.; *Martiny,* Kindesentführung, vorläufige Sorgerechtsregelung und einstweilige Maßnahmen nach der Brüssel IIa-VO, FPR 2010, 493 ff.; Praxisleitfaden zur Anwendung der Brüssel IIa-Verordnung, 2014 (brussels_ii_practice_guide_EU_de.pdf).

Erwägungsgründe

Vom Abdruck wird abgesehen.[8]

Kapitel I Anwendungsbereich und Begriffsbestimmungen

Artikel 1 Brüssel IIa-VO Anwendungsbereich

(1) Diese Verordnung gilt, ungeachtet der Art der Gerichtsbarkeit, für Zivilsachen mit folgendem Gegenstand:

a) die Ehescheidung, die Trennung ohne Auflösung des Ehebandes und die Ungültigerklärung einer Ehe,

b) die Zuweisung, die Ausübung, die Übertragung sowie die vollständige oder teilweise Entziehung der elterlichen Verantwortung.

(2) Die in Absatz 1 Buchstabe b) genannten Zivilsachen betreffen insbesondere:

a) das Sorgerecht und das Umgangsrecht,

b) die Vormundschaft, die Pflegschaft und entsprechende Rechtsinstitute,

---

1 Art. 71 Brüssel IIa-VO
2 ABl. Nr. L 338 S. 1, geändert durch Art. 1 ÄndVO (EG) 2116/2004 vom 2.12.2004 (ABl. Nr. L 367 S. 1)
3 Art. 72 Satz 2 Brüssel IIa-VO
4 Art. 72 Satz 3 Brüssel IIa-VO
5 Art. 2 Ziffer 3 Brüssel IIa-VO. Soweit im Folgenden die EU-Mitgliedstaaten genannt sind, ist Dänemark stets ausgenommen.
6 Zu den Einzelheiten des Reformvorhabens siehe *Schlauß*, ZKJ 2019, 255, 258 ff., sowie *Kohler/Pintens*, FamRZ 2018, 1369, 1370
7 Art. 100 EU-VO 2019/1111 vom 25.6.2019. Der Volltext ist abzurufen unter https://eur-lex.europa.eu/legal-content/DE/ALL/?uri=uriserv:OJ.L_.2019.178.01.0001.01.DEU (Zugriff: 28.2.2020).
8 Abgedruckt sind die Erwägungsgründe zur Brüssel IIa-VO etwa in der Textsammlung *Jayme/Hausmann*, Internationales Privat- und Verfahrensrecht.

c) die Bestimmung und den Aufgabenbereich jeder Person oder Stelle, die für die Person oder das Vermögen des Kindes verantwortlich ist, es vertritt oder ihm beisteht,

d) die Unterbringung des Kindes in einer Pflegefamilie oder einem Heim,

e) die Maßnahmen zum Schutz des Kindes im Zusammenhang mit der Verwaltung und Erhaltung seines Vermögens oder der Verfügung darüber.

(3) Diese Verordnung gilt nicht für

a) die Feststellung und die Anfechtung des Eltern-Kind-Verhältnisses,

b) Adoptionsentscheidungen und Maßnahmen zur Vorbereitung einer Adoption sowie die Ungültigerklärung und den Widerruf der Adoption,

c) Namen und Vornamen des Kindes,

d) die Volljährigkeitserklärung,

e) Unterhaltspflichten,

f) Trusts und Erbschaften,

g) Maßnahmen infolge von Straftaten, die von Kindern begangen wurden.

Übersicht

Rn.
A. Normzweck 1
B. Inhalt der Norm 3
I. Persönlicher Anwendungsbereich 3
II. Inhaltlicher Anwendungsbereich 4

A. Normzweck

1 Art. 1 Brüssel IIa-VO bestimmt den inhaltlichen, nicht aber den räumlichen Anwendungsbereich der Verordnung.

2 Für den räumlichen Anwendungsbereich ist zu differenzieren: Die Brüssel IIa-VO als EU-Gemeinschaftsrecht enthält zum einen Regelungen, die universell gelten, d.h. auch im Verhältnis zu Staaten, die nicht der EU angehören (wie etwa die Anknüpfung für die internationale Zuständigkeit), aber auch Normen, die nur im Verhältnis der EU-Mitgliedstaaten (mit Ausnahme Dänemarks) untereinander wirken, etwa die Sonderregelungen zur internationalen Zuständigkeit nach Art. 9, 10, 11 Brüssel IIa-VO.

B. Inhalt der Norm

I. Persönlicher Anwendungsbereich

3 Der persönliche Anwendungsbereich der Brüssel IIa-VO umfasst alle Kinder, gleich ob ehelich oder nicht ehelich geboren,[1] und zwar bis zur Vollendung des 18. Lebensjahres.[2]

II. Inhaltlicher Anwendungsbereich

4 Die elterliche Verantwortung umfasst nach Art. 1 Abs. 1 Ziffer b) i.V.m. Abs. 2 a) Brüssel IIa-VO sowie Art. 2 Ziffer 7 Brüssel IIa-VO insbesondere das Sorge- und Umgangsrecht, wobei der jeweilige Umfang in Art. 2 Ziffer 9 bzw. Ziffer 10 Brüssel IIa-VO näher definiert wird.

Ungeachtet des Begriffs „elterliche Verantwortung" ist auch das Umgangsrecht von Großeltern mit ihren Enkeln in den Anwendungsbereich der Verordnung eingeschlossen.[3]

5 Die Brüssel IIa-VO umfasst im Rahmen des öffentlich-rechtlichen Kindesschutzes erlassene Maßnahmen[4] ebenso wie die Ersetzung der Zustimmung eines Elternteils im Streit über die Ausstellung eines Reisepasses, auch wenn diese Regelung einem verwaltungsgerichtlichen Verfahren unterfällt.[5] In den

---

1 Vgl. Erwägungsgrund 5 zur Brüssel IIa-VO. Die frühere Brüssel II-VO (EheGVO) war hingegen auf Regelungen zur elterlichen Verantwortung im Scheidungsverbundverfahren beschränkt.

2 Nach *Schulz,* FamRZ 2018, 797, 798, ist der Anwendungsbereich auch nach Vollendung des 18. Lebensjahres eröffnet, soweit das maßgebliche Heimatrecht ein abweichendes Volljährigkeitsalter vorsieht; siehe hierzu auch *Schweppe*, Art. 7 EGBGB.

3 EuGH FamRZ 2018, 1083

4 EuGH FamRZ 2016, 2071; FamRZ 2009, 843, 844; FamRZ 2012, 1466, 1468

5 EuGH FamRZ 2015, 2117; vgl. auch FamRZ 2016, 438

Anwendungsbereich der Verordnung fällt auch die Genehmigung einer Vereinbarung zur Erbauseinandersetzung.[6]

Art. 1 Abs. 3 Brüssel IIa-VO enthält eine negative Abgrenzung des Anwendungsbereichs. Ausgenommen sind etwa Maßnahmen nach § 151 Nr. 7 (Unterbringung psychisch kranker Minderjähriger nach Landesgesetzen) bzw. Nr. 8 (JGG) FamFG. Von der Anwendung umfasst sind aber Maßnahmen nach § 151 Nr. 6 FamFG (Genehmigung freiheitsentziehender Unterbringung).[7] **6**

Artikel 2 Brüssel IIa-VO Begriffsbestimmungen

Für die Zwecke dieser Verordnung bezeichnet der Ausdruck

1. „Gericht" alle Behörden der Mitgliedstaaten, die für Rechtssachen zuständig sind, die gemäß Artikel 1 in den Anwendungsbereich dieser Verordnung fallen;

2. „Richter" einen Richter oder Amtsträger, dessen Zuständigkeiten denen eines Richters in Rechtssachen entsprechen, die in den Anwendungsbereich dieser Verordnung fallen;

3. „Mitgliedstaat" jeden Mitgliedstaat mit Ausnahme Dänemarks;

4. „Entscheidung" jede von einem Gericht eines Mitgliedstaats erlassene Entscheidung über die Ehescheidung, die Trennung ohne Auflösung des Ehebandes oder die Ungültigerklärung einer Ehe sowie jede Entscheidung über die elterliche Verantwortung, ohne Rücksicht auf die Bezeichnung der jeweiligen Entscheidung, wie Urteil oder Beschluss;

5. „Ursprungsmitgliedstaat" den Mitgliedstaat, in dem die zu vollstreckende Entscheidung ergangen ist;

6. „Vollstreckungsmitgliedstaat" den Mitgliedstaat, in dem die Entscheidung vollstreckt werden soll;

7. „elterliche Verantwortung" die gesamten Rechte und Pflichten, die einer natürlichen oder juristischen Person durch Entscheidung oder kraft Gesetzes oder durch eine rechtlich verbindliche Vereinbarung betreffend die Person oder das Vermögen eines Kindes übertragen wurden. Elterliche Verantwortung umfasst insbesondere das Sorge- und das Umgangsrecht;

8. „Träger der elterlichen Verantwortung" jede Person, die die elterliche Verantwortung für ein Kind ausübt;

9. „Sorgerecht" die Rechte und Pflichten, die mit der Sorge für die Person eines Kindes verbunden sind, insbesondere das Recht auf die Bestimmung des Aufenthaltsortes des Kindes;

10. „Umgangsrecht" insbesondere auch das Recht, das Kind für eine begrenzte Zeit an einen anderen Ort als seinen gewöhnlichen Aufenthaltsort zu bringen;

11. „widerrechtliches Verbringen oder Zurückhalten eines Kindes" das Verbringen oder Zurückhalten eines Kindes, wenn

a) dadurch das Sorgerecht verletzt wird, das aufgrund einer Entscheidung oder kraft Gesetzes oder aufgrund einer rechtlich verbindlichen Vereinbarung nach dem Recht des Mitgliedstaats besteht, in dem das Kind unmittelbar vor dem Verbringen oder Zurückhalten seinen gewöhnlichen Aufenthalt hatte, und

b) das Sorgerecht zum Zeitpunkt des Verbringens oder Zurückhaltens allein oder gemeinsam tatsächlich ausgeübt wurde oder ausgeübt worden wäre, wenn das Verbringen oder Zurückhalten nicht stattgefunden hätte. Von einer gemeinsamen Ausübung des Sorgerechts ist auszugehen, wenn einer der Träger der elterlichen Verantwortung aufgrund einer Entscheidung oder kraft Gesetzes nicht ohne die Zustimmung des anderen Trägers der elterlichen Verantwortung über den Aufenthaltsort des Kindes bestimmen kann.

Eine nähere Erläuterung der Begriffsbestimmungen ist entbehrlich. Zu den Anforderungen an die tatsächliche Ausübung i.S.d. Art. 2 Ziffer 11 lit. b Satz 2 Brüssel IIa-VO siehe *Schweppe*, Art. 3 HKÜ Rn. 9. **1**

6 EuGH FamRZ 2015, 2035
7 Vgl. EuGH FamRZ 2012, 1466, 1469

Kapitel II
Zuständigkeit

Abschnitt 1
Ehescheidung, Trennung ohne Auflösung des Ehebandes und Ungültigerklärung einer Ehe

Artikel 3 bis 7 Brüssel IIa-VO

Von Abdruck und Kommentierung wird abgesehen.

Abschnitt 2
Elterliche Verantwortung

Artikel 8 Brüssel IIa-VO Allgemeine Zuständigkeit

(1) Für Entscheidungen, die die elterliche Verantwortung betreffen, sind die Gerichte des Mitgliedstaats zuständig, in dem das Kind zum Zeitpunkt der Antragstellung seinen gewöhnlichen Aufenthalt hat.

(2) Absatz 1 findet vorbehaltlich der Artikel 9, 10 und 12 Anwendung.

Übersicht

Rn.
A. Allgemeines ... 1
B. Einzelheiten ... 3
I. Grundsatz ... 3
1. Gewöhnlicher Aufenthalt ... 3
2. Fortwirkung der Zuständigkeit ... 9
3. Ausnahmen ... 11
II. Besondere Zuständigkeitsregelungen ... 13

A. Allgemeines

1 Art. 8 Abs. 1 Brüssel IIa-VO enthält die Grundsatzanknüpfung für die internationale Zuständigkeit und bestimmt, dass insoweit maßgeblich ist

- der „gewöhnliche Aufenthalt" des Kindes
- zum Zeitpunkt der Antragstellung.

2 Diese Zuständigkeitsbestimmung gilt:

- **universell** (hierzu *Schweppe*, Art. 1 Brüssel IIa-VO Rn. 2) – unabhängig von der Staatsangehörigkeit des Kindes und der Zugehörigkeit zur EU – auch im Verhältnis zu Drittstaaten[1] (zur Ausnahme im Verhältnis zu KSÜ siehe *Schweppe*, Art. 5 KSÜ Rn. 2 f.);
- für Entscheidungen betreffend die **elterliche Verantwortung**.

B. Einzelheiten

I. Grundsatz

1. Gewöhnlicher Aufenthalt

3 Vorrangiger Anknüpfungspunkt für die Bestimmung der internationalen Zuständigkeit ist der „gewöhnliche Aufenthalt". Dessen Auslegung stimmt nicht zwingend mit der innerstaatlichen Definition (vgl. hierzu oben *Keuter*, § 152 FamFG Rn. 12) überein, sondern ist für die Brüssel IIa-VO und die kollisionsrechtlichen Übereinkommen einheitlich unter Heranziehung der Rechtsprechung des EuGH zu ermitteln.[2]

1 EuGH FamRZ 2019, 132
2 Vgl. EuGH FamRZ 2017, 1506; zu den hierzu durch den EuGH aufgestellten Kriterien vgl. *Niethammer-Jürgens/Erb-Klünemann*, S. 134 f.

Maßgeblich ist demnach der „Ort ..., der Ausdruck einer gewissen sozialen und familiären Integration des Kindes ist. Hierfür sind insbesondere die Dauer, die Regelmäßigkeit und die Umstände des Aufenthalts in einem Mitgliedstaat sowie die Gründe für diesen Aufenthalt und den Umzug der Familie in diesen Staat, die Staatsangehörigkeit des Kindes, Ort und Umstände der Einschulung, die Sprachkenntnisse sowie die familiären und sozialen Bindungen des Kindes in dem betreffenden Staat zu berücksichtigen".[3] 4

Ein bloß vorübergehender oder gelegentlicher Aufenthalt in einem Staat genügt nicht für die Begründung eines neuen gewöhnlichen Aufenthalts, andererseits ist auch keine bestimmte Aufenthaltsdauer erforderlich. Die in der Rechtsprechung häufig genannte Sechsmonatsfrist[4] kann allenfalls als Indiz gelten.[5] Vielmehr sind jeweils individuelle Maßstäbe anzulegen. 5

Insbesondere bei Säuglingen und Kleinkindern kann die sich in äußeren Umständen manifestierende Absicht des betreuenden Elternteils, sich mit dem Kind dauerhaft in einem Staat niederzulassen, ein Indiz für die Verlagerung des gewöhnlichen Aufenthalts sein.[6] In dieser Konstellation sollen sowohl die Vorstellungen des betreuenden Elternteils als auch dessen geografische und familiäre Herkunft sowie die familiären und sozialen Bindungen in dem betreffenden Mitgliedstaat maßgeblich sein.[7] Voraussetzung für die Begründung eines gewöhnlichen Aufenthalts ist aber jedenfalls die körperliche Anwesenheit des Kindes selbst in diesem Staat.[8] 6

In weiteren Entscheidungen betont der EuGH dagegen das tatsächliche Element des gewöhnlichen Aufenthalts[9] und weist darauf hin, dass der ursprünglichen (einvernehmlichen) Entscheidung der Eltern, dass sich das Kind an einem bestimmten Ort aufhalten soll, nicht größeres Gewicht beizumessen sei als dem Umstand, dass es sich seit seiner Geburt ununterbrochen in einem anderen Staat aufhält.[10] 6a

Da es sich bei der Begründung des Aufenthalts um einen von der Gestaltung des Sorgerechts unabhängigen rein faktischen Vorgang handelt, kann ein Minderjähriger auch gegen den Willen der Eltern, bzw. eines (mit-)sorgeberechtigten Elternteils, einen neuen gewöhnlichen Aufenthalt begründen.[11] In diesem Fall ist die soziale und familiäre Integration und damit auch der Zeitfaktor wesentlich.[12] 7

Nicht auszuschließen ist ein gewöhnlicher Aufenthalt in verschiedenen Staaten,[13] etwa bei einem Wechselmodell mit annähernd gleichen Betreuungsanteilen.[14] Letztlich ist stets eine Einzelfallprüfung vorzunehmen. 8

2. Fortwirkung der Zuständigkeit

Nach dem Wortlaut des Art. 8 Abs. 1 Brüssel IIa-VO, der auf den Zeitpunkt der Antragstellung abstellt, gilt für die internationale Zuständigkeit der Grundsatz der *perpetuatio fori*, wonach die Zuständigkeit eines Gerichts nach Eintritt der Rechtshängigkeit erhalten bleibt, auch wenn eine spätere Änderung der die Zuständigkeit begründenden Voraussetzungen eintritt, etwa das Kind im laufenden Verfahren seinen gewöhnlichen Aufenthalt in einem anderen Staat begründet.[15] Diesem Grundsatz folgt auch § 2 Abs. 2 FamFG für das nationale Recht (siehe hierzu *Köhler*, § 2 FamFG Rn. 3). 9

---

3 EuGH FamRZ 2009, 843, 845

4 So etwa OLG Hamm ZKJ 2013, 35, zum gewöhnlichen Aufenthalt nach Art. 4 HKÜ

5 Siehe Althammer/*Schäuble*, Art. 8 Brüssel IIa-VO Rn. 10

6 EuGH FamRZ 2009, 843, 845; FamRZ 2011, 617, 619; vgl. auch BGH FamRZ 2019, 892, 893 mit krit. Anm. v. *Bary*, FamRZ 2019, 895 f.

7 EuGH FamRZ 2011, 617, 619; siehe auch OLG Bamberg FamRZ 2018, 38

8 EuGH FamRZ 2019, 132

9 Vgl. EuGH FamRZ 2017, 1506 (ebenfalls zum gewöhnlichen Aufenthalt eines Säuglings), und FamRZ 2018, 1426; *Gruber*, IPRax 2019, 217, 218, nennt als wesentliche Elemente den „regelmäßigen Aufenthalt", die sozialen Bindungen an den sorgeberechtigten Betreuungselternteil und die fortbestehenden Beziehungen zum mitsorgeberechtigten anderen Elternteil.

10 EuGH FamRZ 2017, 1506

11 Hierzu BGH FamRZ 2005, 1540, 1543; OLG Karlsruhe NJW-RR 2015, 1415

12 Althammer/*Schäuble*, Art. 8 Brüssel IIa-VO Rn. 12 unter Hinweis auf die Jahresfrist des Art. 12 HKÜ

13 Bejahend Prütting/Helms/*Hau*, vor §§ 98–106 FamFG Rn. 23 m.w.N. in Fn. 4; Zöller/*Geimer*, Anh. II Art. 8 EG-VO Rn. 5; zum KSÜ auch *Lagarde*, Rn. 87; ablehnend dagegen Palandt/*Thorn*, Art. 5 EGBGB Rn. 10; Althammer/*Schäuble*, Art. 8 Brüssel IIa-VO Rn. 8

14 So auch *Völker/Clausius*, § 11 Rn. 93

15 Vgl. BGH FamRZ 2010, 720; *Hausmann, F Rn. 102f*

Diese Zuständigkeit wirkt nur bis zum Abschluss des Verfahrens. Für die Abänderung von Entscheidungen richtet sich die internationale Zuständigkeit nach den allgemeinen Zuständigkeitsvoraussetzungen.[16]

10 Aufgrund des Grundsatzes der *perpetuatio fori* können internationale Zuständigkeit und gewöhnlicher Aufenthalt auseinanderfallen.

3. Ausnahmen

11 Bei einem Umzug in einen Staat außerhalb der EU, der aber Vertragsstaat des KSÜ ist, gilt es zu beachten, dass nach den kollisionsrechtlichen Haager Übereinkommen mit Begründung eines neuen gewöhnlichen Aufenthalts grundsätzlich auch ein Wechsel der internationalen Zuständigkeit eintritt,[17] womit auch im laufenden Verfahren die Zuständigkeit des angerufenen Gerichts entfallen kann (vgl. hierzu *Schweppe*, Art. 5 KSÜ Rn. 7 f.).[18]

12 Im Verhältnis zu Drittstaaten, die weder Mitgliedstaat der EU noch Vertragsstaat des KSÜ sind, ist die Frage der fortdauernden Zuständigkeit nicht abschließend geklärt.

Nach dem Wortlaut von Art. 8 Abs. 1 Brüssel IIa-VO, der universell gilt und allein auf den Zeitpunkt der Antragstellung abstellt, verbleibt es bei einem Umzug in einen Drittstaat bei der internationalen Zuständigkeit des angerufenen Gerichts.[19]

Dagegen wird angeführt, dass mit der allgemeinen Anknüpfung an den gewöhnlichen Aufenthalt die Zuständigkeit des Gerichts erreicht werden sollte, das aufgrund seiner Sachnähe besser zur Prüfung der für das Kindeswohl maßgeblichen Aspekte geeignet ist.[20]

4. Praxishinweis

12a Eine Bindung an die *perpetuatio fori* nach Art. 8 Abs. 1 Brüssel IIa-VO besteht damit zunächst im Verhältnis der EU-Mitgliedstaaten zueinander.

Bei Begründung eines neuen gewöhnlichen Aufenthalts in einem Vertragsstaat des KSÜ kommt es dagegen auch im laufenden Verfahren zum Wechsel der Zuständigkeit.

Im Verhältnis zu Drittstaaten ist Folgendes zu beachten:

Bei Annahme einer fortdauernden Entscheidungszuständigkeit besteht das Risiko, dass im bisherigen Aufenthaltsstaat getroffene Entscheidungen im Staat des neuen gewöhnlichen Aufenthalts nicht anerkannt werden bzw. dort ebenfalls ein Sorgerechtsverfahren geführt wird. Einander widersprechende Entscheidungen über die elterliche Sorge können der Rückkehr in den anderen Staat oder der Ausübung grenzüberschreitender Umgangskontakte entgegenstehen.[21]

Dies spricht für eine Interessenabwägung im Einzelfall,[22] wobei in die Abwägung einzubeziehen sein wird, ob eine Entscheidung hiesiger Gerichte im aktuellen Aufenthaltsstaat anerkannt wird und damit durchsetzbar ist.

II. Besondere Zuständigkeitsregelungen

13 Art. 8 Abs. 2 Brüssel IIa-VO weist darauf hin, dass der Grundsatz des Art. 8 Abs. 1 Brüssel IIa-VO nicht ausnahmslos Anwendung findet, sondern in folgenden Fällen Sonderregelungen vorrangig sind:

- Umgangsregelungen nach rechtmäßigem Umzug (Art. 9 Brüssel IIa-VO)

---

16 Vgl. EuGH FamRZ 2017, 734

17 Vgl. Art. 5 Abs. 2 KSÜ; ausführlich zu dieser Frage KG FamRZ 2015, 1214 (Russland); OLG Karlsruhe ZKJ 2014, 335 (Schweiz)

18 So zum MSA BGH FamRZ 2002, 1182; OLG Frankfurt, Beschl. v. 21.2.2005 – 1 UF 218/04, juris; aktueller OLG Stuttgart FamRZ 2013, 49 (Türkei)

19 OLG Karlsruhe FamRZ 2018, 920, 921; Althammer/*Schäuble*, Art. 8 Brüssel IIa-VO Rn. 14; *Andrae*, § 9 Rn. 23; Geimer/Schütze/*Dilger*, VO (EG) 2201/2003 Art. 8 Rn. 13; MüKo-FamFG/*Wiedemann*, Art. 5 KSÜ Rn. 42; in der Tendenz auch *Hausmann*, F Rn. 105

20 So grundlegend BGH FamRZ 2002, 1182 zum MSA; OLG Brandenburg, Beschl. v. 3.3.2014 – 9 UF 275/11, juris, für Norwegen vor dessen Beitritt zum KSÜ; MüKo-FamFG/*Rauscher*, § 99 FamFG Rn. 47; vgl. zum alten Recht KG FamRZ 1998, 440 (Argentinien)

21 Hierzu HB-VB/*Schweppe*, Rn. 1772

22 So Keidel/Dimmler, § 97 FamFG Rn. 8 m.w.N. und Staudinger/*Henrich*, Art. 21 EGBGB Rn. 163 f.

- Widerrechtliches Verbringen bzw. Zurückhalten (Art. 10 Brüssel IIa-VO)
- Vereinbarungen zur Zuständigkeit (Art. 12 Brüssel IIa-VO)

Artikel 9 Brüssel IIa-VO Aufrechterhaltung der Zuständigkeit des früheren gewöhnlichen Aufenthaltsortes des Kindes

(1) Beim rechtmäßigen Umzug eines Kindes von einem Mitgliedstaat in einen anderen, durch den es dort einen neuen gewöhnlichen Aufenthalt erlangt, verbleibt abweichend von Artikel 8 die Zuständigkeit für eine Änderung einer vor dem Umzug des Kindes in diesem Mitgliedstaat ergangenen Entscheidung über das Umgangsrecht während einer Dauer von drei Monaten nach dem Umzug bei den Gerichten des früheren gewöhnlichen Aufenthalts des Kindes, wenn sich der laut der Entscheidung über das Umgangsrecht umgangsberechtigte Elternteil weiterhin gewöhnlich in dem Mitgliedstaat des früheren gewöhnlichen Aufenthalts des Kindes aufhält.

(2) Absatz 1 findet keine Anwendung, wenn der umgangsberechtigte Elternteil im Sinne des Absatzes 1 die Zuständigkeit der Gerichte des Mitgliedstaats des neuen gewöhnlichen Aufenthalts des Kindes dadurch anerkannt hat, dass er sich an Verfahren vor diesen Gerichten beteiligt, ohne ihre Zuständigkeit anzufechten.

Art. 9 Brüssel IIa-VO ermöglicht die Anpassung einer Umgangsregelung nach einem Umzug in einen anderen EU-Mitgliedstaat durch das bisher zuständige Gericht und soll zugleich verhindern, dass ein Elternteil unmittelbar nach dem Umzug die Abänderung einer bestehenden Umgangsregelung anstrebt. **1**

Die Voraussetzungen für die Anwendung von Art. 9 Brüssel IIa-VO sind: **2**

- Im bisherigen Aufenthaltsstaat ist eine Entscheidung zum **Umgang**[1] (nicht Sorgerecht) ergangen
- Es liegt ein „rechtmäßiger" Umzug innerhalb der EU vor
- Der Antrag zur Abänderung des Umgangsrechts wird innerhalb von drei Monaten nach dem Umzug gestellt.[2]
- Das Kind hat seinen gewöhnlichen Aufenthalt im neuen Mitgliedstaat erworben (andernfalls folgt die Zuständigkeit des bisherigen Aufenthaltsstaats aus Art. 8 Brüssel IIa-VO).[3]
- Der Umgangsberechtigte muss weiterhin seinen gewöhnlichen Aufenthalt im Ursprungsmitgliedstaat haben.[4]

Art. 9 Brüssel IIa-VO kommt nicht zur Anwendung, wenn der umgangsberechtigte Elternteil die Zuständigkeit des neuen Aufenthaltsstaats akzeptiert bzw. sich an einem Umgangsverfahren im neuen Mitgliedstaat beteiligt, ohne die Zuständigkeit zu rügen, Art. 9 Abs. 2 Brüssel IIa-VO. **3**

Artikel 10 Brüssel IIa-VO Zuständigkeit in Fällen von Kindesentführung

Bei widerrechtlichem Verbringen oder Zurückhalten eines Kindes bleiben die Gerichte des Mitgliedstaats, in dem das Kind unmittelbar vor dem widerrechtlichen Verbringen oder Zurückhalten seinen gewöhnlichen Aufenthalt hatte, so lange zuständig, bis das Kind einen gewöhnlichen Aufenthalt in einem anderen Mitgliedstaat erlangt hat und

a) jede sorgeberechtigte Person, Behörde oder sonstige Stelle dem Verbringen oder Zurückhalten zugestimmt hat oder

---

1 Zur Anpassung eines begleiteten Umgangs nach dem Umzug der Mutter mit dem Kind nach Polen vgl. OLG Köln FamRZ 2017, 1514 mit Anm. *Menne*

2 Nach h.M. (Althammer/*Schäuble*, Art. 9 Brüssel IIa-VO Rn. 10; *Hausmann*, F Rn. 122; Zöller/*Geimer*, Anh. II Art. 9 EGVO Rn. 8; auch OLG München FamRZ 2011, 1887) reicht die Antragstellung innerhalb von drei Monaten nach Umzug. Nach Staudinger/*Pirrung*, Vorbem. C zu Art. 19 EGBGB Rn. C 57, ist dagegen die Entscheidung innerhalb von drei Monaten zu treffen.

3 Althammer/*Schäuble*, Art. 9 Brüssel IIa-VO Rn. 6

4 Entgegen dem Wortlaut der deutschen Übersetzung ist die Regelung nicht auf umgangsberechtigte Eltern begrenzt, sondern umfasst auch andere Personen, insbesondere Großeltern, vgl. Staudinger/*Pirrung*, Vorbem. C zu Art. 19 EGBGB Rn. C 57.

b) das Kind sich in diesem anderen Mitgliedstaat mindestens ein Jahr aufgehalten hat, nachdem die sorgeberechtigte Person, Behörde oder sonstige Stelle seinen Aufenthaltsort kannte oder hätte kennen müssen und sich das Kind in seiner neuen Umgebung eingelebt hat, sofern eine der folgenden Bedingungen erfüllt ist:

i. Innerhalb eines Jahres, nachdem der Sorgeberechtigte den Aufenthaltsort des Kindes kannte oder hätte kennen müssen, wurde kein Antrag auf Rückgabe des Kindes bei den zuständigen Behörden des Mitgliedstaats gestellt, in den das Kind verbracht wurde oder in dem es zurückgehalten wird;

ii. ein von dem Sorgeberechtigten gestellter Antrag auf Rückgabe wurde zurückgezogen, und innerhalb der in Ziffer i) genannten Frist wurde kein neuer Antrag gestellt;

iii. ein Verfahren vor dem Gericht des Mitgliedstaats, in dem das Kind unmittelbar vor dem widerrechtlichen Verbringen oder Zurückhalten seinen gewöhnlichen Aufenthalt hatte, wurde gemäß Artikel 11 Absatz 7 abgeschlossen;

iv. von den Gerichten des Mitgliedstaats, in dem das Kind unmittelbar vor dem widerrechtlichen Verbringen oder Zurückhalten seinen gewöhnlichen Aufenthalt hatte, wurde eine Sorgerechtsentscheidung erlassen, in der die Rückgabe des Kindes nicht angeordnet wird.

Übersicht

Rn.

A. Normzweck und Anwendungsbereich 1

B. Inhalt der Norm 3

A. Normzweck und Anwendungsbereich

1 Art. 10 Brüssel IIa-VO dient der Umsetzung und Stärkung des Rückführungsmechanismus des HKÜ. Ziel dieses kollisionsrechtlichen Übereinkommens, dem sämtliche EU-Staaten angehören, ist die Durchsetzung der Zuständigkeit des Staates des gewöhnlichen Aufenthalts, wobei eigenmächtigen Aufenthaltswechseln eines Elternteils mit dem Kind entgegengewirkt werden soll (siehe hierzu *Schweppe,* Art. 1 HKÜ Rn. 1, 10 f.).

Ein Zuständigkeitswechsel tritt in dieser Konstellation nur unter besonderen Voraussetzungen ein.

2 Art. 10 Brüssel IIa-VO ist räumlich auf die Anwendung innerhalb der EU-Mitgliedstaaten beschränkt.

B. Inhalt der Norm

3 Nach Art. 10 Brüssel IIa-VO verbleibt es in den Fällen des widerrechtlichen Verbringens oder Zurückhaltens (Legaldefinition in Art. 2 Ziffer 11 Brüssel IIa-VO, vgl. auch die Kommentierung zu Art. 3 HKÜ) grundsätzlich bei der Zuständigkeit der **Gerichte des bisherigen Aufenthaltsstaats** für die Regelung der elterlichen Sorge und des Umgangs.

4 Die Zuständigkeit des **Gerichts im neuen Aufenthaltsstaat** tritt nur unter folgenden Voraussetzungen ein:

- Das Kind hat einen neuen gewöhnlichen Aufenthalt erworben und alle sorgeberechtigten Personen haben dem Verbringen zugestimmt (Art. 10 a) Brüssel IIa-VO)

  oder
- Das Kind hält sich mindestens ein Jahr im neuen Staat auf und
- es hat sich eingelebt und
  - es wurde innerhalb der Jahresfrist nach Kenntnis des Aufenthalts des Kindes kein Rückführungsantrag gestellt (Art. 10 b) i) Brüssel IIa-VO) bzw. ein entsprechender Antrag zurückgezogen ((Art. 10 b) ii) Brüssel IIa-VO) oder
  - die Rückführung wurde abgelehnt und kein Verfahren nach Maßgabe des Art. 11 Abs. 7 Brüssel IIa-VO eingeleitet, weil keine rechtzeitige Antragstellung innerhalb von drei Monaten erfolgte (Art. 10 b) iii) i.V.m. Art. 11 Abs. 7 Brüssel IIa-VO), oder
  - das zuständige Gericht im bisherigen Aufenthaltsstaat hat eine Sorgerechtsentscheidung erlassen, in der die Rückführung des Kindes nicht angeordnet wurde (Art. 10 b) iv) Brüssel IIa-VO).[1]

1 Dabei muss es sich um eine abschließende Entscheidung handeln, eine vorläufige Regelung genügt nicht, EuGH FamRZ 2010, 1229.

Nach der Rechtsprechung des EuGH sind die in Art. 10 a) und b) genannten Voraussetzungen im Hinblick auf den generalpräventiven Charakter der Norm eng auszulegen.[2]

Artikel 11 Brüssel IIa-VO Rückgabe des Kindes

(1) Beantragt eine sorgeberechtigte Person, Behörde oder sonstige Stelle bei den zuständigen Behörden eines Mitgliedstaats eine Entscheidung auf der Grundlage des Haager Übereinkommens vom 25. Oktober 1980 über die zivilrechtlichen Aspekte internationaler Kindesentführung (nachstehend „Haager Übereinkommen von 1980" genannt), um die Rückgabe eines Kindes zu erwirken, das widerrechtlich in einen anderen als den Mitgliedstaat verbracht wurde oder dort zurückgehalten wird, in dem das Kind unmittelbar vor dem widerrechtlichen Verbringen oder Zurückhalten seinen gewöhnlichen Aufenthalt hatte, so gelten die Absätze 2 bis 8.

(2) Bei Anwendung der Artikel 12 und 13 des Haager Übereinkommens von 1980 ist sicherzustellen, dass das Kind die Möglichkeit hat, während des Verfahrens gehört zu werden, sofern dies nicht aufgrund seines Alters oder seines Reifegrads unangebracht erscheint.

(3) [1]Das Gericht, bei dem die Rückgabe eines Kindes nach Absatz 1 beantragt wird, befasst sich mit gebotener Eile mit dem Antrag und bedient sich dabei der zügigsten Verfahren des nationalen Rechts. [2]Unbeschadet des Unterabsatzes 1 erlässt das Gericht seine Anordnung spätestens sechs Wochen nach seiner Befassung mit dem Antrag, es sei denn, dass dies aufgrund außergewöhnlicher Umstände nicht möglich ist.

(4) Ein Gericht kann die Rückgabe eines Kindes aufgrund des Artikels 13 Buchstabe b) des Haager Übereinkommens von 1980 nicht verweigern, wenn nachgewiesen ist, dass angemessene Vorkehrungen getroffen wurden, um den Schutz des Kindes nach seiner Rückkehr zu gewährleisten.

(5) Ein Gericht kann die Rückgabe eines Kindes nicht verweigern, wenn der Person, die die Rückgabe des Kindes beantragt hat, nicht die Gelegenheit gegeben wurde, gehört zu werden.

(6) [1]Hat ein Gericht entschieden, die Rückgabe des Kindes gemäß Artikel 13 des Haager Übereinkommens von 1980 abzulehnen, so muss es nach dem nationalen Recht dem zuständigen Gericht oder der Zentralen Behörde des Mitgliedstaats, in dem das Kind unmittelbar vor dem widerrechtlichen Verbringen oder Zurückhalten seinen gewöhnlichen Aufenthalt hatte, unverzüglich entweder direkt oder über seine Zentrale Behörde eine Abschrift der gerichtlichen Entscheidung, die Rückgabe abzulehnen, und die entsprechenden Unterlagen, insbesondere eine Niederschrift der Anhörung, übermitteln. [2]Alle genannten Unterlagen müssen dem Gericht binnen einem Monat ab dem Datum der Entscheidung, die Rückgabe abzulehnen, vorgelegt werden.

(7) [1]Sofern die Gerichte des Mitgliedstaats, in dem das Kind unmittelbar vor dem widerrechtlichen Verbringen oder Zurückhalten seinen gewöhnlichen Aufenthalt hatte, nicht bereits von einer der Parteien befasst wurden, muss das Gericht oder die Zentrale Behörde, das/die die Mitteilung gemäß Absatz 6 erhält, die Parteien hiervon unterrichten und sie einladen, binnen drei Monaten ab Zustellung der Mitteilung Anträge gemäß dem nationalen Recht beim Gericht einzureichen, damit das Gericht die Frage des Sorgerechts prüfen kann. [2]Unbeschadet der in dieser Verordnung festgelegten Zuständigkeitsregeln schließt das Gericht den Fall ab, wenn innerhalb dieser Frist keine Anträge bei dem Gericht eingegangen sind.

(8) Ungeachtet einer nach Artikel 13 des Haager Übereinkommens von 1980 ergangenen Entscheidung, mit der die Rückgabe des Kindes verweigert wird, ist eine spätere Entscheidung, mit der die Rückgabe des Kindes angeordnet wird und die von einem nach dieser Verordnung zuständigen Gericht erlassen wird, im Einklang mit Kapitel III Abschnitt 4 vollstreckbar, um die Rückgabe des Kindes sicherzustellen.

Übersicht

Rn.
A. Allgemeines ... 1
B. Inhalt der Norm ... 5
I. Anwendungsbereich ... 5
II. Beteiligung des Kindes ... 9
III. Beschleunigung des Verfahrens ... 10
IV. Angemessene Vorkehrungen ... 11
V. Rechtliches Gehör ... 12
VI. Sorgerechtsverfahren im Herkunftsstaat ... 13
C. Praxishinweis ... 17

2 EuGH FamRZ 2018, 1430

A. Allgemeines

1 Art. 11 Brüssel IIa-VO enthält Sonderregelungen, die in bzw. im Anschluss an Rückführungsverfahren nach dem Haager Kindesentführungsübereinkommen **innerhalb** der EU-Mitgliedstaaten zur Anwendung gelangen.

2 Dabei bestimmt Art. 11 Abs. 1 Brüssel IIa-VO die Voraussetzungen, unter denen die besonderen Regelungen nach Abs. 2 bis 8 Anwendung finden.

3 Abs. 2 bis 5 enthalten besondere Anforderungen an das Rückführungsverfahren und an die Voraussetzungen, unter denen die Rückführung eines Kindes verweigert werden kann.

4 Abs. 6 bis 8 regeln einen komplexen Mechanismus, wie im Falle einer Versagung der Rückführung auf Grundlage des Art. 13 HKÜ zu verfahren ist und welche Konsequenzen hieraus für die anschließenden Sorgerechtsentscheidungen folgen.

B. Inhalt der Norm

I. Anwendungsbereich

5 Nach Art. 11 Abs. 1 Brüssel IIa-VO finden die besonderen Regelungen nach Abs. 2 bis 8 Brüssel IIa-VO im Verhältnis der EU-Mitgliedstaaten untereinander unter folgenden Voraussetzungen Anwendung:

- In einem EU-Mitgliedstaat beantragt ein Elternteil die Rückführung eines widerrechtlich verbrachten oder dort zurückgehaltenen Kindes auf Grundlage des HKÜ

und

- das Kind hatte unmittelbar vor dem widerrechtlichen Verbringen oder Zurückhalten seinen gewöhnlichen Aufenthalt in einem anderen EU-Mitgliedstaat.

6 Verzieht ein Elternteil aufgrund einer vorläufig vollstreckbaren Sorgerechtszuweisung mit dem gemeinsamen Kind in einen anderen Mitgliedstaat und erwirkt der andere Elternteil im nach Art. 8 Brüssel IIa-VO weiterhin zuständigen vorherigen Aufenthaltsstaat im Rechtsmittelverfahren eine Abänderung der Entscheidung, greift der übergeordnete Mechanismus des Art. 11 Brüssel IIa-VO, wenn das Kind unmittelbar vor der (abändernden) Entscheidung im Ursprungsmitgliedstaat (Herkunftsstaat) – mithin dem (Eintritt des) widerrechtlichen Zurückhaltens – seinen gewöhnlichen Aufenthalt noch im vorherigen Aufenthaltsstaat hatte.[1] Ein Elternteil, der auf Grundlage einer vorläufig vollstreckbaren, aber angefochtenen Entscheidung umzieht, kann sich daher nicht auf einen neu begründeten Aufenthalt berufen, da er „zum Zeitpunkt der Verbringung nicht sicher sein konnte, dass der Aufenthalt in diesem Mitgliedstaat nicht vorübergehend sein würde".[2]

7 Im Umkehrschluss findet der übergeordnete Mechanismus des Art. 11 Brüssel IIa-VO keine Anwendung, wenn das Kind bereits einen neuen gewöhnlichen Aufenthalt begründet hatte, wofür der Zeitraum zwischen dem Erlass der vorläufig vollstreckbaren Entscheidung und deren Abänderung im Rechtsmittelverfahren maßgeblich ist.[3]

8 Zur Vermeidung eines Auseinanderfallens zwischen internationaler Zuständigkeit und gewöhnlichem Aufenthalt ist mithin eine beschleunigte Durchführung des Sorgerechtsverfahrens geboten.

II. Beteiligung des Kindes

9 Art. 11 Abs. 2 Brüssel IIa-VO regelt die Beteiligung des Kindes im Rückführungsverfahren, die im HKÜ nicht explizit vorgesehen ist.

In HKÜ-Verfahren vor deutschen Gerichten ist auch über den Anwendungsbereich des Art. 11 Brüssel IIa-VO hinaus in der Regel die Kindesanhörung und die Bestellung eines Verfahrensbeistands geboten.[4]

▶ *Näher zur persönlichen Anhörung des Kindes Heilmann, § 159 FamFG Rn. 12 ff.*

▶ *Näher zur Verfahrensbeistandschaft Keuter, § 158 FamFG Rn. 4 ff.*

---

1 EuGH FamRZ 2015, 107, 111
2 EuGH FamRZ 2015, 107, 110
3 EuGH FamRZ 2015, 107, 110
4 Vgl. zur Bestellung von Verfahrensbeiständen in HKÜ-Verfahren und zu den besonderen Anforderungen an diese Tätigkeit HB-VB/*Schweppe*, Rn. 1767 ff.

III. Beschleunigung des Verfahrens

Art. 11 Abs. 3 Brüssel IIa-VO forciert die Beschleunigung des Rückführungsverfahrens nach dem HKÜ, wobei pro Instanz jeweils eine Frist von sechs Wochen einzuräumen ist. 10

IV. Angemessene Vorkehrungen

Art. 11 Abs. 4 Brüssel IIa-VO konkretisiert die Auslegung der Voraussetzungen des Ausnahmetatbestands des Art. 13 Abs. 1 b) HKÜ, indem die Rückführung nicht wegen einer schwerwiegenden Kindeswohlgefährdung abgelehnt werden darf, wenn „angemessene Vorkehrungen" zum Schutz des Kindes nach seiner Rückkehr nachgewiesen sind[5] (siehe hierzu auch *Schweppe,* Art. 13 HKÜ Rn. 11, sowie *Wegener*, Kapitel 6 „Mediation in internationalen Kindschaftskonflikten" Rn. 14 ff.). 11

V. Rechtliches Gehör

Art. 11 Abs. 5 Brüssel IIa-VO dient der Gewährung rechtlichen Gehörs für den Antragsteller, da die Rückführung nicht verweigert werden darf, ohne dass dem Antragsteller eine Einlassung ermöglicht wurde. 12

VI. Sorgerechtsverfahren im Herkunftsstaat

Die Regelungen in Art. 11 Abs. 6, 7 und 8 Brüssel IIa-VO forcieren für den Fall der Ablehnung der Rückführung die Einleitung eines Sorgeverfahrens im Herkunftsstaat, dessen Entscheidung auch im Zufluchtsstaat umzusetzen ist. 13

Hierzu hat das die Rückführung auf Grundlage des Art. 13 HKÜ ablehnende Gericht innerhalb eines Monats nach Erlass seiner Anordnung das zuständige Gericht oder die Zentrale Behörde im Herkunftsstaat über seine Entscheidung zu informieren (Abs. 6). 14

Sodann werden die Beteiligten, sofern nicht bereits ein Verfahren im Herkunftsstaat anhängig ist, über die Möglichkeit informiert, ein Sorgerechtsverfahren im Herkunftsstaat einzuleiten (Abs. 7). Dabei kann der Antragsteller des HKÜ-Verfahrens auch bereits während des laufenden Rückführungsverfahrens ein Sorgerechts- und Herausgabeverfahren im Herkunftsstaat betreiben. 15

Die in einem entsprechend eingeleiteten Verfahren ergehende Entscheidung des zuständigen Gerichts im Herkunftsstaat, welche die Herausgabe des Kindes umfasst, ist schließlich im Zufluchtsstaat vollstreckbar (Abs. 8). Dies bedingt, dass im Verhältnis der EU-Staaten untereinander auch nach Ablehnung der Rückführung die Entscheidung des Gerichts des Herkunftsstaats Vorrang hat. Zu beachten ist, dass dieser Vorrang nur greift für Fälle, in denen in einem EU-Mitgliedstaat auf Grundlage des Art. 13 HKÜ die Rückführung in einen anderen EU-Mitgliedstaat verweigert wurde. 16

C. Praxishinweis

Im Hinblick auf Art. 11 Abs. 8 Brüssel IIa-VO sollte die anwaltliche Empfehlung an den Elternteil, der ohne Zustimmung des anderen Elternteils die gemeinsamen Kinder in einen anderen Staat verbracht hat, jedenfalls in der EU dahin gehen, mit den Kindern in den Herkunftsstaat zurückzukehren, da nur dort das Sorgerecht verbindlich geregelt werden kann. Weiter ist grundsätzlich dazu zu raten, sich rechtskonform zu verhalten und die Sorgerechtsregelung vor dem Umzug in einen anderen Staat zu erwirken. 17

Artikel 12 Brüssel IIa-VO Vereinbarung über die Zuständigkeit

(1) Die Gerichte des Mitgliedstaats, in dem nach Artikel 3 über einen Antrag auf Ehescheidung, Trennung ohne Auflösung des Ehebandes oder Ungültigerklärung einer Ehe zu entscheiden ist, sind für alle Entscheidungen zuständig, die die mit diesem Antrag verbundene elterliche Verantwortung betreffen, wenn

a) zumindest einer der Ehegatten die elterliche Verantwortung für das Kind hat und

---

5 Dies kann insbesondere durch sog. „undertakings" erfolgen; vgl. hierzu OLG Frankfurt NZFam 2018, 1000; Althammer/*Schäuble*, Art. 11 Brüssel IIa-VO Rn. 12; *Hausmann*, F Rn. 168 f.; *Holzmann*, FPR 2010, 497, 500 f., und *Vogel*, FPR 2012, 403, 408; kritisch *Erb-Klünemann*, FamRB 2018, 333

b) die Zuständigkeit der betreffenden Gerichte von den Ehegatten oder von den Trägern der elterlichen Verantwortung zum Zeitpunkt der Anrufung des Gerichts ausdrücklich oder auf andere eindeutige Weise anerkannt wurde und im Einklang mit dem Wohl des Kindes steht.

(2) Die Zuständigkeit gemäß Absatz 1 endet,

a) sobald die stattgebende oder abweisende Entscheidung über den Antrag auf Ehescheidung, Trennung ohne Auflösung des Ehebandes oder Ungültigerklärung einer Ehe rechtskräftig geworden ist,

b) oder in den Fällen, in denen zu dem unter Buchstabe a) genannten Zeitpunkt noch ein Verfahren betreffend die elterliche Verantwortung anhängig ist, sobald die Entscheidung in diesem Verfahren rechtskräftig geworden ist,

c) oder sobald die unter den Buchstaben a) und b) genannten Verfahren aus einem anderen Grund beendet worden sind.

(3) Die Gerichte eines Mitgliedstaats sind ebenfalls zuständig in Bezug auf die elterliche Verantwortung in anderen als den in Absatz 1 genannten Verfahren, wenn

a) eine wesentliche Bindung des Kindes zu diesem Mitgliedstaat besteht, insbesondere weil einer der Träger der elterlichen Verantwortung in diesem Mitgliedstaat seinen gewöhnlichen Aufenthalt hat oder das Kind die Staatsangehörigkeit dieses Mitgliedstaats besitzt, und

b) alle Parteien des Verfahrens zum Zeitpunkt der Anrufung des Gerichts die Zuständigkeit ausdrücklich oder auf andere eindeutige Weise anerkannt haben und die Zuständigkeit in Einklang mit dem Wohl des Kindes steht.

(4) Hat das Kind seinen gewöhnlichen Aufenthalt in einem Drittstaat, der nicht Vertragspartei des Haager Übereinkommens vom 19. Oktober 1996 über die Zuständigkeit, das anzuwendende Recht, die Anerkennung, Vollstreckung und Zusammenarbeit auf dem Gebiet der elterlichen Verantwortung und der Maßnahmen zum Schutz von Kindern ist, so ist davon auszugehen, dass die auf diesen Artikel gestützte Zuständigkeit insbesondere dann in Einklang mit dem Wohl des Kindes steht, wenn sich ein Verfahren in dem betreffenden Drittstaat als unmöglich erweist.

Übersicht

Rn.
A. Normzweck und Anwendungsbereich ... 1
B. Inhalt der Norm ... 4
I. Verbundzuständigkeit ... 4
II. Zuständigkeit aufgrund Vereinbarung ... 8

A. Normzweck und Anwendungsbereich

1 Art. 12 Brüssel IIa-VO enthält in Abs. 1 und 2 eine Verbundzuständigkeit für die Regelung der elterlichen Sorge und des Umgangs im Rahmen eines anhängigen Scheidungsverfahrens und in Abs. 3 eine Zuständigkeit aufgrund Vereinbarung der Eltern im Sinne einer Prorogation. In beiden Fallgruppen müssen die Verfahrensbeteiligten die Zuständigkeit anerkennen.[1]

2 Art. 12 Brüssel IIa-VO greift nur, wenn das Kind seinen gewöhnlichen Aufenthalt in einem anderen Staat hat, da andernfalls die vorrangige Regelung des Art. 8 Brüssel IIa-VO gilt.

3 Art. 12 Brüssel IIa-VO ist nicht auf die Anwendung zwischen den EU-Mitgliedstaaten beschränkt, die Regelung kann aber nur im Verhältnis der EU-Mitgliedstaaten untereinander oder zu Drittstaaten Wirkung entfalten, da im Verhältnis zu Vertragsstaaten des KSÜ Art. 10 KSÜ vorrangig ist.[2]

B. Inhalt der Norm

I. Verbundzuständigkeit

4 Die Verbundzuständigkeit nach Art. 12 Abs. 1 Brüssel IIa-VO besteht unter folgenden Voraussetzungen:

- Das Kind hat seinen gewöhnlichen Aufenthalt in einem EU-Mitgliedstaat oder Drittstaat, es muss nicht das gemeinsame Kind beider Ehepartner sein.
- Zumindest ein Ehepartner hat die elterliche Sorge für das Kind.

---

1 Hierzu näher *Niethammer-Jürgens/Erb-Klünemann*, S. 137 f.
2 Vgl. *Schulz*, FamRZ 2018, 797, 799; MüKo-BGB/*Heiderhoff*, Art. 5 Brüssel IIa-VO Rn. 5

- Alle Sorgeberechtigten erkennen die Zuständigkeit an und
- die gewählte Zuständigkeit steht im Einklang mit dem Wohl des Kindes (insbesondere Abs. 4).

Etwaige abweichende Regelungen des jeweiligen nationalen Rechts für die Entscheidung im Scheidungsverbund sind unerheblich.[3]

Eine besondere Erklärung bzw. Form ist nicht erforderlich. Eine konkludente Anerkennung genügt, etwa wenn beide Eltern einen gemeinsamen Antrag oder inhaltlich übereinstimmende Anträge stellen.[4] Eine rügelose Einlassung genügt für die Anerkennung der Zuständigkeit nicht.[5] Maßgeblich ist der Zeitpunkt der Anrufung des Gerichts, jedoch reicht es aus, wenn die Zustimmung/Anerkennung zum Zeitpunkt der Entscheidung vorliegt.[6] **5**

Da die Anerkennung grundsätzlich zum Zeitpunkt der Anrufung des Gerichts vorliegen muss, greift der Grundsatz der *perpetuatio fori*, so dass eine Rücknahme der Zustimmung nach Antragstellung nicht zur Unzuständigkeit führt.[7] **6**

Die Verbundzuständigkeit besteht nach Art. 12 Abs. 2 Brüssel IIa-VO bis zur Entscheidung in der Ehesache oder im Falle der Anhängigkeit vor deutschen Gerichten nach der Abtrennung der Folgesache bis zu deren rechtskräftigem Abschluss fort. **7**

II. Zuständigkeit aufgrund Vereinbarung

Eine eigenständige Zuständigkeit aufgrund Vereinbarung der Eltern (Prorogation) sieht Art. 12 Abs. 3 Brüssel IIa-VO unter folgenden Voraussetzungen vor: **8**

- Es besteht eine **wesentliche Bindung** des Kindes zu diesem Staat, insbesondere aufgrund des gewöhnlichen Aufenthalts eines Elternteils oder der Staatsangehörigkeit des Kindes.
- Alle Beteiligten erkennen diese Zuständigkeit an[8] und
- diese steht im Einklang mit dem Wohl des Kindes (insbesondere Abs. 4).

Diese Voraussetzungen können auch durch den gemeinsamen Antrag der Eltern in erbrechtlichen Angelegenheiten für das gemeinsame Kind vorliegen.[9]

Die vereinbarte Zuständigkeit erlischt mit dem Erlass einer rechtskräftigen Entscheidung in dem entsprechenden Verfahren.[10] **9**

Zudem ist eine Zuständigkeitsvereinbarung nach Art. 12 Abs. 3 Brüssel IIa-VO jederzeit einseitig aufkündbar, so kann auch nach einer Vereinbarung der Kindeseltern vor dem Umzug eines Elternteils mit dem Kind ins Ausland über die Zuständigkeit der Gerichte des Herkunftsstaats für die Regelung des Umgangs nach Begründung eines neuen gewöhnlichen Aufenthalts im neuen Aufenthaltsstaat die Abänderung der Umgangsregelung beantragt werden, wenn sich der betreuende Elternteil an die Vereinbarung nicht mehr gebunden fühlt.[11] **10**

Artikel 13 Brüssel IIa-VO Zuständigkeit aufgrund der Anwesenheit des Kindes

(1) Kann der gewöhnliche Aufenthalt des Kindes nicht festgestellt werden und kann die Zuständigkeit nicht gemäß Artikel 12 bestimmt werden, so sind die Gerichte des Mitgliedstaats zuständig, in dem sich das Kind befindet.

(2) Absatz 1 gilt auch für Kinder, die Flüchtlinge oder, aufgrund von Unruhen in ihrem Land, ihres Landes Vertriebene sind.

---

3 EuGH FamRZ 2019, 62 zum „Zwangsverbund" nach bulgarischem Recht
4 *Andrae*, § 6 Rn. 66; Zöller/*Geimer*, Anh. II, Art. 12 EuEheVO Rn. 10
5 Thomas/Putzo/*Hüßtege*, Art. 12 EuEheVO Rn. 5; Zöller/*Geimer*, Anh. II, Art. 12 EuEheVO Rn. 9
6 Althammer/*Schäuble*, Art. 12 Brüssel IIa-VO Rn. 13; MüKo-BGB/*Heiderhoff*, Art. 12 Brüssel IIa-VO Rn. 10; Zöller/*Geimer*, Anh. II, Art. 12 EuEheVO Rn. 12
7 Vgl. *Andrae*, § 6 Rn. 66
8 Zu den Anforderungen siehe EuGH FamRZ 2015, 24; *Schulz*, FamRZ 2018, 797, 799
9 EuGH FamRZ 2018, 1015 für die Genehmigung auf Ausschlagung der Erbschaft
10 EuGH FamRZ 2015, 24, 26, sowie FamRZ 2015, 205
11 Hierzu *Schulz*, FamRZ 2018, 797, 799

1 Der schlichte Aufenthalt im Sinne des Art. 13 Brüssel IIa-VO begründet eine gegenüber Art. 8 Brüssel IIa-VO nachrangige Auffangzuständigkeit für Kinder, deren gewöhnlicher Aufenthalt nicht festgestellt werden kann (Abs. 1) sowie für Flüchtlingskinder (Abs. 2). Für Flüchtlingskinder ist diese Zuständigkeit in der Praxis jedoch im Falle des gewöhnlichen Aufenthalts in einem anderen Mitgliedstaat der EU relevant, im Übrigen greift Art. 6 KSÜ.[1]

Artikel 14 Brüssel IIa-VO Restzuständigkeit

Soweit sich aus den Artikeln 8 bis 13 keine Zuständigkeit eines Gerichts eines Mitgliedstaats ergibt, bestimmt sich die Zuständigkeit in jedem Mitgliedstaat nach dem Recht dieses Staates.

1 Art. 14 Brüssel IIa-VO gestattet einen Rückgriff auf die Zuständigkeitsbestimmungen des nationalen Rechts. Dies greift im Hinblick auf die Prüfungsverpflichtung nach Art. 17 Brüssel IIa-VO jedoch nur dann, wenn kein Gericht eines anderen Mitgliedstaats nach Maßgabe der Brüssel IIa-VO zuständig ist.

2 Damit kann Art. 14 Brüssel IIa-VO nur Anwendung finden, wenn das Kind seinen gewöhnlichen Aufenthalt nicht in einem EU-Mitgliedstaat, sondern in einem Drittstaat hat.[1]

Artikel 15 Brüssel IIa-VO Verweisung an ein Gericht, das den Fall besser beurteilen kann

(1) In Ausnahmefällen und sofern dies dem Wohl des Kindes entspricht, kann das Gericht eines Mitgliedstaats, das für die Entscheidung in der Hauptsache zuständig ist, in dem Fall, dass seines Erachtens ein Gericht eines anderen Mitgliedstaats, zu dem das Kind eine besondere Bindung hat, den Fall oder einen bestimmten Teil des Falls besser beurteilen kann,

a) die Prüfung des Falls oder des betreffenden Teils des Falls aussetzen und die Parteien einladen, beim Gericht dieses anderen Mitgliedstaats einen Antrag gemäß Absatz 4 zu stellen, oder

b) ein Gericht eines anderen Mitgliedstaats ersuchen, sich gemäß Absatz 5 für zuständig zu erklären.

(2) Absatz 1 findet Anwendung

a) auf Antrag einer der Parteien oder

b) von Amts wegen oder

c) auf Antrag des Gerichts eines anderen Mitgliedstaats, zu dem das Kind eine besondere Bindung gemäß Absatz 3 hat.

d) Die Verweisung von Amts wegen oder auf Antrag des Gerichts eines anderen Mitgliedstaats erfolgt jedoch nur, wenn mindestens eine der Parteien ihr zustimmt.

(3) Es wird davon ausgegangen, dass das Kind eine besondere Bindung im Sinne des Absatzes 1 zu dem Mitgliedstaat hat, wenn

a) nach Anrufung des Gerichts im Sinne des Absatzes 1 das Kind seinen gewöhnlichen Aufenthalt in diesem Mitgliedstaat erworben hat oder

b) das Kind seinen gewöhnlichen Aufenthalt in diesem Mitgliedstaat hatte oder

c) das Kind die Staatsangehörigkeit dieses Mitgliedstaats besitzt oder

d) ein Träger der elterlichen Verantwortung seinen gewöhnlichen Aufenthalt in diesem Mitgliedstaat hat oder

e) die Streitsache Maßnahmen zum Schutz des Kindes im Zusammenhang mit der Verwaltung oder der Erhaltung des Vermögens des Kindes oder der Verfügung über dieses Vermögen betrifft und sich dieses Vermögen im Hoheitsgebiet dieses Mitgliedstaats befindet.

(4) [1]Das Gericht des Mitgliedstaats, das für die Entscheidung in der Hauptsache zuständig ist, setzt eine Frist, innerhalb deren die Gerichte des anderen Mitgliedstaats gemäß Absatz 1 angerufen werden müssen. [2]Werden die Gerichte innerhalb dieser Frist nicht angerufen, so ist das befasste Gericht weiterhin nach den Artikeln 8 bis 14 zuständig.

---

1 *Niethammer-Jürgens/Erb-Klünemann*, S. 141; *Schulz*, FamRZ 2018, 797, 800 f.

1 Vgl. Althammer/*Schäuble*, Art. 14 Brüssel IIa-VO Rn. 1; MüKo-BGB/*Heiderhoff*, Brüssel IIa-VO Art. 14 Rn. 1 f.

(5) [1]Diese Gerichte dieses anderen Mitgliedstaats können sich, wenn dies aufgrund der besonderen Umstände des Falls dem Wohl des Kindes entspricht, innerhalb von sechs Wochen nach ihrer Anrufung gemäß Absatz 1 Buchstabe a) oder b) für zuständig erklären. [2]In diesem Fall erklärt sich das zuerst angerufene Gericht für unzuständig. [3]Anderenfalls ist das zuerst angerufene Gericht weiterhin nach den Artikeln 8 bis 14 zuständig.

(6) Die Gerichte arbeiten für die Zwecke dieses Artikels entweder direkt oder über die nach Artikel 53 bestimmten Zentralen Behörden zusammen.

Übersicht

Rn.
A. Normzweck und Anwendungsbereich ... 1
B. Inhalt der Norm ... 3
I. Verfahren ... 3
II. Beschwerde ... 9

A. Normzweck und Anwendungsbereich

Art. 15 Brüssel IIa-VO ermöglicht in Ausnahmefällen die Abgabe einer Kindschaftssache an das Gericht eines anderen Mitgliedstaats, zu dem das Kind eine besondere Bindung hat. Dabei handelt es sich nicht um eine bindende Verweisung im engeren Sinne, sondern um eine Aussetzung des eigenen Verfahrens verbunden mit der Aufforderung an die Beteiligten, einen neuen Antrag zu stellen, Art. 15 Abs. 1 i.V.m. Abs. 4 und 5. Dieses Vorgehen ist auf Ausnahmefälle zu beschränken, in denen der zu beurteilende Sachverhalt ausschließlich oder doch ganz überwiegend im Bereich der Zuständigkeit des anderen Staates zu klären ist.[1] Nicht ausreichend ist, dass der umgangsberechtigte Elternteil im Ausland lebt. Denkbar ist eine Verweisung etwa in Umgangsverfahren, wenn ein Umzug innerhalb der EU geplant ist und die Modalitäten der Umgangsausübung besser in dem Staat geklärt werden sollten, in dem der Umgang letztlich auszuüben bzw. durchzusetzen ist. **1**

Art. 15 Brüssel IIa-VO findet nur im Verhältnis der EU-Mitgliedstaaten untereinander Anwendung. **2**

B. Inhalt der Norm

I. Verfahren

Das einzuhaltende Procedere ist in Art. 15 Brüssel IIa-VO geregelt und unterliegt folgenden Voraussetzungen: **3**

- Das mit der Sache bereits befasste Gericht geht davon aus, dass ein – nicht nach allgemeinen Grundsätzen gemäß Art. 8 oder 12 Brüssel IIa-VO zuständiges –[2] Gericht eines anderen Mitgliedstaats aufgrund der besonderen Bindung des Kindes zu dem ersuchten Staat nach Maßgabe des Abs. 3 den Fall besser beurteilen kann. Das verweisende Gericht muss sich jedoch vergewissern, dass die Verweisung geeignet ist, für die Prüfung des Falles, insbesondere unter Berücksichtigung der in diesem anderen Mitgliedstaat geltenden Verfahrensvorschriften, einen realen und konkreten Mehrwert zu erbringen.
- Die Verweisung muss dem Wohl des Kindes entsprechen, wobei das Gericht prüfen muss, dass die Verweisung nicht die Gefahr nachteiliger Auswirkungen auf die Lage des Kindes birgt.

Ob das Kind eine besondere Bindung zu dem ersuchten Staat hat und ob die Abgabe dem Wohl des Kindes entspricht, prüft das bereits mit der Sache befasste Gericht nach eigenem Ermessen. Dabei ist die Aufzählung in Art. 15 Abs. 3 weder abschließend noch führt das Vorliegen einer der genannten Alternativen zwingend zur Annahme der Voraussetzungen und Aussetzung des Verfahrens.[3] **3a**

Die Entscheidung eines Gerichts, nicht nach Art. 15 Abs. 1 Brüssel II-VO zu verfahren, ist nicht anfechtbar.[4]

---

1 Zum Ausnahmecharakter der Vorschrift siehe EuGH FamRZ 2019, 53 mit Anm. *Mankowski*, sowie KG FamRZ 2006, 1618; auch Althammer/*Schäuble*, Art. 15 Brüssel IIa-VO Rn. 1

2 EuGH FamRZ 2019, 53

3 Zu den Voraussetzungen für die Abgabe vgl. EuGH FamRZ 2016, 2071; Althammer/*Schäuble*, Art. 15 Brüssel IIa-VO Rn. 6

4 Dies folgt bereits aus § 13a Abs. 4 und 5 IntFamRVG; klarstellend OLG Stuttgart FamRZ 2014, 1930

4 Erforderlich ist ein Antrag eines Verfahrensbeteiligten oder eines anderen Gerichts, die Abgabe kann jedoch auch von Amts wegen eingeleitet werden, wobei in den beiden letztgenannten Fällen die Zustimmung zumindest eines Beteiligten erforderlich ist (Abs. 2).

5 Dabei erfolgt keine Verweisung des Verfahrens, sondern

- die Aussetzung des Verfahrens und die Einladung an die Beteiligten, einen Antrag beim Gericht des anderen Mitgliedstaats zu stellen mit Fristsetzung (Abs. 1 a) i.V.m. Abs. 4 oder
- ein Ersuchen an das andere Gericht, sich für zuständig zu erklären (Abs. 1 b) i.V.m. Abs. 5.

6 Aus Abs. 4 und 5 folgt, dass es sich beim Verfahren nach Art. 15 Brüssel IIa-VO nicht um eine bindende Verweisung handelt, sondern vielmehr um ein Angebot an die Beteiligten, ein anderes Gericht anzurufen (Abs. 4), bzw. an das Gericht eines anderen Staates, sich für zuständig zu erklären (Abs. 5). Es erfolgt auch keine Übernahme des Verfahrens, sondern es wird ein neues Verfahren eingeleitet.

7 Sofern die Beteiligten innerhalb der ihnen zu setzenden Frist keinen Antrag bei dem benannten Gericht stellen, bzw. innerhalb von sechs Wochen das ersuchte Gericht sich nicht für zuständig erklärt hat, verbleibt es bei der Zuständigkeit des zuerst angerufenen Gerichts.

8 Die Übernahme des Verfahrens steht im Ermessen des ersuchten oder von den Beteiligten angerufenen Gerichts, das zu prüfen hat, ob die Übernahme aufgrund der besonderen Umstände des Falls dem Wohl des Kindes entspricht (Abs. 5).

II. Beschwerde

9 Gegen Entscheidungen deutscher Gerichte im Kontext mit Art. 15 Brüssel IIa-VO ist unter den Voraussetzungen des § 13a Abs. 4 bis 6 IntFamRVG die Sofortige Beschwerde eröffnet (siehe *Schweppe*, § 13a IntFamRVG Rn. 10 ff.).

Abschnitt 3
Gemeinsame Bestimmungen

Artikel 16 Brüssel IIa-VO Anrufung eines Gerichts

(1) Ein Gericht gilt als angerufen

a) zu dem Zeitpunkt, zu dem das verfahrenseinleitende Schriftstück oder ein gleichwertiges Schriftstück bei Gericht eingereicht wurde, vorausgesetzt, dass der Antragsteller es in der Folge nicht versäumt hat, die ihm obliegenden Maßnahmen zu treffen, um die Zustellung des Schriftstücks an den Antragsgegner zu bewirken, oder

b) falls die Zustellung an den Antragsgegner vor Einreichung des Schriftstücks bei Gericht zu bewirken ist, zu dem Zeitpunkt, zu dem die für die Zustellung verantwortliche Stelle das Schriftstück erhalten hat, vorausgesetzt, dass der Antragsteller es in der Folge nicht versäumt hat, die ihm obliegenden Maßnahmen zu treffen, um das Schriftstück bei Gericht einzureichen.

1 Die Anrufung des Gerichts im Sinne des Art. 16 Brüssel IIa-VO stimmt nicht mit dem Begriff der Rechtshängigkeit des innerstaatlichen Verfahrensrechts überein. Es genügt der Eingang des verfahrenseinleitenden Antrags bei Gericht[1] bzw. der Eingang des Kostenvorschusses.[2]

Artikel 17 Brüssel IIa-VO Prüfung der Zuständigkeit

Das Gericht eines Mitgliedstaats hat sich von Amts wegen für unzuständig zu erklären, wenn es in einer Sache angerufen wird, für die es nach dieser Verordnung keine Zuständigkeit hat und für die das Gericht eines anderen Mitgliedstaats aufgrund dieser Verordnung zuständig ist.

1 Wird ein nach der Brüssel IIa-VO unzuständiges Gericht angerufen, so ist der Antrag als unzulässig zurückzuweisen. Eine Verweisung bzw. Abgabe an das zuständige Gericht ist – mit Ausnahme der Fallgruppen des Art. 15 Brüssel IIa-VO – nicht vorgesehen.

---

1 Althammer/*Schäuble*, Art. 16 Brüssel IIa-VO Rn. 5
2 Thomas/Putzo/*Hüßtege*, Art. 16 EuEheVO Rn. 3

Das Beschwerde-/Rechtsmittelverfahren ist nach allgemeinen Regelungen durchzuführen, weder die Brüssel IIa-VO noch das IntFamRVG enthalten hierfür Sonderregelungen. 2

Artikel 18 Brüssel IIa-VO Prüfung der Zulässigkeit

(1) Lässt sich ein Antragsgegner, der seinen gewöhnlichen Aufenthalt nicht in dem Mitgliedstaat hat, in dem das Verfahren eingeleitet wurde, auf das Verfahren nicht ein, so hat das zuständige Gericht das Verfahren so lange auszusetzen, bis festgestellt ist, dass es dem Antragsgegner möglich war, das verfahrenseinleitende Schriftstück oder ein gleichwertiges Schriftstück so rechtzeitig zu empfangen, dass er sich verteidigen konnte, oder dass alle hierzu erforderlichen Maßnahmen getroffen wurden.

(2) Artikel 19 der Verordnung (EG) Nr. 1348/2000 findet statt Absatz 1 Anwendung, wenn das verfahrenseinleitende Schriftstück oder ein gleichwertiges Schriftstück nach Maßgabe jener Verordnung von einem Mitgliedstaat in einen anderen zu übermitteln war.

(3) Sind die Bestimmungen der Verordnung (EG) Nr. 1348/2000 nicht anwendbar, so gilt Artikel 15 des Haager Übereinkommens vom 15. November 1965 über die Zustellung gerichtlicher und außergerichtlicher Schriftstücke im Ausland in Zivil- und Handelssachen, wenn das verfahrenseinleitende Schriftstück oder ein gleichwertiges Schriftstück nach Maßgabe des genannten Übereinkommens ins Ausland zu übermitteln war.

Von einer Kommentierung wird abgesehen.

Artikel 19 Brüssel IIa-VO Rechtshängigkeit und abhängige Verfahren

(1) Werden bei Gerichten verschiedener Mitgliedstaaten Anträge auf Ehescheidung, Trennung ohne Auflösung des Ehebandes oder Ungültigerklärung einer Ehe zwischen denselben Parteien gestellt, so setzt das später angerufene Gericht das Verfahren von Amts wegen aus, bis die Zuständigkeit des zuerst angerufenen Gerichts geklärt ist.

(2) Werden bei Gerichten verschiedener Mitgliedstaaten Verfahren bezüglich der elterlichen Verantwortung für ein Kind wegen desselben Anspruchs anhängig gemacht, so setzt das später angerufene Gericht das Verfahren von Amts wegen aus, bis die Zuständigkeit des zuerst angerufenen Gerichts geklärt ist.

(3) [1]Sobald die Zuständigkeit des zuerst angerufenen Gerichts feststeht, erklärt sich das später angerufene Gericht zugunsten dieses Gerichts für unzuständig. [2]In diesem Fall kann der Antragsteller, der den Antrag bei dem später angerufenen Gericht gestellt hat, diesen Antrag dem zuerst angerufenen Gericht vorlegen.

Übersicht

Rn.
A. Normzweck und Anwendungsbereich 1
B. Inhalt der Norm 4

A. Normzweck und Anwendungsbereich

Art. 19 Brüssel IIa-VO regelt das Procedere im Fall doppelter Rechtshängigkeit bzw. Anhängigkeit von Verfahren nach dem Prioritätsgrundsatz (so auch Art. 13 KSÜ), wobei nicht die Rechtshängigkeit, sondern die Anrufung des Gerichts i.S.d. Art. 16 Brüssel IIa-VO maßgeblich ist.[1] 1

Art. 19 Brüssel IIa-VO ist in seiner Anwendung auf die doppelte Anhängigkeit in zwei EU-Mitgliedstaaten begrenzt; sofern ein Verfahren mit identischem Verfahrensgegenstand in einem Drittstaat anhängig ist, findet Art. 19 Brüssel IIa-VO keine Anwendung, vielmehr entscheidet jeder Mitgliedstaat in dieser Konstellation auf Grundlage eigenen Rechts.[2] 2

Weiter findet Art. 19 Brüssel IIa-VO keine Anwendung, wenn für das zuerst angerufene Gericht nur eine Zuständigkeit zum vorläufigen Rechtsschutz nach Art. 20 Brüssel IIa-VO besteht und das später 3

---

1 Hierzu Musielak/Borth/*Grandel*, Art. 19 EuEheVO Rn. 1

2 Althammer/*Althammer*, Art. 19 Brüssel IIa-VO Rn. 8; vgl. OLG Düsseldorf ZKJ 2020, 109 m. Anm. *Schweppe*, S. 111; OLG Bremen FamRZ 2016, 1189, unter Anwendung von § 261 Abs. 3 Nr. 1 ZPO analog

angerufene Gericht nach der Brüssel IIa-VO für die Entscheidung in der Hauptsache zuständig ist, da hier das Verfahren vor dem auch für die Regelung der Hauptsache zuständigen Staat Vorrang hat (siehe hierzu *Schweppe*, Art. 20 Abs. 2 Brüssel IIa-VO Rn. 3).[3] In Zweifelsfällen sind die entsprechenden Voraussetzungen durch Anfragen beim zuerst angerufenen Gericht bzw. der dortigen Zentralen Behörde zu klären.[4]

B. Inhalt der Norm

4 Gemäß Art. 19 Abs. 2 Brüssel IIa-VO hat das zuletzt angerufene Gericht das Verfahren auszusetzen, bis die Zuständigkeit des zuerst angerufenen Gerichts geklärt ist, soweit bei Gerichten verschiedener Mitgliedstaaten parallel Verfahren betreffend die elterliche Verantwortung wegen desselben Anspruchs anhängig sind. Dabei müssen die Anträge nicht identisch sein, insbesondere können auch wechselseitige Anträge oder amtswegige Verfahren denselben Gegenstand betreffen; maßgeblich ist das Regelungsziel, miteinander unvereinbare Entscheidungen zu verhindern.[5]

5 Für den Fall der Feststellung der Unzuständigkeit ist eine Verweisung an das zuständige Gericht nicht vorgesehen, vielmehr steht es dem Antragsteller frei, seinen Antrag dem zuständigen Gericht vorzulegen, Art. 19 Abs. 3 Satz 2 Brüssel IIa-VO.

Artikel 20 Brüssel IIa-VO Einstweilige Maßnahmen einschließlich Schutzmaßnahmen

(1) Die Gerichte eines Mitgliedstaats können in dringenden Fällen ungeachtet der Bestimmungen dieser Verordnung die nach dem Recht dieses Mitgliedstaats vorgesehenen einstweiligen Maßnahmen einschließlich Schutzmaßnahmen in Bezug auf in diesem Staat befindliche Personen oder Vermögensgegenstände auch dann anordnen, wenn für die Entscheidung in der Hauptsache gemäß dieser Verordnung ein Gericht eines anderen Mitgliedstaats zuständig ist.

(2) Die zur Durchführung des Absatzes 1 ergriffenen Maßnahmen treten außer Kraft, wenn das Gericht des Mitgliedstaats, das gemäß dieser Verordnung für die Entscheidung in der Hauptsache zuständig ist, die Maßnahmen getroffen hat, die es für angemessen hält.

Übersicht

	Rn.
A. Normzweck und Anwendungsbereich	1
B. Inhalt der Norm	2
I. Zuständigkeit	2
II. Anerkennung und Vollstreckung	4
C. Praxishinweis	6

A. Normzweck und Anwendungsbereich

1 Art. 20 Brüssel IIa-VO enthält eine eng auszulegende und in der Wirkung begrenzte Möglichkeit eines in der Hauptsache nicht zuständigen Mitgliedstaats, in dringenden Fällen einstweilige Maßnahmen nur vorübergehender Art betreffend sich in diesem Staat aufhaltender Personen anzuordnen.

Der Anwendungsbereich des Art. 20 Brüssel IIa-VO ist beschränkt auf Kinder, die ihren gewöhnlichen Aufenthalt in einem EU-Mitgliedstaat haben bzw. für die nach Art. 8 ff. Brüssel IIa-VO die Zuständigkeit eines anderen EU-Mitgliedstaats besteht.[1]

3 EuGH FamRZ 2011, 534, 536

4 Zur entsprechenden Vorgehensweise vgl. EuGH FamRZ 2011, 534, 536, sowie *Niethammer-Jürgens/Erb-Klünemann, S. 144*

5 EuGH FamRZ 2011, 534, 535

1 Dies ergibt sich bereits aus dem Wortlaut des Art. 20 Abs. 1 Brüssel IIa-VO; vgl. MüKo-BGB/*Heiderhoff*, Art. 20 Brüssel IIa-VO Rn. 6

B. Inhalt der Norm

I. Zuständigkeit

Eine Zuständigkeit für den Erlass einstweiliger Maßnahmen besteht unter folgenden **Voraussetzungen:** 2

- Die betreffende Maßnahme muss dringlich sein.
- Die betreffenden Personen – also das Kind und der von der Maßnahme betroffene Elternteil – müssen sich in diesem Staat aufhalten.
  und
- Die Maßnahme muss vorübergehender Art sein.[2]

Dabei bezieht sich die Dringlichkeit i.S.d. Art. 20 Abs. 1 Brüssel-IIa-VO sowohl auf die Lage, in der sich das Kind befindet, als auch auf die praktische Unmöglichkeit, den Antrag vor dem Gericht zu stellen, das für die Entscheidung in der Hauptsache zuständig ist.[3]

Zudem fehlt eine Zuständigkeit für den Erlass einstweiliger Maßnahmen in Sachen der elterlichen Verantwortung bezüglich eines in diesem Mitgliedstaat befindlichen Kindes, wenn bereits durch ein für das Hauptsacheverfahren zuständiges Gericht eines anderen Mitgliedstaates eine vollstreckbare Entscheidung ergangen ist, mit welcher die elterliche Verantwortung vorläufig auf den anderen Elternteil übertragen wurde.[4] 3

Art. 20 Abs. 2 Brüssel IIa-VO verdeutlicht den **Vorrang der Zuständigkeit des für das Hauptsacheverfahren zuständigen Gerichts**.

II. Anerkennung und Vollstreckung

Für die Anerkennung und Vollstreckung einer auf die Dringlichkeitszuständigkeit des Art. 20 Brüssel IIa-VO gestützten Entscheidung greifen die nachfolgend erläuterten Sonderregelungen der Art. 21 ff. Brüssel IIa-VO nicht, sie kann nur auf Grundlage der Brüssel IIa-VO gegenüber nachrangigen Übereinkommen (etwa dem KSÜ) oder nationalen Rechts erfolgen.[5] 4

Sofern die Voraussetzungen des Art. 20 Brüssel IIa-VO nicht vorliegen, ist eine Anerkennung bzw. Vollstreckung der Entscheidung außerhalb des Staates, in dem sie erlassen wurde, ausgeschlossen. Die Entscheidung ist in ihrer Wirkung auf den Staat, in dem sie erlassen wurde, beschränkt.[6]

Die im Staat des gewöhnlichen Aufenthalts ergangene und auf Art. 8 ff. gestützte einstweilige Anordnung ist dagegen allen Staaten beachtlich und hat Vorrang vor einer auf Art. 20 Brüssel IIa-VO gestützten Entscheidung.[7] Dabei ist ggf. anhand der Ausführungen in der zur Anerkennung gestellten Entscheidung zu prüfen, ob das Gericht seine Zuständigkeit auf der Regelzuständigkeiten der Brüssel IIa-VO stützen wollte. Lässt sich dies nicht feststellen, so kommt eine Anerkennung und Vollstreckung auf Grundlage der Brüssel IIa-VO nicht in Betracht.[8] 5

C. Praxishinweis

Beantragt ein Elternteil die Übertragung des Sorgerechts oder eine Umgangsregelung, obgleich das Kind (noch) seinen gewöhnlichen Aufenthalt in einem anderen Staat hat, ist von Amts wegen zu prüfen, ob nicht die Anrufung des zuständigen Gerichts möglich und zumutbar ist. Gegebenenfalls ist bereits die Verfahrenskostenhilfe für einen solchen Antrag zu versagen.[9] 6

---

2 BGH ZKJ 2016, 222 unter Aufhebung der in der Vorauflage zitierten Entscheidung des OLG München FamRZ 2015, 777; sowie grundlegend EuGH FamRZ 2010, 1521, 1523; FamRZ 2010, 525
3 BGH ZKJ 2016, 222 mit Anm. *Schweppe,* ZKJ 2016, 220; *Schulz,* FamRZ 2016, 801
4 BGH ZKJ 2016, 222; EuGH FamRZ 2010, 525
5 EuGH FamRZ 2010, 1521, 1523 f.
6 BGH FamRZ 2011, 542
7 OLG Stuttgart FamRZ 2014, 1567, 1568, bestätigt durch BGH NJW 2015, 1603; EuGH FamRZ 2010, 525; FamRZ 2010, 1229
8 EuGH FamRZ 2010, 1521; vgl. auch BGH ZKJ 2016, 222, 224; FamRZ 2011, 542
9 *Schweppe,* ZKJ 2016, 220

Kapitel III
Anerkennung und Vollstreckung

Abschnitt 1
Anerkennung

Artikel 21 Brüssel IIa-VO Anerkennung einer Entscheidung

(1) Die in einem Mitgliedstaat ergangenen Entscheidungen werden in den anderen Mitgliedstaaten anerkannt, ohne dass es hierfür eines besonderen Verfahrens bedarf.

(2) Unbeschadet des Absatzes 3 bedarf es insbesondere keines besonderen Verfahrens für die Beschreibung in den Personenstandsbüchern eines Mitgliedstaats auf der Grundlage einer in einem anderen Mitgliedstaat ergangenen Entscheidung über Ehescheidung, Trennung ohne Auflösung des Ehebandes oder Ungültigerklärung einer Ehe, gegen die nach dem Recht dieses Mitgliedstaats keine weiteren Rechtsbehelfe eingelegt werden können.

(3) [1]Unbeschadet des Abschnitts 4 kann jede Partei, die ein Interesse hat, gemäß den Verfahren des Abschnitts 2 eine Entscheidung über die Anerkennung oder Nichtanerkennung der Entscheidung beantragen. [2]Das örtlich zuständige Gericht, das in der Liste aufgeführt ist, die jeder Mitgliedstaat der Kommission gemäß Artikel 68 mitteilt, wird durch das nationale Recht des Mitgliedstaats bestimmt, in dem der Antrag auf Anerkennung oder Nichtanerkennung gestellt wird.

(4) Ist in einem Rechtsstreit vor einem Gericht eines Mitgliedstaats die Frage der Anerkennung einer Entscheidung als Vorfrage zu klären, so kann dieses Gericht hierüber befinden.

Übersicht

	Rn.
A. Normzweck und Anwendungsbereich	1
B. Inhalt der Norm	6
I. Grundsatz der Anerkennung	6
II. Fakultatives Anerkennungsverfahren	7
III. Inzidententscheidung/Vorfrage	10

A. Normzweck und Anwendungsbereich

1 Ziel der Regelungen in Kapitel III der Brüssel IIa-VO ist die Vereinfachung der grenzüberschreitenden Anerkennung und Durchsetzbarkeit von Entscheidungen beruhend auf dem Grundsatz des gegenseitigen Vertrauens. Dies beinhaltet, die Gründe für die Nichtanerkennung auf das notwendige Minimum zu beschränken.[1]

2 Die Vorschriften zur Anerkennung und Vollstreckung der Brüssel IIa-VO finden räumlich nur zwischen den EU-Mitgliedstaaten Anwendung, wie sich aus Art. 21 Abs. 1 Brüssel IIa-VO ergibt.

3 Weiter ist inhaltlich für die Anwendung der Art. 21 ff. Brüssel IIa-VO danach zu differenzieren, ob Maßnahmen im Rahmen der Eilzuständigkeit nach Art. 20 Brüssel IIa-VO oder auf Grundlage einer Zuständigkeit nach Art. 8 ff. Brüssel IIa-VO ergangen sind.

4 Für die Anerkennung und Vollstreckung einstweiliger Anordnungen gilt, dass Art. 21 ff. Brüssel IIa-VO keine Anwendung finden, wenn ein Gericht eine einstweilige Anordnung allein auf Grundlage von Art. 20 Brüssel IIa-VO erlässt.[2] Eine solche Entscheidung entfaltet nur im Inland Wirkung.

5 Die Anerkennung von Eilmaßnahmen fällt dagegen unter Art. 21 ff. Brüssel IIa-VO, wenn das Gericht auch für das Hauptsacheverfahren nach der Brüssel IIa-VO international zuständig ist. Dabei ist für die Klärung der Frage, ob die einstweilige Anordnung nach Art. 21 ff. Brüssel IIa-VO anerkannt und vollstreckt werden kann, nicht maßgeblich, ob die internationale Zuständigkeit für die Hauptsache nach der Brüssel IIa-VO tatsächlich bestanden hat, sondern ob das Gericht seine Zuständigkeit auf Art. 8 ff. Brüssel IIa-VO gestützt hat.[3] Anhaltspunkt hierfür ist etwa, wenn das Gericht bei Erlass der einstweiligen Anordnung von dem gewöhnlichen Aufenthalt des Kindes in diesem Staat ausgegan-

1 EuGH FamRZ 2015, 107, 111, unter Verweisung auf Ziffer 21 der Erwägungsgründe zur Brüssel IIa-VO
2 EuGH FamRZ 2010, 1521, 1523 f.; vgl. auch BGH ZKJ 2016, 222, 224; FamRZ 2011, 542
3 OLG Stuttgart FamRZ 2014, 1567, 1568, unter Verweisung auf EuGH FamRZ 2010, 1521, und BGH FamRZ 2011, 542

gen ist und die Beteiligten weitere Verfahren betreffend das Sorge- und Umgangsrecht in diesem Staat führen bzw. geführt haben.[4] Ist dies der Fall, so ist die Entscheidung selbst dann nach Maßgabe der Art. 21 ff. Brüssel IIa-VO anzuerkennen, wenn das Gericht die Zuständigkeit für die Hauptsache zu Unrecht bejaht hat, da eine Überprüfung der Zuständigkeit im Anerkennungsverfahren nicht gestattet ist (Art. 24 Brüssel IIa-VO).[5]

B. Inhalt der Norm

I. Grundsatz der Anerkennung

Nach Art. 21 Abs. 1 Brüssel IIa-VO sind in einem EU-Staat ergangene Entscheidungen in den anderen Mitgliedstaaten grundsätzlich kraft Gesetzes ohne besonderes Anerkennungsverfahren anzuerkennen. 6

II. Fakultatives Anerkennungsverfahren

Zur deklaratorischen Klarstellung der Anerkennung bzw. Nichtanerkennung einer Entscheidung bietet Art. 21 Abs. 3 Brüssel IIa-VO ein Feststellungsverfahren 7

- für in einem Mitgliedstaat der EU nach dem 1.3.2005 ergangene Entscheidungen
- auf Antrag eines Beteiligten
- unter Vorlage
  - einer Ausfertigung der anzuerkennenden Entscheidung, die die für ihre Beweiskraft erforderlichen Voraussetzungen erfüllt (Art. 37 Brüssel IIa-VO) und
  - einer Bescheinigung nach Art. 39 Brüssel IIa-VO unter Verwendung des Formblatts in Anhang II zur Brüssel IIa-VO.

Regelungen für die Durchführung des Anerkennungsverfahrens für ausländische Sorge- und Umgangsentscheidungen in Deutschland enthalten § 32 i.V.m. §§ 16 ff. IntFamRVG, wobei auf die Ausführungen in der Kommentierung zum IntFamRVG zu verweisen ist. Eine Zuständigkeit für die Anerkennung nach Art. 21 Brüssel IIa-VO besteht auch dann, wenn das für die Anerkennung der Entscheidung angerufene Gericht daran gehindert ist, selbst eine Sorgerechtsentscheidung zu treffen.[6] 8

Gegen Entscheidungen über die Anerkennung ausländischer Entscheidungen ist in der Brüssel IIa-VO kein Rechtsmittel vorgesehen (anders als für das Verfahren auf Vollstreckbarerklärung, Art. 33 Brüssel IIa-VO). Über die Umsetzung in § 32 IntFamRVG unterliegt jedoch in Deutschland durch die Verweisung auf die Regelungen zur Vollstreckbarerklärung auch die (Nicht-)Anerkennung ausländischer Entscheidungen der Beschwerde bzw. Rechtsbeschwerde. 9

III. Inzidententscheidung/Vorfrage

Art. 21 Abs. 4 Brüssel IIa-VO stellt klar, dass jedes angerufene Gericht Vorfragen, die für die Entscheidung maßgeblich sind, inzident prüft. Auf entsprechenden Antrag kann darüber eine Zwischenentscheidung ergehen.[7] 10

Im Übrigen ist im Rahmen von Sorge- und Umgangsverfahren stets von Amts wegen zu klären, ob Entscheidungen (ausländischer) Gerichte vorliegen und deren Anerkennung inzident zu prüfen. 11

Artikel 22 Brüssel IIa-VO

Von Abdruck und Kommentierung wird abgesehen.

---

4 Vgl. die entsprechenden Erwägungen in der Entscheidung des OLG Stuttgart FamRZ 2014, 1567, 1568 f.
5 BGH FamRZ 2011, 542, 544
6 BGH FamRZ 2011, 959, 960
7 Althammer/*Weller*, Art. 21 Brüssel IIa-VO Rn. 15

Artikel 23 Brüssel IIa-VO Gründe für die Nichtanerkennung einer Entscheidung über die elterliche Verantwortung

Eine Entscheidung über die elterliche Verantwortung wird nicht anerkannt,

a) wenn die Anerkennung der öffentlichen Ordnung des Mitgliedstaats, in dem sie beantragt wird, offensichtlich widerspricht, wobei das Wohl des Kindes zu berücksichtigen ist;

b) wenn die Entscheidung – ausgenommen in dringenden Fällen – ergangen ist, ohne dass das Kind die Möglichkeit hatte, gehört zu werden, und damit wesentliche verfahrensrechtliche Grundsätze des Mitgliedstaats, in dem die Anerkennung beantragt wird, verletzt werden;

c) wenn der betreffenden Person, die sich auf das Verfahren nicht eingelassen hat, das verfahrenseinleitende Schriftstück oder ein gleichwertiges Schriftstück nicht so rechtzeitig und in einer Weise zugestellt wurde, dass sie sich verteidigen konnte, es sei denn, es wird festgestellt, dass sie mit der Entscheidung eindeutig einverstanden ist;

d) wenn eine Person dies mit der Begründung beantragt, dass die Entscheidung in ihre elterliche Verantwortung eingreift, falls die Entscheidung ergangen ist, ohne dass diese Person die Möglichkeit hatte, gehört zu werden;

e) wenn die Entscheidung mit einer späteren Entscheidung über die elterliche Verantwortung unvereinbar ist, die in dem Mitgliedstaat, in dem die Anerkennung beantragt wird, ergangen ist;

f) wenn die Entscheidung mit einer späteren Entscheidung über die elterliche Verantwortung unvereinbar ist, die in einem anderen Mitgliedstaat oder in dem Drittstaat, in dem das Kind seinen gewöhnlichen Aufenthalt hat, ergangen ist, sofern die spätere Entscheidung die notwendigen Voraussetzungen für ihre Anerkennung in dem Mitgliedstaat erfüllt, in dem die Anerkennung beantragt wird; oder

g) wenn das Verfahren des Artikels 56 nicht eingehalten wurde.

Übersicht

Rn.
A. Versagungsgründe 1
I. Verstoß gegen ordre public 4
II. Mangelnde Beteiligung des Antragsgegners 6
III. Fehlende Möglichkeit der Kindesanhörung 7
B. Praxishinweise 9

A. Versagungsgründe

1 Art. 23 Brüssel IIa-VO regelt abschließend die von Amts wegen[1] zu prüfenden Gründe für die Nichtanerkennung von Entscheidungen zur elterlichen Verantwortung.

2 Versagungsgründe sind neben dem *Ordre-public*-Vorbehalt (Art. 23 Abs. 2 a) Brüssel IIa-VO) die Versagung der Anerkennung wegen der Verletzung verfahrensrechtlicher Grundsätze, darunter insbesondere die fehlende Möglichkeit der Kindesanhörung (Art. 23 Abs. 2 b) Brüssel IIa-VO) sowie die fehlende Beteiligungsmöglichkeit des Antragsgegners (Art. 23 Abs. 2 c) Brüssel IIa-VO) oder von (Mit-)Sorgeberechtigten (Art. 23 Abs. 2 d) Brüssel IIa-VO) im Ausgangsverfahren. Weiter steht der Anerkennung entgegen die Unvereinbarkeit der anzuerkennenden Entscheidung mit einer späteren Sorge- bzw. Umgangsentscheidung, die im Anerkennungsstaat (Art. 23 Abs. 2 e) Brüssel IIa-VO) oder in einem anderen Staat ergangen ist (Art. 23 Abs. 2 f) Brüssel IIa-VO).

3 Dabei ist eine inhaltliche Überprüfung der anzuerkennenden Entscheidung untersagt, Art. 26 Brüssel IIa-VO; auch darf die Zuständigkeit des Gerichts, das die Entscheidung erlassen hat, nicht überprüft werden, Art. 24 Satz 1 Brüssel IIa-VO.

I. Verstoß gegen ordre public

4 Zu versagen ist die Anerkennung, wenn sie der öffentlichen Ordnung (*ordre public*) des Mitgliedstaats, in dem sie beantragt wird, offensichtlich widerspricht, wobei das Wohl des Kindes zu berücksichtigen ist (Art. 23 Abs. 2 a) Brüssel IIa-VO). Vgl. zum kollisionsrechtlichen *Ordre-public*-Vorbehalt allgemein Art. 6 EGBGB (siehe *Schweppe,* Art. 6 EGBGB Rn. 2 ff.) sowie zum anerkennungsrechtlichen *Ordre-public*-Vorbehalt § 109 FamFG Rn. 14 f.

1 Vgl. *Hausmann*, N Rn. 79; *Völker/Clausius*, § 11 Rn. 72

Art. 24 Satz 2 Brüssel IIa-VO verbietet dabei ausdrücklich die Überprüfung der die Zuständigkeit begründenden Vorschriften der Art. 3 bis 14 Brüssel IIa-VO.[2] 5

II. Mangelnde Beteiligung des Antragsgegners

Die Versagung wegen der nicht rechtzeitigen Zustellung an den Antragsgegner im Ausgangsverfahren (Art. 23 Abs. 2 c) Brüssel IIa-VO) entfällt mit dessen Einlassung im Verfahren sowie mit der Feststellung, dass der Antragsgegner mit der Entscheidung einverstanden ist. 6

III. Fehlende Möglichkeit der Kindesanhörung

Angesichts der unterschiedlichen Ausgestaltung der Beteiligung von Kindern in familiengerichtlichen Verfahren weltweit, aber auch innerhalb der Mitgliedstaaten der EU,[3] ist die Versagung der Anerkennung wegen der fehlenden Anhörung des Kindes in der Praxis von besonderer Relevanz. Nach dem Wortlaut von Art. 23 lit. b Brüssel IIa-VO sind Maßstab für die Anhörung „wesentliche verfahrensrechtliche Grundsätze des Mitgliedstaats, in dem die Anerkennung beantragt wird". Danach wäre im Verfahren der Anerkennung ausländischer Entscheidungen durch deutsche Gerichte zu prüfen, ob eine dem deutschen Verfahrensrecht des § 159 FamFG entsprechende richterliche Kindesanhörung durchgeführt wurde, und im Fall der Verneinung die Anerkennung zu versagen.[4] 7

Diese Auslegung würde in einer Vielzahl von Verfahren zur Versagung der Anerkennung führen, da in vielen Rechtsordnungen die persönliche Anhörung von Kindern durch das Gericht nicht oder erst ab einer bestimmten Altersgrenze zwingend vorgesehen ist, und erscheint daher nicht mit den Zielen der Brüssel IIa-VO vereinbar. Nach Erwägungsgrund 19 zur Brüssel IIa-VO spielt die persönliche Anhörung des Kindes bei der Anwendung dieser Verordnung eine wichtige Rolle, wobei die Verordnung jedoch nicht zum Ziel hat, die diesbezüglich geltenden nationalen Verfahren zu ändern. Hieraus ist zu entnehmen, dass die Brüssel IIa-VO eine persönliche Anhörung nicht fordert, wo diese nach innerstaatlichem Recht nicht vorgesehen ist. Insofern „ist nicht erforderlich, die Anhörung des Kindes während der Gerichtsverhandlung durchzuführen; sie kann im Vorfeld der Verhandlung von einer nach nationalem Recht zuständigen Stelle durchgeführt werden … beispielsweise … in Anwesenheit eines Sozialarbeiters, der dem Gericht einen Bericht vorlegt, in dem die Wünsche und Gefühle des Kindes aufgeführt sind."[5] Danach genügt auch eine indirekte Beteiligung im Ausgangsverfahren gemäß den dortigen Verfahrensvorschriften, etwa die Anhörung durch einen Sozialarbeiter.[6] Nach einer Entscheidung des BGH soll die fehlende Anhörung des Kindes im Ausgangsverfahren der Anerkennung jedenfalls dann nicht entgegenstehen, soweit es sich um eine Entscheidung im Eilverfahren handelt.[7] 8

Änderungen in der Rechtspraxis sind mit Inkrafttreten der Neufassung der Brüssel IIa-VO zu erwarten. Nach Erwägungsgrund 57 der EU-VO 2019/1111 ist es Sache des Ursprungsgerichts, über die angemessene Art und Weise der Anhörung des Kindes zu entscheiden. Daher soll es mit dem Inkrafttreten der Neuregelung im Jahre 2022 nicht möglich sein, die Anerkennung einer Entscheidung einzig und allein aus dem Grund zu versagen, dass das Ursprungsgericht die Anhörung des Kindes auf andere Weise vorgenommen hat, als dies ein Gericht im Mitgliedstaat der Anerkennung tun würde. Das Recht des Kindes auf Meinungsäußerung ist künftig in Art. 21 EU-VO 2019/1111 geregelt, die Versagung der Anerkennung wegen fehlender Beteiligung in Art. 39 Abs. 2 EU-VO 2019/1111.[8]

---

2 Hierzu EuGH FamRZ 2016, 111

3 Deutschland nimmt im internationalen Vergleich mit der richterlichen Anhörung ab einem Alter von etwa drei Jahren eine Sonderrolle ein (hierzu *Heilmann*, § 159 Rn. 13). In über der Hälfte der EU-Staaten ist eine richterliche Kindesanhörung gesetzlich nicht oder erst ab Vollendung des 12. oder 14. Lebensjahres verpflichtend vorgesehen; vgl. hierzu *Carl/Claus/Carle*, Rn. 175 ff.

4 So OLG München FamRZ 2015, 602, 603; OLG Hamm, Beschl. v. 26.8.2014 – 11 UF 85/14; Thomas/Putzo/*Hüßtege*, Art. 23 EuEheVO Rn. 2; *Völker/Clausius*, § 11 Rn. 73; *Völker/Steinfatt*, FPR 2005, 415

5 Praxisleitfaden zur Anwendung der Brüssel IIa-Verordnung, 2014, 78

6 Hierzu Althammer/*Weller*, Art. 23 Brüssel IIa-VO Rn. 3; MüKo-BGB/*Heiderhoff*, Art. 23 Brüssel IIa-VO Rn. 13b; *Schweppe* in: Heilmann/Lack (Hrsg.), Festschrift Salgo, S. 239 ff., sowie *Menne*, FamRB 2015, 398, jeweils auch zur Rechtslage in anderen EU-Staaten

7 BGH FamRZ 2015, 1011, mit Anm. *Hau*, FamRZ 2015, 1101; dazu *Menne*, FamRB 2015, 250

8 Hierzu *Schlauß*, ZKJ 2019, 255, 259

B. Praxishinweise

9 Für die Praxis ergibt sich hieraus Folgendes:

- Maßstab für die Kindesanhörung ist die verfahrensrechtliche Verpflichtung, die Kindesinteressen festzustellen und in das Verfahren einzubringen.
- Zu versagen ist die Anerkennung jedenfalls dann, wenn das betroffene Kind keine Möglichkeit zur Beteiligung am Ausgangsverfahren erhielt.[9] Dabei genügt eine Ladung zum Anhörungstermin über den Elternteil, in dessen Obhut sich das Kind (in einem anderen Staat) befindet, nicht; ggf. kommt eine Anhörung im Wege der Rechtshilfe in Betracht.[10]
- Zugleich können die Beteiligten in dem Sorgerechtsverfahren, das der anzuerkennenden Entscheidung vorausgeht, auf die Durchführung einer richterlichen (persönlichen) Kindesanhörung hinwirken, wenn absehbar ist, dass die Anerkennung durch die deutsche Gerichtsbarkeit in Frage steht.[11]

Artikel 24 Brüssel IIa-VO Verbot der Nachprüfung der Zuständigkeit des Gerichts des Ursprungsmitgliedstaats

[1]Die Zuständigkeit des Gerichts des Ursprungsmitgliedstaats darf nicht überprüft werden. [2]Die Überprüfung der Vereinbarkeit mit der öffentlichen Ordnung gemäß Artikel 22 Buchstabe a) und Artikel 23 Buchstabe a) darf sich nicht auf die Zuständigkeitsvorschriften der Artikel 3 bis 14 erstrecken.

1 Die Norm verbietet es, im Rahmen der Anerkennung und Vollstreckung ausländischer Entscheidungen die internationale Zuständigkeit des Ausgangsgerichts zu überprüfen. Auch im Rahmen der Prüfung des *Ordre-public*-Vorbehalts darf die Anerkennung nicht mit der Begründung der fehlenden Einhaltung der Zuständigkeitsregelungen versagt werden, wie sich aus der Bezugnahme auf Art. 23 a) in Art. 24 Satz 2 Brüssel IIa-VO ergibt.

2 Die fehlende Zuständigkeit eines Gerichts kann damit nur im Ausgangsverfahren mit den nach nationalem Recht bestehenden Rechtmitteln gerügt und angegriffen werden.[1]

Artikel 25 Brüssel IIa-VO Unterschiede beim anzuwendenden Recht

Die Anerkennung einer Entscheidung darf nicht deshalb abgelehnt werden, weil eine Ehescheidung, Trennung ohne Auflösung des Ehebandes oder Ungültigerklärung einer Ehe nach dem Recht des Mitgliedstaats, in dem die Anerkennung beantragt wird, unter Zugrundelegung desselben Sachverhalts nicht zulässig wäre.

Von einer Kommentierung wird abgesehen.

Artikel 26 Brüssel IIa-VO Ausschluss einer Nachprüfung in der Sache

Die Entscheidung darf keinesfalls in der Sache selbst nachgeprüft werden.

Die Vorschrift enthält das allgemeine internationalverfahrensrechtliche Verbot der „révision au fond", das eine inhaltliche Überprüfung der anzuerkennenden Entscheidung untersagt.

---

9 Vgl. OLG Frankfurt IPRax 2008, 352; OLG Schleswig FamRZ 2008, 1761
10 OLG Schleswig FamRZ 2008, 1761, 1762
11 So die Empfehlung von *Niethammer-Jürgens/Erb-Klünemann*, S. 150, sowie *Völker/Clausius*, § 11 Rn. 73
1 MüKo-FamFG/*Gottwald*, Brüssel IIa-VO Art. 24 Rn. 3; siehe auch OLG Stuttgart FamRZ 2014, 1567, 1569

Artikel 27 Brüssel IIa-VO Aussetzung des Verfahrens

(1) Das Gericht eines Mitgliedstaats, vor dem die Anerkennung einer in einem anderen Mitgliedstaat ergangenen Entscheidung beantragt wird, kann das Verfahren aussetzen, wenn gegen die Entscheidung ein ordentlicher Rechtsbehelf eingelegt wurde.

(2) Das Gericht eines Mitgliedstaats, bei dem die Anerkennung einer in Irland oder im Vereinigten Königreich ergangenen Entscheidung beantragt wird, kann das Verfahren aussetzen, wenn die Vollstreckung der Entscheidung im Ursprungsmitgliedstaat wegen der Einlegung eines Rechtsbehelfs einstweilen eingestellt ist.

Die Regelung ermöglicht die Aussetzung des Anerkennungsverfahrens, sofern die anzuerkennende Entscheidung im Ursprungsstaat angefochten, mithin noch nicht bestandskräftig ist. Die Aussetzung steht im Ermessen des Gerichts, bei dem die Anerkennung beantragt wird.

Abschnitt 2
Antrag auf Vollstreckbarerklärung

Artikel 28 Brüssel IIa-VO Vollstreckbare Entscheidungen

(1) Die in einem Mitgliedstaat ergangenen Entscheidungen über die elterliche Verantwortung für ein Kind, die in diesem Mitgliedstaat vollstreckbar sind und die zugestellt worden sind, werden in einem anderen Mitgliedstaat vollstreckt, wenn sie dort auf Antrag einer berechtigten Partei für vollstreckbar erklärt wurden.

(2) Im Vereinigten Königreich wird eine derartige Entscheidung jedoch in England und Wales, in Schottland oder in Nordirland erst vollstreckt, wenn sie auf Antrag einer berechtigten Partei zur Vollstreckung in dem betreffenden Teil des Vereinigten Königreichs registriert worden ist.

Artikel 29 Brüssel IIa-VO Örtlich zuständiges Gericht

(1) Ein Antrag auf Vollstreckbarerklärung ist bei dem Gericht zu stellen, das in der Liste aufgeführt ist, die jeder Mitgliedstaat der Kommission gemäß Artikel 68 mitteilt.

(2) [1]Das örtlich zuständige Gericht wird durch den gewöhnlichen Aufenthalt der Person, gegen die die Vollstreckung erwirkt werden soll, oder durch den gewöhnlichen Aufenthalt eines Kindes, auf das sich der Antrag bezieht, bestimmt. [2]Befindet sich keiner der in Unterabsatz 1 angegebenen Orte im Vollstreckungsmitgliedstaat, so wird das örtlich zuständige Gericht durch den Ort der Vollstreckung bestimmt.

Artikel 30 Brüssel IIa-VO Verfahren

(1) Für die Stellung des Antrags ist das Recht des Vollstreckungsmitgliedstaats maßgebend.

(2) [1]Der Antragsteller hat für die Zustellung im Bezirk des angerufenen Gerichts ein Wahldomizil zu begründen. [2]Ist das Wahldomizil im Recht des Vollstreckungsmitgliedstaats nicht vorgesehen, so hat der Antragsteller einen Zustellungsbevollmächtigten zu benennen.

(3) Dem Antrag sind die in den Artikeln 37 und 39 aufgeführten Urkunden beizufügen.

Art. 28 ff. Brüssel IIa-VO regeln das Verfahren zur Vollstreckbarerklärung für die elterliche Verantwortung betreffende Entscheidungen, dessen Anforderungen zunächst dem zur Anerkennung der Entscheidung nach Art. 21 ff. Brüssel IIa-VO entsprechen: **1**

- Es ist ein Antrag beim nach dem Recht des Vollstreckungsmitgliedstaats zuständigen Gericht zu stellen (Art. 29 Brüssel IIa-VO),
- antragsberechtigt sind die beteiligten Eltern und das Kind, aber auch der Vormund oder das Jugendamt,[1]
- dem Antrag sind die sich aus Art. 37 und Art. 39 Brüssel IIa-VO ergebenden Unterlagen beizufügen, Art. 30 Abs. 1 bzw. Abs. 3 Brüssel IIa-VO.

---

1 Siehe Althammer/*Arnold*, Art. 28 Rn. 6

Der Vollstreckung nach Art. 28 ff. Brüssel IIa-VO unterfällt auch die Beitreibung eines zur Durchsetzung einer Umgangsregelung durch das Gericht des Herkunftsstaats verhängten Zwangsgelds (Ordnungsgelds), die Durchsetzung des Umgangs unterliegt insoweit derselben Vollstreckungsregelung wie das zu gewährleistende Umgangsrecht.[2]

▶ *Näher zur Vollstreckung Cirullies, Kommentierung zu §§ 88 f. FamFG.*

2 Zuständigkeit und Verfahren zur Vollstreckbarerklärung sind in §§ 16 ff. IntFamRVG im „Verfahren zur Erteilung der Vollstreckungsklausel" geregelt.

▶ *Siehe hierzu die Kommentierung zu den einschlägigen Vorschriften des IntFamRVG, nachfolgend Kapitel 5.*

Mit der Reform der Brüssel IIa-VO ist die Abschaffung dieses förmlichen Exequaturverfahrens geplant, so dass Entscheidungen betreffend die elterliche Verantwortung unmittelbar vollstreckbar werden, wie dies bisher nur im Rahmen des besonderen Mechanismus nach Art. 40 ff. Brüssel IIa-VO vorgesehen ist.[3]

Artikel 31 Brüssel IIa-VO Entscheidung des Gerichts

(1) Das mit dem Antrag befasste Gericht erlässt seine Entscheidung ohne Verzug und ohne dass die Person, gegen die die Vollstreckung erwirkt werden soll, noch das Kind in diesem Abschnitt des Verfahrens Gelegenheit erhalten, eine Erklärung abzugeben.

(2) Der Antrag darf nur aus einem der in den Artikeln 22, 23 und 24 aufgeführten Gründe abgelehnt werden.

(3) Die Entscheidung darf keinesfalls in der Sache selbst nachgeprüft werden.

1 Art. 31 Brüssel IIa-VO regelt nicht die eigentliche Entscheidung des Gerichts, sondern Verfahrensgrundsätze und Prüfungsmaßstab für die Versagung der Anerkennung.

2 Eine **Beteiligung des Antragsgegners** oder des Kindes im Vollstreckungsverfahren ist **nicht vorgesehen**, Art. 31 Abs. 1 Brüssel IIa-VO; diese Regelung findet ihre Umsetzung in § 18 IntFamRVG.

3 Ein Antrag auf Erteilung der Vollstreckungsklausel darf nur aus den Gründen ablehnend beschieden werden, aus denen auch die Anerkennung einer Entscheidung versagt werden darf (Art. 31 Abs. 2 i.V.m. Art. 22, 23, 24 Brüssel IIa-VO).

4 Art. 31 Abs. 3 Brüssel IIa-VO enthält ein **Verbot der révision au fond**, d.h. der inhaltlichen Überprüfung der Entscheidung.

Artikel 32 Brüssel IIa-VO Mitteilung der Entscheidung

Die über den Antrag ergangene Entscheidung wird dem Antragsteller vom Urkundsbeamten der Geschäftsstelle unverzüglich in der Form mitgeteilt, die das Recht des Vollstreckungsmitgliedstaats vorsieht.

Von einer Kommentierung wird abgesehen.

Artikel 33 Brüssel IIa-VO Rechtsbehelf

(1) Gegen die Entscheidung über den Antrag auf Vollstreckbarerklärung kann jede Partei einen Rechtsbehelf einlegen.

(2) Der Rechtsbehelf wird bei dem Gericht eingelegt, das in der Liste aufgeführt ist, die jeder Mitgliedstaat der Kommission gemäß Artikel 68 mitteilt.

---

2 EuGH FamRZ 2015, 1866

3 Siehe *Schlauß*, ZKJ 2019, 255, 258 f.

(3) Über den Rechtsbehelf wird nach den Vorschriften entschieden, die für Verfahren mit beiderseitigem rechtlichen Gehör maßgebend sind.

(4) [1]Wird der Rechtsbehelf von der Person eingelegt, die den Antrag auf Vollstreckbarerklärung gestellt hat, so wird die Partei, gegen die die Vollstreckung erwirkt werden soll, aufgefordert, sich auf das Verfahren einzulassen, das bei dem mit dem Rechtsbehelf befassten Gericht anhängig ist. [2]Lässt sich die betreffende Person auf das Verfahren nicht ein, so gelten die Bestimmungen des Artikels 18.

(5) [1]Der Rechtsbehelf gegen die Vollstreckbarerklärung ist innerhalb eines Monats nach ihrer Zustellung einzulegen. [2]Hat die Partei, gegen die die Vollstreckung erwirkt werden soll, ihren gewöhnlichen Aufenthalt in einem anderen Mitgliedstaat als dem, in dem die Vollstreckbarerklärung erteilt worden ist, so beträgt die Frist für den Rechtsbehelf zwei Monate und beginnt mit dem Tag, an dem die Vollstreckbarerklärung ihr entweder persönlich oder in ihrer Wohnung zugestellt worden ist. [3]Eine Verlängerung dieser Frist wegen weiter Entfernung ist ausgeschlossen.

Aus Art. 33 Brüssel IIa-VO folgt, dass gegen Entscheidungen über die Erteilung der Vollstreckbarerklärung bzw. gegen deren Ablehnung ein Rechtsbehelf eröffnet sein muss. Einzelheiten sind der Umsetzung in nationales Recht vorbehalten, das entsprechende Verfahren ist für Deutschland in §§ 24 ff. IntFamRVG in Form der Beschwerde zum Oberlandesgericht geregelt. 1

Die Fristen für die Einlegung der Beschwerde durch den Antragsgegner gegen die Erteilung der Vollstreckbarerklärung sind durch Art. 33 Abs. 5 Brüssel IIa-VO vorgegeben und wurden in § 24 Abs. 3 IntFamRVG übernommen. Eine Verlängerung dieser Frist ist ausgeschlossen, jedoch erachtet der EuGH die Vollstreckung einer Entscheidung, mit der eine Vormundschaft für Kinder sowie die Rückgabe dieser Kinder angeordnet wird, vor Zustellung der Vollstreckbarerklärung an die Eltern als nicht zulässig.[1] 2

Aus Art. 33 Brüssel IIa-VO und § 24 Abs. 3 IntFamRVG ergibt sich, dass die Beschwerde des Antragstellers bei Zurückweisung des Antrags auf Vollstreckbarerklärung nicht fristgebunden und damit unbefristet möglich ist.[2] Nach anderer Auffassung soll über § 14 Nr. 2 IntFamRVG die allgemeine Monatsfrist des § 63 Abs. 1 FamFG greifen.[3] 3

Artikel 34 Brüssel IIa-VO Für den Rechtsbehelf zuständiges Gericht und Anfechtung der Entscheidung über den Rechtsbehelf

Die Entscheidung, die über den Rechtsbehelf ergangen ist, kann nur im Wege der Verfahren angefochten werden, die in der Liste genannt sind, die jeder Mitgliedstaat der Kommission gemäß Artikel 68 mitteilt.

In Deutschland ist gegen die Beschwerdeentscheidung des Oberlandesgerichts die Rechtsbeschwerde zum BGH eröffnet, §§ 28 ff. IntFamRVG.

Artikel 35 Brüssel IIa-VO Aussetzung des Verfahrens

(1) [1]Das nach Artikel 33 oder Artikel 34 mit dem Rechtsbehelf befasste Gericht kann auf Antrag der Partei, gegen die die Vollstreckung erwirkt werden soll, das Verfahren aussetzen, wenn im Ursprungsmitgliedstaat ein ordentlicher Rechtsbehelf gegen die Entscheidung eingelegt wurde oder die Frist für einen solchen Rechtsbehelf noch nicht verstrichen ist. [2]In letzterem Fall kann das Gericht eine Frist bestimmen, innerhalb deren der Rechtsbehelf einzulegen ist.

(2) Ist die Entscheidung in Irland oder im Vereinigten Königreich ergangen, so gilt jeder im Ursprungsmitgliedstaat statthafte Rechtsbehelf als ordentlicher Rechtsbehelf im Sinne des Absatzes 1.

Art. 35 Brüssel IIa-VO stellt es in das Ermessen des Gerichts, das Verfahren über die Vollstreckbarerklärung auszusetzen, wenn die Entscheidung im Ursprungsmitgliedstaat angefochten wurde oder noch anfechtbar ist (insoweit weitergehend als Art. 27 Abs. 1 Brüssel IIa-VO). Sofern noch kein Rechtsmittel

---

1 EuGH FamRZ 2019, 56, 59 f.
2 *So Geimer/Schütze/Paraschas, Art. 33 VO (EG) 2201/2003 Rn. 4; Musielak/Borth/Grandel, Art. 33 EuEheVO Rn. 1;* MüKo-FamFG/*Gottwald*, Art. 33 Brüssel IIa-VO Rn. 6; *Wagner*, § 24 IntFamRVG Rn. 2
3 Althammer/*Arnold*, Art. 33 Brüssel IIa-VO Rn. 16; *Hausmann*, N Rn. 185

eingelegt wurde, kann das Gericht eine Frist zu dessen Einlegung setzen, Art. 35 Abs. 1 Satz 2 Brüssel IIa-VO. Bei der Entscheidung über die Aussetzung sind insbesondere die voraussichtlichen Erfolgsaussichten des Rechtsmittels zu berücksichtigen.[1]

Artikel 36 Brüssel IIa-VO Teilvollstreckung

(1) Ist mit der Entscheidung über mehrere geltend gemachte Ansprüche entschieden worden und kann die Entscheidung nicht in vollem Umfang zur Vollstreckung zugelassen werden, so lässt das Gericht sie für einen oder mehrere Ansprüche zu.

(2) Der Antragsteller kann eine teilweise Vollstreckung beantragen.

Von einer Kommentierung wird abgesehen.

Abschnitt 3
Gemeinsame Bestimmungen für die Abschnitte 1 und 2

Artikel 37 Brüssel IIa-VO Urkunden

(1) Die Partei, die die Anerkennung oder Nichtanerkennung einer Entscheidung oder deren Vollstreckbarerklärung erwirken will, hat Folgendes vorzulegen:

a) eine Ausfertigung der Entscheidung, die die für ihre Beweiskraft erforderlichen Voraussetzungen erfüllt, und

b) die Bescheinigung nach Artikel 39.

(2) Bei einer im Versäumnisverfahren ergangenen Entscheidung hat die Partei, die die Anerkennung einer Entscheidung oder deren Vollstreckbarerklärung erwirken will, ferner Folgendes vorzulegen:

a) die Urschrift oder eine beglaubigte Abschrift der Urkunde, aus der sich ergibt, dass das verfahrenseinleitende Schriftstück oder ein gleichwertiges Schriftstück der Partei, die sich nicht auf das Verfahren eingelassen hat, zugestellt wurde, oder

b) eine Urkunde, aus der hervorgeht, dass der Antragsgegner mit der Entscheidung eindeutig einverstanden ist.

Von einer Kommentierung wird abgesehen.

Artikel 38 Brüssel IIa-VO Fehlen von Urkunden

(1) Werden die in Artikel 37 Absatz 1 Buchstabe b) oder Absatz 2 aufgeführten Urkunden nicht vorgelegt, so kann das Gericht eine Frist setzen, innerhalb deren die Urkunden vorzulegen sind, oder sich mit gleichwertigen Urkunden begnügen oder von der Vorlage der Urkunden befreien, wenn es eine weitere Klärung nicht für erforderlich hält.

(2) [1]Auf Verlangen des Gerichts ist eine Übersetzung der Urkunden vorzulegen. [2]Die Übersetzung ist von einer hierzu in einem der Mitgliedstaaten befugten Person zu beglaubigen.

1 Nach Art. 38 Abs. 1 Brüssel IIa-VO kann das Gericht, vor dem das Anerkennungsverfahren geführt wird, eine Frist zur Vorlage der in Art. 37 Brüssel IIa-VO genannten Unterlagen setzen oder von der Vorlage der Urkunden befreien, wenn es eine weitere Klärung nicht für erforderlich hält.

2 Auch ist auf Verlangen des Gerichts eine beglaubigte Übersetzung der Urkunden vorzulegen, Art. 38 Abs. 2 Brüssel IIa-VO.

1 Thomas/Putzo/*Hüßtege*, Art. 35 EuEheVO Rn. 4

Artikel 39 Brüssel IIa-VO Bescheinigung bei Entscheidungen in Ehesachen und bei Entscheidungen über die elterliche Verantwortung

Das zuständige Gericht oder die Zuständige Behörde des Ursprungsmitgliedstaats stellt auf Antrag einer berechtigten Partei eine Bescheinigung unter Verwendung des Formblatts in Anhang I (Entscheidungen in Ehesachen) oder Anhang II (Entscheidungen über die elterliche Verantwortung) aus.

Für die Ausstellung von Bescheinigungen nach Art. 39 Brüssel IIa-VO für Entscheidungen deutscher Gerichte, deren Anerkennung oder Vollstreckung im Ausland begehrt wird, gilt keine Zuständigkeitskonzentration, sie erfolgt durch das Gericht, welches die Entscheidung erlassen hat. Funktional zuständig ist dabei im Rahmen von Art. 39 Brüssel IIa-VO der Urkundsbeamte der Geschäftsstelle des jeweiligen Gerichts, § 48 Abs. 1 IntFamRVG.

Abschnitt 4
Vollstreckbarkeit bestimmter Entscheidungen über das Umgangsrecht und bestimmter Entscheidungen, mit denen die Rückgabe des Kindes angeordnet wird

Artikel 40 Brüssel IIa-VO Anwendungsbereich

(1) Dieser Abschnitt gilt für

a) das Umgangsrecht und

b) die Rückgabe eines Kindes infolge einer die Rückgabe des Kindes anordnenden Entscheidung gemäß Artikel 11 Absatz 8.

(2) Der Träger der elterlichen Verantwortung kann ungeachtet der Bestimmungen dieses Abschnitts die Anerkennung und Vollstreckung nach Maßgabe der Abschnitte 1 und 2 dieses Kapitels beantragen.

Übersicht

Rn.
A. Allgemeines ... 1
B. Verfahren ... 3
I. Zuständigkeit ... 5
II. Bescheinigung ... 6
III. Berichtigung ... 8
IV. Vollstreckung ... 9

A. Allgemeines

1 Abschnitt 4 der Brüssel IIa-VO enthält einen besonderen Regelungsmechanismus, der die vorherige Durchführung eines Anerkennungsverfahrens bzw. Verfahrens auf Erteilung einer Vollstreckungsklausel entbehrlich macht, um eine unmittelbare Vollstreckung bestimmter Entscheidungen innerhalb der EU-Mitgliedstaaten zu ermöglichen. Dies betrifft Umgangsregelungen (siehe *Schweppe*, Art. 41 Brüssel IIa-VO Rn. 1 ff.) und Entscheidungen, mit denen ein Gericht des Herkunftsstaats die Rückgabe (Herausgabe) eines Kindes unter den Voraussetzungen des Art. 11 Abs. 8 Brüssel IIa-VO (siehe *Schweppe*, Art. 11 Brüssel IIa-VO Rn. 13 ff.) angeordnet hat (siehe *Schweppe*, Art. 42 Brüssel IIa-VO Rn. 1 f.).[1]

2 Art. 40 Abs. 2 Brüssel IIa-VO stellt klar, dass auch bei Vorliegen der Voraussetzungen des Art. 41 bzw. Art. 42 Brüssel IIa-VO alternativ die Durchführung des Anerkennungsverfahrens (siehe *Schweppe*, Art. 21 Brüssel IIa-VO Rn. 7 sowie zur Versagung der Anerkennung Art. 23 Brüssel IIa-VO Rn. 2 ff.) bzw. Verfahrens auf Erteilung der Vollstreckungsklausel (siehe *Schweppe*, Art. 30 Brüssel IIa-VO Rn. 1 f.) möglich ist.

B. Verfahren

3 Die Verfahren nach Art. 41 bzw. Art. 42 Brüssel IIa-VO sind ähnlich gestaltet.

4 Ein Unterschied besteht darin, dass bei Rückgabeentscheidungen die Bescheinigung stets von Amts wegen ausgestellt wird (Art. 42 Abs. 2 Satz 3 Brüssel IIa-VO), bei Umgangsentscheidungen dagegen

1 Zum Verfahren der unmittelbaren Vollstreckbarkeit siehe *Schulz*, FamRZ 2018, 797, 805

nur dann, wenn bereits bei Erlass der Entscheidung ein grenzüberschreitender Bezug besteht (Art. 41 Abs. 3 Satz 1 Brüssel IIa-VO). Im Übrigen gelten folgende einheitliche Anforderungen:

I. Zuständigkeit

5 Funktional zuständig ist jeweils der Familienrichter bzw. der Vorsitzende des zuständigen Familiensenats, der die Entscheidung erlassen hat, § 48 Abs. 2 IntFamRVG, eine besondere Zuständigkeitskonzentration greift nicht.

II. Bescheinigung

6 Das Gericht, welches die zu vollstreckende Entscheidung erlassen hat, stellt eine Bescheinigung nach Anhang III bzw. Anhang IV der Brüssel IIa-VO aus, die dokumentiert, dass im Ausgangsverfahren bestimmte Verfahrensgrundsätze, insbesondere zur Gewährung rechtlichen Gehörs (vgl. dazu Art. 41 Abs. 2 bzw. Art. 42 Abs. 2 Brüssel IIa-VO) eingehalten wurden.

7 Dabei ist die Dokumentation nach Art. 41 Abs. 2 Brüssel IIa-VO auf die Einhaltung von Verfahrensgrundsätzen begrenzt, wogegen Art. 42 Abs. 2 Brüssel IIa-VO auch die Würdigung der Kindeswohlgründe nach Art. 13 HKÜ umfasst.

III. Berichtigung

8 Eine Anfechtung der Anerkennung bzw. der Ausstellung der Bescheinigung ist nicht möglich, lediglich eine Berichtigung nach Art. 43 Brüssel IIa-VO.

IV. Vollstreckung

9 Um die Entscheidung in den EU-Mitgliedstaaten zu vollstrecken, bedarf es allein der Vorlage einer Ausfertigung der Entscheidung und der Bescheinigung nach Anhang III bzw. Anhang IV der Brüssel IIa-VO (Artikel 45 Abs. 1 der Verordnung). Die Entscheidung ist dann wie eine inländische Entscheidung zu vollstrecken, Art. 47 Brüssel IIa-VO. Die Überprüfung im Vollstreckungsverfahren ist darauf beschränkt, ob die Entscheidung, für die die Bescheinigung ausgestellt wurde, vollstreckbar ist.

10 Eine weitergehende inhaltliche **Überprüfung** der Entscheidung ist ebenso **ausgeschlossen** wie die Überprüfung der Einhaltung von Verfahrensvorschriften, da dies durch Art. 41 Abs. 2 und Art. 42 Abs. 2 Brüssel IIa-VO dem Gericht vorbehalten ist, das die Entscheidung erlassen hat.[2] Damit obliegt auch allein dem Gericht im Ursprungsstaat die Überprüfung, ob bzw. in welcher Form das Recht des Kindes, gehört zu werden, gewahrt wurde.[3]

11 Die zuständigen Institutionen im Vollstreckungsstaat sind zur Umsetzung der Entscheidung verpflichtet, schnelle und effektive Vollstreckungsmaßnahmen zu ergreifen.[4]

Artikel 41 Brüssel IIa-VO Umgangsrecht

(1) [1]Eine in einem Mitgliedstaat ergangene vollstreckbare Entscheidung über das Umgangsrecht im Sinne des Artikels 40 Absatz 1 Buchstabe a), für die eine Bescheinigung nach Absatz 2 im Ursprungsmitgliedstaat ausgestellt wurde, wird in einem anderen Mitgliedstaat anerkannt und kann dort vollstreckt werden, ohne dass es einer Vollstreckbarerklärung bedarf und ohne dass die Anerkennung angefochten werden kann. [2]Auch wenn das nationale Recht nicht vorsieht, dass eine Entscheidung über das Umgangsrecht ungeachtet der Einlegung eines Rechtsbehelfs von Rechts wegen vollstreckbar ist, kann das Gericht des Ursprungsmitgliedstaats die Entscheidung für vollstreckbar erklären.

(2) Der Richter des Ursprungsmitgliedstaats stellt die Bescheinigung nach Absatz 1 unter Verwendung des Formblatts in Anhang III (Bescheinigung über das Umgangsrecht) nur aus, wenn

a) im Fall eines Versäumnisverfahrens das verfahrenseinleitende Schriftstück oder ein gleichwertiges Schriftstück der Partei, die sich nicht auf das Verfahren eingelassen hat, so rechtzeitig und in einer Weise zugestellt wurde, dass sie sich verteidigen konnte, oder wenn in Fällen, in denen bei der Zustellung des betreffenden Schriftstücks diese Bedingungen nicht eingehalten wurden, dennoch festgestellt wird, dass sie mit der Entscheidung eindeutig einverstanden ist;

---

2 EuGH FamRZ 2011, 355, 358
3 EuGH FamRZ 2011, 355, 358; kritisch *Völker/Steinfatt,* FPR 2005, 415, 416 f.
4 EGMR FamRZ 2015, 469

b) alle betroffenen Parteien Gelegenheit hatten, gehört zu werden, und

c) das Kind die Möglichkeit hatte, gehört zu werden, sofern eine Anhörung nicht aufgrund seines Alters oder seines Reifegrads unangebracht erschien.

Das Formblatt wird in der Sprache ausgefüllt, in der die Entscheidung abgefasst ist.

(3) [1]Betrifft das Umgangsrecht einen Fall, der bei der Verkündung der Entscheidung einen grenzüberschreitenden Bezug aufweist, so wird die Bescheinigung von Amts wegen ausgestellt, sobald die Entscheidung vollstreckbar oder vorläufig vollstreckbar wird. [2]Wird der Fall erst später zu einem Fall mit grenzüberschreitendem Bezug, so wird die Bescheinigung auf Antrag einer der Parteien ausgestellt.

Die Norm erleichtert die Vollstreckung von Umgangsregelungen zwischen den EU-Mitgliedstaaten. 1

▶ *Näher zum Verfahren zur Ausstellung der Bescheinigung Schweppe, Art. 40 Brüssel IIa-VO Rn. 3 ff.*

Die Bescheinigung ist nach Artikel 41 Abs. 2 Brüssel IIa-VO unter Verwendung des Formblatts in Anhang III zur Brüssel IIa-VO[1] durch das Gericht im Erlassstaat (Ursprungsmitgliedstaat) auszustellen. Damit wird dokumentiert, dass rechtliches Gehör gewährt wurde, 2

- mithin im Falle der Entscheidung im Versäumnisverfahren eine rechtzeitige Zustellung erfolgte,
- alle Beteiligten Gelegenheit hatten, gehört zu werden

und

- das Kind die Möglichkeit hatte, gehört zu werden, sofern eine Anhörung nicht aufgrund seines Alters oder seines Reifegrads unangebracht erschien (Art. 41 Abs. 2 c) Brüssel IIa-VO entspricht dem Wortlaut des Art. 23 b) Brüssel IIa-VO).

Nach Art. 41 Abs. 3 Brüssel IIa-VO ist die Bescheinigung auszustellen 3

- **von Amts wegen** für eine vollstreckbare bzw. vorläufig vollstreckbare Umgangsentscheidung, bei deren Erlass bereits ein grenzüberschreitender Bezug vorliegt (Art. 41 Abs. 3 Satz 1 Brüssel IIa-VO),
- **auf Antrag** eines Beteiligten für eine Entscheidung, für die der grenzüberschreitende Bezug erst nachträglich eintritt (Art. 41 Abs. 3 Satz 2 Brüssel IIa-VO).

Artikel 42 Brüssel IIa-VO Rückgabe des Kindes

(1) [1]Eine in einem Mitgliedstaat ergangene vollstreckbare Entscheidung über die Rückgabe des Kindes im Sinne des Artikels 40 Absatz 1 Buchstabe b), für die eine Bescheinigung nach Absatz 2 im Ursprungsmitgliedstaat ausgestellt wurde, wird in einem anderen Mitgliedstaat anerkannt und kann dort vollstreckt werden, ohne dass es einer Vollstreckbarerklärung bedarf und ohne dass die Anerkennung angefochten werden kann. [2]Auch wenn das nationale Recht nicht vorsieht, dass eine in Artikel 11 Absatz 8 genannte Entscheidung über die Rückgabe des Kindes ungeachtet der Einlegung eines Rechtsbehelfs von Rechts wegen vollstreckbar ist, kann das Gericht des Ursprungsmitgliedstaats die Entscheidung für vollstreckbar erklären.

(2) [1]Der Richter des Ursprungsmitgliedstaats, der die Entscheidung nach Artikel 40 Absatz 1 Buchstabe b) erlassen hat, stellt die Bescheinigung nach Absatz 1 nur aus, wenn

a) das Kind die Möglichkeit hatte, gehört zu werden, sofern eine Anhörung nicht aufgrund seines Alters oder seines Reifegrads unangebracht erschien,

b) die Parteien die Gelegenheit hatten, gehört zu werden, und

c) das Gericht beim Erlass seiner Entscheidung die Gründe und Beweismittel berücksichtigt hat, die der nach Artikel 13 des Haager Übereinkommens von 1980 ergangenen Entscheidung zugrunde liegen.

[2]Ergreift das Gericht oder eine andere Behörde Maßnahmen, um den Schutz des Kindes nach seiner Rückkehr in den Staat des gewöhnlichen Aufenthalts sicherzustellen, so sind diese Maßnahmen in der Bescheinigung anzugeben. [3]Der Richter des Ursprungsmitgliedstaats stellt die Bescheinigung von Amts wegen unter Verwendung des Formblatts in Anhang IV (Bescheinigung über die Rückgabe des Kindes) aus. [4]Das Formblatt wird in der Sprache ausgefüllt, in der die Entscheidung abgefasst ist.

---

1 Vom Abdruck des Formblatts wird abgesehen

Übersicht

	Rn.
A. Allgemeines	1
B. Verfahren	3

A. Allgemeines

1 Eine unter den Voraussetzungen des Art. 11 Abs. 8 Brüssel IIa-VO (also nach Versagung einer Rückführung auf Grundlage von Art. 13 HKÜ) im Herkunftsstaat ergangene Sorgerechtsentscheidung, welche die Anordnung der Herausgabe des Kindes beinhaltet, ist mit der Erteilung der Bescheinigung nach Art. 42 Brüssel IIa-VO[1] in allen EU-Mitgliedstaaten unmittelbar vollstreckbar.

2 Der EuGH hat klargestellt, dass Art. 40 i.V.m. Art. 42 Brüssel IIa-VO nur unter den Voraussetzungen des Art. 11 Abs. 8 Brüssel IIa-VO zur Anwendung kommt, wenn also zuvor im Vollstreckungsmitgliedstaat eine Entscheidung ergangen ist, mit der die Rückgabe des Kindes verweigert wird, wobei es nicht auf die Bestandskraft dieser Entscheidung, sondern nur auf ihre Vollstreckbarkeit ankommt.[2]

B. Verfahren

3 Die Bescheinigung ist nach Art. 42 Abs. 2 Satz 3 Brüssel IIa-VO von Amts wegen auszustellen.

4 Dokumentiert wird mit der Ausstellung neben der Einhaltung der Verfahrensvorschriften, insbesondere der Möglichkeit der Kindesanhörung, auch die Prüfung der Gründe, aus denen das Gericht im Zufluchtsstaat (der nicht zwingend mit dem Vollstreckungsstaat übereinstimmen muss) die Rückführung des Kindes in den Staat, in dem nun die Herausgabe des Kindes angeordnet wurde, verweigert hat (Art. 42 Abs. 2 c) Brüssel IIa-VO).

5 Der Mechanismus des Art. 40 i.V.m. Art. 42 Abs. 1 Brüssel IIa-VO ermöglicht die Vollstreckung zwischen den EU-Mitgliedstaaten, so etwa, wenn ein Elternteil versucht, sich der Vollstreckung der Kindesrückführung durch Umzug in einen anderen (dritten) Mitgliedstaat der EU zu entziehen.

▶ *Zum Verfahren zur Ausstellung der Bescheinigung siehe Schweppe, Art. 40 Brüssel IIa-VO Rn. 3 ff.*

---

1 Vom Abdruck des Formblatts wird abgesehen.
2 EuGH FamRZ 2008, 1729, 1730

Übersicht: Vollstreckbarkeit nach Art. 40, 41, 42 Brüssel IIa-VO (Unmittelbar vollstreckbare Entscheidungen im Verhältnis der EU-Mitgliedstaaten untereinander)

Voraussetzung:
Entscheidung i.S.d. Art. 40 Abs. 1 Brüssel IIa-VO

Gegenstand	a) Umgangsregelung	b) Regelung elterliche Sorge im Herkunftsstaat nach Ablehnung Rückführung HKÜ (Art. 11 Abs. 8 Brüssel IIa-VO)
Ausstellung	durch Familienrichter bzw. Vorsitzenden eines Familiensenats, der die Entscheidung erlassen hat, erstellt die Bescheinigung (§ 48 IntFamRVG) – keine Zuständigkeitskonzentration –	
	▪ v.A.w., wenn Auslandsbezug bereits bei Erlass (Art. 41 Abs. 3 Satz 1) oder ▪ auf Antrag, wenn Auslandsbezug später eintritt	▪ v.A.w., Art. 42 Abs. 2 Satz 3
Voraussetzungen	Art. 41 Brüssel IIa-VO	Art. 42 Brüssel IIa-VO
Inhalt	Formblatt in Anhang III	Formblatt in Anhang IV
Dokumentiert Formblatt	Anforderungen nach Art. 41 Brüssel II-VO liegen vor, insbesondere: Nr. 9 Einhaltung von Verfahrensgrundsätzen Nr. 11 Kindesanhörung	Anforderungen nach Art. 42 Brüssel II-VO liegen vor, insbesondere: Nr. 11 Kindesanhörung Nr. 12 Anhörung der Eltern Nr. 13 Prüfung der Kindeswohlgründe nach Art. 13 HKÜ, auf die sich die Entscheidung im Zufluchtsstaat stützt
	Nr. 12 Modalitäten der Ausübung des Umgangsrechts	Nr. 14 Maßnahmen, um den Schutz des Kindes nach der Rückkehr in Herkunftsstaat sicherzustellen

Keine Anfechtung vorgesehen, nur Antrag auf Berichtigung nach Art. 43 Brüssel IIa-VO

Entscheidung ist unmittelbar vollstreckbar nach Recht des Vollstreckungsstaates (Art. 47 Brüssel IIa-VO) nach Vorlage folgender Urkunden (Art. 45 Brüssel IIa-VO):

- Ausfertigung der Entscheidung
- Bescheinigung
- Übersetzungen in die Amtssprache des Vollstreckungsstaats nach Art. 45 Brüssel IIa-VO nur erforderlich für
  - Modalitäten Ausübung Umgang (Nr. 12) bzw.
  - Maßnahmen, die ergriffen wurden, um Rückgabe des Kindes sicherzustellen (Nr. 14)

Artikel 43 Brüssel IIa-VO Klage auf Berichtigung

(1) Für Berichtigungen der Bescheinigung ist das Recht des Ursprungsmitgliedstaats maßgebend.

(2) Gegen die Ausstellung einer Bescheinigung gemäß Artikel 41 Absatz 1 oder Artikel 42 Absatz 1 sind keine Rechtsbehelfe möglich.

1 Für die Berichtigung von Bescheinigungen nach Art. 41 und Art. 42 Brüssel IIa-VO verweist § 49 IntFamRVG auf § 319 ZPO, so dass nur offenbare Unrichtigkeiten korrigiert werden können.[1]

2 Die Bescheinigung kann nicht mit Rechtsmitteln angefochten werden, Art. 43 Abs. 2 Brüssel IIa-VO.

Artikel 44 Brüssel IIa-VO Wirksamkeit der Bescheinigung

Die Bescheinigung ist nur im Rahmen der Vollstreckbarkeit des Urteils wirksam.

Artikel 45 Brüssel IIa-VO Urkunden

(1) Die Partei, die die Vollstreckung einer Entscheidung erwirken will, hat Folgendes vorzulegen:

a) eine Ausfertigung der Entscheidung, die die für ihre Beweiskraft erforderlichen Voraussetzungen erfüllt, und

b) die Bescheinigung nach Artikel 41 Absatz 1 oder Artikel 42 Absatz 1.

(2) [1]Für die Zwecke dieses Artikels

- **wird der Bescheinigung gemäß Artikel 41 Absatz 1 eine Übersetzung der Nummer 12 betreffend die Modalitäten der Ausübung des Umgangsrechts beigefügt;**
- **wird der Bescheinigung gemäß Artikel 42 Absatz 1 eine Übersetzung der Nummer 14 betreffend die Einzelheiten der Maßnahmen, die ergriffen wurden, um die Rückgabe des Kindes sicherzustellen, beigefügt.**

[2]Die Übersetzung erfolgt in die oder in eine der Amtssprachen des Vollstreckungsmitgliedstaats oder in eine andere von ihm ausdrücklich zugelassene Sprache. [3]Die Übersetzung ist von einer hierzu in einem der Mitgliedstaaten befugten Person zu beglaubigen.

Abschnitt 5
Öffentliche Urkunden und Vereinbarungen

Artikel 46 Brüssel IIa-VO [Öffentliche Urkunden]

Öffentliche Urkunden, die in einem Mitgliedstaat aufgenommen und vollstreckbar sind, sowie Vereinbarungen zwischen den Parteien, die in dem Ursprungsmitgliedstaat vollstreckbar sind, werden unter denselben Bedingungen wie Entscheidungen anerkannt und für vollstreckbar erklärt.

Von einer Kommentierung der Art. 44 bis 46 Brüssel IIa-VO wird abgesehen.

Abschnitt 6
Sonstige Bestimmungen

Artikel 47 Brüssel IIa-VO Vollstreckungsverfahren

(1) Für das Vollstreckungsverfahren ist das Recht des Vollstreckungsmitgliedstaats maßgebend.

(2) [1]Die Vollstreckung einer von einem Gericht eines anderen Mitgliedstaats erlassenen Entscheidung, die gemäß Abschnitt 2 für vollstreckbar erklärt wurde oder für die eine Bescheinigung nach Artikel 41 Absatz 1 oder Artikel 42 Absatz 1 ausgestellt wurde, erfolgt im Vollstreckungsmitgliedstaat unter denselben Bedingungen, die für in diesem Mitgliedstaat ergangene Entscheidungen gelten. [2]Insbesondere darf

1 AG Augsburg FamRZ 2014, 417, 418

eine Entscheidung, für die eine Bescheinigung nach Artikel 41 Absatz 1 oder Artikel 42 Absatz 1 ausgestellt wurde, nicht vollstreckt werden, wenn sie mit einer später ergangenen vollstreckbaren Entscheidung unvereinbar ist.

Übersicht

Rn.

A. Allgemeines ... 1

B. Inhalt der Norm ... 2

I. Verweisung auf nationales Recht ... 2

II. Unvereinbarkeit mit späterer Entscheidung ... 4

A. Allgemeines

Art. 47 Brüssel IIa-VO umfasst sowohl das Verfahren zur Vollstreckung von Entscheidungen, die gemäß Art. 28 ff. Brüssel IIa-VO für vollstreckbar erklärt wurden, als auch Fälle, in denen eine Bescheinigung nach Art. 41 oder 42 Brüssel IIa-VO ausgestellt wurde. **1**

B. Inhalt der Norm

I. Verweisung auf nationales Recht

Für die Vollstreckung von Umgangs- bzw. Sorgerechtsentscheidungen verweist Art. 47 Brüssel IIa-VO zunächst allgemein auf das jeweilige nationale Recht des Vollstreckungsstaats. In Deutschland finden damit §§ 86 ff. FamFG Anwendung, wobei innerhalb seines Anwendungsbereichs § 44 IntFamRVG vorrangig zu beachten ist. **2**

Art. 47 Abs. 2 Satz 1 hebt hervor, dass Entscheidungen, für die eine Bescheinigung nach Art. 41 oder 42 Brüssel IIa-VO ausgestellt wurde, wie inländische Entscheidungen zu vollstrecken sind. **3**

II. Unvereinbarkeit mit späterer Entscheidung

Soweit Art. 47 Abs. 2 Satz 2 Brüssel IIa-VO bestimmt, dass eine solche Entscheidung nicht vollstreckt werden darf, wenn sie mit einer später ergangenen vollstreckbaren Entscheidung unvereinbar ist, so ist dies dahingehend auszulegen, dass eine später ergangene Entscheidung eines Gerichts des (für die Hauptsacheentscheidung nicht zuständigen) Vollstreckungsmitgliedstaats, mit der ein vorläufiges Sorgerecht gewährt wird, der Vollstreckung einer zuvor ergangenen und mit einer Bescheinigung versehenen Entscheidung, mit der das (für die Hauptsacheentscheidung) zuständige Gericht des Ursprungsmitgliedstaats die Rückgabe des Kindes anordnet, nicht entgegengehalten werden kann.[1] **4**

Der Vollstreckung darf nicht entgegengehalten werden, dass aufgrund geänderter Umstände die Vollstreckung der Entscheidung mit dem Kindeswohl nicht (mehr) vereinbar wäre. Solche Gründe sind vielmehr in einem Abänderungsverfahren vor dem zuständigen Gericht des Ursprungsmitgliedstaats geltend zu machen, bei dem auch ein etwaiger Antrag auf Aussetzung der Vollstreckung seiner Entscheidung zu stellen ist (hierzu *Schweppe*, § 44 IntFamRVG Rn. 8a).[2] **5**

Mit der Neufassung der Brüssel IIa-VO (hierzu *Schweppe*, Vorbemerkung zur Kommentierung der Brüssel IIa-VO) wird ab August 2022 die Möglichkeit eröffnet, die Vollstreckung in Ausnahmefällen auszusetzen, wenn sie aufgrund – nach Ergehen der Entscheidung aufgetretener – vorübergehender Hindernisse oder anderer wesentlicher Änderungen der Umstände für das Kind die schwerwiegende Gefahr eines körperlichen oder seelischen Schadens mit sich bringen würde.[3] **5a**

Artikel 48 Brüssel IIa-VO Praktische Modalitäten der Ausübung des Umgangsrechts

(1) Die Gerichte des Vollstreckungsmitgliedstaats können die praktischen Modalitäten der Ausübung des Umgangsrechts regeln, wenn die notwendigen Vorkehrungen nicht oder nicht in ausreichendem Maße bereits in der Entscheidung der für die Entscheidung der in der Hauptsache zuständigen Gerichte des Mitgliedstaats getroffen wurden und sofern der Wesensgehalt der Entscheidung unberührt bleibt.

---

1 EuGH FamRZ 2010, 1229, 1233 mit Anm. *Schulz*, FamRZ 2010, 1307

2 EuGH FamRZ 2010, 1229, 1233; diese Verweisung auf die im Ursprungsmitgliedstaat bestehenden Rechtsbehelfe steht nach EGMR FamRZ 2013, 1793, 1795, im Einklang mit Art. 8 EMRK

3 Art. 56 Abs. 4 EU-VO 2019/1111, hierzu *Schlauß*, ZKJ 2019, 255, 260

(2) Die nach Absatz 1 festgelegten praktischen Modalitäten treten außer Kraft, nachdem die für die Entscheidung in der Hauptsache zuständigen Gerichte des Mitgliedstaats eine Entscheidung erlassen haben.

Zur effektiven Umsetzung von Umgangsentscheidungen sieht Art. 48 Brüssel IIa-VO vor, im Verfahren zur Vollstreckbarerklärung nach Art. 28 ff. Brüssel IIa-VO, aber auch bei Erteilung der Bescheinigung nach Art. 41 Brüssel IIa-VO,[1] die Umgangsregelung – zeitlich befristet bis zur Entscheidung durch das in der Hauptsache zuständige Gericht, Art. 48 Abs. 2 Brüssel IIa-VO – zu konkretisieren, damit diese einen im Vollstreckungsstaat vollstreckungsfähigen Inhalt erhält.

Artikel 49 Brüssel IIa-VO Kosten

Die Bestimmungen dieses Kapitels mit Ausnahme der Bestimmungen des Abschnitts 4 gelten auch für die Festsetzung der Kosten für die nach dieser Verordnung eingeleiteten Verfahren und die Vollstreckung eines Kostenfestsetzungsbeschlusses.

Artikel 50 Brüssel IIa-VO Prozesskostenhilfe

Wurde dem Antragsteller im Ursprungsmitgliedstaat ganz oder teilweise Prozesskostenhilfe oder Kostenbefreiung gewährt, so genießt er in dem Verfahren nach den Artikeln 21, 28, 41, 42 und 48 hinsichtlich der Prozesskostenhilfe oder der Kostenbefreiung die günstigste Behandlung, die das Recht des Vollstreckungsmitgliedstaats vorsieht.

Artikel 51 Brüssel IIa-VO Sicherheitsleistung, Hinterlegung

Der Partei, die in einem Mitgliedstaat die Vollstreckung einer in einem anderen Mitgliedstaat ergangenen Entscheidung beantragt, darf eine Sicherheitsleistung oder Hinterlegung, unter welcher Bezeichnung es auch sei, nicht aus einem der folgenden Gründe auferlegt werden:

a) weil sie in dem Mitgliedstaat, in dem die Vollstreckung erwirkt werden soll, nicht ihren gewöhnlichen Aufenthalt hat, oder

b) weil sie nicht die Staatsangehörigkeit dieses Staates besitzt oder, wenn die Vollstreckung im Vereinigten Königreich oder in Irland erwirkt werden soll, ihr „domicile" nicht in einem dieser Mitgliedstaaten hat.

Artikel 52 Brüssel IIa-VO Legalisation oder ähnliche Förmlichkeit

Die in den Artikeln 37, 38 und 45 aufgeführten Urkunden sowie die Urkunde über die Prozessvollmacht, falls eine solche erteilt wird, bedürfen weder der Legalisation noch einer ähnlichen Förmlichkeit.

Von einer Kommentierung der Art. 49 bis 52 Brüssel IIa-VO wird abgesehen.

Kapitel IV
Zusammenarbeit zwischen den Zentralen Behörden bei Verfahren betreffend die elterliche Verantwortung

Artikel 53 Brüssel IIa-VO Bestimmung der Zentralen Behörden

[1]Jeder Mitgliedstaat bestimmt eine oder mehrere Zentrale Behörden, die ihn bei der Anwendung dieser Verordnung unterstützen, und legt ihre räumliche oder sachliche Zuständigkeit fest. [2]Hat ein Mitglied-

1 MüKo-FamFG/*Gottwald*, Brüssel IIa-VO Art. 48 Rn. 1; zu Art. 41 Brüssel IIa-VO vgl. OLG Köln FamRZ 2017, 1514; AG Augsburg FamRZ 2014, 417

staat mehrere Zentrale Behörden bestimmt, so sind die Mitteilungen grundsätzlich direkt an die zuständige Zentrale Behörde zu richten. [3]Wurde eine Mitteilung an eine nicht zuständige Zentrale Behörde gerichtet, so hat diese die Mitteilung an die zuständige Zentrale Behörde weiterzuleiten und den Absender davon in Kenntnis zu setzen.

Art. 53 Brüssel IIa-VO sieht wie auch Art. 6 HKÜ, Art. 2 ESÜ und Art. 29 KSÜ vor, dass die Vertragsstaaten jeweils Zentrale Behörden bestimmen. In Deutschland ist dies das Bundesamt für Justiz, § 3 IntFamRVG, dessen Aufgaben in Art. 54 und 55 Brüssel IIa-VO sowie in §§ 4 ff. IntFamRVG beschrieben sind.[1]

Artikel 54 Brüssel IIa-VO Allgemeine Aufgaben

[1]Die Zentralen Behörden stellen Informationen über nationale Rechtsvorschriften und Verfahren zur Verfügung und ergreifen Maßnahmen, um die Durchführung dieser Verordnung zu verbessern und die Zusammenarbeit untereinander zu stärken. [2]Hierzu wird das mit der Entscheidung 2001/470/EG eingerichtete Europäische Justizielle Netz für Zivil- und Handelssachen genutzt.

Artikel 55 Brüssel IIa-VO Zusammenarbeit in Fällen, die speziell die elterliche Verantwortung betreffen

[1]Die Zentralen Behörden arbeiten in bestimmten Fällen auf Antrag der Zentralen Behörde eines anderen Mitgliedstaats oder des Trägers der elterlichen Verantwortung zusammen, um die Ziele dieser Verordnung zu verwirklichen. [2]Hierzu treffen sie folgende Maßnahmen im Einklang mit den Rechtsvorschriften dieses Mitgliedstaats, die den Schutz personenbezogener Daten regeln, direkt oder durch Einschaltung anderer Behörden oder Einrichtungen:

a) Sie holen Informationen ein und tauschen sie aus über
   i. die Situation des Kindes,
   ii. laufende Verfahren oder
   iii. das Kind betreffende Entscheidungen.

b) Sie informieren und unterstützen die Träger der elterlichen Verantwortung, die die Anerkennung und Vollstreckung einer Entscheidung, insbesondere über das Umgangsrecht und die Rückgabe des Kindes, in ihrem Gebiet erwirken wollen.

c) Sie erleichtern die Verständigung zwischen den Gerichten, insbesondere zur Anwendung des Artikels 11 Absätze 6 und 7 und des Artikels 15.

d) Sie stellen alle Informationen und Hilfen zur Verfügung, die für die Gerichte für die Anwendung des Artikels 56 von Nutzen sind.

e) Sie erleichtern eine gütliche Einigung zwischen den Trägern der elterlichen Verantwortung durch Mediation oder auf ähnlichem Wege und fördern hierzu die grenzüberschreitende Zusammenarbeit.

Von einer Kommentierung der Art. 54 und 55 Brüssel IIa-VO wird abgesehen.

Artikel 56 Brüssel IIa-VO Unterbringung des Kindes in einem anderen Mitgliedstaat

(1) Erwägt das nach den Artikeln 8 bis 15 zuständige Gericht die Unterbringung des Kindes in einem Heim oder in einer Pflegefamilie und soll das Kind in einem anderen Mitgliedstaat untergebracht werden, so zieht das Gericht vorher die Zentrale Behörde oder eine andere zuständige Behörde dieses Mitgliedstaats zurate, sofern in diesem Mitgliedstaat für die innerstaatlichen Fälle der Unterbringung von Kindern die Einschaltung einer Behörde vorgesehen ist.

(2) Die Entscheidung über die Unterbringung nach Absatz 1 kann im ersuchenden Mitgliedstaat nur getroffen werden, wenn die zuständige Behörde des ersuchten Staates dieser Unterbringung zugestimmt hat.

---

1 Zu Informationen über das Bundesamt für Justiz als Zentrale Behörde, aber auch zu den weiteren Aufgaben dieser Behörde ist auf die Internetseite www.bundesjustizamt.de/sorgerecht zu verweisen.

(3) Für die Einzelheiten der Konsultation bzw. der Zustimmung nach den Absätzen 1 und 2 gelten das nationale Recht des ersuchten Staates.

(4) Beschließt das nach den Artikeln 8 bis 15 zuständige Gericht die Unterbringung des Kindes in einer Pflegefamilie und soll das Kind in einem anderen Mitgliedstaat untergebracht werden und ist in diesem Mitgliedstaat für die innerstaatlichen Fälle der Unterbringung von Kindern die Einschaltung einer Behörde nicht vorgesehen, so setzt das Gericht die Zentrale Behörde oder eine zuständige Behörde dieses Mitgliedstaats davon in Kenntnis.

Art. 56 Brüssel IIa-VO regelt die grenzüberschreitende Unterbringung von Kindern. Maßnahmen nach Art. 56 Abs. 1 Brüssel IIa-VO umfassen neben der genannten Unterbringung in Jugendhilfeeinrichtungen oder in Pflegefamilien insbesondere auch sogenannte individualpädagogische Auslandsmaßnahmen. Das entsprechende Konsultationsverfahren nach Art. 56 Abs. 3 Brüssel IIa-VO ist in §§ 45 bis 47 IntFamRVG geregelt (vgl. hierzu *Schweppe*, Kommentierung zu § 47 IntFamRVG).[1]

Artikel 57 Brüssel IIa-VO Arbeitsweise

(1) [1]Jeder Träger der elterlichen Verantwortung kann bei der Zentralen Behörde des Mitgliedstaats, in dem er seinen gewöhnlichen Aufenthalt hat, oder bei der Zentralen Behörde des Mitgliedstaats, in dem das Kind seinen gewöhnlichen Aufenthalt hat oder in dem es sich befindet, einen Antrag auf Unterstützung gemäß Artikel 55 stellen. [2]Dem Antrag werden grundsätzlich alle verfügbaren Informationen beigefügt, die die Ausführung des Antrags erleichtern können. [3]Betrifft dieser Antrag die Anerkennung oder Vollstreckung einer Entscheidung über die elterliche Verantwortung, die in den Anwendungsbereich dieser Verordnung fällt, so muss der Träger der elterlichen Verantwortung dem Antrag die betreffenden Bescheinigungen nach Artikel 39, Artikel 41 Absatz 1 oder Artikel 42 Absatz 1 beifügen.

(2) Jeder Mitgliedstaat teilt der Kommission die Amtssprache(n) der Organe der Gemeinschaft mit, die er außer seiner/seinen eigenen Sprache(n) für Mitteilungen an die Zentralen Behörden zulässt.

(3) Die Unterstützung der Zentralen Behörden gemäß Artikel 55 erfolgt unentgeltlich.

(4) Jede Zentrale Behörde trägt ihre eigenen Kosten.

Von einer Kommentierung wird abgesehen.

Artikel 58 Brüssel IIa-VO Zusammenkünfte

Von Abdruck und Kommentierung wird abgesehen.

Kapitel V
Verhältnis zu anderen Rechtsinstrumenten

Artikel 59 Brüssel IIa-VO Verhältnis zu anderen Rechtsinstrumenten

(1) Unbeschadet der Artikel 60, 61, 62 und des Absatzes 2 des vorliegenden Artikels ersetzt diese Verordnung die zum Zeitpunkt des Inkrafttretens dieser Verordnung bestehenden, zwischen zwei oder mehr Mitgliedstaaten geschlossenen Übereinkünfte, die in dieser Verordnung geregelte Bereiche betreffen.

(2)

a) Finnland und Schweden können erklären, dass das Übereinkommen vom 6. Februar 1931 zwischen Dänemark, Finnland, Island, Norwegen und Schweden mit Bestimmungen des internationalen Verfahrensrechts über Ehe, Adoption und Vormundschaft einschließlich des Schlussprotokolls anstelle dieser Verordnung ganz oder teilweise auf ihre gegenseitigen Beziehungen anwendbar ist. Diese Erklärungen werden dieser Verordnung als Anhang beigefügt und im Amtsblatt der Europäischen

---

1 Zu den Anforderungen an eine geschlossene Unterbringung sowie die Verlängerung von Maßnahmen siehe EuGH FamRZ 2012, 1466; zur grenzüberschreitenden Unterbringung allgemein und zum Konsultationsverfahren insbesondere vgl. *Eschelbach/Rölke*, JAmt 2014, 494 ff.; *Schlauß*, ZKJ 2016, 348, zur Unterbringung in der EU

Union veröffentlicht. Die betreffenden Mitgliedstaaten können ihre Erklärung jederzeit ganz oder teilweise widerrufen.

b) Der Grundsatz der Nichtdiskriminierung von Bürgern der Union aus Gründen der Staatsangehörigkeit wird eingehalten.

c) Die Zuständigkeitskriterien in künftigen Übereinkünften zwischen den in Buchstabe a) genannten Mitgliedstaaten, die in dieser Verordnung geregelte Bereiche betreffen, müssen mit den Kriterien dieser Verordnung im Einklang stehen.

d) Entscheidungen, die in einem der nordischen Staaten, der eine Erklärung nach Buchstabe a) abgegeben hat, aufgrund eines Zuständigkeitskriteriums erlassen werden, das einem der in Kapitel II vorgesehenen Zuständigkeitskriterien entspricht, werden in den anderen Mitgliedstaaten gemäß den Bestimmungen des Kapitels III anerkannt und vollstreckt.

(3) Die Mitgliedstaaten übermitteln der Kommission

a) eine Abschrift der Übereinkünfte sowie der einheitlichen Gesetze zur Durchführung dieser Übereinkünfte gemäß Absatz 2 Buchstaben a) und c),

b) jede Kündigung oder Änderung dieser Übereinkünfte oder dieser einheitlichen Gesetze.

Artikel 60 Brüssel IIa-VO Verhältnis zu bestimmten multilateralen Übereinkommen

Im Verhältnis zwischen den Mitgliedstaaten hat diese Verordnung vor den nachstehenden Übereinkommen insoweit Vorrang, als diese Bereiche betreffen, die in dieser Verordnung geregelt sind:

a) Haager Übereinkommen vom 5. Oktober 1961 über die Zuständigkeit der Behörden und das anzuwendende Recht auf dem Gebiet des Schutzes von Minderjährigen,

b) Luxemburger Übereinkommen vom 8. September 1967 über die Anerkennung von Entscheidungen in Ehesachen,

c) Haager Übereinkommen vom 1. Juni 1970 über die Anerkennung von Ehescheidungen und der Trennung von Tisch und Bett,

d) Europäisches Übereinkommen vom 20. Mai 1980 über die Anerkennung und Vollstreckung von Entscheidungen über das Sorgerecht für Kinder und die Wiederherstellung des Sorgeverhältnisses und

e) Haager Übereinkommen vom 25. Oktober 1980 über die zivilrechtlichen Aspekte internationaler Kindesentführung.

Während Art. 59 Brüssel IIa-VO allgemein den grundsätzlichen Vorrang der Brüssel IIa-VO vor anderen zwischenstaatlichen Übereinkommen regelt, benennt Art. 60 Brüssel IIa-VO konkret, dass die Brüssel IIa-VO bei Überschneidung der Anwendungsbereiche Vorrang hat vor **1**

- dem Minderjährigenschutzübereinkommen – MSA,
- dem Europäischen Sorgerechtsübereinkommen – ESÜ,
- dem Haager Kindesentführungsübereinkommen – HKÜ.

Außerhalb des Anwendungsbereichs der Brüssel IIa-VO finden die genannten Übereinkommen jedoch weiterhin Anwendung, vgl. Art. 62 Brüssel IIa-VO. **2**

In Bezug auf das HKÜ ist weiter zu beachten, dass die Brüssel IIa-VO in Art. 10, 11 sowie 40 Abs. 1 lit. b und 42 Brüssel IIa-VO Bestimmungen enthält, welche der Stärkung des Rückführungsmechanismus des HKÜ dienen. **3**

Artikel 61 Brüssel IIa-VO Verhältnis zum Haager Übereinkommen vom 19. Oktober 1996

Im Verhältnis zum Haager Übereinkommen vom 19. Oktober 1996 über die Zuständigkeit, das anzuwendende Recht, die Anerkennung, Vollstreckung und Zusammenarbeit auf dem Gebiet der elterlichen Verantwortung und der Maßnahmen zum Schutz von Kindern ist diese Verordnung anwendbar,

a) wenn das betreffende Kind seinen gewöhnlichen Aufenthalt im Hoheitsgebiet eines Mitgliedstaats hat;

b) in Fragen der Anerkennung und der Vollstreckung einer von dem zuständigen Gericht eines Mitgliedstaats ergangenen Entscheidung im Hoheitsgebiet eines anderen Mitgliedstaats, auch wenn

das betreffende Kind seinen gewöhnlichen Aufenthalt im Hoheitsgebiet eines Drittstaats hat, der Vertragspartei des genannten Übereinkommens ist.

1 Nach Art. 61 lit. a Brüssel IIa-VO ist der Vorrang der Brüssel IIa-VO bei Überschneidung der Anwendungsbereiche im Verhältnis zum KSÜ abhängig vom gewöhnlichen Aufenthalt des Kindes in einem EU-Mitgliedstaat. Damit bestimmt sich die internationale Zuständigkeit nach dem KSÜ, wenn das Kind seinen gewöhnlichen Aufenthalt in einem Vertragsstaat des KSÜ hat, der nicht zu den EU-Mitgliedstaaten gehört, so etwa im Verhältnis zur Schweiz.

2 Art. 61 lit. b Brüssel IIa-VO erweitert den Vorrang der Brüssel IIa-VO auf die Anerkennung und Vollstreckung einer in einem EU-Mitgliedstaat erlassenen Entscheidung in einem anderen EU-Mitgliedstaat auf Fälle, in denen ein Kind seinen gewöhnlichen Aufenthalt in einem Vertragsstaat des KSÜ hat. Für die Anerkennung und Vollstreckung ist mithin allein die Bindung von Ursprungsstaat und Anerkennungs- bzw. Vollstreckungsstaat an die Brüssel IIa-VO maßgeblich.

Artikel 62 Brüssel IIa-VO Fortbestand der Wirksamkeit

(1) Die in Artikel 59 Absatz 1 und den Artikeln 60 und 61 genannten Übereinkünfte behalten ihre Wirksamkeit für die Rechtsgebiete, die durch diese Verordnung nicht geregelt werden.

(2) Die in Artikel 60 genannten Übereinkommen, insbesondere das Haager Übereinkommen von 1980, behalten vorbehaltlich des Artikels 60 ihre Wirksamkeit zwischen den ihnen angehörenden Mitgliedstaaten.

Von einer Kommentierung wird abgesehen.

Von Abdruck und Kommentierung der weiteren Vorschriften der Brüssel IIa-VO wird abgesehen.

Die Liste der durch die EU-Mitgliedstaaten nach Art. 68 Brüssel IIa-VO zu benennenden zuständigen Gerichte ist veröffentlicht unter ABl. C 40 vom 17.2.2005; Informationen sind über die jeweiligen Zentralen Behörden der Mitgliedstaaten erhältlich.

Kapitel 3
Internationale Übereinkommen

Abschnitt 1
Haager Kindesentführungsübereinkommen – HKÜ

Weiterführende Literatur: Erb-Klünemann, Die Ausnahmetatbestände im Haager Kindesentführungsübereinkommen in der Praxis, FamRB 2018, 327 ff.; *Nehls*, Praktischer Leitfaden zum Haager Übereinkommen über die zivilrechtlichen Aspekte internationaler Kindesentführung, ZKJ 2014, 62 ff.; *Vogel*, Haager Übereinkommen über die zivilrechtlichen Aspekte internationaler Kindesentführung, FPR 2012, 403 ff.

Artikel 1 HKÜ Ziel des Übereinkommens

Ziel dieses Übereinkommens ist es,

a) die sofortige Rückgabe widerrechtlich in einen Vertragsstaat verbrachter oder dort zurückgehaltener Kinder sicherzustellen und

b) zu gewährleisten, dass das in einem Vertragsstaat bestehende Sorgerecht und Recht zum persönlichen Umgang in den anderen Vertragsstaaten tatsächlich beachtet wird.

Übersicht

Rn.
A. Allgemeines ... 1
I. Ziele des Übereinkommens ... 1
II. Anwendungsbereich ... 2
1. Räumlich ... 2
2. Persönlich ... 4
3. Zeitlich ... 6
B. Gegenstand des Übereinkommens ... 7
I. Rückführungsverfahren ... 10
II. Achtung bestehender Rechte ... 12

A. Allgemeines

I. Ziele des Übereinkommens

Das Haager Übereinkommen über die zivilrechtlichen Aspekte internationaler Kindesentführung vom 25. Oktober 1980 (HKÜ) enthält einen besonderen Regelungsmechanismus für Fälle, in denen ein Kind durch einen Elternteil unter Verletzung des (Mit-)Sorgerechts des anderen Elternteils in einen anderen Staat verbracht wurde oder dort zurückgehalten wird. Das Übereinkommen basiert auf der Prämisse, dass die sofortige Rückführung grundsätzlich im Interesse des Kindes sei, da sie den vor dem Verbringen bestehenden Zustand wiederherstelle und eine Entscheidung über das Sorgerecht im Herkunftsstaat, d.h. im bisherigen Aufenthaltsstaat des Kindes, ermöglicht.[1] Ziel ist die Herstellung des *status quo ante*, zugleich soll präventiv künftigen eigenmächtigen Aufenthaltswechseln entgegengewirkt werden.[2] 1

II. Anwendungsbereich

1. Räumlich

Das Übereinkommen findet (nur) zwischen den Vertragsstaaten Anwendung. Im Verhältnis zu Staaten, die dem Übereinkommen nach dessen Verabschiedung beitreten bzw. beigetreten sind, ist die 2

1 Diesem Rechtsgedanken folgend ermöglicht § 154 FamFG den Familiengerichten im Falle innerstaatlicher Sorgerechtsauseinandersetzungen, das Verfahren an das Gericht des früheren gewöhnlichen Aufenthalts des Kindes zu verweisen, wenn ein Elternteil den Aufenthalt des Kindes ohne vorherige Zustimmung des anderen geändert hat (vgl. hierzu *Keuter*, § 154 FamFG Rn. 1).

2 Zu den Zielen des HKÜ vgl. etwa BVerfG FamRZ 2016, 1571; 1999, 85, 87

Annahme des Beitritts durch den jeweiligen Vertragsstaat Voraussetzung für die Geltung zwischen diesen Staaten.[3]

3 Für Deutschland findet das HKÜ derzeit im Verhältnis zu folgenden Staaten Anwendung: Albanien, Andorra, Argentinien, Armenien, Australien, Bahamas, Belgien, Belize, Bosnien und Herzegowina, Brasilien, Bulgarien, Burkina Faso, Chile, China (nur Hong Kong und Macau), Costa Rica, Dänemark, Dominikanische Republik, Ecuador, El Salvador, Estland, Fidschi, Finnland, Frankreich, Georgien, Griechenland, Grönland, Guatemala, Honduras, Irland, Island, Israel, Italien, Japan, Kanada, Kasachstan, Kolumbien, Kroatien, Lettland, Litauen, Luxemburg, Malta, Marokko, Mauritius, Mazedonien, Mexiko, Neuseeland, Nicaragua, Niederlande, Norwegen, Österreich, Panama, Paraguay, Peru, Polen, Portugal, Rumänien, Russland, San Marino, Schweden, Schweiz, Serbien, Seychellen, Simbabwe, Singapur, Slowakei, Slowenien, Spanien, Sri Lanka, St. Kitts und Nevis, Südafrika, Südkorea, Thailand, Trinidad und Tobago, Tschechien, Türkei, Turkmenistan, Ukraine, Ungarn, Uruguay, USA, Usbekistan, Venezuela, Vereinigtes Königreich, Weißrussland und Zypern.

2. Persönlich

4 Das HKÜ findet Anwendung für

- Minderjährige unter 16 Jahren (siehe *Schweppe,* Art. 4 HKÜ Rn. 1)
- mit gewöhnlichem Aufenthalt in einem Vertragsstaat des HKÜ,
- die widerrechtlich (siehe *Schweppe,* Art. 3 HKÜ Rn. 1 ff.)
- aus einem Vertragsstaat (Herkunftsstaat)
- in einen anderen (Zufluchtsstaat) verbracht wurden oder dort zurückgehalten werden.

5 Auf die Staatsangehörigkeit des Kindes und der Eltern kommt es nicht an.

3. Zeitlich

6 Das HKÜ findet nur Anwendung, wenn das widerrechtliche Verbringen oder Zurückhalten nach dem Inkrafttreten in diesen Staaten eingetreten ist (Art. 35 Abs. 1 HKÜ).

▶ *Zur Jahresfrist für die Antragstellung siehe Schweppe, Art. 12 HKÜ Rn. 5 ff.*

B. Gegenstand des Übereinkommens

7 Das HKÜ regelt nicht die internationale Zuständigkeit für Sorge- und Umgangsverfahren, diese folgt vielmehr aus Art. 8ff. Brüssel IIa-VO (siehe Art. 8ff. Brüssel IIa-VO), dem KSÜ (siehe Art. 5 ff. KSÜ) oder subsidiär aus nationalem Recht (siehe § 99 FamFG).

▶ *Zur Frage, welches Übereinkommen Anwendung findet, siehe Schweppe, Vorbemerkungen, Rn. 17 ff.*

8 Auch enthält das HKÜ keine Regelungen für das anzuwendende Recht. Dieses bestimmt sich nach Art. 15 KSÜ bzw. subsidiär nach Art. 21 EGBGB (näher hierzu die Kommentierung der genannten Normen).

9 Gegenstand des HKÜ ist vielmehr die wechselseitige Achtung bestehender Sorgerechtspositionen und die Durchsetzung der internationalen Zuständigkeit des Staates des jeweiligen gewöhnlichen Aufenthalts für die Durchführung des Sorgerechtsverfahrens.

I. Rückführungsverfahren

10 Zur Durchsetzung der internationalen Zuständigkeit für die Durchführung des Sorgerechtsverfahrens enthält das HKÜ in Art. 8 HKÜ (Antragstellung), Art. 12 HKÜ (Anordnung der Rückführung) und Art. 13 HKÜ (Ausnahmetatbestände) ein spezielles Rückführungsverfahren.

11 Zwischen den EU-Mitgliedstaaten stärken die Regelungen in Art. 11 Abs. 6 bis 8 Brüssel IIa-VO (siehe näher hierzu *Schweppe*, Art. 11 Brüssel IIa-VO Rn. 13 ff.) die Zuständigkeit der Gerichte des Herkunftsstaats, indem die Einleitung eines Sorgeverfahrens im Herkunftsstaat gefördert wird, wenn im Verhältnis zweier EU-Mitgliedstaaten die Ablehnung der Rückführung auf Art. 13 Abs. 1b) HKÜ ge-

3 Art. 38 Abs. 3 HKÜ. Nach EuGH FamRZ 2015, 21, 24, fällt das Einverständnis zum Beitritt eines Drittstaats zum HKÜ in die ausschließliche EU-Zuständigkeit, so dass künftig die Annahme im Verhältnis zu weiteren Staaten von der Zustimmung aller Mitgliedstaaten abhängt (*Dutta*, FamRZ 2015, 24).

stützt worden ist. Eine Sorgerechtsregelung, die im Herkunftsstaat nach Ablehnung der Rückführung ergeht, ist im Zufluchtsstaat zudem automatisch vollstreckbar (Art. 11 Abs. 8 i.V.m. Art. 40, 42 Brüssel IIa-VO).

II. Achtung bestehender Rechte

Weiter hebt Art. 1 HKÜ die Verpflichtung der Vertragsstaaten zur Beachtung von Sorge- und Umgangsrechten hervor. Während der Schutz des Sorgerechts über das Rückführungsverfahren gewährleistet wird, ist das Recht zum persönlichen Umgang nach Maßgabe des Art. 21 HKÜ geschützt. 12

Artikel 2 HKÜ Umsetzung des Übereinkommens

[1]Die Vertragsstaaten treffen alle geeigneten Maßnahmen, um in ihrem Hoheitsgebiet die Ziele des Übereinkommens zu verwirklichen. [2]Zu diesem Zweck wenden sie ihre schnellstmöglichen Verfahren an.

Besondere Verfahrensregelungen zur Umsetzung des HKÜ enthält das IntFamRVG (vgl. *Schweppe,* Kommentierung zu §§ 37 ff. IntFamRVG). Auch andere Vertragsstaaten haben entsprechende Ausführungsgesetze erlassen.[1] 1

Die Verpflichtung der Vertragsstaaten zur Anwendung beschleunigter Verfahren wird durch Art. 11 HKÜ verstärkt. 2

Artikel 3 HKÜ Widerrechtliches Verbringen oder Zurückhalten

[1]Das Verbringen oder Zurückhalten eines Kindes gilt als widerrechtlich, wenn

a) dadurch das Sorgerecht verletzt wird, das einer Person, Behörde oder sonstigen Stelle allein oder gemeinsam nach dem Recht des Staates zusteht, in dem das Kind unmittelbar vor dem Verbringen oder Zurückhalten seinen gewöhnlichen Aufenthalt hatte, und

b) dieses Recht im Zeitpunkt des Verbringens oder Zurückhaltens allein oder gemeinsam tatsächlich ausgeübt wurde oder ausgeübt worden wäre, falls das Verbringen oder Zurückhalten nicht stattgefunden hätte.

[2]Das unter Buchstabe a genannte Sorgerecht kann insbesondere kraft Gesetzes, aufgrund einer gerichtlichen oder behördlichen Entscheidung oder aufgrund einer nach dem Recht des betreffenden Staates wirksamen Vereinbarung bestehen.

Übersicht

Rn.
A. Allgemeines ... 1
B. Inhalt der Norm ... 2
I. Verletzung eines Sorgerechts ... 2
1. Staat des gewöhnlichen Aufenthaltes ... 3
2. Sorgerecht ... 5
3. Zeitpunkt des Bestehens des Sorgerechts ... 8
II. Tatsächliche Ausübung ... 9

A. Allgemeines

Art. 3 HKÜ definiert den Begriff der Widerrechtlichkeit als Verletzung eines Sorgerechts und enthält damit – neben Art. 12 HKÜ – maßgebliche Voraussetzungen für das Rückführungsverfahren. 1

B. Inhalt der Norm

I. Verletzung eines Sorgerechts

Maßgeblich ist nach Art. 3 Satz 1 a) HKÜ das nach dem Staat des gewöhnlichen Aufenthalts zum Zeitpunkt des Verbringens oder Zurückhaltens bestehende Sorgerecht. Zurückhalten bezeichnet dabei, dass ein Kind sich zunächst mit Zustimmung des (Mit-)Sorgeberechtigten in einem Vertragsstaat auf- 2

1 Vgl. hierzu die Beispiele bei MüKo-BGB/*Heiderhoff*, Art. 2 HKÜ Rn. 7 f.

gehalten hat, dann aber die Zustimmung für einen weiteren Aufenthalt entfallen ist. Ein widerrechtliches Zurückhalten liegt etwa vor, wenn ein Elternteil nach einem mit dem Einverständnis des anderen Elternteils geplanten Urlaub in einem anderen Staat nicht mit dem Kind in den Herkunftsstaat zurückkehrt.

1. Staat des gewöhnlichen Aufenthaltes

3 Der gewöhnliche Aufenthalt im Sinne des HKÜ richtet sich nach dem tatsächlichen Lebensmittelpunkt des Kindes.[1]

▶ *Näher zum Begriff des gewöhnlichen Aufenthalts Schweppe, Art. 8 Brüssel IIa-VO Rn. 3 ff.*

4 Das Forum, d.h. der Staat, nach dem sich der gewöhnliche Aufenthalt bestimmt, kann bei häufigen Aufenthaltswechseln, etwa bei einem Wechselmodell mit annähernd gleich großen Betreuungsanteilen, schwierig zu ermitteln sein.[2] Nach einer Auffassung soll bei ständig wechselnden Aufenthalten des Kindes zwischen zwei Staaten das HKÜ keine Anwendung finden.[3] Allerdings kann ein Kind seinen gewöhnlichen Aufenthalt auch in mehreren Staaten haben (siehe hierzu Art. 8 Brüssel IIa-VO Rn. 8). Gemäß der Intention des HKÜ, die Zuständigkeit für das Sorgerechtsverfahren an den aktuellen Lebensmittelpunkt zu binden, ist anhand der Umstände des Einzelfalls zu prüfen, wo das Kind zum Zeitpunkt des Verbringens seinen gewöhnlichen Aufenthalt hatte, und das HKÜ demgemäß anzuwenden.[4]

2. Sorgerecht

5 Eine nähere Umschreibung der durch das HKÜ geschützten Rechtspositionen enthalten Art. 3 und 5 HKÜ.

6 Art. 3 Satz 2 HKÜ verdeutlicht, dass die rechtliche Grundlage des Sorgerechts (kraft Gesetzes, aufgrund gerichtlicher Entscheidung oder Vereinbarung der Eltern) nicht von Bedeutung ist.[5] Maßgeblich ist die Befugnis, den Aufenthalt des Kindes (mit) zu bestimmen, Art. 5 a) HKÜ.

7 Das Sorgerecht i.S.d. Art. 3 Satz 1 a) HKÜ muss nicht zwingend einem Elternteil zustehen, auch ein einem Gericht oder einer Behörde zustehendes Recht ist beachtlich. So geht etwa mit Einreichung eines Sorgerechtsantrags durch den Vater eines nichtehelichen Kindes nach schottischem Recht das Sorgerecht für das Kind einstweilen auf das Gericht über, womit das anschließende Verbringen des nichtehelichen Kindes nach Deutschland als widerrechtlich i.S.d. Art. 3 HKÜ anzusehen ist.[6]

3. Zeitpunkt des Bestehens des Sorgerechts

8 Maßgeblich für die Bewertung der Widerrechtlichkeit ist die Rechtssituation im Zeitpunkt des Verbringens nach dem Recht des Staates, in dem das Kind unmittelbar vor dem Verbringen oder Zurückhalten seinen gewöhnlichen Aufenthalt hatte,[7] spätere Veränderungen der Rechtslage sind unbeachtlich.[8]

II. Tatsächliche Ausübung

9 An die tatsächliche Ausübung des Sorgerechts i.S.d. Art. 3 Satz 1 b) HKÜ sind keine hohen Anforderungen zu stellen. So genügt ein persönlicher oder telefonischer Kontakt zum Kind zum Zwecke der Wahrnehmung des Umgangsrechts.[9] Ob eine tatsächliche Ausübung zu verneinen ist, wenn ein Elternteil sich seit der Trennung der Eltern bis zum Verbringen des Kindes lediglich durch anwaltliche Schreiben vergeblich um den Umgang mit dem Kind bemüht hat,[10] kann nur unter Berücksichtigung

---

1 Ausführlich hierzu OLG Naumburg, Beschl. v. 9.10.2018 – 8 UF 102/18; OLG Frankfurt FamRZ 2006, 883, 884, sowie OLG Hamm ZKJ 2013, 35, 38 f.

2 Hierzu *Nehls*, ZKJ 2014, 62

3 OLG Karlsruhe FamRZ 2003, 955, wobei das Gericht dahingestellt ließ, ob von mehreren gewöhnlichen oder nur schlichten Aufenthalten auszugehen sei

4 So OLG Stuttgart FamRZ 2003, 959, 960; vgl. auch die Beispiele bei MüKo-BGB/*Heiderhoff*, Art. 3 HKÜ Rn. 21 ff.

5 Hierzu MüKo-BGB/*Heiderhoff*, Art. 3 HKÜ Rn. 5 ff.

6 Vgl. OLG München FamRZ 2005, 1002, 1003, unter Bezugnahme auf eine Entscheidung des House of Lords (1999) „in re H"

7 OLG Frankfurt ZKJ 2009, 373, 375 f.

8 *Niethammer-Jürgens/Erb-Klünemann*, S. 160; *Schlauß*, ZKJ 2019, 255, 258, unter Hinweis auf OLG Köln, Beschl. v. 24.4.2017 – II-21 UF 37/17

9 *Niethammer-Jürgens/Erb-Klünemann*, S. 162; vgl. etwa OLG Nürnberg FamRZ 2010, 1575, 1576; OLG Dresden FamRZ 2002, 1136, 1137

10 So OLG Bremen ZKJ 2013, 367, 369

der Umstände des Einzelfalls beurteilt werden. Sofern auf die anwaltlichen Schreiben keinerlei Reaktion bzw. Gesprächsangebote des anderen Elternteils erfolgten, dürfte eine tatsächliche Ausübung im Sinne des HKÜ eher nicht zu verneinen sein.

Artikel 4 HKÜ Personeller Anwendungsbereich

[1]Das Übereinkommen wird auf jedes Kind angewendet, das unmittelbar vor einer Verletzung des Sorgerechts oder des Rechts zum persönlichen Umgang seinen gewöhnlichen Aufenthalt in einem Vertragsstaat hatte. [2]Das Übereinkommen wird nicht mehr angewendet, sobald das Kind das 16. Lebensjahr vollendet hat.

Die Regelung begrenzt den persönlichen Anwendungsbereich des Übereinkommens auf Kinder bis zur Vollendung des 16. Lebensjahres, dabei ist auch das Erreichen der Altersgrenze während eines laufenden Verfahrens erheblich („sobald"). **1**

Weitere Voraussetzung für die Anwendung ist der gewöhnliche Aufenthalt in einem Vertragsstaat zum Zeitpunkt der Verletzung des Sorge- bzw. Umgangsrechts. Ausgeschlossen ist die Einleitung eines Rückführungsverfahrens, wenn der gewöhnliche Aufenthalt des Kindes vor dem Verbringen bzw. Zurückhalten in einem Drittstaat, also nicht in einem Vertragsstaat, lag. **2**

Artikel 5 HKÜ Umfang von Sorge- und Umgangsrecht

Im Sinn dieses Übereinkommens umfasst

a) das „Sorgerecht" die Sorge für die Person des Kindes und insbesondere das Recht, den Aufenthalt des Kindes zu bestimmen;

b) das „Recht zum persönlichen Umgang" das Recht, das Kind für eine begrenzte Zeit an einen anderen Ort als seinen gewöhnlichen Aufenthaltsort zu bringen.

Die Norm definiert den notwendigen Umfang des Sorge- und Umgangsrechts im Sinne des HKÜ abweichend von den Inhalten der Regelungen des Bürgerlichen Gesetzbuches. **1**

▶ *Näher zu nationalem Recht Fink, § 1626 BGB Rn. 11 ff., sowie Gottschalk, § 1684 BGB Rn. 1 ff.*

Übersicht

	Rn.
A. Sorgerecht	2
B. Abgrenzung zum Umgangsrecht	5

A. Sorgerecht

Maßgeblich für die **Qualifizierung als Sorgerecht** im Sinne des HKÜ ist das Recht, den Aufenthalt des Kindes (mit-) zu bestimmen. **2**

Inwiefern der Aufenthalt des Kindes nur aufgrund einvernehmlicher Entscheidung der Eltern verändert werden darf bzw. Einschränkungen bestehen, den Aufenthalt des Kindes eigenmächtig zu verändern, unterliegt dem Recht des Herkunftsstaats.[1] **3**

Nach deutschem Recht genügt grundsätzlich das alleinige Aufenthaltsbestimmungsrecht eines Elternteils, so dass der gegen den Willen des im Übrigen mitsorgeberechtigten Elternteils vorgenommene Aufenthaltswechsel nicht als widerrechtlich anzusehen ist.[2] **4**

---

1 MüKo-BGB/*Heiderhoff*, Art. 3 HKÜ Rn. 9; *Niethammer-Jürgens/Erb-Klünemann*, S. 160

2 So KG FamRZ 2015, 1214; OLG Koblenz FamRZ 2008, 813; anderes soll nach OLG Köln FamRZ 2010, 913, für eine Auswanderung nach Thailand gelten, da so das Mitsorgerecht des anderen Elternteils in unzulässiger Weise beeinträchtigt würde.

B. Abgrenzung zum Umgangsrecht

5 Das Recht zum persönlichen Umgang wird über Art. 21 HKÜ geschützt. Allein die Einschränkung der Möglichkeit, den persönlichen Umgang mit dem Kind auszuüben, genügt nicht für die Geltendmachung eines Rückführungsanspruchs, soweit damit nicht die Verletzung einer Sorgerechtsposition verbunden ist.

Artikel 6 HKÜ Zentrale Behörde

(1) [1]Jeder Vertragsstaat bestimmt eine zentrale Behörde, welche die ihr durch dieses Übereinkommen übertragenen Aufgaben wahrnimmt.

(2) [1]Einem Bundesstaat, einem Staat mit mehreren Rechtssystemen oder einem Staat, der aus autonomen Gebietskörperschaften besteht, steht es frei, mehrere zentrale Behörden zu bestimmen und deren räumliche Zuständigkeit festzulegen. [2]Macht ein Staat von dieser Möglichkeit Gebrauch, so bestimmt er die zentrale Behörde, an welche die Anträge zur Übermittlung an die zuständige zentrale Behörde in diesem Staat gerichtet werden können.

Art. 6 HKÜ verpflichtet die Vertragsstaaten zur Einrichtung Zentraler Behörden.[1] In Deutschland ist dies nach § 3 Abs. 1 IntFamRVG das Bundesamt für Justiz mit Sitz in Bonn (siehe auch www.bundes justizamt.de).

▶ *Näher zu den Aufgaben der Zentralen Behörde vgl. Schweppe, Kommentierung zu Art. 7 HKÜ sowie Kommentierung zu §§ 4 ff. IntFamRVG.*

Artikel 7 HKÜ Zusammenarbeit

(1) [1]Die zentralen Behörden arbeiten zusammen und fördern die Zusammenarbeit der zuständigen Behörden ihrer Staaten, um die sofortige Rückgabe von Kindern sicherzustellen und auch die anderen Ziele dieses Übereinkommens zu verwirklichen.

(2) [1]Insbesondere treffen sie unmittelbar oder mit Hilfe anderer alle geeigneten Maßnahmen, um

a) den Aufenthaltsort eines widerrechtlich verbrachten oder zurückgehaltenen Kindes ausfindig zu machen;

b) weitere Gefahren von dem Kind oder Nachteile von den betroffenen Parteien abzuwenden, indem sie vorläufige Maßnahmen treffen oder veranlassen;

c) die freiwillige Rückgabe des Kindes sicherzustellen oder eine gütliche Regelung der Angelegenheit herbeizuführen;

d) soweit zweckdienlich Auskünfte über die soziale Lage des Kindes auszutauschen;

e) im Zusammenhang mit der Anwendung des Übereinkommens allgemeine Auskünfte über das Recht ihrer Staaten zu erteilen;

f) ein gerichtliches oder behördliches Verfahren einzuleiten oder die Einleitung eines solchen Verfahrens zu erleichtern, um die Rückgabe des Kindes zu erwirken sowie ggf. die Durchführung oder die wirksame Ausübung des Rechts zum persönlichen Umgang zu gewährleisten;

g) soweit erforderlich die Bewilligung von Prozesskosten- und Beratungshilfe, einschließlich der Beiordnung eines Rechtsanwalts, zu veranlassen oder zu erleichtern;

h) durch etwa notwendige und geeignete behördliche Vorkehrungen die sichere Rückgabe des Kindes zu gewährleisten;

i) einander über die Wirkungsweise des Übereinkommens zu unterrichten und Hindernisse, die seiner Anwendung entgegenstehen, soweit wie möglich auszuräumen.

---

1 Eine Aufstellung der Zentralen Behörden der Vertragsstaaten enthält die Kommentierung Staudinger/*Pirrung*, Vorbem. E zu Art. 19 EGBGB E 42. Zudem sind die Daten über das Bundesamt für Justiz oder die Internetseite der Haager Konferenz für Internationales Privatrecht www.hcch.net erhältlich.

Übersicht

	Rn.
A. Allgemeines	1
B. Aufgaben der Zentralen Behörde	2
I. Ausgehende Anträge	3
II. Eingehende Anträge	5

A. Allgemeines

Während Abs. 1 der Norm den Grundsatz der Kooperation der Zentralen Behörden umschreibt, benennt ihr Abs. 2 einzelne Aufgaben der Zentralen Behörden. Näher geregelt sind diese in den jeweiligen nationalen Ausführungsvorschriften. Für Deutschland finden sich diese in §§ 4 ff. IntFamRVG. 1

▶ *Näher hierzu siehe Schweppe, Kommentierung zu § 6 IntFamRVG und § 7 IntFamRVG.*

B. Aufgaben der Zentralen Behörde

Die Aufgaben der Zentralen Behörde können danach unterschieden werden, ob die Behörde sich mit Anträgen zu befassen hat, die aus Deutschland an einen anderen Vertragsstaat gerichtet werden (sog. ausgehende Anträge) oder mit solchen, die von einem anderen Vertragsstaat in Deutschland gestellt werden (sog. eingehende Anträge).[1] 2

I. Ausgehende Anträge

Ausgehende Anträge über das Bundesamt für Justiz werden zunächst auf Vollständigkeit der eingereichten Unterlagen geprüft, ggf. werden fehlende Dokumente und Übersetzungen nachgefordert bzw. auf Kosten des Antragstellers veranlasst (vgl. § 5 Abs. 1 IntFamRVG), und sodann an die Zentrale Behörde des Zufluchtsstaats weitergeleitet.[2] 3

Das weitere Verfahren folgt dann den Regelungen und Ausführungsbestimmungen des anderen Vertragsstaats. 4

II. Eingehende Anträge

Bei eingehenden Anträgen prüft das Bundesamt für Justiz zunächst die Unterlagen einschließlich der VKH-Unterlagen, sofern Verfahrenskostenhilfe beantragt wird (vgl. zu den Kosten Art. 26 HKÜ Rn. 2 f.) und veranlasst ggf. deren Vervollständigung (insbesondere Übersetzungen, § 4 Abs. 2 IntFamRVG). 5

Sofern notwendig, hilft das Bundesamt für Justiz den Aufenthalt des Kindes zu ermitteln (Art. 7 Abs. 2a) HKÜ i.V.m. § 7 IntFamRVG). 6

Zudem veranlasst das Bundesamt für Justiz die Mitteilung über die Sperrwirkung des Art. 16 HKÜ an das für den aktuellen Aufenthaltsort des Kindes zuständige Gericht und die Einleitung des gerichtlichen Rückführungsverfahrens vor dem nach § 11 i.V.m. § 12 IntFamRVG zuständigen Familiengericht. 7

Grundsätzlich wird bereits im Vorfeld des Gerichtsverfahrens der Elternteil, in dessen Obhut sich das Kind befindet, durch ein Anschreiben auf die Möglichkeit der freiwilligen Rückkehr in den Herkunftsstaat und auf Angebote zur Mediation hingewiesen (vgl. Art. 7 Abs. 2c) HKÜ). 8

▶ *Näher siehe nachfolgend Wegener, Kapitel 6 „Mediation in internationalen Kindschaftskonflikten".*

Artikel 8 HKÜ Antrag auf Rückgabe

(1) [1]Macht eine Person, Behörde oder sonstige Stelle geltend, ein Kind sei unter Verletzung des Sorgerechts verbracht oder zurückgehalten worden, so kann sie sich entweder an die für den gewöhnlichen Aufenthalt des Kindes zuständige zentrale Behörde oder an die zentrale Behörde eines anderen Vertragsstaats wenden, um mit deren Unterstützung die Rückgabe des Kindes sicherzustellen.

---

1 Zu den Aufgaben des Bundesamts für Justiz als Zentrale Behörde siehe *Schlauß*, ZKJ 2019, 255

2 Bundesamt für Justiz: Internationale Kindschaftsverfahren, S. 8 f.

(2) [1]Der Antrag muss enthalten

a) Angaben über die Identität des Antragstellers, des Kindes und der Person, die das Kind angeblich verbracht oder zurückgehalten hat;

b) das Geburtsdatum des Kindes, soweit es festgestellt werden kann;

c) die Gründe, die der Antragsteller für seinen Anspruch auf Rückgabe des Kindes geltend macht;

d) alle verfügbaren Angaben über den Aufenthaltsort des Kindes und die Identität der Person, bei der sich das Kind vermutlich befindet.

[2]Der Antrag kann wie folgt ergänzt oder es können ihm folgende Anlagen beigefügt werden:

e) eine beglaubigte Ausfertigung einer für die Sache erheblichen Entscheidung oder Vereinbarung;

f) eine Bescheinigung oder eidesstattliche Erklärung (Affidavit) über die einschlägigen Rechtsvorschriften des betreffenden Staates; sie muss von der zentralen Behörde oder einer sonstigen zuständigen Behörde des Staates, in dem sich das Kind gewöhnlich aufhält, oder von einer dazu befugten Person ausgehen;

g) jedes sonstige für die Sache erhebliche Schriftstück.

Übersicht

Rn.
A. Allgemeines ... 1
B. Antragstellung ... 2
I. Antrag über Zentrale Behörde ... 2
II. Antrag direkt an das zuständige Gericht ... 3
III. Antragsform und -sprache ... 6

A. Allgemeines

1 Die Norm regelt sehr detailliert die Antragstellung und die inhaltlichen Anforderungen an den Rückführungsantrag. Dieser kann zum einen über die Zentrale Behörde gestellt werden (hierzu Rn. 2). Zum anderen ist es aber auch statthaft, den Antrag unmittelbar an das zuständige Gericht des Zufluchtsstaats zu richten (hierzu Rn. 3).

B. Antragstellung

I. Antrag über Zentrale Behörde

2 Abs. 1 sieht vor, dass der Antrag über die Zentrale Behörde eines Vertragsstaats – sei es im Staat des bisherigen Aufenthalts des Kindes (Herkunftsstaat) oder im jetzigen Aufenthaltsstaat (Zufluchtsstaat) – gestellt werden kann. Die Zentrale Behörde veranlasst sodann die Weiterleitung an das zuständige Gericht, ggf. über die Zentrale Behörde des Aufenthaltsstaats.

II. Antrag direkt an das zuständige Gericht

3 Die Antragstellung über die Zentrale Behörde ist nicht zwingende Voraussetzung für die Durchführung des Rückführungsverfahrens. Der Antragsteller kann auch direkt – persönlich oder über einen Rechtsanwalt – einen Rückführungsantrag beim zuständigen Gericht stellen. Dies ergibt sich auch aus Art. 29 HKÜ.

4 Welches Gericht örtlich zuständig ist, richtet sich nach den gesetzlichen Regelungen des jeweiligen Vertragsstaats. In Deutschland greift nach § 11 i.V.m. § 12 IntFamRVG eine besondere Zuständigkeitskonzentration: Zuständig ist grundsätzlich das Familiengericht, in dessen Bezirk ein Oberlandesgericht seinen Sitz hat, für den Bezirk dieses Oberlandesgerichts.[1]

5 Angesichts der besonderen Rechtsmaterie und der mit einer direkten Antragstellung verbundenen Schwierigkeiten, das zuständige Gericht zu ermitteln und sämtliche Unterlagen vollständig einzureichen, ist – soweit keine besondere Spezialisierung besteht – die Antragstellung über die Zentralen Behörden im Hinblick auf deren kostenfreie Beratung und Unterstützung zweckmäßiger.

1 Eine Liste der zuständigen Familiengerichte kann unter www.bundesjustizamt.de/sorgerecht abgerufen werden.

III. Antragsform und -sprache

Der Inhalt des Rückführungsantrags sowie ggf. beizufügender Schriftstücke ist der Auflistung in Abs. 2 zu entnehmen. 6

Die einzureichenden Unterlagen sind nach Art. 24 HKÜ in der Originalsprache und zusätzlich in Übersetzung in die Amtssprache des Zufluchtsstaats zu übersenden.[2]

Artikel 9 HKÜ Weiterleitung eines Antrags

Hat die zentrale Behörde, bei der ein Antrag nach Artikel 8 eingeht, Grund zu der Annahme, dass sich das Kind in einem anderen Vertragsstaat befindet, so übermittelt sie den Antrag unmittelbar und unverzüglich der zentralen Behörde dieses Staates; sie unterrichtet davon die ersuchende zentrale Behörde oder ggf. den Antragsteller.

Voraussetzung für die Durchführung eines Rückführungsverfahrens ist, dass sich das betroffene Kind tatsächlich (noch) im Zufluchtsstaat aufhält. Ist dies nicht (mehr) der Fall, verpflichtet Art. 9 HKÜ die angerufene Zentrale Behörde, den Antrag direkt an die Zentrale Behörde des Vertragsstaats weiterzuleiten, in dem sich das Kind nunmehr aufhält. 1

Hält sich das Kind nunmehr in einem Drittstaat auf, ist der Antrag allerdings durch die angerufene Zentrale Behörde auf Grundlage des Art. 27 HKÜ zurückzuweisen.[1] 2

Artikel 10 HKÜ Realisierung der Rückgabe

Die zentrale Behörde des Staates, in dem sich das Kind befindet, trifft oder veranlasst alle geeigneten Maßnahmen, um die freiwillige Rückgabe des Kindes zu bewirken.

Vorrangig vor dem Erlass einer gerichtlichen Rückführungsanordnung ist der Versuch, die freiwillige Rückführung des Kindes insbesondere die gemeinsame Rückkehr in den Herkunftsstaat zu erreichen. Eine Möglichkeit hierzu bietet die Einleitung eines Mediationsverfahrens (zu Einzelheiten siehe nachfolgend *Wegener*, Kapitel 6 „Mediation in internationalen Kindschaftskonflikten").

Artikel 11 HKÜ Begründung einer Verfahrensverzögerung

(1) In Verfahren auf Rückgabe von Kindern haben die Gerichte oder Verwaltungsbehörden eines jeden Vertragsstaats mit der gebotenen Eile zu handeln.

(2) [1]Hat das Gericht oder die Verwaltungsbehörde, die mit der Sache befasst sind, nicht innerhalb von sechs Wochen nach Eingang des Antrags eine Entscheidung getroffen, so kann der Antragsteller oder die zentrale Behörde des ersuchten Staates von sich aus oder auf Begehren der zentralen Behörde des ersuchenden Staates eine Darstellung der Gründe für die Verzögerung verlangen. [2]Hat die zentrale Behörde des ersuchten Staates die Antwort erhalten, so übermittelt sie diese der zentralen Behörde des ersuchenden Staates oder ggf. dem Antragsteller.

Die Entscheidung über die Rückführung des Kindes ist in einem beschleunigten Verfahren zu treffen. 1
Konkretisiert wird dieses Beschleunigungsgebot in Art. 11 Abs. 3 Brüssel IIa-VO und § 38 Abs. 1 IntFamRVG.

▶ *Näher hierzu Schweppe, Art. 11 Brüssel IIa-VO Rn. 10, bzw. Schweppe, § 38 IntFamRVG Rn. 1 f.*

Das beschleunigte Verfahren trägt dem Umstand Rechnung, dass Kinder sich während der andauernden Verfahren in ihre neue Umgebung integrieren. 2

▶ *Näher zu Sinn und Zweck des Beschleunigungsgebotes in Kindschaftssachen siehe Fink, § 155 FamFG Rn. 1, 13 m.w.N.*

---

2 Vordrucke für Rückführungsanträge sowie für Anträge auf Verfahrenskostenhilfe in mehreren Sprachen sind unter www.bundesjustizamt.de/sorgerecht erhältlich.

1 MüKo-BGB/*Heiderhoff*, Art. 9 HKÜ Rn. 2

3 Art. 11 Abs. 2 HKÜ ermöglicht dem Antragsteller und den Zentralen Behörden im Falle einer Verfahrensdauer von mehr als sechs Wochen eine – allerdings sanktionslose – Verzögerungsrüge.

Artikel 12 HKÜ Anordnung der Rückgabe

(1) Ist ein Kind im Sinn des Artikels 3 widerrechtlich verbracht oder zurückgehalten worden und ist bei Eingang des Antrags bei dem Gericht oder der Verwaltungsbehörde des Vertragsstaats, in dem sich das Kind befindet, eine Frist von weniger als einem Jahr seit dem Verbringen oder Zurückhalten verstrichen, so ordnet das zuständige Gericht oder die zuständige Verwaltungsbehörde die sofortige Rückgabe des Kindes an.

(2) Ist der Antrag erst nach Ablauf der in Absatz 1 bezeichneten Jahresfrist eingegangen, so ordnet das Gericht oder die Verwaltungsbehörde die Rückgabe des Kindes ebenfalls an, sofern nicht erwiesen ist, dass das Kind sich in seine neue Umgebung eingelebt hat.

(3) Hat das Gericht oder die Verwaltungsbehörde des ersuchten Staates Grund zu der Annahme, dass das Kind in einen anderen Staat verbracht worden ist, so kann das Verfahren ausgesetzt oder der Antrag auf Rückgabe des Kindes abgelehnt werden.

Übersicht

	Rn.
A. Allgemeines	1
B. Inhalt der Norm	2
I. Grundsatz der Rückführung (Abs. 1, 2)	2
II. Ausnahmen	5
1. Ablauf der Jahresfrist	5
2. Aufenthalt des Kindes in Drittstaat (Abs. 3)	8
C. Verfahren	9
I. Einschränkung des Amtsermittlungsgrundsatzes	10
II. Beschleunigtes Verfahren	12
III. Beteiligung	13
1. Jugendamt	13
2. Verfahrensbeistand	14
3. Persönliche Anhörung	16
a) Anhörungstermin	16
b) Kindesanhörung	17
IV. Entscheidung	18
V. Rechtsmittel	20

A. Allgemeines

1 Die Regelung setzt den Grundgedanken des HKÜ um: Bei Eingang eines entsprechenden Antrags innerhalb eines Jahres ist grundsätzlich die Rückführung des Kindes in den Herkunftsstaat anzuordnen, sofern das Kind unter Verletzung eines (Mit-)Sorgerechts in den Zufluchtsstaat verbracht wurde und keiner der hohen Anforderungen unterliegenden Ausnahmetatbestände des Art. 12 Abs. 2, Art. 13 und Art. 20 HKÜ greift.

B. Inhalt der Norm

I. Grundsatz der Rückführung (Abs. 1, 2)

2 Ungeachtet des Wortlauts in Art. 8 Abs. 1 HKÜ ist Gegenstand des Verfahrens nicht die Anordnung der „Rückgabe“ im Sinne der Herausgabe des Kindes an den Antragsteller, sondern es ist gemäß dem Sinn des HKÜ als Rechtshilfeübereinkommen die Rückführung des Kindes anzuordnen, da der Status wiederhergestellt werden soll, der vor dem Verbringen des Kindes ins Ausland bestand.[1]

3 Die Verpflichtung zur Rückführung des Kindes nach Art. 12 Abs. 1 HKÜ ist erfüllt, wenn das Kind sich so lange im Heimatstaat aufgehalten hat, dass der rückfordernde Elternteil eine den Verbleib si-

1 OLG München FamRZ 2005, 1002, 1003, verweist hierzu auf die englische Fassung des Originaltextes, der „… shall order the return of the child forthwith“ lautet, womit die Rückführung des Kindes gemeint ist.

chernde Anordnung hätte erwirken können. Die Begründung eines (erneuten) gewöhnlichen Aufenthalts des Kindes im Heimatstaat ist zur Erfüllung der Rückgabepflicht nicht erforderlich.[2]

Die Rückführung des Kindes ist grundsätzlich in den Herkunftsstaat anzuordnen, also in den Staat, in dem das Kind bis zum Verbringen seinen gewöhnlichen Aufenthalt hatte.[3] Soweit die USA betroffen ist, ist die Rückführung damit nicht in den jeweiligen Bundesstaat, sondern in die USA anzuordnen. 4

II. Ausnahmen

1. Ablauf der Jahresfrist

Art. 12 Abs. 2 enthält – neben Art. 13 und 20 HKÜ – eine der Ausnahmen vom Grundsatz der Rückführung. 5

Danach kann die Rückführung des Kindes verweigert werden, wenn der Rückführungsantrag erst nach Ablauf eines Jahres beim Gericht eingeht **und** das Kind sich in seine neue Umgebung eingelebt hat. Dies ist zu bejahen, wenn das Kind **zum Zeitpunkt der Entscheidung** mit dem neuen Wohnort und den Bezugspersonen so verbunden und durch soziale oder familiäre Beziehungen so verwurzelt ist, dass ein Bruch mit dieser Umgebung vollkommen **unzumutbar** wäre.[4] Nur in dieser Fallgruppe ist mithin die Integration des Kindes im Zufluchtsstaat erheblich. 6

Maßgeblich für den Ablauf der Jahresfrist ist der Antragseingang bei Gericht, nicht bei der Zentralen Behörde des Zufluchtsstaats. 7

2. Aufenthalt des Kindes in Drittstaat (Abs. 3)

Sofern sich das Kind zum Zeitpunkt des Erlasses der Rückführungsanordnung nicht (mehr) in dem Staat aufhält, dessen Gericht angerufen wurde, so ist der Antrag nach Abs. 3 zurückzuweisen. Die Alternative der Aussetzung des Verfahrens erscheint im Hinblick auf den Beschleunigungsgrundsatz kaum vertretbar. Eine Abgabe des Verfahrens durch das zur Entscheidung über den Rückführungsantrag zuständige Gericht ist anders als durch die Zentrale Behörde nach Art. 9 HKÜ im HKÜ nicht vorgesehen. 8

C. Verfahren

Für das Rückführungsverfahren, welches durch einen formgerechten Antrag einzuleiten ist (hierzu Art. 8 HKÜ), enthält das HKÜ mit Ausnahme des Beschleunigungsgebotes in Art. 11 HKÜ keine weiteren Vorgaben. Für Rückführungsverfahren vor deutschen Gerichten gelten die §§ 37 ff. IntFamRVG, subsidiär die Verfahrensvorschriften des FamFG. 9

▶ *Näher hierzu Schweppe, Kommentierung zu § 37 ff. IntFamRVG.*

I. Einschränkung des Amtsermittlungsgrundsatzes

Im Rückführungsverfahren ist der sonst in kindschaftsrechtlichen Verfahren geltende Amtsermittlungsgrundsatz (hierzu *Cirullies,* §§ 26 bis 27 FamFG Rn. 1 f.). eingeschränkt. So obliegt im Rahmen des Art. 13 Abs. 1 lit. a und b HKÜ dem Elternteil, der sich der Rückführung des Kindes widersetzt, jeweils die volle Darlegungs- und Beweislast für das Vorliegen der Ausnahmetatbestände.[5] 10

Diese Beweislastverteilung ist verfassungsgemäß, da das HKÜ von dem Grundsatz ausgeht, dass die sofortige Rückführung in den Herkunftsstaat dem Kindeswohlinteresse am besten dient und Ausnahmen von diesem Grundsatz nur unter besonderen Umständen angezeigt sind.[6] 11

II. Beschleunigtes Verfahren

Das Rückführungsverfahren ist nach Art. 11 HKÜ beschleunigt zu betreiben, konkretisiert wird dieses Beschleunigungsgebot durch Art. 11 Abs. 3 Brüssel IIa-VO, wonach eine Entscheidung über die Rückführung spätestens sechs Wochen nach Antragseingang bei Gericht zu erfolgen hat. 12

▶ *Näher hierzu Schweppe, Art. 11 HKÜ Rn. 2, Art. 11 Brüssel IIa-VO Rn. 10, und § 38 IntFamRVG 1 f.*

---

2 OLG Schleswig FamRZ 2014, 494; Staudinger/*Pirrung,* Vorbem. E zu Art. 19 EGBGB Rn. E 65; anders OLG Karlsruhe FamRZ 2008, 2223

3 Vgl. *Erb-Klünemann,* FamRB 2018, 327, 329

4 OLG Hamm FamRZ 2017, 1679; OLG Stuttgart FamRZ 2013, 51, 52; vgl. auch *Völker/Clausius,* § 11 Rn. 106

5 *Völker/Clausius,* § 11 Rn. 109

6 BVerfG FamRZ 2016, 1571; FamRZ 1996, 1267, 1268

III. Beteiligung

1. Jugendamt

13 Das Gericht wird im Rückführungsverfahren regelmäßig das Jugendamt beteiligen, soweit dieses nicht bereits als zuständige Behörde im Sinne des Art. 7 HKÜ durch die Zentrale Behörde eingeschaltet wurde. Für die Beratungstätigkeit des Jugendamts sowie die Stellungnahme an das Gericht gilt es zu beachten, dass im Rückführungsverfahren nicht die in Sorgerechtsverfahren geltenden Kindeswohlkriterien maßgeblich sind, sondern Art. 13 HKÜ hiervon abweichende Kriterien (siehe *Schweppe*, Art. 13 HKÜ Rn. 2, 7 ff.) vorgibt, an denen sich auch die Tätigkeit des Jugendamts zu orientieren hat.[7]

▶ *Zur Mitwirkung der Jugendämter in Rückführungsverfahren siehe auch Schweppe, § 9 IntFamRVG Rn. 1 ff.*

2. Verfahrensbeistand

14 Wenngleich das BVerfG die Einsetzung von Verfahrensbeiständen in Rückführungsverfahren stets mit Besonderheiten des Einzelfalls begründete,[8] erscheinen Interessenkonflikte zwischen dem Kind und beiden Eltern in HKÜ-Verfahren evident. Zu dem antragstellenden Elternteil hat das Kind seit dem Verbringen – in einigen Fällen auch schon zuvor – keinen oder nur geringen Kontakt. Der Antragsteller kennt die derzeitigen Bedürfnisse des Kindes häufig nicht und fällt zugleich als Vertrauensperson für das Kind aus. Aus dieser Konfliktsituation ergibt sich ein Bedürfnis einer eigenständigen Interessenvertretung des Kindes.[9] In der Praxis deutscher Gerichte ist die Einsetzung von Verfahrensbeiständen im Rückführungsverfahren daher die Regel.

▶ *Näher zur Verfahrensbeistandschaft siehe Keuter, Kommentierung zu § 158 FamFG.*

15 Unter Einbeziehung der Besonderheiten von Rückführungsverfahren ist bei der Auswahl des Verfahrensbeistands häufig Wert auf eine besondere juristische Qualifikation für Kindesentführungsverfahren zu legen.

3. Persönliche Anhörung

a) Anhörungstermin

16 Grundsätzlich wird das Gericht unter Beachtung des Beschleunigungsgrundsatzes einen Termin zur mündlichen Erörterung anberaumen, zu dem regelmäßig das persönliche Erscheinen beider Eltern, also auch des im Ausland lebenden Antragstellers angeordnet wird. Innerhalb der EU-Mitgliedstaaten darf nach Art. 11 Abs. 5 Brüssel IIa-VO ein Rückführungsantrag nicht zurückgewiesen werden, wenn der Antragsteller kein rechtliches Gehör zu der Ansicht des Gerichts hinsichtlich der fehlenden formellen bzw. materiellen Voraussetzungen für eine Rückführung erhalten hat.

b) Kindesanhörung

17 Zur Anhörung des Kindes im Rückführungsverfahren ordnet Art. 11 Abs. 2 Brüssel IIa-VO an, dass dem Kind die Möglichkeit zu geben ist, während des Verfahrens gehört zu werden, sofern dies nicht aufgrund seines Alters oder seines Reifegrads unangebracht erscheint. Diese Regelung greift unmittelbar zwar nur im Verhältnis zwischen den EU-Mitgliedstaaten, in Rückführungsverfahren vor deutschen Gerichten sollte grundsätzlich eine persönliche Anhörung des Kindes entsprechend der innerstaatlichen Verfahrensvorschrift des § 159 FamFG erfolgen.[10] Mit Blick auf die Wertungen und Maßgaben des HKÜ dürften persönliche Anhörungen von Kindern jedenfalls ab einem Alter von sechs Jahren geboten sein.

▶ *Näher zur persönlichen Anhörung des Kindes siehe Heilmann, § 159 FamFG 12 ff.*

---

7 ZurTätigkeit der Jugendämter siehe *Handreichung zur grenzüberschreitenden Einzelfallarbeit, S. 18 ff.*
8 BVerfG FamRZ 1999, 85, 88; FamRZ 2006, 1261, 1262 f.; näher HB-VB/*Schweppe*, Rn. 1767 ff.
9 Vgl. *Salgo*, FPR 1999, 313, 315 f.; *Völker/Clausius*, § 11 Rn. 140; *Carl*, FPR 2006, 39; *Schweppe*, S. 243 f., und ZfJ 2001, 169, 174 f.
10 Zur Bedeutung der Kindesanhörung in HKÜ-Verfahren siehe *Völker/Clausius*, § 11 Rn. 138; sowie bereits *Carl*, FPR 2001, 211; *Schweppe*, S. 210

IV. Entscheidung

Wenn das Gericht die Rückführung des Kindes anordnet, wird häufig dem Elternteil, in dessen Obhut sich das Kind befindet, eine Frist gesetzt, um mit dem Kind in den Herkunftsstaat zurückzukehren. Damit wird die weitere Betreuung des Kindes durch diesen Elternteil ermöglicht. Für den Fall, dass der betreuende Elternteil dieser Verpflichtung nicht nachkommt, ist die Herausgabe des Kindes anzuordnen. Die Entscheidung, mit der die Rückführung des Kindes angeordnet wird, wird erst mit Rechtskraft wirksam, § 40 IntFamRVG.[11] **18**

Zweckmäßigerweise wird das Gericht mit dem Ausspruch der Rückführungsanordnung auch die Androhung von Ordnungsmitteln verbinden, so dass der Tenor[12] wie folgt lautet: **19**

1. Das Kind, geb. am …, ist nach … zurückzuführen.
2. Die Rückführung hat durch die Antragsgegnerin oder eine von dieser bestimmten Person binnen drei Wochen zu erfolgen. Sollte die Rückführung nicht binnen drei Wochen seit Erlass dieser Entscheidung erfolgen, ist das Kind von der Antragsgegnerin und jeder anderen Person, bei der sich das Kind aufhält, an den Antragsteller oder an eine vom ihm bestimmte Person zum Zwecke der Rückführung nach … herauszugeben.
3. Ergänzend wird der Gerichtsvollzieher beauftragt, das Kind der Antragsgegnerin oder jeder anderen Person, bei der es sich aufhält, wegzunehmen und dem Antragsteller oder einer von ihm bestimmten Person zu übergeben.
4. Die Antragsgegnerin wird darauf hingewiesen, dass durch das Gericht im Falle der Zuwiderhandlung gegen die Herausgabeverpflichtung zu 2. ein Ordnungsgeld bis zu 25.000,– Euro oder für den Fall, dass das Ordnungsgeld nicht beigetrieben werden kann oder die Anordnung des Ordnungsgeldes keinen Erfolg verspricht, Ordnungshaft bis zu 6 Monaten angeordnet werden kann.

V. Rechtsmittel

Rechtsmittel gegen die Anordnung bzw. Ablehnung der Rückführungsanordnung und deren Vollstreckung richten sich nach den jeweiligen nationalen Ausführungsbestimmungen, in Deutschland nach den §§ 40 ff. IntFamRVG (siehe dazu *Schweppe,* § 40 IntFamRVG Rn. 3 ff.), hilfsweise nach dem für innerstaatliche Verfahren sonst geltenden Recht (siehe dazu *Dürbeck*, § 58 FamFG Rn. 1 ff.). **20**

---

11 Zur Möglichkeit der Anordnung der sofortigen Vollziehung durch das OLG siehe *Schweppe*, § 40 IntFamRVG Rn. 13

12 Zur Tenorierung der Rückführungsanordnung vgl. auch *Niethammer-Jürgens/Erb-Klünemann*, S. 166 f.

21 **Übersicht: Verfahren nach dem HKÜ**[13]

A. Ziel des Übereinkommens

Art. 1 HKÜ „sofortige Rückgabe": Rückführung in den Herkunftsstaat

B. Voraussetzungen

I. *Anwendungsbereich eröffnet (nur zwischen Vertragsstaaten)*
- Art. 4 HKÜ: Kind unter 16 Jahren mit gewöhnlichem Aufenthalt in Vertragsstaat
- Art. 3 HKÜ: widerrechtliches Verbringen oder Zurückhalten ->gegen Willen/ohne Zustimmung eines Sorgeberechtigten, der Sorgerecht ausgeübt hat

II. *Verfahren, Art. 8 HKÜ: Antrag auf Rückgabe über Zentrale Behörde (Art. 6 HKÜ)*
- im Herkunftsstaat oder im Zufluchtsstaat (Weiterleitung Antrag an das Gericht nach Eingang Kostenvorschuss bzw. Vorlage vollständiger VKH-Unterlagen)
- oder direkt an Gericht im Zufluchtsstaat (Zuständigkeitskonzentration, § 11 i.V.m. § 12 IntFamRVG)
- ggf. Art. 15 HKÜ Anforderung Widerrechtlichkeitsbescheinigung
- Art. 11 HKÜ Beschleunigungsgebot
- Stellungnahme Jugendamt
- Bestellung Verfahrensbeistand
- Beteiligung der Eltern/Anhörungstermin
- Kindesanhörung

III. *Entscheidung, Art. 12 HKÜ: Anordnung der Rückgabe, Grundsatz der Rückführung, es sei denn (Ausnahmetatbestände)*
- Art. 13 Abs. 2 HKÜ „Kind widersetzt sich"
- Art. 12 Abs. 2 HKÜ Antragstellung nach Ablauf Jahresfrist und Einleben
- Art. 13 Abs. 1 a) HKÜ Zustimmung oder nachträgliche Genehmigung
- Art. 13 Abs. 1 b) HKÜ „schwerwiegende Gefahr eines körperlichen oder seelischen Schadens"

IV. *Vollstreckung (siehe § 44 IntFamRVG: Von Amts wegen, eingeschränktes Ermessen)*

V. *Rechtsmittel (siehe § 40 IntFamRVG: Zweiwochenfrist und Begründungszwang)*

13 Zu Modifizierungen durch die Brüssel IIa-VO siehe die folgende Übersicht zu Rn. 22

Übersicht: HKÜ und Brüssel IIa-VO (Modifizierung des HKÜ bei Anwendung innerhalb der EU-Mitgliedstaaten) 22

Art. 10, 11 Brüssel IIa-VO

A. Beschleunigungsgrundsatz: Entscheidung innerhalb von 6 Wochen (Art. 11 Abs. 3 Satz 2 Brüssel IIa-VO)

Kind ist anzuhören (Art. 11 Abs. 2 Brüssel IIa-VO)

B. Ablehnung Rückführung innerhalb EU-Staaten

1. Nur, wenn Gelegenheit zur Anhörung des Antragstellers (Art. 11 Abs. 5 Brüssel IIa-VO)
2. Bei Vorliegen der Voraussetzungen des Art. 13 I b) HKÜ "schwerwiegende Gefahr eines körperlichen oder seelischen Schadens" nicht, wenn Schutzvorkehrungen möglich („undertakings") (Art. 11 Abs. 4 Brüssel-IIa-VO)

C. Zuständigkeit für das Sorgerechtsverfahren, Art. 10 Brüssel IIa-VO:

→ **Grundsatz:**

Zuständigkeit für Entscheidungen betreffend die elterliche Verantwortung verbleibt bei den Gerichten des **Herkunftsstaates**

→ **Ausnahme:**

Zuständigkeit der Gerichte im **Zufluchtsstaat** für Sorgerechtsentscheidung, nach Art. 10 Brüssel IIa-VO nur, wenn neuer gewöhnlicher Aufenthalt **und**

a) Zustimmung aller Sorgeberechtigten
b) Ablauf Jahresfrist und
   i) kein Rückführungsantrag oder
   ii) Rücknahme Rückführungsantrag oder
   iii) Art. 11 Abs. 7 oder
   iv) Gericht im Herkunftsstaat hat Sorgerecht zugunsten Verbleib im Zufluchtsstaat geregelt

D. Bei Ablehnung der Rückführung ist zu beachten:

Art. 10 Abs. 6 Brüssel IIa-VO: Information über Ablehnung der Rückführung an das Gericht, das zur Entscheidung in der Hauptsache zuständig ist

↓

Art. 11 Abs. 6 und 7 Brüssel IIa-VO: Gericht im Herkunftsstaat fordert die Beteiligten auf, **Sorgerechtsanträge** einzureichen

→ **Eingang Sorgerechtsantrag**

↓

Entscheidung über Sorgerecht beinhaltet Rückführung des Kindes in Herkunftsstaat, es erfolgt Ausstellung der Bescheinigung i.S.v. Art. 42 Brüssel-IIa-VO

↓

Entscheidung des Gerichts im Herkunftsstaat wird unmittelbar anerkannt und ist im Zufluchtsstaat sowie in allen anderen EU-Mitgliedstaaten unmittelbar vollstreckbar (Art. 40 Abs. 1 b), 42 Abs. 1 Brüssel IIa-VO)

↓

Kind kehrt in Herkunftsstaat zurück

→ **Kein Sorgerechtsantrag**

↓

Zuständigkeit der Gerichte im **Zufluchtsstaat** nach Art. 10 b (iii)

Artikel 13 HKÜ Ablehnung der Rückgabe

(1) Ungeachtet des Artikels 12 ist das Gericht oder die Verwaltungsbehörde des ersuchten Staates nicht verpflichtet, die Rückgabe des Kindes anzuordnen, wenn die Person, Behörde oder sonstige Stelle, die sich der Rückgabe des Kindes widersetzt, nachweist,

a) dass die Person, Behörde oder sonstige Stelle, der die Sorge für die Person des Kindes zustand, das Sorgerecht zur Zeit des Verbringens oder Zurückhaltens tatsächlich nicht ausgeübt, dem Verbringen oder Zurückhalten zugestimmt oder dieses nachträglich genehmigt hat oder

b) dass die Rückgabe mit der schwerwiegenden Gefahr eines körperlichen oder seelischen Schadens für das Kind verbunden ist oder das Kind auf andere Weise in eine unzumutbare Lage bringt.

(2) Das Gericht oder die Verwaltungsbehörde kann es ferner ablehnen, die Rückgabe des Kindes anzuordnen, wenn festgestellt wird, dass sich das Kind der Rückgabe widersetzt und dass es ein Alter und eine Reife erreicht hat, angesichts deren es angebracht erscheint, seine Meinung zu berücksichtigen.

(3) Bei Würdigung der in diesem Artikel genannten Umstände hat das Gericht oder die Verwaltungsbehörde die Auskünfte über die soziale Lage des Kindes zu berücksichtigen, die von der zentralen Behörde oder einer anderen zuständigen Behörde des Staates des gewöhnlichen Aufenthalts des Kindes erteilt worden sind.

Übersicht

Rn.
A. Allgemeines ... 1
B. Inhalt der Norm ... 3
I. Nichtausübung des Sorgerechts ... 3
II. Zustimmung bzw. Genehmigung ... 4
1. Zustimmung ... 5
2. Genehmigung ... 5a
III. Schwerwiegende Gefahr ... 6
1. Ungewöhnlich schwerwiegende Beeinträchtigungen ... 7
2. Vereinbarkeit mit der EMRK ... 10
3. Abwendungsmöglichkeiten ... 11
IV. Widerstand des Kindes gegen die Rückführung ... 15
1. Alter und Reife des Kindes ... 16
2. Beachtlichkeit des Widerstands ... 18
V. Sorgerechtsentscheidung im Herkunftsstaat ... 21
VI. Vollstreckung ... 21a

A. Allgemeines

1 Art. 13 HKÜ enthält – neben Art. 12 Abs. 2 HKÜ und Art. 20 HKÜ – Ausnahmen vom Grundsatz der Rückführung, bei deren Vorliegen das Gericht im Zufluchtsstaat (ersuchten Staat) von der Anordnung der Rückführung absehen kann. Dabei liegt auch bei Vorliegen der Voraussetzungen eines Ausnahmetatbestands die Zurückweisung des Antrags im Ermessen des Gerichts.

2 In der Praxis wird häufig nicht hinreichend beachtet, dass für die Entscheidung über die Rückführung andere Maßstäbe Anwendung finden als für eine gerichtliche Entscheidung über die elterliche Sorge. Insbesondere sind die Bindungen des Kindes sowie etwaige bessere finanzielle und soziale Bedingungen im Zufluchtsstaat im Rückführungsverfahren nicht von entscheidungserheblicher Relevanz. Denn es kommt nicht darauf an, ob der Verbleib im Zufluchtsstaat dem Wohl des Kindes am besten entspricht bzw. diesem dient oder förderlich ist.

B. Inhalt der Norm

I. Nichtausübung des Sorgerechts

3 Art. 13 Abs. 1 lit. a HKÜ benennt als Ausnahmetatbestand, bei dessen Vorliegen die Rückführung abgelehnt werden kann, zunächst die Nichtausübung des Sorgerechts. Der Unterschied zu Art. 3 Abs. 1 b) HKÜ liegt darin, dass im Rahmen jener Norm die tatsächliche Ausübung des Sorgerechts Voraussetzung für die Widerrechtlichkeit des Verbringens bzw. Zurückhaltens ist, was der Antragsteller darzulegen hat. Im Rahmen des Art. 13 Abs. 1 a) HKÜ hingegen hat der Elternteil, der die Rückführung ablehnt, die fehlende Ausübung des Sorgerechts nachzuweisen.[1]

1 *Völker/Clausius*, § 11 Rn. 105

II. Zustimmung bzw. Genehmigung

Der Rückführungsantrag kann nach Abs. 1 lit. a zurückgewiesen werden, wenn der Elternteil, der sich der Rückführung widersetzt, nachweisen kann, dass der Antragsteller dem Verbringen zugestimmt bzw. dieses (nachträglich) genehmigt hat. Die Darlegungs- bzw. Beweislast hierfür liegt bei dem Elternteil, der sich der Rückführung widersetzt. 4

▶ *Näher zum eingeschränkten Amtsermittlungsgrundsatz, Schweppe, Art. 12 HKÜ Rn. 10.*

1. Zustimmung

Die Annahme einer Zustimmung setzt voraus, dass das Einverständnis nicht nur zu einem vorübergehenden Aufenthaltswechsel, etwa zu einem – auch längeren – Urlaub, sondern zu einem auf Dauer angelegten Aufenthaltswechsel erteilt wird.[2] 5

Hohe Anforderungen sind insbesondere beim Vortrag einer konkludenten Zustimmung aufgrund des Verhaltens des anderen Elternteils wie der Zahlung von Kindesunterhalt und der Korrespondenz über die zukünftige Ausübung des Umgangsrechts zu stellen.[3]

2. Genehmigung

Eine nachträgliche Genehmigung des Verbringens kann vorliegen, wenn der die Rückführung fordernde Elternteil Kenntnis vom Umzug hatte und den neuen Aufenthalt des Kindes auch im Zuge der Wahrnehmung von Umgangskontakten nicht infrage stellt, wobei Erklärungen nach dem objektiven Empfängerhorizont unter umfassender Berücksichtigung des Gesamtverhaltens des Antragstellers im Zusammenhang mit dem Aufenthaltswechsel des Kindes auszulegen sind.[4] 5a

Auch die Rücknahme eines früheren Rückführungsantrags kann als Genehmigung verstanden werden.[5]

III. Schwerwiegende Gefahr

Art. 13 Abs. 1 lit. b HKÜ gestattet den Verzicht auf die Rückführung bei Vorliegen einer „schwerwiegenden Gefahr eines körperlichen oder seelischen Schadens für das Kind" oder für den Fall, dass die Rückführung „das Kind auf andere Weise in eine unzumutbare Lage bringt". 6

1. Ungewöhnlich schwerwiegende Beeinträchtigungen

Im Hinblick auf den Grundgedanken des HKÜ, dass die Rückführung des Kindes in den Staat des gewöhnlichen Aufenthalts dem Wohl des Kindes am besten entspricht, können nur ungewöhnlich schwerwiegende Beeinträchtigungen des Kindeswohls einer Rückführung entgegenstehen.[6] Dagegen sind die unvermeidlichen Folgen einer mit der Rückführung verbundenen erneuten Aufenthaltsänderung und einer Rückkehr in das bisherige Sprach- und Kulturgebiet sowie die bisherigen sozialen Strukturen nach der Systematik des HKÜ grundsätzlich hinzunehmen.[7] Der Nachweis für diesen Hinderungsgrundobliegt dem Elternteil, der sich der Rückführung des Kindes widersetzt.[8] 7

Eine Versagung der Rückführung kommt etwa aus folgenden Gründen in Betracht: 8

- Vorwurf der Misshandlung bzw. des Missbrauchs des Kindes durch den Antragsteller,[9]
- Rückführung in Kriegs- oder Krisengebiet[10] oder
- Suizidversuch des Kindes[11] bzw. massive psychische Beeinträchtigung.[12]

---

2 OLG Stuttgart NZFam 2017, 673; zur Bindungswirkung einer entsprechenden Vereinbarung vgl. OLG Frankfurt NZFam 2018, 43

3 Vgl. *Nehls*, ZKJ 2014, 62, 63, sowie OLG Hamm FamFR 2013, 380 (Zustimmung per SMS); konkludente Zustimmung aus fehlendem Widerspruch bei ungeklärter Perspektive des Aufenthalts abgelehnt durch OLG Köln, Beschl. v. 19.9.2018 – 21 UF 120/18, juris

4 Vgl. OLG Düsseldorf FamRZ 2018, 760; *Niethammer-Jürgens/Erb-Klünemann*, S. 163

5 Vgl. AG Frankfurt FamRZ 2010, 46

6 BVerfG FamRZ 2016, 1571; vgl. hierzu die Rechtsprechungsnachweise bei *Erb-Klünemann*, FamRZ 2018, 327, 329; *Völker/Clausius*, § 11 Rn. 115 bis 120

7 OLG Frankfurt NZFam 2018, 1000

8 Zur Verfassungsmäßigkeit dieser Beweislastverteilung siehe BVerfG FamRZ 2016, 1571; FamRZ 1996, 1267

9 OLG Karlsruhe FamRZ 2006, 1403; OLG Schleswig FamRZ 2000, 1426; OLG München DAVorm 2000, 1157, Vorliegen einer schwerwiegenden Gefährdung jeweils verneint

10 OLG Stuttgart FamRZ 2009, 2015 (Unruhen in Thailand)

11 Rückführung abgelehnt durch OLG Hamm NJW-RR 2013, 69; vgl. auch BVerfG FamRZ 2006, 1261

12 OLG Karlsruhe FamRZ 2015, 1627

9 Das Vorliegen eines Ausnahmetatbestands ist hingegen nach einhelliger Rechtsprechung insbesondere dann zu verneinen, wenn die Gefährdung des Kindes dadurch abgewendet bzw. gemindert werden kann, dass der „entführende" Elternteil, in dessen Obhut sich das Kind befindet, mit dem Kind in den Herkunftsstaat zurückkehrt und das Kind dort bis zur Entscheidung über das Sorgerecht weiter betreut.[13] Die gemeinsame Rückkehr mit dem Kind wird als dem Betreuungselternteil grundsätzlich zumutbar angesehen.[14] Dies gilt auch dann, wenn dem zurückkehrenden Elternteil strafrechtliche Konsequenzen drohen, soweit es sich um eine hinzunehmende typische Folge seines rechtswidrigen Verhaltens handelt.[15]

9a Im Rückführungsverfahren darf keine Abwägung auf Grundlage der erst im Sorgerechtsverfahren maßgeblichen Kindeswohlkriterien erfolgen.[16]

2. Vereinbarkeit mit der EMRK

10 Der Europäische Gerichtshof für Menschenrechte (EGMR) hat mehrfach die Verpflichtung der Mitgliedstaaten betont, Rückführungsentscheidungen auch effektiv durchzusetzen.[17] Der EGMR sieht den Rückführungsmechanismus des HKÜ als Eingriff in Art. 8 EMRK, der im Hinblick auf die Ziele des HKÜ und die Möglichkeit, gleichwertigen Rechtsschutz im Herkunftsstaat zu erhalten, grundsätzlich gerechtfertigt ist.[18] Gebilligt hat der EGMR dabei auch die Verpflichtung des Betreuungselternteils, das Kind bei der Rückkehr zu begleiten und auch die Verhängung von Sanktionen bei rechtswidrigem Verhalten eines Elternteils nicht ausgeschlossen.[19] In weiteren Entscheidungen hob der EGMR jedoch hervor, dass die nationalen Gerichte im Einzelfall die zu den Ausnahmetatbeständen vorgetragenen Argumente würdigen und etwaige Schutzmaßnahmen prüfen müssen.[20] Im Geltungsbereich der Brüssel IIa-VO ist daher auch zu prüfen, ob bzw. welche „angemessenen Vorkehrungen" i.S.d. Art. 11 Abs. 4 Brüssel IIa-VO zum Schutz des Kindes im Herkunftsstaat getroffen wurden.[21]

3. Abwendungsmöglichkeiten

11 Im Hinblick auf den Vorrang der Rückführung hat das Familiengericht vor deren Ablehnung stets zu prüfen, inwiefern die Gefährdung des Kindes durch gerichtliche Auflagen, Vereinbarungen der beteiligten Eltern oder andere Maßnahmen abgewendet bzw. gemildert werden kann.

12 Eine besondere Regelung hierzu enthält Art. 11 Abs. 4 Brüssel IIa-VO (siehe *Schweppe*, Art. 11 Brüssel IIa-VO Rn. 11), wonach die Rückführung auf Grundlage von Art. 13 Abs. 1 b) HKÜ nicht abgelehnt werden darf, „wenn nachgewiesen ist, dass angemessene Vorkehrungen getroffen wurden, um den Schutz des Kindes nach seiner Rückkehr zu gewährleisten".

13 Hierzu werden in der Praxis häufig gesetzlich nicht geregelte Verpflichtungserklärungen – sogenannte „undertakings" – eingesetzt. Diese beinhalten etwa die Verpflichtung des Antragstellers zu Unterhaltszahlungen nach der Rückkehr in den Herkunftsstaat zumindest für die Dauer des Sorgerechtsverfahrens sowie zur Rücknahme etwaiger wegen Kindesentziehung erstatteter Strafanzeigen gegen den anderen Elternteil. Derartige Verpflichtungserklärungen können durch gerichtlich gebilligte Vereinbarungen der Verfahrensbeteiligten oder gerichtliche Anordnungen in Form von *„mirror orders"* oder *„safe harbour orders"* abgesichert werden, die entsprechend im Herkunftsstaat zu erwirken sind.[22] Denkbar ist dabei auch – in engem Zeitrahmen – ein aufschiebender Ausspruch der Vollstreckung, um eine freiwillige Rückkehr mit dem Kind zu ermöglichen.

---

13 OLG Karlsruhe FamRZ 2010, 1577, 1578

14 OLG Stuttgart NZFam 2019, 121; OLG Nürnberg NJOZ 2017, 1664; vgl. auch BVerfG, Nichtannahmebeschl. v. 8.4.2010 – 1 BvR 862/10, juris, sowie EGMR, Entscheidung v. 18.1.2011 – 26755/10, juris, jeweils zu OLG Karlsruhe FamRZ 2010, 1577

15 BVerfG FamRZ 1999, 85; OLG Karlsruhe FamRZ 2003, 956; anders OLG Hamm FamRZ 2017, 1679

16 BVerfG FamRZ 2006, 1261

17 EGMR FamRZ 2015, 469

18 Vgl. etwa EGMR FamRZ 2013, 1793

19 EGMR FamRZ 2007, 1527, 1529, sowie EGMR, Entscheidung v. 18.1.2011 – 26755/10, juris

20 EGMR FamRZ 2012, 692; EGMR FamRZ 2011, 1482 ff. unter Verweisung auf EGMR, Entscheidung v. 6.7.2010 – 41615/07; siehe auch EGMR NJOZ 2014, 1825, 1829 f., wo ein Privatgutachten nicht berücksichtigt wurde

21 EGMR FamRZ 2019, 1239

22 Vgl. OLG Frankfurt NZFam 2018, 1000; zur genaueren Erläuterung der Absicherungsmechanismen und entsprechenden Beispielen siehe *Carl*, FPR 2001, 211, 215 f., *Holzmann*, FPR 2010, 497, 500 f., sowie *Vogel*, FPR 2012, 403, 408; kritisch *Erb-Klünemann*, FamRB 2018, 327, 333

▶ *Näher hierzu auch nachfolgend Wegener, Kapitel 6 „Mediation in internationalen Kindschaftskonflikten", Rn. 14 ff.*

Bedenklich ist dagegen die – auf zwei Wochen, längstens bis zur erfolgten Ausreise – befristete Übertragung der gesamten elterlichen Sorge auf den Verfahrensbeistand, um die Belange des Kindes bei der Umsetzung der Rückführung hinreichend zu wahren.[23] **14**

IV. Widerstand des Kindes gegen die Rückführung

Abs. 2 regelt als weiteren Ausnahmetatbestand die Zurückweisung des Antrags, wenn das Kind sich der Rückführung widersetzt und „ein Alter und eine Reife erreicht hat, angesichts deren es angebracht erscheint, seine Meinung zu berücksichtigen". **15**

1. Alter und Reife des Kindes

Eine starre Altersgrenze im Sinne eines Mindestalters enthält das HKÜ nicht, es kommt vielmehr auf die konkreten Umstände des Einzelfalls an.[24] **16**

Die Art der Ermittlung des Kindeswillens bzw. die Form der Beteiligung des Kindes bleibt den Vertragsstaaten überlassen. **17**

▶ *Für das Rückführungsverfahren vor deutschen Gerichten wird auf die Ausführungen zu Art. 12 HKÜ Rn. 9 ff. verwiesen.*

2. Beachtlichkeit des Widerstands

Zur Einschränkung des Anwendungsbereichs des Art. 13 Abs. 2 HKÜ wird in Literatur und Rechtsprechung vielfach darauf abgestellt, ob das Kind in der Lage ist, die Bedeutung der Rückführungsentscheidung zu erfassen und sich aufgrund einer eigenverantwortlichen Entscheidung der Rückführung widersetzt.[25] Für eine weitergehende Beschränkung auf „sachbezogene Gründe"[26] enthält das HKÜ selbst keine Anhaltspunkte. Im Ergebnis ist ein verfestigter Wille hinzunehmen,[27] weil eine Vollstreckung gegen den Widerstand des Kindes letztlich nicht durchsetzbar ist[28] (allgemein zum Kindeswillen siehe auch *Gottschalk,* § 1684 BGB Rn. 30 ff.). **18**

Nicht maßgeblich ist im Rahmen des Art. 13 Abs. 2 HKÜ, bei welchem Elternteil das Kind leben möchte, entscheidend ist vielmehr, inwiefern das Kind sich der Rückführung in den Herkunftsstaat widersetzt. Hierzu genügt es nicht, wenn sich die Befürchtungen des Kindes eher auf eine Trennung vom Betreuungselternteil richten und das Kind im Übrigen sich positiv über Verwandte und Freunde im Herkunftsstaat äußert.[29] **19**

Soweit der Widerstand des Kindes als beachtlich angesehen wird, kommt eine Rückführung des Kindes in der Regel nicht in Betracht, so dass insoweit kein Ermessen des Gerichts mehr besteht. **20**

V. Sorgerechtsentscheidung im Herkunftsstaat

In der Praxis wird die Rückführung des Kindes – allerdings mit unterschiedlicher Begründung – auch abgelehnt, wenn im Herkunftsstaat eine Entscheidung ergangen ist, die letztlich das Verbringen des Kindes legitimiert. Nach einer Entscheidung des OLG Stuttgart wird durch eine (auch vorläufige) Sorgerechtsregelung zu Gunsten des entführenden Elternteils durch die zur Sachentscheidung zuständigen Heimatbehörden die Widerrechtlichkeit rückwirkend beseitigt.[30] Nach anderer Auffassung soll **21**

23 So aber OLG Celle FamRZ 2013, 391 (LS)
24 BVerfG FamRZ 2006, 1261, 1262 f.; vgl. hierzu die Rechtsprechungsnachweise *bei Erb-Klünemann*, FamRB 2018, 327, 335; Staudinger/*Pirrung*, Vorbem. E zu Art. 19 EGBGB E 73a; *Völker/Clausius*, § 11 Rn. 121–123, sowie *Heiderhoff,* IPRax 2014, 525, 526 f.
25 Vgl. etwa OLG Hamm FamRZ 2013, 1238 „autonomer Wille"; verneint für einen Zehnjährigen durch OLG Nürnberg FamRZ 2010, 1575; zu verneinen jedenfalls bei vier- und fünfjährigen Kindern, OLG Stuttgart NZFam 2019, 121
26 So aber *Bach/Gildenast*, S. 61 f., sowie *Tischer/Walker*, NZFam 2014, 241, 244
27 OLG Karlsruhe FamRZ 2006, 1403
28 Vgl. zu dieser Problematik OLG Karlsruhe FamRZ 2018, 40; OLG Hamburg FamRZ 2015, 64, 66, sowie BVerfG FamRZ 2006, 1261
29 OLG Celle FamRZ 2013, 391 (LS)
30 OLG Stuttgart FamRZ 2014, 495 (LS)

die Rückführung das Kind in dieser Konstellation in eine unzumutbare Lage bringen.[31] Zu beachten ist in diesem Kontext allerdings eine Entscheidung des EuGH, wonach eine vorläufig vollstreckbare Entscheidung keinen Vertrauensschutz für den begünstigten Elternteil begründet,[32] so dass ggf. wiederum eine Abänderung im Rechtsmittelverfahren beachtlich sein kann.

VI. Vollstreckung

21a Die Vollstreckung von Rückführungsentscheidungen ist in § 44 IntFamRVG (siehe *Schweppe*, § 44 IntFamRVG) geregelt und unterliegt im Übrigen den allgemeinen Regelungen über die Vollstreckung von Herausgabeentscheidungen (hierzu *Cirullies*, §§ 88 bis 94 FamFG).

Artikel 14 HKÜ Anwendbares Recht

Haben die Gerichte oder Verwaltungsbehörden des ersuchten Staates festzustellen, ob ein widerrechtliches Verbringen oder Zurückhalten im Sinn des Artikels 3 vorliegt, so können sie das im Staat des gewöhnlichen Aufenthalts des Kindes geltende Recht und die gerichtlichen oder behördlichen Entscheidungen, gleichviel ob sie dort förmlich anerkannt sind oder nicht, unmittelbar berücksichtigen; dabei brauchen sie die besonderen Verfahren zum Nachweis dieses Rechts oder zur Anerkennung ausländischer Entscheidungen, die sonst einzuhalten wären, nicht zu beachten.

Art. 14 HKÜ verdeutlicht, dass im Rückführungsverfahren für die Feststellung der Widerrechtlichkeit die im Herkunftsstaat bestehende Rechtslage, mithin das Bestehen eines (Mit-)Sorgerechts aufgrund Gesetzes oder gerichtlicher Entscheidung, unmittelbar, d.h. ohne formelles Anerkennungsverfahren, beachtlich ist. Die Formulierung „berücksichtigen" ist insoweit missverständlich, weil für die Frage der Verletzung eines Sorgerechts allein das Recht des Herkunftsstaats maßgeblich ist.

Artikel 15 HKÜ Vorverfahren im Staat des gewöhnlichen Aufenthaltes

[1]Bevor die Gerichte oder Verwaltungsbehörden eines Vertragsstaats die Rückgabe des Kindes anordnen, können sie vom Antragsteller die Vorlage einer Entscheidung oder sonstigen Bescheinigung der Behörden des Staates des gewöhnlichen Aufenthalts des Kindes verlangen, aus der hervorgeht, dass das Verbringen oder Zurückhalten widerrechtlich im Sinn des Artikels 3 war, sofern in dem betreffenden Staat eine derartige Entscheidung oder Bescheinigung erwirkt werden kann. [2]Die zentralen Behörden der Vertragsstaaten haben den Antragsteller beim Erwirken einer derartigen Entscheidung oder Bescheinigung soweit wie möglich zu unterstützen.

Übersicht

	Rn.
A. Allgemeines	1
B. Inhalt der Norm	2

A. Allgemeines

1 Art. 15 HKÜ soll den Gerichten im Zufluchtsstaat die Prüfung der Rechtslage im Herkunftsstaat erleichtern bzw. abnehmen, indem vom Antragsteller die Vorlage einer Widerrechtlichkeitsbescheinigung gefordert werden kann, mit der die Verletzung eines Sorgerechts und damit die Widerrechtlichkeit des Verbringens bestätigt wird.

B. Inhalt der Norm

2 Die Erteilung (und damit auch die Anforderung) einer Widerrechtlichkeitsbescheinigung ist zunächst davon abhängig, ob in dem Herkunftsstaat die Erstellung einer solchen Bescheinigung vorgesehen ist (vgl. Satz 1 a.E.).

---

31 OLG Hamm, Beschl. v. 7.11.2017 – 11 UF 174/17; OLG Karlsruhe FamRZ 2015, 1627; nach OLG Stuttgart FamRZ 2003, 959, 961, sowie ZKJ 2015, 277, soll ein „sinnloses Hin- und Her-Verbringen des Kindes" vermieden werden.

32 EuGH FamRZ 2015, 107, 110 f.

Der entsprechende Antrag ist vom Antragsteller des Rückführungsverfahrens bei dem im Herkunftsstaat zuständigen Gericht einzureichen. Für Deutschland ergibt sich die Möglichkeit der Erteilung der Widerrechtlichkeitsbescheinigung aus § 41 IntFamRVG (siehe *Schweppe*, § 41 IntFamRVG Rn. 1). Eine Zuständigkeitskonzentration besteht nicht, so dass nicht nur die Familiengerichte am Sitz eines Oberlandesgerichts mit der Erteilung befasst sein können. 3

Voraussetzung für den Antrag auf Erteilung der Widerrechtlichkeitsbescheinigung ist, dass bereits ein Rückführungsverfahren in einem anderen Staat anhängig ist und eine entsprechende Anforderung („Verlangen") des mit dem Rückführungsverfahren befassten Gerichts vorliegt, andernfalls wäre der Antrag als unzulässig anzusehen.[1] Insbesondere soll die Widerrechtlichkeitsbescheinigung nicht dazu dienen, Vorfragen zur Einleitung des HKÜ-Verfahrens zu klären.[2] 4

Die Widerrechtlichkeitsbescheinigung umfasst daher auch nicht die Feststellung darüber, dass der Antragsteller im Zeitpunkt des Verbringens bzw. Zurückhaltens sein Sorgerecht tatsächlich ausgeübt hat.[3] 5

Artikel 16 HKÜ Sorgerechtsentscheidung nach widerrechtlichem Verbringen oder Zurückhalten

[1]Ist den Gerichten oder Verwaltungsbehörden des Vertragsstaats, in den das Kind verbracht oder in dem es zurückgehalten wurde, das widerrechtliche Verbringen oder Zurückhalten des Kindes im Sinn des Artikels 3 mitgeteilt worden, so dürfen sie eine Sachentscheidung über das Sorgerecht erst treffen, wenn entschieden ist, dass das Kind aufgrund dieses Übereinkommens nicht zurückzugeben ist, oder wenn innerhalb angemessener Frist nach der Mitteilung kein Antrag nach dem Übereinkommen gestellt wird.

Übersicht

Rn.
A. Normzweck ... 1
B. Einzelheiten ... 2
I. Dauer der Sperrwirkung ... 3
II. Anerkennung von Entscheidungen ... 6

A. Normzweck

Die Norm entzieht den Gerichten des Zufluchtsstaats die internationale Zuständigkeit für eine Sachentscheidung über das Sorgerecht und belässt diese bei den Gerichten des Herkunftsstaats (**Sperrwirkung**). Ziel der Regelung ist es, konkurrierende Sorgerechtsregelungen zu verhindern. 1

B. Einzelheiten

Die Vorschrift verhindert nicht die Begründung eines neuen gewöhnlichen Aufenthalts, sondern bezweckt, dass der Elternteil, der das Kind in den neuen Aufenthaltsstaat verbracht hat, sich nicht auf die Zuständigkeit der Gerichte des neuen Aufenthaltsstaats aufgrund eines dort begründeten neuen gewöhnlichen Aufenthalts berufen kann. 2

I. Dauer der Sperrwirkung

Eine bestimmte Frist, innerhalb derer die Sperrwirkung greift, enthält das HKÜ nicht. Zu berücksichtigen ist insoweit jedoch der dem Art. 12 Abs. 2 HKÜ zugrundeliegende Gedanke, wonach mit Ablauf der Jahresfrist die Integration des Kindes im Zufluchtsstaat maßgeblich ist. 3

Sowohl das KSÜ (siehe Art. 7 Abs. 1 b) KSÜ) als auch die Brüssel IIa-VO (siehe Art. 10 lit. b (1) Brüssel IIa-VO) knüpfen an die Sperrwirkung für die Frage der fortdauernden Zuständigkeit des Herkunftsstaats (*perpetuatio fori*) an: Diese endet nach Art. 10 lit. b (1) Brüssel IIa-VO bzw. Art. 7 Abs. 1 b) KSÜ, wenn sich das Kind im Zufluchtsstaat mindestens ein Jahr aufgehalten hat, nachdem der Sorgeberechtigte diesen Aufenthaltsort kannte oder hätte kennen müssen, während dieses Zeitraums kein 4

1 Vgl. OLG Zweibrücken FamRZ 1999, 950
2 OLG Nürnberg FamRZ 2009, 240
3 MüKo-BGB/*Heiderhoff*, Art. 15 HKÜ Rn. 2; a.A. OLG Bremen ZKJ 2013, 367, 368

Rückführungsantrag gestellt wurde und das Kind sich in seinem neuen Umfeld eingelebt hat. Hierdurch soll eine Harmonisierung der Zuständigkeitsvorschriften mit Art. 16 HKÜ erreicht werden.

5 Die Norm steht einer Sachentscheidung über das Sorgerecht im Zufluchtsstaat nach einer rechtskräftigen Rückgabenanordnung jedenfalls so lange entgegen, wie der Antragsteller deren Vollzug nachdrücklich betreibt und der Umstand, dass die Rückgabe noch nicht erfolgt ist, im Wesentlichen auf verzögerter Bearbeitung durch die Vollstreckungsorgane oder auf Versuchen des anderen Elternteils beruht, die Vollstreckung zu vereiteln.[1] Die Sperrwirkung soll mit der Rückkehr des Kindes in den Herkunftsstaat aufgrund einer rechtskräftigen Entscheidung entfallen.[2]

II. Anerkennung von Entscheidungen

6 Art. 16 HKÜ verbietet zwar den Gerichten, das Sorgerecht selbst zu regeln, die Norm steht aber nicht einer Entscheidung über die (Nicht-)Anerkennung einer – im Herkunftsstaat ergangenen – Sorgerechtsentscheidung nach Art. 21 Abs. 3 Brüssel IIa-VO entgegen.[3]

Artikel 17 HKÜ Sorgerechtsentscheidung und Rückgabe

Der Umstand, dass eine Entscheidung über das Sorgerecht im ersuchten Staat ergangen oder dort anerkennbar ist, stellt für sich genommen keinen Grund dar, die Rückgabe eines Kindes nach Maßgabe dieses Übereinkommens abzulehnen; die Gerichte oder Verwaltungsbehörden des ersuchten Staates können jedoch bei der Anwendung des Übereinkommens die Entscheidungsgründe berücksichtigen.

1 Die Regelung stellt klar, dass eine unter Umgehung der Sperrwirkung des Art. 16 HKÜ erlassene Sorgerechtsentscheidung unbeachtlich ist.

2 Bei der in Satz 2 vorgesehenen Berücksichtigung der Entscheidungsgründe einer im Zufluchtsstaat erlassenen Sorgerechtsentscheidung ist zu beachten, dass die für die Sorgerechtsregelung maßgeblichen Kriterien nicht mit den eine Ausnahme von der Rückführung begründenden Kriterien identisch sind (näher hierzu *Schweppe*, Art. 13 HKÜ Rn. 2, 7 ff.).

Artikel 18 HKÜ Sonstige Rückgabeanordnungen

Die Gerichte oder Verwaltungsbehörden werden durch die Bestimmungen dieses Kapitels nicht daran gehindert, jederzeit die Rückgabe des Kindes anzuordnen.

1 Die Anordnung der Rückführung eines Kindes kann auch auf andere Rechtsgrundlagen gestützt werden. Der Vorrang des HKÜ beinhaltet insofern nicht deren Ausschluss.

Artikel 19 HKÜ Verhältnis zu Sorgerechtsentscheidungen

Eine aufgrund dieses Übereinkommens getroffene Entscheidung über die Rückgabe des Kindes ist nicht als Entscheidung über das Sorgerecht anzusehen.

1 Die Entscheidung im Rückführungsverfahren ist keine Sorgerechtsentscheidung. Vielmehr sollen mit der Anordnung der Rückführung erst die Voraussetzungen für die Durchführung eines Sorgerechtsverfahrens vor dem zuständigen Gericht im Herkunftsstaat geschaffen werden.

---

1 BGH FamRZ 2000, 1502

2 Vgl. OLG Bremen NZFam 2017, 765; zur möglichen Zuständigkeit deutscher Gerichte für das Sorgeverfahren in dieser Konstellation siehe § 99 FamFG Rn. 5

3 BGH FamRZ 2011, 959, 960; zur Beschränkung auf im Staat des gewöhnlichen Aufenthalts ergangene Entscheidungen vgl. *Schulz*, FamRZ 2011, 1046

Artikel 20 HKÜ Menschenrechte

Die Rückgabe des Kindes nach Artikel 12 kann abgelehnt werden, wenn sie nach den im ersuchten Staat geltenden Grundwerten über den Schutz der Menschenrechte und Grundfreiheiten unzulässig ist.

Art. 20 HKÜ hat in der Praxis keine Bedeutung, da die maßgeblichen Aspekte sämtlich unter Art. 13 HKÜ zu prüfen sind (näher hierzu *Schweppe,* Art. 13 HKÜ Rn. 6 ff.). 1

Artikel 21 HKÜ Recht zum persönlichen Umgang

(1) Der Antrag auf Durchführung oder wirksame Ausübung des Rechts zum persönlichen Umgang kann in derselben Weise an die zentrale Behörde eines Vertragsstaats gerichtet werden wie ein Antrag auf Rückgabe des Kindes.

(2) [1]Die zentralen Behörden haben aufgrund der in Artikel 7 genannten Verpflichtung zur Zusammenarbeit die ungestörte Ausübung des Rechts zum persönlichen Umgang sowie die Erfüllung aller Bedingungen zu fördern, denen die Ausübung dieses Rechts unterliegt. [2]Die zentralen Behörden unternehmen Schritte, um soweit wie möglich alle Hindernisse auszuräumen, die der Ausübung dieses Rechts entgegenstehen.

(3) Die zentralen Behörden können unmittelbar oder mit Hilfe anderer die Einleitung eines Verfahrens vorbereiten oder unterstützen mit dem Ziel, das Recht zum persönlichen Umgang durchzuführen oder zu schützen und zu gewährleisten, dass die Bedingungen, von denen die Ausübung dieses Rechts abhängen kann, beachtet werden.

Die Vorschrift behandelt das Recht zum persönlichen Umgang, wobei sie lediglich die Antragstellung und die Tätigkeit der Zentralen Behörden regelt. Im Übrigen ist das Verfahren auf der Grundlage des nationalen Rechts zu führen (näher hierzu *Gottschalk*, § 1684 BGB Rn. 83 ff.). 1

Insoweit greifen auch die Sonderregelungen des IntFamRVG nicht, es sei denn, die Zentrale Behörde stellt den Antrag: Dann ist auch für das Umgangsverfahren die Zuständigkeitskonzentration des § 12 IntFamRVG zu beachten. 2

Artikel 22 HKÜ Keine Sicherheitsleistung oder Hinterlegung

In gerichtlichen oder behördlichen Verfahren, die unter dieses Übereinkommen fallen, darf für die Zahlung von Kosten und Auslagen eine Sicherheitsleistung oder Hinterlegung gleich welcher Bezeichnung nicht auferlegt werden.

Artikel 23 HKÜ Formfreiheit

Im Rahmen dieses Übereinkommens darf keine Legalisation oder ähnliche Förmlichkeit verlangt werden.

Von einer Kommentierung der Art. 22 und 23 HKÜ wird abgesehen.

Artikel 24 HKÜ Übersetzung

(1) Anträge, Mitteilungen oder sonstige Schriftstücke werden der zentralen Behörde des ersuchten Staates in der Originalsprache zugesandt; sie müssen von einer Übersetzung in die Amtssprache oder eine der Amtssprachen des ersuchten Staates oder, wenn eine solche Übersetzung nur schwer erhältlich ist, von einer Übersetzung ins Französische oder Englische begleitet sein.

(2) Ein Vertragsstaat kann jedoch einen Vorbehalt nach Artikel 42 anbringen und darin gegen die Verwendung des Französischen oder Englischen, jedoch nicht beider Sprachen, in den seiner zentralen Behörde übersandten Anträgen, Mitteilungen oder sonstigen Schriftstücken Einspruch erheben.

Sämtliche Unterlagen (hierzu Art. 8 Abs. 2 HKÜ) sind in der Originalsprache und in Übersetzung in die Amtssprache des Zufluchtsstaats einzureichen. 1

2 Bei in Deutschland eingehenden Anträgen wird die Übersetzung in die deutsche Sprache grundsätzlich vorausgesetzt, obgleich Deutschland keinen Vorbehalt nach Art. 24 Abs. 2 HKÜ eingelegt hat. Gegebenenfalls veranlasst das Bundesamt für Justiz bei eingehenden Anträgen die Übersetzung gemäß § 4 Abs. 2 IntFamRVG.

Artikel 25 HKÜ Prozesskosten- und Beratungshilfe

Angehörigen eines Vertragsstaats und Personen, die ihren gewöhnlichen Aufenthalt in einem solchen Staat haben, wird in allen mit der Anwendung dieses Übereinkommens zusammenhängenden Angelegenheiten Prozesskosten- und Beratungshilfe in jedem anderen Vertragsstaat zu denselben Bedingungen bewilligt wie Angehörigen des betreffenden Staates, die dort ihren gewöhnlichen Aufenthalt haben.

Die Bewilligung von Verfahrenskosten für das Rückführungsverfahren erfolgt wie für innerstaatliche Verfahren auf Grundlage der §§ 76 Abs. 1 FamFG i.V.m. 114 ff. ZPO (näher hierzu *Dürbeck*, § 76 FamFG Rn. 2 ff.).

Artikel 26 HKÜ Verfahrenskosten

(1) Jede zentrale Behörde trägt ihre eigenen Kosten, die bei der Anwendung dieses Übereinkommens entstehen.

(2) [1]Für die nach diesem Übereinkommen gestellten Anträge erheben die zentralen Behörden und andere Behörden der Vertragsstaaten keine Gebühren. [2]Insbesondere dürfen sie vom Antragsteller weder die Bezahlung von Verfahrenskosten noch der Kosten verlangen, die ggf. durch die Beiordnung eines Rechtsanwalts entstehen. [3]Sie können jedoch die Erstattung der Auslagen verlangen, die durch die Rückgabe des Kindes entstanden sind oder entstehen.

(3) Ein Vertragsstaat kann jedoch einen Vorbehalt nach Artikel 42 anbringen und darin erklären, dass er nur insoweit gebunden ist, die sich aus der Beiordnung eines Rechtsanwalts oder aus einem Gerichtsverfahren ergebenden Kosten im Sinn des Absatzes 2 zu übernehmen, als diese Kosten durch sein System der Prozesskosten- und Beratungshilfe gedeckt sind.

(4) Wenn die Gerichte oder Verwaltungsbehörden aufgrund dieses Übereinkommens die Rückgabe des Kindes anordnen oder Anordnungen über das Recht zum persönlichen Umgang treffen, können sie, soweit angezeigt, der Person, die das Kind verbracht oder zurückgehalten oder die die Ausübung des Rechts zum persönlichen Umgang vereitelt hat, die Erstattung der dem Antragsteller selbst oder für seine Rechnung entstandenen notwendigen Kosten auferlegen; dazu gehören insbesondere die Reisekosten, alle Kosten oder Auslagen für das Auffinden des Kindes, Kosten der Rechtsvertretung des Antragstellers und Kosten für die Rückgabe des Kindes.

Übersicht

	Rn.
A. Allgemeines	1
B. Inhalt der Norm	2
I. Kostenfreiheit der Tätigkeit der Zentralen Behörden	2
II. Vorbehalt	3
III. Auferlegung von Kosten	4

A. Allgemeines

1 Die Norm enthält Regelungen zur Kostentragung. Der in Abs. 1 festgelegte Grundsatz der Kostenfreiheit gilt jedoch wegen Abs. 3 (hierzu unten Rn. 3) nur für die Tätigkeit der Zentralen Behörden und damit nicht für die Gerichts- und Anwaltskosten, die im Rückführungsverfahren anfallen.

B. Inhalt der Norm

I. Kostenfreiheit der Tätigkeit der Zentralen Behörden

2 Die Tätigkeit der Zentralen Behörden ist nach Abs. 1 kostenfrei. Soweit Art. 26 Abs. 2 HKÜ die Kostenfreiheit auf die für den Antragsteller anfallenden Verfahrens- und Anwaltskosten erstreckt, gilt dies nur für Vertragsstaaten, die keinen Vorbehalt nach Abs. 3 erklärt haben.

II. Vorbehalt

Aufgrund des durch Deutschland erklärten Vorbehalts nach Art. 26 Abs. 3 HKÜ, auf den § 43 IntFamRVG verweist, besteht Kostenfreiheit für im Inland geführte Rückführungsverfahren nur unter den Voraussetzungen der Bewilligung von Verfahrenskostenhilfe. 3

▶ *Grundlegend zur Verfahrenskostenhilfe siehe Dürbeck, § 76 FamFG Rn. 2 ff.*

III. Auferlegung von Kosten

Art. 26 Abs. 4 HKÜ enthält für das Rückführungsverfahren und für auf Grundlage des HKÜ eingeleitete Umgangsverfahren eine gegenüber § 81 FamFG vorrangige Kostenregelung. Dabei ist in das Ermessen des Gerichts gestellt, bei Anordnung der Rückführung dem Antragsgegner die Erstattung der dem Antragsteller entstandenen notwendigen Kosten aufzuerlegen. 4

Die Regelung greift nur für den Fall der Anordnung der Rückführung, in anderen Fällen folgt die Kostenentscheidung aus § 14 Nr. 2 IntFamRVG i.V.m. § 81 FamFG, wobei der Grundgedanke des Art. 26 Abs. 4 HKÜ zu berücksichtigen ist.[1] 5

▶ *Grundsätzlich zur Kostenentscheidung siehe Dürbeck, § 81 FamFG Rn. 2 ff. sowie Rn. 9 ff. zur Auferlegung von Kosten.*

Artikel 27 HKÜ Offenkundig unbegründeter Antrag

[1]Ist offenkundig, dass die Voraussetzungen dieses Übereinkommens nicht erfüllt sind oder dass der Antrag sonstwie unbegründet ist, so ist eine zentrale Behörde nicht verpflichtet, den Antrag anzunehmen. [2]In diesem Fall teilt die zentrale Behörde dem Antragsteller oder ggf. der zentralen Behörde, die ihr den Antrag übermittelt hat, umgehend ihre Gründe mit.

Unter den Voraussetzungen des Art. 27 HKÜ kann die Zentrale Behörde die Annahme eines Antrags ablehnen. Sofern das Bundesamt für Justiz nach dieser Vorschrift vorgeht, ist nach § 8 IntFamRVG ein Rechtsbehelf zum OLG Köln eröffnet (näher hierzu *Schweppe*, § 8 IntFamRVG Rn. 1 ff.).

Artikel 28 HKÜ Bevollmächtigung

[1]Eine zentrale Behörde kann verlangen, dass dem Antrag eine schriftliche Vollmacht beigefügt wird, durch die sie ermächtigt wird, für den Antragsteller tätig zu werden oder einen Vertreter zu bestellen, der für ihn tätig wird.

Für die Tätigkeit des Bundesamts für Justiz ist die Erteilung einer Vollmacht nicht erforderlich, da § 6 Abs. 2 Satz 2 IntFamRVG insoweit bereits eine gesetzliche Vollmachtsfiktion enthält.

Artikel 29 HKÜ Rechtsweg

[1]Dieses Übereinkommen hindert Personen, Behörden oder sonstige Stellen, die eine Verletzung des Sorgerechts oder des Rechts zum persönlichen Umgang im Sinn des Artikels 3 oder 21 geltend machen, nicht daran, sich unmittelbar an die Gerichte oder Verwaltungsbehörden eines Vertragsstaats zu wenden, gleichviel ob dies in Anwendung des Übereinkommens oder unabhängig davon erfolgt.

Der Antragsteller kann das Rückführungsverfahren auch selbst durch einen Antrag beim zuständigen Gericht im Zufluchtsstaat einleiten und führen. Die Einschaltung der Zentralen Behörden ist mithin nicht verpflichtend und insbesondere keine Voraussetzung für die Zulässigkeit des Rückführungsantrages. 1

Die Anwendbarkeit des Rückführungsverfahrens nach dem HKÜ schließt nicht aus, das Sorge- bzw. Umgangsrecht in einem Verfahren auf der Grundlage nationalen Rechts des Herkunftsstaats durchzu- 2

1 So etwa im Fall der Erledigung des Verfahrens durch freiwillige Rückkehr, vgl. OLG Frankfurt, Beschl. v. 17.12.2014 – 1 WF 273/14 (n.v.)

setzen, sei es im Rahmen der Anerkennung und Vollstreckung bestehender Entscheidungen oder entsprechender Neuregelung.

▶ *Zum Verhältnis zu anderen kollisionsrechtlichen Übereinkommen und zur Brüssel IIa-VO siehe Schweppe, Art. 34 HKÜ.*

Artikel 30 HKÜ Annahmeverpflichtung

[1]Jeder Antrag, der nach diesem Übereinkommen an die zentralen Behörden oder unmittelbar an die Gerichte oder Verwaltungsbehörden eines Vertragsstaats gerichtet wird, sowie alle dem Antrag beigefügten oder von einer zentralen Behörde beschafften Schriftstücke und sonstigen Mitteilungen sind von den Gerichten oder Verwaltungsbehörden der Vertragsstaaten ohne weiteres entgegenzunehmen.

Von einer Kommentierung wird abgesehen.

Artikel 31 bis 33 HKÜ

[...]

Von Abdruck und Kommentierung wird abgesehen.

Artikel 34 HKÜ Vorrang dieses Übereinkommens

[1]Dieses Übereinkommen geht im Rahmen seines sachlichen Anwendungsbereichs dem Übereinkommen vom 5. Oktober 1961 über die Zuständigkeit der Behörden und das anzuwendende Recht auf dem Gebiet des Schutzes von Minderjährigen vor, soweit die Staaten Vertragsparteien beider Übereinkommen sind. [2]Im übrigen beschränkt dieses Übereinkommen weder die Anwendung anderer internationaler Übereinkünfte, die zwischen dem Ursprungsstaat und dem ersuchten Staat in Kraft sind, noch die Anwendung des nichtvertraglichen Rechts des ersuchten Staates, wenn dadurch die Rückgabe eines widerrechtlich verbrachten oder zurückgehaltenen Kindes erwirkt oder die Durchführung des Rechts zum persönlichen Umgang bezweckt werden soll.

1 Aus Art. 34 Satz 2 HKÜ i.V.m. Art. 50 KSÜ folgt der Vorrang des HKÜ gegenüber dem KSÜ bei Überschneidung der Anwendungsbereiche. Faktisch findet das HKÜ auch gegenüber dem ESÜ vorrangig Anwendung (siehe näher hierzu § 37 IntFamRVG).

2 Im Verhältnis zur Brüssel IIa-VO hat diese zwar grundsätzlich Vorrang gegenüber dem HKÜ (vgl. Art. 60 lit. e Brüssel IIa-VO). Der Rückführungsmechanismus des HKÜ findet aber auch im Verhältnis der EU-Mitgliedstaaten Anwendung, modifziert und verstärkt durch Art. 11 Brüssel IIa-VO. Weiter enthält Art. 10 Brüssel IIa-VO höhere Anforderungen an den Wechsel der internationalen Zuständigkeit nach dem widerrechtlichen Verbringen eines Kindes (näher hierzu *Schweppe*, Art. 10 Brüssel IIa-VO Rn. 1 ff.).

Artikel 35 HKÜ Zeitliche Anwendbarkeit

(1) [1]Dieses Übereinkommen findet zwischen den Vertragsstaaten nur auf ein widerrechtliches Verbringen oder Zurückhalten Anwendung, das sich nach seinem Inkrafttreten in diesen Staaten ereignet hat.

(2) [1]Ist eine Erklärung nach Artikel 39 oder 40 abgegeben worden, so ist die in Absatz 1 des vorliegenden Artikels enthaltene Verweisung auf einen Vertragsstaat als Verweisung auf die Gebietseinheit oder die Gebietseinheiten zu verstehen, auf die das Übereinkommen angewendet wird.

Von einer Kommentierung wird abgesehen.

Artikel 36 HKÜ Verzicht auf Einschränkungen

[1]Dieses Übereinkommen hindert zwei oder mehr Vertragsstaaten nicht daran, Einschränkungen, denen die Rückgabe eines Kindes unterliegen kann, dadurch zu begrenzen, dass sie untereinander vereinbaren, von solchen Bestimmungen des Übereinkommens abzuweichen, die eine derartige Einschränkung darstellen könnten.

Die Norm verdeutlicht, dass die Vertragsstaaten durch die Verabschiedung des HKÜ nicht gehindert sind, Vereinbarungen zu treffen, die den Rückführungsmechanismus des HKÜ stärken. 1

Artikel 37 bis 41 HKÜ

[…]

Von Abdruck und Kommentierung wird abgesehen.

Artikel 42 HKÜ Vorbehalte

(1) [1]Jeder Staat kann spätestens bei der Ratifikation, der Annahme, der Genehmigung oder dem Beitritt oder bei Abgabe einer Erklärung nach Artikel 39 oder 40 einen der in Artikel 24 und Artikel 26 Absatz 3 vorgesehenen Vorbehalte oder beide anbringen. [2]Weitere Vorbehalte sind nicht zulässig.

(2) bis (3) (vom Abdruck wird abgesehen)

Die durch die Vertragsstaaten jeweils erklärten Vorbehalte nach Art. 24 HKÜ (Sprache) und Art. 26 HKÜ (Verfahrenskosten) sind der Staatenliste des Bundesamts für Justiz (hierzu oben Vorbemerkungen Rn. 31) zu entnehmen. 1

Deutschland hat eine Vorbehaltserklärung nach Art. 26 Abs. 3 HKÜ abgegeben, so dass Verfahrenskostenhilfe nur unter den Voraussetzungen des § 76 Abs. 1 FamFG i.V.m. § 114 ff. ZPO bewilligt wird. 2

Artikel 43 bis 45 HKÜ

[…]

Von Abdruck und Kommentierung wird abgesehen.

Abschnitt 2
Europäisches Sorgerechtsübereinkommen – ESÜ

Vorbemerkung

A. Regelungsgehalt und Anwendungsbereich

1 Das Europäische Übereinkommen über die Anerkennung und Vollstreckung von Entscheidungen über das Sorgerecht für Kinder und die Wiederherstellung des Sorgeverhältnisses vom 20.5.1980[1] (Europäisches Sorgerechtsübereinkommen – ESÜ) ist ein Rechtshilfeübereinkommen zu Fragen der Anerkennung und Vollstreckung ausländischer Entscheidungen. Das ESÜ enthält weder Regelungen zur Zuständigkeit noch zum anzuwendenden Recht.

2 Das ESÜ gilt in 37 Staaten, wird aber durch die Brüssel IIa-VO verdrängt (Art. 60 lit. d Brüssel IIa-VO), so dass es faktisch nur noch im Verhältnis zu Staaten, die nicht zugleich EU-Mitgliedstaaten sind, zur Anwendung gelangt, namentlich:

- Andorra
- Dänemark
- Grönland
- Island
- Liechtenstein
- Mazedonien
- Moldau
- Montenegro
- Norwegen
- Schweiz
- Serbien
- Türkei
- Ukraine

3 Von den genannten Staaten hat allein Liechtenstein weder das HKÜ noch das KSÜ ratifiziert, so dass insoweit nur das ESÜ zur Anwendung gelangt.

4 Im Übrigen hat das ESÜ Bedeutung für die Anerkennung und Vollstreckung von Entscheidungen insbesondere im Verhältnis zur Türkei und zu Serbien.[2]

B. Verhältnis zu weiteren Übereinkommen

• ESÜ neben KSÜ

5 Von den in Rn. 2 genannten Staaten gehören Dänemark, Grönland, Montenegro, Norwegen, die Schweiz, Serbien, die Türkei und die Ukraine auch dem KSÜ an. Bei Überschneidung der Anwendungsbereiche finden ESÜ und KSÜ grundsätzlich nebeneinander Anwendung, da im Verhältnis zu den genannten Staaten kein Vorbehalt i.S.d. Art. 52 KSÜ wirkt.

• Vorrang des HKÜ

6 Auch im Verhältnis zwischen ESÜ und HKÜ gelten die Übereinkommen zunächst nebeneinander (Art. 19 ESÜ und Art. 34 Satz 2 HKÜ), § 37 IntFamRVG räumt jedoch dem HKÜ den Vorrang ein, soweit nicht der Antragsteller ausdrücklich die Anwendung des ESÜ begehrt.

Weiterführende Literatur: Schulz, Internationale Regelungen zum Sorge- und Umgangsrecht, FamRZ 2003, 336–348.

---

1 BGBl. II 1990 S. 220
2 *Niethammer-Jürgens/Erb-Klünemann*, S. 152 f.

Artikel 1 ESÜ Begriffsbestimmungen

Im Sinn dieses Übereinkommens bedeutet:

a) Kind eine Person gleich welcher Staatsangehörigkeit, die das 16. Lebensjahr noch nicht vollendet hat und noch nicht berechtigt ist, nach dem Recht ihres gewöhnlichen Aufenthalts, dem Recht des Staates, dem sie angehört, oder dem innerstaatlichen Recht des ersuchten Staates ihren eigenen Aufenthalt zu bestimmen;

b) Behörde ein Gericht oder eine Verwaltungsbehörde;

c) Sorgerechtsentscheidung die Entscheidung einer Behörde, soweit sie die Sorge für die Person des Kindes, einschließlich des Rechts auf Bestimmung seines Aufenthalts oder des Rechts zum persönlichen Umgang mit ihm, betrifft;

d) unzulässiges Verbringen das Verbringen eines Kindes über eine internationale Grenze, wenn dadurch eine Sorgerechtsentscheidung verletzt wird, die in einem Vertragsstaat ergangen und in einem solchen Staat vollstreckbar ist; als unzulässiges Verbringen gilt auch der Fall, in dem

i. das Kind am Ende einer Besuchszeit oder eines sonstigen vorübergehenden Aufenthalts in einem anderen Hoheitsgebiet als dem, in dem das Sorgerecht ausgeübt wird, nicht über eine internationale Grenze zurückgebracht wird;

ii. das Verbringen nachträglich nach Artikel 12 für widerrechtlich erklärt wird.

Art. 1 ESÜ enthält zunächst allgemeine Begriffsbestimmungen. 1

Hinsichtlich des räumlichen Anwendungsbereichs setzt das ESÜ – anders als das HKÜ – nicht voraus, 2
dass das Kind seinen gewöhnlichen Aufenthalt in einem Vertragsstaat hatte.

Nach Art. 1 Abs. 1 lit. a ESÜ ist der persönliche Anwendungsbereich des ESÜ beschränkt auf Minder- 3
jährige bis zur Vollendung des 16. Lebensjahres.

Art. 1 Abs. 1 lit. d ESÜ definiert das unzulässige Verbringen eines Kindes, der Begriff entspricht zu- 4
nächst dem des „widerrechtlichen Verbringens" i.S.d. Art. 3 HKÜ, wobei das ESÜ nur greift, wenn eine in einem Vertragsstaat ergangene und dort bzw. in einem anderen Vertragsstaat vollstreckbare Entscheidung vorliegt. Wie ein unzulässiges Verbringen wird auch das widerrechtliche Zurückhalten eines Kindes nach Ablauf eines Umgangsrechts behandelt (i) sowie das auf Grundlage von Art. 12 ESÜ nachträglich für widerrechtlich erklärte Verbringen (ii).

Teil I
Zentrale Behörden

Artikel 2 ESÜ Zentrale Behörden

(1) Jeder Vertragsstaat bestimmt eine zentrale Behörde, welche die in diesem Übereinkommen vorgesehenen Aufgaben wahrnimmt.

(2) bis (3) (vom weiter gehenden Abdruck wird abgesehen)

Zentrale Behörde i.S.d. Art. 2 ESÜ ist nach § 3 Abs. 1 IntFamRVG das Bundesamt für Justiz mit Sitz in Bonn.[1]

Artikel 3 ESÜ Zusammenarbeit

(1) [1]Die zentralen Behörden der Vertragsstaaten arbeiten zusammen und fördern die Zusammenarbeit der zuständigen Behörden ihrer Staaten. [2]Sie haben mit aller gebotenen Eile zu handeln.

(2) Um die Durchführung dieses Übereinkommens zu erleichtern, werden die zentralen Behörden der Vertragsstaaten

a) die Übermittlung von Auskunftsersuchen sicherstellen, die von zuständigen Behörden ausgehen und sich auf Rechts- oder Tatsachenfragen in anhängigen Verfahren beziehen;

1 Zu Informationen über das Bundesamt für Justiz als Zentrale Behörde wird auf die Kommentierung zu §§ 3 ff. IntFamRVG sowie auf die Internetseite www.bundesjustizamt.de verwiesen. Eine Liste der Zentralen Behörden der Vertragsstaaten enthält die Kommentierung Staudinger/*Pirrung*, Vorbem. F zu Art. 19 EGBGB Rn. F 14.

b) einander auf Ersuchen Auskünfte über ihr Recht auf dem Gebiet des Sorgerechts für Kinder und über dessen Änderungen erteilen;

c) einander über alle Schwierigkeiten unterrichten, die bei der Anwendung des Übereinkommens auftreten können, und Hindernisse, die seiner Anwendung entgegenstehen, soweit wie möglich ausräumen.

Art. 3 ESÜ regelt die allgemeinen Grundsätze der Zusammenarbeit der Zentralen Behörden, die Aufgaben im Einzelnen sind Art. 3 Abs. 2 ESÜ zu entnehmen, wobei zur Umsetzung auf §§ 6 ff. IntFamRVG zu verweisen ist.

Artikel 4 ESÜ Vollstreckungsantrag

(1) Wer in einem Vertragsstaat eine Sorgerechtsentscheidung erwirkt hat und sie in einem anderen Vertragsstaat anerkennen oder vollstrecken lassen will, kann zu diesem Zweck einen Antrag an die zentrale Behörde jedes beliebigen Vertragsstaats richten.

(2) Dem Antrag sind die in Artikel 13 genannten Schriftstücke beizufügen.

(3) Ist die zentrale Behörde, bei der der Antrag eingeht, nicht die zentrale Behörde des ersuchten Staates, so übermittelt sie die Schriftstücke unmittelbar und unverzüglich der letztgenannten Behörde.

(4) Die zentrale Behörde, bei der der Antrag eingeht, kann es ablehnen, tätig zu werden, wenn die Voraussetzungen nach diesem Übereinkommen offensichtlich nicht erfüllt sind.

(5) Die zentrale Behörde, bei der der Antrag eingeht, unterrichtet den Antragsteller unverzüglich über den Fortgang seines Antrags.

1 Art. 4 ff. ESÜ enthalten nähere Bestimmungen des fakultativen Verfahrens zur Anerkennung und Vollstreckbarerklärung von Entscheidungen.

2 Dieses Verfahren ist insbesondere im Verhältnis zur Türkei von Bedeutung, weil eine deutsche Sorgerechtsentscheidung über ein Kind türkischer Staatsangehörigkeit, das in Deutschland lebt, erst nach Durchführung des Anerkennungsverfahrens vor einem türkischen Gericht durch türkische Behörden (auch die Auslandsvertretungen) anerkannt wird.[1]

Artikel 5 ESÜ Verfahren, Kosten

(1) Die zentrale Behörde des ersuchten Staates trifft oder veranlasst unverzüglich alle Vorkehrungen, die sie für geeignet hält, und leitet erforderlichenfalls ein Verfahren vor dessen zuständigen Behörden ein, um

a) den Aufenthaltsort des Kindes ausfindig zu machen;

b) zu vermeiden, insbesondere durch alle erforderlichen vorläufigen Maßnahmen, dass die Interessen des Kindes oder des Antragstellers beeinträchtigt werden;

c) die Anerkennung oder Vollstreckung der Entscheidung sicherzustellen;

d) die Rückgabe des Kindes an den Antragsteller sicherzustellen, wenn die Vollstreckung der Entscheidung bewilligt wird;

e) die ersuchende Behörde über die getroffenen Maßnahmen und deren Ergebnisse zu unterrichten.

(2) Hat die zentrale Behörde des ersuchten Staates Grund zu der Annahme, dass sich das Kind im Hoheitsgebiet eines anderen Vertragsstaats befindet, so übermittelt sie die Schriftstücke unmittelbar und unverzüglich der zentralen Behörde dieses Staates.

(3) Jeder Vertragsstaat verpflichtet sich, vom Antragsteller keine Zahlungen für Maßnahmen zu verlangen, die für den Antragsteller aufgrund des Absatzes 1 von der zentralen Behörde des betreffenden Staates getroffen werden; darunter fallen auch die Verfahrenskosten und ggf. die Kosten für einen Rechtsanwalt, nicht aber die Kosten für die Rückführung des Kindes.

(4) Wird die Anerkennung oder Vollstreckung versagt und ist die zentrale Behörde des ersuchten Staates der Auffassung, dass sie dem Ersuchen des Antragstellers stattgeben sollte, in diesem Staat eine Ent-

1 Siehe hierzu *Schulz*, FamRZ 2018, 797, 807; weitere Informationen und entsprechende Vordrucke sind unter www.bundesjustizamt.de/sorgerecht erhältlich.

scheidung in der Sache selbst herbeizuführen, so bemüht sich diese Behörde nach besten Kräften, die Vertretung des Antragstellers in dem Verfahren unter Bedingungen sicherzustellen, die nicht weniger günstig sind als für eine Person, die in diesem Staat ansässig ist und dessen Staatsangehörigkeit besitzt; zu diesem Zweck kann sie insbesondere ein Verfahren vor dessen zuständigen Behörden einleiten.

Art. 5 ESÜ regelt Einzelheiten zu Verfahren und Kosten. 1

Die in Art. 5 Abs. 1 ESÜ genannten **Tätigkeiten der Zentralen Behörden** werden durch das IntFamRVG weiter konkretisiert, so etwa die Aufenthaltsermittlung nebst hierzu bestehender Befugnisse (§ 7 IntFamRVG) und die Möglichkeit, einstweilige Anordnungen zu erlassen (§ 15 IntFamRVG). 2

Art. 5 **Abs. 2** ESÜ entspricht inhaltlich Art. 9 HKÜ (siehe hierzu *Schweppe*, Art. 9 HKÜ Rn. 1 f.). 3

Art. 5 **Abs. 3** ESÜ enthält eine umfassende Kostenfreiheit für den Antragsteller, welche die Tätigkeit der Zentralen Behörde, aber auch die Verfahrenskosten für das Anerkennungsverfahren sowie ggf. die Kosten für eine anwaltliche Vertretung umfasst. Ein Vorbehalt, der es den Vertragsstaaten ermöglicht, die Kostenfreiheit einzuschränken, ist, anders als etwa in Art. 26 Abs. 3 HKÜ, nicht vorgesehen. 4

Kosten für erforderliche Übersetzungen von Anträgen und Dokumenten sind von der Kostenfreiheit nicht umfasst, insoweit erteilen die Familiengerichte auf Antrag eine Befreiung von den Übersetzungskosten nach Maßgabe der für die Bewilligung von Verfahrenskostenhilfe geltenden Voraussetzungen, vgl. § 5 Abs. 2 IntFamRVG.

Keine Kostenfreiheit besteht für Verfahren, mit denen nicht die Anerkennung einer ausländischen Entscheidung, sondern eine (Neu-)Regelung des Sorge- oder Umgangsrechts erwirkt werden soll. Hier gelten die allgemeinen Grundsätze für die Bewilligung von Verfahrenskostenhilfe (siehe hierzu *Dürbeck*, Kommentierung zu § 76 FamFG). 5

Artikel 6 ESÜ Spracherfordernisse

(1) Vorbehaltlich besonderer Vereinbarungen zwischen den beteiligten zentralen Behörden und der Bestimmungen des Absatzes 3

a) müssen Mitteilungen an die zentrale Behörde des ersuchten Staates in der Amtssprache oder einer der Amtssprachen dieses Staates abgefasst oder von einer Übersetzung in diese Sprache begleitet sein;

b) muss die zentrale Behörde des ersuchten Staates aber auch Mitteilungen annehmen, die in englischer oder französischer Sprache abgefasst oder von einer Übersetzung in eine dieser Sprachen begleitet sind.

(2) Mitteilungen, die von der zentralen Behörde des ersuchten Staates ausgehen, einschließlich der Ergebnisse von Ermittlungen, können in der Amtssprache oder einer der Amtssprachen dieses Staates oder in englischer oder französischer Sprache abgefasst sein.

(3) [1]Ein Vertragsstaat kann die Anwendung des Absatzes 1 Buchstabe b ganz oder teilweise ausschließen. [2]Hat ein Vertragsstaat diesen Vorbehalt angebracht, so kann jeder andere Vertragsstaat ihm gegenüber den Vorbehalt auch anwenden.

Nach Art. 6 Abs. 1 a) ESÜ sind Anträge an die Zentrale Behörde eines Staates grundsätzlich in der Amtssprache oder beglaubigter Übersetzung einzureichen, es genügt aber auch die Einreichung auf Englisch oder Französisch (Art. 6 Abs. 2 b) ESÜ). 1

Deutschland hat von dem in Art. 6 Abs. 3 ESÜ vorgesehenen Vorbehalt Gebrauch gemacht und ist damit im Rahmen des ESÜ nur zur Annahme von in deutscher Sprache bzw. Übersetzung vorliegenden Anträgen verpflichtet. Dies bedingt allerdings, dass auch andere Vertragsstaaten gegenüber Anträgen aus Deutschland die Verwendung ihrer Amtssprache fordern können (Art. 6 Abs. 3 Satz 2 ESÜ). 2

Bei ausgehenden Ersuchen ist es zur Vermeidung von Verzögerungen und Kosten angezeigt, vorab zu prüfen, ob Vorbehalte erklärt wurden.[1] 3

---

1 Entsprechende Vorbehalte sind der unter www.bundesjustizamt.de/sorgerecht erhältlichen Staatenliste zu entnehmen.

Teil II
Anerkennung und Vollstreckung von Entscheidungen und Wiederherstellung des Sorgeverhältnisses

Artikel 7 ESÜ Anerkennung

Sorgerechtsentscheidungen, die in einem Vertragsstaat ergangen sind, werden in jedem anderen Vertragsstaat anerkannt und, wenn sie im Ursprungsstaat vollstreckbar sind, für vollstreckbar erklärt.

Übersicht

	Rn.
A. Allgemeines	1
B. Anerkennung und Ausnahmen	3

A. Allgemeines

1 Art. 7 ff. ESÜ regeln die Anerkennung und Vollstreckung von Entscheidungen im Verhältnis zwischen den Vertragsstaaten.

Diese Entscheidungen müssen vollstreckungsfähig, aber nicht bestandskräftig sein, wie sich aus Art. 10 Abs. 2 lit. a ESÜ ergibt, der eine Aussetzung des Verfahrens bei Einlegung eines Rechtsmittels ermöglicht.

2 Besondere Regelungen zur Vollstreckung von Sorgerechtsentscheidungen enthält das ESÜ nicht, vielmehr ergibt sich aus Artikel 7 ESÜ, dass – unter der Voraussetzung der Anerkennung einer Entscheidung – diese für vollstreckbar erklärt wird, wenn sie im Ursprungsstaat vollstreckbar ist.

B. Anerkennung und Ausnahmen

3 Während Art. 7 den Grundsatz feststellt, dass im Verhältnis der Vertragsstaaten untereinander Entscheidungen grundsätzlich anzuerkennen sind,[1] enthalten Art. 8, 9 und 10 ESÜ für verschiedene Fallkonstellationen ein abgestuftes System der Voraussetzungen für die Versagung der Anerkennung, wobei der Jurisdiktion des Heimatstaats, aber auch des gewöhnlichen Aufenthalts ebenso wie dem Zeitmoment (Antragstellung innerhalb von sechs Monaten) eine besondere Schutzwürdigkeit beigemessen wird.

4 Zu beachten ist, dass Art. 17 ESÜ den Vertragsstaaten gestattet, die in Art. 10 vorgesehenen Versagungsgründe auf die in Art. 8 und 9 vorgesehenen Konstellationen zu übertragen; einen entsprechenden umfassenden Vorbehalt haben etwa Dänemark und Norwegen erklärt.[2] Der Umfang des von Deutschland erklärten Vorbehalts umfasst die Anwendung von Art. 10 Abs. 1 lit. a (ordre public) und b) (Änderung der Verhältnisse) ESÜ, wie sich aus § 19 IntFamRVG ergibt.

Artikel 8 ESÜ Wiederherstellung des Sorgeverhältnisses

(1) Im Fall eines unzulässigen Verbringens hat die zentrale Behörde des ersuchten Staates umgehend die Wiederherstellung des Sorgeverhältnisses zu veranlassen, wenn

a) zur Zeit der Einleitung des Verfahrens in dem Staat, in dem die Entscheidung ergangen ist, oder zur Zeit des unzulässigen Verbringens, falls dieses früher erfolgte, das Kind und seine Eltern nur Angehörige dieses Staates waren und das Kind seinen gewöhnlichen Aufenthalt im Hoheitsgebiet dieses Staates hatte, und

b) der Antrag auf Wiederherstellung innerhalb von sechs Monaten nach dem unzulässigen Verbringen bei einer zentralen Behörde gestellt worden ist.

(2) Können nach dem Recht des ersuchten Staates die Voraussetzungen des Absatzes 1 nicht ohne ein gerichtliches Verfahren erfüllt werden, so finden in diesem Verfahren die in dem Übereinkommen genannten Versagungsgründe keine Anwendung.

1 Zur Wirkung der Anerkennung vgl. OLG Hamm FamRZ 2014, 1935 (Serbien)
2 Vgl. Staatenliste unter www.bundesjustizamt.de/sorgerecht

(3) [1]Ist in einer von einer zuständigen Behörde genehmigten Vereinbarung zwischen dem Sorgeberechtigten und einem Dritten diesem das Recht zum persönlichen Umgang eingeräumt worden und ist das ins Ausland gebrachte Kind am Ende der vereinbarten Zeit dem Sorgeberechtigten nicht zurückgegeben worden, so wird das Sorgeverhältnis nach Absatz 1 Buchstabe b und Absatz 2 wiederhergestellt. [2]Dasselbe gilt, wenn durch Entscheidung der zuständigen Behörde ein solches Recht einer Person zuerkannt wird, die nicht sorgeberechtigt ist.

Art. 8 ESÜ enthält die Grundlage für die Herausgabe bzw. Rückführung des Kindes in den Herkunftsstaat für Fälle widerrechtlichen Verbringens (Art. 8 Abs. 1 ESÜ) bzw. Zurückhaltens (Art. 8 Abs. 3 Satz 1 ESÜ) eines Kindes. 1

Art. 8 ESÜ regelt die **Anerkennungsvoraussetzungen** für folgende Fälle: 2

- Unzulässiges Verbringen (oder Zurückhalten, Abs. 3) eines Kindes,
- aus dem gemeinsamen Heimatstaat des Kindes und der Eltern (einzige Staatsangehörigkeit),
- in dem das Kind seinen gewöhnlichen Aufenthalt hatte, und
- Antrag auf Wiederherstellung des Sorgeverhältnisses wurde innerhalb von sechs Monaten bei einer Zentralen Behörde gestellt.

Die „Wiederherstellung des Sorgeverhältnisses" im Falle des widerrechtlichen Verbringens oder Zurückhaltens des Kindes beinhaltet, dass bei Vorliegen eines Herausgabetitels die Wiederherstellung des Sorgeverhältnisses unmittelbar durch Vollstreckung erfolgt. Sofern nach deutschem Recht nur eine Sorgerechtsentscheidung vorliegt, die keine Herausgabe beinhaltet, so finden gemäß § 32 IntFamRVG die §§ 16 ff. IntFamRVG entsprechende Anwendung, wobei aufgrund des erklärten Vorbehalts die Versagungsgründe des Art. 10 Abs. 1 lit. a und b KSÜ bei entsprechendem Vortrag zu prüfen sind.[1] 3

Artikel 9 ESÜ Versagung bei formellen Hindernissen

(1) Ist in anderen als den in Artikel 8 genannten Fällen eines unzulässigen Verbringens ein Antrag innerhalb von sechs Monaten nach dem Verbringen bei einer zentralen Behörde gestellt worden, so können die Anerkennung und Vollstreckung nur in folgenden Fällen versagt werden:

a) wenn bei einer Entscheidung, die in Abwesenheit des Beklagten oder seines gesetzlichen Vertreters ergangen ist, dem Beklagten das das Verfahren einleitende Schriftstück oder ein gleichwertiges Schriftstück weder ordnungsgemäß noch so rechtzeitig zugestellt worden ist, dass er sich verteidigen konnte; die Nichtzustellung kann jedoch dann kein Grund für die Versagung der Anerkennung oder Vollstreckung sein, wenn die Zustellung deswegen nicht bewirkt worden ist, weil der Beklagte seinen Aufenthaltsort der Person verheimlicht hat, die das Verfahren im Ursprungsstaat eingeleitet hatte;

b) wenn bei einer Entscheidung, die in Abwesenheit des Beklagten oder seines gesetzlichen Vertreters ergangen ist, die Zuständigkeit der die Entscheidung treffenden Behörde nicht gegründet war auf

i. den gewöhnlichen Aufenthalt des Beklagten,

ii. den letzten gemeinsamen gewöhnlichen Aufenthalt der Eltern des Kindes, sofern wenigstens ein Elternteil seinen gewöhnlichen Aufenthalt noch dort hat, oder

iii. den gewöhnlichen Aufenthalt des Kindes;

c) wenn die Entscheidung mit einer Sorgerechtsentscheidung unvereinbar ist, die im ersuchten Staat vor dem Verbringen des Kindes vollstreckbar wurde, es sei denn, das Kind habe während des Jahres vor seinem Verbringen den gewöhnlichen Aufenthalt im Hoheitsgebiet des ersuchenden Staates gehabt.

(2) Ist kein Antrag bei einer zentralen Behörde gestellt worden, so findet Absatz 1 auch dann Anwendung, wenn innerhalb von sechs Monaten nach dem unzulässigen Verbringen die Anerkennung und Vollstreckung beantragt wird.

(3) Auf keinen Fall darf die ausländische Entscheidung inhaltlich nachgeprüft werden.

Art. 9 ESÜ regelt die Anerkennungsvoraussetzungen für Fälle widerrechtlichen Verbringens, in denen die Voraussetzungen des Art. 8 ESÜ nicht vorliegen, aber der Antrag innerhalb von sechs Monaten 1

1 MüKo-BGB/*Heiderhoff*, EuSorgeRÜbk Art. 8 Rn. 4

bei einer Zentralen Behörde gestellt wurde **oder** bei Vorliegen der Voraussetzungen von Art. 8 ESÜ im Übrigen der Antrag nicht über eine Zentrale Behörde gestellt wurde (Art. 9 Abs. 2 ESÜ).

2 In dieser Konstellation kann die Anerkennung bzw. Wiederherstellung des Sorgeverhältnisses unter folgenden Voraussetzungen versagt werden:

- Art. 9 Abs. 1 lit. a ESÜ (verfahrensrechtlicher *ordre public* i.S.d. fehlenden Beteiligungsmöglichkeit des Antragsgegners)
- Art. 9 Abs. 1 lit. b ESÜ (Säumnisentscheidung ohne Anknüpfung an den gewöhnlichen Aufenthalt eines Beteiligten ergangen)
- Art. 9 Abs. 1 lit. c ESÜ (Fall der Unvereinbarkeit mit Sorgerechtsentscheidung im ersuchten Staat)

3 Art. 9 Abs. 3 ESÜ verbietet die inhaltliche Überprüfung der Entscheidung (*revision au fond*).

Artikel 10 ESÜ Versagung bei materiellen Hindernissen

(1) In anderen als den in den Artikeln 8 und 9 genannten Fällen können die Anerkennung und Vollstreckung nicht nur aus den in Artikel 9 vorgesehenen, sondern auch aus einem der folgenden Gründe versagt werden:

a) wenn die Wirkungen der Entscheidung mit den Grundwerten des Familien- und Kindschaftsrechts im ersuchten Staat offensichtlich unvereinbar sind;

b) wenn aufgrund einer Änderung der Verhältnisse – dazu zählt auch der Zeitablauf, nicht aber der bloße Wechsel des Aufenthaltsorts des Kindes infolge eines unzulässigen Verbringens – die Wirkungen der ursprünglichen Entscheidung offensichtlich nicht mehr dem Wohl des Kindes entsprechen;

c) wenn zur Zeit der Einleitung des Verfahrens im Ursprungsstaat

i. das Kind Angehöriger des ersuchten Staates war oder dort seinen gewöhnlichen Aufenthalt hatte und keine solche Beziehung zum Ursprungsstaat bestand;

ii. das Kind sowohl Angehöriger des Ursprungsstaats als auch des ersuchten Staates war und seinen gewöhnlichen Aufenthalt im ersuchten Staat hatte;

d) wenn die Entscheidung mit einer im ersuchten Staat ergangenen oder mit einer dort vollstreckbaren Entscheidung eines Drittstaats unvereinbar ist; die Entscheidung muss in einem Verfahren ergangen sein, das eingeleitet wurde, bevor der Antrag auf Anerkennung oder Vollstreckung gestellt wurde, und die Versagung muss dem Wohl des Kindes entsprechen.

(2) In diesen Fällen können Verfahren auf Anerkennung oder Vollstreckung aus einem der folgenden Gründe ausgesetzt werden:

a) wenn gegen die ursprüngliche Entscheidung ein ordentliches Rechtsmittel eingelegt worden ist;

b) wenn im ersuchten Staat ein Verfahren über das Sorgerecht für das Kind anhängig ist und dieses Verfahren vor Einleitung des Verfahrens im Ursprungsstaat eingeleitet wurde;

c) wenn eine andere Entscheidung über das Sorgerecht für das Kind Gegenstand eines Verfahrens auf Vollstreckung oder eines anderen Verfahrens auf Anerkennung der Entscheidung ist.

Übersicht

	Rn.
A. Anerkennungs- und Vollstreckungshindernisse	2
B. Aussetzung des Verfahrens	5

1 Art. 10 ESÜ regelt über Art. 9 ESÜ hinausgehende Möglichkeiten für die Versagung der Anerkennung, wenn ein Antrag erst mehr als sechs Monate nach dem Verbringen bzw. Zurückhalten gestellt wird.

A. Anerkennungs- und Vollstreckungshindernisse

2 Mögliche Gründe für die Versagung der Anerkennung nach Art. 10 ESÜ sind:

- Art. 10 Abs. 1 lit. a (*ordre public*)[1]

---

1 Vgl. zum anerkennungsrechtlichen *ordre public Schweppe*, § 109 FamFG Rn. 13 ff.; zur Versagung der Anerkennung einer türkischen Entscheidung zum Sorgerecht auf Grundlage des Art. 10 Abs. 1 lit. a und b ESÜ wegen fehlender Anhörung der Kinder und offensichtlich fehlender Kindeswohlprüfung vgl. OLG Köln FamRZ 2015, 78

- Art. 10 Abs. 1 lit. b (Änderung der Verhältnisse, Kindeswohlprüfung)
- Art. 10 Abs. 1 lit. c (engere Beziehung zum ersuchten Staat als zum Herkunftsstaat)
- Art. 10 Abs. 1 lit. d (Unvereinbarkeit mit einer früheren Entscheidung, Kindeswohlprüfung)

Art. 10 Abs. 1 b) und d) ESÜ eröffnen eine Sachprüfung (Kindeswohlprüfung), die in Brüssel IIa-VO und KSÜ nicht vorgesehen ist. 3

Für die Prüfung der Versagung der Anerkennung nach Art. 10 Abs. 1 b) ist Art. 15 ESÜ zu beachten, wonach die Durchführung weiterer Ermittlungen von Amts wegen, insbesondere die Ermittlung des Kindeswillens, erforderlich ist. 4

B. Aussetzung des Verfahrens

Art. 10 Abs. 2 ESÜ ermöglicht die Aussetzung des Verfahrens der Anerkennung und Vollstreckung bei Prüfung der Versagungsgründe des Art. 10 Abs. 1 ESÜ unter folgenden Voraussetzungen: 5

- Art. 10 Abs. 2 lit. a ESÜ (Einlegung eines Rechtsmittels gegen Ausgangsentscheidung)
- Art. 10 Abs. 2 lit. b ESÜ (Sorgerechtsverfahren im Anerkennungsstaat vor Einleitung des Verfahrens im Ursprungsstaat)
- Art. 10 Abs. 2 lit. c ESÜ (weitere Entscheidung Gegenstand eines Verfahrens auf Anerkennung bzw. Vollstreckung)

Artikel 11 ESÜ Persönlicher Umgang mit dem Kind

(1) Die Entscheidungen über das Recht zum persönlichen Umgang mit dem Kind und die in Sorgerechtsentscheidungen enthaltenen Regelungen über das Recht zum persönlichen Umgang werden unter den gleichen Bedingungen wie andere Sorgerechtsentscheidungen anerkannt und vollstreckt.

(2) Die zuständige Behörde des ersuchten Staates kann jedoch die Bedingungen für die Durchführung und Ausübung des Rechts zum persönlichen Umgang festlegen; dabei werden insbesondere die von den Parteien eingegangenen diesbezüglichen Verpflichtungen berücksichtigt.

(3) Ist keine Entscheidung über das Recht zum persönlichen Umgang ergangen oder ist die Anerkennung oder Vollstreckung der Sorgerechtsentscheidung versagt worden, so kann sich die zentrale Behörde des ersuchten Staates auf Antrag der Person, die das Recht zum persönlichen Umgang beansprucht, an die zuständige Behörde ihres Staates wenden, um eine solche Entscheidung zu erwirken.

Art. 11 ESÜ betrifft die Anerkennung und Durchsetzung von Umgangsentscheidungen. 1

Entscheidungen zum Umgang sind nach Art. 11 **Abs. 1** ESÜ unter den gleichen Bedingungen wie Sorgerechtsentscheidungen anzuerkennen und zu vollstrecken nach Maßgabe der im Vollstreckungsstaat geltenden Vorschriften zur Vollstreckung von Umgangsregelungen. 2

Art. 11 **Abs. 2** ESÜ gestattet der zuständigen Behörde des ersuchten Staates die **Bedingungen für die Durchführung und Ausübung des Rechts zum persönlichen Umgang** festzulegen, wobei allerdings der Wesensgehalt der Entscheidung nicht verändert werden darf. 3

Um die Neuregelung bzw. erstmalige Regelung des Umgangs zu erwirken, kann nach Art. 11 **Abs. 3** ESÜ der den Umgang begehrende Elternteil (Person, die das Recht zum persönlichen Umgang beansprucht) über die Zentrale Behörde des Aufenthaltsstaats des Kindes einen Umgangsantrag stellen (auf Grundlage des Rechts des Aufenthaltsstaats). 4

Artikel 12 ESÜ Nachträgliche Entscheidung

Liegt zu dem Zeitpunkt, in dem das Kind über eine internationale Grenze verbracht wird, keine in einem Vertragsstaat ergangene vollstreckbare Sorgerechtsentscheidung vor, so ist dieses Übereinkommen auf jede spätere in einem Vertragsstaat ergangene Entscheidung anzuwenden, mit der das Verbringen auf Antrag eines Beteiligten für widerrechtlich erklärt wird.

Art. 12 ESÜ regelt den Fall, dass zum maßgeblichen Zeitpunkt des Verbringens oder Zurückhaltens zwar bereits ein Sorgerecht, aber noch keine vollstreckbare Entscheidung hierzu, bestand, etwa bei 1 der von Gesetzes wegen eintretenden elterlichen Sorge, und eine spätere Entscheidung nachträglich die Widerrechtlichkeit bestätigt. Nicht vorgesehen ist jedoch die nachträgliche Änderung einer vorhandenen Sorgerechtsentscheidung.[1]

2 Art. 18 ESÜ ermöglicht insoweit die Einlegung eines Vorbehalts, den die Vertragsstaaten allerdings nahezu nicht genutzt haben.

Teil III
Verfahren

Artikel 13 ESÜ Notwendige Anlagen

(1) Dem Antrag auf Anerkennung oder Vollstreckung einer Sorgerechtsentscheidung in einem anderen Vertragsstaat sind beizufügen

a) ein Schriftstück, in dem die zentrale Behörde des ersuchten Staates ermächtigt wird, für den Antragsteller tätig zu werden oder einen anderen Vertreter für diesen Zweck zu bestimmen;

b) eine Ausfertigung der Entscheidung, welche die für ihre Beweiskraft erforderlichen Voraussetzungen erfüllt;

c) im Fall einer in Abwesenheit des Beklagten oder seines gesetzlichen Vertreters ergangenen Entscheidung ein Schriftstück, aus dem sich ergibt, dass das Schriftstück, mit dem das Verfahren eingeleitet wurde, oder ein gleichwertiges Schriftstück dem Beklagten ordnungsgemäß zugestellt worden ist;

d) ggf. ein Schriftstück, aus dem sich ergibt, dass die Entscheidung nach dem Recht des Ursprungsstaats vollstreckbar ist;

e) wenn möglich eine Angabe über den Aufenthaltsort oder den wahrscheinlichen Aufenthaltsort des Kindes im ersuchten Staat;

f) Vorschläge dafür, wie das Sorgeverhältnis zu dem Kind wiederhergestellt werden soll.

(2) Den obengenannten Schriftstücken ist erforderlichenfalls eine Übersetzung nach Maßgabe des Artikels 6 beizufügen.

Artikel 14 ESÜ Verfahrensart

[1]Jeder Vertragsstaat wendet für die Anerkennung und Vollstreckung von Sorgerechtsentscheidungen ein einfaches und beschleunigtes Verfahren an. [2]Zu diesem Zweck stellt er sicher, dass die Vollstreckbarerklärung in Form eines einfachen Antrags begehrt werden kann.

Artikel 15 ESÜ Amtsermittlungsgrundsatz

(1) Bevor die Behörde des ersuchten Staates eine Entscheidung nach Artikel 10 Absatz 1 Buchstabe b trifft,

a) muss sie die Meinung des Kindes feststellen, sofern dies nicht insbesondere wegen seines Alters und Auffassungsvermögens undurchführbar ist;

b) kann sie verlangen, dass geeignete Ermittlungen durchgeführt werden.

(2) Die Kosten für die in einem Vertragsstaat durchgeführten Ermittlungen werden von den Behörden des Staates getragen, in dem sie durchgeführt wurden.

(3) Ermittlungsersuchen und die Ergebnisse der Ermittlungen können der ersuchenden Behörde über die zentralen Behörden mitgeteilt werden.

1 Vgl. Staudinger/*Pirrung*, Vorbem. F zu Art. 19 EGBGB Rn. F 68

Artikel 16 ESÜ Formfreiheit

Für die Zwecke dieses Übereinkommens darf keine Legalisation oder ähnliche Förmlichkeit verlangt werden.

Das Verfahren für die Anerkennung oder Vollstreckung einer Sorgerechtsentscheidung ist in Art. 13 bis 16 ESÜ geregelt, die Umsetzung erfolgt in §§ 16 ff. IntFamRVG, wobei für die Rückführung von Kindern auch auf Grundlage des ESÜ die Sonderregelungen des §§ 37 ff. IntFamRVG greifen (vgl. hierzu *Schweppe,* Kommentierung zu §§ 16 ff. IntFamRVG und §§ 37 ff. IntFamRVG).

Von einer weiteren Kommentierung der Art. 13 bis 16 ESÜ wird abgesehen.

Teil IV
Vorbehalte

Artikel 17 ESÜ Vorbehalte zu Art. 8 bis 10

(1) Jeder Vertragsstaat kann sich vorbehalten, dass in den von den Artikeln 8 und 9 oder von einem dieser Artikel erfassten Fällen die Anerkennung und Vollstreckung von Sorgerechtsentscheidungen aus denjenigen der in Artikel 10 vorgesehenen Gründe versagt werden kann, die in dem Vorbehalt bezeichnet sind.

(2) Die Anerkennung und Vollstreckung von Entscheidungen, die in einem Vertragsstaat ergangen sind, der den in Absatz 1 vorgesehenen Vorbehalt angebracht hat, können in jedem anderen Vertragsstaat aus einem der in diesem Vorbehalt bezeichneten zusätzlichen Gründe versagt werden.

Art. 17 ESÜ ermöglicht den Vertragsstaaten, die in Art. 10 vorgesehenen Versagungsgründe auf die in Art. 8 und 9 vorgesehenen Konstellationen zu übertragen,[1] der Umfang des von Deutschland erklärten Vorbehalts ist § 19 IntFamRVG zu entnehmen.

Artikel 18 ESÜ Vorbehalte zu Art. 12

[1]Jeder Vertragsstaat kann sich vorbehalten, durch Artikel 12 nicht gebunden zu sein. [2]Auf die in Artikel 12 genannten Entscheidungen, die in einem Vertragsstaat ergangen sind, der einen solchen Vorbehalt angebracht hat, ist dieses Übereinkommen nicht anwendbar.

Von einer Kommentierung wird abgesehen.

Teil V
Andere Übereinkünfte

Artikel 19 ESÜ Kein Ausschluss anderer Rechtsmittel

Dieses Übereinkommen schließt nicht aus, dass eine andere internationale Übereinkunft zwischen dem Ursprungsstaat und dem ersuchten Staat oder das nichtvertragliche Recht des ersuchten Staates angewendet wird, um die Anerkennung oder Vollstreckung einer Entscheidung zu erwirken.

Art. 19 ESÜ betrifft das Verhältnis zu anderen supranationalen Übereinkommen und erklärt, dass diese grundsätzlich nebeneinander Anwendung finden

Im Verhältnis zwischen ESÜ und HKÜ räumt § 37 IntFamRVG aber der Anwendung des HKÜ den Vorrang ein.

Im Verhältnis zur Brüssel IIa-VO greift der Vorrang der EU-Verordnung nach Art. 60 lit. d Brüssel IIa-VO.

---

1 Einen entsprechenden umfassenden Vorbehalt haben etwa Dänemark und Norwegen erklärt (vgl. Staatenliste unter www.bundesjustizamt.de/sorgerecht); zu den Vorbehalten und deren Umfang im Einzelnen vgl. MüKo-BGB/*Heiderhoff*, EuSorgeRÜbk Art. 17 Rn. 1–2

Artikel 20 ESÜ Kein Ausschluss weitergehender Verpflichtungen

(1) Dieses Übereinkommen lässt Verpflichtungen unberührt, die ein Vertragsstaat gegenüber einem Nichtvertragsstaat auf Grund einer internationalen Übereinkunft hat, die sich auf in diesem Übereinkommen geregelte Angelegenheiten erstreckt.

(2) [1]Haben zwei oder mehr Vertragsstaaten auf dem Gebiet des Sorgerechts für Kinder einheitliche Rechtsvorschriften erlassen oder ein besonderes System zur Anerkennung oder Vollstreckung von Entscheidungen auf diesem Gebiet geschaffen oder werden sie dies in Zukunft tun, so steht es ihnen frei, anstelle des Übereinkommens oder eines Teiles davon diese Rechtsvorschriften oder dieses System untereinander anzuwenden. [2]Um von dieser Bestimmung Gebrauch machen zu können, müssen diese Staaten ihre Entscheidung dem Generalsekretär des Europarats notifizieren. [3]Jede Änderung oder Aufhebung dieser Entscheidung ist ebenfalls zu notifizieren.

Von einer Kommentierung wird abgesehen.

Teil VI
Schlussbestimmungen

Von Abdruck und Kommentierung der Art. 21 bis 30 ESÜ wird abgesehen.

Abschnitt 3
Haager Kinderschutzübereinkommen – KSÜ

Weiterführende Literatur: Lagarde, Erläuternder Bericht, 1997 (über www.hcch.net); *Schulz*, Inkrafttreten des Haager Kinderschutzübereinkommens v. 19.10.1996 für Deutschland am 1.1.2011, FamRZ 2011, 156 ff.; *Wagner/Janzen*, Die Anwendung des Haager Kinderschutzübereinkommens in Deutschland, FPR 2011, 110 ff.

Vorbemerkung

A. Regelungsgehalt

Das Haager Übereinkommen vom 19.10.1996 über die Zuständigkeit, das anzuwendende Recht, die Anerkennung, Vollstreckung und Zusammenarbeit auf dem Gebiet der elterlichen Verantwortung und der Maßnahmen zum Schutz von Kindern (Haager Kinderschutzübereinkommen – KSÜ) wurde als Nachfolgeübereinkommen des Minderjährigenschutzabkommens (MSA) konzipiert und ist für die Bundesrepublik Deutschland am 1.1.2011 in Kraft getreten. 1

Das KSÜ umfasst, wie sich bereits aus dem ausführlichen Titel ergibt, Regelungen zu 2

- Zuständigkeit (Art. 5 ff. KSÜ),
- anzuwendendem Recht (Art. 15 ff. KSÜ),
- Anerkennung und Vollstreckung ausländischer Entscheidungen (Art. 23 ff. KSÜ).

B. Verhältnis zu weiteren Übereinkommen

Für Fragen der internationalen Zuständigkeit und der Anerkennung und Vollstreckung von Entscheidungen ist der Vorrang der Brüssel IIa-VO zu beachten (siehe *Schweppe,* Kommentierung zu Art. 61 Brüssel IIa-VO und Art. 52 KSÜ).[1] 3

Das HKÜ kommt gegenüber dem KSÜ grundsätzlich vorrangig zur Anwendung (Art. 50 KSÜ). Im Verhältnis zum ESÜ greift kein besonderes Rangverhältnis.

Von praktisch wichtigster Bedeutung ist das KSÜ für die Bestimmung des anzuwendenden Rechts, da die Brüssel IIa-VO hierzu keine Regelungen enthält.

C. Anwendungsbereich

Das KSÜ hat mehr als 50 Vertragsstaaten, namentlich Albanien, Armenien, Australien, Belgien, Bulgarien, Dänemark, Deutschland, die Dominikanische Republik, Ecuador, Estland, Fidschi, Finnland, Frankreich, Georgien, Griechenland, Grönland, Guyana, Honduras, Irland, Italien, Kroatien, Kuba, Lesotho, Lettland, Litauen, Luxemburg, Malta, Marokko, Monaco, Montenegro, Nicaragua, die Niederlande, Norwegen, Österreich, Paraguay, Polen, Portugal, Rumänien, Russland, Schweden, Schweiz, Serbien, Slowakei, Slowenien, Spanien, Tschechien, Türkei, Ukraine, Ungarn, Uruguay, Vereinigtes Königreich und Zypern. 4

Um die internationale Zuständigkeit aus dem KSÜ herzuleiten, muss das betroffene Kind grundsätzlich seinen gewöhnlichen Aufenthalt in einem Vertragsstaat haben (siehe *Schweppe,* Art. 5 KSÜ Rn. 3). 5

Hinsichtlich der Regelungen zum anzuwendenden Recht ist zu differenzieren: Art. 15 KSÜ gilt für die Ausübung der Zuständigkeit nach dem KSÜ, Art. 16 ff. KSÜ sind unabhängig davon anzuwenden und können auch zum Recht eines Drittstaats führen.[2] 6

Die Vorschriften zur Anerkennung und Vollstreckung wiederum greifen nur im Verhältnis der Vertragsstaaten untereinander (siehe *Schweppe,* Art. 23 KSÜ Rn. 2). 7

---

1 Zum Verhältnis zur Brüssel IIa-VO und zu weiteren kollisionsrechtlichen Übereinkommen vgl. *Wagner/Janzen*, FPR 2011, 110, 111

2 Vgl. *Andrae*, § 9 Rn. 102

Kapitel I
Anwendungsbereich des Übereinkommens

Artikel 1 KSÜ Ziel dieses Übereinkommens

(1) Ziel dieses Übereinkommens ist es,

a) den Staat zu bestimmen, dessen Behörden zuständig sind, Maßnahmen zum Schutz der Person oder des Vermögens des Kindes zu treffen;

b) das von diesen Behörden bei der Ausübung ihrer Zuständigkeit anzuwendende Recht zu bestimmen;

c) das auf die elterliche Verantwortung anzuwendende Recht zu bestimmen;

d) die Anerkennung und Vollstreckung der Schutzmaßnahmen in allen Vertragsstaaten sicherzustellen;

e) die zur Verwirklichung der Ziele dieses Übereinkommens notwendige Zusammenarbeit zwischen den Behörden der Vertragsstaaten einzurichten.

(2) Im Sinn dieses Übereinkommens umfasst der Begriff „elterliche Verantwortung" die elterliche Sorge und jedes andere entsprechende Sorgeverhältnis, das die Rechte, Befugnisse und Pflichten der Eltern, des Vormunds oder eines anderen gesetzlichen Vertreters in Bezug auf die Person oder das Vermögen des Kindes bestimmt.

1 Art. 1 Abs. 1 KSÜ beschreibt die **Ziele des Übereinkommens** und bildet damit zugleich ein „Inhaltsverzeichnis",[1] da die jeweiligen Abschnitte des KSÜ im Wesentlichen der Aufzählung des Art. 1 Abs. 1 KSÜ folgen. Im Einzelnen:

- Bestimmung der internationalen Zuständigkeit (Art. 5 bis 14 KSÜ)
- Bestimmung des in Ausübung der Zuständigkeit anzuwendenden Rechts (Art. 15 KSÜ)
- Bestimmung des für die Regelung der elterlichen Sorge maßgeblichen Rechts (Art. 16 ff. KSÜ)
- Regelungen zur Anerkennung (Art. 23 bis 25 KSÜ) und Vollstreckung (Art. 26 bis 28 KSÜ)
- Regelungen zur Zusammenarbeit der Zentralen Behörden (Art. 29 bis 32 KSÜ) und zur Zusammenarbeit im Übrigen (Art. 33 bis 39 KSÜ)

2 Art. 1 Abs. 2 KSÜ definiert den **Begriff der elterlichen Verantwortung** dahingehend, dass dieser insbesondere die elterliche Sorge und die gesetzliche Vertretung umfasst. Eine weitere Konkretisierung zum Umfang der Maßnahmen enthält Art. 3 KSÜ.

Artikel 2 KSÜ Anwendung auf Kinder

Dieses Übereinkommen ist auf Kinder von ihrer Geburt bis zur Vollendung des 18. Lebensjahrs anzuwenden.

Der **persönliche Anwendungsbereich** des KSÜ umfasst Personen bis zur Vollendung des 18. Lebensjahres, unabhängig davon, wann bzw. unter welchen Voraussetzungen nach dem Recht des jeweiligen Staates die Volljährigkeit eintritt.

Unerheblich für den persönlichen Anwendungsbereich ist die Staatsangehörigkeit des Minderjährigen.

Artikel 3 KSÜ Umfang der Maßnahmen

Die Maßnahmen, auf die in Artikel 1 Bezug genommen wird, können insbesondere Folgendes umfassen:

a) die Zuweisung, die Ausübung und die vollständige oder teilweise Entziehung der elterlichen Verantwortung sowie deren Übertragung;

b) das Sorgerecht einschließlich der Sorge für die Person des Kindes und insbesondere des Rechts, den Aufenthalt des Kindes zu bestimmen, sowie das Recht zum persönlichen Umgang einschließlich des

---

1 So *Lagarde*, Rn. 10

Rechts, das Kind für eine begrenzte Zeit an einen anderen Ort als den seines gewöhnlichen Aufenthalts zu bringen;

c) die Vormundschaft, die Pflegschaft und entsprechende Einrichtungen;

d) die Bestimmung und den Aufgabenbereich jeder Person oder Stelle, die für die Person oder das Vermögen des Kindes verantwortlich ist, das Kind vertritt oder ihm beisteht;

e) die Unterbringung des Kindes in einer Pflegefamilie oder einem Heim oder seine Betreuung durch Kafala oder eine entsprechende Einrichtung;

f) die behördliche Aufsicht über die Betreuung eines Kindes durch jede Person, die für das Kind verantwortlich ist;

g) die Verwaltung und Erhaltung des Vermögens des Kindes oder die Verfügung darüber.

Art. 3 KSÜ zählt die Maßnahmen auf, die in den Anwendungsbereich des KSÜ fallen, wobei die Aufzählung nicht abschließend ist („insbesondere"). Umfasst sind Schutzmaßnahmen sowohl auf privatrechtlicher als auch auf öffentlich-rechtlicher Grundlage.[1] Der Umfang der Maßnahmen ist weiter gefasst als nach dem EGBGB, so umfasst der Anwendungsbereich des KSÜ nach Art. 3 c) KSÜ – anders als Art. 21 EGBGB – auch die Vormundschaft. 1

Art. 3 b) KSÜ folgt der entsprechenden Definition in Art. 5 HKÜ (siehe hierzu *Schweppe*, Art. 5 HKÜ Rn. 2 ff.). 2

Art. 3 d) KSÜ verdeutlicht, dass nicht nur das Sorgerecht der Eltern vom Anwendungsbereich des KSÜ umfasst ist, sondern auch Behörden oder Institutionen zustehende Rechtspositionen. 3

Art. 3 e) KSÜ benennt zudem ausdrücklich das islamische Rechtsinstitut der *Kafala* als Vormundschafts- und Pflegschaftsverhältnis, welches die Aufnahme eines Kindes aufgrund gerichtlicher oder behördlicher Entscheidung in einer Einrichtung oder islamischen Familie umfasst, jedoch kein Verwandtschaftsverhältnis begründet und daher nicht mit den rechtlichen Wirkungen einer Adoption verbunden ist.[2] 4

Artikel 4 KSÜ Nicht eingeschlossene Maßnahmen

Dieses Übereinkommen ist nicht anzuwenden

a) auf die Feststellung und Anfechtung des Eltern-Kind-Verhältnisses;

b) auf Adoptionsentscheidungen und Maßnahmen zur Vorbereitung einer Adoption sowie auf die Ungültigerklärung und den Widerruf der Adoption;

c) auf Namen und Vornamen des Kindes;

d) auf die Volljährigerklärung;

e) auf Unterhaltspflichten;

f) auf Trusts und Erbschaften;

g) auf die soziale Sicherheit;

h) auf öffentliche Maßnahmen allgemeiner Art in Angelegenheiten der Erziehung und Gesundheit;

i) auf Maßnahmen infolge von Straftaten, die von Kindern begangen wurden;

j) auf Entscheidungen über Asylrecht und Einwanderung.

Art. 4 KSÜ grenzt den sachlichen Anwendungsbereich des KSÜ durch abschließende Aufzählung der nicht unter das Übereinkommenden fallenden Maßnahmen negativ ab.[1] 1

Zu beachten ist, dass hinsichtlich der Buchstaben i) und j) keine Einschränkung für den Erlass von Kindesschutzmaßnahmen besteht, für minderjährige Flüchtlinge ergibt sich dies aus Art. 6 Abs. 1 KSÜ. 2

---

1 Palandt/*Thorn*, Anh. EGBGB 24 (IPR) Rn. 16; *Schulz*, FamRZ 2011, 156

2 Vgl. BVerwG FamRZ 2011, 888; ZAR 2011, 191; SG München FamRZ 2013, 332; *Andrae* § 9 Rn. 130; Palandt/*Thorn*, (IPR) Anh. EGBGB 24, Rn. 16

1 Vgl. *Lagarde*, Rn. 26 sowie Rn. 27 bis 36 zu den jeweils vom Anwendungsbereich ausgenommenen Rechtsgebieten

Kapitel II
Zuständigkeit

Artikel 5 KSÜ Zuständigkeit bei Maßnahmen zum Schutz der Person oder des Vermögens des Kindes

(1) Die Behörden, seien es Gerichte oder Verwaltungsbehörden, des Vertragsstaats, in dem das Kind seinen gewöhnlichen Aufenthalt hat, sind zuständig, Maßnahmen zum Schutz der Person oder des Vermögens des Kindes zu treffen.

(2) Vorbehaltlich des Artikels 7 sind bei einem Wechsel des gewöhnlichen Aufenthalts des Kindes in einen anderen Vertragsstaat die Behörden des Staates des neuen gewöhnlichen Aufenthalts zuständig.

Übersicht

Rn.
A. Normzweck und Anwendungsbereich ... 1
B. Inhalt der Norm ... 4
I. Gewöhnlicher Aufenthalt ... 4
II. Wechsel der Zuständigkeit ... 5
III. Keine perpetuatio fori im Verhältnis zu Vertragsstaaten des KSÜ ... 7

A. Normzweck und Anwendungsbereich

1 Art. 5 KSÜ konzentriert die internationale Zuständigkeit auf den Staat, in dem der Minderjährige seinen gewöhnlichen Aufenthalt hat. Eine Ausnahme hiervon bildet die Zuständigkeitsregelung für Scheidungsverbundverfahren, die nach Art. 10 KSÜ jedoch besonderen Anforderungen unterliegt (siehe hierzu *Schweppe*, Art. 10 KSÜ Rn. 2).

2 Aufgrund des Vorrangs der Art. 8 ff. Brüssel IIa-VO (siehe *Schweppe,* Art. 8 Brüssel IIa-VO Rn. 12a) findet das KSÜ für die Bestimmung der internationalen Zuständigkeit nur Anwendung für Kinder mit gewöhnlichem Aufenthalt in einem Vertragsstaat des KSÜ im Verhältnis zu weiteren Vertragsstaaten des KSÜ, die nicht der Brüssel-IIa-VO angehören. Dies sind:

- Albanien
- Armenien
- Australien
- Dänemark
- die Dominikanische Republik
- Ecuador
- Fidschi
- Georgien
- Grönland
- Guyana
- Honduras
- Kuba
- Lesotho
- Marokko
- Monaco
- Montenegro
- Nicaragua
- Norwegen
- Paraguay
- Russland
- Schweiz
- Serbien

- Türkei
- Ukraine
- Uruguay

Dabei muss für die Anwendung des Art. 5 KSÜ das Kind seinen gewöhnlichen Aufenthalt in einem Vertragsstaat des KSÜ haben. Fehlt es an einem gewöhnlichen Aufenthalt, so kommt eine Zuständigkeit auf Grundlage des KSÜ nur nach Art. 11 KSÜ (siehe *Schweppe,* Art. 11 KSÜ Rn. 1 f.) oder Art. 12 KSÜ (siehe *Schweppe,* Art. 12 KSÜ Rn. 2 f.) in Betracht. 3

B. Inhalt der Norm

I. Gewöhnlicher Aufenthalt

Maßgeblicher Anknüpfungspunkt für die internationale Zuständigkeit ist der gewöhnliche Aufenthalt des Kindes.[1] 4

▶ *Zur Definition des gewöhnlichen Aufenthalts vgl. Schweppe, Art. 8 Brüssel IIa-VO Rn. 3 ff.*

II. Wechsel der Zuständigkeit

Aus Art. 5 Abs. 2 KSÜ folgt, dass mit Begründung eines gewöhnlichen Aufenthalts in einem anderen Vertragsstaat ein Wechsel der internationalen Zuständigkeit eintritt. Der Wechsel des gewöhnlichen Aufenthalts entzieht damit auch im laufenden Verfahren den Gerichten im Staat des früheren gewöhnlichen Aufenthalts die Zuständigkeit, Schutzmaßnahmen zugunsten dieser Kinder zu treffen.[2] 5

Ausgenommen vom Wechsel der Zuständigkeit sind Fälle nach Art. 7 KSÜ, der besondere Zuständigkeitsregelungen bei widerrechtlichem Verbringen oder Zurückhalten von Kindern enthält (siehe *Schweppe,* Art. 7 KSÜ Rn. 2 f.). 6

III. Keine perpetuatio fori im Verhältnis zu Vertragsstaaten des KSÜ

Zu beachten ist, dass zwar die internationale Zuständigkeit deutscher Gericht bei gewöhnlichem Aufenthalt des Kindes im Inland grundsätzlich auf Art. 8 Brüssel IIa-VO beruht, jedoch im Verhältnis zu Vertragsstaaten des KSÜ, die nicht auch durch die Brüssel IIa-VO gebunden sind, die aus Art. 8 Abs. 1 Brüssel IIa-VO folgende *perpetuatio fori* (siehe *Schweppe,* Art. 8 Brüssel IIa-VO Rn. 9 ff.) nicht eintritt, da das KSÜ in Art. 5 Abs. 2 KSÜ ausdrücklich eine anderweitige Regelung enthält und nach Art. 60 Brüssel IIa-VO die Verordnung nur im Verhältnis der Vertragsstaaten untereinander Vorrang vor völkerrechtlichen Verträgen hat.[3] 7

Hieraus folgt etwa, dass bei einem Umzug der alleinsorgeberechtigten Kindesmutter mit den gemeinsamen Kindern in die Schweiz ungeachtet eines bereits zuvor in Deutschland eingeleiteten Sorgerechtsverfahrens der neue gewöhnliche Aufenthalt der Kinder in der Schweiz beachtlich ist und zu einem Wechsel der internationalen Zuständigkeit führt.[4] 8

Artikel 6 KSÜ Zuständigkeit über Flüchtlingskinder

(1) Über Flüchtlingskinder und Kinder, die infolge von Unruhen in ihrem Land in ein anderes Land gelangt sind, üben die Behörden des Vertragsstaats, in dessen Hoheitsgebiet sich die Kinder demzufolge befinden, die in Artikel 5 Absatz 1 vorgesehene Zuständigkeit aus.

(2) Absatz 1 ist auch auf Kinder anzuwenden, deren gewöhnlicher Aufenthalt nicht festgestellt werden kann.

Art. 6 Abs. 1 KSÜ regelt die Zuständigkeit für minderjährige Flüchtlinge. Soweit ein gewöhnlicher Aufenthalt in einem EU-Mitgliedstaat (noch) zu verneinen ist, ist Art. 6 KSÜ für die Bestimmung der internationalen Zuständigkeit maßgeblich.[1] Aus der Verweisung auf Art. 5 Abs. 1 KSÜ folgt, dass es sich 1

---

1 Zur Begründung eines gewöhnlichen Aufenthalts durch ein Kleinkind siehe OLG Karlsruhe NJW-RR 2015, 1415
2 *OLG Bremen NJW 2016, 655 (im Verhältnis zur Türkei unter Geltung des MSA); Lagarde*, Rn. 41
3 Vgl. OLG Karlsruhe ZKJ 2014, 335 (Schweiz); KG FamRZ 2015, 1214 (Russland)
4 OLG Karlsruhe ZKJ 2014, 335
1 *Niethammer-Jürgens/Erb-Klünemann*, S. 141

bei der Zuständigkeit nach Art. 6 Abs. 1 KSÜ nicht um eine auf Eilmaßnahmen begrenzte, sondern um eine umfassende Zuständigkeit handelt.

2 Art. 6 Abs. 2 KSÜ hingegen enthält eine subsidiäre Zuständigkeit, die entfällt, wenn bekannt ist, wo das Kind seinen gewöhnlichen Aufenthalt hat.[2]

Artikel 7 KSÜ Zuständigkeit bei widerrechtlichem Verbringen oder Zurückhalten des Kindes

(1) Bei widerrechtlichem Verbringen oder Zurückhalten des Kindes bleiben die Behörden des Vertragsstaats, in dem das Kind unmittelbar vor dem Verbringen oder Zurückhalten seinen gewöhnlichen Aufenthalt hatte, so lange zuständig, bis das Kind einen gewöhnlichen Aufenthalt in einem anderen Staat erlangt hat und

a) jede sorgeberechtigte Person, Behörde oder sonstige Stelle das Verbringen oder Zurückhalten genehmigt hat, oder

b) das Kind sich in diesem anderen Staat mindestens ein Jahr aufgehalten hat, nachdem die sorgeberechtigte Person, Behörde oder sonstige Stelle seinen Aufenthaltsort kannte oder hätte kennen müssen, kein während dieses Zeitraums gestellter Antrag auf Rückgabe mehr anhängig ist und das Kind sich in seinem neuen Umfeld eingelebt hat.

(2) [1]Das Verbringen oder Zurückhalten eines Kindes gilt als widerrechtlich, wenn

a) dadurch das Sorgerecht verletzt wird, das einer Person, Behörde oder sonstigen Stelle allein oder gemeinsam nach dem Recht des Staates zusteht, in dem das Kind unmittelbar vor dem Verbringen oder Zurückhalten seinen gewöhnlichen Aufenthalt hatte, und

b) dieses Recht im Zeitpunkt des Verbringens oder Zurückhaltens allein oder gemeinsam tatsächlich ausgeübt wurde oder ausgeübt worden wäre, falls das Verbringen oder Zurückhalten nicht stattgefunden hätte.

[2]Das unter Buchstabe a genannte Sorgerecht kann insbesondere kraft Gesetzes, aufgrund einer gerichtlichen oder behördlichen Entscheidung oder aufgrund einer nach dem Recht des betreffenden Staates wirksamen Vereinbarung bestehen.

(3) Solange die in Absatz 1 genannten Behörden zuständig bleiben, können die Behörden des Vertragsstaats, in den das Kind verbracht oder in dem es zurückgehalten wurde, nur die nach Artikel 11 zum Schutz der Person oder des Vermögens des Kindes erforderlichen dringenden Maßnahmen treffen.

Übersicht

Rn.
A. Fortdauer der Zuständigkeit ... 2
B. Widerrechtlichkeit ... 3
C. Eilzuständigkeit ... 4

1 Art. 7 KSÜ regelt die Frage, wann im Falle des widerrechtlichen Verbringens oder Zurückhaltens eines Kindes ein neuer gewöhnlicher Aufenthalt beachtlich ist und knüpft an die im HKÜ (siehe *Schweppe*, Art. 16 HKÜ Rn. 1 f.) geregelten Grundsätze und Fristen an.

Im Verhältnis zu Art. 10 Brüssel IIa-VO hat die Brüssel IIa-VO Vorrang, soweit ein Kind von einem EU-Mitgliedstaat in einen anderen EU-Mitgliedstaat verbracht wird. Beim Wechsel von einem EU-Mitgliedstaat in einen Nichtmitgliedstaat (KSÜ-Vertragsstaat oder Nichtvertragsstaat) greift Art. 10 Brüssel IIa-VO, solange kein Wechsel des gewöhnlichen Aufenthalts stattgefunden hat.[1]

A. Fortdauer der Zuständigkeit

2 In Fällen widerrechtlichen Verbringens bzw. Zurückhaltens aus einem Vertragsstaat endet die Zuständigkeit der Gerichte des Herkunftsstaats für Regelungen betreffend die elterliche Verantwortung nach Art. 7 Abs. 1 KSÜ erst, wenn

- das Kind einen neuen gewöhnlichen Aufenthalt erlangt hat und

---

2 *Lagarde*, Rn. 44 f.

1 Hierzu MüKo-FamFG/*Wiedemann*, Art. 7 KSÜ Rn. 3

- entweder eine Zustimmung bzw. nachträgliche Genehmigung aller Sorgeberechtigten zum Verbringen/Zurückhalten vorliegt **oder** das Kind sich im Zufluchtsstaat mindestens ein Jahr aufgehalten hat, nachdem der Sorgeberechtigte diesen Aufenthaltsort kannte oder hätte kennen müssen, kein während dieses Zeitraums gestellter Rückführungsantrag mehr anhängig ist und das Kind sich in seinem neuen Umfeld eingelebt hat

Zu beachten ist, dass die Jahresfrist des Art. 7 Abs. 1 KSÜ erst mit der Kenntnis bzw. dem Kennenmüssen des Sorgeberechtigten zu laufen beginnt (ähnlich auch Art. 10 Abs. 1 b) Brüssel IIa-VO), während die Jahresfrist des Art. 12 Abs. 1 HKÜ auf die Tatsache des Verbringens bzw. Zurückhaltens abstellt.

B. Widerrechtlichkeit

In Art. 7 Abs. 2 KSÜ wird die Widerrechtlichkeit des Verbringens oder Zurückhaltens definiert, wobei der Wortlaut des Art. 3 HKÜ übernommen wurde und insofern auf die dortigen Ausführungen zu verweisen ist (siehe *Schweppe,* Art. 3 HKÜ Rn. 1 ff.). Ein Umzug mit dem Kind ist nicht widerrechtlich i.S.d. Art. 7 KSÜ, wenn dem Elternteil das Aufenthaltsbestimmungsrecht – sei es auch nur vorläufig – im Zeitpunkt des Umzugs ohne Einschränkung allein zusteht.[2] 3

C. Eilzuständigkeit

Art. 7 Abs. 3 KSÜ räumt den Behörden des neuen Aufenthaltsstaats im Interesse des Kindesschutzes eine Handlungsmöglichkeit für dringende Fälle ein. 4

Artikel 8 KSÜ Ausnahmen

(1) Ausnahmsweise kann die nach Artikel 5 oder 6 zuständige Behörde eines Vertragsstaats, wenn sie der Auffassung ist, dass die Behörde eines anderen Vertragsstaats besser in der Lage wäre, das Wohl des Kindes im Einzelfall zu beurteilen,

- **entweder diese Behörde unmittelbar oder mit Unterstützung der Zentralen Behörde dieses Staates ersuchen, die Zuständigkeit zu übernehmen, um die Schutzmaßnahmen zu treffen, die sie für erforderlich hält,**
- **oder das Verfahren aussetzen und die Parteien einladen, bei der Behörde dieses anderen Staates einen solchen Antrag zu stellen.**

(2) Die Vertragsstaaten, deren Behörden nach Absatz 1 ersucht werden können, sind

a) ein Staat, dem das Kind angehört,

b) ein Staat, in dem sich Vermögen des Kindes befindet,

c) ein Staat, bei dessen Behörden ein Antrag der Eltern des Kindes auf Scheidung, Trennung, Aufhebung oder Nichtigerklärung der Ehe anhängig ist,

d) ein Staat, zu dem das Kind eine enge Verbindung hat.

(3) Die betreffenden Behörden können einen Meinungsaustausch aufnehmen.

(4) Die nach Absatz 1 ersuchte Behörde kann die Zuständigkeit anstelle der nach Artikel 5 oder 6 zuständigen Behörde übernehmen, wenn sie der Auffassung ist, dass dies dem Wohl des Kindes dient.

Übersicht

	Rn.
A. Abgabe der Zuständigkeit	2
B. Voraussetzungen	4
C. Austausch von Informationen	5
D. Ermessen	6

Art. 8 KSÜ ermöglicht unter bestimmten Voraussetzungen die **Abgabe von Verfahren innerhalb der Vertragsstaaten des KSÜ**, wobei Entscheidungsmaßstab hierfür das Kindeswohl ist. 1

2 Vgl. KG FamRZ 2015, 1214; siehe auch OLG Karlsruhe FamRZ 2018, 920

A. Abgabe der Zuständigkeit

2 Hierzu kann nach Art. 8 Abs. 1 KSÜ ein aufgrund allgemeiner Grundsätze (gewöhnlicher Aufenthalt des Kindes in diesem Staat) zuständiges Gericht das Gericht eines anderen Staates um Übernahme des Verfahrens ersuchen oder das Verfahren aussetzen und die Beteiligten einladen, einen solchen Antrag selbst bei dem anderen Gericht zu stellen; dies jeweils unter der Voraussetzung, dass das ersuchende Gericht der Auffassung ist, die Behörde eines anderen Vertragsstaats sei besser in der Lage, das Wohl des Kindes im Einzelfall zu beurteilen (sog. *forum conveniens*). Dabei handelt es sich nicht um eine Abgabe des Verfahrens im eigentlichen Sinn, sondern um eine Abgabe der Zuständigkeit,[1] so dass ein vollständig neues Verfahren einzuleiten ist.

3 Das entsprechende Verfahren vor deutschen Gerichten ist in § 13a IntFamRVG geregelt, der auch die Anfechtungsmöglichkeiten abschließend bestimmt (siehe hierzu *Schweppe*, § 13a IntFamRVG Rn. 5 ff.).

B. Voraussetzungen

4 Art. 8 Abs. 2 KSÜ benennt, wann ein Staat für ein Übernahmeersuchen in Betracht kommt, letztlich setzt dies eine besondere Verbindung des Kindes zu diesem Staat voraus, sei es als dessen Heimatstaat oder früherer Aufenthaltsstaat.

Im Rahmen von lit. c kann das Abgabeersuchen mit dem Ziel erfolgen, eine Verbundzuständigkeit zu schaffen, auch wenn die Voraussetzungen des Art. 10 KSÜ nicht vorliegen.

C. Austausch von Informationen

5 Art. 8 Abs. 3 KSÜ soll den beteiligten Institutionen im ersuchten und ersuchenden Staat durch Austausch von Informationen über den konkreten Fall die Entscheidung ermöglichen, ob die Abgabe bzw. Übernahme des Verfahrens dem Wohl des Kindes dient.

D. Ermessen

6 Aus Art. 8 Abs. 4 KSÜ folgt, dass die Prüfung der Übernahme im Ermessen der Gerichte des ersuchten Staates steht. Maßgeblich ist die Überzeugung, dass die Übernahme dem Wohl des Kindes dient.

Artikel 9 KSÜ Gestattung der Zuständigkeitsausübung durch einen anderen Vertragsstaat

(1) Sind die in Artikel 8 Absatz 2 genannten Behörden eines Vertragsstaats der Auffassung, dass sie besser in der Lage sind, das Wohl des Kindes im Einzelfall zu beurteilen, so können sie

- **entweder die zuständige Behörde des Vertragsstaats des gewöhnlichen Aufenthalts des Kindes unmittelbar oder mit Unterstützung der Zentralen Behörde dieses Staates ersuchen, ihnen zu gestatten, die Zuständigkeit auszuüben, um die von ihnen für erforderlich gehaltenen Schutzmaßnahmen zu treffen,**
- **oder die Parteien einladen, bei der Behörde des Vertragsstaats des gewöhnlichen Aufenthalts des Kindes einen solchen Antrag zu stellen.**

(2) Die betreffenden Behörden können einen Meinungsaustausch aufnehmen.

(3) Die Behörde, von welcher der Antrag ausgeht, darf die Zuständigkeit anstelle der Behörde des Vertragsstaats des gewöhnlichen Aufenthalts des Kindes nur ausüben, wenn diese den Antrag angenommen hat.

1 Während Art. 8 KSÜ die Abgabe von Verfahren betrifft, behandelt Art. 9 KSÜ die Anfrage eines nicht zuständigen Gerichts an das an sich zuständige Gericht mit der Bitte um Abgabe des Verfahrens (Gestattungsersuchen).[1] Das Procedere entspricht dem nach Art. 8 KSÜ und ist ebenfalls in § 13a IntFamRVG im Einzelnen geregelt (siehe hierzu *Schweppe*, § 13a IntFamRVG Rn. 9, 14).

---

1 *Schulz*, FamRZ 2011, 156, 158

1 MüKo-FamFG/*Wiedemann*, Art. 9 KSÜ Rn. 4

Art. 9 Abs. 3 KSÜ stellt klar, dass ein die Übernahme anfragendes Gericht nicht von sich aus die Zuständigkeit an sich ziehen darf. Lehnt das an sich zuständige Gericht die Gestattung der Zuständigkeit ab, bleibt dem anfragenden Gericht nur die Zuständigkeit nach Maßgabe von Artikel 11 und 12 KSÜ für dringende bzw. vorläufige Maßnahmen. 2

Artikel 10 KSÜ Entscheidung über einen Antrag auf Scheidung, Trennung, Aufhebung oder Nichtigerklärung der Ehe der Eltern eines Kindes

(1) Unbeschadet der Artikel 5 bis 9 können die Behörden eines Vertragsstaats in Ausübung ihrer Zuständigkeit für die Entscheidung über einen Antrag auf Scheidung, Trennung, Aufhebung oder Nichtigerklärung der Ehe der Eltern eines Kindes, das seinen gewöhnlichen Aufenthalt in einem anderen Vertragsstaat hat, sofern das Recht ihres Staates dies zulässt, Maßnahmen zum Schutz der Person oder des Vermögens des Kindes treffen, wenn

a) einer der Eltern zu Beginn des Verfahrens seinen gewöhnlichen Aufenthalt in diesem Staat und ein Elternteil die elterliche Verantwortung für das Kind hat und

b) die Eltern und jede andere Person, welche die elterliche Verantwortung für das Kind hat, die Zuständigkeit dieser Behörden für das Ergreifen solcher Maßnahmen anerkannt haben und diese Zuständigkeit dem Wohl des Kindes entspricht.

(2) Die in Absatz 1 vorgesehene Zuständigkeit für das Ergreifen von Maßnahmen zum Schutz des Kindes endet, sobald die stattgebende oder abweisende Entscheidung über den Antrag auf Scheidung, Trennung, Aufhebung oder Nichtigerklärung der Ehe endgültig geworden ist oder das Verfahren aus einem anderen Grund beendet wurde.

Art. 10 KSÜ enthält eine konkurrierende (da „unbeschadet der Artikel 5 bis 9" bestehende) internationale Zuständigkeit des Gerichts der Ehesache, um die Regelung etwa des Sorge- und Umgangsrechts im **Scheidungsverbundverfahren** zu ermöglichen. Dabei ist die sachliche Zuständigkeit mit dem Umfang „Maßnahmen zum Schutz der Person oder des Vermögens des Kindes" weit gefasst, die Annexzuständigkeit des Art. 10 KSÜ unterliegt jedoch engeren Voraussetzungen als etwa diejenige nach Art. 12 Brüssel IIa-VO (siehe *Schweppe,* Art. 12 Brüssel IIa-VO Rn. 4 ff.), womit die Möglichkeit der Rechtswahl der Eltern gegenüber Art. 12 Brüssel IIa-VO noch weitergehend beschränkt ist. 1

Art. 10 Abs. 1 KSÜ formuliert die **Voraussetzungen**, unter denen eine Entscheidung im Scheidungsverbund in Betracht kommt: 2

- Das Kind hat seinen gewöhnlichen Aufenthalt nicht in dem Vertragsstaat, in dem das Scheidungsverfahren der Eltern anhängig ist (sonst greift Art. 5 KSÜ).
- Mindestens ein Elternteil hat seinen gewöhnlichen Aufenthalt in dem Vertragsstaat, in welchem das Scheidungsverfahren anhängig ist.
- Mindestens ein Elternteil ist sorgeberechtigt.
- Beide Eltern bzw. sämtliche Sorgeberechtigten haben die Zuständigkeit für die Regelung im Scheidungsverbundverfahren anerkannt und
- diese Zuständigkeit entspricht dem Wohl des Kindes.

Dabei muss der Sorgeantrag als Verbundantrag entweder gleichzeitig mit dem Antrag in der Ehesache oder während des bereits anhängigen Eheverfahrens gestellt werden.[1]

Gerichte eines EU-Mitgliedstaats gelangen nur dann zur Anwendung des Art. 10 KSÜ, wenn das Kind seinen gewöhnlichen Aufenthalt nicht in einem EU-Mitgliedstaat (sonst Art. 12 Brüssel IIa-VO, hierzu *Schweppe,* Art. 12 Brüssel IIa-VO Rn. 4 f.), sondern in einem KSÜ-Vertragsstaat hat.[2]

Die Zuständigkeit nach Art. 10 Abs 1 KSÜ endet nach Abs. 2 mit dem rechtskräftigen Abschluss (anders Art. 12 Abs. 2 b) Brüssel IIa-VO, hierzu *Schweppe*, Art. 12 Brüssel IIa-VO Rn. 7) bzw. durch anderweitige Beendigung des Scheidungsverfahrens.[3] 3

---

1 KG FamRZ 2015, 1214
2 *Schulz,* FamRZ 2018, 797, 801
3 KG FamRZ 2015, 1214; *Andrae,* § 9 Rn. 65

Artikel 11 KSÜ Zuständigkeit in dringenden Fällen

(1) In allen dringenden Fällen sind die Behörden jedes Vertragsstaats, in dessen Hoheitsgebiet sich das Kind oder ihm gehörendes Vermögen befindet, zuständig, die erforderlichen Schutzmaßnahmen zu treffen.

(2) Maßnahmen nach Absatz 1, die in Bezug auf ein Kind mit gewöhnlichem Aufenthalt in einem Vertragsstaat getroffen wurden, treten außer Kraft, sobald die nach den Artikeln 5 bis 10 zuständigen Behörden die durch die Umstände gebotenen Maßnahmen getroffen haben.

(3) Maßnahmen nach Absatz 1, die in Bezug auf ein Kind mit gewöhnlichem Aufenthalt in einem Nichtvertragsstaat getroffen wurden, treten in jedem Vertragsstaat außer Kraft, sobald dort die durch die Umstände gebotenen und von den Behörden eines anderen Staates getroffenen Maßnahmen anerkannt werden.

Übersicht

Rn.
A. Notzuständigkeit 1
B. Weitergeltung von Maßnahmen (Abs. 2 und 3) 4

A. Notzuständigkeit

1 Art. 11 KSÜ enthält eine mit der Zuständigkeit des Staates des gewöhnlichen Aufenthalts konkurrierende Notzuständigkeit.

Art. 11 KSÜ umfasst auch Maßnahmen für Kinder, die ihren gewöhnlichen Aufenthalt in einem Nichtvertragsstaat haben.

2 Art. 11 Abs. 1 KSÜ enthält eine eng auszulegende Ausnahmezuständigkeit, die folgenden Voraussetzungen unterliegt:

- Das Kind hält sich tatsächlich in dem Erlassstaat auf.[1]
- Es liegt ein „dringender Fall" vor.

3 Letzteres ist zu bejahen, wenn bei Einhaltung der allgemeinen Zuständigkeitsvorschriften nach Art. 5 bis 10 KSÜ möglicherweise ein nicht wiedergutzumachender Schaden zulasten des Kindes entstünde, etwa ein dringender chirurgischer Eingriff erforderlich ist.[2]

B. Weitergeltung von Maßnahmen (Abs. 2 und 3)

4 Art. 11 Abs. 2 KSÜ regelt die Frage der Weitergeltung von aufgrund der Notzuständigkeit getroffenen Maßnahmen **im Verhältnis zu weiteren Vertragsstaaten des KSÜ** und stellt klar, dass diese Maßnahmen außer Kraft treten, sobald die nach allgemeinen Grundsätzen zuständigen Behörden ihrerseits die erforderlichen Maßnahmen getroffen haben.

5 Nach Art. 11 Abs. 3 KSÜ gelten die im Rahmen der Notzuständigkeit getroffenen Maßnahmen **im Verhältnis zu Nichtvertragsstaaten** zunächst weiter und treten erst außer Kraft, wenn die im Staat des gewöhnlichen Aufenthalts – also dem Nichtvertragsstaat – nach allgemeinen Grundsätzen getroffenen Maßnahmen in einem weiteren Staat anerkannt wurden.

6 Der unterschiedliche Regelungsgehalt von Art. 11 Abs. 2 und Abs. 3 KSÜ ist dadurch begründet, dass zwischen den Vertragsstaaten eine Verpflichtung zur wechselseitigen Anerkennung von Zuständigkeiten und Entscheidungen besteht, im Verhältnis zu Drittstaaten jeder Staat aber auf Grundlage eigener Rechtsgrundsätze über diese Fragen entscheidet.

---

1 OLG Karlsruhe FamRZ 2014, 1565, 1566
2 *Lagarde*, Rn. 68 f.

Artikel 12 KSÜ Vorläufige Maßnahmen zum Schutz der Person oder des Vermögens des Kindes

(1) Vorbehaltlich des Artikels 7 sind die Behörden eines Vertragsstaats, in dessen Hoheitsgebiet sich das Kind oder ihm gehörendes Vermögen befindet, zuständig, vorläufige und auf das Hoheitsgebiet dieses Staates beschränkte Maßnahmen zum Schutz der Person oder des Vermögens des Kindes zu treffen, soweit solche Maßnahmen nicht mit den Maßnahmen unvereinbar sind, welche die nach den Artikeln 5 bis 10 zuständigen Behörden bereits getroffen haben.

(2) Maßnahmen nach Absatz 1, die in Bezug auf ein Kind mit gewöhnlichem Aufenthalt in einem Vertragsstaat getroffen wurden, treten außer Kraft, sobald die nach den Artikeln 5 bis 10 zuständigen Behörden eine Entscheidung über die Schutzmaßnahmen getroffen haben, die durch die Umstände geboten sein könnten.

(3) Maßnahmen nach Absatz 1, die in Bezug auf ein Kind mit gewöhnlichem Aufenthalt in einem Nichtvertragsstaat getroffen wurden, treten in dem Vertragsstaat außer Kraft, in dem sie getroffen worden sind, sobald dort die durch die Umstände gebotenen und von den Behörden eines anderen Staates getroffenen Maßnahmen anerkannt werden.

Übersicht

	Rn.
A. Vorläufige Maßnahmen	1
B. Weitergeltung der Maßnahmen	3

A. Vorläufige Maßnahmen

In Abgrenzung zur Notzuständigkeit des Art. 11 KSÜ enthält Art. 12 KSÜ eine Zuständigkeit für den Erlass vorläufiger, territorial auf das Hoheitsgebiet des Staates, in dem sie erlassen werden, beschränkte Maßnahmen, um insbesondere Schutzmaßnahmen für Kinder zu ermöglichen, die sich nur vorübergehend in einem Staat aufhalten.[1] **1**

Regelungen nach Art. 12 Abs. 1 KSÜ unterliegen folgenden **Voraussetzungen**: **2**

- Das Kind ist im Maßnahmestaat körperlich anwesend oder die Frage trifft im Maßnahmestaat belegenes Vermögen des Kindes.
- Es muss sich um eine vorläufige Maßnahme handeln.
- Die Maßnahme darf nicht unvereinbar sein mit bereits bestehenden Maßnahmen, die durch die nach allgemeinen Grundsätzen zuständigen Stellen erlassen wurden; ausgenommen sind Abänderungen infolge geänderter Sachlage.[2]
- Die Ausübung der Zuständigkeit nach Art. 12 ist ausgeschlossen durch die Gerichte des Zufluchtsstaats in den Fällen des widerrechtlichen Verbringens oder Zurückhaltens im Sinne des Art. 7 KSÜ.

Die Wirkung der vorläufigen Maßnahme ist auf das Hoheitsgebiet des Maßnahmestaats beschränkt.

B. Weitergeltung der Maßnahmen

Art. 12 Abs. 2 KSÜ regelt die Frage der **Weitergeltung** der im Rahmen des Art. 12 Abs. 1 KSÜ erlassenen Maßnahmen **im Verhältnis zu weiteren Vertragsstaaten des KSÜ**. Die Norm entspricht inhaltlich im Wesentlichen der des Art. 11 Abs. 2 KSÜ, wobei die abweichende Formulierung „Schutzmaßnahmen, … die durch die Umstände geboten sein könnten" deutlich macht, dass die Wirkung der vorläufigen Maßnahme auch dann endet, wenn die nach allgemeinen Grundsätzen zuständigen Stellen keine Maßnahmen für erforderlich erachten. **3**

Nach Art. 12 Abs. 3 KSÜ gelten die im Rahmen des Art. 12 Abs. 1 KSÜ erlassenen Maßnahmen **im Verhältnis zu Drittstaaten** weiter. Die Norm entspricht inhaltlich im Wesentlichen Art. 11 Abs. 3 KSÜ, wobei die abweichende Formulierung „treten in dem Vertragsstaat außer Kraft, in dem sie getroffen wurden" darauf beruht, dass vorläufige Maßnahmen ohnehin in ihrer Wirkung auf das Hoheitsgebiet des Erlassstaats beschränkt sind. **4**

1 *Lagarde*, Rn. 74
2 MüKo-FamFG/*Wiedemann*, Art. 12 KSÜ Rn. 4

Artikel 13 KSÜ Ausschluss der Zuständigkeitsausübung

(1) Die Behörden eines Vertragsstaats, die nach den Artikeln 5 bis 10 zuständig sind, Maßnahmen zum Schutz der Person oder des Vermögens des Kindes zu treffen, dürfen diese Zuständigkeit nicht ausüben, wenn bei Einleitung des Verfahrens entsprechende Maßnahmen bei den Behörden eines anderen Vertragsstaats beantragt worden sind, die in jenem Zeitpunkt nach den Artikeln 5 bis 10 zuständig waren, und diese Maßnahmen noch geprüft werden.

(2) Absatz 1 ist nicht anzuwenden, wenn die Behörden, bei denen Maßnahmen zuerst beantragt wurden, auf ihre Zuständigkeit verzichtet haben.

Übersicht

Rn.
A. Normzweck und Anwendungsbereich 1
B. Inhalt der Norm 4

A. Normzweck und Anwendungsbereich

1 Art. 13 KSÜ befasst sich mit den Fällen der **doppelten Rechtshängigkeit** (*litispendenz*) bzw. Anhängigkeit von Verfahren in mehreren Vertragsstaaten. Dies kommt insbesondere bei Anhängigkeit des Scheidungsverfahrens in einem anderen als dem Staat des gewöhnlichen Aufenthalts des Kindes in Betracht, aber auch nach einem Wechsel des Aufenthalts (außerhalb der Besonderheiten des Art. 7 KSÜ). Letzteres kann in der Praxis etwa dann problematisch werden, wenn der bisherige Aufenthaltsstaat noch vom dortigen gewöhnlichen Aufenthalt des Kindes ausgeht, aber auch die Gerichte im neuen Aufenthaltsstaat die Begründung eines gewöhnlichen Aufenthalts bejahen.

2 Da derartige Konstellationen letztlich nicht zu vermeiden sind, ist durch entsprechende Regelungen sicherzustellen, dass es nicht zu widersprüchlichen Entscheidungen kommt.

3 Zur Abgrenzung zum Abgabe-/Übernahmemechanismus der Art. 8 und 9 KSÜ ist darauf hinzuweisen, dass Art. 13 KSÜ immer Fälle betrifft, in denen die internationale Zuständigkeit beider Staaten eröffnet wäre, bei Art. 8 und 9 KSÜ ist dies nicht Voraussetzung für die Abgabe.

B. Inhalt der Norm

4 Nach Art. 13 Abs. 1 KSÜ gilt der **Prioritätsgrundsatz**, so dass der Zuständigkeit des zuerst angerufenen Gerichts Vorrang eingeräumt wird. Das zuletzt angerufene Gericht darf seine Zuständigkeit nicht ausüben.

5 Das zuerst angerufene Gericht kann nach Art. 13 Abs. 2 KSÜ auf seine **Zuständigkeit verzichten**, wobei Maßstab hierfür das Kindeswohl ist.[1]

Artikel 14 KSÜ Weitergeltung der Maßnahmen bei Änderung der Umstände

Selbst wenn durch eine Änderung der Umstände die Grundlage der Zuständigkeit wegfällt, bleiben die nach den Artikeln 5 bis 10 getroffenen Maßnahmen innerhalb ihrer Reichweite so lange in Kraft, bis die nach diesem Übereinkommen zuständigen Behörden sie ändern, ersetzen oder aufheben.

1 Art. 14 KSÜ bestimmt, dass nach Verlegung des gewöhnlichen Aufenthalts des Minderjährigen die im Staat des bisherigen gewöhnlichen Aufenthalts getroffenen Maßnahmen so lange in Kraft bleiben, bis die nunmehr zuständigen Stellen sie ändern, ersetzen oder aufheben.

2 Zu beachten ist allerdings, dass sich nach Art. 15 Abs. 3 KSÜ die Durchführung solcher Maßnahmen nach dem Recht des Staates des neuen gewöhnlichen Aufenthalts richtet.

Art. 14 KSÜ greift nicht für Eilmaßnahmen oder einstweilige Anordnungen, da Art. 11 und 12 KSÜ hierzu besondere Regelungen enthalten.[1]

---

1 *Lagarde*, Rn. 80
1 MüKo-FamFG/*Wiedemann*, Art. 14 Rn. 1

Kapitel III
Anzuwendendes Recht

Artikel 15 KSÜ Recht des Vertragsstaats

(1) Bei der Ausübung ihrer Zuständigkeit nach Kapitel II wenden die Behörden der Vertragsstaaten ihr eigenes Recht an.

(2) Soweit es der Schutz der Person oder des Vermögens des Kindes erfordert, können sie jedoch ausnahmsweise das Recht eines anderen Staates anwenden oder berücksichtigen, zu dem der Sachverhalt eine enge Verbindung hat.

(3) Wechselt der gewöhnliche Aufenthalt des Kindes in einen anderen Vertragsstaat, so bestimmt das Recht dieses anderen Staates vom Zeitpunkt des Wechsels an die Bedingungen, unter denen die im Staat des früheren gewöhnlichen Aufenthalts getroffenen Maßnahmen angewendet werden.

Übersicht

Rn.
A. Normzweck und Anwendungsbereich 1
B. Inhalt der Norm 4

A. Normzweck und Anwendungsbereich

Art. 15 Abs. 1 KSÜ i.V.m. Art. 21 Abs. 1 KSÜ regelt den Gleichlauf von internationaler Zuständigkeit und anzuwendendem Recht, so dass die Behörden der Vertragsstaaten grundsätzlich ihr eigenes Recht (*lex fori*) anwenden – unabhängig von der Staatsangehörigkeit des betroffenen Kindes (*loi uniforme*) und damit das Recht, mit dem die dortigen Gerichte und Behörden am besten vertraut sind. **1**

Nach dem Wortlaut des Art. 15 Abs. 1 KSÜ findet dieser nur Anwendung, wenn die Zuständigkeit auf Art. 5 KSÜ beruht. **2**

Um dem in Art. 3 Abs. 2 EGBGB statuierten Vorrang staatsvertraglicher Regelungen zu entsprechen, bestimmt sich nach herrschender Meinung das anzuwendende Recht aber auch dann nach Art. 15 KSÜ, wenn die internationale Zuständigkeit aus der Brüssel IIa-VO folgt, aber auch nach Art. 5 KSÜ gegeben wäre.[1] Damit ist jedenfalls bei gewöhnlichem Aufenthalt des Kindes in einem EU-Staat das anzuwendende Recht nach Art. 15 ff. KSÜ zu bestimmen.[2] **3**

B. Inhalt der Norm

Art. 15 **Abs. 1** KSÜ regelt den Grundsatz, dass die nach den allgemeinen Grundsätzen zuständigen Stellen ihr **eigenes Recht** (*lex fori*) anwenden.[3] **4**

Art. 15 **Abs. 2** KSÜ enthält eine **Ausweichklausel**, so dass ausnahmsweise das Recht eines anderen Staates angewendet oder berücksichtigt werden kann, wenn der Schutz des Kindes (oder dessen Vermögens) dies erfordert und der Sachverhalt eine enge Verbindung zu diesem anderen Staat hat. Ein Anwendungsfall ist die Wahrung bestimmter Formvorschriften in Bezug auf im Ausland belegenes Vermögen des Kindes.[4] Denkbar wäre auch, bei Schutzmaßnahmen für ein ausländisches Kind das Recht seiner Staatsangehörigkeit anzuwenden, wenn die Rückkehr in den Heimatstaat absehbar ist.[5] Dabei kommt auch die Anwendung des Rechts eines Nichtvertragsstaats in Betracht. **5**

Art. 15 **Abs. 3** KSÜ bestimmt, dass mit dem **Wechsel des gewöhnlichen Aufenthalts** auf die Durchführung bzw. die Umsetzung von bereits im früheren Aufenthaltsstaat getroffenen Maßnahmen das innerstaatliche Recht des neuen Aufenthaltsstaats anzuwenden ist. **6**

---

1 BGH FamRZ 2018, 457 Rn. 20; FamRZ 2011, 796; OLG Karlsruhe FamRZ 2018, 920; OLG Köln FamRZ 2017, 1514; *Schulz*, FamRZ 2018, 797, 803; Palandt/*Thorn*, (IPR) Anh. zu EGBGB Art. 24 Rn. 21; Staudinger/*Henrich*, Art. 21 EGBGB Rn. 112

2 Zum verbleibenden Anwendungsbereich des Art. 21 EGBGB vgl. *Schweppe*, Art. 21 EGBGB Rn. 4 ff.

3 Dies gilt grundsätzlich auch im Verhältnis zu Drittstaaten, vgl. OLG Karlsruhe FamRZ 2018, 920 (Peru); zu möglichen Ausnahmen *Schweppe*, Art. 21 KSÜ Rn. 2

4 OLG Koblenz FamRZ 2019, 367, für die Genehmigung der Ausschlagung einer Erbschaft nach polnischem Recht

5 *Lagarde*, Rn. 89

Artikel 16 KSÜ Zuweisung oder Erlöschen der elterlichen Verantwortung

(1) Die Zuweisung oder das Erlöschen der elterlichen Verantwortung kraft Gesetzes ohne Einschreiten eines Gerichts oder einer Verwaltungsbehörde bestimmt sich nach dem Recht des Staates des gewöhnlichen Aufenthalts des Kindes.

(2) Die Zuweisung oder das Erlöschen der elterlichen Verantwortung durch eine Vereinbarung oder ein einseitiges Rechtsgeschäft ohne Einschreiten eines Gerichts oder einer Verwaltungsbehörde bestimmt sich nach dem Recht des Staates des gewöhnlichen Aufenthalts des Kindes in dem Zeitpunkt, in dem die Vereinbarung oder das einseitige Rechtsgeschäft wirksam wird.

(3) Die elterliche Verantwortung nach dem Recht des Staates des gewöhnlichen Aufenthalts des Kindes besteht nach dem Wechsel dieses gewöhnlichen Aufenthalts in einen anderen Staat fort.

(4) Wechselt der gewöhnliche Aufenthalt des Kindes, so bestimmt sich die Zuweisung der elterlichen Verantwortung kraft Gesetzes an eine Person, die diese Verantwortung nicht bereits hat, nach dem Recht des Staates des neuen gewöhnlichen Aufenthalts.

Übersicht

	Rn.
A. Normzweck und Anwendungsbereich	1
B. Inhalt der Norm	4
I. Elterliche Sorge kraft Gesetzes	4
II. Elterliche Sorge durch Vereinbarung	7
III. Schutz erworbener Rechte	10
1. Grundsatz	10
2. Rückwirkung	13
IV. Neuerwerb von Rechten	16
1. Grundsatz	16
2. Wandelbarkeit	18
3. Hinzuerwerb von Rechten	19
C. Praxishinweis	20

A. Normzweck und Anwendungsbereich

1 Wem die elterliche Verantwortung für ein Kind kraft Gesetzes oder durch Vereinbarung der Eltern zugewiesen ist, bestimmt sich nach Art. 16 KSÜ, der ebenfalls an das Recht des gewöhnlichen Aufenthalts anknüpft (anders als Art. 3 MSA, wonach das Heimatrecht maßgeblich war, hierzu Vorauflage *Schweppe,* Art. 3 MSA).

2 Das Problem, wie im Hinblick auf die Möglichkeit der Änderung des gewöhnlichen Aufenthalts der Fortbestand von erworbenen Sorgerechten und der Neuerwerb von Sorgerechten zu behandeln ist, wird in Art. 16 Abs. 3 und 4 KSÜ geregelt.

3 Dabei gilt, dass das Sorgerechtsstatut durch Anknüpfung an den gewöhnlichen Aufenthalt wandelbar ist, ein einmal erworbenes Sorgerecht aber geschützt wird.

Art. 16 Abs. 1 KSÜ betrifft zunächst nur kraft Gesetzes (*ex lege*) „ohne Einschreiten eines Gerichts oder einer Verwaltungsbehörde" bestehende Sorgeverhältnisse. Art. 16 Abs. 2 KSÜ erweitert den Anwendungsbereich auf die durch Vereinbarung oder einseitiges Rechtsgeschäft begründete elterliche Sorge.

B. Inhalt der Norm

I. Elterliche Sorge kraft Gesetzes

4 Art. 16 Abs. 1 KSÜ enthält den Grundsatz, dass von Gesetzes wegen erlangte Sorgerechtspositionen sich nach dem Recht des gewöhnlichen Aufenthalts bestimmen. Anders als bei einer Anknüpfung an das Heimatrecht sind damit grundsätzlich auch gesetzliche Sorgeverhältnisse wandelbar.

5 Die Anknüpfung nach Art. 16 KSÜ gilt universell, so dass auch das Recht eines Staates, der nicht Vertragsstaat des KSÜ ist, maßgeblich sein kann.[1] Dies ergibt sich aus Art. 20 i.V.m. Art. 21 KSÜ, der den Begriff des „Rechts" i.S.d. Art. 16 KSÜ definiert.

1 Vgl. OLG Celle FamRZ 2018, 1436 (Ghana)

Damit werden durch Art. 16 KSÜ grundsätzlich auch in Nichtvertragsstaaten erworbene Sorgerechte anerkannt, umgekehrt kann bei einem Umzug in einen Nichtvertragsstaat jedoch der Schutz von Rechtspositionen entfallen, wenn das dortige Recht ein derartiges Sorgerecht nicht anerkennt. 6

II. Elterliche Sorge durch Vereinbarung

Durch Art. 16 Abs. 2 KSÜ wird der Anwendungsbereich des Art. 16 KSÜ erweitert auf die durch Vereinbarung oder einseitiges Rechtsgeschäft begründete elterliche Sorge. Ein Beispiel für eine solche Vereinbarung ist die Sorgeerklärung nach § 1626a Abs. 1 Ziffer 1 BGB. 7

▶ *Näher hierzu Fink, § 1626a BGB Rn. 6 ff.*

Als einseitiges Rechtsgeschäft wäre etwa eine Verfügung von Todes wegen anzusehen, mit der bindend ein Vormund für das Kind eingesetzt wird. Nicht unter Art. 16 Abs. 2 KSÜ fallen Sorgeverhältnisse, für die eine gerichtliche oder behördliche Bestätigung erforderlich ist. 8

Für den zeitlichen Anwendungsbereich des Art. 16 Abs. 2 KSÜ ist zu beachten, dass für das Wirksamwerden einer Vereinbarung frühestens der Zeitpunkt der Geburt des Kindes maßgeblich ist. Geben nicht miteinander verheiratete Eltern in Deutschland gemeinsame Sorgeerklärungen für ihr noch ungeborenes Kind ab, verlegen dann aber noch vor der Geburt ihren gewöhnlichen Aufenthalt in einen anderen Vertragsstaat des KSÜ, etwa in die Schweiz, so richtet sich die Zuweisung der elterlichen Verantwortung nach dem Recht des gewöhnlichen Aufenthalts des Kindes im Zeitpunkt seiner Geburt, so dass die nach deutschem Recht abgegebene Sorgeerklärung keine Wirkung entfalten kann.[2] 9

III. Schutz erworbener Rechte

1. Grundsatz

Art. 16 Abs. 3 KSÜ bestimmt, dass ein einmal erlangtes Sorgerecht auch bei Begründung eines neuen gewöhnlichen Aufenthalts Bestand hat. Dies gilt unabhängig davon, ob das Sorgerecht gesetzlich, durch Vereinbarung oder gerichtliche Entscheidung begründet wurde.[3] Unerheblich ist auch, ob das nationale Recht des neuen Aufenthaltsstaats einen entsprechenden Sorgerechtserwerb vorsieht. 10

Durch diesen Schutz wohlerworbener Rechte[4] führt der Wechsel des gewöhnlichen Aufenthalts eines Kindes niemals dazu, dass ein Sorgeberechtigter diese Position verliert. 11

Diese Regelung ist insbesondere von Bedeutung für die Beantwortung der Frage, ob der Mutter eines nicht ehelich geborenen Kindes die Alleinsorge oder den Kindeseltern aufgrund gesetzlicher Regelung oder Vereinbarung ein Mitsorgerecht zusteht.[5] 12

2. Rückwirkung

Fraglich ist, ob Art. 16 Abs. 3 KSÜ auch rückwirkend auf vor Inkrafttreten des KSÜ erworbene Sorgerechtspositionen Anwendung findet. 13

Zugunsten einer Rückwirkung wird vertreten, dass auch vor Inkrafttreten des KSÜ erworbene Sorgerechtspositionen schutzwürdig und daher beachtlich seien.[6] Dem steht jedoch entgegen, dass der vor Inkrafttreten des KSÜ anwendbare Art. 21 EGBGB einen Schutz wohlerworbener Rechte nicht kennt und ein nach dem Recht des Ursprungstaats von Gesetzes wegen bestehendes, aber nach dem Umzug mit Begründung eines neuen gewöhnlichen Aufenthalts nicht – mehr – beachtliches Sorgerecht mit Inkrafttreten des KSÜ nicht wieder aufleben kann.[7] Auch der BGH hat – nachdem diese Frage zunächst offengelassen wurde – eine solche Rückwirkung verneint,[8] weshalb eine Rückwirkung von Art. 16 Abs. 3 KSÜ abzulehnen ist.[9] 14

Obgleich eine Rückwirkung auf vor Inkrafttreten des KSÜ bestehende Sorgerechtspositionen abzulehnen ist, kann es zur Vermeidung von Wertungswidersprüchen geboten sein, die Voraussetzungen für 15

---

2 KG FamRZ 2011, 1516, 1517
3 Vgl. OLG Karlsruhe FamRZ 2018, 920, 922; MüKo-BGB/*Staudinger*, Art. 16 KSÜ Rn. 12
4 *Schulz*, FamRZ 2011, 156, 160
5 Hierzu OLG Celle FamRZ 2018, 1436, unter Anwendung des Rechts eines Nichtvertragsstaates (Ghana)
6 So etwa *Andrae*, § 6 Rn. 112; ebenso *Rauscher*, NJW 2011, 2333
7 *Looschelders*, IPRax 2014, 152, 154
8 BGH FamRZ 2016, 1747; noch offengelassen durch BGH FamRZ 2011, 796, 798
9 *Palandt/Thorn, (IPR) Anh. zu EGBGB Art. 24 Rn. 17; Henrich*, FamRZ 2011, 1964, 1965; *Looschelders*, IPRax 2014, 152, 154; Staudinger/*Pirrung*, Vorbem. D zu Art. 19 EGBGB Rn. D 110; auch OLG Karlsruhe ZKJ 2013, 299

eine Abänderung der Sorgerechtsregelung unter Berücksichtigung des rechtlich nicht beachtlichen Sorgerechts zu prüfen.[10] Sofern vor Inkrafttreten des KSÜ im Verhältnis der beteiligten Staaten zuvor ein nach Art. 3 MSA anzuerkennendes Sorgerecht (Gewaltverhältnis nach Heimatrecht, vgl. hierzu in der Vorauflage *Schweppe,* Art. 3 MSA Rn. 1) bestand, bleibt dies auch nach dem Inkrafttreten des KSÜ beachtlich.[11]

IV. Neuerwerb von Rechten

1. Grundsatz

16 Art. 16 Abs. 4 KSÜ bestimmt, dass auch im Falle des Wechsels des gewöhnlichen Aufenthalts der (Neu-)Erwerb des gesetzlichen Sorgerechts sich nach dem Recht des neuen gewöhnlichen Aufenthalts richtet, so dass eine Person, der nach dem Recht des früheren Aufenthaltsstaats kein Sorgerecht zustand, allein aufgrund eines Wechsels des gewöhnlichen Aufenthalts ohne weiteres Zutun ein Sorgerecht von Gesetzes wegen erwerben kann.

17 Bedeutung hat dies vor allem für die Frage der elterlichen Sorge nicht miteinander verheirateter Eltern, da der Vater eines nicht ehelich geborenen Kindes allein durch die von den Eltern geschaffenen Fakten, etwa den Umzug in einen anderen Staat und die Begründung eines neuen gewöhnlichen Aufenthalts, aufgrund des nunmehr maßgeblichen Rechts die elterliche Mitsorge erlangen kann. So etwa, wenn deutsche Staatsangehörige mit dem gemeinsamen nicht ehelich geborenen Kind, für das (vor Ablauf eines Jahres nach der Geburt) die Vaterschaft wirksam anerkannt, jedoch keine Sorgeerklärung abgegeben wurde, nach Frankreich verziehen und dort in einem gemeinsamen Haushalt leben. Mit Begründung des neuen gewöhnlichen Aufenthalts erwirbt der Kindesvater ein Mitsorgerecht nach Art. 372 Code Civil, das er auch durch einen erneuten Umzug der Familie nach Deutschland nicht mehr verliert.

2. Wandelbarkeit

18 Aus Art. 16 Abs. 4 i.V.m. Abs. 3 KSÜ folgt zunächst, dass das Sorgerechtsstatut mit Verlegung des gewöhnlichen Aufenthalts des Kindes *ex nunc* wandelbar ist.

3. Hinzuerwerb von Rechten

19 Aus Art. 16 Abs. 3 KSÜ i.V.m. Art. 16 Abs. 4 KSÜ folgt weiter, dass qua Gesetzes ein Hinzuerwerb von Rechten möglich ist. Art. 16 Abs. 3 KSÜ regelt den Fortbestand erworbener Rechte, während Art. 16 Abs. 4 KSÜ den Neuerwerb von Sorgerechten ermöglicht, die quasi „Huckepack" zu den bestehenden Sorgerechtspositionen hinzutreten. Damit kann der Kreis der von Gesetzes wegen sorgeberechtigten Personen sich erweitern. Sofern es zwischen diesen Sorgeberechtigten zu Differenzen über die Ausübung des Sorgerechts kommen sollte, ist eine Sorgerechtszuweisung durch die nach Art. 5 KSÜ zuständigen Gerichte herbeizuführen.

C. Praxishinweis

20 In der Praxis ist mit Blick auf Art. 16 KSÜ jeweils zu prüfen, welchen Personen aufgrund welchen Rechts die elterliche Sorge von Gesetzes wegen zusteht. Zu beachten sind dabei insbesondere die unterschiedlichen Regelungen zur gemeinsamen elterlichen Sorge für Kinder, deren Eltern nicht miteinander verheiratet sind. Während nach deutschem Recht weiterhin ohne Abgabe einer Sorgeerklärung oder Einräumung der Mitsorge auf Antrag durch gerichtliche Entscheidung der Mutter des Kindes die Alleinsorge zusteht, genügt in vielen Staaten die förmliche Anerkennung der Vaterschaft bzw. die Eintragung des Vaters in der Geburtsurkunde für die Begründung der gemeinsamen elterlichen Sorge.[12]

▶ *Näher zum Sorgerecht betreffend das nichtehelich geborene Kind: Fink, Kommentierung zu §§ 1626a ff. BGB.*

---

10 Vgl. OLG Karlsruhe ZKJ 2013, 299

11 OLG Frankfurt FamRZ 2015, 1633 (Litauen); vgl. auch MüKo-BGB/*Staudinger*, Art. 16 KSÜ Rn. 16; Staudinger/*Pirrung*, Vorbem. D zu Art. 19 EGBGB Rn. D 110

12 Vgl. hierzu *Schulz*, FamRZ 2011, 156 (159 f.); zu einer rechtsvergleichenden Betrachtung der gemeinsamen elterlichen Sorge für nicht miteinander verheiratete Eltern siehe *Jurczyk/Walper*, S. 89 ff.

Ob die Voraussetzungen für einen Eingriff in dieses Sorgerecht bzw. die Abänderung einer anzuerkennenden Entscheidung vorliegen, ist bei gewöhnlichem Aufenthalt des Kindes in Deutschland wiederum in Anwendung deutschen Rechts zu prüfen, vgl. Art. 15 Abs. 2, Art. 18 KSÜ.

Artikel 17 KSÜ Ausübung der elterlichen Verantwortung

[1]Die Ausübung der elterlichen Verantwortung bestimmt sich nach dem Recht des Staates des gewöhnlichen Aufenthalts des Kindes. [2]Wechselt der gewöhnliche Aufenthalt des Kindes, so bestimmt sie sich nach dem Recht des Staates des neuen gewöhnlichen Aufenthalts.

Nach Art. 17 KSÜ richtet sich das auf die Ausübung der elterlichen Sorge anzuwendende Recht nach dem Recht des gewöhnlichen Aufenthalts, mithin ändert sich mit dem Wechsel des gewöhnlichen Aufenthalts auch das darauf anzuwendende Recht. Dies kann etwa für sich aus dem jeweiligen nationalen Recht ergebende unterschiedliche (Allein-)Vertretungsbefugnisse oder die Frage der Genehmigungsbedürftigkeit von Rechtsgeschäften von Bedeutung sein. 1

Artikel 18 KSÜ Entzug der elterlichen Verantwortung

Durch Maßnahmen nach diesem Übereinkommen kann die in Artikel 16 genannte elterliche Verantwortung entzogen oder können die Bedingungen ihrer Ausübung geändert werden.

Art. 18 KSÜ stellt klar, dass zum Schutz des Kindes auch Maßnahmen ergriffen werden können, welche in das von Gesetzes wegen beachtliche Sorgestatut eingreifen, etwa insbesondere durch Maßnahmen nach §§ 1666 f. BGB oder die Übertragung der elterlichen Sorge nach § 1671 BGB. Dies gilt auch dann, wenn das nach Art. 16 KSÜ maßgebliche Recht eine solche Maßnahme nicht vorsieht. 1

Artikel 19 KSÜ Rechtsgeschäfte mit Dritten

Von Abdruck und Kommentierung wird abgesehen.[1]

Artikel 20 KSÜ Anwendbarkeit des Rechts eines Nichtvertragsstaats

Dieses Kapitel ist anzuwenden, selbst wenn das darin bestimmte Recht das eines Nichtvertragsstaats ist.

Art. 20 KSÜ stellt klar, dass auch das Recht eines Nichtvertragsstaats maßgeblich ist, sofern dies nach allgemeinen Grundsätzen Anwendung findet. Eine Ausnahme hiervon enthält Art. 21 Abs. 2 KSÜ. 1

Artikel 21 KSÜ Rechtsbegriff

(1) Der Begriff „Recht" im Sinne dieses Kapitels bedeutet das in einem Staat geltende Recht mit Ausnahme des Kollisionsrechts.

(2) [1]Ist jedoch das nach Artikel 16 anzuwendende Recht das eines Nichtvertragsstaats und verweist das Kollisionsrecht dieses Staates auf das Recht eines anderen Nichtvertragsstaats, der sein eigenes Recht anwenden würde, so ist das Recht dieses anderen Staates anzuwenden. [2]Betrachtet sich das Recht dieses anderen Nichtvertragsstaats als nicht anwendbar, so ist das nach Artikel 16 bestimmte Recht anzuwenden.

Art. 21 Abs. 1 KSÜ bestimmt, dass die Verweisung auf das anzuwendende Recht stets nur eine Sachnormverweisung darstellt, somit kein *renvoi* im Sinne einer Rück- oder Weiterverweisung auf das Kol- 1

1 Siehe hierzu Oberloskamp/*Schweppe*, § 5 Rn. 107

lisionsrecht eines Staates beinhaltet. Im Verhältnis der Vertragsstaaten des KSÜ zueinander (zu Nichtvertragsstaaten beachte Abs. 2) besteht damit durch die Anknüpfung an den gewöhnlichen Aufenthalt ein Gleichlauf von internationaler Zuständigkeit und anzuwendendem Recht.

2 In Bezug auf Nichtvertragsstaaten sieht Art. 21 Abs. 2 KSÜ eine Verweisung auch auf das Kollisionsrecht (*renvoi*) vor, soweit das Recht eines Drittstaats maßgeblich ist, dessen Kollisionsrecht wiederum auf das Recht eines Drittstaats verweist, so dass ggf. auch Rück- und Weiterverweisungen auf das Recht eines anderen Staates zu beachten sind.[1]

Artikel 22 KSÜ Ordre public

Die Anwendung des in diesem Kapitel bestimmten Rechts darf nur versagt werden, wenn sie der öffentlichen Ordnung (ordre public) offensichtlich widerspricht, wobei das Wohl des Kindes zu berücksichtigen ist.

1 Zum Inhalt des allgemeinen *Ordre-public*-Vorbehalts ist zunächst grundsätzlich auf die Ausführungen zu Art. 6 EGBGB (*Schweppe*, Art. 6 EGBGB Rn. 2 ff.) zu verweisen. Weiter ist auch im Rahmen der Anwendung des Art. 22 KSÜ ein Inlandsbezug erforderlich, letztlich rechtfertigen nur schwerwiegende Abweichungen von inländischen Rechtswerten, von der Anwendung des an sich berufenen Rechts abzusehen.[1]

Kapitel IV
Anerkennung und Vollstreckung

Artikel 23 KSÜ Anerkennung der Maßnahmen

(1) Die von den Behörden eines Vertragsstaats getroffenen Maßnahmen werden kraft Gesetzes in den anderen Vertragsstaaten anerkannt.

(2) Die Anerkennung kann jedoch versagt werden,

a) wenn die Maßnahme von einer Behörde getroffen wurde, die nicht nach Kapitel II zuständig war;

b) wenn die Maßnahme, außer in dringenden Fällen, im Rahmen eines Gerichts- oder Verwaltungsverfahrens getroffen wurde, ohne dass dem Kind die Möglichkeit eingeräumt worden war, gehört zu werden, und dadurch gegen wesentliche Verfahrensgrundsätze des ersuchten Staates verstoßen wurde;

c) auf Antrag jeder Person, die geltend macht, dass die Maßnahme ihre elterliche Verantwortung beeinträchtigt, wenn diese Maßnahme, außer in dringenden Fällen, getroffen wurde, ohne dass dieser Person die Möglichkeit eingeräumt worden war, gehört zu werden;

d) wenn die Anerkennung der öffentlichen Ordnung (ordre public) des ersuchten Staates offensichtlich widerspricht, wobei das Wohl des Kindes zu berücksichtigen ist;

e) wenn die Maßnahme mit einer später im Nichtvertragsstaat des gewöhnlichen Aufenthalts des Kindes getroffenen Maßnahme unvereinbar ist, sofern die spätere Maßnahme die für ihre Anerkennung im ersuchten Staat erforderlichen Voraussetzungen erfüllt;

f) wenn das Verfahren nach Artikel 33 nicht eingehalten wurde.

Übersicht

Rn.
A. Normzweck und Anwendungsbereich 1
B. Inhalt der Norm 4

A. Normzweck und Anwendungsbereich

1 Art. 23 KSÜ bestimmt, dass in einem Vertragsstaat getroffene Maßnahmen grundsätzlich ohne besonderes Anerkennungsverfahren in den anderen Vertragsstaaten anerkannt werden. Die Gründe für die Versagung der Anerkennung sind abschließend in Art. 23 Abs. 2 KSÜ aufgeführt.

---

1 Siehe hierzu *Völker/Clausius*, § 11 Rn. 63; MüKo-BGB/*Staudinger*, Art. 21 KSÜ Rn. 2; zur Prüfung vgl. OLG Celle FamRZ 2018, 1436 Rn. 9 (Ghana)

1 MüKo-BGB/*Staudinger*, Art. 22 KSÜ Rn. 2 f.

Der **Anwendungsbereich** von Art. 23 ff. KSÜ ist begrenzt auf das Verhältnis der Vertragsstaaten untereinander, da nur insofern die Gegenseitigkeit gewährleistet ist. 2

Beschränkt wird der räumliche Anwendungsbereich der Art. 23 ff. KSÜ dadurch, dass im Verhältnis der EU-Staaten untereinander (mit Ausnahme Dänemarks) die Anerkennung und Vollstreckung von Entscheidungen zur elterlichen Sorge und zum Umgang nach der insoweit vorrangigen Brüssel IIa-VO (siehe *Schweppe,* Art. 21 ff. Brüssel IIa-VO) erfolgt.

Das KSÜ ist damit maßgeblich für die Anerkennung und Vollstreckung von Entscheidungen im Verhältnis zu Albanien, Armenien, Australien, Dänemark, die Dominikanische Republik, Ecuador, Fidschi, Georgien, Grönland, Guyana, Honduras, Kuba, Lesotho, Marokko, Monaco, Montenegro, Nicaragua, Norwegen, Paraguay, Russland, Schweiz, Serbien, Türkei, Ukraine, Uruguay. 3

B. Inhalt der Norm

Art. 23 Abs. 1 KSÜ enthält den Grundsatz, dass in einem Vertragsstaat getroffene Maßnahmen **kraft Gesetzes** in den anderen Vertragsstaaten anerkannt werden. 4

Die Gründe für die **Versagung der Anerkennung** sind abschließend in Art. 23 Abs. 2 KSÜ geregelt und mit den Versagungsgründen nach Art. 23 Brüssel IIa-VO vergleichbar, allerdings mit dem Unterschied, dass die internationale Zuständigkeit des Gerichts für den Erlass der Sorge- bzw. Umgangsentscheidung im Anerkennungsverfahren überprüft wird (Art. 23 Abs. 2 a) KSÜ). Nicht zur Überprüfung stehen die Tatsachenfeststellungen, auf welche die Behörde des Staates, in dem die Maßnahme getroffen wurde, ihre Zuständigkeit gestützt hat (Art. 25 KSÜ). 5

Artikel 24 KSÜ Entscheidung über Anerkennung der Maßnahmen

[1]Unbeschadet des Artikels 23 Absatz 1 kann jede betroffene Person bei den zuständigen Behörden eines Vertragsstaats beantragen, dass über die Anerkennung oder Nichtanerkennung einer in einem anderen Vertragsstaat getroffenen Maßnahme entschieden wird. [2]Das Verfahren bestimmt sich nach dem Recht des ersuchten Staates.

Art. 24 KSÜ sieht ein fakultatives Anerkennungsverfahren vor, das für Deutschland in § 32 IntFamRVG (siehe *Schweppe,* § 32 IntFamRVG Rn. 2 ff.) i.V.m. §§ 16 ff. IntFamRVG (siehe *Schweppe,* § 16 IntFamRVG Rn. 4 f.) geregelt ist und im Wesentlichen dem Verfahren zur Erteilung der Vollstreckungsklausel folgt. 1

Artikel 25 KSÜ Bindungswirkung

Die Behörde des ersuchten Staates ist an die Tatsachenfeststellungen gebunden, auf welche die Behörde des Staates, in dem die Maßnahme getroffen wurde, ihre Zuständigkeit gestützt hat.

Dieses Verbot der Überprüfung der Tatsachenfeststellungen umfasst etwa die Frage, ob das Kind tatsächlich seinen gewöhnlichen Aufenthalt in dem Staat hatte, der die Zuständigkeit für die Regelung der elterlichen Sorge auf Art. 5 KSÜ gestützt hat. Diese Bindung beschränkt insbesondere den Umfang der Überprüfung der internationalen Zuständigkeit für den Erlass der Sorge- bzw. Umgangsentscheidung nach Art. 23 Abs. 2 a) KSÜ. 1

Artikel 26 KSÜ Vollstreckung

(1) Erfordern die in einem Vertragsstaat getroffenen und dort vollstreckbaren Maßnahmen in einem anderen Vertragsstaat Vollstreckungshandlungen, so werden sie in diesem anderen Staat auf Antrag jeder betroffenen Partei nach dem im Recht dieses Staates vorgesehenen Verfahren für vollstreckbar erklärt oder zur Vollstreckung registriert.

(2) Jeder Vertragsstaat wendet auf die Vollstreckbarerklärung oder die Registrierung ein einfaches und schnelles Verfahren an.

(3) Die Vollstreckbarerklärung oder die Registrierung darf nur aus einem der in Artikel 23 Absatz 2 vorgesehenen Gründe versagt werden.

1 Art. 26 KSÜ regelt die Vollstreckung von Sorge- und Umgangsentscheidungen zwischen den Vertragsstaaten des KSÜ. Zu beachten ist dabei grundsätzlich, dass die Entscheidung einen vollstreckungsfähigen Inhalt haben muss.

2 Nach deutschem Recht sind Entscheidungen, die allein die Zuweisung der elterlichen Sorge regeln, nicht der Vollstreckung zugänglich, da hierzu ein gesonderter Ausspruch, etwa zur Herausgabe des Kindes erforderlich ist. Um hier Widersprüche zum innerstaatlichen Recht anderer Vertragsstaaten zu vermeiden, wo allein die Zuweisung des Sorgerechts für die Vollstreckung genügt, wurde in § 33 IntFamRVG eine Regelung geschaffen, die eine entsprechende Ergänzung ausländischer Titel ermöglicht.

3 Das Verfahren nach Art. 26 KSÜ für die Vollstreckung in Deutschland ist in §§ 16 ff. IntFamRVG (siehe *Schweppe,* § 16 IntFamRVG Rn. 4 f.) geregelt. Auch die Erteilung der Vollstreckungsklausel darf nur aus einem der in Art. 23 Abs. 2 KSÜ genannten Gründe versagt werden, Art. 26 Abs. 3 KSÜ.

Artikel 27 KSÜ Überprüfung der Maßnahme

Vorbehaltlich der für die Anwendung der vorstehenden Artikel erforderlichen Überprüfung darf die getroffene Maßnahme in der Sache selbst nicht nachgeprüft werden.

1 Art. 27 KSÜ enthält ein Verbot der *revision au fond* und verbietet damit die inhaltliche Überprüfung der anzuerkennenden bzw. zu vollstreckenden Entscheidung.

Artikel 28 KSÜ Ort der Vollstreckung

[1]Die in einem Vertragsstaat getroffenen und in einem anderen Vertragsstaat für vollstreckbar erklärten oder zur Vollstreckung registrierten Maßnahmen werden dort vollstreckt, als seien sie von den Behörden dieses anderen Staates getroffen worden. [2]Die Vollstreckung richtet sich nach dem Recht des ersuchten Staates unter Beachtung der darin vorgesehenen Grenzen, wobei das Wohl des Kindes zu berücksichtigen ist.

1 Art. 28 KSÜ regelt – entgegen seiner irreführenden Überschrift – nicht den Ort der Vollstreckung, sondern nach welchem Recht sich das Vollstreckungsverfahren bestimmt, nämlich dem nationalen Recht des Vollstreckungsstaats, in Deutschland nach §§ 88 ff. FamFG (siehe die Kommentierung von *Cirullies* zu §§ 88 bis 94 FamFG), soweit nicht die Sonderregelung des § 44 IntFamRVG greift.

2 Der Hinweis auf die Grenzen im Vollstreckungsrecht verdeutlicht, dass auch nach nationalem Recht beachtliche Vollstreckungshindernisse, wie etwa der Widerstand des Kindes, zu berücksichtigen sind. So kann von der Vollstreckung der Herausgabe abgesehen werden, wenn ein Kind, das schon über eine gewisse Reife verfügt, sich der Vollstreckung der Maßnahme widersetzt und das nationale Recht ein Absehen von der Vollstreckung unter diesen Umständen ermöglicht.[1]

Kapitel V
Zusammenarbeit

Artikel 29 KSÜ Bestimmung einer Zentralen Behörde

(1) Jeder Vertragsstaat bestimmt eine Zentrale Behörde, welche die ihr durch dieses Übereinkommen übertragenen Aufgaben wahrnimmt.

(2) [1]Einem Bundesstaat, einem Staat mit mehreren Rechtssystemen oder einem Staat, der aus autonomen Gebietseinheiten besteht, steht es frei, mehrere Zentrale Behörden zu bestimmen und deren räumliche und persönliche Zuständigkeit festzulegen. [2]Macht ein Staat von dieser Möglichkeit Gebrauch, so bestimmt er die Zentrale Behörde, an welche Mitteilungen zur Übermittlung an die zuständige Zentrale Behörde in diesem Staat gerichtet werden können.

---

1 *Lagarde*, Rn. 134; zu den entsprechenden Anforderungen siehe *Schweppe.* § 44 IntFamRVG Rn. 8 f.

Zentrale Behörde nach Art. 29 KSÜ für Deutschland ist das Bundesamt für Justiz, § 3 Abs. 1 Ziffer 2 IntFamRVG (siehe *Schweppe,* § 3 IntFamRVG Rn. 1 f.).[1] 1

Artikel 30 KSÜ Zusammenarbeit

(1) Die Zentralen Behörden arbeiten zusammen und fördern die Zusammenarbeit der zuständigen Behörden ihrer Staaten, um die Ziele dieses Übereinkommens zu verwirklichen.

(2) Im Zusammenhang mit der Anwendung dieses Übereinkommens treffen sie die geeigneten Maßnahmen, um Auskünfte über das Recht ihrer Staaten sowie die in ihren Staaten für den Schutz von Kindern verfügbaren Dienste zu erteilen.

Artikel 31 KSÜ Aufgaben

Die Zentrale Behörde eines Vertragsstaats trifft unmittelbar oder mit Hilfe staatlicher Behörden oder sonstiger Stellen alle geeigneten Vorkehrungen, um

a) die Mitteilungen zu erleichtern und die Unterstützung anzubieten, die in den Artikeln 8 und 9 und in diesem Kapitel vorgesehen sind;

b) durch Vermittlung, Schlichtung oder ähnliche Mittel gütliche Einigungen zum Schutz der Person oder des Vermögens des Kindes bei Sachverhalten zu erleichtern, auf die dieses Übereinkommen anzuwenden ist;

c) auf Ersuchen der zuständigen Behörde eines anderen Vertragsstaats bei der Ermittlung des Aufenthaltsorts des Kindes Unterstützung zu leisten, wenn der Anschein besteht, dass das Kind sich im Hoheitsgebiet des ersuchten Staates befindet und Schutz benötigt.

Während Art. 30 KSÜ den Grundsatz der Kooperation der Zentralen Behörden umschreibt, benennt Art. 31 KSÜ einzelne Aufgaben der Zentralen Behörden. Beide Normen sind inhaltlich an Art. 7 HKÜ angelehnt, aber im Hinblick auf den weiteren Gegenstand des KSÜ allgemeiner gefasst. Einen Fall der Zusammenarbeit der Zentralen Behörden bildet die wechselseitige Erstellung von Berichten nach Art. 32 KSÜ. 1

Näher geregelt sind die Aufgaben der Zentralen Behörden in den jeweiligen nationalen Ausführungsvorschriften, für Deutschland in §§ 4 bis 9 IntFamRVG (siehe *Schweppe,* Kommentierung zu §§ 4 ff. IntFamRVG). Dabei umfasst § 7 IntFamRVG insbesondere Maßnahmen, um den Aufenthalt des Kindes zu ermitteln. 2

Artikel 32 KSÜ Begründetes Ersuchen

Auf begründetes Ersuchen der Zentralen Behörde oder einer anderen zuständigen Behörde eines Vertragsstaats, zu dem das Kind eine enge Verbindung hat, kann die Zentrale Behörde des Vertragsstaats, in dem das Kind seinen gewöhnlichen Aufenthalt hat und in dem es sich befindet, unmittelbar oder mit Hilfe staatlicher Behörden oder sonstiger Stellen

a) einen Bericht über die Lage des Kindes erstatten;

b) die zuständige Behörde ihres Staates ersuchen zu prüfen, ob Maßnahmen zum Schutz der Person oder des Vermögens des Kindes erforderlich sind.

Art. 32 KSÜ ermöglicht die grenzüberschreitende Einholung von Sozialberichten zur Situation des Kindes auf Anfrage eines Staates, zu dem das Kind eine enge Verbindung hat (etwa des Heimatstaats) im Staat des gewöhnlichen Aufenthalts des Kindes. Die deutsche Zentrale Behörde kann diese Aufgabe insbesondere dem zuständigen Jugendamt am Aufenthaltsort des Kindes übertragen, das nach § 9 Abs. 1 Ziffer 1 IntFamRVG auf Anfrage Auskunft über die soziale Lage des Kindes und seines Umfelds erteilt. 1

---

1 Eine Liste der Zentralen Behörden aller Vertragsstaaten enthält die Kommentierung Staudinger/*Pirrung,* Vorbem. D zu Art. 19 EGBGB Rn. D 150

Artikel 33 KSÜ Unterbringung des Kindes; Betreuung

(1) [1]Erwägt die nach den Artikeln 5 bis 10 zuständige Behörde die Unterbringung des Kindes in einer Pflegefamilie oder einem Heim oder seine Betreuung durch Kafala oder eine entsprechende Einrichtung und soll es in einem anderen Vertragsstaat untergebracht oder betreut werden, so zieht sie vorher die Zentrale Behörde oder eine andere zuständige Behörde dieses Staates zu Rate. [2]Zu diesem Zweck übermittelt sie ihr einen Bericht über das Kind und die Gründe ihres Vorschlags zur Unterbringung oder Betreuung.

(2) Die Entscheidung über die Unterbringung oder Betreuung kann im ersuchenden Staat nur getroffen werden, wenn die Zentrale Behörde oder eine andere zuständige Behörde des ersuchten Staates dieser Unterbringung oder Betreuung zugestimmt hat, wobei das Wohl des Kindes zu berücksichtigen ist.

1 Art. 33 KSÜ betrifft Fälle der grenzüberschreitenden Unterbringung von Kindern und dabei auch insbesondere sogenannte individualpädagogische Auslandsmaßnahmen.[1] Eine entsprechende Entscheidung setzt stets (anders als Art. 56 Abs. 1 Brüssel IIa-VO) voraus, dass die zuständige Stelle, die im Aufenthaltsstaat des Kindes über die Unterbringung entscheidet, sich zuvor mit der Zentralen Behörde oder der zuständigen Stelle des Staates, in dem die Unterbringung erfolgen soll (in Deutschland grundsätzlich die jeweiligen Landesjugendämter), in Verbindung setzt und die Zustimmung dieser Stellen einholt.

2 Das entsprechende Konsultationsverfahren ist in §§ 45 bis 47 IntFamRVG (siehe *Schweppe,* § 47 IntFamRVG Rn. 1 ff.) geregelt.

Artikel 34 KSÜ Schutzmaßnahme

(1) Wird eine Schutzmaßnahme erwogen, so können die nach diesem Übereinkommen zuständigen Behörden, sofern die Lage des Kindes dies erfordert, jede Behörde eines anderen Vertragsstaats, die über sachdienliche Informationen für den Schutz des Kindes verfügt, ersuchen, sie ihnen mitzuteilen.

(2) Jeder Vertragsstaat kann erklären, dass Ersuchen nach Absatz 1 seinen Behörden nur über seine Zentrale Behörde zu übermitteln sind.

1 Art. 34 KSÜ konkretisiert die wechselseitige Auskunftsverpflichtung der Behörden der Vertragsstaaten und soll durch die direkte Kontaktaufnahme eine flexiblere Kommunikation ermöglichen. Allerdings haben etwa Belgien, Frankreich und viele osteuropäische Staaten einen Vorbehalt nach Art. 34 Abs. 2 KSÜ erklärt,[1] so dass entsprechende Ersuchen ausschließlich über die Zentrale Behörde zu richten sind.

Artikel 35 KSÜ Ersuchen um Hilfe

(1) Die zuständigen Behörden eines Vertragsstaats können die Behörden eines anderen Vertragsstaats ersuchen, ihnen bei der Durchführung der nach diesem Übereinkommen getroffenen Schutzmaßnahmen Hilfe zu leisten, insbesondere um die wirksame Ausübung des Rechts zum persönlichen Umgang sowie des Rechts sicherzustellen, regelmässige unmittelbare Kontakte aufrechtzuerhalten.

(2) [1]Die Behörden eines Vertragsstaats, in dem das Kind keinen gewöhnlichen Aufenthalt hat, können auf Antrag eines Elternteils, der sich in diesem Staat aufhält und der ein Recht zum persönlichen Umgang zu erhalten oder beizubehalten wünscht, Auskünfte oder Beweise einholen und Feststellungen über die Eignung dieses Elternteils zur Ausübung des Rechts zum persönlichen Umgang und die Bedingungen seiner Ausübung treffen. [2]Eine Behörde, die nach den Artikeln 5 bis 10 für die Entscheidung über das Recht zum persönlichen Umgang zuständig ist, hat vor ihrer Entscheidung diese Auskünfte, Beweise und Feststellungen zuzulassen und zu berücksichtigen.

(3) Eine Behörde, die nach den Artikeln 5 bis 10 für die Entscheidung über das Recht zum persönlichen Umgang zuständig ist, kann das Verfahren bis zum Vorliegen des Ergebnisses des in Absatz 2 vorgesehenen Verfahrens aussetzen, insbesondere wenn bei ihr ein Antrag auf Änderung oder Aufhebung des Rechts zum persönlichen Umgang anhängig ist, das die Behörden des Staates des früheren gewöhnlichen Aufenthalts des Kindes eingeräumt haben.

---

1 *Schulz,* FamRZ 2011, 156 (162)
1 Vgl. Staatenliste unter www.bundesjustizamt.de/sorgerecht

(4) Dieser Artikel hindert eine nach den Artikeln 5 bis 10 zuständige Behörde nicht, bis zum Vorliegen des Ergebnisses des in Absatz 2 vorgesehenen Verfahrens vorläufige Maßnahmen zu treffen.

Art. 35 KSÜ konkretisiert die Zusammenarbeit der Behörden bei der Umsetzung von Entscheidungen, wobei Art. 35 Abs. 2 bis 4 KSÜ speziell die Frage der Aufrechterhaltung und Durchführung von Umgangskontakten behandeln. 1

Art. 35 Abs. 3 KSÜ ermöglicht die Aussetzung eines Umgangsverfahrens, um zunächst die auf Antrag des den Umgang begehrenden Elternteils in einem anderen Vertragsstaat eingeholte Auskunft über dessen Eignung zum Umgang (Art. 35 Abs. 2 KSÜ) abzuwarten. Wenngleich im Hinblick auf das Beschleunigungsgebot die Aussetzung des Verfahrens die Ausnahme darstellen sollte, verdeutlicht diese Regelung, welche Bedeutung den entsprechenden Berichten und Stellungnahmen eingeräumt wird. 2

▶ *Näher zur grundsätzlichen Beschleunigungsbedürtigkeit kindschaftsrechtlicher Verfahren Fink, § 155 FamFG Rn. 1, 12 ff.*

Artikel 36 KSÜ Benachrichtigung bei schwerer Gefahr

Ist das Kind einer schweren Gefahr ausgesetzt, so benachrichtigen die zuständigen Behörden des Vertragsstaats, in dem Maßnahmen zum Schutz dieses Kindes getroffen wurden oder in Betracht gezogen werden, sofern sie über den Wechsel des Aufenthaltsorts in einen anderen Staat oder die dortige Anwesenheit des Kindes unterrichtet sind, die Behörden dieses Staates von der Gefahr und den getroffenen oder in Betracht gezogenen Maßnahmen.

Artikel 37 KSÜ Gefahr für Person/Vermögen des Kindes oder Freiheit/Leben eines Familienangehörigen des Kindes

Eine Behörde darf nach diesem Kapitel weder um Informationen ersuchen noch solche erteilen, wenn dadurch nach ihrer Auffassung die Person oder das Vermögen des Kindes in Gefahr geraten könnte oder die Freiheit oder das Leben eines Familienangehörigen des Kindes ernsthaft bedroht würde.

Von einer Kommentierung der Art. 36 und 37 KSÜ wird abgesehen.

Artikel 38 KSÜ Kostentragung

(1) Unbeschadet der Möglichkeit, für die erbrachten Dienstleistungen angemessene Kosten zu verlangen, tragen die Zentralen Behörden und die anderen staatlichen Behörden der Vertragsstaaten die Kosten, die ihnen durch die Anwendung dieses Kapitels entstehen.

(2) Jeder Vertragsstaat kann mit einem oder mehreren anderen Vertragsstaaten Vereinbarungen über die Kostenaufteilung treffen.

Die Kostenfreiheit nach Art. 38 KSÜ umfasst nur die Tätigkeit der Zentralen Behörden und von Verwaltungsbehörden der Vertragsstaaten, nicht jedoch Gerichts- und Verfahrenskosten. 1

Artikel 39 KSÜ Zwischenstaatliche Vereinbarungen

[1]Jeder Vertragsstaat kann mit einem oder mehreren anderen Vertragsstaaten Vereinbarungen treffen, um die Anwendung dieses Kapitels in ihren gegenseitigen Beziehungen zu erleichtern. [2]Die Staaten, die solche Vereinbarungen getroffen haben, übermitteln dem Verwahrer dieses Übereinkommens eine Abschrift.

Von einer Kommentierung wird abgesehen.

Kapitel VI
Allgemeine Bestimmungen

Artikel 40 KSÜ Bescheinigung über Berechtigung zum Handeln

(1) Die Behörden des Vertragsstaats, in dem das Kind seinen gewöhnlichen Aufenthalt hat oder in dem eine Schutzmaßnahme getroffen wurde, können dem Träger der elterlichen Verantwortung oder jedem, dem der Schutz der Person oder des Vermögens des Kindes anvertraut wurde, auf dessen Antrag eine Bescheinigung über seine Berechtigung zum Handeln und die ihm übertragenen Befugnisse ausstellen.

(2) Die Richtigkeit der Berechtigung zum Handeln und der Befugnisse, die bescheinigt sind, wird bis zum Beweis des Gegenteils vermutet.

(3) Jeder Vertragsstaat bestimmt die für die Ausstellung der Bescheinigung zuständigen Behörden.

Deutschland stellt derartige Bescheinigungen nicht aus, so dass auch keine zuständige Behörde nach Art. 40 Abs. 3 KSÜ bestimmt wurde.[1] Sofern ein Vertragsstaat keine Bescheinigungen nach Art. 40 KSÜ ausstellt, ist die Vertretungsberechtigung anhand der nach dem Recht des gewöhnlichen Aufenthalts maßgeblichen Urkunden zu prüfen.[2]

Artikel 41 KSÜ Datenschutz

Die nach diesem Übereinkommen gesammelten oder übermittelten personenbezogenen Daten dürfen nur für die Zwecke verwendet werden, zu denen sie gesammelt oder übermittelt wurden.

Artikel 42 KSÜ Vertraulichkeit

Behörden, denen Informationen übermittelt werden, stellen nach dem Recht ihres Staates deren vertrauliche Behandlung sicher.

Artikel 43 KSÜ Förmlichkeit

Die nach diesem Übereinkommen übermittelten oder ausgestellten Schriftstücke sind von jeder Legalisation oder entsprechenden Förmlichkeit befreit.

Von einer Kommentierung der Art. 41 bis 43 KSÜ wird abgesehen.

Artikel 44 KSÜ Zuständige Behörden

Jeder Vertragsstaat kann die Behörden bestimmen, an die Ersuchen nach den Artikeln 8, 9 und 33 zu richten sind.

1 Zuständige Behörden[1] in Deutschland sind:

- für Ersuchen nach Art. 8 und Art. 9 KSÜ:
  - (a) während der Anhängigkeit einer Ehesache das Familiengericht, bei dem die Ehesache im ersten Rechtszug anhängig ist oder war, sofern das Verfahren die elterliche Verantwortung für gemeinschaftliche Kinder betrifft;

---

1 Vgl. BT-Drucks. 16/12063, 7 f.

2 MüKo-FamFG/*Wiedemann*, Art. 40 KSÜ Rn. 2, unter Hinweis auf OLG München FamRZ 2017, 1220 (zu den Anforderungen an die Bewilligung einer Grundbuchberichtigung durch den gesetzlichen Vertreter eines im Vereinigten Königreich (England) lebenden minderjährigen Kindes)

1 Vgl. Mitteilungen zur Bekanntmachung vom 7.12.2010 (BGBl. II S. 1527)

(b) ansonsten das Familiengericht, in dessen Bezirk das Kind seinen gewöhnlichen Aufenthalt hat;
(c) soweit eine Zuständigkeit nach den Buchstaben (a) oder (b) nicht gegeben ist, das Familiengericht, in dessen Bezirk das Bedürfnis der Fürsorge bekannt wird;
(d) in Fällen, die das Umgangsrecht, die elterliche Sorge oder die Kindesherausgabe betreffen, **kann** das Ersuchen auch an das Familiengericht am Sitz des Oberlandesgerichts gerichtet werden, in dessen Oberlandesgerichtsbezirk sich das Kind gewöhnlich aufhält, wenn ein Elternteil seinen gewöhnlichen Aufenthalt in einem anderen Mitgliedstaat der EU oder in einem anderen Vertragsstaat des KSÜ hat;
(e) ist oder wird bei einem deutschen Familiengericht mit konzentrierter Zuständigkeit nach § 10 i.V.m. § 12 IntFamRVG (siehe *Schweppe,* § 12 IntFamRVG Rn. 2) ein Antrag auf Anerkennung oder Vollstreckbarerklärung einer Entscheidung nach dem KSÜ, der Brüssel IIa-VO oder dem ESÜ oder ein Antrag nach dem HKÜ anhängig, so **sind** Ersuchen für dasselbe Kind betreffende Verfahren über das Umgangsrecht, die elterliche Sorge oder die Kindesherausgabe an dieses Gericht zu richten.

- für Ersuchen nach Art. 33 KSÜ:

grundsätzlich der überörtliche Träger der öffentlichen Jugendhilfe (Landesjugendamt), in dessen Bereich das Kind untergebracht werden soll, andernfalls der überörtliche Träger, zu dessen Bereich die Zentrale Behörde den engsten Bezug festgestellt hat; das Land Berlin.

Artikel 45 bis 49 KSÜ

Von Abdruck und Kommentierung wird abgesehen.

Artikel 50 KSÜ Verhältnis zu Übereinkommen vom 25. Oktober 1980 über die zivilrechtlichen Aspekte internationaler Kindesentführung

[1]Dieses Übereinkommen lässt das Übereinkommen vom 25. Oktober 1980 über die zivilrechtlichen Aspekte internationaler Kindesentführung im Verhältnis zwischen den Vertragsparteien beider Übereinkommen unberührt. [2]Einer Berufung auf Bestimmungen dieses Übereinkommens zu dem Zweck, die Rückkehr eines widerrechtlich verbrachten oder zurückgehaltenen Kindes zu erwirken oder das Recht zum persönlichen Umgang durchzuführen, steht jedoch nichts entgegen.

Art. 50 KSÜ räumt im Verhältnis zwischen den Vertragsstaaten beider Übereinkommen grundsätzlich dem HKÜ den Vorrang gegenüber dem KSÜ ein. Soweit auf Grundlage des KSÜ die Ziele des HKÜ aber auch – mindestens ebenso effektiv – durchgesetzt werden können, kann auch das KSÜ allein Anwendung finden (Art. 50 Satz 2 KSÜ). 1

Artikel 51 KSÜ Übereinkommen vom 5. Oktober 1961 über die Zuständigkeit der Behörden und das anzuwendende Recht auf dem Gebiet des Schutzes von Minderjährigen

Im Verhältnis zwischen den Vertragsstaaten ersetzt dieses Übereinkommen das Übereinkommen vom 5. Oktober 1961 über die Zuständigkeit der Behörden und das anzuwendende Recht auf dem Gebiet des Schutzes von Minderjährigen und das am 12.6.1902 in Den Haag unterzeichnete Abkommen zur Regelung der Vormundschaft über Minderjährige, unbeschadet der Anerkennung von Maßnahmen, die nach dem genannten Übereinkommen vom 5.10.1961 getroffen wurden.

Art. 51 KSÜ bestimmt den Vorrang des KSÜ gegenüber dem MSA dahingehend, dass im Verhältnis 1
zwischen den Vertragsstaaten das neuere KSÜ das ältere MSA ersetzt, wobei bereits erlassene Schutzmaßnahmen aber weiterhin beachtlich sind.

Artikel 52 KSÜ Internationale Übereinkünfte

(1) Dieses Übereinkommen lässt internationale Übereinkünfte unberührt, denen Vertragsstaaten als Vertragsparteien angehören und die Bestimmungen über die im vorliegenden Übereinkommen geregelten Angelegenheiten enthalten, sofern die durch eine solche Übereinkunft gebundenen Staaten keine gegenteilige Erklärung abgeben.

(2) Dieses Übereinkommen lässt die Möglichkeit unberührt, dass ein oder mehrere Vertragsstaaten Vereinbarungen treffen, die in Bezug auf Kinder mit gewöhnlichem Aufenthalt in einem der Staaten, die Vertragsparteien solcher Vereinbarungen sind, Bestimmungen über die in diesem Übereinkommen geregelten Angelegenheiten enthalten.

(3) Künftige Vereinbarungen eines oder mehrerer Vertragsstaaten über Angelegenheiten im Anwendungsbereich dieses Übereinkommens lassen im Verhältnis zwischen solchen Staaten und anderen Vertragsstaaten die Anwendung der Bestimmungen des Übereinkommens unberührt.

(4) Die Absätze 1 bis 3 gelten auch für Einheitsrecht, das auf besonderen Verbindungen insbesondere regionaler Art zwischen den betroffenen Staaten beruht.

Art. 52 KSÜ regelt das Verhältnis zu bereits bestehenden (Abs. 1) und künftigen (Abs. 2 und 3) Übereinkommen und wurde insbesondere im Hinblick auf künftige Regelungen des EU-Rechts, wie die Brüssel IIa-VO, aufgenommen.

Artikel 53 KSÜ Zeitlicher Geltungsbereich

(1) Dieses Übereinkommen ist nur auf Maßnahmen anzuwenden, die in einem Staat getroffen werden, nachdem das Übereinkommen für diesen Staat in Kraft getreten ist.

(2) Dieses Übereinkommen ist auf die Anerkennung und Vollstreckung von Maßnahmen anzuwenden, die getroffen wurden, nachdem es im Verhältnis zwischen dem Staat, in dem die Maßnahmen getroffen wurden, und dem ersuchten Staat in Kraft getreten ist.

1 Die Norm enthält Übergangsregeln zur Zuständigkeit der Behörden und zur Anerkennung von Maßnahmen.

Nach Art. 53 Abs. 1 KSÜ finden die Zuständigkeitsregeln in einem Staat erst ab dem Inkrafttreten des Übereinkommens in diesem Staat Anwendung.

Art. 53 Abs. 2 KSÜ beschränkt die zeitliche Anwendung des KSÜ auf die Anerkennung und Vollstreckung von Entscheidungen auf solche, die nach Inkrafttreten des Übereinkommens in den beiden beteiligten Vertragsstaaten ergangen sind.

2 Keine Lösung enthält die Norm zur Problematik der Wirkung von vor Inkrafttreten des KSÜ entstandenen gesetzlichen Sorgeverhältnissen[1] (näher hierzu siehe *Schweppe*, Art. 16 KSÜ Rn. 13 f.).

Artikel 54 KSÜ Sprache

(1) Mitteilungen an die Zentrale Behörde oder eine andere Behörde eines Vertragsstaats werden in der Originalsprache zugesandt; sie müssen von einer Übersetzung in die Amtssprache oder eine der Amtssprachen des anderen Staates oder, wenn eine solche Übersetzung nur schwer erhältlich ist, von einer Übersetzung ins Französische oder Englische begleitet sein.

(2) Ein Vertragsstaat kann jedoch einen Vorbehalt nach Artikel 60 anbringen und darin gegen die Verwendung des Französischen oder Englischen, jedoch nicht beider Sprachen, Einspruch erheben.

Für Anträge an das Bundesamt für Justiz als deutsche Zentrale Behörde oder Verfahren vor deutschen Gerichten ist grundsätzlich eine Übersetzung ins Deutsche erforderlich, eine Übersetzung ins Englische genügt nur ausnahmsweise. Gegen die Verwendung der französischen Sprache hat Deutschland – ebenso wie einige andere Staaten – einen Vorbehalt nach Art. 54 Abs. 2 KSÜ i.V.m. Art. 60 KSÜ erklärt.

---

1 Vgl. *Lagarde*, Rn. 179

Artikel 55 KSÜ Vorbehalte

(1) Ein Vertragsstaat kann sich nach Artikel 60

a) die Zuständigkeit seiner Behörden vorbehalten, Maßnahmen zum Schutz des in seinem Hoheitsgebiet befindlichen Vermögens eines Kindes zu treffen;

b) vorbehalten, die elterliche Verantwortung oder eine Maßnahme nicht anzuerkennen, soweit sie mit einer von seinen Behörden in Bezug auf dieses Vermögen getroffenen Maßnahme unvereinbar ist.

(2) Der Vorbehalt kann auf bestimmte Vermögensarten beschränkt werden.

Art. 55 KSÜ erlaubt den Vertragsstaaten sich die alleinige Zuständigkeit für Maßnahmen vorzubehalten, welche in Bezug auf Vermögensgegenstände ergehen. Auch diesen Vorbehalt haben einige Vertragsstaaten erklärt.[1]

Artikel 56 bis 59 KSÜ

Von Abdruck und Kommentierung wird abgesehen.

Artikel 60 KSÜ Vorbehalte

(1) [1]Jeder Staat kann spätestens bei der Ratifikation, der Annahme, der Genehmigung oder dem Beitritt oder bei Abgabe einer Erklärung nach Artikel 59 einen der in Artikel 54 Absatz 2 und Artikel 55 vorgesehenen Vorbehalte oder beide anbringen. [2]Weitere Vorbehalte sind nicht zulässig.

(2) [1]Jeder Staat kann einen von ihm angebrachten Vorbehalt jederzeit zurücknehmen. [2]Die Rücknahme wird dem Verwahrer notifiziert.

(3) Die Wirkung des Vorbehalts endet am ersten Tag des dritten Kalendermonats nach der in Absatz 2 genannten Notifikation.

Von einer Kommentierung wird abgesehen.

Artikel 61 bis 63 KSÜ

Von Abdruck und Kommentierung wird abgesehen.

1 Vgl. Staatenliste unter www.bundesjustizamt.de/sorgerecht

Kapitel 4
EGBGB

in der Fassung der Bekanntmachung vom 21. September 1994 (BGBl. I S. 2494; 1997 I S. 1061), zuletzt geändert durch das Gesetz vom 21. Dezember 2019 (BGBl. I S. 2911)

– Auszug –

[...]

Teil 1
Allgemeine Vorschriften

[...]

2. Kapitel
Internationales Privatrecht

1. Abschnitt
Allgemeine Vorschriften

Artikel 3 EGBGB Anwendungsbereich; Verhältnis zu Regelungen der Europäischen Union und zu völkerrechtlichen Vereinbarungen

Soweit nicht

1. **unmittelbar anwendbare Regelungen der Europäischen Union in ihrer jeweils geltenden Fassung, insbesondere**
   a) **die Verordnung (EG) Nr. 864/2007 des Europäischen Parlaments und des Rates vom 11. Juli 2007 über das auf außervertragliche Schuldverhältnisse anzuwendende Recht (Rom II),**
   b) **die Verordnung (EG) Nr. 593/2008 des Europäischen Parlaments und des Rates vom 17. Juni 2008 über das auf vertragliche Schuldverhältnisse anzuwendende Recht (Rom I),**
   c) **Artikel 15 der Verordnung (EG) Nr. 4/2009 des Rates vom 18. Dezember 2008 über die Zuständigkeit, das anwendbare Recht, die Anerkennung und Vollstreckung von Entscheidungen und die Zusammenarbeit in Unterhaltssachen in Verbindung mit dem Haager Protokoll vom 23. November 2007 über das auf Unterhaltspflichten anzuwendende Recht sowie**
   d) **die Verordnung (EU) Nr. 1259/2010 des Rates vom 20. Dezember 2010 zur Durchführung einer Verstärkten Zusammenarbeit im Bereich des auf die Ehescheidung und Trennung ohne Auflösung des Ehebandes anzuwendenden Rechts oder**
   e) **die Verordnung (EU) Nr. 650/2012 des Europäischen Parlaments und des Rates vom 4. Juli 2012 über die Zuständigkeit, das anzuwendende Recht, die Anerkennung und Vollstreckung von Entscheidungen und die Annahme und Vollstreckung öffentlicher Urkunden in Erbsachen sowie zur Einführung eines Europäischen Nachlasszeugnisses,**
   f) **die Verordnung (EU) 2016/1103 des Rates vom 24. Juni 2016 zur Durchführung einer Verstärkten Zusammenarbeit im Bereich der Zuständigkeit, des anzuwendenden Rechts und der Anerkennung und Vollstreckung von Entscheidungen in Fragen des ehelichen Güterstands sowie**
   g) **die Verordnung (EU) 2016/1104 des Rates vom 24. Juni 2016 zur Durchführung der Verstärkten Zusammenarbeit im Bereich der Zuständigkeit, des anzuwendenden Rechts und der Anerkennung und Vollstreckung von Entscheidungen in Fragen güterrechtlicher Wirkungen eingetragener Partnerschaften oder**
2. **Regelungen in völkerrechtlichen Vereinbarungen, soweit sie unmittelbar anwendbares innerstaatliches Recht geworden sind,**

maßgeblich sind, bestimmt sich das anzuwendende Recht bei Sachverhalten mit einer Verbindung zu einem ausländischen Staat nach den Vorschriften dieses Kapitels (Internationales Privatrecht).

1 Das Einführungsgesetz zum Bürgerlichen Gesetzbuch (EGBGB) regelt im zweiten Kapitel des ersten Teils (Internationales Privatrecht) durch sog. Kollisionsnormen das **in der Sache anzuwendende**

Recht. Art. 3 EGBGB bestimmt für die Ermittlung des anzuwendenden Rechts bei Sachverhalten mit Auslandsberührung folgende Rangfolge:

1. unmittelbar anwendbare Regelungen der Europäischen Union
2. Regelungen in völkerrechtlichen Vereinbarungen, soweit unmittelbar anwendbares Recht

   Für das Kindschaftsrecht ist dies das
   - Kinderschutzübereinkommen (KSÜ), siehe hierzu die Kommentierung der einschlägigen Vorschriften des KSÜ oben in Kapitel 3 Abschnitt 3.
3. subsidiär die Kollisionsnormen des EGBGB

   Für Kindschaftssachen von Relevanz sind
   - Art. 19 und 20 EGBGB (Abstammung, Anfechtung der Abstammung),
   - Art. 21 EGBGB (Wirkungen des Eltern-Kind-Verhältnisses),
   - Art. 22 EGBGB (Annahme als Kind) sowie
   - Art. 24 EGBGB (Vormundschaft, Betreuung und Pflegschaft).

Artikel 3a EGBGB

[aufgehoben]

Artikel 4 EGBGB Verweisung

(1) [1]Wird auf das Recht eines anderen Staates verwiesen, so ist auch dessen Internationales Privatrecht anzuwenden, sofern dies nicht dem Sinn der Verweisung widerspricht. [2]Verweist das Recht des anderen Staates auf deutsches Recht zurück, so sind die deutschen Sachvorschriften anzuwenden.

(2) [1]Verweisungen auf Sachvorschriften beziehen sich auf die Rechtsnormen der maßgebenden Rechtsordnung unter Ausschluss derjenigen des Internationalen Privatrechts. [2]Soweit die Parteien das Recht eines Staates wählen können, können sie nur auf die Sachvorschriften verweisen.

(3) [1]Wird auf das Recht eines Staates mit mehreren Teilrechtsordnungen verwiesen, ohne die maßgebende zu bezeichnen, so bestimmt das Recht dieses Staates, welche Teilrechtsordnung anzuwenden ist. [2]Fehlt eine solche Regelung, so ist die Teilrechtsordnung anzuwenden, mit welcher der Sachverhalt am engsten verbunden ist.

Art. 4 EGBGB regelt die kollisionsrechtlichen Grundsätze der Verweisung auf das anzuwendende Recht anderer Staaten. **1**

Art. 4 Abs. 1 EGBGB enthält zunächst den Grundsatz der Gesamtverweisung (Kollisionsnormverweisung), womit nicht nur das Sachrecht des anderen Staates, sondern auch das entsprechende Kollisionsrecht des angerufenen Staates zu beachten ist. Aus dem fremden Kollisionsrecht kann sich auch eine Verweisung auf das Sachrecht des Erststaates (Rückverweisung) – und damit auf das deutsche Recht – oder auf das Recht eines dritten Staates (Weiterverweisung) ergeben.[1]

Aus Art. 4 Abs. 2 Satz 1 EGBGB[2] folgt, dass Verweisungen des EGBGB **auf Sachvorschriften** nur auf das innerstaatliche Recht eines Staates verweisen (Sachnormverweisung) und das Internationale Privatrecht des entsprechenden Staates unberücksichtigt bleibt. **2**

1 Zur Erläuterung dieser Begriffe siehe *Niethammer-Jürgens/Erb-Klünemann*, S. 15 f.

2 Art. 4 Abs. 2 Satz 1 EGBGB entspricht dem früheren Art. 3a Abs. 1 EGBGB. Die Neuregelung erfolgte durch das Gesetz zum Internationalen Güterrecht und zur Änderung von Vorschriften des Internationalen Privatrechts vom 17.12.2018 (BGBl. I S. 2573) mit Wirkung zum 29.1.2019

Artikel 5 EGBGB Personalstatut

(1) [1]Wird auf das Recht des Staates verwiesen, dem eine Person angehört, und gehört sie mehreren Staaten an, so ist das Recht desjenigen dieser Staaten anzuwenden, mit dem die Person am engsten verbunden ist, insbesondere durch ihren gewöhnlichen Aufenthalt oder durch den Verlauf ihres Lebens. [2]Ist die Person auch Deutscher, so geht diese Rechtsstellung vor.

(2) Ist eine Person staatenlos oder kann ihre Staatsangehörigkeit nicht festgestellt werden, so ist das Recht des Staates anzuwenden, in dem sie ihren gewöhnlichen Aufenthalt oder, mangels eines solchen, ihren Aufenthalt hat.

(3) [1]Wird auf das Recht des Staates verwiesen, in dem eine Person ihren Aufenthalt oder ihren gewöhnlichen Aufenthalt hat, und ändert eine nicht voll geschäftsfähige Person den Aufenthalt ohne den Willen des gesetzlichen Vertreters, so führt diese Änderung allein nicht zur Anwendung eines anderen Rechts.

1 Das Internationale Privatrecht folgt für die Antwort auf die Frage nach dem auf die persönlichen Lebensverhältnisse anwendbaren Recht dem sog. Staatsangehörigkeitsprinzip. Grundsätzlich ist das Heimatrecht des Betroffenen maßgeblich.[1]

2 Abs. 1 der Norm regelt das Personalstatut bei sog. Doppel- oder Mehrstaatlern und Abs. 2 dasjenige von Staatenlosen (näher hierzu das Staatsangehörigkeitsgesetz – StAG).

3 Abs. 3 befasst sich mit der Anknüpfung an den gewöhnlichen Aufenthalt für Minderjährige. Dabei folgt aus Art. 5 Abs. 3 EGBGB nicht, dass ein Kind unabhängig vom Willen eines Sorgeberechtigten keinen neuen gewöhnlichen Aufenthalt begründen kann. Klargestellt wird lediglich, dass eine Aufenthaltsänderung ohne den Willen des gesetzlichen Vertreters „allein" nicht zur Änderung des anwendbaren Rechts führen kann.[2]

▶ *Zu Einzelheiten des gewöhnlichen Aufenthalts siehe Schweppe, Art. 8 Brüssel IIa-VO Rn. 3 ff.*

Artikel 6 EGBGB Öffentliche Ordnung (ordre public)

[1]Eine Rechtsnorm eines anderen Staates ist nicht anzuwenden, wenn ihre Anwendung zu einem Ergebnis führt, das mit wesentlichen Grundsätzen des deutschen Rechts offensichtlich unvereinbar ist. [2]Sie ist insbesondere nicht anzuwenden, wenn die Anwendung mit den Grundrechten unvereinbar ist.

Übersicht

Rn.
A. Verstoß gegen den ordre public 2
I. Unvereinbarkeit mit wesentlichen Grundsätzen des deutschen Rechts 2
II. Verstoß im konkreten Fall 6
B. Rechtsfolge 10

1 Soweit inländische Gerichte über die Verweisungsnormen des EGBGB (für Sorgerechtsentscheidungen Art. 21 EGBGB) zur Anwendung ausländischen Rechts gelangen, ist der *Ordre-public*-Vorbehalt des Art. 6 EGBGB zu beachten.

A. Verstoß gegen den ordre public

I. Unvereinbarkeit mit wesentlichen Grundsätzen des deutschen Rechts

2 Ein Verweis auf die Anwendbarkeit der Rechtsordnung eines ausländischen Staates nimmt immer in Kauf, dass im dortigen Recht andere Wertungen maßgeblich sind als im deutschen Recht. Extreme Wertungswidersprüche zur eigenen Rechtsordnung sind aber auch im Internationalen Privatrecht nicht hinzunehmen. Hierzu enthält Art. 6 EGBGB eine Vorbehaltsklausel, so dass ausländisches Recht keine Anwendung findet, wenn es mit wesentlichen Grundsätzen des deutschen Rechts offensichtlich unvereinbar ist und sich dies auf den konkreten Fall auswirkt (hierzu unten Rn. 6).

Einen entsprechenden Vorbehalt enthält auch Art. 22 KSÜ (siehe hierzu *Schweppe*, Art. 22 KSÜ Rn. 1).

---

1 Vgl. Palandt/*Thorn*, Art. 5 EGBGB Rn. 1
2 MüKo-BGB/*v. Hein*, Art. 5 EGBGB Rn. 171 m.w.N.

Ein wesentlicher Grundsatz des deutschen Kindschaftsrechts ist der Maßstab des Kindeswohls (näher hierzu etwa *Gottschalk*, § 1697a BGB Rn. 7 ff.). **3**

Weiter folgt aus Art. 6 Satz 2 EGBGB, dass bei Verletzung von Grundrechten die Anwendung des ausländischen Rechts ausgeschlossen ist. Im Bereich des Kindschaftsrechts sind die Grundrechte von Eltern bzw. Kind u.a. aus Art. 1, 2 GG (Allgemeines Persönlichkeitsrecht), Art. 3 GG (Gleichbehandlungsgrundsatz, Willkürverbot), Art. 4 GG (Religionsfreiheit) und Art. 6 GG (Recht auf Familie, Elternrecht, staatliches Wächteramt, Kindeswohlmaßstab) von besonderer Relevanz. **4**

Vor diesem Hintergrund ist etwa die in islamischen Rechtsordnungen vorgesehene strikte Zuordnung des Sorgerechts auf Vater oder Mutter abhängig von Alter und Geschlecht des Kindes mit wesentlichen Grundsätzen unserer Rechtsordnung offensichtlich unvereinbar.[1] **5**

II. Verstoß im konkreten Fall

Für die Feststellung der Unvereinbarkeit sind nicht abstrakte Erwägungen maßgeblich. Prüfungsmaßstab ist vielmehr, ob die durch das anzuwendende Recht vorgesehene Regelung der elterlichen Sorge **im konkreten Fall** nicht mit deutschem Recht vereinbar ist.[2] **6**

Hierzu bedarf es eines hinreichenden Inlandsbezugs des Einzelfalls, um einen Verstoß gegen den *ordre public* anzunehmen.[3] **7**

Bei der Prüfung, ob die Anwendung ausländischen Rechts mit wesentlichen Grundsätzen des deutschen Rechts unvereinbar ist, sind insbesondere die Grundrechte der betroffenen Kinder beachtlich, so dass sich eine Sorgerechtsentscheidung zwingend am Kindeswohl orientieren muss.[4] **8**

Da im Kindschaftsrecht für das anzuwendende Recht inzwischen überwiegend an den gewöhnlichen Aufenthalt und nicht an die Staatsangehörigkeit angeknüpft wird, ist die Anwendung ausländischen Rechts hier die Ausnahme (zu verbleibenden Anwendungsbereichen siehe Art. 21 EGBGB). Von praktischer Relevanz ist die Vereinbarkeit mit dem *ordre public* dagegen für die Anerkennung ausländischer Entscheidungen (hierzu § 109 FamFG).

Ein Verstoß gegen den *ordre public* i.S.v. Art. 6 EGBGB liegt vor, wenn der Anwendung des ausländischen Rechts der Personensorge im konkreten Fall das Kindeswohl entgegensteht und bei Anwendung dieses Rechts auch kein anderes Ergebnis erzielt werden kann.[5] Dies ist etwa zu bejahen, wenn die Ausübung der elterlichen Sorge durch die Kindesmutter an die Zugehörigkeit zur islamischen Religionsgemeinschaft geknüpft wird.[6] **9**

B. Rechtsfolge

Soweit die Verletzung des *ordre public* im konkreten Fall zu bejahen ist, führt dies nicht zwingend zur Anwendung deutschen Rechts, vielmehr ist zunächst eine Auslegung des ausländischen Rechts zu prüfen, deren Ergebnis mit dem *ordre public* vereinbar ist.[7] Ist dies nicht möglich, gelangt man zur Anwendung deutschen Rechts.[8] **10**

2. Abschnitt
Recht der natürlichen Personen und der Rechtsgeschäfte

Artikel 7 EGBGB Rechtsfähigkeit und Geschäftsfähigkeit

(1) [1]Die Rechtsfähigkeit und die Geschäftsfähigkeit einer Person unterliegen dem Recht des Staates, dem die Person angehört. [2]Dies gilt auch, soweit die Geschäftsfähigkeit durch Eheschließung erweitert wird.

(2) Eine einmal erlangte Rechtsfähigkeit oder Geschäftsfähigkeit wird durch Erwerb oder Verlust der Rechtsstellung als Deutscher nicht beeinträchtigt.

---

1 Vgl. Staudinger/*Henrich*, Art. 21 EGBGB Rn. 41–52
2 BGH FamRZ 1993, 1053
3 BGH FamRZ 1993, 316, 317; Palandt/*Thorn*, Art. 6 EGBGB Rn. 6
4 BGH FamRZ 1993, 316 (Iran)
5 BVerfGK 9, 155 (Syrien)
6 OLG Koblenz IPRspr 2005, Nr. 71, 150 (Ägypten); OLG Düsseldorf FamRZ 1994, 644 (Jordanien)
7 BT-Drucks. 10/504, 44; vgl. hierzu den Hinweis des BGH in der Entscheidung FamRZ 1993, 316, 317
8 Vgl. OLG Hamm IPRspr 2000, Nr. 81, 166/167

Aus Art. 7 EGBGB folgt, dass der Eintritt der Volljährigkeit sich grundsätzlich nach dem Heimatrecht, also der Staatsangehörigkeit richtet. Abweichend hiervon ist das Personalstatut für Personen mit anerkanntem Flüchtlingsstatus vorrangig nach Art. 12 Art. 1 der Genfer Flüchtlingskonvention (GFK) zu bestimmen, womit nicht die Staatsangehörigkeit, sondern der Wohnsitz bzw. Aufenthalt des Flüchtlings maßgeblich ist.[1] Damit ist für die Bestimmung der für den Eintritt der Volljährigkeit maßgeblichen Regelungen gegebenenfalls der Flüchtlingsstatus inzident zu prüfen.

Im internationalen Vergleich gilt zwar weitgehend eine Volljährigkeitsgrenze von 18 Jahren, jedoch tritt in einigen Staaten die Volljährigkeit erst mit Vollendung des 19. (so z.B. Algerien) bzw. 21. (Ägypten und Liberia) Lebensjahres ein.[2]

Im Anwendungsbereich der Haager Übereinkommen ist zudem deren persönlicher Anwendungsbereich zu beachten, so gelangt das HKÜ mit Vollendung des 16. Lebensjahres nicht mehr zur Anwendung (Art. 4 HKÜ).

Artikel 8 bis Art. 12 EGBGB

Von Abdruck und Kommentierung wird abgesehen.

3. Abschnitt Familienrecht

Artikel 13 EGBGB Eheschließung

(1) Die Voraussetzungen der Eheschließung unterliegen für jeden Verlobten dem Recht des Staates, dem er angehört.

(2) ...

(3) Unterliegt die Ehemündigkeit eines Verlobten nach Absatz 1 ausländischem Recht, ist die Ehe nach deutschem Recht

1. unwirksam, wenn der Verlobte im Zeitpunkt der Eheschließung das 16. Lebensjahr nicht vollendet hatte, und

2. aufhebbar, wenn der Verlobte im Zeitpunkt der Eheschließung das 16., aber nicht das 18. Lebensjahr vollendet hatte.

(4) ...

Übersicht

Rn.
A. Allgemeines ... 1
B. Inhalt der Norm ... 2
C. Folgen der Unwirksamkeit der Ehe nach Art. 13 Abs. 3 Nr. 1 EGBGB für andere Bereiche ... 6
I. Abstammung ... 7
II. Sorge- und Umgangsrecht ... 8

Weiterführende Literatur: Antomo, Kinderehen, ordre public und Gesetzesreform, NJW 2016, 3558 ff.; *Bongartz*, Zur gebotenen rechtlichen Behandlung von Ehen unter Beteiligung Minderjähriger, NZFam 2017, 541 ff.; *Coester*, Kinderehen in Deutschland – Stellungnahme der Kinderrechtekommission des Deutschen Familiengerichtstags e.V. [DFGT] v. 29.11.2016, FamRZ 2017, 77 ff.; *Coester-Waltjen*, Kinderehen – Neue Sonderanknüpfungen im EGBGB, IPrax 2017, 429 ff.; *Frank*, Das Gesetz zur Bekämpfung von Kinderehen vom 17.7.2017: ein Erfolgsmodell? – Überlegungen vor dem Hintergrund der Vorlageentscheidung des BGH an das BVerfG vom 14.11.2018, StAZ 2019, 129 ff.; *Hüßtege*, Das Verbot der Kinderehe nach neuem Recht aus kollisionsrechtlicher Sicht, FamRZ 2017, 1374 ff.; *Schwab*, Die verbotene Kinderehe, FamRZ 2017, 1369 ff.; *Weller/Thomale/Hategan/Werner*, Das Gesetz zur Bekämpfung von Kinderehen – eine kritische Würdigung, FamRZ 2018, 1289 ff.

1 Zum Recht des Staates Guinea vgl. BGH NZFam 2018, 334; ZKJ 2018 227; FamRZ 2018, 457 mit Anm. *Hüßtege*; *Helms*, ZKJ 2018, 219

2 Vgl. OLG Bremen FamRZ 2013, 313 (Liberia); siehe auch die Länderübersicht zur Volljährigkeit bei Staudinger/*Hausmann*, Anh. zu Art. 7

A. Allgemeines

1 Mit dem Gesetz zur Bekämpfung von Kinderehen vom 17.7.2017[1] wurden die Ehemündigkeit im deutschen materiellen Recht sowie das entsprechende Kollisionsrecht mit Wirkung vom 22.7.2017 neu geregelt. Hintergrund war neben dem Minderjährigenschutz, der sexuellen Selbstbestimmung und der Gleichstellung von Mann und Frau insbesondere auch die Zunahme der Anzahl von in Deutschland lebenden verheirateten Minderjährigen durch die Flüchtlingsmigration. Obwohl bereits im Vorfeld jedenfalls die Rechtsfolge der Unwirksamkeit der Ehe (Nichtehe) für bestimmte Fallkonstellationen einer im Ausland wirksam geschlossenen Ehe deutliche Kritik erfuhr,[2] blieb der Gesetzentwurf[3] im Wesentlichen unverändert. Zu unterscheiden sind die Regelung für in Deutschland geschlossene Ehen nach § 1303 BGB[4] und die Regelung für die Anerkennung von im Ausland geschlossenen Ehen nach Art. 13 Abs. 3 EGBGB.[5] Die zeitliche Anwendbarkeit (Übergangsrecht) ist für beide Vorschriften in Art. 229 § 44 EGBGB geregelt.

B. Inhalt der Norm

2 Mit der Neufassung von Art. 13 Abs. 3 EGBGB wurde die **Anerkennung von Eheschließungen**, die ausländischem Recht unterliegen, **im deutschen Kollisionsrecht erstmals explizit** im Wege einer speziellen/positiven *Ordre-public*-Vorschrift **geregelt**. Zuvor bestimmte sich die Frage der Anerkennung nach Art. 13 Abs. 1 EGBGB i.V.m. der Generalklausel des (negativen) *orde public* nach Art. 6 EGBGB.[6] Dies führte zu einer sehr uneinheitlichen Rechtsprechung sowohl zu der Frage, was das noch akzeptable Alter für eine Eheschließung angeht, als auch dazu, nach welchen Maßstäben ein Verstoß gegen wesentliche Grundsätze des deutschen Rechts zu beurteilen ist.[7] Ein Motiv des Gesetzgebers für die Neuregelung war daher auch, durch eindeutige Vorgaben größere Rechtssicherheit und Vorhersehbarkeit zu schaffen.[8] Dem nationalen Kollisionsrecht gegenüber vorrangige[9] unionsrechtliche oder völkerrechtliche Regelungen für die Eheschließung gibt es nicht; insbesondere enthalten auch die Rom III-VO oder die Brüssel IIa-VO keine für die Eheschließung relevanten Vorschriften.[10]

3 Der Gesetzgeber hat die **kollisionsrechtliche Anerkennung parallel zur Neuregelung des materiellen Rechts** in § 1303 BGB gefasst. Die Ehe ist **unwirksam, wenn** bei der Eheschließung **eine unter 16 Jahre alte Person beteiligt** war, Art. 13 Abs. 3 Nr. 1 EGBGB, und **aufhebbar, wenn** eine **Person 16 oder 17 Jahre alt** war, Art. 13 Abs. 3 Nr. 2 EGBGB.[11] Die Aufhebbarkeit ist als Fehlerfolge im nationalen Recht anerkannt (vgl. §§ 1313 ff. BGB), es gibt die Möglichkeit der Bestätigung nach Volljährigkeit gemäß § 1315 Abs. 1 Satz 1 Nr. 1 lit. a BGB und die Folgen der Aufhebung sind in § 1318 BGB geregelt. Die **Unwirksamkeit einer Ehe kraft Gesetzes *ex tunc*** ohne Anfechtungsnotwendigkeit kannte das bisherige Recht (und auch das BGB von 1900) nicht; dies stellt einen „systemwidrigen Anachronismus" dar.[12] Die Unwirksamkeitsregelung lässt **keine Einzelfallprüfung unter Kindeswohlgesichtspunkten** zu. An der strengen Unwirksamkeitsfolge nach Art. 13 Abs. 3 Nr. 1 EGBGB ist zudem problematisch, dass das Gesetz **keine Regelungen zu den Folgen der Un-**

---

1 BGBl. I 2017 S. 2429

2 Kinderrechtekommission des DFGT vom 29.11.2016, FamRZ 2017, 77; *DIJuF*-Rechtsgutachten vom 7.11.2016, JAmt 2016, 598; *Antomo,* NJW 2016, 3558; *Coester,* FamRZ 2017, 77; *Bongartz,* NZFam 2017, 541; *Coester-Waltjen,* IPRax 2017, 429

3 BT-Drucks. 18/12377 (Gesetzentwurf der Bundesregierung); BT-Drucks. 18/12086 (Gesetzentwurf der CDU/CSU und SPD-Fraktion)

4 Vgl. kritisch dazu *Schwab,* FamRZ 2017, 1369

5 Vgl. kritisch zum Kollisionsrecht des neuen Art. 13 EGBGB *Hüßtege,* FamRZ 2017, 1374

6 Vgl. OLG Bamberg FamRZ 2016, 1270 (Vorinstanz zur Vorlageentscheidung des BGH FamRZ 2019, 181)

7 Vgl. die Nachweise in BGH FamRZ 2019, 181 Rn. 44 (12, 14, 15 oder 16 Jahre als unterste Altersgrenze, teilweise statische, teilweise dynamische Betrachtung, Wertungen der § 176 StGB [14 Jahre], § 180 StGB [16 Jahre], europäische Rechtsvergleichung [15 Jahre], AG Tübingen ZfJ 1992, 48, hält auch das Alter von 12 Jahren nach damaligem uruguayischem Eheschließungsrecht nicht für *ordre-public*-widrig)

8 BT-Drucks. 18/12086, 14

9 Vgl. Art. 3 EGBGB zum Vorrang

10 BeckOGK/*Rentsch,* Art. 13 EGBGB Rn. 16

11 OLG Frankfurt a.M. FamRZ 2019, 1853 sieht die Möglichkeit der Aufhebung einer im EU-Ausland wirksam geschlossenen Ehe gemäß § 1315 Abs. 1 Satz 1 Nr. 1 b BGB wegen schwerer Härte als ausgeschlossen an, weil ein Verstoß gegen die Rechte der Ehegatten auf Freizügigkeit nach Art. 21, Art. 45 Abs. 3 b, c AEUV vorläge.

12 Vgl. eingehend *Weller/Thomale/Hategan/Werner,* FamRZ 2018, 1289, 1294 f.

wirksamkeit trifft. Die analoge Anwendung von § 1318 BGB auch auf unwirksame Ehen erscheint nach dem gesetzgeberischen Willen ausgeschlossen.[13] Sogenannte hinkende Rechtsverhältnisse (unterschiedliche Behandlung der Wirksamkeit in verschiedenen Rechtsordnungen, hier Wirksamkeit der geschlossenen Ehe im Heimatstaat, Unwirksamkeit der Ehe als rechtliches Nullum in Deutschland) sind die Folge.

4 Der BGH hält die Regelung des Art. 13 Abs. 3 Nr. 1 EGBGB für verfassungswidrig.[14] Es sei mit Art. 1, 2 Abs. 1, 3 Abs. 1 und 6 Abs. 1 GG unvereinbar, dass eine unter Beteiligung eines nach ausländischem Recht ehemündigen Minderjährigen geschlossene Ehe nach deutschem Recht **ohne einzelfallbezogene Prüfung als Nichtehe qualifiziert** wird. Der BGH hat sein Verfahren ausgesetzt und die Frage der Vereinbarkeit der Vorschrift mit Art. 1, 2 Abs. 1, 3 Abs. 1 und 6 Abs. 1 GG dem BVerfG zur Entscheidung vorgelegt.

5 Die **Überleitungsvorschrift des Art. 229 § 44 EGBGB** trifft hinsichtlich des Kollisionsrechts nur Regelungen zu Art. 13 Abs. 3 Nr. 1 EGBGB. Danach ist die Unwirksamkeitsfolge des Art. 13 Abs. 3 Nr. 1 EGBGB nicht anwendbar, wenn der bei Eheschließung minderjährige Ehegatte bei Inkrafttreten des Gesetzes bereits volljährig war, also vor dem 22.7.1999 geboren wurde, Art. 229 § 44 Abs. 4 Nr. 1 EGBGB. Ferner ist die Unwirksamkeitsfolge des Art. 13 Abs. 3 Nr. 1 EGBGB nicht anwendbar, wenn die nach ausländischem Recht wirksame Ehe bis zur Volljährigkeit der Ehegatten geführt wurde und kein Ehegatte bis zur Volljährigkeit des minderjährigen Ehegatten seinen gewöhnlichen Aufenthalt in Deutschland hatte, Art. 229 § 44 Abs. 4 Nr. 2 EGBGB. Die letztgenannte, an den Aufenthalt anknüpfende Regelung ist kritisch zu sehen. Ansonsten gleichgelagerte Fälle werden **abhängig vom Aufenthaltsort bis zur Volljährigkeit unterschiedlich beurteilt**, was **keinen sachlichen Grund** für eine Differenzierung darstellt.[15] Art. 13 Abs. 3 Nr. 2 EGBGB wird in der Überleitungsvorschrift nicht genannt, die Folge der Aufhebbarkeit von Ehen, bei denen ein Ehegatte 16 oder 17 Jahre alt war, gilt also ab dem Inkrafttreten des Gesetzes am 22.7.2017 unabhängig vom Eheschließungsdatum. Dies führt zu einer **Ungleichbehandlung von im Ausland geschlossenen Ehen gegenüber** den vor dem 22.7.2017 **in Deutschland geschlossenen Ehen**, da Letztere aufgrund der Übergangsregelung des Art. 229 § 44 Abs. 1 EGBGB altem Recht unterfallen.[16]

C. Folgen der Unwirksamkeit der Ehe nach Art. 13 Abs. 3 Nr. 1 EGBGB für andere Bereiche

6 Die Unwirksamkeit von im Ausland geschlossenen Ehen von Personen unter 16 Jahren nach Art. 13 Abs. 3 Nr. 1 EGBGB hat weitreichende Folgen in verschiedenen Bereichen, insbesondere auch dann, wenn aus der unwirksamen Ehe Kinder hervorgegangen sind.

I. Abstammung

7 Beurteilt das deutsche Kollisionsrecht eine im Ausland geschlossene Ehe nach Art. 13 Abs. 3 Nr. 1 EGBGB als unwirksam, ist aus der unwirksamen Ehe ein Kind hervorgegangen und hat das Kind seinen gewöhnlichen Aufenthalt in Deutschland, ist gemäß **Art. 19 Abs. 1 Satz 1 EGBGB** für die Frage der Abstammung des Kindes grundsätzlich deutsches Sachrecht anzuwenden. Eine Vaterschaft nach § 1592 Nr. 1 BGB scheidet nach deutschem Sachrecht aus, weil die **wirksame Ehe als Vorfrage der Vaterschaft selbstständig** nach Art. 13 EGBGB **anzuknüpfen** ist.[17] Nach dem Günstigkeitsprinzip des Art. 19 EGBGB ist gemäß Art. 19 Abs. 1 Satz 2 EGBGB neben der Anknüpfung an das Recht des Aufenthaltsortes des Kindes auch eine **Anknüpfung an das Recht des Staates möglich, dem der Vater angehört**. Diese Anknüpfung hat wiederum die Rück- und Weiterverweisungen des Kollisionsrechts des Heimatstaates des Vaters zu berücksichtigen. Wenn das Heimatrecht bei der Frage der Abstammung auch auf eine wirksame Ehe des Vaters mit der Mutter abstellt, ist diese Vorfrage der Wirk-

---

13 Aus teleologischen Gründen trotz entgegenstehenden Willens des Gesetzgebers für eine Analogie: *Weller/Thomale/Hategan/Werner*, FamRZ 2018, 1289, 1295

14 BGH FamRZ 2019, 181; dazu *Löhnig*, NZFam 2019, 72; *Dutta*, FamRZ 2019, 188; *Coester-Waltjen*, IPRax 2019, 127

15 *Coester-Waltjen*, IPRax 2019, 127, 129; *Frank*, StAZ 2019, 129, 130; BGH FamRZ 2019, 181 Rn. 80

16 BeckOGK/*Kriewald*, Art. 229 § 44 EGBGB Rn. 17; zweifelnd an der Verfassungsmäßigkeit der Regelung *Coester-Waltjen*, IPRax 2019, 127, 129 f.

17 *Hüßtege*, FamRZ 2017, 1374, 1378

samkeit der Ehe selbstständig anzuknüpfen,[18] d.h., dies führt erneut zu Art. 13 EGBGB, zur Unwirksamkeit der Ehe und dazu, dass das Kind nicht von dem Mann abstammt, mit dem die Mutter in einer unwirksamen Ehe gelebt hat.[19] Erforderlich ist dann – wie in Fällen ohne Eheschließung – eine Vaterschaftsanerkennung oder eine gerichtliche Vaterschaftsfeststellung.[20]

▶ *Näher hierzu Köhler, Art. 19 EGBGB Rn. 8.*

II. Sorge- und Umgangsrecht

Im Rahmen des **Sorgerecht**s kommt es darauf an, wo das Kind seinen gewöhnlichen Aufenthalt hatte. **Art. 16 Abs. 3 KSÜ** regelt, dass die elterliche Verantwortung nach dem Recht des Staates des gewöhnlichen Aufenthalts des Kindes nach dem Wechsel dieses gewöhnlichen Aufenthalts in einen anderen Staat fortbesteht. Unabhängig von der Beurteilung der Wirksamkeit der Ehe der Eltern **bleibt das elterliche Sorgerecht** nach diesem **Kontinuitätsprinzip** also **bestehen, wenn** das Sorgerecht **nach den Regeln des ausländischen Rechts schon einmal bezüglich dieses Kindes bestand**. Bestand aber nach der ausländischen Rechtsordnung kein Sorgerecht bzw. wird das Kind in Deutschland geboren, hat der Vater bei Vorliegen einer Nichtehe nach Art. 13 Abs. 3 Nr. 1 EGBGB kein Sorgerecht kraft der Ehe, sondern nur unter den zusätzlichen Voraussetzungen des § 16 Abs. 1 KSÜ i.V.m. § 1626a BGB wie der Vater eines nichtehelichen Kindes.[21] 8

▶ *Näher hierzu Schweppe, § 16 KSÜ Rn. 10 ff.*

Das **Umgangsrecht** bestimmt sich – da auch hierauf das KSÜ anwendbar ist (vgl. Art. 1, Art. 3 lit. b „Recht zum persönlichen Umgang") – kollisionsrechtlich nach Art. 15 Abs. 1 KSÜ, also dem Recht des Vertragsstaats.[22] Hat das Kind seinen gewöhnlichen Aufenthalt in Deutschland, so richtet sich das Umgangsrecht des unwirksam mit der Mutter verheirateten Mannes nach **§ 1685 BGB**, weil dieser nach deutschem Recht kein rechtlicher Vater ist und somit kein Umgangsrecht nach § 1684 BGB hat. 9

Artikel 14 bis Art. 18 EGBGB

Von Abdruck und Kommentierung wird abgesehen.

Artikel 19 EGBGB Abstammung

(1) [1]Die Abstammung eines Kindes unterliegt dem Recht des Staates, in dem das Kind seinen gewöhnlichen Aufenthalt hat. [2]Sie kann im Verhältnis zu jedem Elternteil auch nach dem Recht des Staates bestimmt werden, dem dieser Elternteil angehört. [3]Ist die Mutter verheiratet, so kann die Abstammung ferner nach dem Recht bestimmt werden, dem die allgemeinen Wirkungen ihrer Ehe bei der Geburt nach Artikel 14 Absatz 2 unterliegen; ist die Ehe vorher durch Tod aufgelöst worden, so ist der Zeitpunkt der Auflösung maßgebend.

(2) Sind die Eltern nicht miteinander verheiratet, so unterliegen Verpflichtungen des Vaters gegenüber der Mutter auf Grund der Schwangerschaft dem Recht des Staates, in dem die Mutter ihren gewöhnlichen Aufenthalt hat.

Übersicht

	Rn.
A. Allgemeines	1
B. Inhalt der Norm	3
I. Anwendungsbereich	3
II. Abstammungsstatute	4
III. Rechtsfolge	11

18 OLG Celle FamRZ 2011, 1518 = StAZ 2011, 150 Rn. 28; OLG München FamRZ 2008, 1772; Palandt/*Thorn*, Art. 19 EGBGB Rn. 5; Staudinger/*Henrich*, Art. 19 EGBGB Rn. 19; Ermann/*Hohloch*, BGB, Art. 19 EGBGB Rn. 6
19 *Hüßtege*, FamRZ 2017, 1374, 1378
20 *Frank*, StAZ 2019, 129, 132
21 *Hüßtege*, FamRZ 2017, 1374, 1378
22 Zur Anwendbarkeit des KSÜ auf das Umgangsrecht und zur Nachrangigkeit des Art. 21 EGBGB MüKo-BGB/*Helms*, Art. 21 EGBGB Rn. 10, 13

Literatur

Weiterführende Literatur: Behrentin/Grünewald, Leihmutterschaft im Ausland und die deutsche Rechtsordnung, NJW 2019, 2057 ff.; *Frie,* Wer ist der richtige Vater? Streit um das „Günstigkeitsprinzip" in Art. 19 I EGBGB in der aktuellen obergerichtlichen Rechtsprechung, StAZ 2017, 104; *Helms,* Leihmutterschaft – ein rechtsvergleichender Überblick, StAZ 2013, 114 ff.; *Siehr,* Das Internationale Abstammungsrecht im EGBGB, StAZ 2015, 258; *Wagner,* Vermeidung hinkender Rechtsverhältnisse im Abstammungsrecht? – Neues von der Haager Konferenz, NZFam 2019, 513 ff.

A. Allgemeines

1 Die Vorschrift regelt in Abs. 1 **für Fälle mit Auslandsbezug** das **deutsche Kollisionsrecht (IPR)** für die Frage, **nach welcher Rechtsordnung sich die rechtlichen Eltern eines Kindes bestimmen**. Nach der zum 1.7.1998 erfolgten Aufhebung der Unterscheidung zwischen ehelicher und nichtehelicher Abstammung (zum Übergangsrecht vgl. Art. 224 § 1 EGBGB,[1]) gilt die Regelung **unabhängig davon, ob** das **Kind ehelich oder nichtehelich geboren wurde**. Historisch stand die Mutter des Kindes immer fest („mater semper certa est"); das nationale Recht folgt in § 1591 BGB noch immer diesem Prinzip. Die verschiedenen Möglichkeiten der kollisionsrechtlichen Anknüpfung (Art. 19 Abs. 1 Satz 1, Satz 2 und Satz 3 EGBGB) sollen nach dem **Gesetzeszweck Vaterlosigkeit verhindern** und **möglichst schnell und einfach die Feststellung der Abstammung begünstigen**, damit jedenfalls nach einer Rechtsordnung ein Vater des Kindes bestimmt werden kann.[2] **Zugeschnitten** ist die Vorschrift **auf die traditionelle Familienstruktur von Mutter, Vater und Kind** und umfasst sowohl die väterliche als auch die mütterliche Abstammung. Die modernen Möglichkeiten der Reproduktionsmedizin, Co-Mutter-[3] Co-Vaterschaften sowie Mehrelternschaften in ausländischen Rechtsordnungen und insbesondere Leihmutterschaften[4] beschäftigen die Gerichte[5] und zeigen die Grenzen und den (auch aufgrund der nicht eindeutigen Rechtssicherheit und Rechtsklarheit bestehenden) Reformbedarf[6] der Vorschrift.

Art. 19 Abs. 2 EGBGB regelt für nicht verheiratete Eltern die Verpflichtungen des Vaters gegenüber der Mutter aufgrund der Schwangerschaft (im deutschen Recht etwa §§ 1615l ff. BGB und entsprechende ausländische Vorschriften) und hat für Kindschaftssachen keine praktische Relevanz, weshalb hier keine nähere Kommentierung erfolgt.

2 **Nach Art. 3 EGBGB vorrangige europarechtliche Regelungen gibt es nicht**.[7] Die für Deutschland in Kraft getretenen[8] **staatsvertraglichen Regelungen** sind nur **von geringer praktischer Relevanz**. Das CIEC-Übereinkommen über die Feststellung der mütterlichen Abstammung nichtehelicher Kinder vom 12.9.1962[9] gilt nur[10] im Verhältnis Deutschlands zu Griechenland, Luxemburg, den Niederlanden, der Schweiz, Spanien und der Türkei und enthält im Wesentlichen die widerlegliche, dem Gegenbeweis zugängliche Vermutung zugunsten der in der Geburtsurkunde eingetragenen Mutter des Kindes, welche eine etwa erforderliche Mutterschaftsanerkennung entbehrlich macht.[11]

---

1 Für Kinder, die bis zum 30.6.1998 geboren wurden, gilt noch das alte Recht

2 Vgl. BGH FamRZ 2016, 1847 Rn. 15

3 Rechtlich vorgesehen u.a. im englischen, spanischen, niederländischen und schwedischen Recht, vgl. BeckOK BGB/*Heiderhoff*, Art. 19 EGBGB Rn. 6.4

4 Rechtsvergleichender Überblick der stark variierenden Regelungen zur Leihmutterschaft (Verbot, Verbot nur kommerzieller Leihmutterschaft, Zulassung mit vorheriger gerichtlicher Genehmigung, generelle Zulassung) bei *Helms,* StAZ 2013, 114

5 EuGHMR FamRZ 2019, 887; BGH FamRZ 2019, 892; FamRZ 2019, 890; OLG Frankfurt a.M. FamRZ 2019, 899; BGH FamRZ 2016 1251, FamRZ 2015, 240; zusammenfassende Darstellung der Rechtsprechung zur Leihmutterschaft bei *Duden*, StAZ 2018, 137, und bei *Behrentin/Grünenwald*, NJW 2019, 2057

6 Vgl. den Reformvorschlag des Deutschen Rates für internationales Privatrecht, IPRax 2015, 185, mit Beispielen aus anderen Rechtsordnungen, *Siehr,* StAZ 2015, 258; zur Lösung auf internationaler Ebene *Wagner,* NZFam 2019, 513

7 jurisPK-BGB/*Duden*, Art. 19 EGBGB Rn. 11

8 Das CIEC-Übereinkommen vom 14.9.1961 über die Erweiterung der Zuständigkeit der Behörden, vor denen nichteheliche Kinder anerkannt werden können (BGBl. II 1965 S. 19), ist praktisch nicht bedeutsam, vgl. Staudinger/*Henrich*, Vorbem. Art. 19 EGBGB Rn. 5; jurisPK-BGB/*Duden*, Art. 19 EGBGB Rn. 16

9 BGBl. II 1965 S. 23; CIEC steht für Commission internationale de l'état civil, d.h. Internationale Kommission für das Zivilstandswesen

10 Die Anwendbarkeit im Verhältnis zu Nichtvertragsstaaten ist umstritten, vgl. *Fries*, FamRZ 2015, 889, 890

11 Palandt/*Thorn*, Art. 19 EGBGB Rn. 3; Abdruck des Staatsvertrages auch bei Staudinger/*Henrich*, Vorbem. Art. 19 EGBGB Rn. 6 ff.

Im Verhältnis zu einer Co-Mutter (Ehefrau oder Lebenspartnerin der leiblichen Mutter) ist dieses Übereinkommen nicht anwendbar.[12]

Wenn **alle Beteiligte Iraner** sind, führt das bilaterale **deutsch-iranische Niederlassungsabkommen** vom 17.2.1929[13] als vorrangige Regelung zu Art. 19 Abs. 1 EGBGB in Art. 8 Abs. 3 Satz 1 grundsätzlich zum iranischen Recht als Heimatrecht aller Beteiligten; ist nur ein Beteiligter nicht Iraner, gilt Art. 19 Abs. 1 EGBGB.[14]

B. Inhalt der Norm

I. Anwendungsbereich

Art. 19 Abs. 1 EGBGB betrifft die **Begründung der Elternschaft durch Gesetz, Anerkennung oder gerichtliche Feststellung** und erfasst die Voraussetzungen von Mutter- und Vaterschaftsanerkennung sowie die Voraussetzungen für gesetzliche Abstammungstatbestände wie Empfängniszeiten und gesetzliche Vermutungen. **Entsprechend anwendbar** ist das Abstammungsstatut des Art. 19 Abs. 1 EGBGB auf einen Anspruch auf statusneutrale **Klärung der biologischen Abstammung** (wie **§ 1598a BGB** im deutschen Recht).[15] Die **Anfechtung der Abstammung** ist nach der **speziellen Regelung** des **Art. 20 EGBGB** anzuknüpfen. Ist im Rahmen der Begründung der Elternschaft die **Zustimmung des Kindes oder eines Elternteils zu einer Abstammungserklärung** erforderlich, ist diese Zustimmungserklärung **zusätzlich** zu Art. 19 EGBGB (kumulativ) nach **Art. 23 EGBGB** anzuknüpfen (vgl. Wortlaut des Art. 23 Satz 1 EGBGB). Ist das Kind beispielsweise Deutscher, sind für Vaterschaftsanerkennungen neben dem nach Art. 19 Abs. 1 EGBGB berufenen Recht also zusätzlich aus dem Gedanken des Schutzes der Interessen des Kindes bei Statusänderungen die §§ 1595 Abs. 2 bis 1598 BGB anzuwenden.[16] Analog ist Art. 19 Abs. 1 EGBGB auf die Frage des anwendbaren Rechts für noch ungeborenes Leben anzuwenden.[17] 3

Art. 19 EGBGB regelt, welche Rechtsordnung in Fällen mit Auslandsbezug in Abstammungsfragen heranzuziehen ist. Welches Gericht im Einzelfall zuständig ist, ist in § 100 FamFG geregelt.

▶ *Zu Einzelheiten der gerichtlichen Zuständigkeit in Abstammungsfällen mit Auslandsbezug siehe Schweppe, § 100 FamFG Rn. 1 ff.*

In Abgrenzung zur Annahme als Kind ist **Abstammung i.S.v. Art. 19 EGBGB jede rechtliche Eltern-Kind-Zuordnung, die kraft Gesetzes mit der Geburt des Kindes oder durch spätere Anerkennung eintritt** und keiner gesonderten Annahme als Kind i.S.v. Art. 22 EGBGB bedarf.[18] Darunter fallen grundsätzlich auch Eltern-Kind-Zuordnungen, die dem deutschen Recht (bisher) fremd sind, solange diese kraft Gesetzes eintreten und keiner gesonderten Annahme als Kind bedürfen.[19]

II. Abstammungsstatute

Art. 19 Abs. 1 EGBGB bestimmt **maximal drei Abstammungsstatute** für die Anknüpfung der Abstammung des Kindes im Verhältnis zu jedem Elternteil. Nach **Art. 19 Abs. 1 Satz 1 EGBGB** kann sich das anwendbare Recht nach dem gewöhnlichen Aufenthalt des Kindes bestimmen (sog. **Aufenthaltsstatut**), nach **Art. 19 Abs. 1 Satz 2 EGBGB** nach dem Recht des Staates, dem der jeweilige Elternteil angehört (Heimatrecht, sog. **Personalstatut)** oder bei verheirateten Müttern gemäß **Art. 19 Abs. 1 Satz 3 EGBGB gegenüber jedem Elternteil** (nicht nur gegenüber der verheirateten Mutter selbst) nach dem Recht des Staates, dem die allgemeinen Wirkungen ihrer Ehe bei der Geburt des Kindes nach Art. 14 Abs. 1 EGBGB unterliegen (sog. **Ehewirkungsstatut**). Zwischen den verschiedenen Anknüpfungsstatuten gibt es kein Vorrang- oder Stufenverhältnis; Aufenthaltsstatut, Personal- 4

12 OLG Celle FamRZ 2011, 1518 = NJW-RR 2011, 1157
13 Abgedruckt unter www.gieseking-verlag.de/downloads/V.Dt.-Iran.NLA.pdf (Abruf am 15.10.2019)
14 Staudinger/*Henrich*, Vorbem. Art. 19 EGBGB Rn. 36
15 BGH FamRZ 2019, 398
16 Palandt/*Thorn*, Art. 23 EGBGB Rn. 5
17 BGH FamRZ 2016, 1849 = NJW 2016, 3174 (Samenspender begehrte Vaterschaftsfeststellung an einem im Ausland extrakorporal aufbewahrten, kryokonservierten Embryo; anwendbares Recht beurteilt sich nach Art. 19 Abs. 1 Satz 2 EGBGB, eine Vaterschaftsfeststellung ist aber erst ab Geburt möglich)
18 BGH FamRZ 2016, 1251 = NJW 2016, 2322, der KG FamRZ 2015, 943 bestätigt
19 BGH FamRZ 2016, 1251 = NJW 2016, 2322 zur Anknüpfung der Abstammung eines Kindes nach Art. 19 Abs. 1 EGBGB auch für die Co-Mutterschaft einer mit der leiblichen Mutter verheirateten Frau nach südafrikanischem Recht

statut und Ehewirkungsstatut sind grundsätzlich **gleichwertig nebeneinander anwendbar**.[20] Die Gleichrangigkeit will die Feststellung der Abstammung erleichtern und insbesondere eine rechtliche Vaterlosigkeit verhindern.[21]

5 **Aufenthaltsstatut und Personalstatut sind wandelbar**, d.h., da die Vorschrift an die Rechtsordnung des gewöhnlichen Aufenthalts (Art. 19 Abs. 1 Satz 1 EGBG) bzw. der Staatsangehörigkeit (Art. 19 Abs. 1 Satz 2 EGBGB) anknüpft, können **Veränderungen des gewöhnlichen Aufenthalts bzw. der Staatsangehörigkeit in einem laufenden Verfahren beachtlich sein, solange die Abstammung noch nicht gerichtlich festgestellt ist**. Maßgeblich für die Beurteilung des gewöhnlichen Aufenthalts des Kindes bzw. der Staatsangehörigkeit des jeweiligen Elternteils ist der Zeitpunkt, zu dem die Abstammung des Kindes festgestellt werden soll. Das kann die Geburt des Kindes, aber auch der Zeitpunkt der Abgabe der Vaterschaftsanerkennungserklärung oder – in einem Vaterschaftsfeststellungsverfahren – der Zeitpunkt des letzten Erörterungstermins mit den Beteiligten sein.[22] Hat das Kind nach einer früher anwendbaren Rechtsordnung eine Abstammungsbeziehung bereits positiv begründet, würden tatsächliche Änderungen im Aufenthalt des Kindes bzw. der Staatsbürgerschaft eines Elternteils aufgrund der Wandelbarkeit dieser Statute die einmal erworbene Abstammungsbeziehung aber wieder entfallen lassen; daher ist aufgrund des **Fortbestand**s **wohlerworbener Rechte** von einem Überdauern der Abstammungsbeziehung trotz Statutenwechsel auszugehen.[23]

Hingegen ist das **Ehewirkungsstatut** nach dem Wortlaut des Art. 19 Abs. 1 Satz 3 Hs. 1 EGBGB **nicht wandelbar**: Es kommt hierfür auf die allgemeinen Ehewirkungen nach Art. 14 Abs. 2 EGBGB bei Geburt des Kindes an bzw. – wenn die Ehe vorher durch Tod aufgelöst wurde – gemäß Art. 19 Abs. 1 Satz 3 Hs. 2 EGBGB auf den Zeitpunkt der Auflösung der Ehe.

6 Der Begriff des **gewöhnlichen Aufenthalts des Kindes** nach Art. 19 Abs. 1 Satz 1 EGBGB ist identisch mit dem Begriff des gewöhnlichen Aufenthalts des Kindes etwa in Zuständigkeitsvorschriften (vgl. § 152 Abs. 2 FamFG). Danach ist der gewöhnliche Aufenthalt der **Schwerpunkt der Bindungen** der betroffenen Person, ihr **Daseinsmittelpunkt**, welcher auf eine gewisse Dauer angelegt sein muss; bei minderjährigen Kindern, insbesondere bei Neugeborenen, ist vorwiegend auf die Bezugspersonen des Kindes, die es betreuen und versorgen, sowie deren soziales und familiäres Umfeld abzustellen.[24]

▶ *Näher zum gewöhnlichen Aufenthalt Keuter, § 152 FamFG Rn. 12 f.; Schweppe, Art. 8 Brüssel IIa-VO Rn. 3 ff.*

Problematisch kann die Bestimmung des gewöhnlichen Aufenthalts des Kindes insbesondere in Fällen der **Leihmutterschaft** werden, wenn das **Kind im Ausland geboren wurde**. Entspricht es dem **Willen aller Beteiligten**, dass das Kind **alsbald nach der Geburt nach Deutschland verbracht** wird, und wird diese Absicht auch umgesetzt, hat das Kind nach der Rechtsprechung des BGH seinen **gewöhnlichen Aufenthalt allein in Deutschland**, ohne dass mit der Geburt zunächst ein gewöhnlicher Aufenthalt im Ausland begründet worden wäre.[25] Wurde diese Absicht nicht umgesetzt (etwa aufgrund eines Einreiseverbotes etc.) und hält sich das Kind nach seiner Geburt längere Zeit im Ausland auf, wird dadurch ein gewöhnlicher Aufenthalt im Ausland begründet.[26] Diese Differenzierung erscheint nicht zwingend, insbesondere da nach der Rechtsprechung des EuGH die körperliche Anwesenheit Mindestvoraussetzung für die Begründung eines gewöhnlichen Aufenthalts ist[27] und das Neugeborene danach frühestens ab der erstmaligen Verbringung einen gewöhnlichen Aufenthalt in Deutschland haben kann.[28] Der gewöhnliche Aufenthalt eines Neugeborenen liegt nach vorzugswür-

---

20 BGH FamRZ 2016, 1847; FamRZ 2016, 1251 = NJW 2016, 2322; FamRZ 2006, 1745; BT-Drucks. 13/4899, 137

21 BGH FamRZ 2016, 1847

22 Staudinger/*Henrich*, Art. 19 EGBGB Rn. 14; OLG Karlsruhe FamRZ 2017, 2026

23 MüKo-BGB/*Helms*, Art. 19 EGBGB Rn. 26; Staudinger/*Henrich*, Art. 19 EGBGB Rn. 14; OLG Hamm FamRZ 2005, 291; mit der Tendenz dazu, im Ergebnis aber offengelassen von BGH FamRZ 2019, 892 Rn. 24

24 BGH FamRZ 2019, 892 = NJW 2019, 1605

25 Jeweils zu Leihmutterschaften mit Geburt des Kindes in der Ukraine: BGH FamRZ 2019, 892 = NJW 2019, 1605; FamRZ 2019, 890 = NJW 2019, 1608; OLG Frankfurt a.M. FamRZ 2019, 899 = NJW 2019, 1615

26 MüKo-BGB/*Helms*, Art. 19 EGBGB Rn. 8; BeckOK BGB/*Heiderhoff*, Art. 19 EGBGB Rn. 34

27 EuGH FamRZ 2017, 1506, 1508; FamRZ 2011, 617, 619

28 *von Bary*, Anmerkung zu BGH FamRZ 2019, 890 und 892; FamRZ 2019, 895, 896

diger Ansicht dort, wo die Frau ihren gewöhnlichen Aufenthalt hat, die das Kind zur Welt gebracht hat.[29]

Im Rahmen des **Personalstatut**s nach **Art. 19 Abs. 1 Satz 2 EGBGB**, also der Staatsangehörigkeit eines Elternteils, ist insbesondere Art. 5 EGBGB zu beachten. Bei Personen mit mehreren Staatsangehörigkeiten (**Mehrstaatern**) kommt es für das Personalstatut gemäß Art. 5 Abs. 1 Satz 1 EGBGB auf die **engste Verbundenheit**, regelmäßig den Ort des gewöhnlichen Aufenthalts, an. Art. 5 Abs. 1 Satz 2 EGBGB führt bei Mehrstaatern, die **auch Deutsche** sind, **stets zur Anwendung deutschen Rechts**. 7

Bei **staatenlosen Elternteilen** kommt es gemäß **Art. 5 Abs. 2 EGBGB** für das Personalstatut auf den Ort des **gewöhnlichen Aufenthalt**s an.

Das Ehewirkungsstatut des **Art. 19 Abs. 1 Satz 3 EGBGB** knüpft an die Ehe der Mutter an. Die **Wirksamkeit der Ehe der Mutter** ist eine sog. **Vorfrage**,[30] also ein im Tatbestand einer Kollisionsnorm vorausgesetztes Rechtsverhältnis. Diese kann selbstständig (hier also nach Art. 13 EGBGB) oder unselbstständig (also nach der für die Hauptfrage anzuwendenden Kollisionsnorm, d.h. dem danach berufenen Recht) angeknüpft werden. Oft ist die Frage nach der Anknüpfung der Vorfrage irrelevant, weil alle Rechtsordnungen zum selben Ergebnis kommen.[31] Kommen die Rechtsordnungen ausnahmsweise zu verschiedenen Ergebnissen, ist im Rahmen des Art. 19 Abs. 1 Satz 3 EGBGB die Frage der Wirksamkeit der Ehe **selbstständig nach Art. 13 EGBGB anzuknüpfen**.[32] 8

Nach welchen Kriterien das anzuwendende Recht in Konkurrenzfällen zu bestimmen ist, ergibt sich nicht eindeutig aus Art. 19 Abs. 1 EGBGB.[33] Kommt nur eine der anwendbaren Rechtsordnungen zu einer eindeutigen Eltern-Kind-Zuordnung bzw. Vaterschaft, ist nach dem Gesetzeszweck diese Rechtsordnung anzuwenden. Kommen mehrere anwendbare Rechtsordnungen zu unterschiedlichen Ergebnissen, werden verschiedene Lösungsansätze vertreten. Nach dem in der Regel zuerst heranzuziehenden **Günstigkeitsprinzip** verdient das Recht den Vorzug, welches günstiger für das Kind ist.[34] Nach dem **Prioritätsprinzip**, was oft dann herangezogen wird, wenn das Günstigkeitsprinzip zu mehreren Vätern (oder Müttern) führt, ist das Recht maßgebend, das dem Kind ausgehend von seiner Geburt zeitlich zuerst zu einem Vater (bzw. zu einer Mutter) verhilft.[35] Das Prioritätsprinzip wird zum Teil auch rein formal so verstanden, dass alle nach Art. 19 Abs. 1 EGBGB berufenen Rechtsordnungen gleichrangig sind und die Rechtsordnung, die dem Kind zeitlich als erste einen Vater zuordnet, wegen der Gleichrangigkeit nur durch eine Vaterschaftsanfechtung (nicht aber durch die Anwendung von Konkurrenzprinzipien) wieder verdrängt werden kann.[36] Bei mehreren infrage kommenden Vätern wird im Rahmen des Günstigkeitsprinzips auch auf die **Abstammungswahrscheinlichkeit** abgestellt[37] (d.h. welcher potenzielle Vater mit höherer Wahrscheinlichkeit der Vater ist, meist in Fällen der Konkurrenzen zwischen vorherigem Ehemann der Mutter und dem die Vaterschaft anerkennenden neuen Lebensgefährten der Mutter). Auch vertreten wird, dass aufgrund der Formulierung des Gesetzes das Recht des gewöhnlichen Aufenthaltsorts Vorrang genieße.[38] Mit verschiedenen Begründungen sollen die Wertungen des deutschen Sachrechts (z.B. §§ 1594, 1599 BGB) vorrangig sein.[39] 9

29 *Siehr*, StAZ 2015, 258, 266; *Dethloff*, JZ 2014, 922, 929; *Heiderhoff*, IPRax 2012, 523, 525; kritisch zum Ergebnis des BGH, auch vor dem Hintergrund einer verfassungsrechtlichen Ungleichbehandlung von Mutter- und Vaterschaft, *von Bary*, Anmerkung zu BGH FamRZ 2019, 890 und 892; FamRZ 2019, 895, 896 f.

30 Zu den Begrifflichkeiten: MüKo-BGB/*v. Hein*, Einleitung zum Internationalen Privatrecht, Rn. 148 ff.

31 MüKo-BGB/*v. Hein*, Einleitung zum Internationalen Privatrecht, Rn. 170

32 OLG Celle FamRZ 2011, 1518 = StAZ 2011, 150 Rn. 28; OLG München FamRZ 2008, 1772; Palandt/*Thorn*, Art. 19 EGBGB Rn. 5; Ermann/*Hohloch*, BGB, Art. 19 EGBGB Rn. 6; MüKo-BGB/*Helms*, Art. 19 EGBGB Rn. 45; für eine alternativ – je nach Günstigkeit – auch unselbstständige Anknüpfung Staudinger/*Henrich*, Art. 19 EGBGB Rn. 34

33 Bisher auch stets offengelassen vom BGH, vgl. BGH FamRZ 2016, 1251 = NJW 2016, 2322; FamRZ 2006, 1745

34 KG FamRZ 2016, 922; OLG Hamm FamRZ 2009, 126; OLG Schleswig FamRZ 2003, 781; BayObLG FamRZ 2002, 686

35 OLG Nürnberg FamRZ 2016, 920; FamRZ 2005, 1697; zur Gebotenheit einer Feststellung der Abstammung schon bei Geburt des Kindes und der nicht möglichen Verdrängung eines zum Zeitpunkt der Geburt feststehenden Vaters durch nachträgliche Vaterschaftsanerkennung auch BGH FamRZ 2017, 1687 = NJW 2017, 2911

36 MüKo-BGB/*Helms*, Art. 19 EGBGB Rn. 16

37 OLG München FamRZ 2016, 1599; OLG Karlsruhe FamRZ 2015, 1636; *Henrich*, FamRZ 1998, 1401

38 *Andrae*, Internationales Familienrecht, § 5 Rn. 27

39 Vgl. die Nachweise bei MüKo-BGB/*Helms*, Art. 19 EGBGB Rn. 13

Bis zu einer gesetzgeberischen Neuregelung sind widersprüchliche Statuszuweisungen unter Zuhilfenahme anerkannter Auslegungsregeln nach dem **Gesetzeszweck einer einfachen und schnellen Elternzuordnung** zu lösen,[40] wobei das **Kindeswohl** als allgemeiner Grundsatz in Kindschaftssachen in allen Rechtsordnungen (vgl. auch Art. 3 Abs. 1 der UN-Kinderrechtekonvention, „the best interests of the child shall be a primary consideration")[41] stets zu berücksichtigen ist.[42] Die generellen Wertungen des Abstammungsrechts, Abstammungswahrheit, Abstammungsklarheit und Abstammungssicherheit, sind zu beachten.[43]

10 Bei mehreren in Betracht kommenden Vätern ist die Rechtsordnung heranzuziehen, nach der **schon zum Zeitpunkt der Geburt** des Kindes ein **rechtlicher Vater** gegeben ist; spätere Vaterschaftsanerkennungen sind für die Wahl der Rechtsordnung unbeachtlich[44] (Grundsatz der Abstammungssicherheit bzw. -klarheit). Kommen anwendbare Rechtsordnungen zu unterschiedlichen Vätern[45] bereits im Zeitpunkt der Geburt, ist nach dem Grundsatz der Abstammungswahrheit die Rechtsordnung anzuwenden, die das Kind dem **wahrscheinlichen biologischen Vater** zuordnet.[46] Im Rahmen von konkurrierenden Mutterschaften (was insbesondere in Leihmutterschaftsfällen vorkommen kann) ist – soweit das Heimatrecht der **Leihmutter** überhaupt nach Art. 19 Abs. 1 Satz 1 oder Satz 2 EGBGB anwendbar ist – nach dem Kindeswohl an die Rechtsordnung anzuknüpfen, die die **Zuordnung zur Wunschmutter** ermöglicht, jedenfalls wenn die Leihmutter das Kind nicht doch behalten will.[47]

III. Rechtsfolge

11 Die **Verweisung auf das Recht eines anderen Staates** bedeutet nach allgemeinen Regeln **grundsätzlich** eine **Gesamtverweisung**, d.h., nicht nur das materielle (Sach-)Recht, sondern auch die Vorschriften des Kollisionsrechts (IPR) des berufenen Rechts sind anzuwenden, Art. 4 Abs. 1 Satz 1 EGBGB. Dies gilt nach Sinn und Zweck des Art. 19 Abs. 1 EGBGB aber nicht, wenn die ausländische Rechtsordnung auf das Aufenthaltsstatut nach Art. 19 Abs. 1 Satz 1 EGBGB zurückverweist, weil die Vorschrift gerade die Möglichkeit mehrerer Rechtsordnungen zur Eltern-Kind-Zuordnung geben will.[48] Insoweit widerspricht der Sinn und Zweck der Verweisung der Anwendung des verwiesenen Kollisionsrechts, Art. 4 Abs. 1 Satz 1 a.E. EGBGB, und es ist nur das berufene materielle (Sach-)Recht anzuwenden.[49] Jedenfalls bleibt eine **Rückverweisung** des ausländischen Rechts **dann unbeachtlich, wenn durch die Annahme der Rückverweisung die Möglichkeit einer Feststellung der Abstammung entfiele**.[50]

12 In **wenigen Ausnahmefällen** kann es sein, dass die **Anwendung ausländischen Rechts** mit wesentlichen Grundsätzen des deutschen Rechts offensichtlich unvereinbar ist, d.h. **gegen den** sog. ***ordre public* des Art. 6 EGBGB verstößt**. **Folge** eines solchen Verstoßes ist in der Regel, dass die gemäß Art. 19 Abs. 1 EGBGB **berufene Rechtsordnung nicht anzuwenden** ist.[51] Gesetzliche Co-Elternschaften nach ausländischem Recht stellen keinen Verstoß gegen den deutschen *ordre public* dar.[52] Die Mitwirkung an Leihmutterschaften ist zwar nach deutschem Recht verboten.[53] Jedoch sind die konkreten Interessen des Kindes in den Blick zu nehmen, die generalpräventiven Zielen vorgehen. Jedenfalls, **wenn mindestens ein Wunschelternteil** mit dem Kind **verwandt ist, verstößt die Anerkennung der Leihmutterschaft** nach ausländischem Recht **nicht gegen den deutschen *ordre***

40 MüKo-BGB/*Helms*, Art. 19 EGBGB Rn. 14
41 Das Wohl des Kindes ist ein Gesichtspunkt, der vorrangig zu berücksichtigen ist.
42 *Duden*, StAZ 2018, 137, 139; *Heiderhoff*, NJW 2016, 2629, 2630; BeckOK BGB/*Heiderhoff*, Art. 19 EGBGB Rn. 23
43 BeckOK BGB/*Heiderhoff*, Art. 19 EGBGB Rn. 30
44 So im Ergebnis auch BGH FamRZ 2017, 1687 = NJW 2017, 2911
45 Dazu ausführlich *Frie*, StAZ 2019, 1 ff.
46 MüKo-BGB/*Helms*, Art. 19 EGBGB Rn. 22
47 *Duden*, StAZ 2018, 137, 139; MüKo-BGB/*Helms*, Art. 19 EGBGB Rn. 25; zu der beabsichtigten Reform in Deutschland vgl. *Grün*, § 1598a BGB Rn. 25 ff.
48 OLG Nürnberg FamRZ 2016, 920; OLG Hamm FamRZ 2009, 126
49 A.A. im Sinne einer Gesamtverweisung in allen Fällen MüKo-BGB/*Helms*, Art. 19 EGBGB Rn. 29
50 BGH FamRZ 2016, 1847 Rn. 16 = NJW 2016, 3171
51 Zu Einzelfällen eines Verstoßes vgl. MüKo-BGB/*Helms*, Art. 19 EGBGB Rn. 56
52 BGH FamRZ 2016 1251 = NJW 2016, 2322 (zu einem südafrikanischen Fall von Co-Mutterschaften); FamRZ 2015, 240 = NJW 2015, 479 (zu einem kalifornischen Fall von Co-Vaterschaften); beide Entscheidungen noch vor Inkrafttreten von § 1353 Abs. 1 Satz 1 n.F. BGB
53 Vgl. § 1 Abs. 1 Nr. 7 ESchG; §§ 13c, 13d i.V.m. § 14b AdVermG

public.[54] Aber auch wenn keine genetische Verwandtschaft eines Wunschelternteils vorliegt, verstößt die Anwendung des Rechts, welches die Leihmutterschaft anerkennt, dann nicht gegen den deutschen *ordre public*, wenn das Kind schon intensive Bindungen zu seinen Wunscheltern erlangt hat.[55] Zu beachten sind stets auch die Grund- und Menschenrechte des Kindes aus Art. 2 Abs. 1 i.V.m. Art. 6 Abs. 2 GG und aus Art. 8 Abs. 1 EMRK.[56]

Artikel 20 EGBGB Anfechtung der Abstammung

[1]Die Abstammung kann nach jedem Recht angefochten werden, aus dem sich ihre Voraussetzungen ergeben. [2]Das Kind kann die Abstammung in jedem Fall nach dem Recht des Staates anfechten, in dem es seinen gewöhnlichen Aufenthalt hat.

Übersicht

Rn.
A. Allgemeines ... 1
B. Inhalt der Norm ... 2

A. Allgemeines

Während Art. 19 Abs. 1 EGBGB die Begründung der rechtlichen Eltern-Kind-Zuordnung betrifft, regelt Art. 20 EGBGB **für Fälle mit Auslandsbezug**, nach welcher Rechtsordnung sich die Loslösung von einer einmal begründeten Eltern-Kind-Zuordnung richtet, **nach welchem Recht also eine bestehende Abstammungszuordnung wieder beseitigt werden kann**. Die Anerkennung ausländischer Anfechtungsentscheidungen richtet sich nach §§ 108, 109 FamFG. Wie Art. 19 EGBGB auch, gilt Art. 20 EGBGB unabhängig davon, ob die Abstammung von einem Vater oder einer Mutter angefochten werden soll, und unabhängig davon, ob das Kind ehelich oder nichtehelich geboren wurde. Auf welche Weise die Eltern-Kind-Zuordnung begründet wurde (etwa durch eheliche Abstammung, Anerkennung oder gerichtliche Feststellung), ist für Art. 20 EGBGB unerheblich. Art. 20 EGBGB ist nach dem Grundsatz der Abstammungswahrheit **anfechtungsfreundlich ausgestaltet**,[1] was bei der Auslegung der Vorschrift zu beachten ist. Gemäß Art. 3 EGBGB vorrangige Vorschriften europa- oder völkerrechtlicher Art gibt es außer dem deutsch-iranischen Niederlassungsabkommen nicht.[2] **1**

B. Inhalt der Norm

Nach Art. 20 Satz 1 EGBGB kann für die Frage der Anfechtung **jedes Recht angewendet** werden, was **nach Art. 19 Abs. 1 EGBGB** für die Frage der Begründung der Abstammung herangezogen werden kann. Dies meint alle in Art. 19 Abs. 1 EGBGB benannten Rechtsordnungen (Aufenthaltsstatut, Personalstatut und Ehewirkungsstatut, näher *Köhler*, Art. 19 EGBGB Rn. 4), nicht nur das tatsächlich im Einzelfall für die Begründung angewandte Statut.[3] Vom sog. Anfechtungsstatut des Art. 20 Satz 1 EGBGB sind alle die Anfechtung berührenden Fragen erfasst, d.h. Anfechtungsberechtigung, Anfechtungsfrist, Anfechtungsgründe, Formalitäten der Anfechtung etc. Soweit eine **gesetzliche Regelung zu einem Wegfall einer einmal begründeten Vaterschaft führt** und damit **wirkungsgleich wie eine Abstammungsanfechtung** ist (wie im deutschen Recht § 1599 Abs. 2 BGB), ist **auch nach Art. 20 Satz 1 EGBGB anzuknüpfen**.[4] Darüber hinaus kann nach Art. 20 Satz 2 EGBGB **nur das Kind stets** nach dem **Recht seines gewöhnlichen Aufenthalts** seine Abstammung anfechten. Die Abstammungsstatute nach Art. 20 Satz 1 EGBGB sind aufgrund des Verweises auf Art. 19 Abs. 1 **2**

---

54 *Duden*, StAZ 2018, 137, 139; so auch (zu dem verfahrensrechtlichen *ordre public* nach § 109 Nr. 4 FamFG): BGH FamRZ 2018, 1846; FamRZ 2015, 240 = NJW 2015, 479
55 *Duden*, StAZ 2018, 137, 140; MüKo-BGB/*Helms*, Art. 19 EGBGB Rn. 59 (dort auch ausführlich zum Streitstand)
56 EGMR NJW 2015, 3211 (Mennesson)
1 MüKo-BGB/*Helms*, Art. 20 EGBGB Rn. 1; vgl. auch OLG Hamburg FamRZ 2012, 568
2 Zum deutsch-iranischen Niederlassungsabkommen und dessen eingeschränktem Anwendungsbereich vorstehend *Köhler*, Art. 19 EGBGB Rn. 2
3 OLG Hamburg FamRZ 2012, 568
4 BGH FamRZ 2012, 616 = NJW-RR 2012, 449

EGBGB wandelbar,[5] ebenso wie das Aufenthaltsstatut nach Art. 20 Satz 2 EGBGB bei Aufenthaltswechsel des Kindes.[6]

3 Kommen über Art. 20 EGBGB **mehrere Rechtsordnungen in Betracht**, kann der **Anfechtungswillige** die **Rechtordnung wählen**, nach der er vorgehen möchte. Wenn etwa nach einem Recht eine Anfechtungsfrist bereits abgelaufen ist, die andere Rechtsordnung aber weniger strenge Fristen setzt, kann der Anfechtungswillige noch nach der weniger strengen Rechtsordnung vorgehen.[7] Die Anfechtung kann aber stets nur auf jede der anwendbaren Rechtsordnungen für sich allein gestützt werden (alternativ), es können nicht (kumulativ) einzelne Aspekte parallel aus verschiedenen Rechtsordnungen (etwa Anfechtungsfrist aus der einen, Anfechtungsgrund aus der anderen) ausgewählt werden.[8]

Artikel 21 EGBGB Wirkungen des Eltern-Kind-Verhältnisses

Das Rechtsverhältnis zwischen einem Kind und seinen Eltern unterliegt dem Recht des Staates, in dem das Kind seinen gewöhnlichen Aufenthalt hat.

Übersicht

Rn.
A. Allgemeines ... 1
B. Anwendungsbereich ... 4
I. Vorrang des KSÜ ... 4
II. Persönlicher und zeitlicher Anwendungsbereich ... 6

A. Allgemeines

1 Art 21 EBGB knüpft für die Bestimmung des anzuwendenden Rechts für den Sorgerechtsstatus und die Regelung der elterlichen Sorge an den gewöhnlichen Aufenthalt des Kindes an. Diese Anknüpfung steht im Einklang mit den kollisionsrechtlichen Übereinkommen. Die frühere Differenzierung nach ehelich und nicht ehelich geborenen Kindern wurde mit Wirkung zum 1.7.1998 aufgegeben.

2 Maßgebend ist der aktuelle gewöhnliche Aufenthalt. Damit ist das Sorgerechtsstatut wandelbar.[1]

3 Art. 21 EGBGB enthält eine Gesamtverweisung (Art. 4 EGBGB),[2] so dass auch das innerstaatliche Kollisionsrecht zu prüfen ist.[3] Soweit dieses etwa nicht an den gewöhnlichen Aufenthalt, sondern an die Staatsangehörigkeit anknüpft, kann bei deutscher Staatsangehörigkeit wiederum deutsches Recht Anwendung finden.

B. Anwendungsbereich

I. Vorrang des KSÜ

4 Aufgrund des Vorrangs staatsvertraglicher Regelungen (KSÜ) gelangt Art. 21 EGBG zur Anwendung, wenn die Zuständigkeit der deutschen Gerichte nach § 99 Abs. 1 Nr. 1 FamFG besteht, also etwa bei gewöhnlichem Aufenthalt eines deutschen Kindes in einem Drittstaat, der weder der EU angehört noch das KSÜ ratifiziert hat.[4]

5 In dieser Konstellation gilt, dass internationale Zuständigkeit und anzuwendendes Recht auseinanderfallen, da nach Art. 21 EGBGB das Recht des Staates des gewöhnlichen Aufenthalts – mithin ausländisches Recht – anzuwenden ist.[5]

---

5 BeckOK BGB/*Heiderhoff*, Art. 20 EGBGB Rn. 8; zur Wandelbarkeit vgl. vorstehend *Köhler*, Art. 19 EGBGB Rn. 5
6 BeckOK BGB/*Heiderhoff*, Art. 20 EGBGB Rn. 11
7 OLG Karlsruhe FamRZ 2017, 2026; OLG Hamburg StAZ 2012, 178; Staudinger/*Henrich*, Art. 20 EGBGB Rn. 14
8 MüKo-BGB/*Helms*, Art. 20 EGBGB Rn. 3; Palandt/*Thorn*, Art. 20 EGBGB Rn. 2
1 MüKo-BGB/*Helms*, Art. 21 EGBGB Rn. 16; OLG Karlsruhe FamRZ 2010, 1577, 1578
2 Vgl. Palandt/*Thorn*, Art. 21 EGBGB Rn. 1
3 Hierzu BGH FamRZ 2016, 1747, zur Namenserteilung vor spanischem Standesamt
4 Prütting/Helms/*Hau*, § 99 FamFG Rn. 18; MüKo-BGB/*Helms*, Art. 21 EGBGB Rn. 12; Staudinger/*Henrich*, Art. 21 EGBGB Rn. 10; vgl. auch den Beispielsfall bei *Schulz*, FamRZ 2018, 797, 803 f.
5 Die entsprechenden familienrechtlichen Regelungen sind in der Sammlung *Bergmann/Ferid*, Internationales Ehe- und Kindschaftsrecht, ergänzt durch Länderberichte, zusammengefasst.

II. Persönlicher und zeitlicher Anwendungsbereich

6 Auf Grundlage von Art. 21 EGBGB i.V.m. Art. 7 Abs. 1 Satz 1 EGBGB sind weiter Schutzmaßnahmen für **junge Erwachsene** denkbar, die nach deutschem Recht volljährig wären, nach ihrem Heimatrecht aber noch unter elterlicher Sorge stehen, weil nach diesem Recht die Volljährigkeit erst später eintritt.[6]

7 Art. 21 EGBGB kann auch zur Anwendung gelangen, wenn im Laufe eines gerichtlichen Verfahrens ein **neuer gewöhnlicher Aufenthalt** in einem Staat begründet wird, der nicht Vertragsstaat des KSÜ ist.[7]

Artikel 22 EGBGB Annahme als Kind

(1) [1]Die Annahme als Kind unterliegt dem Recht des Staates, dem der Annehmende bei der Annahme angehört. [2]Die Annahme durch einen oder beide Ehegatten unterliegt dem Recht, das nach Artikel 14 Abs. 2 für die allgemeinen Wirkungen der Ehe maßgebend ist. [3]Die Annahme durch einen Lebenspartner unterliegt dem Recht, das nach Artikel 17b Absatz 1 Satz 1 für die allgemeinen Wirkungen der Lebenspartnerschaft maßgebend ist.

(2) Die Folgen der Annahme in Bezug auf das Verwandtschaftsverhältnis zwischen dem Kind und dem Annehmenden sowie den Personen, zu denen das Kind in einem familienrechtlichen Verhältnis steht, unterliegen dem nach Absatz 1 anzuwendenden Recht.

(3) [1]In Ansehung der Rechtsnachfolge von Todes wegen nach dem Annehmenden, dessen Ehegatten, Lebenspartner oder Verwandten steht der Angenommene ungeachtet des nach den Absätzen 1 und 2 anzuwendenden Rechts einem nach den deutschen Sachvorschriften angenommenen Kind gleich, wenn der Erblasser dies in der Form einer Verfügung von Todes wegen angeordnet hat und die Rechtsnachfolge deutschem Recht unterliegt. [2]Satz 1 gilt entsprechend, wenn die Annahme auf einer ausländischen Entscheidung beruht. [3]Die Sätze 1 und 2 finden keine Anwendung, wenn der Angenommene im Zeitpunkt der Annahme das achtzehnte Lebensjahr vollendet hatte.

► *Näher zu Adoptionssachen mit Auslandsbezug siehe Braun, Kommentierung zu § 101 FamFG.*

► *Näher zum AdWirkG siehe Braun, Anhang zu § 199 FamFG.*

Von einer weitergehenden Kommentierung wird abgesehen.

Artikel 23 EGBGB Zustimmung

[1]Die Erforderlichkeit und die Erteilung der Zustimmung des Kindes und einer Person, zu der das Kind in einem familienrechtlichen Verhältnis steht, zu einer Abstammungserklärung, Namenserteilung oder Annahme als Kind unterliegen zusätzlich dem Recht des Staates, dem das Kind angehört. [2]Soweit es zum Wohl des Kindes erforderlich ist, ist statt dessen das deutsche Recht anzuwenden.

Von einer Kommentierung wird abgesehen.

Artikel 24 EGBGB Vormundschaft, Betreuung und Pflegschaft

(1) [1]Die Entstehung, die Änderung und das Ende der Vormundschaft, Betreuung und Pflegschaft sowie der Inhalt der gesetzlichen Vormundschaft und Pflegschaft unterliegen dem Recht des Staates, dem der Mündel, Betreute oder Pflegling angehört. [2]Für einen Angehörigen eines fremden Staates, der seinen gewöhnlichen Aufenthalt oder, mangels eines solchen, seinen Aufenthalt im Inland hat, kann ein Betreuer nach deutschem Recht bestellt werden.

(2) Ist eine Pflegschaft erforderlich, weil nicht feststeht, wer an einer Angelegenheit beteiligt ist, oder weil ein Beteiligter sich in einem anderen Staat befindet, so ist das Recht anzuwenden, das für die Angelegenheit maßgebend ist.

---

6 *Völker/Clausius*, § 11 Rn. 68; MüKo-BGB/*Helms*, Art. 21 EGBGB Rn. 14; Staudinger/*Henrich*, Art. 21 EGBGB Rn. 122

7 Vgl. OLG Brandenburg, Beschl. v. 3.3.2014 – 9 UF 275/11, juris, Rn. 33 ff.

(3) Vorläufige Maßregeln sowie der Inhalt der Betreuung und der angeordneten Vormundschaft und Pflegschaft unterliegen dem Recht des anordnenden Staates.

Art 24 EGBGB wird nahezu vollständig durch staatsvertragliche Sonderregelungen verdrängt. Da die Anordnung einer Vormundschaft bzw. Pflegschaft eine Schutzmaßnahme im Sinne des KSÜ darstellt, findet Art. 24 EGBGB für Kinder mit gewöhnlichem Aufenthalt in Deutschland keine Anwendung.[1]

1 Vgl. Palandt/*Thorn*, Art. 24 EGBGB Rn. 2; Staudinger/*v. Hein*, Vorbem. zu Art. 24 EGBGB Rn. 1; zur Beendigung der Vormundschaft für Flüchtlinge mit Erreichen der maßgeblichen Volljährigkeit siehe OLG Hamm FamRZ 2019, 216 (im Anschluss an BGH NZFam 2018, 334)

Kapitel 5
Internationales Familienrechtsverfahrensgesetz – IntFamRVG

vom 26. Januar 2005 (BGBl. I S. 162), zuletzt geändert durch das Gesetz vom 31. Januar 2019 (BGBl. I S. 54)

Vorbemerkung

Das Gesetz zur Aus- und Durchführung bestimmter Rechtsinstrumente auf dem Gebiet des Internationalen Familienrechts vom 26.1.2005 (IntFamRVG) wurde zur Umsetzung der Brüssel IIa-VO, des Haager Kindesentführungsübereinkommens und des Europäischen Sorgerechtsübereinkommens konzipiert und im Hinblick auf die Ratifizierung des Haager Kinderschutzübereinkommens entsprechend angepasst.[1] Das IntFamRVG löste mit Wirkung zum 1.3.2005 das Sorgerechtsübereinkommens-Ausführungsgesetz vom 5.4.1990 (SorgeRÜbkAG) ab.

Weiterführende Literatur: Schulz, Das Internationale Familienrechtsverfahrensgesetz, FamRZ 2011, 1273 ff.; *Wagner,* Internationales Familienrechtsverfahrensgesetz, 1. Auflage 2012.

Abschnitt 1
Anwendungsbereich; Begriffsbestimmungen

§ 1 IntFamRVG Anwendungsbereich

Dieses Gesetz dient

1. **der Durchführung der Verordnung (EG) Nr. 2201/2003 des Rates vom 27. November 2003 über die Zuständigkeit und die Anerkennung und Vollstreckung von Entscheidungen in Ehesachen und in Verfahren betreffend die elterliche Verantwortung und zur Aufhebung der Verordnung (EG) Nr. 1347/2000 (ABl. EU Nr. L 338 S. 1);**
2. **der Ausführung des Haager Übereinkommens vom 19. Oktober 1996 über die Zuständigkeit, das anzuwendende Recht, die Anerkennung, Vollstreckung und Zusammenarbeit auf dem Gebiet der elterlichen Verantwortung und der Maßnahmen zum Schutz von Kindern (BGBl. 2009 II S. 602, 603) – im Folgenden: Haager Kinderschutzübereinkommen;**
3. **der Ausführung des Haager Übereinkommens vom 25. Oktober 1980 über die zivilrechtlichen Aspekte internationaler Kindesentführung (BGBl. 1990 II S. 207) – im Folgenden: Haager Kindesentführungsübereinkommen;**
4. **der Ausführung des Luxemburger Europäischen Übereinkommens vom 20. Mai 1980 über die Anerkennung und Vollstreckung von Entscheidungen über das Sorgerecht für Kinder und die Wiederherstellung des Sorgeverhältnisses (BGBl. 1990 II S. 220) – im Folgenden: Europäisches Sorgerechtsübereinkommen.**
5. **der Ausführung des Europäischen Übereinkommens vom 27. November 2008 über die Adoption von Kindern (revidiert) (BGBl. 2015 II S. 3) – im Folgenden: Europäisches Adoptionsübereinkommen.**

Das IntFamRVG enthält für bestimmte Verfahrenskonstellationen mit Auslandsbezug besondere einheitliche Regelungen zur innerstaatlichen Zuständigkeit, Anerkennung und Vollstreckung ausländischer Entscheidungen sowie für die grenzüberschreitende Unterbringung von Kindern im Rahmen der Durchführung bzw. Ausführung von **1**

- Brüssel IIa-VO, siehe hierzu die Kommentierung der einschlägigen Vorschriften der Brüssel IIa-VO oben in Kapitel 2.
- Kinderschutzübereinkommen (KSÜ), siehe hierzu die Kommentierung der einschlägigen Vorschriften des KSÜ oben in Kapitel 3 Abschnitt 3.
- Haager Kindesentführungsübereinkommen (HKÜ), siehe hierzu die Kommentierung der einschlägigen Vorschriften des HKÜ oben in Kapitel 3 Abschnitt 1.

1 Hierzu BT-Drucks. 16/12063

- Europäischem Sorgerechtsübereinkommen (ESÜ), siehe hierzu die Kommentierung der einschlägigen Vorschriften des ESÜ oben in Kapitel 3 Abschnitt 2.

2 Außerhalb dieses Anwendungsbereichs gelten auch in kindschaftsrechtlichen Verfahren mit Auslandsbezug die Regelungen des FamFG, so dass grundsätzlich innerstaatliches Verfahrensrecht (lex fori) zur Anwendung gelangt. Dies gilt auch im Rahmen der zuvor genannten Verfahren, sofern das IntFamRVG keine Sonderregelungen enthält (vgl. *Schweppe,* § 14 IntFamRVG Rn. 1 ff.).

Übersicht: Anerkennung und Vollstreckung ausländischer Entscheidungen

	Brüssel IIa-VO Vorrang ggü. KSÜ, Art. 61 Brüssel IIa-VO	ESÜ	KSÜ	Umsetzung von Brüssel IIa-VO, ESÜ, KSÜ im IntfamRVG	FamFG
Anerkennung	Art. 21	Art. 7	Art. 23 Abs. 1		§ 108
Förmliches Exequatur-verfahren	nicht vorgesehen	nicht vorgesehen	nicht vorgesehen		§ 108 Abs. 1 nicht für Kindschaftssachen
Fakultatives Anerkennungsverfahren	Art. 21 Abs. 3 Satz 1		Art. 24	§ 32	§ 108 Abs. 2
Zuständiges Gericht	Art. 21 Abs. 3 Satz 2			§ 10 i.V.m. § 12	§ 108 Abs. 3
Antrag	Vorlage Bescheinigungen nach Art. 37 bis 39, 52 Brüssel IIa-VO				
Verfahren		Art. 14 ESÜ		§ 32	
Aussetzung	Art. 27	Art. 10 Abs. 2			
Versagungsgründe	Art. 23		Art. 23 Abs. 2		§ 109
Internationale Zuständigkeit	Art. 24 Verbot der Überprüfung	Art. 9 Abs. 1 b) Überprüfung bzgl. Anknüpfung an gewöhnlichen Aufenthalt	Art. 23 Abs. 2 a), aber auch Art. 25		§ 109 Abs. 1 Nr. 1
Beteiligungsmöglichkeit Antragsgegner	Art. 23 c) bzw. d)	Art. 9 Abs. 1 a)	Art. 23 Abs. 2 c)		§ 109 Abs. 1 Nr. 2
Kindesanhörung	Art. 23 b)		Art. 23 Abs. 2 b)		
Kindeswohl		begrenzte Prüfung Art. 10 Abs. 1 b)			
Unvereinbarkeit mit späterer Sorgerechtsentscheidung	Art. 23 e) bzw. f)	begrenzte Prüfung Art. 9 Abs. 1 d) und Art. 10 Abs. 1 d)	Art. 23 Abs. 2 e)		§ 109 Abs. 1 Nr. 3 3
Ordre-public-Verstoß	Art. 23 a) Wohl des Kindes	Art. 10 Abs. 1 a)	Art. 23 Abs. 2 d)		§ 109 Abs. 1 Nr. 4
Verbot der „révision au fond"	Art. 26	Art. 9 Abs. 3	Art. 27		§ 109 Abs. 5

	Brüssel IIa-VO Vorrang ggü. KSÜ, Art. 61 Brüssel IIa-VO	ESÜ	KSÜ	Umsetzung von Brüssel IIa-VO, ESÜ, KSÜ im IntfamRVG	FamFG
Vollstreckbarerklärung	Art. 28	Art. 7 a.E. Vollstreckung folgt Anerkennung	Art. 26 Versagungsgründe wie Art. 23 Abs. 2		§ 110 Abs. 1 u. 2 kein Exequaturverfahren
Zuständigkeit	Art. 29 Abs. 2		Art. 26 KSÜ	§ 10 i.V.m. § 12	
Verfahren	Art. 30	13 bis 16 ESÜ		§§ 16 ff.	
	Art. 31 Abs. 1 einseitiges Verfahren			§ 18 (nicht ESÜ) § 19 (nur ESÜ)	
	Art. 31 Abs. 2 Verbot der „révision au fond"				
Aussetzung	Art. 35				
Rechtsmittel	Art. 33 Art. 34			§ 24 § 28 Rechtsbeschwerde	
Zuständiges Gericht	Art. 33 Abs. 2			§ 24 Abs. 1	
Frist	Art. 33 Abs. 5 ein Monat bzw. 2 Monate ab Zustellung				
Ergänzende Anordnungen	Art. 48 für Umgang	Art. 11 Abs. 2 für Umgang		§ 33 Abs. 1 Aufnahme der Herausgabeanordnung; § 33 Abs. 2 für ESÜ	
Vollstreckung nach Recht des Vollstreckungsstaates	Art. 47	§ 44 IntFamRVG	Art. 28	§ 44	§§ 88 bis 94

§ 2 IntFamRVG Begriffsbestimmungen

Im Sinne dieses Gesetzes sind „Titel" Entscheidungen, Vereinbarungen und öffentliche Urkunden, auf welche die durchzuführende EG-Verordnung oder das jeweils auszuführende Übereinkommen Anwendung findet.

Von einer Kommentierung wird abgesehen.

Abschnitt 2
Zentrale und nationale Behörde; Jugendamt

§ 3 IntFamRVG Bestimmung der Zentralen und der nationalen Behörde

(1) Zentrale Behörde nach

1. Artikel 53 der Verordnung (EG) Nr. 2201/2003,

2. Artikel 29 des Haager Kinderschutzübereinkommens,

3. Artikel 6 des Haager Kindesentführungsübereinkommens,

4. Artikel 2 des Europäischen Sorgerechtsübereinkommens

ist das Bundesamt für Justiz. Dieses ist auch nationale Behörde nach Artikel 15 Satz 2 des Europäischen Adoptionsübereinkommens.

(2) Das Verfahren der Zentralen Behörde gilt als Justizverwaltungsverfahren.

1 Die in § 3 Abs. 1 IntFamRVG genannten Normen sehen jeweils die Einrichtung Zentraler Behörden[1] in den Vertragsstaaten vor. Dies ist nach § 3 Abs. 1 IntFamRVG das Bundesamt für Justiz mit Sitz in Bonn. Die Aufgaben des Bundesamts für Justiz als Zentrale Behörde sind in §§ 4 bis 7 IntFamRVG geregelt. Weiter ist hierzu auf die Internetseite www.bundesjustizamt.de zu verweisen.

2 Aus § 3 Abs. 2 IntFamRVG ergibt sich, dass für die Anfechtung von Maßnahmen der Zentralen Behörde das Verfahren nach §§ 23 ff. EGGVG Anwendung findet, wobei bei Ablehnung des Tätigwerdens § 8 IntFamRVG maßgeblich ist, der wiederum auf die entsprechenden Vorschriften des FamFG verweist.

§ 4 IntFamRVG Übersetzungen bei eingehenden Ersuchen

(1) Die Zentrale Behörde, bei der ein Antrag aus einem anderen Staat nach der Verordnung (EG) Nr. 2201/2003 oder nach dem Europäischen Sorgerechtsübereinkommen eingeht, kann es ablehnen, tätig zu werden, solange Mitteilungen oder beizufügende Schriftstücke nicht in deutscher Sprache abgefasst oder von einer Übersetzung in diese Sprache begleitet sind.

(2) Ist ein Schriftstück nach Artikel 54 des Haager Kinderschutzübereinkommens oder nach Artikel 24 Abs. 1 des Haager Kindesentführungsübereinkommens ausnahmsweise nicht von einer deutschen Übersetzung begleitet, so veranlasst die Zentrale Behörde die Übersetzung.

1 § 4 IntFamRVG regelt die Frage, in welcher Sprache bei der Zentralen Behörde eingehende Anträge abzufassen sind. Die Norm differenziert zwischen Anträgen nach Brüssel IIa-VO und ESÜ einerseits und nach HKÜ und KSÜ andererseits.

2 Bei **Anträgen auf Grundlage der Brüssel IIa-VO und des ESÜ** muss das Bundesamt für Justiz nur Anträge in deutscher Sprache bzw. Übersetzung akzeptieren, weil insofern Vorbehaltserklärungen nach Art. 57 Abs. 2 Brüssel IIa-VO und nach Art. 6 Abs. 1 lit. b ESÜ bestehen.

3 Bei **Anträgen auf Grundlage des KSÜ und des HKÜ** ist das Bundesamt für Justiz zur Annahme der Anträge verpflichtet, wird aber ggf. selbst die Übersetzung veranlassen. Die hierfür anfallenden Kosten sind durch den Antragsteller nach Maßgabe des § 54 IntFamRVG zu tragen.

4 Für das KSÜ greift insoweit nach Art. 54 KSÜ ein Vorbehalt gegen die Verwendung der französischen Sprache. Für das HKÜ hat Deutschland den nach Art. 24 HKÜ möglichen Vorbehalt nicht eingelegt, es wird aber die Vorlage von Übersetzungen erwartet.[1]

---

1 Zu den Aufgaben der Zentralen Behörden insbesondere nach dem KSÜ vgl. *Schulz*, FamRZ 2011, 156, 160 f.; zu den Aufgaben des Bundesamts für Justiz als Zentrale Behörde siehe *Schlauß*, ZKJ 2019, 255; *ders.*, ZKJ 2017, 214

1 Vgl. *Wagner*, § 4 IntFamRVG Rn. 2 f.

§ 5 IntFamRVG Übersetzungen bei ausgehenden Ersuchen

(1) Beschafft die antragstellende Person erforderliche Übersetzungen für Anträge, die in einem anderen Staat zu erledigen sind, nicht selbst, veranlasst die Zentrale Behörde die Übersetzungen auf Kosten der antragstellenden Person.

(2) Das Amtsgericht befreit eine antragstellende natürliche Person, die ihren gewöhnlichen Aufenthalt oder bei Fehlen eines gewöhnlichen Aufenthalts im Inland ihren tatsächlichen Aufenthalt im Gerichtsbezirk hat, auf Antrag von der Erstattungspflicht nach Absatz 1, wenn sie die persönlichen und wirtschaftlichen Voraussetzungen für die Gewährung von Verfahrenskostenhilfe ohne einen eigenen Beitrag zu den Kosten nach den Vorschriften des Gesetzes über das Verfahren in Familiensachen und in Angelegenheiten der freiwilligen Gerichtsbarkeit erfüllt.

§ 5 IntFamRVG regelt einheitlich die Übersetzung und Kostentragung für Anträge und Ersuchen, die über die Zentrale Behörde ins Ausland weitergeleitet werden. 1

Auch für ausgehende Ersuchen gilt der Grundsatz, dass die **Kosten durch den Antragsteller** zu tragen sind, § 5 Abs. 1 i.V.m. § 54 IntFamRVG. Es steht den Beteiligten aber frei, die Übersetzung selbst zu veranlassen. 2

§ 5 Abs. 2 IntFamRVG ermöglicht beim Familiengericht eine **Befreiung von den Übersetzungskosten** zu erhalten, die unter den für die Bewilligung von Verfahrenskostenhilfe nach § 76 FamFG i.V.m. §§ 114 ff. ZPO geltenden Voraussetzungen (dazu siehe *Dürbeck*, Kommentierung zu § 76 FamFG) erteilt wird. Dabei ist zunächst die Befreiung zu erwirken, dann veranlasst das Bundesamt für Justiz die erforderlichen Übersetzungen auf eigene Kosten (abweichend von § 5 Abs. 1 IntFamRVG). 3

Eine nachträgliche Erstattung bereits veranlasster Übersetzungen ist nicht möglich.[1] Für den Antrag an das Familiengericht nach § 5 Abs. 2 FamFG greift die Zuständigkeitskonzentration nach §§ 10 bis 12 IntFamRVG nicht.

Die Entscheidung ist dem Rechtspfleger zugewiesen, § 29 Ziffer 3 RPflG.

§ 6 IntFamRVG Aufgabenerfüllung durch die Zentrale Behörde

(1) [1]Zur Erfüllung der ihr obliegenden Aufgaben veranlasst die Zentrale Behörde mit Hilfe der zuständigen Stellen alle erforderlichen Maßnahmen. [2]Sie verkehrt unmittelbar mit allen zuständigen Stellen im In- und Ausland. [3]Mitteilungen leitet sie unverzüglich an die zuständigen Stellen weiter.

(2) [1]Zum Zweck der Ausführung des Haager Kindesentführungsübereinkommens und des Europäischen Sorgerechtsübereinkommens leitet die Zentrale Behörde erforderlichenfalls gerichtliche Verfahren ein. [2]Im Rahmen dieser Übereinkommen gilt sie zum Zweck der Rückgabe des Kindes als bevollmächtigt, im Namen der antragstellenden Person selbst oder im Weg der Untervollmacht durch Vertreter gerichtlich oder außergerichtlich tätig zu werden. [3]Ihre Befugnis, zur Sicherung der Einhaltung der Übereinkommen im eigenen Namen entsprechend zu handeln, bleibt unberührt.

Übersicht

	Rn.
A. Aufgaben der Zentralen Behörde	1
B. Vertretung im Verfahren	2

A. Aufgaben der Zentralen Behörde

§ 6 und § 7 IntFamRVG regeln die Aufgaben der Zentralen Behörde. Diese ist vor allem Anlaufstelle für aus dem Ausland eingehende Anträge und übernimmt Koordinationsaufgaben. Die Tätigkeit der Zentralen Behörde ist kostenfrei mit Ausnahme der Kosten für Übersetzungen, § 54 i.V.m. § 4 bzw. § 5 IntFamRVG. 1

▶ *Zu den Aufgaben der Zentralen Behörde ist auf Art. 54 f. Brüssel IIa-VO, Art. 31 f. KSÜ, Art. 3 ESÜ und insbesondere Art. 7 HKÜ zu verweisen, siehe hierzu die jeweiligen Kommentierungen.*

1 Vgl. Bundesamt für Justiz, Internationale Kindschaftsverfahren VIII 1. a) a.E

B. Vertretung im Verfahren

2 Das Bundesamt für Justiz übernimmt im Rahmen des HKÜ und des ESÜ auch die Einleitung von Gerichtsverfahren (§ 6 Abs. 2 IntFamRVG) und ist dabei in Rückführungsverfahren qua Gesetz (§ 6 Abs. 2 Satz 2 IntFamRVG) als **Bevollmächtigter für den Antragsteller** tätig, wobei die Einschaltung von Verfahrensbevollmächtigten üblich ist. Die Vollmachtsfiktion greift nur für die Rückführung von Kindern; nicht dagegen im Rahmen der Tätigkeit in Umgangsverfahren und in Verfahren nach der Brüssel IIa-VO und dem KSÜ.

3 § 6 Abs. 2 Satz 2 IntFamRVG schränkt die Möglichkeit, selbst einen Verfahrensbevollmächtigten zu beauftragen, nicht ein. Soweit **ein selbst beauftragter Verfahrensbevollmächtigter** neben dem Bundesamt für Justiz im Verfahren auftritt, ist zu beachten, dass die vierzehntägige Beschwerdefrist ab der ersten Zustellung zu laufen beginnt (vgl. hierzu § 40 IntFamRVG Rn. 8).[1]

§ 7 IntFamRVG Aufenthaltsermittlung

(1) Die Zentrale Behörde trifft alle erforderlichen Maßnahmen einschließlich der Einschaltung von Polizeivollzugsbehörden, um den Aufenthaltsort des Kindes zu ermitteln, wenn dieser unbekannt ist und Anhaltspunkte dafür vorliegen, dass sich das Kind im Inland befindet.

(2) Soweit zur Ermittlung des Aufenthalts des Kindes oder zur Feststellung eines früheren oder des gegenwärtigen gewöhnlichen Aufenthalts des Kindes erforderlich, darf die Zentrale Behörde im automatisierten Abrufverfahren nach § 38 des Bundesmeldegesetzes über die in § 38 Absatz 1 des Bundesmeldegesetzes aufgeführten Daten hinaus folgende Daten abrufen:

1. **derzeitige Staatsangehörigkeiten,**
2. **frühere Anschriften, gekennzeichnet nach Haupt- und Nebenwohnung und**
3. **Einzugsdatum und Auszugsdatum.**

(3) Soweit zur Ermittlung des Aufenthalts des Kindes erforderlich, darf die Zentrale Behörde bei dem Kraftfahrt-Bundesamt erforderliche Halterdaten nach § 33 Abs. 1 Satz 1 Nr. 2 des Straßenverkehrsgesetzes erheben und die Leistungsträger im Sinne der §§ 18 bis 29 des Ersten Buches Sozialgesetzbuch um Mitteilung des derzeitigen Aufenthalts einer Person ersuchen.

(4) [1]Unter den Voraussetzungen des Absatzes 1 kann die Zentrale Behörde die Ausschreibung zur Aufenthaltsermittlung durch das Bundeskriminalamt veranlassen. [2]Sie kann auch die Speicherung eines Suchvermerks im Zentralregister veranlassen.

(5) Soweit andere Stellen eingeschaltet werden, übermittelt sie ihnen die zur Durchführung der Maßnahmen erforderlichen personenbezogenen Daten; diese dürfen nur für den Zweck verwendet werden, für den sie übermittelt worden sind.

1 § 7 IntFamRVG eröffnet der Zentralen Behörde für die Ermittlung des Aufenthalts betroffener Kinder Ermittlungsmethoden, die üblicherweise zu Strafverfolgungszwecken dienen. Dabei ist auch der Zugriff auf Daten des Kraftfahrtbundesamts und von Sozialbehörden möglich (§ 7 Abs. 3 IntFamRVG).

§ 8 IntFamRVG Anrufung des Oberlandesgerichts

(1) Nimmt die Zentrale Behörde einen Antrag nicht an oder lehnt sie es ab, tätig zu werden, so kann die Entscheidung des Oberlandesgerichts beantragt werden.

(2) Zuständig ist das Oberlandesgericht, in dessen Bezirk die Zentrale Behörde ihren Sitz hat.

(3) [1]Das Oberlandesgericht entscheidet im Verfahren der freiwilligen Gerichtsbarkeit. [2]§ 14 Abs. 1 und 2 sowie die Abschnitte 4 und 5 des Buches 1 des Gesetzes über das Verfahren in Familiensachen und in den Angelegenheiten der freiwilligen Gerichtsbarkeit gelten entsprechend.

1 § 8 IntFamRVG ermöglicht Antragstellern einen Rechtsbehelf, sofern das Bundesamt für Justiz ein Tätigwerden ablehnt. Zuständig nach § 8 Abs. 2 IntFamRVG ist das OLG Köln, das insofern als Beschwer-

1 OLG Karlsruhe FamRZ 2012, 468, 470

degericht – unter Berücksichtigung etwaigen neuen Vortrags, § 65 Abs. 3 FamFG – über die Entscheidung der Zentralen Behörde, einen Antrag nicht anzunehmen, entscheidet.[1]

Gegen die Entscheidung des OLG Köln ist die Rechtsbeschwerde nach §§ 70 ff. FamFG (näher hierzu *Dürbeck*, § 70 FamFG Rn. 10) eröffnet.[2] 2

Nach § 8 Abs. 3 IntFamRVG finden insbesondere die Regelungen des FamFG zu Einstweiligen Anordnungen entsprechend Anwendung. 3

▶ *Näher hierzu Lack, § 49 FamFG Rn. 7 ff.*

§ 9 IntFamRVG Mitwirkung des Jugendamts an Verfahren

(1) [1]Unbeschadet der Aufgaben des Jugendamts bei der grenzüberschreitenden Zusammenarbeit unterstützt das Jugendamt die Gerichte und die Zentrale Behörde bei allen Maßnahmen nach diesem Gesetz. [2]Insbesondere

1. gibt es auf Anfrage Auskunft über die soziale Lage des Kindes und seines Umfelds,

2. unterstützt es in jeder Lage eine gütliche Einigung,

3. leistet es in geeigneten Fällen Unterstützung bei der Durchführung des Verfahrens, auch bei der Sicherung des Aufenthalts des Kindes,

4. leistet es in geeigneten Fällen Unterstützung bei der Ausübung des Rechts zum persönlichen Umgang, der Heraus- oder Rückgabe des Kindes sowie der Vollstreckung gerichtlicher Entscheidungen.

(2) [1]Zuständig ist das Jugendamt, in dessen Bereich sich das Kind gewöhnlich aufhält. [2]Solange die Zentrale Behörde oder ein Gericht mit einem Herausgabe- oder Rückgabeantrag oder dessen Vollstreckung befasst ist, oder wenn das Kind keinen gewöhnlichen Aufenthalt im Inland hat, oder das zuständige Jugendamt nicht tätig wird, ist das Jugendamt zuständig, in dessen Bereich sich das Kind tatsächlich aufhält. [3]In den Fällen des Artikels 35 Absatz 2 Satz 1 des Haager Kinderschutzübereinkommens ist das Jugendamt örtlich zuständig, in dessen Bezirk der antragstellende Elternteil seinen gewöhnlichen Aufenthalt hat.

(3) Das Gericht unterrichtet das zuständige Jugendamt über Entscheidungen nach diesem Gesetz auch dann, wenn das Jugendamt am Verfahren nicht beteiligt war.

Übersicht

Rn.
A. Aufgaben des Jugendamts 1
B. Zuständigkeit 4
C. Mitteilungspflicht 5

A. Aufgaben des Jugendamts

§ 9 IntFamRVG regelt die Mitwirkung des Jugendamts am Aufenthaltsort des Kindes bzw. dem eines Elternteils und verpflichtet die Jugendämter zur Unterstützung etwa bei der Rückführung des Kindes sowie der Vollstreckung gerichtlicher Entscheidungen. 1

Die in § 9 IntFamRVG geregelten Mitwirkungsverpflichtungen gehen über die allgemeinen Aufgaben des Jugendamts im familiengerichtlichen Verfahren nach § 50 SGB VIII hinaus (siehe hierzu allgemein *Köhler*, § 50 SGB VIII Rn. 7 ff.). 2

Der Gesetzgeber weist dem Jugendamt im Bereich grenzüberschreitender Sorge- und Umgangskonflikte dabei eine deeskalierende Funktion durch Aufklärung, Beratung und Unterstützung der Eltern zu, etwa durch Gespräche mit dem das Kind betreuenden Elternteil und dem Kind mit dem Ziel, die Rückführung des Kindes durch die Betreuung des Jugendamts bis zur tatsächlichen Abreise zu erleichtern und durch Gespräche mit den Eltern eine gewaltsame Herausnahme zu vermeiden.[1] Die Tätigkeit der Jugendämter kann aber auch die Mitwirkung an der Vollstreckung einer Rückführungsanordnung nach dem HKÜ (näher hierzu *Schweppe*, Art. 12 HKÜ Rn. 18 f.), die Organisation der Heimreise des Kindes, die Begleitung von Umgangskontakten sowie die Verwahrung von Reisepässen umfassen.[2] 3

1 Zu einer entsprechenden Entscheidung siehe OLG Köln, FamRZ 2010, 913
2 Vgl. Staudinger/*Pirrung*, Vorbem. G zu Art. 19 EGBGB Rn. G 19
1 BT-Drucks. 15/3981, 21 f.
2 Vgl. Staudinger/*Pirrung*, Vorbem. G zu Art. 19 EGBGB Rn. G 19; *Wagner*, § 9 IntFamRVG Rn. 2

B. Zuständigkeit

4 Zuständig ist – abweichend von den örtlichen Zuständigkeitsregeln des SGB VIII (hierzu *Köhler*, Kommentierung zu § 86 ff. SGB VIII) – grundsätzlich das **Jugendamt am Aufenthaltsort des Kindes**, sofern es um die Frage der Berichterstattung zur Umgangsgestaltung mit einem im Inland lebenden Elternteil geht, ist das Jugendamt zuständig, in dessen Bezirk der antragstellende Elternteil seinen gewöhnlichen Aufenthalt hat.

C. Mitteilungspflicht

5 Sofern das Jugendamt durch das Gericht am Verfahren nicht beteiligt wurde, sieht § 9 Abs. 3 IntFamRVG eine Mitteilungspflicht durch das Gericht an das Jugendamt vor, damit dieses ggf. nach eigenem Ermessen tätig werden kann.

Abschnitt 3
Gerichtliche Zuständigkeit und Zuständigkeitskonzentration

§ 10 IntFamRVG Örtliche Zuständigkeit für die Anerkennung und Vollstreckung

Örtlich ausschließlich zuständig für Verfahren nach

- **Artikel 21 Abs. 3 und Artikel 48 Abs. 1 der Verordnung (EG) Nr. 2201/2003 sowie für die Zwangsvollstreckung nach den Artikeln 41 und 42 der Verordnung (EG) Nr. 2201/2003,**
- **den Artikeln 24 und 26 des Haager Kinderschutzübereinkommens,**
- **dem Europäischen Sorgerechtsübereinkommen**

ist das Familiengericht, in dessen Zuständigkeitsbereich zum Zeitpunkt der Antragstellung

1. **die Person, gegen die sich der Antrag richtet, oder das Kind, auf das sich die Entscheidung bezieht, sich gewöhnlich aufhält oder**
2. **bei Fehlen einer Zuständigkeit nach Nummer 1 das Interesse an der Feststellung hervortritt oder das Bedürfnis der Fürsorge besteht,**
3. **sonst das im Bezirk des Kammergerichts zur Entscheidung berufene Gericht.**

1 § 10 IntFamRVG regelt die innerstaatliche örtliche Zuständigkeit für Verfahren im Bereich der Anerkennung (bzw. Anträgen auf Nichtanerkennung) und Vollstreckung nach den in der Norm genannten Rechtsgrundlagen, wobei § 12 IntFamRVG eine besondere Zuständigkeitskonzentration enthält.

§ 11 IntFamRVG Örtliche Zuständigkeit nach dem Haager Kindesentführungsübereinkommen

Örtlich zuständig für Verfahren nach dem Haager Kindesentführungsübereinkommen ist das Familiengericht, in dessen Zuständigkeitsbereich

1. **sich das Kind beim Eingang des Antrags bei der Zentralen Behörde aufgehalten hat oder**
2. **bei Fehlen einer Zuständigkeit nach Nummer 1 das Bedürfnis der Fürsorge besteht.**

1 § 11 IntFamRVG regelt die innerstaatliche örtliche Zuständigkeit für Verfahren nach dem HKÜ, wobei § 12 IntFamRVG eine besondere Zuständigkeitskonzentration enthält.

§ 12 IntFamRVG Zuständigkeitskonzentration

(1) In Verfahren über eine in den §§ 10 und 11 bezeichnete Sache sowie in Verfahren über die Vollstreckbarerklärung nach Artikel 28 der Verordnung (EG) Nr. 2201/2003 entscheidet das Familiengericht, in dessen Bezirk ein Oberlandesgericht seinen Sitz hat, für den Bezirk dieses Oberlandesgerichts.

(2) Im Bezirk des Kammergerichts entscheidet das Familiengericht Pankow/Weißensee.

(3) [1]Die Landesregierungen werden ermächtigt, diese Zuständigkeit durch Rechtsverordnung einem anderen Familiengericht des Oberlandesgerichtsbezirks oder, wenn in einem Land mehrere Oberlandesge-

richte errichtet sind, einem Familiengericht für die Bezirke aller oder mehrerer Oberlandesgerichte zuzuweisen. [2]Sie können die Ermächtigung auf die Landesjustizverwaltungen übertragen.

Mit § 12 IntFamRVG wurde eine Zuständigkeitskonzentration für die in § 10 und § 11 IntFamRVG genannten Verfahren geschaffen mit dem Ziel, eine besondere Sachkunde und praktische Erfahrung bei den zentralisierten Gerichten zu erreichen.[1] 1

§ 12 greift für die in § 10 und § 11 IntFamRVG genannten Verfahren, mithin: 2

- Verfahren auf **Anerkennung** und/oder Vollstreckbarerklärung einer ausländischen Sorgerechts- oder Umgangsentscheidung nach der Brüssel IIa-VO, dem KSÜ und dem ESÜ (§ 12, § 10 IntFamRVG),
- Verfahren auf **Vollstreckung** einer Rückführungs- oder Umgangsentscheidung aus einem anderen Mitgliedstaat der Europäischen Union nach Art. 40 bis 42 der Brüssel IIa-VO,
- **Rückführungsverfahren** nach dem HKÜ (§ 12, § 11 IntFamRVG) und dem ESÜ (§ 12, § 10 IntFamRVG),
- durch das Bundesamt für Justiz eingeleitete **Umgangsverfahren**, gerichtet auf Umgang zwischen einem in Deutschland lebenden Kind und einem Elternteil, der in einem anderen Mitgliedstaat der Europäischen Union oder einem anderen HKÜ-, KSÜ- oder ESÜ-Vertragsstaat lebt (§ 12, § 11 IntFamRVG).[2]

In **Umgangsverfahren** besteht im Übrigen für den Antragsteller eine Wahlmöglichkeit: die Regelung des Umgangs kann in bei dem allgemein örtlich zuständigen Familiengericht oder bei dem aufgrund der Zuständigkeitskonzentration zuständigen Gericht beantragt werden. Bei Antragstellung über die Zentrale Behörde ist diese aber durch die Vorschriften der Zuständigkeitskonzentration nach § 12, § 11 IntFamRVG gebunden. 3

Zuständig ist nach § 12 Abs. 1 IntFamRVG in jedem OLG-Bezirk nur das Familiengericht unmittelbar am Sitz des Oberlandesgerichts für den gesamten Bezirk dieses Oberlandesgerichts; in Hessen etwa das Amtsgericht Frankfurt am Main. Eine Liste der zuständigen Gerichte ist unter www.bundesjustizamt.de unter der Rubrik Internationales Sorgerecht – Zuständige Gerichte verfügbar. § 12 Abs. 2 IntFamRVG regelt die Zuständigkeit für Berlin. § 12 Abs. 3 IntFamRVG eröffnet für Bundesländer mit mehreren OLG-Bezirken eine weitergehende Zuständigkeitskonzentration. So ist in Niedersachsen allein das Familiengericht Celle zuständig. 4

§ 13 IntFamRVG Zuständigkeitskonzentration für andere Familiensachen

(1) [1]Das Familiengericht, bei dem eine in den §§ 10 bis 12 bezeichnete Sache anhängig wird, ist von diesem Zeitpunkt an ungeachtet des § 137 Abs. 1 und 3 des Gesetzes über das Verfahren in Familiensachen und in den Angelegenheiten der freiwilligen Gerichtsbarkeit für alle dasselbe Kind betreffenden Familiensachen nach § 151 Nr. 1 bis 3 des Gesetzes über das Verfahren in Familiensachen und in den Angelegenheiten der freiwilligen Gerichtsbarkeit einschließlich der Verfügungen nach § 44 und den §§ 35 und 89 bis 94 des Gesetzes über das Verfahren in Familiensachen und in den Angelegenheiten der freiwilligen Gerichtsbarkeit zuständig. [2]Die Zuständigkeit nach Satz 1 tritt nicht ein, wenn der Antrag offensichtlich unzulässig ist. [3]Sie entfällt, sobald das angegangene Gericht auf Grund unanfechtbarer Entscheidung unzuständig ist; Verfahren, für die dieses Gericht hiernach seine Zuständigkeit verliert, sind nach näherer Maßgabe des § 281 Abs. 2 und 3 Satz 1 der Zivilprozessordnung von Amts wegen an das zuständige Gericht abzugeben.

(2) Bei dem Familiengericht, das in dem Oberlandesgerichtsbezirk, in dem sich das Kind gewöhnlich aufhält, für Anträge der in Absatz 1 Satz 1 genannten Art zuständig ist, kann auch eine andere Familiensache nach § 151 Nr. 1 bis 3 des Gesetzes über das Verfahren in Familiensachen und in den Angelegenheiten der freiwilligen Gerichtsbarkeit anhängig gemacht werden, wenn ein Elternteil seinen gewöhnlichen Aufenthalt in einem anderen Mitgliedstaat der Europäischen Union oder in einem anderen Vertragsstaat des Haager Kinderschutzübereinkommens, des Haager Kindesentführungsübereinkommens oder des Europäischen Sorgerechtsübereinkommens hat.

1 BT-Drucks. 15/3981, 22
2 *Schulz*, FamRZ 2011, 1273, 1274

(3) [1]Im Falle des Absatzes 1 Satz 1 hat ein anderes Familiengericht, bei dem eine dasselbe Kind betreffende Familiensache nach § 151 Nr. 1 bis 3 des Gesetzes über das Verfahren in Familiensachen und in den Angelegenheiten der freiwilligen Gerichtsbarkeit im ersten Rechtszug anhängig ist oder anhängig wird, dieses Verfahren von Amts wegen an das nach Absatz 1 Satz 1 zuständige Gericht abzugeben. [2]Auf übereinstimmenden Antrag beider Elternteile sind andere Familiensachen, an denen diese beteiligt sind, an das nach Absatz 1 oder Absatz 2 zuständige Gericht abzugeben. [3]§ 281 Abs. 2 Satz 1 bis 3 und Abs. 3 Satz 1 der Zivilprozessordnung gilt entsprechend.

(4) [1]Das Familiengericht, das gemäß Absatz 1 oder Absatz 2 zuständig oder an das die Sache gemäß Absatz 3 abgegeben worden ist, kann diese aus wichtigen Gründen an das nach den allgemeinen Vorschriften zuständige Familiengericht abgeben oder zurückgeben, soweit dies nicht zu einer erheblichen Verzögerung des Verfahrens führt. [2]Als wichtiger Grund ist es in der Regel anzusehen, wenn die besondere Sachkunde des erstgenannten Gerichts für das Verfahren nicht oder nicht mehr benötigt wird. [3]§ 281 Abs. 2 und 3 Satz 1 der Zivilprozessordnung gilt entsprechend. [4]Die Ablehnung einer Abgabe nach Satz 1 ist unanfechtbar.

(5) §§ 4 und 5 Abs. 1 Nr. 5, Abs. 2 und 3 des Gesetzes über das Verfahren in Familiensachen und in den Angelegenheiten der freiwilligen Gerichtsbarkeit bleibt unberührt.

Übersicht

Rn.

A. Allgemeines ... 1
B. Inhalt der Norm ... 2
 I. Zwingende Zuständigkeit ... 2
 II. Fakultative Zuständigkeit ... 3
 III. Verweisung ... 5
  1. Verpflichtung ... 5
  2. Option ... 6
  3. Wirkung ... 7
 IV. Abgabe von Verfahren ... 8

A. Allgemeines

1 § 13 IntFamRVG erweitert die Zuständigkeit der nach § 10 bis § 12 IntFamRVG zuständigen Familiengerichte auf weitere Verfahren, um für die betroffenen Kinder eine einheitliche Entscheidung eines spezialisierten Familiengerichts zu erreichen.[1] Dabei ist in einigen Fällen die Zuständigkeit der Spezialgerichte zwingend, in anderen Konstellationen besteht eine Wahlmöglichkeit.

B. Inhalt der Norm

I. Zwingende Zuständigkeit

2 § 13 Abs. 1 Satz 1 IntFamRVG erweitert die Zuständigkeit des Familiengerichts, bei dem eines der Verfahren nach § 10 oder § 11 IntFamRVG anhängig ist, namentlich ein Rückführungsverfahren nach dem HKÜ oder ESÜ, Anerkennungs- bzw. Vollstreckbarerklärungsverfahren nach ESÜ, KSÜ oder Brüssel IIa-VO und Vollstreckungsverfahren nach Art. 40 ff. Brüssel IIa-VO sowie ein durch die Zentrale Behörde eingeleitetes Umgangsverfahren[2] **zwingend** auf bereits anhängige sowie anhängig werdende Verfahren betreffend die elterliche Sorge, Umgang und Herausgabe des Kindes (§ 151 Nr. 1 bis 3 FamFG) einschließlich der Vollstreckungsmaßnahmen nach § 44 IntFamRVG, § 35 und §§ 89 bis 94 FamFG.

II. Fakultative Zuständigkeit

3 § 13 Abs. 2 IntFamRVG enthält für den Antragsteller in Verfahren auf Regelung der elterlichen Sorge, des Umgangs und der Herausgabe eines Kindes ein echtes **Wahlrecht**, den Antrag an ein Familiengericht mit Zuständigkeitskonzentration zu richten, unter folgenden Voraussetzungen:

- Das Kind hat seinen Aufenthalt im Inland und
- der Antragsteller hat seinen Aufenthalt in einem EU-Mitgliedstaat oder Vertragsstaat von KSÜ, HKÜ oder ESÜ.

---

1 Zur Zulässigkeit solcher besonderer Zuständigkeitsbestimmungen siehe EuGH FamRZ 2015, 562, für den Geltungsbereich der Brüssel IIa-VO

2 *Schulz*, FamRZ 2011, 1273, 1274

Damit kann bereits vor Anhängigkeit eines Verfahrens nach Abs. 1 die Spezialisierung genutzt werden und eine spätere Abgabe ist nicht erforderlich. 4

III. Verweisung

1. Verpflichtung

§ 13 Abs. 3 Satz 1 IntFamRVG **verpflichtet** ein angerufenes nach allgemeinen Grundsätzen zuständiges Familiengericht nach Eingang eines Antrags auf Anerkennung und Vollstreckung nach § 10 IntFamRVG bzw. auf Rückführung des Kindes (§ 12 IntFamRVG) zur Abgabe an das nach § 13 Abs. 1 Satz 1 IntFamRVG zuständige Gericht. 5

2. Option

Soweit ein Elternteil auf Grundlage des § 13 Abs. 2 IntFamRVG eines der zentralisierten Gerichte angerufen hat, besteht keine Verpflichtung zur Abgabe weiterer anhängiger Verfahren an dieses Gericht. § 13 Abs. 3 Satz 2 IntFamRVG ermöglicht in diesen Fällen nur auf übereinstimmenden Antrag beider Elternteile die Abgabe anderer Sorgerechts-, Umgangs- und Herausgabeverfahren an das Spezialgericht.[3] Damit besteht auch insoweit die Möglichkeit, die besondere Sachkunde der zentralisierten Familiengerichte zu nutzen. 6

3. Wirkung

§ 13 Abs. 3 Satz 3 IntFamRVG verweist teilweise auf die maßgebliche Norm des Zivilprozessrechts zur Verweisung bei Unzuständigkeit. Die Verweisung ist nicht bindend, da § 281 Abs. 2 Satz 4 ZPO von der Verweisung ausgenommen ist. 7

IV. Abgabe von Verfahren

§ 13 Abs. 4 IntFamRVG gestattet dem aufgrund der Zuständigkeitskonzentration berufenen Gericht aus wichtigen Gründen die – bindende – Abgabe bzw. Zurückgabe von Verfahren an das nach den allgemeinen Vorschriften zuständige Familiengericht. Als wichtigen Grund benennt § 13 Abs. 4 Satz 2 IntFamRVG, dass „die besondere Sachkunde des erstgenannten Gerichts nicht oder nicht mehr benötigt wird"; was insbesondere nach Abschluss eines Rückführungsverfahrens nach dem HKÜ der Fall sein kann. 8

Auch § 13 Abs. 4 Satz 3 IntFamRVG verweist teilweise auf § 281 ZPO, wobei anders als in Abs. 3 der Verweisungsbeschluss für das Gericht, an das abgegeben wird, bindend (§ 281 Abs. 2 Satz 4 ZPO) und die Ablehnung einer Abgabe nach Satz 1 unanfechtbar ist (§ 13 Abs. 4 Satz 4 IntFamRVG). 9

---

3 *Schulz*, FamRZ 2011, 1273, 1274

Übersicht: Zuständigkeitskonzentration

Die Zuständigkeitskonzentration des § 12 IntFamRVG gilt zwingend für die in § 10 und § 11 IntFamRVG genannten Verfahren, mithin:

→ **Verfahren auf Anerkennung und/oder Vollstreckbarerklärung einer ausländischen Sorgerechts- oder Umgangsentscheidung nach**
- Art. 21 Abs. 3 und Art. 48 Brüssel IIa-VO
- Art. 28 Brüssel IIa-VO
- Art. 24 und 26 KSÜ
- Art. 7 ESÜ

→ **Verfahren nach Art. 40 bis 42 der Brüssel IIa-VO**
- Umgangsentscheidungen mit grenzübergreifender Wirkung (Art. 40 a) Brüssel IIa-VO)
- Entscheidung über Sorgerecht im Herkunftsstaat nach ablehnender HKÜ-Entscheidung im Zufluchtsstaat (Art. 40 a) Brüssel IIa-VO)

→ **Rückführungsverfahren nach dem HKÜ (§ 12, § 11 IntFamRVG) und Art. 8 ESÜ**

→ **durch das Bundesamt für Justiz eingeleitete Umgangsverfahren,** gerichtet auf Umgang zwischen einem in Deutschland lebenden Kind und einem Elternteil, der in einem anderen Mitgliedstaat der Europäischen Union oder einem anderen HKÜ-, KSÜ- oder ESÜ-Vertragsstaat lebt

§ 13 IntFamRVG erweitert die Zuständigkeitskonzentration wie folgt:

→ **bei Anhängigkeit eines der oben genannten Verfahren**: Für Verfahren nach § 151 Abs. 1 bis 3 FamFG (elterliche Sorge, Umgang und Herausgabe des Kindes) besteht nach § 13 Abs. 1 Satz 1 IntFamRVG zwingend eine Abgabeverpflichtung des bereits mit der Sache befassten Gerichts (vgl. § 13 Abs. 3 Satz 1 IntFamRVG)

→ **Unabhängig von Anhängigkeit eines Verfahrens**: Es besteht Wahlrecht des Antragstellers (einseitig) für Verfahren nach § 151 Abs. 1 bis 3 FamFG bei Aufenthalt des Kindes im Inland und Aufenthalt des Antragstellers in einem EU-Mitgliedstaat oder anderen Vertragsstaat (vgl. § 13 Abs. 2 IntFamRVG)

→ Abgabe anderer Familiensachen auf übereinstimmenden Antrag der Eltern (Wahlzuständigkeit, § 13 Abs. 3 Satz 2 IntFamRVG)

→ § 13 Abs. 4 IntFamRVG ermöglicht Zurückgabe/Abgabe von Verfahren

§ 13a IntFamRVG Verfahren bei grenzüberschreitender Abgabe

(1) [1]Ersucht das Familiengericht das Gericht eines anderen Vertragsstaats nach Artikel 8 des Haager Kinderschutzübereinkommens um Übernahme der Zuständigkeit, so setzt es eine Frist, innerhalb derer das ausländische Gericht die Übernahme der Zuständigkeit mitteilen kann. [2]Setzt das Familiengericht das Verfahren nach Artikel 8 des Haager Kinderschutzübereinkommens aus, setzt es den Parteien eine Frist, innerhalb derer das ausländische Gericht anzurufen ist. [3]Ist die Frist nach Satz 1 abgelaufen, ohne dass das ausländische Gericht die Übernahme der Zuständigkeit mitgeteilt hat, so ist in der Regel davon auszugehen, dass das ersuchte Gericht die Übernahme der Zuständigkeit ablehnt. [4]Ist die Frist nach Satz 2 abgelaufen, ohne dass eine Partei das ausländische Gericht angerufen hat, bleibt es bei der Zuständigkeit des Familiengerichts. [5]Das Gericht des ersuchten Staates und die Parteien sind auf diese Rechtsfolgen hinzuweisen.

(2) Ersucht ein Gericht eines anderen Vertragsstaats das Familiengericht nach Artikel 8 des Haager Kinderschutzübereinkommens um Übernahme der Zuständigkeit oder ruft eine Partei das Familiengericht nach dieser Vorschrift an, so kann das Familiengericht die Zuständigkeit innerhalb von sechs Wochen übernehmen.

(3) Die Absätze 1 und 2 sind auf Anträge, Ersuchen und Entscheidungen nach Artikel 9 des Haager Kinderschutzübereinkommens entsprechend anzuwenden.

(4) [1]Der Beschluss des Familiengerichts,

1. das ausländische Gericht nach Absatz 1 Satz 1 oder nach Artikel 15 Absatz 1 Buchstabe b der Verordnung (EG) Nr. 2201/2003 um Übernahme der Zuständigkeit zu ersuchen,

2. das Verfahren nach Absatz 1 Satz 2 oder nach Artikel 15 Absatz 1 Buchstabe a der Verordnung (EG) Nr. 2201/2003 auszusetzen,

3. das zuständige ausländische Gericht nach Artikel 9 des Kinderschutzübereinkommens oder nach Artikel 15 Absatz 2 Buchstabe c der Verordnung (EG) Nr. 2201/2003 um Abgabe der Zuständigkeit zu ersuchen,

4. die Parteien einzuladen, bei dem zuständigen ausländischen Gericht nach Artikel 9 des Haager Kinderschutzübereinkommens die Abgabe der Zuständigkeit an das Familiengericht zu beantragen, oder

5. die Zuständigkeit auf Ersuchen eines ausländischen Gerichts oder auf Antrag der Parteien nach Artikel 9 des Haager Kinderschutzübereinkommens an das ausländische Gericht abzugeben,

ist mit der sofortigen Beschwerde in entsprechender Anwendung der §§ 567 bis 572 der Zivilprozessordnung anfechtbar. [2]Die Rechtsbeschwerde ist ausgeschlossen. [3]Die in Satz 1 genannten Beschlüsse werden erst mit ihrer Rechtskraft wirksam. [4]Hierauf ist in dem Beschluss hinzuweisen.

(5) Im Übrigen sind Beschlüsse nach den Artikeln 8 und 9 des Haager Kinderschutzübereinkommens und nach Artikel 15 der Verordnung (EG) Nr. 2201/2003 unanfechtbar.

(6) [1]Parteien im Sinne dieser Vorschrift sowie der Artikel 8 und 9 des Haager Kinderschutzübereinkommens und des Artikels 15 der Verordnung (EG) Nr. 2201/2003 sind die in § 7 Absatz 1 und 2 Nummer 1 des Gesetzes über das Verfahren in Familiensachen und in den Angelegenheiten der freiwilligen Gerichtsbarkeit genannten Beteiligten. [2]Die Vorschriften über die Hinzuziehung weiterer Beteiligter bleiben unberührt.

Übersicht

Rn.
A. Allgemeines ... 1
B. Inhalt der Norm ... 5
I. Abgabe nach Art. 8 KSÜ ... 5
II. Ersuchen nach Art. 9 KSÜ ... 9
III. Anfechtungsmöglichkeit ... 10
1. Sofortige Beschwerde ... 10
2. Überprüfung der Zwischenentscheidung ... 13

A. Allgemeines

§ 13a IntFamRVG regelt Einzelheiten zur grenzüberschreitenden Abgabe von Verfahren nach Art. 8 bzw. 9 KSÜ und Art. 15 Brüssel IIa-VO. 1

Dabei umfasst § 13a Abs. 1 bis 3 IntFamRVG das Procedere für die Abgabe von Verfahren nach Art. 8 und 9 KSÜ. Für Art. 15 Brüssel IIa-VO ist eine gesonderte Regelung entbehrlich, da die entsprechenden Anforderungen bereits in Art. 15 Brüssel IIa-VO konkretisiert sind. 2

§ 13a Abs. 4 bis 5 IntFamRVG enthalten einheitliche Regelungen zum Beschwerderecht für Verfahren nach Art. 8 KSÜ, Art. 9 KSÜ und Art. 15 Brüssel IIa-VO, wobei ein Rechtsmittel nur in den konkret in § 13a Abs. 4 Satz 1 Ziffer 1 bis 5 IntFamRVG genannten Fällen eröffnet ist. 3

§ 13a Abs. 6 IntFamRVG enthält lediglich eine Klarstellung, dass „Parteien" i.S.d. § 13a IntFamRVG die „Muss"-Beteiligten nach § 7 Abs. 1 und 2 Nr. 1 FamFG sind. 4

B. Inhalt der Norm

I. Abgabe nach Art. 8 KSÜ

§ 13a Abs. 1 IntFamRVG bestimmt die Vorgehensweise für die Abgabe von Verfahren nach Art. 8 KSÜ, die nach Art. 8 KSÜ unter folgenden Voraussetzungen möglich ist: 5

- Es liege ein Ausnahmefall vor, in dem das mit der Sache bereits befasste Gericht der Auffassung ist, dass ein Gericht eines anderen Vertragsstaats besser in der Lage wäre, das Wohl des Kindes im Einzelfall zu beurteilen,
- und zwar aufgrund der besonderen Bindung des Kindes zu dem ersuchten Staat aufgrund Staatsangehörigkeit, Vermögenslage, anhängigem Scheidungsverfahren der Kindeseltern oder sonst einer engen Bindung (Art. 8 Abs. 2 KSÜ)

6 Nach Art. 8 KSÜ erfolgt keine Verweisung des Verfahrens, sondern

- ein Ersuchen an das andere Gericht um Übernahme mit Fristsetzung (§ 13a Abs. 1 Satz 1 IntFamRVG)

oder

- die Aussetzung des Verfahrens und Einladung mit Fristsetzung an die Beteiligten, einen Antrag beim Gericht des anderen Mitgliedstaats zu stellen (§ 13a Abs. 1 Satz 2 IntFamRVG).

7 Die Übernahme des Verfahrens innerhalb von sechs Wochen (§ 13a Abs. 2 IntFamRVG) steht im Ermessen des ersuchten oder sodann von den Beteiligten angerufenen Gerichts, wobei das ersuchte Gericht der Auffassung sein muss, dass die Übernahme dem Wohl des Kindes dient (Art. 8 Abs. 4 KSÜ).

8 Erfolgt keine Übernahme bzw. keine Antragstellung durch die Beteiligten, verbleibt das Verfahren beim angerufenen bzw. nach allgemeinen Regelungen zuständigen Gericht.

II. Ersuchen nach Art. 9 KSÜ

9 Nach § 13a Abs. 3 IntFamRVG greift das genannte Procedere auch im Verfahren nach Art. 9 KSÜ für Ersuchen eines Gerichts, ein bereits im Ausland anhängiges Verfahren an sich zu ziehen.

III. Anfechtungsmöglichkeit

1. Sofortige Beschwerde

10 § 13a Abs. 4 IntFamRVG enthält eine abschließende Aufzählung der Beschlüsse, die mit der sofortigen Beschwerde entsprechend §§ 567 ff. ZPO anfechtbar sind.

▶ *Näher hierzu Dürbeck, § 58 FamFG Rn. 14 ff.*

11 Ein Rechtsmittel ist damit nur für stattgebende Beschlüsse, mit denen ein Wechsel der Zuständigkeit herbeigeführt wird, eröffnet. Diese Beschlüsse werden nach § 13a Abs. 4 Satz 3 und 4 IntFamRVG erst mit Rechtskraft wirksam.

12 § 13a Abs. 5 IntFamRVG stellt klar, dass über die in Abs. 4 geregelten Fälle hinaus eine Anfechtung nicht möglich ist. Damit ist keine Anfechtungsmöglichkeit vorgesehen, wenn es bei der Regelzuständigkeit nach der Brüssel IIa-VO bzw. dem KSÜ verbleibt.[1]

2. Überprüfung der Zwischenentscheidung

13 Für den Anwendungsbereich des Art. 15 Abs. 1 Brüssel IIa-VO entschied das OLG Stuttgart, dass eine Zwischenentscheidung über die Annahme der internationale Zuständigkeit angesichts der Bedeutung dieser Entscheidung mit der Beschwerde nach § 58 Abs. 1 FamFG anfechtbar ist.[2] Dies schafft abweichend vom Grundsatz der fehlenden Anfechtbarkeit von Zwischenentscheidungen (hierzu *Dürbeck*, § 58 FamFG Rn. 12) faktisch eine Überprüfungsmöglichkeit bei Annahme der internationalen Zuständigkeit.

14 Die Verweisung/Abgabe von Verfahren nach Art. 15 Brüssel IIa-VO und Art. 8 bzw. Art. 9 KSÜ unterliegt vergleichbaren Voraussetzungen und ist jeweils auf Ausnahmefälle beschränkt.

---

1 *Wagner*, § 13a IntFamRVG Rn. 4; BT-Drucks. 16/12063, 11

2 OLG Stuttgart FamRZ 2014, 1930, 1931 f.; zustimmend Keidel/*Meyer-Holz*, § 38 Rn. 33, Musielak/Borth/*Grandel*, § 58 Rn. 4, im Hinblick auf die bindende Feststellung der internationalen Zuständigkeit als Verfahrensvoraussetzung

Übersicht: Grenzüberschreitende Abgabe von gerichtlichen Verfahren

		Art. 15 Brüssel IIa-VO Verweisung	Art. 8 KSÜ Abgabe von Verfahren	Art. 9 KSÜ Ersuchen um Übernahme
A	**Voraussetzungen:** I. formell:			
	• Antrag eines Beteiligten	Art. 15 Abs. 2 Satz 1 a)		
	• von Amts wegen	Art. 15 Abs. 2 Satz 1 b)	Art.8 KSÜ	
	• Ersuchen eines Gerichts	Art. 15 Abs. 2 Satz 1 c)		Art. 9 KSÜ
	• Zustimmung eines Beteiligten	Art. 15 Abs. 2 Satz 2		
	II. materiell:			
	anderes Gericht kann Fall besser beurteilen aufgrund besonderer Bindung des Kindes zum anderen Staat	Art. 15 Abs. 1 i.V.m. Abs. 3	Art. 8 Abs. 2 KSÜ (weiter als nach Brüssel IIa-VO)	
B	**Verfahren:** I. Abgebendes Gericht			
	1. Aussetzung und Einladung an Beteiligte unter Fristsetzung	Art. 15 Abs. 1 a) i.V.m. Abs. 4 S. 1	Art. 8 Abs. 1 Alt 2 i.V.m. § 13a Abs. 1 Satz 2 IntFamRVG	
	Oder			
	2. Ersuchen an Gericht, sich zuständig zu erklären	Art. 15 Abs. 1 b)	Art. 8 Abs. 1 Alt. 1 i.V.m. § 13a Abs. 1 Satz 1 IntFamRVG	
	II. Angerufenes Gericht			
	1. Übernahme innerhalb von 6 Wochen	Art. 15 Abs. 5 Satz 1	Art. 8 Abs. 4 i.V.m. § 13a Abs. 2 IntFamRVG	
	→ Abgebendes Gericht erklärt sich für unzuständig	Art. 15 Abs. 5 Satz 2		
	2. Erfolgt keine Übernahme bzw. keine Anrufung durch Beteiligte	Art. 15 Abs. 5 Satz 3	§ 13a Abs. 1 Satz 3 IntFamRVG	
	→ Es verbleibt bei der Zuständigkeit des abgebenden Gerichts	Art. 15 Abs. 4 Satz 2	§ 13a Abs. 1 Satz 4 IntFamRVG	

Anfechtbar sind nach § 13a Abs. 4 IntFamRVG:

- Beschluss zu Übernahmeersuchen
- Aussetzungsbeschluss
- Ersuchen um Abgabe der Zuständigkeit
- Beschluss, der Einladung an die Beteiligten ausspricht
- Beschluss über Abgabe des Verfahrens

Keine Beschwerde ist möglich, wenn es bei der Regelzuständigkeit bleibt.

Abschnitt 4
Allgemeine gerichtliche Verfahrensvorschriften

§ 14 IntFamRVG Familiengerichtliches Verfahren

Soweit nicht anders bestimmt, entscheidet das Familiengericht

1. **über eine in den §§ 10 und 12 bezeichnete Ehesache nach den hierfür geltenden Vorschriften des Gesetzes über das Verfahren in Familiensachen und in den Angelegenheiten der freiwilligen Gerichtsbarkeit,**
2. **über die übrigen in den §§ 10, 11, 12 und 47 bezeichneten Angelegenheiten als Familiensachen im Verfahren der freiwilligen Gerichtsbarkeit.**

Übersicht

Rn.
A. Allgemeines 1
B. Kostenregelung 2
C. Wertfestsetzung in HKÜ-Verfahren 3

A. Allgemeines

1 § 14 IntFamRVG stellt klar, dass für die durch das IntFamRVG erfassten Verfahren die allgemeinen Vorschriften für Familiensachen nach dem FamFG greifen, soweit keine Sonderregelungen bestehen, wie etwa für

- die Anerkennung und Vollstreckung ausländischer Entscheidungen, §§ 16 ff. IntFamRVG,
- das Beschwerdeverfahren, §§ 24 ff. IntFamRVG,
- sowie Verfahren nach dem HKÜ gemäß §§ 37 ff. IntFamRVG.

B. Kostenregelung

2 Nach allgemeinen Grundsätzen richtet sich insbesondere die Kostenregelung, nachdem die bis zum 31.8.2009 geltenden Sonderregelungen in §§ 50 bis 53 IntFamRVG aufgehoben wurden. Hier finden die §§ 81 ff. FamFG (vgl. *Dürbeck*, § 81 FamFG Rn. 2 ff.) Anwendung, wobei entsprechende Sonderregelungen zu beachten sind.

Für Verfahren auf Anerkennung und Vollstreckbarerklärung nach der Brüssel IIa-VO bleibt es bei der allgemeinen Verweisung auf §§ 81 ff. FamFG.

Für Verfahren nach dem ESÜ enthält Art. 5 Abs. 3 ESÜ eine umfassende Kostenfreiheit für den Antragsteller, welche die Tätigkeit der Zentralen Behörde, aber auch die Verfahrenskosten für das gerichtliche Verfahren sowie ggf. die Kosten für eine anwaltliche Vertretung umfasst. § 20 Abs. 2 IntFamRVG enthält für den Anwendungsbereich des ESÜ eine gesonderte Verweisung auf § 81 FamFG.

Auch Art. 26 HKÜ (hierzu *Schweppe*, Art. 26 HKÜ Rn. 4 f.) enthält Regelungen zur Kostenfreiheit. Kostenfrei ist jedenfalls die Tätigkeit der Zentralen Behörden, Art. 26 Abs. 1 HKÜ. Für Gerichtsverfahren nach dem HKÜ regelt Art. 26 Abs. 2 HKÜ, dass vom Antragsteller keine Kosten erhoben werden dürfen, jedoch ermöglicht Art. 26 Abs. 3 HKÜ den Vertragsstaaten, einen entsprechenden Vorbehalt zu erklären, wovon neben Deutschland auch zahlreiche andere Staaten Gebrauch gemacht haben.[1] Kostenfreiheit besteht für den Antragsteller demnach nur unter den Voraussetzungen für die Bewilligung von Verfahrenskostenhilfe. Art. 26 Abs. 4 HKÜ stellt in Rückführungsverfahren nach dem HKÜ und bei auf Grundlage des HKÜ eingeleiteten Umgangsverfahren ins Ermessen des Gerichts, bei erfolgreichen Anträgen dem Antragsgegner die Erstattung der dem Antragsteller entstandenen notwendigen Kosten aufzuerlegen. Dies ist in der Praxis auch üblich.

Kosten für Übersetzungen sind durch den Antragsteller grundsätzlich selbst zu tragen, § 54 IntFamRVG. Zur Übernahme von Kosten für Übersetzungen für ausgehende Ersuchen ist auf § 5 IntFamRVG zu verweisen (*Schweppe*, § 5 IntFamRVG Rn. 3).

1 Siehe hierzu die Staatenliste unter www.bundesjustizamt.de, Vorbehalt jeweils durch * gekennzeichnet

C. Wertfestsetzung in HKÜ-Verfahren

Grundlage für die Wertfestsetzung ist das FamGKG, wobei die Rechtsprechung hierzu nicht einheitlich ist. Zum Teil wird der Regelwert des § 45 Abs. 1 FamGKG zugrunde gelegt, der nach § 45 Abs. 3 FamGKG erhöht wird. Allerdings handelt es sich bei Rückführungsverfahren weder um Sorgerechts- noch um Herausgabeentscheidungen auf Grundlage nationalen Rechts, so dass auf § 42 Abs. 2 und 3 FamGKG zurückzugreifen ist. 3

▶ *Vgl. Dürbeck, § 80 FamFG Rn. 23.*

§ 15 IntFamRVG Einstweilige Anordnungen

Das Gericht kann auf Antrag oder von Amts wegen einstweilige Anordnungen treffen, um Gefahren von dem Kind abzuwenden oder eine Beeinträchtigung der Interessen der Beteiligten zu vermeiden, insbesondere um den Aufenthaltsort des Kindes während des Verfahrens zu sichern oder eine Vereitelung oder Erschwerung der Rückgabe zu verhindern; Abschnitt 4 des Buches 1 des Gesetzes über das Verfahren in Familiensachen und in den Angelegenheiten der freiwilligen Gerichtsbarkeit gilt entsprechend.

§ 15 IntFamRVG ermöglicht unter Verweis auf das Verfahren der einstweiligen Anordnung nach §§ 49 ff. FamFG den Erlass einstweiliger Anordnungen zu Sicherungszwecken um Gefahren von dem Kind abzuwenden, insbesondere um zu verhindern, dass ein Kind während eines laufenden Verfahrens in einen dritten Staat verbracht wird. 1

▶ *Näher hierzu Lack, § 49 FamFG Rn. 22 ff.*

Nach der Vorstellung des Gesetzgebers umfasst dies insbesondere die Anordnung räumlicher Beschränkungen für den Aufenthalt des Kindes, die Hinterlegung von Ausweispapieren, die Auferlegung von Meldepflichten sowie die Anordnung begleiteten oder betreuten Umgangs während des Verfahrens.[1] 2

Zur (vorläufigen) Absicherung des Aufenthalts des Kindes wird in der Praxis häufig die Ausschreibung zur Fahndung (Grenzsperre) nach § 30 BPolG mit Ausschreibung zur Ingewahrsamnahme des Kindes im Schengener Informationssystem genutzt. Voraussetzung ist eine konkrete, sich tatsächlich abzeichnende Gefahr, dass der andere Elternteil oder eine andere Person das Kind widerrechtlich ins Ausland verbringen wird.[2] Das Ersuchen ist durch das Gericht an das Bundespolizeipräsidium, Heinrich-Mann-Allee 103, 14473 Potsdam, zu stellen.[3]

▶ *Zur Grenzsperre siehe auch Lack, § 49 FamFG Rn. 22.*

Abschnitt 5
Zulassung der Zwangsvollstreckung, Anerkennungsfeststellung und Wiederherstellung des Sorgeverhältnisses

Unterabschnitt 1
Zulassung der Zwangsvollstreckung im ersten Rechtszug

§ 16 IntFamRVG Antragstellung

(1) Mit Ausnahme der in den Artikeln 41 und 42 der Verordnung (EG) Nr. 2201/2003 aufgeführten Titel wird der in einem anderen Staat vollstreckbare Titel dadurch zur Zwangsvollstreckung zugelassen, dass er auf Antrag mit der Vollstreckungsklausel versehen wird.

(2) Der Antrag auf Erteilung der Vollstreckungsklausel kann bei dem zuständigen Familiengericht schriftlich eingereicht oder mündlich zu Protokoll der Geschäftsstelle erklärt werden.

---

1 BT-Drucks. 15/3981, 23 f.

2 Zu den rechtlichen Anforderungen für die Anordnung einer Grenzsperre vgl. OLG Frankfurt ZKJ 2018, 387; FamRZ 2018, 1319 mit Anm. *Hammer*

3 Vgl. Bundesamt für Justiz, Internationale Kindschaftsverfahren, IX 1

(3) Ist der Antrag entgegen § 184 des Gerichtsverfassungsgesetzes nicht in deutscher Sprache abgefasst, so kann das Gericht der antragstellenden Person aufgeben, eine Übersetzung des Antrags beizubringen, deren Richtigkeit von einer

1. in einem Mitgliedstaat der Europäischen Union oder

2. in einem anderen Vertragsstaat eines auszuführenden Übereinkommens

hierzu befugten Person bestätigt worden ist.

Übersicht

Rn.
A. Allgemeines 1
B. Inhalt der Norm 4

A. Allgemeines

1 § 16 bis § 23 IntFamRVG regeln einheitlich das Verfahren zur Erteilung der Vollstreckungsklausel nach Art. 28 ff. Brüssel IIa-VO, Art. 4 ESÜ und Art. 26 KSÜ.

2 Nicht erforderlich ist das Verfahren zur Erteilung der Vollstreckungsklausel für Entscheidungen nach Art. 41, Art. 42 Brüssel IIa-VO, mithin für Umgangsentscheidungen und bestimmte Sorgerechtsentscheidungen (siehe hierzu *Schweppe*, Art. 40 Brüssel IIa-VO Rn. 1), da diese unmittelbar vollstreckbar sind.

3 Für die Vollstreckung von Rückführungsentscheidungen nach dem HKÜ enthalten § 37 bis 43 IntFamRVG besondere Regelungen (siehe die Kommentierung zu §§ 37 ff. IntFamRVG).

B. Inhalt der Norm

4 Für das **Verfahren zur Erteilung der Vollstreckungsklausel** für Entscheidungen aus Mitgliedstaaten der EU (Art. 28 Brüssel IIa-VO) sowie des KSÜ und ESÜ gelten folgende Grundsätze:

- Zuständigkeitskonzentration nach § 10 i.V.m. § 12 IntFamRVG.
- Die Antragstellung erfolgt nach § 16 Abs. 2 IntFamRVG, der Antrag ist in deutscher Sprache bzw. beglaubigter Übersetzung vorzulegen (Art. 16 Abs. 3 IntFamRVG).
- Für die Zustellung gilt § 17 IntFamRVG i.V.m. § 184 ZPO.
- Im Anwendungsbereich der Brüssel IIa-VO und des KSÜ findet keine Anhörung des Antragsgegners statt (§ 18 IntFamRVG „Einseitiges Verfahren").
- Für die Anwendung nach dem ESÜ steht die Erteilung der Vollstreckungsklausel unter dem Vorbehalt der Vereinbarkeit mit dem *ordre public* bzw. dem Kindeswohl (§ 19 IntFamRVG i.V.m. Art. 10 Abs. 1 a) oder b) ESÜ).

5 Die Entscheidung erfolgt durch Beschluss, in dem die zu vollstreckende Verpflichtung in deutscher Sprache wiederzugeben ist (§ 20 Abs. 1 Satz 2 IntFamRVG); die Zustellung ist in § 21 IntFamRVG geregelt.

6 **Zuständiges Familiengericht** ist gemäß Zuständigkeitskonzentration nach § 10 i.V.m. § 12 IntFamRVG das Familiengericht am Sitz eines Oberlandesgerichts nach Maßgabe des § 10 Ziffer 1 bis 3 IntFamRVG, grundsätzlich also das Gericht, in dessen OLG-Bezirk der Antragsgegner und/oder das betroffene Kind ihren gewöhnlichen Aufenthalt haben.

§ 17 IntFamRVG Zustellungsbevollmächtigter

(1) Hat die antragstellende Person in dem Antrag keinen Zustellungsbevollmächtigten im Sinne des § 184 Abs. 1 Satz 1 der Zivilprozessordnung benannt, so können bis zur nachträglichen Benennung alle Zustellungen an sie durch Aufgabe zur Post (§ 184 Abs. 1 Satz 2, Abs. 2 der Zivilprozessordnung) bewirkt werden.

(2) Absatz 1 gilt nicht, wenn die antragstellende Person einen Verfahrensbevollmächtigten für das Verfahren bestellt hat, an den im Inland zugestellt werden kann.

1 Für das Verfahren auf Erteilung der Vollstreckungsklausel soll der im Ausland lebende Antragsteller möglichst einen Zustellungsbevollmächtigten benennen, sofern er keinen Verfahrensbevollmächtig-

ten hat. Für den Anwendungsbereich der Brüssel IIa-VO ergibt sich diese Verpflichtung bereits aus Art. 30 Abs. 2 Satz 2 Brüssel IIa-VO.

§ 18 IntFamRVG Einseitiges Verfahren

(1) [1]Im Anwendungsbereich der Verordnung (EG) Nr. 2201/2003 und des Haager Kinderschutzübereinkommens erhält im erstinstanzlichen Verfahren auf Zulassung der Zwangsvollstreckung nur die antragstellende Person Gelegenheit, sich zu äußern. [2]Die Entscheidung ergeht ohne mündliche Verhandlung. [3]Jedoch kann eine mündliche Erörterung mit der antragstellenden oder einer von ihr bevollmächtigten Person stattfinden, wenn diese hiermit einverstanden ist und die Erörterung der Beschleunigung dient.

(2) Abweichend von § 114 Absatz 1 des Gesetzes über das Verfahren in Familiensachen und in den Angelegenheiten der freiwilligen Gerichtsbarkeit ist in Ehesachen im ersten Rechtszug eine anwaltliche Vertretung nicht erforderlich.

Zur Beschleunigung des Verfahrens ist eine Anhörung des Antragsgegners nicht vorgesehen. Für die Verfahren nach Brüssel IIa-VO ergibt sich dies bereits aus Art. 31 Abs. 1 Brüssel IIa-VO. Auch im Rahmen des KSÜ ist eine Anhörung des Antragsgegners nicht erforderlich. 1

Im Verfahren zur Erteilung der Vollstreckungsklausel nach dem ESÜ ist dagegen für die Feststellung bestimmter Nichtanerkennungsgründe die Möglichkeit der Anhörung der verpflichteten Person und des betroffenen Kindes eröffnet (vgl. Art. 10 Abs. 1 b), Art. 15 Abs. 1 ESÜ), weshalb die Einseitigkeit insoweit nicht greift.[1] 2

§ 19 IntFamRVG Besondere Regelungen zum Europäischen Sorgerechtsübereinkommen

Die Vollstreckbarerklärung eines Titels aus einem anderen Vertragsstaat des Europäischen Sorgerechtsübereinkommens ist auch in den Fällen der Artikel 8 und 9 des Übereinkommens ausgeschlossen, wenn die Voraussetzungen des Artikels 10 Abs. 1 Buchstabe a oder b des Übereinkommens vorliegen, insbesondere wenn die Wirkungen des Titels mit den Grundrechten des Kindes oder eines Sorgeberechtigten unvereinbar wären.

§ 19 IntFamRVG enthält einen *Ordre-public*-Vorbehalt, der auf Verfahren nach dem ESÜ beschränkt ist und den Vorgaben nach Art. 10 Abs. 1 a) bzw. b) ESÜ entspricht (siehe hierzu *Schweppe,* Art. 10 ESÜ, Rn. 2 f.). 1

§ 20 IntFamRVG Entscheidung

(1) [1]Ist die Zwangsvollstreckung aus dem Titel zuzulassen, so beschließt das Gericht, dass der Titel mit der Vollstreckungsklausel zu versehen ist. [2]In dem Beschluss ist die zu vollstreckende Verpflichtung in deutscher Sprache wiederzugeben. [3]Zur Begründung des Beschlusses genügt in der Regel die Bezugnahme auf die Verordnung (EG) Nr. 2201/2003 oder den auszuführenden Anerkennungs- und Vollstreckungsvertrag sowie auf die von der antragstellenden Person vorgelegten Urkunden.

(2) Auf die Kosten des Verfahrens ist § 81 des Gesetzes über das Verfahren in Familiensachen und in den Angelegenheiten der freiwilligen Gerichtsbarkeit entsprechend anzuwenden; in Ehesachen gilt § 788 der Zivilprozessordnung entsprechend.

(3) [1]Ist der Antrag nicht zulässig oder nicht begründet, so lehnt ihn das Gericht durch mit Gründen versehenen Beschluss ab. [2]Für die Kosten gilt Absatz 2; in Ehesachen sind die Kosten dem Antragsteller aufzuerlegen.

§ 20 IntFamRVG behandelt den Inhalt der Entscheidung über die Zulassung der Zwangsvollstreckung. 1

---

1 Vgl. *Wagner,* § 18 IntFamRVG Rn. 2. Dabei gilt, dass in Verfahren auf Anerkennung bzw. Vollstreckbarerklärung kein Verfahrensbeistand zu bestellen ist, BGH FamRZ 2015, 1011.

2 Der **Beschluss über die Zulassung der Zwangsvollstreckung** nach § 20 IntFamRVG hat folgenden Tenor:

„Der Titel/Die Entscheidung … ist mit der Vollstreckungsklausel zu versehen.

Der Beschluss wird erst mit Rechtskraft wirksam."

Der Hinweis darauf, dass der Beschluss erst mit Rechtskraft wirksam wird, ist nach § 22 IntFamRVG verpflichtend.

Die Erteilung der Vollstreckungsklausel selbst erfolgt erst nach Rechtskrafteintritt, § 21 Abs. 2 Satz 2 i.V.m. § 23 IntFamRVG.

3 Bei Umgangsentscheidungen, die keinen konkreten vollstreckbaren Inhalt haben, kann der Beschlusstenor um Regelungen zur Durchführung des Umgangs ergänzt werden, soweit die Entscheidung unter Art. 48 Brüssel IIa-VO bzw. Art. 11 Abs. 2 ESÜ fällt.

4 § 20 Abs. 3 IntFamRVG regelt die Ablehnung des Antrags auf Erteilung der Vollstreckungsklausel.

5 Absatz 2 und 3 verweisen für die Kostenregelung grundsätzlich (mit Ausnahme von Entscheidungen in Ehesachen) auf die allgemeinen Grundsätze des § 81 FamFG.

▶ *Näher hierzu Dürbeck, § 81 FamFG Rn. 2 ff.*

§ 21 IntFamRVG Bekanntmachung der Entscheidung

(1) [1]Im Falle des § 20 Abs. 1 sind der verpflichteten Person eine beglaubigte Abschrift des Beschlusses, eine beglaubigte Abschrift des noch nicht mit der Vollstreckungsklausel versehenen Titels und ggf. seiner Übersetzung sowie der gemäß § 20 Abs. 1 Satz 3 in Bezug genommenen Urkunden von Amts wegen zuzustellen. [2]Ein Beschluss nach § 20 Abs. 3 ist der verpflichteten Person formlos mitzuteilen.

(2) [1]Der antragstellenden Person sind eine beglaubigte Abschrift des Beschlusses nach § 20, im Falle des § 20 Abs. 1 ferner eine Bescheinigung über die bewirkte Zustellung zu übersenden. [2]Die mit der Vollstreckungsklausel versehene Ausfertigung des Titels ist der antragstellenden Person erst dann zu übersenden, wenn der Beschluss nach § 20 Abs. 1 wirksam geworden und die Vollstreckungsklausel erteilt ist.

(3) In einem Verfahren, das die Vollstreckbarerklärung einer die elterliche Verantwortung betreffenden Entscheidung zum Gegenstand hat, sind Zustellungen auch an den gesetzlichen Vertreter des Kindes, an den Vertreter des Kindes im Verfahren, an das Kind selbst, soweit es das 14. Lebensjahr vollendet hat, an einen Elternteil, der nicht am Verfahren beteiligt war, sowie an das Jugendamt zu bewirken.

(4) Handelt es sich bei der für vollstreckbar erklärten Maßnahme um eine Unterbringung, so ist der Beschluss auch dem Leiter der Einrichtung oder der Pflegefamilie bekannt zu machen, in der das Kind untergebracht werden soll.

Übersicht

	Rn.
A. Allgemeines	1
B. Inhalt der Norm	3
I. Stattgebende Entscheidungen	3
1. Zustellungspflicht	3
2. Mitteilungspflicht	4
II. Ablehnende Entscheidungen	6
III. Weitere Zustellungspflichten	7

A. Allgemeines

1 § 21 IntFamRVG regelt die Zustellung der Entscheidung über die Erteilung der Vollstreckungsklausel. Dabei wird hinsichtlich des Zustellungserfordernisses differenziert nach Entscheidungen, in denen die Vollstreckungsklausel erteilt wurde und ablehnenden Entscheidungen sowie danach, ob eine Person durch die Entscheidung in eigenen Rechten beeinträchtigt bzw. zur Vertretung der Kindesinteressen verpflichtet ist. Zu beachten ist, dass nur die Beschwerde gegen die Zulassung der Zwangsvollstreckung einer Befristung unterliegt, nicht aber die Beschwerde gegen eine ablehnende Entscheidung.

2 Die Zustellung erfolgt in der EU nach Maßgabe der EG-ZustellVO (Nr. 1393/2007) i.V.m. §§ 1067 ff. ZPO.

B. Inhalt der Norm

I. Stattgebende Entscheidungen

1. Zustellungspflicht

3 Im Falle der Zulassung der Zwangsvollstreckung (§ 20 IntFamRVG) ist diese Entscheidung von Amts wegen an den Verpflichteten (§ 21 Abs. 1 Satz 1 IntFamRVG) zuzustellen sowie an die in § 21 Abs. 3 IntFamRVG genannten Personen.

2. Mitteilungspflicht

4 Im Falle der Zulassung der Zwangsvollstreckung ist dem Antragsteller eine beglaubigte Abschrift des Beschlusses (aber zunächst noch keine vollstreckbare Ausfertigung) (formlos) zu übersenden und der Antragsteller über die Zustellung an den Antragsgegner zu informieren (§ 21 Abs. 2 Satz 1 IntFamRVG).

5 Sofern eine stattgebende Entscheidung betreffend die Aufnahme (nicht beschränkt auf eine geschlossene Unterbringung i.S.d. § 1631b BGB) eines Kindes in einer Einrichtung oder einer Pflegefamilie ergangen ist, so ist auch diesen die Entscheidung mitzuteilen.

II. Ablehnende Entscheidungen

6 Bei Beschlüssen, die einen Antrag auf Erteilung der Vollstreckungsklausel zurückweisen, ist eine formelle Zustellung nicht vorgesehen, da hier keine Beschwerdefristen in Gang gesetzt werden. Entsprechend werden diese Beschlüsse dem Antragsteller ebenfalls nach § 21 Abs. 2 Satz 1 IntFamRVG übersandt und der Gegenseite nach § 21 Abs. 1 Satz 2 IntFamRVG nur formlos mitgeteilt.

III. Weitere Zustellungspflichten

7 Nach § 21 Abs. 3 IntFamRVG sind sämtliche Entscheidungen, gleich ob die Zwangsvollstreckung ablehnend oder zulassend,[1] an weitere Personen zu übersenden, die in eigenen Rechten betroffen sind, insbesondere das Kind ab Vollendung des 14. Lebensjahres, bzw. mit der Wahrung der Kindesinteressen beauftragt sind. Dabei ist unter den Voraussetzungen des § 158 FamFG dem Kind ein Verfahrensbeistand zu bestellen, der namens des Kindes Beschwerde einlegen kann.[2]

§ 22 IntFamRVG Wirksamwerden der Entscheidung

(1) [1]Der Beschluss nach § 20 wird erst mit Rechtskraft wirksam. [2]Hierauf ist in dem Beschluss hinzuweisen.

(2) [1]Absatz 1 gilt nicht für den Beschluss, mit dem eine Entscheidung über die freiheitsentziehende Unterbringung eines Kindes nach Artikel 56 der Verordnung (EG) Nr. 2201/2003 für vollstreckbar erklärt wird. [2]In diesem Fall hat das Gericht die sofortige Wirksamkeit des Beschlusses anzuordnen. [3]§ 324 Absatz 2 Satz 2 Nummer 3 und Satz 3 des Gesetzes über das Verfahren in Familiensachen und in Angelegenheiten der freiwilligen Gerichtsbarkeit gilt entsprechend.

1 Aus § 22 Abs. 1 IntFamRVG folgt, dass die Erteilung der Vollstreckungsklausel erst nach Ablauf der Beschwerdefristen des § 24 Abs. 3 IntFamRVG erfolgen darf, entsprechend erfolgt auch die Zustellung der Entscheidung an den Antragsteller erst nach Erteilung der Vollstreckungsklausel, § 21 Abs. 2 IntFamRVG.

2 § 22 Abs. 2 IntFamRVG wurde nach der Entscheidung des EuGH vom 26.4.2012[1] eingefügt, um der Eilbedürftigkeit der Anordnung freiheitsentziehender Unterbringungen zu entsprechen.

1 MüKo-ZPO/*Gottwald,* IntFamRVG § 21 Rn. 3
2 BT-Drucks. 15/3981, 25, noch zu § 50 FGG
1 EuGH FamRZ 2012, 1466, hierzu auch *Schweppe*, § 47 IntFamRVG Rn. 6

§ 23 IntFamRVG Vollstreckungsklausel

(1) Auf Grund eines wirksamen Beschlusses nach § 20 Abs. 1 erteilt der Urkundsbeamte der Geschäftsstelle die Vollstreckungsklausel in folgender Form:

„Vollstreckungsklausel nach § 23 des Internationalen Familienrechtsverfahrensgesetzes vom 26. Januar 2005 (BGBl. I S. 162). Gemäß dem Beschluss des ... (Bezeichnung des Gerichts und des Beschlusses) ist die Zwangsvollstreckung aus ... (Bezeichnung des Titels) zugunsten ... (Bezeichnung der berechtigten Person) gegen ... (Bezeichnung der verpflichteten Person) zulässig.

Die zu vollstreckende Verpflichtung lautet:

... (Angabe der aus dem ausländischen Titel der verpflichteten Person obliegenden Verpflichtung in deutscher Sprache; aus dem Beschluss nach § 20 Abs. 1 zu übernehmen)."

(2) Wird die Zwangsvollstreckung nur für einen oder mehrere der durch den ausländischen Titel zuerkannten oder in einem anderen ausländischen Titel niedergelegten Ansprüche oder nur für einen Teil des Gegenstands der Verpflichtung zugelassen, so ist die Vollstreckungsklausel als „Teil-Vollstreckungsklausel nach § 23 des Internationalen Familienrechtsverfahrensgesetzes vom 26. Januar 2005 (BGBl. I S. 162)" zu bezeichnen.

(3) [1]Die Vollstreckungsklausel ist von dem Urkundsbeamten der Geschäftsstelle zu unterschreiben und mit dem Gerichtssiegel zu versehen. [2]Sie ist entweder auf die Ausfertigung des Titels oder auf ein damit zu verbindendes Blatt zu setzen. [3]Falls eine Übersetzung des Titels vorliegt, ist sie mit der Ausfertigung zu verbinden.

§ 23 Abs. 1 IntFamRVG regelt funktionale Zuständigkeit, Inhalt (Abs. 1 und 2) sowie Form (Abs. 3) der Vollstreckungsklausel. Die Erteilung der Vollstreckungsklausel ist nicht isoliert anfechtbar, vielmehr muss sich eine Beschwerde gegen die Anordnung der Klauselerteilung selbst richten.[1]

Unterabschnitt 2
Beschwerde

§ 24 IntFamRVG Einlegung der Beschwerde; Beschwerdefrist

(1) [1]Gegen die im ersten Rechtszug ergangene Entscheidung findet die Beschwerde zum Oberlandesgericht statt. [2]Die Beschwerde wird bei dem Oberlandesgericht durch Einreichen einer Beschwerdeschrift oder durch Erklärung zu Protokoll der Geschäftsstelle eingelegt.

(2) Die Zulässigkeit der Beschwerde wird nicht dadurch berührt, dass sie statt bei dem Oberlandesgericht bei dem Gericht des ersten Rechtszugs eingelegt wird; die Beschwerde ist unverzüglich von Amts wegen an das Oberlandesgericht abzugeben.

(3) Die Beschwerde gegen die Zulassung der Zwangsvollstreckung ist einzulegen

1. innerhalb eines Monats nach Zustellung, wenn die beschwerdeberechtigte Person ihren gewöhnlichen Aufenthalt im Inland hat;

2. innerhalb von zwei Monaten nach Zustellung, wenn die beschwerdeberechtigte Person ihren gewöhnlichen Aufenthalt im Ausland hat. Die Frist beginnt mit dem Tag, an dem die Vollstreckbarerklärung der beschwerdeberechtigten Person entweder persönlich oder in ihrer Wohnung zugestellt worden ist. Eine Verlängerung dieser Frist wegen weiter Entfernung ist ausgeschlossen.

(4) Die Beschwerdefrist ist eine Notfrist.

(5) Die Beschwerde ist dem Beschwerdegegner von Amts wegen zuzustellen.

(6) Im Fall des § 22 Absatz 2 kann das Beschwerdegericht durch Beschluss die Vollstreckung des angefochtenen Beschlusses einstweilen einstellen.

Übersicht

	Rn.
A. Allgemeines	1
B. Fristen	3
I. Beschwerde des Verpflichteten	3
II. Beschwerde des Antragstellers	5

1 *Wagner*, § 23 IntFamRVG Rn. 2

A. Allgemeines

§§ 24 bis 27 IntFamRVG regeln die Beschwerde gegen Entscheidungen über die Erteilung der Vollstreckungsklausel oder deren Zurückweisung. 1

Verfahren:

- Die Beschwerde nach §§ 24 ff. IntFamRVG ist sowohl gegen die Erteilung der Vollstreckungsklausel aussprechende wie auch gegen ablehnende Entscheidungen statthaft.
- Die Beschwerde ist beim Oberlandesgericht einzulegen, § 24 Abs. 1 Satz 2 IntFamRVG.
- Die Beschwerde gegen die Zulassung der Zwangsvollstreckung unterliegt den Fristen des § 24 Abs. 3 IntFamRVG, die abhängig vom gewöhnlichen Aufenthalt des Beschwerdeberechtigten ist (mithin des Verpflichteten bzw. einer Person nach § 21 Abs. 3 IntFamRVG). Die Beschwerde (des Antragstellers) gegen eine ablehnende Entscheidung ist unbefristet.
- Sowohl die erstinstanzliche Entscheidung als auch die des Beschwerdegerichts werden erst mit Rechtskraft wirksam, § 22 bzw. § 27 IntFamRVG, wobei das Beschwerdegericht in Verbindung mit der Entscheidung über die Beschwerde die sofortige Wirksamkeit des Beschlusses anordnen kann (§ 27 Abs. 2 IntFamRVG).
- Gegen die Entscheidung des Oberlandesgerichts findet nach § 28 IntFamRVG die Rechtsbeschwerde zum BGH statt, jedoch mit beschränkter Prüfungskompetenz, § 30 Abs. 1 IntFamRVG.

Im Rechtsbeschwerdeverfahren kann die Anordnung der sofortigen Wirksamkeit aufgehoben werden oder eine entsprechende Anordnung erstmalig ergehen, § 31 IntFamRVG.

Die Beschwerde ist – abweichend von der allgemeinen Regelung des § 64 Abs. 1 FamFG – beim **Oberlandesgericht** einzulegen, § 24 Abs. 1 IntFamRVG. Im Falle der Einlegung beim Amtsgericht ist die Beschwerde nicht unzulässig, sondern unverzüglich von Amts wegen an das Beschwerdegericht abzugeben, § 24 Abs. 2 IntFamRVG. 2

§ 24 Abs. 6 IntFamRVG stellt klar, dass in Fällen grenzüberschreitender Unterbringung, die mit einer Freiheitsentziehung verbunden ist, das Beschwerdegericht die einstweilige Einstellung der Vollstreckung anordnen kann, da in diesen Fällen grundsätzlich durch die Anordnung der sofortigen Wirksamkeit eine unverzügliche Umsetzung forciert wird, § 22 Abs. 2 IntFamRVG. Heranzuziehen ist in diesen Fällen der gleiche Maßstab wie in § 64 Abs. 3 FamFG. 2a

▶ *Näher hierzu Dürbeck, § 64 FamFG Rn. 8 ff.*

B. Fristen

I. Beschwerde des Verpflichteten

§ 24 Abs. 3 IntFamRVG bestimmt, dass nur die Beschwerde (des Verpflichteten oder einer der in § 21 Abs. 3 IntFamRVG genannten Personen) gegen Beschlüsse, welche die Erteilung der Vollstreckungsklausel aussprechen, befristet ist. Dies entspricht, ebenso wie die vorgesehene nach dem gewöhnlichen Aufenthalt des Beschwerdeführers differenzierende Fristdauer, den Vorgaben des Art. 33 Abs. 5 Brüssel IIa-VO. Da es sich um eine Notfrist handelt, kann bei Vorliegen der allgemeinen Voraussetzungen Wiedereinsetzung in vorigen Stand gewährt werden (siehe *Dürbeck*, § 63 FamFG Rn. 15).[1] 3

Zu beachten ist, dass § 24 Abs. 3 IntFamRVG einheitlich für den gesamten Anwendungsbereich, also Verfahren betreffend die Brüssel IIa-VO, ESÜ und KSÜ dem Beschwerdeberechtigten, der seinen gewöhnlichen Aufenthalt im Ausland hat, die Zweimonatsfrist zubilligt, obgleich Art. 33 Abs. 5 Brüssel IIa-VO in seiner Anwendung auf den gewöhnlichen Aufenthalt in einem EU-Mitgliedstaat beschränkt ist. Diese weitreichende einheitliche Zweimonatsfrist dient der Rechtsvereinheitlichung sowie -vereinfachung und entspricht dem Willen des Gesetzgebers,[2] weshalb einer differenzierenden Auslegung nach Aufenthalten im EU-Ausland bzw. bei der Anwendung der Brüssel IIa-VO nicht zu folgen ist.[3] 4

1 *Wagner*, § 24 IntFamRVG Rn. 5
2 BT-Drucks. 15/3981, 25
3 Vgl. zu diesem Ansatz *Wagner*, § 24 IntFamRVG Rn. 4

II. Beschwerde des Antragstellers

5 Die Beschwerde des Antragstellers gegen zurückweisende Beschlüsse ist unbefristet möglich, was als Umkehrschluss aus dem Wortlaut von § 24 Abs. 3 IntFamRVG („gegen die Zulassung der Zwangsvollstreckung") und Art. 33 Abs. 5 Brüssel IIa-VO („gegen die Vollstreckbarerklärung") folgt.

§ 25 IntFamRVG Einwendungen gegen den zu vollstreckenden Anspruch

Die verpflichtete Person kann mit der Beschwerde gegen die Zulassung der Zwangsvollstreckung aus einem Titel über die Erstattung von Verfahrenskosten auch Einwendungen gegen den Anspruch selbst insoweit geltend machen, als die Gründe, auf denen sie beruhen, erst nach Erlass des Titels entstanden sind.

1 § 25 IntFamRVG ist in der Anwendung beschränkt auf Kostenentscheidungen. Die Abänderung von Sachentscheidungen in Sorge- und Umgangsverfahren ist von dieser Norm nicht erfasst, sie kann nur aufgrund neuer Tatsachen in einem neuen Verfahren, nicht aber inzident im Rahmen der Vollstreckbarerklärung erfolgen.[1]

§ 26 IntFamRVG Verfahren und Entscheidung über die Beschwerde

(1) Der Senat des Oberlandesgerichts entscheidet durch Beschluss, der mit Gründen zu versehen ist und ohne mündliche Verhandlung ergehen kann.

(2) [1]Solange eine mündliche Verhandlung nicht angeordnet ist, können zu Protokoll der Geschäftsstelle Anträge gestellt und Erklärungen abgegeben werden. [2]Wird in einer Ehesache die mündliche Verhandlung angeordnet, so gilt für die Ladung § 215 der Zivilprozessordnung.

(3) Eine vollständige Ausfertigung des Beschlusses ist den Beteiligten auch dann von Amts wegen zuzustellen, wenn der Beschluss verkündet worden ist.

(4) § 20 Abs. 1 Satz 2, Abs. 2 und 3, § 21 Abs. 1, 2 und 4 sowie § 23 gelten entsprechend.

1 Die Beschwerdeentscheidung ergeht nach § 26 Abs. 1 IntFamRVG durch den Senat.

2 Nach § 26 Abs. 4 IntFamRVG ist auch im Beschluss des Beschwerdegerichts die zu vollstreckende Verpflichtung in deutscher Sprache aufzunehmen, weiter finden die allgemeinen Kostenregeln Anwendung. Auch die Vorschriften zur Bekanntmachung der Entscheidung – mit Ausnahme der Zustellung an die weiteren Beteiligten – und die Regelung zur Erteilung der Vollstreckungsklausel gelten entsprechend.

§ 27 IntFamRVG Anordnung der sofortigen Wirksamkeit

(1) [1]Der Beschluss des Oberlandesgerichts nach § 26 wird erst mit seiner Rechtskraft wirksam. [2]Hierauf ist in dem Beschluss hinzuweisen.

(2) Das Oberlandesgericht kann in Verbindung mit der Entscheidung über die Beschwerde die sofortige Wirksamkeit eines Beschlusses anordnen.

1 Die Regelung des § 27 Abs. 1 IntFamRVG entspricht § 22 Abs. 1 IntFamRVG.

2 § 27 Abs. 2 IntFamRVG ermöglicht über die Anordnung der sofortigen Wirksamkeit die Zulassung der Zwangsvollstreckung vor der Entscheidung in der Sache durch das Beschwerdegericht und ist etwa angezeigt, um eine Verschleppung des Verfahrens und eine unzumutbare Verzögerung der Rückführung des Kindes zu verhindern.[1]

---

1 Staudinger/*Pirrung*, Vorbem. G zu Art. 19 EGBGB Rn. G 56
1 Staudinger/*Pirrung*, Vorbem. G zu Art. 19 EGBGB Rn. G 60

Unterabschnitt 3
Rechtsbeschwerde

§ 28 IntFamRVG Statthaftigkeit der Rechtsbeschwerde

Gegen den Beschluss des Oberlandesgerichts findet die Rechtsbeschwerde zum Bundesgerichtshof nach Maßgabe des § 574 Abs. 1 Nr. 1, Abs. 2 der Zivilprozessordnung statt.

Die Rechtsbeschwerde ist – entgegen der allgemeinen Regelung des § 70 Abs. 1 FamFG – immer statthaft und nicht von der Zulassung durch das Oberlandesgericht abhängig.

§ 29 IntFamRVG Einlegung und Begründung der Rechtsbeschwerde

[1]§ 575 Abs. 1 bis 4 der Zivilprozessordnung ist entsprechend anzuwenden. [2]Soweit die Rechtsbeschwerde darauf gestützt wird, dass das Oberlandesgericht von einer Entscheidung des Gerichtshofs der Europäischen Gemeinschaften abgewichen sei, muss die Entscheidung, von der der angefochtene Beschluss abweicht, bezeichnet werden.

Nach § 575 Abs. 3 Nr. 2 i.V.m Abs. 1 Nr. 1, § 574 Abs. 2 ZPO muss der Beschwerdeführer für die Zulässigkeit der Rechtsbeschwerde zu den Zulassungsvoraussetzungen substantiiert vortragen, allgemeine Ausführungen – etwa der Hinweis auf die fehlende Kindesanhörung – genügen hierzu nicht.[1] 1

§ 30 IntFamRVG Verfahren und Entscheidung über die Rechtsbeschwerde

(1) [1]Der Bundesgerichtshof kann nur überprüfen, ob der Beschluss auf einer Verletzung des Rechts der Europäischen Gemeinschaft, eines Anerkennungs- und Vollstreckungsvertrags, sonstigen Bundesrechts oder einer anderen Vorschrift beruht, deren Geltungsbereich sich über den Bezirk eines Oberlandesgerichts hinaus erstreckt. [2]Er darf nicht prüfen, ob das Gericht seine örtliche Zuständigkeit zu Unrecht angenommen hat.

(2) [1]Der Bundesgerichtshof kann über die Rechtsbeschwerde ohne mündliche Verhandlung entscheiden. [2]§ 574 Abs. 4, § 576 Abs. 3 und § 577 der Zivilprozessordnung sind entsprechend anzuwenden; in Angelegenheiten der freiwilligen Gerichtsbarkeit bleiben § 574 Abs. 4 und § 577 Abs. 2 Satz 1 bis 3 der Zivilprozessordnung sowie die Verweisung auf § 556 in § 576 Abs. 3 der Zivilprozessordnung außer Betracht.

(3) § 20 Abs. 1 Satz 2, Abs. 2 und 3, § 21 Abs. 1, 2 und 4 sowie § 23 gelten entsprechend.

§ 30 Abs. 1 IntFamRVG beschränkt die Prüfungskompetenz des BGH im Rahmen der Rechtsbeschwerde, gerügt werden kann insbesondere die Verletzung von EU-Recht. 1

Entsprechend enthält § 29 IntFamRVG die Verpflichtung, bei Geltendmachung einer Abweichung von einer Entscheidung des EuGH diese konkret zu bezeichnen. 2

§ 31 IntFamRVG Anordnung der sofortigen Wirksamkeit

Der Bundesgerichtshof kann auf Antrag der verpflichteten Person eine Anordnung nach § 27 Abs. 2 aufheben oder auf Antrag der berechtigten Person erstmals eine Anordnung nach § 27 Abs. 2 treffen.

Im Rahmen der Rechtsbeschwerde kann der BGH auf Antrag des jeweiligen Beteiligten eigene Anordnungen zur sofortigen Wirksamkeit treffen bzw. eine solche Anordnung aufheben, § 31 IntFamRVG. 1

Hat das OLG einen Antrag auf Nichtanerkennung zurückgewiesen, bedarf es keiner Anordnung einer sofortigen Wirksamkeit der Entscheidung gemäß § 27 Abs. 2 IntFamRVG; hat das OLG dennoch die sofortige Wirksamkeit angeordnet, so fehlt mangels Wirkung das Rechtsschutzbedürfnis für einen Antrag auf Aufhebung dieser Anordnung nach § 31 IntFamRVG.[1] 2

1 BGH FamRZ 2012, 1561
1 BGH FamRZ 2011, 959, 960

Unterabschnitt 4
Feststellung der Anerkennung

§ 32 IntFamRVG Anerkennungsfeststellung

[1]Auf das Verfahren über einen gesonderten Feststellungsantrag nach Artikel 21 Absatz 3 der Verordnung (EG) Nr. 2201/2003, nach Artikel 24 des Haager Kinderschutzübereinkommens oder nach dem Europäischen Sorgerechtsübereinkommen, einen Titel aus einem anderen Staat anzuerkennen oder nicht anzuerkennen, sind die Unterabschnitte 1 bis 3 entsprechend anzuwenden. [2]§ 18 Absatz 1 Satz 1 ist nicht anzuwenden, wenn die antragstellende Person die Feststellung begehrt, dass ein Titel aus einem anderen Staat nicht anzuerkennen ist. [3]§ 18 Absatz 1 Satz 3 ist in diesem Falle mit der Maßgabe anzuwenden, dass die mündliche Erörterung auch mit weiteren Beteiligten stattfinden kann.

1 § 32 IntFamRVG verweist für die Durchführung der jeweils fakultativen Anerkennungsverfahren nach Art. 21 Abs. 3 Brüssel IIa-VO, Art. 24 KSÜ und Art. 7 i.V.m. Art. 9 und 10 ESÜ auf das Verfahren zur Erteilung der Vollstreckungsklausel.

2 Zu beachten ist, dass die Durchführung eines solchen Anerkennungsfeststellungsverfahrens **nicht zwingend** ist, vielmehr sind ausländische Sorgerechtsentscheidungen grundsätzlich anzuerkennen. In der Praxis ist die Anerkennung einer ausländischen Entscheidung inzident im Rahmen von Sorge- und Umgangsverfahren zu prüfen, weil sie insoweit für die Frage der Abänderung relevant ist.

3 § 32 Satz 1 IntFamRVG enthält den **Grundsatz** der entsprechenden Anwendung der Vorschriften über das Verfahren zur Erteilung der Vollstreckungsklausel.

4 § 32 Satz 2 und 3 IntFamRVG schränken die Verweisung auf die Vorschriften zur Zulassung der Zwangsvollstreckung insoweit ein, als kein einseitiges Verfahren möglich ist, sondern abweichend von § 18 IntFamRVG die **Beteiligung des Antragsgegners erforderlich ist**, wenn die Feststellung begehrt wird, dass ein Titel aus einem anderen Staat nicht anzuerkennen ist. Dies beruht auf einer Entscheidung des EuGH, der zur Anwendung des Art. 31 Brüssel IIa-VO klargestellt hat, dass der Antragsgegner von Anfang an zu hören ist.[1] Aus Gründen der Rechtsvereinheitlichung gelten § 32 Satz 2 und 3 IntFamRVG auch für die Ausführung des KSÜ und des ESÜ.[2]

Unterabschnitt 5
Wiederherstellung des Sorgeverhältnisses

§ 33 IntFamRVG Anordnung auf Herausgabe des Kindes

(1) Umfasst ein vollstreckungsfähiger Titel im Anwendungsbereich der Verordnung (EG) Nr. 2201/2003, des Haager Kinderschutzübereinkommens oder des Europäischen Sorgerechtsübereinkommens nach dem Recht des Staates, in dem er geschaffen wurde, das Recht auf Herausgabe des Kindes, so kann das Familiengericht die Herausgabeanordnung in der Vollstreckungsklausel oder in einer nach § 44 getroffenen Anordnung klarstellend aufnehmen.

(2) Liegt im Anwendungsbereich des Europäischen Sorgerechtsübereinkommens ein vollstreckungsfähiger Titel auf Herausgabe des Kindes nicht vor, so stellt das Gericht nach § 32 fest, dass die Sorgerechtsentscheidung oder die von der zuständigen Behörde genehmigte Sorgerechtsvereinbarung aus dem anderen Vertragsstaat anzuerkennen ist, und ordnet zur Wiederherstellung des Sorgeverhältnisses auf Antrag an, dass die verpflichtete Person das Kind herauszugeben hat.

Übersicht

	Rn.
A. Normzweck	1
B. Inhalt der Norm	2
I. Ergänzung um Herausgabeanordnung	2
II. Anordnung der Herausgabe	3

---

1 EuGH FamRZ 2008, 1729 L; IPRax 2009, 420 „Rinau"

2 *Wagner*, § 32 IntFamRVG Rn. 5

A. Normzweck

§ 33 IntFamRVG soll im Anwendungsbereich der Brüssel IIa-VO, des KSÜ und des ESÜ die Vollstreckung ausländischer **Sorgerechtsentscheidungen erleichtern**, die nicht nur rechtsgestaltend wirken, sondern nach dem Recht des Erlassstaates auch einen vollstreckbaren Titel auf die Herausgabe des Kindes beinhalten, ohne dies gesondert anzuordnen.[1] 1

B. Inhalt der Norm

I. Ergänzung um Herausgabeanordnung

§ 33 Abs. 1 IntFamRVG ermöglicht es, eine ausländische Entscheidung, die nach deutschem Recht nur die Zuweisung des Sorgerechts, nicht aber die Herausgabe des Kindes beinhaltet, im Rahmen des Verfahrens zur Erteilung der Vollstreckungsklausel (§ 20 IntFamRVG) oder in der Vollstreckungsanordnung nach § 44 IntFamRVG, **von Amts wegen** um eine Herausgabeanordnung zu ergänzen. 2

II. Anordnung der Herausgabe

Nach § 33 Abs. 2 IntFamRVG kann im Verfahren nach § 32 IntFamRVG i.V.m. Art. 7 ESÜ in Verbindung mit der Feststellung der Anerkennung nach Art. 7 ESÜ darüber hinaus der Antragsgegner **auf Antrag** zur Herausgabe des Kindes verpflichtet werden. 3

Unterabschnitt 6
Aufhebung oder Änderung von Beschlüssen

§ 34 IntFamRVG Verfahren auf Aufhebung oder Änderung

(1) [1]Wird der Titel in dem Staat, in dem er errichtet worden ist, aufgehoben oder abgeändert und kann die verpflichtete Person diese Tatsache in dem Verfahren der Zulassung der Zwangsvollstreckung nicht mehr geltend machen, so kann sie die Aufhebung oder Änderung der Zulassung in einem besonderen Verfahren beantragen. [2]Das Gleiche gilt für den Fall der Aufhebung oder Änderung von Entscheidungen, Vereinbarungen oder öffentlichen Urkunden, deren Anerkennung festgestellt ist.

(2) Für die Entscheidung über den Antrag ist das Familiengericht ausschließlich zuständig, das im ersten Rechtszug über den Antrag auf Erteilung der Vollstreckungsklausel oder auf Feststellung der Anerkennung entschieden hat.

(3) [1]Der Antrag kann bei dem Gericht schriftlich oder durch Erklärung zu Protokoll der Geschäftsstelle gestellt werden. [2]Die Entscheidung ergeht durch Beschluss.

(4) Auf die Beschwerde finden die Unterabschnitte 2 und 3 entsprechend Anwendung.

(5) [1]Im Falle eines Titels über die Erstattung von Verfahrenskosten sind für die Einstellung der Zwangsvollstreckung und die Aufhebung bereits getroffener Vollstreckungsmaßregeln die §§ 769 und 770 der Zivilprozessordnung entsprechend anzuwenden. [2]Die Aufhebung einer Vollstreckungsmaßregel ist auch ohne Sicherheitsleistung zulässig.

§ 34 IntFamRVG dient dazu, bereits erteilte Vollstreckungsklauseln wieder aufzuheben, wenn der zugrundeliegende Titel im Ursprungsstaat aufgehoben oder abgeändert wurde. 1

§ 35 IntFamRVG Schadensersatz wegen ungerechtfertigter Vollstreckung

(1) [1]Wird die Zulassung der Zwangsvollstreckung aus einem Titel über die Erstattung von Verfahrenskosten auf die Rechtsbeschwerde aufgehoben oder abgeändert, so ist die berechtigte Person zum Ersatz des Schadens verpflichtet, welcher der verpflichteten Person durch die Vollstreckung des Titels oder durch eine Leistung zur Abwendung der Vollstreckung entstanden ist. [2]Das Gleiche gilt, wenn die Zulassung der Zwangsvollstreckung nach § 34 aufgehoben oder abgeändert wird, sofern der zur Zwangsvollstreckung zugelassene Titel zum Zeitpunkt der Zulassung nach dem Recht des Staates, in dem er ergangen ist, noch mit einem ordentlichen Rechtsbehelf angefochten werden konnte.

(2) Für die Geltendmachung des Anspruchs ist das Gericht ausschließlich zuständig, das im ersten Rechtszug über den Antrag, den Titel mit der Vollstreckungsklausel zu versehen, entschieden hat.

1 Vgl. hierzu *Schulz*, FamRZ 2011, 156, 160

1 § 35 IntFamRVG ist – wie § 25 IntFamRVG – inhaltlich beschränkt auf Kostenentscheidungen, aus denen die Vollstreckung erfolgte.

Unterabschnitt 7
Vollstreckungsabwehrklage

§ 36 IntFamRVG Vollstreckungsabwehrklage bei Titeln über Verfahrenskosten

(1) Ist die Zwangsvollstreckung aus einem Titel über die Erstattung von Verfahrenskosten zugelassen, so kann die verpflichtete Person Einwendungen gegen den Anspruch selbst in einem Verfahren nach § 767 der Zivilprozessordnung nur geltend machen, wenn die Gründe, auf denen ihre Einwendungen beruhen, erst

1. nach Ablauf der Frist, innerhalb deren sie die Beschwerde hätte einlegen können, oder

2. falls die Beschwerde eingelegt worden ist, nach Beendigung dieses Verfahrens

entstanden sind.

(2) Die Klage nach § 767 der Zivilprozessordnung ist bei dem Gericht zu erheben, das über den Antrag auf Erteilung der Vollstreckungsklausel entschieden hat.

1 Auch § 36 IntFamRVG ist – wie § 35 IntFamRVG – inhaltlich beschränkt auf Kostenentscheidungen.

Abschnitt 6
Verfahren nach dem Haager Kindesentführungsübereinkommen

1 §§ 37 ff. IntFamRVG enthalten spezielle Vorschriften für das Rückführungsverfahren nach dem HKÜ und für die Rückgabe von Kindern auf Grundlage von Art. 8 ESÜ.

§ 37 IntFamRVG Anwendbarkeit

Kommt im Einzelfall die Rückgabe des Kindes nach dem Haager Kindesentführungsübereinkommen und dem Europäischen Sorgerechtsübereinkommen in Betracht, so sind zunächst die Bestimmungen des Haager Kindesentführungsübereinkommens anzuwenden, sofern die antragstellende Person nicht ausdrücklich die Anwendung des Europäischen Sorgerechtsübereinkommen begehrt.

1 Die Norm verdeutlicht den grundsätzlichen Vorrang des Rückführungsverfahrens nach dem HKÜ vor der Anwendung des ESÜ.

§ 38 IntFamRVG Beschleunigtes Verfahren

(1) [1]Das Gericht hat das Verfahren auf Rückgabe eines Kindes in allen Rechtszügen vorrangig zu behandeln. [2]Mit Ausnahme von Artikel 12 Abs. 3 des Haager Kindesentführungsübereinkommens findet eine Aussetzung des Verfahrens nicht statt. [3]Das Gericht hat alle erforderlichen Maßnahmen zur Beschleunigung des Verfahrens zu treffen, insbesondere auch damit die Entscheidung in der Hauptsache binnen der in Artikel 11 Abs. 3 der Verordnung (EG) Nr. 2201/2003 genannten Frist ergehen kann.

(2) Das Gericht prüft in jeder Lage des Verfahrens, ob das Recht zum persönlichen Umgang mit dem Kind gewährleistet werden kann.

(3) Die Beteiligten haben an der Aufklärung des Sachverhalts mitzuwirken, wie es einem auf Förderung und Beschleunigung des Verfahrens bedachten Vorgehen entspricht.

1 § 38 Abs. 1 IntFamRVG dient der Umsetzung der Verpflichtung zum beschleunigten Abschluss von Rückführungsverfahren nach dem HKÜ.

▶ *Näher zu Sinn und Zweck des Beschleunigungsgebots siehe Fink, § 155 FamFG Rn. 1, 13.*

Aus § 38 Abs. 2 IntFamRVG kann die Verpflichtung folgen, den Umgang zwischen dem Kind und dem Antragsteller im Wege der Einstweiligen Anordnung zu regeln, um einer weiteren Entfremdung vorzubeugen.[1] 2

§ 39 IntFamRVG Übermittlung von Entscheidungen

Wird eine inländische Entscheidung nach Artikel 11 Abs. 6 der Verordnung (EG) Nr. 2201/2003 unmittelbar dem zuständigen Gericht oder der Zentralen Behörde im Ausland übermittelt, ist der Zentralen Behörde zur Erfüllung ihrer Aufgaben nach Artikel 7 des Haager Kindesentführungsübereinkommens eine Abschrift zu übersenden.

Die Norm soll die Information und Beteiligung der hiesigen Zentralen Behörde im Verfahren nach Art. 11 Abs. 6 Brüssel IIa-VO sicherstellen, wenn eine ablehnende Entscheidung im Rückführungsverfahren ergangen ist. 1

§ 40 IntFamRVG Wirksamkeit der Entscheidung; Rechtsmittel

(1) Eine Entscheidung, die zur Rückgabe des Kindes in einen anderen Vertragsstaat verpflichtet, wird erst mit deren Rechtskraft wirksam.

(2) [1]Gegen eine im ersten Rechtszug ergangene Entscheidung findet die Beschwerde zum Oberlandesgericht nach Unterabschnitt 1 des Abschnitts 5 des Buches 1 des Gesetzes über das Verfahren in Familiensachen und in den Angelegenheiten der freiwilligen Gerichtsbarkeit statt; § 65 Abs. 2, § 68 Abs. 4 sowie § 69 Abs. 1 Satz 2 bis 4 jenes Gesetzes sind nicht anzuwenden. [2]Die Beschwerde ist innerhalb von zwei Wochen einzulegen und zu begründen. [3]Die Beschwerde gegen eine Entscheidung, die zur Rückgabe des Kindes verpflichtet, steht nur dem Antragsgegner, dem Kind, soweit es das 14. Lebensjahr vollendet hat, und dem beteiligten Jugendamt zu. [4]Eine Rechtsbeschwerde findet nicht statt.

(3) [1]Das Beschwerdegericht hat nach Eingang der Beschwerdeschrift unverzüglich zu prüfen, ob die sofortige Wirksamkeit der angefochtenen Entscheidung über die Rückgabe des Kindes anzuordnen ist. [2]Die sofortige Wirksamkeit soll angeordnet werden, wenn die Beschwerde offensichtlich unbegründet ist oder die Rückgabe des Kindes vor der Entscheidung über die Beschwerde unter Berücksichtigung der berechtigten Interessen der Beteiligten mit dem Wohl des Kindes zu vereinbaren ist. [3]Die Entscheidung über die sofortige Wirksamkeit kann während des Beschwerdeverfahrens abgeändert werden.

Übersicht

Rn.

A. Allgemeines ... 1
B. Inhalt der Norm ... 2
  I. Wirksamwerden mit Rechtskraft ... 2
  II. Beschwerde ... 3
    1. Beschwerdefrist ... 7
    2. Begründungszwang ... 9
    3. Beschwerdeberechtigte ... 10
    4. Ausschluss der Rechtsbeschwerde ... 11
    5. Verfahren vor dem OLG ... 12

A. Allgemeines

Die Vorschrift enthält für Verfahren nach dem HKÜ Regelungen zur Wirksamkeit der Entscheidung (Abs. 1), zu Rechtsmitteln und Fristen (Abs. 2) sowie zur Anordnung der sofortigen Wirksamkeit durch das Beschwerdegericht (Abs. 3). 1

---

1 *Schulz*, FamRZ 2011, 1273, 1275

B. Inhalt der Norm

I. Wirksamwerden mit Rechtskraft

2 Die erstinstanzliche Rückführungsentscheidung wird nach § 40 Abs. 1 IntFamRVG erst mit Rechtskraft wirksam, das erstinstanzliche Gericht hat keine Kompetenz, die sofortige Wirksamkeit der Entscheidung anzuordnen.

II. Beschwerde

3 § 40 IntFamRVG enthält besondere Regelungen für die Beschwerde gegen die erstinstanzliche Entscheidung im HKÜ-Verfahren, deren Nichtbeachtung zur Unzulässigkeit des Rechtsmittels führt.

4 § 40 IntFamRVG umfasst inhaltlich nur Beschwerden gegen Sachentscheidungen in HKÜ-Verfahren, nicht dagegen andere Rechtsmittel, wie die isolierte Anfechtung einer Kostenentscheidung; insofern sind nach § 14 Nr. 2 IntFamRVG die allgemeinen Regelungen maßgeblich.[1]

5 Die Beschwerde ist beim Amtsgericht einzulegen, insoweit verweist § 40 Abs. 2 IntFamRVG auf §§ 58 ff. FamFG, darunter § 64 FamFG.

6 Der Praktiker hat insbesondere die – von den allgemeinen Beschwerdevorschriften des FamFG abweichende – verkürzte Beschwerdefrist von zwei Wochen und den Begründungszwang dringend zu beachten:

1. Beschwerdefrist

7 Nach § 40 Abs. 2 Satz 2 IntFamRVG beträgt die Frist zur Einlegung und Begründung der Beschwerde zwei Wochen. Auch hier gilt der Grundsatz, dass eine fehlerhafte Rechtsmittelbelehrung unerheblich ist für den Fristablauf (näher hierzu *Cirullies*, § 39 FamFG Rn. 2b).

8 Sofern der Antragsteller sowohl durch das Bundesamt für Justiz als auch durch einen selbst beauftragten Verfahrensbevollmächtigten, der nicht lediglich als Unterbevollmächtigter tätig ist, vertreten wird, beginnt die Beschwerdefrist mit der ersten Zustellung der Entscheidung an einen der beiden Bevollmächtigten zu laufen.[2]

2. Begründungszwang

9 Unter Hinweis auf den Wortlaut des § 40 Abs. 2 Satz 2 IntFamRVG, wonach die Beschwerde innerhalb von zwei Wochen einzulegen und zu begründen „ist", führt die Versäumung der Beschwerdefrist nach der Rechtsprechung zur Unzulässigkeit der Beschwerde und damit zu deren Verwerfung ohne inhaltliche Prüfung.[3] Die gegenteilige Ansicht, dass das Beschwerdegericht auch bei fehlender Begründung eine Sachentscheidung auf Grundlage des bis zu diesem Zeitpunkt vorliegenden Vortrags zu treffen habe,[4] überzeugt hingegen mit Blick auf den Wortlaut der Norm sowie das Beschleunigungsgebot (vgl. Art. 11 Abs. 1 HKÜ bzw. § 11 Abs. 3 Brüssel IIa-VO) nicht.

3. Beschwerdeberechtigte

10 § 40 Abs. 2 Satz 3 IntFamRVG schränkt für Entscheidungen, mit denen die Rückführung des Kindes angeordnet wurde, den Kreis der Beschwerdeberechtigten ein. Dem Jugendamt steht ein eigenes Beschwerderecht zu.

4. Ausschluss der Rechtsbeschwerde

11 Da die Rechtsbeschwerde nach § 40 Abs. 2 Satz 3 IntFamRVG ausgeschlossen ist, kommt gegen die Entscheidung des Beschwerdegerichts nur die Verfassungsbeschwerde in Betracht. Dies erklärt den hohen Anteil an Entscheidungen des BVerfG gemessen an der Zahl der Verfahren. Das BVerfG kann auf Antrag des Beschwerdeführers im Wege der einstweiligen Anordnung die Aussetzung der Vollziehung anordnen.[5]

---

1 OLG Frankfurt, Beschl. v. 17.10.2014 – 1 WF 273/14 (n.v.)
2 OLG Karlsruhe FamRZ 2012, 468, 469
3 So OLG Bamberg ZKJ 2016, 64; OLG Koblenz FamRZ 2017, 135; so auch Musielak/Borth/*Grandel*, § 40 IntFamRVG Rn. 1; MüKo-FamFG/*Gottwald*, § 40 IntFamRVG Rn. 3; *Nehls*, ZKJ 2014, 62, 65
4 OLG Stuttgart FamRB 2015, 459
5 Vgl. etwa BVerfG NJW-Spezial 2012, 293, Aussetzung der Vollziehung nach Abwägung der Folgen unter Hinweis auf den offenen Ausgang des Beschwerdeverfahrens; siehe jedoch BVerfG ZKJ 2016, 413: Aussetzung der Vollziehung abgelehnt unter Hinweis auf Ziele des HKÜ, das Kind möglichst schnell zurückzuführen

5. Verfahren vor dem OLG

Im Beschwerdeverfahren vor dem OLG ist die Übertragung auf den Einzelrichter ebenso ausgeschlossen wie die Aufhebung und Zurückverweisung, wie sich aus dem entsprechenden Ausschluss der Verweisung in § 40 Abs. 2 Satz 1 a.E. IntFamRVG ergibt. **12**

§ 40 Abs. 3 IntFamRVG verpflichtet das Beschwerdegericht nach Eingang der Beschwerde unverzüglich von Amts wegen die **Anordnung der sofortigen Vollziehung** der erstinstanzlichen Entscheidung zu prüfen und diese anzuordnen, wenn die Beschwerde offensichtlich unbegründet ist oder die Rückführung des Kindes unter Berücksichtigung der berechtigten Interessen der Beteiligten mit dem Wohl des Kindes vereinbar ist, § 40 Abs. 3 Satz 2 IntFamRVG. Sofern das Beschwerdegericht die eingelegte Beschwerde als offensichtlich unbegründet ansieht, darf nur bei Vorliegen schwerwiegender entgegenstehender Interessen der Beteiligten von einer Anordnung der sofortigen Vollziehbarkeit abgesehen werden.[6] **13**

§ 41 IntFamRVG Bescheinigung über Widerrechtlichkeit

[1]Über einen Antrag, die Widerrechtlichkeit des Verbringens oder des Zurückhaltens eines Kindes nach Artikel 15 Satz 1 des Haager Kindesentführungsübereinkommens festzustellen, entscheidet das Familiengericht,

1. **bei dem die Sorgerechtsangelegenheit oder Ehesache im ersten Rechtszug anhängig ist oder war, sonst**
2. **in dessen Bezirk das Kind seinen letzten gewöhnlichen Aufenthalt im Geltungsbereich dieses Gesetzes hatte, hilfsweise**
3. **in dessen Bezirk das Bedürfnis der Fürsorge auftritt.**

[2]Die Entscheidung ist zu begründen.

§ 41 IntFamRVG regelt die Zuständigkeit für die Ausstellung der Widerrechtlichkeitsbescheinigung nach Art. 15 HKÜ. Eine Zuständigkeitskonzentration ist nicht vorgesehen; es handelt sich sich nicht um ein Verfahren nach dem HKÜ i.S.d. § 11 IntFamRVG. Die Entscheidung ist dem Familienrichter zugewiesen (siehe hierzu *Heilmann*, § 14 RPflG Rn. 30). Gegen die Entscheidung ist die Beschwerde zum OLG eröffnet.[1] **1**

§ 42 IntFamRVG Einreichung von Anträgen bei dem Amtsgericht

(1) [1]Ein Antrag, der in einem anderen Vertragsstaat zu erledigen ist, kann auch bei dem Amtsgericht als Justizverwaltungsbehörde eingereicht werden, in dessen Bezirk die antragstellende Person ihren gewöhnlichen Aufenthalt oder, mangels eines solchen im Geltungsbereich dieses Gesetzes, ihren tatsächlichen Aufenthalt hat. [2]Das Gericht übermittelt den Antrag nach Prüfung der förmlichen Voraussetzungen unverzüglich der Zentralen Behörde, die ihn an den anderen Vertragsstaat weiterleitet.

(2) Für die Tätigkeit des Amtsgerichts und der Zentralen Behörde bei der Entgegennahme und Weiterleitung von Anträgen werden mit Ausnahme der Fälle nach § 5 Abs. 1 Kosten nicht erhoben.

Die Vorschrift stellt klar, dass Antragsteller sich auch an die Rechtsantragsstelle des Amtsgerichts in ihrem Bezirk wenden können. Eine Zuständigkeitskonzentration besteht insoweit nicht. Im Hinblick auf die fehlende Spezialisierung und die mit der Weiterleitung verbundene Verzögerung erscheint diese Vorgehensweise jedoch nicht praktikabel. **1**

---

6 BT-Drucks. 15/3981, 28
1 OLG Karlsruhe FamRZ 2005, 1004

§ 43 IntFamRVG Verfahrenskosten- und Beratungshilfe

Abweichend von Artikel 26 Abs. 2 des Haager Kindesentführungsübereinkommens findet eine Befreiung von gerichtlichen und außergerichtlichen Kosten bei Verfahren nach diesem Übereinkommen nur nach Maßgabe der Vorschriften über die Beratungshilfe und Verfahrenskostenhilfe statt.

1 Die Norm setzt den durch Deutschland gegen die grundsätzliche Kostenfreiheit nach Art. 26 Abs. 2 i.V.m. Abs. 3 HKÜ erklärten Vorbehalt um.

Abschnitt 7
Vollstreckung

§ 44 IntFamRVG Ordnungsmittel; Vollstreckung von Amts wegen

(1) [1]Bei Zuwiderhandlung gegen einen im Inland zu vollstreckenden Titel nach Kapitel III der Verordnung (EG) Nr. 2201/2003, nach dem Haager Kinderschutzübereinkommen, dem Haager Kindesentführungsübereinkommen oder dem Europäischen Sorgerechtsübereinkommen, der auf Herausgabe von Personen oder die Regelung des Umgangs gerichtet ist, soll das Gericht Ordnungsgeld und für den Fall, dass dieses nicht beigetrieben werden kann, Ordnungshaft anordnen. [2]Verspricht die Anordnung eines Ordnungsgeldes keinen Erfolg, soll das Gericht Ordnungshaft anordnen.

(2) Für die Vollstreckung eines in Absatz 1 genannten Titels ist das Oberlandesgericht zuständig, sofern es die Anordnung für vollstreckbar erklärt, erlassen oder bestätigt hat.

(3) [1]Ist ein Kind heraus- oder zurückzugeben, so hat das Gericht die Vollstreckung von Amts wegen durchzuführen, es sei denn, die Anordnung ist auf Herausgabe des Kindes zum Zweck des Umgangs gerichtet. [2]Auf Antrag der berechtigten Person soll das Gericht hiervon absehen.

Übersicht

Rn.
A. Allgemeines 1
B. Inhalt der Norm 3
I. Ermessensreduzierung 3
II. Zuständigkeit des OLG 4
III. Amtswegige Vollstreckung 5
1. Beschleunigte Vollstreckung 6
2. Keine Überprüfung der Hauptsacheentscheidung 7

A. Allgemeines

1 § 44 IntFamRVG betrifft die Vollstreckung von Entscheidungen nach der Brüssel IIa-VO, dem KSÜ, dem HKÜ oder dem ESÜ, welche die Herausgabe (Rückführung) des Kindes oder Umgangsregelungen beinhalten. Im Gegensatz zu der früheren Fassung des § 44 IntFamRVG, der die Vollstreckung umfassend regelte, enthält die Norm seit dem 1.9.2009 nur einige Besonderheiten, namentlich

- die Anordnung von Ordnungsmitteln als Sollvorschrift (Abs. 1),
- die Zuständigkeit des Beschwerdegerichts für die Vollstreckung seiner Anordnungen (Abs. 2),
- die amtswegige Vollstreckung der Herausgabe des Kindes (Abs. 3).

2 Im Übrigen finden gemäß § 14 Nr. 2 IntFamRVG die allgemeinen Vollstreckungsregelungen des FamFG Anwendung, insbesondere §§ 86 bis 88, § 89 Abs. 1 Satz 3, Abs. 2 bis 4 sowie §§ 90 bis 94 FamFG.[1]

▶ *Näher hierzu die Kommentierung von Cirullies zu §§ 88 bis 94 FamFG.*

B. Inhalt der Norm

I. Ermessensreduzierung

3 Abweichend von § 89 Abs. 1 FamFG regelt § 44 Abs. 1 IntFamRVG die Anordnung von Ordnungsmitteln als Soll-Vorschrift, was das Ermessen des Gerichts bei der Entscheidung über die Anordnung von Ordnungsmitteln einschränkt.

1 Vgl. BT-Drucks. 16/9733, 303; OLG Hamm FamRZ 2018, 1938, 1939

II. Zuständigkeit des OLG

Abweichend von den allgemeinen Vollstreckungsregeln ist für die Vollstreckung das Oberlandesgericht selbst zuständig, wenn es eine Entscheidung für vollstreckbar erklärt, erlassen oder bestätigt hat (§ 44 Abs. 2 IntFamRVG), damit gewährleistet ist, dass das sachnähere Gericht beschleunigt die gebotenen Vollstreckungsmaßnahmen anordnet. **4**

III. Amtswegige Vollstreckung

§ 44 Abs. 3 IntFamRVG verschärft für Entscheidungen über die Herausgabe des Kindes zur Durchsetzung einer Sorgerechtsentscheidung (nicht Umgang) sowie für Rückführungsentscheidungen nach dem HKÜ die Vollstreckung insoweit, als diese von Amts wegen durchzuführen und das Ermessen des Gerichts gemäß § 44 Abs. 1 IntFamRVG reduziert ist. Nur auf Antrag der berechtigten Person soll das Gericht von Vollstreckungsmaßnahmen absehen (§ 44 Abs. 3 Satz 2 IntFamRVG). **5**

1. Beschleunigte Vollstreckung

Die Vollstreckung der erwirkten Entscheidung ist zügig zu betreiben, da das Beschleunigungsgebot dem Ziel Rechnung trägt, den rechtswidrig geschaffenen Wechsel des gewöhnlichen Aufenthalts des Kindes schnellstmöglich zu beenden, um die mit der Rückführung verbundenen Belastungen für das Kind möglichst gering zu halten.[2] **6**

2. Keine Überprüfung der Hauptsacheentscheidung

Es gilt der Grundsatz, dass im Vollstreckungsverfahren keine Überprüfung der Hauptsacheentscheidung erfolgt (näher hierzu *Cirullies*, § 89 FamFG Rn. 28). **7**

Im Hinblick auf die Verpflichtung zur Berücksichtigung des Kindeswohls in jeder Lage des Verfahrens – auch im Vollstreckungsverfahren – soll ausnahmsweise von der Anordnung einer Vollzugsmaßnahme abzusehen sein, wenn sie mit dem Kindeswohl nicht (mehr) zu vereinbaren ist, etwa wenn der Elternteil trotz einer von ihm erwirkten Rückführungsanordnung die Rückführung des Kindes in das Herkunftsland durch eigenes Zutun verzögert und damit riskiert, dass allein aufgrund der zeitlichen Verzögerung bei der Vollziehung besondere Umstände eintreten, die dazu führen, dass dem Kind eine Rückkehr nicht zuzumuten ist.[3] Auch ist der Kindeswille in seltenen Ausnahmefällen erst im Vollstreckungsverfahren als erheblich anzusehen, wenn die Vollstreckung am Widerstand des Kindes scheitert.[4] **8**

Die Anordnung unmittelbaren Zwangs gegen ein Kind selbst ist stets als Ultima Ratio anzusehen.[5] Allerdings ist die Kindeswohlprüfung im Vollstreckungsverfahren auf enge Ausnahmefälle zu beschränken, da nach Systematik der Brüssel IIa-VO und des HKÜ die Überprüfung nachträglich eingetretener oder vorgetragener Umstände, welche die Vereinbarkeit der Entscheidung mit dem Kindeswohl infrage stellen, dem Gericht im Ursprungsmitgliedstaat vorbehalten ist, was auch die Entscheidung über Anträge auf Aussetzung der Vollstreckung umfasst.[6] **8a**

---

2 OLG Hamburg FamRZ 2015, 64, 65
3 OLG Hamburg FamRZ 2015, 64, 65; hierzu kritisch *Völker/Clausius*, § 11 Rn. 146
4 Vgl. OLG Saarbrücken FamRZ 2018, 40
5 OLG Hamm FamRZ 2018, 1938, mit Anm. *Schweppe,* FamRZ 2018, 1942
6 EuGH FamRZ 2010, 1229; hierzu auch *Schulz,* FamRZ 2018, 797 (805)

9 **Übersicht: Beschwerde und Vollstreckung in HKÜ-Verfahren**

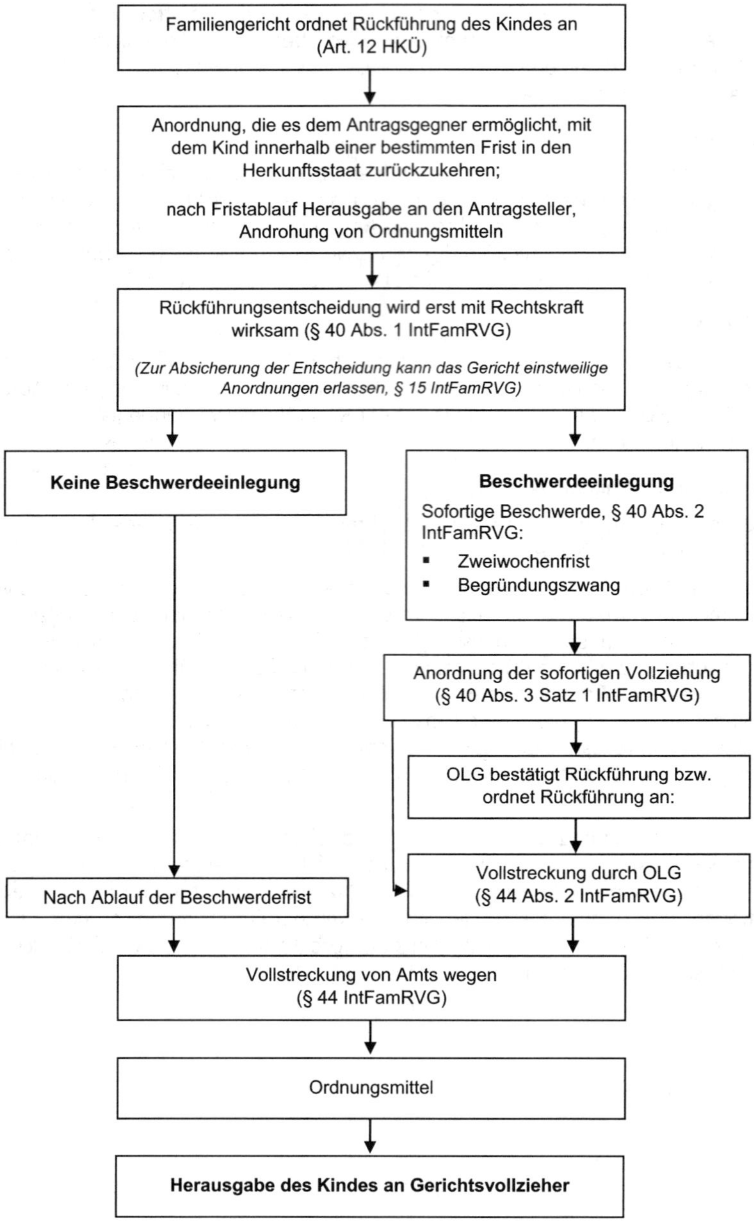

Abschnitt 8
Grenzüberschreitende Unterbringung

§ 45 IntFamRVG Zuständigkeit für die Zustimmung zu einer Unterbringung

[1]Zuständig für die Erteilung der Zustimmung zu einer Unterbringung eines Kindes nach Artikel 56 der Verordnung (EG) Nr. 2201/2003 oder nach Artikel 33 des Haager Kinderschutzübereinkommens im Inland ist der überörtliche Träger der öffentlichen Jugendhilfe, in dessen Bereich das Kind nach dem Vorschlag der ersuchenden Stelle untergebracht werden soll, andernfalls der überörtliche Träger, zu dessen Bereich die Zentrale Behörde den engsten Bezug festgestellt hat. [2]Hilfsweise ist das Land Berlin zuständig.

§ 46 IntFamRVG Konsultationsverfahren

(1) Dem Ersuchen soll in der Regel zugestimmt werden, wenn
1. die Durchführung der beabsichtigten Unterbringung im Inland dem Wohl des Kindes entspricht, insbesondere weil es eine besondere Bindung zum Inland hat,
2. die ausländische Stelle einen Bericht und, soweit erforderlich, ärztliche Zeugnisse oder Gutachten vorgelegt hat, aus denen sich die Gründe der beabsichtigten Unterbringung ergeben,
3. das Kind im ausländischen Verfahren angehört wurde, sofern eine Anhörung nicht auf Grund des Alters oder des Reifegrades des Kindes unangebracht erschien,
4. die Zustimmung der geeigneten Einrichtung oder Pflegefamilie vorliegt und der Vermittlung des Kindes dorthin keine Gründe entgegenstehen,
5. eine erforderliche ausländerrechtliche Genehmigung erteilt oder zugesagt wurde,
6. die Übernahme der Kosten geregelt ist.

(2) Im Falle einer Unterbringung, die mit Freiheitsentziehung verbunden ist, ist das Ersuchen ungeachtet der Voraussetzungen des Absatzes 1 abzulehnen, wenn
1. im ersuchenden Staat über die Unterbringung kein Gericht entscheidet oder
2. bei Zugrundelegung des mitgeteilten Sachverhalts nach innerstaatlichem Recht eine Unterbringung, die mit Freiheitsentziehung verbunden ist, nicht zulässig wäre.

(3) Die ausländische Stelle kann um ergänzende Informationen ersucht werden.

(4) Wird um die Unterbringung eines ausländischen Kindes ersucht, ist die Stellungnahme der Ausländerbehörde einzuholen.

(5) [1]Die zu begründende Entscheidung ist auch der Zentralen Behörde und der Einrichtung oder der Pflegefamilie, in der das Kind untergebracht werden soll, mitzuteilen. [2]Sie ist unanfechtbar.

§ 47 IntFamRVG Genehmigung des Familiengerichts

(1) [1]Die Zustimmung des überörtlichen Trägers der öffentlichen Jugendhilfe nach den §§ 45 und 46 ist nur mit Genehmigung des Familiengerichts zulässig. [2]Das Gericht soll die Genehmigung in der Regel erteilen, wenn
1. die in § 46 Abs. 1 Nr. 1 bis 3 bezeichneten Voraussetzungen vorliegen und
2. kein Hindernis für die Anerkennung der beabsichtigten Unterbringung erkennbar ist.

[3]§ 46 Abs. 2 und 3 gilt entsprechend.

(2) [1]Örtlich zuständig ist das Familiengericht am Sitz des Oberlandesgerichts, in dessen Zuständigkeitsbereich das Kind untergebracht werden soll, für den Bezirk dieses Oberlandesgerichts. [2]§ 12 Abs. 2 und 3 gilt entsprechend.

(3) Der zu begründende Beschluss ist unanfechtbar.

Übersicht

Rn.
A. Normzweck und Anwendungsbereich 1
B. Inhalt der Norm 4
I. Grundsätze 4
II. Verfahren bei Unterbringung des Kindes in Deutschland 7
1. Zustimmungserfordernis 7
2. Prüfung durch Landesjugendamt 8
3. Genehmigung durch Familiengericht 10
III. Verfahren bei Unterbringung des Kindes im Ausland 12

A. Normzweck und Anwendungsbereich

1 §§ 45 bis 47 IntFamRVG regeln zur Umsetzung von Art. 56 Brüssel IIa-VO und von Art. 33 KSÜ einheitlich ein **besonderes Konsultationsverfahren für die Unterbringung** eines bisher in einem anderen Staat lebenden Kindes in einem Heim oder einer Pflegefamilie in Deutschland durch eine ausländische Stelle. Dies umfasst insbesondere auch individualpädagogische Maßnahmen.

2 Das Konsultationsverfahren greift nur für Unterbringungsmaßnahmen im Verhältnis der EU-Mitgliedstaaten bzw. der Vertragsstaaten des KSÜ untereinander.

Auch außerhalb der Geltungsbereiche von KSÜ und Brüssel IIa-VO kommt eine Aufnahme eines Kindes aus dem Ausland in Betracht, etwa auf Grundlage einer Kafala. Dabei handelt es sich um ein islamisches Rechtsinstitut zur Aufnahme eines Kindes in eine andere Familie im Rahmen eines Vormundschafts- und Pflegschaftsverhältnisses unter Beibehaltung der bestehenden Verwandtschaftsverhältnisse.[1] Soweit die Aufnahme eines Kindes aus Marokko als Vertragsstaat des KSÜ beabsichtigt ist, ist das Konsultationsverfahren nach Art. 33 KSÜ durchzuführen.[2]

3 Dabei ist nach Art. 33 KSÜ das Konsultationsverfahren stets erforderlich, nach Art. 56 Abs. 1 Brüssel IIa-VO ist das Konsultationsverfahren nur durchzuführen, wenn in dem ersuchten Mitgliedstaat für die innerstaatlichen Fälle der Unterbringung von Kindern die Einschaltung einer Behörde vorgesehen ist.[3] Mit der Neufassung der Brüssel IIa-VO werden diese Ausnahmen ab August 2022 entfallen, so dass stets ein Konsultationsverfahren durchzuführen ist.[4] Das Konsultationsverfahren ist grundsätzlich vor der Entscheidung über die Unterbringung selbst abzuschließen (Art. 56 Abs. 2 Brüssel IIa-VO, Art. 33 Abs. 2 KSÜ).

Erfolgt die Unterbringung im Ausland, ohne zuvor die Zustimmung der zuständigen Behörden des Aufnahmestaates einzuholen, so liegt ein Anerkennungshindernis nach Art. 23 lit. g Brüssel IIa-VO, Art. 23 Abs. 2 lit. f KSÜ vor.

B. Inhalt der Norm

I. Grundsätze

4 Anträge können über die Zentrale Behörde des ersuchenden Staates bei der Zentralen Behörde des ersuchten Staates eingereicht werden, sie werden dann an die zuständigen Stellen, in Deutschland die jeweiligen Landesjugendämter, weitergeleitet.

---

1 Siehe *Andrae*, § 6 Rn. 131; Palandt/*Thorn,* (IPR) Anh. EGBGB 24, Rn. 16; siehe auch EuGH FamRZ 2019, 832; BVerwG FamRZ 2011, 888; ZAR 2011, 191

2 Siehe hierzu Handreichung zur grenzüberschreitenden Einzelfallarbeit in der Kinder- und Jugendhilfe, S. 42 ff.

3 Informationen zum Konsultationsverfahren enthalten die Merkblätter des Bundesamts für Justiz zur grenzüberschreitenden Unterbringung von Kindern in Deutschland bzw. im Ausland (www.bundesjustizamt/sorgerecht) sowie die „Arbeitshilfe der Landesjugendämter zur Durchführung der Konsultationsverfahren nach Art. 56 Brüssel IIa-VO, Art. 33 KSÜ, §§ 45 ff. IntFamRVG" (2016). Zur Vollzeitpflege im Ausland siehe *Eschelbach/Rölke*, JAmt 2014, 494 ff.; siehe auch *Schlauß*, ZKJ 2016, 348 (zur Unterbringung im EU-Ausland), sowie *Geißler*, ZKJ 2017, 11 (zur Situation in Spanien)

4 Art. 82 EU-VO 2019/1111

Für den Anwendungsbereich des Art. 56 Abs. 2 Brüssel IIa-VO hat der EuGH[5] Folgendes festgehalten. 6

- Die Zustimmung hat **vor** der Entscheidung über die Unterbringung eines Kindes vorzuliegen.[6]
- Die Zustimmung muss von einer zuständigen Behörde des öffentlichen Rechts des ersuchten Mitgliedstaats erteilt werden. Es genügt nicht, dass die Institution, in der das Kind untergebracht werden soll, der Unterbringung zustimmt.
- Die Entscheidung eines Gerichts eines Mitgliedstaats, welche die Unterbringung eines Kindes in einer geschlossenen Institution zur therapeutischen und pädagogischen Betreuung in einem anderen Mitgliedstaat beinhaltet mit der Konsequenz, dass dem Kind zu seinem eigenen Schutz für einen bestimmten Zeitraum die Freiheit entzogen wird, fällt in den Anwendungsbereich des Art. 56 Brüssel IIa-VO.
- Die Entscheidung eines Gerichts, durch die die befristete **zwangsweise** Unterbringung eines Kindes in einer **geschlossenen** Einrichtung in einem anderen Mitgliedstaat angeordnet wird, ist vor ihrer Vollstreckung im ersuchten Mitgliedstaat in diesem Mitgliedstaat für vollstreckbar zu erklären und kann in dem anderen Mitgliedstaat nur für den in der Unterbringungsentscheidung festgelegten Zeitraum vollstreckt werden.
- Soweit die Zustimmung zur Unterbringung nach Art. 56 Abs. 2 Brüssel IIa-VO nur für eine bestimmte Zeit erteilt ist, gilt sie nicht für Entscheidungen, mit denen die Dauer der Unterbringung verlängert werden soll.

Die Verlängerung der Unterbringung oder ein Projektstellenwechsel ist wie ein Neuantrag zu behandeln, so dass eine erneute Zustimmung einzuholen ist.

II. Verfahren bei Unterbringung des Kindes in Deutschland

1. Zustimmungserfordernis

Ob bei geplanter Unterbringung eines Kindes in Deutschland im Anwendungsbereich des Art. 56 Abs. 1 Brüssel IIa-VO das Konsultationsverfahren durchzuführen ist, richtet sich nach innerstaatlichen Regelungen. Maßgeblich ist das Erfordernis einer Pflegeerlaubnis nach § 44 SGB VIII bzw. der Betrieb einer Einrichtung nach § 45 SGB VIII. Ausnahmen bestehen damit nur nach § 44 Abs. 1 Satz 2 SGB VIII für die Verwandtenpflege oder kurzzeitige Pflegeverhältnisse.[7] Im Anwendungsbereich des Art. 33 KSÜ ist stets ein Konsultationsverfahren durchzuführen. 7

Das Ersuchen ist an das zuständige Landesjugendamt des Bundeslandes, in dem die Unterbringung erfolgen soll, zu richten, wobei auch eine Weiterleitung des Antrags über die Zentrale Behörde möglich ist.

2. Prüfung durch Landesjugendamt

Das für die Erteilung der Zustimmung nach § 45 IntFamRVG zuständige Landesjugendamt prüft, ob die Anforderungen nach Maßgabe des § 46 Abs. 1 Ziffer 1 bis 6 IntFamRVG erfüllt sind. 8

Zu prüfen ist insbesondere,

- ob die beabsichtigte Unterbringung dem Wohl des Kindes entspricht (§ 46 Abs. 1 Nr. 1 IntFamRVG). Zu berücksichtigen sind hier insbesondere Sprachkenntnisse und familiäre Bindungen. Hierzu hat die ersuchende Stelle einen Bericht bzw. eine ärztliche Stellungnahme vorzulegen (§ 46 Abs. 1 Nr. 1 IntFamRVG).
- Weitere Voraussetzung ist die Anhörung des Kindes (§ 46 Abs. 1 Nr. 1 IntFamRVG). Wurde das Kind im ersuchenden Staat nicht angehört, obgleich die Anhörung nach den hiesigen Maßstäben geboten ist, so ist die Anhörung im Konsultationsverfahren nachzuholen (zur Kindesanhörung siehe *Heilmann*, Kommentierung zu § 159 FamFG).

---

5 EuGH FamRZ 2012, 1466, 1471, auch zum Verhältnis einstweiliger Anordnungen nach Art. 20 Brüssel IIa-VO zur Unterbringung gemäß Konsultationsverfahren

6 Nach dem Merkblatt des Bundesamtes für Justiz soll dagegen die – unverzügliche – Nachholung des Konsultationsverfahrens möglich sein.

7 Mit der Neufassung der Brüssel IIa-VO wird die Durchführung des Konsultationsverfahrens für alle grenzüberschreitenden Unterbringungen verbindlich, so dass diese Ausnahmen künftig entfallen, vgl. *Schlauß*, ZKJ 2019, 255, 260.

- Vor der Unterbringung müssen weitere formale Voraussetzungen wie die Pflegeerlaubnis der aufnehmenden Stelle, ausländerrechtliche Genehmigungen, Krankenversicherungsschutz und Kostenübernahme erfüllt sein (§ 46 Abs. 1 Nr. 4 bis 6 sowie Abs. 4 IntFamRVG).[8]

9 Die Zustimmung zur **freiheitsentziehenden Unterbringung** in einem anderen Staat unterliegt nach § 46 Abs. 2 IntFamRVG besonderen Anforderungen und darf nur erteilt werden, wenn die Grundentscheidung über die freiheitsentziehende Unterbringung im ersuchenden Staat durch ein Gericht getroffen wurde und auch nach innerstaatlichem Recht die Voraussetzungen für eine mit Freiheitsentziehung verbundene Unterbringung vorliegen (§ 1631b BGB, hierzu siehe *Fink,* § 1631b BGB Rn. 2 ff.). Damit erfolgt eine inhaltliche Überprüfung der Unterbringungsvoraussetzungen nach innerstaatlichem Recht.

3. Genehmigung durch Familiengericht

10 Nach Prüfung der Voraussetzungen muss das Landesjugendamt nach § 47 IntFamRVG für die beabsichtigte Erteilung der Zustimmung die Genehmigung des zuständigen Familiengerichts einholen. Es gilt die Zuständigkeitskonzentration nach § 47 Abs. 2 i.V.m. § 12 Abs. 2 und 3 IntFamRVG.

Das Familiengericht prüft nach eigenen Ermittlungen, ob die Voraussetzungen nach § 46 IntFamRVG erfüllt sind. Es kann die Genehmigung erteilen oder ablehnen.

11 Die im Rahmen der §§ 46 und 47 getroffenen Entscheidungen sind jeweils unanfechtbar, § 46 Abs. 5 bzw. § 47 Abs. 3 IntFamRVG, dies gilt für die Erteilung oder Versagung der Zustimmung des jeweiligen Landesjugendamts ebenso wie für die positive oder negative Entscheidung des Familiengerichts. Anfechtbar auf Grundlage des jeweiligen nationalen Rechts ist nur die Ausgangsentscheidung über die Unterbringung.[9]

Das angerufene Landesjugendamt teilt seine begründete Entscheidung der ersuchenden Stelle und der Zentralen Behörde im ersuchten Staat sowie der ausgewählten Einrichtung bzw. Pflegefamilie mit, § 46 Abs. 5 IntFamRVG.

III. Verfahren bei Unterbringung des Kindes im Ausland

12 Sofern deutsche Stellen die Unterbringung eines Kindes oder Jugendlichen im Ausland prüfen, ist zunächst § 27 Abs. 2 Satz 3 SGB VIII zu beachten, wonach Hilfen zur Erziehung grundsätzlich im Inland zu erbringen sind und die Durchführung von Maßnahmen im Ausland nur nach sorgfältiger Prüfung der Erforderlichkeit im Einzelfall gestattet ist (zu den Anforderungen an die Hilfeplanung allgemein *Köhler,* § 36 SGB VIII Rn. 3). Soweit der Betroffene unter Vormundschaft steht, ist weiter zu bedenken, dass die Verpflichtung zu persönlichem Kontakt mit dem Mündel auch im Falle einer Unterbringung im Ausland besteht (zu Einzelheiten *Dürbeck,* § 1793 Rn. 6).[10]

Das nach allgemeinen Grundsätzen zuständige Jugendamt bereitet das Konsultationsverfahren vor, indem es nach Klärung der formalen Anforderungen an die Unterbringung (entsprechend § 46 IntFamRVG) das Zustimmungsgesuch an die zuständige Stelle im Aufnahmestaat richtet, ggf. über die dortige Zentrale Behörde. Die Einzelheiten des Konsultationsverfahrens richten sich nach dem Recht des Aufnahmestaates, wie Art. 56 Abs. 3 Brüssel IIa-VO klarstellt. Für die Durchführung des Konsultationsverfahrens bei Unterbringung von Kindern in anderen EU-Mitgliedstaaten sind unter www.bundesjustizamt.de/sorgerecht für die meisten EU-Staaten nähere Informationen verfügbar, einschließlich Landesmerkblättern und Datenblättern, die Informationen u.a. zu zuständigen Stellen, Verfahren und notwendigen Übersetzungen enthalten.

13 Die Durchführung des Konsultationsverfahrens ist im Anwendungsbereich der Brüssel IIa-VO entbehrlich, wenn nach dem Recht des Aufnahmestaates für die Unterbringung keine gerichtliche oder behördliche Genehmigung vorgesehen ist, Art. 56 Abs. 1 Brüssel IIa-VO.

---

8 Vgl. Handreichung zur grenzüberschreitenden Einzelfallarbeit, S. 46 f.

9 *Wagner,* § 47 IntFamRVG Rn. 3

10 Zu den Anforderungen an eine Unterbringung im Ausland siehe Handreichung zur grenzüberschreitenden Einzelfallarbeit in der Kinder- und Jugendhilfe, S. 36 ff.

Abschnitt 9
Bescheinigungen zu inländischen Entscheidungen nach der Verordnung (EG) Nr. 2201/2003

§ 48 IntFamRVG Ausstellung von Bescheinigungen

(1) Die Bescheinigung nach Artikel 39 der Verordnung (EG) Nr. 2201/2003 wird von dem Urkundsbeamten der Geschäftsstelle des Gerichts des ersten Rechtszugs und, wenn das Verfahren bei einem höheren Gericht anhängig ist, von dem Urkundsbeamten der Geschäftsstelle dieses Gerichts ausgestellt.

(2) Die Bescheinigung nach den Artikeln 41 und 42 der Verordnung (EG) Nr. 2201/2003 wird beim Gericht des ersten Rechtszugs von dem Familienrichter, in Verfahren vor dem Oberlandesgericht oder dem Bundesgerichtshof von dem Vorsitzenden des Senats für Familiensachen ausgestellt.

Für die Ausstellung von Bescheinigungen nach Art. 39 Brüssel IIa-VO, Art. 41, 42 Brüssel II-VO für Entscheidungen deutscher Gerichte gilt keine Zuständigkeitskonzentration, sie erfolgt vielmehr durch das Gericht, welches die Entscheidung erlassen hat. 1

Zu differenzieren ist dabei für die Frage der funktionalen Zuständigkeit: 2

- Bescheinigungen nach Art. 39 Brüssel IIa-VO für Entscheidungen in Ehesachen und bei Entscheidungen über die elterliche Verantwortung, welche im Rahmen des Verfahrens auf Anerkennung bzw. Vollstreckbarerklärung vorzulegen sind, werden durch den Urkundsbeamten der Geschäftsstelle ausgestellt.
- Bescheinigungen nach Art. 41 und 42 Brüssel IIa-VO, die im Verhältnis der EU-Staaten untereinander die Vollstreckung ohne weiteres Vollstreckbarkeitsverfahren für Umgangsentscheidungen und bestimmte Rückführungsentscheidungen nach Maßgabe von Art. 11 Abs. 8 Brüssel IIa-VO ermöglichen, sind durch den Familienrichter bzw. den Vorsitzenden des zuständigen Familiensenats auszustellen.

Die Differenzierung erfolgt vor dem Hintergrund, dass in den Fällen des Abs. 1 noch eine weitere richterliche Überprüfung im Verfahren zur Anerkennung bzw. Vollstreckbarerklärung erfolgt, in den Fällen des Abs. 2 die Vollstreckung hingegen ohne Exequaturverfahren unmittelbar möglich ist. 3

§ 49 IntFamRVG Berichtigung von Bescheinigungen

Für die Berichtigung der Bescheinigung nach Artikel 43 Abs. 1 der Verordnung (EG) Nr. 2201/2003 gilt § 319 der Zivilprozessordnung entsprechend.

Die Verweisung auf § 319 ZPO folgt aus Art. 43 Abs. 1 Brüssel IIa-VO, wonach für Berichtigungen der nach Art. 41 und 42 Brüssel IIa-VO ausgestellten Bescheinigungen das Recht des Ursprungsmitgliedstaats maßgebend ist. Gegenstand der Berichtigung kann nur sein, ob der Inhalt der Entscheidung in der Bescheinigung korrekt wiedergegeben ist.[1] 1

Über diese Berichtigungsmöglichkeit hinaus sind Rechtsbehelfe gegen die Erteilung der genannten Bescheinigungen nicht eröffnet. 2

Abschnitt 10
Verfahren nach dem Europäischen Adoptionsübereinkommen

§ 50 IntFamRVG Verfahren der nationalen Behörde

Auf Anträge aus einem anderen Staat nach Artikel 15 des Europäischen Adoptionsübereinkommens finden § 4 Absatz 1, § 6 Absatz 1 und § 9 entsprechende Anwendung.

1 BT-Drucks. 15/3981, 31

Abschnitt 11
Kosten

§§ 51 bis 53 IntFamRVG (aufgehoben)

§ 54 IntFamRVG Übersetzungen

Die Höhe der Vergütung für die von der Zentralen Behörde veranlassten Übersetzungen richtet sich nach dem Justizvergütungs- und -entschädigungsgesetz.

Von einer Kommentierung wird abgesehen.

Abschnitt 12
Übergangsvorschriften

§§ 55 bis 56 IntFamRVG (Übergangsvorschriften)

Vom Abdruck wird abgesehen.

Kapitel 6
Mediation in internationalen Kindschaftskonflikten

Übersicht

Rn.

A. Organisation und Verfahren ... 1
B. Rechtswirkungen mediierter Vereinbarungen ... 9
I. Vereinbarung über die Rückführung oder Nicht-Rückführung ... 11
II. Vereinbarung auch über sorge- und umgangsrechtliche Aspekte ... 13
1. Undertakings ... 15
2. Safe harbour orders ... 16
3. Mirror orders ... 17
III. Anerkennung und Vollstreckung im Herkunftsstaat ... 20

Weiterführende Literatur: Leitfaden zur Mediation auf der Grundlage des Haager Übereinkommens vom 25. Oktober 1980 über die zivilrechtlichen Aspekte internationaler Kindesentführung, Ständiges Büro der Haager Konferenz für Internationales Privatrecht; *Paul/Kiesewetter*, Mediation bei internationalen Kindschaftskonflikten München 2009; *Paul/Kiesewetter*, Cross-Border-Familiy-Mediation, Frankfurt 2014; Familienkonflikte bewältigen: Ein Leitfaden zur internationalen Familienmediation.[1]

A. Organisation und Verfahren[2]

In Verfahren nach dem Haager Kindesentführungsübereinkommen, die die **Rückführung** eines (möglicherweise) durch einen Elternteil widerrechtlich nach Deutschland verbrachten oder hier zurückgehaltenen Kindes in das Ausland auf Antrag des anderen Elternteils oder die Durchführung und wirksame Ausübung eines **Umgangsrechts** zum Gegenstand haben (Art. 12, 21 HKÜ[3]), verlangt Art. 7 c) HKÜ, dass auch hier der Versuch einer gütlichen Einigung unternommen werden soll.[4] Das **Bundesamt für Justiz**, welches für die Bearbeitung von Rückführungs- und Umgangsanträgen aus dem Ausland als zentrale Behörde zuständig ist, versendet bereits in seiner Eingangsbestätigung ein Informationsblatt zur internationalen Familienmediation im Rahmen von HKÜ-Verfahren[5] und fragt bei dem Antragsteller an, ob er an weiteren Informationen zur Mediation interessiert ist. 1

▶ *Näher zum Verfahren der Mediation Wegener, § 156 FamFG Rn. 53.*

Wollen die Eltern bereits in diesem frühen Verfahrensstadium eine Mediation durchführen, so informiert das Bundesamt den Verein **MiKK e.V.** (Mediation in internationalen Kindschaftskonflikten e.V.[6]), mit dem es seit Juli 2011 auf vertraglicher Grundlage kooperiert und MiKK übernimmt dann die Information der Eltern, die Organisation der Mediatoren, die Logistik, z.B. die Suche eines geeigneten Raumes usw.[7] Der 2008 gegründete Verein ist speziell darauf ausgerichtet und vorbereitet, in den internationalen Kindschaftskonflikten schnell, d.h. **innerhalb von ein bis zwei Wochen,** eine Mediation vorzubereiten und durchzuführen, da der Antrag des die Rückführung oder den Umgang begehrenden Elternteils inzwischen weiter vom Bundesamt bearbeitet und bei Gericht eingereicht wird. 2

Die Vorbereitung und Durchführung dieser dem gerichtlichen Verfahren vorgeschalteten Mediation erfolgt aufgrund des in HKÜ-Verfahren geltenden **besonderen Beschleunigungsgebotes**[8] (näher 3

---

1 Herausgegeben vom Internationalen Sozialdienst (ISS), abrufbar z.B. unter www.mikk-ev.de

2 Vgl. den umfassenden Leitfaden zur Mediation auf der Grundlage des Haager Übereinkommens vom 25.10.1980 über die zivilrechtlichen Aspekte internationaler Kindesentführung, veröffentlicht vom Ständigen Büro der Haager Konferenz für Internationales Privatrecht, abzurufen unter www.hcch.net

3 Haager Übereinkommen vom 25.10.1980 über die zivilrechtlichen Aspekte internationaler Kindesentführung (HKÜ), BGBl. II 1990 S. 206, 207

4 Vgl. auch Art. 55e) Brüssel IIa-Verordnung und Art. 31b) KSÜ; vgl. auch in Zukunft: Art. 25 Brüssel IIa_VO (EU) 2019/1111 mit Geltung ab 1.8.2022 sowie ErwG 43

5 Anzufordern unter int.sorgerecht@bfj.bund.de; erhältlich ist auch ein besonderes Informationsblatt für Rechtsanwälte

6 MiKK e.V., Fasanenstraße 12, 10623 Berlin, www.mikk-ev.de; info@mikk-ev.de; Telefon 030 74787879; *Kiesewetter,* Mediation bei internationalen Kindschaftskonflikten, in: *Trenczek* u.a., Rn. 10

7 *Kiesewetter/Paul* in: Paul/Kiesewetter, S. 36 ff.

8 Art. 11 HKÜ, § 38 IntFamRVG; *Carl/Erb-Klünemann* in: Paul/Kiesewetter, S. 53, 58

hierzu *Schweppe*, Art. 11 HKÜ Rn. 1) parallel zum gerichtlichen Verfahren.[9] Da oftmals die Bereitschaft der Eltern zur Durchführung einer Mediation erst feststeht, wenn das Verfahren bei Gericht schon eingeleitet ist, ist es zielführend, dass die außergerichtlichen Schritte mit dem Gerichtsverfahren abgestimmt und koordiniert werden. Eine gute Kommunikation zwischen dem Bundesamt, dem Verein MiKK und dem Gericht ist somit Voraussetzung eines gelingenden Mediationsverfahrens mit den Eltern. Will das Familiengericht von sich aus noch einmal über die Möglichkeiten der Mediation informieren, so kann es auf speziell für diesen Fall entwickelte, standardisierte Hinweisschreiben zurückgreifen. Auf der Homepage des Vereins MiKK e.V. finden sich unter der Rubrik „Infoschreiben Mediation des Gerichtes" verschiedene Hinweisschreiben, gerichtet zum einen an die Parteien und zum anderen an die Rechtsanwälte, in vielen Sprachen.

4 Der Verein MiKK verfolgt die Idee der **bi-kulturellen Co-Mediation**, d.h., die Mediatoren arbeiten immer zu zweit, normalerweise mit einem Mann und einer Frau als Mediatoren, von denen einer einen juristischen und einer einen psychosozialen Hintergrund hat. Handelt es sich um ein binationales bzw. bikulturelles Paar, so repräsentieren die Mediatoren im Idealfall auch die beiden Sprach- und Kulturkreise und sprechen – zumindest ansatzweise – die betroffenen Sprachen.[10] MiKK bildet die bei dem Verein registrierten Mediatoren regelmäßig aus und weiter in Bezug auf die rechtlichen Besonderheiten der internationalen Kindesentführungsfälle. Geeignete Mediatoren findet man auf der Homepage des Vereins unter der Rubrik „Fachleute finden".

5 Um dem antragstellenden, im Ausland lebenden Elternteil die wiederholte Anreise und damit einhergehende Kosten zu ersparen, wird, wenn das Gerichtsverfahren schon anhängig ist, der Termin für die Mediation mit dem Termin, den das Gericht bestimmt, koordiniert, d.h. vorzugsweise findet die Mediation an dem Wochenende kurz vor oder kurz nach dem Gerichtstermin statt, damit im besten Fall eine Entscheidung des Gerichts vermieden werden kann.[11] Die mittlerweile für das Gerichtsverfahren beauftragten Anwälte werden in den Mediationsprozess mit einbezogen, stehen beratend zur Seite, nehmen aber in der Regel an den eigentlichen Mediationssitzungen nicht teil. Am Rande der Mediation kommt es oft auch zu einer Zwischenvereinbarung über einen kurzfristig durchzuführenden Umgangskontakt zwischen dem Kind und dem aus dem Ausland anreisenden Elternteil.

6 MiKK hat zusammen mit in diesem Bereich besonders engagierten Familienrichtern[12] ein Modell erarbeitet, um dem organisatorischen Aufwand, dem hohen Zeitdruck und der oftmals aufgrund fehlender Informiertheit nur zögerlichen Bereitschaft zur Durchführung einer Mediation in diesen Fällen zu begegnen (**MiG** – MiKK-Mediatoren im Gericht).[13] Nach diesem Modell bestimmt das Gericht in ein und derselben Verfügung **zwei dicht aufeinanderfolgende Termine** zur Anhörung der Eltern bzw. evtl. noch einen zusätzlichen Termin für die Kindesanhörung und ordnet das persönliche Erscheinen für den zweiten, eigentlichen Anhörungstermin an.

7 Der **erste Termin** wird nur mit einem Zeitrahmen von einer Stunde angesetzt und dient vor allem der Abklärung von Formalien, der **Prüfung der Mediationsbereitschaft** der Eltern und der Regelung des Umgangs zwischen dem Kind und dem aus dem Ausland anreisenden Elternteil, welcher daher von der Sinnhaftigkeit dieses Termins leicht zu überzeugen sein wird. Zu diesem ersten Termin entsendet MiKK kostenfrei einen für den Fall konkret in Frage kommenden Mediator, der den Beteiligten, wenn es sich im Termin ergibt, für Fragen und zum gegenseitigen Kennenlernen zur Verfügung steht, Anregungen aufnehmen kann und die Eltern im direkten Kontakt und Austausch von dem Verfahren der Mediation überzeugen kann. Entschließen sich die Eltern zur Mediation, wird diese zeitnah und unter Hinzuziehung eines zweiten Mediators durchgeführt. Der **zweite, eigentliche Anhörungstermin** findet sodann unabhängig vom Erfolg der Mediation statt. Im günstigsten Fall hat die Mediation bereits zu einer Vereinbarung der Eltern geführt, deren konkrete praktische Umsetzung im Termin erörtert werden kann.

8 Die **Kosten** der Mediation tragen die Eltern selbst, ggf. kann das Bundesamt als Zentrale Behörde unterstützen. Der Verein MiKK bemüht sich allerdings um eine auf das Gerichtsverfahren abge-

9 *Carl/Erb-Klünemann* in: Paul/Kiesewetter, S. 61

10 Vgl. www.mikk-ev.de/informationen bzw. www.mikk-ev.de/aktuelles/projekte; www.reunite.org; www.kinderontvoering.org; www.crossbordermediator.eu; siehe auch den Leitfaden zur Mediation, Fn. 1, 31, 71

11 *Schulz*, Mediierte Vereinbarungen in Verfahren nach dem Haager Kindesentführungsübereinkommen und ihre Vollstreckung, S. 5 (nicht veröffentlicht); *Carl/Erb-Klünemann* in: Paul/Kiesewetter, S. 61

12 Zur besseren Lesbarkeit wird im Folgenden nur die männliche Form des Begriffs verwendet

13 MiG – MiKK-Mediation im Gericht, www.mikk-ev.de; *Brieger*, ZKJ 2014, 450

stimmte zeitliche Planung, so dass jedenfalls keine zusätzlichen Reise- und Übernachtungskosten entstehen. Bekommen die Eltern und insbesondere der aus dem Ausland anreisende Elternteil Verfahrenskostenhilfe für das Gerichtsverfahren, so sind die Reisekosten und die Übernachtungskosten für eine Nacht abgedeckt. Einige besonders ideenreiche Familienrichter haben auch bereits Modelle praktiziert, nach denen der anreisende Elternteil eine sehr kostengünstige Übernachtungsmöglichkeit wählt (z.B. Jugendherberge) und somit eine Unterbringung auch für mehrere Übernachtungen im Wege der Verfahrenskostenhilfe übernommen werden konnte.

B. Rechtswirkungen mediierter Vereinbarungen

Erzielen die Eltern eine Vereinbarung und legen diese nicht dem Gericht zur Billigung oder zur entsprechenden Beschlussfassung vor, so ist die Vereinbarung rein **privater** Natur und kann nicht mit staatlicher Gewalt vollstreckt werden. 9

Soll die im Rahmen einer internationalen Familienmediation erzielte Vereinbarung **juristisch abgesichert** werden, sind oft komplizierte Fragen zu klären. 10

I. Vereinbarung über die Rückführung oder Nicht-Rückführung

Einigen sich die Eltern über die Rückführung oder Nicht-Rückführung, so kann eine solche Vereinbarung als **gerichtlich gebilligter Vergleich** über die **Kindesherausgabe** nach § 156 Abs. 2 Satz 1 FamFG aufgenommen werden, der mit Ordnungsmitteln[14] durchsetzbar ist (§§ 86 Abs. 1 Ziffer 2 i.V.m. § 89 FamFG). Verpflichtet sich der entführende Elternteil zur Rückführung des Kindes ohne Herausgabe an den anderen Elternteil, so handelt es sich dabei um eine unvertretbare Handlung i.S.d. §§ 86 Abs. 1 Nr. 3, 95 Abs. 1 Nr. 3 FamFG. Ein Vergleich solchen Inhalts wäre ein weiterer Vollstreckungstitel nach § 794 ZPO, der nach § 888 ZPO mit Zwangsmitteln vollstreckt wird. 11

Eine Möglichkeit besteht darin, die Vereinbarung der Eltern nicht zu billigen und das HKÜ-Verfahren erst dann abzuschließen, wenn die Vereinbarung umgesetzt wurde bzw. andernfalls eine Entscheidung zu treffen, die mit Ordnungsmitteln vollstreckt werden kann (§§ 40 Abs. 1, 3 IntFamRVG, 86 Abs. 1 Nr. 1, Abs. 2 FamFG). 12

II. Vereinbarung auch über sorge- und umgangsrechtliche Aspekte

Möglicherweise muss auch das Gericht im Herkunftsstaat eingeschaltet werden, damit dieses bei der Herbeiführung der Verbindlichkeit der Vereinbarung auch im Herkunftsland mitwirkt,[15] denn das HKÜ-Gericht ist **in der Regel nicht international zuständig** für Verfahren betreffend das materielle Sorge- und Umgangsrecht. Im Verhältnis zu anderen EU-Staaten und Vertragsstaaten nach dem KSÜ gilt, dass während eines schwebenden HKÜ-Verfahrens die Gerichte im Staat des bisherigen gewöhnlichen Aufenthalts des Kindes (Herkunftsstaat) zuständig bleiben für Entscheidungen über das Sorge- und Umgangsrecht. Außerhalb der EU und des Kreises der KSÜ-Vertragsstaaten gilt die Vorschrift des Art. 16 HKÜ, nach der die Gerichte des Staates, in den das Kind verbracht wurde (Zufluchtsstaat) oder in dem es zurückgehalten wird, während eines laufenden oder möglicherweise noch bevorstehenden HKÜ-Verfahrens an einer Sachentscheidung gehindert sind. Die fehlende internationale Zuständigkeit schließt auch die gerichtliche Billigung und Vollstreckbarmachung von Vergleichen zu diesen Verfahrensgegenständen aus. 13

▶ *Näher zur internationalen Zuständigkeit siehe Schweppe, Art. 16 HKÜ Rn. 1 ff.*

Um die erzielte Vereinbarung der Eltern auch im Herkunftsland wirksam umzusetzen, gibt es verschiedene Lösungsansätze: 14

1. Undertakings

Undertakings sind Zusicherungen, die die Eltern, in der Regel der zurückgelassene Elternteil, vor dem über die Rückführung verhandelnden Gericht abgeben, um eine unverzügliche Rückkehr des Kindes in sein Herkunftsland zu gewährleisten.[16] Sie sind jedoch im Herkunftsland nur durchsetzbar, wenn sie von den dortigen Gerichten oder Behörden für verbindlich erklärt worden sind. 15

---

14 Art. 10 Brüssel IIa-Verordnung; Art. 7 KSÜ

15 *Carl/Erb-Klünemann,* Die Einbeziehung von Mediation in das gerichtliche Verfahren, in: Paul/Kiesewetter (Hrsg.), S. 53 ff.

16 *Carl,* FPR 2001, 211, 213 f.; *ders.* in: Paul/Kiesewetter, S. 7; *Nehls* in: Paul/Kiesewetter, S. 22

2. Safe harbour orders

16 Hierbei handelt es sich um Verpflichtungen des zurückgelassenen Elternteils, die die Rückkehr des Kindes und dessen anschließenden Verbleib im Herkunftsland sichern sollen und im Herkunftsland aufgrund einer Anordnung des Gerichts des Herkunftslandes durchsetzbar sind.[17]

3. Mirror orders

17 *Mirror orders* sind identische Anordnungen von Gerichten beider beteiligter Staaten oder die Anordnung des Gerichts des Herkunftsstaates, mit der der Inhalt eines *undertakings* spiegelbildlich wiederholt und damit im Herkunftsland für vollstreckbar erklärt wird. Die Entscheidung spiegelt also im Idealfall die im Ausland bereits ergangene Entscheidung oder Vereinbarung wider. Bekannt ist das Konzept der *undertakings*, der *safe harbour* und der *mirror orders* vor allem in Staaten, in denen das *common law* gilt (z.B. die USA). Schwierig und vor allem zeitnah kaum durchzusetzen, ist eine *mirror order* dann, wenn im Herkunftsland noch kein Kindschaftsverfahren eingeleitet wurde oder es sich bei dem Herkunftsland um ein solches handelt, welches das *civil law* vorsieht.

18 Eine Kontaktaufnahme zwischen dem HKÜ-Gericht und dem zuständigen Gericht im Herkunftsstaat ist in jedem Fall anzuraten, um die rechtlichen Möglichkeiten abzuklären. Sehr hilfreich kann es sein, sich an den für das jeweilige Land zuständigen Verbindungsrichter zu wenden oder an das Bundesamt für Justiz als Zentrale Behörde; beide können im Vorfeld auf die Besonderheiten des betreffenden Landes hinweisen und bei der Kontaktaufnahme zum dortigen Gericht unterstützen.[18]

▶ *Näher zum Verbindungsrichter siehe Schweppe, Kapitel 1 Rn. 31 ff.*

19 Gegebenenfalls ist unter Einschaltung des Verbindungsrichters oder des Bundesamts auch die im Ausland zuständige Staatsanwaltschaft bzw. das Gericht zu veranlassen, dem entführenden Elternteil freies Geleit zu gewähren bzw. einen wegen der Entführung bestehenden **Haftbefehl** aufzuheben. Jedenfalls sollte die Vereinbarung der Eltern die Rücknahme eines eventuellen Strafantrags des im Herkunftsstaat zurückbleibenden Elternteils enthalten.[19]

III. Anerkennung und Vollstreckung im Herkunftsstaat

20 Sofern die internationale Zuständigkeit des Gerichts, vor dem die Vereinbarung geschlossen bzw. von dem die die Vereinbarung billigende Entscheidung getroffen wurde, unproblematisch ist, kommt auch die Anerkennung aufgrund von internationalen, regionalen oder bilateralen Regelungsinstrumenten in Betracht, möglicherweise erfordert eine Vollstreckung dann aber noch eine Vollstreckbarerklärung oder Registrierung im Herkunftsstaat.

---

17 *Carl* in: Paul/Kiesewetter, S. 9; *Nehls* in: Paul/Kiesewetter, S. 23

18 Im Rahmen des Europäischen Justiziellen Netzes für Zivil- und Handelssachen (EJN) gibt es seit einigen Jahren auch in Deutschland Verbindungsrichterinnen und -richter, auf der Grundlage einer Entscheidung des Rates vom 28.5.2001. In Deutschland sind derzeit fünf Verbindungsrichter tätig, abrufbar auf der Internetseite des Bundesamts für Justiz – Europäisches Justizielles Netz in Zivil- und Handelssachen – Deutsche Verbindungsrichterinnen und Verbindungsrichter (www.bundesjustizamt.de).

19 Näher Leitfaden zur Mediation, Fn. 1, 38, 89 ff.

Stichwortverzeichnis

A

Abänderung
- einstweilige Anordnung **§ 54 FamFG** 2
  - Antragsbefugnis **§ 54 FamFG** 2
  - Vergleich **§ 54 FamFG** 3
  - Zuständigkeit **§ 54 FamFG** 4
- Entscheidungen und Vergleiche
  - Abänderungsgegenstand **§ 1696 BGB** 18 f., **§ 48 FamFG** 1
  - Anwendungsbereich und Abgrenzungen **§ 1696 BGB** 4 ff.
  - Besonderheit: unverheiratete Eltern **§ 1696 BGB** 23
  - kindesschutzrechtliche Maßnahmen **§ 1696 BGB** 25 ff.
  - Umgangsrecht **§ 1696 BGB** 24
  - Verfahren und Entscheidung **§ 1696 BGB** 33 ff.

Abänderungsverfahren
- Kindesschutzrechtliche Maßnahmen **§ 166 FamFG** 9
- Überprüfung **§ 166 FamFG** 8
- Verfahrensbeistand **§ 166 FamFG** 14
- Verfahrensbesonderheiten **§ 166 FamFG** 10

Abgabe **§ 4 FamFG** 2 f.
- Beschleunigungsgebot als Abgabehindernis **§ 4 FamFG** 5
- Form und Folgen **§ 4 FamFG** 4a
- Kindschaftssache **§ 153 FamFG** 1
- von Beschwerdegericht zu Beschwerdegericht **§ 4 FamFG** 3a
- wichtiger Grund **§ 4 FamFG** 2 f.

Abgabe an ein anderes Gericht **§ 4 FamFG** 1

Abgabehindernis **§ 4 FamFG** 5

Ablehnung **§ 6 FamFG** 3 ff.
- Anfechtbarkeit der Entscheidung **§ 6 FamFG** 14
- dienstliche Äußerung **§ 6 FamFG** 9a
- Dolmetscher **§ 6 FamFG** 4
- Entscheidung **§ 6 FamFG** 9c
- Handlungsverbot **§ 6 FamFG** 10
- Handlungsverbot und Beschleunigungsgrundsatz **§ 6 FamFG** 11
- im Termin **§ 6 FamFG** 8, 12
- Jugendamtsmitarbeiter **§ 6 FamFG** 3
- kein Mittel zur Inhaltskontrolle **§ 6 FamFG** 5b
- objektive Gründe **§ 6 FamFG** 5a
- Personenkreis **§ 6 FamFG** 2
- persönliche Beziehung **§ 6 FamFG** 7
- Sachverständige **§ 6 FamFG** 4
- Selbstablehnung **§ 6 FamFG** 9b
- Umgangspfleger **§ 6 FamFG** 3
- Verfahren **§ 6 FamFG** 9
- Verfahrensbeistände **§ 6 FamFG** 3
- Vertreter **§ 6 FamFG** 10
- Verweis auf ZPO **§ 6 FamFG** 5
- Zweck **§ 6 FamFG** 1

Ablehnungsgesuch
- Anfechtbarkeit **§ 6 FamFG** 15
- Unzulässigkeit, Rechtsmissbrauch **§ 6 FamFG** 9d
- Wegfall des Rechtsschutzbedürfnisses **§ 6 FamFG** 8

Abstammung
- Gutachten **§ 178 FamFG** 26
- Kollisionsrecht **Art. 19 EGBGB** 1

Abstammung IPR **Art. 19 EGBGB** 1
- Abgrenzung **Art. 19 EGBGB** 3
- Abstammungsstatute **Art. 19 EGBGB** 4
- alternative Anknüpfung **Art. 19 EGBGB** 9
- Anwendungsbereich **Art. 19 EGBGB** 3
- Auflösung Konkurrenzen **Art. 19 EGBGB** 10
- gewöhnlicher Aufenthalt **Art. 19 EGBGB** 6
- Konkurrenzen **Art. 19 EGBGB** 9
- ordre public **Art. 19 EGBGB** 12
- Staatsangehörigkeit **Art. 19 EGBGB** 7
- Verweisung, Rückverweisung **Art. 19 EGBGB** 11
- Vorfrage wirksame Ehe **Art. 19 EGBGB** 8
- vorrangige Regelungen **Art. 19 EGBGB** 2

Abstammung Kollisionsrecht
- Anfechtung **Art. 20 EGBGB** 1

Abstammungsklärung
- Anspruchsvoraussetzungen **§ 1598a BGB** 8
- Aussetzung **§ 1598a BGB** 14
- Frist **§ 1598a BGB** 11
- Gegenanspruch **§ 1598a BGB** 16
- Klärungsberechtigte **§ 1598a BGB** 4 f.
- Klärungsverpflichtete **§ 1598a BGB** 6
- Mitwirkungspflicht **§ 1598a BGB** 12
- Rechtsmissbrauch **§ 1598a BGB** 10
- Reformvorhaben **§ 1598a BGB** 25
- Tod **§ 1598a BGB** 7
- Verfahren **§ 1598a BGB** 17
- Verhältnis zur Anfechtung **§ 1598a BGB** 24

Abstammungsrecht
- Reform **§ 1591 BGB** 23

Abstammungssachen **§ 100 FamFG** 1 f., **§ 23a GVG** 9
- EU-Recht **§ 100 FamFG** 2
- internationale Zuständigkeit **§ 100 FamFG** 1
- örtliche Zuständigkeit

  - Abgabe **§ 170 FamFG** 9
  - Ausschließlichkeit **§ 170 FamFG** 2
  - Beurteilungszeitpunkt **§ 170 FamFG** 8
  - Gewöhnlicher Aufenthalt **§ 170 FamFG** 3 f.
  - postmortales Abstammungsverfahren **§ 170 FamFG** 7
  - Verweisung **§ 170 FamFG** 8

Abstammungsuntersuchung **§ 1598a BGB** 5
- Beweisvereitelungsfolgen **§ 178 FamFG** 23, 26
- Duldungspflichtumfang **§ 178 FamFG** 2 f.
- Duldungspflichtvoraussetzungen **§ 178 FamFG** 4 ff.
- Einwilligung **§ 1598a BGB** 5
- Untersuchungsdurchsetzung **§ 178 FamFG** 17 ff., 24 f.

Abstammungsverfahren
- Abänderungsausschluss **§ 184 FamFG** 3
- Antrag
  - Befugnis **§ 171 FamFG** 3
  - Form **§ 171 FamFG** 5
  - Formulierungsbeispiele **§ 171 FamFG** 12 ff.
  - Fristwahrung **§ 171 FamFG** 6
  - Inhalt **§ 171 FamFG** 9
  - Rücknahme **§ 171 FamFG** 8
  - Übermittlung **§ 171 FamFG** 7
  - Verfahrensfähigkeit **§ 171 FamFG** 4
- Beschwerdebefugnis **§ 184 FamFG** 9 f.
- Beteiligte
  - Jugendamt **§ 172 FamFG** 10
  - Kannbeteiligte **§ 172 FamFG** 4
  - Kind **§ 172 FamFG** 7
  - Mussbeteiligte **§ 172 FamFG** 1, 6
  - Mutter **§ 172 FamFG** 8
  - Vater **§ 172 FamFG** 9 f.
  - Verfahrensbeistand **§ 172 FamFG** 5
- Erörterungstermin
  - Amtsermittlung **§ 175 FamFG** 1, 5
  - Anhörung vor Probeentnahme (§ 1598a Abs. 2 BGB) **§ 175 FamFG** 10
  - Beweisbeschluss **§ 175 FamFG** 7
  - Verlauf **§ 175 FamFG** 5 ff.
  - Vermerk, Sitzungsniederschrift **§ 175 FamFG** 4
- Jugendamt **§ 176 FamFG** 1
- Jugendamtsbeistandschaft **§ 173 FamFG** 1
- Kostenentscheidung
  - Einzelfälle **§ 183 FamFG** 17 ff.
  - Ermessen **§ 183 FamFG** 12 ff.
- Tod eines Beteiligten
  - Erledigung **§ 181 FamFG** 15 f.
  - Fortsetzungsverlangen **§ 181 FamFG** 12 ff.
  - Hinweis des Gerichts **§ 181 FamFG** 11
  - im Beschwerdeverfahren **§ 181 FamFG** 7
  - vor erstinstanzlicher Entscheidung **§ 181 FamFG** 6
  - vor Rechtskraft **§ 181 FamFG** 8 ff.
  - zwischen Instanzen **§ 181 FamFG** 8 ff.
- Verbindung mehrerer Verfahren **§ 179 FamFG** 2 ff.
- Verbindungsausschluss **§ 179 FamFG** 10
- Verfahrensbeistand **§ 174 FamFG** 1
- Wiederaufnahme
  - Antragsberechtigung **§ 185 FamFG** 7
  - Antragsfrist **§ 185 FamFG** 10
  - neues Gutachten **§ 185 FamFG** 2 ff.
  - Zuständigkeit **§ 185 FamFG** 8 f.
- Wirksamkeitseintritt Endentscheidung **§ 184 FamFG** 2
- Wirkungsumfang Endentscheidung **§ 184 FamFG** 4 ff.

Abtrennung
- Antrag **§ 140 FamFG** 2
- bei Aussetzung **§ 140 FamFG** 4
- Sachgerechtigkeit **§ 140 FamFG** 3
- Unterhaltsfolgesache **§ 140 FamFG** 7
- von Amts wegen **§ 140 FamFG** 2

Adoption, Anerkennung ausländischer Entscheidungen
- Anerkennung kraft Gesetzes **§ 199 FamFG** 4
- Anerkennungsentscheidung, Tenorierung, sonstiger Inhalt **§ 199 FamFG** 36 ff.
- Haager Adoptionsübereinkommen, HAÜ **§ 199 FamFG** 3
- Übersicht **§ 199 FamFG** 57a
- Verfahren
  - Anhörungen **§ 199 FamFG** 33 ff.
  - Beteiligung **§ 199 FamFG** 32
  - örtliche Zuständigkeit **§ 199 FamFG** 25 ff.
  - Verfahrensbeistand **§ 199 FamFG** 31
  - Vorlage entscheidungserheblicher Unterlagen **§ 199 FamFG** 28 f.
- Voraussetzungen
  - Anerkennungshindernisse, Kasuistik **§ 199 FamFG** 13 ff.
  - Antrag **§ 199 FamFG** 22 ff.
  - ausländische Minderjährigenadoption **§ 199 FamFG** 20
  - Kindeswohlprüfung im Anerkennungsverfahren **§ 199 FamFG** 18
  - Ordre-public-Vorbehalt **§ 199 FamFG** 11
  - Qualifikation des ausländischen Rechtsverhältnisses **§ 199 FamFG** 19
- Wirksamkeit eines ausländischen Adoptionsvertrages **§ 199 FamFG** 5
- Wirkungsfeststellung **§ 199 FamFG** 6

Adoption, Minderjährigenadoption
- Adoptionsvormundschaft **§ 1751 BGB** 6 ff., **§ 190 FamFG** 1 ff.
- Altersabstand **§ 1743 BGB** 2 ff.
- Antrag **§ 1752 BGB** 1
  - Antragsberechtigung **§ 1752 BGB** 2
  - Bedingungs- und Befristungsfeindlichkeit **§ 1752 BGB** 6 f.
  - Form **§ 1752 BGB** 4 f.
  - Höchstpersönlichkeit **§ 1752 BGB** 8
  - Wirksamwerden **§ 1752 BGB** 3
- Aufhebung **§ 1759 BGB** 1
  - Folgen **§ 1765 BGB** 1
  - wegen schwerwiegender Gründe **§ 1763 BGB** 1
  - wegen Verfahrensfehlern **§ 1762 BGB** 1
- Eheverbot **§ 1766 BGB** 1
- Einwilligung der Kindeseltern **§ 1747 BGB** 1, **§ 1748 BGB** 14, 16, 23
  - Einwilligung der Mutter **§ 1747 BGB** 4
  - Einwilligung des rechtlichen Vaters **§ 1747 BGB** 6
  - Einwilligung des Vaterschaftsprätendenten **§ 1747 BGB** 8 ff.
  - Entbehrlichkeit **§ 1747 BGB** 16 ff.
  - Ersetzung der Einwilligung des nicht sorgeberechtigten Vaters **§ 1748 BGB** 27 ff.
  - Ersetzung, Übersicht **§ 1748 BGB** 5
  - Ersetzung wegen anhaltend grober Pflichtverletzung **§ 1748 BGB** 20 ff.
  - Ersetzung wegen besonders schwerer Pflichtverletzung **§ 1748 BGB** 24
  - Ersetzung wegen Gleichgültigkeit **§ 1748 BGB** 6 ff., 15, 17 ff.
  - Ersetzung wegen Unfähigkeit zur Versorgung aufgrund Krankheit **§ 1748 BGB** 25 f.
- Einwilligung des Ehegatten des Annehmenden **§ 1749 BGB** 1 f., 5
- Einwilligung des Kindes **§ 1746 BGB** 3, 6
  - Entbehrlichkeit **§ 1746 BGB** 12 f.
  - Ersetzung **§ 1746 BGB** 9 ff.
  - gerichtliche Genehmigung bei unterschiedlicher Staatsangehörigkeit **§ 1746 BGB** 14
  - Widerruf **§ 1746 BGB** 5
  - Zustimmung **§ 1746 BGB** 4
- Einwilligung des Lebenspartners des Annehmenden **§ 1749 BGB** 3
- Einwilligungen
  - Anfechtbarkeit **§ 1750 BGB** 11
  - Außerkrafttreten **§ 1750 BGB** 10
  - Bedingungs- und Befristungsfeindlichkeit **§ 1750 BGB** 6 f.
  - Form **§ 1750 BGB** 2
  - Höchstpersönlichkeit **§ 1750 BGB** 8 f.
  - Unwiderruflichkeit **§ 1750 BGB** 5
  - Wirksamwerden **§ 1750 BGB** 3 f.
- Eltern-Kind-Verhältnis **§ 1741 BGB** 18 ff.
- Ersetzung wegen anhaltend grober Pflichtverletzung **§ 1748 BGB** 23
- Ersetzung wegen Gleichgültigkeit **§ 1748 BGB** 14, 16
- gesetzes- oder sittenwidrige Vermittlung **§ 1741 BGB** 21 ff.
- Interessen der weiteren Kinder **§ 1745 BGB** 1 ff.
- Kindeswohl
  - Begriff **§ 1741 BGB** 10 ff.
  - bei Stiefkindadoptionen **§ 1741 BGB** 15 f.
  - bei Verwandtenadoptionen **§ 1741 BGB** 17
  - Einzelaspekte **§ 1741 BGB** 14
- Namensfolgen **§ 1757 BGB** 1 f.
  - Beiname **§ 1757 BGB** 7
  - Geburtsname **§ 1757 BGB** 3 ff.
  - Vorname **§ 1757 BGB** 8
- Persönliche Voraussetzungen der Annehmenden **§ 1741 BGB** 26 ff.
- Probezeit **§ 1744 BGB** 1 ff.
- Wirkung der elterlichen Einwilligung **§ 1751 BGB** 1 ff., 15 ff.
- Wirkungen **§ 1756 BGB** 1
  - Aufenthaltsrecht **§ 1756 BGB** 3
  - Ausforschungs- und Offenbarungsverbot **§ 1758 BGB** 1 ff.
  - Erbrecht **§ 1756 BGB** 3
  - Erlöschen der vormaligen Verwandtschaft **§ 1756 BGB** 5
  - Rechtsverhältnis zu den weiteren Verwandten des Annehmenden **§ 1756 BGB** 8
  - Sorgerecht **§ 1756 BGB** 3
  - Sozialrecht **§ 1756 BGB** 3
  - Staatsangehörigkeit **§ 1756 BGB** 3
  - Stiefkindadoptionen **§ 1756 BGB** 6
  - Strafrecht **§ 1756 BGB** 3
  - Umgang **§ 1756 BGB** 3
  - Unterhalt **§ 1756 BGB** 3
  - Verfassungsrecht **§ 1756 BGB** 3
  - Verwandtenadoptionen **§ 1756 BGB** 7
  - Volladoption **§ 1756 BGB** 2

Adoption, Minderjährigenadoption Voraussetzungen
- Antrag
  - Geschäftsfähigkeit des Erklärenden **§ 1752 BGB** 9
  - Rücknahme **§ 1752 BGB** 10
- Kindeswohl
  - Begriff **§ 1741 BGB** 13

Adoption, Umwandlung ausländischer Entscheidungen
- Anhörungen **§ 199 FamFG** 52
- Antrag **§ 199 FamFG** 48
- Beteiligung **§ 199 FamFG** 51
- Interessen weiterer Personen **§ 199 FamFG** 46
- Kindeswohlprüfung **§ 199 FamFG** 44
- Übersicht **§ 199 FamFG** 57a
- Umwandlung schwacher ausländischer Adoptionen **§ 199 FamFG** 41
- Umwandlung starker ausländischer Adoptionen **§ 199 FamFG** 41
- Umwandlungsentscheidung **§ 199 FamFG** 53 ff.
- Verbindung mit Anerkennungsverfahren **§ 199 FamFG** 42
- Vorlage entscheidungserheblicher Unterlagen **§ 199 FamFG** 50
- Wirkungen **§ 199 FamFG** 40
- Zustimmungen **§ 199 FamFG** 45

Adoption, Verfahren
- ablehnende Adoptionsentscheidung **§ 197 FamFG** 19 f.
- Anerkennung und Umwandlung ausländischer Adoptionen **§ 186 FamFG** 12
- Anhörung
  - der Annehmenden **§ 192 FamFG** 15
  - der weiteren Kinder **§ 193 FamFG** 1 ff.
  - des Anzunehmenden **§ 192 FamFG** 14
  - des Jugendamts **§ 194 FamFG** 4 ff.
  - des Kindes **§ 192 FamFG** 6 ff.
  - des Landesjugendamts **§ 195 FamFG** 4 ff.
  - im Aufhebungsverfahren **§ 192 FamFG** 25
  - im Ersetzungsverfahren **§ 192 FamFG** 23 f.
  - im Verfahren auf Befreiung vom Eheverbot **§ 192 FamFG** 26
  - nichtbeteiligter Personen **§ 192 FamFG** 19
  - weiterer Beteiligter **§ 192 FamFG** 16 ff.
- Antrag **§ 186 FamFG** 10, 14, 18
- Beschwerdebefugnis
  - Jugendamt **§ 194 FamFG** 10
  - Landesjugendamt **§ 195 FamFG** 8
- Beteiligte **§ 188 FamFG** 6 ff., 10 ff.
- Beteiligung, Folgen **§ 188 FamFG** 32 ff.
- Entscheidung über die Aufhebung **§ 198 FamFG** 7 f.
- Entscheidung über die Ersetzung **§ 198 FamFG** 2 ff.
- fachliche Äußerung **§ 189 FamFG** 4 ff.
- Instanzenzug **§ 186 FamFG** 3
- internationale Zuständigkeit **§ 101 FamFG** 1 ff.
- Konzentrationszuständigkeit **§ 187 FamFG** 12 f., 15
- lex fori **§ 186 FamFG** 11, 16, 19
- Mitteilungen
  - an das Jugendamt **§ 194 FamFG** 9
  - an das Landesjugendamt **§ 195 FamFG** 8
- örtliche Zuständigkeit **§ 187 FamFG** 1 ff.
  - Abgabe **§ 187 FamFG** 24 f.
  - bei Annahmeverfahren **§ 187 FamFG** 6, 8 ff.
  - bei Aufhebungsverfahren **§ 187 FamFG** 16
  - bei Ersetzungsverfahren **§ 187 FamFG** 14
  - bei Verfahren auf Befreiung vom Eheverbot **§ 187 FamFG** 17
  - Verweisung an anderes Gericht **§ 187 FamFG** 18 ff.
  - Verweisung an das AG Schöneberg **§ 187 FamFG** 22 f.
- sachliche Zuständigkeit **§ 186 FamFG** 3
- stattgebende Adoptionsentscheidung
  - Anfechtbarkeit von Nebenentscheidungen **§ 197 FamFG** 15
  - Angabe der entscheidungserheblichen Vorschriften **§ 197 FamFG** 5 ff.
  - Anhörungsrüge **§ 197 FamFG** 16
  - Berichtigung **§ 197 FamFG** 18
  - Entscheidungsgründe **§ 197 FamFG** 4
  - Ergänzung **§ 197 FamFG** 18
  - Kosten **§ 197 FamFG** 4
  - Namensführung **§ 197 FamFG** 4
  - Nebenentscheidungen **§ 197 FamFG** 4
  - Nichtigkeit **§ 197 FamFG** 12
  - Rubrum **§ 197 FamFG** 4
  - Tenor **§ 197 FamFG** 4
  - Unabänderbarkeit **§ 197 FamFG** 17
  - Unanfechtbarkeit **§ 197 FamFG** 13 f.
  - Wiederaufnahmeverbot **§ 197 FamFG** 17
  - Wirksamwerden **§ 197 FamFG** 11
- Verbindungsverbot **§ 196 FamFG** 1 f.
- Verfahrensbeistand **§ 191 FamFG** 5 ff.
- Verfahrensgegenstand **§ 186 FamFG** 1 f., 4 ff.
  - bei Annahmeverfahren **§ 186 FamFG** 7 ff.
  - bei Aufhebungsverfahren **§ 186 FamFG** 17
  - bei Ersetzungsverfahren **§ 186 FamFG** 13
  - bei Verfahren auf Befreiung vom Eheverbot **§ 186 FamFG** 20
- weitere Ermittlungsmaßnahmen, Aufhebungsverfahren **§ 189 FamFG** 25
- weitere Ermittlungsmaßnahmen, Ersetzungsverfahren **§ 189 FamFG** 24
- weitere Ermittlungsmaßnahmen, Minderjährigenadoption **§ 189 FamFG** 16 ff.

- weitere Ermittlungsmaßnahmen, Verfahren auf Befreiung vom Eheverbot **§ 189 FamFG** 27
- weitere Ermittlungsmaßnahmen, Volljährigenadoption **§ 189 FamFG** 21 ff.

Adoption, Volljährigenadoption
- Altersabstand **§ 1743 BGB** 2 ff.
- Altersvoraussetzungen **§ 1767 BGB** 5 ff.
- Antrag
  - Form **§ 1768 BGB** 2
  - Geschäftsfähigkeit **§ 1768 BGB** 3
  - Höchstpersönlichkeit **§ 1768 BGB** 3
- Aufhebung **§ 1771 BGB** 1 ff., **§ 1772 BGB** 2, 7
- Einwilligung des Ehe- oder Lebenspartners **§ 1767 BGB** 20
- Einwilligung des Ehe- oder Lebenspartners des Anzunehmenden **§ 1767 BGB** 21
- Eltern-Kind-Verhältnis **§ 1767 BGB** 14 f.
- Interesse der weiteren Kinder **§ 1769 BGB** 1 ff.
- Namensfolgen **§ 1767 BGB** 19
- sittliche Rechtfertigung **§ 1767 BGB** 3, 8 ff., 16
- Unanwendbarkeit von Vorschriften der Minderjährigenadoption **§ 1768 BGB** 5 f.
- Verweis auf Voraussetzungen der Minderjährigenadoption **§ 1767 BGB** 4, 17 f.
- Voraussetzungen **§ 1767 BGB** 1
- Voraussetzungen starke Volljährigenadoption **§ 1772 BGB** 3 ff.
- Wirkungen **§ 1767 BGB** 2
  - schwache Wirkungen **§ 1770 BGB** 1 ff.
  - starke Wirkungen **§ 1772 BGB** 1, 6

Adoption, Volljährigenadoption Voraussetzungen
- Antrag
  - Antrag auf Feststellung der starken Wirkungen **§ 1768 BGB** 4

Adoptionsarten **§ 1747 BGB** 11
- Alleinadoption **§ 1741 BGB** 26 f.
- gemeinsame Adoption **§ 1741 BGB** 28
- Inkognitoadoption **§ 1741 BGB** 3, **§ 1747 BGB** 11
- Kettenadoption **§ 1742 BGB** 1
- offene Adoption **§ 1741 BGB** 3
- Rückadoption **§ 1742 BGB** 3
- Stiefkindadoption **§ 1741 BGB** 15 f.
- Sukzessivadoption **§ 1742 BGB** 2, 4
- unvermittelte Adoption **§ 1741 BGB** 3
- vermittelte Adoption **§ 1741 BGB** 3
- Verwandtenadoption **§ 1741 BGB** 17

Akteneinsicht **§ 13 FamFG** 1, 4, 7 ff.
- Akteneinsichtsrecht Beteiligter **§ 13 FamFG** 3
- Akteneinsichtsrecht nicht beteiligter Behörden **§ 13 FamFG** 5
- Datenschutzgesetze **§ 13 FamFG** 1a
- Einsichtsberechtigte Dritte **§ 13 FamFG** 4
- Entscheidung über Gesuch **§ 13 FamFG** 8
- EU-Datenschutzgrundverordnung **§ 13 FamFG** 1b
- freie Träger **§ 68 SGB VIII** 6
- Gegenstand der Akteneinsicht **§ 13 FamFG** 7a
- Jugendamtsakten **§ 13 FamFG** 1, **§ 68 SGB VIII** 5
- Kindschaftssachen, gesteigerte Geheimhaltung **§ 13 FamFG** 6
- Ort der Einsichtnahme **§ 13 FamFG** 7
- Rechtsmittel **§ 13 FamFG** 9

Alkohol- oder Drogenmissbrauch **§ 1671 BGB** 32

Alleinentscheidungsbefugnis **§ 1628 BGB** 14

Alleinsorge (nicht verheiratete) Mutter **§ 1626a BGB** 34 f.

Alltagsangelegenheiten **§ 1671 BGB** 14

Altersbestimmung **§ 1773 BGB** 5

Altersfeststellung **§ 1674 BGB** 6, **§ 42 SGB VIII** 11
- Familiengericht **§ 42f SGB VIII** 2 f.

Amtsermittlung **§ 27 FamFG** 2
- Abänderungsverfahren **§ 166 FamFG** 13
- ärztliche Untersuchung **§ 27 FamFG** 4
- Begutachtung Kind **§ 27 FamFG** 6
- Untersuchung Eltern **§ 27 FamFG** 4 f.

Amtsermittlungsgrundsatz
- einstweilige Anordnung **§ 49 FamFG** 14 f.

Amtsgericht **§ 23a GVG** 3

Amtsverfahren **§ 25 FamFG** 1
- einstweilige Anordnung **§ 49 FamFG** 3
- Nichteinleitung **§ 52 FamFG** 4

Amtsvormund
- keine förmliche Bestellung **§ 58 SGB VIII** 10

Amtsvormund, Amtspfleger, Beistand
- Datenschutz **§ 68 SGB VIII** 7

Amtsvormund und Amtspfleger
- Anhörungspflichten **§ 58 SGB VIII** 1, 8 f.
- anwendbare Regelungen für die Führung des Amtes **§ 58 SGB VIII** 20
- Aufsicht durch Familiengericht **§ 58 SGB VIII** 15
- Fallobergrenzen **§ 58 SGB VIII** 4, 11 f.
- Gegenvormund **§ 58 SGB VIII** 5
- Mitteilungspflichten **§ 58 SGB VIII** 25
- örtliche Zuständigkeit **§ 58 SGB VIII** 18
- persönlicher Kontakt zu Mündel, Pflegling **§ 58 SGB VIII** 17
- Rechtsfolgen der Übertragung **§ 58 SGB VIII** 14

- Rechtsnatur der Amtsübertragung **§ 58 SGB VIII** 1, 7
- Subsidiarität gegenüber Einzelvollmacht **§ 58 SGB VIII** 24
- Weisungsgebundenheit (keine) bei Amtsführung **§ 58 SGB VIII** 16

Amtsvormundschaft
- Aufsicht Familiengericht **§ 1791b BGB** 9
- Ausübungsübertragung auf Mitarbeiter **§ 1791b BGB** 8
- Bestellung und Durchführung **§ 1791b BGB** 6
- einzelner Amtsvormund **§ 58 SGB VIII** 2
- Fallobergrenze **§ 1791b BGB** 8
- familiengerichtliches Verfahren und Amtsvormundsstellung **§ 1791b BGB** 12
- gesetzliche Amtsvormundschaft des Jugendamts
  - bei Beendigung vorangegangener Amtspflegschaft **§ 1791c BGB** 6
  - bei nachträglicher Vaterschaftsanfechtung **§ 1791c BGB** 5
  - bei nicht unter elterlicher Sorge stehendem nichtehelichen Kind **§ 1791c BGB** 3
  - Nichteintritt bei vorgeburtlicher Vormundschaftsbestellung **§ 1791c BGB** 4
- Gleichrangigkeit mit Vereinsvormundschaft **§ 1791b BGB** 4
- Innenverhältnis **§ 58 SGB VIII** 2
- jährliche Prüfung **§ 1791b BGB** 3
- Landesrecht **§ 58 SGB VIII** 22
- Legitimation des Amtsvormunds **§ 1791b BGB** 6
- minderjährige unverheiratete Mutter **§ 1673 BGB** 8
- örtlich zuständiges Jugendamt **§ 1791b BGB** 7
- örtliche Zuständigkeit unbegleitete Minderjährige **§ 58 SGB VIII** 19
- Rechtsstellung **§ 1791c BGB** 7
- Sonderregelungen, Ausnahmen gegenüber Einzelvormund **§ 58 SGB VIII** 21
- Subsidiarität ggü. Einzelvormund **§ 1791b BGB** 2, 5
- Vergütung und Aufwendungsersatz? **§ 1791b BGB** 10
- Zugang familiengerichtl. Beschluss **§ 1791b BGB** 6

Amtszustellung **§ 41 FamFG** 1

Anerkennung ausländischer Entscheidungen **§ 108 FamFG** 1

Anerkennung der Vaterschaft **§ 23a GVG** 9

Anerkennung und Vollstreckung **Vorbem. Auslandsbezüge** 28 ff.

Anerkennungshindernisse **§ 109 FamFG** 1, 3, 5 ff., **Art. 23 Brüssel IIa-VO** 2, 4, 6 f.
- abschließende Aufzählung **§ 109 FamFG** 1, 3
- fehlende internationale Zuständigkeit **§ 109 FamFG** 5
- konkurrierende Entscheidungen **§ 109 FamFG** 9 ff., **Art. 23 Brüssel IIa-VO** 2
- ordre public **§ 109 FamFG** 13 ff., **Art. 23 Brüssel IIa-VO** 4
- Verletzung rechtlichen Gehörs **§ 109 FamFG** 6 ff., **Art. 23 Brüssel IIa-VO** 6 f.

Anerkennungsverfahren
- fakultativ **§ 108 FamFG** 3 ff., **Art. 21 Brüssel IIa-VO** 7

Anfechtung der Abstammung
- Anfechtungsstatut **Art. 20 EGBGB** 2
- IPR **Art. 20 EGBGB** 1
- Wahlrecht **Art. 20 EGBGB** 3

Anfechtung der Abstammung IPR
- Anwendungsbereich **Art. 20 EGBGB** 2

Anfechtung des potentiellen Vaters
- eidesstattliche Beiwohnungsversicherung **§ 1600 BGB** 14 f.
- erfolgreiche Anfechtung, Rechtsfolgen **§ 1600 BGB** 23 f.
- sozial-familiäre Beziehung **§ 1600 BGB** 16 ff.

Anhängigkeit **§ 50 FamFG** 4 f.

Anhängigkeit Ehesache **§ 152 FamFG** 9

Anhängigkeit Kindschaftssache, Ende **§ 153 FamFG** 4

Anhörung
- Form **§ 161 FamFG** 26
- getrennt **§ 34 FamFG** 7
- Inhalt **§ 161 FamFG** 27
- nicht anwaltlich vertretene Beteiligte **§ 114 FamFG** 5
- persönlich **§ 34 FamFG** 8
- Pflege- und Bezugsperson **§ 161 FamFG** 23
- Unterlassen **§ 161 FamFG** 28 f.
- Vorabentscheidung Rechtsweg **§ 17a GVG** 14

Anhörung der Eltern
- Form **§ 161 FamFG** 26

Anordnungsanspruch **§ 49 FamFG** 4

Anordnungsgrund **§ 49 FamFG** 4

Anordnungskompetenz **§ 36a SGB VIII** 1; *siehe auch* Jugendamt, Anordnungskompetenz des Familiengerichts

Anregung des Verfahrens **§ 25 FamFG** 15

Anrufung des Familiengerichts
- nicht anfechtbar **§ 8a SGB VIII** 10

Anrufung des Familiengerichts durch das Jugendamt **§ 8a SGB VIII** 8

Anschlussbeschwerde
- Akzessorietät **§ 66 FamFG** 6
- Form **§ 66 FamFG** 4
- Kosten **§ 66 FamFG** 7
- Rechtsfolgen von Beschwerderücknahme/-verwerfung für Anschlussbeschwerde **§ 66 FamFG** 6
- Rechtsschutzbedürfnis in Kindschaftssachen **§ 66 FamFG** 5
- Umdeutung **§ 66 FamFG** 5
- Verfahrenswert **§ 66 FamFG** 7

Anspruchsberechtigte SGB VIII
- Teilentzug Sorgerecht **§ 27 SGB VIII** 2b

Antrag **§ 22 FamFG** 2 f.
- Form **§ 25 FamFG** 9 ff.
- Inhalt **§ 25 FamFG** 12
- Rücknahme Amtsverfahren **§ 22 FamFG** 2
- Verfahren **§ 22 FamFG** 3, **§ 25 FamFG** 1

Antrag durch Rechtsanwalt **§ 25 FamFG** 10
Antrag zur Sorgerechtsübertragung **§ 1671 BGB** 11
Antragsbefugnis **§ 1671 BGB** 5
Antragsbegründung **§ 25 FamFG** 12
Antragserfordernis
- SGB VIII-Leistungen **§ 27 SGB VIII** 2, **Vorbem. SGB VIII** 6a

Antragsrecht des Vaters **§ 1671 BGB** 50
Antragsrücknahme **§ 22 FamFG** 1
- Amtsverfahren **§ 22 FamFG** 2a
- Kostenentscheidung **§ 22 FamFG** 5

Antragsverfahren
- einstweilige Anordnung **§ 49 FamFG** 3

Anwaltszwang **§ 114 FamFG** 1, **§ 11 RPflG** 17
- Abtrennungsantrag **§ 114 FamFG** 4, **§ 140 FamFG** 2
- Familien- und Kindschaftssachen **§ 25 FamFG** 10, **§ 114 FamFG** 2 ff.
- Verbundantrag **§ 133 FamFG** 4

Anwendbares Recht **Vorbem. Auslandsbezüge** 23
Anwendbarkeit von ZPO-Vorschriften **§ 1 FamFG** 1a
Aufenthalt des Kindes
- gewöhnlicher **§ 152 FamFG** 1, 12 f., **Art. 8 Brüssel IIa-VO** 3

Aufenthaltsveränderungen **§ 152 FamFG** 13
Aufrechnung, Zuständigkeit **§ 23a GVG** 7
Ausbildung und Beruf
- Aufgaben und Pflichten der Eltern **§ 1631a BGB** 1, 5 ff.
- Begriffe **§ 1631a BGB** 2 ff.
- Beratung **§ 1631a BGB** 9
- Eignung, Neigung des Kindes, sonstige Kriterien **§ 1631a BGB** 5 ff.
- Verstöße der Eltern **§ 1631a BGB** 10

Auskunft; *siehe unter* Elternauskunftsanspruch
Auskunftsverfahren als Kindschaftssache **§ 151 FamFG** 5
Auslandsaufenthalt **§ 1674 BGB** 3
Auslandsbezug **§ 97 FamFG** 1
- Anwendungsbereich des FamFG **§ 97 FamFG** 1

Auslandseinsatz **§ 1674 BGB** 3
Auslandsmaßnahmen
- individualpädagogische **Art. 47 Brüssel IIa-VO** 5

Ausreiseverbot **§ 49 FamFG** 22
Aussagegenehmigung **§ 32 FamFG** 5
Aussetzung
- keine Aussetzung bei Geltung des Beschleunigungsgrundsatzes **§ 21 FamFG** 2
- wichtiger Grund **§ 21 FamFG** 2

Aussetzung des Verfahrens **§ 21 FamFG** 1
- Abstammungsverfahren **§ 21 FamFG** 5
- Normenkontrollverfahren, Art. 100 Abs. 1 GG **§ 21 FamFG** 6
- Rechtsmittel **§ 21 FamFG** 7
- staatsanwaltliches Ermittlungsverfahren **§ 21 FamFG** 3
- verwaltungsgerichtliches Verfahren **§ 21 FamFG** 4

Auswanderung **§ 1671 BGB** 19

B

Beendigungserklärung **§ 22 FamFG** 1
- Amtsverfahren **§ 22 FamFG** 4

Begleiteter Umgang **§ 18 SGB VIII** 2 f.
- Jugendamt **§ 18 SGB VIII** 2 f.

Beistand **§ 58 SGB VIII** 6
- Abgrenzung Verfahrensbeistandschaft **§ 12 FamFG** 4
- notwendige Aufwendungen **§ 12 FamFG** 4
- Rechtsbeistand eines Zeugen **§ 12 FamFG** 3
- Sachverständigentermin **§ 12 FamFG** 5
- Unterschied zu Verfahrensbevollmächtigtem **§ 12 FamFG** 2
- Verfahrenshandlungen **§ 12 FamFG** 6
- Zulassung, Sachdienlichkeit **§ 12 FamFG** 7

Beistand (im Verfahren) **§ 12 FamFG** 1
Beistandschaft **§ 58 SGB VIII** 6
Bekanntgabe **§ 15 FamFG** 1, **§ 164 FamFG** 1
- Adressaten **§ 41 FamFG** 4
- Adressatenkreis **§ 15 FamFG** 4
- Amtszustellung **§ 41 FamFG** 1
- Bekanntgabe bei Genehmigung eines Rechtsgeschäfts **§ 41 FamFG** 9
- Bekanntgabe im Ausland **§ 15 FamFG** 5
- Bekanntgabe im Ausland, Übersetzung **§ 15 FamFG** 5
- bloße Mitteilung **§ 15 FamFG** 2
- Folgen **§ 15 FamFG** 2
- Form **§ 41 FamFG** 5

- formlose Mitteilung **§ 15 FamFG** 6
- Kind **§ 164 FamFG** 1
- NATO-Truppenstatut **§ 15 FamFG** 5
- Verlesen im Termin **§ 41 FamFG** 8
- Voraussetzungen einer wirksamen Aufgabe zur Post **§ 15 FamFG** 3
- Voraussetzungen förmlicher Zustellung **§ 41 FamFG** 7
- Zustellung in Gewaltschutzsachen **§ 41 FamFG** 2
- Zustellung und Aufgabe zur Post **§ 15 FamFG** 3

Beratung durch JA **§ 19 SGB VIII** 1 f.
- bei Trennung und Scheidung **§ 156 FamFG** 43
- bei Umgangsrecht **§ 156 FamFG** 44
- Erziehungsberatung **§ 156 FamFG** 45
- Indikation **§ 156 FamFG** 44, 56

Beratungs- und Unterstützungsangebote
- besondere Fallgestaltungen **§ 18 SGB VIII** 1

Beratungsanordnung durch Gericht **§ 156 FamFG** 56 ff.

Beratungsanspruch **§ 4 KKG** 7

Beschleunigungsbeschwerde
- Anwaltsgebühren **§ 155c FamFG** 14
- Anwaltszwang **§ 155c FamFG** 3
- Anweisung an das Ausgangsgericht **§ 155c FamFG** 11
- eigenständiger Rechtsbehelf **§ 155c FamFG** 1
- Entscheidungsfrist **§ 155c FamFG** 7
- Gerichtskosten **§ 155c FamFG** 14
- keine Abhilfebefugnis **§ 155c FamFG** 5
- Normzweck **§ 155c FamFG** 1
- Prüfungsumfang **§ 155c FamFG** 9
- Untätigkeit des Ausgangsgerichts **§ 155c FamFG** 12
- Verfahrenskostenhilfe **§ 155c FamFG** 14

Beschleunigungsgebot **§ 155 FamFG** 1
- Abänderungsverfahren **§ 156 FamFG** 14

Beschleunigungsgrundsatz
- Kindeswohl **§ 155b FamFG** 7

Beschleunigungsmaßnahmen **§ 155 FamFG** 14

Beschleunigungsrüge
- Anwaltsgebühren **§ 155b FamFG** 12
- Anwendungsbereich **§ 155b FamFG** 3
- Begründungsumfang **§ 155b FamFG** 11
- Bescheidung nach Verfahrensende **§ 155b FamFG** 10
- Definition **§ 155b FamFG** 2
- Eilanordnung **§ 155b FamFG** 9
- Entscheidungsfrist **§ 155b FamFG** 6
- Gerichtsgebühren **§ 155b FamFG** 12
- präventiver Rechtsbehelf **§ 155b FamFG** 1
- Rügebefugnis **§ 155b FamFG** 4
- Rügefrist **§ 155b FamFG** 4
- Sachverständigengutachten **§ 155b FamFG** 8
- Tenorierung **§ 155b FamFG** 7
- Terminsverlegung **§ 155b FamFG** 8
- unterlassene Terminierung **§ 155b FamFG** 8
- Verfahrenskostenhilfe **§ 155b FamFG** 12
- Verfahrensverzögerung **§ 155b FamFG** 5
- Verhältnis zur Verfassungsbeschwerde **§ 155b FamFG** 1
- Verzögerungsrüge **§ 155b FamFG** 13

Beschluss
- Androhung Ordnungsmittel **§ 38 FamFG** 6
- Aufbau **§ 38 FamFG** 3
- Berichtigung, Ergänzung **§ 38 FamFG** 7
- Beschlussformel **§ 38 FamFG** 6
- Durchführungsanordnungen **§ 38 FamFG** 6
- Inhalt **§ 38 FamFG** 3 ff.
- Rubrum **§ 38 FamFG** 4
- sofortige Wirksamkeitsanordnung **§ 38 FamFG** 6
- Vollstreckung vor Zustellung **§ 38 FamFG** 6

Beschlussformel **§ 36a SGB VIII** 6a

Beschneidung des männlichen Kindes
- Aufklärung durch Behandelnden **§ 1631d BGB** 8
- Begriff **§ 1631d BGB** 3
- durch Nichtarzt, Voraussetzungen **§ 1631d BGB** 14 ff.
- Einhaltung Regeln ärztlicher Kunst **§ 1631d BGB** 7
- keine Kindeswohlgefährdung **§ 1631d BGB** 9 ff.
- Rechtsfolgen bei Verstoß **§ 1631d BGB** 17
- Voraussetzungen für rechtmäßige Einwilligung **§ 1631d BGB** 2 ff.

Beschneidung, sonstige Familiensache **§ 23a GVG** 13

Beschränkte Geschäftsfähigkeit **§ 1673 BGB** 5

Beschwerde
- Beschwerdeberechtigung
  - Adressaten von Auflagen, Kontaktverboten etc. **§ 59 FamFG** 12
  - Antragsverfahren, formelle und materielle Beschwer **§ 59 FamFG** 3
  - Behörden **§ 59 FamFG** 14
  - Einzelfälle der Beschwerdeberechtigung **§ 59 FamFG** 4
  - Grundstückserwerber (Versagung famger. Genehmigung) **§ 59 FamFG** 12
  - in Amtsverfahren, Rechtsbeeinträchtigung **§ 59 FamFG** 2
  - Jugendamt **§ 59 FamFG** 14
  - Kind **§ 59 FamFG** 12
  - nahe Angehörige (Großeltern) **§ 59 FamFG** 8

- nicht (mehr) sorgeberechtigte Eltern **§ 59 FamFG** 5 ff.
- Pflegepersonen **§ 59 FamFG** 9 f.
- Polizei- oder Ordnungsbehörde **§ 59 FamFG** 14
- sorgeberechtigte Eltern **§ 59 FamFG** 4
- Staatsanwaltschaft (Nichtentzug elt. So.) **§ 59 FamFG** 12
- Verfahrensbeistand **§ 59 FamFG** 13
- Vormund **§ 59 FamFG** 11

- Statthaftigkeit (bzw. fehlende Statthaftigkeit)
  - ausnahmsweise bei Zwischenentscheidung über internationale Zuständigkeit **§ 58 FamFG** 3
  - bei Ablehnung der Billigung einer Umgangsvereinbarung, Erteilung oder Verweigerung des gerichtl. Warnhinweises **§ 58 FamFG** 3
  - bei Endentscheidung im EA-Verfahren **§ 58 FamFG** 3 f.
  - bei Kostenentscheidung im Vollstreckungsverfahren **§ 58 FamFG** 7
  - bei Kostenentscheidung in nicht vermögensrechtlicher Familiensache **§ 58 FamFG** 5, **§ 61 FamFG** 5 f.
  - bei Kostenentscheidung in nicht vermögensrechtlicher Familiensache, keine Mindestbeschwerdesumme **§ 61 FamFG** 5
  - bei Nichtstreitsachen **§ 61 FamFG** 5 f.
  - bei Pflegschaftsanordnung oder -ablehnung **§ 58 FamFG** 3
  - bei Rechtspflegerentscheidung **§ 61 FamFG** 9
  - Erforderlichkeit einer Endentscheidung **§ 58 FamFG** 3
  - Kostenentscheidung EA-Verfahren **§ 58 FamFG** 6
  - Kostenentscheidungen **§ 58 FamFG** 5
  - Mindestbeschwerdewert **§ 61 FamFG** 1, 3 f.
  - nach Erledigung **§ 62 FamFG** 1
  - Vergütungsfestsetzung Vormund, Pfleger, Verfahrensbeistand **§ 58 FamFG** 3

Beschwerdebegründung
- Erforderlichkeit **§ 65 FamFG** 1
- Frist **§ 65 FamFG** 2
- neue Tatsachen und Beweismittel **§ 65 FamFG** 4

Beschwerdeeinlegung
- Anwaltszwang **§ 64 FamFG** 5
- einstweilige Anordnung, insbesondere Aussetzung der Vollziehung **§ 64 FamFG** 8 ff.
- Form **§ 64 FamFG** 4
- inhaltliche Anforderungen **§ 64 FamFG** 7
- zuständiges Gericht **§ 64 FamFG** 1 f.

Beschwerdeentscheidung
- Begrenzung durch erstinstanzlichen Verfahrensgegenstand **§ 69 FamFG** 2
- Begründungspflicht bei Zurückverweisung **§ 69 FamFG** 10
- Entscheidung in der Sache **§ 69 FamFG** 2
- Geltung erstinstanzlichen Verfahrensrechts **§ 69 FamFG** 11
- rechtliche Bindungswirkung der Zurückverweisung **§ 69 FamFG** 9
- reformatio in peius in Amtsverfahren **§ 69 FamFG** 3
- reformatio in peius in Antragsverfahren **§ 69 FamFG** 3
- Zurückverweisung auf Antrag
  - Erforderlichkeit wesentlichen Verfahrensmangels **§ 69 FamFG** 5 f.
  - umfangreiche und aufwändige Beweisaufnahme **§ 69 FamFG** 7
- Zurückverweisung ohne Antrag **§ 69 FamFG** 4

Beschwerdefrist **§ 63 FamFG** 1
- bei formalen Bekanntgabemängeln **§ 63 FamFG** 11
- unanwendbar bei öffentlicher Zustellung **§ 63 FamFG** 10
- unanwendbar bei versehentlich unterbliebener Bekanntgabe **§ 63 FamFG** 11

Beschwerdefrist, Wahrung
- bei VKH-Antrag **§ 63 FamFG** 12
- Fristberechnung **§ 63 FamFG** 12
- unrichtige oder unterbliebene Rechtsmittelbelehrung und Wiedereinsetzung **§ 63 FamFG** 17
- Wiedereinsetzung **§ 63 FamFG** 16
- zuständiges Gericht **§ 63 FamFG** 15

Beschwerderücknahme/-verzicht
- Folgen **§ 67 FamFG** 2, 4
- letzter Termin für Rücknahme **§ 67 FamFG** 7
- Rechtsnatur Rücknahme **§ 67 FamFG** 8
- Verzicht Anschlussrechtsmittel **§ 67 FamFG** 6
- Verzichtserklärung ggü. Beteiligtem **§ 67 FamFG** 5
- Verzichtserklärung vor Erlass und Bekanntgabe der Entscheidung **§ 67 FamFG** 3

Beschwerdeverfahren
- Abhilfeentscheidung erforderlich bei sofortiger Beschwerde (§§ 567ff ZPO) **§ 68 FamFG** 2
- Abhilfeverbot im EA-Verfahren **§ 68 FamFG** 2
- Absehen von einzelnen Verfahrenshandlungen **§ 68 FamFG** 7
- Absehen von persönlicher Anhörung **§ 68 FamFG** 8

- Amtsermittlung, Beschleunigungsgrundsatz, Anhörungen, Beweiserhebung **§ 68 FamFG** 6
- beauftragter Richter **§ 68 FamFG** 13
- Begrenzung (keine) der Begründetheitsprüfung bei erstinstanzlicher Ermessensentscheidung **§ 68 FamFG** 14
- Belehrungspflicht ggü. JA bez. Beteiligung **§ 68 FamFG** 6
- Einzelrichterübertragung **§ 68 FamFG** 12 f.
- Geltung erstinstanzlichen Verfahrensrechts **§ 68 FamFG** 6
- Hinweis auf beabsichtigte Abänderung der angefochtenen Entscheidung **§ 68 FamFG** 11
- Hinweis auf beabsichtigte Endentscheidung ohne vorherige (weitere) Verfahrenshandlungen **§ 68 FamFG** 10
- keine Abhilfe bei Beschwerde gegen Endentscheidung **§ 68 FamFG** 2
- Prüfung der Begründetheit der Beschwerde **§ 68 FamFG** 14
- rechtliches Gehör vor Beschwerdeverwerfung **§ 68 FamFG** 3
- Zulässigkeit Rechtsbeschwerde bei Unterbringung **§ 68 FamFG** 5
- Zulässigkeitsprüfung vorrangig **§ 68 FamFG** 3
- Zulassung Rechtsbeschwerde bei Verwerfung **§ 68 FamFG** 5

Bestellung
- Amtsvormund **§ 58 SGB VIII** 10

Beteiligte **§ 7 FamFG** 5 ff.
- Abstammungsverfahren **§ 7 FamFG** 21
- Adoptionsverfahren **§ 7 FamFG** 20
- Antrag auf Hinzuziehung **§ 7 FamFG** 23
- Antragsrecht Formulierung Belehrung **§ 7 FamFG** 23
- Antragsteller **§ 7 FamFG** 9
- Begriff **§ 7 FamFG** 5 ff.
- Beteiligte aufgrund Sonderregelung **§ 7 FamFG** 13
- Beteiligtenfähigkeit nicht natürlicher Personen **§ 8 FamFG** 3
- Bloße Anhörung **§ 7 FamFG** 25
- Form der Hinhzuziehung **§ 7 FamFG** 15
- Jugendamt **§ 7 FamFG** 6
- Kann-Beteiligte **§ 7 FamFG** 14
- Kann-Beteiligter **§ 7 FamFG** 7
- Kindesherausgabeverfahren **§ 7 FamFG** 18
- Konsequenzen der Beteiligtenstellung **§ 7 FamFG** 4
- Muss-Beteiligte **§ 7 FamFG** 11
- Muss-Beteiligter **§ 7 FamFG** 6, 8
- nicht sorgeberechtigter Vater **§ 1666 BGB** 66
- Rechte und Pflichten **§ 7 FamFG** 2
- Sorgerechtsverfahren **§ 7 FamFG** 17
- Umgangsverfahren **§ 7 FamFG** 16
- unmittelbar Betroffene **§ 7 FamFG** 10
- Unterbringungsverfahren **§ 7 FamFG** 22
- Unterschied zur ZPO **§ 7 FamFG** 1
- Verfahrensfähigkeit **§ 9 FamFG** 1
- Vormundschafts-, Pflegschafts- und Genehmigungsverfahren **§ 7 FamFG** 19

Beteiligtenfähigkeit **§ 7 FamFG** 7

Beteiligung
- Beteiligtenfähigkeit **§ 8 FamFG** 1
- Beteiligung von Nichtbeteiligten **§ 7 FamFG** 28
- Bezugsperson **§ 161 FamFG** 8
- Folgen von Nichtbeteiligung Beteiligter **§ 7 FamFG** 27
- nasciturus **§ 8 FamFG** 2
- Pflegeperson **§ 161 FamFG** 6
- Rechte **§ 161 FamFG** 22
- Zurückweisung eines Beteiligungsantrags **§ 7 FamFG** 25

Betreuung **§ 1673 BGB** 10

Bevollmächtigte **§ 10 FamFG** 1, 5
- Behörde **§ 10 FamFG** 1b
- Jugendamt **§ 10 FamFG** 1b
- konsularischer Vertreter **§ 10 FamFG** 3

Bevollmächtigter
- Beistand **§ 10 FamFG** 5
- Zurückweisung durch Beschluss **§ 10 FamFG** 4

Beweisaufnahme **§ 31 FamFG** 1

Beweiserhebungsgrundsätze
- Beweisantrag **§ 31 FamFG** 3
- Feststellungslast **§ 31 FamFG** 4 f.
- Freibeweis **§ 31 FamFG** 2

Bezugsperson
- Beteiligung **§ 161 FamFG** 6

Billigung, gerichtliche **§ 156 FamFG** 5, 64

Bindungen **§ 1671 BGB** 42

Bindungstoleranz **§ 1671 BGB** 36

biologische Mutterschaft **§ 1671 BGB** 33

Borderline-Störung **§ 1671 BGB** 32

Brüssel IIa-VO **Vorbem. Auslandsbezüge** 6
- Anerkennungsverfahren (fakultativ) **Art. 21 Brüssel IIa-VO** 7 ff.
- Anrufung eines Gerichts, Definition **Art. 16 Brüssel IIa-VO** 1
- Anwendungsbereich **Art. 1 Brüssel IIa-VO** 1 ff.
- Aussetzung des Anerkennungsverfahrens **Art. 24 Brüssel IIa-VO** 2
- Aussetzung des Verfahrens zur Vollstreckbarerklärung **Art. 33 Brüssel IIa-VO** 3
- Begriffsbestimmungen **Art. 2 Brüssel IIa-VO** 1

- Berichtigung der Bescheinigung, Berichtigungsklage **Art. 43 Brüssel IIa-VO** 1
- Bescheinigung über Kindesrückgabeentscheidung **Art. 42 Brüssel IIa-VO** 1
- Bescheinigungen **Art. 40 Brüssel IIa-VO** 6 f.
- Bescheinigungen bez. Sorgeentscheidungen **Art. 38 Brüssel IIa-VO** 2
- doppelte Anhängigkeit, Verfahren **Art. 19 Brüssel IIa-VO** 1
- Fehlen von Urkunden **Art. 38 Brüssel IIa-VO** 1 f.
- Flüchtlingskinder, Zuständigkeit **Art. 13 Brüssel IIa-VO** 1
- Fortwirkung der Zuständigkeit (perpetuatio fori) **Art. 8 Brüssel IIa-VO** 9
- Inhalt **Vorbem. Auslandsbezüge** 6
- internationale Zuständigkeitsregelung **Art. 8 Brüssel IIa-VO** 2 f.
- Inzidentfeststellung der Anerkennung **Art. 21 Brüssel IIa-VO** 10 f.
- Kindesrückgabevollstreckung aus Titel des Ursprungsmitgliedstaates **Art. 42 Brüssel IIa-VO** 1
- Legalisation **Art. 47 Brüssel IIa-VO** 5
- Nichtanerkennungsgründe **Art. 23 Brüssel IIa-VO** 4 ff.
- Perpetuatio fori bei Umzug in EU-Vertragsstaat **Art. 8 Brüssel IIa-VO** 10
- Perpetuatio fori bei Umzug in KSÜ -Vertragsstaat **Art. 8 Brüssel IIa-VO** 12
- Perpetuatio fori bei Umzug in Nicht-Vertragsstaat **Art. 8 Brüssel IIa-VO** 13
- Rechtsbehelfe Vollstreckbarerklärung **Art. 33 Brüssel IIa-VO** 1 ff.
- Rechtsbehelfe Vollstreckbarerklärung, OLG Zuständigkeit **Art. 33 Brüssel IIa-VO** 3
- Rechtsmittel bez. Anerkennungsfeststellung **Art. 21 Brüssel IIa-VO** 9
- Restzuständigkeit, nationales Recht **Art. 14 Brüssel IIa-VO** 1 f.
- Rückführungsverfahren nach Entführung des Kindes **Art. 11 Brüssel IIa-VO** 5 ff.
- Sicherheitsleistung **Art. 47 Brüssel IIa-VO** 5
- Teilvollstreckung **Art. 33 Brüssel IIa-VO** 3
- Umgangsregelungsvollstreckung **Art. 41 Brüssel IIa-VO** 1
- Umgangsregelungsvollstreckung, Bescheinigung **Art. 41 Brüssel IIa-VO** 2 f.
- Umgangsverfahren, Zuständigkeit **Art. 9 Brüssel IIa-VO** 1
- unmittelbare (ohne Anerkennungsverfahren) Vollstreckung **Art. 40 Brüssel IIa-VO** 1
- Unvereinbarkeit mit späterer Entscheidung, Vollstreckbarkeitsausschluss **Art. 47 Brüssel IIa-VO** 4 f.
- Urkunden, vorzulegende **Art. 43 Brüssel IIa-VO** 2
- Urkunden, vorzulegende (Anerkennungs- und Vollstreckungserklärungsverfahren) **Art. 33 Brüssel IIa-VO** 3
- Urkunden, vorzulegende (Vollstreckungsverfahren) **Art. 43 Brüssel IIa-VO** 2
- Verbot der Revision **Art. 24 Brüssel IIa-VO** 2
- Verbundzuständigkeit **Art. 12 Brüssel IIa-VO** 4 ff.
- Verfahrenskostenhilfe **Art. 47 Brüssel IIa-VO** 5
- Verhältnis zu anderen Übereinkommen, Regelungen **Art. 47 Brüssel IIa-VO** 5
- Verweisung an Gericht anderen EU-Staates **Art. 15 Brüssel IIa-VO** 1
- Vollstreckbarerklärung **Art. 24 Brüssel IIa-VO** 2
- Vollstreckbarerklärungsverfahren **Art. 30 Brüssel IIa-VO** 1
- Vollstreckungskosten **Art. 47 Brüssel IIa-VO** 5
- Vollstreckungsverfahren, Anwendbarkeit nationalen Rechts **Art. 47 Brüssel IIa-VO** 2 f.
- Vollstreckungsvoraussetzungen **Art. 40 Brüssel IIa-VO** 9 ff.
- Vorrang Hauptsachezuständigkeit **Art. 20 Brüssel IIa-VO** 3
- Zentrale Behörde, Aufgaben **Art. 47 Brüssel IIa-VO** 5
- Zentrale Behörden, Zusammenarbeit **Art. 47 Brüssel IIa-VO** 5
- Zuständigkeit, Ausstellung, Bescheinigung **Art. 40 Brüssel IIa-VO** 5
- Zuständigkeit bei Kindesentführung **Art. 10 Brüssel IIa-VO** 1
- Zuständigkeit einstweilige Maßnahmen **Art. 20 Brüssel IIa-VO** 1
- Zuständigkeitskriterium gewöhnlicher Aufenthalt **Art. 8 Brüssel IIa-VO** 3
- Zuständigkeitsprüfung **Art. 17 Brüssel IIa-VO** 1 f.
- Zuständigkeitsprüfungsverbot im Anerkennungsverfahren **Art. 24 Brüssel IIa-VO** 1 f.
- Zuständigkeitsvereinbarung (Prorogation) **Art. 12 Brüssel IIa-VO** 8 ff.
- Zustellungsprüfung **Art. 17 Brüssel IIa-VO** 2

D

Datenschutz **§ 8a SGB VIII** 4, **§ 68 SGB VIII** 1
- Beistand, Amtspflegschaft, Amtsvormund **§ 68 SGB VIII** 7
- Kindeswohlgefährdung **§ 8a SGB VIII** 4, **§ 68 SGB VIII** 3

- Verfahrensbeistand **§ 158 FamFG** 54

Datenschutzgesetze
- Akteneinsicht **§ 13 FamFG** 1a

Datenschutzgrundverordnung **§ 13 FamFG** 1b
Datenweitergabe **§ 4 KKG** 8 f.
deutsch-iranisches Niederlassungsabkommen **Art. 19 EGBGB** 2
Dispositionsbefugnis
- bei Vergleich **§ 36 FamFG** 2
- Einvernehmen **§ 156 FamFG** 9

Dokumentationspflichten **§ 28 FamFG** 3
Durchsuchungsbeschluss
- Anfechtbarkeit **§ 91 FamFG** 2
- Anwendungsbereich **§ 91 FamFG** 1
- Beschlussinhalt **§ 91 FamFG** 2
- Haftbefehl **§ 91 FamFG** 4
- Mitbewohner **§ 91 FamFG** 2
- Nachtzeit, Sonn-, Feiertage **§ 91 FamFG** 4
- Ordnungshaft **§ 91 FamFG** 4
- unmittelbarer Zwang und Durchsuchung **§ 91 FamFG** 4

E

Ehegatte, sorgerechtliche Entscheidungsbefugnisse
- Alleinsorgerecht des Ehegatten **§ 1687b BGB** 2 f.
- Angelegenheit des täglichen Lebens **§ 1687b BGB** 4, 6
- Beendigung durch Sorgerechtsverlust des Ehegatten **§ 1687b BGB** 11
- Beendigung durch Trennung **§ 1687b BGB** 10
- Einvernehmen des sorgeberechtigten Gatten **§ 1687b BGB** 5
- familiengerichtliche Beschränkungen **§ 1687b BGB** 8 f.
- Notvertretungsrecht **§ 1687b BGB** 7
- Verbleibensanordnung **§ 1682 BGB** 2

Ehemündigkeit **§ 1303 BGB** 2
- Kollisionsrecht **Art. 13 EGBGB** 2
- Überleitungsvorschrift **§ 1303 BGB** 3

Ehemündigkeit Kollisionsrecht
- Überleitungsvorschrift **Art. 13 EGBGB** 5

eidesstattliche Versicherung **§ 51 FamFG** 4
Eidesstattliche Versicherung **§ 94 FamFG** 1
Eilbedürfnis **§ 49 FamFG** 6
- Beschleunigungsgrundsatz **§ 49 FamFG** 8
- Folgenabwägung **§ 49 FamFG** 9
- Sorgerechtsvollmacht **§ 49 FamFG** 6
- Teilvereinbarung **§ 49 FamFG** 6

Eilzuständigkeit **§ 152 FamFG** 18
Einbenennung
- Anhörungspflichten **§ 1618 BGB** 19 f.
- Antragsverfahren **§ 1618 BGB** 17
- Beschwerde und Beschwerdeberechtigte **§ 1618 BGB** 21 ff.
- Ehe oder eingetragene Lebensgemeinschaft mit Dritten **§ 1618 BGB** 5
- Ehe- oder Lebenspartnerschaftsname **§ 1618 BGB** 6
- Ersetzung der Zustimmung **§ 1618 BGB** 13 ff.
- Form und Wirksamkeit **§ 1618 BGB** 25 ff.
- Gemeinsamer Haushalt **§ 1618 BGB** 7
- Kindeseinwilligung **§ 1618 BGB** 24
- Personenstand Kind **§ 1618 BGB** 3
- Sorgerecht einbenennendes Elternteil **§ 1618 BGB** 4
- Voraussetzungen **§ 1618 BGB** 1 ff.
- Zuständigkeiten **§ 1618 BGB** 18
- Zustimmung des anderen Elternteils **§ 1618 BGB** 8 ff.

Einstellung der Vollstreckung
- Anwendungsbereich im Kindschaftsrecht **§ 93 FamFG** 2
- Begriff **§ 93 FamFG** 1
- Beschwerde **§ 93 FamFG** 3
- Einstellung bei Abänderungsverfahren **§ 93 FamFG** 4

Einstweilige Anordnung
- Abänderung **§ 54 FamFG** 2
- Amtsverfahren **§ 51 FamFG** 2
- Antragstellung SGB VIII **§ 49 FamFG** 18
- Antragsverfahren **§ 51 FamFG** 2
- Außerkrafttreten **§ 56 FamFG** 1 ff., 7
- Aussetzung der Vollstreckung **§ 55 FamFG** 1 f.
- Befristung **§ 56 FamFG** 5
- Beschleunigungsgrundsatz **§ 49 FamFG** 8
- Beschwerde **§ 57 FamFG** 3
- Beschwerde – elterliche Sorge **§ 57 FamFG** 4
- Beschwerdebefugnis **§ 57 FamFG** 10
- Beschwerdefrist **§ 57 FamFG** 9
- Einzelrichter **§ 51 FamFG** 14
- Feststellung des Außerkrafttretens **§ 56 FamFG** 8
- Folgenabwägung **§ 49 FamFG** 1, 9, 14
- Gesundheitsfürsorge **§ 49 FamFG** 21
- Kindeswohlgefährdung **§ 49 FamFG** 13, 16
- Kosten **§ 51 FamFG** 15
- Ladungsfrist **§ 51 FamFG** 9
- mündliche Verhandlung **§ 54 FamFG** 12, 14, **§ 57 FamFG** 2
- Namensbestimmung **§ 49 FamFG** 33
- Nebenentscheidung **§ 57 FamFG** 10
- Sachverhaltsermittlung **§ 49 FamFG** 14
- Sachverständigengutachten **§ 49 FamFG** 15
- sexueller Missbrauch **§ 49 FamFG** 17

- Umgangsbestimmungspflegschaft **§ 49 FamFG** 19
- Umgangsbestimmungsrecht **§ 49 FamFG** 19, **§ 57 FamFG** 5
- Umgangspflegschaft **§ 49 FamFG** 19
- Verfahrensbeistand **§ 51 FamFG** 13
- Verfahrenskostenhilfe **§ 57 FamFG** 11
- Verfahrenswert **§ 51 FamFG** 16
- Vollstreckung vor Zustellung **§ 53 FamFG** 3 f.
- Vollstreckungsklausel **§ 53 FamFG** 2
- Wartefrist **§ 52 FamFG** 5 f.
- Wechselmodell **§ 49 FamFG** 36
- Zuständigkeit **§ 50 FamFG** 1, **§ 52 FamFG** 3

Einvernehmen **§ 156 FamFG** 1
- Eltern **§ 156 FamFG** 4
- Grenzen **§ 156 FamFG** 36, 40

Einzelfallhilfen **§ 35 SGB VIII** 1 f.

Elterliche Sorge
- absolutes Recht **§ 1626 BGB** 6
- Ausübung **Art. 17 KSÜ** 1
- Ausübungsübertragung (teilweise) **§ 1626 BGB** 7
- Dauer **§ 1626 BGB** 8 ff.
- Einvernehmensgebot **§ 1626 BGB** 25
- Elternschaft **§ 1626 BGB** 4
- Entzug **Art. 18 KSÜ** 1
- gesetzliche Vertretung **§ 1626 BGB** 12, 15 f.
- Hinzuerwerb von Sorgerechtspostionen im Aufenthaltsstaat **Art. 16 KSÜ** 19 f.
- Legaldefinition **§ 1626 BGB** 3
- Leitbild **§ 1626 BGB** 26 f.
- Leitbild für Ausübung der elterlichen Sorge **§ 1626 BGB** 19 f.
- Neuerwerb von Sorgerechtspostionen in Aufenthaltsstaat **Art. 16 KSÜ** 16 f.
- Rückübertragung **§ 1678 BGB** 17, **§ 1680 BGB** 16
- Rückwirkung **Art. 16 KSÜ** 13 ff.
- Schutz erworbenen Sorgerechts **Art. 16 KSÜ** 10 ff.
- subjektives Pflichtenrecht **§ 1626 BGB** 5
- tatsächliche Sorge als Teil der Personensorge **§ 1626 BGB** 12, 14
- unverzichtbar, höchstpersönlich **§ 1626 BGB** 7
- Vermögenssorge **§ 1626 BGB** 17 f.
- von Eltern zu berücksichtigende Maßstäbe **§ 1626 BGB** 21
- Wandelbarkeit Sorgerechtsstatut **Art. 16 KSÜ** 18

Elterliche Sorge, Aufhebung der gemeinsamen Sorge
- allgemeine Voraussetzungen der Aufhebung **§ 1671 BGB** 4
- Antragserfordernis **§ 1671 BGB** 5
- Fallgruppen **§ 1671 BGB** 19
- Konsensfähigkeit der Eltern **§ 1671 BGB** 12 ff.
- Vollmachtserteilung **§ 1671 BGB** 21
- Zustimmung des anderen Elternteils **§ 1671 BGB** 8

Elterliche Sorge, gemeinsame
- Angelegenheiten des täglichen Lebens **§ 1687 BGB** 11
- Angelegenheiten tatsächlicher Betreuung **§ 1687 BGB** 16 f.
- Angelegenheiten von erheblicher Bedeutung **§ 1687 BGB** 5
- Beispiele für Angelegenheiten des täglichen Lebens **§ 1687 BGB** 12
- Beispiele für Angelegenheiten von erheblicher Bedeutung **§ 1687 BGB** 6
- betreuender Elternteil **§ 1687 BGB** 10, 13
- familiengerichtliche Einschränkungen **§ 1687 BGB** 20
- kein Vertretungsrecht des Umgangselternteils **§ 1687 BGB** 18
- Notfallbefugnis **§ 1687 BGB** 19
- Schaubild zur Entscheidungsbefugnis **§ 1687 BGB** 14
- umgangsberechtigter Elternteil beim Umgang **§ 1687 BGB** 15 ff.
- Verfahren **§ 1687 BGB** 21 ff.
- Voraussetzung des Einvernehmens **§ 1687 BGB** 7 ff.
- Voraussetzung des gewöhnlichen Aufenthalts **§ 1687 BGB** 10
- Wechselmodell **§ 1687 BGB** 13

Elternanhörung
- Abgrenzung Erörterung **§ 160 FamFG** 3
- Absehen von Anhörung **§ 160 FamFG** 26 ff.
- Anhörungsperson **§ 160 FamFG** 9 f.
- Anhörungsverstoß **§ 160 FamFG** 31
- Art und Weise **§ 160 FamFG** 12 f.
- Beschwerdeverfahren **§ 160 FamFG** 11, 19 ff., 31
- Elternrecht berührt? **§ 160 FamFG** 23
- Erforderlichkeit in Kindschaftsverfahren **§ 160 FamFG** 1, 4 f., 22
- Kindeswohlgefährdung **§ 160 FamFG** 24
- Nachholung **§ 160 FamFG** 27
- Namensänderung **§ 160 FamFG** 23
- Nichterscheinen, Ordnungsmittel **§ 160 FamFG** 17 f.
- Ort, Rahmen **§ 160 FamFG** 7 f.
- Person des Kindes betroffen **§ 160 FamFG** 22
- persönlich **§ 160 FamFG** 1, 6, 22
- sonstige Kindschaftssachen **§ 160 FamFG** 25
- telefonisch, schriftlich **§ 160 FamFG** 8

– Vermerk **§ 160 FamFG** 14 ff.
Elternauskunftsanspruch
– Antragsverfahren **§ 1686 BGB** 13
– Art, Umfang, Häufigkeit **§ 1686 BGB** 9 ff.
– Auskunftsberechtigte **§ 1686 BGB** 3 f.
– Auskunftsinhalt **§ 1686 BGB** 8
– Auskunftsverpflichtete **§ 1686 BGB** 5
– berechtigtes Auskunftsinteresse **§ 1686 BGB** 6
– funktionale Zuständigkeit **§ 1686 BGB** 12
– Kindeswohldienlichkeit **§ 1686 BGB** 7
– Kosten **§ 1686 BGB** 14
– Übersicht Auskunftsrechte **§ 1686 BGB** 19
– Verfahren **§ 1686 BGB** 12 f.
– Verfahrenskostenhilfe **§ 1686 BGB** 15
– Vollstreckung **§ 1686 BGB** 17 f.
– Wert **§ 1686 BGB** 16
Elternautonomie **§ 1671 BGB** 9
Elternbelastungsscreening (EBSK) **§ 163 FamFG** 54a
Elternrecht
– Eingriffsbefugnis **§ 4 SGB VIII** 3
Elternschaft
– diverse Geschlechtsidentität **§ 1591 BGB** 7a
– diverse Geschlechtszugehörigkeit **§ 1591 BGB** 24
Embryonen-, Eispendeverbot **§ 1591 BGB** 3
Embryonenschutzgesetz **§ 1591 BGB** 3
Endentscheidung **§ 11 RPflG** 5
Entführungsgefahr, elterliche Sorge **§ 1671 BGB** 33
Entschädigungsklage
– Verfahrensverzögerung **§ 155b FamFG** 1, 13, **§ 170 GVG** 9
Ergänzungspfleger
– Entscheidung durch Familiengericht **§ 1630 BGB** 10 f.
– Gründe für Bestellung **§ 1630 BGB** 4
– Meinungsverschiedenheiten **§ 1630 BGB** 6
– Meinungsverschiedenheiten zwischen Eltern und Pflegern **§ 1630 BGB** 7 ff.
– Sorgerechtsbeschränkung der Eltern **§ 1630 BGB** 3
– Umgangsbestimmungspfleger **§ 1630 BGB** 5
– Umgangspfleger **§ 1630 BGB** 5
Ergänzungspflegschaft
– Anordnung von Amts wegen **§ 1909 BGB** 17
– dauerhafte oder vorübergehende Verhinderung **§ 1909 BGB** 2
– Ersatzpflegschaft bei Dringlichkeit **§ 1909 BGB** 14
– Fallbeispiele **§ 1909 BGB** 6 ff.
– funktionale Zuständigkeit Familienrichter bei ausländischen Kindern **§ 1909 BGB** 17
– grundsätzlich funktionale Zuständigkeit des Rechtspflegers **§ 1909 BGB** 17
– Umgangsbestimmungspfleger **§ 1684 BGB** 62, **§ 1909 BGB** 7
– Verfahren und Rechtsschutz, entsprechende Anwendung vormundschaftsrechtlicher Regelungen **§ 1909 BGB** 15
– Verhinderung der/des Sorgeberechtigten **§ 1909 BGB** 1, 6
– Verhinderung des Amtsvormunds an Vertretung unbegleitet eingereister minderjähriger Jugendlicher bei Rechtsfragen? **§ 1909 BGB** 11
– Verhinderung rechtlicher oder tatsächlicher Natur **§ 1909 BGB** 6
– Vertretung in Teilbereichen der elterlichen Sorge **§ 1909 BGB** 1
– Vormundschaftsregeln entsprechend anwendbar mit Beispielen **§ 1915 BGB** 1
– Wechselmodell, Vertretung **§ 1629 BGB** 33
– Zuwendungspflegschaft **§ 1909 BGB** 12 f.
Erinnerung
– Abhilfeprüfung **§ 11 RPflG** 23 ff.
– Ausschluss **§ 11 RPflG** 29 f.
– Erinnerungsberechtigung **§ 11 RPflG** 19 ff.
– Form **§ 11 RPflG** 16 f.
– Frist **§ 11 RPflG** 18
– Kosten **§ 11 RPflG** 31
– Nichtabhilfe, Vorlage **§ 11 RPflG** 25 f.
– Rechtsschutzbedürfnis **§ 11 RPflG** 22
– Richterentscheidung **§ 11 RPflG** 27
– Statthaftigkeit **§ 11 RPflG** 12 ff.
– Tenorierungsbeispiele **§ 11 RPflG** 32
– Übersicht **§ 11 RPflG** 28
– Verfahren **§ 11 RPflG** 23
Erledigung **§ 62 FamFG** 5
Erledigungszeitpunkt **§ 62 FamFG** 6
Erörterungstermin
– Anberaumung **§ 157 FamFG** 4
– Entscheidung **§ 157 FamFG** 6
– Erörterungsinhalt **§ 157 FamFG** 5
– Kindesanhörung **§ 157 FamFG** 4
– Ladungen **§ 157 FamFG** 4
– öffentliche Hilfen **§ 157 FamFG** 5
– Protokoll **§ 157 FamFG** 5
– Zweck **§ 157 FamFG** 2 f.
Ersatzmutterschaft **§ 1591 BGB** 3
Ersetzung der Zustimmung **§ 40 FamFG** 7
Erziehungsbeistand **§ 30 SGB VIII** 1
– Zeitraum **§ 30 SGB VIII** 2
Erziehungsberatung **§ 28 SGB VIII** 1
Erziehungseignung **§ 1671 BGB** 30, 32 f., 35
Erziehungsverantwortung der Eltern **§ 4 SGB VIII** 1
Erzwingungsverfahren **§ 52 FamFG** 2

ESÜ (Europäisches Sorgerechtsübereinkommen)
- Anerkennungsgrundsatz **Art. 7 ESÜ** 3
- Anerkennungsvoraussetzungen bei Entführungen **Art. 8 ESÜ** 2
- Anwendungsbereich **Art. 1 ESÜ** 2 ff.
- Aussetzung des Verfahrens **Art. 10 ESÜ** 5
- HKÜ-Vorrang ggü ESÜ **Art. 43 bis 45 HKÜ** 6
- Kostenfreiheit **Art. 5 ESÜ** 4
- KSÜ und ESÜ **Art. 43 bis 45 HKÜ** 5
- Regelungsgehalt **Art. 43 bis 45 HKÜ** 1 ff.
- Sprache **Art. 6 ESÜ** 1 ff.
- Umgangsentscheidungen
  - Anerkennung und Vollstreckung **Art. 11 ESÜ** 1 ff.
- Umgangsmodalitäten, Bestimmung durch Vollstreckungsstaat **Art. 11 ESÜ** 3
- Verfahrensregeln für Anerkennung und Vollstreckung **Art. 12 ESÜ** 2
- Verhältnis zu anderen Übereinkommen **Art. 12 ESÜ** 2
- Verhältnis zu Verpflichtungen aus anderen Übereinkommen **Art. 12 ESÜ** 2
- Versagung der Anerkennung, ordre public **Art. 10 ESÜ** 2
- Vertragsstaaten **Art. 43 bis 45 HKÜ** 2
- Vorbehaltsmöglichkeiten **Art. 12 ESÜ** 2
- Widerrechtlichkeitserklärung nach Entführung **Art. 12 ESÜ** 1
- Wiederherstellung des Sorgerechtsverhältnisses **Art. 8 ESÜ** 3
- zentrale Behörde **Art. 5 ESÜ** 2

Europarat Übereinkommen **Vorbem. Auslandsbezüge** 9

F

Familie in Tieren **§ 163 FamFG** 54a
Familiengericht
- Altersfeststellung **§ 42f SGB VIII** 2 f.
- Besetzung **§ 23b GVG** 2
- Einrichtung **§ 23b GVG** 1
- Geschäftsverteilung nach Aufgabengebieten **§ 23b GVG** 6
- Kompetenzstreit Zivilgericht **§ 23b GVG** 7
- mehrere Abteilungen **§ 23b GVG** 2
- Mehrzahl **§ 23b GVG** 2
- Mitwirkung Jugendamt **§ 50 SGB VIII** 1
- spezieller Spruchkörper **§ 23b GVG** 1
- Zuständigkeit der Abteilung beim Amtsgericht, Konzentrationsprinzip **§ 23b GVG** 3
- Zuständigkeitskonflikt **§ 23b GVG** 6

Familienhebammen **§ 4 KKG** 4
Familien-Identifikations-Test (FIT) **§ 163 FamFG** 54a
Familienpflege
- Antrag **§ 1630 BGB** 14
- Aufhebung **§ 1630 BGB** 20
- Entscheidung durch Familiengericht **§ 1630 BGB** 18
- freiwillige Inpflegegabe für längere Zeit **§ 1630 BGB** 15 ff.
- Rechtsfolgen **§ 1630 BGB** 19
- Voraussetzungen **§ 1630 BGB** 13

Familienrichter
- Anforderungsprofil **§ 23b GVG** 8 f.
- Ausbildung **§ 23b GVG** 9
- Berufs- und Qualifikationsbild **§ 23b GVG** 8
- Fortbildung **§ 23b GVG** 9
- Proberichter **§ 23b GVG** 8 f.

Familiensachen **§ 1 FamFG** 2
- Adoption **§ 23a GVG** 10 f.
- Aufzählung **§ 23a GVG** 8 f., 12 ff.
- Begriff **§ 23a GVG** 3
- Nichtöffentlichkeit **§ 170 GVG** 1
- sonstige, Begriff und Kriterien **§ 23a GVG** 13
- Verweis auf § 111 FamFG **§ 1 FamFG** 2
- Zuordnungskriterien **§ 23a GVG** 4 ff.

Familienstreitsachen **§ 1 FamFG** 2, **§ 20 FamFG** 8, **§ 17a GVG** 23
- Abgrenzung fG-Verfahren **§ 1 FamFG** 2
- Verfahrensverbindung **§ 20 FamFG** 8

Familie-Relations-Test (FRT) **§ 163 FamFG** 54a
Festsetzung von Zahlungsansprüchen
- Ansprüche des Vormunds **§ 168 FamFG** 3
- Ansprüche von Verfahrensbeistand und Pfleger **§ 168 FamFG** 2
- familiengerichtliches Festsetzungsverfahren **§ 167a FamFG** 21

Folgenabwägung
- einstweilige Anordnung **§ 49 FamFG** 1

Förderprinzip **§ 1671 BGB** 47
Fortpflanzungsmedizin **§ 1591 BGB** 2
Fragetechniken **§ 158 FamFG** 58
Freie Träger
- Akteneinsicht **§ 68 SGB VIII** 6
- Jugendamt **§ 4 SGB VIII** 8
- keine hoheitlichen Befugnisse **§ 4 SGB VIII** 8

Freiheitsentziehende Maßnahme
- Nachholpflicht bez. Genehmigung **§ 1631b BGB** 21
- ohne Genehmigung **§ 1631b BGB** 20

Freiheitsentziehende Maßnahmen **§ 42 SGB VIII** 14
Freiwillige Gerichtsbarkeit **§ 1 FamFG** 3 f.
- Begriff **§ 1 FamFG** 3
- Schaubild **§ 1 FamFG** 4

Frist
- Fristberechnung **§ 16 FamFG** 3
- gesetzliche Frist **§ 16 FamFG** 2
- Hemmung

– Abstammungsgutachten **§ 1600b BGB** 39
– Verlängerung der Umgangspflegschaft
– Rechtsmittelfähigkeit Hauptsacheentscheidung **§ 16 FamFG** 4
Fristhemmung
– Dauer **§ 1600b BGB** 36
– Drohung **§ 1600b BGB** 37
– genetischer Untersuchungsantrag **§ 1600b BGB** 36
– Geschäftsunfähiger ohne Vertretung **§ 1600b BGB** 44
– Güteversuch **§ 1600b BGB** 38
– höhere Gewalt **§ 1600b BGB** 42
– Rechtsunkenntnis **§ 1600b BGB** 43
– VKH-Antrag **§ 1600b BGB** 41
– Zuständigkeitsbestimmung bez. Gericht **§ 1600b BGB** 40
Fristverlängerungsantrag
– Rechtsmittel **§ 16 FamFG** 4
Frühe Hilfen **§ 4 KKG** 1
Früher Termin
– Abgrenzung zur persönlichen Anhörungen **§ 155 FamFG** 16
– Anhörung Jugendamt **§ 155 FamFG** 23
– Anordnung persönliches Erscheinen **§ 155 FamFG** 27 ff.
– Beschwerdeverfahren **§ 155 FamFG** 15
– Erforderlichkeit im EA-Verfahren **§ 155 FamFG** 17
– Erforderlichkeit im Vollstreckungsverfahren **§ 155 FamFG** 17
– Gegenstand der Erörterungen **§ 155 FamFG** 18
– getrennte Erörterungen **§ 155 FamFG** 31
– Jugendamt **§ 155 FamFG** 30
– Ladungsfristen **§ 155 FamFG** 22
– Monatsfrist **§ 155 FamFG** 19 ff.
– Ordnungsgeld und Vorführung **§ 155 FamFG** 32
– Terminsverlegung **§ 155 FamFG** 24 ff.
– Wiederaufnahme nach Mediation oder außergerichtlichem Konfliktbeilegungsversuch **§ 155 FamFG** 33 ff.
Früherkennungsuntersuchungen **§ 8a SGB VIII** 3
Funktionelle Zuständigkeit **§ 3 FamFG** 4
Fürsorgebedürfnis **§ 152 FamFG** 15

G

Gebühren; *siehe unter* Gerichtsverfahrensgebühren
Geburtsnamenbestimmung
– Änderungen Ehename, Sorgerechtslage vor Geburtenregistereintrag **§ 1617 BGB** 8
– fehlender Ehename bei Geburt des Kindes **§ 1617 BGB** 2
– Form, Wirksamkeit der Namensbestimmung **§ 1617 BGB** 14 ff.
– gemeinsame Sorge **§ 1617 BGB** 2 ff.
– gerichtliche Übertragung Namensbestimmungsrecht
– Amtsverfahren **§ 1617 BGB** 20
– Antragsverfahren **§ 1617 BGB** 21 f.
– anwendbare Grundsätze für Entscheidung **§ 1617 BGB** 23
– Einleitung Gerichtsverfahren **§ 1617 BGB** 19
– Fristsetzung **§ 1617 BGB** 24
– Namenserwerb nach Fristablauf **§ 1617 BGB** 24
– Geschwister, Namenseinheit **§ 1617 BGB** 18
– nachgeburtliche Sorgerechtsänderung **§ 1617 BGB** 9 f.
– wählbare Namen **§ 1617 BGB** 11 ff.
Gefährdungsmitteilungen **§ 157 FamFG** 1
Gefahrprognose Jugendamt **§ 8a SGB VIII** 9
Gegenglaubhaftmachung **§ 51 FamFG** 6
Gegenvormund
– Bestellung und Voraussetzungen
– Aufgaben und Befugnisse **§ 1792 BGB** 6
– Auswahl **§ 1792 BGB** 4
– Bedürfnis nach Kontrolle **§ 1792 BGB** 2
– Rechtsmittel **§ 1792 BGB** 5
Gegenvorstellung **§ 58 FamFG** 11
Gemeinsame Wohnformen **§ 19 SGB VIII** 1
Genehmigung der Unterbringung
– Voraussetzungen **§ 1631b BGB** 1
Genehmigung der Unterbringung und freiheitsentziehenden Maßnahme
– Verfahrenseinleitung **§ 167 FamFG** 4
– Zuständigkeiten **§ 167 FamFG** 5 ff.
Genehmigung eines Rechtsgeschäftes **§ 1643 BGB** 13 ff., **§ 40 FamFG** 6
– Abänderung **§ 48 FamFG** 5
– Bekanntgabe **§ 41 FamFG** 9
Genehmigungsbedürftige Rechtsgeschäfte **§ 1643 BGB** 1
Gerichtlich gebilligter Vergleich **§ 86 FamFG** 12, **§ 155a FamFG** 39
– Zustimmung der Pflegeperson **§ 161 FamFG** 22
Gerichtliche Auslagen **§ 80 FamFG** 24
Gerichtskostenbegriff **§ 80 FamFG** 5
Gerichtskostenbeitreibung **§ 80 FamFG** 27 f.
Gerichtskostenvorschuss in Kindschaftssachen **§ 80 FamFG** 3 f.
Gerichtsverfahrensgebühren
– Beschwerdeverfahren **§ 80 FamFG** 9
– Entstehen der Verfahrensgebühr **§ 80 FamFG** 13

- erstinstanzliche EA-Verfahren **§ 80 FamFG** 8
- erstinstanzliche Verfahren **§ 80 FamFG** 7
- Kindschaftssachen im Scheidungsverbund **§ 80 FamFG** 12
- Umgangsvereinbarung im Beschwerdeverfahren **§ 80 FamFG** 10
- Unterbringung, Pflegschaft für Leibesfrucht, Aufgaben JGG **§ 80 FamFG** 6
- Vermittlungsverfahren **§ 80 FamFG** 11

Gerichtsvollzieher
- Kindesherausgabe **§ 90 FamFG** 3, 9
- Räumung **§ 95 FamFG** 3
- Vollstreckungsorgan **§ 87 FamFG** 5

Gesamtverweisung **Art. 19 EGBGB** 11
Geschäftsfähigkeit, beschränkte
- Auswirkung auf gesetzliche Vertretungsbefugnis **§ 1673 BGB** 5
- Auswirkung auf Personensorge **§ 1673 BGB** 6
- Auswirkung auf Sorgerecht allgemein **§ 1673 BGB** 5
- Auswirkung auf Vermögenssorge **§ 1673 BGB** 5
- Meinungsverschiedenheit zwischen Vertreter und minderjährigem Elternteil **§ 1673 BGB** 6 ff.
- Vaterschaftsanerkennung, Zustimmung der minderjährigen Mutter **§ 1673 BGB** 8

Geschäftsunfähigkeit **§ 1673 BGB** 4
Geschäftsverteilung **§ 23b GVG** 3, 6, **§ 3 RPflG** 3
Geschäftsverteilungsplan **§ 10 RPflG** 2
Geschlechtsumwandlung **§ 1671 BGB** 33
Geschwistertrennung **§ 1671 BGB** 43
Gesetz zur Bekämpfung von Kinderehen **§ 1303 BGB** 1, **Art. 13 EGBGB** 1
Gesetzlicher Richter **§ 36 FamFG** 13
Gestattungsersuchen
- KSÜ **Art. 9 KSÜ** 1

Getrenntleben **§ 1671 BGB** 4
Gewalt **§ 1671 BGB** 19
- häusliche Gewalt **§ 1666 BGB** 25
- Kindeswohlgefährdung **§ 1666 BGB** 20
- mittelbare Gewalt **§ 1666 BGB** 25

Gewaltfreiheit **§ 1631 BGB** 15
Gewaltschutz **§ 1 GewSchG** 5
- Europäische Schutzanordnung (24 EU GewSchVG) **§ 4 GewSchG** 1
- Familiensache **§ 1 GewSchG** 4
- Schuldfähigkeit **§ 1 GewSchG** 25 ff.
- Vorsatz **§ 1 GewSchG** 25 ff.
- zivilrechtliche Ansprüche **§ 1 GewSchG** 3

Gewaltschutz, Strafe
- Einverständnis Opfer **§ 4 GewSchG** 5
- Rechtmäßigkeitsprüfung durch Strafrichter **§ 4 GewSchG** 4
- Verstoß gegen § 1 GewSchG **§ 4 GewSchG** 2
- Zustellung vollstreckbarer Anordnung **§ 4 GewSchG** 3

Gewaltschutz, Vollstreckung
- Verfahren
  - Androhung **§ 1 GewSchG** 44
  - Fristablauf, Titel, Wirkung **§ 1 GewSchG** 45
  - Ordnungsmittel **§ 1 GewSchG** 44
  - schuldhaftes Handeln Voraussetzung **§ 1 GewSchG** 44
  - Schutzmaßnahmen **§ 1 GewSchG** 43
  - ZPO-Anwendung **§ 1 GewSchG** 43
  - Zwangsmittel (keine) **§ 1 GewSchG** 44
- Voraussetzungen **§ 1 GewSchG** 39

Gewaltschutz, Wohnungsüberlassung **§ 2 GewSchG** 1
Gewaltschutzgesetz
- Anspruchsgrundlagen **§ 1 GewSchG** 7
- Maßnahmen
  - Befristung **§ 1 GewSchG** 24
  - Bestimmtheit **§ 1 GewSchG** 18
  - Betretungsverbot **§ 1 GewSchG** 21
  - Erforderlichkeit **§ 1 GewSchG** 17
  - Kontaktverbot **§ 1 GewSchG** 23
  - mehrere **§ 1 GewSchG** 17
  - Näherungs- und Aufenthaltsverbot **§ 1 GewSchG** 22
  - Telekommunikation **§ 1 GewSchG** 19
  - Verhältnismäßigkeit **§ 1 GewSchG** 17
  - Wahrnehmung berechtigter Interessen **§ 1 GewSchG** 20
  - Wiederholungsgefahr **§ 1 GewSchG** 17
- Schutz vor Verletzungshandlungen
  - Belästigung, Nachstellen **§ 1 GewSchG** 8, 12 f.
  - Drohung **§ 1 GewSchG** 8, 11
  - Eindringen in Wohnung, Besitztum **§ 1 GewSchG** 8, 12
  - Freiheitsverletzungen **§ 1 GewSchG** 10
  - Körper-, Gesundheitsverletzungen **§ 1 GewSchG** 8 f.
  - Vermutung für Nachstellen **§ 1 GewSchG** 13
  - Vermutung Widerrechtlichkeit **§ 1 GewSchG** 14
  - Vermutung Wiederholungsgefahr **§ 1 GewSchG** 15
  - Voraussetzungen bei Nachstellen **§ 1 GewSchG** 12
  - Widerrechtlichkeit **§ 1 GewSchG** 14
  - Wiederholungsgefahr **§ 1 GewSchG** 15
- verfahrensrechtliche Ausgestaltung **§ 1 GewSchG** 7

Gewaltschutzsache als Familiensache **§ 23a GVG** 12
Gewaltschutzverfahren
- Amtsermittlung **§ 1 GewSchG** 29
- Antragsbeispiel bei Stalking **§ 1 GewSchG** 30
- Antragsbestimmtheit **§ 1 GewSchG** 29
- Antragsbindung (keine) Gericht **§ 1 GewSchG** 29
- Antragsverfahren **§ 1 GewSchG** 29
- Anwaltszwang (keiner) **§ 1 GewSchG** 29
- einstweilige Anordnung, sofortige Wirksamkeit **§ 1 GewSchG** 35
- einstweilige Anordnung, Voraussetzungen **§ 1 GewSchG** 34
- Geheimhaltung Anschrift **§ 1 GewSchG** 31
- Kindeswohl und Opferschutz **§ 1 GewSchG** 33
- Konkurrenz zu Kinderschutzverfahren (§ 1666 BGB) **§ 1 GewSchG** 33, **§ 3 GewSchG** 1, 3
- örtliche Zuständigkeit **§ 1 GewSchG** 28
- Verfahrensfähigkeit **§ 1 GewSchG** 32
- Verfahrenskostenhilfe, Mutwilligkeit **§ 1 GewSchG** 37
- Verfahrenskostenhilfe, Rechtsanwaltsbeiordnung **§ 1 GewSchG** 38
- Vergleich **§ 1 GewSchG** 36
- Vollstreckung vor Zustellung **§ 1 GewSchG** 35, 41
- Zuständigkeit Familiengericht **§ 1 GewSchG** 28

Gewöhnlicher Aufenthalt **Art. 19 EGBGB** 6
- Aufenthaltsnahme **§ 152 FamFG** 13, **§ 154 FamFG** 2
- Begriff **§ 152 FamFG** 12

Glaubhaftmachung **§ 51 FamFG** 4
- Beweisaufnahme, Statthaftigkeit **§ 31 FamFG** 7
- eidesstattliche Versicherung **§ 31 FamFG** 11
- einstweiliger Rechtsschutz **§ 31 FamFG** 6
- Möglichkeiten der Glaubhaftmachung **§ 31 FamFG** 9
- Polygraphen **§ 31 FamFG** 8
- präsente Beweismittel **§ 31 FamFG** 7

Grenzsperre **§ 1666 BGB** 62, **§ 49 FamFG** 22, **Vorbem. Auslandsbezüge** 31, **§ 15 IntFamRVG** 2
Grenzüberschreitende Unterbringung
- Anwendungsbereich **§ 47 IntFamRVG** 2 f.
- Konsultationsverfahren **§ 47 IntFamRVG** 1
- Verfahren bei Unterbringung Kind im Ausland **§ 47 IntFamRVG** 12 f.
- Verfahren bei Unterbringung Kind in BRD **§ 47 IntFamRVG** 7 ff.
- Voraussetzungen **§ 47 IntFamRVG** 4 f.

Großes Familiengericht **§ 23a GVG** 2
Günstigkeitsprinzip **Art. 19 EGBGB** 9
Güterichter
- Einbeziehung Kind **§ 36 FamFG** 14
- Gebühren **§ 36 FamFG** 17
- geeignete Verfahren **§ 36 FamFG** 9
- Kosten **§ 36 FamFG** 15
- Staatliches Wächteramt **§ 36 FamFG** 10
- Verfahrenskostenhilfe **§ 36 FamFG** 18
- Vergleich **§ 36 FamFG** 14
- Vermerk **§ 36 FamFG** 14
- Verweisung **§ 36 FamFG** 12
- Wert **§ 36 FamFG** 16

Gütliche Einigung **§ 36 FamFG** 1, **§ 36a FamFG** 1, **§ 156 FamFG** 1

H

Haager Kindesentführungsübereinkommen (HKÜ) **Vorbem. Auslandsbezüge** 14, **§ 6 IntFamRVG** 2, **§ 39 IntFamRVG** 1
- Abgrenzung zu Umgangsrecht **Art. 5 HKÜ** 5
- Antragsweiterleitung bei Umzug des Kindes **Art. 9 HKÜ** 1 f.
- Anwendungsbereich persönlich **Art. 1 HKÜ** 4 f.
- Anwendungsbereich räumlich **Art. 1 HKÜ** 2
- Anwendungsbereich zeitlich **Art. 1 HKÜ** 6
- Aufenthalt des Kindes in Drittstaat **Art. 12 HKÜ** 8
- Aufenthaltswechsel **Art. 3 HKÜ** 4
- Beschleunigungsgebot **Art. 11 HKÜ** 1
- Erfüllung der Rückführungspflicht **Art. 12 HKÜ** 3
- gesetzliche Vollmacht Bundesamt für Justiz **§ 6 IntFamRVG** 2
- gewöhnlicher Aufenthalt **Art. 3 HKÜ** 2 ff.
- Jahresfrist für Antrag **Art. 12 HKÜ** 5 ff.
- Kosten (keine) der Zentralbehörde **Art. 26 HKÜ** 1 f.
- Legalisation **Art. 21 HKÜ** 2
- personeller Anwendungsbereich des HKÜ **Art. 4 HKÜ** 1 f.
- Regelungsgegenstand des HKÜ **Art. 1 HKÜ** 7 ff.
- Rückführung, Ablehnung **Art. 13 HKÜ** 3 ff.
- Rückführung nach nationalem Recht **Art. 29 HKÜ** 2
- Rückführungsanordnung, Rechtsnatur **Art. 19 HKÜ** 1
- Rückführungsantrag ohne Bundesamt für Justiz **Art. 29 HKÜ** 1
- Rückführungsgrundsatz **Art. 12 HKÜ** 2
- Rückführungsverfahren **Art. 12 HKÜ** 9 ff., 21 f., **§ 39 IntFamRVG** 1
- Sicherheitsleistung **Art. 21 HKÜ** 2

- Sorgerecht **Art. 3 HKÜ** 5 ff.
- Sorgerechtsverletzung **Art. 3 HKÜ** 2
- Sperrwirkung für Sorgerechtsentscheidung des Zufluchtsstaates **Art. 16 HKÜ** 1 f.
- tatsächliche Ausübung des Sorgerechts **Art. 3 HKÜ** 5 ff.
- Übersetzung **Art. 24 HKÜ** 1 f.
- Umgangsrechtsregelung **Art. 21 HKÜ** 1 f.
- Verbringen und Zurückhalten **Art. 3 HKÜ** 1
- Vereinbarungen Mitgliedstaaten **Art. 36 HKÜ** 1
- Verfahrenskosten **Art. 26 HKÜ** 3 ff.
- Verfahrenskostenhilfe **Art. 24 HKÜ** 2
- Verfahrensregelungen im IntFamRVG **Art. 2 HKÜ** 1
- Verhältnis zu Brüssel IIa-VO **Art. 34 HKÜ** 2
- Vertragsstaaten, Aufzählung **Art. 1 HKÜ** 3
- Verzögerungsrüge **Art. 11 HKÜ** 1 ff.
- Vorbehalt BRD bez. Kosten **Art. 26 HKÜ** 3
- Vorbehalte **Art. 42 HKÜ** 1 f.
- Vorrang ggü. MSA, KSÜ, ESÜ **Art. 34 HKÜ** 1 f.
- wechselnde oder mehrere Aufenthalte **Art. 3 HKÜ** 4
- Widerrechtlichkeit von Verbringen und Zurückhalten **Art. 3 HKÜ** 2
- Widerrechtlichkeitsbescheinigung des Herkunftsstaates **Art. 15 HKÜ** 1
- Widerrechtlichkeitsfeststellung nach Herkunftsrecht **Art. 13 HKÜ** 21a
- Zentrale Behörden **Art. 7 HKÜ** 1

Haager Konferenz
- Übereinkommen **Vorbem. Auslandsbezüge** 11, 13 f.

Haager Konferenz Übereinkommen
- HKÜ Haager Übereinkommen über die zivilrechtlichen Aspekte internationaler Kindesentführung vom 25.10.1980 **Vorbem. Auslandsbezüge** 14; *siehe unter* Haager Kindesentführungsübereinkommen (HKÜ)
- KSÜ Kinderschutzübereinkommen **Vorbem. Auslandsbezüge** 11; *siehe unter* KSÜ (Haager Kinderschutzübereinkommen)
- MSA/MSÜ Minderjährigenschutzübereinkommen **Vorbem. Auslandsbezüge** 13

Haft eines Elternteils **§ 1674 BGB** 3
Hausbesuch **§ 8a SGB VIII** 6
Heimerziehung **§ 34 SGB VIII** 1
- freiheitsentziehende Maßnahmen, § 1631b BGB **§ 34 SGB VIII** 2
- Voraussetzungen **§ 34 SGB VIII** 4

Heiratsurkunde **§ 133 FamFG** 7
Herausgabe des Kindes **§ 151 FamFG** 6
- Anspruchsgegner **§ 1632 BGB** 8 f.
- Anspruchsinhaber **§ 1632 BGB** 4 ff.
- gerichtliche Durchsetzung **§ 1632 BGB** 26 ff.
- Vorenthalten des Kindes **§ 1632 BGB** 10
- Widerrechtlichkeit des Vorenthaltens **§ 1632 BGB** 11 ff.

Herausgabe von Sachen **§ 90 FamFG** 1, **§ 94 FamFG** 3
Herkunftsstaat
- HKÜ **Art. 8 HKÜ** 2

Herstellungsanspruch
- sozialrechtlicher **Vorbem. SGB VIII** 11

Hilfen zur Erziehung **§ 27 SGB VIII** 1
- Anspruchsberechtigte **§ 27 SGB VIII** 2a
- Anspruchsinhaber **§ 27 SGB VIII** 2
- Inland, Ausland **§ 27 SGB VIII** 4
- Rechtsanspruch, Voraussetzungen **§ 27 SGB VIII** 2
- Verhältnismäßigkeit **§ 27 SGB VIII** 3

Hilfeplan **§ 36 SGB VIII** 1
- Anforderung durch Familiengericht **§ 36 SGB VIII** 5a
- beteiligte Personen **§ 36 SGB VIII** 2
- gemeinsame Zielsetzungen **§ 36 SGB VIII** 1
- Inhalt **§ 36 SGB VIII** 3
- Kinderschutzverfahren **§ 36 SGB VIII** 5a
- Pflegeeltern **§ 37 SGB VIII** 4
- Rechtsnatur **§ 36 SGB VIII** 4
- regelmäßige Überprüfung **§ 36 SGB VIII** 5

Hilfeplaninhalt **§ 36 SGB VIII** 3
Hinweispflichten **§ 28 FamFG** 2
HIV-Infektion **§ 1671 BGB** 33
Hochkonflikthaftigkeit
- Grenzen des Einvernehmens **§ 156 FamFG** 40 f.
- Kriterien **§ 156 FamFG** 37

Homosexualität **§ 1671 BGB** 33

I

Inobhutnahme **§ 8a SGB VIII** 11
- Altersfestellung **§ 42f SGB VIII** 1
- Altersfeststellung **§ 42 SGB VIII** 11
- Anwendungsfälle **§ 42 SGB VIII** 5
- Befugnisnorm **§ 42 SGB VIII** 3
- behördliche Altersfestellung **§ 42f SGB VIII** 1
- Bereitschaftspflegestellen **§ 42 SGB VIII** 12
- dringende Gefahr **§ 42 SGB VIII** 7
- Ende **§ 42 SGB VIII** 21
- Fallkonstellationen **§ 42 SGB VIII** 2
- Familiengericht **§ 42 SGB VIII** 26
- Familiengerichtsanrufung **§ 42 SGB VIII** 19 f.
- Herausgabe des Kindes **§ 42 SGB VIII** 25
- Hilfeplan **§ 42 SGB VIII** 18
- Jugendamtskompetenzen **§ 42 SGB VIII** 13
- kein Sorgerechtsverlust **§ 42 SGB VIII** 14
- Kindeswohlgefährdung **§ 42 SGB VIII** 7

- örtliche Zuständigkeit des JA für Inobhutnahme **§ 42 SGB VIII** 23
- Pflicht zur Hilfe und Unterstützung **§ 42 SGB VIII** 16
- Rechtspflicht **§ 42 SGB VIII** 3
- Rechtsqualität **§ 42 SGB VIII** 22
- Rechtsschutz der Eltern **§ 42 SGB VIII** 26
- Rechtsschutz gegen Inobhutnahme **§ 42 SGB VIII** 24
- Selbstmelder **§ 42 SGB VIII** 6
- Statistik **§ 42 SGB VIII** 4
- Umgangsregelung **§ 42 SGB VIII** 13
- unbegleitet eingereiste Minderjährige **§ 42 SGB VIII** 2, 10
- unbegleitete Minderjährige **§ 42 SGB VIII** 11
- Unbegleitete Minderjährige **§ 42a SGB VIII** 1
- Unterbringung **§ 42 SGB VIII** 12
- Unterhalt und Krankenhilfe **§ 42 SGB VIII** 17
- Unterrichtung der Erziehungsberechtigten **§ 42 SGB VIII** 18
- Verhältnismäßigkeit **§ 42 SGB VIII** 9
- Verhältnismäßigkeitsgrundsatz **§ 42 SGB VIII** 1
- Wegnahmerecht **§ 42 SGB VIII** 15
- Widerspruch Kindeseltern **§ 42 SGB VIII** 8
- Zuständigkeit **§ 87c SGB VIII** 2

Inobhutnahme unbegleiteter Minderjähriger **§ 42a SGB VIII** 2

Insoweit erfahrene Fachkraft **§ 4 KKG** 6
- Beratungsanspruch **§ 4 KKG** 7

Intensive sozialpädagogische Einzelbetreuung **§ 35 SGB VIII** 1

Internationale Zuständigkeit **§ 99 FamFG** 2, 4 f., 7 ff., **Vorbem. Auslandsbezüge** 17, 19 f.
- Brüssel IIa-VO **Vorbem. Auslandsbezüge** 17
- FamFG (§§ 98, 99) **Vorbem. Auslandsbezüge** 19 f.
- Kindschaftssachen, **§ 99 FamFG** 4 f.
- Pflegschaft, Freiheitsentziehung **§ 99 FamFG** 12
- Vormundschaftssachen
  - Abgabe **§ 99 FamFG** 7 ff.
- Vorrang Brüssel IIa-VO, KSÜ und MSA **§ 99 FamFG** 2, 4

Internationales Familienrechtsverfahrensgesetz (IntFamRVG)
- Anerkennungsfeststellung (fakultativ) **§ 32 IntFamRVG** 1 ff.
- Anordnung Kindesherausgabe bei ausländischer Sorgerechtsentscheidung **§ 33 IntFamRVG** 1 ff.
- Anordnung sofortiger Wirksamkeit **§ 27 IntFamRVG** 2
- Antragstellung in HKÜ-Verfahren **§ 42 IntFamRVG** 1
- Anwendungsbereich **§ 1 IntFamRVG** 1 f.
- Ausschreibung zur Fahndung **§ 15 IntFamRVG** 2
- Bescheinigungen gemäß Art. 39-41 Brüssel IIa-VO **§ 47 IntFamRVG** 1 ff.
- Bescheinigungen gemäß Art. 39-41 Brüssel IIa-VO, Berichtigung **§ 49 IntFamRVG** 1 f.
- Beschleunigungsgebot, HKÜ-Verfahren **§ 38 IntFamRVG** 1
- Beschwerde **§ 24 IntFamRVG** 1
- Beschwerdebegründungszwang **§ 40 IntFamRVG** 9
- Beschwerdeberechtigte **§ 40 IntFamRVG** 10
- Beschwerdefristen **§ 24 IntFamRVG** 3 ff.
- Beschwerdeverfahren und -entscheidung **§ 26 IntFamRVG** 1 f.
- einstweilige Anordnungen **§ 15 IntFamRVG** 1 f.
- Einwendungen gegen zu vollstreckenden Anspruch **§ 25 IntFamRVG** 1
- Einzelrichterübertragung ausgeschlossen **§ 40 IntFamRVG** 12
- Entscheidungsübermittlung an Zentrale Behörde **§ 39 IntFamRVG** 1
- FamGKG-Anwendbarkeit **§ 14 IntFamRVG** 3
- familiengerichtliche Verfahrenvorschriften **§ 14 IntFamRVG** 1 f.
- Grenzsperre **§ 15 IntFamRVG** 2
- grenzüberschreitende Abgabe, Verfahren **§ 13a IntFamRVG** 1
- grenzüberschreitende Abgabe, Verfahren, Übersicht **§ 13a IntFamRVG** 14
- grenzüberschreitende Unterbringung **§ 47 IntFamRVG** 1 ff., 7 ff.
- HKÜ vorrangig gegenüber ESÜ **§ 37 IntFamRVG** 1
- Jugendamtsmitwirkung **§ 9 IntFamRVG** 1 ff.
- Ordnungsmittel Kindesherausgabeverfahren **§ 44 IntFamRVG** 3
- ordre public **§ 19 IntFamRVG** 1
- örtliche Zuständigkeit für Anerkennung und Vollstreckung **§ 10 IntFamRVG** 1
- örtliche Zuständigkeit für HKÜ-Verfahren **§ 11 IntFamRVG** 1
- Rechtsbeschwerde **§ 30 IntFamRVG** 2
- Rechtsmittel Rückgabeentscheidung **§ 40 IntFamRVG** 3
- Schadensersatz wg. Vollstreckung aus Kostenentscheidungen **§ 35 IntFamRVG** 1
- sofortige Vollziehung, Anordnung durch OLG **§ 40 IntFamRVG** 13

- Umgang während HKÜ-Verfahrens **§ 38 IntFamRVG** 2
- Verfahrens-, Beratungskostenhilfe **§ 43 IntFamRVG** 1
- Vollstreckung Kindesherausgabe **§ 44 IntFamRVG** 1, 4 ff.
- Vollstreckungsgegenklage gegen Verfahrenskostentitel **§ 36 IntFamRVG** 1
- Vollstreckungsklausel, Antrag **§ 16 IntFamRVG** 1
- Vollstreckungsklauselaufhebung, -änderung **§ 34 IntFamRVG** 1
- Widerrechtlichkeitsbescheinigung des Herkunftsstaates **§ 41 IntFamRVG** 1
- Wirksamkeit der Entscheidung im HKÜ-Verfahren **§ 40 IntFamRVG** 2
- Wirksamkeit OLG-Beschluss **§ 27 IntFamRVG** 1
- Wirksamkeit Rückgabeentscheidung **§ 40 IntFamRVG** 2
- Wirksamwerden, Zwangsvollstreckungsentscheidung **§ 22 IntFamRVG** 1 f.
- Zentrale Behörde **§ 3 IntFamRVG** 2, **§ 4 IntFamRVG** 1, **§ 5 IntFamRVG** 1, **§ 6 IntFamRVG** 1 ff., **§ 7 IntFamRVG** 1, **§ 8 IntFamRVG** 1, **§ 49 IntFamRVG** 2
- Zulassung der Zwangsvollstreckung, Entscheidung, Tenor **§ 20 IntFamRVG** 1
- Zuständigkeitskonzentration bei Verfahren gemäß Art. 10, 11 **§ 12 IntFamRVG** 1
- Zuständigkeitskonzentration, Übersicht **§ 13 IntFamRVG** 9
- Zuständigkeitskonzentrationerweiterung **§ 13 IntFamRVG** 1
- Zustellung, Zwangsvollstreckungsentscheidung **§ 21 IntFamRVG** 1
- Zustellungsbevollmächtigte **§ 17 IntFamRVG** 1
- Zwangsvollstreckung, einseitiges Verfahren **§ 18 IntFamRVG** 1

Internationales Privatrecht (EGBGB) **Art. 3 EGBGB** 1, **Art. 4 EGBGB** 1 f., **Art. 5 EGBGB** 2 f., **Art. 6 EGBGB** 6 ff., **Art. 21 EGBGB** 1, 3 ff., 7
- Adoption **Art. 21 EGBGB** 7
- Anwendbarkeit EGBGB (Ausnahme) bei Eltern-Kind-Verhältnis **Art. 21 EGBGB** 4 f.
- Eltern-Kind-Verhältnis **Art. 21 EGBGB** 1
- Gesamtverweisung (auch Kollisionsrecht) **Art. 21 EGBGB** 3
- orde public, Verstoß **Art. 6 EGBGB** 6 ff.
- ordre public, Rechtsfolge bei Verstoß **Art. 6 EGBGB** 10
- Personalstatut Mehrstaatler, Staatenlose **Art. 5 EGBGB** 2 f.
- Rangfolge Kollisionsnormen **Art. 3 EGBGB** 1
- Sachnorm- (nicht Kollisions-) normverweisung **Art. 4 EGBGB** 1 f.

Inzidentprüfung bei ausländischen Entscheidungen **§ 108 FamFG** 6 f.

IPR
- Ehemündigkeit **Art. 13 EGBGB** 2

IPR Abstammung
- Gesetzeszweck **Art. 19 EGBGB** 1
- Wandelbarkeit Abstammungsstatute **Art. 19 EGBGB** 5

J

Jugendamt **§ 8a SGB VIII** 9, **§ 36a SGB VIII** 1, **§ 42 SGB VIII** 1 f., 10, 13 ff., 23 ff., **§ 50 SGB VIII** 3 ff., 18 ff., **§ 58 SGB VIII** 1, 4 f., 7 ff., 11 f., 14 ff., 20, 24 f., **§ 68 SGB VIII** 1 ff., **§ 87c SGB VIII** 1, **Vorbem. SGB VIII** 8, 14 f.
- Amtshaftung bei unzulässiger Datenerhebung **§ 68 SGB VIII** 2
- Amtsvormund und Amtspfleger **§ 58 SGB VIII** 1, 4 f., 7 ff., 11 f., 14 ff., 20, 24 f.
- Amtsvormundschaft **§ 58 SGB VIII** 2
- Anhörung des JA in familiengerichtlichen Verfahren **§ 162 FamFG** 3
  - Datenschutz **§ 162 FamFG** 15
  - Folgen unterbliebener Anhörung **§ 162 FamFG** 10
  - Form der Anhörung **§ 162 FamFG** 13
  - Fortdauer örtliche Zuständigkeit **§ 162 FamFG** 7
  - Inhalt der Stellungnahme **§ 162 FamFG** 14
  - konkret zuständiger Mitarbeiter **§ 162 FamFG** 9
  - Rechtsschutz gegen fachliche Äußerung des JA **§ 162 FamFG** 17
  - sachliche Zuständigkeit **§ 162 FamFG** 8
  - Vollstreckungsverfahren **§ 162 FamFG** 4
  - Zeitpunkt der Anhörung **§ 162 FamFG** 11
  - Zweck der Anhörung **§ 162 FamFG** 12
- Anordnungskompetenz des Familiengerichts **§ 36a SGB VIII** 1, 4 ff.
- Anordnungskompetenz durch Familiengericht **§ 36a SGB VIII** 3
- Anrufung des Familiengerichts **§ 8a SGB VIII** 9
- Beistandschaft **§ 58 SGB VIII** 6
- Beschlussformel bei Anordnungen des Familiengerichts **§ 36a SGB VIII** 6a
- Bestehenbleiben örtliche Zuständigkeit **§ 87c SGB VIII** 3a
- Beteiligung
  - Bekanntmachung aller Entscheidungen **§ 162 FamFG** 25

  - Beschwerderecht **§ 162 FamFG** 26 f.
  - Kann-Beteiligung **§ 162 FamFG** 22
  - Muss-Beteiligung **§ 162 FamFG** 18 f.
  - Terminsbenachrichtigung **§ 162 FamFG** 25
  - Unterbleiben formeller Beteiligung **§ 162 FamFG** 23 f.
- Datenregelungen **§ 68 SGB VIII** 1
- Datenschutz **§ 50 SGB VIII** 10, **§ 68 SGB VIII** 1
- Datenschutz im Verhältnis zum Verfahrensbeistand **§ 68 SGB VIII** 3
- Einsicht in Jugendamtsakten **§ 68 SGB VIII** 4
- Haftung, strafrechtlich **Vorbem. SGB VIII** 15
- Haftung, zivilrechtlich **Vorbem. SGB VIII** 14
- Inobhutnahme **§ 42 SGB VIII** 1 f., 10, 13 ff., 23 ff.
- Inobhutnahmekompetenzen **§ 42 SGB VIII** 13
- kein Hilfsorgan des Familiengerichts **§ 36a SGB VIII** 2
- Konflikt mit Familiengericht **§ 36a SGB VIII** 8
- Konsequenz für weitere Hilfen **§ 36a SGB VIII** 8
- Mitwirkung des Jugendamts im kindschaftsrechtlichen Verfahren **§ 50 SGB VIII** 1, 3 ff., 18 ff.
- Ordnungsmittel **§ 50 SGB VIII** 8
- örtliche Zuständigkeit **§ 87c SGB VIII** 1a, 3a
- örtliche Zuständigkeit bei Leistungsgewährung **§ 87c SGB VIII** 1
- örtliche Zuständigkeit § 50 SGB VIII **§ 87c SGB VIII** 3
- persönliches Erscheinen **§ 50 SGB VIII** 8
- Rechtsschutz der Betroffenen **Vorbem. SGB VIII** 9 ff.
- Verhältnis zum Familiengericht **§ 162 FamFG** 28
- Zusammenarbeit, Austausch mit Familiengericht **§ 36a SGB VIII** 6
- Zuständigkeit Amtsvormundschaft, Amtspflegschaft **§ 87c SGB VIII** 4

Jugendamt Äußerung
- Rechtsschutz **Vorbem. SGB VIII** 12

Jugendamt Mitteilung an FamG
- Rechtsschutz **Vorbem. SGB VIII** 13

Jugendamtsakten
- Akteneinsicht **§ 68 SGB VIII** 5
- Einsichtsrecht **§ 68 SGB VIII** 4
- Einsichtsrecht, Rechtsschutz **§ 68 SGB VIII** 5

Jugendamtshopping **§ 8a SGB VIII** 14

Jugendgerichtsanordnungen **§ 151 FamFG** 10

jugendhilferechtliches Dreiecksverhältnis
- Jugendamt **§ 4 SGB VIII** 7

K

Kafala **Art. 3 KSÜ** 4, **§ 47 IntFamRVG** 2

Kinder- und Jugendhilfe **§ 4 SGB VIII** 5, **Vorbem. SGB VIII** 5 ff.
- fachliche Standards, Verletzung **Vorbem. SGB VIII** 7
- Leistungsanspruch **Vorbem. SGB VIII** 6
- Träger, freie und öffentliche **§ 4 SGB VIII** 5

Kinderinterviewer **§ 156 FamFG** 32a

Kinderreisepass **§ 49 FamFG** 32, 38, **§ 57 FamFG** 5

Kinderschutz, gerichtliches Verfahren
- Ablehnung kindesschutzrechtlicher Maßnahmen, Folgen **§ 1666 BGB** 80
- Amtsermittlung **§ 1666 BGB** 68
- Amtsverfahren **§ 1666 BGB** 65
- Anhörungen **§ 1666 BGB** 69
- Begründungsinhalt **§ 1666 BGB** 78 f.
- Beschleunigungsgebot **§ 1666 BGB** 71
- Beschwerdegericht **§ 1666 BGB** 72
- Beschwerderecht **§ 1666 BGB** 81
- Beteiligte **§ 1666 BGB** 66
- Einstweilige Anordnung **§ 1666 BGB** 73
- Entscheidung **§ 1666 BGB** 77
- Erörterungstermin **§ 1666 BGB** 67
- Mittel der Sachverhaltsaufklärung **§ 1666 BGB** 69
- Sachverständigengutachten **§ 1666 BGB** 69
- Tenor **§ 1666 BGB** 77

Kinderschutz, Verhältnismäßigkeitsgrundsatz
- öffentliche Hilfen **§ 1666a BGB** 4
- Personensorgerechtsentzug insgesamt **§ 1666a BGB** 6
- Personensorgerechtsentzug teilweise **§ 1666a BGB** 6
- Trennungsgestaltung **§ 1666a BGB** 2
- Trennungsvermeidung, Trennungsalternativen **§ 1666a BGB** 1, 3 ff.
- Umgang Eltern bei Trennung **§ 1666a BGB** 5

Kinderschutzkooperationsgesetz (KKG) **Vorbem. SGB VIII** 15

Kinderschutzrechtliche Maßnahme
- Abhilfemöglichkeiten Eltern **§ 1666 BGB** 36 ff.
- Antigewalttraining **§ 1666 BGB** 60
- Auswahlermessen **§ 1666 BGB** 39
- Bestimmtheit **§ 1666 BGB** 41
- Duldung unangemeldete Jugendamtskontrollen **§ 1666 BGB** 60
- Entziehung Aufenthaltsbestimmungsrecht **§ 1666 BGB** 58
- Entziehung elterliche Sorge **§ 1666 BGB** 57 ff.
- Ersetzung von Erklärung **§ 1666 BGB** 53 ff.
- Geeignetheit **§ 1666 BGB** 42

- Gesundheitsfürsorge **§ 1666 BGB** 42
- Hilfen zur Erziehung **§ 1666 BGB** 42
- Maßnahmen gegen Dritte **§ 1666 BGB** 64
- mildere Mittel Prüfung **§ 1666 BGB** 59
- Näherungs- und Kontaktverbot **§ 1666 BGB** 47 ff.
- öffentliche Hilfen **§ 1666 BGB** 42
- Rückkehrverbot **§ 1666 BGB** 48
- Schulpflichteinhaltung **§ 1666 BGB** 43 ff.
- sonstige Maßnahmen **§ 1666 BGB** 60
- sozialpädagogische Familienhilfe **§ 1666 BGB** 42
- Verbleib in Deutschland **§ 1666 BGB** 60
- Verhältnismäßigkeit **§ 1666 BGB** 40
- Vollstreckung von Näherungs- und Kontaktverbot **§ 1666 BGB** 52
- Wegweisung **§ 1666 BGB** 48
- Wohnungsnutzungsverbot **§ 1666 BGB** 49

Kinderschutzrechtliche Maßnahmen, Voraussetzungen
- Gefahr durch Dritte **§ 1666 BGB** 17
- Gefährdung körperliches, geistiges, seelisches Wohl oder des Vermögens **§ 1666 BGB** 14, 19
- minderjähriges Kind **§ 1666 BGB** 15
- Nichtabwendung Gefahr durch sorgeberechtigte Eltern **§ 1666 BGB** 14, 16

Kinderschutzverfahren
- Hilfeplan **§ 36 SGB VIII** 5a

Kindersitzung **§ 156 FamFG** 32a

Kindesanhörung, persönlich **§ 159 FamFG** 1, 6 ff.
- Absehen **§ 159 FamFG** 14 ff.
- allgemein **§ 159 FamFG** 1
- Anhörungsvermerk **§ 159 FamFG** 33 ff.
- Anwendungsbereich **§ 159 FamFG** 6 ff.
- Anwesenheit anderer Personen **§ 159 FamFG** 21 ff.
- Gestaltung **§ 159 FamFG** 17 ff.
- kommunikative Entwicklung bei Kindern, Übersicht **§ 159 FamFG** 29
- Ort **§ 159 FamFG** 26 f.
- Senatsanhörung **§ 159 FamFG** 10 f.
- Übersicht Anhörungsablauf **§ 159 FamFG** 37
- Voraussetzungen **§ 159 FamFG** 12 f.
- Vorgehensweise **§ 159 FamFG** 28 ff.

Kindesherausgabe **§ 151 FamFG** 6

Kindeswille **§ 1671 BGB** 44 ff.
- Alter des Kindes **§ 1671 BGB** 45

Kindeswohl **§ 1666 BGB** 18
- doppelte Kindeswohlprüfung **§ 1671 BGB** 11
- Kriterien **§ 1671 BGB** 29
- negative Kindeswohlprüfung **§ 1671 BGB** 54
- positive Kindeswohlprüfung **§ 1671 BGB** 54, **§ 1680 BGB** 2, 11
- Prüfungsmaßstab bei Verfassungsbeschwerde **§ 1671 BGB** 11
- Voraussetzung für Sorgerechtsübertragung **§ 1671 BGB** 27
- Wechselmodell **§ 1671 BGB** 26a

Kindeswohlgefährdung **§ 1666 BGB** 1, 14, 19, **§ 8a SGB VIII** 3
- Anhaltspunkte **§ 8a SGB VIII** 3
- Beschneidung **§ 1666 BGB** 27
- Drogenabhängigkeit **§ 1666 BGB** 24
- Elterntrennung **§ 1666 BGB** 24
- Erziehungsunfähigkeit **§ 1666 BGB** 24
- Genitalverstümmelung **§ 1666 BGB** 27
- häusliche Gewalt **§ 1666 BGB** 25
- künstliche Ernährung **§ 1666 BGB** 27
- medizinische Behandlung **§ 1666 BGB** 26
- Minderbegabung **§ 1666 BGB** 23
- psychische oder körperliche Krankheiten **§ 1666 BGB** 23
- Schulverweigerung **§ 1666 BGB** 28
- Schwangerschaftsabbruch **§ 1666 BGB** 27
- sexueller Missbrauch **§ 1666 BGB** 29 f.
- Umgangsboykott **§ 1666 BGB** 31 f.
- Versagen **§ 1666 BGB** 22

Kindeswohlmaßstab im Kindschaftsverfahren **§ 156 FamFG** 34

Kindeswohlprinzip **§ 1697a BGB** 4
- Abstufungen **§ 1697a BGB** 12 f.
- Begriff und Kriterien **§ 1697a BGB** 6, 8 ff.
- Entscheidungsmaßstab **§ 1697a BGB** 1
- Inhalt Kindeswohlbegriff **§ 1697a BGB** 6, 8 ff.
- Normen mit (ausdrücklicher) „Kindeswohl"-Erwähnung **§ 1697a BGB** 2
- Normen ohne „Kindeswohl"-Erwähnung **§ 1697a BGB** 3

Kindlichen Zeitempfindens
- Beteiligung der Pflegeperson **§ 161 FamFG** 12

Kindschaftssache **§ 151 FamFG** 6
- Anwaltszwang **§ 114 FamFG** 1
- Legaldefinition **§ 151 FamFG** 1
- Verbindung od. Abtrennung **§ 151 FamFG** 2
- Verbund **§ 133 FamFG** 4
- Verbundantrag **§ 133 FamFG** 3 ff.
- Vollstreckung **§ 90 FamFG** 1

Kollisionrecht
- Ehemündigkeit **Art. 13 EGBGB** 2

Kollisionsrecht
- Ehemündigkeit **Art. 13 EGBGB** 3

Kollisionsrecht Ehemündigkeit
- Folgen für Abstammung **Art. 13 EGBGB** 7
- Folgen Sorgerecht **Art. 13 EGBGB** 8
- Folgen Umgangsrecht **Art. 13 EGBGB** 9

– Verfassungsmäßigkeit **Art. 13 EGBGB** 4
Kollisionsrechtliche Übereinkommen **Vorbem. Auslandsbezüge** 8
Konsensfähigkeit **§ 1671 BGB** 12
Konsensverpflichtung **§ 1671 BGB** 14
Kontaktverbot **§ 57 FamFG** 5; *siehe auch* Kinderschutzrechtliche Maßnahme
Kontinuität
– ertrotzte **§ 49 FamFG** 27
Kontinuitätsprinzip
– ertrotzte Kontinuität **§ 1671 BGB** 41
– Kriterium der Erziehungsfähigkeit **§ 1671 BGB** 38
– persönliche Kontinuität **§ 1671 BGB** 39
– Umgebungskontinuität **§ 1671 BGB** 38, 40
Kostenansatz **§ 80 FamFG** 26
Kostenbegriff im FamFG **§ 80 FamFG** 2, 4
Kostenbeschwerden, Nichtstreitsachen **§ 62 FamFG** 5 f.
Kostenbeschwerden, vermögensrechtliche Angelegenheiten **§ 61 FamFG** 1
Kostenentscheidung
– Absehen von der Erhebung von Gerichtskosten **§ 81 FamFG** 4
– Amtsverfahren **§ 82 FamFG** 4
– Anfechtung **§ 81 FamFG** 18
– Bestandteil der Endentscheidung **§ 82 FamFG** 1
– Entfallen bei Vergleich **§ 82 FamFG** 3
– Erforderlichkeit **§ 81 FamFG** 2
– Ermessensanwendung **§ 81 FamFG** 3
– Ermessenskriterien **§ 81 FamFG** 9 f.
– Korrektur oder Nachholung **§ 82 FamFG** 5 ff.
– Kostenschuldner **§ 81 FamFG** 17
– Zeitpunkt **§ 82 FamFG** 1
Kostenfestsetzungsbeschluss **§ 85 FamFG** 9
Kostenfestsetzungsverfahren
– allgemein **§ 85 FamFG** 1
– Anrechnung Verfahrenskostenvorschuss **§ 85 FamFG** 7
– Antragsberechtigter **§ 85 FamFG** 4
– Kostenfestsetzungsantrag **§ 85 FamFG** 3
– Kostenpflichtumfang **§ 85 FamFG** 6
– Notwendigkeit der Anwaltskosten **§ 85 FamFG** 6
– rechtliches Gehör für Gegner **§ 85 FamFG** 5
– Saldierung wechselseitiger Kostenerstattungsansprüche **§ 85 FamFG** 6
– vereinfachtes Verfahren **§ 85 FamFG** 11
– Verfahrenswertänderung durch OLG **§ 85 FamFG** 8
– Verfahrenswertüberprüfung **§ 85 FamFG** 8
Kostenhaftung
– Entscheidungsschuldner **§ 80 FamFG** 24
– Übernahmeschuldner **§ 80 FamFG** 24
– Veranlasserhaftung **§ 80 FamFG** 25
KSÜ (Haager Kinderschutzübereinkommen) **Vorbem. Auslandsbezüge** 1 ff.
– Abgabe der Zuständigkeit **Art. 8 KSÜ** 1 ff.
– Abgabeersuchen (vom an sich unzuständigen Gericht) **Art. 9 KSÜ** 1 f.
– Abgrenzung Anwendbarkeit Brüssel IIa-VO **Art. 15 KSÜ** 2 f.
– Anerkennung **Art. 23 KSÜ** 1, 4 f.
– Anerkennung, Abgrenzung Brüssel IIa-VO **Art. 23 KSÜ** 2 f.
– Anerkennung, ausdrückliche Entscheidung **Art. 24 KSÜ** 1
– Anwendungsbereich **Vorbem. Auslandsbezüge** 4 ff.
– anzuwendendes Recht **Art. 15 KSÜ** 1
– Aufenthaltswechsel, Auswirkung **Art. 15 KSÜ** 6
– ausgeschlossene Maßnahmen **Art. 4 KSÜ** 1 f.
– Ausnahme von lexfori **Art. 15 KSÜ** 5
– Bescheinigungen **Art. 38 KSÜ** 1
– Bindungswirkung **Art. 25 KSÜ** 1
– Datenschutz **Art. 38 KSÜ** 1
– doppelte Rechtshängigkeit **Art. 13 KSÜ** 1 ff.
– Eilmaßnahmen **Art. 11 KSÜ** 1 ff.
– Eilmaßnahmen, Wirkungsdauer, Weitergeltung **Art. 11 KSÜ** 4 ff.
– Eilzuständigkeit Aufenthaltsstaat **Art. 7 KSÜ** 4
– elterliche Sorge **Art. 16 KSÜ** 10 ff., **Art. 17 KSÜ** 1, **Art. 18 KSÜ** 1
– Entführung, widerrechtliches Zurückhalten, Zuständigkeit **Art. 7 KSÜ** 1 ff.
– Flüchtlingskinder, Zuständigkeit **Art. 6 KSÜ** 1 f.
– Förmlichkeit **Art. 38 KSÜ** 1
– gewöhnlicher Aufenthalt, Zuständigkeitskriterium **Art. 5 KSÜ** 1, 3 f.
– HKÜ Verhältnis zum KSÜ **Art. 50 KSÜ** 1
– lex fori **Art. 15 KSÜ** 1, 4
– Litispendenz **Art. 13 KSÜ** 1 ff.
– Maßnahmen, Weitergeltung **Art. 14 KSÜ** 1
– Maßnahmenkatalog **Art. 3 KSÜ** 1 ff.
– MSA Verhältnis zum KSÜ **Art. 51 KSÜ** 1
– Notzuständigkeit **Art. 11 KSÜ** 1 ff.
– ordre public **Art. 22 KSÜ** 1
– Prioritätsgrundsatz bei doppelter Rechtshängigkeit **Art. 13 KSÜ** 4
– Recht Nichtvertragsstaat **Art. 20 KSÜ** 1
– Regelungsgehalt **Vorbem. Auslandsbezüge** 1 f.
– Renvoi **Art. 20 KSÜ** 1
– revision au fond **Art. 27 KSÜ** 1
– Übergangsregelungen **Art. 53 KSÜ** 1 f.
– Überprüfungsverbot **Art. 27 KSÜ** 1

- Verbundzuständigkeit **Art. 10 KSÜ** 1 ff.
- Verhältnis zu anderen Übereinkommen **Vorbem. Auslandsbezüge** 3
- Vertragsstaaten **Vorbem. Auslandsbezüge** 4
- Vertragsstaaten, Zuständigkeit nach KSÜ **Art. 5 KSÜ** 2
- Vertraulichkeit **Art. 38 KSÜ** 1
- Verweisung auf andere Rechtsordnung **Art. 21 KSÜ** 1 f.
- Vollstreckung **Art. 26 KSÜ** 1 ff.
- Vollstreckungsrecht des Vollstreckungsstaates **Art. 28 KSÜ** 1 f.
- Vorbehalte **Art. 53 KSÜ** 2
- vorläufige Maßnahmen **Art. 12 KSÜ** 1 ff.
- Zentrale Behörden **Art. 29 KSÜ** 1, **Art. 31 KSÜ** 1 f., **Art. 32 KSÜ** 1, **Art. 33 KSÜ** 1, **Art. 34 KSÜ** 1, **Art. 35 KSÜ** 1 f., **Art. 38 KSÜ** 1
- Ziel **Art. 1 KSÜ** 1 f.
- zuständige Behörden **Art. 44 KSÜ** 1
- Zuständigkeitswechsel bei Aufenthaltswechsel **Art. 5 KSÜ** 5 ff.

KSÜ Vorbehalt
- Vermögen **Art. 53 KSÜ** 2

L

Längere Zeit
- Beteligung der Pflegeperson **§ 161 FamFG** 12

Leibliche Vater
- Vaterschaftsanerkennung **§ 1597a BGB** 3a

leiblicher (nicht rechtlicher) Vater **§ 1686a BGB** 2

Leistungen der Jugendhilfe **§ 4 SGB VIII** 2

Leistungsanspruch Jugendhilfe **Vorbem. SGB VIII** 6

Leistungsanspruch SGB VIII
- Verpflichtungsklage **Vorbem. SGB VIII** 10

Lex fori **Vorbem. Auslandsbezüge** 26

Loyalitätskonflikt **§ 1671 BGB** 17

M

Mediation
- allgemein **§ 36a FamFG** 1
- Eignung **§ 156 FamFG** 50
- Informationsgespräch **§ 156 FamFG** 46 f., 51 f.
- Konfliktarten **§ 156 FamFG** 37
- Konfliktstufen **§ 156 FamFG** 39
- Kosten **§ 156 FamFG** 48 f.
- Verfahren **§ 156 FamFG** 53 ff.

Meinungsverschiedenheiten **§ 1628 BGB** 1, **§ 1673 BGB** 6

Menschenrechtskonvention **Vorbem. Auslandsbezüge** 9

Methodenkritische Stellungnahme **§ 163 FamFG** 6

Minderjährige
- Beschwerdeberechtigung **§ 60 FamFG** 5
- Ersatzzustellung **§ 60 FamFG** 2
- Geschäftsfähigkeit für Anwaltsvertrag **§ 60 FamFG** 2
- Geschäftsfähigkeit für Beschwerde **§ 60 FamFG** 1

missbräuchliche Vaterschaftsanerkennung **§ 1597a BGB** 3

Missbräuchliche Vaterschaftsanerkennung **§ 1597a BGB** 3

Mitteilungsbefugnis **§ 22a FamFG** 1

Mitteilungspflicht **§ 22a FamFG** 1
- Geltungsbereich **§ 22a FamFG** 2
- missbräuchliche Vaterschaftsanerkennung **§ 1597a BGB** 13

Mitwirkung des Jugendamts im kindschaftsrechtlichen Verfahren
- Beschwerderecht freier Träger **§ 50 SGB VIII** 19
- Datenschutz **§ 50 SGB VIII** 15
- Entscheidungsvorschlag **§ 50 SGB VIII** 12
- Form der Mitwirkung **§ 50 SGB VIII** 7
- Fortdauer örtlicher Zuständigkeit bei Wegzug **§ 50 SGB VIII** 21
- Hausbesuch **§ 50 SGB VIII** 11
- Mitwirkungspflicht allgemein **§ 50 SGB VIII** 3
- Mitwirkungspflicht und Rechtsstatus bei formeller Beteiligung **§ 50 SGB VIII** 4
- Mitwirkungspflicht und Rechtsstatus ohne formelle Beteiligung **§ 50 SGB VIII** 5
- örtlich zuständiges JA für Mitwirkung **§ 50 SGB VIII** 20
- psychosoziale Bewertung **§ 50 SGB VIII** 9
- Rechtsschutz (keiner) gegen fachliche Äußerung **§ 50 SGB VIII** 14
- sachliche Zuständigkeit **§ 50 SGB VIII** 22
- Stellungnahme des Jugendamts **§ 50 SGB VIII** 9
- Übertragung von Aufgaben an freie Träger **§ 50 SGB VIII** 18
- Zeugnisverweigerungsrecht der JA-Mitarbeiter **§ 50 SGB VIII** 16

Mutterschaft **§ 1591 BGB** 2, 5 ff., 10 ff., 22
- Abstammungsprinzip **§ 1591 BGB** 5 ff.
- Abstammungsvermutung **§ 1591 BGB** 5 ff.
- Anerkennung ausländischer Entscheidung **§ 1591 BGB** 14
- Anerkennung ausländischer Geburtsurkunden **§ 1591 BGB** 16
- Anerkennung der Mutterschaft **§ 1591 BGB** 6
- Anfechtung der Mutterschaft **§ 1591 BGB** 9

- anonyme Mutterschaft **§ 1591 BGB** 10
- Auslandsbezug **§ 1591 BGB** 14 ff.
- Co-Mutterschaft **§ 1591 BGB** 6
- Feststellung, besondere Fälle **§ 1591 BGB** 22
- genetische Abstammung **§ 1591 BGB** 2, 5
- gerichtliches Feststellungsverfahren **§ 1591 BGB** 19
- keine Feststellung der Eizellenspenderin **§ 1600d BGB** 43
- Klärung genetischer Abstammung **§ 1591 BGB** 17
- Klärung genetischer Mutterschaft **§ 1591 BGB** 18
- Mit-Mutter **§ 1591 BGB** 9a, 24, **§ 1592 BGB** 16, **§ 1596 BGB** 10, **§ 1597 BGB** 16, **§ 1600 BGB** 28 f., 31, 33
- Mit-Mutterschaft **§ 1591 BGB** 6, 23, **§ 1600b BGB** 49, **§ 1600d BGB** 41 f.
- vertrauliche Geburt **§ 1591 BGB** 10 ff.

Mutterschaftanfechtung **§ 1591 BGB** 8

N

Näherungsverbot **§ 57 FamFG** 5
Negative Kindeswohlprüfung
- Todeserklärung **§ 1681 BGB** 3
- Übertragung alleinigen Sorgerechts **§ 1680 BGB** 9
- Zustimmung Mutter zur Sorgerechtsübertragung auf Vater **§ 1671 BGB** 53 f.

Nestmodell **§ 1671 BGB** 23
Netzwerk Kinderschutz **§ 4 KKG** 3
Nichtanerkennungsgründe
- Kindesanhörung, fehlende **Art. 23 Brüssel IIa-VO** 7 ff.
- ordre public **Art. 23 Brüssel IIa-VO** 4 f.
- unzureichende Beteiligung des Antragsgegners **Art. 23 Brüssel IIa-VO** 6

Nichtöffentlichkeit
- Beteiligte, Teilnahmeberechtigung **§ 170 GVG** 3
- Jugendamt, stets teilnahmeberechtigt **§ 170 GVG** 4
- Nichtbeteiligte, Teilnahmeberechtigung bei Dienstaufsicht **§ 170 GVG** 8
- Nichtbeteiligte, Teilnahmeberechtigung bei Einverständnis **§ 170 GVG** 7
- Nichtbeteiligte, Teilnahmeberechtigung bei Gestattung **§ 170 GVG** 8
- Nichtbeteiligte, Teilnahmeberechtigung bei Zulassung durch Rechtsbeschwerdegericht **§ 170 GVG** 9
- Pflegepersonen **§ 170 GVG** 4
- Sachverständige **§ 170 GVG** 5
- sozialpädagogische Familienhelfer **§ 170 GVG** 4
- Teilnahmeberechtigung **§ 170 GVG** 3

O

ordentliche Gerichtsbarkeit **§ 1 FamFG** 1
Ordnungsgeld
- Ausbleiben im Termin **§ 34 FamFG** 3
- Beitreibung **§ 35 FamFG** 8, **§ 89 FamFG** 18
- Beschwerde **§ 89 FamFG** 29
- Ersatzordnungshaft **§ 89 FamFG** 18
- gegen Amtsvormund **§ 1837 BGB** 15

Ordnungshaft
- Ersatzordnungshaft **§ 89 FamFG** 18, **§ 95 FamFG** 11, 13
- Haftbefehl **§ 89 FamFG** 21
- Unterlassungspflicht **§ 95 FamFG** 11
- Verhaftung **§ 89 FamFG** 21

Ordnungsmittel
- Abgrenzung zu Zwangsmitteln **§ 35 FamFG** 4, 9
- Androhung **§ 35 FamFG** 10
- Auswahlermessen **§ 89 FamFG** 16
- Belehrung **§ 89 FamFG** 2
- Belehrungsanfechtung **§ 89 FamFG** 11
- Belehrungsform **§ 89 FamFG** 4 ff.
- Belehrungsmuster **§ 89 FamFG** 7
- Belehrungsnachholung **§ 89 FamFG** 9
- Belehrungspflicht **§ 89 FamFG** 2 f.
- Belehrungsunterlassung **§ 89 FamFG** 11
- Belehrungsunterlassung, Anfechtbarkeit **§ 89 FamFG** 11
- Belehrungswiederholung **§ 89 FamFG** 10
- Ersatzordnungshaft **§ 89 FamFG** 18
- Haftbefehl **§ 89 FamFG** 21
- Jugendamt als verpflichteter Beteiligter **§ 89 FamFG** 15
- Mittelauswahl **§ 89 FamFG** 16
- Ordnungsgeld **§ 89 FamFG** 17
- Ordnungsgeldbeitreibung **§ 89 FamFG** 19
- Ordnungsgeldbeitreibung, Schaubild **§ 89 FamFG** 20
- Ordnungsgeldhöhe **§ 89 FamFG** 17
- Ordnungshaft **§ 89 FamFG** 21
- Umgangspflicht **§ 89 FamFG** 13
- umgangsunwilliger Elternteil **§ 89 FamFG** 14
- unmittelbarer Zwang
  - Amtsverfahren **§ 90 FamFG** 9
  - Antragsverfahren **§ 90 FamFG** 9
  - Anwendungsbeispiele **§ 90 FamFG** 2
  - Anwendungsvoraussetzungen **§ 90 FamFG** 2
  - Aussetzung Gerichtsvollzieher **§ 90 FamFG** 3
  - Beschlussinhalt **§ 90 FamFG** 10
  - Durchsuchungsbeschluss **§ 90 FamFG** 10
  - Gefahrenabwehr **§ 90 FamFG** 3
  - Gerichtsvollzieherbefugnisse **§ 90 FamFG** 13

- Gewalt gegen Kinder **§ 90 FamFG** 5 ff.
- Kindesherausgabe **§ 90 FamFG** 12
- Regelungsbereich FamFG **§ 90 FamFG** 1
- Selbständigkeit des Verfahrens **§ 90 FamFG** 8
- Verhältnismäßigkeit **§ 90 FamFG** 3 f.
- Vollstreckungsauftrag **§ 90 FamFG** 11

- Unterlassungspflicht **§ 95 FamFG** 11
- Verhaftungsauftrag **§ 89 FamFG** 21
- Verpflichteter **§ 89 FamFG** 13
- Verschulden **§ 89 FamFG** 22, **§ 95 FamFG** 9
  - Abänderungsverfahren, Einleitung **§ 89 FamFG** 29
  - Beweiserhebungen **§ 89 FamFG** 24
  - Darlegungslast **§ 89 FamFG** 23
  - Kindeswille (Umgang) **§ 89 FamFG** 25
  - Kindeswohlprüfung **§ 89 FamFG** 28
  - Rechtmäßigkeitsprüfung Beschwerdeverfahren **§ 89 FamFG** 29
  - Verfahrenskostenhilfe **§ 89 FamFG** 24
  - Vermutung **§ 89 FamFG** 22
- Zuwiderhandlung **§ 89 FamFG** 12

Ordre public **Art. 19 EGBGB** 12

Örtliche Zuständigkeit
- Aufenthaltswechsel **§ 154 FamFG** 2
- einseitiger Aufenthaltswechsel **§ 152 FamFG** 14
- fehlender Verweisungsantrag **§ 152 FamFG** 6
- Fürsorgebedürfnis **§ 152 FamFG** 16
- gewöhnlicher Aufenthalt **§ 152 FamFG** 13
- Jugendamt **§ 87c SGB VIII** 1a
- Kompetenzstreit **§ 152 FamFG** 4
- Verfahrenskonzentration **§ 152 FamFG** 11
- Verlängerung der Umgangspflegschaft **§ 2 FamFG** 4
- Zeitpunkt der Zuständigkeitsbestimmung **§ 152 FamFG** 2
- Zuständigkeitskriterien **§ 152 FamFG** 4

P

Parental Alienation System (PAS) **§ 1684 BGB** 32

Perpetuatio fori **§ 2 FamFG** 3
- Drittstaaten **Art. 8 Brüssel IIa-VO** 12
- örtliche Zuständigkeit **§ 2 FamFG** 3, **§ 152 FamFG** 17

Personalstatut **Art. 6 EGBGB** 10

Personensorge
- Aufenthalt **§ 1631 BGB** 12 ff.
- Beaufsichtigung **§ 1631 BGB** 7 ff.
- Beschneidung **§ 1631d BGB** 1
- entwürdigende Maßnahmen **§ 1631 BGB** 17 ff.
- Erziehung **§ 1631 BGB** 6
- Früherkennungsuntersuchungen **§ 1631 BGB** 5
- Gewaltfreiheit **§ 1631 BGB** 15
- körperliche Misshandlung **§ 1631 BGB** 18 f.
- Pflege **§ 1631 BGB** 4 f.
- seelische und sonstige Beeinträchtigungen **§ 1631 BGB** 20 ff.
- Umgangsbestimmungsrecht **§ 1632 BGB** 17 ff.
- Unterstützung der Eltern **§ 1631 BGB** 25 ff.
- Verstöße der Eltern, Rechtsfolgen **§ 1631 BGB** 24

Personensorgeberechtigte
- Begriff **§ 27 SGB VIII** 2a
- Maßgeblichkeit BGB **§ 27 SGB VIII** 2a

Persönliche Betreuung **§ 1671 BGB** 23

Persönliches Erscheinen
- Anordnung **§ 34 FamFG** 2
- Beschwerde Ordnungsmittel **§ 34 FamFG** 6
- Entschuldigung nachträglich, Folgen **§ 34 FamFG** 6
- Folgen des Ausbleibens **§ 34 FamFG** 3
- Ordnungsgeldfestsetzung **§ 34 FamFG** 4
- Vorführung **§ 34 FamFG** 5

Persönlichkeits-Stil- und Störungs-Inventar (PSI) **§ 163 FamFG** 54a

Pflege-, Bezugsperson **§ 161 FamFG** 8, 23 ff.
- Anhörung **§ 161 FamFG** 23 ff.
- Beteiligung **§ 161 FamFG** 8

Pflegeeltern **§ 33 SGB VIII** 4
- eigenständige Rechtsposition **§ 37 SGB VIII** 3
- Entscheidungsbefugnisse **§ 1688 BGB** 1
- Entscheidungsfugnisse **§ 33 SGB VIII** 4a
- Hilfeplan **§ 37 SGB VIII** 4
- Klagebefugnis **§ 33 SGB VIII** 4

Pflegefamilie **§ 37 SGB VIII** 1
- Dauerpflege **§ 37 SGB VIII** 2

Pflegeperson
- Beteiligung **§ 161 FamFG** 6

Pflegschaft
- Auswahl **§ 1916 BGB** 2 f.
- Beendigung **§ 1918 BGB** 1 ff.

Pflegschaft für Leibesfrucht **§ 1912 BGB** 1 ff.

Positive Kindeswohlprüfung **§ 1671 BGB** 54, **§ 1680 BGB** 2, 11

Präsidiumsentscheidung **§ 23b GVG** 6

Proberichter **§ 23b GVG** 8 ff.

Projektive Testverfahren **§ 163 FamFG** 54a

Prüfungsverfahren
- missbräuchliche Vaterschaftsanerkennung **§ 1597a BGB** 2

Psychischen Erkrankungen **§ 1671 BGB** 32

R

Rapport, Paraphrasieren, Reframing, Fragen **§ 160 FamFG** 33
Rechtliche Verhinderung **§ 5 FamFG** 2
Rechtliches Gehör
– Form **§ 37 FamFG** 3
– Gehörsrüge **§ 37 FamFG** 5
– Gelegenheit zur schriftlichen Stellungnahme **§ 37 FamFG** 4
– gesamter Verfahrensinhalt **§ 37 FamFG** 2
Rechtsanwaltsgebühren **§ 137 FamFG** 10
Rechtsanwaltskosten
– Auslagen **§ 80 FamFG** 32
– Beschwerdeverfahren **§ 80 FamFG** 31
– Beweisaufnahmen **§ 80 FamFG** 30
– Einigungsgebühr **§ 80 FamFG** 30
– Einigungsgebühr bei Mehrvergleich **§ 80 FamFG** 30
– Einigungsgebühr bei Zwischenvergleich **§ 80 FamFG** 30
– Gebühren und Auslagen **§ 80 FamFG** 31 f.
– Geltendmachung ggü. anderen Beteiligten **§ 80 FamFG** 34
– Geltendmachung ggü. Mandanten **§ 80 FamFG** 33
– Geltendmachung ggü. Staatskasse **§ 80 FamFG** 35
– Terminsgebühr **§ 80 FamFG** 30
– Verfahrensgebühr **§ 80 FamFG** 30
Rechtsbehelf **§ 11 RPflG** 11
Rechtsbehelfsbelehrung **§ 39 FamFG** 2
Rechtsbeschwerde **§ 70 FamFG** 1
Rechtskraft **§ 45 FamFG** 1 f.
Rechtspfleger **§ 5 RPflG** 1, 5 ff., **§ 6 RPflG** 1 f., **§ 7 RPflG** 1 ff., **§ 8 RPflG** 3 ff., **§ 9 RPflG** 1 f., **§ 10 RPflG** 1 f.
– Ablehnung **§ 10 RPflG** 1 f.
– Aufgaben **§ 1 RPflG** 3
– ausländisches Recht **§ 5 RPflG** 9
– Ausschließung **§ 10 RPflG** 1 f.
– Entscheidung anstelle des Richters (übertragbare Aufgaben) **§ 8 RPflG** 5 ff.
– Kannvorlage an Richter **§ 5 RPflG** 8 f.
– Mussvorlage an Richter **§ 5 RPflG** 5 ff.
– Richterentscheidung trotz Rechtspflegerzuständigkeit **§ 8 RPflG** 3 f.
– Richterentscheidung über funktionale Zuständigkeit **§ 7 RPflG** 1 ff.
– Richtertätigkeit nach Vorlage **§ 5 RPflG** 10
– Übernahme weiterer Rechtspflegerangelegenheiten durch Richter **§ 6 RPflG** 1 f.
– Verstoß gegen Vorlagepflicht **§ 8 RPflG** 8
– Vorlage an den Richter **§ 5 RPflG** 1
– Wahrnehmung Richteraufgabe, Folge **§ 8 RPflG** 9 ff.
– Wahrnehmung Urkundsbeamtenaufgabe **§ 8 RPflG** 12
– Weisungsfreiheit **§ 9 RPflG** 1 f.
– Zuständigkeit; *siehe unter* Rechtspflegerzuständigkeit
Rechtspflegerentscheidung **§ 11 RPflG** 12 ff.
– Erinnerung **§ 11 RPflG** 12 ff.
Rechtspflegerzuständigkeit **§ 3 RPflG** 1, 5 ff., **§ 4 RPflG** 1 ff., **§ 7 RPflG** 1 ff., **§ 14 RPflG** 4 ff., 12 ff., 22 ff., 28, 30 f.
– Adoptionssachen (teilweise) **§ 3 RPflG** 10
– Angelegenheiten tägliches Leben **§ 14 RPflG** 18
– ausgenommener Bereich bei Übertragung **§ 4 RPflG** 6
– Auskunft bez. Kind **§ 14 RPflG** 15
– Einzelübertragung **§ 3 RPflG** 1
– Ergänzungspflegerauswahl bei Kinderschutzmaßnahmen **§ 14 RPflG** 6
– Ergänzungspflegerbestellung **§ 3 RPflG** 11
– Herausgabe-, Umgangsverfahren (Mündel) **§ 14 RPflG** 8
– IntFamRVG **§ 14 RPflG** 30 f.
– JGG-Verrichtungen **§ 14 RPflG** 28
– Kinderschutz **§ 14 RPflG** 5, 7
– Kindesherausgabe **§ 14 RPflG** 19
– Kindschaftssachen **§ 3 RPflG** 5 f.
– Meinungsverschiedenheiten Sorgeberechtigte **§ 14 RPflG** 12 ff.
– Pflegschaft **§ 3 RPflG** 8
– Pflegschaft, Vormundschaft für ausländische Kinder **§ 14 RPflG** 22 ff.
– Pflegschaftsanordnung Betreuungsanordnung **§ 14 RPflG** 20
– Pflegschaftsaufhebung **§ 3 RPflG** 9
– religiöse Kindererziehung **§ 14 RPflG** 25
– Richterentscheidung über funktionale Zuständigkeit **§ 7 RPflG** 1 ff.
– Überprüfungs-, Abänderungsverfahren **§ 14 RPflG** 9 f.
– Übertragung einzelner Angelegenheiten **§ 14 RPflG** 4
– Umfang übertragener Aufgaben **§ 4 RPflG** 1 ff.
– Umgang **§ 14 RPflG** 16 f.
– Vollübertragung **§ 3 RPflG** 1
– Vorbehaltsübertragung **§ 3 RPflG** 1
– Vorlage an Richter **§ 4 RPflG** 7
– Vormundschaft **§ 3 RPflG** 7
– Zustimmungsersetzung **§ 14 RPflG** 26
Rechtswegentscheidung
– Bindungswirkung positiver Rechtswegentscheidung **§ 17a GVG** 4 ff.
– Entscheidung über Rechtsweg **§ 17a GVG** 2
– Kompetenzautonomie **§ 17a GVG** 3
– Rechtsbeschwerde **§ 17a GVG** 19

– Rechtskraft **§ 17a GVG** 4
– Tenor **§ 17a GVG** 11, 13
– Verfahrenskostenhilfeverfahren **§ 17a GVG** 9 f.
– Vorabentscheidung **§ 17a GVG** 12
Rechtswegprüfung
– Rechtsmittelinstanz **§ 17a GVG** 20 f.
Religiöse Erziehung **§ 1671 BGB** 20
Residenzmodell **§ 1671 BGB** 23
Röntgendiagnostik **§ 1674 BGB** 9
Rückführoption **§ 34 SGB VIII** 3
Rückführung, Ablehnung
– Abwendung der Gefährdung **Art. 13 HKÜ** 11 ff.
– bei Nichtausübung Sorgerecht **Art. 13 HKÜ** 3
– bei schwerwiegender Gefahr, Beispiele **Art. 13 HKÜ** 6 ff.
– bei Sorgerechtsentscheidung im Herkunftsstaat (Sorge für entführenden Elternteil) **Art. 13 HKÜ** 21
– bei Widerstand des Kindes **Art. 13 HKÜ** 15 ff.
– bei Zustimmung oder Genehmigung der Ausreise **Art. 13 HKÜ** 4 f.
– Vereinbarkeit mit EMRK **Art. 13 HKÜ** 10
Rückführungsverfahren
– Amtsermittlungsgrundsatz eingeschränkt **Art. 12 HKÜ** 10 f.
– Anhörungstermin **Art. 12 HKÜ** 15
– Beschleunigungsgebot **Art. 12 HKÜ** 12
– Beweislast **Art. 12 HKÜ** 10
– Entscheidung, Tenorierungsbeispiel **Art. 12 HKÜ** 18 f.
– Jugendamtbeteiligung **Art. 12 HKÜ** 13
– Kindesanhörung Kind, Eltern **Art. 12 HKÜ** 16 f.
– Rechtsmittel gegen Rückführungsanordnung **§ 39 IntFamRVG** 1
– Übersicht **Art. 12 HKÜ** 21
– Übersicht, HKÜ und Brüssel IIa-VO **Art. 12 HKÜ** 22
– Verfahren **Art. 12 HKÜ** 9
– Verfahrensbeistand **Art. 12 HKÜ** 14
Rückführungsverfahren nach Entführung des Kindes
– Ablehnung der Rückgabe, Rechtsfolge **Art. 11 Brüssel IIa-VO** 13
– Anwendungsbereich **Art. 11 Brüssel IIa-VO** 5 ff.
– Beschleunigung **Art. 11 Brüssel IIa-VO** 10
– Beteiligung des Kindes **Art. 11 Brüssel IIa-VO** 9
– rechtliches Gehör **Art. 11 Brüssel IIa-VO** 12
– Sorgerechtsverfahren Herkunftsstaat nach Ablehnung der Rückgabe **Art. 11 Brüssel IIa-VO** 13
– Vorkehrungen, angemessene **Art. 11 Brüssel IIa-VO** 11
Rückverweisung **§ 152 FamFG** 13, **Art. 19 EGBGB** 11
Ruhen der elterlichen Sorge **§ 1671 BGB** 58, **§ 1673 BGB** 1, **§ 1678 BGB** 1
– Altersfeststellung **§ 1674 BGB** 9
– Anhörung **§ 1674 BGB** 11
– aufenthaltsrechtliche Vorwirkungen **§ 1675 BGB** 5
– Bekanntgabe **§ 1674 BGB** 11
– Beschwerderecht **§ 1674 BGB** 14
– kinderschutzrechtliche Maßnahmen **§ 1675 BGB** 2
– Mitteilung an Heimatstaat **§ 1674 BGB** 13
– Sorgerechtsvollmacht **§ 1674 BGB** 8
– Umgangsbefugnisse **§ 1675 BGB** 4
– vermögensrechtliche Folgen **§ 1675 BGB** 3
Ruhensfeststellung
– Abwesenheit **§ 1674 BGB** 3
– Auslandsaufenthalt **§ 1674 BGB** 3
– Auslandseinsatz **§ 1674 BGB** 3
– Haft **§ 1674 BGB** 3
– unbekannter Aufenthalt **§ 1674 BGB** 3, 5
– Voraussetzungen **§ 1674 BGB** 3
– Vorrang vor Sorgeerechtsübertragung **§ 1674 BGB** 5
– Zuständigkeit **§ 1674 BGB** 2
Ruhenswirkung **§ 1675 BGB** 1
– bei gemeinsamer elterlicher Sorge **§ 1678 BGB** 5
– Kindeswohlprüfung **§ 1678 BGB** 6
– negative Kindeswohlprüfung **§ 1678 BGB** 11
– tatsächliche Verhinderung **§ 1678 BGB** 8

S

sachliche Zuständigkeit **§ 3 FamFG** 1
Sachverständigengutachten **§ 163 FamFG** 3 ff., 9 ff., 14 ff., 23 f., 36 ff., 41 ff., 55 f., 58
– Abwägungskriterien **§ 163 FamFG** 9 ff.
– andere Erkenntnisquellen **§ 163 FamFG** 9 f.
– Beweisbeschluss **§ 163 FamFG** 16 ff., 36 ff.
– EA-Regelungen während Begutachtung **§ 163 FamFG** 14
– EA-Verfahren **§ 163 FamFG** 4
– Einbeziehung **§ 163 FamFG** 39
– Erörterungstermin **§ 163 FamFG** 47 ff.
– Erstattung **§ 163 FamFG** 44
– fehlende Mitwirkung **§ 163 FamFG** 41 ff.
– Fristeinhaltung **§ 163 FamFG** 23
– Fristsetzung **§ 163 FamFG** 19
– Gehilfen **§ 163 FamFG** 46

- Gutachten-, Beweisthema **§ 163 FamFG** 36
- Methodik **§ 163 FamFG** 51 f.
- mündliche Erläuterung **§ 163 FamFG** 48
- Nachvollziehbarkeit **§ 163 FamFG** 55
- Nichteinhaltung Frist, Rechtsfolgen **§ 163 FamFG** 24
- Privatgutachten **§ 163 FamFG** 6
- rechtliches Gehör **§ 163 FamFG** 47
- Strengbeweis **§ 163 FamFG** 3
- Tätigkeit anderer Sachverständiger **§ 163 FamFG** 45
- Überprüfung **§ 163 FamFG** 51
- Unverwertbarkeit **§ 163 FamFG** 56
- Vergütung **§ 163 FamFG** 5
- Verwertbarkeit **§ 163 FamFG** 51
- Voraussetzungen **§ 163 FamFG** 7
- ZPO Vorschriften, Anwendbarkeit **§ 163 FamFG** 3
- Zusatzauftrag: Hinwirken auf Einvernehmen **§ 163 FamFG** 58
- Zweit-, Obergutachten **§ 163 FamFG** 15

Sachverständigentermin
- Begleitperson **§ 12 FamFG** 5

Sachverständiger **§ 163 FamFG** 25 ff., 29 ff., 58
- Ablehnungsgründe **§ 163 FamFG** 32 ff.
- Auswahl **§ 163 FamFG** 25
- Befangenheitsantrag **§ 163 FamFG** 31
- Beteiligtenvorschlag **§ 163 FamFG** 29
- Hinwirken auf Einvernehmen **§ 163 FamFG** 58
- Institut, Klinik **§ 163 FamFG** 30
- konkrete Einzelperson **§ 163 FamFG** 30
- Qualifikation, berufliche Eignung **§ 163 FamFG** 25 ff.

Samenspender
- Adoption **§ 1600d BGB** 12a

Scheidungsakzessorisch
- Frist **§ 1599 BGB** 33 f.
- IPR **§ 1599 BGB** 37 ff.
- Rechtsfolgen **§ 1599 BGB** 36
- Voraussetzungen **§ 1599 BGB** 28 ff.
- Wirksamkeitseintritt **§ 1599 BGB** 35
- Zustimmungserfordernisse **§ 1599 BGB** 29 ff.

Scheidungsantragsschrift, Fehlen notwendigen Inhalts, Folgen **§ 133 FamFG** 1

Scheidungsverbund
- Abtrennung Kindschaftssache **§ 137 FamFG** 9
- Beschleunigungsgebot **§ 137 FamFG** 8
- Gebühren nach Abtrennung **§ 137 FamFG** 10
- Kindschaftssache **§ 137 FamFG** 5
- Normzweck **§ 137 FamFG** 1

Schwangerschaftskonfliktgesetz **§ 1674a BGB** 1

Schweigepflicht **§ 4 KKG** 8 f.

selbständiges Betätigungsrecht der Träger der freien Jugendhilfe **§ 4 SGB VIII** 7

Selbstvertretung wenn kein Anwaltszwang **§ 10 FamFG** 1

Sexueller Missbrauch **§ 1671 BGB** 19

SGB VIII
- Anspruchsberechtigte **§ 27 SGB VIII** 2a
- Aufbau des Gesetzes **§ 4 SGB VIII** 4
- Eingriffs- und Leistungsverwaltung **Vorbem. SGB VIII** 8
- Leistungen **Vorbem. SGB VIII** 5
- präventives Leistungsgesetz **Vorbem. SGB VIII** 3

SGB VIII-Leistungen
- Antragserfordernis **Vorbem. SGB VIII** 6a

Sonstige Familiensache **§ 23a GVG** 13

Sorge- und Umgangsrechtliche Testbatterie (SURT) **§ 163 FamFG** 54a

Sorgeerklärung
- Bedingung (keine) **§ 1626b BGB** 2 ff.
- Befristung (keine) **§ 1626b BGB** 5
- Beurkungdungspersonen oder -stellen **§ 1626d BGB** 3
- Formerfordernisse **§ 1626d BGB** 2 f.
- Höchstpersönlichkeit **§ 1626c BGB** 2 ff.
- Mitteilungspflichten **§ 1626d BGB** 4 ff.
- Negativattest **§ 1626d BGB** 8
- Rechtsnatur **§ 1626a BGB** 7
- sorgerechtliche Einschränkungen **§ 1626a BGB** 10
- Unwirksamkeit **§ 1626b BGB** 8
- Unwirksamkeitsgründe **§ 1626e BGB** 1 f.
- Vorgeburtlich **§ 1626b BGB** 6 f.
- Wirksamwerden **§ 1626a BGB** 8
- Zeitraum **§ 1626a BGB** 9
- Zustimmungsbedürftigkeit **§ 1626c BGB** 6 f.
- Zustimmungserklärung **§ 1626c BGB** 8
- Zustimmungsersetzung **§ 1626c BGB** 9 f.

Sorgerechtsantrag
- Sperrwirkung (Adoption) **§ 1747 BGB** 13

Sorgerechtsanträge **§ 1671 BGB** 63

Sorgerechtsausübung
- eigene Verantwortung **§ 1627 BGB** 3
- Entscheidungsübertragung durch Gericht
  - Änderungsmöglichkeiten **§ 1628 BGB** 17
  - Antragsverfahren **§ 1628 BGB** 3 f.
  - Auflagen **§ 1628 BGB** 13, 15
  - Beschränkungen **§ 1628 BGB** 13 f.
  - einzelne Angelegenheit **§ 1628 BGB** 6 ff.
  - erfolgloser Einigungsversuch **§ 1628 BGB** 3, 5
  - erhebliche Bedeutung **§ 1628 BGB** 10 ff.

– Rechtsfolge der Übertragung **§ 1628 BGB** 16
– Voraussetzungen **§ 1628 BGB** 3
– Funktionsteilung **§ 1627 BGB** 5
– gegenseitiges Einvernehmen **§ 1627 BGB** 4
– Kindeswohl **§ 1627 BGB** 6
– Leitbild **§ 1627 BGB** 1 f.
– Meinungsverschiedenheiten **§ 1627 BGB** 7
Sorgerechtsentzug
– bei alleinigem Sorgerecht **§ 1680 BGB** 16
– bei gemeinsamem Sorgerecht **§ 1680 BGB** 16
– entsprechende Anwendung der Regelung beim Tod eines Elternteils **§ 1680 BGB** 15
Sorgerechtserwerb durch Eheschließung **§ 1626a BGB** 11 ff.
Sorgerechtskriterien **§ 1671 BGB** 29
Sorgerechtsübertragung
– Auswanderung **§ 1671 BGB** 37
– dauerhaftes Getrenntleben **§ 1671 BGB** 4
– einvernehmliche Übertragung **§ 1671 BGB** 5
– religiöse Überzeugung **§ 1671 BGB** 34
– Sorgerechtsvollmacht **§ 1671 BGB** 21
– Verhältnis zu § 1666 BGB **§ 1671 BGB** 62
– Verhältnis zu § 1674 BGB **§ 1671 BGB** 64
– Voraussetzungen **§ 1671 BGB** 12
– Widerspruch des Kindes **§ 1671 BGB** 10
– Zustimmung **§ 1671 BGB** 8
Sorgerechtsvollmacht **§ 1671 BGB** 21, **§ 49 FamFG** 6, 30, **§ 156 FamFG** 62
– Ausschluss Sorgerechtsübertragung **§ 1671 BGB** 21
– Widerruflichkeit **§ 1671 BGB** 21
Sorgevereinbarung **§ 156 FamFG** 61
Soziale Gruppenarbeit **§ 28 SGB VIII** 2, **§ 29 SGB VIII** 1
sozial-familiäre Beziehung
– Beurteilungszeitpunkt **§ 1594 BGB** 12a, **§ 1600 BGB** 20
Sozialpädagogische Familienhilfe **§ 30 SGB VIII** 2, **§ 31 SGB VIII** 1
Sperrwirkung des Sorgerechtsantrags **§ 1671 BGB** 61
SPFH **§ 31 SGB VIII** 1
– Datenschutz **§ 31 SGB VIII** 4
– kein reines Kontrollinstrument **§ 31 SGB VIII** 2
– Zeitraum, Dauer **§ 31 SGB VIII** 3
– Ziele **§ 31 SGB VIII** 2
Sprachkenntnisse **§ 1671 BGB** 33
Staatenlosigkeit **Art. 19 EGBGB** 7
Staatliches Wächteramt **§ 4 SGB VIII** 3, **§ 42 SGB VIII** 1
– Einschätzung Gefährdungsrisiko **§ 8a SGB VIII** 2
– Schutzauftrag bei Kindeswohlgefährdung **§ 8a SGB VIII** 1
Staatsangehörigkeit **Art. 19 EGBGB** 7
Staatsanwaltliches Ermittlungsverfahren **§ 21 FamFG** 3
Stalking **§ 1 GewSchG** 2
Sterilisationsverbot **§ 1631c BGB** 1 ff.
Strafhaft **§ 1674 BGB** 3
Strafrechtliche Verantwortung **Vorbem. SGB VIII** 15

T

Tagesgruppe **§ 32 SGB VIII** 1 f.
Tatsächliche Verhinderung **§ 1673 BGB** 1, **§ 1678 BGB** 8, **§ 5 FamFG** 2
Teilentzug Sorgerecht
– Antragstellung SGB VIII **§ 27 SGB VIII** 2b
Teilvereinbarung **§ 49 FamFG** 6
Tenorierungsbeispiele
– Erinnerung **§ 14 RPflG** 1
Termin
– Anberaumung **§ 32 FamFG** 2
– Verlegung **§ 32 FamFG** 3
– Videokonferenz **§ 32 FamFG** 4
Tod **§ 1677 BGB** 1
– Abstammungsverfahren **§ 1680 BGB** 1; *siehe auch* Abstammungsverfahren
– bei alleinigem Sorgerecht **§ 1680 BGB** 8
– bei gemeinsamem Sorgerecht **§ 1680 BGB** 5
– Rechtsfolgen allgemein **§ 1680 BGB** 1
Todeszeitfeststellung Verschollenheitsgesetz **§ 1681 BGB** 1
Träger der Jugendhilfe **§ 4 SGB VIII** 5, **§ 8a SGB VIII** 13
– freie **§ 8a SGB VIII** 13
– freie Träger **§ 4 SGB VIII** 6
– öffentliche **§ 4 SGB VIII** 5
Transparenzgebot **§ 4 KKG** 10

U

Übermittlung
– Rechtsschutz **§ 22a FamFG** 4
Übermittlungsbefugnis
– Interessenabwägung **§ 22a FamFG** 3
Überprüfung **§ 166 FamFG** 16
Überprüfungsverbot (revision au fond) **§ 109 FamFG** 19
Übersetzungskosten **§ 14 IntFamRVG** 2
Umgang
– Abweichen von Gerichtsregelung **§ 1684 BGB** 54
– Auslandsreisen **§ 1684 BGB** 40 f.
– Auswanderung **§ 1684 BGB** 22
– bei Fremdunterbringung **§ 1685 BGB** 25
– Beisein Dritter **§ 1684 BGB** 50

- Boykott durch betreuenden Elternteil **§ 1684 BGB** 27
- Fahrtkosten **§ 18 SGB VIII** 4
- Feiertage, Feste, Geburtstage **§ 1684 BGB** 42 f.
- Ferien **§ 1684 BGB** 40
- Fernkommunikationsmittel **§ 1684 BGB** 51
- Häufigkeit, Dauer **§ 1684 BGB** 34 ff.
- Hol- und Bringpflichten **§ 1684 BGB** 21, 44 ff.
- inhaltliche Ausgestaltung durch Gericht **§ 1684 BGB** 28
- Kindesalter, Bedeutung **§ 1684 BGB** 30, 35 f.
- Kindesalter und -wille **§ 1684 BGB** 31, 35 f.
- Kindesübergabe, Gestaltung **§ 1684 BGB** 20
- Kindeswille **§ 1684 BGB** 30 ff.
- Kosten **§ 1684 BGB** 53
- Nachholtermine **§ 1684 BGB** 52
- Ort **§ 1684 BGB** 47
- Übernachtungen **§ 1684 BGB** 39, 49
- Wegzug betreuender Elternteil **§ 1684 BGB** 22
- weit entfernt wohnende Eltern **§ 1684 BGB** 48
- Wohlverhaltenspflicht Eltern untereinander **§ 1684 BGB** 18
- Wohlverhaltenspflichtverletzung, Folgen **§ 1684 BGB** 26
- Wohlverhaltspflichtanordnungen **§ 1684 BGB** 55 f.
- Wohnverhältnisse **§ 1684 BGB** 47

Umgang, Pflegekind **§ 1684 BGB** 10
Umgangsbestimmungspflegschaft **§ 57 FamFG** 5; *siehe auch* Ergänzungspfleger Umgangsbestimmungspfleger; *siehe auch* Ergänzungspflegschaft Ersatzpflegschaft
Umgangsbestimmungsrecht **§ 1632 BGB** 17
Umgangsboykott
- einstweilige Anordnung **§ 49 FamFG** 29; *siehe auch* Kindeswohlgefährdung Umgangsboykott

Umgangspflegschaft **§ 57 FamFG** 5
- Aufgaben, Befugnisse Umgangspfleger **§ 1684 BGB** 58 f., 61
- Befristung **§ 1684 BGB** 60
- Berufsmäßigkeit **§ 1684 BGB** 61
- Umgangsbegleitung, Abgrenzung **§ 1684 BGB** 64
- Umgangsbestimmungspflegschaft, Abgrenzung **§ 1684 BGB** 62
- Umgangsbestimmungspflegschaft Abgrenzung **§ 1684 BGB** 63
- Umgangsverfahren **§ 1684 BGB** 84
- Vergütung **§ 1684 BGB** 61
- Verletzung Wohlverhaltenpflicht **§ 1684 BGB** 57

Umgangspflicht der Eltern **§ 1684 BGB** 17
Umgangspflicht des Kindes **§ 1684 BGB** 15
Umgangsrecht
- Ansprüche aus Umgangsrecht als Familiensachen **§ 23a GVG** 14

Umgangsrecht (andere) Bezugspersonen
- Amtsverfahren **§ 1685 BGB** 28
- Anhörungen **§ 1685 BGB** 31
- Beteiligte **§ 1685 BGB** 29
- Einstweilige Anordnung **§ 1685 BGB** 31
- gerichtliche Feststellung der Nichtregelung **§ 1685 BGB** 21
- gerichtlicher Ausschluss des Umgangs **§ 1685 BGB** 21
- Kindeswohldienlichkeit **§ 1685 BGB** 17
- Kosten des Umgangs **§ 1685 BGB** 27
- Regelungsinhalt **§ 1685 BGB** 23 ff.
- sonstige enge Bezugsperson **§ 1685 BGB** 12
- sozial-familiäre Beziehung **§ 1685 BGB** 13 ff.
- tatsächliche Verantwortung **§ 1685 BGB** 14 ff.
- Übersicht zur Beendigung **§ 1685 BGB** 26
- Umgangspflegschaft **§ 1685 BGB** 22
- Verfahrensbeistand **§ 1685 BGB** 33
- Verfahrenskosten, -wert **§ 1685 BGB** 34
- Vollstreckbarkeit **§ 1685 BGB** 32
- Wohlverhaltenspflichten **§ 1685 BGB** 18 f.
- Zuständigkeit **§ 1685 BGB** 30

Umgangsrecht der Eltern **§ 1684 BGB** 16
Umgangsrecht des Kindes **§ 1684 BGB** 14
Umgangsrecht Großeltern und Geschwister **§ 1685 BGB** 5 ff.
- Kindeswohldienlichkeit **§ 1685 BGB** 9 ff.
- Verwandtschaftsbegriff **§ 1685 BGB** 5 ff.

Umgangsrechtsbeschränkung und -ausschluss
- begleiteter Umgang **§ 1684 BGB** 71 ff.
- Begleitung durch Jugendamt **§ 1684 BGB** 76
- Dauer **§ 1684 BGB** 66
- Kosten **§ 1684 BGB** 77
- Umgangsausschluss **§ 1684 BGB** 78 ff.
- Verhältnismäßigkeit **§ 1684 BGB** 68
- Vollzugseinschränkungen, -ausschluss **§ 1684 BGB** 67
- Voraussetzungen **§ 1684 BGB** 66, 68

Umgangsregelung
- Abänderbarkeit **§ 1684 BGB** 98
- Inhalt **§ 1686a BGB** 26 ff.
- Vollstreckbarkeit **§ 1684 BGB** 97

Umgangsverfahren
- Amtsermittlung **§ 1684 BGB** 90
- Amtsverfahren **§ 1684 BGB** 85
- Anwaltsbeiordnung (VKH) **§ 1684 BGB** 102

– Anwaltszwang (keiner) **§ 1684 BGB** 102
– Beschleunigungsgebot **§ 1684 BGB** 91 f.
– Beteiligte **§ 1684 BGB** 89
– Einstweilige Anordnung **§ 1684 BGB** 94
– Folgesache **§ 1684 BGB** 83
– Inhaltsgleichheit EA- und Hauptverfahren **§ 1684 BGB** 95
– Kindschafts- und Familiensache **§ 1684 BGB** 83
– Kosten **§ 1684 BGB** 99 f.
– Übersicht zur Beendigung **§ 1684 BGB** 87
– Umgangspflegerbestellung **§ 1684 BGB** 84
– Vereinbarung **§ 1684 BGB** 93
– Verfahrensbeistand **§ 1684 BGB** 96
– Verfahrenskostenhilfe **§ 1684 BGB** 102
– Wert **§ 1684 BGB** 101
– Zuständigkeit **§ 1684 BGB** 88
Umgangsverfahren als Kindschaftssache **§ 151 FamFG** 5
Umgangsvergleich
– Bestimmtheitserfordernis **§ 156 FamFG** 66
– gerichtliche Billigung **§ 156 FamFG** 64 f.
– nicht billigungsfähig **§ 156 FamFG** 66
Unbegleitete Minderjährige **§ 1674 BGB** 6
– Verteilungsverfahren **§ 42a SGB VIII** 1
Unbegleitete minderjährige Flüchtlinge **§ 42a SGB VIII** 1
Unbegleiteten minderjährigen Ausländer
– Beteiligung der Eltern **§ 1674 BGB** 11
– Eilmaßnahmen **§ 1674 BGB** 10
– Inobhutnahme **§ 1674 BGB** 7
– Kommunikationsmöglichkeit mit Eltern **§ 1674 BGB** 8
– Mitteilung an Heimatstaat **§ 1674 BGB** 13
– Mitvormund mit Spezialkenntnissen **§ 1674 BGB** 12
– Röntgendiagnostik **§ 1674 BGB** 9
UN-Kinderrechtekonvention **Vorbem. Auslandsbezüge** 5
Unterbringung
– Definition **§ 1631b BGB** 5
– Freiheitsbeschränkung (keine Unterbringung) **§ 1631b BGB** 4
– Freiheitsentziehung **§ 1631b BGB** 3
– Freiwilligkeitserklärung **§ 1631b BGB** 3
– Genehmigungserfordernis **§ 1631b BGB** 2, 11
– geschlossene **§ 1631b BGB** 2 f., 5
– grenzüberschreitende **Art. 47 Brüssel IIa-VO** 5
– Kindeswohlgefährdung **§ 1631b BGB** 7
– Nachholpflicht bez. Genehmigung **§ 1631b BGB** 10
– offen **§ 1631b BGB** 11
– ohne Genehmigung **§ 1631b BGB** 9
– Verhältnismäßigkeitsgrundsatz **§ 1631b BGB** 8
Unterbringung als Kindschaftssache **§ 151 FamFG** 9
Unterbringungsverfahren **§ 151 FamFG** 9
Unterhaltszahlungen **§ 1671 BGB** 19
Untersuchungshaft **§ 1674 BGB** 3

V

Vaterschaftsanerkennnung,missbräuchliche
– Legaldefinition **§ 1597a BGB** 3
Vaterschaftsanerkennung **§ 1597a BGB** 1
– missbräuchliche,leibliche Vaterschaft **§ 1597a BGB** 3a
Vaterschaftsanerkennung, missbräuchliche
– Anhaltspunkte **§ 1597a BGB** 6
– Anhörungspflicht **§ 1597a BGB** 8
– Beurkundungssperre **§ 1597a BGB** 15
– Ermittlungspflicht **§ 1597a BGB** 10
– Mitteilungspflicht **§ 1597a BGB** 13
– Prüfungskompetenz **§ 1597a BGB** 11
– Statusverhinderung **§ 1597a BGB** 1
Vaterschaftsanerkennungserkärung, missbräuchliche
– Abstammungsgutachten **§ 1597a BGB** 12
Vaterschaftsanerkennungserklärung **§ 1594 BGB** 7 ff., **§ 1595 BGB** 4, 6, 8, 10 ff., **§ 1596 BGB** 2 ff., **§ 1597 BGB** 1, 7 ff., 12 ff., **§ 1598 BGB** 1, 3, **§ 1599 BGB** 28 ff.
– ausländische Urkunde **§ 1597 BGB** 7 f.
– Auslandsberührung **§ 1594 BGB** 14
– Ausschließlichkeitsgrundsatz **§ 1594 BGB** 9 ff.
– Bedingungs-, Befristungsfeindlichkeit **§ 1594 BGB** 15
– Benachrichtigung **§ 1597 BGB** 9
– Bevollmächtigung **§ 1594 BGB** 5
– bewusst unrichtige Erklärung **§ 1594 BGB** 3
– biologische Richtigkeit **§ 1594 BGB** 3
– Form **§ 1597 BGB** 1
– Geschäftsfähigkeit beschränkt **§ 1596 BGB** 2 f.
– Geschäftsunfähigkeit **§ 1596 BGB** 4 f.
– Höchstpersönlichkeit **§ 1596 BGB** 9 f.
– präkonzeptionelle Anerkennung **§ 1594 BGB** 18
– Rechtausübungssperre **§ 1594 BGB** 7 f.
– Reformüberlegungen **§ 1594 BGB** 22 ff.
– Scheidungsakzessorisch **§ 1599 BGB** 28 ff.
– Tod Vater, Mutter oder Kind **§ 1594 BGB** 19 ff.
– Unwirksamkeitsgründe **§ 1598 BGB** 1, 3
– Widerruf **§ 1597 BGB** 12 ff.
– Zeitpunkt **§ 1594 BGB** 16 ff.
– Zustimmung **§ 1595 BGB** 4, 6, 8, 10 ff., **§ 1596 BGB** 2 ff., **§ 1598 BGB** 3

Vaterschaftsanfechtung
- Embryonentransfer **§ 1600 BGB** 27, 32
- sozial-familiäre Beziehung **§ 1600 BGB** 17

Vaterschaftsanfechtungserklärung **§ 1600a BGB** 1, 4 ff., 30 f., **§ 1600b BGB** 4, 6 ff., 20 ff.
- Amtsermittlungseinschränkung **§ 177 FamFG** 2 ff.
- Anfechtungsfrist **§ 1600b BGB** 50
- Anfechtungsfrist Kindesmutter **§ 1600b BGB** 25
- Anfechtungsfrist potentieller Vater **§ 1600b BGB** 26
- Anfechtungsfristen **§ 1600b BGB** 4, 25 f.
- Aussehen, Rasse **§ 1600b BGB** 16
- betreute Personen **§ 1600a BGB** 30 f.
- Ergänzungspfleger **§ 1600a BGB** 20 ff., **§ 1600b BGB** 22
- Fristbeginn, frühester **§ 1600b BGB** 28 f.
- Fristhemmung **§ 1600b BGB** 36 ff.
- Fristneubeginn, Geschäftsunfähigkeitswegfall **§ 1600b BGB** 35
- Fristneubeginn, Unzumutbarkeitsumstände **§ 1600b BGB** 45 ff.
- Fristneubeginn, Volljährigkeit **§ 1600b BGB** 30 ff.
- Fristwahrung **§ 1600b BGB** 6 f.
- Geschäftsfähiges Kind **§ 1600a BGB** 7 ff.
- Höchstpersönlichkeit **§ 1600a BGB** 1, 5, 30
- Kenntnis bei Geschäftsunfähgkeit **§ 1600b BGB** 24
- Kenntnis bei Minderjährigen **§ 1600b BGB** 21 ff.
- kenntnisabhängiger Fristbeginn **§ 1600b BGB** 8
- Kenntniswegfall **§ 1600b BGB** 20
- Mehrverkehr **§ 1600b BGB** 17, 19
- minderjähriges Kind **§ 1600a BGB** 11
- Prostitution/Sextourismus **§ 1600b BGB** 14
- Reifegrad des Kindes **§ 1600b BGB** 15
- Samenspende **§ 1600b BGB** 34
- sozial-familiäre Beziehung **§ 1600b BGB** 27, 48 ff.
- Vater, Mutter **§ 1600a BGB** 1, 4 ff.
- Verhütung **§ 1600b BGB** 20
- Vertretung, gesetzlich **§ 1600a BGB** 11 ff.
- Vertretung, gewillkürt? **§ 1600a BGB** 4
- Vertretung im Verfahren **§ 1600a BGB** 16 ff.
- volljähriges Kind **§ 1600a BGB** 10
- Zeugungsunfähigkeit **§ 1600b BGB** 13

Vaterschaftsanfechtungsverfahren **§ 1599 BGB** 7 ff., 24 ff., **§ 1600 BGB** 6, 14 ff., 23 ff., 32 ff., **§ 1600a BGB** 26 ff., **§ 1600c BGB** 3 ff.
- Anfechtung des potentiellen Vaters **§ 1600 BGB** 14 ff., 23 f.
- Anfechtungsberechtigte **§ 1600 BGB** 6
- Antrag, Schlüssigkeit **§ 1599 BGB** 9 ff.
- Antragsvoraussetzungen **§ 171 FamFG** 11
- Begründetheit des Antrages **§ 1599 BGB** 22
- Beschluss bei erfolgreichem Antrag des potentiellen Vaters **§ 182 FamFG** 1 ff.
- Beschluss bei negativem Feststellungsantrag, Sonderfall **§ 182 FamFG** 7 ff.
- Beteiligte **§ 1599 BGB** 12 ff.
- Beweisbeschluss **§ 1600 BGB** 24, **§ 177 FamFG** 7
- Beweiserhebung **§ 1599 BGB** 17
- Endentscheidung **§ 1599 BGB** 19
- Erörterungstermin **§ 1599 BGB** 15
- förmliche Beweisaufnahme **§ 177 FamFG** 5
- Jugendamtsbeteiligung **§ 176 FamFG** 1
- Kosten **§ 1599 BGB** 20
- Kosten bei erfolgreicher Anfechtung
  - außergerichtliche Kosten **§ 183 FamFG** 11
  - Beschwerdeverfahren **§ 183 FamFG** 6
  - Gerichtskosten **§ 183 FamFG** 9
  - Kind **§ 183 FamFG** 10
  - zwingende Regelung **§ 183 FamFG** 3 f.
- Kosten bei Erledigung nach Anerkennung **§ 183 FamFG** 5
- künstliche Befruchtung **§ 1600 BGB** 25 ff., 32 ff.
- Nichtbestehen der Vaterschaft, Feststellungsrechtsfolgen **§ 1599 BGB** 24 ff.
- Privatgutachten **§ 177 FamFG** 9 ff.
- Rechtsschutzbedürfnis **§ 1599 BGB** 8
- Reformvorhaben **§ 1600 BGB** 28
- Vaterschaft (gesetzlich oder Anerkennung) **§ 1599 BGB** 7
- Vaterschaftsvermutung **§ 1600c BGB** 3 ff.
- Verbindung **§ 1599 BGB** 18
- Verfahrensbeistand **§ 1599 BGB** 16
- Wert **§ 1599 BGB** 21
- Wohl des Vertretenen **§ 1600a BGB** 26 ff.

Vaterschaftsfeststellung **§ 1600d BGB** 5 ff., 16 ff.
- Abstammungsuntersuchung **§ 1600d BGB** 5 ff.
- Beweisvereitelung **§ 1600d BGB** 11
- Empfängniszeit **§ 1600d BGB** 12, 16 f.
- Mehrverkehr **§ 1600d BGB** 14
- pränatale **§ 1600d BGB** 3
- Prostitution **§ 1600d BGB** 14
- Rechtsausübungssperre **§ 1600d BGB** 18
- Scheinvaterregress **§ 1600d BGB** 19
- schwerwiegende Zweifel **§ 1600d BGB** 13
- Vaterschaftsnachweis **§ 1600d BGB** 5
- Vaterschaftsvermutung **§ 1600d BGB** 10

Vaterschaftsfeststellung, -anfechtung
- Abstammungssache **§ 1592 BGB** 14 ff.

Vaterschaftsfeststellungsverfahren **§ 1600d BGB** 23 f., 28 ff., **§ 23a GVG** 9
- Antragsberechtigung **§ 1600d BGB** 24
- Beteiligte **§ 1600d BGB** 28 f.
- Entscheidung, Beschluss **§ 1600d BGB** 36
- Frist **§ 1600d BGB** 23
- Kosten **§ 1600d BGB** 37 f.
- Leitlinien des Reformvorhabens **§ 1600d BGB** 44
- Unterhalt **§ 179 FamFG** 11 ff.
- Verbindung **§ 1600d BGB** 32 ff.
- Verfahrensgang **§ 1600d BGB** 30 f.
- Wert **§ 1600d BGB** 39 ff.

Vaterschaftsprätendent **§ 1600d BGB** 22
- Zuständigkeit **§ 1600d BGB** 22

Vaterschaftsvermutung **§ 1600d BGB** 10
- Vermutungswiderlegung **§ 1600c BGB** 5 ff.
- Voraussetzungen **§ 1600c BGB** 3 f.

Vaterschaftszuordnung **§ 1592 BGB** 5, 8 ff., 12 f., **§ 1593 BGB** 2, 7 f., **§ 1594 BGB** 14
- Anerkenntnis **§ 1592 BGB** 13
- Bigamie Mutter **§ 1592 BGB** 10
- Bigamie Vater **§ 1592 BGB** 12
- Ehe **§ 1592 BGB** 5
- Ehebedingte Zuordnung **§ 1592 BGB** 5
- gerichtliche Feststellung **§ 1594 BGB** 14
- Scheidungsverfahren **§ 1592 BGB** 8 f.
- Tod der Mutter während Ehe **§ 1593 BGB** 8
- Tod des Vaters während Ehe **§ 1593 BGB** 2
- Vaterschaftsanerkennung **§ 1592 BGB** 13
- Verschollenheit des Vaters während Ehe **§ 1593 BGB** 7

Verbindung **§ 20 FamFG** 3, **§ 23a GVG** 6
- Scheidungsverbund **§ 20 FamFG** 3

Verbindungsrichter **Vorbem. Auslandsbezüge** 34

Verbleibensanordnung
- Befristung, keine **§ 1682 BGB** 17
- einbezogener Personenkreis **§ 1682 BGB** 4
- Herausgabeverlangen **§ 1682 BGB** 10
- Kindeswohlgefährdung **§ 1682 BGB** 12
- nichtehelicher Lebenspartner, analoge Anwendung des § 1682 BGB **§ 1682 BGB** 5
- Rechtsfolgen **§ 1682 BGB** 13 ff.
- Rechtsmittel bei Ablehnung **§ 1682 BGB** 19
- Verfahrensbeistand **§ 1682 BGB** 16
- Verfahrensfragen **§ 1682 BGB** 16 f.
- Voraussetzung der längeren Zeit **§ 1682 BGB** 8
- Voraussetzung des gemeinsamen Aufenthalts **§ 1682 BGB** 6

Vereinsmitglieder **§ 1791a BGB** 13 ff.

Vereinsvormund **§ 1889 BGB** 7

Vereinsvormundschaft
- Bestellung, Durchführung
  - Anhörung bei Bestellung von Gegenvormund **§ 1791a BGB** 11
  - Aufsicht durch Familiengericht **§ 1791a BGB** 10
  - Fallobergrenze **§ 1791a BGB** 9
  - Übermittlung Bestellungsbeschluss **§ 1791a BGB** 6
  - Übertragung auf Vereinsmitglied, Rechtsfolgen **§ 1791a BGB** 7 f.
  - Vergütung (keine) **§ 1791a BGB** 12
- Bestellungsvoraussetzungen
  - Landesjugendamtserlaubnis **§ 1791a BGB** 2
  - Prüfkompetenz Familiengericht **§ 1791a BGB** 3

Verfahren
- Beendigung **§ 22 FamFG** 3

Verfahrensbeistand
- Absehen von Bestellung bei angemessener sonstiger Vertretung **§ 158 FamFG** 20
- Adoptionsverfahren **§ 191 FamFG** 5 ff.
- Akteneinsichtsrecht **§ 158 FamFG** 54, 56
- allgemein **§ 158 FamFG** 1
- Anfechtbarkeit **§ 158 FamFG** 27
- Anfechtbarkeit bei Bestellung durch Rechtspfleger **§ 158 FamFG** 27
- Anwaltskosten Rechtsbeschwerde **§ 158 FamFG** 39
- Aufgaben **§ 158 FamFG** 28
- Aufgaben, Interessenfeststellung des Kindes **§ 158 FamFG** 30 ff.
- Aufwendungen **§ 158 FamFG** 48
- Aufwendungsersatz **§ 158 FamFG** 39 f., 48 f.
- Ausschluss oder wesentliche Beschränkung des Umgangsrechts **§ 158 FamFG** 18 f.
- Ausschlussfrist für Vergütung **§ 158 FamFG** 52a
- Begründung **§ 158 FamFG** 26
- berufsmäßig, Pauschalvergütung **§ 158 FamFG** 40, 50 ff.
- Beschleunigungsgebot **§ 158 FamFG** 6
- Bestellung bei Interessenkonflikt Eltern – Kind **§ 158 FamFG** 13 f.
- Bestellungsbeschluss **§ 158 FamFG** 26
- Bestellungsende **§ 158 FamFG** 44
- Bestellungszeitpunkt **§ 158 FamFG** 22 ff.
- Beteiligtenstellung **§ 158 FamFG** 25
- Datenschutz **§ 158 FamFG** 54
- Datenweitergabe **§ 158 FamFG** 58
- Dauer, Instanzen **§ 158 FamFG** 44
- Dolmetscherkosten **§ 158 FamFG** 50
- drohender Sorgerechtsentzug **§ 158 FamFG** 15
- Eignung **§ 158 FamFG** 11, 25
- Eilverfahren **§ 158 FamFG** 6

- Einschränkung Umgangsrecht **§ 158 FamFG** 18
- einstweilige Anordnung **§ 51 FamFG** 13
- Elternkonflikt **§ 158 FamFG** 13, 53
- Entstehung Vergütungsanspruch **§ 158 FamFG** 52
- Entzug Personensorge **§ 158 FamFG** 15, 54
- Erforderlichkeit **§ 158 FamFG** 7 ff.
- erhöhte Pauschalvergütung **§ 158 FamFG** 43
- Erlöschen Vergütungsanspruch **§ 158 FamFG** 49
- Erweiterung der Aufgaben, Gesprächsführung u.ä. **§ 158 FamFG** 42
- Feststellung Kindesinteressen **§ 158 FamFG** 30
- Geltendmachung der Kindesinteressen im Verfahren **§ 158 FamFG** 33 ff.
- Geltendmachung Kindesinteressen **§ 158 FamFG** 33
- Haftpflichtversicherung **§ 158 FamFG** 48
- Information des Kindes **§ 158 FamFG** 37
- Informationsrechte (keine) gegenüber Ärzten, Behörden etc. **§ 158 FamFG** 57
- kein Begründungszwang für Bestellung **§ 158 FamFG** 26
- Kindesherausgabeverfahren **§ 158 FamFG** 17
- Kontaktaufnahme mit dem Kind **§ 158 FamFG** 31
- Kosten bei verfrühter Bestellung **§ 158 FamFG** 24
- Kostenträger für von ihm eingelegte Rechtsmittel **§ 158 FamFG** 39 f.
- Kostentragungspflicht **§ 158 FamFG** 46
- mehrere Kinder **§ 158 FamFG** 12
- Muss-Bestellung **§ 158 FamFG** 6
- nicht berufsmäßig, Aufwendungsersatz **§ 158 FamFG** 39, 48 f.
- originärer Aufgabenkreis **§ 158 FamFG** 29
- Pauschalvergütung **§ 158 FamFG** 51
- Pflegefamilie **§ 158 FamFG** 16
- Qualifikationsprofil **§ 158 FamFG** 11
- rechtliches Gehör **§ 158 FamFG** 23
- Rechtsmittel im Interesse des Kindes **§ 158 FamFG** 38 ff.
- Rechtsstellung eines Beteiligten **§ 158 FamFG** 25
- Skizze zu Aufgaben des Verfahrensbeistandes **§ 158 FamFG** 28
- Teilnahme Kindesanhörung **§ 158 FamFG** 33
- Trennung von bisheriger Obhutsperson **§ 158 FamFG** 16
- Trennung von Obhutsperson **§ 158 FamFG** 16
- Unanfechtbarkeit des Bestellungsbeschlusses **§ 158 FamFG** 27
- ungeborenes Kind **§ 158 FamFG** 5a
- Verbleibensanordnung **§ 158 FamFG** 17
- Verfahrensbegleitung **§ 158 FamFG** 37
- Verfahrenskostenhilfe für Rechtsbeschwede **§ 158 FamFG** 40a
- Verfassungsbeschwerde **§ 158 FamFG** 38, 41
- Vergütung **§ 158 FamFG** 45
- Vergütung Berufsbeistand **§ 158 FamFG** 50
- Vergütung nach Zurückverweisung **§ 158 FamFG** 51
- Voraussetzungen für Bestellung **§ 158 FamFG** 5 ff.
- Wechselmodell **§ 158 FamFG** 16
- Zeugnisverweigerungsrecht **§ 158 FamFG** 25

Verfahrensfähigkeit
- 14 Jahre altes Kind **§ 9 FamFG** 4
- Behörden **§ 9 FamFG** 12
- Folgen **§ 9 FamFG** 1
- Geltendmachung des Rechts durch das Kind **§ 9 FamFG** 6
- Geschäftsfähigkeit **§ 9 FamFG** 2
- Kind als Beschwerdeführer **§ 9 FamFG** 11
- Kinder **§ 9 FamFG** 3
- Person des Kindes betreffendes Verfahren **§ 9 FamFG** 5
- Prozessfähigkeit **§ 9 FamFG** 1
- subjektive Rechtsposition des Kindes **§ 9 FamFG** 5

Verfahrensfähigkeit Kind
- Anwaltsbestellung **§ 9 FamFG** 7
- Bekanntgabe der Entscheidung an das Kind **§ 9 FamFG** 9
- Beschwerdeverfahren **§ 9 FamFG** 11
- Konsequenzen **§ 9 FamFG** 7
- Sondervorschriften **§ 9 FamFG** 8
- Unterbringungsverfahren **§ 9 FamFG** 10

Verfahrensgegenstand **§ 20 FamFG** 2

Verfahrenskostenhilfe
- Abänderung **§ 76 FamFG** 39
- Abhilfeentscheidung (§§ 567ff. ZPO) **§ 76 FamFG** 51
- Antrag
  - Beifügung Belege **§ 76 FamFG** 8
  - Beifügung Erklärung über persönliche und wirtschaftliche Verhältnisse **§ 76 FamFG** 8
  - Form des Antrages **§ 76 FamFG** 8
  - letzter Zeitpunkt für Antragstellung **§ 76 FamFG** 8
  - Verbindung mit bedingtem Hauptantrag **§ 76 FamFG** 8
- Antragsberechtigung

- Anhörung unmaßgeblich für Antragsberechtigung **§ 76 FamFG** 6
- Beteiligte **§ 76 FamFG** 3 ff.
- Kind über 14 **§ 76 FamFG** 5
- Verfahrensbeistand **§ 76 FamFG** 4
- Anwaltsbeiordnung bei einverständlicher Sorgerechtsübertragung **§ 1671 BGB** 5
- Aufhebung der Rechtsanwaltsbeiordnung, Voraussetzungen **§ 78 FamFG** 10
- Beiordnung auswärtiger Rechtsanwalt **§ 78 FamFG** 10
- Berücksichtigungsfähige Abzüge
  - besondere Belastungen **§ 76 FamFG** 23
  - Fahrtkosten **§ 76 FamFG** 22
  - Mehrbedarf Alleinbetreuung **§ 76 FamFG** 19
  - Unterhaltsfreibetrag **§ 76 FamFG** 18
  - Unterkunft und Heizung **§ 76 FamFG** 20
  - Versicherungen **§ 76 FamFG** 21
- Berücksichtigungsfähiges Einkommen **§ 76 FamFG** 16
- Beschleunigungsgrundsatz **§ 76 FamFG** 12
- Beschlussform **§ 76 FamFG** 37
- Beschwerdeentscheidung
  - Kosten bei erfolgloser Beschwerde **§ 76 FamFG** 55
  - Kosten bei erfolgreicher Beschwerde **§ 76 FamFG** 56
  - Reformatio in peius **§ 76 FamFG** 54
  - Verwerfung der Beschwerde **§ 76 FamFG** 53
  - Zulassung Rechtsbeschwerde **§ 76 FamFG** 57
- Beschwerdeform **§ 76 FamFG** 50
- Beschwerdefrist **§ 76 FamFG** 49
- Beweisanwalt **§ 78 FamFG** 19
- Einzelrichter **§ 76 FamFG** 52
- Entscheidungszeitpunkt **§ 76 FamFG** 36
- Erfolgsaussichtenprüfung bei Kindschaftssachen **§ 76 FamFG** 26 f.
- Erfolgsaussichtenprüfung im Beschwerdeverfahren **§ 76 FamFG** 28
- Folgesache **§ 137 FamFG** 4
- funktionelle Zuständigkeit **§ 76 FamFG** 9 f.
- für das Kind bei elterlichem Sorgerechtsstreit **§ 1671 BGB** 5
- für eine Rechtsbeschwerde des Verfahrensbeistands **§ 158 FamFG** 40a
- Kostenentscheidung (keine) **§ 76 FamFG** 38
- Maßgeblicher Zeitpunkt **§ 76 FamFG** 30
- Maßgeblichkeit von § 90 SGB XII **§ 76 FamFG** 14
- Monatsraten **§ 76 FamFG** 24
- Mutwilligkeit **§ 76 FamFG** 33
- Notanwalt **§ 78 FamFG** 12
- Rechtliches Gehör **§ 76 FamFG** 11
- Rechtsanwaltsbeiordnung **§ 78 FamFG** 3 ff.
- Rechtskraft (keine) **§ 76 FamFG** 39
- Reisekosten **§ 78 FamFG** 18
- sofortige Beschwerde
  - Abhilfe **§ 76 FamFG** 51
  - Antragsgegnerbeschwerde **§ 76 FamFG** 46
  - Antragstellerbeschwerde **§ 76 FamFG** 42
  - Beschwerde der Staatskasse **§ 76 FamFG** 48
  - Beschwerde des Verfahrensbevollmächtigten **§ 76 FamFG** 47
  - EA-Verfahren **§ 76 FamFG** 45
  - Form des Antrages **§ 76 FamFG** 50
  - Frist **§ 76 FamFG** 49
  - OLG-Entscheidungen **§ 76 FamFG** 43
  - Rechtsmittelfähigkeit Hauptsacheentscheidung **§ 76 FamFG** 44
  - Statthaftigkeit der Beschwerde **§ 76 FamFG** 42
  - Statthaftigkeit trotz fehlender Rechtsmittelfähigkeit Hauptsacheentscheidung **§ 76 FamFG** 44
  - Verfahrensanordnungen **§ 76 FamFG** 43
- Unterbevollmächtigter **§ 78 FamFG** 15
- Verfahrenskostenvorschussanspruch **§ 76 FamFG** 15
- Vergütung Terminsvertreter **§ 78 FamFG** 16
- Verkehrsanwalt **§ 78 FamFG** 20
- Vermögensberücksichtigung **§ 76 FamFG** 14
- Vollstreckung **§ 77 FamFG** 3
- Voraussetzung der fehlenden Mutwilligkeit **§ 76 FamFG** 31
- Voraussetzungen für Annahme der Erfolgsaussicht **§ 76 FamFG** 29
- Wirkung der Beiordnung **§ 78 FamFG** 21

Verfahrensleitung **§ 17a GVG** 9

Verfahrenstrennung **§ 20 FamFG** 1, 11

Verfahrensverbindung **§ 20 FamFG** 1, 4, 8
- Beschleunigungsgrundsatz **§ 20 FamFG** 2
- Sorge-, Umgangsrecht **§ 20 FamFG** 4 f.
- verfahrensordnungsübergreifend **§ 20 FamFG** 8
- verschiedene Beteiligte **§ 20 FamFG** 7

Verfahrensverbindung, Verfahrenstrennung
- Form **§ 20 FamFG** 2
- gemeinsame Durchführung von Verfahrenshandlungen **§ 20 FamFG** 2
- Rechtsmittel **§ 20 FamFG** 12
- Sachdienlichkeit **§ 20 FamFG** 2
- Verfahrensgegenstand **§ 20 FamFG** 2

Verfahrenswert
- Abänderung durch OLG **§ 80 FamFG** 13
- Abweichungen vom Regelwert **§ 80 FamFG** 17 f.

- Beschwerde gegen Festsetzung **§ 80 FamFG** 14
- EA-Verfahren **§ 80 FamFG** 19
- Festsetzungszeitpunkt **§ 80 FamFG** 13
- Genehmigung oder Ersetzung einer Willenserklärung **§ 80 FamFG** 20
- Nicht von §§ 36, 45, 46 FamGKG erfasste nicht vermögensrechtliche Sachen **§ 80 FamFG** 22
- Regelverfahrenswert von 3.000 € **§ 80 FamFG** 15
- übrige (vermögensrechtliche) Kindschaftssachen, § 46 FamGKG **§ 80 FamFG** 21

Vergleich
- Aufhebung, Abänderung **§ 36 FamFG** 8
- Dispositionsbefugnis der Beteiligten **§ 36 FamFG** 2 f.
- Formvorschriften **§ 36 FamFG** 6
- gerichtliche Billigung **§ 36 FamFG** 3, **§ 156 FamFG** 64 f.
- gütliche Einigung, Güterichter **§ 36 FamFG** 9
- Sorgerechtsverfahren **§ 36 FamFG** 4

Verhandlung in Kindschaftssachen **§ 85 FamFG** 2
- Beginn **§ 156 FamFG** 17
- Erörterungen und Lösungssuche **§ 156 FamFG** 22
- persönliche Anhörungen **§ 156 FamFG** 20, 23
- Regelabsprachen **§ 156 FamFG** 18 f.
- Verhandlungsablauf, Vorbereitung **§ 156 FamFG** 14
- Verhandlungsführung **§ 156 FamFG** 13, **§ 160 FamFG** 33
- Vermerk über Sitzung **§ 156 FamFG** 21

Verhandlungsführung, Methoden **§ 156 FamFG** 13

Verhinderung der Eltern **§ 1678 BGB** 15, **§ 1693 BGB** 4 ff.

Verkündung **§ 170 GVG** 2

Vermittlungsbemühungen **§ 156 FamFG** 36

Vermittlungsverfahren
- Ablehnung Vermittlung **§ 165 FamFG** 4
- Abschluss ohne Einigung **§ 165 FamFG** 10
- Antragsverfahren **§ 165 FamFG** 2 f.
- Beiordnung Rechtsanwalt **§ 165 FamFG** 7
- Ergebnis des Vermittlungstermins **§ 165 FamFG** 9
- Kosten, Wert **§ 165 FamFG** 11
- Schaubild **§ 165 FamFG** 12
- Terminierung **§ 165 FamFG** 5
- Verfahrenskostenhilfe **§ 165 FamFG** 7
- Verfahrensregeln **§ 165 FamFG** 6
- Vermittlungstermin **§ 165 FamFG** 8

Vermögenssorge **§ 61 FamFG** 2

Vertrauliche Geburt **§ 1591 BGB** 10 ff.
- elterliche Sorge des Vaters **§ 1674a BGB** 3
- Gesetzeszweck **§ 1674a BGB** 1
- Information des Familiengerichts **§ 1674a BGB** 4
- Rechte des Vaters **§ 1674a BGB** 7
- Vormundbestellung **§ 1674a BGB** 6

Vertrauliche Geburt (Adoption) **§ 1747 BGB** 16

Vertretung des Kindes
- Alleinvertretung durch ein Elternteil bei Unterhaltsansprüchen
  - Beendigung **§ 1629 BGB** 35
  - gemeinsame Sorge **§ 1629 BGB** 32
  - Obhut eines Elternteils **§ 1629 BGB** 33
  - Rechtsfolgen **§ 1629 BGB** 34
  - Wechselmodell **§ 1629 BGB** 33
- Ausnahmen von Gesamtvertretung
  - Elternvereinbarung **§ 1629 BGB** 12
  - Empfangsvertretung **§ 1629 BGB** 9
  - Entscheidungskompetenzübertragung **§ 1629 BGB** 10
  - Notvertretungsrecht bei Gefahr im Verzug **§ 1629 BGB** 11
- Ausschluss des Vertretungsrechts
  - Eltern begünstigende Rechtsgeschäfte **§ 1629 BGB** 18 ff.
  - genetische Abstammungsuntersuchung **§ 1629 BGB** 22
  - Rechtsgeschäfte mit bestimmten Personen **§ 1629 BGB** 18 ff.
  - Rechtsstreitigkeiten bez. vom Vertretungsausschluss betroffener Geschäfte **§ 1629 BGB** 18 ff.
  - Selbstkontrahierungsverbot **§ 1629 BGB** 18 ff.
- Entzug des Vertretungsrechts für einzelne Angelegenheit **§ 1629 BGB** 25
- Gesamtvertretung durch Eltern **§ 1629 BGB** 2
- Verfahrensstandschaft bei Unterhaltsansprüchen
  - Voraussetzungen **§ 1629 BGB** 38

Verwaltungsgerichtliches Verfahren **§ 21 FamFG** 4

Verweisung **§ 3 FamFG** 1, 3
- Anfechtbarkeit (keine) **§ 154 FamFG** 7
- einseitig vom Elternteil vorgenommene Aufenthaltsveränderung, **§ 154 FamFG** 1, 4
- Entfallen der Bindungswirkung **§ 3 FamFG** 3a
- Familien-/Zivilgericht **§ 23b GVG** 7
- funktionelle Unzuständigkeit **§ 3 FamFG** 3
- Geltungsbereich (örtlich und sachlich) **§ 3 FamFG** 1
- ohne Antrag **§ 3 FamFG** 2
- Rechtsweg, kein Rechtsmittel **§ 17a GVG** 8

- Rückverweisung **§ 17a GVG** 18
- Überprüfung in Rechtsmittelinstanz **§ 17a GVG** 20 f.
- Verfahren **§ 17a GVG** 14 ff.
- von Amts wegen **§ 152 FamFG** 6, **§ 17a GVG** 6
- Voraussetzungen bei einseitig vom Elternteil vorgenommener Aufenthaltsveränderung **§ 154 FamFG** 2
- Wahlrecht bez. Gericht **§ 17a GVG** 8

Volljährigkeit **Art. 6 EGBGB** 10

Vollmacht **§ 11 FamFG** 1
- Beschränkung **§ 11 FamFG** 3
- elterliche Sorge; *siehe unter* Elterliche Sorge, Aufhebung der gemeinsamen Sorge
- Mangel der Vollmacht **§ 11 FamFG** 2

Vollstreckbarkeit ausländischer Entscheidungen **§ 1673 BGB** 9

Vollstreckung **§ 110 FamFG** 1 ff.
- Abstammungssachen **§ 86 FamFG** 5
- Amts- und Antragsverfahren **§ 87 FamFG** 2
- Aufenthaltswechsel **§ 88 FamFG** 2
- ausländische Entscheidungen **§ 110 FamFG** 1 ff.
- Auslandsumzug **§ 88 FamFG** 3
- Beschlüsse als Titel **§ 86 FamFG** 11
- Bestimmtheit des Titels
  - Kindesherausgabe **§ 86 FamFG** 20
  - übertriebene Detailgenauigkeit **§ 86 FamFG** 23
  - Umgang, notwendige Regelungen **§ 86 FamFG** 21
  - Umgangspflegschaft **§ 86 FamFG** 24
  - Umgangstitel, fehlende Vollstreckbarkeit **§ 86 FamFG** 22
- freiwillige Gerichtsbarkeit **§ 86 FamFG** 5
- Gerichtsvollzieher **§ 87 FamFG** 5
- Kindesherausgabe, internationale Übereinkommen **§ 88 FamFG** 1
- Kindschaftssachen **§ 86 FamFG** 5
- Klauselzustellung **§ 87 FamFG** 3
- Kostenentscheidung **§ 87 FamFG** 10
- Ordnungsmittel **§ 86 FamFG** 5
- Örtliche Zuständigkeit **§ 88 FamFG** 2
- Rechtsmittel
  - aufschiebende Wirkung **§ 87 FamFG** 7
  - Aussetzung **§ 87 FamFG** 8
  - gerichtliche Beschlüsse **§ 87 FamFG** 6
  - Gerichtsvollziehervorgehen **§ 87 FamFG** 9
- Selbständigkeit des Verfahrens **§ 86 FamFG** 7, **§ 88 FamFG** 2
- Titelzustellung **§ 87 FamFG** 3
- Verfahrensleitende Anordnungen **§ 86 FamFG** 5
- Vollstreckungsklausel **§ 86 FamFG** 26
- Vollstreckungstitel **§ 86 FamFG** 10
- Voraussetzungen **§ 86 FamFG** 7
- weitere Vollstreckungstitel (§ 794 ZPO) **§ 86 FamFG** 18
- Wirksamkeit als Vollstreckungsvoraussetzung **§ 86 FamFG** 25
- ZPO-Anwendung **§ 95 FamFG** 1

Vollstreckung, Abstammungssachen **§ 96a FamFG** 1

Vollstreckung, Gewaltschutzgesetz **§ 96 FamFG** 1

Vollstreckung Umgangsregelung
- grenzüberschreitend **Art. 30 Brüssel IIa-VO** 1

Vollstreckungsverfahren
- Anhörung bei unmittelbarem Zwang **§ 92 FamFG** 3
- Anhörungen **§ 92 FamFG** 2
- Kostenpflichten **§ 92 FamFG** 4
- Vermittlungsverfahren keine Vollstreckungsvoraussetzung **§ 92 FamFG** 5

Vollzeitpflege **§ 32 SGB VIII** 2, **§ 33 SGB VIII** 1
- Eignung und Überwachung der Pflegeperson **§ 33 SGB VIII** 2

Vorabentscheidung **§ 17a GVG** 10, 12

Vorfrage **Art. 19 EGBGB** 8

Vormund
- Ausschlusskriterien **§ 1779 BGB** 5
- Auswahl des Vormunds, Eignungsprüfung **§ 1779 BGB** 3
- Auswahlkriterien bei mehreren geeigneten natürlichen Personen **§ 1779 BGB** 7, 9
- Benennungsrecht der Eltern **§ 1779 BGB** 8
- Bestallungsurkunde **§ 1791 BGB** 1
- Bestellung unter Vorbehalt **§ 1790 BGB** 1 ff.
- Eignungskriterien **§ 1779 BGB** 4
- Einzelvormundschaftsgrundsatz **§ 1775 BGB** 2
- Gleichwertigkeit von Amts- und Vereinsvormundschaft **§ 1779 BGB** 13
- Haftung des Mündels für Handlungen des Vormunds **§ 1793 BGB** 13
- Haftung des Vormunds ggü. Mündel **§ 1793 BGB** 12
- Mitvormundschaft **§ 1775 BGB** 4
- Subsidiarität von Vereins- und Amtsvormundschaft **§ 1779 BGB** 8

Vormund, Anhörungspflichten **§ 1846 BGB** 1

Vormund, Aufgaben **§ 1847 BGB** 1
- Beschränkung des Vormunds durch Pflegschaft **§ 1794 BGB** 1 f.
- Beschwerdebefugnis des Vormunds bei Pflegschaftsbestellung **§ 1794 BGB** 3 f.
- gesetzliche Vertretung, Ausmaß und Begrenzung **§ 1793 BGB** 9
- keine Gewaltbefugnis **§ 1793 BGB** 5

– keine Unterhaltspflicht **§ 1793 BGB** 7
– Kontaktpflicht mindestens monatlich **§ 1793 BGB** 6
– Personensorge **§ 1793 BGB** 4, 10
– Übertragen der Aufgaben auf Dritte **§ 1793 BGB** 11 ff.
Vormund, Aufwendungsersatzanspruch **§ 1835 BGB** 4
– Vermögenssorge **§ 1793 BGB** 8
Vormund, Beratung und Aufsicht durch Familiengericht **§ 1837 BGB** 1
Vormund, Bestellung **§ 1789 BGB** 2 ff., **§ 1837 BGB** 7, 9
Vormund, Entlassung **§ 1773 BGB** 4 f., **§ 1887 BGB** 1, **§ 1889 BGB** 1
Vormund, Entziehung der Vertretungsmacht **§ 1796 BGB** 3
– Verhältnismäßigkeitsgrundsatz **§ 1886 BGB** 1
Vormund, Genehmigungspflicht **§ 1821 BGB** 1, **§ 1822 BGB** 1
Vormund, Rechnungsprüfungspflicht **§ 1843 BGB** 6 f.
Vormund, Vergütung **§ 1789 BGB** 5, **§ 1836 BGB** 1
Vormund, Vertretungsausschluss **§ 1795 BGB** 1
Vormünder- und Betreuervergütungsgesetz (VBVG) **§ 1835 BGB** 1
Vormundschaft **§ 1773 BGB** 1
– Reformüberlegungen **§ 58 SGB VIII** 13
Vormundschaft als Kindschaftssache **§ 1836 BGB** 2
Vormundschaft, Beendigung **§ 1882 BGB** 1, **§ 151 FamFG** 7
Vormundschaftsbestellung
– Amtsermittlung **§ 1779 BGB** 15
– Auslagenersatzanspruch von Verwandten gegen Mündel **§ 1779 BGB** 22
– Beschwerde gegen Auswahlentscheidung **§ 1779 BGB** 18
– Beschwerdeberechtigte **§ 1779 BGB** 19
– Beschwerderecht von Angehörigen und Pflegepersonen? **§ 1779 BGB** 21
– Beteiligung und Anhörung **§ 1779 BGB** 16 f.
– Erinnerung **§ 1779 BGB** 20
– Vormundschaft kraft Gesetzes **§ 1773 BGB** 12
– Zuständigkeit **§ 1779 BGB** 14
– Zuständigkeit für Auswahl in Kinderschutzverfahren **§ 1779 BGB** 14
Vorrang **§ 98 FamFG** 1 ff., **§ 108 FamFG** 2
Vorranggebot **§ 155 FamFG** 1, 12
Vorratsentscheidung **§ 49 FamFG** 16
Vorwegnahme der Hauptsache **§ 49 FamFG** 25

W

Wächteramt **§ 4 SGB VIII** 3, **§ 42 SGB VIII** 1
Wandelbarkeit **Art. 19 EGBGB** 5
Wechselmodell **§ 1684 BGB** 11
– als gesetzlicher Regelfall **§ 1671 BGB** 24
– Aufrechterhaltung praktizierten Wechselmodells **§ 1671 BGB** 26
– Beendigung **§ 1671 BGB** 25a
– Begriff und Voraussetzungen **§ 1671 BGB** 23
– einstweilige Anordnung **§ 49 FamFG** 36
– gegen den Willen eines Elternteils **§ 1671 BGB** 24
– Gründe gegen Anordnung im Sorgerechtsverfahren **§ 1671 BGB** 24
– Kindeswohl als Richtschnur **§ 1671 BGB** 26a
– Verfahrensbeistand **§ 158 FamFG** 16
– Voraussetzungen erstmaliger Anordnung **§ 1671 BGB** 25
Wert **§ 80 FamFG** 1
Widerruf **§ 1671 BGB** 8
Widerspruch **§ 1671 BGB** 10
Wiederaufleben **§ 1674 BGB** 15, **§ 1674a BGB** 8 ff.
Wiederaufleben der elterlichen Sorge
– Kindeswohlgefährdung **§ 1674a BGB** 10
– Zuständigkeit **§ 1674a BGB** 11
Wiederaufnahme und Abänderung **§ 48 FamFG** 1
Wiedereinsetzung **§ 19 FamFG** 1
– Antrag **§ 19 FamFG** 6
– Entscheidung **§ 19 FamFG** 7
– gesetzliche Frist **§ 19 FamFG** 2
– Nachholung der versäumten Verfahrenshandlung **§ 19 FamFG** 5
– Rechtsmittel **§ 19 FamFG** 8
– Verschulden **§ 19 FamFG** 3
– Wiedereinsetzungsfrist **§ 19 FamFG** 4
Wiedereinsetzungsantrag **§ 48 FamFG** 2
Willkommensbesuch **§ 4 KKG** 2
Wirksamwerden **§ 39 FamFG** 1
Wohnungsverweisung (Polizei) **§ 1 GewSchG** 1

Z

Zentrale Behörde
– Anfechtung von Maßnahmen **§ 3 IntFamRVG** 2
– Anrufung OLG bei Nichttätigwerden **§ 8 IntFamRVG** 1
– Aufenthaltsermittlung **§ 7 IntFamRVG** 1
– Aufgaben **Art. 31 KSÜ** 1 f., **§ 6 IntFamRVG** 1 ff.
– Benachrichtigungspflicht und Schranken bei Gefahr **Art. 35 KSÜ** 2
– Bestimmung **Art. 29 KSÜ** 1
– Einholung Sozialberichte **Art. 32 KSÜ** 1

- grenzüberschreitende Unterbringung **Art. 33 KSÜ** 1
- Kosten **Art. 38 KSÜ** 1
- Schutzmaßnahmen **Art. 34 KSÜ** 1
- Sprache, Kosten, ausgehende Ersuchen **§ 5 IntFamRVG** 1
- Sprache, Kosten, eingehende Ersuchen **§ 4 IntFamRVG** 1

zentrale Behörde
- Tätigkeit **Art. 5 ESÜ** 2

Zentrale Behörde
- Übersetzungskosten **§ 49 IntFamRVG** 2
- Unterstützung bei Umsetzung von Entscheidungen (z.B. Umgang) **Art. 35 KSÜ** 1
- Zusammenarbeit **Art. 29 KSÜ** 1
- Zwischenstaatliche Vereinbarungen **Art. 38 KSÜ** 1

Zeugen Jehovas **§ 1671 BGB** 34
Zeugnisverweigerung **§ 31 FamFG** 1
Zivilrechtliche Haftung **Vorbem. SGB VIII** 14
Zufluchtsstaat
- HKÜ **Art. 8 HKÜ** 2

Zulässigkeit der Beschwerde **§ 61 FamFG** 1
Zulässigkeit des Rechtsweges **§ 17a GVG** 1
Zulassungsbeschwerde **§ 61 FamFG** 7
Zusammenarbeit bei außerfamiliären Hilfen **§ 37 SGB VIII** 1
Zusammenarbeit der Behörden
- KSÜ **Art. 35 KSÜ** 1

Zusammenarbeit freie und öffentliche Träger **§ 4 SGB VIII** 9
Zuständigkeit
- Amtsvormundschaft, Amtspflegschaft **§ 87c SGB VIII** 4
- Anspruchshäufung **§ 23a GVG** 5
- Arten der Zuständigkeit **§ 23a GVG** 1
- Aufenthaltsveränderungen, einseitig vom Elternteil vorgenommene **§ 152 FamFG** 13
- Aufenthaltsveränderungen, einseitig vom Elternteil vorgenommene, Verweisung **§ 154 FamFG** 1
- Aufenthaltswechsel zwischen Eil- und Hauptverfahren **§ 152 FamFG** 3
- Aufrechnung **§ 23a GVG** 7
- ausschließliche des Familiengerichts **§ 23a GVG** 15
- familien- und zivilrechtliche Anspruchshäufung **§ 23a GVG** 5
- familien- und zivilrechtliche Begründung des Antrages **§ 23a GVG** 5
- Familiensachen **§ 23a GVG** 3
- funktional **§ 1 RPflG** 1
- funktionelle **§ 23a GVG** 1
- Internationale **§ 23a GVG** 1
- JA für Mitwirkung im familiengerichtlichen Verfahren **§ 87c SGB VIII** 3
- Jugendamt **§ 87c SGB VIII** 3
- Jugendamt, örtliche **§ 87c SGB VIII** 1a
- mehrere Kinder **§ 153 FamFG** 3
- örtliche **§ 152 FamFG** 1
- positiver/negativer Kompetenzkonflikt **§ 5 FamFG** 4
- Rechtspfleger **§ 1674 BGB** 2
- Rechtspfleger für Ruhensfeststellung **§ 1674 BGB** 2
- Rechtsweg, Beteiligtenvortrag **§ 17a GVG** 23
- sachliche **§ 23a GVG** 1
- ungewisse Zuständigkeit **§ 5 FamFG** 3
- Verbindung Familiensache mit Nichtfamiliensache **§ 23a GVG** 6
- Verhinderung des Gerichts **§ 5 FamFG** 2
- Zuständigkeitsbestimmung **§ 5 FamFG** 1

Zuständigkeit, Eilverfahren
- Widerantrag **§ 23a GVG** 6

Zuständigkeit Jugendamt
- Inobhutnahme **§ 87c SGB VIII** 2

Zuständigkeit mehrere Gerichte **§ 2 FamFG** 2
Zuständigkeitsbestimmung
- Bestimmungsgericht **§ 5 FamFG** 7
- Unanfechtbarkeit **§ 5 FamFG** 9
- Verfahren **§ 5 FamFG** 8

Zuständigkeitskonzentration
- Kindesentführung **§ 23b GVG** 4
- Sorge- und Scheidungsverfahren **§ 152 FamFG** 10 f.

Zuständigkeitsstreit **§ 5 FamFG** 6
- Familiengericht/Zivilgericht **§ 17a GVG** 7, 11, **§ 23b GVG** 7
- Familiengerichtsabteilungen **§ 23b GVG** 6
- örtliche Zuständigkeit **§ 152 FamFG** 4

Zustimmung
- Erforderlichkeit **§ 1595 BGB** 4
- Ersetzung **§ 1595 BGB** 4
- Geschäftsfähigkeit **§ 1596 BGB** 2 ff.
- Höchstpersönlichkeit **§ 1596 BGB** 9 f.
- Kind **§ 1595 BGB** 10 f.
- Mutter **§ 1595 BGB** 6
- Sorgerechtsübertragung **§ 1671 BGB** 8
- Unwirksamkeitsgründe **§ 1598 BGB** 3
- Verweigerung **§ 1595 BGB** 8
- Voraussetzungen **§ 1595 BGB** 12 ff.

Zwangsgeld
- Beitreibung **§ 35 FamFG** 8
- Festsetzung **§ 35 FamFG** 5
- gegen Vormund **§ 1788 BGB** 3, **§ 1837 BGB** 11
- Hinweis **§ 1788 BGB** 4
- Höhe **§ 35 FamFG** 7
- schuldhafte Pflichtverletzung **§ 1788 BGB** 3
- Verfahren und Entscheidung **§ 1788 BGB** 6

Zwangshaft **§ 35 FamFG** 9, **§ 95 FamFG** 6
- Ersatzzwangshaft **§ 35 FamFG** 5, **§ 95 FamFG** 5 f.
- Haftbefehl **§ 35 FamFG** 9

Zwangsmittel
- Abgrenzung von Ordnungsmittel **§ 35 FamFG** 4
- Anfechtbarkeit **§ 35 FamFG** 10
- Beugecharakter **§ 35 FamFG** 4
- Ersatzzwangshaft **§ 35 FamFG** 5
- Festsetzungsvoraussetzungen **§ 35 FamFG** 5 f.
- Haftbefehl **§ 35 FamFG** 9
- verfahrensleitende Anordnungen **§ 35 FamFG** 1
- Verhaftungsauftrag **§ 35 FamFG** 9
- Verschulden (keines) **§ 35 FamFG** 6
- Vollstreckung **§ 35 FamFG** 8 f.
- Voraussetzungen für die Festsetzung **§ 1788 BGB** 3
- Zwangsgeldhöhe **§ 35 FamFG** 7

Zwischenentscheidung **§ 58 FamFG** 11, **§ 11 RPflG** 5